MICHAELIS

DICIONÁRIO ESCOLAR

ESPANHOL

espanhol – português
português – espanhol

CB060430

MICHAELIS

DICIONÁRIO ESCOLAR

ESPANHOL

espanhol – português
português – espanhol

Nova Ortografia conforme
o Acordo Ortográfico da Língua Portuguesa

Editora Melhoramentos

Dados Internacionais de Catalogação na Publicação (CIP)
(Câmara Brasileira do Livro, SP, Brasil)

MICHAELIS: dicionário escolar espanhol. – 2.ª edição –
São Paulo: Editora Melhoramentos, 2008. –
(Dicionário Michaelis)

"Nova ortografia conforme o acordo ortográfico
da língua portuguesa."
ISBN 978-85-06-05491-8

1. Espanhol - Dicionários - Português
2. Português - Dicionários - Espanhol I. Série.

08-08862
CDD-463.69
-469.36

Índices para catálogo sistemático:

1. Espanhol: Português: Dicionários 463.69
2. Português: Espanhol: Dicionários 469.36

© 2008 Editora Melhoramentos Ltda.
Todos os direitos reservados.

Lexicografia: Valeria Estefanía Labraña Parra, Antonio C. Marques e Sandra Martha Dolinsky
Colaboração: Juan Ignácio Hurtado Arpiño e Maria Cibele González Pellizzani Alonso
Diagramação: Madrigais Produção Editorial
Design original da capa: Jean E. Udry

3.ª edição, 7.ª impressão, junho de 2022
ISBN: 978-85-06-05491-8
978-85-06-07848-8

Atendimento ao consumidor:
Caixa Postal 729 – CEP 01031-970
São Paulo – SP – Brasil
Tel.: (11) 3874-0880
www.editoramelhoramentos.com.br
sac@melhoramentos.com.br

Impresso no Brasil

Sumário

Prefácio VII
Organização do dicionário VIII
Transcrição fonética do espanhol... XII
Transcrição fonética do português XV
Abreviaturas usadas neste dicionário... XVII
Verbetes ESPANHOL-PORTUGUÊS... 1
Verbetes PORTUGUÊS-ESPANHOL.. 425
Apêndice
   Verbos 749
   Substantivos 754
   Artigos.. 756
   Demonstrativos 757
   Possessivos... 758
   Indefinidos.. 759
   Pronomes pessoais e reflexivos.. 762
   Pronomes interrogativos e exclamativos 763
   Preposições 764
   Acentuação... 766
   Numerais 768
   Conversação... 770
   Conjugação dos verbos em espanhol – Paradigmas 774

Prefácio

O **Michaelis Dicionário Escolar Espanhol** contém mais de 30.000 verbetes, elaborados de acordo com as normas linguísticas atuais, levando-se em consideração também as tendências e expressões da linguagem coloquial. Para isso, contou com a colaboração de profissionais que têm o espanhol como primeira língua.

A grafia das palavras em português segue o Vocabulário Ortográfico da Língua Portuguesa (VOLP, 5.ed., março de 2009), respeitando as modificações introduzidas pelo Acordo Ortográfico da Língua Portuguesa (veja explicações sobre o Acordo a seguir).

Na tentativa de abranger o máximo de informações, os verbetes apresentam a seguinte estruturacimento, acepções mais comuns e expressões atuais. É importante notar os muitos exemplos que servem para contextualizar o uso de determinado significado e facilitar o seu entendimento. As notas, em destaque no final de vários verbetes, mostram variações de uso ou particularidades gramaticais. Quanto às características regionais, há muitas indicações do uso diferenciado de uma mesma palavra entre os países de língua espanhola.

O dicionário traz, como apêndice, esclarecimentos sobre questões básicas da língua, apontando diferenças, semelhanças, detalhes ou características em relação ao português, como, por exemplo, o gênero dos substantivos, cilada comum para o falante do português (*a* água = *el* agua). Destacam-se, ainda, fórmulas de conversação em espanhol e mais de 70 paradigmas de conjugação dos verbos irregulares em espanhol.

Assim, este dicionário se propõe despertar no estudante brasileiro a percepção para o rico vocabulário espanhol, com as informações importantes e necessárias ao domínio do idioma.

A nova ortografia do português

Para este dicionário foram adotadas as alterações na ortografia do português conforme o Acordo Ortográfico da Língua Portuguesa de 1990.

A implantação das regras desse Acordo é um passo importante em direção à criação de uma ortografia unificada para o português, a ser usada por todos os países de língua oficial portuguesa: Portugal, Brasil, Angola, São Tomé e Príncipe, Cabo Verde, Guiné-Bissau, Moçambique e Timor Leste.

A Editora

Organização do dicionário

1. Ordem alfabética

O alfabeto espanhol diferencia-se do universal por apresentar, além da sequência de *a* a *z*, mais três classes de letras: **ch** (tʃ´e), **ll** (´eλe) e **ñ** (´eñe), que geralmente se seguem ao **c**, **l** e **n** na ordem alfabética e nos dicionários. Só recentemente os vocábulos iniciados com **ch**, **ll** e **ñ** têm sido incluídos nas letras **c**, **l** e **n** em listas e em alguns dicionários.

Mas, seguindo os dicionários mais atualizados e conceituados, esta obra inclui as palavras com **ch** e **ll** na ordem alfabética universal. Adotando o critério dos referidos dicionários, a letra **ñ** permanece como letra à parte, após o **n**. Portanto a letra **ñ** contida numa palavra deve situar-se, na sequência da ordem alfabética, logo após a letra **n**. Veja exemplos: anuncio

anzuelo	canuto	espantapájaros	ningún	sentimiento
añadidura	caña	espantar	ninguno	sentir
añadir	cañacoro	espanto	niña	seña
añejo	cañería	espantoso	niñero	señal
año	caño	español	niñería	señalar
canturrear	espaldar	ninfomanía	sentimental	

2. Entrada

a) A entrada do verbete está em azul e com indicação da divisão silábica.
Ex.: **ex.trac.ción** [e(k)stra(k)θ´jon] *sf* Extração.
　　naf.ta [n´afta] *sf Arg, Par* e *Ur, Quím* Gasolina.
b) As remissões, introduzidas pela abreviatura *V* (veja/*véase*), indicam uma forma vocabular mais usual.
Ex.: **na.ri.gón, -ona** [narig´on] *adj+s V* narigudo.
　　obs.cu.re.cer [obskureθ´er] *vt V* oscurecer.
c) Os substantivos e adjetivos são apresentados no masculino singular.
Ex.: **a.ba.ni.co** [aban´iko] *sm* Leque.
　　a.ba.ca.xi [abakaʃ´i] *sm Bot* Piña, ananás, ananá.
d) Na parte espanhol-português, logo após a entrada do verbete, há indicação de sua forma no feminino.
Ex.: **abs.trac.to, -a** [abstr´akto] *adj* Abstrato. **arte abstracto** arte abstrata.
　　fe.li.gres, -esa [feligr´es] *s* Paroquiano.
　　go.rrón, -ona [goř´on] *adj+s fam* Aproveitador, parasita, sanguessuga.
　　ju.ga.dor, -ora [hugad´or] *adj+s* Jogador.

3. Transcrição fonética

A pronúncia figurada aparece representada entre colchetes. Veja explicações detalhadas em "Transcrição fonética", páginas XII e XV.
Ex.: **pro.hi.bi.ción** [projbiθj´on] *sf* Proibição, interdição, veto.
　　re.e.xa.mi.nar [r̄ee(k)samin´ar] *vt* Reexaminar, rever.

4. Classe gramatical

a) É indicada por abreviatura em itálico, conforme a lista de "Abreviaturas usadas neste dicionário", página XVII.
Ex.: **es.pe.cu.la.dor, -ora** [espekulad´or] *adj+s* Especulador.
   ha.ber [aber] *vt+vi* Haver, ter. Veja modelo de conjugação.
   lo.a [l´oa] *sf* Loa, elogio, louvor, apologia.
   ner.vio [n´erbjo] *sm Anat* Nervo. **nervio óptico** nervo óptico.
b) Quando o verbete tem mais de uma categoria gramatical, uma é separada da outra por uma bolinha preta.
Ex.: **ma.nual** [man´wal] *adj* Manual, artesanal. *me gustan los trabajos manuales* / gosto de trabalhos manuais. • *sm* Manual, guia.
   óp.ti.co, -a [´optiko] *adj* Ótico, ocular. • *sf* Óptica.
   ta.bu.lar [tabul´ar] *vt* Tabular. • *adj* Tabular.

5. Área de conhecimento

É indicada por abreviatura em itálico, conforme a lista de "Abreviaturas usadas neste dicionário", página XVII.
Ex.: **ta.ma.rin.do** [tam´año] *sm Bot* Tamarindo.
   te.les.co.pio [telesk´opjo] *sm Astron* Telescópio.
   u.re.tra [ur´etra] *sf Anat* Uretra.

6. Plural

Na parte português-espanhol, os plurais são apresentados da seguinte forma:
a) paroxítonas terminadas em **il**
Ex.: **fá.cil** [f´asiw] *adj m+f* **1** Fácil, sencillo. **2** Probable. **3** Practicable. **4** Asequible, accesible • *adv* Fácil, fácilmente. *os alunos entendem fácil o que o professor explica* / los alumnos entienden fácil lo que el profesor explica. *Pl: fáceis.*
   rép.til [r̃´ɛptiw] *adj+sm Zool* reptil. *Pl: répteis.*
b) oxítonas terminadas em **il**
Ex.: **fa.bril** [fabr´iw] *adj m+f* Fabril. *Pl: fabris.*
   fu.nil [fun´iw] *sm* Embudo. *Pl: funis.*
c) quando o **o** "fechado" no singular se torna "aberto" no plural
Ex.: **a.fe.tu.o.so** [afetu´ozu] *adj* Afectuoso, cariñoso, amoroso. *Pl: afetuosos (ó).*
   en.ge.nho.so [ẽʒeñ´ozu] *adj* Ingenioso. *Pl: engenhosos (ó).*
   pe.no.so [pen´ozu] *adj* Penoso. *Pl: penosos (ó).*
d) quando a terminação **ão** foge da forma mais comum, que é **ões**
Ex.: **ca.pi.tão** [kapit´ãw] *sm* Capitán. *Pl: capitães.*
   ci.da.dão [sidad´ãw] *sm* Ciudadano. *Pl: cidadãos.*
   de.mão [dem´ãw] *sf* Mano, capa (de barniz, pintura etc.). *Pl: demãos.*
e) quando há **mais de uma forma**
Ex.: **guar.di.ão** [gwardi´ãw] *sm* Guardián. *Pl: guardiões, guardiães.*
   hí.fen [´ifẽj] *sm* Guión. *Pl: hifens, hífenes.*
   mel [m´ɛw] *sm* Miel. *Pl: méis, meles.*

f) quando é **palavra composta**
Ex.: **cur.to-cir.cui.to** [kurtusirk'ujtu] *sm Eletr* Cortocircuito. *Pl: curtos-circuitos.*
de.do-du.ro [dedud'uru] *adj+sm fam* Delator, chivato, soplón, acusica, cañuto, acusón. *Pl: dedos-duros.*
guar.da-chu.va [gwardəʃ'uvə] *sm* Paraguas. *Pl: guarda-chuvas.*
guar.da-flo.res.tal [gwardəflorest'aw] *s* Guarda florestal. *Pl: guardas-florestais.*
me.sa-re.don.da [mezəřed'õdə] *sf* Mesa redonda. *Pl: mesas-redondas.*

g) quando há **dúvida, dificuldade de qualquer natureza** ou **erro comum**
Ex.: **cha.péu** [ʃap'ɛw] *sm* Sombrero. *Pl: chapéus.*
cus.cuz [kusk'us] *sm Cul* Cuscús. *o cuscuz é um prato de origem berbere* / el cuscús es un plato de origen bereber. *Pl: cuscuzes.*
dú.plex [d'uplɛks] *adj+sm* Dúplex, dúplice, doble. *Pl: dúplices.*
tro.féu [trof'ɛw] *sm* Trofeo, copa. *Pl: troféus.*

h) quando a **forma é única** para o singular e para o plural, a indicação "*sing+pl*" vem logo após a classe gramatical:
Ex.: **guar.da-cos.tas** [gwardəkˈɔstas] *sm sing+pl* Guardaespaldas, matón.
guar.da-li.vros [gwardəlˈivrus] *sm sing+pl* Contable, tenedor de libros.
tó.rax [tˈɔraks] *sm sing+pl Anat* Tórax.

7. Tradução

a) Os diferentes sentidos de uma mesma palavra estão separados por algarismos em negrito. Os sinônimos reunidos num algarismo são separados por vírgula.
Ex.: **ur.gen.cia** [urhˈenθja] *sf* **1** Urgência, premência, necessidade, pressa. **2 urgencias** *pl* Pronto-socorro.
vol.te.ar [bolteˈar] *vt* **1** Voltear, andar em torno. **2** Trocar, mudar de lugar. **3** Rodopiar, girar.

b) Em diversas acepções, registra-se o uso característico de determinada região:
Ex.: **ar.que.ro** [arkˈero] *sm* **1** Arqueiro. **2** *Dep Arg* Goleiro.
car.pe.ta [karpˈeta] *sf* **1** Pasta (papéis). **2** *Arg, Colôm, Ur* Toalhinha de centro (mesa).
char.qui [tʃˈarki] *sf Arg, Bol, Chile, Perú, Ur* Charque, carne-seca.
gua.ca.mo.le [gwakamˈole] *sm Méx* Salada de abacate.
po.ro.to [porˈoto] *sm CS Bot* Feijão. **ganarse los porotos** ganhar a vida.
ur.na [ˈurna] *sf* **1** Urna. **2** *Ven* Caixão, ataúde, esquife.
ye.gua [yˈegwa] *sf* **1** *Zool* Égua. **2** *Méx* Toco de cigarro, bituca.

8. Exemplificação

Frases elucidativas, usadas para esclarecer definições ou acepções, são apresentadas em itálico.
Ex.: **bo.te.lla** [botˈeʎa] *sf* Garrafa. *¿quántas botellas de vino compro para la cena?* / quantas garrafas de vinho compro para o jantar?

es.tu.dio [est´udjo] *sm* **1** Estudo. *completó sus estudios en el extranjero* / completou seus estudos no estrangeiro. **2** Estúdio. *estuvo trabajando en su estudio hasta tarde* / ficou trabalhando no seu estúdio até tarde.

pa.bi.lo [pab´ilo] *sm* Pavio, mecha. *¿cómo voy a prender esa vela si no tiene pabilo?* / como vou acender essa vela se não tem pavio?

9. Expressões

Expressões usuais são apresentadas em ordem alfabética e destacadas em negrito.
Ex.: **al.ma** [´alma] *sf* Alma. **abrir su alma** abrir a alma, confessar, revelar. **alma en pena** alma penada. **dar/entregar el alma a Dios** dar/entregar a alma a Deus. **partir el alma** cortar a alma, ter compaixão. **rendir el alma a Dios** render a alma a Deus. **vender el alma al diablo** vender a alma ao diabo.
flor [fl´or] *sf* **1** Flor. **2** Elite, nata. **3** Virgindade. **caer en flores** morrer cedo. **de flor en flor** de galho em galho. **de mi flor** excelente, magnífico. **echar flores** paquerar, flertar, cantar. **en flores** em claro, em jejum. **entenderle la flor (a alguien)** conhecer suas intenções. **ni flores** nada. **ser flor de un dia** ser fogo de palha.

10. Conjugação verbal

Na parte espanhol-português todos os verbos irregulares têm o seu paradigma indicado por uma seta. Os modelos de conjugação estão no final do dicionário, da página 774 à 812.
Ex.: **a.bo.lir** [abol´ir] *vt* Abolir, revogar, suprimir. → Veja modelo de conjugação.
a.bo.rre.cer [aborˉeθ´er] *vt* Abominar, detestar. *casi todo el mundo aborrece el lunes* / quase todo mundo detesta as segundas-feiras. → crecer.

Transcrição fonética do espanhol

I – O alfabeto espanhol

letra	nome	
a	a	[a]
b	be	[bʹe]
c	ce	[θʹe]
ch	che	[tʃʹe]
d	de	[dʹe]
e	e	[e]
f	efe	[ʹefe]
g	ge	[hʹe]
h	hache	[ʹatʃe]
i	i	[i]
j	jota	[hʹota]
k	ka	[kʹa]
l	ele	[ʹele]
ll	elle	[ʹeʎe]
m	eme	[ʹeme]
n	ene	[ʹene]
ñ	eñe	[ʹeñe]
o	o	[o]
p	pe	[pʹe]
q	cu	[kʹu]
r	erre	[ʹēre]
s	ese	[ʹese]
t	te	[tʹe]
u	u	[u]
v	uve	[ʹube]
x	equis	[ʹekis]
y	i griega	[igrʹjega]
z	zeta	[θʹeta]

a) O **w** (uve doble [ʹubedʹoble]) é empregado apenas em algumas palavras de origem estrangeira.
Ex.: **western** [wʹestern] *sm Cin ingl* Western, faroeste.
   windsurf [windsʹarf] *sm Dp ingl* Windsurfe.
b) O **h** é uma consoante muda, pronunciada apenas em algumas palavras de origem estrangeira.
Ex.: **hall** [hʹol]
c) A representação fonética do **x** [(k)s] indica que o som entre parênteses, usado em diversas regiões, é omitido em outras.

Ex.: **com.ple.xión** [komple(k)s´jon] *sf* **1** Compleição. **2** Natureza, temperamento.
  e.xa.ge.ra.do [e(k)saher´ado] *adj+s* Exagerado, excessivo.
  e.xal.ta.do, -a [e(k)salt´ado] *adj* Exaltado, arrebatado, excitado.
  pró.xi.mo, -a [pr´o(k)simo] *adj* **1** Próximo, vizinho, adjacente, contíguo. **2** Seguinte, imediato.
  tex.to [t´e(k)sto] *sm* Texto, escrito. **libro de texto** livro didático/apostila.

II – Símbolos fonéticos

a) Foram adotados os símbolos mais adequados aos falantes de língua portuguesa do Brasil, com ligeiras adaptações:
- o sinal [x], que no AFI (Alfabeto Fonético Internacional) representa um som aspirado e gutural, foi substituído pelo [h], devido à proximidade deste som com o [h] aspirado da língua inglesa:
Ex.: **em.bru.jar** [embruh´ar] *vt* Enfeitiçar.
  tra.ba.jo [trab´aho] *sm* **1** Trabajo, labor, labranza, faena. **2** Ocupación. **3** Monografía, exposición.
- empregou-se o sinal [:] quando o [h] sucede o [n], para manter os dois sons distintos:
Ex.: **en.gen.drar** [en:hendr´ar]
  en.ju.to, -a [en:h´uto]
  fa.rin.ge [far´in:he]
  fin.gi.do, -a [fin:hid´o]
  in.dul.gen.te [indul:h´ente]
- empregaram-se parênteses para indicar pronúncia facultativa:
Ex.: **a.cre.e.dor, -ora** [akre(e)d´or]
  má.xi.mo, -a [m´a(k)simo]
  mix.to, -a [m´i(k)sto]
  pre.tex.to [pret´e(k)sto]

b) O acento tônico é indicado pelo sinal (´), que precede a vogal tônica.
Ex.: **a.crí.li.co, -a** [akr´iliko]
  at.mós.fe.ra [atm´osfera]
  fu.sil [fus´il]
  po.li.cí.a [poliθ´ia]
  po.li.ga.mia [polig´amja]

c) As vogais são sempre orais e a pronúncia do **e** e **o** é sempre fechada.
  [a]   c**a**sa [k´asa], **a**m**a** [´ama]
  [e]   d**e**d**o** [d´edo]
  [i]   para **i**: ág**i**l [´ahil]
      para **y** usado como vogal: re**y** [r´ei]
  [o]   c**o**ntrat**o** [kontr´ato]
  [u]   ab**u**sar [abus´ar]

XIV

d) A pronúncia das consoantes foi simplificada, adotando-se os seguintes símbolos:

[b]   para **b** e **v**: **b**lanco [bl′anko]; **v**ino [b′ino]

[k]   para **c**, seguido de **a, o, u, k** e **qu**: **c**apa [k′apa]; **k**iosco [k′josko]; **qu**eso [k′eso]

[θ]   para **c**, seguido de **e, i**, e para **z**: **c**erca [θ′erka], **c**ine [θ′ine], per**c**ibir [perθib′ir]; a**z**úcar [aθ′ukar], a**z**ul [aθ′ul], **z**apato [θap′ato]

[tʃ]   para **ch**: an**ch**o [′antʃo], equivale ao **ch** precedido de **t**

[d]   **d**a**d**o [d′ado], no final da palavra soa brando, quase imperceptível

[f]   **f**ango [f′ango]

[g]   para **g**, seguido de **a, o, u**: a**g**ua [′agwa]; fue**g**o [f′wego]; se**g**uro [seg′uro]; ho**g**uera [og′era]

[h]   para **j** e **g** seguido de **e, i**: ca**j**a [k′aha]; **j**uego [h′wego]; á**g**il [′ahil]

[j]   para **i** nos ditongos: f**i**esta [f′jesta]

[l]   **l**ente [l′ente]

[λ]   para **ll**: ca**ll**e [k′aλe], **ll**ave [λ′abe], equivale ao **lh** do português

[m]   **m**adre [m′adre]

[n]   **n**atal [nat′al]

[ñ]   para **ñ**: ca**ñ**a [k′aña], equivale ao **nh** do português

[p]   **p**año [p′año]

[r]   para **r**, após **l, n, s**: al**r**ededor [alreded′or], des**r**atizar [desratiθ′ar]; **r** brando quando intermediário ou final: gene**r**al [hener′al], habla**r** [abl′ar]

[r̄]   para **r** forte no início e **rr**: **r**ed [r̄ed], tie**rr**a [t′jer̄a]

[s]   para **s** e para **x** inicial: **s**osiego [sos′jego]; fra**s**co [fr′asko]; **x**erocopia [serok′pja]

[(k)s]   para **x**: e**x**igir [e(k)sih′ir]; e**x**hausto [e(k)s′austo]

[t]   **t**ortilla [tort′iλa]

[w]   c**u**atro [k′watro], biling**u**e [bil′ĩgwe]

[y]   para **y**: arro**y**o [ar̄′oyo]

e) Divergências de pronúncia em espanhol:
Há diferentes formas de pronunciar sons de [θ] e [λ]. Na maior parte da Espanha, as letras **z** e **c** (esta, diante de **e** ou **i**) são representadas pelo som de [θ], mas na região centro-norte do país e na América Latina essas letras são representadas por [s]. Esse fenômeno é conhecido como **seseo**.

Quanto ao som de [λ], a pronúncia semelhante à do **lh** em português caracteriza o **lleísmo**, ao passo que a pronúncia aproximando o [λ] do som de [dʒ] resulta no **yeísmo**. O **lleísmo** é mais comum na Espanha, ao passo que o **yeísmo** ocorre na América Latina e no centro-norte da Espanha.

Transcrição fonética do português

I – O alfabeto português

letra	nome	
a	a	[a]
b	bê	[bʹe]
c	cê	[sʹe]
d	dê	[dʹe]
e	e	[e]
f	efe	[ʹɛfi]
g	gê	[ʒe]
h	agá	[agʹa]
i	i	[i]
j	jota	[ʹʒɔtə]
k	cá	[kʹa]
l	ele	[ʹɛli]
m	eme	[ʹemi]
n	ene	[ʹeni]
o	o	[ɔ]
p	pê	[pʹe]
q	quê	[kʹe]
r	erre	[ʹɛr̄i]
s	esse	[ʹɛsi]
t	tê	[tʹe]
u	u	[u]
v	vê	[vʹe]
w	dáblio	[dʹablju]
x	xis	[ʃis]
y	ípsilon	[ʹipsilõw]
z	zê	[zʹe]

O som das consoantes **ch, ll** e **ñ** do espanhol é representado em português pelos grupos de letras **ch, lh** e **nh,** respectivamente.

II – Símbolos fonéticos

1 – Vogais

Orais

    [a]   c**a**ro [kʹaru]
    [ɛ]   f**é** [fʹɛ]
    [e]   d**e**do [dʹedu]
    [i]   v**i**da [vʹidə]; dent**e** [dʹêti]
    [ɔ]   n**ó** [nʹɔ]

[o]	nome [n′omi]
[u]	uva [′uva]; livro [l′ivru]
[ə]	mesa [m′esə]
[ʌ]	cama [k′ʌma]; cana [k′ʌna]

Nasais

[ã]	canto [k′ãtu]
[ẽ]	dente [d′ẽti]
[ĩ]	fim [f′ĩ]
[õ]	onça [′õsə]
[ũ]	bumbo [b′ũbu]

Semivogais

[j]	peixe [p′ejʃi]
[w]	para u brando ou l final: mau [m′aw], mal [m′aw]

2 – Consoantes

[b]	bêbado [b′ebadu]
[d]	dado [d′adu]
[f]	faca [f′aka]
[g]	para g diante de a, o, u: gato [g′atu], goma [g′oma], guerra [g′ɛr̄a]
[ʒ]	para g diante de e, i: gelo [ʒ′elu], gigante [ʒig′ãti]; para j: jato [ʒ′atu]
[k]	para c diante de a, o, u ou diante de consoante: casa [k′azə], caqui [kak′i], comida [kom′idə], cubo [k′ubu], pacto [p′aktu], ficção [fiks′ãw]; para qu: queijo [k′ejʒu]
[l]	lago [l′agu]
[λ]	para lh: lhama [λ′ãmə], calha [k′aλə], equivale ao ll espanhol
[m]	maçã [mas′ã]
[n]	nada [n′ada]
[ñ]	para nh: linho [l′iñu], equivale ao ñ espanhol
[p]	pato [p′atu]
[r]	para r brando: arma [′arma], achar [aʃ′ar]
[r̄]	para r forte e aspirado, inicial ou rr: rato [r̄′atu], correr [kor̄′er]; para h inicial aspirado de palavras de origem estrangeira: hobby [r̄′ɔbi]
[s]	para s inicial ou diante de consoante, e para ss: seda [s′eda], frasco [fr′asku], sossego [sos′egu]; para c diante de e, i e para ç: cego [s′ɛgu], cinema [sin′ema], caça [k′asə]; para x diante de consoante: explosivo [esploz′ivu]
[ʃ]	para ch ou x: cheiro [ʃ′ejru]; enxame [ẽʃ′ʌmi], xarope [ʃar′ɔpi]
[t]	tudo [t′udu]
[v]	vista [v′istə]
[z]	para s intervocálico, z ou x diante de vogal: rosa [r̄′ozə], zebra [z′ebrə], exemplo [ez′emplu]

Abreviaturas usadas neste dicionário

abrev	abreviatura
adj	adjetivo
adv	adverbio / advérbio
Aeron	Aeronáutica
Agric	Agricultura
AL	América Latina
Am	América
Am Cen	América Central
Am S	América do Sul
Anat	Anatomía / Anatomia
Antrop	Antropología / Antropologia
Arg	Argentina
Arit	Aritmética
Arqueol	Arqueología / Arqueologia
Arquit	Arquitectura / Arquitetura
art	artículo / artigo
Art Plást	Artes Plásticas
Art Gráf	Artes Gráficas
Astrol	Astrología / Astrologia
Astron	Astronomía / Astronomia
Biol	Biología / Biologia
Bol	Bolívia
Bot	Botánica / Botânica
chin	chino / chinês
Cin	Cine / Cinema
Colôm	Colômbia
coloq	lenguaje coloquial / linguagem coloquial
Com	comércio / comercial
conj	conjunción / conjunção
Constr	Construcción / Construção
contr	contracción / contração
CR	Costa Rica
CS	Cono Sur / Cone Sul
Cul	Culinaria / Culinária
dem	demostrativo / demonstrativo
Dep	Deporte
deprec	depreciativo
Der	Derecho
despec	despectivo
Dir	Direito
Ecles	Eclesiástico
Econ	Economía / Economia
Electr	Electricidad

elem comp	elemento de composição
Eletr	Eletricidade
El Sal	El Salvador
Entom	Entomologia
Eq	Equador
Esp	Esporte
excl	exclamativo
f	femenino / feminino
fam	lenguaje familiar / linguagem familiar
Farm	Farmacia / Farmácia
fem	femenino / feminino
fig	lenguaje figurado / linguagem figurada
Filos	Filosofía / Filosofia
Fís	Física
Fisiol	Fisiología / Fisiologia
Fot	Fotografía / Fotografia
fr	francés / francês
Fút	Fútbol
Fut	Futebol
Geogr	Geografía / Geografia
Geol	Geología / Geologia
Geom	Geometría / Geometria
Gram	Gramática
Guat	Guatemala
Heráld	Heráldica
Hist	Historia / História
Hon	Honduras
Ictiol	Ictiología / Ictiologia
Impr	Imprenta / Imprensa
indef	indefinido
infinit	infinitivo
Inform	Informática
ingl	inglés / inglês
inter	interrogativo
interj	interjección / interjeição
inv	invariable / invariável (singular ou plural)
iron	ironía / ironia
irreg	irregular
ital	italiano
Jur	Jurídico
Ling	Lingüística
Lit	Literatura
loc adv	locución adverbial / locução adverbial
loc conj	locución conjuntiva / locução conjuntiva
loc prep	locución prepositiva / locução prepositiva
m	masculino
Mar	Mariña / Marinha

masc	masculino
Mat	Matemáticas / Matemática
Mec	Mecánica / Mecânica
Med	Medicina
Méx	México
Mil	Militar
Miner	Mineralogía / Mineralogia
Mitol	Mitología / Mitologia
Mús	Música
Náut	Náutica
num	numeral
Ornit	Ornitología / Ornitologia
Ortogr	Ortografía / Ortografia
Oftalm	Oftalmología / Oftalmologia
Pan	Panamá
Par	Paraguai
part	participio / particípio
p ej	por ejemplo
p ex	por exemplo
p ext	por extensión / por extensão
Patol	Patología / Patologia
pers	persona
pes	pessoa
Pint	pintura
pl	plural
poét	Poético
Polít	Política
pop	popular
pos	posesivo / possessivo
prep	preposición / preposição
P Rico	Porto Rico
pron	pronombre / pronome
pron dem	pronombre demostrativo / pronome demonstrativo
pron excl	pronombre exclamativo / pronome exclamativo
pron inter	pronombre interrogativo / pronome interrogativo
pron pers	pronombre personal
pron pess	pronome pessoal
pron pos	pronombre posesivo / pronome possessivo
pron relat	pronombre relativo / pronome relativo
prov	provérbio
Psicol	Psicología / Psicologia
Psiq	Psiquiatría / Psiquiatria
Quím	Química
Rel	Religión / Religião
relat	relativo
s	substantivo
sf	substantivo femenino / substantivo feminino

Sin	Sinónimo / Sinônimo
sing	singular
sm	substantivo masculino
Teat	teatro
Téc	Lenguaje técnico / Linguagem técnica
Tecnol	Tecnología / Tecnologia
Telecom	Telecomunicación / Telecomunicação
Telev	Televisión / Televisão
Tip	Tipografía / Tipografia
Ur	Uruguai
V	véase / ver
vaux	verbo auxiliar
Var	Variante
Ven	Venezuela
Veter	Veterinaria / Veterinária
vi	verbo intransitivo
vimp	verbo impersonal / verbo impessoal
vlig	verbo de ligação
vpr	verbo pronominal
vt	verbo transitivo
vtd	verbo transitivo direto
vti	verbo transitivo indireto
vulg	lenguaje vulgar / vulgar
Zool	Zoología / Zoologia

ESPAÑOL-PORTUGUÉS
ESPANHOL-PORTUGUÊS

a¹, A [a] *sf* Primeira letra do alfabeto espanhol.

a² [a] *prep* A, para.

a⁻³ [a] *pref* -A. *el ateísmo niega la existencia de Dios* / o ateísmo nega a existência de Deus.

a.bad [ab´ad] *sm Rel* Abade.

a.ba.de.sa *sf Rel* Abadessa.

a.ba.dí.a [abad´ia] *sf Rel* Abadia, mosteiro.

a.ba.jo [ab´aho] *adv* **1** Abaixo. *la ciudad se vino abajo por causa del terremoto* / a cidade veio abaixo por causa do terremoto. **2** Embaixo. *dejó los zapatos bajo la cama* / deixou os sapatos embaixo da cama. **cuesta abajo** ladeira abaixo.

a.ba.lo.rio [abal´orjo] *sm* **1** Conta (de rosário, colar etc.). **2** Penduricalho, balangandã.

a.ba.na.dor [abanad´or] *sm* Abanador, abano, ventarola.

a.ba.nar [aban´ar] *vt* Abanar.

a.ban.do.nar [abandon´ar] *vt+vpr* Abandonar: a) desamparar. b) desistir, largar. c) evacuar. *los habitantes abandonaron la ciudad antes del huracán* / os moradores evacuaram a cidade antes do furacão. *vpr* d) render-se.

a.ban.do.no [aband´ono] *sm* Abandono.

a.ba.ni.car [abani´kar] *vt+vpr* Abanar.

a.ba.ni.co [aban´iko] *sm* Leque.

a.ba.ra.tar [abarat´ar] *vt+vpr* Baratear.

a.bar.car [abark´ar] *vt* Rodear, incluir, abranger, acumular.

a.ba.rro.tar [abar̄ot´ar] *vt* Abarrotar, encher (demais), lotar, entupir.

a.bas.te.cer [abasteθ´er] *vt+vpr* Abastecer, prover. *Sin: aprovisionar.* • crecer.

a.bas.te.ci.mien.to [abasteθimj´ento] *sm* Abastecimento. *la lluvia provocó problemas en el abastecimiento de agua potable* / as chuvas ocasionaram problemas no abastecimento de água potável.

a.ba.tir [abat´ir] *vt+vpr* Abater: a) derrubar. b) baixar, abaixar. c) humilhar. d) abalar-se, perder a resistência.

ab.di.car [abdik´ar] *vt* Abdicar, desistir. → atacar.

ab.do.men [abd´omen] *sm Anat* Abdome, abdômen.

ab.do.mi.nal [abdomin´al] *adj* Abdominal. • *sm* **1** *Anat* Músculo do abdome. **2** *Dep* **abdominales** *pl* Movimentos que exercitam os músculos do abdome.

a.be.cé [abeθ´e] *sm V abecedario*.

a.be.ce.da.rio [abeθed´arjo] *sm* Abecedário, á-bê-cê, alfabeto. *Sin: abecé.*

a.be.ja [ab´eha] *sf Zool* Abelha.

a.be.rra.ción [aber̄aθj´on] *sf* Aberração, desvio, distorção.

a.ber.tu.ra [abert´ura] *sf* **1** Abertura. *la abertura de la objetiva regula la luz que entra en la cámara fotográfica* / a abertura da objetiva regula a luz que entra na câmera fotográfica. **2** Fenda, buraco. **3** Fresta, greta.

a.bier.to, -a [abj´erto] *adj* **1** Aberto. **2** Franco.

a.bis.mo [ab´ismo] *sm* Abismo.

a.blan.dar [abland´ar] *vt+vpr* **1** Abrandar. **2** Suavizar. **3** Fazer que alguém ceda em uma postura intransigente; mitigar a ira.

ab.ne.ga.ción [abnegaθj´on] *sf* Abnegação, desprendimento.

ab.ne.ga.do, -a [abneg´ado] *adj* Abnegado.

a.bo.chor.nar [abotʃornˊar] *vt+vpr* **1** Abafar. **2** Ruborizar, corar, envergonhar. *la cantante se abochornó cuando escuchó los aplausos del público* / a cantora ruborizou-se quando ouviu os aplausos do público.

a.bo.fe.tear [abofeteˊar] *vt* Esbofetear, estapear.

a.bo.ga.cí.a [abogaθˊia] *sf* Advocacia.

a.bo.ga.do, -a [abogˊado] *sm* Advogado. **abogado del diablo** advogado do diabo.

a.bo.gar [abogˊar] *vi* Advogar: a) defender (em juízo). b) interceder. *el sacerdote abogó por los prisioneros* / o sacerdote intercedeu pelos prisioneiros. → cargar.

a.bo.li.ción [aboliθjˊon] *sf* Abolição, supressão.

a.bo.lir [abolˊir] *vt* Abolir, revogar, suprimir. → Veja modelo de conjugação.

a.bo.llar [aboʎˊar] *vt* Amassar. *el árbol que cayó abolló el techo de un coche* / a árvore que caiu amassou o teto de um carro.

a.bo.mi.nar [abominˊar] *vt+vi* Abominar, aborrecer. Veja nota em **aborrecer** (espanhol).

a.bo.na.do [abonˊado] *adj+s* Assinante, consorciado.

a.bo.nar [abonˊar] *vt* **1** Abonar, aprovar. **2** Afiançar, garantir, creditar. **3** Adubar. *vt+vpr* **4** Assinar, fazer uma assinatura de. *vt* **5** *Com* Pagar (uma prestação). *quien no abona en la fecha correspondiente las cuotas debidas, debe pagar altos intereses* / quem não paga na data certa as prestações devidas, deve pagar juros altos.

a.bo.no [abˊono] *sm* **1** Adubo. *el humus es el mejor abono natural* / o húmus é o melhor adubo natural. **2** Abono, fiança, garantia. **3** Assinatura. **4** *Com* Prestação. Em português, a palavra **abono** utiliza-se também no sentido de "gratificação salarial", expressão que em espanhol corresponde a "aguinaldo". Veja outra nota em **abono** (português).

a.bor.da.je [abordˊahe] *sm* Abordagem. *la integración de la población de escasos recursos exige un abordaje amplio de todos los problemas sociales* / a integração da população carente exige uma abordagem ampla de todos os problemas sociais. As palavras terminadas em **-aje** pertencem, em espanhol, ao gênero masculino, como a abordagem, a paisagem, a viagem, a reportagem etc., que se traduzem: *el abordaje, el pasaje, el viaje, el reportaje*.

a.bor.dar [abordˊar] *vt* **1** Abordar, aproximar-se. **2** Chegar à borda de. **3** Discorrer sobre algum assunto.

a.bo.rre.cer [aboreθˊer] *vt* Abominar, detestar. *casi todo el mundo aborrece el lunes* / quase todo mundo detesta as segundas-feiras. → crecer. **Aborrecer**, em espanhol, quando conjugado como verbo pronominal, tem o mesmo sentido de **aburrir**.

a.bo.rre.ci.mien.to [aboreθimˊento] *sm* Aversão, ódio, abandono, tédio.

a.bor.tar [abortˊar] *vi+vt* **1** Abortar, interromper. **2** Fracassar.

a.bor.to [abˊorto] *sm* Aborto, fracasso.

a.bo.to.nar [abotonˊar] *vt+vpr* Abotoar.

a.bra.sa.dor, -ora [abrasadˊor] *adj* Abrasador, que queima. *en el desierto de Atacama, durante el día el calor es abrasador* / no deserto de Atacama, durante o dia o calor é abrasador.

a.bra.za.de.ra [abraθadˊera] *sf* Braçadeira, abraçadeira.

a.bra.zar [abraθˊar] *vt+vpr* Abraçar, envolver. → alzar.

a.bra.zo [abrˊaθo] *sm* Abraço.

a.bre.bo.te.llas [abrebotˊeʎas] *sm inv* Abridor.

a.bre.la.tas [abrelˊatas] *sm inv* Abridor. *el ama de casa abrió la lata de conservas con el abrelatas* / a dona de casa abriu a lata de conserva com o abridor.

a.bre.va.de.ro [abrebadˊero] *sm* Bebedouro (para animais).

a.bre.viar [abrebjˊar] *vt* Abreviar, resumir.

a.bre.via.tu.ra [abrebjatˊura] *sf* Abreviatura. *OMS es la abreviatura de la Organización Mundial de la Salud* / OMS é abreviatura de Organização Mundial da Saúde.

a.bri.dor, -ora [abridˊor] *adj* Abridor.

a.bri.gar [abrig´ar] *vt+vpr* **1** Abrigar, agasalhar. **2** Ter ideias ou afetos. *abrigar proyectos, esperanzas, sospechas, amor* / ter projetos, esperanças, suspeitas, amor. → cargar.

a.bri.go [abr´igo] *sm* **1** Refúgio. **2** Abrigo, agasalho. **3** Sobretudo, casaco. *mi mujer quiere comprar un abrigo de piel en París* / a minha mulher quer comprar um casaco de pele em Paris.

a.bril [abr´il] *sm* Abril.

a.brir [abr´ir] *vt+vpr* Abrir. **en un abrir y cerrar de ojos** num abrir e fechar de olhos. *Part irreg:* abierto.

a.bro.char [abrotʃ´ar] *vt+vpr* Abotoar, prender com botão.

a.bru.mar [abrum´ar] *vt* **1** Afligir, oprimir. **2** Aborrecer. **3** Preocupar seriamente. *la responsabilidad lo abruma* / a responsabilidade o oprime.

a.brup.to, -a [abr´upto] *adj* Abrupto: a) íngreme. *fig* b) áspero, rude.

ab.so.lu.ción [absoluθj´on] *sf* Absolvição. **absolución sacramental** absolvição sacramental.

ab.so.lu.to, -a [absol´uto] *adj* Absoluto: a) independente, irrestrito, infinito. b) incontestável. *el testigo juró decir la más absoluta verdad* / a testemunha jurou dizer a mais absoluta verdade. c) pleno, completo, cabal. *el hombre guardó silencio absoluto cuando oyó la noticia* / o homem guardou silêncio absoluto quando ouviu a notícia. • *sm* Absoluto. **en absoluto** em absoluto, de maneira nenhuma.

ab.sol.ver [absolβ´er] *vt* Absolver, perdoar. → morder. *Part irreg:* absuelto.

ab.sor.ben.te [absorβ´ente] *adj+sm* Absorvente.

ab.sor.ber [absorβ´er] *vt* Absorver.

ab.sor.to, -a [abs´orto] *adj* Absorto, distraído.

abs.te.mio, -a [abst´emjo] *adj+s* Abstêmio.

abs.te.ner.se [absten´erse] *vpr* Abster-se. *los que sufren de diabetes deben abstenerse de comer azúcar* / quem sofre de diabetes deve abster-se de comer açúcar. → tener.

abs.ti.nen.cia [abstin´enθja] *sf* Abstinência, privação.

abs.trac.to, -a [abstr´akto] *adj* Abstrato. **arte abstracto** arte abstrata.

abs.tra.er [abstra´er] *vt* Abstrair: a) separar. *cuando abstraemos un objeto de su entorno podemos estudiarlo con mayor facilidad* / quando abstraímos um objeto do seu entorno podemos estudá-lo com maior facilidade. *vi+vpr* b) prescindir. *vpr* c) abstrair-se. → traer.

ab.sur.do, -a [abs´urdo] *adj+s* Absurdo, incrível.

a.bu.che.ar [abu tʃe´ar] *vt* Vaiar. *la hinchada abucheó a los jugadores por la derrota* / a torcida vaiou os jogadores pela derrota.

a.bu.che.o [abutʃ´eo] *sm* Vaia.

a.bue.lo, -a [abw´elo] *s* Avô.

a.bul.tar [abult´ar] *vt* Avolumar, inchar, fazer volume.

a.bun.dan.cia [abund´anθja] *sf* Abundância: a) profusão. b) opulência, abastança.

a.bun.dan.te [abund´ante] *adj* Abundante.

a.bu.rri.do, -a [abuř´ido] *adj* Tedioso, enfadonho, chato, aborrecido.

a.bu.rri.mien.to [abuřimj´ento] *sm* Tédio, fastio. *el aburrimiento es la enfermedad de los ricos* / o tédio é a doença dos ricos.

a.bu.rrir [abuř´ir] *vt+vpr* Entediar, aborrecer. Veja nota em **aborrecer** (espanhol).

a.bu.sa.dor [abusad´or] *V abusón*.

a.bu.sar [abus´ar] *vi* Abusar, exorbitar.

a.bu.so [ab´uso] *sm* Abuso, excesso.

a.bu.són, -ona [abus´on] *adj+s* Abusado, aproveitador. *Sin:* abusador.

ab.yec.to, -a [aby´ekto] *adj* Abjeto, indigno, desprezível, vil. *la tortura es un crimen abyecto* / a tortura é um crime abjeto.

a.cá [ak´a] *adv* cá. **de acá para allá** daqui para lá.

a.ca.ba.do, -a [akab´ado] *adj* Acabado, completo. • *sm* Acabamento, remate.

a.ca.bar [akab´ar] *vt+vpr+vi* Acabar: a) terminar, concluir, findar. b) consumir, esgotar. c) matar. **de nunca acabar** assunto interminável. **se acabó lo que se daba** dar por terminada uma questão.

a.ca.de.mia [akaðémja] *sf* Academia.
a.ca.dé.mi.co, -a [akaðémiko] *adj* Acadêmico. • *s* Acadêmico: aquele que pertence a uma academia.
a.ca.e.cer [akaeθér] *vi* Acontecer, suceder, ocorrer. → conjuga-se apenas na 3.ª pessoa do singular e do plural.
a.ca.llar [aka λár] *vt* **1** (Fazer) Calar. **2** Aplacar, acalmar, sossegar, aquietar.
a.ca.lo.rar [akalorár] *vt* **1** Acalorar. *vpr* **2** Animar-se, entusiasmar-se. *vt* **3** Animar, excitar, entusiasmar.
a.cam.par [akampár] *vi+vt+vpr* Acampar.
a.can.ti.la.do [akantilaðo] *adj* Alcantilado, escarpado, íngreme. • *sm* Alcantil.
a.ca.pa.rar [akaparár] *vt* Açambarcar, monopolizar.
a.ca.ri.ciar [akariθjár] *vt* Acariciar, acarinhar, afagar.
a.ca.rre.ar [akar̃eár] *vt* Acarretar: a) transportar. b) causar, ocasionar.
a.ca.so [akáso] *sm* Acaso, casualidade. • *adv* Acaso, talvez, porventura. *¿sabemos acaso vivir la vida?* / sabemos, porventura, viver a vida?
a.ca.tar [akatár] *vt* Acatar, obedecer.
a.ca.ta.rrar [akatar̃ár] *vt+vpr* Resfriar, constipar.
a.cau.da.la.do, -a [akawdaláðo] *adj* Abastado, endinheirado. *Simón Bolívar fue un hombre acaudalado* / Simón Bolívar foi um homem abastado.
ac.ce.der [akθeðér] *vi* **1** Concordar, consentir. **2** Ter acesso a. *el hacker accedió a numerosas cuentas bancarias* / o *hacker* teve acesso a numerosas contas bancárias.
ac.ce.si.ble [akθesíble] *adj* Acessível, que é fácil de atingir.
ac.ce.so [akθéso] *sm* Acesso: a) entrada. b) passagem. c) ímpeto. *rompió todos los platos en un acceso de rabia* / quebrou todos os pratos num acesso de raiva.
ac.ce.so.rio, -a [akθesórjo] *adj* Acessório, complementar. • *sm* Ferramenta, suplemento.
ac.ci.den.ta.do, -a [akθiðentáðo] *adj* Acidentado: a) agitado. b) irregular (terreno). • *adj+s* Acidentado, vítima (de acidente).

ac.ci.den.tal [akθiðentál] *adj* Acidental: a) acessório. b) casual.
ac.ci.den.te [akθiðénte] *sm* Acidente, ocorrência. **accidente de trabajo** acidente de trabalho.
ac.ción [akθjón] *sf* Ação. **película de acción** filme de ação.
ac.cio.nar [akθjonár] *vt* Acionar: a) pôr em ação, em funcionamento, em movimento. b) gesticular.
ac.cio.nis.ta [akθjonísta] *s Econ* Acionista.
a.ce.char [aθetʃár] *vt* Espreitar, espiar.
a.ce.cho [aθétʃo] *sm* Espreita. *el león espera al acecho de su víctima* / o leão aguarda à espreita da sua vítima.
a.cei.tar [aθejtár] *vt* **1** Azeitar. **2** Lubrificar.
a.cei.te [aθéjte] *sm* **1** Azeite. **2** Óleo. **echar aceite al fuego** pôr lenha na fogueira.

Em português, a palavra **azeite** utiliza-se apenas para denominar o óleo de azeitona ou oliva. A palavra "óleo" é usada para referir-se aos outros tipos de óleos comestíveiss. Em espanhol, porém, **aceite** é a denominação usada para referir-se a todos os tipos de óleos comestíveis. *el aceite de girasol no tiene colesterol* / o óleo de girassol não tem colesterol.

a.cei.to.so, -a [aθejtóso] *adj* Oleoso, gorduroso. *el aguacate es un fruto aceitoso* / o abacate é um fruto gorduroso.
a.cei.tu.na [aθejtúna] *sm Bot* Azeitona.
a.ce.le.ra.ción [aθeleraθjón] *sf* Aceleração.
a.ce.le.ra.dor, -ora [aθeleraðór] *adj+s* Acelerador.
a.ce.le.rar [aθelerár] *vt+vpr* Acelerar, apressar.
a.cel.ga [aθélga] *sf Bot* Acelga.
a.cen.to [aθénto] *sm* **1** Acento. *en español sólo existe el acento agudo* / em espanhol só existe o acento agudo. **2** Sotaque. *es fácil reconocer el acento argentino* / é fácil de reconhecer o sotaque argentino. **3** Destaque, realce. *poner el acento en algo* / pôr acento em algo, colocar em destaque. **acento agudo** acento agudo. **acento circunflejo** acento circunflexo. **acento de**

intensidad acento de intensidade. **acento grave** acento grave.

a.cen.tua.ción [aθentwaθj´on] *sf* Acentuação.

a.cen.tuar [aθentw´ar] *vt* Acentuar: a) pôr acento. b) empregar acento ortográfico. c) frisar. d) realçar, salientar. *los médicos acentúan la importancia de la alimentación en el cuidado de la salud* / os médicos acentuam a importância da alimentação no cuidado da saúde. *vpr* e) aumentar, crescer. → atenuar.

a.cep.ción [aθepθj´on] *sf* Acepção, significação, sentido.

a.cep.ta.ble [aθept´aβle] *adj* Aceitável, admissível. *no existe un mínimo aceptable de nicotina para el ser humano* / não existe um mínimo aceitável de nicotina para o ser humano.

a.cep.ta.ción [aθeptaθj´on] *sf* Aceitação.

a.cep.tar [aθept´ar] *vt* Aceitar: a) receber. b) consentir. c) aprovar.

a.ce.quia [aθ´ekja] *sf* Acéquia, açude.

a.ce.ra [aθ´era] *sf* Calçada, passeio (público). *la joven caminaba por la acera mirando los escaparates de las tiendas* / a moça caminhava pela calçada olhando as vitrines das lojas.

a.cer.ca.mien.to, -a [aθerkamj´ento] *sm* Aproximação.

a.cer.car [aθerk´ar] *vt+vpr* Aproximar, acercar, achegar. → atacar.

a.ce.ro [aθ´ero] *sm* Aço. **acero inoxidable** aço inoxidável.

a.cer.tar [aθert´ar] *vt+vi* Acertar: a) atingir, alcançar. b) achar, descobrir, encontrar. → despertar.

a.cer.ti.jo [aθert´iho] *sf* Charada. *nadie consiguió resolver el acertijo que propuso el profesor* / ninguém conseguiu resolver a charada que o professor propôs.

a.cer.vo [aθ´erβo] *sm* Acervo.

a.cha.car [atʃak´ar] *vt* Achacar, acusar, imputar.

a.cha.que [atʃ´ake] *sm* Achaque, mal-estar.

a.cha.tar [atʃat´ar] *vt+vpr* Achatar, aplanar.

a.chi.car [atʃik´ar] *vt+vpr* Diminuir, reduzir. *la inflación achicó el poder de consumo* / a inflação diminuiu o poder de consumo. → atacar.

a.chi.cha.rrar [atʃitʃa r̃´ar] *vt+vpr* Torrar, tostar.

a.chi.co.ria [atʃik´orja] *sf Bot* Chicória.

a.cia.go [aθ´jago] *adj* Aziago, azarento, agourento, infausto, infeliz.

a.ci.ca.lar [aθikal´ar] *vt+vpr* **1** Polir. **2** Enfeitar.

a.ci.ca.la.do [aθikal´ado] *adj* Polido.

a.ci.ca.te [aθik´ate] *sm* **1** Espora. **2** Incentivo.

a.ci.dez [aθid´eθ] *sf* **1** Acidez. **2** Azia. *la acidez gástrica se debe al exceso de producción de ácido en el estómago* / a azia gástrica é provocada pelo excesso de produção de ácido no estômago.

á.ci.do, -a [´aθido] *adj* **1** Azedo. *el limón tiene un gusto ácido* / o limão tem um gosto azedo. **2** Ácido. • *sm Quím* Ácido.

a.cier.to [aθj´erto] *sm* Acerto: a) ajuste. b) sensatez, prudência, tino, sabedoria. c) acaso.

a.cla.mar [aklam´ar] *vt* Aclamar, saudar.

a.cla.ra.ción [aklaraθj´on] *sm* Esclarecimento.

a.cla.rar [aklar´ar] *vt+vpr+vi* **1** Aclarar: a) clarear. b) esclarecer, elucidar, explicar. *el profesor aclara las dudas a los alumnos* / o professor esclarece as dúvidas dos alunos. c) iluminar, alumiar. d) desanuviar-se. *vt* **2** Enxaguar.

a.cli.ma.tar [aklimat´ar] *vt+vpr* Aclimar, aclimatar.

ac.né [akn´e] *sm Med* Acne.

a.co.bar.dar [akoβard´ar] *vt+vi+vpr* Acovardar, amedrontar.

a.co.ge.dor, -ora [akohed´or] *adj* **1** Acolhedor, hospitaleiro, receptivo. **2** Aconchegante. *Ouro Preto es una ciudad acogedora / Ouro Preto é uma cidade aconchegante*.

a.co.ger [akoh´er] *vt+vpr* Acolher: a) hospedar, receber. b) admitir, aceitar.

a.co.gi.da [akoh´ida] *sf* Acolhida, acolhimento.

a.col.cha.do [akoltʃ´ado] *adj* Acolchoado, estofamento.

a.co.me.ter [akomet´er] *vt* Acometer, atacar.

a.co.me.ti.da [akomet´ida] *sf* Acometida, acometimento, ataque.

a.co.mo.da.do, -a [akomod´ado] *adj* **1** Acomodado: a) adequado, cômodo. b) sossegado. **2** À vontade. **3** Rico, abastado. *como era hijo de un hombre acomodado, nunca tuvo que trabajar para ganarse la vida* / como era filho de um homem abastado, nunca precisou trabalhar para ganhar a vida.

a.co.mo.da.dor [akomodad´or] *s* Vaga-lume, lanterninha. *el acomodador buscaba un asiento vacío en la oscuridad del cine* / o lanterninha procurava um assento desocupado na escuridão do cinema.

a.co.mo.dar [akomod´ar] *vt+vi+vpr* Acomodar.

a.com.pa.ña.mien.to [akompañamj´ento] *sm* Acompanhamento.

a.com.pa.ñan.te [akompañ´ante] *adj+s* Acompanhante.

a.com.pa.ñar [akompañ´ar] *vt+vpr* Acompanhar, estar junto.

a.com.pa.sa.do, -a [akompas´ado] *adj* Compassado, cadenciado, ritmado.

a.com.ple.ja.do [akompleh´ado] *adj* Complexado.

a.con.di.cio.nar [akondiθjon´ar] *vt* Acondicionar, acomodar.

a.con.go.jar [akongoh´ar] *vt+vpr* **1** Entristecer, afligir. **2** Inquietar.

a.con.se.ja.ble [akonseh´able] *adj* Aconselhável, recomendável. *no es aconsejable trabajar los fines de semana.* não é aconselhável trabalhar nos fins de semana.

a.con.se.jar [akonseh´ar] *vt+vpr* Aconselhar, orientar.

a.con.te.cer [akonteθ´er] *vi* Acontecer, suceder. → conjuga-se apenas na 3.ª pessoa do singular e na do plural.

a.con.te.ci.mien.to [akonteθimj´ento] *sm* Acontecimento, sucesso, fato, evento. *los ambientalistas están preocupados con los últimos acontecimientos climáticos* / os ambientalistas estão preocupados com os últimos acontecimentos climáticos.

a.co.piar [akopj´ar] *vt* Juntar (provisões), abastecer.

a.co.pla.mien.to [akoplamj´ento] *sm* **1** Acoplamento. **2** Acasalamento. **3** *Mec* Engate.

a.co.plar [akopl´ar] *vt+vpr* **1** Acoplar. **2** Acasalar.

a.co.ra.za.do, -a [akoraθ´ado] *s Mar* Encouraçado.

a.cor.dar [akord´ar] *vt* **1** Acordar, concordar, combinar. **2** Conciliar, acomodar. *vpr* **3** Lembrar-se. → aprobar.

Em português, **acordar** significa também "despertar": *los domingos siempre despertamos tarde* / aos domingos sempre acordamos tarde.

a.cor.de [ak´orde] *adj* Acorde: a) conforme, concorde. b) harmônico, afinado. • *sm Mús* Acorde. *el público guardó silencio al oír los primeros acordes musicales* / o público fez silêncio ao ouvir os primeiros acordes musicais.

a.cor.deón [akorde´on] *sm Mús* **1** Acordeão. **2** *Méx fam* Cola, cópia. *todos los alumnos llevaron un acordeón porque la prueba era muy difícil* / todos os alunos levaram uma cola, pois a prova era muito difícil.

a.co.rra.lar [akorˉal´ar] *vt* Encurralar, cercar.

a.cor.tar [akort´ar] *vt+vi+vpr* Encurtar, diminuir.

a.co.sar [akos´ar] *vt* **1** Acossar, perseguir. **2** Assediar.

a.co.so [ak´oso] *sm* Assédio. **acoso moral** assédio moral. **acoso sexual** assédio sexual.

a.cos.tar [akost´ar] *vt+vi+vpr* Deitar. *antiguamente los niños se acostaban más temprano* / antigamente as crianças se deitavam mais cedo. → aprobar.

a.cos.tum.bra.do [akostumbr´ado] *adj* Acostumado, habitual, usual.

a.cos.tum.brar [akostumbr´ar] *vt+vi+vpr* **1** Costumar: a) fazer adquirir o costume. b) ter por costume. *los japoneses no acostumbran saludarse con un apretón de manos* / os japoneses não costumam cumprimentar-se com aperto de mãos. c) acostumar-se. *vpr* **2** Habituar-se.

a.cre[1] [´akre] *sm* Acre, medida agrária.

a.cre[2] [´akre] *adj* Acre, áspero.

a.cre.di.tar [akredit´ar] *vt* **1** *Com* Creditar. **2** Credenciar, habilitar.

Em português, **acreditar** também quer dizer "crer", que corresponde a **creer** em espanhol. *mi hijo todavía cree en Papá Noel* / meu filho ainda acredita em Papai Noel.

a.cre.e.dor, -ora [akre(e)d´or] *adj+s* **1** Credor. **2** Digno, merecedor.

a.cri.bi.llar [akribiλ´ar] *vt* **1** Crivar, furar. **2** Lançar em grande quantidade.

a.crí.li.co, -a [akr´iliko] *adj Quím* Acrílico.

a.cro.ba.cia [akrob´aθja] *sf* Acrobacia.

a.cró.ba.ta [akr´obata] *s* Acrobata, malabarista, equilibrista.

a.cro.fo.bia [akrof´obja] *sf Psicol* Acrofobia.

ac.ta [´akta] *sf* Ata, registro.

ac.ti.tud [aktit´ud] *sf* Atitude, comportamento.

ac.ti.var [aktib´ar] *vt+vpr* Ativar, pôr em ação.

ac.ti.vi.dad [aktibid´ad] *sf* Atividade. *la actividad física es importante para la salud* / a atividade física é importante para a saúde. **en actividad** na ativa.

ac.ti.vo, -a [akt´ibo] *adj* Ativo, atuante. • *sm Econ* Ativo.

ac.to [´akto] *sm* Ato, ação. **acto continuo** ato contínuo. **hacer acto de presencia** fazer presença.

ac.tor [akt´or] *sm* Ator, intérprete.

ac.triz [actriθ] *sf* Atriz, intérprete.

ac.tua.ción [aktwaθj´on] *sf* Atuação.

ac.tual [aktw´al] *adj* Atual, presente.

ac.tua.li.dad [aktwalid´ad] *sf* Atualidade. *los periódicos traen las noticias de la actualidad* / os jornais trazem as notícias da atualidade.

ac.tua.li.zar [aktwaliθ´ar] *vt+vpr* Atualizar, modernizar. → alzar.

ac.tuar [aktw´ar] *vt+vi* **1** Atuar. *los bomberos actuaron rápidamente para apagar el incendio* / os bombeiros atuaram rapidamente para apagar o incêndio. **2** Representar, interpretar, contracenar. *la famosa actriz brasileña actúa muy bien* / a famosa atriz brasileira interpreta muito bem. → atenuar.

a.cua.re.la [akwar´ela] *sf* Aquarela.

a.cua.rio[1] [akw´arjo] *adj+sm* (Signo de) Aquário.

a.cua.rio[2] [akw´arjo] *sm* Aquário.

a.cuar.te.lar [akwartel´ar] *vt+vpr Mil* Aquartelar, alojar em quartel.

a.cuá.ti.co, -a [akw´atiko] *adj* Aquático.

a.cu.chi.llar [akutʃiλ´ar] *vt* Esfaquear.

a.cu.dir [akud´ir] *vi* Acudir, socorrer.

a.cue.duc.to [akwed´ukto] *sm* Aqueduto. *en España aún se conservan acueductos de la época romana* / na Espanha ainda se conservam aquedutos da época romana.

a.cuer.do [akw´erdo] *sm* Acordo, ajuste, convênio. **si mal no me acuerdo** se não me engano.

a.cu.mu.la.ción [akumulaθj´on] *sf* Acumulação, ajuntamento.

a.cu.mu.lar [akumul´ar] *vt+vpr* Acumular, amontoar, juntar.

a.cu.nar [akun´ar] *vt* Embalar (a criança no berço ou no peito), ninar. Veja nota em **embalar** (espanhol).

a.cu.ñar [akuñ´ar] *vt* Cunhar, amoedar.

a.cuo.so, -a [akw´oso] *adj* **1** Aquoso. **2** Suculento. *la sandía es una fruta acuosa* / a melancia é uma fruta suculenta. **humor acuoso** humor aquoso.

a.cu.pun.tu.ra [akupunt´ura] *sf Med* Acupuntura.

a.cu.rru.car.se [akuɾuk´arse] *vpr* Encolher-se (por causa do frio ou um outro motivo). *los gatitos se acurrucaron de frío en el patio de la casa* / os gatinhos encolheram-se de frio no quintal da casa. → atacar.

a.cu.sa.ción [akusaθj´on] *sf* Acusação, denúncia.

a.cu.sa.do, -a [akus´ado] *adj* Acusado, incriminado, denunciado. • *s Der* Acusado.

a.cu.sa.dor [akusa´or] *adj+sm* Acusador.

a.cu.sar [akus´ar] *vt+vpr* Acusar: a) imputar, culpar. b) denunciar. c) confessar.

a.cús.ti.co, -a [ak´ustiko] *adj* Acústico. • *sf* Acústica.

a.da.gio [ad´ahjo] *sm* **1** Adágio, provérbio, ditado. *según el adagio, "dime con quién andas y te diré quién eres"* / segundo o ditado, "dize com quem andas e te direi quem és". **2** *Mús* Adágio.

a.dap.ta.ble [adapt´able] *adj* Adaptável, ajustável.

a.dap.ta.ción [adaptaθj´on] *sf* Adaptação, ajuste.

a.dap.ta.dor [adaptad´or] *adj+sm* Adaptador.

a.dap.tar [adapt´ar] *vt+vpr* Adaptar: a) amoldar, ajustar, conformar. b) amoldar-se, ambientar-se. *los extranjeros se adaptan fácilmente a vivir en Brasil* / os estrangeiros ambientam-se facilmente a viver no Brasil.

a.de.cua.do, -a [adekw´ado] *adj* Adequado, apropriado, conveniente.

a.de.cuar [adekw´ar] *vt+vpr* Adequar, amoldar, adaptar, ajustar. → atenuar.

a.de.fe.sio [adef´esjo] *sm* Mostrengo. *¡salí pésimo en la foto, parezco un adefesio!* / saí péssimo na foto, pareço um mostrengo!

a.de.lan.ta.do, -a [adelant´ado] *adj* Adiantado, avançado. **por adelantado** adiantado.

a.de.lan.tar [adelant´ar] *vt+vpr* **1** Adiantar. **2** Ultrapassar. *se prohíbe adelantar en las curvas* / é proibido ultrapassar nas curvas. **3** Antecipar.

a.de.lan.te [adel´ante] *adv* Adiante. • *interj* **¡adelante!** Adiante!

a.de.lan.to [adel´anto] *sm* **1** Adiantamento. **2** Melhoria, progresso.

a.del.ga.zar [adelgaθ´ar] *vt+vpr* Emagrecer. → alzar.

a.de.mán [adem´an] *sm* Gesto.

a.de.más [adem´as] *adv* Ademais, além de. *además de inglés él estudia alemán* / além de inglês ele estuda alemão.

a.den.tro [ad´entro] *adv* Adentro, dentro.

a.dep.to, -a [ad´epto] *adj+s* Adepto, partidário.

a.de.re.zar [adereθ´ar] *vt+vpr* **1** Enfeitar. *vt* **2** *Cul* Temperar. *los mexicanos aderezan la comida con mucha pimienta* / os mexicanos temperam a comida com muita pimenta. → alzar.

a.de.re.zo [ader´eθo] *sm* **1** Adereço, enfeite. **2** *Cul* Tempero, condimento.

a.deu.dar [adewd´ar] *vt* Dever, endividar.

ad.he.rir [ader´ir] *vt+vi+vpr* **1** Colar. *vi+vpr* **2** Aderir. → mentir.

ad.he.sión [adesj´on] *sf* Adesão.

ad.he.si.vo, -a [ades´ibo] *adj+s* Adesivo.

a.di.ción [adikθj´on] *sf* Adição: a) acréscimo, aditamento. b) *Mat* soma.

a.dies.tra.mien.to [adjestramj´ento] *sm* Adestramento. *era un perro tan fiero que tuvo que ser sometido a adiestramiento* / era um cão tão bravo que teve de ser submetido a adestramento.

a.dies.trar [adjestr´ar] *vt+vpr* Adestrar, treinar.

a.di.ne.ra.do, -a [adiner´ado] *adj* Endinheirado, rico.

a.diós [adj´os] *interj* **¡adiós!** Adeus. • *sm* Adeus, despedida.

a.di.po.so, -a [adip´oso] *adj* Adiposo, gorduroso. **tejido adiposo** tecido adiposo.

a.di.vi.nan.za [adibin´anθa] *sf* Adivinhação.

a.di.vi.nar [adibin´ar] *vt* Adivinhar, prever.

a.di.vi.no, -a [adib´ino] *s* Adivinho.

ad.je.ti.vo, -a [adhet´ibo] *adj+s* *Gram* Adjetivo.

ad.jun.tar [adhunt´ar] *vt* Anexar, enviar junto.

Em português, **ajuntar** significa "pôr junto, unir, reunir" acepções que não correspondem ao espanhol.

ad.jun.to [adh´unto] *adj* Adjunto, anexo. • *s* Adjunto, auxiliar, ajudante, assistente.

ad.mi.nis.tra.ción [administraθj´on] *sf* Administração.

ad.mi.nis.tra.dor, -ora [administrad´or] *adj+s* Administrador, organizador.

ad.mi.nis.trar [administr´ar] *vt* Administrar: a) governar, dirigir. b) gerir. *vt+vpr* c) ministrar (medicamentos).

ad.mi.ra.ble [admir´able] *adj* Admirável, notável.

ad.mi.ra.ción [admiraθj´on] *sf* Admiração, respeito.

ad.mi.ra.dor, -ora [admirad´or] *adj+s* Admirador.

ad.mi.rar [admir´ar] *vt* **1** Admirar. *vt+vpr* **2** Contemplar (com agrado), apreciar, estimar. *vpr* **3** Estranhar.

ad.mi.si.ble [admis´ible] *adj* Admissível, aceitável.

ad.mi.sión [admisjˊon] *sf* **1** Admissão, consentimento. **2** Entrada, ingresso.
ad.mi.tir [admitˊir] *vt* Admitir, aceitar, permitir, tolerar.
a.do.bar [adobˊar] *vt* Adubar, temperar, guisar, condimentar.
a.doc.tri.nar [adoktrinˊar] *vt* Doutrinar.
a.do.le.cer [adoleθˊer] *vi* **1** Adoecer. **2** Sofrer, padecer. *muchos niños adolecen de desnutrición crónica* / muitas crianças padecem de desnutrição crônica. *vpr* **3** Condoer-se, compadecer-se. → crecer.
a.do.les.cen.cia [adolesθˊenθja] *sf* Adolescência.
a.do.les.cen.te [adolesθˊente] *adj+s* Adolescente.
a.don.de [adˊonde] *adv* Aonde.

Adonde leva acento agudo quando tem sentido interrogativo ou exclamativo: *¿adónde vas esta tarde?* / aonde você vai esta tarde?
O mesmo ocorre com: **cómo, cuál, cuán, cuándo, cuánto, dónde, qué, quién**: *¡cómo está lindo tu hijo!* / como está lindo seu filho! *¿cuál es tu número de teléfono?* / qual é o número do seu telefone? *¡cuán triste es esa canción!* / como é triste essa música! *¿cuándo vendrás a verme?* / quando você vem me ver? *¡cuánto tiempo sin verte!* / quanto tempo sem ver você! *¿dónde habré dejado mis gafas?* / onde terei deixado os meus óculos? *¡qué caros están los tomates!* / como estão caros os tomates! *¿quién es ese señor?* / quem é esse senhor?

a.dop.ción [adopθjˊon] *sf* Adoção.
a.dop.tar [adoptˊar] *vt* Adotar: a) Der tomar por filho a um filho de outrem. b) tomar, assumir.
a.dop.ti.vo, -a [adoptˊibo] *adj* Adotivo. **hijo adoptivo** filho adotivo.
a.do.quín [adokˊin] *sm* **1** Paralelepípedo. *la lluvia mojó los adoquines de la vieja callejuela* / a chuva molhou os paralelepípedos da velha ruela. **2** Caramelo de tamanho grande e de forma parecida ao paralelepípedo. **3** *fam* Pessoa torpe ou ignorante.
a.do.qui.nar [adokinˊar] *vt* Empedrar, revestir (com paralelepípedos).
a.do.ra.ble [adorˊable] *adj* Adorável, encantador. *la profesora de piano era una viejecita adorable* / a professora de piano era uma velhinha adorável.
a.do.ra.ción [adoraθjˊon] *sf* Adoração, veneração.
a.do.rar [adorˊar] *vt* Adorar: a) reverenciar, venerar. b) idolatrar, amar extremosamente. *cuando me casé adoraba a mi novio* / quando me casei adorava meu noivo. c) gostar muitíssimo. *¡adoro comer lasaña!* / adoro comer lasanha!
a.dor.me.cer [adormeθˊer] *vt+vpr* Adormecer. → crecer.
a.dor.nar [adornˊar] *vt+vpr* Adornar, enfeitar.
a.dor.no [adˊorno] *sm* Adorno, enfeite. *ya colocamos los adornos en el árbol de navidad* / já colocamos os enfeites na árvore de natal.
a.do.sar [adosˊar] *vtd* Aderir, unir, ligar, conjugar uma coisa a outra. *alquilamos una casa adosada en la playa* / alugamos uma casa conjugada na praia.
ad.qui.rir [adkirˊir] *vt* Adquirir: a) obter, conseguir, alcançar. b) comprar. c) granjear. → Veja modelo de conjugação.
ad.qui.si.ción [adkisiθjˊon] *sf* Aquisição, obtenção.
a.dre.de [adrˊede] *adv* De propósito, de caso pensado, intencionalmente. *mi hermano me pisó el pie adrede* / meu irmão pisou no meu pé de propósito.
a.dua.na [adwˊana] *sf* Alfândega, aduana.
a.dua.ne.ro, -a [adwanˊero] *adj* Alfandegário, aduaneiro. • *s* Aduaneiro. **unión aduanera** união aduaneira, união alfandegária.
a.du.cir [aduθˊir] *vt* Aduzir, alegar. → Veja modelo de conjugação.
a.due.ñar.se [adweñˊarse] *vpr* Apossar-se, apoderar-se, apropriar-se.
a.du.la.ción [adulaθjˊon] *sf* Adulação, bajulação.
a.du.la.dor [aduladˊor] *adj+s* Adulador, bajulador. **2** *vulg* Puxa-saco. *Sin*: adulón.
a.du.lar [adulˊar] *vt* Adular, bajular.
a.du.lón [adulˊon] *adj+s fam* V adulador.

a.dul.te.rar [adulter´ar] *vt+vpr* Adulterar, falsificar.

a.dul.te.rio [adult´erjo] *sm* Adultério.

a.dul.to, -a [ad´ulto] *adj+s* Adulto.

a.dus.to [ad´usto] *adj* **1** Ranzinza, desagradável. **2** Carrancudo.

ad.ve.ni.mien.to [adbenimj´ento] *sm* Advento, vinda, chegada. *el advenimiento de la democracia trajo la paz a nuestros países* / o advento da democracia trouxe a paz aos nossos países.

ad.ver.bio [adb´erbjo] *sm Gram* Advérbio.

ad.ver.sa.rio, -a [adbers´arjo] *adj+s* Adversário, inimigo, rival.

ad.ver.si.dad [adbersid´ad] *sf* Adversidade.

ad.ver.so, -a [adb´erso] *adj* Adverso, contrário, desfavorável. *el resultado adverso del partido fue un balde de agua fría para todos* / o resultado desfavorável do jogo foi um balde de água fria para todos.

ad.ver.ten.cia [adbert´enθja] *sf* Advertência, aviso.

ad.ver.tir [adbert´ir] *vt+vi* Advertir: a) notar, observar. *vt* b) chamar a atenção para. c) avisar, admoestar. → mentir.

ad.ya.cen.te [adyaθ´ente] *adj* Adjacente, próximo.

a.é.re.o, -a [a´ereo] *adj* Aéreo.

a.e.ró.dro.mo [aer´odromo] *sm* Aeródromo.

a.e.ro.mo.za [aerom´oθa] *sf AL* Comissária de bordo, aeromoça. *Sin: azafata.*

a.e.ro.náu.ti.ca [aeron´awtika] *sf* Aeronáutica.

a.e.ro.náu.ti.co [aeron´awtiko] *adj* Aeronáutico.

a.e.ro.na.ve [aeron´abe] *sf* Aeronave.

a.e.ro.pla.no [aeropl´ano] *sm* Aeroplano.

a.e.ro.puer.to [aeropw´erto] *sm* Aeroporto.

a.e.ro.sol [aeros´ol] *sm* Aerossol, pulverizador.

a.fa.ble [af´able] *adj* Afável, agradável, polido.

a.fa.ma.do, -a [afam´ado] *adj* Afamado, famoso, célebre.

a.fán [af´an] *sm* Afã: a) trabalho, faina. b) cansaço, fadiga. c) ânsia, entusiasmo. *los atletas entrenan mucho con el afán de vencer en las olimpiadas* / os atletas treinam muito na ânsia de vencer nas olimpíadas. d) pressa, azáfama.

a.fec.ción [afekθj´on] *sf Med* Doença, enfermidade. *el presidente falleció de una afección cardiaca* / o presidente faleceu de uma doença cardíaca.

a.fec.ta.ción [afektaθj´on] *sf* Afetação, presunção.

a.fec.ta.do, -a [afekt´ado] *adj* Afetado.

a.fec.tar [afekt´ar] *vt* Afetar: a) fingir, simular. b) comover, abalar. c) concernir, interessar. d) lesar.

a.fec.to^1, -a [af´ekto] *adj* Afeto, afeiçoado, dedicado.

a.fec.to^2, -a [af´ekto] *sm* Afeto, carinho, amor.

a.fec.tuo.so, -a [afektw´oso] *adj* Afetuoso, carinhoso.

a.fei.tar [afejt´ar] *vt+vpr* Barbear, fazer a barba. *mi padre se afeita todas las mañanas después de bañarse* / meu pai barbeia-se todas as manhãs depois de tomar banho.

a.fe.mi.na.do, -a [afemin´ado] *adj+s* Efeminado.

a.fe.rrar [afeř´ar] *vt+vi+vpr* Aferrar.

af.ga.no, -a [afg´ano] *adj+s* Afegane, afegão, natural do Afeganistão (Ásia).

a.fian.zar [afjanθ´ar] *vt+vpr* **1** Afiançar, ser fiador de. **2** Segurar: a) firmar, fixar. b) agarrar. **3** Assegurar, afirmar. *Juan aseveró que había visto un ovni* / Juan afirmou que tinha visto um óvni. **4** Fortalecer, consolidar. = alzar.

a.fi.che [afi´tʃe] *sm Am* Cartaz. *colocaron un afiche delante de la tienda para atraer a nuevos clientes* / colocaram um cartaz na frente da loja para atrair novos clientes.

a.fi.ción [afiθj´on] *sf* **1** Inclinação. **2** Torcida. *la afición ovacionó el triunfo de su equipo* / a torcida ovacionou o triunfo do seu time. **3** Afinco, empenho. *Miguel realizó la tarea con mucha afición* / Miguel realizou a tarefa com muito afinco.

a.fi.cio.na.do, -a [afiθjon´ado] *adj+s* **1** Aficionado. **2** Amador. • *s* Torcedor.

a.fi.cio.nar [afiθjon´ar] *vt+vpr* Afeiçoar, inclinar. *después que conoció a Fernan-*

do Pessoa, Ana se aficionó a la poesía / depois que conheceu Fernando Pessoa, Ana afeiçoou-se à poesia.

a.fi.lar [afilˊar] *vt* Afiar, amolar, aguçar.

a.fi.liar [afiljˊar] *vt+vpr* Afiliar, incluir.

a.fín [afˊin] *adj+s* Afim, próximo, semelhante.

a.fi.nar [afinˊar] *vt+vpr* **1** Afinar, apurar. **2** *Mús* Pôr no devido tom.

a.fi.ni.dad [afinidˊad] *sf* Afinidade, parentesco.

a.fir.ma.ción [afirmaθjˊon] *sf* Afirmação, afirmativa.

a.fir.mar [afirmˊar] *vt+vpr* **1** Afirmar: a) consolidar. b) asseverar. **2** Segurar-se.

a.fir.ma.ti.va [afirmatˊiba] *sf* Afirmativa, afirmação, asserção.

a.fir.ma.ti.vo, -a [afirmatˊibo] *adj* Afirmativo.

a.flic.ción [aflikθjˊon] *sf* Aflição.

a.fli.gir [aflihˊir] *vt+vpr* Afligir. → exigir.

a.flo.jar [aflohˊar] *vt+vi+vpr* Afrouxar. *aflojó el nudo de la corbata y respiró hondo* / afrouxou o nó da gravata e respirou fundo.

a.flo.rar [aflohˊar] *vi* Aflorar, emergir.

a.flu.en.te [aflwˊente] *sm* Afluente. *el río Negro es un afluente del río Amazonas* / o rio Negro é um afluente do rio Amazonas.

a.fo.ní.a [afonˊia] *sf Med* Afonia, rouquidão.

a.fó.ni.co, -a [afˊoniko] *adj* Afônico, rouco.

a.for.tu.na.da.men.te [afortunadamˊente] *adv* Felizmente.

a.for.tu.na.do, -a [afortunˊado] *adj* **1** Afortunado, feliz. **2** *fam* Sortudo.

a.fren.ta [afrˊenta] *sf* Afronta, ofensa. *las declaraciones del embajador fueron consideradas una afrenta para el país* / as declarações do embaixador foram consideradas como uma afronta para o país.

a.fren.tar [afrentˊar] *vt* Afrontar, insultar, ofender, injuriar.

a.fron.tar [afrontˊar] *vti* Enfrentar, desafiar.

a.fue.ra [afwˊera] *adv* Fora. • **afueras** *sf pl* Arredores. *mi tío vive en las afueras de la ciudad* / meu tio mora nos arredores da cidade.

a.ga.char [agatʃˊar] *vt+vi* **1** Abaixar (uma parte do corpo). *como es muy alto tiene que agachar la cabeza para pasar por la puerta* / como é muito alto tem de abaixar a cabeça para passar pela porta. *vpr* **2** Agachar-se.

a.ga.lla [agˊaʎa] *sf Zool* Guelra, brânquia.

a.ga.rra.do, -a [agařˊado] *adj* Avaro, agarrado, avarento, pão-duro.

Em português, **agarrado** também significa "preso" ou "seguro com força" e "apegado", acepções que não correspondem ao espanhol.

a.ga.rrar [agařˊar] *vt* Agarrar: a) pegar, apanhar, tomar. *vpr* b) valer-se.

a.ga.sa.jar [agasahˊar] *vt* **1** Obsequiar. **2** Acolher, recepcionar. Veja nota em **agasalhar**.

a.ga.sa.jo [agasˊaho] *sm* **1** Obséquio. **2** Presente.

a.gen.cia [ahˊenθja] *sf* Agência.

a.gen.da [ahˊenda] *sf* Agenda.

a.gen.te [ahˊente] *adj+s* Agente.

á.gil [ˊahil] *adj* Ágil: a) rápido, ligeiro, veloz. b) destro, hábil, desenvolto.

a.gi.li.dad [ahilidˊad] *sf* Agilidade, presteza.

a.gi.li.zar [ahiliθˊar] *vt* Agilizar, acelerar. *los aeropuertos agilizaron los controles aduaneros* / os aeroportos agilizaram os controles alfandegários. → alzar.

a.gi.ta.ción [ahitaθjˊon] *sf* Agitação, alvoroço.

a.gi.tar [ahitˊar] *vt+vpr* Agitar.

a.glo.me.ra.ción [aglomeraθjˊon] *sf* Aglomeração, agrupamento. *las aglomeraciones en las grandes ciudades son inevitables* / as aglomerações nas grandes cidades são inevitáveis.

a.glu.ti.nar [aglutinˊar] *vt+vpr* Aglutinar, unir, colar.

ag.nós.ti.co, -a [agnˊostiko] *adj+s* Agnóstico, descrente. *para los agnósticos la fe es una opción personal* / para os agnósticos a fé é uma opção pessoal.

a.go.biar [agobjˊar] *vt* Sobrecarregar, afligir.

a.go.bio [ag´objo] *sm* Angústia, aflição.
a.go.ní.a [agon´ia] *sf* Agonia, sofrimento.
a.go.ni.zan.te [agoniθ´ante] *adj+s* Agonizante.
a.go.ni.zar [agoniθ´ar] *vi* Agonizar, afligir. → alzar.
a.gos.to [ag´osto] *sm* Agosto.
a.go.ta.mien.to [agotamj´ento] *sm* Exaustão, esgotamento. *el exceso de trabajo provoca agotamiento físico y mental* / o excesso de trabalho provoca exaustão física e mental.
a.go.tar [agot´ar] *vt+vpr* Esgotar: a) exaurir. b) consumir. c) extenuar.
a.gra.da.ble [agrað´aβle] *adj* Agradável, prazeroso, atraente.
a.gra.dar [agrað´ar] *vi+vpr* Agradar, aprazer.
a.gra.de.cer [agraðeθ´er] *vt* Agradecer. → crecer.
a.gra.de.ci.do, -a [agraðeθ´iðo] *adj+s* Agradecido.
a.gra.de.ci.mien.to [agraðeθimj´ento] *sm* Agradecimento, gratidão.
a.gra.do [agr´aðo] *sm* Agrado: a) afabilidade, amabilidade, cortesia. b) aprazimento, satisfação, contentamento.
a.gran.dar [agrand´ar] *vt+vpr* Engrandecer.
a.gra.rio, -a [agr´arjo] *adj* Agrário, campestre.
a.gra.var [agraβ´ar] *vt+vpr* Agravar, piorar.
a.gra.vio [agr´aβjo] *sm* **1** Ofensa. **2** Prejuízo, dano.
a.gre.ga.do, -a [agreg´aðo] *s* **1** Adido (geralmente diplomatas e professores). **2** Agregado, conjunto.
a.gre.gar [agreg´ar] *vt+vpr* **1** Agregar. *vt* **2** Acrescentar. → cargar.
a.gre.sión [agresj´on] *sf* Agressão. *el racismo es una de las peores formas de agresión* / o racismo é uma das piores formas de agressão.
a.gre.si.vo, -a [agres´iβo] *adj* Agressivo, violento.
a.gre.sor, -ora [agres´or] *adj+s* Agressor.
a.gres.te [agr´este] *adj* Agreste, campestre. *el paisaje agreste llenaba de paz su corazón* / a paisagem agreste enchia de paz seu coração.
a.grí.co.la [agr´ikola] *adj* Agrícola.
a.gri.cul.tor, -ora [agrikult´or] *s* Agricultor.
a.gri.cul.tu.ra [agrikult´ura] *sf* Agricultura, lavoura.
a.gri.dul.ce [agrið´ulθe] *adj* Agridoce.
a.grie.tar [agrjet´ar] *vt* Rachar, fender-se.
a.grio, -a [´agrjo] *adj+s* Acre, azedo. *la despedida le dejó un gusto agrio en la boca* / a despedida deixou na sua boca um gosto acre.
a.gro.no.mí.a [agronom´ia] *sf* Agronomia.
a.gró.no.mo, -a [agr´onomo] *s* Agrônomo.
a.gro.pe.cua.rio, -a [agropekw´arjo] *adj* Agropecuário. *en América Latina la actividad agropecuaria es de gran importancia para la economía* / na América Latina a atividade agropecuária é de grande importância para a economia.
a.gru.pa.ción [agrupaθj´on] *sf* Agrupamento.
a.gru.par [agrup´ar] *vt+vpr* Agrupar, reunir em grupo.
a.gua [´agwa] *sf* Água. **agua bendita** água benta. **agua corriente** água encanada. **agua dulce** água doce. **agua dura** água dura. **aguas jurisdiccionales** águas territoriais. **agua mineral** água mineral. **agua oxigenada** água oxigenada. **agua pesada** água pesada. **agua salina** água salgada. **aguas menores** urina. **aguas territoriales** águas territoriais. **ahogarse en poca agua** fazer tempestade em copo d'água. **bañarse en agua de rosas** estar muito feliz. **claro como el agua** claro como água. **coger agua en cesto** carregar água em cesto. **coger agua en harnero** carregar água em peneira. **como agua** como água. **entre dos aguas** em cima do muro / não tomar partido / ficar neutro. **hacer agua** fazer água. **sacar agua de las piedras** tirar água de pedra. **tónica** água tônica. **sin decir agua va** sem avisar.
a.gua.ca.te [agwak´ate] *sm Bot* Abacate.
a.gua.ce.ro [agwaθ´ero] *sm* Aguaceiro, chuvarada.

a.gua.do, -a [agw´ado] *adj* Aguado, diluído. *como estoy haciendo dieta sólo puedo comer frutas y tomar jugos aguados* / como estou fazendo regime, somente posso comer frutas e beber sucos diluídos.

a.gua.fies.tas [agwafj´estas] *s inv fam* Desmancha-prazeres. *es mejor no contarle nuestros planes a los aguafiestas* / é melhor não falar dos nossos planos aos desmancha-prazeres.

a.guan.tar [agwant´ar] *vt* **1** Aguentar: a) sustentar, suportar. b) aturar, tolerar. *no aguanto el olor a cigarro* / não aguento o cheiro de charuto. *vpr* **2** Conter-se, reprimir-se, refrear-se.

a.guan.te [agw´ante] *sm* **1** Tolerância, paciência. **2** Resistência, vigor, ânimo. *se necesita aguante para enfrentar el día lunes* / é preciso ânimo para enfrentar a segunda-feira.

a.guar [agw´ar] *vt+vpr* Aguar. → averiguar.

a.guar.dar [agward´ar] *vt+vpr* Aguardar, esperar.

a.guar.die.nte [agwardj´ente] *sf* Aguardente, cachaça, pinga.

a.gu.de.za [agud´eθa] *sf* Agudeza, perspicácia, esperteza. *los profesores admiran la agudeza de sus alumnos* / os professores admiram a espertaza dos seus alunos.

a.gu.do, -a [ag´udo] *adj* Agudo: a) pontiagudo, afiado. b) perspicaz, sutil. c) intenso, forte. • *adj*+*sm* (Som) Agudo.

a.güe.ro [agw´ero] *sm* Agouro, presságio.

a.gui.jón [agih´on] *sm* Ferrão. *el aguijón del escorpión contiene un veneno mortal* / o ferrão do escorpião contém um veneno mortal.

á.gui.la [´agila] *sf Zool* Águia.

a.gui.nal.do [agin´aldo] *sm AL* Décimo terceiro salário, abono de Natal, gratificação natalina. *todos esperan el pago del aguinaldo para hacer sus compras de navidad* / todo mundo espera o pagamento do décimo terceiro para fazer as compras de natal. Veja nota em **abono** (espanhol).

a.gu.ja [ag´uha] *sf* Agulha. **aguja de gancho** agulha de crochê. **aguja de marear** / **aguja magnética** bússola. **buscar una aguja en un pajar** procurar agulha em palheiro.

a.gu.je.re.ar [aguhere´ar] *vt+vpr* Furar, esburacar, perfurar.

a.gu.je.ro [aguh´ero] *sm* Furo, buraco, orifício. *los calcetines eran tan viejos que ya tenían agujeros* / as meias estavam tão velhas que já tinham furos.

a.gu.zar [aguθ´ar] *vt* Aguçar, avivar.

¡ah! [a] *interj* Ah!

a.hí [a´i] *adv* Aí. **por ahí** por aí.

a.hi.ja.do, -a [ahj´ado] *s* Afilhado.

a.hin.co [a´inko] *sm* Afinco, empenho, dedicação. *los chicos estudiaron con ahínco para pasar de año* / os meninos estudaram com afinco para passar de ano.

a.ho.gar [aoɡ´ar] *vt+vpr* **1** Afogar, asfixiar. **2** Extinguir, apagar (o fogo). → cargar.

a.ho.go [a´oɡo] *sm* Sufoco. *en los últimos años la Argentina ha pasado un ahogo económico* / nos últimos anos a Argentina tem passado um sufoco econômico.

a.hon.dar [aond´ar] *vt+vi+vpr* Aprofundar, afundar.

a.ho.ra [a´ora] *adv* Agora. **ahora bien** agora, sendo assim. **ahora mismo** agora mesmo. **hasta ahora** até já. **por ahora** por agora.

a.hor.ca.do, -a [aork´ado] *adj+s* Enforcado.

a.hor.car [aork´ar] *vt+vpr* Enforcar. → atacar.

a.ho.rrar [aoř´ar] *vt+vpr* Poupar, economizar.

a.ho.rra.ti.vo, -a [aořat´ibo] *adj* Poupador, econômico. *gracias a su espíritu ahorrativo Felipe consiguió juntar el dinero para comprarse una casa* / graças ao seu espírito poupador, Felipe conseguiu juntar o dinheiro para comprar uma casa.

a.ho.rro [a´oře] *sm* **1** Poupança. **2 ahorros** *pl* pé-de-meia. **Caja de ahorros** Caixa econômica. **libreta de ahorros** caderneta de poupança.

a.hue.car [awek´ar] *vt* **1** Escavar, tornar cavo, côncavo, oco. *vt+vpr* **2** Afofar, tornar fofo. *vt* **3** Engrossar (a voz). → atacar.

a.hu.ma.do [awm´ado] *adj* Defumado. *de entrada comimos salmón ahumado* / comemos salmão defumado de entrada. • *sm* Defumação.
a.hu.mar [awm´ar] *vt* Defumar. → aunar.
a.hu.yen.tar [awyent´ar] *vtd* Afugentar, repelir.
ai.re [´ajre] *sm* **1** Ar: a) atmosfera. b) vento, brisa, aragem. c) aparência geral. **2** Semelhança. **3** Vaidade. **aire acondicionado** ar-condicionado. **aire comprimido** ar comprimido. **al aire libre** ao ar livre. **cambiar de aires** mudar de ares. **en el aire** no ar. **tomar el aire** tomar ar. **vivir del aire** viver de brisa.
ai.re.ar [ajre´ar] *vt+vpr* Arejar. *el empresario salió de vacaciones para airear la cabeza* / o empresário saiu de férias para arejar a cabeça.
ai.ro.so, -a [ajr´oso] *adj* Airoso, garboso.
a.is.la.do, -a [ajsl´ado] *adj* Isolado, separado, solitário, ilhado. *los habitantes del pueblo quedaron aislados por causa de la lluvia* / os moradores do povoado ficaram ilhados por causa da chuva.
a.is.la.mien.to [ajslamj´ento] *sm* Isolamento, afastamento.
a.is.lan.te [ajsl´ante] *adj+sm* Isolante. **cinta aislante** fita isolante.
a.is.lar [ajsl´ar] *vt+vpr* Isolar, afastar. → Veja modelo de conjugação.
a.jar [ah´ar] *vt+vpr* Estragar, maltratar. *el tiempo y la humedad ajaron los libros del viejo escritor* / o tempo e a umidade estragaram os livros do velho escritor.
a.je.drez [ahedr´eθ] *sm* Xadrez.
a.je.no, -a [ah´eno] *adj* Alheio, alienado. **ajeno de sí** absorto, alienado. **amigo de lo ajeno** amigo do alheio (ladrão).
a.je.treo [ahetr´eo] *sf* Azáfama, correria, corre-corre. *en el medio de la agitación ajetreo siempre hay un minuto para abrazar a los que amamos* / no meio da correria sempre temos um minuto para abraçar os que amamos.
a.jí [ah´i] *sm Bot Perú* **1** Pimenta. **2** Pimentão.
a.jo [´aho] *sm Bot* Alho.

Em português, **ajo** corresponde à primeira pessoa do singular do presente de indicativo do verbo agir, que, em espanhol, é "actúo": *siempre actúo rápidamente en caso de necesidad* / sempre ajo prontamente em caso de necessidade.

a.jon.jo.lí [ahonhol´i] *sm* Gergelim.
a.juar [ahw´ar] *sm* Enxoval.
a.jus.tar [ahust´ar] *vt+vpr* Ajustar: a) igualar. b) adaptar, acomodar, harmonizar. c) convencionar, combinar, estipular. d) combinar (o preço).
a.jus.te [ah´uste] *sm* Ajuste, acordo. **ajuste de cuentas** ajuste de contas.
a.jus.ti.ciar [ahustiθj´ar] *vt* Justiçar, executar.
al [al] *Gram contr prep* a+*art* el Ao. *al contrario de lo que se dice, la vida es mucho mejor ahora que antes* / ao contrário do que se diz, hoje a vida é muito melhor do que antigamente.
a.la [´ala] *sf* **1** Asa. **2** *Dep* Ala. **3** Aba (de chapéu). **4** Cada uma das partes que se estende ao lado do corpo principal de uma construção ou a divisão de um espaço. *el ala derecha del palco* / o lado direito do palco. **5** Cada uma das diversas tendências de um partido político ou organização. **6** *Dep* Lateral. **ahuecar el ala** bater asas, ir embora. **arrastrar el ala** arrastar a asa, ter uma queda por alguém, estar apaixonado. **cortar las alas a alguien** cortar as asas a alguém (tirar-lhe o ânimo ou o alento). **dar alas** dar asas, animar alguém, estimular.
a.la.ban.za [alab´anθa] *sm* Elogio, louvor. *los vanidosos necesitan oír alabanzas* / os vaidosos precisam ouvir elogios.
a.la.bar [alab´ar] *vt+vpr* Elogiar, louvar.
a.la.ce.na [alaθ´ena] *sf* Despensa, armário embutido (de cozinha), copa.
a.la.crán [alakr´an] *sm Zool* Escorpião.
a.la.gar [alag´ar] *vt* Inundar, encharcar
a.lam.bi.que [alamb´ike] *sm* Alambique.
a.lam.bra.do [alambr´ado] *sm* Alambrado, aramado.
a.lam.bre [al´ambre] *sm* Arame. **alambre de púa** arame farpado.
a.la.me.da [alam´eda] *sf* Alameda.
a.lar.de [al´arde] *sm* Alarde, ostentação.
a.lar.de.ar [alarde´ar] *vi* Alardear, propalar.

a.lar.gar [alarg´ar] *vt+vpr* Alongar: a) encompridar. b) estender. c) prolongar-se. *la reunión se alargó por casi tres horas* / a reunião prolongou-se por quase três horas. → cargar. Veja nota em **alargar** (português).

a.lar.ma [al´arma] *sf* Alarme. *al entrar en el local sonó la alarma* / ao entrar no local o alarme disparou.

a.lar.mar [alarm´ar] *vt+vpr* Alarmar, assustar.

al.ba [´alba] *sf* Alva, alvorada, amanhecer, alvorecer, aurora.

al.ba.ce.a [albaθe´a] *s Der* Inventariante. **albacea testamentario** pessoa encarregada pelo juiz de cumprir a última vontade do finado.

al.ba.ha.ca [alb(a)´aca] *sf Bot* Manjericão. *la salsa al pesto se hace con albahaca* / o molho ao pesto é feito com manjericão.

al.ba.nés, -esa [alban´es] *adj+s* Albanês.

al.ba.ñil [albañ´il] *sm* Pedreiro. *el albañil construyó la pared* / o pedreiro construiu a parede.

al.ba.ñi.le.rí.a [albañiler´ia] *sf* Alvenaria.

al.ba.ri.co.que [albarik´oke] *sm Bot* Abricó, damasco.

al.ba.tros [alb´atros] *sm inv Zool* Albatroz.

al.be.drí.o [albedr´io] *sm* Alvedrio, arbítrio. **libre albedrío** livre arbítrio.

al.ber.gar [alberg´ar] *vt+vi+vpr* Albergar: a) hospedar. b) conter, encerrar, abrigar. **albergar esperanzas** ter confiança em. → cargar.

al.ber.gue [alb´erge] *sf* Albergue: a) abrigo. b) hospedaria, pousada. c) asilo, hospício.

al.bi.no, -a [alb´ino] *adj+s* Albino.

al.bón.di.ga [alb´ondiga] *sf Cul* Almôndega.

al.bo.ra.da [albor´ada] *sf* Alvorada.

al.bo.ro.to [albor´oto] *sm* Alvoroço: a) gritaria. b) tumulto, confusão, algazarra. *hubo un alboroto al oír la sentencia* / houve confusão quando foi dada a sentença.

al.bo.ro.zo [albor´oθo] *sm* Entusiasmo, alegria.

al.bu.fe.ra [albuf´era] *sf* Lagoa (formada pelo mar).

ál.bum [´album] *sm* Álbum. Veja nota em **n** (espanhol).

al.ca.cho.fa [alkatʃ´ofa] *sf Bot* Alcachofra.

al.ca.hue.te, -a [alkaw´ete] *s* Alcoviteiro, fofoqueiro, mexeriqueiro, leva e traz.

al.cal.de, -esa [alk´alde] *s* Prefeito.

al.cal.día [alkad´ja] *sf* Prefeitura.

al.can.ce [alk´anθe] *sm* Alcance.

al.can.for [alkanf´or] *sm* Cânfora.

al.can.ta.ri.lla [alkantar´iλa] *sf* Esgoto. *el agua que corre por la calle entra en la alcantarilla* / a água que escoa pela rua entra no esgoto.

al.can.ta.ri.lla.do [alkantariλ´ado] *sm* Rede de esgoto.

al.can.zar [alkanθ´ar] *vt+vi* Alcançar, atingir. → alzar.

al.ca.pa.rra [alkap´ara] *sf Bot* Alcaparra.

al.ce *sm* [´alθe] *Zool* Alce.

al.co.hol [alk(o)´ol] *sm Quím* Álcool. **alcohol etílico** álcool etílico.

al.co.hó.li.co, -a [alk(o)´oliko] *adj* Alcoólico. *el pisco es una bebida alcohólica derivada de la uva* / o pisco é uma bebida alcoólica derivada da uva. • *s* Alcoólatra. *los alcohólicos pueden mejorar con un tratamiento adecuado* / os alcoólatras podem curar-se com um tratamento adequado.

al.de.a [ald´ea] *sm* Aldeia.

a.lea.ción [aleaθj´on] *sf* Liga. *una aleación es la unión de dos o más metales* / uma liga é a união de dois ou mais metais.

a.lea.to.rio, -a [aleat´orjo] *adj* Aleatório, casual.

a.le.da.ño, -a [aled´año] *adj* Adjacente, contíguo, confinante.

a.le.gar [aleg´ar] *vt+vi* Alegar: a) citar como prova. b) referir, mencionar. c) *Der* fazer (em juízo) alegação de. → cargar.

a.le.ga.to [aleg´ato] *sm* Alegação.

a.le.grar [alegr´ar] *vt+vpr* Alegrar, contentar, exultar.

a.le.gre [al´egre] *adj* Alegre, contente.

a.le.grí.a [alegr´ia] *sf* Alegria, júbilo, euforia.

a.le.ja.do, -a [aleh´ado] *adj* Afastado, dis-

alejar   18   **alienar**

tante, longínquo, longe. *Pedro lucha para mantenerse alejado del cigarrillo* / Pedro luta para se manter afastado do cigarro.

Aleijado, em português, traduz-se ao espanhol como "inválido, lisiado" etc.: *el soldado volvió lisiado de la guerra* / o soldado voltou aleijado da guerra.

a.le.jar [aleh´ar] *vt+vpr* **1** Afastar, isolar. *vt* **2** Afugentar. **3** Distanciar(se).

a.le.mán, -ana [alem´an] *adj+s* Alemão.

a.len.tar [alent´ar] *vt+vpr* Alentar, encorajar. → despertar.

a.ler.gia [al´erhja] *sf Med* **1** Alergia. **2** *fig* Aversão. *era un hombre de pocos amigos que sentía alergia a las multitudes* / era um homem de poucos amigos que tinha aversão às multidões.

a.lér.gi.co, -a [al´erhiko] *adj+s* Alérgico. *el niño sufre rinitis alérgica* / o menino sofre de rinite alérgica.

a.ler.ta [al´erta] *sm* Alerta (sinal). *las autoridades dieron el alerta a la población por la llegada del mosquito del dengue* / as autoridades deram o alerta para a população ante a chegada do mosquito da dengue. • *adv* Alerta (com vigilância). • *interj* **¡alerta!** Alerta!, atenção!, cuidado! • *adj* Alerta, vigilante.

a.ler.tar [alert´ar] *vt* Alertar.

a.le.ta [al´eta] *sm* **1** *Zool* Nadadeira. *los peces nadan gracias a sus aletas* / os peixes nadam graças a suas nadadeiras. **2** *Dep* Pé de pato.

al.fa.be.ti.zar [alfabetiθ´ar] *vt* Alfabetizar. → alzar.

al.fa.be.to [alfab´eto] *sm* Alfabeto.

al.fa.re.rí.a [alfarer´ia] *sf* Olaria, cerâmica. *los pueblos indígenas dejaron de herencia a la humanidad hermosos trabajos de alfarería* / os povos indígenas deixaram de herança para a humanidade belos trabalhos de cerâmica.

al.fa.re.ro, -a [alfar´ero] *s* Oleiro.

al.fi.ler [alfil´er] *sm* Alfinete. **alfiler de gancho** alfinete de fralda, de segurança.

al.fom.bra [alf´ombra] *sm* Tapete.

al.fom.brar [alfombr´ar] *vt* Atapetar.

al.ga [´alga] *sf Bot* Alga.

al.ga.ra.bí.a [algarab´ia] *sm fam* Algazarra, algaravia.

ál.ge.bra [´al:hebra] *sf Mat* Álgebra.

al.go [´algo] *pron indef+adv* Algo: *pron indef* a) alguma coisa, qualquer coisa. *voy a comer algo, estoy muerto de hambre* / vou comer algo, estou morto de fome. • *adv* b) um tanto, um pouco. *todavía tengo algo de dinero* / ainda tenho um pouco de dinheiro. **algo es algo** já é alguma coisa. **por algo** por algum motivo.

al.go.dón [algod´on] *sm Bot* Algodão.

al.gua.cil [algua´θil] *sm* Oficial de justiça.

al.guien [´algien] *pron indef* Alguém. *¿hay alguien ahí?* / há alguém aí? • *sm fam* Alguém, pessoa (de certo relevo).

al.gún [alg´un] *pron indef+adj* Algum. *hoy es el cumpleaños de mi novio y necesito comprarle algún regalo* / hoje é o aniversário do meu namorado e preciso comprar algum presente para ele. **algún tanto** um tanto. Veja notas em **buen** e **n** (espanhol).

al.gu.no, -a [alg´uno] *pron indef+adj* Algum. Veja nota em **buen**.

al.ha.ja [al´aha] *sf* **1** Joia. **2** *iron* Pessoa de boas qualidades. *Ana es una alhaja* / Ana é uma joia.

a.lian.za [alj´anθa] *sf* Aliança: a) ato ou efeito de aliar(-se). b) ajuste, acordo, pacto. c) união por casamento. d) anel (de noivado ou casamento).

a.lias [´aljas] *sm* Apelido, codinome, cognome. *la policía arrestó a Juan Fernández, alias "El Rápido"* / a polícia prendeu Juan Fernandez, cognome "O Rápido".

Aliás, em português, é um advérbio que, em espanhol, significa "de lo contrario", "además", "no obstante", "de paso, de pasada", "mejor dicho".

a.li.ca.í.do, -a [alika´ido] *adj* Abatido, cabisbaixo. *después que perdió el empleo el hombre anda triste y alicaído* / depois que perdeu o emprego, o homem anda triste e cabisbaixo.

a.li.ca.te [alik´ate] *sf* Alicate.

a.li.cien.te [aliθj´ente] *sm* Incentivo. *es un aliciente para alcanzar la meta* / é um incentivo para alcançar a meta.

a.lie.nar [aljen´ar] *vt+vpr* Alienar, alhear.

a.lien.to [alj´ento] *sm* **1** Hálito. *come caramelos de menta para tener aliento fresco* / come balas de hortelã para ter hálito fresco. **2** Ânimo, coragem. **3** Fôlego. *se quedó sin aliento* / ficou sem fôlego. **cobrar aliento** reanimar-se.

a.li.men.ta.ción [alimentaθj´on] *sf* Alimentação.

a.li.men.tar [aliment´ar] *vt+vpr* Alimentar, nutrir.

a.li.men.ti.cio, -a [aliment´iθjo] *adj* Alimentar. *la pirámide alimenticia establece la proporción de los alimentos que debemos comer* / a pirâmide alimentar estabelece a proporção dos alimentos que devemos comer.

a.li.men.to [alim´ento] *sm* Alimento.

a.li.nea.ción [alineaθj´on] *sf* Alinhamento, envolvimento. *la alineación con el objetivo es perfecta* / o alinhamento com o objetivo é perfeito.

a.li.ne.ar [aline´ar] *vt+vpr* **1** Alinhar. **2** Aderir.

a.li.ñar [aliñ´ar] *vt* Temperar. *hay que aliñar la comida para que tenga sabor* / é preciso temperar a comida para que fique gostosa. Veja nota em **alinhar**.

a.li.ño [al´iño] *sm* Tempero, condimento. *el aliño de ese pollo está fuerte* / o tempero desse frango é muito forte.

a.li.sar [alis´ar] *vt+vpr* Alisar.

a.lis.tar [alist´ar] *vt+vpr* Alistar: a) relacionar, arrolar. b) recrutar.

a.li.viar [alibj´ar] *vt+vpr* Aliviar, suavizar.

a.li.vio [al´ibjo] *sm* Alívio. *sentí un gran alivio cuando encontré mi billetera* / senti um grande alívio quando achei a minha carteira.

al.ji.be [al:hibe] *sm* Cisterna, poço. *hicieron un aljibe para guardar el agua de la lluvia* / fizeram uma cisterna para guardar a água da chuva.

a.llá [aλ´a] *adv* **1** Lá. *pon la silla allá* / coloca a cadeira lá. **2** Além.

a.lla.nar [aλan´ar] *vt+vi+vpr* **1** Aplanar, nivelar, aplainar. **2** Invadir. **3** Vencer ou superar alguma dificuldade. **allanamiento de morada** invasão de domicílio.

a.lle.ga.do, -a [aλeg´ado] *adj+s* Chegado, próximo.

a.llen.de [aλ´ende] *adv* Do lado de lá. • *prep* Além de. *los conquistadores fueron allende los mares* / os conquistadores foram além dos mares.

a.llí [aλ´i] *adv* Ali. *allí no hay nada* / não há nada ali.

al.ma [´alma] *sf* Alma. **abrir su alma** abrir a alma, confessar, revelar. **alma en pena** alma penada. **dar/entregar el alma a Dios** dar/entregar a alma a Deus. **partir el alma** cortar a alma, ter compaixão. **rendir el alma a Dios** render a alma a Deus. **vender el alma al diablo** vender a alma do diabo.

al.ma.cén [almaθ´en] *sm* **1** Armazém, depósito. **2** Mercearia.

al.ma.ce.nar [almaθen´ar] *vt* Armazenar.

al.ma.na.que [alman´ake] *sm* Almanaque, calendário.

al.me.ja [alm´eha] *sf* Vôngole, marisco.

al.men.dra [alm´endra] *sf Bot* Amêndoa. *la almendra es el fruto del almendro* / a amêndoa é o fruto da amendoeira.

al.men.dro [alm´endro] *sm Bot* Amendoeira.

al.mí.bar [alm´ibar] *sf* Calda (de açúcar). *me encanta la fruta en almíbar* / adoro fruta em calda.

al.mi.dón [almid´on] *sm Quím* Amido.

al.mi.do.nar [almidon´ar] *vt* Engomar. *tengo que almidonar la camisa de mi marido* / preciso engomar a camisa do meu marido.

al.mi.ran.te [almir´ante] *sm Mar* Almirante.

al.mo.ha.da [almo´ada] *sf* Travesseiro. *prefiero dormir sin almohada* / prefiro dormir sem travesseiro. *las almohadas de mi cama son de pluma de ganso* / os travesseiros da minha cama são de pena de ganso.

Almofada corresponde, em espanhol, a "almohadón, cojín": *esta silla es muy dura, hay que colocar un cojín para sentarse* / esta cadeira é muito dura, tem de pôr uma almofada para sentar.

al.mo.ha.dón [almoad´on] *sm* Almofada. Veja nota em **almohada**.

al.mor.zar [almorθ´ar] *vt+vi* Almoçar. → Veja modelo de conjugação.

al.mo.rra.na [almoř´ana] *sf Med Patol* Hemorroidas.

al.muer.zo [almw´erθo] *sm* Almoço. *mi jefe tendrá hoy un almuerzo de negocios* / meu chefe terá hoje um almoço de negócios.

a.lo.ja.mien.to [alohamj´ento] *sm* Alojamento, hospedagem.

a.lo.jar [aloh´ar] *vt+vi+vpr* Alojar, hospedar, acomodar.

a.lon.dra [al´ondra] *sf Zool* Cotovia. *me gusta despertar con el canto de las alondras* / gosto de acordar com o canto das cotovias.

al.pa.ca [alp´aka] *sf Zool* Alpaca.

al.par.ga.ta [alparg´ata] *sf* Alpargata.

al.pi.nis.mo [alpin´ismo] *sm Dep* Alpinismo, montanhismo.

al.pi.nis.ta [alpin´ista] *adj+s* Alpinista.

al.qui.lar [alkil´ar] *vt* Alugar. *voy a alquilar un piso* / vou alugar um apartamento.

al.qui.ler [alkil´er] *sf* Aluguel.

al.qui.trán [alkitr´an] *sm Quím* Alcatrão.

al.re.de.dor [alreded´or] *adv* Ao redor, em volta, em torno. *caminé durante un rato alrededor de la escuela* / caminhei por um instante em volta da escola. • **alrededores** *sm pl* Arredores.

al.ta [´alta] *sf Med* Alta, dispensa.

al.ta.ne.rí.a [altaner´ia] *sf* Soberba, altivez, arrogância. *la altanería y el orgullo son graves defectos* / a soberba e o orgulho são graves defeitos.

al.ta.ne.ro, -a [altan´ero] *adj* Soberbo, altivo, arrogante.

al.tar [alt´ar] *sm* Altar.

al.ta.voz [altab´oθ] *sm* Alto-falante.

al.te.ra.ción [alteraθj´on] *sf* Alteração, modificação, transformação, mudança.

al.te.rar [alter´ar] *vt+vpr* Alterar: a) mudar, modificar. b) perturbar, transtornar. c) irritar, encolerizar. d) decompor, degenerar.

al.ter.ca.do, -s [alterk´ado] *s* Disputa. *hubo un altercado en el aeropuerto debido a los atrasos* / houve uma disputa no aeroporto devido aos atrasos.

al.ter.na.dor [alternad´or] *sm Electr* Alternador.

al.ter.nar [altern´ar] *vt+vi* **1** Alternar, revezar-se. *vi* **2** Relacionar-se socialmente. *desde joven la escritora alternaba con los más importantes intelectuales de su país* / desde jovem, a escritora relacionava-se com os mais importantes intelectuais do seu país.

al.ter.na.ti.va *sf* Alternativa.

al.ter.na.ti.vo, -a [alternat´iba] *adj* Alternativo.

al.ti.ba.jos [altib´ahos] *sm pl* Altos e baixos, alternância. *todas las relaciones tienen altibajos* / todos os relacionamentos têm altos e baixos.

al.ti.llo [alt´iλo] *sm* Mezzanino, sótão.

al.ti.pla.ni.cie [altiplan´iθje] *sf Geogr* Planalto, chapada. *la altiplanicie es una llanura a gran altitud* / o planalto é uma planície elevada. *Sin: altiplano.*

al.ti.pla.no [altipl´ano] *V altiplanicie.*

al.ti.tud [altit´ud] *sf* Altitude, elevação.

al.ti.vez [altib´eθ] *sf* Altivez, orgulho, soberba.

al.ti.vo, -a [alt´ibo] *adj* Altivo, arrogante, orgulhoso, presunçoso.

al.to, -a [´alto] *adj* Alto: a) elevado. b) de grande estatura. c) ilustre, superior, preclaro. d) excelente, insigne. • *sm* **1** Alto. **2** Altura. • *adv* Alto: a) a grande altura. b) sonoramente.

al.to.par.lan.te [altoparl´ante] *sm Am* Alto-falante.

al.to.rre.lie.ve [altořelj´ebe] *sm* Alto--relevo.

al.tru.is.mo [altrw´ismo] *sf* Altruísmo, abnegação.

al.tru.is.ta [altrw´ista] *adj+s* Altruísta.

al.tu.ra [alt´ura] *sf* Altura. **a estas alturas** nesta altura da situação. **a la altura de** à altura de.

a.lu.bia [al´ubja] *sf Bot* Feijão. *la alubia es muy nutritiva* / o feijão é muito nutritivo.

a.lu.ci.na.ción [aluθinaθj´on] *sf* Alucinação, delírio.

a.lu.ci.nar [aluθin´ar] *vt+vi+vpr* Alucinar, delirar.

alucinógeno / **ambiguo**

a.lu.ci.nó.ge.no [aluθin´oheno] *adj+sm* Alucinógeno.

a.lud [al´ud] *sm* Alude, avalanche. *el alud cubrió la estación de esquí* / a avalancha cobriu a estação de esqui.

a.lu.dir [alud´ir] *vi+vt* Aludir.

a.lum.bra.mien.to [alumbramj´ento] *sm* Parto.

a.lum.brar [alumbr´ar] *vt+vi* **1** Iluminar. **2** Parir, dar à luz. *vpr* **3** Iluminar-se, entender claramente.

a.lu.mi.nio [alum´injo] *sm Quím* Alumínio.

a.lum.no, -a [al´umno] *s* Aluno, estudante.

a.lu.sión [alusj´on] *sf* Alusão, referência. *no hizo alusión a lo sucedido* / não fez alusão ao acontecido.

a.lu.si.vo [alus´ibo] *adj* Alusivo.

a.lu.vión [alubj´on] *sm* Aluvião, inundação, cheia, enchente, enxurrada.

al.vé.o.lo [alb´eolo] *sm* Alvéolo.

al.za [´alθa] *sf* Alta, elevação.

Alça corresponde, em espanhol, a "asa" e a "tirante" (de roupas): *el tirante del bañador se rompió* / a alça do maiô arrebentou. Veja outra nota em **asa** (espanhol).

al.za.mien.to [alθamj´ento] *sm* Levantamento, rebelião.

al.zar [alθ´ar] *vt* Levantar, elevar, alçar, aumentar. → Veja modelo de conjugação.

a.ma.bi.li.dad [amabilid´ad] *sf* Amabilidade, cordialidade, gentileza.

a.ma.ble [am´able] *adj* Amável, cordial.

a.ma.es.tra.do [amaestr´ado] *adj* Domesticado, amestrado.

a.ma.man.tar [amamant´ar] *vt* Amamentar.

a.ma.ne.cer [amaneθ´er] *vi* Amanhecer. → crecer.

a.ma.ne.ra.do, -a [amaner´ado] *adj* **1** Rebuscado. **2** Efeminado, afeminado.

a.man.sar [amans´ar] *vt+vpr* Amansar, sossegar.

a.man.te [am´ante] *adj+s* Amante, apaixonado.

a.ma.po.la [amap´ola] *sf Bot* Papoula. *la amapola es una hermosa flor* / a papoula é uma bela flor.

a.mar [am´ar] *vt+vpr* Amar, gostar.

a.mar.ga.do [amarg´ado] *adj+s* Amargurado. *los problemas de familia lo dejaron amargado* / os problemas familiares deixaram-no amargurado.

a.mar.gar [amarg´ar] *vt+vpr* **1** Amargar. **2** Amargurar. → cargar.

a.mar.go, -a [am´argo] *adj+sm* Amargo, acre.

a.mar.gu.ra [amarg´ura] *sf* Amargura, sofrimento, tristeza.

a.ma.ri.llen.to, -a [amariλ´ento] *adj* Amarelado.

a.ma.ri.llo, -a [amar´iλo] *adj+sm* Amarelo.

a.ma.rrar [amař´ar] *vt* **1** Amarrar. *vpr fam* **2** Amarrar-se, casar-se.

a.ma.sar [amas´ar] *vt* Amassar: a) sovar. b) juntar, amealhar (bens). c) misturar, mesclar. *vt+vpr* d) unir, amalgamar.

Amassar, em português, significa também "amarrotar", que se traduz ao espanhol como "arrugar".

a.ma.tis.ta [amat´ista] *sf Miner* Ametista.

am.bi.ción [ambiθj´on] *sf* Ambição, ganância. *dicen que la joven se casó por ambición* / dizem que a moça casou-se por ambição. Veja notas em **ganância** (português) e **ganancia** (espanhol).

am.bi.cio.nar [ambiθjon´ar] *vt* Ambicionar, cobiçar.

am.bi.cio.so, -a [ambiθj´oso] *adj+s* Ambicioso.

am.bien.tal [ambjent´al] *adj* Ambiental. *estamos sufriendo el impacto ambiental por el mal uso de los recursos naturales* / estamos sofrendo o impacto ambiental pelo mau uso dos recursos naturais.

am.bien.tar [ambjent´ar] *vt+vpr* Ambientar.

am.bien.te [ambj´ente] *adj+sm* Ambiente.

am.bi.güe.dad [ambigwed´ad] *sf* Ambiguidade, confusão, incerteza. *el cantante, casi un adolescente, impresiona por su ambigüedad* / o cantor, quase um adolescente, impressiona por sua ambiguidade.

am.bi.guo, -a [amb´igwo] *adj* Ambíguo, duvidoso.

ám.bi.to [´ambito] *sm* Âmbito, amplitude, espaço.

am.bos, -as [´ambos] *adj pl+pron pl* Ambos. *el ejecutivo consultó a dos médicos y ambos le dijeron que sufre de estrés* / o executivo se consultou com dois médicos e ambos disseram-lhe que sofre de estresse.

am.bu.lan.cia [ambul´anθja] *sf* Ambulância.

am.bu.lan.te [ambul´ante] *adj+s* Ambulante.

a.me.ba [am´eba] *sf Zool* Ameba.

a.me.dren.tar [amedrent´ar] *vt+vpr* Amedrontar, assustar, atemorizar. *al niño le gustaba amedrentar a sus hermanos menores* / o menino gostava de amedrontar seus irmãos mais novos.

a.mén [am´en] *interj+sm* Amém, consentimento, aprovação. **decir amén a todo** dizer amém a tudo. **en un amén** num piscar de olhos.

a.me.na.za [amen´aθa] *sf* Ameaça. *el juez fue víctima de amenazas* / o juiz foi vítima de ameaças.

a.me.na.za.dor [amenaθ´ador] *adj* Ameaçador.

a.me.na.zar [amenaθ´ar] *vt+vi* Ameaçar. → alzar.

a.me.no, -a [am´eno] *adj* Ameno, agradável.

a.me.ri.ca.na [amerik´ana] *sf* Jaqueta, casaco, paletó.

a.me.ri.ca.no, -a [amerik´ano] *adj+s* **1** Americano. *la cultura americana domina el mundo* / a cultura americana domina o mundo. **2** Norte-americano.

ame.tra.lla.do.ra [ametraʎad´ora] *sf* Metralhadora.

a.me.tra.llar [ametraʎ´ar] *vt* Metralhar.

a.mi.ga.ble [amig´able] *adj* Amigável, amistoso.

a.míg.da.la [am´igdala] *sf Anat* Amídala.

a.mi.go, -a [am´igo] *adj+s* Amigo. **amigo de lo ajeno** amigo do alheio (ladrão). **falso amigo** falsos amigos.

a.mi.no.rar [aminor´ar] *vt+vi* Minorar, diminuir.

a.mis.tad [amist´ad] *sf* Amizade, afeição.

a.mis.to.so, -a [amist´oso] *adj* Amistoso, cordial. *mi perro es un animal amistoso* / meu cachorro é um animal amistoso.

am.ne.sia [amn´esja] *sf Med* Amnésia.

am.nis.tí.a [amnist´ia] *sf* Anistia, perdão.

a.mo.lar [amol´ar] *vt+vpr* Amolar: a) afiar, aguçar. b) enfadar, aborrecer.

a.mol.dar [amold´ar] *vt+vpr* Moldar, amoldar, ajustar.

a.mo.nes.ta.ción [amonestaθj´on] *sf* Admoestação, repreensão, conselho.

a.mo.nes.tar [amonest´ar] *vt* Admoestar, repreender, aconselhar.

a.mo.ní.a.co [amon´iako] *sm Quím* Amoníaco.

a.mon.to.nar [amonton´ar] *vt+vpr* Amontoar, agrupar.

a.mor [am´or] *sm* Amor, carinho, afeição. **amor libre** amor livre. **amor platónico** amor platônico. **con mil amores** de mil amores. **de mil amores** de mil amores. **hacer el amor** fazer amor. **por amor al arte** por amor à arte. **¡por Dios!** pelo amor de Deus!

a.mo.rí.o [amor´io] *sm* Namorico, namoro. *no eran novios, era sólo un amorío* / não eram noivos, era apenas um namorico.

a.mo.ro.so, -a [amor´oso] *adj* Amoroso, carinhoso.

a.mor.ti.gua.dor, -ora [amortigwad´or] *adj+sm* Amortecedor.

a.mor.ti.guar [amortigw´ar] *vt+vpr* Amortecer. *el gimnasta puso el colchón para amortiguar la caída* / o ginasta colocou o colchão para amortecer a queda. → averiguar.

a.mor.ti.zar [amortiθ´ar] *vt+vpr* Amortizar. → alzar.

am.pa.rar [ampar´ar] *vtd+vpr* Amparar, sustentar.

am.pa.ro [amp´aro] *sm* Amparo, proteção.

am.pe.rio [amp´erjo] *sm Electr* Ampère.

am.plia.ción [ampljaθj´on] *sf* Ampliação, crescimento.

am.pliar [amplj´ar] *vt* Ampliar, dilatar. → confiar.

am.pli.fi.ca.dor [amplifikad´or] *adj+sm* Amplificador.

am.pli.fi.car [amplifik´ar] *vt* Amplificar, ampliar. → atacar.

am.plio, -a [´ampljo] *adj* amplo, espaçoso, extenso, vasto.

am.pli.tud [amplit´ud] *sf* Amplitude, imensidão.

am.po.lla [amp´oλa] *sf* **1** *Med* Bolha. *por culpa de mis zapatos nuevos estoy con ampollas en los pies* / por causa dos meus sapatos novos estou com bolhas nos pés. **2** Ampola.

am.pu.ta.ción [amputaθj´on] *sf* Amputação, mutilação.

am.pu.tar [amput´ar] *vt* Amputa, extirpar, mutilar.

a.mue.blar [amwebl´ar] *vt* Mobiliar. *amueblar una casa es caro* / mobiliar uma casa é caro.

a.mu.le.to [amul´eto] *sm* Amuleto.

a.na.con.da [anak´onda] *sf Zool* Sucuri.

a.nal [an´al] *adj Anat* Anal.

a.na.les [an´ales] *sm pl* Anais. *los directores publicaron los anales del evento* / os diretores publicaram os anais do evento.

a.nal.fa.be.tis.mo [analfabet´ismo] *sm* Analfabetismo.

a.nal.fa.be.to, -a [analfab´eto] *adj+s* Analfabeto, ignorante.

a.nal.gé.si.co, -a [anal:h´esiko] *adj+sm* Analgésico.

a.ná.li.sis [an´alisis] *sm inv* Análise. *el comentarista hizo un análisis de la situación* / o comentarista fez uma análise da situação. **análisis clínico** análise clínica.

a.na.lis.ta [anal´ista] *s* **1** Analista. **2** Psicanalista.

a.na.li.zar [analiθ´ar] *vt* Analisar, examinar. → alzar.

a.na.lo.gí.a [analoh´ia] *sf* Analogia.

a.na.ló.gi.co [anal´ohiko] *adj* Relativo a analogia. **señal analógica** sinal analógico (forma de transmissão de telecomunicações contraposta à digital).

a.na.nás [anan´as] *sm* Abacaxi.

an.ces.tral [anθestr´al] *adj* Ancestral, remoto, antigo. *hoy valoramos el conocimiento ancestral de la medicina natural* / hoje valorizamos o conhecimento ancestral da medicina natural.

an.cho, -a [´antʃo] *adj* Largo, amplo. • *sm* Largura, largo. **a mis/tus/sus anchas** à vontade. Veja nota em **largo** (espanhol).

an.cho.a [antʃ´oa] *sf Zool* Enchova, anchova.

an.chu.ra [antʃ´ura] *sf* Largura. *la anchura del pantalón varía de acuerdo a la moda* / a largura da calça varia de acordo com a moda.

an.cia.no, -a [anθj´ano] *adj+s* Ancião, idoso. *el anciano sonreía recordando su época de juventud* / o ancião sorria lembrando sua época de juventude.

an.cla [´ankla] *sf* Âncora. **levar ancla** levantar âncora.

an.da.mio [and´amjo] *sm* Andaime.

an.dar [and´ar] *vi* Andar: a) caminhar. b) mover-se. c) funcionar. d) passar, decorrer (o tempo). e) existir. f) proceder, agir, portar-se. → Veja modelo de conjugação.

an.dén [and´en] *sm* Plataforma (de embarque e desembarque). *nos despedimos en el andén* / dissemos adeus na plataforma.

an.di.no, -a [and´ino] *adj* Andino.

an.dra.jo [andr´aho] *sm* Farrapo, trapo.

an.dra.jo.so, -a [andrah´oso] *s* Esfarrapado, maltrapilho. *el hombre andrajoso caminaba sin rumbo por la calle* / o homem maltrapilho caminhava sem rumo pela rua.

an.droi.de [andr´ojde] *sm* Androide.

a.néc.do.ta [an´ekdota] *sf* Anedota, histórias, piada. *mi tío siempre cuenta divertidas anécdotas de sus viajes* / meu tio sempre conta histórias engraçadas das suas viagens.

a.ne.gar [aneg´ar] *vt+vpr* Alagar, inundar. → cargar.

a.ne.mia [an´emja] *sf Med* Anemia, fraqueza.

a.né.mi.co, -a [an´emiko] *adj Med* Anêmico, fraco.

a.nes.te.sia [anest´esja] *sf Med* Anestesia.

a.nes.te.siar [anestesj´ar] *vt* Anestesiar.

a.nes.té.si.co, -a [anest´esiko] *adj+sm* Anestésico.

a.ne.xar [aneks´ar] *vt* Anexar, juntar.

a.ne.xo, -a [an´ekso] *adj* Anexo, unido, apenso.

an.fi.bio [anf´ibjo] *adj+sm Zool* Anfíbio.

an.fi.te.a.tro [anfite´atro] *sm* Anfiteatro. *la*

presentación se realizó en el anfiteatro de la Universidad / a apresentação foi realizada no anfiteatro da Universidade.

an.fi.trión, -ona [anfitrj´on] *s* Anfitrião.

án.gel [´an:hel] *sm* Anjo. **ángel de la guarda** anjo da guarda. **ángel malo** anjo mau.

an.ge.li.cal [an:helik´al] *adj* Angelical, puro.

an.gli.ca.no, -a [anglik´ano] *adj+s* Anglicano.

an.glo.sa.jón, -ona [anglosah´on] *adj+s* Anglo-saxão. *la influencia del mundo anglosajón en nuestros países es innegable* / a influência do mundo anglo-saxão em nossos países é incontestável.

an.go.le.ño [angol´eño] *adj+s* Angolano.

an.gos.to, -a [ang´osto] *adj* Estreito.

an.gui.la [ang´ila] *sf Zool* Enguia.

án.gu.lo [´angulo] *sm* Ângulo: a) *Geom* figura geométrica. b) esquina, canto, aresta. b) ponto de vista, aspecto. **ángulo agudo** ângulo agudo. **ángulo obtuso** ângulo obtuso. **ángulo recto** ângulo reto.

an.gus.tia [ang´ustja] *sf* Angústia, ansiedade.

an.he.lar [anel´ar] *vt* Almejar, ambicionar, ansiar, desejar.

an.he.lo [an´elo] *sm* Anseio, ambição, ânsia, desejo (ardente).

a.ni.dar [anidr´ar] *vi+vpr* Aninhar.

a.ni.llo [an´iλo] *sm* Anel: a) tira, fita circular. b) caracol, cacho (de cabelo). c) elo.

a.ni.ma.ción [animaθj´on] *sf* Animação, entusiasmo.

a.ni.ma.do, -a [anim´ado] *adj* Animado, divertido.

a.ni.ma.dor, -ora [animad´or] *adj+s* Animador. *el famoso animador de televisión gana una fortuna* / o famoso animador de televisão ganha uma fortuna.

a.ni.mal [anim´al] *sm+adj* Animal.

a.ni.mar [anim´ar] *vt+vpr* Animar, encorajar.

á.ni.mo [´animo] *sm+interj* Ânimo. *¡ánimo!, falta poco para llegar* / ânimo! falta pouco para chegar.

a.ni.qui.lar [anikil´ar] *vt+vpr* Aniquilar, exterminar, destruir, acabar.

a.nís [an´is] *sm Bot* Anis.

a.ni.ver.sa.rio [anibers´arjo] *sm* Aniversário (de um acontecimento). *la empresa celebra hoy su vigésimo aniversario* / a firma comemora hoje seu vigésimo aniversário.

> **Aniversario**, em espanhol, se refere a casamento. Para designar o aniversário de nascimento de uma pessoa, usa-se a palavra **cumpleaños**.

a.no [´ano] *sm Anat* Ânus.

> **Ano** corresponde, em espanhol, a "año": *1492 fue el año en que se descubrió América* / 1492 foi o ano do descobrimento da América.

a.no.che [an´otʃe] *adv* Ontem à noite. *anoche fuimos a una fiesta por eso hoy despertamos tarde* / ontem à noite fomos a uma festa, por isso hoje acordamos tarde.

a.no.che.cer [anotʃeθ´er] *vi* Anoitecer. • *sm* Anoitecer. → crecer.

a.no.ma.lí.a [anomal´ia] *sf* Anomalia, irregularidade.

a.no.ni.ma.to [anonim´ato] *sm* Anonimato.

a.nó.ni.mo, -a [an´onimo] *adj+sm* Anônimo. *el poema de Mio Cid fue escrito por un autor anónimo* / o poema de Mio Cid foi escrito por um autor anônimo.

a.no.re.xia [anor´eksja] *sf Med* Anorexia. *la anorexia es un disturbio alimenticio que puede provocar la muerte* / a anorexia é um distúrbio alimentar que pode acarretar a morte.

a.nor.mal [anorm´al] *adj+s* Anormal, diferente, irregular.

a.no.ta.ción [anotaθj´on] *sf* Anotação.

a.no.tar [anot´ar] *vt* Anotar, apontar, registrar

an.sia [´ansja] *sf* **1** Ânsia, aflição, angústia. **2** Náusea. **3** Anseio.

an.sie.dad [ansjed´ad] *sf* Ansiedade, angústia. *el paciente esperó con ansiedad el resultado del análisis* / o paciente aguardou com ansiedade o resultado do exame.

an.sio.so, -a [ansj´oso] *adj* Ansioso, aflito.

an.ta.go.nis.mo [antagon´ismo] *sm* Antagonismo, oposição.

an.ta.ño [ant´año] *adv+sm* Antanho, antigamente, outrora.

an.te[1] [´ante] *sm Zool* Alce.

an.te[2] [´ante] *prep* Ante: a) diante de. b) em presença de.

an.te.a.no.che [antean´otʃe] *adv* Anteontem à noite.

an.te.a.yer [anteay´er] *adv* Anteontem.

an.te.bra.zo [antebr´aθo] *sm Anat* Antebraço.

an.te.ce.den.te [anteθed´ente] *sm* Antecedente.

an.te.ce.der [anteθed´er] *vt* Anteceder, preceder.

an.te.ce.sor, -ora [anteθes´or] *adj+s* Antecessor. • *sm* Antepassado, ascendente.

an.te.la.ción [antelaθj´on] *sf* Antecipação, antecedência.

an.te.ma.no [antem´ano] *adv* Antemão. **de antemano** de antemão.

an.te.na [ant´ena] *sf* Antena.

an.te.o.jos [ante´ohos] *sm pl* Óculos. *olvidé mis anteojos en casa y ahora no consigo leer la carta* / esqueci meus óculos em casa e agora não consigo ler o cardápio.

an.te.pa.sa.do, -a [antepas´ado] *adj+sm* Antepassado, ascendente.

an.te.rior [anterj´or] *adj* Anterior.

an.tes [´antes] *adv* Antes.

an.ti.bió.ti.co, -a [antibi´otiko] *adj+sm Biol* Antibiótico.

an.ti.ci.pa.ción [antiθipaθj´on] *sf* Antecipação.

an.ti.ci.par [antiθip´ar] *vt+vpr* Antecipar.

an.ti.ci.po [antiθ´ipo] *sm* **1** Antecipação. **2** Adiantamento (de dinheiro). *el empleado le pidió un anticipo a su jefe* / o funcionário pediu um adiantamento para seu chefe.

an.ti.con.cep.ti.vo [antikonθept´ibo] *adj+sm* Anticoncepcional.

an.ti.cua.do, -a [antikw´ado] *adj* Antiquado.

an.ti.cua.rio, -a [antikw´arjo] *s* Antiquário.

an.ti.cuer.po [antikw´erpo] *sm Biol* Anticorpo. *la función de los anticuerpos es proteger al organismo de cuerpos extraños* / a função dos anticorpos é proteger o organismo de corpos estranhos.

an.tí.do.to [ant´idoto] *sm Med* Antídoto.

an.ti.faz [antif´aθ] *sm* Máscara. *cuando Antonio de la Vega se ponía su antifaz se transformaba en El Zorro* / quando Antonio de la Vega colocava a máscara, transformava-se no Zorro.

an.ti.güe.dad [antigwed´ad] *sf* Antiguidade.

an.ti.guo, -a [ant´igwo] *adj* Antigo.

an.tí.lo.pe [ant´ilope] *sm Zool* Antílope.

an.ti.pa.tí.a [antipat´ia] *sf* Antipatia, aversão.

an.ti.pá.ti.co, -a [antip´atiko] *adj+s* Antipático.

an.ti.sép.ti.co, -a [antis´eptiko] *adj+sm Med* Antisséptico, desinfetante.

an.tí.te.sis [ant´itesis] *sf inv* Antítese, oposição.

an.to.jar.se [antoh´arse] *vpr* **1** Apetecer, desejar (intensamente). **2** Supor, desconfiar. *se me antoja que nuestro nuevo vecino es un artista* / desconfio que o nosso novo vizinho é um artista.

an.to.jo [antoh´o] *sm* Desejo, capricho. *mi amigo se cansó de satisfacer todos los antojos de su novia* / o meu amigo cansou de satisfazer todos os caprichos da sua namorada.

an.to.lo.gí.a [antoloh´ia] *sf* Antologia, coletânea.

an.tó.ni.mo [ant´onimo] *adj+sm Gram* Antônimo.

an.tor.cha [ant´ortʃa] *sf* Tocha.

an.tro [´antro] *sf* Antro: a) cova, caverna, gruta. b) covil, espelunca.

an.tro.po.lo.gí.a [antropoloh´ia] *sf* Antropologia.

an.tro.pó.lo.go [antrop´ologo] *s* Antropólogo.

a.nual [anw´al] *adj* Anual.

a.nua.li.dad [anwalid´ad] *sf* Anuidade. anualidade.

a.nua.rio [anw´arjo] *sm* Anuário.

a.nu.ba.rra.do, -a [anubar̄´ado] *adj* Nublado, anuviado, enevoado.

a.nu.dar [anud´ar] *vt+vpr* Dar nó.

a.nuen.cia [anw´enθja] *sf* Anuência, consentimento.

a.nu.la.ción [anulaθj´on] *sf* Anulação.
a.nu.lar[1] [anul´ar] *adj* Anular. • *sm* (Dedo) Anular. *la dama se puso un anillo de brillantes en el dedo anular* / a dama colocou um anel de brilhantes no dedo anular.
a.nu.lar[2] [anul´ar] *vtd+vpr* Anular, invalidar, aniquilar.
a.nun.ciar [anunθj´ar] *vt* Anunciar, noticiar, publicar.
a.nun.cio [an´unθjo] *sm* Anúncio, propaganda. *la familia publicó un anuncio comunicando la desaparición de su pastor alemán* / a família publicou um anuncio comunicando o sumiço do seu pastor alemão.
an.zue.lo [anθw´elo] *sm* 1 Anzol. *existen diversos nudos para atar un anzuelo* / existem diversos nós para atar um anzol. 2 *fig* Isca, chamariz, engodo. **caer en el anzuelo** cair na armadilha; morder a isca. **picar el anzuelo / tragar el anzuelo / tragarse el anzuelo** morder a isca.
a.ña.di.du.ra [añadid´ura] *sf* Acréscimo. **por añadidura** além disso, ainda por cima.
a.ña.dir [añad´ir] *vt* Acrescentar, adicionar.
a.ñe.jo, -a [añ´eho] *adj* Velho, envelhecido. *tomamos un vino añejo al terminar de cenar* / tomamos um vinho envelhecido ao terminar de jantar.
a.ñi.cos [añ´ikos] *sm pl* Fragmentos, cacos.
a.ñil [añ´il] *sm+adj* Anil.
a.ño [´año] *sm* Ano. **año bisiesto** ano bissexto. **año civil** ano civil. **año escolar** ano letivo. **año litúrgico** ano litúrgico. **año luz** ano-luz. **cumplir años** fazer aniversário. **entrado en años** de idade avançada. Veja nota em **ano** (espanhol).
a.ño.ran.za [añor´anθa] *sf* Nostalgia, saudade. *sentía añoranza de su época de estudiante* / sentia saudade da sua época de estudante.
a.ño.rar [añor´ar] *vt+vi* Ter saudades. *añoro mi tierra* / tenho saudade da minha terra.
a.pa.ci.ble [apaθ´ible] *adj* Aprazível, agradável, ameno.

a.pa.ga.do, -a [apag´ado] *adj* Apagado.
a.pa.gar [apag´ar] *vt+vpr* 1 Apagar. 2 Desligar (aparelho elétrico). *cierra la puerta y apaga la luz, por favor* / fecha a porta e desliga a luz, por favor. → cargar.
a.pa.gón [apag´on] *sm* Blecaute, apagão. *el apagón dejó la ciudad a oscuras* / o blecaute deixou a cidade no escuro.
a.pa.lear [apale´ar] *vtd* Espancar, golpear.
a.pa.ñar [apañ´ar] *vt* Apanhar, colher, recolher.
a.pa.ra.dor [aparad´or] *sm* Aparador, bufê.
a.pa.rar [apar´ar] *vt* Aparar, podar. *aparar las plantas del jardín es muy relajante* / aparar as plantas do jardim é muito relaxante.
a.pa.ra.to [apar´ato] *sm* 1 Aparelho. *compramos un nuevo aparato de sonido digital* / compramos um novo aparelho de som digital. 2 Aparato.
a.pa.ra.to.so, -a [aparat´oso] *adj* 1 Aparatoso. 2 Espalhafatoso.
a.par.ca.mien.to [aparkamj´ento] *sm* Estacionamento. *el aparcamiento del supermercado está lleno* / o estacionamento do supermercado está lotado.
a.par.car [apark´ar] *vt* Estacionar, parar. → atacar.
a.pa.re.cer [apareθ´er] *vi+vpr* Aparecer, surgir. → crecer.
a.pa.re.ci.do [apareθ´ido] *sm* Fantasma, assombração, aparição. *es difícil creer en aparecidos* / é difícil acreditar em fantasmas.
a.pa.ren.tar [aparent´ar] *vt+vi* Aparentar.
a.pa.ren.te [apar´ente] *adj* Aparente: a) falso, fingido. b) visível.
a.pa.ri.ción [apariθj´on] *sf* Aparição: a) aparecimento. b) fantasma.
a.pa.rien.cia [aparj´enθja] *sf* Aparência. *las personas se juzgan unas a otras por las apariencias* / as pessoas julgam umas às outras pelas aparências.
a.par.ta.do, -a [apart´ado] *adj* Afastado, longínquo, remoto. • *sm* Caixa postal. *hay que enviar las cartas del concurso al apartado postal número 5* / as cartas

para o concurso devem ser enviadas para a caixa postal número 5.

a.par.ta.men.to [apartam´ento] *sf* Apartamento.

a.par.tar [apart´ar] *vt+vpr* Apartar, separar.

a.par.te [ap´arte] *adv* À parte, além de. *aparte de inglés, estudia francés e italiano* / além de inglês, estuda francês e italiano. • *sm Teat* Aparte.

a.pa.sio.na.do, -a [apasjon´ado] *adj+s* Apaixonado. *mi padre es un apasionado de la música clásica* / meu pai é um apaixonado da música clássica.

a.pa.sio.nan.te [apasjon´ante] *adj* Apaixonante, empolgante.

a.pa.sio.nar [apasjon´ar] *vt+vpr* Apaixonar, entusiasmar.

a.pa.tí.a [apat´ia] *sf* Apatia, indiferença.

a.pe.ar [ape´ar] *vt+vpr* Apear, desmontar, descer.

a.pe.dre.ar [apedre´ar] *vt* Apedrejar.

a.pe.gar.se [apeg´arse] *vpr* Apegar-se, afeiçoar-se. *es un error apegarse en exceso a las cosas materiales* / é um erro apegar-se excessivamente às coisas materiais. → cargar.

a.pe.go [ap´ego] *sm* Apego, apreço, afeição.

a.pe.la.ción [apelaθj´on] *sf Der* Apelação.

a.pe.lar [apel´ar] *vi* Apelar, invocar.

a.pe.lli.dar *vt+vpr* **1** Dar nome a. **2** Nomear, designar pelo nome. Veja nota em **apelidar**.

a.pe.lli.do [apeʎ´ido] *sm* Sobrenome. *mi marido y yo tenemos el mismo apellido pero no somos parientes* / meu marido e eu temos o mesmo sobrenome mas não somos parentes.

Em português, **apelido** significa "alcunha", que, em espanhol, corresponde a "apodo, sobrenombre": *Pelé es más conocido por su apodo* / Pelé é mais conhecido pelo seu apelido.

a.pe.nar [apen´ar] *vt+vpr* **1** Causar tristeza, aflição. *vpr* **2** Envergonhar-se, acanhar-se.

a.pe.nas [ap´enas] *adv* **1** Quase não, raramente. *trabajamos tanto que apenas tenemos tiempo de divertirnos* / trabalhamos tanto que quase não temos tempo de divertir-nos. **2** Apenas, só, somente. • *conj* Apenas, logo que, mal.

a.pén.di.ce [ap´endiθe] *sm* Apêndice.

a.pen.di.ci.tis [apendiθ´itis] *sf Med inv* Apendicite.

a.pe.ri.ti.vo [aperit´ibo] *adj+sm* Aperitivo.

a.per.tu.ra [apert´ura] *sf* Abertura: a) ato de abrir. b) inauguração.

a.pes.tar [apest´ar] *vt+vpr* **1** Empestar, pestear. **2** Corromper, viciar. *vi* **3** Feder. *¡tus zapatillas deportivas apestan!* / os teus tênis fedem!

a.pes.to.so, -a [apest´oso] *adj* Pestilento, fétido, fedorento.

a.pe.te.cer [apeteθ´er] *vt+vi+vpr* Apetecer, desejar, ter vontade de. → crecer.

a.pe.ten.cia [apet´enθja] *sf* Apetência, apetite.

a.pe.ti.to [apet´ito] *sm* Apetite. *Pedrito come todo el día, tiene un apetito enviable* / Pedrinho come o dia inteiro, tem um apetite invejável.

a.pe.ti.to.so, -a [apetit´oso] *adj* **1** Apetitoso. **2** Gostoso, saboroso.

a.pia.dar [apjad´ar] *vt + vpr* Apiedar, condoer.

á.pi.ce [´apiθe] *sm* Ápice, vértice, cume.

a.pi.la.do.ra [apilad´ora] *adj+s* Empilhadeira.

a.pi.lar [apil´ar] *vt* Empilhar. *era tan egoísta que prefería apilar su ropa vieja a darla* / era tão egoísta que preferia empilhar sua roupa velha em vez de dá-la.

a.pio [´apjo] *sm Bot* Aipo, salsão.

a.pla.car [aplak´ar] *vt+vpr* Aplacar, abrandar, mitigar. → atacar.

a.pla.nar [aplan´ar] *vt* Aplanar, nivelar, aplainar.

a.plas.tar [aplast´ar] *vt+vpr* **1** Esmagar. **2** *fig* Arrasar, humilhar. **3** *fam* Abafar.

a.plau.dir [aplawd´ir] *vt* Aplaudir.

a.plau.so [apl´awso] *sm* Aplauso.

a.pla.za.mien.to [aplaθamj´ento] *sm* Adiamento. *hubo un nuevo aplazamiento del veredicto* / houve um novo adiamento do veredicto.

a.pla.zar [aplaθ´ar] *vt* **1** Adiar. **2** Reprovar. → alzar.
a.pli.ca.ble [aplik´able] *adj* Aplicável.
a.pli.ca.ción [aplikaθj´on] *sf* Aplicação, zelo, dedicação.
a.pli.ca.do, -a [aplik´ado] *adj* Aplicado.
a.pli.car [aplik´ar] *vt+vpr* Aplicar. → atacar.
a.plo.mo [apl´omo] *sm* **1** Gravidade, circunspeção. **2** Prumo.
a.po.ca.lip.sis [apokal´ipsis] *sm inv Rel* Apocalipse.
a.po.de.ra.do, -a [apoder´ado] *s* Procurador.
a.po.de.rar [apoder´ar] *vt* **1** Dar poderes, outorgar procuração. *vpr* **2** Apoderar-se, apossar-se.
a.po.do [ap´odo] *sm* Apelido, alcunha, cognome. Veja nota em **apellido**.
a.po.ge.o [apoh´eo] *sm* Apogeu, auge. *los Beatles se separaron en el apogeo de la fama* / os Beatles separaram-se no apogeu da fama.
a.po.lo.gí.a [apoloh´ia] *sf* Apologia.
a.po.rre.ar [apoře´ar] *vt+vpr* Bater, espancar. *cuando se ponía nervioso aporreaba los libros contra el suelo* / quando ficava nervoso batia os livros contra o chão.
a.por.ta.ción [aportaθj´on] *sf* Contribuição. *Sin: aporte*.
a.por.tar [aport´ar] *vt* Contribuir, colaborar.
a.por.te [ap´orte] *sm V aportación*.
a.po.sen.to [apos´ento] *sm* Aposento, cômodo.
a.pos.tar [apost´ar] *vt+vpr* Apostar, fazer aposta. → aprobar.
a.pós.tol [ap´ostol] *sm* Apóstolo.
a.pós.tro.fo [ap´ostrofo] *sm* Apóstrofo.
a.po.yar [apoy´ar] *vt* **1** Encostar. *cansado, apoyó el brazo en la pared* / cansado, encostou o braço na parede. **2** Apoiar, sustentar, amparar.
a.po.yo [ap´oyo] *sm* Apoio: a) suporte, base. b) auxílio, amparo. *el gobierno mandó apoyo a los damnificados* / o governo mandou auxílio aos prejudicados. c) fundamento.
a.pre.cia.ción [apreθjaθj´on] *sf* Apreciação.

a.pre.ciar [apreθj´ar] *vt* Apreciar: a) avaliar. b) considerar. c) prezar, estimar.
a.pre.cio [apr´eθjo] *sm* Apreço, estima. *fue un hombre justo y generoso que se ganó el aprecio de todos* / foi um homem justo e generoso que ganhou o apreço de todos.
a.pre.hen.der [apr(e)end´er] *vt* Apreender, compreender uma ideia.
a.pre.hen.sión [apr(e)ensj´on] *sf* Apreensão, compreensão de uma ideia.
a.pre.hen.si.vo [apr(e)ens´ibo] *adj* Apreensivo, que apreende uma ideia.
a.pre.miar [apremj´ar] *vt* Apressar, pressionar.
a.pren.der [aprend´er] *vt* Aprender, instruir-se.
a.pren.diz, -a [aprend´iθ] *s* Aprendiz, aluno.
a.pren.di.za.je [aprendiθ´ahe] *sm* Aprendizado. *existen muchas técnicas para el aprendizaje de una nueva lengua* / existem muitas técnicas para o aprendizado de uma nova língua. Veja nota em **abordaje**.
a.pren.sión [aprensj´on] *sf* Apreensão, receio, temor. *caminaba con aprensión por la calle oscura* / caminhava com apreensão pela rua escura.
a.pren.si.vo, -a [aprens´ibo] *adj+s* Apreensivo, receoso. *su difícil infancia hizo de él un hombre aprensivo* / sua difícil infância fez dele um homem apreensivo.
a.pre.su.rar [apresur´ar] *vt+vpr* Apressar.
a.pre.ta.do, -a [apret´ado] *adj* Apertado. *los zapatos azules me quedan apretados* / os sapatos azuis estão apertados.
a.pre.tar [apret´ar] *vt+vpr+vi* Apertar. → despertar.
a.pre.tón [apret´on] *sm* Aperto. **apretón de manos** aperto de mãos.
a.prie.to [aprj´eto] *sm* Aperto, apuro.
a.pri.sa [apr´isa] *adv* Depressa, rapidamente. *llegamos aprisa para ver lo que había pasado* / chegamos depressa para ver o que tinha acontecido.
a.pri.sio.nar [aprisjon´ar] *vt* Aprisionar.
a.pro.ba.ción [aprobaθj´on] *sf* Aprovação. *los índices de aprobación del presidente han descendido mucho* / os

a.pro.ba.do, -a [aproḃado] *adj+s* Aprovado.

a.pro.bar [aprobár] *vt* Aprovar, concordar, permitir. → Veja modelo de conjugação.

a.pro.piar [apropjár] *vt+vpr* Apropriar, adequar.

a.pro.ve.cha.do, -a [aprobetʃado] *adj+sm* Aproveitador.

a.pro.ve.char [aprobetʃar] *vt+vi+vpr* Aproveitar. *salimos temprano para aprovechar el paseo* / saímos cedo para aproveitar o passeio.

a.pro.vi.sio.nar [aprobisjonár] *vt* V *abastecer*.

a.pro.xi.ma.ción [aproksimaθjón] *sf* Aproximação.

a.pro.xi.mar [aproksimár] *vt+vpr* Aproximar.

ap.ti.tud [aptitúd] *sf* Aptidão, habilidade. *el nuevo jugador tiene gran aptitud para los deportes* / o novo jogador tem grande aptidão para os esportes.

ap.to, -a [ápto] *adj* Apto, idôneo, hábil.

a.pues.ta [apwésta] *sf* Aposta.

a.pun.tar [apuntár] *vt* **1** Assestar, fazer pontaria. **2** Apontar, mostrar, indicar. **3** Anotar. *vt+vpr* **4** Inscrever.

a.pun.te [apúnte] *sm* Apontamento, nota, anotação. *¡perdí mis apuntes de historia y ahora no puedo estudiar!* / perdi as minhas anotações de história e agora não posso estudar!

a.pu.ña.lar [apuɲalár] *vt* Apunhalar, esfaquear.

a.pu.rar [apurár] *vt* **1** Purificar, proveitar ao máximo *vt+vpr* **2** Apressar.

a.pu.ro [apúro] *sm* **1** Apuro, aperto, dificuldade. **2** Pressa, urgência. *salimos con tanto apuro que olvidamos las llaves de casa* / saímos com tanta pressa que esquecemos as chaves de casa.

> **Apuro**, em português, significa também "refinamento, requinte", que corresponde, em espanhol, a "esmero, refinamiento".

a.quel [akél] *pron dem+adj* Aquele. *aquel día brillaba el sol* / aquele dia brilhava o sol.

a.que.lla [akéʎa] *pron dem+adj* Aquela. *aquella chica es mi amiga* / aquela moça é minha amiga.

a.que.llo [akéʎo] *pron dem* Aquilo. *es mejor no hablar de aquello con él* / é melhor não falar daquilo com ele.

a.quí [akí] *adv* Aqui. *vamos a quedarnos aquí* / vamos ficar aqui.

a.quie.tar [akjetár] *vt+vpr* Aquietar, sossegar, acalmar, apaziguar.

á.ra.be [árabe] *adj+ s* Árabe.

a.rác.ni.do, -a [aráknido] *adj* Aracnídeo. • *sm Zool* Aracnídeo.

a.ra.do, -a [arado] *sm* Arado. • *adj* arado, lavrado.

a.ran.cel [aranθél] *sm* Tarifa (principalmente alfandegária).

a.ra.ña [arána] *sm* **1** *Zool* Aranha. **2** Candelabro.

a.ra.ñar [aranár] *vt+vpr* Arranhar, riscar.

a.ra.ña.zo [aranáθo] *sm* Arranhão. *el accidente no tuvo heridos, las víctimas sólo sufrieron algunos arañazos* / o acidente não teve feridos, as vítimas sofreram somente alguns arranhões.

a.rar [arár] *vt* Arar, lavrar (a terra).

ar.bi.tra.je [arbitráhe] *sm* Arbitragem.

ar.bi.trar [arbitrár] *vi* Arbitrar, opinar, decidir.

ar.bi.tra.rie.dad [arbitrarjedád] *sf* Arbitrariedade, casualidade.

ar.bi.tra.rio, -a [arbitrárjo] *adj* Arbitrário, casual, abusivo. *el dictador dictaba órdenes arbitrarias* / o ditador ditava ordens arbitrárias.

ar.bi.trio [arḃitrjo] *sm* Arbítrio, vontade própria.

ár.bi.tro [árbitro] *s* Árbitro, juiz.

ár.bol [árbol] *sm Bot* Árvore. **árbol de Navidad** árvore de Natal. **árbol genealógico** árvore genealógica.

ar.bo.le.da [arboléda] *sf* Arvoredo. *me gustaba caminar por la arboleda en las tardes de primavera* / gostava de caminhar pelo arvoredo nas tardes de primavera.

ar.bo.la.do, -a [arboládo] *adj* Arborizado. • *sm* Arvoredo.

ar.bus.to [arḃústo] *sm Bot* Arbusto.

ar.ca [árka] *sf* Arca. **arca de la Alianza**

arcada   30   **arpa**

arca da Aliança. **arca de Noé** arca de Noé.

ar.ca.da [ark´ada] *sf* **1** *Arquit* Arcada. **2** Náusea.

ar.cai.co, -a [ark´ajko] *adj* Arcaico, desusado.

ar.cén [arθ´en] *sm* Acostamento.

ar.chi.pié.la.go [artʃipj´elago] *sm* Arquipélago. *los archipiélagos están formados por islas* / os arquipélagos são formados por ilhas.

ar.chi.var [artʃib´ar] *vt* Arquivar.

ar.chi.vo [artʃ´ibo] *sm* Arquivo.

ar.ci.lla [arθ´iλa] *sf* Argila.

ar.co [´arko] *sm* Arco. **arco iris** arco-íris.

ar.der [ard´er] *vi* Arder, queimar.

ar.did [ard´id] *sm* Ardil, estratagema, cilada.

ar.dien.te [ardj´ente] *adj* Ardente. *el sol del desierto brilla implacable y ardiente* / o sol do deserto brilha implacável e ardente.

ar.di.lla [ard´iλa] *sf Zool* Esquilo.

ar.dor [ard´or] *sm* Ardor.

ar.do.ro.so, -a [ardor´oso] *adj* Ardoroso, ardente.

ar.duo, -a [´ardwo] *adj* Árduo, trabalhoso, custoso, cansativo. *consiguieron llegar a la cima de la montaña tras arduos esfuerzos* / conseguiram chegar até o pico da montanha após árduos esforços.

á.re.a [´area] *sf* Área.

a.re.na [ar´ena] *sf* **1** Areia. **2** Arena: a) lugar de combate. b) terreno para corridas de touros. **arenas movedizas** areia movediça.

a.re.no.so, -a [aren´oso] *adj* Arenoso.

a.ren.que [ar´enke] *sm Zool* Arenque, espécie de peixe.

a.re.te [ar´ete] *sm* Brinco. *heredé unos aretes de perlas de mi abuela* / herdei uns brincos de pérola da minha avó.

ar.gen.ti.no, -a [arhent´ino] *adj+s* Argentino.

ar.go.lla [arg´oλa] *sf* Argola.

ar.got [arg´ot] *sm* Jargão, gíria, dialeto. *hablaba un argot de arrabal* / falava uma gíria de subúrbio.

ar.gu.men.tar [argument´ar] *vi* Argumentar: a) alegar. b) discutir.

ar.gu.men.to [argum´ento] *sm* Argumento.

a.ri.dez [arid´eθ] *sf* Aridez.

á.ri.do, -a [´arido] *adj* Árido, seco.

a.ries [´arjes] *adj+sm inv* Áries.

a.ris.co, -a [ar´isko] *adj* Arisco, áspero, intratável.

a.ris.ta [ar´ista] *sf* Aresta.

a.ris.to.cra.cia [aristokr´aθja] *sf* Aristocracia.

a.ris.tó.cra.ta [arist´okrata] *s* Aristocrata.

a.rit.mé.ti.ca [aritm´etika] *sf* Aritmética.

ar.ma [´arma] *sf* Arma. **arma blanca** arma branca. **arma de doble filo** arma de dois gumes. **arma de fuego** arma de fogo. **de armas tomar** decidido. **rendir las armas** depor as armas.

ar.ma.da [arm´ada] *sf* Armada.

ar.ma.di.llo [armad´iλo] *sm Zool* Tatu. *el armadillo es un animal propio de América Meridional* / o tatu é um animal natural da América Meridional.

ar.ma.du.ra [armad´ura] *sf* Armadura.

ar.ma.men.to [armam´ento] *sm* Armamento.

ar.mar [arm´ar] *vt+vpr* Armar.

ar.ma.rio [arm´arjo] *sm* Armário. **armario empotrado** armário embutido.

ar.ma.zón [armaθ´on] *sf* Armação.

ar.me.nio, -a [arm´enjo] *adj+s* Armênio.

ar.mis.ti.cio [armist´iθjo] *sm* Armistício, trégua. *el armisticio de la Guerra de Corea ratificó la división del país* / o armistício da Guerra da Coreia ratificou a divisão do país.

ar.mo.ní.a [armon´ia] *sf* Harmonia. *la belleza es la armonía de las formas* / a beleza é a harmonia das formas.

ar.mo.nio.so, -a [armonj´oso] *adj* Harmonioso.

ar.mo.ni.zar [armoniθ´ar] *vt+vi* Harmonizar. → alzar.

a.ro [´aro] *sm* **1** Aro, argola. **2** Brinco.

a.ro.ma [ar´oma] *sm* Aroma, perfume, fragrância, cheiro.

a.ro.má.ti.co, -a [arom´atiko] *adj* Aromático, perfumado, fragrante.

ar.pa [´arpa] *sf Mús* Harpa. *los ángeles tocan arpas en el cielo* / os anjos tocam harpas no céu.

ar.pón [arpˊon] *sm* Arpão.
ar.que.o.lo.gí.a [arkeolohˊia] *sf* Arqueologia.
ar.que.o.ló.gi.co [arkeolˊohiko] *adj* Arqueológico.
ar.que.ó.lo.go, -a [arkeˊologo] *s* Arqueólogo.
ar.que.ro [arkˊero] *s* **1** Arqueiro. **2** *Dep Arg* Goleiro.
ar.qui.tec.to, -a [arkitˊekto] *sm* Arquiteto.
ar.qui.tec.tu.ra [arkitektˊura] *sf* Arquitetura, edificação, construção.
a.rra.bal [ar̄abˊal] *sm* Arrabalde, subúrbio, arredores.
a.rrai.gar [ar̄aigˊar] *vt+vpr+vi* Arraigar, enraizar. → cargar.
a.rran.car [ar̄ankˊar] *vt+vi* Arrancar, extrair. → atacar.
a.rran.que [ar̄ˊanke] *sm* Arranque, ímpeto.
a.rra.sar [ar̄asˊar] *vt* Arrasar: a) nivelar, aplanar. b) destruir.
a.rras.trar [ar̄astrˊar] *vt+vi+vpr* **1** Arrastar. *vpr* **2** Humilhar-se.
a.rre.ba.tar [ar̄ebatˊar] *vt+vpr* Arrebatar.
a.rre.ci.fe [ar̄eθˊife] *sm* Recife. *cerca de la playa hay un arrecife de coral* / perto da praia há um recife de coral.
a.rre.gla.do [ar̄eglˊado] *adj* Arrumado.
a.rre.glar [ar̄eglˊar] *vt* Arrumar, ajustar, combinar, consertar.
a.rre.glo [ar̄ˊeglo] *sm* **1** Ajuste, combinação. **2** Concerto. *el arreglo del reloj va a costar caro* / o concerto do relógio vai custar caro. **3** *Mús* Arranjo (musical).
a.rre.man.gar [ar̄emangˊar] *vt+vpr* Arregaçar. → cargar.
a.rren.da.mien.to [ar̄endamjˊento] *sm* Arrendamento, aluguel, locação.
a.rren.dar [ar̄endˊar] *vt* Arrendar, alugar. → despertar.
a.rren.da.ta.rio, -a [ar̄endatˊarjo] *s* Arrendatário, locatário.
a.rre.pen.ti.mien.to [ar̄epentimjˊento] *sm* Arrependimento. *el delincuente declaró sentir arrepentimiento por sus delitos* / o delinquente declarou sentir arrependimento pelos seus delitos.

a.rre.pen.tir.se [ar̄epentˊirse] *vpr* Arrepender-se, retratar-se. → mentir.
a.rres.tar [ar̄estˊar] *vt* Prender, deter.
a.rres.to [ar̄ˊesto] *sm* Detenção, reclusão.
a.rri.ba [ar̄ˊiba] *adv* Acima. *subimos cerro arriba* / subimos morro acima.
a.rrien.do [ar̄jˊendo] *sm* Aluguel. *este año subió el arriendo de los inmuebles* / este ano subiu o aluguel dos imóveis.
a.rries.ga.do, -a [ar̄jesgˊado] *adj* Arriscado: a) perigoso. b) ousado, atrevido, intrépido.
a.rries.gar [ar̄jesgˊar] *vt+vpr* Arriscar. *arriesgó sus ahorros comprando acciones de la bolsa* / arriscou suas economias comprando ações da bolsa. → cargar.
a.rri.mar [ar̄imˊar] *vt+vpr* Aproximar, encostar.
a.rri.mo [ar̄ˊimo] *sm* Arrimo, apoio, encosto, amparo.
a.rrin.co.nar [ar̄inkonˊar] *vt* Encurralar, acuar.
a.rro.di.llar [ar̄odiλˊar] *vt+vi+vpr* Ajoelhar.
a.rro.gan.cia [ar̄ogˊanθja] *sf* Arrogância, orgulho.
a.rro.gan.te [ar̄ogˊante] *adj* Arrogante, orgulhoso.
a.rro.jar [ar̄ohˊar] *vt+vpr* Arrojar, atirar, arremessar, jogar.
a.rro.jo [ar̄ˊoho] *sf* Arrojo, ousadia, atrevimento, audácia.
a.rro.llar [ar̄oλˊar] *vt* **1** Enrolar, envolver. **2** Atropelar. *el conductor borracho arrolló dos personas* / o motorista bêbado atropelou duas pessoas.
a.rro.yo [ar̄ˊoyo] *sm* Arroio, córrego, riacho.
a.rroz [ar̄ˊoθ] *sm Bot* Arroz. **arroz con leche** arroz-doce.
a.rro.zal [ar̄oθˊal] *sm Bot* Arrozal.
a.rru.ga [ar̄ˊuga] *sf* **1** Ruga. *han aparecido muchas cremas contra las arrugas* / tem aparecido muitos cremes contra as rugas. **2** Prega, dobra, franzimento.
a.rru.gar [ar̄ugˊar] *vt+vpr* Enrugar, amassar, encrespar. → cargar. Veja nota em **amasar**.

a.rrui.nar [arwin´ar] *vt+vpr* Arruinar, estragar, destruir.

ar.se.nal [arsen´al] *sm* Arsenal.

ar.sé.ni.co [ars´eniko] *sm* Quím Arsênico.

ar.te [´arte] *s* Arte. **arte abstracto** arte abstrata. **el séptimo arte** a sétima arte. **por arte de birlibirloque** por artes de berliques e berloques ou de encantamento.

ar.te.fac.to [artef´akto] *sm* Artefato. *Francisco era un hombre muy inteligente a quien le gustaba inventar extraños artefactos* / Francisco era um homem muito inteligente que gostava de inventar estranhos artefatos.

ar.te.ria [art´erja] *sf* **1** *Anat* Artéria. **2** Grande via de comunicação.

ar.te.rios.cle.ro.sis [arterjoskler´osis] *sf inv Med* Arteriosclerose.

ar.te.sa.ní.a [artesan´ia] *sf* Artesanato.

ar.te.sa.no, -a [artes´ano] *s* Artesão. *el trabajo del artesano aún es poco valorado* / o trabalho do artesão ainda é pouco valorizado.

ár.ti.co, -a [´artiko] *sm* Ártico. **polo ártico** polo ártico.

ar.ti.cu.la.ción [artikulaθj´on] *sf* Articulação.

ar.ti.cu.lar [artikul´ar] *vt+vpr* Articular: a) unir. b) organizar. c) pronunciar. *estaba tan nervioso que no conseguía articular una sola palabra* / estava tão nervoso que não conseguia pronunciar uma só palavra.

ar.tí.cu.lo [art´ikulo] *sm* Artigo. **artículo definido** artigo definido. **artículo indefinido** artigo indefinido.

Os nomes próprios geográficos, em espanhol, não usam artigo; alguns países, porém, podem vir antecedidos por ele, como: *la* Argentina, *el* Brasil, *el* Canadá, *la* China, *el* Ecuador, *los* Estados Unidos, *la* India, *el* Japón, *el* Paraguay, *el* Perú, *el* Salvador, *el* Uruguay etc.

ar.ti.fi.cial [artifiθj´al] *adj* Artificial, não original.

ar.ti.lle.rí.a [artiʎer´ia] *sf* Artilharia.

ar.ti.ma.ña [artim´aɲa] *sf* Artimanha, ardil, estratagema. *inventaba mil artimañas para llegar tarde a casa* / inventava mil artimanhas para chegar tarde em casa.

ar.tis.ta [art´ista] *adj+s* Artista.

ar.tís.ti.co, -a [art´istiko] *adj* Artístico. **gimnasia artística** ginástica artística.

ar.tri.tis [artr´itis] *sf inv Med* Artrite.

ar.ve.ja [arb´eha] *sf Bot* **1** Ervilhaca, alfarroba. **2** *AL* Ervilha. *la crema de arvejas es deliciosa* / o creme de ervilhas é uma delícia.

ar.zo.bis.po [arθobispo] *sm* Arcebispo.

as [as] *sm* Ás: a) carta (do baralho). b) *fig* pessoa exímia.

a.sa [´asa] *sf* Asa, alça (de certos utensílios). *el asa de la taza estaba muy caliente* / a asa da xícara estava muito quente.

Em português, **asa** significa também "membro das aves coberto de penas" que, em espanhol, se diz "ala": *la gaviota tenía un ala rota* / a gaivota tinha uma asa quebrada. Veja outra nota em **alza**.

a.sa.do, -a [as´ado] *sm Cul* Churrasco, assado. *a pesar de ser vegetariana, prepara deliciosos asados para sus amigos* / mesmo sendo vegetariana, prepara deliciosos churrascos para seus amigos.

a.sa.dor [asad´or] *sm* Espeto, churrasqueira.

a.sa.la.ria.do, -a [asalarj´ado] *adj+s* Assalariado.

a.sal.tan.te [asalt´ante] *adj+s* Assaltante.

a.sal.tar [asalt´ar] *vt* Assaltar, roubar.

a.sal.to [as´alto] *sm* Assalto, ataque, roubo.

a.sam.ble.a [asambl´ea] *sf* Assembleia.

a.sar [as´ar] *vt* Assar.

as.cen.den.cia [asθend´enθja] *sf* **1** Ascendência, origem, estirpe. **2** Procedência, origem (de uma coisa).

as.cen.der [asθend´er] *vi* Ascender, subir. → defender.

as.ce.dien.te [asθendj´ente] *s* **1** Ascendente, antepassado. *sm* **2** Predomínio, preponderância, ascendência.

as.cen.sión [asθensj´on] *sf* Ascensão, subida.

as.cen.so [asθens´o] *sm* Ascensão, promoção.

as.cen.sor [asθens´or] *sm* Elevador. *se sentía observado por la cámara interna*

ascensorista / **asistenta**

del ascensor / sentia-se observado pela câmara interna do elevador.

as.cen.so.ris.ta [asθensorísta] *s* Ascensorista.

as.co [´asko] *sm* Nojo: a) náusea, enjoo. *sentir asco es normal en los primeros meses de embarazo* / sentir enjoo é normal nos primeiros meses de gravidez. b) asco, repulsão, repugnância.

a.se.a.do, -a [ase´ado] *adj* Asseado, limpo.

a.sear [ase´ar] *vt+vpr* Assear, limpar.

a.se.diar [asedj´ar] *vt* Assediar, cercar.

a.se.dio [as´edjo] *sm* Assédio. *los famosos deben soportar el asedio de la prensa* / os famosos têm de suportar o assédio da imprensa.

a.se.gu.ra.dor [asegurad´or] *adj+s* Segurador.

a.se.gu.rar [asegur´ar] *vt* Segurar: a) firmar, fixar. b) agarrar, conter, prender. *vt+vpr* c) garantir, afirmar, assegurar.

a.sen.tir [asent´ir] *vi* Assentir, concordar.

a.se.o [as´eo] *sf* **1** Asseio, limpeza. **2** Banheiro, lavabo, toalete. *la municipalidad ordenó la construcción de aseos públicos adaptados para discapacitados* / a prefeitura ordenou a construção de banheiros públicos adaptados para deficientes.

a.se.qui.ble [asek´ible] *adj* Acessível.

a.se.rra.de.ro [aseřad´ero] *sm* Serraria.

a.se.si.nar [asesin´ar] *vt* Assassinar, matar, eliminar.

a.se.si.na.to [asesin´ato] *sm* Assassinato, assassínio, homicídio.

a.se.si.no, -a [ases´ino] *adj+s* Assassino.

a.se.sor, -ora [ases´or] *adj+s* Assessor, auxiliar.

a.se.so.ra.mien.to [asesoramj´ento] *sm* Assessoramento, assessoria, aconselhamento. *un asesoramiento psicológico después de una experiencia traumática es fundamental* / um aconselhamento psicológico após uma experiência traumática é fundamental.

a.se.so.rar [asesor´ar] *vt* **1** Assessorar. *vpr* **2** Aconselhar-se.

a.se.so.rí.a [asesor´ia] *sf* Assessoria.

a.se.ve.ra.ción [aseberaθj´on] *sf* Asseveração, afirmação.

a.se.ve.rar [aseber´ar] *vt* Asseverar, afirmar, assegurar.

as.fal.tar [asfalt´ar] *vt* Asfaltar, pavimentar.

as.fal.to [asf´alto] *sm* Asfalto.

as.fi.xia [asf´iksja] *sf* Asfixia.

as.fi.xian.te [asfiksj´ante] *adj* Asfixiante.

as.fi.xiar [asfiksj´ar] *vt+vpr* Asfixiar, sufocar.

a.sí [as´i] *adv* Assim, desta forma. • *conj* Assim, deste modo, destarte, portanto, assim sendo. **así, así** assim, assim; mais ou menos. **así como** assim como. **así que** assim que.

a.siá.ti.co, -a [asj´atiko] *adj+s* Asiático.

a.sí.duo, -a [as´idwo] *adj* Assíduo, constante.

a.sien.to [asj´ento] *sm* **1** Assento. *cuando entré al metro no encontré ningún asiento libre* / quando entrei no metrô não achei nenhum assento livre. **2** Com Lançamento.

a.sig.na.ción [asignaθj´on] *sf* **1** Atribuição. **2** Dotação.

a.sig.nar [asign´ar] *vt* Atribuir, destinar.

a.sig.na.tu.ra [asignat´ura] *sf* Matéria (de ensino), disciplina escolar. *matemáticas es una de las asignaturas más temidas* / matemática é uma das matérias mais temidas.

Assinatura, em português, se traduz por "firma, suscripción, abono" (de periódico, revista etc.): *su firma es ilegible* / a sua assinatura é ilegível.

a.si.lar [asil´ar] *vt+vpr* Asilar, acolher, hospedar.

a.si.lo [as´ilo] *sm* Asilo, refúgio, abrigo. *todos ellos recibieron asilo político* / todos eles receberam asilo político.

a.si.mi.lar [asimil´ar] *vt* Assimilar: a) assemelhar. b) compreender, apreender.

a.si.mis.mo [asim´ismo] *adv* Também, da mesma forma, igualmente.

a.sir [as´ir] *vt+vpr* Pegar, agarrar, prender, segurar. → Veja modelo de conjugação.

a.sis.ten.cia [asist´enθja] *sf* Assistência: a) ato ou efeito de assistir. b) público. c) auxílio, ajuda. **asistencia jurídica** assistência judiciária. **asistencia social** assistência social.

a.sis.ten.ta [asist´enta] *sf* Empregada (doméstica), doméstica, criada. *como por obra de magia, por donde pasaba la* asistenta todo brillaba y olía a flores y limón / como num passe de mágica, por onde passava a empregada, tudo brilhava e cheirava a flores e limão.

a.sis.ten.te [asist´ente] *adj+s* Assistente. **asistente social** assistente social.

a.sis.tir [asist´ir] *vt+vi* Assistir: a) auxiliar, ajudar, socorrer. *los médicos asistieron al herido* / os médicos assistiram ao ferido. b) estar presente, comparecer.

as.ma [´asma] *sf Med* Asma.

as.má.ti.co, -a [asm´atiko] *adj+s* Asmático.

as.no [´asno] *sm Zool* Asno, burro, jumento.

a.so.cia.ción [asoθjaθj´on] *sf* **1** Associação **2** Parceria.

a.so.cia.do, -a [asoθj´ado] *sm* **1** Associado. **2** Parceiro.

a.so.ciar [asoθj´ar] *vt+vpr* Associar.

a.so.lar [asol´ar] *vt* Assolar, arrasar, devastar, destruir, arruinar. *las tropas enemigas asolaron el pequeño pueblo* / as tropas inimigas devastaram a pequena vila. → aprobar.

a.so.mar [asom´ar] *vt+vpr* Assomar: a) mostrar. *vi* b) começar a mostrar-se, aparecer, despontar. *cuando desperté aún no asomaba el sol* / quando acordei ainda não despontava o sol.

a.som.brar [asombr´ar] *vt+vpr* Assombrar, causar surpresa, admiração, espanto.

a.som.bro [as´ombro] *sm* Surpresa, admiração, espanto.

a.som.bro.so, -a [asombr´oso] *adj* Assombroso, espantoso. *el mago ofreció un espectáculo asombroso* / o mágico ofereceu um espetáculo assombroso.

as.pec.to [asp´ekto] *sm* Aspecto, aparência.

ás.pe.ro, -a [´aspero] *adj* Áspero.

as.pi.ra.ción [aspiraθj´on] *sf* Aspiração. *su aspiración es estudiar ingeniería* / a sua aspiração é estudar engenharia.

as.pi.ra.dor, -a [aspirad´or] *adj+s* Aspirador.

as.pi.ran.te [aspir´ante] *adj+s* Aspirante.

as.pi.rar [aspir´ar] *vtd* Aspirar: a) respirar, inspirar. b) pretender, almejar, desejar. *todos aspiramos a vivir más y mejor* / todo mundo aspira a viver mais e melhor.

as.pi.ri.na [aspir´ina] *sf Quím* Aspirina.

as.que.ro.so, -a [asker´oso] *adj* Asqueroso, nojento, repugnante.

as.ta [´asta] *sf* **1** Haste, mastro. **2** Chifre. **3** Lança.

as.te.ris.co [aster´isko] *sm* Asterisco.

as.ti.lla [ast´iλa] *sf* Estilhaço, lasca, fragmento. **de tal palo tal astilla** filho de peixe, peixinho é.

as.ti.lle.ro [astiλ´ero] *sm* Estaleiro. *es un barco nuevo recién salido del astillero* / é um navio novo recém-saído do estaleiro.

as.tro [´astro] *sm* Astro.

as.tro.lo.gí.a [astroloh´ia] *sf* Astrologia.

as.tró.lo.go, -a [astr´ologo] *s* Astrólogo.

as.tro.nau.ta [astron´awta] *s* Astronauta.

as.tro.no.mí.a [astronom´ia] *sf* Astronomia.

as.tró.no.mo, -a [astr´onomo] *s* Astrônomo.

as.tu.cia [ast´uθja] *sf* Astúcia, sagacidade, esperteza.

as.tu.to, -a [ast´uto] *adj* Astuto, esperto.

a.su.mir [asum´ir] *vt* Assumir, responsabilizar-se.

a.sun.to [as´unto] *sm* Assunto, tema, argumento.

a.sus.tar [asust´ar] *vt+vpr* Assustar, amedrontar, atemorizar, intimidar.

a.ta.can.te [atak´ante] *adj+s* Atacante.

a.ta.car [atak´ar] *vt+vi* Atacar: a) acometer. b) agredir. → Veja modelo de conjugação.

a.ta.du.ra [atad´ura] *sf* Atadura.

a.ta.jo [at´aho] *sm* Atalho. *yendo por el atajo se corta camino* / indo pelo atalho corta-se caminho.

a.ta.ñer [atañ´er] *vi* Concernir, incumbir, caber, competir, pertencer. *lo que pueda haber dicho no me atañe* / o que ele possa ter falado não me concerne. → tañer. Conjuga-se apenas nas 3.as pessoas.

a.ta.que [at´ake] *sm* Ataque, investida.

a.tar [at´ar] *vt* Atar, amarrar. **atar corto** reprimir alguém. **loco de atar** doido varrido. **no atar ni desatar** não atar nem desatar.

a.tar.de.cer [atardeθ´er] *vi* Entardecer, anoitecer. → conjuga-se apenas na 3.ª pessoa do singular e do plural.

a.ta.re.a.do, -a [atare´ado] *adj* Atarefado.

a.tas.car [atask´ar] *vt* **1** Obstruir. *vpr* **2** Atolar-se. → atacar.

a.tas.co [at´asko] *sm* **1** Obstáculo. **2** Engarrafamento. *Felipe sale todos los días muy temprano para evitar los atascos* / Felipe sai todos os dias muito cedo para evitar os engarrafamentos.

a.ta.úd [ata´ud] *sm* Ataúde, caixão.

a.te.mo.ri.zar [atemoriθ´ar] *vt+vpr* Atemorizar, amedrontar, assustar, intimidar. → alzar.

a.ten.ción [atenθj´on] *sf* **1** Atenção. **2** Atendimento. • *interj* **¡atención!** Atenção! **en atención a** em atenção a. **llamar la atención** chamar a atenção.

a.ten.der [atend´er] *vt+vi* Atender: a) considerar. b) observar, notar. c) servir, dar atenção. → defender.

a.te.ner.se [aten´erse] *vpr* Ater-se, responsabilizar-se. *quien no respeta las leyes de tránsito debe atenerse a las consecuencias* / quem não respeita as leis de trânsito deve responsabilizar-se pelas consequências. → tener.

a.ten.ta.do [atent´ado] *sm* Atentado, agressão, transgressão.

a.ten.ta.men.te [afortunadam´ente] *adv* Atenciosamente.

a.ten.tar [atent´ar] *vi* Atentar, perpetrar atentado.

a.ten.to, -a [at´ento] *adj* **1** Atento, cuidadoso. **2** Atencioso, polido, cortês.

a.te.nu.ar [atenu´ar] *vt+vpr* Atenuar, suavizar. → Veja modelo de conjugação.

a.te.o, -a [at´eo] *adj+s* Ateu. *es ateo quien no cree en Dios* / é ateu quem não acredita em Deus.

a.ter.cio.pe.la.do, -a [aterθjopel´ado] *adj* Aveludado. *la cantante de jazz tiene una hermosa voz aterciopelada* / a cantora de jazz tem uma bela voz aveludada.

a.te.rra.dor [ateřad´or] *adj* Aterrorizador, aterrorizante, pavoroso.

a.te.rrar[1] [ateř´ar] *vt* Aterrar, cobrir com terra.

a.te.rrar[2] [ateř´ar] *vt+vpr* Aterrorizar.

a.te.rri.za.je [ateřiθ´ahe] *sm* Aterrissagem, pouso. *el helicóptero tuvo que hacer un aterrizaje forzoso* / o helicóptero teve de fazer uma aterrissagem forçosa. Veja nota em **abordaje**.

a.te.rri.zar [ateřiθ´ar] *vi* Aterrissar, pousar. → alzar.

a.te.rro.ri.zar [ateřoriθ´ar] *vt+vpr* Aterrorizar. → alzar.

a.tes.ta.do, -a [atest´ado] *s* **1** Atestado, certidão. *pedí un atestado al notario* / solicitei um atestado ao tabelião. **2** Abarrotado, cheio.

a.tes.ti.guar [atestigw´ar] *vt* Testemunhar, certificar. → averiguar.

a.ti.bo.rrar [atiboř´ar] *vt+vpr* **1** Abarrotar, encher, entupir. *atiborró el armario de ropa* / abarrotou o guarda-roupas. **2** Empanturrar. *se atiborró de comida* / empanturrou-se de comida.

a.ti.nar [atin´ar] *vi* **1** Atinar. **2** Acertar (o alvo).

a.tis.bar [atisb´ar] *vt* **1** Observar. *la mujer atisbaba por la ventana la llegada de su vecino* / a mulher observava pela janela a chegada do seu vizinho. **2** Vislumbrar, entrever.

a.ti.zar [atiθ´ar] *vt* Atiçar, ativar, avivar. → alzar.

a.tlán.ti.co, -a [atl´antiko] *adj* Atlântico.

a.tlas [´atlas] *sm inv* Atlas.

a.tle.ta [atl´eta] *s* Atleta.

a.tlé.ti.co, -a [atl´etiko] *adj* Atlético.

a.tle.tis.mo [atlet´ismo] *sm* Atletismo.

at.mós.fe.ra [atm´osfera] *sf* Atmosfera.

a.to.lla.de.ro [atoλadero] *sm* Atoleiro. **salir del atolladero** sair do atoleiro. *pidió un préstamo para salir del atolladero de deudas* / pediu um empréstimo para sair do atoleiro de dívidas.

a.to.lon.dra.do [atolondr´ado] *adj* Atordoado.

a.to.lon.drar [atolondr´ado] *vt+vpr* Estontear, aturdir, atordoar.

a.tó.mi.co, -a [at´omiko] *adj* Atômico.

á.to.mo [´atomo] *sm* Átomo.

a.tó.ni.to, -a [at´onito] *adj* Atônito, pasmado, estupefato.

a.to.rar [ator´ar] *vt+vi+vpr* **1** Obstruir. *vpr* **2** Engasgar-se.

a.tor.men.tar [atorment´ar] *vt+vpr* Atormentar, perturbar.

a.tor.ni.llar [atorniλ´ar] *vt* Parafusar. *la placa está atornillada* / a placa está parafusada.

a.tra.ca.de.ro [atrakad´ero] *sm Mar* Atracadouro.

a.tra.car [atrak´ar] *vt Mar* **1** Atracar. **2** Aproximar. **3** Assaltar. → atacar.

a.trac.ción [atrakθj´on] *sf* Atração.

a.tra.co [atr´ako] *sm* Assalto, roubo. *la pareja fue víctima de un atraco al volver a casa* / o casal foi vítima de assalto ao voltar para casa.

a.trac.ti.vo, -a [atrakt´ibo] *adj* Atrativo, atraente. • *sm* Encanto, graça.

a.tra.er [atra´er] *vt+vpr* Atrair. → traer.

a.tra.gan.tar [atragant´ar] *vt+vpr* Engasgar. *atragantarse con comida puede ser muy peligroso* / engasgar-se com comida pode ser muito perigoso.

a.tra.par [atrap´ar] *vt* Apanhar, pegar. *el niño llevó una red para atrapar mariposas en el jardín* / o menino levou uma rede para apanhar borboletas no jardim.

a.trás [atr´as] *adv* Atrás. **cuenta regresiva** contagem regressiva. **marcha atrás** marcha a ré.

a.tra.sar [atras´ar] *vt+vpr* Atrasar, retardar, demorar.

a.tra.so [atr´aso] *sm* Atraso, demora.

a.tra.ve.sar [atrabes´ar] *vt* Atravessar, cruzar. → despertar.

a.tre.ver.se [atreb´erse] *vpr* Atrever-se, arriscar-se. *atreverse una vez más demuestra valentía* / atrever-se mais uma vez mostra coragem.

a.tre.vi.do, -a [atreb´ido] *adj+s* Atrevido.

a.tre.vi.mien.to [atrebimj´ento do] *sm* Atrevimento.

a.tri.bu.ción [atribuθj´on] *sf* Atribuição. *el juez dicta sentencia en atribución de sus poderes* / o juiz dita sentença em atribuição dos seus poderes.

a.tri.bu.ir [atribu´ir] *vt+vpr* Atribuir. → huir.

a.tri.bu.to [atrib´uto] *sm* Atributo.

a.trio [´atrjo] *sm* Átrio, vestíbulo.

a.tro.ci.dad [atroθid´ad] *sf* Atrocidade, crueldade. *es una atrocidad maltratar los animales* / é uma atrocidade maltratar os animais.

a.tro.fia [atr´ofja] *sf Med* Atrofia.

a.tro.na.dor [atrona´dor] *adj* Estrondoso.

a.tro.pe.llar [atropeλ´ar] *vt+vpr* Atropelar. *crucé la calle sin prestar atención y casi me atropellaron* / atravessei a rua sem prestar atenção e quase me atropelaram.

a.tro.pe.llo [atrop´eλo] *sm* Atropelamento, atropelo.

a.tún [at´un] *sm Zool* Atum.

a.tur.dir [aturd´ir] *vt+vpr* Aturdir, atordoar, estontear.

au.da.cia [awd´aθja] *sf* Audácia, ousadia, atrevimento.

au.daz [awd´aθ] *adj* Audaz, audacioso.

au.di.ción [awdiθj´on] *sf* Audição. *el ruido de las grandes ciudades provoca problemas de audición para sus habitantes* / o barulho nas grandes cidades ocasiona problemas de audição para seus moradores.

au.dien.cia [awdj´enθja] *sf* Audiência.

au.dio.vi.sual [awdjobisw´al] *adj* Audiovisual.

au.di.tor [awdit´or] *s* Auditor.

au.di.to.rí.a [awdito´ria] *sf* Auditoria.

au.di.to.rio [awdit´orjo] *sm* Auditório.

au.ge [´awhe] *sm* Auge, apogeu.

au.la [´awla] *sf* Classe, sala de aula. *las clases de español son en el aula 3* / as aulas de espanhol são na sala 3.

Aula, em português, significa "lição" ministrada pelo professor, que corresponde, em espanhol, a "clase".

au.llar [awλ´ar] *vi* Uivar. *este perro suele aullar de noche* / este cachorro costuma uivar à noite. → aunar.

au.lli.do [awλ´ido] *sm* Uivo. *en mitad de la noche se podía oír el aterrador aullido del lobo* / no meio da noite podia-se ouvir o estarrecedor uivo do lobo.

au.men.tar [awment´ar] *vt+vi+vpr* Aumentar.

au.men.to [awm´ento] *sm* Aumento.

aun [awn] *adv* Inclusive, até, até mesmo. *vino toda la familia y aun el tío que vivía*

lejos / veio a família toda, inclusive o tio que morava longe.
aún [a´un] *adv* Ainda. *son las tres de la tarde, los bancos aún están abiertos* / são três horas da tarde, os bancos ainda estão abertos.

> **Aún** leva acento quando é sinônimo de "ainda". Quando equivale a *hasta* (até), *también* (também), *incluso* ou *siquiera* (sequer), não se acentua: *aun los niños pagan para entrar* / até as crianças pagam para entrar. *trabaja todos los días, aun domingos y festivos* / trabalha todos os dias, inclusive aos domingos e feriados. *no llamó a nadie, ni aun a su marido* / não ligou para ninguém, nem sequer para o seu marido.

au.nar [awn´ar] *vt+vpr* **1** Unir, congregar. **2** Unificar. → Veja modelo de conjugação.
aun.que [´awnke] *conj* Ainda que, embora, mesmo que. *compraré la camisa aunque a ti no te guste* / comprarei a camisa mesmo que você não goste.
au.re.o.la [awr´eola] *sf* Auréola. *los santos son retratados con una aureola en la cabeza* / os santos são retratados com uma auréola na cabeça.
au.ri.cu.lar [awrikul´ar] *adj* Auricular. • *sm* **1** Parte do telefone para ouvir. **2** Dedo mínimo. **3 auriculares** *pl* Fones de ouvido.
au.ro.ra [aur´ora] *sf* Aurora.
au.sen.cia [aws´enθja] *sf* Ausência.
au.sen.tarse [awsent´arse] *vpr* Ausentar-se.
au.sen.te [aws´ente] *adj+s* Ausente.
aus.pi.ciar [awspiθj´ar] *vt* **1** Patrocinar. **2** Auspiciar, augurar, predizer, prenunciar.
aus.pi.cio [awsp´iθjo] *sm* **1** Auspício, augúrio. **2** Patrocínio, proteção. *el torneo de tenis contó con el auspicio de una marca de gaseosa* / o torneio de tênis contou com o patrocínio de uma marca de refrigerante.
aus.te.ri.dad [awsterid´ad] *sf* Austeridade.
aus.te.ro, -a [awst´ero] *adj* Austero.
aus.tral [awstr´al] *adj* Austral.
aus.tra.lia.no, -a [awstralj´ano] *adj+s* Australiano.

aus.trí.a.co, -a [awstr´iako] *adj+s* Austríaco.
au.tén.ti.co, -a [awt´entiko] *adj* Autêntico.
au.ten.ti.fi.car [awtentifik´ar] *vt* Autenticar, legalizar.
au.to[1] [´awto] *sm* **1** *Teatr* Auto, composição dramática. **2** *Der* Auto, resolução judicial.
au.to[2] [´awto] *sm* Carro.
au.to.ad.he.si.vo, -a [awtoades´ibo] *adj+sm* autoadesivo.
au.to.a.fir.ma.ción [awtoafirmaθj´on] *sf* Autoafirmação.
au.to.bio.gra.fí.a [awtobjograf´ia] *sf* Autobiografia.
au.to.bio.grá.fi.co, -a [awtobjogr´afiko] *adj* Autobiográfico.
au.to.bús [awtob´us] *sm* Ônibus. *subió de precio el pasaje de autobús* / subiu o preço da passagem de ônibus.
au.to.car [awtok´ar] *sm* Ônibus (intermunicipal). *fuimos de autocar a Aparecida* / fomos de ônibus até Aparecida.
au.to.con.trol [awtokontr´ol] *sm* Autocontrole.
au.to.cra.cia [awtokr´aθja] *sf* Autocracia.
au.tóc.to.no, -a [awt´oktono] *adj* Autóctone, originário, natural. *el cupuaçu es un fruto autóctono de Brasil* / o cupuaçu é um fruto natural do Brasil.
au.to.crí.tica [awtokr´itika] *adj+sf* Autocrítica.
au.to.de.fen.sa [awtodef´ensa] *sf* Autodefesa.
au.to.di.dac.ta [awtodid´akta] *adj+s* Autodidata.
au.tó.dro.mo [awt´odromo] *sm* Autódromo.
au.to.es.cue.la [awtoeskw´ela] *sf* Autoescola.
au.to.es.ti.ma [awtoest´ima] *sf* Autoestima, amor-próprio.
au.to.es.top [awtoest´op] *sm* Carona. *hoy en día es muy peligroso practicar el autoestop en las carreteras* / hoje é muito perigoso pedir carona nas estradas.
au.to.ges.tión [awtohestj´on] *sf Econ* Autogestão.

au.tó.gra.fo [awt´ografo] *sm* Autógrafo.
au.to.má.ti.co, -a [awtom´atiko] *adj* Automático.
au.to.ma.ti.zar [awtomatiθ´ar] *vt* Automatizar. → alzar.
au.to.mó.vil [awtom´obil] *adj+sm* Automóvel. • *sm* Carro.
au.to.mo.vi.lis.mo [awtomobil´ismo] *sm* Automobilismo.
au.to.mo.vi.lis.ta [awtomobil´ista] *s* Motorista. *el automovilista debe ser prudente* / o motorista deve ser prudente.
au.to.no.mía [awtonom´ia] *sf* Autonomia.
au.tó.no.mo, -a [awt´onomo] *adj+s* Autônomo.
au.to.pis.ta [awtop´ista] *sf* Estrada, rodovia. *se produjo un embotellamiento en la autopista debido a un accidente* / houve um engarrafamento na rodovia provocado por um acidente.
au.top.sia [awt´opsja] *sf* Autópsia.
au.tor, -a [awt´or] *s* Autor, criador.
au.to.ría [awtor´ia] *sf* Autoria.
au.to.ri.dad [awtorid´ad] *sf* Autoridade. *el rector no tiene autoridad fuera del campus* / o reitor não tem autoridade fora do campus.
au.to.ri.za.ción [awtoriθaθj´on] *sf* Autorização, permissão.
au.to.ri.zar [awtoriθ´ar] *vt* Autorizar, facultar, permitir, aprovar. → alzar.
au.to.rre.tra.to [awtořetr´ato] *sm* Autorretrato. *Frida Kahlo es famosa por sus autorretratos* / Frida Kahlo é famosa pelos seus autorretratos.
au.to.ser.vi.cio [awtoserb´iθjo] *sm* Autosserviço.
au.to.su.fi.cien.te [awtosufiθj´ente] *adj* Autossuficiente.
au.xi.liar¹ [awksilj´ar] *adj+s* Auxiliar.
au.xi.liar² [awksilj´ar] *vt* Auxiliar, dar auxílio, ajudar.
au.xi.lio [awks´iljo] *sm* Auxílio, amparo, socorro.
a.val [ab´al] *sm* Com Aval, garantia.
a.va.lan.cha [abal´antʃa] *sf* Avalanche.
a.va.lis.ta [abal´ista] *s Der* Avalista.
a.van.ce [ab´anθe] *sm* Avanço. *el teléfono fue uno de los mayores avances de todos los tiempos* / o telefone foi um dos maiores avanços de todos os tempos.
a.van.zar [abanθ´ar] *vt+vi+vpr* Avançar. → alzar.
a.va.ri.cio.so, -a [abariθj´oso] *s* Pão-duro, avarento. *Sin: avariento*.
a.va.ri.cia [abar´iθja] *sf* Avareza.
a.va.rien.to, -a [abarj´ento] *sm V avaricioso*.
a.va.ro, -a [ab´aro] *adj+s* Avaro, avarento.
a.va.sa.llar [abasaʎ´ar] *vt+vpr* Avassalar, subjugar.
a.ve [´abe] *sm Zool* Ave. **ave de rapiña** ave de rapina.
a.ve.lla.na [abeʎ´ana] *sf Bot* Avelã.
a.ve.ma.rí.a [abemar´ia] *sf Rel* Ave-maria.
a.ve.na [ab´ena] *sf Bot* Aveia. *la avena es un alimento rico en fibras* / a aveia é um alimento rico em fibras.
a.ve.ni.da [aben´ida] *sf* **1** Avenida. **2** Enchente fluvial. *la ciudad quedó inundada tras la avenida del río Ebro* / a cidade ficou inundada depois da enchente do rio Ebro.
a.ve.nir [aben´ir] *vt+vpr* Avir, conciliar. *tratamos de avenir a las partes pero no lo conseguimos* / tentamos conciliar as partes, mas não foi possível. → venir.
a.ven.ta.jar [abenta´har] *vt+vi+vpr* Avantajar.
a.ven.tu.ra [abent´ura] *sf* Aventura, peripécia.
a.ven.tu.re.ro, -a [abentur´ero] *adj+s* Aventureiro.
a.ver.gon.zar [abergonθ´ar] *vt+vpr* Envergonhar(se), acanhar(-se). → almorzar.
a.ve.rí.a [aber´ia] *sf* Avaria, dano, estrago.
a.ve.ri.gua.ción [aberigwaθj´on] *sf* Averiguação, investigação.
a.ve.ri.guar [aberigw´ar] *vt* Averiguar, investigar. → Veja modelo de conjugação.
a.ver.sión [abersj´on] *sf* Aversão, repugnância, repulsa. *muchas personas sienten aversión a las cucarachas* / muitas pessoas sentem aversão às baratas.
a.ves.truz [abestr´uθ] *sf Zool* Avestruz.

a.via.ción [abjaθj´on] *sf* Aviação.
a.via.dor, -ora [abjad´or] *s* Aviador.
á.vi.do, -a [´abido] *adj* Ávido, ansioso, cobiçoso.
a.vión [abj´on] *sm* Avião. *el avión llegó atrasado al aeropuerto* / o avião chegou com atraso no aeroporto.
a.vi.sar [abis´ar] *vt* Avisar: a) anunciar. b) advertir. c) prevenir.
a.vi.so [ab´iso] *sm* Aviso, informação.
a.vis.pa [ab´ispa] *sf Zool* Vespa. *sobre la flor había una avispa* / tinha uma vespa na flor.
a.vis.pe.ro [abisp´ero] *sm* Vespeiro.
a.vi.var [abib´ar] *vt+vi+vpr* Avivar, estimular.
a.xi.la [aks´ila] *sf Anat* Axila.
a.yer [ay´er] *adv+sm* **1** Ontem. *ayer te llamé por teléfono* / ontem liguei para você. **2** *fig* Antigamente, outrora.
a.yu.da [ay´uda] *sf* Ajuda, auxílio.
a.yu.dar [ayud´ar] *vt+vpr* Ajudar, auxiliar.
a.yu.nar [ayun´ar] *vi* Jejuar.
a.yu.no [ay´uno] *adj* Jejum. *algunos exámenes médicos deben hacerse en ayuno* / alguns exames médicos devem ser feitos em jejum.
a.yun.ta.mien.to [ayuntamj´ento] *sf* Prefeitura. *los vecinos de la ciudad fueron a protestar enfrente al ayuntamiento* / os vizinhos da cidade foram protestar na frente da prefeitura.
a.za.dón [aθad´on] *sf* Enxadão, enxada grande.

a.za.fa.ta [aθaf´ata] *sf* Comissária (de bordo), aeromoça, recepcionista. *Sin: aeromoza.*
a.za.frán [aθafr´an] *sm Bot* Açafrão. *el azafrán es el condimento esencial de la paella* / o açafrão é o tempero essencial da *paella*.
a.zar [aθ´ar] *sm* Casualidade, acaso. *mi amigo y yo nos encontramos al azar* / encontrei meu amigo por casualidade.
a.za.har [aθa´ar] *sm Bot* Flor de laranjeira, limoeiro, cidreira. *el ramo de la novia estaba hecho de azahares* / o buquê da noiva era feito de flor de laranjeira.
a.zo.gue [aθ´oge] *sm Quím* Mercúrio.
a.zo.tar [aθot´ar] *vt+vpr* Açoitar, flagelar.
a.zo.te [aθ´ote] *sf* **1** Açoite, chicote. **2** Chicotada, chibatada.
a.zo.te.a [aθot´ea] *sf* Terraço.
az.te.ca [aθt´eka] *adj+s* Asteca. • *sm* (Dialeto) Asteca.
a.zúcar [aθ´ukar] *sm* Açúcar. **azúcar blanco(a)** açúcar branco. **azúcar moreno(a)** açúcar mascavo.
a.zu.fre [aθ´ufre] *sm Quím* Enxofre. *el azufre tiene un olor fuerte* / o enxofre tem um cheiro forte.
a.zul [aθ´ul] *adj+sm* Azul.
a.zu.le.jo [aθul´eho] *sm* Azulejo.
a.zu.zar [aθuθ´ar] *vt* Açular, atiçar. *el cazador decidió azuzar los perros* / o caçador decidiu atiçar os cachorros.

b

b, B [b´e] *sf* Segunda letra do alfabeto espanhol.
ba.ba [b´aba] *sf* **1** Baba, saliva. **2** *Zool* Gosma, secreção. **3** Palavreado, palavrório. **4** *AL* Jacaré. **caérsele a alguien la baba** babar, parecer bobo. **mala baba** má intenção, más intenções. *ese tipo es de mala baba* / esse cara é cheio de más intenções.
ba.be.a.do [babe´ado] *adj* Babado, sujo de baba.
ba.be.ar [babe´ar] *vi* Babar. *dame una toalla que el nene está babeando* / dê-me uma toalha que o nenê está babando.
ba.be.ro [bab´ero] *sm* Babador, babeiro. *no te olvides de ponerle el babero al nene para que no se ensucie la ropa* / não se esqueça de pôr o babador no nenê para que não suje a roupa.
ba.bi [b´abi] *sm fam* Avental, guarda-pó.
ba.bie.ca [babj´eka] *adj+s fam* Bobo, tonto.
ba.bor [bab´or] *sm Mar* Bombordo.
ba.bo.sa.da [babos´ada] *sf fam Colom, CR, Méx, El Sal* Baboseira, bobagem, besteira. *jamás he oído tanta babosada* / nunca ouvi tanta bobagem.
ba.bo.se.a.do [babose´ado] *adj* **1** Babado. **2** *fam* Humilhado.
ba.bo.se.ar [babose´ar] *vt* **1** Babar. **2** *fam AL* Humilhar. *vi* **3** *AL fam* Viajar, estar distraído.
ba.bo.sa *sf AL* Lesma. *¡argh! ¡una babosa en la planta!* / eca! uma lesma na planta!
ba.bo.so, -a [bab´oso] *adj+sm* **1** Baboso, babão. **2** Puxa-saco, adulador. **3** *fam* Apaixonado. • *adj* **1** Tonto, bobão. **2** Gosmento.
ba.bu.cha [bab´utʃa] *sf* Chinela. **ir a babucha** *Arg, Ur* ir de cavalinho/nas costas.
ba.ca [b´aka] *sf* Bagageiro. *esto no cabe en la baca* / isto não cabe no bagageiro.
ba.ca.la.da [bakal´ada] *sf* Bacalhau seco.
ba.ca.la.de.ro, -a [bakalad´ero] *adj+sm* Bacalhoeiro.
ba.ca.lao [bakal´ao] *sm Ictiol* Bacalhau. **cortar el bacalao** mandar, dar ordens. *en casa es ella quien corta el bacalao* / em casa, quem manda é ela.
ba.che [b´atʃe] *sm* **1** Buraco (ruas, estradas). **2** Baque, contratempo, abatimento. **3** *AL* Carência, falta, privação. **tapar un bache:** a) tapar um buraco. b) *fig* quebrar um galho.
ba.che.ar [batʃe´ar] *vt* Recapear, repavimentar, arrumar buracos (buracos no asfalto).
ba.chi.cha [batʃ´itʃa] *sm fam* **1** *AL* Carcamano. **2** *Méx* Bituca, toco, ponta de cigarro.
ba.chi.ller, -era [batʃiʎ´er] *sm* **1** Secundarista, aluno (ou formado) do ensino médio. **2** Tagarela, impertinente, falador.
ba.chi.lle.ra.to [batʃiʎer´ato] *sm* Ensino médio. *tengo 15 años, todavía no he terminado el bachillerato* / tenho 15 anos, ainda não terminei o ensino médio.
ba.cí.a [baθ´ia] *sf* Bacia, vasilha.
ba.ci.lo [baθ´ilo] *sm Biol* Bacilo.
ba.cín [baθ´in] *sm* **1** *fam* Penico. **2** Homem vil, desprezível.

ba.ci.ni.lla [baθin´iλa] *fam* Penico, urinol.

ba.cón [bak´on] *sm* Bacon, toucinho defumado.

bac.te.ria [bakt´erja] *sf Biol* Bactéria. *no se come nada que se encuentra en el piso porque tiene muchas bacterias* / não se come nada que se encontra no chão porque tem muitas bactérias.

bac.te.ria.no, -a [bakterj´ano] *adj Biol* Bacteriano.

bac.te.ri.ci.da [bakteriθ´ida] *adj Biol* Bactericida. *le lavo las manos al chico con jabón bactericida* / lavo as mãos da criança com sabonete bactericida.

bac.te.rio.lo.gí.a [bakterjoloh´ia] *sf Biol* Bacteriologia.

bá.cu.lo [b´akulo] *sm* **1** Báculo, cajado, bengala. **2** *Anat* Osso do pênis. **3** *fig* Alívio, arrimo, consolo, apoio.

ba.da.jo [bad´aho] *sm* **1** Badalo. **2** *fam* Indivíduo tagarela, tonto, néscio.

ba.da.na [bad´ana] *sf* **1** Couro (pele curtida) de carneiro ou ovelha. *sm* **2** *fam* Indivíduo folgado, preguiçoso.

Enquanto em espanhol **badana** refere-se à pele curtida da ovelha, em português a palavra "badana" designa tanto a ovelha já velha como sua carne.

ba.dén [bad´en] *sm* **1** Valeta, sarjeta. **2** Lombada (trânsito).

ba.dil [bad´il] *sm* Pá (lixo, brasas, cinzas).

ba.du.la.que [badu´lake] *adj+sm* Pessoa néscia, inconsistente.

Badulaque, em português, significa "penduricalho" (bijuteria) ou, no plural, "coisas sem valor".

ba.fle [b´afle] *sm Electr* Amplificador.

ba.ga.je [bag´ahe] *sm* **1** Bagagem. *todo mi bagaje está en el coche* / toda minha bagagem está no carro. **2** Conjunto de conhecimentos ou informações de que alguém dispõe. *posee un gran bagaje intelectual* / possui uma grande bagagem intelectual. Veja nota em **abordaje**.

ba.ga.te.la [bagat´ela] *sf* Bagatela, ninharia.

ba.ga.yo [bag´ayo] *sm* **1** *AL fam* Pacote, bagagem, fardo. **2** *Ur fig* Conjunto de objetos roubados. **3** *Ur* Contrabando de pequena escala. **4** *Ur* Bagulho, mulher feia.

ba.gre [b´agre] *sm* **1** *Ictiol* Bagre. **2** *AL fam* Mulher feia, bagulho.

ba.gual [bagw´al] *adj+sm Arg, Par, Ur* Bagual, recém-domado.

ba.hí.a [ba´ia] *sf Geogr* Baía, enseada. *no conozco la bahía de Guanabara, pero dicen que es muy linda* / não conheço a baía da Guanabara, mas dizem que é muito bonita.

bai.la.ble [bajl´able] *adj* **1** Dançante. **2** Rítmico, cadencioso. • *sm Teat* Bailado.

bai.la.dor, -ora [bajlad´or] *adj+sm* Bailarino, dançarino.

bai.lar [bajl´ar] *vi* **1** Dançar. **2** Mover-se. **3** Girar. **bailar en la cuerda floja** andar na corda bamba.

bai.la.rín, -ina [bajlar´in] *adj+sm* Bailarino, dançarino. • *sf* Sapatilha.

bai.le [b´ajle] *sm* **1** Dança. **2** Baile. **3** *fam* Briga, confusão. *me he metido en un baile que no te imaginas* / meti-me em uma confusão que você nem imagina.

ba.ja [b´aha] *sf* Baixa: a) diminuição, queda (preço). b) exoneração, demissão. c) *Mil* perda de combatente. **baja temporal / baja laboral** impossibilidade temporária de um indivíduo para trabalhar, reconhecida pelos serviços médico-sociais. **dar de baja** dar baixa.

ba.ja.da [bah´ada] *sf* Baixada, descida, declive, ladeira. **bajada de bandera** bandeira, bandeirada (táxi).

ba.ja.mar [baham´ar] *sf Geogr* Baixa-mar, maré baixa.

ba.jar [bah´ar] *vt* **1** Baixar. *vt+vpr* **2** Abaixar. **3** Rebaixar. **4** Reduzir, diminuir. *vt+vi+vpr* **5** Apear, descer. **bajar los humos** baixar a cabeça, baixar as orelhas.

ba.jel [bah´el] *sm poét* Barco.

ba.je.ro, -a [bah´ero] *adj* **1** Baixo. **2** De baixo. • *sf fam* Diarreia. *con esa bajera no puedo ni salir de casa* / com essa diarreia nem consigo sair de casa.

ba.je.za [bah´eθa] *sf* **1** Baixeza, indignidade, vileza. **2** Abatimento, humilhação, inferioridade.

ba.jis.ta [bah´ista] *adj+s* Baixista: a) *Econ* especulador na baixa da bolsa de valores. b) *Mús* músico que toca o baixo.

ba.jo, -a [b´aho] *adj* **1** Baixo. **2** Inferior. **3** Modesto, humilde. *la clase baja* / a classe baixa. **4** Pobre, escasso. *dieta baja en calorías* / dieta baixa em calorias. **5** Vulgar, ordinário. *un lenguaje bajo* / uma linguagem vulgar. **6** Desprezível, canalha. *un pensamiento bajo* / um pensamento desprezível. **7** Calçado que não tem salto ou com pouca altura. *zapato bajo* / sapato sem salto. **8** Dito de um determinado período histórico: que está em suas últimas etapas. *la baja Edad Media* / a baixa Idade Média. • *sm* **1** Térreo. **2** *Mús* Baixo. **3** Baixada. **4** Barra, bainha (roupas). **5 bajos** *pl*: a) porão. b) roupas de baixo, lingerie. c) *fam* genitália. • *prep* Sob, debaixo. • *adv* Com pouco volume ou intensidade de som. *pon la radio más bajo* / põe o rádio (o som) mais baixo (abaixa o som do rádio). **planta baja** térreo. **por lo bajo:** a) disfarçadamente. b) em voz baixa.

ba.jón [bah´on] *sm* Queda, baixa. *un bajón tan repentino en la imunidad es preocupante* / uma queda tão repentina na imunidade é preocupante.

ba.jo.rre.lie.ve [bahor̄elj´ebe] *sm Art Plást* Baixo-relevo.

ba.la [b´ala] *sf* **1** Bala, projétil. **2** Pacote de dez resmas. **bala perdida** maluco, insensato.

Para referir-se ao doce, em espanhol, usa-se a palavra **caramelo**.

ba.la.ce.ra [balaθ´era] *sf AL* Tiroteio. *no te imaginas el miedo que he pasado ayer; hubo una balacera en mi calle* / você não imagina o medo que passei ontem; houve um tiroteio na minha rua.

ba.la.da [bal´ada] *sf Mús, Lit* Balada.

ba.la.drón [baladr´on] *adj* Fanfarrão.

ba.la.dro.na.da [baladron´ada] *sf* Bravata, fanfarronada.

ba.lan.ce [bal´anθe] *sm* **1** Balanço, oscilação, balanceio. **2** *Com* Demonstrativo da situação patrimonial de empresa. **3** Análise, comparação.

ba.lan.ce.ar [balanθe´ar] *vt* **1** Contrabalançar, equilibrar, contrapesar. **2** Balancear (pneus) *vi+vpr* **3** *Mar* Balançar, oscilar. **4** Titubear, ficar em dúvida.

ba.lan.ce.o [balanθ´eo] *sm* **1** Balanço, oscilação. **2** *AL* Balanceamento (de rodas).

ba.lan.cín [balanθ´in] *sm* **1** Balancim. **2** Cadeira de balanço. **3** Balanço, balança. **4** Gangorra.

ba.lan.dro [bal´andro] *sm Mar* Barco pequeno, barco pesqueiro.

bá.la.no [b´alano], **ba.la.no** [bal´ano] *sm* **1** *Anat* Glande. **2** *Zool* Craca.

ba.lan.za [bal´anθa] *sf* Balança. *¿sabes si en la farmacia de la esquina hay balanza?* / você sabe se na farmácia da esquina tem balança?

ba.lar [bal´ar] *vi* Balir.

ba.laus.tre [bal´awstre], **ba.la.ús.tre** [bala´ustre] *sm* Balaústre.

ba.la.zo [bal´aθo] *sm* **1** Balaço. **2** Tiro. **ni a balazos** de jeito nenhum.

bal.bu.ce.ar [balbuθe´ar] *vi V balbucir*.

bal.bu.ce.o [balbuθ´eo] *sm* **1** Balbuciação. **2** *balbuceos* *pl* Balbucio, experiência inicial.

bal.bu.cir [balbuθ´ir] *vt+vi* Balbuciar, gaguejar, engasgar. *Sin: balbucear.* → Veja modelo de conjugação.

bal.cón [balk´on] *sm* **1** Varanda, sacada. **2** *Teat* Balcão.

Não se usa **balcón** para designar o móvel usado para atendimento em repartições, bares, lanchonetes ou lojas. **Barra** é uma das palavras que corresponde a essas acepções.

bal.co.ne.ar [balkone´ar] *vt Arg, Ur* Observar, sem participar.

bal.da [b´alda] *sf* **1** Estante, prateleira. **2** Aldraba, tranca.

bal.da.quín [baldak´in] *sm Arquit* Baldaquino.

bal.dar [bald´ar] *vt* **1** Causar contrariedade. *vt+vpr* **2** Inutilizar, impedir, lesionar.

bal.de [b´alde] *sm* Balde. **de balde:** a) de graça, gratuitamente. b) sem motivo. c) debalde, em vão. **en balde** debalde, em vão. **estar de balde** estar à toa. **patear alguien el balde** *Hon* morrer.

bal.de.ar [balde´ar] *vt* Baldear, regar, aguar com balde. *más tarde voy a baldear las plantas* / mais tarde vou regar as plantas.

Para referir-se a "baldear", no sentido de transferência de uma embarcação para outra, em espanhol usa-se **empalmar**.

bal.dí.o, -a [bald´io] *adj* Baldio. *mejor si rodearan con alambre ese terreno baldío* / seria bom se cercassem esse terreno baldio com arame.

bal.do *adj* **1** Baldo (no jogo de cartas). **2** Desfalecido, sem forças.

bal.do.sa [bald´osa] *sf* **1** Lajota, piso. **2** *Mús* Saltério, harpa.

bal.do.sín [baldos´in] *sm* Ladrilho. *la casa es muy antigua, tiene baldosines verdes en el baño* / a casa é muito antiga, tem ladrilhos verdes no banheiro.

ba.le.ar [bale´ar] *vt* Balear. *balearon a su cuñado anoche* / balearam seu cunhado ontem à noite. • *adj* Referente às Ilhas Baleares (Espanha).

ba.le.o [bal´eo] *sm AL* Tiroteio.

ba.li.do [bal´ido] *sm* Balido.

ba.lís.ti.co, -a [bal´istiko] *adj* Balístico. • *sf* Balística. *la balística todavía no ha identificado el arma del crimen* / a balística ainda não identificou a arma do crime.

ba.li.za [bal´iθa] *sf Aeron, Mar* Baliza.

ba.li.zar [baliθ´ar] *vt* Balizar.

ba.lle.na [baʎ´ena] *sf Zool* Baleia. *Moby Dick es la ballena más famosa del mundo* / Moby Dick é a baleia mais famosa do mundo.

ba.lle.ne.ro, -a [baʎen´ero] *adj+sm* Baleeiro.

ba.lles.ta [baʎ´esta] *sf* **1** Besta. **2** Catapulta. **3** Arapuca.

ba.llet [bal´et] *sm* Balé. *soy graduada en ballet clásico* / sou formada em balé clássico.

bal.nea.rio, -a [balne´arjo] *adj+sm* Balneário. *voy a pasar cuatro días en un balneario* / vou passar quatro dias em um balneário.

ba.lom.pié [balompj´e] *sm Dep* Futebol.

ba.lón [bal´on] *sm* **1** Bola grande. **2** *Dep* Futebol. **3** Balão. *lo mantienen en balón de oxígeno* / estão mantendo-o em balão de oxigênio.

ba.lon.ces.tis.ta [balonθest´ista] *adj+s Dep* Jogador de basquete.

ba.lon.ces.to [balonθ´esto] *sm Dep* Basquete. *Sin: básquet, basquetbol*.

ba.lon.ma.no [balonm´ano] *sm Dep* Handebol.

ba.lon.vo.le.a [balonbol´ea] *sm Dep* Vôlei, voleibol.

ba.lo.ta.je [balot´ahe] *sm AL* Segundo turno (eleições). *van a balotaje los candidatos de Santa Catarina* / vão para o segundo turno os candidatos de Santa Catarina. Veja nota em **abordaje**.

ba.lo.tar [balot´ar] *vi AL* Votar utilizando bolinhas ou peças numeradas (*balotas*).

bal.sa [b´alsa] *sf* **1** Balsa, jangada. **2** Lamaçal, charco.

bal.sá.mi.co, -a [bals´amiko] *adj* Balsâmico. *no me gusta el vinagre, pero sí me gusta el aceto balsámico* / não gosto de vinagre, mas gosto de azeite balsâmico.

bál.sa.mo [b´alsamo] *sm* **1** Bálsamo. **2** *fam* Alívio, consolo.

bal.se.ro [balsen´ero] *sm* Balseiro, jangadeiro.

ba.luar.te [balw´arte] *sm* **1** Baluarte, bastião. **2** Defesa, proteção, amparo, refúgio.

bam.ba [b´amba] *sf* **1** *Cul* Tipo de doce recheado de creme, nata, típico da Páscoa. **2** *Mús* Bamba. **3** Alpargata.

bam.bo.le.an.te [bambolea´nte] *adj* Bamboleante, oscilante. *bamboleante como está, debe estar borracho* / bamboleante como está, deve estar de porre.

bam.bo.le.ar [bambole´ar] *vt+vpr* **1** Bambolear. **2** Oscilar.

bam.bo.le.o [bambol´eo] *sm* Bamboleio, balanço, requebro.

bam.bú [bamb´u] *sm Bot* Bambu. *en la feria de domingo venden varias cosas de bambú* / na feira de domingo vendem várias coisas de bambu.

ba.nal [ban´al] *adj* Banal, trivial, comum.

ba.na.li.dad [banalid´ad] *sf* Banalidade, trivialidade. *sólo se preocupa con trivialidades* / só se preocupa com trivialidades.

ba.na.na [ban´ana] *sf AL Bot* Banana, bananeira.

ba.na.nal [banan´al] *sm Bot* Bananal,

ba.na.ne.ro, -a [banan´ero] *adj* Bananeiro. • *sm Bot* Bananeira.

ba.na.no [ban´ano] *sm Bot* Bananeira, banana.

ba.nas.to [ban´asto] *sm* Cesto de vime redondo.

ban.ca [b´anka] *sf* **1** Banco, assento sem encosto. **2** Banca: a) *Com* sistema bancário. b) fundo de apostas. c) banca de frutas etc.

ban.ca.da [bank´ada] *sf* **1** Bancada: a) balcão de trabalho. b) *Mar* prancha onde se sentam os remadores. c) *AL* conjunto de legisladores, representação.

ban.cal [bak´al] *sm* **1** Pequena área para o cultivo de árvores frutíferas. **2** *Agric* Terraço, socalco (para plantação). **3** Bancal, toalha.

ban.ca.rio, -a [bank´arjo] *adj* Bancário. *efectué un depósito bancario* / efetuei um depósito bancário.

ban.ca.rro.ta [bankaŕ´ota] *sf* Bancarrota, falência, quebra.

ban.car [bank´ar] *vt+vpr Arg, Ur* Bancar, assumir, sustentar. *banca los cuatro hijos hasta hoy, y ya tienen más de 25 años* / banca os quatro filhos até hoje, e eles já têm mais de 25 anos.

ban.co [b´anko] *sm* **1** Banco: a) assento. b) *Com* estabelecimento de crédito. c) local de armazenagem de sangue, órgãos etc. **2** Bancada (para trabalho). **3** Cardume. **banco de datos** banco de dados. **banco de niebla** névoa, nevoeiro.

ban.da [b´anda] *sf* **1** Faixa, fita, cinta. **2** Bando, quadrilha. **3** Facção. **4** Revoada. **5** Cardume. **6** Banda: a) lado; b) conjunto musical. **banda sonora** trilha sonora. **cerrarse en banda** manter-se firme em sua própria opinião.

ban.da.da [band´ada] *sf* **1** Bando, tropel. **2** Revoada. **3** Cardume.

ban.da.zo [band´aθo] *sm* Guinada, mudança repentina. *si el coche no daba un bandazo para la izquierda, lo mataba* / se o carro não desse uma guinada para a esquerda, matava-o.

ban.de.ja [band´eha] *sf* Bandeja. *no me gusta comer en bandeja* / não gosto de comer em bandeja.

ban.de.ra [band´era] *sf* Bandeira, pavilhão, estandarte.

ban.de.rín [bander´in] *sm* Bandeirola, bandeirinha.

ban.di.da.je [bandid´ahe] *sm* Bandidagem. *ese lugar es un antro de bandidaje* / esse lugar é um antro de bandidagem.

ban.di.do, -a [band´ido] *adj+sm* Bandido, malfeitor.

ban.do [b´ando] *sm* **1** Facção, partido. **2** Bando, revoada. **3** Cardume. **4** Édito, proclamação, edital. **ser del otro bando** ser homossexual.

ban.do.le.ro, -a [bandol´ero] *sm* Bandoleiro. **cartera en bandolera** bolsa a tiracolo.

ban.do.li.na [bandol´ina] *sf Mús* Bandolim.

ban.do.ne.ón [bandone´on] *sm Mús* Bandoneon. *aquí en este restaurante un tío toca bandoneón* / aqui neste restaurante um indivíduo toca bandoneon.

ban.jo [b´an:ho] *sm Mús* Banjo.

ban.que.ro, -a [bank´ero] *sm* Banqueiro. *querría ser banquero, pero soy bancario* / gostaria de ser banqueiro, mas sou bancário.

ban.que.ta [bank´eta] *sf* Banqueta. *siéntese en esa banqueta* / sente-se nessa banqueta.

ban.que.te [bank´ete] *sm* Banquete. **ser un banquete** *Cuba* ser muito divertido.

ban.qui.llo [bank´iλo] *sm Dep* Banco de reservas. **banquillo de los acusados** banco dos réus.

ban.qui.na [bank´ina] *sf AL* Acostamento. *no te quedes aparcado en la banquina que es muy peligroso* / não fique parado no acostamento, que é muito perigoso.

ba.ña.de.ra [bañad´era] *sf AL* Banheira.

ba.ña.de.ro [bañad´ero] *sm* Charco, lagoa. *en ese bañadero hay cientos de sapos* / nesse charco há centenas de sapos.

ba.ña.do [bañ´ado] *sm AL* Banhado, brejo, charco.

ba.ña.dor [bañad´or] *sm* Maiô, traje de banho. *me he olvidado el bañador, no podré nadar* / esqueci o maiô, não vou poder nadar.

ba.ñar [bañ´ar] *vt* **1** Banhar. **2** Tomar banho. **¡anda a bañarte!** *Arg, Cuba, Méx, Ur* vai tomar banho/vai se danar/vai passear!

ba.ñe.ra [bañ´era] *sf* Banheira. *hoy necesito una bañera con hidromasaje* / hoje preciso de uma banheira com hidromassagem.

ba.ñe.ro [bañ´ero] *sf AL* Salva-vidas.

ba.ñis.ta [bañ´ista] *s* Banhista.

ba.ño [b´año] *sm* **1** Banho. **2** Banheiro. *¿hay gente en el baño?* / tem gente no banheiro?

ba.que.ta [bak´eta] *sf* **1** Vareta. **2** Vara, açoite. **3 baquetas** *pl* Baquetas (percussão).

ba.que.ta.zo [baket´aθo] *sm* Açoitada. **tratar a baquetazos** tratar com desprezo e severidade.

ba.que.te.ar [baketeˊar] *vt* **1** Açoitar, bater com vara. **2** Incomodar, encher. **estar baqueteado** estar detonado, podre, cansado.

bar [b´ar] *sm* Bar. *¿hasta qué horas piensas quedarte en el bar?* / até que horas você pretende ficar no bar?

ba.ra.hún.da [bara´unda] *sf* Barafunda, confusão, pandemônio, desordem.

ba.ra.ja [bar´aha] *sf* **1** Baralho. **2** Leque, gama de possibilidades. **3** Briga, altercação. **entrarse en baraja** jogar a toalha, desistir. **jugar con dos barajas** jogar nos dois times, fazer jogo duplo. **romper la baraja** cancelar um acordo.

ba.ra.jar [barah´ar] *vt* **1** Embaralhar. *vi* **2** Brigar, altercar.

ba.ran.da [bar´anda] *sf* **1** Balaustrada. **2** Corrimão. *es tan chiquito que no alcanza la baranda* / é tão pequenininho que não alcança o corrimão.

ba.ran.dal [barand´al] *sm* Balaustrada, gradil.

ba.ran.di.lla [barand´iλa] *sf* **1** Balaustrada. **2** Corrimão. **3** Varanda.

ba.ra.ta [bar´ata] *sf* **1** Preço baixo. **2** Troca, escambo. **3** *Méx* Liquidação.

De todas as acepções para esse verbete, nenhuma corresponde a "barata" em português. O nome do inseto, em espanhol, é **cucaracha**.

ba.ra.ti.ja [barat´iha] *sf* Quinquilharia, ninharia.

ba.ra.ti.llo [barat´iλo] *sm* Bazar, liquidação. *lo voy a vender todo en el baratillo* / vou vender tudo no bazar.

ba.ra.to, -a [bar´ato] *adj* Barato. • *sm* Liquidação.

bar.ba [b´arba] *sf* **1** *Anat* Queixo. **2** Barba. **3 barbas** *pl* Rebarba.

bar.ba.co.a [barbac´oa] *sf* **1** Grelha, churrasqueira. **2** Churrascada.

bar.ba.do, -a [barb´ado] *adj* Barbado. • *sm* **1** *Ictiol* Barbado, barbudo. *sf* **2** Barbada, lábio inferior (cavalos).

bar.bar [barb´ar] *vi* Ter barba.

bar.ba.ri.dad [barbarid´ad] *sf* **1** Barbaridade, atrocidade. **2** *fig* Demasia, exagero, excesso.

bar.ba.rie [barb´arje] *sf* **1** Rusticidade. **2** Barbárie, selvageria.

bar.ba.ris.mo [barbar´ismo] *sm* **1** Barbarismo. **2** Barbaridade.

bár.ba.ro, -a [b´arbaro] *adj+sm* Bárbaro, grosseiro. • *adj* **1** Grande, excessivo, extraordinário. **2** Excelente, magnífico, sensacional. • *interj* **¡bárbaro!** bárbaro!, excelente!, sensacional! Veja nota em **bárbaro** (português).

bar.be.rí.a [barber´ia] *sf* Barbearia. *a la tarde voy a la barbería* / à tarde vou à barbearia.

bar.be.ro, -a [barb´ero] *sm* **1** Barbeiro: a) profissional que faz barba. b) *Ictiol* peixe da família dos acanturídeos. **2** Rede para pescar. • *adj Méx* Puxa-saco, adulador.

bar.bi.lla [barb´iλa] *sf Anat* Queixo. *tengo cosquillas en la barbilla* / tenho cócegas no queixo.

bar.bi.tú.ri.co [barbit´uriko] *adj+sm Farm* Barbitúrico.

bar.bo [b´arbo] *sm Ictiol* Carpa.

bar.bu.do, -a [barb´udo] *adj* Barbudo. • *sm Ictiol* Barbudo, barbado.

bar.bu.llar [barbuλ´ar] *vi* Borbotar, atropelar as palavras, falar aos borbotões.

bar.ca [b´arka] *sf* Barca. *veo una barca acercándose* / vejo uma barca se aproximando.

bar.ca.za [bark´aθa] *sf* Barcaça.

bar.co [b´arko] *sm* Barco. **barco cisterna** navio-tanque.

ba.rio [b´arjo] *sm Quím* Bário.

ba.rí.to.no [bar´itono] *sm Mús* Barítono. *con su voz de barítono tiene un gran futuro* / com sua voz de barítono tem um grande futuro.

bar.niz [barn´iθ] *sm* Verniz.

bar.ni.zar [barniθ´ar] *vt* Envernizar. *tengo idea de barnizar los muebles* / estou pensando em envernizar os móveis.

ba.ró.me.tro [bar´ometro] *sm Fís* Barômetro.

ba.rón, -onesa [bar´on] *sm* Barão. *Pedro es heredero de un grande barón del café* / Pedro é herdeiro de um grande barão do café.

bar.que.ro, -a [bark´ero] *sm* Barqueiro.

bar.qui.llo [bark´iλo] *sm* Barquilho.

ba.rra [b´ař a] *sf* **1** Barra: a) peça cilíndrica de metal. b) lingote. c) sinal gráfico (/). d) meia grade nas salas de tribunal. e) *Dep* barra fixa. **2** Balcão, mostrador (lanchonete, bar). **3** Baguete. **4** *AL* Torcida. **5** *AL* Turma de amigos. **barra de lábios** batom. **de barra a barra** de ponta a ponta. **hacer barra** torcer. **tener buena/mala barra** ter boa/má vontade. Veja nota em **balcón**.

ba.rra.ba.sa.da [bař abas´ada] *sf fam* Desatino.

ba.rra.ca [bař´aka] *sf* Barraco, choupana. **barraca de feria** barraca desmontável em festas, eventos etc.

ba.rra.cón [bař ak´on] *sm* Barracão. *si quieres hablar conmigo, estaré en el barracón arreglando la puerta* / se quiser falar comigo, estarei no barracão arrumando a porta.

ba.rran.co [bař´anko] *sm* **1** Barranco. **2** *fig* Dificuldade, obstáculo.

ba.rre.na [bař´ena] *sf Mec* Broca, verruma. **entrar en barrena:** a) entrar em parafuso, confundir-se. b) girar em parafuso (avião).

ba.rre.nar [bař en´ar] *vt* **1** Verrumar, perfurar. **2** Violar, transgredir. **3** Insistir, incomodar. **4** Estragar, atrapalhar deliberadamente os planos de alguém.

ba.rren.de.ro, -a [bař end´ero] *s* Gari, varredor. *siempre en Navidad los barrenderos pasan pidiendo dinero en las casas* / sempre no Natal os garis passam pedindo dinheiro nas casas.

ba.rre.ño [bař´eño] *adj* De barro. • *sm* Tina, tacho, bacia.

ba.rrer [bař´er] *vt* Varrer. *es tu vez de barrer la cocina* / é sua vez de varrer a cozinha.

ba.rre.ra [bař´era] *sf* Barreira. **sacar la barrera** vir a público.

ba.rria.da [bař j´ada] *sf* **1** Bairro. **2** Periferia. *vivo en la barriada* / moro na periferia.

ba.rri.ca [bař´ika] *sf* Barrica, tonel, barril.

ba.rri.ca.da [bař ik´ada] *sf* Barricada.

ba.rri.ga [bař´iga] *sf* Barriga. **rascarse/tocarse la barriga** folgar. **sacar la barriga del mal año** tirar a barriga da miséria.

ba.rri.gón [bař ig´on] *adj* Barrigudo. *¡qué barrigón estás!* / como você está barrigudo!

ba.rri.gu.do [bař ig´udo] *adj* Barrigudo.

ba.rril [bař´il] *sm* **1** Barril. **2** *fam* Baleia, pessoa muito gorda.

ba.rri.le.te [bař il´ete] *sm Arg* Pipa, papagaio.

ba.rri.llo [bař´iλo] *sm Med* Acne, espinha. *justo hoy me ha salido un barrillo en la frente* / justo hoje saiu uma espinha na minha testa.

ba.rro [b´ař o] *sm* **1** Barro, lama, lodo. **2** *Med* Espinha, acne. **3** Tranqueira, porcaria. **no ser barro** ter valor, não ser porcaria. **tener barro a mano** ser rico.

ba.rro.co, -a [bař´oko] *adj+sm* Barroco.

ba.rro.so [bař´oso] *adj* **1** Barroso, barrento, barroso. **2** Espinhento.

ba.rro.te [bař´ote] *sm* **1** Barrote. **2** Viga, travessa. **3** Tranca, ferrolho.

ba.rrun.tar [bař unt´ar] *vt* Desconfiar, inferir, intuir, pressentir, presumir.

ba.rrun.to [bař´unto] *sm* Indício, vislumbre, pressentimento, sinal.

bár.tu.los [b´artulos] *sm pl* Objetos, utensílios, petrechos, trastes. **liar los bártulos** arrumar a trouxa, arrumar as malas.

ba.ru.llo [bar´uλo] *sm* Confusão, desordem, balbúrdia. **a barullo** em grande quantidade, abundante.
Barulho, no sentido de "qualquer rumor", designa-se **ruido** em espanhol.
ba.sal.to [bas´alto] *sm Geol* Basalto.
ba.sar [bas´ar] *vt+vpr* Basear, embasar, fundamentar.
bas.ca [b´aska] *sf* **1** Ânsia de vômito, náusea. **2** *fam* Gana, ódio, ímpeto.
bás.cu.la [b´askula] *sf* Balança.
bas.cu.lar [baskul´ar] *vi* Balançar.
ba.se [b´ase] *sf* Base. *la base de la relación es la confianza* / a base do relacionamento é a confiança.
bá.si.co, -a [b´asiko] *adj* Básico, elementar. *conozco lo básico sobre culinaria* / sei o básico sobre culinária.
ba.sí.li.ca [bas´ilika] *sf* Basílica.
bás.quet [b´asket] *sm V AL* baloncesto.
bas.quet.bol [basketb´ol] *sm V AL* baloncesto.
bas.tan.te [bast´ante] *adj+adv* Bastante, suficiente. *ya tengo bastante problema, no necesito aún más* / já tenho bastante problema, não preciso de ainda mais.
bas.tar [bast´ar] *vi+vpr* Bastar. ¡**basta**! já chega!
bas.tar.di.lla [bast´ar] *sf* **1** *Mús* Bastardilha. **2** Itálico, grifo.
bas.tar.do, -a [bast´ardo] *adj* Bastardo. • *sm* **1** *Zool* Jiboia. **2** Lixa de água. *sf* **3** Letra cursiva, letra de mão.
bas.ti.dor [bastid´or] *sm* **1** Bastidor, caixilho. **2** *Mec* Chassi. **bastidor de ropa** bastidor (teatro). **entre bastidores** *fam* por trás dos bastidores, escondido.
bas.ti.lla [bast´i λa] *sf* Bainha, barra. *la bastilla de la cortina está torcida* / a bainha da cortina está torta.
bas.ti.men.to [bastim´ento] *sm* **1** Barco. **2** Abastecimento.
bas.tión [bastj´on] *sm* Bastião, baluarte.
bas.to, -a [b´asto] *sm* **1** Basto: a) suadeira. b) ás de paus. **2 bastos** *pl* Paus (naipe). • *adj* Grosseiro, tosco.
bas.tón [bast´on] *sm* Bastão, bengala, bordão. **empuñar el bastón** tomar ou conseguir o poder. **meter el bastón** apaziguar, interceder.

bas.to.na.zo [baston´aθo] *sm* Bastonada, bordoada.
bas.ton.ci.llo [bastonθ´iλo] *sm* Bastonete: a) pequeno bastão. b) *Biol* bactéria em forma de bastão. **bastoncillo de algodón** cotonete.
ba.su.ra [bas´ura] *sf* Lixo. *el cubo de la basura está sucio* / o cesto de lixo está sujo.
ba.su.re.ro, -a [basur´ero] *s* **1** Lixeiro. *el basurero pasa los martes, jueves y sábados* / o lixeiro passa às terças, quintas e sábados. **2** Lixão.
ba.ta [b´ata] *sf* **1** Penhoar, robe. **2** Bata, roupão. **3** Jaleco, guarda-pó.
ba.ta.ca.zo [batak´aθo] *sm* Baque: a) pancada por queda. b) fracasso inesperado, tombo. **dar el batacazo** dar zebra (vitória inesperada).
ba.ta.lla [bat´aλa] *sm* Batalha, combate. **de batalla** de uso rotineiro, comum. *me pongo ropa de batalla para jugar con los chicos* / ponho roupa comum para brincar com as crianças.
ba.ta.lla.dor, -ora [bataλad´or] *adj+s* Lutador, batalhador.
ba.ta.llar [bataλ´ar] *vi* **1** Batalhar, combater. **2** Lutar por, esforçar-se.
ba.ta.llón [bataλ´on] *sm* Batalhão. *forma parte del cuarto batallón de la policía militar* / faz parte do quarto batalhão da polícia militar.
ba.ta.ta [bat´ata] *sf* **1** *Bot* Batata-doce. **2** *Arg fam* Lata-velha (carro).
Somente a "batata-doce", em português, é que se traduz para o espanhol como **batata**. A nossa batata propriamente dita chama-se **papa** ou **patata**.
ba.te [b´ate] *sm Dep* Taco, bastão.
ba.tel [bat´el] *sm* Batel, bote. *¿vas a pescar en ese batel?* / você vai pescar nesse bote?
ba.te.rí.a [bater´ia] *sf* Bateria: a) *Mil* peças de artilharia. b) *Electr* acumulador elétrico. c) *Mús* conjunto de instrumentos de percussão. d) conjunto de panelas. e) baterista: músico que toca instrumentos de percussão.
ba.te.ris.ta [bater´ista] *s Mús* Baterista.

ba.ti.da [bat´ida] *sf* Batida: a) diligência policial. b) exploração, reconhecimento.
Batida, em espanhol, não significa "golpe", "choque", "cadência" ou "batimento". A semelhança com o português restringe-se às acepções acima apresentadas.

ba.ti.do, -a [bat´ido] *adj* Batido, trilhado. • *sm* **1** Ovos batidos. **2** Vitamina, *milk shake* etc.

ba.ti.dor, -ora [batid´or] *s* **1** Batedor, explorador. **2** *sf* Batedeira (de bolo).

ba.tien.te [batj´ente] *adj* Batedor, que bate. • *sm* Batente, caixilho.

ba.ti.fon.do [batif´ondo] *sm Arg fam* Confusão, desordem, balbúrdia, alvoroço, barulheira.

ba.tir [bat´ir] *vt* **1** Bater, golpear. **2** Derrotar. **3** Sacudir, mexer, mover. **4** Explorar, reconhecer. **5** *Dep* Superar (limites, recordes). *vpr* **6** Combater, brigar.

Tratando-se especificamente do coração, usa-se **batir** somente quando se refere a "bater com violência". O batimento normal do coração é **latido**, e "bater", nesse sentido, é **latir**.

ba.tra.cio, -a [batr´aθjo] *adj+s Zool* Batráquio.

ba.tu.ta [bat´uta] *sf Mús* Batuta. **llevar alguien la batuta** dirigir a orquestra, comandar.

ba.úl [ba´ul] *sm* **1** Baú, arca. **2** *AL* Porta-malas. **llenar el baúl** encher a pança.

bau.tis.mal [bawtism´al] *adj Rel* Batismal. *esa pila bautismal tiene trecientos años* / essa pia batismal tem trezentos anos.

bau.tis.mo [bawt´ismo] *sm* Batismo. *soy padrino de bautismo de mi sobrino* / sou padrinho de batismo de meu sobrinho.

bau.ti.zar [bawtiθ´ar] *vt* Batizar: a) administrar o sacramento. b) pôr nome em algo. c) colocar água no vinho. → alzar.

bau.ti.zo [bawt´iθo] *sm* **1** Batismo. **2** Batizado.

ba.ye.ta [bay´eta] *sf* Trapo, pano de limpeza, flanela.

ba.yo [b´ayo] *adj* Baio, castanho. *mi caballo es el bayo* / meu cavalo é o baio.

ba.yo.ne.ta [bayon´eta] *sf* Baioneta.

ba.zar [b´aθa] *sm* Bazar. *en el bazar de la escuela todo cuesta 50 centavos* / no bazar da escola tudo custa 50 centavos.

ba.zo, -a [b´aθo] *s Anat* Baço. • *adj* Trigueiro, moreno, baio.

ba.zo.fia [baθ´ofja] *sf* **1** Restos, lixo, dejetos. **2** Porcaria, nojeira.

be [b´e] *sf* **1** Nome da letra *b*. *sm* **2** Balido.

be.a.ti.fi.car [beatifik´ar] *vt* **1** Beatificar. **2** Alegrar, comprazer. → atacar.

be.a.to, -a [be´ato] *adj+s* **1** Beato. **2** Bento. • *adj* Feliz, bem-aventurado.

be.bé [beb´e] *sm* Bebê, nenê. *¿cuánto tiempo tiene su bebé?* / quanto tempo tem seu bebê?

be.be.de.ro [bebed´ero] *sm* Bebedouro. *no pongas la boca en el bebedero* / não encoste a boca no bebedouro.

be.be.di.zo [bebed´iθo] *adj* Potável. • *sm* **1** Beberagem. **2** Elixir.

be.be.dor, -ora [bebed´or] *adj+s* **1** Bebedor. **2** Beberrão, ébrio.

be.ber [beb´er] *vt+vi* **1** Beber, tomar. *vi* **2** Brindar. **3** Embriagar-se. **4** Absorver, consumir, devorar. **beber como una cuba** beber como uma esponja.

be.bi.ble [beb´ible] *adj fam* Bebível, aceitável.

be.bi.da [beb´ida] *sf* Bebida. *¿qué bebida tienes?* / que bebida você tem?

be.bi.do [beb´ido] *adj* Embriagado, bêbado.

be.ca [b´eka] *sf* Bolsa de estudos.

Para designar a roupa dos magistrados, catedráticos etc., usa-se **toga** em espanhol. **Beca** tem sempre o significado de "bolsa de estudos".

be.car [bek´ar] *vt* Conceder bolsa de estudos. → atacar.

be.ca.rio, -a [bek´arjo] *adj+s* Bolsista. *los becarios tienen que presentarse todos los meses en la directoría* / os bolsistas têm de se apresentar todos os meses na diretoria.

be.ce.rro, -a [beθ´ero] *s Zool* Bezerro. *han nacido ocho becerros este mes en la hacienda* / nasceram oito bezerros este mês na fazenda.

be.cha.mel [betʃam´el] *sf V* besamel.

be.del, -ela [bed´el] *s* Bedel.

be.dui.no, -a [bedw´ino] *adj+s* Beduíno.
be.go.nia [beg´onja] *sf Bot* Begônia. *las begonias no están bien ahí* / as begônias não estão bem aí.
bei.con [b´ejkon] *sm* Toucinho defumado.
bei.ge [b´ejhe] *adj+sm* Bege.
beis [b´eis] *adj+sm* Bege. *¿dónde está mi blusa beis?* / onde está minha blusa bege?
béis.bol [b´ejsbol] *sm Dep* Beisebol.
be.jín [beh´in] *sm* Cogumelo. *hay que sacar esos bejines que nacieron en el jardín* / tem de tirar esses cogumelos que nasceram no jardim.
be.ju.co [beh´uko] *sm Bot* Cipó.
bel.dad [beld´ad] *sf* Beldade. *tu hija es una beldad* / sua filha é uma beldade.
be.lén [bel´en] *sm* **1** Presépio. **2** *fam* Babel, confusão.
bel.ga [b´elga] *adj+s* Belga.
be.li.cis.mo [beliθ´ismo] *sm* Belicismo. *soy totalmente en contra del belicismo* / sou totalmente contra o belicismo.
bé.li.co, -a [b´eliko] *adj* Bélico, guerreiro.
be.li.co.so, -a [belik´oso] *adj* Belicoso. *actitudes belicosas no ayudan* / atitudes belicosas não ajudam.
be.li.ge.ran.cia [beliher´anθja] *sf* Beligerância.
be.li.ge.ran.te [beliher´ante] *adj+s* Beligerante. *las naciones beligerantes hicieron una tregua* / os países beligerantes fizeram uma trégua.
be.lla.co, -a [beʎ´ako] *adj+s* Velhaco, pilantra, patife, canalha.
be.lla.do.na [beʎad´ona] *sf Bot* Beladona.
be.lla.que.rí.a [beʎaker´ia] *sf* Velhacaria, pilantragem, patifaria, canalhice.
be.lle.za [beʎ´eθa] *sf* Beleza. *es de una belleza sencilla* / é de uma beleza singela.
be.llo, -a [b´eʎo] *adj* Belo, lindo. **bello sexo** sexo frágil.
be.llo.ta [beʎ´ota] *sf* **1** *Bot* Bolota. **2** *Bot* Botão de cravo. **3** *Anat* Glande.
bem.bo [b´embo] *adj Méx* Beiçudo. • *sf AL* Beiço.
be.mol [bem´ol] *sm Mús* Bemol.

ben.ce.no [benθ´eno] *sm Quím* Benzeno.
ben.ci.na [benθ´ina] *sf Quím* Benzina.
ben.de.cir [bendeθ´ir] *vt* **1** Benzer. **2** Abençoar, bendizer. **3** Louvar. → Veja modelo de conjugação.
ben.di.ción [bendiθj´on] *sf* Bênção. *el Papa hechó la bendición al pueblo* / o Papa deu a bênção ao povo.
ben.di.to, -a [bend´ito] *adj+s* Bento, bendito.
be.ne.fac.tor, -a [benef´aktor] *adj+s* Benfeitor. *nuestra escuela ha recibido el nombre de su benefactor* / nossa escola recebeu o nome de seu benfeitor.
be.ne.fi.ciar [benefiθj´ar] *vt* **1** Beneficiar, favorecer, ajudar. **2** Conceder, agraciar. **3** Cultivar, melhorar. *vpr* **4** Lucrar, servir-se, tirar proveito.
be.ne.fi.cia.rio, -a [benefiθj´arjo] *adj+s* Beneficiário. *los beneficiarios del seguro de vida son sus hijos* / os beneficiários do seguro de vida são seus filhos.
be.ne.fi.cio [benef´iθjo] *sm* **1** Benefício, favor, graça. **2** Proveito, utilidade. **3** Privilégio. **4** Benfeitoria, melhora, cultivo.
be.ne.fi.cio.so, -a [benefiθj´oso] *adj* Proveitoso, benéfico, útil. *unas clases particulares serán beneficiosas* / algumas aulas particulares serão úteis.
be.né.fi.co [ben´efiko] *adj* Benéfico, proveitoso, útil.
be.ne.mé.ri.to, -a [benem´erito] *adj+s* Benemérito. • *sf* Guarda Civil espanhola.
be.ne.vo.len.cia [benebol´enθja] *sf* Benevolência, bondade, benignidade.
be.ne.vo.len.te [benebol´ente] *adj* **1** Benevolente, favorável. **2** Benéfico.
be.nig.ni.dad [benignid´ad] *sf* Benignidade, benevolência, bondade.
be.nig.no, -a [ben´igno] *adj* Benigno, bom. *gracias a Dios es un tumor benigno* / graças a Deus é um tumor benigno.
ben.ja.mín [ben:ham´in] *s* Benjamim, caçula.

Para "benjamim", no sentido de "plugue" elétrico, em espanhol usa-se **ladrón**.

ben.zol [benθ´ol] *sm Quím* Benzeno, benzol.
be.o.do, -a [be´odo] *adj+s* Bêbado,

embriagado. *ayer llegué a casa beodo* / ontem cheguei em casa bêbado.

ber.be.re.cho [berber´etʃo] *sm Zool* Berbigão, vôngole.

ber.bi.quí [berbik´i] *sm* Pua, aguilhão, ferrão.

be.ren.je.na [beren:h´ena] *sf Bot* Berinjela. *berenjena en la comida y en la cena no* / berinjela no almoço e no jantar, não.

ber.gan.tín [bergant´in] *sm Mar* Bergantim, embarcação.

ber.me.je.ar [bermehe´ar] *vi* Avermelhar. *según lo iba retando, se iba bermejeando* / conforme ia chamando sua atenção, ia avermelhando.

ber.me.jo, -a [berm´eho] *adj* Acobreado. *tu pelo es bermejo, ¿no?* / seu cabelo é acobreado, né?

ber.me.llón [bermeλ´on] *sm Min* Cinábrio em pó. • *adj+sm* Vermelho-vivo.

ber.mu.das [berm´udas] *sf pl* Bermuda. *¿vas en bermudas a la escuela?* / você vai de bermuda para a escola?

be.rre.tín [berret´in] *sm AL fam* Capricho, desejo veemente, vontade.

be.rri.do [beř´ido] *sm* 1 Berro, mugido. 2 Grito, urro. Veja nota em **berro** (espanhol e português).

be.rrin.che [beř´intʃe] *sm* Irritação, ataque, chilique, birra, rabugice, manha.

be.rro [b´eřo] *sm Bot* Agrião. *hoy todo lo que comí fue una ensalada de berros* / hoje tudo o que comi foi uma salada de agrião.

Em espanhol, **berro** não se usa para designar "grito". Para isso usa-se "grito" (pessoas) e "berrido" (animais).

ber.za [b´erθa] *sf Bot* Couve. *mañana todo lo que voy a comer es una ensalada de berza* / amanhã, tudo o que vou comer é uma salada de couve.

ber.zo.tas [berθ´otas] *s pl fam* Pessoa ignorante, néscia, rude.

be.sa.ma.nos [besam´anos] *sm pl* Beija-mão, recepção oficial para autoridades.

be.sa.mel [besam´el] *sf* Bechamel, molho branco. *voy a pedir macarrones con besamel* / vou pedir macarrão com bechamel. *Sin* bechamel.

be.sar [bes´ar] *vt+vpr* Beijar. *no te voy a besar con comida en la boca* / não vou beijar você com comida na boca.

be.so [b´eso] *sm* Beijo. *Ana,¿me das un beso?* / Ana, me dá um beijo?

bes.tia [b´estja] *sf* 1 Besta, animal. 2 Monstro. • *adj+sm* Pessoa rude, ignorante. **a lo bestia** na marra, à força.

bes.tial [bestj´al] *adj* 1 Bestial, brutal. 2 *fig* muito grande, extraordinário.

bes.tia.li.dad [bestjalid´ad] *sf* 1 Bestialidade, brutalidade. 2 *fam* Enormidade, exagero, demasia.

be.su.cón, -ona [besuk´on] *adj* Beijoqueiro. *¡pero qué nene besucón!* / mas que nenê beijoqueiro!

be.su.que.ar [besuke´ar] *vt fam* Beijocar. *se besuquean todo el día* / ficam se beijocando o dia inteiro.

be.su.que.o [besuk´eo] *sm* Beijação. *no paran con el besuqueo* / não param com a beijação.

be.tún [bet´un] *sm* 1 *Quím* Betume. 2 Graxa para calçados. 3 *AL* Suspiro (doce). **betún de Judea / betún judaico** asfalto.

bi.be.rón [biber´on] *sm* Mamadeira. *mi hijo ya no toma más biberón* / meu filho já não toma mais mamadeira.

bi.blia [b´iblja] *sf Rel* Bíblia.

bí.bli.co, -a [b´ibliko] *adj* Bíblico. *José es un personaje bíblico* / José é um personagem bíblico.

bi.blio.gra.fí.a [bibljograf´ia] *sf* Bibliografia. *no aceptaremos trabajos sin bibliografía* / não aceitaremos trabalhos sem bibliografia.

bi.blió.grafo, -a [biblj´ografo] *sm* Bibliógrafo.

bi.blio.te.ca [bibljot´eka] *sf* Biblioteca. *voy a estudiar en la biblioteca por la tarde* / à tarde vou estudar na biblioteca.

bi.blio.te.ca.rio, -a [bibljotek´arjo] *sm* Bibliotecário.

bi.car.bo.na.to [bikarbon´ato] *sm Quím* Bicarbonato.

bi.ceps [b´iθe(p)s] *sm Anat* Bíceps. *hoy he ejercitado los biceps* / hoje exercitei os bíceps.

bi.cho *sm* 1 Bicho, inseto. 2 *fig* Pessoa de mau-caráter. **bicho bolita** tatu-bola. **bicho feo** bem-te-vi. **bicho viviente**

alma viva, viv'alma. *cuando llegué ya no había bicho viviente* / quando cheguei, já não havia viv'alma. **mal bicho** pessoa de mau-caráter.

bi.ci.cle.ta [biθikl´eta] *sf* Bicicleta. *me he caído de la bicicleta* / caí da bicicleta.

bi.co.ca [bik´oka] *sf fam* **1** Tranqueira, porcaria, ninharia. **2** Coisa apreciável que se adquire com pouco custo ou com pouco trabalho.

bi.co.lor [bikol´or] *adj* Bicolor. *¿te acuerdas cuándo se usaban zapatos bicolores?* / lembra de quando se usavam sapatos bicolores?

bi.dé [bid´e] *sm* Bidê. *sólo hay bidé en baños antiguos* / só tem bidê em banheiros antigos.

bi.dón [bid´on] *sm* Barril, tonel.

bie.la [bj´ela] *sf Mec* Biela.

biel.do [bj´eldo] *sm* Mangual, chicote, relho.

bie.lo.rru.so, -a [bjeloř´uso] *adj+s* Bielo-russo.

bien [bj´en] *sm* **1** Bem. **2** Utilidade, benefício. **3** Patrimônio, caudal. • *adv* **1** Bem, muito. **2** Corretamente. **3** Sadio. **4** Aproximadamente. *bien andaríamos cinco kilómetros* / andaríamos aproximadamente cinco quilômetros. **pasarlo bien** divertir-se. **¡qué bien!** que bom! **y bien** e então, e aí. *y bien, ¿qué me dices de tu nuevo empleo?* / e então, que me conta do seu novo emprego?

bie.nal [bjen´al] *adj+sf* Bienal. *¿fuiste a la bienal del libro?* / você foi à bienal do livro?

bie.na.ven.tu.ra.do, -a [bjenaventur´ado] *adj+s* Bem-aventurado.

bien.a.ven.tu.ran.za [bjenabentur´anθa] *sf* Bem-aventurança.

bien.es.tar [bjenest´ar] *sm* Bem-estar. *me importa mucho tu bienestar* / importo-me muito com seu bem-estar.

bien.ha.bla.do, -a [bjenabl´ado] *adj* Eloquente, convincente. *un ejecutivo tiene que ser elegante y bienhablado* / um executivo tem de ser elegante e eloquente.

bien.he.chor, -a [bjenetʃ´or] *adj+s* Benfeitor. *nosotros los del museo tenemos mucho que agradecer a nuestro bienhechor* / nós do museu temos de agradecer muito a nosso benfeitor.

bien.in.ten.cio.na.do, -a [bjenintenθjon´ado] *adj* Bem-intencionado.

bie.nio [bj´enjo] *sm* Biênio.

bien.que.rer [bjenker´er] *sm* Benquerer, benquerença. • *vt* Estimar, querer bem.

bien.quis.to, -a [bjenk´isto] *adj* Benquisto. *me alegro por ser tan bienquisto acá* / fico feliz por ser tão benquisto aqui.

bien.ve.ni.do, -a [bjenben´ido] *adj* Bem-vindo. • *sf* Boas-vindas. *le daremos la bienvenida en el aeropuerto* / nós lhe daremos as boas-vindas no aeroporto.

biés [bj´es] *sm* Viés. *si lo cortas al biés vas a estropear el tejido* / se você cortar de viés, vai estragar o tecido.

bi.fe [b´ife] *sm AL* **1** Bife. **2** Tapa, bofetada. *una vez le di un bife a un tío* / uma vez eu dei uma bofetada num indivíduo. Veja nota em **bife** (português).

bi.fo.cal [bifok´al] *adj* Bifocal.

bif.tec [bift´ek] *sm AL* Bife. *tengo ganas de comer biftec con papas fritas* / estou com vontade de comer bife com batatas fritas.

bi.fur.ca.ción [bifurkaθj´on] *sf* Bifurcação, bifurcamento.

bi.fur.car.se [bifurk´arse] *vpr* Bifurcar. → atacar.

bi.ga.mia [big´amja] *sf* Bigamia. *la bigamia es crimen en este país* / a bigamia é crime neste país.

bí.ga.mo, -a [b´igamo] *adj* Bígamo. *su mujer ha descubierto que él era bígamo y lo puso en la calle* / sua mulher descobriu que ele era bígamo e botou-o na rua.

bi.go.te [big´ote] *sm* Bigode. **tener bigote** ter firmeza, decisão.

bi.go.te.ra [bigot´era] *sf* **1** Bigodeira. **2** Compasso. **3** Bigode (mancha sobre os lábios depois do consumo de bebidas).

bi.go.tu.do, -a [bigot´udo] *adj* Bigodudo. *aquél bigotudo es mi padre* / aquele bigodudo é meu pai.

bi.ki.ni [bik´ini] *sm V* biquini.

bi.la.te.ral [bilater´al] *adj* Bilateral.

bil.ba.í.no [bilba´ino] *adj+sm* **1** Bilbaíno. **2** Natural de Bilbao.

bi.liar [bilj´ar] *adj* Biliar. *le sacaron unos cálculos biliares* / tiraram uns cálculos biliares dele.

bi.lin.güe [bil´ingwe] *adj* Bilíngue. *este es un diccionario bilingüe* / este é um dicionário bilíngue.

bi.lis [b´ilis] *sf inv* **1** *Biol* Bile. **2** Ira, cólera, irritabilidade.

bi.llar [biλ´ar] *sm* Bilhar. *hace mucho tiempo que no juego al billar* / faz muito tempo que não jogo bilhar.

bi.lle.ta.je [biλet´ahe] *sm* Ingressos, entradas, bilhetes.

bi.lle.te [biλ´ete] *sm* **1** Entrada, ingresso. **2** Bilhete, nota. **3** Cédula, dinheiro.

bi.lle.te.ra [biλet´era] *sf* Carteira. *he perdido mi billetera en el metro* / perdi minha carteira no metrô.

bi.lle.te.ro, -a [biλet´ero] *s* **1** Bilheteiro. **2** *AL* Vendedor de loteria. **3** Carteira.

bi.llón [biλ´on] *num+sm* Trilhão.

bi.men.sual [bimensw´al] *adj* Bimensal.

bi.mes.tral [bimestr´al] *adj* Bimestral. *los exámenes son bimestrales* / os exames são bimestrais.

bi.mes.tre [bim´estre] *sm* Bimestre. *mi desempeño este bimestre no fue el mejor* / meu desempenho este bimestre não foi o melhor.

bi.mo.tor [bimot´or] *sm* Bimotor.

bi.na.rio, -a [bin´arjo] *adj* Binário.

bin.go [b´ingo] *sm* Bingo. *el domingo en la iglesia van a hacer un bingo* / domingo na igreja vão fazer um bingo.

bi.nó.cu.lo [bin´okulo] *sm* Binóculo. *otro día he visto un hombre mirando por la ventana con binóculo* / outro dia vi um homem olhando pela janela com binóculo.

bio.de.gra.da.ble [bjodegrad´able] *adj* Biodegradável.

bio.gra.fí.a [bjograf´ia] *sf* Biografia. *me gusta leer la biografía de mis autores preferidos* / gosto de ler a biografia de meus autores preferidos.

bi.ó.gra.fo, -a [bj´ografo] *s* Biógrafo.

bio.lo.gí.a [bjoloh´ia] *sf* Biologia. *la asignatura que menos me gusta es biología* / a matéria de que menos gosto é biologia.

bio.ló.gi.co, -a [bjol´ohiko] *adj* Biológico. *jamás elegiría ciencias biológicas* / eu jamais escolheria ciências biológicas.

bi.ó.lo.go [bi´ologo] *s* Biólogo.

biom.bo [bj´ombo] *sm* Biombo. *si pongo un biombo en esta sala puedo crear dos ambientes* / se eu puser um biombo nesta sala posso criar dois ambientes.

biop.sia [bj´opsja] *sf Med* Biopsia, biópsia.

bio.quí.mi.co, -a [bjok´imiko] *adj+s* Bioquímico. *hay que hacer un análisis bioquímico del material* / é preciso fazer uma análise bioquímica do material.

bios.fe.ra [bjosf´era] *sf Geogr* Biosfera.

bí.pe.de [b´ipede] *adj+s* Bípede. *Sin:* bípedo.

bí.pe.do, -a [b´ipedo] *adj+s V* bípede.

bi.pla.no [bipl´ano] *sm Aeron* Biplano.

bi.pla.za [bipl´aθa] *sm* Veículo de dois lugares.

bi.po.la.ri.dad [bipolarid´ad] *sf* Bipolaridade. *te voy a explicar la bipolaridad magnética* / vou explicar-lhe a bipolaridade magnética.

bi.qui.ni [bik´ini] *sm* Biquíni. *Sin:* bikini.

bir.lar [birl´ar] *vt* **1** Fazer *spare* (boliche). **2** *fam* Surrupiar.

bi.ro.me [bir´ome] *sf Arg, Par, Ur* Esferográfica, caneta. *¿me prestas una birome?* / empresta-me uma caneta?

bi.rre.te [bir´ete] *sm* **1** Barrete. **2** Gorro.

bi.rria [b´irja] *sf fam* Ridículo, grotesco, extravagante.

bis [b´is] *adv* Bis. *el público aplaudía y pedía bis incesantemente* / o público aplaudia e pedia bis incessantemente.

bis.a.bue.lo, -a [bisabw´elo] *s* **1** Bisavô. *sm pl* **2** Bisavós.

bi.sa.gra [bis´agra] *sf* Dobradiça. *pídele a papá que haga el favor de engrasar la bisagra de la ventana* / peça para o papai fazer o favor de lubrificar a dobradiça da janela.

bis.bi.se.ar [bisbise´ar] *vt fam* Sussurrar, cochichar, murmurar.

bis.bi.se.o [bisbis´eo] *sm* Sussurro, cochicho, murmúrio. *no quiero oír bisbiseos* *durante los exámenes* / não quero ouvir cochichos durante as provas.

bi.sec.ción [bise(k)θj´on] *sf* Bissecção.

bi.sec.tor [bisekt´or] *sm* Bissetriz.

bi.sec.triz [bisektr´iθ] *sf* Bissetriz. *profesor, no sé cómo encontrar la bisectriz* / professor, não sei como encontrar a bissetriz.

bi.sel [bis´el] *sm* Bisel, chanfro.

bi.se.ma.nal [biseman´al] *adj* Bissemanal.

bi.se.xual [bise(k)sw´al] *adj+s* Bissexual.

bi.sies.to [bisj´esto] *sm* Ano bissexto.

bi.sí.la.bo, -a [bis´ilabo] *adj+s Gram* Dissílabo.

bis.mu.to [bism´uto] *sm Quím* Bismuto.

bis.nie.to, -a [bisnj´eto] *s* Bisneto. *tengo tres bisnietos* / tenho três bisnetos.

bi.son.te [bis´onte] *sm Zool* Bisão.

bi.so.ño, -a [bis´oño] *adj+s* Bisonho, principiante, novato.

bis.té [bist´e] *sm* Bife. *Var: bistec.*

bis.tec [bist´ec] *sm V* **bisté**.

bis.tu.rí [bistur´i] *sm* Bisturi.

bi.su.te.rí.a [bisuter´ia] *sf* Bijuteria. *quiero entrar en esa tienda de bisutería* / quero entrar nessa loja de bijuteria.

bit [b´it] *sm* Bit.

bi.tu.mi.no.so [bitumin´oso] *adj* Betuminoso.

bi.zan.ti.no, -a [biθant´ino] *adj* Bizantino. *es una obra del periodo bizantino* / é uma obra do período bizantino.

bi.za.rrí.a [biθar̄´ia] *sf* Bizarria, bizarrice.

bi.za.rro, -a [biθ´ar̄o] *adj* Bizarro, raro, estranho, exótico, excêntrico.

biz.co, -a [b´iθko] *adj+s* Vesgo, estrábico. *él es bizco desde que nació* / ele é vesgo desde que nasceu.

biz.co.cho [biθk´otʃo] *sm* Biscoito.

biz.co.chue.lo [biθkotʃw´elo] *sm Cul* Pão de ló. *voy a hacer un bizcochuelo con dulce de leche* / vou fazer um pão de ló com doce de leite.

biz.que.ar [biθke´ar] *vt* **1** Envesgar. *vi* **2** Vesguear.

blan.co, -a [bl´anko] *adj* **1** Branco. **2** Lívido, pálido. **3** Pusilânime, covarde. • *sm* **1** Alvo, mira. **2** Lacuna. **3** Objetivo, fim. **dar en el blanco** atingir o alvo. **ser el blanco de todas las miradas** ser o centro das atenções.

blan.cor [blank´or] *sm* Brancura.

blan.cu.ra [blank´ura] *sm* Brancura.

blan.cuz.co [blank´usko] *adj* Esbranquiçado. *tienes los labios blancuzcos, ¿estás enfermo?* / você está com os lábios esbranquiçados. Está doente?

blan.den.gue [bland´enge] *adj* Molenga, mole.

blan.dir [bland´ir] *vt+vi+vpr* Brandir.

blan.do, -a [bl´ando] *adj* **1** Brando, tenro, macio, mole. **2** Temperado, moderado (tempo). **3** Suave, doce, benigno. **4** Frouxo, preguiçoso. **5** Covarde, pusilânime. **6** Fraco, indeciso. **ojos blandos** olhos suaves, olhar suave.

blan.du.ra [bland´ura] *sf* Brandura.

blan.que.ar [blanke´ar] *vt+vpr* **1** Branquear, branquejar, embranquecer. *vt* **2** Escaldar (alimento). **3** *fig* Lavar (dinheiro). **4** Caiar.

blan.que.ci.no, -a [blankeθ´ino] *adj* Esbranquiçado.

blan.que.o [blank´eo] *sm* Branqueamento, alvejamento.

blas.fe.mar [blasfem´ar] *vi* Blasfemar. *me pone triste verte blasfemar de esa manera* / fico triste vendo você blasfemar desse jeito.

blas.fe.mia [blasfe´mia] *sf* Blasfêmia.

blas.fe.mo, -a [blasf´emo] *adj+s* Blasfemo. *¡eres un blasfemo!* / você é um blasfemo!

bla.són [blas´on] *sm* Brasão.

ble.do [bl´edo] *sm* **1** *Bot* Acelga. **2** Tostão furado, nada. *aquella no vale un bledo* / aquela lá não vale um tostão furado.

blen.da [bl´enda] *sf Min* Blenda.

ble.no.rra.gia [blenor̄´ahja] *sf Patol* Blenorragia, gonorreia.

ble.no.rre.a [blenor̄´ea] *sf Patol* Blenorreia, gonorreia.

blin.da.do [blind´ado] *adj* Blindado. *me gustaría tener dinero para comprar un coche blindado* / gostaria de ter dinheiro para comprar um carro blindado.

blin.da.je [blind´ahe] *sm* Blindagem. Veja nota em **abordaje**.

blin.dar [blind´ar] *vt* Blindar. *después del asalto, mandó blindar su auto* / depois do assalto, mandou blindar seu carro.
bloc [bl´ok] *sm* Bloco (de papel). *señorita, traiga el bloc de papel y el bolígrafo que le quiero dictar una carta* / senhorita, traga o bloco de papel e uma caneta que quero lhe ditar uma carta.
blo.que [bl´oke] *sm* **1** Bloco, pedaço compacto. **2** Quarteirão. **3** Agrupamento, associação.
blo.que.ar [bloke´ar] *vt* Bloquear, obstar, obstruir.
blo.que.o [blok´eo] *sm* Bloqueio, obstrução. *no hay cómo pasar por el bloqueo de la policía* / não tem como passar pelo bloqueio da polícia.
blu.sa [bl´usa] *sf* Blusa. *¿voy con falda y blusa o con vestido?* / vou de saia e blusa ou de vestido?
blu.són [blus´on] *sm* Blusão.
boa [b´oa] *sf Zool* Jiboia.
bo.ba.da [bob´ada] *sf* Bobagem, besteira, bobeira, idiotice.
bo.ba.li.cón [bobalik´on] *adj* Bobão, palerma, pateta.
bo.bi.na [bob´ina] *sf* **1** Bobina, rolo. **2** Carretel.
bo.bi.nar [bobin´ar] *vt* Bobinar, enrolar.
bo.bo, -a [b´obo] *adj* Bobo, tonto, pateta, palerma.
bo.ca [b´oka] *sf* **1** *Anat* Boca. **2** Entrada, abertura. **a boca de jarro / a boca de cañón** à queima-roupa. **boca abajo / boca arriba** de bruços (virado para baixo) / de costas; mostrar os naipes ou abrir o jogo. **boca de verdulero** boca suja. **halagar con la boca y morder con la cola** ser amigo da onça. **partir la boca** quebrar a cara. **por la boca muere el pez** o peixe morre pela boca.
bo.ca.ca.lle [bokak´aλe] *sf* **1** Embocadura, desembocadura. **2** Entrada de uma rua, rua secundária, esquina.
bo.ca.di.llo [bokad´iλo] *sm* **1** Sanduíche. **2** Lanche, lanchinho. **3** Balão de fala ou pensamento em desenhos, cartum, quadrinhos etc.
bo.ca.do [bok´ado] *sm* Bocado. **bocado de Adán** pomo de adão. **no haber para un bocado** estar em extrema necessidade.

bo.ca.ja.rro [bokah´aρo] *loc adv* **1** À queima-roupa. **2** De chofre, repentinamente, bruscamente.
bo.cal [bok´al] *adj* Bucal. • *sm* **1** *Arg* Represa, açude. **2** Jarra. **3** Aquário.
bo.ca.man.ga [bokam´anga] *sf* Punho (de roupa).
bo.ca.na.da [bokan´ada] *sf* **1** Gole. **2** Baforada.
bo.ca.ta [bok´ata] *sm fam* Sanduíche. *voy a comer un bocata ahora* / vou comer um sanduíche agora.
bo.ca.za [bok´aθa] *s fam* Língua de trapo, linguarudo.
bo.ce.ra [boθ´era] *sf* **1** Bigode (mancha de comida ou bebida). **2** *Patol* Boqueira.
bo.ce.to [boθ´eto] *sm* Esboço, projeto, esquema, rascunho.
bo.cha [b´otʃa] *sf* **1** Bocha (bola). **2 bochas** *pl* Bocha (jogo).
bo.chin.che [botʃ´intʃe] *sm* **1** Tumulto, confusão, alvoroço, desordem. **2** Bochicho, boato.
bo.chor.no [botʃ´orno] *sm* **1** Mormaço. **2** Rubor, vergonha.
bo.ci.na [boθ´ina] *sf* Buzina. *no son ni las seis de la mañana y ya empiezan las bocinas* / não são nem seis da manhã e já começam as buzinas.
bo.ci.na.zo [boθin´aθo] *sm* **1** Buzinaço, buzinada. **2** Grito (para dar bronca). *le pegué un bocinazo que se quedó quieta toda la tarde* / dei-lhe um grito que ficou quieta o resto da tarde.
bo.cio [b´oθjo] *sm Med* Bócio.
bo.da [b´oda] *sf* **1** Núpcias, casamento. **2** Gozo, alegria, festa.
bo.de.ga [bod´ega] *sf* **1** Adega. **2** Vinícola. **3** Despensa.

Apesar da semelhança entre os dois idiomas, **bodega** em espanhol não tem nada a ver com "bodega" em português. **Bodegón**, sim, tem uma das acepções de "bodega" em português.

bo.de.gón [bodeg´on] *sm* Bodega, taberna.
bo.de.gue.ro, -a [bodeg´ero] *s* Bodegueiro, taberneiro.
bo.do.que [bod´oke] *sm* **1** Bodoque (pelota de argila). **2** Bola (de pelo, massa etc.). • *adj+sm fam* Tapado, tonto.

bo.drio [bo'drjo] *sm* Porcaria, droga. *nunca más leo nada de ese autor, ¡es un bodrio!* / nunca mais leio nada desse autor. É uma droga!

bo.fe [bo'ofe] *sm sing+pl Anat* Bofe, pulmão.

bo.fe.ta.da [bofet'ada] *sf* Bofetada, bofetão, sopapo, tapa. **darse de bofetadas con** brigar com, não combinar. *tu blusa se da de bofetadas con esos zapatos* / sua blusa não combina com esses sapatos.

bo.ga [b'oga] *sf* 1 Voga, ato de remar. 2 *fig* Boa aceitação, sorte, felicidade.

bo.gar [bog'ar] *vt* Vogar, remar. → cargar.

bo.he.mio, -a [bo'emjo] *adj+s* 1 Boêmio. 2 Cigano.

boi.cot [bojk'ot] *sm* Boicote. *hemos decidido hacer un boicot como forma de protesto* / decidimos fazer um boicote como forma de protesto.

boi.co.te.ar [bojkote'ar] *vt* 1 Boicotar. *vt+vpr* 2 Impedir, obstruir, atrapalhar.

boi.co.te.o [bojkot'eo] *sm* Boicote.

boi.na [b'ojna] *sf* Boina. *¿quién usa boina de croché?* / quem usa boina de crochê?

boj [b'oh] *sm Bot* Buxo.

bol [bol] *sm* 1 Tigela. 2 Poncheira.

bo.la [b'ola] *sf* 1 Bola, esfera. 2 Bola de gude. 3 Graxa de sapato. 4 *fam* Mentira, rumor falso, boato, maledicência. 5 **bolas** *pl AL fam* Bolas, testículos. **a bola vista** às claras, abertamente. **andar como bola sin manija** estar perdido, desorientado. **bolas criollas** bocha (jogo). **en bolas** nu. **no dar pie con bola** não falar ou fazer nada certo.

bol.che.vis.mo [boltʃeb'ismo] *sm Polít* Bolchevismo.

bo.le.ar [bole'ar] *vt* 1 Bolear, arremessar boleadeiras. 2 *Méx* Engraxar sapatos. *vi* 3 Lançar, arrojar a bola. 4 Derrubar muitos pinos no boliche.

bo.le.ra [bol'era] *sf* Boliche (estabelecimento).

bo.le.ro [bol'ero] *adj+sm fam* Mentiroso. • *sm* Bolero: a) música e dança. b) casaquinho curto feminino. **escarabajo bolero** besouro-do-esterco, escaravelho.

bo.le.ta *sf* 1 Boleto, ingresso, entrada, bilhete. 2 *AL* Multa de trânsito.

bo.le.te.rí.a [boleter'ia] *sf AL* Bilheteria.

bo.le.tín [bolet'in] *sm* Boletim. *no ha leído el boletín informativo todavía* / ainda não leu o boletim informativo.

bo.le.to, -a [bol'eto] *s* 1 Passagem, ingresso. 2 Bilhete (sorteio). *sf* 3 Bilhete de entrada. *sm* 4 *AL* Entrada de teatro. 5 Passagem de trem, de ônibus etc.

bo.li.che [bol'itʃe] *sm* 1 Bola de bocha. 2 Boliche. 3 Bilboquê. 4 *coloq* Boteco, botequim.

bo.lí.gra.fo [bol'igrafo] *sm* Esferográfica, caneta. *¿me prestas un bolígrafo rojo?* / você me empresta uma caneta vermelha?

bo.li.llo [bol'iʎo] *sm* Bilro.

bo.li.via.no, -a [bolibj'ano] *adj+s* Boliviano.

bo.lle.rí.a [boʎer'ia] *sf* Confeitaria. *¿quieres que te traiga algo de la bollería?* / quer que eu traga alguma coisa da confeitaria?

bo.llo [b'oʎo] *sm* 1 Bolo. 2 Calombo. 3 *fam* Rolo, confusão. 4 *fam* Amassado. *vi un bollo en mi coche pero no sé como me lo hicieron* / vi um amassado no meu carro, mas não sei como aconteceu. **darse un bollo** bater, chocar (automóvel). Veja nota em **bolo** (espanhol).

bo.lo, -a [b'olo] *s* 1 Boliche. 2 *Farm* Bola, bolo, pílula grande. • *adj Am Cen, Méx* Bêbado.

Bolo, em espanhol, em nada corresponde a "bolo" em português.

bol.sa [b'olsa] *sf* 1 Saco, sacola. 2 Mochila. 3 Bolsa: a) inchaço sob os olhos. b) *Med* cavidade cheia de fluido. c) *Dep* prêmio do vencedor no boxe. d) instituição de comércio de ações. 4 **bolsas** *Anat* Saco escrotal.

bol.si.llo [bols'iʎo] *sm* Bolso. *tengo algunas monedas en el bolsillo* / tenho algumas moedas no bolso. Veja nota em **bolso** (espanhol).

bol.so [b'olso] *sm* 1 Bolsa. 2 Mochila, maleta de viagem. 3 *Mar* Bolso, bojo, seio.

O "bolso" das roupas é usualmente conhecido como **bolsillo**, e não como **bolso**.

bo.lu.do, -a [bol'udo] *adj AL* Tonto, idiota.

bom.ba [b'omba] *sf* Bomba.

bom.ba.cha [bomb'atʃa] *sf Arg* Calcinha. *mamá, ¿dónde está mi bombacha rosa?* / mãe, cadê minha calcinha rosa?

bom.bar.de.ar [bombarde´ar] *vt* Bombardear.

bom.bar.de.o [bombard´eo] *sm* Bombardeio.

bom.bar.de.ro [bombard´ero] *sm* Bombardeiro.

bom.ba.zo [bombaθo] *sm* Estouro, explosão. *¡qué susto que me pegué con el bombazo!* / que susto que eu levei com a explosão!

bom.be.ar [bombe´ar] *vt* 1 Bombear, movimentar fluido. 2 Bombardear. 3 *fig* Jogar confete.

bom.be.o [bomb´eo] *sm* 1 Abaulamento, convexidade, boleio, boleamento. 2 Bombeamento.

bom.be.ro, -a [bomb´ero] *s* Bombeiro. *cuando crezca, quiero ser bombero* / quero ser bombeiro quando eu crescer.

bom.bi.lla [bomb´iλa] *sf* 1 Lâmpada. 2 Bomba de chimarrão.

bom.bín [bomb´in] *sm* Chapéu-coco.

bom.bo [b´ombo] *adj* Aturdido. • *sm* 1 Bombo, bumbo, zabumba. 2 *fam* Barriga de grávida.

bom.bón [bomb´on] *sm* Bombom. *¿te gustan los bombones de licor?* / você gosta dos bombons de licor?

bom.bo.na [bomb´ona] *sf* Bombona, botijão.

bom.bo.ne.ra [bombon´era] *sf* Bomboneira, bomboniere.

bom.bo.ne.rí.a [bomboner´ia] *sf* Bomboneria.

bo.na.chón, -a [bonatʃ´on] *adj+s fam* Bonachão. *tiene un aire bonachón, muy simpático* / tem um ar bonachón, muito simpático.

bo.nan.za [bon´anθa] *sf* Bonança.

bon.dad [bond´ad] *sf* Bondade, benevolência. *le agradezco su bondad* / agradeço sua bondade.

bon.da.do.so, -a [bondad´oso] *adj* Bondoso, bom, benevolente.

bo.ne.te [bon´ete] *sm* Boné, barrete.

bo.nia.to [bonj´ato] *sm Bot* Batata-doce.

bo.ni.fi.ca.ción [bonifikaθj´on] *sf* 1 *Dep* Desconto (de tempo). 2 Bonificação. 3 Abatimento, desconto.

bo.ni.fi.car [bonifik´ar] *vt* 1 Bonificar. 2 Fornecer desconto.

bo.ni.to [bon´ito] *adj* 1 *Ictiol* Bonito. 2 Lindo, belo.

bo.no [b´ono] *sm* Bônus, vale. *sin los bonos no se conseguía comida en aquella época* / sem os bônus não se conseguia comida naquela época.

bo.ñi.ga [boñ´iga] *sf* Esterco.

bo.que.ra [bok´era] *sf* 1 *Med* Boqueira. 2 Boqueirão (rio).

bo.que.rón [boker´on] *sm* 1 Boqueirão, abertura. 2 *Ictiol* Anchova.

bo.quia.bier.to, -a [bokjabj´erto] *adj* Boquiaberto.

bo.qui.lla [bok´iλa] *sf* 1 Boquilha, piteira. 2 Soquete.

bor.bo.tón [borbot´on] *sm* Borbotão.

bor.da [b´orda] *sf* 1 Borda. 2 Amurada.

bor.da.do, -a [bord´ado] *adj+s* Bordado. *¡qué lindo bordado!* / que bordado bonito!

bor.dar [bord´ar] *vt* Bordar. *¿quién te enseñó a bordar?* / quem lhe ensinou a bordar?

bor.de [b´orde] *sm* Borda, margem.

bor.de.ar [borde´ar] *vt* Bordear, bordejar.

bor.di.llo [bord´iλo] *sm* Meio-fio, guia. *Miguel se cayó en el bordillo y se ensució entero* / Miguel caiu na guia e se sujou inteiro.

bor.do [b´ordo] *sm* Bordo, lado, costado.

bo.re.al [bore´al] *adj* Boreal.

bo.ri.ca.do, -a [borik´ado] *adj Quím* Boricado. *lávese los ojos con agua boricada* / lave os olhos com água boricada.

bor.la [b´orla] *sf* Borla, pompom, bolota.

bor.ne [b´orne] *sm* Borne, terminal.

bo.ro [b´oro] *sm Quím* Boro.

bo.ro.na [bor´ona] *sf* 1 Milho. 2 Broa. *he comprado unas boronas para la merienda* / comprei umas broas para o lanche.

bo.rra.che.ra [bořatʃ´era] *sf* Bebedeira, embriaguez.

bo.rra.cho, -a [boř´atʃo] *adj+s* Bêbado, embriagado. Veja nota em **borracha** (português).

bo.rra.dor [bořad´or] *sm* 1 Borracha (para apagar). 2 Apagador. 3 Rascunho.

bo.rra.ja [boř´aha] *sf Bot* Borragem.

bo.rrar [boř´ar] *vt* 1 Apagar. 2 Rasurar. *vt+vpr* 3 Esquecer. **borrar con el codo**

bo.rras.ca [boɾˊaska] *sf* Borrasca, tempestade.

bo.rras.co.so, -a [boɾaskˊoso] *adj* Borrascoso.

bo.rre.go, -a [boɾˊego] *s* **1** *Zool* Borrego. **2** Pessoa dócil.

bo.rri.co [boɾˊiko] *sm Zool* Asno. *no es un caballo, es un borrico* / não é um cavalo, é um asno.

bo.rrón [boɾˊon] *sf* **1** Borrão. **2** Mácula. **3** Imperfeição.

bo.rro.so, -a [boɾˊoso] *adj* Difuso, impreciso, confuso.

bos.nio, -a [bˊosnjo] *adj+s* Bósnio.

bos.que [bˊoske] *sm* Bosque. *atrás de la casa hay un bosque enorme* / atrás da casa há um bosque enorme.

bos.que.jar [boskehˊar] *vt* Esboçar, rascunhar.

bos.que.jo [boskˊeho] *sm* Esboço, rascunho. *haré un bosquejo del proyecto para mostrarte* / vou fazer um esboço do projeto para lhe mostrar.

bos.ta [bˊosta] *sf* Bosta, estrume.

bos.te.zar [bosteθˊar] *vi* Bocejar. *no paré de bostezar todo el día* / não parei de bocejar o dia todo. → alzar.

bos.te.zo [bostˊeθo] *sm* Bocejo.

bo.ta [bˊota] *sf* **1** Bota. **2** Odre. **ponerse las botas:** a) enriquecer. b) esbaldar-se.

bo.ta.fu.mei.ro [botafumˊejro] *sm* Incensório.

bo.tá.ni.ca [botˊanika] *sf* Botânica. *botánica es una parte de la biología* / botânica é uma parte da biologia.

bo.tá.ni.co, -a [botˊaniko] *adj+s* Botânico.

bo.tar [botˊar] *vt* **1** Botar, jogar, atirar, arremessar. **2** Rebotar, fazer rebote.

Botar não significa "pôr", em nenhum sentido.

bo.ta.ra.te [botaɾˊate] *adj+sm fam* **1** Atrapalhado, aturdido, precipitado. **2** *AL* Esbanjador, pródigo.

bo.te [bˊote] *sm* **1** Rebote. **2** Gorjeta. **3** Pote. **4** *Mar* Bote.

bo.te.lla [botˊeλa] *sf* Garrafa. *¿quántas botellas de vino compro para la cena?* / quantas garrafas de vinho compro para o jantar?

bo.te.lla.zo [boteλˊaθo] *sm* Garrafada (golpe).

bo.ti.ca [botˊika] *sf* Botica, farmácia.

bo.ti.ca.rio, -a [botikˊarjo] *s* Boticário, farmacêutico.

bo.ti.ja [botˊiha] *sf* Botija, jarra.

bo.tín [botˊin] *sm* **1** Botina. **2** Butim.

bo.ti.quín [botikˊin] *sm* **1** Maleta de primeiros socorros. **2** Caixa/armário/gaveta de remédios. *no he encontrado la tirita en el botiquín* / não achei o curativo na caixa de remédios.

bo.to, -a [bˊoto] *s* **1** Bota. **2** Odre. • *adj* Rombudo.

bo.tón [botˊon] *sm* **1** Botão. **2** *Bot* Rebento, broto. **3** *Arg fam* Policial. **4** *Arg fam* Delator, dedo-duro.

bo.to.na.du.ra [botonadˊura] *sf* Abotoadura.

bou.ti.que [butˊik] *sf* Butique. *ropa de boutique es muy cara* / roupa de butique é muito cara.

bó.ve.da [bˊobeda] *sf* **1** Abóbada. **2** *AL* Sepultura.

bo.vi.no, -a [bobˊino] *adj Zool* Bovino. *la ganadería de mi hacienda es de ganado bovino* / a criação de minha fazenda é de gado bovino.

bo.xe.a.dor [bo(k)seadˊor] *sm* Boxeador, pugilista.

bo.xe.ar [boksˊear] *vi Dep* Boxear.

bo.xe.o [bo(k)sˊeo] *sm* Boxe, pugilismo.

bo.ya [bˊoya] *sf* Boia. *en esta playa no se puede nadar después de aquella boya* / nesta praia não se pode nadar além daquela boia.

A boia de usar no corpo para nadar chama-se **flotador** em espanhol.

bo.ya.nte [boyˊante] *adj* Próspero, afortunado.

bo.yar [boyˊar] *vi* Navegar (embarcação).

Não se usa, em espanhol, **boyar** no sentido de "flutuar". O termo, nesse caso, é **flotar**. Veja outra nota em **fluctuar**.

bo.ye.ro, -a [boyˊero] *s* **1** Boiadeiro. **2** *Ornit* Azulão.

bo.zal [boθ´al] *adj+s* Boçal. • *sm* **1** Focinheira. **2** Cabresto.

bo.zo [b´oθo] *sm* Buço. *me voy a depilar el bozo* / vou depilar o buço.

bra.ce.ar [braθe´ar] *vi* **1** Bracejar. **2** Nadar.

bra.ce.ro, -a [braθ´ero] *s* Braceiro.

bra.ga [br´aga] *sf* **1** Calcinha. *no hay ni una braga en el cajón* / não tem nem uma calcinha na gaveta. **2 bragas** *pl AL* Bombacha. **pillar en bragas** pegar de calças curtas, desprevenido.

bra.gue.ro [brag´ero] *sm* Bragueiro, cinta.

bra.gue.ta [brag´eta] *sf* Braguilha. *señor, su bragueta está abierta* / senhor, sua braguilha está aberta.

brah.mán [bram´an] *sm* Brâmane.

brah.ma.nis.mo [braman´ismo] *sm* Bramanismo.

bra.man.te [bram´ante] *sm* Barbante. *voy a atar este lío con bramante* / vou amarrar este pacote com barbante.

bra.mar [bram´ar] *vi* Bramar, bramir.

bra.mi.do [bram´ido] *sm* Bramido.

bran.quia [br´ankja] *sf Anat* Brânquia.

bra.qui.cé.fa.lo, -a [brakiθ´efalo] *adj Zool* Braquicéfalo.

bra.sa [br´asa] *sf* Brasa. *ya se han apagado las últimas brasas de la parrilla* / as últimas brasas da churrasqueira já se apagaram.

bra.se.ro [bras´ero] *sm* Braseiro, fogareiro.

bra.si.le.ño, -a [brasil´eño] *adj+s* Brasileiro.

bra.va.ta [brab´ata] *sf* Bravata, fanfarronice, jactância, presunção.

bra.ve.za [brab´eθa] *sf* **1** Braveza. **2** Bravura.

bra.ví.o, -a [brab´io] *adj* **1** Bravio, selvagem, indócil. **2** Silvestre, agreste.

bra.vo, -a [br´abo] *adj* **1** Bravo, valente. **2** Feroz. **3** Nervoso, irritado.

bra.vu.cón [brabuk´on] *adj* Fanfarrão, valentão, farofeiro.

bra.vu.ra [brab´ura] *sf* Bravura, valentia. *felicitaciones por su bravura* / parabéns por sua valentia.

bra.za.da [braθ´ada] *sf* Braçada.

bra.za.le.te [braθal´ete] *sm* Bracelete. *¿es de oro ese brazalete?* / esse bracelete é de ouro?

bra.zo [br´aθo] *sm* **1** Braço. **2** *fig* Valor, esforço, poder.

bre.a [br´ea] *sf Quím* Breu.

bre.ba.je [breb´ahe] *sm* Beberagem. *el bebraje que me haz hecho tomar me hizo bien* / a beberagem que você me fez tomar me fez bem.

bre.cha [br´etʃa] *sf* Brecha, fenda, quebrada.

bré.col [br´ekol] *sm Bot* Brócolis. *no había brécol en la feria hoy* / não havia brócolis na feira hoje.

bre.ga [br´ega] *sf* **1** Briga, luta. **2** Labuta. **Brega**, em espanhol, não significa "deselegante, de mau gosto", como em português. Com esse significado, usa-se **ramplón**, **chabacano**, **cursi**, **hortera**.

bre.gar [breg´ar] *vt+vi* **1** Brigar, lutar. **2** Labutar, batalhar, trabalhar. → cargar.

bre.ña [br´eña] *sf* Brenha, matagal, mato.

bre.te [br´ete] *sm* **1** Grilhão ou peso de ferro que se punha nos pés dos criminosos. **2** *fig* Beco sem saída. *estar en un brete* / estar num beco sem saída.

bre.tón, -ona [bret´on] *adj+s* Bretão.

bre.ve [br´ebe] *adj* Breve, curto, rápido, ligeiro, leve.

bre.ve.dad [brebed´ad] *sf* **1** Brevidade, fugacidade, rapidez. **2** Concisão, laconismo, exatidão.

bre.via.rio [brebj´arjo] *sm* Breviário.

bre.zo [br´eθo] *sm Bot* Urze.

bri.bón, -ona [brib´on] *s* **1** Folgazão. **2** Velhaco, patife, trapaceiro, canalha.

bri.co.la.je [brikol´ahe] *sm* Bricolagem. *el bricolaje es mi hobby* / a bricolagem é meu *hobby*. Veja nota em **abordaje**.

bri.da [br´ida] *sf* Brida, rédea.

bri.ga.da [brig´ada] *sf Mil* Brigada. *la brigada de incendio actuó con prontitud* / a brigada de incêndio agiu com presteza.

bri.ga.dier [brigadj´er] *sm Mil* Brigadeiro.

bri.llan.te [briʎ´ante] *adj* Brilhante, cintilante, reluzente.

bri.llan.tez [briʎant´eθ] *sf* **1** Brilho. **2** Brilhantismo. *se presentó con una brillantez*

impresionante / apresentou-se com um brilhantismo impressionante.
bri.llan.ti.na [briʎantˈina] *sf* Brilhantina.
bri.llar [briʎˈar] *vi* Brilhar, cintilar, resplandecer, refulgir.
bri.llo [brˈiʎo] *sm* Brilho, resplandecência, cintilação.
brin.car [brinkˈar] *vi* 1 Pular, saltar. 2 *fam* Disfarçar, desconversar.

> **Jugar** é o verbo usado, em espanhol, para "brincar".

brin.co [brinkˈo] *sm* 1 Salto, pulo. *pegar un brinco* / dar um pulo. 2 Sobressalto, alteração. *agarrar en el vuelo Cuba* pegar no pulo, em flagrante. *brincos dieras Méx* antes fosse / quem me dera.
brin.dar [brindˈar] *vi+vpr* Brindar. *vamos a brindar nuestra felicidad* / vamos brindar a nossa felicidade.
brin.dis [brˈindis] *sm inv* Brinde, saudação, comemoração.

> **Brindis** não é usado, como em português, para se referir a "prêmio" ou "presente". Veja outra nota em **regalo** (português).

brí.o [brˈio] *sm* Brio, valor. *eres una persona de brío* / você é uma pessoa de brio.
bri.sa [brˈisa] *sf* Brisa, aragem, aura, vento, sopro.
bris.ca [brˈiska] *sf* Bisca (jogo de baralho).
bri.tá.ni.co, -a [britˈaniko] *adj+s* Britânico. *tu hablas inglés con acento británico* / você fala inglês com sotaque britânico.
briz.na [brˈiθna] *sf* 1 Fibra. 2 Fiapo. *si no se lava con cuidado, la ropa oscura queda llena de briznas* / se não se lava com cuidado, a roupa escura fica cheia de fiapos.
bro.ca [brˈoka] *sf* Broca, pua, verruma.
bro.ca.do [brokˈado] *sm* Brocado.
bro.cha [brˈotʃa] *sf* Brocha, pincel. **colgado de la brocha** no fio da navalha.
bro.che [brˈotʃe] *sm* 1 Broche. 2 Fecho. *ese broche no sirve, no cierra nada* / esse fecho não presta, não fecha nada.
bro.che.ta [brotʃˈeta] *sf* Espeto. *voy a preparar unas brochetas de longaniza* / vou preparar uns espetos de linguiça.
bró.co.lis [brˈokolis] *sm Bot* Brócolis.

bro.ma [brˈoma] *sf* 1 Brincadeira, chacota, burla, peça. 2 Mingau de aveia. **broma pesada** brincadeira de mau gosto. **en broma** de brincadeira. **gastar bromas** aprontar, brincar.
bro.me.ar [bromeˈar] *vi* Brincar, aprontar, pregar peças. *le encanta bromear* / adora pregar peças.
bro.mis.ta [bromˈista] *adj+s* Brincalhão. *¿qué tío bromista!* / que indivíduo brincalhão!
bro.mo [brˈomo] *sm Quím* Bromo.
bro.mu.ro [bromˈuro] *sm Quím* Brometo.
bron.ca [brˈonka] *sf* 1 Bronca, briga. 2 Repreensão. 3 *AL* Zanga, irritação.
bron.ce [brˈonθe] *sm* Bronze. *por el tercer lugar recibí la medalla de bronce* / pelo terceiro lugar recebi a medalha de bronze.
bron.ce.a.do [bronθeˈado] *adj* Bronzeado. • *sm* Bronzeamento.
bron.ce.a.dor [bronθeadˈor] *adj+sm* Bronzeador. *no uso bronceador* / não uso bronzeador.
bron.ce.ar [bronθeˈar] *vt+vpr* Bronzear. *no me pude broncear porque no ha salido el sol todo el fin de semana* / não pude me bronzear porque não saiu o sol no fim de semana inteiro.
bron.co, -a [brˈonko] *adj* 1 Desagradável, desafinado (som). 2 Tosco, áspero. 3 Bronco, rude.
bron.quio [brˈonkjo] *sm Anat* Brônquio.
bron.qui.tis [bronkˈitis] *sf inv Med* Bronquite. *mi bronquitis ha empeorado* / minha bronquite piorou.
bro.que.ta [brokˈeta] *sf* Espeto. *no le puse cebollas a las broquetas* / não coloquei cebolas nos espetos.
bro.tar [brotˈar] *vt+vi* Brotar, surgir, nascer, germinar.
bro.te [brˈote] *sm* Broto, rebento. *los brotes de lechuga ya están creciendo* / os brotos de alface já estão crescendo.
bru.ces [brˈuθes] *loc adv* De bruços.
bru.je.rí.a [bruherˈia] *sf* Bruxaria, magia, feitiçaria.
bru.jo, -a [brˈuho] *adj+s* Bruxo, mago, feiticeiro.
brú.ju.la [brˈuhula] *sf* Bússola. *siempre*

llevo una brújula / sempre trago comigo uma bússola.

bru.ma [bruˊuma] *sf* Bruma, cerração, nevoeiro.

bru.mo.so, -a [brumˊoso] *adj* Brumoso, nebuloso, nublado. *el cielo está brumoso* / o céu está nublado.

bru.ñir [bruñˊir] *vt* Brunir, lustrar, polir. → **bullir**.

brus.ca.men.te [afortunadamˊente] *adv* Bruscamente. *cerró la puerta bruscamente* / fechou a porta bruscamente.

brus.co, -a [brˊusko] *adj* 1 Áspero, desagradável. 2 Brusco, rápido, repentino.

brus.que.dad [bruskedˊad] *sf* Brusquidão.

bru.tal [brutˊal] *adj* 1 Brutal, violento. 2 *fig* Enorme, imenso.

bru.ta.li.dad [brutalidˊad] *sf* Brutalidade, violência, selvageria, rudeza.

bru.to, -a [brˊuto] *adj* 1 Rude, torpe, inculto. 2 Violento.

bu.cal [bukˊal] *adj* Bucal. *la higiene bucal es importantísima* / a higiene bucal é importantíssima.

bu.ca.ne.ro [bukanˊero] *sm* Bucaneiro, pirata.

bu.ce.ar [buθeˊar] *vi* 1 Mergulhar. 2 *fig* Investigar, pesquisar, aprofundar. *hay que bucear en este tema* / tem de aprofundar-se neste assunto.

bu.che [bˊutʃe] *sm* 1 Bucho (mamíferos). 2 Papo (aves). 3 *fam* Estômago.

bu.cle [bˊukle] *sm* Cacho (cabelo). *cuando me acuesto se me aplastan los bucles* / quando deito, meus cachos de cabelo ficam todos amassados.

bu.có.li.co, -a [bukˊoliko] *adj* Bucólico, campestre, pastoril.

bu.dín [budˊin] *sm Cul* Pudim. *tengo ganas de comer budín* / estou com vontade de comer pudim. Veja nota em **pudim** (português).

bu.dis.mo [budˊismo] *sm Rel* Budismo.

buen [bwˊen] *adj* (apócope de *bueno*) Bom. ¡**buen día!** bom dia!

Buen é usado apenas antes de substantivos masculinos no singular, quando perde o fonema de sua terminação, fenômeno chamado apócope: *Aníbal es un buen estudiante* / Aníbal é um bom estudante.

O mesmo ocorre com outras palavras, como **alguno**, **malo**, **primero**, **tercero**, **santo**: *algún día iré a París* / algum dia irei a Paris. *mañana hará mal tiempo* / amanhã fará mau tempo. *enero es el primer mes del año* / janeiro é o primeiro mês do ano. *el equipo obtuvo el tercer lugar* / o time obteve o terceiro lugar. *san Antonio es el santo casamentero* / santo Antonio é o santo casamenteiro.

bue.na.ven.tu.ra [bwenabentˊura] *sf* 1 Boa sorte. 2 Quiromancia.

bue.no, -a [bwˊeno] *adj* Bom. • *adv* Bom, suficiente, bastante. ¡**buenas!** oi! ¡**bueno!** muito bem! **de buenas a primeras** à primeira vista, no princípio, ao primeiro encontro. Veja nota em **buen**.

buey [bwˊej] *sm Zool* Boi. **ojo de buey** clarabóia.

bú.fa.lo, -a [bˊufalo] *s Zool* Búfalo.

bu.fan.da [bufˊanda] *sm* Cachecol. *tengo muchas bufandas, pero ninguna azul* / tenho muitos cachecóis, mas nenhum azul.

bu.far [bufˊar] *vi* 1 Bufar, ressonar, soprar. 2 Chispar, exasperar-se.

bu.fe.te [bufˊete] *sm* 1 Escrivaninha. 2 Escritório de advogado.

bu.fi.do [bufˊido] *sm* Bufo, sopro.

bu.fón, -ona [bufˊon] *sm* Bufão, palhaço, truão.

bu.gan.vi.lla [buganbˊiλa] *sf Bot* Buganvília. *compré unas buganvillas para plantar en casa* / comprei umas buganvílias (primaveras) para plantar em casa.

bu.har.di.lla [buardˊiλa] *sf* Desvão, sótão, água-furtada.

bú.ho [bˊuo] *sf Ornit* Coruja.

bu.ho.ne.ro, -a [bwonˊero] *s* Camelô, vendedor ambulante. *he visto unas carteras lindas en un buhonero el centro* / vi umas bolsas bonitas em um camelô no centro.

bui.tre [bwˊitre] *sm Ornit* Abutre.

bu.jí.a [buhˊia] *sf* 1 Vela. 2 Castiçal. 3 Vela de ignição.

bu.la [bˊula] *sf Rel* Bula.

Bula, em espanhol, refere-se somente ao documento pontifício, bula papal. Para bula de medicamentos usa-se **prospecto**.

bul.bo [b´ulbo] *sm Bot* Bulbo. *la cebolla es un bulbo* / a cebola é um bulbo.

bu.le.var [buleb´ar] *sm* Bulevar, alameda.

búl.ga.ro, -a [b´ulgaro] *adj+s* Búlgaro.

bu.lla [b´uʎa] *sf* Bulha, barulho, gritaria, confusão.

bu.lli.cio [buʎ´iθjo] *sm* **1** Bulício, confusão. **2** Motim, tumulto.

bu.llir [buʎ´ir] *vi* **1** Ferver. **2** Bulir, agitar. → Veja modelo de conjugação.

bu.lo [b´ulo] *sm* Boato, maledicência, notícia falsa.

bul.to [b´ulto] *sm* **1** Vulto. **2** Volume, tamanho. **3** *Med* Inchaço. **4** Busto, estátua. **5** Fardo, pacote. **6** Travesseiro. **a bulto** por alto. **hacer bulto** fazer número.

bu.me.rán [bumer´an] *sm* Bumerangue.

bu.ñue.lo [buɲw´elo] *sm* Bolinho. *hice unos buñuelos de espinaca* / fiz uns bolinhos de espinafre.

bu.qué [buk´e] *sm* **1** Buquê, aroma. **2** Ramalhete.

bu.que [b´uke] *sm* Buque, navio. *nunca he viajado en buque* / nunca viajei de navio.

bur.bu.ja [burb´uha] *sf* Borbulha, bolha.

bur.bu.je.ar [burbuhe´ar] *vi* Borbulhar. *el agua ya va a empezar a burbujear* / a água já vai começar a borbulhar.

bur.del [burd´el] *sm* Bordel, prostíbulo.

bur.gués, -esa [burg´es] *adj+s* Burguês. *esa es una costumbre burguesa* / esse é um costume burguês.

bur.gue.sí.a [burges´ia] *sf* Burguesia.

bu.ril [bur´il] *sm* Buril, cinzel. *Ana hace maravillas con el buril* / Ana faz maravilhas com o cinzel.

bur.la [b´urla] *sf* **1** Burla, chacota, escárnio. **2** Logro, engano, embuste.

bur.la.de.ro [burlað´ero] *sm* **1** Burlador, burlão. **2** Vala onde o toureiro se refugia do touro.

bur.lar [burl´ar] *vt+vpr* **1** Escarnecer. *vt* **2** Burlar, enganar.

bur.les.co, -a [burl´esko] *adj* Burlesco, jocoso, festivo.

bur.lón, -ona [burl´on] *adj+s* Burlão, burlador.

bu.ró [bur´o] *sm* **1** Birô, escrivaninha, secretária. **2** *Méx* Criado-mudo, mesa de cabeceira.

bu.ro.cra.cia [burokr´aθja] *sf* Burocracia. *la burocracia es irritante* / a burocracia é irritante.

bu.ró.cra.ta [bur´okrata] *s* Burocrata. *toda la vida vivi entre burócratas* / a vida toda vivi entre burocratas.

bu.ro.crá.ti.co, -a [burokr´atiko] *adj* Burocrático.

bu.rra.da [buř´aða] *sf* Burrada, asneira. *¡no digas burradas!* / não diga asneiras!

bu.rro, -a [b´uřo] *Zool* Burro, jumento.

bus [b´us] *sm* Ônibus. *hoy vuelvo de la escuela en bus* / hoje volto da escola de ônibus.

bus.ca [b´uska] *sf* **1** Busca. **2** Bico, trabalho extra, ocasional.

bus.ca.per.so.nas [buskapers´onas] *sm inv* Pager, bipe. *tengo que usar buscapersonas en mi trabajo* / tenho de usar *pager* no meu trabalho.

bus.ca.piés [buskapj´es] *sm pl inv* Buscapé.

bus.car [busk´ar] *vt* Buscar, procurar. *ya he buscado mis anteojos por toda la casa y no los encontré* / já procurei meus óculos pela casa toda e não os achei. Veja nota em **procurar** (espanhol).

bus.ca.vi.das [buskaß´iðas] *sm pl inv fam* Mexeriqueiro.

bus.cón, -ona [busk´on] *adj+s fam* Trombadinha. • *sf* Prostituta.

bús.que.da [b´uskeða] *sf* Busca, procura. *la vida es una eterna búsqueda de la felicidad* / a vida é uma eterna busca da felicidade.

bus.to [b´usto] *sm* Busto: a) peito. b) seio. c) escultura.

bu.ta.ca [but´aka] *sf* Poltrona. *esa butaca es muy cómoda* / essa poltrona é muito confortável.

bu.ta.no [but´ano] *sm Quím* Butano.

bu.zo [b´uθo] *sm* **1** Mergulhador. **2** Macacão, jardineira.

bu.zón [buθ´on] *sm* **1** Escaninho. **2** Intermediário, interceptador. **3** Caixa de correio. **buzón de voz** secretária eletrônica.

C

c, C [θ´e] *sf* **1** Terceira letra do alfabeto espanhol. **2 C** Cem em algarismos romanos.

ca.bal [kab´al] *adj* **1** Cabal, completo, íntegro, inteiro. **2** Exato, rigoroso, preciso, estrito, perfeito. **3** Acabado, consumado. **no estar en sus cabales** estar fora de seu juízo perfeito.

cá.ba.la [k´abala] *sf* **1** Cabala. **2** Suposição, conjectura. **3** *fam* Intriga, trama, conspiração.

ca.bal.ga.du.ra [kabalgad´ura] *sf* **1** Cavalgadura, montaria. **2** Burro de carga.

ca.bal.gar [kabalg´ar] *vi* **1** Cavalgar, montar, montar-se. **2** Encavalar, encavalgar. *vt* **3** Cobrir (a fêmea). → cargar.

ca.ba.lís.ti.co [kabal´istiko] *adj* Cabalístico. *el nueve es un número cabalístico* / o nove é um número cabalístico.

ca.ba.llar [kabaλ´ar] *adj* Cavalar, equestre, equino.

ca.ba.lle.rí.a [kabaλer´ia] *sf* **1** *Mil* Cavalaria. **2** Cavalgadura, montaria.

ca.ba.lle.ri.za [kabaλer´iθa] *sf* Cavalariça, cocheira, estrebaria.

ca.ba.lle.ro, -a [kabaλ´ero] *adj* Cavaleiro. • *sm* Cavalheiro.

ca.ba.lle.te [kabaλ´ete] *sm* Cavalete. *¿prefieres pintar apoyado en el caballete o en la mesa?* / você prefere pintar apoiado no cavalete ou na mesa?

ca.ba.llo [kab´aλo] *sm* **1** *Zool* Cavalo. **2** *fam* Heroína (droga). **3** *Dep* Cavalo de pau.

ca.ba.llu.no [kabaλ´uno] *adj* Cavalar. *Miguel toma dosis caballunas de morfina* / Miguel toma doses cavalares de morfina.

ca.ba.ña [kab´aña] *sf* **1** Cabana, choupana, choça. **2** Cabanha, rebanho de gado.

ca.be.ce.ar [kabeθe´ar] *vi* Cabecear. *vi el gol, pero no lo vi cabecear la pelota* / vi o gol, mas não o vi cabecear a bola.

ca.be.ce.o [kabeθe´eo] *sm* Cabeceio.

ca.be.ce.ra [kabeθ´era] *sf* **1** Cabeceira, lugar principal (mesa, cama). **2** Cabeçalho. **3** Nascente, cabeceira do rio.

ca.be.ci.lla [kabeθ´iλa] *s fam* Chefe, mandachuva, cabeça.

ca.be.lle.ra [kabeλ´era] *sf* **1** Cabeleira. **2** Peruca.

ca.be.llo [kab´eλo] *sm* Cabelo. **estar pendiente de un cabello** estar por um fio. **ponerse los pelos de punta** ficar com os cabelos em pé.

ca.be.llu.do, -a [kabeλ´udo] *adj* **1** Cabeludo. *estás muy cabelludo, tienes que cortarte el pelo* / você está muito cabeludo, precisa cortar o cabelo. **2** Peludo.

ca.ber [kab´er] *vi* Caber. *no cabe duda* / sem dúvida alguma. → Veja modelo de conjugação.

ca.bes.tri.llo [kabestr´iλo] *sm* **1** Tipoia. **2** Correntinha, colar.

ca.bes.tro [kab´estro] *sm* **1** Cabresto. **2** Correntinha, colar.

ca.be.za [kab´eθa] *sf* **1** *Anat* Cabeça. **2** Origem, princípio. **3** Juízo, talento, capacidade, cérebro. **4** Pessoa. **5** Rês, cabeça de gado. *s* **6** Dirigente, líder. **a la cabeza** adiante, em primeiro lugar. **bajar la cabeza** obedecer. **cabeza a pájaros / cabeza de chorlito** cabeça de vento. **cabeza de ajo** bulbo do alho. **cabeza de hierro / cabeza cuadrada** cabeça-dura. **cabeza de turco** bode expiatório.

ca.be.za.da [kabeθ´ada] *sf* **1** Cabeçada. **2** Inclinação de cabeça. **dar la cabezada** dar os pêsames.

ca.be.zal [kabeθ´al] *sm* **1** Travesseiro comprido. **2** Cabeçote. **3** Viga. **4** Encosto para a cabeça.

ca.be.za.zo [kabeθ´aθo] *sf* Cabeçada. *sin querer, me di un cabezazo en el ropero* / sem querer, dei uma cabeçada no guarda-roupa.

ca.be.zo.ta [kabeθ´ota] *sm* **1** Cabeçudo, cabeção. **2** Cabeça-dura, teimoso.

ca.bi.da [kab´ida] *sf* **1** Capacidade, porte. **2** Extensão, área.

ca.bi.mien.to [kabimj´ento] *sm* Capacidade, porte.

ca.bi.na [kab´ina] *sf* Cabina, cabine. *¿ya has viajado en la cabina del piloto?* / você já viajou na cabine do piloto?

ca.biz.ba.jo, -a [kabiθb´aho] *adj* Cabisbaixo. *últimamente el niño anda triste, cabizbajo* / ultimamente o menino anda triste, cabisbaixo.

ca.ble [k´able] *sm* **1** Cabo. **2** Fio elétrico.

ca.ble.gra.ma [kablegr´ama] *sm* Cabograma, telegrama.

ca.bo [k´abo] *sm* **1** Cabo: a) *Mil* patente na hierarquia militar. b) *Geogr* ponta de terra que entra no mar. c) cabo. **2** Toco, ponta. **3** Fim. **al fin y al cabo** por fim / no fim das contas. **atar cabos** reunir elementos para tirar uma conclusão. **de cabo a cabo** do princípio ao fim. **echar un cabo a alguien** ajudar alguém em situação difícil.

ca.bra [k´abra] *sf* **1** *Zool* Cabra. **2** Aríete. **3** *Colom* Brocha (pintura). **estar como una cabra** louco, maluco. **la cabra siempre tira al monte** expressão usada quando uma pessoa age conforme sua natureza.

ca.bria [k´abrja] *sf* Guindaste. *ni con la cabria podrán levantarlo de ahí* / nem com um guindaste vão conseguir levantá-lo daí.

ca.brio.la [kabri´ola] *sf* **1** Cabriola, cambalhota, pirueta. **2** Pinote.

ca.bri.to, -a [kabr´ito] *s Zool* Cabrito. • *adj vulg* Corno, chifrudo.

ca.brón, -a [kabr´on] *sm Zool* Bode. • *adj vulg* **1** Corno, chifrudo. **2** Frouxo, covarde. **3** Sacana.

ca.bro.na.da [kabron´ada] *sf fam* Sacanagem, má intenção. *nunca que imaginé que sería capaz de una cabronada de esas* / nunca imaginei que fosse capaz de uma sacanagem dessas.

ca.ca [k´aka] *sf* **1** *coloq* Cocô, fezes. **2** Caca, porcaria, coisa malfeita. **3** Sujeira, imundície.

ca.ca.hue.te [kaka´wete] *sm Bot* Amendoim. *me encanta cacahuete con chocolate* / adoro amendoim com chocolate.

ca.cao [kak´ao] *sm Bot* Cacau. *cuánto más manteca de cacao, mas blando es el chocolate* / quanto mais manteiga de cacau, mais macio é o chocolate.

ca.ca.re.ar [kakare´ar] *vi* Cacarejar.

ca.ce.rí.a [kaθer´ia] *sf* **1** Caça. **2** Caçada. *haremos una cacería domingo* / faremos uma caçada domingo.

ca.ce.ro.la [kaθer´ola] *sf* Caçarola, panela.

ca.cha.rro [katʃ´aro] *sm* **1** Vasilha rústica. **2** *fam* Geringonça, traste.

ca.cha.za [katʃ´aθa] *sf* **1** Cachaça. **2** *fam* Lentidão, sossego, tranquilidade.

ca.che.ta.da [katʃet´ada] *sm fam* Bofetada, tabefe. *ni pudo ver de dónde vino la cachetada* / nem pôde ver de onde veio o tabefe.

ca.che.te [katʃ´ete] *sm* **1** Bofetada, tapa. **2** Bochecha. **de cachetada** grátis, à custa de outro.

ca.che.te.ar [katʃete´ar] *vt* Esbofetear, estapear.

ca.chim.ba [katʃ´imba] *sf* **1** Cachimbo. **2** Cacimba, poço, cisterna. Veja nota em **pipa** (português).

ca.chi.po.rra [katʃip´oɾa] *sf* Cassetete.

ca.chi.to [katʃi´to] *sm* Pedacinho. *¿me das un cachito de tu chocolate?* / você me dá um pedacinho do seu chocolate?

ca.chi.va.che [katʃib´atʃe] *sm fam* **1** Traste, ferro-velho, trambolho, tralha.

ca.cho [k´atʃo] *sm* **1** Pedaço, porção, teco. **2** Cacho, penca.

ca.cho.rro, -a [katʃ´oro] *s* **1** *Zool* Filhote de cachorro. **2** Filhote (mamíferos). Veja nota em **cachorro** (português).

ca.ci.que [kaθ´ike] *sm* Cacique.

ca.co [k´ako] *sm fam* Ladrão. Veja nota em **caco** (português).

cac.to [k´akto] *sm Bot* Cacto, cáctus. *Sin:* cactus.

cac.tus [k´aktus] *sm Bot V* cacto.

ca.dá.ver [kad´aber] *sm* Cadáver. *el cadáver nunca lo encontraron* / nunca encontraram o cadáver.

ca.da.vé.ri.co, -a [kadab´eriko] *adj* Cadavérico. *¡pero que aspecto cadavérico! ¿Qué te pasa?* / que aspecto cadavérico! O que há com você?

ca.de.na [kad´ena] *sf* 1 Corrente. 2 Série, sequência. 3 Cadeia, rede.

ca.den.cia [kad´enθja] *sm Mús* Cadência, ritmo, batida. Veja nota em **batida** (espanhol).

ca.de.ra [kad´era] *sf* 1 *Anat* Quadril, bacia. 2 Anca, cadeira.

ca.du.car [kaduk´ar] *vi* Caducar: a) prescrever, perder a validade. b) ficar gagá.

ca.du.co, -a [kad´uko] *adj* 1 Decrépito, gagá. 2 Perecível. 3 Antiquado, ultrapassado.

ca.er [ka´er] *vi+vpr* Cair. *se me han caído todos los lápices de colores en el aula* / caíram todos os meus lápis de cor na classe. → Veja modelo de conjugação.

ca.fé [kaf´e] *sm Bot* 1 Café. 2 Cafeteria.

ca.fe.tal [kafet´al] *sm* Cafezal. *vemos por la carretera extensos cafetales* / vemos pelas estradas extensos cafezais.

ca.fe.te.ra [kafet´era] *sf* 1 Cafeteira, bule. *sm* 2 Calhambeque, banheira velha.

ca.fe.te.rí.a [kafeter´ia] *sf* Cafeteria, café, lanchonete.

ca.fe.to [kaf´eto] *sm Bot* Cafeeiro. *mi abuelo tiene cafetos en su hacienda* / meu avô tem cafeeiros em sua fazenda.

ca.ga.do, -a [kag´ado] *adj+sm* Cagão, covarde, medroso. • *sf* Cagada: a) fezes. b) *vulg* coisa malfeita.

ca.gar [kag´ar] *vt+vi+vpr* Cagar, defecar. → cargar.

ca.gón, -a [kag´on] *adj* 1 Cagão. 2 Medroso, covarde.

ca.í.da [ka´ida] *sf* 1 Queda. 2 Inclinação, declive, caída. 3 Caimento. 4 Derrota, fracasso.

cai.mán [kajm´an] *sm Zool* Jacaré.

ca.ja [k´aha] *sf* 1 Caixa. 2 Caixão. 3 Caçamba. *Caja de ahorros* / Caixa Econômica.

ca.je.ro, -a [kah´ero] *s* Caixa, funcionário do caixa. **cajero automático** caixa eletrônico.

ca.jón [kah´on] *sm* 1 Gaveta. *la tijera está en el segundo cajón* / a tesoura está na segunda gaveta. 2 Caixão.

ca.jo.ne.ra [kahon´era] *sf* Gaveteiro. *aquí en este rincón voy a poner una cajonera blanca* / aqui neste canto vou colocar um gaveteiro branco.

cal [k´al] *sf Quím* Cal. **a cal y canto** a sete chaves. **cal viva** cal virgem. **dar una de cal y otra de arena** bater uma no prego e outra na ferradura / alternar acertos e erros, coisas boas e ruins. **de cal y canto** duro como pedra, muito resistente.

ca.la.ba.cín [kalabaθ´in] *sm Bot* Abobrinha. *hoy hice una tortilla de calabacín* / hoje fiz uma fritada de abobrinha.

ca.la.ba.za [kalab´aθa] *sf* 1 *Bot* Abóbora. 2 Cabaça. **dar calabazas** reprovar (exame). **nadar sin calabazas** virar-se sozinho. **salir calabaza** decepcionar. *el tipo me salió calabaza, no era lo que esperaba* / o indivíduo me decepcionou, não era o que eu esperava.

ca.la.bo.zo [kalab´oθo] *sm* 1 Calabouço. 2 Solitária (cela).

ca.la.do [kal´ado] *sm* 1 Bordado. 2 Entalhe. 3 *Náut* Calado.

Para "quieto", "mudo", "reservado", em espanhol usa-se **callado**.

ca.la.mar [kalam´ar] *sf Zool* Calamar, lula.

ca.lam.bre [kal´ambre] *sm Med* Cãibra. *doctor, tengo muchos calambres* / doutor, tenho muitas cãibras.

ca.la.mi.dad [kalamid´ad] *sf* 1 Calamidade. 2 Traste, inútil (pessoa). *¡ese tipo es una calamidad!* / esse indivíduo é um traste!

ca.la.mi.to.so, -a [kalamit´oso] *adj* 1 Calamitoso. 2 Infeliz, desgraçado.

ca.la.ve.ra [kalab´era] *sf* Caveira. *mi hijo sólo usa camisetas negras con calaveras* / meu filho só usa camisetas pretas com caveiras.

cal.ce [k´alθe] *sm* 1 Aro (de roda). 2 Calço, cunha.

cal.ce.tín [kalθet´in] *sf* Meia. *no andes*

cal.ci.nar [kalθin´ar] *vt* Calcinar, incinerar, carbonizar.

cal.co [k´alko] *sm* Decalque, cópia.

cal.co.ma.ní.a [kalkoman´ia] *sm* Decalque, decalcomania.

cal.cu.lar [kalkul´ar] *vi* Calcular. *tengo que calcular el coste antes de empezar la reforma* / tenho que calcular o custo antes de começar a reforma.

cál.cu.lo [k´alkulo] *sm* Cálculo: a) cômputo. b) avaliação, suposição, conjetura. c) *Med* formação mineral, pedra.

cal.das [k´aldas] *sf pl* Caldas, termas.

cal.de.ra [kald´era] *sf* Caldeira. *la fábrica va a parar tres días porque se rompió una caldera* / a fábrica vai parar três dias porque uma caldeira quebrou.

cal.do [k´aldo] *sm* Caldo. *no te olvides de comprar caldo de gallina* / não se esqueça de comprar caldo de galinha.

ca.le.fac.ción [kalefakθ´jon] *sm* Calefação, sistema de aquecimento.

ca.le.fac.tor, -a [kalefakt´or] *s* Aquecedor. *el calefactor está roto* / o aquecedor está quebrado.

ca.lei.dos.co.pio [kalejdosk´opjo] *sm* Calidoscópio, caleidoscópio.

ca.len.da.rio [kalend´arjo] *sm* Calendário. *no recibimos todavía el calendario de exámenes* / não recebemos ainda o calendário de provas.

ca.len.ta.dor [kalentad´or] *sm* Aquecedor. *esta noche tendremos que prender el calentador* / esta noite vamos ter de ligar o aquecedor.

ca.len.ta.mien.to [kalentamj´ento] *sm* Aquecimento.

ca.len.tar [kalent´ar] *vt* 1 Esquentar, aquecer. 2 Excitar, animar, exaltar. → despertar.

ca.len.tu.ra [kalent´ura] *sf* 1 *Med* Febre. 2 Nervosismo.

ca.li.bre [kal´ibre] *sm* Calibre. *han encontrado en su casa armas de grueso calibre* / encontraram em sua casa armas de grosso calibre.

ca.li.dad [kalid´ad] *sf* 1 Qualidade. 2 Caráter, gênio, índole. 3 Classe, tipo.

ca.lien.te [kal´jente] *adj* 1 Quente. 2 Acalorado. 3 Conflituoso, problemático. 4 Luxurioso. 5 *Fís* Radiativo.

ca.li.fi.ca.ción [kalifikaθ´jon] *sf* 1 Qualificação, resultado, nota. 2 Classificação.

ca.li.fi.ca.do [kalifik´ado] *adj* Qualificado. *usted no está calificado para la función* / o senhor não está qualificado para a função.

ca.li.fi.car [kalifik´ar] *vt* 1 Qualificar. 2 Classificar. → atacar.

ca.li.gra.fí.a [kaligraf´ia] *sf* Caligrafia.

cá.liz [k´aliθ] *sm* Cálice da missa.

ca.lla.do [kaλ´ado] *adj* 1 Calado, silencioso. 2 Reservado. **dar la callada por respuesta** ignorar, não responder. Veja nota em **calado** (espanhol).

ca.llar [kaλ´ar] *vi+vpr* 1 Calar, emudecer. *vt+vpr* 2 Omitir, ocultar. Veja nota em **calhar.**

ca.lle [k´aλe] *sf* Rua. **abrir calle** abrir caminho. **echar a la calle** pôr na rua, despedir, expulsar. **irse a la calle** sair.

ca.lle.ja [kaλ´eha] *sf* Ruela, beco. *no quiero que andes por esas callejas de noche* / não quero que você ande por esses becos à noite.

ca.lle.je.ar [kaλehe´ar] *vi* Bater pernas, andar a toa.

ca.lle.jón [kaλeh´on] *sm* Beco, ruela. **callejón sin salida** rua/beco sem saída.

ca.lle.jue.la [kaλehw´ela] *sf* Evasiva, pretexto.

ca.llis.ta [kaλ´ista] *s* Calista, pedicuro, podólogo.

ca.llo [k´aλo] *sm* 1 Calo. 2 **callos** *pl Cul* Dobradinha, bucho.

cal.ma [k´alma] *sf* 1 Calma, tranquilidade, sossego. 2 Frieza, firmeza. 3 Calmaria, serenidade.

cal.man.te [kalm´ante] *adj+sm Med* Calmante, tranquilizante.

cal.mar [kalm´ar] *vt+vpr* Acalmar. *toma este té que te va a calmar* / tome este chá que vai lhe acalmar.

cal.mo, -a [k´almo] *adj* Calmo, sereno, sossegado, tranquilo.

cal.mo.so, -a [kalm´oso] *adj* 1 Calmo. 2 Indolente, preguiçoso.

ca.lor [kal´or] *sm* Calor. *¡cómo hace*

calor en esta ciudad! / como faz calor nesta cidade!

ca.lo.rí.a [kalor´ia] *sf Fís* Caloria.

ca.lum.nia [kal´umnja] *sf* Calúnia, difamação, falsidade, injúria.

ca.lum.nia.dor [kalumnjad´or] *adj+sm* Caluniador, difamador.

ca.lum.niar [kalumn´jar] *vt* Caluniar, difamar, injuriar. *no te voy a permitir que me calumnies de esa manera /* não vou permitir que você me calunie dessa forma.

ca.lum.nio.so [kalumn´joso] *adj* Calunioso, difamatório.

ca.lu.ro.so, -a [kalur´oso] *adj* **1** Caloroso, vivo, ardente. **2** Quente.

cal.vo, -a [k´albo] *adj+s* Calvo, careca. *si el padre es calvo, seguro que no se va a escapar de quedarse también /* se o pai é careca, com certeza não vai escapar de ficar também.

cal.za.da [kalθ´ada] *sf* Estrada, via pavimentada.

cal.za.do, -a [kalθ´ado] *sm* Calçado, sapato.

cal.zar [kalθ´ar] *vt+vpr* Calçar. *me voy a calzar los zapatos y salgo /* vou calçar os sapatos e já vou. → alzar.

cal.zo [k´alθo] *sm* Calço, cunha. *esa mesa necesita un calzo /* essa mesa precisa de um calço.

cal.zón [kalθ´on] *sm* Calção, *short*.

cal.zo.na.zos [kalθo´naθos] *sm fam* Homem sem energia e muito condescendente.

cal.zon.ci.llo [kalθonθi´ʎo] *sm* Cueca. *no te levantes en calzoncillos que hay gente en casa /* não levante de cueca que tem gente em casa.

ca.ma [k´ama] *sf* **1** Cama. **2** Ninhada. **cama nido** bicama. **cama redonda** orgia, bacanal. **cama de matrimonio** cama de casal.

ca.ma.da [kam´ada] *sf* **1** Camada. **2** Ninhada. **3** *fig, fam* Bando, corja, cambada. Veja nota em **camada** (português).

ca.ma.fe.o [kamaf´eo] *sm* Camafeu. *ese camafeo era de mi abuela /* esse camafeu era de minha avó.

ca.ma.le.ón [kamale´on] *sm Zool* Camaleão. **camaleón mineral** permanganato de potássio.

cá.ma.ra [k´amara] *sf* Câmara. *con la escuela vamos a visitar una cámara frigorífica /* vamos visitar uma câmara frigorífica com a escola. **cámara fotográfica** câmera fotográfica.

ca.ma.ra.da [kamar´ada] *s* Colega, companheiro, camarada.

ca.ma.ra.de.rí.a [kamarader´ia] *sf* Camaradagem, coleguismo, companheirismo.

ca.ma.re.ro, -a [kamar´ero] *s* **1** Garçom. **2** Camareiro, criado.

ca.ma.rón [kamar´on] *sm Zool* Camarão. *no puedo comer camarones, soy alérgica /* não posso comer camarões, sou alérgica.

ca.ma.ro.te [kamar´ote] *sm* Camarote. *compré las entradas para el camarote /* comprei os ingressos para o camarote.

cam.ba.la.che [kambal´atʃe] *sm* Cambalacho.

cám.ba.ro [k´ambaro] *sm Zool* Siri.

cam.bia.do [kambj´ado] *adj* Trocado, mudado.

cam.biar [kamb´jar] *vt+vi+vpr* Trocar, modificar, alterar, mudar, converter.

cam.bio [k´ambjo] *sm* **1** Mudança, transformação. **2** Troco (dinheiro). **3** Com Câmbio. Veja nota em **câmbio**.

ca.me.lia [kam´elja] *sf Bot* Camélia. *planté camelias en mi jardín /* plantei camélias no meu jardim.

ca.me.llo [kam´eʎo] *sm* **1** *Zool* Camelo. **2** Pequeno traficante de drogas. **3** Embuste, mentira, falsidade. Veja nota em **camelo**.

ca.me.ri.no [kamer´ino] *sm* Camarim. *¿vamos a los camerinos después del espectáculo? /* vamos aos camarins depois do espetáculo?

ca.mi.lla [kam´iʎa] *sf* Maca, padiola. *lo llevaron en camilla /* levaram-no em uma maca.

ca.mi.nar [kamin´ar] *vi* Caminhar, andar.

ca.mi.na.ta [kamin´ata] *sf* Caminhada. *¿me acompañas en una caminata? /* você me acompanha em uma caminhada?

ca.mi.no [kam´ino] *sm* Caminho, trilha, via.

ca.mión [kam´jon] *sm* Caminhão. *¿de quién será ese camión aparcado en mi puerta?* / de quem será esse caminhão estacionado na minha porta?

ca.mio.ne.ro [kamjon´ero] *sm* Caminhoneiro. *mi vecino es camionero* / meu vizinho é caminhoneiro.

ca.mio.ne.ta [kamjon´eta] *sf* Caminhonete, furgão.

ca.mi.sa [kam´isa] *sf* **1** Camisa. **2** Reboco.

ca.mi.se.ta [kamis´eta] *sf* Camiseta. *¿mamá, dónde está mi camiseta roja?* / mamãe, onde está minha camiseta vermelha?

ca.mi.són [kamis´on] *sf* Camisola. *El domingo me pasé el día en camisón* / domingo passei o dia de camisola.

ca.mo.rre.ar [kamoře´ar] *vi* Triscar, arrumar briga.

ca.mo.rris.ta [kamoř´ista] *adj+s* Encrenqueiro, brigão. *eres un camorrista incorregible* / você é um encrenqueiro incorrigível.

cam.pa.men.to [kampam´ento] *sm* Acampamento. *campamento con lluvia es lo peor que puede pasar* / acampamento com chuva é a pior coisa que pode acontecer.

cam.pa.na [kamp´ana] *sm* Sino. *de acá oigo las campanas de la iglesia* / daqui ouço os sinos da igreja.

cam.pa.ni.lla [kampan´iʎa] *sf* **1** Campainha, sineta. **2** Bolha de ar. **3** *Anat* Úvula.

cam.pa.ña [kamp´aña] *sf* **1** Campina, campo. **2** Campanha.

cam.pe.ón, -ona [kampe´on] *sm* Campeão. *el equipo vencedor será el campeón de este año* / o time vencedor será o campeão deste ano.

cam.pe.o.na.to [kampeon´ato] *sm* Campeonato. **de campeonato** demais, excessivo (tanto positivo quanto negativo). *hacía un frío de campeonato ayer* / ontem fez frio demais.

cam.pe.ra [kamp´era] *sf* *AL*, *Arg*, *Bol*, *Chile*, *Par*, *Ur* Jaqueta, japona, blusão. *no llevo la campera porque si hace calor, la tengo que cargar en la mano* / não vou levar a jaqueta porque, se fizer calor, vou ter de carregá-la na mão.

cam.pe.si.no [kampes´ino] *adj* Campesino, campestre. Veja nota em **paisano** (português).

cam.pes.tre [kamp´estre] *adj* Campestre, rural. *me gusta el aire campestre* / gosto do ar campestre. Veja nota em **paisano** (português).

cam.po [k´ampo] *sm* Campo. *mi ensueño es pasar las vacaciones en el campo* / meu sonho é passar as férias no campo.

ca.mu.fla.je [kamufl´ahe] *sm* Camuflagem, disfarce. *es impresionante cómo el camaleón utiliza el camuflaje* / é impressionante como o camaleão utiliza a camuflagem. Ver nota em **abordaje**.

can [k´an] *sm* **1** *Zool* Cão. **2** Gatilho.

cana [k´ana] *sf* Fio branco de cabelo. Veja nota em **cana** (português).

ca.na.dien.se [kanad´jense] *adj+s* Canadense.

ca.nal [kan´al] *sm* Canal. *oí algo en la tele sobre el canal de Suez* / ouvi alguma coisa na TV sobre o canal de Suez.

ca.na.le.ta [kanal´eta] *sf* Canaleta. *hay que hacer las canaletas en el jardín para que el agua escurra* / é preciso fazer as canaletas no jardim para que a água escorra.

ca.na.li.za.ción [kanaliθaθj´on] *sf* Canalização. *están trabajando en la canalización del agua del río* / estão trabalhando na canalização da água do rio.

ca.na.lla [kan´aʎa] *s* Canalha, patife, escroto, velhaco.

ca.na.lón [kanal´on] *sf* Calha. *observen cómo el agua corre por el canalón* / observem como a água corre pela calha.

ca.na.rio, -a [kan´arjo] *sm* *Ornit* Canário.

ca.nas.ta [kan´asta] *sf* **1** Cesta. **2** Cesto. *voy a tirar esta canasta de mimbre vieja a la basura* / vou jogar este cesto de vime velho no lixo.

can.ce.la.ción [kanθelaθj´on] *sf* Cancelamento, suspensão.

can.ce.lar [kanθel´ar] *vt* **1** Cancelar, anular. **2** Quitar, saldar dívida.

cán.cer [k´anθer] *sm* *Med*, *Astrol* Câncer.

can.cha [k´antʃa] *sf* **1** Quadra, cancha. **2** *AL* Terreno, área. **3** *AL* Habilidade, experiência. **estar en su cancha** estar em seu pedaço, conhecer o terreno.

can.ci.lla [kanθi´ʎa] *sf* Cancela, barreira, porteira.

can.ci.ller [kanθiʎ´er] *sm* Chanceler. *mi marido es canciller en la embajada de Inglaterra* / meu marido é chanceler na embaixada da Inglaterra.

can.ción [kanθ´jon] *sf* **1** Canção, música. **2 canciones** *pl* História, pretexto, conversa. *no me vengas con canciones* / não me venha com conversa. **canción de cuna** canção de ninar. **ser otra canción** ser outra história, ser outra conversa. *no vamos a hablar de eso, que ya es otra canción* / não vamos falar disso, que isso já é outra história.

can.da.do [kand´ado] *sm* Cadeado. *¿qué habrá en ese baúl cerrado con candado?* / o que será que tem nesse baú trancado com cadeado?

can.de.la [kand´ela] *sf* **1** Vela. **2** Castiçal. **3** *Fís* Candela. **acabarse la candela / estar con la candela en la mano** estar com o pé na cova. **arrimar candelas** dar uma surra.

can.de.la.bro [kandel´abro] *sm* Candelabro. *¡qué hermoso ese candelabro de plata!* / que lindo esse candelabro de prata!

can.de.le.ro [kandel´ero] *sm* Castiçal. *yo pongo las velas en el candelero mientras tu abres el vino* / eu ponho as velas no castiçal enquanto você abre o vinho. **en el candelero / en candelero** expressão usada quando algo é muito conhecido.

can.de.li.lla [kandel´iʎa] *sf* **1** *Med* Sonda. *le tuvieron que poner una candelilla en la uretra* / tiveram de colocar-lhe uma sonda na uretra.

can.di.da.to, -a [kandid´ato] *sm* Candidato, aspirante, pretendente.

can.di.le.jas [kandil´eha] *sf pl Teat* Gambiarra, luzes (do palco).

ca.ne.la [kan´ela] *sf* **1** *Bot* Canela. *sm* **2** *Bot* Caneleira. • *adj* Castanho.

can.gre.jo [kangr´eho] *sm Zool* Caranguejo. **agua de cangrejo** *El Sal* café aguado.

can.gu.ro [kang´uro] *sm* **1** *Zool* Canguru. **2** *Baby-sitter*, babá.

ca.ní.bal [kan´ibal] *adj* Canibal. *¿no es impresionante pensar que todavía existen caníbales?* / não é impressionante pensar que ainda existem canibais?

ca.ni.ca [kan´ika] *sf* Bolinha de gude.

ca.ni.jo, -a [kan´iho] *adj+s* Fraco, raquítico.

ca.ni.lla [kan´iʎa] *sf* **1** *Anat* Tíbia. **2** *Anat* Canela. **3** Gambito, perna fina. **4** Bobina. **5** *CS* Torneira. **dar canilla** caminhar, andar.

ca.ni.no, -a [kan´ino] *adj* Canino. • *sm* **1** Dente canino. *sf* **2** Cocô de cachorro.

can.je [k´an:he] *sm* Troca, permuta. *te propongo un canje: me das esa blusa y yo te lavo los platos una semana* / proponho uma troca: você me dá essa blusa e eu lavo sua louça por uma semana.

ca.no [k´ano] *adj* Grisalho. Veja nota em **cano** (português).

ca.no.a [kan´oa] *sf* Canoa. *podemos cruzar el río en canoa* / podemos atravessar o rio de canoa.

ca.no.so, -a [kan´oso] *adj* Grisalho. *tengo el pelo canoso desde los 27 años* / tenho o cabelo grisalho desde os 27 anos.

can.sa.do, -a [kans´ado] *adj* **1** Cansado. **2** Cansativo, fatigante, exaustivo.

can.san.cio [kans´anθjo] *sf* Cansaço, fadiga, exaustão.

can.sar [kans´ar] *vt+vpr* **1** Cansar, fatigar. **2** Exaurir. **3** Incomodar, importunar, aborrecer.

can.tan.te [kant´ante] *adj* Cantante. • *s* Cantor, vocalista.

can.tar [kant´ar] *vi* Cantar. • *sm* canção, cantiga. **ser otro cantar** ser outra história, ser outra conversa.

cán.ta.ro [k´antaro] *sm* Cântaro. *¿te parece que queda bien un cántaro de barro bien grande en el jardín?* / você acha que fica bem um cântaro de barro bem grande no jardim?

can.te.ra [kant´era] *sf* **1** Pedreira. **2** Talento, capacidade.

can.te.ro [kant´ero] *sm* Canteiro. *no te olvides de regar las flores del cantero* / não se esqueça de regar as flores do canteiro.

cán.ti.co [k´antiko] *sm Rel* Cântico, salmo.
can.ti.dad [kantid´ad] *sf* Quantidade, quantia, número.
can.tim.plo.ra [kantimplo´ra] *sf* Cantil.
can.ti.na [kant´ina] *sf* **1** Lanchonete. **2** Adega. *abrieron una cantina al lado de mi oficina* / abriram uma adega do lado do meu escritório.
can.to [k´anto] *sm* Canto: a) ação de cantar. b) composição musical. c) extremidade, aresta, borda, ângulo.
can.tu.rre.ar [kantuɾe´ar] *vi* Cantarolar. *parece contenta, se ha pasado el día canturreando* / parece contente, passou o dia cantarolando.
ca.nu.to [kan´uto] *sm* **1** Tubo. **2** *fam* Cigarro de maconha.
ca.ña [k´aɲa] *sf* **1** *Bot* Cana, bambu. **2** Tutano, medula. **3** Copo para cerveja. **4** Chope. **caña de azúcar** cana-de-açúcar. **caña de pescar** vara de pescar.
ca.ña.co.ro [kaɲak´oro] *sm Bot* Bambu. *vi una mesita de luz linda de cañacoro* / vi um criado-mudo lindo de bambu.
ca.ñe.rí.a [kaɲer´ia] *sf* Encanamento, tubulação. *hay algo que no está bien en la cañería del edificio* / tem alguma coisa errada no encanamento do prédio.
ca.ño [k´aɲo] *sm* Cano. **caño de escape** *Arg, Bol, Par, Ur* escapamento.
ca.ñón [kaɲ´on] *sm* Canhão. *los buceadores encontraron un cañón muy antiguo, de la época de los piratas* / os mergulhadores encontraram um canhão muito antigo, da época dos piratas.
ca.ñu.to [kaɲ´uto] *sm* **1** Tubo. **2** *fam* Dedo-duro.
ca.o.ba [ka´oba] *sf Bot* Mogno. • *adj* Acaju.
caos [k´aos] *sm inv* Caos. *con el cambio de la directoría, la oficina está hecha un caos* / com a mudança de diretoria, o escritório está un caos.
ca.pa [k´apa] *sf* **1** Capa: a) vestimenta. b) cobertura, revestimento. **2** Camada, estrato. **andar de capa caída** sofrer forte decadência em bens, fortuna ou saúde. **capa aguadera** capa impermeável. **capa de ozono** camada de ozônio. **defender a capa y espada** defender a todo o custo ou com grande empenho e esforço.
ca.pa.ci.dad [kapaθid´ad] *sf* **1** Capacidade, continência. **2** Talento, aptidão, prontidão.
ca.pa.ci.ta.ción [kapaθitaθj´on] *sf* Capacitação, habilitação.
ca.pa.ci.ta.do [kapaθit´ado] *adj* Capacitado, habilitado. *me siento totalmente capacitado para concursar* / sinto-me totalmente capacitado para concorrer.
ca.pa.ci.tar [kapaθit´ar] *vt+vpr* Capacitar, habilitar.
ca.par [kap´ar] *vt* Capar, castrar. *el buey es un toro capado* / o boi é um touro castrado.
ca.pa.ra.zón [kaparaθ´on] *sm* Carapaça, casca, casco, couraça.
ca.pa.taz, -a [kapat´aθ] *s* Capataz, feitor.
ca.paz [kap´aθ] *adj* **1** Capaz, apto. **2** Grande, espaçoso.
ca.pe.llán [kapeʎ´an] *sm* Capelão. *en esta hacienda del siglo XVIII había capilla y capellán residente* / nesta fazenda do século XVIII havia capela e capelão residente.
ca.pe.ru.za [kaper´uθa] *sf* Capuz. *ponte el chándal con caperuza* / ponha o moletom com capuz.
ca.pi.lla [kap´iʎa] *sf* **1** Capela. **2** Oratório. **3** Capuz.
ca.pi.tal [kapit´al] *adj* Capital, principal. • *sf* **1** Capital, metrópole. *sm* **2** Dinheiro, patrimônio, bens.
ca.pi.ta.lis.ta [kapital´ista] *adj+s* Capitalista.
ca.pi.tán, -a [kapit´an] *s* Mil Capitão. *mi hermano es capitán del ejército* / meu irmão é capitão do exército.
ca.pi.tu.la.ción [kapitulaθj´on] *sf* **1** Capitulação. **2** Rendição. **3** Pacto, acordo pré-nupcial.
ca.pí.tu.lo [kap´itulo] *sm* Capítulo. *me faltan dos capítulos para terminar el libro* / faltam dois capítulos para eu terminar o livro.
ca.pó [kap´o] *sm* Capô. *¿has visto el abollado en el capó del auto?* / você viu o amassado no capô do carro?
ca.po.ta [kap´ota] *sf* **1** Capota. **2** Touca.

ca.po.te [kap´ote] *sm* **1** Capote, sobretudo, casaco. **2** Capinha de toureiro. **a mi capote** no meu entender. **decir algo para su capote** falar com seus botões.

ca.pri.cho [kapr´itʃo] *sm* Capricho, frescura, veneta, veleidade.

> Em espanhol, **capricho** não tem o significado de "esmero", "cuidado".

ca.pri.cho.so, -a [kapritʃ´oso] *adj* Caprichoso, voluntarioso, antojadiço.

cáp.su.la [k´apsula] *sf* Cápsula. *no puedo tragar medicina en cápsulas* / não consigo engolir remédio em cápsulas.

cap.tu.ra [kapt´ura] *sf* Captura, prisão.

cap.tu.rar [kaptur´ar] *vt* Capturar, prender.

ca.pu.cha [kap´utʃa] *sm* **1** Capuz. **2** *Gram* Acento circunflexo.

ca.pu.chi.na [kaputʃ´ina] *sf* **1** *Bot* Capuchinha. **2** Lamparina.

ca.pu.llo [kap´uʎo] *sm* **1** Casulo. **2** Botão de flor.

ca.qui [k´aki] *sm* **1** *Bot* Caqui. **2** Cáqui.

ca.ra [k´ara] *sf* **1** Rosto. **2** Cara, fisionomia. **3** Frente. **3** Face, lado. **a cara descubierta** agir honestamente. **a primera cara** à primeira vista. **cara con dos haces** duas caras. **cara de pascua** cara muito alegre. **cara de suela/caradura** cara de pau, descarado, sem-vergonha. **cara de vinagre** cara de poucos amigos. **cara larga** cara triste. **cara o ceca / cara o cruz** cara ou coroa. **cruzar/partir la cara a alguien** dar uma bofetada, um soco etc. **dar la cara** responder pelos próprios erros. **lavar la cara** limpar. **por su cara bonita** por seus belos olhos.

ca.ra.bi.na [karab´ina] *sf* Carabina, espingarda.

ca.ra.col [karak´ol] *sm* **1** Caracol, caramujo. **2** Concha de caracol. **3** Cacho enrolado (cabelo).

¡ca.ra.co.les! [kara´koles] *interj* Caramba! Puxa! *¡caracoles! ¡qué frío!* / caramba, que frio!

ca.rác.ter [kar´akter] *sm* Caráter.

ca.rac.te.rís.ti.co, -a [karakter´istiko] *adj* Característico, típico. • *sf* Característica, peculiaridade.

ca.rac.te.ri.za.ción [karakteriθaθj´on] *sf* Caracterização, conceito.

ca.rac.te.ri.zar [karakteriθ´ar] *vt+vpr* Caracterizar, conceitualizar.

ca.ra.du.ra [karad´ura] *adj+s fam* Sem-vergonha, cara de pau, descarado.

¡ca.ram.ba! [kar´amba] *interj* Caramba!, puxa!, puxa vida!

ca.ram.bo.la [karamb´ola] *sf Bot* Carambola. **2** Casualidade favorável. **por carambola** por tabela. Veja nota em **carambola** (português).

ca.ra.me.lo [karam´elo] *sm* Bala, caramelo. *no quiero que comas caramelos después de lavarte los dientes* / não quero que você chupe balas depois de escovar os dentes.

> Para designar a calda de açúcar, "caramelo", usa-se **almíbar** em espanhol. Veja outra nota em **bala** (espanhol).

ca.ra.va.na [karab´ana] *sf* **1** Caravana. **2** *Trailer*.

ca.ray [kar´ai] *sm* Tartaruga marinha. • *interj* **¡caray!** Caramba!, puxa!, puxa vida!

car.bón [karb´on] *sm Quím* Carvão. *¿cómo voy a prender la parrilla sin carbón?* / como vou acender a churrasqueira sem carvão?

car.bo.ni.zar [karboniθ´ar] *vt+vpr* Carbonizar.

car.bu.rar [karbur´ar] *vt* **1** Carburar. **2** *fig* Regular, funcionar. *aquella chica no carbura* / aquela garota não bate bem. *en casa no carbura nada: ni televisor, ni radio, ni ordenador* / em casa nada funciona: nem televisão, nem rádio, nem computador.

car.ca.ja.da [karkah´ada] *sf* Gargalhada.

cár.cel [k´arθel] *sf* Cárcere, cadeia, prisão.

car.ce.le.ro, -a [karθel´ero] *adj* Carcerário. • *sm* Carcereiro.

car.co.mi.do [karkom´ido] *adj* Carcomido, roído. *¿para qué guardas esa tela toda carcomida?* / para que você guarda esse tecido todo carcomido?

car.de.nal [karden´al] *sm* **1** Cardeal: a) *Rel* prelado. b) *Ornit* espécie de pássaro. **2** Hematoma, equimose.

car.di.nal [kardin´al] *adj* **1** Cardeal, principal. **2** *num* Cardinal.

car.dio.lo.gí.a [kardioloh´ia] *sf Med* Cardiologia.
car.dió.lo.go, -a [kard´jologo] *s* Cardiologista.
car.du.me [kard´ume] *sm V cardumen*.
car.du.men [kard´umen] *sm* Cardume. *en aguas tan limpias podemos ver los cardúmenes de peces nadando* / em águas tão limpas podemos ver os cardumes de peixes nadando. *Var: cardume*.
ca.re.cer [kareθ´er] *vi* Carecer, precisar, necessitar.
ca.ren.cia [kar´enθja] *sf* Carência, falta, escassez.
ca.ren.te [kar´ente] *adj* Carente, necessitado.
ca.res.tí.a [karest´ia] *sf* Carestia, escassez.
ca.re.ta [kar´eta] *sf* Máscara. *mamá, ¡mirá que linda careta de conejo hizimos hoy en la escuela!* / mamãe, veja que linda máscara de coelho fizemos hoje na escola!
car.ga [k´arga] *sf* **1** Carga, carregamento. **2** Peso, fardo. **3** Encargo, ônus. **4** Dever, compromisso. **5** Refil, recarga. **6** *Mil* Investida, ataque. **a cargas** a rodo, de montão. **carga de la prueba** ônus da prova. **carga de profundidad** explosivo para atacar ou destruir objetivos submarinos. **carga eléctrica** quantidade de eletricidade acumulada num corpo. **carga elemental** a do elétron ou a do próton, que são opostas. **carga lectiva** carga horária. **volver a la carga** insistir.
car.ga.do, -a [karg´ado] *adj* **1** Carregado. **2** Pesado, fechado (atmosfera). **3** Cheio.
car.ga.men.to [kargam´ento] *sm* Carregamento. *la policía federal ha interceptado un cargamento de armas* / a polícia federal interceptou um carregamento de armas.
car.gar [karg´ar] *vt* **1** Carregar. **2** Recarregar. **3** Sobrecarregar. **4** *fam* Aborrecer, chatear, encher. **5** Aumentar, acrescer. *vi* **6** Responsabilizar. *vpr* **7** Fechar, nublar (tempo). **8** Reprovar (exame). **cargar en cuenta** debitar. → Veja modelo de conjugação.
car.go [k´argo] *sm* **1** Cargo, posto. **2** Obrigação, encargo. **cargo de conciencia** peso na consciência. Veja nota em **cargo** (português).
ca.ri.ca.tu.ra [karikat´ura] *sf* Caricatura. *día 26 habrá una exposición de caricaturas en el salón de la escuela* / dia 26 haverá uma exposição de caricaturas no salão da escola.
ca.ri.ca.tu.ris.ta [karikatur´ista] *s* Caricaturista.
ca.ri.cia [kar´iθja] *sf* Carícia, carinho, afago. *me hacen bien tus caricias* / suas carícias me fazem bem.
ca.ri.dad [karid´ad] *sf* **1** Caridade, benevolência. **2** Misericórdia.
ca.ries [k´arjes] *sf inv* Cárie. *necesito ir al dentista porque tengo una caries* / preciso ir ao dentista porque estou com uma cárie.
ca.ri.llón [kariλ´on] *sm* Carrilhão.
ca.ri.ño [kar´iño] *sm* **1** Carinho, amor, bem-querer, estima, afeição. **2** Carícia, afago.
ca.ri.ño.so, -a [kariñ´oso] *adj* Carinhoso, afetuoso. *mi hijo es muy cariñoso con los familiares* / meu filho é muito carinhoso com os familiares.
ca.ri.ta.ti.vo, -a [karitat´ibo] *adj* **1** Caritativo. **2** Caridoso, bondoso.
car.na.da [karn´ada] *sf* **1** Carnada, isca. **2** *fig* Chamariz.
car.na.val [karnab´al] *sf* Carnaval. *en la semana del carnaval me voy a la playa* / na semana do carnaval vou à praia.
car.ne [k´arne] *sf* Carne. **carne de cañon** bucha de canhão, pessoa exposta a sofrer danos. **carne de gallina** pele de galinha, pele enrugada. **carne de membrillo** marmelada. **carne sin hueso** mamão com açúcar, baba, moleza. **echar carnes** engordar.
car.né [karn´e] *sm* Carteira, documento de identidade. **carnet de conducir** carteira de habilitação. *Var: carnet*.
car.ne.ro [karn´ero] *sm Zool* Carneiro.
car.net [k´arne] *sm V carné*.
car.ni.ce.rí.a [karniθer´ia] *sf* **1** Açougue. **2** Carnificina, matança.
car.ni.ce.ro, -a [karniθ´ero] *adj* **1** Carnívoro. **2** Cruel, desumano. • *sm* Açougueiro.

car.ní.vo.ro, -a [karn´iboro] *adj+s* Carnívoro. *ni todos los dinosaurios eran carnívoros* / nem todos os dinossauros eram carnívoros.

ca.ro, -a [k´aro] *adj* **1** Caro, dispendioso. **2** Amado, querido, estimado. **3** Difícil, custoso.

ca.ro.zo [kar´oθo] *sm AL* Caroço. *¿quién tiró ese carozo de durazno en el piso?* / quem jogou esse caroço de pêssego no chão?

car.pa [k´arpa] *sf* **1** *Ictiol* Carpa. **2** Cacho de uvas. **3** Barraca, tenda.

car.pe.ta [karp´eta] *sf* **1** Pasta (papéis). **2** *Arg, Colôm, Ur* Toalhinha de centro (mesa).

car.pin.te.rí.a [karpinter´ia] *sf* Carpintaria.

car.pin.te.ro, -a [karpint´ero] *sm* Carpinteiro. *¿alguien conoce a un carpintero?* / alguém conhece um carpinteiro? **pájaro carpintero** pica-pau.

ca.rra.ca [kar̄´aka] *sf* **1** *Náut* Carraca. **2** Matraca.

ca.rra.co [kar̄´ako] *sf* **1** Matraca. **2** *Ornit* Maritaca, maitaca.

ca.rras.co [kar̄´asko] *sm* **1** *Bot* Carrasco, carrascal. **2** *Bot* Pinheiro.

ca.rras.pe.ra [kar̄asp´era] *sf* Rouquidão, pigarro. *me levanté hoy con esa carraspera* / acordei hoje com essa rouquidão.

ca.rre.ra [kar̄´era] *sf* **1** Corrida, corrida de automóveis. **2** Percurso (táxi). **3** Carreira, curso universitário. **4** Estrada, rua. **5** Fileira. **6** Risca (cabelo). **de carrera** com facilidade e presteza. **hacer carrera** prosperar na sociedade. **tomar carrera/carrerilla** pegar impulso.

ca.rre.ta [kar̄´eta] *sf* **1** Carreta. **2** Carretel.

ca.rre.te [kar̄´ete] *sm* **1** Carretel. **2** *Electr* Bobina.

ca.rre.tel [kar̄et´el] *sm* Carretel. *un enorme carretel de cable se cayó de un camión ayer* / um enorme carretel de fio elétrico caiu do caminhão ontem.

ca.rre.te.ra [kar̄et´era] *sf* Estrada. *esta carretera tiene más agujeros que asfalto* / esta estrada tem mais buracos que asfalto.

ca.rre.te.ro [kar̄et´ero] *sm* Carroceiro.

ca.rri.co.che [kar̄ik´otʃe] *sm* **1** Carroça, carruagem. **2** *fam* Calhambeque, lata velha.

ca.rril [kar̄´il] *sm* **1** Rastro, trilha, sulco. **2** Trilho. **3** Pista, faixa.

ca.rri.llo [kar̄´iλo] *sm* **1** Bochecha. **2** Polia, roldana. **comer a dos carrillos** devorar, comer muito rápido.

ca.rro [k´ar̄o] *sm* **1** Carruagem, carroça. **2** *AL* Carro.

ca.rro.ce.rí.a [kar̄oθer´ia] *sf* Carroceria. *el mío es aquél camión de carrocería roja* / o meu é aquele caminhão de carroceria vermelha.

ca.rro.ma.to [kar̄om´ato] *sm* Carroça. *en algunas ciudades del interior todavía hay gente que anda en carromato* / em algumas cidades do interior ainda há gente que anda de carroça.

ca.rro.ña [kar̄´oña] *sf* **1** Carniça. **2** *fig* Pessoa ou coisa vil, desprezível.

car.ta [k´arta] *sf* **1** Carta, epístola. **2** Cardápio. **3** Mapa. **a carta cabal** inatacável, irrepreensível. **carnet de conducir / permiso de conducir** carta de motorista. **cartas en el asunto** intervir em algum negócio.

car.ta.pa.cio [kartap´aθjo] *sm* **1** Pasta, fichário escolar. **2** Caderno de notas.

car.tel [kart´el] *sm* **1** Cartaz. **2** Cartel: a) pequena rede de pesca. b) organização, convênio.

car.te.le.ra [kartel´era] *sf* **1** Armação para cartazes. **2** Anúncios de espetáculos.

car.te.ra [kart´era] *sf* **1** Carteira. **2** Pasta (papéis). **3** *AL* Bolsa. **4** Pasta ministerial.

car.te.ro [kart´ero] *sm* Carteiro. *gracias a Dios no soy cartero. ¡Odio andar!* / graças a Deus não sou carteiro. Odeio andar!

car.tí.la.go [kart´ilago] *sm* Cartilagem. *me querían vender un producto hecho con cartílago de tiburón* / queriam vender-me um produto feito com cartilagem de tubarão.

car.ti.lla [kart´iλa] *sf* Cartilha, livro, caderneta.

car.tón [kart´on] *sm* **1** Cartão. **2** Papelão. *esas paredes parecen hechas de cartón* / essas paredes parecem feitas de papelão.

car.tu.cho [kart´utʃo] *sm* Cartucho.

car.tu.li.na [kartul´ina] *sf* Cartolina. *mami, mañana tengo que llevar a la escuela una cartulina amarilla* / mamãe, amanhã tenho de levar à escola uma cartolina amarela.

ca.sa [k´asa] *sf* Casa. **apartar casas** separar-se. **casa cural** casa paroquial. **casa de citas** prostíbulo. **casa de tía** casa de detenção, prisão. **como una casa** expressão usada para referir-se a algo muito grande ou de grande envergadura. **echar la casa por la ventana** jogar dinheiro pela janela. **para andar por casa** algo de pouco valor, feito sem rigor.

ca.sa.do, -a [kas´ado] *adj+s* Casado. *estoy casado hace 23 años* / sou casado há 23 anos.

ca.sa.men.te.ro, -a [kasament´ero] *adj+s* Casamenteiro.

ca.sa.mien.to [kasam´jento] *sm* Casamento. *mi casamiento no anda bien* / meu casamento não anda bem.

ca.sar [kas´ar] *vi+vpr* 1 Casar. *vi* 2 Corresponder, emparelhar. *vt* 3 Cassar.

cas.ca.bel [kaskaβ´el] *sm* Guizo, chocalho. **poner el cascabel al gato** atirar-se a alguma tarefa perigosa. **serpiente de cascabel** cascavel.

cas.ca.da [kask´ada] *sf* Cascata, cachoeira, salto, queda-d'água.

cas.ca.jo [kask´axo] *sm* 1 Cascalho. 2 Frutos secos (amêndoas, avelãs, nozes etc.)

cas.ca.nue.ces [kaskan´weθes] *sm inv* Quebra-nozes.

cás.ca.ra [k´askara] *Bot* Casca. *¿no te gusta la cáscara de la manzana?* / você não gosta da casca da maçã?

cas.ca.rra.bias [kaskar̄´abjas] *s inv fam* Mal-humorado, rabugento, ranzinza.

cas.co [k´asko] *sm* 1 Capacete. 2 Vasilhame. 3 Gomo. 4 Caco. 5 *Anat* Crânio. 6 *Anat* Casco. **calentarse los cascos** esquentar a cabeça. **ligero de cascos** sem juízo. **parecerse los cascos a la olla** ser farinha do mesmo saco. **romperse los cascos** pensar muito. Veja nota em **casco** (português).

ca.se.rí.o [kaser´io] *sm* Casario, conjunto de casas. *el caserío del cuadro es bonito* / o casario do quadro é bonito.

ca.se.ro, -a [kas´ero] *adj* 1 Caseiro. 2 Doméstico. • *sm* 1 Senhorio, proprietário. 2 Caseiro. 3 Inquilino.

ca.se.rón [kaser´on] *sm* Casarão. *ese caserón del siglo XIX hoy es un museo* / Esse casarão do século XIX hoje é um museu.

ca.se.ta [kas´eta] *sf* 1 Barraca. 2 Guarita, cabine.

ca.se.te [kas´ete] *s* 1 Fita cassete. *sm* 2 Gravador toca-fitas.

ca.si [k´asi] *adv* Quase. *casi me caigo al bajar la escalera* / quase caí descendo a escada. *Sin: cuasi.*

ca.si.lla [kas´iʎa] *sf* 1 Bilheteria. 2 Casa (de tabuleiro). 3 Compartimento.

ca.si.lle.ro [kasiʎ´ero] *sm* Arquivo, fichário. *por favor, mantengan todas las carpetas en el casillero* / por favor, mantenham todas as pastas no arquivo.

ca.so [k´aso] *sm* Caso. **a caso hecho** de caso pensado. **hacer caso** prestar atenção, obedecer.

cas.pa [k´aspa] *sf Med* Caspa. *parece que tengo caspa* / parece que estou com caspa.

cas.ta [k´asta] *sf* 1 Casta, linhagem. 2 Qualidade.

cas.ta.ña [kast´aɲa] *sf* 1 *Bot* Castanha. 2 Coque. 3 *fam* Bebedeira, porre. 4 Bofetada, cacetada.

cas.ta.ño, -a [kast´aɲo] *sm Bot* Castanheiro. • *adj* Castanho.

cas.ta.ñue.la [kastaɲ´wela] *sf* Castanhola.

cas.ti.dad [kastid´ad] *sf* Castidade. *ya no se usa más la castidad antes del matrimonio* / já não se usa mais castidade antes do casamento.

cas.ti.gar [kastiɣ´ar] *vt* Castigar, punir.

cas.ti.go [kast´iɣo] *sm* Castigo, punição. *vas a recibir el castigo que te mereces* / você vai receber o castigo que merece.

cas.ti.llo [kast´iʎo] *sm* Castelo. **castillos en el aire** castelos de areia, ilusões.

cas.ti.zo, -a [kast´iθo] *adj* Castiço, puro, correto.

cas.to, -a [k´asto] *adj* Casto, puro, virgem. *me he mantenido casta hasta los 22 años* / mantive-me virgem até os 22 anos.

cas.tor [kast´or] *sm Zool* Castor.
cas.tra.ción [kastraθj´on] *sf* Castração. *la castración de los animales domésticos, hoy día, es una práctica habitual* / a castração dos animais domésticos, hoje em dia, é uma prática habitual.
ca.sual [kas´wal] *adj* Casual, eventual, acidental, fortuito.
ca.sua.li.dad [kaswalid´ad] *sf* Casualidade, acaso, eventualidade. **por casualidad** por acaso. Veja nota em **carambola** (português).
ca.ta.clis.mo [katakl´ismo] *sm* Cataclismo.
ca.ta.cum.bas [katak´umbas] *sf pl* Catacumbas. *he visto unas fotos de las catacumbas cristianas de Roma* / vi umas fotos das catacumbas cristãs de Roma.
ca.ta.dor [katad´or] *sm* Provador de bebidas.
ca.ta.le.jo [katal´eho] *sm* 1 Binóculo. 2 Luneta, telescópio.
ca.ta.li.zar [kataliθ´ar] *vt Quím* Catalisar.
ca.ta.lo.gar [katalog´ar] *vt* 1 catalogar, classificar, fichar, ordenar. 2 Registrar, inscrever, apontar.
ca.tá.lo.go [kat´alogo] *sm* Catálogo, listagem, relação, inventário.
ca.tar [kat´ar] *vt* Provar, experimentar. Veja nota em **catar** (português).
ca.ta.ra.ta [katar´ata] *sf* 1 *Med* Catarata. 2 Cascata, cachoeira, queda-d'água.
ca.ta.rro [kat´aro] *sm* 1 Catarro. 2 Escarro.
ca.tás.tro.fe [kat´astrofe] *sf* Catástrofe. *fue una catástrofe sin precedentes* / foi uma catástrofe sem precedentes.
ca.te [k´ate] *sm* 1 Bofetada, sopapo, tapa. 2 Reprovação.
cá.te.dra [k´atedra] *sf* Cátedra.
ca.te.dral [katedr´al] *sf* Catedral. *estuve en varias catedrales cuando fui a Italia* / estive em várias catedrais quando fui à Itália.
ca.te.go.rí.a [kategor´ia] *sf* 1 Categoria, classe, ordem. 2 Gênero, qualidade.
ca.te.gó.ri.co, -a [kateg´oriko] *adj* Categórico, indiscutível, taxativo.

ca.te.o [kat´eo] *sm* Busca, exploração, rastreamento.
ca.te.que.sis [katek´esis] *sf inv Rel* Catequese. *ya tienes edad para hacer la catequesis* / você já tem idade para fazer a catequese.
ca.té.ter [kat´eter] *sm Med* Cateter, sonda.
ca.to.li.cis.mo [katoliθ´ismo] *sm* Catolicismo. *este libro habla sobre el catolicismo* / este livro fala sobre o catolicismo.
ca.tó.li.co, -a [kat´oliko] *adj+s* Católico.
ca.tor.ce [katorθe] *adj+num* Catorze. *hay catorce llamadas no atendidas en mi móvil* / tem catorze chamadas não atendidas no meu celular.
ca.tre [k´atre] *sm* Catre.
cau.cho [k´autʃo] *Bot* Borracha, caucho.
cau.ción [kauθ´jon] *sf* 1 Prevenção, precaução, cautela. 2 Caução, garantia, fiança.
cau.dal [kaud´al] *sm* 1 Caudal, torrente. 2 Posses, bens. 3 *fig* Abundância. • *adj* Caudaloso.
cau.da.lo.so, -a [kawdal´oso] *adj* Caudaloso. *los ríos de esta región son bastante caudalosos* / os rios desta região são bastante caudalosos.
cau.di.llo [kaud´iʎo] *sm* Caudilho.
cau.sa [k´ausa] *sf* 1 Causa, origem, razão, motivo. 2 *Der* Litígio, pleito.
cau.sar [kaus´ar] *vt+vpr* Causar, originar, acarretar, produzir.
cau.te.la [kaut´ela] *sf* Cautela, precaução, cuidado, prevenção, prudência.
cau.te.lar [kautel´ar] *vt+vpr* Prevenir, precaver. • *adj* Cautelar, preventivo.
cau.te.lo.so, -a [kawtel´oso] *adj* Cauteloso, cuidadoso, precavido, prudente.
cau.ti.va.dor [kautibad´or] *adj* Cativante, encantador.
cau.ti.var [kautib´ar] *vt* 1 Prender, aprisionar. 2 Atrair, cativar, seduzir, encantar.
cau.ti.ve.rio [kautib´erjo] *sm* Cativeiro. *el rehén ha permanecido dieciocho días en cautiverio* / o refém permaneceu dezoito dias em cativeiro.
cau.ti.vo, -a [kaut´ibo] *adj+s* Cativo, recluso, preso.

cau.to, -a [k´awto] *adj* Cauto, cauteloso, precavido, prudente.
ca.var [kab´ar] *vt* Cavar, escavar, cavoucar.
ca.ver.na [kab´erna] *sf* Caverna, gruta.
ca.vi.dad [kabid´ad] *sf* Cavidade, buraco, cova, depressão.
ca.vi.lar [kabil´ar] *vt+vti* Cismar, pensar, refletir, meditar.
ca.ya.do [kaj´ado] *sm* Cajado, bordão, bengala.
ca.yo [k´ajo] *sm* Restinga, rochedo, penhasco.
ca.za [k´aθa] *sf* Caça: a) caçada. b) animais caçados. c) procura. **levantar la caza** levantar a lebre.
ca.za.dor, -a [kaθad´or] *adj+s* Caçador.
ca.za.do.ra [kaθad´ora] *sf* Jaqueta. *¿por qué no te pones la cazadora?* / por que você não põe a jaqueta?
ca.zo [k´aθo] *sm* **1** Caçarola. **2** Concha. **meter el cazo** dizer ou fazer algo erroneamente.
ca.zue.la [kaθ´wela] *sf* **1** Caçarola. **2** Cozido, guisado. **3** Galeria (teatro).
CD-ROM *sm Inform* CD-ROM.
ce.ba.da [θeb´ada] *sf Bot* Cevada.
ce.bar [θeb´ar] *vt* Cevar, nutrir. *lo trae muy bien cebado* / mantém-no muito bem nutrido.
ce.bo [θ´ebo] *sm* **1** Ceva, isca. **2** Engodo.
ce.bo.lla [θeb´oλa] *sf Bot* Cebola. *compré dos paquetes de sopa de cebolla* / comprei dois pacotes de sopa de cebola.
ce.bo.lle.ta [θeboλ´eta] *sf Bot* Cebolinha.
ce.bra [θ´ebra] *sf* **1** *Zool* Zebra. **2** *AL* Faixa de pedestres.
ce.bú [θeb´u] *sm Zool* Zebu.
ce.ci.na [θeθ´ina] *sm* Charque, carne seca. *no hay porotos en esa feijoada, sólo cecina* / não tem feijão nessa feijoada, só carne seca.
ce.da.zo [θeð´aθo] *sm* Peneira.
ce.der [θeð´er] *vt* **1** Ceder, dar. **2** Renunciar. *uno de los dos tiene que ceder* / um dos dois tem de ceder.
ce.di.lla [θeð´iλa] *sf* Cedilha.
ce.dro [θ´edro] *sm Bot* Cedro. *¿ya vistes la película* Nieve sobre cedros*?* / você já assistiu ao filme *Neve sobre os cedros*?

cé.du.la [θ´edula] *sf* Cédula, documento. *he pedido mi cédula de identidad* / perdi minha cédula de identidade.
cé.fi.ro [θ´efiro] *sm* Zéfiro.
ce.gar [θeg´ar] *vt+vpr* **1** Cegar. **2** *fig* Ofuscar. → fregar.
ce.gue.ra [θeg´era] *sf* Cegueira. *uno de los riesgos de la rubeola es la ceguera del nene* / um dos riscos da rubéola é a cegueira do bebê.
ce.ja [θ´eha] *sf Anat* Sobrancelha. *no tengo la costumbre de depilarme las cejas* / não tenho o costume de tirar a sobrancelha.
ce.jar [θeh´ar] *vi* Retroceder, recuar.
ce.la.da [θela´da] *sf* **1** Cilada, emboscada. **2** Fraude, engano.
ce.lar [θel´ar] *vt* Vigiar, zelar, cuidar.
cel.da [θ´elda] *sf* Cela, célula. *las religiosas pasan el día en la celda rezando* / as religiosas passam o dia na cela rezando.
ce.le.bra.ción [θelebraθj´on] *sf* Celebração, comemoração, festejo.
ce.le.brar [θelebr´ar] *vt* Celebrar, festejar, comemorar.
cé.le.bre [θ´elebre] *adj* Célebre. *tengo obras de artistas célebres en mi casa* / tenho obras de artistas célebres em minha casa.
ce.le.bri.dad [θelebrið´ad] *sf* **1** Celebridade, fama. **2** Resplendor.
ce.les.te [θel´este] *adj* Celeste. *me gusta mirar la bóveda celeste* / gosto de olhar a abóboda celeste.
ce.les.tial [θelest´jal] *adj* Celestial, celeste.
ce.les.ti.na [θelest´ina] *sf* Alcoviteira.
ce.lo [θ´elo] *sm* **1** Zelo, cuidado, esmero, diligência. **2** Cio. **3 celos** *pl* Ciúmes. *es normal celos entre hermanos* / é normal ciúmes entre irmãos.
ce.lo.sí.a [θelos´ia] *sf* Gelosia, treliça.
ce.lo.so [θel´oso] *adj* **1** Ciumento. **2** Zeloso.
cé.lu.la [θ´elula] *sf Biol* Célula. *citología es el estudio de las células* / citologia é o estudo das células.
ce.lu.lar [θelul´ar] *adj Biol* Celular. *hoy vamos a estudiar el núcleo celular* / hoje vamos estudar o núcleo celular.
ce.lu.li.tis [θelul´itis] *sf inv Med* Celulite.

ce.men.te.rio [θement´erjo] *sm* Cemitério. *mi hija tiene miedo de los cementerios* / minha filha tem medo de cemitérios.

ce.men.to [θem´ento] *sm* Cimento.

ce.na [θ´ena] *sf* Jantar, ceia. *la cena la serviré a las ocho* / servirei o jantar às oito.

ce.na.dor [θenad´or] *sm* Caramanchão.

ce.na.go.so, -a [θenaǵoso] *adj* Lamacento. *muy cenagoso ese terreno* / muito lamacento esse terreno.

ce.ni.ce.ro [θeniθ´ero] *sm* Cinzeiro. *debe de ser prohibido fumar acá, porque no hay ceniceros* / deve ser proibido fumar aqui, porque não há cinzeiros.

ce.ni.cien.to, -a [θeniθj´ento] *adj* Cinzento. *el cielo está ceniciento hoy* / o céu está cinzento hoje.

ce.nit [θen´it] *sm* Astron Zênite.

ce.ni.za [θen´iθa] *sm* Cinza. *no dejes caer la ceniza del cigarrillo en el piso* / não deixe a cinza do cigarro cair no chão.

cen.sar [θens´ar] *vt+vi* Recensear.

cen.so [θ´enso] *sm* 1 Censo. 2 Recenseamento.

cen.sor, -ora [θens´or] *adj+s* Censor.

cen.su.ra [θens´ura] *sf* 1 Censura, crítica. 2 Repreensão, reprovação, reprimenda.

cen.su.ra.ble [θensur´able] *adj* Censurável, reprovável, repreensível, recriminável, condenável.

cen.su.ra.do [θensur´ado] *adj* 1 Censurado. 2 Reprovado.

cen.su.rar [θensur´ar] *vt* 1 Censurar, criticar. 2 Desaprovar, condenar, reprovar. 3 Repreender.

cen.ta.vo [θent´abo] *sm* Centavo. *no tengo ni un centavo* / não tenho nem um centavo.

cen.te.lla [θent´eλa] *sf* Centelha, fagulha, faísca.

cen.te.lle.ar [θenteλe´ar] *vi* 1 Cintilar, brilhar, resplandecer. 2 Faiscar.

cen.te.na [θent´ena] *sm* Centena. *centenas de personas han visitado la exposición* / centenas de pessoas visitaram a exposição.

cen.te.no, -a [θent´eno] *adj* Centésimo. • *sm Bot* Centeio.

cen.té.si.mo, -a [θent´esimo] *adj* Centésimo. *el centímetro es la centésima parte del metro* / o centímetro é a centésima parte do metro.

cen.tí.gra.do, -a [θent´igrado] *adj Fís* Centígrado.

cen.tí.me.tro [θent´imetro] *sm* Centímetro. *necesito veinte centímetros de cinta de raso* / preciso de vinte centímetros de fita de cetim.

cén.ti.mo, -a [θ´entimo] *adj+num* Centésimo. • *sm* Cêntimo.

cen.ti.ne.la [θentin´ela] *s* Sentinela, vigia, guarda.

cen.tral [θentr´al] *adj* Central. • *sf* 1 Matriz. 2 Agência.

cen.tra.li.zar [θentraliθ´ar] *vt* Centralizar.

cen.trar [θentr´ar] *vt* 1 Centralizar. 2 Concentrar. 3 Atrair.

cen.tro [θ´entro] *sm* Centro, núcleo, meio.

cen.tro.cam.pis.ta [θentrokamp´ista] *s Dep* Meio-campista, meio de campo.

ce.ñir [θeñ´ir] *vt* Cingir, rodear, estreitar. → teñir.

ce.ñu.do, -a [θeñ´udo] *adj* 1 Carrancudo, mal-humorado, irritado. 2 Taciturno, triste.

ce.pa [θ´epa] *sf* 1 Cepa, tronco. 2 *fig* Linhagem, família, estirpe.

ce.pi.llar [θepiλ´ar] *vt+vpr* 1 Escovar. *vt* 2 Aplainar, alisar, polir.

ce.pi.llo [θep´iλo] *sm* 1 Escova. 2 Plaina.

ce.ra [θ´era] *sf* 1 Cera. 2 Giz de cera. **ser como una cera** ser uma seda/ser um amor.

ce.rá.mi.ca [θer´amika] *sf* Cerâmica. *hago clases de pintura de cerámica* / faço aula de pintura em cerâmica.

cer.ba.ta.na [θerbat´ana] *sf* Zarabatana.

cer.ca [θ´erka] *sf* 1 Cerca, muro. 2 Cerco. • *adv* 1 Cerca, quase, aproximadamente. 2 Perto, próximo. Veja nota em **cerca** (português).

cer.ca.nía [θerkan´ia] *sf* Cercania, vizinhança, arredores, adjacências, redondezas, imediações.

cer.ca.no, -a [θerk´ano] *adj* Próximo, perto. *vivo cercano al mercado* / moro perto do mercado.

cer.co [θ´erko] *sm* Cerco.

cer.do, -a [θe′rdo] *sm Zool* Cerdo, porco. • *adj* Porco, imundo. **echar margaritas a los cerdos** dar pérolas aos porcos.
ce.re.al [θere′al] *sm Bot* Cereal.
ce.re.bral [θerebr′al] *adj* Cerebral. *el soldado va a operar un tumor cerebral* / o soldado vai operar um tumor cerebral.
ce.re.bro [θer′ebro] *sm Anat* Cérebro.
ce.re.mo.nia [θerem′onja] *sf* **1** Cerimônia. **2** Formalidade.
ce.re.mo.nial [θeremonj′al] *adj* **1** Cerimonial. **2** Cerimonioso, solene. • *sm* **1** Cerimônia, protocolo. **2** Ritual.
ce.re.mo.nio.so, -a [θeremonj′oso] *adj* **1** Cerimonioso, solene. **2** Grave, sério.
ce.re.za [θer′eθa] *sf Bot* Cereja.
ce.re.zo [θer′eθo] *sf Bot* Cerejeira. *es de cerezo esa mesa* / essa mesa é de cerejeira.
ce.ri.lla [θer′iλa] *sf* **1** Fósforo. **2** Cerúmen.
ce.ro [θ′ero] *num* Zero. **bajo cero** abaixo de zero. **ser un cero a la izquierda** ser um zero à esquerda.
ce.rra.do, -a [θeř′ado] *adj* **1** Estrito, rígido. **2** Fechado.
ce.rra.du.ra [θeřad′ura] *sf* Fechadura. *se me partió la llave en la cerradura* / quebrou a chave na fechadura.
ce.rra.je.rí.a [θeřaher′ia] *sf* **1** Loja de ferragens. **2** Chaveiro (loja).
ce.rrar [θeř′ar] *vt+vpr* **1** Fechar, cerrar. **2** Trancar, encerrar. → despertar.
ce.rra.zón [θeřaθ′on] *sf* Cerração.
ce.rro [θ′eřo] *sm* **1** Cerro, colina, morro, outeiro. **2** Pescoço (de animal). **3** Espinhaço, lombo.
ce.rro.jo [θeř′oho] *sm* Ferrolho. *cierra la puerta con el cerrojo, por favor* / feche a porta com o ferrolho, por favor.
cer.te.ro, -a [θert′ero] *adj* Certeiro, acertado.
cer.te.za [θert′eθa] *sf* Certeza. *con certeza que él no viene hoy* / com certeza ele não vem hoje.
cer.ti.dum.bre [θertid′umbre] *sf* Certeza.
cer.ti.fi.ca.ción [θertifikaθ′jon] *sf* **1** Certificação. **2** Certidão, atestado. Veja nota em **atestado** (português).

cer.ti.fi.ca.do, -a [θertifik′ado] *adj* Registrado (correspondência). • *sm* Certificado, atestado, certidão. Veja nota em **atestado** (português).
cer.ti.fi.car [θertifik′ar] *vt+vpr* Certificar, assegurar, garantir, afirmar. → atacar.
cer.ve.ce.rí.a [θerbeθer′ia] *sf* Cervejaria.
cer.ve.za [θerb′eθa] *sf* Cerveja. *una cerveza, por favor* / uma cerveja, por favor.
ce.san.te [θes′ante] *adj* **1** Cessante. **2** Desempregado.
ce.san.tía [θesant′ia] *sf* **1** Suspensão. **2** Desemprego. **3** Seguro-desemprego.
ce.sar [θes′ar] *vi* **1** Cessar, parar, acabar. **2** Suspender. **3** Deixar, abandonar.
ce.sá.re.a [θes′area] *sf Med* Cesárea, cesariana.
ce.sión [θes′jon] *sf* Cessão. *firmaremos la cesión de derechos* / assinaremos a cessão de direitos.
cés.ped [θ′esped] *sf Bot* Grama, relva, gramado.
ces.to, -a [θ′esto] *s* Cesto.
ch [tʃ′e] *sf* Dígrafo que, entre 1803 e 1992, foi considerado pela Real Academia Espanhola como a quarta letra do alfabeto espanhol.
cha.ba.ca.no, -a [tʃabak′ano] *adj* Grosseiro, brega, cafona. Veja nota em **brega** (espanhol).
cha.bo.la [tʃab′ola] *sf* **1** Favela. **2** Barraco, choça.
cha.cal [tʃak′al] *sm Zool* Chacal.
cha.cha.re.ar [tʃare′ar] *vi fam* Tagarelar. *no los quiero oír chachareando más* / não quero mais ouvir vocês tagarelando.
cha.ci.na [tʃaθ′ina] *sm* Charque, carne seca. *no hay porotos en esa feijoada, sólo chacina* / não tem feijão nessa feijoada, só carne seca.
cha.co.ta [tʃak′ota] *sf* Chacota, zombaria, troça, gozação, caçoada.
cha.cra [tʃ′akra] *sf AL* Chácara, granja, sítio.
cha.fa.riz [tʃafar′iθ] *sm* Chafariz. *me compré una fuente con chafariz* / comprei uma fonte com chafariz.
chal [tʃ′al] *sm* Xale, echarpe, manta.
cha.la.do, -a [tʃal′ado] *adj+s fam* Louco, maluco.

cha.lé [tʃal´e] *sm* **1** Chalé. *mis padres tienen un chalé en las montañas* / meus pais têm um chalé nas montanhas. **2** Sobrado.

cha.le.co [tʃal´eko] *sm* Colete, jaleco.

cha.lu.pa [tʃal´upa] *sf* Chalupa.

cham.bón, -ona [tʃab´on] *adj+s* **1** *AL fam* Canhestro, desastrado, imperito. **2** *fam, fig* Barbeiro (trânsito).

cham.bo.na.da [tʃambon´ada] *sf* **1** Inaptidão, imperícia. **2** *fam* Barbeiragem.

cham.pán [tʃamp´an] *sm* Champanha, champanhe.

cham.pa.ña [tʃamp´aɲa] *sm* Champanha, champanhe.

cham.pi.ñón [tʃamp´iɲon] *sm Bot* Tipo de cogumelo.

cham.pú [tʃamp´u] *sm* Xampu. *me fui a lavar la cabeza y no había una gota de champú* / fui lavar o cabelo e não tinha uma gota de xampu.

chan.ca.ca [tʃank´aka] *sf AL* Rapadura.

chan.ce [tʃ´anθe] *sf* Chance, possibilidade, oportunidade.

chan.cho, -a [tʃ´antʃo] *sm AL Zool* Porco, cerdo. • *adj+sm* Porco, sujo, imundo.

chan.chu.llo [tʃantʃ´uʎo] *sm fam* Rolo, cambalacho, negociata, tramoia.

chan.cle.ta [tʃankl´eta] *sf* Chinelo. *no salgas a la lluvia en chancletas* / não saia na chuva de chinelos.

chan.clo [tʃ´anklo] *sm* Galocha.

chán.dal [tʃandal] *sm* Moletom, agasalho, abrigo.

chan.ta.je [tʃant´ahe] *sm* Chantagem. *no le voy a permitir que me haga chantaje* / não vou lhe permitir que me faça chantagem.

chan.ta.jis.ta [tʃantah´ista] *s* Chantagista.

chan.za [tʃ´anθa] *sf* Gracejo, brincadeira, caçoada.

cha.pa [tʃ´apa] *sf* **1** Chapa, lâmina. **2** Funilaria, lataria.

cha.pa.rrón [tʃapar̄´on] *sm* Chuva de verão, chuvarada, pancada de chuva, temporal.

cha.pis.ta [tʃap´ista] *sm* Funileiro.

cha.pu.ce.ro, -a [tʃapuθ´ero] *s* Sucateiro. • *adj* **1** Grosseiro, malfeito. **2** *fig* Mentiroso.

cha.pu.za [tʃap´uθa] *sf* **1** Trabalho malfeito. **2** Trabalho feito fora do expediente, bico.

cha.pu.zar [tʃapuθ´ar] *vt+vi+vpr* Mergulhar. → alzar.

cha.pu.zón [tʃapuθ´on] *sm* Mergulho. *después de un chapuzón en la pileta me voy a bañar* / depois de um mergulho na piscina, vou tomar um banho.

cha.que.ta [tʃak´eta] *sf* Jaqueta, blusão, casaco, paletó.

cha.que.te.ro, -a [tʃaket´ero] *adj fam* Vira-casaca.

cha.que.tón [tʃaket´on] *sm* Jaquetão.

cha.ra.da [tʃar´ada] *sf* **1** Charada, enigma. **2** *Arg* Chama, labareda.

char.co [tʃ´arko] *sf* Poça. *vine por la calle pisando en los charcos* / vim pela rua pisando nas poças.

char.la [tʃ´arla] *sf fam* **1** Bate-papo, papo, conversa. **2** Palestra.

char.lar [tʃarl´ar] *vi* Bater papo, papear, conversar.

char.la.tán, -ana [tʃarlat´an] *adj+s* **1** Charlatão. **2** Tagarela, falante. **3** Marreteiro, vendedor ambulante.

char.lo.te.ar [tʃarlote´ar] *vi* Bater papo, papear, conversar.

char.ne.la [tʃarn´ela] *sf* Charneira, dobradiça.

cha.rol [tʃar´ol] *sm* Verniz. **darse charol** gabar-se.

char.qui [tʃ´arki] *sf Arg, Bol, Chile, Perú, Ur* Charque, carne-seca.

chas.co [tʃ´asko] *sm* **1** Decepção. **2** Engano, desengano.

cha.sis [tʃas´is] *sm Mec* Chassi.

chas.que.ar [tʃaske´ar] *vt* **1** Chasquear, troçar. *vi* **2** Malograr. **3** Estalar.

chas.qui.do [tʃask´ido] *sm* Estalo, estalido.

cha.ta [tʃ´ata] *sf* **1** Comadre, urinol. **2** *Mar* Chata.

cha.ta.rra [tʃat´ar̄a] *sf* **1** Sucata, ferro-velho. **2** *fam* Bijuteria.

cha.ta.rre.rí.a [tʃatar̄er´ia] *sf* Ferro-velho, desmanche.

cha.ta.rre.ro, -a [tʃatar̄´ero] *s* Sucateiro, catador.

chau.vi.nis.mo [tʃobinˈismo] *sm* Chauvinismo, ufanismo.

cha.val, -a [tʃabˈal] *adj+s fam* Garoto, jovem.

cha.yo.te [tʃayoˈte] *sm Bot* Chuchu. *¿ya probastes sopa de chayote?* / você já experimentou sopa de chuchu?

che.que [tʃˈeke] *sm* Cheque. *no aceptamos cheques* / não aceitamos cheques.

che.que.ar [tʃekeˈar] *vt* Checar, verificar. *me olvidé de chequear las ventanas antes de salir* / esqueci de checar as janelas antes de sair.

chi.ca [tʃˈika] *sf* 1 Menina. 2 Garota, jovem. 3 Namorada. 4 Empregada doméstica.

chi.cha.rra [tʃitʃˈara] *sf* 1 *Entom* Cigarra. 2 *fam* Tagarela. **cantar la chicharra** fazer muito calor.

chi.cha.rrón [tʃitʃaɾˈon] *sm* 1 Torresmo. 2 *fig* Carne muito passada. 3 Pessoa bronzeada ou queimada.

chi.chón [tʃitʃˈon] *sm* Galo, calombo. *¡pobrecito! se golpeó la cabeza y se hizo un chichón* / coitadinho! bateu a cabeça e fez um galo.

chi.cle [tʃˈikle] *sm* Chiclete, chicle.

chi.co, -a [tʃˈiko] *s* 1 Menino. 2 Garoto, jovem, rapaz. 3 Namorado. 4 *Office boy*, contínuo. • *adj* Pequeno.

chi.co.ta.zo [tʃikotˈaθo] *sf* Chicotada. *no quiero verlo dándole chicotazos a los caballos* / não quero vê-lo dando chicotadas nos cavalos.

chi.co.te [tʃikoˈte] *sm* 1 Toco de charuto. 2 Chicote.

chi.fla [tʃˈifla] *sf* 1 Silvo, assobio. 2 Apito.

chi.fla.do, -a [tʃiflˈado] *adj+s* Louco, maluco, doido, biruta.

chi.flar [tʃˈiflar] *vi* 1 Assobiar, apitar. *vpr* 2 Ficar maluco, doidinho, enlouquecer.

chi.i.ta [tʃiˈita] *adj+s* Xiita.

chi.le.no, -a [tʃilˈeno] *adj+s* Chileno. *son muy ricas las aceitunas chilenas* / são muito gostosas as azeitonas chilenas.

chi.llan.te [tʃiʎˈante] *adj* Berrante (cor).

chi.llar [tʃiʎˈar] *vi* 1 Chiar, guinchar. 2 Gritar, berrar (brigando).

chi.lli.do [tʃiʎˈido] *sm* 1 Grito. 2 Rangido, chiado.

chi.me.ne.a [tʃimenˈea] *sf* 1 Chaminé. 2 Lareira.

chim.pan.cé [tʃimpanθˈe] *sm Zool* Chimpanzé.

chi.na [tʃˈina] *sf* Seixo. *hize un camino de chinas en mi jardín* / fiz um caminho de seixos no meu jardim.

chin.che [tʃˈintʃe] *adj+s fam, fig* Chato, pentelho, incômodo. • *sf* 1 *Entom* Percevejo. 2 Tachinha. 3 *AL fam* Irritação, bronca, raiva.

chin.che.ta [tʃintʃˈeta] *sf* Tachinha, percevejo.

chi.ne.la [tʃinˈela] *sf* Chinelo, chinela. *¿alguien ha visto mis chinelas?* / alguém viu meus chinelos?

chi.no, -a [tʃˈino] *adj+s* Chinês. • *sf* Porcelana, louça fina. **tinta china** nanquim.

chip [tʃˈip] *Inform* Chip.

chi.pi.rón [tʃipiɾˈon] *sm Zool* Lula.

chi.qui.llo, -a [tʃikˈiʎo] *adj+s* 1 Criança, menino. 2 Pirralho.

chi.ri.mo.ya [tʃiɾimˈoya] *sf* Fruta-do-conde.

chi.ri.pa [tʃiɾˈipa] *sf* Sorte, casualidade. **por/de chiripa** / por acaso.

chi.rriar [tʃiɾiˈar] *vi* 1 Chiar, guinchar. 2 Ranger. → confiar.

chi.rri.do [tʃiɾˈido] *sm* 1 Rangido. 2 Chiado.

¡chis! [tʃˈis] *interj* Psiu! *¡chis! ni una palabra más* / psiu! nem mais uma palavra.

chis.me [tʃˈisme] *sm* 1 Intriga, mexerico, boato, fofoca, fuxico. 2 Badulaque.

chis.me.ar [tʃismeˈar] *vi* Mexericar, fofocar.

chis.mo.rre.ar [tʃismoɾeˈar] *vi* Mexericar, fofocar.

chis.mo.rre.o [tʃismoɾeˈo] *sm* Mexerico, fofoca. *ya basta de chismorreos por acá* / já chega de fofocas por aqui.

chis.mo.so, -a [tʃismˈoso] *adj+s* Fofoqueiro, mexeriqueiro.

chis.pa [tʃˈispa] *sf* 1 Chispa, faísca, fagulha. 2 Chuvisco.

chis.pe.ar [tʃispeˈar] *vi* 1 Chispar, faiscar. 2 Chuviscar.

¡chist! [tʃˈist] *interj* Psiu!

chis.te [tʃ'iste] *sm* **1** Piada. **2** Gracejo, brincadeira.

chis.to.so, -a [tʃist'oso] *adj* Divertido, espirituoso, engraçado.

chi.var [tʃib'ar] *vpr* Delatar, dedurar, alcaguetar, dedar.

chi.va.to, -a [tʃib'ato] *adj+sm fam* Dedo-duro, alcaguete, delator.

chi.vo, -a [tʃ'ibo] *s Zool* Bode. **chivo expiatorio** bode expiatório.

cho.can.te [tʃok'ante] *adj* Chocante, estranho.

cho.car [tʃok'ar] *vi* **1** Chocar, bater. **2** Combater, lutar. **3** Desgostar, irritar.

cho.che.ar [tʃotʃe'ar] *vi* Envelhecer, caducar. *ya está chocheando, ¡pobre!* / já está caducando, coitado!

cho.cho, -a [tʃ'otʃo] *adj fam* Caduco, gagá. • *sm* **1** *vulg* Xoxota. **2** *Bot* Tremoço.

cho.clo [tʃ'oklo] *sm* **1** Tamanco. **2** *AL* Milho verde.

cho.co.la.te [tʃokol'ate] *sm* Chocolate. *voy a pedir de postre frutillas con chocolate* / vou pedir de sobremesa morangos com chocolate.

chó.fer[tʃ'ofer], **cho.fer** [tʃof'er] *sm* Motorista, chofer. Veja nota em **motorista** (português).

cho.que [tʃ'oke] *sm* Choque: a) batida, colisão. b) *Med* trauma psíquico. c) luta, briga, conflito. Veja nota em **batida** (espanhol).

cho.rra.da [tʃo r̄ada] *sf fam* Coisa de pouca importância.

cho.rre.ar [tʃor̄e'ar] *vt+vi* **1** Escorrer, pingar, gotejar. **2** Jorrar.

cho.rro [tʃ'or̄o] *sm* Jorro, esguicho, jato.

cho.za [tʃ'oθa] *sf* Choça, palhoça, barraco, cabana, casebre.

chu.bas.co [tʃub'asko] *sm* **1** Vendaval, toró, tempestade. **2** *fig* Contratempo, adversidade.

chú.ca.ro [tʃ'ukaro] *adj* Arisco, bravio.

chu.che.rí.a [tʃutʃer'ia] *sf* Gusoleima.

chue.co [tʃu'eko] *adj* De perna torta.

chu.le.ta [tʃul'eta] *sf* **1** Chuleta. **2** *fam* Tapa, bofetada. **3** *fig* Cola (para provas).

chu.lo [tʃ'ulo] *adj* **1** Valentão **2** Bonito, elegante, alinhado.

chu.pa.do [tʃup'ado] *adj fam* **1** Fraco, extenuado. **2** Muito fácil.

chu.pa.me.dia, chu.pa.me.dias [tʃupam'edja(s)] *adj+s* Puxa-saco.

chu.par [tʃup'ar] *vt+vi* **1** Chupar, sugar, sorver. *vt* **2** Absorver. *vpr* **3** Definhar, emagrecer.

chu.pe.te [tʃup'ete] *sf* Chupeta. *¿cuándo le vas a sacar el chupete al niño?* / quando você vai tirar a chupeta do menino?

chu.rras.co [tʃur̄'asko] *sm* Churrasco. *yo preparo la mayonesa para el churrasco* / eu preparo a maionese para o churrasco.

chus.ma [tʃ'usma] *sf* **1** Chusma, multidão. **2** *deprec* Gentalha, corja.

ci.ca.te.ro, -a [θikat'ero] *adj+s* Mesquinho, avaro, sovina, pão-duro.

ci.ca.triz [θikatr'iθ] *sf* Cicatriz. *esa cicatriz me la hice cuando tenía 4 años* / essa cicatriz eu fiz quando tinha 4 anos.

ci.ca.tri.zar [θikatriθ'ar] *vt+vi+vpr* Cicatrizar.

ci.clis.mo [θikl'ismo] *sm* Ciclismo. *mi deporte favorito es el ciclismo* / meu esporte favorito é o ciclismo.

ci.clo [θ'iklo] *sm* Ciclo. *hemos completado más un ciclo* / completamos mais um ciclo.

ci.clón [θikl'on] *sm* Ciclone, furacão, tornado.

cie.ga.men.te [θjegam'ente] *adv* Cegamente.

cie.go, -a [θ'jego] *adj+s* Cego. • *adj* **1** *fig* Ofuscado, alucinado, obcecado. **2** *fig* Farto de comida, bebida ou drogas. • *sm Anat* Ceco. **a ciegas** às cegas. **en tierra de ciego el tuerto es rey** em terra de cegos, quem tem um olho é rei.

cie.lo [θ'jelo] *sm* **1** Céu. **2** **cielos** *pl* Providência divina.

ciem.piés [θjempj'es] *sm* Centopeia.

cien [θjen] *num+adj* Cem. *el paquete trae cien unidades* / o pacote traz cem unidades.

cié.na.ga [θj'enaga] *sf* Pântano, lamaçal, brejo.

cien.cia [θ'jenθja] *sf* Ciência. *pretendo estudiar en la facultad de ciencia y tecnología* / pretendo fazer faculdade de ciência e tecnologia.

cie.no [θ'jeno] *sm Miner* Lama, lodo, barro.
cien.tí.fi.co, -a [θjent'ifiko] *adj* Científico. • *s* Cientista.
cien.to [θj'ento] *adj* Cento, cem. • *sm* Centena.
cie.rre [θ'jeře] *sm* 1 Zíper. 2 Fecho. 3 Fechamento.
cier.ta.men.te [θjertam'ente] *adv* Certamente.
cier.to, -a [θ'jerto] *adj* 1 Certo, correto. 2 Seguro, preciso, dado. • *adv* Certamente.
cier.vo, -a [θ'jerjto] *s* Cervo.
ci.fra [θ'ifra] *sf* 1 Cifra, número, dígito. 2 Código.
ci.ga.rra [θig'ařa] *sf Zool* Cigarra. *te voy a contar la fábula de la cigarra y la hormiga* / vou lhe contar a fábula da cigarra e a formiga.
ci.ga.rre.rí.a [θigařer'ia] *sf* Tabacaria.
ci.ga.rri.llo [θigař'iʎo] *sm* Cigarro. *¿me das un cigarrillo?* / me dá um cigarro?
ci.ga.rro [θig'ařo] *sm* Charuto. *no fumo cigarros* / não fumo charutos.
ci.go.to [θig'oto] *Biol* Zigoto.
ci.güe.ña [θig'weña] *sf Zool* Cegonha. *ya ningun chico cree más en la historia de la cigueña* / nenhuma criança acredita mais na história da cegonha.
ci.lan.tro [θil'antro] *sm Bot* Coentro.
ci.lín.dri.co, -a [θil'indriko] *adj* Cilíndrico.
ci.lin.dro [θil'indro] *sm* Cilindro. *vamos a alquilar un cilindro de gás para llenar los globos* / vamos alugar um cilindro de gás para encher os balões.
ci.lla [θ'iʎa] *sf* Silo.
ci.ma [θ'ima] *sf* Cima, cimo, cume, topo.
ci.mien.to [θim'jento] *sm* 1 Alicerce. 2 Fundamento, base.
cinc [θ'ink] *Quím* Zinco. *hace mucho ruido la lluvia cuando cae en los techos de cinc* / a chuva faz muito barulho quando cai nos telhados de zinco.
cin.co [θ'inko] *num+adj* Cinco. *¡vengan esos cinco!* toca aqui (na mão)!
ci.ne [θ'ine] *sm* Cinema. *¿vamos al cine?* / vamos ao cinema?

cí.ni.co, -a [θ'iniko] *adj+s* Cínico, cara de pau, caradura, descarado.
ci.nis.mo [θin'ismo] *sm* Cinismo, descaramento, desfaçatez.
cin.ta [θ'inta] *sf* 1 Fita (tecido, cinema, vídeo, som etc.). 2 Cinta, faixa, tira.
cin.ti.lar [θintil'ar] *vt* Cintilar, brilhar.
cin.to [θ'into] *sm* 1 Cinta. 2 Cintura.
cin.tu.ra [θint'ura] *sf Fisura*. *tengo 62 cm de cintura* / tenho 62 cm de cintura.
cin.tu.rón [θintur'on] *sm* 1 Cinto. 2 Faixa (artes marciais).
ci.prés [cipr'es] *sm Bot* Cipreste.
cir.co [θ'irko] *sm* Circo. *¡vamos al circo!* / vamos ao circo!
cir.cón [θirk'on] *Miner* Jacinto.
cir.co.nio [θirk'onjo] *Quím* Zircônio.
cir.cui.to [θirk'wito] *sm* Circuito. *recurrimos todo el circuito de la carrera para conocerlo* / percorremos todo o circuito da corrida para conhecê-lo.
cir.cu.la.ción [θirkulaθ'jon] *sf* Circulação, marcha, tráfego, curso.
cir.cu.lar [θirkul'ar] *adj* Circular. • *sf* Circular, comunicado. • *vi* Circular.
cír.cu.lo [θ'irkulo] *Geom* Círculo. *soy capaz de hacer un círculo perfecto sin compás* / eu consigo fazer um círculo perfeito sem compasso.
cir.cun.fe.ren.cia [θirkunfer'enθja] *sf Geom* Circunferência.
cir.cun.fle.jo [θirkunfl'eho] *adj* Circunflexo.
cir.cuns.cri.bir [θirkunskrib'ir] *vt+vpr* Circunscrever. *tu poder está circunscrito a tu casa* / seu poder está circunscrito a sua casa. *Part irreg*: circunscrito.
cir.cuns.crip.ción [θirkunskripθ'jon] *sf* Circunscrição.
cir.cuns.pec.ción [θirkunspe(k)θ'jon] *sf* 1 Circunspecção, atenção. 2 Decoro, seriedade.
ci.rio [θ'irjo] *sm* Círio.
ci.rro.sis [θiř'osis] *sf inv Med* Cirrose. *se ha muerto de cirrosis* / morreu de cirrose.
ci.rue.la [θir'wela] *sf Bot* Ameixa. *no es más época de ciruela* / não é mais época de ameixa.
ci.ru.gí.a [θiruh'ia] *sf Med* Cirurgia.

ci.ru.ja.no, -a [θiruh´ano] *s* Cirurgião. *el cirujano nos ha dejado muy tranquilos* / o cirurgião nos deixou muito tranquilos.

cis.má.ti.co [θism´atiko] *adj+s* Cismático, dissidente.

cis.ne [θ´isne] *sm Zool* Cisne.

cis.ter.na [θist´erna] *sf* Cisterna, depósito.

ci.ta [θ´ita] *sf* 1 Entrevista. 2 Encontro. 3 Citação, menção. 4 *Der* Convocação, notificação, intimação.

ci.ta.ción [θitaθ´jon] *sf* 1 Citação, menção. 2 *Der* Intimação, notificação.

ci.tar [θit´ar] *vt* 1 Citar, nomear, apontar, referir, mencionar. 2 *Der* Intimar, notificar. *vt+vpr* 3 Marcar encontro.

ci.trón [θitr´on] *sm Bot* Limão.

ciu.dad [θiwd´ad] *sf* Cidade. *vivo en la ciudad de São Paulo* / moro na cidade de São Paulo.

ciu.da.da.ní.a [θiwdadan´ia] *sf* Cidadania.

ciu.da.da.no, -a [θjwdad´ano] *s* Cidadão. *soy ciudadano brasileño* / sou cidadão brasileiro.

cí.vi.co, -a [θ´ibiko] *adj* Cívico.

ci.vi.li.za.ción [θibiliθaθ´jon] *sf* Civilização. *grandes civilizaciones han desaparecido* / grandes civilizações desapareceram.

ci.vi.li.zar [θibiliθ´ar] *vt+vpr* Civilizar, humanizar. → alzar.

ci.vis.mo [θib´ismo] *sm* Civismo. *fue un acto de civismo* / foi um ato de civismo.

cla.mar [klam´ar] *vt* 1 Exigir. *vt* 2 Clamar, queixar-se.

cla.mor [klam´or] *sm* 1 Clamor, protesto. 2 Queixa, lamento.

clan [kl´an] *sm* Clã.

clan.des.ti.no, -a [klandest´ino] *adj* Clandestino, ilegal, ilegítimo.

cla.que [kla´ke] *sf* Claque.

cla.ra.bo.ya [klarab´oya] *sf* Claraboia. *si no fuera por la claraboya, sería una habitación muy oscura* / se não fosse pela claraboia, seria um quarto muito escuro.

cla.ri.dad [klarid´ad] *sf* 1 Claridade. 2 Clareza.

cla.rín [klar´in] *sm Mús* Clarim.

cla.ri.ne.te [klarin´ete] *sm Mús* Clarinete.

cla.ro, -a [kl´aro] *adj* 1 Claro, iluminado, luminoso. 2 Límpido. 3 Evidente, compreensível. 4 Nítido. • *sm* 1 Clareira. 2 Lacuna. 3 Brecha • *adv* claramente.

cla.se [kl´ase] *sf* 1 Classe, categoria, grupo, ordem. 2 Gênero, tipo, natureza. 3 Aula. Veja nota em **aula** (espanhol).

cla.si.fi.ca.ción [klasifikaθ´jon] *sf* Classificação. *todavía no sé cuál ha sido mi clasificación* / ainda não sei qual foi minha classificação.

cla.si.fi.car [klasifik´ar] *vt+vpr* 1 Classificar. 2 Ordenar, catalogar. 3 Tachar, rotular. 4 Determinar.

claus.tro [kl´austro] *sm* 1 Claustro. 2 Reclusão.

cláu.su.la [kl´ausula] *sf* Cláusula. *en el contrato hay una cláusula que reglamenta ese tema* / no contrato há uma cláusula que regulamenta esse assunto.

clau.su.ra [klaus´ura] *sf* Clausura, reclusão.

cla.var [klab´ar] *vt* 1 Pregar, cravar, fixar. 2 Engastar, cravejar.

cla.ve [kl´abe] *adj* Chave, crucial, importante. • *sf* Código, chave, senha; gabarito. Veja nota em **clave** (português).

cla.vel [klab´el] *sm Bot* Cravo. *gracias por los claveles blancos que me trajiste* / obrigada pelos cravos brancos que você me trouxe.

cla.ví.cu.la [kab´ikula] *sf Anat* Clavícula.

cla.vi.ja [klab´iha] *sf* 1 Pino, encaixe, bucha. 2 Tomada.

cla.vo [kl´abo] *sm* 1 Prego. 2 Enxaqueca. 3 *Bot* Cravo-da-índia. **como un clavo** pontualmente. **no dar ni clavo** não fazer nada. **no dar una en el clavo** não dar uma dentro. **no importar un clavo** não valer nada. **no tener un clavo** estar sem dinheiro. **por los clavos de Cristo** pelo amor de Deus. **ser un clavo** ser um chato.

cla.xon [kl´a(k)son] *sf* Buzina. *mi bicicleta tiene claxon* / minha bicicleta tem buzina.

cle.men.cia [klem´enθja] *sf* Clemência, indulgência, misericórdia.

clé.ri.go, -a [kl´erigo] *s Rel* Clérigo, sacerdote, religioso, eclesiástico.

cle.ro [kl´ero] *sm* Clero. *el clero se ha declarado en contra de la decisión del gobierno* / o clero declarou-se contra a decisão do governo.

cli.ché [klitʃ´e] *sm* Clichê, chavão.

cli.en.te, -a [kl´jente] *s* 1 Cliente. 2 Freguês.

cli.en.te.la [kljent´ela] *sf* Clientela, freguesia.

cli.ma [kl´ima] *sm* 1 Clima, temperatura. 2 Ambiente, atmosfera.

cli.max [kl´ima(k)s] *sm* Clímax, auge. *estoy llegando al climax de la historia* / estou chegando ao clímax da história.

clí.ni.ca *sf* Clínica. *llevaré a mi mamá a la clínica geriátrica hoy* / vou levar minha mãe à clínica geriátrica hoje.

clip [kl´ip] *sm* 1 Clipe. 2 Videoclipe.

clo.a.ca [klo´aka] *sf* 1 Esgoto, bueiro. 2 *Zool* Cloaca.

clon [klon] *sm* 1 Palhaço. 2 *Biol* Clone.

clo.ro [kl´oro] *sm Quím* Cloro.

clo.ru.ro [klor´uro] *sm Quím* Cloreto.

club [kl´ub] *sm* Clube, grêmio. *¿vamos al club domingo?* / vamos ao clube domingo?

co.ac.ción [koakθ´jon] *sf* Coação, opressão, constrangimento. *he sido víctima de coacción en la empresa* / fui vítima de coação na empresa.

co.ac.cio.nar [koakθjon´ar] *vt* Coagir, obrigar, impor, constranger.

co.ad.yu.van.te [koadyuβ´ante] *adj+s* Coadjuvante.

co.á.gu.lo [ko´agulo] *sm* Coágulo. *se ha formado un pequeño coágulo en la lastinadura* / formou-se um pequeno coágulo na ferida.

co.a.li.ción [koaliθ´jon] *sf* Coalizão, confederação, liga, união.

co.ar.ta.da [koart´ada] *sf* 1 *Der* Álibi. 2 Pretexto, desculpa, justificativa.

co.ar.tar [koart´ar] *vt* Coartar, limitar, restringir.

co.ba [k´oba] *sf* 1 Pegadinha. 2 Adulação. **dar coba** adular.

co.bar.de [kob´arde] *adj+s* Covarde, medroso, fraco, frouxo, pusilânime.

co.bar.dí.a [kobard´ia] *sf* Covardia, medo.

co.ba.ya [kob´aja] *s Zool* Cobaia, porquinho-da-índia.

co.ber.ti.zo [kobertíθo] *sm* 1 Alpendre, cobertura. 2 Toldo.

co.ber.tu.ra [kobert´ura] *sf* Cobertura. *la torta de mi cumpleaños era de fresas con cobertura de chocolate* / o bolo do meu aniversário era de morangos com cobertura de chocolate.

co.bi.jar [kobih´ar] *vt+vpr* 1 Cobrir, tapar. 2 Abrigar, proteger. 3 Encobrir, ocultar.

co.bi.jo [kob´iho] *sm* 1 Refúgio, abrigo, alojamento, teto. 2 Proteção, amparo.

co.bra.dor, -ora [kobrad´or] *s* Cobrador. *jamás tuve problemas con cobradores en la puerta de mi casa* / nunca tive problemas com cobradores na porta de minha casa.

co.bran.za [kobr´anθa] *sf* Cobrança.

co.brar [kobr´ar] *vt+vti* 1 Cobrar, receber. *vt* 2 Recobrar, recuperar. 3 Adquirir. 4 *fam* Apanhar, levar uma surra. *vpr* 5 Restabelecer-se. Veja nota em **recibir**.

co.bre [k´obre] *sm* 1 *Quím* Cobre. 2 *Mús* Instrumentos de sopro.

co.bro [k´obro] *sm* Cobrança. **de cobro revertido** a cobrar. *ayer recibí una llamada a cobro revertido a las 3 de la mañana* / ontem recebi uma ligação a cobrar às 3 da manhã. **poner en cobro** pôr em lugar seguro, pôr em segurança. **ponerse en cobro** refugiar-se, abrigar-se.

co.ca [k´oka] *sf* 1 *Bot* Coca. 2 Maria-chiquinha. 3 *Fam* Cabeça. 4 Croque. 5 Cocaína.

co.ca.í.na [koka´ina] *sf* Cocaína. *lo han atrapado por porte de cocaína* / prenderam-no por porte de cocaína.

coc.ción [ko(k)θ´jon] *sf* Cocção, cozimento.

co.ce.du.ra [koθed´ura] *sf* Assadura. *lo voy a dejar sin pañales un poco porque está con coceduras* / vou deixá-lo um pouco sem fraldas porque está com assaduras.

co.cer [koθ´er] *vt+vi* Cozer, cozinhar, ferver. → Veja modelo de conjugação.

co.cham.bre [kotʃ'ambre] *s* Sujeira, porcaria, imundície, nojeira.

co.che [k'otʃe] *sm* **1** Carro. **2** Vagão. **3** *Zool* Porco. **coche cama** vagão-dormitório. **coche celular** camburão, viatura policial.

co.che.ra [kotʃ'era] *sf* Garagem.

co.chi.na.da [kotʃin'ada] *sf V* **cochinería**.

co.chi.ne.rí.a [kotʃiner'ia] *sf fam* **1** Porcaria, sujeira. **2** *fam* Sacanagem, baixaria. *Sin:* cochinada.

co.chi.ni.llo, -a [kotʃin'iλo] *s Zool* Leitão.

co.chi.no, -a [kotʃ'ino] *s Zool* Porco, suíno. • *adj fig* Sujo, porco, imundo.

co.ci.mien.to [koθimj'ento] *sm* Cozimento. *el agua del cocimiento de las verduras se puede aprovechar para otras cosas* / a água do cozimento das verduras pode ser aproveitada para outras coisas.

co.ci.na [koθ'ina] *sf* **1** Cozinha. **2** Fogão.

co.ci.nar [koθin'ar] *vt+vi* **1** Cozinhar. *vi* **2** Bisbilhotar, meter-se.

co.ci.ne.ro, -a [koθin'ero] *s* Cozinheiro. *díganle al cocinero que la comida está bárbara* / digam ao cozinheiro que a comida está espetacular.

co.co [k'oko] *sm* **1** *Bot* Coco. **2** *Bot* Coqueiro. **3** Bicho-papão. **4** *fam* Careta. **5** *Ornit* Íbis. **parecer/ser un coco** ser muito feio.

co.co.dri.lo [kokodr'ilo] *sm Zool* Crocodilo.

co.co.te.ro [kokot'ero] *sm Bot* Coqueiro. *el ayuntamiento ha plantado cocoteros en la playa* / a prefeitura plantou coqueiros na praia.

coc.tel [kokt'el], **cóc.tel** [k'oktel] *sm* Coquetel.

co.da.zo [kod'aθo] *sm* Cotovelada.

co.di.cia [kod'iθja] *sf* **1** Cobiça. **2** Ambição, ganância.

co.di.ciar [kodiθ'jar] *vt* Cobiçar, ambicionar, desejar.

co.di.cio.so, -a [kodiθj'oso] *adj* Cobiçoso, ambicioso.

có.di.go [k'odigo] *sm* Código. *de alguna manera tenemos que descifrar el código* / temos de decifrar o código de algum jeito.

co.do [k'odo] *sm Anat* Cotovelo. *¡ay! me lastimé el codo* / ai! machuquei o cotovelo.

co.dor.niz [kodorn'iθ] *sf Zool* Codorna. *vi en una película una comida hecha con codornices y pétalos de rosa* / vi em um filme um prato feito com codornas e pétalos de rosa.

co.e.fi.cien.te [koefiθ'jente] *sm Mat* Coeficiente.

co.e.tá.ne.o, -a [koet'aneo] *adj* Coetâneo, contemporâneo.

co.fre [k'ofre] *sm* **1** Cofre. **2** Arca, baú, urna.

co.ge.de.ro [kohed'ero] *sm* Cabo.

co.ger [koh'er] *vt+vpr* **1** Pegar, agarrar. *vt* **2** Receber. **3** Colher, recolher. **4** Surpreender, encontrar. **5** Entender, captar. **6** *AL vulg* Trepar, transar. → escoger.

co.go.te [kog'ote] *sm fam* Cangote, pescoço, cogote. **ser tieso de cogote** ser nariz empinado, metido.

co.he.cho [ko'etʃo] *sm* Suborno. *le ofrecieron cohecho* / ofereceram-lhe suborno.

co.he.ren.cia [koer'enθja] *sf* Coerência, coesão, lógica, nexo.

co.he.ren.te [koer'ente] *adj* Coerente, lógico, racional.

co.he.sión [koes'jon] *sf* **1** Coesão, adesão. **2** Aderência.

co.he.te [ko'ete] *sm* **1** Foguete. **2** Rojão.

coi.ma [k'oima] *sf* **1** Concubina. **2** *AL* Suborno, propina, bola.

coi.me.ar [koime'ar] *vt AL* Subornar (receber ou dar suborno).

coin.ci.den.cia [koinθid'enθja] *sf* Coincidência. *no creo en coincidencias* / não acredito em coincidências.

coi.po [k'oipo] *sf Zool Arg, Chile* Lontra.

co.je.ar [kohe'ar] *vi* **1** Coxear, claudicar, mancar. **2** *fam* Dar mancada, cometer gafe.

co.jín [koh'in] *sm* Almofada, almofadão. Veja nota em **almohada**.

co.jo, -a [k'oho] *adj+s* **1** Coxo. **2** Manco, bambo.

col [k'ol] *sf Bot* Couve.

co.la [k'ola] *sf* **1** Cauda, rabo. **2** Fila. **3** *AL* Traseiro, bunda, nádegas. **4** Cola. **cola de**

co.la.bo.ra.ción [kolaboraθ´jon] *sf* **1** Colaboração, cooperação. **2** Contribuição.

co.la.bo.rar [kolabor´ar] *vi* **1** Colaborar, cooperar. **2** Contribuir.

co.la.dor [kolad´or] *sm* Coador, peneira, passador.

co.lap.so [kol´apso] *sm Patol* Colapso. *si no te calmas, vas a tener un colapso nervioso* / se você não se acalmar, vai ter um colapso nervoso.

co.lar [kol´ar] *vt* **1** Coar. *vpr* **2** *fam* Ser intrometido. → aprobar.

col.cha [k´oltʃa] *sf* Colcha.

col.chón [koltʃ´on] *sm* Colchão. *muy blando este colchón* / este colchão é muito mole.

co.lec.ción [kole(k)θ´jon] *sf* Coleção.

co.lec.cio.na.dor [kole(k)θjonad´or] *sm* Colecionador. *no conozco otros coleccionadores de mariposas como yo* / não conheço outros colecionadores de borboleta como eu.

co.lec.cio.nar [kole(k)θjon´ar] *vt* Colecionar, juntar.

co.lec.cio.nis.ta [koleθjon´ista] *sm* Colecionador. *soy coleccionista de mariposas* / sou colecionador de borboletas.

co.lec.ta [kol´ekta] *sf* Coleta, arrecadação. Veja nota em **coleta** (espanhol).

co.lec.ti.vi.dad [koletibid´ad] *sf* Coletividade. *hay que tener en cuenta los intereses de la colectividad* / é preciso levar em conta os interesses da coletividade.

co.lec.ti.vo, -a [kolekt´ibo] *adj* Coletivo. • *sm Al* Ônibus.

co.lec.tor, -ora [kolekt´or] *adj* Coletor. • *sm* **1** Colecionador. **2** Galeria de águas pluviais.

co.le.ga [kol´ega] *s* **1** Colega. **2** Camarada, amigo, companheiro.

co.le.gio [kol´ehjo] *sm* Colégio. *no fui al colegio hoy porque me sentía mal* / não fui ao colégio hoje porque estava me sentindo mal.

có.le.ra [k´olera] *sf* Cólera: a) ira, zanga, fúria. b) *Patol* doença infecciosa. **montar en cólera** perder as estribeiras.

co.lé.ri.co, -a [kol´eriko] *adj* Colérico, enfurecido, irado, raivoso, furioso.

co.les.te.rol [kolester´ol] *sm Quím* Colesterol.

co.le.ta [kol´eta] *sf* **1** Rabo de cavalo. **2** Trança. **3** *fig* Parêntesis, nota, cometário, adendo.

Coleta, em espanhol, nada tem a ver com "coleta, recolhimento, arrecadação".

col.ga.do [kolg´ado] *adj* Suspenso, pendurado.

col.ga.dor [kolgad´or] *sm* Cabide. *mamá, ¿tienes un colgador sobrando en tu ropero?* / mamãe, você tem um cabide sobrando no seu guarda-roupa?

col.ga.du.ra [kolgad´ura] *sf* Tapeçaria, panô.

col.gan.te [kolg´ante] *sm* Pingente. • *adj* pendente, suspenso, pênsil.

col.gar [kolg´ar] *vt+vpr* **1** Pendurar, dependurar, suspender. **2** *fam* Enforcar-se. *vt* **3** Desligar, pôr no gancho (telefone). **4** Abandonar (profissão). → Veja modelo de conjugação.

co.li.brí [kolibr´i] *sm Ornit* Colibri, beija-flor.

có.li.co [k´oliko] *sf* Cólica. *todos los meses me vuelvo loca con los cólicos* / todos os meses fico maluca com as cólicas.

co.li.dir [kolid´ir] *vt* Colidir, chocar, bater.

co.li.flor [kolifl´or] *sf Bot* Couve-flor.

co.li.ga.ción [koligaθj´on] *sf* Coligação, associação, sociedade, liga.

co.li.gar.se [kolig´arse] *vpr* Coligar-se, aliar-se.

co.li.lla [kol´iλa] *sf* Toco de cigarro, bituca, ponta.

co.li.na [kol´ina] *sf* Colina, morro. *¡miren las colinas a lo lejos!* / vejam as colinas ao longe!

co.lin.dar [kolind´ar] *vi* Limitar, avizinhar.

co.li.rio [kol´irjo] *sm* Colírio. *el oftalmólogo me ha recetado un colirio* / o oftalmologista me receitou um colírio.

co.li.sión [kolis´jon] *sf* **1** Colisão, choque, batida. **2** Oposição.

co.li.sio.nar [kolisjon´ar] *vt* **1** Colidir, chocar, bater. **2** Opor-se.

co.llar [koλ´ar] *sm* **1** Colar, correntinha. **2** Coleira. **3** Abraçadeira. **4** Gola.
col.ma.do, -a [kolm´ado] *adj* Cheio, lotado, completo, apinhado.
col.mar [kolm´ar] *vt* Encher, cumular.
col.me.na [kolm´ena] *sf* Colmeia. *las abejas han construído una colmena en el alero de mi casa* / as abelhas construíram uma colmeia na aba do telhado da minha casa.
col.me.nar [kolmen´ar] *sm* Colmeal.
col.mo [k´olmo] *sm* Cúmulo, auge, máximo grau. *¡es el colmo!* é o cúmulo, é o fim da picada.
co.lo.ca.ción [kolokaθj´on] *sf* **1** Colocação, distribuição. **2** Trabalho, posto, emprego, cargo, posição.
co.lo.car [kolok´ar] *vt+vpr* **1** Colocar, pôr. **2** Investir, acomodar, arranjar.
co.lo.nia [kol´onja] *sf* **1** Colônia, povoado. **2** Água de colônia.
co.lo.ni.za.ción [koloniθaθ´jon] *sf* Colonização.
co.lo.no [kol´ono] *sm* Colono.
co.lor [kol´or] *sm* Cor. *no sé qué color elegir para pintar el comedor* / não sei que cor escolher para pintar a sala de jantar.
co.lo.ra.ción [koloraθj´on] *sf* **1** Coloração. **2** Tonalidade.
co.lo.ra.do, -a [kolor´ado] *adj* **1** Colorido. **2** Corado, enrubescido, vermelho. • *sm* Vermelho.
co.lo.ran.te [kolor´ante] *sm* Corante. *hoy día casi todos los productos tienem colorantes* / hoje em dia quase todos os produtos têm corantes.
co.lo.re.ar [kolore´ar] *vt* Colorir. *¿vamos a colorear estos dibujos?* / vamos colorir estes desenhos?
co.lo.sal [kolos´al] *adj* Colossal, descomunal, desmesurado.
co.lum.na [kol´umna] *sf* Arquit Coluna. *no te apoyes en esa columna porque no me parece muy firme* / não se apoie nessa coluna porque não me parece tão firme.
co.lum.piar [kolumpj´ar] *vt* **1** Balançar. **2** Rebolar, requebrar.
co.lum.pio [kol´umpjo] *sm* Balança, balanço.

co.ma [k´oma] *sf* **1** *Gram* Vírgula. *sm* **2** *Med* Coma.
co.ma.dre [kom´adre] *sf* **1** Comadre. **2** *fam* Parteira.

Para designar "urinol", em espanhol, usa-se **chata**.

co.ma.dre.ar [komadre´ar] *vi* Fofocar, mexericar, bisbilhotar.
co.ma.dro.na [komadr´ona] *sf* Parteira. *mi bisabuela ha sido comadrona toda su vida* / minha bisavó foi parteira a vida toda.
co.man.dan.te [komand´ante] *sm* Comandante, chefe, dirigente.
co.man.dar [komand´ar] *vt* Comandar, dirigir.
co.man.do [kom´ando] *sm* Comando, chefia, direção.
com.ba.te [komb´ate] *sm* **1** Combate, luta, batalha. **2** Conflito.
com.ba.tien.te [kombat´jente] *adj+s* Combatente, lutador.
com.ba.tir [kombat´ir] *vt+vi+vpr* **1** Combater, lutar. *vt* **2** Arremeter. **3** Discutir, contrariar.
com.bés [komb´es] *sm Náut* Convés. *los pasajeros aprovechan la noche caliente en el combés* / os passageiros aproveitam a noite quente no convés.
com.bi.na.ción [kombinaθ´jon] *sf* Combinação, trato.
combinar [kombin´ar] *vt* Combinar, misturar. Veja nota em **surtir**.
com.bus.ti.ble [kombust´ible] *adj* Que pode pegar fogo, combustível. • *sm* combustível, gás, gasolina etc.
com.bus.tión [kombust´jon] *sf* Combustão, queima.
co.me.dia [kom´edja] *sf* Comédia. *es excelente la comedia que vimos en el teatro la semana pasada* / é excelente a comédia que vimos no teatro semana passada.
co.me.dian.te, -a [komed´jante] *s* Comediante, cômico. *¡eres un comediante!* / você é um comediante!
co.me.di.do, -a [komed´ido] *adj* Comedido, moderado, discreto.
co.me.di.mien.to [komedim´jento] *sm* Comedimento, moderação, sobriedade.
co.me.dir [komed´ir] *vt+vpr* Comedir, moderar, refrear, conter.

co.me.dor, -a [komed´or] *adj* Comilão. • *sm* **1** Sala de jantar. **2** Cantina, refeitório.

co.me.jén [komeh´en] *sm Entom* Cupim. *tengo que comprar veneno para comején* / tenho que comprar veneno pra cupim.

co.men.tar [koment´ar] *vt* **1** Comentar. **2** Explicar, esclarecer.

co.men.ta.rio [koment´arjo] *sm* **1** Comentário. **2** Observação.

co.men.zar [komenθ´ar] *vt+vi* Começar, iniciar, principiar. → empezar.

co.mer [kom´er] *vi* **1** Comer, alimentar-se. **2** Dissipar, consumir. **3** Gastar, corroer. **comer con los ojos** comer com os olhos, cobiçar.

co.mer.cia.li.zar [komerθjaliθ´ar] *vt* Comercializar, vender, negociar. → alzar.

co.mer.cian.te [komerθ´jante] *s* Comerciante, negociante.

co.mer.ciar [komerθ´jar] *vi* Comerciar, negociar, comercializar.

co.mer.cio [komer´θjo] *sm* Comércio. **comercio al por mayor** comércio no atacado. **comercio al por menor** comércio no varejo.

co.mes.ti.ble [komest´ible] *adj+sm* Comestível. *los colorantes utilizados en los alimentos son comestibles* / os corantes utilizados nos alimentos são comestíveis.

co.me.ta [kom´eta] *sm* **1** *Astr* Cometa. **2** Papagaio, pipa.

co.me.ter [komet´er] *vt* Cometer, praticar.

co.me.zón [komeθ´on] *sf* **1** Comichão, coceira, formigamento. **2** *fig* Desejo ardente.

có.mic [k´omik] *sm* História em quadrinhos, gibi, cartum.

co.mi.cios [kom´iθjos] *sm pl* Eleição. *todavía no sabemos el resultado de los comicios* / ainda não sabemos o resultado das eleições.

Não se usa **comicios**, em espanhol, como usamos em português, para designar a reunião de cidadãos com fins políticos.

có.mi.co, -a [k´omiko] *adj* Cômico, divertido, engraçado, gozado. • *sm* Comediante, humorista.

co.mi.da [kom´ida] *sf* **1** Comida, alimento. **2** Refeição. **3** Almoço.

co.mien.zo [kom´jenθo] *sm* Começo, princípio, início, origem.

co.mi.llas [kom´iʎas] *sf pl* Aspas. *pongan los nombres de las obras entre comillas* / ponham os nomes das obras entre aspas.

co.mi.lón, -ona [komil´on] *adj* Comilão, glutão, guloso. • *sf fam* Comilança.

co.mi.no [kom´ino] *sm* **1** *Bot* Cominho. **2** *fig, fam* Toquinho, baixinho. **no me importa un comino** não me importa nada.

co.mi.sa.rí.a [komisar´ia] *sf* Delegacia de polícia. *llamaron de la comisaría para que vayas a buscar tu hijo* / ligaram da delegacia para você buscar seu filho.

co.mi.sa.rio, -a [komis´arjo] *sm* **1** Delegado. **2** Comissário.

co.mi.sión [komis´jon] *sf* Comissão: a) encargo, incumbência. b) gratificação. c) delegação.

co.mi.té [komit´e] *sm* Comitê, comissão.

co.mo [k´omo], **có.mo** [k´omo] *adv* Como. *no sé como contarle lo que pasó* / não sei como lhe contar o que aconteceu. **¿cómo no?** *AL* pois não, claro. Veja nota em **adonde** (espanhol).

có.mo.da [k´omoda] *sf* Cômoda. *las medias están en el primer cajón de la cómoda* / as meias estão na primeira gaveta da cômoda.

co.mo.di.dad [komodid´ad] *sf* Comodidade, conforto, bem-estar.

co.mo.dín [komod´in] *sm* Curinga.

co.mo.dis.ta [komod´ista] *adj+s* Comodista.

có.mo.do, -a [k´omodo] *adj* **1** Cômodo, confortável. **2** Conveniente, oportuno.

co.mo.dón, -ona [komod´on] *adj+s* Comodista. *eres un hombre muy comodón* / você é um homem muito comodista.

com.pac.to, -a [komp´akto] *adj* Compacto, denso.

com.pa.de.cer [kompadeθ´er] *vt* **1** Compadecer, lastimar. *vpr* **2** Condoer-se. → crecer.

com.pa.ñe.ris.mo [kompañer´ismo] *sm* Companheirismo.

com.pa.ñe.ro, -a [kompañ′ero] *sm* **1** Colega, companheiro. **2** Camarada, amigo. **3** Cônjuge, parceiro.

com.pa.ñí.a [kompañ′ia] *sf* Companhia, acompanhamento.

com.pa.ra.ción [komparaθ′jon] *sf* Comparação, confronto, confrontação.

com.pa.rar [kompar′ar] *vt* **1** Comparar, confrontar. **2** Emparelhar, igualar.

com.pa.re.cer [kompareθ′er] *vi* Comparecer, aparecer. → crecer.

com.par.sa [komp′arsa] *sf* **1** Figurante. **2** Participante de bloco carnavalesco.

com.par.ti.do [kompart′ido] *adj* **1** Compartilhado. **2** Repartido, distribuído.

com.par.ti.mien.to [kompartim′jento] *sm* Compartimento.

com.par.tir [kompart′ir] *vt* **1** Compartilhar. **2** Repartir, partilhar, dividir.

com.pás [komp′as] *sm* Compasso. *no tengo mina para el compás* / não tenho grafite para o compasso.

com.pa.sión [kompas′jon] *sf* Compaixão, piedade, dó, misericórdia, pena.

com.pa.si.vo, -a [kompas′ibo] *adj* Compassivo, compadecido, sensível.

com.pa.trio.ta [kompatrj′ota] *s* Compatriota, conterrâneo, patrício.

com.pe.li.do [kompel′ido] *adj* Compelido, confrangido, constrangido.

com.pen.diar [kompend′jar] *vt* Compendiar, resumir, sintetizar, sumariar.

com.pen.dio [komp′endjo] *sm* Compêndio, resumo, sinopse, sumário, síntese.

com.pen.sa.ción [kompensaθ′jon] *sf* Compensação, indenização, reparação.

com.pen.sar [kompens′ar] *vt+vi+vpr* Compensar, indenizar, reparar.

com.pe.ten.cia [kompet′enθja] *sf* **1** Concorrência. **2** Competição, disputa. **3** Incumbência. **4** Competência.

com.pe.ten.te [kompet′ente] *adj* Competente, capaz. *eres una persona muy competente* / você é uma pessoa muito competente.

com.pe.ter [kompet′er] *vi* Competir, tocar, caber, incumbir.

com.pe.ti.ción [kompetiθ′jon] *sf* **1** Competição. **2** Rivalidade. **3** Concorrência.

com.pe.ti.dor, -a [kompetid′or] *adj+s* **1** Competidor. **2** Concorrente.

com.pe.tir [kompet′ir] *vt* Competir, concorrer, rivalizar. → medir.

com.pla.cen.cia [komplaθ′enθja] *sf* Complacência, benevolência.

com.pla.cer [komplaθ′er] *vt+vpr* Comprazer, contentar, agradar, satisfazer. → crecer.

com.pla.ci.do [komplaθ′ido] *adj* Satisfeito, contente.

com.pla.cien.te [komplaθj′ente] *adj* Complacente, amável.

com.ple.jo, -a [kompl′eho] *adj* Complexo, complicado. • *sm* Complexo.

com.ple.men.to [komplem′ento] *sm* Complemento, acréscimo, suplemento.

com.ple.ta.men.te [kompletam′ente] *adv* Completamente. *dejó la casa completamente vacía* / deixou a casa completamente vazia.

com.ple.tar [komplet′ar] *vt* **1** Completar, terminar, findar, acabar. **2** Inteirar, arredondar.

com.ple.to, -a [kompl′eto] *adj* **1** Completo, pleno, cheio. **2** Total, íntegro, inteiro, cheio.

com.ple.xión [komplek(s)s′jon] *sf* **1** Compleição. **2** Natureza, temperamento.

com.pli.ca.ción [komplikaθ′jon] *sf* Complicação, embaraço, dificuldade.

com.pli.ca.do, -a [komplik′ado] *adj* Complicado, difícil, confuso, dificultado.

com.pli.car [komplik′ar] *vt+vpr* Complicar, enredar, dificultar, confundir.

cóm.pli.ce [k′ompliθe] *adj+s* Cúmplice.

com.pli.ci.dad [kompliθid′ad] *sf* Cumplicidade, conivência, colaboração.

com.po.ner [kompon′er] *vt* **1** Compor, constituir, formar. **2** Enfeitar, arranjar.

com.por.ta.mien.to [komportam′jento] *sm* Comportamento, atuação, desempenho, conduta.

com.por.tar [komport′ar] *vt* **1** Implicar, acarretar. *vpr* **2** Comportar-se, portar-se, conduzir-se.

com.po.si.ción [komposiθ′jon] *sf* Composição, arranjo.

com.pra [k′ompra] *sf* Compra, aquisição. *hice una excelente compra* / fiz uma excelente aquisição.

com.prar [kompr´ar] *vt* **1** Comprar, adquirir. **2** Subornar.

com.pra.ven.ta [komprab´enta] *sf* Compra e venda.

com.pren.der [komprend´er] *vt+vpr* **1** Conter, abranger, incluir. *vt* **2** Compreender, entender, apreender.

com.pren.si.ble [komprens´ible] *adj* Compreensível, acessível, inteligível.

com.pren.sión [komprens´jon] *sf* **1** Compreensão, percepção. **2** Tolerância, aceitação.

com.pre.sa [kompr´esa] *sf* **1** Compressa. **2** Absorvente higiênico.

com.pri.mi.do [komprim´ido] *sm* Comprimido, drágea.

com.pro.ba.ción [komprobaθj´on] *sf* Comprovação, confirmação.

com.pro.bar [komprob´ar] *vt* Comprovar, constatar, verificar. → aprobar.

com.pro.mi.so [komprom´iso] *sm* **1** Compromisso, obrigação, dever. **2** Acordo.

com.pro.van.te [komprob´ante] *sm* Comprovante, recibo, protocolo.

com.pul.si.vo [kompuls´ibo] *adj* Compulsivo. *soy medio compulsiva con libros; si entro en una librería no puedo salir con menos de cuatro* / sou meio compulsiva com livros; se entro em uma livraria não consigo sair com menos de quatro.

com.pu.ta.dor, -ora [komputad´or] *s* **1** Computador. **2** Calculadora. *¿ya puedo usar el computador?* / já posso usar o computador?

cóm.pu.to [k´omputo] *sm* Cômputo, cálculo, apuração.

co.mún [kom´un] *adj* **1** Comum, geral, genérico, público. **2** Usual, normal. **3** Vulgar, trivial. **4** Insignificante.

co.mu.ni.ca.ción [komunikaθj´on] *sf* **1** Comunicação. **2** Notificação, informação, aviso, participação.

co.mu.ni.ca.do [komunik´ado] *sm* Comunicado, aviso, informe.

co.mu.ni.car [komunik´ar] *vt* **1** Comunicar, transmitir, conversar, falar. **2** Participar. **3** Relacionar, intercomunicar, corresponder. **4** Dar sinal de ocupado (telefone). *te llamé muchas veces el martes, pero siempre estaba comunicando* / liguei para você muitas vezes na terça-feira, mas só dava ocupado. → atacar.

co.mu.ni.ca.ti.vo, -a [komunikat´ibo] *adj* **1** Comunicativo. **2** Contagioso.

co.mu.ni.dad [komunid´ad] *sf* Comunidade, sociedade. *toda la comunidad ha expresado su pesar* / toda a comunidade expressou seu pesar.

co.mu.nión [komun´jon] *sf* Comunhão. *vivimos en perfecta comunión* / vivemos em perfeita comunhão.

co.mu.nis.mo [komun´ismo] *sm Fil* Comunismo.

co.mu.nis.ta [komun´ista] *s* Comunista. *los comunistas hicieron una protesta* / os comunistas fizeram um protesto.

con [k´on] *prep* Com. **con que** desde que. **con sólo que** contanto que. **con tal que** desde que, com a condição de que.

con.ca.vi.dad [konkabid´ad] *sf* Concavidade, cavidade, côncavo, depressão.

con.ce.bir [konθeb´ir] *vt* **1** Conceber, entender, gerar. *vi+vt* **2** Inventar, elaborar. **3** Engravidar. → medir.

con.ce.der [konθed´er] *vt* Conceder, dar. *le concedo la palabra* / concedo-lhe a palavra.

con.ce.jal [konθeh´al] *s* Vereador.

con.cen.tra.ción [konθentraθj´on] *sf* **1** Concentração, congregação, reunião. **2** Atenção, reflexão, abstração.

con.cen.tra.do, -a [konθentr´ado] *adj* Concentrado, absorto.

con.cen.trar [konθentr´ar] *vt+vpr* **1** Concentrar, reunir. *vpr* **2** Concentrar-se, refletir.

con.cep.ción [konθepθj´on] *sf* Concepção, geração.

con.cep.to [konθ´epto] *sm* **1** Conceito, ideia, opinião, pensamento, concepção. **2** Reputação.

con.cer.nien.te [konθern´jente] *adj* Concernente, referente, relativo, relacionado, respectivo.

con.cer.nir [konθern´ir] *vi* Concernir, dizer respeito. → conjuga-se apenas na 3.ª pessoa do singular e na do plural.

con.cer.tar [konθert´ar] *vt* **1** Concertar, ajustar, combinar, harmonizar. *vt+vpr* **2** Acordar, pactuar. → despertar.

con.ce.sión [konθesˈjon] *sf* **1** Concessão, permissão, licença. **2** Favor.

con.cha [kˈontʃa] *sf* **1** Concha. **2** *AL vulg* Vulva.

con.cha.bar [kontʃabˈar] *vt* Conchavar.

con.cien.cia [konθˈjenθja] *sf* Consciência. **mala conciencia** consciência pesada.

con.cien.ciar [konθjenθˈjar] *vt+vpr* Conscientizar. *tienes que concienciarte de que él no te quiere más* / você tem de se conscientizar de que ele não a ama mais.

con.cien.ti.zar [konθjentiθˈar] *vt+vpr AL* Conscientizar.

con.cier.to [konθˈjerto] *sm* Concerto: a) arranjo, combinação. b) *Mús* composição musical. **de concierto** de comum acordo.

con.ci.liar [konθilˈjar] *vt+vpr* Conciliar, harmonizar. *haremos todo lo posible para conciliar los intereses* / faremos todo o possível para conciliar os interesses.

con.ci.sión [konθisˈjon] *sf* Concisão, brevidade, exatidão, laconismo.

con.ci.so, -a [konθˈiso] *adj* Conciso, resumido, sucinto.

con.clui.do [konkluˈido] *adj* Concluído, terminado, acabado, finalizado.

con.cluir [konkluˈir] *vt+vi* **1** Concluir, terminar, acabar, finalizar. *vt* **2** Inferir, deduzir, arrematar. → huir.

con.clu.sión [konklusˈjon] *sf* **1** Conclusão, fim, desfecho. **2** Dedução.

con.clu.si.vo [konklusˈibo] *adj* Conclusivo, terminante, terminativo.

con.co.mi.tan.te [konkomitˈante] *adj* Concomitante, simultâneo.

con.cor.dan.cia [konkordˈanθja] *sf* Concordância, consonância.

con.cor.dar [konkordˈar] *vt* **1** Concordar, conformar. *vi* **2** Condizer. → aprobar.

con.cre.to, -a [konkrˈeto] *adj* **1** Concreto, efetivo. **2** Específico, determinado. *en este caso concreto, no quiero opinar* / neste caso específico, não quero opinar.

Para referir-se a "concreto armado", em espanhol usa-se **hormigón**.

con.cu.rren.cia [konkur̄ˈenθja] *sf* Concorrência, afluência.

Concurrencia não é usado no sentido de "competição". Veja outra nota em **concorrência**.

con.cu.rren.te [konkur̄ˈente] *adj+s* **1** Coincidente. **2** Concorrente.

con.cu.rrir [konkur̄ˈir] *vi* **1** Concorrer, afluir, comparecer. **2** Coincidir. **3** Competir.

con.cur.sar [konkursˈar] *vt* Concursar.

con.cur.so [konkˈurso] *sm* **1** Assistência, afluência. **2** Concurso.

con.de.cir [kondeθˈir] *vi* Condizer. *tus palabras no condicen con tus actitudes* / suas palavras não condizem com suas atitudes.

con.de.co.rar [kondekorˈar] *vt* Condecorar, honorificar, premiar.

con.de.na [kondˈena] *sf* **1** *Der* Condenação. *no se va a escapar de la condena* / não vai escapar da condenação.

con.de.na.ble [kondenaˈable] *adj* Condenável, reprovável.

con.de.na.ción [kondenaθjˈon] *sf* **1** Condenação. **2** Reprovação.

con.de.na.do, -a [kondenˈado] *adj* Condenado, maldito, danado.

con.de.nar [kondenˈar] *vt* **1** *Der* Condenar. *vt+vpr* **2** Reprovar, desaprovar.

con.des.cen.der [kondesθendˈer] *vi* Condescender, tolerar, transigir. → defender.

con.des.cen.dien.te [kondesθendjˈente] *adj* Condescendente, transigente, tolerante. *eres muy condescendiente con ese chico* / você é muito condescendente com esse garoto.

con.di.ción [kondiθˈjon] *sf* **1** Condição, circunstância. **2** Estado. *no puedo trabajar en esas condiciones* / não posso trabalhar nesse estado.

con.di.cio.nal [kondiθjonˈal] *adj* Condicional. *está en libertad condicional* / está em liberdade condicional.

con.di.men.ta.do [kondimentˈado] *adj* Temperado, condimentado.

con.di.men.tar [kondimentˈar] *vt* Condimentar, temperar.

con.di.men.to [kondimˈento] *sm* Tempero, condimento. *no sé qué condimento usar para el pescado* / não sei que tempero usar para o peixe.

con.dis.cí.pu.lo [kondisθ´ipulo] *sf* Condiscípulo.

con.do.len.cia [kondol´enθja] *sf* Condolências, pêsames. *mis condolencias* / meus pêsames.

con.do.ler.se [kondol´erse] *vpr* Condoer-se, lastimar. → morder.

con.do.mi.nio [kondom´injo] *sm AL* Condomínio. *vivo en un condominio horizontal* / moro em um condomínio horizontal.

con.dón [kond´on] *sm* Preservativo, camisinha.

cón.dor [k´ondor] *sm Zool* Condor.

con.duc.ción [kondu(k)θ´jon] *sf* Condução, direção, governo.

con.du.ci.do [konduθ´ido] *adj* Conduzido, dirigido. *la reunión estuvo muy bien conducida* / a reunião foi muito bem conduzida.

con.du.cir [konduθ´ir] *vt* 1 Dirigir (veículos). 2 Conduzir, orientar. 3 Governar. 4 Levar, transportar. *vpr* 5 Comportar-se, portar-se. → aducir.

con.duc.ta [kond´ukta] *sf* Conduta, procedimento, comportamento.

con.duc.tor, -a [kondukt´or] *adj+s* 1 Condutor. 2 Motorista. Veja nota em **motorista** (português).

co.nec.tar [konekt´ar] *vt+vi+vpr* 1 Conectar, acionar, ligar. 2 Plugar.

co.ne.jo [kon´eho] *sm Zool* Coelho.

co.ne.xión [kone(k)s´jon] *sf* Conexão, ligação, união.

con.fa.bu.la.ción [konfabulaθj´on] *sf* Confabulação, conspiração, trama.

con.fec.ción [konfe(k)θ´jon] *sf* 1 Confecção. 2 Fabricação.

con.fec.cio.nar [konfe(k)θjon´ar] *vt* Confeccionar, fabricar.

con.fe.ren.cia [konfer´enθja] *sf* 1 Palestra. 2 DDI, ligação internacional. 3 Conferência.

con.fe.rir [konfer´ir] *vt* 1 Conferir, outorgar, conceder. 2 Cotejar, comparar. → mentir.

con.fe.sar [konfes´ar] *vt+vpr* 1 Confessar, revelar. 2 Admitir. → despertar.

con.fe.sión [konfes´jon] *sf* Confissão. *te voy a hacer una confesión: era mentira lo que te conté ayer* / vou lhe fazer uma confissão: era mentira o que lhe contei ontem.

con.fia.ble [konfj´able] *adj* 1 Confiável. 2 Seguro.

con.fia.do, -a [konfj´ado] *adj* Confiado, ingênuo, crédulo.

con.fian.za [konfj´anθa] *sf* Confiança, segurança. *tengo total confianza en ti* / Tenho total confiança em você.

con.fiar [konfj´ar] *vt+vpr* 1 Confiar. *vi+vpr* 2 Crer, acreditar. → Veja modelo de conjugação.

con.fi.den.cia [konfid´enθja] *sf* Confidência, segredo, revelação.

con.fi.den.cial [konfidenθj´al] *adj* Confidencial, secreto. *esta carta es confidencial* / esta carta é confidencial.

con.fi.den.cial.men.te [konfidenθjalm´ente] *adv* Confidencialmente.

con.fi.gu.ra.ción [konfiguraθj´on] *sf* Configuração, feitio, constituição.

con.fín [konf´in] *sm* Confim, limite, fronteira. • *adj* Confim, limítrofe.

con.fi.na.do [konfin´ado] *adj+sm* 1 Confinado. 2 Desterrado.

con.fi.nar [konfin´ar] *vt+vpr* 1 Confinar, circunscrever. *vt* 2 Desterrar.

con.fir.ma.ción [konfirmaθj´on] *sf* Confirmação, ratificação, comprovação.

con.fir.ma.do [konfirm´ado] *adj* Confirmado, ratificado. *el paseo está confirmado* / o passeio está confirmado.

con.fir.mar [konfirm´ar] *vt* Confirmar, ratificar, certificar, comprovar.

con.fis.car [konfisk´ar] *vt* Confiscar. *las máquinas fueron confiscadas* / as máquinas foram confiscadas. → atacar.

con.fi.te.rí.a [konfiter´ia] *sf* 1 Confeitaria, doçaria. 2 Lanchonete.

con.fla.gra.ción [konflagraθj´on] *sf* Conflagração, revolução, revolta, sublevação.

con.flic.ti.vo, -a [konflikt´ibo] *adj* Conflitivo, conflituoso. *vivimos una relación conflictiva* / vivemos um relacionamento conflituoso.

con.flic.to [konfl´ikto] *sm* 1 Conflito, desavença. 2 Luta, embate.

con.flu.en.cia [konflu´enθja] *sf* Confluência, convergência, concordância.

con.fluir [konflu´ir] *vi* Confluir, convergir, concordar. → huir.
con.for.ma.do [konform´ado] *adj* 1 Ajustado, configurado. 2 Resignado.
con.for.mar [konform´ar] *vt+vpr* 1 Conformar, ajustar. *vi+vpr* 2 Concordar. *vpr* 3 Resignar-se, aceitar.
con.for.me [konf´orme] *adj* Conforme, concorde, análogo. • *adv* Conforme, de acordo, de conformidade com, à medida que. • *sm* Ciente, de acordo.
con.for.mi.dad [konformid´ad] *sf* 1 Conformidade, harmonia. 2 Concordância, tolerância, aceitação.
con.for.mis.mo [konform´ismo] *sm* Conformismo, resignação. *sólo me resta el conformismo* / só me resta o conformismo.
con.fort [konf´or] *sm* 1 Conforto, comodidade. 2 Bem-estar.
con.for.tan.te [konfort´ante] *adj+s* Confortante, confortador. *tus palabras fueron muy confortantes* / suas palavras foram muito confortantes.
con.fron.ta.ción [konfrontaθj´on] *sf* 1 Confrontação, comparação. 2 Confronto, enfrentamento.
con.fron.tar [konfront´ar] *vt* 1 Confrontar, comparar. 2 Enfrentar. *no hay más que hacer sino confrontar la situación* / não há mais o que fazer além de enfrentar a situação.
con.fun.di.do [konfund´ido] *adj* 1 Confuso, desorientado. 2 Enganado, errado. *estas confundido, mi nombre es Heitor* / você está enganado, meu nome é Heitor.
con.fun.dir [konfund´ir] *vt* 1 Confundir. *vt+vpr* 2 Enganar-se, errar.
con.fu.sión [konfus´jon] *sf* 1 Confusão, transtorno, perturbação. 2 Bagunça, trapalhada, barulho, fuzuê, balbúrdia.
con.fu.so, -a [konf´uso] *adj* 1 Confuso, desordenado. 2 Atrapalhado, inseguro.
con.ge.la.ción [kon:helaθj´on] *sm* Congelamento. *necesito hablar con el responsable de congelación de órganos del laboratorio* / preciso falar com o responsável pelo congelamento de órgãos do laboratório.
con.ge.la.do [kon:hel´ado] *adj* Congelado. *el pollo está congelado todavía* / o frango ainda está congelado.
con.ge.la.dor [kon:helad´or] *sm* Congelador, *freezer*.
con.ge.lar [kon:hel´ar] *vt+vpr* Congelar, gelar.
con.ge.niar [con:hen´jar] *vi* Combinar, simpatizar, sintonizar, harmonizar.
con.gé.ni.to, -a [kon:h´enito] *adj* Congênito, inato, nato, natural.
con.ges.tión [kon:hest´jon] *sf* 1 Congestão. 2 Congestionamento.
con.glo.me.ra.do [konglomer´ado] *sm* Conglomerado, aglomerado, grupo.
con.go.ja [kong´oha] *sf* Desmaio, fadiga, angústia, aflição.
con.gra.tu.la.ción [kongratula´jon] *sf* Congratulação, felicitação. • *interj* ¡**congratulaciones!** Parabéns!
con.gra.tu.lar [kongratul´ar] *vt+vpr* Congratular, felicitar, parabenizar.
con.gre.gar [kongreg´ar] *vt+vpr* Congregar, reunir, unir, juntar, agregar. → cargar.
con.gre.sis.ta [kongres´ista] *s* Congressista. *el presidente ha recibido a los congresistas por la mañana* / o presidente recebeu os congressistas pela manhã.
con.gre.so [kongr´eso] *sm* 1 Congresso, assembleia. 2 Simpósio, seminário.
con.gru.en.te [kongr´wente] *adj* 1 Congruente, harmonioso. 2 Conveniente.
con.je.tu.ra [kon:het´ura] *sf* Conjetura, suposição, hipótese.
con.je.tu.rar [kon:hetur´ar] *vt* Conjeturar, supor, estimar.
con.ju.ga.ción [kon:hugaθj´on] *sf* 1 *Gram* Conjugação. 2 Combinação, união.
con.ju.gar [kon:hug´ar] *vt* 1 *Gram* Conjugar. 2 Unir, combinar. → cargar.
con.jun.ción [kon:hunθj´on] *sf* 1 *Gram* Conjunção. 2 Conjuntura.
con.jun.to, -a [kon:h´unto] *sm* 1 Conjunto, reunião, coleção. 2 Grupo, equipe. • *adj* Ligado, unido, próximo.
con.lle.var [konλeb´ar] *vt* 1 Suportar, tolerar, sofrer. 2 Acarretar, implicar.
con.me.mo.ra.ción [konmemoraθ´jon] *sf* Comemoração, festejo. *Haremos una fiesta en conmemoración de sus 90 años*

/ faremos uma festa em comemoração dos seus 90 anos.

con.me.mo.rar [konmemorʹar] *vt* Comemorar, festejar.

con.mi.go [konmʹigo] *pron* Comigo. *¿te quedas conmigo esta noche?* / você fica comigo esta noite?

con.mi.se.ra.ción [konmiseraθʹjon] *sf* Comiseração, compaixão, dó, pena.

con.mo.ción [konmoθʹjon] *sf* Comoção, abalo. *fue un momento de intensa conmoción* / foi um momento de intensa comoção.

con.mo.ve.dor, -ora [konmobedʹor] *adj* Comovedor, emocionante, comovente, enternecedor, tocante.

con.mo.ver [konmobʹer] *vt+vpr* 1 Comover, sensibilizar, emocionar, abalar. 2 Perturbar, inquietar. → morder.

con.ni.ven.cia [konnibʹenθʹja] *sf* Conivência, cumplicidade. *el director robaba con la connivencia del gerente* / o diretor roubava com a conivência do gerente.

co.no [kʹono] *sm* Cone. *Argentina y Uruguay forman parte del Cono Sur* / Argentina e Uruguai fazem parte do Cone Sul.

co.no.ce.dor, -ora [konoθedʹor] *adj* Conhecedor, sabedor. • *adj+s* Expert, perito, especialista.

co.no.cer [konoθʹer] *vt+vpr* 1 Conhecer. *vt* 2 Saber. *no conozco nada sobre ese tema* / não sei nada sobre esse assunto. → crecer. Veja nota em **conocer** (português).

co.no.ci.do, -a [konoθʹido] *adj+s* 1 Famoso, ilustre. 2 Familiar. • *sm* Conhecido.

co.no.ci.mien.to [konoθimʹjento] *sm* 1 Conhecimento, instrução, saber, sabedoria, informação. 2 Ciência.

con.quis.ta [konkʹista] *sf* Conquista, aquisição. *ese título fue una gran conquista* / esse prêmio foi uma grande conquista.

con.quis.tar [konkistʹar] *vt* 1 Conquistar, dominar, subjugar. 2 Ganhar, adquirir.

con.sa.gra.ción [konsagraθʹjon] *sf* 1 Consagração, reconhecimento. 2 *Rel* Dedicação, devoção.

con.sa.grar [konsagrʹar] *vt* 1 Consagrar, reconhecer. *vt+vpr* 2 *Rel* Sagrar, devotar, dedicar-se.

cons.crip.to [konskrʹito] *sm CS Mil* Recruta. *el soldado aún es un conscripto* / o soldado ainda é um recruta.

con.se.cuen.cia [konsekʹwenθja] *sf* 1 Consequência, resultado. 2 Sequela, repercussão.

con.se.cuen.te [konsekwʹente] *adj* 1 Consequente, resultante, decorrente. 2 Subsequente, seguinte.

con.se.cu.ti.vo, -a [konsekutʹibo] *adj* Consecutivo, seguinte, subsequente.

con.se.guir [konsegʹir] *vt* 1 Conseguir, alcançar. 2 Obter, adquirir, arranjar. → seguir.

con.se.je.ro, -a [konsehʹero] *s* Conselheiro, guia, mentor, mestre.

con.se.jo [konsʹeho] *sm* 1 Conselho, recomendação, advertência, toque. 2 Assembleia.

con.sen.ti.mien.to [konsentimʹjento] *sm* 1 Consentimento, permissão. 2 Aprovação.

con.sen.tir [konsentʹir] *vt+vi* 1 Consentir, aceitar, permitir. *vt* 2 Achar, julgar, acreditar. 3 Condescender, mimar, ser indulgente, tolerar. → mentir.

con.ser.je [konsʹerhe] *sm* Porteiro, zelador.

con.ser.va [konsʹerba] *sf* Conserva. *¿te gusta el pepino en conserva?* / você gosta de pepino em conserva?

con.ser.va.ción [konserbaθʹjon] *sf* 1 Conservação, preservação. 2 Manutenção.

con.ser.va.dor, -a [konserbadʹor] *adj+s* Conservador. *sus ideas son muy conservadoras* / suas ideias são muito conservadoras.

con.ser.var [konserbʹar] *vt+vpr* 1 Conservar, manter. 2 Guardar, preservar.

con.ser.va.to.rio [konserbatʹorjo] *sm Mús* Conservatório. *las clases en el conservatorio empiezan en marzo* / as aulas no conservatório começam em março.

con.si.de.ra.ble [konsiderʹable] *adj* Considerável, apreciável, substancial.

con.si.de.ra.ción [konsideraθʹjon] *sf* 1 Consideração, apreciação, reflexão. 2 Atenção, respeito. **ser de consideración** ser importante, considerável.

con.si.de.ra.do, -a [konsider´ado] *adj* **1** Considerado, respeitado, apreciado. **2** Educado, respeitoso, amável, atento.

con.si.de.rar [konsider´ar] *vt* **1** Considerar, levar em conta. **2** Avaliar, examinar, apreciar.

con.si.go [kons´igo] *pron pers* Consigo. *siempre lleva al perro consigo, donde quiera que vaya* / sempre leva o cachorro consigo, aonde quer que vá.

con.sis.ten.cia [konsist´enθja] *sf* **1** Consistência, coerência. **2** Resistência, solidez, rigidez.

con.sis.ten.te [konsist´ente] *adj* Consistente, sólido, denso. *sus argumentos han sido muy consistentes* / seus argumentos foram muito consistentes.

con.sis.tir [konsist´ir] *vi* Consistir, constar. *la solución consiste en hacerlo entender que no puede más fumar* / a solução consiste em fazê-lo entender que não pode mais fumar.

con.so.cio [kons´oθjo] *sm* Consócio. *este es mi consocio* / este é meu consócio.

con.so.la.ción [konsolaθ´jon] *sf* Consolação, conforto, alívio, bálsamo.

con.so.lar [konsol´ar] *vt+vpr* Consolar, confortar, animar. → aprobar.

con.so.nan.te [konson´ante] *adj* Consoante, conforme. • *sf Gram* Consoante.

cons.pi.ra.ción [konspiraθ´jon] *sf* Conspiração, conjuração, trama, tramoia.

cons.pi.rar [konspir´ar] *vi* **1** Conspirar, tramar, conjurar. **2** *fam* Fuxicar.

cons.tan.cia [konst´anθja] *sf* **1** Constância, assiduidade, frequência. **2** Empenho, firmeza, persistência.

cons.tan.te [konst´ante] *adj* **1** Constante, assíduo. **2** Persistente.

cons.te.la.ción [konstelaθ´jon] *sf Astron* Constelação. *los astrónomos han encontrado una nueva constelación* / os astrônomos encontraram uma nova constelação.

cons.ter.na.ción [konsternaθ´jon] *sf* Consternação, sofrimento, angústia.

cons.ti.pa.do, -a [konstip´ado] *sm* Constipação, resfriado.

cons.ti.tu.ción [konstituθ´jon] *sf* Constituição. *su constitución es muy débil* / sua constituição é muito fraca.

cons.ti.tuir [konstitw´ir] *vt+vpr* **1** Constituir, formar, organizar, compor. **2** Estabelecer, fundar. → huir.

cons.tre.ñi.do [konstreñ´ido] *adj* **1** Constrangido. **2** Compelido. **3** Oprimido, pressionado.

cons.tre.ñir [konstreñ´ir] *vt* **1** Constranger. **2** Compelir, forçar. **3** Oprimir, pressionar. → teñir.

cons.truc.ción [konstrukθ´jon] *sf* Construção. *soy el responsable de la construcción del nuevo pabellón* / sou responsável pela construção do novo pavilhão.

cons.truir [konstrw´ir] *vt* Construir, erigir, edificar, fazer, fabricar. → huir.

con.sue.lo [kons´welo] *sm* Consolação, consolo, alívio, alento.

cón.sul, -a [k´onsul] *sm* Cônsul. *el abuelo de mi marido ha sido cónsul en Italia* / o avô de meu marido foi cônsul na Itália.

con.su.la.do [konsul´ado] *sm* Consulado.

con.sul.ta [kons´ulta] *sf* Consulta. *tengo una consulta médica mañana* / tenho uma consulta médica amanhã.

con.sul.to.rio [konsult´orjo] *sm* Consultório. *esperé dos horas en el consultorio del pediatra* / esperei duas horas no consultório do pediatra.

con.su.ma.ción [konsumaθ´jon] *sf* **1** Consumação, conclusão, final. **2** Realização.

con.su.ma.do [konsum´ado] *adj* Consumado, acabado, feito.

con.su.mir [konsum´ir] *vt+vpr* **1** Consumir, esgotar, exaurir, acabar. **2** Afligir, abater, agoniar. *vt* **3** Gastar. **4** Dilapidar.

con.su.mis.ta [konsum´ista] *s* Consumista. *la juventud de hoy es muy consumista* / a juventude de hoje é muito consumista.

con.su.mo [kons´umo] *sm* **1** Consumo. **2** Despesa. *yo pago mi consumo* / eu pago minha despesa.

con.ta.bi.li.dad [kontabilid´ad] *sf* Contabilidade. *voy a hacer la contabilidad de la semana* / vou fazer a contabilidade da semana.

con.ta.ble [kont´able] *sm* Contador, guarda-livros. • *adj* Contável.

con.tac.to [kont´akto] *sm* **1** Contato, toque. **2** Conexão, relação, comunicação. **3** *Electr* Interruptor.

con.ta.giar [kontah´jar] *vt+vpr* Contagiar, contaminar. *no tomes del mismo vaso que él si no te vas a contagiar* / não beba no mesmo copo que ele, senão você vai se contagiar.

con.ta.gio [kont´ahjo] *sm* Contágio, contaminação.

con.ta.gio.so, -a [kontahj´oso] *adj* Contagioso. *papera es contagiosa* / caxumba é contagiosa.

con.ta.mi.na.ción [kontaminaθ´jon] *sf* 1 Contaminação, contágio, infecção. 2 Poluição.

con.ta.mi.na.do [kontamin´ado] *adj* Contaminado, poluído.

con.tar [kont´ar] *vt* 1 Contar, calcular, enumerar. 2 Narrar, relatar, dizer, expressar. *vi* 3 Confiar. → aprobar.

con.tem.plar [kontempl´ar] *vt* 1 Contemplar, admirar, examinar. 2 Ponderar, considerar. 3 Favorecer.

con.ten.ción [kontenθ´jon] *sf* 1 Contenção, repressão. 2 Litígio.

con.ten.der [kontend´er] *vi* Contender, disputar, altercar, combater, lutar. → defender.

con.te.ner [konten´er] *vt+vpr* 1 Conter, encerrar, abranger. 2 Sofrear, reprimir, moderar. → tener.

con.te.ni.do, -a [konten´ido] *adj* Contido, moderado. • *sm* Conteúdo, teor, substância.

con.ten.ta.mien.to [kontentamj´ento] *sm* Contentamento. *jamás senti tanto contentamiento* / nunca senti tanto contentamento.

con.ten.tar [kontent´ar] *vt+vpr* Contentar, satisfazer, agradar.

con.ten.to, -a [kont´ento] *adj* Contente, alegre, satisfeito. • *sm* Contentamento, alegria, satisfação.

con.te.o [kont´eo] *sf* 1 Conta, cálculo. 2 Contagem, apuração.

con.tes.ta.ción [kontestaθ´jon] *sf* 1 Resposta. 2 Contestação, polêmica, réplica.

con.tes.tar [kontest´ar] *vi+vt* 1 Responder. 2 Contestar, contradizer, refutar, debater, replicar. 3 Atender o telefone. Veja notas em **responder** (espanhol) e **contestar** (português).

con.tex.to [kont´e(k)sto] *sm* Contexto, contextura. *no se puede evaluar la acción fuera del contexto* / não se pode avaliar a ação fora do contexto.

con.tex.tu.ra [kontext´ura] *sf* Contextura, contexto.

con.tien.da [kont´jenda] *sf* 1 Contenda, luta, disputa. 2 Debate, discussão, desentendimento.

con.ti.go [kont´igo] *pron pers* Contigo.

con.ti.güi.dad [kontigwid´ad] *sf* Contiguidade, proximidade, vizinhança.

con.ti.nen.te [kontin´ente] *sm Geogr* Continente. *Juan sólo me va a dejar en paz si me mudo de continente* / Juan só vai me deixar em paz se eu mudar de continente.

con.tin.gen.cia [kontin:h´enθja] *sf* Contingência, circunstância, conjetura.

con.tin.gen.te [kontin:h´ente] *adj* Contingente. • *sm* 1 Contingência. 2 Contingente.

con.ti.nua.ción [kontinwaθ´jon] *sf* Continuação, sequência, sucessão.

con.ti.nua.do [kontin´wado] *adj* 1 Continuado, ininterrupto. 2 Seguido.

con.ti.nuar [kontin´war] *vt* 1 Continuar, prosseguir. *vpr* 2 Prolongar, estender. *vi* 3 Durar, permanecer. → atenuar.

con.ti.nuo [kont´inwo] *adj* Contínuo, incessante, constante.

con.to.ne.ar.se [kontone´arse] *vpr* Rebolar, requebrar, balançar.

con.tor.cer.se [kontorθ´erse] *vpr* Contorcer-se, retorcer-se, dobrar-se.

con.tor.nar [kontorn´ar] *vt* Contornar, ladear, circundar.

con.tor.no [kont´orno] *sm* 1 Contorno, proximidade, vizinhança. 2 Perfil, silhueta.

con.tor.sión [kontorsj´on] *sf* Contorção. *hice una contorsión forzada y me lastimé* / fiz uma contorção forçada e me machuquei.

con.tra [k´ontra] *prep* Contra. • *sf* 1 Dificuldade, oposição, obstáculo. *sm* 2 Contrário, oposto. **hacer la contra** dar o contra. **llevar (a alguien) la contra** contrariar, opor-se.

con.tra.a.ta.car [kontraatak´ar] *vt* Contra-atacar. *no estoy tranquilo porque sé que él va a contraatacar* / não estou sossegada porque sei que ele vai contra-atacar. → atacar.

con.tra.ba.jo [kontrab´aho] *sm Mús* Contrabaixo.

con.tra.ban.do [kontrab´ando] *sm* Contrabando. *he comprado esa computadora de contrabando* / comprei esse computador de contrabando.

con.trac.ción [kontra(k)θ´jon] *sf* Contração. *siento unas contracciones en el abdomen* / sinto umas contrações no abdome.

con.tra.de.cir [kontradeθ´ir] *vt+vpr* Contradizer, contrariar, contestar. → decir.

con.tra.dic.ción [kontradi(k)θ´jon] *sf* **1** Contradição, incongruência, incoerência. **2** Oposição, objeção.

con.tra.dic.to.rio [kontradi(k)t´orjo] *adj* Contraditório, incongruente. *mis sentimientos so contraditorios* / meus sentimentos são contraditórios.

con.tra.er [kontra´er] *vt+vpr* **1** Contrair, encolher. **2** Restringir, reduzir. *vt* **3** Assumir, ajustar, combinar. **4** Apanhar, pegar. → traer.

con.tra.in.di.ca.ción [kontrajndikaθj´on] *sf* Contraindicação.

con.tra.mar.cha [kontram´artʃa] *sf* Contramarcha, retrocesso.

con.tra.po.ner [kontrapon´er] *vt+vpr* Contrapor, confrontar, opor. → poner.

con.tra.rie.dad [kontrarjed´ad] *sf* **1** Contrariedade, adversidade. **2** Contratempo, obstáculo, oposição.

con.tra.rio, -a [kontr´arjo] *adj* Contrário.
• *sm* Oponente, rival.

con.tra.sen.ti.do [kontrasent´ido] *sm* Contrassenso. *eso que dices es un contrasentido* / isso que você diz é um contrassenso.

con.tras.te [kontr´aste] *sm* **1** Contraste. **2** Aferição.

con.tra.ta.ción [kontrataθj´on] *sf* Contratação. *parece que harán nuevas contrataciones en la empresa* / parece que farão novas contratações na empresa.

con.tra.tan.te [kontrat´ante] *s* Contratante. *el documento lo deben firmar el contratante y el contratado* / o documento deve ser assinado pelo contratante e pelo contratado.

con.tra.tiem.po [kontrat´jempo] *sm* Contratempo, inconveniente, transtorno, imprevisto.

con.tra.to [kontr´ato] *sm* Contrato. *hay que respetar el contrato* / é preciso respeitar o contrato.

con.tra.ven.ción [kontrabenθj´on] *sf* Contravenção, transgressão. *no es un crímen, sólo una contravención* / não é um crime, apenas uma contravenção.

con.tra.ve.nir [kontraben´ir] *vi* **1** Transgredir, contravir. **2** Descumprir, desobedecer. → venir.

con.tri.bu.ción [kontribuθj´on] *sf* Contribuição, ajuda, colaboração.

con.tri.buir [kontribw´ir] *vt* Contribuir, colaborar, cooperar, ajudar. → huir.

con.tri.bu.yen.te [kontribuy´ente] *s* Contribuinte. *la atención a los contribuyentes es a la tarde* / o atendimento aos contribuintes é à tarde.

con.trin.can.te [kontrink´ante] *s* Adversário, competidor, rival, oponente.

con.trol [kontr´ol] *sm* **1** Controle. **2** Domínio, comando. **3** Fiscalização.

con.tro.lar [kontrol´ar] *vt* **1** Controlar, domar, dominar. **2** Fiscalizar, inspecionar. **3** Dominar. *vpr* **4** Moderar-se.

con.tro.ver.sia [kontrob´ersja] *sf* **1** Controvérsia, discussão, debate. **2** Argumentação.

con.tro.ver.tir [kontrobert´ir] *vi+vt* Controverter, discutir, debater, contestar.

con.tu.maz [kontum´aθ] *adj* Contumaz, obstinado.

con.tu.sión [kontus´jon] *sf* Contusão. *no fue muy grave la contusión, pero tendrá que quedarse unos días sin jugar* / a contusão não foi muito grave, mas vai ter de ficar uns dias sem jogar.

con.va.le.cen.cia [kombaleθ´enθja] *sf Med* Convalescença.

con.va.le.cer [kombaleθ´er] *vi* Convalescer, recuperar-se, restabelecer-se. → crecer.

con.va.le.cien.te [kombaleθj´ente] *adj+s*

convalidación

Convalescente. *todavía estoy convaleciente* / ainda estou convalescente.

con.va.li.da.ción [kombaliðaθ´jon] *sf* Convalidação, revalidação, confirmação.

con.ven.cer [kombenθ´er] *vt+vpr* **1** Convencer, persuadir, induzir. **2** Concluir. → mecer.

con.ven.ci.mien.to [kombenθimj´ento] *sm* **1** Convencimento, persuasão. **2** Certeza, convicção.
Em português usamos **convencimento** também com o sentido de "presunção", coisa que não acontece em espanhol.

con.ven.ción [kombenθ´jon] *sf* Convenção, negócio, acordo, acerto.

con.ve.nien.cia [komben´jenθja] *sf* **1** Conveniência, conformidade, propriedade. **2** Proveito, vantagem, interesse, oportunidade. **3** Bem-estar.

con.ve.nien.te [komben´jente] *adj* **1** Conveniente, adequado. **2** Vantajoso, útil.

con.ve.nien.te.men.te [kombenjentem´ente] *adv* Convenientemente.

con.ve.nio [komb´enjo] *sm* Convênio, ajuste, trato, arranjo, pacto, acordo. **convenio colectivo** acordo coletivo.

con.ve.nir [komben´ir] *vi* **1** Convir, agradar, interessar. **2** Concordar, combinar, condizer. → venir.

con.ven.ti.llo [kombent´iλo] *sm AL* Cortiço.

con.ven.to [komb´ento] *sm* Convento, mosteiro. *se fue a vivir en un convento cuando se murió la madre* / foi morar em um convento quando sua mãe morreu.

con.ver.ger [komberh´er] *vi V convergir.* → escoger.

con.ver.gir [komberh´ir] *vi* **1** Convergir. **2** Convir, concordar. *Sin: converger.*

con.ver.sa.ción [kombersaθ´jon] *sf* Conversação, conversa. **dar conversación a alguien** dar trela.

con.ver.sar [kombers´ar] *vi* Conversar, dialogar, falar, bater papo.

con.ver.sión [kombers´jon] *sf* Conversão. *la familia no esperaba su conversión al cristianismo* / a família não esperava sua conversão ao cristianismo.

con.ver.tir [kombert´ir] *vt+vpr* Converter, transformar, tornar. → mentir.

copa

con.ve.xo, -a [komb´e(k)so] *adj* Convexo. *¡no! un espejo convexo no sirve* / não! um espelho convexo não serve.

con.vic.ción [kombi(k)θ´jon] *sf* Convicção, certeza, segurança.

con.vi.da.do, -a [kombið´aðo] *s* Convidado. *serán veinte convidados a cenar* / serão vinte convidados para o jantar.

con.vi.te [komb´ite] *sm* Convite. *gracias por el convite* / obrigado pelo convite.

con.vi.ven.cia [kombiβ´enθja] *sf* Convivência, convívio.

con.vo.ca.ción [kombokaθj´on] *sf* Convocação, chamamento, apelo.

con.vo.ca.to.ria [kombokat´orja] *sf* Convocatória.

con.vul.sión [kombuls´jon] *sf* Convulsão. *desde chico que no tenía una convulsión* / desde pequeno que não tinha uma convulsão.

con.vul.si.vo, -a [kombuls´ibo] *adj* Convulsivo.

cón.yu.ge [k´onyuhe] *sm* Cônjuge. *los cónyuges deben esperar afuera* / os cônjuges devem esperar do lado de fora.

co.ñac [koñ´ak] *sm* Conhaque. *¡mozo! un coñac, por favor* / garçom! um conhaque, por favor.

co.ño [k´oño] *sm* **1** Vulva **2** *vulg* Xoxota. • *interj* **¡coño!** Caramba!, droga!, nossa! **hasta el coño** de saco cheio. **¡que coño!** que merda!

co.o.pe.ra.ción [ko(o)peraθ´jon] *sf* Cooperação, colaboração.

co.o.pe.ra.dor [ko(o)peraðor] *adj* Cooperador, cooperativo.

co.o.pe.rar [ko(o)per´ar] *vi* Cooperar, colaborar, contribuir.

co.o.pe.ra.ti.vo [ko(o)perat´ibo] *adj* Cooperativo. *esperamos de todos espíritu cooperativo* / esperamos espírito cooperativo de todos.

co.or.de.na.das [ko(o)rðen´aðas] *sf Geom* Coordenadas.

co.or.di.na.ción [ko(o)rðinaθ´jon] *sf* Coordenação, estrutura.

co.or.di.nar [ko(o)rðin´ar] *vt* Coordenar, ordenar, combinar, harmonizar.

co.pa [k´opa] *sf* **1** Taça, cálice. **2** *Desp* Troféu. **3 copas** *pl* Copas (naipe).

co.pe.te [kope´te] *sm* **1** Crista. **2** Topete. **3** *fig* Atrevimento, ousadia, presunção. **hasta el copete** até a tampa, farto.

co.pe.tín [kopet´in] *sm AL* Drinque, aperitivo.

co.pe.tu.do [kopet´udo] *adj* **1** *AL* Topetudo: a) que tem topete. b) arrogante, presunçoso, metido.

co.pia [k´opja] *sf* **1** Cópia, reprodução, duplicata. **2** Imitação, fraude, plágio. **copia legalizada** cópia autenticada.

co.pia.do.ra [kopjad´ora] *sf* Copiadora. *lo lamento, señora, pero la copiadora está rota* / lamento, senhora, mas a copiadora está quebrada.

co.piar [kop´jar] *vt* **1** Copiar, reproduzir. **2** Transcrever. **3** Imitar.

co.pi.lo.to, -a [kopil´oto] *sm* Copiloto.

co.pio.so, -a [kop´joso] *adj* Copioso, abundante.

co.pla [k´opla] *sf* **1** Poesia popular, estrofe em canções populares. **2** Casal, par. **3 coplas** *pl fam* Histórias, lorotas. **hechar coplas** meter o pau, criticar.

co.po [k´opo] *sm* **1** Floco de neve. **2** Floco, tufo (lã, algodão etc.).

Vaso é a palavra em espanhol para designar "copo".

co.pro.duc.ción [koprodukθj´on] *sf* Coprodução.

có.pu.la [k´opula] *sf* Cópula, coito, relação sexual.

co.pu.lar [kopul´ar] *vi+vpr* Copular.

co.que.ta [kokete´ta] *sf* Penteadeira. *es muy antigua esa coqueta* / essa penteadeira é muito antiga. • *adj* **1** Vaidosa. **2** Frívola, volúvel.

co.que.te.ar [kokete´ar] *vi* Flertar. *se pasó toda la fiesta coqueteando* / passou a festa inteira flertando.

co.que.to, -a [kok´eto] *adj* Coquete.

co.ra.je [kor´ahe] *sm* **1** Coragem, valor, ânimo. **2** Raiva, irritação, ira. Veja nota em **abordaje**.

co.ra.ju.do [korah´udo] *adj* **1** Colérico. **2** Corajoso, destemido.

co.ral [kor´al] *sm* **1** *Zool* Coral. **2** *Mús* Coro.

co.rán [kor´an] *sm Rel* Corão.

co.ra.za [kor´aθa] *sf* Couraça. *impresionante la coraza del rinoceronte* / é impressionante a couraça do rinoceronte.

co.ra.zón [koraθ´on] *sm Anat* Coração.

co.ra.zo.na.da [koraθon´ada] *sf* **1** Ímpeto. **2** Intuição, pressentimento, palpite.

cor.ba.ta [korb´ata] *sf* Gravata. **corbata de mariposa** gravata-borboleta.

cor.che.te [kortʃ´ete] *sm Gram* Colchete.

cor.cho [k´ortʃo] *sm* **1** Cortiça. **2** Rolha. **andar como el corcho sobre el agua** ser maria vai com as outras.

cor.del [kord´el] *sm* Cordel, barbante. **apretar los cordeles** obrigar a falar.

cor.de.ro [kord´ero] *sm Zool* Cordeiro.

cor.dial [kord´jal] *adj* Cordial, amável. *su padre es siempre muy cordial* / seu pai é sempre muito amável.

cor.di.lle.ra [kordiʎ´era] *sf Geogr* Cordilheira, serra, cadeia de montanhas.

cor.dón [kord´on] *sm* **1** Cordão. **2** *AL* Meio-fio, guia. **3** Cadarço.

cor.du.ra [kord´ura] *sf* Prudência, tino, sensatez, juízo.

co.re.o.gra.fí.a [koreograf´ia] *sf* Coreografia.

co.re.ó.gra.fo, -a [kore´ografo] *s* Coreógrafo. *necesitamos un coreógrafo para que nos ayude con la presentación* / precisamos de um coreógrafo para que nos ajude com a apresentação.

cór.ne.a [k´ornea] *sf Anat* Córnea.

cor.ne.ja [korn´eha] *Zool* Gralha.

cor.ne.ta [korn´eta] *sf Mús* Corneta. *yo tocaba corneta cuando era chica* / eu tocava corneta quando era pequena.

co.ro [k´oro] *sm* Coro, coral.

co.ro.na [kor´ona] *sf* **1** Coroa. **2** Grinalda.

co.ro.na.ción [koronaθj´on] *sf* **1** Coroação. **2** Fim, desfecho.

co.ro.na.mien.to [koronamj´ento] *sm* **1** Fim, desfecho. **2** Coroação.

co.ro.nar [koron´ar] *vt+vpr* **1** Coroar. **2** Terminar, acabar, completar.

co.ro.na.ria [koron´arja] *sf Anat* Coronária. *le encontraron una obstrucción coronaria* / encontraram nele uma obstrução coronária.

co.ro.nel [koron´el] *sm Mil* Coronel.

cor.pi.ño [korp´iño] *sm* **1** Sutiã. **2** Espartilho, corpete.
cor.po.ra.ción [korporaθ´jon] *sf* Corporação.
cor.po.ral [korpor´al] *adj* Corporal. *voy a comprar una crema hidratante corporal* / vou comprar um creme hidratante corporal.
cor.pó.re.o, -a [korp´oreo] *adj* Corpóreo, material.
cor.pu.len.to, -a [korpul´ento] *adj* Corpulento, robusto, encorpado.
co.rral [kor´al] *sm* Curral. **hacer corrales** matar aula.
co.rre.a [kor´ea] *sf* **1** Correia. **2** Cinto. **3** *fam* Saco, paciência. *no tengo correa para esos asuntos* / não tenho saco pra esses assuntos.
co.rrec.ción [kore(k)θ´jon] *sf* **1** Correção, retificação. **2** Revisão. **3** Repreensão, corretivo.
co.rrec.cio.nal [kore(k)θjon´al] *adj* Correcional. • *sm* Reformatório, prisão.
co.rrec.to, -a [kor´ekto] *adj* **1** Correto, certo. **2** Direito, de bem.
co.rrec.tor, -a [korekt´or] *adj+s* Revisor. *el corrector de textos todavía no terminó el material* / o revisor de textos ainda não terminou o material.
co.rre.di.zo, -a [kored´iθo] *adj* Corrediço.
co.rre.dor [kored´or] *sm* **1** *Dep* Pessoa que corre. **2** Corretor. Veja nota em **corredor** (português).
co.rre.gir [koreh´ir] *vt* **1** Corrigir, emendar. **2** Revisar. **3** Retificar, consertar. **4** Repreender. → Veja modelo de conjugação.
co.rre.la.ción [korelaθ´jon] *sf* Correlação, correspondência, relação.
co.rre.o [kor´eo] *sm* **1** Correio. **2** Carteiro. **3** Correspondência. **buzón de correo** caixa de correio.
co.rrer [kor´er] *vi* **1** Correr. **2** Transcorrer. **3** Incumbir, corresponder. *vi+vt* **4** Circular, difundir-se. *vt* **5** Perseguir, acossar. **6** Demitir. **7** Percorrer. *vt+vpr* **8** Afastar, apartar, puxar. → Veja modelo de conjugação.
correría [korer´ia] *sf* Correria. Veja nota em **correria**.

co.rres.pon.den.cia [korespond´enθja] *sf* **1** Correspondência, relação, equivalência. **2** Correio, cartas.
co.rres.pon.der [korespond´er] *vi* **1** Corresponder, equivaler. **2** Pertencer. *vi+vt* **3** Retribuir. *vpr* **4** Comunicar-se.
co.rres.pon.dien.te [korespondj´ente] *adj* **1** Correspondente, equivalente. **2** Relativo.
co.rres.pon.sal [korespons´al] *adj* Correspondente. • *s* Correspondente, enviado (jornalista).
co.rrien.te [kor´jente] *adj* Corrente, usual, corriqueiro, habitual, frequente. • *sf* **1** Correnteza. **2** Tendência, opinião.
co.rro.bo.rar [korobor´ar] *vt+vpr* Corroborar, confirmar, ratificar.
co.rro.er [koro´er] *vt+vpr* Corroer, desgastar.
co.rrom.per [koromp´er] *vt+vpr* **1** Alterar. **2** Apodrecer. *vt* **3** Corromper, depravar. **4** Subornar. **5** Perverter, seduzir.
co.rro.sión [koros´jon] *sf* **1** Corrosão, desgaste, erosão. **2** Oxidação.
co.rrup.ción [korupθ´jon] *sf* **1** Corrupção, alteração. **2** Putrefação, degeneração. **3** Desmoralização. **4** Suborno.
co.rrup.to, -a [kor´upto] *adj* Corrupto. *todos ya saben que eres un corrupto* / todos já sabem que você é um corrupto.
cor.sa.rio, -a [kors´arjo] *adj* Corsário.
cor.ta.bol.sas [kortab´olsas] *s inv fam* Batedor de carteira.
cor.tan.te [kort´ante] *adj* Cortante. • *sm* Açougueiro.
cor.ta.pi.sa [kortap´isa] *sf* **1** Condição, ressalva, restrição. **2** Obstáculo, dificuldade, empecilho.
cor.ta.plu.mas [kortapl´umas] *sm inv* Canivete. *me corté sin querer con el cortaplumas* / cortei-me sem querer com o canivete.
cor.tar [kort´ar] *vt* **1** Cortar, talhar. **2** Recortar. **3** Separar, dividir. **4** Encurtar. **5** Interromper.
cor.te [k´orte] *sm* **1** Corte, talho, incisão. **2** Supressão. **3** Interrupção, quebra. **4** Fio, gume (de faca ou navalha). **5** Feitio, confecção. *sf* **6** *Der* Tribunal. **corte de mangas** banana (gesto).

cortejar   100   **cotorrear**

cor.te.jar [korteh´ar] *vt* **1** Cortejar, galantear. **2** Assistir, acompanhar.

cor.te.jo [kort´eho] *sm* **1** Cortejo, acompanhamento. **2** *fam* Paquera.

cor.tés [kort´es] *adj* Cortês, galante, amável, gentil.

cor.te.sí.a [kortes´ia] *sf* **1** Cortesia, polidez. **2** Favor. **3** Presente.

cor.te.za [kort´eθa] *sf* **1** Casca, crosta. **2** Cortiça.

cor.ti.na [kort´ina] *sf* Cortina. *esta semana sin falta hay que lavar las cortinas* / esta semana sem falta temos de lavar as cortinas.

cor.to, -a [k´orto] *adj* **1** Curto. **2** Breve. **3** Limitado, tacanho. **a la corta o a la larga** cedo ou tarde.

cor.to.cir.cui.to [kortoθirk´wito] *Electr* Curto-circuito.

cor.to.me.tra.je [kortometr´ahe] *sm Cin* Curta-metragem. *Pl: curtas-metragens.* Veja nota em **abordaje**.

cor.za [k´orθa] *s Zool* Corça.

co.sa [k´osa] *sf* Coisa. **como quien no quiere la cosa** como quem não quer nada. **como si tal cosa** como se não tivesse passado nada. **no es cosa del otro mundo** não é nada estranho. **no sea cosa que** para indicar prevenção ou cautela.

cos.co.rrón [koskoř´on] *sm fam* Cascudo, croque.

co.se.cha [kos´etʃa] *sf* Colheita. *tuvimos una gran cosecha este año* / tivemos uma grande colheita este ano.

co.ser [kos´er] *vt* **1** Coser, costurar. **2** Grampear. **es coser y cantar** é muito fácil.

cós.mi.co, -a [k´osmiko] *adj* Cósmico, sideral.

cos.mos [k´osmos] *sm* Cosmo, cosmos, universo.

cos.qui.llas [koskiλ´as] *sf pl* Cócegas. *¡por favor, no me hagas cosquillas!* / por favor, não me faça cócegas.

cos.qui.lle.o [koskiλ´eo] *sm* **1** Cócegas. **2** Coceira. **3** Formigamento.

cos.ta [k´osta] *sf* **1** Custo. **2** *Der* Custas. **3** Litoral.

cos.ta.do [kost´ado] *sm* Costado, lado.

cos.ta.ne.ra [kostan´era] *sf* Ladeira.

cos.tar [kost´ar] *vi* **1** Custar, valer. **2** Acarretar. → aprobar.

cos.te [k´oste] *sm* **1** Custo, preço. **2** Despesa.

cos.te.ar [koste´ar] *vt* **1** Custear, costear, pagar. **2** Margear.

cos.te.ro [kost´ero] *adj* **1** Costeiro, litorâneo. **2** Marginal.

cos.ti.lla [kost´iλa] *sf* **1** *Anat* Costela. **2 costillas** *pl* Costas.

cos.to [k´osto] *sm* **1** Custo. **2** Haxixe.

cos.to.so, -a [kost´oso] *adj* **1** Custoso, oneroso, caro, dispendioso. **2** Trabalhoso.

cos.tra [k´ostra] *sf* Crosta, casca. *la cocina tiene una costra imunda* / o fogão está com uma crosta imunda.

cos.tum.bre [kost´umbre] *sf* Costume, hábito. *no tengo la costumbre de fumar* / não tenho o hábito de fumar.

cos.tu.ra [kost´ura] *sf* Costura.

cos.tu.re.ra [kostur´era] *sf* Costureira. *no conozco ninguna costurera buena* / não conheço nenhuma boa costureira.

co.te.jar [koteh´ar] *vt* Cotejar, confrontar, comparar.

co.te.jo [kot´eho] *sm* Cotejo, conferência.

co.te.rrá.ne.o [koteř´aneo] *sm* Conterrâneo, patrício.

co.ti.dia.no, -a [kotid´jano] *adj* **1** Cotidiano, diário. **2** Costumeiro, habitual.

co.ti.lla [kot´iλa] *adj+s* Fofoqueiro, mexeriqueiro.

co.ti.llar [kotiλ´ar] *vi* Fofocar, mexericar.

co.ti.lle.ar [kotiλe´ar] *vi* Fofocar, mexericar.

co.ti.lle.o [kotiλ´eo] *sm fam* Mexerico, fofoca. *basta de cotilleo* / chega de fofoca.

co.ti.za.ción [kotiθaθj´on] *sf* Cotização, cotação.

co.ti.zar [kotiθ´ar] *vt Com* Cotizar, cotar. → alzar.

co.to [k´oto] *sm* **1** Lote. **2** Limite, término. **3** Baliza. **poner coto** impedir que continuem desaforos, desmandos, vícios, abusos.

co.to.rra [kot´ořa] *sf* **1** *Ornit* Maritaca. **2** *fam* Tagarela, gralha, matraca.

co.to.rre.ar [kotoře´ar] *vi fam* Tagarelar, matraquear.

co.va.cha [kobˊatʃa] *sf* 1 Barraco, casebre. 2 Quarto de despejo. 3 Casa de cachorro.

co.yun.tu.ra [koyuntˊura] *sf* 1 *Anat* Articulação, junta. 2 Conjuntura, circunstância. **hablar por las coyunturas** falar pelos cotovelos.

coz [kˊoθ] *sf* Coice, patada. *cuidado con el coz del caballo* / cuidado com o coice do cavalo.

crac [krˊak] *sm Com* Quebra, falência.

crá.ne.o [krˊaneo] *sm Anat* Crânio.

cra.so, -a [krˊaso] *adj* Crasso, indesculpável. • *sm* Gordura, tecido adiposo.

crá.ter [krˊater] *sm* Cratera. *eso es más que un agujero. ¡Es un cráter!* / isso é mais que um buraco. É uma cratera!

cre.a.ción [kreaθjˊon] *sf* Criação, invenção. Veja nota em **criança**.

cre.a.dor, -a [kreadˊor] *adj* Criativo • *sm* 1 Criador, inventor. 2 Autor.

cre.ar [kreˊar] *vt* 1 Criar, gerar, produzir. 2 Inventar.

cre.a.ti.vi.dad [kreatibidˊad] *sf* Criatividade. *lo que no le falta es creatividad* / o que não lhe falta é criatividade.

cre.a.ti.vo, -a [kreatˊibo] *adj* Criativo.

cre.cer [kreθˊer] *vi* 1 Crescer. 2 Prosperar. 3 Aumentar. *vpr* 4 Atrever-se, ousar. → Veja modelo de conjugação.

cre.ci.do, -a [kreθˊido] *adj* Grande, numeroso. • *sf* Cheia.

cre.ci.mien.to [kreθimjˊento] *sm* Crescimento, aumento, desenvolvimento.

cre.di.bi.li.dad [kredibilidˊad] *sf* Credibilidade, confiança.

cré.di.to [krˊedito] *sm* 1 Crédito. 2 Credibilidade, confiança, consideração. 3 **créditos** *pl Cin* Créditos, letreiro.

cre.do [krˊedo] *sm Rel* Credo, crença.

cre.en.cia [kreˊenθja] *sf* 1 Crença, fé. 2 Doutrina.

cre.er [kreˊer] *vt* 1 Crer, acreditar. 2 Achar, julgar, supor. *vt+vpr* 3 Considerar-se. → leer.

cre.í.do [kreˊido] *sm* 1 Pretensioso, metido. 2 Crédulo.

cre.ma [krˊema] *sf* 1 Creme. 2 Nata. 3 Nobreza, fina flor da sociedade.

cre.ma.lle.ra [kremaʎˊera] *sf* 1 Zíper. 2 *Mec* Cremalheira.

cre.pús.cu.lo [krepˊuskulo] *sm* 1 Crepúsculo, tarde, ocaso. 2 *fig* Decadência.

cres.po, -a [krˊespo] *adj* Crespo, encaracolado. *Ana tiene el pelo crespo* / Ana tem o cabelo crespo.

cres.ta [krˊesta] *sf* 1 Crista. 2 Pico (montanha). **alzar/levantar la cresta** ensoberbar-se, mostrar-se altivo. **dar en la cresta** humilhar.

cre.yen.te [kreˊyente] *adj+s* Crente.

crí.a [krˊia] *sf* 1 Criação. 2 Cria, ninhada.

cri.a.da [kriˊada] *sf* Criada, empregada doméstica.

cri.a.de.ro [kriadˊero] *sm* Viveiro, criadouro.

cri.an.za [kriˊanθa] *sf* Criação, educação. *la madre cuida de la crianza de sus hijos* / a mãe cuida da criação de seus filhos.

cri.ar [kriˊar] *vt+vpr* 1 Criar, produzir, gerar, originar. 2 Amamentar. 3 Instruir, educar. → confiar.

cri.a.tu.ra [kriatˊura] *sf* Criatura, ser.

cric [krˊik] *sm Mec* Macaco. *no tengo cric para cambiar la goma pinchada* / não tenho macaco para trocar o pneu furado.

cri.men [krˊimen] *sm Der* Crime, delito.

cri.mi.nal [kriminˊal] *adj* Criminal. • *adj+s* Criminoso.

cri.mi.na.li.dad [kriminalidˊad] *sf* Criminalidade.

crin [krˊin] *sf* Crina. *¡qué bella crin tiene ese caballo!* / que bela crina tem esse cavalo!

crí.o, -a [krˊio] *s* Criança. *los críos se quedaron en casa* / as crianças ficaram em casa.

cri.o.llo, -a [krjˊoʎo] *adj+s* 1 Crioulo, mestiço. 2 Hispano-americano.

crip.ta [krˊipta] *sf* Cripta, gruta.

cri.sá.li.da [krisˊalida] *sf Zool* Crisálida.

cri.sis [krˊisis] *sf inv* Crise. *no te preocupes, la crisis va a pasar* / não se preocupe, a crise vai passar.

cris.tal [kristˊal] *sm* 1 Vidro. 2 Cristal. 3 Vidraça. 4 Espelho.

cris.ta.le.ra [kristalˊero] *sf* Cristaleira. *¡no te cuelgues de la cristalera!* / não se pendure na cristaleira!

cris.ta.li.no, -a [kristal´ino] *adj* Cristalino, transparente. • *sm Anat* Cristalino.

cris.tia.nis.mo [kristjan´ismo] *sm Rel* Cristianismo.

Cris.to [kr´isto] *sm* Cristo. **ni Cristo que lo fundó** nem a pau/nem que a vaca tussa.

cri.te.rio [krit´erjo] *sm* **1** Critério, norma. **2** Opinião, juízo. **3** Discernimento.

crí.ti.ca [kr´itika] *sf* Crítica. *todo lo que oigo son críticas* / tudo o que ouço são críticas.

cri.ti.car [kritik´ar] *vt* **1** Criticar, julgar. **2** Censurar. → atacar.

crí.ti.co, -a [kr´itiko] *adj* **1** Crítico. **2** Difícil. **3** Decisivo. • *adj+sm* Crítico.

cro.ché [krotʃ´e] *sm* Crochê. *no sé hacer croché* / não sei fazer crochê.

cro.mo [kr´omo] *sm Quím* Cromo.

cro.mo.so.ma [kromos´oma] *sm Biol* Cromossomo.

cró.ni.ca [kr´onika] *sf* Crônica. *cuando era joven, escribí unas crónicas* / quando eu era jovem, escrevi algumas crônicas.

cró.ni.co, -a [kr´oniko] *adj* Crônico, habitual.

cro.nis.ta [kron´ista] *s* Cronista, colunista.

cro.no.gra.ma [kronogr´ama] *sm* Cronograma. *el cronograma tiene que ser rigurosamente respetado* / o cronograma tem de ser rigorosamente respeitado.

cro.no.lo.gí.a [kronoloh´ia] *sf* Cronologia.

cro.no.ló.gi.co, -a [kronol´ohiko] *adj* Cronológico. *usaremos el orden cronológico* / usaremos a ordem cronológica.

cro.no.me.trar [kronometr´ar] *vt* Cronometrar.

cro.que.ta [krok´eta] *sf* Croquete, almôndega.

cró.ta.lo [kr´otalo] *sm Zool* Cascavel.

cru.ce [kr´uθe] *sm* **1** Cruzamento. **2** Entroncamento.

cru.ce.ro [kruθ´ero] *sm* **1** *Mar* Cruzeiro. **2** Cruzamento, encruzilhada.

cru.cial [kruθ´jal] *adj* Crucial, decisivo. *es un momento crucial* / é um momento crucial.

cru.ci.fi.car [kruθifik´ar] *vt* Crucificar. → atacar.

cru.ci.fi.jo [kruθif´iho] *sm* Crucifixo. *he perdido mi crucifijo* / perdi meu crucifixo.

cru.ci.gra.ma [kruθigr´ama] *sm* Palavras cruzadas.

cru.do, -a [kr´udo] *adj* **1** Cru. **2** Cruel. • *sm* Óleo diesel.

cruel [kru´el] *adj* **1** Cruel, desumano, desnaturado. **2** Duro. **3** Sanguinário, selvagem, sangrento.

cruel.dad [krweld´ad] *sf* Crueldade, barbaridade, maldade, atrocidade.

cruen.to, -a [krw´ento] *adj* Cruento, cruel, sangrento.

cru.ji.do [kruh´ido] *sm* Rangido, estalo, estalido.

cru.jir [kruh´ir] *vi* Ranger, estalar. *la puerta está crujiendo* / a porta está rangendo.

cruz [kr´uθ] *sf* **1** Cruz. **2** Tormento, aflição. **cara o cruz** cara ou coroa. **cata la cruz** cruz, credo! **cruz y raya** basta!, ponto final. **de la cruz a la fecha** de cabo a rabo, do começo ao fim.

cru.za.da [kruθ´ada] *sf* Cruzada.

cru.zar [kruθ´ar] *vt* **1** Atravessar (a rua). **2** Cruzar, transpor. **3** Mesclar, misturar. → alzar.

cua.der.no [kwad´erno] *sm* Caderno. *¿de quién es este cuaderno?* / de quem é este caderno?

cua.dra [k´wadra] *sf* **1** Cocheira, estrebaria. **2** Haras. **3** Quarteirão.

cua.dra.do, -a [kwadr´ado] *s Geom* Quadrado.

cua.dra.gé.si.mo, -a [kwadrah´esimo] *adj+num* Quadragésimo.

cua.dri.cu.la.do [kwadrikul´ado] *adj* Quadriculado. *el dibujo tiene que ser hecho en papel cuadriculado* / o desenho tem de ser feito em papel quadriculado.

cua.dril [kwadr´il] *sm Anat* Quadril.

cua.dri.lá.te.ro, -a [kwadril´atero] *adj+sm Geom* Quadrilátero. • *sm Dep* Ringue.

cua.dri.lla [kwadr´iλa] *sf* Quadrilha, bando.

cua.dro [k´wadro] *sm* **1** Quadro, pintura. **2** *Geom* Quadrado. **3** Moldura. **4** Batente, esquadria. **5** Gráfico, tabela. **6** *Teat* Cena.

cua.drú.pe.do, -a [kwadrˊupedo] *adj+s Zool* Quadrúpede.
cua.ja.da [kwahˊada] *sf* Coalhada. *hay cuajada para el desayuno* / tem coalhada para o café da manhã.
cua.jar [kwahˊar] *sm Anat* Coagulador. • *vt* **1** Coalhar. **2** Coagular.
cual [kˊwal], **cuál** [kˊwal] *pron relat+pron inter, excl* Qual. *¿cuál es la pregunta?* / qual é a pergunta? *¿cuál te parece mejor?* / qual te parece melhor? Veja nota em **adonde** (espanhol).
cua.li.dad [kwalidˊad] *sf* **1** Qualidade, atributo, característica. **2** Estilo, gênero, maneira.
cual.quier [kwalkˊjer] *adj+pron indef* Qualquer (usado diante de substantivos).
cual.quie.ra [kwalkˊʃera] *adj+pron indef* Qualquer. • *sf* Prostituta.
cuan [kˊwan], **cuán** [kˊwan] *adv* Quanto, como, quão. Veja nota em **adonde** (espanhol).
cuan.do [kˊwando], **cuán.do** [kˊwando] *adv* Quando. *¿de cuándo acá?* desde quando? Veja nota em **adonde** (espanhol).
cuan.tí.a [kwantˊia] *sf* Quantia, quantidade, importância.
cuan.tio.so, -a [kwantjˊoso] *adj* Abundante, copioso, numeroso, volumoso.
cuan.to, -a [kˊwanto] *pron relat* Quanto. • *sm Fís* Quantum. **cuanto antes** com diligência, o mais rápido possível. **en cuanto** tão logo, enquanto, entretanto. **unos quantos** alguns. Veja nota em **adonde** (espanhol).
cuán.to, -a [kˊwanto] *pron inter, excl* Quanto. *¿cuánto cuesta?* / quanto custa? Veja nota em **adonde** (espanhol).
cua.ren.ta [kwarˊenta] *num* Quarenta.
cua.ren.tón, -ona [kwarentˊon] *adj+s* Quarentão.
cua.res.ma [kwarˊesma] *sf Rel* Quaresma. *antes de la Páscua viene la quaresma* / antes da Páscoa vem a quaresma.
cuar.tel [kwartˊel] *sm Mil* Quartel.
cuar.te.to [kwartˊeto] *sm* Quarteto. *formamos un cuarteto inseparable* / formamos um quarteto inseparável.

cuar.to, -a [kˊwarto] *num* e *adj+s Mat* Quarto. • *sm* Quarto, dormitório.
cua.si [kˊwasi] *adv V casi.*
cua.tro [kˊwatro] *num+sm* Quatro. *tengo cuatro hermanos* / tenho quatro irmãos.
cua.tro.cien.tos [kwatroθjˊentos] *num* Quatrocentos.
cu.ba [kˊuba] *sf* **1** Cuba, tina, tonel. **2** *fam* Gordo, barrigudo, balofo. **estar como una cuba** estar bêbado como um gambá.
cu.ber.te.rí.a [kubertgerˊia] *sf* Faqueiro.
cú.bi.co, -a [kˊubiko] *adj* Cúbico. *eso tiene 30 metros cúbicos de capacidad* / isso tem 30 metros cúbicos de capacidade.
cu.bí.cu.lo [kubˊikulo] *sm* Cubículo.
cu.bier.ta [kubˊjerta] *sf* **1** Coberta, cobertura. **2** Tampa. **3** Capota.
cu.bier.to [kubˊjerto] *adj* **1** Coberto, tampado. **2** Nublado, encoberto. • *sm pl* **cubiertos** Talheres.
cu.bil [kubˊil] *sm* **1** Cova. **2** Leito (águas).
cu.bis.mo [kubˊismo] *sm Art Plást* Cubismo.
cu.bo [kˊubo] *sm* **1** *Geom* Cubo. **2** Balde.
cu.bre.ca.ma [kubrekˊama] *sm* Colcha. *el cubrecama está manchado* / a colcha está manchada.
cu.brir [kubrˊir] *vt+vpr* **1** Cobrir, tampar. *vt* **2** Encobrir, ocultar, dissimular. **3** Fecundar. **4** *Mil* Defender um posto. *Part irreg:* cubierto.
cu.cas [kˊukas] *sf pl* Frutos secos oleoginosos (nozes, avelãs etc.).
cu.ca.ra.cha [kukarˊatʃa] *sf Entom* Barata. *las cucarachas me dan asco* / as baratas me dão nojo.
cu.cha.ra [kutʃˊara] *sf* Colher. *no se comen fideos con cuchara* / não se come macarrão com colher.
cu.cha.ra.da [kutʃarˊada] *sf* Colherada. *quiero sólo dos cucharadas* / quero só duas colheradas.
cu.cha.rón [kutʃarˊon] *sm* Concha.
cu.che.ta [kutʃˊeta] *sf AL* Beliche, catre.
cu.chi.lla [kutʃˊiλa] *sf* **1** Machado, machadinha. **2** Lâmina (de arma branca).
cu.chi.lla.da [kutʃiλˊada] *sf* **1** Facada. **2** **cuchilladas** *pl* Pendência, rinha, briga, disputa.

cu.chi.lla.zo [kutʃiλ'aθo] *sf* Facada.
cu.chi.llo [kutʃ'iλo] *sf* Faca. *cuidado con el cuchillo* / cuidado com a faca.
cu.chi.tril [kutʃitr'il] *sm* Chiqueiro, pocilga, barraco.
cu.cli.llas [kukl'iλas] *adv* **en cuclillas** de cócoras, agachado.
cue.llo [k'weλo] *sm* 1 *Anat* Pescoço. 2 Colarinho, gola. 3 *Anat* Colo.
cuen.co [k'wenko] *sm* Tigela. *alcánceme el cuenco, por favor* / alcance a tigela para mim, por favor.
cuen.ta [k'wenta] *sf* 1 Conta, cálculo. 2 Conta-corrente. 3 Satisfação, explicação. 4 Miçanga. **caer en la cuenta** vir a conhecer ou entender algo. **cargar en cuenta** debitar. **dar cuenta de** destruir. **darse cuenta** perceber.
cuen.tis.ta [kwent'ista] *s* Contista, contador de histórias.
cuen.to [k'wento] *sm* 1 Conto, narração. 2 História. **venir a cuento** vir ao caso.
cuer.da [k'werda] *sf* Corda. *lo voy a atar con una cuerda* / vou amarrá-lo com uma corda.
cuer.do, -a [kw'erdo] *adj+s* Sensato, cordato, prudente.
cuer.no [k'werno] *sm Anat* Corno, chifre. **irse al cuerno** fracassar. **no valer un cuerno** não valer nada.
cue.ro [k'wero] *sm* Couro. **en cueros** nu.
cuer.po [k'werpo] *sm* 1 Corpo. 2 Cadáver. **a cuerpo de rey** esplendidamente (usa-se com os verbos *estar, vivir* etc.). **en cuerpo y alma** completamente, inteiramente. **hacer de cuerpo** defecar. **tomar cuerpo una cosa** aumentar, crescer.
cuer.vo [k'werbo] *sm Zool* Corvo.
cues.co [kw'esko] *sm* 1 Caroço. *no tiren los cuescos al piso* / não joguem os caroços no chão. 2 *fam* Ventosidade.
cues.ta [k'westa] *sf* 1 Costa, encosta. 2 Ladeira, declive. **a cuestas** ir de cavalinho/nas costas. **ir cuesta abajo** decair, empobrecer. **ir en cuesta arriba** ir de vento em popa.
cues.tión [kwest'jon] *sf* 1 Questão, pergunta. 2 Disputa.
cues.tio.na.ble [kwestjon'aβle] *adj* Questionável, discutível.

cues.tio.nar [kwestjon'ar] *vt* 1 Questionar, perguntar. 2 Discutir, debater.
cue.va [k'weba] *sf* Cova, gruta, caverna. Veja nota em **toca** (espanhol).
cui.da.do [kwid'ado] *sm* Cuidado. *cuidado con el peldaño* / cuidado com o degrau.
cui.da.do.so, -a [kwidad'oso] *adj* Cuidadoso, atencioso.
cui.dar [kwid'ar] *vt+vi* Cuidar, acudir, atentar.
cu.la.ta [kul'ata] *sf* Culatra. *el tiro le salió por la culata* / o tiro saiu pela culatra.
cu.le.bra [kul'ebra] *sf Zool* Cobra.
cu.le.brón [kulebr'on] *sf* Telenovela, novela. *no acompaño los culebrones* / não acompanho as novelas.
cu.li.na.ria [kulin'arja] *sf* Culinária.
cu.li.na.rio *adj* Culinário. *tiene mucho talento culinario* / tem muito talento culinário.
cul.mi.na.ción [kulminaθj'on] *sf* Culminância, auge, apogeu, clímax.
cu.lo [k'ulo] *sm* 1 *vulg* Cu. 2 Bunda, rabo.
cul.pa [k'ulpa] *sf* Culpa. *no tengo culpa de nada* / não tenho culpa de nada.
cul.pa.do [kulp'ado] *adj* Culpado.
cul.par [kulp'ar] *vt+vpr* Culpar, incriminar, responsabilizar, acusar.
cul.ti.va.dor [kultibad'or] *adj+sm* Lavrador.
cul.ti.var [kultib'ar] *vt* 1 Cultivar, lavrar. 2 Desenvolver.
cul.to, -a [k'ulto] *adj* 1 Culto, instruído. 2 Cultivado. • *sm Rel* Culto, respeito, veneração.
cul.tu.ra [kult'ura] *sf* 1 Cultivo, lavoura. 2 Cultura, instrução, conhecimento.
cum.bre [k'umbre] *sf* 1 Cume, pico. 2 Auge.
cum.ple.a.ños [kumple'años] *sm inv* Aniversário de nascimento. Veja nota em **aniversario**.
cum.pli.dor, -ora [kumplid'or] *adj+s* Cumpridor. *es un hombre cumplidor de sus deberes* / é um homem cumpridor de seus deveres.
cum.pli.men.tar [kumpliment'ar] *vt* 1 Felicitar, parabenizar, cumprimentar. 2 *Der* Cumprir, executar.

cum.pli.mien.to [kumplim´jento] *sm* **1** Cumprimento, execução. **2** Delicadeza, obséquio.

cum.plir [kumpl´ir] *vt+vi* **1** Cumprir, observar. **2** Completar. **3** Executar, realizar.

cú.mu.lo [k´umulo] *sm* **1** Cúmulo, acúmulo. **2** *Meteor* Nuvem, cúmulo.

cu.na [k´una] *sm* Berço. *mi hijo duerme en la cuna desde que nació* / meu filho dorme no berço desde que nasceu.

cu.ña [k´uña] *sf* **1** Cunha. **2** Papagaio, urinol. **3** Vinheta.

cu.ña.do, -a [kuñ´ado] *s* Cunhado. *voy a pescar con mi cuñado* / vou pescar com meu cunhado.

cu.ño [k´uño] *sm* Cunho, marca, selo.

cuo.ta [kw´ota] *sf* Cota, quinhão, parte. *exijo mi cuota* / exijo minha parte.

cu.pi.do [kup´ido] *sm* Cupido. *parece que el cupido apareció por aquí* / parece que o cupido apareceu por aqui.

cu.po [k´upo] *sm* Parte, porcentagem.

cu.pón [kup´on] *sm* Cupom.

cú.pu.la [k´upula] *sf* Cúpula. *la cúpula del partido se reune mañana* / a cúpula do partido se reúne amanhã.

cu.ra [k´ura] *sm* **1** Padre, sacerdote. *sf* **2** Cura, tratamento. Veja nota em **padre** (português).

cu.ra.ción [kuraθj´on] *sf* Cura. *ya está en proceso de curación* / já está em processo de cura.

cu.ran.de.ro, -a [kurand´ero] *s* Curandeiro.

cu.rar [kur´ar] *vt+vi+vpr* Curar. *ese remedio te va a curar* / esse remédio vai curar você.

cu.ra.ti.vo [kurat´ibo] *adj+sm* Curativo, terapêutico.

cur.da *sf* Porre, bebedeira. *¡qué curda!* / que porre!

cur.do [k´urdo] *adj+sm* Bêbado, mamado.

cu.rio.se.ar [kurjose´ar] *vt+vi* Xeretar, bisbilhotar.

cu.rio.si.dad [kurjosid´ad] *sf* Curiosidade. *dicen que la curiosidad mató al gato* / dizem que a curiosidade matou o gato.

cu.rrí.cu.lo [kuř´ikulo] *sm* Currículo. Veja nota em **n** (espanhol).

cur.si [k´ursi] *adj+s* Cafona, brega. *¡cómo es cursi ese cantante!* / como esse cantor é brega! Veja nota em **brega** (espanhol).

cur.si.le.rí.a [kursiler´ia] *sf* **1** Cafonice. **2** Frescura.

cur.so [k´urso] *sm* **1** Curso, direção. **2** Carreira. **3 cursos** *pl* Diarreia.

cur.sor [kurs´or] *sm Inform* Cursor.

cur.tir [kurt´ir] *vt* Curtir. *la piel se va curtiendo al sol* / a pele vai se curtindo ao sol.

cur.va [k´urba] *sf* Curva. *cuidado que hay una curva grande a la derecha* / cuidado que há uma curva grande à direita.

cur.var [kurb´ar] *vt+vpr* Curvar, encurvar, arcar, dobrar.

cur.vo, -a [k´urbo] *adj* Curvo. *mis dedos son muy curvos* / meus dedos são muito curvos.

cus.cús [kusk´us] *sm Cul* Cuscuz.

cús.pi.de [k´uspide] *sf* Cúspide, pico.

cus.to.dia [kust´odja] *sf* Custódia, guarda. *la custodia de los críos es de él* / a custódia das crianças é dele.

cu.tá.ne.o, -a [kut´aneo] *adj* Cutâneo. *eso es una inflamación cutánea* / isso é uma inflamação cutânea.

cu.tí.cu.la [kut´ikula] *sf* Cutícula. *no me saqué la cutícula esta semana* / não tirei a cutícula esta semana.

cu.tis [k´utis] *sm inv* Cútis, tez, pele. *¡qué lindo cutis tienes!* / que linda pele você tem.

cu.yo, -a [k´uyo] *pron relat* Cujo. *es el hombre cuyo coche fue robado* / é o homem cujo carro foi roubado.

d

d, D [d´e] *sf* **1** Quarta letra do alfabeto espanhol. **2 D** Quinhentos em algarismos romanos.

dac.ti.lar [daktil´ar] *adj* Digital. **huella dactilar** impressão digital.

dac.ti.lo.gra.fí.a [daktilograf´ia] *sf* Datilografia.

dac.ti.lo.gra.fia.do [daktilografj´ado] *adj* Datilografado, batido à máquina.

dac.ti.lo.gra.fiar [daktilografj´ar] *vt* Datilografar.

dac.ti.ló.gra.fo, -a [daktil´ografo] *s* Datilógrafo.

dá.di.va [d´adiba] *sf* **1** Dádiva, dom. **2** Obséquio, donativo, presente.

da.do [d´ado] *sm* Dado. **echar dado falso** enganar. • *adj* Concreto, determinado, estabelecido.

da.dor [dad´or] *sm* **1** Doador. *ahora tenemos que encontrar a un dador de córnea* / agora temos de encontrar um doador de córnea. **2** Portador.

dal.to.nia.no [daltonja´no] *adj+sm* Patol Daltônico.

dal.tó.ni.co, -a [dalt´oniko] *adj+s* Patol Daltônico. *soy daltónico, no te puedo ayudar a elegir la ropa* / sou daltônico, não posso ajudá-lo a escolher a roupa.

dal.to.nis.mo [dalton´ismo] *sm* Patol Daltonismo.

da.ma [d´ama] *sf* **1** Dama, senhora. **2** Rainha (xadrez). **3 damas** *pl* Jogo de damas.

da.mas.co [dam´asko] *sm* Bot Damasco. *me encanta el damasco seco* / adoro damasco seco.

dam.ni.fi.ca.do, -a [damnifik´ado] *adj+s* Danificado, arruinado, avariado.

dam.ni.fi.car [damnifik´ar] *vt* Danificar, arruinar, avariar. *cuidado para no damnificarlo* / cuidado para não o danificar. → atacar.

dan.za [d´anθa] *sf* **1** Dança, baile. **2** *fam* Vaivém, rebuliço.

dan.zar [danθ´ar] *vt+vi* Dançar, bailar. *tengo ganas de danzar* / tenho vontade de dançar. → alzar.

dan.za.rín, -ina [danθar´in] *adj+s* Dançarino, bailarino.

da.ña.do [dañ´ado] *adj* Danado, estragado, mau, perverso.

da.ñar [dañ´ar] *vt+vpr* **1** Prejudicar. *no tuve la intención de dañarle* / não tive a intenção de prejudicá-lo. **2** Estragar. **3** Danificar.

da.ñi.no, -a [dañ´ino] *adj* Daninho, maléfico, prejudicial.

da.ño [d´año] *sm* **1** Dano, prejuízo. **2** Estrago. **3** Lesão.

da.ño.so [dañ´oso] *adj* Daninho, nocivo, mau. *creo que tu hijo es una compañía dañosa para el mío* / acho que seu filho é uma companhia nociva para o meu.

dar [d´ar] *vt* **1** Dar, doar, entregar, ceder. **2** Conceder, conferir, outorgar, atribuir. **3** Produzir, render. **4** Causar, ocasionar. *vi* **5** Empenhar-se, insistir. **dárselas de** dar uma de. → Veja modelo de conjugação.

dar.do [d´ardo] *sm* Dardo, seta.

dár.se.na [d´arsena] *sf* Doca. *Juan, cuando vivía en el litoral, trabajaba en las dársenas* / Juan, quando morava no litoral, trabalhava nas docas.

da.ta [d´ata] *sf* Data.

da.tar [dat´ar] *vt* Datar, pôr data.

dá.til [d´atil] *sm* **1** *Bot* Tâmara. **2 dátiles** *pl fam* Dedos das mãos.

da.to [d´ato] *sm* **1** Dado, indicação, antecedente, informação. **2** Documento, testemunho, fundamento.

de [d´e] *sf* Nome da letra *d*. • *prep* De. *Ana llega de Paris mañana* / Ana chega de Paris amanhã.

de.am.bu.lar [deambul´ar] *vi* Deambular, perambular, andar, vaguear, vadiar, errar.

de.ba.jo [deb´aho] *adv* Debaixo, embaixo, sob.

de.ba.te [deb´ate] *sm* Debate, discussão, controvérsia, argumentação.

de.ba.tir [debat´ir] *vt* **1** Debater, discutir, altercar. **2** Combater, guerrear. *vpr* **3** Debater-se, agitar-se.

de.be [d´ebe] *sm Com* Débito, dívida. *no he logrado negociar mi debe con el banco* / não consegui negociar minha dívida com o banco.

de.ber [deb´er] *sm* Dever, obrigação, missão, incumbência. • *vt* Dever.

dé.bil [d´ebil] *adj+s* Débil, fraco, frágil, debilitado. *todavía me siento un poco débil* / ainda me sinto um pouco fraco.

de.bi.li.dad [debilid´ad] *sf* Debilidade, fraqueza.

de.bi.li.tar [debilit´ar] *vt+vpr* Debilitar, enfraquecer. *si no se alimenta, en pocos días se va a debilitar* / se não se alimentar, em poucos dias vai debilitar-se.

dé.bi.to [d´ebito] *sm* Débito, dívida.

de.bu.tan.te [debut´ante] *adj+s* Debutante. *siempre he soñado con una fiesta de debutante* / sempre sonhei com uma festa de debutante.

dé.ca.da [d´ekada] *sf* Década, decênio. *hace dos décadas que no nos vemos* / faz duas décadas que não nos vemos.

de.ca.den.cia [decad´enθja] *sf* Decadência, declínio, queda, ruína.

de.ca.den.te [dekad´ente] *adj* **1** Decadente. **2** Decaído, abatido, frágil.

de.ca.er [deka´er] *vi* Decair, diminuir, declinar. *ha decaído mucho la calidad de la comida acá* / decaiu muito a qualidade da comida aqui. → caer.

de.ca.í.do [deka´ido] *adj* **1** Decaído, abatido. **2** Decadente. *Jorge viene de una familia de aristócratas decaídos* / Jorge vem de uma família de aristocratas decadentes.

de.cai.mien.to [dekaimj´ento] *sm* **1** Decadência. **2** Decaimento, desalento, abatimento.

de.ca.pi.tar [dekapit´ar] *vt* Decapitar, degolar.

de.ce.na [deθ´ena] *sf* Dezena. *tendremos dos decenas de invitados para cenar* / teremos duas dezenas de convidados para jantar.

de.cen.cia [deθ´enθja] *sf* **1** Decência, honestidade, dignidade. **2** Decoro.

de.ce.nio [deθ´enjo] *sm* Decênio, década. *esto se usaba en el decenio pasado* / isto se usava na década passada.

de.cen.te [deθ´ente] *adj* **1** Decente, honesto. **2** Conveniente, apresentável, aceitável.

de.cep.ción [deθepθj´on] *sf* Decepção, desilusão, desencanto, desapontamento.

de.cep.cio.na.do [deθepθjon´ado] *adj* Decepcionado, desiludido, desapontado.

de.cep.cio.nan.te [deθepθjon´ante] *adj* Decepcionante. *para mí, la película ha sido decepcionante* / para mim, o filme foi decepcionante.

de.cep.cio.nar [deθepθjon´ar] *vt+vpr* Decepcionar, desiludir, desapontar.

de.ce.so [deθ´eso] *sm* Morte, óbito, passamento, falecimento.

de.ci.di.da.men.te [deθididam´ente] *adv* Decididamente. *decididamente, no tengo talento para la música* / decididamente, não tenho talento para a música.

de.ci.di.do, -a [deθid´ido] *adj+s* Decidido, resoluto, determinado.

de.ci.dir [deθid´ir] *vt* **1** Decidir, resolver, determinar. **2** *vt+vpr* Decidir-se, resolver.

de.ci.mal [deθim´al] *adj* Decimal. *en el resultado, pueden ignorar los decimales* / no resultado, podem ignorar os decimais.

de.cí.me.tro [deθ´imetro] *sm* Decímetro.

dé.ci.mo, -a [d´eθimo] *adj+s* Décimo. *si lo reparto en diez, cada uno recibirá un décimo* / se eu o dividir em dez, cada um receberá um décimo.

de.cir [deθ´ir] *vt+vpr* Dizer, falar. • *sm* Dito, frase. **decir (a alguien) cuántas son cinco** mostrar com quantos paus se faz uma canoa. **¿lo he de decir cantado o rezado?** mas eu estou falando grego? → Veja modelo de conjugação.

de.ci.sión [deθisj´on] *sf* **1** Decisão, resolução. **2** Determinação, coragem.

de.ci.si.vo, -a [deθis´ibo] *adj* Decisivo, definitivo. *esta conversación será decisiva para nuestra relación* / esta conversa será decisiva para nosso relacionamento.

de.cla.ma.ción [deklamaθj´on] *sf* **1** Declamação, recital. **2** Discurso.

de.cla.mar [deklam´ar] *vi+vt* **1** Declamar, recitar. *vi* **2** Discursar.

de.cla.ra.ción [deklaraθj´on] *sf* **1** Declaração, manifestação, expressão. **2** *Der* Depoimento.

de.cla.ra.do [deklar´ado] *adj* Declarado, manifesto, ostensivo.

de.cla.rar [deklar´ar] *vt+vpr* Declarar, manifestar, expor. *no tengo nada a declarar sobre el crimen* / não tenho nada a declarar sobre o crime.

de.cli.na.ción [deklinaθj´on] *sf* **1** Inclinação. **2** Decadência, declínio, queda.

de.cli.nar [deklin´ar] *vt* **1** Declinar, recusar. *vi* **2** Inclinar-se. **3** Decair. *vt* **4** *Gram* Flexionar.

de.cli.ve [dekl´ibe] *sm* **1** Declive, descida, ladeira. **2** Declínio, decadência.

de.co.di.fi.car [dekodifik´ar] *vt* Decodificar. *ha sido difícil, pero logré decodificar el mensaje* / foi difícil, mas consegui decodificar a mensagem.

de.co.ra.ción [dekoraθj´on] *sf* **1** Decoração, ornamentação, embelezamento. **2** Cenografia. **3** Memorização.

de.co.ra.do [dekor´ado] *sm* **1** Decoração. **2** Cenografia. • *adj* Decorado, ornamentado.

de.co.ra.dor, -ora [dekorad´or] *s* **1** Decorador. **2** Cenógrafo.

de.co.rar [dekor´ar] *vt* **1** Decorar, enfeitar, adornar. **2** Memorizar.

de.co.ro [dek´oro] *sm* Decoro, dignidade, decência, compostura, recato, seriedade.

de.cre.cien.te [dekreθj´ente] *adj* Decrescente.

de.cré.pi.to, -a [dekr´epito] *adj* Decrépito. • *adj+s* Senil, gagá, caduco, coroca.

de.cre.pi.tud [dekrepit´ud] *sf* **1** Decrepitude. **2** Senilidade.

de.cre.tar [dekret´ar] *vt* Decretar, resolver, ordenar, decidir, sentenciar, estabelecer, determinar.

de.cre.to [dekr´eto] *sm* Decreto, decisão. *el decreto entra en vigor en sesenta días* / o decreto entra em vigor em sessenta dias.

de.cur.so [dek´urso] *sm* Decurso, duração.

de.dal [ded´al] *sm* Dedal. *no me acostumbro a coser con dedal* / não me acostumo a costurar com dedal.

de.di.ca.ción [dedikaθj´on] *sf* Dedicação, devotamento, devoção.

de.di.car [dedik´ar] *vt* Dedicar, consagrar, oferecer. *Ester, le dedico esta canción con todo mi amor* / Ester, dedico-lhe esta canção com todo o meu amor. → atacar.

de.di.ca.to.ria [dedikat´orja] *sf* Dedicatória. *gracias por la dedicatoria que me has hecho en el libro* / obrigada pela dedicatória que você me fez no livro.

de.do [d´edo] *sm Anat* Dedo. **dedo anular** anular. **dedo cordial/del corazón/en medio** médio. **dedo índice/mostrador/saludador** indicador. **dedo meñique/auricular** mindinho, dedinho. **dedo pulgar/gordo** polegar.

de.du.cir [deduθ´ir] *vt* **1** Deduzir, concluir, inferir. **2** Diminuir, abater. → aducir.

de.fe.car [defek´ar] *vt+vi* Defecar, evacuar. → atacar.

de.fec.ti.vo, -a [defekt´ibo] *adj* Defectivo, defeituoso, imperfeito. *el examen de gramática es sobre los verbos defectivos* / a prova de gramática é sobre verbos defectivos.

de.fec.to [def´ekto] *sm* Defeito, imperfeição. **en defecto de/en su defecto** na falta de.

de.fec.tuo.so [defektw´oso] *adj* Defeituoso. *de los cinco gatitos que nacieron de mi gata, dos son defectuosos* / dos cinco gatinhos que nasceram de minha gata, dois são defeituosos.

de.fen.der [defend´er] *vt+vpr* Defender, proteger, guardar, resguardar. → Veja modelo de conjugação.

de.fen.sa [def´ensa] *sf* **1** Defesa, auxílio, proteção, socorro. **2** Fortificação. **3** Contestação. **4** *Dep* Zagueiro, zaga.

de.fen.si.vo, -a [defens´ibo] *adj* Defensivo, protetor. • *sf* Defesa.

de.fen.sor, -ora [defens´or] *adj+s* Defensor. *José actúa como defensor de los animales* / José atua como defensor dos animais.

de.fe.ren.te [defer´ente] *adj* Deferente, respeitoso, atento.

de.fe.rir [defer´ir] *vi* **1** Deferir, aderir. **2** Atender, condescender.

de.fi.cien.cia [defiθj´enθja] *sf* Deficiência, falta, carência. *deficiencia de hierro en el organismo puede causar pierda de pelo* / deficiência de ferro no organismo pode causar perda de cabelo.

de.fi.cien.te [defiθj´ente] *adj* Deficitário. • *adj+s* Deficiente.

dé.fi.cit [d´efiθit] *sm* **1** *Com* Déficit. **2** Deficiência. *a consecuencia del parto difícil, él se ha quedado con un déficit intelectual* / em consequência do parto difícil, ele ficou com uma deficiência intelectual.

de.fi.ci.ta.rio, -a [defiθit´arjo] *adj* Deficitário, deficiente, falho.

de.fi.ni.ción [definiθj´on] *sf* **1** Definição, conceito, acepção. **2** Decisão, resolução.

de.fi.nir [defin´ir] *vt+vpr* **1** Definir, determinar, decretar, decidir. **2** Enunciar, explicar.

de.fi.ni.ti.va.men.te [definitibam´ente] *adv* Definitivamente. *este asunto está definitivamente encerrado* / este assunto está definitivamente encerrado.

de.fi.ni.ti.vo, -a [definit´ibo] *adj* Definitivo, final, decisivo.

de.fo.res.ta.ción [deforestaθj´on] *sf* Desmatamento, desflorestamento. *el problema de la deforestación descontrolada es muy serio* / o problema do desmatamento descontrolado é muito sério.

de.for.ma.ción [deformaθj´on] *sf* Deformação, deformidade, malformação, desfiguração.

de.for.mar [deform´ar] *vt+vpr* **1** Deformar. *vt* **2** Deturpar.

de.for.mi.dad [deformid´ad] *sf* Deformidade, deformação. *esa deformidad es congénita* / essa deformação é congênita.

de.frau.dar [defrawd´ar] *vt* Defraudar, desfalcar, fraudar.

de.fun.ción [defunθj´on] *sf* Falecimento, morte, óbito. **partida de defunción** atestado de óbito.

de.ge.ne.ra.ción [deheneraθj´on] *sf* Degeneração, deterioração. *guardamos los alimentos en la heladera para evitar la degeneración* / guardamos os alimentos na geladeira para evitar a deterioração.

de.ge.ne.ra.do, -a [dehener´ado] *adj+s* Depravado, maníaco, doente, tarado. Veja nota em **degenerado** (português).

de.ge.ne.rar [dehener´ar] *vt* Degenerar, corromper, apodrecer.

de.go.lla.de.ro [degoʎad´ero] *sm* Matadouro.

de.go.llar [degoʎ´ar] *vt* **1** Degolar, decapitar. **2** *fig* Destruir, pôr a perder. → aprobar.

de.gra.da.ción [degradaθj´on] *sf* **1** Degradação, degeneração, deterioração. **2** *Pint Dégradé*.

de.gra.dan.te [degrad´ante] *adj* Degradante, aviltante. *no soporto más esa situación tan degradante* / não suporto mais essa situação tão degradante.

de.gra.dar [degrad´ar] *vt* **1** Degradar. **2** Graduar. *vt+vpr* **3** Humilhar.

de.gus.tar [degust´ar] *vt* Degustar, saborear, provar.

dei.dad [dejd´ad] *sf* Divindade, deidade.

de.ja.ción [dehaθj´on] *sf* **1** Legado. **2** Desistência.

de.ja.dez [dehad´eθ] *sf* Preguiça, desleixo, negligência, desmazelo, abandono.

de.ja.do, -a [deh´ado] *adj* **1** Preguiçoso, relaxado, indolente, negligente, desleixado, desmazelado. **2** Decaído, abatido. • *sf Méx* Corrida (de táxi).

de.jar [deh´ar] *vt* **1** Deixar, largar. **2** Consentir, permitir. **3** Desistir.

de.je [d´ehe] *sm* **1** Sotaque, entoação, acento. **2** Sabor, gosto.

de.jo [d´eho] *sm* **1** Sotaque, entoação, acento. **2** Gosto, sabor.

del [d´el] *prep* de + *art* el Do. *esta es la tarea del día* / esta é a tarefa do dia.

de.la.ción [delaθj´on] *sf* Delação, denúncia, acusação.

de.lan.tal [delant´al] *sm* Avental. *si lavo los platos sin delantal me mojo entera* / se eu lavo a louça sem avental me molho toda.

de.lan.te [del´ante] *adv* Diante, defronte, em frente.

de.lan.te.ra [delant´era] *sf* **1** Dianteira. **2** Fachada, frente.

de.lan.te.ro, -a [delant´ero] *adj* Dianteiro. • *sm Dep* Centroavante. *el equipo terminó el partido sin el delantero* / o time terminou o jogo sem o centroavante.

de.la.tar [delat´ar] *vt+vpr* Delatar, dedurar, denunciar.

de.la.tor, -ora [delat´or] *adj+s* Delator. *no quiero que me acusen de haber sido el delator del crimen* / não quero que me acusem de ter sido o delator do crime.

de.le.ga.ción [delegaθj´on] *sf* Delegação. *la delegación francesa ha sido la primera a llegar* / a delegação francesa foi a primeira a chegar.

de.le.ga.do, -a [deleg´ado] *adj+s* Delegado, representante, enviado.

de.lei.ta.ble [delejt´able] *adj* Deleitável, deleitoso, deleitante.

de.lei.tar [delejt´ar] *vt+vpr* Deleitar, deliciar, desfrutar, gozar.

de.lei.te [del´ejte] *sm* Deleite, desfrute, gozo, delícia.

de.le.tre.ar [deletre´ar] *vi* **1** Soletrar. *vt* **2** Decifrar.

del.fín [delf´in] *sm Zool* Golfinho. *los delfines son animales encantadores* / os golfinhos são animais encantadores.

del.ga.do, -a [delg´ado] *adj* **1** Magro. **2** Fino, delgado.

de.li.be.ra.ción [deliberaθj´on] *sf* Deliberação, decisão, resolução.

de.li.be.ra.do [deliber´ado] *adj* Deliberado, voluntário, intencional. *su actitud fue una agresión deliberada* / sua atitude foi uma agressão deliberada.

de.li.be.rar [deliber´ar] *vt+vi* Deliberar, decidir, determinar.

de.li.ca.de.za [delikad´eθa] *sf* **1** Delicadeza, finura. **2** Ternura, suavidade, cortesia.

de.li.ca.do, -a [delik´ado] *adj* **1** Delicado, meigo, suave. **2** Frágil, fraco, débil.

de.li.cia [del´iθja] *sf* Delícia, deleite, encanto, encantamento.

de.li.ciar.se [deliθj´arse] *vpr* Deliciar-se, deleitar-se.

de.li.cio.so, -a [deliθj´oso] *adj* Delicioso. *la cena estaba deliciosa* / o jantar estava delicioso.

de.lin.cuen.cia [delinkw´enθja] *sf* Delinquência, criminalidade.

de.lin.cuen.te [delinkw´ente] *adj+s* Delinquente, criminoso. *algunos de esos chicos son delincuentes* / alguns desses garotos são delinquentes.

de.li.ne.ar [deline´ar] *vt* **1** Delinear, traçar. **2** Esboçar.

de.lin.quir [delink´ir] *vi* Praticar delito ou crime. → Veja modelo de conjugação.

de.li.ran.te [delir´ante] *adj* Delirante, insano, desvairado, maluco.

de.li.rar [delir´ar] *vi* Delirar, desvairar. *la fiebre se ha subido tanto que él llegó a delirar* / a febre subiu tanto que ele chegou a delirar.

de.li.rio [del´irjo] *sm* **1** Delírio, devaneio. **2** Desvario, desatino, disparate.

de.li.to [del´ito] *sm* Delito, crime. *si ha cometido un delito, debe aguantar las consecuencias* / se cometeu um delito, deve aguentar as consequências.

de.ma.go.gia [demag´ohia] *sf Polít* Demagogia.

de.ma.go.go, -a [demag´ogo] *adj+s Polít* Demagogo.

de.man.da [dem´anda] *sf* **1** Demanda, petição. **2** Litígio, pendência. **3** Busca. **4** Pergunta.

de.man.dan.te [demand´ante] *adj+s* Demandante, requerente.

de.man.dar [demand´ar] *vt* **1** Demandar, requerer. **2** Pedir, rogar, suplicar. **3** Perguntar. **4** *Der* Mover ação.

de.mar.car [demark´ar] *vt* Demarcar, delimitar, assinalar.

de.más [dem´as] *adj* Demais. **los demás** os outros. *vamos a esperar un rato, porque los demás no llegaron* / vamos esperar um pouco, porque os outros não chegaram. • *adv* Além disso, além do mais.

de.ma.sí.a [demas´ia] *sf* Demasia, excesso. *es gordo porque come en demasía* / é gordo porque come em excesso.

de.ma.sia.da.men.te [demasjadam´ente] *adv* Demasiadamente, excessivamente, muito. *esto es demasiadamente difícil* / isto é muito difícil.

de.ma.sia.do, -a [demasj´ado] *adj* Demasiado, excessivo. • *adv* Demais. *comí demasiado* / comi demais.

de.men.cia [dem´enθja] *sf Patol* Demência. *mi abuelo ya presenta síntomas de demencia senil* / meu avô já apresenta sintomas de demência senil.

de.men.te [dem´ente] *adj* Louco, imbecil. • *adj+s Patol* Demente.

de.mo [d´emo] *s* Demo. *ya mostramos el CD demo de nuestra hija a una grabadora* / já mostramos o CD demo de nossa filha a uma gravadora.

de.mo.cra.cia [demokr´aθja] *sf Polít* Democracia.

de.mó.cra.ta [dem´okrata] *adj+s Polít* Democrata.

démodé [demod´e] *adj* Démodé, fora de moda, ultrapassado. *tu gusto es muy démodé* / seu gosto é muito *démodé*.

de.mo.le.dor, -ora [demoled´or] *adj+s* Demolidor.

de.mo.ler [demol´er] *vt* Demolir, derrubar. *en la próxima semana van a demoler el edificio* / na próxima semana vão demolir o prédio. → morder.

de.mo.li.ción [demoliθj´on] *sf* Demolição.

de.mo.ní.a.co [demon´iako], **de.mo.nia.co** [demonj´ako] *adj* Demoníaco.

de.mo.nio [dem´onjo] *sm* Demônio, diabo. *ese chico es el demonio en forma de gente* / esse garoto é o demônio em forma de gente.

de.mo.ra [dem´ora] *sf* Demora, atraso, delonga. *no sé por qué tanta demora* / não sei por que tanta demora.

de.mo.rar [demor´ar] *vt+vpr* **1** Atrasar. *vi* **2** Demorar, deter-se.

de.mos.tra.ción [demostraθj´on] *sf* Demonstração, manifestação, mostra.

de.mos.trar [demostr´ar] *vt* **1** Demonstrar, manifestar, declarar. **2** Provar, mostrar. → aprobar.

de.mu.dar [demud´ar] *vt* Alterar, mudar, modificar. *han demudado algunas reglas* / algumas regras foram modificadas.

de.ne.ga.ción [denegaθj´on] *sf* Denegação, recusa, negação.

de.ne.gar [deneg´ar] *vt* Denegar, recusar, negar. → fregar.

de.ne.grir [deneg´ar] *vt+vpr* Enegrecer, escurecer.

No sentido de "denegrir" em português, usa-se **denigrar** em espanhol.

den.gue [d´enge] *sm* **1** *Med* Dengue. **2** Dengo, melindre. *¡cómo hace dengue esa nena!* / como faz dengo essa menina!

de.ni.grar [denigr´ar] *vt* Denegrir, ultrajar, ofender. Veja nota em **denegrir** (espanhol).

de.no.mi.na.ción [denominaθj´on] *sf* Denominação, designação, nomeação.

de.no.mi.nar [denomin´ar] *vt+vpr* Denominar, nomear.

de.nos.tar [denost´ar] *vt* Injuriar, insultar, ofender, denegrir.

de.no.ta.ción [denotaθj´on] *sf* Denotação, significado.

de.no.tar [denot´ar] *vt* Denotar, indicar, anunciar, significar. *tu cara denota enojo* / sua cara indica zanga.

den.si.dad [densid´ad] *sf* Densidade, consistência, corpo.

den.so, -a [d´enso] *adj* Denso, espesso, consistente.

den.ta.da [dent´ada] *sf* Dentada, mordida. *fui a morder el pan y sin querer me di una dentada en el dedo* / fui morder o pão e sem querer dei uma dentada no dedo.

den.ta.do, -a [dent´ado] *adj* Dentado, denteado.

den.ta.du.ra [dentad´ura] *sf* Dentição. *todavía el niño tiene la dentadura de leche* / o menino ainda tem a dentição de leite.

Para referir-se a "dentadura", usa-se **dentadura artificial postiza** em espanhol.

den.tal [dent´al] *adj* Dental, dentário. *me voy a hacer la limpieza dental* / vou fazer a limpeza dental.

den.te.lla.da [denteλ´ada] *sf* Dentada, mordida.

den.ti.ción [dentiθj´on] *sf* Dentição. *usted tiene la dentición perfecta* / o senhor tem a dentição perfeita.

den.tí.fri.co, -a [dent´ifriko] *adj+sm* Dentifrício, pasta de dente.

den.tis.ta [dent´ista] *s* Dentista. *voy al dentista a cada seis meses* / vou ao dentista a cada seis meses.

den.tro [d´entro] *adv* Dentro. Usa-se para denotar o lugar ou a parte interior de alguma coisa.

de.nun.cia [den´unθja] *sf* Denúncia, delação.

de.nun.cia.dor [denunθjad´or] *adj+sm* Denunciador, denunciante.

de.nun.ciar [denunθj´ar] *vt* **1** Noticiar, avisar. **2** Denunciar, delatar. **3** Prognosticar.

de.pa.rar [depar´ar] *vt* **1** Deparar. **2** Proporcionar, fornecer.

de.par.ta.men.to [departam´ento] *sm* **1** Departamento, seção, repartição. **2** Apartamento.

de.pen.den.cia [depend´enθja] *sf* **1** Dependência. **2** Subordinação. **3** Relação, conexão. **4** Vendedores, atendentes, balconistas. **5** Cômodo.

de.pen.der [depend´er] *vi* **1** Depender. **2** Subordinar-se, submeter-se.

de.pen.dien.te, -a [dependj´ente] *adj* Dependente. • *sm* Atendente, vendedor, balconista. Veja nota em **vendedor** (espanhol).

de.plo.ra.ble [deplor´able] *adj* Deplorável. *tu actitud fue deplorable* / sua atitude foi deplorável.

de.po.ner [depon´er] *vt* **1** Depor, destituir. **2** Declarar, afirmar. **3** Derrubar. *vi* **4** Evacuar, defecar. → poner.

de.por.tar [deport´ar] *vt* Deportar, exilar. *mi tío fue deportado en la época de la dictadura* / meu tio foi exilado na época da ditadura.

de.por.te [dep´orte] *sm* Esporte. *practicar deportes hace bien a la salud* / praticar esportes faz bem para a saúde.

de.por.tis.ta [deport´ista] *adj* Esportista, desportista.

de.po.si.tar [deposit´ar] *vt* **1** Depositar. **2** Confiar, entregar. **3** Sedimentar.

de.pó.si.to [dep´osito] *sm* **1** Depósito, reservatório. **2** Sedimento. **3** Armazém.

de.pra.va.ción [deprabaθj´on] *sf* Depravação, perversão, corrupção, podridão.

de.pra.va.do, -a [deprab´ado] *adj+s* Depravado, pervertido. *nunca me pasó por la mente que Julio pudiera ser un depravado* / nunca me passou pela cabeça que Júlio pudesse ser um pervertido. Veja nota em **degenerado** (português).

de.pra.var [deprab´ar] *vt+vpr* Depravar, viciar, perverter.

de.pre.ca.ción [deprekaθj´on] *sf* Deprecação, súplica, rogo. *desesperada, se deshizo en deprecaciones* / desesperada, desfez-se em súplicas.

de.pre.car [deprek´ar] *vt+vpr* Deprecar, suplicar, rogar.

de.pre.cia.ción [depreθjaθj´on] *sf* Depreciação, desvalorização.

de.pre.ciar [depreθj´ar] *vt+vpr* Depreciar, desvalorizar. *uno no debe depreciar lo que tiene* / a pessoa não deve depreciar o que tem.

de.pre.da.ción [depredaθj´on] *sf* Depredação, devastação, destruição.

de.pre.dar [depred´ar] *vt* Depredar, devastar, destruir.

de.pre.sión [depresj´on] *sf* **1** Concavidade, cavidade. **2** Depressão, abatimento, letargia.

de.pri.men.te [deprim´ente] *adj* Deprimente. *muy deprimente es la película* / o filme é muito deprimente.

de.pri.mi.do [deprim´ido] *adj* Deprimido. *últimamente ando deprimida* / ultimamente ando deprimida.

de.pri.mir [deprim´ir] *vt* **1** Deprimir, afundar. *vt+vpr* **2** Abater, desanimar.

de.pri.sa [depr´isa] *adv* Depressa. *no sé andar deprisa* / não sei andar depressa.

de.pues.to [depw´esto] *adj* Deposto, destituído.

de.pu.ra.ción [depuraθj´on] *sf* Depuração, purificação. *el aire, antes de salir por esa chimenea, pasa por un proceso de depura-*

ción / o ar, antes de sair por essa chaminé, passa por um processo de depuração.

de.pu.ra.do [depur´ado] *adj* Depurado, elaborado.

de.pu.rar [depur´ar] *vt* Depurar, purificar.

de.re.cho, -a [der´etʃo] *adj* **1** Direito, reto. **2** Legítimo, justo. **3** Razoável, certo. **4** Direito. • *sm* **1** Direito. **2** Justiça, razão. **3** Privilégio. *sf* **4** Direita. *vamos por la derecha* / vamos pela direita.

de.ri.va.ción [deribaθj´on] *sf* Derivação, descendência.

de.ri.va.do, -a [derib´ado] *adj+s* Derivado, resultante. *su miedo es derivado del trauma* / seu medo é derivado do trauma.

de.ri.var [derib´ar] *vi+vpr* **1** Derivar, descender, decorrer, resultar. *vi* **2** *Mar* Desviar.

der.ma.tó.lo.go [dermat´ologo] *s* Dermatologista.

de.ro.gar [derog´ar] *vt* Derrogar, anular, abolir. → cargar.

de.rra.ma.do [deřam´ado] *adj* Pródigo, esbanjador, desperdiçador.

de.rra.ma.mien.to [deřamamj´ento] *sm* Derramamento, dispersão, disseminação.

de.rra.mar [deřam´ar] *vt+vpr* **1** Derramar, entornar, verter, espargir. *vt* **2** Difundir, divulgar, publicar. *vpr* **3** Desaguar, desembocar.

de.rra.me [deř´ame] *sm* **1** Derramamento. **2** *Med* Derrame, AVC.

de.rra.par [deřap´ar] *vi* Derrapar, deslizar, escorregar, resvalar.

de.rren.ga.do [deřeŋg´ado] *adj* **1** Derreado. **2** Descadeirado. *pintar la casa me ha dejado derrengado* / pintar a casa me deixou descadeirado.

de.rre.tir [deřet´ir] *vt* **1** Derreter, liquefazer, dissolver. **2** Torrar, gastar, consumir. *vpr* **3** *fig* Desmanchar-se, apaixonar-se. → medir.

de.rri.bar [deřib´ar] *vt* **1** Derrubar, tombar. **2** Demolir, desmantelar, desmoronar. **3** Abater, arruinar.

de.rri.bo [deř´ibo] *sm* **1** Derrubada, derrubamento, demolição. **2** Destruição.

de.rro.car [deřok´ar] *vt* **1** Despencar, despenhar, precipitar, desabar. **2** Derrocar, derrubar, ruir. → atacar.

de.rro.cha.dor, -ora [deřotʃad´or] *adj+s* Esbanjador, gastador, dissipador.

de.rro.char [deřotʃ´ar] *vt* Desperdiçar, esbanjar, dissipar.

de.rro.ta [deř´ota] *sf* **1** Derrota. **2** Rumo. **3** Caminho, senda. *el equipo no esperaba una derrota como esa* / o time não esperava uma derrota como essa.

de.rro.ta.do [deřot´ado] *adj* **1** Esfarrapado. **2** Desanimado, abatido.

de.rro.tar [deřot´ar] *vt* **1** Rasgar, retalhar, estraçalhar. **2** Destruir, arruinar. **3** Derrotar, vencer. *vpr* **4** *Mar* Derivar, desviar-se.

de.rruir [deřu´ir] *vt* Derruir, derrubar. *el ayuntamiento está derruindo los edificios que representan riesgo para la población* / a prefeitura está derrubando os prédios que representam risco para a população. → huir.

de.rrum.bar [deřumb´ar] *vt+vpr* **1** Precipitar, despenhar, despencar. **2** Derrubar, demolir, desmoronar.

de.sa.bo.to.nar [desaboton´ar] *vt+vpr* **1** Desabotoar. *vi* **2** Desabrochar, abrir.

de.sa.bri.do, -a [desabr´ido] *adj* **1** Ruim, sem gosto, desagradável (alimento). **2** Instável (tempo). **3** Desabrido, áspero, desagradável, descortês.

de.sa.bri.ga.do, -a [desabrig´ado] *adj+s* Desamparado, desprotegido, desvalido.

de.sa.bri.go [desabr´igo] *sm* Desamparo, abandono, desvalimento.

de.sa.bro.char [desabrotʃ´ar] *vt+vpr* **1** Desabotoar. **2** Soltar, abrir.

de.sa.ca.ta.mien.to [desakatamj´ento] *sm* Desacato. *lo arrestaron por desacatamiento a la autoridad* / prenderam-no por desacato à autoridade.

de.sa.ca.tar [desakat´ar] *vt* Desacatar, desrespeitar, desobedecer, afrontar.

de.sa.ca.to [desak´ato] *sm* Desacato, desrespeito. *tu actitud es un desacato* / sua atitude é um desrespeito.

de.sa.cier.to [desaθj´erto] *sm* Desacerto, erro.

de.sa.con.se.ja.ble [desakonseh´able] *adj* Desaconselhável, inconveniente.

de.sa.con.se.jar [desakonseh´ar] *vt* Desaconselhar, dissuadir.

de.sa.cor.de [desak´orde] *adj* **1** Desacorde, discordante. **2** *Mús* Desarmônico, dissonante, desafinado.

de.sa.cos.tum.bra.do [desakostumbr´ado] *adj* Desacostumado. *ya estoy desacostumbrado a andar a pie* / já estou desacostumado a andar a pé.

de.sa.cre.di.ta.do [desakredit´ado] *adj* Desacreditado, desprestigiado.

de.sa.cre.di.tar [desakredit´ar] *vt* Desacreditar, desprestigiar.

de.sac.tua.li.za.do [desaktwaliθ´ado] *adj* Desatualizado. *esas informaciones ya son desactualizadas* / essas informações já são desatualizadas.

de.sa.cuer.do [desakw´erdo] *sm* Desacordo, discórdia, divergência, discórdia.

de.sa.fec.to [desaf´ekto] *adj* Desafeto, contrário, adverso. • *sm* Malquerença, antipatia, desamor.

de.sa.fiar [desafj´ar] *vt* Desafiar, afrontar, provocar. → confiar.

de.sa.fi.na.do, -a [desafin´ado] *adj Mús* Desafinado. *por favor, no me pidan para cantar porque soy muy desafinado* / por favor, não me peçam para cantar porque sou muito desafinado.

de.sa.fi.nar [desafin´ar] *vi+vpr Mús* Desafinar, desentoar, dissonar.

de.sa.fí.o [desaf´io] *sm* **1** Desafio. **2** Rivalidade, competição.

de.sa.for.tu.na.do, -a [desafortun´ado] *adj* **1** Desafortunado, desventurado, infeliz. **2** Desacertado, inoportuno.

de.sa.gra.da.ble [desagrad´able] *adj* Desagradável. *te pido que no seas desagradable con mi mamá* / peço-lhe que não seja desagradável com minha mãe.

de.sa.gra.dar [desagrad´ar] *vi+vpr* Desagradar, desgostar, incomodar.

de.sa.gra.de.ci.do, -a [desagradeθ´ido] *adj+s* Mal-agradecido, ingrato. *eres un hijo muy desagradecido* / você é um filho muito mal-agradecido.

de.sa.gra.do [desagr´ado] *sm* Desagrado, desgosto, descontentamento, desprazer.

de.sa.gra.viar [desagrabj´ar] *vt+vpr* Desagravar, desafrontar.

de.sa.gra.vio [desagr´abjo] *sm* Desagravo, reparação, desafronta.

de.sa.gre.gar [desagreg´ar] *vt+vpr* Desagregar, separar.

de.sa.guar [desagw´ar] *vt* **1** Desaguar, escoar, drenar. *vi* **2** Desembocar. → averiguar.

de.sa.ho.ga.do, -a [desaog´ado] *adj* **1** Descarado, folgado, atrevido. **2** Espaçoso, amplo.

de.sa.ho.gar [desaog´ar] *vt+vpr* **1** Desafogar, aliviar. **2** Desabafar, abrir-se. *¡qué suerte tengo de poder desahogarme contigo!* / que sorte eu tenho de poder desabafar com você! → cargar.

de.sa.ho.go [desa´ogo] *sm* **1** Desafogo, alívio. **2** Desabafo, descarga. **3** Descaramento, folga.

de.sa.hu.ciar [desawθj´ar] *vt* **1** Desenganar. **2** Despejar (inquilino).

de.sai.ra.do [desajr´ado] *adj* **1** Desairado. **2** Desfavorecido, desajudado, desvalido.

de.sai.rar [desajr´ar] *vt* Desconsiderar, desdenhar, menosprezar.

de.sai.re [des´ajre] *sm* **1** Desaire, deselegância. **2** Desconsideração, desatenção, descaso, menosprezo, desdém.

de.sa.jus.tar [desahust´ar] *vt+vpr* Desajustar, desconcertar. *sólo de usar, la máquina se desajusta* / só de usar, a máquina se desajusta.

de.sa.len.tar [desalent´ar] *vt* **1** Ofegar. *vt+vpr* **2** Desalentar, desanimar. → despertar.

de.sa.lien.to [desalj´ento] *sm* Desalento, desânimo. *¿por qué tanto desaliento?* / por que tanto desânimo?

de.sa.li.ne.ar [desaline´ar] *vt+vpr* Desalinhar, desordenar, tirar do alinhamento.

de.sa.li.ña.do, -a [desaliñ´ado] *adj* Desalinhado, descuidado, desleixado, desmazelado.

de.sa.li.ñar [desaliñ´ar] *vt+vpr* Desalinhar, desgrenhar. *no me hagas cosquillas que me estás desaliñando toda* / não me faça cócegas que você está me desgrenhando toda.

de.sal.ma.do, -a [desalm´ado] *adj* Desalmado, cruel, desumano, malvado.

de.sa.ma.rrar [desamař´ar] *vt+vpr* Desamarrar, soltar. *si no haces un nudo bien hecho, se va a desamarrar* / se você não fizer um nó benfeito, vai desamarrar.

de.sa.mor [desam´or] *sm* Desamor, desafeto, desafeição.

de.sam.pa.rar [desampar´ar] *vt* **1** Desamparar, abandonar, descuidar. **2** Sair, ausentar-se.

de.sam.pa.ro [desamp´aro] *sm* Desamparo, abandono. *la dama vive al desamparo* / a dama vive no abandono.

de.san.gre [des´angre] *sm* Sangria, sangradura.

de.sa.ni.ma.do, -a [desanim´ado] *adj* **1** Desanimado, chocho. **2** Acovardado, tímido.

de.sa.ni.mar [desanim´ar] *vt+vpr* Desanimar, desalentar, abater.

de.sá.ni.mo [des´animo] *sm* Desânimo, desalento. *no sé por qué tanto desánimo* / não sei por que tanto desânimo.

de.sa.pa.ci.ble [desapaθ´ible] *adj* Desagradável, desprazível.

de.sa.pa.re.cer [desapareθ´er] *vt+vi+vpr* **1** Desaparecer, sumir. **2** Morrer. → crecer.

de.sa.pa.re.ci.do [desapareθ´ido] *adj+sm* **1** Desaparecido. **2** Morto.

de.sa.pa.re.ci.mien.to [desapareθimj´ento] *sm* Desaparecimento, sumiço.

de.sa.pa.ri.ción [desapariθj´on] *sf* Desaparecimento, sumiço. *nadie sabe nada sobre la desaparición del marido* / ninguém sabe nada sobre o desaparecimento do marido.

de.sa.pa.sio.na.do [desapasjon´ado] *adj* Desapaixonado, imparcial.

de.sa.per.ci.bi.do, -a [desaperθib´ido] *adj* Desapercebido, despercebido. *llegué atrasada, pero entré desapercibida* / cheguei atrasada, mas entrei despercebida.

de.sa.pren.der [desaprend´er] *vt* Desaprender. *si no lo ejercito, voy a desaprenderlo* / se eu não exercitar, vou desaprender.

de.sa.pre.tar [desapret´ar] *vt+vpr* Despertar, alargar, afrouxar.

de.sa.pro.bar [desaprob´ar] *vt* Desaprovar, reprovar. *yo desaprobo su actitud* / eu desaprovo sua atitude. → aprobar.

de.sa.pro.ve.cha.mien.to [desaprobetʃamj´ento] *sm* Desperdício. *dejar comida en el plato es un desaprovechamiento* / deixar comida no prato é um desperdício.

de.sa.pun.tar [desapunt´ar] *vt* **1** Descosturar. **2** Desapontar, desviar do alvo.

Desapuntar, em espanhol, não é usado no sentido de "desapontar", "decepcionar".

de.sar.mar [desarm´ar] *vt+vpr* **1** Desarmar. **2** Desmontar, descompor.

de.sar.me [des´arme] *sm* Desarmamento. *soy a favor del desarme mundial* / sou a favor do desarmamento mundial.

de.sar.mo.ní.a [desarmon´ia] *sf* **1** Desarmonia, discórdia. **2** Desproporção, desconformidade.

de.sar.mó.ni.co [desarm´oniko] *adj* Desarmônico, desacorde, discordante.

de.sa.rrai.gar [desařaig´ar] *vt* Arrancar, extirpar, desarraigar.

de.sa.rre.gla.do [desařegl´ado] *adj* Desarrumado, desordenado. *tu habitación está muy desarreglada* / seu quarto está muito desarrumado.

de.sa.rre.glar [desařegl´ar] *vt+vpr* Desarrumar, desordenar.

de.sa.rre.glo [desař´eglo] *sm* **1** Desarrumação. **2** Desarranjo (saúde).

de.sa.rro.lla.do, -a [desařoλ´ado] *adj* **1** Desenrolado. **2** Desenvolvido.

de.sa.rro.llar [desařoλ´ar] *vt+vpr* **1** Desenrolar. **2** Desenvolver.

de.sa.rro.llo [desař´oλo] *sm* Desenvolvimento, progresso, evolução. *estoy contenta con su desarrollo* / estou feliz com seu progresso.

de.sa.rro.par [desařop´ar] *vt+vpr* Despir, desnudar.

de.sa.rru.gar [desařug´ar] *vt+vpr* Desamassar, desenrugar.

de.sar.ti.cu.la.do [desartikul´ado] *adj* Desarticulado, desconexo. *era una conversación desarticulada* / era uma conversa desconexa.

de.sa.sir [desas´ir] *vt+vpr* Soltar, desprender. → asir.

de.sa.so.se.ga.do [desasoseg´ado] *adj* Desassossegado, inquieto. *¿por qué estás tan desasosegado?* / por que você está tão inquieto?

de.sa.so.se.gar [desasoseg´ar] *vt+vpr* Desassossegar, inquietar. → fregar.

de.sa.so.sie.go [desasosj´ego] *sm* Desassossego, inquietação.

de.sas.tra.do, -a [desastr´ado] *adj* Desgraçado, infeliz. • *adj+s* Desasseado, descuidado, desalinhado. Veja nota em **desastrado** (português).

de.sas.tre [des´astre] *sm* Desgraça, fatalidade. *¡qué desastre!* / que desgraça!

de.sa.ta.do [desat´ado] *adj* **1** Desatado, desamarrado. **2** Desenfreado.

de.sa.tan.car [desatank´ar] *vt+vpr* Desobstruir, desentupir. *tengo que llamar al plomero para desatancar la cañería* / tenho de chamar o encanador para desentupir o encanamento.

de.sa.tar [desat´ar] *vt+vpr* Desamarrar, soltar, desatar.

de.sa.tas.car [desatask´ar] *vt+vpr* Desobstruir, desentupir. → atacar.

de.sa.ten.ción [desatenθj´on] *sf* **1** Desatenção, distração. **2** Descortesia, indelicadeza.

de.sa.ten.der [desatend´er] *vt* **1** Desatender. **2** Desconsiderar, ignorar. → defender.

de.sa.ten.di.do [desatend´ido] *adj+sm* Desatendido, desvalido. *ella se preocupa mucho con los desatendidos* / ela se preocupa muito com os desvalidos.

de.sa.ten.to [desat´ento] *adj* Desatento, distraído. • *adj+sm* Descortês, indelicado.

de.sa.ti.na.do [desatin´ado] *adj+sm* Desatinado, insensato, imprudente, louco.

de.sa.ti.nar [desatin´ar] *vi+vt* Desatinar, pirar, tresloucar, enlouquecer.

de.sa.ti.no [desat´ino] *sm* Desatino, disparate, doidice, loucura.

de.sa.tran.car [desatrank´ar] *vt* **1** Destrancar. **2** Desentupir, desobstruir. → atacar.

de.sau.to.ri.za.ción [desawtoriθaθj´on] *sf* Desautorização, desprestígio, descrédito.

de.sau.to.ri.za.do [desawtoriθ´ado] *adj* Desautorizado, proibido. *su ingreso está desautorizado* / seu ingresso está proibido.

de.sau.to.ri.zar [desawtoriθ´ar] *vt+vpr* Proibir, impedir. → alzar.

de.sa.ve.nen.cia [desaben´enθja] *sf* Desavença, oposição, discórdia, desentendimento, contrariedade, diferença.

de.sa.ve.ni.do [desaben´ido] *adj* Discorde, indisposto, malquisto. *ando desavenida con mi cuñada* / ando indisposta com minha cunhada.

de.sa.ve.nir [desaben´ir] *vt+vpr* Discordar.

de.sa.yu.no [desay´uno] *sm* Café da manhã, desjejum. *hoy he salido sin tomar el desayuno y estoy con dolor de cabeza* / hoje saí sem tomar o café da manhã e estou com dor de cabeça.

de.sa.zón [desaθ´on] *sf* **1** Inquietude, mal-estar, desassossego. **2** Insipidez. **3** Dissabor, desgosto, desprazer.

de.sa.zo.nar [desaθon´ar] *vt+vpr* **1** Desgostar, inquietar. *vt* **2** Tornar insípido.

des.ban.car [desbank´ar] *vt* Desbancar, bater, superar, suplantar. → atacar.

des.ban.dar.se [desband´arse] *vpr* **1** Debandar, dispersar, desbaratar. **2** Desertar.

des.ba.ra.jus.tar [desbarahust´ar] *vt* Desordenar, desorganizar. *hace una semana que estás trabajando acá y ya lo estás desbarajustando todo* / faz uma semana que você está trabalhando aqui e já está desorganizando tudo.

des.ba.ra.jus.te [desbarah´uste] *sm* Desordem, desorganização.

des.bas.tar [desbast´ar] *vt* **1** Desbastar. **2** Gastar, diminuir, debilitar.

des.blo.que.ar [desbloke´ar] *vt* Desbloquear, desimpedir, destravar.

des.bo.ca.do [desbok´ado] *adj+sm fam* Desbocado. *no seas desbocado con tu abuela* / não seja desbocado com sua avó.

des.bor.da.mien.to [desbordamj´ento] *sm* Transbordamento, extravasamento.

des.bor.dar [desbord´ar] *vt+vi+vpr* Transbordar. *con tanta lluvia se va a desbordar el río* / com tanta chuva o rio vai transbordar.

des.ca.be.lla.do, -a [deskabeʎ´ado] *adj* Desatinado, sem pé nem cabeça.

des.ca.be.llar [deskabeʎ´ar] *vt+vpr* Despentear, desgrenhar.

des.ca.be.zar [deskabeθ´ar] *vt* Descabeçar, decapitar. → alzar.

des.ca.de.ra.do [deskader´ado] *adj* Descadeirado, derreado. *limpié la casa hoy; estoy descaderada.* / limpei a casa hoje; estou descadeirada.

des.ca.e.ci.mien.to [deskaeθimj´ento] *sm* Descaimento, declínio, enfraquecimento.

des.ca.la.brar [deskalabr´ar] *vt+vpr* **1** Ferir na cabeça. *vt* **2** Prejudicar.

des.ca.la.bro [deskal´abro] *sm* Descalabro, contratempo, infortúnio, dano, perda, desgraça.

des.ca.li.fi.ca.ción [deskalifikaθj´on] *sf* **1** Desqualificação. **2** Desclassificação.

des.ca.li.fi.car [deskalifik´ar] *vt* **1** Desqualificar. **2** Desclassificar. *si mi equipo pierde este partido lo van a descalificar* / se meu time perder este jogo, vão desclassificá-lo. → atacar. Veja nota em **desclasificar**.

des.cal.zar [deskalθ´ar] *vt+vpr* Descalçar. *estoy loca para llegar en casa, descalzarme y tirarme en el sillón* / estou louca para chegar em casa, descalçar-me e jogar-me no sofá. → alzar.

des.cal.zo, -a [desk´alθo] *adj* Descalço. *Andrés, no andes descalzo* / André, não ande descalço.

des.ca.mi.nar [deskamin´ar] *vt+vpr* Desencaminhar, corromper, desviar do bom caminho.

des.can.sa.do [deskans´ado] *adj* **1** Descansado, tranquilo. **2** Fácil. *para mí cuidar a los gatos es descansado* / para mim, cuidar dos gatos é tranquilo.

des.can.sar [deskans´ar] *vi* **1** Descansar, repousar. **2** Confortar, consolar, aliviar. **3** Morrer.

des.can.so [desk´anso] *sm* **1** Descanso, repouso, ócio. **2** Sossego, tranquilidade. **3** Alívio, desafogo. **4** Pausa, intervalo.

des.ca.ño.nar [deskañon´ar] *vt+vpr* **1** Escanhoar. *vt* **2** *fam* Depenar, limpar, arruinar.

des.ca.po.ta.ble [deskapot´able] *adj+s* Conversível. *cuando hize 18 años me compré un coche descapotable* / quando completei 18 anos comprei um carro conversível.

des.ca.ra.do, -a [deskar´ado] *adj+s* Descarado, atrevido, desavergonhado, insolente.

des.car.ga [desk´arga] *sf* Descarga, descarregamento.

Em espanhol, **descarga** não é a válvula do vaso sanitário. No sentido de "dar descarga" usa-se **tirar la cadena / bajar el agua**.

des.car.gar [deskarg´ar] *vt* **1** Descarregar. **2** Aliviar, desafogar. **3** Desembocar, desaguar. *vt+vpr* **4** Demitir, exonerar. **5** Desincumbir. → cargar.

des.car.go [desk´argo] *sm* **1** Descarga. **2** Desencargo.

des.car.gue [desk´arge] *sm* Descarga, descarregamento.

des.car.nar [deskarn´ar] *vt+vpr* **1** Descarnar, desossar. **2** Desencarnar, morrer. **3** Definhar.

des.ca.ro [desk´aro] *sm* Descaramento, insolência, audácia, topete.

des.ca.rria.do [deskarȷ̃´ado] *adj* **1** Descarrilado. **2** Desgarrado. *lamento que mi hijo sea una oveja descarriada* / lamento que meu filho seja uma ovelha desgarrada.

des.ca.rriar [deskarȷ̃´ar] *vt* **1** Descarrilar. *vt+vpr* **2** Desgarrar. → confiar.

des.car.tar [deskart´ar] *vt+vi+vpr* Descartar, eliminar. *le haremos una punción lombar para descartar la posibilidad de meningitis* / faremos uma punção lombar para descartar a possibilidade de meningite.

des.cas.ca.rar [deskaskar´ar] *vt* Descascar. *te voy a descascarar una manzana* / vou descascar uma maçã para você.

des.cen.den.cia [desθend´enθja] *sf* **1** Descendência, sucessão. **2** Casta, linhagem, estirpe.

des.cen.den.te [desθend´ente] *adj* Descendente, decrescente.

No sentido de "filho, neto, descendente", a palavra adequada, em espanhol, é **descendiente**.

des.cen.der [desθend´er] *vi* **1** Descender, baixar, descer. **2** Proceder, provir, originar-se. → defender.

des.cen.dien.te [desθendj´ente] *adj+s* Descendente, sucessor. Veja nota em **descendente** (espanhol).

des.cen.so [desθ´enso] *sm* **1** Descenso, descida. **2** Diminuição, baixa, queda, redução.

des.cen.tra.li.za.ción [desθentraliθaθj´on] *sf* Descentralização. *la descentralización de la administración tiene que ser muy bien estructurada* / a descentralização da administração deve ser muito bem estruturada.

des.cen.tra.li.zar [desθentraliθ´ar] *vt* Descentralizar. → alzar.

des.ce.par [desθep´ar] *vt* Decepar, cortar pela raiz (árvores). *¡qué lástima que tengan descepado esos árboles!* / que pena que tenham cortado essas árvores pela raiz!

des.ce.rrar [desθeɾ´ar] *vt* Destrancar, abrir, descerrar.

des.ci.frar [desθifɾ´ar] *vt* Decifrar, interpretar, decodificar.

des.cla.si.fi.car [desklasifik´ar] *vt* **1** Tirar de classe ou ordem. **2** Publicar, tornar público. → atacar.

Desclasificar não tem sentido de "eliminar de competição". Nesse caso usa-se **descalificar**.

des.cla.var [desklab´ar] *vt* **1** Despregar. **2** Descravar, descravejar (pedras).

des.co.ca.do, -a [deskok´ado] *adj+s* Descarado, atrevido, ousado.

des.co.co [desko´ko] *sm* Descaramento, desplante. *el descoco de tu marido me espanta* / o descaramento do seu marido me espanta.

des.co.di.fi.car [deskodifik´ar] *vt* Decodificar. *voy a intentar descodificar esta carta* / vou tentar decodificar esta carta. → atacar.

des.co.llar [deskoʎ´ar] *vi+vpr* Destacar-se, sobressair. → aprobar.

des.co.lo.rar [deskoloɾ´ar] *vt+vpr* Descolorir, desbotar. *no dejes la blusa en jabón porque se va a descolorar* / não deixe a blusa de molho porque vai desbotar.

des.co.lo.ri.do, -a [deskoloɾ´ido] *adj* Desbotado, descolorido, pálido.

des.co.me.di.do, -a [deskomed´ido] *adj* Descomedido. • *adj+s* Descortês.

des.com.po.ner [deskompon´er] *vt+vpr* **1** Descompor, desarranjar, desordenar, desorganizar. *vt* **2** Decompor. **3** Indispor-se. *vt+vpr* **4** Deteriorar. → poner.

des.com.po.si.ción [deskomposiθj´on] *sf* **1** Decomposição. **2** Descomposição. **3** *fam* Diarreia.

des.com.pos.tu.ra [deskompost´ura] *sf* **1** Decomposição, desarranjo. **2** Desalinho. **3** Descompostura, falta de compostura, maus modos.

des.co.mu.nal [deskomun´al] *adj* Descomunal, desmedido, enorme, desmesurado, colossal.

des.con.cer.ta.do [deskonθeɾt´ado] *adj* Desconcertado, desajustado, desarranjado.

des.con.cer.tan.te [deskonθeɾt´ante] *adj* Desconcertante, espantoso, surpreendente.

des.con.cer.tar [deskonθeɾt´ar] *vt+vpr* **1** Desconcertar, desordenar, desajustar, desarranjar. **2** Deslocar (ossos). **3** Surpreender, aturdir. → despertar.

des.con.cier.to [deskonθj´erto] *sm* **1** Desconcerto, desajuste, desarranjo. **2** Aturdimento, perplexidade. **3** Descomedimento. **4** Desgoverno.

des.co.nec.ta.do [deskonekt´ado] *adj* **1** Desligado. **2** Desconexo.

des.con.fia.do, -a [deskonfj´ado] *adj+s* Desconfiado, reticente, receoso.

des.con.fian.za [deskonfj´anθa] *sf* Desconfiança, suspeita, receio.

des.con.fiar [deskonfj´ar] *vi* Desconfiar, recear, temer. → confiar.

des.con.ge.lar [deskon:hel´ar] *vt* Descongelar. *voy a descongelar un pollo para la cena* / vou descongelar um frango para o jantar.

des.con.ges.tio.nan.te [deskon:hestjon´ante] *adj+sm* Descongestionante.

des.con.ges.tio.nar [deskon:hestjon´ar] *vt+vpr* Descongestionar, desobstruir. *eso te va a ayudar a descongestionar la nariz* / isso vai ajudá-lo a descongestionar o nariz.

des.co.no.ce.dor [deskonoθedˊor] *adj* Desconhecedor, leigo.

des.co.no.cer [deskonoθˊer] *vt* **1** Desconhecer, ignorar. **2** Negar. → crecer.

des.co.no.ci.do, -a [deskonoθˊido] *adj+s* **1** Ingrato, mal-agradecido. **2** Desconhecido, ignorado. • *adj* Irreconhecível, transformado.

des.co.no.ci.mien.to [deskonoθimjˊento] *sm* **1** Desconhecimento. **2** Ingratidão. *no esperaba tanto desconocimiento de mi hermano* / não esperava tanta ingratidão do meu irmão.

des.con.si.de.ra.ción [deskonsideraθjˊon] *sf* Desconsideração, falta de consideração, descortesia.

des.con.si.de.rar [deskonsiderˊar] *vt* Desconsiderar, desatender, desprezar.

des.con.so.la.do [deskonsolˊado] *adj* **1** Desconsolado, desolado. **2** Melancólico, triste, aflito.

des.con.sue.lo [deskonswˊelo] *sm* Desconsolo, angústia, sofrimento, tristeza.

des.con.ta.mi.nar [deskontaminˊar] *vt* Despoluir, purificar. *existe un proyecto para descontaminar al río Tieté* / existe um projeto para despoluir o rio Tietê.

des.con.tar [deskontˊar] *vt* Descontar, deduzir. → aprobar.

des.con.ten.tar [deskontentˊar] *vt+vpr* Descontentar, desagradar, desgostar.

des.con.ten.to, -a [deskontˊento] *adj* Descontente, contrariado, insatisfeito. • *sm* Descontentamento, desgosto, desagrado.

des.con.trol [deskontrˊol] *sm* Descontrole, desgoverno. *Ana anda en un descontrol de niervos que nadie la aguanta* / Ana anda num descontrole de nervos que ninguém a aguenta.

des.con.tro.lar [deskontrolˊar] *vt+vpr* Descontrolar, desgovernar.

des.co.ra.zo.na.do [deskoraθonˊado] *adj* Desanimado, desencorajado. *nunca lo he visto tan descorazonado* / nunca o vi tão desanimado.

des.co.ra.zo.nar [deskoraθonˊar] *vt+vpr* Desanimar, desencorajar.

des.cor.cha.dor [deskortʃadˊor] *sm* Saca-rolhas. *¿será posible? no tengo descorchador para abrir el vino* / mas será possível? não tenho saca-rolhas para abrir o vinho!

des.cor.char [deskortʃˊar] *vt* Tirar a rolha, abrir.

des.cor.tés [deskortˊes] *adj+s* Descortês, grosseiro, mal-educado.

des.cor.te.sí.a [deskortesˊia] *sf* Descortesia, desconsideração, desatenção, grosseria, desfeita.

des.cor.te.zar [deskorteθˊar] *vt+vpr* Descortiçar, descascar.

des.co.si.do, -a [deskosˊido] *adj* **1** Descosturado. **2** Desatado, desordenado.

des.co.te [deskˊote] *sm* **1** Decote. **2** Gola. *esa blusa no sirve más porque está con el descote deformado* / essa blusa não serve mais porque está com a gola deformada.

des.co.yun.ta.do [deskoyuntˊado] *adj* Desconjuntado, desarticulado.

des.co.yun.tar [deskoyuntˊar] *vt+vpr* Deslocar, desarticular.

des.cré.di.to [deskrˊedito] *sm* Descrédito, depreciação, desabono.

des.cre.en.cia [deskreˊenθja] *sf* Descrença, incredulidade.

des.cre.er [deskreˊer] *vt* Descrer, negar.

des.crei.mien.to [deskrejmjˊento] *sm* Descrença, incredulidade. *lo que siento es un total descreimiento en la humanidad* / o que sinto é uma total descrença na humanidade.

des.cre.ma.do, -a [deskremˊado] *adj* Desnatado. *yo prefiero leche descremada* / eu prefiro leite desnatado.

des.cri.bir [deskribˊir] *vt* Descrever, contar, referir, narrar. *Part irreg:* descrito.

des.crip.ción [deskripθjˊon] *sf* Descrição, relato. *si me dan una descripción del chico, puedo ayudar a buscarlo* / se me derem uma descrição da criança, posso ajudar a procurá-la.

des.crip.ti.vo, -a [deskriptˊibo] *adj* Descritivo. *para casa, quiero que hagan una narración descriptiva* / para casa, quero que façam uma narração descritiva.

des.cru.zar [deskruθˊar] *vt* Descruzar. *al descruzar las piernas, no las abras demasiado* / ao descruzar as pernas, não as abra demais.

des.cua.ja.do [deskwahˊado] *adj* **1** Liquefeito. **2** Desanimado, desesperançado.

des.cuar.ti.zar [deskwartiθˊar] *vt* Esquartejar, retalhar. → alzar.

des.cu.bier.to, -a [deskubjˊerto] *adj* **1** Descoberto, destampado. **2** Exposto, vulnerável. **3** Espaçoso, amplo. • *sm* Déficit.

des.cu.bri.mien.to [deskubrimjˊento] *sm* Descobrimento, descoberta. *en 1500 fue el descubrimiento de Brasil* / o descobrimento do Brasil foi em 1500.

des.cu.brir [deskubrˊir] *vt* **1** Descobrir, revelar. **2** Destapar. *Part irreg:* descubierto.

des.cuen.to [deskwˊento] *sm* Desconto, abatimento.

des.cui.da.do, -a [deskwidˊado] *adj+s* Descuidado, relapso, relaxado. **2** Desatento. • *adj* Desprevenido, desavisado.

des.cui.dar [deskwidˊar] *vt* **1** Descuidar, abandonar, desatender, negligenciar. *vt+vpr* **2** Distrair, desligar-se. **descuida** relaxe, não se preocupe. *descuida, ya lo vamos a solucionar* / relaxe, já vamos resolver tudo.

des.cui.do [deskwˊido] *sm* **1** Descuido, negligência. **2** Esquecimento, desatenção. **3** Desleixo, desmazelo.

des.de [dˊesde] *prep* **1** Desde. *¿desde cuándo estás con fiebre?* / desde quando você está com febre? **2** Do, da (para ponto de vista, perspectiva, enfoque etc.). *desde el punto de vista de tu mamá, eres un santo* / do ponto de vista de sua mãe, você é um santo. **desde ya** imediatamente.

des.de.cir [desdeθˊir] *vi* **1** Discordar, destoar, desdizer. **2** Degenerar, declinar de padrão. → decir.

des.dén [desdˊen] *sm* Desdém, menosprezo.

des.de.ñar [desdeñˊar] *vt* Desdenhar, menosprezar. *ya te dije que no se debe desdeñar de los amigos* / já lhe disse que não se deve desdenhar dos amigos.

des.de.ño.so, -a [desdeñˊoso] *adj* Desdenhoso, arrogante, insolente.

des.di.cha [desdˊitʃa] *sf* Desdita, desventura, desgraça, infelicidade, infortúnio, azar.

des.di.cha.do, -a [desditʃˊado] *adj+s* Desventurado, desgraçado, infeliz, miserável, desafortunado, coitado.

des.do.blar [desdoblˊar] *vt+vpr* **1** Desdobrar. *vas a desdoblar las sábanas y doblarlas bien* / você vai desdobrar os lençóis e dobrá-los direito. **2** Desenvolver, ampliar.

des.do.ro [desdˊoro] *sm* Desdouro, mácula, deslustre, desaire, desonra.

de.se.a.ble [deseˊable] *adj* Desejável. *conocimiento de otro idioma es deseable, pero no imprescindible* / conhecimento de outro idioma é desejável, mas não imprescindível.

de.se.ar [deseˊar] *vt* Desejar, aspirar, querer.

de.se.car [desekˊar] *vt+vpr* Dessecar, secar, desidratar. *voy a aprender a desecar flores* / vou aprender a desidratar flores. → atacar.

de.se.cha.ble [desetʃˊable] *adj* Descartável.

de.se.char [desetʃˊar] *vt* Descartar, rejeitar.

de.se.cho [desˊetʃo] *sm* Dejeto, resíduo, refugo, resto.

de.sem.ba.lar [desembalˊar] *vt* Desembalar, desembrulhar. *¿te puedo ayudar a desembalar los regalos?* / posso ajudar a desembrulhar os presentes?

de.sem.ba.ra.za.do [desembaraθˊado] *adj* Desembaraçado, livre.

de.sem.ba.ra.zar [desembaraθˊar] *vt+vpr* **1** Desembaraçar, desobstruir. **2** Desocupar. → alzar.

No sentido de "desfazer embaraço de fios", usa-se a palavra **desenredar**.

de.sem.ba.ra.zo [desembarˊaθo] *sm* Desembaraço, desenvoltura, despejo.

de.sem.bar.ca.de.ro [desembarkadˊero] *sm* Desembarcadouro. *vamos a esperar las mercancías en el desembarcadero* / vamos esperar as mercadorias no desembarcadouro.

de.sem.bar.car [desembarkˊar] *vt+vi+vpr* Desembarcar. *no sé a qué horas vamos a desembarcar* / não sei a que horas vamos desembarcar. → atacar.

de.sem.bar.co [desembˊarko] *sm* Desembarque.

de.sem.bar.que [desemb´arke] *sm* Desembarque. *el desembarque será en el andén 4* / o desembarque será na plataforma 4.

de.sem.bo.ca.du.ra [desembokad´ura] *sf* Desembocadura, desemboque, foz.

de.sem.bol.sar [desembols´ar] *vt* **1** Desensacar, desempacotar. **2** Desembolsar, pagar.

de.sem.bol.so [desemb´olso] *sm* Desembolso, gasto.

de.sem.bro.llar [desembroλ´ar] *vt fam* Esclarecer, desenrolar.

de.sem.bu.char [desembutʃ´ar] *vt fam* Desembuchar, abrir o bico, falar.

de.sem.pa.car [desempak´ar] *vt* **1** Desempacotar, desembrulhar. **2** *AL* Desfazer as malas. → atacar.

de.sem.pe.ñar [desempeñ´ar] *vt+vpr* **1** Desempenhar, executar. **2** Resgatar (do penhor).

de.sem.pe.ño [desemp´eño] *sm* **1** Desempenho, performance, atuação. **2** Resgate do penhor.

de.sem.ple.a.do [desemple´ado] *adj+sm* Desempregado. *estoy desempleado hace dos meses* / estou desempregado faz dois meses.

de.sem.ple.o [desempl´eo] *sm* Desemprego. *hubo un incremento del desempleo en los últimos meses* / houve um aumento do desemprego nos últimos meses.

de.sen.ca.mi.nar [desenkamin´ar] *vt* Desencaminhar, corromper, desviar do bom caminho.

de.sen.can.ta.do [desenkant´ar] *adj* Desencantado, desiludido, desapontado, decepcionado, desenganado.

de.sen.can.ta.mien.to [desenkantamj´ento] *sm* Desencanto, decepção, desilusão, desengano.

de.sen.can.tar [desenkant´ar] *vt+vpr* Desencantar, desiludir, decepcionar, desanimar.

de.sen.can.to [desenk´anto] *sm* Desencanto, decepção, desilusão, desengano.

de.sen.chu.fa.do [desentʃuf´ado] *adj* Desligado da tomada, desconectado. *la televisión está desenchufada, por eso no funciona* / a televisão está desligada da tomada, por isso não funciona.

de.sen.chu.far [desentʃuf´ar] *vt* Desligar da tomada, desconectar.

de.sen.co.la.do [desenkol´ado] *adj* Descolado, despegado, desgrudado.

de.sen.co.lar [desenkol´ar] *vt+vpr* Descolar, desgrudar, despegar.

de.sen.fa.da.do, -a [desenfad´ado] *adj* **1** Desembaraçado, livre. **2** Espaçoso, amplo.

de.sen.fa.do [desenf´ado] *sf* **1** Desenvoltura, desembaraço. **2** Descontração, diversão.

de.sen.fre.na.do, -a [desenfren´ado] *adj+s* Desenfreado, descomedido.

de.sen.fre.no [desenfr´eno] *sm* Desenfreamento, devassidão.

de.sen.ga.ña.do [desengañ´ado] *adj* Desenganado, desiludido, desesperançado.

de.sen.ga.ñar [desengañ´ar] *vt+vpr* Desenganar, desiludir, decepcionar, desesperançar.

de.sen.ga.ño [deseng´año] *sm* Desengano, decepção, desilusão, desencanto.

de.sen.gru.dar [desengrud´ar] *vt+vpr* Desengomar. *con el uso, el mantel se va a desengomar* / com o uso, a toalha de mesa vai desengomar.

de.sen.la.ce [desenl´aθe] *sm* Desenlace, conclusão, desfecho, final.

de.sen.la.zar [desenlaθ´ar] *vt+vpr* **1** Desenlaçar, desamarrar. **2** Resolver, solucionar. → alzar.

de.sen.mas.ca.rar [desenmaskar´ar] *vt+vpr* Desmascarar. *lo desenmascararon delante de toda la familia* / desmascararam-no diante de toda a família.

de.sen.re.dar [desenred´ar] *vt* **1** Desenredar, desembaraçar. **2** Esclarecer. *vpr* **3** Desenrolar-se. Veja nota em **desembarazar**.

de.sen.re.do [desenr´edo] *sm* **1** Desembaraço. **2** Desenlace, desfecho.

de.sen.ro.llar [desenroλ´ar] *vt+vpr* Desenrolar. *ayudame a desenrollar la manguera* / ajude-me a desenrolar a mangueira.

de.sen.ten.der.se [desentend´erse] *vpr* **1** Desentender-se, fazer-se de desentendido. **2** Desinteressar-se. → defender.

desentendido / **desfigurar**

de.sen.ten.di.do [desentend´ido] *adj* Desentendido, ignorante, desconhecedor.

de.sen.ten.di.mien.to [desentendimj´ento] *sm* Desacerto, despropósito, ignorância.
Este verbete não tem o sentido de "briga", "discussão".

de.sen.te.rrar [desenter̃´ar] *vt+vpr* Desenterrar. *mi perro tiene la costumbre de desenterrar las flores* / meu cachorro tem mania de desenterrar as flores. → despertar.

de.sen.to.na.do [desenton´ado] *adj* Desarmônico, dissonante.

de.sen.tre.na.do [desentren´ado] *adj* Destreinado, fora de forma. *no voy a lograr correr todo el camino; estoy muy desentrenado* / não vou conseguir correr todo o caminho; estou muito destreinado.

de.sen.vol.tu.ra [desembolt´ura] *sf* Desenvoltura, desembaraço, descontração.

de.sen.vol.ver [desembolb´er] *vt+vpr* **1** Desembrulhar, desempacotar. **2** Decifrar, descobrir, esclarecer, resolver. **3** Desenvolver, expor, elaborar (ideia). → morder. *Part irreg:* desenvuelto.

de.sen.vol.vi.mien.to [desembolbimj´ento] *sm* Desenvolvimento, extensão.

de.sen.vuel.to, -a [desembw´elto] *adj* **1** Desembrulhado. **2** Desenvolto, ágil.

de.se.o [des´eo] *sm* Desejo, vontade, anseio. *mi mayor deseo es que seas feliz* / meu maior desejo é que você seja feliz.

de.se.o.so [dese´oso] *adj* Desejoso, ávido, sedento.

de.se.qui.li.bra.do [desekilibr´ado] *adj+sm* Desequilibrado, insensato.

de.se.qui.li.brar [desekilibr´ar] *vt+vpr* Desequilibrar, perder o equilíbrio.

de.se.qui.li.brio [desekil´ibrjo] *sm* Desequilíbrio. *parece que tengo un desequilibrio hormonal* / parece que tenho um desequilíbrio hormonal.

de.ser.ción [deserθj´on] *sf* Deserção, abandono.

de.ser.tor, -a [desert´or] *adj* Desertor. • *sm* Desertor. *los desertores son arrestados* / os desertores são presos.

de.ses.pe.ra.ción [desesperaθj´on] *sf* **1** Desespero, desolação. **2** Cólera, ira.

de.ses.pe.ra.do, -a [desesper´ado] *adj+s* Desesperado. • *adj* Extremo.

de.ses.pe.ran.te [desesper´ante] *adj* Desesperador. *tu silencio es desesperante* / seu silêncio é desesperador.

de.ses.pe.ran.za [desesper´anθa] *sf* Desesperança, desalento.

de.ses.pe.rar [desesper´ar] *vt+vpr* **1** Desesperar, desanimar. **2** *fam* Exasperar, impacientar.

de.ses.pe.ro [desesp´ero] *sm* Desesperança, desalento, desespero. *no aguanto más tanto desespero* / não aguento mais tanto desespero.

de.ses.ta.bi.li.zar [desestabiliθ´ar] *vt+vpr* Desestabilizar, desequilibrar. → alzar.

de.ses.ti.ma [desest´ima] *sf* Desestima, menosprezo, desamor. *no merezco tu desestima* / não mereço seu menosprezo.

de.ses.ti.ma.ción [desestimaθj´on] *sm* Desestima, menosprezo, desamor.

de.ses.ti.mar [desestim´ar] *vt* Desestimar, menosprezar.

des.fa.cha.ta.do [desfatʃat´ado] *adj fam* Descarado, desavergonhado, sem-vergonha.

des.fa.cha.tez [desfatʃat´eθ] *sf* Desfaçatez, descaro, descaramento.

des.fal.car [desfalk´ar] *vt* Desfalcar, roubar.

des.fal.co [desf´alko] *sm* Desfalque. *han descubierto el desfalco muy tarde* / descobriram o desfalque tarde demais.

des.fa.lle.cer [desfaλeθ´er] *vi* Desfalecer, desmaiar. *me voy a desfallecer* / vou desmaiar. → crecer.

des.fa.lle.ci.do [desfaλeθ´ido] *adj* Desfalecido, desacordado, desmaiado.

des.fa.lle.ci.mien.to [desfaλeθimj´ento] *sm* Desfalecimento, desmaio.

des.fa.vo.ra.ble [desfabor´able] *adj* Desfavorável, desvantajoso, prejudicial.

des.fa.vo.ra.ble.men.te [desfaborablem´ente] *adv* Desfavoravelmente.

des.fi.gu.rar [desfigur´ar] *vt+vpr* **1** Desfigurar, deformar, transfigurar. *vt* **2** *fig* Dissimular, falsear.

des.fi.la.de.ro [desfilaðˈero] *sm Geol* Desfiladeiro.

des.fi.lar [desfilˈar] *vi* Desfilar. *voy a desfilar el 7 de setiembre* / vou desfilar dia 7 de setembro.

des.fi.le [desfˈile] *sm* Desfile. *quiero ver al desfile de moda en la tele* / quero ver o desfile de moda na TV.

des.flo.rar [desflorˈar] *vt* Deflorar, desvirginar.

des.fo.res.ta.ción [desforestaθjˈon] *sm* Desmatamento, desflorestamento.

des.gai.re [desgˈaire] *sm* Desalinho, desleixo, descuido, desmazelo.

des.ga.na [desgˈana] *sf* **1** Inapetência. **2** *fig* Desinteresse.

des.ga.nar [desganˈar] *vt+vpr* Desanimar, desinteressar-se, perder a vontade.

des.ga.ñi.tar.se [desgañitˈarse] *vpr* **1** Esgoelar-se, gritar. **2** Enrouquecer.

des.ga.rrar [desgaɾˈar] *vt+vpr* **1** Rasgar. *vt* **2** Escarrar, pigarrear. **3** Despedaçar, dilacerar, cortar o coração. *vpr* **4** Desgarrar-se, afastar-se. Veja nota em **desgarrado** (português).

des.gas.tar [desgastˈar] *vt+vpr* **1** Desgastar. *vt* **2** Perverter, viciar.

des.gas.te [desgˈaste] *sm* Desgaste, deterioração.

des.glo.sar [desglosˈar] *vt* Desmembrar, separar, discriminar.

des.go.ber.na.do [desgobernˈado] *adj* Desgovernado, indisciplinado.

des.gra.cia [desgɾˈaθja] *sf* Desgraça, desventura, infelicidade, infortúnio.

des.gra.cia.do, -a [desgɾaθjˈado] *adj+s* Desgraçado, desventurado, infeliz.

des.gra.ciar [desgɾaθjˈar] *vt* **1** Desgraçar, desagradar, descontentar. *vt+vpr* **2** Malograr.

des.gre.ña.do [desgɾeñˈado] *adj* Desgrenhado, despenteado.

des.gre.ñar [desgɾeñˈar] *vt+vpr* **1** Desgrenhar, despentear. *vpr* **2** Brigar puxando os cabelos. *los dos se están desgreñando hace horas* / os dois estão se puxando pelos cabelos há horas.

des.ha.bi.ta.do [desabitˈado] *adj* Desabitado, despovoado. *quiero conocer a una región deshabitada* / quero conhecer uma região desabitada.

des.ha.bi.tua.do [desabitwˈado] *adj* Desabituado, desacostumado.

des.ha.bi.tuar [desabitwˈar] *vt* Desabituar, desacostumar.

des.ha.cer [desaθˈer] *vt+vpr* **1** Desfazer, desmanchar. **2** Derreter. *vt* **3** Dividir, partir, despedaçar. *vpr* **4** Consumir-se, afligir-se. → hacer.

des.har.mo.ní.a [desarmoˈia] *sf* Desarmonia. *¿cómo se puede vivir feliz en desharmonía?* / como é possível viver feliz em desarmonia?

des.he.brar [desebɾˈar] *vt* Desfiar. *no tires el hilo que se va a deshebrar la blusa entera* / não puxe o fio que vai desfiar a blusa inteira.

des.he.cho, -a [desˈetʃo] *adj* **1** Desfeito, desarrumado. **2** Deprimido, abatido.

des.he.lar [deselˈar] *vt+vpr* Descongelar, degelar. → despertar.

des.he.re.dar [deseredˈar] *vt* Deserdar. *Juan juró que va a desheredar los hijos* / Juan jurou que vai deserdar os filhos.

des.he.rrum.brar [deseřumbɾˈar] *vt* Desenferrujar, desoxidar.

des.hi.dra.ta.ción [desidrataθjˈon] *sf* Desidratação. *con los nenes hay que tener mucho cuidado con la deshidratación* / com os bebês, é preciso ter muito cuidado com a desidratação.

des.hi.dra.tar [desidɾatˈar] *vt+vpr* Desidratar. *si no tomas bastante agua, te vas a deshidratar* / se você não tomar bastante água, vai se desidratar.

des.hi.la.char [desilatʃˈar] *vt+vpr* Desfiar, esfiapar.

des.hi.lar [desilˈar] *vt* Desfiar. *voy a deshilar una pechuga* / vou desfiar um peito de frango.

des.hin.char [desintʃˈar] *vt* Desinchar.

des.ho.jar [desoˈar] *vt* **1** Desfolhar. **2** Consumir, esgotar.

des.ho.nes.ta.men.te [desonestamˈente] *adv* Desonestamente.

des.ho.nes.ti.dad [desonestidˈad] *sf* Desonestidade. *parece orgullarse de su deshonestidad* / parece orgulhar-se de sua desonestidade.

des.ho.nes.to, -a [deson´esto] *adj* Desonesto.

des.ho.nor [deson´or] *sm* **1** Desonra. **2** Afronta.

des.hon.ra [des´onra] *sf* **1** Desonra. **2** Afronta.

des.hon.rar [desonr´ar] *vt+vpr* **1** Desonrar. *vt* **2** Injuriar. **3** Violar, estuprar.

des.hon.ro.so, -a [desonr´oso] *adj* Desonroso, vergonhoso, aviltante.

des.hue.sar [deswes´ar] *vt* **1** Desossar. **2** Descaroçar.

des.hu.ma.no [desum´ano] *adj* Desumano, cruel. *la esclavitud infantil es deshumana* / a escravidão infantil é desumana.

de.si.dia [des´idja] *sf* Negligência, indolência.

de.sier.to [desj´erto] *sm* Deserto. *eres como un oásis en el desierto* / você é como um oásis no deserto.

de.sig.na.ción [designaθj´on] *sf* **1** Designação. **2** Nomeação, indicação.

de.sig.nar [design´ar] *vt* **1** Designar, nomear. **2** Indicar.

de.si.gual [desigw´al] *adj* **1** Desigual. **2** Diferente, diverso. **3** Inconstante.

de.si.gual.dad [desigwald´ad] *sf* Desigualdade, diferença.

de.si.lu.sión [desilusj´on] *sf* Desilusão, decepção, desencanto.

de.si.lu.sio.nar [desilusjon´ar] *vt+vpr* Desiludir, decepcionar.

de.sin.fec.ción [desinfekθj´on] *sf* **1** Desinfecção, assepsia, esterilização. **2** Dedetização.

de.sin.fec.tan.te [desinfekt´ante] *adj+sm* Desinfetante. *quiero que laves los baños con desinfectante* / quero que você lave os banheiros com desinfetante.

de.sin.fec.tar [desinfekt´ar] *vt+vpr* **1** Desinfetar, esterilizar. *vt* **2** Dedetizar.

de.sin.fes.tar [desinfest´ar] *vt Méx* Dedetizar.

de.sin.flar [desinfl´ar] *vt+vpr* **1** Desinflar, esvaziar. **2** Desanimar, esfriar.

de.sin.for.ma.ción [desinformaθj´on] *sf* Desinformação.

de.sin.hi.bi.ción [desinibiθj´on] *sf* Desinibição. *tu desinhibición me asusta* / sua desinibição me assusta.

de.sin.hi.bir [desinib´ir] *vt+vpr* Desinibir, soltar.

de.sin.sec.ta.ción [desinsektaθj´on] *sf* Dedetização. *este sitio necesita una desinsectación* / este lugar precisa de uma dedetização.

de.sin.sec.tar [desinsekt´ar] *vt* Dedetizar.

de.sin.te.gra.ción [desintegraθj´on] *sf* **1** Desintegração, decomposição. **2** Destruição.

de.sin.te.grar [desintegr´ar] *vt+vpr* **1** Desintegrar, decompor, separar. **2** Destruir.

de.sin.te.rés [desinter´es] *sm* **1** Desinteresse, indiferença. **2** Desprendimento, generosidade.

de.sin.te.re.sa.do, -a [desinteres´ado] *adj* **1** Desinteressado, indiferente. **2** Desprendido, generoso.

de.sin.te.re.sar.se [desinteres´arse] *vpr* Desinteressar-se. *en menos de dos meses ella ya se desinteresó por la facultad* / em menos de dois meses ela já se desinteressou pela faculdade.

de.sin.to.xi.ca.ción [desintoxikaθj´on] *sf* Desintoxicação.

de.sin.to.xi.car [desintoksik´ar] *vt+vpr* Desintoxicar. *van a tener que desintoxicarlo* / vão ter de desintoxicá-lo. → atacar.

de.sis.ti.mien.to [desistimj´ento] *sm* Desistência, renúncia, abdicação, abandono.

de.sis.tir [desist´ir] *vi* Desistir, renunciar, abdicar, abandonar.

des.leal [desle´al] *adj+s* Desleal, infiel, traidor. *él jamás sería desleal conmigo* / ele jamais seria desleal comigo.

des.le.al.tad [deslealt´ad] *sf* Deslealdade, infidelidade, traição.

des.len.gua.do, -a [deslengw´ado] *adj+s* Desbocado. *¡qué tío desbocado!* / que sujeito desbocado!

des.li.gar [deslig´ar] *vt* Desligar, desunir, separar. → cargar.

des.liz [desl´iθ] *sm* Deslize. *he cometido un desliz, pero fue sin querer* / cometi um deslize, mas foi sem querer.

des.li.za.mien.to [desliθamj´ento] *sm* **1** Deslizamento. **2** Derrapagem.

des.li.zar [desliθ´ar] *vt+vpr* **1** Deslizar,

des.lu.ci.do [desluθ´ido] *adj* **1** Opaco. **2** Sem graça, chocho. *ese vestido es muy deslucido* / esse vestido é muito sem graça.

des.lu.cir [desluθ´ir] *vt+vpr* **1** Ofuscar, empanar. **2** Desacreditar, desprestigiar. **3** Desluzir, deslustrar.

des.lum.bra.dor, -ora [deslumbrad´or] *adj* Deslumbrante, maravilhoso, esplêndido.

des.lum.bra.mien.to [deslumbramj´ento] *sm* Deslumbramento. *se le veía en los ojos el deslumbramiento* / via-se em seus olhos o deslumbramento.

des.lum.bran.te [deslumbr´ante] *adj* Deslumbrante, maravilhoso, esplêndido.

des.lum.brar [deslumbr´ar] *vt+vpr* Deslumbrar, encantar, arrebatar, aturdir.

des.lus.trar [deslustr´ar] *vt* **1** Ofuscar, empanar. **2** Desacreditar, desprestigiar. **3** Desluzir, deslustrar.

des.lus.tre [desl´ustre] *sm* **1** Falta de brilho. **2** Descrédito, desonra, desaire.

des.ma.dre [desm´adre] *sm* Caos, confusão, bagunça.

des.mán [desm´an] *sm* Desgraça, infortúnio. *son los desmanes de la vida* / são as desgraças da vida.

des.man.te.lar [desmantel´ar] *vt* **1** Desmantelar, destruir, destroçar. **2** Desarticular, desorganizar.

des.ma.ña.do, -a [desmañ´ado] *adj+s* Desajeitado, inábil. *soy desmañada para trabajos manuales* / sou desajeitada para trabalhos manuais.

des.mar.car [desmark´ar] *vt+vpr* **1** Separar, afastar. *vpr* **2** *Dep* Desmarcar.

des.ma.ya.do [desmay´ado] *adj* Apagado, desmaiado.

des.ma.yar [desmay´ar] *vt+vpr* Desmaiar, desfalecer.

des.ma.yo [desm´ayo] *sm Med* Desmaio. *ayer tuve un desmayo* / ontem tive um desmaio.

des.me.di.do, -a [desmed´ido] *adj* Desmedido, desmesurado.

des.me.dra.do [desmedr´ado] *adj* Subdesenvolvido. *el bonsai es un árbol desmedrado* / o bonsai é uma árvore subdesenvolvida.

des.me.mo.ria.do [desmemorj´ado] *adj+sm* Desmemoriado, esquecido.

des.men.ti.do, -a [desment´ido] *s* Desmentido. *queremos oírle el desmentido* / queremos ouvir o desmentido.

des.men.tir [desment´ir] *vt* Desmentir, negar. *si le decís algo a mamá, yo lo voy a desmentir* / se você contar alguma coisa para a mamãe, vou desmentir. → mentir.

des.me.nu.zar [desmenuθ´ar] *vt+vpr* **1** Fragmentar. **2** Esmiuçar. → alzar.

des.me.re.cer [desmereθ´er] *vi+vt* Desmerecer, desacreditar. → crecer.

des.me.su.ra.do, -a [desmesur´ado] *adj* Desmesurado, desmedido.

des.mo.char [desmotʃ´ar] *vt* Desmochar, desramar.

des.mon.tar [desmont´ar] *vt* **1** Desmatar. **2** Desmontar, desarmar. *vt+vpr* **3** Apear.

des.mon.te [desm´onte] *sm* Desmonte, desmontagem.

des.mo.ra.li.za.ción [desmoraliθaθj´on] *sf* Desmoralização. *esto es una desmoralización* / isto é uma desmoralização.

des.mo.ra.li.zar [desmoraliθ´ar] *vt+vpr* Desmoralizar, aviltar, desprestigiar. → alzar.

des.mo.ro.na.mien.to [desmoronamj´ento] *sm* Desmoronamento. *las lluvias han causado un desmoronamiento* / as chuvas causaram um desmoronamento.

des.mo.ro.nar [desmoron´ar] *vt+vpr* Desmoronar, desabar, cair.

des.na.tu.ra.li.za.do [desnaturaliθ´ado] *adj+sm* Desnaturado. *eres un hijo desnaturalizado* / você é um filho desnaturado.

des.ni.ve.lar [desnibel´ar] *vt+vpr* **1** Desnivelar. **2** Desequilibrar.

des.nu.dar [desnud´ar] *vt+vpr* **1** Desnudar, despir. **2** Despojar. *vpr* **3** Desprender-se.

des.nu.dez [desnud´eθ] *sf* Nudez. *la desnudez es natural para los chicos* / a nudez é natural para as crianças.

des.nu.do, -a [desn´udo] *adj* Nu, despido, desnudo, pelado.

des.nu.tri.ción [desnutriθj´on] *sf* Desnutrição. *muchos chicos se mueren de desnutrición* / muitas crianças morrem de desnutrição.

de.so.be.de.cer [desobedeθ´er] *vt* Desobedecer, desrespeitar, desacatar, descumprir. → crecer.

de.so.be.dien.cia [desobedj´enθja] *sf* Desobediência, indisciplina.

de.so.be.dien.te [desobedj´ente] *adj+s* Desobediente, indisciplinado.

de.so.bli.gar [desoblig´ar] *vt+vpr* Desobrigar, isentar, dispensar, eximir.

de.sobs.truir [desobstru´ir] *vt* Desobstruir, desimpedir. *nos pidieron para desobstruir los pasillos* / pediram-nos para desobstruir os corredores. → huir.

de.so.cu.pa.ción [desokupaθj´on] *sf* 1 Desocupação, ociosidade. 2 Desemprego.

de.so.cu.pa.do, -a [desokup´ado] *adj+s* 1 Desocupado, ocioso. 2 Vazio. 3 Desempregado.

de.so.cu.par [desokup´ar] *vt* 1 Desocupar, vagar. 2 Esvaziar.

de.so.do.ran.te [desodor´ante] *adj+sm* Desodorante. *jamás salgo de casa sin desodorante* / nunca saio de casa sem desodorante.

de.so.la.ción [desolaθj´on] *sf* 1 Desolação, angústia. 2 Ruína, destruição, devastação.

de.so.la.do [desolad´ado] *adj* 1 Desolado, triste. 2 Inóspito, deserto.

de.so.la.dor, -ora [desolad´or] *adj* 1 Desolador, devastador. 2 Doloroso, lamentável, angustiante.

de.so.lar [desol´ar] *vt* 1 Assolar, destruir, arrasar. *vt+vpr* 2 Desolar, angustiar, afligir. → aprobar.

de.sor.den [des´orden] *sm* Desordem, confusão, bagunça, baderna, desorganização.

de.sor.de.na.do, -a [desorden´ado] *adj+s* 1 Desarrumado. 2 Desordenado, desregrado, confuso.

de.sor.de.nar [desorden´ar] *vt+vpr* 1 Desordenar, desarranjar. *vt* 2 Desarrumar, bagunçar.

de.sor.ga.ni.za.ción [desorganiθaθj´on] *sf* 1 Desorganização, desordem, desarranjo. 2 Bagunça.

de.sor.ga.ni.zar [desorganiθ´ar] *vt+vpr* 1 Desorganizar, desordenar, desarranjar. *vt* 2 Bagunçar. → alzar.

de.so.rien.tar [desorjent´ar] *vt+vpr* Desorientar(-se), perturbar(-se), confundir(-se).

de.so.xi.da.do [desoksid´ado] *adj* Desenferrujado, desoxidado.

des.pa.bi.lar [despabil´ar] *vt+vpr* Avivar, animar, ficar atento.

des.pa.cha.do [despatʃ´ado] *adj* 1 Despachado. 2 *fam* Descarado, cara de pau, sem-vergonha.

des.pa.char [despatʃ´ar] *vt* 1 Despachar, concluir. 2 Expedir, remeter, enviar. *vt+vpr fam* 3 Matar.

des.pa.cho [desp´atʃo] *sm* 1 Despacho, expediente, resolução. 2 Escritório.

des.pa.cio [desp´aθjo] *adv* Devagar. *habla más despacio que no entiendo nada* / fale mais devagar que eu não estou entendendo nada.

des.pa.cio.so, -a [despaθj´oso] *adj* Lento, vagaroso.

des.pam.pa.nan.te [despampan´ante] *adj* Espantoso, deslumbrante, assombroso, desconcertante.

des.pa.rra.mar [despar̄am´ar] *vt+vpr* 1 Esparramar. 2 Espalhar, espargir. *vt* 3 Desperdiçar, dissipar.

des.pe.cha.do [despetʃ´ado] *adj* Despeitado, ressentido, injuriado. Veja nota em **despectivo**.

des.pe.char [despetʃ´ar] *vt+vpr* 1 Despeitar, injuriar. *vt* 2 *fam* Desmamar.

des.pec.ti.vo, -a [despekt´ibo] *adj* Depreciativo, ofensivo, pejorativo.

Em espanhol, **despectivo** não tem o sentido de "despeitado" como em português. Nesse sentido, usa-se **despechado**.

des.pe.da.zar [despedaθ´ar] *vt+vpr* Despedaçar. *si eso se cae, se va a despedazar* / se isso cair, vai se despedaçar. → alzar.

des.pe.di.da [desped´ida] *sf* Despedida, adeus, fim, partida.

des.pe.dir [desped´ir] *vt* 1 Soltar, lançar, atirar. 2 Exalar. 3 Despedir, demitir. *vpr* 4 Despedir-se. → medir.

des.pe.ga.do [despeg´ado] *adj fam* 1

Áspero, desagradável. 2 Desapegado, frio.

des.pe.gar [despeg´ar] *vt* 1 Descolar, desgrudar, despegar. *vi* 2 Decolar. → cargar.

des.pe.go [desp´ego] *sm* Falta de interesse, desapego, desinteresse.

des.pe.gue [desp´ege] *sm Aeron* Decolagem. *voy al aeropuerto para ver el despegue de los aviones* / vou ao aeroporto para ver a decolagem dos aviões.

des.pei.na.do [despejn´ado] *adj* Despenteado, desgrenhado.

des.pei.nar [despejn´ar] *vt+vpr* Despentear, desgrenhar.

des.pe.ja.do, -a [despeh´ado] *adj* 1 Descolado, despachado, desembaraçado. 2 Claro, aberto, limpo (tempo, ideias). 3 Espaçoso, amplo.

des.pe.jar [despeh´ar] *vt* 1 Desocupar, esvaziar. 2 Esclarecer. *vi+vpr* 3 Abrir, limpar (tempo).

des.pe.lle.jar [despeʎeh´ar] *vt+vpr* 1 Despelar. *vt* 2 *fam* Meter o pau, falar mal, criticar.

des.pe.lo.tar.se [despelot´arse] *vpr fam* 1 Despir-se, desnudar-se. 2 Alvoroçar-se. 3 Rachar de rir.

des.pe.lo.te [despel´ote] *sm fam* Bagunça, desorganização. *¡qué despelote!* / que bagunça!

des.pe.ña.de.ro [despeɲad´ero] *sm* 1 Despenhadeiro, precipício, desfiladeiro, barranco. 2 *fig* Risco, perigo.

des.pe.ñar [despeɲ´ar] *vt+vpr* 1 Despenhar, despencar, precipitar-se. *vpr* 2 Entregar-se, atirar-se (paixões, vícios).

des.pen.sa [desp´ensa] *sf* Despensa. *tengo la despensa vacía* / estou com a despensa vazia.

des.per.di.cia.do [desperdiθj´ado] *adj* Desperdiçador, perdulário.

des.per.di.ciar [desperdiθj´ar] *vt* Desperdiçar, esbanjar. *no es cierto desperdiciar agua* / não é certo desperdiçar água.

des.per.di.cio [desperdˊiθjo] *sm* Desperdício, perda, esbanjamento, desproveito.

des.pe.re.zar.se [despereθ´arse] *vpr* Espreguiçar-se.

des.per.fec.to [desperf´ekto] *sm* Defeito, falha.

des.per.ta.dor [despertad´or] *sm* Despertador. *ya puse el despertador para mañana* / já coloquei o despertador para amanhã.

des.per.tar [despert´ar] *vt+vpr* 1 Despertar, acordar. 2 Mover, excitar, incitar, provocar. • *sm* Despertar. → Veja modelo de conjugação.

des.pi.do [desp´ido] *sm* 1 Demissão. 2 Quitação (na rescisão).

des.pier.to, -a [despj´erto] *adj* 1 Acordado. 2 Esperto, vivo.

des.pil.fa.rra.dor, -ora [despilfaɾad´or] *adj+s* Esbanjador, gastador, perdulário.

des.pil.fa.rrar [despilfaɾ´ar] *vt+vpr* Esbanjar, gastar, dissipar, queimar, malgastar.

des.pis.ta.do [despist´ado] *adj* Distraído, desorientado, desatento. **hacerse el despistado** fazer-se de desentendido.

des.pis.tar [despist´ar] *vt+vi* 1 Despistar, desorientar. *vi* 2 Fingir, dissimular.

des.pla.cer [desplaθ´er] *sm* Desprazer, desagrado, desgosto, dissabor, descontentamento.

des.plan.te [despl´ante] *sm* Desplante, descaramento. *Francisco tuvo el desplante de decirme que me quiere* / Francisco teve o descaramento de dizer que me ama.

des.pla.za.mien.to [desplaθamj´ento] *sm* Deslocamento, movimento.

des.ple.gar [despleg´ar] *vt+vpr* 1 Desdobrar, desenrolar, estender. 2 Esclarecer. → fregar.

des.plo.mar [desplom´ar] *vt* 1 Desabar, desmoronar. *vpr* 2 Arruinar-se.

des.plo.me [despl´ome] *sm* Desabamento, desmoronamento.

des.plu.mar [desplum´ar] *vt+vpr* Depenar: a) tirar as penas. b) *fig* limpar, tirar todo o dinheiro.

des.po.bla.do, -a [despobl´ado] *adj+s* Despovoado, deserto.

des.po.jar [despoh´ar] *vt+vpr* 1 Despojar. *vpr* 2 Despir-se, desnudar-se.

des.po.jo [desp´oho] *sm* 1 Despojo. 2 Miúdos (aves). 3 **despojos** *pl* Resíduos, restos mortais.

des.po.sar [despos´ar] *vt+vpr* Desposar, casar. Veja nota em **esposar** (espanhol).

dés.po.ta [d´espota] *adj+sm* Déspota, tirano. *el marido de ella es un déspota* / o marido dela é um tirano.

des.pó.ti.co, -a [desp´otiko] *adj* Despótico, tirânico, autoritário.

des.po.tis.mo [despot´ismo] *sm* Despotismo, tirania, autoritarismo.

des.pre.cia.ble [despreθj´able] *adj* Desprezível, vil.

des.pre.ciar [despreθj´ar] *vt* Desprezar, menosprezar, desdenhar.

des.pre.cio [despr´eθjo] *sm* Desprezo, menosprezo, desdém.

des.pren.der [desprend´er] *vt+vpr* **1** Desprender, soltar. *vpr* **2** Depreender, concluir, inferir.

des.pre.o.cu.pa.ción [despreokupaθj´on] *sf* Despreocupação, sossego, tranquilidade, calma.

des.pre.o.cu.pa.da.men.te [despreokupadam´ente] *adv* Despreocupadamente.

des.pre.o.cu.pa.do, -a [despreokup´ado] *adj* Despreocupado, sossegado, calmo, tranquilo.

des.pres.ti.giar [desprestihj´ar] *vt+vpr* Desprestigiar, desacreditar, desconceituar, desmoralizar.

des.pre.ve.ni.do, -a [despreben´ido] *adj* **1** Desprevenido, inadvertido. **2** Desprovido, carente, necessitado.

des.pro.gra.mar [desprogram´ar] *vt* Desprogramar. *si cortan la luz el vídeo se va a desprogramar* / se acabar a luz o vídeo vai se desprogramar.

des.pro.por.cio.na.do [desproporθjon´ado] *adj* Desproporcional, desproporcionado, desigual.

des.pro.po.si.ta.da.men.te [despropositadam´ente] *adv* Despropositadamente.

des.pro.po.si.ta.do [desproposit´ado] *adj* Despropositado, disparatado.

des.pro.pó.si.to [desprop´osito] *sf* Despropósito, disparate. *todo lo que decís es un despropósito* / tudo o que você fala é um disparate.

des.pro.te.gi.do [propoteh´ido] *adj* Desprotegido. • *adj+sm* Desvalido, pobre, carente, necessitado.

des.pro.vis.to, -a [desprob´isto] *adj* Desprovido, desguarnecido, carente.

des.pués [despw´es] *adv* Depois, após. *me gusta comer un chocolate después de la comida* / gosto de comer um chocolate depois das refeições.

des.pun.tar [despunt´ar] *vt+vpr+vi* Despontar: a) gastar a ponta. b) aparecer, surgir. c) destacar-se, sobressair.

des.qui.cia.do [deskiθj´ado] *adj* **1** Descomposto, desmontado, desarranjado. **2** Indisposto, irritado, agastado, contrariado.

des.qui.tar [deskit´ar] *vt+vpr* **1** Desforrar, vingar. **2** Descontar, abater, dar desconto. Veja nota em **desquitar** (português).

des.qui.te [desk´ite] *sf* Desforra, vingança.

des.ta.ca.ble [destak´able] *adj* Destacável, distinguível.

Nessa acepção, **destacable** não tem o sentido de "destacado, arrancado, separado".

des.ta.ca.do, -a [destak´ado] *adj* Destacado, saliente, de destaque, realçado.

des.ta.ca.men.to [destakam´ento] *sm Mil* Destacamento.

des.ta.car [destak´ar] *vt+vpr* Destacar, realçar, sobressair. → atacar.

des.ta.jo [desta´ho] *sm* Empreitada. **a destajo** às pressas.

des.ta.par [destap´ar] *vt+vpr* **1** Destapar, destampar. **2** Descobrir, tirar a coberta.

des.ta.que [dest´ake] *sm* Destaque, realce. *el nombre del autor viene en destaque* / o nome do autor vem em destaque.

des.te.jar [desteh´ar] *vt+vpr* **1** Destelhar. **2** Desamparar, desproteger.

des.te.llar [desteλ´ar] *vt* Faiscar, cintilar, brilhar.

des.te.llo [dest´eλo] *sm* **1** Brilho, cintilação, chispa, faísca. **2** Vislumbre.

des.te.ñir [desteñ´ir] *vt+vpr* Desbotar. *no pongas la blusa azul con la blanca porque va a desteñir* / não ponha a blusa azul com a branca porque vai desbotar. → teñir.

des.te.rra.do [desteř´ado] *adj+sm* Desterrado, exilado.

des.te.rrar [desteř´ar] *vt+vpr* Desterrar, exilar. → despertar.

des.te.tar [destet´ar] *vt+vpr* **1** Desmamar. *vpr* **2** *fam* Mostrar os seios.

des.ti.lar [destil´ar] *vt+vpr* **1** Destilar, alambicar. **2** Gotejar. **3** Filtrar.

des.ti.la.to.rio [destilat´orjo] *sm* Destilaria, alambique.

des.ti.le.rí.a [destiler´ia] *sf* Destilaria, alambique.

des.ti.nar [destin´ar] *vt* Destinar, dispor, designar.

des.ti.na.ta.rio, -a [destinat´arjo] *s* Destinatário. *me olvidé de poner el destinatario en la carta* / esqueci de pôr o destinatário na carta.

des.ti.no [dest´ino] *sm* **1** Destino, sorte, sina, fortuna. **2** Meta, alvo, objetivo, finalidade.

des.ti.tuir [destitu´ir] *vt* Destituir, derrubar, afastar, desligar. → huir.

des.tor.ni.lla.dor [destorniʎad´or] *sm* Chave de fenda.

des.tor.ni.llar [destorniʎ´ar] *vt* Desparafusar.

des.tra.bar [destr´eθa] *vt* Destravar, destrancar. *pueden destrabar las puertas ahora* / podem destrancar as portas agora.

des.tre.za [destr´eθa] *sf* Destreza, jeito, habilidade, manha.

des.tron.ca.do [destroŋk´ado] *adj* **1** Cortado, despedaçado. **2** Truncado. **3** Esgotado, acabado, quebrado.

des.tro.zar [destroθ´ar] *vt+vpr* **1** Despedaçar. **2** Destroçar. **3** Esgotar, acabar, quebrar. → alzar.

des.tro.zo [destr´oθo] *sm* Destroço, ruína. *me da ganas de llorar viendo los destrozos del avión* / dá vontade de chorar vendo os destroços do avião.

des.truc.ción [destrukθj´on] *sf* Destruição, ruína, devastação.

des.truc.ti.vo, -a [destrukt´ibo] *adj* Destrutivo. *sus críticas son destructivas* / suas críticas são destrutivas.

des.truc.tor, -a [destrukt´or] *adj+s* Destruidor. • *sm Mar* Destroier.

des.truir [destru´ir] *vt* Destruir, arruinar. *ese perro en dos minutos es capaz de destruirlo todo* / esse cachorro é capaz de destruir tudo em dois minutos. → huir.

de.su.nión [desunj´on] *sf* Desunião, separação.

de.su.nir [desun´ir] *vt+vpr* Desunir, separar.

de.su.so [desun´ir] *sm* Desuso. *a veces parece que la ética está en desuso* / às vezes parece que a ética está em desuso.

des.va.li.do, -a [desbal´ido] *adj+s* Desvalido, desamparado.

des.va.li.jar [desbalih´ar] *vt* Depenar, roubar, limpar.

des.va.lo.ri.za.ción [desbaloriθaθj´on] *sf* Desvalorização. *espero la desvalorización para comprar dólar* / espero a desvalorização para comprar dólar.

des.va.lo.ri.zar [desbaloriθ´ar] *vt+vpr* Desvalorizar, depreciar. → alzar.

des.ván [desb´an] *sm* Sótão, desvão. *mi habitación es en el desván* / meu quarto é no sótão.

des.va.ne.cer [desbaneθ´er] *vt* Desvanecer, dissipar, esvanecer, esvair. → crecer.

des.va.ne.ci.mien.to [desbaneθimj´ento] *sm* **1** Desvanecimento, esvanecimento. **2** Desânimo, desalento, esmorecimento.

des.va.ria.do [desbarj´ado] *adj* Desvairado, delirante, desatinado, insano.

des.va.riar [desbarj´ar] *vi* Desvairar, delirar, desatinar. → confiar.

des.va.rí.o [desbar´io] *sm* Desvario, delírio, desatino, insanidade. *tengo miedo que él cometa algun desvarío* / tenho medo que ele cometa algum desatino.

des.ve.lar [desbel´ar] *vt+vpr* **1** Desvelar, velar. **2** Perder o sono. **3** Dedicar-se, esmerar-se. **4** Desnudar, mostrar, revelar.

des.ve.lo [desb´elo] *sm* Desvelo, dedicação, diligência, zelo, cuidado.

des.ven.dar [desbent´aha] *vt* Desvendar, tirar a venda. *sólo te voy a desvendar los ojos cuando lleguemos a la sorpresa* / só vou desvendar seus olhos quando chegarmos à surpresa.

des.ven.ta.ja [desbent´aha] *sf* Desvantagem, inferioridade.

des.ven.ta.jo.so [desbentah´oso] *adj* Desvantajoso, desfavorável, contrário.

des.ven.tu.ra [desbent´ura] *sf* Desventura, fatalidade, infortúnio, desgraça, desdita.

des.ven.tu.ra.do, -a [desbentur´ado] *adj+s* **1** Desventurado, infeliz. **2** Avarento, mesquinho.

des.ver.gon.za.da.men.te [desbergonθadam´ente] *adj* Despudoradamente, desavergonhadamente.

des.ver.gon.za.do, -a [desbergonθ´ado] *adj* 1 Desavergonhado, despudorado. 2 Descarado, sem-vergonha.

des.ver.güen.za [desbergw´enθa] *sf* Descaramento, falta de vergonha.

des.ves.ti.do [desbest´ido] *adj* Desvestido, despido, nu.

des.ves.tir [desbest´ir] *vt+vpr* Desvestir, desnudar, despir. → medir.

des.vir.tuar [desbirtw´ar] *vt+vpr* Desvirtuar, perverter, deteriorar, corromper. → atenuar.

de.ta.lla.da.men.te [detaλadam´ente] *adv* Detalhadamente. *quiero que me cuentes todo detalladamente* / quero que você me conte tudo detalhadamente.

de.ta.llar [detaλ´ar] *vt* Detalhar, pormenorizar, esmiuçar.

de.ta.lle [det´aλe] *sm* Detalhe, pormenor, minúcia.

de.ta.llis.ta [detaλ´ista] *adj* Detalhista, minucioso, meticuloso. • *s* Varejista.

de.tec.tar [detekt´ar] *vt* Detectar, perceber. *puedo detectar el miedo en tus ojos* / posso perceber o medo em seus olhos.

de.tec.ti.ve [detekt´ibe] *s* Detetive. *él puso un detective particular para seguir a la mujer* / ele colocou um detetive particular para seguir a mulher.

de.ten.ción [detenθj´on] *sf* 1 Detenção, prisão. 2 Demora, retardo.

de.te.ner [deten´er] *vt+vpr* 1 Deter, sustar, interromper. *vt* 2 Prender, reter. 3 Demorar, retardar. *vpr* 4 Parar. 5 Considerar. → tener.

de.te.ni.do, -a [deten´ido] *adj* Minucioso, detalhista. • *adj+s* 1 Indeciso, inseguro. 2 Miserável, tacanho, mão de vaca, mesquinho. 3 Detido, preso.

de.ten.tar [detent´ar] *vt* Usurpar, apoderar-se.

de.ter.gen.te [deterh´ente] *adj+sm* Detergente. *mancha de grasa sólo sale con detergente* / mancha de gordura só sai com detergente.

de.te.rio.ra.ción [deterjoraθj´on] *sf* Deterioração, degradação, desgaste, estrago.

de.te.rio.rar [deterjor´ar] *vt+vpr* Deteriorar, estragar, desgastar, degradar.

de.te.rio.ro [deterj´oro] *sm* Deterioração, degradação, desgaste, estrago.

de.ter.mi.na.ción [determinaθj´on] *sf* 1 Determinação, decisão. 2 Ousadia, raça.

de.ter.mi.na.do, -a [determin´ado] *adj+s* Decidido, ousado, determinado.

de.ter.mi.nan.te [determin´ante] *adj* Determinante, determinativo, definitivo.

de.ter.mi.nar [determin´ar] *vt* 1 Determinar, fixar, precisar. *vt+vpr* 2 Decidir, resolver.

de.tes.ta.ble [detest´able] *adj* Detestável, insuportável, intolerável, intragável.

de.tes.tar [detest´ar] *vt* 1 Detestar, odiar. 2 Amaldiçoar.

de.to.nar [deton´ar] *vt* Detonar, estourar. *detonó la guerra en casa* / estourou a guerra lá em casa.

de.trac.ción [detraθj´on] *sf* Detração, difamação, falsidade, ultraje.

de.trac.tar [detrakt´ar] *vt* Detrair, difamar, ultrajar.

de.trás [detr´as] *adv* Detrás, atrás. *estoy detrás de ti* / estou atrás de você.

de.tri.men.to [detrim´ento] *sm* Detrimento, prejuízo, perda, desproveito.

de.tri.to [detr´ito] *sm* Detrito, resíduo, restos. *los detritos los deben tirar a la basura* / vocês devem jogar os detritos no lixo.

de.tur.pa.ción [deturpaθj´on] *sf* Deturpação, desfiguração, deformação.

de.tur.par [deturp´ar] *vt* Deturpar, desfigurar, deformar.

deu.da [d´ewda] *sf* 1 Dívida, débito. 2 Pecado, culpa, ofensa.

deu.dor, -a [dewd´or] *adj+s* Devedor. *quiero que llamen a todos los deudores* / quero que liguem para todos os devedores.

de.va.lua.ción [debalwaθj´on] *sf* Desvalorização, depreciação.

de.va.luar [debalw´ar] *vt* Desvalorizar, depreciar. → atenuar.

de.va.ne.ar [debane´ar] *vi* Devanear, delirar, desvairar, divagar.

de.va.ne.o [deban´eo] *sm* Devaneio, delírio, imaginação, divagação.

de.vas.ta.ción [debastaθj´on] *sf* Devastação, ruína. *es muy triste ver tanta devastación* / é muito triste ver tanta devastação.

de.vas.ta.dor [debastad´or] *adj+sm* Devastador, destruidor, voraz.

de.vas.tar [debast´ar] *vt* Devastar, arrasar, destruir. *los saltamontes devastaron por completo la plantación de arroz* / os gafanhotos devastaram completamente a plantação de arroz.

de.vo.ción [deboθj´on] *sf* Devoção, dedicação.

de.vo.lu.ción [deboluθj´on] *sf* Devolução, restituição.

de.vol.ver [debolβ´er] *vt* **1** Devolver, restituir. **2** Retribuir, corresponder. **3** *fam* Vomitar. *Part irreg*: devuelto.→ morder.

de.vo.rar [deboɾ´ar] *vt* Devorar, consumir, comer.

de.vo.to, -a [deβ´oto] *adj+s* Devoto, devotado.

de.yec.ción [deyekθj´on] *sf* **1** Dejeção, lava. **2** Defecação, evacuação.

dí.a [d´ia] *sm* Dia. *hace dos días que no voy a trabajar* / faz dois dias que não vou trabalhar.

dia.be.tes [djaβ´etes] *sf inv Med* Diabetes.

dia.bé.ti.co, -a [djaβ´etiko] *adj+s* Diabético.

dia.bli.llo [djaβl´iʎo] *sm* Capeta. *ese tu hijo es un diablillo* / esse seu filho é um capeta.

dia.blo [dj´aβlo] *sm* Diabo, satanás.

dia.blu.ra [djaβl´ura] *sf* Diabrura, travessura, traquinagem.

dia.bó.li.co, -a [djaβ´oliko] *adj* Diabólico. *tengo miedo de tus planes diabólicos* / tenho medo de seus planos diabólicos.

di.á.fa.no, -a [dj´afano] *adj* Diáfano, transparente, translúcido.

dia.frag.ma [djafɾ´agma] *sm Anat* Diafragma.

diag.no.sis [djagn´osis] *sf Med* Diagnose, diagnóstico.

diag.nos.ti.car [djagnostik´ar] *vt* Diagnosticar. *parece que la enfermedad que él tiene es muy difícil de diagnosticar* / parece que a doença que ele tem é muito difícil de diagnosticar. → atacar.

diag.nós.ti.co, -a [djagn´ostiko] *s Med* Diagnóstico.

dia.go.nal [djagon´al] *adj+sf* Diagonal. *me parece rara esa falda de rayas diagonales* / acho estranha essa saia de riscas diagonais.

dia.gra.ma [djagɾ´ama] *sm* Diagrama, esquema.

dia.lec.to [djal´ekto] *sm* Dialeto. *cuando mi suegra habla en dialeto napolitano no le entiendo nada* / quando minha sogra fala em dialeto napolitano, não entendo nada.

dia.lo.gar [djalog´ar] *vi* Dialogar, conversar. → cargar.

di.á.lo.go [dj´alogo] *sm* Diálogo, conversa, conversação.

dia.man.te [djam´ante] *sm Geol* Diamante. *le pedí a mi marido un anillo de diamantes* / pedi ao meu marido um anel de diamantes.

diá.me.tro [dj´ametɾo] *sm Geom* Diâmetro.

dia.po.si.ti.va [djaposit´iβa] *sf Slide*, transparência, diapositivo.

dia.rio, -a [dj´arjo] *adj* Diário, cotidiano. • *sm* Jornal.

dia.rre.a [djar̄´ea] *sf Med* Diarreia, disenteria.

di.bu.jan.te [diβuh´ante] *adj+s* Desenhista, *designer*.

di.bu.jar [diβuh´ar] *vt+vpr* **1** Desenhar. *vt* **2** Delinear, esboçar.

di.bu.jo [diβ´uho] *sm* Desenho. *¿quién hizo ese dibujo?* / quem fez esse desenho?

dic.cio.na.rio [dikθjon´arjo] *sm* Dicionário.

di.cha [d´itʃa] *sf* Dita, fortuna, felicidade, sorte.

di.cho, -a [d´itʃo] *adj* Dito, mencionado. • *sm* Dito, expressão, frase.

di.cho.so, -a [ditʃ´oso] *adj* **1** Ditoso, venturoso, feliz. **2** *fam* Chato.

di.ciem.bre [diθj´embɾe] *sm* Dezembro. *viajo a Paris en diciembre* / viajo a Paris em dezembro.

dic.ta.do [dikt´ado] *sm* Ditado. *no cometí ningún error en el dictado* / não tive nenhum erro no ditado.

dic.ta.dor, -a [diktaðˊor] *adj+s* Ditador, tirano, déspota.

dic.ta.du.ra [diktaðˊura] *sf Polít* Ditadura.

dic.ta.men [diktˊamen] *sm* Ditame, opinião, juízo.

dic.tar [diktˊar] *vt* **1** Ditar. **2** Mandar, ordenar. **3** Sugerir, inspirar.

di.dác.ti.co, -a [diðˊaktiko] *adj* Didático. • *sf* Didática. *a mí me parece que esa profesora no tiene didáctica* / eu acho que essa professora não tem didática.

die.ci.nue.ve [djeθinwˊebe] *num+sm* Dezenove. *tengo diecinueve años* / tenho dezenove anos.

die.cio.cho [djeθjˊotʃo] *num+sm* Dezoito.

die.ci.séis [djeθisˊejs] *num+sm* Dezesseis.

die.ci.sie.te [djeθisjˊete] *num+sm* Dezessete.

dien.te [djˊente] *sm Anat* Dente. *me duele el diente* / estou com dor de dente.

dies.tra [djˊestra] *sf* Destra, mão direita.

dies.tro, -a [djˊestro] *adj* Destro. *yo soy diestra, pero mi hermana es zurda* / eu sou destra, mas minha irmã é canhota.

die.ta [djˊeta] *sf* Dieta, regime.

die.té.ti.co, -a [djetˊetiko] *adj* Dietético. *ese chocolate dietético es muy rico* / esse chocolate dietético é muito gostoso.

diez [djˊeθ] *num+sm* Dez.

di.fa.ma.ción [difamaθjˊon] *sf* Difamação, calúnia, maledicência.

di.fa.ma.dor [difamaðˊor] *adj+sm* Difamador. *eres un difamador* / você é um difamador.

di.fa.mar [difamˊar] *vt* Difamar, caluniar.

di.fa.ma.to.rio, -a [difamatˊorjo] *adj* Difamatório, difamante. *ella sólo sabe hacer comentarios difamatorios* / ela só sabe fazer comentários difamatórios.

di.fe.ren.cia [diferˊenθja] *sf* **1** Diferença, diversidade, dessemelhança. **2** Controvérsia, desavença, dissenção.

di.fe.ren.cia.ción [diferenθjaθjˊon] *sf* Diferenciação, distinção.

di.fe.ren.ciar [diferenθjˊar] *vt* Diferenciar, diferir, distinguir.

di.fe.ren.te [diferˊente] *adj* Diferente, distinto, diverso. • *adv* Diferentemente.

di.fí.cil [difˊiθil] *adj* **1** Difícil, trabalhoso, complicado. **2** Improvável.

di.fí.cil.men.te [difiθilmˊente] *adv* Dificilmente.

di.fi.cul.tad [difikultˊad] *sf* Dificuldade, complicação, embaraço, transtorno, obstáculo.

di.fi.cul.tar [difikultˊar] *vt* Dificultar, complicar.

di.fi.cul.to.so, -a [difikultˊoso] *adj* Dificultoso, difícil. *lo veo dificultoso a mi trabajo* / acho meu trabalho difícil.

di.fun.dir [difundˊir] *vt+vpr* Difundir, espalhar, propagar, divulgar.

di.fun.to, -a [difˊunto] *adj* Defunto, morto, falecido. • *s* Defunto, cadáver.

di.fu.sión [difusjˊon] *sf* Difusão, propagação, disseminação.

di.fu.so, -a [difˊuso] *adj* **1** Difundido. **2** Difuso, vago, impreciso.

di.ge.rir [diherˊir] *vt* **1** Digerir. **2** Suportar. *no puedo digerirlo* / não consigo suportá-lo. → mentir.

di.ges.tión [dihestjˊon] *sf Med* Digestão.

di.ges.ti.vo, -a [dihestˊibo] *adj+s Anat* Digestivo, digestório.

di.gi.ta.ción [dihitaθjˊon] *sf* Dedilhado. Veja nota em **digitação**.

di.gi.tal [dihitˊal] *adj* Digital. *me sacaron las huellas digitales* / tiraram minhas impressões digitais.

dí.gi.to [dˊihito] *sm Mat* Dígito.

di.gla.diar [digladjˊar] *vi* Digladiar, combater, contender.

dig.nar.se [dignˊarse] *vpr* Dignar-se, condescender.

dig.ni.dad [dignidˊad] *sf* **1** Dignidade, nobreza. **2** Decência, seriedade.

dig.ni.fi.car [dignifikˊar] *vt+vpr* Dignificar, enobrecer, ilustrar, notabilizar. → atacar.

dig.no, -a [dˊigno] *adj* **1** Digno, merecedor. **2** Respeitável, honesto, honrado.

di.gre.sión [digresjˊon] *sf* Digressão, divagação. *el hombre se pierde en digresiones* / o homem se perde em divagações.

di.la.ce.rar [dilaθerˊar] *vt+vpr* Dilacerar, despedaçar. *tengo el corazón dilacerado* / estou com o coração despedaçado.

di.la.ción [dilaθj´on] *sf* Dilação, demora, delonga, atraso.

di.la.pi.da.dor [dilapidad´or] *adj+sm* Dilapidador, esbanjador.

di.la.pi.dar [dilapid´ar] *vt* Dilapidar, esbanjar, desperdiçar, malgastar.

di.la.ta.ción [dilataθj´on] *sf* Dilatação, ampliação.

di.la.ta.do, -a [dilat´ado] *adj* Dilatado, extenso. *es bastante dilatado el plazo* / o prazo é bem extenso.

di.la.tar [dilat´ar] *vt+vpr* **1** Dilatar, ampliar, estender. **2** Demorar, retardar.

di.le.ma [dil´ema] *sm* Dilema, dúvida, drama.

di.li.gen.cia [dilih´enθja] *sf* **1** Diligência. **2** Prontidão, agilidade.

di.li.gen.ciar [dilihenθj´ar] *vt* Diligenciar, procurar, tentar, despachar.

di.li.gen.te [dilih´ente] *adj* Diligente, despachado, ágil.

di.lu.ci.dar [diluθid´ar] *vt* Dilucidar, elucidar, esclarecer.

di.luir [dilu´ir] *vt+vpr* Diluir, dissolver. *la gelatina se puede diluir en jugo de frutas* / a gelatina pode ser diluída em suco de frutas. → huir.

di.lu.vio [dil´ubjo] *sm* Dilúvio, inundação.

di.men.sión [dimensj´on] *sf* Dimensão, proporção, extensão, grandeza.

di.mi.nu.ti.vo, -a [diminut´ibo] *adj+s Gram* Diminutivo.

di.mi.sión [dimisj´on] *sf* Demissão, renúncia. *presentaré mi dimisión mañana* / amanhã apresentarei minha renúncia.

di.mi.tir [dimit´ir] *vi* Renunciar.

di.ná.mi.co, -a [din´amiko] *adj* Dinâmico. *mi papá es un hombre muy dinámico* / meu pai é um homem muito dinâmico. • *sf* Dinâmica.

di.na.mis.mo [dinam´ismo] *sm* Dinamismo, vigor, vivacidade.

di.na.mi.ta [dinam´ita] *sf Quím* Dinamite.

di.nas.tí.a [dinast´ia] *sf* Dinastia. *no sé de qué dinastía china es ese florero* / não sei de que dinastia chinesa é esse vaso.

di.ne.ro [din´ero] *sm* Dinheiro. *estoy sin dinero* / estou sem dinheiro.

di.no.sau.rio [dinos´awrjo] *adj+sm Zool* Dinossauro.

di.ó.ce.sis [dj´oθesis] *sf inv Rel* Diocese.

Dios [dj´os] *sm* **1** Deus. **2 dios** Divindade.

dio.sa [dj´osa] *sf* Deusa.

di.plo.ma [dipl´oma] *sm* Diploma. *enmarqué mi diploma y lo puse en la pared* / emoldurei meu diploma e o coloquei na parede.

di.plo.ma.cia [diplom´aθja] *sf* Diplomacia.

di.plo.ma.do, -a [diplom´ado] *adj+s* Diplomado, graduado, formado.

di.plo.mar [diplom´ar] *vt+vpr* Diplomar, graduar, formar.

di.plo.má.ti.co, -a [diplom´atiko] *adj* Diplomático. • *s* Diplomata.

di.pu.ta.do, -a [diput´ado] *s Polít* Deputado. *un diputado va hablar en la tele hoy* / um deputado vai falar na TV hoje.

di.que [d´ike] *sm* Dique, barragem, açude.

di.rec.ción [direkθj´on] *sf* **1** Direção, condução. **2** Orientação. **3** Endereço. **4** Administração. **5** Diretoria. **6** Volante (veículos).

di.rec.ta.men.te [direktam´ente] *adv* Diretamente.

di.rec.to, -a [dir´ekto] *adj* Direto, reto. *mi vuelo es directo* / meu voo é direto.

di.rec.tor, -a [direkt´or] *adj+s* Diretor, dirigente.

di.rec.to.rí.a [direktor´ia] *sf* Diretoria. *la reunión de la directoría es a las diez* / a reunião de diretoria é às dez.

di.rec.triz [direktr´iθ] *sf* Diretriz, diretiva.

di.ri.gen.te [dirih´ente] *adj+s* Dirigente.

di.ri.gir [dirih´ir] *vt+vpr* **1** Dirigir, encaminhar, conduzir, direcionar. *vt* **2** Governar, gerenciar, reger, administrar. → exigir.

dis.cer.ni.mien.to [disθernimj´ento] *sm* Discernimento, agudeza, acuidade, critério.

dis.cer.nir [disθern´ir] *vt* Discernir, discriminar, diferenciar. → Veja modelo de conjugação.

dis.ci.pli.na [disθipl´ina] *sf* **1** Disciplina, ordem. **2** Arte, ciência, doutrina.

dis.ci.pli.nar [disθiplin´ar] *vt* **1** Disciplinar, educar, orientar. *vt+vpr* **2** Castigar. • *adj* Disciplinar.

dis.ci.pli.na.rio, -a [disθiplin´arjo] *adj* Disciplinar. *tendré que tomar medidas disciplinarias* / terei de tomar medidas disciplinares.

dis.co [d´isko] *sm* Disco. *tengo todo grabado en el disco duro de mi computadora* / está tudo gravado no disco rígido do meu computador.

dís.co.lo, -a [d´iskolo] *adj+s* Desobediente, rebelde, indócil.

dis.con.for.me [diskonf´orme] *adj+s* Desconforme, impróprio.

dis.con.for.mi.dad [diskonformid´ad] *sf* Desconformidade, desproporção, desarmonia, discrepância.

dis.cor.dan.cia [diskord´anθja] *sf* Discordância, divergência. *es natural que tengamos discordancias* / é natural que tenhamos divergências.

dis.cor.dan.te [diskord´ante] *adj* Discordante, divergente.

dis.cor.dar [diskord´ar] *vi* Discordar, divergir.

dis.cor.de [disk´orde] *adj* Discorde, desconforme, impróprio.

dis.cor.dia [disk´ordja] *sf* Discórdia, desavença, divergência. *tu mamá es el motivo de discordia* / sua mãe é o motivo da desavença.

dis.co.te.ca [diskot´eka] *sf* Discoteca. *cuando tenía 17 años, iba todos los domingos a la discoteca* / quando tinha 17 anos, ia todo domingo à discoteca.

dis.cre.ción [diskreθj´on] *sf* Discrição, sobriedade.

dis.cre.pan.cia [diskrep´anθja] *sf* Discrepância, divergência.

dis.cre.pan.te [diskrep´ante] *adj* Discrepante, dissonante.

dis.cre.par [diskrep´ar] *vi* Discrepar, divergir. *no discrepamos en nada* / não divergimos em nada.

dis.cre.to, -a [diskr´eto] *adj+s* Discreto, moderado, fechado, reservado.

dis.cri.mi.na.ción [diskriminaθj´on] *sf* **1** Discriminação, segregação, separação. **2** Discernimento

dis.cri.mi.nar [diskrimin´ar] *vt* **1** Discriminar, segregar, separar. **2** Discernir.

dis.cul.pa [disk´ulpa] *sf* **1** Desculpa, explicação. **2** Pretexto.

dis.cul.par [diskulp´ar] *vt+vpr* Desculpar. *no sé si un día te podré disculpar* / não sei se um dia poderei desculpá-lo.

dis.cu.rrir [diskur̄´ir] *vt* **1** Inventar. *tengo que discurrir una manera de salir sin que me vea* / tenho de inventar um jeito de sair sem que me veja. **2** Inferir, conjecturar. *vi* **3** Andar, caminhar. **4** Transcorrer. **5** Discorrer, pensar, falar.

dis.cur.se.ar [diskurse´ar] *vt fam* Discursar.

dis.cur.so [discur´so] *sm* **1** Discurso. **2** Decurso, transcurso.

dis.cu.sión [diskusj´on] *sf* Discussão, debate, polêmica.

dis.cu.ti.ble [diskut´ible] *adj* Discutível. *esa opinión es discutible* / essa opinião é discutível.

dis.cu.tir [diskut´ir] *vt* **1** Discutir, analisar. **2** Debater.

di.se.mi.na.ción [diseminaθj´on] *sf* Disseminação, difusão, propagação.

di.se.mi.nar [disemin´ar] *vt* Disseminar, difundir, espalhar.

di.sen.sión [disensj´on] *sf* Dissensão, oposição.

di.sen.te.rí.a [disenter´ia] *sf Med* Disenteria, diarreia. *mi hija tuvo disentería tres días seguidos* / minha filha teve disenteria três dias seguidos.

di.sen.tir [disent´ir] *vi* Dissentir, discordar, divergir. → mentir.

di.se.ña.dor, -ora [diseñad´or] *s* Desenhista, designer.

di.se.ñar [diseñ´ar] *vt* Desenhar. *me gustaría saber diseñar* / gostaria de saber desenhar.

di.se.ño [dis´eño] *sm* **1** Desenho. **2** Design.

di.ser.ta.ción [disertaθj´on] *sf* Dissertação. *mañana le tengo que entregar la disertación al profesor* / amanhã tenho de entregar a dissertação ao professor.

dis.fraz [disfr´aθ] *sm* **1** Disfarce, fantasia. **2** Fingimento.

dis.fra.zar [disfraθ´ar] *vt+vpr* **1** Disfarçar, fantasiar. **2** Dissimular. → alzar.

dis.fru.tar [disfrut´ar] *vt+vi* Desfrutar, gozar, usufruir.

dis.gre.gar [disgreg´ar] *vt+vpr* Desagregar, separar, desintegrar. → cargar.

dis.gus.ta.do [disgust´ado] *adj* Desgostoso, descontente.

dis.gus.tar [disgust´ar] *vt+vpr* Desgostar, aborrecer, desagradar, magoar.

dis.gus.to [disg´usto] *sm* Desgosto, desprazer, mágoa, mazela.

di.si.den.cia [disid´enθja] *sf* Dissidência, discórdia, dissensão.

di.si.den.te [disid´ente] *adj+s* Dissidente.

di.si.mu.la.do [disimul´ado] *adj+sm* Dissimulado, furtivo, fingido.

di.si.mu.lar [disimul´ar] *vt+vi* Dissimular, encobrir, disfarçar, fingir.

di.si.mu.lo [disim´ulo] *sm* Dissimulação, dissímulo, fingimento. *lo dijo con disimulo* / disse-o com dissimulação.

di.si.pa.ción [disipaθj´on] *sf* **1** Dissipação, dispersão. **2** Evaporação. **3** Dissolução, devassidão. **4** Esbanjamento.

di.si.par [disip´ar] *vt+vpr* **1** Dissipar, dispersar. *vt* **2** Esbanjar, desperdiçar. *vpr* **3** Evaporar. **4** Desvanecer.

dis.la.te [disl´ate] *sm* Dislate, disparate, despautério.

dis.le.xia [disl´eksja] *sf Patol* Dislexia.

dis.lo.ca.ción [dislokaθj´on] *sf* Deslocamento. *la explosión causa una gran dislocación de aire* / a explosão causa um grande deslocamento de ar.

dis.lo.car [dislok´ar] *vt+vpr* **1** Deslocar, desconjuntar. *vt* **2** Distorcer. → atacar.

dis.mi.nu.ción [disminuθj´on] *sf* Diminuição, minoração, redução.

dis.mi.nui.do, -a [disminu´ido] *adj+s* Deficiente, diminuído.

dis.mi.nuir [disminu´ir] *vt+vi+vpr* Diminuir, reduzir, minorar. → huir.

di.so.ciar [disoθj´ar] *vt+vpr* Dissociar, separar.

di.so.lu.ble [disol´uble] *adj* **1** Solúvel. **2** Solucionável.

di.so.lu.ción [disoluθj´on] *sf* Dissolução, desorganização, dispersão.

di.so.lu.to, -a [disol´uto] *adj+s* Dissoluto, licencioso, devasso.

di.sol.ven.te [disolb´ente] *adj+sm Quím* Solvente. *la acetona es disolvente de esmalte* / a acetona é solvente de esmalte.

di.sol.ver [disolb´er] *vt+vpr* **1** Dissolver, diluir. **2** Desagregar, desunir. *Part irreg:* disuelto. → morder.

di.so.nan.cia [dison´anθja] *sf* Dissonância, desarmonia.

di.so.nan.te [dison´ante] *adj* Dissonante, desarmônico, discordante.

dis.par [disp´ar] *adj* Díspar, desigual.

dis.pa.ra.dor [disparad´or] *adj Méx* Generoso. • *sm* **1** Disparador, propulsor. **2** Gatilho.

dis.pa.rar [dispar´ar] *vt* **1** Disparar, atirar. **2** Arremessar, lançar. *vpr* **3** Precipitar-se, sair em disparada.

dis.pa.ra.ta.do, -a [disparat´ado] *adj* Disparatado, despropositado, incoerente.

dis.pa.ra.te [dispar´ate] *sm* Disparate, desatino, despropósito, absurdo.

dis.pa.ri.dad [disparid´ad] *sf* Disparidade, desigualdade, discrepância.

dis.pa.ro [disp´aro] *sm* Disparo, tiro. *oímos dos disparos anoche* / ouvimos dois tiros ontem à noite.

dis.pen.dio.so [dispendj´oso] *adj* Dispendioso, caro, custoso, oneroso.

dis.pen.sa [disp´ensa] *sf* Dispensa, isenção.

dis.pen.sa.ble [dispens´able] *adj* Dispensável, desnecessário.

dis.pen.sar [dispens´ar] *vt* **1** Dispensar, dar, outorgar, conceder. **2** Aviar. **3** Eximir, isentar.

dis.per.si.vo [dispers´ibo] *adj* Dispersivo. *su hijo es muy dispersivo en la escuela* / seu filho é muito dispersivo na escola.

dis.pli.cen.cia [displiθ´enθja] *sf* Displicência, negligência, desmazelo, descuido.

dis.pli.cen.te [displiθ´ente] *adj* Displicente, negligente, descuidado, desmazelado.

dis.po.ner [dispon´er] *vt* **1** Dispor, arrumar. *vt+vpr* **2** Deliberar. *vt+vpr* **3** Predispor. *vi* **4** Usar, valer-se. → poner.

dis.po.ni.bi.li.dad [disponibilid´ad] *sf* Disponibilidade. *no tengo disponibilidad*

dis.po.ni.ble [dispon´ible] *adj* Disponível, livre.

dis.po.si.ción [disposiθj´on] *sf* **1** Disposição, arranjo. **2** Disponibilidade. **3** Regulamentação.

dis.po.si.ti.vo [disposit´ibo] *sm* Dispositivo, ordenação, regulamento.

dis.pues.to, -a [dispw´esto] *adj* **1** Arrumado, enfeitado. **2** Arranjado, organizado. **3** Disposto.

dis.pu.ta [disp´uta] *sf* Disputa, contenda, competição.

dis.pu.tar [disput´ar] *vt+vpr* Disputar, competir. *vamos a disputar el primer lugar semana que viene* / vamos disputar o primeiro lugar semana que vem.

dis.que.te [disk´ete] *sm Inform* Disquete.

dis.tan.cia [dist´anθja] *sf* Distância. *es muy grande la distancia entre Brasil y Argentina* / é muito grande a distância entre Brasil e Argentina.

dis.tan.ciar [distanθj´ar] *vt+vpr* Distanciar, afastar.

dis.tan.te [dist´ante] *adj* Distante, afastado.

dis.ten.der [distend´er] *vt+vpr* Distender, relaxar, afrouxar. → defender.

dis.ten.sión [distenθj´on] *sf* Distensão, relaxamento.

dis.tin.ción [distinθj´on] *sf* **1** Distinção, diferenciação. **2** Dignidade.

dis.tin.gui.do, -a [disting´ido] *adj* Distinto, ilustre. *tendremos una visita distinguida* / teremos uma visita ilustre. Veja nota em **distinto** (espanhol).

dis.tin.guir [disting´ir] *vt* **1** Distinguir, diferenciar. **2** Destacar. → extinguir.

dis.tin.ti.vo [distint´ibo] *adj* Distintivo, característico. • *sm* Distintivo.

dis.tin.to, -a [dist´into] *adj* Diferente, distinto, diverso.

No sentido de "ilustre", em espanhol usa-se **distinguido**.

dis.tor.sión [distorsj´on] *sf* Distorção, deformidade, anomalia.

dis.tor.sio.nar [distorsjon´ar] *vt+vpr* Distorcer, deformar. *ese espejo distorsiona la imagen* / esse espelho distorce a imagem.

dis.trac.ción [distrakθj´on] *sf* **1** Distração, divagação, desatenção. **2** Recreação, divertimento.

dis.tra.er [distra´er] *vt+vpr* **1** Distrair, divertir, entreter. **2** Afastar, desencaminhar. **3** Desatentar, esquecer. → traer.

dis.tra.í.do [distra´ido] *adj+sm* Distraído, descuidado.

dis.tri.bu.ción [distribuθj´on] *sf* Distribuição, repartição. *yo voy a cuidar de la distribución de los premios* / eu vou cuidar da distribuição dos prêmios.

dis.tri.buir [distribu´ir] *vt* Distribuir, dividir, designar. → huir.

dis.tri.to [distr´ito] *sm* Distrito, circunscrição.

dis.tur.bio [dist´urbjo] *sm* Distúrbio, perturbação, desordem.

di.sua.dir [diswad´ir] *vt* Dissuadir, demover.

dis.yun.tor [disyunt´or] *sm Electr* Disjuntor. *se me quemó un disyuntor* / queimou um disjuntor.

diu.ré.ti.co, -a [djur´etiko] *adj+sm* Diurético.

diur.no, -a [dj´urno] *adj* Diurno. *estudio en el período diurno* / estudo no período diurno.

di.va.ga.ción [dibagaθj´on] *sf* Divagação, digressão.

di.va.gar [dibag´ar] *vi* **1** Vagar, vaguear. **2** Divagar, desconversar, digressionar. → cargar.

di.ván [dib´an] *sm* **1** Sofá. **2** Divã.

di.ver.gen.cia [diberh´enθja] *sf* Divergência, discórdia, discrepância, desacordo.

di.ver.gen.te [diberh´ente] *adj* Divergente, discordante, discrepante, desigual.

di.ver.gir [diberh´ir] *vi* Divergir, discrepar, discordar. → exigir.

di.ver.si.dad [dibersid´ad] *sf* Diversidade, variedade, diferença.

di.ver.si.fi.ca.ción [dibersifikaθj´on] *sf* Diversificação, variedade. *estoy pensando en la diversificación de productos* / estou pensando na diversificação de produtos.

di.ver.si.fi.car [diversifik´ar] *vt+vpr* Diversificar, variar. → atacar.

di.ver.sión [dibersj´on] *sf* Diversão, divertimento, entretenimento, passatempo, distração.

di.ver.so, -a [dib´erso] *adj+s* Diverso, distinto, diferente.

di.ver.ti.do, -a [dibert´ido] *adj* Divertido, alegre. **andar mal divertido** estar entregue aos vícios.

di.ver.ti.mien.to [dibertimj´ento] *sm* **1** Divertimento. **2** Distração, desatenção.

di.ver.tir [dibert´ir] *vt+vpr* **1** Divertir, entreter, alegrar. **2** Afastar, desviar. → mentir.

di.vi.dir [dibid´ir] *vt+vpr* **1** Dividir, partir, separar. *vt* **2** Distribuir, repartir. **3** Dissentir.

di.vi.ni.dad [dibinid´ad] *sf* Divindade.

di.vi.no, -a [dib´ino] *adj* **1** Divino. **2** Excelente, primoroso.

di.vi.sa [dib´isa] *sf* **1** Distintivo, insígnia. **2 divisas** *pl* Divisas.

di.vi.sar [dibis´ar] *vt* Divisar, entrever, perceber, ver.

di.vi.si.ble [dibis´ible] *adj* Divisível. *diez es divisible por dos* / dez é divisível por dois.

di.vi.sión [dibisj´on] *sf* **1** Divisão, separação. **2** Distribuição, partilha, repartição. **3** Discórdia, desunião. **4** *Gram* Hífen.

di.vor.ciar [diborθj´ar] *vt+vpr* Divorciar. *mis padres se van a divorciar* / meus pais vão se divorciar.

di.vor.cio [dib´orθjo] *sm* Divórcio.

di.vul.ga.ción [dibulgaθj´on] *sf* Divulgação, publicação.

di.vul.gar [dibulg´ar] *vt+vpr* Divulgar, publicar. → cargar.

do [d´o] *sm* Mús Dó.

do.bla.di.llo [doblad´iλo] *sm* Bainha, barra. *¿me puedes hacer el dobladillo de los pantalones?* / você pode fazer a barra das calças para mim?

do.bla.do, -a [dobl´ado] *adj* **1** Atarracado. **2** Dúbio. **3** Dobrado, duplicado. **4** Dublado. • *sm* Dobra.

do.bla.je [dobl´ahe] *sm* *Cin, Telev* Dublagem. Veja nota em **abordaje**.

do.blar [dobl´ar] *vt* **1** Duplicar. **2** Dobrar. **3** Dublar. **4** Persuadir, convencer. *vpr* **5** Ceder.

do.ble [d´oble] *num+adj* **1** Dobro. **2** Duplo. **3** Duas caras, falso. • *sm* **1** Dobra. **2** Dublê. **3** Sósia. **estar a tres dobles y un repique** não ter onde cair morto.

do.ble.gar [dobleg´ar] *vt+vpr* **1** Dobrar, vencer, persuadir. **2** Arquear, encurvar. → cargar.

do.blez [dobl´eθ] *sm* **1** Dobra. **2** Falsidade. *se nota la doblez de sus palabras* / nota-se a falsidade de suas palavras.

do.ce [d´oθe] *num+sm* doze.

do.ce.na [doθ´ena] *sf* Dúzia. *voy a comprar una docena de huevos* / vou comprar uma dúzia de ovos.

dó.cil [d´oθil] *adj* **1** Dócil, suave. **2** Obediente, manso, submisso.

do.ci.li.dad [doθilid´ad] *sf* Docilidade, brandura.

doc.to, -a [d´okto] *adj+s* Douto.

doc.tor, -ora [dokt´or] *s* **1** Doutor. **2** Médico.

doc.tri.na [doktr´ina] *sf* Doutrina, disciplina.

do.cu.men.ta.ción [dokumentaθj´on] *sf* Documentação. *toda mi documentación para viajar está lista* / toda a minha documentação para viajar está pronta.

do.cu.men.tal [dokument´al] *adj+sm* Documentário. • *adj* Documental.

do.cu.men.to [dokum´ento] *sm* Documento. *perdí todos mis documentos* / perdi todos os meus documentos.

dó.lar [d´olar] *sm* Dólar.

do.len.cia [dol´enθja] *sf* Doença, enfermidade.

do.ler [dol´er] *vi* **1** Doer. *vpr* **2** Arrepender-se. **3** Compadecer-se. **4** Lamentar-se, queixar-se. → morder.

do.li.do, -a [dol´ido] *adj* Magoado, ofendido. *mamá está muy dolida contigo* / mamãe está muito magoada com você.

do.lien.te [dolj´ente] *adj* **1** Dolorido. **2** Doente. **3** Dolente, sofredor. • *s* Parente do falecido.

do.lor [dol´or] *sm* **1** Dor. **2** Sofrimento. **3** Mágoa, pesar, pena.

do.lo.ri.do, -a [dolor´ido] *adj* Dolorido. *tengo la pierna muy dolorida* / minha perna está muito dolorida.

do.lo.ro.so, -a [dolor´oso] *adj* Doloroso, penoso, doído.

do.mar [dom´ar] *vt* **1** Domar, domesticar. **2** Reprimir, refrear, conter.
do.me.ñar [domeñ´ar] *vt* Dominar, submeter, sujeitar, render.
do.mes.ti.car [domestik´ar] *vt+vpr* Domesticar, amansar, domar. → atacar.
do.més.ti.co, -a [dom´estiko] *adj* Doméstico. *me gusta la vida doméstica* / gosto da vida doméstica.
do.mi.ci.liar [domiθiljˊar] *vt+vpr* Domiciliar, estabelecer, fixar.
do.mi.ci.lio [domiθ´iljo] *sm* Domicílio, residência. **domicilio social** sede.
do.mi.na.ción [dominaθj´on] *sf* Dominação, domínio.
do.mi.na.dor [dominad´or] *adj+sm* Dominador. *el marido de ella es muy dominador* / o marido dela é muito dominador.
do.mi.nan.te [domin´ante] *adj* Dominante.
do.mi.nar [domin´ar] *vt* **1** Dominar, controlar. *vt+vpr* **2** Conter, reprimir. *vi+vt* **3** Predominar.
do.min.go [dom´iŋgo] *sm* Domingo. *domingo hago 66 años* / domingo completo 66 anos.
do.mi.nio [domˊinjo] *sm* Domínio, dominação.
do.mi.nó [domin´o] *sm* Dominó. *¿vamos a jugar dominó?* / vamos jogar dominó?
don [d´on] *sm* Dom, dádiva. **don nadie** zé-ninguém, joão-ninguém.
do.na.ción [donaθj´on] *sf* Doação, donativo, oferecimento, oferta.
do.na.dor [donad´or] *adj+sm* Doador. *soy donador de sangre* / sou doador de sangue.
do.nan.te [don´ante] *s* Doador.
do.nar [don´ar] *vt* Doar, presentear. *donar me da tanto placer como recibir* / presentear me dá tanto prazer quanto receber.
do.na.ti.vo [donat´ibo] *sm* Donativo, doação. *vamos a pedir donativos para los pobres por las casas* / vamos pedir donativos para os pobres pelas casas.
don.ce.lla [donθ´eʎa] *sf* Donzela.
don.de [d´onde], **dón.de** [d´onde] *adv* Onde. *¿dónde está mi cuaderno?* / onde está meu caderno? Veja nota em **adonde** (espanhol).
don.de.quie.ra [dondekj´era] *adv* Em qualquer lugar, onde quer que.
do.ña [d´oña] *sf* Dona, senhora.
do.pa.do [dop´ado] *adj* Dopado. • *sm* Dopagem.
do.pa.je [dop´ahe] *sm* Dopagem. Veja nota em **abordaje**.
do.par [dop´ar] *vt+vpr* Dopar, drogar. *¿pretendes doparte con tantas píldoras?* / você pretende se dopar com tantos comprimidos?
do.ra.do, -a [dor´ado] *adj* **1** Dourado. **2** Feliz. • *sm* Ictiol Dourado.
dor.mi.lón, -lona [dormil´on] *adj+s* Dorminhoco. • *sf* Espreguiçadeira.
dor.mir [dorm´ir] *vi* Dormir. *siempre me duermo temprano* / sempre durmo cedo. → Veja modelo de conjugação.
dor.mi.tar [dormit´ar] *vi* Cochilar, dormitar.
dor.mi.to.rio [dormit´orjo] *sm* Dormitório, quarto. *mi computadora está en mi dormitorio* / meu computador está no meu quarto.
dor.so [d´orso] *sm* Anat Dorso, costas.
dos [d´os] *num+sm* Dois, duas.
dos.cien.tos, -as [dosθj´entos] *num+sm* Duzentos. *dos siglos son doscientos años* / dois séculos são duzentos anos.
do.si.fi.car [dosifik´ar] *vt* Dosar, graduar, dosear. → atacar.
do.sis [d´osis] *sf inv* Dose. *¿me sirves una dosis de ron, por favor?* / você me serve uma dose de rum, por favor?
do.tar [dot´ar] *vt* Dotar, dar, conceder, prover.
do.te [d´ote] *sf* **1** Dote. *antiguamente las mujeres tenían que tener un dote para poder casarse* / antigamente as mulheres tinham de ter um dote para poderem se casar. **2** Virtude, predicado, qualidade.
dra.gón [drag´on] *sm* Dragão.
dra.ma [dr´ama] *sm* **1** Lit Drama. **2** Catástrofe.
dra.má.ti.co, -a [dram´atiko] *adj* Dramático. *¡mi mamá es tan dramática!* / minha mãe é tão dramática!

dra.ma.ti.za.ción [dramatiθaθj′on] *sf Teat* Dramatização, representação.
dra.ma.ti.zar [dramatiθ′ar] *vt+vi* **1** Dramatizar, representar. **2** Exagerar, fazer drama. → alzar.
dra.ma.tur.go [dramat′urgo] *sm* Dramaturgo.
drás.ti.co, -a [dr′astiko] *adj+s* Drástico, enérgico, radical, draconiano.
dre.nar [dren′ar] *vt* Drenar, fluir. *hay que drenar la pus de la herida* / é preciso drenar o pus da ferida.
dri.blar [dribl′ar] *vt+vi Dep* Driblar.
driver sm Inform Driver.
dro.ga [dr′oga] *sf* **1** Droga, medicamento. **2** Entorpecente.

Para indicar impaciência, irritação, como em "droga!", em espanhol usa-se **¡coño!**

dro.ga.dic.to, -a [drogad′ikto] *adj+s* Toxicômano, drogado, dependente, viciado.
dro.gar [drog′ar] *vt+vpr* Drogar, dopar. *nunca pudiera esperar tener un hijo que se droga* / nunca poderia esperar ter um filho que se droga. → cargar.
dro.gue.rí.a [droger′ia] *sf* Drogaria, farmácia.
du.cha [d′ut∫a] *sf* **1** Ducha. **2** Banho, chuveirada. **3** Boxe, chuveiro.
du.da [d′uda] *sf* Dúvida, incerteza, suspeita, vacilação.
du.dar [dud′ar] *vt* **1** Duvidar, desconfiar. *vi* **2** Vacilar, titubear.
du.do.so, -a [dud′oso] *adj* Duvidoso, incerto. *su futuro en la empresa es dudoso* / seu futuro na empresa é duvidoso.
due.lo [dw′elo] *sm* **1** Duelo. **2** Dor, sofrimento. **3** Pesar, pêsames. Veja nota em **duelo** (português).
due.ño, -a [dw′eño] *s* Dono, proprietário.
due.to [dw′eto] *sm Mús* Dueto, duo.
dul.ce [d′ulθe] *adj+sm* Doce. *siempre como un dulce después de la comida* / sempre como um doce depois das refeições.
dul.ci.fi.car [dulθifik′ar] *vt+vpr* Adoçar. → atacar.
dul.zu.ra [dulθ′ura] *sf* **1** Doçura. **2** Suavidade, amabilidade.

du.na [d′una] *sf* Duna. *son enormes las dunas del Nordeste* / são enormes as dunas do Nordeste.
dú.o [d′uo] *sm Mús* Dueto, duo.
duo.dé.ci.mo [duod′eθimo] *adj* Décimo segundo.
dú.plex [d′upleks] *adj* Dobro. • *sm* Dúplex.
du.pli.ca.ción [duplikaθj′on] *sf* Duplicação. *solicitamos al gobierno de la provincia la duplicación de esta carretera* / solicitamos ao governo do Estado a duplicação desta estrada.
du.pli.ca.do, -a [duplik′ado] *adj* Duplicado, duplo. • *sm* Reprodução, cópia.
du.pli.car [duplik′ar] *vt+vpr* **1** Duplicar. *vt* **2** Replicar. → atacar.
du.plo, -a [d′uplo] *adj+s* Duplo, dobro.
du.que, -esa [d′uke] *s* Duque. *Luís Alves de Lima e Silva era el nombre del Duque de Caxias* / Luís Alves de Lima e Silva era o nome do Duque de Caxias. *Wallis Simpson era la Duquesa de Windsor* / Wallis Simpson era a Duquesa de Windsor.
du.ra.bi.li.dad [durabilid′ad] *sf* Durabilidade, resistência, solidez.
du.ra.ble [dur′able] *adj* Durável, resistente. *me gusta comprar cosas durables* / gosto de comprar coisas duráveis.
du.ra.ción [duraθj′on] *sf* Duração, extensão.
du.ra.de.ro, -a [durad′ero] *adj* Duradouro, durável. *¿cuál es la fórmula para una relación duradera?* / qual é a receita para um relacionamento duradouro?
du.ran.te [dur′ante] *prep* Durante. • *conj* Enquanto.
du.rar [dur′ar] *vi* Durar, persistir, subsistir.
du.raz.ne.ro [duraθn′ero] *sm Bot* Pessegueiro. *la flor del duraznero es muy linda* / a flor de pessegueiro é muito bonita.
du.raz.no [dur′aθno] *sm Bot* **1** Pêssego. **2** Pessegueiro.
du.re.za [dur′eθa] *sf* Dureza. **dureza del vientre** constipação.
dur.mien.te [durmj′ente] *adj+s* Dormente, adormecido. • *sm* Dormente.
du.ro [d′uro] *adj* **1** Duro, firme, forte, rijo. **2** Áspero, rude. **3** Cruel.

e

e¹, E [e] *sf* Quinta letra do alfabeto espanhol.
e² [e] *conj* E. *padres e hijos deben conversar siempre* / pais e filhos precisam conversar sempre.

> Em espanhol, usa-se a conjunção **e** antes de palavras que começam por "i" ou "hi". Nos demais casos usa-se a conjunção **y**.

é.ba.no [´ebano] *sm Bot* Ébano.
e.brio, -a [´ebrjo] *adj+s* Ébrio, bêbado, embriagado.
e.bu.lli.ción [ebuλiθ´jon] *sf* Ebulição: a) fervura. b) *fig* efervescência, agitação, excitação, exaltação. *casi todos los adolescentes viven en permanente estado de ebullición* / quase todos os adolescentes vivem em permanente estado de efervescência.
ec.ce.ma [e(k)θ´ema] *sm Med* Eczema.
e.cha.do [etʃ´ado] *adj* **1** Expulso. **2** Deitado. **3** Demitido.
e.char [etʃ´ar] *vt+vpr* **1** Jogar. *echaron a la basura importantes papeles por error* / jogaram no lixo importantes papéis por engano. **2** Expelir, expulsar. *los volcanes en erupción echan cenizas y gases* / os vulcões em erupção expelem cinzas e gases. **3** Demitir, despedir, destituir, mandar embora. *vt+vi* **4** Sair, brotar, irromper. *la planta ya está echando raíces* / já estão saindo raízes da planta. *vt+vpr* **5** Deitar. *se echó en la cama para descansar* / deitou na cama para descansar. *vi* **6** Começar. *echó a reír cuando terminó el chiste* / começou a rir quando acabou a piada. *vpr* **7** Chocar (as aves). **echar a perder** estragar, arruinar. **echar de menos** sentir falta. **echar de ver** observar, advertir. **echar una mano** ajudar. **echar un vistazo** dar uma olhada. **echarse a perder** estragar-se, arruinar-se, avariar-se, danificar-se. **echarse atrás** desistir, amarelar.
e.char.pe [etʃ´arpe] *sm* Echarpe, xale.
e.cléc.ti.co, -a [ekl´etiko] *adj+s* Eclético.
e.cle.siás.ti.co, -a [eklesj´astiko] *adj+s* Eclesiástico. • *sm* Eclesiástico, clérigo, sacerdote, padre. **calendario eclesiástico** calendário eclesiástico.
e.cli.pse [ekl´ipse] *sm* **1** *Astr* Eclipse. **2** *fig* Ausência, desaparecimento. **eclipse lunar** eclipse da Lua, lunar. **eclipse solar** eclipse do Sol, solar.
e.clo.sión [eklos´jon] *sf* Eclosão, aparecimento. *diferentes factores culturales y sociales determinan la eclosión de los movimientos artísticos* / diversos fatores culturais e sociais determinam a eclosão dos movimentos artísticos.
e.co [´eko] *sm* Eco.
e.co.lo.gí.a [ekoloh´ia] *sf* Ecologia.
e.co.ló.gi.co, -a [ekol´ohiko] *adj* Ecológico.
e.co.lo.gis.ta [ekoloh´ista] *adj+s* Ecologista.
e.co.no.mí.a [ekonom´ia] *sf* **1** Economia. **2** *economías pl* Economias, poupança. **economía de escala** economia de escala. **economía de mercado** economia de mercado. **economía dirigida** economia dirigida. **economía mixta** economia mista. **economía planificada** economia planejada. **economía sumergida** economia informal.
e.co.nó.mi.co, -a [ekon´omiko] *adj* Econômico: a) relativo à economia. b) poupado, parcimonioso. c) que custa

e.co.no.mis.ta [ekonomˈista] *s* Economista. *el nuevo ministro de Hacienda es un famoso economista* / o novo ministro da Fazenda é um famoso economista.

e.co.no.mi.zar [ekonomiθˈar] *vt* Economizar, poupar. → alzar.

e.co.sis.te.ma [ekosistˈema] *sm* Ecossistema.

e.cua.ción [ekwaθˈjon] *sf Mat* Equação. *la ecuación de Albert Einstein, E = mc²*, *es famosa en todo el mundo* / a equação de Albert Einstein, E = mc², é famosa no mundo inteiro.

e.cua.dor [ekwadˈor] *sm Geogr* Equador.

e.cua.ni.mi.dad [ekwanimidˈad] *sf* Imparcialidade.

e.cua.to.ria.no, -a [ekwatorjˈano] *adj+s* Equatoriano.

e.cues.tre [ekˈwestre] *adj* Equestre. **estatua ecuestre** estátua equestre.

ec.ze.ma [e(k)θˈema] *sm Med V* eccema.

e.dad [edˈad] *sf* Idade. **edad media** idade média. **de edad** de idade.

e.de.ma [edˈema] *sm Med* Edema.

e.dén [edˈen] *sm* Éden, paraíso.

e.di.ción [ediθˈjon] *sf* Edição. **edición crítica** edição crítica. **edición facsimilar** edição fac-similada. **edición paleográfica** edição paleográfica. **edición pirata** edição fraudulenta, pirata. **segunda edición** segunda edição/tiragem.

e.dic.to [edˈikto] *sm* Edital.

e.di.fi.ca.ción [edifikaθˈjon] *sf* Edificação, construção. *la edificación de la ciudad es moderna* / a edificação da cidade é moderna.

e.di.fi.can.te [edifikˈante] *adj* Edificante, moralizador.

e.di.fi.car [edifikˈar] *vt* Edificar, construir. → atacar.

e.di.fi.cio [edifˈiθjo] *sm* Edifício, prédio, construção. *en São Paulo hay muchos edificios comerciales* / em São Paulo há muitos prédios comerciais.

e.dil [edˈil] *s* Vereador.

e.di.tar [editˈar] *vt* Editar, publicar.

e.di.tor, -a [editˈor] *adj+s* Editor. **editor responsable** editor responsável.

e.di.to.rial [editorjˈal] *adj+sm* Editorial. *el periódico tiene una línea editorial conservadora* / o jornal tem uma linha editorial conservadora. • *sf* Editora. *es una editorial especializada en libros infantiles* / é uma editora especializada em livros infantis.

e.dre.dón [edredˈon] *sm* Edredom, acolchoado. *debajo del edredón no sentía frío* / embaixo do edredom não sentia frio.

e.du.ca.ción [edukaθˈjon] *sf* Educação: a) ato e efeito de estudar. b) preparo. c) instrução, ensino. d) civilidade, delicadeza, polidez, cortesia. **educación especial** educação especial.

e.du.ca.cio.nal [edukaθjonˈal] *adj* Educacional, educativo.

e.du.ca.do, -a [edukˈado] *adj* Educado, polido, cortês, bem-educado, atencioso, bem-criado, civilizado.

e.du.ca.dor, -ora [edukadˈor] *adj+s* Educador.

e.du.car [edukˈar] *vt* Educar, instruir. → atacar.

e.du.ca.ti.vo, -a [edukatˈibo] *adj* Educativo, educacional.

e.dul.co.ran.te [edulkorˈante] *adj+sm* Adoçante. *toma café con edulcorante porque sufre de diabetes* / toma café com adoçante porque sofre de diabetes.

e.dul.co.rar [edulkorˈar] *vt+vpr* Adoçar.

e.fec.ti.vo, -a [efektˈibo] *adj* Efetivo: a) positivo. *la risa es un remedio efectivo contra el mal humor* / o riso é um remédio efetivo contra o mau humor. b) permanente, estável, fixo. **dínero en efectivo** dinheiro vivo. *conozco una tienda muy barata, pero sólo aceptan dinero en efectivo* / conheço uma loja muito barata, porém somente aceita pagamento em dinheiro vivo.

e.fec.to [efˈekto] *sm* Efeito. **efectos bancarios, comerciales** efeitos bancários. **efectos especiales** efeitos especiais. **efecto invernadero** efeito estufa. **en efecto** com efeito. **hacer efecto / surtir efecto** fazer efeito.

e.fec.tuar [efektwˈar] *vt+vpr* Efetuar, realizar, cumprir. → atenuar.

e.fer.ves.cen.cia [eferbesθˈenθja] *sf* **1** Efervescência. **2** *fig* Agitação, excitação, exaltação.

e.fer.ves.cen.te [eferbesθ´ente] *adj* Efervescente. *la gaseosa es una bebida efervescente* / o refrigerante é uma bebida efervescente.
e.fi.ca.cia [efik´aθja] *sf* Eficácia, eficiência.
e.fi.caz [efik´aθ] *adj* Eficaz, eficiente.
e.fi.cien.cia [efiθ´jenθa] *sf* Eficiência, eficácia.
e.fi.cien.te [efiθj´ente] *adj* Eficiente, eficaz.
e.fí.me.ro, -a [ef´imero] *adj* Efêmero. *la belleza es efímera* / a beleza é efêmera.
e.fu.sión [efus´jon] *sf* Efusão: a) derramamento, escoamento, saída. b) expansão, fervor, ímpeto, veemência. *lo recibieron con efusión cuando volvió* / foi recebido com efusão quando voltou.
e.fu.si.vo, -a [efus´ibo] *adj* Efusivo.
e.gip.cio, -a [eh´ipθjo] *adj+s* Egípcio.
e.go [´ego] *sm* Ego.
e.go.cén.tri.co, -a [egoθ´entriko] *adj* Egocêntrico, personalista, egoísta.
e.go.ís.mo [ego´ismo] *sm* Egoísmo.
e.go.is.ta [ego´ista] *adj+s* Egoísta.
¡eh! [´e] *interj* Ei!, hein!
e.je [´ehe] *sm* Eixo. *la columna vertebral es el eje que sostiene el cuerpo* / a coluna vertebral é o eixo que sustenta o corpo.
e.je.cu.ción [ehekuθ´jon] *sf* Execução. *pidieron un nuevo presupuesto para la ejecución del proyecto* / pediram um novo orçamento para a execução do projeto.
e.je.cu.tar [ehekut´ar] *vt* Executar: a) efetuar, efetivar, realizar. b) supliciar, justiçar. c) tocar (música). d) *Der* promover a execução de. e) *Inform* processar.
e.je.cu.ti.vo, -a [ehekut´ibo] *adj* Executivo, que executa. • *sm* Executivo: a) diretor de uma empresa. b) governo, poder executivo. *el ejecutivo es uno de los tres poderes del Estado* / o executivo é um dos três poderes do Estado.
e.je.cu.tor, -ora [ehekut´or] *adj+s* Executor.
e.jem.plar [ehempl´ar] *adj+sm* Exemplar. *ya está en los quioscos el nuevo ejemplar de la revista* / já está nas bancas o novo exemplar da revista.

e.jem.pli.fi.car [ehemplifik´ar] *vt* Exemplificar. → atacar.
e.jem.plo [eh´emplo] *sm* Exemplo. *un buen ejemplo es mejor que una explicación* / um bom exemplo é melhor do que uma explicação. **por ejemplo** por exemplo. **sin ejemplo** sem precedente.
e.jer.cer [eherθ´er] *vt* Exercer. → mecer.
e.jer.ci.cio [eherθ´iθjo] *sm* **1** Exercício. *el ajedrez es un excelente ejercicio intelectual* / o xadrez é um excelente exercício intelectual. **2** Desempenho de profissão. **3** Atividade física.
e.jer.ci.tar [eherθitar] *vt+vpr* Exercitar: a) praticar, professar, exercer. b) adestrar, habilitar.
e.jér.ci.to [eh´erθito] *sm* Exército.
el [´el] *art* O. *el sol brilla en el cielo* / o sol brilha no céu.
él [´el] *pron pers* Ele. *él es mi hijo mayor* / ele é meu filho mais velho. Veja nota em **ele** (espanhol).
e.la.bo.ra.ción [elaboraθ´jon] *sf* Elaboração. *muchas personas participaron en la elaboración del proyecto* / muitas pessoas participaram na elaboração do projeto.
e.la.bo.rar [elabor´ar] *vt* Elaborar: a) preparar. b) formar, conceber.
e.las.ti.ci.dad [elastiθid´ad] *sf* Elasticidade, flexibilidade. *se necesita elasticidad para bailar ballet* / é preciso elasticidade para dançar balé.
e.lás.ti.co, -a [el´astiko] *adj+sm* Elástico.
ele [´ele] *sf* Ele, nome da letra *l*.

> Em português, **ele** é o pronome pessoal que designa a 3.ª pessoa do masculino singular e, em espanhol, se traduz como **él**.

e.lec.ción [elekθ´jon] *sf* Eleição: a) escolha, opção. b) pleito eleitoral. *la elección presidencial será en la próxima semana* / a eleição presidencial será na próxima semana.
e.lec.ti.vo, -a [elekt´ibo] *adj* Eletivo.
e.lec.tor, -ora [elekt´or] *adj+s* Eleitor. *la propaganda electoral intenta convencer al elector indeciso* / a propaganda eleitoral tenta convencer o eleitor indeciso.

e.lec.to.ra.do [elektor´ado] *sm* Eleitorado.

e.lec.to.ral [elektor´al] *adj* Eleitoral. **colegio electoral** colégio eleitoral.

e.lec.tri.ci.dad [elektriθid´ad] *sf Fís* Eletricidade.

e.lec.tri.cis.ta [elektriθ´ista] *adj+s* Eletricista.

e.léc.tri.co, -a [el´ektriko] *adj* Elétrico. **arco eléctrico** arco elétrico. **bisturí eléctrico** bisturi elétrico. **cable eléctrico** cabo elétrico. **campo eléctrico** campo elétrico. **carga eléctrica** carga elétrica. **conductor eléctrico** condutor elétrico. **corriente eléctrica** corrente elétrica. **guitarra eléctrica** guitarra elétrica. **silla eléctrica** cadeira elétrica.

e.lec.tri.zan.te [elektriθ´ante] *adj* Eletrizante.

e.lec.tri.zar [elektrifik´ar] *vt+vpr* **1** Eletrizar, eletrificar. **2** Entusiasmar.

e.lec.tro.car.dio.gra.ma [elektrokardiogr´ama] *sm Med* Eletrocardiograma.

e.lec.tro.do [elektr´odo] *sm Fís* Eletrodo.

e.lec.tro.do.més.ti.co [elektrodom´estiko] *adj+sm* Eletrodoméstico. *los nuevos electrodomésticos consumen menos energía eléctrica* / os novos eletrodomésticos consomem menos energia elétrica.

e.lec.tro.en.ce.fa.lo.gra.ma [elektroenθefalogr´ama] *sm Med* Eletroencefalograma.

e.lec.tró.li.sis [elektr´olisis] *sf inv Quím* Eletrólise.

e.lec.trón [elektr´on] *sm Fís* Elétron.

e.lec.tró.ni.co, -a [elektr´onika] *adj+s* Eletrônico. • *sf Fís* Eletrônica. **cañón electrónico** canhão eletrônico. **cerebro electrónico** cérebro eletrônico. **computadora electrónica** computador eletrônico. **correo electrónico** correio eletrônico. **microscopio electrónico** microscópio eletrônico.

e.le.fan.te, -a [elef´ante] *s* **1** *Zool* Elefante. **2** *fig* Algo custoso e sem utilidade.

e.le.gan.cia [eleg´anθja] *sf* Elegância.

e.le.gan.te [eleg´ante] *adj+s* Elegante, apurado, requintado, esmerado, chique, distinto.

e.le.gi.do, -a [eleh´ido] *adj+s* Escolhido.

e.le.gir [eleh´ir] *vt* Eleger, escolher. *es difícil elegir una profesión* / é difícil escolher uma profissão. → corregir.

e.le.men.tal [element´al] *adj* Elementar: a) relativo ou pertencente a elemento(s). b) essencial, fundamental, básico. *el sueldo mínimo cubre las necesidades elementales de las familias* / o salário mínimo cobre as necessidades elementares das famílias. c) referente às primeiras noções de uma arte ou ciência. d) simples, fácil, claro.

e.le.men.to [elem´ento] *sm* Elemento. **estar en su elemento** estar no seu elemento.

e.len.co [el´enko] *sm* Elenco.

e.le.tró.ge.no [eletr´oheno] *sm Electr* Gerador elétrico.

e.le.va.ción [eleβaθ´jon] *sf* Elevação: a) ascensão, subida, levantamento. *el mundo está sufriendo una elevación de las temperaturas* / o mundo está sofrendo uma elevação das temperaturas. b) altura.

e.le.va.do, -a [eleβ´ado] *adj* Elevado: a) transcendente, superior, sublime, excelso. *quienes luchan por los demás son personas de espíritu elevado* / os que lutam pelos outros são pessoas de espírito elevado. b) alto. c) que está a uma altura superior.

e.le.var [eleβ´ar] *vt+vpr* Elevar: a) levantar, erguer. *vt* b) promover. *vpr* c) envaidecer-se.

e.li.mi.na.ción [eliminaθ´jon] *sf* Eliminação. *nadie esperaba la eliminación de la selección de Brasil en el Mundial* / ninguém esperava a eliminação da seleção do Brasil no Mundial.

e.li.mi.nar [elimin´ar] *vt+vpr* Eliminar: a) fazer sair, tirar, suprimir, excluir. b) fazer sair, pôr fora, expulsar, banir. c) matar. d) *Med* fazer sair (do organismo). *al transpirar, el cuerpo elimina sales minerales* / ao transpirar, o corpo elimina sais minerais.

é.li.te [´elite], **e.li.te** [el´ite] *sf* Elite, nata, fina flor, escol.

e.lla [´eλa] *pron pers* Ela. *ella cuida a su familia* / ela cuida da sua família.

e.lo.cu.ción [elokuθ´jon] *sf* Elocução.

e.lo.cuen.cia [elok´wenθja] *sf* Eloquência.

e.lo.cuen.te [elok´wente] *adj* Eloquente. *el discurso del presidente fue muy elocuente* / o discurso do presidente foi muito eloquente.

e.lo.giar [eloh´jar] *vt* Elogiar, louvar, gabar, enaltecer.

e.lo.gio [el´ohjo] *sm* Elogio, louvor, encômio.

e.lu.dir [elud´ir] *vt* **1** Evitar. *los padres no pueden eludir su responsabilidad con los hijos* / os pais não podem evitar a sua responsabilidade com os filhos. *vt+vpr* **2** Esquivar.

e.ma.nar [eman´ar] *vi+vt* Emanar: a) provir, proceder, sair, originar-se. b) desprender-se, exalar-se.

e.man.ci.pa.ción [emanθipaθ´jon] *sf* Emancipação, independência.

e.man.ci.par [emanθip´ar] *vt+vpr* **1** Emancipar. *vpr* **2** Libertar-se.

em.ba.dur.nar [embadurn´ar] *vt+vpr* Untar, lambuzar, besuntar. *embadurnar el salmón con limón, sal y aceite antes de colocarlo en el horno* / untar o salmão com limão, sal e óleo antes de colocá-lo no forno.

em.ba.ja.da [embah´ada] *sf* Embaixada.

em.ba.ja.dor, -a [embahad´or] *s* Embaixador.

em.ba.la.je [embal´ahe] *sm* Embalagem. *el embalaje Tetra Pack fue desarrollado en Suecia* / a embalagem Tetra Pack foi desenvolvida na Suécia. Veja nota em **abordaje**.

em.ba.lar [embal´ar] *vt* Embalar, empacotar, embrulhar.

Em português, **embalar** significa também "balançar o berço", "acalentar para adormecer", que, em espanhol, se traduz como **acunar, mecer**: *la madre mecía la cuna en donde dormía su hijo* / a mãe embalava o berço onde seu filho dormia.

em.bal.do.sar [embaldos´ar] *vt* Ladrilhar.

em.bal.se [emb´alse] *sm* Represa, açude.

em.ba.ra.za.da [embaraθ´ada] *adj+sf* Gestante. • *sf* Grávida. *las embarazadas suelen tener antojos* / as grávidas costumam ter desejos.

em.ba.ra.zar [embaraθ´ar] *vt+vpr* **1** Embaraçar, impedir, estorvar, tolher. *vt+vpr* **2** Engravidar. → alzar.

em.ba.ra.zo [embar´aθo] *sm* Embaraço: a) impedimento, obstáculo, estorvo, dificuldade. b) gravidez, gestação. c) atrapalhação, acanhamento, timidez.

em.ba.ra.zo.so, -a [embaraθ´oso] *adj* Embaraçoso.

em.bar.ca.ción [embarkaθ´jon] *sf* **1** Embarcação, barco. **2** Embarque.

em.bar.car [embark´ar] *vt+vi+vpr* Embarcar. → atacar.

em.bar.gar [embarg´ar] *vt* **1** Embargar, impedir, estorvar. **2** *Der* Penhorar. → cargar.

em.bar.go [emb´argo] *sm Der* Penhora. *el juez decretó el embargo de los bienes del deudor* / o juiz ordenou a penhora dos bens do devedor. **sin embargo** porém, contudo, mas, todavia.

em.bar.que [emb´arke] *sm* Embarque.

em.ba.te [emb´ate] *sm* Embate, choque (impetuoso), golpe. *es difícil superar los embates de la vida* / é difícil suportar os embates da vida.

em.bau.ca.dor, -a [embaukad´or] *adj+s* Charlatão, embusteiro, trapaceiro. *se asoció con un embaucador y perdió todo su dinero* / fez sociedade com um charlatão e perdeu todo seu dinheiro.

em.bau.car [embauk´ar] *vt* Trapacear, tapear, enganar, iludir. → atacar.

em.be.ber [embeb´er] *vt* Embeber: a) absorver, b) empapar, ensopar, encharcar. *vpr* c) compenetrar-se, impregnar-se.

em.be.le.co [embel´eko] *sm fam* Trambique.

em.be.le.sar [embeles´ar] *vt+vpr* Embelezar, enlevar, arrebatar, encantar.

em.be.lle.cer [embeλeθ´er] *vt+vpr* Embelezar, ornamentar, enfeitar. *existen innumerables productos para embellecer el cabello* / existe uma infinidade de produtos para embelezar os cabelos. → crecer.

em.bes.tir [embest´ir] *vt+vi* Investir, atacar, acometer. → medir.

em.blan.de.cer [emblandeθ´er] *vt+vpr* **1** Amaciar, suavizar. **2** Enternecer.

em.ble.ma [embl´ema] *sm* Emblema, insígnia.

em.bo.ca.du.ra [embokad´ura] *sf* Foz, desembocadura, embocadura.

em.bo.car [embok´ar] *vt* **1** Devorar, engolir. **2** Encestar, enfiar na rede.

em.bol.sar [embols´ar] *vtd* **1** Embolsar. *vpr* **2** Receber, ganhar (dinheiro em um negócio ou jogo). *mi hermano fue el único ganador del concurso y se embolsó una fortuna* / meu irmão foi o único ganhador do concurso e recebeu uma fortuna.

em.bo.rra.char [emborat∫´ar] *vt+vpr* Embebedar, embriagar.

em.bo.rro.nar [emboron´ar] *vt+vi* Rabiscar.

em.bos.ca.da [embosk´ada] *sf* Emboscada, cilada, tocaia.

em.bo.te.lla.mien.to [emboteλam´jento] *sm* Engarrafamento: a) ato ou efeito de engarrafar. b) congestionamento. *el accidente provocó un embotellamiento de varios kilómetros* / o acidente provocou um engarrafamento de vários quilômetros.

em.bo.te.llar [emboteλ´ar] *vt* Engarrafar.

em.bo.zar [emboθ´ar] *vt+vpr* Embuçar, disfarçar. → alzar.

em.bra.gue [embr´age] *sm* Embreagem. *el embrague del auto es automático* / a embreagem do carro é automática.

em.bria.ga.dor [embrjagad´or] *adj* Embriagador, inebriante.

em.bria.gar [embrjag´ar] *vt+vpr* Embriagar, embebedar, inebriar. → cargar.

em.bria.guez [embrjag´eθ] *sf* Embriaguez: a) bebedeira. *no conseguía mantenerse en pie por causa de la embriaguez* / não conseguia se manter em pé por causa da embriaguez. b) êxtase, enlevação.

em.brión [embr´jon] *sm* Embrião.

em.bro.lla.do [embroλ´ado] *adj* Embaraçoso.

em.bro.llar [embroλ´ar] *vt+vpr* Confundir, complicar, embrulhar, enredar.

em.bro.llo [embr´oλo] *sm* Enredo, confusão, encrenca. *se metió en un embrollo y ahora no sabe como salir* / entrou numa encrenca e agora não sabe como sair.

em.bro.mar [embrom´ar] *vt* Embromar: a) tapear, enganar. b) zombar, troçar, motejar. c) prejudicar, molestar. *él no escucha mis consejos, entonces, ¡qué se embrome!* / ele não liga para os meus conselhos, então que se dane! Veja nota em **embromar** (português).

em.bru.ja.do, -a [embruh´ado] *adj* Encantado.

em.bru.jar [embruh´ar] *vt* Enfeitiçar.

em.bru.jo [embr´uho] *sm* Feitiço: a) malefício. b) encanto, fascinação, fascínio.

em.bru.te.cer [embruteθ´er] *vt+vpr* Embrutecer. → crecer.

em.bu.do [emb´udo] *sm* Funil. *el perfumista colocó el perfume en la botella con un embudo* / o perfumista colocou o perfume na garrafa com um funil.

em.bus.te [emb´uste] *sm* Embuste, mentira, engano.

em.bus.te.ro, -a [embust´ero] *adj+s fam* Vigarista, mentiroso.

e.me [´eme] *sf* Eme, nome da letra *m*.

e.mer.gen.cia [emerh´enθja] *sf* Emergência, imprevisto.

e.mer.ger [emerh´er] *vi* Emergir. → escoger.

e.mi.gra.ción [emigraθ´jon] *sf* Emigração. *la emigración campo-ciudad ha provocado graves problemas sociales* / a emigração campo-cidade tem provocado graves problemas sociais.

e.mi.gran.te [emigr´ante] *adj+s* Emigrante.

e.mi.grar [emigr´ar] *vi* Emigrar.

e.mi.nen.te [emin´ente] *adj* Eminente: a) alto, elevado. b) excelente, sublime.

e.mi.sa.rio, -a [emis´arjo] *s* Emissário, mensageiro.

e.mi.sión [emis´jon] *sf* Emissão. *la emisión de gases de los automóviles ha provocado la contaminación del aire* / a emissão de gases dos automóveis tem provocado a poluição do ar.

e.mi.so.ra [emis´ora] *sf* Emissora. *la emisora de radio toca música clásica* / a emissora de rádio toca música clássica.

e.mi.tir [emit´ir] *vt* **1** Emitir. **2** Transmitir.

e.mo.ción [emoθ´jon] *sf* Emoção. *el escritor recibió el premio con emoción* / o escritor recebeu o prêmio com emoção.

e.mo.cio.nal [emoθjon´al] *adj* Emocional, emotivo.

e.mo.cio.nan.te [emoθjon´ante] *adj* Emocionante, comovente, tocante.

e.mo.cio.nar [emoθjon´ar] *vt+vpr* Emocionar, comover.

e.mo.ti.vo, -a [emot´ibo] *adj* Emotivo.

em.pa.car [empak´ar] *vt* 1 Empacotar. 2 Fazer as malas. *tuvimos que empacar rápidamente porque adelantaron el vuelo* / tivemos de fazer as malas com pressa pois adiantaram o voo. → atacar. Em português, **empacar** significa também "emperrar, parar".

em.pa.char [empatʃ´ar] *vt+vpr* Empachar, causar indigestão, empanturrar, fartar.

em.pa.cho [emp´atʃo] *sm* 1 Acanhamento, vergonha. *dijo lo que tenía que decir sin empacho* / disse o que tinha a dizer sem vergonha. 2 Indigestão.

em.pa.dro.na.mien.to [empadronam´jento] *sm* 1 Recenseamento. 2 Cadastramento.

em.pa.dro.nar [empadron´ar] *vt+vpr* 1 Recensear. 2 Cadastrar.

em.pa.la.go.so, -a [empalag´oso] *adj* Enjoativo. *la torta de tan dulce era empalagosa* / o bolo de tão doce era enjoativo.

em.pa.li.de.cer [empaliðeθ´er] *vi* Empalidecer. → crecer.

em.pal.mar [empalm´ar] *vt+vpr* Juntar, unir.

em.pal.me [emp´alme] *sm* Junção.

em.pa.ña.do, -a [empañ´ado] *adj* Embaçado.

em.pa.ñar [empañ´ar] *vt+vpr* Embaçar: a) tornar baço, empanar. b) ofuscar.

em.pa.pa.do, -a [empap´ado] *adj* Ensopado.

em.pa.par [empap´ar] *vt+vpr* Empapar, ensopar, encharcar.

em.pa.que.tar [empaket´ar] *vt* Empacotar, embalar. *la fábrica contrató a un nuevo empleado para empaquetar las mercancías* / a fábrica contratou um novo empregado para empacotar as mercadorias.

em.pa.re.da.do [empared´ado] *sm* Sanduíche. *pedimos un emparedado de jamón y queso* / pedimos um sanduíche de presunto e queijo. • *adj* Recluso por castigo, penitência ou vontade própria.

em.pa.re.jar [empareh´ar] *vt+vpr* Emparelhar, igualar, nivelar.

em.pa.ren.tar [emparent´ar] *vt+vi* Aparentar: a) estabelecer parentesco. b) ligar por parentesco. c) fazer-se parente.

em.pas.tar [empast´ar] *vt* 1 Empastar. 2 Obturar dentes.

em.pa.tar [empat´ar] *vt+vi+vpr* Empatar, igualar.

em.pa.te [emp´ate] *sm* Empate.

em.pa.tí.a [empat´ia] *sf* Empatia.

em.pe.ci.na.do, -a [empeθin´ado] *adj* Obcecado, obstinado, teimoso, pertinaz. *intentaron convencerlo pero el hombre estaba empecinado y no cambió de idea* / tentaram convencê-lo, mas o homem estava obcecado e não mudou de ideia.

em.pe.ci.nar.se [empeθin´arse] *vpr* Obstinar-se, teimar, embirrar.

em.pe.dra.do, -a [empedr´ado] *adj* Pavimentado com paralelepípedos.

em.pe.drar [empedr´ar] *vt* Empedrar, calçar. → despertar.

em.pei.ne [emp´eine] *sm* Anat Peito do pé. *la chica se hizo un tatuaje en el empeine* / a moça fez uma tatuagem no peito do pé.

em.pe.ñar [empeñ´ar] *vt+vpr* Empenhar.

em.pe.ño [emp´eño] *sm* Empenho, dedicação. *trabajó con empeño en el proyecto* / trabalhou com empenho no projeto.

em.pe.o.ra.mien.to [empeoramj´ento] *sm* Piora.

em.pe.o.rar [empeor´ar] *vt+vi+vpr* Piorar. *ellos tienen muchas deudas y, para empeorar, no tienen dinero* / eles têm muitas dívidas e, para piorar, não têm dinheiro.

em.pe.que.ñe.cer [empekeñeθ´er] *vt+vi+vpr* Minimizar, diminuir, reduzir, minguar. → crecer.

em.pe.re.ji.lar [emperehil´ar] *vt+vpr* Empetecar, enfeitar(-se).

em.pe.zar [empeθ´ar] *vt+vi* Começar, principiar, iniciar. *¡Bravo!, ¡van a empezar las vacaciones!* / viva! vão começar as férias! → Veja modelo de conjugação.

em.pi.na.do [empin´ado] *adj* 1 Alto, elevado. 2 Escarpado, íngreme.

em.ple.a.da [emple´ada] *sf* Criada.

em.ple.a.do [emple´ado] *s* Empregado, funcionário. **empleado de hogar / empleado doméstico** empregado doméstico.

em.ple.ar [emple´ar] *vt+vpr* Empregar.

em.ple.o [empl´eo] *sm* Emprego: a) ato de empregar. b) ofício. *después que terminó de estudiar obtuvo un empleo fácilmente* / depois que acabou de estudar obteve um emprego facilmente.

em.po.bre.cer [empobreθ´er] *vt+vi+vpr* Empobrecer. → crecer.

em.po.llar [empoλ´ar] *vt+vpr* **1** Chocar (ovos), incubar. **2** *fig, fam* Estudar.

em.po.llón, -na [empoλ´on] *adj+s fam* Estudioso, caxias, cê-dê-efe.

em.por.car [empork´ar] *vt+vpr* Emporcalhar, sujar. → volcar.

em.po.rio [emp´orjo] *sm* Empório.

em.po.tra.do, -a [empotr´ado] *adj* Embutido (armário). *mi nueva casa tiene armarios empotrados* / minha casa nova tem armários embutidos.

em.pren.de.dor, -ora [emprended´or] *adj+s* Empreendedor.

em.pren.der [emprend´er] *vt* **1** Empreender. **2** Acometer.

em.pre.sa [empr´esa] *sf* Empresa. **empresa privada** empresa privada. **empresa pública** empresa pública.

em.pre.sa.rial [empresarj´al] *adj* Empresarial.

em.pre.sa.rio, -a [empres´arjo] *s* Empresário.

em.pu.jar [empuh´ar] *vt* Empurrar. *tuvimos que empujar el coche hasta la gasolinera* / tivemos de empurrar o carro até o posto de gasolina.

em.pu.je [emp´uhe] *sm* Fôlego, estímulo.

em.pu.jón [empuh´on] *sm* Empurrão. *el jugador le dio un empujón al adversario* / o jogador deu um empurrão no adversário.

em.pu.ñar [empuɲ´ar] *vt* Empunhar.

em.pu.te.cer [emputeθ´er] *vt+vpr Arg fam* Enraivecer.

en [´en] *prep* Em. *Colón descubrió América en 1492* / Colombo descobriu a América em 1492.

e.na.gua [en´agwa] *sf* Anágua.

e.na.je.na.ción [enahenaθ´jon] *sf* Alienação. **enajenación mental** alienação mental.

e.na.je.nar [enahen´ar] *vt+vpr* Alienar, alhear.

e.nal.te.cer [enalteθ´er] *vt+vpr* Enaltecer, exaltar, engrandecer. → crecer.

e.na.mo.ra.do, -a [enamor´ado] *adj+s* **1** Apaixonado, namorado. *los novios están enamorados uno del otro* / os noivos estão apaixonados um pelo outro. **2** Namorador. *él es muy enamorado, siempre sale con chicas diferentes* / ele é muito namorador, sempre sai com moças diferentes.

e.na.mo.rar [enamor´ar] *vt+vpr* Apaixonar, enamorar.

e.na.no, -a [en´ano] *adj+s* Anão, muito pequeno.

en.ca.be.za.mien.to [enkabeθamj´ento] *sm* Cabeçalho.

en.ca.be.zar [enkabeθ´ar] *vt* Encabeçar. → alzar.

en.ca.de.nar [enkaden´ar] *vt* Acorrentar, encadear.

en.ca.jar [enkah´ar] *vt+vi* Encaixar, ajustar. *estoy intentando encajar las piezas del rompecabezas* / estou tentando encaixar as peças do quebra-cabeça.

en.ca.je [enk´ahe] *sm* **1** Encaixe. **2** Renda. *la novia usó un vestido de encaje en la fiesta* / a noiva usou um vestido de renda na festa.

en.ca.jo.nar [enkahon´ar] *vt* Encaixotar.

en.ca.mi.nar [enkamin´ar] *vt+vpr* Encaminhar, dirigir, conduzir, endereçar.

en.can.di.lar [enkandil´ar] *vt+vpr* Deslumbrar: a) ofuscar a vista. b) maravilhar, fascinar, estontear. c) seduzir.

en.can.ta.do, -a [enkant´ado] *adj* Encantado.

en.can.ta.dor, -ora [enkantad´or] *adj+s* Encantador: a) mágico. b) sedutor, fascinante.

en.can.ta.mien.to [enkantamj´ento] *sm* Encantamento, feitiçaria, magia. *la princesa durmió víctima de un encantamiento* / a princesa dormiu vítima de um encantamento.

en.can.tar [enkant´ar] *vt* Encantar: a) enfeitiçar. *vi* b) seduzir, cativar, fascinar.

en.can.to [enk´anto] *sm* Encanto, atrativo.
en.ca.pri.char.se [enkaprit∫´arse] *vpr* Teimar, insistir, obstinar-se.
en.ca.rar [enkar´ar] *vt+vpr* Encarar, enfrentar.
en.car.ce.la.mien.to [enkarθelamj´ento] *sm* Detenção, reclusão, prisão. *la policía anunció el encarcelamiento del fugitivo* / a polícia anunciou a detenção do fugitivo.
en.car.ce.lar [enkarθel´ar] *vt* Encarcerar, prender (em cárcere).
en.ca.re.ci.mien.to [enkareθim´jento] *sm* **1** Encarecimento, aumento de preços. **2** Elogio.
en.car.ga.do, -a [enkarg´ado] *adj+s* Encarregado. • *s* Gerente. *el cliente pidió para hablar con el encargado* / o cliente pediu para falar com o gerente. **encargado de negocios** encarregado, chefe.
en.car.gar [enkarg´ar] *vt+vpr* Encarregar: a) incumbir, cometer, confiar. b) recomendar, encomendar. → cargar.
en.car.go [enk´argo] *sm* Encargo, obrigação.
en.ca.ri.ñar.se [enkariñ´arse] *vpr* Afeiçoar-se.
en.car.na.ción [enkarnaθj´on] *sf* Encarnação. *los espiritistas creen en la encarnación del espíritu* / os espíritas acreditam na encarnação do espírito.
en.car.nar [enkarn´ar] *vt+vi+vpr* **1** Encarnar. **2** Personificar.
en.car.te [enk´arte] *sm* Encarte.
en.cau.sar [enkaus´ar] *vt* Processar, autuar.
en.cau.zar [enkawθ´ar] *vt* Canalizar.
en.cé.fa.lo [enθ´efalo] *sm Anat* Encéfalo.
en.cen.de.dor, [enθended´or] *sm* **1** Acendedor. **2** Isqueiro.
en.cen.der [enθend´er] *vt* Acender, ligar. → defender.
en.ce.ra.do [enθer´ado] *sm* Lousa, quadro-negro. *la nueva profesora escribió su nombre en el encerado* / a nova professora escreveu seu nome na lousa.
en.ce.ra.do.ra [enθerad´ora] *sf* Enceradeira.
en.ce.rar [enθer´ar] *vt* Encerar.

en.ce.rrar [enθeɾ´ar] *vt+vpr* **1** Encerrar, enclausurar. **2** Aprisionar, trancar. → despertar.

Em português, **encerrar** significa também "terminar", que, em espanhol, se traduz como **concluir**, **terminar**: *sin otro asunto que tratar el presidente dio por terminada la reunión* / nada mais havendo a tratar, o presidente deu por encerrada a reunião.

en.ce.rro.na [enθeɾ´ona] *sf* Emboscada, cilada.
en.chu.far [ent∫uf´ar] *vt* Plugar, ligar (aparelho eletrodoméstico, luz etc.) a uma tomada.
en.chu.fe [ent∫´ufe] *sm* Tomada, plugue.
en.cí.a [enθ´ia] *sf Anat* Gengiva. *lavarse bien los dientes ayuda a mantener las encías saludables* / escovar bem os dentes ajuda a manter as gengivas saudáveis.
en.ci.clo.pe.dia [enθiklop´edja] *sf* Enciclopédia.
en.cie.rro [enθ´jeɾo] *sm* Encerramento, reclusão.
en.ci.ma [enθ´ima] *adv* Em cima, sobre.
en.cin.ta [enθ´inta] *adj* Grávida.
en.claus.trar [enklaustr´ar] *vt+vpr* Enclausurar.
en.clen.que [enkl´enke] *adj+s* Fraco, doentio, frágil.
en.co.bar [enkob´ar] *vi+vpr* Chocar (os ovos), incubar.
en.co.ger [enkoh´er] *vt+vi+vpr* Encolher: a) retrair, contrair. b) reprimir, acanhar. c) diminuir (de dimensão).
en.co.gi.do, -a [enkoh´ido] *adj+s* Acanhado, tímido.
en.co.gi.mien.to [enkohim´jento] *sm* Acanhamento, timidez.
en.co.lar [enkol´ar] *vt* Colar, grudar.
en.co.le.ri.zar [enkoleriθ´ar] *vt+vpr* Encolerizar, irar, irritar, enfurecer. → alzar.
en.co.men.dar [enkomend´ar] *vt* Encomendar: a) mandar fazer, encarregar, incumbir. *vpr* b) confiar-se (à proteção de). → despertar.
en.co.miar [enkomj´ar] *vt* Elogiar, louvar, gabar, enaltecer.
en.co.mien.da [enkom´jenda] *sf* Encomenda.
en.co.mio [enk´omjo] *sm* Elogio, louvor.

en.co.no [enk´ono] *sm* Rancor, ódio, animosidade.

en.con.tra.do, -a [enkontr´ado] *adj* Encontrado, contrário, oposto, desencontrado.

en.con.trar [enkontr´ar] *vt+vi+vpr* Encontrar: a) deparar, achar. b) dar com, topar, chocar-se com. *vpr* c) achar (em determinado estado ou condição). *el jugador no va a participar en el partido porque se encuentra lesionado* / o jogador não vai participar do jogo pois encontra-se lesionado. d) opor-se, contrariar. → **aprobar**.

en.con.trón [enkontr´on] *sm* Encontrão, embate, esbarrão. *nos dimos un encontrón en la puerta de la tienda* / a gente se deu um esbarrão na porta da loja.

en.con.tro.na.zo [enkontron´aθo] *sm* V **encontrón**.

en.co.pe.ta.do, -a [enkopet´ado] *adj+s* **1** Presumido, convencido, presunçoso. **2** *fam* Metido, inconveniente.

en.cres.pa.do, -a [enkresp´ado] *adj* Mal-humorado.

en.cres.par [enkresp´ar] *vt+vpr* **1** Encrespar: a) tornar(-se) crespo (o cabelo etc.). b) agitar (o mar, as ondas etc). *vt+vpr* **2** *fig* Irritar.

en.cru.ci.ja.da [enkruθih´ada] *sf* Encruzilhada.

en.cua.der.na.ción [enkwadernaθ´jon] *sf* Encadernação.

en.cua.der.nar [enkwadern´ar] *vt* Encadernar.

en.cua.drar [enkwadr´ar] *vt+vpr* Enquadrar: a) encaixilhar, emoldurar. b) inserir, incluir, compreender.

en.cu.bier.to, -a [enkub´jerto] *adj* Encoberto, acobertado, oculto, escondido. *el delito encubierto puede ser castigado con pena o multa* / o delito encoberto pode ser castigado com pena ou multa.

en.cu.bri.dor, -ora [enkubrid´or] *adj+s* Sonegador.

en.cu.bri.mien.to [enkubrimj´ento] *sm* Sonegação.

en.cu.brir [enkubr´ir] *vt+vpr* Encobrir, ocultar, acobertar. *Part irreg:* encubierto.

en.cuen.tro [enk´wentro] *sm* Encontro: a) encontrão. b) ato de encontrar(-se). c) luta, briga. d) reunião.

en.cues.ta [enk´westa] *sf* Pesquisa, enquete. *según las encuestas, el presidente ha perdido popularidad* / segundo as pesquisas, o presidente tem perdido popularidade.

en.cum.brar [enkumbr´ar] *vt+vpr* Remontar, levantar muito.

en.cur.ti.do [enkurt´ido] *sm* Picles.

en.de.ble [end´eble] *adj* Frágil, fraco, frouxo. *era un joven demasiado endeble para hacer el servicio militar* / era um jovem fraco demais para prestar o serviço militar.

en.de.re.zar [endereθ´ar] *vt+vpr* **1** Endereçar. **2** *fig* Dirigir. **3** Endireitar, pôr direito. → **alzar**.

Endereçar, em português, corresponde a **dirigir**, em sentido figurado, em espanhol.

en.deu.dar.se [endewd´arse] *vpr* Endividar-se.

en.dia.bla.do, -a [endjabl´ado] *adj* Endiabrado, possuído pelo demônio.

en.do.cri.nó.lo.go, -a [endocrin´ologo] *s Med* Endocrinologista.

en.do.sar [endos´ar] *vt Com* Endossar.

en.dul.za.do, -a [endulθ´ado] *adj* Adoçado, melado.

en.dul.zar [endulθ´ar] *vt* Adoçar. *no le gustaba endulzar el café* / não gostava de adoçar o café.

en.du.re.cer [endureθ´er] *vt+vpr* Endurecer. → **crecer**.

e.ne [´ene] *sf* Ene, nome da letra *n*.

e.ne.bro [en´ebro] *sm Bot* Zimbro.

e.ne.mi.go, -a [enem´igo] *adj+s* Inimigo, rival. *quien ama a su prójimo no tiene enemigos* / quem ama seu próximo não tem inimigos.

e.ne.mis.tad [enemist´ad] *sf* Inimizade, aversão. *la enemistad entre ambos surgió por una tontería* / a inimizade entre os dois surgiu por uma bobagem.

e.ne.mis.tar [enemist´ar] *vt+vpr* Indispor, inimizar, malquistar.

e.ner.gé.ti.co, -a [enerh´etiko] *adj* Energético. • *sf Fís* Energética.

e.ner.gí.a [enerh´ia] *sf* Energia. **energía atómica** energia atômica. **energía cinética** energia cinética. **energía nuclear** energia nuclear. **energía potencial** energia potencial.

enérgico 150 **engatusar**

e.nér.gi.co, -a [en´erhiko] *adj* Enérgico, vigoroso.

e.ner.gi.zar [enerhiθ´ar] *vt* Energizar: a) *Fís* fazer (uma corrente elétrica) circular num circuito. b) dar energia.

e.ner.gú.me.no, -a [energ´umeno] *adj* Possesso, furioso, encolerizado. *no adelanta hablar con él, se vuelve un energúmeno* / não adianta falar com ele, fica possesso.

e.ne.ro [en´ero] *sm* Janeiro. *el mes de enero es el primero del año* / o mês de janeiro é o primeiro do ano.

e.ner.var [enerb´ar] *vt+vpr* Enervar: a) enfraquecer, debilitar, afrouxar. b) irritar, apoquentar, exacerbar.

e.né.si.mo, -a [en´esimo] *adj* Enésimo.

en.fa.da.do, -a [enfad´ado] *adj* Despeitado, zangado.

en.fa.dar [enfad´ar] *vt+vpr* Enfadar, aborrecer, irritar, zangar. *le pedí que no se enfadase por tan poco* / pedi para ele não se zangar por tão pouco.

en.fa.do [enf´ado] *sm* Enfado, aborrecimento, zanga.

en.fa.do.so, -a [enfad´oso] *adj* Enfadonho.

en.fa.jar [enfah´ar] *vt* Enfaixar.

én.fa.sis [´enfasis] *sm inv* Ênfase. *quiero darle énfasis al primer punto del contrato* / quero dar ênfase ao primeiro ponto do contrato.

en.fa.ti.zar [enfatiθ´ar] *vt* Enfatizar. → alzar.

en.fer.mar [enferm´ar] *vt+vi+vpr* Adoecer.

en.fer.me.dad [enfermed´ad] *sf Med* Enfermidade, doença.

en.fer.me.rí.a [enfermer´ia] *sf* 1 Enfermaria. *la enfermería del hospital está muy bien equipada* / a enfermaria do hospital está muito bem equipada. 2 Enfermagem. *mi prima estudia enfermería* / a minha prima estuda enfermagem.

en.fer.me.ro, -a [enferm´ero] *s* Enfermeiro.

en.fer.mi.zo, -a [enfermi´θo] *adj* Doentio. *él tenía un aspecto enfermizo* / ele tinha um aspecto doentio.

en.fer.mo, -a [enf´ermo] *adj+s* Enfermo, doente.

en.fi.lar [enfil´ar] *vt+vi* 1 Enfileirar, alinhar. *vt* 2 Pegar, seguir por (determinada direção).

en.fla.que.cer [enflakeθ´er] *vt+vi+vpr* Enfraquecer, debilitar. → crecer.

en.fo.car [enfok´ar] *vt* Enfocar, focalizar, focar. → atacar.

en.fo.que [enf´oke] *sm* Enfoque.

en.fren.ta.mien.to [enfrentamj´ento] *sm* Enfrentamento, discórdia.

en.fren.tar [enfrent´ar] *vt+vpr* Enfrentar: a) defrontar, confrontar. b) encarar, afrontar.

en.fren.te [enfr´ente] *adv* Defronte, diante, em frente.

en.fria.mien.to [enfrjam´jento] *sm* Esfriamento.

en.fri.ar [enfr´jar] *vt+vi+vpr* Esfriar, resfriar, tornar frio. → confiar.

en.fu.re.cer [enfureθ´er] *vt+vpr* Enfurecer: a) enraivecer. b) *fig* encapelar-se (o mar). → crecer.

en.fu.re.ci.do [enfureθ´ido] *adj* Zangado.

en.ga.la.nar [engalan´ar] *vt+vpr* Enfeitar, adornar, ataviar, ornar, ornamentar. *tiene que engalanar el salón antes de la fiesta* / é preciso enfeitar o salão antes da festa.

en.gan.char [engantʃ´ar] *vt+vpr* Enganchar, prender.

en.gan.che [eng´antʃe] *sm* 1 *Mil* Recrutamento. 2 *Mec* Engate.

en.ga.ña.dor [engañad´or] *adj+sm* Tapeador, sedutor.

en.ga.ñar [engañ´ar] *vt+vpr* Enganar: a) iludir. *engañar a las personas es muy malo* / enganar as pessoas é muito ruim. *vt* b) aliviar, mitigar. *engañó el hambre con un pedazo de pan* / enganou a fome com um pedaço de pão. c) trair. *vpr* d) cometer um erro.

en.ga.ño [eng´año] *sm* Engano, erro.

en.ga.ño.so, -a [engañ´oso] *adj* Enganoso, falso.

en.gas.tar [engast´ar] *vt* Engastar, cravejar.

en.ga.tu.sar [engatus´ar] *vt fam* Bajular, lisonjear, adular.

en.gen.drar [en:hendr´ar] *vt+vpr* Engendrar, gerar, produzir.

en.glo.bar [englob´ar] *vt* Englobar, juntar, conglomerar.

en.gor.dar [engord´ar] *vt+vi* Engordar.

en.gor.de [eng´orde] *sm* Engorda. *el ganado está en el pasto para engorda* / o gado está no pasto para engorda.

en.go.rro [eng´oŕo] *sm* Obstáculo, impedimento, empecilho, estorvo.

en.gra.na.je [engran´ahe] *sm Mec* Engrenagem. Veja nota em **abordaje**.

en.gran.de.cer [engrandeθ´er] *vt+vpr* Engrandecer. → crecer.

en.gran.de.ci.mien.to [engrandeθimi´ento] *sm* Engrandecimento.

en.gra.sar [engras´ar] *vt+vpr* Besuntar, engordurar, lubrificar.

en.gra.se [engr´ase] *sm* Engraxamento, lubrificação.

en.gre.í.do, -a [engre´ido] *adj* **1** Presumido, presunçoso, vaidoso. **2** *fam* Convencido. *es un hombre muy presumido y totalmente engreído* / é um homem muito presunçoso e totalmente convencido.

en.gre.ír [engre´ir] *vt+vpr* Envaidecer, vangloriar, ensoberbecer. → reír.

en.gro.sar [engros´ar] *vt+vi+vpr* **1** Engrossar. *vt* **2** Reforçar, aumentar (um exército, uma multidão etc.).

en.gru.do [engr´udo] *sm* Cola (de amido ou farinha), goma.

en.gu.llir [enguλ´ir] *vt+vi* Engolir, devorar. *no puede engullir de esa manera la comida, ¡tiene que masticar!* / não pode engolir assim a comida, precisa mastigar! → bullir.

en.he.brar [enebr´ar] *vt* Enfiar (a linha na agulha).

en.ho.ra.bue.na [enorab´wena] *sf* Felicitação, parabéns. *enhorabuena por tu cumpleaños* / parabéns pelo seu aniversário.

e.nig.ma [en´igma] *sm* Enigma, quebra-cabeça, charada.

e.nig.má.ti.co, -a [enigm´atiko] *adj* Enigmático, misterioso.

en.ja.bo.nar [enxabon´ar] *vt* Ensaboar: a) lavar com sabão. b) *fig* repreender, castigar.

en.jam.bre [enx´ambre] *sm* Enxame. *el enjambre de avispas entró por la ventana* / o enxame de vespas entrou pela janela.

en.jau.lar [enxaul´ar] *vt* Enjaular: a) meter em jaula, engaiolar. b) prender, encarcerar.

en.jua.gar [enxwag´ar] *vt+vpr* Enxaguar. *es una crema para el pelo que no hay que enjuagar* / é um creme para o cabelo que não precisa enxaguar.

en.ju.gar [enxug´ar] *vt+vpr* Enxugar, secar. → cargar.

en.ju.to, -a [enx´uto] *adj* Enxuto, seco.

en.la.ce [enl´aθe] *sm* Enlace: a) união. b) casamento.

en.la.dri.llar [enladriλ´ar] *vt* Ladrilhar.

en.la.zar [enlaθ´ar] *vt+vpr* Enlaçar, unir. → alzar.

en.lo.que.cer [enlokeθ´er] *vt+vi+vpr* **1** Enlouquecer, endoidar, endoidecer. **2** *fam* Pirar. → crecer.

en.lo.sar [enlos´ar] *vt* Ladrilhar.

en.lu.cir [enluθ´ir] *vt* Revestir (com gesso), estucar.

en.ma.ra.ña.do [emmarañ´ado] *adj* Complicado, enredado.

en.ma.ra.ñar [emmarañ´ar] *vt+vpr* Emaranhar: a) embaraçar, enredar. b) *fig* confundir, complicar.

en.mar.car [emmark´ar] *vt* **1** Emoldurar. *vt+vpr* **2** Enquadrar. → atacar.

en.mas.ca.rar [emmaskar´ar] *vt+vpr* Mascarar: a) pôr máscara. b) disfarçar, dissimular. *él dijo que no, tratando de enmascarar sus intenciones* / ele disse que não, tentando mascarar suas intenções.

en.men.da.do, -a [emmend´ado] *adj* Reformado, retificado, corrigido.

en.men.dar [emmend´ar] *vt+vpr* Emendar: a) melhorar, corrigir. b) reparar. → despertar.

en.mien.da [emm´jenda] *sf* Emenda, correção. *fue aprobada una nueva enmienda a la Constitución* / foi aprovada uma nova emenda à Constituição.

en.mo.he.cer [emmoeθ´er] *vt+vpr* Mofar, embolorar. → crecer. Veja nota em **mofar** (espanhol).

en.mo.he.ci.do, -a [emmoeθ´ido] *adj* Mofado.

en.mu.de.cer [emmudeθ´er] *vt+vi* Emudecer. → crecer.
en.ne.gre.cer [ennegreθ´er] *vt+vi+vpr* Enegrecer, escurecer. → crecer.
e.no.ja.di.zo [enohadi´θo] *adj* Mal-humorado.
e.no.ja.do, -a [enoh´ado] *adj* **1** Irritado. **2** Aborrecido.
e.no.jar [enoh´ar] *vt+vpr* Enraivecer, irar, irritar, aborrecer, zangar. Veja nota em **enojar** (português).
e.no.jo [en´oho] *sm* Raiva, ira, zanga.
e.no.jo.so, -a [enoh´oso] *adj* Aborrecido.
e.nor.gu.lle.cer [enorguλeθ´er] *vt+vpr* Orgulhar. *tu hijo es el primero de la clase, puedes enorgullecerte* / seu filho é o primeiro da classe, você pode se orgulhar. → crecer.
e.nor.me [en´orme] *adj* Enorme.
e.nor.mi.dad [enormid´ad] *sf* Enormidade.
en.ra.i.zar [enrajθ´ar] *vi+vpr* Enraizar, arraigar. → alzar.
en.ra.re.cer [enrareθ´er] *vt+vi+vpr* Rarear: a) tornar raro. b) tornar-se raro. c) tornar-se menos denso. → crecer.
en.re.da.dor, -ora [enredad´or] *adj+s fam* Vigarista.
en.re.dar [enred´ar] *vt+vpr* **1** Enredar: *vt* a) prender (na rede). *vt* b) emaranhar. *vt+vpr* c) complicar, embaraçar. **2** Enrolar. *vpr* **3** *fam* Amigar-se.
en.re.do [enr´edo] *sm* **1** Enredo: a) complicação. b) intriga, mexerico, confusão, tramoia. **2** Travessura.

> Em português, **enredo** significa também "conjunto de episódios que constituem uma obra de ficção" e se traduz ao espanhol como **trama**: *es muy fácil seguir la trama de las teleseries* / é muito fácil acompanhar o enredo das novelas.

en.re.ja.do [enreh´ado] *sm* Grade.
en.ri.que.cer [enrikeθ´er] *vt+vi+vpr* Enriquecer. → crecer.
en.ri.que.ci.mien.to [enrikeθim´jento] *sm* Enriquecimento.
en.ro.je.cer [enrohe θ´er] *vt+vpr* **1** Avermelhar. *vi+vpr* **2** Ruborizar-se, enrubescer, corar. *no consigo decir eso sin ruborizarme* / não consigo falar isso sem corar. → crecer.

en.ro.lar [enrol´ar] *vt+vpr* Alistar-se.
en.ro.llar [enroλ´ar] *vt+vpr* **1** Enrolar: a) dar a forma de rolo. *vpr* b) *fam* expor de maneira confusa. *vpr* **2** *fam* Ficar.
en.ros.car [enrosk´ar] *vt+vpr* Enroscar. → atacar.
en.sa.la.da [ensal´ada] *sf* Salada. *comer ensalada es muy saludable* / comer salada é muito saudável.
en.sal.zar [ensalθ´ar] *vt+vpr* Elogiar, louvar, gabar, enaltecer. → alzar.
en.san.cha.mien.to [ensantʃamj´ento] *sm* Alargamento.
en.san.char [ensantʃ´ar] *vt* Alargar, tornar largo ou mais largo.
en.sar.tar [ensart´ar] *vt* **1** Enfiar, meter em fio (pérolas, contas etc.). **2** Espetar, traspassar, atravessar.
en.sa.yar [ensa´yar] *vt* Ensaiar: a) provar, experimentar. b) treinar. c) dirigir ou submeter-se a ensaio. *la orquesta ensayó mucho antes de la presentación* / a orquestra ensaiou muito antes da apresentação. d) tentar, experimentar.
en.sa.yo [ens´ayo] *sm* Ensaio. *el ensayo de la orquesta empieza cuando llegan todos los músicos* / o ensaio da orquestra começa quando chegam todos os músicos.
en.se.gui.da [enseg´ida] *adv* Em seguida, imediatamente.
en.se.na.da [ensen´ada] *sf* Enseada, baía, angra.
en.se.ña [ens´eña] *sf* Insígnia.
en.se.ña.mien.to [enseñamj´ento] *sm* Ensinamento.
en.se.ñan.za [enseñ´anθa] *sf* Ensino. **enseñanza básica/primaria** ensino fundamental. **enseñanza media/secundaria** ensino médio. **enseñanza superior** ensino superior.
en.se.ñar [enseñ´ar] *vt* **1** Ensinar: a) instruir, lecionar. b) castigar, punir. c) indicar. **2** Mostrar, expor à vista. *el director les enseñó a todos su coche nuevo* / o diretor mostrou a todos seu novo carro.
en.se.res [ens´eres] *sm pl* Utensílios. *feria de enseres domésticos* / feira de utensílios domésticos.
en.si.llar [ensiλ´ar] *vt* Selar, pôr sela em.

el hacendado mandó ensillar su caballo favorito / o fazendeiro mandou selar seu cavalo favorito. Veja nota em **sellar**.
en.si.mis.ma.do [ensimism´ado] *adj* Taciturno, absorto, ensimesmado.
en.si.mis.mar.se [ensimism´arse] *vpr* Abstrair-se, ensimesmar-se, concentrar-se.
en.som.bre.cer [ensombreθ´er] *vt+vpr* **1** Sombrear. *vpr* **2** Entristecer-se. → crecer.
en.sor.de.ce.dor [ensordeθed´or] *adj* Ensurdecedor.
en.sor.ti.ja.do [ensortih´ado] *adj* Encaracolado, cacheado, anelado, crespo.
en.sor.ti.jar [ensortih´ar] *vt+vpr* Encaracolar, cachear.
en.su.ciar [ensuθ´jar] *vt+vpr* Sujar: a) emporcalhar, manchar. *los niños pequeños suelen ensuciar la ropa* / as crianças pequenas costumam sujar a roupa. *vpr* b) defecar.
en.sue.ño [ens´weño] *sm* Sonho, ilusão, fantasia.
en.ta.bla.do [entabl´ado] *sm* Assoalho.
en.ta.blar [entabl´ar] *vt* **1** Entabuar, assoalhar. **2** Entabular, começar, travar.
en.ta.llar [entaλ´ar] *vt* Entalhar, esculpir, gravar.
en.ta.ri.ma.do [entarim´ado] *sm* Assoalho, soalho, soalhado.
en.te [´ente] *sm* **1** Ente. **2** Entidade (jurídica). **ente de razón** ente imaginário.
en.ten.der [entend´er] *vt+vi+vpr* Entender, compreender, perceber. • *sm* Juízo, opinião, parecer. → defender.
en.ten.di.do, -a [entend´ido] *adj+s* Entendido, douto.
en.ten.di.mien.to [entendimj´ento] *sm* **1** Entendimento: a) capacidade de compreender as coisas. b) combinação, acordo, ajuste. **2** Razão (humana).
en.te.ra.men.te [enteram´ente] *adv* Plenamente, inteiramente.
en.te.rar [enter´ar] *vt+vpr* Inteirar, informar.
en.te.ri.to [enter´ito] *sm* Jardineira (roupa).
en.ter.ne.ce.dor [enterneθed´or] *adj* Comovente, tocante. *es una película muy enternecedora* / é um filme muito comovente.

en.ter.ne.cer [enterneθ´er] *vt+vpr* Enternecer: a) tornar terno, abrandar. b) sensibilizar, comover, tocar. → crecer.
en.te.ro, -a [ent´ero] *adj* **1** Inteiro. **2** Íntegro.
en.te.rra.mien.to [enteřamj´ento] *sm* Enterro.
en.te.rrar [enteř´ar] *vt+vpr* Enterrar, sepultar. → despertar.
en.ti.dad [entid´ad] *sf* Entidade, organização.
en.tie.rro [ent´jeřo] *sm* Enterro.
en.to.na.ción [entonaθj´on] *sm* Entonação, modulação.
en.to.nar [enton´ar] *vt* Entoar, cantar.
en.ton.ces [ent´onθes] *adv* Então. *hasta entonces no había entendido* / até então não tinha entendido.
en.tor.no [ent´orno] *sm* Ambiente.
en.tor.pe.cer [entorpeθ´er] *vt+vpr* Entorpecer, retardar. → crecer.
en.tra.da [entr´ada] *sf* Entrada, acesso.
en.tran.te [entr´ante] *adj* Próximo, seguinte ao atual. *haremos un viaje el mes entrante* / faremos uma viagem no próximo mês.
en.tra.ña [entr´aña] *sf* Entranha, víscera.
en.tra.ña.ble [entrañ´able] *adj* Entranhável, íntimo, (muito) afetuoso.
en.tra.ñar [entrañ´ar] *vt+vpr* **1** Entranhar. **2** Compreender.
en.trar [entr´ar] *vi+vpr* Entrar.
en.tre [´entre] *prep* Entre. *Parati está ubicada entre Rio de Janeiro y São Paulo* / Parati está localizada entre Rio de Janeiro e São Paulo.
en.tre.ac.to [entre´akto] *sm Teat* Intervalo, intermédio, pausa.
en.tre.ca.no, -a [entrek´ano] *adj* Grisalho. *aún era jovem pero ya tenía el pelo entrecano* / ainda era jovem, mas já tinha o cabelo grisalho.
en.tre.ga [entr´ega] *sf* Entrega.
en.tre.ga.dor, -ora [entregad´or] *adj+s* Entregador.
en.tre.gar [entreg´ar] *vt+vpr* Entregar. → cargar.
en.tre.lí.nea [entrel´inea] *sf* Entrelinha.
en.tre.me.ter [entremet´er] *vt+vpr* Intrometer: a) fazer entrar, intercalar, introduzir. b) *fig* ingerir-se, imiscuir-se.

en.tre.me.ti.do, -a [entremet´ido] *adj+s* Intrometido, indiscreto, bisbilhoteiro. *hizo eso de entremetido, no le decía respecto* / fez isso de intrometido, não era da sua conta.

en.tre.na.dor, -a [entrenad´or] *adj+s* Treinador.

en.tre.na.mien.to [entrenamj´ento] *sm* Treinamento, treino.

en.tre.nar [entren´ar] *vt+vpr* Treinar.

en.tre.pier.na [entrepj´erna] *sf* Parte interior da coxa.

en.tre.pi.so [entrep´iso] *sf* Sobreloja.

en.tre.sue.lo [entres´welo] *sm* Sobreloja, mezanino.

en.tre.te.jer [entreteh´er] *vt* 1 Tramar. 2 Tecer. 3 Intercalar.

en.tre.ten.ción [entretenθj´on] *sf AL* Entretenimento, distração, passatempo, divertimento.

en.tre.te.ner [entreten´er] *vt+vpr* Entreter: a) distrair. b) divertir. → tener.

en.tre.te.ni.mien.to [entretenim´jento] *sm* Entretenimento, divertimento, diversão. *necesita reservar un tiempo para su entretenimiento* / precisa reservar um tempo para o seu divertimento.

en.tre.tiem.po [entret´jempo] *sm* Meia-estação.

en.tre.ver [entreb´er] *vt* Entrever. → ver.

en.tre.ve.ro [entreb´ero] *sm* Desordem, confusão.

en.tre.vis.ta [entreb´ista] *sf* Entrevista.

en.tre.vis.ta.dor [entrebistad´or] *s* Entrevistador.

en.tre.vis.tar [entrebist´ar] *vt+vpr* Entrevistar.

en.tris.te.cer [entristeθ´er] *vt+vpr* Entristecer, afligir, penalizar. → crecer.

en.tro.me.ter.se [entromet´erse] *vpr V entremeterse*.

en.tro.me.ti.do, -a [entromet´ido] *adj+s V entremetido*.

en.tron.car [entronk´ar] *vt+vi+vpr* Entroncar. → atacar.

en.tur.biar [enturb´jar] *vt+vpr* Turvar. *hizo lo posible para no enturbiar el agua del acuario* / fez o possível para não turvar a água do aquário.

en.tu.sias.mar [entusjasm´ar] *vt+vpr* Entusiasmar, animar.

en.tu.sias.mo [entus´jasmo] *sm* Entusiasmo: a) exaltação. b) arrebatamento. c) dedicação. d) inspiração.

e.nu.me.rar [enumer´ar] *vt* Enumerar.

e.nun.cia.do [enunθ´jado] *sm* Enunciado.

e.nun.ciar [enunθ´jar] *vt* Enunciar, exprimir, declarar, expor, manifestar, explicar.

en.va.ne.ce.dor [embaneθed´or] *adj* Lisonjeiro.

en.va.ne.cer [embaneθ´er] *vt+vpr* Envaidecer, enfatuar, ensoberbecer. *mejor no envanecerse, prefiero personas humildes* / melhor não se envaidecer, prefiro pessoas humildes. → crecer.

en.va.ni.de.cer.se [embanideθ´erse] *vpr* Orgulhar-se.

en.va.se [emb´ase] *sm* 1 Embalagem. *el envase de la pizza es de cartón* / a embalagem da pizza é de papelão. 2 Vasilha.

en.ve.je.cer [embeheθ´er] *vt+vi+vpr* Envelhecer. *envejecer es inevitable* / envelhecer é inevitável. → crecer.

en.ve.ne.na.mien.to [embenenam´jento] *sm* Envenenamento.

en.ve.ne.nar [embenen´ar] *vt+vpr* Envenenar.

en.ver.ga.du.ra [embergad´ura] *sf* 1 Envergadura. 2 *fig* Dimensão, importância.

en.vés [emb´es] *sm* Invés, avesso, reverso.

en.via.do, -a [embj´ado] *adj+s* Enviado, mensageiro.

en.viar [embi´ar] *vt* Enviar: a) mandar (alguém). b) expedir, remeter. → confiar.

en.vi.dia [emb´idja] *sf* Inveja. *la envidia es un pecado* / a inveja é um pecado.

en.vi.dio.so, -a [embidj´oso] *adj* Invejoso.

en.ví.o [emb´io] *sm* Envio, remessa.

en.vol.to.rio [embolt´orjo] *sm* Embrulho.

en.vol.ver [embolb´er] *vt+vpr* 1 Envolver. 2 Rodear, cercar. → morder.

en.vol.vi.mien.to [embolbimj´ento] *sm* Envolvimento.

en.ye.sar [enyes´ar] *vt* Engessar.

en.zi.ma [enθ´ima] *sf Quím* Enzima.

e.pi.cen.tro [epiθ´entro] *sm Geol* Epicentro. *el epicentro del terremoto fue en el mar* / o epicentro do terremoto foi no mar.

épi.co, -a [´epiko] *adj+s* Épico. **teatro épico** teatro épico.

e.pi.de.mia [epid´emja] *sf Med* Epidemia.

e.pi.dé.mi.co, -a [epid´emiko] *adj* Epidêmico.

e.pí.gra.fe [ep´igrafe] *sf* Epígrafe.

e.pi.lep.sia [epil´epsja] *sf Med* Epilepsia.

e.pi.lép.ti.co, -a [epil´eptiko] *adj+s Med* Epiléptico.

e.pí.lo.go [ep´ilogo] *sm* Epílogo.

e.pi.so.dio [epis´odjo] *sm* Episódio, fato.

e.pís.to.la [ep´istola] *sf* Epístola, carta.

e.pis.to.lar [epistol´ar] *adj* Epistolar.

e.pi.ta.fio [epit´afjo] *sm* Epitáfio.

é.po.ca [´epoka] *sf* Época. **hacer época** marcar época.

e.qui.dad [ekid´ad] *sf* Equidade, igualdade. *debemos hacer un esfuerzo para conseguir la equidad social* / devemos fazer um esforço para conseguir a igualdade social.

e.qui.li.bra.do, -a [ekilibr´ado] *adj* Sensato, ajuizado, prudente.

e.qui.li.brar [ekilibr´ar] *vt+vpr* Equilibrar.

e.qui.li.brio [ekil´ibrjo] *sm* Equilíbrio.

e.qui.pa.je [ekip´ahe] *sm* Bagagem. *viajé sin mucho equipaje* / viajei sem muita bagagem. Veja nota em **abordaje**.

e.qui.pa.mien.to [ekipam´jento] *sm* Equipamento, ato de equipar(-se).

e.qui.par [ekip´ar] *vt+vpr* Equipar.

e.qui.pa.rar [ekipar´ar] *vt* Equiparar, igualar.

e.qui.po [ek´ipo] *sm* **1** Equipamento, conjunto ou jogo de roupas. *equipo de gimnasia* / conjunto de ginástica. **2** *Dep* Equipe. *mi hijo juega en el equipo de fútbol de la escuela* / meu filho joga na equipe de futebol da escola.

e.quis [´ekis] *sf* Xis, nome da letra *x*.

e.qui.ta.ción [ekitaθ´jon] *sf* Equitação.

e.qui.ta.ti.vo, -a [ekitat´ibo] *adj* Equitativo, reto, justo.

e.qui.va.len.cia [ekibal´enθja] *sf* Equivalência, igualdade.

e.qui.va.len.te [ekibal´ente] *adj* Equivalente.

e.qui.va.ler [ekibal´er] *vi* Equivaler. → valer.

e.qui.vo.ca.ción [ekibokaθ´jon] *sf* Equívoco, engano.

e.qui.vo.car [ekibok´ar] *vt+vpr* Equivocar, confundir. → atacar.

e.quí.vo.co, -a [ek´iboko] *adj* Equívoco, ambíguo, confuso. • *sm* Equívoco, erro.

e.ra [´era] *sf* Era.

e.rec.ción [erekθ´jon] *sf* Ereção.

e.rec.to [er´ekto] *adj* Ereto.

er.guir [erg´ir] *vt+vpr* Erguer, levantar. → Veja modelo de conjugação.

e.ri.gir [erih´ir] *vt+vpr* Erigir, fundar, constituir, erguer, criar, levantar. → exigir.

e.ri.za.do, -a [eriθ´ado] *adj* Eriçado, arrepiado.

e.ri.zar [eriθ´ar] *vt+vpr* Arrepiar. *el aullido del lobo es capaz de erizar la piel de cualquiera* / o uivo do lobo é capaz de arrepiar qualquer um. → alzar.

e.ri.zo [er´iθo] *sm Zool* Ouriço.

er.mi.ta.ño, -a [ermit´año] *adj+s* Ermitão, eremita.

e.ro.sión [eros´jon] *sf* Erosão. *la ausencia de lluvias provocó erosión en la región* / a falta de chuvas provocou erosão na região.

e.ró.ti.co, -a [er´otiko] *adj* Erótico, sensual, lascivo.

e.ro.tis.mo [erot´ismo] *sm* Erotismo, sensualidade.

e.rra.di.ca.ción [eřadikaθ´jon] *sf* Erradicação.

e.rra.di.car [eřadik´ar] *vt* Erradicar.

e.rra.do, -a [eř´ado] *adj* Errado.

e.rran.te [eř´ante] *adj+s* Errante.

e.rrar [eř´ar] *vt+vi+vpr* Errar: a) não acertar. b) vagabundear, vaguear. → Veja modelo de conjugação.

e.rre [´eře] *sf* Erre, a letra *r*.

e.rró.neo, -a [eř´oneo] *adj* Errôneo.

e.rror [eř´or] *sm* Erro. *su prueba estaba perfecta, no cometió ningún error* / sua prova estava perfeita, não cometeu nenhum erro.

e.ruc.tar [erukt´ar] *vi* Arrotar. *eructar es un hábito horrible* / arrotar é um hábito horrível.
e.ruc.to [er´ukto] *sm* Arroto.
e.ru.di.ción [erudiθ´jon] *sf* Erudição. *todos admiraban al profesor por su gran erudición* / todos admiravam o professor pela sua grande erudição.
e.ru.di.to, -a [erud´ito] *adj+s* Erudito.
e.rup.ción [erupθ´jon] *sf* Erupção. *la erupción del Vesubio destruyó Pompeya* / a erupção do Vesúvio destruiu Pompeia.
es.bel.tez [esbelt´eθ] *sf* Elegância.
es.bel.to, -a [esb´elto] *adj* Esbelto, elegante, esguio.
es.bi.rro [esb´iřo] *sm* Capanga, jagunço. *los esbirros se encargaban del trabajo sucio* / os capangas se encarregavam do trabalho sujo.
es.bo.zar [esboθ´ar] *vt* Esboçar, bosquejar, delinear. → alzar.
es.bo.zo [esb´oθo] *sm* Esboço, bosquejo.
es.ca.bro.so, -a [eskabr´oso] *adj* Escabroso: a) irregular, desigual, acidentado. b) áspero. c) indecoroso.
es.ca.bu.llir.se [eskabu´irse] *vpr* Escapulir-se, escapar, fugir. → bullir.
es.ca.fan.dra [eskaf´andra] *sf* Escafandro.
es.ca.fan.dro [eskaf´andro] *sm V escafandra*.
es.ca.la [esk´ala] *sf* **1** Escada. *el bombero subió por la escala* / o bombeiro subiu pela escada. **2** Escala. *la escala de valores ha cambiado mucho* / a escala de valores tem mudado muito.
es.ca.la.da [eskal´ada] *sf* Escalada.
es.ca.lar [eskal´ar] *vt* Escalar, subir.
es.cal.dar [eskald´ar] *vt+vpr* Escaldar.
es.ca.le.ra [eskal´era] *sf* Escada. *subió silenciosamente por la escalera* / subiu silenciosamente pela escada. **escalera de caracol** escada de caracol. **escalera mecánica** escada rolante.
es.ca.li.na.ta [eskalin´ata] *sf* Escadaria.
es.ca.lo.fri.an.te [eskalofrj´ante] *adj* **1** Arrepiante, assustador, terrível, pavoroso. *la televisión exhibió escenas escalofriantes de la guerra* / a televisão exibiu cenas arrepiantes da guerra. **2** Assombroso, surpreendente, espantoso.

es.ca.lo.frí.o [eskalofr´io] *sm* Calafrio. *la fiebre provoca escalofríos* / a febre provoca calafrios.
es.ca.lón [eskal´on] *sm* Degrau. *los arribistas siempre quieren subir otro escalón en la escala social* / os arrivistas sempre querem subir outro degrau na escala social.
es.cal.pe.lo [eskalp´elo] *sm Med* Bisturi.
es.ca.ma [esk´ama] *sf* Escama.
es.ca.ma.do, -a [eskam´ado] *adj* **1** Escamado. **2** *fig* Desconfiado.
es.ca.mar [eskam´ar] *vt* **1** Escamar. *vt+vpr* **2** *fig* Desconfiar.
es.ca.mo.tear [eskamot´ear] *vt* **1** Escamotear. **2** Fazer desaparecer. **3** Roubar.
es.can.da.li.zar [eskandaliθ´ar] *vt+vpr* Escandalizar. → alzar.
es.cán.da.lo [esk´andalo] *sm* Escândalo. *el ministro tuvo que renunciar a causa del escándalo político* / o ministro teve de renunciar por causa do escândalo político.
es.can.da.lo.so, -a [eskandal´oso] *adj* Escandaloso, vergonhoso.
es.ca.pa.da [eskap´ada] *sf* Escapada, debandada.
es.ca.par [eskap´ar] *vi+vpr* Escapar: a) livrar-se, salvar-se (de perigo). b) fugir, escapulir-se, safar-se, livrar-se. c) ser omitido, esquecer. d) sair, ser proferido (de forma involuntária).
es.ca.pa.ra.te [eskapar´ate] *sm* Vitrina. *ya está apareciendo en los escaparates la ropa de verano* / já estão aparecendo nas vitrinas as roupas de verão.
es.ca.pe [esk´ape] *sm* **1** Escapamento. *el jeep volvió del rally con el tubo de escape roto* / o jipe voltou do rali com o escapamento furado. **2** Fuga. *los presos organizaron el escape de la prisión* / os presos organizaram a fuga da prisão.
es.ca.ra.ba.jo [eskarab´aho] *sm Zool* Escaravelho, besouro.
es.ca.ra.mu.za [eskaram´uθa] *sf* Escaramuça: a) combate (de pouca importância). b) briga, conflito, contenda, desordem.
es.car.cha [esk´artʃa] *sf* Geada. *el suelo está resbaladizo a causa de la escarcha* / o chão está escorregadio por causa da geada.

es.car.la.ta [eskarl´ata] *adj+sf* Escarlate. *la actriz usaba un lápiz labial de color escarlata* / a atriz usava um batom de cor escarlate.

es.car.la.ti.na [eskarlat´ina] *sf Med* Escarlatina.

es.car.men.tar [eskarment´ar] *vt+vi* **1** Castigar ou repreender severamente. **2** Emendar-se, corrigir-se. → despertar.

es.car.ne.cer [eskarneθ´er] *vt* Escarnecer, zombar, debochar, ridicularizar, mofar, troçar. → crecer.

es.car.nio [esk´arnjo] *sm* Escárnio, zombaria, deboche.

es.ca.ro.la [eskar´ola] *sf Bot* Escarola.

es.car.pa [esk´arpa] *sf* Escarpa, ladeira.

es.car.pa.do, -a [eskarp´ado] *adj* Escarpado, íngreme. *Grecia es una región escarpada* / a Grécia é uma região escarpada.

es.ca.sear [eskase´ar] *vi* Escassear, minguar, rarear.

es.ca.sez [eskas´eθ] *sf* Escassez, carência, falta, míngua. *la escasez de agua es un problema mundial* / a escassez de água é um problema mundial.

es.ca.so, -a [esk´aso] *adj* Escasso, parco, raro.

es.ca.yo.la [eskay´ola] *sf* Gesso.

es.ca.yo.lar [eskayol´ar] *vt Med* Engessar. *el médico tuvo que escayolar la pierna fracturada del herido* / o médico teve de engessar a perna fraturada do ferido.

es.ce.na [esθ´ena] *sf Teat* Cena. *algunas escenas de películas son inolvidables* / algumas cenas de filmes são inesquecíveis.

es.ce.na.rio [esθen´arjo] *sm Teat* Cenário, palco. **escenario giratorio** palco giratório.

es.ce.ni.fi.ca.ción [esθenifikaθ´jon] *sf* Encenação, representação.

es.ce.ni.fi.car [esθenifik´ar] *vt Teat* Encenar, montar. → atacar.

es.ce.no.gra.fí.a [esθenograf´ia] *sf Teat* Cenografia. *las escenografías de las óperas son muy caras* / as cenografias das óperas são muito caras.

es.cep.ti.cis.mo [esθeptiθ´ismo] *sm Filos* Ceticismo, dúvida. *existe escepticismo en relación a la posibilidad de vida en otros planetas* / existe dúvida em relação à possibilidade de vida em outros planetas.

es.cép.ti.co, -a [esθ´eptiko] *adj+s* Cético, descrente.

es.cin.dir [esθind´ir] *vt+vpr* Cindir, separar, dividir.

es.ci.sión [esθis´jon] *sf* Cisão, rompimento. *un desacuerdo entre los socios provocó la escisión de la sociedad* / um desacordo entre os sócios provocou o rompimento da sociedade.

es.cla.re.ci.do, -a [esklareθ´ido] *adj* Esclarecido, instruído.

es.cla.vi.tud [esklabit´ud] *sf* Escravidão.

es.cla.vi.zar [esklabiθ´ar] *vt* Escravizar, dominar. → alzar.

es.cla.vo, -a [eskl´abo] *adj+s* Escravo. *aún hoy existe el trabajo esclavo en muchos países* / ainda hoje existe trabalho escravo em muitos países.

es.cle.ro.sis [eskler´osis] *sf inv Med* Esclerose. *la esclerosis múltiple es una enfermedad degenerativa* / a esclerose múltipla é uma doença degenerativa.

es.co.ba [esk´oba] *sf* Vassoura. *el jardinero barrió las hojas del jardín con la escoba* / o jardineiro varreu as folhas do jardim com a vassoura.

Escova, em português, traduz-se ao espanhol como **cepillo**: *cepillo de dientes* / escova de dentes.

es.co.bi.llón [eskobiλ´on] *sf* Vassoura.

es.co.fi.na [eskof´ina] *sf Mec* Lima.

es.co.ger [eskoh´er] *vt* Escolher, optar. *el niño fue a la juguetería a escoger su regalo de cumpleaños* / o menino foi à loja de brinquedos escolher seu presente de aniversário. → Veja modelo de conjugação.

es.co.lar [eskol´ar] *adj+s* Escolar.

es.co.la.ri.dad [eskolarid´ad] *sf* Escolaridade. *el nivel de escolaridad de las mujeres ha aumentado en los últimos años* / o nível de escolaridade das mulheres tem aumentado nos últimos anos.

es.co.llo [esk´oλo] *sm* Escolho: a) abrolho. b) perigo, risco. c) dificuldade, obstáculo.

es.col.ta [esk´olta] *sf* Escolta, vigilância.

es.col.tar [eskolt´ar] *vt* Escoltar, proteger.

es.com.bro [esk´ombro] *sm* Entulho, escombros.

es.con.der [eskond´er] *vt+vpr* Esconder, encobrir, ocultar.

es.con.di.das *sf pl AL* Esconde-esconde. *cuando niños jugábamos a las escondidas hasta el anochecer* / quando crianças brincávamos de esconde-esconde até o anoitecer.

es.con.di.do [eskond´ido] *adj* Secreto, escondido.

es.con.di.te [eskond´ite] *sm* Esconderijo, refúgio.

es.con.dri.jo [eskondr´iho] *sm V escondite*.

es.co.pe.ta [eskop´eta] *sf* Espingarda, escopeta.

es.co.plo [esk´oplo] *sm* Talhadeira, formão.

es.co.rar [eskor´ar] *vt* Escorar.

es.co.ria [esk´orja] *sf* Escória, ralé.

es.co.ria.ción [eskorjaθ´jon] *sm* Raspão, escoriação.

es.cor.pión [eskorp´jon] *sm* **1** *Zool* Escorpião. **2** *Astrol* Escorpião.

es.co.ta.do, -a [eskot´ado] *adj* Decotado.

es.co.ta.du.ra [eskotad´ura] *sf V escote*.

es.co.te [esk´ote] *sm* Decote. *el vestido de fiesta tiene un escote profundo* / o vestido de festa tem um decote profundo.

es.co.ti.lla [eskot´iλa] *sf Mar* Escotilha.

es.co.zor [eskoθ´or] *sm Med* Ardência. *sentí un escozor en la pierna cuando me picó la abeja* / senti uma ardência na perna quando a abelha me picou.

es.cri.ba.no, -a [eskrib´ano] *s* Escrivão, tabelião, notário.

es.cri.bir [eskrib´ir] *vt+vi* Escrever. *la niña aprendió a escribir a los cinco años de edad* / a menina aprendeu a escrever com cinco anos de idade. *Part irreg:* escrito.

es.cri.to [eskr´ito] *sm* Escrito, impresso.

es.cri.tor, -a [eskrit´or] *s* Escritor.

es.cri.to.rio [eskrit´orjo] *sm* Escrivaninha.

Em português, **escritório** quer dizer também "local de trabalho", que se traduz ao espanhol como **oficina**: *los empleados llegan a la oficina a las ocho de la mañana* / os funcionários chegam ao escritório às oito da manhã.

es.cri.tu.ra [eskrit´ura] *sf* Escritura, escrita.

es.crú.pu.lo [eskr´upulo] *sm* Escrúpulo.

es.cru.pu.lo.so, -a [eskrupul´oso] *adj* Escrupuloso, meticuloso.

es.cru.tar [eskrut´ar] *vt+vi* Vascular, perscrutar.

es.cua.dra [esk´wadra] *sf* **1** *Mil* Esquadra. **2** Esquadro.

es.cua.dri.lla [eskwadr´iλa] *sf Mil* Esquadrilha.

es.cua.drón [eskwadr´on] *sm Mil* Esquadrão.

es.cuá.li.do, -a [eskw´alido] *adj* Esquálido: a) macilento. *existe en la actualidad un estándar de belleza escuálido* / hoje existe um padrão esquálido de beleza. b) sujo.

es.cu.cha [esk´utʃa] *sf* Escuta. **a la escucha** à escuta.

es.cu.char [eskutʃ´ar] *vt+vi* Escutar, ouvir.

es.cu.de.rí.a [eskuder´ia] *sf Dep* Escuderia.

es.cu.di.lla [eskud´iλa] *sf* Terrina, tigela.

es.cu.do [esk´udo] *sm* Escudo.

es.cu.dri.ñar [eskudriñ´ar] *vt* Perscrutar, perquirir, pesquisar, indagar. *cuando miraba parecía escudriñar los pensamientos* / quando olhava parecia perscrutar os pensamentos.

es.cue.la [esk´wela] *sf* Escola. **hacer escuela** fazer escola.

es.cul.pir [eskulp´ir] *vi* Esculpir, lavrar, entalhar.

es.cul.tor, -ora [eskult´or] *s* Escultor.

es.cul.tu.ra [eskult´ura] *sf* Escultura.

es.cu.pir [eskup´ir] *vi+vt* Cuspir. *las llamas y los camellos tienen el hábito de escupir* / as lhamas e os camelos têm o costume de cuspir.

es.cu.rri.dor [eskuřid´or] *sm* Escorredor.

es.cu.rri.mien.to [eskuřim´jento] *sf* Vazão, escoamento.

es.cu.rrir [eskuř´ir] *vt+vi+vpr* Escoar, escorrer.

es.cu.sa.do [eskus´ado] *sm* Privada, vaso sanitário, latrina. *hay que bajar la tapa del escusado* / é preciso abaixar a tampa da privada.

es.drú.ju.lo, -a [esdr´uhulo] *adj+s Ling* Proparoxítono.
Em português, **esdrúxulo** quer dizer também "excêntrico, esquisito", que se traduz ao espanhol como **excéntrico**, **extravagante**.

e.se[1] [´ese] *sf* Esse, nome da letra *s*.

e.se[2] [´ese] *pron dem m* Esse.

e.sen.cia [es´enθja] *sf* Essência. *la esencia de lavanda tiene efecto calmante* / a essência de lavanda tem efeito calmante.

e.sen.cial [esenθ´jal] *adj* Essencial. **aceite esencial** óleo essencial.

es.fe.ra [esf´era] *sf* Esfera. **esfera terrestre** globo terrestre.

es.fé.ri.co, -a [esf´eriko] *adj* Esférico. • *sm Dep* Bola.

es.fin.ge [esf´in:he] *sf* Esfinge.

es.for.zar [esforθ´ar] *vt+vi+vpr* Esforçar, empenhar(-se). → almorzar.

es.fuer.zo [esf´werθo] *sm* Esforço. *consiguió alcanzar la meta sin gran esfuerzo* / conseguiu alcançar a meta sem grande esforço.

es.fu.mar [esfum´ar] *vt* **1** Esfumar. *vpr* **2** Dissipar-se, desvanecer-se.

es.gri.ma [esgr´ima] *sf Dep* Esgrima.

es.la.bón [eslab´on] *sm* Elo. **eslabón perdido** elo perdido.

es.lo.gan [esl´ogan] *sm* Slogan. *el eslogan es un medio eficiente de atraer al público* / o *slogan* é um meio eficiente para atrair o público.

es.mal.te [esm´alte] *sm* Esmalte.

es.me.ral.da [esmer´alda] *adj+sf* Esmeralda.

es.me.rar [esmer´ar] *vt+vpr* Esmerar.

es.me.ro [esm´ero] *sm* Esmero, cuidado. Veja nota em **apuro** (espanhol).

es.mo.quin [esm´okin] *sm* Smoking. *el novio usó un esmoquin en el día de su boda* / o noivo usou *smoking* no dia do seu casamento.

es.nob [esn´ob] *adj+s* Esnobe.

es.no.bis.mo [esnob´ismo] *sm* Esnobismo. *muchos practican golf sólo por esnobismo* / muitos praticam golfe somente por esnobismo.

e.so [´eso] *pron dem m* Isso.

e.só.fa.go [es´ofago] *sm Anat* Esôfago.

e.so.té.ri.co, -a [esot´eriko] *adj* Esotérico.

e.so.te.ris.mo [esoter´ismo] *sm Rel* Esoterismo.

es.pa.cial [espaθ´jal] *adj* Espacial. **base espacial** base espacial. **nave espacial** nave espacial.

es.pa.ciar [espaθ´jar] *vt+vpr* Espaçar. *después de una discusión decidieron espaciar las visitas a la casa de los parientes* / após uma discussão decidiram espaçar as visitas à casa dos parentes.

es.pa.cio [esp´aθjo] *sm* Espaço. **espacio exterior** espaço exterior. **espacio vital** espaço vital.

es.pa.cio.so [espaθ´joso] *adj* Espaçoso: a) extenso, amplo, largo. b) lento, pausado, vagaroso.

es.pa.da [esp´ada] *sf* Espada. **espada de Dâmocles** espada de Dâmocles. **entre la espada y la pared** entre a cruz e a espada. **pasar a espada** matar com a espada.

es.pa.gue.ti [espag´eti] *sm Cul* Espaguete.

es.pal.da [esp´alda] *sf Anat* Costas, espádua. *una mala postura ocasiona dolor en la espalda* / uma má postura ocasiona dor nas costas.

es.pal.dar [espald´ar] *sm* Espaldar, encosto, respaldo.

es.pan.ta.pá.ja.ros [espantap´aharos] *sm inv* Espantalho.

es.pan.tar [espant´ar] *vt+vpr* Espantar: a) assombrar, assustar. b) afugentar. c) admirar, maravilhar.

es.pan.to [esp´anto] *sm* Espanto, terror, pavor, assombro.

es.pan.to.so, -a [espant´oso] *adj* Espantoso: a) assombroso, aterrador. b) admirável, surpreendente, extraordinário, maravilhoso.

es.pa.ñol, -a [españ´ol] *adj+s* Espanhol, castelhano. *el español es uno de los idiomas más hablados en el mundo* / o espanhol é um dos idiomas mais falados no mundo.

es.pa.ra.dra.po [esparadr´apo] *sm* Esparadrapo.

es.par.ci.mien.to [esparθimj´ento] *sf* Difusão, propagação.

es.par.cir [esparθ´ir] *vt+vpr* **1** Espalhar. **2** Divertir, espairecer, recrear. → zurcir.

es.pá.rra.go [esp´ařago] *sm Bot* Aspargo.

es.pas.mo [esp´asmo] *sm* Espasmo.

es.pá.tu.la [esp´atula] *sf* Espátula.

es.pe.cia [esp´eθja] *sf* Especiaria, condimento. *la pimienta es una de las especias más apreciadas en el mundo* / a pimenta é uma das especiarias mais apreciadas no mundo.

es.pe.cial [espeθ´jal] *adj* Especial. **educación especial** educação especial. **efectos especiales** efeitos especiais.

es.pe.cia.li.dad [espeθjalid´ad] *sf* Especialidade. *la especialidad del restaurante es la paella* / a especialidade do restaurante é a *paella*.

es.pe.cia.lis.ta [espeθjal´ista] *adj+s* Especialista.

es.pe.cia.li.za.ción [espeθjaliθaθj´on] *sf* Especialização.

es.pe.cial.men.te [espeθjalm´ente] *adv* Sobretudo, principalmente, especialmente.

es.pe.cie [esp´eθje] *sf* Espécie. **en especie** em espécie (a dinheiro).

es.pe.ci.fi.ca.ción [espeθifikaθj´on] *sf* Especificação.

es.pe.ci.fi.car [espeθifik´ar] *vt* Especificar. → atacar.

es.pe.cí.fi.co, -a [espeθ´ifiko] *adj* Específico. • *sm* Medicamento específico.

es.pé.ci.men [esp´eθimen] *sm* Espécime. *el Homo habilis fue el primer espécimen del género humano* / o *Homo habilis* foi o primeiro espécime do gênero humano.

es.pec.ta.cu.lar [espektakul´ar] *adj* Espetacular, grandioso.

es.pec.tá.cu.lo [espekt´akulo] *sm* Espetáculo, *show*. **dar un espectáculo** dar espetáculo.

es.pe.cu.la.ción [espekulaθ´jon] *sf* Especulação, suposição.

es.pe.cu.la.dor, -ora [espekulad´or] *adj+s* Especulador.

es.pe.cu.lar [espekul´ar] *vt+vi* Especular, averiguar, pesquisar.

es.pe.jis.mo [espeh´ismo] *sm* Miragem. *los espejismos son frecuentes en el desierto* / as miragens são frequentes no deserto.

es.pe.jo [esp´eho] *sm* Espelho.

es.pe.luz.nan.te [espeluθn´ante] *adj* Horripilante, apavorante, arrepiante, medonho. *el abuelo contaba historias espeluznantes para entretener a los nietos* / o avô contava histórias apavorantes para entreter os netos.

es.pe.ra [esp´era] *sf* Espera, demora.

es.pe.ran.za [esper´anθa] *sf* Esperança. **esperanza de vida** expectativa de vida.

es.pe.ran.za.do [esperanθ´ado] *adj* Esperançoso. *el pueblo recibió esperanzado al nuevo alcalde* / o povo recebeu esperançoso o novo prefeito.

es.pe.ran.za.dor [esperanθad´or] *adj* Esperançoso, prometedor.

es.pe.rar [esper´ar] *vt+vi* Esperar, aguardar.

es.per.ma [esp´erma] *sm Anat* Esperma, sêmen.

es.per.pen.to [esperp´ento] *sm* Espantalho.

es.pe.so, -a [esp´eso] *adj* Espesso, denso. *el petróleo es un líquido espeso* / o petróleo é um líquido espesso.

es.pe.sor [espes´or] *sm* Espessura: a) grossura. b) densidade.

es.pe.tar [espet´ar] *vt* Espetar.

es.pe.tón [espet´on] *sm* Espeto.

es.pí.a [esp´ia] *s* Espião, vigia.

es.piar [espi´ar] *vt* Espiar, vigiar. → confiar.

es.pi.ga [esp´iga] *sf Bot* Espiga.

es.pi.na [esp´ina] *sf Anat* Espinha.

es.pi.na.ca [espin´aka] *sf Bot* Espinafre. *la espinaca es una verdura rica en vitaminas* / o espinafre é uma verdura rica em vitaminas.

es.pi.ni.lla [espin´iλa] *sf Med* **1** Tíbia. **2** Acne, erupção na pele.

es.pi.no [esp´ino] *sm Bot* Espinho. *las rosas tienen espinos* / as rosas têm espinhos.

es.pi.no.so, -a [espin´oso] *adj* Espinhoso: a) que cria espinhos ou espinhas. b) *fig* difícil, dificultoso, embaraçoso.

es.pio.na.je [espjon´ahe] *sm* Espionagem. *durante la guerra fría eran frecuentes las actividades de espionaje* / durante a guerra fria eram frequentes as atividades de espionagem. Veja nota em **abordaje**.

es.pi.ral [espir´al] *adj+sf* Espiral.

es.pi.rar [espir´ar] *vt* Expirar.

es.pi.ri.tis.mo [espirit´ismo] *sm* Rel Espiritismo.

es.pi.ri.to.so, -a [espirit´oso] *adj* Espirituoso.

es.pí.ri.tu [esp´iritu] *sm* Espírito. **espíritu maligno** espírito maligno. **Espíritu Santo** Espírito Santo.

es.pi.ri.tual [espiritw´al] *adj* Espiritual. **director espiritual** diretor espiritual. **médico espiritual** médico espiritual. **padre espiritual** pai espiritual. **poder espiritual** poder espiritual.

es.plén.di.do, -a [espl´endido] *adj* Esplêndido, admirável, grandioso.

es.plen.dor [esplend´or] *sm* Esplendor: a) brilho, fulgor, resplendor. b) pompa. c) intensidade.

es.po.le.ta [espol´eta] *sf* Espoleta.

es.pol.vo.rear [espolbore´ar] *vt* Polvilhar. *antes de servir el arroz con leche es conveniente espolvorear un poco de canela en polvo* / antes de servir o arroz-doce, é conveniente polvilhar um pouco de canela em pó.

es.pon.ja [esp´on:ha] *sf* Esponja. **pasar la esponja** passar uma esponja, esquecer.

es.pon.jo.so, -a [espon:hoso] *adj* Esponjoso, poroso.

es.pon.tá.ne.o, -a [espont´aneo] *adj+s* Espontâneo, franco, natural, verdadeiro.

es.po.rá.di.co, -a [espor´adiko] *adj* Esporádico, casual, acidental.

es.po.sa [esp´osa] *sf* **1** Esposa. **2 esposas** *pl* Algemas.

es.po.sar [esp´osar] *vt* Algemar. *tras la detención, el policía procedió a esposar al sospechoso* / após a detenção, o policial procedeu a algemar o suspeito.

Em português, **esposar** significa "unir em casamento, desposar". Em espanhol, traduz-se como **desposar**.

es.po.so, -a [esp´oso] *s* Esposo, cônjuge.

es.pue.la [esp´wela] *sf* Espora.

es.pu.ma [esp´uma] *sf* Espuma.

es.pu.ma.de.ra [espumad´era] *sf* Escumadeira, espumadeira.

es.que.lé.ti.co, -a [eskel´etiko] *adj* Esquelético.

es.que.le.to [eskel´eto] *sm* Esqueleto.

es.que.ma [esk´ema] *sm* Esquema.

es.que.ma.ti.zar [eskematiθ´ar] *vt* Esquematizar. → alzar.

es.quí [esk´i] *sm* Esqui. **esquí acuático** esqui aquático.

es.quia.dor, -ora [eskjad´or] *s* Esquiador.

es.quiar [eskj´ar] *vi* Esquiar. → confiar.

es.qui.lar [eskil´ar] *vt* Tosquiar.

es.qui.mal [eskim´al] *adj+s* Esquimó. *la denominación correcta del pueblo esquimal es inuit* / a denominação correta do povo esquimó é inuit.

es.qui.na [esk´ina] *sf* Esquina.

es.quir.la [esk´irla] *sf* Lasca, pedaço, estilhaço.

es.qui.rol, -a [eskir´ol] *adj+s* Fura-greve.

es.qui.var [eskib´ar] *vt+vpr* Esquivar: a) evitar. b) retirar-se, afastar-se, eximir-se.

es.ta.bi.li.dad [estabilid´ad] *sf* Estabilidade.

es.ta.ble.cer [estableθ´er] *vt* **1** Estabelecer: a) instituir, fundar. b) ordenar, mandar. *vpr* **2** Estabelecer-se: a) fixar residência. b) abrir estabelecimento comercial ou industrial. → crecer.

es.ta.ble.ci.mien.to [estableθimj´ento] *sm* Estabelecimento.

es.ta.blo [est´ablo] *sm* Estábulo, estrebaria.

es.ta.ca [est´aka] *sf* Estaca.

es.ta.ca.zo [estak´aθo] *sm* Bordoada, paulada.

es.ta.ción [estaθ´jon] *sf* Estação. **estación de servicio** posto de gasolina.

es.ta.cio.nal [estaθjon´al] *adj* Sazonal. *el trabajo estacional es común en las áreas rurales* / o trabalho sazonal é comum nas áreas rurais.

es.ta.cio.na.mien.to [estaθjonam´jento] *sm* Estacionamento, garagem.

es.ta.cio.nar [estaθjonˊar] *vt+vpr* Estacionar.

es.ta.dí.a [estadˊia] *sf* Estadia, estada, permanência.

es.ta.dio [estˊadjo] *sm* **1** Estádio: **2** Estágio, fase, período, época, estação.

es.ta.dis.ta [estadˊista] *s* Estadista.

es.ta.do [estˊado] *sm* Estado: a) situação. b) condição social ou profissional. c) governo. **estado civil** estado civil. **estado de cosas** circunstâncias. **estado de derecho** estado de direito. **estado de gracia** estado de graça. **estado de inocencia** estado de inocência. **estado de necesidad** estado de necessidade. **estado de sitio** estado de sítio. **Estado Mayor** Estado Maior

es.ta.fa [estˊafa] *sf* Estelionato, trapaça, roubo. *las víctimas de estafa fueron indemnizadas* / as vítimas de estelionato foram indenizadas.

Em português, **estafa** quer dizer "fadiga" e corresponde, em espanhol, a **fatiga, cansancio, agotamiento**.

es.ta.fa.do [estafˊado] *adj+s fam* Vigarista Veja nota em **estafado** (português).

es.ta.fa.dor [estafadˊor] *sm* Estelionatário.

es.ta.far [estafˊar] *vt* Extorquir, fraudar.

es.ta.llar [estaλˊar] *vi* Estourar, estalar, explodir. *la guerra estuvo a punto de estallar* / a guerra esteve a ponto de estourar.

es.ta.lli.do [estaλˊido] *sm* Estouro, estampido, explosão.

es.tam.pa [estˊampa] *sf* Estampa, gravura.

es.tam.pa.do, -a [estampˊado] *adj* Estampado.

es.tam.par [estampˊar] *vt+vi* Estampar, gravar.

es.tam.pi.do [estampˊido] *sm* Estampido, estouro, estrondo, explosão.

es.tam.pi.lla [estampˊiλa] *sf Am* Selo, carimbo. *la filatelia es el hábito de coleccionar estampillas* / a filatelia é o hábito de colecionar selos.

es.tam.pi.llar [estampiλˊar] *vt* Selar.

es.tan.car [estankˊar] *vt+vpr* Estancar, deter, estacionar.

es.tan.cia [estˊanθja] *sf* **1** Estância: a) morada, residência. b) estada, permanência. **2** *AL* Fazenda. *en la estancia se criaban principalmente vacas y cerdos* / na fazenda criavam-se principalmente vacas e porcos.

es.tan.cie.ro [estanθˊjero] *sm AL* Fazendeiro.

es.tán.dar [estˊandar] *adj inv* Padrão. **estándar de vida** padrão de vida.

es.tan.da.ri.zar [estandariθˊar] *vt* Padronizar. *estandarizar los procesos productivos favorece la eficiencia de la producción* / padronizar os processos produtivos favorece a eficiência da produção.

es.tan.dar.te [estandˊarte] *sm* Estandarte, bandeira.

es.tan.que [estˊanke] *sm* Tanque, reservatório. *hay muchos peces en el estanque* / há muitos peixes no tanque.

es.tan.te [estˊante] *sm* Estante, prateleira.

es.ta.ño [estˊaño] *sm Quím* Estanho.

es.tar [estˊar] *vi+vpr* Estar, ficar, permanecer. **estar bien** estar bem. → Veja modelo de conjugação.

es.ta.tal [estatˊal] *adj* Estatal.

es.tá.ti.co, -a [estˊatiko] *adj* Estático, imóvel, parado. • *sf Fís* Estática.

es.ta.tua [estˊatwa] *sf* Estátua.

es.ta.tu.ra [estatˊura] *sf* Estatura: a) altura. b) *fig* grandeza.

es.ta.tus *sm Status*. *algunos coches son símbolos de estatus* / alguns carros são símbolos de *status*.

es.ta.tu.to [estatˊuto] *sm* Estatuto.

es.te[1] [ˊeste] *sm* Este, leste.

es.te[2]**, -a** [ˊeste] *pron+adj dem* Este.

es.te.la [estˊela] *sf* Rasto, rastro. *el paso del huracán dejó una estela de destrucción* / a passagem do furacão deixou um rastro de destruição.

es.te.no.gra.fí.a [estenografˊia] *sf* Estenografia, taquigrafia.

es.te.nó.gra.fo [estenˊografo] *sm* Estenógrafo, taquígrafo.

es.te.pa [estˊepa] *sf Geogr* Estepe, planície.

es.te.ra [estˊera] *sf* Esteira.

es.té.reo [estˊereo] *adj+sm* Estéreo, estereofônico.

es.te.reo.fó.ni.co, -a [estereof´oniko] *adj* Estereofônico, estéreo.

es.te.reo.ti.po [estereot´ipo] *sm* Estereótipo, clichê.

es.té.ril [est´eril] *adj* Estéril, improdutivo, infértil, árido.

es.te.ri.li.za.ción [esteriliθaθj´on] *sf* Esterilização.

es.te.ri.li.zar [esteriliθ´ar] *vt+vpr* Esterilizar, tornar estéril, infértil. → alzar.

es.ter.nón [estern´on] *sm Anat* Esterno. *el esternón es un hueso del tórax* / o esterno é um osso do tórax.

es.ter.tor [estert´or] *sm* Estertor, agonia.

es.te.ti.cis.ta [esteti θ´ista] *adj+s* Esteticista.

es.té.ti.co, -a [est´etiko] *adj* Estético. • *sf* Estética.

es.te.tos.co.pio [estetosk´opjo] *sm Med* Estetoscópio.

es.tia.je [est´jahe] *sm* Estiagem, seca. *durante el estiaje disminuye el caudal de los ríos* / durante a estiagem diminui o nível dos rios. Veja nota em **abordaje**.

es.ti.ba.dor [estibad´or] *sm* Estivador.

es.tiér.col [estj´erkol] *sm* Esterco, estrume. *el estiércol es un abono orgánico* / o estrume é um adubo orgânico.

es.tig.ma [est´igma] *sm* Estigma, marca, sinal.

es.ti.li.za.ción [estiliθaθj´on] *sf* Estilização.

es.ti.lo [est´ilo] *sm* Estilo.

es.ti.ma [est´ima] *sf* Estima, apreço, consideração.

es.ti.ma.ción [estimaθ´jon] *sf* **1** Estimativa. *según estimación de los comerciantes, las ventas aumentarán esta Navidad* / segundo estimativa dos comerciantes, as vendas aumentarão neste Natal. **2** Estima. *el nuevo sacerdote ha ganado la estimación de todos los feligreses* / o novo sacerdote conquistou a estima de todos os fiéis.

es.ti.ma.do [estim´ado] *adj* Prezado, querido.

es.ti.mar [estim´ar] *vt* **1** Estimar, avaliar. **2** Julgar, achar, acreditar. *vt+vpr* **3** Apreciar, estimar, prezar.

es.ti.ma.ti.va [estimat´iba] *sf* Estimativa.

es.ti.mu.lan.te [estimul´ante] *adj+sm* Estimulante, excitante.

es.ti.mu.lar [estimul´ar] *vt+vpr* Estimular: a) aguilhoar, picar, pungir. b) excitar, incitar, instigar. c) animar, encorajar.

es.tí.mu.lo [est´imulo] *sm* Estímulo, incentivo. **estímulo condicionado** reflexo condicionado.

es.tí.o [est´io] *sm* Estio, verão. *durante el estío las temperaturas aumentan* / durante o estio as temperaturas aumentam.

es.ti.pen.dio [estip´endjo] *sm* Estipêndio, salário, paga, remuneração.

es.ti.pu.la.do [estipul´ado] *adj* Determinado, estabelecido.

es.ti.pu.lar [estipul´ar] *vt Der* Estipular, ajustar, combinar.

es.ti.ra.do, -a [estir´ado] *adj* **1** Esticado, puxado. **2** Convencido, metido (a besta). *¡qué estirado!, se cree mejor que los demás* / que convencido!, julga-se melhor do que os outros.

es.ti.rar [estir´ar] *vt+vpr* **1** Alongar, estender, estirar. *vt* **2** Alisar. *la moda actualmente es estirarse el pelo* / a moda hoje é alisar o cabelo. **3** Fazer render (o dinheiro). *la dueña de casa hace milagros para estirar el dinero* / a dona de casa faz milagres para fazer render o dinheiro. *vi+vpr* **4** Crescer (uma pessoa). *en la adolescencia, los chicos estiran rápidamente* / na adolescência, os meninos crescem rapidamente.

es.ti.rón [estir´on] *sm* **1** Estirão, puxão. **2** Esticada.

es.tir.pe [est´irpe] *sf* Estirpe: a) origem, tronco, linhagem, ascendência. b) cepa.

es.ti.val [estib´al] *adj* Estival, próprio do verão.

es.to [´esto] *pron dem* Isto.

es.to.ca.da [estok´ada] *sf* Estocada.

es.to.fa.do, -a [estof´ado] *sm Cul* Guisado, ensopado, refogado. *comimos estofado en el almuerzo* / comemos guisado no almoço.

Em português, **estofado**, como adjetivo, significa "guarnecido ou coberto de estofo" e, como substantivo, "o conjunto de sofá e cadeira estofados".

es.tó.ma.go [est´omago] *sm* Anat Estômago.

es.tor.bar [estorb´ar] *vt* Estorvar: a) embaraçar, dificultar, impedir. b) importunar, incomodar.

es.tor.bo [est´orbo] *sm* Estorvo, coisa ou pessoa que estorva.

es.tor.nu.dar [estornud´ar] *vi* Espirrar. *la pimienta hace estornudar* / a pimenta faz espirrar.

es.tor.nu.do [estorn´udo] *sm* Espirro.

es.trá.bi.co, -a [estr´abiko] *adj+s* Estrábico, vesgo.

es.tra.do [estr´ado] *sm* Estrado.

es.tra.fa.la.rio, -a [estrafal´arjo] *adj+s* Extravagante, excêntrico. *Dalí fue un artista de comportamiento estrafalario* / Dalí foi um artista de comportamento extravagante.

es.tra.go [estr´ago] *sm* Estrago, dano, prejuízo.

es.tram.bó.ti.co [estramb´otiko] *adj fam* Extravagante, estapafúrdio.

es.tran.gu.lar [estrangul´ar] *vt* Estrangular, asfixiar.

es.tra.ta.ge.ma [estratah´ema] *sf* Estratagema, manha, ardil.

es.tra.te.ga [estrat´ega] *s* Estrategista.

es.tra.te.gia [estrat´ehja] *sf* Estratégia, tática.

es.tra.to [estr´ato] *sm* Estrato, camada.

es.tra.tos.fe.ra [estratosf´era] *sf* Geogr Estratosfera.

es.tra.za [estr´aθa] *sm* Farrapo, trapo.

es.tre.char [estretʃ´ar] *vt+vpr* Estreitar, diminuir (a largura), apertar. *los presidentes se reunieron para estrechar la amistad entre sus países* / os presidentes reuniram-se para estreitar a amizade entre seus países.

es.tre.chez [estretʃ´eθ] *sf* Estreiteza, aperto.

es.tre.cho, -a [estr´etʃo] *adj* Estreito, reduzido. • *sm* Geogr Estreito, canal. *el Estrecho de Gibraltar separa Europa de África* / o Estreito de Gibraltar separa a Europa da África.

es.tre.lla [estr´eλa] *sf* Estrela. **estrella fugaz** estrela fugaz. **levantarse con las estrellas** levantar-se muito cedo. **poner sobre las estrellas** pôr entre as estrelas. **ver las estrellas** ver estrelas.

es.tre.llar [estreλ´ar] *vt+vpr* **1** Estrelar. **2** *fam* Arrojar, arremessar, atirar. *vpr* **3** Chocar, bater, colidir.

es.tre.lla.to [estreλ´ato] *sm* Estrelato.

es.tre.me.cer [estremeθ´er] *vt+vpr* Estremecer, sacudir, abalar. → crecer.

es.tre.me.ci.mien.to [estremeθim´jento] *sm* Estremecimento.

es.tre.nar [estren´ar] *vt+vpr* Estrear.

es.tre.no [estr´eno] *sm* Estreia. *los actores fueron al estreno de la película* / os atores assistiram à estreia do filme.

es.tre.ñi.mien.to [estreñim´jento] *sm Med* Constipação, prisão de ventre. *comer ciruelas ayuda a combatir el estreñimiento* / comer ameixas ajuda a combater a prisão de ventre.

es.tré.pi.to [estr´epito] *sm* Estrépito, estrondo.

es.tre.pi.to.so, -a [estrepit´oso] *adj* Estrondoso, estrepitoso. *la película fue un fracaso estrepitoso* / o filme foi um fracasso estrondoso.

es.trés [estr´es] *sm inv Med* Estresse, tensão. *el estrés es la primera causa de consultas al médico* / o estresse é a primeira causa de visitas ao médico.

es.trí.a [estr´ia] *sf* Estria.

es.tri.bi.llo [estrib´iλo] *sm* Estribilho: a) refrão. b) bordão.

es.tri.bo [estr´ibo] *sf* Estribeira. **perder los estribos** perder as estribeiras.

es.tric.to, -a [estr´ikto] *adj* Estrito, preciso, restrito.

es.tri.den.te [estrid´ente] *adj* Estridente.

es.tro.fa [estr´ofa] *sf poét* Estrofe.

es.tro.pa.jo [estrop´aho] *sm* Esfregão. *limpió el piso con el estropajo* / limpou o chão com o esfregão.

es.tro.pea.do, -a [estrope´ado] *adj fig* Estropiado, estragado.

es.tro.pear [estrope´ar] *vt+vpr* **1** Estropiar. **2** Danificar, estragar. *vt* **3** Frustrar, malograr.

es.truc.tu.ra [estrukt´ura] *sf* Estrutura, organização.

es.truc.tu.ral [estruktur´al] *adj* Estrutural.

es.truc.tu.rar [estruktur´ar] *vt+vpr* Estruturar, planejar.

es.truen.do [estr´wendo] *sm* Estrondo: a) estampido. b) aparato, pompa.

es.truen.do.so, -a [estrwend´oso] *adj* Estrondoso, estrepitoso.

es.tru.jar [estruh´ar] *vt* **1** Espremer. **2** Amassar, amarrotar.

es.tua.rio [estw´arjo] *sm Geogr* Estuário.

es.tu.che [est´utʃe] *sm* Estojo. *perdí el estuche de mis gafas* / perdi o estojo dos meus óculos.

es.tu.co [est´uko] *sm* Estuque.

es.tu.dia.do, -a [estudj´ado] *adj* Estudado, afetado.

es.tu.dian.te [estud´jante] *adj+s* Estudante.

es.tu.diar [estud´jar] *vt+vi* Estudar, instruir-se.

es.tu.dio [est´udjo] *sm* **1** Estudo. *completó sus estudios en el extranjero* / completou seus estudos no estrangeiro. **2** Estúdio. *estuvo trabajando en su estudio hasta tarde* / ficou trabalhando no seu estúdio até tarde.

es.tu.dio.so, -a [estud´joso] *adj+s* Estudioso.

es.tu.fa [est´ufa] *sf* Aquecedor. *la estufa solar permite aprovechar la energía del Sol para usos domésticos* / o aquecedor solar permite aproveitar a energia do Sol para usos domésticos.

es.tu.pe.fa.cien.te [estupefaθj´ente] *adj+sm* Estupefaciente, entorpecente. *el tráfico de estupefacientes es un crimen grave* / o tráfico de entorpecentes é um crime grave.

es.tu.pe.fac.to, -a [estupef´akto] *adj* Estupefato, pasmado, assombrado, atônito.

es.tu.pen.do, -a [estup´endo] *adj* Estupendo, admirável, assombroso.

es.tu.pi.dez [estupid´eθ] *sf* Estupidez, asneira.

es.tú.pi.do, -a [est´upido] *adj+s* Estúpido, idiota, imbecil, tolo.

es.tu.pra.dor [estuprad´or] *sm* Estuprador.

es.tu.pro [est´upro] *sm* Estupro, violação.

e.ta.pa [et´apa] *sf* Etapa.

e.té.reo, -a [et´ereo] *adj* Etéreo, sublime.

e.ter.ni.dad [eternid´ad] *sf* Eternidade. *falta una eternidad para salir de vacaciones* / falta uma eternidade para sair de férias.

e.ter.ni.zar [eterniθ´ar] *vt+vpr* Eternizar, prolongar, perpetuar. → alzar.

e.ter.no, -a [et´erno] *adj* Eterno. • *sm Rel* (Padre) Eterno.

é.ti.ca [´etika] • *sf* Ética, moral.

é.ti.co [´etiko] *adj* Ético.

e.ti.mo.lo.gí.a [etimoloh´ia] *sf Gram* Etimologia.

e.ti.que.ta [etik´eta] *sf* Etiqueta: a) cerimonial. b) rótulo.

e.ti.que.tar [etiket´ar] *vt* Etiquetar, rotular.

et.nia [´etnja] *sf Antrop* Etnia.

et.no.lo.gí.a [etnoloh´ia] *sf Antrop* Etnologia.

eu.ca.lip.to [eukal´ipto] *sm Bot* Eucalipto.

eu.fe.mis.mo [ewfem´ismo] *sm* Eufemismo. *conflicto bélico es un eufemismo de guerra* / conflito bélico é um eufemismo de guerra.

eu.fo.ní.a [eufon´ia] *sf* Eufonia.

eu.fo.ria [euf´orja] *sf* Euforia.

eu.ro [euro] *sm Econ* Euro. *el euro es la moneda de la Unión Europea* / o euro é a moeda da União Europeia.

eu.ro.pe.o, -a [europ´eo] *adj+s* Europeu.

eu.ta.na.sia [eutan´asja] *sf Med* Eutanásia.

e.va.cuar [ebak´war] *vt* Evacuar: a) desocupar. b) expelir. c) defecar.

e.va.dir [ebad´ir] *vt+vpr* Evadir. a) evitar. *vpr* b) fugir.

e.va.lua.ción [ebalwaθ´jon] *sf* Avaliação. *al final del año escolar los alumnos son sometidos a una evaluación* / no fim do ano escolar os alunos são submetidos a uma avaliação.

e.va.luar [ebal´war] *vt+vpr* Avaliar. → atenuar.

e.van.ge.lio [eban:h´eljo] *sm Rel* Evangelho. **evangelios abreviados/chicos** evangelhos resumidos.

e.van.ge.li.zar [ebanheliθ´ar] *vt* Evangelizar. → alzar.

e.va.po.ra.ción [ebaporaθ´jon] *sf* Evaporação.

e.va.po.rar [ebapor´ar] *vt+vpr* Evaporar.

e.va.sión [ebas´jon] *sf* Evasão.

e.va.si.va [ebas´iba] *sf* Desculpa, subterfúgio.

e.va.si.vo [ebas´ibo] *adj* Evasivo, ambíguo. • *sf* Evasiva, subterfúgio.

e.ven.to [eb´ento] *sm* Evento.

e.ven.tual [ebent´wal] *adj* Eventual.

e.ven.tua.li.dad [ebentwalid´ad] *sf* Eventualidade, acaso, contingência. *el gobierno se está organizando ante la eventualidad de un desastre natural* / o governo está se organizando ante a eventualidade de um desastre natural.

e.vi.den.cia [ebid´enθja] *sf* Evidência, clareza.

e.vi.den.ciar [ebidenθ´jar] *vt* Evidenciar, demonstrar.

e.vi.den.te [ebid´ente] *adj* Evidente, claro, manifesto, patente.

e.vi.tar [ebit´ar] *vt* Evitar, impedir.

e.vo.ca.ción [ebokaθ´jon] *sf* Reminiscência, recordação, lembrança.

e.vo.car [ebok´ar] *vt* Evocar, chamar, lembrar. → atacar.

e.vo.lu.ción [eboluθ´jon] *sf* Evolução. *la teoría de la evolución fue propuesta por Charles Darwin* / a teoria da evolução foi proposta por Charles Darwin.

e.xac.ti.tud [e(k)saktit´ud] *sf* Exatidão, perfeição. *no recordaba con exactitud el lugar del accidente* / não lembrava com exatidão o local do acidente.

e.xac.to, -a [e(k)s´akto] *adj* Exato, perfeito. **ciencias exactas** ciências exatas.

e.xa.ge.ra.ción [e(k)saheraθ´jon] *sf* Exagero. *la exageración distorsiona la realidad* / o exagero distorce a realidade.

e.xa.ge.ra.do [e(k)saher´ado] *adj+s* Exagerado, excessivo.

e.xa.ge.rar [e(k)saher´ar] *vt* Exagerar, exorbitar.

e.xal.ta.ción [e(k)saltaθ´jon] *sf* Exaltação, glorificação.

e.xal.ta.do, -a [e(k)salt´ado] *adj* Exaltado, arrebatado, excitado.

e.xal.tar [e(k)salt´ar] *vt+vpr* Exaltar, glorificar, engrandecer.

e.xa.men [e(k)s´amen] *sm* Exame, prova, análise. *mi padre tuvo que permanecer en ayuno para hacer el examen de sangre* / meu pai teve de ficar em jejum para fazer o exame de sangue.

e.xa.mi.na.dor, -ora [e(k)saminad´or] *s* Examinador.

e.xa.mi.nar [e(k)samin´ar] *vt+vpr* Examinar: a) pesquisar, investigar. b) sujeitar a exame.

e.xas.pe.rar [e(k)sasper´ar] *vt+vpr* Exasperar, irritar, encolerizar, enfurecer.

ex.ca.va.ción [e(k)skabaθ´jon] *sf* Escavação.

ex.ca.va.do.ra [ekskabad´ora] *sf* Escavadeira, escavadora.

ex.ca.var [ekskab´ar] *vt* Escavar, cavar.

ex.ce.den.cia [e(k)sθed´enθja] *sf* Sobra, excesso, excedente.

ex.ce.den.te [e(k)sθed´ente] *adj+sm* Excedente, sobra.

ex.ce.der [e(k)sθed´er] *vt+vi+vpr* Exceder, ultrapassar, superar.

ex.ce.len.cia [e(k)sθel´enθja] *sf* Excelência, perfeição. **por excelencia** por excelência.

ex.ce.len.te [e(k)sθel´ente] *adj* Excelente, excepcional, extraordinário.

ex.cel.so, -a [e(k)sθ´elso] *adj* Exímio, eminente, sublime. *el excelso compositor Johann Sebastian Bach nació en Alemania en 1685* / o exímio compositor Johann Sebastian Bach nasceu na Alemanha em 1685.

ex.cen.tri.ci.dad [e(k)sθentriθid´ad] *sf* Excentricidade, extravagância, esquisitice.

ex.cén.tri.co, -a [e(k)sθ´entriko] *adj+s* Excêntrico, extravagante, esquisito.

ex.cep.ción [e(k)sθepθ´jon] *sf* Exceção, privilégio.

ex.cep.cio.nal [e(k)sθepθjon´al] *adj* Excepcional, extraordinário.

ex.cep.to [e(k)sθ´epto] *prep* Exceto, afora, salvo, menos.

ex.cep.tuar [e(k)sθeptu´ar] *vt* Excetuar, excluir. → atenuar.

ex.ce.si.vo, -a [e(k)sθes´ibo] *adj* Excessivo, exagerado, demasiado.

ex.ce.so [e(k)s´eso] *sm* Excesso, exagero. *el exceso de peso puede provocar diversas enfermedades* / o excesso de peso pode provocar diversas doenças.

ex.ci.ta.ción [e(k)sθitaθ´jon] *sf* Excitação, exaltação.

ex.ci.tan.te [e(k)sθit´ante] *adj+sm* Excitante.

ex.ci.tar [e(k)sθit´ar] *vt+vpr* Excitar, estimular, animar.

ex.cla.ma.ción [e(k)sklamaθ´jon] *sf Gram* Exclamação (!). *el español usa signo de exclamación al comienzo y al final de la frase* / o espanhol usa ponto de exclamação no começo e no fim da frase. Veja nota em **interrogación**.

ex.cla.mar [e(k)sklam´ar] *vi+vt* Exclamar, bradar, gritar.

ex.cla.ma.ti.vo, -a [eksklamat´ibo] *adj* Exclamativo.

ex.cluir [e(k)sklu´ir] *vt+vpr* Excluir, eliminar, dispensar. → huir.

ex.clu.sión [e(k)skus´jon] *sf* Exclusão, eliminação. *muchos inmigrantes son víctimas de exclusión social* / muitos imigrantes são vítimas de exclusão social.

ex.clu.si.ve [e(k)skus´ibe] *adv* Exclusive, exceto.

ex.clu.si.vi.dad [e(k)sklusibid´ad] *sf* Exclusividade, restrição.

ex.clu.si.vo, -a [e(k)sklus´ibo] *adj* Exclusivo, privativo, restrito.

ex.co.mul.gar [ekskomulg´ar] *vt Rel* Excomungar, expulsar. *la iglesia sólo puede excomulgar a miembros de su religión* / a igreja somente pode excomungar os membros do seu credo. → cargar.

ex.cre.men.to [e(k)skrem´ento] *sm* Excremento, fezes.

ex.cre.tar [e(k)skret´ar] *vi* Excretar.

ex.cur.sión [e(k)skurs´jon] *sf* Excursão, passeio. *la escuela organizó una excursión a la playa* / a escola organizou uma excursão à praia.

ex.cu.sa [e(k)sk´usa] *sf* Desculpa, justificativa, pretexto.

ex.cu.sar [e(k)skus´ar] *vt+vpr* Desculpar, justificar.

e.xe.cra.ble [e(k)sekr´able] *adj* Execrável, abominável, detestável.

e.xe.crar [e(k)sekr´ar] *vt* Execrar, abominar, detestar.

e.xen.ción [e(k)senθ´jon] *sf* Isenção, liberação. **exención de impuestos** isenção de impostos.

e.xen.to, -a [e(k)s´ento] *adj* Isento, livre.

ex.fo.lia.ción [e(k)sfoljaθ´jon] *sf Biol* Esfoliação. *la exfoliación promueve la regeneración celular de la piel* / a esfoliação promove a regeneração celular da pele.

ex.ha.lar [e(k)sal´ar] *vt* Exalar, soltar.

ex.haus.ti.vo, -a [e(k)saust´ibo] *adj* Exaustivo, fatigante, intenso.

ex.haus.to, -a [e(k)s´austo] *adj* Exausto, esgotado, cansado.

ex.hi.bi.ción [e(k)sibiθ´jon] *sf* Exibição, demonstração. *hoy comienza la exhibición de cortometrajes* / hoje começa a exibição de curtas-metragens.

ex.hi.bi.cio.nis.ta [e(k)sibiθjon´ista] *s* Exibicionista.

ex.hi.bir [e(k)sib´ir] *vt+vpr* Exibir, mostrar, expor.

ex.hor.tar [e(k)sort´ar] *vt* Exortar, aconselhar, persuadir. *vamos a exhortar a las personas a trabajar por la paz* / vamos exortar as pessoas a trabalhar pela paz.

ex.hu.ma.ción [e(k)sumaθ´jon] *sf* Exumação.

ex.hu.mar [e(k)sum´ar] *vt* Exumar, desenterrar.

e.xi.gen.cia [e(k)sih´enθja] *sf* Exigência, necessidade.

e.xi.gen.te [e(k)sih´ente] *adj+s* Exigente, rigoroso.

e.xi.gir [e(k)sih´ir] *vt* Exigir, requerer, impor. → Veja modelo de conjugação.

e.xi.guo, -a [e(k)s´igwo] *adj* Exíguo, escasso, raro.

e.xi.lia.do, -a [e(k)silj´ado] *adj+s* Exilado, expatriado, desterrado.

e.xi.liar [eksilj´ar] *vt+vpr* Exilar, expatriar, desterrar.

e.xi.lio [e(k)s´iljo] *sm* Exílio.

e.xi.mio, -a [e(k)s´imjo] *adj* Exímio, distinto, excelente, insigne.

e.xi.mir [e(k)sim´ir] *vt+vpr* Eximir, isentar, dispensar, desobrigar.

e.xis.ten.cia [e(k)sist´enθja] *sf* **1** Existência, subsistência, vida. *muchos creen en la existencia de extraterrestres* / muitos acreditam na existência de extraterrestres. **2 existencias** *pl* Estoque.

e.xis.ten.cial [e(k)sistenθj´al] *adj Filos* Existencial.

e.xis.tir [e(k)sist´ir] *vi* Existir, viver.

é.xi.to ['e(k)sito] *sm* Êxito, sucesso. *es necesario mucho trabajo para alcanzar el éxito* / é preciso muito trabalho para alcançar o sucesso.

e.xi.to.so, -a [eksit´oso] *adj* Bem-sucedido.

é.xo.do ['e(k)sodo] *sm* Êxodo.

e.xo.ne.ra.ción [e(k)soneraθ´jon] *sf* Exoneração, demissão, dispensa.

e.xo.ne.ra.do [e(k)soner´ado] *adj* Destituído.

e.xo.ne.rar [e(k)soner´ar] *vt+vpr* Exonerar, demitir, dispensar.

e.xor.bi.tan.te [e(k)sorbit´ante] *adj* Exorbitante, excessivo. *cobraron un precio exorbitante por el almuerzo* / cobraram um preço exorbitante pelo almoço.

e.xor.cis.ta [e(k)sorθ´ista] *adj+s* Exorcista.

e.xó.ti.co, -a [e(k)s´otiko] *adj* Exótico, extravagante.

ex.pan.dir [e(k)spand´ir] *vt+vpr* Expandir, ampliar.

ex.pan.sión [e(k)spans´jon] *sf* Expansão, ampliação. *la globalización favoreció la expansión de las empresas multinacionales* / a globalização favoreceu a expansão das empresas multinacionais.

ex.pan.sio.nis.mo [e(k)spanθjon´ismo] *sm* Expansionismo.

ex.pan.si.vo, -a [e(k)spans´ibo] *adj* Expansivo: a) expansível. b) franco, comunicativo.

ex.pa.tria.ción [e(k)spatrjaθj´on] *sf* Expatriação.

ex.pa.tria.do [e(k)spatr´jado] *adj+sm* Desterrado.

ex.pa.triar [e(k)spatr´jar] *vt+vpr* Expatriar, exilar. → confiar.

ex.pec.ta.ti.va [e(k)spektat´iba] *sf* Expectativa, esperança.

ex.pec.to.ra.ción [e(k)spektoraθ´jon] *sf Med* Expectoração. *los jarabes favorecen la expectoración* / os xaropes favorecem a expectoração.

ex.pec.to.rar [e(k)spektor´ar] *vt* Expectorar, escarrar.

ex.pe.di.ción [e(k)spediθj´on] *sf* Expedição: a) despacho, remessa. b) campanha.

ex.pe.di.cio.na.rio, -a [e(k)spediθjon´arjo] *adj+s* Expedicionário.

ex.pe.di.dor, -ora [e(k)spedid´or] *s* Remetente, despachante.

ex.pe.dir [e(k)sped´ir] *vt* Expedir, despachar. → medir.

ex.pe.di.to, -a [e(k)sped´ito] *adj* Expedito, esperto.

ex.pe.ler [e(k)spel´er] *vt* Expelir, expulsar.

ex.pen.de.du.rí.a [e(k)spendedur´ia] *sf* Tabacaria.

ex.pen.der [e(k)spend´er] *vt* **1** Gastar, despender. **2** Vender (no varejo).

ex.pen.sas [e(k)sp´ensas] *sf pl* Despesa, gasto. *la empresa pagó las expensas del viaje* / a empresa pagou as despesas da viagem.

ex.pe.rien.cia [e(k)sper´jenθja] *sf* Experiência, prática, vivência.

ex.pe.rien.te [e(k)sperj´ente] *adj* Tarimbado, experimentado.

ex.pe.ri.men.ta.do, -a [e(k)speriment´ado] *adj* Experiente, apto. *el doctor, hombre experimentado, escuchaba con calma las quejas de sus pacientes* / o doutor, homem experiente, escutava calmamente as queixas dos seus pacientes.

ex.pe.ri.men.tar [e(k)speriment´ar] *vt* Experimentar, pôr à prova.

ex.pe.ri.men.to [e(k)speerim´ento] *sm* Experimento, ensaio, experiência.

ex.per.to, -a [e(k)sp´erto] *adj+s* Experto: a) experiente. b) perito.

ex.piar [e(k)sp´jar] *vt* Expiar, reparar. → confiar.

ex.pia.to.rio, -a [e(k)spjat´orjo] *adj* Expiatório. **chivo expiatorio** bode expiatório.

ex.pi.rar [e(k)spir´ar] *vi* Expirar: a) morrer, falecer. b) acabar, terminar, finalizar. *esta semana expira el plazo para matricularse* / esta semana expira o prazo para matricular-se.

ex.pla.nar [e(k)splan´ar] *vt* Explanar, expor, narrar (minuciosamente).

ex.pli.ca.ción [e(k)splikaθ´jon] *sf* Explicação, esclarecimento. *la explicación no fue muy convincente* / a explicação foi pouco convincente.

ex.pli.car [e(k)splik´ar] *vt+vpr* Explicar: a) expressar, manifestar. b) esclarecer.

c) lecionar, ensinar. d) justificar. e) dar a conhecer a origem ou o motivo de. → atacar.

ex.plí.ci.to, -a [e(k)splíiθito] *adj* Explícito, evidente. **función explícita** função explícita.

ex.plo.ra.ción [e(k)sploraθ´jon] *sf* Exploração, pesquisa.

ex.plo.ra.dor, -ora [e(k)sploradór] *adj+s* Explorador. *Livingstone fue el explorador más famoso del siglo XIX* / Livingstone foi o explorador mais famoso do século XIX.

ex.plo.rar [e(k)splorár] *vt* Explorar, pesquisar, investigar.

ex.plo.sión [e(k)splos´jon] *sf* Explosão.

ex.plo.ta.ción [e(k)splotaθj´on] *sf* Exploração, aproveitamento, uso.

ex.plo.ta.dor, -ora [e(k)splotadór] *adj+s* Explorador, aproveitador. *los empleados acusaban al patrón de ser un explotador* / os funcionários acusavam o patrão de ser um explorador.

ex.plo.tar [e(k)splotár] *vt* **1** Explorar, tirar proveito. **2** Explodir, detonar.

ex.po.liar [e(k)spoljár] *vt* Espoliar, despojar.

ex.po.lio [eksp´oljo] *sm* Espólio, apropriação.

ex.po.ner [e(k)sponér] *vt+vi+vpr* Expor, exibir. → poner.

ex.por.ta.ción [e(k)sportaθ´jon] *sf* Exportação. *Venezuela vive de la exportación de petróleo* / a Venezuela vive da exportação de petróleo.

ex.por.ta.dor, -ora [e(k)sportadór] *adj+s* Exportador.

ex.por.tar [e(k)sportár] *vt* Exportar.

ex.po.si.ción [e(k)sposiθ´jon] *sf* Exposição, apresentação, exibição.

ex.po.si.ti.vo, -a [e(k)spositíbo] *adj* Expositivo.

ex.prés [e(k)spr´es] *adj* Rápido, expresso. **café exprés** café expresso. **olla exprés** panela de pressão. **transporte exprés** meio de transporte sem escalas.

ex.pre.sar [e(k)spresár] *vt+vpr* Expressar, exprimir, manifestar.

ex.pre.sión [e(k)spres´jon] *sf* Expressão. **expresión corporal** expressão corporal.

reducir a la mínima expresión reduzir à expressão mais simples.

ex.pre.sio.nis.mo [e(k)spresjon´ismo] *sm Pint* Expressionismo.

ex.pre.si.vo, -a [e(k)spres´ibo] *adj* Expressivo, significativo.

ex.pre.so, -a [e(k)spr´eso] *adj* **1** Expresso, explícito. **2** Rápido. • *sm* (Trem) Expresso.

ex.pri.mi.dor [e(k)sprimidór] *sm* Espremedor.

ex.pri.mir [e(k)sprim´ir] *vt* **1** Espremer. **2** Exprimir, manifestar.

ex.pro.piar [e(k)spropjár] *vt Der* Expropriar, confiscar.

ex.pul.sar [e(k)spulsár] *vt* Expulsar: a) expelir. b) fazer sair. c) excluir.

ex.qui.si.tez [e(k)skisit´eθ] *sf* **1** Refinamento, requinte. **2** Iguaria, acepipe, petisco.

ex.qui.si.to, -a [e(k)skis´ito] *adj* **1** Refinado, apurado, fino, requintado. **2** Delicioso. *mi abuela preparaba postres exquisitos* / a minha avó preparava sobremesas deliciosas.

ex.ta.siar [e(k)stasjár] *vt+vpr* Extasiar, arroubar, encantar, enlevar. → confiar.

éx.ta.sis [´e(k)stasis] *sm inv* Êxtase, arrebatamento, admiração.

ex.ten.der [e(k)stendér] *vt+vpr* Estender, expandir. → defender.

ex.ten.sión [e(k)stens´jon] *sf* **1** Extensão, área. **2** Ramal (de uma rede telefônica particular). **en toda la extensión de la palabra** em toda a extensão da palavra.

ex.ten.si.vo, -a [ekstens´ibo] *adj* Extensivo.

ex.ten.so, -a [e(k)st´enso] *adj* Extenso, longo. **por extenso** por extenso.

ex.te.nuar [e(k)stenuár] *vt+vpr* Extenuar, debilitar, enfraquecer. → atenuar.

ex.te.rior [e(k)steri´or] *adj* Exterior, externo. • *sm* Aparência, aspecto.

ex.te.rio.ri.zar [e(k)sterjoriθ´ar] *vt+vpr* Exteriorizar, manifestar. → alzar.

ex.ter.mi.na.dor, -ora [e(k)sterminadór] *adj+s* Exterminador, devastador, destruidor.

ex.ter.mi.nar [e(k)stermin´ar] *vt* Exterminar, eliminar, destruir, aniquilar.

ex.ter.mi.nio [e(k)sterm´injo] *sm* Extermínio, destruição. *el Ministerio de Salud lucha por el exterminio de la epidemia* / o Ministério da Saúde luta pelo extermínio da epidemia.

ex.ter.no, -a [e(k)st´erno] *adj* Externo, exterior.

ex.tin.ción [e(k)stinθ´jon] *sf* Extinção, eliminação, destruição. *según teorías, la caída de un asteroide provocó la extinción de los dinosaurios* / segundo teorias, foi a queda de um asteroide que provocou a extinção dos dinossauros.

ex.tin.guir *vt+vpr* Extinguir. → Veja modelo de conjugação.

ex.tir.par [e(k)stirp´ar] *vt* Extirpar.

ex.tor.sión [e(k)stors´jon] *sf* Extorsão, dano.

ex.tra [´e(k)stra] *adj* Extra, extraordinário.

ex.trac.ción [e(k)stra(k)θ´jon] *sf* Extração.

ex.trac.to [e(k)str´akto] *sm* Extrato, essência. *usó extracto de tomates para preparar la salsa* / usou extrato de tomate para preparar o molho.

ex.tra.di.ción [e(k)stradiθ´jon] *sf Der* Extradição.

ex.tra.er [e(k)stra´er] *vt* Extrair, tirar, arrancar. → traer.

ex.tran.je.ro, -a [e(k)stran:h´ero] *adj+s* Estrangeiro, estranho. *salió de su país y vivió muchos años en el extranjero* / saiu do seu país e morou muitos anos no estrangeiro.

ex.tra.ñar [e(k)strañ´ar] *vt* **1** Estranhar, surpreender. **2** Ter saudades. *extraño mi época de estudiante* / tenho saudade da minha época de estudante.

Em português, **estranhar** quer dizer também "desentender, discordar", que, em espanhol, traduz-se por **esquivar**, **rehuir** ou **desavenir**, **discordar**, **desentenderse**: *los amigos se desentendieron por cosas del fútbol* / os amigos se estranharam por questões de futebol. Veja outra nota em **estranhar** (português).

ex.tra.ñe.za [e(k)strañ´eθa] *sf* Estranheza, surpresa.

ex.tra.ño, -a [e(k)str´año] *adj+s* Estranho, esquisito.

ex.tra.or.di.na.rio, -a [e(k)straordin´arjo] *adj* Extraordinário, excepcional, incrível.

ex.tra.va.gan.cia [e(k)strabag´anθja] *sf* Extravagância.

ex.tra.va.gan.te [e(k)strabag´ante] *adj+s* Extravagante, exótico.

ex.tra.va.sar.se [e(k)strabas´arse] *vpr* Extravasar.

ex.tra.via.do [e(k)strabj´ado] *adj* Desorientado, desgarrado, desnorteado, afastado.

ex.tra.viar [e(k)strab´jar] *vt+vpr* Extraviar, desorientar, afastar. → confiar.

ex.tra.ví.o [e(k)strab´io] *sm* Extravio, perda.

ex.tre.ma.da.men.te [e(k)stremadam´ente] *adv* Extremamente.

ex.tre.mar [e(k)strem´ar] *vt+vpr* Extremar, exagerar.

ex.tre.ma.un.ción [e(k)stremaunθ´jon] *sf Rel* Extrema-unção, unção dos enfermos. *el enfermo recibió la extremaunción antes de morir* / o enfermo recebeu a extrema-unção antes de morrer.

ex.tre.mi.dad [e(k)stremid´ad] *sf* Extremidade, extremo, ponta.

ex.tre.mis.mo [e(k)strem´ismo] *sm* Extremismo, exagero.

ex.tre.mis.ta [e(k)strem´ista] *adj+s* Extremista, fanático.

ex.tre.mo, -a [e(k)str´emo] *adj+sm* Extremo, limite. **con extremo** / **en extremo** / **por extremo** em último grau.

ex.trín.se.co, -a [e(k)str´inseko] *adj* Extrínseco, externo.

ex.tro.ver.ti.do, -a [ekstrobert´ido] *adj+s* Extrovertido, comunicativo, sociável.

e.xu.be.ran.cia [e(k)suber´anθja] *sf* Exuberância, vigor.

e.xu.be.ran.te [e(k)suber´ante] *adj* Exuberante, vigoroso.

e.xul.tan.te [eksult´ante] *adj* Exultante, muito alegre.

e.xul.tar [eksult´ar] *vi* Exultar, alegrar-se, entusiasmar-se.

e.ya.cu.la.ción [eyakulaθ´jon] *sf* Ejaculação.

e.ya.cu.lar [eyakul´ar] *vt+vi* Ejacular.

f

f, F [´efe] *sf* Sexta letra do alfabeto espanhol.
fa [f´a] *sm Mús* fá. **ni fu ni fa** tanto faz, não fede nem cheira.
fá.bri.ca [f´abrika] *sf* **1** Fábrica. **2** Fabricação. **3** Construção, edifício. **4** Alvenaria.
fa.bri.ca.ción [fabrikaθ´jon] *sf* Fabricação, produção, criação.
fa.bri.ca.do [fabrik´ado] *adj* Fabricado.
fa.bri.can.te [fabrik´ante] *adj+s* Fabricante. *tengo que descubrir un fabricante de corchos en esta ciudad* / tenho de descobrir um fabricante de rolhas nesta cidade.
fa.bri.car [fabrik´ar] *vt* Fabricar. → atacar.
fa.bril [fabr´il] *adj* Fabril. *trabajo en la industria fabril* / trabalho na indústria fabril.
fá.bu.la [f´abula] *sf* **1** *Lit* Fábula, conto, lenda, mito. **2** Ficção. **3** Rumor, fofoca, boato.
fa.bu.lo.so, -a [fabul´oso] *adj* Fabuloso, maravilhoso, fantástico.
fac.ción [fakθ´jon] *sf* **1** Facção, bando, partido. **2 facciones** *pl* Feição, feições.
fa.ce.ta [faθ´eta] *sf* Faceta, lado, face.
fa.cha [f´atʃa] *sf fam* Cara, aspecto, aparência. *tiene facha de sin vergüenza ese* / tem cara de sem-vergonha. • *adj+s fam* Fascista. **en fachas** desalinhado, malvestido. **facha a facha** cara a cara.
fa.cha.da [fatʃ´ada] *sf* **1** Fachada, frente. **2** Aparência, cara. **3** Capa (de livro). **bien/ mal fachado** de boa/má aparência.
fá.cil [f´aθil] *adj* Fácil, simples. *me parece muy fácil hacer eso* / parece-me muito fácil fazer isso.
fa.ci.li.dad [faθilid´ad] *sf* Facilidade. *lo haces con una facilidad impresionante* / você faz isso com uma facilidade impressionante.
fa.ci.li.tar [faθilit´ar] *vt* **1** Facilitar, simplificar. **2** Proporcionar, possibilitar, propiciar.
fá.cil.men.te [faθilm´ente] *adv* Facilmente.
fac.sí.mil [faks´imil] *sm* Fac-símile, reprodução. *Var: facsímile*.
fac.sí.mi.le [faks´imile] *sm V facsímil*.
fac.ti.ble [fakt´ible] *adj* Factível, viável, possível. *espero que tu idea sea factible* / espero que sua ideia seja viável.
fac.tor [fakt´or] *sm* **1** Fator, elemento. **2** Representante, procurador.
fac.to.rí.a [faktor´ia] *sf* **1** Fábrica. **2** Estabelecimento comercial de representações.
fac.tu.ra [fakt´ura] *sf* **1** Feitura, execução. **2** Fatura, nota fiscal. **3** *Arg* Doce, bolo.
fac.tu.ra.ción [fakturaθ´jon] *sf* Faturamento. *este mes la facturación no fue muy buena* / este mês o faturamento não foi muito bom.
fac.tu.rar [faktur´ar] *vt* **1** *Com* Faturar. **2** Expedir, despachar.
fa.cul.tad [fakult´ad] *sf* Faculdade: a) capacidade, aptidão. b) direito, poder. c) curso superior, carreira.
fa.cul.tar [fakult´ar] *vt* Facultar, permitir, conceder.
fa.cul.ta.ti.vo, -a [fakultat´ibo] *adj* **1** Facultativo, opcional. **2** Especializado, técnico. • *sm* Médico.
fa.cun.do [fak´undo] *adj* Facundo, eloquente. *da gusto oírlo hablar; es muy*

fado 172 **familiarizar**

facundo / dá gosto ouvi-lo falar; é muito eloquente.

fa.do [fˊado] *sm Mús* Fado.

fa.e.na [faˊena] *sf* **1** Faina, afã, trabalho, afazeres. **2** *fig* Pisada na bola, mancada, jogada.

fa.got [fagˊot] *sm Mús* Fagote.

fa.go.tis.ta [fagotˊista] *s Mús* Fagotista.

fai.sán [faisˊan] *sm Zool* Faisão. *comí faisán en la boda de mi prima* / comi faisão no casamento de minha prima.

fa.ja [fˊaha] *sf* **1** Faixa. **2** Cinta, tira, fita.

fa.jo [fˊaho] *sm* **1** Feixe, pilha. **2** Faxina.

fa.la.cia [falˊaθja] *sf* Falácia, mentira.

fa.lan.ge [falˊan:he] *sf* **1** *Anat* Falange. **2** *Mil* Tropa.

fa.laz [falˊaθ] *adj* Falaz, mentiroso, falso.

fal.da [fˊalda] *sf* **1** Saia. *¿no te parece muy corta esa falda?* / você não acha essa saia muito curta? **2** Aba (de chapéu). **3** Falda, fralda, sopé. **4** Fraldinha, acém. **5** Regaço, colo.

fal.de.ro, -a [faldˊero] *adj+sm* Mulherengo. *con ese novio faldero está frita* / com esse namorado mulherengo, ela está frita.

fa.len.cia [falˊenθja] *sf* **1** *Com* Falência, quebra. **2** Erro, engano.

fa.li.ble [falˊible] *adj* Falível. *como cualquier ser humano, soy falible* / como qualquer ser humano, sou falível.

fá.li.co, -a [fˊaliko] *adj* Fálico. *esa es la fase fálica* / essa é a fase fálica.

fa.lla [fˊaλa] *sf* **1** Falha, defeito. **2** Falta, erro. **3** *Geol* Fenda.

fa.llar [faλˊar] *vt+vi* **1** *Der* Dar sentença. **2** Falhar. **3** Errar.

fa.lle.ba [faλˊeba] *sf* Tranca, aldraba. *no quiero que saquen esa falleba antígua de la puerta* / não quero que tirem essa tranca antiga da porta.

fa.lle.cer [faλeθˊer] *vi* Falecer, morrer. → crecer.

fa.lle.ci.do [faλeθˊido] *adj+sm* Falecido.

fa.lle.ci.mien.to [faλeθimˊjento] *sm* Falecimento, morte, óbito. *comunicaron el fallecimiento del director* / comunicaram o falecimento do diretor.

fa.lli.do, -a [faλˊido] *adj* **1** Falido. **2** Fracassado, frustrado.

fa.llo [fˊaλo] *sm* **1** *Der* Sentença, decisão. **2** Falha, falta, deficiência. **3** Erro.

fa.lo [fˊalo] *sm Anat* Falo, pênis.

fal.sa.rio, -a [falsˊarjo] *adj+s* **1** Falsário, falsificador. **2** Mentiroso, falso.

fal.se.ar [falseˊar] *vt* **1** Falsear, falsificar, adulterar. *vi* **2** Enfraquecer.

fal.se.dad [falsedˊad] *sf* Falsidade. *¡cuánta falsedad!* / quanta falsidade!

fal.se.te [falsˊete] *sm Mús* Falsete.

fal.si.fi.ca.ción [falsifikaθˊjon] *sf* Falsificação, adulteração, fraude.

fal.si.fi.car [falsifikˊar] *vt* Falsificar, adulterar, falsear, alterar. → atacar.

fal.so, -a [fˊalso] *adj* **1** Falso, fingido, dissimulado, mentiroso. **2** Adulterado. **3** Artificial.

fal.ta [fˊalta] *sf* **1** Falta, falha. **2** Ausência. **3** Escassez, carência, insuficiência, deficiência. **echar en falta** sentir falta. **hacer falta** fazer falta, ser necessário. **hacer tanta falta como los perros en misa** ser desnecessário, atrapalhar.

fal.tar [faltˊar] *vi* **1** Faltar. **2** Falhar. **3** Acabar, consumir-se. **4** Não comparecer. **no faltaba / faltaría más:** a) não há de quê, de nada. b) era só o que faltava!

fal.to, -a [fˊalto] *adj* **1** Falto, desprovido, defeituoso, incompleto. **2** Escasso, carente.

fal.tri.que.ra [faltrikˊera] *sf* **1** Bolso. **2** Algibeira.

fa.ma [fˊama] *sf* **1** Fama, glória. **2** Prestígio, renome, notoriedade. **3** Reputação, imagem. **de fama** famoso.

fa.mé.li.co, -a [famˊeliko] *adj* **1** Famélico, esfomeado, faminto. **2** Raquítico, esquelético, magro. *¡pobre gatito famélico!* / coitadinho desse gatinho raquítico!

fa.mi.lia [famˊilja] *sf* **1** Família. **2** Linhagem, casta, estirpe. **3** Filhos, prole. **cargarse de familia** ter muitos filhos. *antes de los veinte años ya estaba cargada de familia* / antes dos vinte anos já estava cheia de filhos.

fa.mi.liar [familiˊar] *adj* Familiar, conhecido, comum. • *adj+s* Familiar, parente.

fa.mi.lia.ri.dad [familjaridˊad] *sf* Familiaridade, confiança.

fa.mi.lia.ri.zar [familjariθˊarse] *vt+vpr* Familiarizar(-se), adaptar(-se). → alzar.

fa.mo.so, -a [fam′oso] *adj+s* Famoso, célebre, conhecido, ilustre, renomado.

fan [f′an] *s* Fã, admirador, entusiasta.

fa.ná.ti.co, -a [fan′atiko] *adj+s* **1** Fanático. **2** Entusiasta.

fan.fa.rria [fanf′aɾja] *sf* **1** *Mús* Fanfarra. **2** *fam* Fanfarrice, fanfarronice.

fan.fa.rrón, -a [fanfaɾ′on] *adj+s* Fanfarrão. *no le creas, que es un fanfarrón* / não acredite nele, que é um fanfarrão.

fan.fa.rro.ne.ar [fanfaɾone′ar] *vi* Fanfarronar, fanfarrear, gabar-se.

fan.fa.rro.ne.rí.a [fanfaɾoneɾ′ia] *sf* Fanfarrice, fanfarronice.

fan.go [f′ango] *sm* **1** Lama, barro, lodo. **2** Desonra, desabono, descrédito. *¿quién podría decir que se hundiría en el fango?* / quem poderia dizer que cairia na desonra?

fan.go.so, -a [fang′oso] *adj* Lamacento, lodoso, pantanoso.

fan.ta.se.ar [fantase′ar] *vt+vi* **1** Fantasiar, inventar, imaginar. **2** Devanear, divagar.

fan.ta.sí.a [fantas′ia] *sf* **1** Fantasia, imaginação. **2** *fam* Presunção, arrogância. **3** Ficção.

fan.ta.sio.so, -a [fantas′joso] *adj+s* Fantasioso, imaginativo. • *adj* Presunçoso.

fan.tas.ma [fant′asma] *sm* **1** Fantasma, espectro, visão. **2** Ameaça.

fan.tás.ti.co, -a [fant′astiko] *adj* **1** Fantástico, imaginário. **2** Excelente, incrível, sensacional, maravilhoso, extraordinário. **3** Presunçoso, metido.

fan.to.che [fant′otʃe] *sm* Fantoche, marionete.

fa.quir [fak′ir] *sm* Faquir.

fa.ra.ma.lla [faram′aʎa] *sm* **1** Blá-blá-blá, conversa fiada. **2** *fam* Blefe, jactância.

fa.ra.ón [faɾa′on] *sm* Faraó. *me vesti de faraón en el carnaval de la escuela* / eu me vesti de faraó no carnaval da escola.

far.do [f′ardo] *sm* Fardo, pacote, trouxa.

far.fu.llar [farfuʎ′ar] *vt* **1** *fam* Gaguejar, balbuciar, atropelar as palavras. **2** Atabalhoar(-se), atropelar-se, atrapalhar-se.

fa.rin.ge [faɾ′in:he] *sf Anat* Faringe. *le sacaron un tumor de la faringe* / tiraram-lhe um tumor da faringe.

fa.ri.seo, -a [faɾis′eo] *s* Fariseu.

far.ma.céu.ti.co, -a [farmaθ′ewtiko] *adj+s* Farmacêutico.

far.ma.cia [farm′aθja] *sf* Farmácia. **farmacia de turno/de guardia** farmácia de plantão.

fár.ma.co [f′armako] *sm* Fármaco, remédio, medicamento.

fa.ro [f′aro] *sm* Farol. *sin luna, la única luz era la del faro* / sem lua, a única luz era a do farol.

No sentido de "olfato", em espanhol usa-se **olfato, olor**.

fa.rol [far′ol] *sm* **1** Farol, lanterna. **2** *fig* Blefe. **echar faroles** blefar. *en el juego gana quien sabe echar faroles* / no jogo, ganha quem sabe blefar.

fa.ro.le.ro, -a [faɾol′eɾo] *s* Lanterneiro. • *adj* Exibido, convencido.

fa.rra [f′aɾa] *sf* Farra, brincadeira, diversão.

fa.rre.ar [faɾe′ar] *vi* Farrear, divertir-se.

fa.rris.ta [faɾ′ista] *adj+s AL* Farrista.

far.sa [f′arsa] *sf Teat* Farsa: a) comédia. b) engodo, trapaça, embuste. *todo eso no pasa de una farsa* / tudo isso não passa de uma farsa.

fas.cí.cu.lo [fasθ′ikulo] *sm* Fascículo: a) *Anat* feixe de fibras nervosas. b) caderno, número (publicação).

fas.ci.na.ción [fasθinaθ′jon] *sf* **1** Fascinação, encantamento, atração. **2** Alucinação. **3** Mau-olhado.

fas.ci.na.do [fasθin′ado] *adj* Fascinado. *últimamente anda fascinado por esa rubia* / ultimamente anda fascinado por essa loira.

fas.ci.na.dor [fasθinad′or] *adj* Fascinador.

fas.ci.nan.te [fasθin′ante] *adj* Fascinante, deslumbrante.

fas.ci.nar [fasθin′ar] *vt* **1** Fascinar, deslumbrar, encantar. **2** Pôr mau-olhado.

fa.se [f′ase] *sf* Fase, ciclo, etapa, estágio. *no podría pasar por una fase tan difícil sin tu ayuda* / não poderia superar uma fase tão difícil sem sua ajuda.

fas.ti.diar [fastid′jar] *vt* **1** Fastidiar, aborrecer, enfastiar, enfadar, chatear, aporrinhar. *me estás fastidiando con ese asunto* / você está me aporrinhando com esse assunto. *vpr* **2** Aguentar, resignar-se.

fas.ti.dio [fast´idjo] *sm* **1** Fastio, tédio, aborrecimento, chatice, amolação. **2** Enjoo.

fas.ti.dio.so, -a [fastid´joso] *adj* Fastidioso, chato, cansativo, tedioso, enfadonho. *¡qué programa fastidioso!* / que programa chato!

fas.tuo.si.dad [fastwosid´ad] *sf* Fausto, ostentação, pompa, suntuosidade.

fas.tuo.so, -a [fastw´oso] *adj* Faustoso, pomposo, luxuoso, suntuoso, opulento.

fa.tal [fat´al] *adj* **1** Fatal, inevitável. **2** Desgraçado, infeliz. **3** Fatídico. **4** Terrível, péssimo. *estuvo fatal en la ceremonia* / esteve péssimo na cerimônia.

Fatal não é muito usado como "mortal".

fa.ta.li.dad [fatalid´ad] *sf* **1** Fatalidade, fado, destino. **2** Infortúnio, infelicidade, desgraça.

fa.tí.di.co, -a [fat´idiko] *adj* **1** Fatídico. **2** Funesto, sinistro.

fa.ti.ga [fat´iga] *sf* **1** Fadiga, cansaço, esgotamento. **2** Sofrimento. **3 fatigas** *pl* Enjoo, ânsia.

fa.ti.ga.do [fatig´ado] *adj* Fatigado, cansado.

fa.ti.gan.te [fatig´ante] *adj* Fatigante. *tuve un día muy fatigante* / tive um dia muito fatigante.

fa.ti.gar [fatig´ar] *vt+vpr* **1** Fatigar, cansar. **2** Encher, incomodar, amolar. *te pido: hoy no me fatigues* / peço-lhe: hoje, não me amole.

fa.ti.go.so, -a [fatig´oso] *adj* Fatigante, cansativo.

fa.tuo, -a [f´atwo] *adj+s* Fátuo.

fau.na [f´auna] *sf* Fauna. *mi maestra me pidió un trabajo sobre la fauna de África* / minha professora me pediu um trabalho sobre a fauna da África.

faus.to [f´austo] *sm* Fausto, luxo, pompa. • *adj* Fausto, feliz, afortunado.

fa.ve.la [fab´ela] *sf* Barraco. *vive en esa favela cayéndose a los pedazos* / mora nesse barraco caindo aos pedaços.

Favela refere-se ao barraco que é construído em favelas, mas não ao seu conjunto.

fa.vor [fab´or] *sm* **1** Favor, ajuda. **2 favores** *sm pl* relações amorosas. **hacerle un favor (a alguien)** transar ocasionalmente, praticar sexo casual.

fa.vo.ra.ble [fabor´able] *adj* Favorável, propício.

fa.vo.re.cer [faboreθ´er] *vt* **1** Favorecer, ajudar. **2** Melhorar, fazer melhorias. → crecer.

fa.vo.re.ci.do [faboreθ´ido] *adj* Favorecido.

fa.vo.ri.tis.mo [faborit´ismo] *sm* Favoritismo, preferência.

fa.vo.ri.to, -a [fabor´ito] *adj+s* Favorito, preferido, predileto.

fax [faks] *sm* Fax. *¿cuál es el número de tu fax?* / qual é o número do seu fax?

faz [f´aθ] *sf* **1** Face, rosto. **2** Superfície. *Pl: faces*.

fe [f´e] *sf* Fé. *ya no tengo más fe en el amor* / já não tenho mais fé no amor.

fe.al.dad [feald´ad] *sf* **1** Fealdade, feiura. **2** Desonestidade.

fe.bre.ro [febr´ero] *sm* Fevereiro. *hoy es martes, 12 de febrero* / hoje é terça-feira, 12 de fevereiro.

fe.cal [fek´al] *adj* Fecal.

fe.cha [f´etʃa] *sf* Data. *no se olviden de poner la fecha antes de entregar los trabajos* / não se esqueçam de pôr a data antes de entregar os trabalhos.

fe.cho.rí.a [fetʃor´ia] *sf* **1** Maldade, ruindade. **2** Travessura, traquinagem.

fé.cu.la [f´ekula] *sf* Fécula, amido. *¿ya probaste esa receta con fécula de arroz?* / você já experimentou essa receita com fécula de arroz?

fe.cun.da.ción [fekundaθj´on] *sf* Fecundação.

fe.cun.dar [fekund´ar] *vt* Fecundar.

fe.cun.di.zar [fekundiθ´ar] *vt* Fecundar.

fe.cun.do, -a [fek´undo] *adj* **1** Fecundo, fértil. **2** Produtivo, abundante.

fe.de.ra.ción [federaθj´on] *sf* Federação, liga, coligação, associação.

fe.de.ral [feder´al] *adj* Federal, federativo. *el gobierno federal se pronunció* / o governo federal pronunciou-se.

fe.la.ción [felaθj´on] *sf* Felação.

fe.li.ci.dad [feliθid´ad] *sf* Felicidade. *¡cuánta felicidad!* / quanta felicidade!

fe.li.ci.ta.ción [feliθitaθ´jon] *sf* Felicitação, saudação, parabéns.

fe.li.ci.tar [feliθit´ar] *vt+vpr* **1** Felicitar, cumprimentar, saudar. *no te olvides de felicitar tu jefe por su cumpleaños* / não se esqueça de cumprimentar seu chefe pelo aniversário dele. *vt* **2** Parabenizar.

fe.li.gres, -esa [feligr´es] *s* Paroquiano.

fe.li.no, -a [fel´ino] *adj+s* Felino.

fe.liz [fel´iθ] *adj* **1** Feliz, contente. **2** Oportuno, acertado.

fe.lo.ní.a [felon´ia] *sf* Felonia, traição, deslealdade.

fel.pa [f´elpa] *sf* **1** Felpa, pelúcia. **2** *fam* Surra.

fel.pu.do, -a [felp´udo] *adj* Felpudo. • *sm* Capacho. *límpiense los pies en el felpudo, por favor* / limpem os pés no capacho, por favor.

fe.me.ni.no, -a [femen´ino] *adj* Feminino. *casa es un sustantivo femenino* / casa é um substantivo feminino.

fe.mi.nei.dad [femineid´ad] *sf* Feminilidade.

fe.mi.ni.dad [feminid´ad] *sf* Fcminilidade. *ella transpira feminidad* / ela transpira feminilidade.

fe.mi.nis.mo [femin´ismo] *sm* Feminismo.

fé.mur [f´emur] *sm Anat* Fêmur. *ella se ha fracturado el fémur* / ela fraturou o fêmur.

fe.ne.cer [feneθ´er] *vi* **1** Fenecer, extinguir, acabar. **2** Falecer, morrer. → crecer.

fe.ne.ci.mien.to [feneθimj´ento] *sm* Fenecimento.

fe.nó.me.no [fen´omeno] *sm* Fenômeno. • *adj fam* Fenomenal, maravilhoso.

feo, -a [f´eo] *adj* **1** Feio. **2** Ruim. *ese pescado tiene olor feo, lo voy a tirar a la basura* / esse peixe está com cheiro ruim, vou jogá-lo no lixo.

fé.re.tro [f´eretro] *sm* Féretro, caixão.

fe.ria [f´erja] *sf* **1** Feira, mercado. **2** Festival. **3** Férias, descanso.

fer.men.tar [ferment´ar] *vt+vi* **1** Fermentar. *vt* **2** Agitar, excitar.

fer.men.to [ferm´ento] *sm* Fermento, levedura.

fe.ro.ci.dad [feroθid´ad] *sf* **1** Ferocidade. **2** Barbaridade, crueldade.

fe.roz [fer´oθ] *adj* **1** Feroz, selvagem. **2** Brutal, cruel, agressivo. **3** Enorme, muito intenso. *hizo un frío feroz anoche* / ontem à noite fez um frio muito intenso.

fé.rre.o, -a [f´ereo] *adj* **1** Férreo. **2** Duro, tenaz.

fe.rre.te.rí.a [fereter´ia] *sf* Ferragaria, ferraria, serralheria.

fe.rro.ca.rril [ferokar´il] *sm* Estrada de ferro, ferrovia.

fe.rro.ca.rri.le.ro [ferokaril´ero] *adj+sm* Ferroviário. *es una familia de ferrocarrileros* / é uma família de ferroviários.

fe.rro.via.rio, -a [ferob´jarjo] *adj+s* Ferroviário.

fe.rru.gi.no.so [ferugin´oso] *adj* Ferruginoso.

fér.til [f´ertil] *adj* **1** Fértil, fecundo. **2** Abundante, produtivo.

fer.ti.li.zan.te [fertiliθ´ante] *adj+sm* Fertilizante.

fer.ti.li.zar [fertiliθ´ar] *vt* Fertilizar, adubar.

fer.vien.te [ferb´jente] *adj* Ardente, fervoroso. *vivo una pasión ferviente* / vivo uma paixão ardente.

fer.vor [ferb´or] *sm* **1** Fervor, entusiasmo. **2** Calor intenso. *no aguanto a ese fervor* / não aguento esse calor intenso.

fer.vo.ro.so [ferbor´oso] *adj* Fervoroso.

fes.te.jar [festeh´ar] *vt* **1** Festejar, celebrar, comemorar. **2** Galantear, cortejar.

fes.te.jo [fest´eho] *sm* **1** Festejo, celebração, comemoração. **2** Galanteio.

fes.tín [fest´in] *sm* Festim, banquete.

fes.ti.vi.dad [festibid´ad] *sf* **1** Festividade. **2** Feriado.

fes.ti.vo, -a [fest´ibo] *adj* **1** Festivo. **2** Divertido, animado. • *sm* Feriado.

fe.tal [fet´al] *adj* Fetal. *el nene está en sufrimiento fetal* / o bebê está em sofrimento fetal.

fe.ti.che [fet´itʃe] *sm* **1** Fetiche. **2** Amuleto, talismã.

fe.ti.chis.mo [fetitʃ´ismo] *sm* **1** *Psicol* Fetichismo. **2** Idolatria.

fe.ti.dez [fetid´eθ] *sf* Fetidez, fedor, mau cheiro.

fé.ti.do, -a [f´etido] *adj* Fétido, fedorento, fedido, malcheiroso.

fe.to [fˈeto] *sm* **1** Feto, embrião. **2** *fam* Pessoa muito feia. *ella es tan linda, y él es un feto* / ela é tão bonita, e ele tão feio.

feu.dal [feudˈal] *adj* Feudal.

feu.do [fˈeudo] *sm* Feudo.

fia.ble [fiˈable] *adj* Confiável, fidedigno. *quédese tranquilo, él es un hombre fiable* / fique tranquilo, ele é um homem confiável.

fia.do, -a [fiˈado] *adj* **1** Fiado, confiado. **2** Fiado, comprado ou vendido a crédito.

fia.dor, -a [fiadˈor] *sm* **1** Fiador, avalista. **2** Ferrolho, trinco.

fiam.bre [fjˈambre] *sm* **1** Frios em geral. **2** *Méx* Prato típico mexicano à base de carne e picles. **3** *fam* Cadáver, presunto.

fiam.bre.ra [fjambrˈera] *sf* **1** Marmita. *por muchos años llevé fiambrera al trabajo* / por muitos anos levei marmita para o trabalho. **2** Porta-frios.

fian.za [fiˈanθa] *sf* **1** Fiança, garantia. **2** Penhor.

fiar [fiˈar] *vt* **1** Afiançar. **2** Fiar, vender fiado, a crédito. *vi* **3** Confiar. *no sé si me puedo fiar de eso* / não sei se posso confiar nisso. → confiar.
No sentido de "fiar, fazer o fio", usa-se o verbo **hilar**.

fias.co [fiˈasko] *sm* Fiasco, fracasso, decepção.

fi.bra [fˈibra] *sf* **1** Fibra. **2** Vigor, energia.

fi.bro.so, -a [fibrˈoso] *adj* Fibroso. *¡qué durazno más fibroso!* / que pêssego mais fibroso!

fic.ción [fikθˈjon] *sf* Ficção. *¿te gustan las películas de ficción científica?* / você gosta de filmes de ficção científica?

fi.cha [fˈitʃa] *sf* Ficha. *yo juego con las fichas rojas* / eu jogo com as fichas vermelhas.

fi.char [fitʃˈar] *vt* Fichar, registrar.

fi.che.ro [fitʃˈero] *sm* Fichário, arquivo. *mañana no me puedo olvidar de poner esas carpetas en el fichero* / amanhã não posso esquecer de pôr essas pastas no arquivo.

fic.ti.cio, -a [fiktˈiθjo] *adj* Fictício, imaginário, falso.

fi.de.dig.no, -a [fidedˈigno] *adj* Fidedigno.

fi.de.li.dad [fidelidˈad] *sf* **1** Fidelidade, lealdade. **2** Exatidão. *supo reproduzirlo con fidelidad* / soube reproduzi-lo com exatidão.

fi.de.o [fidˈeo] *sm* **1** Macarrão. **2** *fig* Palito, pessoa muito magra.

fi.du.cia.rio [fiduθjˈarjo] *sm Der* Fiduciário.

fie.bre [fjˈebre] *sf Med* Febre.

fiel [fjˈel] *adj* **1** Fiel, leal. **2** Exato, preciso. • *sm* Fiel: a) crente. b) ponteiro da balança.

fiel.tro [fjˈeltro] *sm* Feltro. *¿qué te parece si ponemos unas flores de fieltro acá?* / o que você acha de colocarmos umas flores de feltro aqui?

fie.ra [fjˈera] *sf* **1** Fera, bicho, animal selvagem. **2** *fig* Bruto, selvagem.

fie.ro, -a [fjˈero] *adj* **1** Feroz, selvagem. **2** Terrível, horroroso. **3** Feio.

fie.rro [fjˈero] *sm* Ferro de marcar gado. O elemento químico "ferro" é **hierro**.

fies.ta [fjˈesta] *sf* Festa, comemoração. **aguar la fiesta** estragar a festa. **fiesta de pólvora** fogo de palha.

fies.te.ro [fjestˈero] *adj+sm* Festeiro.

fi.gu.ra [figˈura] *sf* **1** Figura. **2** Forma, silhueta. **3** Aspecto, aparência, porte.

fi.gu.ra.ción [figuraθˈjon] *sf* **1** Imaginação, especulação, suposição. **2** *Cin, Telev Teat* Figuração, ponta.

fi.gu.ra.do, -a [figurˈado] *adj* Figurado, simbólico.

fi.gu.ran.te [figurˈante] *s Cin, Telev, Teat* Figurante.

fi.gu.rar [figurˈar] *vt* **1** Aparentar, fingir. *vi* **2** Destacar-se, brilhar. *vpr* **3** Imaginar, fantasiar. *se figuraba una boda elegante* / imaginava para si um casamento elegante.

fi.gu.rín [figurˈin] *sm* **1** Figurino, modelo, molde. **2** Dândi, almofadinha, mauricinho. *sólo la vemos andando con figurines ahora* / agora só a vemos andando com mauricinhos.

fi.gu.ri.ta [figurˈita] *sf* Figurinha, cromo.

fi.ja.ción [fihaθˈjon] *sf* Fixação. *tengo que estudiar una manera de fijación para ese anaquel* / tenho de estudar um modo de fixação para essa prateleira.

fi.ja.dor, -a [fihad´or] *s* Fixador.

fi.jar [fih´ar] *vt* **1** Fixar, pregar, colar, prender. **2** Determinar, definir. *vpr* **3** Reparar, notar, prestar atenção.

fi.jo, -a [f´iho] *adj* Fixo, firme, fixado. **de fijo** sem dúvida. *llega a las ocho en punto, de fijo* / chega às oito em ponto, sem dúvida.

fi.la [f´ila] *sf* Fila, fileira.

fi.la.men.to [filam´ento] *sm* Filamento, fibra.

fi.lan.tro.pí.a [filantrop´ia] *sf* Filantropia. *el hombre practica la filantropía* / o homem pratica a filantropia.

fi.lan.tró.pi.co [filantr´opiko] *adj* Filantrópico.

fi.lar.mó.ni.co, -a [filarm´oniko] *adj Mús* Filarmônico, musical. • *sf fam* Harmônica, gaita.

fi.la.te.lia [filatel´ia] *sf* Filatelia. *en los fines de semana sólo piensa en la filatelia* / nos fins de semana só pensa na filatelia.

fi.la.té.li.co, -a [filat´eliko] *adj* Filatélico. • *sm* Filatelista.

fi.la.te.lis.ta [filatel´ista] *s* Filatelista.

fi.le.te [fil´ete] *sm* **1** Filé, bife. **2** Filete, friso.

fil.fa [f´ilfa] *sf fam* Boato, fofoca, mentira, diz que diz, falatório. *no te cuento la filfa que me contaron ayer* / nem te conto a fofoca que me contaram ontem.

fi.lia.ción [filjaθ´jon] *sf* Filiação, parentesco, identidade.

fi.lial [fili´al] *adj* Filial. • *adj+sf* Filial, sucursal.

film [f´ilm] *sm* **1** Filme. **2** Película. *ese film lo retiras antes de usar* / essa película você retira antes de usar.

fil.mar [film´ar] *vt* Filmar, gravar, rodar.

fil.me [f´ilme] *sm* Filme. *sábado vamos a ver un filme en la tele* / sábado vamos ver um filme na TV.

fi.lo [f´ilo] *sm* Fio, gume, corte. **al filo de** à beira de. **darse un filo a la lengua** afiar a língua.

fi.lo.lo.gí.a [filoloh´ia] *sf* Filologia.

fi.lón [fil´on] *sm* Filão. *quiero aprovechar ese filón* / quero aproveitar esse filão.

fi.lo.so.fí.a [filosof´ia] *sf* Filosofia.

fi.lo.só.fi.co, -a [filos´ofiko] *adj* Filosófico. *¡cómo estás filosófico hoy!* / como você está filosófico hoje!

fi.ló.so.fo, -a [fil´osofo] *s* Filósofo.

fil.tra.ción [filtraθj´on] *sf* **1** Filtração. **2** Infiltração.

fil.trar [filtr´ar] *vt* **1** Filtrar, coar. *vi* **2** Infiltrar, penetrar. *vt+vpr* **3** Vazar (informações).

fil.tro [f´iltro] *sm* Filtro.

fin [f´in] *sm* **1** Fim, final. **2** Limite, extremo. **al fin** afinal.

fi.na.do, -a [fin´ado] *s* Finado, defunto, morto.

fi.nal [fin´al] *adj* Final. • *sm* Fim, término, desfecho.

fi.na.li.dad [finalid´ad] *sf* Finalidade, propósito, objetivo.

fi.na.li.zar [finaliθ´ar] *vt* Finalizar, concluir, ultimar, terminar, findar, acabar. → alzar.

fi.nal.men.te [finalm´ente] *adv* Finalmente, enfim.

fi.nan.cia.ción [finanθjaθ´jon] *sf* Financiamento.

fi.nan.ciar [finanθ´jar] *vt* Financiar, custear.

fi.nan.cie.ro, -a [finanθ´jero] *adj* Financeiro, econômico. • *s* Financista, economista.

fi.nan.cis.ta [finanθ´ista] *s AL* Investidor, financiador. *si encontramos un financista, salimos del agujero* / se encontrarmos um investidor, sairemos do buraco.

fi.nan.zas [fin´anθas] *sf pl* **1** Finanças. **2** Bens, capital.

fin.ca [f´inka] *sf* Sítio, casa de campo, propriedade rural.

fi.ne.za [fin´eθa] *sf* Fineza, delicadeza.

fin.gi.do, -a [fin:hid´o] *adj* **1** Fingido, simulado. **2** Aparente, fictício. **3** Falso, dissimulado.

fin.gi.mien.to [fin:him´jento] *sm* Fingimento, simulação, falsidade.

fin.gir [fin:hir] *vt+vpr* Fingir, simular. → exigir.

fi.ni.qui.ta.do [finikit´ado] *adj* Quitado. *por fin, todas mis deudas fueron finiquitadas* / finalmente, todas as minhas dívidas foram quitadas.

fi.ni.qui.tar [finikit´ar] *vt* **1** *Com* Quitar, saldar. **2** *fam* Acabar, concluir, rematar.

fi.ni.qui.to [finik´ito] *sm Com* Quitação.

fi.no, -a [f´ino] *adj* **1** Fino, delgado. **2** Distinto, elegante. *es una mujer muy fina* / é uma mulher muito elegante. **3** Delicado, refinado. **4** Astuto, sagaz. *no te preocupes con él, que de fino no tiene nada* / não se preocupe com ele, que de astuto não tem nada.

fi.nu.ra [fin´ura] *sf* **1** Fineza, delicadeza, finura, elegância. **2** Astúcia, sagacidade.

fir.ma [f´irma] *sf* Firma, assinatura. **dar firma en blanco** dar carta branca. Veja nota em **asignatura**.

fir.man.te [firm´ante] *adj+s* Assinante, firmante, subscritor.

fir.mar [firm´ar] *vt* Assinar, firmar. **no estar para firmar** estar bêbado.

fir.me [f´irme] *adj* **1** Firme, fixo, estável, constante. **2** Duro. **de firme:** a) sem parar. b) com firmeza. c) violentamente.

fir.me.za [firm´eθa] *sf* **1** firmeza, estabilidade, solidez. **2** Rigidez, dureza.

fis.ca.li.zar [fiskaliθ´ar] *vt* Fiscalizar, supervisionar, inspecionar. → alzar.

fis.co [f´isko] *sm* Fisco, erário.

fis.gar [fisg´ar] *vt* **1** Fisgar, arpoar. **2** Cheirar. **3** Bisbilhotar, xeretar. → cargar.

fis.gón, -ona [fisg´on] *adj+s* Bisbilhoteiro, xereta, enxerido, curioso.

fis.go.ne.ar [fisgone´ar] *vt fam* Bisbilhotar, xeretar. *¿qué estas fisgoneando por acá?* / o que você está xeretando por aqui?

fí.si.co, -a [f´isiko] *adj* Físico, corporal, material. • *sm* **1** Físico, corpo. *sf* **2** Física (ciência).

fi.sio.lo.gí.a [fisjolohˈia] *sf* Fisiologia.

fi.sión [fis´jon] *sf Fís* Fissão.

fi.sio.te.ra.peu.ta [fisjoterap´euta] *s Med* Fisioterapeuta.

fi.sio.te.ra.pia [fisjoter´apia] *sf Med* Fisioterapia. *¿cuántas sesiones de fisioterapia tendré que hacer?* / quantas sessões de fisioterapia terei de fazer?

fi.so.no.mí.a [fisonom´ia] *sf* Fisionomia, feição. **2** Aspecto.

fi.sós.to.mo [fis´ostomo] *sm Ictiol* Bagre.

fi.su.ra [fis´ura] *sf* Fissura, rachadura, fenda.

fla.ci.dez [flaθid´eθ] *sf* Flacidez. *ni en seis meses podré terminar con esa flacidez de mi panza* / nem em seis meses vou conseguir acabar com essa flacidez da minha barriga.

flá.ci.do, -a [fl´aθido] *adj* Flácido, mole.

fla.co, -a [fl´ako] *adj+s* **1** Magro. *¿no te parece que ella está muy flaca?* / você não acha que ela está muito magra? **2** Fraco.

fla.cu.cho, -a [flak´utʃo] *adj+s fam* Magrelo, fracote.

fla.ge.la.ción [flahelaθj´on] *sf* Flagelação, castigo.

fla.ge.la.do [flahel´ado] *adj+sm* Flagelado, torturado. *el gobierno prometió ayuda a los flagelados* / o governo prometeu ajuda aos flagelados.

fla.ge.lar [flahel´ar] *vt+vpr* Flagelar, castigar.

fla.ge.lo [flah´elo] *sm* Flagelo, castigo.

fla.gran.te [flagr´ante] *adj* Flagrante, manifesto, evidente. *lo pillaron en flagrante* / foi pego em flagrante.

fla.ma [fl´ama] *sf* Flama, chama.

fla.men.co, -a [flam´enko] *adj* **1** Flamenco, flamengo. **2** Chulo, insolente. • *sm* **1** Dança flamenca. **2** *Ornit* Flamingo.

flan [fl´an] *sm* Flã, pudim. Veja nota em **pudim** (português).

flan.co [fl´anco] *sm* Flanco, lado, costado.

fla.que.ar [flake´ar] *vi* **1** Enfraquecer, fraquejar. **2** Decair.

fla.que.za [flak´eθa] *sf* Fraqueza, debilidade. **sacar fuerzas de flaqueza** fazer das tripas coração.

fla.to [fl´ato] *sm* Flato, flatulência.

flau.ta [fl´auta] *sf* **1** Flauta. **2** Baguete, bengala. **3** Flautista. **flauta travesera** flauta transversal.

flau.tis.ta [flawt´ista] *s Mús* Flautista.

fle.cha [fl´etʃa] *sf* Flecha, seta.

fle.char [fletʃ´ar] *vt* **1** Flechar, atirar flecha. **2** *fam* Apaixonar, encantar.

fle.cha.zo [fletʃ´aθo] *sm* **1** Flechada. **2** *fam* Amor à primeira vista.

fle.co [fl´eko] *sf* Franja. *no me gustan esos flecos en la cortina* / não gosto dessas franjas na cortina.

fle.ma [fl´ema] *sf* **1** *Biol* Fleuma. **2** Apatia, indolência, indiferença, pachorra.

fle.má.ti.co, -a [flem´atiko] *adj* Fleumático, sereno, calmo, impassível.

fle.qui.llo [flek´iʎo] *sm* Franja. *el flequillo ya me está tapando los ojos de tan largo* / a franja já está cobrindo meus olhos de tão comprida.

fle.ta.men.to [fletam´ento] *sm* Fretamento, frete.

fle.tar [flet´ar] *vt* Fretar, alugar.

fle.te [fl´ete] *sm* Frete. *comprar por la internet es fácil, pero el flete a veces es muy caro* / comprar pela internet é muito fácil, mas o frete às vezes é muito caro.

fle.xi.bi.li.dad [fle(k)sibilid´ad] *sf* Flexibilidade, maleabilidade.

fle.xi.bi.li.zar [fleksibiliθ´ar] *vt* Flexibilizar, contemporizar. → alzar.

fle.xi.ble [fle(k)s´ible] *adj* Flexível, maleável. *necesito un horario más flexible* / preciso de um horário mais flexível.

fle.xión [fle(k)s´jon] *sf* Flexão.

fle.xio.nar [fle(k)s´jonar] *vt* Flexionar, dobrar.

flir.te.ar [flirte´ar] *vi* Flertar, vergar, flectir.

flir.te.o [flirt´eo] *sm* Flerte, namorico. *están en ese flirteo hace dos semanas* / estão nesse flerte há duas semanas.

flo.je.ar [flohe´ar] *vi* Fraquejar, diminuir.

flo.je.ra [floh´era] *sf* **1** Fraqueza. **2** *fam* Moleza, leseira.

flo.jo, -a [fl´oho] *adj* **1** Frouxo, afrouxado, desapertado. **2** Fraco: a) sem forças. b) mole, frouxo, sem vigor, covarde.

flor [fl´or] *sf* **1** Flor. **2** Elite, nata. **3** Virgindade. **caer en flores** morrer cedo. **de flor en flor** de galho em galho. **de mi flor** excelente, magnífico. **echar flores** paquerar, flertar, cantar. **en flores** em branco, em jejum. **entenderle la flor (a alguien)** conhecer suas intenções. **ni flores** nada. **ser flor de un día** ser fogo de palha.

flo.ra [fl´ora] *sf Bot* Flora.

flo.re.a.do [flore´ado] *adj* Floreado, florido.

flo.re.ar [flore´ar] *vt* **1** Florear, adornar com flores. **2** *fam* Galantear. *vi* **3** *AL* Florir, florescer.

flo.re.cer [floreθ´er] *vi+vt* **1** Florescer, florir, desabrochar. *vi* **2** Prosperar, crescer. *vpr* **3** Embolorar, mofar. → crecer.

flo.re.cien.te [floreθj´ente] *adj* **1** Florescente, em flor. **2** Próspero.

flo.re.rí.a [florer´ia] *sf* Floricultura. *cuando salga del trabajo, pararé en una florería para comprarle unas rosas* / quando sair do trabalho, vou parar em uma floricultura para comprar-lhe umas rosas. Veja nota em **floricultura** (espanhol).

flo.re.ro, -a [flor´ero] *adj* Lisonjeiro. • *s* Florista. • *sm* Vaso de flores. *¡qué lástima! Se partió el florero que más me gustaba* / que pena! Quebrou o vaso de que eu mais gostava.

flo.res.ta [flor´esta] *sf* Floresta, selva, mata.

flo.ri.cul.tor, -a [florikult´or] *s* Floricultor.

flo.ri.cul.tu.ra [florikult´ura] *sf* Floricultura, jardinagem.

> No sentido de loja que vende flores, usa-se **florería**.

flo.ri.do, -a [flor´ido] *adj* **1** Florido. **2** Floreado, rebuscado.

flo.ta [fl´ota] *sf* Frota. *ya es momento de renovar la flota* / já é hora de renovar a frota.

flo.ta.dor [flotad´or] *adj* Flutuador, flutuante. • *sm* Boia. *¿no sabes nadar sin flotador?* / você não sabe nadar sem boia?

flo.tan.te [flot´ante] *adj* Flutuante, flutuador.

flo.tar [flot´ar] *vi* Flutuar, boiar. Veja nota em **boyar**.

fluc.tua.ción [fluktwaθ´jon] *sf* Flutuação, variação, oscilação.

fluc.tu.ar [fluktu´ar] *vi* **1** Flutuar, oscilar, variar. **2** Boiar. **3** Hesitar, vacilar. → atenuar.

> Em português, **flutuar** serve tanto para "boiar" como para "oscilar, variar, vacilar". Em espanhol, no primeiro caso usa-se mais **flotar**, e, no segundo, **fluctuar**. Veja outra nota em **boyar**.

flu.en.cia [flwenθ´ja] *sf* Fluência, fluidez.

flui.dez [flwid´eθ] *sf* Fluidez, fluência.

flui.do, -a [fl´wido] *adj+s* Fluido, substância líquida ou gasosa. • *adj* Fluente, fácil.

- *sm* Corrente elétrica. **fluidos elásticos** corpos gasosos.
fluir [flu´ir] *vi* Fluir, correr. → huir.
flu.jo [fl´uho] *sm* Fluxo, movimento, vazão, deslocamento. **flujo de palabras** enxurrada de palavras. **flujo de risa** ataque de riso. **flujo de vientre** disenteria, diarreia.
flú.or [fl´uor] *sm Quím* Flúor.
fluo.res.cen.cia [flwotesθ´enθja] *sf Fís* Fluorescência, luminescência.
fluo.res.cen.te [flwotesθ´ente] *adj Fís* Fluorescente. • *sm* Lâmpada de néon.
flu.vial [flubi´al] *adj* Fluvial. *no es permitida la navegación fluvial* / não é permitida a navegação fluvial.
fo.bia [f´obja] *sf Psicol* Fobia, pânico, pavor, aversão.
fo.ca [f´oka] *sf Zool* Foca.
fo.co [f´oko] *sm* Foco.
fo.fo, -a [f´ofo] *adj* Fofo, mole, esponjoso.
fo.ga.ta [fog´ata] *sf* Fogaréu, fogueira. *fue una fogata asustadora* / foi um fogaréu assustador.
fo.gón [fog´on] *sm* **1** Boca de fogão, queimador. **2** Fornalha. **3** *AL* Fogueira. A palavra que se usa para designar "fogão" (eletrodoméstico) é **cocina**.
fo.go.na.zo [fogon´aθo] *sm* Labareda, chama.
fo.go.si.dad [fogosid´ad] *sf* Fogosidade, impetuosidade, ardor, vivacidade.
fo.go.so, -a [fog´oso] *adj* Fogoso, ardente, impetuoso, ardoroso.
fol.clor [folkl´or] *sm* Folclore.
fol.cló.ri.co, -a [folkl´oriko] *adj* Folclórico.
fo.lí.a [fol´ia] *sf Mús* Folia.
fo.lio [f´oljo] *sm* Folha, fólio.
fo.lla.je [foλ´ahe] *sm* Folhagem. *¡qué bello follaje tiene ese árbol!* / que bela folhagem tem essa árvore! Veja nota em **abordaje**.
fo.llar [foλ´ar] *vt+vi vulg* Trepar, transar, foder.
fo.lle.tín [foλet´in] *sm* Folhetim, novela, gazetilha.
fo.lle.to [foλ´eto] *sm* Folheto, impresso, panfleto.

fo.llón [foλ´on] *adj* **1** Baderna, bagunça, folia. **2** Apuro, situação complicada.
fo.men.tar [foment´ar] *vt* Fomentar, alimentar, impulsionar, estimular, incentivar.
fo.men.to [fom´ento] *sm* Fomento, impulso, estímulo, incentivo.
fon.da [f´onda] *sf* **1** Hospedaria, estalagem, pensão. **2** *AL* Taberna.
fon.do [f´ondo] *sm* **1** Fundo, parte inferior. **2** *fig* Fundo, essência. **3** Profundidade. **4 fondos** *pl* Fundos, bens, dinheiro, verba.
fo.ne.ma [fon´ema] *sm Ling* Fonema.
fo.né.ti.ca [fon´etika] *sf Ling* Fonética.
fon.ta.ne.rí.a [fontaner´ia] *sf* Encanamento. *hay que cambiar toda la fontanería* / é preciso trocar todo o encanamento.
fon.ta.ne.ro [fontan´ero] *sm* Encanador.
fo.ra.ji.do, -a [forah´ido] *adj+s* Foragido.
fo.rá.ne.o, -a [for´aneo] *adj* Forâneo, forasteiro, estrangeiro, estranho.
fo.ras.te.ro, -a [forast´ero] *adj* Forasteiro, estrangeiro.
fo.ren.se [for´ense] *adj Der* Forense. • *s* Médico legista. *el forense ya dio el laudo* / o médico legista já deu o laudo.
fo.res.ta.ción [foresta θj´on] *sf* Reflorestamento.
fo.res.tal [forest´al] *adj* Florestal.
for.ja.do [forh´ado] *adj* Forjado.
for.jar [forh´ar] *vt* **1** Forjar. **2** Fingir, inventar.
for.ma [f´orma] *sf* **1** Forma, figura, feitio. **2** Aspecto, aparência. **3** Maneira, estilo, modo. *no me importa la forma como lo vas a hacer* / não me importa o modo como você vai fazer.
for.ma.ción [formaθ´jon] *sf* Formação, conformação.
for.mal [form´al] *adj* **1** Formal. **2** Sério, grave.
for.ma.li.dad [formalid´ad] *sf* Formalidade, cerimônia.
for.ma.li.zar [formaliθ´ar] *vt* **1** Formar, conformar, configurar. **2** Formalizar, oficializar, legalizar. → alzar.
for.mar [form´ar] *vt* **1** Formar, conformar, configurar. **2** Criar, educar. **formar parte** fazer parte.

for.ma.te.ar [format'ear] *vt Inform* Formatar.

for.ma.to [form'ato] *sm* Formato, forma, feitio.

for.mi.ca [f'ormika] *sf* Fórmica. *¿formica rosa? ¡Qué cosa más fea!* / fórmica rosa? Que coisa mais feia!

for.mi.da.ble [formid'able] *adj* Formidável, estupendo, magnífico, extraordinário.

for.món [form'on] *sm* Formão, talhadeira.

fór.mu.la [f'ormula] *sf* Fórmula. **por fórmula** *pro forma*.

for.mu.lar [formul'ar] *vt* **1** Formular. **2** Receitar. **3** Expressar, manifestar.

for.mu.la.rio, -a [formul'arjo] *s* Formulário, questionário.

for.ni.ca.ción [fornikaθj'on] *sf* Fornicação.

for.ni.car [fornik'ar] *vi+vt* Fornicar.

fo.ro [f'oro] *sm* **1** Fórum. **2** Foro.

fo.ro.fo, -a [for'ofo] *adj+s* Torcedor, fã. *¡los forofos se volvieron locos!* / os fãs enlouqueceram!

fo.rra.je [for'ahe] *sm* Forragem, pasto. Veja nota em **abordaje**.

fo.rrar [for̄'ar] *vt* **1** Forrar, revestir. *vpr* **2** *fam* Enriquecer. **3** *fam* Fartar-se.

fo.rro [f'or̄o] *sm* Forro, revestimento. **ni por el forro** de jeito nenhum. **ser un forro** ser um gato, ser muito bonito.

for.ta.le.cer [fortaleθ'er] *vt+vpr* Fortalecer, fortificar, robustecer, tonificar. → crecer.

for.ta.le.ci.do [fortaleθ'ido] *adj* Fortalecido.

for.ta.le.ci.mien.to [fortaleθimj'ento] *sm* Fortalecimento.

for.ta.le.za [fortal'eθa] *sf* **1** Força, vigor. **2** Fortaleza, fortificação, forte.

for.ti.fi.ca.ción [fortifikaθj'on] *sf* **1** Fortificação, fortalecimento. **2** Fortaleza, forte.

for.ti.fi.ca.do [fortifik'ado] *adj* Fortificado.

for.ti.fi.car [fortifik'ar] *vt* **1** Fortificar, fortalecer, reforçar. *vt+vpr* **2** Defender, fortalecer. → atacar.

for.tui.to, -a [fort'wito] *adj* Fortuito, casual, ocasional.

for.tu.na [fort'una] *sf* Fortuna, sorte, destino. **por fortuna** por sorte, afortunadamente. **soplar la fortuna (a alguien)** ser bafejado pela sorte.

for.za.do, -a [forθ'ado] *adj* Forçado.

for.zar [forθ'ar] *vt* Forçar, coagir, obrigar. → almorzar.

for.zo.so, -a [forθ'oso] *adj* Forçoso, necessário, obrigatório, forçado.

for.zu.do, -a [forθ'udo] *adj+s* Forçudo, forte, robusto.

fo.sa [f'osa] *sf* **1** Sepulcro, sepultura, cova. **2** Fossa, buraco, escavação. **3** Vala comum.

fos.fo.res.cen.cia [fosforesθ'enθja] *sf* Fosforescência, luminescência.

fos.fo.res.cen.te [fosforesθ'ente] *adj* Fosforescente, luminescente.

fós.fo.ro [f'osforo] *sm* **1** *Quím* Fósforo (metaloide e palito). **2** *fam* Inteligência, cérebro. **caja de fósforos** caixa de fósforos.

fó.sil [f'osil] *adj+sm* Fóssil.

fo.si.li.za.do [fosiliθ'ado] *adj* Fossilizado.

fo.si.li.zar [fosiliθ'ar] *vi+vpr* **1** Fossilizar. **2** *fam* Paralisar. → alzar.

fo.so [f'oso] *sm* **1** Fosso. **2** *Teat* Alçapão.

fo.to [f'oto] *sf* Foto, fotografia. *en algún lugar debo de tener guardada una foto 3x4* / em algum lugar devo ter guardada uma foto 3x4.

fo.to.co.pia [fotok'opja] *sf* Fotocópia, cópia, xerox.

fo.to.co.pia.do.ra [fotokopjad'ora] *sf* Fotocopiadora, copiadora.

fo.to.co.piar [fotokopj'ar] *vt* Fotocopiar, copiar, xerocar.

fo.to.gé.ni.co, -a [fotoh'eniko] *adj* Fotogênico. *no soy fotogénico* / não sou fotogênico.

fo.to.gra.fí.a [fotograf'ia] *sf* Fotografia, foto, retrato.

fo.to.gra.fiar [fotografj'ar] *vt* Fotografar, retratar. → confiar.

fo.tó.gra.fo, -a [fot'ografo] *s* Fotógrafo. *se formó fotógrafo en 1986* / formou-se fotógrafo em 1986.

fra.ca.sa.do, -a [frakas'ado] *adj+s* Fracassado, desprestigiado, acabado.

fra.ca.sar [frakas´ar] *vi* Fracassar.
fra.ca.so [frak´aso] *sm* **1** Fracasso, derrota. **2** *Med* Falência (órgãos).
frac.ción [frakθ´jon] *sf* Fração, parte, porção, parcela.
frac.cio.nar [frakθjon´ar] *vt+vpr* Fracionar, dividir, fragmentar, partir.
frac.tu.ra [frakt´ura] *sf* Fratura, ruptura. *fue muy seria la fractura. Quizá no volveré a andar* / a fratura foi muito séria. Talvez não voltarei a andar.
frac.tu.rar [fraktur´ar] *vt+vpr* Fraturar, quebrar.
fra.gan.cia [frag´anθja] *sf* Fragrância, aroma, perfume.
fra.gan.te [frag´ante] *adj* Fragrante, perfumado, cheiroso.
frá.gil [fr´ahil] *adj* Frágil, fraco, delicado.
fra.gi.li.dad [frahilid´ad] *sf* Fragilidade, delicadeza, fraqueza.
frag.men.tar [fragment´ar] *vt+vpr* Fragmentar.
frag.men.to [fragm´ento] *sm* Fragmento, parte, porção, segmento.
fra.gor [frag´or] *sm* Fragor, estrépito, estrondo, estouro.
fra.guar [fragw´ar] *vt* Forjar. → averiguar.
frai.le [fr´aile] *sm* Frade. *desde chico piensa ser fraile* / desde pequeno pensa em ser frade.
fram.bue.sa [framb´wesa] *sf Bot* Framboesa.
fran.cés, -esa [franθ´es] *adj+s* Francês.
fran.co, -a [fr´anko] *adj* Franco, sincero, claro.
fra.ne.la [fran´ela] *sf* Flanela.
fran.ja [fr´an:ha] *sf* Faixa, listra, galão. Para franja de cabelo, usa-se **flequillo**.
fran.que.ar [franke´ar] *vt* **1** Franquear, desimpedir. **2** Selar, timbrar.
fran.que.za [frank´eθa] *sf* **1** Franqueza, liberdade, isenção. **2** Sinceridade, confiança. **3** Liberalidade, generosidade.
fran.qui.cia [frank´iθja] *sf* Franquia, isenção.
fras.co [fr´asko] *sm* Frasco, recipiente, pote.

fra.se [fr´ase] *sf* Frase, oração, período. **gastar frases** falar sem objetividade, com rodeios.
fra.ter.nal [fratern´al] *adj* Fraternal, fraterno. *lo que él necesita ahora es cariño fraternal* / o que ele precisa agora é de carinho fraternal.
fra.ter.ni.dad [fraternid´ad] *sf* Fraternidade.
fra.ter.ni.zar [fraterniθ´ar] *vt* Fraternizar, confraternizar. → alzar.
fra.ter.no, -a [frat´erno] *adj* Fraterno. *nuestro amor es puramente fraterno* / nosso amor é puramente fraterno.
frau.dar [fraud´ar] *vt* Fraudar.
frau.de [fr´aude] *sf* Fraude, engano, tapeação, trapaça, trambique.
frau.du.len.to, -a [fraudul´ento] *adj* Fraudulento, falso.
fray [fr´ai] *sm* Frei, frade.
fra.za.da [fraθ´ada] *sf* Cobertor. *hoy hace mucho calor, no necesito frazada* / hoje está muito calor, não preciso de cobertor.
fre.cuen.cia [frek´wenθja] *sf* Frequência.
fre.cuen.tar [frekwent´ar] *vt* Frequentar. *mañana empiezo a frecuentar clases de cocina* / amanhã começo a frequentar aulas de culinária.
fre.cuen.te [frek´wente] *adj* Frequente, assíduo, usual, comum.
fre.cuen.te.men.te [frekwentem´ente] *adv* Frequentemente.
fre.ga.de.ro [fregad´ero] *sm* Pia de cozinha. *nunca el fregadero estuvo tan lleno* / nunca a pia da cozinha esteve tão cheia.
fre.gar [freg´ar] *vt* **1** Esfregar, friccionar. **2** Limpar, faxinar. *vt+vpr* **3** *AL fam* Chatear, incomodar, amolar. *desde ayer me está fregando con ese tema* / desde ontem está me amolando com esse assunto. → Veja modelo de conjugação.
fre.gón, -ona [freg´on] *s* Esfregão. *cuándo subas, ¿me traes la fregona?* / quando você subir, me traz o esfregão?
fre.ír [fre´ir] *vt+vi+vpr* **1** Fritar, frigir. *vt* **2** Crivar de balas, balear. **3** Atormentar. **mandar a freír espárragos** mandar plantar batatas, mandar catar coquinho. → reír.

fré.jol [fr´ehol] *sm Bot* Feijão. *Sin: frijol, habichuela, judía.*

fre.nar [fren´ar] *vt* **1** Frear, brecar. **2** Deter, bloquear. **3** Refrear, moderar, controlar.

fre.na.zo [fren´aθo] *sm* Freada, brecada. *ella dio un frenazo que se metió la cabeza en la luna* / ela deu uma brecada, que enfiou a cabeça no para-brisa.

fre.ne.sí [frenes´i] *sm* Frenesi, exaltação, paixão.

fre.né.ti.co, -a [fren´etiko] *adj* Frenético, desvairado, agitado, enlouquecido.

fre.no [fr´eno] *sm* **1** Freio, breque. **2** Obstáculo, impedimento.

fren.te [fr´ente] *sf* **1** *Anat* Testa. *sáquese el flequillo de la frente* / tire a franja da testa. **2** Semblante. **3** Frente, parte frontal. **4** Fachada. **con la frente alta** de cabeça erguida. **hacer frente** enfrentar.

fre.sa [fr´esa] *sf* **1** *Bot* Morango. **2** *Mec* Fresa, broca.

fres.ca.les [fresk´ales] *s inv fam* Sem-vergonha, descarado.

fres.co, -a [fr´esko] *adj* **1** Fresco, frio moderado. **2** Recente, atual. **3** Tenro, viçoso. **4** Refrescante, suave. **5** Tranquilo, sereno. • *adj+s fam* Sem-vergonha, descarado, atrevido. • *sm* **1** Afresco. **2** *Méx* Refresco.

fres.cor [fresk´or] *sm* Frescor, frescura, viço.

fres.cu.ra [fresk´ura] *sf* **1** Frescor. **2** Descaramento, cara de pau. **3** Descuido, negligência. **4** Serenidade, tranquilidade.

fri.al.dad [frjald´ad] *sf* **1** Frieza. **2** Frigidez. **3** Indiferença, desinteresse.

fric.ción [frikθ´jon] *sf* **1** Fricção, atrito. **2 fricciones** *pl* Desavença.

fric.cio.nar [frikθjon´ar] *vt* Friccionar, esfregar.

frie.ga [fr´jega] *sf* **1** Massagem por atrito, fricção. **2** *fam* Surra.

fri.gi.dez [frihid´eθ] *sf* **1** Frio. **2** Frigidez.

frí.gi.do, -a [fr´ihido] *adj* **1** Frio, gelado. **2** Frígido.

fri.go.rí.fi.co, -a [frigor´ifiko] *adj* Frigorífico.

fri.jol [frih´ol] *sm V fréjol.*

frí.o, -a [fr´io] *adj* **1** Frio, gelado. **2** Frígido. **3** Indiferente, insensível. • *sm* Frio. **quedarse frío** gelar, assustar-se.

frio.len.to [frjol´ento] *adj* Friorento.

fri.o.le.ra [frjol´era] *sf* Ninharia, quinquilharia. *¿se van a pelear por esa friolera?* / vão brigar por essa ninharia?

fri.o.le.ro, -a [frjol´ero] *adj* Friorento.

fri.so [fr´iso] *sm* **1** Friso, faixa, filete. **2** Rodapé.

fri.to, -a [fr´ito] *adj* Frito. **dejar (a alguien) frito** matar. **quedarse frito** adormecer. **tener a alguien frito** incomodar alguém. *mi hermano me tiene frito con tantas preguntas* / meu irmão me incomoda com tantas perguntas.

fri.tu.ra [frit´ura] *sf* **1** Fritura. **2** Fritada.

fri.vo.li.dad [fribolid´ad] *sf* Frivolidade, superficialidade, futilidade.

frí.vo.lo, -a [fr´ibolo] *adj+s* Frívolo, fútil, leviano, volúvel, inconstante.

fron.do.so, -a [frond´oso] *adj* Frondoso, copado.

fron.te.ra [front´era] *sf* **1** Fronteira. **2** Limite. **3** Fachada, frente. *están pintando la frontera de mi edificio* / estão pintando a fachada do meu edifício.

fron.te.ri.zo [fronter´iθo] *adj* Fronteriço, limítrofe.

fron.tis.pi.cio [frontisp´iθio] *sm* Frontispício.

fro.ta.mien.to [frotamj´ento] *sm* Atrito, fricção.

fro.tar [frot´ar] *vt+vpr* **1** Friccionar, esfregar, atritar.

fruc.tí.fe.ro, -a [frukt´ifero] *adj* **1** Frutífero. **2** Proveitoso, lucrativo, produtivo.

frui.ción [frwiθ´jon] *sf* Fruição, gozo, deleite, prazer.

frun.cir [frunθ´ir] *vt* **1** Franzir, preguear. **2** Enrugar. *¿por qué tienes la frente fruncida?* / por que você está com a testa enrugada? → zurcir.

frus.le.rí.a [frusler´ia] *sf* **1** Ninharia, bugiganga. **2** Tolice, bobagem.

frus.tra.ción [frustraθ´jon] *sf* Frustração, decepção, desapontamento. **2** Malogro.

frus.tra.do [frustr´ado] *adj* Frustrado.

frus.tran.te [frustr´ante] *adj* Frustrante. *es frustrante esperar algo de él* / é frustrante esperar algo dele.

frus.trar [frustr´ar] *vt+vpr* Frustrar, malograr, decepcionar.

fru.ta [fr´uta] *sf* **1** Fruta, fruto. **2** *fam* Produto, consequência. **fruta escarchada** fruta cristalizada.
fru.tal [frut´al] *adj* Frutífero.
fru.te.rí.a [fruter´ia] *sf* Frutaria, banca de frutas, quitanda.
fru.te.ro [frut´ero] *sm* Fruteira.
fru.ti.lla [fruti´iλa] *sf Bot AL* Morango. *no es época de frutilla* / não é época de morango.
fru.to [fr´uto] *sm* **1** *Bot* Fruto. **2** Produto, resultado.
fuc.sia [f´uksja] *adj* Fúcsia, cor-de-rosa forte. • *sf Bot* Fúcsia, brinco-de-princesa.
fue.go [f´wego] *sm* **1** Fogo, lume. **2** Queimador. **3** Incêndio. **4** Ardor, entusiasmo, paixão. **a fuego y hierro** a ferro e fogo.
fue.lle [f´weλe] *sm* **1** Fole, sanfona. **2** *fam* Fôlego. **3** *fam* Fofoqueiro, linguarudo.
fuen.te [f´wente] *sf* **1** Fonte, manancial. **2** Chafariz. **3** Travessa, terrina. *cuidado que la fuente está caliente* / cuidado que a travessa está quente.
fue.ra [f´wera] *adv* Fora, afora, além de.
fue.ro [f´wero] *sm Der* Foro, jurisdição.
fuer.te [f´werte] *adj* **1** Forte, resistente. **2** Enérgico. **3** Intenso. • *sm* Forte, fortaleza.
fuer.za [f´werθa] *sf* **1** Força, resistência. **2** Energia. **a fuerza de** graças a. **cobrar fuerza** recuperar-se, restabelecer-se.
fu.ga [f´uga] *sf* Fuga, escape, evasão, saída.
fu.ga.ci.dad [fugaθid´ad] *sf* Fugacidade, brevidade.
fu.gaz [fug´aθ] *adj* Fugaz, efêmero, passageiro, momentâneo.
fu.la.no, -a [ful´ano] *sm* **1** Fulano. **2** Amante. *sf* **3** Prostituta. *es una fulana, esa* / é uma prostituta.
fu.le.ro, -a [ful´ero] *adj* **1** Embusteiro, falso. **2** Tratante. **3** Reles, medíocre.
ful.gor [fulg´or] *sm* Fulgor, brilho, esplendor.
ful.gu.rar [fulgur´ar] *vi* **1** Fulgurar, brilhar, resplandecer. **2** Destacar-se. *fulgura entre los mejores* / destaca-se entre os melhores.

ful.mi.nan.te [fulmin´ante] *adj* Fulminante, súbito, instantâneo.
ful.mi.nar [fulmin´ar] *vt* Fulminar.
fu.ma.dor, -ora [fulmad´or] *adj+s* Fumante.
fu.mar [fum´ar] *vt+vi* **1** Fumar. *vpr* **2** *fam* Torrar, gastar, esbanjar.
fu.mi.ga.ción [fumigaθj´on] *sf* Fumigação, defumação.
fu.mi.ga.dor [fumigad´or] *sm* Fumigador, defumador.
fu.mi.gar [fumig´ar] *vt* Fumigar, defumar. → cargar.
fun.ción [funθ´jon] *sf* **1** Função, cargo. **2** Tarefa. **3** Sessão. *vamos en la función de las seis* / vamos à sessão das seis.
fun.cio.na.mien.to [funθjonam´jento] *sm* Funcionamento, atividade.
fun.cio.nar [funθjon´ar] *vt* Funcionar, trabalhar, estar em atividade.
fun.cio.na.rio, -a [funθjon´arjo] *s* Funcionário público. *es funcionario hace veintiseis años* / é funcionário público há vinte e seis anos.
fun.da [f´unda] *sf* **1** Capa, forro. **2** Fronha. *voy a cambiar la funda porque está manchada* / vou trocar a fronha porque está manchada.
fun.da.ción [fundaθj´on] *sf* **1** Fundação, instituição. **2** Princípio, estabelecimento.
fun.da.dor, -ora [fundad´or] *adj+s* Fundador.
fun.da.men.ta.do [fundament´ado] *adj* Fundamentado.
fun.da.men.tal [fundament´al] *adj* **1** Fundamental, básico, elementar. **2** Vital, necessário, imprescindível.
fun.da.men.tar [fundament´ar] *vt* **1** Fundamentar, fundar. **2** Sustentar, assegurar.
fun.da.men.to [fundam´ento] *sm* **1** Fundamento, alicerce. **2** Princípio, base.
fun.dar [fund´ar] *vt* **1** Fundar, estabelecer, constituir. **2** Inaugurar.
fun.di.ción [fundiθ´jon] *sf* Fundição.
fun.dir [fund´ir] *vt* **1** Fundir. **2** *AL* Arruinar-se.
fú.ne.bre [f´unebre] *adj* **1** Fúnebre. **2** Tétrico, lúgubre, triste.
fu.ne.ral [funer´al] *sm* Funeral. *fue un funeral muy largo y triste* / foi um funeral muito longo e triste.

fu.ne.ra.rio [funerˊarjo] *adj* Funerário. *tratamos todo con el agente funerario* / tratamos tudo com o agente funerário.

fu.nes.to, -a [funˊesto] *adj* Funesto, trágico, infeliz.

fu.ni.cu.lar [funikulˊar] *adj* Funicular, filamentoso.

fur.gón [furgˊon] *sm* **1** Furgão, caminhonete. **2** Vagão de carga.

fur.go.ne.ta [furgonˊeta] *sf* Caminhonete, perua.

fu.ria [fˊurja] *sf* Fúria, ira, cólera, raiva.

fu.ri.bun.do [furibˊundo] *adj* Furibundo, furioso. *nunca lo vi tan furibundo* / nunca o vi tão furioso.

fu.rio.so, -a [furˊjoso] *adj* Furioso, raivoso, colérico, violento.

fu.ror [furˊor] *sm* **1** Furor, ira, fúria, cólera. **2** Intensidade.

fur.ti.vo, -a [furtˊibo] *adj* **1** Furtivo, sorrateiro. **2** Clandestino.

fu.si.ble [fusˊible] *sm* Fusível. *ya voy a cambiar el fusible quemado* / já vou trocar o fusível queimado.

fu.sil [fusˊil] *sm* Fuzil, espingarda.

fu.si.la.mien.to [fusilamjˊento] *sm* Fuzilamento.

fu.si.lar [fusilˊar] *vt* Fuzilar, executar. *amenazaron fuzilarlos a todos* / ameaçaram fuzilar a todos.

fu.sión [fusˊjon] *sf* Fusão, mistura, fundição, liga.

fút.bol [fˊutbol] *sm* Futebol. *¿quién quiere jugar al fútbol?* / quem quer jogar futebol?

fú.til [fˊutil] *adj* Fútil, frívolo, leviano.

fu.ti.li.dad [futilidˊad] *sf* Futilidade. *Pedro sólo piensa en futilidades* / Pedro só pensa em futilidades.

fu.tu.ro, -a [futˊuro] *adj* Futuro, posterior, ulterior. • *sm* Futuro.

g

g, G [h´e] *sf* Sétima letra do alfabeto espanhol.

ga.bán [gab´an] *sm* Sobretudo, casaco.

ga.bar.di.na [gabard´ina] *sf* **1** Sobretudo, casaco impermeável. *no te olvides la gabardina que hace frío* / não esqueça o sobretudo porque está frio. **2** Gabardina.

ga.bi.ne.te [gabin´ete] *sm* **1** Gabinete. **2** Escritório. **3** Ministério. **4** Consultório.

ga.ce.ta [gaθ´eta] *sf* **1** Gazeta, jornal, periódico. **2** *fam* Fuxiqueiro.

ga.cha [g´atʃa] *sf* **1** *fig* Lama, lodo. **2** Massa quase líquida. **3 gachas** *pl* Mingau, papinha.

ga.fa [g´afa] *sf* **1** Haste de óculos. **2** Grampo (de grampeador). **3 gafas** *pl* Óculos. *si no me pongo las gafas no veo nada* / se eu não colocar os óculos, não enxergo nada.

gai.ta [g´aita] *sf* **1** *Mús* Gaita. **2** *fam* Soberba, orgulho. **estar de gaita** estar alegre e feliz. **ser (algo) gaita** ser duro, ser difícil. **templar gaitas** pôr panos quentes.

ga.jo [g´aho] *sm* **1** Gomo. *¿me das un gajo de mandarina?* / me dá um gomo de mexerica? **2** Cacho (frutas). **3** Galho, ramo.

ga.la [g´ala] *sf* **1** Gala. **2** Ornamentos. **3 galas** *pl* Presente de casamento.

ga.lán [gal´an] *sm* **1** Protagonista, mocinho. **2** Galã, galante, gentil.

ga.lan.te [gal´ante] *adj* **1** Galante, gentil. **2** Licenciosa (mulher).

ga.lan.te.a.dor, ora [galantead´or] *adj+sm* Galanteador, cortejador.

ga.lan.te.ar [galante´ar] *vt* Galantear, cortejar. *si se mete a galantear la mujer del jefe, está frito* / se se meter a cortejar a mulher do chefe, está frito.

ga.lan.teo [galant´eo] *sm* Galanteio, corte. *muy gentiles sus galanteos* / muito gentis seus galanteios.

ga.lá.pa.go [gal´apago] *sm* *Zool* Cágado.

ga.la.xia [gal´a(k)sja] *sf* *Astr* Galáxia. *¿viajaremos algún día para otra galaxia?* / algum dia viajaremos para outra galáxia?

ga.le.rí.a [galer´ia] *sf* Galeria. *mañana voy a una galería de arte* / amanhã vou a uma galeria de arte.

gal.go [g´algo] *sm* *Zool* Galgo.

gá.li.bo [g´alibo] *sm* **1** Gabarito. **2** Elegância, garbo.

ga.li.ma.tí.as [galimat´ias] *sm inv fam* Balbúrdia, confusão, bagunça, tumulto. *tanto galimatías me vuelve loco* / tanta confusão me deixa maluco.

ga.lla.du.ra [gaλad´ura] *sf* Galadura, gala.

ga.llar.de.te [gaλard´ete] *sm Mar* Galhardete.

ga.llar.dí.a [gaλard´ia] *sf* Galhardia, gentileza. *es un maestro en gallardía* / é um mestre em gentileza.

ga.lle.ta [gaλ´eta] *sf* **1** Bolacha. *no comas galleta antes de la comida* / não coma bolacha antes do almoço. **2** Tabefe, bofetada. **3** *Arg* Engarrafamento, congestionamento. *no sé cuánto tiempo estaré en esa galleta* / não sei quanto tempo vou ficar nesse congestionamento.

ga.lle.ti.ta [gaλet´ita] *sf AL* Bolacha, bolachinha.

ga.lli.na [gaλ´ina] *sf* **1** *Zool* Galinha. *s* **2** *fig* Covarde. **cantar la gallina** assumir o erro, dar o braço a torcer. **gallina ciega** cabra-cega.

ga.llo [g´aλo] *sm* **1** *Zool* Galo. **2** Catavento. **3** Valentão. **al primer gallo** à meia-noite. **andar de gallo** sair para a farra, para a balada. **bajar el gallo** baixar a crista, enfiar o rabo entre as pernas. **en menos de lo que canta un gallo** num piscar de olhos. **levantar el gallo** levantar o topete.

ga.lo.cho [gal´otʃo] *adj* Desmazelado. *ya tienes edad para ser menos galocho* / você já tem idade para ser menos desmazelado.

ga.lón [gal´onr] *sm* Galão, fita, medida de capacidade.

ga.lo.par [galop´ar] *vi* Galopar. *¿sabes cómo hacer el caballo galopar?* / você sabe como fazer o cavalo galopar?

ga.lo.pe [gal´ope] *sm* Galope.

ga.lo.pín [galop´in] *sm* Brincalhão, maroto. *tu hermano es un galopín* / seu irmão é um brincalhão.

gal.pón [galp´on] *sm* **1** Senzala. **2** *AL* Galpão.

gam.ba [g´amba] *sf Zool* Camarão. **meter la gamba** cometer gafe.

gam.be.rro, -a [gamb´eɾo] *adj+s* Libertino, dissoluto.

ga.me.to [gam´eto] *sm Biol* Gameta. *en biología estamos estudiando los gametos* / em biologia estamos estudando os gametas.

ga.mo [g´amo] *sm Zool* Gamo, veado.

ga.mu.za [gam´uθa] *sf* **1** *Zool* Camurça. **2** Flanela, pano de limpeza. *no limpies los muebles con esa gamuza porque está sucia* / não limpe os móveis com essa flanela porque está suja.

ga.na [g´ana] *sf* Gana, vontade, desejo, afã. **de buena gana** com prazer, de boa vontade. **de su gana** espontaneamente, voluntariamente. **mala gana** má-vontade.

ga.na.de.rí.a [ganadeɾ´ia] *sf* Pecuária, criação de gado.

ga.na.do, -a [gan´ado] *sm* Gado. *en la hacienda de mi tío crean ganado de corte* / na fazenda de meu tio criam gado de corte.

ga.na.dor, -ora [ganad´or] *adj+s* Ganhador, vencedor.

ga.nan.cia [gan´anθja] *sf* **1** Ganância. **2** Ganho, lucro. *no esperaba tanta ganancia en esa inversión* / não esperava tanto lucro nesse investimento. **3** Utilidade.

> No sentido de "ganância, ambição", usa-se **ambición**.

ga.nan.cial [gananθ´jal] *adj* **1** Lucrativo, rendoso. **bienes gananciales** bens comuns, adquiridos durante o casamento.

ga.nan.cio.so, -a [gananθ´joso] *adj* Lucrativo, vantajoso, rendoso, rentável. *es muy gananciosa esa inversión* / é muito lucrativo esse investimento. Veja nota em **ganancia**.

ga.na.pán [ganap´an] *sm* **1** Ganha-pão. **2** Carregador, pessoa que vive de bicos. **3** *fig* Homem rude, bronco.

ga.nar [gan´ar] *vt* Ganhar, obter, conquistar. *no me imagino qué voy a ganar en mi cumpleaños* / não imagino o que vou ganhar no meu aniversário.

gan.chi.llo [gantʃ´iλo] *sm* **1** Agulha de crochê. **2** Crochê. *muy linda esa blusa de ganchillo* / muito bonita essa blusa de crochê.

gan.cho [g´antʃo] *sm* **1** Gancho. **2** *fam* Gigolô. **3** Cotovelada. **4** *fam* Atração. **con gancho** com direito a acompanhante, acompanhante grátis. **de gancho** de braços dados.

gan.ga [g´anga] *sf* **1** *Miner* Ganga. **2** *fam* Pechincha, achado.

gan.go.so, -a [gang´oso] *adj+s* Gago, fanhoso. *es difícil conversar con él; es muy gangoso* / é difícil conversar com ele; é muito gago.

gan.gre.na [gangɾ´ena] *sf Patol* Gangrena.

gan.sa.da [gans´ada] *sf fam* Bobagem, estupidez, besteira. *¡no digas gansadas!* / não fale bobagens!

gan.so, -a [g´anso] *s Zool* Ganso. • *adj+sm* Preguiçoso, negligente, descuidado. *si te casas con ese ganso vas a sufrir* / se se casar com esse preguiçoso, vai sofrer.

ga.ñi.do [gañ´ido] *sm* Ganido, uivo. *no puedo dormir con esos gañidos* / não consigo dormir com esses uivos.

ga.ñir [gañ´ir] *vi* **1** Ganir, uivar. **2** Grasnar.

ga.ra.ba.te.ar [garabate´ar] *vt+vi* **1** Garatujar, rabiscar. **2** *fam* Fazer rodeios. *estuvo garabateando dos horas, sin saber cómo*

contarle / ficou fazendo rodeios duas horas, sem saber como lhe contar.
ga.ra.ba.to [garab´ato] *sm* **1** Garatuja, garrancho. **2** Gancho. **3** Palavrão. *en el baño de la escuela, la pared está llena de garabatos* / no banheiro da minha escola, a parede está cheia de palavrões.
ga.ra.je [gar´ahe] *sm* **1** Garagem. **2** Oficina mecânica. Veja nota em **abordaje**.
ga.ra.ñón [garañ´on] *sm* Garanhão. *¿te parece que puedo llevar en serio lo que dice un garañón cómo él?* / você acha que eu posso levar a sério o que um garanhão como ele diz?
ga.ran.tí.a [garant´ia] *sf* **1** Garantia, fiança. **2** Segurança, certeza.
ga.ran.tir [garant´ir] *vt* Garantir, assegurar, afiançar.
ga.ran.ti.zar [garantiθ´ar] *vt* Garantir, assegurar, afiançar. → *alzar*.
gar.ban.zo [garb´anθo] *sm Bot* Grão-de-bico. **ganarse los garbanzos** ganhar o pão de cada dia. **garbanzo de pega** bombinha. **garbanzo negro** ovelha negra.
gar.gan.ta [garg´anta] *sf Anat, Geogr* Garganta.
gar.gan.ti.lla [gargant´iλa] *sf* **1** Gargantilha. **2** Conta, miçanga. *¡mamá¡ ¡Mira que linda pulsera hice de gargantillas!* / mamãe, veja que linda pulseira de miçangas eu fiz!
gár.ga.ra [g´argara] *sf* Gargarejo. **mandarle (a uno) a hacer gárgaras** mandar às favas.
gar.ga.re.ar [gargare´ar] *vi* Gargarejar, bochechar.
gar.ga.ris.mo [gargar´ismo] *sm* Gargarejo, bochecho. *me mandaron hacer gargarismos con sal para las aftas* / me mandaram fazer bochecho com sal para as aftas.
gar.ga.ri.zar [gargariθ´ar] *vi* Gargarejar, bochechar. → *alzar*.
gar.gue.ro [garg´ero] *sm* **1** *Anat* Traqueia. **2** Goela.
ga.ri.ta [gar´ita] *sf* Guarita. *¿te acuerdas de aquella garita en la esquina? La derrumbó un coche* / lembra daquela guarita na esquina? Um carro a derrubou.
ga.rra [g´ařa] *sf* **1** Pata de animal com garra. **2** Garra, força, energia.

ga.rra.fa [gař´afa] *sf* **1** Garrafão. *tomaron una garrafa de vino en la fiesta* / tomaram um garrafão de vinho na festa. **2** *Arg, Ur* Bujão de gás.
ga.rra.fón [gařaf´on] *sm V garrafa*.
ga.rra.pa.ta [gařap´ata] *sf Zool* Carrapato. *no te imaginas la cantidad de garrapatas que le sacamos al perrito* / você não imagina a quantidade de carrapato que tiramos do cachorrinho.
ga.rra.pa.te.ar [gařapate´ar] *vi+vt* Garatujar, rabiscar, riscar.
ga.rra.pa.to [gařap´ato] *sm* Garatuja, garrancho, rabisco.
ga.rri.do, -a [gař´ido] *adj* Garrido, elegante, bem-apessoado. *¿qué hombre garrido!* / que homem elegante!
ga.rro.cha [gař´otʃa] *sf* Vara.
ga.rro.ta.zo [gařot´aθo] *sm* Paulada.
ga.rro.te [gař´ote] *sm* Estaca, pau, garrote.
gá.rru.lo, -a [g´arulo] *adj* **1** Gárrulo, chilreador. **2** Tagarela.
gas [g´as] *sm* **1** *Quím* Gás. **2** *fam* Força, energia, ímpeto. **3 gases** *pl* Gases, flatulência. **a todo gas** a toda velocidade.
ga.sa [g´asa] *sf* Gaze. *esa gasa ya está empapada de sangre* / essa gaze já está encharcada de sangue.
ga.se.o.so, -a [gase´oso] *adj* Gasoso. *no me gustan bebidas gaseosas* / não gosto de bebidas gasosas. • *sf* Refrigerante. *no tomo gaseosa con la comida* / não tomo refrigerante na refeição.
gas.oil [gas´oil] *sm* Óleo diesel.
ga.so.li.na [gasol´ina] *sf* Gasolina. *me quedé sin gasolina, y no hay ninguna estación de servicio por acá* / fiquei sem gasolina, e não há nenhum posto por aqui.
ga.so.li.ne.ra [gasolin´era] *sf* Posto de gasolina.
gas.ta.do, -a [gast´ado] *adj* **1** Gasto, usado. **2** Consumido, acabado.
gas.ta.dor, -a [gastad´or] *adj+s* Gastador, esbanjador, perdulário. • *sm* Condenado a trabalhos comunitários.
gas.tar [gast´ar] *vt* **1** Gastar, consumir, esgotar, acabar. **2** Esbanjar. *vt+vpr* **3** Estragar-se. **gastar bromas** aprontar.
gas.to [g´asto] *sm* **1** Gasto, despesa. **2** Consumo.

ga.te.ar [gateˊar] *vi* **1** Trepar, subir. **2** *fam* Engatinhar. *vt* **3** *fam* Arranhar.

ga.ti.llo [gatˊiλo] *sm* **1** Gatilho. **2** Alicate de dentista.

ga.to [gˊato] *sm* **1** *Zool* Gato. **2** *Mec* Macaco. **3** Ratoeira. **4** *fam* Gatuno, larápio, ladrão. **5** *fam* Madrilenho. **aquí hay gato encerrado** neste mato tem coelho. **cuatro gatos** meia dúzia de gatos pingados.

gau.cha.da [gautʃada] *sf* Favor, gentileza, quebrada de galho.

gau.cho, -a [gˊautʃo] *adj+s* Gaúcho.

ga.vi.lán [gabilˊan] *sm Zool* Gavião.

ga.vi.lla [gabˊiλa] *sf* **1** Gavela, feixe. **2** Bando, quadrilha.

ga.vio.ta [gabjˊota] *sm* Gaivota.

ga.yo.la [gaiˊola] *sf* Gaiola. *pienso que no se deberían mantener pájaros en gayola* / eu acho que não se deveriam manter pássaros em gaiola.

ga.za.po [gaθˊapo] *sm* **1** *Zool* Láparo, filhote de coelho. **2** *fam* Lapso, erro. **3** *fam* Mentira, engano. *puro gazapo lo que dijo* / mentira pura o que ele disse.

gaz.na.te [gaθnˊate] *sm* Goela.

gaz.pa.cho [gaθpˊatʃo] *sm Cul* Gaspacho.

gel [hˊel] *sm Quím* Gel. *tengo un gel para picada de insectos aquí* / tenho um gel para picadas de insetos aqui.

ge.la.ti.na [helatˊina] *sf* Gelatina. *¿de qué sabor quieres que haga la gelatina?* / você quer que eu faça gelatina de que sabor?

ge.la.ti.no.so, -a [helatinˊoso] *adj* Gelatinoso, viscoso.

gé.li.do, -a [hˊelido] *adj* **1** Gélido, gelado. **2** Frio, distante.

ge.me.lo, -a [hemˊelo] *adj+s* Gêmeo. • *sm* **1** Abotoadura. **2** *Anat* Gastrocnêmio (músculo da perna). **3 gemelos** *pl* Binóculo.

ge.mi.do [hemˊido] *sm* Gemido, lamento, lamentação.

ge.mir [hemˊir] *vi* Gemer, lamentar. *bueno, ahora déjese de gemir que ya pasó* / pronto, agora pare de gemer que já passou. → *medir*.

gen [hˊen] *sm Biol* Gene.

ge.ne.ra.ción [heneraθˊjon] *sf* **1** Geração, gênese, concepção. **2** Descendência, origem, ascendência.

ge.ne.ra.dor, -a [heneradˊor] *adj+s* Gerador.

ge.ne.ral [henerˊal] *sm Mil* General. • *adj* Geral, genérico.

ge.ne.ra.li.dad [heneralidˊad] *sf* Generalidade. *hablamos de generalidades mientras esperábamos que nos atendieran* / falamos de generalidades enquanto esperávamos que nos atendessem.

ge.ne.ra.li.za.ción [heneraliθaθjˊon] *sf* Generalização.

ge.ne.ra.li.zar [heneraliθˊar] *vt+vpr* Generalizar. *no conviene generalizar* / não convém generalizar. → *alzar*.

ge.ne.rar [henerˊar] *vt* **1** Gerar, engendrar. **2** Causar, produzir.

ge.né.ri.co, -a [henˊeriko] *adj* Genérico. *fue un comentario genérico, nadie te estaba acusando* / foi um comentário genérico, ninguém estava acusando você.

gé.ne.ro [hˊenero] *sm* **1** Gênero, categoria. **2** Maneira, qualidade. **3** Ordem, raça, espécie. **4** Natureza, tipo. *todavía no sé qué género de persona eres* / ainda não sei que tipo de pessoa você é.

ge.ne.ro.si.dad [henerosidˊad] *sf* Generosidade, grandeza.

ge.ne.ro.so, -a [henerˊoso] *adj* Generoso, desprendido. *me alegra ver que tienes un corazón tan generoso* / alegra-me ver que você tem um coração tão generoso.

gé.ne.sis [hˊenesis] *sf inv* Gênese, geração.

ge.né.ti.co, -a [henˊetiko] *adj* Genético. *su enfermedad es genética* / sua doença é genética. • *sf Biol* Genética. *genética es la única parte de la biología que me interesa* / genética é a única parte da biologia que me interessa.

ge.nial [henjˊal] *adj* Genial, ótimo, supremo, formidável.

ge.nio [hˊenjo] *sm* **1** Gênio, índole. **2** Mau--caráter, temperamento difícil, mau gênio. **3** Inventividade. **4** Firmeza, energia. **mal genio** mau humor. *ella ya se despierta con mal genio* / ela já acorda de mau humor.

ge.ni.tal [henitˊal] *adj* Genital. • *sm pl* **genitales** Genitália, genitais.

gen.te [hˊente] *sf* Gente. **la gente** as pessoas. *la gente repite las cosas sin pensar* / as pessoas repetem as coisas sem pensar.

gen.til [hent´il] *adj+sm* Gentio, pagão. • *adj* Gentil, amável, cortês, afável.

gen.ti.le.za [hentil´eθa] *sf* **1** Gentileza, amabilidade, delicadeza. **2** Garbo, elegância.

gen.tu.za [hent´uθa] *sf despec* Gentinha, ralé, gentalha. *en medio a la gentuza, dormía el príncipe* / no meio da ralé, dormia o príncipe.

ge.nui.no, -a [hen´wino] *adj* **1** Genuíno, puro. **2** Autêntico, legítimo, verdadeiro.

geo.cén.tri.co, -a [heoθ´entriko] *adj* Geocêntrico.

geo.gra.fí.a [heograf´ia] *sf* Geografia. *¡ay¡ ¡examen de geografía no!* / ah! prova de geografia, não!

geo.grá.fi.co, -a [heogr´afiko] *adj* Geográfico.

ge.ó.gra.fo, -a [he´ografo] *s* Geógrafo. *tengo un primo geógrafo; es el único que conozco en el area* / tenho um primo geógrafo; é o único que eu conheço na área.

geo.lo.gí.a [heoloh´ia] *sf* Geologia.

geo.ló.gi.co [heoarke´ologo] *adj* Geológico. *antes de construir, hay que hacer un estudio geológico de la región* / antes de construir, é preciso fazer um estudo geológico da região.

ge.ó.lo.go, -a [he´ologo] *s* Geólogo. *los geólogos no permitieron construir acá* / os geólogos não permitiram construir aqui.

geo.me.trí.a [heometr´ia] *sf* Geometria.

geo.mé.tri.co, -a [heom´etriko] *adj* Geométrico. *eso crece en progresión geométrica* / isso cresce em progressão geométrica.

ge.ra.nio [her´anjo] *sm Bot* Gerânio. *¡qué linda esa maceta de geranios!* / que lindo esse vaso de gerânios!

ge.ren.cia [her´enθja] *sf* Gerência, direção, administração.

ge.ren.te [her´ente] *s* Gerente, administrador.

ge.ri.fal.te [herif´alte] *sm Ornit* Gerifalte.

ger.ma.ní.a [herman´ia] *sf* Germania, gíria. *ya no entiendo mitad de la germanía que los jóvenes usan* / já não entendo metade da gíria que os jovens usam.

ger.má.ni.co, -a [herm´aniko] *adj+s* Germânico.

ger.men [h´ermen] *sm* **1** Germe, embrião. **2** *fig* Princípio, origem. *aquí está el germen de todo el problema* / aqui está a origem de todo o problema.

ger.mi.ci.da [hermiθ´ida] *adj+sm* Germicida, microbicida.

ger.mi.na.ción [herminaθj´on] *sf Bot* Germinação. *ahora esperamos la germinación* / agora esperamos a germinação.

ger.mi.nar [hermin´ar] *vi* **1** Germinar, brotar. **2** *fig* Principiar, começar.

ges.ta [h´esta] *sf* Gesta, façanha. *me contó la gesta de la semana pasada* / me contou a façanha da semana passada.

ges.ta.ción [hestaθ´jon] *sf* Gestação, gravidez.

ges.tan.te [hest´ante] *adj* Gestante, grávido.

ges.ti.cu.la.ción [hestikulaθj´on] *sf* Gesticulação, gesto. *con tanta gesticulación para hablar, debe de ser italiano* / com tanta gesticulação para falar, deve ser italiano.

ges.ti.cu.lar [hestikul´ar] *vi* Gesticular. *¿no podes hablar sin gesticular tanto?* / você não consegue falar sem gesticular tanto?

ges.tión [hest´jon] *sf* Gestão, gerência, administração.

ges.to [h´esto] *sm* **1** Gesto, gesticulação. **2** Aceno, sinal. **3** Expressão, fisionomia. **4** Careta. **estar de buen/mal gesto** estar de bom/mau humor.

ges.tor, -a [hest´or] *s* Gestor, gerente.

gi.gan.te [hig´ante] *adj* Gigante, enorme, gigantesco. • *adj+sm* Gigante. *te acordas de Gulliver, que era un gigante en Liliput?* / você se lembra de Gulliver, que era um gigante em Liliput?

gi.li.po.llas [hilip´oλas] *adj+s inv vulg* Tonto, bobo. *ese de gilipollas no tiene ni un pelo* / esse de tonto não tem nada.

gim.na.sia [himn´asja] *sf* Ginástica. *hace dos meses que no hago gimnasia* / faz dois meses que não faço ginástica.

gim.na.sio [himn´asjo] *sm* **1** Academia de ginástica. **2** Ginásio de esportes.

gim.nás.ti.ca [himn´astika] *sf* Ginástica.

gi.mo.te.ar [himote´ar] *vi* Choramingar, gemer. *¿qué te pasó? ¿Por qué estás gimoteando?* / o que aconteceu? Por que você está choramingando?

gi.ne.bra [hin´ebra] *sf* Gim.

gi.ne.co.lo.gí.a [hinekoloh´ia] *sf Med* Ginecologia. *se formó médico, especialista en ginecología* / formou-se médico, especialista em ginecologia.

gi.ne.co.ló.gi.co [hinekol´ohiko] *adj* Ginecológico. *tengo una examen ginecológica* / tenho um exame ginecológico.

gi.ne.có.lo.go, -a [hinek´ologo] *s Med* Ginecologista. *es la primera vez que vengo a un ginecólogo* / é a primeira vez que venho a um ginecologista.

gi.rar [hir´ar] *vt+vi* **1** Girar, rolar. **2** Percorrer. **3** Virar, rodar.

gi.ra.sol [hiras´ol] *sm Bot* Girassol.

gi.ra.to.rio [hirat´orjo] *adj* Giratório. *una vez, me quedé enroscada en una puerta giratoria* / uma vez fiquei enroscada em uma porta giratória.

gi.ro [h´iro] *sm* **1** Giro, volta, rotação. **2** *Com* Giro. **3** *Com* Saque.

gi.ta.no, -a [hit´ano] *adj+s* Cigano. *unas gitanas están en la calle leyendo la suerte* / umas ciganas estão na rua lendo a sorte.

gla.ciar [glaθj´ar] *adj* Glaciário. • *sm Geol* Geleira.

glán.du.la [gl´andula] *sf Anat* Glândula. *la hipófisis es una glándula* / a hipófise é uma glândula.

gli.ce.ri.na [gliθer´ina] *sf Quím* Glicerina. *muy buena esa crema con glicerina* / muito bom esse creme com glicerina.

glo.bal [glob´al] *adj* **1** Global, integral, total. **2** Planetário, universal.

glo.ba.li.za.ción [globaliθaθj´on] *sf* Globalização, universalização. *la globalización es una realidad incontestable* / a globalização é uma realidade incontestável.

glo.ba.li.zar [globaliθ´ar] *vt* Globalizar, universalizar. → alzar.

glo.bo [gl´obo] *sm* **1** Globo, esfera. **2** Bexiga, balão. **3** Planeta, mundo.

gló.bu.lo [gl´obulo] *sm* Glóbulo, bolha (de água/ar).

glo.ria [gl´orja] *sf* Glória, fama, renome, celebridade.

glo.riar [glorj´ar] *vt* **1** Glorificar. *vpr* **2** Vangloriar-se.

glo.ri.fi.ca.ción [glorifikaθj´on] *sf* Glorificação, exaltação, enaltecimento.

glo.ri.fi.car [glorifik´ar] *vt* **1** Glorificar, enaltecer. *vpr* **2** Vangloriar-se. → atacar.

glo.rio.so, -a [glor´joso] *adj* Glorioso. *fue un día glorioso* / foi um dia glorioso.

glo.sa.rio [glos´arjo] *sm Gram* Glossário.

glo.tón, -ona [glot´on] *adj+s* Glutão, guloso. • *sm Zool* Glutão.

glo.to.ne.rí.a [glotoner´ia] *sf* Gulodice, glutonaria, voracidade.

glu.co.sa [gluk´osa] *sf Quím* Glicose.

gno.mo [n´omo] *sm* Gnomo, duende. *¿de quién es esa colección de gnomos?* / de quem é essa coleção de gnomos?

go.ber.na.dor, -ora [gobernad´or] *adj+s* Governador.

go.ber.nan.ta [gobern´anta] *sf* Governanta. *en la casa de mi mamá hay gobernanta* / na casa de minha mãe há governanta.

go.ber.nan.te [gobern´ante] *adj+s* Governante.

go.ber.nar [gobern´ar] *vt+vi* **1** Governar, administrar, dirigir. **2** Controlar. → despertar.

go.bier.no [gob´jerno] *sm* **1** Governo, administração. **2** Autoridade. **3** Regime.

go.ce [g´oθe] *sm* Gozo, prazer, deleite, fruição.

gol [g´ol] *sm Dep* Gol. *hicieron diez goles en un partido* / fizeram dez gols em um jogo.

go.la [g´ola] *sm* **1** *Anat* Goela. **2** Gola.

go.le.ar [gole´ar] *vt Dep* Golear.

go.le.ta [gol´eta] *sf Mar* Goleta, escuna.

golf [g´olf] *sm Dep* Golfe. *¡cómo es aburrido ver un campeonato de golf!* / como é chato assistir a um campeonato de golfe!

gol.fo, -a [g´olfo] *s* **1** *Geogr* Golfo. **2** Sem-vergonha. *sf* **3** Prostituta.• *adj* Desonesto.

go.lle.te [goʎete] *sm* **1** *Anat* Pescoço. **2** Gargalo. **estar hasta el gollete:** a) estar até o pescoço, estar de saco cheio. b) estar empanturrado.

go.lon.dri.na [golondr´ina] *sf Ornit* Andorinha.

go.lo.si.na [golos´ina] *sf* Guloseima. *no es hora de comer golosinas* / não é hora de comer guloseimas.

go.lo.si.ne.ar [golosine´ar] *vi* Comer guloseimas, porcarias.

go.lo.so, -a [gol´oso] *adj+s* **1** Guloso, glutão. **2** Apetitoso.

gol.pe [g´olpe] *sm* **1** Golpe, pancada. **2** Choque, colisão. **3** Infortúnio, desgraça. **de golpe** de repente. **golpe de tos** acesso de tosse. Veja nota em **batida** (espanhol).

gol.pe.ar [golpe´ar] *vt+vi* Golpear, bater. *¿no ves que le estás golpeando la cabeza?* / você não vê que está batendo na cabeça dele?

gol.pi.za [golp´iθa] *sf* Surra. *su padre le dio una golpiza* / o pai lhe deu uma surra.

go.ma [g´oma] *sf* **1** Borracha. **2** Chiclete. **3** Pneu. *se me pinchó una goma* / furou um pneu. **goma de borrar** borracha (de apagar).

go.me.ro [gom´ero] *sm AL* Borracheiro.

gor.din.flón [gordinfl´on] *adj fam* Balofo, gorducho. *no para de comer, por eso es tan gordinflón* / não para de comer, por isso é tão balofo.

gor.do, -a [g´ordo] *adj+s* **1** Gordo, obeso. **2** Gorduroso.

gor.du.ra [gord´ura] *sf* **1** Gordura. **2** Obesidade.

go.ri.la [gor´ila] *sm Zool* Gorila. *está escrito: no alimenten a los gorilas* / está escrito: não alimentem os gorilas.

gor.je.o [gorh´eo] *sm* Gorjeio, trinado.

go.rra [g´oρa] *sf* Gorro, boné. **con la gorra** sem esforço, facilmente. **de gorra** às custas dos outros. **pasar la gorra** passar o chapéu.

go.rri.no, -a [goρ´ino] *s Zool* Leitão. • *adj+s* Porco, sujo. *¡no seas gorrino!* / não seja porco!

go.rri.ón [goρi´on] *sm Zool* Pardal.

go.rrón, -ona [goρ´on] *adj+s fam* Aproveitador, parasita, sanguessuga.

go.ta [g´ota] *sf* Gota: a) pingo. b) *Med* artrite. **la gota que colma el vaso** a gota d´água. **sudar la gota gorda** trabalhar muito, fazer muito esforço.

go.te.ar [gote´ar] *vi* Gotejar, pingar.

go.te.o [got´eo] *sm* Gotejamento. *hay que controlar el goteo de la medicina* / é preciso controlar o gotejamento da medicação.

go.te.ra [got´era] *sf* **1** Goteira. **2** *fam* Achaque, problemas de velhice. *sólo sabe hablar de sus goteras* / só sabe falar de seus achaques.

gó.ti.co, -a [g´otiko] *adj* Gótico.

go.zar [goθ´ar] *vt+vi* Gozar, desfrutar, usufruir. *merezco gozar unas vacaciones* / mereço desfrutar de umas férias.

goz.ne [g´oθne] *sm* Gonzo, dobradiça.

go.zo [g´oθo] *sm* **1** Gozo, fruição. **2** Deleite, prazer, satisfação.

gra.ba.ción [grabaθj´on] *sf* Gravação, registro.

gra.ba.do, -a [grab´ado] *sm* Gravura, estampa. *es un grabado de un artista famoso* / é uma gravura de um artista famoso.

gra.ba.dor, -a [grabad´or] *adj+s* Gravador. • *sm* Gravurista.

gra.ba.du.ra [grabad´ura] *sf* Gravura. *¿quién hizo esas grabaduras?* / quem fez essas gravuras?

gra.bar [grab´ar] *vt* **1** Gravar, registrar. **2** Imprimir, estampar. *vt+vpr* **3** Memorizar. Veja nota em **gravar** (português).

gra.ce.jo [graθ´eho] *sm* Gracejo.

gra.cia [gr´aθja] *sf* **1** Graça, graciosidade. **2** Benefício, favor. **3** Afabilidade, boa vontade. **4** Graça, comicidade. **5** Gracejo, zombaria. **dar gracias** agradecer. **¡gracias!** obrigado(a)!

gra.cio.so, -a [graθ´joso] *adj* **1** Gracioso, grácil. **2** Engraçado, divertido. **3** Gratuito.

gra.da [gr´ada] *sf* **1** Arquibancada. **2** Degrau. **3 gradas** *pl* Escadaria.

gra.de.rí.a [grader´ia] *sf* Escadaria. *¿cómo voy a subir una gradería como esa?* / como vou subir uma escadaria dessas?

gra.de.rí.o [grader´io] *sf* Arquibancada. *nos sentamos en el graderío. Era más barato* / sentamos na arquibancada. Era mais barato.

gra.do [gr´ado] *sm* **1** Grau. **2** Nível. **3** Hierarquia. **4** Degrau.

gra.dua.ción [gradwaθ´jon] *sf* Graduação. *eso tiene diversas graduaciones* / isso tem diferentes graduações.

gra.dua.do [gradu´ado] *adj* Graduado. **graduado escolar** formado, graduado.

gra.duar [gradu´ar] *vt* **1** Graduar. *vt+vpr* **2** Formar, licenciar. → atenuar.

grá.fi.co, -a [gr´afiko] *adj* Gráfico. • *sm* Gráfico, esquema, ilustração.

gra.fi.to [graf´ito] *sm Miner* Grafite.

gra.gea [grah´ea] *sf* Drágea, pílula, comprimido.

gra.ja [gr´aha] *sf Zool* Gralha. *tiene la voz como de una graja* / tem uma voz de gralha.

gra.ma [gr´ama] *sf Bot* Grama, relva.

A unidade de medida (peso) se traduz por **gramo**.

gra.má.ti.ca [gram´atika] *sf* Gramática.

gra.ma.ti.cal [gramatik´al] *adj* Gramatical. *he cometido algunos errores gramaticales* / cometi alguns erros gramaticais.

gra.má.ti.co [gram´atiko] *adj* Gramatical. • *sm* Gramático.

gra.mo [gr´amo] *sm* Grama, unidade de peso.

gran [gr´an] *adj* **1** Grande. *ha sido un gran hombre* / foi um grande homem. **2** Grã, grão, primeiro, principal.

Como "grande" (acepção 1), **gran** é usado somente no singular, antes do substantivo.

gra.na.da [gran´ada] *sf* **1** *Bot* Romã. **2** *Mil* Granada.

gra.na.te [gran´ate] *sm Miner* Granada. • *adj+sm* Grená.

gran.de [gr´ande] *adj* Grande. *no me sirve, es muy grande* / não me serve, é muito grande. Veja nota em **gran**.

gran.de.za [grand´eθa] *sf* Grandeza.

gran.dio.so, -a [grand´joso] *adj* Grandioso, notável, imponente.

gra.ne.ro [gran´ero] *sm* Celeiro, silo, tulha. *usted se puede quedar a dormir en el granero* / o senhor pode dormir no celeiro.

gra.ni.to [gran´ito] *sm Geol* Granito. *voy a poner piso de granito en mi cocina* / vou colocar piso de granito na minha cozinha.

gra.ni.za.da [graniθ´ada] *sf* **1** Granizada. **2** Saraivada.

gra.ni.zar [graniθ´ar] *vi* Granizar, chover, reduzir a granizo. *dio en la radio que hoy iba a granizar* / deu no rádio que hoje ia chover granizo. → alzar.

gra.ni.zo [gran´iθo] *sm* Granizo. *¡miren! ¡llueve granizo!* / vejam! está chovendo granizo!

gran.ja [gr´an:ha] *sf* Granja. *yo compro huevos directamente de la granja* / eu compro ovos direto da granja. Veja nota em **sitio**.

gran.je.ar [gran:he´ar] *vt* Granjear, obter, carrear.

gra.no [gr´ano] *sm* Grão. **apartar el grano de la paja** separar o joio do trigo. **no ser grano de anís** ter importância.

gra.nu.ja [gran´uha] *sf* **1** *Bot* Uva solta. **2** Semente de uva. **3** *fam* Moleque astuto.

gra.pa [gr´apa] *sf* **1** Grapa: a) *Veter* lesão que se forma nas articulações das patas de animais de carga. b) aguardente italiana. **2** Grampo (de grampeador).

gra.pa.do.ra [grapad´ora] *sf* Grampeador.

gra.par [grap´ar] *vt* Grampear.

gra.sien.to, -a [grasj´ento] *adj fam* Engordurado, oleoso. *está muy grasiento ese trapo* / esse pano está muito engordurado.

gra.so, -a [gr´aso] *adj* Gorduroso, gordurento, engordurado. • *sf* **1** Gordura, banha, sebo. **2** Graxa. **3** Sujeira.

gra.so.so [gas´oso] *adj* Engordurado, gorduroso, oleoso.

gra.su.ra [gras´ura] *sf* Gordura. *sáquele la grasura a la carne* / tire a gordura da carne.

gra.ti.fi.ca.ción [gratifikaθ´jon] *sf* **1** Gratificação, retribuição, recompensa, prêmio. **2** Gorjeta.

gra.ti.fi.can.te [gratifik´ante] *adj* Gratificante. *tu cariño es muy gratificante* / seu carinho é muito gratificante.

gra.ti.fi.car [gratifik´ar] *vt* Gratificar, recompensar, premiar. → atacar.

gra.tis [gr´atis] *adj+adv inv* Grátis. *¿quién quiere limonada? ¡Es gratis!* / quem quer limonada? É grátis!

gra.ti.tud [gratit´ud] *sf* Gratidão, agradecimento, reconhecimento.

gra.to, -a [gr´ato] *adj* Grato, agradável, aprazível. *tu casa es muy grata* / sua casa é muito agradável.

> **Grato** não tem o sentido de "agradecido".

gra.tui.to, -a [grat´wito] *adj* **1** Gratuito, de graça. **2** Arbitrário, sem fundamento.

gra.va [gr´aba] *sf* Cascalho. *hice este cuadro con gravas* / fiz esse quadro com cascalhos.

gra.va.men [grab´amen] *sm* Gravame: a) *Jur* encargo, ônus. b) carga, peso, obrigação.

gravar [grab´ar] *vt* **1** Agravar, sobrecarregar. **2** Onerar, impor taxas. Veja nota em **gravar** (português).

gra.ve [gr´abe] *adj* **1** Grave, circunspecto. **2** Sério, perigoso. **3** Difícil. **4** Paroxítono.

gra.ve.dad [grabed´ad] *sf* Gravidade, seriedade.

gra.vi.dez [grabid´eθ] *sf* Gravidez. *no nos contó de su gravidez* / não nos contou sobre sua gravidez.

gra.vi.lla [grab´iλa] *sm* Pedra miúda, cascalho. *quedan bien esas gravillas entre las flores* / esses cascalhos entre as flores ficam bem.

gra.vo.so, -a [grab´oso] *adj* Gravoso, pesado, incômodo, vexatório.

graz.na.dor [graθnad´or] *adj* Grasnador.

graz.nar [graθn´ar] *vi* Grasnar. *¿han oído un pato graznando?* / ouviram um pato grasnando?

graz.ni.do [graθn´ido] *sm* Grasnada, grasnido.

gre.go.ria.no [gregorj´ano] *adj Rel* Gregoriano.

gre.mio [gr´emjo] *sm* Grêmio, agremiação. *formo parte del gremio desportivo de mi escuela* / faço parte do grêmio esportivo de minha escola.

gres.ca [gr´eska] *sf* **1** Algazarra, alvoroço, barulho. **2** Bate-boca, encrenca, discussão.

grie.go, -a [gr´jego] *adj+s* Grego. *¿hablo griego?* / estou falando grego?

grie.ta [gr´jeta] *sf* Greta, abertura, brecha, fenda, rachadura, trinca.

gri.fe.rí.a [grifer´ia] *sf* **1** Conjunto de torneiras e registros de água. **2** Depósito de material de construção. *voy a la grifería por esa pieza* / vou ao depósito de material de construção para ver se encontro essa peça.

gri.fo, -a [gr´ifo] *s* **1** Torneira. **2** Grifo, chave inglesa. **llave grifa** grifo, chave inglesa.

gri.llo [gr´iλo] *sm Zool* Grilo. **andar a grillos** perder tempo com bobagem.

grin.go, -a [gr´ingo] *adj+s fam despec* Gringo, estrangeiro. • *sm* Grego, linguagem ininteligível.

gri.pe [gr´ipe] *sf Med* Gripe. *esa gripe casi me mata* / essa gripe quase me mata.

gris [gr´is] *adj* **1** Cinza (cor). **2** Triste, apagado. **3** Nublado.

gri.sá.ce.o, -a [gris´aθeo] *adj* **1** Cinzento. **2** Acinzentado, cinza.

gri.sú [gris´u] *sm* Grisu (gás metano).

gri.tar [grit´ar] *vi+vt* Gritar, berrar. *¿te parece que gritar va a solucionar algo?* / você acha que gritar vai resolver alguma coisa?

gri.te.rí.o, -a [griter´io] *sf* Gritaria, alvoroço. *no aguanto más esa gritería* / não aguento mais essa gritaria.

gri.to [gr´ito] *sm* Grito, brado, berro. *se oyen sus gritos de lejos* / ouvem-se seus gritos de longe. Veja nota em **berro** (espanhol e português).

gri.tón [grit´on] *adj fam* Gritalhão. *¡que pibe más gritón!* / que moleque mais gritalhão!

gro.se.lla [gros´eλa] *sf Bot* Groselha.

gro.se.rí.a [groser´ia] *sf* Grosseria, descortesia, estupidez, brusquidão.

gro.se.ro, -a [gros´ero] *adj* Grosseiro, ordinário. *quiero una tela menos grosera* / quero um tecido menos ordinário. • *adj+s* Grosseiro, rude, mal-educado, grosso.

gro.sor [gros´or] *sm* Espessura. *me olvidé de medir el grosor* / esqueci de medir a espessura.

gro.tes.co, -a [grot´esko] *adj* Grotesco, burlesco, ridículo.

grú.a [gr´ua] *sf* Grua, guincho, guindaste. *ni una grúa lo levanta de ahí* / nem um guincho o levanta daí.

grue.so, -a [gr´weso] *adj* **1** Corpulento, gordo. **2** Grosso, espesso. • *sm* **1** Espessura. **2** Rude. **en grueso** no atacado.

gru.me.te [grum´ete] *sm Mar* Grumete.

gru.ñi.do [gruñ´ido] *sm* **1** Grunhido. *oigo un gruñido* / estou ouvindo um grunhido. **2** Resmungo.

gru.ñir [gruñ´ir] *vi* **1** Grunhir. **2** Resmungar. → *bullir*.

gru.ñón, -ona [gruñ´on] *adj* Rabujento, resmungão. *¡dale, gruñón!* / vai, rabugento!

gru.pal [grup´al] *adj* Grupal. *haremos una sesión grupal* / faremos uma sessão grupal.

gru.po [gr´upo] *sm* Grupo, equipe, ajuntamento, conjunto.

gru.ta [gr´uta] *sf* Gruta, toca, caverna, cova. *estuve en la gruta de Maquiné, en Minas Gerais* / estive na gruta de Maquiné, em Minas Gerais.

gua.ca.mo.le [gwakam´ole] *sm Méx* Salada de abacate.

gua.da.ña [gwad´aña] *sf* Foice. *siempre que veo una guadaña pienso en la muerte* / sempre que vejo uma foice penso na morte.

gua.gua [g´wagwa] *sf* **1** Ninharia. **2** *AL fam* Ônibus. *hoy vamos de guagua al trabajo* / hoje vamos de ônibus para o trabalho. *s* **3** Bebê.

gua.ná.ba.na [gwan´abana] *sf Bot* Fruta-do-conde, pinha.

guan.ta.zo [gwant´aθo] *sm* Safanão, tapa, tabefe, bofetada. *te voy a dar un guantazo que te va a partir los dientes* / vou lhe dar um tabefe que vai quebrar seus dentes.

guan.te [g´wante] *sm* **1** Luva. **2 guantes** *pl* Luvas (comércio). **al duro y sin guantes** sem rodeios, direto ao ponto. **arrojar el guante** desafiar. **colgar los guantes** pendurar as chuteiras. **con guante blanco** de boas maneiras, com diplomacia. **echar el guante** apoderar-se de algo. **recoger el guante** aceitar um desafio.

guan.te.ra [gwant´era] *sf* Porta-luvas.

gua.po, -a [g´wapo] *adj* **1** Bonito, elegante, lindo. **2** Decidido, valente. **ser guapo y apoyado** ter as costas quentes.

gua.ra.ní [gwaran´i] *adj+s* Guarani.

guar.da [g´warda] *s* **1** Guarda, vigilante. *sf* **2** Guarda, vigilância, tutela, proteção. **3** Observância, cumprimento.

guar.da.ba.rros [gwardab´ařos] *sm inv* Para-lama. *señor, su guardabarros está abollado* / senhor, seu para-lama está amassado.

guar.da.co.ches [gwardak´ot∫es] *sm inv* Manobrista.

guar.da.do [gward´ado] *adj* Reservado, comedido. *es un hombre muy guardado* / é um homem muito reservado.

guar.da.es.pal.das [gwardaesp´aldas] *s inv* Guarda-costas.

guar.da.gu.jas [gwardag´uhas] *s inv* Sinaleiro.

guar.da.jo.yas [gwardah´oias] *sm* Porta-joias.

guar.da.pol.vo [gwardap´olbo] *sm* Guarda-pó, avental, jaleco. *en mi época, usábamos guardapolvo en la escuela* / na minha época, usávamos avental na escola.

guar.dar [gward´ar] *vt* **1** Guardar, proteger, defender. **2** Vigiar. **3** observar, cumprir, obedecer. **4** Conservar, reter. **5** Economizar. *vpr* **6** Resguardar-se, proteger-se. **guardársela a uno** não perder por esperar.

guar.da.rro.pa [gwardař´opa] *sm* **1** Guarda-roupa. **2** Chapelaria. *cinco reales para dejar la cartera en el guardarropa* / cinco reias para deixar a bolsa na chapelaria.

guar.de.ría [gwarder´ia] *sf* Creche. *mi sobrina va a la guardería desde los seis meses* / minha sobrinha vai à creche desde os seis meses.

guar.dia [g´wardja] *sf* **1** Guarda, custódia. **2** Cuidado, vigilância, proteção. **3** Ronda, patrulha. *sm* **4** Vigilante. **5** Policial.

guar.dián, -ana [gward´jan] *s* Guardião, vigia.

gua.re.cer [gwareθ´er] *vt* **1** Amparar, proteger, defender. **2** Guardar, conservar. **3** Medicar, curar, tratar. *vpr* **4** Refugiar-se. → *crecer*.

gua.ri.da [gwar´ida] *sf* Guarida, amparo, refúgio.

gua.ris.mo [gwar´ismo] *sm Mat* Algarismo, dígito. *ahora vamos a aprender a hacer divisiones con 3 guarismos* / agora vamos aprender a fazer divisões com 3 algarismos.

guar.ne.cer [gwarneθ´er] *vt* **1** Guarnecer, dotar, prover. **2** Ornar. → crecer.

guar.ni.ción [gwarniθ´jon] *sf* **1** Guarnição, adorno. **2** *Mil* Tropa.

gua.rre.rí.a [gwařer´ia] *sf* **1** Sujeira, porcaria. **2** *fam* Sacanagem. *no esperaba una guarrería desas de él* / não esperava uma sacanagem dessas dele.

gua.rro, -a [g´wařo] *s* **1** *Zool* Porco, suíno. **2** *fam* Porcalhão. **3** *fam* Mau-caráter, sacana.

gua.són, -ona [gwas´on] *adj+s* Gozador, debochado, brincalhão. *¡qué guazón ese tío!* / que debochado é esse cara!

gua.ya.ba [gway´aba] *sf Bot* Goiaba. *no como guayaba blanca* / não como goiaba branca.

gua.ya.bo [gway´abo] *sf Bot* Goiabeira. *¿alguien me ayuda a bajar el gato del guayabo?* / alguém me ajuda a descer o gato da goiabeira?

gu.ber.na.men.tal [gubernament´al] *adj+s* Governamental, oficial, estatal.

gue.de.ja [ged´eha] *sf* **1** Juba. **2** Cabeleira. *prendete esa guedeja* / prenda essa cabeleira.

gue.rra [g´eřa] *sf* Guerra. *mi abuelo estuvo en la guerra* / meu avô esteve na guerra.

gue.rre.ro, -a [geř´ero] *adj+s* Guerreiro, combatente.

gue.rri.lla [geř´iλa] *sf* Guerrilha. *están en guerrila aún* / ainda estão em guerrilha.

gue.to [g´eto] *sm* Gueto. *mis abuelos vivian en un gueto en Polonia* / meus avós moravam num gueto na Polônia.

guí.a [g´ia] *sf* **1** Guia, roteiro. *sm* **2** Guidão. **3** Volante. *s* **4** Líder. **5** Instrutor, cicerone. **6 guías** *sf pl* Rédeas.

gui.ar [gi´ar] *vt+vpr* Guiar, dirigir, conduzir, encaminhar, orientar. → confiar.

gui.ja [g´iha] *sf* Seixo, pedrinhas. *voy a pegar esas guijas al redor de la cortina* / vou colar essas pedrinhas ao redor da cortina.

gui.ja.rro [gih´ařo] *sm* Cascalho, pedra.

gui.jo [g´iho] *sm* Cascalho. *¿qué hago con esos guijos?* / o que eu faço com esses cascalhos?

guin.das.te [gind´aste] *sm* Guindaste. *necesitamos un guindaste para levantar esto* / precisamos de um guindaste para erguer isto.

guin.di.lla [gind´iλa] *sf Bot* Pimenta malagueta.

gui.ña.po [giñ´apo] *sm* **1** Farrapo, trapo. *estas hecho un guiñapo* / você está feito um trapo. **2** Maltrapilho.

gui.ño [g´iño] *sm* Piscada, piscadela, piscar de olhos. *¿vistes? Aquel tío me dió un guiño* / você viu? Aquele cara me deu uma piscada.

guión [gi´on] *sm* **1** Esquema, esboço, esqueleto. **2** *Cin, Telev* Roteiro. **3** *Gram* Travessão. *no se olviden de usar los guiones para los diálogos* / não se esqueçam de usar os travessões para os diálogos.

gui.par [gip´ar] *vt vulg* Bater os olhos, notar, perceber.

gui.ri.gay [girig´ai] *sm* **1** *fam* Gritaria, barulheira, balbúrdia. **2** *fam* Grego, linguagem ininteligível. *creo que estoy hablando guirigay* / acho que estou falando grego.

guir.nal.da [girn´alda] *sf* Grinalda.

gui.sa.do [gis´ado] *sm* Guisado, refogado.

gui.san.te [gis´ante] *sf Bot* Ervilha. *hoy cenaremos sopa de guisantes* / hoje jantaremos sopa de ervilhas.

gui.sar [gis´ar] *vt* **1** Cozinhar, refogar. **2** *fig* Maquinar, tramar.

gui.so [g´iso] *sm* Guisado, ensopado, refogado.

güis.qui [gw´iski] *sm* Uísque.

gui.ta [g´ita] *sf* **1** Cordel, barbante. **2** *AL fam* Grana, dinheiro. *no voy porque no tengo guita* / não vou porque estou sem grana.

gui.ta.rra [git´ařa] *sf* **1** Violão. **2** Guitarra.

gui.ta.rris.ta [gitař´ista] *s* **1** Violonista. **2** Guitarrista.

gu.la [g´ula] *sf* Gula, gulodice.
gu.rru.mi.no [gur̄um´ino] *adj* Mesquinho. *¡es tan gurrumino!* / você é tão mesquinho!
gu.sa.no [gus´ano] *sm* **1** Verme, lombriga. **2** Lagarta. **3** *fam* Pessoa má e desprezível. **gusano de la conciencia** remorso, arrependimento. **gusano de luz** vaga-lume.
gus.tar [gust´ar] *vt* **1** Degustar, provar. *vt+vi* **2** Gostar, agradar. *a mi me gustan los libros* / eu gosto de livros. Veja nota em **gostar**.
gus.ta.zo [gust´aθo] *sm fam* Satisfação, gosto. *lo comió con gustazo* / comeu com gosto.
gus.to [g´usto] *sm* **1** Gosto, sabor, paladar. **2** Satisfação, prazer. **3** Simpatia, afeição. **4** Distinção, elegância. **a gusto** à vontade.
gus.to.so, -a [gust´oso] *adj* Gostoso, saboroso, apetitoso.

h

h, H [´atʃe] *sf* Oitava letra do alfabeto espanhol.

ha.ba [´aba] *sf Bot* Fava. *la cuestión del trabajo, son habas contadas* / na questão do trabalho, são favas contadas (escasso).

ha.ba.no, -a [ab´ano] *adj* Havanês. • *sm* Charuto.

ha.ber [aber] *vt+vi* Haver, ter. Veja nota em **hacer**. → Veja modelo de conjugação.

ha.bi.chue.la *sm* V *fréjol*.

há.bil [´abil] *adj* Hábil, habilidoso, apto, capaz.

ha.bi.li.dad [abilid´ad] *sf* 1 Habilidade, Capacidade. 2 Talento, aptidão, destreza, dom.

ha.bi.li.do.so, -a [abilid´oso] *adj+s* Habilidoso. *no soy muy habilidosa en la cocina* / não sou muito habilidosa na cozinha.

ha.bi.li.ta.do, -a [abilit´ado] *adj* Habilitado, capacitado. • *sm* Gestor, representante, procurador, delegado.

ha.bi.li.tar [abilit´ar] *vt* Habilitar, capacitar. *todos necesitarán habilitarse para las nuevas funciones* / todos deverão se habilitar para as novas funções.

ha.bi.ta.ción [abitaθ´jon] *sf* 1 Habitação, moradia, domicílio, residência. 2 Cômodo, aposento, dependência. 3 Quarto, dormitório. *hoy no te vas a dormir sin arreglar tu habitación* / hoje você não vai dormir sem arrumar seu quarto.

ha.bi.tan.te [abit´ante] *adj+s* Habitante, residente, morador.

ha.bi.tar [abit´ar] *vt+vi* Habitar, morar, residir. Veja nota em **morar** (espanhol).

há.bi.to [´abito] *sm* 1 Hábito, batina. 2 Costume, uso. 3 *Patol* Vício.

ha.bi.tual [abit´wal] *adj* 1 Habitual, rotineiro, corriqueiro, costumeiro. 2 Frequente, assíduo. *soy un frequentador habitual de este lugar* / sou um frequentador habitual deste lugar. 3 Familiar, acostumado.

ha.bi.tuar [abit´war] *vt+vpr* Habituar, acostumar, familiarizar. → atenuar.

ha.bla [´abla] *sf* Fala. **negar el habla** não falar com alguém. **quitar el habla (a alguien)** deixar sem fala, assustar (alguém).

ha.bla.dor, -a [ablad´or] *adj+s* 1 Tagarela, falador. 2 Linguarudo, língua de trapo, fofoqueiro. *no te cuento las cosas porque es un hablador* / não lhe conto nada porque você é um fofoqueiro. 3 Fanfarrão.

ha.bla.du.rí.a [abladur´ia] *sf* Falatório, falação, mexerico, fofoca, maledicência.

ha.blan.te [abl´ante] *adj+s* Falante. *te voy a contar la historia del burro hablante* / vou lhe contar a história do burro falante.

ha.blar [abl´ar] *vi+vpr* 1 Falar, declarar, dizer, contar, conversar. **hablar a tontas y a locas** falar sem pensar. **hablarlo todo** falar demais. **ni hablar** nem pensar. → Veja modelo de conjugação.

ha.ce.dor, -ora [aθeđ´or] *adj+s* Fazedor. • *sm* Feitor.

ha.cen.da.do, -a [aθenđ´ado] *adj+s* Rico. • *sm AL* Fazendeiro.

ha.cer [aθ´er] *vt* 1 Fazer, executar, realizar. 2 Fabricar, produzir. 3 Inventar, criar. *vp* 4 Tornar-se. *vi* 5 Referir-se, dizer respeito. *por lo que hace al perro, no me preocupo* / no que diz respeito ao cachorro, não me preocupo. **hacer caso:** a) obedecer. b) ligar, dar atenção. **hacer de menos** menosprezar. **hacerla** aprontar, agir de forma surpreendente. **no hacer caso:** a) deixar de lado, não ligar, não dar bola. b) não obedecer, não atender. → Veja modelo de conjugação.

Além de seu emprego normal (*Pedro hace los deberes* / Pedro faz a lição), o verbo **hacer** é usado para referir-se à ideia de tempo cronológico ou atmosférico: *hace tiempo que no veo a mi amigo* / faz tempo que não vejo meu amigo. *hace calor* / faz calor. Esse sentido não se aplica com o verbo **haber**, como ocorre em português.

ha.cha [alt∫´a] *sf* Machado. *llévate la hacha para cortar leña* / leve o machado para cortar lenha.

ha.cha.zo [at∫´aθo] *sm* Machadada. *lo leí, pero no podía creerlo: lo mataron con un hachazo* / li, mas não conseguia acreditar: mataram-no com uma machadada.

ha.chón [at∫´on] *sm* **1** Círio. **2** Tocha, archote.

ha.cia [´aθja] *prep* Para, em direção a. *se volvió hacia atrás y me hizo adiós con la mano* / voltou-se para trás e fez-me adeus com a mão.

ha.cien.da [aθ´jenda] *sf* **1** Fazenda, propriedade rural. **2** Bens, capital. **3** Gado. **4** **haciendas** *pl* afazeres, tarefas domésticas. **5 Hacienda** Fazenda, fisco.

ha.da [´ada] *sf* Fada. *¡qué lindo disfraz de hada que te hizo mamá!* / que fantasia de fada bonita que a mamãe fez pra você!

ha.do [´ado] *sm* Fado, sina, sorte, destino.

ha.la.ga.dor, -ora [alagað´or] *adj* **1** Lisongeiro. **2** Bajulador.

ha.la.gar [alaɣ´ar] *vt* **1** Agradar, mimar. **2** Adular, bajular. → cargar.

ha.la.go [al´aɣo] *sm* **1** Agrado, mimo. *siempre me trae un halago cuando vuelve de viaje* / sempre me traz um mimo quando volta de viagem. **2** Adulação, bajulação.

hal.cón [alk´on] *sm Zool* Falcão.

há.li.to [´alito] *sm* **1** Hálito. **2** Bafo, vapor.

ha.li.to.sis [alit´osis] *sf inv Med* Halitose. *existe tratamiento para la halitosis* / existe tratamento para a halitose.

ha.lla.do [aʎ´ado] *adj* Concorde, conforme. **bien hallado** em concordância com alguém ou algo.

ha.llar *vt* **1** Achar, encontrar. **2** Descobrir. **3** Observar, notar, ver. *vpr* **4** Encontrar-se: a) estar presente. b) sentir-se, achar-se. **hallarse bien con** estar contente com, estar satisfeito com. **hallarse en todo** intrometer-se.

ha.lo [´alo] *sm* Halo, auréola.

hal.te.ra [alt´era] *sf* Haltere. *ese ejercicio lo hago con dos halteras de cinco kilos* / esse exercício eu faço com dois halteres de cinco quilos.

hal.te.ro.fi.lia [alterofil´ja] *sm Dep* Halterofilismo.

hal.te.ró.fi.lo [alter´ofilo] *sm Dep* Halterofilista.

ha.ma.ca [am´aka] *sf* **1** Rede. **2** Balanço. *siempre he soñado con tener una hamaca en el jardín de casa* / sempre sonhei em ter um balanço no jardim de casa.

ham.bre [´ambre] *sf* **1** Fome. **2** *fig* Apetite, desejo, avidez. **hambre canina** fome de cão/exagerada. **ser más listo que el hambre** ser muito esperto, expedito.

ham.brien.to [ambr´jento] *adj+s* Faminto, esfomeado. *hay un perrito hambriento en la puerta* / tem um cachorrinho faminto na porta.

ham.bur.gue.sa [amburɣ´esa] *sf* Hambúrguer.

han.gar [anɣ´ar] *sm* Hangar.

ha.ra.gán, -ana [araɣ´an] *adj+s* Preguiçoso, vagabundo.

ha.ra.pien.to, -a [arap´jento] *adj* Maltrapilho, andrajoso, esfarrapado. *últimamente andas muy harapiento, mal vestido* / ultimamente você anda muito maltrapilho, malvestido.

ha.ra.po [ar´apo] *sm* Farrapo, andrajo, trapo.

ha.ra.po.so [arap´oso] *adj* Maltrapilho, andrajoso, esfarrapado.

ha.rén [ar´em] *sm* Harém. *¿qué haría yo con un harén lleno de mujeres eterna-*

mente insatisfechas? / o que eu faria com um harém cheio de mulheres eternamente insatisfeitas?

ha.ri.na [ar´ina] *sf* Farinha. **hacer buena harina** agir/proceder bem. **hacer harina** virar pó. **metido en harina** gordo, corpulento.

har.tar [art´ar] *vt+vpr* **1** Fartar, empanturrar-se. **2** Saturar. **3** Aporrinhar, enfastiar.

har.to, -a [´arto] *adj* **1** Farto, saciado. **2** Cansado, saturado. *estoy harto de oírte llorar* / estou cansado de ouvir você chorar. **3** Abundante, bastante, de sobra.

har.tu.ra [art´ura] *sf* **1** Fartura, abundância. **2** Saciedade.

has.ta [´asta] *prep* Até, até mesmo. *hasta luego* / até logo.

has.tiar [ast´jar] *vt+vpr* **1** Aborrecer, enfastiar, cansar, fartar. → confiar.

has.ti.o [ast´io] *sm* **1** Fastio, tédio, enfado, aborrecimento. **2** Aversão, repugnância, asco. *ostras me dan hastío* / ostras me dão repugnância.

ha.ta.jo [at´aho] *sm* **1** Pequeno rebanho. **2** *fig* Monte, montão. *dijo un hatajo de disparates y se fue* / disse um monte de besteiras e foi embora. **3** *fig* Bando.

haz [´aθ] *sm* **1** Feixe. *sf* **2** Face.

ha.za.ña [aθ´aña] *sf* Façanha, proeza. *quiero que cada uno cuente sobre alguna hazaña que tenga hecho en su vida* / quero que cada um conte sobre alguma proeza que tenha feito na vida.

haz.me.rre.ír [aθmer̃e´ir] *sm* Bobo, tonto, palhaço.

he.bi.lla [eb´iλa] *sf* Fivela. **no faltar hebilla** ser perfeito.

he.bra [´ebra] *sf* Fibra, fio. **cortar la hebra de la vida** tirar a vida.

he.bre.o, -a [ebr´eo] *adj+s* **1** Hebreu, israelita, judeu. **2** Hebraico.

he.ca.tom.be [ekat´ombe] *sf* Hecatombe, matança, catástrofe.

he.ces [´eθeθ] *sf pl* Fezes.

he.chi.ce.ro, -a [etʃiθ´ero] *adj+s* Feiticeiro, mago, bruxo. • *sf* Feiticeira, bruxa. *la película es sobre una hechicera buena* / o filme é sobre uma bruxa boa. • *adj* Atraente, encantador.

he.chi.zo, -a [etʃ´iθo] *adj* Postiço, artificial. • *sm* Feitiço, encantamento, magia.

he.cho, -a [´etʃo] *adj* Maduro, acabado, feito. *eres un hombre hecho ya* / você já é um homem feito. • *sm* Feito, fato.

he.chu.ra [etʃ´ura] *sf* **1** Feitura, execução, formação. **2** Feitio, figura. **3** Constituição, compleição. **no tener hechura** não ser possível.

he.der [ed´er] *vi* **1** Feder. **2** Cansar, enfadar. → defender.

hen.di.du.ra [endid´ura] *sf* Fenda, trinca. Veja nota em **trinca** (espanhol).

he.dion.dez [edjond´eθ] *sf* Fedor, mau cheiro.

he.dion.do, -a [ed´jondo] *adj* Hediondo, fedido, fétido, fedorento, malcheiroso.

he.do.nis.mo [edon´ismo] *sm* Hedonismo.

he.dor [ed´or] *sm* Fedor, mau cheiro, bodum. *¿se puede saber de dónde viene ese hedor?* / pode-se saber de onde vem esse fedor?

he.ge.mo.ní.a [ehemon´ia] *sf* Hegemonia, domínio, supremacia.

he.la.de.ra [elad´era] *sf* Geladeira.

he.la.de.rí.a [elader´ia] *sf* Sorveteria. *anoche fuimos a una heladería en el centro* / ontem à noite fomos a uma sorveteria no centro.

he.la.do, -a [el´ado] *adj* **1** Gelado. **2** Congelado. **3** Atônito, perplexo. • *sm* **1** Sorvete. *¿me compras un helado, papá?* / você me compra um sorvete, papai? *sf* **2** Geada. *la ciudad sufre las consecuencias de una fuerte helada* / a cidade sofre as consequências de uma forte geada.

he.lar [el´ar] *vt+vpr* **1** Gelar, congelar. **2** Desalentar. *vimp* **3** *Meteor* Gear. → despertar.

he.le.cho [el´e tʃo] *sm Bot* Samambaia.

he.li.cóp.te.ro [elik´optero] *sm* Helicóptero.

he.ma.to.ma [emat´oma] *sm Med* Hematoma.

hem.bra [´embra] *sf* Fêmea. *los cachorros de mi perra son todos hembras* / os filhotes da minha cadela são todos fêmeas.

he.mi.ci.clo [emiθ´iklo] *sm Geom* Hemicírculo, semicírculo.

he.mi.ple.jia [emipleh´ia] *sf Med* Hemiplegia.

hen.chir [entʃ´ir] *vt* **1** Encher, preencher. *vpr* **2** Fartar-se, empanturrar-se. → medir.

hen.de.du.ra [ended´ura] *sf* Rachadura, fenda, trinca. *no había visto esa hendedura en la pared antes* / não tinha visto essa trinca na parede antes.

hen.der [end´er] *vt+vpr* Rachar, fender, abrir, cortar.

hen.di.do [end´ido] *adj* Fendido, rachado.

hen.di.du.ra [endid´ura] *sf* Fenda, fissura, rachadura.

he.no [´eno] *sm* Feno, forragem. *tengo que preparar el heno para los animales* / tenho de preparar a forragem para os animais.

he.pa.ti.tis [epat´itis] *sf Med* Hepatite.

her.ba.rio, -a [erb´arjo] *adj+s* Herbário.

her.bí.vo.ro, -a [erb´iboro] *adj+s* Herbíboro.

her.bo.la.rio [erbol´arjo] *adj+s* Herbolário.

her.bo.ris.te.rí.a [erborister´ia] *sm* Herbanário.

her.cú.le.o, -a [erk´uleo] *adj* Hercúleo, forte, valente. *construir una casa en siete días fue un trabajo hercúleo* / construir uma casa em sete dias foi um trabalho hercúleo.

he.re.de.ro, -a [ered´ero] *adj+s* Herdeiro.

he.re.je [er´ehe] *s* Herege. • *adj* Descarado, sem-vergonha.

he.re.jí.a [ereh´ia] *sf* Heresia, sacrilégio. *¡cortar los fideos para comer es casi una herejía!* / cortar o macarrão para comer é quase uma heresia!

he.ren.cia [her´enθja] *sf* Herança, legado.

he.ré.ti.co, -a [er´etiko] *adj* Herético.

he.ri.do, -a [er´ido] *adj+s* Ferido, machucado. • *sf* **1** Ferida, chaga, machucado, lesão, ferimento. **2** Aflição. **3** Ofensa, mazela. **renovar la herida** relembrar mágoa.

he.rir [er´ir] *vt* **1** Ferir, machucar. **2** Ofender, magoar. *¿no ves que me hiere lo que me haces?* / não vê que o que você faz me magoa? → mentir.

her.ma.fro.di.ta [ermafrod´ita] *adj Biol* Hermafrodita.

her.ma.nar [erman´ar] *vt+vpr* **1** Irmanar. *nuestros intereses se hermanan* / nossos interesses se irmanam. **2** Unir.

her.man.dad [ermand´ad] *sf* Irmandade, fraternidade.

her.ma.no, -a [erm´ano] *sm* Irmão. *tengo tres hermanos* / tenho três irmãos.

her.mé.ti.co, -a [erm´etiko] *adj* Hermético. *ese jarro tiene tapa hermética* / esse pote tem tampa hermética.

her.mo.so, -a [erm´oso] *adj* **1** Maravilhoso, esplêndido. **2** Bonito, belo, lindo.

her.mo.su.ra [ermos´ura] *sf* Formosura, beleza. *¡cuánta hermosura!* / quanta formosura!

he.roi.ci.dad [eroiθid´ad] *sf* Heroísmo, bravura.

hé.ro.e [´eroe] *sm* Herói.

he.ro.í.na [ero´ina] *sf* **1** *Quím* Heroína. **2** Heroína *(fem de héroe)*.

he.rra.du.ra [eřad´ura] *sf* Ferradura. *esa vuelta tiene forma de herradura* / essa volta tem forma de ferradura.

he.rra.je [eř´ahe] *sm* Ferragem. *tengo una tienda de herraje y herramientas* / tenho uma loja de ferragens e ferramentas. Veja nota em **abordaje**.

he.rra.mien.ta [eřam´jenta] *sf* Ferramenta.

he.rre.ro, -a [eř´ero] *s* Ferreiro. *mi abuelo fue herrero* / meu avô foi ferreiro.

he.rrum.brar [eřumbr´ar] *vt* Enferrujar, oxidar.

he.rrum.bre [eř´umbre] *sf* Ferrugem. *la heladera de la casa de la playa está toda comida de herrumbre* / a geladeira da casa da praia está toda comida de ferrugem.

her.vi.de.ro [erbid´ero] *sm* **1** Fervedouro, efervescência. **2** Multidão, aglomeração.

her.vir [erb´ir] *vi* **1** Ferver. **2** Fervilhar. → mentir.

her.vor [erb´or] *sm* **1** Fervura. **2** Fervor, ardor, veemência.

he.te.ro.do.xia [eterod´oksja] *sf* Heterodoxia.

he.te.ro.ge.nei.dad [eterohenejd´ad] *sf* Heterogeneidade.

he.te.ro.gé.ne.o, -a [eteroh´eneo] *adj* Heterogêneo. *la población de este lugar es bastante heterogénea* / a população deste lugar é bastante heterogênea.

he.xa.go.nal [e(k)sagon´al] *adj Geom* Hexagonal.

hia.to [´jato] *sm* **1** *Gram* Hiato. *baúl forma un hiato* / baúl forma um hiato. **2** *fig* Intervalo, lacuna.

hí.bri.do, -a [´ibrido] *adj+s* Híbrido.

hi.dal.go [id´algo] *sm* Fidalgo, nobre.

hi.dal.guí.a [idalg´ia] *sf* Fidalguia, nobreza. *en su modo de caminar se nota su hidalguía* / em seu jeito de andar nota-se sua nobreza.

hi.dra.ta.ción [idrataθ´jon] *sf* Hidratação.

hi.dráu.li.ca [idr´aulika] *sf Fís* Hidráulica. *el problema es hidráulico, y no mecánico* / o problema é hidráulico, e no mecânico.

hi.dro.e.léc.tri.co, -a [idroel´ektriko] *adj* Hidroelétrico. • *sf* Hidroelétrica.

hi.dro.fo.bia [idrof´obja] *sf Patol* Hidrofobia, raiva. *tuvieron que sacrificar el perro; tenía hidrofobia* / tiveram de sacrificar o cão; estava com hidrofobia.

hi.dró.fo.bo [idr´ofobo] *adj+sm* Hidrófobo, raivoso.

hi.dro.gra.fí.a [idrograf´ia] *sf Geogr* Hidrografia.

hi.dro.te.ra.pia [idroteraf´ja] *sf* Hidroterapia. *lo mejor sería que hiciera unas sesiones de hidroterapia* / o melhor seria que fizesse umas sessões de hidroterapia.

hi.dró.xi.do [idr´oksido] *sm Quím* Hidróxido.

hiel [´jel] *sf* **1** Fel, bile. **2** *fig* Amargura. *toda esa hiel adentro te hace mal* / toda essa amargura por dentro lhe faz mal.

hie.lo [´jelo] *sm* **1** Gelo. **2** *fig* Frieza, indiferença.

hier.ba [´jerba] *sf* **1** Erva, capim. **2** Maconha. **3 hierbas** *pl* Pasto. **haber pisado buena/mala hierba:** a) estar de bom/mau humor. b) dar/não dar certo alguma coisa.

hier.ba.bue.na [jerbabw´eno] *sf Bot* Hortelã.

hie.rro [´jeřo] *sm* Ferro. Veja nota em **fierro** (espanhol).

hí.ga.do [´igado] *sm Anat* Fígado. *no como hígado de vaca* / não como fígado de vaca.

hi.gie.ne [ih´jene] *sf* Higiene, asseio, limpeza.

hi.gié.ni.co [ihj´eniko] *adj* Higiênico.

hi.gie.ni.zar [ihjeniθ´ar] *vt* Higienizar. *hoy aprendimos cómo higienizar los instrumentos en el quirófano* / hoje aprendemos como higienizar os instrumentos no centro cirúrgico. → alzar.

hi.go [´igo] *Bot* Figo. **no importar un higo** ser indiferente.

hi.gue.ra [ig´era] *sf Bot* Figueira.

hi.jas.tro, -a [ih´astro] *s* Enteado. *para mí, mi hijastro es como mi propio hijo* / para mim, meu enteado é como meu próprio filho.

hi.jo, -a [´iho] *s* **1** Filho. **2** Fruto, produto.

hi.jue.la [ihw´ela] *sf* Atalho. *vamos por esta hijuela* / vamos por este atalho.

hi.la.cha [il´atʃa] *sf* **1** Fiapo. **2** Resto, resíduo, sobras. **mostrar/descubrir la hilacha** revelar/descobrir as intenções.

hi.la.do [il´ado] *adj* Fiado. • *sm* Fio.

hi.lar [il´ar] *vt* Fiar. **hilar delgado** agir com cuidado, com sutileza.

hi.le.ra [il´era] *sf* **1** Fileira, fila. **2** Filete, fio. **3** *Anat* Fiandeira.

hi.lo [´ilo] *sm* Fio, linha.

hil.ván [ilb´an] *sm* Alinhavo. *hago el hilván de rojo para que lo pueda ver bien después de cosido* / faço o alinhavo em vermelho para poder vê-lo bem depois de costurado.

hil.va.nar [ilban´ar] *vt* **1** Alinhavar. **2** *fam* Precipitar-se. **3** *fig* Encadear.

hi.men [´imen] *sm Anat* Hímen.

hin.car [ink´ar] *vt* **1** Fincar, cravar. *vpr* **2** Ajoelhar-se. → atacar.

hin.cha [´intʃa] *s* **1** Torcedor, entusiasta, fanático, aficionado, fã. *sf* **2** Antipatia.

hin.cha.da [intʃ´ada] *sf* Torcida. *la hinchada aplaudía descontrolada* / a torcida aplaudia, descontrolada.

hin.cha.do, -a [intʃ'ado] *adj* Vaidoso, metido.
hin.char [intʃ'ar] *vt+vpr* **1** Inchar, inflar, estufar, avolumar. **2** Incomodar. **3** Envaidecer-se. **4** Torcer.
hin.cha.zón [intʃaθ'on] *sm* **1** Inchaço, intumescência, inchação. **2** Vaidade, soberba, presunção.
hin.dú [ind'u] *adj+s* **1** Indiano. **2** Hindu.
hi.no.jo [in'oho] *sm Bot* Aipo.
hi.pér.ba.ton [ip'erbaton] *sm Gram* Hipérbato.
hi.pér.bo.le [ip'erbole] *sf Gram* Hipérbole.
hi.per.sen.si.ble [ipersens'ible] *adj* Hipersensível.
hi.per.tro.fia [ipertr'ofja] *sf Med* Hipertrofia. *sufre de hipertrofia muscular* / sofre de hipertrofia muscular.
hí.pi.co, -a ['ipiko] *adj Dep* Hípico. *haremos un programa hípico* / faremos um programa hípico.
hi.po ['ipo] *sm* Soluço.
hi.po.con.drí.a [ipokondr'ja] *sf Psiq* Hipocondria.
hi.po.cre.sí.a [ipokres'ia] *sf* Hipocrisia, falsidade. *si hay algo que no soporto es la hipocresía* / se há algo que não suporto é a hipocrisia.
hi.pó.cri.ta [ip'okrita] *adj+s* Hipócrita, fingido, dissimulado, cínico.
hi.pó.dro.mo [ip'odromo] *sm* Hipódromo. *voy al hipódromo todos los domingos* / vou ao hipódromo todos os domingos.
hi.po.te.ca [ipot'eka] *sf* Hipoteca, penhora.
hi.pó.te.sis [ip'otesis] *sf inv* Hipótese, suposição.
hi.po.té.ti.co [ipot'etiko] *adj* Hipotético, teórico. *no te preocupes, es una situación hipotética* / não se preocupe, é uma situação hipotética.
hi.rien.te [irj'ente] *adj* **1** Ofensivo, ferino. **2** Lacerante.
his.pá.ni.co, -a [isp'aniko] *adj* Hispânico. *conozco todos los países de lengua hispánica* / conheço todos os países de língua hispânica.
his.pa.no.a.me.ri.ca.no, -a [ispanoamerik'ano] *adj+s* Hispano-americano.

his.te.ria [ist'erja] *sf Psicol* Histeria.
his.té.ri.co, -a [ist'eriko] *adj+s* Histérico. *me pongo histérica cuado me mienten* / fico histérica quando mentem para mim.
his.te.ris.mo [ister'ismo] *sm Med* Histerismo.
his.to.ria.dor, -ora [istorjad'or] *s* Historiador. *nunca me imaginé conversando con un historiador* / nunca me imaginei conversando com um historiador.
his.to.rie.ta [istorj'eta] *sf* **1** Historieta, historinha. **2** História em quadrinhos, quadrinhos, cartum, gibi.
his.tri.ón [istr'jon] *sm* Histrião, comediante, cômico.
hi.to ['ito] *sm* **1** Marco, baliza. **2** Acontecimento, efeméride.
ho.ci.car [oθik'ar] *vt* **1** Fuçar. **2** Beijocar. **3** Tropeçar.
ho.ci.co [oθ'iko] *sm* Focinho. **dar de hocico** dar de cara.
ho.gar [og'ar] *sm* **1** Lar, casa. **2** Lareira.
ho.gue.ra [og'era] *sf* Fogueira. *con ese frío, ¿qué te parece si hacemos una hoguera en el jardín?* / com esse frio, o que você acha de fazermos uma fogueira no jardim?
ho.ja ['oha] *sf* Folha. *en esta hoja vamos a dibujar un animal* / nesta folha, vamos desenhar um animal.
ho.ja.la.ta [ohal'ata] *sf* Folha de flandres, lata.
ho.ja.la.te.rí.a [ohalater'ia] *sf* Funilaria. *después de una buena hojalatería, su coche parecerá nuevo* / depois de uma boa funilaria, seu carro parecerá novo.
ho.ja.la.te.ro [ohalat'ero] *sm* Funileiro.
ho.jal.dre [oh'aldre] *sm* Massa folhada, mil-folhas.
ho.je.ar [ohe'ar] *vt* Folhear. *mientras te espero, hojeo una revista* / enquanto espero você, fico folheando uma revista.
¡ho.la! ['ola] *interj* **1** Oi!, olá! *¡hola! ¿Qué tal?* / olá, como vai? **2** Alô? *¡hola! ¿Quién es?* / alô, quem fala?
hol.ga.do, -a [olg'ado] *adj* **1** Folgado. **2** Desocupado.
hol.gar [olg'ar] *vi* **1** Folgar, descansar. **3** Sobrar, ser inútil. → colgar.

hol.ga.zán, -ana [olgaθ´an] *adj+s* Folgado, vadio, vagabundo, preguiçoso. *¿sientes orgullo de ser un holgazán?* / você tem orgulho de ser um vagabundo?

hol.ga.za.ne.ar [olgaθane´ar] *vi* Vagabundear, vadiar, folgar.

hol.ga.za.ne.rí.a [olgaθaner´ia] *sf* Vadiagem, vagabundagem. *aquí no es lugar para holgazanería* / aqui não é lugar para vadiagem.

hol.gu.ra [olg´ura] *sf* **1** Folga, espaço. **2** Diversão. **3** Desafogo, comodidade.

ho.lle.jo [oλ´eho] *sm* Película, pele.

ho.llín [oλ´in] *sm* Fuligem. *cierren las ventanas que está entrando un hollín que no sé de dónde viene* / fechem as janelas, pois está entrando uma fuligem que não sei de onde vem.

hom.bre [´ombre] *sm* Homem. *¿alguien ha visto pasar un hombre de tapado negro?* / alguém viu um homem de casaco preto passando por aqui?

hom.bro [´ombro] *sm Anat* Ombro. *¡qué bien, nena! Ya me llegas al hombro* / muito bem, garota! Você já está chegando no meu ombro.

ho.me.na.je [omen´ahe] *sm* Homenagem. Veja nota em **abordaje**.

ho.me.o.pá.ti.co [omeop´atiko] *adj* Homeopático.

ho.mó.fo.no, -a [om´ofono] *adj+s Ling* Homófono. *"cosido" y "cocido" son homófonos* / *"cosido"* e *"cocido"* são palavras homófonas.

ho.mó.gra.fo, -a [om´ografo] *adj+s Ling* Homógrafo. *"banco"(del parque) y "banco" (donde se guarda el dinero) son homógrafos.* / *"banco"* (do parque) e *"banco"* (onde se guarda dinheiro) são palavras homógrafas.

ho.mo.lo.ga.ción [omologaθj´on] *sf* Homologação.

ho.mo.lo.gar [omolog´ar] *vt* Homologar, reconhecer. *sólo falta homologar los documentos* / só falta homologar os documentos.

ho.mó.lo.go, -a [om´ologo] *adj* Homólogo, similar, análogo.

ho.mo.se.xual [omose(k)su´al] *adj+s* Homossexual.

hon.do, -a [´ondo] *adj* Fundo, profundo. • *sm* **1** Fundo. *sf* **2** Funda. **3** Estilingue, atiradeira.

hon.do.na.da [ondon´ada] *sf* Depressão, barranco.

hon.du.ra [ond´ura] *sf* Profundidade. *¿sabes quál es la hondura de esa pileta?* / você sabe qual é a profundidade dessa piscina?

hon.du.re.ño, -a [ondur´eño] *adj+s* Hondurenho.

ho.nes.ti.dad [onestid´ad] *sf* **1** Honestidade, sinceridade. **2** Probidade, decência, compostura.

ho.nes.to, -a [on´esto] *adj* **1** Honesto, sincero. **2** Íntegro, direito, honrado, decente.

hon.go [´ongo] *sm* **1** *Bot* Cogumelo. *esos hongos hay que sacarlos del jardín* / é preciso tirar esses cogumelos do jardim. **solo como un hongo** sozinho no mundo.

ho.nor [on´or] *sm* **1** Honra, honestidade, dignidade, respeitabilidade. **2** Tributo, homenagem.

ho.no.ra.rio, -a [onor´arjo] *adj* Honorário. • *sm pl* **honorarios** Honorários, remuneração.

ho.no.rí.fi.co, -a [onor´ifiko] *adj* Honorífico, honroso.

hon.ra [´onra] *sf* **1** Honra, pudor, recato. **2** Mérito, dignidade, respeito.

hon.ra.dez [onrad´eθ] *sf* Honradez, probidade, decência, integridade, honestidade, dignidade.

hon.ra.do, -a [onr´ado] *adj* **1** Honrado, honesto, íntegro, digno, ético, decente.

hon.rar [onr´ar] *vt* **1** Honrar, homenagear, louvar. **2** Respeitar.

ho.ra.da.do [orad´ado] *adj* Perfurado.

ho.ra.dar [orad´ar] *vt* Perfurar. *vamos a horadar en este punto con mucho cuidado* / vamos perfurar neste ponto com muito cuidado.

ho.ra.rio [or´arjo] *adj sm* Horário.

hor.ca [´orka] *sf* **1** Forca. **2** Forquilha.

hor.cha.ta [ort∫´ata] *sf* Refresco à base de amêndoas ou chufas.

hor.da [´orda] *sf* **1** Horda, tribo. **2** Multidão, bando, turba.

hor.ma [´orma] *sf* Forma, molde. *tengo estas hormas, podemos hacer bombones a la tarde* / tenho estas formas, podemos fazer bombons à tarde.

hor.mi.ga [orm´iga] *sf Entom* Formiga.

hormigón [ormig´on] *sm* Concreto armado. Veja nota em **concreto** (espanhol).

hor.mi.gue.ar [ormige´ar] *vi* **1** Formigar, comichar. **2** Fervilhar.

hor.mi.gueo [ormig´eo] *sm* Formigamento, comichão.

hor.na.da [orn´ada] *sf* Fornada. *a las 8 sale la segunda hornada de pan dulce* / às 8 sai a segunda fornada de pão doce.

hor.ni.llo [orn´iλo] *s* **1** Boca de fogão, queimador. **2** Fogareiro.

hor.no [´orno] *sm* **1** Forno. **2** Fornalha. **calentarse el horno** irritar-se. **no estar el horno para bollos** não ser a hora certa, não ser o momento oportuno.

hor.qui.lla [ork´iλa] *sf* **1** Forquilha. **2** Grampo de cabelo. **3** Bifurcação.

ho.rren.do, -a [or̄´endo] *adj* Horrendo, medonho, horrível.

ho.rri.ble [or̄´ible] *adj* **1** Horrível, medonho, horroroso. **2** Terrível, atroz, brutal.

ho.rro.ri.zar [or̄oriθ´ar] *vt* **1** Horrorizar, estarrecer. **2** Apavorar, aterrorizar, terrificar. → alzar.

ho.rro.ro.so, -a [or̄or´oso] *adj* Horroroso, medonho, horrível, pavoroso.

hor.te.ra [ort´era] *adj+s* Cafona, brega. *por Dios, ¡ese color de esmalte es muy hortera!* / pelo amor de Deus, essa cor de esmalte é brega demais! Veja nota em **brega** (espanhol).

hor.ti.cul.tor [ortikult´or] *sm* Horticultor, jardineiro.

hos.co, -a [´osko] *adj* **1** Rude, tosco. **2** Desagradável, ameaçador, pouco acolhedor.

hos.pe.da.je [osped´ahe] *sm* Hospedagem, alojamento. Veja nota em **abordaje**.

hos.pe.dar [osped´ar] *vt+vpr* Hospedar, alojar, albergar. *no tengo espacio para hospedar tres personas en mi casa.* Lo siento / não tenho espaço para hospedar três pessoas em minha casa. Sinto muito.

hos.pe.de.rí.a [ospeder´ia] *sf* Hospedaria, albergue, pensão, pousada, estalagem.

hos.pi.cio [osp´iθjo] *sm* **1** Orfanato. **2** Asilo, albergue.

hos.pi.tal [ospit´al] *sm* Hospital. *¡va a nacer! Yo la llevo al hospital y ustedes avisan a la familia* / vai nascer! Eu a levo ao hospital e vocês avisam a família.

hos.pi.ta.la.rio, -a [ospital´arjo] *adj* **1** Hospitalar. **2** Hospitaleiro, acolhedor.

hos.tal [ost´al] *sm* Hospedaria de categoria inferior ao hotel, pousada.

hos.te.rí.a [oster´ia] *sf* Hospedaria, pousada, pensão, estalagem.

hos.ti.go.so [ostig´oso] *adj AL* **1** Enjoativo. **2** Chato. *¡cómo es hostigoso lavar los platos!* / como é chato lavar a louça!

hos.til [ost´il] *adj* Hostil, adverso.

hos.ti.li.dad [ostilid´ad] *sf* Hostilidade, provocação, agressão.

hos.ti.li.zar [ostiliθ´ar] *vt* Hostilizar, inimizar.

ho.tel [ot´el] *sm* Hotel. *podemos pasar el fin de semana en un hotel en la playa. ¿Qué te parece?* / podemos passar o fim de semana em um hotel na praia. O que você acha?

hoy [´oi] *adv* Hoje.

ho.yo, -a [´oyo] *s* **1** Buraco. **2** Sepultura, cova, vala.

hoz [´oθ] *sf* **1** Foice. **2** *Geogr* Desfiladeiro, passo, estreito, vale.

ho.zar [oθ´ar] *vt+vi* Fuçar. *debe de haber una rata muerta ahí donde el perro está hozando* / deve ter um rato morto aí onde o cachorro está fuçando.

hue.co, -a [´weko] *adj* **1** Oco, vazio. **2** Vaidoso, orgulhoso, fútil. • *sm* **1** *Arquit* Vão. **2** Oco, vazio.

huel.ga [´welga] *sf* Greve. *no quiero ni imaginar el tráfico a la tarde con esa huelga del metro* / não quero nem imaginar o trânsito à tarde com essa greve do metrô.

huel.guis.ta [welg´ista] *adj+s* Grevista. *los huelguistas garantizan que no vuelven al trabajo en los próximos tres días* / os grevistas garantem que não voltam ao trabalho nos próximos três dias.

hue.lla [´weλa] *sf* **1** Pegada, rastro. **2** Vestígio, sinal. **huella digital** impressão digital.

huér.fa.no, -a [′werfano] *adj+s* Órfão. *me corta el corazón ver cuatro hermanos tan chicos huérfanos* / corta-me o coração ver quatro irmãos tão pequenos órfãos.

hue.ro, -a [′wero] *adj* Vazio, fútil, oco, sem substância.

huer.ta [′werta] *sf* Roça, pomar. *¿sabes qué? No es fácil trabajar en la huerta* / sabe de uma coisa? Não é fácil trabalhar na roça.

huer.to [w′erto] *sm* Horta, pomar, roça.

hue.so [′weso] *sm* **1** Osso. **2** Caroço de fruta. **3** *fig* Pessoa ou algo difícil de tratar. **tener los huesos molidos** estar podre.

hue.su.do, -a [wes′udo] *adj* Ossudo. *¿has notado cómo tiene las rodillas huesudas?* / você notou como ele tem os joelhos ossudos?

hue.va [w′eba] *sf Zoo* Ova. *¿no sabías que el caviar son huevas de pez?* / você não sabia que caviar são ovas de peixe?

hue.vo [′webo] *sm* **1** Ovo. **2 huevos** *pl* Saco, ovos. **a huevo** muito barato. **a puro huevo** com grande esforço. **costar un huevo** custar os olhos da cara. **estar hasta los huevos** estar de saco cheio. **huevo hilado** fios de ovos. **pisando huevos** muito devagar, com muito cuidado.

hui.do, -a [′wido] *adj* Foragido. *¿cómo va a encontrar trabajo, si es un huido de la cárcel?* / como vai conseguir emprego se é um foragido da cadeia? • *sf* Fuga. *la policía no sabe explicar la huida de los presos durante la noche* / a polícia não sabe explicar a fuga dos presos durante a noite.

huir [′uir] *vi+vpr* Fugir, escapar, retirar-se. → Veja modelo de conjugação.

hu.le [′ule] *sm* Oleado, encerado. *pongo este hule sobre la mesa para protegerla* / ponho este oleado sobre a mesa para protegê-la.

hu.ma.ni.dad [umanid′ad] *sf* Humanidade.

hu.ma.re.da [umar′eda] *sf* Fumaceira. *no hago frituras porque no me gusta humareda en la cocina* / não faço frituras porque não gosto de fumaceira na cozinha.

hu.mec.tan.te [umekt′ante] *adj* Umectante, umectativo.

hu.mec.tar [umekt′ar] *vt* Umedecer, molhar.

hu.me.dad [umed′ad] *sf* Umidade. *la humedad me hace mal* / a umidade me faz mal.

hu.me.de.cer [umedeθ′er] *vt+vpr* Umedecer, molhar. → crecer.

hú.me.do, -a [′umedo] *adj* Úmido. *con un trapo húmedo es más fácil de limpiar esa clase de manchas* / com um pano úmido é mais fácil limpar esse tipo de mancha.

hu.mil.dad [umild′ad] *sf* **1** Humildade, modéstia. **2** Simplicidade. **3** Submissão, subserviência, acatamento.

hu.mil.de [um′ilde] *adj* **1** Humilde, modesto. **2** Pobre, carente. **3** Subserviente, submisso.

hu.mi.lla.ción [umiλaθ′jon] *sf* Humilhação, degradação, ofensa, desprezo.

hu.mi.lla.do, -a [umiλ′ado] *adj* Humilhado. *me siento humillado frente a mis suegros, no puedo evitarlo* / sinto-me humilhado diante de meus sogros, não consigo evitar.

hu.mi.llan.te [umiλ′ante] *adj* Humilhante, degradante, ofensivo, ultrajante.

hu.mi.llar [umiλ′ar] *vt* Humilhar, degradar, vexar, rebaixar, ofender.

hu.mi.ta [um′ita] *AL* Pamonha. *podemos parar en la carretera y comer unas humitas* / podemos parar na estrada e comer umas pamonhas.

hu.mo [′umo] *sm* **1** Fumo. **2** Fumaça. **bajar los humos** baixar a crista.

hu.mor [um′or] *sm* **1** Humor. **2** Gênio, temperamento.

hu.mo.ris.mo [umor′ismo] *sm* Humorismo. *van a exibir lo mejor del humorismo del siglo XX en la tele* / vão passar o melhor do humorismo no século XX na TV.

hu.mo.ris.ta [umor′ista] *adj+s* Humorista, comediante.

hu.mo.rís.ti.co, -a [umor′istiko] *adj* Humorístico. *tengo ganas de ver un programa humorístico* / estou com vontade de ver um programa humorístico.

hu.mus [′umus] *sm inv Agric* Húmus.

hun.di.mien.to [undim′jento] *sm* **1** Afundamento. **2** Naufrágio.

hun.dir [und´ir] *vt+vpr* **1** Afundar, submergir. **2** Fundir. **3** Oprimir, abater.

hún.ga.ro, -a [´ungaro] *adj+s* Húngaro.

hu.ra.cán [urak´an] *sm* Furacão, tufão, ciclone.

hu.ra.ño, -a [ur´año] *adj* **1** Antissocial, intratável, esquivo, arisco.

hur.gar [urg´ar] *vt* **1** Mexer, remexer. **2** Bisbilhotar. **3** Incitar. → cargar.

hu.rón, -ona [ur´on] *s* **1** *Zool* Furão. **2** Bisbilhoteiro. *cuidado, que no te oiga la hurona del 15* / cuidado para que a bisbilhoteira do 15 não a ouça. • *adj+s* Antissocial, intratável, esquivo, arisco.

hur.tar [urt´ar] *vt* **1** Furtar, roubar. **2** Plagiar.

hur.to [´urto] *sm* Furto, roubo. *fue condenado por hurto a cinco años* / foi condenado a cinco anos por furto.

hus.me.a.dor [usmead´or] *adj+sm* **1** Farejador. **2** Bisbilhoteiro, xereta.

hus.me.ar [usme´ar] *vt+vi* **1** Farejar. **2** Xeretar, intrometer-se, fuçar.

hu.so [´uso] *sm* Fuso. *¿hay diferencia de huso horario entre Brasil y Portugal?* / há diferença de fuso horário entre Brasil e Portugal?

i

i, I [´i] *sf* **1** Nona letra do alfabeto espanhol. **2** Um em algarismo romano.
i.bé.ri.co, -a [ib´eriko] *adj* Ibérico, ibero.
i.be.ro, -a [ib´ero] *adj+s* Ibérico, ibero.
i.be.ro.a.me.ri.ca.no, -a [iberoamerik´ano] *adj+s* Ibero-americano.
í.co.no [ik´ono] *sm* Ícone. *pulsa en el ícono para abrir el programa* / clique no ícone para abrir o programa.
i.co.no.gra.fí.a [ikonograf´ia] *sf* Iconografia.
ic.te.ri.cia [ikter´iθja] *sf Med* Icterícia. *nació con un poquito de ictericia, nada grave* / nasceu com um pouquinho de icterícia, nada grave.
i.da [´ida] *sf* **1** Ida, partida. **2** *fig* Arrebatamento, ímpeto, impulso. **en dos idas y venidas** prontamente. **la ida del cuervo** a última viagem. *ojalá sea esta la ida del cuervo; ya no aguanto más cargar peso* / tomara que esta seja a última viagem; não aguento mais carregar peso.
i.de.a [id´ea] *sf* **1** Ideia, concepção. **2** Entendimento, conhecimento. **3** Representação, imagem. **4** Plano, esboço, projeto. **5** Intenção, disposição. **6** Conceito, opinião, juízo. **7** Engenho, inventividade. **8 ideas** *pl fam* Mania.
i.de.al [ide´al] *adj* **1** Imaginário. **2** Ideal, único, perfeito.
i.de.a.lis.mo [ideal´izmo] *sm* Idealismo. *más realismo y menos idealismo, por favor* / mais realismo e menos idealismo, por favor.
i.de.a.lis.ta [ideal´ista] *adj+s* Idealista, sonhador.
i.de.ar [ide´ar] *vt* **1** Idealizar, figurar, afigurar, imaginar. **2** Traçar, inventar.

i.dén.ti.co, -a [id´entiko] *adj* Idêntico, mesmo, igual.
i.den.ti.dad [identid´ad] *sf* Identidade. **carné de identidad** carteira de identidade.
i.den.ti.fi.ca.ción [identifika θj´on] *sf* Identificação. *hay que llamar a los familiares para la identificación del cuerpo* / é preciso chamar os familiares para a identificação do corpo.
i.den.ti.fi.car [identifik´ar] *vt* **1** Reconhecer, identificar. *vpr* **2** Identificar-se. → atacar.
i.de.o.lo.gí.a [ideoloh´ia] *sf* Ideologia.
i.de.o.ló.gi.co, -a [ideol´ohiko] *adj* Ideológico.
i.dí.li.co [id´iliko] *adj* Idílico. *ella vive un amor idílico* / ela vive um amor idílico.
i.di.lio [id´iljo] *sm* Idílio, romance. *toda su vida es un idilio* / toda sua vida é um idílio.
i.dio.ma [id´joma] *sm* Idioma, língua.
i.dio.sin.cra.sia [idjosinkr´asja] *sf* Idiossincrasia, caráter, característica, natureza, índole.
i.dio.ta [id´jota] *adj+s* Idiota, estúpido, imbecil, ignorante.
i.do, -a [´ido] *adj* Pirado, maluco, biruta, louco. *¿estás ido? nunca le voy a contar lo que hice* / você está maluco? nunca vou contar a ela o que eu fiz.
i.do.la.trar [idolatr´ar] *vt* Idolatrar, venerar, adorar.
i.dó.ne.o, -a [id´oneo] *adj* Idôneo, adequado, apropriado.
i.gle.sia [igl´esja] *sf* Igreja, templo.
i.glú [igl´u] *sm* Iglu. *muy interesante la*

estructura de un iglú / muito interessante a estrutura de um iglu.

ig.no.ran.cia [ignor´anθja] *sf* Ignorância, desconhecimento.

ig.no.ran.te [ignor´ante] *adj+s* **1** Ignorante, desconhecedor. **2** Iletrado, inculto.

ig.no.rar [ignor´ar] *vt* **1** Ignorar, desconhecer. **2** Relevar. *no sé por cuánto tiempo podré ignorar lo que viene haciendo* / não sei por quanto tempo conseguirei relevar o que vem fazendo.

ig.no.to, -a [ign´oto] *adj* Ignoto, desconhecido.

i.gual [ig´wal] *adj* **1** Igual, idêntico. **2** Equivalente. • *adv* Igualmente, do mesmo modo. **al igual** assim como. **dar igual** ser indiferente, dar na mesma.

i.gua.lar [igwal´ar] *vt+vpr* Igualar, equiparar, uniformizar, nivelar.

i.gual.dad [igwald´ad] *sf* Igualdade, conformidade, paridade, proporção, equivalência, equilíbrio. *vamos a disputar en igualdad de condiciones* / vamos disputar em igualdade de condições.

i.gual.men.te [igwalm´ente] *adv* **1** Igualmente, equitativamente. **2** Também, ainda, do mesmo modo.

i.gua.na [igw´ana] *sf Zool* Iguana.

i.le.gal [ileg´al] *adj* Ilegal, ilícito. *no me meto en asuntos ilícitos* / não me meto em assuntos ilegais.

i.le.gí.ti.mo, -a [ileh´itimo] *adj* **1** Ilegítimo, ilegal, ilícito. **2** Falso, falsificado, adulterado.

i.le.gi.ble [ileh´ible] *adj* Ilegível. *trabajos con letra ilegible los tiro a la basura sin leer* / trabalhos com letra ilegível eu jogo no lixo sem ler.

i.le.so, -a [il´eso] *adj* Ileso, incólume, são e salvo, intacto, inteiro.

i.le.tra.do, -a [iletr´ado] *adj+s* Iletrado, analfabeto.

i.lí.ci.to, -a [il´iθito] *adj* Ilícito, ilegal, irregular.

i.li.mi.ta.do [ilimit´ado] *adj* Ilimitado, irrestrito. *tengo acceso ilimitado a su correspondencia particular* / tenho acesso irrestrito a sua correspondência particular.

i.lu.dir [ilud´ir] *vt* Iludir, enganar. *hace dos años que la está iludiendo* / faz dois anos que a está iludindo.

i.lu.mi.na.ción [iluminaθ´jon] *sf* **1** Iluminação, luz. **2** Revelação, inspiração.

i.lu.mi.nar [ilumin´ar] *vt* **1** Iluminar, clarear. *vt+vpr* **2** Ilustrar, esclarecer. **3** Ensinar.

i.lu.sio.nis.ta [ilusjon´ista] *s* Ilusionista, prestidigitador.

i.lu.sión [ilusj´on] *sf* Ilusão, sonho, fantasia.

i.lu.sio.nar [ilusjon´ar] *vt+vpr* Iludir, fantasiar.

i.lu.so.rio, -a [ilus´orjo] *adj* **1** Ilusório, enganoso, fictício, irreal. **2** Nulo, sem valor, sem efeito.

i.lus.tra.ción [ilustraθ´jon] *sf* **1** Ilustração, desenho. **2** Conhecimento, sabedoria, erudição.

i.lus.tra.do, -a [ilustr´ado] *adj+s* **1** Ilustrado, culto, instruído. **2** Desenhado. *este libro fue ilustrado por un dibujante famoso* / este livro foi ilustrado por um desenhista famoso.

i.lus.trar [ilustr´ar] *vt+vpr* **1** Ilustrar, instruir, cultivar, civilizar. **2** Demonstrar, esclarecer. **3** Desenhar.

i.lus.tre [il´ustre] *adj* Ilustre, distinto, célebre, notável.

i.ma.gen [im´ahen] *sf* **1** Imagem, representação, figura. **2** Aparência, aspecto. **3** Estátua, efígie. **quedar para vestir imágenes** ficar pra titia. **ser la viva imagen de algo** ser muito parecido, ser a cara de alguém.

i.ma.gi.na.ción [imahinaθ´jon] *sf* **1** Imaginação, criatividade. **2** Fantasia, devaneio. **ni por imaginación** nem sonhando, de jeito nenhum.

i.ma.gi.nar [imahin´ar] *vt+vpr* **1** Imaginar, inventar, fantasiar, criar, sonhar. **2** Presumir, suspeitar. *me imagino que deben de pelearse todas las noches* / suspeito que brigam todas as noites.

i.ma.gi.na.rio, -a [imahin´arjo] *adj* Imaginário, irreal, inventado. • *sf* Mil Sentinela.

i.ma.gi.na.ti.vo [imahinat´ibo] *adj* Imaginativo.

i.mán [´iman] *sm* Ímã, ferro imantado.

im.an.tar [imant´ar] *vt+vpr* Imantar, magnetizar. *he aprendido a imantar alfileres* / aprendi a imantar alfinetes.

im.bé.cil [imb´eθil] *adj+s* Tonto, imbecil, tolo, idiota, tonto.

im.ber.be [imb´erbe] *adj* Imberbe. *en lo alto de sus 30 años, sale con un chico aún imberbe* / do alto de seus 30 anos, sai com um garoto imberbe ainda.

im.bo.rra.ble [imboř´able] *adj* Indelével. *nuestra relación ha dejado para siempre una marca imborrable* / nosso relacionamento deixou para sempre uma marca indelével.

im.bu.ir [imbu´ir] *vt* Imbuir, infundir, persuadir. → huir.

i.mi.ta.ción [imitaθj´on] *sf* Imitação.

i.mi.tar [imit´ar] *vt* Imitar, copiar, plagiar. *me gusta jugar de imitar los artistas* / gosto de brincar de imitar os artistas.

im.pa.cien.cia [impaθ´jenθja] *sf* Impaciência, intranquilidade, ansiedade, inquietação.

im.pa.cien.tar [impaθjent´ar] *vt+vpr* Impacientar, inquietar.

im.pa.cien.te [impaθ´jente] *adj+s* Impaciente, inquieto. *¡pero que chico impaciente!* / mas que garoto impaciente!

im.pac.to [imp´akto] *sm* Impacto, choque. *con el impacto, se desmayó* / com o impacto, desmaiou.

im.pa.ga.ble [impag´able] *adj* **1** Impagável, incobrável. **2** Inestimável, precioso.

im.pa.go [imp´ago] *sm* Calote, cano, inadimplência.

im.par [imp´ar] *adj+sm* Ímpar, sem igual. *su talento es impar* / seu talento é sem igual.

im.par.cial [imparθ´jal] *adj+s* Imparcial, equitativo, neutro.

im.par.cia.li.dad [imparθjalid´ad] *sf* Imparcialidade, neutralidade, equidade. *en esta función, la imparcialidad es fundamental* / neste cargo a imparcialidade é fundamental.

im.pa.si.ble [impas´ible] *adj* **1** Impassível, insensível, inabalável. **2** Indiferente, imperturbável, inalterável.

im.pá.vi.do, -a [imp´abido] *adj* Impávido, destemido. *impávido, la defendió de los agresores* / destemido, defendeu-a dos agressores.

im.pe.di.do [imped´ido] *adj+sm* Incapacitado, paralítico, paralisado.

im.pe.di.men.to [impedim´ento] *sm* Impedimento, óbice, obstáculo, empecilho, dificuldade.

im.pe.dir [imped´ir] *vt* Impedir, impossibilitar, evitar. → medir.

im.pe.di.ti.vo [impedit´ibo] *adj* Impeditivo, impediente, obstante.

im.pe.ler [impel´er] *vt* **1** Impelir, empurrar, arremessar, impulsionar. **2** Incitar, estimular.

im.pe.rar [imper´ar] *vi* Imperar, dominar. *impera la impunidad en este país* / a impunidade impera neste país.

im.pe.ra.ti.vo, -a [imperat´ibo] *adj+s* **1** Dominante, autoritário. **2** Imperativo, obrigatório. **3** *Gram* Imperativo (modo verbal). • *sm* Dever, ditame, obrigação, exigência.

im.per.cep.ti.ble [imperθept´ible] *adj* Imperceptível, indistinguível. *tiene una mancha, pero es imperceptible* / está manchado, mas é imperceptível.

im.per.di.ble [imperd´ible] *adj* Imperdível. • *sm AL* Alfinete de segurança.

im.per.fec.ción [imperfekθ´jon] *sf* Imperfeição, falha, deficiência, defeito, deformação.

im.per.fec.to, -a [imperf´ekto] *adj* Imperfeito, defeituoso, incompleto.

im.pe.rial [imperj´al] *adj* Imperial. *¿qué te parece de visitar el museo imperial?* / o que você acha de visitar o museu imperial?

im.pe.ria.lis.mo [imperjal´ismo] *sm Polít* Imperialismo.

im.pe.ri.cia [imperi´θja] *sf* Imperícia, inaptidão, inabilidade. *en medicina, la impericia es inadmisible* / em medicina, a imperícia é inadmissível.

im.pe.rio.so [imperj´oso] *adj* **1** Imperioso, autoritário, dominador, arrogante, altivo. **2** Necessário, forçoso, urgente.

im.per.me.a.bi.li.za.ción [impermeabiliθaθj´on] *sf* Impermeabilização. *¿usted tiene algun producto para impermeabilización de estofados?* / o senhor tem algum produto para impermeabilização de estofados?

im.per.me.a.ble [imperme´able] *adj* Impermeável. • *sm* Capa de chuva.

im.per.té.rri.to [impert´erito] *adj* Destemido, impávido, impassível.

im.per.ti.nen.cia [impertin´enθja] *sf* Impertinência, inconveniência. *no le puedo perdonar la impertinencia* / não posso lhe perdoar a impertinência.

im.per.ti.nen.te [impertin´ente] *adj* Impertinente, inadequado, inoportuno, improcedente.

im.per.tur.ba.ble [imperturb´able] *adj* Imperturbável, impassível, inabalável. *le conté todo, pero estuvo imperturbable* / contei-lhe tudo, mas manteve-se imperturbável.

ím.pe.tu [´impetu] *sm* **1** Ímpeto, impulso. **2** Impetuosidade, vigor, força, energia.

im.pe.tuo.si.dad [impetwosid´ad] *sf* Impetuosidade, furor, arrebatamento. *su impetuosidad me asusta un poco* / sua impetuosidade me assusta um pouco.

im.pe.tuo.so, -a [impet´woso] *adj* **1** Impetuoso, impulsivo. **2** Violento, vigoroso.

im.pie.dad [impjed´ad] *sf* **1** Impiedade, ceticismo, ateísmo, laicismo, irreligião. **2** Desumanidade, crueldade, ruindade, perversidade.

im.pie.do.so [impjed´oso] *adj* **1** Impiedoso, desumano, cruel. **2** Ímpio.

im.pla.ca.ble [implak´able] *adj* Implacável, inexorável.

im.plan.tar [implant´ar] *vt* **1** Implantar, enxertar, inserir. **2** Instituir, estabelecer.

im.ple.men.ta.ción [implementaθj´on] *sf* Implementação, aplicação, realização.

im.ple.men.tar [implement´ar] *vt* Implementar, realizar, pôr em prática.

im.pli.car [implik´ar] *vt+vpr* **1** Implicar, comprometer, envolver, enredar. → *vt* **2** Conter, significar, encerrar. → atacar.

im.plí.ci.to, -a [impl´iθito] *adj* Implícito, tácito, subentendido. *no me dijo nada, pero está implícito en su manera de tratarme que no me quiere más* / não me disse nada, mas está implícito em seu jeito de me tratar que não me ama mais.

im.plo.rar [implor´ar] *vt* Implorar, rogar, suplicar.

im.po.lu.to, -a [impol´uto] *adj* Impoluto, virtuoso, correto. *tiene un pasado impoluto* / tem um passado virtuoso.

im.po.nen.cia [impon´enθja] *sf* Imponência. *son palacios de una imponencia impresionable* / são palácios de uma imponência impressionante.

im.po.nen.te [impon´ente] *adj* Imponente, surpreendente, majestoso, extraordinário.

im.po.ner [impon´er] *vt* **1** Impor, exigir, determinar. **2** Aplicar, depositar (dinheiro). *vt+vpr* **3** Ensinar, doutrinar. **4** Infundir, inspirar. *vpr* **5** Impor-se. → poner.

im.po.pu.lar [impopul´ar] *adj* Impopular. *sus ideas resultan siempre impopulares* / suas ideias acabam sempre sendo impopulares.

im.po.pu.la.ri.dad [impopularid´ad] *sf* Impopularidade.

im.por.ta.ción [importaθj´on] *sf* Importação.

im.por.ta.dor [importad´or] *adj+sm* Importador. *los importadores de piezas automotivas pretenden reajustar los precios* / os importadores de peças automotivas pretendem reajustar os preços.

im.por.tan.cia [import´anθja] *sf* Importância, valia, valor, vulto, relevância.

im.por.tan.te [import´ante] *adj* Importante, valioso, relevante, significativo. *fue una pérdida importante* / foi uma perda significativa.

im.por.tar [import´ar] *vt* **1** *Com* Importar. **2** Conter, encerrar, envolver, implicar. *vi* Interessar, ter importância, convir. **no importa:** a) não interessa. b) não tem importância. **¿qué me importa?** e daí? / e eu com isso?

im.por.te [imp´orte] *sm* Importe, preço, valor, montante.

im.por.tu.nar [importun´ar] *vt* Importunar, incomodar, molestar, aporrinhar.

im.por.tu.no, -a [import´uno] *adj* **1** Inoportuno. **2** Importuno, inconveniente, incômodo, impertinente.

im.po.si.bi.li.dad [imposibilid´ad] *sf* Impossibilidade. *su imposibilidad de* *locomoción le dificulta la vida* / sua impossibilidade de locomoção dificulta-lhe a vida.

im.po.si.bi.li.ta.do, -a [imposibilit´ado] *adj* Tolhido, impossibilitado, inválido. *después del accidente, quedó imposibilitado* / depois do acidente, ficou inválido.

im.po.si.bi.li.tar [imposibilit´ar] *vt* Impossibilitar, obstruir. *hay algo detrás de la puerta imposibilitando que la abra* / há alguma coisa atrás da porta impossibilitando sua abertura.

im.po.si.ble [impos´ible] *adj* Impossível, impraticável.

im.po.si.ción [imposiθ´jon] *sf* **1** Imposição, exigência, ordem, obrigação. **2** Impostura, falsa imputação. **3** Imposto, tributo. **4** Quantidade depositada em conta corrente.

im.pos.tor [impost´or] *adj* Difamador, caluniador. • *s* Impostor, farsante.

im.pos.tu.ra [impost´ura] *sf* Impostura, embuste.

im.po.ten.cia [impot´enθja] *sf* Impotência. *nada me hace sentir peor que la impotencia frente a las situaciones* / nada me faz sentir pior do que a impotência diante das situações.

im.prac.ti.ca.ble [impraktik´able] *adj* **1** Impraticável, inviável. **2** Intransitável.

im.pre.car [imprek´ar] *vt* Imprecar, blasfemar, maldizer. → atacar.

im.pre.ci.so, -a [impreθ´iso] *adj* Impreciso, vago, indefinido. *veo un bulto impreciso a lo lejos* / vejo um vulto impreciso à distância.

im.preg.nar [impregn´ar] *vt+vpr* **1** Impregnar, saturar. **2** Banhar, embeber, ensopar, encharcar.

im.pres.cin.di.ble [impresθind´ible] *adj* Imprescindível, indispensável.

im.pre.sión [impres´jon] *sf* **1** Impressão, sensação, efeito. **2** Sinal, marca. **3** Ideia, noção, juízo. **de la primera impresión** principiante, novato.

im.pre.sio.nan.te [impresjon´ante] *adj* Impressionante, surpreendente.

im.pre.sio.nar [impresjon´ar] *vt+vpr* Impressionar, afetar. *me impresionó mucho su actitud* / sua atitude me impressionou muito.

im.pre.so, -a [impr´eso] *sm* Impresso, folheto. *necesito ayuda para distribuir estos impresos* / preciso de ajuda para distribuir estes folhetos.

im.pre.sor, -ora [impres´or] *s* **1** Impressor, tipógrafo. *sf* **2** *Inform* Impressora. *¿otra vez la impresora se rompió?* / de novo quebrou a impressora?

im.pre.vi.si.ble [imprebis´ible] *adj* Imprevisível, inesperado.

im.pre.vis.to, -a [impreb´isto] *adj+sm* Imprevisto, inesperado. • *sm pl* **imprevistos** Gastos extraordinários.

im.pri.mir [imprim´ir] *vt* **1** Imprimir, gravar, estampar. **2** Infundir, transmitir.

im.pro.ba.ble [improb´able] *adj* Improvável, remoto, incerto. *es improbable que la perdone* / é improvável que a perdoe.

im.pro.ce.den.te [improθed´ente] *adj* Improcedente, inadequado.

im.pro.duc.ti.vo, -a [improdukt´ibo] *adj* Improdutivo, infrutífero. *una semana de reuniones improductivas... ¡Qué desperdicio de tiempo!* / uma semana de reuniões improdutivas... Que desperdício de tempo!

im.pro.nun.cia.ble [impronunθj´able] *adj* Impronunciável. *ella tiene un apellido impronunciable* / ela tem um sobrenome impronunciável.

im.pro.pe.rio [improp´erjo] *sm* Impropério, ofensa, injúria.

im.pro.pio, -a [impr´opjo] *adj* **1** Impróprio, alheio. **2** Inadequado, inoportuno.

im.pro.rro.ga.ble [impror̄og´able] *adj* Improrrogável. *el plazo para las inscripciones es improrrogable* / o prazo para as inscrições é improrrogável.

im.pro.vi.sa.ción [improbisaθj´on] *sf* Improvisação, improviso.

im.pro.vi.sar [improbis´ar] *vt* Improvisar. *no tengo disfraz para la fiesta, pero voy a improvisar algo* / não tenho fantasia para a festa, mas vou improvisar alguma coisa.

im.pro.vi.so, -a [improb´iso] *adj* Improviso, imprevisto.

im.pru.den.cia [imprud´enθja] *sf* **1** Imprudência, inadvertência, desatenção, negligência. **2** *Der* Culpa.

im.pru.den.te [imprud´ente] *adj+s* Imprudente. *si fueras menos imprudente, no te lastimarías tanto* / se você fosse menos imprudente, não se machucaria tanto.

im.pú.di.co [imp´udiko] *adj* Impudico, despudorado.

im.pues.to, -a [imp´westo] *sm* Imposto, taxa, tributo. *febrero es el mes de los impuestos* / fevereiro é o mês dos impostos.

im.pug.nar [impugn´ar] *vt* **1** Impugnar, combater, contradizer, refutar. **2** *Der* Contestar, recorrer, apelar.

im.pul.sar [impuls´ar] *vt* **1** Impulsionar, impelir. **2** Incitar, estimular, fomentar.

im.pul.sión [impulθ´jon] *sf* Impulsão, impulso. *esta herramienta es mejor, porque tiene más fuerza de impulsión* / esta ferramenta é melhor, porque tem mais força de impulsão.

im.pul.si.vo, -a [impuls´ibo] *adj+s* Impulsivo, impetuoso, explosivo, arrebatado.

im.pul.so [imp´ulso] *sm* **1** Impulso, impulsão. **2** Ímpeto, força, energia, estímulo.

im.pu.ne [imp´une] *adj* Impune. *después de lo que me hizo, no se va a quedar impune* / depois do que me fez, não vai ficar impune.

im.pu.ni.dad [impunid´ad] *sf* Impunidade. *la impunidad es un veneno para la sociedad* / a impunidade é um veneno para a sociedade.

im.pun.tua.li.dad [impuntwalid´ad] *sf* Impontualidade. *no acepto impuntualidad* / não aceito impontualidade.

im.pu.re.za [impur´eθa] *sf* **1** Impureza, imperfeição. **2** Impudor.

im.pu.ro, -a [imp´uro] *adj* **1** Impuro, misturado. **2** Corrupto, viciado.

im.pu.tar [imput´ar] *vt* Imputar, atribuir, conferir. *le imputaron el éxito de la operación* / imputaram-lhe o sucesso da operação.

i.nac.ce.si.ble [inakθes´ible] *adj* Inacessível. *vive en un sitio inaccesible de coche* / mora em um lugar inacessível de carro.

i.nac.ti.vo, -a [inakt´ibo] *adj* Inativo, imóvel.

i.na.de.cua.do, -a [inadek´wado] *adj* Inadequado, inoportuno, impróprio, inconveniente.

i.nad.mi.si.ble [inadmis´ible] *adj* Inadmissível, inaceitável, intolerável.

i.nad.ver.ti.do, -a [inadbert´ido] *adj* **1** Inadvertido, despercebido. **2** Desavisado, distraído, desprevenido.

i.na.guan.ta.ble [inagwant´able] *adj* Insuportável, intolerável. *tus sapatillas tienen un olor inaguantable* / seus tênis têm um cheiro insuportável.

i.na.lie.na.ble [inaljen´able] *adj Der* Inalienável. *quédese tranquilo, que es su derecho inalienable* / fique tranquilo, que é seu direito inalienável.

i.nal.te.ra.ble [inalter´able] *adj* Inalterável, imutável, invariável.

i.na.ni.ción [inaniθ´jon] *sf Med* Inanição, desnutrição. *es increíble la cantidad de niños que aún se mueren de inanición* / é incrível a quantidade de crianças que ainda morrem de inanição.

i.na.se.qui.ble [inasek´ible] *adj* Inatingível, inacessível. *tengo un ensueño inasequible* / tenho um sonho inatingível.

i.nau.di.ble [inawd´ible] *adj* Inaudível. *existen sonidos inaudibles para el oído humano* / existem sons inaudíveis para o ouvido humano.

i.nau.di.to, -a [inawd´ito] *adj* Inaudito: a) nunca ouvido. b) assombroso, incrível.

i.nau.gu.ra.ción [inawguraθj´on] *sf* Inauguração, começo, estreia.

i.nau.gu.rar [inaugur´ar] *vt* Inaugurar, iniciar, estrear, começar, abrir.

in.cal.cu.la.ble [inkalkul´able] *adj* Incalculável. *es incalculable el número de estrellas en el cielo* / é incalculável o número de estrelas no céu.

in.ca.li.fi.ca.ble [inkalifik´able] *adj* Inqualificável. *tu conducta fue incalificable* / sua conduta foi inqualificável.

in.ca.pa.ci.dad [inkapaθid´ad] *sf* Incapacidade. *es increíble tu incapacidad de comprender los otros* / é incrível sua incapacidade de compreender os outros.

in.ca.pa.ci.ta.ción [inkapaθitaθj´on] *sf* Incapacitação, desqualificação.

in.ca.pa.ci.ta.do [inkapaθit´ado] *adj+sm* Incapacitado, desqualificado. *me siento incapacitado para esa función* / sinto-me incapacitado para essa função.

in.ca.pa.ci.tar [inkapaθit´ar] *vt* Incapacitar, desqualificar.

in.ca.paz [inkap´aθ] *adj* **1** Incapaz, inapto. **2** Incompetente, inepto.

in.cau.to, -a [ink´auto] *adj* Incauto, descuidado, imprudente. • *adj+s* Ingênuo, crédulo, inocente, confiante.

in.cen.diar [inθend´jar] *vt+vpr* Incendiar, abrasar, inflamar. *lo amenazaron con incendiarle la casa si no pagaba lo que debía* / ameaçaram incendiar sua casa se não pagasse o que devia.

in.cen.ti.var [inθentib´ar] *vt* Incentivar, estimular, incitar, espicaçar, impulsionar, fomentar.

in.cen.ti.vo [inθent´ibo] *sm* Incentivo, impulso, estímulo.

in.cer.ti.dum.bre [inθertid´umbre] *sf* **1** Incerteza, dúvida. **2** Hesitação, indecisão.

in.ce.san.te [inθes´ante] *adj* Incessante, ininterrupto, contínuo.

in.ces.to [inθ´esto] *sm* Incesto. *el incesto es abominable* / o incesto é abominável.

in.ci.den.te [inθid´ente] *adj* Incidente, superveniente. • *sm* **1** Incidente. **2** Disputa, discussão.

in.ci.dir[1] [inθid´ir] *vi* Incidir, incorrer. *incidió en el error de traicionarla* / incorreu no erro de traí-la.

in.ci.dir[2] [inθid´ir] *vt* **1** Incidir, cortar, fender. **2** Inscrever, gravar. **3** Separar, afastar.

in.cier.to, -a [inθ´jerto] *adj* **1** Incerto, duvidoso, contestável, inseguro, impreciso. **2** Ignorado, desconhecido.

in.ci.ne.ra.ción [inθinera θj´on] *sf* Incineração. *esta es una cámara de incineración de basura* / esta é uma câmara de incineração de lixo.

in.ci.ne.rar [inθiner´ar] *vt* Incinerar, queimar.

in.ci.pien.te [inθipj´ente] *adj* Incipiente, principiante, nascente.

in.ci.sión [inθis´jon] *sf* Incisão, corte. *es tan chica que ni se ve la incisión de la cesárea* / é tão pequena que mal se vê a incisão da cesárea.

in.ci.si.vo, -a [inθis´ibo] *adj* **1** Incisivo, cortante. **2** Contundente, mordaz. *sus comentarios incisivos me molestan* / seus comentários mordazes me incomodam. • *sm* Dente incisivo.

in.ci.tan.te [inθit´ante] *adj* Incitante, estimulante.

in.ci.tar [inθit´ar] *vt* Incitar, estimular, instigar, motivar, induzir.

in.cle.men.cia [inklem´enθja] *sf* Inclemência, aspereza, severidade, rigor, rigidez.

in.cli.na.ción [inklinaθ´jon] *sf* **1** Inclinação, obliquidade, encurvamento. **2** Propensão, tendência, queda, simpatia.

in.cli.na.do [inklin´ado] *adj* Inclinado, reclinado.

in.cli.nar [inklin´ar] *vt+vpr* **1** Inclinar, reclinar, curvar, recurvar. **2** Predispor, preferir.

in.clu.ir [inklu´ir] *vt* **1** Incluir, inserir, pôr. **2** Conter, compreender, abranger. → huir.

in.clu.si.ve [inklus´ibe] *adv* Inclusive, também. *vienen tío Artur, tía Amelia y mamá, inclusive* / vêm o tio Artur, a tia Amélia e a mamãe, também.

in.clu.so, -a [inkl´uso] *adj* Incluso, incluído. • *adv* Inclusive. • *prep* Até, mesmo, até mesmo.

in.cóg.ni.ta [ink´ognita] *sf* **1** *Mat* Incógnita **2** Enigma, mistério. **3** Questão, dúvida.

in.co.he.ren.cia [inkoer´enθja] *sf* Incoerência, incongruência.

in.co.he.ren.te [inkoer´ente] *adj* Incoerente, incongruente. *lo que dices es incongruente con lo que haces* / o que você diz é incongruente com o que você faz.

in.co.mo.dar [inkomod´ar] *vt+vpr* Incomodar, aporrinhar, importunar, atormentar, irritar.

in.co.mo.di.dad [inkomodid´ad] *sm* **1** Desconforto, incomodidade. **2** Incômodo.

in.có.mo.do, -a [ink´omodo] *adj* **1** Incômodo, desconfortável. **2** Embaraçoso, desagradável.

in.com.pa.ra.ble [inkompar´able] *adj* Incomparável. *la belleza natural de Amazonia es incomparable* / a beleza natural da Amazônia é incomparável.

in.com.pa.ti.bi.li.dad [inkompatibilid´ad] *sf* Incompatibilidade, antagonismo, conflito.

in.com.pa.ti.ble [inkompat´ible] *adj* Incompatível, conflitante. *los repuestos de ese fabricante son incompatibles con este modelo de licuadora* / as peças de reposição desse fabricante são incompatíveis com esse modelo de liquidificador.

in.com.pe.ten.cia [inkompet´enθja] *sf* Der Incompetência, falta de jurisdição. O termo usado para designar "incompetência", "falta de capacidade", é **ineptitud**.

in.com.pe.ten.te [inkompet´ente] *adj+s* Incompetente, impróprio, sem jurisdição. Ver nota em **incompetencia**.

in.com.pren.si.ble [inkomprens´ible] *adj* Incompreensível, indecifrável. *ayer mi abuela se ha despertado del coma murmurando palabras incomprensibles* / ontem minha avó despertou do coma murmurando palavras incompreensíveis.

in.con.ce.bi.ble [inkonθeb´ible] *adj* Inconcebível, inexplicável, incompreensível, inimaginável.

in.con.di.cio.nal [inkondiθjon´al] *adj* Incondicional, irrestrito, absoluto.

in.co.ne.xo, -a [inkon´e(k)so] *adj* Desconexo, incoerente. *la encontraron caminando por la calle diciendo cosas inconexas* / encontraram-na andando pela rua dizendo coisas desconexas.

in.con.fun.di.ble [inkonfund´ible] *adj* Inconfundível. *para mí, tu voz es inconfundible* / para mim, sua voz é inconfundível.

in.con.gru.en.te [inkongr´wente] *adj* Incongruente, incompatível.

in.con.so.la.ble [inkonsol´able] *adj* Inconsolável. *está inconsolable, ¡pobre!* / está inconsolável, coitado!

in.cons.tan.cia [inkonst´anθja] *sf* Inconstância, instabilidade, leviandade, volubilidade.

in.cons.tan.te [inkonst´ante] *adj* **1** Inconstante, instável, variável. **2** Volúvel, leviano.

in.cons.ti.tu.cio.nal [inkonstituθjon´al] *adj* Der Inconstitucional. *actos inconstitucionales no serán permitidos* / atos inconstitucionais não serão permitidos.

in.con.ta.ble [inkont´able] *adj* Incontável, incalculável, inumerável.

in.con.tes.ta.ble [inkontest´able] *adj* Incontestável, indiscutível.

in.con.tro.la.ble [inkontrol´able] *adj* Incontrolável. *señora, su hijo es incontrolable* / senhora, seu filho é incontrolável.

in.con.ve.nien.cia [inkonbenj´enθja] *sf* Inconveniência, impropriedade, inoportunidade.

in.con.ve.nien.te [inkomben´jente] *adj* Inconveniente, inadequado, inoportuno, indevido. • *sm* Inconveniente, obstáculo.

in.cor.po.ra.ción [inkorporaθ´jon] *sf* Incorporação, inclusão. *exigimos la incorporación del valor del premio al salario* / exigimos a incorporação do valor do bônus ao salário.

in.cor.po.rar [inkorpor´ar] *vt+vpr* **1** Incorporar, agregar. **2** Levantar, erguer-se.

in.co.rrec.to, -a [inkoř´ekto] *adj* Incorreto, errado. *borren los ejercicios incorrectos y háganlos otra vez* / apaguem os exercícios errados e façam-nos novamente.

in.co.rre.gi.ble [inkořeh´ible] *adj* Incorrigível, indisciplinado, indócil.

in.co.rrup.ti.ble [inkořupt´ible] *adj* Incorruptível, insubornável, íntegro.

in.cre.du.li.dad [inkredulid´ad] *sf* Incredulidade, descrença. *su mirada era de incredulidad* / seu olhar era de incredulidade.

in.cre.í.ble [inkre´ible] *adj* Incrível, inacreditável, inverossímil.

in.cre.men.tar [inkrement´ar] *vt+vpr* Incrementar, aumentar, acrescentar, crescer. *se incrementaron las ventas este mes* / as vendas aumentaram este mês.

in.cre.men.to [inkrem´ento] *sm* Incremento, aumento, crescimento, acréscimo.

in.cre.par [inkrep´ar] *vt* Repreender, dar bronca. *me han increpado injustamente* / deram-me bronca injustamente.

in.cri.mi.nar [inkrimin´ar] *vt* Incriminar, responsabilizar, acusar.

in.cu.bar [inkub´ar] *vt* **1** Chocar. *vpr* **2** Incubar. *por lo que veo, te estas incubando un resfriado* / pelo que estou vendo, você está incubando um resfriado.

in.cues.tio.na.ble [inkwestjon´able] *adj* Inquestionável, indiscutível, incontestável, irrefutável.

in.cul.car [inkulk´ar] *vt* **1** Apertar, espremer. **2** Inculcar, infundir, incutir. → atacar.

in.cul.par [inkulp´ar] *vt* Inculpar, culpar, acusar. *no me parece bien inculpar los demás sin saber lo que ha pasado* / não me parece certo culpar os outros sem saber o que aconteceu.

in.cul.to, -a [ink´ulto] *adj* **1** Inculto, agreste. **2** Iletrado, ignorante, bronco.

in.cum.ben.cia [inkumb´enθja] *sf* Incumbência, tarefa, atribuição, obrigação, responsabilidade.

in.cum.bir [inkumb´ir] *vi* Incumbir, caber, competir. *si he decidido incumbirle esa tarea, es porque tengo plena seguridad de su capacidad* / se decidi incumbi-lo dessa tarefa, é porque tenho plena certeza de sua capacidade.

in.cum.pli.mien.to [inkumplimj´ento] *sm* Descumprimento.

in.cum.plir [inkumpl´ir] *vt* Descumprir. *estoy seguro de que no pretende incumplir el pacto* / tenho certeza de que não pretende descumprir o pacto.

in.cu.rrir [inkur̄´ir] *vi* Incorrer, incidir.

in.da.ga.ción [indagaθ´jon] *sf* Indagação, averiguação. *después de las indagaciones, la policía hará una declaración a la prensa* / depois das averiguações, a polícia fará uma declaração à imprensa.

in.da.gar [indag´ar] *vt* Indagar, perguntar, averiguar. → cargar.

in.de.bi.do, -a [indeb´ido] *adj* **1** Indevido. **2** *Der* Indébito.

in.de.cen.cia [indeθ´enθja] *sf* Indecência, imoralidade. *ese tu vestido es una indecencia* / esse seu vestido é uma indecência.

in.de.cen.te [indeθ´ente] *adj* Indecente, indecoroso, vergonhoso, indigno.

in.de.ci.sión [indeθiθj´on] *sf* Indecisão, hesitação, insegurança.

in.de.ci.so, -a [indeθ´iso] *adj* Indeciso, hesitante, vacilante, inseguro. *estoy indeciso entre medicina y veterinaria* / estou indeciso entre medicina e veterinária.

in.de.co.ro.so, -a [indekor´oso] *adj* Indecoroso, indecente, imoral, impudico.

in.de.fen.so [indef´enso] *adj* Indefeso, desprotegido.

in.de.fi.ni.do, -a [indefin´ido] *adj* Indefinido, indeterminado, vago, impreciso.

in.de.le.ble [indel´eble] *adj* Indelével, indestrutível. *me ha dejado una marca indeleble en el corazón* / deixou-me uma marca indelével no coração.

in.de.li.ca.de.za [indelikadéθa] *sf* Indelicadeza, grosseria.

in.de.li.ca.do [indelik´ado] *adj* Indelicado, grosseiro, descortês. *estoy enojada porque fuiste indelicado con mis amigas* / estou brava porque você foi indelicado com minhas amigas.

in.dem.ni.za.ción [indemniθaθ´jon] *sf* Indenização, compensação. *exigiré una indemnización por mi perjuicio* / exigirei uma indenização por meu prejuízo.

in.dem.ni.zar [indemniθ´ar] *vt* Indenizar, compensar, reparar, ressarcir. → alzar.

in.de.pen.den.cia [independ´enθja] *sf* Independência, autonomia. *ahora que trabajo, puedo dar mi grito de independencia* / agora que eu trabalho, posso dar meu grito de independência.

in.de.pen.dien.te [independ´jente] *adj* Independente, autônomo.

in.de.pen.di.zar [independiθ´ar] *vt+vpr* Libertar. → alzar.

in.des.crip.ti.ble [indeskript´ible] *adj* Indescritível, indizível, inenarrável.

in.des.truc.ti.ble [indestrukt´ible] *adj* Indestrutível. *¡ojalá hicieran juguetes indestructibles para los niños!* / bem que podiam fazer brinquedos indestrutíveis para as crianças!

in.de.ter.mi.na.do, -a [indetermin´ado] *adj* **1** Indeterminado, indefinido, vago, impreciso. **2** Irresoluto, indeciso.

in.de.xa.ción [inde(k)saθ´jon] *sf Econ* Indexação, classificação.

in.de.xar [inde(k)s´ar] *vt* Indexar, classificar.

in.di.ca.ción [indikaθj´on] *sf* **1** Indicação, sinal, aviso. **2** Orientação, recomendação.

in.di.ca.dor, -a [indikad´or] *adj+s* Indicador. *vamos a analizar los indicadores económicos* / vamos analisar os indicadores econômicos.

in.di.car [indik´ar] *vt* **1** Indicar, sinalizar, apontar. **2** Prescrever, receitar. → atacar.

ín.di.ce [´indiθe] *sm* **1** Índice. **2** Indício, sinal. *ese llanto es índice de cansancio* / esse choro é sinal de cansaço.

in.di.fe.ren.cia [indifer´enθja] *sf* Indiferença, apatia.

in.di.fe.ren.te [indifer´ente] *adj* Indiferente, apático. *me es indiferente si te quedas o te vas* / para mim é indiferente se você fica ou vai.

in.di.fe.ren.te.men.te [indiferentem´ente] *adv* Indiferente, indiferentemente.

in.dí.ge.na [ind´ihena] *adj+s* Autóctone, nativo.

in.di.gen.cia [indig´enθja] *sf* Indigência, miséria. *gran parte de la población vive en situación de indigencia* / grande parte da população vive em situação de miséria.

in.di.gen.te [indih´ente] *adj+s* Indigente, mendigo.

in.di.ges.tión [indigest´jon] *sf Med* Indigestão. *cuidado, que indigestión es cosa seria* / cuidado, que indigestão é coisa séria.

in.di.ges.to, -a [indih´esto] *adj* **1** Indigesto. **2** Confuso, indistinto. **3** Difícil, rude, desagradável. *su novio es bastante indigesto, no sé cómo lo aguanta* / o namorado dela é bem desagradável, não sei como o aguenta.

in.dig.na.ción [indignaθ´jon] *sf* Indignação, revolta, raiva.

in.dig.na.do [indign´ado] *adj* Indignado, irritado, revoltado, furioso. *el caradurismo me pone indignado* / a falta de vergonha na cara me deixa indignado.

in.dig.nan.te [indign´ante] *adj* Revoltante. *copió mi trabajo y lo entregó en su propio nombre. ¡Es indignante!* / copiou meu trabalho e o entregou em seu próprio nome. É revoltante!

in.dig.nar [indign´ar] *vt+vpr* Indignar, revoltar, exasperar.

in.dig.ni.dad [indignid´ad] *sf* Indignidade, baixeza, ultraje.

in.dig.no, -a [ind´igno] *adj* **1** Indigno, impróprio. **2** Desprezível, vil, infame, indecoroso.

in.dio, -a [´indjo] *adj+s* Índio, indígena. **caer de indio** fazer papel de bobo. **fila india** fila indiana. **¿somos indios?** tenho cara de bobo? • *adj* Índigo.

in.di.rec.ta [indir´ekta] *sf* Indireta, insinuação. **decir una indirecta** dar uma indireta.

in.dis.ci.pli.na [indisθipl´ina] *sf* Indisciplina, desordem, desobediência, rebeldia.

in.dis.ci.pli.nar.se [indisθiplin´arse] *vpr* Indisciplinar-se, rebelar-se.

in.dis.cre.ción [indiskreθj´on] *sf* Indiscrição, leviandade, imprudência.

in.dis.cre.to, -a [indiskr´eto] *adj+s* Indiscreto. *no seas indiscreto; si no te cuenta nada, no le preguntes* / não seja indiscreto; se não lhe contar nada, não pergunte.

in.dis.cul.pa.ble [indiskulp´able] *adj* Indesculpável, injustificável.

in.dis.cu.ti.ble [indiskut´ible] *adj* Indiscutível, incontestável, inegável, inquestionável, irrefutável, indubitável.

in.dis.pen.sa.ble [indispens´able] *adj* Indispensável, imprescindível.

in.dis.po.ner [indispon´er] *vt+vpr* **1** Indispor, desarranjar. **2** Incomodar. → poner.

in.dis.po.si.ción [indisposiθj´on] *sf* Indisposição, incômodo, mal-estar.

in.dis.pues.to, -a [indisp´westo] *adj* Indisposto, adoentado. *no fui a trabajar porque me siento indispuesto* / não fui trabalhar porque estou indisposto.

in.dis.tin.to, -a [indist´into] *adj* Indistinto, indefinido, vago, impreciso.

in.di.vi.dual [indibid´wal] *adj* Individual.

in.di.vi.dua.li.dad [indibidwalid´ad] *sf* Individualidade.

in.di.vi.dua.lis.ta [indibidwal´ista] *adj+s* Individualista. *si fueras menos individualista, eso no te pasaría* / se você fosse menos individualista, isso não aconteceria.

in.di.vi.duo, -a [indib´idwo] *sm* **1** Indivíduo. *sf* **2** *despec* Fulana, vadia. *si te veo con aquella individua, no sé qué soy capaz de hacer* / se eu vir você com aquela fulana, não sei o que sou capaz de fazer.

in.di.vi.si.ble [indibis´ible] *adj* Indivisível, impartível.

in.dó.cil [ind´oθjo] *adj* Indócil, indisciplinado. *tengo miedo de caballo indócil* / tenho medo de cavalo indócil.

ín.do.le [´indole] *sf* Índole, natureza, inclinação, temperamento, caráter.

in.do.len.cia [indol´enθja] *sf* Indolência, displicência. *con tanta indolencia no vas a llegar a ninguna parte* / com tanta indolência, você não vai chegar a parte alguma.

in.do.len.te [indol´ente] *adj+s* **1** Indolente, displicente. **2** Malandro.

in.du.bi.ta.ble [indubit´able] *adj* Indubitável, incontestável, indiscutível.

in.du.cir [indu̇θ´ir] *vt* Induzir, instigar, incitar, persuadir. → aducir.

in.du.da.ble [indud´able] *adj* Indubitável, inegável, incontestável, irrefutável.

in.dul.gen.cia [indul:h´enθja] *sf* Indulgência, clemência, piedade, compaixão, tolerância.

in.dul.gen.te [indul:h´ente] *adj* Indulgente, tolerante, misericordioso.

in.du.men.ta.ria [indument´arja] *sf* Indumentária, roupa, traje, vestimenta.

in.dus.trial [industri´al] *adj* Industrial. • *sm* Industrial, fabricante.

i.né.di.to, -a [in´edito] *adj* Inédito, original, novo.

i.ne.fi.ca.cia [inefik´aθja] *sf* Ineficácia. *esa medicina ya ha demostrado su ineficacia. El médico tiene que recetar otra* / esse remédio já provou sua ineficácia. O médico tem de receitar outro.

i.nep.ti.tud [ineptit´ud] *sf* Inépcia, incompetência, incapacidade. Veja nota em **incompetencia** (espanhol).

i.nep.to, -a [in´epto] *adj+s* Inepto, incapaz, incompetente.

i.ne.quí.vo.co, -a [inek´iboko] *adj* Inequívoco, evidente, óbvio.

i.ner.cia [in´erθja] *sf Fís* **1** Inércia. **2** Apatia, frouxidão. *tengo que esforzarme para salir de esa inercia* / tenho de me esforçar para sair dessa inércia.

i.ner.te [in´erte] *adj* Inerte, imóvel, inativo, paralisado.

i.nes.pe.ra.do, -a [inesper´ado] *adj* Inesperado, imprevisto, repentino.

i.nes.ta.bi.li.dad [inestabilid´ad] *sf* Instabilidade. *¿sabes lo que más me irrita? La inestabilidad del tiempo* / sabe o que mais me irrita? A instabilidade do tempo.

i.nes.ta.ble [inest´able] *adj* Instável, inconstante. *tu humor es el más inestable que ya he visto* / seu humor é o mais inconstante que eu já vi.

i.nes.ti.ma.ble [inestim´able] *adj* Inestimável, incalculável.

i.ne.vi.ta.ble [inebit´able] *adj* Inevitável. *la crisis es inevitable* / a crise é inevitável.

i.ne.xis.ten.cia [ineksist´enθja] *sf* Inexistência. *el caso fue encerrado por inexistencia de pruebas* / o caso foi encerrado por inexistência de provas.

i.ne.xis.ten.te [ineksist´ente] *adj* Inexistente. *la carta volvió: dirección inexistente* / a carta voltou: endereço inexistente.

i.ne.xo.ra.ble [ineksor´able] *adj* **1** Inexorável, inevitável, irremediável. **2** Inflexível.

i.nex.pe.rien.cia [ine(k)sperj´enθja] *sf* Inexperiência. *es la inexperiencia propia de la juventud* / é a inexperiência própria da juventude.

i.nex.per.to, -a [ine(k)sp´erto] *adj+s* Inexperiente, principiante, aprendiz.

in.fa.li.ble [infal´ible] *adj* Infalível. *tengo un plan infalible para convencerlo* / tenho um plano infalível para convencê-lo.

in.fa.me [inf´ame] *adj+s* Infame, vil, indigno.

in.fa.mia [inf´amja] *sf* **1** Descrédito, desonra. **2** Infâmia, baixeza.

in.fan.cia [inf´anθja] *sf* Infância.

in.fan.til [infant´il] *adj* Infantil, pueril. *¿vamos a ver una película infantil sábado?* / vamos ver um filme infantil no sábado?

in.far.to [inf´arto] *sm Patol* Infarto, enfarte.

in.fec.ción [infekθ´jon] *sf Patol* Infecção. *la infección se diseminó sin control* / a infecção alastrou-se descontroladamente.

in.fec.cio.so, -a [infekθ´joso] *adj* Infeccioso. *no pongan la mano que es un foco*

infeccioso / não ponham a mão porque é um foco infeccioso.
in.fec.tar [infekt´ar] *vt+vpr* Infectar, contaminar.
in.fe.li.ci.dad [infeliθid´ad] *sf* Infelicidade, desventura, desdita, infortúnio.
in.fe.liz [infel´iθ] *adj+s* Infeliz, desventurado.
in.fe.rior [infer´jor] *adj* Inferior. • *adj+sm* Subalterno, subordinado.
in.fe.rio.ri.dad [inferjorid´ad] *sf* Inferioridade. *tu complexo de inferioridad no te deja evolucionar* / seu complexo de inferioridade não o deixa evoluir.
in.fe.rir [infer´ir] *vt* **1** Inferir, deduzir, concluir. **2** Implicar, causar, acarretar. **3** Ferir, ofender. → mentir.
in.fer.nal [infern´al] *adj* **1** Infernal, demoníaco, tenebroso. **2** Horrível, insuportável, horrível.
in.fer.ti.li.dad [infertilid´ad] *sf* Infertilidade, esterilidade.
in.fes.tar [infest´ar] *vt* Infestar. *no dejen cosa dulce arriba de la mesa si no se va a infestar de hormigas* / não deixem coisa doce em cima da mesa senão vai infestar de formiga.
in.fi.de.li.dad [infidelid´ad] *sf* Infidelidade, deslealdade.
in.fiel [inf´jel] *adj* Infiel, desleal. *nunca nadie supo que fuera infiel* / nunca ninguém soube que fosse infiel.
in.fier.no [inf´jerno] *sm* Inferno. **el quinto infierno** o quinto dos infernos / onde Judas perdeu as botas.
in.fil.tra.ción [infiltraθ´jon] *sf* Infiltração, penetração.
in.fil.trar [infiltr´ar] *vt+vpr* Infiltrar, penetrar.
ín.fi.mo, -a [´infimo] *adj* **1** Ínfimo, mínimo, minúsculo. **2** Desprezível.
in.fi.ni.dad [infinid´ad] *sf* Infinidade. *tengo una infinidad de cosas para hacer hoy* / tenho uma infinidade de coisas para fazer hoje.
in.fi.ni.ti.vo [infinit´ibo] *sm Gram* Infinitivo.
in.fi.ni.to, -a [infin´ito] *adj* Infinito, ilimitado. • *sm* Infinito, firmamento, céu.
in.fla.ción [inflaθ´jon] *sf Econ* Inflação.

in.fla.ma.ción [inflamaθ´jon] *sf* Inflamação. *¿el médico te dio algo para la inflamación?* / o médico lhe deu alguma coisa para a inflamação?
in.fla.mar [inflam´ar] *vt+vpr* **1** Inflamar. **2** Afoguear, enrubescer, corar.
in.fle.xi.bi.li.dad [infle(k)sibilid´ad] *sf* Inflexibilidade, rigidez.
in.fle.xi.ble [infle(k)s´ible] *adj* **1** Inflexível, rígido, firme. **2** Rigoroso, intransigente.
in.flu.en.cia [influ´enθja] *sf* Influência, ascendência. *ella se aprovecha de la influencia del tío en la empresa* / ela se aproveita da influência do tio na empresa.
in.flu.en.ciar [influenθ´jar] *vt* **1** Influenciar, influir. **2** Afetar.
in.flu.ir [influ´ir] *vi+vt* Influir, afetar, influenciar. → huir.
in.flu.jo [infl´uho] *sm* Influxo, influência, defluência.
in.for.ma.ción [informaθ´jon] *sf* **1** Informação, informe, notícia. **2** Esclarecimento, conhecimento.
in.for.mal [inform´al] *adj+s* Informal. *la reunión es informal, no hace falta corbata* / a reunião é informal, não precisa de gravata.
in.for.mar [inform´ar] *vt+vpr* **1** Informar, comunicar, notificar. **2** Esclarecer, orientar, ensinar.
in.for.ma.ti.vo, -a [informat´ibo] *adj* Informativo. • *sm* **1** Informativo, boletim. **2** Noticiário.
in.for.me [inf´orme] *sm* **1** Informe, informação, notícia. **2** Relatório. • *adj* Disforme, irregular.
in.for.tu.na.do, -a [infortun´ado] *adj+s* Desafortunado, desventurado.
in.for.tu.nio [infort´unjo] *sm* **1** Infortúnio, infelicidade, desventura. **2** Adversidade, revés.
in.frac.ción [infrakθ´jon] *sf* Infração, transgressão, contravenção, falta.
in.frac.tor, -a [infrakt´or] *adj+s* Infrator, contraventor. *al infractor le dieron una multa* / deram uma multa ao infrator.
in.fra.es.truc.tu.ra [infraestrukt´ura] *sf* Infraestrutura. *sin incrementar la infraestructura no podremos atender a los clientes* / sem aumentar a infraestrutura não poderemos atender os clientes.

in.frin.gir [infrin:hˊir] *vt* Infringir, transgredir, descumprir, violar. → exigir.

in.fun.da.do, -a [infundˊado] *adj* Infundado, injustificado. *las sospechas son infundadas* / as suspeitas são infundadas.

in.fun.dir [infundˊir] *vt* Infundir, inspirar, imbuir, sugerir.

in.ge.nie.rí.a [in:henjerˊia] *sf* Engenharia. *estoy en el cuarto año de ingeniería naval* / estou no quarto ano de engenharia naval.

in.ge.nie.ro, -a [in:henˊjero] *s* Engenheiro. *un año más y seré un ingeniero* / mais um ano e serei um engenheiro.

in.ge.nio [in:hˊenjo] *sm* **1** Engenho, máquina. **2** Talento, habilidade. **3** Engenho de açúcar.

in.ge.nio.so, -a [in:henˊjoso] *adj* Engenhoso, talentoso, criativo, inventivo.

in.ge.nui.dad [in:henwidˊad] *sf* Ingenuidade, inocência, simplicidade.

in.ge.rir [in:herˊir] *vt* Ingerir, engolir, tragar. → mentir.

in.ges.tión [in:hestˊjon] *sf* Ingestão. *para prevenir la deshidratación se recomienda la ingestión de mucha agua* / para prevenir a desidratação recomenda-se a ingestão de muita água.

in.gle [ˊingle] *sf Anat* Virilha. *si vamos a la playa, me voy a depilar la ingle* / se vamos à praia, vou depilar a virilha.

in.glés, -esa [inglˊes] *adj*+*s* Inglês. *¿hablas inglés?* / você fala inglês?

in.gra.ti.tud [ingratitˊud] *sf* Ingratidão, desagradecimento.

in.gra.to, -a [ingrˊato] *adj* Ingrato, mal-agradecido.

in.gre.sar [ingresˊar] *vt* **1** Investir, aplicar. **2** Internar, hospitalizar. **3** Entrar.

in.gre.so [ingrˊeso] *sm* **1** Ingresso, entrada. **2** *Com* Receita, renda. **3** *Com* Depósito.

in.há.bil [inˊabil] *adj* Inábil, inabilidoso. *no me quiero cortar el pelo con ese peluquero; me parece muy inhábil* / não quero cortar o cabelo com esse cabeleireiro; parece-me muito inábil.

in.ha.bi.li.dad [inabilidˊad] *sf* Inabilidade.

in.ha.bi.li.tar [inabilitˊar] *vt*+*pr* Desabilitar, desqualificar, incapacitar, impossibilitar.

in.ha.bi.ta.ble [inabilitˊable] *adj* Inabitável. *esta casa es inhabitable* / esta casa é inabitável.

in.ha.bi.ta.do [inabitˊado] *adj* Desabitado, despovoado.

in.ha.la.ción [inalaθjˊon] *sf* Inalação. *tuvimos que llevar al nene a urgencia para hacer una inhalación* / tivemos de levar o nenê ao pronto-socorro para fazer uma inalação.

in.hi.bir [inibˊir] *vt* **1** Inibir, reprimir, conter. *vpr* **2** Abster-se, privar-se.

in.hós.pi.to [inˊospito] *adj* Inóspito, agreste, selvagem.

in.hu.ma.ni.dad [inumanidˊad] *sf* Desumanidade, crueldade.

in.hu.ma.no, -a [inumˊano] *adj* Desumano, cruel. *es increíble cuánto puede llegar un hombre a ser inhumano* / é incrível quanto um homem pode chegar a ser cruel.

i.ni.cial [iniθˊjal] *adj* **1** Inicial, originário, primitivo. **2** Inaugural.

i.ni.ciar [iniθˊjar] *vt* **1** Iniciar, começar. *vpr* **2** Iniciar-se, encetar-se.

i.ni.cia.ti.va [iniθjatˊiba] *sf* Iniciativa, resolução.

i.ni.cio [inˊiθjo] *sm* Início, começo. *damos inicio a la reunión* / damos início à reunião.

i.ni.cuo, -a [inˊikwo] *adj* Iníquo, injusto, cruel.

i.nin.te.li.gi.ble [inintelihˊible] *adj* Ininteligível, incompreensível. *para mí, lo que dice es ininteligible* / para mim, o que diz é ininteligível.

i.nin.te.rrum.pi.do [ininteřumpˊido] *adj* Ininterrupto, contínuo, sucessivo.

i.ni.qui.dad [inekidˊad] *sf* Iniquidade, crueldade, injustiça, maldade.

in.jer.to, -a [in:hˊerto] *sm* Enxerto, implante. *fue necesario hacer un injerto de piel en la herida* / foi preciso fazer um enxerto de pele na ferida.

in.ju.ria [in:hˊurja] *sf* Injúria, ultraje, afronta, ofensa.

in.ju.riar [in:huriˊar] *vt* Injuriar, ofender, ultrajar.

in.ju.rio.so, -a [in:hurjˊoso] *adj* Injurioso, ultrajante, ofensivo.

in.jus.ti.cia [in:hust´iθja] *sf* Injustiça, arbitrariedade, abuso.

in.jus.to, -a [in:h´usto] *adj* Injusto, arbitrário, parcial.

in.ma.cu.la.do, -a [inmakul´ado] *adj* Imaculado, puro.

in.ma.du.rez [inmadur´eθ] *sf* Imaturidade. *su inmadurez me sorprendió; no lo esperaba* / sua imaturidade me surpreendeu; não esperava por isso.

in.ma.du.ro [inmad´uro] *adj* **1** Imaturo. **2** Verde. *esta banana está inmadura aún* / esta banana ainda está verde.

in.ma.nen.te [inman´ente] *adj Filos* Imanente.

in.me.dia.cio.nes [inmedjaθj´ones] *sf pl* Imediações, arredores.

in.me.dia.ta.men.te [inmedjatam´ente] *adv* Imediatamente. *quiero que apagues la televisión inmediatamente* / quero que você desligue a televisão imediatamente.

in.me.dia.to, -a [inmed´jato] *adj* **1** Imediato, instantâneo. **2** Subsequente.

in.men.si.dad [inmensid´ad] *sf* Imensidade, imensidão.

in.men.so, -a [inm´enso] *adj* Imenso, enorme, gigantesco.

in.me.re.ci.do, -a [inmereθ´ido] *adj* Imerecido, injusto, indevido.

in.mer.sión [inmersj´on] *sf* Imersão, submersão, mergulho.

in.mer.so, -a [inm´erso] *adj* **1** Imerso, submerso. **2** Envolvido, absorto.

in.mi.grar [inmigr´ar] *vi* Imigrar. *muchos tuvieron que inmigrar por la guerra* / muitos tiveram de imigrar por causa da guerra.

in.mi.nen.te [inmin´ente] *adj* Iminente. *la crisis es inminente, no hay más cómo evitarla* / a crise é iminente, não há como evitá-la.

in.mo.bi.lia.rio, -a [inmobilj´arjo] *adj* Imobiliário. *el mercado inmobiliario anda medio estacionado* / o mercado imobiliário anda meio parado.

in.mo.lar [inmol´ar] *vt* Imolar, sacrificar. *soy totalmente contra inmolar animales* / sou totalmente contra imolar animais.

in.mo.ral [inmor´al] *adj* Imoral, indecente, indecoroso.

in.mo.ra.li.dad [inmoralid´ad] *sf* Imoralidade, devassidão, indecência.

in.mor.ta.li.zar [imortaliθ´ar] *vt+vpr* Imortalizar, perpetuar. → alzar.

in.mo.vi.li.dad [inmobilid´ad] *sf* Imobilidade, estabilidade.

in.mo.vi.lis.mo [inmobil´ismo] *sm* Imobilismo, imobilidade. *tu inmobilismo me irrita* / sua imobilidade me irrita.

in.mo.vi.li.za.ción [inmobiliθaθj´on] *sf* Imobilização, paralisação.

in.mo.vi.li.zar [inmobiliθ´ar] *vt+vpr* Imobilizar, paralisar, deter. → alzar.

in.mun.di.cia [inmund´iθja] *sf* Imundice, sujeira, lixo, porcaria.

in.mu.ni.zar [inmuniθ´ar] *vt+vpr* Imunizar, vacinar. → alzar.

in.mu.ta.ble [inmut´able] *adj* Imutável, inalterável, invariável, constante.

in.na.to, -a [inn´ato] *adj* **1** Inato, congênito. **2** Inerente.

in.ne.ce.sa.ria.men.te [inneθesarja m´ente] *adv* Desnecessariamente. *lo retaste innecesariamente; él no hizo nada* / você deu bronca nele desnecessariamente; ele não fez nada.

in.ne.ce.sa.rio [inneθes´arjo] *adj* Desnecessário.

in.no.va.ción [innobaθ´jon] *sf* Inovação, renovação, mudança.

in.no.va.dor [innobad´or] *adj+sm* Inovador. *mi padre tiene ideas bastante innovadoras* / meu pai tem ideias bastante inovadoras.

in.no.var [innob´ar] *vt* Inovar, mudar, atualizar, modernizar, revolucionar.

in.nu.me.ra.ble [innumer´able] *adj* Inumerável, incalculável.

i.no.cen.cia [inoθ´enθja] *sf* Inocência: a) pureza, ingenuidade. b) ausência de culpa.

i.no.cen.te [inoθ´ente] *adj+s* Inocente: a) puro, cândido, ingênuo. b) livre de culpa.

i.no.do.ro, -a [inod´oro] *adj* Inodoro. • *sm* Vaso sanitário. *se prohibe arrojar papeles en el inodoro* / é proibido jogar papéis no vaso sanitário.

i.no.fen.si.vo, -a [inofens´ibo] *adj* Inofensivo, inócuo. *gracias a Dios, el veneno de esa culebra es inofensivo* / graças a Deus, o veneno dessa cobra é inofensivo.

i.no.por.tu.no, -a [inoport´uno] *adj* Inoportuno, inconveniente.

i.nol.vi.da.ble [inolbid´able] *adj* Inesquecível, memorável.

in.quie.ta.ción [inkjetaθj´on] *sf* Inquietação, desassossego.

in.qui.etar [inkjet´ar] *vt+vpr* Inquietar, preocupar, atormentar, afligir, desassossegar.

in.quie.to, -a [ink´jeto] *adj* Inquieto, intranquilo.

in.quie.tud [inkjet´ud] *sf* Inquietação, desassossego.

in.qui.li.no, -a [inkil´ino] *sm* **1** Inquilino. **2** Arrendatário.

in.qui.rir [inkir´ir] *vt* Inquirir, indagar, averiguar, perguntar. → adquirir.

in.qui.si.ción [inkisiθ´jon] *sf* Inquisição, indagação, investigação, averiguação.

in.qui.si.dor, -a [inkisid´or] *adj+s* Inquisidor, inquiridor.

in.sa.cia.ble [insaθ´jable] *adj* Insaciável, ambicioso. *¡pero que apetito insaciable!* / mas que apetite insaciável!

in.sa.lu.bri.dad [insalubrid´ad] *sf* Insalubridade. *ganó una indemnización por insalubridad* / ganhou uma indenização por insalubridade.

in.sa.no, -a [ins´ano] *adj* **1** Insalubre. **2** Insano, demente, louco, maluco.

in.sa.tis.fe.cho, -a [insatisf´etʃo] *adj* Insatisfeito, descontente.

ins.cri.bir [inskrib´ir] *vt* **1** Inscrever, gravar. **2** Registrar. *vpr* **3** Inscrever-se, associar-se, afiliar-se. *Part irreg:* inscrito, inscripto.

ins.crip.ción [inskripθ´jon] *sf* **1** Inscrição, registro. **2** Gravação.

ins.crip.to, -a [inskr´ito] *adj* **1** Inscrito, gravado. **2** Associado, afiliado, matriculado.

in.sec.to [ins´ekto] *sm Entom* Inseto. *tengo horror a insectos* / tenho horror a insetos.

in.se.gu.ro, -a [inseg´uro] *adj* Inseguro, incerto, vacilante.

in.sen.sa.tez [insensat´eθ] *sf* Insensatez, imprudência, loucura, absurdo.

in.sen.sa.to, -a [insens´ato] *adj+s* Insensato, irresponsável, leviano.

in.sen.si.ble [insens´ible] *adj* Insensível. *desde que me lastimé el pie, la región está insensible* / desde que machuquei o pé, a região está insensível.

in.se.pa.ra.ble [insepar´able] *adj* Inseparável, indissociável.

in.ser.ción [inserθ´jon] *sf* Inserção, inclusão.

in.se.rir [inser´ir] *vt* **1** Enxertar (plantas). **2** Inserir, incluir, emendar. *vpr* **3** Intrometer-se.

in.si.dia [ins´idja] *sf* Insídia, tocaia, emboscada, cilada, intriga, estratagema, ardil.

in.si.dio.so, -a [insidj´oso] *adj* Insidioso: a) traiçoeiro, enganador. b) *Med* aparentemente benigno (doença).

in.sig.ne [ins´igne] *adj* Insigne, ilustre, eminente, notável, célebre.

in.sig.nia [ins´ignja] *sf* Insígnia, condecoração, medalha.

in.sig.ni.fi.can.cia [insignifik´anθja] *sf* Insignificância, pequenez.

in.sig.ni.fi.can.te [insignifik´ante] *adj* Insignificante, ínfimo. *pero si es un corte insignificante, ¡no hace falta llorar tanto!* / mas é um corte insignificante, não precisa chorar tanto!

in.si.nua.ción [insinwaθ´jon] *sf* Insinuação, sugestão. *sus insinuaciones me ofenden* / suas insinuações me ofendem.

in.si.nuar [insinu´ar] *vt* **1** Insinuar, dar a entender. *vpr* **2** Insinuar-se, infiltrar-se. → atenuar.

in.sí.pi.do, -a [ins´ipido] *adj* Insípido, desinteressante.

in.sis.ten.cia [insist´enθja] *sf* **1** Insistência, obstinação, perseverança, teimosia. **2** Persistência.

in.sis.ten.te [insist´ente] *adj* **1** Insistente, perseverante, teimoso, obstinado. **2** Persistente.

in.sis.tir [insist´ir] *vi* **1** Insistir, persistir. **2** Teimar.

in.so.len.cia [insol´enθja] *sf* Insolência, desplante, atrevimento, descaramento, audácia, desaforo.

in.so.len.te [insol´ente] *adj+s* Insolente, desaforado, descarado, atrevido.

in.só.li.to, -a [ins´olito] *adj* Insólito, inabitual, incomum. *fue un acaecimiento insólito* / foi um acontecimento insólito.

in.sol.ven.cia [insolb´enθja] *sf* Insolvência, inadimplência.

in.so.por.ta.ble [insoport´able] *adj* Insuportável, intolerável. *es insoportable vivir peleándose* / é insuportável viver brigando.

in.sos.pe.cha.do [insospetʃ´ado] *adj* Insuspeitado, inesperado.

ins.pec.ción [inspekθ´jon] *sf* Inspeção, vistoria, exame, fiscalização, inspetoria.

ins.pec.cio.nar [inspekθjon´ar] *vt* Inspecionar, examinar, fiscalizar, vistoriar.

ins.pi.ra.ción [inspiraθ´jon] *sf* Inspiração: a) criatividade. b) entusiasmo. c) inalação.

ins.pi.rar [inspir´ar] *vt+vi* **1** Inspirar, inalar, aspirar. *vt* **2** Incitar, despertar, suscitar. *vpr* **3** Entusiasmar-se, deslumbrar-se.

ins.ta.la.ción [instalaθ´jon] *sf* Instalação. *¿quién te va a ayudar con la instalación eléctrica?* / quem vai ajudá-lo com a instalação elétrica?

ins.ta.lar [instal´ar] *vt+vpr* **1** Instalar, colocar, pôr. *vt* **2** Armar, montar. *vpr* **3** Estabelecer, fixar residência.

ins.tan.cia [inst´anθja] *sf* **1** Instância. **2** Solicitação.

ins.tan.tá.ne.o [instant´aneo] *adj* Instantâneo, momentâneo, fugaz.

ins.tan.te [inst´ante] *sm* Instante. **al instante** em ponto. **por instantes** sem parar.

ins.tar [inst´ar] *vt+vi* Instar, insistir, urgir.

ins.tau.rar [instaur´ar] *vt* Instaurar, estabelecer, instituir, fundar.

ins.ti.gar [instig´ar] *vt* Instigar, incitar, induzir, instar, provocar. → cargar.

ins.tin.ti.vo, -a [instint´ibo] *adj* Instintivo, natural, primário.

ins.tin.to [inst´into] *sm* Instinto. *reaccioné por instinto y le pegué un tortazo en la cara* / reagi por instinto e dei-lhe um tapa na cara.

ins.ti.tu.ción [instituθ´jon] *sf* **1** Instituição, estabelecimento. **2** Fundação, instituto, entidade.

ins.ti.tuir [institu´ir] *vt* Instituir, estabelecer, fundar. → huir.

ins.truc.ción [instrukθ´jon] *sf* **1** Instrução, ensino, educação. **2 instrucciones** *pl* Instruções, ordens, diretrizes.

ins.truc.ti.vo, -a [instrukt´ibo] *adj* Instrutivo, formativo, educativo.

ins.trui.do [instru´ido] *adj* Instruído, culto, douto. *es un placer hablar con alguien tan instruido* / é um prazer conversar com alguém tão culto.

ins.truir [instru´ir] *vt+vpr* **1** Instruir, educar, doutrinar. **2** Orientar. → huir.

ins.tru.men.to [instrum´ento] *sm* Instrumento: a) máquina, engenho, aparelho. b) meio para atingir um fim.

in.su.bor.di.na.ción [insubordinaθ´jon] *sf* Insubordinação, rebeldia, desobediência.

in.su.bor.di.na.do [insubordin´ado] *adj+sm* Insubordinado, indisciplinado, rebelde.

in.su.bor.di.nar [insubordin´ar] *vt+vpr* Insubordinar, rebelar-se.

in.su.fi.cien.cia [insufiθ´jenθja] *sf* **1** Insuficiência, escassez. **2** Deficiência, incapacidade.

in.su.fi.cien.te [insufiθ´jente] *adj* Insuficiente, escasso, deficitário.

in.su.fri.ble [insufr´ible] *adj* Insofrível, insuportável, intolerável.

in.su.li.na [insul´ina] *sf Med* Insulina. *no puedes dejar de tomar la insulina ni un único día, no te olvides* / não pode deixar de tomar a insulina nem um único dia, não se esqueça.

in.sul.tan.te [insult´ante] *adj* Insultante.

in.sul.tar [insult´ar] *vt* Insultar, ofender, xingar.

in.sul.to [ins´ulto] *sm* Insulto, ofensa, ultraje.

in.su.mi.so, -a [insum´iso] *adj+s* Insubmisso, desobediente, insubordinado.

in.su.rrec.ción [insurekθ´jon] *sf* Insurreição, rebelião, motim.

in.su.rrec.to [insurˇ´ekto] *adj+sm* Insurreto, insurgente, rebelde.

in.sus.ti.tui.ble [insustitwˈible] *adj* Insubstituível. *nadie es insustituible* / ninguém é insubstituível.

in.tac.to, -a [intˈakto] *adj* Intacto, íntegro, puro.

in.tan.gi.ble [intangˈible] *adj* Intangível, intocável, impalpável.

in.te.gra.ción [integraθjˈon] *sf* **1** Integração, incorporação. **2** Formação, composição.

in.te.gral [integrˈal] *adj* **1** Integral. **2** Completo, total.

in.te.grar [integrˈar] *vt* **1** Integrar, integralizar. **2** Participar, fazer parte. *vpr* **3** Integrar-se, incorporar-se.

in.te.gri.dad [integridˈad] *sf* **1** Integridade, inteireza. **2** Honestidade, honradez.

ín.te.gro, -a [ˈintegro] *adj* **1** Íntegro, inteiro. **2** Correto, austero, direito.

in.te.lec.to [intelˈekto] *sm* Intelecto.

in.te.li.gen.cia [intelihˈenθja] *sf* Inteligência. *inteligencia es algo que no le falta* / inteligência é algo que não lhe falta.

in.te.li.gen.te [intelihˈente] *adj+s* Inteligente, perspicaz. *ya se sabe que hay animales inteligentes* / já se sabe que existem animais inteligentes.

in.te.li.gi.ble [intelihˈible] *adj* Inteligível, compreensível.

in.tem.pe.rie [intempˈerje] *sf* Intempérie. *pobre gatito, se durmió en la intemperie* / pobre gatinho, dormiu na intempérie.

in.tem.pes.ti.vo, -a [intempestˈibo] *adj* Intempestivo, brusco, abrupto.

in.ten.ción [intenθjˈon] *sf* Intenção, tenção, intuito, propósito, pretensão.

in.ten.cio.na.do, -a [intenθjonˈado] *adj* Intencionado, premeditado, deliberado.

in.ten.si.dad [intensidˈad] *sf* Intensidade, vigor, força, potência.

in.ten.si.fi.ca.ción [intensifikaθjˈon] *sf* Intensificação, recrudescimento.

in.ten.si.fi.car [intensifikˈar] *vt+vpr* Intensificar, aumentar, reforçar. → atacar.

in.ten.si.vo [intensˈibo] *adj* Intensivo, forte, intenso.

in.ten.so, -a [intˈenso] *adj* Intenso, ardoroso, forte. *son muy intensas mis emociones* / minhas emoções são muito intensas.

in.ten.tar [intentˈar] *vt* Tentar, intentar, procurar.

in.ten.to [intˈento] *sm* **1** Tentativa. **2** Intenção.

in.ter.ca.lar [interkalˈar] *vt* Intercalar, interpor.

in.ter.cam.biar [interkambjˈar] *vt* Intercambiar, trocar.

in.ter.cam.bio [interkˈambjo] *sm* Intercâmbio, troca, permuta.

in.ter.ce.der [interθedˈer] *vi* Interceder. *no tiene quien interceda por él* / não tem quem interceda por ele.

in.ter.cep.tar [interθeptˈar] *vt* Interceptar, interromper.

in.ter.co.mu.ni.ca.dor [interkomunikadˈor] *sm* Intercomunicador, interfone.

in.te.rés [interˈes] *sm* **1** Interesse. *es importante que demuestres interese por el trabajo* / é importante que você demonstre interesse pelo trabalho. **2** Com juro, ágio. • *sm pl* **intereses** rendimentos, juros.

in.te.re.sar [interesˈar] *vt* Interessar, atrair, convir, agradar, importar.

in.ter.faz [interfˈaθ] *sf Fís* Interface.

in.ter.fe.ren.cia [interferˈenθja] *sf* Interferência, intervenção.

in.ter.fe.rir [interferˈir] *vt* Interferir, intervir. → mentir.

in.ter.fo.no [interfˈono] *sm* Interfone. *¿alguien contesta al interfono, por favor?* / alguém atende o interfone, por favor?

ín.te.rin [ˈinterin] *sm* Ínterim, intervalo. *en ese ínterin, me quedé hojeando una revista* / nesse ínterim, fiquei folheando uma revista.

in.te.ri.no, -a [interˈino] *adj+s* Interino, provisório, temporário.

in.te.rior [interjˈor] *adj* **1** Interior, interno. **2** Íntimo. • *sm* Interior.

in.te.rio.ri.zar [interjoriθˈar] *vt* Interiorizar. *no te hace bien interiorizar tus emociones* / não lhe faz bem interiorizar suas emoções. → alzar.

in.ter.jec.ción [interhekθjˈon] *sf Gram* Interjeição.

in.ter.lo.cu.tor, a [interlokutˈor] *s* Interlocutor. *al mantener una conversación, es muy importante tener en cuenta al interlocutor* / ao manter uma conversação, é muito importante levar em conta o interlocutor.

in.ter.me.dio, -a [interm′edjo] *adj* Intermediário, mediano, médio. • *sm* Intermédio, pausa, intervalo, interrupção.
in.ter.mi.na.ble [intermin′able] *adj* Interminável, infindável.
in.ter.na.cio.nal [internaθjon′al] *adj+s* Internacional, universal. *estudio relaciones internacionales* / estudo relações internacionais.
in.ter.na.do, -a [intern′ado] *sm* Internato. *he pasado diez años de mi vida en un internado* / passei dez anos de minha vida em um internato. • *adj* Internado.
in.ter.nar [intern′ar] *vt+vpr* **1** Internar, hospitalizar. **2** Penetrar, aprofundar.
in.ter.net [intern′et] *sf Inform* Internet.
in.ter.no, -a [int′erno] *adj* Interno, interior. • *adj+sm* Interno: a) aluno de colégio interno. b) médico residente.
in.ter.po.lar [interpol′ar] *vt* Interpolar, intercalar.
in.ter.po.ner [interpon′er] *vt+vpr* **1** Interpor, entrepor. **2** Opor, contrapor-se. → poner.
in.ter.pre.ta.ción [interpretaθ′jon] *sf* **1** Interpretação, versão. **2** Atuação, representação.
in.ter.pre.tar [interpret′ar] *vt* **1** Interpretar, representar, atuar. **2** Esclarecer, explicar.
in.te.rro.ga.ción [inteř̄ogaθ′jon] *sf* Interrogação, pergunta, questão.

As frases interrogativas e exclamativas usam respectivamente dois sinais de pontuação: o de abertura (¿ / ¡) e o de fechamento (? / !), e seu uso é obrigatório: *¿cómo te llamas?* / como você se chama? *¡qué caros están los tomates!* / como estão caros os tomates!

in.te.rrum.pir [inteř̄ump′ir] *vt* Interromper, cessar, descontinuar.
in.te.rrup.ción [inteř̄upθ′jon] *sf* Interrupção, pausa, parada, suspensão.
in.ter.ve.nir [interben′ir] *vt* **1** Dirigir, limitar, suspender. **2** *Med* Operar, fazer cirurgia. *vi* **3** Intervir, participar. **4** Interferir. → venir.
in.tes.ti.no [intest′ino] *sm Anat* Intestino.
in.ti.ma.ción [intimaθ′jon] *sf* Intimação, notificação. *no sabía qué pensar al recibir la intimación* / não sabia o que pensar ao receber a intimação.
in.ti.mi.dad [intimid′ad] *sf* **1** Intimidade, privacidade. **2** Familiaridade.
in.ti.mi.dar [intimid′ar] *vt+vpr* Intimidar, amedrontar, atemorizar.
ín.ti.mo, -a [′intimo] *adj+s* **1** Íntimo, privado, reservado. **2** Familiar, amigo. **3** Profundo, interno.
in.to.le.ran.cia [intoler′anθja] *sf* Intolerância.
in.to.le.ran.te [intoler′ante] *adj* Intolerante, intransigente, impaciente.
in.to.xi.ca.ción [into(k)sikaθ′jon] *sf* Intoxicação.
in.to.xi.car [into(k)sik′ar] *vt+vi+vpr* Intoxicar, envenenar. → atacar.
in.tran.qui.li.dad [intrankilid′ad] *sf* Intranquilidade, inquietação, desassossego.
in.tran.si.gen.te [intransih′ente] *adj* Intransigente, inflexível, irredutível, intolerante.
in.tra.ta.ble [intrat′able] *adj* Intratável, antissocial. *¡eres un idiota, intratable!* / você é um idiota, intratável!
in.tre.pi.dez [intrepid′eθ] *sf* Intrepidez, valentia, ousadia.
in.tré.pi.do, -a [intr′epido] *adj* Intrépido, valente, ousado.
in.tri.ga [intr′iga] *sf* Intriga, enredo, maquinação.
in.tri.gan.te [intrig′ante] *adj* **1** Intrigante, insidioso, conspirador, traidor. **2** Misterioso, enigmático.
in.tri.gar [intrig′ar] *vt* Intrigar, enredar, tramar, maquinar. → cargar.
in.trin.ca.do, -a [intrink′ado] *adj* **1** Intrincado, confuso, complicado. **2** Acidentado, escarpado, intransitável.
in.trín.se.co, -a [intr′inseko] *adj* Intrínseco, inerente, próprio, característico.
in.tro.du.cir [introduθ′ir] *vt+vpr* Introduzir. *cuidado al introducir la tienta* / cuidado ao introduzir a sonda. → aducir.
in.tro.mi.sión [intromis′jon] *sf* Intromissão, ingerência, intrometimento.
in.tro.ver.ti.do, -a [introbert′ido] *adj+s* Introvertido, introspectivo.
in.tui.ción [intwiθ′jon] *sf* **1** Intuição, instinto. **2** Pressentimento, suspeita, presságio.

in.tuir [intu´ir] *vt* Intuir, suspeitar, pressentir. → huir.
i.nun.da.ción [inundaθ´jon] *sf* Inundação, enchente, alagamento.
i.nú.til [in´util] *adj* Inútil, desnecessário, ineficaz. • *adj+s* Incompetente, inepto.
in.va.dir [imbad´ir] *vt* Invadir, ocupar. *los secuestradores invadieron la casa durante la noche* / os sequestradores invadiram a casa durante a noite.
in.va.li.da.ción [imbalidaθj´on] *sf* Invalidação, anulação.
in.va.li.dar [imbalid´ar] *vt* Invalidar, anular.
in.vá.li.do, -a [imb´alido] *adj* Inválido, nulo. • *adj+sm* 1 Doente, incapacitado. 2 Paraplégico, paralítico. Veja nota em **alejado**.
in.va.ria.bi.li.dad [imbajabilid´ad] *sf* Invariabilidade, constância.
in.va.ria.ble [imbarj´able]*adj* Invariável, constante, imutável, fixo.
in.va.sión [imbas´jon] *sf* Invasão, ocupação. *la policía no estaba preparada para la invasión de los bandidos* / a polícia não estava preparada para a invasão dos bandidos.
in.ven.ci.ble [imbenθ´ible] *adj* Invencível, imbatível, indestrutível.
in.ven.ción [imbenθ´jon] *sf* 1 Invenção, criação, invento. 2 Engano, mentira.
in.ven.tar [imbent´ar] *vt* 1 Inventar, criar, arquitetar, conceber. 2 Fantasiar, mentir, fingir.
in.ven.ta.riar [imbentar´jar] *vt* Inventariar, catalogar, classificar. → confiar.
in.ven.ta.rio [imbent´arjo] *sm* Inventário, catalogação, registro.
in.ven.to [imb´ento] *sm* Invento, invenção. *¡qué invento bárbaro el control remoto!* / que invenção maravilhosa o controle remoto!
in.ven.tor, -a [imbent´or] *adj+s* Inventor, criador.
in.ver.na.de.ro [imbernad´ero]*sm* Invernáculo, hibernáculo, estufa.
in.ver.nar [imbern´ar] *vi* Invernar.
in.ver.sión [imberθ´jon] *sf* 1 Inversão, alteração. 2 Investimento.
in.ver.sio.nis.ta [imberθjon´ista] *s Com* Investidor, aplicador.

in.ver.so [imb´erθo] *adj* Inverso, contrário, oposto.
in.ver.tir [imbert´ir] *vt+vpr* 1 Inverter, alterar, trocar. 2 Investir, aplicar. → mentir.
in.ves.ti.ga.ción [imbestigaθ´jon] *sf* Investigação, pesquisa. *investigaciones muestran que la mujer es más cuidadosa para manejar* / pesquisas mostram que a mulher é mais cuidadosa para dirigir.
in.ves.ti.gar [imbestig´ar] *vt* Investigar, pesquisar, averiguar. → cargar.
in.vic.to, -a [imb´ikto] *adj+s* Invicto, invencível, insuperável, imbatível.
in.vi.si.ble [imbis´ible] *adj* Invisível. *¡buenos días, eh! ¿Por acaso soy invisible?* / bom dia, né! Por acaso sou invisível?
in.vi.ta.ción [imbitaθ´jon] *sf* 1 Convite. 2 Proposta, proposição, oferta.
in.vi.ta.do, -a [imbit´ado] *sm* Convidado. *nosotros fuimos invitados al cumpleaños de mi jefe* / nós fomos convidados para o aniversário do meu chefe.
in.vi.tar [imbit´ar] *vt* Convidar. *¿ya sabes cuántas personas vamos a invitar para nuestra boda?* / você já sabe quantas pessoas vamos convidar para o nosso casamento?
in.vo.ca.ción [imbokaθj´on] *sf* Invocação, apelo.
in.vo.car [imbok´ar] *vt* Invocar, chamar, conclamar, convocar. → atacar.
in.vo.lu.ción [imboluθj´on] *sf* Involução, retrocesso, retrocessão.
in.vo.lun.ta.rio, -a [imbolunt´arjo] *adj* Involuntário, maquinal, reflexo, inconsciente.
in.vul.ne.ra.ble [imbulner´able] *adj* Invulnerável, imune. *soy invulnerable a tus ofensas* / sou imune a suas ofensas.
ir [´ir] *vi* 1 Ir, andar, seguir. *vt* 2 Dirigir-se. *vpr* 3 Sair, retirar-se. → Veja modelo de conjugação.
i.ra [´ira] *sf* Ira, raiva, cólera.
i.ra.cun.do [irak´undo] *adj* Iracundo, irascível, furioso.
i.ra.ní [iran´i] *adj+s* Iraniano.
i.ra.quí [irak´i] *adj+s* Iraquiano.
i.ras.ci.ble [irasθ´ible] *adj* Irascível, iracundo, furioso.
i.ris [´iris] *sm* 1 *Anat* Íris. 2 Arco-íris.

i.ro.ní.a [iron´ia] *sf* Ironia, sarcasmo. *no me hables con ironía, por favor* / não fale comigo com ironia, por favor.

i.ró.ni.co, -a [ir´oniko] *adj* Irônico, sarcástico.

i.ro.ni.zar [ironiθ´ar] *vt* Ironizar. *no me gusta verte ironizar todo lo que nos pasa* / não gosto de ver você ironizar tudo o que acontece conosco. → alzar.

i.rra.cio.nal [iraθjon´al] *adj* Irracional, insensato.

i.rra.dia.ción [iradjaθ´jon] *sf* **1** Brilho, resplender. **2** Irradiação, difusão.

i.rra.diar [irad´jar] *vt* **1** Irradiar, brilhar, resplandecer. **2** Propagar, transmitir, difundir.

i.rre.al [ire´al] *adj* Irreal, imaginário, fictício.

i.rre.ba.ti.ble [irebat´ible] *adj* Incontestável, irrefutável, indiscutível.

i.rre.co.no.ci.ble [irekonoθ´ible] *adj* Irreconhecível. *¡pero estás irreconocible con ese pelo!* / você está irreconhecível com esse cabelo!

i.rre.cu.sa.ble [irekus´able] *adj* Irrecusável, irrefutável, indeclinável.

i.rre.fu.ta.ble [irefut´able] *adj* Irrefutável, incontestável, indiscutível.

i.rre.gu.lar [iregul´ar] *adj* Irregular, desigual, inconstante, vario.

i.rre.gu.la.ri.dad [iregularid´ade] *sf* Irregularidade. *no voy a hacer eso, porque es una irregularidad* / não vou fazer isso, porque é uma irregularidade.

i.rre.sis.ti.ble [iresist´ible] *adj* Irresistível, inevitável.

i.rre.so.lu.to [iresol´uto] *adj* Irresoluto, indeciso. *una persona tan irresoluta no puede ser director* / uma pessoa tão indecisa não pode ser diretor.

i.rres.pe.tar [irespet´ar] *vt* **1** Desrespeitar, desacatar, desconsiderar. **2** Violar, transgredir.

i.rres.pe.tuo.so [irespetu´oso] *adj* Desrespeitoso, ofensivo.

i.rres.pi.ra.ble [irespir´able] *adj* Irrespirável. *el aire acá está irrespirable* / o ar aqui está irrespirável.

i.rre.ve.ren.cia [ireber´enθja] *sf* Irreverência, insolência. *no permitiremos irreverencia en esta escuela* / não permitiremos irreverência nesta escola.

i.rre.ve.ren.te [ireber´ente] *adj+s* Irreverente, insolente.

i.rre.vo.ca.ble [irebok´able] *adj* Irrevogável, definitivo. *mi decisión es irrevocable* / minha decisão é irrevogável.

i.rri.so.rio [iris´orjo] *adj* Irrisório, irrelevante, insignificante.

i.rri.ta.ble [irit´able] *adj* Irritável, irritadiço, irascível. *no sé por qué andas tan irritable últimamente* / não sei por que você anda tão irascível ultimamente.

i.rri.ta.do [irit´ado] *adj* Irritado, danado, fulo, nervoso.

i.rri.tan.te [irit´ante] *adj* Irritante, exasperante. *esa tu manía de contar los escalones al subir la escalera es irritante* / essa sua mania de contar os degraus ao subir a escada é irritante.

i.rri.tar [irit´ar] *vt+vpr* Irritar, enfurecer, enfezar.

i.rrup.ción [irupθ´jon] *sf* Irrupção. *nadie esperaba la irrupción de la policía* / ninguém esperava a irrupção da polícia.

is.lan.dés, -esa [island´es] *adj+s* Islandês.

is.ra.e.lí [israel´i] *adj+s* Israelita, israelense, judeu, hebreu.

ist.mo [´istmo] *sm Geogr* Istmo.

i.ta.lia.no, -a [ital´jano] *adj+s* Italiano. *¿sabes hablar italiano?* / você sabe falar italiano?

í.tem [´item] *sm* Item, tópico. *todavía no discutimos el ítem 3* / ainda não discutimos o item 3.

i.ti.ne.ra.rio, -a [itiner´arjo] *s* Itinerário, curso, caminho, percurso, roteiro.

i.zar [iθ´ar] *vt* Içar, alçar. *tuvimos que izar el piano hasta la ventana, porque no pasaba por la puerta del ascensor* / tivemos de içar o piano até a janela, porque não passava pela porta do elevador. → alzar.

iz.quier.dis.ta [iθkjerd´ista] *adj+s* Esquerdista. *en su época de estudiante, era izquierdista* / em sua época de estudante, era esquerdista.

iz.quier.do, -a [iθk´jerdo] *adj* **1** Esquerdo. **2** Canhoto. • *sf* **1** Mão esquerda. **2** *Polít* Esquerda.

j

j, J [h´ota] *sf* Décima letra do alfabeto espanhol.

ja.ba.lí [habal´i] *sm Zool* Javali.

ja.ba.li.na [habal´ina] *sf* Lança, dardo.

ja.bón [hab´on] *sm* Sabão, sabonete.

ja.bon.ci.llo [habonθ´iλo] *sm* Sabonete.

ja.bo.ne.ra [habon´era] *sf* Saboneteira.

ja.bo.no.so, -a [habon´oso] *adj* Saponáceo.

ja.ca.ran.dá [hakarand´a] *sm Bot* Jacarandá.

ja.cin.to [haθ´into] *sm Bot* Jacinto.

jac.tan.cia [hakt´anθja] *sf* Jactância, presunção. *el ejecutivo hablaba con jactancia de sus éxitos* / o executivo falava com presunção dos seus sucessos.

jac.tan.cio.so, -a [haktanθj´oso] *adj+s* Jactancioso, fanfarrão.

jac.tar.se [hakt´arse] *vpr* Jactar-se, gabar-se, ufanar-se, gloriar-se, vangloriar-se.

ja.de [h´ade] *sm Miner* Jade.

ja.dean.te [hade´ante] *adj* Ofegante, arquejante, arfante, esbaforido. *el atleta llegó jadeante a la meta* / o atleta chegou ofegante na linha de chegada.

ja.de.ar [hade´ar] *vi* Ofegar, arquejar.

ja.guar [hag´war] *sm Zool* Jaguar, onça.

jagüey [hagw´ei] *sm* Lago.

ja.lar [hal´ar] *vt fam* **1** Puxar. *¡si no te portas bien te voy a jalar las orejas!* / se você não se comportar, vou puxar as suas orelhas! **2** *fam* Devorar.

ja.lea [hal´ea] *sf Cul* Geleia.

ja.leo [hal´eo] *sm fam* Agitação, alvoroço, rebuliço, algazarra, tumulto, confusão. *cuando la novia huyó se armó un jaleo en la iglesia* / quando a noiva fugiu foi um rebuliço na igreja.

jaletina [halet´ina] *sf* Gelatina.

ja.lón [hal´on] *sm* **1** Baliza. **2** *Am* Puxão. **jalón de orejas** puxão de orelhas.

ja.lo.nar [halon´ar] *vt* Balizar.

ja.mai.ca.no, -a [hamaik´ano] *adj+s* Jamaicano.

ja.más [ham´as] *adv* Jamais, nunca. **jamás de los jamases** nunca jamais.

ja.món [ham´on] *sm Cul* Presunto cru. *el jamón español es famoso en todo el mundo* / o presunto cru espanhol é famoso no mundo inteiro.

jangada [hang´ada] *sf* Jangada.

ja.po.nés, -esa [hapon´es] *adj+s* Japonês.

ja.que [h´ake] *sm* **1** Valentão, fanfarrão. **2** Xeque. **jaque mate** xeque-mate.

ja.que.ca [hak´eka] *sf Med* Enxaqueca. *la jaqueca provoca dolor en un sólo lado de la cabeza* / a enxaqueca provoca dor num lado só da cabeça.

ja.ra.be [har´abe] *sm* Xarope, calda. *el médico recetó un jarabe para la tos* / o médico receitou um xarope para a tosse.

ja.ra.na [har´ana] *sf fam* Farra.

jar.dín [hard´in] *sm* Jardim. **jardín de infantes** jardim de infância.

jar.di.ne.ra [hardin´era] *sf* Jardineira. *mi abuela plantó flores en la jardinera* / minha avó plantou flores na jardineira.

jar.di.ne.rí.a [hardiner´ia] *sf* Jardinagem. *el instituto ofrece un curso de jardinería* / o instituto oferece um curso de jardinagem.

jar.di.ne.ro, -a [hardin´ero] *s* Jardineiro.

ja.rra [h´aRa] *sf* Jarra.

ja.rro [h´aRo] *sm* Jarro.

ja.rrón [haR´on] *sm* Vaso. *el niño rompió un jarrón de cristal* / o menino quebrou um vaso de cristal.

jas.pe [h´aspe] *sm Miner* Jaspe.

jato [h´ato] *sm* Bezerro, novilho. Veja nota em **jato** (português).

jau.la [h´aula] *sf* Gaiola, jaula.

jau.rí.a [haur´ia] *sf* Matilha. *el ladrón fue atacado por una jauría de perros feroces* / o ladrão foi atacado por uma matilha de cães ferozes.

jaz.mín [haθm´in] *sm Bot* Jasmim.

je.fa.tu.ra [hefat´ura] *sf* Chefia, chefatura.

je.fe, -a [h´efe] *s* Chefe, líder.

jen.gi.bre [hen:h´ibre] *sm Bot* Gengibre.

je.que [h´eke] *sm* Xeque.

je.rar.quí.a [herark´ia] *sf* Hierarquia.

je.rár.qui.co, -a [her´arkiko] *adj* Hierárquico.

je.rez [her´eθ] *sm* Xerez (tipo de vinho).

jer.ga [h´erga] *sf* Jargão, gíria.

je.ri.be.que *sm* Trejeito.

je.ri.gon.za [herig´onθa] *sf* Geringonça, gíria, jargão, calão.

je.rin.ga [her´inga] *sf* Seringa.

je.rin.gar [hering´ar] Aborrecer, irritar. → cargar.

je.ro.glí.fi.co, -a [herogl´ifiko] *adj+s* Hieroglífico.

je.su.í.ta [hesu´ita] *adj+s Rel* Jesuíta.

je.ta [h´eta] *sf* **1** Beiço. **2** Tromba, cara.

jil.gue.ro [hilg´ero] *sm* Pintassilgo.

ji.ne.te [hin´ete] *sm* Cavaleiro.

ji.ra [h´ira] *sm* Retalho.

ji.ra.fa [hir´afa] *sf Zool* Girafa.

ji.rón [hir´on] *sm* Farrapo, retalho. *el mendigo tenía la ropa hecha a jirones* / o mendigo tinha as roupas feitas de farrapos.

jo.co.so, -a [hok´oso] *adj* Jocoso, engraçado.

jo.da [h´oda] *sf* Sacanagem.

jo.der [hod´er] *vt+vi+vpr vulg* Foder, aborrecer.

jo.fai.na [hof´ajna] *sf* Lavatório.

jol.go.rio [holg´orjo] *sm fam* Festa, festança, folia, pândega.

¡jo.li.nes! [holi´nes] *interj* Caramba!, puxa vida!

jor.da.no *adj+s* Jordaniano.

jor.na.da [horn´ada] *sf* Jornada.

jor.nal [horn´al] *sm* Diária.

jor.na.le.ro, -a [hornal´ero] *s* Diarista.

jo.ro.ba [hor´oba] *sf* Corcunda, corcova, giba. *el dromedario sólo tiene una joroba* / o dromedário tem só uma corcova.

jo.ro.ba.do, -a [horob´ado] *adj+s* Corcunda.

jo.ta [h´ota] *sf* Jota, nome da letra *j*.

jo.ven [h´oben] *adj+s* Jovem. Veja nota em **moço** (português).

jo.vial [job´jal] *adj* Jovial, alegre.

jo.via.li.dad [hobjalid´ad] *sf* Jovialidade.

jo.ya [h´oya] *sf* Joia.

jo.ye.rí.a [hoyer´ia] *sf* Joalheria.

jo.ye.ro, -a [hoy´ero] *s* **1** Joalheiro. *el joyero examinó los diamantes con cuidado* / o joalheiro examinou os diamantes com cuidado. *sm* **2** Porta-joias. *guardó sus pendientes de oro en el joyero* / guardou seus brincos de ouro no porta-joias.

jua.ne.te [hwan´ete] *sm Anat* Joanete.

ju.bi.la.ción [hubilaθj´on] *sf* Aposentadoria.

ju.bi.la.do, -a [hubil´ado] *adj+s* Aposentado.

ju.bi.lar [hubil´ar] *vt+vpr* Aposentar.

ju.bi.leo [hubil´eo] *sm* Jubileu.

jú.bi.lo [h´ubilo] *sm* Júbilo.

ju.bi.lo.so [hubil´oso] *adj* Jubiloso.

ju.bón [hub´on] *sm* Gibão.

ju.dai.co, -a [hud´ajko] *adj* Judaico.

ju.da.ís.mo [huda´ismo] *sm Rel* Judaísmo.

ju.das [h´udas] *sm inv* Judas. *al acusar a sus compañeros de trabajo se transformó en un judas* / ao acusar seus colegas de trabalho virou um Judas.

ju.dí.a [hud´ia] *sf V fréjol*.

ju.di.ca.tu.ra [hudikat´ura] *sf* Judicatura, magistratura.

ju.di.cial [hudiθ´jal] *adj* Judicial.

ju.dí.o, -a [hud´io] *adj+s* Judeu.

ju.do [h´udo] *sm Dep* Judô.

jue.go [h´wego] *sm* **1** Brincadeira. *los juegos infantiles divierten a los niños* / as brincadeiras infantis divertem as crianças. **2** Jogo. **juego de azar** jogo de azar.
juer.ga [h´werga] *sf* Farra, folia.
juer.guis.ta [hwerg´ista] *adj+s* Farrista, folião.
jue.ves [h´webes] *sm* Quinta-feira.
juez, -a [h´weθ] *s* Juiz.
ju.ga.da [hug´ada] *sf* Jogada.
ju.ga.dor, -ora [hugad´or] *adj+s* Jogador.
ju.gar [hug´ar] *vi* **1** Brincar. *vi+vt* **2** Jogar. **jugar con fuego** brincar com fogo. Veja nota em **brincar** (espanhol). → Veja modelo de conjugação.
ju.ga.rre.ta [hugar´eta] *sf* Sacanagem, maldade, picaretagem.
ju.go [h´ugo] *sm* Suco.
ju.go.si.dad [hugosid´a] *sf* Suculência.
ju.go.so, -a [hug´oso] *adj* Suculento. *durante el verano comimos duraznos jugosos* / durante o verão comemos suculentos pêssegos.
ju.gue.te [hug´ete] *sm* Brinquedo.
ju.gue.tear [hugete´ar] *vi* Brincar.
ju.gue.te.o [huget´eo] *sm* Brincadeira.
ju.gue.te.rí.a [hugeter´ia] *sf* Loja de brinquedos.
ju.gue.tón, -ona [huget´on] *adj* Brincalhão, levado. *mi perro es muy juguetón* / meu cachorro é muito brincalhão.
jui.cio [h´wjθjo] *sm* Juízo.
jui.cio.so, -a [hujθj´oso] *adj+s* Ajuizado, sensato, prudente, judicioso.
ju.lio [h´uljo] *sm* Julho.
ju.men.to [hum´ento] *sm Zool* Jumento, asno, burro, jegue, jerico.
jun.co [h´unko] *sm* **1** *Bot* Junco. **2** Bengala (de junco).
jun.io [h´unjo] *sm* Junho.
jun.ta [h´unta] *sf* Junta: a) reunião, comissão. b) juntura, junção.
jun.tar [hunt´ar] *vt+vpr* Ajuntar, juntar, reunir.
jun.to, -a [h´unto] *adj* Junto.
jun.tu.ra [hunt´ura] *sf* Juntura, junção, junta.
ju.ra [h´ura] *sf* Jura, juramento.
ju.ra.do, -a [hur´ado] *adj* Jurado. • *sm* **1** Jurado. **2** Júri.
ju.ra.men.to [huram´ento] *sm* Juramento, promessa.
ju.rar [hur´ar] *vt+vi* Jurar.
ju.ris.dic.ción [hurisdikθ´jon] *sf* Der Jurisdição.
ju.ris.dic.cio.nal [hurisdikθjon´al] *adj Der* Jurisdicional. **mar jurisdiccional** mar jurisdicional.
ju.ris.pru.den.cia [hurisprud´enθja] *sf* Jurisprudência.
ju.ris.ta [hur´ista] *s* Jurista, jurisconsulto.
jus.ta.men.te [hustam´ente] *adv* Justamente.
jus.ti.cia [hust´iθja] *sf* Justiça. **hacer justicia** fazer justiça. **tomarse la justicia por su mano** fazer justiça pelas próprias mãos.
jus.ti.fi.ca.ción [hustifikaθ´jon] *sf* Justificação.
jus.ti.fi.car [hustifik´ar] *vt+vpr* Justificar.
jus.ti.fi.ca.ti.va [hustifikat´iba] *sm* Justificativa.
jus.to, -a [h´usto] *adj+s* Justo: a) conforme a razão. b) reto, íntegro. c) exato, preciso. d) apertado. • *adv* Justo, exatamente, precisamente.
ju.ve.nil [huben´il] *adj* Juvenil.
ju.ven.tud [hubent´ud] *sf* Juventude, mocidade.
juz.ga.do [huθg´ado] *sm Der* Tribunal.
juz.ga.mien.to [huθgamj´ento] *sm* Julgamento.
juz.gar [huθg´ar] *vt* Julgar, arbitrar.

k

k, K [k´a] *sf* Décima primeira letra do alfabeto espanhol.
ka [k´a] *sf* Cá, nome da letra k.
kái.ser [k´ajser] *sm* Kaiser. *la palabra káiser es de origen alemán y significa emperador* / a palavra *kaiser* é de origem alemã e significa *imperador*.
ka.ra.o.ke [karaok´e] *sm* Karaokê. *el karaoke es un entretenimiento muy popular en Japón* / o karaokê é um entretenimento muito popular no Japão.
ká.ra.te [k´arate], **ka.ra.te** [kar´ate] *sm Dep* Caratê.
ka.ra.te.ca [karat´eka] *s Dep* Carateca.
kar.de.cis.mo [karde θ´ismo] *sm* Kardecismo.
kar.de.cis.ta [karde θ´ista] *adj* Kardecista.
kart [k´art] *sm* Kart.
kar.tó.dro.mo [kart´odromo] *sm* Kartódromo.
ka.yak [ka´yak] *sm* Caiaque. *el kayak es una embarcación utilizada en la práctica de deportes aventura* / o caiaque é uma embarcação utilizada na prática de esportes radicais.
ker.més [kerm´es], **ker.mes** [k´ermes] *sf* Quermesse.
kibe [k´ibe] *sm* Quibe.
ki.butz [kib´utθ] *sm* Kibutz.

kilo [k´ilo] *sm* Quilo.
ki.lo.ca.lo.rí.a [kilokalor´ia] *sf Fís* Quilocaloria.
ki.lo.gra.mo [kilogr´amo] *sm* Quilograma.
ki.lo.me.tra.je [kilometr´ahe] *sm* Quilometragem. Veja nota em **abordaje**.
ki.lo.me.trar [kilometr´ar] *vt* Quilometrar.
ki.lo.mé.tri.co, -a [kilom´etriko] *adj* Quilométrico.
ki.ló.me.tro [kil´ometro] *sm* Quilômetro.
ki.lo.va.tio [kilob´atjo] *sm Electr V kilowatt*.
ki.lo.watt [kilob´at] *sm Electr* Quilowatt.
ki.mo.no [kim´ono] *sm* Quimono.
kio.sco [k´josko] *sm* **1** Quiosque. **2** Banca de jornal. *todos los domingos compro el periódico en el kiosco de la esquina* / todos os domingos compro o jornal na banca de jornal da esquina.
kit [k´it] *sm* Kit.
ki.wi [k´iwi] *sm Bot* Kiwi. *el kiwi es una fruta originaria de China* / o kiwi é uma fruta originária da China.
ko.a.la [ko´ala] *sm Zool* Coala. *el koala es un marsupial que habita en Australia* / o coala é um marsupial que habita a Austrália.
kraft [kr´aft] *sm* Papel de embrulho.

l

l, L [´ele] *sf* **1** Décima segunda letra do alfabeto espanhol. **2** Cinquenta em algarismos romanos.

la [l´a] *art def f* A. *la casa de mi hermana* / a casa de minha irmã. • *pron pers f* A. *toma tu blusa. Te la lavé y planché* / tome sua blusa. Eu a lavei e passei. • *sm Mús* Lá. O artigo e o pronome pessoal **a** do português correspondem a "la" em espanhol. No caso da contração **à** do português, o correspondente em espanhol é "a la": *quedamos para salir a las siete* / combinamos de sair às sete horas.

la.be.rin.to [laber´into] *sm* **1** Labirinto: a) construção de difícil saída. b) orelha interna. **2** *fig* Embrulhada, confusão, trapalhada.

la.bio [l´abjo] *sm* **1** Lábio, beiço. *Ana tiene una herida inflamada en los labios* / Ana tem uma ferida inflamada nos lábios. **2** Boca. *se asustó de tal manera que su labio emudeció* / assustou-se de tal forma que sua boca emudeceu. **barra/lápiz de labios** batom. **cerrar los labios** calar-se. *ella no cierra los labios un instante* / ela não se cala por um instante. **estar pendiente de los labios** beber as palavras. *Ana estaba pendiente de los labios de Marcos* / Ana bebia as palavras de Marcos. **no descoser labios** calar, emudecer, não abrir a boca.

la.bor [lab´or] *sf* **1** Labor, trabalho, tarefa. **2** Lavor. **de sus labores** do lar / prendas domésticas. **labor de punto** tricô. *esa labor de punto te está saliendo divina* / esse tricô está ficando divino.

la.bo.rar [labor´ar] *vt* Lavrar, trabalhar (terra, madeira etc.). *desde las 5 de la mañana está laborando la tierra* / desde as 5 da manhã está lavrando a terra.

la.bo.ra.to.rio [laborat´orjo] *sm* Laboratório. *hoy tenemos clases en el laboratorio de informática* / hoje temos aula no laboratório de informática.

la.bo.re.ar [labore´ar] *vt* **1** Lavrar, trabalhar (madeira, terra etc.). *esse baúl de madera laboreada es maravilloso* / esse baú de madeira lavrada é maravilhoso. **2** *Miner* Escavar.

la.bo.rio.so, -a [labor´joso] *adj* **1** Trabalhador, aplicado. *mi padre siempre fue muy laborioso* / meu pai sempre foi muito trabalhador. **2** Laborioso, trabalhoso, penoso, árduo.

la.bra [l´abra] *sf* Lavra, lavoura, agricultura.

la.bra.dor, -ora [labrad´or] *adj+s* Lavrador, agricultor.

la.bran.tí.o [labrant´io] *adj+sm* Lavoura, roça. *trabajaba en el labrantío cuando era chico* / trabalhava na roça quando era pequeno.

la.bran.za [labr´anθa] *sf* **1** Lavra, lavoura, lavração, agricultura. **2** Sementeira, semeadura. **3** Trabalho.

la.brar [labr´ar] *vt* **1** Lavrar, trabalhar (madeira, metal, terra). **2** Laborar. Veja nota em **lapidar** (espanhol).

la.bu.rar [labur´ar] *vi AL fam* Trabalhar. *rápido, que tengo que laburar* / rápido, tenho de trabalhar.

la.ca [l´aka] *sf* **1** Laca, verniz. **2** Laquê, spray fixador. *no se usa más laca en el pelo* / não se usa mais laquê no cabelo. **laca de uñas** esmalte de unhas.

la.có.ni.co, -a [lak´oniko] *adj+s* Lacônico, conciso. *podrías ser un poco menos*

la.co.nis.mo [lakon´ismo] *sf* Laconismo, brevidade, concisão, exatidão.

la.cra.do [lakr´ado] *adj* Lacrado, selado. *me pidieron que le entregara este sobre lacrado* / pediram-me que lhe entregasse este envelope lacrado.

la.crar [lakr´ar] *vt* Lacrar, selar.

la.cre [l´akre] *sm* Lacre. *no compro productos sin lacre* / não compro produtos sem lacre. • *adj AL* Vermelho. *me gustan esos pantalones lacres* / gosto dessas calças vermelhas.

la.cri.mo.so, -a [lakrim´oso] *adj* **1** Lacrimoso. *tengo los ojos lacrimosos hoy* / hoje meus olhos estão lacrimosos. **2** Plangente, triste. *no aguanto ver películas lacrimosas* / não aguento ver filmes tristes. **3** Chorão, manhoso, reclamão. *¡no seas tan lacrimoso!* / não seja tão chorão!

lac.tar [lakt´ar] *vt* Lactar, aleitar, amamentar, dar de mamar.

lác.te.o, -a [l´akteo] *adj* **1** Lácteo. **2** Lactiforme.

lac.ti.ci.nio [laktiθ´injo] *sm* Laticínio. *no como carne, pero como muchos lacticinios* / não como carne, mas como muitos laticínios.

lác.ti.co, -a [l´aktiko] *adj Quím* Láctico. **ácido láctico** ácido láctico/lático. *son unos bacilos que producen el ácido láctico* / são uns bacilos que produzem o ácido láctico.

la.de.ra [lad´era] *sf* Ladeira, subida, declive, pendente, vertente.

la.de.ro [lad´ero] *adj* Lateral.

la.di.no, -a [lad´ino] *adj+s* **1** Ladino, astuto. **2** *Am Cen* Descendente de espanhol com indígena.

la.do [l´ado] *sm* **1** Lado, parte, lugar. *por todo lado se ve miseria* / vê-se miséria em toda parte. **2** Face. *¿qual será el lado norte?* / qual será a face norte? **3** Lateral, flanco. **4** Ângulo, aspecto, cara. *visto por ese lado, tienes razón* / visto por esse ângulo, você tem razão. **comerle un lado** viver à custa. *le come un lado al cuñado* / vive à custa do cunhado. **de lado a lado** de ponta a ponta.

la.drar [ladr´ar] *vi* **1** Latir, ladrar. **2** *fig* Praguejar, gritar, repreender.

la.dri.do [ladr´ido] *sm* Latido, ladrido.

la.dri.llo [ladr´iλo] *sm* **1** Tijolo. **2** Ladrilho, lajota. **3** *fam* Chato. *ese tipo es un ladrillo. ¿Cómo te lo aguantas?* / esse cara é um chato. Como você o aguenta?

la.drón, -ona [ladr´on] *adj+s* Ladrão, gatuno, larápio. • *sm* **1** Gato, gambiarra. *tiene luz porque hizo un ladrón* / ele tem luz porque fez um gato. **2** Benjamim. **3** Ladrão (de caixa-d'água). Veja nota em **benjamín** (espanhol).

la.gar.ta [lag´arta] *sf Zool* Lagarta. • *adj+sf despec* Prostituta.

la.gar.ti.ja [lagart´iha] *sf Zool* Lagartixa.

la.gar.to, -a [lag´arto] *s* **1** *Zool* Lagarto. **2** *Anat* Bíceps. • *adj+sm fam* Velhaco, astuto, dissimulado.

la.go [l´ago] *sm* Lago, lagoa.

lá.gri.ma [l´agrima] *sf* Lágrima. **llorar a lágrima viva** desmanchar-se em lágrimas. **llorar lágrimas de sangre** sofrer intensamente, arrepender-se. **paño de lágrimas** ombro amigo.

la.gri.me.ar [lagrim´ear] *vi* **1** Lacrimejar. *vi+vt* **2** Gotejar, pingar.

la.gri.mo.so, -a [lagrim´oso] *adj* **1** Lacrimoso. **2** Plangente, triste.

la.gu.na [lag´una] *sf* **1** *Geogr* Lagoa, lago. **2** Lacuna, vazio. **3** Lapso de memória.

lai.co, -a [l´aico] *adj+s* Laico, leigo, secular.

la.ja [l´aha] *sf Mar* Banco, recife.

la.ma [l´ama] *sf* **1** Lodo, barro. **2** Prado, pradaria. **3** Lamê (tecido). *sm* **4** *Rel* Lama, sacerdote tibetano.

la.me.cu.los [lamek´ulos] *adj+s inv vulg* Puxa-saco, adulador. *¡no lo puedo ni ver a ese lameculos!* / não posso nem olhar para a cara desse puxa-saco!

la.men.ta.ble [lament´able] *adj* **1** Lamentável, triste, penoso. **2** Lastimável, deplorável, reprovável.

la.men.ta.ción [lamentaθ´jon] *sf* Lamentação, lamúria, lamento, queixa, gemido.

la.men.tar [lament´ar] *vt+vi+vpr* **1** Lamentar, chorar, planger, lastimar-se. *vt* **2** Lamentar, sentir muito, deplorar, arrepender-se. *no te podré ayudar, lamento* / não poderei ajudá-lo, sinto muito.

la.men.to [lamˊento] *sm* Lamento, queixa, lamúria, lamentação, gemido.

la.mer [lamˊer] *vt+vpr* **1** Lamber. **2** Relar, roçar. **mejor lamiendo que mordiendo** melhor com bons modos do que na marra. *no le grites. Si quieres algo de él, mejor lamiendo que mordiendo* / não grite. Se quiser alguma coisa dele, melhor com bons modos do que na marra.

la.mi.do, -a [lamˊido] *adj* **1** Magro, fraco. **2** Ensebado, metido.

lá.mi.na [lˊamina] *sf* Lâmina, chapa. **abridor de láminas** gravador, gravurista.

lám.pa.ra [lˊampara] *sf* **1** Luminária, lustre. **2** Abajur. **3** Lâmpada.

lam.pa.ri.lla [lamparˊiʎa] *sf* Lamparina, candeia, griseta.

lam.pi.ño, -a [lampˊiño] *adj* Imberbe.

la.na [lˊana] *sf* **1** Lã. **2** *coloq* Dinheiro. *estoy sin lana* / estou sem dinheiro. **cardarle la lana** dar a maior bronca. *le cardó la lana a Estela cuando llegó a las 6 de la mañana* / deu a maior bronca em Estela quando ela chegou às 6 da manhã.

lan.ce [lˊanθe] *sm* **1** Lance, lançamento, arremesso. **2** Confronto, briga. **3** Jogada. **4** Incidente. **de lance** de ocasião. *hize un negocio de lance* / fiz um negócio de ocasião. **lance de fortuna** lance de sorte. *fue un lance de fortuna ganar el concurso; no estaba preparada* / foi um lance de sorte ganhar o concurso; não estava preparada. **tener pocos lances** ser sem graça. *este juego tiene pocos lances* / este jogo é meio sem graça.

lan.cha [lˊantʃa] *sf Mar* Lancha.

lan.gos.ta [langˊosta] *sf Zool* **1** Lagosta. **2** Gafanhoto.

lan.gos.ti.no [langostˊino] *sm Zool* Lagostim, camarão.

lan.gui.dez [langidˊeθ] *sf* Languidez, fraqueza, debilidade, langor, morbidez.

lán.gui.do [lˊangido] *adj* Lânguido, fraco, débil, abatido. *lo veo muy lánguido, creo que no se siente bien* / estou achando-o muito fraco, acho que não se sente bem.

lan.za [lˊanθa] *sf* Lança, haste.

lan.za.mien.to [lanθamˊjento] *sm* **1** Lançamento. *vi en la tele el lanzamiento de cohete* / vi na televisão o lançamento de foguete. **2** Arremesso, lance.

lan.zar [lanθˊar] *vt+vpr* **1** Lançar, arremessar, arrojar, atirar, jogar. **2** Divulgar difundir. *vpr* **3** Avançar, lançar-se, arrojar-se. → alzar.

la.pi.ce.ra [lapiθˊera] *sf AL* Caneta esferográfica. *no quiero que escriban con lapicera roja* / não quero que escrevam com caneta vermelha.

lá.pi.da [lˊapida] *sf* Lápide, lápida.

la.pi.da.ción [lapidaθjˊon] *sf* Apedrejamento.

la.pi.dar [lapidˊar] *vt* Apedrejar. *todavía hay quien piense que es correcto lapidar los condenados* / ainda há quem ache que é certo apedrejar os condenados.

Com o sentido de "lapidar" um diamante, usa-se **tallar**, **labrar**.

la.pi.da.rio [lapidˊarjo] *adj* Lapidário, lapidar. • *sm* Lapidário, lapidador.

lá.piz [lˊapiθ] *sm* Lápis. *¿me podes prestar un lápiz de color?* / você pode me emprestar um lápis de cor?

lap.so [lˊapso] *sm* **1** Lapso, transcurso, intervalo. **1** Falta, falha, deslize.

la.res [lˊares] *sm pl* Casa própria, lar.

lar.do [lˊardo] *sm* **1** Lardo, toucinho. **2** Banha, sebo, gordura animal.

lar.gar [largˊar] *vt* **1** Largar, soltar. **2** Dar. *le largó un puñetazo que lo tiró al piso* / deu-lhe uma porrada que o jogou ao chão. *vpr* **3** *fam* Sair, ir embora. *se largó antes que alguien se diera cuenta* / saiu antes que alguém pudesse perceber. → cargar.

lar.go, -a [lˊargo] *adj* **1** Longo, comprido. **2** Generoso, caridoso. **3** Copioso, abundante, excessivo. *es muy largo de ideas, pero nada práctico* / é abundante em ideias, mas nada prático. **4** Dilatado, extenso, amplo. **5** *fam* Astuto, esperto. • *sm* Comprimento, longitude. **a la larga** ao cabo, depois de muito tempo, no fim. *a la larga lo convenzco* / no fim, eu o convenço. **a lo largo de** ao longo de, durante. *a lo largo de su vida académica estudió un poco de cada cosa* / ao longo de sua vida acadêmica estudou um pouco de cada coisa. **por largo** por extenso. **¡largo!** fora! Fora daqui!

Para designar "largo" no sentido de "amplo na largura", usa-se **ancho**.

ar.gor [larg´or] *sf* Comprimento, longitude.

ar.gue.ro [larg´ero] *sm* **1** Travessa, pau, viga. **2** *Dep* Travessão.

ar.gue.za [larg´esa] *sf* **1** Comprimento, longitude. **2** Generosidade, desprendimento.

ar.gui.ru.cho [largir´utʃo] *adj* Esguio, delgado, longo.

ar.gu.ra [larg´ura] *sf* Comprimento, longitude, extensão. Veja nota em **largo** (espanhol).

a.rin.ge [lar´in:he] *sf Anat* Laringe. *ingresó con una grave inflamación en la laringe* / foi internado com uma grave inflamação na laringe.

a.rin.gi.tis [larin:h´itis] *sf inv Med* Laringite.

ar.va [l´arba] *sf Zool* Larva, lagarta. *mis plantas están repletas de larvas de mosquitos* / minhas plantas estão cheias de larvas de mosquitos.

as [l´as] *art def f pl* As. *las ollas están sucias* / as panelas estão sujas. • *pron pers f pl* As. *ya te devolví tus cosas. Las dejé en la mesa* / já devolvi suas coisas. Deixei-as sobre a mesa.

a.sa.ña [las´aña] *sf* Lasanha. *nadie prepara una lasaña como mi abuelita* / ninguém prepara uma lasanha como minha vovó.

as.ca [l´aska] *sf* Lasca, fragmento. *le arranqué una lasca a la mesita de luz. Mi mamá me va a matar* / tirei uma lasca do criado-mudo. Minha mãe vai me matar.

as.ci.via [lasθ´ibja] *sf* Lascívia, luxúria, volúpia, libidinagem, erotismo.

á.ser [la´ser] *sm* Laser, luz com radiação.

a.si.tud [lasit´ud]*sf* Lassidão, desfalecimento, cansaço, prostração.

ás.ti.ma [l´astima] *sf* **1** Lástima, lamento, queixa, queixume. **2** Pena, dó, compaixão. *me causó tanta lástima verlo triste...* / me deu tanta pena vê-lo triste... **estar hecho una lástima** estar um trapo. **llorar lástimas** fazer drama. *no hace más que llorar lástimas, no la aguanto más* / só fica fazendo drama, não a aguento mais. **¡qué lástima!** que pena!

las.ti.ma.du.ra [lastimad´ura] *sf* Machucado, ferida.

las.ti.mar [lastim´ar] *vt+vpr* **1** Ferir, machucar. *vt* **2** Ofender, agravar.

las.ti.mo.so, -a [lastim´oso] *adj* Lastimoso, lamentável, lamentoso, infeliz, triste.

la.ta [l´ata] *sf* **1** Lata. **2** *fig* Porre, tédio. *¡esa película es una lata!* / esse filme é um tédio! **dar lata** amolar, incomodar. *mi hermano me da la lata todo el día* / meu irmão me amola o dia inteiro.

la.ten.te [lat´ente] *adj* Latente, oculto, escondido.

la.te.ral [later´al] *adj* Lateral. *me abollaron toda la lateral del auto* / amassaram toda a lateral do meu carro.

la.ti.do, -a [lat´ido] *s* **1** Pulsação, batimento do coração. **2** Pontada, agulhada. **3** Ganido. Veja nota em **latir**.

la.ti.ga.zo [latiɣ´aθo] *sm* Chicotada, lambada, lapada, açoitada.

lá.ti.go [l´atigo] *sm* Látego, chicote, açoite. *le da con el látigo al caballo sin piedad* / usa o chicote no cavalo sem dó.

la.tín [lat´in] *sm* Latim. **echarle los latines** casar. *les echó los latines el cura Cipriano* / o padre Cipriano casou-os.

la.ti.no, -a [lat´ino] *adj+s* Latino.

la.tir [lat´ir] *vi* Bater o coração, pulsar. Veja nota em **batir**.

la.ti.tud [latit´ud] *sf* Latitude. *latitud es la distancia, en grados, del Ecuador a cualquier punto de la Tierra* / latitude é a distância, em graus, do Equador a qualquer ponto da Terra.

la.tón [lat´on] *sm* Latão. *prefiero usar la palangana de latón* / prefiro usar a bacia de latão.

la.to.so, -a [lat´oso] *adj+s* Chato, maçante, enfadonho, aborrecido, incômodo.

lau.cha [l´autʃa] *sf* **1** *AL* Ratazana. **2** Espertalhão, velhaco. *no le creo en nada de lo que dice. Es una laucha* / não acredito em nada do que ele diz. É um velhaco.

lau.da.ble [lawd´able] *adj* Laudável, louvável, admirável, meritório. *muy laudable tu actitud* / muito louvável sua atitude.

lau.dar [lawd´ar] *vt Der* Decidir, determinar, ditar sentença.

lau.rel [laur´el] *sm* **1** *Bot* Louro. **2** Laurel, coroa de louros, láurea.

la.va [l´aba] *sf* Lava, magma. *de los volcanes extintos no sale más lava* / não sai mais lava dos vulcões extintos.

la.va.bo [lab´abo] *sm* **1** Pia, lavatório. **2** Lavabo.

la.va.de.ro [labad´ero] *sm* **1** Lavatório, pia. **2** Lavanderia. *me olvidé la ropa seca en el lavadero* / esqueci a roupa seca na lavanderia. **3** Tanque (de lavar roupas). **4** *Miner* Lavadeira, fervedouro.

Lavadero tem o sentido de "lavanderia", para se referir ao recinto doméstico destinado ao tanque de lavar roupas. No sentido de "tinturaria", usa-se **lavandería**.

la.va.do [lab´ado] *sm* Lavagem. **lavado de cerebro** lavagem cerebral.

la.va.ma.nos [labam´anos] *sm inv* Pia (banheiro), tina, bacia (para as mãos).

la.van.da [lab´anda] *sf Bot* Lavanda, alfazema. *me encanta el olor a lavanda* / adoro o cheiro de alfazema.

la.van.de.ra [laband´era] *sf* Lavadeira.

la.van.de.rí.a [labander´ia] *sf* Lavanderia, tinturaria. Veja nota em **lavadero**.

la.va.pla.tos [lavapl´atos] *sm* **1** Lavador de pratos. *s* **2** Lava-louças, máquina de lavar louça.

la.var [lab´ar] *vt+vpr* Lavar, limpar, banhar, assear.

la.va.to.rio [labat´orjo] *sm* **1** Lavagem. **2** *Rel* Lava-pés. **3** *AL* Lavabo.

la.va.va.ji.llas [lababah´iʎas] *sm inv* **1** Detergente. *s* **2** Lava-louça, máquina de lavar louça.

la.xar [laks´ar] *vt+vpr* **1** Laxar, afrouxar, relaxar. **2** Purgar.

la.zar [laθ´ar] *vt* Laçar, enlaçar. *me gustaría aprender a lazar toros* / gostaria de aprender a laçar touros.

la.za.ri.llo [laθari´iʎo] *sm* Guia de cegos (pessoa, animal).

la.zo [l´aθo] *sm* **1** Laço. **2** Laçada. **3** Ardil, armadilha, enredo. *cayó en el lazo* / caiu na armadilha. **4** União, vínculo, ligação, enlace. *tenemos un lazo indestructible* / temos uma união indestrutível.

le [l´e] *pron pers m* A ele, para ele, lhe, o se. *le di todo lo que tenía encima* / dei-lhe tudo o que tinha comigo.

le.al [le´al] *adj+s* Leal, fiel, fidedigno.

le.al.tad [lealt´ad] *sf* Lealdade, fidelidade fidedignidade.

lec.ción [lekθ´jon] *sf* **1** Lição, ensinamento, instrução. **2** Exemplo. *que le sirva como lección* / que lhe sirva de lição.

le.ce.rí.a [leθer´ia] *sf* Roupa íntima lingerie.

le.cha.da [letʃ´ada] *sf* Argamassa.

le.che [l´etʃe] *sf* **1** Leite. **2** *vulg* Porrada batida. *se dio una leche contra la pared* deu uma porrada na parede. **3** *vulg* Tapa sopapo, bofetada. *si no te callas te doy una leche* / se você não se calar, dou-he uma bofetada. **a toda leche** a toda velocidade *arrancó a toda leche* / saiu com o carr a toda velocidade. **echando leches** muit depressa, apressadamente. *salió echando leches* / saiu apressadamente. **leche de los viejos** vinho. **mala leche:** a) má intenção má índole. b) mau humor. **ser la leche** se maravilhoso, extraordinário. *¡mi abuela e la leche!* / minha avó é maravilhosa.

le.che.ro, -a [letʃ´ero] *adj* Leiteiro. • *sm* Leiteiro, vendedor de leite. • *sf* Leiteira (panela).

le.cho [l´etʃo] *sm* Leito: a) cama. b) solo no fundo do rio, mar etc.

le.chón, -ona [letʃ´on] *s Zool* Leitão, bacorim, bacorinho, porquinho. • *adj+s fam* Porco, seboso, porcalhão.

le.cho.so, -a [letʃ´oso] *adj* Leitoso, lácteo.

le.chu.ga [letʃ´uga] *sf Bot* Alface. **más fresco que una lechuga:** a) vigoroso, saudável, bem-disposto. *no dormi, pero después de bañarme, me siento más fresco que una lechuga* / não dormi, mas, depois de tomar banho, estou bem-disposto. b) descaradamente. *más fresco que una lechuga, me dijo que iba a trabajar hasta tarde* / descaradamente, disse-me que ia trabalhar até tarde.

le.chu.za [letʃ´uθa] *sf Zool* Coruja. *siempre veo lechuzas en la carretera cuando viajo por la noche* / sempre vejo corujas na estrada quando viajo à noite.

lec.ti.vo [lekt´ibo] *adj* Letivo.

lec.tor, -a [lekt´or] *adj+s* **1** Leitor. **2** Professor de língua estrangeira. **3** Leitora de cartão magnético.

lec.tu.ra [lekt´ura] *sf* **1** Leitura. **2** Interpretação. **3 lecturas** *pl* Cultura, conhecimento. *es un hombre de muchas lecturas* / é um homem de muita cultura.

le.er [le´er] *vt* **1** Ler. **2** Entender, compreender, interpretar. → Veja modelo de conjugação.

le.ga.do [leg´ado] *sm* **1** Legado, herança, deixa. **2** Emissário, delegado, enviado.

le.ga.jo [leg´aho] *sm* **1** Dossiê, prontuário. **2** Arquivo, pasta.

le.gal [leg´al] *adj* Legal, jurídico, lícito, válido, legítimo.

le.ga.li.za.ción [legaliθaθj´on] *sf* **1** Legalização. **2** Autenticação, reconhecimento de firma.

le.ga.li.zar [legaliθ´ar] *vt* Legalizar, legitimar, validar, justificar, autenticar. → alzar.

lé.ga.mo [l´egamo] *sm* Barro, lodo, lama. *el terreno era todo légamo, no había donde pisar* / o terreno era todo lama, não tinha onde pôr os pés.

le.gar [leg´ar] *vt* **1** Legar, transmitir, passar, deixar. **2** Juntar, congregar, reunir. → cargar.

le.gi.ble [leh´ible] *adj* Legível.

le.gis.la.ción [lehislaθ´jon] *sf* Legislação. *no hay legislación para regulamentar ese tema* / não há legislação para regulamentar esse assunto.

le.gis.lar [lehisl´ar] *vi* Legislar, legiferar.

le.gi.ti.mar [lehitim´ar] *vt* **1** Legitimar, legalizar, validar, justificar. **2** Reconhecer, assumir (paternidade).

le.gí.ti.mo, -a [leh´itimo] *adj* **1** Legítimo, legal, válido. **2** Autêntico, genuíno, natural, verdadeiro.

le.go [l´ego] *adj* Leigo, laico.

le.gum.bre [leg´umbre] *sf Bot* Legume. *las legumbres no parecen frescas hoy* / hoje os legumes não parecem frescos.

le.í.ble [le´ible] *adj* Legível. *casi no se usa más la palabra "leíble"; mejor usar "legible"* / quase não se usa mais a palavra "leíble"; melhor usar "legible".

le.í.do, -a [le´ido] *adj* Lido, culto, erudito, versado, instruído, entendido.

le.ja.ní.a [lehan´ia] *sf* Distância, lonjura. *en la lejanía podía verlo irse* / podia vê-lo ir embora a distância. *hace tiempo que no ando por aquellas lejanías* / faz tempo que não ando por aquelas lonjuras.

le.ja.no, -a [leh´ano] *adj* Distante, afastado, longínquo, longe. *es muy lejano para ir andando* / é muito longe para ir a pé.

le.jí.a [leh´ia] *sf* **1** Água sanitária, cândida. **2** *fam* Bronca, repreensão. *tuve que darle una lejía para que no lo hiciera más* / tive de dar-lhe uma bronca para que nunca mais fizesse isso.

le.jos [l´ehos] *adv* Longe, distante, afastado. • *sm inv* Semelhança, aparência, ar. *tiene lejos de romano* / tem ar de romano. **a lo lejos** ao longe. **ni de lejos** nem de longe. *no se parece con la madre ni de lejos* / não se parece com a mãe nem de longe.

le.ma [l´ema] *sm* **1** Lema, máxima, norma. **2** Tema, proposição preliminar. **3** Entrada, verbete (dicionário).

le.me [l´eme] *Mar* Leme, timão. *es difícil controlar el leme con esa tormenta* / é difícil controlar o leme com essa tempestade.

len.gua [l´engwa] *sf* **1** *Anat* Língua. **2** Idioma, linguagem. **3** Badalo. **4** Lingueta, fiel da balança. **aflojar la lengua** dar com a língua nos dentes. *sin querer aflojé la lengua* / sem querer, dei com a língua nos dentes. **andar en lenguas** andar na boca do povo. *se tuvo que mudar de acá porque andava en lenguas* / teve de se mudar daqui porque andava na boca do povo. **con la lengua de un palmo** com a língua de fora / botando os bofes pela boca. **largo de lengua** língua-solta.

len.gua.do [leng´wado] *sm Ictiol* Linguado, rodovalho.

len.gua.je [lengw´ahe] *sm* Linguagem, língua, idioma, fala. Veja nota em **abordaje**.

len.güe.ta [lengw´eta] *sf* **1** *Anat* Epiglote. **2** Lingueta, fiel da balança.

len.ta.men.te [lentam´ente] *adv* Lentamente. *abrió lentamente la puerta para*

no despertarla / abriu a porta lentamente para não acordá-la.
len.te [l′ente] *s* **1** Lente. **2 lentes** *pl* Óculos. *tengo los/las lentes sucios/as* / meus óculos estão sujos.
len.te.ja [lent′eha] *sf Bot* Lentilha. *siempre como lentejas en las fiestas de final de año* / sempre como lentilhas no Ano-novo.
len.te.jue.la [lenteh′wela] *sf* Lantejoula.
len.ti.lla [lent′iha] *sf* **1** Lente de contato. **2** Lentilha.
len.ti.tud [lentit′ud] *sf* Lentidão.
len.to, -a [l′ento] *adj* Lento, vagaroso, demorado, lerdo.
le.ña [l′eña] *sf* **1** Lenha. **2** *fam* Surra, espancamento. **cargar de leña** dar uma surra. *se mereció que lo cargaran de leña* / mereceu levar uma surra. **leña de vaca** esterco seco.
le.ño [l′eño] *sm* **1** *Bot* Lenho, madeira. **2** Porre, tédio. *ese profesor es un leño, nadie lo aguanta* / esse professor é um porre, ninguém o aguenta.
le.ón [le′on] *sm* **1** *Zool* Leão. **2** *fam* Homem audaz, valente.
le.o.na [le′ona] *sf* **1** *Zool* Leoa. **2** *fam* Mulher audaz, valente.
le.o.par.do [leop′ardo] *sm Zool* Leopardo.
le.o [le′o] *adj+sm Astrol* **1** Leão. **2** Leonino.
le.pra [l′epra] *sf Patol* Lepra, hanseníase.
ler.do, -a [l′erdo] *adj* Lerdo, lento, devagar, vagaroso.
les.bia.na [lesbj′ana] *sf* Lésbica.
le.sión [les′jon] *sf* **1** Lesão, ferida, ferimento. **2** Dano, prejuízo, detrimento.
le.sio.na.do, -a [lesjon′ado] *adj* **1** Lesionado, machucado, contundido, ferido. **2** Lesado, prejudicado.
le.sio.nar [les′jonar] *vt+vpr* **1** Lesionar, machucar, ferir. **2** Lesar, prejudicar, danificar.
le.so, -a [l′eso] *adj* **1** Lesado, ofendido, agravado. **2** Perturbado, obcecado. *su mujer lo dejó leso después que se marchó* / sua mulher o deixou perturbado depois que foi embora.
le.tal [let′al] *adj* Letal, mortífero, mortal, fatal.

le.tar.go [let′argo] *sm* Letargo, letargia, estupor, torpor.
le.tra [l′etra] *sf* **1** Letra: a) símbolo gráfico. b) letra de música. **2** Caligrafia. **3** *Com* Letra de câmbio. **letra capital** letra maiúscula. **letra de imprenta/molde** letra de forma. **letras divinas** Bíblia / Sagradas Escrituras. **letra menuda** astúcia, sagacidade. *cuidado, que ese tiene letra menuda* / cuidado que esse tem astúcia.
le.tra.do, -a [letr′ado] *adj* Letrado, culto, instruído. • *s* Advogado, jurista.
le.tre.ro [letr′ero] *sm* **1** Letreiro, cartaz. **2** Legenda (filme).

A palavra mais indicada para designar "legenda" de filme é **subtítulo**, apesar de, na linguagem popular, usar-se **letrero**.

leu.ce.mia [leuθ′emja] *sf Patol* Leucemia.
le.va [l′eba] *sf* **1** *Mar* Levantamento de âncora, partida. **2** Recrutamento, alistamento.
le.va.du.ra [lebad′ura] *sf* Fermento, levedura.
le.van.ta.mien.to [lebantamj′ento] *sm* **1** Levantamento, içamento. **2** Amotinação, levante, rebelião, motim.
le.van.tar [lebant′ar] *vt+vpr* **1** Levantar, alçar, içar, erguer, arribar. **2** Sublevar, rebelar-se, amotinar. *vt* **3** Construir, edificar, fabricar. **4** Recrutar, alistar. **5** Aumentar, subir, elevar (preço, voz etc).
le.van.te [leb′ante] *sm* **1** Levante, nascente, leste, este. **2** Oriente, leste, este. **3** *fam* Caso, rolo, amante.
le.var [leb′ar] *vt* Levantar, recolher âncora, zarpar, partir.
le.ve [l′ebe] *adj* **1** Leve. **2** Sutil, ligeiro.
lé.xi.co, -a [l′e(k)siko] *sm* Léxico, glossário, dicionário, vocabulário. • *adj* Léxico, lexical.
ley [l′ei] *sf* Lei. **hecha la ley, hecha la trampa** em toda regra há uma exceção. **venir contra una ley** violar a lei.
le.yen.da [ley′enda] *sf* **1** Leitura. **2** Legenda, lenda. **3** Inscrição, letreiro. Veja nota em **letrero**.
li.a.na [lj′ana] *sm Bot* Cipó.
li.ar [li′ar] *vt* **1** Empacotar, atar, amarrar, embrulhar. *vt+vpr* **2** *coloq* Envolver,

comprometer. *vpr* **3** Pegar-se, bater-se. *se liaron los dos hermanos* / os dois irmãos se pegaram. **4** Amancebar-se, juntar-se. → confiar.

li.bé.lu.la [lib´elula] *sf Zool* Libélula.

li.be.ra.ción [liberaθ´jon] *sf* **1** Libertação, liberação. **2** Recibo, quitação.

li.be.ra.dor [liberad´or] *adj+sm* Libertador.

li.be.ral [liber´al] *adj* **1** Generoso, franco, desprendido, largo. **2** Liberal, tolerante, compreensivo. **3** Expedito, despachado, pronto.

li.be.rar [liber´ar] *vt+vpr* **1** Liberar, desobrigar. **2** Libertar. **3** Secretar, expelir.

li.ber.tad [libert´ad] *sf* **1** Liberdade, autonomia, independência. **2 libertades** *pl* Prerrogativa, privilégio, licença. *decierto no tendré libertades, pero tendré oportunidad* / certamente não terei privilégios, mas terei oportunidades.

li.ber.ta.dor, -ora [libertad´or] *adj+s* Libertador. *acá está nuestro libertador* / eis aqui nosso libertador.

li.ber.tar [libert´ar] *vt* Libertar, soltar, livrar, liberar.

li.ber.ti.na.je [libertin´ahe] *sm* Libertinagem, devassidão, licenciosidade, desregramento. Veja nota em **abordaje**.

li.ber.ti.no, -a [libert´ino] *adj+s* Libertino, devasso, licencioso. • *sm* Liberto, escravo alforriado.

li.bí.di.ne [lib´idine] *sf* Luxúria, lascívia.

li.bra [l´ibra] *adj+s* **1** *Astrol* Libriano, libra. **2** Libra (unidade de medida e moeda).

li.bra.ción [libraθj´on] *sf* Oscilação.

li.brar [libr´ar] *vt+vpr* **1** Livrar, liberar, afastar. *vt* **2** Dar, expedir. *el juez libró sentencia favorable* / o juiz expediu sentença favorável. *vi* **3** Parir, dar à luz. **4** Confiar. *no sé si puedo librar en ti* / não sei se posso confiar em você. **librar bien** sair-se bem / dar tudo certo. *me libré bien en los exámenes* / eu me saí bem nas provas.

li.bre [l´ibre] *adj* **1** Livre, solto, liberto. **2** Disponível, desocupado, desimpedido, vacante. **3** Atrevido, licencioso. **4** Isento, dispensado, desobrigado.

li.bre.rí.a [librer´ia] *sf* **1** Livraria. **2** Biblioteca (móvel e estabelecimento).

li.bre.ro, -a [libr´ero] *adj+s* Livreiro.

li.bre.to, -a [libr´eta] *sm Arg* **1** Livreto, libreto. *sf* **2** Caderneta. *no traje cuaderno, sólo una libreta* / não trouxe caderno, só uma caderneta. **libreta de ahorros** caderneta de poupança.

li.bro [l´ibro] *sm* Livro. **colgar los libros** abandonar os estudos. **hablar como un libro** falar corretamente, com elegância.

li.cen.cia [liθ´enθja] *sf* **1** Licença, permissão, autorização. **2** Liberdade. **3** Licenciatura. **tomarse la licencia** tomar a liberdade. *me tomé la licencia de venir sin avisar* / tomei a liberdade de vir sem avisar.

li.cen.cia.do, -a [liθenθ´jado] *adj+s* **1** Diplomado, graduado. **2** *Mil* Reformado.

li.cen.ciar [liθenθj´ar] *vt* **1** Licenciar, permitir. *vt+vpr* **2** Diplomar. *vt* **3** Dispensar: a) demitir. b) *Mil* reformar, dar baixa do serviço militar.

li.cen.cia.tu.ra [liθenθjat´ura] *sf* Licenciatura, bacharelado.

li.cen.cio.so, -a [liθenθj´oso] *adj* Licencioso, devasso, libertino, dissoluto.

li.ci.ta.ción [liθitaθj´on] *sf* Licitação, concorrência.

lí.ci.to, -a [l´iθito] *adj* Lícito, justo, válido, legal.

li.cor [lik´or] *sm* Licor. *me tomaré un licor después de cenar* / tomarei um licor depois de jantar.

li.cua.do.ra [likwad´ora] *sf* Liquidificador.

li.cuar [likw´ar] *vt+vpr* Liquidificar, liquefazer.

lí.der [l´ider] *s* Líder, dirigente, cabeça, comandante, chefe, guia.

li.de.rar [lider´ar] *vt* Liderar, estar à frente. *el equipo adversario lidera el campeonato* / o time adversário lidera o campeonato.

li.de.ra.to [lider´ato] *sm* Liderança. *bajo su liderato las cosas caminan bien* / sob sua liderança as coisas andam bem.

li.de.raz.go [lider´aθgo] *sm* Liderança.

li.diar [lidj´ar] *vt* **1** Tourear. *vi* **2** Lutar, batalhar, brigar. *después de tanto lidiar, se separaron* / depois de tanto brigar, separaram-se. *vt+vi* **3** Enfrentar, opor-se.

lie.bre [lí jebre] *sf Zool* Lebre. **comer liebre** ser covarde. *ni le pidas que lo haga, porque él se come liebre* / nem peça a ele para fazer isso, porque é um covarde.

lien.zo [ljˊenθo] *sm* **1** Lenço. **2** Tela (pintura).

li.ga [lˊiga] *sf* **1** Liga, cinta-liga. **2** Faixa, venda. **3** União, mescla. **4** Coligação, confederação, grupo.

li.ga.do [ligˊado] *sm Mús* Ligado.

li.ga.men.to [ligamˊento] *sm* **1** Ligação, união, junção. **2** Concatenação, concordância, entendimento.

li.gar [ligˊar] *vt* **1** Ligar, atar, unir. **2** Combinar, misturar. *vi* **3** *coloq* Sair, transar. *a esa la estoy ligando* / estou saindo com ela. *vt+vpr* **4** Levar broca, apanhar. *¡si no te portas te la vas a ligar!* / se você não se comportar, vai apanhar! → cargar.

li.ga.zón [ligaθˊon] *sf* Ligação íntima, vínculo, união, enlace.

li.ge.ra.men.te [liheramˊente] *adv* Ligeiramente.

li.ge.re.za [liherˊeθa] *sf* **1** Ligeireza, presteza, agilidade, rapidez. **2** Leveza. *me gusta verte andar con tanta ligereza* / gosto de ver você andar com tanta leveza. **3** Leviandade. *fue una ligereza lo que dijiste* / foi uma leviandade o que você disse. **4** Inconstância, volubilidade, instabilidade.

li.ge.ro, -a [lihˊero] *adj* **1** Leve. **2** Ligeiro, ágil, veloz, rápido. **3** Inconstante, leviano, volúvel. **a la ligera** às pressas / impensadamente.

li.ja [lˊiha] *sf* Lixa. *tengo que comprar unas lijas más gruesas* / tenho de comprar umas lixas mais grossas.

li.jar [lihˊar] *vt* Lixar, desbastar, raspar.

li.la [lˊila] *adj+sf* Lilás.

li.ma [lˊima] *sf* **1** *Bot* Lima. **2** Lima, lixa de metal. **3** Limadura, limagem.

li.ma.du.ra [limadˊura] *sf* **1** Limadura, limagem. **2** Limalha.

li.mi.ta.ción [limitaθjˊon] *sf* **1** Limitação, contenção, restrição. *no puedo vivir con tanta limitación* / não posso viver com tanta restrição. **2** Limite, fronteira.

li.mi.ta.do [limitˊado] *adj* Limitado, restrito, circunscrito, estreito, reduzido.

li.mi.tar [limitˊar] *vt+vpr* **1** Limitar, cingir, restringir. **2** Demarcar, circunscrever. *vi* **3** Fazer fronteira, confinar. *mi patio limita con un terreno baldío* / meu quintal faz fronteira com um terreno baldío.

lí.mi.te [lˊimite] *sm* **1** Limite, raia. **2** Fronteira, estremadura, extremo.

li.mo [lˊimo] *sm* Limo, barro, lama, lodo. *después que llueve las calles se quedan cubiertas de limo* / depois que chove, as ruas ficam cobertas de barro.

li.món [limˊon] *sm Bot* Limão.

li.mo.na.da [limonˊada] *sf* Limonada, suco de limão. *con ese calor nada mejor que una limonada* / com esse calor, nada melhor que uma limonada.

li.mo.ne.ro, -a [limonˊero] *adj+s Bot* Limoeiro. *mi gatito se subió al limonero y no lo pude bajar* / meu gatinho subiu no limoeiro e não consegui baixá-lo.

li.mos.na [limˊosna] *sf* Esmola, donativo, caridade.

li.mos.ne.ar [limosneˊar] *vi* Esmolar, mendigar.

li.mos.ne.ro, -a [limosneˊro] *adj* Esmolador, caritativo, caridoso.

lim.pia.ba.rros [limpjabˊaros] *sm* Capacho, tapete de entrada. *por favor, límpiense los piés en el limpiabarros, no en mi alfombra* / por favor, limpem os pés no capacho, não no meu tapete.

lim.pia.bo.tas [limpjabˊotas] *s inv inv* Engraxate.

lim.pia.dor, -ora [limpjadˊor] *adj* Limpador. • *sm Méx* Limpador de para-brisa.

lim.pia.pa.ra.bri.sas [limpjaparabrˊisas] *sm inv* Limpador de para-brisa.

lim.piar [limpjˊar] *vt+vpr* **1** Limpar, assear. **2** *coloq* Rapar, afanar, roubar. *me limpiaron el monedero en el autobus* / afanaram minha carteira no ônibus.

lím.pi.do, -a [lˊimpido] *adj* Limpo, claro, nítido.

lim.pie.za [limpjˊeθa] *sf* **1** Limpeza, asseio. **2** Pureza, castidade. **3** Integridade, honestidade. **4** Esmero, perfeição. **limpieza de bolsa** falta de dinheiro. *con esa limpieza de bolsa no puedo ir a ninguna parte* / com essa falta de dinheiro não posso ir a lugar nenhum.

lim.pio, -a [limpjo] *adj* **1** Limpo, asseado. **2** Desinfetado. **3** Honrado, decente. **4** Inocente, sem culpa. *logró probar que estaba limpio* / conseguiu provar que era inocente. **5** *coloq* Liso, sem dinheiro. *me dejó limpio* / deixou-me liso.

li.na.je [lin´ahe] *sm* Linhagem, estirpe, genealogia, ascendência, procedência. Veja nota em **abordaje**.

lin.ce [l´inθe] *sm Zool* Lince.

lin.char [lintʃ´ar] *vt* Linchar, executar sumariamente.

lin.dar [lind´ar] *vi* Limitar, demarcar.

lin.de [l´inde] *s* Limite, fronteira, divisa, término.

lin.do, -a [l´indo] *adj* Lindo, bonito. • *sm coloq* Boneca, bicha.

lí.ne.a [l´inea] *sf* **1** Linha, risca, risco, traço. **2** Forma, silhueta, perfil. *la línea elegante del auto* / a forma elegante do carro. **3** Conduta, comportamento. **4** Direção, tendência, orientação, estilo. *sigue una línea ortodoxa* / tem uma tendência ortodoxa.

li.ne.al [line´al] *adj* Linear.

lin.güís.ti.ca [ligw´istika] *adj+s* Lingüística.

li.ni.men.to [linim´ento] *sm* Linimento, unguento. *fue el masaje con linimento que me curó el dolor de espaldas* / foi a massagem com linimento que curou minha dor nas costas.

li.no [l´ino] *sm* Linho. *son hermosos esos manteles de lino blanco* / essas toalhas de mesa de linho branco são lindas.

lin.ter.na [lint´erna] *sf* **1** Lanterna. *¿me puedes prestar una linterna? Se apagó la luz* / você pode me emprestar uma lanterna? Acabou a luz. **2** Lampião. **3** Farol.

lí.o [l´io] *sm* **1** Trouxa, pacote. **2** *coloq* Confusão, desordem, baderna, bagunça. *¡tu habitación está un lío!* / seu quarto está uma bagunça! **3** Encrenca, embrulhada, alvoroço. *armó un lío para nada* / arrumou encrenca para nada.

li.qui.da.ción [likidaθ´jon] *sf* **1** Liquidação, oferta. **2** Quitação, pagamento.

li.qui.dar [likid´ar] *vt+vpr* **1** Liquidificar. *vt* **2** Saldar, pagar, quitar. **3** Concluir, terminar, acabar. **4** Pôr em oferta, vender barato.

lí.qui.do, -a [l´ikido] *adj+s* Líquido, fluido. *¿sabías que el vidrio es líquido?* / você sabia que o vidro é líquido?

lí.ri.co, -a [l´iriko] *adj+s* Lírico.

li.rio [l´irjo] *sm Bot* Lírio, flor-de-lis, lis. *voy a plantar lirios en esta maceta* / vou plantar lírios neste vaso.

li.ris.mo [lir´ismo] *sm Lit* Lirismo.

li.rón [lir´on] *sm* **1** *Zool* Ratazana. **2** *fig* Dorminhoco. **dormir como un lirón** dormir como uma pedra.

lis [l´is] *sm Bot* Lis, lírio, flor-de-lis.

li.sia.do, -a [lis´jado] *adj+s* Aleijado, inválido. *sufrió un accidente y se quedó lisiado* / sofreu um acidente e ficou aleijado. Veja nota em **alejado**.

li.siar [lis´jar] *vt+vpr* Aleijar, mutilar.

li.so, -a [l´iso] *adj* **1** Liso, plano, corrediço. **2** Desavergonhado, atrevido, insolente. *con un tipo liso como tú no quiero ni hablar* / com um sujeito atrevido como você não quero nem falar. **liso y llano** simples e fácil / líquido e certo.

li.son.ja [lis´onːha] *sf* Lisonja, adulação, bajulação.

li.son.je.ar [lison:he´ar] *vt* **1** Lisonjear, adular, bajular. *vt+vpr* **2** Orgulhar-se. **3** Deleitar, comprazer, satisfazer.

li.son.je.ro, -a [lison:h´ero] *adj+s* Lisonjeiro, bajulador, adulador.

lis.ta [l´ista] *sf* **1** Listra, risca, risco, traço. **2** Lista, rol, catálogo, elenco, relação. **pasar lista** fazer chamada. *mi profesora de matemáticas pasa lista al final de la clase* / minha professora de matemática faz chamada no fim da aula.

lis.ta.do, -a [list´ado] *adj* **1** Listado, catalogado, incluído. **2** Listado, listrado, riscado.

lis.to, -a [l´isto] *adj* **1** Diligente, rápido, expedito, ágil, ligeiro. **2** Pronto. **estar listo** estar prejudicado / sair mal. *si sales sin avisarme, ¡estás listo!* / se você sair sem me avisar, vai sair mal! **¡listo!** pronto! Veja nota em **pronto** (espanhol).

li.te.ra [lit´era] *sf* **1** Beliche. *los niños duermen en literas* / as crianças dormem em beliches. **2** Cama de trem. **3** Liteira.

li.te.ral [liter´al] *adj* Literal, estrito, exato, rigoroso, preciso, textual.

li.te.ra.rio, -a [liter´arjo] *adj* Literário. *hay muchas novedades en el mercado literario* / há muitas novidades no mercado literário.

li.te.ra.tu.ra [literat´ura] *sf* Literatura. *tengo exámen de literatura mañana* / tenho prova de literatura amanhã.

li.to.ral [litor´al] *adj* Litoral, litorâneo. • *sm* Litoral, praia, costa. *me pasé las vacaciones en el litoral* / passei as férias no litoral.

li.tro [l´itro] *sm* Litro.

li.tur.gia [lit´urhja] *sf* Liturgia, ritual, cerimônia.

li.túr.gi.co [lit´urhiko] *adj* Litúrgico, ritual.

li.vian.dad [libjand´ad] *sf* 1 Leveza. 2 Leviandade, inconstância, volubilidade.

li.via.no, -a [lib´jano] *adj* 1 Leve. *no puedo cargar peso, entonces llevo el más liviano* / não posso carregar peso, então levo o mais leve. 2 *fig* Leviano, volúvel, inconstante.

lí.vi.do, -a [l´ibido] *adj* 1 Lívido, pálido, desmaiado. 2 Arroxeado, azulado.

ll [´eλe] *sf* Dígrafo que, entre 1803 e 1992, foi considerado pela Real Academia Espanhola como a décima quarta letra do alfabeto espanhol.

lla.ga [λ´aga] *sf* Chaga, ferida, úlcera, ulceração. **indignarse la llaga** irritar-se, aborrecer-se.

lla.ma [λ´ama] *sf* 1 *Zool* Lhama. 2 Chama, labareda.

lla.ma.do, -a [λam´ado] *s* 1 Chamado, chamada, convocação, chamamento. *sf* 2 Ligação, telefonema.

lla.ma.mien.to [λamamj´ento] *sm* Chamamento, apelo, invocação, convocação, chamado.

lla.mar [λam´ar] *vt* 1 Chamar, convocar, citar. *vt+vpr* 2 Nomear, denominar, designar. *vi* 3 Telefonar, fazer uma ligação. *mi hermano me llamó a las 4 de la mañana* / meu irmão me ligou às 4 da manhã. 4 Tocar a campainha, bater na porta. *llamé, pero nadie respondió* / toquei a campainha, mas ninguém atendeu.

lla.ma.ra.da [λamar´ada] *sf* 1 Labareda, chama. 2 Rubor, enrubescimento. 3 Impetuosidade, fogo de palha.

lla.ma.ti.vo, -a [λamat´ibo] *adj* Chamativo. *no me gusta ese vestido; es muy llamativo* / não gosto desse vestido; é muito chamativo.

lla.no, -a [λ´ano] *adj* 1 Plano, liso. 2 Raso, rasteiro. 3 Simples, despretensioso. *lo veo muy llano a esos pantalones* / estou achando essa calça muito simples. • *sm Geogr* Planície.

llan.ta [λ´anta] *sf* Roda, pneu.

llan.to [λ´anto] *sm* Choro, pranto. **anegarse en llanto** afogar-se em lágrimas.

lla.nu.ra [λan´ura] *sf Geogr* Planície.

lla.ve [λ´abe] *sf* 1 Chave. 2 *Electr* Interruptor, comutador. 3 *Mús* Clave. **llave de tuerca** chave Allen. **llave grifa** grifo, chave inglesa. **poner bajo llave** trancar. **recoger las llaves** fechar a porta, sair por último.

lla.ve.ro [λab´ero] *sm* Chaveiro.

lle.ga.da [λeg´ada] *sf* Chegada, vinda.

lle.gar [λeg´ar] *vi* 1 Chegar, vir, aportar. 2 Alcançar, atingir. *vpr* 3 Aproximar-se. ¡**hasta ahí podríamos llegar!** olhe até onde chegamos! *una persona ni siquiera puede quedarse a la puerta de su casa sin que alguien la intente robar. ¡Hasta ahí podríamos llegar!* / uma pessoa não pode sequer ficar na porta de sua casa sem que alguém tente roubá-la. Olhe até onde chegamos! **llegar y besar el santo** tiro e queda. → cargar.

lle.nar [λen´ar] *vt+vpr* 1 Encher, completar. *vt* 2 Satisfazer. *me llenó su eficiencia* / estou satisfeita com sua eficiência.

lle.no, -a [λ´eno] *adj* 1 Cheio, pleno, completo. 2 Lotado. 3 Satisfeito, farto.

lle.var [λeb´ar] *vt* 1 Levar, conduzir. 2 Tolerar, suportar, aguentar. *hay que llevarlo con paciência* / é preciso aguentar com paciência. 3 Induzir, persuadir. *lo llevó a separarse* / persuadiu-o a se separar. 4 Usar, vestir. *llevaba una blusa amarilla* / usava uma blusa amarela. 5 Dirigir, conduzir. *yo llevo al auto* / eu dirijo o carro. **llevar encima** carregar/levar consigo. *yo no llevo dinero encima* / eu não carrego dinheiro comigo. **llevarse bien/mal** dar-se bem/mal com alguém.

llo.rar [ʎor´ar] *vt+vi* **1** Chorar, derramar lágrimas. **2** Lamentar, planger, prantear.

llo.ri.que.ar [ʎorike´ar] *vi* Choramingar. *por el amor de Dios, ¡déjate de lloriquear!* / pelo amor de Deus, pare de choramingar!

llo.ri.que.o [ʎorik´eo] *sm* Choramingo.

llo.ro [ʎ´oro] *sm* Choro, pranto.

llo.rón, -ona [ʎor´on] *adj* **1** Chorão. **2** Manhoso, choramingas. • *sf* Carpideira.

llo.ver [ʎob´er] *vi+vimp* **1** Chover. **2** *fig* Vir, sobrevir em abundância. **ha llovido mucho desde** muita água já passou por baixo da ponte. **llover sobre mojado:** a) piorar ainda mais. b) chover no molhado. → morder.

llo.viz.na [ʎob´iθna] *sf* Garoa, chuvisco.

llo.viz.nar [ʎobiθn´ar] *vi+vimp* Garoar, chuviscar.

llu.via [ʎ´ubja] *sf* Chuva. **lluvia meona** garoa, chuvisco.

llu.vio.so, -a [ʎub´joso] *adj* Chuvoso.

lo [l´o] *art def neutro* O. *lo que puedo hacer es eso* / o que posso fazer é isso. • *pron pers m* O. *lo dije ayer* / disse-o ontem.

lo.a [l´oa] *sf* Loa, elogio, louvor, apologia.

lo.a.ble [lo´able] *adj* Louvável, laudável, meritório.

lo.bo [l´obo] *sm* **1** *Zool* Lobo. **2** *Anat* Lóbulo. **coger un lobo** embriagar-se. **lobos de una camada** farinha do mesmo saco. **¡menos lobos!** menos! / não exagere!

ló.bre.go [l´obrego] *adj* Lúgubre, sombrio, tenebroso, escuro, soturno.

ló.bu.lo [l´obulo] *sm Anat* Lóbulo, lobo.

lo.ca.ción [lokaθ´jon] *sf* Locação, aluguel.

lo.cal [lok´al] *adj* Local, regional, doméstico. • *sm* Local, lugar, parte, sítio.

lo.ca.li.dad [lokalid´ad] *sf* Localidade, lugar. *nunca anduve por aquella localidad* / nunca andei por aquele lugar.

lo.ca.li.zar [lokaliθ´ar] *vt+vpr* Localizar, situar, posicionar. *mi casa se localiza al oeste de la suya* / minha casa localiza-se a oeste da sua. → alzar.

lo.ca.ta.rio [lokat´arjo] *sm* Locatário, inquilino.

lo.ción [loθ´jon] *sf* **1** Ablução. **2** Loção.

lo.co, -a [l´oco] *adj+s* Louco, maluco, demente, doido, pirado. • *sf* Boneca, marica, bicha, entusiasmado. **a lo loco** na louca, irrefletidamente. **cada loco con su tema** cada louco com sua mania. **louco de atar** louco varrido. **ni loco** de jeito algum, nem morto. **volver loco a alguien** deixar louco, deixar maluco, enlouquecer.

lo.cuaz [lok´waθ] *adj* Loquaz, tagarela, falador, falante.

lo.cu.ra [lok´ura] *sf* Loucura, insensatez, desatino, maluquice.

lo.cu.tor, -ora [lokut´or] *s* Locutor. *me encanta la voz del locutor de esa radio* / adoro a voz do locutor dessa rádio.

lo.do [l´odo] *sm* Lodo, barro, lama.

lo.gia [l´ohja] *sf* Loja maçônica.

ló.gi.co, -a [l´ohiko] *adj* **1** Lógico, racional. **2** Natural, óbvio, normal. • *sf* Lógica. *por la lógica, ese botón es el que tengo que apretar* / pela lógica esse é o botão que tenho de apertar.

lo.gra.do, -a [logr´ado] *adj* Benfeito, perfeito.

lo.grar [logr´ar] *vt* Lograr, conseguir, obter, alcançar. *logró llegar a director* / conseguiu chegar a diretor.

lo.gre.ro [logr´ero] *sm* Agiota, usurário.

lo.gro [l´ogro] *sm* **1** Lucro, ganho. **2** Conquista, obtenção.

lo.ma [l´oma] *sf* Lombada.

lom.briz [lombr´iθ] *sf Zool* **1** Minhoca. **2** *Biol* Lombriga, parasita.

lo.mo [l´omo] *sm* **1** Lombo, dorso. **2** Lombada (livro). *el lomo del libro tiene que estar visible* / a lombada do livro deve estar visível.

lo.na [l´ona] *sf* Lona. *tengo una hamaca de lona* / tenho uma rede de lona.

lon.cha [l´ontʃa] *sf* Fatia, tira, pedaço, lasca.

lon.ga.ni.za [longan´iθa] *sf* Linguiça. *tengo ganas de comer asado de longaniza* / estou com vontade de comer churrasco de linguiça.

lon.gin.cuo [lon:h´inkuo] *adj* Longínquo, distante, afastado.

lon.gi.tud [lon:hit´ud] *sf* Longitude, comprimento, extensão. *córteme un pedazo con 20 centímetros de longitud* / corte-me um pedaço com 20 centímetros de comprimento.

lo.ro [l´oro] *sm* 1 *Zool* Louro, papagaio. 2 *fam* Monstro, pessoa feia, horrível. *el novio de Ana es un loro* / o namorado de Ana é horrível.

lo.sa [l´osa] *sf* 1 Laje, pedra. 2 Sepultura, sepulcro, tumba.

lo.se.ta [los´eta] *sf* Azulejo, ladrilho.

lo.te [l´ote] *sm* Lote, porção, parte. **darse el lote** beijar-se, acariciar-se.

lo.te.rí.a [loter´ia] *sf* Loteria.

lo.za [l´oθa] *sf* Louça. *las personas ya no quieren más platos de loza* / as pessoas já não querem mais pratos de louça.

lo.za.ní.a [loθan´ia] *sf* Viço, frescor, vigor.

lo.za.no, -a [loθ´ano] *adj* 1 Vigoroso, saudável. 2 Viçoso, fresco. *¡cómo están lozanas las plantas!* / como as plantas estão viçosas!

lu.bri.can.te [lubrik´ante] *adj+sm* Lubrificante.

lu.bri.car [lubrik´ar] *vt* Lubrificar, untar. *tengo que mandar lubricar la puerta de mi auto* / tenho de mandar lubrificar a porta do meu carro. *Sin: lubrificar.*

lu.bri.ci.dad [lubriθid´ad] *sf* Lubricidade, luxúria.

lu.bri.fi.car [lubrifik´ar] *vt V lubricar.*
→ atacar.

lu.cha [l´utʃa] *sf* Luta, batalha, combate, confronto.

lu.cha.dor [lutʃ´ador] *adj* Lutador, batalhador. • *sm* Lutador, boxeador, pugilista.

lu.char [lutʃ´ar] *vi* Lutar, brigar, combater.

lu.ci.dez [luθid´eθ] *sf* Lucidez, claridade, transparência, consciência, perspicácia.

lú.ci.do, -a [luθ´ido] *adj* Lúcido, esperto, perspicaz.

lu.ciér.na.ga [luθi´ernaga] *sf* Vaga-lume.

lu.cir [luθ´ir] *vi* 1 Luzir, brilhar, resplandecer. *vpr* 2 Destacar-se, sobressair. *ella se luce entre todas las demás* / ela se destaca entre todas as outras. *vt* 3 Iluminar, clarear.
→ Veja modelo de conjugação.

lu.crar [lukr´ar] *vt* 1 Conseguir, obter. *vpr* 2 Lucrar, ganhar, beneficiar-se, tirar proveito. *se lucró con el negocio que hizo* / lucrou com o negócio que fez.

lu.cra.ti.vo, -a [lukrat´ibo] *adj* Lucrativo, rendoso, vantajoso, proveitoso, útil.

lu.cro [l´ukro] *sm despec* Lucro, ganho, proveito.

luc.tu.o.so [luktu´oso] *adj* Funesto, infeliz.

lue.go [l´wego] *adv* 1 Logo, prontamente. 2 Depois, mais tarde. • *conj* Portanto. **desde luego** sem dúvida. **luego de** logo após, depois de. *luego de haber cenado, se puso a dormir* / logo após ter jantado, adormeceu.

lu.gar [lug´ar] *sm* 1 Lugar, localidade. 2 Aldeia, vila, povoado. 3 Tempo, ocasião, oportunidade. 4 Emprego, posto. **tener lugar** acontecer, ocorrer.

lu.ga.re.ño, -a [lugar´eño] *adj+s* Aldeão, caipira. • *adj* Local, lugarejo.

lú.gu.bre [l´ugubre] *adj* Lúgubre, funesto, triste, sombrio.

lu.jo [l´uho] *sm* Luxo, ostentação, pompa. *tanto lujo es un desperdicio* / tanto luxo é um desperdício.

lu.jo.so, -a [luh´oso] *adj* Luxuoso, suntuoso.

lu.ju.ria [luh´urja] *sf* Luxúria, lascívia, licenciosidade.

lu.ju.rio.so, -a [luhurj´oso] *adj+s* Luxurioso, luxuriante, licencioso, lascivo.

lu.mi.na.ria [lumin´arja] *sf* Luminária, lustre.

lu.mi.no.si.dad [luminosid´ad] *sf* Luminosidade, claridade.

lu.mi.no.so, -a [lumin´oso] *adj* 1 Luminoso, iluminado, claro. 2 Vivo, alegre. *tienes una sonrisa luminosa* / você tem um sorriso alegre.

lu.na [l´una] *sf* 1 *Astron* Lua. 2 Para-brisa. *en el accidente, se dio con la cabeza en la luna* / no acidente, bateu com a cabeça no para-brisa. **claro de luna** luar.

lu.nar [lun´ar] *adj* Lunar. • *sm* Pinta, sinal, mancha (corpo). *tengo un lunar en la oreja* / tenho uma pinta na orelha.

lu.ná.ti.co, -a [lun´atiko] *adj+s* Lunático, maluco, louco.
lu.nes [l´unes] *sm inv* Segunda-feira. *no trabajo los lunes* / não trabalho às segundas-feiras.
lun.far.do [lunf´ardo] *sm* Lunfardo, gíria portenha.
lu.pa [l´upa] *sf* Lupa, lente de aumento.
lu.pa.nar [lupan´ar] *sm* Lupanar, prostíbulo, bordel.
lu.pi.no [lup´ino] *adj* Lupino, referente ao lobo. • *sm Bot* Tremoço.
lus.trar [lustr´ar] *vt* Lustrar, polir.
lus.tre [l´ustre] *sm* **1** Lustro, brilho. **2** Glória, esplendor.
lu.to [l´uto] *sm* **1** Luto, pesar. **2** Dor, dó, tristeza.
luz [l´uθ] *sf* **1** Luz, iluminação. **2 luces** *pl* Inteligência, saber. *no tiene muchas luces, pero es un buen tipo* / não tem muita inteligência, mas é um bom sujeito. **a todas luces** sem sombra de dúvida, evidentemente. **entre dos luces** meio alto (quase bêbado), meio tonto. *ya está entre dos luces* / já estou meio tonto. **luz mala** fogo-fátuo.

m

m, M [´eme] *sf* **1** Décima terceira letra do alfabeto espanhol. **2** Mil em algarismos romanos.

ma.ca.bro, -a [mak´abro] *adj* Macabro, lúgubre, fúnebre, tétrico.

ma.ca.rrón [makař´on] *sm* **1** Macarrão. **2** Tubo plástico para revestimento de fios elétricos.

ma.ce.ta [maθ´eta] *sf* Vaso, floreira. *las macetas de plástico están de moda* / os vasos de plástico estão na moda.

ma.ce.te.ro [maθet´ero] *sm* Jardineira. *en esos maceteros voy a plantar lechuga* / nessas jardineiras vou plantar alface.

ma.cha.ca.do [matʃak´ado] *adj* Malhado, socado, golpeado, amassado, sovado. *hasta que no esté bien machacada no se puede usar esa arcilla* / enquanto não estiver bem amassada, não dá pra usar essa argila.

ma.cha.car [matʃak´ar] *vt* **1** Golpear, socar, sovar. *vi* **2** Insistir, repisar, malhar, repetir. *me está machacando con esa historia desde ayer* / está insistindo nessa história desde ontem. → atacar.

ma.cha.da [matʃ´ada] *sf coloq* Atitude corajosa, proeza.

ma.che.te [matʃ´ete] *sm* **1** Machete, facão. **2** *Arg fam* Cola (para colar em provas).

ma.chis.ta [matʃ´ista] *adj+sm* Machista. *con esa actitud machista no lograrás nada* / com essa atitude machista você não vai conseguir nada.

ma.cho [m´atʃo] *adj* Forte, vigoroso, potente, robusto. • *sm* **1** Macho: a) animal do sexo masculino. b) parte do plugue da tomada que encaixa na fêmea. **2** *Zool* Mula, burro.

ma.cho.te [matʃ´ote] *sm coloq* Machão, valente, peitudo, destemido.

ma.chu.car [matʃuk´ar] *vt* **1** Espremer, esmagar. **2** Pisar.

ma.ci.zo, -a [maθ´iθo] *adj* Maciço, compacto, sólido. *lo que me gusta de verdad es chocolate macizo, puro, sin nada adentro* / o que eu gosto mesmo é de chocolate maciço, puro, sem recheio. • *sm* Maciço montanhoso.

ma.cro.bi.ó.ti.ca [makrobj´otika] *sf* Macrobiótica. *fui adepto de la macrobiótica por mucho tiempo* / fui adepto da macrobiótica durante muito tempo.

ma.cro.bi.ó.ti.co [makrobj´otiko] *adj* Macrobiótico. *me recomendaron un régimen macrobiótico* / recomendaram-me um regime macrobiótico.

má.cu.la [m´akula] *sf* **1** Mácula, mancha, nódoa. **2** Descrédito, deslustre, desonra. **3** *coloq* Cilada, embuste, engano, esparrela. *no sé como pude creer en esa mácula* / não sei como pude acreditar nessa esparrela.

ma.cu.lar [makul´ar] *vt* **1** Macular, sujar, manchar, enodoar. **2** Desonrar, deslustrar, enxovalhar.

ma.de.ja [mad´eha] *sf* **1** Meada, novelo. **2** Madeixa, mecha, melena. **madeja sin cuenda** coisa/situação enrolada.

ma.de.ra [mad´era] *sf* Madeira. **no holgar la madera** trabalhar incessantemente. **ser de la misma madera** ser farinha do mesmo saco. **tocar madera** bater na madeira.

ma.de.ro [mad´ero] *sm* Tronco, lenho.

ma.dras.tra [madr´astra] *sf* Madrasta. *mi hija le tiene miedo a la madrastra de*

Blancanieves / minha filha tem medo da madrasta de Branca de Neve.

ma.dre [m´adre] *sf* **1** Mãe. *mi abuela es la madre de mi madre* / minha avó é a mãe de minha mãe. **2** *Rel* Madre, freira. Veja nota em **madre** (português).

ma.dri.gue.ra [madrig´era] *sm* **1** Cova, buraco. **2** Covil, refúgio, esconderijo.

ma.dri.na [madr´ina] *sf* Madrinha. *yo tengo tres madrinas* / eu tenho três madrinhas.

ma.dru.ga.da [madrug´ada] *sf* Madrugada, alvorada, aurora, alva. *me desperté de madrugada y no pude dormir más* / acordei de madrugada e não consegui mais dormir.

ma.dru.gar [madrug´ar] *vi* Madrugar, matinar. *mañana tengo que madrugar* / amanhã tenho de madrugar. → cargar.

ma.du.ra.ción [maduraθ´jon] *sf* Amadurecimento, maturação.

ma.du.rez [madur´eθ] *sf* **1** *Bot* Maturação, madureza, sazonamento. **2** Maturidade (fase da vida). **3** Prudência, sensatez, bom senso, juízo.

ma.du.ro, -a [mad´uro] *adj* **1** Maduro, maturado, sazonado. **2** Sensato, prudente, ajuizado. *es bastante maduro para la edad que tiene* / é bastante sensato para a sua idade.

ma.es.tre [ma´estre] *sm* Mestre. *no conozco la leyenda del último maestre del Templo* / não conheço a lenda do último mestre do Templo.

ma.es.trí.a [maestr´ia] *sf* Maestria, mestria, sabedoria, habilidade, competência.

ma.es.tro, -a [ma´estro] *s* **1** Mestre. **2** Professor. **3** *Mús* Maestro. **llave maestra** chave-mestra. **obra maestra** obra-prima. *¡esa torta es una obra maestra!* / esse bolo é uma obra-prima!

ma.ga.cín [magaθ´in] *sm* Magazine, revista.

ma.gia [mah´ja] *sf* Magia, mágica, encantamento, feitiço.

má.gi.co, -a [m´ahiko] *adj* **1** Mágico. **2** Maravilhoso, encantador, sobrenatural, surpreendente. • *sm* **1** Mágico, ilusionista, prestidigitador. *sf* **2** Magia, mágica, encantamento, feitiço. *son increíbles las mágicas que hace él* / são incríveis as mágicas que ele faz.

ma.gis.te.rio [mahist´erio] *sm* Magistério. *Francisco tiene talento para el magisterio* / Francisco tem talento para o magistério.

ma.gis.tra.do, -a [mahistr´ado] *sm* Der Magistrado, juiz.

mag.ma [m´agma] *sm* *Geol* Magma, lava.

mag.na.ni.mi.dad [magnanimid´ad] *sf* Magnanimidade, generosidade, nobreza. *me emociona ver tanta magnanimidad en un hombre* / ver tanta generosidade em um homem me emociona.

mag.ná.ni.mo, -a [magn´animo] *adj* Magnânimo, magnificente, generoso, nobre. *gracias a su actitud magnánima podremos comprar lo que necesitamos* / graças a sua atitude magnânima poderemos comprar o que precisamos.

mag.na.te [magn´ate] *sm* Magnata, figurão. *un magnate árabe anduvo por acá el mes pasado* / um magnata árabe esteve por aqui no mês passado.

mag.né.ti.co, -a [magn´etiko] *adj* *Fís* Magnético. *¿cuál es la diferencia entre norte geográfico y norte magnético?* / qual é a diferença entre norte geográfico e norte magnético?

mag.ne.ti.zar [magnetiθ´ar] *vt* **1** Magnetizar, imantar. **2** Hipnotizar. **3** Apaixonar, encantar, fascinar. → alzar.

mag.ne.tó.fo.no [magnet´ofono] *sm* Gravador.

mag.ni.fi.car [magnifik´ar] *vt+vpr* Magnificar, engrandecer, enaltecer, elevar, exaltar. → atacar.

mag.ni.fi.cen.te [magnifiθ´ente] *adj* Esplêndido, magnífico, excelente.

mag.ni.fi.co, -a [magn´ifiko] *adj* **1** Magnífico, excelente. *fue una presentación magnífica* / foi uma apresentação magnífica. **2** Esplêndido, suntuoso, grandioso.

mag.ni.tud [magnit´ud] *sf* Magnitud, grandeza. *no sabemos todavía la magnitud del problema* / ainda não sabemos a magnitude do problema.

mag.no, -a [m´agno] *adj* Magno, sumo. *Carta magna es la Constitución de un* *país* / Carta magna é a Constituição de um país.

ma.go, -a [m´ago] *adj+s* Mago, bruxo, feiticeiro.

ma.gro, -a [m´agro] *adj* Magro, delgado. • *sf* Fatia de presunto. *me comi dos magras hoy, y nada más* / comi duas fatias de presunto hoje, e nada mais.

ma.gu.lla.du.ra [maguλad´ura] *sf* Contusão. *Pedro sufrió una magulladura durante la partida* / Pedro sofreu uma contusão durante o jogo.

ma.gu.llar [maguλ´ar] *vt+vpr* Contundir, machucar.

mai.ce.na [maiθ´ena] *sf AL* Maisena. *hice un budín con maicena* / fiz um pudim com maisena.

ma.íz [ma´iθ] *sm Bot* Milho. *comeremos maíz hoy* / hoje comeremos milho.

mai.zal [maiθ´al] *sm* Milharal.

ma.ja.de.rí.a [mahader´ia] *sf* Besteira, asneira, baboseira, disparate, tolice, absurdo. *es mucha majadería junta; mejor me marcho* / é muita besteira junto; melhor eu ir embora.

ma.jar [mah´ar] *vt* 1 Malhar, socar, machucar. 2 Debulhar. 3 *coloq* Importunar, chatear, aporrinhar. *si no te dejas de majar con esa historia cierro la puerta* / se você não parar de chatear com essa história, vou fechar a porta.

ma.jes.tad [mahest´ad] *sf* Majestade, grandeza, superioridade, autoridade.

ma.jes.tuo.so, -a [mahestw´oso] *adj* Majestoso, imponente. *el gimnasta tiene un porte majestuoso* / o ginasta tem um porte majestoso.

ma.jo, -a [m´aho] *adj coloq* Bonito, vistoso, bem vestido. *¡qué majo tu novio!* / como seu namorado é bonito!

mal [m´al] *adj* Mau (somente diante de substantivos). *hize un mal negocio* / fiz um mau negócio. • *sm* 1 Mal. *no hay mal que siempre dure* / não há mal que sempre dure. 2 Desgraça, calamidade, flagelo. *eso es un mal insufrible* / isso é uma desgraça insuportável. 3 Doença, enfermidade. *sufre de un mal incurable* / sofre de uma doença incurável. • *adv* pouco, insuficiente. **del mal, el menos** dos males, o menor. **mal a mal** à força. **mal que bien** bem ou mal. **menos mal** menos mal / ainda bem. **no hacer mal a un gato** não fazer mal a uma mosca. **no hay mal que por bien no venga** há males que vêm para bem.

ma.la [m´ala] *adj f* Má. • *sf* Malote.

mal.a.gra.de.ci.do [malagradeθ´ido] *adj+sm* Mal-agradecido, ingrato. *¡váyate, malagradecido!* / vá embora daqui, mal--agradecido!

mal.an.dan.za [maland´anθa] *sf* Desventura, desdita, desgraça, azar. *con tanta malandanza, mejor ni salir de casa* / com tanto azar, melhor nem sair de casa.

ma.lan.drín, -ina [malandr´in] *adj+s* Malandro, velhaco. *en aquella esquina hay un grupo de malandrines* / naquela esquina há um grupo de malandros.

mal.a.ven.tu.ra [malabent´ura] *sf* Desventura, desgraça, infortúnio, adversidade. *ni te cuento las malaventuras que pasé* / nem conto as desventuras que vivi.

mal.ba.ra.ta.do [malbarat´ado] *adj* Malbaratado, dissipado, desperdiçado.

mal.ba.ra.tar [malbarat´ar] *vt* Malbaratar, dissipar, esbanjar, desperdiçar, dilapidar.

mal.cria.do, -a [malkrj´ado] *adj* Malcriado, mal-educado. *¡no seas malcriado con tu abuela!* / não seja malcriado com sua avó!

mal.dad [mald´ad] *sf* Maldade, crueldade, ruindade, perversidade. *es una gran maldad mantener atados los perritos* / é uma grande maldade manter os cachorrinhos presos.

mal.de.cir [maldeθ´ir] *vt* 1 Maldizer, pragejar, amaldiçoar. *vi* 2 Denegrir, difamar, detratar. → bendecir.

mal.di.ción [maldiθ´jon] *sf* Maldição, imprecação, praga. *rogué una maldición* / roguei uma praga.

mal.di.to, -a [mald´ito] *adj* Maldito, ruim, mau, perverso. • *adj+sm* Amaldiçoado, condenado, excomungado. **la maldita** a língua humana. **soltar la maldita** falar o que pensa.

ma.le.a.ble [male´able] *adj* 1 Maleável, flexível, elástico. 2 Dócil, influenciável, domesticável.

ma.le.an.te [male´ante] *adj+s* Marginal, delinquente, meliante. *el maleante se hizo pasar por abogado* / o marginal se fez passar por advogado.

ma.le.ar [male´ar] *vt+vpr* **1** Estragar, deteriorar. **2** Corromper, viciar, desencaminhar.

ma.le.di.cen.cia [malediθ´enθja] *sf* Maledicência. *nunca vi tanta maledicencia junta* / nunca vi tanta maledicência junta.

mal.e.du.ca.do, -a [maleduk´aðo] *adj* Mal-educado, malcriado. *no me gustan los chicos maleducados* / não gosto de criança mal-educada.

ma.le.fi.cio [malef´iθjo] *sm* Malefício, feitiçaria, sortilégio, feitiço. *no me gusta ni siquiera hablar sobre ese tema de maleficios* / não gosto nem de falar sobre esse assunto de feitiçaria.

ma.lé.fi.co, -a [mal´efiko] *adj* Maléfico, prejudicial. • *sm* Feiticeiro, mago, bruxo.

mal.en.ten.di.do [malentend´ido] *sm* Mal-entendido, equívoco, confusão, engano.

mal.es.tar [malest´ar] *sm* Mal-estar, desconforto, indisposição, incômodo.

ma.le.ta [mal´eta] *sf* Mala. *todavia no desempaqué la maleta* / ainda não desfiz a mala.

ma.le.te.ro [malet´ero] *sm* **1** Porta-malas. **2** Bagageiro. **3** Carregador de malas.

ma.le.tín [malet´in] *sm* Maleta, valise. *ese maletín lo llevo conmigo* / essa maleta vai comigo.

ma.le.vo.len.cia *sf* **1** Malevolência, malquerença. **2** Má vontade.

ma.lé.vo.lo, -a [mal´ebolo] *adj+s* Malévolo, maléfico, malevolente. • *adj* De má vontade.

ma.le.za [mal´eθa] *sf* Mato, matagal, erva daninha. *el terreno está cubierto de maleza* / o terreno está coberto de mato.

mal.for.ma.ción [malformaθ´jon] *sf Biol* Malformação, má-formação, defeito congênito. *el bebé nació con una malformación grave* / o bebê nasceu com um defeito congênito grave.

mal.gas.ta.do, -a [malgast´ado] *adj* Dissipado, desperdiçado, esbanjado.

mal.gas.ta.dor, -a [malgastað´or] *adj+sm* Dissipador, esbanjador, perdulário.

mal.gas.tar [malgast´ar] *vt* Esbanjar, dissipar, desperdiçar. *no me hagas malgastar el tiempo* / não me faça desperdiçar tempo.

mal.ha.bla.do, -a [malabl´ado] *adj+sm* Desbocado, atrevido, inconveniente.

mal.he.chor, -a [malet∫´or] *adj+s* Malfeitor, bandido, criminoso.

mal.hu.mor [malum´or] *sm* Mau humor. *ya se despierta de malhumor* / já acorda de mau humor.

mal.hu.mo.ra.do, -a [malumor´ado] *adj* Mal-humorado. *nunca lo vi malhumorado* / nunca o vi mal-humorado.

ma.li.cia [mal´iθja] *sf* **1** Malícia, maldade, mordacidade. *no lo retes, lo hizo sin malicia* / não brigue com ele, fez isso sem maldade. **2** Astúcia, esperteza.

ma.li.cio.so, -a [maliθj´oso] *adj* **1** Malicioso, maldoso. **2** Astucioso, esperto.

ma.lig.ni.dad [malignid´ad] *sf* **1** Malignidade, gravidade. *ya salió el diagnóstico de malignidad del tumor* / já saiu o diagnóstico de malignidade do tumor. **2** Malvadeza, maldade.

ma.lig.no, -a [mal´igno] *adj* **1** Maligno, malévolo, maldoso. **2** Pernicioso, nocivo.

mal.in.ten.cio.na.do, -a [malintenθjon´ado] *adj+s* Mal-intencionado. *por la cara vi que venía malintencionado* / pela cara vi que vinha mal-intencionado.

mal.in.ter.pre.tar [malinterpret´ar] *vt* Interpretar mal, deturpar.

ma.lla [m´aʎa] *sf* **1** Malha: a) rede. b) vestuário de bailarinos etc. **2** Maiô, traje de banho.

mal.nu.tri.ción [malnutriθj´on] *sf* Subnutrição, desnutrição.

ma.lo, -a [m´alo] *adj* **1** Mau, perverso, malévolo. **2** Nocivo, prejudicial, pernicioso. **3** Inferior, ruim, imperfeito. **a la mala** pelas costas, à traição. **a malas** de mal. *anda a malas con la madre* / está de mal da mãe. **de mala gana** de má vontade, a contragosto.

ma.lo.gra.do, -a [malogr´ado] *adj* Malogrado, frustrado, falhado.

ma.lo.grar [malogr´ar] *vpr* Malograr, fracassar, frustrar, gorar. *malogró su intento* / sua tentativa foi frustrada.

ma.lo.gro [mal´ogro] *sm* Malogro, fracasso, insucesso.

mal.o.lien.te [malol´jente] *adj* Malcheiroso, fedido, fedorento, fétido. *hay algo maloliente en esa cocina* / tem alguma coisa com cheiro ruim nessa cozinha.

mal.que.ren.cia [malker´enθja] *sm* Malquerença, desafeto, malquerer, desamor.

mal.tra.tar [maltrat´ar] *vt+vpr* Maltratar, martirizar. *tanto la maltrató, que se marchó* / maltratou-a tanto, que ela foi embora.

mal.tre.cho, -a [maltr´etʃo] *adj* Maltratado, descuidado, malcuidado. *¿por qué llevas esas ropas maltrechas?* / por que você está usando essas roupas malcuidadas?

mal.va.do, -a [malb´ado] *adj+sm* Malvado, mau, perverso, vil, cruel.

mal.vi.vien.te [malbib´jente] *adj+s* Marginal, fora da lei.

ma.ma [m´ama] *sf Anat* Mama, seio, peito. *gracias a Dios no le diagnosticaron cáncer de mama* / graças a Deus não lhe diagnosticaram câncer de mama.

ma.má [mam´a] *sf fam* Mamãe. *mamá me dijo que no tardaba* / mamãe disse que não demorava.

ma.ma.de.ra [mamad´era] *sf* Mamadeira.

ma.ma.do, -a [mam´ado] *adj fam AL* Bêbado, embriagado. *llegó mamado en casa* / chegou embriagado em casa.

ma.mar [mam´ar] *vt* Mamar.

ma.mi [m´ami] *sf fam* Mamãe. *¡mami! quiero comer* / mamãe! quero comer.

ma.mí.fe.ro [mam´ifero] *adj Zool* Mamífero. *la ballena es un mamífero* / a baleia é um mamífero.

ma.món, -ona [mam´on] *adj+s* Mamão (que mama). • *sm* **1** Dente de leite. *se le cayó el primer diente mamón* / caiu seu primeiro dente de leite. **2** *Bot* Mamão.

ma.mo.tre.to [mamotr´eto] *sm* Trambolho. *no quiero cargar ese mamotreto* / não quero carregar esse trambolho.

mam.pa.ra [mamp´ara] *sf* Biombo, anteparo, divisória.

ma.na.da [man´ada] *sf* Manada, rebanho. **a manadas** em grande quantidade, de monte. *las personas fueron llegando a manadas, y no había lugar para todas* / as pessoas foram chegando aos montes, e não havia lugar para todas.

ma.nan.tial [manant´jal] *sm* Manancial, nascente.

ma.nar [man´ar] *vi+vt* Manar, brotar, jorrar, fluir, minar. *manaba agua por todos lados* / brotava água por todos os lados.

ma.na.zas [man´aθas] *s inv coloq* Estabanado, desajeitado, desastrado. *no quiero a un manazas como ese en mi cocina* / não quero um estabanado como esse na minha cozinha.

man.car [mank´ar] *vt+vpr* Mutilar, lesionar.

man.ce.bo [manθ´ebo] *sm* **1** Mancebo, moço. *sf* **2** Concubina.

man.cha [m´antʃa] *sf* **1** Mancha, nódoa. **2** Desonra, defeito, mácula.

man.cha.do [mantʃ´ado] *adj* Manchado. *tengo el vestido todo manchado* / meu vestido está todo manchado.

man.char [mantʃ´ar] *vt+vpr* **1** Manchar, sujar. **2** Denegrir, difamar, conspurcar. *se manchó el nombre por descuidado* / conspurcou seu nome por ser descuidado.

man.co, -a [m´anko] *adj+sm* **1** Maneta. **2** Manco, defeituoso. Veja nota em **manco** (português).

man.da.do, -a [mand´ado] *sm* **1** Encargo, tramitação. **2** Ato de fazer compras, pagamentos.

man.da.más [mandam´as] *s inv coloq* **1** Mandão. **2** Mandachuva, cacique, chefe.

man.da.mien.to [mandam´jento] *sm* **1** Mandamento, preceito. **2** *Der* Mandato, mandado judicial.

man.dar [mand´ar] *vt* **1** Mandar, ordenar, impor. **2** Enviar. *me mandó un regalo de Chile* / enviou-me um presente do Chile. *vi+vt* **3** Comandar.

man.da.rín [mandar´in] *adj+sm* Mandarim. *tengo un amigo que habla mandarín* / tenho um amigo que fala mandarim. • *adj* Mandão.

man.da.ri.na [mandar´ina] *sf* Mandarina, tangerina, mexerica.

man.da.ta.rio, -a [mandat´arjo] *sm Der* Mandatário, representante, delegado, procurador.

man.da.to [mand´ato] *sm* Mandato. *no pudo terminar su mandato* / não pôde terminar seu mandato.

man.dí.bu.la [mand´ibula] *sf Anat* Mandíbula. **reírse a mandíbula batiente** gargalhar.

man.dil [mand´il] *sm* Avental. *mejor que te pongas el mandil para lavar los platos* / é melhor você pôr o avental para lavar a louça.

man.dio.ca [mandj´oka] *sf Bot* Mandioca, aipim.

man.do [m´ando] *sm* **1** Mando, autoridade, poder. **2** Comando, chefia.

man.dón, -ona [mand´on] *adj+s* Mandão. *tu eres muy mandón* / você é muito mandão.

ma.ne.ci.lla [maneθ´iλa] *sf* Ponteiro. *la manecilla de los minutos de mi reloj se partió* / o ponteiro dos minutos de meu relógio quebrou.

ma.ne.ja.ble [maneh´able] *adj* Manuseável (portátil, dobrável etc.). *necesito de algo más manuseable* / preciso de algo mais manuseável.

ma.ne.jar [maneh´ar] *vt* **1** Manipular, manusear, lidar. **2** Governar, dirigir. **3** Conduzir, dirigir, guiar, pilotar.

ma.ne.jo [man´eho] *sm* **1** Manejo, manuseio. **2** Direção, governo, gerência. **3** Manipulação, maquinação, intriga, manobra.

ma.ne.ra [man´era] *sf* **1** Maneira, modo, forma, jeito. **2 maneras** *pl* Modos, maneiras, conduta. *ella tiene buenas maneras* / ela tem bons modos. **de mala manera** com maus modos. **no hay manera** não tem jeito, é impossível.

man.ga [m´anga] *sf* Manga (de roupa). **ser más corto que manga de chaleco** ser muito tímido.

man.glar [mangl´ar] *sm Bot* Mangue.

man.go [m´ango] *sm* **1** Cabo. *cogí la olla por el mango, pero estaba muy caliente* / peguei a panela pelo cabo, mas estava muito quente. **2** *Bot* Mangueira. **3** *Bot* Manga. **4** *coloq* Grana, tostão. *me quedé sin un mango* / fiquei sem um tostão.

man.go.ne.ar [mangone´ar] *vt* **1** *coloq* Manipular, manobrar. *lo mangonea como le parece* / manipula-o do jeito que bem entende. **2** *coloq* Imiscuir-se, intrometer-se, intervir.

man.gue.ra [mang´era] *sf* Mangueira, esguicho.

ma.ní [man´i] *sm Bot* Amendoim. *me encanta maní con chocolate* / adoro amendoim com chocolate.

ma.ní.a [man´ia] *sf* **1** Mania, costume, capricho. **2** Obsessão, ideia fixa.

ma.ní.a.co [man´iako], **ma.nia.co** [manj´ako] *adj+sm* Maníaco, obsessivo.

ma.niá.ti.co, -a [mani´atiko] *adj+sm* Maníaco, apaixonado, louco. *es maniático por cómics* / é louco por gibis.

ma.ni.co.mio [manik´omjo] *sm* Manicômio, hospício. *cerraron al manicomio que había en el centro* / fecharam o hospício que havia lá no centro.

ma.ni.cu.ra [manik´ura] *sf* Manicure. *voy a hacer la manicura hoy* / vou fazer a manicure hoje.

ma.ni.fes.ta.ción [manifestaθ´jon] *sf* **1** Manifestação, declaração, exteriorização. **2** Protesto, ato público.

ma.ni.fes.tar [manifest´ar] *vt+vpr* **1** Manifestar, declarar, anunciar, exprimir, expor. *vpr* **2** Protestar. *los profesores se manifestaron en la plaza* / os professores protestaram na praça. → despertar.

ma.ni.fies.to, -a [manif´jesto] *adj* Manifesto, expresso, patente, público, notório, evidente. • *sm* Manifesto, declaração pública. **poner de manifiesto** expressar. *los alumnos pusieron de manifiesto su intención de boicotear el profesor de matemáticas* / os alunos expressaram sua intenção de boicotar o professor de matemática.

ma.ni.ja [man´iha] *sf* **1** Maçaneta. **2** Cabo, punho. **3** Abraçadeira.

ma.ni.lla [man´iλa] *sf* Ponteiro (relógio).

ma.ni.llar [maniλ´ar] *sm* Guidom, guidão. *se me rompió el manillar de la bicicleta* / o guidão da minha bicicleta quebrou.

ma.nio.bra [man'jobra] *sf* **1** Manobra. **2** Tramoia, maquinação, artifício.

ma.nio.brar [manjobr'ar] *vi* Manobrar.

ma.ni.pu.lar [manipul'ar] *vt* **1** Manipular, manusear. **2** Manobrar, conspirar.

ma.ni.quí [manik'i] *sm* **1** Manequim. **2** *coloq* Fantoche, bobo. *se parece a un maniquí; ella hace lo quiere con él* / parece um fantoche nas mãos dela; ela faz o que quer com ele.

ma.ni.rro.to, -a [maniř'oto] *adj+sm* Mão-aberta, esbanjador. *con ese marido manirroto que tiene, no se puede quejar* / com esse marido mão-aberta que ela tem, não pode se queixar.

ma.ni.ve.la [manib'ela] *sf* Manivela. *mi bisabuelo tenía un auto con manivela* / meu bisavô tinha um carro com manivela.

man.jar [man:h'ar] *sm* Manjar, delícia. *esa comida es un manjar* / essa comida é uma delícia.

ma.no [m'ano] *sf* **1** Mão. **2** Via de direção (trânsito). **3** Mando, comando. **4** Turno, vez. **5** Ajuda, socorro, auxílio. *necesito de una mano acá* / preciso de uma ajuda aqui. **6** Habilidade, destreza. *ella tiene mano para la pintura* / ela tem habilidade para a pintura. **a mano** à mão. *tengan sus documentos a mano* / mantenham seus documentos à mão.

ma.no.jo [man'oho] *sm* **1** Punhado. *agarró un manojo de maní y salió corriendo al patio* / pegou um punhado de amendoim e saiu correndo para o quintal. **2** Conjunto. **manojo de llaves** molho de chaves.

ma.no.se.ar [manose'ar] *vt* Mexer, manusear, remexer. *¡déjate de manosear el pelo!* / pare de mexer no cabelo!

ma.no.ta.zo [manot'aθo] *sm* Tabefe, tapa, bofetada, sopapo.

ma.no.te.ar [manote'ar] *vi* **1** Gesticular. **2** Bater, estapear. *si se siguen manoteando los pondré de castigo* / se continuarem se batendo, vou pô-los de castigo.

man.sión [mans'jon] *sf* **1** Mansão. **2** Estada, permanência. **hacer mansión** deter-se, permanecer em algum local, ficar. *hice mansión dos días en la ciudad de mi hermana* / fiquei dois dias na cidade de minha irmã.

man.so, -a [m'anso] *adj* Manso, dócil, pacato, pacífico, tranquilo, calmo.

man.ta [m'anta] *sf* **1** Manta. **2** Cobertor. **3** Surra. **a mantas** abundantemente. **liarse la manta a la cabeza** meter os pés pelas mãos. *Pedro se puso tan nervioso que acabó liándose la manta a la cabeza* / Pedro ficou tão nervoso que acabou metendo os pés pelas mãos.

man.te.ca [mant'eka] *sf* **1** Manteiga. **2** Gordura. **3** Nata.

man.tel [mant'el] *sm* Toalha de mesa. *voy a usar el mantel de lino hoy* / vou usar a toalha de mesa de linho hoje.

man.te.ner [manten'er] *vt+vpr* **1** Manter, prover, sustentar. **2** Conservar, firmar, preservar. **3** Apoiar, aguentar. → tener.

man.te.ni.do, -a [manten'ido] *adj* Mantido. • *s* **1** Pessoa que vive graças à ajuda de outra, parasita. **2** *fam* Amante.

man.te.ni.mien.to [mantenim'jento] *sm* **1** Manutenção, conservação, sustentação. **2** Mantimento.

man.te.qui.lla [mantek'iλa] *sf* Manteiga. **manos de mantequilla** mãos de manteiga.

man.ti.lla [mant'iλa] *sf* Mantilha. **estar en mantillas** estar engatinhando, estar muito no começo.

man.to [m'anto] *sm* **1** Manto, capa. **2** Manta, gordura. **manto de humo** cortina de fumaça.

man.tón [mant'on] *sm* Mantô, xale.

ma.nual [man'wal] *adj* Manual, artesanal. *me gustan los trabajos manuales* / gosto de trabalhos manuais. • *sm* Manual, guia.

ma.nua.li.da.des [manualid'ades] *sf pl* Trabalhos manuais.

ma.nu.brio [man'ubrjo] *sm* **1** Manivela. **2** Cabo.

ma.nu.fac.tu.rar [manufaktur'ar] *vt* Manufaturar, fabricar.

ma.nus.cri.to, -a [manuskr'ito] *adj+sm* Manuscrito.

ma.nu.ten.ción [manutenθ'jon] *sf* Manutenção, conservação. *hay que hacer la manutención de los ascensores* / é preciso fazer a manutenção dos elevadores.

man.za.na [manθ´ana] *sf* **1** *Bot* Maçã. **2** Quarteirão. **manzana de adán** pomo de adão (*proeminência laríngea*, na nova terminologia).

man.za.no [manθ´ano] *sm Bot* Macieira. *tengo un manzano en mi patio* / tenho uma macieira no meu quintal.

ma.ña [m´aña] *sf* **1** Destreza, habilidade, jeito. *mi padre tiene maña con las herramientas* / meu pai tem habilidade com as ferramentas. **2** Manhã, astúcia.

ma.ña.na [mañ´ana] *sf* **1** Manhã. *hoy por la mañana llegó mi hermana* / hoje de manhã minha irmã chegou. • *adv* Amanhã. *mañana salgo de vacaciones* / amanhã saio de férias.

ma.ño.so, -a [mañ´oso] *adj* **1** Jeitoso, habilidoso. **2** Manhoso, engenhoso, astucioso.

ma.pa [m´apa] *sm* Mapa. **borrar del mapa** matar. *con dos tiros lo borró al tipo del mapa* / matou o sujeito com dois tiros.

ma.quia.vé.li.co, -a [makjab´eliko] *adj* Maquiavélico.

ma.qui.lla.je [makiλ´ahe] *sm* Maquiagem. *lloré y se me borró todo el maquillaje* / chorei e borrei toda a maquiagem. Veja nota em **abordaje**.

ma.qui.llar [makiλ´ar] *vt+vpr* **1** Maquiar. *vt* **2** Alterar, disfarçar.

má.qui.na [m´akina] *sf* Máquina, aparelho, mecanismo.

ma.qui.na.ción [makinaθj´on] *sf* Maquinação, tramoia, trapaça, conspiração, enredo, ardil. *la maquinación resultó mal* / a conspiração não deu certo.

ma.qui.nal [makin´al] *adj* Maquinal, mecânico, automático, inconsciente. *iba de un lado a otro, con movimientos maquinales, sin entender bien lo que pasaba* / ia de um lado para o outro, com movimentos maquinais, sem entender direito o que estava acontecendo.

ma.qui.nar [makin´ar] *vt* Maquinar, tramar, conspirar, armar.

ma.qui.na.ria [makin´arja] *sf* **1** Maquinaria, maquinário. **2** Mecanismo.

ma.qui.nis.ta [makin´ista] *s* Maquinista, operador de máquinas.

mar [m´ar] *sm* Mar. **alta mar** alto-mar. **a mares** a rodo, de monte. *llovía a mares* / chovia a rodo. **arar en el mar** malhar em ferro frio.

ma.ra.cu.yá [marakuj´a] *sm Bot* Maracujá. *tomé un jugo de maracuyá en el desayuno* / tomei um suco de maracujá no café da manhã.

ma.ra.ña [mar´aña] *sf* **1** Emaranhado. *¿vas a salir con esa maraña de pelos?* / você vai sair com esse cabelo emaranhado? **2** Tramoia, enredo. *le armaron una maraña* / armaram-lhe uma tramoia. **3** Enrosco, confusão. *no sé como salir de esa maraña* / não sei como sair desse enrosco.

ma.ras.mo [mar´asmo] *sm* Marasmo, pasmaceira, estagnação, apatia, desânimo.

ma.ra.tón [marat´on] *sm Dep* Maratona.

ma.ra.vi.lla [marab´iλa] *sf* Maravilha. **a maravilla** maravilhosamente. *se salió a maravilla* / saiu-se maravilhosamente.

ma.ra.vi.lla.do [marabiλ´ado] *adj* Maravilhado, espantado, deslumbrado, fascinado.

ma.ra.vi.llar [marabiλ´ar] *vt+vpr* Maravilhar, espantar, deslumbrar, fascinar.

ma.ra.vi.llo.so, -a [marabiλ´oso] *adj* Maravilhoso, divino, fascinante, excepcional, extraordinário. *fue una presentación maravillosa* / foi uma apresentação maravilhosa.

mar.ca [m´arka] *sf* **1** Marca, sinal. **2** Grife, etiqueta. *es una ropa de marca* / é uma roupa de grife.

mar.ca.pa.sos [markap´asos] *sm inv Med* Marca-passo.

mar.car [mark´ar] *vt* **1** Marcar, assinalar. *vt* **2** Discar, digitar (telefone). *discúlpeme, marqué el número equivocado* / desculpe, disquei o número errado.

mar.cha [m´artʃa] *sf* **1** Marcha, deambulação, deslocamento. **2** Progresso, evolução. **3** Funcionamento.

mar.char [martʃ´ar] *vi+vpr* **1** Ir embora. *se marchó sin decirle nada a nadie* / foi embora sem dizer nada a ninguém. *vi* **2** Funcionar. *mi reloj no marcha más* / meu relógio não funciona mais.

mar.chi.tar [martʃit´ar] *vt+vpr* **1** Murchar, ressequir, secar, fenecer. **2** Desanimar, entristecer-se.

mar.chi.to, -a [martʃ´ito] *adj* Murcho, seco. *me da lástima ver las flores marchitas* / dá dó ver as flores murchas.

mar.co [m´arko] *sm* Quadro, moldura, caixilho, batente. *la puerta se desencajó del marco* / a porta desencaixou do batente.

ma.re.a [mar´ea] *sf* Maré. **contra viento y marea** contra tudo e contra todos.

ma.re.a.do, -a [mare´ado] *adj* Tonto, enjoado, zonzo. *no me siento bien, estoy un poco mareado* / não me sinto bem, estou um pouco tonto.

ma.re.mo.to [marem´oto] *sm* Maremoto.

ma.re.o [mar´eo] *sm* Enjoo, náusea, tontura, vertigem.

mar.fil [marf´il] *sm* Marfim. *tengo una estatua de marfil* / tenho uma estátua de marfim.

mar.ga.ri.na [margar´ina] *sf* Margarina. *¿queres un pan con margarina?* / você quer um pão com margarina?

mar.ga.ri.ta [margar´ita] *sf* **1** *Bot* Margarida. *le di un ramo de margaritas* / dei-lhe um buquê de margaridas. **echar margaritas a los puercos** dar pérolas aos porcos.

mar.gen [m´arhen] *s* Margem, extremidade, borda, beira.

mar.gi.nal [marhin´al] *adj+s* Marginal, fora da lei. • *adj* **2** Secundário, acessório.

ma.ri.cón [marik´on] *adj+sm fam* Marica, afeminado.

ma.ri.do [mar´ido] *sm* Marido, esposo. *mi marido se llama Orlando* / meu marido chama-se Orlando.

ma.ri.hua.na [marih´wana] *sf* Maconha, marijuana, fumo.

ma.ri.na *sf* Mil Marinha. *tengo un tío oficial de la Marina* / tenho um tio oficial da Marinha.

ma.ri.ne.rí.a [mariner´ia] *sf* Marinharia.

ma.ri.ne.ro, -a [marin´ero] *adj* Marinheiro, marítimo. • *sm* Marinheiro, marujo.

ma.ri.no, -a [mar´ino] *adj* Marinho, marítimo. • *sm* **1** Marinheiro, navegante. *sf* **2** Marinha.

ma.rio.ne.ta [marjon´eta] *sf* Marionete, fantoche, títere.

ma.ri.po.sa [marip´osa] *sf Entom* Borboleta.

ma.ri.po.se.ar [maripose´ar] *vi* Borboletear: a) mudar de interesses afetivos. b) rodear alguém com o fim de entabular conversação.

ma.ri.qui.ta [marik´ita] *sf Entom* Joaninha.

ma.ris.co [mar´isko] *sm Zool* Marisco. *comí mariscos en el restaurante* / comi mariscos no restaurante.

ma.rí.ti.mo, -a [mar´itimo] *adj* Marítimo, marinho.

mar.mi.ta [marm´ita] *sf* Marmita. *te llevo una marmita más tarde para que comas* / levo uma marmita mais tarde para você comer.

már.mol [m´armol] *sm* Mármore. *ese piso de mármol da tanto trabajo para limpiar* / esse piso de mármore dá tanto trabalho para limpar.

mar.mo.ta [marm´ota] *sf* **1** *Zool* Marmota. **2** *fig* Dorminhoco. **3** *fam* Tonto, bobo, idiota. *ya te dije como se hace, ¡no seas marmota!* / já lhe disse como se faz, não seja tonto!

mar.qués, -esa [mark´es] *sm* Marquês.

ma.rra.na.da [maɾan´ada] *sf* **1** Sujeira, nojeira. **2** Sacanagem, patifaria. *después de la marranada que hizo, no lo quiero ver ni pintado* / depois da sacanagem que ele fez, não o quero ver nem pintado.

ma.rra.no, -a [maɾ´ano] *adj+sm Zool* Porco. • *adj+sm* **1** *coloq* Porco, sujo, porcalhão. **2** *coloq* Canalha, patife, velhaco.

ma.rrón [maɾ´on] *adj* Marrom. *muy lindo el libro El niño marrón* / muito bonito o livro *O menino marrom*.

ma.rru.lle.ro, -a [maɾuʎ´ero] *adj+sm* Trapaceiro, velhaco. *no se puede trabajar con un marrullero como ese* / não se pode trabalhar com um trapaceiro como esse.

mar.tes [m´artes] *sm inv* Terça-feira. *martes es día de descanso para mí* / terça-feira é dia de descanso para mim.

mar.ti.llar [m´artiʎar] *vt* **1** Martelar. *vt+vpr* **2** Oprimir, atormentar. *ese asunto me está martillando sin tregua* / esse assunto está me atormentando sem trégua.

mar.ti.llo [martˈiʎo] *sm* **1** Martelo. **2** Lugar onde se realiza o leilão.

mar.tin.ga.la [martingˈala] *sf* Artifício, artimanha, malícia, estratégia.

már.tir [mˈartir] *sm* Mártir, vítima. *¡no te hagas el mártir!* / não se faça de vítima!

mar.ti.rio [martˈirjo] *sm* **1** Martírio, tortura. **2** Aflição, sofrimento, tormento. *no sé como puede aguantar un martirio tan grande* / não sei como pode aguentar um sofrimento tão grande.

mar.ti.ri.zar [martiriθˈar] *vt+vpr* **1** Martirizar, sacrificar, tortutar. **2** Atormentar, afligir.

mar.zo [mˈarθo] *sm* Março. *¿quién cumple años en marzo?* / quem faz aniversário em março?

mas [mˈas] *conj* Mas.

> Apesar de existir a palavra **mas** em espanhol com o mesmo sentido do português, a conjunção que se usa normalmente é **pero**.

más [mˈas] *adv* Mais. *es más fácil bajar que subir* / é mais fácil descer que subir. **a lo más** no máximo, quando muito. *llego, a lo más, en diez minutos* / chego, no máximo, em dez minutos. **de más** a mais. *hay una página de más acá* / tem uma página a mais aqui.

ma.sa [mˈasa] *sf* Massa: a) quantidade de matéria. b) mistura culinária de farinha, leite etc. c) conjunto, concorrência de coisas.

ma.sa.crar [masakrˈar] *vt* Massacrar, chacinar, matar.

ma.sa.cre [masˈakre] *sm* Massacre, matança, carnificina, chacina. *leí la noticia del masacre a los presos* / li a notícia do massacre dos presidiários.

ma.sa.je [masˈahe] *sm* Massagem, fricção. Veja nota em **abordaje**.

ma.sa.jis.ta [masahˈista] *s* Massagista. *voy al masajista por un dolor en la espalda* / vou ao massagista por causa de uma dor nas costas.

mas.car [maskˈar] *vt* Mascar, mastigar.

más.ca.ra [mˈaskara] *sf* Máscara, disfarce.

mas.co.ta [maskˈota] *sf* Mascote.

mas.cu.li.no, -a [maskulˈino] *adj* Masculino. *ese traje es muy masculino, no te queda bien. Eres una chica, al final* / essa roupa é muito masculina, não fica bem em você. Afinal, você é uma garota.

mas.cu.llar [maskuʎˈar] *vt coloq* Resmungar, grunhir, falar entre dentes. *no te quiero oír mascullando* / não quero ouvir você resmungando.

ma.si.vo, -a [masˈibo] *adj* Massivo, em massa.

ma.so.ne.rí.a [masonerˈia] *sf* Maçonaria.

ma.so.quis.mo [masokˈismo] *sm* Masoquismo.

mas.ti.car [mastikˈar] *vt* **1** Mastigar, mascar **2** *coloq* Ruminar, refletir. *está masticando ese asunto desde ayer* / está ruminando esse asunto desde ontem. → atacar.

más.til [mˈastil] *sm* **1** Mastro. **2** Tronco. **3** Braço (de violão etc.).

mas.tur.bar [masturbˈar] *vt+vpr* Masturbar.

ma.ta [mˈata] *sf* Mata, floresta, selva.

ma.ta.de.ro [matadˈero] *sm* Matadouro, abatedouro.

ma.ta.dor, -ora [matadˈor] *adj+sm* Matador, assassino. • *adj* De matar, terrível. *mi trabajo es matador* / meu trabalho é de matar.

ma.tan.za [matˈanθa] *sf* Matança. *el asalto resultó en matanza entre los ladrones y los policías* / o assalto acabou em matança entre os ladrões e os policiais.

ma.tar [matˈar] *vt+vpr* **1** Matar, assassinar. **2** Satisfazer, extinguir (sede, fome etc.).

ma.te [mˈate] *adj* Mate, fosco, apagado, baço. • *sm* Chimarrão, mate.

ma.te.má.ti.cas [matemˈatika] *sf pl* Matemática.

ma.te.má.ti.co, -a [matemˈatiko] *adj+sm* Matemático. • *adj* Rigoroso, preciso, exato.

ma.te.o [matˈeo] *sm* Chile CDF, caxias. *¡che, mateo! ¡larga esos libros un poco!* / seu CDF, largue esses livros um pouco!

ma.te.ria [matˈerja] *sf* **1** Matéria, substância. **2** *Patol* Pus. **3** Disciplina. **4** Assunto. *materia de discusión* / assunto de discussão.

ma.te.rial [mater´jal] *adj* Material, concreto. • *sm* **1** Ingrediente. **2** Material, equipamento.

ma.te.ria.lis.ta [materjal´ista] *adj+s* Materialista. *vas a sufrir mucho por ser tan materialista* / você vai sofrer muito por ser tão materialista.

ma.ter.nal [matern´al] *adj* Maternal, materno.

ma.ter.ni.dad [maternid´ad] *sf* Maternidade. *la maternidad le hizo muy bien* / a maternidade lhe fez muito bem.

ma.ter.no, -a [mat´erno] *adj* Materno, maternal.

ma.ti.nal [matin´al] *adj* Matinal, matutino.

ma.tiz [mat´iθ] *sm* Matiz, nuance. *¡son tantos y tan variados matices!* / são tantos e tão variados matizes!

ma.to [m´ato] *sm* Mato, mata.

ma.tón, -ona [mat´on] *sm coloq* Valentão.

ma.to.rral [matoř´al] *sm Bot* Matagal, mato. *tengo miedo de encontrar una culebra en ese matorral* / tenho medo de encontrar uma cobra nesse matagal.

ma.trí.cu.la [matr´ikula] *sf* **1** Matrícula, inscrição, registro. **2** Placa de carro.

ma.tri.cu.la.do [matrikul´ado] *adj* Matriculado, inscrito, registrado.

ma.tri.cu.lar [matrikul´ar] *vt+vpr* Matricular, registrar, inscrever.

ma.tri.mo.nio [matrim´onjo] *sm* **1** Matrimônio, casamento. *el matrimonio de mi hermano es pasado mañana* / o casamento de meu irmão é depois de amanhã. **2** *coloq* Casal. *vamos a cenar hoy con un matrimonio que trabaja con mi marido* / hoje vamos jantar com um casal que trabalha com meu marido.

ma.triz [matr´iθ] *sf* **1** *Anat* Útero. **2** Matriz, molde. **3** Canhoto (cheque, bloco etc.)

ma.tro.na [matr´ona] *sf* **1** Matrona. **2** Parteira.

ma.tu.ti.no, -a [matut´ino] *adj* Matutino, diurno.

mau.lli.do [mauλ´ido] *sm* Miado. *oí maullidos toda la noche* / ouvi miados a noite inteira.

ma.xi.lar [ma(k)sil´ar] *sm* Maxilar, mandíbula.

má.xi.mo, -a [m´a(k)simo] *adj* Máximo, maior, superior. • *sf* Máxima, proposição, sentença, doutrina.

ma.yo [m´ayo] *sm* Maio. *mayo es el mes de las novias* / maio é o mês das noivas.

ma.yo.ne.sa [mayon´esa] *sf* Maionese. *¿quieres mayonesa?* / você quer maionese?

ma.yor [may´or] *adj* **1** Maior. **2** Idoso, ancião. *tu padre es muy mayor para montar en bicicleta* / seu pai é muito idoso para andar de bicicleta. **3** *mayores pl* Os mais velhos. *los mayores no comprenden a los niños* / os mais velhos não entendem as crianças. **al por mayor** por atacado.

Mayor, em espanhol, refere-se a idade, não a tamanho. Para evitar confusão, principalmente quando se compara uma pessoa pelo seu tamanho, aceita-se usar *más grande* e *más pequeño*.

ma.yor.do.mo [mayord´omo] *sm* **1** Mordomo. *no te lo vas a creer. Mi tía tiene un mayordomo* / você não vai acreditar. Minha tia tem um mordomo. **2** Administrador.

ma.yo.rí.a [mayor´ia] *sf* Maioria. *la mayoría de los alumnos ha faltado* / a maioria dos alunos faltou.

maz.mo.rra [maθm´ořa] *sf* Masmorra. *encontraron huesos antiguos en una masmorra* / encontraram ossos antigos em uma masmorra.

ma.zo [m´aθo] *sm* **1** Martelo, maceta. **2** Maço, molho, feixe. **3** Chato. *este tipo es un mazo* / esse cara é um chato.

me [m´e] *pron pers* Me. *me dio dos dólares* / deu-me dois dólares. *dame dos dólares* / dê-me dois dólares.

me.an.dro [me´andro] *sm* Meandro, sinuosidade.

me.ar [me´ar] *vt+vi+vpr fam* Urinar, mijar. *te vas a mear en los pantalones* / você vai mijar na calça.

me.cá.ni.co, -a [mek´aniko] *adj* **1** Mecânico. *el problema es mecánico, no eléctrico* / o problema é mecânico, não elétrico. **2** Automático, maquinal, instintivo. *ni me oyó; hizo un gesto mecánico con la mano* *y se fue* / nem me ouviu; fez um gesto mecânico com a mão e foi embora. • *sm* **1** Mecânico, técnico. *tengo que llevar mi auto al mecánico* / tenho de levar meu carro ao mecânico. *sf* **2** *Fís* Mecânica.

me.ca.nis.mo [mekan´ismo] *sm* Mecanismo, mecânica. *no entiendo el mecanismo de esto* / não entendo o mecanismo disto.

me.ca.ni.za.do [mekaniθ´ado] *adj* Mecanizado, automatizado.

me.ca.no.gra.fí.a [mekanograf´ia] *sf* Datilografia, mecanografia, digitação.

me.ca.no.gra.fiar [mekanografi´ar] *vt* Datilografar, digitar. → confiar.

me.ca.nó.gra.fo [mekan´ografo] *sm* Datilógrafo, digitador.

me.ce.do.ra [meθed´ora] *sf* Cadeira de balanço. *me gusta sentarme en la mecedora para amamantar* / gosto de sentar na cadeira de balanço para amamentar.

me.cer [meθ´er] *vt* **1** Mexer, misturar. *vt+vpr* **2** Balançar, embalar. Veja nota em **embalar** (espanhol). → Veja modelo de conjugação.

me.cha [m´etʃa] *sf* **1** Pavio, estopim. **2** Mecha, madeixa. *tengo una mecha de pelo más corta* / tenho uma mecha de cabelo mais curta. **3** Reflexo, luzes. *ella se hizo mechas en el pelo* / ela fez reflexo no cabelo.

me.che.ro [metʃ´ero] *sm* **1** Isqueiro. **2** Acendedor.

me.chón [metʃ´on] *sm* Mecha. *el nene me tiró un mechón de pelo* / o nenê puxou uma mecha do meu cabelo.

me.da.lla [med´aʎa] *sf* Medalha, insígnia.

me.da.llón [medaʎ´on] *sm* Medalhão. *heredó un medallón de oro de su abuela* / herdou um medalhão de ouro de sua avó.

mé.da.no [m´edano] *sf* Duna. *las dunas componían un paisaje maravilloso* / as dunas compunham uma paisagem maravilhosa.

me.dia [m´edja] *sf* Meia. *con ese pantalón las medias blancas te quedan mejor* / com essa calça as meias brancas ficam melhor.

me.dia.ción [medjaθ´jon] *sf* **1** Mediação, intermediação. *la cuestión necesitó la mediación de un juez neutral* / a questão precisou da mediação de um juiz neutro. **2** Intervenção.

me.dia.dor, -a [medjad´or] *adj+sm* Mediador, interventor, intermediário.

me.dia.ne.ro, -a [medjan´ero] *adj+sm* **1** Mediador, interventor. **2** Intermediário.

me.dia.no, -a [medj´ano] *adj* Mediano, médio.

me.dian.te [med´jante] *prep* Mediante, por meio de. **Dios mediante** com a ajuda de Deus.

me.diar [medj´ar] *vi* **1** Mediar, interceder, advogar, intermediar. **2** Intervir.

me.di.ca.ción [medikaθ´jon] *sf* Medicação, medicamento, remédio.

me.di.ca.men.to [medikam´ento] *sm* Medicamento, remédio, medicação.

me.di.car [medik´ar] *vt+vpr* **1** Medicar, tratar. **2** Prescrever, receitar. → atacar.

me.di.ci.na [mediθ´ina] *sf* **1** Medicamento, medicação, remédio. **2** Medicina. *Juan está en el último año de medicina* / Juan está no último ano de medicina.

me.di.ción [mediθ´jon] *sf* Medição, medida. *la medición tiene que ser exacta* / a medição tem de ser exata.

mé.di.co, -a [m´ediko] *adj* Médico, medicinal, terapêutico. • *sm* Médico, doutor, facultativo.

me.di.da [med´ida] *sf* **1** Medida, grandeza, tamanho. **2** Disposição, providência, diligência. *hay que tomar medidas para que eso no pase más* / é preciso tomar providências para que isso não aconteça mais. **a medida** sob medida. **llenársele la medida** esgotar a paciência.

me.di.dor [medid´or] *sm* Medidor, relógio. *¡el medidor de agua está loco!* / o relógio da água está louco!

me.die.val [medjeb´al] *adj* Medieval. *la película muestra costumbres medievales* / o filme mostra costumes medievais.

me.dio, -a [m´edjo] *adj* Meio, metade. • *sm* **1** Meio, ambiente, lugar. **2** Modo, maneira. **3 medios** *pl* Bens, meios, recursos. **4** Mídia.

me.dio.cam.pis.ta *sm Dep* Meio-campista. *el mediocampista se lastimó y lo tuvieron que sacar del juego* / o meio-campista se machucou e tiveram de tirá-lo do jogo.

me.dio.cre [medj´okre] *adj* Medíocre, mediano.

me.dio.dí.a [medjod´ia] *sm* Meio-dia. *yo como puntualmente al mediodía* / eu almoço pontualmente ao meio-dia.

me.dir [med´ir] *vt* **1** Medir. *vt+vpr* **2** Ponderar. *hay que medir las consecuencias antes de actuar* / é preciso ponderar as consequências antes de agir. → Veja modelo de conjugação.

me.di.ta.bun.do, -a [meditab´undo] *sm* Meditativo, pensativo.

me.di.tar [medit´ar] *vt+vi* Meditar, refletir.

me.di.te.rrá.ne.o, -a [mediteř´aneo] *adj* Mediterrâneo. *me encanta la comida mediterránea* / adoro a comida mediterrânea.

mé.du.la [m´edula] *sf Anat* Medula.

me.du.sa [med´usa] *sf Zool* Medusa, água-viva.

me.ga.lo.ma.ní.a [megaloman´ia] *sf* Megalomania, mania de grandeza. *con esa megalomanía no hay quién lo aguante* / com essa mania de grandeza não há quem o aguente.

me.ji.ca.no, -a [mehik´ano] *adj+sm* Mexicano. *los mejicanos comen comida muy picante* / os mexicanos comem comida muito picante.

me.ji.lla [meh´iλa] *sf* Bochecha, maçã do rosto. **poner la otra mejilla** oferecer a outra face.

me.ji.llón [mehiλ´on] *sm Zool* Mexilhão. *soy alérgico a mejillones* / sou alérgico a mexilhões.

me.jor [meh´or] *adj* Melhor, preferível. *esta manzana está mejor que aquella* / esta maçã está melhor que aquela. • *adv* Melhor. **a lo mejor** talvez, quem sabe.

me.jo.ra [meh´ora] *sf* Melhoria, melhoramento.

me.jo.rar [mehor´ar] *vt+vpr* **1** Melhorar, restabelecer-se. *vt* **2** Aperfeiçoar, beneficiar.

me.jo.rí.a [mehor´ia] *sf* **1** Melhora, restabelecimento. **2** Melhoria, melhoramento.

me.la.do, -a [mel´ado] *adj* Cor de mel. • *sm AL* Melado, xarope de cana-de-açúcar.

me.lan.co.lí.a [melankol´ia] *sf* Melancolia, tristeza. *no sé explicar por qué siento tanta melancolía* / não sei explicar por que sinto tanta tristeza.

me.lan.có.li.co, -a [melank´oliko] *adj* Melancólico, triste.

me.le.na [mel´ena] *sf* **1** Melena, cabeleira. **2** Juba.

me.le.nu.do, -a [melen´udo] *adj* Cabeludo. *no tiene más edad para andar tan melenudo* / você não tem mais idade pra andar tão cabeludo.

me.lin.dre [mel´indre] *sm* **1** Melindre (doce). **2 melindres** *pl* Melindre, delicadeza, suscetibilidade.

me.lin.dro.so, -a [melindr´oso] *adj+s* Melindroso, dengoso, delicado.

me.lli.zo, -a [meλ´iθo] *adj+s* Gêmeo.

me.lo.co.tón [melokot´on] *sm Bot* **1** Pêssego. **2** Pessegueiro.

me.lo.co.to.ne.ro [melokoton´ero] *Bot* Pessegueiro. *nunca vi un melocotonero de cerca* / nunca vi um pessegueiro de perto.

me.lo.dí.a [melod´ia] *sf* **1** Melodia, musicalidade, sonoridade. **2** Composição musical.

me.ló.di.co [mel´odiko] *adj* Melódico, musical.

me.lo.dio.so, -a [melod´joso] *adj* Melodioso, sonoro, harmonioso. *tienes una voz tan melodiosa* / você tem uma voz tão melodiosa.

me.lón [mel´on] *sm* **1** *Bot* Melão. **2** *fam* Tonto, bobo, panaca.

me.lo.so, -a [mel´oso] *adj* Meloso, melado, adocicado.

mem.bra.na [membr´ana] *sf* Membrana, pele, película.

mem.bri.llo [membr´iλo] *sm Bot* Marmelo. **dulce de membrillo** marmelada.

me.mo.ra.ble [memor´able] *adj* Memorável, inesquecível. *fue una fiesta memorable* / foi uma festa memorável.

me.mo.ria [mem´orja] *sf* **1** Memória, lembrança, recordação. **2 memorias** *pl* Memórias, autobiografia. **saber de memoria** saber de cor.

me.mo.ri.za.ción [memoriθaθj´on] *sf* Memorização.

me.mo.ri.zar [memoriθ´ar] *vt* **1** Memorizar, gravar na memória. **2** Decorar.

men.ción [menθj´on] *sf* Menção, referência. *hizo mención al asunto muy delicadamente* / fez menção ao assunto muito delicadamente.

men.cio.na.do [menθjon´ado] *adj* Mencionado, referido, citado.

men.cio.nar [menθjon´ar] *vt* Mencionar, referir, aludir.

men.di.can.te [mendik´ante] *adj* Mendicante, pedinte, esmoler, mendigo.

men.di.gar [mendig´ar] *vt* **1** Mendigar, pedir esmola. **2** Suplicar, humilhar-se. → cargar.

men.di.go, -a [mend´igo] *sm* Mendigo, pedinte, mendicante.

me.nes.ter [menest´er] *sm* **1** Mister, necessidade, exigência. *es menester alimentarlos* / é mister alimentá-los. **2** Ofício, ocupação.

me.nes.te.ro.so, -a [menester´oso] *adj+s* Carente, necessitado.

men.ga.no, -a [meng´ano] *s fam* Beltrano.

men.guan.te [meng´wante] *adj* Minguante. • *sf* **1** Vazante, maré baixa. **2** Decadência, diminuição.

men.guar [meng´war] *vi+vt* Minguar, escassear, diminuir. *a los pocos va menguando el amor* / aos poucos, o amor vai diminuindo. → averiguar.

me.nor [men´or] *adj* **1** Menor, pequeno. **2** Mais jovem, mais novo. **al por menor** a varejo.

me.no.rí.a [menor´ja] *sf* **1** Inferioridade, subordinação. *está siempre en situación de menoría* / está sempre em situação de inferioridade. **2** Menoridade.

me.nos [m´enos] *adv* **1** Menos. **2** Exceto, salvo.

me.nos.ca.bar [menoskab´ar] *vt+vpr* **1** Diminuir, encurtar, reduzir. *vt* **2** Depreciar, diminuir, desestimar, menosprezar.

me.nos.ca.bo [menosk´abo] *sm* Desdém, desprezo, menosprezo, pouco caso. *lo trata con tal menoscabo que lo pone triste* / trata-o com tal desprezo, que o entristece.

me.nos.pre.cia.ble [menospreθj´able] *adj* Desprezível.

me.nos.pre.cia.do [menospreθj´ado] *adj* Menosprezado, desprezado, desdenhado.

me.nos.pre.ciar [menospreθ´jar] *vt* Menosprezar, desprezar, desdenhar.

me.nos.pre.cio [menospr´eθjo] *sm* Menosprezo, desprezo, desdém.

men.sa.je [mens´ahe] *sm* **1** Mensagem, recado. **2** Comunicação. Veja nota em **abordaje**.

men.sa.je.ro, -a [mensah´ero] *adj+sm* Mensageiro, portador.

mens.trua.ción [menstrwaθ´jon] *sf* Menstruação. *mi menstruación no vino este mes* / minha menstruação não veio este mês.

men.sual [mensw´al] *adj* Mensal. *le hace una visita mensual a la madre* / faz uma visita mensal à mãe.

men.sua.li.dad [menswalid´ad] *sf* **1** Mensalidade, mesada. **2** Salário mensal, pagamento.

men.ta.li.dad [mentalid´ad] *sf* Mentalidade. *tienes una mentalidad retrógrada* / você tem uma mentalidade retrógrada.

men.te [m´ente] *sf* Mente, inteligência.

men.te.ca.to, -a [mentek´ato] *adj+s* Mentecapto. *con ese mentecato no se puede conversar* / não dá pra conversar com esse mentecapto.

men.tir [ment´ir] *vi* Mentir, enganar. → Veja modelo de conjugação.

men.ti.ra [ment´ira] *sf* Mentira, engano. *todo lo que dice es mentira* / tudo o que diz é mentira.

men.ti.ro.so, -a [mentir´oso] *adj+s* Mentiroso, impostor, falso.

men.tón [ment´on] *sm Anat* Queixo. *me duele el mentón* / estou com dor no queixo.

men.tor [ment´or] *sm* Mentor, conselheiro, guia.

me.nú [men´u] *sm* **1** Menu, cardápio. **2** *Inform* Opções.

me.nu.de.o [menud´eo] *sm* Varejo.

me.nu.do, -a [men´udo] *adj* Miúdo, pequeno. • *sm pl* **menudos** Miúdos, vísceras. **a menudo** amiúde, frequentemente.

me.o.llo [me´oλo] *sm* **1** *Anat* Cérebro. **2** *Anat* Medula óssea. **3** Essência, cerne. *llegó al meollo de la cuestión* / chegou ao cerne da questão.

mer.ca.de.ar [merkade´ar] *vi* Mercadejar, negociar.

mer.ca.der [merkad´er] *sm* Mercador, comerciante, negociante. **mercader de grueso** comerciante no atacado.

mer.ca.do [merk´ado] *sm* Mercado.

mer.ca.do.tec.nia [merkadotekn´ia] *sf* Mercadologia, marketing.

mer.can.cí.a [merkanθ´ia] *sf* Mercadoria. *todas las mercancías por precios bajos* / todas as mercadorias por preços baixos.

mer.ced [merθ´ed] *sf* Mercê, graça, favor.

mer.ce.na.rio, -a [merθen´arjo] *adj+s* Mercenário. *no se le puede pedir nada, porque es un mercenario* / não se pode pedir nada a ele, porque é um mercenário.

mer.ce.rí.a [merθer´ia] *sf* Bazar, armarinho.

mer.cu.rio [merk´urjo] *sm Astr, Quím* Mercúrio.

me.re.cer [mereθ´er] *vt* Merecer, valer.

me.re.ci.mien.to [mereθimj´ento] *sm* Mérito, merecimento. *acá los logros son por merecimiento* / aqui as conquistas são por merecimento.

me.ren.dar [merend´ar] *vi* **1** Lanchar, merendar. **2** Almoçar. → despertar.

me.ren.de.ro [merend´ero] *sm* Refeitório.

me.ren.gue [mer´enge] *sm* Suspiro, merengue. *comí una torta de merengue deliciosa* / comi um bolo de suspiro delicioso.

me.rien.da [mer´jenda] *sf* **1** Merenda, lanche. **2** Almoço.

mé.ri.to [m´erito] *sm* Mérito, merecimento.

me.ri.to.rio, -a [merit´orjo] *adj* Meritório, merecedor.

mer.lu.za [merl´uθa] *sf Zool* Merluza. *no había merluza en la feria hoy* / hoje não tinha merluza na feira.

mer.ma [m´erma] *sf* Diminuição.

mer.mar [merm´ar] *vt+vi* Diminuir, minguar.

mer.me.la.da [mermel´ada] *sf* Geleia. *hize mermelada de duraznos* / fiz geleia de pêssego.

me.ro, -a [m´ero] *adj* **1** Mero, puro, simples. **2** Insignificante. • *sm Ictiol* Mero.

me.ro.de.ar [merode´ar] *vi* Vaguear, rondar.

mes [m´es] *sm* **1** Mês. **2** Menstruação.

me.sa [m´esa] *sf* **1** Mesa. **2** *Geogr* Planície, meseta. **mesa de luz** criado-mudo.

me.sa.da [mes´ada] *sf* Mesada. *tengo que pedirle a mi papá un incremento de mesada* / preciso pedir um aumento de mesada ao meu pai.

me.se.ta [mes´eta] *sf* **1** *Geogr* Meseta. **2** Patamar, descanso (escada).

me.són [mes´on] *sm* **1** Estalagem, hospedaria. **2** Bar.

mes.ti.za.je [mestiθ´ahe] *sm* Mestiçagem. Veja nota em **abordaje**.

mes.ti.zo, -a [mest´iθo] *adj+s* Mestiço. *mestizo de blanco con india* / mestiço de branco com índia.

me.ta [m´eta] *sf* Meta, fim, objetivo. *mi meta es vender 20% más que el mes pasado* / minha meta é vender 20% a mais que o mês passado.

me.tá.fo.ra [met´afora] *sf Ling* Metáfora, alegoria.

me.tal [met´al] *sm* **1** *Quím* Metal. **2 metales** *pl Mús* Metais. *me parece que los metales están fuera de tono* / tenho a impressão de que os metais estão fora de tom.

me.tá.li.co, -a [met´aliko] *adj* Metálico. *no le gusta cuando la llamamos de sonrisa metálica* / não gosta quando a chamamos de sorriso metálico.

me.ta.mor.fo.sis [metamorf´osis] *sf inv* Metamorfose, transformação.

me.te.o.ri.to [meteor´ito] *sm Astron* Meteorito. *¿ya vistes una lluvia de meteoritos?* / você já viu uma chuva de meteoritos?

me.te.o.ro [mete´oro] *sm Astron* Meteoro. *por suerte cayó al mar, porque era enorme aquel meteoro* / por sorte caiu no mar, porque aquele meteoro era enorme.

me.teo.ro.lo.gí.a [meteoroloh´ia] *sf* Meteorologia.

me.te.o.ro.ló.gi.co [meteorol´ohiko] *adj* Meteorológico. *el informe meteorológico garantizó que va a llover tres días seguidos* / o serviço meteorológico garantiu que vai chover três dias seguidos.

me.te.o.ró.lo.go [meteor´ologo] *sm* Meteorologista.

me.ter [met´er] *vt+vpr* **1** Pôr, colocar, meter. *vt* **2** Induzir, envolver, levar. *¿por qué lo metiste en ese negocio?* / por que você o envolveu nesse negócio? *vpr* **3** Meter-se, intrometer-se. **meter la pata** dar um fora. **meterse en lo que no le va ni viene** meter-se onde não é chamado.

me.ti.cu.lo.so, -a [metikul´oso] *adj* Meticuloso, minucioso, cuidadoso, detalhista.

me.ti.do, -a [met´ido] *adj* Intrometido, metido. • *s* **1** Empurrão. **2** Impulso. **3** *coloq* Surra.

me.tó.di.co, -a [met´odiko] *adj* Metódico, sistemático, organizado.

mé.to.do [m´etodo] *sm* Método, sistema, procedimento, modo, maneira.

me.tra.je [metr´ahe] *sm* Metragem. Veja nota em **abordaje**.

mé.tri.co, -a [m´etriko] *adj* Métrico. • *sf Lit* Métrica.

me.tro [m´etro] *sm* **1** Metro. **2** Metrô. *no puedo andar en metro porque tengo claustrofobia* / não consigo andar de metrô porque tenho claustrofobia.

me.xi.ca.no, -a [meksik´ano] *adj+s* Mexicano.

mez.cla [m´eθkla] *sf* Mescla, mistura, fusão, liga.

mez.cla.do [meθkl´ado] *adj* **1** Misturado. *con todo mezclado así no se sabe qué es qué* / com tudo misturado assim, não se sabe o que é o quê. **2** Misto.

mez.clar [meθkl´ar] *vt+vpr* **1** Mesclar, juntar, misturar. **2** Intrometer-se, envolver-se. Veja nota em **surtir**.

mez.quin.dad [meskind´ad] *sf* Mesquinhez, mesquinharia, miséria, avareza. *¡quánta mezquindad!* / quanta mesquinharia!

mez.qui.no, -a [meθk´ino] *adj* Mesquinho, avaro, avarento, sovina, tacanho.

mez.qui.ta [meθk´ita] *sf* Mesquita. *fui por primera vez a una mezquita* / fui a uma mesquita pela primeira vez.

mi [m´i] *pron pos* Meu, minha (somente antes de substantivos). *perdí mi sombrero* / perdi meu chapéu. *mi casa es muy grande* / minha casa é muito grande. • *sm Mús* Mi.

mí [m´i] *pron pers* Mim. *lo trajo para mí* / trouxe-o para mim.

mí.a [m´ia] *pron pos* Minha. *esa es la mía* / essa é a minha.

mi.co [m´iko] *sm* **1** Mico. **2** *fig* Monstro, homem muito feio. **dar mico** dar o cano, furar. *se iba a encontrar conmigo, pero me dio mico* / ia se encontrar comigo mas me deu o cano.

mi.cro.bio [mikr´objo] *sm Biol* Micróbio.

mi.cró.fo.no [mikr´ofono] *sm* Microfone. *el micrófono está roto, tendremos que gritar* / o microfone está quebrado, vamos ter de gritar.

mi.cro.on.da [mikr´onda] *sf Fís* Micro-onda. **horno microondas** forno (de) micro-ondas.

mi.cros.co.pio [mikrosk´opjo] *sm Fis* Microscópio.

mie.do [m´jedo] *sm* Medo, receio, temor, terror, pavor.

mie.do.so, -a [mjed´oso] *adj+s coloq* Medroso, covarde, frouxo.

miel [m´jel] *sf* Mel. *aprendí a hacer dulce de miel* / aprendi a fazer doce de mel.

miem.bro [mj´embro] *sm* **1** *Anat* Membro, extremidade. **2** *Anat* Pênis. **3** Componente, participante, parte.

mien.tras [m´jentras] *adv+conj* Enquanto, entretanto, durante.

miér.co.les [m´jerkoles] *sm inv* Quarta-feira. *miércoles voy al mercado* / quarta-feira vou ao mercado.

mier.da [m´jerda] *sf vulg* Merda. • *interj* **¡mierda!** Merda!

mi.ga [m´iga] *sf* **1** Miolo de pão. **2** Migalha.

mi.ga.ja [mig´aha] *sf* **1** Migalha, fragmento. **2 migajas** *pl* Restos, sobras.

mi.gra.ción [migraθ´jon] *sf* Migração. *en los últimos quince años hubo un incremento de la migración* / nos últimos quinze anos houve um aumento da migração.

mi.grar [migr´ar] *vi* Migrar. *en seguida empiezan a migrar los patos* / logo os patos começam a migrar.

mil [m´il] *adj* Mil. • *num ord* Milésimo. • *sm pl* **miles** Milhares.

mi.la.gro [mil´agro] *sm* Milagre.

mi.le.nio [mil´enjo] *sm* Milênio. *la ONU discutió los objetivos del milenio* / a ONU discutiu os objetivos do milênio.

mi.lé.si.mo, -a [mil´esimo] *num* Milésimo. *ese es el milésimo juego* / esse é o milésimo jogo.

mi.li.gra.mo [miligr´amo] *sm* Miligrama.

mi.lí.me.tro [mil´imetro] *sm* Milímetro. *esa puerta tiene 220 milímetros de altura* / essa porta tem 220 milímetros de altura.

mi.li.tar [milit´ar] *adj* Militar. • *s* Militar, soldado. • *vi* Combater, batalhar.

mi.lla [m´iλa] *sf* Milha. *¿cuánto es una milla en kilómetros?* / quanto é uma milha em quilômetros?

mi.llar [miλ´ar] *sm* Milhar. *mil unidades forman un millar* / mil unidades formam um milhar.

mi.llón [miλ´on] *sm* Milhão.

"Billón", em espanhol, é a cifra correspondente a "1 milhão de milhões", ou seja, o número 1 seguido de doze zeros, e que em português chamamos de "trilhão". Assim, "bilhão" em português traduz-se para o espanhol como "mil millones": *6.000 millones* / 6 bilhões.

mi.llo.na.rio, -a [miλonár´arjo] *adj+sm* Milionário. *se quedó millonario con el premio* / ficou milionário com o prêmio.

mi.ma.do [mim´ado] *adj* Mimado, mal-acostumado, mal-educado.

mi.mar [mim´ar] *vt* **1** Acariciar, agradar, acarinhar. **2** Mimar, paparicar.

mim.bre [m´imbre] *sm Bot* Vime. *me compré dos canastas de mimbre* / comprei duas cestas de vime.

mí.mi.ca [m´imika] *sf* Mímica, pantomima, gesticulação.

mi.mo [m´imo] *sm* Mimo, carinho, agrado. *me parece que lo trata con mimo excesivo* / acho que o trata com mimo excessivo.

mi.na [m´ina] *sf* **1** Mina, jazida. **2** Nascente, olho-d'água, fonte.

mi.nar [min´ar] *vt* **1** Minar, escavar, cavar. **2** Consumir, enfraquecer.

mi.ne.ral [miner´al] *adj* Miner Mineral. *voy a comprar agua mineral y vuelvo en seguida* / vou comprar água mineral e volto logo. • *sm Miner* Mineral.

mi.ne.ro, -a [min´ero] *adj+sm* Pessoa que trabalha em mina, mineiro.

mi.ni.mi.zar [minimiθ´ar] *vt* Minimizar, reduzir. *minimizar el problema no representa solución* / minimizar o problema não é solução. → alzar.

mí.ni.mo, -a [m´inimo] *adj* Mínimo. *lo mínimo que se puede hacer es apoyarlo* / o mínimo que se pode fazer é apoiá-lo.

mi.nis.te.rio [minist´erjo] *sm* Ministério. *ella trabaja en el ministerio* / ela trabalha no ministério.

mi.nis.tro, -a [min´istro] *s* Ministro. *ese es el ministro de la Salud* / esse é o ministro da Saúde.

mi.no.rí.a [minor´ia] *sf* Minoria. *la minoría fue contra la resolución* / a minoria foi contra a resolução.

mi.no.ris.ta [minor´ista] *adj+s* Varejista. *los minoristas exigen más seguridad* / os varejistas estão exigindo mais segurança.

mi.nu.cia [min´uθja] *sf* Minúcia, minudência, insignificância, bagatela, besteira.

mi.nu.cio.sa.men.te [minuθjosam´ente] *adv* Minuciosamente, detalhadamente.

mi.nu.cio.so, -a [minuθ´joso] *adj* Minucioso, detalhado, meticuloso, detalhista.

mi.nús.cu.lo, -a [min´uskulo] *adj* Minúsculo, insignificante. *era minúsculo, pero era un diamante* / era minúsculo, mas era um diamante.

mi.nus.vá.li.do, -a [minusb´alido] *adj+s* Inválido, deficiente, incapaz, aleijado.

mi.nus.va.lo.ra.do [minusbalorˈado] *adj* Desvalorizado, subestimado.

mi.nus.va.lo.rar [minusbalorˈar] *vt* Desvalorizar, depreciar, subestimar.

mi.nu.ta [minˈuta] *sf* **1** Minuta, rascunho. **2** Conta de honorários.

mi.nu.to [minˈuto] *sm* Minuto. *una hora tiene 60 minutos* / uma hora tem 60 minutos.

mí.o, -a [mˈio] *pron pos* Meu. *ese coche es mío* / esse carro é meu.

mio.pe [mjˈope] *adj+sm* Míope. *Francisco es tan miope que no ve un elefante adelante* / Francisco é tão míope que não vê um elefante à sua frente.

mio.pí.a [mjopˈia] *sf* Miopia. *tiene tres grados de miopía* / tem três graus de miopia.

mi.ra [mˈira] *sf* **1** Mira, pontaria. **2** Alvo, objetivo.

mi.ra.da [mirˈada] *sf* **1** Olhar. *Ana tiene una mirada tan dulce* / Ana tem um olhar tão doce. **2** Olhada. *dio una mirada rápida y salió* / deu uma olhada rápida e saiu.

mi.ra.dor [miradˈor] *sm* Mirante, terraço.

mi.ra.mien.to [miramjˈento] *sm* Cuidado, consideração, atenção, respeito.

mi.rar [mirˈar] *vt+vpr* **1** Olhar, mirar. *vi* **2** Atender, cuidar, proteger. **3** Pertencer, dizer respeito. **de mírame y no me toques** cheio de não me toques.

mi.ri.lla [mirˈiʎa] *sf* Olho mágico, vigia.

mi.sa [mˈisa] *sf Rel* Missa. *estuve en la misa de las 8 el domingo* / fui à missa das 8 no domingo.

mis.ce.lá.ne.o [misθelˈaneo] *adj* Misto, mesclado. • *sf* Miscelânea.

mi.se.ra.ble [miserˈable] *adj* **1** Desventurado, infeliz. **2** Mesquinho. **3** Canalha, perverso, sem-vergonha.

mi.se.ria [misˈerja] *sf* **1** Desgraça, infortúnio. **2** Miséria, pobreza, penúria. **3** Mesquinhez, sovinice, mesquinharia.

mi.se.ri.cor.dia [miserikˈordja] *sf* Misericórdia, compaixão. *le falta misericordia en el corazón* / falta-lhe compaixão no coração.

mi.sil [misˈil] *sm* Mil Míssil. *vi por la televisión el misil que cayó en el poblado* / vi pela televisão o míssil que caiu no povoado.

mi.sión [misˈjon] *sf* Missão, encargo.

mi.sio.ne.ro, -a [misjonˈero] *adj+s* Missionário. *pasó dos años como misionero en África* / passou dois anos como missionário na África.

mis.mo, -a [mˈismo] *adj+pron* **1** Mesmo, semelhante, igual. • *adv* Exatamente.

mis.te.rio [mistˈerjo] *sm* Mistério, enigma. *su vida es un misterio* / sua vida é um mistério.

mis.te.rio.so, -a [misterˈjoso] *adj* **1** Misterioso, enigmático, obscuro. **2** Oculto, encoberto, escondido.

mi.tad [mitˈad] *sf* Metade, meio.

mi.ti.gar [mitigˈar] *vt+vpr* Mitigar, moderar, aplacar, acalmar, suavizar. → cargar.

mi.tin [mˈitin] *sm* Comício. *el mitin ocurrió en la plaza central* / o comício aconteceu na praça central.

mi.to [mˈito] *sm* Mito, fábula, lenda.

mix.to, -a [mˈi(k)sto] *adj* Misto, mesclado, misturado. *es un aceite mixto, de soya y maíz* / é um óleo misto de soja e milho.

mo.bi.lia.rio, -a [mobilˈjario] *s* Mobiliário, móveis, mobília. • *adj* Mobiliário, móvel.

mo.ce.dad [moθedˈad] *sf* Mocidade, juventude.

mo.chi.la [motʃˈila] *sf* Mochila. *no hace bien cargar una mochila tan pesada* / não faz bem carregar uma mochila tão pesada.

mo.da [mˈoda] *sf* Moda, uso, costume, voga.

mo.da.les [modˈaleθ] *sm pl* Modos. *con esos modales vas a asustar el chico* / com esses modos você vai assustar o rapaz.

mo.de.lar [modelˈar] *vt* Modelar, moldar.

mo.de.lo [modˈelo] *sm* **1** Modelo, molde, exemplo. **2** Manequim.

mó.dem [mˈodem] *sm Inform* Modem.

mo.de.ra.ción [moderaθjˈon] *sf* Moderação, comedimento, prudência, cuidado. *actuar con moderación es lo más seguro en esa circunstancia* / agir com moderação é o mais seguro nesse caso.

mo.de.ra.do, -a [moderˊado] *adj* Moderado, comedido, sensato, prudente, cuidadoso.

mo.de.rar [moderˊar] *vt+vpr* Moderar, abrandar, conter, regular, temperar, frear.

mo.der.ni.zar [moderniθˊar] *vt+vpr* Modernizar, atualizar, renovar. → alzar.

mo.der.no, -a [modˊerno] *adj* Moderno, recente, atual. *el arte moderno no me gusta mucho* / não gosto muito da arte moderna.

mo.des.tia [modˊestja] *sf* **1** Modéstia, compostura, discrição. **2** Humildade, simplicidade, pobreza.

mo.des.to, -a [modˊesto] *adj+s* **1** Modesto, discreto. **2** Humilde, simples.

mo.di.fi.ca.ción [modifikaθjˊon] *sf* Modificação, transformação, mudança, alteração.

mo.di.fi.car [modifikˊar] *vt* Modificar, alterar, mudar, transformar. → atacar.

mo.dis.ta [modˊista] *s* Modista, costureira. *llevé el tejido que me compré a la modista* / levei o tecido que comprei à costureira.

mo.do [mˊodo] *sm* **1** Modo, maneira, jeito, forma, método. **2 modos** *pl* Modos, civilidade, conduta.

mo.du.la.ción [modulaθjˊon] *sf* Modulação, modulagem. *hay que corregir la modulación de tu voz* / é preciso corrigir a modulação de sua voz.

mo.fa [mˊofa] *sf* Mofa, troça, zombaria, gozação.

mo.far [mˊofar] *vt+vi+vpr* Mofar, zombar, escarnecer.

Enmohecer é a palavra usada no sentido de "embolorar, mofar".

mo.go.llón [mogoʎˊon] *adv coloq* Grande quantidade, pra burro, de monte, à beça. *llueve a mogollón* / está chovendo pra burro!

mo.hí.no, -a [moˊino] *adj* Triste, melancólico, desgostoso, desafortunado.

mo.ho [mˊoo] *sm* **1** Mofo, bolor, limo. **2** Ferrugem.

mo.jar [mohˊar] *vt+vpr* **1** Molhar, umedecer. **2** Urinar-se.

mo.ji.ga.to, -a [mohigˊato] *adj+s* Dissimulado, sonso.

mo.jón [mohˊon] *sm* Baliza, marco.

mo.lar [molˊar] *vi coloq* Adorar, gostar, achar ótimo. • *sm* Molar.

mol.de [mˊolde] *sm* **1** Forma, assadeira. *hay que usar el molde grande para esa receta* / é preciso usar a assadeira grande para essa receita. **2** Molde, modelo.

mol.de.a.ble [moldeˊable] *adj* Moldável, maleável.

mol.de.ar [moldeˊar] *vt* Moldar, conformar, configurar.

mol.du.ra [moldˊura] *sf* Moldura, caixilho.

mo.lé.cu.la [molˊekula] *sf* Molécula. *una molécula es la menor partícula de una sustancia* / uma molécula é a menor partícula de uma substância.

mo.le.dor [moledˊor] *adj coloq* Chato, cansativo. • *sm* Moedor.

mo.ler [molˊer] *vt* **1** Moer, triturar. **2** Cansar, esgotar. *estoy molido* / estou cansado. **3** Estragar, destruir. → morder.

mo.les.tar [molestˊar] *vt+vpr* Incomodar, aborrecer. *no la molestes porque está estudiando* / não a incomode porque está estudando.

mo.les.tia [molˊestja] *sf* Incômodo, desconforto, aborrecimento.

mo.les.to, -a [molˊesto] *adj* Incômodo, importuno, molesto. *no seas molesto* / não seja importuno.

mo.lien.da [molˊjenda] *sf* Moenda, moinho. *visitamos a una molienda del siglo XIX* / visitamos uma moenda do século XIX.

mo.li.no [molˊino] *sm* Moinho, engenho.

mo.men.tá.ne.o, -a [momentˊaneo] *adj* **1** Imediato, súbito, instantâneo. **2** Momentâneo, breve, transitório, fugaz.

mo.men.to [momˊento] *sm* **1** Momento, instante. **2** Ocasião, oportunidade, circunstância.

mo.mia [mˊomia] *sf* Múmia. *los niños se impresionaron con las momias en el museo* / as crianças se impressionaram com as múmias no museu.

mo.na.gui.llo [monagˊiʎo] *sm* Coroinha. *con diez años mi sobrino fue monaguillo* / com dez anos meu sobrino foi coroinha.

mo.nar.ca [mon´arka] *sm* Monarca, rei.
mo.nar.quí.a [monark´ia] *sf* **1** Monarquia. **2** Reino, reinado.
mo.nas.te.rio [monast´erjo] *sm* Mosteiro, convento, abadia. *restauraron el edificio del monasterio carmelita* / restauraram o edício do mosteiro carmelita.
mon.da.dien.tes [mondadj´entes] *sf* Palito de dente.
mon.dar [mond´ar] *vt* Mondar, limpar.
mo.ne.da [mon´eda] *sf* Moeda. *siempre se me caen las monedas del bolsillo* / as moedas sempre caem do meu bolso.
mo.ne.de.ro [moned´ero] *sm* Porta-níqueis.
mo.ne.ta.rio, -a [monet´arjo] *adj* Monetário. • *sm* Coleção de moedas.
mo.ni.to.ri.zar [monitoriθ´ar] *vt* Monitorar. *monitoraban los aparatos incesantemente* / monitoravam os aparelhos incessantemente.
mon.ja [m´onːha] *sf* Freira, monja. *cuando era niña, estudié en colegio de monjas* / quando era menina, estudei em escola de freiras. Veja nota em **madre** (português).
mon.je, -a [m´onːhe] *sm* Monge, frade, frei.
mo.no, -a [m´ono] *adj* Bonito, fofo, delicado, gracioso. *¡qué nene más mono!* / que bebê mais fofo! • *sm* **1** Macaco. *ayer, en el zoológico, los monos estaban durmiendo; no los pude ver* / ontem, no zoológico, os macacos estavam dormindo; não consegui vê-los. **2** Macacão, jardineira. **a freír monos** pentear macaco. *¡vete a freír monos!* / vai pentear macaco! **estar de monos** estar de mal.
mo.no.ga.mia [monog´amja] *sf* Monogamia. *parece que nadie más cree en la monogamia* / parece que mais ninguém acredita na monogamia.
mo.no.gra.fí.a [monograf´ia] *sf* Monografia.
mo.nó.lo.go [mon´ologo] *sm* Monólogo, solilóquio. *excelente el monólogo que vimos en el teatro ayer* / excelente o monólogo que vimos no teatro ontem.
mo.no.mo.tor [monomot´or] *adj+sm* Monomotor, teco-teco. *no me subo en un monomotor de esos ni por broma* / não subo num teco-teco desses nem de brincadeira.

mo.no.po.lio [monop´oljo] *sm* Monopólio. *los oligopolios son una forma evolucionada de monopolio* / os oligopólios são uma forma evoluída de monopólio.
mo.no.po.li.zar [monopoliθ´ar] *vt* Monopolizar. *no puedes querer monopolizarla* / você não pode querer monopolizá-la. → alzar.
mo.no.te.ís.ta [monote´ista] *adj+s* Monoteísta. *el cristianismo es monoteísta* / o cristianismo é monoteísta.
mo.no.to.ní.a [monoton´ia] *sf* Monotonia, mesmice, tédio.
mo.nó.to.no, -a [mon´otono] *adj* Monótono, insípido, tedioso, rotineiro.
mo.nó.xi.do [mon´oksido] *sm* Quím Monóxido. *lo que más respiramos en esta ciudad es el monóxido de carbono* / o que mais respiramos nesta cidade é o monóxido de carbono.
mon.ser.ga [mons´erga] *sf fam* Chatice. *no hay quien aguante su monserga con esas declamaciones* / não há quem aguente sua chatice com essas declamações.
mons.truo [m´onstrwo] *sm* **1** Monstro, aberração. **2** Monstrengo. *parece un monstruo con ese pelo* / parece um monstrengo com esse cabelo.
mons.truo.si.da.d [montrwosid´ad] *sf* **1** Monstruosidade, aberração, anomalia. **2** Desproporção.
mons.truo.so, -a [monstr´woso] *adj* **1** Monstruoso, disforme. **2** Desproporcional, exagerado.
mon.ta [m´onta] *sf* **1** Montada. **2** Monta, montante, importância, valor.
mon.ta.dor, -a [montad´or] *s* Montador. *Pedro trabaja de montador en una fábrica* / Pedro trabalha como montador em uma fábrica.
mon.ta.je [mont´ahe] *sm* Montagem. *necesito de ayuda en el montaje de las estanterías* / preciso de ajuda na montagem das estantes. Veja nota em **abordaje**.
mon.ta.ña [mont´aɲa] *sf Geogr* Montanha. *podemos subir aquella montaña. ¿Qué te parece?* / podemos subir aquela montanha. O que você acha?

mon.ta.ñis.mo [montañ´ismo] *sm* Montanhismo, alpinismo.

mon.ta.ño.so, -a [montañ´oso] *adj* Montanhoso, acidentado.

mon.tan.te [mont´ante] *sm Com* Soma, quantia, valor, importância.

mon.tar [mont´ar] *vt+vi+vpr* **1** Montar, subir. **2** Cavalgar. **3** Equipar. **tanto monta** tanto faz.

mon.te [m´onte] *sm* Monte, montanha. **no todo el monte es orégano** nem tudo são flores. *matrimonio no es fácil. No todo el monte es orégano* / casamento não é fácil. Nem tudo são flores.

mon.te.rí.a [monter´ia] *sf* Montaria, monteada, caça.

mon.to [m´onto] *sm* Montante, importância, soma.

mon.tón [mont´on] *sm* Montão, monte, bagunça. **a montones** de montão.

mon.tu.ra [mont´ura] *sf* **1** Cavalgadura, montaria. **2** Arreios.

mo.nu.men.tal [monument´al] *adj* Monumental, grandioso, imponente, colossal.

mo.nu.men.to [monum´ento] *sm* Monumento, estátua, obra arquitetônica.

mon.zón [monθ´on] *sm* Monção, vento.

mo.ña [m´oña] *sf* **1** Laço de fita. **2** Boneca. **3** *fam* Bebedeira, porre. *se agarró una moña inolvidable* / tomou um porre inesquecível.

mo.ño [m´oño] *sm* **1** Coque, birote. **2** Laço de fita. **con el moño virado** de mau humor. **estar hasta el moño** estar até não aguentar mais / estar de saco cheio.

mo.que.ta [mok´eta] *sf* Carpete.

mo.ra [m´ora] *sf* **1** *Bot* Amora. **2** Demora, atraso, retardo.

mo.ra.do, -a [mor´ado] *adj* Arroxeado, roxo. • *sm* Hematoma, roxo, mancha roxa. *tienes un morado enorme en la pierna* / você tem um hematoma enorme na perna.

mo.ra.dor, -ora [morad´or] *adj+s* Morador, habitante.

mo.ral [mor´al] *adj* Moral. • *sf* **1** Moral, ética, honra. **2** Ânimo, disposição.

mo.ra.le.ja [moral´eha] *sf* Moral da história.

mo.ra.li.dad [moralid´ad] *sf* Moralidade, moral.

mo.ra.li.zar [moraliθ´ar] *vt+vpr* **1** Moralizar. *vi* **2** Discorrer, discursar. → alzar.

mo.rar [mor´ar] *vi* Morar, residir, habitar.

O termo mais comumente usado nesse sentido é **vivir**.

mór.bi.do, -a [m´orbido] *adj* **1** Mórbido, doentio. **2** Lânguido, brando, suave.

mor.daz [mord´aθ] *adj* Mordaz, irônico, sarcástico, afiado.

mor.da.za [mord´aθa] *sf* Mordaça. *existe una ley que se llama "ley de la mordaza"* / há uma lei chamada "lei da mordaça".

mor.de.du.ra [morded´ura] *sf* Mordida, mordedura, dentada.

mor.der [mord´er] *vt+vpr* Morder, mastigar. → Veja modelo de conjugação.

mor.di.da [mord´ida] *sf* Mordida, mordedura, dentada.

mor.dis.co [mord´isko] *sm* Mordisco, mordiscada.

mo.re.no, -a [mor´eno] *adj* Moreno, escuro. *te queda bien ese pelo moreno* / fica bem em você esse cabelo escuro.

mor.fi.na [morf´ina] *sf Farm* Morfina. *le dieron morfina para el dolor* / deram-lhe morfina para a dor.

mor.gue [m´orge] *sm* Morgue, necrotério.

mo.ri.bun.do, -a [morib´undo] *adj+s* Moribundo. *lo dejaron moribundo, tirado en la calle* / deixaram-no moribundo, jogado na rua.

mo.rir [mor´ir] *vi+vpr* **1** Morrer, falecer. **2** Terminar, acabar. *Part irreg:* muerto. → dormir.

mo.ro.cho, -a [mor´otʃo] *adj AL* Moreno.

mo.ro.so, -a [mor´oso] *adj* Moroso, lento, lerdo, vagaroso.

mo.rra.lla [moř´aλa] *sf* **1** Tranqueira, quinquilharia. *¿dónde va a meter tanta morralla?* / onde vai pôr tanta tranqueira? **2** Gentinha, gentalha.

mo.rri.ña [moř´iña] *sf* **1** *fam* Morrinha, tristeza, melancolia. **2** *Veter* Sarna, gafeira.

mor.ta.de.la [mortaðˈela] *sf* Mortadela. *¿te gusta pan con mortadela? /* você gosta de pão com mortadela?

mor.ta.ja [morˈtaha] *sf* Mortalha.

mor.tal [morˈtal] *adj* **1** Mortal. **2** Fatal, letal. Veja nota em **fatal** (espanhol).

mor.tan.dad [mortandˈad] *sm* Mortandade, mortalidade. *el índice de mortandad está muy alto /* o índice de mortalidade está muito alto.

mor.tí.fe.ro, -a [morˈtifero] *adj* Mortífero, fatal.

mor.ti.fi.car [mortifikˈar] *vt+vpr* **1** Mortificar, afligir, atormentar. **2** Torturar, penitenciar, castigar. → atacar.

mor.tu.o.rio, -a [mortˈworjo] *adj* Mortuário. • *sm* Funeral.

mo.sai.co [mosˈaiko] *sm* Mosaico, lajota.

mos.ca [mˈoska] *sf Entom* Mosca. **por si las moscas** por via das dúvidas. *llevo el paraguas, por si las moscas /* vou levar o guarda-chuva, por via das dúvidas.

mos.que.a.do [moskeˈado] *adj* Pintado, cheio de pintas.

mos.qui.te.ra [moskitˈera] *sf* Mosquiteiro. *si no cierro la mosquitera de noche, los mosquitos se lo comen /* se não fecho o mosquiteiro à noite, os pernilongos o picam.

mos.qui.to [moskˈito] *sm Entom* **1** Mosquito. **2** Pernilongo.

mos.ta.cho [mostˈatʃo] *sm* Bigode. *después de tantos años, se cortó el mostacho /* depois de tantos anos, raspou o bigode.

mos.ta.za [mostˈaθa] *sf Bot* Mostarda. **subírsele la mostaza a las narices** ficar nervoso, ficar enraivecido. *cuando lo oyó hablar, se le subió la mostaza a las narices /* quando o ouviu falar, ficou enraivecido.

mos.tra.dor [mostradˈor] *sm* Mostrador, balcão. **dedo mostrador** dedo indicador.

mos.trar [mostrˈar] *vt* **1** Mostrar, expor. **2** Manifestar, expressar, demonstrar. *vpr* **3** Aparentar, mostrar-se, parecer. → aprobar.

mo.te [mˈote] *sm* Mote.

mo.te.ar [moteˈar] *vt* Salpicar. *tienes la blusa moteada de barro /* você está com a blusa salpicada de barro.

mo.tín [motˈin] *sm* Motim, tumulto, arruaça, levante.

mo.ti.var [motibˈar] *vt* Motivar, causar. *nadie sabe qué es lo que motivó la renuncia /* ninguém sabe o que motivou a renúncia.

mo.ti.vo [motˈibo] *sm* Motivo, causa, fundamento.

mo.to [mˈoto] *sf* Moto, motocicleta.

mo.to.ci.cle.ta [motoθiklˈeta] *sf* Moto, motocicleta.

mo.to.ci.clis.ta [motoθiklˈista] *adj+s* Motociclista.

mo.tor, -a [motˈor] *adj+sm* Motor. *no tiene un motor muy potente ese auto /* esse carro não tem um motor muito potente.

mo.to.ris.ta [motorˈista] *s* **1** Motoqueiro, motociclista. **2** Motorista. Veja nota em **motorista** (português).

mo.triz [motrˈiθ] *adj* Motriz, motora.

mo.ve.di.zo, -a [moβeðˈiθo] *adj* Movediço, móvel.

mo.ver [moβˈer] *vt+vpr* **1** Mover, mexer, movimentar. *vt* **2** Induzir, levar, inspirar. → morder.

mo.vi.ble [moβˈible] *adj* Móvel, movediço.

mo.vi.do, -a [moβˈido] *adj* Movimentado, agitado. *tuve un día muy movido hoy /* tive um dia muito agitado hoje. • *sf* Agito, agitação, diversão.

mó.vil [mˈoβil] *adj* Móvel, removível, movediço.

mo.vi.mien.to [moβimˈjento] *sm* **1** Movimento, marcha. **2** Ação, animação.

mo.zo, -a [mˈoθo] *adj+s* Jovem, moço. • *sm* Garçom. Veja nota em **moço** (português).

mu.cha.cha.da [mutʃatʃˈada] *sf* **1** Molecagem. **2** Garotada, moçada.

mu.cha.cho, -a [mutʃˈatʃo] *s* **1** Moço, rapaz. **2** Empregado doméstico.

mu.che.dum.bre [mutʃeðˈumbre] *sf* Multidão. *era una muchedumbre que no acababa más /* era uma multidão que não acabava mais.

mu.cho, -a [mˈutʃo] *adj* Muito, abundante, excessivo. • *adv* Muito, bastante. **ni mucho menos** até parece / de jeito nenhum.

Usa-se **mucho** antes de substantivos com os quais concorda em gênero e número, e antes e depois de verbos: *tengo muchos amigos* / tenho muitos amigos. *mi padre trabaja mucho* / meu pai trabalha muito. Usa-se **muy** antes de adjetivos e advérbios: *aprender español es muy fácil* / aprender espanhol é muito fácil. *Maria se levanta muy temprano* / Maria levanta-se muito cedo.

mu.dan.za [muḏ'anθa] *sf* Mudança, alteração, transformação, modificação.

mu.dar [muḏ'ar] *vt+vi* **1** Mudar, alterar, transformar. *vt* **2** Trocar, variar. *vpr* **3** Mudar-se, transferir-se.

mu.do, -a [m'uḏo] *adj+s* Mudo. *Miguel se queda mudo todo el día* / Miguel fica mudo o dia inteiro.

mue.ble [m'eβle] *sm* Móvel, mobília, mobiliário.

mue.ca [m'eka] *sf* Careta. *el nene se muere de risa cuando hago muecas* / o nenê morre de rir quando faço caretas.

mue.la [m'ela] *sf* Dente molar.

mue.lle [m'eʎe] *adj* Delicado, suave. • *sm* **1** Mola. **2** Plataforma. **3** Cais, doca.

muer.te [m'erte] *sf* Morte, falecimento, fenecimento. **de mala muerte** insignificante, de pouco valor.

muer.to, -a [m'erto] *adj+s* Morto. • *adj* **1** Apagado, esvaído, murcho. **2** *fam* Morto, exausto. **hacer el muerto** boiar, flutuar.

mues.tra [m'estra] *sf* **1** Amostra, modelo. **2** Mostra, demonstração. **3** Exibição, exposição. **4** Tabuleta.

mu.gi.do [muh'iḏo] *sm* Mugido.

mu.gir [muh'ir] *vi* Mugir. → exigir.

mu.gre [m'ugre] *sf* Sujeira, imundície. *con esa mugre no podes salir de casa* / com essa sujeira você não pode sair de casa.

mu.grien.to [mugri'ento] *sm* Porco, porcalhão, sujo, nojento, encardido.

mu.jer [muh'er] *sf* **1** Mulher. **2** Esposa.

mu.la [m'ula] *sf Zool* Mula. *hay una mula suelta en la calle* / há uma mula solta na rua.

mu.la.to, -a [mul'ato] *adj+s* Mulato, moreno.

mu.le.ta [mul'eta] *sf* Muleta. *ya no tengo más que usar las muletas* / já não preciso mais usar as muletas.

mu.le.ti.lla [mulet'iʎa] *sf* **1** Travessão, travessa. **2** Ladainha, lenga-lenga.

mu.li.ta [mul'ita] *sf Zool* Tatu.

mul.ta [m'ulta] *sf* Multa, pena. *me lleve una multa por aparcar en lugar prohibido* / levei uma multa por estacionar em local proibido.

mul.tar [mult'ar] *vt* Multar. *si no saco el coche de acá me van a multar* / se eu não tirar o carro daqui vão me multar.

mul.ti.mi.llo.na.rio, -a [multimiʎon'ario] *adj+s* Multimilionário.

múl.ti.ple [m'ultiple] *adj* Múltiplo, multíplice, complexo, variado.

mul.ti.pli.ca.do [multiplik'aḏo] *adj* Multiplicado. *tuvo el patrimonio multiplicado por dos en un año* / teve o patrimônio multiplicado por dois em um ano.

mul.ti.pli.car [multiplik'ar] *vt* **1** Multiplicar, aumentar. *vpr* **2** Desdobrar-se, esforçar-se. → atacar.

mul.ti.pli.ci.dad [multipliθiḏ'aḏ] *sf* Multiplicidade, diversidade, variedade.

múl.ti.plo [m'ultiplo] *sm* Múltiplo. *seis es múltiplo de dos* / seis é múltiplo de dois.

mul.ti.tud [multit'uḏ] *sf* Multidão. *la multitud se puso nerviosa y empezó a correr* / a multidão ficou nervosa e começou a correr.

mun.da.nal [mundan'al] *adj* Mundano, temporal, terreno.

mun.da.no, -a [mund'ano] *adj* Mundano, terreno. *se entrega demasiado a los placeres mundanos* / entrega-se demais aos prazeres mundanos.

mun.dial [mund'jal] *adj* Mundial. *la noticia tuvo repercusión mundial* / a notícia teve repercussão mundial.

mun.do [m'undo] *sm* Mundo. **¿qué mundo corre?** o que há de novo? / quais são as novidades? **ver mundo** correr mundo, viajar.

mu.ni.ción [muniθ'jon] *sf* Munição, carga.

mu.ni.ci.pal [muniθip'al] *adj* Municipal.

mu.ni.ci.pa.li.dad [muniθipaliḏ'aḏ] *sf* Prefeitura. *la municipalidad se comprometió a tomar las medidas necesarias* /

a prefeitura comprometeu-se a tomar as medidas necessárias.

mu.ni.ci.pio [muniθ´ipjo] *sm* Município, cidade.

mu.ñe.ca [muñ´eka] *sf* **1** Boneca. **2** Pulso, munheca. *me torcí la muñeca* / torci o pulso.

mu.ñe.co [muñ´eko] *sm* **1** Boneco. **2** Manequim.

mu.ñon [muñ´on] *sm* Coto, toco.

mu.ra.lla [mura´ʎa] *sf* Muralha, muro. *vimos una muralla en ruinas en Grecia* / vimos uma muralha em ruínas na Grécia.

mu.rar [mur´ar] *vt* Murar, cercar.

mur.cié.la.go [murθ´jelago] *sm* *Zool* Morcego. *hay murciélagos en el techo de mi casa* / há morcegos no teto de minha casa.

mur.mu.llo [murm´uʎo] *sm* Murmúrio, sussurro.

mur.mu.ra.ción [murmuraθj´on] *sf* Mexerico, fofoca, maledicência, intriga.

mur.mu.ra.dor, -a [murmurad´or] *adj+s* Fofoqueiro, mexeriqueiro.

mur.mu.rar [murmur´ar] *vi+vt* **1** Murmurar, resmungar. **2** Fofocar, intrigar, mexericar.

mu.ro [m´uro] *sm* Muro, parede, muralha.

mu.sa [m´usa] *sf* Musa, inspiração.

mus.cu.la.ción [muskulaθj´on] *sf* Musculação. *mi hermano va a la musculación cinco veces por semana* / meu irmão vai à musculação cinco vezes por semana.

mus.cu.lar [muskul´ar] *adj* Muscular. • *vt+vi* Fazer musculação.

mus.cu.la.tu.ra [muskulat´ura] *sm Anat* Musculatura, músculo.

mús.cu.lo [m´uskulo] *sm Anat* Músculo. *me duele el músculo de la pierna* / estou com dor no músculo da perna.

mus.cu.lo.so, -a [muskul´oso] *adj* Musculoso, forte, robusto. *es muy musculoso tu primo* / seu primo é muito musculoso.

mu.se.o [mus´eo] *sm* Museu. *nunca fui al museo de historia natural* / nunca fui ao museu de história natural.

mus.go [m´usgo] *sm Bot* Musgo, limo.

mú.si.co, -a [m´usiko] *sm* **1** Músico, musicista. *sf* **2** Música, canção, melodia.

mu.si.tar [musit´ar] *vt+vi* Sussurrar, murmurar.

mus.lo [m´uslo] *sf Anat* Coxa. *tienes los muslos bien desarrollados* / você tem a coxa bem desenvolvida.

mus.tio, -a [m´ustjo] *adj* **1** Murcho, seco. **2** Triste, melancólico.

mu.sul.mán, -ana [musulm´an] *adj+s* Muçulmano.

mu.ta.bi.li.dad [mutabilid´ad] *sf* Mutabilidade, instabilidade. *la mutabilidad es una característica de la juventud* / a instabilidade é uma característica da juventude.

mu.ta.ción [mutaθj´on] *sf* Mutação, alteração, mudança, transformação.

mu.tan.te [mut´ante] *adj+sm* Mutante.

mu.ti.lar [mutil´ar] *vt+vpr* Mutilar, extirpar. *volvió mutilado de la guerra* / voltou da guerra mutilado.

mu.tua.lis.ta [mutual´ista] *sm* Mutuário.

mu.tua.men.te [mutuam´ente] *adv* Reciprocamente. *se ofenden mutuamente* / ofendem-se reciprocamente.

mu.tuo, -a [m´utwo] *adj* Mútuo, recíproco.

muy [m´ui] *adv* Muito. Veja nota em **mucho**.

n

n, N [´ene] *sf* **1** Décima quarta letra do alfabeto espanhol. **2** *Mat* n, número não determinado. *tengo n cosas que hacer y todavía ni empecé* / tenho n coisas a fazer e ainda nem comecei.

> As palavras com terminação "m" em português terminam em **n** em espanhol, como, por exemplo, *también, algún* etc. Exceção a essa regra são as palavras estrangeiras e latinas, como *álbum, curriculum* e outras.

na.bo [n´abo] *sm Bot* Nabo.
ná.car [n´akar] *sf* Nácar, madrepérola.
na.cer [naθ´er] *vi* Nascer, começar, brotar, surgir, provir, originar-se, germinar.
na.cien.te [naθj´ente] *adj* Nascente. • *sm* Nascente, este, leste, oriente, levante.
na.ci.mien.to [naθimj´ento] *sm* **1** Nascimento: a) nascença. b) princípio, começo. c) origem, procedência. d) progênie, estirpe. **2** Nascente. **3** Presépio. *todos los años colocamos un nacimiento junto al árbol de Navidad* / todos os anos colocamos um presépio junto à arvore de Natal.
na.ción [naθj´on] *sf* Nação.
na.cio.nal [naθjon´al] *adj* Nacional, pátrio.
na.cio.na.li.dad [naθjonalid´ad] *sf* Nacionalidade. *apátrida es la persona que no tiene nacionalidad* / apátrida é a pessoa que não tem nacionalidade.
na.cio.na.lis.mo [naθjonal´ismo] *sm* Nacionalismo.
na.cio.na.lis.ta [naθjonal´ista] *adj+s* Nacionalista.
na.cio.na.li.za.ción [naθjonal´iθaθj´on] *sf* Nacionalização.
na.cio.na.li.zar [naθjonaliθ´ar] *vt+vpr* Nacionalizar. → alzar.
na.da [n´ada] *pron indef* Nada: nenhuma coisa, coisa alguma. *no comí nada y ahora estoy con hambre* / não comi nada e agora estou com fome. • *adv* Nada, de modo nenhum, absolutamente não. • *sf* Nada: a) não ser. b) ninharia, insignificância. *Joaquín tiene mal humor, se enfada por nada* / Joaquim tem mau humor, fica bravo por nada.
na.da.dor, -a [nadad´or] *adj+s Dep* Nadador.
na.dar [nad´ar] *vi* Nadar, flutuar.
na.de.rí.a [nader´ia] *sf* Ninharia.
na.die [n´adje] *pron indef* Ninguém, nenhuma pessoa. *nadie fue a la fiesta* / ninguém foi à festa. • *sm* Ninguém, indivíduo de pouco ou nenhum valor, joão-ninguém. *no escuches sus palabras, él no es nadie para dar consejos* / não escute suas palavras, ele não é ninguém para dar conselhos.
naf.ta [n´afta] *sf Arg, Par* e *Ur Quím* Gasolina.
nai.lon [n´ajlon] *sm* Náilon.
nai.pe [n´ajpe] *sm* Naipe (carta do baralho).
nal.ga [n´alga] *sf Anat* Nádega.
na.na [n´ana] *sf* **1** *Mús* Canção de ninar. **2** *Al* Babá. *los padres contrataron a una nana para que cuide al bebé* / os pais contrataram uma babá para que cuide do bebê.
na.palm [nap´alm] *sm Quím* Napalm.
na.ran.ja [nar´an:ha] *sf Bot* Laranja. • *adj* Laranja (cor).

na.ran.ja.da [naran:h´ada] *sf* Laranjada. *pedimos una naranjada para acompañar el almuerzo* / pedimos uma laranjada para acompanhar o almoço.

na.ran.jo [naran:ho] *sf Bot* Laranjeira.

nar.ci.sis.mo [narθis´ismo] *sm* Narcisismo.

nar.có.ti.co, -a [nark´otiko] *adj+sm* Narcótico.

nar.co.ti.zar [narkotiθ´ar] *vt+vpr* Narcotizar, drogar. → alzar.

nar.co.tra.fi.can.te [narkotrafik´ante] *adj+s* Narcotraficante.

nar.co.trá.fi.co [narkotr´afiko] *sm* Narcotráfico.

na.ri.gón, -ona [narig´on] *adj+s V narigudo.*

na.ri.gu.do, -a [narig´udo] *adj+s* Narigudo.

na.ri.na [nar´ina] *sf Anat* Narina.

na.riz [nar´iθ] *sf Anat* Nariz. **nariz aguileña** nariz aquilino.

na.rra.ción [naraθj´on] *sf* Narração: a) ato ou efeito de narrar. b) narrativa.

na.rra.dor, -a [nařad´or] *adj+s* Narrador.

na.rrar [nař´ar] *vt* Narrar, expor, contar, relatar, referir, dizer.

na.rra.ti.vo, -a [nařat´ibo] *adj* Narrativo, expositivo. • *sf Lit* Narrativa.

na.sal [nas´al] *adj* Nasal.

na.ta [n´ata] *sf* Nata: a) creme. b) *fig* o que há de melhor.

na.ta.ción [nataθj´on] *sf* Natação. *la natación es un excelente ejercicio físico* / a natação é um excelente exercício físico.

na.tal [nat´al] *adj* Natal, nativo. **suelo natal** terra natal. Veja nota em **natal** (português).

na.ta.li.cio, -a [natal´iθjo] *adj+sm* Natalício.

na.ta.li.dad [natalid´ad] *sf* Natalidade. **control de natalidad** controle da natalidade.

na.ti.vi.dad [natibid´ad] *sf* Natividade. Veja nota em **natal** (português).

na.ti.vo, -a [nat´ibo] *adj+s* Nativo.

na.to, -a [n´ato] *adj* Nato. *Mozart fue un músico nato* / Mozart foi um músico nato.

na.tu.ral [natur´al] *adj* Natural: a) referente à natureza. *adj+s* b) nativo. c) sem artifício, espontâneo. d) lógico. **al natural** ao natural. **ciencias naturales** ciências naturais. **de tamaño natural** / de tamanho normal, real. **¡es natural!** é claro! **hijo natural** filho ilegítimo.

na.tu.ra.le.za [natural´eθa] *sf* Natureza. **naturaleza humana** natureza humana.

na.tu.ra.li.dad [naturalid´ad] *sf* Naturalidade. *la madurez ayuda a enfrentar la vida con naturalidad* / a maturidade ajuda a enfrentar a vida com naturalidade.

na.tu.ra.lis.mo [natural´ismo] *sm* Naturalismo.

na.tu.ra.lis.ta *adj+s* Naturalista.

na.tu.ra.li.zar [naturaliθ´ar] *vt+vpr* Naturalizar, nacionalizar. → alzar.

na.tu.ral.men.te [naturalm´ente] *adv* Naturalmente: a) evidentemente. b) de modo natural, com naturalidade.

na.tu.ris.mo [natur´ismo] *sm* Naturismo.

na.tu.ris.ta *adj+s* Naturista.

nau.fra.gar [nawfrag´ar] *vi* Naufragar: a) ir a pique, soçobrar. b) sofrer naufrágio. c) perder-se, malograr-se, fracassar, falhar. → cargar.

nau.fra.gio [nawfr´ahjo] *sm* Naufrágio: a) soçobro. b) prejuízo, ruína.

náu.se.a [n´awsea] *sf* **1** Náusea. **2** Repugnância, nojo.

nau.se.a.bun.do, -a [nawseab´undo] *adj* Nauseabundo, nojento, asqueroso, repugnante. *el azufre tiene un olor nauseabundo* / o enxofre tem um cheiro nauseabundo.

náu.ti.co, -a [n´awtiko] *adj* Náutico. • *sf* Náutica. **carta náutica** carta náutica.

na.va.ja [nab´aha] *sf* Navalha. *el ladrón llevaba una navaja en el bolsillo del pantalón* / o ladrão levava uma navalha no bolso da calça.

na.va.ja.zo [nabah´aθo] *sm* Navalhada.

na.val [nab´al] *adj* Naval. **base naval** base naval. **corona naval** coroa naval.

na.ve [n´abe] *sf* **1** Navio, embarcação. **2** Nave. **nave espacial** nave espacial, espaçonave.

na.ve.ga.ble [nabeg´able] *adj* Navegável. *el Titicaca es el lago navegable más alto del mundo* / o Titicaca é o lago navegável mais alto do mundo.

na.ve.ga.ción [nabegaθj´on] *sf* Navegação. **navegación aérea** navegação aérea.
na.ve.gan.te [nabeg´ante] *adj+s* Navegador, navegante.
na.ve.gar [nabeg´ar] *vi+vt* Navegar. → cargar.
na.vi.dad [nabid´ad] *sf* Natal. *la Navidad se celebra el día 25 de diciembre* / o Natal é celebrado no dia 25 de dezembro. Veja nota em **natal** (português).
na.vi.de.ño [nabid´eño] *adj* Natalino. *a fines de año, el ambiente navideño invade las calles de la ciudad* / nos finais de ano, o ambiente natalino invade as ruas da cidade.
na.vie.ro, -a [nabj´ero] *adj* Naval.
na.ví.o [nab´io] *sm* Navio. **navío de carga** navio de carga. **navío de guerra** navio de guerra. **navío mercante / navío mercantil / navío particular** navio mercante.
ne.bli.na [nebl´ina] *sf* Neblina, nevoeiro.
ne.bli.no.so [neblin´oso] *adj* Nebuloso.
ne.bu.lo.sa [nebul´osa] *sf Astron* Nebulosa.
ne.bu.lo.so, -a [nebul´oso] *adj* Nebuloso: a) nublado. b) sombrio. c) turvo. d) ininteligível, obscuro, enigmático.
ne.ce.dad [neθed´ad] *sf* Estupidez, inépcia, asneira.
ne.ce.sa.rio, -a [neθes´arjo] *adj* Necessário: a) forçoso, inevitável, fatal. b) preciso. c) essencial, indispensável.
ne.ce.ser [neθes´er] *sm* Frasqueira. *guardó sus perfumes en el neceser antes del viaje* / guardou seu perfumes na frasqueira antes da viagem.
ne.ce.si.dad [neθesid´ad] *sf* Necessidade. *en la actualidad compramos cosas sin necesidad* / atualmente compramos coisas sem necessidade.
ne.ce.si.ta.do, -a [neθesit´ado] *adj+s* Necessitado, indigente, miserável, pobre.
ne.ce.si.tar [neθesit´ar] *vt+vi* Necessitar: a) exigir. b) precisar.
ne.cio, -a [n´eθjo] *adj+s* Néscio, ignorante, estúpido, inepto, incapaz.
ne.cro.lo.gí.a [nekroloh´ia] *sf* Necrológio, necrologia.
ne.cró.po.lis [nekr´opolis] *sf inv* Necrópole, cemitério.

ne.cro.sis [nekr´osis] *sf inv Biol* Necrose.
néc.tar [n´ektar] *sm* Néctar.
ne.fan.do *adj* Nefando, abominável, execrável.
ne.fas.to, -a [nef´asto] *adj* Nefasto, trágico, sinistro, funesto.
ne.fri.tis [nefr´itis] *sf inv Med* Nefrite. *la nefritis es una inflamación de los riñones* / a nefrite é uma inflamação dos rins.
ne.ga.ción [negaθj´on] *sf* Negação, ato de negar.
ne.ga.do, -a [neg´ado] *adj+s* Desmentido.
ne.gar [neg´ar] *vt* Negar: a) dizer que não. b) contestar. c) recusar. d) proibir, vedar. e) ocultar, esconder. *vpr* f) recusar-se. g) ocultar-se. → fregar.
ne.ga.ti.va [negat´iba] *sf* Negativa, negação, rejeição, recusa.
ne.ga.ti.vo, -a [negat´ibo] *adj* Negativo. *una actitud negativa puede atraer el fracaso* / uma atitude negativa pode atrair o fracasso. **polo negativo** polo negativo. • *sm Fot* Negativo (filme).
ne.gli.gen.cia [neglih´enθja] *sf* Negligência, desleixo, descuido, desmazelo.
ne.gli.gen.ciar [neglihenθj´ar] *vt* Omitir.
ne.gli.gen.te [neglih´ente] *adj+s* Negligente, indolente, desatento, descuidado, desleixado, relaxado.
ne.go.cia.ción [negoθjaθj´on] *sf* Negociação.
ne.go.cia.do, -a [negoθj´ado] *s AL* Negociata. *dicen que obtuvo su riqueza gracias a un negociado* / falam que obtev̇e a sua riqueza graças a uma negociata.
ne.go.cia.dor, -a [negoθjad´or] *adj+s* Negociador, negociante.
ne.go.cian.te [negoθj´ante] *adj+s* Negociador. • *s* Negociante.
ne.go.ciar [negoθj´ar] *vt+vi* Negociar, combinar.
ne.go.cio [neg´oθjo] *sm* Negócio. **negocio jurídico** negócio jurídico. **negocio redondo** negócio da China.
ne.gro, -a [n´egro] *adj+s* Negro, preto. **trabajar más que un negro/trabajar como un negro** trabalhar muito. **humor negro** humor negro. **luz negra** luz negra. **magia negra** magia negra. **mercado negro** mercado negro. **oveja negra** ovelha negra.

ne.gru.ra [negr´ura] *sf* Negrura, negridão.

ne.ne, -a [n´ene] *s coloq* Nenê, neném, bebê, criancinha.

ne.o.cla.si.cis.mo [neoclasiθ´ismo] *sm* Neoclassicismo.

ne.o.clá.si.co [neocl´asiko] *adj+sm* Neoclássico. *el estilo neoclásico nació en Francia a mediados del siglo XVIII* / o estilo neoclássico nasceu na França em meados do século XVIII.

ne.ó.fi.to, -a [ne´ofito] *s* Neófito, novato, iniciante.

ne.o.la.ti.no [neolat´ino] *adj* Neolatino.

ne.o.lo.gis.mo [neoloh´ismo] *sm Gram* Neologismo. *la palabra fax es un neologismo* / a palavra fax é um neologismo.

ne.ón [ne´on] *sm* Neon, neônio.

ne.po.tis.mo [nepot´ismo] *sm* Nepotismo. *el alcalde fue acusado de nepotismo por contratar a su propia mujer como secretaria* / o prefeito foi acusado de nepotismo por contratar a própria mulher como secretária.

ner.vio [n´erbjo] *sm Anat* Nervo. **nervio óptico** nervo óptico.

ner.vio.sis.mo [nerbjos´ismo] *sm* Nervosismo.

ner.vio.so, -a [nerbj´oso] *adj* Nervoso. **anorexia nerviosa** anorexia nervosa. **fibra nerviosa** fibra nervosa. **ganglio nervioso** gânglio nervoso. **tejido nervioso** tecido nervoso.

ne.to, -a [n´eto] *s* **1** Claro, límpido, brilhante, nítido. **2** *Econ* Líquido. **peso neto** peso líquido.

neu.má.ti.co, -a [newm´atiko] *sm* Pneu.

neu.mo.ní.a [newmon´ia] *sf Med* Pneumonia.

neu.ral.gia [newr´al:hja] *sf Med* Neuralgia.

neu.ro.ci.ru.gí.a [newroθiruh´ia] *sf Med* Neurocirurgia.

neu.ro.ci.ru.ja.no [newroθiruh´ano] *s* Neurocirurgião.

neu.ro.lo.gí.a [newroloh´ia] *sf Med* Neurologia.

neu.ró.lo.go, -a [newr´ologo] *s Med* Neurologista.

neu.ro.na [newr´ona] *sf Anat* Neurônio. *las neuronas no son capaces de reproducirse* / os neurônios não são capazes de se reproduzir.

neu.ro.sis [newr´osis] *sf inv Med* Neurose.

neu.ró.ti.co, -a [newr´otiko] *adj+s Med* Neurótico.

neu.tral [newtr´al] *adj* Neutro.

neu.tra.li.dad [newtralid´ad] *sf* Neutralidade.

neu.tra.li.zar [newtraliθ´ar] *vt+vpr* Neutralizar, impedir, anular. → alzar.

neu.tro, -a [n´ewtro] *adj* Neutro. **elemento neutro** elemento neutro.

neu.trón [newtr´on] *sm Fís* Nêutron.

ne.va.do [neb´ado] *adj* Nevado. • *sf* Nevada, nevasca.

ne.var [neb´ar] *vi* Nevar. → despertar.

ne.ve.ra [neb´era] *sf* Geladeira, refrigerador. *tengo que ir al supermercado porque la nevera está vacía* / preciso ir ao supermercado pois a geladeira está vazia.

ne.vis.car [nebisk´ar] *vi* Neviscar. → conjuga-se apenas na 3ª pessoa do singular e do plural.

ne.xo [n´e(k)so] *sm* Nexo, ligação, vínculo, união.

ni [n´i] *conj* Nem. *trabaja todos los días, no descansa ni los domingos* / trabalha todos os dias, não descansa nem aos domingos.

ni.ca.ra.güen.se [nikaragw´ense] *adj+s* Nicaraguense.

ni.cho [n´itʃo] *sm* Nicho.

ni.co.ti.na [nikot´ina] *sf Quím* Nicotina.

ni.da.da [nid´ada] *sf* Ninhada.

ni.do [n´ido] *sm* Ninho. *casi todos los pájaros construyen nidos* / quase todos os pássaros constroem ninhos.

nie.bla [nj´ebla] *sf* Névoa.

nie.to, -a [nj´eto] *s* Neto.

nie.ve [nj´ebe] *sf* Neve. **punto de nieve** em neve.

ni.hi.lis.mo [niil´ismo] *sm* Niilismo, negativismo.

ni.hi.lis.ta [niil´ista] *adj+s* Niilista, negativista.

nim.bo [n´imbo] *sm* Nimbo: a) auréola (das imagens sagradas). b) nuvem.

ni.mio, -a [ni´imjo] *adj* **1** Insignificante. *era un problema nimio que resolvimos rápidamente* / era um problema insignificante que resolvemos rapidamente. **2** Excessivo, demasiado, sobejo, nímio. **3** Meticuloso, minucioso.

nin.fa [n´infa] *sf* Ninfa.

nin.fo.ma.ní.a [ninfoman´ia] *sf* Ninfomania.

nin.gún [ning´un] *adj indef* Nenhum. *ningún día es mejor que otro para empezar una dieta* / nenhum dia é melhor do que outro para começar uma dieta.

nin.gu.no, -a [ning´uno] *adj+pron indef* Nenhum.

ni.ña [n´iña] *sf* Pupila.

ni.ñe.ro, -a [niñ´ero] *s* Babá.

ni.ñe.rí.a [niñer´ia] *sf* Criancice.

ni.ñez [niñ´eθ] *sf* Infância, meninice. *mi padre vivió su niñez en la playa* / meu pai viveu sua infância na praia.

ni.ño, -a [n´iño] *s* Criança, menino, infante, garoto, guri. *todos los niños tienen derecho a la educación* / todas as crianças têm direito à educação.

ni.pón, -ona [nip´on] *adj+s* Nipônico, japonês.

ní.quel [n´ikel] *sm Quím* Níquel.

ni.que.lar [nikel´ar] *vt* Niquelar.

nís.pe.ro [n´ispero] *sm Bot* **1** Nespereira. **2** Nêspera.

ni.ti.dez [nitid´eθ] *sf* Nitidez, clareza, limpidez.

ní.ti.do, -a [n´itido] *adj* Nítido: a) límpido, limpo, claro, fulgente, brilhante. b) em que há clareza, inteligibilidade.

ni.tra.to [nitr´ato] *sm Quím* Nitrato.

ni.tró.ge.no [nitr´oheno] *sm Quím* Nitrogênio.

ni.tro.gli.ce.ri.na [nitrogliθer´ina] *sf Quím* Nitroglicerina.

ni.vel [nib´el] *sm* Nível.

ni.ve.lar [nibel´ar] *vt+vpr* Nivelar.

no [n´o] *adv* Não. *hoy no va a llover* / hoje não vai chover. • *sm* Não.

no.bi.lia.rio, -a [nobilj´arjo] *adj+s* Nobiliário.

no.ble [n´oble] *adj+s* Nobre.

no.ble.za [nobl´eθa] *sf* Nobreza. *el mayor tesoro de un hombre es su nobleza de carácter* / o maior tesouro de um homem é sua nobreza de caráter.

no.che [n´otʃe] *sf* Noite. **noche cerrada** noite fechada. **de la noche a la mañana** da noite para o dia. **pasar de claro en claro la noche** passar a noite em claro.

no.che.bue.na [notʃebw´ena] *sf* Véspera de Natal.

no.che.vie.ja [notʃebi´eha] *sf* Última noite do ano, *réveillon*.

no.ción [noθj´on] *sf* Noção, conhecimento, ideia. *estaba tan entretenido que perdió la noción de la hora* / estava tão entretido que perdeu a noção da hora.

no.ci.vo, -a [noθ´ibo] *adj* Nocivo, danoso, prejudicial. *el alcohol es nocivo para la salud* / o álcool é nocivo para a saúde.

noc.tám.bu.lo, a [nokt´ambulo] *adj+s* Sonâmbulo.

noc.tí.va.go [nokt´ibago] *adj* Noturno.

noc.tur.no, -a [nokt´urno] *adj+sm* Noturno. *la lechuza es un ave de hábitos nocturnos* / a coruja é uma ave de hábitos noturnos.

no.dri.za [nodr´iθa] *sf* Ama de leite, ama, babá, nutriz.

nó.du.lo [n´odulo] *sm* Nódulo.

no.gal [nog´al] *sf Bot* Nogueira.

no.gue.ra [nog´era] *sf Bot* Nogueira.

nó.ma.da [n´omada] *adj+s* Nômade.

nom.bra.dí.a [nombrad´ia] *sm* Fama, reputação, renome.

nom.bra.mien.to [nombramj´ento] *sm* Nomeação.

nom.brar [nombr´ar] *vt+vpr* Nomear, designar.

nom.bre [n´ombre] *sm* Nome. *cuando nació el primer hijo le pusieron el nombre del abuelo* / quando nasceu o primeiro filho colocaram-lhe o nome do avô.

no.men.cla.tu.ra [nomenklat´ura] *sf* Nomenclatura.

nó.mi.na [n´omina] *sm* **1** Lista, catálogo, relação, rol. **2** Holerite.

no.mi.na.ción [nominaθj´on] *sf* Nomeação.

no.mi.nar [nomin´ar] *vt* Nomear. *el partido político nominará a su candidato a la presidencia* / o partido político nomeará seu candidato à presidência.

no.mi.na.ti.vo, -a [nominat´ibo] *adj* Nominativo.

no.na.ge.na.rio [nonahen´arjo] *adj+s* Nonagenário. *el anciano ya era un hombre nonagenario cuando falleció* / o ancião era já um homem nonagenário quando faleceu.

no.na.gé.si.mo [nonah´esimo] *num+adj* Nonagésimo.

nor.des.te [nord´este] *sm* Nordeste.

nór.di.co, -a [n´ordiko] *adj+s* Nórdico.

nor.ma [n´orma] *sf* Norma, princípio, preceito, regra, lei.

nor.mal [norm´al] *adj* Normal: a) habitual, natural. b) que é segundo a norma. **escuela normal** escola normal.

nor.ma.li.dad [normalid´ad] *sf* Normalidade.

nor.ma.li.zar [normaliθ´ar] *vt* Normalizar: a) regularizar. *después de las fuertes lluvias, comienza a normalizar la vida* / após as fortes chuvas, a vida começa a normalizar. b) padronizar. → alzar.

no.ro.es.te [noro´este] *sm* Noroeste.

nor.te [n´orte] *sm* Norte. **polo norte** polo Norte.

nor.te.a.me.ri.ca.no, -a [norteamerik´ano] *adj+s* Norte-americano.

nos [n´os] *pron pers* Nos.

no.so.tros, -as [nos´otros] *pron pers* Nós, a gente. *a nosotros nos gusta viajar* / nós gostamos de viajar.

nos.tal.gia [nostal:h´ja] *sf* Nostalgia, melancolia, saudade.

nos.tál.gi.co [nost´al:hiko] *adj+s* Nostálgico.

no.ta [n´ota] *sf* **1** Nota: a) marca. b) observação. c) comentário, explicação. d) apontamento, anotação. e) pontuação em avaliação. f) conta (de despesa efetuada). g) conhecimento, consideração, atenção. h) *Mús* nota (musical). **2** Bilhete. *junto al regalo venía una nota de agradecimiento* / junto ao presente vinha um bilhete de agradecimento. **nota a pie de página** nota de rodapé.

no.ta.ble [not´able] *adj+s* Notável: a) digno de nota, atenção ou reparo. *el presidente pronunció un discurso notable* / o presidente pronunciou um discurso notável. b) extraordinário, considerável.

no.tar [not´ar] *vt* Notar, atentar, reparar, observar.

no.ta.rí.a [notar´ia] *sf* Cartório.

no.ta.rio, -a [not´arjo] *s* Notário, escrivão público, tabelião.

no.ti.cia [not´iθja] *sf* Notícia, informação.

no.ti.ciar [notiθ´jar] *vt* Noticiar, comunicar, divulgar.

no.ti.cia.rio [notiθj´arjo] *sm* Noticiário, jornal. *todas las noches vemos el noticiario* / todas as noites assistimos ao jornal.

no.ti.fi.ca.ción [notifikaθj´on] *sf* Notificação: a) ato de notificar. b) *Der* documento que contém uma ordem judicial.

no.ti.fi.car [notifik´ar] *vt* Notificar: a) inteirar. b) intimar. → atacar.

no.to.rie.dad [notorjed´ad] *sm* Notoriedade: a) fama, publicidade. *la cantante alcanzó gran notoriedad después de su primer disco* / a cantora alcançou grande notoriedade depois do seu primeiro disco. b) renome, reputação.

no.to.rio, -a [not´orjo] *adj* **1** Notório, público, manifesto, evidente, claro. **2** Importante, relevante, famoso.

no.va.ta.da [nobat´ada] *sf* Trote.

no.va.to, -a [nob´ato] *adj+s* Novato, calouro.

no.ve.cien.tos, -as [nobeθj´entos] *adj+num* Novecentos.

no.ve.dad [nobed´ad] *sf* Novidade.

no.ve.do.so, -a [nobed´oso] *adj* Original.

no.vel [nob´el] *adj+s* Novel, principiante, novato.

no.ve.la [nob´ela] *sf Lit* Novela, romance. *Jorge Amado escribió novelas muy famosas* / Jorge Amado escreveu romances muito famosos.

no.ve.lar [nobel´ar] *vt+vi* Novelar.

no.ve.lis.ta [nobel´ista] *adj+s* Novelista, romancista.

no.ve.no, -a [nob´eno] *num* Nono. *mi amigo vive en el noveno piso del edificio* / meu amigo mora no nono andar do prédio.

no.ven.ta [nob´enta] *adj+num* Noventa.

no.vi.ar [nobj´ar] *vt+vi+vpr* Noivar, namorar.

no.viaz.go [nobjˊaθgo] *sm* Namoro. *los noviños rompieron tras diez años de noviazgo* / os namorados desmancharam após dez anos de namoro.

no.vi.cia.do [nobiθjˊado] *sm* Noviciado.

no.vi.cio, -ia [nobˊiθjo] *s* Noviço.

no.viem.bre [nobjˊembre] *sm* Novembro. *el mes de noviembre tiene treinta días* / o mês de novembro tem trinta dias.

no.vi.llo, -a [nobˊiλo] *s Zool* Novilho, bezerro, vitelo.

no.vio, -a [nˊobjo] *s* **1** Noivo. **2** Namorado.

nu.be [nˊube] *sf* Nuvem. **andar por las nubes / estar por las nubes** estar caro. **como caído de las nubes** cair das nuvens. **estar en las nubes / vivir en las nubes** estar/viver nas nuvens. **poner en las nubes** enaltecer.

nu.bla.do, -a [nublˊado] *adj* Nublado, nebuloso, enevoado.

nu.blar [nublˊar] *vt+vpr* Nublar, anuviar.

nu.blo.so, -a [nublˊoso] *adj* Nebuloso, nublado, anuviado.

nu.bo.si.dad [nubosidˊad] *sf* Nebulosidade.

nu.bo.so, -a [nubˊoso] *adj* Nebuloso.

nu.ca [nˊuka] *sf Anat* Nuca.

nu.cle.ar [nukleˊar] *adj* Nuclear.

nú.cle.o [nˊukleo] *sm* Núcleo.

nu.dis.mo [nudˊismo] *sm* Nudismo.

nu.dis.ta [nudˊista] *adj+s* Nudista.

nu.do [nˊudo] *sm fig* Nó. **nudo ciego** nó cego. **nudo en la garganta** nó na garganta.

nue.ra [nwˊera] *sf* Nora. *la nuera le llevó flores a su suegra* / a nora levou flores para sua sogra.

nues.tro, -a [nwˊestro] *pron pos* Nosso. *nuestro piso tiene dos dormitorios* / nosso apartamento tem dois quartos.

nue.va [nwˊeba] *sf* Nova, notícia, novidade. *siempre que viaja, mi hermana llama para contar las nuevas* / sempre que viaja, a minha irmã liga para contar as novidades.

nue.va.men.te [nwebamˊente] *adv* Novamente.

nue.ve [nwˊebe] *adj+num* Nove.

nue.vo [nwˊebo] *adj* Novo, moderno. **año nuevo** ano-novo. **Nuevo Mundo** Novo Mundo. **Nuevo Testamento** Novo Testamento.

nuez [nwˊeθ] *sf* **1** *Bot* Noz. **2** *Anat* Pomo de adão (atual *protuberância laríngea*).

nu.li.dad [nulidˊad] *sf* Nulidade: a) estado ou qualidade de nulo. b) pessoa sem mérito nenhum, inepto, incapaz.

nu.lo, -a [nˊulo] *adj* Nulo: a) que não é válido, que não tem valor. b) inepto, incapaz.

nu.me.ra.ción [numeraθjˊon] *sf* Numeração. **numeración arábiga / numeración decimal** numeração decimal. **numeración binaria** numeração binária.

nu.me.ral [numerˊal] *adj+sm* Numeral.

nu.me.rar [numerˊar] *vt* Numerar.

nú.me.ro [nˊumero] *sm Mat* Número. **hacer número** fazer número. **número algebraico** número algébrico. **número atómico** número atômico. **número cardinal** número cardinal. **número complejo** número complexo. **número compuesto** número composto. **número decimal** número decimal. **número entero** número inteiro. **número fraccionario** número fracionário. **número imaginario** número imaginário. **número impar** número ímpar. **número irracional** número irracional. **número mixto** número misto. **número natural** número natural. **número ordinal** número ordinal. **número par** número par. **número perfecto** número perfeito. **número primo** número primo. **número racional** número racional. **número real** número real. **número uno** número um. **números primos entre sí** números primos entre si.

nu.me.ro.so, -a [numerˊoso] *adj* Numeroso, abundante, copioso.

nu.mis.má.ti.ca [numismˊatika] *sf* Numismática.

nun.ca [nˊunka] *adv* Nunca, jamais.

nun.cia.tu.ra [nunθjatˊura] *sf* Nunciatura.

nun.cio [nˊunθjo] *sm* Núncio.

nup.cias [nˊupθjas] *sf pl* Núpcias, casamento, boda.

nu.ta.ción [nutaθ´jon] *sf* Transição.
nu.tria [n´utrja] *sf Zool* Lontra.
nu.tri.ción [nutriθj´on] *sf* Nutrição. *la nutrición es fundamental para cuidar de la salud* / a nutrição é fundamental para cuidar da saúde.

nu.tri.do, -a [nutr´ido] *adj* Abundante, copioso, farto, cheio.
nu.trir [nutr´ir] *vt* Nutrir, alimentar.
nu.tri.ti.vo, -a [nutrit´ibo] *adj* Nutritivo, alimentício. *la leche materna es muy nutritiva* / o leite materno é muito nutritivo.

ñ

ñ, Ñ [´eñe] *sf* Décima quinta letra do alfabeto espanhol. Equivale ao *nh* do português.
ña.me [ñ´ame] *sm Bot* Inhame.
ña.ña [ñ´aña] *sf* Babá.
ñan.dú [ñand´u] *sm* Ema, nhandu, avestruz.
ña.to, -a [ñ´ato] *adj* Fanhoso.
ño.ño, -a [ñ´oño] *adj+s* Sem graça, bobo.
ño.qui [ñ´oki] *sm* Nhoque.

o¹, O [´o] *sf* Décima sexta letra do alfabeto espanhol. **no saber ni hacer la o con un canuto** ser uma anta / ser muito ignorante.

o² [´o] *conj* Ou. *mañana o pasado vamos a tu casa* / amanhã ou depois de amanhã vamos a sua casa.

ob.ce.ca.ción [obθekaθj´on] *sf* Obcecação, obsessão.

ob.ce.ca.do [obθec´ado] *adj* Obcecado, obsessivo, obstinado. *es obcecado por fútbol* / é obcecado por futebol.

o.be.de.cer [obedeθ´er] *vt+vi* Obedecer, submeter-se, sujeitar-se, acatar. → crecer.

o.be.dien.cia [obedj´enθja] *sf* **1** Obediência, acatamento, respeito. **2** Subordinação, submissão, sujeição.

o.be.dien.te [obedj´ente] *adj* **1** Obediente, respeitador, cumpridor. *si no seas obediente no te llevo al cine* / se você não for obediente, não o levo ao cinema. **2** Submisso, respeitoso, dócil.

o.be.si.dad [obesid´ad] *sf* Obesidade, corpulência, gordura.

o.be.so, -a [ob´eso] *adj* Obeso, gordo, adiposo, corpulento. *el médico le dijo que está obeso* / o médico disse-lhe que está obeso.

o.bis.po [ob´ispo] *sm Rel* Bispo. *el obispo estuvo visitando el poblado* / o bispo esteve visitando o povoado.

ó.bi.to [´obito] *sm* Óbito, morte. *el óbito ocurrió a las 12h05* / o óbito ocorreu às 12h05.

ob.je.ción [obheθj´on] *sf* Objeção.

ob.je.tar [obhet´ar] *vt* Objetar, opor, contestar, contrapor, replicar.

ob.je.ti.vi.dad [obhetibid´ad] *sf* **1** Objetividade, praticidade. *su objetividad le permite solucionar los problemas rápidamente* / sua objetividade permite-lhe solucionar os problemas rapidamente. **2** Imparcialidade.

ob.je.ti.vo, -a [obhet´ibo] *adj* **1** Objetivo, prático, direto. *es muy objetivo, no pierde tiempo con ambages* / é muito objetivo, não perde tempo com rodeios. **2** Desinteressado, desapaixonado, imparcial. • *sm* **1** Objetivo, alvo, meta, propósito. *sf* **2** *Fot* Objetiva (lente).

ob.je.to [obh´eto] *sm* **1** Objeto, coisa. **2** Assunto, matéria, tema. *su actitud fue objeto de discusión entre los directores* / sua atitude foi tema de discussão entre os diretores. **3** Alvo, desígnio, intenção.

o.bli.cuo, -a [obl´ikwo] *adj* Oblíquo, inclinado, diagonal.

o.bli.ga.ción [obligaθj´on] *sf* **1** Obrigação, dever, responsabilidade. **2** *Com* Título, dívida. **obligación de probar** ônus da prova.

o.bli.ga.do, -a [oblig´ado] *adj* **1** Obrigatório, forçoso. **2** Obrigado, forçado. *se siente obligado a cuidarlo* / sente-se obrigado a cuidar dele.

o.bli.gar [oblig´ar] *vt* **1** Obrigar, constranger, coagir, forçar. *vpr* **2** Comprometer-se, obrigar-se. → cargar.

o.bli.ga.to.rio, -a [obligat´orjo] *adj* **1** Obrigatório, forçoso, inevitável. *el pago es obligatorio* / o pagamento é obrigatório. **2** Necessário, indispensável.

ob.nu.bi.lar [obnubil´ar] *vt+vpr* Obnubilar, escurecer, ofuscar.

o.bra [´obra] *sf* **1** Obra, ação, efeito. **2** Produto, lavor. **3** Construção, reforma. *¡la* *obra no termina nunca!* / a reforma não termina nunca! **4** Produção artística (livro, peça teatral, escultura, pintura etc.).

o.brar [obr´ar] *vt* **1** Obrar, agir, trabalhar, realizar, fazer. *vi* **2** Evacuar, defecar.

o.bre.ro, -a [obr´ero] *adj+s* **1** Operário, trabalhador. **2** Pedreiro. *los obreros trabajan hasta las 4h hoy* / hoje os pedreiros trabalham até as 4h.

obs.ce.no, -a [obsθ´eno] *adj* Obsceno, indecente, vergonhoso, indecoroso, luxurioso.

obs.cu.re.cer [obskureθ´er] *vt* V *oscurecer*.

obs.cu.ri.dad [obskurid´ad] *sf* V *oscuridad*.

obs.cu.ro, -ra [obsk´uro] *adj* V *oscuro*.

ob.se.quiar [obsekj´ar] *vt* **1** Obsequiar, presentear, favorecer, mimar. **2** Galantear, paquerar.

ob.se.quio [obs´ekjo] *sm* Obséquio, favor, préstimo, serviço, presente.

ob.se.quio.so [obsekj´oso] *adj* Obsequioso, gentil, afável, prestativo. *es un hombre tan obsequioso, como los de antiguamente* / é um homem tão gentil, como os de antigamente.

ob.ser.va.ción [obserbaθj´on] *sf* **1** Observação, atenção. **2** Análise, apreciação, estudo, exame. **3** Espreita, vigia.

ob.ser.va.dor, -ora [obserbad´or] *adj+s* **1** Observador, observante, espectador. **2** Cumpridor, respeitador.

ob.ser.van.cia [obserb´anθja] *sf* Observância, acatamento, obediência. *la observancia de las leyes es fundamental para el buen funcionamiento de la sociedad* / a observância das leis é fundamental para o bom funcionamento da sociedade.

ob.ser.var [obserb´ar] *vt* **1** Observar, estudar, examinar, analisar. **2** Obedecer, respeitar. **3** Olhar, reparar. **4** Espreitar, vigiar.

ob.ser.va.to.rio [obserbat´orjo] *sm* Observatório. *llegaron los informes del observatorio meteorológico* / chegaram os informes do observatório meteorológico.

ob.se.sión [obsesj´on] *sf* Obsessão, fixação, mania, obstinação.

ob.se.sio.na.do [obsesjon´ado] *adj* Obcecado, fanático, maníaco, obsessivo.

ob.so.le.to, -a [obsol´eto] *adj* Obsoleto, antiquado, superado, ultrapassado. *ese tipo de reloj es obsoleto* / esse tipo de relógio é ultrapassado.

obs.ta.cu.li.zar [obstakuliθ´ar] *vt* Obstaculizar, atrapalhar, embaraçar. → *alzar*.

obs.tá.cu.lo [obst´akulo] *sm* Obstáculo, impedimento, dificuldade, inconveniente, empecilho.

obs.tan.te [obst´ante] *adj* Obstante. **no obstante** não obstante, contudo, entretanto, apesar de.

obs.tar [obst´ar] *vi+vimp* **1** Obstar, impedir, dificultar, embaraçar. *no pueden obstar el desarrollo* / não podem impedir o desenvolvimento. **2** Opor-se.

obs.ti.na.ción [obstinaθj´on] *sf* Obstinação, afinco, insistência, tenacidade. *hay que tener mucha obstinación para lograr éxitos* / é preciso ter muita obstinação para realizar conquistas.

obs.ti.na.do [obstin´ado] *adj* Obstinado, perseverante, tenaz.

obs.ti.nar.se [obstin´arse] *vpr* Obstinar-se, teimar, persistir, perseverar. *se obstinó en aquella idea, nadie se la pudo sacar de la cabeza* / teimou naquela ideia, ninguém conseguiu tirá-la de sua cabeça.

obs.truc.ción [obstrukθj´on] *sf* Obstrução, fechamento, impedimento, entupimento.

obs.tru.ir [obstru´ir] *vt* **1** Obstruir, bloquear, fechar, impedir. *la entrada fue obstruída por la nieve* / a entrada foi bloqueada pela neve. *vpr* **2** Entupir, tapar. → *huir*.

ob.ten.ción [obtenθj´on] *sf* Obtenção, aquisição.

ob.te.ner [obten´er] *vt* Obter, conseguir, atingir. → *tener*.

ob.tu.rar [obtur´ar] *vt* Obturar, fechar, obstruir.

ob.tu.so, -a [obt´uso] *adj* **1** Obtuso, rombo, arredondado. **2** Tolo, estúpido, lerdo, bronco.

ob.vio, -a [´obbjo] *adj* **1** Óbvio, evidente, claro. *su mala gana es obvia* / sua má vontade é evidente. **2** Lógico, natural.

o.ca.sión [okasj´on] *sf* **1** Ocasião, oportunidade, momento, circunstância. **2** Motivo, causa.

o.ca.sio.nal [okasjon´al] *adj* **1** Ocasional, causador, motivador. **2** Eventual, inesperado, imprevisto, incerto.

o.ca.sio.nar [okasjon´ar] *vt* Ocasionar, causar, motivar, provocar, desencadear. *nadie sabe qué ocasionó el incendio* / ninguém sabe o que causou o incêndio.

o.ca.so [ok´aso] *sm* **1** Ocaso, pôr do sol, crepúsculo. **2** *Geogr* Oeste, poente. **3** *fig* Declínio, decadência.

oc.ci.den.te [okθid´ente] *sm* **1** Ocidente, oeste. **2** Poente, ocaso.

o.céa.no [oθ´eano] *sm Geogr* Oceano, mar.

o.chen.ta [otʃ´enta] *num+adj* Oitenta. *mi abuelo cumple ochenta años en abril* / meu avô completa oitenta anos em abril.

o.cho [´otʃo] *num+sm* Oito. *tengo un hijo de ocho años* / tenho um filho de oito anos.

o.cho.cien.tos, -as [otʃoθj´entos] *num+adj* Oitocentos. *había en la exposición obras de más de ochocientos años* / na exposição havia obras de mais de oitocentos anos.

o.cio [´oθjo] *sm* **1** Ócio, desocupação, inação, ociosidade. *ella vive en ocio* / ela vive na ociosidade. **2** Folga, descanso, lazer.

o.cio.si.dad [oθjosid´ad] *sf* Ociosidade, desocupação, inação.

o.cio.so, -a [oθj´oso] *adj+s* **1** Ocioso, desocupado, parado, inativo. *no me siento bien cuando estoy ocioso* / não me sinto bem quando estou desocupado. **2** Inútil.

o.clu.ir [oklu´ir] *vt+vpr* Ocluir, fechar, obstruir.

oc.tu.bre [okt´ubre] *sm* Outubro. *octubre es el mes de las brujas* / outubro é o mês das bruxas.

o.cu.lar [okul´ar] *adj* Ocular, ótico. *mi abuelo tiene un problema ocular difícil de solucionar* / meu avô tem um problema de visão difícil de resolver. • *sm* Lente.

o.cu.lis.ta [okul´ista] *s Med* Oculista, oftalmologista.

o.cul.ta.ción [okultaθj´on] *sf* Ocultação, encobrimento.

o.cul.tar [okult´ar] *vt+vpr* **1** Ocultar, esconder. *ocultar la verdad no va a ayudar* / esconder a verdade não vai ajudar. **2** Encobrir, calar.

o.cul.to, -a [ok´ulto] *adj* Oculto, escondido, desconhecido, misterioso, ignorado.

o.cu.pa.ción [okupaθj´on] *sf* **1** Ocupação, atividade. **2** Trabalho, emprego. *¿cuál es tu ocupación?* / qual é o seu trabalho? **3** *Mil* Invasão, posse.

o.cu.par [okup´ar] *vt* **1** Apoderar-se, invadir. **2** Ocupar, exercer. *Miguel ocupa el cargo de director* / Miguel exerce o cargo de diretor. **3** Encher, usar. *estás ocupando la mitad del sofá* / você está ocupando a metade do sofá. **4** Morar, residir, habitar. *vpr* **5** Ocupar-se, cuidar. *se ocupa de ella como si fuera su hija* / cuida dela como se fosse sua filha.

o.cu.rren.cia [okuř´enθja] *sf* Ocorrência, fato, circunstância.

o.cu.rrir [okuř´ir] *vi* **1** Acontecer, suceder. *no sé qué ocurrió* / não sei o que aconteceu. **2** Lembrar, ocorrer. *no se me ocurre ahora lo que iba a decir* / não me lembro agora o que ia dizer. **3** *Der* Recorrer.

o.diar [odj´ar] *vt* Odiar, detestar, abominar.

o.dio [´odjo] *sm* Ódio, raiva, rancor, aversão. *veo el odio en sus ojos* / posso ver o ódio em seus olhos.

o.dio.so, -a [odj´oso] *adj* Odioso, detestável, abominável.

o.don.to.lo.gía [odontoloh´ia] *sf Med* Odontologia.

o.don.tó.lo.go [odont´ologo] *sm Med* Odontologista, dentista.

o.es.te [o´este] *sm* **1** Oeste, ocidente. **2** Ocaso, poente.

o.fen.der [ofend´er] *vt+vpr* **1** Ofender, ultrajar, destratar, injuriar. **2** Magoar, melindrar, ferir.

o.fen.sa [of´ensa] *sf* **1** Ofensa, afronta, agravo, injúria, ultraje. *¿le podrá perdonar la ofensa?* / você poderá perdoar a afronta? **2** Mágoa, dor, desfeita.

o.fen.si.vo, -a [ofens´ibo] *adj* **1** Ofensivo, injurioso, afrontoso, humilhante. *lo que me quiere pagar es ofensivo* / o que quer me pagar é humilhante. **2** Agressivo, hostil. • *sf* Ofensiva, ataque.

o.fer.ta [of´erta] *sf* **1** Oferta, presente. **2** Proposta, oferecimento, convite. *recibí una oferta irrecusable* / recebi uma proposta irrecusável.

o.fi.cial, -a [ofiθj´al] *adj* Oficial, oficializado. *tengo algo a decir sobre la enseñanza oficial* / tenho algo a dizer sobre o ensino oficial. • *s* Oficial.

o.fi.ci.na [ofiθ´ina] *sf* **1** Escritório. **2** Departamento, repartição, agência. Veja nota em **escritorio** (espanhol).

o.fi.cio [of´iθjo] *sm* Ofício: a) profissão, cargo. b) comunicação escrita. c) *Rel* função litúrgica. **sin oficio ni beneficio** ocioso, desocupado. **tomar por oficio** ter costume. *se lo toma por oficio tomar unas cervezas después del trabajo* / tem costume de tomar umas cervejas depois do trabalho.

o.fre.cer [ofreθ´er] *vt* **1** Oferecer, ofertar, dar. **2** Apresentar, implicar. *ese ejercicio ofrece cierta dificultad* / esse exercício apresenta certa dificuldade. *vpr* **3** Dispor-se, oferecer-se. → crecer.

o.fre.ci.mien.to [ofreθimj´ento] *sm* Oferecimento, oferta, doação.

o.fren.da [ofr´enda] *sf* Oferenda, oferecimento, presente, contribuição.

o.fren.dar [ofrend´ar] *vt* Oferendar, ofertar, oferecer, dar, doar, contribuir. *le ofrendé mi casa con mucho gusto* / ofereci-lhe minha casa com muito prazer.

of.tal.mó.lo.go [oftalm´ologo] *sm Med* Oftalmologista, oculista. *esperé dos horas para ser atendida en el oftalmólogo* / esperei duas horas para ser atendida no oculista.

o.fus.ca.do [ofusk´ado] *adj* Ofuscado, encoberto.

o.fus.car [ofusk´ar] *vt+vpr* **1** Ofuscar, escurecer, ensombrecer. *las nubes ofuscan el sol* / as nuvens ofuscam o sol. **2** Perturbar, deslumbrar, alucinar, turvar. → atacar.

o.gro [´ogro] *sm* **1** Ogro, bicho-papão. **2** Mau-caráter.

o.í.do [o´ido] *sm* **1** *Anat* Ouvido. **2** Audição. **hacer oídos sordos** fazer ouvidos moucos.

o.ír [o´ir] *vt* **1** Ouvir, escutar. **2** Atender. *mis deseos fueron oídos* / meus desejos foram atendidos. → Veja modelo de conjugação.

o.jal [oh´al] *sm* Casa de botão, ilhós. *el ojal está demasiado grande y el botón se escapa* / a casa do botão está grande demais e o botão escapa.

¡o.ja.lá! [ohal´a] *interj* Oxalá, tomara, queira Deus.

o.je.a.da [ohe´ada] *sf* Olhada, espiada, relance.

o.je.ar [ohe´ar] *vt* Olhar por alto, dar uma olhada. *voy a ojear por ahí a ver si encuentro mis anteojos* / vou dar uma olhada por aí para ver se acho meus óculos.

o.je.ra [oh´era] *sf* Olheira. *tengo dos ojeras enormes* / tenho duas olheiras enormes.

o.je.ri.za [oher´iθa] *sf* Ojeriza, antipatia, mania, aversão, contragosto, má vontade.

o.je.te [oh´ete] *sm* **1** Ilhós. **2** *fam* Ânus.

o.jo [´oho] *sm* **1** *Anat* Olho. **2** Buraco da agulha. **3** Buraco da fechadura. **4** Atenção, cuidado, advertência. **abrir tanto ojo** arregalar os olhos. **echar un ojo** cuidar / tomar conta. **no pegar ojo** não pregar os olhos. **no quitar ojos de encima** não despregar o olho.

o.la [´ola] *sf* Onda, vaga. *las olas no están muy fuertes hoy* / as ondas não estão muito forte hoje.

o.le.a.da [ole´ada] *sf fig* Onda, afluência. *hubo una oleada de hurtos* / houve uma onda de furtos.

o.lea.gi.no.so, -a [oleahin´oso] *adj* Oleaginoso, oleoso.

óleo [´oleo] *sm* Óleo. Veja nota em **aceite** (espanhol).

o.leo.duc.to [oleod´ukto] *sm* Oleoduto.

o.ler [ol´er] *vt* **1** Cheirar. *vt+vi* **2** Farejar. *vt+vpr* **3** Suspeitar, desconfiar. *vi* **4** Recender. *olía a flores* / recendia a flores. → Veja modelo de conjugação.

ol.fac.ción [olfaθj´on] *sm* Olfação.

ol.fa.te.ar [olfate´ar] *vt* **1** Farejar, cheirar. **2** *fig* Xeretar, sapear. *anda olfateando para saber quién será elegido* / anda sapeando para saber quem será escolhido.

ol.fa.to [olf´ato] *sm* **1** Olfato. **2** Sagacidade, faro, esperteza. *tiene olfato para sin vergüenza* / tem faro para sem-vergonha. Veja nota em **faro** (espanhol).

o.lim.pia.da [olimpj´ada], **o.lim.pí.a.da** [olimp´iada] *sf Dep* Olimpíada.

o.lím.pi.co, -a [ol´impiko] *adj+s* Olímpico. *no dejo de ver los juegos olímpicos por nada* / não deixo de ver os jogos olímpicos por nada.

o.li.va [ol´iba] *sf* **1** *Bot* Oliva, azeitona. **2** *Bot* Oliveira. **3** *Ornit* Coruja.

o.li.vo [ol´ibo] *sm Bot* Oliveira. *los olivos están frondosos este año* / as oliveiras estão frondosas este ano.

o.lla [´oλa] *sf* **1** Panela. **2** Caldeirada, caçarola, cozido. **olla de cohetes** rabo de foguete.

o.lor [ol´or] *sm* **1** Odor, cheiro, aroma, olor, fragrância. **2** Pressentimento, suspeita. Veja nota em **faro** (espanhol).

o.lo.ro.so, -a [olor´oso] *adj* Cheiroso. *¡qué cocina olorosa!* / que cozinha cheirosa!

ol.vi.da.di.zo [olbidaďiθo] *adj* **1** Esquecido. **2** Ingrato, mal-agredecido.

ol.vi.dar [olbid´ar] *vt+vpr* Esquecer, olvidar. *me olvidé de comprar bananas* / esqueci de comprar bananas.

ol.vi.do [olb´ido] *sm* Esquecimento. **enterrar en el olvido** relegar ao esquecimento.

o.mi.sión [omisj´on] *sf* **1** Omissão, abstenção, inércia. **2** Falta, negligência, lacuna.

o.mi.so, -a [om´iso] *adj* Omisso, descuidado, negligente. *no te puedes quedar omiso frente a una situación como esa* / você não pode ficar omisso diante de uma situação como essa.

o.mi.tir [omit´ir] *vt* **1** Omitir, abster-se. *vt+vpr* **2** Silenciar.

óm.ni.bus [´omnibus] *sm inv AL* Ônibus. *cogí el ómnibus atrasado* / peguei o ônibus atrasado.

om.ni.po.ten.te [omnipot´enθja] *adj* Onipotente.

om.ni.pre.sen.cia [omnipres´enθja] *sf* Onipresença, ubiquidade.

om.nis.cien.te [omniθi´ente] *adj* Onisciente.

o.mo.pla.to [omopla´to], **o.mó.pla.to** [om´oplato] *sm Anat* Omoplata, escápula. *me caí y lastimé el omoplato* / caí e machuquei a escápula.

on.ce [´onθe] *num+sm* Onze. *subi y bajé once veces la escalera* / subi e desci onze vezes a escada.

on.ce.a.vo [onθe´abo] *num* Undécimo.

on.da [´onda] *sf* Onda, ondulação. *no tiene potencia suficiente para captar las ondas de radio* / não tem potência suficiente para captar as ondas de rádio.

on.de.ar [onde´ar] *vt+vi* Ondear, ondular.

on.du.la.ción [ondulaθj´on] *sf* Ondulação, balanço. *muy bonita la ondulación de tu cuerpo cuando bailas* / muito bonita a ondulação de seu corpo quando você dança.

on.du.la.do, -a [ondul´ado] *adj* Ondulado, ondulante. *me encanta pelo ondulado* / adoro cabelo ondulado.

on.du.lan.te [ondul´ante] *adj* Ondulante, sinuoso. *tiene un caminar ondulante* / tem um andar sinuoso.

on.du.lar [ondul´ar] *vt* **1** Frisar, enrolar o cabelo. *vi* **2** Ondular, balançar, tremular.

o.ne.ro.so, -a [oner´oso] *adj* Oneroso, incômodo, pesado.

o.no.ma.to.pe.ya [onomatop´eia] *sf* Onomatopeia.

on.za [´onθa] *sf Zool* Onça.

o.pa.co, -a [op´ako] *adj* **1** Opaco, fosco. **2** Escuro, sombrio. *tenía la mirada opaca* / tinha o olhar sombrio. **3** Melancólico, triste.

op.ción [opθj´on] *sf* Opção, escolha, preferência.

op.cio.nal [opθjon´al] *adj* Opcional, facultativo. *rellenar los blancos de los datos personales no es opcional* / preencher os campos de dados pessoais não é opcional.

ó.pe.ra [´opera] *sf Teat, Mús* Ópera. *ya vi a una ópera de Verdi* / já vi uma ópera de Verdi.

o.pe.ra.ción [operaθj´on] *sf* **1** Operação, execução. **2** Cirurgia, intervenção cirúrgica. **3** Negociação, especulação.

o.pe.ra.cio.nal [operaθjon´al] *adj* Operacional. *hay que analizar el sistema operacional de la empresa* / é preciso analisar o sistema operacional da empresa.

o.pe.ra.dor, -a [opera´dor] *s* **1** Operador, cirurgião. *sf* **2** Agência de viagem.

o.pe.rar [oper´ar] *vt+vpr* **1** Operar, realizar, levar a cabo. *operó cambios significa-*

tivos / operou mudanças significativas. **2** Fazer cirurgia. *vi* **3** Negociar, especular.

o.pe.ra.rio, -a [oper´arjo] *s* Operário, trabalhador.

o.pi.nar [opin´ar] *vi+vt* Opinar, entender, julgar, achar. *opino que no debemos salir con lluvia* / acho que não devemos sair com chuva.

o.pi.nión [opinj´on] *sf* Opinião, juízo, julgamento. *no tengo opinión formada sobre el asunto* / não tenho opinião formada sobre o assunto.

o.pio [´opjo] *sm Farm* Ópio. *es increíble lo que el opio hace con el organismo* / é incrível o que o ópio faz com o organismo.

o.po.nen.te [opon´ente] *adj+s* Oponente, opositor, adversário.

o.po.ner [opon´er] *vt+vpr* Opor, contrapor, contestar, confrontar. → poner.

o.por.tu.na.men.te [oportunam´ente] *adv* Oportunamente. *los resultados serán comunicados oportunamente* / os resultados serão comunicados oportunamente.

o.por.tu.ni.dad [oportunid´ad] *sf* **1** Oportunidade, ocasião, conjuntura, possibilidade. **2** Oferta, liquidação.

o.por.tu.no, -a [oport´uno] *adj* Oportuno, conveniente, apropriado, adequado, pertinente, propício.

o.po.si.ción [oposiθj´on] *sf* **1** Oposição, antagonismo, resistência, contrariedade. **2** Teste, seleção, concurso. *se salió bien en la oposición para el cargo de director* / saiu-se bem no teste para o cargo de diretor.

o.po.si.tor, -ora [oposit´or] *s* **1** Opositor, oponente, antagonista. **2** Candidato. *los opositores se sienten preparados* / os candidatos sentem-se preparados.

o.pre.sión [opresj´on] *sf* Opressão, aperto. **2** Tirania, jugo, sujeição, despotismo.

o.pre.si.vo [opres´ibo] *adj* **1** Opressivo, esmagador. **2** Despótico, opressor, tirânico.

o.pre.sor, -ora [opres´or] *adj+s* Opressor, déspota, despótico, dominador, tirano.

o.pri.mir [oprim´ir] *vt* Apertar, oprimir, comprimir.

op.tar [opt´ar] *vt+vi* Optar, escolher, preferir. *cuando le preguntaron qué pretendía hacer, optó por callarse* / quando lhe perguntaram o que pretendia fazer, preferiu calar-se.

op.ta.ti.vo, -a [optat´ibo] *adj* Optativo, facultativo, opcional.

óp.ti.co, -a [´optiko] *adj* Ótico, ocular. • *sf* Óptica.

op.ti.mis.mo [optim´ismo] *sm* Otimismo, confiança.

op.ti.mis.ta [optim´ista] *adj+s* Otimista, confiante, positivo. *prefiero ser optimista y creer que todo va a salir bien* / prefiro ser otimista e acreditar que tudo vai dar certo.

óp.ti.mo, -a [´optimo] *adj* Ótimo, excelente.

o.pues.to, -a [opw´esto] *adj* Oposto, contrário. *está en el lado opuesto al que debería estar* / está do lado oposto ao que deveria estar.

o.pu.len.cia [opul´enθja] *sf* Opulência, abundância, fartura.

o.que.dad [oked´ad] *sf* Oco, vazio.

o.ra [´ora] *conj* Ora. *corría ora atrás de uno, ora atrás de otro* / corria ora atrás de um, ora atrás de outro.

o.ra.ción [oraθj´on] *sf* Oração: a) reza. b) *Gram* frase, período.

o.ral [or´al] *adj* Oral, verbal, vocal.

o.ral.men.te [oralm´ente] *adv* Oralmente. *hay conocimientos que se transmiten oralmente* / há conhecimentos que se transmitem oralmente.

o.ran.gu.tán [orangut´an] *sm Zool* Orangotango.

o.rar [or´ar] *vi* **1** Orar, rezar. *vt* **2** Rogar, pedir, suplicar.

or.be [´orbe] *sm* **1** Esfera, círculo, circunferência. **2** Orbe, mundo, universo.

ór.bi.ta [´orbita] *sf* Órbita: a) trajetória. b) *Anat* cavidade ocular.

or.bi.tar [orbit´ar] *vi* Orbitar. *los planetas del sistema solar orbitan al rededor del Sol* / os planetas do sistema solar orbitam ao redor do Sol.

or.den [´orden] *sm* **1** Ordem, arrumação, ordenação. **2** Regra, doutrina, norma. **3** Série, sucessão, sequência. *sf* **4** Mandato, lei, regulamento. **en orden a** em relação a, com respeito a.

or.de.na.ción [ordenaθj´on] *sf* **1** Ordenação, arrumação, disposição, ordem. *por favor, mantengan la ordenación de la casa* / por favor, mantenham a ordem da casa. **2** Mandato, ordem, preceito.

or.de.na.do, -a [orden´ado] *adj* Ordenado, organizado. *está todo muy bien ordenado* / está tudo muito bem arrumado.

> A palavra que designa "salário" é **sueldo, salario**.

or.de.na.dor [ordenad´or] *sm Inform* Computador. • *adj+s* Ordenador, organizador.

or.de.na.mien.to [ordenamj´ento] *sm* Ordenamento, organização, ordenação.

or.de.nan.za [orden´anθa] *sf* Ordenança: a) mandato, disposição, ordem, lei. *s Mil* b) soldado.

or.de.nar [orden´ar] *vt* **1** Arrumar, dispor, arranjar. **2** Ordenar, mandar, impor. *vpr* **3** *Rel* Ordenar-se.

or.de.ñar [ordeñ´ar] *vt* **1** Ordenhar. **2** *fig* Mamar, tirar proveito, explorar. *lo ordeñó hasta que no había nada más para sacarle* / explorou-o até que não havia mais nada para tirar dele.

or.di.nal [ordin´al] *adj+sm Gram* Ordinal.

or.di.na.riez [ordinarj´eθ] *sf* Grosseria, estupidez, falta de educação.

or.di.na.rio [ordin´arjo] *adj* **1** Ordinário, habitual, comum, regular. **2** Plebeu, popular, vulgar. **3** Inferior, grosseiro.

o.re.ar [ore´ar] *vt+vpr* Arejar, refrescar. *al fin pudimos abrir las ventanas y orear la habitación* / finalmente pudemos abrir as janelas e arejar o quarto.

o.ré.ga.no [or´egano] *sm Bot* Orégano.

o.re.ja [or´eha] *sf* **1** *Anat* Orelha. **2** Audição. *s* **3** Mexeriqueiro, fofoqueiro, leva e traz. **aplastar la oreja** dormir. **con las orejas caídas** com o rabo entre as pernas. **hacer orejas de mercader** fazer ouvidos moucos.

or.fa.na.to [orfan´ato] *sm* Orfanato. *había un orfanato donde hoy es esa escuela* / havia um orfanato onde hoje é essa escola.

or.fe.bre [orf´ebre] *s* Ourives, joalheiro.

or.fe.bre.rí.a [orfebrer´ia] *sf* Ourivesaria, joalheria.

or.gá.ni.co, -a [org´aniko] *adj* Orgânico. *tengo costumbre de comer verduras orgánicas* / tenho o hábito de comer verduras orgânicas.

or.ga.ni.gra.ma [organigr´ama] *sm* Organograma.

or.ga.nis.mo [organ´ismo] *sm* Organismo, estrutura.

or.ga.ni.za.ción [organiθaθj´on] *sf* **1** Organização, estrutura, organismo. **2** Ordem, disposição, arrumação.

or.ga.ni.za.do, -a [organiθ´ado] *adj* Organizado, estruturado, orgânico.

or.ga.ni.zar [organiθ´ar] *vt+vpr* **1** Organizar, arrumar, dispor, ordenar. **2** Sistematizar, racionalizar. *si no organizamos los esfuerzos, no lo lograremos* / se não racionalizarmos os esforços, não conseguiremos. → alzar.

ór.ga.no [´organo] *sm* Órgão: a) *Mús* instrumento musical. b) partes funcionais do corpo (humano, animal etc.). c) organização.

or.gu.llo [org´uλo] *sm* Orgulho, presunção, vaidade, arrogância.

or.gu.llo.so, -a [orguλ´oso] *adj+s* Orgulhoso, arrogante, vaidoso.

o.rien.ta.ción [orjentaθj´on] *sf* **1** Orientação, encaminhamento, direcionamento. **2** Informação.

o.rien.tal [orjent´al] *adj+s* **1** Oriental. **2** Uruguaio.

o.rien.tar [orjent´ar] *vt* **1** Orientar, dirigir, direcionar. *las ventanas de mi casa están orientadas hacia el este* / as janelas de minha casa estão direcionadas para o leste. *vt+vpr* **2** Informar.

o.rien.te [orj´ente] *sm* Oriente, este, leste, levante.

o.ri.fi.cio [orif´iθjo] *sm* Orifício, buraco, furo.

o.ri.gen [or´ihen] *sm* **1** Origem, princípio, começo. **2** Raiz, causa, fonte, fundamento.

o.ri.gi.nal [orihin´al] *adj* **1** Original, primitivo, primordial. **2** Modelo. **3** Peculiar. • *adj+sm* Manuscrito.

o.ri.gi.na.li.dad [orihinalid´ad] *sf* Originalidade. *uno de sus rasgos más marcantes es la originalidad* / uma de suas características mais marcantes é a originalidade.

o.ri.gi.nar [orihin´ar] *vt+vpr* Originar, causar, provocar, motivar.

o.ri.gi.na.rio, -a [orihin´arjo] *adj* Originário, proveniente, original. *mis abuelos eran originarios de Polonia* / meus avós eram provenientes da Polônia.

o.ri.lla [or´iλa] *sf* 1 Borda, beira, beirada, margem, orla. 2 Calçada. 3 Brisa, aragem.

o.rín [or´in] *sm* 1 Ferrugem. 2 **orines** *pl* Urina.

o.ri.na [or´ina] *sf* Urina. *¿de dónde viene ese olor a orina?* / de onde vem esse cheiro de urina?

o.ri.nal [orin´al] *sm* Penico, urinol.

o.ri.nar [orin´ar] *vt+vi+vpr* Urinar.

o.riun.do, -a [orj´undo] *adj* Oriundo, originário, procedente.

or.na.men.tar [ornament´ar] *vt* Ornamentar, adornar, enfeitar. *a ella le gusta adornar la casa* / ela gosta de enfeitar a casa.

or.na.men.to [ornam´ento] *sm* Enfeite, ornamento, adorno.

or.na.to [orn´ato] *sm* Enfeite, ornato, adorno, ornamento.

o.ro [´oro] *sm* 1 *Quím* Ouro. 2 Dinheiro, riqueza.

or.ques.ta [ork´esta] *sf Mús* Orquestra. *la orquesta filarmónica de San Pablo se presenta hoy a la noche* / a orquestra filarmônica de São Paulo apresenta-se hoje à noite.

or.quí.de.a [ork´idea] *sf Bot* Orquídea. *¡hermosa la orquídea negra!* / maravilhosa a orquídea negra!

or.ti.ga [ort´iga] *sf Bot* Urtiga.

or.to.do.xo [ortod´okso] *adj+s* Ortodoxo, dogmático.

or.to.gra.fí.a [ortograf´ia] *sf Gram* Ortografia. *Ana, más atención con la ortografía* / Ana, mais atenção com a ortografia.

or.to.pe.dia [ortop´edia] *sf Med* Ortopedia.

o.ru.ga [or´uga] *sf* Lagarta: a) *Zool* larva. b) esteira de tanque de guerra.

or.zue.lo [orθw´elo] *sm* 1 *Patol* Terçol. 2 Armadilha, arapuca. *encontramos un orzuelo con dos pajaritos adentro* / encontramos uma arapuca com dois passarinhos dentro.

os [´os] *pron pers* Os, as, los, las, nos, nas, lhes. *os estaba esperando* / eu os estava esperando.

o.sa.dí.a [osad´ia] *sf* Ousadia, audácia, atrevimento, desplante. *mucha osadía aparecer después de todo lo que me dijiste* / muita audácia aparecer depois de tudo o que você me disse.

o.sa.do, -a [os´ado] *adj* Ousado, atrevido, audacioso, atrevido.

o.sar [os´ar] *vt+vi* Ousar, atrever-se. *no osó decirme nada* / não se atreveu a me dizer nada.

os.ci.la.ción [osθilaθj´on] *sf* 1 Oscilação, flutuação, variação, inconstância. 2 Balanço.

os.ci.lar [osθil´ar] *vi* 1 Oscilar, flutuar. 2 Vacilar, hesitar. *oscilaba entre los dos trabajos* / hesitava entre os dois trabalhos.

os.cu.re.cer [oskureθ´er] *vt* 1 Escurecer. 2 Obscurecer. 3 Ofuscar, empanar. → crecer.

os.cu.ri.dad [oskurid´ad] *sf* 1 Escuridão. *la oscuridad me pone triste* / a escuridão me entristece. 2 Obscuridade. 3 Incerteza.

os.cu.ro, -a [osk´uro] *adj* 1 Escuro. 2 Obscuro. 3 Confuso, incerto.

o.so [´oso] *sm Zool* Urso. **hacer el oso** fazer papel ridículo. **oso hormiguero** tamanduá.

os.ten.si.ble [ostens´ible] *adj* Ostensível, ostensivo, manifesto, claro, visível, declarado.

os.ten.si.vo [ostens´ibo] *adj* Ostensivo, manifesto, claro, visível, declarado.

os.ten.ta.ción [ostentaθj´on] *sf* 1 Ostentação, exibição, alarde, exibicionismo. 2 Opulência, riqueza, suntuosidade, pompa, luxo.

os.ten.tar [ostent´ar] *vt* Ostentar, exibir, mostrar, alardear.

os.ten.to.so, -a [ostent´oso] *adj* Pomposo, magnífico, aparatoso, imponente, grandioso.

os.tra [´ostra] *sf* 1 *Zool* Ostra. 2 Concha. **aburrirse como una ostra** entediar-se.

o.te.ar [ote´ar] *vt* Observar, esquadrinhar, examinar.

o.te.ro [ot´ero] *sm* Outeiro, morro. *caminamos por los oteros floridos* / caminhamos pelos outeiros floridos.

o.to.ño [ot´oño] *sm* Outono. *durante el otoño mis padres me vinieron a visitar* / no outono, meus pais vieram me visitar.

o.tor.gar [otorg´ar] *vt* Outorgar, conceder, dar, entregar.

o.tro, -a [´otro] *adj+pron indef* Outro. *no tengo otra cosa que hacer* / não tenho outra coisa para fazer.

o.tro.ra [otr´ora] *adv* Outrora.

o.va.cio.nar [obaθjon´ar] *vt* Ovacionar, aclamar, aplaudir. *lo ovacionaron por diez minutos* / aplaudiram-no por dez minutos.

o.val [ob´al] *adj* Oval, ovalado. *tienes la cara oval* / você tem o rosto ovalado.

o.va.rio [ob´arjo] *sm Anat* Ovário.

o.ve.ja [ob´eha] *sf Zool* Ovelha. *otro día vi una oveja pintada de azul* / outro dia, vi uma ovelha pintada de azul.

o.vi.llo [ob´iλo] *sm* **1** Novelo. **2** Embaraço.

ov.ni [´obni] *sm* Óvni, disco voador. *no conozco a nadie que ya tenga visto un ovni* / não conheço ninguém que já tenha visto um disco voador.

o.xi.da.ción [oksid´aθj´on] *sf Quim* Oxidação, ferrugem.

o.xi.dar [oksid´ar] *vtr+vpr* Enferrujar, oxidar.

o.xí.ge.no [oks´iheno] *sm Quím* Oxigênio.

o.xí.to.no, -a [oks´itono] *adj+s Gram* Oxítono. *quiero que escriban siete palabras oxítonas* / quero que escrevam sete palavras oxítonas.

o.yen.te [oy´ente] *adj+s* Ouvinte.

o.zo.no [oθ´ono] *sm Quím* Ozônio. **capa de ozono** camada de ozônio.

P

p, P [p′e] *sf* Décima sétima letra do alfabeto espanhol.

pa.be.llón [pabeλ′on] *sm* **1** Pavilhão, ala. **2** Barraca, tenda. **3** Bandeira.

pa.bi.lo [pab′ilo] *sm* Pavio, mecha. *¿cómo voy a prender esa vela si no tiene pabilo?* / como vou acender essa vela se não tem pavio?

pa.ca [p′aka] *sf* **1** *Zool* Paca. **2** Fardo, pacote.

pa.cer [paθ′er] *vi+vt* **1** Pastar. *vt* **2** Apascentar. → crecer.

pa.chan.ga [patʃ′anga] *sf* Farra, diversão, folia. *fue una pachanga toda la noche* / foi uma farra a noite inteira.

pa.chón, -ona [patʃ′on] *sm* Pachorrento, molenga, indolente.

pa.cho.rra [patʃ′oɾa] *sf fam* Pachorra, tranquilidade, indolência, moleza, languidez.

pa.cien.cia [paθj′enθja] *sf* **1** Paciência, calma, serenidade, sossego. **2** Tolerância, condescendência. *tienes mucha paciencia con esa situación* / você tem muita tolerância com essa situação.

pa.cien.te [paθj′ente] *adj* **1** Paciente, tranquilo, calmo. **2** Tolerante, condescendente. • *s* Paciente, cliente. *todos los pacientes serán atendidos en 30 minutos* / todos os pacientes serão atendidos em 30 minutos.

pa.ci.fi.car [paθifik′ar] *vt+vi* **1** Pacificar, apaziguar, acalmar os ânimos. *vt+vi+vpr* **2** Serenar, acalmar, sossegar. → atacar.

pa.cí.fi.co, -a [paθ′ifiko] *adj* Pacífico, calmo, sereno, tranquilo, sossegado.

pa.ci.fis.mo [paθif′ismo] *sm* Pacifismo. *hubo una marcha por el pacifismo en India* / houve uma marcha pelo pacifismo na Índia.

pa.ci.fis.ta [paθif′ista] *adj+s* Pacifista. *los pacifistas hicieron una protesta* / os pacifistas fizeram um protesto.

pac.tar [pakt′ar] *vt* Pactuar, negociar, acordar, combinar, ajustar.

pac.to [p′akto] *sm* Pacto, acordo, convênio, aliança, convenção, contrato. *hagamos un pacto: tú no lloras y yo tampoco* / vamos fazer um trato: você não chora e eu também não.

pa.de.cer [padeθ′er] *vt+vi* **1** Padecer, sofrer, sentir, penar. **2** Suportar, tolerar. → crecer.

pa.de.ci.mien.to [padeθimj′ento] *sm* Sofrimento, padecimento, aflição, tormento. *tanto padecimiento en un mes sólo* / tanto sofrimento em um único mês.

pa.dras.tro [padr′astro] *sm* Padrasto. *¿cómo se llama tu padrastro?* / como se chama seu padrasto?

pa.dre [p′adre] *sm* **1** Pai, progenitor. **2** Padre, sacerdote. **sin padre ni madre, ni perro que me ladre** sem eira nem beira.

pa.dri.no [padr′ino] *sm* **1** Padrinho. **2** Patrono, paraninfo. **3** Protetor.

pa.drón [padr′on] *sm* **1** Paizão, superpai. *tienes que ser menos padrón con él* / você tem de ser menos paizão com ele. **2** Padrão, modelo.

pae.lla [pa′eλa] *sf* Paelha, prato típico espanhol à base de arroz, mariscos e carne.

pa.ga [p′aga] *sf* Pagamento, paga, salário, remuneração.

pa.ga.no, -a [pag′ano] *adj+s* Pagão, gentio, infiel.

pa.gar [pag´ar] *vt* **1** Pagar, solver, saldar. **2** Retribuir, corresponder. *vpr* **3** Gostar, apaixonar-se. **estamos pagados** estamos quites. → cargar.

pa.ga.ré [pagar´e] *sm Com* Vale, nota promissória.

pá.gi.na [p´ahina] *sf* Página. **pasar página** virar a página, dar por encerrado. *él ya no está más acá, ahora pasa la página* / ele não está mais aqui, agora vire a página.

pa.go [p´ago] *sm* **1** Pagamento, desembolso. **2** Recompensa, paga, compensação.

pa.go.da [pag´oda] *sf* Pagode, templo.

pa.ís [pa´is] *sm* País, pátria. *visité tres países en mis vacaciones* / visitei três países nas férias.

pai.sa.je [pajs´ahe] *sm* Paisagem, panorama. *¡qué bello paisaje se ve de tu ventana!* / que bela paisagem se vê de sua janela! Veja também **abordaje**.

pai.sa.no, -a [pajs´ano] *adj+s* Patrício, compatriota, conterrâneo. • *sm* **1** Camponês, campônio. **2** Paisano, civil. **de paisano** à paisana.

pa.ja [p´aha] *sf* **1** Palha. **2** Canudo. **en alza allá esas pajas** num piscar de olhos. *eso lo hago en alza allá esas pajas* / isso eu faço num piscar de olhos. **no dormirse en las pajas** não dormir no ponto.

pa.jar [pah´ar] *sm* Palheiro.

pa.ja.ri.ta [pahar´ita] *sf* Gravata-borboleta.

pá.ja.ro, -a [p´aharo] *s Ornit* Pássaro, passarinho, ave. • *adj+sm* Águia, raposa velha, astuto.

pa.la [p´ala] *sf* **1** Pá. *por favor, ¿me traes la pala de la basura?* / por favor, traz a pá de lixo pra mim? **2** *Dep* Raquete.

pa.la.bra [pal´abra] *sf* **1** Palavra, vocábulo. **2** Compromisso, promessa. **cuatro palabras** meia dúzia de palavras. *dijo cuatro palabras y se fue* / disse meia dúzia de palavras e foi embora. **ni media palabra** nada, patavinas. *no entendí ni media palabra* / não entendi nada. **palabra** palavra de honra. *llegaré a las siete, palabra* / vou chegar às sete, eu juro.

pa.la.bre.rí.a [palabrer´ia] *sf* Palavrório, verborragia.

pa.la.bro.ta [palabr´ota] *sf* Palavrão. *¡con tres años y ya dice palabrota!* / com três anos e já fala palavrão!

pa.la.ce.te [palaθ´ete] *sm* Palacete, mansão, palácio.

pa.la.cie.go [palaθj´ego] *adj* Palaciano. *esas costumbres palaciegas no sé de donde las sacó* / esses costumes palacianos, não sei de onde os tirou.

pa.la.cio [pal´aθjo] *sm* Palácio. *ya estuve en el palacio de Buckingham* / já estive no palácio de Buckingham.

pa.la.dar [palad´ar] *sm* **1** Paladar. **2** *Anat* Palato. *me lastimé el paladar blando* / machuquei o palato mole. **3** Gosto, sabor.

pa.lan.ca [pal´anka] *sf* **1** Alavanca. **2** Influência, apadrinhamento.

pa.lan.ga.na [palang´ana] *sf* Bacia, tina, tacho. *me tiré una palangana de agua encima* / virei uma bacia de água em cima de mim.

pal.co [p´alko] *sm* Camarote, balcão, estrado, tablado (para espectadores). **palco escénico** palco.

pa.len.que [pal´enke] *sm* **1** Tablado. **2** Paliçada.

pa.le.ta [pal´eta] *sf* **1** *Pint* Paleta, palheta. **2** Escumadeira. **3** Pá. **4** *Anat* Omoplata, espádua. **5** *Dep* Raquete. **de paleta** a calhar. *esto me vino de paleta* / isso veio a calhar. **en dos paletas** num piscar de olhos.

pa.le.ti.lla [palet´iλa] *sf* **1** *Anat* Omoplata, espádua. **2** Paleta, braço (carne). **ponerle la paletilla en su lugar** repreender, baixar a crista.

pa.li.de.cer [palideθ´er] *vi* **1** Empalidecer, descorar. **2** Deslustrar, desmerecer. → crecer.

pá.li.do, -a [p´alido] *adj* **1** Pálido, lívido. **2** Descorado, apagado.

pa.li.llo [pal´iλo] *sm* **1** Palito de dentes. **2** Baqueta, vareta. **3** *coloq* Palito, magrela. **4 palillos** *pl* Pauzinhos, palitos orientais. *yo sé comer con palillos* / eu sei comer com pauzinhos. **tocar todos los palillos** queimar todos os cartuchos.

pa.li.que [pal´ike] *sm fam* Bate-papo.

pa.li.que.ar *vi* Papear, jogar conversa fora.

pa.li.za [pal´iθa] *sf* **1** Surra, sova, espancamento. **2** *Dep* Banho, baile, lavada.

los ingleses le dieron una paliza a los franceses en la partida / os ingleses deram um baile nos franceses no jogo.

pal.ma [p´alma] *sf* **1** *Bot* Palmeira. **2** Palma: a) folha da palmeira. b) parte de dentro da mão. **3 palmas** *pl* aplausos. **llevar en palmas** levar na palma da mão.

pal.ma.da [palm´ada] *sf* Palmada. *le dio unas cuantas palmadas y lo puso de castigo* / deu-lhe umas palmadas e colocou-o de castigo.

pal.ma.rio *adj* Claro, evidente. *tiene un desprecio palmario por la suegra* / ele tem um desprezo evidente pela sogra.

pal.ma.to.ria [palmat´orja] *sf* **1** Palmatória. **2** Castiçal.

pal.me.ra [palm´era] *sf Bot* Palmeira. *plantaron nuevas palmeras en la avenida* / plantaram novas palmeiras na avenida.

pal.mi.to [palm´ito] *sm Bot* Palmito. *comeremos panquecas de palmito hoy* / hoje comeremos panqueca de palmito.

pal.mo [p´almo] *sm* Palmo. **con un palmo de lengua** com a língua de fora.

pa.lo [p´alo] *sm* **1** Pau. **2** Madeira. **3** *Náut* Mastro. **4** Paus (naipe). **5** Taco, bastão. **cada palo que aguante su vela** cada um com seus problemas. **dar palo** causar prejuízo, prejudicar.

pa.lo.ma [pal´oma] *sf Ornit* Pomba. **paloma mensajera** pombo-correio.

pa.lo.mi.lla [palom´iλa] *sf Entom* Mariposa, traça.

pa.lo.mi.ta [palom´ita] *sf* Pipoca. *no me gusta palomita dulce* / não gosto de pipoca doce.

pal.pa.ble [palp´able] *adj* **1** Palpável. **2** Claro, evidente, manifesto.

pal.par [palp´ar] *vt* **1** Apalpar, tatear, palpar. **2** Dominar, conhecer bem.

pal.pi.ta.ción *sm* Palpitação. *no podía controlar la palpitación* / não conseguia controlar a palpitação.

pal.pi.tar [palpit´ar] *vi* Palpitar, bater, latejar, pulsar.

pál.pi.to [p´alpito] *sm* Pressentimento, intuição. *tengo un malo pálpito* / tenho um mau pressentimento.

pal.ta [p´alta] *sf AL Bot* Abacate.

pan [p´an] *sm* **1** Pão. **2** Alimento, sustento.

comer pan con corteza virar-se sozinho. **pan de molde** pão de forma. **pan rallado** farinha de rosca. **ser pan comido** ser coisa decidida.

pa.na [p´ana] *sf* Veludo. *ya no se usan más pantalones de pana verde* / já não se usam mais calças de veludo verde.

pa.na.de.rí.a [panader´ia] *sf* Padaria, panificadora.

pa.na.de.ro, -a [panad´ero] *s* Padeiro. *me gustaria ser panadero, para saber hacer toda clase de pan* / gostaria de ser padeiro, para saber fazer todo tipo de pão.

pa.nal [pan´al] *sm* Colmeia, vespeiro.

pan.car.ta [pank´arta] *sf* Cartaz, faixa (de protesto).

pán.creas [p´ankreas] *sm Med* Pâncreas.

pan.da [p´anda] *sm* **1** *Zool* Panda, urso panda. **2** Bando, gangue. • *adj* Fleumático, pachorrento, molenga.

pan.de.re.ta [pander´eta] *sf Mús* Pandeiro.

pan.di.lla [pand´iλa] *sf* **1** Bando, gangue. **2** Turma, galera.

pa.nel [pan´el] *sm* **1** Painel. *esos paneles publicitarios son demasiado grandes* / esses painéis publicitários são grandes demais. **2** Divisória.

pa.ne.la *sf* Rapadura.
Para designar "panela" diz-se **olla**.

pa.ne.ra [pan´era] *sf* **1** Cesto de pão. **2** Tulha.

pan.fle.to [panfl´eto] *sm* Panfleto.

pá.ni.co [p´aniko] *sm* Pânico, pavor, terror, medo. *no es momento para pánico* / não é hora para pânico.

pa.ni.fi.ca.do.ra [panifikad´ora] *sf* Panificadora, padaria.

pa.no.ra.ma [panor´ama] *sm* **1** Panorama, paisagem. **2** Perspectiva, situação.

pan.que.que [pank´eke] *sm* Panqueca. *me encantan las panqueques de dulce de leche* / adoro panquecas de doce de leite.

pan.ta.lla [pant´aλa] *sf* Tela. *me compré una televisión con una pantalla de 29 pulgadas* / comprei uma televisão com uma tela de 29 polegadas.

pan.ta.lón [pantal´on] *sm* Calça. **pantalón corto** bermuda, calça curta, *short*.

pan.ta.nal [pantan´al] *sf* Pantanal. *estu-*

vimos en una pantanal / estivemos em um pantanal.

pan.ta.no [pantˊano] *sm* **1** Pântano, brejo. **2** *fig* Enrascada. *se metió en un pantano y ahora no sabe como salir* / meteu-se em uma enrascada e agora não sabe como sair.

pan.ta.no.so, -a [pantanˊoso] *adj* **1** Pantanoso, alagadiço. **2** *fig* Enroscado, difícil. *ese asunto es muy pantanoso* / esse negócio está muito enroscado.

pan.te.ra [pantˊera] *sf Zool* Pantera.

pan.to.rri.lla [pantor̄ˊiλa] *sf Anat* Panturrilha, barriga da perna. *hice ejercicios para la pantorrilla en el gimnasio hoy* / hoje fiz exercícios para a panturrilha na academia.

pan.tu.fla [pantˊufla] *sf* Pantufa, chinelo.

pan.ty [pˊanti] *sm anglic* Meia-calça. *¡qué linda la nena con panty rosa!* / que linda a menina com meia-calça rosa!

pan.za [pˊanθa] *sf* Barriga, pança.

pa.ñal [pañˊal] *sf* Fralda. **estar en pañales** estar engatinhando (em um assunto). *en la medicina Pedro está aún en pañales* / Pedro ainda está engatinhando na medicina.

pa.ño [pˊaño] *sm* **1** Pano, tecido, tela. **2** Vela (de embarcação). **3** Tapeçaria, panô. **4** *Oftalm* Névoa. **paño de lágrimas** ombro amigo. **ser del mismo paño** ser farinha do mesmo saco.

pa.ñue.lo [pañwˊelo] *sm* Lenço. *gracias a Dios existen los pañuelos de papel para limpiar la nariz* / graças a Deus existem os lenços de papel para assoar o nariz.

pa.pa [pˊapa] *sm* **1** *Rel* Papa, Sumo Pontífice. *sf* **2** Batata. **3** *coloq* Bico, fácil, moleza. *hacer croquetas es una papa* / fazer croquetes é fácil. Veja nota em **batata** (espanhol).

pa.pá [papˊa] *sm fam* Papai. *mira, papá, como bailo bien* / veja, papai, como danço bem.

pa.pa.ga.yo [papagˊayo] *sm Zool* **1** Papagaio, louro. **2** Pipa. **3** *coloq* Dedo-duro.

pa.pa.na.tas [papanˊatas] *s inv* Tonto, ingênuo, otário, panaca. *a ese papanatas cualquiera lo engaña* / qualquer um engana esse otário.

pa.pa.rru.cha [papar̄ˊutʃa] *sf fam* **1** Fofoca, boato, mexerico, mentira. **2** Besteira, baboseira.

pa.pa.ya [papˊaya] *sf Bot* Mamão. *sólo había papaya verde en la feria* / só tinha mamão verde na feira.

pa.pel [papˊel] *sm* **1** Papel. **2** Documento, escrito. **3** Personagem, representação. **4** Função. **perder los papeles** perder as estribeiras. **sobre el papel** em tese / na teoria.

pa.pe.le.rí.a [papelerˊia] *sf* **1** Papelaria. *en la papelería no había cartulina amarilla* / na papelaria não tinha cartolina amarela. **2** Papelada.

pa.pe.le.rí.o [papelerˊio] *sm AL* Papelada. *todo ese papelerío me está volviendo loco* / toda essa papelada está me deixando louco.

pa.pe.lón [papelˊon] *sm* Papelão, papel ridículo.

pa.pe.ra [papˊera] *sf Patol* **1** Bócio, papeira. **2** Caxumba.

pa.pi.lla [papˊiλa] *sf* Sopa, papinha, mingau. **hacer papilla** esmigalhar. *le pasó un auto por encima y lo hizo papilla* / passou um carro por cima dele e o esmigalhou.

pa.que.te [pakˊete] *sm* **1** Pacote, embrulho. **2** Carona, passageiro (em moto).

par [pˊar] *adj* Par, igual, semelhante. • *sm* **1** Par, dupla. *sf* **2 pares** *pl* Placenta. **de par en par** de ponta a ponta / completamente / de um lado a outro.

pa.ra [pˊara] *prep* Para. *no sé para qué quiere que venga yo* / não sei para que quer que eu venha.

pa.ra.bién [parabjˊen] *sm* Felicitação, parabéns.

pa.rá.bo.la [parˊabola] *sf* Parábola. *se encuentran muchas parábolas en la Biblia* / encontram-se muitas parábolas na Bíblia.

pa.ra.bri.sas [parabrˊisas] *sm inv* Para-brisa. *está sucio el parabrisas de tu coche* / o para-brisa do seu carro está sujo.

pa.ra.ca.í.das [parakaˊidas] *sm inv* Paraquedas.

pa.ra.cai.dis.ta [parakajdˊista] *s* Paraquedista. *el otro día se cayó un paracaidista en la quinta de mi tío* / outro dia um paraquedista caiu no sítio do meu tio.

pa.ra.cho.ques [parat∫´okes] *sm inv* Para-choque.

pa.ra.da [par´ada] *sf* **1** Parada, suspensão, pausa. **2** Ponto. *no había nadie en la parada del autobús* / não tinha ninguém no ponto de ônibus. **3** *Mil* Desfile.

pa.ra.de.ro [parad´ero] *sm* Paradeiro.

pa.ra.do, -a [par´ado] *adj* **1** Mole, lerdo. **2** Em pé. *¿qué haces ahí parado mirándome?* / o que você está fazendo aí em pé, olhando para mim? • *adj+sm* Desocupado, desempregado.

pa.ra.do.ja [parad´oha] *sm* Paradoxo, contradição, incoerência.

pa.ra.fi.na [paraf´ina] *sf Quím* Parafina. *hay una crema con parafina para hidratar la piel* / tem um creme com parafina para hidratar a pele.

pa.ra.guas [par´agwas] *sm inv* Guarda-chuva.

pa.ra.güe.ro [parag´ero] *sm* Porta guarda-chuva. *dejé el paraguas en el paragüero y me lo olvidé* / deixei o guarda-chuva no porta guarda-chuva e o esqueci.

pa.ra.í.so [para´iso] *sm* Paraíso, éden. *me siento en el paraíso* / sinto-me no paraíso.

pa.ra.le.le.pí.pe.do [paralelep´ipedo] *sm Geom* Paralelepípedo. *¿qué figura es esta? Ah, es un paralelepípedo* / que figura é esta? Ah, é um paralelepípedo.

pa.rá.li.sis [par´alisis] *sf inv Med* Paralisia.

pa.ra.lí.ti.co, -a [paral´itiko] *adj+s* Paralítico.

pa.ra.li.zar [paraliθ´ar] *vt+vpr* Paralisar, imobilizar. → alzar.

pa.rá.me.tro [par´ametro] *sm* Parâmetro.

pá.ra.mo [p´aramo] *sm Geogr* Páramo, ermo.

pa.ra.noi.a [paran´oja] *sf Psicol* Paranoia, delírio, loucura.

pa.ra.pe.to [parap´eto] *sm* Parapeito, peitoril. *no te apoyes en el parapeto, tengo miedo que te cayas* / não se apoie no parapeito, tenho medo que você caia.

pa.ra.plé.ji.co, -a [parapl´ehiko] *adj+s Med* Paraplégico.

pa.rar [par´ar] *vt* **1** Parar, deter. *vi+vpr* **2** Cessar, interromper. *vi* **3** Habitar, hospedar-se. *hace años que para en la casa del tío* / há anos mora na casa do tio. *vpr* **4** Levantar-se, pôr-se em pé.

pa.rá.si.to, -a [para´asito] *adj+s Biol* Parasita. • *sm fig* Parasita, folgado.

pa.ra.sol [paras´ol] *sm* **1** Guarda-sol. **2** Quebra-sol. *no puedo manejar con el sol en mis ojos; voy a bajar el parasol* / não posso dirigir com o sol nos meus olhos vou baixar o quebra-sol.

par.ce.la [parθ´ela] *sf* **1** Lote, terreno. **2** Parcela, porção, parte. *esta es la parcela que te toca* / essa é a parte que lhe cabe.

par.ce.la.ción [parθelaθj´on] *sf* **1** Loteamento. **2** Parcelamento, fragmentação.

par.che [p´art∫e] *sm* **1** Remendo. *esos pantalones tienen un parche en cada rodilla* / essas calças têm um remendo em cada joelho. **2** *Mús* Tambor. **3** Emplastro. **4** Retoque, emenda.

par.cial [parθj´al] *adj* **1** Parcial, incompleto. **2** Partidário, desigual.

par.co, -a [p´arko] *adj* Parco, comedido, moderado.

par.do, -a [p´ardo] *adj* Pardo. *¿alguien vio un paquete envuelto en papel pardo?* / alguém viu um pacote embrulhado em papel pardo? • *adj+sm AL* Mulato.

pa.re.cer [pareθ´er] *vi* **1** Aparecer, expor-se. *vi+vpr* **2** Parecer, assemelhar-se. *vi+vimp* **3** Opinar, pensar, achar. *me parece que va a llover* / acho que vai chover. • *sm* Parecer, opinião. **al parecer** ao que parece. → crecer.

pa.re.ci.do, -a [pareθ´ido] *adj* Parecido, semelhante. • *sm* Semelhança. *le veo cierto parecido con el padre* / vejo nele certa semelhança com o pai. **bien/mal parecido** de boa/má aparência.

pa.red [par´ed] *sf* **1** Parede. *cambié el color de las paredes* / troquei a cor das paredes. **2** Muro. *toda esa pared al rededor de la casa la vamos a derrumbar* / vamos derrubar todo esse muro ao redor da casa.

pa.re.dón [pared´on] *sm* Paredão. *lo ejecutaron en el paredón* / foi executado no paredão.

pa.re.ja [par´eha] *sf* **1** Casal. *forman una pareja linda* / formam um belo casal. **2**

Acompanhante, parceiro. **3** Companheiro, cônjuge. *no vine sola; estoy con mi pareja* / não vim sozinha; estou com meu companheiro. **4** Parelha.

pa.re.jo, -a [par′eho] *adj* **1** Idêntico, igual. **2** Parecido, semelhante, similar. **3** Liso, plano, uniforme. *todavía no está parejo, hay que lijarlo más* / ainda não está uniforme, é preciso lixar mais.

pa.ren.te.la [parent′ela] *sf* Parentela, parentada, família.

pa.ren.tes.co [parent′esko] *sm* Parentesco.

pa.rén.te.sis [par′entesis] *sm inv* **1** *Gram* Parêntese. **2** Suspensão, interrupção, pausa.

pa.rien.te, -a [parj′ente] *adj+s* Parente. **pariente pobre** primo pobre.

pa.ri.hue.la [pariw′ela] *sf* Padiola, maca. *lo sacaron de la cancha en parihuela* / tiraram-no do campo na maca.

par.la.men.tar [parlament′ar] *vi* **1** Falar, conversar. **2** Parlamentar, negociar. *se van a reunir para parlamentar mañana a la noche* / vão se reunir para negociar amanhã à noite.

par.la.men.ta.rio, -a [parlament′arjo] *adj+s* Parlamentar.

par.la.men.to [parlam′ento] *sm* Parlamento, assembleia.

par.lan.chín, -ina [parlantʃ′in] *adj+s coloq* Língua de trapo, tagarela, linguarudo, falador.

par.lar [parl′ar] *vt* **1** Dar com a língua nos dentes. *vi* **2** Tagarelar, matraquear.

par.lo.te.ar [parlote′ar] *vi coloq* Bater papo, papear, jogar conversa fora, conversar. *hace dos horas que están parloteando sin parar* / faz duas horas que estão papeando sem parar.

pa.ro [p′aro] *sm* **1** Parada, cessação. **2** Greve. **3** Desemprego. **4** *coloq* Seguro-desemprego.

pa.ro.dia [par′odja] *sf* Paródia, imitação, gozação. *la parodia que hizo del presidente estuvo muy bien* / a paródia que fez do presidente foi ótima.

par.pa.de.ar [parpade′ar] *vi* **1** Pestanejar. **2** Piscar. *la luz está parpadeando* / a luz está piscando.

par.pa.de.o [parpad′eo] *sm* Piscada, pestanejo.

pár.pa.do [p′arpado] *sm Anat* Pálpebra. *no me gusta el color que usas en los párpados* / não gosto da cor que você usa nas pálpebras.

par.que [p′arke] *sm* Parque. *construyeron un parque a dos cuadras de mi casa* / construíram um parque a dois quarteirões de minha casa. *hay un enorme parque industrial en aquella ciudad* / naquela cidade há um enorme parque industrial.

par.qué [park′e] *sm* **1** Parquete, assoalho, taco. **2** Bolsa de valores.

par.que.ar [parke′ar] *vt AL* Estacionar.

pa.rra [p′aɾa] *sf* Videira, parreira. **subirse a la parra** subir pelas paredes, ficar louco da vida.

pá.rra.fo [p′aɾafo] *sm* Parágrafo. **echar párrafos** falar pelos cotovelos. **echar un párrafo** bater um papo. *voy hasta allí echar un párrafo con tu prima* / vou até ali bater um papo com sua prima.

pa.rran.de.ro [paɾend′ero] *adj+sm* Folião, festeiro, farrista.

pa.rri.lla [paɾ′iλa] *sf* **1** Churrasqueira, grelha. **2** Chapa. *comeré un bufé en la parrila* / comerei um bife na chapa. **3** Churrascaria.

pa.rri.lla.da [paɾiλada] *sf* Churrascada, churrasco, grelhado. *domingo la parrillada es en tu casa* / domingo o churrasco é na sua casa.

pá.rro.co [p′aɾoko] *sm* Pároco, padre, sacerdote.

pa.rro.quia [paɾ′okja] *sf* **1** Paróquia, freguesia. **2** Igreja. *se casó en una parroquia en su ciudad* / casou-se em uma paróquia na sua cidade.

pa.rro.quia.no, -a [paɾokj′ano] *adj+s* Paroquiano. • *sm* Freguês.

par.si.mo.nio.so [parsimonj′oso] *adj* **1** Parcimonioso, econômico, moderado. **2** Pachorrento, descansado, fleumático.

par.te [p′arte] *sf* **1** Parte, pedaço, porção. **2** Lado, lugar. *¿de qué parte eres?* / de que lugar você é? **3** *Der* Litigante.

par.te.ro, -a [part′ero] *sf* **1** Parteira. *s* **2** Obstetra.

par.te.rre [part´eɾe] *sm* Jardim. *los parterres del museo de Ipiranga son fabulosos* / os jardins do museu do Ipiranga são fabulosos.

par.ti.ción [partiθij´on] *sf* Partição, divisão, partilha, repartição.

par.ti.ci.pa.ción [partiθipaθj´on] *sf* **1** Participação, colaboração. *su participación en la campaña fue fundamental* / sua participação na campanha foi fundamental. **2** Comunicado, aviso, comunicação. *llegó la participación de su matrimonio* / chegou o comunicado de seu casamento.

par.ti.ci.pan.te [partiθip´ante] *adj+s* Participante. *todos los participantes recibieron una rosa* / todos os participantes receberam uma rosa.

par.ti.ci.par [partiθip´ar] *vi* **1** Participar, tomar parte. **2** Comunicar, avisar. *fueron todos participados del paro* / todos foram avisados da greve.

par.tí.cu.la [part´ikula] *sf* Partícula, fragmento.

par.ti.cu.lar [partikul´ar] *adj* **1** Particular, próprio, privativo. **2** Especial, extraordinário, singular. • *sm* Assunto, particularidade.

par.ti.cu.la.ri.dad [partikularið´ad] *sf* **1** Particularidade, singularidade, especialidade, individualidade. **2** Distinção, deferência. **3** Pormenor, circunstância, detalhe.

par.ti.cu.la.ri.zar [partikulariθ´ar] *vt* **1** Particularizar, pormenorizar. **2** Distinguir, singularizar. → alzar.

par.ti.da [part´ida] *sf* **1** Jogo. *fui a la cancha ver la partida* / fui ao estádio assistir ao jogo. **2** Partida, ida, saída. **3** Certidão. *perdí mi partida de nacimiento* / perdi minha certidão de nascimento. **4** *Mil* Tropa, destacamento. **5** Mão, rodada. *jugamos más dos partidas y paramos* / vamos jogar mais duas rodadas depois paramos. **6** Morte.

par.ti.da.rio [partið´arjo] *adj+sm* Partidário, adepto, seguidor.

par.ti.do, -a [part´ido] *adj* **1** Generoso, liberal, pródigo. **2** Dividido. • *sm* **1** Partido, organização política, facção. **2** Proveito, vantagem. **3** Jogo, partida, competição.

par.tir [part´ir] *vt* **1** Partir, dividir, repartir. *voy a partir el chocolate para que no se peleen* / vou dividir o chocolate para que vocês não briguem. **2** Quebrar. *se me partió un plato* / quebrou um prato. *vi+vpr* Sair, ir. → Veja modelo de conjugação.

par.ti.tu.ra [partit´ura] *sf Mús* Partitura. *sé tocar guitarra, pero no sé leer partitura* / sei tocar violão, mas não sei ler partitura.

par.to [p´arto] *sm* Parto, nascimento.

par.vu.la.rio [parbul´arjo] *sm* Jardim de infância, pré-escola. *mi sobrina ya va al parvulario* / minha sobrinha já vai ao jardim de infância.

pa.sa [p´asa] *sf* **1** Passa, fruta seca. **2** Pixaim, carapinha, cabelo crespo. *no hay como peinar esa pasa* / não há como pentear esse cabelo crespo.

pa.sa.da [pas´ada] *sf* **1** Passada, passagem. **2** Repasse, repassada. **3** Rodada, partida, passagem. **mala pasada** pisada na bola.

pa.sa.di.zo [pasað´iθo] *sm* **1** Passadiço, corredor. **2** Passagem.

pa.sa.do, -a [pas´ado] *adj+sm* Passado. *estos tomates no se pueden comer, están pasados* / não se pode comer esses tomates, estão passados. *tuvo con ella un romance, pero ya pertenece al pasado* / tive um romance com ela, mas já pertence ao passado.

pa.sa.je [pas´ahe] *sm* **1** Passagem, bilhete. **2** Trânsito, transição. **3** *Geogr* Istmo. Veja nota em **abordaje**.

pa.sa.je.ro, -a [pasah´ero] *adj* Passageiro, temporário, efêmero, breve, transitório. • *sm* Passageiro, viajante.

pa.sa.ma.nos [pasam´anos] *sm inv* Corrimão. *tente en el pasamanos* / segure no corrimão.

pa.san.te [pas´ante] *adj+sm* Passante. • *s* Estagiário.

pa.sa.por.te [pasap´orte] *sm* Passaporte. **dar pasaporte** matar.

pa.sar [pas´ar] *vt+vi+vpr* **1** Levar, conduzir, trasladar. *vt+vi* **2** Atravessar, passar. **3** *vt* Enviar, transmitir. **4** Sofrer. **5** Relevar. *ya he pasado muchas cosas en esos años* / já relevei muita coisa nesses anos. *vt+vpr* **6** Ultrapassar, exceder, transpor.

vi 7 Acontecer, ocorrer, suceder. *¿qué te pasa? /* o que está acontecendo?

pa.sa.re.la [pasar´ela] *sf* Passarela.

pa.sa.tiem.po [pasatj´empo] *sm* Passatempo, entretenimento, lazer, diversão.

pas.cua [p´askwa] *sf* Páscoa. **hacer la pascua** irritar, encher o saco. *¡déjate de hacerme la pascua! /* para de encher o saco.

pa.se [p´ase] *sm* **1** Passe, lance. **2** Licença, permissão.

pa.se.ar [pase´ar] *vt+vi+vpr* Passear. *más tarde te llevo a pasear /* mais tarde levo você para passear.

pa.se.o [pas´eo] *sm* Passeio. *mi hija va a hacer un paseo con la escuela /* minha filha vai fazer um passeio com a escola.

pa.si.llo [pas´iλo] *sm* Corredor.

pa.sión [pasj´on] *sf* Paixão, entusiasmo, ardor. *el da clases con mucha pasión /* ele dá aula com muito entusiasmo.

pa.sio.na.ria [pasjonar´ia] *sf Bot* **1** Passiflora, maracujá. **2** Flor-de-maracujá.

pa.si.vo, -a [pas´ibo] *adj* Passivo, inativo. • *sm* Com Passivo.

pas.ma.do [pasm´ado] *adj* Alienado, absorto, distraído. *se pasó el día pasmado /* passou o dia distraído.

pas.mar [pasm´ar] *vtr+vpr* **1** Esfriar, congelar. *vt+vi+vpr* **2** Pasmar, assombrar, espantar, impressionar.

pas.mo [p´asmo] *sm* **1** Pasmo, admiração, assombro, espanto. **2** Espasmo. *tuve unos pasmos en la pierna /* tive uns espasmos na perna. **3** *Patol* Tétano.

pas.mo.so, -a [pasm´oso] *adj* Pasmoso, espantoso.

pa.so [p´aso] *sm* **1** Passo, passada. **2** Passagem. **3** Pegada. **4** *Geogr* Estreito. **a buen paso** rapidamente. **paso de cebra** faixa de pedestres.

pas.ta [p´asta] *sf* **1** Massa, pasta. **2** Macarrão. **3** *fam* Grana, dinheiro.

pas.tel [past´el] *sm* **1** *Pint* Pastel. **2** Bolo, torta. **3** Empada. **4** Conluio.

pas.te.le.rí.a [pasteler´ia] *sf* Confeitaria. *hoy tengo clases de pastelería /* hoje tenho aula de confeitaria.

pas.ti.lla [past´iλa] *sf* **1** Barra, pedra (sabão, chocolate). **2** Pastilha, comprimido, pílula.

pas.ti.zal [pastiθ´al] *sm* Pastagem.

pas.to [p´asto] *sm* **1** Pastagem, pasto. **2** Grama.

pas.tor, -a [past´or] *sm* Pastor.

pas.to.so, -a [past´oso] *adj* Mole, macio.

pa.ta [p´ata] *sf* **1** *Ornit* Pata. **2** Perna, pé. **a pata** a pé. *anduve a pata toda la mañana /* andei a pé a manhã toda. **a pata pelada** descalço. **estirar la pata** esticar as canelas / morrer. **mala pata** azar. **meter la pata** dar um fora / dar mancada. **patas arriba** de pernas pro ar.

pa.ta.da [pat´ada] *sf* Chute, pontapé. **no dar patada sin mordida** não dar ponto sem nó.

pa.ta.le.ar [patale´ar] *vi* Espernear, bater o pé, dar chilique, fazer birra. *déjate de patalear, vas a comerlo todo /* deixe de espernear, você vai comer tudo.

pa.ta.le.ta [patal´eta] *sf* Chilique, ataque histérico.

pa.tán [pat´an] *adj+sm* Caipira, matuto. *parece un patán con esa ropa /* parece um caipira com essa roupa.

pa.ta.ta [pat´ata] *sf Bot* Batata. *hay que comprar patatas /* é preciso comprar batata. Veja nota em **batata** (espanhol).

pa.ta.tús [patat´us] *sm coloq* Chilique, faniquito nervoso.

pa.té [pat´e] *sm* Patê. *¿quieres paté de jamón? /* você quer patê de presunto?

pa.te.ar [pate´ar] *vt* **1** *coloq* Chutar. *anda pateando todo lo que encuentra por el camino /* anda chutando tudo o que encontra pelo caminho. **2** Bater o pé. **3** *coloq* Maltratar, desconsiderar. *no sé que te hice para que me patees de esa manera /* não sei o que eu lhe fiz para que você me maltrate desse jeito.

pa.ten.te [pat´ente] *adj* Patente, evidente, claro, óbvio, manifesto, expresso. • *sf* Patente, carta-patente, título.

pa.ter.ni.dad [paternid´ad] *sf* Paternidade. *la paternidad le hizo bien /* a paternidade lhe fez bem.

pa.ter.no, -a [pat´erno] *adj* Paterno, paternal. *este es mi abuelo paterno /* este é meu avô paterno.

pa.ti.lla [pat´iλa] *sf* **1** Haste. *se me rompió la patilla de las gafas /* a haste de meus óculos quebrou. **2** Costeletas.

pa.tín [pat′in] *sm* **1** Patim. **2** Patinete.

pa.ti.na.je [patin′ahe] *sm* Patinação. *vi la presentación del campeón mundial de patinaje en el hielo* / vi a apresentação do campeão mundial de patinação no gelo. Veja nota em **abordaje**.

pa.ti.nar [patin′ar] *vi* Patinhar, escorregar, derrapar, deslizar.

pa.tio [p′atjo] *sm* **1** Pátio, área. **2** Quintal. **patio de butacas** plateia.

pa.to, -a [p′ato] *sm Ornit* Pato. **hacerse pato** fazer-se de bobo. *no te hagas el pato que a mi no me engañas* / não se faça de bobo que a mim você não engana.

pa.to.ta [pat′ota] *sf* **1** Bando, gangue. **2** Galera, turma, patota.

pa.tra.ña [patr′aña] *sf* Patranha, mentira, tapeação, patranhada.

pa.tria [p′atrja] *sf* Pátria, país. *extraño a mi patria* / tenho saudades da minha pátria.

pa.triar.ca [patrj′arka] *sm* Patriarca. *leí El otoño del patriarca* / li *O outono do patriarca*.

pa.tri.mo.nio [patrim′onjo] *sm* **1** Patrimônio, bens, capital. **2** Herança.

pa.trio.tis.mo [patrjot′ismo] *sm* Patriotismo, ufanismo. *fue un acto de patriotismo* / foi um ato de patriotismo.

pa.tro.ci.nar [patroθin′ar] *vt* **1** Patrocinar, defender, proteger, amparar, favorecer. **2** Custear, subsidiar.

pa.tro.ci.nio [patroθ′injo] *sm* Patrocínio, amparo, proteção, auxílio. *sería regio si tuviéramos patrocinio para este programa* / seria ótimo se tivéssemos patrocínio para este programa.

pa.trón, -ona [patr′on] *s* **1** Patrão, chefe. **2** Dono, senhor. **3** Padrão, modelo.

pa.tro.no, -na [patr′ono] *s* **1** Patrono, defensor, protetor. **2** Dono, senhor. **3** Padroeiro. *no sé cual es el patrono de esa ciudad* / não sei qual é o padroeiro dessa cidade.

pa.tru.lla [patr′uʎa] *sf* Patrulha, ronda, vigilância.

pa.tru.llar [patruʎ′ar] *vi+vt* Patrulhar, rondar.

pau.la.ti.no, -a [pawlat′ino] *adj* Paulatino, lento, vagaroso.

pau.pé.rri.mo [paup′eřimo] *adj* Paupérrimo. *mi madre viene de una familia paupérrima* / minha mãe vem de uma família paupérrima.

pau.sa [p′awsa] *sf* **1** Pausa, interrupção, intervalo. **2** Lentidão, demora. *hace las cosas con tanta pausa que me causa sueño* / faz as coisas com tanta lentidão que me dá sono.

pau.ta [p′awta] *sf* **1** Pauta, linha. **2** Norma, guia, regra.

pa.va [p′aba] *sf* **1** *Ornit* Perua. **2** *Arg* Bule, chaleira. *cuidado que la pava está caliente* / cuidado que o bule está quente. • *adj+s* Tonta, pata, pamonha.

pa.vi.men.tar [pabiment′ar] *vt* Pavimentar, calçar.

pa.vi.men.to [pabim′ento] *sm* Pavimento, calçamento. *hay que hacer el pavimento del patio* / é preciso fazer o calçamento do quintal.

pa.vo, -a [p′abo] *s Ornit* Peru. • *adj+sm* Tonto, pato, pamonha. **comer pavo** tomar chá de cadeira (em baile). **pavo real** pavão. **subírsele el pavo** ficar vermelho.

pa.vo.ne.ar.se [paboner′arse] *vpr* Pavonear-se, ostentar, exibir-se.

pa.vor [pab′or] *sm* Pavor, terror, medo, horror. *se le podía ver el pavor en los ojos* / podia-se ver o pavor em seus olhos.

pa.vo.ro.so, -a [pabor′oso] *adj* Pavoroso, medonho, terrível, apavorante, horroroso, assustador.

pa.ya.sa.da [payas′ada] *sf* Palhaçada, bobice.

pa.ya.so, -a [pay′aso] *s* Palhaço. *me muero de risa con los payasos* / morro de rir com os palhaços.

paz [p′aθ] *sf* **1** Paz, harmonia, fraternidade. **2** Tranquilidade, sossego, alma.

pe.a.je [pe′ahe] *sm* Pedágio, peagem. Veja nota em **abordaje**.

pe.a.tón, -ona [peat′on] *s* Pedestre. *el peatón siempre debe cruzar por el paso de cebra* / o pedestre sempre deve atravessar pela faixa.

pe.ca [p′eka] *sf* Sarda. *¡qué linda! es pelirroja y tiene la carita llena de pecas* / que gracinha! é ruiva e tem o rostinho cheio de sardas.

pe.ca.do [pek´ado] *sm* Pecado. **pecado solitario** masturbação.

pe.che.ro [petʃ´ero] *adj+sm* Peito. • *sm* Babador. *si no le pongo el pechero se ensucia entero* / se não lhe ponho o babador, ele se suja todo.

pe.cho [p´etʃo] *sm* Peito: a) tórax. b) *Anat* seio. c) coragem, força. **a pecho descubierto** de peito aberto. **meter entre pecho y espalda** virar/pôr pra dentro / comer / engulir. *se metió ocho cervezas entre pecho y espalda* / engoliu oito cervejas.

pe.chu.ga [petʃ´uga] *sf* Peito (de aves).

pe.co.so, -a [pek´oso] *adj* Sardento. *me quedé pecosa después que tomé sol* / fiquei sardenta depois de tomar sol.

pe.cu.liar [pekulj´ar] *adj* Peculiar, particular, próprio.

pe.cu.lia.ri.dad [pekuljarid´ad] *sf* Peculiaridade, particularidade. *interesante estudiar las peculiaridades de los pueblos* / interessante estudar a peculiaridade dos povos.

pe.da.go.gí.a [pedagoh´ia] *sf* Pedagogia. *pienso hacer pedagogía* / penso em fazer pedagogia.

pe.da.gó.gi.co [pedag´ohiko] *adj* Pedagógico. *ella tiene habilidad pedagógica* / ela tem habilidade pedagógica.

pe.da.go.go, -a [pedag´ogo] *s* Pedagogo, educador.

pe.dal [ped´al] *sm* Pedal. *tengo una máquina de coser de pedal* / tenho uma máquina de costura de pedal.

pe.da.le.ar [pedale´ar] *vi* Pedalar.

pe.dan.te [ped´ante] *adj* Pedante, metido, empertigado, arrogante.

pe.da.zo [ped´aθo] *sm* Pedaço, parte, fragmento, porção. **pedazo de pan** mixaria / preço de banana. *compré esos pantalones por un pedazo de pan* / comprei essas calças a preço de banana.

pe.des.tal [pedest´al] *sm* Pedestal, pé, suporte.

pe.dia.trí.a [pedjatr´ia] *sf* Pediatria. *se especializó en pediatría* / especializou-se em pediatria.

pe.di.cu.ro, -a [pedik´uro] *s* Pedicuro, calista. *esa uña sólo el pedicuro la puede cortar* / essa unha só o pedicuro consegue cortar.

pe.di.do, -a [ped´ido] *adj+s* Pedido, petição, solicitação.

pe.dir [ped´ir] *vt* Pedir, requerer, solicitar, requerer. *pidieron una paella* / pediram uma *paella*. → medir.

pe.do [p´edo] *sm vulg* **1** Peido, pum. **2** *AL vulg* Porre, bebedeira. *se agarró un pedo fenomenal* / tomou um porre fenomenal.

pe.dre.ra [pedr´era] *sf* Pedreira, canteira.

pe.dris.co [pedr´isko] *sm* **1** Granizo (de chuva). **2** Cascalho.

pe.ga.di.zo, -a [pegad´iθo] *adj* **1** Pegadiço, pegajoso. **2** Contagioso. **3** Postiço, falso, artificial. *ella usa cejas pegadizas* / ela usa cílios postiços.

pe.ga.jo.so, -a [pegah´oso] *adj* **1** Pegajoso, pegadiço. **2** Contagioso. **3** *fam* Melado, grudento. *él es muy pegajoso; no la larga un minuto* / ele é muito grudento; não a larga um minuto.

pe.ga.men.to [pegam´ento] *sm* Cola, grude.

pe.gar [peg´ar] *vt* **1** Colar, grudar, aderir. *tengo un chicle pegado en la suela del zapato* / tenho um chiclete grudado na sola do sapato. **2** Pregar, costurar. **3** Bater, surrar, dar pancadas. *al hermano mayor le gustaba pegarle a los menores* / o irmão mais velho gostava de bater nos mais jovens. *recicló una multa porque le pegaba al perro* / levou uma multa porque batia no cachorro. *vt+vpr* **4** Contagiar. *vi* **5** Combinar, ornar. *ese cuadro no pega con el color de la pared* / esse quadro não combina com a cor da parede. → cargar.

pe.go.te [peg´ote] *sm* **1** Remendo, emenda. **2** Grude, pessoa pegajosa.

pei.na.do, -a [pejn´ado] *adj+s* Penteado.

pei.ne [p´ejne] *sm* Pente (de cabelo, arma etc). *tengo que usar peine antiestático* / tenho de usar pente antiestático.

pe.la.do, -a [pel´ado] *adj* **1** Careca, calvo. **2** Descascado. • *adj+sm* Duro, pobre, sem dinheiro. Veja notas em **pelada** e **pelado** (português).

pe.la.ga.tos [pelag´atos] *sm inv coloq* Pé-rapado. *no la dejó casarse porque el novio era un pelagatos* / não deixou que se casasse porque o noivo era um pé-rapado.

pe.la.je [pel´ahe] *sm* Pelagem, pelame. *es muy lindo el pelaje de ese gato* / é muito bonita a pelagem desse gato. Veja nota em **abordaje**.

pe.lar [pel´ar] *vt+vpr* **1** Pelar, tirar os pelos. *vt* **2** Depenar. **3** Descascar. *sólo como manzana pelada* / só como maçã descascada. **4** *coloq* Limpar, depenar. *lo limpiaron hasta la última moneda* / limparam-no até a última moeda.

pel.da.ño [peld´año] *sm* Degrau. *subo 66 peldaños todos los días para trabajar* / subo 66 degraus todos os dias para trabalhar.

pe.le.a [pel´ea] *sf* **1** Peleja, briga, quebra-pau. **2** Luta, disputa. *vi todas las peleas de Mohamed Ali* / assisti a todas as lutas de Mohamed Ali.

pe.le.ar [pele´ar] *vi* **1** Brigar. **2** Lutar, combater.

pe.le.ón, -ona [pele´on] *adj* Encrenqueiro, brigão, briguento. • *sf* Pendenga, rixa.

pe.lí.ca.no [pel´ikano] *sm Ornit* Pelicano.

pe.lí.cu.la [pelí´kula] *sf* **1** Filme. **2** Película. **allá películas que se dane.** *si no quiere comer, por mí, allá películas* / se não quer comer, por mim, que se dane.

pe.li.gro [pel´igro] *sm* Perigo, risco. *con niños en casa los cristales corren peligro* / com crianças em casa os cristais correm perigo.

pe.li.gro.so, -a [peligr´oso] *adj* Perigoso, arriscado.

pe.li.rro.jo, -a [pelirr´oho] *adj+s* Ruivo. *siempre quise un nene pelirrojo* / sempre quis um nenê ruivo.

pe.lle.jo [peλ´eho] *sm* **1** Pele, couro. **2** Odre. **3** *coloq* Bêbado. *no quiero pellejos en mi restaurante* / não quero bêbados no meu restaurante. **dejar/perder el pellejo** morrer. **jugarse el pellejo** arriscar o pescoço. **no caber en el pellejo** não caber em si de contente. **no tener más que el pellejo** estar puro osso, magro. **salvar el pellejo** salvar a pele.

pe.lliz.car [peλiθk´ar] *vt+vpr* **1** Beliscar, pinçar. **2** Lambiscar. *en vez de pellizcar sin parar, ¿por qué no te sentas a la mesa para cenar?* / em vez de lambiscar sem parar, por que você não senta à mesa pr jantar? → atacar.

pe.lliz.co [peλ´iθko] *sm* Belisco, beliscão ¡mamá! ¡Jaime me dio un pellizcón! mãe! Jaime me deu um beliscão!

pe.lo [p´elo] *sm* **1** Pelo, cabelo. **a contra pelo** contra a vontade. **al pelo** ótimo. *es pintura me salió al pelo* / essa pintura ficou ótima. **a medios pelos** meio bêbado **cortar un pelo en el aire** dar nó em pingo d'água. **pelos y señales** mínimos detalhes **tomar el pelo** tirar o pelo / tirar sarro.

pe.lón, -ona [pel´on] *adj+s* **1** Careca. **2** Duro, pobre, pé-rapado.

pe.lo.ta [pel´ota] *sf* **1** Bola. **2 pelotas** *p vulg* Saco. **dar pelota** dar atenção. *nadi me da pelota en esta casa* / ninguém me dá atenção nesta casa. **en pelotas:** a) duro sem dinheiro. b) nu.

pe.lo.te.ra [pelot´era] *sf* Briga, rixa arranca-rabo.

pe.lo.tón [pelot´on] *sm* **1** *Mil* Pelotão. **2** Tufo, mecha.

pe.lu.ca [pel´uka] *sf* Peruca. *las peluca ya están pasadas de moda* / as perucas já saíram de moda.

pe.lu.che [pel´utʃe] *sm* **1** Pelúcia. **2** Bicho de pelúcia. *me encanta comprar peluches, tengo la habitación llena de ellos* / adoro comprar bichos de pelúcia; meu quarto está cheio deles.

pe.lu.do, -a [pel´udo] *adj* Peludo, cabeludo. • *sm Arg* Porre, bebedeira.

pe.lu.que.ro, -a [peluk´ero] *s* Cabeleireiro, barbeiro. *marqué el peluquero para las tres* / marquei cabeleireiro para as três.

pe.lu.sa [pel´usa] *sf* **1** Penugem, lanugem. **2** Fiapo, pelinho. **3** *coloq* Ciúme, manha.

pel.vis [p´elbis] *sf inv Anat* Pelve, bacia.

pe.na [p´ena] *sf* **1** Pena, punição, castigo. **2** Tormento, aflição. **3** Dificuldade, trabalho. **de pena** de dar dó. *es feo de pena* / é feio de dar dó.

pe.nal [pen´al] *adj* Penal. • *sm* **1** Prisão, cadeia, penitenciária, presídio. **2** *Arg Dep* Pênalti.

pe.na.li.dad [penalid´ad] *sf* Penalidade, castigo, sanção.

pe.na.li.zar [penaliθ´ar] *vt* Penalizar, castigar. → alzar.

e.nal.ti [pen´alti] *sm Dep* Pênalti. *mi marido casi se muere porque su equipo perdió el penalti* / meu marido quase morreu porque o time dele perdeu o pênalti.
e.nar [pen´ar] *vt* **1** Penalizar, condenar, castigar. *vi* **2** Penar, padecer, sofrer.
en.de.jo, -a [pend´eho] *adj+s* **1** Covarde. **2** Bobalhão. **3** Pentelho.
en.den.cia [pend´enθja] *sf* **1** Pendência. **2** Briga, disputa, encrenca, rinha, rixa.
en.den.cie.ro, -a [pendenθj´ero] *adj* Encrenqueiro, briguento, brigão.
en.der [pend´er] *vi* **1** Pender, pendurar, suspender. **2** Depender.
en.dien.te [pendj´ente] *adj* **1** Pendente, pendurado, suspenso. *la cortina se quedó pendiente por una argolla sola y después se cayó* / a cortina ficou pendurada por uma argola só e depois caiu. **2** Inclinado. • *sm* **1** Brinco. **2** Pingente. *sf* **3** Ladeira, declive.
én.du.lo [p´endulo] *sm* Pêndulo. *eran lindos aquellos relojes de péndulo* / aqueles relógios de pêndulo eram bonitos.
e.ne [p´ene] *sm Anat* Pênis. *se operó el pene; tenía fimosis* / operou o pênis; tinha fimose.
e.ne.tra.ción [penetraθj´on] *sf* **1** Penetração, entrada. **2** Perspicácia, sagacidade, agudeza, inteligência, alcance.
e.ne.tran.te [penetr´ante] *adj* **1** Penetrante, profundo. **2** Incisivo, agudo, mordaz.
e.ne.trar [penetr´ar] *vt+vi+vpr* Penetrar, entrar, introduzir.
e.nín.su.la [pen´insula] *sf Geogr* Península.
e.ni.ten.cia [penit´enθja] *sf* **1** Penitência, pena, castigo. **2** Arrependimento.
e.ni.ten.cia.rí.a [peninθarj´ia] *sf* Penitenciária, cadeia, prisão, presídio.
e.ni.ten.cia.rio, -a [peninθj´arjo] *adj+s* Penitenciário. *el sistema penitenciario necesita una reestructuración* / o sistema penitenciário precisa de uma reestruturação.
e.no.so, -a [pen´oso] *adj* Penoso, difícil, árduo, trabalhoso, difícil, cansativo.
pen.sa.mien.to [pensamj´ento] *sm* **1** Pensamento, mente, intelecto. **2** Reflexão, meditação. **3** Ideia, conceito.

pen.sar [pens´ar] *vt* **1** Pensar, discorrer. **2** Refletir, meditar, examinar. **3** Idealizar, imaginar. → despertar.
pen.sa.ti.vo, -a [pensat´ibo] *adj* Pensativo, meditativo.
pen.sión [pensj´on] *sf* Pensão: a) renda. b) hospedaria.
pen.tá.go.no, -a [pent´agono] *adj+s Geom* Pentágono.
pen.ta.gra.ma [pentagr´ama] *sm Mús* Pentagrama.
pe.núl.ti.mo, -a [pen´ultimo] *adj+s* Penúltimo.
pe.num.bra [pen´umbra] *sf* Penumbra, sombra, meia-luz. *sin notarlo, estaba leyendo en la penumbra* / sem perceber, estava lendo na penumbra.
pe.nu.ria [pen´urja] *sf* Penúria, miséria, pobreza.
pe.ña [p´eña] *sf* **1** Rocha, penha, penhasco. **2** Roda de amigos, tertúlia.
pe.ñas.co [peñ´asko] *sm* Penhasco, rochedo.
pe.ón [pe´on] *sm* **1** Peão: a) trabalhador braçal. b) peça do jogo de xadrez. **2** Pião.
pe.on.za [pe´onθa] *sf* Pião. **a peonza** a pé / andando. *va a la escuela a peonza* / vai à escola a pé.
pe.or [pe´or] *adj* Pior, inferior. *es peor estar parada, me duele más la pierna* / é pior ficar parada, dói mais a perna.
pe.pi.no [pep´ino] *sm Bot* Pepino.
pe.pi.ta [pep´ita] *sf* **1** Semente, caroço. **2** Pepita. **no tener pepita en la lengua** não ter papas na língua.
pe.que.ño, -a [pek´eño] *adj* Pequeno, diminuto. • *s* pequeno, criança. Veja nota em **mayor**.
pe.ra [p´era] *sf* **1** *Bot* pera. *tengo una receta de peras al vino deliciosa* / tenho uma receita deliciosa de peras ao vinho. **2** *Arg, Chile, Ur Anat* Queixo. Veja nota em **pera** (português).
per.can.ce [perk´anθe] *sm* Percalço, contratempo, contrariedade.
per.ca.tar.se [perkat´arse] *vpr* **1** Precaver, acautelar. **2** Perceber, dar-se conta. *no me percaté de que estaba tan triste* / não percebi que estava tão triste.

per.cep.ción [perθepθj´on] *sf* **1** Percepção. **2** Noção, ideia, conhecimento, ciência.

per.cep.ti.ble [perθept´ible] *adj* Perceptível. *sí, está manchado, pero es muy poco perceptible* / sim, está manchado, mas é muito pouco perceptível.

per.cha [p´ert∫a] *sf* **1** Cabide. **2** *coloq* Porte, pinta, elegância.

per.ci.bir [perθib´ir] *vt* **1** Receber. **2** Perceber, notar. **3** Compreender, entender.

per.cu.sión [perkusj´on] *sf* Percussão; choque, embate..

per.cu.tir [perkut´ir] *vt* Percutir, bater.

per.der [perd´er] *vt* **1** Perder, deixar, quitar. **2** Desperdiçar, dissipar, malgastar. **3** Degenerar, danar. *vpr* **4** Perverter, depravar, corromper, desencaminhar-se. → defender.

per.di.ción [perdiθj´on] *sf* **1** Perdição, desgraça, ruína. **2** Desencaminhamento, perversão, depravação.

pér.di.da [p´erdida] *sf* Perda, prejuízo, dano. *sufrió muchas pérdidas financieras* / sofreu muitas perdas financeiras.

per.di.do, -a [perd´ido] *adj* **1** Perdido, desorientado, desnorteado. **2** Extraviado. **3** Corrupto, devasso. • *sf* Prostituta. **perdido por (algo)** louco por (algo). *soy perdido por hamburguesa* / sou louco por hambúrguer.

per.dón [perd´on] *sm* **1** Perdão, desculpa, graça, indulgência. **2** Indulto, absolvição, vênia.

per.do.nar [perdon´ar] *vt* **1** Perdoar, desculpar, redimir. **2** Absolver, indultar.

per.du.rar [perdur´ar] *vi* Perdurar, manter, subsistir, durar.

pe.re.cer [pereθ´er] *vi* **1** Perecer, morrer, falecer. **2** Fenecer, acabar, consumir, definhar. *lo vi perecer a poco y poco después de la separación* / vi-o se acabar pouco a pouco depois da separação. → crecer.

pe.re.gri.na.ción [peregrinaθj´on] *sf* Peregrinação, romaria.

pe.re.gri.no, -a [peregr´ino] *adj+s* **1** Peregrino, romeiro. **2** Viajante.

pe.re.jil [pereh´il] *sm Bot* Salsa, salsinha. *falta un poco de perejil en el pollo* / falta um pouco de salsinha no frango. Veja notas em **salsa** (espanhol e português).

pe.ren.den.gue [perend´enge] *sm* Brinco. **2** Bijuteria. **3 perendengues** *p* Badulaques.

pe.re.nne [per´enne] *adj* **1** Perene, contínuo, incessante.

pe.re.za [per´eθa] *sf* Preguiça, indolência, moleza.

pe.re.zo.so, -a [pereθ´oso] *adj+s* Preguiçoso, negligente, descuidado, indolente. *ese perezoso no se levanta antes de mediodía* / esse preguiçoso não acorda antes do meio-dia. • *sm Zool* Preguiça, bicho-preguiça.

per.fec.ción [perfekθj´on] *sf* Perfeição, excelência. *hay que ver con qué perfección dibuja* / precisa ver com que perfeição ele desenha.

per.fec.cio.nar [perfekθjon´ar] *vt+vp* Aperfeiçoar, melhorar, refinar, apurar, aprimorar.

per.fec.to, -a [perf´ekto] *adj+s* **1** Perfeito, normal, completo. *gracias a Dios nació perfecto* / graças a Deus nasceu normal. **2** Excelente.

per.fi.dia [perf´idja] *sf* Perfídia, traição, deslealdade, falsidade, velhacaria.

pér.fi.do, -a [p´erfido] *adj+s* Pérfido, traidor, desleal, infiel, falso.

per.fil [perf´il] *sm* Perfil: a) contorno, silhueta. b) conjunto de traços, características.

per.fo.ra.do [perfor´ado] *adj* Perfurado, furado. *tuvo un ojo perforado en un accidente* / teve um olho perfurado em um acidente.

per.fo.ra.dor [perforad´or] *sm* Perfurador, furador.

per.fo.rar [perfor´ar] *vt* Perfurar, furar.

per.fu.me [perf´ume] *sm* **1** Perfume, água-de-colônia. **2** Aroma, fragrância, cheiro. *no reconozco ese perfume* / não reconheço esse cheiro.

pe.ri.cia [per´iθja] *sf* Perícia, prática, habilidade, destreza, experiência, técnica. *no le falta pericia para pintar* / não lhe falta habilidade para pintar.

pe.ri.co [per´iko] *sm* **1** *Ornit* Papagaio. **2** *vulg* Cocaína. **perico ligero** bicho-preguiça.

pe.ri.fe.ria [perif´erja] *sf* Periferia, contorno, perímetro.

pe.rí.me.tro [per´imetro] *sm* Perímetro, contorno.

pe.ri.ó.di.co, -a [perj´odiko] *adj* Periódico, ordinário, regular. • *sm* Jornal, revista, periódico.

pe.rio.dis.mo [perjod´ismo] *sm* Jornalismo. *trabajo hace dieciseis años en el periodismo* / trabalho há dezesseis anos no jornalismo.

pe.rio.dis.ta [perjod´ista] *s* Jornalista, repórter. *aquél periodista del canal 2 se fue para el 7* / aquele jornalista do canal 2 foi para o 7.

pe.rí.o.do [per´iodo], **pe.rio.do** [per´jodo] *sm* **1** Período, época, fase, etapa, ciclo. **2** Menstruação, regras.

pe.ri.pe.cia [perip´eθja] *sf* Peripécia, incidente, imprevisto.

pe.ri.qui.to [perik´ito] *sm Ornit* Periquito. *tengo una pareja de periquitos* / tenho um casal de periquitos.

pe.ris.ta [per´ista] *s* Receptador. *las joyas robadas fueron vendidas a un perista en Paraguay* / as joias roubadas foram vendidas a um receptador no Paraguai.

pe.ri.to, -a [per´ito] *adj+s* Perito, experto, conhecedor, especialista.

per.ju.di.car [perhudik´ar] *vt+vpr* Prejudicar, lesar. *fue sin querer que o perjudicó* / foi sem querer que o prejudicou.

per.ju.di.cial [perhudiθj´al] *adj* Prejudicial, danoso, lesivo, desfavorável, nocivo, ruim.

per.jui.cio [perhw´iθjo] *sm* Prejuízo, dano.

per.la [p´erla] *sf* Pérola. **de perlas** perfeito.

per.ma.ne.cer [permaneθ´er] *vi* Permanecer, ficar, continuar, subsistir, durar. → crecer.

per.ma.nen.cia [perman´enθja] *sf* **1** Permanência, duração, demora. **2** Estada.

per.ma.nen.te [perman´ente] *adj* Permanente, duradouro.

per.mi.sión [permiθj´on] *sf* Permissão, licença. *no tengo permisión para entrar en el despacho del director* / não tenho licença para entrar no escritório do diretor.

per.mi.si.vo, -a [permis´ibo] *adj* Permissivo, tolerante.

per.mi.so [perm´iso] *sm* **1** Permissão, licença. **2** Autorização. **con permiso** com licença. *con permiso, señor, tengo que pasar* / com licença, senhor, preciso passar. **permiso de conducir** carta de motorista.

per.mi.tir [permit´ir] *vt+vpr* **1** Permitir, autorizar. *vt* **2** Consentir, assentir, admitir, tolerar.

per.mu.ta [perm´uta] *sf* Permuta, troca, escambo, intercâmbio.

per.mu.tar [permut´ar] *vt* Permutar, trocar, intercambiar.

per.ni.cio.so, -a [perniθj´oso] *adj* Pernicioso, nocivo, prejudicial, maléfico, ruim.

per.nil [pern´il] *sm* Pernil, coxa. *asamos un pernil enorme domingo* / assamos um pernil enorme no domingo.

per.no [p´erno] *Mec* Parafuso.

per.noc.tar [pernokt´ar] *vi* Pernoitar. *nunca había pernoctado en la casa del novio* / nunca havia pernoitado na casa do namorado.

pe.ro [p´ero] *conj* Mas. Veja nota em **mas** (espanhol).

pe.rol [per´ol] *sm* Tacho, vasilha. *necesito un perol para hacer un guisado para tanta gente* / preciso de um tacho para fazer um refogado para tanta gente.

per.pen.di.cu.lar [perpendikul´ar] *adj+sf Geom* Perpendicular.

per.pe.trar [perpetr´ar] *vt* Perpetrar, cometer, praticar.

per.pe.tuar [perpetw´ar] *vt+vpr* Perpetuar, eternizar. → atenuar.

per.pe.tuo, -a [perp´etwo] *adj* Perpétuo, eterno, permanente. *no aguanto más ese perpetuo subir y bajar escaleras* / não aguento mais esse eterno subir e descer escadas.

per.ple.ji.dad [perplehid´ad] *sf* Perplexidade, incerteza, vacilação, dúvida, indecisão.

per.ple.jo, -a [perpl´eho] *adj* Perplexo, indeciso, irresoluto. *no puede ser tan perplejo si sueña con el cargo de cordinador* / não pode ser tão indeciso se sonha com o cargo de coordenador.

pe.rra [p´er̄a] *sf* **1** *Zool* Cadela, cachorra. **2** Prostituta. **3** *coloq* Chilique, birra. **4** *coloq* Porre, bebedeira. **5** *coloq* Dinheiro, grana.

pe.rre.ra [peř´era] *sf* **1** Carrocinha. **2** Canil. **3** *coloq* Teimosia, choradeira.

pe.rre.rí.a [peřeř´ia] *sf* **1** Matilha. **2** Cachorrada, canalhice.

pe.rro, -a [p´er̄o] *adj* Cafajeste, canalha. • *sm Zool* Cão, cachorro.

per.se.cu.ción [persekuθj´on] *sf* Perseguição. *hay que perseverar en la persecución de los objetivos* / é preciso perseverar na perseguição dos objetivos.

per.se.guir [perseg´ir] *vt* **1** Perseguir, acossar, caçar. **2** Incomodar, importunar, aborrecer. **3** Lutar, empenhar-se. → seguir.

per.se.ve.ran.cia [perseber´anθja] *sf* Perseverança, afinco, firmeza, insistência.

per.se.ve.ran.te [perseber´ante] *adj* Perseverante, firme. *logró evolucionar porque fue perseverante* / conseguiu evoluir porque foi perseverante.

per.sia.na [persj´ana] *sf* Persiana, veneziana. *¡cierren las persianas que empezó a llover!* / fechem as persianas que começou a chover.

per.sig.nar [persign´ar] *vt+vpr* Persignar-se.

per.sis.ten.cia [persist´enθja] *sf* Persistência, firmeza, insistência.

per.sis.ten.te [persist´ente] *adj* Persistente, firme, tenaz. *Juan tiene que ser persistente con la fisioterapia* / Juan precisa ser persistente com a fisioterapia.

per.sis.tir [persist´ir] *vi* **1** Persistir, perseverar. **2** Permanecer, durar, subsistir.

per.so.na [pers´ona] *sf* Pessoa, indivíduo. *es muy buena persona* / é muito boa pessoa.

per.so.na.je [person´ahe] *sm* Personagem, personalidade ilustre. Veja nota em **abordaje**.

per.so.nal [person´al] *adj* Pessoal, individual, particular, próprio. • *sm* Pessoal, funcionários. *el personal de la limpieza ya ha llegado* / os funcionários da limpeza já chegaram.

per.so.na.li.dad [personalid´ad] *sf* **1** Personalidade, caráter. **2** Figura, personagem. *personalidades famosas estarán esta noche en el restaurante* / figuras famosas estarão esta noite no restaurante.

per.so.ni.fi.ca.ción [personifikaθj´on] *sf* Personificação. *Octavio es la personificación de la belleza* / Otávio é a personificação da beleza.

pers.pec.ti.va [perspekt´iba] *sf* Perspectiva, ponto de vista.

pers.pi.ca.cia [perspik´aθja] *sf* Perspicácia, agudeza, sagacidade, esperteza.

pers.pi.caz [perspik´aθ] *adj* Perspicaz, observador, esperto, sagaz, penetrante.

per.sua.dir [perswad´ir] *vt+vpr* Persuadir, convencer, induzir. *intentó persuadirme a entregarle todo el dinero del premio* / tentou me convencer a entregar-lhe todo o dinheiro do prêmio.

per.sua.sión [perswasj´on] *sf* **1** Persuasão. **2** Certeza, convicção, firmeza.

per.sua.si.vo, -a [perswas´ibo] *adj* Persuasivo, convincente, labioso. *es tan persuasivo que hasta tengo miedo de hablar con él* / é tão persuasivo que tenho até medo de falar com ele.

per.te.ne.cer [perteneθ´er] *vi* Pertencer, fazer parte. → crecer.

per.te.nen.cia [perten´enθja] *sf* Posse, pertença, direito de propriedade.

per.ti.na.cia [pertina´θja] *sm* Persistência, firmeza, insistência.

per.ti.nen.te [pertin´ente] *adj* Pertinente, concernente, correspondente, referente. *no es un tema pertinente* / não é um assunto pertinente.

per.tre.chos [pertr´etʃos] *sm pl* Apetrechos, utensílios.

per.tur.ba.ción [perturbaθj´on] *sf* Perturbação, transtorno, desarranjo, alteração.

per.tur.ba.do [perturb´ado] *adj+sm Patol* Perturbado, agitado, transtornado.

per.tur.bar [perturb´ar] *vt+vpr* **1** Perturbar, abalar, transtornar, alterar. *vpr* **2** Aturdir.

per.ver.si.dad [perbersid´ad] *sf* Perversidade, iniquidade, maldade.

per.ver.sión [perbersj´on] *sf* Perversão, depravação, corrupção, devassidão, desmoralização.

per.ver.so, -a [perbˊerso] *adj+s* **1** Perverso, mau, maligno, malvado. **2** Corrupto, depravado, devasso.

per.ver.tir [perbertˊir] *vt+vpr* Perverter, corromper, depravar, desencaminhar. *no se puede permitir pervertir las buenas costumbres* / não se pode permitir perverter os bons costumes. → mentir.

pe.sa.di.lla [pesadˊiλa] *sf* Pesadelo. *no pude dormir la noche pasada; tuve pesadillas* / não consegui dormir a noite passada; tive pesadelos.

pe.sa.do, -a [pesˊado] *adj* **1** Pesado, denso. **2** Trabalhoso, difícil, desgastante. **3** Enfadonho, chato. *qué tipo más pesado!* / que sujeito mais chato!

pe.sa.dum.bre [pesadˊumbre] *sm* **1** Angústia, consternação, tristeza. **2** Peso.

pé.sa.me [pˊesame] *sm* Pêsames, condolências.

pe.sar [pesˊar] *vt* **1** Pesar, sopesar. **2** Ponderar. • *sf* Pesar, dor, mágoa, desgosto. **pese a em que pesa / apesar / a despeito.**

pe.sa.ro.so, -a [pesarˊoso] *adj* **1** Pesaroso, desgostoso, triste, magoado. **2** Arrependido.

pes.ca [pˊeska] *sf* Pesca, pescaria. *hay que ser firme contra la pesca predatoria* / é preciso ser firme contra a pesca predatória.

pes.ca.de.rí.a [peskaderˊia] *sf* Peixaria. *la pescadería no abre a los lunes* / a peixaria não abre às segundas-feiras.

pes.ca.do [peskˊado] *sm* Pescado, peixe (para comer).

pescar [peskˊar] *vt* **1** Pescar. **2** Pegar, contrair (uma doença). Veja nota em **pescar** (português). → atacar.

pes.cue.zo [peskwˊeθo] *sm* Pescoço de animais.

pe.se.bre [pesˊebre] *sm* **1** Manjedoura, cocho. **2** Presépio.

pe.si.mis.mo [pesimˊismo] *sm* Pessimismo, derrotismo. *veo ese matrimonio con un cierto pesimismo* / vejo esse casamento com um certo pessimismo.

pe.si.mis.ta [pesimˊista] *adj+s* Pessimista, negativo, derrotista.

pé.si.mo, -a [pˊesimo] *adj* Péssimo, horrível, terrível.

pe.so [pˊeso] *sm* **1** Peso, massa. **2** Substância, gravidade, importância. **3** Ônus, carga, responsabilidade.

pes.qui.sa [peskˊisa] *sf* Averiguação, investigação.

pes.ta.ña [pestˊaña] *sf* Pestana, cílio. *¡tienes las pestañas tan largas!* / você tem os cílios tão compridos!

pes.ta.ñe.ar [pestaneˊar] *vi* Pestanejar, piscar. *ese aire contaminado me hace pestañear sin parar* / esse ar poluído me faz piscar sem parar.

pes.te [pˊeste] *sf* **1** Peste, doença, praga. **2** Fedor. **3** Corrupção, devassidão.

pes.ti.ci.da [pestiθˊida] *adj+sm* Pesticida. *no sé que pesticida es mejor para las plantas* / não sei qual pesticida é melhor para as plantas.

pes.ti.len.cia [pestilˊenθja] *sf* Pestilência, fedor.

pes.ti.len.te [pestilˊente] *adj* Pestilento, fedorento.

pes.ti.llo [pestˊiλo] *sm* **1** Fecho, tranca, tranqueta. **2** Lingueta, fechadura.

pé.ta.lo [pˊetalo] *sm Bot* Pétala. *prepararon una alfombra de pétalos de rosa para la entrada de la novia* / prepararam um tapete de pétalas de rosa para a entrada da noiva.

pe.tar.do [petˊardo] *sm* **1** Petardo, bombinha. **2** *fam* Cara chato. *¡qué petardo! ya me dijo mil vezes que no me olvide de cerrar la puerta* / mas que cara chato! já me pediu mil vezes para não esquecer de fechar a porta.

pe.ti.ción [petiθjˊon] *sf* **1** Pedido, solicitação. **2** Petição, requerimento. **3** Súplica.

pe.tró.le.o [petrˊoleo] *sm* Petróleo.

pe.tu.lan.cia [petulˊanθja] *sf* Petulância, insolência, atrevimento. *nunca vi tanta petulancia* / nunca vi tanta petulância.

pe.tu.lan.te [petulˊante] *adj+sm* Petulante, insolente, atrevido.

pe.yo.ra.ti.vo, -a [peyoratˊibo] *adj* Pejorativo, negativo, desfavorável. *me ofendió porque lo dijo en sentido peyorativo* / ofendeu-me porque falou no sentido pejorativo.

pez [pˊeθ] *sm Zool* Peixe. **picar el pez** morder a isca / cair na rede.

pe.zón [peθ´on] *sm* **1** *Anat* Mamilo, bico do seio. **2** *Bot* Pedúnculo.
pia.do.so, -a [pjad´oso] *adj* **1** Piedoso, bondoso, misericordioso. **2** Devoto, religioso.
pia.nis.ta [pjan´ista] *s* Pianista.
pia.no [pi´ano] *sm* Piano.
piar [pi´ar] *vi* Piar. → confiar.
pi.be [p´ibe] *sm CS fam* Garoto, menino, moleque. *mi hija parece un pibe* / minha filha parece um moleque.
pi.ca [p´ika] *sf* Pique, lança.
pi.ca.da [pik´ada] *sf AL* Trilha.
pi.ca.di.llo [pikad´iλo] *sm* Picadinho. **hacer picadillo** fazer picadinho.
pi.ca.du.ra [pikad´ura] *sf* **1** Picada, mordida de inseto. **2** Bicada.
pi.ca.flor [pikafl´or] *sm Ornit* Beija-flor, colibri. *me olvidé de ponerle agua con azúcar a los picaflores* / esqueci de pôr água com açúcar para os beija-flores.
pi.can.te [pik´ante] *adj* **1** Picante, ardido, apimentado. **2** Agudo, irônico, mordaz.
pi.ca.por.te [pikap´orte] *sm* **1** Lingueta, fechadura. **2** Maçaneta. **3** Aldraba.
pi.car [pik´ar] *vt+vpr* **1** Furar, espetar. *vt* **2** Picar (insetos). **3** Bicar. **4** Cortar, fatiar. **5** Instigar, estimular, excitar. *vi* **6** Coçar. *no sé que tengo acá, me está picando* / não sei o que tenho aqui, está coçando. **7** Cariar, apodrecer. → atacar.
pi.car.dí.a [pikard´ia] *sf* **1** Picardia, desconsideração, injúria, velhacaria. **2** Travessura, brincadeira.
pí.ca.ro, -a [p´ikaro] *adj+s* **1** Pícaro, patife, sacana, velhaco, sem-vergonha. **2** Astuto, esperto, malandro.
pi.ca.zón [pikaθ´on] *sf* **1** Coceira, comichão, formigamento. **2** Irritação, desgosto, contrariedade.
pic.nic [pikn´ik] *sm* Piquenique.
pi.chón [pitʃ´on] *sm* **1** Filhote de pombo **2** *fig* e *coloq* Gato (namorado), criança, filhote.
pi.co [p´iko] *sm* **1** Pico, cume. **2** *Anat* Bico. **3** Picareta.
pi.cor [pik´or] *sm* **1** Coceira, prurido, comichão. **2** Ardor.
pi.co.ta.zo [pikot´aθo] *sm* Bicada, picada.

pi.co.te.ar [pikote´ar] *vt* **1** Bicar. *vi* **2** *coloq* Tagarelar, matraquear. **3** *fam* Fazer uma boquinha.
pi.cu.do, -a [pik´udo] *adj* **1** Bicudo. **2** *fam* Tagarela, matraca. • *sm* Espeto.
pie [pj´e] *sm* **1** *Anat* Pé. **2** Pata (animal móvel). **3** Base, sustentação. **4** Árvore **caer de pie** dar sorte. **con los pies** fazer malfeito/de qualquer jeito. *si lo vas a hacer con los pies, déjalo que lo hago yo* / se você vai fazer de qualquer jeito, deixa que eu faço. **con pies de plomo** pisando em ovos / com cuidado. **del pie a la mano** de uma hora pra outra. **estar con el pie en el estribo** estar com o pé na estrada.
pie.dad [pjed´ad] *sf* Piedade, dó, pena, compaixão.
pie.dra [pj´edra] *sf* **1** Pedra, rocha. **2** Granizo. **3** *Anat* Cálculo renal. **de piedra** petrificado. *se quedó de piedra cuando lo vio entrar por la puerta* / ficou petrificado quando o viu entrar pela porta.
piel [pj´el] *sf* **1** *Anat* Pele, derme. **2** Casca (de frutas). **3** Couro curtido. **dejar la piel** dar o sangue. **ser de la piel de Judas** ser levado da breca.
pien.so [pj´enso] *sm* Ração bovina.
pier.na [pj´erna] *sf* **1** *Anat* Perna. **2** *Anat* Pata. **a pierna suelta** tranquilamente. *durmió la tarde entera a pierna suelta* / dormiu tranquilamente a tarde inteira.
pie.za [pj´eθa] *sf* **1** Peça: a) parte. b) representação teatral. **2** Cômodo, compartimento, quarto. Veja nota em **peça** (português).
pi.fiar [pifj´ar] *vt fam* **1** Vaiar. *vi+vt* **2** Errar.
pi.ja.ma [pij´ama] *sm* Pijama. *con ese tiempo mejor levar pijama de frío* / com esse tempo, melhor usar pijama de frio.
pi.la [p´ila] *sf* **1** Pia. **2** Pilha: a) monte, montão. b) bateria.
pi.lar [pil´ar] *sm* Pilar, pilastra, coluna.
pí.l.do.ra [p´ildora] *sf* Pílula, comprimido, drágea.
pi.le.ta [pil´eta] *sf Arg* Piscina. *¡vamos a la pileta!* / vamos à piscina!
pi.lla.je [piλ´ahe] *sm* Pilhagem, latrocínio, roubo, furto, saque, rapina. Veja nota em **abordaje**.

pi.llar [piʎ´ar] *vt* **1** Pilhar, saquear, roubar. **2** Surpreender, flagrar. **3** Pegar, contrair. *se pilló una gripe fenomenal* / pegou uma gripe fenomenal.

pi.lle.rí.a [piʎer´ia] *sf* Malandragem, sacanagem, pilantragem.

pi.llo, -a [p´iʎo] *adj+s* Malandro, sacana, pilantra.

pi.lón [pil´on] *sm* Pilão. **llevar (alguien) al pilón** fazer gato e sapato / usar e abusar.

pi.lo.to [pil´oto] *s* **1** Piloto. *sm* **2** Guia, orientador. **3** *Arg* Capa de chuva, impermeável.

pil.tra.fa [piltr´afa] *sf* **1** Pelanca. **2** Trapo, frangalho. *quedó hecho una piltrafa* / ficou feito um trapo.

pi.men.tón [piment´on] *sm Bot* Pimentão.

pi.mien.ta [pimj´enta] *sf Bot* Pimenta. *no me gusta la pimienta* / não gosto de pimenta.

pi.mien.to [pimj´ento] *sm Bot* **1** Pimenteiro. **2** Pimentão. **no valer un pimiento** não valer nada.

pim.po.llo [pimp´oʎo] *sm Bot* Pimpolho, broto. *los pimpollos de rosa están hermosos* / os brotos de rosa estão maravilhosos.

pin.cel [pinθ´el] *sm* Pincel. **como un pincel** um brinco. *ella está como un pincel* / ela está um brinco.

pin.char [pintʃ´ar] *vt+vpr* **1** Espetar, furar, picar. *vt* **2** Incitar, estimular, excitar, mover. **3** Cutucar, irritar, provocar. *vpr* **4** Picar-se, dar pico na veia.

pin.cha.zo [pintʃ´aθo] *sm* **1** Espetada, agulhada, injeção. **2** Furo de pneu.

ping-pong [pimp´on] *sm* Pingue-pongue. *en la escuela tendremos campeonato de ping-pong* / na escola teremos campeonato de pingue-pongue.

pin.güi.no [pingw´ino] *sm Zool* Pinguim.

pi.no [p´ino] *sm Bot* Pinheiro, pinho. **el quinto pino** o quinto dos infernos.

pin.ta [p´inta] *sf* **1** Mancha, sinal. **2** Pinta, aparência, fisionomia. *tienes pinta de artista* / você tem pinta de artista.

pin.ta.la.bios [pintal´abjos] *sm inv* Batom. *¿qué color de pintalabios deseas?* / que cor de batom você deseja?

pin.tar [pint´ar] *vt* **1** Pintar. *vi* **2** Importar, significar, valer. *vpr* **3** Maquiar-se.

pin.tor, -ora [pint´or] *s* Pintor. *fue el pintor más premiado del año pasado* / foi o pintor mais premiado do ano passado.

pin.to.res.co [pintor´esko] *adj* Pitoresco, vivo. *muy pintorescos los paisajes de acá* / muito pitorescas as paisagens daqui.

pin.tu.ra [pint´ura] *sf* **1** Pintura, tinta. **2** Maquilagem. *no me gusta que uses pintura tan chillante* / não gosto que você use maquilagem tão berrante.

pin.za [p´inθa] *sf* **1** Pinça. **2** Tenaz. **3** Pence.

pi.ña [p´iña] *sf Bot* **1** Pinha. **2** Abacaxi.

pi.ñón [piñ´on] *sm* **1** *Bot* Pinhão. **2** Engrenagem. **ser de piñón fijo** ser cabeça-dura.

pio.jo [pj´oho] *sm Entom* Piolho. **como piojos en costura** como sardinha em lata. *viajaban como piojos en costura* / viajavam como sardinha em lata.

pi.pa [p´ipa] *sf* **1** Cachimbo. **2** Pipa, tonel. **3** Semente, caroço.

pi.pí [pip´i] *sm fam* Xixi, pipi.

pi.que.te [pik´ete] *sm* **1** Piquete. **2** Picada, espetada, furada. *me hice un piquete en la mano con el cuchillo* / dei uma espetada na mão com a faca.

pi.ra.do, -a [pir´ado] *adj+s fam* Pirado, louco, maluco, doido, pinel, pancada.

pi.rá.mi.de [pir´amide] *sf* Pirâmide. *las pirámides las conozco por fotos* / conheço as pirâmides por foto.

pi.ra.ña [pir´aña] *sf Ictiol* Piranha.

pi.rar.se [pir´arse] *vpr* Sair, ir embora. *se piró de casa antes que lo mandaran hacer algo* / foi embora de casa antes que o mandassem fazer alguma coisa.

pi.ra.ta [pir´ata] *sm* Pirata, corsário. • *adj* Pirata, clandestino, falsificado.

pi.ro.po [pir´opo] *sm* **1** *Miner* Rubi. **2** *fam* Cantada, galanteio, elogio.

pi.rue.ta [pirw´eta] *sf* Pirueta. *me encanta ver las piruetas en el circo* / adoro ver as piruetas no circo.

pi.ru.lí [pirul´i] *sm* Pirulito. *todos los días sale de la escuela con un pirulí en la boca* / todos os dias sai da escola com um pirulito na boca.

pis [p´is] *sm fam* Xixi, urina.
pi.sa.da [pis´ada] *sf* **1** Pisada. **2** Pegada. **3** Pisão, pisoteada. *me dio una pisada que me dejó el pie hinchado* / deu-me um pisão que me deixou o pé inchado.
pi.sar [pis´ar] *vt+vi* **1** Pisar. *vt* **2** Espezinhar, humilhar.
pis.ci.na [pisθ´ina] *sf* Piscina. *como la calefación de la piscina no funciona, hoy no tendremos clases* / como o aquecedor da piscina não funciona, hoje não teremos aula.
pis.cis [p´iθis] *Astrol* Peixes (signo). • *adj* Pisciano.
pis.co [p´isko] *sm AL* Aguardente de uva.
pis.co.la.bis [piskol´abis] *sm inv fam* Boquinha, lanchinho, aperitivo.
pi.so [p´iso] *sm* **1** Piso, solo, chão. **2** Pavimento, andar. *vivo en el quinto piso* / moro no quinto andar. **3** Apartamento. *el piso tiene tres dormitorios* / o apartamento tem três quartos.
pis.ta [p´ista] *sf* **1** Sinal, vestígio, rastro. **2** Pista, caminho, raia.
pis.to [p´isto] *sm* Fritada de pimentão.
pis.to.la [pist´ola] *sf* Pistola, revólver.
pis.to.le.ro [pistol´ero] *sm* Pistoleiro, bandoleiro, bandido.
pi.ta [p´ita] *sf* **1** *Bot* Pita, agave. **2** *Ornit* Galinha.
pi.ta.da [pit´ada] *sf* Apito. *la pitada del árbitro decretó el final del partido de fútbol* / o apito do árbitro decretou o fim da partida de futebol. Veja nota em **pitada** (português).
pi.tar [pit´ar] *vt* **1** Apitar. *si no dejas de pitar me vas a volver loco* / se você não parar de apitar, vai me deixar louco. **2** Assobiar, silvar.
pi.to [p´ito] *sm* **1** Apito. **2** Buzina. **3** *Zool* Pintinho. **4** *coloq* Pênis. **entre pitos y flautas** entre uma coisa e outra. *entre pitos y flautas, perdí la hora* / entre uma coisa e outra, perdi a hora. **un pito** nada. *tu opinión no importa un pito* / sua opinião não vale nada.
pi.za.rra [piθ´ařa] *sf* **1** Ardósia. **2** Lousa, quadro-negro. *la profesora llenó la pizarra hoy* / a professora encheu a lousa hoje.

piz.ca [p´iθka] *sf* Pitada, pingo, tico, pouquinho, tiquinho.
piz.pi.re.ta [piθpir´eta] *adj fam* Esperta, viva, sagaz.
pi.zza [p´itsa] *sf Cul* Pizza. *¿quién quiere pizza de anchoas?* / quem quer pizza de anchovas?
pi.zze.rí.a [pitser´ia] *sf* Pizzaria.
pla.ca [pl´aka] *sf* **1** Placa, chapa, lâmina. **2** Tabuleta. **3** Distintivo policial.
pla.cen.te.ro, -a [plaθent´ero] *adj* Prazenteiro, prazeroso, aprazível.
pla.cer [plaθ´er] *vi* Comprazer, agradar, aprazer. • *sm* Prazer, satisfação, gozo, gosto. → crecer.
plá.ci.do, -a [pl´aθido] *adj* Plácido, sossegado, tranquilo, agradável.
pla.ga [pl´aga] *sf* **1** Praga, peste, epidemia. *esta planta crece como plaga* / esta planta cresce como praga. **2** Chaga, ferida, úlcera. **3** Calamidade, infelicidade, infortúnio, desgraça.
pla.gio [pl´ahjo] *sm* Plágio, cópia, imitação, pirataria.
plan [pl´an] *sm* **1** Plano, ideia. *no tengo planes para esta noche* / não tenho planos para esta noite. **2** Projeto, esquema. *presenté el plan a la comisión* / apresentei meu plano à comissão. **3** Caso, romance, *affair*. *va a salir con su plan esta noche* / vai sair com seu caso esta noite. Veja nota em **plano** (espanhol).
plan.cha [pl´antʃa] *sf* **1** Chapa, prancha, lâmina. **2** Ferro de passar roupa. *antiguamente las planchas utilizaban carbón* / antigamente os ferros de passar utilizavam carvão. **3** Grelha. *la comida preparada a la plancha es más saludable* / a comida feita na grelha é mais saudável. **4** *fam* Papelão, mancada. *se hizo una plancha entrando a la sauna sin traje de baño* / deu a maior mancada entrando na sauna sem sunga.
plan.char [plantʃ´ar] *vt* Passar roupa.
pla.ne.a.dor [planead´or] *sm Aeron* Planador.
pla.ne.ar [plane´ar] *vt* **1** Planejar, projetar. *vi* **2** Planar.
pla.ne.ta [plan´eta] *sm Astron* Planeta. *me parece que descubrieron nuevos planetas*

pla.ni.cie [plan´iθje] *sf Geogr* Planície.
pla.ni.fi.ca.ción [planifikaθj´on] *sf* Planejamento, planificação.
pla.ni.fi.car [planifik´ar] *vt* Planejar, planificar. *es el momento apropiado para planificar las vacaciones* / é o momento adequado para planejar as férias. → atacar.
pla.no, -a [pl´ano] *adj* Plano, liso. • *sm* **1** Plano, planura. **2** Situação, categoria. *sf* **3** Página.

> No sentido de "plano, projeto", usa-se **plan**.

plan.ta [pl´anta] *sf* **1** *Anat* Sola do pé. **2** Planta: a) vegetal. b) desenho, projeto arquitetônico. **3** Andar, pavimento. **4** Fábrica, instalação industrial. **planta baja** térreo.
plan.ta.ción [plantaθj´on] *sf* Plantação. *me gusta ver las plantaciones de café en la hacienda de mi abuelo* / gosto de ver as plantações de café na fazenda do meu avô.
plan.tea.mien.to [planteamj´ento] *sm* **1** Plano, projeto, esboço. **2** Abordagem, colocação, proposição.
plan.tar [plant´ar] *vt* **1** Plantar, semear, fixar. **2** *fam* Dar, meter, enfiar. *le plantó un tortazo que lo dejó mareado* / deu-lhe um safanão que o deixou tonto. *vpr* **3** *coloq* Fazer pé firme, resistir.
plan.tel [plant´el] *sm* Plantel.
plan.ti.lla [plant´iʎa] *sf* **1** Palmilha. **2** Molde. **3** Quadro de funcionários. **4** *Dep* Equipe.
plan.tí.o [plant´io] *sf* Plantio, plantação, lavoura.
pla.ñi.de.ro, -a [plañid´ero] *adj* Chorão, reclamão, choramingas. • *sf* Carpideira.
pla.que.ta [plak´eta] *sf* **1** *Biol* Plaqueta. **2** Lajota, ladrilho.
plás.ti.co, -a [pl´astiko] *adj+sm* Plástico.
pla.ta [pl´ata] *sf* **1** *Miner* Prata. **2** *fig* Grana, dinheiro.
pla.ta.for.ma [plataf´orma] *sf* Plataforma: a) tablado. b) programa político.
plá.ta.no [pl´atano] *sm Bot* **1** Plátano, bananeira. **2** Banana.
pla.te.a [plat´ea] *sf* Plateia.
plá.ti.ca [pl´atika] *sf* Conversa, conversação, papo.
pla.ti.no [plat´ino] *sm Quím* Platina. *heredé de mi abuela un anillo de platino* / herdei de minha avó um anel de platina.
pla.to [pl´ato] *sm* **1** Prato. **2** Assunto (de fofoca). **pagar los platos rotos** pagar o pato / ser castigado injustamente.
pla.ya [pl´aya] *sf* Praia. *me fui a la playa este fin de semana* / fui à praia este fim de semana.
pla.za [pl´aθa] *sf* **1** Praça. **2** Espaço, lugar. **3** Posto, emprego.
pla.zo [pl´aθo] *sm* **1** Prazo. **2** Prestação. Veja nota em **prestación**.
pla.zo.le.ta [plaθol´eta] *sf* Pracinha, largo. *me senté en la plazoleta a tomar sol* / sentei na pracinha para tomar sol.
ple.be [pl´ebe] *sf* Plebe, povo.
ple.ga.ria [pleg´arja] *sf* Prece, súplica, rogo. *tanta plegaria y no logró su perdón* / tanta súplica e não conseguiu seu perdão.
ple.gar [pleg´ar] *vt+vpr* **1** Dobrar, preguear. *vpr* **2** Submeter-se, dobrar-se, curvar-se, baixar a cabeça. → fregar.
plei.to [pl´ejto] *sm* Pleito, disputa, luta.
ple.na.men.te [plenam´ente] *adv* Plenamente. *estoy plenamente satisfecho con los resultados* / estou plenamente satisfeito com os resultados.
ple.ni.tud [plenit´ud] *sf* Plenitude, totalidade.
ple.no, -a [pl´eno] *adj* Pleno, cheio, inteiro, completo.
plie.gue [plj´ege] *sm* Dobra, prega, vinco.
plo.ma.da [plom´ada] *sf* **1** Prumo. **2** Sonda.
plo.me.ro [plom´ero] *sm* Encanador. *mañana viene el plomero, a ver si logra arreglar esa canilla* / amanhã vem o encanador, vamos ver se consegue arrumar essa torneira.
plo.mo [pl´omo] *sm* **1** *Quím* Chumbo. **2** Bala, projétil. **3** Chato, insuportável. *ese programa es un plomo* / esse programa é insuportável.

plu.ma [pl´uma] *sf* **1** Pluma, pena. **2** Caneta de pena. **3** *fam* Peido. **4** *fam* Delicadeza, afetação. **pluma atómica** caneta esferográfica.

plu.ma.je [plum´ahe] *sm* Plumagem. *nunca vi un color de plumaje tan lindo* / nunca vi uma cor de plumagem tão linda. Veja nota em **abordaje**.

plu.me.ro [plum´ero] *sm* **1** Espanador. *hay que lavar el plumero después de usarlo* / é preciso lavar o espanador depois de usar. **2** Penacho.

plu.ral [plur´al] *adj+sm* Plural, múltiplo.

plu.ra.li.zar [pluraliθ´ar] *vt* Pluralizar, multiplicar. *hay que pluralizar las posibilidades* / é preciso multiplicar as possibilidades. → alzar.

plu.to.nio [plut´onjo] *sm Quím* Plutônio.

po.bla.ción [poblaθj´on] *sf* **1** Povoação, povoamento. *la población de un lugar es un proceso lento* / o povoamento de um lugar é um processo lento. **2** População. *toda la población está preocupada con la violencia* / toda a população está preocupada com a violência. **3** Povoado. *estuve en una pequeña población por tres días* / estive em um pequeno povoado por três dias.

po.bla.do , -a [pobl´ado] *sm* Povoado, povoação.

po.bre [p´obre] *adj+s* Pobre, necessitado, carente. • *adj* **1** Escasso, insuficiente. **2** Humilde, simples. **3** Infeliz, desventurado, desgraçado, coitado. *no logró reconciliarse con ella, pobre* / não conseguiu se reconciliar com ela, coitado. • *sm* mendigo.

po.bre.za [pobr´eθa] *sf* **1** Pobreza, penúria, necessidade, miséria. **2** Falta, escassez.

po.cil.ga [poθ´ilga] *sf* Pocilga: a) chiqueiro, curral. b) lugar sujo, nojento.

po.da [p´oda] *sf* Poda, corte. *es época de poda de los árboles* / é época de poda de árvores.

po.dar [pod´ar] *vt* Podar, cortar, desbastar.

po.der [pod´er] *vt* Poder, lograr. • *sm* **1** Poder, potência, força. **2** Governo, mando. **3** Procuração. → Veja modelo de conjugação. Veja nota em **poder** (português).

po.de.ro.so, -a [poder´oso] *adj+s* **1** Poderoso. **2** Rico, abastado.

po.dre.dum.bre [podred´umbre] *sf* **1** Podridão. **2** Perversão, depravação, desmoralização.

po.dri.do, -a [podr´ido] *adj* Podre, apodrecido, estragado. **estar podrido de** ser podre de. *ellos están podridos de dinero, no sé de que se quejan* / eles são podres de ricos, não sei do que se queixam. **tener podrido** estar de saco cheio. *me tiene podrido con ese videojuego* / estou de saco cheio desse *videogame*.

po.e.ma [po´ema] *sm Lit* Poema. *nunca supe hacer poemas en la escuela* / nunca soube fazer poemas na escola.

po.e.sí.a [poes´ia] *sf Lit* Poesia. *mañana empiezo a leer un libro de poesías* / amanhã começo a ler um livro de poesias.

po.e.ta [po´eta] *s* Poeta, trovador.

po.é.ti.co, -a [po´etiko] *adj* Poético, lírico. • *sf* Poética.

po.le.a [pol´ea] *sf* Polia, roldana. *hay que aceitar esas poleas* / é preciso azeitar essas roldanas.

po.lé.mi.co, -a [pol´emiko] *adj* Polêmico, controvertido. *yo huyo de temas polémicos* / eu fujo de assuntos polêmicos. • *sf* Polêmica, controvérsia, discussão, pleito, questão.

po.len [p´olen] *sm Bot* Pólen.

po.li.cí.a [poliθ´ia] *sf* Polícia. • *s* Policial, agente de polícia, tira.

po.li.cí.a.co [poliθ´iaco] *adj* Policial. *me encantan las novelas policíacas* / adoro romance policial.

po.li.cial [poliθj´al] *adj* Policial. *eso ya es un asunto policial* / isso já é um caso de polícia.

po.li.e.dro [poli´edro] *sm Geom* Poliedro.

po.li.ga.mia [polig´amja] *sf* Poligamia. *aquí la poligamia es prohibida* / aqui a poligamia é proibida.

po.lí.glo.to, -a [pol´igloto] *adj* Poliglota.

po.lí.go.no [pol´igono] *sm Geom* Polígono.

po.li.lla [pol´iλa] *sf Entom* **1** Traça. **2** Mariposa. **no tener polillas en la lengua** não ter papas na língua.

po.lio.mie.li.tis [poljomjel´itis] *sf inv Med* Poliomielite, paralisia infantil.

po.lí.ti.ca *sf* **1** Política. **2** Diplomacia.

po.li.ti.que.rí.a [politiker´ia] *sf* Politicagem. *no soporto la politiquería en las empresas* / não suporto a politicagem nas empresas.

pó.li.za [p´oliθa] *sf* Apólice. *ha llegado la nueva póliza de seguros* / chegou a nova apólice de seguros.

po.lle.ro, -a [poʎ´ero] *s* Criador de frangos.

po.lli.no, -a [poʎ´ino] *s Zool* Burrico, jumento.

po.llo, -a [p´oλo] *sm Zool* Frango, galo. *¿comeremos pollo esta noche?* / vamos comer frango esta noite?

po.lo [p´olo] *sm* **1** Polo. **2** Extremidade. **3** Picolé (marca registrada).

po.lu.ción [poluθj´on] *sf* **1** Poluição. **2** Polução, ejaculação noturna.

pol.va.re.da [polbar´eda] *sf* **1** Poeira, poeirão. **2** Polvorosa.

pol.vo [p´olbo] *sm* **1** Pó, poeira. *es importante limpiar el polvo de la casa todos los días* / é importante limpar o pó da casa todos os dias. **2** heroína (droga). **echar un polvo** ter relação sexual.

pól.vo.ra [p´olbora] *sf* **1** Pólvora. **2** Mau humor, gênio irascível.

po.ma.da [pom´ada] *sf* Pomada. *¿alguien tiene alguna pomada para inflamación?* / alguém tem alguma pomada para inflamação?

po.mar [pom´ar] *sm* Pomar. *no hay cosa más rica que comer frutas directamente del pomar* / não tem coisa mais gostosa que comer frutas diretamente no pomar.

po.mo [p´omo] *sm* **1** Pomo. **2** Punho, empunhadeira, cabo. **3** Maçaneta, puxador. Veja nota em **pomo** (português).

pom.pa [p´ompa] *sf* **1** Pompa, aparato, fausto, gala. **2** Bolha (de ar, sabão etc.).

pom.po.so, -a [pomp´oso] *adj* Pomposo, aparatoso, imponente.

pó.mu.lo [p´omulo] *sm Anat* Pômulo, maçã do rosto. *ella tiene el pómulo saliente* / ela tem o pômulo saliente.

pon.che [p´ontʃe] *sm* Ponche. *¡basta de ponche!* / chega de ponche!

pon.cho [p´ontʃo] *sm* Poncho. *son lindos esos ponchos peruanos* / esses ponchos peruanos são lindos.

pon.de.ra.ción [ponderaθj´on] *sf* **1** Ponderação, consideração, meditação. **2** Equilíbrio.

pon.de.rar [ponder´ar] *vt* Ponderar, considerar, refletir, meditar.

po.nen.cia [ponen´θja] *sf* Comunicação, conferência.

po.ner [pon´er] *vt+vpr* **1** Pôr, colocar, dispor, situar. **2** Supor. *pongamos que custe diez dólares* / suponhamos que custe dez dólares. *vt+vi* **3** Botar. **4** Estabelecer, instalar, montar. *puso una tienda de ropas* / montou uma loja de roupas. **5** Exibir, passar (filme). *hoy ponen Thelma & Louise en el cine* / hoje vai passar *Thelma & Louise* no cinema. **6** Dizer por escrito, estar escrito. *no sé que pone esa camiseta* / não sei o que está escrito nessa camiseta. → Veja modelo de conjugação.

po.nien.te [ponj´ente] *sm* Poente, ocidente, oeste. • *adj* Poente.

pon.tí.fi.ce [pont´ifiθe] *sm* Pontífice.

po.pa [p´opa] *sf* Popa. **de popa a proa** de cabo a rabo.

po.pu.la.cho [popul´atʃo] *sm* Povão, ralé.

po.pu.la.ri.dad [popularid´ad] *sf* Popularidade, fama, cartaz.

po.pu.lo.so, -a [popul´oso] *adj* Populoso. *debe de ser difícil administrar un país tan populoso* / deve ser difícil administrar um país tão populoso.

pó.quer [p´oker] *sm* Pôquer. *¿jugamos póquer?* / vamos jogar pôquer?

por [p´or] *prep* Por. *no sé por dónde ir a Barcelona* / não sei por onde ir a Barcelona. *lo agarro por los pelos* / pegou-o pelos cabelos.

por.ce.la.na [porθel´ana] *sf* Porcelana. *hace tiempo que no usamos los platos de porcelana* / faz tempo que não usamos os pratos de porcelana.

por.cen.ta.je [porθent´ahe] *sm* Porcentagem, percentagem. Veja nota em **abordaje**.

por.che [p´ortʃe] *sm* Alpendre.

por.ci.no, -a [porθ´ino] *adj Zool* porcino, suíno. • *sm Zool* Leitão, porco.

por.ción [porθj´on] *sf* Porção, pedaço, fatia, quinhão, parte

por.dio.se.ro, -a [pordjos´ero] *adj+s* Pedinte, mendigo. *increíble ver tantos pordioseros en la puerta de la iglesia* / é incrível ver tantos pedintes na porta da igreja.

por.fí.a [porf´ia] *sf* Porfia, insistência, teima, teimosia, tenacidade, obstinação.

por.fia.do, -a [porfj´ado] *adj+sm* Teimoso, insistente, obstinado.

por.fiar [porfj´ar] *vi* **1** Porfiar, insistir, teimar. **2** Altercar, debater, discutir, disputar. → confiar.

por.me.nor [pormen´or] *sm* Pormenor, detalhe, minúcia. *no me di cuenta de ese pormenor* / não percebi esse detalhe.

por.no.gra.fí.a [pornograf´ia] *sf* Pornografia, obscenidade.

por.no.grá.fi.co, -a [pornogr´afiko] *adj* Pornográfico, pornô.

po.ro [p´oro] *sm Anat* Poro. *el calor dilata los poros* / o calor dilata os poros.

po.ro.so, -a [por´oso] *adj* Poroso, permeável.

po.ro.to [por´oto] *sm CS Bot* Feijão. **ganarse los porotos** ganhar a vida.

por.que [pork´e] *conj* porque. *no salgo con lluvia porque no me gusta mojarme* / não saio com chuva porque não gosto de me molhar.

> **Porque** é uma conjunção que equivale a *ya que* (já que), *puesto que* (posto que, uma vez que), *como quiera que* (já que): *me voy porque me están esperando en casa* / vou embora porque estão me esperando em casa.
>
> **Por que** é a preposição "por" seguida do pronome relativo "que" e permite o uso de artigo entre as duas palavras: *el motivo por (el) que no vino no fue convincente* / o motivo pelo qual não veio não foi convincente.
>
> **Porqué** é um substantivo sinônimo de "motivo": *no entendí el porqué de su visita* / não entendi o porquê de sua visita.
>
> **Por qué** é a preposição "por" seguida do pronome interrogativo ou exclamativo "qué": *¿por qué no viniste ayer?* / por que você não veio ontem?

por.qué [pork´e] *sm* porquê, causa, motivo, razão. *dime el porqué de no quererla* / diga-me o porquê de não amá-la. Veja nota em **porque** (espanhol).

por.que.rí.a [porker´ia] *sf* **1** Porcaria, lixo, sujeira. **2** Droga, mixaria.

po.rra [p´oRa] *sf* Clava, porrete, bastão.

po.rra.da [poR´ada] *sf* **1** Porrada, pancada, cacetada, porretada. **2** *fig* Absurdo, disparate, besteira.

po.rra.zo [poR´aθo] *sm* Porrada, golpe, pancada, bordoada, porretada, cacetada.

po.rro [p´oRo] *sm* **1** *Bot* Alho-poró. **2** *fam* Baseado, cigarro de maconha.

por.ta.da [port´ada] *sf* **1** Portada, fachada, frente. **2** Capa (livro). **3** Frontispício, página de rosto.

por.ta.e.qui.pa.je [portaekip´ahe] *sm* Porta-malas, bagageiro. *no cabe más nada en el portaequipaje* / não cabe mais nada no porta-malas. Veja nota em **abordaje**.

por.ta.fo.lio [portaf´oljo] *sm* Pasta, porta-fólio.

por.ta.lám.pa.ras [portal´amparas] *sm inv Electr* Soquete, bocal.

por.tar [port´ar] *vpr* Comportar-se. *no se porta bien* / não se comporta bem.

por.ta.rre.tra.tos [portaRetr´atos] *sm* Porta-retratos.

por.ta.voz [portab´oθ] *sm* Porta-voz.

por.te [p´orte] *sm* **1** Frete. *es muy caro un porte hasta Florianópolis* / é muito caro um frete até Florianópolis. **2** Porte, tamanho. **3** Comportamento, maneiras, modos.

por.te.rí.a [porter´ia] *sf* **1** Portaria. **2** *Dep* Gol, meta.

por.te.ro, -a [port´ero] *s* **1** Porteiro. **2** *Dep* Goleiro, arqueiro.

por.tón [port´on] *sm* Portão. *te llevo hasta el portón* / levo você até o portão.

por.ve.nir [porben´ir] *sm* Porvir, futuro.

po.sa.da [pos´ada] *sf* **1** Pousada, hospedaria, estalagem. **2** Lar, moradia, casa, domicílio.

po.sar [pos´ar] *vt* **1** Pousar, descer. *vi* **2** Repousar, descansar. **3** Alojar-se.

po.se [p´ose] *sf* Pose. *quiero que hagas una linda pose para la foto* / quero que você faça uma linda pose para a foto.

po.se.er [pose´er] *vt* **1** Possuir, ter. *vpr* **2** Dominar-se, ter controle. → leer.

po.se.sión [posesj´on] *sf* Posse, possessão.

po.se.so, -a [pos´eso] *adj+s* Possesso, possuído, dominado.

pos.gue.rra [posg´eɾa] *sm* Pós-guerra.

po.si.bi.li.dad [posibilid´ad] *sf* **1** Possibilidade, capacidade, poder. *sm pl* **2 posibilidades** Recursos, meios (econômicos).

po.si.bi.li.tar [posibilit´ar] *vt* Possibilitar, viabilizar.

po.si.ble [pos´ible] *adj* Possível, praticável, exequível, viável.

po.si.ción [posiθj´on] *sf* **1** Posição, situação. **2** Postura. **3** Emprego, posto.

po.si.ti.vo, -a [posit´ibo] *adj* **1** Positivo, afirmativo. **2** Certo, efetivo.

pos.mo.der.no, -a [posmod´erno] *adj* Pós-moderno.

po.so.lo.gí.a [posoloh´ia] *sf Med* Posologia. *no encuentro la posología en ese prospecto* / não acho a posologia nesta bula.

pos.po.ner [pospon´er] *vt* **1** Pospor. *vt+vpr* **2** Preterir, adiar. → poner.

pos.ta [p´osta] *sf* **1** Fatia, pedaço. **2** Aposta.

pos.te [p´oste] *sm* Poste. **dar poste** dar canseira, fazer esperar.

pós.ter [p´oster] *sm* Pôster. *tiene un lindo póster en la pared* / tem um lindo pôster na parede.

pos.ter.gar [posterg´ar] *vt* Postergar, adiar. → cargar.

pos.te.ri.dad [posterid´ad] *sf* Posteridade.

pos.te.rior [posterj´or] *adj* Posterior, passado.

pos.ti.zo, -a [post´iθo] *adj* Postiço, artificial.

pos.trar [postr´ar] *vt+vpr* **1** Prostrar, debilitar, enfraquecer, alquebrar. *vpr* **2** Ajoelhar-se.

pos.tre [p´ostre] *sm* Sobremesa. *no comí postre, pero me quedé con ganas* / não comi sobremesa, mas fiquei com vontade.

pos.tre.ro, -a [postr´ero] *adj* Póstero, último, derradeiro.

pos.tu.la.do [postul´ado] *sm Filos* Postulado.

pos.tu.lar [postul´ar] *vt* **1** Postular, pedir, solicitar. *vt+vpr* **2** Candidatar-se.

pós.tu.mo, -a [p´ostumo] *adj* Póstumo. *el premio fue un homenaje póstumo* / o prêmio foi uma homenagem póstuma.

pos.tu.ra [post´ura] *sf* **1** Postura, posição, porte. **2** Posicionamento, opinião, modo de pensar. **3** Deposição de ovos, oviposição.

po.ta.sio [pot´asjo] *sm Quím* Potássio.

po.te [p´ote] *sm* **1** Pote. **2** *coloq* Bico, beiço (antes do choro).

po.ten.cia [pot´enθja] *sf* **1** Potência, vigor, força. **2** Autoridade, domínio.

po.tro [p´otro] *sm Zool* Potro. *han nacido dos potros ayer* / nasceram dois potros ontem.

po.za [p´oθa] *sf* Poça. *¡cuidado, no pises en la poza de agua!* / cuidado, não pise na poça d'água!

po.zo [p´oθo] *sm* Poço, cisterna.

prác.ti.ca [pr´aktika] *sf* **1** Prática, experiência. **2** Destreza, traquejo, perícia. **3** Atuação, exercício. *es muy feliz en la práctica de la medicina* / você é muito feliz no exercício da medicina. **4** Costume, hábito, usança.

prac.ti.ca.ble [praktik´able] *adj* Praticável, transitável, viável.

prac.ti.can.te [praktik´ante] *adj+s* Praticante. • *s* **1** Ajudante. **2** Prático (de farmácia).

prac.ti.car [praktik´ar] *vt* **1** Praticar, exercitar, treinar. **2** Exercer, usar, fazer. → atacar.

prác.ti.co, -a [pr´aktiko] *adj* **1** Prático, objetivo, efetivo. **2** Utilitário. **3** Experiente, exercitado, experimentado. • *sm* **1** Mar Prático. **2** Estágio.

pra.do [pr´ado] *sm* Prado, pasto, campina. *que lindo ver las vacas en los prados al rededor de las carreteras* / que bonito ver as vacas no pasto ao redor das estradas.

pre.ám.bu.lo [pre´ambulo] *sm* **1** Preâmbulo, preliminar. *no es nada objetivo, se pierde los preámbulos* / não é nada objetivo, perde-se nas preliminares. **2** Rodeio, cerimônia.

pre.ca.rio, -a [prekˊarjo] *adj* **1** Precário, delicado, débil. **2** Parco, escasso, reduzido, pouco.

pre.cau.ción [prekawθjˊon] *sf* Precaução, cuidado, prudência, cautela, prevenção. *es mejor actuar con precaución en esos casos* / é melhor agir com cautela nesses casos.

pre.ca.ver [prekabˊer] *vt+vpr* Precaver, prevenir, resguardar.

pre.ca.vi.do, -a [prekabˊido] *adj* Precavido, cuidadoso, previdente, prudente, cauteloso. *se ve que es un hombre precavido; nunca sale de casa sin paraguas* / nota-se que é um homem previdente; nunca sai de casa sem guarda-chuva.

pre.ce.den.cia [preθedˊenθja] *sf* **1** Precedência, anterioridade, prioridade. **2** Preferência, primazia.

pre.ce.den.te [preθedˊente] *adj+s* Precedente, antecedente. *fue un acaecimiento sin precedentes en la historia* / foi um acontecimento sem precedentes na história.

pre.ce.der [preθedˊer] *vt+vi* Preceder, anteceder, preexistir.

pre.cep.to [preθˊepto] *sm* Preceito, mandato, norma, ordem, regra, mandamento, dogma.

pre.cep.tor, -ora [preθeptˊor] *s* Preceptor, professor, mestre, mentor.

pre.ces [prˊeθes] *sf pl* Preces, orações, súplicas, rogos.

pre.cia.do, -a [preθjˊado] *adj* Prezado, querido, estimado. *sabes que eres muy preciado en nuestra familia* / você sabe que é muito querido em nossa família.

pre.ciar.se [preθjˊarse] *vpr* Vangloriar-se, jactanciar-se, orgulhar-se.

pre.cio [prˊeθjo] *sm* Preço, valor, importância.

pre.cio.so, -a [preθjˊoso] *adj* **1** Precioso, valioso. **2** Lindo, maravilhoso, lindíssimo. *ella tiene unos ojos preciosos* / ela tem uns olhos maravilhosos.

pre.ci.pi.cio [preθipˊiθjo] *sm* Precipício, despenhadeiro, barranco.

pre.ci.pi.ta.ción [preθipitaθjˊon] *sf* **1** Precipitação, pressa, impulso. **2** Chuva, granizo, neve.

pre.ci.pi.ta.do, -a [preθipitˊado] *adj* **1** Precipitado, irrefletido, imprudente, impensado. *fue un acto precipitado* / foi um ato impensado. **2** Arrebatado, impulsivo, afobado, afoito, apressado.

pre.ci.pi.tar [preθipitˊar] *vt+vpr* **1** Precipitar, despencar, cair. **2** Acelerar, apressar, catalisar. *vpr* **3** Precipitar-se, afobar-se.

pre.ci.sar [preθisˊar] *vt+vi* **1** Precisar, determinar, definir, fixar, estabelecer. **2** Dever, necessitar.

pre.ci.sión [preθisjˊon] *sf* **1** Precisão, necessidade, obrigação. **2** Exatidão, rigor. *hizo los cálculos con precisión* / fez os cálculos com exatidão. **3** Concisão, laconismo.

pre.ci.so, -a [preθˊiso] *adj* **1** Preciso, necessário, obrigatório. **2** Exato, certo. **3** Conciso, estrito.

pre.di.ca.do, -a [predikˊado] *sm* Predicado.

pre.di.car [predikˊar] *vt* Pregar, doutrinar, instruir, exortar. → atacar.

pre.di.lec.ción [predilekθjˊon] *sf* Predileção, preferência. *es evidente su predilección por el padre* / é evidente sua preferência pelo pai.

pre.di.lec.to, -a [predilˊekto] *adj* Predileto, preferido. *chocolate es mi dulce predilecto* / chocolate é meu doce predileto.

pre.dio [prˊedjo] *sm* Imóvel, bens imóveis.

pre.dis.po.ner [predisponˊer] *vt+vpr* Predispor, dispor, preparar. → poner.

pre.dis.po.si.ción [predisposiθjˊon] *sf* Predisposição, inclinação, tendência, propensão.

pre.dis.pues.to [predispwˊesto] *adj* Predisposto, inclinado, propenso. *me siento predispuesto a aceptar la oferta* / sinto-me propenso a aceitar a oferta.

pre.do.mi.nio [predomˊinjo] *sm* Predomínio, poder, superioridade.

pre.es.co.lar [preeskolˊar] *adj* Pré-escolar. *mi hijo todavía es preescolar* / meu filho ainda é pré-escolar.

pre.fa.bri.car [prefabrikˊar] *vt* Pré--fabricar.

pre.fa.cio [prefˊaθjo] *sm* Prefácio, prólogo, prelúdio. *el prefacio del libro es de un*

preferencia / **preparatorio**

político famoso, no me acuerdo quien / o prefácio do livro é de um político famoso, não lembro quem.

pre.fe.ren.cia [prefer´enθja] *sf* **1** Preferência, prioridade, primazia. **2** Predileção, eleição, escolha, opção.

pre.fe.ren. te [prefer´ente] *adj* Preferencial.

pre.fe.rir [prefer´ir] *vt+vpr* **1** Preferir, escolher, privilegiar. *vpr* **2** Vangloriar-se, jactanciar-se, orgulhar-se, envaidecer-se. → mentir.

pre.fi.jo [pref´iho] *sm* Prefixo.

pre.gón [preg´on] *sm* Pregão, divulgação.

pre.gun.ta [preg´unta] *sf* Pergunta, interrogação, indagação, questão. *no quiero más preguntas sobre el tema* / não quero mais indagação sobre o assunto.

pre.gun.tar [pregunt´ar] *vt+vi+vpr* Perguntar, indagar, interrogar, questionar.

pre.his.tó.ri.co, -a [preist´oriko] *adj* **1** Pré-histórico. **2** Antiquado, velho, ultrapassado.

pre.jui.cio [prehw´iθjo] *sm* **1** Preconceito. *discriminación por prejuicio racial es crimen* / discriminação por preconceito racial é crime. **2** Prejulgamento.

pre.juz.gar [prehuθg´ar] *vt* Prejulgar, pressupor. → cargar.

pre.la.do *sm* Prelado, cura, padre.

pre.li.mi.nar [prelimin´ar] *adj* Preliminar, preambular, prévio. • *sm* Preliminar, preâmbulo.

pre.lu.dio [prel´udjo] *sm* Prelúdio, prenúncio, introdução.

pre.ma.tu.ro, -a [premat´uro] *adj+s* Prematuro, precoce.

pre.me.di.tar [premedit´ar] *vt* Premeditar, programar, predispor, tramar.

pre.miar [premj´ar] *vt* Premiar, recompensar. *van a premiar hasta el cuarto lugar* / vão premiar até o quarto lugar.

pre.mio [pr´emjo] *sm* **1** Prêmio, recompensa. **2** Bônus.

pre.mi.sa [prem´isa] *sf Filos* Premissa.

pre.na.tal [prenat´al] *sm* Pré-natal. *ayer llevé a mi hermana a la revisión prenatal* / ontem levei minha irmã à consulta pré-natal.

pren.da [pr´enda] *sf* **1** Garantia, caução. **2** Qualidade, prenda. **3** Roupa, peça de roupa. **en prenda** no prego/no penhor.

pren.dar [prend´ar] *vt* **1** Penhorar. *vpr* **2** Apaixonar-se, enamorar-se, afeiçoar-se.

pren.de.dor [prended´or] *sm* Prendedor, broche, pregador (roupa). *Ana ha ganado de su abuela un prendedor hermoso* / Ana ganhou de sua avó um prendedor lindo.

pren.der [prend´er] *vt* **1** Prender, assegurar. **2** Pegar, agarrar. **3** Capturar, aprisionar. **4** Acender. *prendimos la chimenea una vez que llegamos a casa* / acendemos a lareira assim que chegamos em casa. *vt+vpr* **5** Adornar, enfeitar, embelezar. *vi* **6** Ligar (sistema elétrico e aparelhos eletrodomésticos). *prender la luz* / ligar a luz.

pren.sa [pr´ensa] *sf* **1** Prensa. **2** Imprensa.

pren.sar [prens´ar] *vt* Prensar, comprimir.

pre.ñez [preñ´eθ] *sf* Prenhez. *llevo mi gatita al veterinario para que le acompañe la preñez* / vou levar minha gatinha ao veterinário para que acompanhe a prenhez dela.

pre.o.cu.pa.ción [preokupaθj´on] *sf* **1** Preocupação, inquietação. **2** Cuidado, atenção.

pre.o.cu.par [preokup´ar] *vt+vpr* Preocupar, inquietar.

pre.pa.ra.ción [preparaθj´on] *sf* **1** Preparação, conhecimento, prontidão. **2** Preparo, elaboração. **3** Preparado.

pre.pa.ra.do, -a [prepar´ado] *adj+s* Preparado, mistura. *mi madre me hizo un preparado de hierbas para el dolor de estómago* / minha mãe fez-me um preparado de ervas para a dor de estômago.

pre.pa.rar [prepar´ar] *vt* **1** Preparar, aprontar, arranjar. *vt+vpr* **2** Estudar.

pre.pa.ra.ti.vos [preparat´ibos] *sm pl* Preparativos. *son tantos preparativos para la fiesta que no sé por dónde empezar* / são tantos preparativos para a festa que nem sei por onde começar.

pre.pa.ra.to.rio, -a [preparat´orjo] *adj* Preparatório. *haré unas clases preparatorias para dependienta* / farei um cursinho preparatório para vendedora de loja.

pre.pon.de.ran.te [preponder´ante] *adj* Preponderante, dominante, prevalente.
pre.po.si.ción [preposiθj´on] *sf Gram* Preposição.
pre.po.ten.cia [prepot´enθja] *sf* Prepotência, opressão, despotismo, tirania.
pre.rro.ga.ti.va [preřogat´iba] *sf* Prerrogativa, privilégio, vantagem, direito.
pre.sa [pr´esa] *sf* **1** Apreensão, aprisionamento. **2** Presa: a) vítima. b) dente. **3** Represa.
pre.sa.gio [pres´ahjo] *sm* Presságio, pressentimento, augúrio, prenúncio, sinal. *eso me parece un malo presagio* / isso me parece um mau sinal.
pres.cin.dir [presθind´ir] *vi* Prescindir, renunciar, dispensar, abster-se.
pres.cri.bir [preskrib´ir] *vt* **1** Preceituar, determinar, doutrinar. **2** Prescrever, receitar. *vi* **3** Extinguir-se, caducar. *Part irreg:* prescrito.
pre.sen.cia *sf* **1** Presença. **2** Aparência, porte, aspecto.
pre.sen.ciar [pres´enθja] *vt* Presenciar, assistir, ver, testemunhar. *presencié la pelea de los dos* / vi a briga dos dois.
pre.sen.ta.ción [presentaθj´on] *sf* **1** Apresentação, mostra, exibição. **2** Aspecto, aparência.
pre.sen.tar [present´ar] *vt+vpr* **1** Apresentar, exibir, expor, mostrar. *vt* **2** Presentear, oferecer, dar. **3** Introduzir, recomendar. *vpr* **4** Comparecer, aparecer. *se presentó con una hora de retraso* / apareceu com uma hora de atraso.
pre.sen.te [pres´ente] *adj+s* **1** Presente, não ausente. **2** Atual. • *sm* Presente: a) oferta, dádiva. b) o momento atual.
pre.sen.ti.mien.to [presentimj´ento] *sm* Pressentimento, sensação, premonição, presságio, intuição.
pre.sen.tir [present´ir] *vt* Pressentir, prever, pressagiar, suspeitar, intuir. → mentir.
pre.ser.var [preserb´ar] *vt+vpr* Preservar, proteger, resguardar.
pre.ser.va.ti.vo [preserbat´ibo] *adj* Preservativo, preventivo, defensivo. • *sm* Preservativo, camisinha.
pre.si.den.cia [presiðˈenθja] *sf* Presidência.

pre.si.den.te, -a [presið´ente] *s* Presidente. *he conocido al presidente de la empresa* / conheci o presidente da empresa.
pre.si.dia.rio, -a [presidj´arjo] *s* Presidiário, preso, detento.
pre.si.dio [pres´idjo] *sm* Presídio, cadeia, prisão, penitenciária.
pre.si.dir [presid´ir] *vt* Presidir, comandar, conduzir, dirigir.
pre.si.lla [pres´iλa] *sf* Passante, presilha.
pre.sión [presj´on] *sf* Pressão, compressão, força.
pre.sio.nar [presjon´ar] *vt* Pressionar.
pre.so, -a [pr´eso] *adj+s* Preso, prisioneiro. **preso por mil, preso por mil y quiñentos** perdido por um, perdido por mil.
pres.ta.ción [prestaθj´on] *sf* **1** Empréstimo. **2** Préstimo, ajuda. **3** Prestação de serviço.
No sentido de "prestação", "parcela", usa-se a palavra **plazo**.
prés.ta.mo [pr´estamo] *sm* Empréstimo.
pres.tar [prest´ar] *vt* **1** Emprestar. *¿me prestas una lapisera?* / você me empresta uma caneta? **2** Ajudar, contribuir. *vi* **3** Servir, ser útil.
pres.te.za [prest´eθa] *sf* Presteza, rapidez, diligência, agilidade, prontidão, desembaraço.
pres.ti.di.gi.ta.ción [prestidihitaθj´on] *sf* Prestidigitação, ilusionismo, mágica.
pres.ti.di.gi.ta.dor, -ora [prestidihitad´or] *s* Prestidigitador, ilusionista, mágico. *mi tío es un excelente prestidigitador* / meu tio é um excelente ilusionista.
pres.ti.gio [prest´ihjo] *sm* **1** Prestígio, importância. **2** Ascendência, influência, autoridade.
pres.ti.gio.so, -a [prestihj´oso] *adj* Prestigioso, influente.
pres.to, -a [pr´esto] *adj* **1** Pronto, diligente, ligeiro. **2** Logo. **de presto** prontamente. *fui atendida de presto* / fui atendida prontamente.
pre.su.mi.do, -a [presum´ido] *adj+s* **1** Gabola, janota, jactancioso, metido, presunçoso. **2** Vaidoso.
pre.su.mir [presum´ir] *vt* **1** Presumir, julgar, supor. *vi* **2** Envaidecer-se, pavonear-se, gabar-se, lisonjear-se.

pre.sun.ción [presunθj´on] *sf* **1** Presunção, julgamento, conclusão. **2** Vaidade, afetação.

pre.sun.tuo.so, -a [presuntw´oso] *adj+s* Presunçoso, metido, pretensioso.

pre.su.pues.to, -a [presupw´esto] *s* **1** Pressuposto, conjectura, pressuposição. **2** Orçamento. *mi presupuesto no es suficiente para esos lujos* / meu orçamento não é suficiente para esses luxos.

pre.ten.der [pretend´er] *vt* Pretender, desejar, aspirar, querer.

pre.ten.dien.te, -a [pretendj´ente] *adj+s* Pretendente, aspirante.

pre.ten.sión [pretensj´on] *sf* Pretensão, aspiração, ambição, vontade.

pre.té.ri.to, -a [pret´erito] *adj* Pretérito, passado.

pre.tex.to [pret´e(k)sto] *sm* Pretexto, desculpa, evasiva, subterfúgio.

pre.va.le.cer [prebaleθ´er] *vi* **1** Prevalecer, sobressair, preponderar, predominar. **2** Subsistir. → crecer.

pre.ven.ción [prebenθj´on] *sf* Prevenção, precaução, prudência, cuidado.

pre.ve.nir [preben´ir] *vt* **1** Preparar, dispor. **2** Advertir, avisar, alertar. *vpr* **3** Prevenir, prever, precaver. → venir.

pre.ver [preb´er] *vt* Prever. → ver.

pre.vi.den.cia *sf* **1** Previdência, prevenção. **2** Previsão, presságio, pressentimento.

pre.vio, -a [pr´ebjo] *adj* Prévio, anterior, antecipado.

pre.vi.sión [prebisj´on] *sf* Previsão, previdência, prevenção, precaução.

pre.vi.sor, -ora [prebis´or] *adj+s* Previdente.

pri.ma.cí.a [primaθ´ia] *sf* Primazia, superioridade, excelência, vantagem.

pri.ma.rio, -a [prim´arjo] *adj+sm* **1** Primário, principal, fundamental. **2** Primitivo, básico, rudimentar, elementar.

pri.ma.ve.ra [primab´era] *sf* Primavera. *las cuatro estaciones son: primavera, verano, otoño e invierno* / as quatro estações são: primavera, verão, outono e inverno.

pri.mi.cias [prim´iθjas] *sf pl* Primícias.

pri.mi.ti.vo, -a [primit´ibo] *adj* **1** Primitivo, básico, primário. **2** Original, primeiro, primordial, originário. **3** Bárbaro, rude, selvagem.

pri.mo, -a [pr´imo] *adj+s* **1** Primeiro. **2** Primoroso, excelente. • *sm* **1** Primo. **2** *fam* Babaca, ingênuo, otário. *sf* **3** Gratificação, recompensa, bônus. **hacer el primo** ser um otário.

pri.mor [prim´or] *sm* **1** Primor, excelência, perfeição. **2** Encanto, graça, beleza.

pri.mor.dial [primordj´al] *adj* Primordial, fundamental, elementar, básico, essencial.

prin.ce.sa [prinθ´esa] *sf* Princesa. *se viste como una princesa* / veste-se como uma princesa.

prin.ci.pal [prinθip´al] *adj* **1** Principal, primeiro. **2** Essencial, fundamental.

prín.ci.pe [pr´inθipe] *sm* **1** Principal, primeiro. **2** Príncipe. **príncipe azul** príncipe encantado / homens dos sonhos.

prin.ci.pian.te, -a [prinθipj´ante] *adj+s* Principiante, iniciante, novato, calouro.

prin.ci.piar [prinθipj´ar] *vt+vi* Começar, principiar, iniciar.

prin.ci.pio [prinθ´ipjo] *sm* **1** Princípio, início, começo, origem. **2** Norma, preceito, mandamento, regra.

prin.gar [pring´ar] *vt* **1** Untar, besuntar. *vt+vpr* **2** Engordurar-se, sujar-se, lambuzar-se. *te vas a pringar toda con ese chupetín* / você vai se lambuzar inteira com esse pirulito. *vt* **3** *fam* Conspurcar, denegrir. → cargar.

prin.gue [pr´inge] *sf* **1** Gordura, banha. **2** Sujeira, melequeira, nojeira.

pri.o.ri.dad [prjorid´ad] *sf* Prioridade, importância, preferência, primazia.

pri.o.ri.ta.rio, -a [prjorit´arjo] *adj* Prioritário, preferencial.

pri.sa [pr´isa] *sf* Pressa, urgência. **de prisa** depressa.

pri.sión [prisj´on] *sf* Prisão, cadeia, cárcere.

pri.sio.ne.ro, -a [prisjon´ero] *s* **1** Prisioneiro, cativo. *eres prisionero de ese amor* / você é prisioneiro desse amor. **2** Detento.

pri.va.ción [pribaθj´on] *sf* **1** Privação, abstenção. **2** Carência, falta, miséria.

pri.va.do, -a [prib´ado] *adj* **1** Privado, particular. **2** Íntimo. **en privado** em particular.

pri.var [prib´ar] *vt* **1** Privar, tomar, despojar, destituir, tirar. **2** Proibir, vedar. **3** Adorar, ser louco por. *a Antonio le priva el fútbol* / Antonio é louco por futebol. *vpr* **4** Privar-se, abster-se.

pri.va.ti.vo, -a [pribat´ibo] *adj* Privativo, próprio.

pri.va.ti.zar [pribatiθ´ar] *vt* Privatizar, desestatizar. → alzar.

pri.vi.le.gio [pribil´ehjo] *sm* Privilégio, prerrogativa, regalia, vantagem.

pro [pr´o] *prep* Pró, prol. **en pro de** em prol de.

pro.a [pr´oa] *sf Mar* Proa.

pro.ba.bi.li.dad [probabilid´ad] *sf* Probabilidade, possibilidade. *hay gran probabilidad de lluvia* / há grande probabilidade de chuva.

pro.ba.ble [prob´able] *adj* Provável, esperável, expectável, esperado.

pro.ba.dor [probad´or] *sm* Provador, lugar para experimentar roupas.

pro.bar [prob´ar] *vt* **1** Testar. **2** Examinar. **3** Comprovar, justificar, demonstrar. *vt+vpr* **4** Experimentar. *me he probado cuatro vestidos y no me ha gustado ninguno* / experimentei quatro vestidos e não gostei de nenhum. *vi* **5** Tentar. → aprobar.

pro.be.ta [prob´eta] *sf* Proveta. **niño probeta** bebê de proveta.

pro.ble.ma [probl´ema] *sm* Problema, transtorno, dificuldade.

pro.ble.má.ti.co, -a [problem´atiko] *adj* Problemático, difícil, complicado. *es una relación muy problemática* / é um relacionamento muito problemático.

pro.caz [prok´aθ] *adj* Descarado, cínico, insolente, petulante, cara de pau.

pro.ce.den.cia [proθed´enθja] *sf* **1** Procedência, proveniência, origem. *este producto es de procedencia dudosa* / este produto é de procedência duvidosa. **2** Fundamento, razão.

pro.ce.den.te [proθed´ente] *adj* Procedente, proveniente, oriundo. **2** Coerente, adequado, justo, lógico.

pro.ce.der [proθed´er] *vi* **1** Proceder, provir, originar, decorrer. **2** Executar, realizar. **3** *Der* Processar, demandar.

pro.ce.di.mien.to [proθedimj´ento] *sm* **1** Procedimento, proceder, conduta, método. **2** Maneiras, modos. **3** *Der* Processo.

pro.ce.sa.mien.to [proθesamj´ento] *sm* Processamento, andamento.

pro.ce.sar [proθes´ar] *vt* **1** Processar, trasformar. **2** *Der* Processar.

pro.ce.sión [proθesj´on] *sf* **1** Procedência. **2** Procissão.

pro.ce.so [proθ´eso] *sm* **1** Processo, seguimento, decurso, progresso. **2** *Der* Processo, causa, ação.

pro.cla.ma [prokl´ama] *sf* Proclama, edital.

pro.cla.mar [proklam´ar] *vt* Proclamar.

pró.cli.sis [pr´oklisis] *sf Gram* Próclise.

pro.cli.ve [prokl´ibe] *adj* **1** Inclinado. **2** Propenso, tendente.

pro.cre.ar [prokre´ar] *vt* Procriar, reproduzir, multiplicar.

pro.cu.rar [prokur´ar] *vt* Procurar, tentar, tratar de. *procura no hacer ruido* / tente não fazer barulho.
No sentido de "tentar encontrar algo", usa-se **buscar**.

pro.di.gar [prodig´ar] *vt* **1** Prodigalizar, desperdiçar, dissipar, esbanjar. *vpr* **2** Exceder-se. → cargar.

pro.di.gio [prod´ihjo] *sm* Prodígio, portento, fenômeno. *es un prodigio en matemáticas* / é um fenômeno na matemática.

pro.duc.ción [produkθj´on] *sf* **1** Produção, fabricação. **2** Produto, obra, realização, fruto.

pro.du.cir [produθ´ir] *vt* **1** Produzir, fabricar, manufaturar. **2** Frutificar, engendrar, criar. **3** Resultar, causar. → aducir.

pro.duc.ti.vo, -a [produkt´ibo] *adj* Produtivo, frutífero, rendoso, fértil.

pro.duc.to [prod´ukto] *sm* **1** Produto, obra. **2** Resultado, fruto. **3** Lucro, rendimento.

pro.duc.tor, -ora [produkt´or] *s* **1** Produtor, criador, autor. **2** Realizador, financiador.

pro.e.za [pro´eθa] *sf* Proeza, façanha. *mantenerse con ese sueldo es una proeza* / manter-se com esse salário é uma façanha.

pro.fa.nar [profan´ar] *vt* Profanar, macular, desonrar, aviltar.

pro.fa.no, -a [prof´ano] *adj* Profano, secular, leigo.

pro.fe.cí.a [profeθ´ia] *sf* Profecia, prognóstico, previsão, vaticínio.

pro.fe.rir [profer´ir] *vt* Proferir, dizer, pronunciar, falar. *no profirió más que cuatro palabras en la última semana* / não proferiu mais que meia-dúzia de palavras na última semana. → mentir.

pro.fe.sar [profes´ar] *vt* **1** Professar, praticar, exercer. **2** Seguir, abraçar, aderir, adotar.

pro.fe.sión [profesj´on] *sf* Profissão, ofício, emprego, ocupação.

pro.fe.sio.nal [profesjon´al] *adj+s* Profissional. *soy un profesional de la informática* / sou um profissional da informática.

pro.fe.sor, -ora [profes´or] *s* Professor, educador, mestre.

pro.fe.ta [prof´eta] *sm* Profeta, vate. *me gusta estudiar los profetas chinos* / gosto de estudar os profetas chineses.

pró.fu.go, -a [pr´ofugo] *adj+s* Prófugo, fugitivo. • *sm Mil* Desertor.

pro.fun.da.men.te [profundam´ente] *adv* Profundamente.

pro.fun.di.dad [profundid´ad] *sf* **1** Profundidade, fundura. **2** Perspicácia, sagacidade.

pro.fun.di.zar [profundiθ´ar] *vi* Aprofundar. *quiero profundizar mis conocimientos* / quero aprofundar meus conhecimentos. → alzar.

pro.fun.do, -a [prof´undo] *adj* **1** Profundo, fundo. **2** Intenso. **3** Penetrante, perspicaz, sagaz.

pro.fu.sión [profusj´on] *sf* Profusão, abundância, prodigalidade, fartura.

pro.ge.ni.tor, -ora [prohenit´or] *s* Progenitor, pai.

pro.gra.ma [progr´ama] *sm* **1** Édito, anúncio. **2** Programa, esquema, plano, projeto. **3** Programação. **4** *Inform* Software.

pro.gra.ma.ción [programaθj´on] *sf* Programação.

pro.gra.ma.dor, -ora [programad´or] *adj+s* Programador.

pro.gre.sar [progres´ar] *vi* Progredir, avançar, adiantar, aperfeiçoar, melhorar.

pro.gre.sión [progresj´on] *sf* Progressão, progresso, gradação.

pro.gre.si.vo, -a [progres´ibo] *adj* Progressivo, gradativo. *noto un incremento progresivo de peso con los años* / percebo um aumento gradativo de peso com os anos.

pro.gre.so [progr´eso] *sm* **1** Progresso, marcha, avanço. **2** Melhoramento, desenvolvimento, adiantamento, aperfeiçoamento.

pro.hi.bi.ción [projbiθj´on] *sf* Proibição, interdição, veto.

pro.hi.bir [projb´ir] *vt* Proibir, vetar. *van a prohibir el uso de minifalda en la escuela* / vão proibir o uso de minissaia na escola. → Veja modelo de conjugação.

pro.hi.bi.ti.vo [proibit´ibo] *adj* **1** Proibitivo, restritivo. **2** Caro.

pró.ji.mo, -a [pr´ohimo] *s* Próximo, semelhante. *respeto al prójimo en primer lugar* / respeito ao próximo em primeiro lugar.

pro.le [pr´ole] *sf* **1** Prole, descendência. **2** Filhos, descendentes.

pro.le.ta.ria.do [proletarj´ado] *sm* Proletariado, trabalhadores.

pro.le.ta.rio, -a [prolet´arjo] *adj+s* Proletário, trabalhador.

pro.li.fe.rar [prolifer´ar] *vi* Proliferar, multiplicar-se, reproduzir-se. *proliferan los hongos en el jardín* / os fungos proliferam no jardim.

pro.lí.fi.co, -a [prol´ifiko] *adj* Prolífero, prolífico, fértil, fecundo.

pro.li.jo, -a [prol´iho] *adj* **1** Prolixo, extenso, demorado, excessivo, longo. **2** Caprichoso. **3** Cansativo, chato.

pró.lo.go [pr´ologo] *sm* Prólogo, prefácio, preâmbulo.

pro.lon.ga.ción [prolongaθj´on] *sf* **1** Prolongação, continuação, prolongamento. **2** *Electr* Extensão.

pro.lon.ga.mien.to [prolongamj´ento] *sm* Prolongamento, prolongação.

pro.lon.gar [prolong´ar] *vt+vpr* Prolongar, alongar, estender, dilatar. *la reunión se ha prolongado más de lo previsto* / a reunião prolongou-se além do previsto. → cargar.

pro.me.dio [prom´edjo] *sm* **1** *Mat* Média. **2** Meio, metade.

pro.me.sa [prom´esa] *sf* Promessa, juramento, voto, compromisso.

pro.me.ter [promet´er] *vt* **1** Prometer, assegurar, afirmar. **2** Anunciar, prenunciar. *vpr* **3** Comprometer-se.

pro.me.ti.do, -a [promet´ido] *s* Comprometido, noivo.

pro.mi.nen.te [promin´ente] *adj* Proeminente, marcante, saliente, notável.

pro.mis.cuo, -a [prom´iskwo] *adj* **1** Confuso, indiscriminado, misturado, indistinto. **2** Promíscuo. **3** Ambivalente.

pro.mo.ción [promoθj´on] *sf* **1** Promoção, divulgação. **2** Melhora, aumento, incremento.

pro.mo.cio.nar [promoθjon´ar] *vt+vpr* Promover, anunciar, divulgar.

pro.mo.ver [promob´er] *vt* Promover: a) produzir, provocar. b) elevar de cargo ou função. → morder.

pro.nom.bre [pron´ombre] *sm Gram* Pronome.

pro.nós.ti.co [pron´ostiko] *sm* Prognóstico, previsão. *los médicos no le dieron un buen pronóstico* / os médicos não lhe deram um bom prognóstico.

pron.ti.tud [prontit´ud] *sf* Prontidão, diligência, destreza, desembaraço, dinamismo.

pron.to [pr´onto] *adv* **1** Veloz, acelerado, rápido, ligeiro. **2** Cedo, antes da ocasião própria. *llegamos muy pronto al aeropuerto y tuvimos que esperar tres horas* / chegamos muito cedo ao aeroporto e tivemos de esperar três horas. • *sm* Cinco minutos, decisão repentina. *le dió un pronto y se marchó sin decirle nada a nadie* / deu-lhe os cinco minutos e foi embora sem falar nada com ninguém.

> Usa-se **listo** no sentido de "pronto, preparado".

pro.nun.cia.ción [pronunθjaθj´on] *sf* **1** Pronúncia. **2** Pronunciação, declaração, pronunciamento.

pro.nun.cia.mien.to [pronunθjamj´ento] *sm* **1** Pronunciamento. **2** Golpe militar.

pro.nun.ciar [pronunθj´ar] *vt* **1** Pronunciar, proferir. **2** Acentuar, ressaltar, evidenciar. *ese color de maquiaje te pronuncía las ojeras* / essa cor de maquiagem ressalta suas olheiras. **3** Sublevar. *vpr* **4** Pronunciar-se, declarar.

pro.pa.ga.ción [propagaθj´on] *sf* **1** Propagação, divulgação. **2** Disseminação, transmissão.

pro.pa.gan.da [propag´anda] *sf* Propaganda, publicidade.

pro.pa.gar [propag´ar] *vt+vpr* **1** Propagar, disseminar. **2** Espalhar, difundir. → cargar.

pro.pen.sión [propensj´on] *sf* Propensão, tendência, inclinação, vocação, queda.

pro.pen.so, -a [prop´enso] *adj* Propenso, inclinado, tendente, dado, chegado. *es propenso al drama* / é chegado a um drama.

pro.pi.cio, -a [prop´iθjo] *adj* Propício, favorável, oportuno. *me parece el momento propicio para contárselo* / parece-me o momento oportuno para contar a ele.

pro.pie.dad [propjed´ad] *sf* **1** Propriedade, atributo. *ese agua tiene propiedades curativas* / essa água tem propriedades curativas. **2** Domínio, posse.

pro.pie.ta.rio, -a [propjet´arjo] *adj+s* Proprietário, possuidor, senhor, dono.

pro.pi.na [prop´ina] *sf* Propina, gorjeta, gratificação. **de propina** além do mais.

pro.pio, -a [pr´opjo] *adj* **1** Próprio, peculiar, característico. **2** Privativo, particular.

pro.po.ner [propon´er] *vt* **1** Propor, oferecer, sugerir. *propongo que vayamos al cine* / sugiro irmos ao cinema. *vt+vpr* **2** Propor-se, determinar-se, decidir. → poner.

pro.por.ción [proporθj´on] *sf* **1** Proporção, conformidade, adequação, concordância. **2** Dimensão, extensão.

pro.por.cio.na.do [proporθjon´ado] *adj* Proporcional. *su peso es proporcionado a su altura* / seu peso é proporcional a sua altura.

pro.por.cio.nar [proporθjon´ar] *vt* **1** Proporcionar, adequar, acertar. *vt+vpr* **2** Facilitar, dispor, suprir, fornecer.

pro.po.si.ción [proposiθj´on] *sf* **1** Proposição, enunciado, exposição. **2** Tese, conclusão.

pro.pó.si.to [prop´osito] *sm* Propósito, intenção, objetivo, finalidade, fim. *tengo el firme propósito de vencer la competencia* / tenho a firme intenção de vencer a competição.

pro.pues.ta *sf* Proposta, proposição. *presentaré la propuesta a mi jefe mañana* / vou apresentar a proposta a meu chefe amanhã.

pro.pul.sar [propuls´ar] *vt* **1** Propulsar, impelir, propelir, impulsionar. **2** Rechaçar, repelir.

pro.pul.sión [propulsj´on] *sf* Propulsão, impulso.

pró.rro.ga [pr´oroga] *sf* Prorrogação, adiamento, dilação, dilatação, prolongamento.

pro.rro.gar [proroɣ´ar] *vt* Prorrogar, adiar, dilatar. → cargar.

pro.rrum.pir [proɾumpˈir] *vi* Prorromper. *prorrompió en lágrimas, desesperado* / prorrompeu em lágrimas, desesperado.

pro.sa [pr´osa] *sf* **1** *Lit* Prosa. **2** Conversa fiada, papo.

pros.cri.bir [proskrib´ir] *vt* Proscrever, banir, desterrar, exilar, expulsar. *Part irreg:* proscrito.

pro.se.guir [proseɣ´ir] *vt+vi* Prosseguir, continuar, insistir, seguir. → seguir.

pros.pec.to [prosp´ekto] *sm* **1** Prospecto, programa. **2** Bula. *lea el prospecto con mucha atención* / leia a bula com muita atenção. Veja nota em **bula** (espanhol).

pros.pe.rar [prosper´ar] *vt+vi* Prosperar, progredir, melhorar.

pros.pe.ri.dad [prosperid´ad] *sf* Prosperidade, fortuna, ventura.

prós.pe.ro, -a [pr´ospero] *adj* Próspero, favorável, propício, venturoso. *vivimos una época muy próspera* / vivemos uma época muito próspera.

prós.ta.ta [pr´ostata] *sf Anat* Próstata.

pros.tí.bu.lo [prost´ibulo] *sm* Prostíbulo, bordel, lupanar.

pros.ti.tu.ción [prostituθj´on] *sf* Prostituição, meretrício.

pros.ti.tuir [porstitu´ir] *vt+vpr* Prostituir. → huir.

pros.ti.tu.ta *sf* Prostituta, puta.

pro.ta.go.ni.zar [protagoniθ´ar] *vt* Protagonizar, estrelar. → alzar.

pro.tec.ción [protekθj´on] *sf* **1** Proteção, abrigo, asilo, refúgio. **2** Auxílio, amparo, ajuda.

pro.tec.tor, -ora [protek´tor] *adj+s* Protetor, defensor.

pro.te.ger [proteh´er] *vt+vpr* Proteger, amparar, favorecer, defender, guardar. → escoger.

pro.te.gi.do, -a [proteh´ido] *adj+s* **1** Protegido, apadrinhado, favorecido. **2** Afilhado.

pro.te.í.na [prote´ina] *sf Quím* Proteína. *cuidado con la baja ingesta de proteína* / cuidado com a baixa ingestão de proteína.

pró.te.sis [pr´otesis] *sf inv Med* Prótese.

pro.tes.ta [prot´esta] *sf* Protesto, queixa, reclamação. *presenté mi protesta* / apresentei meu protesto.

pro.tes.tan.te [protest´ante] *adj+s Rel* Protestante, evangélico.

pro.tes.tar [protest´ar] *vt* Protestar: a) jurar, testemunhar, proclamar. b) reclamar. c) *Com* fazer o protesto de título.

pro.tes.to [prot´esto] *sm* Protesto. *el banco hizo el protesto* / o banco procedeu ao protesto.

pro.to.co.lo [protok´olo] *sm* Protocolo, formalidade, cerimônia.

pro.to.ti.po [protot´ipo] *sm* Protótipo, modelo, padrão.

pro.ve.cho [proβ´etʃo] *sm* **1** Proveito, utilidade, conveniência. **2** Vantagem, lucro.

pro.ve.cho.so, -a [proβetʃ´oso] *adj* Proveitoso, rendoso, vantajoso.

pro.ve.e.dor, -ora [proβeed´or] *sm* Provedor, fornecedor.

pro.ve.er [proβ(e)´er] *vt+vpr* **1** Prover, abastecer, fornecer, aparelhar, dotar, munir. *vt* **2** Investir, nomear. *Part: proveído* (regular), *provisto* (irregular). → leer.

pro.ve.nir [proben´ir] *vi* Provir, nascer, vir, derivar, originar-se, proceder. → venir.

pro.ver.bio [proβ´erβjo] *sm* Provérbio, refrão, sentença, adágio.

pro.vi.den.cia [probiđ´enθja] *sf* Providência, diligência, medida.

pro.vin.cia [prob´inθja] *sf* **1** Província. **2** Estado.

pro.vin.cial [probinθj´al] *adj* **1** Provincial, regional. **2** Estadual.

pro.vi.sión [probisj´on] *sf* **1** Provisão, abastecimento, provimento, suprimento. **2 provisiones** *pl* Mantimentos, víveres.

pro.vi.sio.nal [probisjon´al] *adj* Provisório, interino, temporário. *son deliberaciones del gobierno provisional* / são deliberações do governo provisório.

pro.vo.ca.ción [probokaθj´on] *sf* Provocação, desafio, afronta.

pro.vo.ca.dor, -ora [probokad´or] *adj+s* Provocador, provocante, desafiador.

pro.vo.car [probok´ar] *vt* **1** Provocar, incitar, induzir, instigar. **2** Desafiar, irritar. **3** Suscitar. → atacar.

pro.xi.mi.dad [pro(k)simid´ad] *sf* Proximidade, vizinhança, cercania.

pró.xi.mo, -a [pr´o(k)simo] *adj* **1** Próximo, vizinho, adjacente, contíguo. **2** Seguinte, imediato.

pro.yec.ción [proyekθj´on] *sf* Projeção, exibição de imagem.

pro.yec.tar [proyekt´ar] *vt* **1** Projetar, lançar, arremessar. **2** Arquitetar, idear, planejar. **3** Exibir imagem.

pro.yec.til [proyekt´il] *sm* Projétil, bala.

pro.yec.to [proy´ekto] *sm* **1** Projeto, plano, ideia. **2** Esboço, planta, desenho.

pro.yec.tor [proyekt´or] *sm* Projetor. *el profesor utilizó un proyector en la clase de hoy* / o professor utilizou um projetor na aula de hoje.

pru.den.cia [prud´enθja] *sf* **1** Prudência, moderação, temperança, cautela. **2** Sensatez, juízo, tino.

pru.den.te [prud´ente] *adj* **1** Prudente, cauteloso, moderado, regrado, pautado. **2** Sensato, sábio, razoável. *es más prudente no tocar en el tema* / é mais sensato não tocar no assunto.

prue.ba [prw´eba] *sf* **1** Prova, demonstração, comprovação, indício. **2** Exame, teste. **3** Concurso.

pru.ri.to [prur´ito] *sm* **1** Prurido, coceira. **2** Comichão, vontade.

psi.co.a.ná.li.sis [sikoan´alisis] *sf inv Med* Psicanálise.

psi.co.a.na.lis.ta [psikoanal´ista] *s Med* Psicanalista. *voy al psicoanalista dos veces a la semana* / vou ao psicanalista duas vezes por semana.

psi.co.lo.gí.a [sikoloh´ia] *sf Med* Psicologia.

psi.co.ló.gi.co, -a [sikol´ohiko] *adj Med* Psicológico. *ella tuvo un embarazo psicológico* / ela teve uma gravidez psicológica.

psi.có.lo.go, -a [psik´ologo] *s Med* Psicólogo.

psi.co.sis [sik´osis] *sf inv Med* Psicose. *ha sido internado por psicosis* / foi internado por causa da psicose.

psi.co.te.ra.pia [sikoter´apja] *sf Med* Psicoterapia.

psi.quia.trí.a [sikjatr´ia] *sf Med* Psiquiatria.

psí.qui.co [s´ikiko] *adj Med* Psíquico.

pú.a [p´ua] *sf* **1** Pua, farpa, espinho. **2** Dente de pente.

pú.ber [p´uber] *adj+s* Púbere, pré-adolescente.

pu.ber.tad [pubert´ad] *sf* Puberdade, pré-adolescência.

pu.bli.ca.ción [publikaθj´on] *sf* **1** Publicação, edição. **2** Promulgação, divulgação.

pu.bli.car [publik´ar] *vt* **1** Publicar, editar. **2** Promulgar, anunciar. → atacar.

pu.bli.ci.dad [publiθid´ad] *sf* Publicidade, propaganda, divulgação.

pú.bli.co, -a [p´ubliko] *adj* Público, notório, manifesto, conhecido, patente. • *sm* **1** Público, coletividade. **2** Auditório, assistência, plateia.

pu.che.ro [putʃ´ero] *sm* **1** Caçarola, panela, caldeirão. **2** Cozido, ensopado. **3** Beicinho, biquinho.

pu.cho [p´utʃo] *sm AL* Toco, ponta, bituca. *¡limpia ese cenicero que está lleno de puchos!* / limpe esse cinzeiro que está cheio de bituca.

pú.di.co, -a [p´udiko] *adj* Pudico, casto, recatado, decente, respeitável, puro.

pu.dien.te [pudj´ente] *adj+s* Rico, abastado, endinheirado.

pu.dor [pud´or] *sm* Pudor, decoro, vergonha, recato, honestidade.

pu.do.ro.so, -a [pudor´oso] *adj* Pudico, recatado, decente, casto.

pu.drir [pudr´ir] *vt+vpr* **1** Apodrecer, corromper, deteriorar. **2** *fig* Encher o saco, amolar, incomodar, aborrecer. *no me pudras más con esa conversación* / não me encha mais o saco com essa conversa. *Part irreg:* podrido.

pue.ble.ri.no, -a [pwebler´ino] *adj+s* Caipira. *me encanta la manera de hablar pueblerina* / adoro o jeito caipira de falar.

pue.blo [pw´eblo] *sm* **1** Povo, raça. **2** Povoado, povoação, vilarejo.

puen.te [pw´ente] *sm* Ponte. *tengo miedo de cruzar puentes de madera* / tenho medo de atravessar pontes de madeira.

puer.co, -a [pw´erko] *s Zool* Porco, suíno. • *adj+s fam* **1** Porco, sujo, imundo, porcalhão. **2** vil, infame, indecente.

pue.ri.cul.tu.ra [pwerikult´ura] *sf* Puericultura.

pue.rro [pw´ero] *sm Bot* Alho-poró.

puer.ta [pw´erta] *sf* **1** Porta. **2** *Dep* Gol.

puer.to [pw´erto] *sm* **1** Porto, embarcadouro. **2** Garganta, desfiladeiro. **3** *fig* Segurança, amparo.

pues [pw´es] *conj* Pois, já que, visto que. *¿no quiere comer? pues que se quede con hambre* / não quer comer? pois fique com fome.

pues.to, -a [pw´esto] *adj* **1** Resolvido, determinado, empenhado. **2** Bem-vestido, arrumado. **3** *coloq* Expert, conhecedor. • *sm* **1** Posto, lugar, local. **2** Barraquinha, tenda. **3** Emprego, cargo, ofício.

pu.gi.lis.mo [puhil´ismo] *sm Dep* Pugilismo, boxe.

pu.gi.lis.ta [puhil´ista] *s Dep* Pugilista, boxeador.

pug.nar [pugn´ar] *vi* **1** Pugnar, lutar, combater, guerrear. **2** Batalhar, esforçar-se, empenhar-se.

pu.ja [p´uha] *sf* **1** Força, empenho. **2** Lance (leilão).

pu.jar [puh´ar] *vt* **1** Batalhar, esforçar-se, empenhar-se. *vi* **2** Vacilar, titubear. **3** Aumentar o lance (em leilão).

pu.jo [p´uho] *sm* Impulso, vontade, desejo, urgência.

pul.cri.tud [pulkrit´ud] *sf* Pulcritude, beleza.

pul.ga [p´ulga] *sf Entom* Pulga. **no aguantar pulgas** não levar desaforo para casa. **tener malas pulgas** ser mal-humorado.

pul.ga.da [pulg´ada] *sf* Polegada. *mi televisor tiene 29 pulgadas* / meu televisor tem 29 polegadas.

pul.gar [pulg´ar] *sm* Dedo, polegar.

pu.li.do [pul´ido] *adj* Bem-apessoado. • *sm* Polimento.

pu.lir [pul´ir] *vt* **1** Polir, lustrar, envernizar. *vt+vpr* **2** Arrumar-se, enfeitar-se.

pu.lla [p´uλa] *sf* **1** Obscenidade. **2** Mordacidade.

pul.món [pulm´on] *sm Anat* Pulmão.

pul.mo.nar [pulmon´ar] *adj* Pulmonar.

pul.mo.ní.a [pulmon´ia] *sf Med* Pneumonia.

pul.pa [p´ulpa] *sf* Polpa. *me lastimé la pulpa del dedo* / machuquei a polpa do dedo.

púl.pi.to [p´ulpito] *sm* Púlpito, tribuna.

pul.po [p´ulpo] *sm Zool* Polvo.

pul.sa.ción [pulsaθj´on] *sf* Pulsação, palpitação, batimento.

pul.sar [puls´ar] *vt* **1** Pulsar, pressionar, digitar. *vi* **2** Palpitar, bater, latejar.

pul.se.ra [puls´era] *sf* **1** Pulseira, bracelete. **2** Argola, aro.

pul.so [p´ulso] *sm* **1** *Anat* Pulso, munheca. **2** Palpitação. **3** Força, vigor, energia.

pul.ve.ri.zar [pulberiθ´ar] *vt+vpr* **1** Aniquilar, destroçar, fulminar. **2** Pulverizar, espargir. → alzar.

pu.ma [p´uma] *sm Zool* Puma.

pun.do.nor [pundon´or] *sm* Pundonor, probidade, decoro, decência.

pun.ta [p´unta] *sf* **1** Ponta, extremidade, extremo. **2** Bituca, toco. **de punta a cabo** de ponta a ponta, de cabo a rabo.

pun.ta.da [punt´ada] *sf* **1** Ponto. **2** Agulhada, pontada. *siento unas puntadas en los riñones* / sinto umas pontadas nos rins.

pun.tal [punt´al] *sm* Escora, esteio.

pun.ta.pié [puntapj´e] *sm* Pontapé, chute.

pun.te.rí.a [punter´ia] *sf* Pontaria.

pun.te.ro, -a [punt´ero] *adj+sm* Ponteiro, certeiro.

pun.tia.gu.do, -a [puntjag´udo] *adj* Pontiagudo, pontudo, bicudo.
pun.ti.lla [punt´iλa] *sf* **1** Renda. **2** Pontilha (arma). **de puntillas** na ponta dos pés.
pun.to [p´unto] *sm* **1** Ponto. **2** Assunto, matéria. **3** Crochê.
pun.tua.ción [puntwaθj´on] *sf Gram* Pontuação. *hay muchos errores de puntuación en ese texto* / há muitos erros de pontuação nesse texto.
pun.tual [puntw´al] *adj* Pontual, exato, preciso.
pun.za.da [punθ´ada] *sf* **1** Pontada, agulhada. **2** Aflição.
pun.zan.te [punθ´ante] *adj* Pungente, agudo.
pun.zar [punθ´ar] *vt* **1** Punçar, puncionar, furar. *vi* **2** Afligir. → alzar.
pu.ña.do [puñ´ado] *sm* Punhado.
pu.ñal [puñ´al] *sm* Punhal, adaga.
pu.ña.la.da [puñal´ada] *sf* Punhalada, facada.
pu.ñe.ta.zo [puñet´aθo] *sm* Soco, murro.
pu.ño [p´uño] *sm* **1** *Anat* Punho. **2** Empunhadura, cabo. **de puño y letra** de próprio punho. **por sus puños** com o suor do seu rosto.
pu.pi.la *sf Anat* Pupila.
pu.pi.la.je [pupil´ahe] *sm* Pensão. Veja nota em **abordaje**.
pu.pi.tre [pup´itre] *sm* Carteira, escrivaninha.
pu.ré [pur´e] *sm* Purê. *comeré puré de batata* / comerei purê de batata-doce.

pu.re.za [pur´eθa] *sf* **1** Pureza, inocência, candura. **2** Limpidez, nitidez. **3** Virgindade.
pur.gan.te [purg´ante] *adj*+*sm* Purgante, purgativo.
pur.ga.to.rio [purgat´orjo] *sm Rel* Purgatório.
pu.ri.fi.ca.ción [purifikaθj´on] *sf* Purificação, purgação, limpeza.
pu.ri.fi.car [purifik´ar] *vt*+*vpr* Purificar, limpar. *tienes el alma purificado* / tens a alma limpa. → atacar.
pu.ri.ta.nis.mo [puritan´ismo] *sm* Puritanismo.
pu.ro, -a [p´uro] *adj* **1** Puro, genuíno. **2** Casto, inocente, virginal, impoluto, intocado. • *sm* Charuto.
púr.pu.ra [p´urpura] *sf* Púrpura (animal, cor, doença).
pur.pu.ri.na [purpur´ina] *sf* Purpurina.
pus [p´us] *sm Med* Pus. *le está saliendo pus del oído* / está saindo pus do ouvido dele.
pu.si.lá.ni.me [pusil´anime] *adj* Pusilânime, covarde, frouxo.
pu.ta.da [put´ada] *sf vulg* Cachorrada, sacanagem.
pu.to [p´uto] *sm* Travesti, homossexual, bicha.
pu.tre.fac.ción [putrefakθj´on] *sf* Putrefação, apodrecimento, deterioração.
pu.tre.fac.to, -a [putref´akto] *adj* Putrefato, podre, apodrecido.
pú.tri.do, -a [p´utrido] *adj* Pútrido, podre.

q

q, Q [k´u] *sf* Décima oitava letra do alfabeto espanhol.

que [k´e] *pron relat* Que. *la señora que te presenté es mi profesora* / a senhora que apresentei para você é a minha professora. • *conj* Que. *quiero que vengas conmigo* / quero que você venha comigo. Veja nota em **adonde** (espanhol).

qué [k´e] *pron inter+pron excl* Que. *¿qué es eso?* / o que é isso? **¿y qué?** e daí? Veja nota em **adonde** (espanhol).

que.bra.di.zo, -a [kebrad´iθo] *adj* Quebradiço, frágil. *hay que tomar cuidado al pisar sobre hielo quebradizo* / é preciso ter cuidado ao pisar sobre gelo quebradiço.

que.bra.do, -a [kebr´ado] *adj* **1** Falido. **2** Quebrado, cansado, abatido. *el albañil llegó quebrado a casa después del trabajo* / o pedreiro chegou quebrado em casa depois do trabalho. **3** Sinuoso, tortuoso.

que.bra.du.ra [kebrad´ura] *sf* Abertura, fenda, fissura, racha, rachadura, greta.

que.bran.ta.do [kebrant´ado] *adj* Dolorido.

que.bran.tar [kebrant´ar] *vt* **1** Quebrar: a) partir, romper. b) enfraquecer, debilitar. c) fragmentar, despedaçar. d) infringir, violar, transgredir, quebrantar. *vpr* **2** Quebrantar-se.

que.bran.to [kebr´anto] *sm* Quebranto, moléstia, mal-estar, abatimento, desânimo.

que.brar [kebr´ar] *vt* Quebrar: a) romper, partir. b) infringir, violar, transgredir (uma lei ou obrigação). c) torcer, dobrar. d) interromper, cortar. e) vencer. *vi* f) enfraquecer, afrouxar. g) *Com* declarar(-se) em estado de quebra, falir. → despertar.

que.chua [k´etʃwa] *adj+s* Quíchua. *el quechua es lengua oficial en Ecuador, Perú y Bolivia* / o quíchua é língua oficial no Equador, Peru e na Bolívia.

que.dar [ked´ar] *vi+vpr* **1** Ficar: a) estacionar (em algum lugar), permanecer. *vi* b) restar, sobrar, subsistir. c) continuar, permanecer. d) não dizer mais, não ir além de. e) estar situado. *mi casa queda cerca de la escuela* / a minha casa fica perto da escola. *vpr* f) reter em seu poder. *vi* **2** Combinar, acordar, concordar, concertar. *mi novia y yo quedamos de vernos en la entrada del cine* / a minha namorada e eu combinamos de nos encontrar na entrada do cinema. **quedar atrás** ficar para trás.

que.do, -a [k´edo] *adj* Quieto, calado.

que.ha.cer [keaθ´er] *sm* Ocupação. *los quehaceres de las amas de casa son incontables* / os afazeres das donas de casa são incontáveis.

que.ja [k´eha] *sf* **1** Queixa, lamento, lamentação, lamúria. **2** *Der* Queixa.

que.jar.se [keh´arse] *vpr* Queixar-se.

que.ji.do [keh´ido] *sf* Gemido, lamentação, queixa.

que.jum.bro.so [kehumbr´oso] *adj* Lamuriento. *nadie soporta oír la voz quejumbrosa de esa mujer* / ninguém suporta ouvir a voz lamurienta dessa mulher.

que.ma [k´ema] *sf* Queima: a) queimação. b) incêndio.

que.ma.dor [kemad´or] *sm* Queimador.

que.ma.du.ra [kemad´ura] *sf* Queimadura. *el jugo de limón puede provocar quemaduras en la piel* / o suco de limão pode provocar queimaduras na pele.

que.mar [kem´ar] *vt+vi+vpr* Queimar.

que.ma.rro.pa [kemaȓ´opa] *sf* quema-rroupa.
que.ma.zón [kemaθ´on] *sf* Queimação.
que.re.lla [ker´eλa] *sf* **1** Discórdia, pendência. **2** *Der* Querela.
que.re.llan.te [kereλ´ante] *adj+s Der* Querelante, requerente.
que.re.llar.se [kereλ´arse] *vpr* **1** Queixar-se, lamentar-se, lastimar-se. **2** *Der* Promover querela.
que.rer [ker´er] *vt* Querer: a) desejar. b) gostar, estimar. **querer decir** querer dizer. **sin querer** sem querer. • *sm* Querer, amor.
→ Veja modelo de conjugação.
que.ri.do, -a [ker´ido] *adj+s* Querido, caro, amado.
quer.més [kerm´es] *sf* Quermesse. *todos fueron a la quermés organizada por la parroquia* / todo mundo foi para a quermesse organizada pela parroquia.
que.ro.se.no [keros´eno] *sm Quím* Querosene.
que.ru.bín [kerub´in] *sm Rel* Querubim.
que.se.ra [kes´era] *sf* Queijeira.
que.so [k´eso] *sm* Queijo. *Holanda es un país famoso por sus quesos* / a Holanda é um país famoso pelos seus queijos.
qui.cio [k´iθjo] *sm* Gonzo, dobradiça.
quie.bra [k´jebra] *sf* **1** Fenda, abertura, fissura, fresta. **2** *Der* Quebra, falência.
quien [k´jen] *pron relat* Quem. Veja nota em **adonde** (espanhol).
quién [k´jen] *pron inter+pron excl* Quem. *¿quién vino ayer?* / quem veio ontem? Veja nota em **adonde** (espanhol).
quien.quie.ra [kjenk´jera] *pron* Quem quer. *no me importa lo que digan, quienquiera sea* / não me importa o que falem, quem quer que seja. *Pl: quienesquiera*.
quie.to, -a [k´jeto] *adj* Quieto: a) imóvel, parado, quedo. b) tranquilo, calmo, sossegado, sereno, plácido.
quie.tud [kjet´ud] *sm sf* Quietude: a) estado de quieto. b) sossego, paz, tranquilidade. *un trueno interrumpió la quietud de la noche* / um trovão interrompeu a quietude da noite.
qui.ja.da [kih´ada] *sf Anat* Queixada.
qui.la.te [kil´ate] *sm* Quilate. *el anillo de oro es de dieciocho quilates* / o anel de ouro é de dezoito quilates.

qui.lo [k´ilo] *sm V* kilo.
qui.lo.mé.tri.co, -a [kilom´etriko] *adj V kilométrico*.
qui.ló.me.tro [kil´ometro] *sm V kilómetro*.
qui.me.ra [kim´era] *sf* Quimera, fantasia.
quí.mi.co, -a [k´imiko] *adj+s* Químico. • *sf* química. **química biológica** química biológica. **química inorgánica / química mineral** química inorgánica / química mineral. **química orgánica** química orgânica.
qui.mio.te.ra.pia [kimjoter´apja] *sf Med* Quimioterapia.
qui.mo.no [kim´ono] *sm* Quimono.
qui.na [k´ina] *sf Bot* Quina.
quin.ca.lla [kink´aλa] *sf* Quinquilharia, ferro-velho.
qui.nce [k´inθe] *num+sm* Quinze. *mi hermano tiene quince años* / meu irmão tem quinze anos.
quin.ce.na [kinθ´ena] *sf* Quinzena.
quin.ce.nal [kinθen´al] *adj* Quinzenal.
quin.cua.gé.si.mo, -a [kinkwah´esimo] *adj+s* Quinquagésimo.
qui.nien.tos, -as [kinj´entos] *adj* Quinhentos.
quin.ta [k´inta] *sf* Quinta, chácara, sítio (agrícola). *pasábamos los veranos en la quinta de nuestros abuelos* / passávamos os verãos na chácara dos nossos avós.
quin.to, -a [k´into] *num+sm* Quinto.
quín.tu.plo, -a [k´intupo] *adj* Quíntuplo.
quios.co [ki´osko] *sm* Quiosque: a) coreto. b) banca de jornal.
quios.que.ro, -a [kjosk´ero] *s* Jornaleiro.
qui.ró.fa.no [kir´ofano] *sm Med* Sala de cirurgia. *llevaron al enfermo al quirófano para ser operado* / levaram o doente até a sala de cirurgia para ser operado.
qui.ro.man.cia [kirom´anθja] *sf* Quiromancia.
qui.ro.man.te kirom´ante] *adj+s* Quiromante.
qui.rúr.gi.co [kir´urhiko] *adj* Cirúrgico. *el material quirúrgico siempre debe estar limpio* / o material cirúrgico sempre deve estar limpo.
quis.qui.lla [kisk´iλa] *sf Zool* Camarão.

quis.qui.llo.so, -a [kiskiʎ´so] *adj+s* Melindroso, suscetível. *¡qué mujer quisquillosa, no perdona el más mínimo detalle!* / que mulher melindrosa, não perdoa o mínimo detalhe!

quis.te [k´iste] *sm Med* Cisto, quisto.

qui.ta.man.chas [kitam´antʃas] *sm inv* Tira-manchas.

qui.tar [kit´ar] *vt* **1** Tirar: a) retirar. *tuvimos que quitar los muebles del salón para poder celebrar la fiesta* / tivemos de tirar os móveis da sala para poder celebrar a festa. b) furtar, roubar, subtrair. c) abolir, extinguir. d) privar, despojar. **2** *vpr* Desviar-se, apartar-se, sair. **sin quitar ni poner** sem tirar nem pôr.

qui.ta.sol [kitas´ol] *sm* Guarda-sol.

qui.zá [kiθ´a] *adv* Quiçá, talvez, porventura, quem sabe. *quizá llueva mañana* / talvez chova amanhã.

qui.zás [kiθ´ás] *adv V quizá*.

quó.rum [k´worum] *sm* Quorum.

r

r, R [eˊr̄e] Vigésima primeira letra do alfabeto espanhol. Recebe o nome de *ere* ou *erre*, conforme seja vibrante simples ou múltipla.

rá.ba.no [r̄ˊabano] *sm Bot* rabanete. **no importar um rábano** não estar nem aí / não dar a mínima. **tomar el rábano por las hojas** trocar as bolas.

ra.bia [r̄ˊabja] *sf* **1** Raiva, fúria, cólera, ira, ódio. **2** *Med* Raiva, doença infecciosa.

ra.biar [r̄abjˊar] *vi* **1** *fig* Exasperar-se, desesperar-se. **2** Impacientar, irritar, exasperar. *no me hagas rabiar* / não me irrite.

ra.bie.ta [r̄abjˊeta] *sf* Birra, chilique.

ra.bi.no [r̄abˊino] *sm Rel* Rabino, rabi.

ra.bión [r̄abjˊon] *sm Geogr* Corredeira.

ra.bio.so, -a [r̄abjˊoso] *adj+s* Irritado, irado, encolerizado, danado, fulo.

ra.bo [r̄ˊabo] *sm Anat* Rabo, cauda.

ra.bu.do, -a *adj* Rabudo. *¡cómo es rabudo ese caballo!* / como esse cavalo é rabudo!

racha [r̄aʃˊada] *sf* **1** Rajada de vento. **2** *coloq* Situação boa ou ruim; maré. Veja nota em **racha** (português).

ra.cial [r̄aθjˊal] *adj* Racial, étnico. *hubo un conflicto racial en África* / houve um conflito racial na África.

ra.ci.mo [r̄aθˊimo] *sm* Cacho, penca. *comeré un racimo de uvas después de la comida* / comerei um cacho de uvas depois do almoço.

ra.cio.ci.nar [r̄aθjoθinˊar] *vi* Raciocinar, pensar, refletir, avaliar.

ra.cio.ci.nio [r̄aθjoθˊinjo] *sm* Raciocínio, inteligência, entendimento, pensamento, julgamento, razão.

ra.ción [r̄aθjˊon] *sf* Ração, porção. *los soldados han recibido su ración diaria* / os soldados receberam sua ração diária. *quiero una ración de papas fritas* / quero uma porção de batatas fritas.

ra.cio.nal [r̄aθjonˊal] *adj* Racional, lógico, sensato.

ra.cio.na.li.dad [r̄aθjonalidˊad] *sf* Racionalidade, juízo, coerência, sensatez.

ra.cio.na.li.za.ción [r̄aθjonaliθaθjˊon] *sf* Racionalização.

ra.cio.na.li.zar [r̄aθjonaliθˊar] *vt* Racionalizar.

ra.cio.na.mien.to [r̄aθjonamjˊento] *sm* Racionamento, limitação, restrição. *me acuerdo de la época de racionamiento de nafta* / lembro-me da época de racionamento de gasolina.

ra.cio.nar [r̄aθjonˊar] *vt* Racionar, limitar, restringir.

ra.cis.mo [r̄aθˊismo] *sm* Racismo, xenofobia. *racismo es crímen* / racismo é crime.

ra.da [r̄ˊada] *sf* Baía, enseada.

ra.dar [r̄adˊar] *sm* Radar. *el avión no aparece en el radar hace dos horas* / o avião não aparece no radar há duas horas.

ra.dia.ción [r̄adjaθjˊon] *sf Fís* Radiação.

ra.diac.ti.vi.dad [r̄adjaktibidˊad] *sf Fís* Radioatividade.

ra.diac.ti.vo, -a [r̄adjaktˊibo] *adj* Radiativo, radioativo. *cuidado con el material radiactivo* / cuidado com o material radiativo.

ra.dia.dor [r̄adjadˊor] *sm Mec* Radiador. *no te olvides de ponerle agua al radiador* / não se esqueça de pôr água no radiador.

ra.dial [r̄adj´al] *adj* Radial, radiado. *mi coche tiene neumáticos radiales* / meu carro tem pneus radiais.

ra.dian.te [r̄adj´ante] *adj* **1** Brilhante, resplandescente. **2** Radiante, contente, satisfeito.

ra.di.ca.do *adj* Radicado, arraigado, entranhado.

ra.di.cal [r̄adik´al] *adj* **1** Radical, fundamental. **2** Extremista, intransigente, intolerante.

ra.di.ca.li.zar [r̄adikaliθ´ar] *vt+vpr* Radicalizar. *radicalizar no va a ayudar a solucionar el problema* / radicalizar não vai ajudar a resolver o problema. → **alzar**.

ra.di.car [r̄adik´ar] *vi+vpr* **1** Radicar, arraigar, enraizar. *vi* **2** Consistir, fundamentar-se. → **atacar**.

ra.dio [r̄´adjo] *sm* **1** Rádio: a) *Anat* osso do antebraço. b) *Quím* metal radioativo. **2** Raio (de círculo, de roda). *sf* **3** Rádio (estação de radiodifusão). *s* **4** Rádio, aparelho de rádio.

ra.dio.ca.se.te [r̄adjokas´ete] *sm* Radiogravador, toca-fitas.

ra.dio.di.fu.so.ra *sf* Rádio, radiodifusora.

ra.dio.gra.fí.a [r̄adjograf´ia] *sf Med* Radiografia, chapa de raios X. *me he sacado una radiografía de los pulmones* / tirei uma chapa dos pulmões.

ra.dio.gra.fiar *vt* Radiografar, tirar chapa. → **confiar**.

ra.dio.rre.cep.tor [r̄adjor̄esept´or] *sm* Rádio, radiorreceptor.

ra.dio.ta.xi [r̄adjot´a(k)si] *sm* Radiotáxi. *por favor, ¿Me llamas un radiotaxi?* / por favor, chamem um radiotáxi para mim?

raer [r̄a´er] *vt* Raspar. → Veja modelo de conjugação.

rá.fa.ga [r̄´afaga] *sf* Rajada, lufada, ventania.

ra.í.do, -a [r̄a´ido] *adj* Puído, gasto.

ra.íz [r̄a´iθ] *sf* **1** *Bot* Raiz. **2** Bens de raiz, bens imóveis. **3** Fonte, causa, origem.

ra.ja [r̄´aha] *sf* **1** Racho, rachadura, fenda. **2** Fatia, lasca.

ra.já [r̄ah´a] *sm* Rajá, marajá.

ra.ja.du.ra [r̄ahad´ura] *sf* Rachadura, fenda.

ra.jar [r̄ah´ar] *vt* **1** Fatiar. *vt+vpr* **2** Fender, rachar, partir, abrir. *vt+vi+vpr* **3** *fig* Acovardar-se, voltar atrás.

ra.lla.dor [r̄aλad´or] *sm* Ralador. *pon el rallador en la mesa que lo vamos a usar para el queso* / ponha o ralador na mesa que vamos usá-lo para o queijo.

ra.llar [r̄aλ´ar] *vt* **1** Ralar, moer. **2** *fig* Torrar a paciência, importunar, aporrinhar.

ra.lo, -a [r̄´alo] *adj* Ralo, escasso, rarefeito.

Para se referir à tampa gradeada do encanamento de pias, tanques etc., usa-se **rejilla**.

ra.ma [r̄´ama] *sf* **1** *Bot* Galho. **2** Ramo, ramificação, parte, seção. **de rama en rama** de galho em galho. **irse por las ramas** divagar.

ra.ma.la.zo [r̄amal´aθo] *sm* **1** Chicotada. **2** Pontada, agulhada, fisgada. *siento un ramalazo en la pierna derecha* / sinto uma fisgada na perna direita.

ra.me.ra [r̄am´era] *sf* Rameira, vaca, puta, prostituta.

ra.mi.fi.ca.ción [r̄amifikaθj´on] *sf* Ramificação, ramal, divisão.

ra.mi.fi.car [r̄amifik´ar] *vi* **1** Ramificar, dividir. *vpr* **2** Propagar-se, expandir-se, difundir-se. → **atacar**.

ra.mi.lle.te [r̄amiλ´ete] *sm* Ramalhete, buquê. *¿cuánto cuesta ese ramillete de rosas?* / quanto custa esse ramalhete de rosas?

ra.mo [r̄´amo] *sm* **1** *Bot* Ramo, galho. **2** Divisão, parte, seção. **3** Ramalhete. **4** Réstia.

ram.pa [r̄´ampa] *sf* Rampa, subida, ladeira, aclive.

ram.plón, -ona [r̄ampl´on] *adj* Cafona, brega, vulgar, deselegante. Veja nota em **brega** (espanhol).

ram.plo.ne.rí.a [r̄amploner´ia] *sf* Cafonice, vulgaridade, breguice. *nunca he visto tanta ramplonería junta en la tele* / nunca vi tanta breguice junta na televisão.

ra.na [r̄´ana] *sf Zool* Rã.

ran.cho [r̄´antʃo] *sm* **1** Rancho, sítio. **2** Refeição, ração.

ran.cio, -a [r̄´anθjo] *adj* Rançoso. • *sm* Ranço. *¡qué olor a rancio!* / que cheiro de ranço!

ra.nu.ra [r̄an´ura] *sf* **1** Ranhura, sulco, entalhe. **2** Fenda, fissura.

ra.pa.pol.vo [r̄apap´olbo] *sm fam* Bronca, reprimenda, repreensão.

ra.par [r̄ap´ar] *vt+vpr* **1** Rapar, raspar. **2** Roubar. *le raparon el monedero en el ómnibus* / roubaram sua carteira no ônibus.

ra.paz [r̄ap´aθ] *adj* Rapaz, rapace, rapinante, de rapina. • *sm* Rapaz, jovem, moço.

rá.pi.da.men.te [r̄apidam´ente] *adv* Rapidamente, depressa.

ra.pi.dez [r̄apid´eθ] *sf* Rapidez, velocidade, celeridade, pressa, ligeireza.

rá.pi.do, -a [r̄´apido] *adj* **1** Rápido, veloz, célere, ligeiro. **2** Leve, breve.

ra.pi.ña [r̄ap´iɲa] *sf* Rapina, roubo.

ra.po.sa [r̄ap´osa] *sf* **1** *Zool* Raposa. **2** *fig* Raposa velha, esperto, astuto, ladino.

rap.tar [r̄apt´ar] *vt* Raptar, sequestrar.

rap.to [r̄´apto] *sm* **1** Rapto, sequestro. **2** Arrebatamento. **3** Acesso, ataque.

ra.que.ta [r̄ak´eta] *sf Dep* Raquete. *si no gano esta partida, rompo la raqueta* / se eu não ganhar este jogo, quebro a raquete.

ra.quí.ti.co, -a [r̄ak´itiko] *adj+s* Raquítico, débil, fraco. • *adj* **1** Parco, minguado, escasso. **2** Mirrado, esquelético. *ese árbol, con ese tronco raquítico, no se va a aguantar mucho tiempo* / essa árvore, com esse tronco raquítico, não vai se aguentar por muito tempo.

ra.ra.men.te [r̄aram´ente] *adv* **1** Raramente. **2** Estranhamente.

ra.re.za [r̄ar´eθa] *sf* **1** Raridade. **2** Estranheza, extravagância, excentricidade.

ra.ro, -a [r̄´aro] *adj* **1** Estranho, incomum, extravagante. **2** Escasso, parco.

ra.san.te [r̄as´ante] *adj* Rasante, raso, rasteiro, baixo, rente.

ras.ca.cie.los [r̄askaθj´elos] *sm inv* Arranha-céu. *solo se veían rascacielos por la ciudad* / só se viam arranha-céus pela cidade.

ras.car [r̄ask´ar] *vt vpr* **1** Coçar(-se). **2** Raspar.

ras.ga.do, -a [r̄asg´ado] *sm* Rasgo, rasgadura, rasgão.

ras.gar [r̄asg´ar] *vt+vpr* Rasgar, romper. *se rasgaba la carne con las uñas, en un rapto de locura* / rasgava a carne com as unhas num acesso de loucura. → *cargar*.

ras.go [r̄´asgo] *sm* **1** Linha, risco, traço. **2** Ato, gesto nobre. *en un rasgo de altruísmo, le entregó todo lo que tenía* / em um gesto de altruísmo, entregou-lhe tudo o que tinha. **3** Peculiaridade, propriedade, particularidade. **4 rasgos** *pl* Feições, traços.

ras.gón [r̄asg´on] *sm* Rasgo, rasgadura, rasgão. *¡mira el rasgón que me hice en el vestido!* / veja o rasgo que fiz no vestido!

ras.gu.ñar [r̄asguɲ´ar] *vt* **1** Arranhar. *te vas a asguñar con esos espinos* / você vai se arranhar com esses espinhos. **2** Esboçar, rascunhar.

ras.gu.ño [r̄asg´uɲo] *sm* **1** Arranhão, unhada. **2** Rascunho, esboço.

ra.so, -a [r̄´aso] *adj* **1** Raso: a) liso, plano, nivelado. b) sem encosto. c) sem distinção. *Miguel fue soldado raso por diez años* / Miguel foi soldado raso por dez anos. **2** Rasante, Rente. • *sm* Cetim.

ras.pa [r̄´aspa] *sf* **1** Espinha de peixe. **2** *fam* Chato, pentelho. *¡pero qué raspa eres! No te quiero más oír hablar de eso* / mas como você é chato! Não quero mais ouvi-lo falar disso.

ras.pa.do [r̄asp´ado] *sm* **1** Raspagem, raspadura. **2** *fam* Curetagem. **3** Raspadinha (refresco).

ras.par [r̄asp´ar] *vt* **1** Raspar, lixar. **2** Pinicar, roçar, passar raspando.

ras.pón [r̄asp´on] *sm* Raspão, arranhão, esfoladura. *¿cómo te hicistes ese raspón?* / como você fez esse arranhão?

ras.tre.a.dor [r̄astread´or] *adj+sm* Rastreador.

ras.tre.ar [r̄astre´ar] *vt* **1** Rastrear, sondar. **2** Voar baixo.

ras.tre.o [r̄astr´eo] *sm* Rastreio, rastreamento, sondagem, varredura.

ras.tre.ro, -a [r̄astr´ero] *adj* **1** Rasteiro. *¿cómo se llama esa planta rastrera?* / como se chama essa planta rasteira? **2** Rasante. *el pájaro me asustó con su vuelo rastrero* / o pássaro me assustou com seu voo rasante. **3** *fig* Baixo, vil, mesquinho, desprezível.

ras.tro [r̄'astro] *sm* **1** Rastro, pista, indício, vestígio. **2** Pegada. **3** *AL* Matadouro. **4** Rastelo, ancinho. **5** Mercado popular.

ra.su.rar [r̄asur'ar] *vt* Barbear. *hace cuatro días que no me rasuro* / faz quatro dias que não me barbeio.

> Para "rasurar", "riscar", em espanhol usa-se **borrar, tachar**.

ra.ta [r̄'ata] *sf* **1** *Zool* Ratazana. *sm* **2** *fam* Trombadinha, gatuno, larápio, ladrão. **3** *fam* Canalha, tratante. **4** Avaro. **rata de alcantarilla** rato de esgoto.

ra.te.ar [r̄ate'ar] *vt* **1** Ratear, dividir. **2** Furtar, surrupiar. *vi* **3** Rastejar. **4** Regular, ser avaro.

ra.ti.fi.ca.ción [r̄atifikaθj'on] *sf* Ratificação, confirmação, aprovação, comprovação.

ra.ti.fi.car [r̄atifik'ar] *vt+vpr* Ratificar, confirmar, aprovar, validar, comprovar. → atacar.

ra.to [r̄'ato] *sm* **1** Momento, pouco de tempo. *esperé un rato* / esperei um pouco de tempo. **2** *Zool* Rato, camundongo. **al poco rato** logo depois. **a ratos** de vez em quando / de pouco em pouco. **para rato** com demora. *no me esperes, que aquí todavía tengo para rato* / não me espere, que eu ainda vou demorar.

ra.tón, -ona [r̄at'on] *s* **1** *Zool* Rato, ratazana. **2** *Inform* Mouse.

ra.to.ne.ra [r̄aton'era] *sf* **1** Ratoeira. **2** Buraco de rato. **3** *fam* Armadilha, ardil.

ra.ya [r̄'aya] *sf* **1** Traço, listra, linha, risco. **2** Limite, fronteira. **3** Raia. **4** Vinco. **5** Carreira (cocaína). **6** *Gram* Travessão. **7** *Ictiol* Arraia.

ra.ya.do, -a [r̄ay'ado] *sm* **1** Riscado, riscas. **2** Dor aguda.

ra.yar [r̄ay'ar] *vt* **1** Riscar, traçar. **2** Rasurar. **3** Sublinhar. *voy a rayar lo más importante después lo leo* / vou sublinhar o mais importante e depois eu leio.

ra.yo [r̄'ayo] *sm* **1** *Geom* Raio. **2** Relâmpago. **3** Desgraça, infortúnio. **4** Faísca.

ra.za [r̄'aθa] *sf* Raça.

ra.zón [r̄aθ'on] *sf* **1** Razão, inteligência, raciocínio. **2** Argumento, fundamento. **3** Causa, motivo, justificativa.

ra.zo.na.ble [r̄aθon'able] *adj* **1** Razoável, próprio, ajustado. **2** Aceitável, plausível.

ra.zo.na.ble.men.te [r̄aθonablem'ente] *adv* Razoavelmente.

ra.zo.na.mien.to [r̄aθonamj'ento] *sm* **1** Raciocínio, discernimento. **2** Argumentação, argumento.

ra.zo.nar [r̄aθon'ar] *vi* **1** Raciocinar, pensar, meditar. **2** Argumentar.

re.a.brir [r̄eabr'ir] *vt+vpr* Reabrir. *¿cúando van a reabrir las tiendas?* / quando vão reabrir as lojas? *Part irreg:* reabierto.

re.ac.ción [r̄ea(k)θj'on] *sf* **1** Reação, resposta. **2** Resistência, oposição. **reacción en cascada** reação em cadeia.

re.ac.cio.nar [r̄ea(k)θjon'ar] *vi* **1** Reagir, responder. *si supiera que reaccionarias de esa forma, no te lo contaría* / se eu soubesse que você reagiria dessa maneira, não contaria. **2** Resistir, opor-se. *reaccionaremos hasta el límite máximo* / resistiremos até o limite máximo.

re.ac.cio.na.rio, -a [r̄ea(k)θjon'arjo] *adj+s* Reacionário, conservador, retrógrado, tradicionalista.

re.a.cio, -a [r̄e'aθjo] *adj* Relutante, resistente, renitente.

re.ac.ti.var [r̄eaktib'ar] *vt* Reativar. *tengo que reactivar mi inscripción* / preciso reativar minha inscrição.

re.ac.ti.vo, -a [r̄eakt'ibo] *adj+sm* Reativo. • *sm Quím* Reagente.

re.ac.tor [r̄eakt'or] *sm Fís* Reator. *tuvimos problemas con uno de los reactores nucleares* / tivemos problemas com um dos reatores nucleares.

re.ad.mi.sión [r̄eadmisj'on] *sf* Readmissão. *los alumnos exigen la readmisión del director* / os alunos exigem a readmissão do diretor.

re.ad.mi.tir [r̄eadmit'ir] *vt* Readmitir. *readmitirlo será un gran error* / readmiti-lo será um grande equívoco.

re.a.fir.mar [r̄eafirm'ar] *vt+vpr* Reafirmar, reforçar, ratificar, reiterar.

re.a.gru.par *vt* Reagrupar, reunir. *nos reagruparemos aquí en seis horas* / nós nos reuniremos aqui em seis horas.

re.a.jus.tar [r̄eahust'ar] *vt* **1** Reajustar, recompor, readaptar. **2** Remarcar preços.

re.a.jus.te [r̄eah´uste] *sm* Reajuste, reajustamento.

re.al [r̄e´al] *adj* **1** Real, verdadeiro, efetivo, existente. **2** Régio. **3** Grandioso, suntuoso. **con mi real y mi pala** por mim mesmo / por meu próprio esforço e recursos. *lo que logré lo hize con mi real y mi pala* / o que consegui foi por mim mesmo. **no valer ni un real** não valer nem um tostão / não valer nada.

re.al.ce [r̄e´alθe] *sm* **1** Realce, destaque, relevo. **2** Distinção, importância.

re.a.len.go, -a [r̄eal´engo] *adj* Realengo.

re.a.le.za [r̄eal´eθa] *sf* Realeza, soberania, majestade, monarquia.

re.a.li.dad [r̄ealid´ad] *sf* Realidade, efetividade, existência, verdade, veracidade. **en realidad** de verdade, verdadeiramente.

re.a.lis.mo [r̄eal´ismo] *sm* Realismo.

re.a.li.za.ble [r̄ealiθ´able] *adj* Realizável, factível, exequível, possível, viável. *bueno, eso si es algo realizable, y no las locuras que presentaron antes* / bem, isso sim é algo viável, e não as loucuras que apresentaram anteriormente.

re.a.li.za.ción [r̄ealiθaθj´on] *sf* Realização.

re.a.li.za.dor, -ora [r̄ealiθad´or] *s Cin, Telev* Produtor. *¿quién es el realizador de esa película?* / quem é o produtor desse filme?

re.a.li.zar [r̄ealiθ´ar] *vt+vpr* **1** Realizar, efetuar, fazer. *vt* **2** *Cin, Telev* Dirigir. **3** *Com* Liquidar. *vpr* **4** Realizar-se, satisfazer-se. *se realizó haciendo el papel principal en la pieza* / ficou satisfeito fazendo o papel principal na peça.

re.al.men.te [r̄ealm´ente] *adv* Realmente.

re.al.zar [r̄ealθ´ar] *vt+vpr* Realçar, relevar, destacar, salientar.

re.a.ni.mar [r̄eanim´ar] *vt+vpr* **1** Reanimar, reavivar, reacender, revigorar, animar. **2** Acordar, despertar (de desmaio).

re.a.nu.da.ción [r̄eanudaθj´on] *sm* Reatamento, retomada. *todos esperan por la reanudación de las negociaciones* / todos esperam pela retomada das negociações.

re.a.nu.dar [r̄eanud´ar] *vt+vpr* Retomar, reatar, reiniciar, prosseguir.

re.a.pa.re.cer [r̄eapareθ´er] *vi* Reaparecer, ressurgir. → *crecer*.

re.a.pa.ri.ción [r̄eapariθj´on] *sf* Reaparecimento, ressurgimento. *fue totalmente inesperada su reaparición* / seu reaparecimento foi totalmente inesperado.

re.a.vi.var [r̄eabib´ar] *vt+vpr* Reavivar, reacender. *nos olvidamos de reavivar el fuego, y se apagó* / esquecemos de reavivar o fogo e apagou-se.

re.ba.ba [r̄eb´aba] *sf* Rebarba. *esas rebabas me están poniendo nerviosa. Las voy a cortar ahora mismo* / essas rebarbas estão me irritando. Vou cortá-las agora mesmo.

re.ba.ja [r̄eb´aha] *sf* **1** Diminuição, redução, desconto, abatimento. **2 rebajas** *pl* Liquidação, oferta.

re.ba.jar [r̄ebah´ar] *vt* **1** Rebaixar, diminuir, baixar. *vpr* **2** Humilhar. *no sé por que se rebaja tanto delante de su suegro* / não sei por que se humilha tanto diante de seu sogro.

re.ba.na.da [r̄eban´ada] *sf* Fatia. *voy a servir rebanadas de pan italiano con paté de jamón* / vou servir fatias de pão italiano com patê de presunto.

re.ba.ño [r̄eb´año] *sm* **1** Rebanho, gado, manada. **2** *Rel* Fiéis.

re.ba.sar [r̄ebas´ar] *vt* Transbordar, ultrapassar, exceder. *esa cantidad rebasa al límite máximo permitido* / essa quantidade ultrapassa o limite máximo permitido.

re.ba.tir [r̄ebat´ir] *vt* **1** Rebater. **2** Rechaçar, repelir, resistir.

re.be.lar.se [r̄ebel´arse] *vpr* **1** Rebelar, sublevar. **2** Resistir, opor-se.

re.bel.de [r̄eb´elde] *adj+s* Rebelde, indócil, indisciplinado. • *adj* Resistente, refratário. *esa neumonía rebelde lo está matando* / essa pneumonia resistente o está matando.

re.bel.dí.a [r̄ebeld´ia] *sf* Rebeldia, indisciplina, desobediência. **en rebeldía** à revelia.

re.be.lión [r̄ebelj´on] *sf* Rebelião, desobediência.

re.bo.bi.nar [r̄ebobin´ar] *vt* Rebobinar. *no te olvides de rebobinar la cinta antes de devolverla* / não se esqueça de rebobinar a fita antes de devolvê-la.

re.bor.de [r̄eb´orde] *sm* Rebordo, borda.

re.bo.sa.mien.to [r̄ebosamj´ento] *sf* Abundância, superabundância, superlotação.

re.bo.sar [r̄ebos´ar] *vi+vpr* **1** Transbordar, derramar. *vi+vt* **2** Exceder, abundar. *vi* **3** Lotar, superlotar.

re.bo.tar [r̄ebot´ar] *vi* **1** Rebotar, rebater, quicar. **2** *CS* Voltar (cheque).

re.bu.llir [r̄ebuʎ´ir] *vi+vpr* Reanimar, reacender. *ver al juego me ha rebullido las ganas de entrenar* / ver o jogo reacendeu em mim a vontade de treinar.

re.bus.ca.do, -a [r̄ebusk´ado] *adj* Rebuscado, floreado, refinado.

re.bus.car [r̄ebusk´ar] *vt* Esquadrinhar, escarafunchar. **rebuscárselas** dar um jeito.

re.buz.nar [r̄ebuθn´ar] *vi* Zurrar, rebusnar, azurrar, ornejar.

re.buz.no [r̄eb´uθno] *sm* Zurro, zurrada, ornejo, rebusno.

re.ca.do [r̄ek´ado] *sm* **1** Recado, mensagem. **2** Encargo, encomenda. **3** Compras (diárias). *fui a buscar los recados para la comida* / fui pegar as compras para o almoço.

re.ca.er [r̄eka´er] *vi* **1** Recair. **2** Reincidir. → caer.

re.ca.í.da [r̄eka´ida] *sf* **1** Recaída. *no esperábamos su recaída* / não esperávamos sua recaída. **2** Reincidência.

re.cal.car [r̄ekalk´ar] *vt* **1** Recalcar, apertar. **2** Acentuar, reforçar. *recalcaba las palabras para que no quedara duda* / reforçava as palavras para que não restasse dúvida. *vpr* **3** Deslocar, torcer. *me recalqué el tobillo* / torci o tornozelo. **4** *coloq* Repisar, repetir. → atacar.

re.ca.len.tar [r̄ekalent´ar] *vt* **1** Requentar. **2** Esquentar demais. *vt+vpr* **3** Excitar, despertar, acender (paixão). → despertar.

re.ca.mar [r̄ekam´ar] *vt* Recamar, bordar.

re.cam.biar [r̄ekambj´ar] *vt* **1** *Com* Recambiar. **2** Substituir, repor, trocar. *Hay que recambiar el gás.* / Tem que trocar o gás.

re.cam.bio [r̄ek´ambjo] *sm* **1** Recâmbio, substituição, troca, reposição. **2** Refil.

re.ca.pa.ci.tar [r̄ekapaθit´ar] *vt+vi* Reconsiderar, repensar.

re.ca.pi.tu.la.ción [r̄ekapitulaθj´on] *sf* Recapitulação.

re.ca.pi.tu.lar [r̄ekapitul´ar] *vt* Recapitular, repassar, rememorar. *voy a recapitular todo lo que leí* / vou repassar tudo o que li.

re.car.gar [r̄ekarg´ar] *vt* **1** Recarregar, repor. **2** Sobrecarregar. **3** *Com* Aumentar, sobretaxar. → cargar.

re.car.go [r̄ek´argo] *sm* **1** Acréscimo. *Med* **2** Aumento de febre.

re.ca.ta.do, -a [r̄ekat´ado] *adj* Recatado, circunspecto, reservado, retraído.

re.ca.tar [r̄ekat´ar] *vt+vpr* **1** Recatar, esconder, ocultar, encobrir. *vpr* **2** Precaver-se, acautelar-se, resguardar-se.

re.ca.to [r̄ek´ato] *sm* **1** Recato, cautela, reserva. **2** honestidade, pudor, modéstia, decoro, decência.

re.cau.chu.tar [r̄ekawtʃut´ar] *vt* Recauchutar, recapar.

re.cau.da.ción [r̄ekawdaθj´on] *sf* **1** Arrecadação, coleta. **2** Recebimento, cobrança.

re.cau.dar [r̄ekawd´ar] *vt* **1** Arrecadar, coletar, angariar. **2** Receber, cobrar.

re.ce.lar [r̄eθel´ar] *vt+vpr* Recear, temer, desconfiar, suspeitar. *no voy porque recelo que me maltrate* / não vou porque receio que me maltrate.

re.ce.lo [r̄eθ´elo] *sm* Receio, temor, suspeita, desconfiança.

re.ce.lo.so, -a [r̄eθel´oso] *adj* Receoso, temeroso, apreensivo, desconfiado. *estuve receloso todo el día, sin saber cómo contarle lo que pasó* / fiquei apreensivo o dia todo, sem saber como lhe contar o que aconteceu.

re.cep.ción [r̄eθepθj´on] *sf* **1** Recepção, recebimento, admissão. **2** Cerimônia, festa, reunião. **3** Portaria, balcão de atendimento.

re.cep.cio.nis.ta [r̄eθepθjon´ista] *s* Recepcionista. *pregúntele a la recepcionista, por favor* / pergunte à recepcionista, por favor.

re.cep.tá.cu.lo [r̄eθeptˊakulo] *sm* Receptáculo, recipiente.

re.cep.ta.dor [r̄eθeptadˊor] *sm* Receptador, receptor. *han cogido al receptador de coches robados* / pegaram o receptador de carros roubados.

re.cep.tar [r̄eθeptˊar] *vt* Receptar.

re.cep.ti.vi.dad [r̄eθeptibidˊad] *sf* **1** Receptividade, aceitação, acolhimento. **2** Vulnerabilidade.

re.cep.ti.vo, -a [r̄eθeptˊibo] *adj* Receptivo, aberto. *han sido todos muy receptivos* / todos foram muito receptivos.

re.ce.sión [r̄eθesjˊon] *sf* Recessão.

re.ce.si.vo, -a [r̄eθesˊibo] *adj* Recessivo.

re.ce.so [r̄eθˊeso] *sm* **1** Separação, afastamento, desvio. **2** Recesso, pausa, descanso, interrupção.

re.ce.ta [r̄eθˊeta] *sf* **1** Receita: a) prescrição médica. b) fórmula culinária.

re.ce.tar [r̄eθetˊar] *vt Med* Receitar, prescrever, indicar.

re.ce.ta.rio [r̄eθetˊarjo] *sm Med* Prontuário, ficha, receituário.

re.cha.zar [r̄etʃaθˊar] *vt* **1** Rechaçar, repelir. **2** Repudiar, rejeitar. *rechazó ayuda* / rejeitou ajuda. → alzar.

re.cha.zo [r̄etʃˊaθo] *sm* Rechaço, rejeição, repúdio.

re.chi.nar [r̄etʃinˊar] *vi* Ranger, gemer, rangir.

re.chon.cho, -a [r̄etʃˊontʃo] *adj* Rechonchudo, gorducho.

re.ci.bí [r̄eθibˊi] *sm Com* Recibo de quitação.

re.ci.bi.dor, -ora [r̄eθibidˊor] *adj+s* Recebedor. • *sm* Antessala, recepção, saguão, vestíbulo, entrada, *hall*. *el director me ha dejado esperando en el recibidor más de media hora* / o diretor me deixou esperando no saguão mais de meia hora.

re.ci.bi.mien.to [r̄eθibimjˊento] *sm* Recebimento, recepção, acolhida.

re.ci.bir [r̄eθibˊir] *vt* Receber, aceitar, acolher.

No sentido de "rebecer dinheiro", usa-se **cobrar**.

re.ci.bo [r̄eθˊibo] *sm* **1** Antessala, recepção, saguão, vestíbulo, entrada, *hall*. **2** Sala de visitas. **3** *Com* Recebimento, recepção. **4** *Com* Recibo.

re.ci.cla.je [r̄eθiklˊahe] *sm* **1** Reciclagem, reaproveitamento. **2** Atualização profissional. Veja nota em **abordaje**.

re.ci.clar *vt* **1** Reciclar, reaproveitar. **2** Atualizar profissionalmente.

re.cién [r̄eθjˊen] *adv* **1** Recém, recente, recentemente, agora mesmo. *lo vi recién* / vi-o agora mesmo. **2** Mal, apenas, assim que. *recién llegó, ya se fue a dormir* / mal chegou, já foi dormir.

re.cien.te [r̄eθjˊente] *adj* Recente, novo, moderno, atual.

re.cien.te.men.te [r̄eθjentemˊente] *adv* Recentemente.

re.cin.to [r̄eθˊinto] *sm* Recinto, espaço, ambiente. *en ese recinto no se fuma* / nesse recinto não se fuma.

re.ci.pien.te [r̄eθipjˊente] *sm* Recipiente, receptáculo, vasilhame.

re.cí.pro.ca.men.te [r̄eθiprokamˊente] *adv* Reciprocamente.

re.ci.pro.ci.dad [r̄eθiproθidˊad] *sf* Reciprocidade.

re.cí.pro.co, -a [r̄eθˊiproko] *adj* Recíproco, mútuo. *nuestro cariño es recíproco* / nosso carinho é recíproco.

re.ci.ta.ción [r̄eθitaθjˊon] *sf* Recitação, declamação.

re.ci.tal [r̄eθitˊal] *sm* Recital, concerto. *¡qué lindo estuvo el recital de Navidad de mi hija!* / como foi bonito o recital de Natal de minha filha!

re.ci.tar [r̄eθitˊar] *vt* Recitar, declamar.

re.cla.ma.ción [r̄eklamaθjˊon] *sf* **1** Reclamação, queixa. **2** Protesto, reivindicação.

re.cla.mar [r̄eklamˊar] *vt* **1** Reclamar, reivindicar, pedir, exigir. *vi* **2** Queixar-se.

re.cla.mo [r̄eklˊamo] *sm* **1** Reclamo, instrumento que imita a voz das aves. **2** Berrante. **3** Reclamação: a) chamariz. b) comercial, reclame, anúncio, propaganda.

re.cli.nar [r̄eklinˊar] *vt+vpr* Reclinar, inclinar, recostar.

re.clu.sión [r̄eklusjˊon] *sf* **1** Reclusão, clausura, encerramento. **2** Prisão, cárcere.

re.clu.so, -a [r̄eklˊuso] *adj+s* Recluso, preso, prisioneiro.

re.clu.ta [r̃ekl´uta] *sf Mil* **1** Recruta, soldado. **2** Recrutamento. **3** Voluntário.

re.clu.ta.mien.to [r̃eklutamj´ento] *sm Mil* Recrutamento, convocação.

re.clu.tar [r̃eklut´ar] *vt Mil* Recrutar, convocar, alistar.

re.co.brar [r̃ekobr´ar] *vt* **1** Recobrar, recuperar, readquirir. *vpr* **2** Restabelecer-se, recuperar-se, sarar.

re.co.ger [r̃ekoh´er] *vt* **1** Recolher, apanhar. **2** Juntar, congregar. **3** *Agr* Colher. **4** Acolher, abrigar. *vpr* **5** Retirar-se, isolar-se. **6** Ir dormir. → escoger.

re.co.gi.do, -a [r̃ekoh´ido] *adj* Recolhido, retraído, isolado.

re.co.gi.mien.to [r̃ekohimj´ento] *sm* **1** Recolhimento. **2** Resguardo, isolamento, retiro.

re.co.lec.tar [r̃ekolekt´ar] *vt* **1** Recolher, reunir, juntar. **2** *Agr* Colher, fazer a colheita.

re.co.men.da.ble [r̃ekomend´able] *adj* Recomendável, aconselhável.

re.co.men.da.ción [r̃ekomendaθj´on] *sf* **1** Recomendação, pedido. **2** Elogio, apresentação, referência. **3** Aconselhamento, conselho, advertência. *te voy a hacer una recomendación: no le levantes la voz* / vou lhe dar um conselho: não levante a voz para ele.

re.co.men.dar [r̃ekomend´ar] *vt* **1** Recomendar, indicar. **2** Aconselhar, advertir. *vt* **3** Apresentar, dar referências. → despertar.

re.com.pen.sa [r̃ekomp´ensa] *sf* **1** Recompensa, prêmio. **2** Compensação, indenização, retribuição, gratificação.

re.com.pen.sar [r̃ekompens´ar] *vt* **1** Compensar, indenizar. **2** Retribuir, gratificar. **3** Premiar.

re.com.po.ner [r̃ekompon´er] *vt* Recompor, reparar, reconstruir, reconstituir. → poner.

re.con.ci.lia.ción [r̃ekonθiljaθj´on] *sf* Reconciliação. *me alegro por la reconciliación de ustedes* / alegro-me com a reconciliação de vocês.

re.con.ci.liar [r̃ekonθilj´ar] *vt+vpr* Reconciliar, apaziguar.

re.cón.di.to, -a [r̃ek´ondito] *adj* Recôndito, escondido, reservado, oculto.

re.con.for.tan.te [r̃ekonfort´ante] *adj+sm* **1** Reconfortante. **2** Revigorante.

re.con.for.tar [r̃ekonfort´ar] *vt* **1** Reconfortar, animar, consolar. **2** Revigorar, fortalecer.

re.co.no.cer [r̃ekonoθ´er] *vt* **1** Reconhecer, identificar, distinguir. **2** Admitir, aceitar, assumir. **3** Explorar, observar. **4** Dar mérito, agradecer. → crecer.

re.co.no.ci.ble [r̃ekonoθ´ible] *adj* Reconhecível, identificável, distinguível.

re.co.no.ci.da.men.te [r̃ekonoθidam´ente] *adv* Reconhecidamente, agradecidamente.

re.co.no.ci.do, -da [r̃ekonoθ´ido] *adj* **1** Reconhecido, identificado, conhecido. **2** Grato, agradecido. *le soy reconocido por todo que me ha hecho* / sou-lhe agradecido por tudo o que me fez.

re.co.no.ci.mien.to [r̃ekonoθimj´ento] *sm* **1** Reconhecimento, identificação. **2** Declaração, atestado. **3** Confissão, assunção. **4** Verificação, exame, inspeção. **5** Gratidão.

re.con.quis.ta [r̃ekonk´ista] *sf* Reconquista, recuperação, retomada.

re.con.quis.tar [r̃ekonkist´ar] *vt* Reconquistar, recobrar, recuperar, retomar.

re.con.si.de.rar [r̃ekonsider´ar] *vt* Reconsiderar, repensar, reexaminar, refletir.

re.cons.ti.tu.ción [r̃ekonstituθj´on] *sf* Reconstituição, reconstrução, restauração.

re.cons.ti.tuir [r̃ekonstitu´ir] *vt+vpr* Reconstituir, restabelecer, recompor, refazer. → huir.

re.cons.truc.ción [r̃ekonstru(k)θj´on] *sf* Reconstrução, restauração, recomposição.

re.cons.truir [r̃ekonstru´ir] *vt* Reconstruir, refazer, restaurar, reerguer, reorganizar, recompor. → huir.

re.con.tar *vt* **1** Recontar. *ya reconté tres veces y todavía no sé cuánto tengo* / já recontei três vezes e ainda não sei quanto tenho. **2** Contar, expor, narrar, referir. → aprobar.

re.con.ve.nir [r̃ekomben´ir] *vt* **1** Repreender, censurar, recriminar. **2** *Der* Reconvir. → venir.

ré.cord [r̄´ekor(d)] *sm* Recorde. *batí el récord de horas despierto* / bati o recorde de horas acordado.

re.cor.da.ción [r̄ekordaθj´on] *sf* Recordação, lembrança, memória, reminiscência.

re.cor.dar [r̄ekord´ar] *vt+vi+vpr* **1** Recordar, relembrar. **2** Lembrar, parecer. *ella me recuerda su madre* / ela lembra sua mãe. → aprobar.

re.co.rrer [r̄ekor̄´er] *vt* **1** Percorrer, recorrer. *recorri media ciudad y no lo encontré* / percorri metade da cidade e não o encontrei. **2** Passar os olhos, dar uma lida por alto.

re.co.rri.do, -a [r̄ekor̄´ido] *s* Percurso, trajeto, itinerário, caminho. *¿ya sabes qué recurrido harás?* / você já sabe qual vai ser o itinerário?

re.cor.ta.do [r̄ekort´ado] *adj* Recortado. *el litoral de aquí es muy recortado* / o litoral daqui é muito recortado. • *sm* Recorte.

re.cor.tar [r̄ekort´ar] *vt* Cortar, recortar.

re.cor.te [r̄ek´orte] *sm* Recorte.

re.cos.tar [r̄ekost´ar] *vt+vpr* **1** Inclinar, reclinar, recostar. **2** Deitar. → aprobar.

re.co.ve.co [r̄ekob´eko] *sm* **1** Canto. *si sigues haciendo recovecos no te entiendo lo que quieres decir* / se você continuar fazendo rodeios, não vou entender o que você quer dizer. **2** Quebrada, atalho. *pasamos por unos recovecos y llegamos antes de ellos* / passamos por umas quebradas e chegamos antes deles. **3** Rodeio.

re.cre.a.ción [r̄ekreaθj´on] *sf* **1** Recriação, reprodução. *esta obra es una recreación de otra del siglo pasado* / esta obra é uma recriação de outra do século passado. **2** Diversão, entretenimento, divertimento, lazer.

re.cre.ar [r̄ekre´ar] *vt* **1** Recriar, reproduzir. *vt+vpr* **2** Recrear, divertir, entreter.

re.cre.a.ti.vo, -a [r̄ekreat´ibo] *adj* Recreativo.

re.cre.o [r̄ekr´eo] *sm* **1** Recreio. **2** Intervalo, lanche.

re.cri.mi.na.ción [r̄ekriminaθj´on] *sf* Recriminação, censura, desaprovação, repreensão.

re.cri.mi.nar [r̄ekrimin´ar] *vt* **1** Recriminar, censurar, repreender. *vt+vpr* **2** Incriminar, acusar.

re.cru.de.cer [r̄ekrudeθ´er] *vi+vpr* Recrudescer, piorar, agravar, acentuar, intensificar. *recrudecieron las animosidades* / recrudesceram as animosidades. → crecer.

re.cru.de.ci.mien.to [r̄ekrudeθimj´ento] *sm* Recrudescimento, piora, agravamento, intensificação.

rec.ta [r̄´ekta] *sf Geom* Reta, linha reta.

rectal [r̄ekt´al] *adj Anat* Referente ao reto, retal. Veja notas em **retal** (espanhol).

rec.tan.gu.lar [r̄ektangul´ar] *adj Geom* Retangular.

rec.tán.gu.lo [r̄ekt´angulo] *sm Geom* Retângulo.

rec.ti.fi.ca.ción [r̄ektifikaθj´on] *sf* Retificação, correção, emenda.

rec.ti.fi.car [r̄ektifik´ar] *vt* Retificar, corrigir, emendar, reparar. → atacar.

rec.ti.li.ne.o, a [r̄ektil´ineo] *adj* Retilíneo, reto.

rec.ti.tud [r̄ektit´ud] *sf* Retidão, retitude, seriedade, probidade, integridade, lisura.

rec.to, -a [r̄´ekto] *adj* **1** Reto, direito, alinhado. **2** Justo, íntegro, austero. *su conducta recta comproba su carácter* / seu comportamento austero comprova seu caráter. • *adj+sm Anat* Reto.

rec.tor, -ora [r̄ekt´or] *adj+s* Reitor, diretor, dirigente, governante.

re.cu.brir [r̄ekubr´ir] *vt* Recobrir, cobrir, forrar, revestir. *pienso en recubrir mi estofado, pero no sé de que color* / quero revestir meu sofá, mas não sei de que cor. *Part irreg:* recubierto.

re.cuen.to [r̄ekw´ento] *sm* **1** Recontagem, contagem. **2** Levantamento, inventário.

re.cuer.do [r̄ekw´erdo] *sm* **1** Recordação, lembrança, memória, evocação, reminiscência. **2** Presente.

re.cu.lar [r̄ekul´ar] *vi* Recuar, retroceder, voltar atrás.

re.cu.pe.ra.ción [r̄ekuperaθj´on] *sf* **1** Recuperação, reintegração, restituição. **2** Restabelecimento, reabilitação.

re.cu.pe.rar [r̄ekuper´ar] *vt* **1** Recuperar, reaver, readquirir, retomar. **2** Restaurar,

recomponer. *vt+vpr* **3** Recobrar, restabelecer.
re.cu.rrir [r̄ekur̄´ir] *vi* Recorrer, apelar, valer-se.
re.cur.so [r̄ek´urso] *sm* **1** Recurso, meio, expediente. **2** Retorno, volta. **3** *Der* Apelação. **4 recursos** *pl* Recursos, bens.
re.cu.sa.ble [r̄ekus´able] *adj* Recusável.
re.cu.sar [r̄ekus´ar] *vt* Recusar, rejeitar, refutar.
red [r̄´ed] *sf* **1** Rede. **2** Armadilha, ardil.
re.dac.ción [r̄eda(k)θj´on] *sf* Redação. *gané un concurso con mi redacción* / ganhei um concurso com minha redação.
re.dac.tar [r̄edakt´ar] *vt* Redigir, escrever.
re.dac.tor, -ora [r̄edakt´or] *adj+s* Redator. *Claudio es el nuevo redactor del periódico* / Cláudio é o novo redator do jornal.
re.de.dor [r̄eded´or] *sm* Redor, contorno. **al rededor** ao redor.
re.den.ción [r̄edenθj´on] *sf* **1** Redenção, resgate, salvação, liberação. **2** Remédio, recurso, refúgio.
re.den.tor, -a [r̄edent´or] *adj+s* Redentor, salvador.
re.dil [r̄ed´il] *sm* Redil, aprisco.
re.di.mir [r̄edim´ir] *vt* Redimir, remir, liberar.
re.dis.tri.bu.ción [r̄edistribuθj´on] *sf* Redistribuição, remanejamento. *es urgente la redistribución de recursos* / a redistribuição de recursos é urgente.
re.dis.tri.buir [r̄edistribu´ir] *vt* Redistribuir, remanejar. → huir.
ré.di.to [r̄´edito] *sm Com* Juro, lucro, rendimento.
re.do.blar [r̄edobl´ar] *vt+vpr* **1** Redobrar, duplicar, multiplicar. *vt* **2** Repetir, reiterar, insistir, reincidir.
re.do.ma [r̄ed´oma] *sf* Redoma, âmbula.
re.don.da.men.te [r̄edondam´ente] *adv* Redondamente.
re.don.de.ar [r̄edonde´ar] *vt+vpr* **1** Arredondar. **2** Concluir, fechar. *redondearemos el negocio mañana* / fecharemos negócio amanhã.
re.don.do, -a [r̄ed´ondo] *adj* **1** Redondo, esférico. **2** Claro, direto, nítido, sem rodeios. **3** Perfeito, completo.

re.duc.ción [r̄eduk(k)θj´on] *sf* Redução, diminuição.
re.du.ci.ble [r̄eduθ´ible] *adj* Redutível, reduzível.
re.du.ci.do, -a [r̄eduθ´ido] *adj* Reduzido, estreito, pequeno, limitado, escasso. *apenas me puedo mover en un espacio tan reducido* / mal posso mover-me em um espaço tão limitado.
re.du.cir [r̄eduθ´ir] *vt* **1** Reduzir, converter. **2** Diminuir, minguar, restringir, limitar. *vpr* **3** Moderar-se, refrear-se.
re.duc.ti.ble [r̄edukt´ible] *adj* Redutível, reduzível. → aducir.
re.duc.to [r̄ed´ukto] *sm* Reduto, refúgio, forte, fortificação.
re.dun.dan.cia [r̄edund´anθja] *sf* Redundância, abundância, excesso, repetição.
re.dun.dan.te [r̄edund´ante] *adj* Redundante, repetitivo.
re.dun.dar [r̄edund´ar] *vi* **1** Transbordar. **2** Resultar, implicar, reverter.
re.du.pli.car [r̄eduplik´ar] *vt* **1** Reduplicar, duplicar, redobrar, multiplicar. **2** Repetir. → atacar.
re.e.di.fi.car [r̄eedifik´ar] *vt* Reedificar, reconstruir, reerguer. *van a reedificar la iglesia* / vão reconstruir a igreja. → atacar.
re.e.du.car [r̄eeduk´ar] *vt* Reeducar, reabilitar, readaptar. *después del accidente, tenemos que reeducar las piernas* / depois do acidente, precisamos reeducar as pernas. → atacar.
re.e.lec.ción [r̄eelekθj´on] *sf* Reeleição. *¿cuáles son los candidatos a la reelección?* / quais são os candidatos à reeleição?
re.e.le.gir [r̄eeleh´ir] *vt* Reeleger. → corregir.
re.em.bol.sa.ble [r̄eembols´able] *adj* Reembolsável, restituível.
re.em.bol.sar [r̄eembols´ar] *vt+vpr* Reembolsar, restituir.
re.em.bol.so [r̄eemb´olso] *sm* Reembolso, devolução, restituição.
re.em.pla.zan.te [r̄eemplaθ´ante] *adj+sm* Substituto. *les presento el profesor reemplazante* / apresento-lhes o professor substituto.

re.em.pla.zar [r̄eemplaθ´ar] *vt* Substituir. → alzar.

re.em.pla.zo [r̄eempl´aθo] *sm* Substituição. *haremos el reemplazo de todos los escritorios* / faremos a substituição de todas as escrivaninhas.

re.en.car.na.ción [r̄eekarnaθj´on] *sf* Reencarnação. *¿tú crees en la reencarnación?* / você acredita na reencarnação?

re.en.car.nar [r̄eenkarn´ar] *vi+vpr* Reencarnar.

re.en.con.trar [r̄eenkontr´ar] *vt+vpr* Reencontrar, rever. → aprobar.

re.en.cuen.tro [r̄eenkw´entro] *sm* Reencontro. *fue un reencuentro muy emocionante entre padre e hijo* / foi um reencontro muito emocionante entre pai e filho.

re.es.truc.tu.rar [r̄eestruktur´ar] *vt* Reestruturar, reorganizar.

re.e.xa.mi.nar [r̄ee(k)samin´ar] *vt* Reexaminar, rever.

re.fec.to.rio [r̄efekt´orjo] *sm* Refeitório. *mamá, hoy no vuelvo a casa para comer. Voy a comer en el refectorio de la escuela con mis amigas* / mamãe, hoje não vou almoçar em casa. Vou almoçar no refeitório da escola com minhas amigas.

re.fe.ren.cia [r̄efer´enθja] *sf* **1** Referência, alusão, menção. **2** Em relação a, a respeito de.

re.fe.rén.dum [r̄efer´endum] *sm* Referendo.

re.fe.ren.te [r̄efer´ente] *adj* referente, alusivo, concernente, pertinente, relativo.

re.fe.rir [r̄efer´ir] *vpr* **1** Referir, citar, mencionar. *vt+vpr* **2** Relacionar. *vt* **3** Relatar, contar, narrar. → mentir.

re.fi.na.ción [r̄efinaθj´on] *sf* Refinamento.

re.fi.na.do, -a [r̄efin´ado] *adj* Refinado, primoroso, esmerado, requintado.

re.fi.na.mien.to [r̄efinamj´ento] *sm* **1** Refinamento, requinte, sofisticação. **2** Requintes de maldade, crueldade. *fue asesinado con refinamiento* / foi assassinado com requintes de maldade. Veja nota em **apuro** (espanhol).

re.fi.nar [r̄efin´ar] *vt* **1** Refinar, depurar, acurar. *vt+vpr* **2** Aperfeiçoar, aprimorar, requintar.

re.fi.ne.rí.a [r̄efiner´ia] *sf* Refinaria. *con lo escuela, fuimos a una refinaría de petróleo* / fomos a uma refinaria de petróleo com a escola.

re.flec.tar [r̄eflekt´ar] *vt* **1** Refletir. *me gustaría saber cómo el espejo reflite un imagen* / gostaria de saber como o espelho reflete uma imagem. **2** Refratar.

re.flec.tor, -ora [r̄eflekt´or] *adj Electr* Refletor, reflexivo. • *sm Electr* Refletor.

re.fle.jar [r̄efleh´ar] *vt+vpr* **1** Refletir. **2** Espelhar. **2** Mostrar, revelar, traduzir.

re.fle.jo, -a [r̄efl´eho] *adj* **1** Reflexo, refletido. **2** Inconsciente, instintivo, involuntário, maquinal. • *sm* Reflexo, imagem.

re.fle.xión [r̄efle(k)sj´on] *sf* **1** *Fís* Reflexão. **2** Ponderação, consideração, meditação, especulação, discernimento.

re.fle.xio.nar [r̄efle(k)sjon´ar] *vi+vt* Refletir, considerar, ponderar, pensar, meditar. *no hagas nada sin reflexionar primero* / não faça nada sem refletir primeiro.

re.fle.xi.vo, -a [r̄efle(k)s´ibo] *adj* Reflexivo.

re.flu.jo [r̄efl´uho] *sm* Refluxo, vazante.

re.fo.res.ta.ción [r̄eforestaθj´on] *sf* Reflorestamento. *hay que tomar medidas urgentes de reforestación* / é preciso tomar medidas urgentes de reflorestamento.

re.for.ma [r̄ef´orma] *sf* **1** Reforma, conserto, restauração, reparação, reparo. **2** *Rel* Protestantismo.

re.for.mar [r̄eform´ar] *vt* **1** Refazer. **2** Reformar, modificar, restaurar, reparar. *vpr* **3** Moderar-se, conter-se.

re.for.ma.to.rio [r̄eformat´orjo] *sm* Reformatório. *después de ocho años en el reformatorio, Hector volvió a casa* / depois de oito anos no reformatório, Hector voltou para casa.

re.for.za.do [r̄eforθ´ado] *adj* Reforçado, fortalecido.

re.for.zar [r̄eforθ´ar] *vt* **1** Reforçar, fortalecer, fortificar. *vt+vpr* **2** Animar, alentar. → alzar.

re.frac.ta.rio, -a [r̄efrakt´arjo] *adj* **1** Rebelde, indócil, desobediente, indisciplinado. **2** *Fís* Refratário.

re.frán [r̄efr´an] *sm* Refrão, provérbio, ditado, sentença.

re.fre.gar [r̄efreg´ar] *vt+vpr* **1** Esfregar, friccionar. *vt* **2** *fam* Jogar na cara. *después que me refregó en la cara que no ayudo con dinero en casa, ¿cómo quieres que me quede acá?* / depois que me jogou na cara que não ajudo com dinheiro em casa, como você quer que eu fique aqui? → fregar.

re.fre.nar [r̄efren´ar] *vt+vpr* Refrear, conter, dominar, sujeitar.

re.fres.can.te [r̄efresk´ante] *adj* Refrescante.

re.fres.car [r̄efresk´ar] *vt+vpr* **1** Refrescar, refrigerar, esfriar. **2** Renovar, avivar, animar. → atacar.

re.fres.co [r̄efr´esko] *sm* Refresco, suco.

re.frie.ga [r̄efrj´ega] *sf* Refrega, briga. *sin notar, me involucré en una refriega fenomenal* / sem perceber, me envolvi em uma briga fenomenal.

re.fri.ge.ra.dor, -ora [r̄efriherad´or] *s* Refrigerador, geladeira.

re.fri.ge.ran.te [r̄efriher´ante] *adj+s* Refrigerante, refrigerador.

Refrigerante não significa "bebida gasosa". Com esse sentido usa-se **soda** em espanhol.

re.fri.ge.rar [r̄efriher´ar] *vt* Refrigerar, resfriar.

re.fuer.zo [r̄efw´erθo] *sm* **1** Reforço, reparo. *tengo que poner refuerzo en las rodillas de todos los pantalones de mi hijo* / tenho de pôr reforço em todos os joelhos das calças de meu filho. **2** Auxílio, ajuda, socorro.

re.fu.gia.do, -a [r̄efuhj´ado] *sm* Refugiado, expatriado, exilado.

re.fu.giar [r̄efuhj´ar] *vt+vpr* Refugiar, amparar, abrigar, acolher.

re.fu.gio [r̄ef´uhjo] *sm* **1** Refúgio, asilo, acolhida, amparo, proteção. **2** Albergue.

re.ful.gen.te [r̄eful:h´ente] *adj* Refulgente, brilhante, cintilante, resplandecente, reluzente.

re.ful.gir [r̄eful:h´ir] *vi* Refulgir, brilhar, resplandecer, cintilar, reluzir. → exigir.

re.fun.fu.ñar [r̄efunfuñ´ar] *vt+vi* Resmungar, rezingar, grunhir. *¡déjate de refunfuñar!* / pare de resmungar!

re.fun.fu.ño [r̄efunf´uño] *sm* Resmungo.

re.fu.ta.ción [r̄efutaθj´on] *sf* Refutação, contestação, impugnação, réplica.

re.fu.tar [r̄efut´ar] *vt* Refutar, contestar, rebater, impugnar, contradizer. *no hay manera de refutar esas pruebas* / não há modo de refutar essas provas.

re.ga.de.ra [r̄egad´era] *sf* **1** Regador. **2** Regadeira, regueira, acéquia. **3** *AL* Ducha, chuveiro. **estar como una regadera** ser meio doido.

re.ga.dor [r̄egad´or] *adj* Regador.

re.ga.la.do, -a [r̄egal´ado] *adj* De graça, muito barato. *¿diez reales un vestido? ¿es regalado!* / dez reais um vestido? é de graça!

re.ga.lar [r̄egal´ar] *vt* **1** Presentear, dar de presente. *vt+vpr* **2** Regalar, recrear, alegrar. *vpr* **3** Regalar-se, deleitar-se.

re.ga.lí.a [r̄egal´ia] *sf* **1** Regalia, prerrogativa, privilégio. **2** *Méx* Direito autoral.

re.ga.lo [r̄eg´alo] *sm* **1** Presente, lembrança. *quiero un regalo muy lindo en mi cumpleaños* / quero um presente bem bonito no meu aniversário. **2** Regalo, agrado, gosto, prazer, satisfação, deleite. Veja nota em **regalo** (português).

re.ga.ñar [r̄egañ´ar] *vt* **1** *coloq* Repreender. *vi* **2** Rosnar (cão). **3** Discutir, brigar.

re.ga.ño [r̄eg´año] *sm* **1** Cara feia, mau humor. **2** *coloq* Repreensão.

re.ga.ñón, -ona [r̄egañ´on] *adj+s coloq* Rabugento, resmungão, ranheta, ranzinza. *ese viejo regañón me tiene podrido* / estou de saco cheio desse velho ranheta.

re.gar [r̄eg´ar] *vt* Regar, aguar, molhar. → fregar.

re.ga.ta [r̄eg´ata] *sf* **1** *Dep* Regata. **2** Regadeira, rego, acéquia.

re.ga.te.ar [r̄egate´ar] *vt* **1** Regatear, pechinchar, ratinhar. **2** Revender. **3** *coloq* Poupar (esforços). *Ester no regatea esfuerzos para hacerlo feliz* / Ester não poupa esforços para fazê-lo feliz. *vi* **4** *Dep* Driblar.

re.ga.te.o [r̄egat´eo] *sm* **1** Regateio. **2** Revenda.

re.ga.to [r̄eg´ato] *sm* **1** Regato, riacho. **2** Regadeira, acéquia.

re.ga.zo [r̄eg´aθo] *sm* **1** Regaço, seio, colo. **2** Conforto, consolo.

re.ge.ne.ra.ción [r̃eheneraθj´on] *sf* Regeneração, reabilitação, reconstrução.
re.ge.ne.rar [r̃ehener´ar] *vt+vpr* **1** Regenerar, reabilitar. **2** Recuperar, emendar, corrigir. *gracias a Dios, mi hijo se regeneró* / graças a Deus, meu filho se emendou.
re.gen.te [r̃eh´ente] *adj* Regente, governante.
ré.gi.men [r̃´ehimen] *sm* **1** Regime, governo. **2** Regimento, disciplina.
re.gi.men.tar [r̃ehiment´ar] *vt* Arregimentar, recolher, reunir.
re.gi.mien.to [r̃ehimj´ento] *sm* **1** Regência, direção. **2** Regimento: a) *Mil* batalhão. b) normas, disciplina.
re.gio, -a [r̃´ehjo] *adj* **1** Régio, real. **2** Suntuoso, grande, magnífico. **3** *fam* Legal, maravilha. *¿vamos al teatro? ¡regio!* / vamos ao teatro? legal! *Francisco tiene un coche regio* / Francisco tem um carro maravilhoso.
re.gión [r̃ehj´on] *sf* Região, território, área, parte, lugar.
re.gio.nal [r̃ehjon´al] *adj* Regional, local.
re.gir [r̃eh´ir] *vt* **1** Reger, dirigir, governar. **2** Guiar, levar, conduzir. *vi* **3** Viger, vigorar. **4** Funcionar bem, regular. → corrigir.
re.gis.trar [r̃ehistr´ar] *vt* **1** Examinar, inspecionar, avaliar. **2** Registrar, assentar, anotar. **3** Inscrever. **4** Gravar, filmar. *registré toda la presentación* / filmei toda a apresentação. *vpr* **5** Matricular.
re.gis.tro [r̃eh´istro] *sm* **1** Matrícula. **2** Registro, relógio, medidor.
re.gla [r̃´egla] *sf* **1** Régua. **2** Regra, norma. **3** Preceito, princípio, máxima. **4** Linha, pauta. **5** Menstruação. **salir de regla** exceder-se, passar dos limites.
re.gla.men.tar [r̃eglament´ar] *vt* Regulamentar, normatizar.
re.gla.men.ta.rio, -a [r̃eglament´arjo] *adj* Regulamentar, regulamentário, regimental.
re.gla.men.to [r̃eglam´ento] *sm* Regulamento, estatuto, regimento. *todas las instrucciones se encuentran en el reglamento* / todas as instruções encontram-se no regulamento.

re.glar [r̃egl´ar] *vt* **1** Regrar, regular, normatizar. *vpr* **2** Moderar-se, temperar-se, conter-se.
re.go.ci.jar [r̃egoθih´ar] *vt+vpr* Regozijar, alegrar, festejar, exultar.
re.go.ci.jo [r̃egoθ´iho] *sm* **1** Regozijo, gozo, alegria, júbilo. **2** Comemoração.
re.go.de.o [r̃egod´eo] *sm* **1** Deleite, gozo, júbilo. **2** *coloq* Diversão, festa.
re.gor.de.te, -a [r̃egord´ete] *adj fam* Gorducho, atarracado, rechonchudo. *¿quién es la mamá de ese bebé regordete?* / quem é a mamãe desse bebê gorducho?
re.gre.sar [r̃egres´ar] *vi+vpr* **1** Regressar, retornar, voltar, tornar. *vt* **2** *AL* Devolver, restituir.
re.gre.sión [r̃egresj´on] *sf* Regressão, retrocesso, retorno, retrocessão.
re.gre.so [r̃egr´eso] *sm* Regresso, retorno, volta.
re.gue.ro [r̃eg´ero] *sm* **1** Fluxo contínuo que desliza sobre uma superfície (líquidos). **2** Rastro, trilha.
re.gu.lar [r̃egul´ar] *vt* Regular, medir, ajustar, acertar. • *adj* **1** Regular, uniforme. **2** Mediano.
re.gu.la.ri.dad [r̃egularid´ad] *sf* Regularidade. *mi abuela viene a los sábados, con regularidad* / minha avó vem aos sábados, com regularidade.
re.gu.lar.men.te [r̃egularm´ente] *adv* Regularmente, comumente, ordinariamente.
re.gur.gi.tar [r̃egurhit´ar] *vi* Regurgitar, devolver. *¿cúando los niños dejan de regurgitar la leche?* / quando as crianças param de regurgitar o leite?
re.ha.bi.li.ta.ción [r̃eabilitaθj´on] *sf* Reabilitação, recuperação, regeneração, reintegração.
re.ha.bi.li.tar [r̃eabilit´ar] *vt+vpr* Reabilitar, restabelecer, reintegrar, recuperar, regenerar.
re.ha.cer [r̃ehaθ´er] *vt* **1** Refazer, reformar, consertar, reparar. *vt+vpr* **2** Repor, restabelecer. → hacer.
re.hén [r̃e´en] *s* Refém. *me siento como una rehén de tus caprichos* / sinto-me como uma refém de seus caprichos.

re.ho.gar [r̄eogˈar] *vt* Refogar, fritar. *¿ya empiezo a rehogar la cebolla?* / já posso começar a refogar a cebola? → cargar.

re.huir [r̄ehuˈir] *vt* **1** Afastar, apartar. **2** Evitar, esquivar, repelir. → huir (acentuação como de *reunir*).

re.hu.sar [r̄eusˈar] *vt* Recusar, rejeitar, negar, rechaçar. → Veja modelo de conjugação.

reim.pre.sión [r̄eimpresjˈon] *sf* Reimpressão, reedição. *en mayo sale la tercera reimpresión de mi libro* / em maio sai a terceira reimpressão de meu livro.

reim.pri.mir [r̄eimprimˈir] *vt* Reimprimir, reeditar.

rei.na [r̄ˈejna] *sf* **1** Rainha: a) soberana. b) peça do xadrez. **2** *Entom* Abelha-rainha.

rei.na.do [r̄ejnˈado] *sm* Reinado.

rei.nar [r̄ejnˈar] *vi* **1** Reinar, governar. **2** Prevalecer, imperar, dominar.

rein.ci.den.cia [r̄ejnθidˈenθja] *sf* Reincidência, reiteração, recaída.

rein.ci.den.te [r̄ejnθidˈente] *adj+s* Reincidente, recidivo. *esta vez lo van a encerrar; es reincidente* / dessa vez vão trancafiá-lo; é reincidente.

rein.ci.dir [r̄ejnθidˈir] *vi* Reincidir, recair.

rein.cor.po.rar [r̄ejnkorporˈar] *vt+vpr* Reincorporar, readmitir, reempossar.

rei.ni.ciar [r̄einiθjˈar] *vt* Reiniciar, recomeçar.

rei.ni.cio [r̄einˈiθjo] *sm* Reinício, recomeço. *el reinicio de las clases está previsto para 13 de marzo* / o reinício das aulas está previsto para 13 de março.

rei.no [r̄ˈejno] *sm* **1** *Polít* Reino. **2** Âmbito, campo, esfera, área.

rein.te.grar [r̄ejntegrˈar] *vt* **1** Reintegrar, restituir, reconstituir. *vpr* **2** Recuperar, reaver. **3** Reassumir.

rein.te.gro [r̄ejntˈegro] *sm* Reintegração. *estoy feliz por su reintegro al cargo* / estou feliz por sua reintegração à função.

re.ír [r̄eˈir] *vi+vt+vpr* **1** Rir, sorrir. **2** Zombar, gracejar, caçoar. → Veja modelo de conjugação.

rei.te.ra.da.men.te [r̄eiteradamˈente] *adv* Reiteradamente, repetidamente.

rei.te.rar [r̄ejterˈar] *vt+vpr* Reiterar, repetir, renovar.

rei.te.ra.ti.vo, -a [r̄ejteratˈibo] *adj* Reiterativo, repetitivo.

rei.vin.di.ca.ción [r̄ejbindikaθjˈon] *sf* Reivindicação, solicitação. *son muy justas las reivindicaciones de los obreros* / são muito justas as reivindicações dos trabalhadores.

rei.vin.di.car [r̄ejbindikˈar] *vt* Reivindicar, reclamar, exigir. *tienes que aprender a reivindicar tus derechos* / você tem de aprender a reivindicar seus direitos. → atacar.

re.ja [r̄ˈeha] *sf* Grade. *tengo rejas en las ventanas por miedo de ladrones* / tenho grades nas janelas por medo de ladrões.

re.ji.lla [r̄ehˈiλa] *sf* **1** Abertura com grade. **2** Ralo. **3** Grelha. Veja nota em **ralo** (espanhol).

re.ju.ve.ne.cer [r̄ehubeneθˈer] *vt+vi+vpr* **1** Rejuvenescer, remoçar. *ese viaje me hizo rejuvenecer cinco años* / essa viagem me fez rejuvenescer cinco anos. **2** Renovar, atualizar, modernizar. → acabar.

re.la.ción [r̄elaθjˈon] *sf* **1** Relação, enumeração, exposição. **2** Conexão, correspondência, ligação. **3** Relacionamento. **4** Listagem, rol. **5 relaciones** *pl* Relações, amigos, conhecidos, círculo social.

re.la.cio.nar [r̄elaθjonˈar] *vt* **1** Relacionar, referir, corresponder. *vt+vpr* **2** Relacionar-se, entrosar-se.

re.la.ja.ción [r̄elahaθjˈon] *sf* **1** Relaxamento. *esa canción es muy buena para relajación* / essa música é muito boa para relaxamento. **2** Distensão, descontração.

re.la.ja.do, -a [r̄elahˈado] *adj* **1** Relaxado, distendido, descontraído.

re.la.jan.te [r̄elahˈante] *adj* Relaxante, relaxador. • *sm Farm* Relaxante.

re.la.jar [r̄elahˈar] *vt+vpr* **1** Relaxar, afrouxar, descontrair, distender. **2** Distrair, espairecer. **3** Abrandar.

re.la.jo [r̄elˈaho] *sm* Relaxamento, desordem.

re.la.mer [r̄elamˈer] *vt* **1** Relamber. *vpr* **2** Lamber os beiços, deleitar-se. **3** Orgulhar-se, ficar todo cheio.

re.lám.pa.go [r̄elámpago] *sm* Relâmpago, raio.

re.lan.zar [r̄elanθár] *vt* Repelir, rejeitar. → alzar.

> Apesar da semelhança, **relanzar** não é o mesmo que "relançar", "lançar novamente".

re.la.tar [r̄elatár] *vt* Relatar, contar, narrar.

re.la.ti.va.men.te [r̄elatibaménte] *adv* Relativamente.

re.la.ti.vi.dad [r̄elatibidád] *sf* Relatividade.

re.la.ti.vis.mo [r̄elatibísmo] *sm* Relativismo.

re.la.ti.vo, -a [r̄elatíbo] *adj* **1** Relativo, concernente, referente. **2** Proporcional, condicional.

re.la.to [r̄eláto] *sm* **1** Relato, relatório. **2** Narração, conto.

re.la.tor [r̄elatór] *adj+sm* Relator.

re.le.gar [r̄elegár] *vt* **1** Relegar, apartar, afastar com desdém. **2** Pôr em segundo plano. → cargar.

re.len.te [r̄elénte] *sm* Relento, sereno, orvalho.

re.le.van.cia [r̄elebánθja] *sf* Relevância, importância. *no te preocupes, es cosa de poca relevancia* / não se preocupe, é coisa de pouca importância.

re.le.van.te [r̄elebánte] *adj* **1** Relevante, importante, significativo. **2** Destacado, proeminente.

re.le.var [r̄elebár] *vt* **1** Relevar, destacar. **2** Absolver, perdoar, desculpar, escusar. **3** Exaltar, engrandecer. **4** Substituir, render.

re.lie.ve [r̄eljébe] *sm* **1** Relevo, elevação. **2** Realce, saliência. **3** Destaque, importância.

re.li.gión [r̄elihjón] *sf* Religião, culto, crença.

re.li.gio.sa.men.te [r̄elihjoθamente] *adv* Religiosamente: a) pontualmente, rigorosamente. b) com religiosidade.

re.li.gio.so, -a [r̄elihjóso] *adj* Religioso, crente, fiel, devoto. • *sm* Padre, clérigo.

re.lin.char [r̄elintʃár] *vi* Relinchar. *oigo caballos relinchando, pero no sé donde* / ouço cavalos relinchando, mas não sei onde.

re.li.quia [r̄elíkja] *sf* Relíquia. *guardo ese anillo como una reliquia* / guardo esse anel como uma relíquia.

re.lla.no [r̄eʎáno] *sm* **1** Patamar, descanso. **2** Planalto, planície, planura, chapada.

re.lle.nar [r̄eʎenár] *vt+vpr* **1** Rechear. **2** Encher, lotar. **3** Preencher, completar. *rellenen los blancos correctamente* / preencham as lacunas corretamente.

re.lle.no, -a [r̄eʎéno] *adj* **1** Recheado. **2** Lotado, abarrotado. • *sm* Recheio, enchimento.

re.loj [r̄eló(h)] *sm* Relógio. *¿es de oro ese reloj?* / esse relógio é de ouro?

re.lo.je.rí.a [r̄eloherí́a] *sf* Relojoaria.

re.lo.je.ro, -a [r̄elohéro] *sm* Relojoeiro. *mi abuelo fue relojero toda su vida* / meu avô foi relojoeiro a vida toda.

re.lu.cien.te [r̄eluθjénte] *adj* Reluzente, brilhante, luminoso, resplandecente, cintilante.

re.lu.cir [r̄eluθír] *vi* Reluzir, brilhar, resplandecer, cintilar, refulgir. **salir a relucir** aparecer inesperada ou inoportunamente. → lucir.

re.luc.tan.te [r̄eluktánte] *adj* Relutante, resistente, renitente.

re.lum.brar [r̄elumbrár] *vi* Relumbrar, resplandecer, reluzir, iluminar, brilhar.

re.ma.char [r̄ematʃár] *vt* **1** Rebitar. **2** Repisar, reforçar, reiterar.

re.ma.che [r̄emátʃe] *sm* **1** Rebitagem, rebitamento. **2** Rebite.

re.ma.nen.te [r̄emanénte] *sm* Remanescente, remanente, resíduo, restante, sobra.

re.man.gar [r̄emangár] *vt+vpr* **1** Arregaçar (mangas). **2** *coloq* Pôr mãos à obra, ir à luta. → cargar.

re.man.so [r̄emánso] *sm* **1** Remanso, repouso, pausa, parada. **2** Tranquilidade, retiro, quietude, sossego.

re.mar [r̄emár] *vi* **1** Remar. **2** Dar duro, trabalhar muito.

re.mar.car [r̄emarkár] *vt* Remarcar. *los supermercados van a remarcar los precios de los alimentos* / os supermercados vão remarcar os preços dos alimentos. → atacar.

re.ma.tar [r̄emat´ar] *vt* Rematar: a) arrematar, dar acabamento. b) concluir, terminar. c) comprar em leilão.
re.ma.te [r̄em´ate] *sm* **1** Fim, extremidade, ponta. **2** Arremate, acabamento. **3** Leilão.
re.me.dar [r̄emed´ar] *vt* Remedar, imitar, parodiar.
re.me.diar [r̄emedj´ar] *vt+vpr* Remediar, consertar, sanar, reparar. *no hubo como remediar la situación* / não houve como remediar a situação.
re.me.dio [r̄em´edjo] *sm* **1** Remédio, medicamento. **2** Saída, solução, recurso. **¡qué remedio!** fazer o quê!
re.mem.bran.za [r̄emembr´anθa] *sf* Lembrança, recordação, reminiscência, relembrança.
re.me.mo.rar [r̄ememor´ar] *vt* Rememorar, lembrar, recordar, relembrar.
re.men.dar [r̄emend´ar] *vt* **1** Remendar, reforçar. **2** Emendar, corrigir. *si él no se remienda, no sé que va a pasar* / se ele não se emendar, não sei o que vai acontecer. → despertar.
re.me.ro, -a [r̄em´ero] *s* Remador.
re.me.sa [r̄em´esa] *sf* Remessa, envio, expedição, despacho.
re.mien.do [r̄emj´endo] *sm* **1** Remendo, conserto. **2** Emenda, correção.
re.mi.nis.cen.cia [r̄eminisθ´enθja] *sf* Reminiscência, lembrança, eco, recordação, memória.
re.mi.ten.te [r̄emit´ente] *s* Remetente. *llegó esta carta, pero sin remitente* / chegou esta carta, mas sem remetente.
re.mi.tir [r̄emit´ir] *vt* **1** Remeter, enviar, encaminhar. **2** Perdoar, absolver. **3** Suspender, deixar. *vt+vpr* **4** Delegar.
re.mo [r̄´emo] *sm* Remo. **a remo y sin sueldo** com muito esforço e em vão. **a vela y remo** com presteza.
re.mo.de.lar [r̄emodel´ar] *vt* Remodelar, reformar.
re.mo.jo [r̄em´oho] *sm* **1** Imerso em água ou outro líquido. **2** Molho. *si no dejas esa ropa en remojo no va a quedar limpia* / se você não deixar essa roupa de molho, não vai ficar limpa.
re.mo.la.cha [r̄emol´atʃa] *sf Bot* Beterraba. *¿con qué sale mancha de remolacha?* / com o que sai mancha de beterraba?
re.mol.car [r̄emolk´ar] *vt* **1** Rebocar, reboquear. **2** Convencer, persuadir, arrastar. → atacar.
re.mo.li.no [r̄emol´ino] *sm* **1** Redemoinho. **2** Turbilhão, confusão, distúrbio, agitação.
re.mol.que [r̄em´olke] *sm* Reboque. **camión de remolque** guincho, reboque.
re.mon.tar [r̄emont´ar] *vt* **1** Superar, vencer (dificuldade). **2** Subir, escalar. *vt+vpr* **3** Elevar, engrandecer, enaltecer. **4** Soltar, empinar pipa.
re.mor.der [r̄emord´er] *vt* Remoer, afligir, atormentar. → morder.
re.mor.di.mien.to [r̄emordimj´ento] *sm* Remorso, arrependimento, peso na consciência. *lo hice sin remordimiento* / fiz isso sem peso na consciência.
re.mo.to, -a [r̄em´oto] *adj* Remoto, distante, afastado, longínquo.
re.mo.ver [r̄emob´er] *vt+vpr* Remover, mover. → morder.
re.mo.zar [r̄emoθ´ar] *vt+vpr* Remoçar, rejuvenescer. → alzar.
re.mu.ne.ra.ción [r̄emuneraθj´on] *sf* **1** Remuneração, pagamento. **2** Recompensa, retribuição.
re.mu.ne.rar [r̄emuner´ar] *vt* **1** Recompensar, premiar. **2** Remunerar, pagar.
re.na.cer [r̄enaθ´er] *vi* Renascer, ressurgir. → crecer.
re.na.ci.mien.to [r̄enaθimj´ento] *sm* **1** Renascimento. **2** Renascença.
ren.co [r̄´enko] *adj+sm* Manco, coxo. *es renco el perrito. ¡pobre!* / o cachorrinho é manco. coitado!
ren.cor [r̄enk´or] *sm* Rancor, ódio, ressentimento.
ren.co.ro.so, -a [r̄enkor´oso] *adj+s* Rancoroso, ressentido.
ren.di.ción [r̄endiθj´on] *sf* Rendição. *vimos por la tele la rendición de los secuestradores* / vimos pela televisão a rendição dos sequestradores.
ren.di.do, -a [r̄end´ido] *adj* Submisso, obsequioso.
ren.di.ja [r̄end´iha] *sf* **1** Rachadura, fenda. **2** Fresta.

ren.di.mien.to [r̃endimj´ento] *sm* **1** Rendimento, lucro. **2** Cansaço, esgotamento. **3** Submissão, sujeição, subordinação.

ren.dir [r̃end´ir] *vt+vpr* **1** Vencer, sujeitar. *vt* **2** Render, dar lucro. *vt+vpr* **3** Cansar, fatigar, esgotar. *llegó a casa rendido* / chegou a casa esgotado. → medir.

re.ne.gar [r̃eneg´ar] *vt* **1** Negar. **2** Detestar, abominar. *vi* **3** Renegar, renunciar. **4** Blasfemar, exconjurar. **5** *fam* Resmungar. → fregar.

ren.glón [r̃engl´on] *sm* Linha, pauta. **a renglón seguido** na sequência / imediatamente após. **leer entre renglones** ler nas entrelinhas.

ren.go, -a [r´engo] *adj+s* Coxo, manco. **hacer la de rengo** fingir-se de doente.

re.nom.bra.do, -a [r̃enombr´ado] *adj* Renomado, famoso. *no te preocupes, es un médico muy renombrado* / não se preocupe, é um médico muito renomado.

re.nom.bre [r̃en´ombre] *sm* Renome, fama, celebridade.

re.no.va.ción [r̃enobaθj´on] *sf* Renovação, reforma. *este ambiente necesita urgente una renovación* / este ambiente precisa urgentemente de uma renovação.

re.no.var [r̃enob´ar] *vt+vpr* **1** Renovar, reformar. **2** Reatar, restabelecer, recomeçar. **3** Trocar, substituir. *hay que renovar las flores de estas macetas* / é preciso trocar as flores destes vasos. **4** Revigorar. *nada mejor que un viaje para renovar el alma* / nada melhor que uma viagem para revigorar a alma. → aprobar.

ren.ta [r´enta] *sf* Renda, rendimento.

ren.ta.bi.li.dad [r̃entabilid´ad] *sf* Rentabilidade, lucratividade.

ren.ta.ble [r̃ent´able] *adj* Rentável, rendoso, lucrativo.

ren.tar [r̃ent´ar] *vt+vi* Render, dar lucro.

re.nuen.te [r̃enw´ente] *adj* Renuente, indócil, relutante, resistente.

re.nue.vo [r̃enw´ebo] *sm* **1** Renovação. **2** *Bot* Rebento, broto.

re.nun.cia [r̃en´unθja] *sf* Renúncia, abandono, desistência.

re.nun.ciar [r̃enunθj´ar] *vt* **1** Renunciar, abdicar, desistir. **2** Abrir mão. *nunca imaginé que sería capaz de renunciar de su libertad* / nunca imaginei que seria capaz de abrir mão de sua liberdade.

re.ñi.dor [r̃eñid´or] *adj* Brigão, encrenqueiro.

re.ñir [r̃eñ´ir] *vt* **1** Dar bronca, repreender. *vi* **2** Brigar, renhir, lutar, discutir. → teñir.

re.o, -a [r̃´eo] *sm* Réu, acusado.

re.o.jo [r̃e´oho] *loc adv* **de reojo** Esguelha, soslaio, rabo de olho. *noté que me miró de reojo cuando pasé* / vi que me olhou com o rabo do olho quando passei.

re.or.ga.ni.zar [r̃eorganiθ´ar] *vt+vpr* Reorganizar, reordenar, remanejar. → alzar.

re.pa.ra.ción [r̃eparaθj´on] *sf* **1** Reparação, conserto, reforma, restauração. **2** Desagravo, compensação, indenização.

re.pa.rar [r̃epar´ar] *vt* **1** Reparar, consertar, arrumar. **2** Desagravar, compensar, indenizar. *vi* **3** Atentar, notar.

re.pa.ro [r̃ep´aro] *sm* **1** Reparo, restauração, conserto. **2** Dúvida, dificuldade, inconveniente.

re.par.ti.ción [r̃epartiθj´on] *sf* **1** Divisão, distribuição, partilha. **2** repartição, departamento.

re.par.ti.mien.to [r̃eñpartimj´ento] Divisão, distribuição, partilha.

re.par.tir [r̃epart´ir] *vt+vpr* Repartir, distribuir.

re.par.to [r̃ep´arto] *sm* **1** Divisão, distribuição, partilha. **2** Elenco. *¡mira! ¡mi nombre en el reparto de la película!* / veja! meu nome no elenco do filme!

re.pa.sar [r̃epas´ar] *vt+vi* **1** Voltar a passar. *vt* **2** Repassar, recapitular, revisar.

re.pe.cho [r̃ep´etʃo] *sm* Ladeira, encosta, barranco. *¿te parece que voy a subir ese repecho con tacones?* / você acha que eu vou subir essa ladeira de salto alto?

re.pe.len.te [r̃epel´ente] *adj* **1** Repelente, repulsivo, repugnante. **2** *fam* Sabetudo, impertinente, sabichão. • *sm* Repelente (de insetos).

re.pe.ler [r̃epel´er] *vt* **1** Lançar, arremessar, arrojar. **2** Repelir, rejeitar, repudiar.

re.pen.sar [r̃epens´ar] *vt* Repensar, refletir. *ese asunto hay que repensarlo* / é preciso refletir sobre esse assunto. → despertar.

re.pen.te [r̃ep´ente] *sm* Repente, impulso, ímpeto. **hablar de repente** falar sem pensar.

re.pen.ti.na.men.te [r̄epetidam´ente] *adv* Repentinamente.

re.pen.ti.no, -a [r̄epent´ino] *adj* Repentino, súbito, intempestivo, inesperado, imprevisto, abrupto, brusco. *ella tuvo un ataque repentino* / ela teve um ataque súbito.

re.per.cu.sión [r̄eperkusj´on] *sf* 1 Repercussão, reverberação, ressonância. 2 Reflexo, consequência.

re.per.cu.tir [r̄eperkut´ir] *vi* 1 Repercutir, reverberar, ecoar. 2 Refletir.

re.per.to.rio [r̄epert´orjo] *sm* Repertório. *Juan tiene un repertorio de bromas inagotable* / Juan tem um repertório de piadas inesgotável.

re.pe.ti.ción [r̄epetiθj´on] *sf* Repetição.

re.pe.ti.da.men.te [r̄epetidam´ente] *adv* Repetidamente, reiteradamente.

re.pe.tir [r̄epet´ir] *vt+vpr* Repetir, reiterar, renovar. → *medir*.

re.pe.ti.ti.vo, -a [r̄epetit´ibo] *adj* Repetitivo, reiterativo. *ese ruido repetitivo me vuelve loco* / esse barulho repetitivo me deixa louco.

re.pi.sa [r̄ep´isa] *sf* Estante, prateleira.

re.ple.gar [r̄epleg´ar] *vt* 1 Dobrar, redobrar. *vpr* 2 Recolher-se, afastar-se, resguardar-se. → *fregar*.

re.ple.to, -a [r̄epl´eto] *adj* Repleto, abarrotado, cheio. *este lugar está repleto de insectos* / este lugar está cheio de insetos.

re.pli.car [r̄eplik´ar] *vi+vt* Replicar, responder, contra-argumentar, contestar, objetar, retrucar. → *atacar*.

re.plie.gue [r̄eplj´ege] *sm* Prega, dobra.

re.po.llo [r̄ep´oʎo] *sm* Bot Repolho.

re.po.ner [r̄epon´er] *vt* 1 Repor, recolocar. 2 Substituir. 3 Responder, replicar. *Part irreg:* repuesto. → *poner*.

re.por.ta.je [r̄eport´ahe] *sm* Reportagem, matéria. *¿leyeron el reportaje que les pedí ayer?* / leram a reportagem que lhes pedi ontem? Veja nota em **abordaje**.

re.por.te.ro, -a [r̄eport´ero] *adj+s* Repórter.

re.po.sar [r̄epos´ar] *vi+vt* 1 Repousar, descansar. *vpr+vi* 2 Sedimentar.

re.po.si.ción [r̄eposiθj´on] *sf* Reposição, restituição. *¿quién es el encargado de la reposición de material?* / quem é o encarregado da reposição de material?

re.po.so [r̄ep´oso] *sm* 1 Repouso, descanso. 2 Inércia, imobilidade.

re.pren.der [r̄eprend´er] *vt* Repreender, censurar, dar bronca, chamar a atenção.

re.pren.sión [r̄eprenθj´on] *sf* Repreensão, censura, descompostura, bronca, recriminação, reprimenda. *mamá, me dieron una reprensión en la escuela* / mamãe, levei um bronca na escola.

re.pre.sa [r̄epr´esa] *sf* Represa, açude, barragem.

re.pre.sa.lia [r̄epres´alja] *sf* Represália, retaliação.

re.pre.sen.ta.ción [r̄epresentaθj´on] *sf* 1 Representação, exposição. 2 Teat Apresentação, interpretação. 3 Figura, imagem, ideia. 4 Representação, delegação.

re.pre.sen.tan.te [r̄epresent´ante] *adj+s* Representante. *tenemos que elegir un representante* / temos de escolher um representante.

re.pre.sen.tar [r̄epresent´ar] *vt+vpr* 1 Representar. *vt* 2 Informar, declarar, expor, exibir, mostrar. 3 Apresentar, interpretar. 4 Substituir.

re.pre.sen.ta.ti.vo, -a [r̄epresentat´ibo] *adj* Representativo, característico.

re.pre.sión [r̄epresj´on] *sf* Repressão.

re.pre.si.vo, -a [r̄epres´ibo] *adj* Repressivo, repressor, opressivo, opressor.

re.pre.sor, -a [r̄epres´or] *adj+s* Repressivo, repressor, opressivo, opressor.

re.pri.men.da [r̄eprim´enda] *sf* Reprimenda, repreensão, bronca, descompostura.

re.pri.mi.do [r̄eprim´ido] *adj+sm* Reprimido. *mi hermano fue muy reprimido en la infancia* / meu irmão foi muito reprimido na infância.

re.pri.mir [r̄eprim´ir] *vt+vpr* 1 Reprimir, conter, refrear. 2 Punir, deter, castigar. *reprimieron la manifestación con gás* / detiveram a manifestação com gás.

re.pro.ba.ble [r̄eprob´able] *adj* Reprovável, condenável, censurável.

re.pro.ba.ción [r̄eprobaθj´on] *sf* Reprovação, censura. *era una mirada de reprobación* / era um olhar de reprovação.

re.pro.ba.do [r̄eprob´ado] *adj+sm* Reprovado.

re.pro.bar [r̄eprob´ar] *vt* Reprovar, censurar, condenar, execrar. → aprobar.

re.pro.che [r̄epr´otʃe] *sm* Reprovação, censura, desaprovação. *yo no merecía su reproche* / eu não merecia sua censura.

re.pro.duc.ción [r̄eprodu(k)θj´on] *sf* **1** Reprodução, multiplicação. **2** Cópia.

re.pro.du.cir [r̄eproduθ´ir] *vt+vpr* **1** Reproduzir, multiplicar. **2** Copiar. → aducir.

rep.til [r̄ept´il] *adj+s Zool* Réptil.

re.pú.bli.ca [r̄ep´ublika] *sf* República. *vivimos en una república* / vivemos em uma república.

re.pu.diar [r̄epudj´ar] *vt* Repudiar, rejeitar, rechaçar, repelir, enjeitar.

re.pues.to, -a [r̄epw´esto] *sm* **1** Refil. **2** Despensa, provisão.

re.pug.nan.cia [r̄epugn´anθja] *sf* **1** Repugnância, aversão, repulsa. **2** Nojo, asco, náusea.

re.pug.nan.te [r̄epugn´ante] *adj* Repugnante, aversivo, detestável, asqueroso, repulsivo, nojento. *es repugnante ver como lo trata al padre* / é repugnante ver como ele trata o pai.

re.pul.sa [r̄ep´ulsa] *sf* Repulsa, aversão, repugnância, desprezo, asco.

re.pul.sión [r̄epulsj´on] *sf* Repulsa, repulsão, aversão, repugnância.

re.pul.si.vo, -a [r̄epuls´ibo] *adj* Repulsivo, repugnante, asqueroso, repelente, desagradável.

re.pu.ta.ción [r̄eputaθj´on] *sf* Reputação, conceito, fama, renome.

re.pu.ta.do, -a [r̄eput´ado] *adj* Reputado, afamado, considerado, renomado, conceituado.

re.que.brar [r̄ekebr´ar] *vt* Requebrar, paquerar, galantear, cortejar.

re.que.ri.mien.to [r̄ekerimj´ento] *sm* Requerimento. *presentaré un requerimiento al director* / apresentarei um requerimento ao diretor.

re.que.rir [r̄eker´ir] *vt* **1** Intimar, avisar, notificar. **2** Precisar, necessitar. **3** Requerer, solicitar, pretender. **4** Induzir, instigar. → mentir.

re.que.són [r̄ekes´on] *sm* Requeijão. *¿quién quiere pan con requesón?* / quem quer pão com requeijão?

re.quie.bro [r̄ekj´ebro] *sm* **1** Cantada, paquera. **2** Galanteio, elogio.

re.qui.si.to [r̄ekis´ito] *sm* Requisito, condição, exigência, quesito.

res [r̄´es] *sf* **1** Rês. *esta res está enferma* / esta rês está doente. **2** Cabeça de gado.

re.sa.ca [r̄es´aka] *sf* Ressaca. *¡ay, que dolor de cabeza! esa resaca me va a matar* / ai, que dor de cabeça! essa ressaca vai me matar.

re.sal.tar [r̄esalt´ar] *vi* Ressaltar, destacar, realçar, salientar.

re.sar.cir [r̄esarθ´ir] *vt+vpr* Ressarcir, indenizar, compensar, reparar.

res.ba.la.di.zo, -a [r̄esbalaδ´iθo] *adj* Escorregadio. *cuidado con el piso resbaladizo* / cuidado com o chão escorregadio.

res.ba.lar [r̄esbal´ar] *vi* **1** Deslizar, escorregar, derrapar. *vi+vpr* **2** Cometer um deslize.

res.ba.lón [r̄esbal´on] *sm* Escorregão, escorregadela.

res.ba.lo.so [r̄esbal´oso] *adj* Escorregadio.

res.ca.tar [r̄eskat´ar] *vt* **1** Resgatar, recuperar. *vt+vpr* **2** Remir, liberar.

res.ca.te [r̄esk´ate] *sm* **1** Resgate. **2** Salvamento.

res.cin.dir [r̄esθind´ir] *vt* Rescindir, invalidar, anular, desfazer. *la única salida es rescindir el contracto* / a única saída é rescindir o contrato.

res.ci.sión [r̄esθisj´on] *sf* Rescisão, anulação.

re.se.car [r̄esek´ar] *vt+vpr* Ressecar.

re.sen.ti.do, -a [r̄esent´ido] *adj+s* Ressentido, magoado, pesaroso, rancoroso.

re.sen.ti.mien.to [r̄esentimj´ento] *sm* Ressentimento, mágoa, rancor.

re.se.ña [r̄es´eña] *sf* Resenha. *estoy leyendo una reseña en el diario* / estou lendo uma resenha no jornal.

re.ser.va [r̄es´erba] *sf* **1** Reserva, provisão, poupança. **2** Exceção, ressalva. **3** Discrição, circunspecção, comedimento. **4** Restrição. **5 reservas** *pl* Recursos, bens.

re.ser.va.do, -a [r̄eserb´ado] *adj* **1** Cauteloso, prudente, reservado. **2** Comedido, discreto. **3** Guardado, poupado. **4** Privado, privativo.

re.ser.var [r̄eserbár] *vt* **1** Reservar, guardar, poupar. **2** Encobrir, ocultar, calar. **3** Separar. *vpr* **4** Reservar-se, resguardar-se, acautelar-se.

res.fria.do [r̄esfrjádo] *sm* **1** Resfriado, gripe. **2** Resfriamento.

res.friar [r̄esfrjár] *vt* **1** Resfriar, esfriar. *vt+vpr* **2** Arrefecer. *vpr* Resfriar-se, gripar. → confiar.

res.frí.o [r̄esfrío] *sm* **1** Resfriamento. **2** Resfriado, gripe.

res.guar.dar [r̄esgwardár] *vt* **1** Resguardar, defender, proteger. *vpr* **2** Acautelar-se, precaver-se.

res.guar.do [r̄esgwárdo] *sm* **1** Proteção. **2** Canhoto, recibo, comprovante. **3** Garantia, caução.

re.si.den.cia [r̄esidénθja] *sf* **1** Residência, moradia, casa, domicílio. **2** Permanência.

re.si.den.cial [r̄esidenθjál] *adj* Residencial.

re.si.dir [r̄esidír] *vi* **1** Residir, habitar, morar. **2** Estar, consistir, ser. *el problema reside en el marido* / o problema é seu marido. Veja nota em **morar** (espanhol).

re.si.duo [r̄esíduo] *sm* Resíduo, resto, detrito, dejeto.

re.sig.na.ción [r̄esignaθjón] *sf* Resignação, conformidade, tolerância, paciência.

re.sig.nar [r̄esignár] *vpr* Resignar-se, conformar-se, submeter-se, aceitar, tolerar.

re.sis.ten.cia [r̄esisténθja] *sf* **1** Resistência, durabilidade, solidez. **2** Oposição, defesa.

re.sis.ten.te [r̄esisténte] *adj* Resistente, firme, forte.

re.sis.tir [r̄esistír] *vi* **1** Resistir, aguentar, tolerar, suportar. *vi+vt+vpr* **2** Opor-se, contrariar. *vi* **3** Durar, perdurar.

re.so.llar [r̄esoʎár] *vi* **1** Respirar. **2** Resfolegar, ofegar, arfar.

re.so.lu.ción [r̄esoluθjón] *sf* **1** Resolução, decisão, definição. **2** Determinação, propósito. **3** Coragem, desembaraço, ânimo, firmeza.

re.so.lu.ti.vo, -a [r̄esolutíbo] *adj* Resolutivo, decisivo, deliberativo.

re.so.lu.to [r̄esolúto] *adj* **1** Resoluto, decidido. **2** Abreviado, sucinto.

re.sol.ver [r̄esolbér] *vt+vpr* **1** Resolver, decidir. *vt* **2** Solucionar. **3** Desfazer, destruir. *vt+vpr* **4** Dissolver. *Part irreg:* resuelto. → morder.

re.so.nan.cia [r̄esonánθja] *sf* **1** Ressonância, reverberação. **2** Repercussão, propagação, divulgação.

re.so.nar [r̄esonár] *vi+vt* Ressoar, ressonar, repercutir, reverberar.

re.so.plar [r̄esoplár] *vi* Ressonar, bufar.

re.sor.te [r̄esórte] *sm* **1** Mola. **2** Meio, recurso. *su inteligencia es su resorte para lograr el éxito* / sua inteligência é seu recurso para conseguir o sucesso.

res.pal.do [r̄espáldo] *sm* **1** Respaldo, encosto, espaldar. **2** Apoio, proteção, garantia.

res.pec.ti.va.men.te [r̄espektibaménte] *adv* Respectivamente.

res.pec.ti.vo, -a [r̄espektíbo] *adj* Respectivo, devido, próprio.

res.pe.ta.ble [r̄espetáble] *adj* Respeitável, importante.

res.pe.tar [r̄espetár] *vt* **1** Respeitar, cumprir, observar, obedecer. **2** Considerar, honrar.

res.pe.to [r̄espéto] *sm* **1** Respeito, obediência. **2** Consideração, atenção. **3 respetos** *pl* Respeitos, cumprimentos.

res.pe.to.sa.men.te [r̄espetosaménte] *adv* Respeitosamente.

res.pe.tuo.so, -a [r̄espetwóso] *adj* Respeitoso, respeitador.

res.pin.gar [r̄espingár] *vi fam* Resmungar, reclamar, chiar.

res.pin.gón [r̄espingón] *adj* Arrebitado. *¡qué linda naricita respingona!* / que narizinho arrebitado mais lindo!

res.pi.ra.ción [r̄espiraθjón] *sf* Respiração.

res.pi.rar [r̄espirár] *vi+vt* **1** Respirar. *vi* **2** Transpirar, exalar. **3** Descansar, aliviar-se. **no dejar respirar** não dar trégua. **sin respirar** sem descanso, ininterruptamente.

res.plan.de.cer [r̄esplandeθér] *vi* Resplandecer, brilhar, reluzir. → crecer.

res.plan.de.cien.te [r̄esplandeθj´ente] *adj* **1** Resplandecente, brilhante, fulgurante, cintilante. **2** Radiante, alegre.

res.plan.dor [r̄espland´or] *sm* **1** Resplendor, brilho, fulgor. **2** Glória, nobreza, esplendor.

res.pon.der [r̄espond´er] *vt* **1** Responder. **2** Atender. *ya llamé, pero nadie responde* / já liguei, mas ninguém atende. **3** Reagir. *vi* **4** Retrucar, desafiar. *no te quiero oír responderme* / não quero ouvir você retrucar.

O termo mais usado para "responder", em espanhol, é **contestar**. Veja outra nota em **contestar** (português).

res.pon.sa.bi.li.dad [r̄esponsabilid´ad] *sf* **1** Responsabilidade, tarefa, trabalho. **2** Compromisso, obrigação.

res.pon.sa.bi.li.zar [r̄esponsabiliθ´ar] *vt+vpr* Responsabilizar, responder, arcar, assumir.

res.pon.sa.ble [r̄espons´able] *adj+s* Responsável. *eres responsable de la separación* / você é responsável pela separação.

res.pues.ta [r̄espw´esta] *sf* **1** Resposta. **2** Réplica, contestação.

res.que.bra.jar [r̄eskebrah´ar] *vt+vpr* Rachar, fender.

res.que.mor [r̄eskem´or] *sm* Ressentimento.

res.ta [r̄´esta] *sf Mat* **1** Subtração. **2** Resto, diferença.

res.ta.ble.cer [r̄estableθ´er] *vt* **1** Restabelecer, restaurar. *vpr* **2** Restabelecer-se, sarar, ficar bom. → crecer.

res.ta.llar [r̄estaλ´ar] *vi+vt* Estalar, estralar, ranger. *restalló el cinturón en el aire y se callaron todos* / estalou o cinto no ar e todos se calaram.

res.tan.te [r̄est´ante] *adj* Restante, remanescente. • *sm Mat* Resto, diferença.

res.tar [r̄est´ar] *vt* **1** Restar, tirar, diminuir. *ella le resta importancia* / ela lhe tira importância. **2** *Mat* Subtrair. **3** Ficar, sobrar. *esto es todo lo que resta* / isto é tudo o que sobra.

res.tau.ra.ción [r̄estawraθj´on] *sf* Restauração, reparo, recuperação, reparação, conserto. *¿sabes quién es el responsable de la restauración de la iglesia?* / você sabe quem é o responsável pela restauração da igreja?

res.tau.ra.dor, -ora [r̄estawrad´or] *adj+s* **1** Restaurador, renovador. **2** Dono ou gerente de restaurante.

res.tau.ran.te [r̄estawr´ante] *sm* Restaurante.

res.tau.rar [r̄estawr´ar] *vt* **1** Restaurar, renovar, reparar. **2** Recuperar, restabelecer, recobrar.

res.ti.tu.ción [r̄estituθj´on] *sf* **1** Restituição, devolução, reembolso. **2** Reintegração, reabilitação.

res.ti.tuir [r̄estitu´ir] *vt* **1** Restituir, reintegrar. **2** Devolver, reembolsar. → huir.

res.to [r̄´esto] *sm* **1** *Mat* Resto, diferença. **2** Resíduo, sobra.

res.tre.gar [r̄estreg´ar] *vt* Esfregar, friccionar. *se pasa el día restregando el piso* / passa o dia esfregando o chão. → fregar.

res.tric.ción [r̄estri(k)θj´on] *sf* Restrição, limitação, redução.

res.tric.ti.vo, -a [r̄eθ´ar] *adj* Restritivo, limitativo, restringente.

res.tric.to [r̄estr´ikto] *adj* Restrito, limitado. *mi poder es restricto* / meu poder é restrito.

res.trin.gir [r̄estrin:h´ir] *vt* **1** Restringir, cingir, limitar. **2** Reduzir, diminuir. → exigir.

res.su.ci.tar [r̄esuθitar] *vt+vi* **1** Ressuscitar, reviver. *vt* **2** *fam* Reanimar, renovar.

res.suel.to, -a [r̄esw´elto] *adj* **1** Resoluto, determinado, decidido. **2** Diligente, pronto, vivo, expedito.

re.sul.ta.do [r̄esult´ado] *sm* Resultado, decorrência, consequência, fruto. *no se imaginaba que fuera ese el resultado* / não imaginava que essa fosse a consequência.

re.sul.tan.te [r̄esult´ante] *adj+sf* Resultante.

re.sul.tar [r̄esult´ar] *vi* **1** Resultar, redundar, dar. **2** Provir, proceder, nascer, decorrer. **3** Ser. *eso resulta demasiado difícil para mí* / isso é difícil demais para mim. **resulta que** acontece que. *bueno, como te estaba contando, resulta que no lo oí entrar* / bem, como eu estava contando, acontece que eu não o ouvi entrar.

re.su.men [r̄es´umen] *sm* Resumo, síntese, sinopse, compêndio.
re.su.mir [r̄esum´ir] *vt+vpr* **1** Resumir, sintetizar, abreviar, compendiar, sumariar. *vpr* **2** Consistir, conter-se, encerrar-se.
re.sur.gi.mien.to [r̄esurhimj´ento] *sm* Ressurgimento, reaparecimento.
re.sur.gir [r̄esurh´ir] *vi* **1** Ressurgir, reaparecer. **2** Renascer, ressuscitar, reviver. → exigir.
re.su.rrec.ción [r̄esur̃e(k)θj´on] *sf* Ressurreição, renascimento.
re.ta.co, -a [r̄et´ako] *adj+s* Baixinho troncudo, atarracado.
re.ta.guar.dia [r̄etagw´ardja] *sf* Retaguarda. **a retaguardia de** atrás de.
re.tal [r̄et´al] *sm* Retalho. *mi abuela me ha hecho una colcha de retales* / minha avó me fez uma colcha de retalhos.

A palavra relativa a "reto" – porção terminal do tubo digestivo – é **rectal** em espanhol.

re.ta.lia.ción [r̄etaljaθj´on] *sf* Retaliação, represália.
re.tar [r̄et´ar] *vt* **1** Desafiar, provocar. **2** *fam* Dar bronca, repreender. *si tu mamá te ve haciendo eso te va a retar* / se sua mãe vê você fazendo isso, vai lhe dar bronca.
re.tar.da.do, -a [r̄etard´ado] *adj+s AL* Retardado mental, excepcional.
re.tar.dar [r̄etard´ar] *vt+vpr* Retardar, atrasar, demorar, dilatar.
re.tar.do [r̄et´ardo] *sm* Retardo, demora, tardança, atraso.
re.ta.zo [r̄et´aθo] *sm* **1** Retalho. **2** Trecho, fragmento.
re.te.ner [r̄eten´er] *vt* **1** Reter, deter, prender. *vt+vpr* **2** Reprimir, frear, refrear. → tener.
re.ti.cen.cia [r̄etiθ´enθja] *sf* **1** Reticência, interrupção, suspensão. **2** Reserva, desconfiança. *tengo mis reticencias con él* / tenho minhas reservas em relação a ele.
re.ti.cen.te [r̄etiθ´ente] *adj* Reticente, receoso, reservado, desconfiado.
re.ti.na [r̄et´ina] *sf Anat* Retina.
re.ti.ra.do, -a [r̄etir´ado] *adj* Retirado, afastado. • *sf* **1** Retirada, saída. **2** *Mil* Retrocesso, recuo.
re.ti.rar [r̄etir´ar] *vt+vpr* **1** Retirar, afastar, separar. *vt* **2** Desdizer, negar. *vpr* **3** Recolher-se, ir dormir. **4** Sair. **5** *Mil* Recuar. **6** Aposentar-se.
re.ti.ro [r̄et´iro] *sm* **1** Retirada, afastamento, isolamento. **2** Retiro, refúgio. **3** Aposentadoria, reforma.
re.to [r̄´eto] *sm* **1** Desafio, provocação. **2** Bronca, descompostura.

Recto é a palavra, em espanhol, que designa o "reto" – parte do intestino.

re.to.mar [r̄etom´ar] *vt* Retomar, reatar, reiniciar. *me prometió retomar el tema cuando vuelva de viaje* / prometeu-me retomar o assunto quando voltar de viagem.
re.to.ño [r̄et´oño] *sm* **1** *Bot* Broto, rebento, muda. **2** *fig* Filho.
re.to.que [r̄et´oke] *sm* **1** Pulsação, batido, latejo. **2** Retoque.
re.tor.cer [r̄etorθ´er] *vt+vpr* **1** Retorcer, torcer, contorcer. *se retorcía de tanta risa* / contorcia-se de tanto rir. **2** Redarguir, replicar, retrucar. **3** Distorcer. *si vas a empezar a retorcer mis palabras, no podremos conversar* / se você vai começar a distorcer minhas palavras, não poderemos conversar. → cocer.
re.tor.ci.do, -a [r̄etorθ´ido] *adj* **1** *fam* Com segundas intenções. **2** Rebuscado, difícil.
re.tor.ci.jón [r̄etorθihj´on] *sm Med* Espasmo, cólica.
re.tó.ri.co, -a [r̄et´oriko] *adj* Retórico. • *sf* Retórica, oratória.
re.tor.nar [r̄etorn´ar] *vt* **1** Retornar, devolver, restituir. **2** Retorcer. *vt+vi+vpr* **3** Retroceder, voltar, tornar.
re.tor.no [r̄et´orno] *sm* **1** Retorno, regresso, volta. **2** Devolução, restituição. **3** Retrocesso. **4** Pagamento, satisfação, recompensa. **5** Troca.
re.trac.tar [r̄etrakt´ar] *vt+vpr* Retratar, desdizer, voltar atrás.
re.tra.er [r̄etra´er] *vt* **1** Trazer novamente. **2** Retratar, fotografar, desenhar, representar. **3** Dissuadir. **4** Desdizer. *vpr* **5** Retrair-se, refugiar-se, retirar-se, recolher-se. **6** Retroceder, recuar. → traer.
re.tra.í.do, -a [r̄etra´ido] *adj* Retraído, fechado, tímido, reservado.

re.trai.mien.to [r̄etrajmjˈento] *sm* **1** Retraimiento, retirada, afastamento. **2** Refúgio, guarida. **3** Timidez, introversão.

re.tra.sa.do, -a [r̄etrasˈado] *adj+s* **1** Atrasado. **2** Retardado, excepcional.

re.tra.sar [r̄etrasˈar] *vt+vpr* **1** Adiar, retardar. *vpr* **2** Atrasar-se.

re.tra.so [r̄etrˈaso] *sm* **1** Atraso, demora. *tanto retraso me enfada* / tanta demora me irrita. **2** Adiamento.

re.tra.tar [r̄etratˈar] *vt* **1** Retratar, fotografar, desenhar, representar. *vt+vpr* **2** Desdizer.

re.tra.to [r̄etrˈato] *sm* **1** Retrato, descrição, representação. **2** Retratação.

re.tre.te [r̄etrˈete] *sm* **1** Banheiro. **2** Vaso sanitário, latrina, privada, bacia.

re.tri.bu.ción [r̄etribuθjˈon] *sf* Retribuição, recompensa, pagamento.

re.tri.buir [r̄etribuˈir] *vt* Retribuir, recompensar, pagar. → huir.

re.tro.a.li.men.ta.ción [r̄etroalimentaθjˈon] *sf* Retroalimentação, *feedback*.

re.tro.ce.der [r̄etroθedˈer] *vi* Retroceder, recuar, voltar atrás.

re.tro.ce.so [r̄etroθˈeso] *sm* Retrocesso, recuo. *eso representa un retroceso para la empresa* / isso representa um retrocesso para a empresa.

re.tró.gra.do, -a [r̄etrˈogrado] *adj+s* Retrógrado, superado, reacionário, anacrônico.

re.tros.pec.ti.vo, -a [r̄etrospektˈibo] *adj* Retrospectivo. • *sf* Retrospectiva.

re.tro.vi.sor [r̄etrobisˈor] *sm* Retrovisor. *¿me arreglas el retrovisor, por favor?* / arruma o retrovisor para mim, por favor?

re.tru.car [r̄etrukˈar] *vi fam* Retrucar, retorquir, replicar.

re.tum.ban.te [r̄umbˈante] *adj* Retumbante.

reu.ma [r̄ˈewma], **reú.ma** [r̄eˈuma] *sm Med* V *reumatismo*.

reu.ma.tis.mo [r̄ewmatˈismo] *sm Med* Reumatismo.

reu.nión [r̄ewnjˈon] *sf* Reunião, união, ajuntamento, agrupamento.

reu.nir [r̄ewnˈir] *vt+vpr* Reunir, agrupar, juntar, ajuntar, congregar. → Veja modelo de conjugação.

reu.ti.li.zar [r̄ewtiliθjˈar] *vt* Reutilizar.

re.van.cha [r̄ebˈantʃa] *sf* Revanche, vingança, desforra.

re.ve.la.ción [r̄ebelaθjˈon] *sf* Revelação, manifestação.

re.ve.la.do [r̄ebelˈado] *sm Fot* Revelação.

re.ve.lar [r̄ebelˈar] *vt+vpr* Revelar: a) manifestar, expor. b) *vt* passar a fotografia para o papel.

re.ven.de.dor, -a [r̄ebendedˈor] *adj+sm* Revendedor.

re.ven.ta [r̄ebˈenta] *sf* **1** Revenda. *s* **2** Cambista.

re.ven.tar [r̄ebentˈar] *vt* **1** Destroçar, destruir. *vi+vpr* **2** Estourar, rebentar, arrebentar. *vt+vpr* **3** Ficar exausto, morrer de cansaço. *vt* **4** Encher o saco, aporrinhar. *no me revientes con ese asunto otra vez* / não me encha o saco com esse assunto de novo. *vi* **5** Brotar, nascer, eclodir. → despertar.

re.ven.tón [r̄ebentˈon] *sm* **1** Estouro. **2** Ladeira íngreme. **3** Dificuldade, aperto.

re.ver.be.rar [r̄eberberˈar] *vi* Reverberar, repercutir.

re.ve.ren.cia [r̄eberˈenθja] *sf* **1** Respeito, veneração. **2** Reverência, mesura.

re.ve.ren.ciar [r̄eberenθjˈar] *vt* Reverenciar, venerar, respeitar.

re.ver.si.ble [r̄ebersˈible] *adj* Reversível. *ese sofá es reversible* / esse sofá é reversível.

re.ver.so [r̄ebˈerso] *sm* Reverso, verso. *coge las cartas con el reverso para adelante* / segure as cartas com o verso para a frente.

re.ver.tir [r̄ebertˈir] *vi* **1** Reverter, regressar, retroceder, voltar, tornar, converter. **2** Redundar. → mentir.

re.vés [r̄ebˈes] *sm* **1** Verso, reverso, avesso. **2** Tabefe. **3** Revés, infortúnio, reviravolta. **al revés** ao contrário / do avesso.

re.ves.ti.mien.to [r̄ebestimjˈento] *sm* Revestimento, forro.

re.ves.tir [r̄ebestˈir] *vt* Revestir, cobrir, forrar. → medir.

re.vi.rar [r̄ebirˈar] *vt* Revirar, torcer.

re.vi.sar [r̄ebisˈar] *vt* Revisar, rever, examinar, verificar.

re.vi.sión [r̄ebisj'on] *sf* Revisão, verificação, exame.
re.vi.sor, -ora [r̄ebis'or] *adj+s* Revisor.
re.vis.ta [r̄eb'ista] *sf* 1 Inspeção, exame, vistoria. 2 Revista.
re.vis.tar [r̄ebist'ar] *vt* Revistar, vistoriar, examinar.
re.vi.ta.li.zar [r̄ebitaliθ'ar] *vt* Revitalizar. *para revitalizar los pelos, pruebe esta crema* / para revitalizar os cabelos, experimente este creme. → alzar.
re.vi.vir [r̄ebib'ir] *vi* 1 Reviver, ressuscitar, renascer. 2 Renovar, ressurgir. *vt* 3 Recordar, evocar, lembrar, rememorar.
re.vo.car [r̄ebok'ar] *vt Der* 1 Revogar, anular, rescindir. 2 Dissuadir. 3 Rebocar. → atacar.
re.vo.co [r̄eb'oko] *sm* 1 Retrocesso. 2 Reboco.
re.vol.car [r̄ebolk'ar] *vt* 1 Rolar, revirar. 2 *fam* Reprovar (nos estudos). → volcar.
re.vol.ti.jo [r̄ebolt'iho] *sm* Bagunça, desordem, confusão, salada. *no puedo ni mirar ese revoltijo que es tu habitación* / não consigo nem olhar pra essa bagunça que é o seu quarto.
re.vol.to.so, -a [r̄ebolt'oso] *adj* 1 Revoltoso, rebelde. 2 Enrolão. 3 Intrincado.
re.vo.lu.ción [r̄ebiluθj'on] *sf* 1 Revolução. 2 Inquietude, alvoroço, tumulto. 3 *Geom* Rotação, circunvolução.
re.vo.lu.cio.nar [r̄ebuluθjon'ar] *vt* Revolucionar. *revolucionó la sociedad con su osadía* / revolucionou a sociedade com sua ousadia.
re.vo.lu.cio.na.rio, -a [r̄eboluθjon'arjo] *adj+s* 1 Revolucionário. 2 Agitador.
re.vol.ver [r̄ebolb'er] *vt* 1 Revolver, mexer, agitar, misturar, remexer. 2 Inquietar, tumultuar, arrumar encrenca. *vt+vpr* 3 Retornar. *vt* 4 Bagunçar, desordenar, desarrumar. *vpr* 5 Enfrentar, voltar-se contra. *Part irreg:* revuelto. → morder.
re.vól.ver [r̄eb'olber] *sm* Revólver. *¿de dónde salió ese revólver?* / de onde saiu esse revólver?
re.vo.que [r̄eb'oke] *sm* Reboco, argamassa.
re.vuel.ta *sf* 1 Revolta, rebelião, motim, levante. 2 Briga. 3 Mudança de direção.

rey [r̄'ei] *sm* 1 Rei: a) monarca. b) peça do xadrez. 2 *Entom* Abelha-rainha. **en tiempo del rey Perico** no tempo da vovozinha. **hacerle saltar por el rey de Francia** apressar alguém.
re.zar [r̄eθ'ar] *vt* Rezar, orar. → alzar.
re.zo [r̄'eθo] *sm* Reza, oração.
re.zon.gar [r̄eθong'ar] *vi* Resmungar, rezingar. *¿no te cansas de rezongar?* / você não se cansa de resmungar? → cargar.
rí.a [r̄'ia] *sf Geol* Ria, braço de mar.
ria.chue.lo [r̄jatʃw'elo] *sm* Riacho, ribeiro, regato.
ri.ba.zo [r̄ib'aθo] *sm* 1 Riba. 2 Ribanceira.
ri.be.te [r̄ib'ete] *sm* 1 Ribete, orla, debrum. 2 Acréscimo, aumento. 3 Floreio.
ri.co, -a [r̄'iko] *adj+sm* 1 Rico, endinheirado. 2 Fértil. 3 Luxuoso. 4 Gostoso, saboroso, apetitoso. 5 Bonito, lindo, gracioso, encantador. *¡qué nena más rica tienes!* / que menina mais linda você tem!
ri.dí.cu.lo, -a [r̄id'ikulo] *adj* Ridículo, burlesco.
rien.da [r̄j'enda] *sf* 1 Rédea. 2 **riendas** *pl* Governo, controle. *a ver quien lleva la rienda aquí* / vamos ver quem tem o controle aqui.
ries.go [r̄j'esgo] *sm* Risco, perigo.
ri.fa [r̄'ifa] *sf* 1 Rifa. 2 Briga, disputa, pendência.
ri.far [r̄if'ar] *vt* 1 Rifar, sortear. *vi* 2 Brigar, indispor-se. *vpr* 3 Disputar. *la gente se rifaba los bocadillos gratis* / as pessoas disputavam os sanduíches grátis.
ri.fle [r̄'ifle] *sm* Rifle, espingarda.
ri.gi.dez [r̄ihid'eθ] *sf* 1 Rigidez, dureza. 2 Rigor, severidade.
rí.gi.do, -a [r̄'ihido] *adj* 1 Rígido, duro. 2 Rigoroso, austero, severo.
ri.gor [r̄ig'or] *sm* Rigor, severidade, rigidez.
ri.gu.ro.sa.men.te [r̄igurosam'ente] *adv* Rigorosamente.
ri.gu.ro.si.dad [r̄igurosid'ad] *sf* Rigor, severidade, rigidez.
ri.gu.ro.so [r̄igur'oso] *adj* Rigoroso, severo, austero, rígido.
ri.ma [r̄'ima] *sf Lit* Rima.

rí.mel [r̃´imel] *sm* Rímel. *no me gusta usar rímel porque me deja los ojos negros* / não gosto de usar rímel porque deixa meus olhos pretos.

rin.cón [r̃ink´on] *sm* **1** Canto, ângulo. **2** Rincão, esconderijo. **3** *fam* Casa, cantinho.

ring [r̃´iŋ] *sm Dep* Ringue.

ri.no.ce.ron.te [r̃inoθer´onte] *sm Zool* Rinoceronte.

ri.ña [r̃´iɲa] *sf* Rixa, pendência, briga, disputa.

ri.ñón [r̃iɲ´on] *sm* **1** *Anat* Rim. **2** Âmago, cerne. **costar un riñón** custar os olhos da cara. **tener cubierto el riñón** ser rico. **tener riñones** ser esforçado.

rí.o [r̃´io] *sm* **1** *Geogr* Rio. **2** Grande quantidade, abundância. **bañarse en el río Jordán** rejuvenescer, remoçar.

ri.que.za [r̃ik´eθa] *sf* **1** Riqueza, abundância, exuberância. **2** Opulência.

ri.sa [r̃´isa] *sf* Riso, risada. **risa del conejo** sorriso forçado. **risa sardónica** risada afetada. **comerse la risa** segurar/conter o riso. **tomar a risa** levar na brincadeira, não levar a sério.

ri.si.ble [r̃is´ible] *adj* Risível, irrisório. *lo que me ofreces por el trabajo es una cantidad risible* / o que você está me oferecendo pelo trabalho é uma quantia irrisória.

ri.sue.ño, -a [r̃isw´eɲo] *adj* **1** Risonho. **2** Agradável. **3** Próspero, favorável.

rít.mi.co, -a [r̃´itmiko] *adj* Rítmico, compassado. *mantengan ese movimiento rítmico* / mantenham esse movimento rítmico.

rit.mo [r̃´itmo] *sm* Ritmo, compasso, cadência.

ri.to [r̃´ito] *sm* Rito, ritual, cerimônia.

ri.tual [r̃itw´al] *adj* Ritual, cerimonial. • *sm* Rito, cerimônia.

ri.val [r̃ib´al] *adj+s* Rival, oponente, competidor, adversário.

ri.va.li.dad [r̃ibalid´ad] *sf* **1** Rivalidade, competição. **2** Hostilidade.

ri.va.li.zar [r̃ibaliθ´ar] *vi* Rivalizar, antagonizar. → alzar.

ri.za.do [r̃iθ´ado] *adj* Cacheado, encaracolado, enrolado. *mi hija tiene el pelo rubio y rizado* / minha filha tem o cabelo loiro e encaracolado.

ri.zar [r̃iθ´ar] *vt+vpr* Enrolar, encaracolar, cachear. → alzar.

ri.zo, -a [r̃´iθo] *adj* Crespo, cacheado, enrolado. • *sm* **1** Cacho (de cabelo). **2** *Mar* Rize. **rizar el rizo** complicar demais.

ro.bar [r̃ob´ar] *vt* Roubar, furtar.

ro.ble [r̃´oble] *sm Bot* Carvalho, roble.

ro.blón [r̃obl´on] *sm* Rebite.

ro.bo [r̃´obo] *sm* Roubo, furto, rapina.

ro.bot [r̃ob´o(t)] *sm* Robô.

ro.bó.ti.ca [r̃ob´otika] *sf* Robótica.

ro.bus.te.cer [r̃obusteθ´er] *vt+vpr* Robustecer, fortificar, fortalecer. → crecer.

ro.bus.te.za [r̃obust´eθa] *sf* Robusteza, robustez, pujança.

ro.bus.to, -a [r̃ob´usto] *adj* Robusto, forte, vigoroso.

ro.ca [r̃´oka] *sf Geol* Rocha, rochedo.

ro.ce [r̃´oθe] *sf* Fricção, atrito.

ro.cia.da [r̃oθ´ar] *sf* **1** Borrifo, aspersão. **2** Fofoca, diz que me diz. **3** Bronca, comida de rabo.

ro.ciar [r̃oθj´ada] *vt* **1** Borrifar, aspergir. *vi* **2** Orvalhar, serenar, garoar. → confiar.

ro.cí.o [r̃oθ´io] *sm* **1** Orvalho, sereno, relento. **2** Garoa.

ro.co.so, -a [r̃ok´oso] *adj* Rochoso. *este terreno es muy rocoso, será difícil construir* / este terreno é muito rochoso, será difícil construir.

ro.da.ja [r̃od´aha] *sf* Rodela, fatia.

ro.dar [r̃od´ar] *vt* **1** Rodar: a) girar, circular. b) filmar. c) exibir um filme. *vi* **2** Rolar. → aprobar.

ro.de.ar [r̃ode´ar] *vt* **1** Rodear, cercar, circundar. **2** Cingir.

ro.de.o [r̃od´eo] *sm* **1** Rodeio, rotação, volta. **2** Evasiva, digressão.

ro.de.te [r̃od´ete] *sm* **1** Coque. **2** Rodízio, rodinha.

ro.di.lla [r̃od´iʎa] *sf Anat* Joelho. **doblar la rodilla** submeter-se / abaixar a cabeça.

ro.di.lle.ra [r̃odiʎ´era] *sf* Joelheira. *sin rodillera no vas a andar de bicicleta* / sem joelheira você não vai andar de bicicleta.

ro.di.llo [r̃od´iʎo] *sm* **1** *Mec* Rolo compressor. **2** Rolo, cilindro. **3** Rolo de macarrão.

ro.e.dor, -ora [r̄oed´or] *adj+s Zool* Roedor.

ro.er [r̄o´er] *vt* **1** Roer. **2** Corroer, desgastar. **3** Afligir, atormentar, inquietar. → Veja modelo de conjugação.

ro.gar [r̄og´ar] *vt* Rogar, pedir, instar, suplicar, clamar. → colgar.

ro.ga.ti.va [r̄ogat´iba] *sf* Rogativa, oração, súplica, rogo.

ro.í.do [r̄o´ido] *adj fam* Miserável, mesquinho.

ro.jo, -a [r̄´oho] *adj* **1** Vermelho. **2** Ruivo. • *adj+sm Polít* Radical, revolucionário, esquerdista.

rol [r̄´ol] *sm* **1** Papel, função. **2** Rol, lista, relação, catálogo. **3** Rolo, cilindro.

rol.da.na [r̄old´ana] *sf* Roldana.

ro.llo [r̄´oλo] *sm* **1** Rolo, cilindro. **2** *fam* Caso, romance. **3** *fam* Tendência, inclinação, propensão, queda.

ro.man.ce [r̄om´anθe] *adj+sm* **1** Românico. **2** Romance. • *sm* **1** Romance, relação amorosa. **2** *Affair*, caso, relação passageira. **en buen romance** claramente, sem rodeios.

ro.ma.no, -a [r̄om´ano] *adj+s* Romano.

ro.man.ti.cis.mo [r̄omantiθ´ismo] *sm Lit* Romantismo. *me gustan las producciones artísticas del Romanticismo* / gosto das produções artísticas do Romantismo.

ro.mán.ti.co, -a [r̄om´antiko] *adj+s Lit* Romântico. • *adj* Romântico, sentimental, sonhador.

ro.me.rí.a [r̄omer´ia] *sf* Romaria, peregrinação.

ro.me.ro, -a [r̄om´ero] *s* **1** Romeiro, peregrino. **2** *Bot* Alecrim. **3** *Ictiol* Romeiro, peixe-piloto.

ro.mo, -a [r̄´omo] *adj* Rombudo.

rom.pe.ca.be.zas [r̄ompekaβ´eθas] *sm inv* Quebra-cabeças.

rom.pe.o.las [r̄ompe´olas] *sm inv Mar* Quebra-mar.

rom.per [r̄omp´er] *vt+vpr* **1** Romper, quebrar, partir. *vt* **2** Interromper, suspender. **3** Começar. *rompió a llorar y no hubo qué hacer* / começou a chorar e não houve o que fazer. **4** Irromper, brotar.

rom.pi.mien.to [r̄ompimj´ento] *sm* **1** Rompimento. **2** Quebra, ruptura.

ron [r̄´on] *sm* Rum. *¿ya probaste ron con coca-cola?* / você já provou rum com coca-cola?

ron.car [r̄onk´ar] *vi* Roncar. *me ronca el estómago de hambre* / meu estômago está roncando de fome. → atacar.

ron.co, -a [r̄´onko] *adj* Rouco.

Para referir-se ao **ruído**, usa-se **ronquido**.

ron.da [r̄´onda] *sf* **1** Ronda. **2** Patrulha, vigilância. **3** Rodada.

ron.que.ra [r̄onk´era] *sf* Rouquidão, ronqueira.

ron.qui.do [r̄onk´ido] *sm* Ronco. Veja nota em **ronco** (espanhol).

ron.ro.ne.ar [r̄onrone´ar] *vi* Ronronar. *mi gatito se sube al sofá y ya empieza a ronronear* / meu gatinho sobe no sofá e já começa a ronronar.

ron.ro.ne.o [r̄onr̄on´eo] *sm* Ronrom.

ro.ño.so, -a [r̄oñ´oso] *adj* **1** Sujo, nojento, encardido. **2** Miserável, mesquinho, avaro, tacanho. *no le pido nada a ese roñoso* / não peço nada pra esse miserável.

ro.pa [r̄´opa] *sf* Roupa, vestimenta, traje, vestes, vestuário.

ro.pe.ro, -a [r̄op´ero] *s* Guarda-roupa, armário.

ro.pón [r̄op´on] *sm* Roupão, robe.

ro.sa [r̄´oθa] *adj+sm* Cor-de-rosa, rosado. • *sf Bot* Rosa.

ro.sá.ce.o, a [r̄os´aθeo] *adj* Rosáceo, rosado, cor-de-rosa.

ro.sa.do, -a [r̄os´ado] *adj* Rosado, róseo, cor-de-rosa.

ro.sal [r̄os´al] *sm Bot* Roseira. *me pinché el dedo en un rosal* / espetei o dedo em uma roseira.

ro.sa.rio [r̄os´arjo] *sm Rel* **1** Rosário. **2** Terço.

ros.bif [r̄osb´if] *sm* Rosbife. *sólo hay rosbif para cenar* / só tem rosbife para o jantar.

ros.ca [r̄´oska] *sf* **1** Rosca: a) espiral de parafuso. b) pão doce. **2** *Arg* Rixa, briga. **hacer la rosca** puxar o saco, bajular. **pasarse de rosca** passar dos limites, exceder-se.

ros.cón [r̄osk´onar] *sm* Rosca, pão doce.

ro.se.tas [r̄ose′tas] *sf* Pipoca.

ros.qui.lla [r̄oskíλa] *sf Cul* Rosquinha, rosca. **saber a rosquillas** dar gosto.

ros.tro [r̄′ostro] *sm* **1** *Anat* Bico. **2** Rosto, face. **a rostro firme** cara a cara. **conocer de rostro** conhecer pessoalmente. **echar en rostro** jogar na cara. **hacer rostro** resistir, enfrentar. **torcer la boca** fazer bico.

ro.ta.ción [r̄otaθj′on] *sf* **1** Rotação, giro. **2** Rotatividade, rodízio.

ro.tar [r̄ot′ar] *vi* Rotar, rodar.

ro.to, -a [r̄′oto] *adj+s* Andrajoso, mulambento, maltrapilho, esfarrapado. • *adj* **1** Licencioso, desregrado, dissoluto. **2** Quebrado, moído, cansado, esgotado. *estoy roto* / estou moído. **3** Rasgado. *esta blusa está rota* / esta blusa está rasgada. • *sm* Rasgo, rasgão.

ro.ton.da [r̄ot′onda] *sf* Trevo, retorno, rotatória.

ro.tu.la.ción [r̄otulaθj′on] *sf* Rotulação, rotulagem.

ro.tu.la.do [r̄otul′ado] *sm* Rotulação, rotulagem.

ro.tu.lar [r̄otul′ar] *vt* Rotular, etiquetar. • *adj* Rotular, patelar.

ró.tu.lo [r̄′otulo] *sm* Rótulo, etiqueta. *sin los anteojos no puedo leer el rótulo* / sem os óculos não consigo ler o rótulo.

ro.tu.ra [r̄ot′ura] *sf* Ruptura, fratura, rompimento, quebra.

ro.za.du.ra [r̄oθad′ura] *sf* **1** Roçadura, roçamento, atrito, fricção. **2** Arranhão, raspão.

ro.zar [r̄oθ′ar] *vt* **1** Roçar, tocar. **2** Raspar. *vi+vt* **3** Carpir. → alzar.

ru.be.o.la [r̄ube′ola], **ru.bé.o.la** [r̄ub′eola] *sf Med* Rubéola.

ru.bí [r̄ub′i] *sm Miner* Rubi. *¿te gusta mi anillo de rubí?* / você gosta do meu anel de rubi?

ru.bio, -a [r̄′ubjo] *adj+s* Loiro.

ru.bo.ri.zar [r̄uboriθ′ar] *vt+vpr* Ruborizar, corar, envergonhar-se. → alzar.

rú.bri.ca [r̄′ubrika] *sf* **1** Rubrica. **2** Assinatura. **3** Visto.

ru.bri.car [r̄ubrik′ar] *vt* **1** Rubricar. *no se olviden de rubricar todas las páginas / não se esqueçam de rubricar todas as páginas.* **2** Assinar. **3** Vistar. → atacar.

ru.da [r̄′uda] *sf Bot* Arruda.

ru.de.za [r̄ud′eθa] *sf* Rudeza, rispidez. *¿por qué se tratan con tanta rudeza?* / por que se tratam com tanta rispidez?

ru.di.men.ta.rio, -a [r̄udiment′arjo] *adj* Rudimentar.

ru.di.men.to [r̄udim′ento] *sm* Rudimento, princípio, início.

ru.do, -a [r̄′udo] *adj* **1** Rude, tosco, grosseiro. **2** Descortês, mal-educado. **3** Bronco, ignorante.

rue.da [r̄w′eda] *sf* **1** Roda. **2** Círculo. **rueda de prensa** entrevista coletiva.

rue.do [r̄w′edo] *sm* **1** Bainha, volta. **2** Contorno.

rue.go [r̄w′ego] *sm* Rogo, súplica, pedido, prece.

ru.fián [r̄ufi′an] *sm* Cafetão, gigolô.

rug.by [r̄′ugbi] *sm Dep* Rúgbi.

ru.gi.do [r̄uh′ido] *sm* Rugido, urro, bramido. *¿oyeron un rugido de león?* / ouviram um rugido de leão?

ru.gir [r̄uh′ir] *vi* Rugir, bramir, urrar. → exigir.

ru.go.so, -a [r̄ug′oso] *adj* Rugoso, enrugado.

rui.do [r̄w′ido] *sm* **1** Ruído. **2** Barulho, encrenca, alvoroço. **3** Repercussão. **querer ruido** procurar encrenca. Veja nota em **barullo**.

rui.do.so, -a [r̄wid′oso] *adj* Ruidoso, barulhento.

ruin [r̄w′in] *adj* **1** Baixo, vil, desprezível, canalha. **2** Ruim. **3** Tacanho, avarento, mesquinho.

rui.na [r̄w′ina] *sf* **1** Ruína, destruição, estrago. **2** Perda, dano, decadência. **3 ruinas** *pl* Escombros, ruínas, destroços.

rui.se.ñor [r̄wise′ñor] *sm Ornit* Rouxinol. *es encantador el canto del ruiseñor* / é encantador o canto do rouxinol.

ru.le.ta [r̄ul′eta] *sf* Roleta.

ru.lo [r̄′ulo] *sm* **1** Rolo compressor. **2** Cacho de cabelo. **3** Bobe, rolo.

rum.bo [r̄′umbo] *sm* **1** Rumo, rota, caminho, direção. **2** *fam* Pompa, ostentação.

ru.mian.te [r̄umi′ante] *adj+s Zool* Ruminante.

ru.miar [r̄umjˈar] *vt* **1** Ruminar. **2** *fig* Remoer, refletir, ruminar, cismar.

ru.mor [r̄umˈor] *sm* Rumor: a) ruído, burburinho. b) boato, murmúrio. *¿oyeron los rumores sobre la separación?* / ouviram os boatos sobre a separação? Veja nota em **barullo**.

rup.tu.ra [r̄uptˈura] *sf* **1** Ruptura, rompimento, separação. **2** Fratura, quebra.

ru.ral [r̄urˈal] *adj* Rural, campestre, rústico.

rus.ti.ci.dad [r̄ustiθidˈad] *sf* Rusticidade.

rús.ti.co, -a [r̄ˈustiko] *adj* **1** Rústico, rural. **2** Tosco, grosseiro. *quería una tela menos rústica* / queria um tecido menos grosseiro.

ru.ta [r̄ˈuta] *sf* **1** Rota, roteiro, itinerário. **2** Estrada, rodovia.

ru.ti.na [r̄utˈina] *sf* Rotina, hábito.

ru.ti.na.rio, -a [r̄utinˈarjo] *adj* Rotineiro, costumeiro, habitual.

S

s, S [´ese] *sf* Vigésima segunda letra do alfabeto espanhol.

sá.ba.do [s´abado] *sm* Sábado.

sa.ba.na [sab´ana] *sf Geogr* Savana, planície.

sá.ba.na [s´abana] *sf* Lençol. *dormimos cómodamente bajo las sábanas de algodón* / dormimos confortavelmente sob os lençóis de algodão.

sa.ban.di.ja [saband´iha] *sf Zool* Inseto.

sa.ba.ñón [sabañ´on] *sm Med* Frieira. *tenía los pies llenos de sabañones por causa del agua fría* / tinha os pés cheios de frieiras por causa da água fria.

sa.be.dor, ra [sabed´or] *adj* Sabedor, ciente. *se enfermó sabedor de los peligros que traía la bebida* / adoeceu ciente dos perigos que trazia a bebida.

sa.be.lo.to.do [sabelot´odo] *s coloq* Sabichão.

sa.ber[1] [sab´er] *vt+vi* Saber: a) conhecer. b) ser instruído em. c) ter capacidade, conhecimento. **a saber** a saber. **no saber lo que tiene** não saber o que possui. → Veja modelo de conjugação.

sa.ber[2] [sab´er] *sm* Saber, erudição, sabedoria. *el saber es el mayor de los tesoros del hombre* / o saber é o maior dos tesouros do homem.

sa.bi.do [sab´ido] *adj* Habitual, conhecido ou o de sempre.

sa.bi.du.rí.a [sabidur´ia] *sf* Sabedoria.

sa.bi.hon.do, da [sabi´ondo] *adj+s coloq* Que presume saber muito ou mais do que realmente sabe.

sa.bio, -a [s´abjo] *adj+s* Sábio: a) erudito. b) conhecedor, perito, versado. c) que encerra muita sabedoria. d) sensato, prudente, discreto. *nunca olvido las sabias palabras de mi madre* / nunca esqueço as sábias palavras da minha mãe.

sa.bla.zo [sabl´aθo] *sm* **1** Golpe de sabre. **2** *coloq* Facada. *su cuñado le dio un sablazo y ahora está en la ruina* / o seu cunhado deu uma facada nele e agora está na ruína.

sa.ble [s´able] *sm* Sabre, adaga.

sa.ble.ar [sable´ar] *vt+vi* **1** Golpear. **2** *fig* Depenar.

sa.bor [sab´or] *sm* Sabor, gosto. **a sabor** a sabor de.

sa.bo.re.ar [sabore´ar] *vt+vpr* Saborear. *los comensales saborearon la comida del chef* / os comensais saborearam a comida do chef.

sa.bo.ta.je [sabot´ahe] *sm* Sabotagem. Veja nota em **abordaje**.

sa.bo.te.ar [sabote´ar] *vt* Sabotar.

sa.bro.so, -a [sabr´oso] *adj* Saboroso: a) gostoso. b) *fig* agradável, deleitoso, delicioso.

sa.bue.so, -a [sab´weso] *adj+s* Investigador.

sa.ca [s´aka] *sf* Saca, saco.

sa.ca.bo.ca.dos [sakabok´ados] *sm inv* Tenaz, alicate.

sa.ca.cor.chos [sakak´ortʃos] *sm inv* Saca-rolhas.

sa.ca.cuar.tos [sakakw´artos] *adj+s inv fam* Vigarista, explorador.

sa.ca.mue.las [sakam´welas] *adj+s inv fam* Dentista charlatão.

sa.ca.pun.tas [sakap´untas] *sm inv* Apontador de lápis.

sa.car [sak´ar] *vt* **1** Tirar: a) retirar. b) sacar, auferir, obter, conseguir. c) excluir, excetuar. d) copiar, transcrever, transladar. e) fazer (uma fotografia), bater. **2** Sacar, entender. **3** Ganhar (na loteria). **4** Comprar (bilhetes ou entradas). *llegamos tarde y no conseguimos sacar las entradas para el concierto* / chegamos tarde e não conseguimos comprar as entradas para o concerto. **sacar en claro** tirar a limpo. → atacar.

sa.ca.ri.na [sakar´ina] *sf Quím* Sacarina.

sa.ca.ro.sa [sakar´osa] *sf Quím* Sacarose, açúcar (da cana e da beterraba).

sa.cer.do.cio [saθerd´oθjo] *sm* Sacerdócio. *aún era joven cuando descubrió su vocación para el sacerdocio* / era ainda moço quando descobriu a sua vocação para o sacerdócio.

sa.cer.do.tal [saθerdot´al] *adj* Sacerdotal.

sa.cer.do.te [saθerd´ote] *sm* Sacerdote, padre. **sumo sacerdote** Sumo sacerdote. Veja nota em **padre** (português).

sa.cia.do [saθj´ado] *adj* Repleto, satisfeito.

sa.ciar [saθ´jar] *vt+vpr* Saciar, fartar, satisfazer.

sa.cie.dad [saθjed´ad] *sf* Saciedade, fartura. **hasta la saciedad** até a saciedade.

sa.co [s´ako] *sm* **1** Saco. **2** *Am* Paletó, casaco. *el hombre se sacó el saco porque hacía mucho calor* / o homem tirou o paletó pois fazia muito calor. **saco de dormir** saco de dormir. **saco vitelino** saco vitelino.

sa.cra.men.tal [sakrament´al] *adj* Sacramental. **absolución sacramental** absolvição sacramental. **auto sacramental** auto sacramental.

sa.cra.men.to [sakram´ento] *sm Rel* Sacramento. **últimos sacramentos** últimos sacramentos.

sa.cri.fi.car [sakrifik´ar] *vt+vpr* Sacrificar. → atacar.

sa.cri.fi.cio [sakrif´iθjo] *sm* **1** Sacrifício. **2** Abate. *debido a la fiebre aftosa, muchas vacas fueron enviadas al sacrificio* / devido à febre aftosa, muitas vacas foram levadas para o abate.

sa.cri.le.gio [sakril´ehjo] *sm* Sacrilégio, profanação.

sa.crí.le.go, -a [sakr´ilego] *adj+s* Sacrílego.

sa.cris.tán, -ana [sakrist´an] *s* Sacristão.

sa.cris.tí.a [sakrist´ia] *sf Rel* Sacristia.

sa.cro, a [s´akro] *adj* Sacro: a) sagrado. b) relativo à região do osso sacro. • *sm Anat* Osso sacro.

sa.cu.di.da [sakud´ida] *sf* Sacudida.

sa.cu.dir [sakud´ir] *vt+vpr* Sacudir: a) agitar forte e repetidas vezes. b) bater (para limpar), espanar. c) abanar, agitar, mover. d) pôr fora. e) abalar, comover (alguém).

sa.cu.dón [sakud´on] *sm AL* Sacudidela. *despertó asustado por el sacudón que le dio su hermano* / acordou assustado pela sacudidela que seu irmão lhe deu.

sá.di.co, -a [s´adiko] *adj+s* Sádico, cruel.

sa.dis.mo [sad´ismo] *sm* Sadismo, crueldade.

sa.e.ta [sa´eta] *sf* Seta.

sa.fa.ri [saf´ari] *sm* Safári.

sa.ga [s´aga] *sf* Saga. *el libro narra la saga de una familia de inmigrantes alemanes* / o livro narra a saga de uma família de imigrantes alemães.

sa.ga.ci.dad [sagaθid´ad] *sf* Sagacidade, perspicácia.

sa.gaz [sag´aθ] *adj* Sagaz, perspicaz, astuto.

sa.gi.ta.rio [sahit´arjo] *s Astrol* Sagitário.

sa.gra.do, -a [sagr´ado] *adj* Sagrado. **fuego sagrado** fogo sagrado. **letras sagradas** sagradas letras. **monstruo sagrado** monstro sagrado. **sagrado texto** sagrada escritura.

sa.gra.rio [sagr´arjo] *sm Rel* Sacrário.

sa.hu.ma.dor [saumad´or] *sm* Defumador.

sa.hu.mar [saum´ar] *vt+vpr* Defumar.

sa.hu.me.rio [saum´erjo] *sm* **1** Defumação. **2** Defumador.

saín [sa´in] *sm* Sebo, gordura.

sai.ne.te [sain´ete] *sm Teat* Sainete, comédia curta.

sa.jón, -ona [sah´on] *adj+s* Saxão.

sa.ke [sak´e] *sm* Saquê. *el sake es una bebida alcohólica japonesa* / o saquê é uma bebida alcoólica japonesa.

sal [s´al] *sf Quím* Sal: a) sal de cozinha. b) *fig* graça, espírito, vivacidade. c) malícia espirituosa, pilheria, chiste. **sal de cocina** sal de cozinha.

sa.la [s´ala] *sf* Sala. **sala de estar** sala de estar.

sa.la.ci.dad [salaθid´ad] *sf* Luxúria.

sa.la.do, -a [sal´ado] *adj* Salgado: a) que tem excesso de sal. *las papas fritas estaban muy saladas* / as batatas fritas estavam muito salgadas. b) engraçado. c) caro. *es un coche último modelo pero el precio es muy salado* / é um carro último modelo mas o preço é muito salgado.

"Salada", em português, tem como significado principal o prato que se prepara com hortaliças, legumes etc., crus ou cozidos. Em espanhol, traduz-se como **ensalada**: *pedimos ensalada para acompañar la carne* / pedimos salada para acompanhar a carne.

sa.la.man.dra [salam´andra] *sf Zool* Salamandra.

sa.la.mi [sal´ami] *sm Cul* Salame.

sa.lar [sal´ar] *vt* Salgar. *el cocinero tomó cuidado para no salar la comida* / o cozinheiro tomou cuidado para não salgar a comida.

sa.la.rial [salarj´al] *adj* Salarial.

sa.la.rio [sal´arjo] *sm* Salário, pagamento, estipêndio, remuneração. **salario mínimo** salário mínimo. Veja nota em **ordenado** (espanhol).

sa.la.zón [salaθ´on] *sf* Salga, salgação, salgadura.

sal.chi.cha [saltʃ´itʃa] *sf* Salsicha. *los niños comieron salchichas al almuerzo* / os meninos comeram salsichas no almoço.

sal.chi.chón [saltʃitʃ´on] *sm* Salsichão.

sal.da.do [sald´ado] *adj* Quitado.

sal.dar [sald´ar] *vt* **1** Saldar, liquidar, quitar, solver. *juntó dinero para saldar la deuda que tenía* / juntou dinheiro para saldar a dívida que tinha. **2** Liquidar, vender mercadorias a preços abaixo do normal. **3** Pôr termo a (um assunto ou questão difícil, desagradável, constrangedora), encerrar, liquidar.

sal.do [s´aldo] *sm* Saldo, liquidação.

sa.le.ro [sal´ero] *sm* **1** Saleiro. **2** *fam* Graça, garbo. *la bailarina de flamenco tiene mucho salero* / a dançarina de flamenco tem muita graça.

sa.le.ro.so, -a [saler´oso] *adj* coloc Gracioso, garboso. *los latinos son un pueblo saleroso* / os latinos são um povo gracioso.

sa.li.da [sal´ida] *sf* Saída. *todos los cines tienen salidas de emergencia* / todos os cinemas têm saídas de emergência.

sa.lien.te [sal´jente] *adj* Saliente. • *sm* Saliência.

sa.li.na [sal´ina] *sf* Salina, mina de sal.

sa.li.ni.dad [salinid´ad] *sf* Salinidade.

sa.li.no, -a [sal´ino] *adj* Salino. *el agua de mar es salina* / a água do mar é salina.

sa.lir [sal´ir] *vi+vpr* Sair. **salir caro** custar caro. → Veja modelo de conjugação.

sa.li.tre [sal´itre] *sm Quím* Salitre, nitro. **nitrato de Chile** salitre do Chile.

sa.li.va [sal´iba] *sf* Saliva.

sa.li.va.ción [salibaθj´on] *sf* Salivação.

sa.li.var [salib´ar] *vi* Salivar. *cuando sentimos el delicioso aroma de la comida empezamos a salivar* / quando sentimos o cheiro delicioso da comida começamos a salivar.

sa.li.va.zo [salib´aθo] *sm* Cuspida.

sal.mo [s´almo] *sm Rel* Salmo, cântico.

sal.món [salm´on] *sm Zool* Salmão.

sal.mue.ra [salm´wera] *sf* Salmoura.

sa.lo.bre [sal´obre] *adj* Salobro, salgado.

sa.lón [sal´on] *sm* Salão. **salón de belleza** salão de beleza.

sal.pi.ca.da [salpik´ada] *sm* Borrifo.

sal.pi.ca.de.ro [salpikad´ero] *sm* Painel (de comando do veículo).

sal.pi.car [salpik´ar] *vt+vi+vpr* Salpicar, borrifar. *salpicar un poco de agua en la ropa ayuda a la hora de planchar* / borrifar um pouco de água na roupa ajuda na hora de passar. → atacar.

sal.pi.cón [salpik´on] *sm Cul* Salpicão.

sal.sa [s´alsa] *sf Cul* Molho. **salsa blanca** molho branco.

Em português, "salsa" é o nome de uma planta muito usada como condimento em temperos culinários e que, em espanhol, se traduz como **perejil**: *la ensalada* *tenía demasiado perejil* / a salada tinha salsa demais.

sal.ta.dor, -ora [saltaďor] *adj+s* Saltador.

sal.ta.mon.tes [saltamˊontes] *sm inv Zool* Gafanhoto.

sal.tar [saltˊar] *vt+vpr+vi* Saltar, pular.

sal.ta.rín, na [saltarˊin] *adj+s* Traquinas, travesso.

sal.te.a.dor, -a [salteadˊor] *s* Salteador, ladrão de estrada.

sal.te.ar [salteˊar] *vt* Saltear: a) *Cul* refogar. *y, para acompañar la carne, saltee unos champiñones en un poco de aceite* / e, para acompanhar a carne, refogue uns cogumelos num pouco de azeite. b) assaltar.

sal.tim.ban.qui [saltimbˊanki] *s coloq* Saltimbanco.

sal.to [sˊalto] *sm* **1** Salto: a) pulo. *la niña dio un salto cuando vio la cucaracha* / a menina deu um pulo quando viu a barata. b) queda-d'água. **2** Despenhadeiro. **en un salto** em dois pulos / num pulo. **salto de agua** queda-d'água. **salto de altura** salto em altura. **salto de longitud** salto em distância. **triple salto** salto triplo.

"Salto", em português, significa também parte saliente acrescentada à sola de um sapato, que, em espanhol, se traduz como **tacón**: *la próxima temporada estarán de moda los tacones altos* / na próxima temporada a moda serão os saltos altos.

sa.lu.bre [salˊubre] *adj* Salubre, saudável.

sa.lu.bri.dad [salubridˊad] *sf* Salubridade. *la red de alcantarillado mejoró la salubridad de las ciudades* / a rede de esgoto melhorou a salubridade das cidades.

sa.lud [salˊud] *sf* Saúde. • *interj* **¡salud!** Saúde! **gastar salud** vender saúde.

sa.lu.da.ble [saludˊable] *adj* Saudável: a) salutar, higiênico. *lavarse las manos antes de comer es un hábito saludable* / lavar as mãos antes de comer é um hábito saudável. b) robusto, forte. c) útil, benéfico, proveitoso, vantajoso. *tuvimos una saludable conversación de padre para hijo* / tivemos uma saudável conversa de pai para filho.

sa.lu.dar [saludˊar] *vt* Saudar, cumprimentar. *los invitados hicieron una fila para saludar a los novios* / os convidados fizeram uma fila para cumprimentar os noivos.

sa.lu.do [salˊudo] *sm* Saudação, cumprimento.

sa.lu.ta.ción [salutaθˊjon] *sf* Saudação.

sal.va [sˊalba] *sf* **1** Saudação. **2** Salva. **salva de aplausos** salva de palmas.

sal.va.ción [salbaθˊjon] *sf* Salvação.

sal.va.do [salbˊado] *sm* Farelo.

sal.va.dor, -ora [salbadˊor] *adj+s* Salvador. • *sm* Salvador, Jesus Cristo.

sal.va.do.re.ño, -a [salbadorˊeño] *adj+s* Salvadorenho.

sal.va.guar.dar [salbagwardˊar] *vt* Salvaguardar, proteger, defender.

sal.va.guar.dia [salbagˊwardja] *sf* Salvaguarda, garantia, proteção.

sal.va.ja.da [salbahˊada] *sf* Selvageria, ferocidade, incivilidade.

sal.va.je [salbˊahe] *adj+s* Selvagem: a) inculto, agreste. b) bravo, bravio, feroz. e) ermo. d) grosseiro, rude, bruto. e) primitivo, bárbaro.

sal.va.je.rí.a [salbaherˊia] *sf* Selvageria.

sal.va.jis.mo [salbahˊismo] *sm* Selvageria.

sal.va.men.to [salbamˊento] *sm* Salvamento.

sal.var [salbˊar] *vt+vpr* Salvar. **sálvese el que pueda** salve-se quem puder.

sal.va.vi.das [salbabˊidas] *sm inv* Salva-vidas. *es importante usar chaleco salvavidas para practicar* rafting / é importante usar colete salva-vidas para praticar *rafting*.

¡sal.ve! [sˊalbe] *interj* Salve.

sal.ve.dad [salbedˊad] *sf* Advertência, ressalva.

sal.vo¹, -a [sˊalbo] *adj* Salvo: a) livre de perigo. b) excetuado, omitido, ressalvado. **a salvo** a salvo.

sal.vo² [sˊalbo] *adv* Salvo, exceto, afora. *no invitamos a nadie a nuestra boda salvo a nuestros padres* / não convidamos ninguém para o nosso casamento exceto os nossos pais.

sal.vo.con.duc.to [salbokond´ukto] *sm* Salvo-conduto.

san [s´an] *adj* São. *San Judas es el santo de las causas perdidas* / São Judas é o santo das causas perdidas.

Em português, "são" significa também "sadio", que, em espanhol, equivale a **sano**: *murió joven aunque era un hombre sano* / morreu jovem mesmo sendo um homem são.

sa.nar [san´ar] *vt+vi* Sarar, curar, sanar.
sa.na.to.rio [sanat´orjo] *sm* Sanatório.
san.ción [sanθ´jon] *sf* Sanção: a) pena. b) aprovação. c) *Der* aprovação dada a uma lei pelo chefe de Estado.
san.cio.na.do [sanθjon´ado] *adj+sm* Aprovado.
san.cio.nar [sanθjon´ar] *vt* **1** *Der* Sancionar, confirmar, aprovar, ratificar. **2** Punir, castigar.
san.da.lia [sand´alja] *sf* Sandália.
sán.da.lo [s´andalo] *sm Bot* Sândalo.
san.dez [sand´eθ] *sf* Sandice, necedade, insensatez, tolice, bobagem.
san.dí.a [sand´ia] *sf Bot* Melancia. *en el verano comíamos sandía a la sombra de los árboles* / no verão comíamos melancia na sombra das árvores.
sa.ne.a.do [sane´ado] *adj* Livre de impostos, desonerado.
sa.nea.mien.to [saneamj´ento] *sm* Saneamento.
sa.ne.ar [sane´ar] *vt* Sanear, remediar, reparar.
san.grar [sangr´ar] *vt+vi+vpr* Sangrar.
san.gre [s´angre] *sf* Sangue. **sangre azul** sangue azul. **sangre fría** sangue frio. **freírle la sangre / pudrirle la sangre / subírsele la sangre a la cabeza** subir o sangue à cabeça. **sudar sangre** suar sangue.
san.grí.a [sangr´ia] *sf* **1** Sangria. **2** Sangramento.
san.grien.to, -a [sangr´jento] *adj* Sangrento.
san.gui.jue.la [sangihw´ela] *sf Zool* Sanguessuga.
san.gui.na.rio, -a [sangin´arjo] *adj+s* Sanguinário, cruel. *la ONU condena la tortura y sus métodos sanguinarios* / a ONU condena a tortura e seus métodos sanguinários.
san.guí.ne.o, -a [sang´ineo] *adj* Sanguíneo. **grupo sanguíneo** grupo sanguíneo. **presión sanguínea** pressão sanguínea.
san.gui.no.len.to, -a [sanginol´ento] *adj* Sanguinolento. *había manchas sanguinolentas en la camisa del herido* / havia manchas sanguinolentas na camisa do ferido.
sa.ni.dad [sanid´ad] *sf* Sanidade, saúde.
sa.ni.ta.rio, -a [sanit´arjo] *adj* Sanitário.
sa.no, -a [s´ano] *adj+s* São: a) sadio. b) salubre, higiênico, saudável. c) ileso, salvo, incólume. **cortar por lo sano** cortar o mal pela raiz.
san.ti.dad [santid´ad] *sf* Santidade.
san.tia.mén [santi´amen] *loc adv* *en un santiamén* Rapidamente, em um instante.
san.ti.fi.ca.ción [santifikaθj´on] *sf* Santificação. *los católicos esperan con fe la santificación de Madre Teresa de Calcuta* / os católicos aguardam com fé a santificação de Madre Teresa de Calcutá.
san.ti.fi.car [santifik´ar] *vt+vi+vpr* Santificar.
san.ti.guar [santigw´ar] *vt+vpr* Persignar-se, benzer-se. → santiguar.
san.to, -a [s´anto] *adj+s* Santo, sagrado. **desnudar a un santo para vestir otro** despir um santo para vestir outro. **no ser santo de la devoción (de)** não ser santo da devoção (de).
san.tua.rio [sant´warjo] *sm* Santuário, templo.
sa.ña [s´aña] *sf* Sanha, ira, cólera, raiva, fúria, ódio, rancor.
sa.po [s´apo] *sm Zool* Sapo.
sa.que [s´ake] *sm Dep* Saque, ato ou efeito de sacar.
sa.que.ar [sake´ar] *vt+vi* Saquear: a) despojar violentamente. b) roubar.
sa.que.o [sak´eo] *sm* Saque, ato ou efeito de saquear, assalto.
sa.ram.pión [saramp´jon] *sm Med* Sarampo. *el sarampión es una enfermedad contagiosa* / o sarampo é uma doença contagiosa.
sa.ra.sa [sar´asa] *adj+sm inv fam* Maricas.

sar.cas.mo [sark´asmo] *sm* Sarcasmo, zombaria, caçoada, chacota, deboche, escárnio.

sar.cás.ti.co, -a [sark´astiko] *adj* Sarcástico, zombeteiro.

sar.có.fa.go [sark´ofago] *sm* Sarcófago.

sar.di.na [sard´ina] *sf Zool* Sardinha. **como sardina en lata** como sardinha em lata.

sar.dó.ni.co, -a [sard´oniko] *adj* Sarcástico. **risa sardónica** riso sardônico.

sar.gen.to, -a [sarh´ento] *s Mil* Sargento.

sar.mien.to [sarm´jento] *sm Bot* Sarmento, ramo de videira.

sar.na [s´arna] *sf Med* Sarna. *la sarna es una enfermedad muy contagiosa* / a sarna é uma doença muito contagiosa.

sar.no.so, -a [sarn´oso] *adj+s* Sarnento.

sa.rro [s´aro] *sm* Sarro: a) borra, sedimento. b) tártaro (dos dentes). c) saburra (da língua).

sar.ta [s´arta] *sf* Enfiada, fileira, fila.

sar.tén [sart´en] *sf* Frigideira. **tener la sartén por el mango** ter a faca e o queijo na mão.

sas.tre, -a [s´astre] *s* Alfaiate. *el sastre corta el terno con habilidad* / o alfaiate corta o terno com habilidade.

sas.tre.rí.a [sastrer´ia] *sf* Alfaiataria.

sa.tán [sat´an] *sm* **1** Satã, demônio, diabo. **2** *coloq* Capeta.

sa.ta.nás [satan´as] *sm* **1** Satanás, demônio, diabo. **2** *coloq* Capeta.

sa.tá.ni.co, -a [sat´aniko] *adj* Satânico, demoníaco, diabólico, infernal.

sa.té.li.te [sat´elite] *sm Astron* Satélite. **satélite artificial** satélite artificial.

sa.tén [sat´en] *sm* Cetim. *para la fiesta usó un vestido de satén* / usou um vestido de cetim na festa.

sa.ti.na.do, -a [satin´ado] *adj* Acetinado.

sa.ti.nar [satin´ar] *vt* Acetinar.

sá.ti.ra [s´atira] *sf* Sátira.

sa.tí.ri.co, -a [sat´iriko] *adj* Satírico.

sa.ti.ri.zar [satiriθ´ar] *vt+vi* Satirizar, criticar. → alzar.

sa.tis.fac.ción [satisfakθ´jon] *sf* Satisfação: a) contentamento. *entregamos el trabajo escolar con la satisfacción del deber cumplido* / entregamos o trabalho escolar com a satisfação do dever cumprido. b) reparação, explicação, justificativa, justificação. *el presidente de la hinchada tuvo que darle una satisfacción al árbitro por los insultos proferidos durante el partido* / o presidente da torcida teve de dar uma satisfação ao árbitro pelos insultos proferidos durante o jogo.

sa.tis.fa.cer [satisfaθ´er] *vt+vi+vpr* Satisfazer: a) pagar, saldar, liquidar. b) reparar, indenizar. c) saciar, mitigar, matar. d) cumprir, executar. → hacer.

sa.tis.fac.to.ria.men.te [satisfaktorja m´ente] *adv* Satisfatoriamente.

sa.tis.fac.to.rio, -a [satisfakt´orjo] *adj* Satisfatório.

sa.tis.fe.cho, -a [satisf´etʃo] *adj* **1** Presumido, pretensioso. **2** Satisfeito, saciado, contente. *el profesor estaba satisfecho con el resultado de sus alumnos* / o professor estava satisfeito com o resultado dos seus alunos.

sa.tu.ra.ción [saturaθj´on] *sf* Saturação.

sa.tu.rar [satur´ar] *vt+vpr* Saturar, encher, fartar.

sau.ce [s´awθe] *sm Bot* Salgueiro, chorão. *dormíamos la siesta a la orilla del río bajo la sombra de un sauce* / dormíamos uma soneca na beira do rio sob a sombra de um salgueiro.

sa.ú.co [sa´uko] *sm Bot* Sabugueiro.

sau.na [s´auna] *sf* Sauna.

sa.via [s´abja] *sf Bot* Seiva.

sa.xo.fón [sa(k)sof´on] *sm Mús* Saxofone, sax.

sa.xo.fo.nis.ta *s* Saxofonista.

sa.zón [saθ´on] *sf* **1** Madureza, maturação. **2** Sazão, ocasião própria, oportunidade, ensejo. **3** Gosto, sabor (dos alimentos). **a la sazón** naquele tempo.

sa.zo.nar [saθon´ar] *vt+vi* Temperar, pôr tempero em. *hay que sazonar la carne antes de cocinarla* / é preciso temperar a carne antes de cozinhá-la.

se [s´e] *pron pers* Se.
Em português, **se** tem também valor de conjunção condicional: "no caso de", que, em espanhol, corresponde a "si": *si tengo tiempo terminaré de leer el libro hoy* / se tiver tempo, terminarei de ler o livro hoje.

se.bá.ce.o, a [seb´aθeo] *adj* Sebáceo.
se.bo [s´ebo] *sm* Sebo.
se.bo.rre.a [seboř´ea] *sf Med* Seborreia.
se.bo.so, a [seb´oso] *adj* Seboso.
se.ca.dor, -ora [sekad´or] *adj+s* Secador. • *sm Arg* Rodo.
se.can.te [sek´ante] *adj+s* Secante. • *sm* **1** Papel secante. **2** *Geom* Secante
se.car [sek´ar] *vt+vpr* Secar, enxugar. → atacar.
sec.ción [sekθ´jon] *sf* Seção: a) ato ou efeito de secionar(-se). b) setor, departamento, divisão. c) segmento.
sec.cio.nar [sekθjon´ar] *vt* Secionar.
se.ce.sión [seθes´jon] *sf* Secessão, separação.
se.co, -a [s´eko] *adj* Seco: a) enxuto. b) murcho. *las rosas que había cortado ya estaban secas* / as rosas que tinha cortado já estavam secas. c) (tempo) sem chuva. *durante el verano el clima es muy seco en Chile* / durante o verão o clima é muito seco no Chile. d) magro, descarnado. e) ríspido, rude, áspero. f) sério, austero, severo. g) (ruído) sem ressonância. **a secas** à seco. **en seco** em seco. **ley seca** lei seca. **vino seco** vinho seco.
se.cre.ción [sekreθ´jon] *sf* Secreção. **secreción interna** secreção interna.
se.cre.tar [sekret´ar] *vt Biol* Segregar, expelir, excretar.
se.cre.ta.rí.a [sekretar´ia] *sf* **1** Secretaria. **2** *AL* Ministério.
se.cre.ta.rio, -a [sekret´arjo] *s* Secretário.
se.cre.to, -a [sekr´eto] *adj* Secreto, escondido, ignorado, oculto. *en la casa había un cuarto secreto que sólo su dueño conocía* / a casa tinha um quarto secreto que somente seu dono conhecia. • *sm* Segredo: a) sigilo. b) mistério, enigma. *las pirámides aún guardan secretos* / as pirâmides ainda guardam segredos. c) esconderijo. **agente secreto** agente secreto. **en secreto** em segredo. **secreto a voces** segredo de polichinelo. **secreto de estado** segredo de estado. **secreto profesional** segredo profissional. **servicio secreto** serviço secreto.

sec.ta [s´ekta] *sf* Seita. *en los últimos años han surgido muchas sectas religiosas* / nos últimos anos tem surgido muitas seitas religiosas.
sec.ta.rio, -a [sekt´arjo] *adj+s* Sectário: a) relativo ou pertencente a uma seita. b) intransigente, intolerante.
sec.ta.ris.mo [sekret´arjo] *sm* Sectarismo.
sec.tor [sekt´or] *sm* Setor. **sector secundario** setor secundário. **sector primario** setor primário. **sector terciario / sector servicios** setor terciário.
se.cuaz [sekw´aθ] *adj+s* Sequaz, partidário.
se.cue.la [sek´wela] *sf* Sequela, consequência. *la víctima no sufrió secuelas después del accidente* / a vítima não sofreu sequelas após o acidente.
se.cuen.cia [sek´wenθja] *sf* Sequência, série, sucessão.
se.cues.tra.do [sekwestr´ado] *adj* Raptado.
se.cues.tra.dor, -ora [sekwestrad´or] *adj+s* Sequestrador.
se.cues.trar [sekwestr´ar] *vt* **1** Sequestrar, raptar. **2** *Der* Penhorar, apreender.
se.cues.tro [sek´westro] *sm* **1** Sequestro. **2** *Der* Depósito judicial, embargo.
se.cu.lar [sekul´ar] *adj* Secular.
se.cu.la.ri.zar [sekulariθ´ar] *vt+vpr* Secularizar. → alzar.
se.cun.dar [sekund´ar] *vt* Secundar, auxiliar, ajudar, coadjuvar.
se.cun.da.rio, -a [sekund´arjo] *adj* Secundário, acessório.
sed [s´ed] *sf* Sede. *después del partido volvimos a casa con mucha sed* / depois do jogo voltamos para a casa com muita sede.
se.da [s´eda] *sf* Seda. **seda artificial** seda artificial. **seda cruda** seda crua.
se.dan.te [sed´ante] *adj+sm* Sedativo, calmante.
se.dar [sed´ar] *vt Med* Sedar, acalmar, serenar.
se.da.ti.vo, -a [sedat´ibo] *adj+s Farm* Sedativo, tranquilizante.
se.de [s´ede] *sf* Sede. *la sede del gobierno se encuentra en la capital del país* / a

sede do governo encontra-se na capital do país.

se.den.ta.rio, -a [sedent´arjo] *adj* Sedentário.

se.di.ción [sediθ´jon] *sf* Sedição, agitação, sublevação, revolta, motim.

se.dien.to, -a [sed´jento] *adj* Sedento: a) sequioso. b) muito desejoso ou ávido. *era un hombre ambicioso, sediento de poder* / era um homem ambicioso, sedento de poder.

se.di.men.ta.ción [sedimentaθj´on] *sf* Sedimentação.

se.di.men.tar [sediment´ar] *vt+vpr* Sedimentar: a) formar sedimento. b) *fig* consolidar.

se.di.men.to [sedim´ento] *sm* **1** Sedimento. **2** Resíduo.

se.do.so, -a [sed´oso] *adj* Sedoso, macio.

se.duc.ción [sedukθj´on] *sf* Sedução. *la propaganda tiene gran poder de seducción sobre el público* / a propaganda tem grande poder de sedução sobre o público.

se.du.cir [seduθ´ir] *vt* Seduzir: a) desencaminhar. b) atrair (para obter uma relação sexual). c) encantar, fascinar, deslumbrar. → aducir.

se.duc.tor, -ora [sedukt´or] *adj+s* Sedutor.

se.gar [seg´ar] *vt* Ceifar. → fregar.

se.glar [segl´ar] *adj+s* Secular, leigo.

seg.men.tar [segment´ar] *vt* Segmentar.

seg.men.to [segm´ento] *sm* Segmento. **segmento de mercado** segmento de mercado.

se.gre.ga.ción [segregaθj´on] *sf* Segregação.

se.gre.ga.do [segreg´ado] *adj+sm* Discriminado.

se.gre.gar [segreg´ar] *vt* Segregar: a) pôr de lado, pôr à margem, separar, marginalizar. b) produzir (secreção), expelir. → cargar.

se.gui.do, -a [seg´ido] *adj* Seguido, imediato, contínuo, seguinte, ininterrupto. • *adv* Seguido, seguidamente.

se.gui.dor, -ora [segid´or] *adj+s* Seguidor.

se.gui.mien.to [segimj´ento] *sm* Seguimento, acompanhamento.

se.guir [seg´ir] *vt+vi+vpr* Seguir: a) acompanhar. b) perseguir. *la policía siguió al sospechoso* / a polícia seguiu o suspeito. c) continuar, prosseguir. d) acompanhar. e) exercer, professar. *mis hijos siguieron la medicina como profesión* / meus filhos seguiram a medicina como profissão. f) acompanhar com a vista, observar, espiar. g) observar a evolução, a marcha de. *vpr* h) decorrer, resultar, provir. i) vir depois, suceder(-se). → Veja modelo de conjugação.

se.gún [seg´un] *prep* Segundo, de acordo com, consoante, conforme. *según las estadísticas hay más mujeres que hombres en el mundo* / segundo as estatísticas há mais mulheres do que homens no mundo.

se.gun.do, -a [seg´undo] *adj+s* Segundo. *Francia obtuvo el segundo lugar en el mundial de fútbol* / a França obteve o segundo lugar na copa do mundo. • *sm* Segundo.

se.gu.ra.men.te [seguram´ente] *adv* Seguramente.

se.gu.ri.dad [segurid´ad] *sf* Segurança. *instalaron un sistema de seguridad en el edificio* / instalaram um sistema de segurança no prédio.

se.gu.ro, -a [seg´uro] *adj+s* Seguro: a) livre de perigo. b) certo, indubitável, incontestável. c) firme. • *sm Der* (Contrato de) Seguro.

seis [s´eis] *num+adj* Seis.

seis.cien.tos [sejsθj´entos] *adj+sm* Seiscentos.

se.lec.ción [selekθ´jon] *sf* Seleção. **selección natural** seleção natural.

se.lec.cio.nar [selekθjon´ar] *vt* Selecionar, escolher.

se.lec.ti.vo, -a [selekt´ibo] *adj* Seletivo.

se.lec.to, -a [sel´ekto] *adj* Seleto, escolhido, o melhor. *en el restaurante sirven un café hecho con granos selectos* / no restaurante servem um café feito de grãos seletos.

se.llar [seλ´ar] *vt* Selar: a) estampilhar. b) chancelar. c) cerrar, fechar. d) fechar hermeticamente.

Em português, "selar" também quer dizer "pôr sela em", que, em espanhol, se traduz como **ensillar**: *el hacendado mandó ensillar su caballo favorito* / o fazendeiro mandou selar seu cavalo favorito. Veja outra nota em **vedar** (espanhol).

se.llo [s´eλo] *sm* Selo: a) carimbo, sinete, chancela. b) selo postal. c) sinal, cunho, distintivo, marca.

sel.va [s´elba] *sf* Selva, bosque, matagal, floresta.

sel.vá.ti.co, -a [selb´atiko] *adj* Selvagem.

se.má.fo.ro [sem´aforo] *sm* Semáforo, farol, sinal, sinaleira, sinaleiro.

se.ma.na [sem´ana] *sf* Semana. **semana inglesa** semana inglesa. **semana santa** semana santa.

se.ma.nal [seman´al] *adj* Semanal.

se.ma.na.rio, -a [seman´arjo] *adj+sm* **1** Semanário. **2** Publicação semanal.

se.mán.ti.co, -a [sem´antiko] *adj* Semântico. • *sf Ling* Semântica.

sem.blan.te [sembl´ante] *sm* Semblante: a) rosto, face, cara. b) aparência, fisionomia, aspecto. *volvió con buen semblante de las vacaciones* / voltou com um bom semblante das férias.

sem.bra.dí.o, -a [sembrad´io] *adj* Lavoura, lavra, lavrada.

sem.bra.dor, -ora [sembrad´or] *adj+s* Semeador, sementeiro.

sem.brar [sembr´ar] *vt* Semear. → despertar.

se.me.jan.te [semeh´ante] *adj+s* Semelhante, parecido. • *sm* Semelhante, próximo. *la paz nace del respeto por nuestro semejante* / a paz nasce do respeito pelo nosso semelhante.

se.me.jan.za [semeh´anθa] *sf* Semelhança. *aunque sean hermanos no hay muchas semejanzas entre ellos* / mesmo sendo irmãos, não há muitas semelhanças entre eles.

se.me.jar [semeh´ar] *vi+vpr* Assemelhar, parecer, lembrar.

se.men [s´emen] *sm Fisiol* Sêmen, esperma.

se.men.tal [sement´al] *adj+sm* Semental.

se.men.te.ra [sement´era] *sf* Sementeira.

se.mes.tral [semestr´al] *adj* Semestral.

se.mes.tre [sem´estre] *sm* Semestre.

se.mi.cir.cu.lar [semiθirkul´ar] *adj* Semicircular.

se.mi.cír.cu.lo [semiθ´irkulo] *sm Geom* Semicírculo.

se.mi.cir.cun.fe.ren.cia [semiθircunfer´enθja] *sf Geom* Semicircunferência.

se.mi.fi.nal [semifin´al] *sf Dep* Semifinal.

se.mi.lla [sem´iλa] *sf Bot* Semente. *la semilla de sésamo es una excelente fuente de proteínas* / a semente de gergelim é uma ótima fonte de proteínas.

se.mi.lle.ro [semiλ´ero] *sm* Sementeira, viveiro.

se.mi.na.rio [semin´arjo] *sm* **1** Seminário. **2** Trabalho escolar de pesquisa. **3** Congresso.

se.mi.na.ris.ta [seminar´ista] *sm* Seminarista.

se.mi.ta [sem´ita] *adj+s* Semita.

sé.mo.la [s´emola] *sf* Sêmola.

se.na.do [sen´ado] *sm* Senado.

se.na.dor, -ora [senad´or] *s* Senador.

sen.ci.llez [senθiλ´eθ] *sf* Simplicidade. *vivir con sencillez es un acto de sabiduría* / viver com simplicidade é um ato de sabedoria.

sen.ci.llo [senθ´iλo] *adj* Simples: a) singelo. b) modesto. c) fácil. *el ajedrez no es un juego sencillo* / o xadrez não é um jogo simples. d) natural, espontâneo. e) ingênuo, tolo, crédulo. • *sm* Trocado, dinheiro miúdo. *es más práctico llevar sencillo para pagar el autobús* / é mais prático levar trocado para pagar o ônibus.

sen.da [s´enda] *sf* Senda, trilha, atalho.

sen.de.ro [send´ero] *sm* Senda, trilha, caminho. *llegamos al río por un hermoso sendero de pinos* / chegamos ao rio por uma bela trilha de pinheiros.

se.nil [sen´il] *adj* Senil, idoso.

se.ni.li.dad [senilid´ad] *sf* Senilidade, decrepitude.

sé.nior [s´enjor] *adj* Sênior.

se.no [s´eno] *sm* **1** Seio: a) *Anat* peito, mama. b) colo. c) ventre, útero. d) centro, interior, âmago. e) cavidades existentes no corpo. f) *Geogr* enseada, golfo. **2** *Mat* Seno.

sen.sa.ción [sensaθ´jon] *sf* Sensação.

sen.sa.cio.nal [sensaθjon´al] *adj* Sensacional.

sen.sa.cio.na.lis.mo [sensaθjonal´ismo] *sm* Sensacionalismo.

sen.sa.cio.na.lis.ta [sensaθjonal´ista] *adj* Sensacionalista.

sen.sa.tez [sensat´eθ] *sf* Sensatez, bom senso, prudência.

sen.sa.to, -a [sens´ato] *adj* Sensato, judicioso, prudente, ajuizado.

sen.si.bi.li.dad [sensibilid´ad] *sf* Sensibilidade.

sen.si.bi.li.zar [sensibiliθ´ar] *vt* Sensibilizar, comover. → alzar.

sen.si.ble [sens´ible] *adj* Sensível. *el tulipán es una flor sensible a los cambios de temperatura* / a tulipa é uma flor sensível às mudanças de temperatura.

sen.si.ble.men.te [senθiblem´ente] *adv* sensivelmente

sen.si.ti.vo, -a [sensit´ibo] *adj* Sensitivo.

sen.sor [sens´or] *sm* Sensor.

sen.so.rial [sensorj´al] *adj* Sensorial.

sen.sual [sensu´al] *adj* Sensual, erótico.

sen.sua.li.dad [senswalid´ad] *sf* Sensualidade, erotismo.

sen.sual.men.te [senswalm´ente] *adv* Sensualmente.

sen.ta.do, -a [sent´ado] *adj* Sentado.

sen.tar [sent´ar] *vt+vpr* **1** Tomar assento, sentar, assentar. **2** Considerar. *vi* **3** *coloq* Cair bem ou mal (uma comida ou bebida). *tomar sopa siempre cae bien* / tomar sopa sempre cai bem. → despertar.

sen.ten.cia [sent´enθja] *sf* **1** Sentença: a) provérbio. b) *Der* veredicto, despacho, decisão (judicial). **2** *Ling* Oração gramatical.

sen.ten.ciar [sentenθ´jar] *vt* Sentenciar: a) proferir ou pronunciar sentença. b) condenar (por sentença). c) julgar, decidir, resolver.

sen.ti.do, -a [sent´ido] *adj* Sentido, sensível, susceptível. • *sm* Sentido: a) processo fisiológico de recepção de sensações. b) senso. c) razão de ser, cabimento, lógica. d) significado. e) acepção. **doble sentido** duplo sentido. **sentido común** senso comum. **sexto sentido** sexto sentido.

sen.ti.me.ntal [sentiment´al] *adj+s* Sentimental.

sen.ti.mien.to [sentim´jento] *sm* Sentimento, sensação.

sen.tir *vt+vpr* Sentir. → mentir. • *sm* Sentir: a) sentimento. b) modo de ver, opinião, parecer, entender.

se.ña [s´eña] *sf* Senha, aceno, gesto, sinal. *los sordomudos se comunican por señas* / os surdo-mudos comunicam-se por sinais.

se.ñal [señ´al] *sf* Sinal, marca.

se.ña.lar [señal´ar] *vt+vpr* Assinalar, indicar, marcar.

se.ña.li.za.ción [señaliθaθj´on] *sf* Sinalização. *hay que respetar la señalización del tránsito* / a sinalização de trânsito deve ser respeitada.

se.ña.li.zar [señaliθ´ar] *vt* Sinalizar, pôr sinalização em. → alzar.

se.ñor, -a [señ´or] *adj+s* Senhor.

se.ño.re.ar [señore´ar] *vt+vpr* Senhorear: a) assenhorear-se. *vt* b) exercer mando.

se.ño.rí.a [señor´ia] *sf* Senhoria.

se.ño.rí.o [señor´io] *sm* **1** Senhorio. **2** Domínio.

se.ño.ri.to, -a [señor´ito] *sm coloq* Filhinho de papai. *fue criado como un señorito y por eso nunca trabajó* / foi criado como um filhinho de papai e, por isso, nunca trabalhou.

se.ñue.lo [señ´welo] *sm* Chamariz, chama, engodo, isca.

se.pa.ra.ble [separ´able] *adj* Separável.

se.pa.ra.ción [separaθ´jon] *sf* Separação.

se.pa.ra.do, -a [separ´ado] *adj+s* Separado, que rompeu a união matrimonial. **por separado** em separado.

se.pa.rar [separ´ar] *vt+vpr* Separar, apartar.

se.pa.ra.ta [separ´ata] *sf* Separata.

se.pa.ra.tis.mo [separat´ismo] *sm Polít* Separatismo.

se.pa.ra.tis.ta [separat´ista] *adj+s* Separatista.

se.pe.lio [sep´eljo] *sm* Enterro. *muchas celebridades concurrieron al sepelio del artista* / muitas celebridades foram ao enterro do artista.

sep.ten.trio.nal [septentrjon´al] *adj* Setentrional, do norte.
sep.ti.ce.mia [septiθ´emja] *sf Med* Septicemia.
sép.ti.co, -a [s´eptiko] *adj Med* Séptico.
sep.tiem.bre [sept´jembre] *sm* Setembro.
sép.ti.mo, -a [s´eptimo] *adj+s* Sétimo. *el cine es el séptimo arte* / o cinema é a sétima arte.
sep.tua.gé.si.mo, -a [septwah´esimo] *adj+s* Setuagésimo.
se.pul.cro [sep´ulkro] *sm* Sepulcro, sepultura. **Santo Sepulcro** O Santo Sepulcro.
se.pul.tar [sepult´ar] *vt+vpr* Sepultar: a) enterrar, inumar. b) guardar, esconder.
se.pul.tu.ra [sepult´ura] *sf* Sepultura, sepulcro, cova, jazigo, tumba, túmulo.
se.pul.tu.re.ro, -a [sepultur´ero] *sm* Coveiro. *de lejos, el sepulturero observaba la tristeza de los parientes del fallecido* / de longe, o coveiro observava a tristeza dos parentes do falecido.
se.que.dad [seked´ad] *sf* Secura.
se.quí.a [sek´ia] *sf* Seca, estiagem. *la sequía afecta gravemente a África* / a seca afeta gravemente a África.
sé.qui.to [s´ekito] *sm* Séquito.
ser [s´er] *vi* Ser: *v* a) liga o atributo ao sujeito. *v aux* b) auxilia os demais verbos na voz passiva. c) existir, haver. d) indica ponto ou momento do tempo. e) estar, ficar, tornar-se. f) acontecer, suceder, custar. g) ter por dono, pertencer. h) ser partidário. i) originar-se, provir, ser natural de. • *sm* Ser: a) natureza, essência. b) ente. c) homem, indivíduo, pessoa, criatura. **es a saber / esto es** isto é. → Veja modelo de conjugação.
se.ra.fín [seraf´in] *sm Rel* Serafim.
ser.bio, a [s´erbjo] *adj+s* Sérvio.
se.re.nar [seren´ar] *vt+vi+vpr* Serenar: a) acalmar, tranquilizar, sossegar. b) pacificar, apaziguar.
se.re.na.ta [seren´ata] *sf Mús* Serenata.
se.re.ni.dad [serenid´ad] *sf* Serenidade, suavidade, paz, tranquilidade.
se.re.no[1] [ser´eno] *sm* Sereno, relento.
se.re.no[2], **-a** [ser´eno] *adj* Sereno: a) limpo de nuvens, claro, límpido. b) calmo, tranquilo, manso, sossegado.

se.rial [ser´jal] *adj* Serial. • *sm Telev* Série *nadie se pierde un capítulo de la nueva serial de televisión* / ninguém perde um capítulo da nova série de televisão.
se.rie [s´erje] *sf* Série: a) sucessão, sequência. b) *Telev* série. c) *Mat* série infinita. **en serie** em série. **fuera de serie** fora de série.
se.rie.dad [serjed´ad] *sf* Seriedade, gravidade, retidão.
se.rio, -a [s´erjo] *adj* Sério: a) grave, sisudo, severo, circunspeto. b) positivo, real, verdadeiro, sincero. c) grave, importante.
ser.món [serm´on] *sm* Sermão: a) prédica, predicação, pregação. b) admoestação, repreensão (longa e enfadonha).
ser.mo.ne.ar [sermone´ar] *vt* **1** Repreender, admoestar. *al profesor le gustaba sermonear a sus alumnos durante la clase* / o professor gostava de repreender seus alunos durante a aula. *vi* **2** Pregar (sermões).
ser.pen.te.ar [serpente´ar] *vi* Serpentear.
ser.pen.tín [serpent´in] *sm* **1** Serpentina. **2** Conduto metálico para esfriar líquidos.
ser.pen.ti.na [serpent´ina] *sf* **1** Serpentina. **2** Fita estreita de papel colorido.
ser.pien.te [serp´jente] *sf Zool* Serpente, cobra.
se.rra.ní.a [serañ´ia] *sf Geogr* Serrania, cordilheira.
se.rrar [seř´ar] *vt* Serrar. → despertar.
se.rre.rí.a [seřer´ia] *sf* Serraria.
se.rrín [seř´in] *sf* Serragem.
se.rru.char [seřutʃ´ar] *vt* Serrar.
se.rru.cho [seř´utʃo] *sm* Serrote. *mi abuelo cortaba leña con un serrucho* / meu avô cortava lenha com um serrote.
ser.vi.cial [serbiθ´jal] *adj* Serviçal, obsequioso, prestativo. *la enfermera era muy servicial con los enfermos* / a enfermeira era muito prestativa com os doentes.
ser.vi.cio [serb´iθjo] *sm* Serviço: a) ato ou efeito de servir. b) celebração de atos religiosos. c) obséquio, favor. d) vaso sanitário. e) aparelho (de jantar, de chá etc.). **servicio de inteligencia** serviço de informações / serviço de inteligência. **servicio militar** serviço militar.

ser.vi.dor, -ora [serbiđ´or] *s* Servidor.
ser.vil [serb´il] *adj* Servil: a) próprio de servo. b) baixo, vil, ignóbil. c) adulador, bajulador, subserviente. *a pesar de su actitud servil no consiguió el aumento de sueldo* / apesar da sua atitude bajuladora não conseguiu o aumento de salário.
ser.vi.lis.mo [serbil´ismo] *sm* Servilismo, subserviência, submissão. *por tras del servilismo se esconde el rencor* / por trás do servilismo esconde-se o rancor.
ser.vi.lle.ta [serbiλ´eta] *sf* Guardanapo. *el camarero colocó las servilletas en la mesa* / o garçom colocou os guardanapos na mesa.
ser.vi.lle.te.ro [serbiλet´ero] *sm* Porta-guardanapos.
ser.vir [serb´ir] *vi+vt* Servir: a) prestar serviços (a alguém). b) ter serventia. c) desempenhar, ocupar, exercer. d) ajudar, auxiliar. *vt+vpr* e) pôr na mesa ou oferecer individualmente (comida e/ou bebida). f) abastecer, prover, munir, encher. *vpr* g) fazer uso, utilizar-se, usar, empregar. → medir.
sé.sa.mo [s´esamo] *sm Bot* Gergelim.
se.sen.ta [ses´enta] *adj+sm* Sessenta.
se.se.ar [sese´ar] *vi Gram* Pronunciar o *c* ou o *z* como *s*, característica generalizada no espanhol da América.
ses.go, -a [s´esgo] *adj* Sesgo, oblíquo, torcido. • *sm* Viés.
se.sión [ses´jon] *sf* Sessão. *el presidente abrió la sesión con un discurso* / o presidente abriu a sessão com um discurso.
se.so [s´eso] *sm* **1** Cérebro, miolo. **2** Juízo, razão, tino. *mi cuñado no tiene seso para los negocios* / meu cunhado não tem juízo para os negócios. **calentarse los sesos** esquentar a cabeça. **perder el seso** perder a cabeça.
se.su.do, -a [ses´uđo] *adj* Sisudo, sensato, judicioso, prudente.
se.ta [s´eta] *sf Bot* Cogumelo. *las setas poseen un alto valor alimenticio* / os cogumelos possuem um alto valor alimentício.
se.te.cien.tos, -as [seteθj´entos] *adj+s* Setecentos.
se.ten.ta [set´enta] *adj+sm* Setenta.

se.to [s´eto] *sm* Sebe. **seto vivo** cerca viva.
seu.dó.ni.mo, -a [seuđ´onimo] *adj+s* Pseudônimo. *Pablo Neruda era el seudónimo de Neftalí Reyes* / Pablo Neruda era o pseudônimo de Neftalí Reyes.
se.ve.ri.dad [seberiđ´ađ] *sf* Severidade, rigor.
se.ve.ro, -a [seb´ero] *adj* Severo: a) duro, áspero, ríspido. b) rígido, rigoroso.
se.xa.gé.si.mo, -a [seksahen´arjo] *adj+s* Sexagésimo.
se.xo [s´e(k)so] *sm* Sexo. **sexo débil** sexo frágil.
se.xo.lo.gí.a [se(k)soloh´ia] *sf* Sexologia.
se.xó.lo.go, -a [se(k)s´ologo] *s* Sexólogo.
sex.te.to [se(k)st´eto] *sm Mús* Sexteto.
sex.to, -a [s´e(k)sto] *adj+s* Sexto.
séx.tu.plo, -a [s´e(k)stuplo] *adj+s* Sêxtuplo.
se.xua.do, -a [se(k)sw´ađo] *adj Biol* Sexuado.
se.xual [se(k)sw´al] *adj* Sexual.
se.xua.li.dad [se(k)swaliđ´ađ] *sf* Sexualidade.
shérif [(t)ʃ´erif] *sm* Xerife. *el shérif era la autoridad en el oeste americano* / o xerife era a autoridade no oeste americano.
si [s´i] *conj* Se.
sí [s´i] *pron pers* Si. • *adv* Sim. • *sm* Sim, consentimento. *ella pronunció emocionada el sí cuando se casó* / ela pronunciou emocionada o sim quando casou. **de por sí** de per si. **por sí o por no** pelo sim pelo não.
sia.més, -esa [sjam´es] *adj+s* Siamês. **hermanos siameses** irmãos siameses.
si.ba.ri.ta [sibar´ita] *adj+s* Sibarita. *Pedro tiene vocación de sibarita, adora disfrutar los placeres de la vida* / Pedro tem vocação de sibarita, adora desfrutar os prazeres da vida.
si.bi.lan.te [sibil´ante] *adj+sf* Sibilante. *la serpiente emite un sonido sibilante* / a serpente emite um som sibilante.
si.ca.rio [sik´arjo] *sm* Sicário, matador.
si.da [s´iđa] *sf Med* Aids (síndrome da imunodeficiência adquirida).

si.de.ral [sider´al] *adj* Sideral. **año sideral** ano sideral.

si.de.rur.gia [sider´urhja] *sf* Siderurgia.

si.de.rúr.gi.co, -a [sider´urhiko] *adj* Siderúrgico.

si.dra [s´idra] *sf* Sidra.

sie.ga [sj´ega] *sf Bot* Ceifa, sega.

siem.bra [s´jembra] *sf* Semeadura, plantio.

siem.pre [s´jempre] *adv* Sempre. **para siempre** para sempre. **siempre que** contanto que.

sien [s´jen] *sf Anat* Têmpora. *me duele la cabeza en la región de la sien* / tenho dor de cabeça na região da têmpora.

sier.pe [sj´erpe] *sf Zool* Serpente, cobra (de grande tamanho).

sie.rra [s´jeřa] *sf Geogr* Serra.

sier.vo, -a [s´jerbo] *s* Servo.

sie.sta [s´jesta] *sf* Sesta, soneca.

sie.te [s´jete] *adj+num* Sete.

sí.fi.lis [s´ifilis] *sf inv Patol* Sífilis.

si.fón [sif´on] *sm* Sifão.

si.gi.lo [sih´ilo] *sm* Sigilo, silêncio, segredo.

si.gi.lo.so, -a [sihil´oso] *adj* Sigiloso.

si.gla [s´igla] *sf* Sigla.

si.glo [s´iglo] *sm* Século. *el siglo XX fue un siglo de grandes descubrimientos* / o século XX foi um século de grandes descobrimentos.

sig.na.ta.rio, -a [signat´arjo] *adj+s* Signatário, assinante.

sig.na.tu.ra [signat´ura] *sf* Assinatura, registro.

sig.ni.fi.ca.ción [signifikaθ´jon] *sf* Significação, acepção, sentido, significado.

sig.ni.fi.ca.do, -a [signifik´ado] *sm* Significado, acepção, significação, sentido.

sig.ni.fi.can.te [signifik´ante] *adj* Significante, significativo. • *sm Ling* Significante.

sig.ni.fi.car [signifik´ar] *vt* **1** Significar: a) indicar. b) querer dizer, expressar, exprimir. *vi* **2** Representar, denotar. → atacar.

sig.ni.fi.ca.ti.vo, -a [signifikat´ibo] *adj* Significativo, expressivo.

sig.no [s´igno] *sm* Signo, sinal. **signo lingüístico** signo linguístico.

si.guien.te [sig´jente] *adj* Seguinte, imediato, subsequente.

sí.la.ba [s´ilaba] *sf Gram* Sílaba. **sílaba abierta** sílaba aberta. **sílaba átona** sílaba átona. **sílaba breve** sílaba breve. **sílaba cerrada** sílaba fechada. **sílaba larga** sílaba longa. **sílaba tónica** sílaba tônica.

si.lá.bi.co, -a [sil´abiko] *adj* Silábico.

sil.bar [silb´ar] *vi+vt* Assobiar: a) silvar. b) vaiar.

sil.ba.to [silb´ato] *sm* Apito. *le dimos un silbato a nuestro hijo y después nos arrepentimos* / demos um apito ao nosso filho e depois nos arrependemos.

sil.bi.do [silb´ido] *sm* Assobio, silvo.

sil.bo [s´ilbo] *sm* Silvo, assobio.

si.len.cia.dor [silenθjad´or] *sm Mec* Silenciador, silencioso.

si.len.ciar [silenθj´ar] *vt* Silenciar: a) guardar silêncio, calar-se. b) impor silêncio a, calar.

si.len.cio [sil´enθjo] *sm* Silêncio.

si.len.cio.so, -a [silenθ´joso] *adj* Silencioso, quieto.

si.li.cio [sil´iθio] *sm Quím* Silício.

si.li.co.na [silik´ona] *sm Quím* Silicone.

si.li.co.sis [silik´osis] *sf inv Med* Silicose.

si.lla [s´iλa] *sf* **1** Cadeira. **2** Sela. **silla de ruedas** cadeira de rodas. **silla eléctrica** cadeira elétrica. **silla gestatoria** cadeira gestatória.

si.llín [siλ´in] *sm* Selim, assento de bicicleta.

si.llón [siλ´on] *sm* Poltrona. *me gusta sentarme en mi sillón favorito a leer* / gosto de sentar na minha poltrona favorita para ler.

si.lo [s´ilo] *sm* Silo.

si.lo.gis.mo [siloh´ismo] *sm* Silogismo.

si.lue.ta [silu´eta] *sf* Silhueta. *la joven practica deportes para cuidar su silueta* / a moça pratica esportes para cuidar da silhueta.

sil.ves.tre [silb´estre] *adj* Silvestre: a) selvagem. b) inculto, agreste, rústico.

sil.ví.co.la [silb´ikola] *adj* Silvícola, selvagem, selvático.

sil.vi.cul.tu.ra [silbicult´ura] *sf* Silvicultura.

sim.bio.sis [simb´josis] *sf inv Biol* Simbiose.

sim.bó.li.co, -a [simb´oliko] *adj* Simbólico.

sim.bo.lis.mo [simbol´ismo] *sm* Simbolismo.

sim.bo.li.zar [simboliθ´ar] *vt* Simbolizar, representar. → alzar.

sím.bo.lo [s´imbolo] *sm* Símbolo, imagem.

si.me.trí.a [simetr´ia] *sf* Simetria, proporção, harmonia.

si.mé.tri.co, -a [sim´etriko] *adj* Simétrico, proporcional.

si.mien.te [sim´jente] *sf* **1** *Bot* Semente. **2** Sêmen, esperma.

sí.mil [s´imil] *sm* Símile, semelhança.

si.mi.lar [simil´ar] *adj* Similar, semelhante.

si.mi.li.tud [similit´ud] *sf* Similitude, semelhança.

si.mio, -a [s´imjo] *s Zool* Símio, macaco.

sim.pa.tí.a [simpat´ia] *sf* Simpatia.

sim.pá.ti.co, -a [simp´atiko] *adj* Simpático. • *adj+sm Anat* Simpático, sistema nervoso autônomo.

sim.pa.ti.zan.te [simpatiθ´ante] *adj+s* Simpatizante.

sim.pa.ti.zar [simpatiθ´ar] *vi* Simpatizar. → alzar.

sim.ple [s´imple] *adj+s* Simples, singelo.

sim.ple.za [simpl´eθa] *sf* Bobagem. *es muy guapo pero sólo habla simplezas* / é muito boa-pinta porém só fala bobagens.

sim.pli.ci.dad [simpliθid´ad] *sf* Simplicidade: a) qualidade do que é simples. b) ingenuidade, singeleza.

sim.pli.fi.car [simplifik´ar] *vt* Simplificar. → atacar.

sim.plis.ta [simpl´ista] *adj+s* Simplista, ingênuo.

sim.plón, -ona [simpl´on] *adj+s* Simplório, ingênuo, tolo, simples.

sim.po.sio [simp´osjo] *sm* Simpósio.

si.mu.la.ción [simulaθ´jon] *sf* Simulação.

si.mu.la.cro [simul´akro] *sm* Simulacro, falsificação, imitação.

si.mu.lar [simul´ar] *vt* Simular, fingir (o que não é).

si.mul.ta.ne.a.men.te [simultaneam´ente] *adv* simultaneamente.

si.mul.ta.nei.dad [simultaneid´ad] *sf* Simultaneidade.

si.mul.tá.neo, -a [simult´aneo] *adj* Simultâneo. **traducción simultánea** tradução simultânea.

sin [s´in] *prep* Sem. *prefiero el café sin azúcar* / prefiro o café sem açúcar.

si.na.go.ga [sinag´oga] *sf* Sinagoga.

sin.ce.ra.men.te [sinθeram´ente] *adv* Sinceramente

sin.ce.ri.dad [sinθerid´ad] *sf* Sinceridade, franqueza, lisura.

sin.ce.ro, -a [sinθ´ero] *adj* Sincero, franco, leal.

sín.co.pa [s´inkopa] *sf Ling Mús* Síncope.

sín.co.pe [s´inkope] *sm Med* Síncope, desmaio. *el síncope es una pérdida de conocimiento* / a síncope é uma perda de consciência.

sin.cro.ní.a [sinkron´ia] *sf* Sincronia, simultaneidade.

sin.cró.ni.co, -a [sinkr´oniko] *adj* Sincrônico.

sin.cro.nis.mo [sinkron´ismo] *sm* Sincronismo.

sin.cro.ni.za.ción [sinkroniθaθj´on] *sf* Sincronização

sin.cro.ni.zar [sinkroniθ´ar] *vt* Sincronizar. → alzar.

sin.di.cal [sindik´al] *adj* Sindical.

sin.di.ca.lis.mo [sindikal´ismo] *sm* Sindicalismo.

sin.di.ca.lis.ta [sindikal´ista] *adj+s* Sindicalista.

sin.di.car [sindik´ar] *vt+vpr* sindicalizar. → atacar.

sin.di.ca.to [sindik´ato] *sm* Sindicato.

sín.di.co [s´indiko] *sm* Síndico.

sín.dro.me [s´indrome] *sm Med* Síndrome. **síndrome de Down** síndrome de Down. **síndrome de inmunodeficiencia adquirida** síndrome de imunodeficiência adquirida (Aids). **síndrome de pánico** síndrome do pânico.

sin.fín [sinf´in] *sm* Sem-fim. *los niños hacen un sinfín de preguntas* / as crianças fazem um sem-fim de perguntas.

sin.fo.ní.a [sinfon´ia] *sf Mús* Sinfonia.

sin.fó.ni.co, -a [sinf´oniko] *adj Mús* Sinfônico. *fuimos a un concierto de música sinfónica* / fomos a um concerto de música sinfônica. • *sf* Sinfônica.

sin.gu.lar [singul´ar] *adj+s* Singular: a) único, particular, individual. b) especial, raro, extraordinário. c) *Gram* número singular.

sin.gu.la.ri.dad [singularid´ad] *sf* Singularidade.

sin.gu.la.ri.zar [singulariθ´ar] *vt* Singularizar: a) particularizar, especificar. *vpr* b) distinguir-se salientar-se. → alzar.

si.nies.tro, -a [sin´jestro] *adj* Sinistro: a) esquerdo. b) de má índole, mau. c) fúnebre, funesto. • *sm* Sinistro: a) prejuízo material, dano. b) *Der* o desastre ocasionado no objeto segurado.

sin.nú.me.ro [sinn´umero] *sm inv* Sem-número. *el texto tenía un sinnúmero de errores* / o texto tinha um sem-número de erros.

si.no¹ [s´ino] *sm* Sina, sorte, destino.

si.no² [s´ino] *conj* **1** Senão: a) mas sim, e sim, mas porém. b) exceto, salvo, a não ser. **2** Somente, apenas, só.

si.nó.ni.mo, -a [sin´onimo] *adj+s Gram* Sinônimo.

si.nop.sis [sin´opsis] *sf inv* Sinopse. *la sinopsis del libro promete una gran lectura* / a sinopse do livro promete uma grande leitura.

si.nóp.ti.co, -a [sin´optiko] *adj* Sinóptico, sintético.

sin.ra.zón [sinraθ´on] *sf* Sem-razão.

sin.sa.bor [sinsab´or] *sm* Dissabor: a) insipidez (da comida). b) desgosto, mágoa, tristeza. *tuvo muchos disgustos y sinsabores en la vida* / teve muitos desgostos e dissabores na vida.

sin.tác.ti.co, -a [sint´aktiko] *adj Gram* Sintático.

sin.ta.xis [sint´a(k)sis] *sf inv Gram* Sintaxe.

sín.te.sis [s´intesis] *sf inv* Síntese: a) fusão, composição. b) resumo. c) *Quím* preparação de um composto a partir de substâncias mais simples.

sin.té.ti.co, -a [sint´etiko] *adj* Sintético, resumido.

sin.te.ti.za.dor, -ora [sintetiθad´or] *sm* Sintetizador.

sin.te.ti.zar [sintetiθ´ar] *vt* Sintetizar, resumir. → alzar.

sín.to.ma [s´intoma] *sm* Sintoma: a) *Med* fenômeno que revela uma doença. b) sinal, indício.

sin.to.má.ti.co, -a [sintom´atiko] *adj* Sintomático.

sin.to.ní.a [sinton´ia] *sf* Sintonia, harmonia.

sin.to.ni.zar [sintoniθ´ar] *vt* Sintonizar: a) ajustar a frequência de ressonância de um circuito. *vi* b) harmonizar-se, afinar(-se), entrosar(-se). → alzar.

si.nuo.si.dad [sinwosid´ad] *sf* Sinuosidade.

si.nuo.so, -a [sinw´oso] *adj* Sinuoso, tortuoso.

si.nu.si.tis [sinus´itis] *sf inv Med* Sinusite.

sin.ver.güen.za [simberg´wenθa] *adj+s inv* Sem-vergonha, descarado.

sio.nis.mo [sjon´ismo] *sm* Sionismo.

si.quie.ra [sik´jera] *conj* Ainda que, embora. • *adv* Sequer, ao menos, pelo menos. *ni siquiera sabía su edad* / nem sequer sabia a sua idade.

si.re.na [sir´ena] *sf* **1** Sereia. **2** Sirena, sirene.

si.ri.mi.ri [sirim´iri] *sf* Garoa, chuvisco.

si.rio, -a [s´irjo] *adj+s* Sírio.

sir.vien.te, -a [sirb´jente] *adj+s* **1** Servente. **2** Serviçal, criada.

si.sa [s´isa] *sf* Cava, cavado. *la sisa del vestido está apretada* / a cava do vestido é apertada.

sís.mi.co, -a [s´ismiko] *adj* Sísmico.

sis.mo [s´ismo] *sm* Sismo, terremoto, tremor de terra.

sis.mó.gra.fo [sism´ografo] *sm* Sismógrafo.

sis.te.ma [sist´ema] *sm* Sistema. **sistema cegesimal** sistema cgs. **sistema de numeración** sistema de numeração. **sistema métrico decimal** sistema métrico decimal. **sistema operativo** sistema operacional. **sistema periódico** tabela periódica.

sistema planetario sistema planetário.
sistema solar sistema solar.
sis.te.má.ti.co, -a [sistemátiko] *adj* Sistemático. *ha progresado mucho porque es un trabajador sistemático* / tem progredido muito porque é um trabalhador sistemático. • *sf* Sistemática.
sis.te.ma.ti.za.ción [sistematiθaθjón] *sf* Sistematização, organização.
sis.te.ma.ti.zar [sistematiθár] *vt* Sistematizar. → alzar.
sís.to.le [sístole] *sf Biol* Sístole.
si.tiar [sitiár] *vt* Sitiar, cercar.
si.tio [sítjo] *sm* Sítio, terreno, lugar, local, ponto. **poner (a alguien) en su sitio** pôr (alguém) no seu lugar.

"Sítio" significa também "morada rural, chácara", que, em espanhol, corresponde a **granja**, **chacra**: *todos los veranos pasábamos las vacaciones en una chacra cerca de la ciudad* / todos os verões passávamos as férias num sítio perto da cidade.

si.tua.ción [sitwaθjón] *sf* Situação: a) ato ou efeito de situar(-se). b) posição, localização. c) condição social ou econômica. d) conjunto de circunstâncias, conjuntura. e) estado social e político de um grupo ou partido governante.
si.tu.ar [situár] *vt+vpr* Situar, pôr, colocar, estabelecer. → atenuar.
so.ba.co [sobáko] *sf Anat* Sovaco, axila.
so.bar [sobár] *vt+vpr* Sovar, surrar.
so.be.ra.ní.a [soberanía] *sf* Soberania.
so.be.ra.no, -a [soberáno] *adj+s* Soberano.
so.ber.bia [sobérbia] *sf* Soberba, altivez, arrogância, presunção.
so.ber.bio, -a [sobérbjo] *adj* Soberbo: a) arrogante, altivo, presunçoso. b) grandioso, sublime, magnífico.
so.bor.nar [sobornár] *vt* Subornar, comprar.
so.bor.no [sobórno] *sm* **1** Suborno. **2** *fig* Compra.
so.bra [sóbra] *sf* **1** Sobra, resto, sobejo. *hay una sobra de torta en la heladera* / há uma sobra de bolo na geladeira. **2 sobras** *pl* Sobras, restos, migalhas.
so.bra.do, -a [sobrádo] *adj* Que tem em abundância.

so.bran.te [sobránte] *adj+s* **1** Restante. **2** Sobejo, demasiado, excessivo.
so.brar [sobrár] *vi* **1** Sobrar, restar. **2** Exceder.
so.bre¹ [sóbre] *prep* Sobre: a) acima de. b) acerca de. c) além de, a mais de. d) próximo de, cerca de, por volta de. e) em posição superior.
so.bre² [sóbre] *sm* Envelope. *puse la carta en el sobre* / coloquei a carta no envelope.
so.bre.a.li.men.tar [sobrealimentár] *vt+vpr* Superalimentar.
so.bre.ca.len.ta.mien.to [sobrekalentamjénto] *sm* Superaquecimento. *el motor tiene problemas de sobrecalentamiento* / o motor tem problemas de superaquecimento.
so.bre.ca.len.tar [sobrekalentár] *vt+vpr* superaquecer
so.bre.ca.ma [sobrekáma] *sf* Colcha, cobertor.
so.bre.car.ga [sobrekárga] *sf* Sobrecarga.
so.bre.car.ga.do [sobrekargádo] *adj* Sobrecarregado.
so.bre.car.gar [sobrekargár] *vt* Sobrecarregar. → cargar.
so.bre.car.go [sobrekárgo] *sm Mar* Comissário de bordo. *durante el vuelo el sobrecargo sirvió gaseosas* / durante o voo o comissário serviu refrigerantes.
so.bre.co.ger [sobrekohér] *vt+vpr* Surpreender. → escoger.
so.bre.do.sis [sobredósis] *sf inv* Overdose.
so.bre.hu.ma.no, -a [sobreumáno] *adj* Sobre-humano.
so.bre.lle.var [sobreʎebár] *vt* Suportar, aguentar. *sobrelleva su desgracia con paciencia* / suporta a sua desgraça com paciência.
so.bre.ma.ne.ra [sobremanéra] *adv* Sobremaneira, muito, excessivamente, extraordinariamente, sobremodo.
so.bre.me.sa [sobremésa] *sf* Tempo que se fica à mesa conversando depois da refeição.
so.bre.na.tu.ral [sobrenaturál] *adj* Sobrenatural.

so.bre.nom.bre [sobren´ombre] *sm* Apelido, alcunha, cognome. Veja nota em **apellido**.

Em português, sobrenome é o nome que vem após o primeiro do batismo, que, em espanhol, se traduz como "apellido": *mi nombre es Pedro y mi apellido Castro* / meu nome é Pedro e meu sobrenome Castro. Veja outra nota em **apelidar**.

so.bren.ten.di.do, -a [sobrentend´ido] *adj+s* Subentendido. *no lo dijo pero quedó sobrentendido* / não chegou a falar, mas ficou subentendido.

so.bren.ten.der [sobrentend´er] *vt+vpr* Subentender. → defender.

so.bre.pa.ga [sobrep´aga] *sf* Pagamento extraordinário, abono.

so.bre.pa.sar [sobrepas´ar] *vt* Ultrapassar, exceder. *mi amigo sobrepasa los 100 kg de peso* / meu amigo ultrapassa 100 kg de peso.

so.bre.po.ner [sobrepon´er] *vt* **1** Sobrepor. *vpr* **2** Superar, passar por cima de. → poner.

so.bre.pues.to [sobrepw´esto] *adj* Superposto.

so.bre.pu.jar [sobrepuh´ar] *vt* Superar.

so.bre.sa.lien.te [sobresal´jente] *adj+sm* **1** Sobressalente. **2** Extra, de reposição. **3** Ótimo, excelente, avaliação escolar máxima.

so.bre.sa.lir [sobresal´ir] *vi* Sobressair, ressaltar, distinguir-se, salientar-se. → salir.

so.bre.sal.tar [sobresalt´ar] *vt* Sobressaltar: a) surpreender, assaltar. *vt+vpr* b) assustar, amedrontar, atemorizar.

so.bre.sal.to [sobres´alto] *sm* Sobressalto, temor (repentino).

so.bres.ti.mar [superestim´ar] *vt* Superestimar.

so.bre.suel.do [sobresw´eldo] *sm* Gratificação, remuneração acima da devida. *recibió un sobresueldo por buenos servicios* / recebeu uma gratificação por bons serviços.

so.bre.ta.sa [sobret´asa] *sf Com* Sobretaxa.

so.bre.to.do [sobret´odo] *sm* Sobretudo, tipo de casaco. *se puso el sobretodo porque hacía frío* / vestiu o sobretudo porque fazia frio.

so.bre.ve.nir [sobreben´ir] *vi* Sobrevir. → venir.

so.bre.vi.da [sobreb´ida] *sf* Sobrevida.

so.bre.vi.vir [sobrebib´ir] *vi* Sobreviver.

so.bre.vo.lar [sobrebol´ar] *vt* Sobrevoar. → aprobar.

so.brie.dad [sobrjed´ad] *sf* Sobriedade, temperança.

so.bri.no, -a [sobr´ino] *s* Sobrinho. *el hijo de mi hermana es mi sobrino* / o filho da minha irmã é meu sobrinho.

so.brio, -a [s´obrjo] *adj* Sóbrio: a) moderado. *son ricos pero sobrios* / são ricos porém sóbrios. b) parco, frugal, simples. c) que não está sob os efeitos de bebidas alcoólicas. *mi marido era el único sobrio de la fiesta* / meu marido era o único sóbrio da festa.

so.ca.rrón, -ona [sokař´on] *adj+s* Dissimulado. *no dice lo que piensa, es muy socarrón* / não diz o que pensa, é muito dissimulado.

so.ca.rro.ne.rí.a [sokařoner´ia] *sf* Malícia, ironia.

so.ca.var [sokab´ar] *vt+vpr* Socavar.

so.ca.vón [sokab´on] *sm* Buraco, cova.

so.cia.bi.li.dad [soθjabilid´ad] *sf* Sociabilidade.

so.cia.bi.li.zar [soθjabiliθ´ar] *vt+vpr* sociabilizar

so.cia.ble [soθ´jable] *adj* Sociável, social.

so.cial [soθ´jal] *adj* Social. **asistencia social** assistência social. **asistente social** assistente social. **capital social** capital social. **ciencias sociales** ciências sociais. **razón social** razão social.

so.cia.lis.mo [soθjal´ismo] *sm* Socialismo.

so.cia.lis.ta [soθjal´ista] *adj+s* Socialista.

so.cia.li.zar [soθjaliθ´ar] *vt* Socializar. → alzar.

so.cie.dad [soθjed´ad] *sf* Sociedade. *la empresa es una sociedad comercial* / a empresa é uma sociedade comercial.

so.cio, -a [s´oθjo] *s* Sócio.

so.cio.cul.tu.ral [soθjokultur´al] *adj* Sociocultural.
so.cio.e.co.nó.mi.co, -a [soθjoekon´omiko] *adj* Socioeconômico.
so.cio.lo.gí.a [soθjoloh´ia] *sf* Sociologia.
so.cio.ló.gi.co, -a [oθjol´ohiko] *adj* Sociológico.
so.ció.lo.go, -a [soθj´ologo] *s* Sociólogo.
so.co.rrer [sokoř´er] *vt+vpr* Socorrer, auxiliar, ajudar.
so.co.rris.ta [sokoř´ista] *sm* Salva-vidas.
so.co.rro [sok´ořo] *sm* Socorro.
so.da [s´oda] *sf* Soda: a) soda cáustica. b) água (artificialmente) gaseificada. *siempre bebe el vino con soda* / sempre bebe vinho com água gaseificada. Veja nota em **refrigerante** (espanhol).
so.dio [s´odjo] *sm Quím* Sódio.
so.ez [so´eθ] *adj* Soez, baixo, grosseiro, vil, desprezível, abjeto, indigno.
so.fá [sof´a] *sm* Sofá.
so.fis.ti.ca.ción [sofistikaθ´jon] *sf* Sofisticação.
so.fis.ti.ca.do, -a [sofistik´ado] *adj* Sofisticado: a) artificial, afetado. b) elegante, requintado, aprimorado, apurado.
so.fo.can.te [sofok´ante] *adj* Sufocante, abafado, pesado. *el ambiente era tan sofocante que no se podía respirar* / o ambiente era tão sufocante que não se podia respirar.
so.fo.car [sofok´ar] *vt* Sufocar: a) asfixiar, abafar. b) extinguir, reprimir. → atacar.
so.fo.co [sof´oko] *sm* Sufocação, sufoco.
so.fo.cón [sofok´on] *sm coloq* chilique.
so.fre.ír [sofre´ir] *vt* Refogar. *según la receta, hay que sofreír bien la cebolla* / segundo a receita é preciso refogar bem a cebola. → reír.
so.ga [s´oga] *sf* Corda (grossa). **con la soga a la garganta/al cuello** com a corda no pescoço. **dar soga** dar corda.
so.ja [s´oha] *sf Bot* Soja.
so.juz.gar [sohuθg´ar] *vt* Subjugar, dominar, submeter, sujeitar. *el invasor sojuzgó al pueblo* / o invasor subjugou o povo.
sol [s´ol] *sm* **1** *Astron* Sol. **2** *Mús* Sol, quinta nota da escala musical. **de sol a sol** de sol a sol. **partir el sol** partir o sol.
so.la.men.te [solam´ente] *adv* Somente, unicamente, exclusivamente, só, apenas. *no vi a nadie, solamente a ella* / não vi ninguém, somente ela.
so.la.na [sol´ana] *sf* Terraço.
so.la.pa [sol´apa] *sf* **1** Lapela. **2** Artimanha. **3** Orelha (da capa) de livro.
so.la.pa.do, da [solap´ado] *adj* Dissimulado, escondido.
so.la.par [solap´ar] *vt* **1** Solapar. **2** Dissimular, esconder, ocultar.
so.lar [sol´ar] *adj* Solar, do Sol. *todos esperaban el eclipse solar* / todos esperavam o eclipse solar. • *sm* Lote (terreno). • *vt* Assoalhar. **eclipse solar** eclipse solar. **espectro solar** espectro solar. **reloj solar** relógio solar. **sistema solar** sistema solar.
so.lá.rium [sol´arjum] *sm* Solário.
so.laz [sol´aθ] *sm* Distração, prazer, divertimento, entretenimento, passatempo. *leer es su único solaz* / ler é o seu único divertimento.
so.la.zar [solaθ´ar] *vt+vpr* Divertir, recrear, distrair, entreter. → alzar.
sol.da.da [sold´ada] *sm* Soldo.
sol.da.des.ca [soldad´eska] *sf* Soldadesca.
sol.da.do, -a [sold´ado] *s* Soldado.
sol.da.dor [soldad´or] *adj+s* Soldador.
sol.da.du.ra [soldad´ura] *sf* Solda. *las chapas son enmendadas con una soldadura* / as chapas são emendadas por uma solda.
sol.dar [sold´ar] *vt+vpr* Soldar. → aprobar.
so.le.dad [soled´ad] *sf* Solidão. *dijo que no le importaba la soledad* / disse que a solidão não o incomodava.
so.lem.ne [sol´emne] *adj* Solene, cerimonioso.
so.lem.ni.dad [solemnid´ad] *sf* Solenidade.
so.ler [sol´er] *vi* Costumar, ter por hábito. *solía ir los domingos al cine* / costumava ir ao cinema aos domingos. → morder. Verbo defectivo: tem as formas do infinitivo e gerúndio; conjuga-se apenas no presente e no pretérito imperfeito do indicativo e do subjuntivo.
sol.fa [s´olfa] *sf Mús* **1** Solfejo. **2** *coloq* Surra, sova.

sol.fe.ar [solfe´ar] *vt Mús* **1** Solfejar. **2** *coloq* Surrar.

sol.feo [solf´eo] *sm Mús* **1** Solfejo. **2** *coloq* Surra, sova.

so.li.ci.ta.ción [soliθitaθj´on] *sf* Solicitação.

so.li.ci.tar [soliθit´ar] *vt* Solicitar, procurar, buscar, requerer, pedir.

so.lí.ci.to, -a [sol´iθito] *adj* Solícito, diligente, cuidadoso.

so.li.ci.tud [soliθit´ud] *sf* **1** Solicitude. **2** Solicitação, pedido, requerimento. *los extranjeros ilegales deben presentar una solicitud al gobierno* / os estrangeiros ilegais devem apresentar uma solicitação ao governo.

so.li.da.ri.dad [solidarid´ad] *sf* Solidariedade.

so.li.da.rio, -a [solid´arjo] *adj* Solidário.

so.li.da.ri.zar [solidariθ´ar] *vt+vpr* Solidarizar. → alzar.

so.li.dez [solid´eθ] *sf* Solidez, qualidade de sólido.

so.li.di.fi.ca.ción [solidifikaθ´jon] *sf* Solidificação.

so.li.di.fi.car [solidifik´ar] *vt+vpr* Solidificar. → atacar.

só.li.do, -a [s´olido] *adj* Sólido, maciço, forte. • *adj+sm* Sólido, corpo (de três dimensões).

so.li.ló.quio [solil´okjo] *sm* Solilóquio, monólogo.

so.li.sta [sol´ista] *s Mús* Solista. *la voz del solista era maravillosa* / a voz do solista era maravilhosa.

so.li.ta.rio, -a [solit´arjo] *adj* Solitário: a) desacompanhado. b) só. • *sm* **1** Solitário, diamante engastado numa joia. **2** Paciência, jogo de baralho que uma pessoa joga sozinha. • *sf Zool* Solitária, tênia.

so.llo.zar [soλoθ´ar] *vi* Soluçar. → alzar.

so.llo.zo [soλ´oθo] *sm* Soluço.

so.lo, -a [s´olo] *adj* Só: a) único. b) desacompanhado, solitário. c) desamparado, sozinho. *está solo en casa* / está sozinho em casa. • *adv* Só, apenas, somente, unicamente. *no comentó nada, sólo que estaba cansado* / não disse nada, apenas que estava cansado. • *sm Mús* Solo.

"Solo", em português, significa também "chão, pavimento", que, em espanhol, equivale a **suelo**.
A palavra **solo** pode ser usada também como adjetivo e como advérbio: *fui al cine solo* / fui ao cinema sozinho. *solo tengo unas monedas* / tenho somente umas moedas.
Em casos de ambiguidade, **solo** leva acento agudo na função de advérbio: *vine solo a almorzar* / vim sozinho para almoçar. *vine sólo a almorzar* / vim somente para almoçar.

so.lo.mi.llo [solom´iλo] *sm* Lombo.

sols.ti.cio [solst´iθjo] *sm Astron* Solstício. **solsticio hiemal** solstício de inverno. **solsticio vernal** solstício de verão.

sol.tar [solt´ar] *vt+vpr* Soltar: a) desatar, desprender, desligar. b) libertar. c) emitir, despedir. d) dizer, pronunciar, proferir. → aprobar.

sol.te.rí.a [solter´ia] *sf* Celibato.

sol.te.ro, -a [solt´ero] *adj+s* Solteiro.

sol.te.rón, -ona [solter´on] *adj+s* Solteirão. *a los cuarenta años, todavía soltero, se consideraba un solterón* / aos quarenta anos, ainda solteiro, considerava-se um solteirão.

sol.tu.ra [solt´ura] *sf* Soltura, desembaraço.

so.lu.ble [sol´uble] *adj* Solúvel.

so.lu.ción [soluθ´jon] *sf* Solução. **solución de continuidad** solução de continuidade.

so.lu.cio.nar [soluθjon´ar] *vt* Solucionar, resolver, decidir.

sol.ven.cia [solb´enθja] *sf* Solvência.

sol.ven.tar [solbent´ar] *vt* Solver: a) pagar, quitar. b) explicar, resolver. *si hay alguna duda que solventar la vemos ahora* / se há alguma dúvida a ser resolvida, podemos ver isso agora.

sol.ven.te [solb´ente] *adj* Solvente. • *adj+sm Quím* Solvente.

som.bra [s´ombra] *sf* Sombra: a) escuridão. b) reprodução de uma figura numa superfície mais clara. c) fantasma. d) aparência. e) mácula, defeito. f) cosmético para as pálpebras. **a la sombra** à sombra. **hacer sombra** fazer sombra a. **ni por**

sombra nem por sombras. **no ser ni sombra de lo que era** não ser nem sombra do que foi. **sombra de ojos** sombra.

som.bre.ro [sombr´ero] *sm* Chapéu. *se quitó el sombrero en señal de respeto* / tirou o chapéu em sinal de respeito.

som.bri.lla [sombr´iλa] *sf* **1** Guarda-sol. **2** Sombrinha.

som.brí.o, -a [somb´io] *adj* Sombrio: a) lugar com pouca luz. b) tétrico, melancólico.

so.me.ro, -a [som´ero] *adj* Superficial, leviano, ligeiro. *el conocimiento que tengo del asunto es somero* / tenho um conhecimento superficial do assunto.

so.me.ter [somet´er] *vt+vpr* Submeter, sujeitar, subjugar. *tiene que someterse a la jerarquía superior* / é preciso se submeter à hierarquia superior.

so.me.ti.mien.to [sometimj´ento] *sm* Submissão, obediência, sujeição, subordinação. *mostró sometimiento ante el superior* / mostrou submissão diante do superior.

som.ní.fe.ro, -a [somn´ifero] *adj+sm* Sonífero.

som.no.len.cia [somnol´enθja] *sf* Sonolência.

som.no.lien.to, -a [somnol´jento] *adj* Sonolento.

son [s´on] *sm* Som, ruído.

so.na.je.ro [sonah´ero] *sm* Chocalho. *el niño jugaba con el sonajero* / a criança brincava com o chocalho.

so.nam.bu.lis.mo [sonambul´ismo] *sm Med* Sonambulismo.

so.nám.bu.lo, -a [son´ambulo] *adj+s* Sonâmbulo.

so.nan.te [son´ante] *adj* Sonoro.

so.nar [son´ar] *vi+vt+vpr* **1** Soar. **2** Lembrar, vir à lembrança. → aprobar.

son.da [s´onda] *sf* Sonda.

son.dar [sond´ar] *vt* Sondar, explorar, examinar.

son.de.o [sond´eo] *sm* Sondagem. *el candidato pidió un sondeo de opinión* / o candidato pediu uma sondagem de opinião.

so.ne.to [son´eto] *sm Lit* Soneto.

so.ni.do [son´ido] *sm* Som. *el sonido de la música se oía muy lejos* / dava pra ouvir o som da música bem longe.

so.no.ri.dad [sonorid´ad] *sf* Sonoridade.

so.no.ro, -a [son´oro] *adj* Sonoro. **banda sonora** trilha sonora. **onda sonora** onda sonora.

son.re.ír [sonre´ir] *vi+vpr* Sorrir, rir. → reír.

son.rien.te [sonrj´ente] *adj* Sorridente.

son.ri.sa [sonr´isa] *sf* Sorriso. *la joven tenía una sonrisa muy bonita* / a jovem tinha um sorriso lindo.

son.ro.jar [sonroh´ar] *vt+vpr* Corar, enrubescer, ruborizar.

son.ro.jo [sonr´oho] *sf* Timidez, rubor.

so.ña.dor, -ora [soñad´or] *adj+s* Sonhador.

so.ñar [soñ´ar] *vt+vi* Sonhar, fantasiar. → aprobar.

so.pa [s´opa] *sf* Cul Sopa.

so.pa.po [sop´apo] *sm fam* Sopapo, bofetada, bofetão, tabefe, tapa, murro, soco. *la discusión terminó entre sopapos* / a discussão terminou aos tapas.

so.pe.ra [sop´era] *sf* Sopeira.

so.pe.ro, -a [sop´ero] *adj* Sopeiro. • *sf* Prato fundo.

so.pe.sar [sopes´ar] *vt* Pôr na balança, sopesar.

so.pe.tón [sopet´on] *sm* Bofetão, sopapo.

so.plar [sopl´ar] *vt+vi+vpr* Soprar, assoprar. *sopló las velas de la torta de cumpleaños* / assoprou as velas do bolo de aniversário.

so.ple.te [sopl´ete] *sm* Maçarico.

so.plo [s´oplo] *sm* Sopro.

so.plón, -ona [sopl´on] *adj+s coloq* Dedo-duro, delator. *un soplón lo denunció a la policía* / um delator contou tudo à polícia.

so.por [sop´or] *sm* Torpor, modorra, sonolência. *el calor produce sopor* / o calor produz sonolência.

so.po.rí.fe.ro, -a [sopor´ifero] *adj+sm Med* Soporífero, sonífero.

so.por.ta.ble [soport´able] *adj* Suportável, sofrível, tolerável.

so.por.tal [soport´al] *sm* Alpendre.

so.por.tar [soport´ar] *vt* Suportar: a) sustentar. b) sofrer, tolerar, admitir.

so.por.te [sop´orte] *sm* Suporte.

so.pra.no [sopr´ano] *s Mús* Soprano.

so.que.te [sok´ete] *sm AL* **1** Soquete. **2** Meia curta.

sor [s´or] *sf Rel* Soror.

sor.ber [sorb´er] *vt* Sorver, absorver, tragar. *sorbió la gaseosa con la pajita* / sorveu o refrigerante pelo canudinho.

sor.be.te [sorb´ete] *sm* Sorvete de suco de frutas.

sor.bo [s´orbo] *sm* Sorvo, trago, gole. *se bebió el vino de un sorbo* / tomou o vinho de um gole.

sor.de.ra [sord´era] *sf* Surdez. *la sordera es uno de los problemas de los ancianos* / a surdez é um dos problemas dos idosos.

sor.dez [sord´eθ] *sf* Surdez.

sor.di.dez [sordid´eθ] *sf* Sordidez.

sór.di.do, -a [s´ordido] *adj* Sórdido: a) sujo, emporcalhado, nojento. b) indecoroso, indecente, obsceno. c) miserável, mesquinho.

sor.do, -a [s´ordo] *adj+s* Surdo. **dolor sordo** dor surda.

sor.do.mu.do, -a [sordom´udo] *adj+s* Surdo-mudo.

sor.na [s´orna] *sf* Zombaria. *no me hizo caso, me respondió con sorna* / não levou em consideração, fez zombaria de mim.

sor.pren.den.te [sorprend´ente] *adj* Surpreendente.

sor.pren.der [sorprend´er] *vt* Surpreender: a) apanhar de improviso. *vt+vpr* b) maravilhar, espantar, assombrar.

sor.pre.sa [sorpr´esa] *sf* Surpresa.

sor.te.ar [sorte´ar] *vt* **1** Sortear. **2** Esquivar.

sor.te.o [sort´eo] *sm* Sorteio.

sor.ti.ja [sort´iha] *sf* **1** Anel. *en el dedo tenía una sortija de esmeralda* / no dedo tinha um anel de esmeralda. **2** Cacho (de cabelo).

sor.ti.le.gio [sortil´ehjo] *sm* Sortilégio.

so.sa [s´osa] *Quím* Soda.

so.se.ga.do, -a [soseg´ado] *adj* Sossegado, quieto, tranquilo, calmo, pacífico.

so.se.gar [soseg´ar] *vt+vpr* Sossegar: a) aquietar, acalmar, apaziguar, tranquilizar. *vi+vpr* b) descansar. → fregar.

so.se.ría [soser´ia] *sf* Tolice.

so.sia [s´osja] *sm* Sósia. *el artista no pudo venir, mandaron un sosia para substituirlo* / o artista não pôde vir, mandaram um sósia para substituí-lo.

so.sie.go [sos´jego] *sm* Sossego, quietude, tranquilidade, paz, serenidade.

so.so, -a [s´oso] *adj+s* Insosso. *ese plato no tiene sal, está soso* / esse prato não tem sal, está insosso.

sos.pe.cha [sosp´etʃa] *sf* Suspeita. *tengo la sospecha de que no dice lo que sabe* / tenho a suspeita de que não diz o que sabe.

sos.pe.char [sospetʃ´ar] *vt+vi* Suspeitar: *vt* a) conjecturar. *vi* b) desconfiar, recear.

sos.pe.cho.so, -a [sospetʃ´oso] *adj+s* Suspeito. *esconde algo, su comportamiento es muy sospechoso* / oculta alguma coisa, seu comportamento é muito suspeito.

sos.tén [sost´en] *sm* **1** Sustentação. **2** Sutiã. *por el escote del vestido aparecía el sostén* / pelo decote do vestido aparecia o sutiã.

sos.te.ner [sosten´er] *vt* Sustentar: *vt+vpr* a) manter (firme). b) defender com argumentos, com razões. c) sofrer, aguentar. d) auxiliar. *vpr* e) equilibrar-se. → tener.

so.ta.na [sot´ana] *sf* Sotaina, batina.

só.ta.no [s´otano] *sm* Porão. *los calabozos están en el sótano* / os calabouços localizam-se no porão.

so.te.rrar [soteř´ar] *vt* Soterrar. → despertar.

so.ya [s´oya] *sf Bot V* soja.

su [s´u] *adj pos* Seu, sua, dele, dela. *su padre es inglés* / seu pai é inglês.

sua.ve [su´abe] *adj* Suave: a) delicado. b) brando, doce. c) moderado, módico. d) terno, meigo.

sua.vi.dad [swabid´ad] *sf* Suavidade, delicadeza.

sua.vi.zar [swabiθ´ar] *vt+vpr* Suavizar. → alzar.

sub.a.li.men.ta.ción [subalimentaθj´on] *sf* Subnutrição.

sub.al.ter.no, -a [subalt´erno] *adj+s* Subalterno, inferior, subordinado.

sub.a.rren.dar [subařend´ar] *vt Com* Sublocar. → despertar.

su.bas.ta [sub´asta] *sf* Leilão. *se hizo una subasta de los cuadros* / foi feito um leilão dos quadros.

sub.as.tar [subast´ar] *vt* Leiloar.

sub.cons.cien.te [subkon(s)θ´jente] *sm Psicol* Subconsciente.

sub.con.tra.tar [subkontrat´ar] *vt Econ* Terceirizar. *la nómina de pagos ha sido subcontratada* / a folha de pagamentos foi terceirizada.

sub.cu.tá.neo, -a [subkut´aneo] *adj Biol* Subcutâneo.

sub.de.sa.rro.lla.do, -a [subdesaroλ´ado] *adj* Subdesenvolvido.

sub.de.sa.rro.llo [subdesaɾ´oλo] *sm* Subdesenvolvimento. *el país todavía no ha salido de la fase de subdesarrollo* / o país ainda não saiu da fase de subdesenvolvimento.

sub.di.rec.tor, -ora [subdirekt´or] *s* Subdiretor.

súb.di.to, -a [s´ubdito] *s* Súdito.

sub.di.vi.dir [subdibid´ir] *vt+vpr* Subdividir.

sub.di.vi.sión [subdibisj´on] *sf* Subdivisão.

sub.em.ple.o [subempl´eo] *sm* Subemprego. *la mayor parte de la población vive del subempleo* / a maior parte da população sobrevive em subempregos.

sub.es.ti.mar [subestim´ar] *vt* Subestimar.

sub.ge.ren.te [subher´ente] *s* Subgerente.

su.bi.do, -a [sub´ido] *adj* Subido, alto, elevado. • *sf* subida: a) ato e efeito de subir. b) ladeira, quando se sobe.

su.bir [sub´ir] *vt+vpr+vi* Subir: a) ascender, elevar-se. b) elevar, erguer, alçar. c) encarecer. *vi+vpr* d) levantar-se, elevar-se. e) entrar em veículo. f) cavalgar, montar. g) crescer em altura. h) elevar-se a cargo ou posição social superior. *vi+vt Mús* i) passar de um som grave para um agudo.

sú.bi.to, -a [s´ubito] *adj* Súbito, repentino, inesperado. *sintió un miedo súbito cuando oyó el teléfono* / sentiu um medo súbito quando ouviu o telefone. • *adv* Súbito, repentinamente, subitamente.

sub.je.ti.vo, -a [subhet´ibo] *adj* Subjetivo.

sub.jun.ti.vo, -a [subhunt´ibo] *adj+sm Gram* (Modo) Subjuntivo.

su.ble.va.ción [sublebaθ´jon] *sf* Sublevação, rebelião, revolta.

su.ble.va.do [subleb´ado] *adj+sm* Revoltado.

su.ble.var [subleb´ar] *vt+vpr* Sublevar, revoltar, amotinar.

su.bli.mar [sublim´ar] *vt* Sublimar: a) exaltar, engrandecer. *vt+vpr Fís* b) o passar diretamente do estado sólido ao gasoso.

su.bli.me [subl´ime] *adj* Sublime, excelso, elevado.

sub.ma.ri.no, -a [submar´ino] *adj Mar* Submarino. • *sm Mar* Submarino.

sub.nor.mal [subnorm´al] *adj+s* Deficiente, anormal. *no lo entiende porque es subnormal* / não entende porque é deficiente.

su.bor.di.ona.ción [subordinaθ´jon] *sf* Subordinação, dependência.

su.bor.di.na.do, -a [subordin´ado] *adj+s* Subordinado: a) dependente, inferior, subalterno. b) *Gram* dependente.

su.bor.di.nar [subordin´ar] *vt+vpr* Subordinar, submeter.

sub.ra.yar [subř̌a´yar] *vt* **1** Sublinhar. **2** Destacar, salientar. *hay que subrayar las partes más importantes del texto* / precisa sublinhar as partes mais importantes do texto.

subs.crip.ción [subskripθj´on] *sf* Subscrição, assinatura. Veja nota em **asignatura**.

sub.si.diar [subsidj´ar] *vt* Subsidiar, subvencionar.

sub.si.dia.rio, -a [subsid´jarjo] *adj* Subsidiário.

sub.si.dio [subs´idjo] *sm* Subsídio.

sub.si.guien.te [subsigj´ente] *adj* Subsequente. *borraron esta cláusula y la subsiguiente* / apagaram esta cláusula e a subsequente.

sub.sis.ten.cia [subsist´enθja] *sf* Subsistência, sustento, existência.

sub.sis.tir [subsist´ir] *vi* Subsistir: a) manter-se. b) continuar vivendo. c) existir na sua substância.

subs.tan.cia [subst´anθja] *sf V* sustancia.

subs.tan.cial [substanθ´jal] *adj V* sustancial.

subs.tan.cio.so, -a [substanθ´joso] *adj* V sustancioso.

subs.tan.ti.vo, -a [substant´ibo] *adj+sm* Gram V sustantivo.

subs.ti.tu.ción [substituθ´jon] *sf* V sustitución.

subs.ti.tui.ble [substitw´ible] *adj* Substituível.

subs.ti.tuir [substitu´ir] *vt* V sustituir.

subs.ti.tu.to, -a [substit´uto] *s* V sustituto.

sub.sue.lo [subs´welo] *sm* Subsolo. *hay mucho cobre en el subsuelo del país* / há muito cobre no subsolo do país.

sub.ter.fu.gio [subterf´uhjo] *sm* Subterfúgio, pretexto, evasiva.

sub.te.rrá.ne.o, a [subter̃´aneo] *adj* Subterrâneo. • *sm Arg* Metrô.

sub.tí.tu.lo [subt´itulo] *sm* **1** Subtítulo. **2** *Cin* Legenda. *las películas en inglés tienen subtítulos en español* / os filmes em inglês têm legendas em espanhol. Veja nota em **letrero**.

sub.trac.ción [subtrakθj´on] *Mat* diminuição.

sub.tra.er [subtra´er] *vt* Sonegar.

sub.tra.ir [subtra´ir] Desfalcar.

sub.ur.ba.no, -a [suburb´ano] *adj+s* Suburbano.

su.bur.bio [sub´urbjo] *sm* Subúrbio.

sub.ven.ción [sub(b)enθ´jon] *sf* Subvenção. *las familias de bajos ingresos reciben subvención del gobierno* / as famílias de baixa renda recebem uma subvenção do governo.

sub.ven.cio.nar [sub(b)enθjon´ar] *vt* Subvencionar.

sub.ver.sión [sub(b)ers´jon] *sf* Subversão.

sub.ver.tir [sub(b)ert´ir] *vt* Subverter, transtornar, revolver, destruir. *no se puede subvertir el orden establecido* / não se pode subverter a ordem estabelecida.

sub.ya.cen.te [subyaθ´ente] *adj* Subjacente.

sub.yu.ga.do [subyug´ado] *adj* Subjugado.

sub.yu.gar [subyug´ar] *vt+vpr* Subjugar, dominar. → cargar.

suc.ción [sukθ´jon] *sf* Sucção.

suc.cio.nar [sukθjon´ar] *vt* Sugar. *la bomba succiona la gasolina del depósito* / a bomba suga a gasolina do depósito.

su.ce.der [suθed´er] *vi+vti* Suceder: a) substituir, vir depois. b) ser chamado por lei ou testamento, em uma herança. c) acontecer, ocorrer.

su.ce.sión [suθes´jon] *sf* Sucessão, encadeamento. **sucesión intestada** sucessão legítima. **sucesión testada** sucessão testamentária.

su.ce.si.vo, -a [suθes´ibo] *adj* Sucessivo, contínuo, consecutivo. **en lo sucesivo** por diante.

su.ce.so [suθ´eso] *sm* Sucesso: a) acontecimento, fato, evento. b) bom êxito, resultado feliz. c) desastre, acidente, sinistro.

su.ce.sor, -ora [suθes´or] *adj+s* Sucessor.

su.cie.dad [suθjed´ad] *sf* Sujeira, imundície, porcaria. *hay mucha suciedad por las calles* / há muita sujeira nas ruas.

su.cin.to, -a [suθ´into] *adj* Sucinto, resumido, sumário, preciso.

su.cio, -a [s´uθjo] *adj* Sujo: a) emporcalhado, porco, imundo, sórdido. *el vestido estaba sucio* / o vestido estava sujo. b) indecente, indecoroso, imoral, obsceno. c) indigno, desonesto, sórdido, torpe. d) infeccionado, contagiado.

su.cre [s´ukre] *sm* Sucre. *el sucre era la moneda de Ecuador* / o sucre era a moeda do Equador.

su.cu.len.to, -a [sukul´ento] *adj* Suculento, substancial, substancioso, nutritivo, alimentício.

su.cum.bir [sukumb´ir] *vi* Sucumbir: a) ceder, render-se, sujeitar-se. b) morrer, perecer, falecer.

su.cur.sal [sukurs´al] *adj+sf* **1** Sucursal. **2** Filial.

su.da.do [sud´ado] *adj* Suado.

su.da.fri.ca.no, -a [sudafrik´ano] *adj+s* Sul-africano.

su.da.me.ri.ca.no, -a [sudamerik´ano] *adj+s* Sul-americano.

su.da.nés, -esa [sudan´es] *adj+s* Sudanês.

su.dar [sud´ar] *vt+vi* Suar: a) transpirar. b) gotejar, destilar. *coloq* c) esforçar-se, empenhar-se.

su.des.te [sud´este] *sm* Sudeste.

su.dor [sud´or] *sm* Suor: a) transpiração. *le escurría el sudor por la cara* / o suor escorria pelo seu rosto. b) trabalheira.

su.do.ro.so [sudor´oso] *adj* Suado.

sueco, -a [sw´eko] *adj+s* Sueco. **gimnasia sueca** ginástica sueca.

sue.gro, -a [sw´egro] *sm* Sogro.

sue.la [s´wela] *sf* Sola. **no llegarle a la suela del zapato** não chegar aos pés de.

suel.da [sw´elda] *sf* Solda.

suel.do [s´weldo] *sm* Salário, remuneração, ordenado, estipêndio. **sueldo mínimo** salário mínimo. Veja nota em **ordenado** (espanhol).

sue.lo [s´welo] *sm* Solo, terra, chão. *el suelo es de piedra* / o chão é de pedra. Veja nota em **solo** (espanhol).

suel.to, -a [s´welto] *adj+sm* **1** Solto. **2** Dinheiro miúdo, trocado. *no tengo dinero suelto para el peaje* / não tenho trocado para o pedágio.

sue.ño [s´weño] *sm* **1** Sono: a) ato de dormir. b) vontade de dormir. *me voy a dormir que tengo sueño* / vou dormir que estou com sono. **2** Sonho. *su sueño es ser médico* / o seu sonho é ser médico. **conciliar el sueño** conciliar o sono. **dormir a sueño suelto** dormir a sono solto. **echar un sueño** passar pelo sono. **sueño dorado** sonho dourado. **sueño pesado** sono pesado.

sue.ro [s´wero] *sm* Soro.

suer.te [s´werte] *sf* Sorte: a) destino, fado, sina. b) felicidade, fortuna, boa sorte. c) casualidade, acaso. d) destino, termo, fim. e) gênero, classe, espécie. f) modo, maneira, forma, jeito. **caerle en suerte** tirar a sorte. **de suerte que** de sorte que. **echar a suertes** jogar a sorte. **tocarle en suerte** tirar a sorte.

suer.tu.do, -a [swert´udo] *adj coloq AL* Sortudo.

sué.ter [su´eter] *sm* Suéter, pulôver.

su.fi.cien.cia [sufiθ´jenθja] *sf* **1** Suficiência, habilidade, capacidade. *no le falta suficiencia para hacerlo* / tem capacidade para fazê-lo. **2** Presunção, pretensão. *en su suficiencia cree que todo es posible* / na sua presunção acha tudo possível.

su.fi.cien.te [sufiθ´jente] *adj* **1** Suficiente: a) bastante. b) apto. **2** Pedante, convencido, presumido, presunçoso, pretensioso. *es tan suficiente que piensa que no necesita a nadie* / é tão convencido que acha que não precisa de ninguém.

su.fi.jo, -a [suf´iho] *adj+sm Gram* Sufixo.

su.fra.gar [sufrag´ar] *vt* **1** Financiar, custear. *sufragó los gastos de la operación de su amigo* / financiou os gastos da operação do seu amigo. *vi* **2** *Am* Votar. → **cargar**.

su.fra.gio [sufr´ahjo] *sm* Voto. **sufragio universal** sufrágio universal.

su.fri.ble [sufr´ible] *adj* sofrível.

su.fri.do, -a [sufr´ido] *adj* Sofrido, que sofre com resignação.

su.fri.dor, ora [sufr´idor] *adj+s* Sofredor.

su.fri.mien.to [sufrim´jento] *sm* Sofrimento: a) paciência, resignação. b) padecimento, dor, pena.

su.frir [sufr´ir] *vt+vpr* Sofrer: a) sentir dor física ou moral. b) padecer com paciência. c) tolerar, suportar, aguentar.

su.ge.ren.cia [suher´enθja] *sf* Sugestão. *pidió alguna sugerencia para solucionar o problema* / pediu sugestões para solucionar o problema.

su.ge.rir [suher´ir] *vt* Sugerir: a) propor. b) evocar, lembrar. → **cargar**.

su.ges.tión [suhest´jon] *sf* Sugestão.

su.ges.tio.nar [suhestjon´ar] *vt+vpr* Sugestionar.

su.ges.ti.vo, -a [suhest´ibo] *adj* Sugestivo: a) que sugere. b) insinuante, atraente.

sui.ci.da [suiθ´ida] *adj+s* Suicida.

sui.ci.dar.se [swiθid´arse] *vpr* Suicidar-se.

sui.ci.dio [swiθ´idjo] *sm* Suicídio.

sui.zo, -a [sw´iθo] *adj+s* Suíço.

su.je.ción [suheθj´on] *sf* Sujeição.

su.je.ta.dor, -ora [suhetad´or] *sm* Sutiã.

su.je.tar [suhet´ar] *vt+vpr* **1** Sujeitar, dominar, subjugar. **2** Segurar. *¡sujete al niño para que no se caiga!* / segure a criança para ela não cair!

su.je.to, -a [suh´eto] *adj* Sujeito, exposto, passível. • *sm* Sujeito: a) assunto, tema. b) indivíduo indeterminado ou que não se nomeia. c) *Gram* ser ao qual se atribui um predicado.
sul.fa.to [sulf´ato] *sm Quím* Sulfato.
sul.fu.rar [sulfur´ar] *vt* **1** Sulfurar. *vt+vpr* **2** Encolerizar, irar, irritar, enfurecer.
sul.fú.ri.co, -a [sulf´uriko] *adj* Sulfúrico, sulfúreo, sulfuroso.
sul.tán, -ana [sult´an] *s* Sultão.
su.ma [s´uma] *sf* Soma: a) quantia. *es una suma muy elevada* / é uma quantia muito alta. b) *Mat* adição. **en suma** em resumo.
su.mar [sum´ar] *vt* Somar: a) adicionar. *vt+vpr* b) acrescentar.
su.ma.rio, -a [sum´arjo] *adj* Sumário, reduzido, breve, conciso, sintético. • *sm* Sumário, resumo.
su.mer.gir [sumerh´ir] *vt+vpr* Submergir.
su.mi.de.ro [sumid´ero] *sm* Sumidouro, escoadouro. *el agua escurrió por el sumidero* / a água escorreu pelo sumidouro.
su.mi.nis.trar [suministr´ar] *vt* Subministrar, fornecer, ministrar, abastecer.
su.mi.nis.tro [sumin´istro] *sm* Fornecimento, abastecimento, provisão. *el suministro de gas no es suficiente* / o fornecimento de gás não é suficiente.
su.mir [sum´ir] *vt+vpr* Sumir, afundar, submergir.
su.mi.sión [sumis´jon] *sf* Submissão, obediência, sujeição, subordinação.
su.mi.so, -a [sum´iso] *adj* Submisso. *el joven es sumiso a sus padres* / o jovem é submisso aos seus pais.
su.mo, -a [s´umo] *adj* Sumo: a) máximo, supremo. *el Papa es el sumo pontífice de la Iglesia Católica* / o Papa é o sumo pontífice da Igreja Católica. b) grande, extraordinário. **sumo sacerdote** sumo sacerdote.
sun.tuo.si.dad [suntuosid´ad] *sf* Suntuosidade.
sun.tuo.so, -a [sunt´woso] *adj* Suntuoso, luxuoso, magnificente.
su.pe.di.tar [supedit´ar] *vt* Subordinar. *mi cargo está supeditado a la autoridad del director* / o meu cargo está subordinado à autoridade do diretor.
su.pe.ra.ble [super´able] *adj* Superável.
su.pe.rar [super´ar] *vt+vpr* Superar: a) vencer. b) exceder, ultrapassar.
su.pe.rá.vit [super´abit] *sm Econ* Superávit, excesso.
su.per.che.rí.a [supertʃer´ia] *sf* Logro, engano, dolo, fraude.
su.per.fi.cial [superfiθ´jal] *adj* Superficial, aparente.
su.per.fi.cia.li.dad [superfiθjalid´ad] *sf* Superficialidade.
su.per.fi.cie [superf´iθje] *sf* Superfície.
su.per.fluo, -a [sup´erflwo] *adj* Supérfluo, desnecessário.
su.per.hom.bre [super´ombre] *sm* super-homem
su.per.in.ten.den.te [superintend´ente] *s* Superintendente.
su.pe.rior, -ora [super´jor] *adj* Superior: a) mais elevado. b) de qualidade excelente. • *sm* Superior, que exerce autoridade sobre outrem. **enseñanza superior** ensino superior.
su.pe.rio.ri.dad [superjorid´ad] *sf* Superioridade, vantagem, primazia.
su.per.la.ti.vo, -a [superlat´ibo] *adj* Superlativo.
su.per.mer.ca.do [supermerk´ado] *sm* Supermercado.
su.per.po.bla.ción [superpoblaθj´on] *sf* superpopulação.
su.per.po.ner [superpon´er] *vt* Sobrepor. *se van a superponer los horarios de las clases* / os horários das aulas vão ficar sobrepostos. → poner.
su.per.po.si.ción [superposiθj´on] *sf* Sobreposição.
su.per.pro.duc.ción [superprodukθ´jon] *sf* Superprodução.
su.per.só.ni.co, -a [supers´oniko] *adj Fís* Supersônico.
su.pers.ti.ción [superstiθ´jon] *sf* Superstição, crendice.
su.pers.ti.cio.so, -a [superstiθ´joso] *adj+s* Supersticioso.
su.per.vi.sar [superbis´ar] *vt* Supervisar, supervisionar.

su.per.vi.sión [superbis′jon] *sf* Supervisão.

su.per.vi.sor, -ora [superbis′or] *adj+s* Supervisor.

su.per.vi.ven.cia [superbibˈenθja] *sf* Sobrevivência. *el medicamento prolonga la supervivencia del enfermo* / o remédio aumenta a sobrevivência do doente.

su.per.vi.vien.te [superbibˈjente] *adj+s* Sobrevivente.

su.plan.tar [suplantˈar] *vt* 1 Suplantar, superar. 2 Usurpar.

su.ple.men.ta.rio, -a [suplementˈarjo] *adj* Suplementar. **ángulo suplementario** ângulo suplementar.

su.ple.men.to [suplemˈento] *sm* Suplemento, complemento.

su.plen.te [suplˈente] *adj+s* Suplente, substituto.

su.ple.to.rio, -a [supletˈorjo] *adj+sm* 1 Supletivo. 2 Extensão (telefônica).

sú.pli.ca [sˈuplika] *sf* Súplica.

su.pli.car [suplikˈar] *vt* Suplicar, rogar, implorar, pedir. → atacar.

su.pli.cio [suplˈiθjo] *sm* Suplício, tortura, tormento.

su.plir [suplˈir] *vt* Suprir: a) completar, inteirar, preencher. b) substituir.

su.po.ner [suponˈer] *vt* Supor. *ella no debe suponer que estoy cansado* / ela não deve supor que estou cansado. → poner.

su.por.tar [suportˈar] *vt* Tolerar.

su.po.si.ción [suposiθˈjon] *sf* Suposição.

su.po.si.to.rio [suposit′orjo] *sm Med* Supositório.

su.pre.ma.cí.a [supremaθˈia] *sf* Supremacia, superioridade.

su.pre.mo, -a [suprˈemo] *adj* Supremo: a) superior, sumo. b) derradeiro, último.

su.pre.sión [supresˈjon] *sf* Supressão. *la supresión de la multa fue justa* / a supressão da multa foi justa.

su.pri.mir [suprimˈir] *vt* Suprimir: a) extinguir. b) omitir.

su.pues.to, -a [supˈwesto] *sm* 1 Suposto. 2 Suposição, hipótese. **por supuesto** com certeza.

su.pu.ra.ción [supuraθjˈon] *sf* Secreção.

sur [sˈur] *sm* Sul. **Cono Sur** Cone Sul. **Polo Sur** Polo Sul.

su.ra.me.ri.ca.no, -a [suramerikˈano] *adj+s* Sul-americano.

sur.car [surkˈar] *vt* Sulcar, riscar. → atacar.

sur.co [sˈurko] *sm* Sulco, risco.

su.re.ño, -a [surˈeño] *adj* Sulista.

surf.is.ta [surfˈista] *s* Surfista.

sur.gir [surhˈir] *vi* Surgir: a) emergir. b) manifestar-se, aparecer. → exigir.

sur.ti.do, -a [surtˈido] *adj+sm* Sortido. • *sm* Sortimento. *la tienda tiene muy buen surtido* / a loja tem um bom sortimento.

sur.ti.dor [surtidˈor] *sm* Chafariz, bomba. *había una fuente con surtidor en el jardín* / havia um chafariz no jardim.

sur.ti.mien.to [surtimjˈento] *sm* Sortimento.

sur.tir [surtˈir] *vt+vpr* 1 Sortir, abastecer, prover. *vi* 2 Jorrar, manar, brotar.

"Sortir", em português, significa "variar, combinar, misturar", que, em espanhol, se diz **variar**, **combinar**, **mezclar**.

sus.cep.ti.bi.li.dad [susθeptibilidˈad] *sf* Suscetibilidade.

sus.cep.ti.ble [susθeptˈible] *adj* 1 Suscetível. 2 Melindroso.

sus.ci.tar [susθitˈar] *vt* Suscitar, provocar, causar.

sus.cri.bir [suskribˈir] *vt+vpr* 1 Subscrever: a) assinar, firmar. *los directores subscriben el documento* / os diretores assinam o documento. b) anuir, aquiescer. *vpr* c) obrigar-se a certa cota ou contribuição. *vpr* 2 Assinar, fazer uma assinatura de. *Part irreg:* suscrito.

sus.crip.ción [suskripθjˈon] *sf* 1 Subscrição. 2 Assinatura. *hice una suscripción a la revista* / fiz uma assinatura da revista.

sus.crip.tor, -ora [suskriptˈor] *s* Assinante, subscritor.

su.so.di.cho [susodˈitʃo] *adj* Mencionado, citado.

sus.pen.der [suspendˈer] *vt* 1 Suspender: a) fixar, suster, pendurar (no ar). *vt+vpr* b) interromper temporariamente, sustar. c) enlevar, arrebatar. 2 Reprovar. *suspendí dos asignaturas* / fui reprovado em duas matérias.

sus.pen.di.do, -a [suspendˈido] *adj* Suspenso.

sus.pen.se [susp´ense] *sm* Suspense.

sus.pen.sión [suspens´jon] *sf* Suspensão, interrupção.

sus.pen.si.vo, -a [suspens´ibo] *adj* Suspensivo. **puntos suspensivos** reticências.

sus.pen.so, -a [susp´enso] *adj+s* Suspenso.

sus.pi.ca.cia [suspik´aθja] *sf* Suspicácia.

sus.pi.caz [suspik´aθ] *s* Suspicaz, desconfiado.

sus.pi.rar [suspir´ar] *vi* Suspirar.

sus.pi.ro [susp´iro] *sm* Suspiro.

"Suspiro", referente ao doce, equivale, em espanhol, a **merengue**: *pedimos de postre una torta de merengue* / pedimos de sobremesa um bolo de suspiro.

sus.tan.cia [sust´anθja] *sf* Substância, essência.

sus.tan.cial [sustanθ´jal] *adj* Substancial: a) substancioso. b) essencial, fundamental, básico.

sus.tan.cio.so [sustanθj´oso] *adj* Substancioso.

sus.tan.ti.vo, -a [sustant´ibo] *adj* Substantivo. • *sm Gram* Substantivo, nome.

sus.ten.ta.ble [sustent´able] *adj* Sustentável.

sus.ten.tá.cu.lo [sustent´akulo] *sm* Suporte.

sus.ten.tar [sustent´ar] *vt+vpr* Sustentar: a) alimentar. *vt* b) conservar, manter. c) suportar, apoiar. *vt* d) defender com argumentos, com razões.

sus.ten.to [sust´ento] *sm* Sustento, alimento.

sus.ti.tu.ción [sustituθ´jon] *sf* Substituição, troca.

sus.ti.tui.ble [substitu´ible] *adj* Substituível.

sus.ti.tu.ir [sustitu´ir] *vt* Substituir, trocar. → huir.

sus.ti.tu.to, -a [sustit´uto] *adj+s* Substituto.

sus.to [s´usto] *sm* Susto: a) medo, pavor. b) receio.

sus.trac.ción [sustrakθ´jon] *sf* Subtração, roubo.

sus.tra.er [sustra´er] *vt* Subtrair: a) retirar. b) furtar, roubar. c) *Mat* restar. *vpr* d) esquivar-se. → traer.

su.su.rrar [susur̄´ar] *vi+vt+vpr* sussurrar: a) murmurar. b) segredar.

su.su.rro [sus´ur̄o] *sm* Sussurro, murmúrio. *no escuché lo que dijeron, fue sólo un susurro* / não ouvi o que falaram, foi só um sussurro.

su.til [sut´il] *adj* Sutil: a) tênue, fino, delgado. b) agudo, perspicaz, engenhoso.

su.ti.le.za [sutil´eθa] *sf* **1** Sutileza, delicadeza. **2** Perspicácia, malícia.

su.tu.ra [sut´ura] *sf* Sutura.

su.tu.rar [sutur´ar] *vt* Suturar.

su.yo, -a [s´uyo] *pron pos* Seu, sua, dele, dela.

t

t, T [t´e] Vigésima terceira letra do alfabeto espanhol.
ta.ba.co [tab´ako] *sm* **1** *Bot* Tabaco. **2** Charuto.
ta.ba.que.rí.a *sf* Tabacaria. *en la tabaquería que compro no venden tabaco importado* / na tabacaria que eu compro não vendem tabaco importado.
ta.ber.na [tab´erna] *sf* Taverna, bodega, bar, botequim, boteco.
ta.ber.ne.ro, -a [tabern´ero] *adj+s* Taverneiro, taberneiro.
ta.bi.que [tab´ike] *sm* Tabique, tapume, divisória. *mejor que pongamos unos tabiques al rededor deste muro que se cayó* / é melhor colocarmos uns tapumes em volta deste muro que caiu.
ta.bla [t´abla] *sf* **1** Tábua, placa, lâmina. **2** Tabela, quadro. **3** Catálogo, índice. **4** Tabuleta. **5 tablas** *pl* Cenário, tablado. **6** Empate. **a la tabla del mundo** ao público. **por tablas** por tabela / indiretamente. **quedar tablas** estar quite / empatar.
ta.bla.do [tabl´ado] *sm* **1** Tablado. **2** Palco, cenário. **3** Estrado.
ta.ble.ta [tabl´eta] *sf* **1** Tablete, barra. **2** Pastilha, comprimido. **estar en tabletas** estar pendente. *mi promoción está en tabletas aún* / minha promoção está pendente ainda.
ta.bli.lla [tabl´iλa] *sf* **1** Tabuleta. **2** Tabela, quadro. **por tablilla** por tabela / indiretamente.
ta.bloi.de [tabl´oide] *sm Art Gráf* Tabloide. *mira, mamá, ha llegado un tabloide de mercado por el correo* / veja, mamãe, chegou um tabloide do supermercado pelo correio.

ta.blón [tabl´on] *sm* Tábua, prancha. *si ponemos un tablón de un margen a otro, podemos cruzar* / se colocarmos uma tábua de uma margem a outra, poderemos atravessar.
ta.bú [tab´u] *sm* Tabu. *todavía hay personas que consideran al homosexualismo un tabú* / ainda há pessoas que consideram o homossexualismo um tabu.
ta.bu.co [tab´uko] *sm* Barraco, buraco, biboca.
ta.bu.la.ción [tabulaθj´on] *sf* Tabulação. *¿cómo hago para conformar la tabulación?* / como eu faço para configurar a tabulação?
ta.bu.lar [tabul´ar] *vt* Tabular. • *adj* Tabular.
ta.ca.da [tak´ada] *sf* Tacada. **de una tacada** de uma tacada só, de uma vez.
ta.ca.ñe.rí.a [takañer´ia] *sf* Avareza, sovinice, mesquinharia, tacanharia.
ta.ca.ño, -a [tak´año] *adj+s* Tacanho, mesquinho, avarento, avaro, miserável.
ta.cha [t´atʃa] *sf* **1** Tacha, mancha, nódoa. **2** Defeito, falta, imperfeição. **3** Tachinha, percevejo.
ta.char [tatʃ´ar] *vt* **1** Rasurar, riscar, tachar. **2** Tachar, qualificar. *en el trabajo soy tachado de conservador* / no trabalho sou tachado de conservador. Veja nota em **rasurar** (espanhol).
ta.cho [t´atʃo] *sm* **1** Tacho, vasilha, recipiente. **2** Caldeirão. **irse al tacho:** a) frustar, malograr. b) morrer.
ta.chón [tatʃ´on] *sm* Traço, risco, rabisco, rasura.
ta.chue.la [tatʃ´wela] *sf* Tachinha, percevejo, tacha. *agarren las tachuelas del*

tácito 382 **tambor**

piso si no alguien se va a meter una en el pie / peguem as tachinhas do chão senão alguém vai enfiar uma no pé.

ta.ci.to, -a [t´aθito] *adj* **1** Tácito, implícito, subentendido. **2** Calado, silencioso.

ta.ci.tur.no, -a [taθit´urno] *adj* Taciturno, soturno, tristonho, sombrio, melancólico, triste.

ta.co [t´ako] *sm* **1** Taco: a) taco de bilhar. b) tipo de comida mexicana. **2** *fam* Bagunça, confusão. **3** *fam* Palavrão, imprecação, praga. **4** Salto de sapato. **5** Lanche, boquinha. *vamos a hecharnos un taco?* / vamos fazer um lanchinho?

ta.cón [tak´on] *sm* Salto alto. *no puedo andar con tacones* / não consigo andar de salto alto.

ta.co.ne.ar [takone´ar] *vi* **1** Sapatear. **2** Pisar duro.

tác.ti.ca *sf* Tática, método, sistema. *tengo una táctica infalible para darle remedio a mi gata* / tenho uma tática infalível para dar remédio para minha gata.

tac.to [t´akto] *sm* **1** Tato. **2** Toque. **3** Prudência, cuidado, jeito.

ta.cua.ra [takw´ara] *sf Bot* Taquara, bambu, taboca.

ta.fe.tan [tafet´an] *sm* **1** Tafetá. **2 tafetanes** *pl* Bandeira, nacionalidade.

ta.ha.lí [taal´i] *sm* Tira, cinturão.

tai.ma.do, -a [tajm´ado] *adj*+*s* Velhaco, espertalhão, pilantra. *aquél taimado me ha engañado* / aquele pilantra me enganou.

ta.ja.da [tah´ada] *sf* **1** Fatia, pedaço, posta. **2** *fam* Bebedeira. **sacar tajada** tirar proveito.

ta.jan.te [tah´ante] *adj* **1** Cortante. **2** Contundente, incisivo, categórico, taxativo.

ta.jar [tah´ar] *vt* Talhar, cortar.

tal [t´al] *adj*+*pron dem* **1** Tal, semelhante, similar, igual. **2** Esse, aquele. **con tal de** contanto que. **con tal de que** desde que.

ta.la.drar [taladr´ar] *vt* Perfurar, furar.

ta.la.dro [tal´adro] *sm* **1** *Mec* Broca. **2** Furo, perfuração.

ta.lar [tal´ar] *vt* **1** Destruir, devastar. **2** Cortar, derrubar. • *adj* Talar.

tal.co [t´alko] *sm* Talco. *me olvidé de pasarme talco en los pies* / esqueci de passar talco nos pés.

ta.le.go [tal´ego] *sm* **1** Saco, bolsa. **2** *fig* Barril, botijão. **3** *vulg* Cadeia, prisão. **tener talego** ter grana. **volcar el talego** desabafar, abrir-se.

ta.len.to [tal´ento] *sm* Talento, dom, aptidão. *no tengo talento para la música* / não tenho talento para a música.

ta.len.to.so, -a [talent´oso] *adj* Talentoso, engenhoso, habilidoso.

ta.lis.mán [talism´an] *sm* Talismã, amuleto. *llevo esta piedra como un talismán* / uso esta pedra como um talismã.

ta.lla [t´aλa] *sf* **1** Escultura, entalhe. **2** Talhe, porte, estatura, altura. **3** Tamanho, número, manequim.

ta.lla.do [taλ´ado] *sm* Entalhe. *son lindos esos tallados en los pies de la mesa* / são bonitos esses entalhes nos pés da mesa.

ta.llar [taλ´ar] *vt* Esculpir, entalhar. Veja nota em **lapidar** (espanhol).

ta.lla.rín [taλar´in] *sm* Talharim. *¿vas a comes tallarines con salsa o con manteca?* / você vai comer talharim com molho ou com manteiga?

ta.lle [t´aλe] *sm* **1** Talhe, feitio, porte, configuração. **2** *Anat* Cintura. **3** *Bot* Caule, talo. **4** Aparência, disposição, traço, aspecto.

ta.ller [taλ´er] *sm* Oficina, ateliê.

ta.llo [t´aλo] *sm Bot* **1** Caule, talo. **2** Broto, rebento, muda.

ta.llu.do [taλ´udo] *adj* **1** Taludo, parrudo. **2** Maduro, que já não tem mais dezoito anos. *jugando a la pelota veo como estoy talludo* / jogando bola vejo que já não tenho mais dezoito anos.

ta.lón [tal´on] *sm* **1** *Anat* Calcanhar. **2** *Com* Canhoto. **a talón** andando a pé.

ta.lo.na.rio [talon´arjo] *sm* Talonário, talão. *se me terminó el talonario de cheques* / acabou meu talão de cheques.

ta.ma.ño, -a [tam´año] *s* Tamanho, dimensão, magnitude, grandeza, volume.

ta.ma.rin.do [tam´año] *sm Bot* Tamarindo.

tam.ba.le.ar [tambale´ar] *vi*+*vpr* Cambalear, vacilar, desequilibrar, ziguezaguear.

tam.bién [tamb´jen] *adv* **1** Também, igualmente, inclusive, do mesmo modo. **2** Ainda, mais. Veja nota em **n** (espanhol).

tam.bor [tamb´or] *sm* **1** *Mús* Tambor.

2 Cilindro. **3** Bastidor, caixilho. *no sé bordar con bastidor* / não sei bordar com bastidor.

tam.bo.ril [tambor´il] *sm Mús* Tamboril, tamborim. **tamboril por gaita** dá no mesmo / tanto faz.

ta.miz [tam´iθ] *sm* Peneira. *si pasas la harina por el tamiz la torta te sale mejor* / se você passar a farinha pela peneira o bolo sai melhor.

tam.po.co [tamp´oko] *adv* Também não, tampouco. *si no te vas, yo tampoco* / se você não vai, eu também não.

tan [t´an] *adv* Tão. **tan pronto** assim que, tão logo, quando. *tan pronto estés lista, salimos* / assim que você estiver pronta, sairemos.

tan.da [t´anda] *sf* **1** Turno, vez. **2** Tarefa, trabalho. **3** Capa, camada. **4** Monte, porção. *llegó una tanda de documentos* / chegou uma porção de documentos. **5** Rodada, partida.

tan.ga [t´anga] *sf* Tanga. *no te parece indecente esa tanga minúscula?* / você não acha indecente essa tanga minúscula?

tan.gen.te [tan:h´ente] *adj+sf* Tangente.

tan.gi.ble [tan:h´ible] *adj* Tangível, palpável.

tan.go [t´ango] *sm Mús* Tango. *¡cómo es lindo ver bailar el tango!* / como é bonito assistir a um tango!

tan.que [t´anke] *sm* **1** *Mil* Tanque. **2** Reservatório, depósito. **3** Açude, cisterna.

tan.te.ar [tante´ar] *vt* **1** Medir, comparar. **2** Sondar, apurar. **3** Tatear, titubear. **4** Calcular, estimar, chutar.

tan.te.o [tant´eo] *sm* Sondagem, verificação.

tan.to, -a [t´anto] *adj+adv* Tanto. *no tengo tanto dinero* / não tenho tanto dinheiro.

ta.ñer [tañ´er] *vt* **1** Tanger, soar, tocar, ressoar. *vi* **2** Tamborilar. → Veja modelo de conjugação.

ta.ñi.do [tañ´ido] *sm* Toque, tangimento, tangida.

ta.pa [t´apa] *sf* **1** Tampa. **2** Capa, encadernação. **3** Comporta. **4** Petisco, tira-gosto.

No sentido de "tapa, bofetada", em espanhol usa-se **sopapo, tortazo**.

ta.pa.do [tap´ado] *adj* **1** Tampado. **2** Bobo. • *sm* Casaco, sobretudo.

Em espanhol **tapado** não significa "bronco, estúpido". Para designar a pessoa estúpida, usa-se **tarado**.

ta.par [tap´ar] *vt* **1** Tapar, tampar, fechar. *vt+vpr* **2** Cobrir, abrigar. *esta noche me tuve que tapar con dos frazadas* / esta noite tive de me cobrir com dois cobertores.

ta.pa.rra.bo [tapar̄´abo] *sm* Tanga.

ta.pia [t´apja] *sf* Muro, cerca. **más sordo que una tapia** mais surdo que uma porta.

ta.pi.ce.rí.a [tapiθer´ia] *sf* Tapeçaria. *voy a mandar reformar la tapicería del coche* / vou mandar reformar a tapeçaria do carro.

ta.pi.ce.ro [tapiθ´ero] *sm* Tapeceiro. *mi abuela ha sido tapicera toda la vida* / minha avó foi tapeceira a vida toda.

ta.piz [tap´iθ] *sm* **1** Tapete. **2** Tapeçaria, tela. **arrancado de un tapiz** de aspecto estranho, esquisito. *te lo juro, mi jefe parece arrancado de un tapiz* / juro, meu chefe é muito esquisito.

ta.pi.zar [tapiθ´ar] *vt* **1** Atapetar. *vt+vpr* **2** Revestir, forrar. *he decidido tapizar mi sielón con una tela roja* / decidi revestir meu sofá com um tecido vermelho. → alzar.

ta.pón [tap´on] *sm* Tampa.

ta.po.nar [tapon´ar] *vt* **1** Tapar, fechar. **2** Obstruir. *¿te vas a quedar todo el día sentado en la puerta taponándome el paso?* / vai ficar o dia inteiro sentado na porta obstruindo minha passagem?

ta.pu.jo [tap´uho] *sm* **1** Disfarce. **2** *fam* Dissimulação, embuste.

ta.qui.car.dia [takik´ardja] *sf Patol* Taquicardia. *estoy hasta ahora con taquicardia del susto que me has dado* / estou até agora com taquicardia do susto que você me deu.

ta.qui.gra.fí.a [takigraf´ia] *sf* Taquigrafia.

ta.quí.gra.fo [tak´igrafo] *sm* **1** Taquígrafo. *para anotar lo que dicta el profesor, sólo si yo fuera un taquígrafo* / para anotar o que o professor dita, só se eu fosse um taquígrafo. **2** Tacógrafo, taquímetro.

ta.qui.lla [takˈiλa] *sf* **1** Bilheteria, guichê. **2** Arquivo, fichário.

ta.quí.me.tro [takˈiλa] *sm* Taquímetro, tacógrafo, conta-giros.

ta.ra [tˈara] *sf* Tara: a) *Biol* defeito, vício. b) diferença entre peso bruto e peso líquido.

ta.ra.do, -a [tarˈado] *adj Patol* Tarado, deficiente. • *adj+s* Bobo, tonto, tapado. No sentido de "tarado, maníaco sexual", em espanhol usa-se **degenerado**. Veja outra nota em **tapado** (espanhol).

ta.ra.re.ar [tarareˈar] *vt* Cantarolar. ¿*cómo se llama esa canción que estabas tarareando?* / como chama essa música que você estava cantarolando?

tar.dan.za [tardˈanθa] *sf* Tardança, demora, lentidão, delonga, atraso.

tar.dar [tardˈar] *vi* Tardar, demorar. *vi+vpr* **2** Atrasar. **a más tardar** o mais tardar.

tar.de [tˈarde] *sf* Tarde. *dijieron en la tele que de tarde va a llover* / disseram na TV que à tarde vai chover. • *adv* Tarde. *ahora es tarde, no te quiero más* / agora é tarde, não o amo mais. **de tarde en tarde** de vez em quando. **para luego es tarde** é pra ontem.

tar.dí.o, -a [tardˈio] *adj* **1** Preguiçoso, lento. **2** Tardio, atrasado.

ta.re.a [tarˈea] *sf* Tarefa, trabalho. *tengo tantas tareas diarias que no sé por dónde empezar* / tenho tantas tarefas diárias que nem sei por onde começar.

ta.ri.fa [tarˈifa] *sf* **1** Tarifa, preço. **2** Tabela de preços.

ta.ri.ma [tarˈima] *sf* Tarimba, estrado, tablado, plataforma.

tar.je.ta [tarhˈeta] *sf* Cartão. *gracias por la tarjeta que me mandastes con las flores* / obrigada pelo cartão que você me mandou junto com as flores.

ta.rot [tarˈot] *sm* Tarô. *quiero encontrar alguien que me lea el tarot* / quero achar alguém que leia o tarô para mim.

ta.rro [tˈaro] *sm* Pote.

tar.ta [tˈarta] *sf* Bolo, torta. *¡qué odio! me tuve que ir antes de que cortaran la tarta* / que ódio! tive de ir embora antes de cortarem o bolo.

tar.ta.je.ar [tartaheˈar] *vi* V tartamudear.

tar.ta.mu.de.ar [tartamudeˈar] *vi* Gaguejar, tartamudear. *Sin: tartajear.*

tar.ta.mu.do, -a [tartamˈudo] *adj+s* Gago, tartamudo, tártaro. *cuando la ve, se pone tartamudo* / quando a vê, fica gago.

ta.ru.go [tarˈugo] *sm* Tarugo: a) bucha. b) pessoa troncuda, baixa e forte.

ta.sa [tˈasa] *sf* **1** Taxa, percentual, porcentagem. **2** Tarifa.

ta.sa.ción [tasaθˈjon] *sf* Taxação, tributação.

tas.ca [tˈaska] *sf fam* Tasca, taberna, boteco, bodega, botequim.

ta.ta.mi [tatˈami] *sm* Tatame. *en esta habitación vacía podríamos poner un tatami* / neste quarto vazio poderíamos pôr um tatame.

ta.ta.ra.bue.lo, -a [tatarabwˈelo] *s* Tataravô. *mi tatarabuelo ha sido un hombre muy importante* / meu tataravô foi um homem muito importante.

ta.ta.ra.nie.to, -a [tataranjˈeto] *s* Tataraneto. *te imaginas qué podrán ser nuestros tataranietos?* / você imagina o que nossos tataranetos podem ser?

ta.tú [tatˈu] *sm Zool* Tatu.

ta.tua.je [tatuˈahe] *sm* Tatuagem. *todavía no estoy segura si quiero hacerme un tatuaje* / ainda não tenho certeza se quero fazer uma tatuagem. Veja nota em **abordaje**.

ta.tuar [tatuˈar] *vt+vpr* Tatuar. *me voy a tatuar una rosa en el brazo* / vou tatuar uma rosa no braço. → atenuar.

tau.ro [tˈauro] *adj+sm Astrol* Taurino, touro. *yo soy tauro, ¿y tú?* / eu sou taurino, e você?

ta.xi [tˈa(k)si] *sm* Táxi.

ta.xí.me.tro [ta(k)sˈimetro] *sm* Taxímetro. *señor, lo que me cobra no es lo que marca el taxímetro* / o que o senhor está me cobrando não é o que o taxímetro está marcando.

ta.xis.ta [ta(k)sˈista] *s* Taxista.

ta.za [tˈaθa] *sf* Xícara.

ta.zón [taθˈon] *sm* Cumbuca, pote, tigela.

te [tˈe] *sf* Nome da letra *t*. • *pron pers* Te, lhe. *yo te dije que no quería venir* / eu lhe disse que não queria vir.

té [t´e] *sm Bot* Chá. *¿quieres una taza de té?* / quer uma xícara de chá?

te.a [t´ea] *sf* **1** Tocha, archote, facho. **2** Porre, bebedeira.

te.a.tral [teatr´al] *adj* **1** Teatral. **2** Dramático, exagerado.

te.a.tro [te´atro] *sm* Teatro. *a mí me gusta leer obras de teatro* / eu gosto de ler obras de teatro.

te.be.o [teb´eo] *sm* Gibi, quadrinhos, revista em quadrinhos.

te.cho [t´etʃo] *sm* **1** Teto. **2** Telhado. **3** Limite, altura máxima. **4** Casa, lar, residência, moradia. **hasta el techo** lotado, abarrotado.

te.cla [t´ekla] *sf* **1** Tecla. **2** Assunto delicado.

te.cla.do [tekl´ado] *sm* Teclado. *tengo que comprar un teclado nuevo para mi computadora* / tenho que comprar um teclado novo para meu computador.

te.cle.a.do [tekle´ado] *sm* Digitação. *mi tecleado no es muy rápido* / minha digitação não é muito rápida.

te.cle.ar [tekle´ar] *vi+vt* Teclar, digitar.

te.clis.ta [tekl´ista] *sm* Mús Tecladista. *mi hija es teclista en un conjunto* / minha filha é tecladista de uma banda.

téc.ni.ca [t´eknika] *sf* **1** Técnica, prática, perícia, habilidade. **2** Método, procedimento, processo.

téc.ni.co *sm* Técnico, especialista, expert, perito. • *adj* Técnico.

tec.no.lo.gí.a [teknoloh´ia] *sf* Tecnologia. *con el avance de la tecnología, muy pronto van a existir coches voladores* / com o avanço da tecnologia, muito em breve vão existir carros voadores.

tec.nó.lo.go [tekn´ologo] *sm* Tecnólogo. *debe ser interesante ser tecnólogo* / deve ser interessante ser tecnólogo.

te.dio [t´edjo] *sm* **1** Tédio, enfado, fastio, aborrecimento. **2** Aversão, asco.

te.dio.so, -a [tedj´oso] *adj* Tedioso, chato, incômodo, enfadonho, cansativo.

te.ja [t´eha] *sf* Telha. **a teja vana** de qualquer jeito. **a toca teja / a tocateja** à vista.

te.ja.do [teh´ado] *sm* Telhado. *es peligroso subirse al tejado* / é perigoso subir no telhado.

te.je.du.rí.a [tehedur´ia] *sf* Tecelagem, tapeçaria.

te.jer [teh´er] *vt* **1** Tecer, urdir, tricotar. **2** Compor, formar, organizar, ordenar. **3** Maquinar, tramar.

te.ji.do, -a [teh´ido] *sm* **1** Tecido, tela, pano. **2** Textura, tessitura.

te.la [t´ela] *sf* **1** Tecido, pano. **2** Membrana. **3** Rede, tela.

te.lar [tel´ar] *sm* **1** Tear. **2 telares** *pl* Tecelagem.

te.le [t´ele] *sf fam* Tevê, TV. *no tengo tiempo de ver la tele* / não tenho tempo de assistir Tevê.

te.le.co.mu.ni.ca.ción [telekomunikaθ´jon] *sf* Telecomunicação. *trabajo en una empresa de telecomunicación* / trabalho em uma empresa de telecomunicação.

te.le.dia.rio [teledj´arjo] *sm* Telejornal, noticiário.

te.le.fé.ri.co [telef´eriko] *sm* **1** Teleférico. **2** Funicular, bondinho.

te.le.fo.na.zo [telefon´aθo] *sm fam* Telefonema, ligação telefônica. *tengo que hacer unos telefonazos antes de salir* / tenho de dar uns telefonemas antes de sair.

te.le.fo.ne.ar [telefone´ar] *vt+vi* Telefonar, ligar.

te.le.fo.ne.ma [telefon´ema] *sm* Telefonema, ligação telefônica.

te.le.fo.ní.a [telefon´ia] *sf* Telefonia. *los precios de la telefonía móvil son absurdos* / os preços da telefonia móvel são absurdos.

te.le.fó.ni.co, -a [telef´oniko] *adj* Telefônico. **caseta telefónica** cabine telefônica. **tarjeta telefónica** cartão telefônico.

te.le.fo.nis.ta [telefon´ista] *s* Telefonista. *fui telefonista cuando era joven* / fui telefonista quando jovem.

te.lé.fo.no [tel´efono] *sm* Telefone. *no tengo paciencia para hablar por teléfono* / não tenho paciência para falar no telefone.

te.le.gra.fiar [telegrafj´ar] *vt+vpr* Telegrafar. → confiar.

te.le.gra.ma [telegr´ama] *sm* Telegrama. *nunca he recibido un telegrama* / eu nunca recebi um telegrama.

te.le.no.ve.la [telenob´ela] *sf* Telenovela, novela.

te.le.ob.je.ti.vo [teleobhet´ibo] *sm Fot* Teleobjetiva.

te.le.pa.tí.a [telepat´ia] *sf* Telepatia. *cómo queres que adivine lo que piensas, ¿con telepatía?* / como você quer que eu adivinhe seus pensamentos, com telepatia?

te.les.co.pio [telesk´opjo] *sm Astron* Telescópio.

te.les.pec.ta.dor, -a [telespektad´or] *s* Telespectador. *los telespectadores no están muy satisfechos con el programa* / os telespectadores não estão muito satisfeitos com o programa. *Sin: televidente.*

te.le.te.a.tro [telete´atro] *sf* Teleteatro, teledramaturgia.

te.le.vi.den.te [telebid´ente] *s V telespectador.*

te.le.vi.sión [telebis´jon] *sf* **1** Televisão. **2** Televisor, aparelho de tevê.

te.le.vi.sor [telebis´or] *sm* Televisor, aparelho de tevê.

te.ma [t´ema] *sm* **1** Tema, matéria, objeto. **2** Assunto.

te.má.ti.co, -a [tem´atiko] *adj* Temático. *mi hija quiere una fiesta temática* / minha filha quer uma festa temática.

tem.bla.de.ra [temblad´era] *sf* **1** Tremedeira. **2** Lodaçal.

tem.blar [tembl´ar] *vi* **1** Tremer, estremecer. **2** Trepidar, sacudir, vibrar. → despertar.

tem.ble.que [tembl´eke] *adj+sf fam* **1** Trêmulo, bambo. **2** Trepidante. • *sm fam* Tremedeira, tremelique.

tem.blor [tembl´or] *sm* Tremor, estremecimento, abalo.

tem.blo.ro.so, -a [tembl´oroso] *adj* **1** Trêmulo, bambo. **2** Trepidante.

te.mer [tem´er] *vt* **1** Temer, recear. *vt+vpr* **2** Suspeitar, achar, desconfiar.

te.me.ra.rio, -a [temer´arjo] *adj* **1** Temerário, imprudente, insensato, ousado. **2** Infundado.

te.me.ri.dad [temerid´ad] *sf* Temeridade, imprudência, ousadia, audácia.

te.me.ro.so, -a [temer´oso] *adj* **1** Temeroso, receoso, medroso. **2** Terrível, assustador.

te.mi.ble [tem´ible] *adj* Temível, temeroso, assustador.

te.mor [tem´or] *sm* **1** Temor, medo. *no les tengo temor a los perros* / não tenho medo de cachorro. **2** Suspeita, receio.

tem.pe.ra.men.tal [temperament´al] *adj* Temperamental. *¿cómo te voy a entender si eres tan temperamental?* / como vou entendê-la se você é tão temperamental?

tem.pe.ra.men.to [temperam´ento] *sm* Temperamento, natureza, índole, gênio, caráter.

tem.pe.ra.tu.ra [temperat´ura] *sf* **1** *Fís* Temperatura, calor. **2** Clima.

tem.pes.tad [tempest´ad] *sf* **1** Tempestade, temporal, tormenta. **2** Agitação, inquietação. *ojo de la tempestad* olho do furacão.

tem.pes.tuo.so, -a [tempest´woso] *adj* Tempestuoso, tormentoso, revolto, agitado.

tem.pla.do, -a [templ´ado] *adj* **1** Temperado. **2** Moderado, contido. **3** Morno. **4** Ameno. **estar bien/mal templado** estar de bom/mau humor.

tem.plan.za [templ´anθa] *sf* **1** Temperança, moderação, compostura, sobriedade, comedimento. **2** Têmpera.

tem.plar [templ´ar] *vt+vpr* **1** Temperar, suavizar, amenizar, moderar. *vt* **2** Amornar. *vpr* **3** Embebedar-se.

tem.ple [t´emple] *sm* **1** Temperatura. **2** Têmpera. **3** Ânimo, disposição. **4** Energia, força.

tem.ple.te [templ´ete] *sm* **1** Oratório. **2** Coreto.

tem.plo [t´emplo] *sm* Templo, santuário. *me acuerdo de un templo lindísimo que vi en Roma* / lembro de um templo lindíssimo que eu vi em Roma.

tem.po.ra.da [tempor´ada] *sf* Temporada, período. *está abierta la temporada de caza* / está aberta a temporada de caça.

tem.po.ral [tempor´al] *adj* **1** Temporário, transitório, passageiro, interino. **2** Temporal: a) relativo a tempo. b) relativo a têmpora. **3** Tempestade, tormenta.

tem.po.re.ro, -a [tempor´ero] *adj+s* Temporário, interino, provisório. *estoy como temporero en un despacho* / trabalho como temporário em um escritório.

em.po.ri.zar [temporiθ´ar]*vt* Regular, programar (tempo). *voy a temporizar mi reloj para que toque de cinco en cinco minutos* / vou programar meu relógio para que toque de cinco em cinco minutos. → alzar.

em.pra.no, -a [tempr´ano] *adj* **1** Adiantado, antecipado, prematuro. **2** Temporão. • *adv* Cedo.

e.na.ci.dad [tenaθid´ad] *sf* Tenacidade, firmeza, perseverança, afinco, persistência.

e.na.ci.llas [tenaθ´iλas] *sf pl* **1** Pinça, pinças. **2** Pegador, pegadores (gelo, salada, doce etc.).

e.naz [ten´aθ] *adj* **1** Firme, forte, resistente. **2** Tenaz, persistente, obstinado.

e.na.za [ten´aθa] *sf* **1** Tenaz, torquês, alicate. **2** *Anat* Pinça.

en.dal [tend´al] *sm* Toldo. *si ponermos un tendal en el patio podremos hacer un asado aunque llueva* / se colocarmos um toldo no quintal, poderemos fazer um churrasco mesmo que chova.

ten.de.de.ro [tended´ero] *sm* Varal. *Ojalá no llueva, porque estoy con el tendedero lleno de ropa* / tomara que não chova, porque estou com o varal cheio de roupa.

ten.den.cia [tend´enθja] *sf* Tendência, propensão, inclinação, disposição.

ten.den.cio.so, -a [tendenθj´oso] *adj* Tendencioso, propenso, inclinado, disposto.

ten.den.te [tend´ente] *adj* Tendente, propenso, inclinado, disposto.

ten.der [tend´er] *vt* **1** Estender, esticar, desdobrar. **2** Derrubar, tombar. **3** Pendurar roupa. **4** Tender, propender, inclinar. **5** Armar, tramar, urdir, aprontar. *vpr* **6** Deitar-se. → defender.

ten.de.re.te [tender´ete] *sm* **1** Banca, barraca, barraquinha. *a los domingos hay unos tenderetes de dulces en la plaza* / aos domingos tem umas barraquinhas de doce na praça. **2** *fam* Bagunça.

ten.de.ro, -a [tend´ero] *s* Vendeiro, merceeiro. *soy amigo del tendero, puedo pagar más tarde* / sou amigo do vendeiro, posso pagar depois.

ten.di.do, -a [tend´ido] *adj* Inclinado. • *sm* Fiação elétrica.

ten.di.ni.tis [tendin´itis] *sf Med* Tendinite. *hace tiempo que no tengo una crisis de tendinitis* / faz tempo que não tenho uma crise de tendinite.

ten.dón [tend´on] *sm Anat* Tendão.

te.ne.bro.so, -a [tenebr´oso] *adj* Tenebroso, escuro, lúgubre, negro, sombrio, sinistro.

te.ne.dor [tened´or] *sm* **1** Garfo. **2** Detentor, possuidor. **3** *Com* Portador. **tenedor de libros** guarda-livros, contador.

te.ner [ten´er] *vt* **1** Segurar, suster. **2** Ter, possuir. **3** Dominar, sujeitar. **4** Precisar, ter de. *tengo que salir a las cinco* / tenho de sair às cinco. *vt+vpr* **5** Manter, sustentar. **6** Julgar, considerar. *vpr* **7** Segurar-se. *necesitabas tenerte de mi pelo sólo porque te ibas a caer?* / precisava se segurar no meu cabelo só porque você ia cair? **tener en menos** menosprezar. → Veja modelo de conjugação.

> **Tener** e **haber** mais o pronome relativo "que" seguido de infinitivo expressam ideia de obrigação ou conselho: *tengo que despertar temprano* / tenho de acordar cedo. *hay que ir al dentista dos veces al año* / é preciso ir ao dentista duas vezes ao ano.

te.nia [t´enja] *sf Zool* Tênia, solitária.

te.nien.te, -a [tenj´ente] *s Mil* Tenente.

te.nis [t´enis] *sm inv* **1** *Dep* Tênis. **2** Tênis (calçado). *no encuentro mis tenis* / não estou achando meu tênis.

te.nis.ta [ten´ista] *s Dep* Tenista. *me gustaria ser tenista profesional* / gostaria de ser tenista profissional.

te.nor [ten´or] *sm* **1** Conteúdo, contexto, teor. **2** Estilo, disposição, constituição. **3** *Mús* Tenor. **a tenor de** conforme, segundo.

ten.sión [tensj´on] *sf* **1** Tensão: a) *Fís* força. b) *Electr* Voltagem. c) Hostilidade, oposição. d) excitação, nervosismo. **2** Pressão arterial.

ten.so, -a [t´enso] *adj* **1** Tenso, nervoso. *la situación en casa anda muy tensa* / a situação em casa anda muito tensa. **2** Retesado, estendido.

ten.ta.ción [tentaθj´on] *sf* Tentação, sedução, provocação, desejo.

ten.tar [tent´ar] *vt+vpr* **1** Apalpar, tocar, tatear. *vt* **2** Instigar, induzir, estimular. **3** Tentar. → despertar.

ten.ta.ti.va [tentat´iba] *sf* Tentativa. *la arrestaron por tentativa de asesinato* / prenderam-na por tentativa de assassinato.

te.nue [t´enue] *adj* **1** Tênue, delicado, fino, leve, sutil. **2** Fraco, magro, franzino.

te.ñi.do [teñ´ido] *sm* Tingimento, tintura. *en esa revista hay una materia sobre el teñido de la madera* / nessa revista tem uma matéria sobre tingimento de madeira.

te.ñi.du.ra [teñid´ura] *sm* Tingimento, tintura.

te.ñir [teñ´ir] *vt+vpr* Tingir, pintar, colorir. *me voy a teñir el pelo* / vou tingir o cabelo. → Veja modelo de conjugação.

te.o.lo.gí.a [teoloh´ia] *sf Rel* Teologia.

te.ó.lo.go, -a [te´ologo] *s Rel* Teólogo. *tengo un tío teólogo* / tenho um tio teólogo.

te.o.re.ma [teor´ema] *sm* Teorema. *todavía me acuerdo del teorema de Pitágoras, y hace más de treinta años que lo aprendí* / ainda me lembro do teorema de Pitágoras, e faz mais de trinta anos que o aprendi.

te.o.rí.a [teor´ia] *sf* **1** Teoria, hipótese, suposição. **2** Fundamento.

te.ó.ri.co, -a [te´oriko] *adj+s* Teórico. *este libro es muy teórico* / este livro é muito teórico.

te.qui.la [tek´ila] *sf* Tequila. *después de anoche, nunca más quiero tomar tequila* / depois de ontem à noite, nunca mais quero tomar tequila.

te.ra.peu.ta [terap´euta] *s* Terapeuta.

te.ra.péu.ti.co, -a [terap´euta] *adj* Terapêutico. *hago masaje terapéutico* / faço massagem terapêutica. • *sf* Terapêutica, tratamento, terapia.

te.ra.pia [ter´apja] *sf* Terapia, tratamento.

ter.cer [terθ´er] *adj* Terceiro. *mi tía ya está en el tercer marido* / minha tia já está no terceiro marido.

ter.ce.ro, -a [terθ´ero] *adj+num ord* Terceiro. **tercera en discordia** mediador.

ter.ciar [terθ´jar] *vt* Terçar: a) atravessar, pôr em diagonal. b) dividir em três partes. c) misturar líquidos. d) intervir, interceder.

ter.cio, -a [t´erθjo] *s* **1** Terço. **2** Terça parte.

ter.cio.pe.lo [terθjop´elo] *sm* Veludo. *¿te gustan mis pantalones nuevos de terciopelo?* / você gosta da minha calça de veludo nova?

ter.co, -a [t´erko] *adj* Teimoso, cabeçadura, obstinado, persistente.

ter.gi.ver.sa.ción [terhibersaθ´jon] *sf* Tergiversação, rodeio, evasiva, subterfúgio.

ter.mal [term´al] *adj* Termal. *¡qué bien me ha hecho bañarme en aguas termales!* / como me fez bem tomar banho em águas termais!

ter.mas [t´ermas] *sf pl* Termas.

ter.mes [t´ermes] *sm Entom* Cupim. *¡mirá, los muebles están llenos de termes!* / veja, os móveis estão cheios de cupins!

tér.mi.co, -a [t´ermiko] *adj* Térmico. *esa bolsa conserva la temperatura porque es térmica* / essa sacola conserva a temperatura porque é térmica.

ter.mi.na.ción [terminaθ´jon] *sf* Terminação, término, fim, conclusão.

ter.mi.nal [termin´al] *adj* Terminal, final. • *sm* Terminal.

ter.mi.nan.te [termin´ante] *adj* **1** Terminante, terminativo. **2** Categórico, decisivo, concludente, taxativo.

ter.mi.nar [termin´ar] *vt* **1** Terminar, concluir, acabar, finalizar. *vi+vpr* **2** Findar.

tér.mi.no [t´ermino] *sm* **1** Término, fim, limite, extremo. **2** Prazo. **3** Termo. **4** Fronteira. **5** Termo, baliza, marco. Veja nota em **termo** (espanhol).

ter.mi.no.lo.gí.a [terminoloh´ia] *sf* Terminologia, nomenclatura, vocabulário.

ter.mi.no.ló.gi.co [terminol´ohiko] *adj* Terminológico. *existe un proyecto terminológico para el Cono Sur* / existe um projeto terminológico para o Cone Sul.

ter.mi.ta [term´ita] *sf* Cupim, broca.

ter.mo [t´ermo] *sm* Garrafa térmica.

No sentido de "elemento", "palavra", em espanhol usa-se **término**.

ter.mó.me.tro [term´ometro] *sm Fís* Termômetro. *se me rompió el termómetro y no tengo como medirme la fiebre* / o termômetro quebrou e não tenho como medir a febre.

er.mo.si.fón [termosif´on] *sm* Aquecedor de água.

er.mos.ta.to [termost´ato] *Fís* Termostato. *me quiero comprar un horno con termostato* / quero comprar um forno com termostato.

er.ne.ro, -a [tern´ero] *s Zool* Bezerro.

er.no, -a [t´erno] *s* **1** Terno. **2** Trio, trinca.

er.nu.ra [tern´ura] *sf* **1** Ternura, doçura, meiguice. **2** Carinho, afeição.

er.que.dad [terked´ad] *sf* Teimosia, insistência, obstinação.

e.rra.ja [ter̃´aha] *sf Mec* Tarraxa.

e.rra.plén [ter̃apl´en] *sm* Aterro, terraplenagem.

e.rrá.queo [ter̃´akeo] *adj+s* Terráqueo, que se refere à Terra. Veja nota em **terráqueo** (português).

e.rra.te.nien.te [ter̃aten´jente] *s* Terratenente, latifundiário, fazendeiro.

e.rra.za [ter̃´aθa] *sf* Terraço, varanda. *hoy quiero tomar el desayuno en la terraza* / hoje quero tomar o café da manhã na varanda.

te.rre.mo.to [ter̃em´oto] *sm* Terremoto, abalo sísmico, tremor de terra.

te.rre.nal [ter̃en´al] *adj* Terrestre, terreno. *no seas tan apegado a las cosas terrenales* / não seja tão apegado às coisas terrenas.

te.rre.no, -a [ter̃´eno] *adj* Terrestre, terreno. • *sm* **1** Terreno, solo. **2** Campo, assunto, tema, área. **allanar el terreno** preparar o terreno. **comprar terreno** cair. **llevar (a alguien) al terreno del honor** desafiar para um duelo.

te.rres.tre [ter̃´estre] *adj* Terrestre, terreno. *no se encuentra la atmósfera terrestre en otra parte del universo* / não se encontra a atmosfera terrestre em outro lugar do universo.

te.rri.ble [ter̃´ible] *adj* Terrível, horrendo, horrível, medonho, desumano, atroz.

te.rrí.co.la [ter̃´ikola] *s* Terráqueo. • *adj* Terrestre, terreno.

te.rri.to.rial [ter̃itorj´al] *adj* Territorial. *las dos provincias estan involucradas en una disputa territorial* / os dois Estados estão envolvidos em uma disputa territorial.

te.rri.to.rio [ter̃it´orjo] *sm* **1** Território, terreno, superfície. **2** Esfera, âmbito, área.

te.rrón [ter̃´on] *sm* Torrão. **a rapa terrón** rente. *se cortó el pelo a rapa terrón* / cortou o cabelo bem rente.

te.rror [ter̃´or] *sm* Terror, horror, pavor, pânico.

te.rro.rí.fi.co, -a [ter̃or´ifiko] *adj* Terrificante, horroroso, terrível, espantoso, medonho, horrendo, assustador, aterrador.

te.rro.ris.mo [ter̃or´ismo] *sm* Terrorismo. *no se puede vivir en paz acá a causa del terrorismo* / não se pode viver em paz aqui por causa do terrorismo.

te.rro.ris.ta [ter̃or´ista] *adj+s* Terrorista. *de los cinco terroristas, uno logró escaparse* / dos cinco terroristas, um conseguiu fugir.

te.rru.ño [ter̃´uño] *sm* **1** Torrão. **2** *fam* Terreno, área, solo, terra.

te.sis [t´esis] *sf inv* **1** Tese, teoria, proposição, enunciação. **2** Opinião.

te.són [tes´on] *sm* Tenacidade, afinco, perseverança, decisão, firmeza.

te.so.re.rí.a [tesorer´ia] *sf Com* Tesouraria. *señora Beatriz, pase más tarde en la tesorería para recibir su dinero* / dona Beatriz, passe depois na tesouraria para pegar seu dinheiro.

te.so.re.ro, -a [tesor´ero] *s* Tesoureiro. *vamos a elegir el tesorero del club* / vamos escolher o tesoureiro do clube.

te.so.ro [tes´oro] *sm* **1** Tesouro, fortuna, riqueza. **2** Erário, fazenda, fisco, tesouro público.

test [t´est] *sm* Teste. *los chicos harán un test de personalidad en la escuela* / as crianças farão um teste de personalidade na escola.

tes.ta.men.to [testam´ento] *sm* Testamento. *mi abuelo me ha dejado en testamento todos sus bienes* / meu avô deixou-me em testamento todos os seus bens.

tes.tar [test´ar] *vi* **1** Legar, dispor, deixar em testamento. **2** Rasurar, apagar, tachar. **3** Bater com a testa. **4** Insistir, porfiar. **5** Testar, experimentar, provar.

tes.ta.ru.dez [testarud´eθ] *sf* Teimosia, teima, obstinação. *no aguanto más a tu testadurez* / não aguento mais sua teimosia.

tes.ta.ru.do, -a [testar´udo] *adj* Teimoso, obstinado, voluntarioso.

tes.tí.cu.lo [test´ikulo] *sm Anat* Testículo, escroto. *mi perro tiene una inflamación en los testículos* / meu cachorro está com uma inflamação nos testículos.

tes.ti.fi.car [testifik´ar] *vt* **1** Atestar, certificar. **2** Testemunhar, depor. **3** Afirmar, reconhecer. → atacar.

tes.ti.go [test´igo] *sm* **1** Testemunha. **2** Testemunho, depoimento. **3** *Anat* Testículo. **testigo de cargo** testemunha de acusação. **testigo de descargo** testemunha de defesa. **testigo de vista** testemunha ocular.

tes.ti.mo.niar [testimonj´ar] *vt* Testemunhar. *voy a testemoniar en contra de él* / vou testemunhar contra ele.

tes.ti.mo.nio [testim´onjo] *sm* **1** Testemunho, demonstração, prova. **2** Depoimento.

te.ta [t´eta] *sf Anat* Teta, úbere. **dar la teta** amamentar. **dar la teta al asno** dar pérolas aos porcos. **quitar la teta** desmamar.

té.ta.no [t´etano] *sm Med* Tétano. *¿ya le has dado de la vacuna del tétano a tu hijo?* / você já deu a vacina contra tétano a seu filho?

te.te.ra [tet´era] *sf* Chaleira, bule. *la tetera ya está en fuego* / a chaleira já está no fogo.

te.tra.plé.ji.co [tetrapl´ehiko] *adj+sm* Tetraplégico. *a causa de un accidente, se ha quedado tetrapléjico* / por causa de um acidente, ficou tetraplégico.

té.tri.co, -a [t´etriko] *adj* Tétrico, sinistro, lúgubre, macabro.

tex.til [te(k)st´il] *adj* Têxtil. *trabajo en la industria textil* / trabalho na indústria têxtil.

tex.to [t´e(k)sto] *sm* Texto, escrito. **libro de texto** livro didático / apostila.

tex.tual [te(k)stw´al] *adj* **1** Textual. *haremos ahora la interpretación textual* / faremos agora a interpretação textual. **2** Literal, exato, preciso.

tex.tu.ra [text´ura] *sf* **1** Textura, tessitura. **2** Tecelagem. **3** Estrutura, disposição, organização.

tez [t´eθ] *sf* Tez, cútis, pele. *tienes una tez maravillosa* / você tem uma pele maravilhosa.

ti [t´i] *pron pers* Ti. **hoy por ti, mañana por mí** uma mão lava a outra.

tí.a [t´ia] *sf* **1** Tia. **2** Prostituta. **tía buena** mulher atraente.

ti.bie.za [tibj´eθa] *sf* **1** Tepidez, tibieza. **2** Indiferença.

ti.bio, -a [t´ibjo] *adj* **1** Morno, tépido, tíbio. **2** Indiferente. • *sf Anat* Tíbia.

ti.bu.rón [tibur´on] *sm Ictiol* Tubarão. *v en la tele un programa sobre tiburones* / v na tevê um programa sobre tubarões.

tic [t´ik] *sm Patol* Tique nervoso.

tic.tac [tikt´ak] *sm* Tiquetaque. *el tictac de reloj me pone nerviosa* / o tiquetaque do relógio me deixa nervosa.

tiem.po [t´jempo] *sm* **1** Tempo, fase, período. **2** Temperatura. **3** Oportunidade, ocasião, conjuntura. **al mejor tiempo** talvez. **a tiempos** às vezes, de vez em quando. **a un tiempo** ao mesmo tempo. **del tiempo** natural / em temperatura ambiente. **de tiempo de España** do tempo da minha vó. **engañar al tiempo** matar o tempo. **sin tiempo** intempestivamente.

tien.da [t´jenda] *sf* **1** Loja. **2** Tenda, barraca.

tien.ta [tj´enta] *sf* **1** Astúcia, sagacidade, perspicácia. **2** *Med* Sonda. *sin la tienta todavía no logra orinar* / sem a sonda ainda não consegue urinar.

tien.to [t´jento] *sm* **1** Tato, contato, toque, apalpadela. **2** Bengala. **3** Vara (de equilibrista). **4** Pulso, firmeza. **5** Tato, prudência, delicadeza. **6** Bofetada, tabefe. **a tiento** às apalpadelas.

tier.no, -a [t´jerno] *adj* **1** Terno, meigo, dócil, afável. **2** Tenro, mole, macio. **3** Fresco.

tie.rra [t´jeřa] *sf* **1** Terra, solo. **2** Nação, país, região. **3 Terra** *Astron* Terra. **besar la tierra** cair de cara. **ser buena tierra para sembrar nabos** ser um inútil. **trágame tierra** que vergonha!

tie.so, -a [t´jeso] *adj* **1** Teso, duro, firme, rígido. **2** Tenso, retesado, estendido. **3** Grave, circunspecto. **4** Teimoso, inflexível, obstinado. **5** *fam* Morto. **6** *fam* Duro, liso, sem um tostão.

ti.fón [tif´on] *sm* Tufão, furacão, vendaval. *gracias a Dios nunca he visto un tifón de*

ti.fus [t´ifus] *sm inv Patol* Tifo.

ti.gre, -esa [t´igre] *s* **1** *Zool* Tigre. **2** *fig* Monstro sanguinário. **oler a tigre** feder.

ti.je.ra [tih´era] *sf* **1** Tesoura. **2** *Anat* Língua de cobra. **buena tijera:** a) bom garfo. b) língua de trapo, fofoqueiro. **cortado por la misma tijera** farinha do mesmo saco. **echar tijeras** fofocar.

ti.je.re.te.ar [tiherete´ar] *vt* **1** Tesourar, estesourar, cortar. **2** *fig* Intrometer-se. **3** Falar mal, difamar, fofocar.

ti.la.pia [til´apja] *sf Ictiol* Tilápia.

til.de [t´ilde] *sm Gram* Til, acento. *la n con tilde (ñ) corresponde a nh en portugués* / o n com til (ñ) corresponde a nh em português.

tim.bal [timb´al] *sm Mús* Timbal, tímpano, timbale.

tim.bra.do [timbr´ado] *adj* Harmônico, afinado, bem-sonante, melodioso.

Com relação ao papel "timbrado", em espanhol usa-se **sellado**.

tim.brar [timbr´ar] *vt* **1** Timbrar, selar. **2** Carimbar.

tim.bre [t´imbre] *sm* **1** Campainha. **2** Timbre: a) chancela, sinete, selo. b) inflexão do som.

ti.mi.dez [timid´eθ] *sf* Timidez, acanhamento, embaraço, vergonha. *la timidez no lo deja declararse* / a timidez não deixa que se declare.

tí.mi.do, -a [t´imido] *adj+s* Tímido, acanhado, retraído.

ti.món [tim´on] *sm* **1** Timão, leme. **2** *fig* Direção, governo, governança.

tim.pa.no [t´impano] *sm* **1** *Anat* Tímpano. **2** *Mús* Tamborim. **3** *Mús* Xilofone.

ti.na [t´ina] *sf* **1** Tina, bacia, talha, cuba. **2** Banheira. *antiguamente se usaban aquellas tinas enormes* / antigamente usavam-se aquelas banheiras enormes.

ti.na.ja [tin´aha] *sf* Cântaro, pote, talha.

ti.no [t´ino] *sm* **1** Tino, intuição, faro. **2** Pontaria. **3** Juízo, prudência, acerto. **4** Moderação, cuidado.

tin.ta [t´inta] *sf* **1** Tinta. **2** Tintura, corante. **de buena tinta** de fonte segura. **tinta china** nanquim.

tin.te.ro [tint´ero] *sm* Tinteiro. **dejar (algo) en el tintero** omitir, esquecer.

tin.tín [tint´in] *sm* Tintim, tilintar. *me gusta oír el tintín de las copas* / gosto de ouvir o tilintar das taças.

tin.ti.ne.ar [tintine´ar] *vi* Tilintar, tinir.

tin.to, -a [t´into] *adj* Tinto. ◆ *sm* Vinho tinto. *¿tomamos un tinto con la cena?* / tomamos um vinho tinto no jantar?

tin.to.re.rí.a [tintorer´ia] *sf* Lavanderia, tinturaria.

tin.tu.ra [tint´ura] *sf* **1** Tingimento. **2** Tinta. **3** *Farm* Tintura.

tí.o, -a [t´io] *s* **1** Tio. **2** *fam* Bronco, caipira. **3** *fam* Cara, tio.

tí.pi.co, -a [t´ipiko] *adj* **1** Típico, característico, representativo, peculiar.

ti.pi.fi.car [tipifik´ar] *vt* **1** Padronizar. **2** Representar. *Juan tipifica los estúpidos* / Juan representa os idiotas. → atacar.

ti.po [t´ipo] *sm* **1** Tipo, modelo, exemplar. **2** Símbolo, representação. **3** Classe, índole, natureza. **4** Letra. **5** Cara, indivíduo.

ti.po.gra.fí.a [tipograf´ia] *sf* Tipografia. *mi abuelo tenía una tipografía* / meu avô tinha uma tipografia.

ti.pó.gra.fo [tip´ografo] *sm* Tipógrafo. *mi abuelo era tipógrafo* / meu avô era tipógrafo.

ti.ra [t´ira] *sf* **1** Tira, faixa. **2** Tirinha, história em quadrinhos.

ti.ra.bu.zón [tirabuθ´on] *sm* **1** Saca-rolhas. **2** Cacho (de cabelo).

ti.ra.da *sf* **1** Tiragem, edição. **2** Tirada, arremesso.

ti.ra.dor [tirad´or] *sm* **1** Atirador, lançador. **2** Estirador. **3** Puxador, maçaneta. **4** Estilingue. **5 tiradores** *pl* Suspensórios.

ti.ra.je [tir´ahe] *sf Impr* Tiragem, edição. *el tiraje de nuestro diario escolar es de 200 ejemplares* / a tiragem do nosso jornal escolar é de duzentos exemplares. Veja nota em **abordaje**.

ti.ra.ní.a [tiran´ia] *sf* Tirania, despotismo, opressão, absolutismo.

ti.rá.ni.co [tir´aniko] *adj* Tirânico, dominador, despótico. *él tiene una manera tiránica de ser* / ele tem um modo tirânico de ser.

ti.ra.ni.zar [tiraniθ´ar] *vt* Tiranizar, oprimir, reprimir. → alzar.

ti.ra.no, -a [tir´ano] *adj+s* Tirano, déspota, repressor, opressor, dominador, ditador.

ti.ran.te [tir´ante] *adj* Tenso, estirado, retesado. • *sm* **1** Rédea. **2** *Arquit* Tirante. **3 tirantes** *pl* Suspensórios. Veja nota em **alza**.

ti.rar [tir´ar] *vt* **1** Atirar, arremessar. **2** Jogar fora. **3** Derrubar. **4** Atirar, disparar (arma). **5** Estirar, esticar, estender. **6** Puxar. *¡no me tires el pelo!* / não puxe meu cabelo! *vi* **7** Atrair. **8** Tender, propender, inclinar-se. **a todo tirar** no mais tardar / quando muito.

ti.ri.tar [tirit´ar] *vi* Tiritar, tremer. *pobre perrito, está tiritando de frío* / pobre cachorrinho, está tremendo de frio.

ti.ro [t´iro] *sm* **1** Tiro, disparo. **2** Lance (escada). **al tiro** imediatamente. **a tiro de ballesta** de longe. **ni a tiros** de jeito nenhum. **tiro al blanco** tiro ao alvo. **tiro de gracia** tiro de misericórdia.

ti.rón [tir´on] *sm* **1** Puxão. **2** Arrancada. **3** Fisgada, cãibra, contração. **4** Atração. **de un tirón** de uma só vez.

ti.ro.te.o [tirot´eo] *sm* Tiroteio. *hubo un tiroteo en la calle ayer* / houve um tiroteio na rua ontem.

ti.rria [t´irrja] *sf fam* **1** Ojeriza, raiva, ódio. *ese tipo me da una tirria que no lo puedo ni mirar* / esse sujeito me dá um ódio que não consigo nem olhar pra ele. **2** Implicância.

tí.si.co, -a [t´isiko] *adj+s* Tísico.

ti.sis [t´isis] *sf inv Med* Tuberculose. *nunca hubo un caso de tisis en mi familia* / nunca houve um caso de tuberculose em minha família.

ti.tán [tit´an] *sm* **1** Titã, gigante. **2** Grua, guindaste.

ti.ta.nio [tit´anjo] *sm Quím* Titânio.

tí.te.re [t´itere] *sm* Marionete, títere, fantoche. **no dejar títere con cabeza** não deixar pedra sobre pedra.

ti.tu.be.ar [titube´ar] *vi* **1** Cambalear. **2** Titubear, vacilar, duvidar, hesitar.

ti.tu.lar [titul´ar] *adj+s* **1** Titular. **2** *Impr* Capitular. • *vt* **1** Titular, intitular. *vpr* **2** Formar-se, diplomar-se, graduar-se.

tí.tu.lo [t´itulo] *sm* **1** Título, denominação, qualificação. **2** Letreiro, legenda, rótulo. **3** Causa, pretexto, desculpa. **4** Dignidade nobiliária. **5** *Com* Documento financeiro.

ti.za [t´iθa] *sm Giz*. *tengo alergia a tiza* / tenho alergia a giz.

to.a.lla [to´aʎa] *sf* Toalha de banho ou rosto. **toalla sanitaria** absorvente higiênico.

to.bi.lle.ra [tobiʎ´era] *sf* **1** Tornozeleira. **2** *Méx* Meia soquete.

to.bi.llo [tob´iʎo] *sm Anat* Tornozelo. *me he torcido el tobillo corriendo* / torci o tornozelo correndo.

to.bo.gán [tobog´an] *sm* Escorregador, tobogã.

to.ca [t´oka] *sf* Touca, gorro.

Toca não significa "gruta", "covil". Nesse sentido usa-se **cueva**.

to.ca.dis.cos [tocad´iskos] *sm inv* Toca-discos. *todavía tengo un tocadiscos guardado en casa* / ainda tenho um toca-discos guardado em casa.

to.ca.do, -a [tok´ado] *adj* Pirado, maluco, biruta. • *sm* **1** Toucado, penteado. **2** Touca.

to.ca.dor [tokad´or] *sm* Penteadeira, toucador, toalete.

to.can.te [tok´ante] *adj* Tocante, concernente, relativo, respectivo.

to.car [tok´ar] *vt* **1** Tocar, apalpar, mexer. **2** Encostar, relar. **3** Estimular, inspirar. *vi* **4** Caber, pertencer, competir. **5** Soar. *vt+vpr* **6** Pentear-se, arrumar o cabelo. → **atacar**.

to.ca.yo [tok´aio] *s* Xará.

to.ci.no [toθ´ino] *sm* Toucinho, bacon.

to.co.lo.gí.a [tokoloh´ia] *sf Med* Obstetrícia, tocologia.

to.có.lo.go, -a [tok´ologo] *s Med* Obstetra, parteiro, tocólogo.

to.da.ví.a [todaβ´ia] *adv* Ainda. *todavía no ha llegado lo que compré* / ainda não chegou o que comprei.

to.do, -a [t´odo] *adj+adv* **1** Todo, inteiro. **2** Tudo. • *sm* Tudo. **así y todo** apesar disso, apesar de tudo, ainda assim. **a todo esto** enquanto isso. **sobre todo** principalmente.

to.do.te.rre.no [todoteř´eno] *adj+sm* Jipe.

toga [t´oga] *sf* Toga. Veja nota em **beca** (espanhol).

tol.do [t´oldo] *sm* Toldo, cobertura.

to.le.ra.ble [toler´able] *adj* Tolerável, suportável. *no es tolerable una situación como esa* / não é suportável uma situação como essa.

to.le.ran.cia [toler´anθja] *sf* **1** Tolerância, condescendência, transigência, indulgência. **2** Margem, diferença.

to.le.ran.te [toler´ante] *adj* Tolerante, permissivo, condescendente, transigente. *me parece que eres muy tolerante con él* / acho que você é muito tolerante com ele.

to.le.rar [toler´ar] *vt* **1** Tolerar, admitir, consentir, permitir. **2** Suportar, aguentar, padecer, resistir.

to.lon.dro [tol´ondro] *adj+sm* **1** Aturdido, desatinado, desnorteado, desorientado. **2** Galo, calombo, protuberância, inchaço.

tol.va.ne.ra [tolban´era] *sm* Poeirada. *mira en la calle, ¡qué tolvanera!* / olhe na rua, que poeirada!

to.ma [t´oma] *sf* **1** Tomada: a) recebimento. b) ocupação, conquista. c) *Electr* plugue. d) filmagem, cena. **2** Porção, dose.

to.mar [tom´ar] *vt* **1** Tomar, pegar, apanhar, agarrar, apreender. **2** Receber, aceitar. **3** Ocupar, conquistar. *vt+vpr* **4** Comer ou beber. *vt* **5** Adotar, empregar. **6** Contrair, adquirir. **7** Contratar, admitir. **8** Furtar, tirar. **9** Fotografar, filmar. **10** Cobrir, copular. *vpr* **11** Embebedar-se. **tomarla con (alguien)** não ir com a cara, ter bronca de (alguém). **toma y daca** toma lá, dá cá.

to.ma.te [tom´ate] *sm* **1** *Bot* Tomate. **2** *fam* Buraco, rombo, furo. **3** Briga, confusão, rinha, rolo, pepino.

to.mo [t´omo] *sm* **1** Tomo, volume. **2** Importância, valor, estima. **de tomo y lomo** de peso. *es un empresario de tomo y lomo* / é um empresário de peso.

to.mo.gra.fí.a [t´omo] *sf Med* Tomografia. *tengo que hacerme una tomografía* / preciso fazer uma tomografia.

to.na.li.dad [tonalid´ad] *sf* **1** *Mús* Tonalidade, som. **2** Tom, matiz, cor.

to.nel [ton´el] *sm* Tonel, barril.

to.ne.la.da [tonel´ada] *sf* Tonelada. *¿cuántas toneladas pesa una ballena?* / quantas toneladas pesa uma baleia?

tó.ni.co, -a [t´oniko] *adj+s* Tônico, fortificante, reconstituinte, revigorante. • *sf* **1** Água tônica. **2** Tônica, característica, tendência.

to.ni.fi.can.te [tonifik´ar] *adj+sm* Tonificante, fortificante, revigorante, reconstituinte.

to.ni.fi.car [tonifik´ar] *vt* Tonificar, fortalecer. *es importante tonificar los músculos* / é importante tonificar os músculos. → atacar.

to.no [t´ono] *sm* **1** Tom, entonação. **2** Caráter, tipo, estilo, modo. **3** Energia, força, vigor. **4** Distinção, elegância. **5** Matiz, coloração. **6** Tônus. **darse tono** dar-se importância. **fuera de tono** inoportuno, desapropriado.

ton.su.rar [tonθur´ar] *vt* Tosar, tosquiar.

ton.te.ra [tonte´ra] *sf* **1** Besteira, bobagem, tolice. *sm* **2** Tonto, bobo. *pero, ¡qué tontera eres!* / mas como você é bobo!

ton.te.rí.a [tonter´ia] *sf* Tolice, bobagem, bobeira, besteira. *tú sólo dices tonterías* / você só fala besteira.

ton.to, -a [t´onto] *adj+s* Tonto, bobo. • *adj fam* Chato, desagradável. *te pones muy tonto cuando te contrarían* / você fica muito chato quando é contrariado. **hacerse el tonto** fazer-se de bobo.

to.pa.cio [top´aθjo] *sm Miner* Topázio.

to.par [top´ar] *vt* **1** Topar, chocar, bater. *vt+vi+vpr* **2** Achar, encontrar. *vt* **3** Aceitar, querer. *no sé si topa salir conmigo* / não sei se aceita sair comigo.

to.pe [t´ope] *sm* **1** Limite, extremo, máximo. *el tarro está lleno hasta el tope* / o pote está cheio até o limite. **2** Topada, encontrão, choque. **3** Estorvo, impedimento. **4** Trava. **hasta el tope** cheio, até a tampa. **estar hasta los topes** estar cheio, até a tampa.

to.pe.ta.zo [topet´aθo] *sf sm* Topada, esbarrão, encontrão, choque. *me di un topetazo con el ropero* / dei uma topada com o guarda-roupa.

tó.pi.co, -a [t´opiko] *adj+sm* Tópico, externo. *el médico me dio un remedio de uso tópico para mi alergia* / o médico me deu um remédio de uso externo para minha alergia.

to.po.gra.fí.a [topograf´ia] *sf* Topografia. *fui a un museo de topografía* / fui a um museu de topografia.

to.que [t´oke] *sm* **1** Toque, contato. **2** Batida, percussão. **3** *fam* Pancada.

to.ra.da [tor´ada] *sf* Tourada, bando, manada de touros.

tó.rax [t´ora(k)s] *sm inv Anat* Tórax. *estoy preocupada por ese dolor en el tórax que tengo* / estou preocupada por causa dessa dor que eu tenho no tórax.

tor.be.lli.no [torbeλ´ino] *sm* **1** Torvelinho, remoinho, pé de vento. **2** Turbilhão. **3** *fam* Furacão. *tu hijo es un torbellino* / seu filho é um furacão.

tor.ce.du.ra [torθed´ura] *sf* Torção, torcedura.

tor.cer [torθ´er] *vt+vpr* **1** Torcer, contorcer, retorcer. **2** Desviar. **3** Entortar. **4** Distorcer, tergiversar. → cocer.

tor.ci.do, -a [torθ´ido] *adj* **1** Torcido, torto. **2** Oblíquo, inclinado, transverso. • *sf* Mecha, pavio.

to.re.a.dor [toread´or] *sm* Toureiro, toureador. *parece que hoy no es el día del toreador* / parece que hoje não é o dia do toureiro.

to.re.ro, -a [tor´ero] *adj+s* **1** Toureiro. **2** Galhardo, forte, desenvolvido • *sm* Toureiro, toureador.

tor.men.ta [torm´enta] *sf* **1** Tempestade, tormenta. **2** Tormento, desgraça. **3** Agitação.

tor.men.to [torm´ento] *sm* **1** Tormento, angústia, dor. **2** Tortura.

tor.men.to.so, -a [torment´oso] *adj* Tormentoso, tempestuoso, tenso.

tor.na.do [torn´ado] *sm* Tornado, furacão, torvelinho, ciclone.

tor.nar [torn´ar] *vt* **1** Tornar, retornar. **2** Devolver, restituir. *vt+vpr* **3** Alterar, modificar. *vi* **4** Regressar.

tor.na.sol [tornas´ol] *sm* Tornassol: a) *Bot* girassol. b) *Quím* espécie de corante.

tor.ne.o [torn´eo] *sm* Torneio, competição. *voy a participar de un torneo de ajedrez* / vou participar de um torneio de xadrez.

tor.ni.llo [torn´iλo] *sm* **1** Parafuso. **2** Torno, morsa.

tor.ni.que.te [tornik´ete] *sm* **1** Torniquete. *le hize un torniquete en la herida y lo llevé a urgencias* / fiz um torniquete na ferida e levei-o ao pronto-socorro. **2** Catraca. *señora, sólo pasa uno por vez en el torniquete* / senhora, só passa um por vez na catraca.

tor.no [t´orno] *sm* **1** *Mec* Torno. **2** Catraca. **3** Giro, volta, rodeio. **a torno** em torno de, cerca de.

to.ro [t´oro] *sm Zool* Touro. **toro corrido** raposa velha.

tor.pe [t´orpe] *adj* **1** Lerdo, lento. **2** Torpe, sórdido, sujo, indecoroso. **3** Infame, vil, escroto. **4** Desajeitado.

tor.pe.de.ar [torpede´ar] *vt* **1** Torpedear, bombardear. **2** Agourar, malograr.

tor.pe.do [torp´edo] *sm* Torpedo. *unos torpedos hundieron un buque de guerra* / uns torpedos afundaram um navio de guerra.

tor.pe.za [torp´eθa] *sf* **1** Torpeza, indecência, baixeza. **2** Inabilidade, imperícia.

to.rre [t´or̄e] *sm* **1** Torre. **2** Campanário. *hay muchas palomas en la torre de la iglesia* / há muitas pombas no campanário da igreja.

to.rren.cial [tor̄enθ´jal] *adj* Torrencial, abundante, copioso.

to.rren.te [tor̄´ente] *sm* **1** Torrente, corrente, correnteza. **2** Corrente sanguínea. **3** Multidão, abundância.

tó.rri.do, -a [t´or̄ido] *adj* Tórrido, ardente. *el Nordeste es una región tórrida* / o Nordeste é uma região tórrida.

tor.sión [tors´jon] *sf* Torção, torcedura. *tuve un perro que se murió a causa de una torsión abdominal* / tive um cachorro que morreu por causa de uma torção abdominal.

tor.so [t´orso] *sm* **1** *Anat* Tronco, torso. **2** Busto.

tor.ta [t´orta] *sf* **1** Bolo. **2** *fam* Tabefe, bofetada, tapa, sopapo. **3** *fam* Porre, bebedeira. **costar la torta un pán** custar os olhos da cara. **ni torta** nada, bulhufas. **ser tortas y pan pintado** ser muito fácil.

tor.ta.zo [tort´aθo] *sm fam* Tabefe, bofetada, tapa, sopapo.

tor.tí.co.lis [tort´ikolis] *sm inv Med* Torcicolo. *estoy con un tortícolis desde ayer* / estou com um torcicolo desde ontem.

tor.ti.lla [tort´iλa] *sf* **1** Tortilha. **2** Fritada. **hacer tortilla** espatifar. *se me cayó el vaso y se me hizo tortilla* / o copo caiu e se espatifou.

tor.tu.ga [tort´uga] *sf Zool* Tartaruga.

tor.tuo.so, -a [tortw´oso] *adj* **1** Tortuoso, sinuoso, ondulante. **2** Oculto, obscuro.

tor.tu.ra [tort´ura] *sf* **1** Tortura, suplício, flagelação. **2** Angústia, tormento, sofrimento. **3** Sinuosidade, torcedura.

tor.tu.rar [tortur´ar] *vt+vpr* **1** Torturar, flagelar, fustigar. **2** Atormentar, afligir. *¿por qué no dejas de torturarme con tantas preguntas inútiles?* / por que você não para de me atormentar com tantas perguntas inúteis?

tos [t´os] *sf Patol* Tosse. *no puedo dormir con esa tos* / não consigo dormir com essa tosse.

tos.co, -a [t´osko] *adj* **1** Tosco, rústico, rudimentar, bruto. **2** Bronco, inculto, grosseiro, impolido.

to.ser [tos´er] *vi* Tossir. *no paré de toser toda la noche* / não parei de tossir a noite inteira.

tos.que.dad [tosked´ad] *sf* Rudeza, rusticidade, simplicidade.

tos.ta.da [tost´ada] *sf* Torrada. *estoy con ganas de comer tostadas con dulce de membrillo* / estou com vontade de comer torradas com marmelada.

tos.ta.do, -a [tost´ado] *adj* Torrado, tostado, queimado.

tos.ta.dor, -ora [tostad´or] *adj+sm* Torradeira. *mamá, ¿dónde está el tostador?* / mãe, onde está a torradeira?

tos.tar [tost´ar] *vt+vpr* **1** Tostar, torrar, queimar. **2** Bronzear. → aprobar.

to.tal [tot´al] *adj* Total, cabal, global, integral. • *sm* Soma. • *adv* Afinal, afinal de contas, em suma. *no me importa que no vengas; total, no te quería ver* / não me importa que você não venha; afinal de contas, não queria mesmo ver você.

to.ta.li.dad [totalid´ad] *sf* Totalidade, total, íntegra.

to.ta.li.ta.rio, -a [totalit´arjo] *adj* Totalitário. *estoy leyendo un libro sobre la teoría de gobierno totalitario* / estou lendo um livro sobre a teoria do governo totalitário.

to.ta.li.ta.ris.mo [totalitar´ismo] *sm Polít* Totalitarismo.

to.ta.li.zar [totaliθ´ar] *vt* Totalizar, perfazer, somar. → alzar.

to.tal.men.te [totalm´ente] *adv* Totalmente, absolutamente. *estoy totalmente involucrado con el proyecto* / estou totalmente envolvido com o projeto.

tó.tem [t´otem] *sm* Totem.

tó.xi.co, -a [t´o(k)siko] *adj+sm* Tóxico. *descubrieron que Hector está involucrado con tóxicos* / descobriram que Hector está envolvido com tóxicos.

to.xi.có.ma.no, -a [to(k)sik´omano] *adj+s* Toxicômano, viciado em drogas.

to.xi.na [to(k)s´ina] *sf Quím* Toxina. *el drenaje linfático ayuda a liberar las toxinas* / a drenagem linfática ajuda a liberar as toxinas.

tra.ba [tr´aba] *sf* **1** Trava. **2** Impedimento, embargo. **3** Embaraço, estorvo, entrave.

tra.ba.ja.dor, -ora [trabahad´or] *adj+s* **1** Trabalhador, operário. **2** Aplicado, esforçado.

tra.ba.jar [trabah´ar] *vi* **1** Trabalhar, lidar, obrar. **2** Funcionar, andar. *vt+vpr* **3** Empenhar-se, esforçar-se. *vi* **4** Apurar, elaborar.

tra.ba.jo [trab´aho] *sm* **1** Trabalho, atividade, empreendimento, funcionamento. **2** Ocupação, emprego, ofício, serviço.

tra.ba.jo.so, -a [trabah´oso] *adj* Trabalhoso, difícil. *cuidarla a mi mamá es muy trabajoso* / cuidar de minha mãe é muito trabalhoso.

tra.bar [trab´ar] *vt+vi* **1** Travar, prender. *vt* **2** Impedir, atravancar, restringir.

tra.ba.zón [trabaθ´on] *sf* **1** Travamento. **2** Liga, consistência. **3** Conexão, ligação.

tra.be [tr´abe] *sf* Trave, viga. *se cayó una trabe enorme del edificio en construcción al lado de mi casa* / caiu uma viga enorme do prédio em construção do lado da minha casa.

trac.ción [trakθ´jon] *sf Fís* Tração.

tra.co.ma [trak´oma] *sf Oftalm* Tracoma. *mi mamá tuvo un tracoma en el ojo derecho* / minha mãe teve um tracoma no olho direito.

trac.tor [trakt´or] *sm* Trator.

tra.di.ción [tradiθ´jon] *sf* Tradição, doutrina, costume, hábito, uso.

tra.di.cio.nal [tradiθjon´al] *adj* Tradicional, conservador. *me gusta más lo tradicional que lo moderno* / gosto mais do tradicional que do moderno.

tra.duc.ción [tradukθ´jon] *sf* 1 Tradução, versão. 2 Interpretação.

tra.du.cir [tradu´ir] *vt* 1 Traduzir, verter, trasladar. 2 Interpretar, explicar, explanar. → aducir.

tra.duc.tor, -ora [tradukt´or] *adj+s* Tradutor. *déjame ver quién es el traductor de ese libro* / deixe-me ver quem é o tradutor desse livro.

tra.er [tra´er] *vt* 1 Trazer, conduzir, atrair. 2 Causar, ocasionar, acarretar. 3 Vestir, usar. 4 Conter, encerrar. → Veja modelo de conjugação.

tra.fa.gar [trafag´ar] *vi* Trafegar, negociar, comerciar.

trá.fa.go [tr´afago] *sm* 1 Tráfego, trânsito. 2 Negócio, comércio.

tra.fi.can.te [trafik´ante] *adj+s* Traficante, comerciante.

tra.fi.car [trafik´ar] *vi* 1 Trafegar, negociar, comerciar. 2 Traficar. → atacar.

trá.fi.co [tr´afiko] *sm* 1 Tráfego, trânsito. 2 Negócio, comércio. 3 Tráfico.

tra.ga.pe.rras [tragap´eɾas] *sm inv* Caça-níquel. *me gustaría jugar en un tragaperras* / gostaria de jogar em um caça-níquel.

tra.gar [trag´ar] *vt+vpr* 1 Tragar, engolir, ingerir. *vt* 2 Devorar, comer vorazmente. *vt+vpr* 3 Acreditar. 4 Suportar, aguentar, tolerar. 5 Consumir, gastar. **no tragar** não suportar. *a ese tío no lo trago* / não suporto esse sujeito. → cargar.

tra.ge.dia [trah´edja] *sf* 1 *Teat* Tragédia, drama. 2 Desgraça, catástrofe, acidente. **hacer una tragedia** fazer drama.

trá.gi.ca.men.te [trahikam´ente] *adv* Tragicamente.

trá.gi.co, -a [tr´ahiko] *adj* 1 Trágico, dramático. 2 Fatídico, funesto, catastrófico, nefasto.

trai.ción [traiθ´jon] *sf* Traição, deslealdade, perfídia, infidelidade.

trai.cio.nar [traiθjon´ar] *vt* 1 Trair, atraiçoar, enganar. *no me puedo creer que fuiste capaz de traicionarme* / não acredito que você foi capaz de me trair. 2 Delatar, denunciar. Veja nota em **traidor** (espanhol).

A pessoa que foi "traída" é **traicionada** em espanhol.

trai.cio.ne.ro, -a [traiθjon´ero] *adj+s* Traiçoeiro, traidor, insidioso.

tra.í.do, -a [tra´ido] *adj* Gasto, surrado, usado.

trai.dor, -ora [traid´or] *adj+s* Traidor, infiel, desleal, pérfido. *no te quiero más ver, ¡traidor!* / não quero mais ver você traidor!

tra.je [tr´ahe] *sm* 1 Traje, roupa, vestimenta. 2 Terno.

tra.je.ar [trahe´ar] *vt+vpr* Vestir, trajar. *trajeaba un vestido dorado hasta los pies* / vestia um vestido dourado até os pés.

tra.jín [trah´in] *sm* Vaivém, correria, andança.

tra.ma [tr´ama] *sf* 1 Trama, tecido, urdidura. 2 Enredo, história, argumento. 3 Conspiração, tramoia. Veja nota em **enredo** (espanhol).

tra.mar [tram´ar] *vt* 1 Tramar, tecer. 2 Conspirar, urdir, maquinar, arquitetar. *yo sé que está tramando en contra de mí* / eu sei que estão tramando contra mim.

tra.mi.tar [tramit´ar] *vt* Tramitar, andar, correr.

tra.mo [tr´amo] *sm* 1 Trecho. 2 Lance de escada. *he subido dos tramos de escalera y me quedé con la lengua afuera* / subi dois lances de escada e fiquei com a língua de fora.

tra.mo.ya [tram´oya] *sf* Tramoia, trama, ardil, truque, treta.

tram.pa [tr´ampa] *sf* 1 Armadilha, arapuca, emboscada. 2 Trampa, fraude, embuste, velhacaria, trambique, trapaça. 3 Cilada, armação.

tram.pe.ar [trampe´ar] *vi fam* Trapacear, enganar. **irse trampeando** ir levando, ir se virando.

tram.po.lín [trampol´in] *sm* Trampolim. *tengo miedo de subir al trampolín más alto* / tenho medo de subir no trampolim mais alto.

tram.po.so, -a [tramp´oso] *adj+s* Trapaceiro, embusteiro, vigarista, tapeador.

tran.ca [tr´aŋka] *sf* **1** Tranca, trinco. **2** *fam* Porre, bebedeira.

tran.ca.zo [traŋk´aθo] *sm fam* Gripe. **a los trancazos** precipitadamente, bruscamente.

tran.ce [tr´anθe] *sm* Transe, crise, agonia.

tran.qui.la.men.te [traŋkilam´ente] *adv* Tranquilamente.

tran.qui.li.dad [traŋkilid´ad] *sf* **1** Tranquilidade, calma, serenidade, calmaria. **2** Paz, sossego, despreocupação.

tran.qui.li.za.dor [traŋkiliθad´or] *adj* Tranquilizador, tranquilizante. *para mí tu voz es tranquilizadora* / para mim sua voz é tranquilizadora.

tran.qui.li.zan.te [traŋkiliθ´ante] *adj* Tranquilizador. • *adj+sm Farm* Tranquilizante, calmante, sedativo.

tran.qui.li.zar [traŋkiliθ´ar] *vt+vpr* Tranquilizar, acalmar, sossegar, serenar. *no me puedo tranquilizar hasta que ella no llegue* / não posso me acalmar até que ela não chegue. → alzar.

tran.qui.llo [traŋk´iλo] *adj* **1** Tranquilo, calmo, sossegado, quieto. **2** Relaxado, descansado, despreocupado.

tran.sac.ción [transakθ´jon] *sf* Transação, acordo, negócio, ajuste.

trans.a.tlán.ti.co, -a [transatl´antiko] *adj+sm* Transatlântico. *hice un viaje transatlántico* / fiz uma viagem transatlântica.

trans.bor.da.dor [transbordad´or] *sm* **1** Balsa. **2** Bondinho.

trans.bor.dar [transbord´ar] *vt+vpr* Baldear, fazer transbordo.

trans.bor.do [transb´ordo] *sm* Transbordo, baldeação, conexão. *prefiero un viaje sin transbordo* / prefiro uma viagem sem conexão. *Var: trasbordo.*

trans.cen.den.cia [transθend´enθja] *sf V trascendencia.*

trans.cen.den.tal [transθendent´al] *adj V trascendental.*

trans.cen.der [transθend´er] *vi V trascender.*

trans.con.ti.nen.tal [transkontinent´al] *adj* Transcontinental. *para verte haría un viaje transcontinental por semana* / para ver você faria uma viagem transcontinental por semana.

trans.cri.bir [transkrib´ir] *vt* Transcrever, reproduzir, copiar. *Var: trascribir. Part irreg:* transcrito, transcripto.

trans.crip.ción [transkripθ´jon] *sf* Transcrição, reprodução, cópia. *Var: trascripción.*

trans.cu.rrir [transkur̄´ir] *vi* Transcorrer, passar, correr, decorrer. *ya han transcurrido seis años desde que lo vi por última vez* / já se passaram seis anos desde que o vi pela última vez.

trans.cur.so [transk´urso] *sm* Transcurso, passagem, decurso, curso.

tran.se.ún.te [transe´unte] *adj+s* **1** Transeunte, pedestre, passante. **2** Passageiro, efêmero.

tran.se.xual [transe(k)s´wal] *adj+s* Transexual. *tengo varios amigos transexuales* / tenho vários amigos transexuais.

trans.fe.ren.cia [transfer´enθja] *sf* Transferência, passagem, substituição. *Var: trasferencia.*

trans.fe.rir [transfer´ir] *vt* **1** Transferir, passar. **2** Adiar, pospor. **3** Deslocar, mudar, trasladar. *Var: trasferir.* → mentir.

trans.fi.gu.ra.ción [transfiguraθ´jon] *sf* Transfiguração, transformação. *ella ha pasado por una transfiguración* / ela passou por uma transformação. *Var: trasfiguración.*

trans.fi.gu.rar [transfigur´ar] *vt+vpr* Transfigurar, transformar. *Var: trasfigurar.*

trans.for.ma.ción [transformaθ´jon] *sf* Transformação, alteração, modificação, mudança. *Var: trasformación.*

trans.for.ma.dor, -ora [transformad´or] *adj* Transformador, modificador, transformante. • *sm Electr* Transformador. *Var: trasformador.*

trans.for.mar [transform´ar] *vt+vpr* Transformar, alterar, modificar, mudar. *Var: trasformar.*

trans.for.ma.ti.vo [transformat´ibo] *adj* Transformativo. *Var: trasformativo.*

trans.fu.sión [transfus´jon] *sf* Transfusão. *a causa del accidente, tuvo que hacer una tranfusión de sangre* / por causa do acidente, teve de fazer uma transfusão de sangue. *Var: trasfusión.*

trans.gé.ni.co, -a [transh´eniko] *adj* Transgênico. *parece que esa soya es transgénica* / parece que essa soja é transgênica.

trans.gre.dir [transgred´ir] *vt Der* Transgredir, infringir, violar, desobedecer, desrespeitar, descumprir. *Var: trasgredir.*

trans.gre.sión [transgres´jon] *sf* Transgressão, infração, violação. *Var: trasgresión.*

trans.gre.sor, -ora [transgres´or] *adj+s* Transgressor, contraventor, infrator, violador.

tran.si.ción [transiθ´jon] *sf* Transição, passagem, mudança. *estamos en fase de transición* / estamos em fase de transição.

tran.si.gen.cia [transih´enθja] *sf* Transigência, condescendência, tolerância, contemporização.

tran.si.gir [transih´ir] *vi+vtr* Transigir, condescender, concordar, contemporizar, tolerar. *no es necesario transigir siempre* / não é preciso concordar sempre. → exigir.

tran.sis.tor [transist´or] *sm Electr* Transistor.

tran.si.ta.ble [transit´able] *adj* Transitável, praticável, viável. *las calles de esta ciudad no son transitables* / as ruas desta cidade não são transitáveis.

tran.si.tar [transit´ar] *vi* Transitar, circular, locomover-se, trafegar.

trán.si.to [tr´ansito] *sm* **1** Trânsito, circulação, tráfego, tráfico. **2** Passagem, caminho, trajeto.

tran.si.to.rio, -a [transit´orjo] *adj* **1** Transitório, passageiro, temporário, provisório, efêmero. **2** Fugaz.

trans.la.ción [translaθ´jon] *sf V traslación.*

trans.lú.ci.do, -a [transl´uθido] *adj* Translúcido, cristalino, diáfano, transparente. *tengo que poner unas cortinas menos translúcidas en mi habitación* / tenho de pôr umas cortinas menos transparentes no meu quarto. *Var: traslucido.*

trans.lu.cir [transluθ´ir] *vt+vpr V traslucir.* → lucir.

trans.mi.si.ble [transmiθ´ible] *adj* Transmissível. *esa enfermedad es sexualmente transmisible* / essa doença é sexualmente transmissível.

trans.mi.sión [transmiθj´on] *sf* Transmissão, propagação, comunicação, difusão.

trans.mi.sor, -ora [transmis´or] *adj+s Electr* Transmissor. *este es un aparato transmisor de ultrasonido* / este é um aparelho de transmissão de ultrassom.

trans.mi.tir [transmit´ir] *vt* **1** Transmitir, legar, passar, transferir. *vt+vi* **2** Difundir, propagar, comunicar.

trans.mu.ta.ción [transmutaθ´jon] *sf* Transmutação, transformação. *los alquimistas buscaban la transmutación de los metales inferiores en oro* / os alquimistas buscavam a transformação dos metais inferiores em ouro.

trans.pa.ren.cia [transpar´enθja] *sf* Transparência, clareza, limpidez.

trans.pa.ren.te [transpar´ente] *adj+s* Transparente, translúcido, límpido. *me voy a cambiar la blusa porque está muy transparente* / vou trocar de blusa porque está muito transparente.

trans.pi.ra.ción [transpiraθ´jon] *sf* Transpiração, suor. *Var: traspiración.*

trans.pi.rar [transpir´ar] *vi+vpr* Transpirar, suar. *no voy corriendo porque no quiero transpirar* / não vou correndo porque não quero transpirar. *Var: traspirar.*

trans.po.ner [transpon´er] *vt+vi+vpr* **1** Transpor, passar, ultrapassar. **2** Transplantar. *vpr* **3** Cochilar, adormecer. *me transpuse en el ómnibus hoy y no me di cuenta* / cochilei no ônibus hoje e nem percebi. *Part irreg:* transpuesto. *Var: trasponer.* → poner.

trans.por.tar [transp´ortar] *vt* Transportar, carregar, levar. *Var: trasportar.*

trans.por.te [transp´orte] *sm* Transporte. *mamá, la profesora me mandó recortar medios de transporte como tarea para casa* / mamãe, a professora mandou

recortar meios de transporte como lição de casa. *Var: trasporte.*
trans.ver.sal [transbers´al] *adj* Transversal, colateral.
tran.vía [tramb´ia] *sm* **1** Trilho. **2** Bonde. *dónde vive mi abuela hay un tranvía que pasa por toda la ciudad* / onde minha avó mora tem um bonde que passa por toda a cidade.
tra.pa.ce.ar [trapaθe´ar] *vi* Trapacear, enganar, fraudar.
tra.pa.ce.rí.a [trapaθer´ia] *sf* Trapaça, fraude, tramoia, embuste, velhacaria. *ganar con trapacería no tiene mérito* / ganhar com trapaça não tem mérito.
tra.pa.za [trap´aθa] *sf* Trapaça, velhacaria, fraude, tramoia, embuste.
tra.pe.cio [trap´eθjo] *sm* Trapézio: a) *Anat* músculo das costas. b) *Dep* aparelho de ginástica. c) quadrilátero com dois lados paralelos.
tra.pe.cis.ta [trapeθ´ista] *s* Trapezista. *mamá, quiero ser trapecista cuando crezca* / mamãe, eu quero ser trapazista quando crescer.
tra.po [tr´apo] *sm* **1** Trapo, farrapo, retalho. **2** Pano. **3** *Mar* Vela. **a todo trapo** a todo vapor. **estar hecho un trapo** estar malvestido. **lavar los trapos sucios** lavar a roupa suja / esclarecer. **soltar el trapo** rir / chorar.
trá.que.a [tr´akea] *sf Anat* Traqueia.
tra.que.o.to.mí.a [trakeotom´ia] *sf Med* Traqueostomia.
tra.que.te.o [traket´eo] *sf* **1** Estouro (fogos de artifício). **2** Trepidação, movimento, solavanco. *será que no me pueden cargar con menos traqueteo?* / será que vocês não conseguem me carregar com menos solavancos?
tras [tr´as] *prep* **1** Atrás, detrás. **2** Após, depois de. *tras la cena, tomaremos un licor* / depois do jantar tomaremos um licor.
tras.bor.do [trasb´ordo] *sm V trasbordo.*
tras.cen.den.cia [trasθendenθja] *sf* **1** Perspicácia, acuidade, sagacidade. **2** Transcendência. *Var: transcendencia.*
tras.cen.den.tal [trasθendent´al] *adj* Transcendental. *Var: transcendental.*

tras.cen.der [trasθend´er] *vi* **1** Exalar. **2** Transcender, distinguir, evidenciar. **3** Exceder, ultrapassar. *Var: transcender.* → defender.
tras.cri.bir [traskrib´ir] *vt V transcribir.*
tras.crip.ción [traskripθj´on]] *sf V transcripción.*
tra.se.ro, -a [tras´ero] *adj* Traseiro. • *sm* **1** *fam* Traseiro, nádegas, bunda. *sf* **2** Traseira, retaguarda. *alguien me abolló la trasera de mi auto* / alguém amassou a traseira do meu carro.
tras.fe.ren.cia [trasfer´enθja] *sf V transferencia.*
tras.fe.rir [trasfer´ir] *vt V transferir.*
tras.fi.gu.ra.ción [trasfiguraθj´on] *sf V transfiguración.*
tras.fi.gu.rar [trasfigur´ar] *vt+vpr V transfigurar.*
tras.for.ma.ción [trasformaθj´on] *sf V transformación.*
tras.for.ma.dor, -ora [trasformad´or] *adj+s V transformador.*
tras.for.mar [trasform´ar] *vt+vpr V transformar.*
tras.for.ma.ti.vo [trasformat´ibo] *adj+sm V transformativo.*
tras.fu.sión [trasfuθj´on] *sf V transfusión.*
tras.gre.dir [trasgred´ir] *vt V transgredir.*
tras.gre.sión [trasgreθj´on] *sf V transgresión.*
tras.la.ción [traslaθj´on] *sf* **1** Translação, traslação. **2** Tradução, versão. *Var: translación.*
tras.la.dar [traslad´ar] *vt+vpr* **1** Trasladar, transportar. *vt* **2** Traduzir, verter. **3** Copiar, reproduzir, transcrever.
tras.lú.ci.do, -a [trasl´uθido] *adj V translúcido.*
tras.lu.cir [trasluθ´ir] *vt* **1** Transluzir, brilhar, transparecer. *vt+vpr* **2** Concluir, deduzir, conjecturar. *Var: translucir.* → lucir.
tras.no.char [trasnot∫´ar] *vi* **1** Tresnoitar, varar a noite. **2** Pernoitar, dormir fora.
tras.pa.sar [traspas´ar] *vt* **1** Transpassar, traspassar, atravessar. **2** Transgredir, infringir, violar.

tras.pié [traspj´e] *sm* **1** Tropeção, tropeço, escorregão. **2** Rasteira.

tras.pi.ra.ción [traspiraθj´on] *sf V transpiración*.

tras.pi.rar [traspir´ar] *vi+vpr V transpirar*.

tras.plan.tar [trasplant´ar] *vt* **1** *Med* Transplantar. **2** Replantar. *vt+vpr* **3** Mudar, transferir.

tras.plan.te [traspl´ante] *sm Med* Transplante, transplantação.

tras.po.ner [traspon´er] *vt+vi+vpr V transponer. Part irreg:* traspuesto. → poner.

tras.por.tar [trasport´ar] *vt V transportar*.

tras.por.te [trasp´orte] *sm V transporte*.

tras.qui.lar [traskil´ar] *vt+vpr* Tosquiar, tosar, cortar.

tras.ta.bi.llar [trastabiλ´ar] *vi* **1** Tropeçar, tropicar. **2** Cambalear. **3** Gaguejar, engasgar. *si no dejas de trastabillar no te puedo entender. Qué te ha pasado?* / se você não parar de gaguejar, não vou conseguir entender. O que aconteceu com você?

tras.ta.da [trast´ada] *sf fam* Mancada, sacanagem. *¡qué trastada!* / que mancada!

tras.te [tr´aste] *sm Mús* Trasto.

tras.te.ro [trast´ero] *adj s* Armário ou quarto de despejo.

tras.to [tr´asto] *sm* **1** Móvel, utensílio, coisa, tralha. **2** *despec* Traste, tranqueira, troço.

tras.tor.nar [trastorn´ar] *vt* **1** Virar, inverter. **2** Transtornar, inquietar, desorientar, desconcertar. *vt+vpr* **3** Perturbar, toldar, enlouquecer.

tras.tor.no [trast´orno] *sf* **1** Transtorno, incômodo, embaraço, importunação. **2** Perturbação, desequilíbrio.

tra.ta [tr´ata] *sf* Tráfico (de escravos). *hay lugares donde hacen trata de mujeres* / há lugares onde fazem tráfico de mulheres.

tra.ta.ble [trat´able] *adj* Tratável, acessível, cortês.

tra.ta.do [trat´ado] *sm* Tratado, acordo, ajuste, pacto, convenção. *todas las naciones se comprometieron a cumplir el tratado* / todos os países se comprometeram a cumprir o acordo.

tra.ta.mien.to [tratam´jento] *sm* **1** Tratamento, cura. **2** Trato.

tra.tan.te [trat´ante] *s* Negociante. *mi marido es tratante de autos* / meu marido é negociante de carros.

Em espanhol, **tratante** não tem a conotação depreciativa de "velhaco, mentiroso, impostor".

tra.tar [trat´ar] *vt* **1** Tratar, lidar, manipular. *vt+vi+vpr* **2** Comunicar-se, relacionar-se. *vt+vpr* **3** Cuidar, ocupar-se. **4** Discorrer, dispor, doutrinar. **5** Medicar. *vi* **6** Negociar, comercializar.

tra.to [tr´ato] *sm* **1** Trato, tratamento. **2** Tratado, acordo, pacto, convênio. **3** Comércio, negócio. **trato carnal** relação sexual. **trato de gentes** traquejo social.

trau.ma [tr´auma] *sm Med* Trauma. *a causa del trauma por el accidente, se quedó mudo* / por causa do trauma com o acidente, ficou mudo.

trau.ma.tis.mo [traumat´ismo] *sm Med* Traumatismo, lesão.

trau.ma.ti.za.do [traumatiθ´ado] *adj+sm* Traumatizado. *el accidente me ha dejado traumatizado* / o acidente me deixou traumatizado.

trau.ma.ti.zar [traumatiθ´ar] *vt+vpr* Traumatizar. → alzar.

tra.vés [trab´es] *sm* **1** Través, viés, obliquidade, esguelha, soslaio. **2** Revés, vissicitude, desgraça, infortúnio. **a través** através.

tra.ve.sa.ño [trabes´año] *sm* **1** Travessa, travessão. **2** *Dep* Trave.

tra.ve.se.ar [trabese´ar] *fam* Aprontar, traquinar, fazer arte.

tra.ves.ti [trab´esti], *sm* Travesti, travestido.

tra.ve.su.ra [trabes´ura] *sf* Travessura, diabrura, traquinagem, estrepolia, traquinice. *ya me acostumbré con sus travesuras* / já me acostumei com suas travessuras.

tra.vie.sa [trabj´esa] *sf* Travessa, barra de madeira.

tra.vie.so, -a [trab´jeso] *adj* **1** Atravessado, transverso, enviesado. **2** Sutil, sagaz, astuto. **3** Travesso, inquieto, traquina, danado. **de través** de través.

tra.yec.to [tray´ekto] *sm* Trajeto, caminho, percurso, distância, rota. *¿cuál será el* *mejor trayecto para llegar a la playa?* / qual será o melhor trajeto para chegar à praia?

tra.yec.to.ria [trayekt´orja] *sf* Trajetória, curso.

tra.za [tr´aθa] *sf* **1** Planta, projeto. **2** Plano, esboço. **3** Vestígio, pista. **4 trazas** *pl* Ares, aparência.

tra.za.do [traθ´ado] *sm* **1** Traçado, traço. **2** Planta, projeto. **3** Caminho, percurso.

tra.zar [traθ´ar] *vt* **1** Traçar, desenhar. **2** Esboçar, delinear, projetar. → alzar.

tra.zo [tr´aθo] *sm* **1** Traço, delineamento, esboço. **2** Linha, traçado.

tré.bol [tr´ebol] *sm* **1** *Bot* Trevo. **2 tréboles** Paus (naipe do baralho).

tre.ce [tr´eθe] *num* Treze. **mantenerse en sus trece** bater o pé, teimar.

tre.cho [tr´etʃo] *sm* Trecho, intervalo, segmento, fragmento.

tre.gua [tr´egwa] *sf* **1** Trégua, armistício. **2** Descanso, folga, férias. *trabajo sin tregua 14 horas por día* / trabalho sem descanso 14 horas por dia.

trein.ta [tr´ejnta] *num* Trinta.

tre.men.do [trem´endo] *adj* **1** Tremendo, terrível, atroz. **2** Formidável, extraordinário, respeitável. **tomarse (algo) a la tremenda** dar muita importância (a algo).

tre.mo.lar [tremol´ar] *vt+vi* Tremular, ondular, agitar.

tré.mu.lo, -a [tr´emulo] *adj* Trêmulo.

tren [tr´en] *sm* **1** Trem. **2** Bonde. **a todo tren** a toda, rapidamente, a toda velocidade. **perder el último tren** perder a última chance. **tren de vida** ritmo de vida. *no logro seguir tu tren de vida* / não consigo acompanhar seu ritmo de vida.

tre.na [tr´ena] *sf fam* Cana, cadeia, prisão, xadrez.

tren.za [tr´enθa] *sf* Trança. *estás muy linda de trenzas* / você está muito bonita de tranças.

tren.za.do [trenθ´ado] *sm* Trança. **al trenzado** de qualquer jeito, sem cuidado. **hecharse al trenzado (algo)** assumir a responsabilidade por. *Jorge se hechó al trenzado los estudios del sobrino* / Jorge assumiu a responsabilidade pelos estudos do sobrinho.

tren.zar [trenθ´ar] *vt* Trançar. → alzar.

tre.par [trep´ar] *vi+vt* **1** Trepar, subir, escalar. **2** *fam* Subir na vida, escalar socialmente. **3** Furar, verrumar.

tre.pi.da.ción [trepidaθj´on] *sf* Trepidação, vibração, movimento, agitação.

tre.pi.dan.te [trepid´ante] *adj* **1** Trepidante. **2** Rápido, intenso, agitado.

tre.pi.dar [trepid´ar] *vi* Trepidar: a) tremer, vibrar. b) duvidar, hesitar, titubear.

tres [tr´es] *num* Três. **ni a la de tres** de jeito nenhum. **tres en raya** jogo da velha.

tres.cien.tos, -as [tresθj´entos] *num* Trezentos.

tre.ta [tr´eta] *sf* Treta, astúcia, manha.

trí.a [tr´ia] *sf* Triagem, escolha, seleção, separação. *mañana haremos la tría de los candidatos al empleo* / amanhã faremos a triagem dos candidatos ao emprego.

trí.a.da [tr´iada] *sf* Tríade.

tri.án.gu.lo [tri´angulo] *sm Mús, Geom* Triângulo. *cuando era chico, tocaba triángulo en el conjunto de la escuela* / quando era pequeno, tocava triângulo na banda da escola.

tri.bu.na [trib´una] *sf* Tribuna, palanque, púlpito.

tri.bu.nal [tribun´al] *sm* **1** *Der* Tribunal. **2** Banca examinadora.

tri.bu.ta.ción [tributaθj´on] *sf* **1** Tributação, devoção, consagração. **2** Contribuição, pagamento. **3** Taxação.

tri.bu.tar [tribut´ar] *vt* **1** Tributar, devotar, consagrar, honrar. **2** Contribuir, pagar. **3** Taxar.

tri.bu.to [trib´uto] *sm* **1** Tributo, homenagem, honra. **2** Imposto, taxa, contribuição.

tri.ci.clo [triθ´iklo] *sm* Triciclo. *no te parece que estás un poco grande para andar en triciclo?* / você não acha que está um pouco grande para andar de triciclo?

tri.co.lor [trikol´or] *adj* Tricolor. *me voy a tejer una bufanda tricolor para el invierno* / vou tricotar um cachecol tricolor para o inverno.

tri.co.tar [trikot´ar] *vi+vt* Tricotar, tecer. *¿queres que te enseñe a tricotar?* / quer que eu lhe ensine a tricotar?

trie.nio [trjen´al] *sm* Triênio.

tri.fá.si.co, -a [trifʹasiko] *adj Electr* Trifásico.

tri.ful.ca [trifʹulka] *sf fig* Quiproquó, desordem, alvoroço, bate-boca, confusão.

tri.go [trʹigo] *sm* **1** *Bot* Trigo. **2** Dinheiro, bens, posses. **no es todo trigo** nem tudo são flores. **no ser trigo limpio** não ser flor que se cheire.

tri.go.no.me.trí.a [trigonometrʹia] *sf Mat* Trigonometria.

tri.lla.do, -a [triλʹado] *adj* Comum, sabido de todos. *ese asunto ya es más que trillado* / esse assunto já está mais que sabido.

tri.llar [triλʹar] *vt* **1** Trilhar, debulhar. **2** Maltratar.

tri.lli.zo, -a [triλʹiθo] *adj+s* Trigêmeo. *en casa somos tres mujeres trillizas* / em casa somos três mulheres trigêmeas.

tri.llo [trʹiλo] *sm* **1** *Agr* Trilho, debulhador. **2** Trilha, caminho.

tri.mes.tre [trimʹestre] *sm* Trimestre. *me pasaré un trimestre entero en casa, sin trabajar* / passarei um trimestre inteiro em casa, sem trabalhar.

tri.na.do [trinʹado] *sm* Trinado, gorjeio, trino. *me gusta despertarme con el trinado de los pájaros* / gosto de acordar com o gorjeio dos passarinhos.

trin.ca [trʹinka] *sf* Trinca, trio.

No sentido de "rachadura, trinca", usa-se **hendidura**.

trin.char [trintʃʹar] *vt* **1** Trinchar, cortar, fatiar. **2** *fam* Decidir, resolver, dispor, solucionar.

trin.che.ra [trintʃʹera] *sf Mil* Trincheira. *los soldados fueron capturados en la trinchera* / os soldados foram capturados na trincheira.

tri.ne.o [trinʹeo] *sm* Trenó. *ese tipo de perro es el que usan para tirar los trineos* / esse tipo de cachorro é o que usam para puxar os trenós.

tri.ni.dad [tinidʹad] *sf Rel* Trindade.

tri.no [trʹino] *adj* Trino, triplo. • *sm* Trino, trinado, gorjeio.

trin.que.te [trinkʹete] *sm* Gancho, freio, trava, lingueta.

trí.o [trʹio] *sm* Trio, trinca, tríade, terno. *ustedes forman un trío muy divertido* / vocês formam um trio muito divertido.

tri.pa [trʹipa] *sf* **1** *Anat* Intestino. **2** Barriga, pança. **3 tripas** *pl* Vísceras. **echar las tripas** botar os bofes para fora. **revolver las tripas** revirar o estômago. **sacar la tripa del mal año** tirar a barriga da miséria. **tripa del cagalar** reto (intestino).

tri.ple [trʹiple] *adj* Triplo. • *sm Electr* Benjamin.

trí.plex [trʹiple] *sm* Tríplex. *mi ensueño es vivir en un piso tríplex* / meu sonho é morar em um apartamento tríplex.

tri.pli.car [triplikʹar] *vt+vpr* Triplicar. *el comercio espera triplicar las ventas este año* / o comércio espera triplicar as vendas este ano. → atacar.

trí.po.de [trʹipode] *sm* **1** Trípode. **2** Tripé.

trip.ton.go [triptʹongo] *sm Gram* Tritongo.

tri.pu.la.ción [tripulaθʹjon] *sf* Tripulação. *toda la tripulación ha sido muy amable* / toda a tripulação foi muito gentil.

tri.pu.lan.te [tripulʹante] *s* Tripulante.

tri.pu.lar [tripulʹar] *vt* **1** Tripular. **2** Dirigir, pilotar, conduzir.

tris [trʹis] *sm* Triz, átimo, por um fio.

tris.car [triskʹar] *vi+vpr* **1** Enredar, misturar, embaralhar. **2** Brincar, zoar.

tri.sí.la.bo, -a [trisʹilabo] *adj+s Gram* Trissílabo.

tris.te [trʹiste] *adj* **1** Triste, descontente, infeliz, angustiado. **2** Melancólico, funesto, deprimido, sombrio, desolado.

tris.te.za [tristʹeθa] *sf* Tristeza, melancolia, angústia, infelicidade, descontentamento, desolação.

tri.tu.ra.dor [trituradʹor] *adj+s* Triturador. *voy a usar el triturador para moler las zanahorias* / vou usar o triturador para moer as cenouras.

tri.tu.rar [triturʹar] *vt* **1** Triturar, moer, despedaçar. **2** Afligir, angustiar, atormentar.

triun.fan.te [trjunfʹante] *adj* Triunfante, vitorioso, bem-sucedido.

triun.far [trjunfʹar] *vi* **1** Triunfar, vencer, sair-se bem. **2** Esbanjar.

triun.fo [trʹjunfo] *sm* **1** Triunfo, vitória. **2** Sucesso, êxito, glória. **3** Esbanjamento.

tri.vial [trib´jal] *adj* Trivial, vulgar, comum, banal, ordinário, corriqueiro.

tri.via.li.dad [tribjalid´ad] *sf* Trivialidade, banalidade, lugar-comum. *sólo sabe hablar de trivialidades* / só sabe falar de trivialidades.

tro.car [trok´ar] *vt* **1** Trocar, permutar. **2** Confundir, enganar-se. *vpr* **3** Mudar de vida. → volcar.

tro.cha [tr´otʃa] *sf* **1** Viela, ruela, atalho. *no me gusta andar por esas trochas de noche* / não gosto de andar por essas ruelas à noite. **2** Trilha.

tro.fe.o [trof´eo] *sm* **1** Troféu, copa, taça. **2** Vitória.

tro.le [tr´ole] *sm* **1** Trole. **2** Trólebus, ônibus elétrico.

trom.ba [tr´omba] *sf* Tromba-d'água.
A extensão do focinho de alguns animais chama-se, em espanhol, **trompa**.

trom.bón [tromb´on] *sm Mús* Trombone.

trom.pa [tr´ompa] *sf* **1** *Mús* Trompa, trombeta. **2** *Anat* Tromba. **3** Pião. **4** *fam* Porre, bebedeira. Veja nota em **tromba** (espanhol).

trom.pa.da [tromp´ada] *sf* **1** *fam* Murro, soco. *¡te voy a dar una trompada!* / vou lhe dar um murro! **2** *fam* Topada, encontrão, pancada.

trom.pa.zo [tromp´aθo] *sm* **1** Pancada, topada, encontrão. **2** Murro, soco.

trom.pe.ta [tromp´eta] *sf Mús* Trompete, trombeta. **2** *Mús* Clarim. **trompeta de amor** girassol.

trom.pe.te.ar [trompete´ar] *vt* Trombetear, alardear. *trombeteaba a los cuatro vientos que se iba a casar* / alardeava aos quatro ventos que ia se casar.

trom.pi.car [trompik´ar] *vr* **1** Tropicar, tropeçar. *vi* **2** Cambalear.

trom.po [tr´ompo] *sm* **1** Pião. **2** Cavalo de pau, rodopio. **3** Anta, burro. **bailar un trompo en la uña** dar nó em pingo d'água / ser muito esperto.

tro.na.da [tron´ada] *sf* Trovoada. *¿estás oyendo la tronada?* / está ouvindo a trovoada?

tro.nar [tron´ar] *vi*+*vimp* **1** Trovejar, troar. *vi*+*vpr* **2** *fam* Perder tudo, arruinar-se. → aprobar.

tron.cho [tr´ontʃo] *sm* Troncho, talo. *hay que comer los tronchos porque tienen fibras* / é preciso comer os talos porque têm fibras.

tron.co [tr´onko] *sm* **1** Tronco. **2** *Anat Corpo*. **3** Ramal. **dormir como un tronco** dormir como uma pedra.

tro.no [tr´ono] *sm* Trono. *en el museo vimos al trono de D. Pedro II* / no museu vimos o trono de D. Pedro II.

tro.pa [tr´opa] *sf* Mil Tropa, exército.

tro.pel [trop´el] *sm* **1** Tropel, multidão. **2** Tumulto.

tro.pe.lí.a [tropel´ia] *sf* **1** Tropelia, atropelo, bulício. **2** Maus-tratos, abuso.

tro.pe.zar [tropeθ´ar] *vi* **1** Tropeçar, tropicar. **2** Escorregar. *vi*+*vpr fam* Esbarrar, topar, encontrar. → empezar.

tro.pe.zón [tropeθ´on] *sm* Tropeção, tropeço. **a tropezones** aos trancos.

tro.pi.cal [tropik´al] *adj* **1** Tropical. **2** Exuberante, exagerado, frondoso.

tró.pi.co [tr´opiko] *sm* Trópico. *mejor vivir en los trópicos que en los polos* / melhor morar nos trópicos que nos polos.

tro.pie.zo [tropj´eθo] *sm* **1** Atravanco, estorvo, impedimento. **2** Tropeço, deslize. **3** Briga, encrenca.

tro.ta.mun.dos [trotam´undos] *s inv* Viajante.

tro.tar [trot´ar] *vi* **1** Trotar. **2** *fam* Vaguear, bater pernas. *troté todo el día; ¡estoy podrida!* / bati pernas o dia todo; estou morta!

tro.te [tr´ote] *sm* **1** Trote, marcha. **2 trotes** *pl* Afã, esforço. **tomar el trote** ir embora.

tro.va [tr´oba] *sf* Trova, canção, modinha.

tro.zar [troθ´ar] *vt* Quebrar, destroçar. *todo lo que tocas, lo trozas* / tudo o que você toca, quebra.

tro.zo [tr´oθo] *sm* Pedaço, parte, fragmento. **ser un trozo de pan** ser um doce. *María me encanta, es un trozo de pan* / adoro a Maria, ela é um doce.

tru.ca.je [truk´ahe] *sm* Armação, ardil, truque. Veja nota em **abordaje**.

tru.cha [tr´utʃa] *sf* **1** *Ictiol* Truta. **2** *Mec* Guindaste. **ponerse trucha** abrir os olhos, ficar esperto. *si no te pones trucha con ella, lo vas a ver* / se você não ficar esperto com ela, vai ver só.

tru.ci.dar [truθid´ar] *vt* Trucidar, matar.

tru.co [tr´uko] *sm* **1** Truque, macete. **2** Ardil, tapeação. **3** Truco.

tru.cu.len.to, -a [trukul´ento] *adj* Truculento, cruel, bárbaro, violento.

true.no [tr´weno] *sm* **1** Trovão, trovoada. **2** Estrondo.

true.que [tr´weke] *sm* Troca, permuta, escambo. *te doy estes dos libros en trueque por esos dos tuyos* / eu lhe dou estes dois livros em troca desses dois seus.

tru.hán, -ana [tru´an] *adj+s* **1** Truão. **2** Sacana, velhaco, trapaceiro.

trun.car [trunk´ar] *vt* **1** Truncar, cortar, interromper. *vt+vpr* **2** Frustrar, desiludir. → atacar.

tu [t´u] *pron pos* Teu.

tú [t´u] *pron pers* Tu.

tu.ber.cu.lo.sis [tuberkul´osis] *sf inv Med* Tuberculose. *en los últimos años hubo un incremento de casos de tuberculosis en las ciudades del Gran ABC* / nos últimos anos houve um aumento de casos de tuberculose nas cidades do Grande ABC.

tu.ber.cu.lo.so, -a [tuberkul´oso] *adj+s* Tuberculoso.

tu.be.rí.a [tuber´ia] *sf* Tubulação. *hay que revisar la tubería del aire acondicionado* / é preciso fazer a revisão da tubulação do ar-condicionado.

tu.bo [t´ubo] *sm* **1** Tubo. **2** *Electr* Válvula. **por un tubo** a rodo, em grande quantidade. **tubo de escape** escapamento.

tuer.ca [t´werka] *sf Mec* Porca, tarraxa. **apretar las turcas (a alguien)** ser rigoroso com alguém / levar na rédea curta.

tué.ta.no [t´wetano] *sm* Tutano, medula. **sacar los tuétanos** tirar até as calças, limpar.

tu.fo [t´ufo] *sm* **1** Bafo, vapor, exalação. **2** Suspeita, cheiro, sinal. **3** Fedor. **4** Tufo. **5** tufos *pl* Soberba, arrogância, pedantismo.

tu.gu.rio [tug´urjo] *sm* Buraco, biboca, barraco. *no sé cómo una familia entera puede vivir en ese tugurio* / não sei como uma família inteira pode morar nesse buraco.

tul [t´ul] *sm* Tule, filó. *tengo que comprar tul rosa para mi hija* / tenho de comprar tule rosa para minha filha.

tu.li.pa [tul´ipa] *sf* Tulipa: a) *Bot* erva da família das liláceas. b) globo, refletor para lâmpada em forma de tulipa.

tu.li.pán [tulip´an] *sf Bot* Tulipa.

tu.lli.do, -a [tuλ´ido] *adj+s* Paralítico, aleijado, inválido, impossibilitado.

tum.ba [t´umba] *sf* Tumba, jazigo, sepultura, esquife, ataúde, túmulo.

tum.bar [tumb´ar] *vt* **1** Tombar, cair. **2** Derrubar. **3** *fam* Reprovar, eliminar. *vpr* **4** *fam* Deitar-se.

tum.bo [t´umbo] *sm* **1** Tombo, queda. **2** Estrondo, estouro.

tu.me.fac.to [tumef´akto] *adj* Tumefato, inchado. *tiene todo el brazo izquierdo tumefacto por el choque* / está com o braço esquerdo inchado por causa da batida.

tu.mor [tum´or] *sm Patol* Tumor, abscesso.

tú.mu.lo [t´umulo] *sm* Túmulo, tumba, jazigo, sepultura, esquife, ataúde.

tu.mul.to [tum´ulto] *sm* Tumulto, alvoroço, distúrbio, bagunça, confusão, rebuliço, barulho.

tu.mul.tuo.so [tumultu´oso] *adj* Tumultuoso, agitado, tumultuado. *la reunión ha sido muy tumultuosa* / a reunião foi muito tumultuada.

tu.nan.te, -a [tun´ante] *adj* Velhaco, vigarista, patife, sem-vergonha.

tun.da [t´unda] *sf fam* Tunda, sova, surra. *le dieron una tunda en la escuela* / Deram-lhe uma surra na escola.

tú.nel [t´unel] *sm* Túnel.

tu.pé [tup´e] *sm* **1** Topete. **2** *fig* Atrevimento, arrogância, audácia.

tu.pí [tup´i] *adj+s* Tupi.

tur.ba [t´urba] *sf* **1** Turfa. **2** Turba, multidão.

tur.ba.mul.ta [turbam´ulta] *sf fam* Turba, multidão.

tur.ban.te [turb´ante] *sm* Turbante. *con ese turbante me voy a hacer un disfraz de indio* / com esse turbante vou fazer uma fantasia de indiano.

tur.bar [turbˊar] *vt+vpr* **1** Turbar, perturbar. **2** Aturdir, surpreender. **3** Turvar.

tur.bi.na [turbˊina] *sf Mec* Turbina. *el avión se va a retrasar por problemas en una turbina* / o avião vai atrasar por problemas em uma turbina.

tur.bión [turbjˊon] *sm* **1** Tufão, aguaceiro. **2** Turbilhão.

tur.bo.hé.li.ce [turboˊeliθe] *sm Mec* Turboélice.

tur.bu.len.cia [turbulˊenθja] *sf* Turbulência, alvoroço, confusão, perturbação, desordem, agitação.

tur.bu.len.to, -a [turbulˊento] *adj* Turbulento, alvoroçado, agitado. *tuve un fin de semana turbulento* / tive um fim de semana alvoroçado.

tur.co, -a [tˊurko] *adj+s* Turco. • *sf* Porre, bebedeira.

tu.ris.mo [turˊismo] *sm* Turismo. *usted vino a hacer turismo o por trabajo?* / o senhor veio fazer turismo ou a trabalho?

tu.ris.ta [turˊista] *s* Turista. *el hotel está lleno de turistas orientales* / o hotel está cheio de turistas orientais.

tur.ma.li.na [turmalˊina] *sf Miner* Turmalina.

tur.no [tˊurno] *sm* Turno, vez. **de turno** de plantão. *mi médico no estaba; me atendió el médico de turno* / meu médico não estava; atendeu-me o médico de plantão.

tur.que.sa [turkˊesa] *adj* Turquesa, azul-turquesa. • *sf Miner* Turquesa.

tu.te.la [tutˊela] *sf* **1** Tutela, custódia. **2** Proteção, amparo.

tu.te.lar [tutelˊar] *vt* Tutelar, proteger. • *adj* Tutelar.

tu.tor, -a [tutˊor] *s* **1** Tutor, responsável. **2** Orientador, professor.

tu.yo, -a [tˊuyo] *pron pos* Teu.

u

u¹, U [´u] *sf* Vigésima quarta letra do alfabeto espanhol.

u² [´u] *conj* Ou. *Jayme u Oscar vienen a buscarte* / Jaime ou Oscar vem buscar você.

> U é usado diante de palavras que começam com "o" ou "ho". Diante das demais, usa-se **o**.

u.bi.ca.ción [ubikaθj´on] *sf* Localização, situação, posição.

u.bi.car [ubik´ar] *vt* **1** Situar, instalar, acomodar. **2** Localizar. *vi+vpr* **3** Ocupar. → atacar.

u.bi.cui.dad [ubikwid´ad] *sf* Ubiquidade, onipresença. *la ubicuidad de mi padre me oprime* / a onipresença de meu pai me oprime.

u.bre [´ubre] *sm Anat* Úbere, ubre, teta.

u.fa.nar.se [ufan´arse] *vpr* Vangloriar-se, ufanar-se, jactanciar-se, encher-se.

ú.ce.ra [´uθera] *sf Med* Úlcera.

ul.te.rior [ulter´jor] *adj* Ulterior, seguinte, próximo. *medidas ulteriores fueron tomadas para arreglarlo todo* / medidas ulteriores foram tomadas para arranjar tudo.

úl.ti.ma.men.te [ultimam´ente] *adv* Ultimamente. *últimamente no me siento bien* / ultimamente não me sinto bem.

ul.ti.mar [ultim´ar] *vt* **1** Ultimar, concluir, acabar, terminar. **2** *AL* Matar.

ul.ti.má.tum [ultim´atum] *sm* Ultimato.

úl.ti.mo, -a [´ultimo] *adj+pron* **1** Último. **2** Remoto, retirado, escondido. **3** Final, definitivo, decisivo, irrevogável. **4** Extremo, final, supremo. **5** Objetivo, fim, alvo, meta. **6** Final, derradeiro.

ul.tra.jan.te [ultrah´ante] *adj* Ultrajante, ofensivo, humilhante, afrontoso.

ul.tra.jar [ultrah´ar] *vt* Ultrajar, injuriar, afrontar, ofender. *no te voy a permitir ultrajar mi familia* / não lhe vou permitir ultrajar minha família.

ul.tra.je [ultr´ahe] *sm* Ultraje, injúria, afronta, ofensa, agravo. Veja nota em **abordaje**.

ul.tra.mar [ultram´ar] *sm* Ultramar.

ul.tra.so.ni.do [ultrason´ido] *sm* Ultrassom. *eso es un aparato de ultrasonido* / isso é um aparelho de ultrassom.

ul.tra.vio.le.ta [ultrabjol´eta] *adj+sm Fís* Ultravioleta.

u.lu.lar [ulul´ar] *vi* **1** Ulular, gritar, berrar, vociferar. **2** Uivar (vento).

um.bi.li.cal [umbilik´al] *adj Anat* Umbilical. *eso parece una hernia umbilical* / isso parece uma hérnia umbilical.

um.bral [umbr´al] *sm* **1** Umbral, soleira. **2** Limiar.

um.bro.so [umbr´oso] *adj* **1** Umbroso, copado, frondoso. **2** Escuro, úmido.

un, -a [´un] *art indef+num* Um. *tengo un hermano y dos hermanas* / tenho um irmão e duas irmãs. *un día cualquiera te iré a visitar* / um dia qualquer irei visitar você.

u.ná.ni.me [un´anime] *adj* Unânime, geral. *la opinión ha sido unánime* / a opinião foi unânime.

u.na.ni.mi.dad [unanimid´ad] *sf* Unanimidade.

un.dé.ci.mo, -a [und´eθimo] *adj* Undécimo, décimo primeiro. • *adj+sm* Onze avos.

un.gir [un:h´ir] *vt* **1** Ungir, sagrar. **2** Untar, besuntar. → exigir.

un.güen.to [ung´wento] *sm* **1** Unguento, unto. **2** Bálsamo, alívio.

ú.ni.ca.men.te [unikam´ente] *adv* Somente, apenas, unicamente.

ú.ni.co, -a [´uniko] *adj* **1** Único, só. **2** Singular, ímpar, especial, extraordinário.

u.ni.dad [unid´ad] *sf* **1** Unidade, elemento. **2** Coesão, união, conformidade.

u.ni.fi.ca.ción [unifikaθ´jon] *sf* Unificação, união, coesão.

u.ni.fi.car [unifik´ar] *vt+vpr* Unificar, unir. *tenemos que unificar los horarios de todos los empleados* / temos de unificar os horários de todos os empregados. → atacar.

u.ni.for.mar [uniform´ar] *vt+vpr* **1** Uniformizar. **2** Padronizar.

u.ni.for.me [unif´orme] *adj+sm* **1** Uniforme, traje. **2** Uniforme, invariável.

u.ni.for.mi.dad [uniformid´ad] *sf* Uniformidade, padronização, regularidade, conformidade.

u.ni.la.te.ral [unilater´al] *adj* Unilateral. *la decisión de la separación ha sido unilateral* / a decisão da separação foi unilateral.

u.nión [un´jon] *sf* **1** União, fusão. **2** Enlace, vínculo, ligação.

u.nir [un´ir] *vt* **1** Unir, juntar, reunir. **2** Ligar, conectar, vincular. *vt+vpr* **3** Casar. *vpr* **4** Congregar, associar.

u.ni.sex [unis´e(k)s] *adj inv* Unissex. *estos zapatos son unisex* / estes sapatos são unissex.

u.ní.so.no, -a [un´isono] *adj* Uníssono.

u.ni.val.vo [unib´albo] *adj* Univalve.

u.ni.ver.sal [unibers´al] *adj* **1** Universal, mundial. **2** Geral.

u.ni.ver.si.dad [unibersid´ad] *sf* **1** Universidade. **2** Universalidade.

u.ni.ver.si.ta.rio, -a [unibersit´arjo] *adj+s* Universitário.

u.ni.ver.so [unib´erso] *adj* Universal, geral, mundial. • *sm* Universo, Terra, cosmo(s), mundo.

u.no, -a [´uno] *adj* **1** Uno, único. **2 unos** *pl* Alguns, uns. • *pron indef* A pessoa, o indivíduo, a gente. *si uno no se cuida, muy pronto se pone mal* / se a gente não se cuida, logo fica mal. • *sm* Um.

un.tar [unt´ar] *vt* **1** Untar, besuntar. **2** *fam* Subornar, molhar a mão. *vpr* **3** Manchar-se, sujar-se, engordurar-se.

un.to [´unto] *sm* **1** Unto, óleo. **2** Gordura. **3** Graxa.

un.tuo.so, -a [unt´woso] *adj* Untuoso, gorduroso, oleoso, grudento, ensebado.

u.ña [´uña] *sf Anat* Unha. **coger en las uñas** pegar. *si lo cojo en las uñas lo mato* / se o pego, mato-o.

u.ña.da [´uña] *sf* Unhada, arranhão.

u.ra.nio [ur´anjo] *sm Quím* Urânio.

ur.ba.ni.dad [urbanid´ad] *sf* Urbanidade, polidez, educação, bons modos.

ur.ba.nis.mo [urban´ismo] *sm* Urbanismo.

ur.ba.nis.ta [urban´ista] *adj+s* Urbanista. *muy lindo ese proyecto urbanista* / muito bonito esse projeto urbanista.

ur.ba.ni.zar [urbaniθ´ar] *vt* Urbanizar, educar, civilizar.

ur.ba.no, -a [urb´ano] *adj* **1** Urbano, citadino. **2** Cortês, civilizado, agradável, polido.

ur.be [´urbe] *sf* Urbe, cidade.

ur.di.du.ra [urdid´ura] *sf* Urdidura, trama. *hay que poner la urdidura en el telar para empezar a tejer* / é preciso pôr a urdidura no tear para começar a tecer.

ur.dir [urd´ir] *vt* **1** Urdir. **2** *fig* Tramar, armar, tecer, enredar, maquinar, aprontar.

u.re.a [ur´ea] *sf Quim* Ureia.

u.ré.ter [ur´eter] *sm Anat* Ureter.

u.re.tra [ur´etra] *sf Anat* Uretra.

ur.gen.cia [urh´enθja] *sf* **1** Urgência, premência, necessidade, pressa. **2 urgencias** *pl* Pronto-socorro.

ur.gen.te [urh´ente] *adj* Urgente, premente, necessário.

ur.na [´urna] *sf* **1** Urna. **2** Caixão, ataúde, esquife.

u.rra.ca [uŕ´aka] *sf Ornit* Gralha. **hablar más que una urraca** falar pelos cotovelos / falar mais que um papagaio.

ur.ti.ca.ria [urtik´arja] *sf Med* Urticária.

u.ru.gua.yo, -a [urug´wayo] *adj+s* Uruguaio. *mi novio es uruguayo* / meu namorado é uruguaio.

u.sa.do, -a [us´ado] *adj* **1** Gasto, surrado, batido. **2** Prático. *soy usado en carpintería* / sou prático em carpintaria.

u.san.za [us´anθa] *sf* **1** Usança, exercício, prática. **2** Moda.

u.sar [us´ar] *vt* **1** Usar, utilizar, desfrutar. **2** Vestir. *vi* **3** Costumar. *vpr* **4** Usar-se, estar na moda.

u.si.na [us´ar] *sf* Usina.

u.so [´uso] *sf* **1** Uso, aplicação, emprego, serventia. **2** Exercício, prática. **3** Moda. **4** Costume. **5** *Der* Usufruto.

us.ted [ust´ed] *pron pers* **1** O senhor, a senhora. **2 ustedes** *pl* Os senhores, vocês.

u.sual [usu´al] *adj* **1** Usual, frequente, ordinário, habitual, costumeiro. **2** Sociável, tratável, agradável.

u.su.a.rio, -a [usu´arjo] *adj+s* Usuário. *los usuarios de ómnibus no están contentos con los precios* / os usuários de ônibus não estão satisfeitos com os preços.

u.su.fruc.to [usufr´ukto] *sm* **1** Usufruto, gozo, fruição. **2** Utilidade, fruto, proveito.

u.su.ra [us´ura] *sf* **1** Usura, agiotagem. **2** Lucro, proveito.

u.su.ra.rio [usur´arjo] *adj+sm* Usurário, usureiro, agiota.

u.su.re.ro, -a [usur´ero] *adj+s* Usurário, agiota.

u.sur.pa.ción [usurpaθ´jon] *sf* Usurpação, roubo, extorsão.

u.sur.par [usurp´ar] *vt* Usurpar, roubar, tomar, extorquir.

u.ten.si.lio [utens´iljo] *sm* Utensílio. *cada uno que cuide de sus utensilios en el laboratorio* / cada um cuide de seus utensílios no laboratório.

ú.te.ro [´utero] *sm Anat* Útero.

ú.til [´util] *adj* Útil, proveitoso, vantajoso, benéfico.

u.ti.li.dad [utilid´ad] *sf* **1** Utilidade, serventia, aplicação, uso, emprego. **2** Conveniência, proveito, benefício, vantagem.

u.ti.li.ta.rio, -a [utilit´arjo] *adj+sm* Utilitário. *el coche de mi novio es un utilitario* / o carro de meu namorado é um utilitário.

u.ti.li.zar [utiliθ´ar] *vt+vpr* Utilizar, usar, empregar, aproveitar. → alzar.

u.to.pí.a [utop´ia] *sf* Utopia, ideal.

u.tó.pi.co, -a [ut´opiko] *adj* Utópico, ideal, ilusório.

u.va [´uba] *sf Bot* Uva. **de uvas a brevas** de quando em quando. **hecho una uva** bêbado. **mala uva** má intenção, mau caráter, mau humor.

u.ve [´ube] *sf* Nome da letra *v*.

V

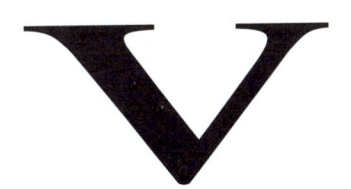

v, V [´ube] *sf* **1** Vigésima quinta letra do alfabeto espanhol. Recebe os nomes *uve, ve chica, ve corta* e *ve baja*. **2** Símbolo de volt (em maiúscula). **3** Cinco em algarismos romanos.
va.ca [b´aka] *sf* **1** *Zool* Vaca. **2** *Méx* Vaquinha.
va.ca.cio.nes [bakaθ´jones] *sf pl* Férias. *me voy a pasar las vacaciones en Francia* / vou passar minhas férias na França.
va.can.te [bak´ante] *adj* Vacante, vago, vazio, desocupado.
va.cia.do, -a [baθj´ado] *adj Méx* Simpático. • *sm Arqueol* Escavação.
va.cia.mien.to [baθjamj´ento] *sm* **1** Esvaziamento. **2** Desaguamento.
va.cian.te [baθj´ante] *sf* Vazante, maré baixa.
va.ci.la.ción [baθilaθ´jon] *sf* **1** Oscilação. **2** Vacilação, incerteza.
va.ci.lan.te [baθil´ante] *adj* **1** Vacilante, oscilante. **2** Irresoluto, indeciso, inseguro. *me pareció vacilante al firmar el contracto* / pareceu-me inseguro ao assinar o contrato.
va.ci.lar [baθil´ar] *vi* **1** Bambear, oscilar. **2** Cambalear, tropeçar. **3** Vacilar, hesitar, titubear. *vt* **4** *fam* Debochar.
va.cí.o, -a [baθ´io] *adj* **1** Vazio. **2** Estéril. **3** Banal, frívolo, vão. **4** Arrogante, presunçoso. • *sm* **1** Vazio, buraco, vão. **2** Abismo, precipício. **3** Falta, carência, ausência. **al vacío** a vácuo.
va.cu.na.ción [bakunaθ´jon] *sf* Vacinação, imunização. *harán la vacunación por la poliomielitis en las escuelas* / farão a vacinação contra a poliomielite nas escolas.
va.cu.nar [bakun´ar] *vt+vpr* Vacinar. *tengo que vacunar mis gatas* / tenho de vacinar minhas gatas.
va.cu.no, -a [bak´uno] *adj* Bovino. • *sf* Vacina.
va.cuo, -a [b´akwo] *adj* **1** Oco, vazio. **2** Vacante, desocupado. • *sm* Buraco, oco, vazio.

"Vácuo", "sem ar", em espanhol, é **vacío**.

va.ga.bun.de.ar [bagabunde´ar] *vi* Vagabundear, vadiar, errar.
va.ga.bun.do, -a [bagab´undo] *adj+s* Vagabundo, vadio, malandro.
va.gar [bag´ar] *vi* **1** Desocupar-se. **2** Vaguear, perambular. **3** Errar, vadiar, vagabundear. • *sm* **1** Tempo sobrando, tempo a perder. *no tengo vagar para esas cosas* / não tenho tempo sobrando para essas coisas. **2** Lentidão, pausa, vagar. **andar de vagar** estar ocioso. → cargar.
va.go, -a [b´ago] *adj* Vago, vazio, desocupado, vacante. • *adj+s* **1** Errante, vagabundo, vadio. **2** Nômade. **3** Vago, impreciso, indeterminado. **4** Genérico. **5** *Anat* Nervo vago.
va.gón [bag´on] *sm* Vagão. *vine en el vagón de cola* / vim no último vagão.
va.gue.ar [bage´ar] *vi* Vaguear, vadiar, vagabundar, borboletear.
va.hí.do [ba´ido] *sm* Vertigem, desfalecimento, esvaecimento.
va.ho [b´ao] *sm* **1** Hálito, bafo. **2** Vapor, eflúvio, emanação. **3** Fôlego.
vai.ni.lla [bain´iλa] *sf Bot* Baunilha. *¿vamos a tomar un helado de vainilla?* / vamos tomar um sorvete de baunilha?

vai.vén [baib´en] *sm* **1** Vaivém. **2** Instabilidade, inconstância.

va.le [b´ale] *sm* Com Vale. **¡vale! / ¿vale?** legal, joia. *mañana te lo devuelvo, ¿vale?* / amanhã eu devolvo, legal?

va.len.tí.a [balent´ia] *sf* **1** Ânimo, vigor. **2** Coragem, valentia, audácia. **pisar de valentía** dar uma de valente.

va.ler [bal´er] *vt* **1** Valer, amparar, proteger. **2** Merecer. **3** Custar. **4** Representar, significar. *vpr* **5** Valer-se, usar, recorrer. **6** Cuidar-se, ser autossuficiente. **más valiera** antes fosse / quem me dera. • *sm* Valor, valia. → Veja modelo de conjugação.

va.le.ro.so, -a [baler´oso] *adj* **1** Valente, bravo, intrépido, corajoso. **2** Eficaz, eficiente, poderoso.

va.lí.a [bal´ia] *sf* **1** Valia, apreço, mérito. **2** Influência, proteção, favor. **3** Custo, valor.

va.li.da.ción [balidaθj´on] *sf* **1** Validação, certificação. **2** Firmeza, força, segurança.

va.li.dar [balid´ar] *vt* Validar, legitimar.

va.li.dez [balid´eθ] *sf* Validade.

vá.li.do, -a [b´alido] *adj* **1** Válido, legal, legítimo. **2** Aceitável, pertinente, relevante.

va.lien.te [bal´jente] *adj* **1** Forte, robusto. **2** Valente, intrépido, corajoso. **3** Excelente, primoroso. • *adj+s* Valentão, fanfarrão.

va.li.ja [bal´iha] *sf* **1** Mala. *¿cuántas valijas puedo llevar en el auto?* / quantas malas posso levar no carro? **2** Malote.

va.lio.so, -a [bal´joso] *adj* Valioso, importante. *tengo cosas valiosas en esa caja* / tenho coisas valiosas nessa caixa.

va.lla.do [baʎ´ado] *sm* Cerca, cercado.

va.lle [b´aʎe] *sm Geogr* Vale. **hasta el valle de Josafat** até nunca mais.

va.lor [bal´or] *sm* **1** Valor, valia, importância. **2** Coragem, bravura, destemor, intrepidez. **¿cómo va ese valor?** como vai essa força?

va.lo.ra.ción [baloraθ´jon] *sf* **1** Valoração, apreciação, valorização. **2** Avaliação.

va.lo.rar [balor´ar] *vt* **1** Valorar, calcular, estimar. **2** Apreciar, valorizar.

va.lo.ri.zar [baloriθ´ar] *vt* **1** Valorar, calcular, estimar. **2** Apreciar, valorizar. → alzar.

val.sar [balθ´ar] *vi* Valsar, bailar, dançar. *¿con quién vas a valsar en tu fiesta de quince años?* / com quem você vai dançar na sua festa de quinze anos?

vál.vu.la [b´albula] *sf* Válvula. *se rompió la válvula de seguridad* / quebrou a válvula de segurança.

vam.pi.ro, -a [bamp´iro] *s* Vampiro.

va.na.glo.ria [banaglorj´a] *sf* Vanglória, jactância, ostentação, vaidade.

va.na.glo.riar.se [banaglor´jarse] *vpr* Vangloriar-se, jactar-se, orgulhar-se, ufanar-se, envaidecer-se.

van.da.lis.mo [bandal´ismo] *sm* Vandalismo, barbarismo, destruição.

ván.da.lo, -a [b´andalo] *adj+s* Vândalo, bárbaro. *unos vándalos han destruido la tienda* / uns vândalos destruíram a loja.

van.guar.dia [bang´wardja] *sf* Vanguarda, dianteira, frente.

va.ni.dad [banid´ad] *sf* **1** Vaidade, futilidade. **2** Vaidade, arrogância, presunção.

va.ni.do.so, -a [banid´oso] *adj* Vaidoso, orgulhoso, arrogante.

va.no, -a [b´ano] *adj* **1** Fantasioso, imaginário. **2** Oco, vazio. **3** Vão, inútil, nulo. **4** Fútil, frívolo.

va.por [bap´or] *sm* **1** Vapor. **2** Vertigem, desmaio. **3 vapores** *pl* Gases estomacais, arrotos.

va.po.ri.zar [baporiθ´ar] *vt+vpr* **1** Vaporizar, evaporar. **2** Aspergir, borrifar. → alzar.

va.po.ro.so, -a [bapor´oso] *adj* **1** Vaporoso, vaporífero. **2** Tênue, leve, suave. **3** Fino, transparente.

va.que.ro, -a [bak´ero] *adj+s* Vaqueiro. • *sm pl* **vaqueros** Jeans.

va.ra [b´ara] *sf* Vara: a) vareta. b) bastão. c) coletivo de porcos. **dar la vara** incomodar, amolar, perturbar.

va.ria.bi.li.dad [barjabilid´ad] *sf* Variabilidade.

va.ria.ble [barj´able] *adj* Variável, mutável. *tienes un humor muy variable* / você tem um humor muito variável.

va.ria.do, -a [bar´jado] *adj* **1** Variado, sortido. **2** Colorido.

va.riar [bar´jar] *vt+vi* **1** Variar, alterar, modificar. *vt* **2** Sortir, diversificar. → confiar. Veja nota em **surtir**.

vá.ri.ce [b´ariθe] *sf Med* Variz.

va.ri.ce.la [bariθ´ela] *sf Med* Catapora, varicela.

va.rie.dad [barjed´ad] *sf* **1** Diferença, disparidade. **2** Variedade, diversidade. **3** Inconstância, instabilidade, mutabilidade. **4** Mudança, alteração, modificação, variação.

va.ri.lla [bar´iλa] *sf* Vareta. *mi paraguas tiene dos varillas rotas* / meu guarda-chuva está com duas varetas quebradas.

va.rio, -a [b´arjo] *adj* **1** Vário, diverso, diferente. **2** Inconstante, instável, mutável. **3** Indefinido, indeterminado, incerto. **4 varios** *pl* Vários, alguns, uns, diversos.

va.rón [bar´on] *sm* Varão, homem. *tengo tres hijos: dos varones y una mujer* / tenho três filhos: dois homens e uma mulher.

va.sa.lla.je [basaλ´ahe] *sm* Vassalagem, sujeição, dependência, obediência. Veja nota em **abordaje**.

va.sa.llo, -a [bas´aλo] *adj* Vassalo, submisso, subordinado. • *s* Súdito.

vas.cu.lar [baskul´ar] *adj Anat* Vascular. *a causa de un problema vascular, mi abuela ya no puede andar* / por causa de um problema vascular, minha avó não pode mais andar.

va.si.ja [bas´iha] *sf* Vasilha, gamela.

va.so [b´aso] *sm* **1** Copo. **2** Receptáculo, vasilha. **3** Bacia, vaso sanitário, privada. **4** *Anat Zool* Veia, artéria, vaso.

vas.te.dad [bast´edad] *sf* Vastidão, amplitude, extensão, largura.

vas.to, -a [b´asto] *adj* Vasto, copioso, extenso, amplo, dilatado, grande.

vá.ter [b´ater] *sm* **1** Vaso sanitário, privada, bacia. **2** WC, banheiro, toalete.

va.tio [b´atjo] *sm Fís* Watt. *¿de cuántos vatios es esa bombilla?* / de quantos watts é essa lâmpada?

va.ya [b´aya] *sf* Deboche. **dar una vaya** zombar, debochar. **¡vaya!** caramba! **¡vaya con (algo/alguien)!** para o diabo com (algo/alguém)! *¡vaya con esos libros!* / para o diabo com esses livros!

ve.ci.nal [beθin´al] *adj* Vicinal, vizinho.

ve.cin.dad [beθind´ad] *sf* Vizinhança, redondezas, arredores, imediações.

ve.cin.da.rio [beθind´arjo] *sf* Vizinhança, vizinhos. *nuestro vecindario es muy simpático* / nossa vizinhança é muito simpática.

ve.ci.no, -a [beθ´ino] *adj+s* Vizinho. • *adj* **1** Vizinho, próximo, perto. **2** Parecido, semelhante, similar, análogo.

ve.da [b´eda] *sf* **1** Veto, proibição. **2** Impedimento, estorvo, obstrução.

ve.dar [bed´ar] *vt* **1** Vetar, interditar, proibir. **2** Impedir, atrapalhar, estorvar.
No sentido de "vedar, selar, fechar hermeticamente", usa-se **sellar**. Veja outra nota em **sellar** (espanhol).

ve.ge.ta.ción [beheta θ´jon] *sf Bot* Vegetação. *la vegetación de este sitio es muy rica* / a vegetação deste lugar é muito rica.

ve.ge.tal [behet´al] *adj* Vegetal. • *sm* Vegetal, planta.

ve.ge.tar [behet´ar] *vi+vpr* **1** *Bot* Germinar, crescer, desenvolver, nutrir. **2** Vegetar, viver em estado vegetativo.

ve.ge.ta.ria.no, -a [behetarj´ano] *adj+s* Vegetariano. *mi novio es vegetariano* / meu namorado é vegetariano.

ve.he.men.te [beem´ente] *adj* **1** Enérgico, fervoroso, impetuoso. **2** Veemente, ardente, intenso, acalorado.

ve.hí.cu.lo [be´ikulo] *sm* Veículo, meio.

vein.te [b´einte] *num+sm* Vinte. *tengo veinte años* / tenho vinte anos.

ve.ja.ción [behaθj´on] *sf* **1** Vexação, constrangimento, vexame. **2** Impertinência, obsessão, perseguição.

ve.jar [beh´ar] *vt* **1** Vexar, constranger, envergonhar. **2** Perseguir, maltratar.

ve.ja.to.rio, -a [behat´orjo] *adj* Vexatório, vergonhoso, humilhante.

ve.jez [beh´eθ] *sf* Velhice. *se murió de vejez* / morreu de velhice.

ve.ji.ga [beh´iga] *sf* **1** *Anat* Bexiga. **2** Bolha. **3** *Patol* Varíola. **vejiga de la bilis** vesícula biliar.

ve.la [b´ela] *sf* **1** Velada, vigília. **2** *Rel* Peregrinação. **3** Vela, círio. **4** Velório. **5 velas** *pl* Ranho.

ve.la.da [bel´ada] *sf* **1** Vela, velada, vigília. **2** Sarau, reunião noturna.

ve.la.dor, -ora [belaðˈor] *adj+s* **1** Vigilante, sentinela. **2** Solícito, atento, prestativo. • *sm* **1** Abajur. **2** Criado-mudo. **3** *Méx* Guarda-noturno, vigia.

ve.lar [belˈar] *vt* **1** Velar, vigiar, guardar. **2** Assistir, cuidar, zelar. **3** Ocultar, dissimular, encobrir. **4** *Fot* Queimar. *vi* **5** Tresnoitar, passar a noite em claro. **6** Fazer serão, fazer hora extra.

ve.la.to.rio [belatˈorjo] *sm* Velório.

ve.le.ta [belˈeta] *sf* **1** Cata-vento. *s* **2** Pessoa volúvel, inconstante.

ve.llo [bˈeλo] *sm* Pelo. *no me gustan esos vellos que tengo en los brazos* / não gosto desses pelos que tenho nos braços.

ve.llu.do [beλˈuðo] *adj* Peludo. • *sm* Veludo.

ve.lo [bˈelo] *sm* **1** Véu, velo. **2** Pretexto, desculpa, justificativa. **velo del paladar** véu palatino.

ve.lo.ci.dad [beloθidˈad] *sf* Velocidade, rapidez, ligeireza. **confundir la velocidad con el tocino** confundir alhos com bugalhos.

ve.lo.cí.me.tro [beloθˈimetro] *sm* Velocímetro. *¡atención al velocímetro!* / atenção no velocímetro!

ve.lo.rio [belˈorjo] *sm* Velório. *mañana iremos al velorio de mi abuelo* / amanhã iremos ao velório do meu avô.

ve.loz [belˈoθ] *adj* Veloz, ligeiro, rápido, célere, ágil.

ve.na [bˈena] *sf* **1** *Anat* Veia. **2** Veio. **3** Inspiração poética. **4** Humor.

ve.na.do [benˈaðo] *sm Zool* Veado, cervo. **que no lo brinca un venado** enorme, gigante.

ven.ce.dor, -ora [benθeðˈor] *adj+s* Vencedor, vitorioso. *Marcos ha sido el vencedor de la carrera* / Marcos foi o vencedor da corrida.

ven.cer [benθˈer] *vt* **1** Vencer, ganhar, triunfar. **2** Superar, avançar. **3** Suportar, sofrer. *vi* **4** Expirar, perder validade. → mecer.

ven.da [bˈenda] *sf* Venda, faixa. **caérsele la venda de los ojos** cair na realidade. No sentido de "venda, comercialização", em espanhol usa-se **venta**.

ven.da.je [bendˈahe] *sm* Bandagem. *vamos a ponerle un vendaje en esa herida* / vamos colocar uma bandagem nessa ferida. Veja nota em **abordaje**.

ven.da.val [bendabˈal] *sm* Vendaval, temporal.

ven.de.dor, -ora [bendeðˈor] *adj+s* Vendedor, negociante, representante comercial. Para se referir a "vendedor, balconista, atendente", em espanhol usa-se **dependiente**.

ven.der [bendˈer] *vt* **1** Vender, negociar, distribuir. *vt+vpr* **2** Vender-se, corromper-se.

ven.di.mia [bendˈimja] *sf* **1** *Bot* Vindima. **2** Proveito, fruto.

ve.ne.cia.no [beneθjˈano] *adj+sm* Veneziano.

ve.ne.no [benˈeno] *sm* **1** Veneno, peçonha. **2** Maldade, ira, rancor.

ve.ne.no.so, -a [benenˈoso] *adj* Venenoso, tóxico. *cuidado que esa planta es venenosa* / cuidado que essa planta é venenosa.

ve.ne.ra.ción [beneraθjˈon] *sf* Veneração, adoração, devotamento, culto.

ve.ne.rar [benerˈar] *vt* Venerar, adorar, cultuar, reverenciar, idolatrar.

ve.né.re.o, -a [benˈereo] *adj+s Med* Venéreo.

ven.gan.za [bengˈanθa] *sf* Vingança, desforra, retaliação.

ven.gar [bengˈar] *vt+vpr* Vingar, desforrar. *juró vengarse de él* / jurou vingar-se dele. → cargar.

ven.ga.ti.vo, -a [bengatˈibo] *adj+s* Vingativo. *¡no seas tan vengativo!* / não seja tão vingativo!

ve.nia [bˈenja] *sf* **1** Vênia, indulgência, indulto, perdão, absolvição. **2** Licença, permissão, consentimento, autorização. **3** Mesura, cumprimento, reverência.

ve.ni.da [benˈida] *sf* **1** Vinda. **2** Volta, regresso, retorno. **3** Cheia, enxurrada.

ve.ni.de.ro, -a [beniðˈero] *adj* Vindouro, futuro.

ve.nir [benˈir] *vi* **1** Caminhar, andar. **2** Vir, afluir, acudir. *vi* **3** Convir, coincidir. **4** Advir, proceder, resultar. → Veja modelo de conjugação.

ve.no.so, -a [ben´oso] *adj* Venoso. *¿cómo puedo saber si eso es sangre venosa o arterial?* / como posso saber se isso é sangue venoso ou arterial?

ven.ta [b´enta] *sf* **1** Venda, comercialização, distribuição. **2** Hospedaria, albergue. Veja nota em **venda** (espanhol).

ven.ta.ja [bent´aha] *sf* **1** Superioridade, primazia, excelência. **2** Prerrogativa, vantagem, privilégio, regalia.

ven.ta.jo.so, -a [bentah´oso] *adj* Vantajoso, conveniente, proveitoso, útil.

ven.ta.na [bent´ana] *sf* **1** Janela. **2** *Anat* Narina, venta.

ven.ta.nal [bentan´al] *sf* Janelão.

ven.ta.ni.lla [bentan´iλa] *sm* **1** Guichê. **2** Janelinha. **3** *Anat* Narina.

ven.ta.rrón [bentar̄´on] *sm* Ventania, vendaval.

ven.te.ar [bente´ar] *vi* **1** Ventar. *dijeron en la tele que va a ventear mucho hoy* / disseram na tevê que hoje vai ventar muito. *vt* **2** Arejar, ventilar. **3** Indagar, inquirir, farejar.

ven.ti.la.dor [bentilad´or] *sm* Ventilador. *vamos a tener que dormir con el ventilador prendido esta noche* / vamos ter de dormir com o ventilador ligado esta noite.

ven.ti.lar [bentil´ar] *vt+vpr* **1** Ventilar, arejar. **2** Tornar público, anunciar. *vpr* **3** *fam* Matar, assassinar.

ven.to.le.ra [bentol´era] *sf* **1** Ventania. **2** Cata-vento. **3** *fam* Vaidade, jactância, soberba, orgulho. **4** Veneta, telha. *de pronto, me dio la ventolera de salir descalza* / de repente, me deu na veneta de sair descalça.

ven.trí.lo.cuo [bentr´ilokwo] *adj+sm* Ventríloquo.

ven.tu.ro.so, -a [bentur´oso] *adj* **1** Venturoso, próspero, afortunado. **2** Tempestuoso, tormentoso.

ver [b´er] *vt* **1** Ver, enxergar. **2** Observar, considerar, achar. **3** Visitar. **4** Refletir, pensar, matutar. **5** Tentar. **6** Assistir. *vpr* **7** Ver-se, encontrar-se, estar. → Veja modelo de conjugação.

ve.ra [b´era] *sf* Beira, margem, borda, beirada.

ve.ra.nie.go, -a [beranj´ego] *adj* **1** Estival, de verão. **2** Superficial, inconsistente.

ve.ra.no [ber´ano] *sm* Verão, estio. *voy a pasar el verano en Caribe* / vou passar o verão no Caribe.

ve.raz [ber´aθ] *adj* Veraz, verídico, verdadeiro.

verba [b´erba] *sf* Lábia, verborreia. Veja nota em **verba** (português).

ver.bal [berb´al] *adj* Verbal, oral. *me parece que tienes problema con la comunicación verbal* / acho que você tem problemas com a comunicação verbal.

ver.bo [b´erbo] *sm Gram* Verbo. **en un verbo** num instante.

ver.bo.rrea [berbor̄´ea] *sf* Verborreia, falação. *tienes que aprender a controlar tu verborrea* / você precisa aprender a controlar essa sua verborreia.

ver.dad [berd´ad] *sf* Verdade, evidência.

ver.da.de.ro, -a [berdad´ero] *adj* **1** Verdadeiro, veídico, real, efetivo. **2** Franco, sincero.

ver.de [b´erde] *adj+sm* Verde. *esa banana está verde aún* / essa banana ainda está verde.

ver.du.go [berd´ugo] *sm* **1** Broto, rebento. **2** Verdugo: a) espada longa, sem gume. b) carrasco. c) tormento, incômodo.

ver.du.le.rí.a [berduler´ia] *sf* Quitanda. *mamá, ¿vas a la verdulería hoy?* / mamãe, você vai à quitanda hoje?

ver.du.le.ro, -a [berdul´ero] *s* Verdureiro, quitandeiro.

ver.du.ra [berd´ura] *sf* **1** *Bot* Verdura, hortaliça. **2** Verdor. **3** Obscenidade, indecência.

ve.re.da [ber´eda] *sf* **1** Vereda, trilha, senda. **2** *AL* Calçada. Veja nota em **vereda** (português).

ve.re.dic.to [bered´ikto] *sm Der* Veredito, decisão, sentença.

ver.gel [ber:h´el] *sm* Pomar. *¡qué vergel maravilloso!* / que pomar maravilhoso!

ver.gon.zo.so, -a [bergonθ´oso] *adj+s* **1** Vergonhoso, vexatório. **2** Envergonhado, tímido.

ver.güen.za [berg´wenθa] *sf* **1** Vergonha, humilhação, afronta, desonra. **2** Timidez, acanhamento. **3** Pudor, recato.

ve.rí.di.co, -a [ber′idiko] *adj* Verídico, verdadeiro.
ve.ri.fi.car [berifik′ar] *vt* Verificar, comprovar, constatar. → atacar.
ver.ja [b′erha] *sf* Grade, cerca.
ver.me [b′erme] *sm Zool* Verme, lombriga.
ver.mi.ci.da [bermiθ′ida] *adj+sm* V *vermífugo*.
ver.mí.fu.go [berm′ifugo] *adj+sm Farm* Vermífugo. *Sin: vermicida*.
ver.mú [berm′u], **ver.mut** [berm′ut] *sm* **1** Vermute. **2** Matinê.
ver.ná.cu.lo, -a [bern′akulo] *adj* Vernáculo, doméstico, nacional.
ve.ro.sí.mil [beros′imil] *adj* Verossímil, verossimilhante.
ve.ro.si.mi.li.tud [berosimilit′ud] *sf* Verossimilhança.
ve.rru.ga [beř′uga] *sf* **1** *Med* Verruga. **2** Chato, chatice.
ver.sar [bers′ar] *vi* **1** Contornar, circular. **2** Versar, tratar.
ver.sá.til [bers′atil] *adj* **1** Versátil. **2** Volúvel, inconstante.
ver.sa.ti.li.dad [bersatilid′ad] *sf* **1** Versatilidade. **2** Inconstância.
ver.sión [bersj′on] *sf* **1** Tradução. **2** Interpretação, explicação, versão.
ver.so [b′erso] *sm Lit* Verso. ¡*Juan me hizo unos versos tan lindos!* / Juan me fez uns versos tão lindos!
ver.te.bra.do, -a [bertebr′ado] *adj+sm Biol* Vertebrado.
ver.ter [bert′er] *vt+vpr* **1** Verter, derramar. *vt* **2** Traduzir. → defender.
vér.ti.ce [b′ertiθe] *sm Geom* Vértice.
ver.tien.te [bertj′ente] *sf* **1** Vertente, encosta, declive, ladeira. **2** Aspecto, ponto de vista.
vér.ti.go [b′ertigo] *sm Med* Vertigem, tontura.
ves.tí.bu.lo [best′ibulo] *sm* **1** *Anat* Vestíbulo. **2** Átrio, *hall*.
ves.ti.do [best′ido] *sm* **1** Roupa, vestimenta, vestuário. **2** Vestido. ¡*qué lindo vestido!* / que vestido lindo!
ves.ti.du.ra [bestid′ura] *sm* Vestimenta, roupa, vestuário.

ves.ti.gio [best′ihjo] *sf* **1** Pegada. **2** Vestígio, indício, pista, sinal.
ves.ti.men.ta [bestim′enta] *sf* Vestimenta, roupa, vestuário.
ves.tir [best′ir] *vt+vpr* Vestir, trajar, usar. → medir.
ves.tua.rio [bestu′arjo] *sm* **1** Vestuário, vestimenta, roupa, traje. **2** Vestiário. **3** Time, equipe. **4** Camarim.
ve.ta [b′eta] *sf* **1** Veio. **2** Veia, aptidão, jeito.
ve.tar [bet′ar] *vt* Vetar, proibir. *decidimos vetar su candidatura* / decidimos vetar sua candidatura.
ve.te.ri.na.rio, -a [beterin′arjo] *adj+s Med* Veterinário. *mañana es día de llevar los gatos al veterinario* / amanhã é dia de levar os gatos ao veterinário. • *sf* Veterinária, ciência que faz a prevenção, o diagnóstico e trata das enfermidades dos animais.
ve.to [b′eto] *sm* Veto, proibição.
vez [b′eθ] *sf* **1** Vez, turno. **2** Ocasião, tempo, oportunidade. **a la vez** ao mesmo tempo, simultaneamente. **a veces** às vezes. **tal vez** talvez.
ví.a [b′ia] *sf* **1** Via, caminho, rota, rumo. **2** Trilho, via férrea. **3** Meio. **4** Rua.
via.bi.li.dad [bjabilid′ad] *sf* Viabilidade. *vamos a estudiar la viabilidad del proyecto* / vamos estudar a viabilidade do projeto.
via.ble [bj′able] *adj* Viável possível, factível, realizável.
via.duc.to [bjad′ukto] *sm* Viaduto. *nunca pasé por este viaducto* / nunca passei por este viaduto.
via.jan.te [bjah′ante] *adj+s* Viajante. • *s* Vendedor, representante comercial.
via.jar [bjah′ar] *vi* **1** Viajar. **2** Correr, percorrer, andar.
via.je [bj′ahe] *sm* **1** Viagem. **2** *fam* Ataque de surpresa. Veja nota em **abordaje**.
via.je.ro, -a [bjah′ero] *adj+s* Viajante.
vial [bj′al] *adj* Viário. • *sm* Alameda. *me gusta pasar por este vial para ir al trabajo* / gosto de passar por esta alameda para ir ao trabalho.
vi.á.ti.co [bi′atiko] *sm* Diária.
ví.bo.ra [b′ibora] *sf Zool* Víbora, serpente.

vi.bra.ción [bibraθj′on] *sf* Vibração, trepidação, oscilação.

vi.bran.te [bibr′ante] *adj* 1 Vibrátil. *¡qué interesante esa almohada vibrante!* / que interessante esse travesseiro vibrátil! 2 Vibrante.

vi.brar [bibr′ar] *vt* 1 Vibrar, estremecer, oscilar. 2 Abalar, comover.

vi.bra.to.rio, -a [bibrat′orjo] *adj* Vibratório, vibrátil, vibrante.

vi.ce.ver.sa [biθeb′ersa] *adv* Vice-versa. • *sm* Inverso, reverso.

vi.ciar [biθ′jar] *vt+vpr* 1 Viciar, corromper, desencaminhar, perverter. 2 Falsear, adulterar. *vt* 3 Distorcer.

vi.cio [b′iθjo] *sm* 1 Vício, defeito, deformidade. 2 Mania, hábito.

vi.cio.so, -a [biθ′joso] *adj* 1 Vicioso. 2 Viciado, devasso. 3 Vigoroso, fértil. 4 Viçoso, abundante. 5 *fam* Mimado.

vi.ci.si.tud [biθiθit′ud] *sf* 1 Vicissitude, intercorrência. 2 Revés, contingência, acaso, viravolta.

víc.ti.ma [b′iktima] *sf* Vítima. *las víctimas del accidente fueron llevadas para los hospitales cercanos* / as vítimas do acidente foram levadas para os hospitais próximos.

vic.ti.mar [biktim′ar] *vt* Vitimar, assassinar, matar.

vic.to.ria [bikt′orja] *sf* Vitória.

vid [b′id] *sf Bot* Videira.

vi.da [b′ida] *sf* 1 Vida, existência. 2 Animação, vitalidade. 3 Duração.

vi.den.te [bid′ente] *adj+s* Vidente. *Pedro desde chico es vidente* / Pedro é vidente desde pequeno.

ví.de.o [b′ideo] *sm* 1 Vídeo. 2 Videocassete.

vi.deo.ca.se.te [bideokas′ete] *s* Fita de videocassete.

vi.deo.cin.ta [bideoθ′inta] *sf* Fita de vídeo, videoteipe.

vi.deo.club [bideokl′ub] *sm* Locadora de vídeo.

vi.deo.jue.go [bideoh′wego] *sm* Videogame. *si lo dejo, mi hijo se pasa la tarde con el videojuego* / se eu deixar, meu filho passa a tarde com o *videogame*.

vi.deo.te.ca [bideot′eka] *sf* Videoteca. *tengo una enorme videoteca en casa* / tenho uma videoteca enorme em casa.

vi.dria.do [bidrj′ado] *adj* 1 Frágil, quebradiço. 2 Vitrificação. 3 Louça.

vi.drie.ra [bidrj′era] *sf* 1 Vidraça. 2 Vitrine. **vidriera de colores** vitral.

vi.drio [b′idrjo] *sm* Vidro. **pagar los vidrios rotos** pagar o pato.

vie.jo, -a [b′jeho] *adj+s* Velho, idoso, ancião. • *adj* 1 Velho, antigo. 2 Gasto, surrado, batido, puído, acabado.

vien.to [b′jento] *sm* 1 Vento. 2 Olfato. 2 Ares, vaidade, jactância, arrogância. 3 **vientos** *pl Mús* Instrumentos de sopro. **a buen viento va la parva** vai tudo de vento em popa. **contra viento y marea** contra tudo e contra todos.

vien.tre [b′jentre] *sm Anat* Ventre. **de vientre** de reprodução. *creamos ganado de vientre* / criamos gado reprodutor. **sacar el vientre del mal año** tirar a barriga da miséria.

vier.nes [b′jernes] *sm* Sexta-feira. *mi mamá llega el viernes* / minha mãe chega na sexta-feira.

vi.ga [b′iga] *sf* Viga, trave, travessa. **ponerse a contar las vigas** ficar olhando pro teto.

vi.gen.cia [bih′enθja] *sf* Vigência, vigor, constância, duração.

vi.gen.te [bih′ente] *adj* Vigente, vigorante, válido.

vi.gé.si.mo, -a [bih′esimo] *num* Vigésimo. • *adj+sm* Vinte avos.

vi.gí.a [bih′ia] *sf* 1 Atalaia, torre. 2 Observação, espreita. 3 Vigia, guarda.

vi.gi.lan.cia [bihil′anθja] *sf* 1 Vigilância, cuidado, atenção, sentido. 2 Guarda.

vi.gi.lan.te [bihil′ante] *adj* 1 Vigilante, atento, alerta. 2 Desperto, acordado. • *sm* Guarda, policial.

vi.gi.lar [bihil′ar] *vi+vt* Vigiar, guardar, velar.

vi.gi.lia [bih′ilja] *sf* 1 Vigília. 2 Véspera. **comer de vigilia** não comer carne vermelha.

vi.gor [big′or] *sm* 1 Vigor, força, energia, robustez. 2 Vigência, constância.

vi.go.ri.zar [bigoriθ′ar] *vt+vpr* Revigorar, fortalecer. → alzar.

vi.go.ro.so, -a [bigor´oso] *adj* Vigoroso, robusto, saudável, viçoso. *me pone contento verte tan vigoroso* / fico contente de ver você tão vigoroso.
vil [b´il] *adj+s* Vil, ordinário, desprezível, abjeto.
vi.le.za [bileθ´a] *sf* Vilania, vileza.
vi.li.pen.diar [bilipend´jar] *vt* Vilipendiar, desprezar, repelir, menosprezar.
vi.lla [b´iλa] *sf* **1** Casa de campo. **2** Vila.
vi.lla.no, -a [biλ´ano] *adj+s* Vilão, sórdido, ordinário. • *adj* Camponês, plebeu.
vi.na.gre [bin´agre] *sm* Vinagre. *no me gusta poner vinagre a la ensalada* / não gosto de pôr vinagre na salada.
vin.cu.lar [binkul´ar] *vt* Vincular, atrelar, sujeitar.
vín.cu.lo [b´inkulo] *sm* Vínculo, ligação, relação. *tenemos un vínculo* / temos uma ligação.
vin.di.car [bindik´ar] *vt+vpr* **1** Vindicar, vingar. **2** Recuperar, readquirir, retomar.
vi.ni.cul.tor, -ora [binikult´or] *s* Vinicultor. *mi abuelo es vinicultor en Italia* / meu avô é vinicultor na Itália.
vi.ni.lo [bin´ilo] *sm Quím* Vinil.
vi.no [b´ino] *sm* Vinho. *a mi me gusta el vino blanco* / eu gosto de vinho branco.
vi.ña [b´iɲa] *sf* Vinhedo.
vi.ñe.do [biɲ´edo] *sm Bot* Vinhedo. *para donde miramos vemos los viñedos* / para onde olhamos vemos os vinhedos.
vi.ñe.ta [biɲ´eta] *sf* Vinheta, logotipo, etiqueta.
vio.lá.ceo [bjol´aθeo] *adj+sm* Violeta, roxo.
vio.la.ción [bjolaθj´on] *sf* **1** Violação, infração, transgressão. **2** Estupro, abuso.
vio.la.do [bjol´ado] *adj+sm* Violeta, roxo.
vio.la.dor [bjolad´or] *sm* Violador, estuprador.
vio.lar [bjol´ar] *vt* **1** Violar, transgredir, infringir. **2** Profanar. **3** Estuprar, violentar.
vio.len.cia [bjol´enθja] *sf* **1** Violência, brutalidade, agressão, agressividade. **2** Violação, estupro.
vio.len.tar [bjolent´ar] *vt* Violentar, forçar.
vio.len.to, -a [bjol´ento] *adj* **1** Violento, brutal, grosseiro, brusco, bárbaro. **2** Abrupto.
vio.le.ta [bjol´eta] *adj+sm* **1** Violeta, lilás. **2** Violeta.
vio.lín [bjol´in] *sm Mús* Violino. **violín en bolsa** viola no saco.
vio.lón [bjol´on] *sm Mús* Contrabaixo.
vio.lon.ce.lis.ta [bjolonθel´ista] *s V violonchelista.*
vio.lon.ce.lo [bjolonθ´elo] *sm Mús V violonchelo.*
vio.lon.che.lis.ta [bjolonʃel´ista] *s Mús* Violoncelista. *Var: violoncelista.*
vio.lon.che.lo [bjolonʃ´elo] *sm Mús* Violoncelo. *Var: violoncelo.*
vir.gen [b´irhen] *adj* Virgem, puro. • *adj+s* Casto.
vir.gi.ni.dad [birhinid´ad] *sf* Virgindade. *antiguamente la virginidad era obligada para casarse* / antigamente a virgindade era obrigatória para se casar.
vir.go [b´irgo] *adj+sf* Virgem, donzela. • *adj+s Astrol* Virginiano. • *sm Anat* Hímen.
vi.ri.li.dad [birilid´ad] *sf* Virilidade, masculinidade.
vi.ro.sis [bir´osis] *sf Med* Virose.
vir.tud [birt´ud] *sf* **1** Efeito, eficácia, eficiência. **2** Força, vigor. **3** Virtude, integridade, honra.
vir.tuo.so, -a [birtw´oso] *adj* Virtuoso, correto. • *adj+sm* Virtuose.
vi.rue.la [birw´ela] *sf Med* Varíola.
vi.ru.len.to, -a [birul´ento] *adj* **1** Virulento, peçonhento. **2** Purulento. **3** Mordaz.
vi.rus [b´irus] *sm Biol, Inform* Vírus. *he perdido todo mi trabajo a causa de un virus en mi computadora* / perdi todo o meu trabalho por causa de um vírus no meu computador.
vi.sa.do [bis´ado] *adj+sm* **1** Visado. **2** Visto.
vi.sar [bis´ar] *vt* **1** Visar, validar, autenticar, certificar. **2** Mirar, fazer pontaria.
vís.ce.ra [b´isθera] *sf Anat* Víscera. *no me gusta sacarle las vísceras al pollo* / não gosto de tirar as vísceras do frango.
vis.co.so, -a [bisk´oso] *adj* Viscoso, pegajoso.
vi.si.bi.li.dad [bisibilid´ad] *sf* Visibilidade.

estas gafas oscuras no me permiten una buena visibilidad / estes óculos escuros não me permitem uma boa visibilidade.

vi.si.ble [bis´ible] *adj* **1** Visível, perceptível. **2** Evidente, patente, notório. **3** Notável.

vi.sión [bisj´on] *sf* **1** Visão. **2** Ponto de vista, concepção. **3** Visão, aparição. **4** Fantasia, imaginação. O sentido da "visão" em espanhol é **vista**.

vi.si.ta [bis´ita] *sf* Visita. *mañana te voy a hacer una visita* / amanhã vou fazer-lhe uma visita.

vi.si.tar [bisit´ar] *vt* Visitar. *¿cuándo me vienes a visitar?* / quando você vem me visitar?

vis.lum.brar [bislumbr´ar] *vt* Vislumbrar, entrever, perceber.

vi.so [b´iso] *sm* Reflexo.

vís.pe.ra [b´ispera] *sf* Véspera. *Ana me vino a ver en vísperas de mi cumpleaños* / Ana veio me ver na véspera do meu aniversário.

vis.ta [b´ista] *sf* **1** Visão. **2** Aparência, disposição. **3** Aparição. **4** Olhada. Veja nota em **visión**.

vis.ta.zo [bist´aθo] *sm* Olhada. *di un vistazo por ahí, pero no lo encontré* / dei uma olhada por aí, mas não o encontrei.

vis.to.so, -a [bist´oso] *adj* Vistoso, chamativo.

vi.sua.li.zar [biswaliθ´ar] *vt* Visualizar, ver. → alzar.

vi.tal [bit´al] *adj* Vital, essencial, fundamental, indispensável.

vi.ta.li.cio, -a [bitaliˈθjo] *adj* Vitalício. • *sm* **1** Apólice de seguro de vida. **2** Pensão vitalícia.

vi.ta.li.dad [bitalid´ad] *sf* Vitalidade, vigor, vida, dinamismo.

vi.ta.mi.na [bitam´ina] *sf Quím* Vitamina. *se te cae el pelo es porque te falta alguna vitamina* / seu cabelo está caindo porque falta alguma vitamina.

vi.tral [bitr´al] *sm* Vitral. *¡qué lindos los vitrales de las iglesias!* / que bonitos os vitrais das igrejas!

ví.treo, -a [b´itreo] *adj* Vítreo.

vi.tri.na [bitr´ina] *sf* Vitrina, vitrine.

vi.tua.llas [bituˈaλas] *sm pl* Víveres, mantimentos, provisão.

vi.tu.pe.rio [bitup´erjo] *sm* Vitupério, agressão, ofensa, desonra. *de tu boca sólo se oyen vituperios* / de sua boca só se ouvem ofensas.

viu.dez [bjud´eθ] *sf* Viuvez.

viu.do, -a [b´judo] *adj+s* Viúvo.

vi.va.ci.dad [bibaθid´ad] *sf* Vivacidade, entusiasmo, ardor, animação.

vi.va.ra.cho, -a [bibar´aʃo] *adj* Vivaz, esperto.

vi.vaz [bib´aθ] *adj* **1** Vivaz. **2** Esperto, animado, bem-disposto.

vi.ven.cia [bib´enθja] *sf* **1** Vivência, existência. **2** Experiência.

ví.ve.res [b´iberes] *sm pl* Víveres, mantimentos, provisão.

vi.ve.za [bib´eθa] *sf* **1** Viveza, vivacidade, ardor. **2** Agudeza, esperteza.

vi.vien.da [bibj´enda] *sf* Moradia, residência, casa. *tengo una buena vivienda* / tenho uma boa residência.

vi.vien.te [bibj´ente] *adj+s* Vivente.

vi.vi.fi.car [bibifik´ar] *vt* **1** Vivificar, avivar. **2** Animar, reanimar, confortar.

vi.vir [bib´ir] *vi* **1** Viver, existir. **2** Subsistir, durar. *vi+vt* **3** Morar, residir. *vt* **4** Andar, estar. Veja nota em **morar** (espanhol).

vi.vo, -a [b´ibo] *adj+s* Vivo. • *adj* **1** Vivo, vívido, intenso, forte. **2** Ativo, diligente, ligeiro, pronto, ágil. **3** Esperto, danado, inteligente. **4** Audacioso, petulante, loquaz. **de lo vivo a lo pintado** da água pro vinho.

vo.ca.bu.la.rio [bokabul´arjo] *sm* **1** Vocabulário. **2** Dicionário.

vo.ca.ción [bokaθ´jon] *sf* Vocação, inclinação, aptidão, pendor, talento.

vo.cal [bok´al] *adj* Vocal. • *sf* Vogal. *las vocales son cinco: a, e, i, o, u* / as vogais são cinco: a, e, i, o, u.

vo.ca.lis.ta [bokal´ista] *s Mús* Vocalista.

vo.ca.li.za.ción [bokaliθaθj´on] *sf* Vocalização.

vo.ca.li.zar [bokaliθ´ar] *vt+vi* Vocalizar, pronunciar.

vo.ce.ar [boθe´ar] *vt* **1** Clamar, bradar, gritar. **2** Aplaudir, aclamar, ovacionar. **3** *fam* Vangloriar-se.

vo.ce.rí.o [boθer′io] *sm* Gritaria, vozerio, barulho.

vo.ce.ro, -a [boθ′ero] *s* Porta-voz. *ahora habla el vocero del presidente* / agora vai falar o porta-voz do presidente.

vo.ci.fe.rar *vt* **1** Alardear, vangloriar-se. *vi* **2** Vociferar, gritar, bradar.

vo.lan.te [bol′ante] *adj* **1** Voador. **2** Itinerante. **3** Móvel, removível. • *sm* **1** Babado. **2** Volante.

vo.lan.tín [bolant′in] *adj* Voador. • *sm Arg, Chile, P Rico, Cuba* Papagaio, pipa.

vo.lar [bol′ar] *vi* **1** Voar. **2** Correr, apressar-se. **3** Evaporar, desaparecer, escafeder-se. *vt* **4** Irritar, provocar. → aprobar.

vo.lá.til [bol′atil] *adj+s* **1** Voador. **2** Mutável, inconstante, variável. **3** *Fís, Quím* Volátil.

vol.cán [bolk′an] *sm* Vulcão. *fue impresionante ver a un volcán en erupción* / foi impressionante ver um vulcão em erupção.

vol.car [bolk′ar] *vt+vi* **1** Verter, entornar. **2** Derrubar. *vt* **3** Persuadir, mover. → Veja modelo de conjugação.

vo.lei [b′olej] *sm coloq* Voleibol.

vo.lei.bol [bolejb′ol] *sm Dep* Vôlei, voleibol. *Sin:* balonvolea.

vo.li.ción [boliθj′on] *sf Filos* Volição, escolha, decisão.

vol.te.ar [bolte′ar] *vt* **1** Voltear, andar em torno. **2** Trocar, mudar de lugar. **3** Rodopiar, girar.

vol.te.re.ta [bolter′eta] *sf* Pirueta. *¿no te cansas de hacer volteretas?* / você não se cansa de dar piruetas?

vol.tí.me.tro [bolt′imetro] *sm Fís* Voltímetro.

vo.lu.ble [bol′uble] *adj* Volúvel, inconstante, leviano.

vo.lu.men [bol′umen] *sm* **1** *Fís* Volume. **2** Tamanho, corpulência. **3** Altura, intensidade (som). **4** Livro.

vo.lu.mi.no.so, -a [bolumin′oso] *adj* Volumoso, avultado.

vo.lun.tad [bolunt′ad] *sf* **1** Vontade, escolha, livre-arbítrio. **2** Intenção. **3** Desejo, ânsia. **4** Determinação, resolução.

vo.lun.ta.rio, -a [bolunt′arjo] *adj* Voluntário, espontâneo, facultativo. • *s* Voluntário.

vo.lun.ta.rio.so, -a [boluntarj′oso] *adj+s* Voluntarioso, genioso, caprichoso, mimado.

vo.lup.tuo.so, -a [boluptw′oso] *adj* Voluptuoso, lascivo, excitante.

vol.ver [bolb′er] *vt* **1** Voltar, regressar, retornar. **2** Devolver, retribuir, pagar. *vt+vpr* **3** Tornar, transformar. *vt* **4** Traduzir, verter. **5** Restituir. *vpr* Voltar-se, virar-se. **6** Vomitar. *Part irreg:* vuelto. → morder.

vo.mi.tar [bomit′ar] *vt* **1** Vomitar, devolver. **2** Praguejar, amaldiçoar.

vo.ra.ci.dad [boraθid′ad] *sf* Voracidade, sede, sofreguidão, gana.

vos [b′os] *pron pers* **1** Vós. **2** Você.

vo.so.tros, -as [bos′otros] *pron pers* Vós, vocês.

vo.ta.ción [botaθj′on] *sf* Votação. *la votación para elegir el presidente es secreta* / a votação para escolher o presidente é secreta.

vo.to [b′oto] *sm* **1** Voto. **2** Juramento. **3** Praga, imprecação, maldição. **4** Desejo. **echar votos** amaldiçoar, praguejar.

voz [v′oθ] *sf* **1** Voz, fala. **2** Palavra. **3** Poder, faculdade, direito. **4** Opinião, fama, rumor. **voz comum** voz do povo. **dar voces al viento** malhar em ferro frio.

vue.lo [bw′elo] *sm* **1** Voo. **2** *Anat Zool* Asa. **3** Babado.

vuel.ta [bw′elta] *sf* **1** Volta, giro, circunvolução. **2** Curvatura. **3** Volta, retorno. **4** Vez, turno. **5** Avesso. **6** Troco.

vuel.to [bw′elto] *sm AL* Troco. *señor, usted se olvidó de su vuelto* / senhor, esqueceu seu troco.

vues.tro, -a [b′westro] *pron pers* Vosso.

vul.ca.ni.za.ción [bulkaniθaθj′on] *sf* Vulcanização.

vul.ca.ni.zar [bulkaniθ′ar] *vt* Vulcanizar, emborrachar.

vul.gar [bulg′ar] *adj* **1** Vulgar, comum, simples. **2** Ordinário.

vul.ga.ri.dad [bulgarid′ad] *sf* **1** Vulgaridade, grosseria. **2** Banalidade, trivialidade.

vul.go [b′ulgo] *sm* Vulgo, povo, ralé.

vul.ne.ra.ble [bulner′able] *adj* Vulnerável. *me siento muy vulnerable hoy* / sinto-me muito vulnerável hoje.

w, W [´ubed´oble] *sf* Vigésima sexta letra do alfabeto espanhol.
water polo [b´aterpolo] *sm Dep ingl* Polo aquático.
watt [b´at, w´at] *sm Fís ingl* watt.
web [b´eb] *sf Inform ingl* Web.
western [w´estern] *sm Cin ingl* Western, faroeste.
windsurf [winds´arf] *sm Dep ingl* Wind-surfe.

X

x, X [´ekis] *sf* **1** Vigésima sétima letra do alfabeto espanhol. **2 X** Dez em algarismos romanos. **3** *Mat* X, incógnita.

xe.no.fo.bia [(k)senof´obja] *sf* Xenofobia, xenofobismo.

xe.ro.co.pia [(k)serok´opja] *sf* Xerocópia, xerox.

xi.ló.fo.no [(k)sil´ofono] *sm Mús* Xilofone.

xi.lo.gra.fí.a [(k)silograf´ia] *sf* Xilogravura, xilografia.

Y

y, Y [igrjˊega] *sf* Vigésima oitava letra do alfabeto espanhol (*i griega* ou *ye*). • *conj* E. *yo y mamá te vamos a visitar mañana* / eu e mamãe vamos visitar você amanhã. Veja nota em **e²** (espanhol).

ya [yˊa] *adv* Já. **pues ya** claro, evidentemente. **si ya** desde que.

ya.ca.ré [yakarˊe] *sm Am Zool* Jacaré.

ya.cer [yaθˊer] *vi* Jazer, repousar. → Veja modelo de conjugação.

ya.ci.ja [yaθˊiha] *sf* **1** Leito pobre. **2** Jazigo, sepultura. *hace tiempos que no voy a ver la yacija de mi familia* / faz tempo que não vou ver o jazigo de minha família.

ya.ci.mien.to [yaθimjˊento] *sm* **1** *Geol* Jazida. **2** *Arqueol* Sítio arqueológico.

yar.da [yˊarda] *sf* Jarda. *una yarda corresponde a menos de un metro* / uma jarda corresponde a menos de um metro.

ye.gua [yˊegwa] *sf* **1** *Zool* Égua. **2** *Méx* Toco de cigarro, bituca.

ye.ma [yˊema] *sf* **1** *Bot* Broto. **2** Gema. **yema del dedo** polpa do dedo.

yer.ba [yˊerba] *sf Bot* **1** Erva. **2** Grama. **3** Erva-mate.

yer.mo, -a [yˊermo] *adj* Ermo, desabitado, deserto, desocupado, desolado. • *adj+sm* Inculto, rústico, agreste. • *sm* Ermo, deserto.

yer.no [yˊerno] *sm* Genro. *a mí me gusta mucho mi yerno* / eu gosto muito de meu genro.

ye.rro [yˊero̅] *sm* **1** Erro, falta, falha, deslize. **2** Engano, incorreção, equívoco.

ye.so [yˊeso] *sm* Gesso. *a mi hija le gusta jugar con yeso* / minha filha gosta de brincar com gesso.

yó.quey [yˊokej] *sm* Jóquei, ginete. *Sin: yoqui.*

yo.qui [yˊoki] *sm* V *yóquey.*

yo.yó [yoyˊo] *sm* Ioiô. *me encanta jugar con el yoyó* / adoro brincar com o ioiô.

yu.ca [yˊuka] *sf Bot* Mandioca. *¿ya probaste puré de yuca?* / você já provou purê de mandioca?

yu.do [yˊudo] *sm Dep* Judô. *quiero aprender yudo* / quero aprender judô.

yu.go [yˊudo] *sm* **1** Jugo, canga. **2** Opressão, sujeição.

yun.que [yˊunke] *sm* **1** *Mec* Bigorna. **2** *Anat* Bigorna, osso do ouvido.

Z

z, Z [θ´eta] *sf* Vigésima nona letra do alfabeto espanhol (*zeta* ou *zeda*).

za.fie.dad [θafjed´ad] *sf* Grosseria, estupidez, ignorância, descortesia.

za.fi.ro [θaf´iro] *sm Miner* Safira. *¡qué hermoso anillo de zafiro!* / que anel de safira maravilhoso!

zafra [θ´afra] *sf* Colheita da cana-de-açúcar. Veja nota em **safra** (português).

za.ga [θ´aga] *sf* **1** Traseira. **2** *Mil* Retaguarda. **3** *Dep* Zagueiro. **no quedarse en zaga** não ficar atrás.

za.gue.ro, -a [θag´ero] *adj* Traseiro. • *Dep s* Zagueiro, defesa.

za.he.rir [θaer´ir] *vt* Humilhar, envergonhar, desprezar, expor. → mentir.

za.la.me.rí.a [θalamer´ia] *sf* Bajulação. *tanta zalamería me da asco* / tanta bajulação me dá nojo.

za.la.me.ro, -a [θalam´ero] *adj+s* Bajulador.

zam.bom.ba [θamb´omba] *sf Mús* Zabumba, cuíca.

zam.bu.lli.da [θambuʎ´ida] *sf* Mergulho, submersão, imersão.

zam.bu.llir [θambuʎ´ir] *vt+vpr* **1** Mergulhar, submergir. *vpr* **2** Concentrar-se. → bullir.

zam.par [θamp´ar] *vt* **1** Devorar, comer depressa. **2** Matar. *vt+vpr* **3** Pôr, colocar. *vpr* **4** Enfiar-se, meter-se.

za.na.ho.ria [θana´orja] *sf Bot* Cenoura. *¿te gusta la zanahoria cruda?* / você gosta de cenoura crua?

zan.ca.di.lla [θankad´iʎa] *sf* Rasteira.

zan.cu.do, -a [θank´udo] *adj* Pernalta. • *sm Zool AL* Pernilongo.

zán.ga.no, -a [θ´angano] *sm Entom* Zangão. *¡ay! Me ha picado un zángano* / ai! Um zangão me picou.

zan.ja [θ´an:ha] *sf* Vala, valeta, canaleta. **abrir las zanjas** começar, iniciar, dar início.

za.pa.llo [θap´aʎo] *sm AL* Abóbora. *comí una sopa de zapallo muy rica* / comi uma sopa de abóbora muito gostosa.

za.pa.te.a.do [θapate´ado] *sm Mús* Sapateado.

za.pa.te.rí.a [θapater´ia] *sf* **1** Sapataria. **2** Loja de calçados.

za.pa.te.ro, -a [θapat´ero] *sm* **1** Sapateiro. **2** *Zool* Girino. *sf* **3** Sapateira. • *adj* Relativo a calçado.

za.pa.ti.lla [θapat´iʎa] *sf* **1** Sapatilha. **2** Tênis.

za.pa.to [θap´ato] *sm* Sapato, calçado. **no llegarle a la suela del zapato** não chegar a seus pés. **saber dónde le aprieta el zapato** saber onde lhe aperta o calo.

zar.ci.llo [θarθ´iʎo] *sm* Brinco. *¿de quién son estos zarcillos que he encontrado en el piso?* / de quem são esses brincos que eu encontrei no chão?

zar.par [θarp´ar] *vi Mar* Zarpar, partir.

za.rra.pas.tro.so, -a [θaɾapastr´oso] *adj+s fam* Maltrapilho, desmazelado, andrajoso, desalinhado.

ze.pe.lín [θepel´in] *sm* Zepelim.

zig.za.gue.ar [θigθage´ar] *vi* Ziguezaguear, serpentear, colear.

zinc [θ´ink] *sm Quím* Zinco.

zó.ca.lo [θ´okalo] *sm* Rodapé. *cuidado con la escoba en el zócalo* / cuidado com a vassoura no rodapé.

zo.dia.co [θodj´ako], **zo.dí.a.co** [θod´iako] *sm Astron* Zodíaco. *son doce los signos* *del zodiaco* / são doze os signos do zodíaco.

zo.na [θ´ona] *sf* **1** Cinta, faixa, tira. **2** Zona, sítio, área. **3** *Med* Herpes zóster.

zon.zo, -a [θ´onθo] *adj+s* Insoso, insípido. • *adj* Tonto, bobo. *no seas zonzo, el gato no te hace nada* / não seja bobo, o gato não faz nada.

zo.o.lo.gí.a [θo(o)loh´ia] *sf* Zoologia.

zo.o.no.sis [θo(o)noθ´iθ] *sf inv Med* Zoonose.

zo.o.tec.nia [θo(o)t´eknja] *sf* Zootecnia. *quiero estudiar zootecnia* / quero estudar zootecnia.

zo.pen.co, -a [θop´enko] *adj+s* Tonto, bronco.

zo.que.te [θok´ete] *sm* Toco. • *adj+sm fam* Lerdo, anta. *ese tipo es un zoquete, no entiende nada* / esse sujeito é uma anta, não entende nada.

zo.rra [θ´or̄a] *sf* **1** *Zool* Raposa. **2** Prostituta. **3** *fam* Raposa velha, velhaco. **4** *fam* Porre, bebedeira.

zo.rri.llo [θor̄´iλo] *sm Zool* Gambá.

zo.zo.brar [θoθobr´ar] *vi+vpr* **1** Soçobrar, ir a pique. **2** Fracassar, frustrar.

zue.co [θw´eko] *sm* Tamanco.

zum.ba [θ´umba] *sm* Zombaria, burla.

zum.bar [θumb´ar] *vi* **1** Zumbir. **2** Zombar.

zum.bi.do [θumb´ido] *sm* **1** Zumbido. **2** Pancada. *ella me dio un zumbido y no sé por qué* / ela me deu uma pancada e não sei por quê.

zu.mo [θ´umo] *sm* Sumo, suco.

zur.cir [θurθ´ir] *vt* Cerzir, remendar. *mi abuela me enseñó a zurcir medias* / minha avó me ensinou a cerzir meias. → Veja modelo de conjugação.

zur.do, -a [θ´urdo] *adj+s* Canhoto. *yo soy zurda* / eu sou canhota.

zu.rra [θ´ur̄a] *sf* **1** Curtimento, curtição. *mi papá trabaja con zurra de cuero* / meu pai trabalha com curtimento de couro. **2** *fam* Surra, sova.

zu.rrar [θur̄´ar] *vt* **1** Curtir (peles). **2** *fam* Surrar, sovar, bater.

PORTUGUÊS-ESPANHOL
PORTUGUÉS-ESPAÑOL

a

a¹, A [a] *sm* Primera letra del alfabeto portugués.

a² [a] *art def f* La. *a casa da minha mãe tem um lindo jardim* / la casa de mi madre tiene un lindo jardín. Veja nota em **la**.

a³ [a] *pron pess* La. Veja nota em **la**.

a⁴ [a] *prep* A. *andar a cavalo é muito divertido* / montar a caballo es muy divertido.

à [ˈa] *contr prep* a+*art def f* A la. *não fui apresentado à nova namorada do meu irmão* / no fue presentado a la nueva novia de mi hermano. Veja nota em **la**.

a.ba [ˈabə] *sf* Ala, borde. *a aba do chapéu* / el ala del sombrero.

a.ba.ca.te [abakˈati] *sm Bot* **1** Aguacate. **2** *AL* Palta.

a.ba.ca.xi [abakaʃˈi] *sm Bot* Piña, ananás, ananá.

a.ba.de [abˈadi] *sm Rel* Abad.

a.ba.des.sa [abadˈesə] *sf Rel* Abadesa.

a.ba.di.a [abadiˈa] *sf Rel* Abadía.

a.ba.fa.do [abafˈadu] *adj* **1** Sofocante. *o clima equatorial é caracterizado pelo calor abafado* / el clima ecuatorial se caracteriza por el calor sofocante. **2** Irrespirable. **3** Opresivo, asfixiante.

a.ba.far [abafˈar] *vtd* Sofocar, asfixiar.

a.bai.xar [abajʃˈar] *vtd* **1** Bajar. **2** Rebajar.

a.bai.xo [abˈajʃu] *adv* Abajo. *no andar de cima estão os quartos, abaixo ficam a sala e a cozinha* / en el piso de arriba están los dormitorios, abajo están el salón y la cocina. • *interj* **abaixo!** ¡Abajo! **abaixo de** debajo de.

a.ba.jur [abaʒˈur] *sm* Lámpara (de mesa). *deixou o livro no criado-mudo e desligou o abajur antes de dormir* / dejó el libro en la mesita de noche y apagó la lámpara antes de dormir.

a.ba.lar [abalˈar] *vtd* **1** Mover, sacudir. **2** Estremecer. *o atentado terrorista abalou o mundo inteiro* / el atentado terrorista estremeció al mundo entero. *vpr* **3** Estremecerse, conmoverse. *abalou-se com a notícia* / se estremeció con la noticia.

a.ba.lo [abˈalu] *sm* **1** Estremecimiento, temblor. *o terremoto provoca na terra um abalo de grande força* / el terremoto provoca en la tierra un temblor de gran fuerza. **2** Conmoción.

a.ba.nar [abanˈar] *vtd+vpr* Abanar.

a.ban.do.nar [abãdonˈar] *vtd* **1** Abandonar. *vpr* **2** Abandonarse, dejarse dominar.

a.ban.do.no [abãdˈonu] *sm* Abandono.

a.ba.no [abˈʌnu] *sm* Abanico, abano.

a.bar.ro.tar [abaʁotˈar] *vtd+vpr* Abarrotar, llenar, atiborrar.

a.bas.te.cer [abastesˈer] *vtd+vpr* Abastecer, proveer, aprovisionar.

a.bas.te.ci.men.to [abastesimˈẽtu] *sm* **1** Abastecimiento. **2** Suministro, provisión.

a.ba.te [abˈati] *sm* Sacrificio. *os animais foram levados para o abate* / los animales fueron llevados para el sacrificio.

a.ba.te.dou.ro [abatedˈowru] *sm* Matadero.

a.ba.ter [abatˈer] *vtd+vpr* **1** Abatir. *vtd+vi* **2** Descontar. *o vendedor abateu dez por cento do valor do imóvel* / el vendedor descontó el diez por ciento del valor del inmueble. Veja nota em **desquitar** (português).

ab.di.car [abdikˈar] *vtd+vti* Abdicar.

ab.do.me [abdˈɔmi] *sm Anat* Abdomen.

ab.do.mi.nal [abdomin'aw] *adj m+f* e *sm* Abdominal.

a.be.ce.dá.rio [abesed'arju] *sm* **1** Abecedario, abecé, alfabeto. **2** Silabario, cartilla.

a.be.lha [ab'eλə] *sf Zool* Abeja. *a abelha produz cera e mel* / la abeja produce cera y miel.

a.be.lhu.do [abeλ'udu] *adj* Entremetido, entrometido, indiscreto. *todo abelhudo adora ouvir uma fofoca* / a todos los entremetidos les gusta escuchar chismes.

a.ben.ço.ar [abẽso'ar] *vtd* Bendecir. *o sacerdote abençoou os fiéis* / el sacerdote bendijo a los fieles.

a.ber.ra.ção [aberas'ãw] *sf* Aberración.

a.ber.to [ab'ɛrtu] *adj* **1** Abierto. *no próximo final de semana o comércio ficará aberto até mais tarde* / el próximo fin de semana el comercio permanecerá abierto hasta más tarde. **2** Despejado. *hoje o céu está aberto* / hoy el cielo está despejado. **3** Sincero, franco. *o palestrante usou uma linguagem aberta para expor suas ideias* / el conferenciante usó un lenguaje franco para exponer sus ideas.

a.ber.tu.ra [abert'urə] *sf* **1** Abertura, grieta. **2** Apertura. *importantes autores participaram da abertura da bienal do livro* / importantes autores participaron en la apertura de la bienal del libro.

a.bis.ma.do [abizm'adu] *adj* **1** Asombrado. **2** Espantado, inmerso en cogitaciones.

a.bis.mo [ab'izmu] *sm* Abismo.

ab.je.to [abʒ'ɛtu] *adj* Abyecto, despreciable, vil.

ab.ne.ga.ção [abnegas'ãw] *sf* Abnegación. *os pais cuidam dos filhos com abnegação* / los padres cuidan a los hijos con abnegación.

ab.ne.ga.do [abneg'adu] *adj* Abnegado.

a.bó.ba.da [ab'ɔbadə] *sf Arquit* Bóveda.

a.bó.bo.ra [ab'ɔborə] *sf Bot* **1** Calabaza. **2** *AL* Zapallo. **3** *Am Cen* Ayote.

a.bo.bri.nha [abobr'iñə] *sf Bot* **1** Calabacín. **2** *AL* Zapallito.

a.bo.li.ção [abolis'ãw] *sf* Abolición. *existe uma tendência mundial à abolição da pena de morte* / existe una tendencia mundial a la abolición de la pena de muerte.

a.bo.lir [abol'ir] *vtd* Abolir.

a.bo.mi.nar [abomin'ar] *vtd+vpr* Abominar, aborrecer. Veja nota em **aborrece** (espanhol).

a.bo.no [ab'onu] *sm* Abono, fianza, garantía.

> Em espanhol, abono significa "adubo": *adubo fertiliza a terra* / el abono fertiliza la tierra. Utiliza-se também no sentido de "assinatura", "pagamento mensal" por serviços prestados. Veja outra nota em **abono** (espanhol).

a.bor.da.gem [abord'aʒẽj] *sf* Abordaje. Veja nota em **abordaje**.

a.bor.dar [abord'ar] *vtd* Abordar.

a.bor.re.cer [aboR̄es'er] *vtd+vti+vpr* Molestar, fastidiar, disgustar. Veja nota em **aborrecer** (espanhol).

a.bor.re.ci.do [aboR̄esidu] *adj* **1** Aburrido. **2** Latoso.

a.bor.re.ci.men.to [aboR̄esim'ẽtu] *sm* Molestia, disgusto. *sofreu um aborrecimento tão grande que acabou adoecendo* / sufrió un disgusto tan grande que terminó enfermándose.

a.bor.tar [abort'ar] *vi+vtd* Abortar.

a.bor.to [ab'ortu] *sm* Aborto.

a.bo.to.a.du.ra [abotoad'urə] *sf* **1** Botonadura. **2** Gemelo.

a.bo.to.ar [aboto'ar] *vtd+vpr* Abotonar, abrochar.

a.bra.çar [abras'ar] *vtd+vpr* Abrazar.

a.bra.ço [abr'asu] *sm* Abrazo.

a.bran.dar [abrãd'ar] *vtd+vi+vpr* **1** Ablandar. **2** Suavizar. **3** Serenar, sosegar. *vão suspender a reunião até todo mundo abrandar os ânimos* / van a suspender la reunión hasta que todo el mundo serene los ánimos.

a.bran.gên.cia [abrãʒ'ẽsjə] *sf* Alcance. *o seguro do meu carro tem abrangência nacional* / el seguro de mi coche tiene alcance nacional.

a.bran.gen.te [abrãʒ'ẽti] *adj m+f* Amplio, extenso. *o problema da pobreza precisa de uma análise abrangente por parte da sociedade* / el problema de la pobreza necesita un análisis amplio por parte de la sociedad.

a.bran.ger [abrãʒ'er] *vtd+vpr* Comprender, abarcar, alcanzar.

a.bra.sa.dor [abrazad'or] *adj* Abrasador.

a.bre.vi.ar [abrevi'ar] *vtd* **1** Abreviar. *vtd+vti* **2** Acabar, terminar a la brevedad.

a.bre.vi.a.tu.ra [abrevjat'urə] *sf* Abreviatura.

a.bri.dor [abrid'or] *adj+sm* **1** Abridor. **2** Abrelatas. **3** Abrebotellas. **4** *AL* Destapador.

a.bri.gar [abrig'ar] *vtd+vpr* Abrigar, resguardar, proteger, cobijar, refugiar.

a.bri.go [abr'igu] *sm* **1** Refugio. *as cavernas servem de abrigo natural nas montanhas* / las cuevas sirven de refugio natural en las montañas. **2** Asilo. **3** *fig* Acogida, amparo.

a.bril [abr'iw] *sm* Abril.

a.brir [abr'ir] *vtd+vti+vi+vpr* Abrir. **num abrir e fechar de olhos** en un abrir y cerrar de ojos.

a.brup.to [abr'uptu] *adj* **1** Abrupto, escarpado. **2** Áspero, violento, rudo. **3** *fig* Repentino, súbito.

ab.so.lu.ta.men.te [absolutam'ẽti] *adv* **1** En absoluto. **2** Totalmente, enteramente.

ab.so.lu.to [absol'utu] *adj* Absoluto, independiente, ilimitado. *nas ditaduras, o governante tem poder absoluto* / en las dictaduras, el gobernante tiene poder absoluto. • *sm* Absoluto. *muitos filósofos procuram entender o absoluto* / muchos filósofos buscan entender lo absoluto. **em absoluto** en absoluto.

ab.sol.ver [absowv'er] *vtd* Absolver.

ab.sor.to [abs'ortu] *adj* Absorto, abstraído.

ab.sor.ven.te [absorv'ẽti] *adj m+f* **1** Absorbente, que absorbe. **2** Dominante. • *sm* Absorbente, sustancia con elevado poder de absorción. **absorvente higiênico** compresa higiénica.

ab.sor.ver [absorv'er] *vtd* **1** Absorber. *vpr* **2** *fig* Concentrarse.

abs.tê.mio [abst'emju] *adj+sm* Abstemio.

abs.ter [abst'er] *vtd+vti* **1** Contener, refrenar, apartar. *vpr* **2** Abstenerse, contenerse. *durante a sexta-feira santa os católicos se abstêm de comer carne* / durante el viernes santo los católicos se abstienen de comer carne.

abs.ti.nên.cia [abstin'ẽsjə] *sf* Abstinencia.

abs.tra.ir [abstra'ir] *vtd+vti* **1** Abstraer, separar. *quando abstraímos um objeto do seu entorno podemos estudá-lo com maior facilidade* / cuando abstraemos un objeto de su entorno podemos estudiarlo con mayor facilidad. *vti* **2** Prescindir. *vpr* **3** Abstraerse. *abstraía-se do mundo para sonhar com sua amada* / se abstraía del mundo para soñar con su amada.

abs.tra.to [abstr'atu] *adj* Abstracto. **arte abstrata** arte abstracto.

ab.sur.do [abs'urdu] *adj* **1** Absurdo, contrario a la razón. *tirar o jogador do campo foi uma decisão absurda* / sacar al jugador de la cancha fue una decisión absurda. **2** Irracional, disparatado. *algumas lojas cobram um preço absurdo pelos seus produtos* / algunas tiendas cobran un precio disparatado por sus productos • *sm* Absurdo, disparate. *o chefe estava tão enfurecido que saiu falando absurdos do escritório* / el jefe estaba tan furioso que salió diciendo disparates de la oficina.

a.bun.dân.cia [abũd'ãsjə] *sf* **1** Abundancia, gran cantidad. **2** Prosperidad, riqueza, opulencia.

a.bun.dan.te [abũd'ãti] *adj m+f* Abundante, copioso.

a.bu.sa.do [abuz'adu] *adj* Abusivo, atrevido, aprovechado. *o nosso novo colega de trabalho é muito abusado* / nuestro nuevo compañero de trabajo es muy atrevido.

a.bu.sa.dor [abuzad'or] *adj+sm* Abusador, abusón.

a.bu.sar [abuz'ar] *vtd+vti+vi* Abusar, aprovecharse.

a.bu.so [ab'uzu] *sm* Abuso, desmán.

a.bu.tre [ab'utri] *sm Zool* Buitre. *na cultura maia, o abutre era um símbolo da morte* / en la cultura maya, el buitre era un símbolo de la muerte.

a.ca.ba.do [akab'adu] *adj* **1** Acabado, completo, perfecto, consumado. **2** Viejo, avejentado, destruido. *uma vida inteira de privações deu a ele um aspecto acabado*

/ una vida entera de privaciones le dio un aspecto avejentado. • *sm* Acabado, terminación. *o vestido de noiva tinha um acabamento perfeito* / el vestido de novia tenía un acabado perfecto.

a.ca.ba.men.to [akabam'ẽtu] *sm* Terminación, acabado. *decidimos comprar o apartamento pelo belo acabamento dos cômodos* / decidimos comprar el piso por el hermoso acabado de las habitaciones.

a.ca.bar [akab'ar] *vtd* **1** Acabar, terminar, concluir. **2** Destruir, matar. *vi* **3** Terminar, rematar. **4** Morir. *vpr* **5** Extinguirse, aniquilarse. **um nunca acabar** un sinfín.

a.ca.de.mi.a [akadem'iə] *sf* Academia.

a.ca.dê.mi.co [akad'emiku] *adj* Académico.

a.ca.len.tar [akalẽt'ar] *vtd* **1** Acunar. **2** *fig* Nutrir, alimentar (esperanças).

a.cal.mar [akawm'ar] *vtd* **1** Calmar, tranquilizar, sosegar. *o chá de camomila é bom para acalmar os nervos* / la infusión de manzanilla es buena para calmar los nervios. *vi+vpr* **2** Estar en calma, calmarse, tranquilizarse.

a.cam.pa.men.to [akãpam'ẽtu] *sm* Campamento.

a.cam.par [akãp'ar] *vti+vi+vpr* Acampar.

a.ca.nha.do [akañ'adu] *adj* Tímido, corto, encogido, apocado. *pelo seu jeito acanhado quase não tinha amigos* / por su aspecto tímido casi no tenía amigos.

a.ção [as'ãw] *sf* Acción. **ação de graças** acción de gracias. **ação de guerra** acción de guerra.

a.ca.ri.ci.ar [akarisi'ar] *vtd+vi+vpr* Acariciar.

a.car.re.tar [akar̄et'ar] *vtd* **1** Acarrear, transportar. *vtd+vti* **2** Ocasionar, producir. *fumar acarreta sérios problemas para a saúde* / fumar acarrea serios problemas para la salud.

a.ca.so [ak'azu] *sm* Acaso, casualidad. • *adv* Quizá, tal vez. **por acaso** por casualidad, por acaso.

a.ca.tar [akat'ar] *vtd* **1** Acatar, respetar, reverenciar, venerar. **2** Obedecer.

a.ce.bo.la.do [asebol'adu] *adj* Condimentado con cebolla.

a.cei.ta.ção [asejtas'ãw] *sf* **1** Aceptación. **2** Receptividad. *o novo brinquedo teve boa aceitação entre as crianças* / el nuevo juguete tuvo una buena receptividad entre los niños. **3** Aprobación, aplauso.

a.cei.tar [asejt'ar] *vtd* Aceptar, aprobar, acceder a algo. *Matilde não aceitou a oferta de trabalho* / Matilde no aceptó la oferta de empleo.

a.cei.tá.vel [asejt'avew] *adj m+f* Aceptable.

a.ce.le.ra.ção [aseleras'ãw] *sf* Aceleración.

a.ce.le.ra.dor [aselerad'or] *adj+sm* Acelerador.

a.ce.le.rar [aseler'ar] *vtd+vi+vpr* **1** Acelerar, apresurar. **2** Darse prisa.

a.cel.ga [as'ɛwgə] *sf Bot* Acelga.

a.ce.nar [asen'ar] *vi+vti* Hacer señas *acenei com a cabeça para que ele parasse de falar daquele assunto* / le hice señas con la cabeza para que parase de hablar de aquel asunto.

a.cen.der [asẽd'er] *vtd+vi+vpr* Encender.

a.ce.no [as'enu] *sm* Gesto, seña, ademán.

a.cen.to [as'ẽtu] *sm* Acento, tilde. **acento agudo** acento agudo. **acento circunflexo** acento circunflejo. **acento de intensidade** acento de intensidad. **acento grave** acento grave. **acento tônico** acento tónico.

a.cen.tu.a.ção [asẽtwas'ãw] *sf* Acentuación.

a.cen.tu.a.do [asẽtu'adu] *adj* **1** Acentuado (acento ortográfico). **2** Destacado. **3** Subrayado.

a.cen.tu.ar [asẽtu'ar] *vtd* **1** Acentuar, dar acento prosódico a las palabras. **2** Colocar acento ortográfico. **3** Recalcar. **4** realzar, resaltar. *vpr* **5** Acentuarse, tomar cuerpo.

a.cep.ção [aseps'ãw] *sf* Acepción, significado. **na acepção da palavra** en toda la extensión de la palabra.

a.cer.tar [asert'ar] *vtd* **1** Encontrar, hallar. *procurou e procurou no mapa, mas não acertou o caminho* / buscó y buscó en el plano, pero no halló el camino. **2** Golpear, herir, alcanzar. *o disparo acertou o assaltante na perna* / el disparo alcanzó al asal-

acer.to [as'ertu] *sm* **1** Acierto, acción y efecto de acertar. **2** Cordura, prudencia, tino, sensatez. *o árbitro resolveu com acerto a disputa* / el árbitro resolvió con prudencia la disputa. **3** Coincidencia, casualidad.

acer.vo [as'ervu] *sm* Acervo. *o acervo do museu destaca-se pela antiguidade das suas peças* / el acervo del museo se destaca por la antigüedad de sus piezas.

ace.so [as'ezu] *adj* Encendido. *é muito perigoso sair de casa deixando o fogão aceso* / es muy peligroso salir de casa dejando la cocina encendida.

aces.sí.vel [ases'ivew] *adj m+f* **1** Accesible. **2** Asequible. **3** Inteligible.

aces.so [as'ɛsu] *sm* **1** Acceso, entrada, paso. *é proibido o acesso de estranhos ao prédio* / se prohíbe la entrada de extraños en el edificio. **2** Arrebato, exaltación. **3** *Med* Ataque, accesión.

aces.só.rio [ases'ɔrju] *adj* Accesorio, secundario. • *sm* Accesorio.

ace.to.na [aset'onə] *sf Quím* Acetona.

a.cha.do [aʃ'adu] *adj* **1** Hallado, encontrado. **2** Descubierto. • *sm* Hallazgo. *Machupichu foi um achado arqueológico de grande importância para o mundo* / Machu-Pichu fue un hallazgo arqueológico de gran importancia para el mundo.

a.char [aʃ'ar] *vtd+vti+vi* **1** Hallar, encontrar. *ainda não consegui achar os papéis que perdi ontem* / aún no he podido encontrar los papeles que perdí ayer. **2** Descubrir. **3** Considerar, creer, juzgar, estimar. *eu acho que vai chover amanhã* / yo creo que va a llover mañana. *vpr* **4** Hallarse, estar presente. **5** Considerarse, juzgarse, estimarse.

a.cha.tar [aʃat'ar] *vtd* **1** Achatar, aplastar, aplanar, allanar. **2** Humillar. *vpr* **3** Humillarse.

a.ci.den.ta.do [asidẽt'adu] *adj+sm* Accidentado.

a.ci.den.tal [asidẽt'aw] *adj m+f* Accidental, casual, contingente.

a.ci.den.te [asid'ẽti] *sm* Accidente. **acidente de trabalho** accidente de trabajo.

a.ci.dez [asid'es] *sf* Acidez.

á.ci.do ['asidu] *adj* Ácido. • *sm Quím* Ácido.

a.ci.ma [as'imə] *adv* **1** Arriba. *acima do meu apartamento mora um casal muito simpático* / arriba de mi piso vive una pareja muy simpática. **2** Encima. **acima de** por encima de. *acima de tudo eu gosto de ler* / por encima de todo me gusta leer.

a.cin.zen.ta.do [asĩzẽt'adu] *adj* Grisáceo, ceniciento, gris. *hoje o céu está acinzentado* / hoy el cielo está grisáceo.

a.cio.nar [asjon'ar] *vtd* **1** Accionar, poner en funcionamiento. *vi* **2** Gesticular, manotear.

a.cio.nis.ta [asjon'istə] *adj m+f* Accionario. • *s m+f Econ* Accionista.

a.cla.mar [aklam'ar] *vtd* Aclamar, ovacionar.

a.cli.ve [akl'ivi] *sm* Cuesta arriba, pendiente.

ac.ne ['akni] *sf Med* Acné.

a.ço ['asu] *sm* Acero. **aço inoxidável** acero inoxidable.

a.çoi.te [as'ojti] *sm* Azote, látigo. **de açoite de golpe.**

a.col.cho.a.do [akowʃo'adu] *sm* **1** Edredón. **2** *Arg, Ur* Acolchado.

a.co.lhe.dor [akoʎed'or] *adj+sm* Acogedor, hospitalario. *nas últimas férias ficamos num hotel muito acolhedor* / en las últimas vacaciones nos quedamos en un hotel muy acogedor.

a.co.lher [akoʎ'er] *vtd* **1** Acoger, hospedar, recibir. **2** Admitir, aceptar, aprobar. **3** Proteger, amparar. *vpr* **4** Hospedarse, retirarse. **5** Refugiarse, tomar amparo.

a.co.mo.dar [akomod'ar] *vtd* **1** Alojar, hospedar. **2** Acomodar, ordenar. *vpr* **3** Acomodarse, avenirse, conformarse.

a.com.pa.nhan.te [akõpañ'ãti] *adj e s m+f* Acompañante.

a.com.pa.nhar [akõpañ'ar] *vtd* Acompañar.

a.con.che.gan.te [akõʃeg'ãti] *adj m+f* Acogedor. *nenhum lugar é mais aconchegante do que o próprio lar* / ningún sitio es más acogedor que el propio hogar.

a.con.che.gar [akõʃeg'ar] *vtd+vpr* **1** Acercar, allegar. **2** Acomodar.

a.con.se.lhar [akõseʎ'ar] *vtd+vti+vi+vpr* Aconsejar.

a.con.se.lhá.vel [akõseʎ'avew] *adj m+f* Aconsejable.

a.con.te.cer [akõtes'er] *vi+vti* Acontecer, suceder.

a.con.te.ci.men.to [akõtesim'ẽtu] *sm* Acontecimiento, hecho, suceso.

a.cor.da.do [akord'adu] *adj* **1** Despierto. *ficamos acordados a noite inteira* / nos quedamos despiertos toda la noche. **2** Listo, vivo.

a.cor.dar [akord'ar] *vtd+vti+vi* **1** Despertar. *vtd+vi* **2** Acordar, concordar.

a.cor.do [ak'ɔrdu] *sm* Acuerdo, convenio, pacto.

a.cor.ren.tar [akor̃ẽt'ar] *vtd* Encadenar, atar.

a.cos.ta.men.to [akostam'ẽtu] *sm* **1** Arcén. *o carro parou no acostamento pois tinha acabado a gasolina* / el coche se detuvo en el arcén porque se había acabado la gasolina. **2** *Arg, Par, Ur* Banquina.

a.cos.tu.ma.do [akostum'adu] *adj* Acostumbrado, habitual, usual.

a.cos.tu.mar [akostum'ar] *vtd+vti* **1** Acostumbrarse. *muitos pais acostumam mal seus filhos e depois se arrependem* / muchos padres acostumbran mal a sus hijos y luego se arrepienden. *vpr* **2** Acostumbrar, habituarse, ambientarse. *mesmo para quem não é do Brasil é fácil acostumar-se com o clima do Nordeste* / incluso para quienes no son de Brasil, es fácil acostumbrarse al clima del Nordeste.

a.co.to.ve.lar [akotovel'ar] *vtd+vp* Apretujar(se), empujarse con los codos.

a.çou.gue [as'owgi] *sm* Carnicería. *muitas donas de casa preferem comprar carne no açougue* / muchas amas de casa prefieren comprar carne en la carnicería.

Em espanhol, **azogue** significa "mercúrio", líquido prateado, denso e venenoso.

a.çou.guei.ro [asowg'ejru] *sm* Carnicero.

a.cre[1] ['akri] *sm* Acre, medida inglesa de superficie.

a.cre[2] ['akri] *adj m+f* Acre, de sabor áspero.

a.cre.di.tar [akredit'ar] *vtd+vti+vi* **1** Creer. *meu filho ainda acredita em Papai Noel* / mi hijo todavía cree en papá Noel. **2** Acreditar, dar crédito o reputación. *vpr* Acreditarse, lograr fama o reputación.

a.cres.cen.tar [akresẽt'ar] *vtd* Añadir, agregar.

a.crés.ci.mo [akr'ɛsimu] *sm* **1** Añadidura, aditamento. **2** Aumento. *nos últimos años o planeta tem sofrido um acréscimo da temperatura* / en los últimos años el planeta ha sufrido un aumento de la temperatura.

a.cro.ba.cia [akrobas'iɐ] *sf* Acrobacia.

a.cro.ba.ta [akrob'atɐ] *s m+f* Acróbata.

a.cu.ar [aku'ar] *vtd* **1** Acorralar, arrinconar. *vi* **2** Cejar, retroceder, recular. *os asaltantes acuaram quando viram chegar a polícia* / los asaltantes retrocedieron cuando vieron llegar a la policía.

a.çú.car [as'ukar] *sm* Azúcar. **açúcar branco** azúcar blanco. **açúcar mascavo** azúcar moreno.

a.çu.ca.rei.ro [asukar'ejru] *adj* Azucarero. *o comércio açucareiro sofreu fortes baixas nas vendas* / el comercio azucarero sufrió fuertes bajas en las ventas. • *sm* Azucarero, azucarera. *comprei um belo açucareiro para presentear minha mãe* / compré un hermoso azucarero para regalárselo a mi madre.

a.çu.de [as'udi] *sm* Embalse, azud, represa.

a.cu.dir [akud'ir] *vtd+vti* Acudir.

a.cu.mu.lar [akumul'ar] *vtd* Acumular, juntar, amontonar.

a.cu.pun.tu.ra [akupũt'urɐ] *sf* Med Acupuntura.

a.cu.sa.ção [akuzas'ãw] *sf* Acusación.

a.cu.sa.do [akuz'adu] *adj* Acusado. • *sm Dir* Persona a quien se acusa, reo.

a.cu.sar [akuz'ar] *vtd+vi* **1** Acusar, culpar, imputar, inculpar, incriminar. *vpr* **2** Acusarse, confesar.

a.cús.ti.ca [ak'ustikɐ] *sf* Fís Acústica.

a.cús.ti.co [ak'ustiku] *adj* Acústico.

a.dap.ta.ção [adaptas'ãw] *sf* Adaptación.

a.dap.ta.dor [adaptad'or] *adj+sm* Adaptador.

a.dap.tar [adapt′ar] *vtd+vti* **1** Adaptar, acomodar, ajustar. *vpr* **2** Adaptarse, acomodarse, aclimatarse.

a.dap.tá.vel [adapt′avew] *adj m+f* Adaptable.

a.de.ga [ad′εga] *sf* Bodega. *a temperatura nas adegas deve ser baixa para manter o vinho em boas condições* / la temperatura en las bodegas debe ser baja para mantener el vino en buenas condiciones.

a.de.mais [adem′ajs] *adv* Además.

a.den.do [ad′ẽdu] *sm* Apéndice. *o adendo ao relatório acrescentou informações importantes* / el apéndice del informe añadió informaciones importantes.

a.den.tro [ad′ẽtru] *adv* Adentro.

a.dep.to [ad′εptu] *sm* Adepto, partidario.

a.de.qua.do [adek′wadu] *adj* Adecuado, apropiado.

a.de.quar [adek′war] *vtd+vti* **1** Adecuar, acomodar. *vpr* **2** Adecuarse, acomodarse, adaptarse.

a.de.ren.te [ader′ẽti] *adj m+f* Adherente. • *s m+f* Seguidor, partidario.

a.de.rir [ader′ir] *vti+vi* **1** Adherir, adosar, pegar. **2** Unirse.

a.de.são [adez′ãw] *sf* Adhesión. *os partidos políticos manifestaram sua adesão ao projeto do Congresso* / los partidos políticos manifestaron su adhesión al proyecto del Congreso.

a.de.si.vo [adez′ivu] *adj+sm* Adhesivo, pegatina.

a.des.tra.men.to [adestram′ẽtu] *sm* Adiestramiento. Veja nota em **digitação** (português).

a.des.trar [adestr′ar] *vtd* Adiestrar.

a.deus [ad′ews] *interj* ¡Adiós! • *sm* Adiós, despedida. *ela disse adeus e entrou no carro sem olhar para atrás* / ella dijo adiós y entró en el coche sin mirar para atrás. *Pl: adeuses*.

a.di.a.men.to [adiam′ẽtu] *sm* Postergación, aplazamiento. *o governo solicitou o adiamento do pagamento da dívida* / el gobierno solicitó la postergación del pago de la deuda.

a.di.an.ta.do [adiãt′adu] *adj* **1** Adelantado. **2** Avanzado. • *adv* Por adelantado.

a.di.an.ta.men.to [adiãtam′ẽtu] *sm* **1** Acción de adelantarse, adelantamiento, anticipo. *a empresa ofereceu um adiantamento a seus funcionários* / la empresa ofreció un anticipo a sus empleados. **2** Adelanto, mejora, progreso. *o adiantamento da tecnologia nos países asiáticos é inquestionável* / el adelanto de la tecnología en los países asiáticos es innegable.

a.di.an.tar [adiãt′ar] *vtd+vpr* **1** Adelantar, mover hacia adelante. **2** Acelerar, apresurar. *vti* **3** Aventajar a alguien.

a.di.an.te [adi′ãti] *adv* Adelante. • *interj* **adiante!** ¡Adelante!

a.di.ar [adi′ar] *vtd* Postergar, posponer, prorrogar, aplazar. *os sócios adiaram a votação por falta de quórum* / los socios postergaron la votación por falta de quórum.

a.di.ção [adis′ãw] *sm* **1** Adición, añadidura, añadido, aditamento. **2** *Mat* Suma. *a adição é a operação aritmética mais fácil* / la suma es la operación aritmética más fácil.

a.di.cio.nal [adisjon′aw] *adj m+f* e *sm* Adicional.

a.di.cio.nar [adisjon′ar] *vtd+vi* Adicionar, sumar, añadir, agregar.

a.di.do *sm* Agregado.

a.di.vi.nhar [adiviñ′ar] *vtd* Adivinar. *ninguém poderia adivinhar a idade daquela atriz* / nadie podría adivinar la edad de aquella actriz.

ad.je.ti.vo [adʒet′ivu] *sm+adj Gram* Adjetivo.

ad.jun.to [adʒ′ũtu] *adj* Adjunto. • *adj+sm* Ayudante, asistente. • *sm Gram* Adjetivo.

ad.mi.nis.tra.ção [administras′ãw] *sf* Administración.

ad.mi.nis.tra.dor [administrad′or] *adj+sm* Administrador.

ad.mi.nis.trar [administr′ar] *vtd+vi* **1** Administrar, dirigir. **2** Gobernar. *vtd+vti+vpr* **3** Aplicar, dar un medicamento.

ad.mi.ra.ção [admiras′ãw] *sf* **1** Admiración aprecio. **2** Asombro, extrañeza.

ad.mi.ra.dor [admirad′or] *adj+sm* Admirador.

ad.mi.rar [admir'ar] *vtd*+*vi*+*vpr* Admirar, asombrar, sorprender.

ad.mis.são [admis'ãw] *sf* Admisión. *o processo de admissão nas universidades é cada dia mais complexo* / el proceso de admisión en las universidades cada día es más complejo.

ad.mi.tir [admit'ir] *vtd* Admitir, aceptar, permitir.

a.do.çan.te [ados'ãti] *adj m*+*f* e *sm* Edulcorante. *quem faz regime para emagrecer deve usar adoçante no café* / quienes hacen régimen para adelgazar deben usar edulcorante en el café.

a.do.çar [ados'ar] *vtd* Edulcorar, endulzar, dulcificar.

Em espanhol, **adosar** significa "aderir, unir, ligar, conjugar uma coisa a outra": *alugamos uma casa conjugada na praia* / alquilamos una casa adosada en la playa.

a.do.e.cer [adoes'er] *vi* **1** Adolecer, enfermarse. *as crianças adoecem mais no inverno por causa da poluição* / los niños se enferman más en invierno por causa de la contaminación. *vtd* **2** Enfermar, causar enfermedad.

a.do.les.cên.cia [adoles'ẽsjə] *sf* Adolescencia.

a.do.les.cen.te [adoles'ẽti] *adj* e *s m*+*f* Adolescente.

a.do.rar [ador'ar] *vtd* **1** Adorar, reverenciar, venerar. **2** Amar con extremo. **3** Gustar muchísimo.

a.do.rá.vel [ador'avew] *adj m*+*f* Adorable, encantador. *no meu aniversário ganhei um cachorrinho adorável* / en mi cumpleaños me regalaron un perrito adorable.

a.dor.me.cer [adormes'er] *vi* **1** Dormir, dormirse, adormecer, adormecerse. *vtd* **2** Dar, causar sueño.

a.dor.no [ad'ornu] *sm* Adorno, ornamento, ornato, aderezo.

a.do.tar [adot'ar] *vtd* Adoptar, admitir, aceptar.

a.do.ti.vo [adot'ivu] *adj*+*sm* Adoptivo. **filho adotivo** hijo adoptivo.

ad.qui.rir [adkir'ir] *vtd* **1** Adquirir, lograr, conseguir. **2** Comprar. **3** Ganar.

a.du.bar [adub'ar] *vtd* **1** Adobar, aliñar, condimentar. **2** Abonar, fertilizar.

a.du.bo [ad'ubu] *sm* Abono, fertilizante. *o melhor adubo para a terra é o orgânico* / el mejor abono para la tierra es el orgánico. Veja nota em **abono** (português e espanhol).

a.du.la.ção [adulas'ãw] *sf* Adulación, lisonja, halago. *para quem é objeto de adulação é muito difícil ficar indiferente* / para quien es objeto de adulación es muy difícil sentirse indiferente.

a.du.lar [adul'ar] *vtd* Adular, lisonjear, halagar.

a.dul.te.rar [aduwter'ar] *vtd* **1** Adulterar, falsificar. *vi* **2** Cometer adulterio.

a.dul.té.rio [aduwt'ɛrju] *sm* Adulterio.

a.dúl.te.ro [ad'uwteru] *adj*+*sm* Adúltero.

a.dul.to [ad'uwtu] *adj*+*sm* Adulto.

a.du.zir [aduz'ir] *vtd* Aducir.

ad.vér.bio [adv'ɛrbju] *sm Gram* Adverbio.

ad.ver.sá.rio [advers'arju] *adj*+*sm* Adversario, contrario, enemigo.

ad.ver.si.da.de [adversid'adi] *sf* Adversidad, infortunio, desgracia, fatalidad. *a força do homem aparece na adversidade* / la fuerza del hombre aparece en la adversidad.

ad.ver.tên.cia [advert'ẽsjə] *sf* **1** Advertencia. **2** Amonestación, aviso, consejo.

ad.ver.tir [advert'ir] *vtd* **1** Advertir, amonestar. **2** Observar, reparar.

ad.vo.ca.ci.a [advokas'iə] *sf* Abogacía. *a advocacia é uma profissão que requer muita dedicação e estudo* / la abogacía es una profesión que requiere mucha dedicación y estudio.

ad.vo.ga.do [advog'adu] *sm* Abogado. **advogado do diabo** abogado del diablo.

ad.vo.gar [advog'ar] *vtd*+*vti* **1** Abogar, defender, interceder. *vi* **2** Abogar, ejercer la profesión de abogado.

a.é.reo [a'ɛrju] *adj* Aéreo.

a.e.ró.bi.ca [aer'ɔbikə] *sf* Aeróbic, aerobic.

a.e.ró.dro.mo [aer'ɔdromu] *sm* Aeródromo.

a.e.ro.mo.ça [aerom'osə] *sf* **1** Azafata. **2** *AL* Aeromoza.

a.e.ro.náu.ti.ca [aeron'awtikə] *sf* Aeronáutica.

a.e.ro.náu.ti.co [aeron'awtiku] *adj* Aeronáutico.

a.e.ro.na.ve [aeron'avi] *sf* Aeronave.

a.e.ro.pla.no [aeropl'∧nu] *sm* Aeroplano, avión.

a.e.ro.por.to [aerop'ortu] *sm* **1** Aeropuerto. **2** *Arg* Aeroparque.

a.e.ros.sol [aeros'ɔw] *sm* Aerosol.

a.fa.gar [afag'ar] *vtd+vi+vpr* Acariciar, mimar.

a.fa.go [af'agu] *sm* Caricia, mimo, cariño. *entre beijos e afagos os namorados prometiam-se amor eterno* / entre besos y caricias los novios se prometían amor eterno.

a.fas.ta.do [afast'adu] *adj* Distante, apartado, remoto, lejano. *mora num lugar afastado porque não gosta do barulho da cidade* / vive en un lugar distante porque no le gusta el bullicio de la ciudad.

a.fas.tar [afast'ar] *vtd* **1** Alejar, apartar. *vpr* **2** Alejarse, apartarse, retirarse.

a.fá.vel [af'avew] *adj m+f* Afable, cortés, agradable. *meu avô era um homem afável, todo mundo gostava de conversar com ele* / mi abuelo era un hombre afable, a todo el mundo le gustaba charlar con él.

a.fa.ze.res [afaz'eris] *sm pl* Quehacer, tarea. *os afazeres da dona de casa são incontáveis* / los quehaceres de la ama de casa son incontables.

a.fe.ga.ne [afeg'∧ni] *adj e s m+f* Afgano.

a.fei.ção [afejs'ãw] *sf* Apego, afecto, cariño, amistad. *para alcançar a felicidade a afeição humana é fundamental* / para alcanzar la felicidad el afecto humano es fundamental.

a.fei.ço.ar [afejso'ar] *vpr* Prendarse, encariñarse.

a.fe.rir [afer'ir] *vtd* Cotejar, confrontar, comparar.

a.fer.rar [afeř'ar] *vtd+vpr* Aferrar, sujetar, asir.

a.fe.ta.do [afet'adu] *adj* **1** Afectado, falto de sencillez y naturalidad. **2** Afectado, aquejado.

a.fe.tar [afet'ar] *vtd* **1** Afectar, fingir. **2** Atañer, concernir, incumbir, corresponder. *a pobreza afeta toda a sociedade* / la pobreza afecta a toda la sociedad.

a.fe.to [af'ɛtu] *sm* Afecto, cariño, simpatía.

a.fe.tu.o.so [afetu'ozu] *adj* Afectuoso, cariñoso, amoroso. *Pl: afetuosos (ó)*.

a.fi.a.do [afi'adu] *adj* **1** Afilado, cortante. *para cortar o peixe o chef usa uma faca bem afiada* / para cortar el pescado el chef usa un cuchillo bien afilado. **2** Hiriente, mordaz. *Oscar Wilde tinha um estilo afiado de escrever* / Oscar Wilde tenía un estilo mordaz de escribir. **3** Aguzado, agudo, penetrante, perspicaz, despierto, listo.

a.fi.an.çar [afjãs'ar] *vtd+vi* **1** Afianzar, abonar. *vtd+vti* **2** Afirmar, asegurar, aseverar, garantizar. *Juan afirmou que tinha visto um óvni* / Juan aseveró que había visto un ovni.

a.fi.ar [afi'ar] *vtd* **1** Afilar, aguzar. *vtd+vpr* **2** Perfeccionar.

a.fi.lha.do [afiλ'adu] *sm* **1** Ahijado. *depois do batizado demos ao nosso afilhado uma Bíblia de presente* / después del bautizo le dimos a nuestro ahijado una Biblia de regalo. **2** Protegido, favorito, predilecto.

a.fi.li.ar [afili'ar] *vtd+vpr* Afiliar, incorporar, inscribir.

a.fim [af'ĩ] *adj e s m+f* Afín.

a.fi.nal [afin'aw] *adv* Al fin, en fin, por fin, a fin de cuentas, al fin y a la postre, al fin y al cabo. *fizemos mil planos para o final de semana e afinal acabamos ficando em casa* / hicimos mil planes para el fin de semana y al fin terminamos quedándonos en casa.

a.fi.nar [afin'ar] *vtd* **1** Afinar. **2** Perfeccionar, precisar. **3** Purificar los metales. *vti* **4** Ajustar, armonizar.

a.fin.co [af'ĩku] *sm* Ahínco, empeño, perseverancia, tesón. *quem trabalha com afinco obtém o que procura* / quienes trabajan con ahínco alcanzan lo que buscan.

a.fi.ni.da.de [afinid'adi] *sf* Afinidad. *numa peça teatral a afinidade entre os atores é fundamental* / en una obra de teatro la afinidad entre los actores es fundamental.

a.fir.ma.ção [afirmas'ãw] *sf* Afirmación, aserción, aseveración.

a.fir.mar [afirm′ar] *vtd+vpr* **1** Afirmar. **2** Asegurar, aseverar.

a.fi.xar [afiks′ar] *vtd* **1** Fijar, hincar, clavar. **2** Pegar.

a.fli.ção [aflis′ãw] *sf* Aflicción. *olhava com aflição o rosto do filho doente* / miraba con aflicción al rostro del hijo enfermo.

a.fli.gir [afliʒ′ir] *vtd+vpr* Afligir.

a.fli.to [afl′itu] *adj+sm* Afligido, angustiado, apenado. *aflito, contava os minutos na sala de espera* / angustiado, contaba los minutos en la sala de espera.

a.fo.ba.do [afob′adu] *adj* **1** Apresurado, apurado. *saiu afobado do escritório pois tinha esquecido sua consulta ao dentista* / salió apurado de la oficina pues se había olvidado de su consulta en el dentista. **2** Precipitado, atolondrado, atropellado. *muitos adolescentes têm um jeito afobado de agir* / muchos adolescentes tienen una manera de actuar atolondrada.

a.fo.bar [afob′ar] *vtd* **1** Precipitar. *vpr* **2** Precipitarse, apresurarse, atolondrarse.

a.fo.gar [afog′ar] *vtd+vpr* Ahogar, asfixiar, sofocar.

a.foi.to [af′ojtu] *adj* **1** Valiente, valeroso, atrevido, audaz, osado. **2** Apresurado, precipitado.

a.fô.ni.co [af′oniku] *adj* Afónico.

a.fo.ra [af′ɔrə] *adv* Afuera, hacia afuera, fuera. • *prep* Fuera de, excepto, salvo, además de, aparte de. *afora alguns amigos íntimos, não convidou mais ninguém para o seu casamento* / fuera de algunos amigos íntimos, no invitó a nadie más para su boda.

a.fron.ta [afr′õtə] *sf* **1** Afrenta, injuria, insulto, ofensa, ultraje. *os comentários do jornalista foram considerados uma afronta pelo entrevistado* / el entrevistado consideró una afrenta los comentarios del periodista. **2** Vergüenza, deshonor. *a prisão do senador foi uma afronta para o Congresso* / la prisión del senador fue una vergüenza para el Congreso. **3** Ataque.

a.fron.tar [afrõt′ar] *vtd+vpr* **1** Confrontar, encarar. *vtd* **2** Afrentar, ofender, humillar, denostar.

a.frou.xar [afrowʃ′ar] *vtd+vi* Aflojar. *afrouxou o nó da gravata pois fazia muito calor* / aflojó el nudo de la corbata porque hacía mucho calor.

af.ta [′aftə] *sf Med* Afta.

a.fu.gen.tar [afuʒẽt′ar] *vtd* Ahuyentar. *era um pai muito ciumento, afugentava todos os pretendentes da sua filha* / era un padre muy celoso, ahuyentaba a todos los pretendientes de su hija.

a.fun.dar [afũd′ar] *vtd* **1** Hundir. **2** Ahondar, profundizar. *vi+vpr* **3** Naufragar, zozobrar, hundirse.

a.fu.ni.lar [afunil′ar] *vtd* Estrechar, apretar.

a.ga.char [agaʃar] *vpr* Agacharse.

a.gar.rar [agaʀ′ar] *vtd+vi* **1** Agarrar, coger, tomar. **2** Atrapar, capturar, apresar. *vpr* **3** Agarrarse, asirse.

a.ga.sa.lhar [agazaʎ′ar] *vtd+vpr* **1** Amparar, acoger, albergar, hospedar. **2** Abrigar. *quem pratica esqui tem de se agasalhar muito bem para não ficar gripado* / quienes practican esquí tienen que abrigarse muy bien para no pegarse una gripe.

Em espanhol, **agasajar** significa "recepcionar, receber bem, homenagear": *o embaixador recepcionou seus convidados* / el embajador agasajó a sus invitados.

a.ga.sa.lho [agaz′aʎu] *sm* Chandal. *gosto de usar agasalho para caminhar no parque* / me gusta usar chandal para pasear por el parque.

a.gên.cia [aʒ′ẽsjə] *sf* Agencia.

a.gen.da [aʒ′ẽdə] *sf* Agenda.

a.gen.te [aʒ′ẽti] *adj e s m+f* Agente. • *sm* Agente, causa, motivo. Veja nota em **corredor** (português).

á.gil [′aʒiw] *adj m+f* Ágil, ligero, expedito. *Pl:* **ágeis**.

a.gi.li.da.de [aʒilid′adi] *sf* Agilidad. *os gatos têm uma agilidade surpreendente* / los gatos tienen una agilidad sorprendente.

á.gio *sm* Agio, interés.

a.gi.o.ta [aʒi′ɔtə] *adj e s m+f* Usurero, prestamista. *Francisco estava tão endividado que acabou caindo nas mãos de agiotas* / Francisco estaba tan endeudado que acabó cayendo en las manos de usureros.

a.gio.ta.gem [aʒjot′aʒẽj] *sf* Usura.

a.gir [aʒ'ir] *vi* Actuar, proceder. *no trânsito os motoristas agem como feras na selva* / en el tráfico los conductores actúan como fieras en la selva. Veja nota em **ajo** (espanhol).

a.gi.ta.ção [aʒitas'ãw] *sf* Agitación.

a.gi.ta.do [aʒit'adu] *adj* Inquieto, desasosegado, perturbado. *o público estava agitado pelo atraso do espetáculo* / el público estaba inquieto por el atraso del espectáculo.

a.gi.tar [aʒit'ar] *vtd+vpr* Agitar.

a.go.ni.a [agon'iə] *sf* Agonía.

a.go.ni.a.do [agoni'adu] *adj* **1** Afligido, ansioso. *olhava agoniado o relógio aguardando notícias do acidente* / miraba ansioso el reloj esperando noticias del accidente. **2** Apenado, triste. **3** Indispuesto.

a.go.ni.ar [agoni'ar] *vtd+vpr* Afligir, preocupar, inquietar.

a.go.ni.zan.te [agoniz'ãti] *adj e s m+f* Agonizante.

a.go.ni.zar [agoniz'ar] *vi* Agonizar.

a.go.ra [ag'ɔrə] *adv* **1** Ahora, a esta hora, en este momento. *as férias acabaram, agora temos de voltar a estudar* / las vacaciones terminaron, ahora tenemos que volver a estudiar. **2** Actualmente, en el tiempo presente. *antes a vida era mais calma, agora todo mundo anda estressado* / antes la vida era más tranquila, actualmente todo el mundo anda estresado. **3** Dentro de poco tiempo. **agora mesmo** ahora mismo. **por agora** por ahora.

a.gos.to [ag'ostu] *sm* Agosto.

a.gou.ro [ag'owru] *sm* Agüero, augurio, presagio, pronóstico, profecía. *a chuva intensa no começo da viagem não era um bom agouro* / la lluvia intensa al inicio del viaje no era un buen augurio.

a.gra.dar [agrad'ar] *vti+vtd+vi+vpr* Agradar, complacer, contentar, gustar.

a.gra.dá.vel [agrad'avew] *adj m+f* Agradable. *na primavera o tempo é muito agradável* / en primavera el tiempo es muy agradable.

a.gra.de.cer [agrades'er] *vtd+vti+vi* Agradecer.

a.gra.de.ci.do [agrades'idu] *adj* Agradecido. Veja nota em **grato** (espanhol).

a.gra.de.ci.men.to [agradesim'ẽtu] *sm* Agradecimiento.

a.gra.do [agr'adu] *sm* **1** Agrado, afabilidad. **2** Gratificación, propina.

a.grá.rio [agr'arju] *adj* Agrario.

a.gra.var [agrav'ar] *vtd* **1** Agravar. *vpr* **2** Agravarse, empeorar. Veja nota em **gravar** (português).

a.gre.dir [agred'ir] *vtd* Agredir, atacar.

a.gre.gar [agreg'ar] *vtd+vti* **1** Congregar, reunir. **2** Agregar, añadir. *vpr* **3** Agregarse, unirse, juntarse.

a.gres.são [agres'ãw] *sf* Agresión. *o torcedor foi vítima de agressão durante o jogo de futebol* / el hincha sufrió agresión durante el partido de fútbol.

a.gres.si.vo [agres'ivu] *adj* Agresivo.

a.gri.ão [agri'ãw] *sm Bot* Berro. *o agrião é um ótimo diurético* / el berro es un excelente diurético.

a.grí.co.la [agr'ikolə] *adj m+f* Agrícola.

a.gri.cul.tor [agrikuwt'or] *sm* Agricultor.

a.gri.cul.tu.ra [agrikuwt'urə] *sf* Agricultura.

a.gri.do.ce [agrid'osi] *adj m+f e sm* Agridulce. *a framboesa tem sabor agridoce* / la frambuesa tiene sabor agridulce.

a.grô.no.mo [agr'onomu] *sm* Agrónomo.

a.gro.pe.cu.á.rio [agropeku'arju] *adj* Agropecuario.

a.gru.par [agrup'ar] *vtd+vpr* Agrupar, juntar, reunir en grupo.

á.gua ['agwə] *sf* **1** Agua. **2** Lluvia. **3 águas** *pl Mar* Aguas del mar. **afogar-se em pouca água** ahogarse en poca agua. **água benta** agua bendita. **água doce** agua dulce. **água encanada** agua corriente. **água mineral** agua mineral. **água oxigenada** agua oxigenada. **água pesada** agua pesada. **água salgada** agua salina. **banhar-se em água de rosas** bañarse en agua de rosas. **claro como água** claro como el agua. **tirar água de pedra** sacar agua de las piedras.

a.gua.do [ag'wadu] *adj* Aguado.

a.guar [ag'war] *vtd* **1** Aguar. *vpr* **2** Llenarse de agua.

a.guar.dar [agward′ar] *vtd* Aguardar, esperar.

a.guar.den.te [agward′ẽti] *sf* Aguardiente. *a aguardente é uma bebida de elevado teor alcoólico* / el aguardiente es una bebida de alto grado alcohólico.

á.gua-vi.va [′agwəv′ivə] *sf Zool* Medusa. Pl: *águas-vivas*.

a.gu.do [ag′udu] *adj* **1** Agudo, puntiagudo, punzante, afilado. **2** Sutil, perspicaz. **3** Vivo, penetrante. • *adj+sm Mús* Sonido agudo.

a.guen.tar [agwẽt′ar] *vtd* **1** Aguantar, sostener, sustentar. **2** Soportar, tolerar. *vi* **3** Resistir, soportar.

á.gui.a [′agjə] *sf Zool* Águila. *a águia é uma ave de rapina* / el águila es un ave rapaz.

a.gu.lha [ag′uʎə] *sf* Aguja.

ah! [′a] *interj* ¡Ah! Expresa estados de ánimo, principalmente pena, admiración o sorpresa.

ai [′aj] *sm* Ay, suspiro, quejido. • *interj* **ai!** ¡Ay! Expresa estados de ánimo, principalmente dolor o aflicción.

a.í [a′i] *adv* Ahí. *ela deixou o livro aí, nessa mesa* / ella dejó el libro ahí, en esa mesa. **por aí** por ahí.

AIDS [′ajdis] *sf inv Med* Sida.

a.in.da [a′ĩdə] *adv* **1** Aún, todavía. *hoje é 24 de dezembro e eu ainda não comprei os presentes de Natal* / hoy es 24 de diciembre y todavía no compré los regalos de Navidad. **2** Aun, incluso, inclusive. Veja nota em **aún**.

ai.pim [ajp′ĩ] *sm Bot* Mandioca.

ai.po [′ajpu] *sm Bot* Aipo.

a.jei.tar [aʒejt′ar] *vtd* **1** Arreglar, acomodar, componer, ordenar. *a noiva ajeitou o buquê antes de entrar na igreja* / la novia acomodó el buqué antes de entrar en la iglesia. **2** Lograr, conseguir, obtener, alcanzar. *vtd+vti* **3** Ofrecer, proporcionar. *vpr* **4** Arreglárselas, componérselas. **5** Arreglarse, acicalarse, engalanarse.

a.jo.e.lhar [aʒoeʎ′ar] *vtd* **1** Arrodillar, poner de rodillas. *vi+vpr* **2** Arrodillarse, ponerse de rodillas. *o moço ajoelhou-se para pedir a mão da sua namorada* / el joven se arrodilló para pedir la mano de su novia.

a.ju.da [aʒ′udə] *sf* Ayuda, auxilio, apoyo.

a.ju.dar [aʒud′ar] *vtd+vti* **1** Ayudar, auxiliar, socorrer. *vpr* **2** Ayudarse.

a.ju.i.zar [aʒwiz′ar] *vtd+vti* **1** Juzgar, ponderar, formar opinión. *vi* **2** Reflexionar, ponderar, pensar. *vpr* **3** Juzgarse, considerarse.

a.jun.tar [aʒũt′ar] *vtd+vti* **1** Juntar, unir. *ajuntou as roupas e as colocou dentro da mala* / juntó la ropa y la colocó dentro de la maleta. *vtd* **2** Coleccionar. *vtd+vti* **3** Reunir, congregar, amontonar. *vi* **4** Economizar, ahorrar. *vtd* **5** Aparear. Veja nota em **adjuntar** (espanhol).

a.jus.tar [aʒust′ar] *vtd* **1** Ajustar. **2** Convenir, concertar, acordar, estipular. *vtd+vti* **3** Conformar, acomodar. *vtd* **4** Apretar. *vtd+vpr* **5** Adaptarse, acomodarse, avenirse.

a.la [′alə] *sm* **1** Hilera, fila, ala. **2** Parte lateral de un edificio. **3** *Esp* Extremo.

a.la.ga.men.to [alagam′ẽtu] *sm* Inundación. *por causa das chuvas muitas regiões sofreram alagamentos* / debido a las lluvias muchas regiones sufrieron inundaciones.

a.la.gar [alag′ar] *vtd+vpr* Inundar.

a.lar.ga.men.to [alargam′ẽtu] *sm* Ensanchamiento, extensión, dilatación. *começaram as obras de alargamento da rodovia* / comenzaron las obras de ensanchamiento de la autopista.

a.lar.gar [alarg′ar] *vtd+vpr* **1** Ensanchar. *depois que engordou, precisou alargar todas as suas roupas* / después que engordó tuvo que ensanchar toda su ropa. *vtd* **2** Aflojar, desapretar. *vtd* **3** Ampliar, aumentar. *vtd+vpr* **4** Prolongar, alargar, dilatar, extender. *não vamos alargar mais a reunião, já falamos por quase duas horas* / no vamos a extender más la reunión, ya hablamos casi dos horas.

Em espanhol, **alargar** significa também "encompridar, aumentar o comprimento".

a.lar.mar [alarm′ar] *vtd* **1** Alarmar, dar voz de alarma. *vtd+vpr* **2** Alarmar, asustar, sobresaltar, inquietar.

a.lar.me [al'armi] *sm* Alarma. *o Ministério da Saúde deu sinal de alarme contra a poluição* / el Ministerio de Salud dio señal de alarma contra la contaminación.

a.las.trar [al'astrar] *vtd+vp* Diseminar(se), propagar(se).

a.la.van.ca [alav'ãkə] *sf* Palanca.

al.ba.nês [awban'es] *adj+sm* Albanés.

al.ber.gar [awberg'ar] *vtd+vpr* **1** Albergar, hospedar. *vtd* **2** Encerrar, contener.

al.ber.gue [awb'ɛrgi] *sm* **1** Albergue, hospedería. **2** Asilo. **3** Refugio.

ál.bum ['awbũ] *sm* Álbum. *Pl*: *álbuns*.

al.ça ['awkə] *sf* **1** Asa, asidero. **2** Tirante. *a alça do maiô arrebentou* / el tirante del bañador se rompió. Veja nota em **alza**.

al.ca.cho.fra [awkaʃ'ofrə] *sf Bot* Alcachofa. *a alcachofra é rica em fibra* / la alcachofa es rica en fibra.

al.ça.da [aws'adə] *sf* **1** Incumbencia, atribución, influencia. **2** *Dir* Jurisdicción, competencia.

al.can.çar [awkãs'ar] *vtd+vi* Alcanzar.

al.can.ce [awk'ãsi] *sm* Alcance.

al.ca.par.ra [awkap'arə] *sf Bot* Alcaparra.

ál.co.ol ['awkoow] *sm Quím* Alcohol. **álcool etílico** alcohol etílico. *Pl*: *alcoóis*.

al.co.ó.la.tra [awko'ɔlatrə] *s m+f* Alcohólico.

al.cu.nha [awk'uñə] *sf* Sobrenombre, apodo. Veja nota em **apellido**, **sobrenombre**.

al.dei.a [awd'ejə] *sf* Aldea.

a.le.crim [alekr'ĩ] *sm Bot* Romero. *o alecrim é um saboroso condimento para preparar carnes* / el romero es un sabroso condimento para cocinar carne.

a.le.gar [aleg'ar] *vtd* **1** Alegar, citar como prueba. **2** Aducir. **3** *Dir* Argumentar.

a.le.grar [alegr'ar] *vtd* **1** Alegrar, causar alegría. *vpr* **2** Alegrarse, sentir alegría.

a.le.gre [al'ɛgri] *adj m+f* Alegre.

a.le.gri.a [alegr'iə] *sf* Alegría.

a.lei.ja.do [alejʒ'adu] *adj+sm* Inválido, lisiado, impedido, tullido, imposibilitado, minusválido. *ficou aleijado após o acidente* / quedó inválido después del accidente. Veja nota em **alejado** (espanhol).

a.lei.jar [alejʒ'ar] *vtd+vi+vpr* Lisiar, lesionar, estropear, mutilar, deformar.

a.lém [al'ẽj] *adv* **1** Allá. **2** Más allá, más adelante. *comprar um iate está além da minha realidade financeira* / comprar un yate está más allá de mi realidad financiera. • *sm* El más allá. *diversas religiões acreditam no além* / varias religiones creen en el más allá.

a.le.mão [alem'ãw] *adj+sm* Alemán.

a.ler.gi.a [alerʒ'iə] *sf Med* **1** Alergia. **2** *fig* Aversión, antipatía, rechazo, repugnancia, repulsión, ojeriza, tirria.

a.ler.ta [al'ɛrtə] *adv* Alerta, atención. • *adj m+f* Atento, vigilante. • *interj* **alerta!** ¡Alerta! • *sm* Alerta, situación de vigilancia o atención.

a.ler.tar [alert'ar] *vtd+vpr* Alertar, prevenir, avisar, advertir.

al.fa.be.ti.zar [awfabetiz'ar] *vtd+vpr* Alfabetizar.

al.fa.be.to [awfab'ɛtu] *sm* Alfabeto, abecedario.

al.fa.ce [awf'asi] *sm Bot* Lechuga. *todo dia comemos salada de alface em casa* / todos los días comemos ensalada de lechuga en casa.

al.fai.a.te [awfaj'ati] *sm* Sastre. *conheço um alfaiate que costura muito bem* / conozco un sastre que cose muy bien.

al.fân.de.ga [awf'ãdegə] *sf* Aduana.

al.fa.ze.ma [awfaz'emə] *sf Bot* Lavanda.

al.fi.ne.te [awfin'eti] *sm* Alfiler. **alfinete de segurança/de fralda** imperdible, alfiler de gancho.

al.ga ['awgə] *sf Bot* Alga.

al.ga.ris.mo [awgar'izmu] *sm Mat* Guarismo, número. **algarismo arábico** número arábigo.

al.ga.zar.ra [awgaz'arə] *sf* Algazara, bullicio, gritería, griterío, alboroto, bulla.

al.ge.ma [awʒ'emə] *sf* Esposas. Veja nota em **esposa** (português).

al.ge.mar [awʒem'ar] *vtd* Esposar. *o policial algemou o delinquente* / el policía esposó al delincuente.

al.go ['awgu] *pron indef* Algo, alguna cosa. • *adv* Un poco.

al.go.dão [awgod'ãw] *sm Bot* Algodón. *as roupas de algodão são muito confortáveis* / la ropa de algodón es muy cómoda.

al.guém [awg'ẽj] *pron indef* Alguien, alguna persona. *alguém ligou para você, mas não anotei o nome* / alguien te llamó pero no anoté el nombre. • *sm* Alguien, persona de alguna importancia. *é importante estudar e trabalhar com afinco para chegar a ser alguém na vida* / es importante estudiar y trabajar con ahínco para llegar a ser alguien en la vida.

al.gum [awg'ũ] *pron indef* Algún, alguno. *algum de vocês acredita em discos voadores?* / ¿alguno de ustedes cree en discos volantes? Vea nota em **buen**.

a.lhe.io [aʎ'eju] *adj* Ajeno.

a.lho ['aʎu] *sm Bot* Ajo. *o alho tem um cheiro forte* / el ajo tiene un olor fuerte.

a.lho-poró ['aʎu poɾ'ɔ] *sm Bot* Puerro. *Pl:* alhos-porós.

a.li [al'i] *adv* Allí. *tenho certeza de que coloquei os óculos ali, em cima da mesa* / estoy seguro de que coloqué las gafas allí, encima de la mesa

a.li.an.ça [ali'ãsɐ] *sf* Alianza. **de casamento** anillo de bodas.

a.li.ar [ali'ar] *vtd+vti+vpr* Aliar, unir, coligar.

a.li.ás [ali'as] *adv* **1** De lo contrario. *peguei um táxi para vir, aliás não teria chegado* / tomé un táxi para venir, de lo contrario no habría llegado. **2** Además. *estudar idiomas é útil e, aliás, muito divertido* / estudiar idiomas es útil y, además, muy divertido. **3** No obstante. **4** De paso, de pasada. **5** Mejor dicho. *o México faz parte da América Central, aliás, da América do Norte* / México forma parte de Centroamérica, mejor dicho de Norteamérica. Vea nota em **alias** (espanhol).

á.li.bi ['alibi] *sm Dir* Coartada. *ele era o culpado, mas tinha um excelente álibi* / él era el culpable pero tenía una excelente coartada.

a.li.ca.te [alik'ati] *sm* Alicate.

a.li.cer.ce [alis'ɛrsi] *sm* **1** Cimiento. **2** *fig* Base, fundamento.

a.li.men.ta.ção [alimẽtas'ãw] *sf* Alimentación. *uma alimentação saudável ajuda a prolongar a vida* / una alimentación saludable ayuda a prolongar la vida.

a.li.men.tar¹ [alimẽt'ar] *adj m+f* Alimenticio. *a base da pirâmide alimentar é composta de carboidratos* / la base de la pirámide alimenticia se compone de carbohidratos.

a.li.men.tar² [alimẽt'ar] *vtd+vpr* Alimentar.

a.li.men.to [alim'ẽtu] *sm* Alimento.

a.li.nhar [aliɲ'ar] *vtd+vpr* Alinear.

Em espanhol, **aliñar** significa "temperar": *é preciso temperar previamente a carne para que fique saborosa* / es necesario aliñar antes la carne para que quede sabrosa.

a.li.nha.var [aliɲav'ar] *vtd* Hilvanar.

a.lí.quo.ta [al'ikwɔtɐ] *adj+sf* Alícuota.

a.li.sar [aliz'ar] *vtd+vi+vpr* Alisar.

a.lis.tar [alist'ar] *vtd* **1** Alistar, sentar en lista. *vpr* **2** Alistarse, enrolarse, reclutarse.

a.li.vi.ar [alivi'ar] *vtd* **1** Aliviar, aligerar. **2** Atenuar, mitigar, disminuir. *vpr* **3** Aliviarse.

a.lí.vio [al'ivju] *sm* Alivio.

al.ma ['awmɐ] *sf* Alma. **abrir a alma** abrir su alma. **alma penada** alma en pena. **dar a alma a Deus** dar el alma a Dios.

al.ma.na.que [awman'aki] *sm* Almanaque.

al.me.jar [awmeʒ'ar] *vtd+vti* Anhelar. *o homem almejava uma vida melhor* / el hombre anhelaba una vida mejor.

al.mi.ran.te [awmir'ãti] *sm* Almirante.

al.mo.çar [awmos'ar] *vi+vtd* Almorzar, comer. *minha família almoça mais tarde aos domingos* / mi familia almuerza más tarde los domingos.

al.mo.ço [awm'osu] *sm* Almuerzo, comida.

al.mo.fa.da [awmof'adɐ] *sf* **1** Cojín, almohadón. *comprou almofadas novas para o sofá* / compró cojines nuevos para el sofá. **2** *Arquit* Almohadilla. Veja nota em **almohada**.

al.môn.de.ga [awm'õdegɐ] *sf Cul* Albóndiga.

a.lô [al'o] *interj* **alô!** ¡Hola! • *sm* Hola.

a.lo.ja.men.to [aloʒamẽtu] *sm* Alojamiento.

a.lo.jar [aloʒ'ar] *vtd+vpr* **1** Alojar, hospedar, albergar. *vtd* **2** Almacenar, depositar.

a.lon.gar [alõg'ar] *vtd+vpr* Alargar, prolongar, estirar.

al.pen.dre [awp'ẽdri] *sm* Alero, cobertizo, porche, soportal.

al.pi.nis.mo [awpin'izmu] *sm* **1** Alpinismo, montañismo. **2** *AL* Andinismo.

al.pi.nis.ta [awpin'istə] *adj* e *s m+f* **1** Alpinista. **2** *AL* Andinista.

al.ta ['awtə] *sf Com* **1** Alza. **2** *Med* Alta (hospitalaria). *o paciente recebeu alta* / le dieron el alta al paciente.

al.tar [awt'ar] *sm* Altar.

al.te.rar [awter'ar] *vtd+vpr* **1** Alterar, cambiar. **2** Falsificar, adulterar. **3** Perturbar, transtornar, inquietar. **4** Estropear, dañar, descomponer. **5** Enojar, excitar.

al.ter.nar [awtern'ar] *vtd+vi+vpr* Alternar, suceder.

al.ter.na.ti.va [awternat'ivə] *sf* Alternativa.

al.ti.tu.de [awtit'udi] *sf* Altitud.

al.to ['awtu] *adj* Alto: a) elevado. b) de gran estatura. c) excelente. d) ilustre, insigne. e) de categoría o condición superior. f) de clase social acomodada. g) arduo, difícil. h) caro, subido. i) de mucha intensidad, fuerte. • *sm* **1** Altura. **2** Parte superior de alguna cosa. • *adv* **1** A gran altura. **2** En voz fuerte o alta.

al.to-fa.lan.te [awtufal'ãti] *sm* **1** Altavoz. *avisaram pelo alto-falante que a loja fecharia dentro de cinco minutos* / avisaron por el altavoz que la tienda cerraría dentro de cinco minutos. **2** *AL* Altoparlante. *Pl: alto-falantes.*

al.tu.ra [awt'urə] *sf* Altura. **nesta altura da situação / nesta altura do campeonato / nesta altura dos acontecimentos** a estas alturas.

a.lu.ci.na.ção [alusinas'ãw] *sf* Alucinación.

a.lu.ci.nar [alusin'ar] *vtd+vi+vpr* Alucinar, desvariar.

a.lu.de [al'udi] *sm* Alud, avalancha.

a.lu.gar [alug'ar] *vtd+vti* Alquilar, arrendar. *nas próximas férias vamos alugar uma casa na praia* / durante las próximas vacaciones vamos a alquilar una casa en la playa.

a.lu.guel [alug'ɛw] *sm* Alquiler, arriendo.

a.lu.mí.nio [alum'inju] *sm Quím* Aluminio.

a.lu.no [al'unu] *sm* Alumno.

a.lu.são [aluz'ãw] *sf* Alusión.

al.va.rá *sm* Licencia, autorización de funcionamiento, permiso.

al.ve.jan.te [awveʒ'ãti] *adj m+f* e *sm* Blanqueador.

al.ve.jar [awveʒ'ar] *vtd+vi* **1** Blanquear. *vtd* **2** Tirar al blanco.

al.vo ['awvu] *adj* **1** Blanco. *o creme dental deixa os dentes alvos* / la pasta de dientes deja los dientes blancos. **2** *fig* Inocente, puro. • *sm* Blanco.

al.vo.ra.da [awvor'adə] *sf* Alborada.

al.vo.ro.ço [awvor'osu] *sm* Alboroto, tumulto. *a chegada dos jogadores no aeroporto provocou um alvoroço entre os curiosos* / la llegada de los jugadores al aeropuerto provocó un alboroto entre los curiosos.

a.ma.ci.ar [amasi'ar] *vtd+vpr* Ablandar, suavizar.

a.ma.dor [amad'or] *adj+sm* Amador, aficionado.

a.ma.du.re.cer [amadures'er] *vtd+vi* Madurar. *à medida que amadurecemos vamos ficando mais tolerantes* / a medida que maduramos nos volvemos más tolerantes.

a.mal.di.ço.a.do [amawdiso'adu] *adj+sm* Maldito.

a.mal.di.ço.ar [amawdiso'ar] *vtd* Maldecir.

a.ma.men.tar [amamẽt'ar] *vtd* Amamantar, dar de mamar, dar el pecho. *a mãe amamentou seu filho até os seis meses de idade* / la madre amamantó a su hijo hasta los seis meses de edad.

a.ma.nhã [amañ'ã] *adv* **1** Mañana, día que sigue el de hoy. *amanhã começam as férias* / mañana comienzan las vacaciones. **2** En tiempo venidero. • *sm* El mañana, futuro más o menos próximo. *ninguém sabe o que nos reserva o amanhã* / nadie sabe lo que nos reserva el mañana. **depois de amanhã** pasado mañana.

a.ma.nhe.cer [amañes'er] *vi* Amanecer. *o dia amanheceu frio* / el día amaneció frío. • *sm* El amanecer.

a.man.te [am′ãti] *adj* e *s m+f* Amante.
a.mar [am′ar] *vtd+vi+vpr* Amar.
a.ma.re.la.do [amarel′adu] *adj* Amarillento. *o cabelo claro fica amarelado com o sol* / el pelo claro se pone amarillento con el sol.
a.ma.re.lo [amar′ɛlu] *adj+sm* Amarillo. *amarelo é a cor do verão* / el amarillo es el color del verano.
a.mar.go [am′argu] *adj+sm* Amargo.
a.mar.gu.ra [amarg′urə] *sf* **1** Amargura, gusto amargo. **2** *fig* Aflicción, disgusto.
a.mar.rar [amaŘ′ar] *vtd+vpr* Amarrar, atar, asegurar.
a.mar.ro.tar [amaŘot′ar] *vtd* Estrujar, arrugar. Veja nota em **amasar**.
a.mas.sar [amas′ar] *vtd+vi+vpr* **1** Amasar. **2** Mezclar, amalgamar. **3** Estrujar, arrugar. Veja nota em **amasar**.
a.má.vel [am′avew] *adj m+f* Amable, afable, complaciente, afectuoso.
am.bi.ção [ãbis′ãw] *sf* Ambición. *a sua maior ambição era ter uma família* / su mayor ambición era tener una familia. Veja notas em **ganância** (português) e **ganancia** (espanhol).
am.bi.ci.o.so [ãbisi′ozu] *adj+sm* **1** Ambicioso. **2** *CS* Buscavidas. *Pl: ambiciosos (ó)*.
am.bi.en.tal [ãbiẽtaw] *adj m+f* Ambiental.
am.bi.en.te [ãbi′ẽti] *adj m+f* Ambiente. *os ovos se conservam melhor à temperatura ambiente* / los huevos se conservan mejor a temperatura ambiente. • *sm* Ambiente. *o ambiente familiar é fundamental para o desenvolvimento infantil* / el ambiente familiar es fundamental para el desarrollo infantil. **meio ambiente** medioambiente.
am.bi.gui.da.de [ãbigwid′adi] *sf* Ambigüedad.
am.bí.guo [ãb′igwu] *adj* Ambiguo, incierto, dudoso.
âm.bi.to [′ãbitu] *sm* Ámbito, sector.
am.bos [′ãbus] *adj+pron indef pl* Ambos.
am.bu.lân.cia [ãmbul′ãsjə] *sf* Ambulancia.
am.bu.lan.te [ãbul′ãti] *adj* e *s m+f* Ambulante.
a.me.a.ça [ame′asə] *sf* Amenaza. *o terrorismo é uma ameaça mundial* / el terrorismo es una amenaza mundial.
a.me.a.ça.dor [ameasad′or] *adj* Amenazante, amenazador. *ouviu-se um grito ameaçador no meio da noite* / se oyó un grito amenazante por la noche.
a.me.a.çar [ameas′ar] *vtd+vi* Amenazar.
a.me.dron.tar [amedrõt′ar] *vtd+vti+vpr* Amedrentar, atemorizar.
a.mei.xa [am′ejʃə] *sf Bot* Ciruela.
a.mên.doa [am′ẽdwə] *sf Bot* Almendra.
a.men.do.im [amẽdo′ĩ] *sm Bot* Maní, cacahuete.
a.me.no [am′enu] *adj* Ameno, grato, placentero, deleitable.
a.me.ri.ca.no [amerik′∧nu] *adj+sm* Americano.
a.mí.da.la [am′idalə] *sf Anat V amígdala*.
a.mi.do [′∧midu] *sm Quím* Almidón.
a.mi.gá.vel [amig′avew] *adj m+f* Amigable, afable, amistoso.
a.míg.da.la [am′igdalə] *sf Anat* Amígdala. *Var: amídala*.
a.mi.go [am′igu] *adj+sm* Amigo.
a.mis.to.so [amist′ozu] *adj* Amistoso, relativo a amistad. • *sm* Amistoso, encuentro deportivo que no es de competición. *Pl: amistosos (ó)*.
a.mi.ú.de [ami′udi] *adv* A menudo, frecuentemente, muchas veces. *pensamos a miúde que a vida é eterna* / pensamos a menudo que la vida es eterna.
a.mi.za.de [amiz′adi] *sf* Amistad. *a amizade é o maior tesouro* / la amistad es el mayor tesoro.
am.né.sia [amn′ɛzjə] *sf Med* Amnesia.
a.mo.la.ção [amolas′ãw] *sf* Fastidio, enfado, aburrimiento, lata.
a.mo.lar [amol′ar] *vtd* **1** Afilar, amolar. *vtd+vi+vpr* **2** Fastidiar, enfadar, disgustar. *ele vive me amolando com o assunto do dinheiro* / él vive fastidiándome con el tema del dinero.
a.mo.le.cer [amoles′er] *vtd+vi* Ablandar, aflojar, laxar.
a.mo.ní.a.co [amon′iaku] *sm Quím* Amoníaco, amoníaco.

a.mon.to.ar [amõto'ar] *vtd+vpr* Amontonar, juntar, reunir, acumular, allegar.

a.mor [am'or] *sm* Amor. **amor livre** amor libre. **amor platônico** amor platónico. **amor-próprio** amor propio. **de mil amores** con mucho gusto de mil amores. **fazer amor** hacer el amor. **pelo amor de Deus** por amor de Dios. **por amor à arte** por amor al arte (sin cobrar).

a.mo.ro.so [amor'ozu] *adj* Amoroso. *Pl: amorosos (ó).*

a.mos.tra [am'ɔstrə] *sf* Muestra. *recebi uma amostra grátis de perfume* / recibí una muestra gratis de perfume.

am.pa.rar [ɐ̃par'ar] *vtd+vti* 1 Amparar, favorecer, proteger, resguardar. *vpr* 2 Defenderse, guarecerse.

am.pa.ro [ɐ̃p'aru] *sm* 1 Amparo, ayuda, auxilio, socorro, arrimo, protección. *os refugiados receberam o amparo da Cruz Vermelha* / los refugiados recibieron el amparo de la Cruz Roja. 2 Refugio, abrigo.

am.pli.ar [ɐ̃pli'ar] *vtd+vpr* Ampliar, extender, dilatar.

am.pli.fi.ca.dor [ɐ̃plifikad'or] *sm* Amplificador.

am.pli.fi.car [ɐ̃plifik'ar] *vtd* Amplificar, ampliar.

am.pli.tu.de [ɐ̃plit'udi] *sf* Amplitud, extensión.

am.plo ['ɐ̃plu] *adj* Amplio, extenso, espacioso. Veja nota em **largo** (espanhol).

am.po.la [ɐ̃p'ɔlə] *sf* Ampolla. *o médico receitou uma caixa de ampolas injetáveis* / el médico recetó una caja de ampollas inyectables.

Em espanhol, **ampolla** significa também "bolha, vesícula na pele": *por causa dos meus sapatos novos estou com bolhas nos pés* / por culpa de mis zapatos nuevos estoy con ampollas en los pies.

am.pu.ta.ção [ɐ̃putas'ɐ̃w] *sf* Amputación.

am.pu.tar [ɐ̃put'ar] *vtd* Amputar.

a.mu.a.do [amu'adu] *adj* 1 Enfadado, enojado. 2 Atesorado.

a.mu.ar [amu'ar] *vtd* Enfadarse, enojarse.

a.mu.le.to [amul'etu] *sm* Amuleto.

a.nal [an'aw] *adj m+f* Anal.

a.nal.fa.be.tis.mo [anawfabet'izmu] *sm* Analfabetismo.

a.nal.fa.be.to [anawfab'ɛtu] *adj+sm* Analfabeto.

a.nal.gé.si.co [anawʒ'ɛziku] *adj+sm* Analgésico.

a.na.li.sar [analiz'ar] *vtd+vpr* Analizar.

a.ná.li.se [an'alizi] *sf* Análisis, examen. **análise clínica** análisis clínico.

a.não [an'ɐ̃w] *adj+sm* Enano. *Pl: anões, anãos.*

a.nar.qui.a [anark'iə] *sf* 1 Anarquía. 2 Desconcierto, incoherencia, barullo. 3 Anarquismo.

a.na.to.mi.a [anatom'iə] *sf* Anatomía.

an.ca ['ɐ̃korə] *sf Anat* Anca, cadera. Veja nota em **cadeira**.

ân.co.ra ['ɐ̃korə] *sf* Ancla. **levantar âncora** levar anclas.

an.dai.me [ɐ̃d'ʌjmi] *sm* Andamio.

an.da.men.to [ɐ̃dam'ẽtu] *sm* 1 Marcha, paso. 2 Rumbo, seguimiento. **dar andamento a** poner en marcha.

an.dar [ɐ̃d'ar] *vi* 1 Andar, caminar. *vtd* 2 Recorrer. • *sm* Piso, planta.

an.do.ri.nha [ɐ̃dor'iɲə] *sf Zool* Golondrina. *o canto da andorinha é muito suave* / el canto de la golondrina es muy suave.

a.nel [an'ɛw] *sm* 1 Anillo, argolla, aro, anilla. 2 Sortija, rizo del cabello. 3 Eslabón.

a.nê.mi.co [an'emiku] *adj+sm Med* Anémico.

a.nes.te.si.a [anestez'iə] *sf Med* Anestesia.

a.nes.te.si.ar [anestezi'ar] *vtd* Anestesiar.

a.nes.té.si.co [anest'ɛziku] *adj+sm* Anestésico.

a.ne.xar [aneks'ar] *vtd+vti* 1 Anexar, unir, agregar. 2 Adjuntar. *vpr* 3 Incorporarse, reunirse, juntarse

a.ne.xo [an'ɛksu] *adj+sm* Anexo, adjunto, agregado, añadido.

an.fí.bio [ɐ̃f'ibju] *adj+sm* Anfibio.

an.fi.te.a.tro [ɐ̃fite'atru] *sm* Anfiteatro.

an.fi.tri.ão [ɐ̃fitri'ɐ̃w] *sm* Anfitrión. *todos adoraram a festa pois ele é um excelente anfitrião* / todos adoraron la fiesta porque él es un excelente anfitrión.

an.ga.ri.ar [ãgari'ar] *vtd* **1** Recaudar, recolectar. *a instituição angariou fundos para o asilo de anciãos* / la institución recaudó fondos para el asilo de ancianos. **2** Atraer. **3** Reclutar.

an.gli.ca.no [ãglik'∧nu] *adj+sm* Anglicano.

an.glo-sa.xão ['ãglusaks'ãw] *adj+sm* Anglosajón. *Pl: anglo-saxões.*

an.go.la.no [ãgol'∧nu] *adj+sm* Angoleño.

ân.gu.lo ['ãgulu] *sm* **1** *Mat* Ángulo. **2** Esquina, rincón, arista. **3** Punto de vista. **ângulo agudo** ángulo agudo. **ângulo obtuso** ángulo obtuso. **ângulo reto** ángulo recto.

an.gús.tia [ãg'ustjə] *sf* Angustia.

a.ni.ma.ção [animas'ãw] *sf* Animación.

a.ni.ma.do [anim'adu] *adj* Animado.

a.ni.mal [anim'aw] *sm e adj m+f* Animal.

a.ni.mar [anim'ar] *vtd+vti* **1** Animar. *vi+vpr* **2** Animarse, cobrar ánimo.

â.ni.mo ['∧nimu] *sm* Ánimo. • *interj* **ânimo!** ¡Ánimo!

a.ni.qui.lar [anikil'ar] *vtd+vti* **1** Aniquilar, destruir, arruinar. **2** Destruir, matar. **3** Extenuar, agotar. *vpr* **4** Anonadarse, humillarse, abatirse.

a.nis [an'is] *sm Bot* Anís. *Pl: anises.*

a.nis.ti.a [anist'iə] *sf* Amnistía.

a.ni.ver.sá.rio [anivers'arju] *sm* **1** Aniversario (de algún suceso). *organizaram uma grande festa para o aniversário da fundação da cidade* / organizaron una gran fiesta para el aniversario de la fundación de la ciudad. **2** Cumpleaños (de una persona). *amanhã é meu aniversário!* / ¡mañana es mi cumpleaños! Veja nota em **aniversario**.

an.jo ['ãʒu] *sm* Ángel. **anjo da guarda** ángel de la guarda. **anjo mau** ángel malo.

a.no ['∧nu] *sm* Año. **ano bissexto** año bisiesto. **ano civil** año civil. **ano letivo** año escolar. **ano litúrgico** año litúrgico. **ano-luz** año luz. **ano santo** año santo. **fazer anos** cumplir años. Veja nota em **ano** (espanhol).

a.noi.te.cer [anojtes'er] *vi* Anochecer. • *sm* Anochecer. *voltamos para casa ao anoitecer* / volvimos a casa al anochecer.

a.nô.ni.mo [an'onimu] *adj+sm* Anónimo.

a.no.re.xi.a [anoreks'iə] *sf Med* Anorexia.

a.nor.mal [anorm'aw] *adj e s m+f* Anormal.

a.no.ta.ção [anotas'ãw] *sf* Anotación, apunte, nota.

a.no.tar [anot'ar] *vtd* Anotar, apuntar.

an.sei.o [ãs'eju] *sm* Anhelo, deseo. *o maior anseio dos brasileiros é erradicar a miséria* / el mayor anhelo de los brasileños es erradicar la miseria.

ân.sia ['ãsjə] *sf* **1** Ansia, angustia, aflicción. **2** Náusea. *muitas grávidas sofrem de ânsias* / muchas embarazadas sufren de náuseas.

an.si.ar [ãsi'ar] *vtd* **1** Angustiar, afligir, acongojar. *vtd+vi* **2** Desear, anhelar. *vi+vpr* **3** Sentir náuseas.

an.si.e.da.de [ãsjed'adi] *sf* Ansiedad.

an.si.o.so [ãsi'ozu] *adj* Ansioso. *Pl: ansiosos (ó).*

an.ta.go.nis.mo [ãtagon'izmu] *sm* Antagonismo.

an.te ['ãti] *prep* **1** Ante, en presencia de. **2** Frente a, enfrente de, delante de.

an.te.bra.ço [ãtebr'asu] *sm Anat* Antebrazo.

an.te.ce.dên.cia [ãtesed'ẽsjə] *sf* Anticipación, antelación. **com antecedência** con antelación.

an.te.ce.den.te [ãtesed'ẽti] *adj m+f e sm* **1** Antecedente. **2 antecedentes** *pl* Antecedentes. *o novo funcionário tem bons antecedentes* / el nuevo empleado tiene buenos antecedentes.

an.te.ci.pa.ção [ãtesipas'ãw] *sf* **1** Anticipación. **2** Adelanto, anticipo.

an.te.ci.par [ãtesip'ar] *vtd* **1** Anticipar. *vpr* **2** Adelantarse.

an.te.na [ãt'enə] *sf* Antena.

an.te.on.tem [ãte'õtẽj] *adv* Anteayer. *hoje é sexta, anteontem foi quarta* / hoy es viernes, anteayer fue miércoles.

an.te.pas.sa.do [ãtepas'adu] *adj+sm* Antepasado, ancestral.

an.te.ri.or [ãteri'or] *adj m+f* Anterior.

an.tes ['ãtis] *adv* **1** Antes: a) prioridad de tiempo. *hoje trabalha muito, antes dormia* *o dia inteiro* / hoy trabaja mucho, antes dormía todo el día. b) prioridad de lugar. *mora duas ruas antes da avenida* / vive dos calles antes de la avenida. c) prioridad o preferencia. *o treinador preferiu tirar o atacante antes que o goleiro* / el entrenador prefirió retirar al delantero antes que al arquero. **2** Sino, por el contrario. *não é milionário como pensa, antes, vive de aparências* / no es milonario como piensas, por el contrario, vive de apariencias.

an.ti.a.de.ren.te [ãtjader'ẽti] *adj m+f e sm* Antiadherente.

an.ti.bi.ó.ti.co [ãtibi'ɔtiku] *adj+sm Med* Antibiótico.

an.ti.con.cep.cio.nal [ãtikõsepsjon'aw] *adj m+f e sm* Anticonceptivo. *o anticoncepcional representou uma revolução para as mulheres* / el anticonceptivo representó una revolución para las mujeres.

an.ti.cor.po [ãtik'ɔrpu] *sm Biol* Anticuerpo. *Pl: anticorpos* (ô).

an.tí.do.to [ãt'idotu] *sm Med* Antídoto.

an.ti.ga.men.te [ãtigam'ẽti] *adv* Antiguamente.

an.ti.go [ãt'igu] *adj* Antiguo.

an.ti.gui.da.de [ãtigid'adi] *sf* Antigüedad.

an.tí.lo.pe [ãt'ilopi] *sm Zool* Antílope.

an.ti.pa.ti.a [ãtipat'iə] *sf* Antipatía.

an.ti.pá.ti.co [ãtip'atiku] *adj+sm* **1** Antipático. **2** *CS* Cargante.

an.ti.qua.do [ãtik'wadu] *adj* Anticuado, antiguo.

an.ti.quá.rio [ãtik'warju] *sm* Anticuario.

an.tis.sép.ti.co [ãtis'ɛptiku] *adj+sm Med* Antiséptico.

an.tô.ni.mo [ãt'onimu] *adj+sm* Antónimo.

an.tro.po.lo.gi.a [ãtropoloʒ'iə] *sf* Antropología.

an.tro.pó.lo.go [ãtrop'ɔlogu] *sm* Antropólogo.

a.nu.al [anu'aw] *adj m+f* Anual.

a.nu.lar¹ [anul'ar] *adj m+f* Anular. • *sm* Dedo anular.

a.nu.lar² [anul'ar] *vtd* **1** Anular, invalidar. **2** Destruir. **3** Incapacitar, desautorizar a alguien. *vpr* **4** Anularse, retraerse, humillarse, postergarse.

a.nun.ci.an.te [anũsi'ãti] *adj e s m+f* Anunciante.

a.nun.ci.ar [anũsi'ar] *vtd+vti+vi+vpr* Anunciar.

a.nún.cio [an'ũsju] *sm* Anuncio, noticia, aviso.

â.nus ['ʌnus] *sm inv Anat* Ano. Veja nota em **ano** (espanhol).

an.zol [ãz'ɔw] *sm* Anzuelo. **cair no anzol** caer en el anzuelo.

ao [aw] *contr prep* a+*art def* o Al. *meu pai viaja sempre ao exterior* / mi padre viaja siempre al exterior.

a.on.de [a'õdi] *adv* Adonde. *não sei aonde você vai* / no sé adónde vas. Veja nota em **adonde** (espanhol).

a.pa.ga.do [apag'adu] *adj* **1** Apagado, que ya no arde. **2** Color amortiguado, descolorido, poco vivo. **3** Borrado.

a.pa.ga.dor [apagad'or] *sm* Borrador.

a.pa.gar [apag'ar] *vtd* **1** Apagar, extinguir el fuego o la luz. **2** Destruir, extinguir. **3** Borrar. *vpr* **4** Acabarse, extinguirse.

a.pai.xo.na.do [apajʃon'adu] *adj+sm* Apasionado, enamorado. *ninguém acredita que Fábio esteja realmente apaixonado* / nadie cree que Fabio esté realmente enamorado.

a.pai.xo.nar [apajʃon'ar] *vtd+vpr* **1** Apasionar, enamorar. *os noivos estão apaixonados um pelo outro* / los novios están enamorados uno del otro. **2** Entusiasmar, fascinar.

a.pal.par [apawp'ar] *vtd+vpr* Palpar.

a.pa.nhar [apañ'ar] *vtd* **1** Apañar, coger, recoger, tomar. *vamos apanhar algumas frutas no pomar* / vamos a recoger algunas frutas en la huerta. **2** Asir, sujetar. **3** Capturar. *apanharam o ladrão quando saía da loja* / capturaron al ladrón cuando salía de la tienda. **4** Contraer (una enfermedad). *vi* **5** Sufrir una zurra o tunda.

a.pa.ra.fu.sar [aparafuz'ar] *vtd* Atornillar.

a.pa.rar [apar'ar] *vtd* **1** Aparar, coger, tomar. **2** Recortar, aparejar, pulir. *o cabeleireiro aparou o cabelo do menino* / el peluquero recortó el pelo del niño.

a.pa.re.cer [apares′er] *vti+vi* Aparecer, presentarse, comparecer, mostrarse.

a.pa.re.ci.men.to [aparesim′ẽtu] *sm* Aparecimiento, aparición.

a.pa.re.lha.gem [apareλ′aʒẽj] *sf* Conjunto de aparatos.

a.pa.re.lho [apar′eλu] *sm* Aparato.

a.pa.rên.cia [apar′ẽsjə] *sf* Apariencia.

a.pa.ren.tar[1] [aparẽt′ar] *vtd+vti+vpr* Aparentar. *a minha avó aparentava menos idade do que realmente tinha* / mi abuela aparentaba menos edad de la que realmente tenía.

a.pa.ren.tar[2] [aparẽt′ar] *vtd+vti+vpr* Emparentar.

a.pa.ren.te [apar′ẽti] *adj m+f* **1** Aparente, que parece y no es. *a área do conflito amanheceu em aparente calma* / el área del conflicto amaneció en aparente calma. **2** Visible, evidente. *era aparente que ela só queria seu dinheiro* / era evidente que ella sólo quería su dinero.

a.pa.ri.ção [aparis′ãw] *sf* **1** Aparecimiento, aparición. **2** Fantasma.

a.par.ta.men.to [apartam′ẽtu] *sm* Apartamento, piso, departamento.

a.pa.ti.a [apat′iə] *sf* Apatía.

a.pa.vo.rar [apavor′ar] *vtd+vi+vpr* Espantar, aterrorizar, aterrar.

a.pa.zi.guar [apazig′war] *vtd+vpr* Apaciguar, sosegar, aquietar.

a.pe.ar [ape′ar] *vtd+vi+vpr* Apear, desmontar.

a.pe.ga.do [apeg′adu] *adj* Apegado, unido. *está muito apegado a seu tio* / está muy unido a su tío.

a.pe.go [ap′egu] *sm* **1** Obstinación, pertinacia, tenacidad, insistencia, terquedad, ahínco. **2** Apego, afición, inclinación. **3** Cariño, interés.

a.pe.lar [apel′ar] *vti* **1** Apelar, recurrir. *vti+vi* **2** *Dir* Recurrir. *vti+vi* **3** *gír* Agredir.

a.pe.li.dar [apelid′ar] *vtd+vpr* Apodar. *apelidaram meu amigo de cenoura por causa do seu cabelo vermelho* / apodaron a mi amigo de zanahoria debido a su pelo rojo.

Em espanhol, **apellidar** significa "ter ou dar(-se) um nome ou sobrenome".

a.pe.li.do [apel′idu] *sm* Apodo, sobrenombre. *Pelé é mais conhecido pelo seu apelido* / Pelé es más conocido por su apodo. Veja nota em **apellido**.

a.pe.lo [ap′elu] *sm* Invocación, llamamiento, convocación.

a.pe.nas [ap′enas] *adv* **1** Difícilmente. **2** Únicamente, solamente, sólo. *o menino come apenas batatas fritas* / el niño solamente come papas fritas. • *conj* En cuanto, al punto que. *apenas cheguei em casa tirei os sapatos* / en cuanto llegué a casa me saqué los zapatos. Veja nota em **solo**.

a.pên.di.ce [ap′ẽdisi] *sm* Apéndice.

a.pen.di.ci.te [apẽdis′iti] *sf Med* Apendicitis.

a.per.fei.ço.ar [aperfejso′ar] *vtd+vpr* Perfeccionar.

a.pe.ri.ti.vo [aperit′ivu] *adj+sm* Aperitivo.

a.per.tar [apert′ar] *vtd+vi+vpr* Apretar, estrechar.

a.per.to [ap′ertu] *sm* **1** Apretura, apretón. **2** Aprieto, apuro. *bateu no carro do seu sogro e agora está num aperto* / chocó en el coche de su suegro y ahora está en un aprieto. **aperto de mãos** apretón de manos.

a.pe.sar de [apez′ar di] *loc prep* A pesar de, no obstante, pese a.

a.pe.te.cer [apetes′er] *vtd+vti+vi* **1** Apetecer, antojarse. **2** Desear, codiciar, ambicionar. **3** *Am Cen* Provocar.

a.pe.ti.te [apet′iti] *sm* Apetito. *o cheiro da comida despertou seu apetite* / el aroma de la comida despertó su apetito.

a.pe.ti.to.so [apetit′ozu] *adj* **1** Apetitoso. **2** Gustoso, sabroso, apetitoso, rico, suculento. *Pl: apetitosos (ó)*.

a.pe.tre.chos [apetr′eʃus] *sm pl* Pertrechos, utensilios.

a.pi.á.rio [api′arju] *adj+sm* Apiario, colmenar.

a.pi.men.ta.do [apimẽt′adu] *adj* Picante. *a comida mexicana tem gosto apimentado* / la comida mexicana tiene gusto picante.

a.pi.nha.do [apiñ′adu] *adj* **1** Repleto, colmado, atiborrado. **2** Amontonado, conglomerado.

a.pi.tar [apit'ar] *vi* **1** Pitar, tocar o sonar el silbato o pito. *vtd* **2** *Esp* Arbitrar.
a.pi.to [ap'itu] *sm* Silbato, pito. Veja nota em **pitada** (português).
a.pla.car [aplak'ar] *vtd+vpr* Aplacar, amansar, suavizar, mitigar.
a.plai.nar [aplajn'ar] *vtd+vpr* Allanar, aplanar.
a.plau.dir [aplawd'ir] *vtd+vi+vpr* Aplaudir.
a.plau.so [apl'awzu] *sm* Aplauso.
a.pli.ca.ção [aplikas'ãw] *sf* Aplicación.
a.pli.ca.do [aplik'adu] *adj* Aplicado.
a.pli.car [aplik'ar] *vtd* **1** Aplicar. **2** *Econ* Invertir. *aplicaram suas economias em ações da bolsa* / invirtieron sus ahorros en acciones de la bolsa. *vpr* **3** Aplicarse, dedicarse, esmerarse.
a.pli.cá.vel [aplik'avew] *adj m+f* Aplicable.
a.po.ca.lip.se [apokal'ipsi] *sm Rel* Apocalipsis.
a.po.de.rar [apoder'ar] *vpr* Apoderarse, adueñarse.
a.po.dre.cer [apodres'er] *vtd+vi+vpr* Pudrir. *as maçãs apodreceram* / las manzanas se pudrieron.
a.poi.ar [apoj'ar] *vtd+vti+vpr* **1** Apoyar. **2** Favorecer. **3** Basar, fundamentar.
a.poi.o [ap'oju] *sm* **1** Apoyo. **2** Protección, auxilio, favor. **3** Aprobación, asentimiento, adhesión, beneplácito. *o candidato recebeu o apoio dos empresários* / el candidato recibió la adhesión de los empresarios. **4** Fundamento, confirmación.
a.pó.li.ce [ap'ɔlisi] *sf Econ* Póliza. **apólice de seguro** póliza de seguro.
a.po.lo.gi.a [apoloʒ'iə] *sf* Apología.
a.pon.ta.dor [apõtad'or] *sm* **1** Manecilla del reloj, saetilla, aguja. **2** Sacapuntas, afilalápices.
a.pon.ta.men.to [apõtam'ẽtu] *sm* Nota, anotación, apunte, minuta.
a.pon.tar [apõt'ar] *vtd* **1** Sacar punta. **2** Mencionar, citar, aludir. *vtd+vti* **3** Apuntar, señalar.
a.por.ri.nhar [aporiñ'ar] *vtd+vpr* Molestar, fastidiar, importunar, hartar, cansar, incomodar.
a.pós [ap'ɔs] *prep* Tras, después de, detrás de, a continuación de. *após muitas tentativas, aprendeu a dirigir* / tras muchos intentos aprendió a conducir. • *adv* Después, en otro momento.
a.po.sen.ta.do [apozẽt'adu] *adj+sm* Jubilado.
a.po.sen.ta.do.ri.a [apozẽtador'iə] *sf* Jubilación, retiro.
a.po.sen.tar [apozẽt'ar] *vtd+vpr* Jubilar.
a.po.sen.to [apoz'ẽto] *sm* Aposento, habitación, compartimiento. Veja nota em **habitação** (português).
a.pos.ta [ap'ɔstə] *sf* Apuesta.
a.pos.tar [apost'ar] *vtd* Apostar.
a.pos.ti.la [apost'ilə] *sf* **1** Nota, apostilla. **2** Apunte.
a.pós.to.lo [ap'ɔstolu] *sm* Apóstol.
a.pra.zí.vel [apraz'ivew] *adj m+f* Placentero, apacible, agradable. *Pedro foi morar num lugar aprazível, longe do barulho da cidade* / Pedro fue a vivir en un sitio, lejos del ruido de la ciudad.
a.pre.ci.a.ção [apresjas'ãw] *sf* Apreciación, juicio, valoración.
a.pre.ci.ar [apresi'ar] *vtd* **1** Apreciar. **2** Juzgar, evaluar, valorizar, valorar. **3** Considerar, estimar.
a.pre.ço [apr'esu] *sm* Aprecio. *o professor recebeu o apreço de todos os seus alunos* / el profesor recibió el aprecio de todos sus alumnos.
a.pre.en.der [apreẽd'er] *vtd* **1** Aprehender. **2** Comprender, entender, asimilar.
a.pre.en.são [apreẽs'ãw] *sf* Aprehensión.
a.pre.en.si.vo [apreẽs'ivu] *adj* **1** Aprehensivo, que aprehende. **2** Aprensivo, receloso, preocupado, pusilánime.
a.pren.der [aprẽd'er] *vtd+vti+vi* Aprender.
a.pren.diz [aprẽd'is] *sm* Aprendiz.
a.pren.di.za.do [aprẽdiz'adu] *sm* Aprendizaje. *a psicopedagogia estuda as dificuldades de aprendizado* / la psicopedagogía estudia las dificultades de aprendizaje.
a.pren.di.za.gem [aprẽdiz'aʒẽj] *sf* Aprendizaje. Veja nota em **abordaje**.
a.pre.sen.ta.ção [aprezẽtas'ãw] *sf* Presentación.
a.pre.sen.tar [aprezẽt'ar] *vtd+vpr* Presentar.

a.pres.sar [apres′ar] *vtd* **1** Apresurar, acelerar. *vi+vpr* **2** Darse prisa, apresurarse. *vtd+vpr* **3** *AL* Apurar.

a.pri.mo.ra.do [aprimor′adu] *adj* Perfeccionado.

a.pri.mo.rar [aprimor′ar] *vtd+vpr* Perfeccionar. *aprimorou seus conhecimentos musicais na Europa* / perfeccionó sus conocimientos musicales en Europa.

a.pri.si.o.nar [aprizjon′ar] *vtd* Aprisionar.

a.pro.fun.dar [aprofũd′ar] *vtd+vpr* Profundizar, ahondar.

a.pron.tar [aprõt′ar] *vtd+vpr* **1** Preparar, arreglar, dejar listo. *aprontamos as malas dez minutos antes da viagem* / arreglamos las maletas diez minutos antes del viaje. *vtd+vti* **2** Hacer algo impropio, urdir, tramar.

a.pro.pri.a.do [apropri′adu] *adj* Apropiado, adecuado, conveniente, oportuno, idóneo.

a.pro.va.ção [aprovas′ãw] *sf* **1** Aprobación, asentimiento. **2** Consentimiento, anuencia, beneplácito. **3** Loa, aplauso, encomio, alabanza.

a.pro.va.do [aprov′adu] *adj+sm* Aprobado, aceptado, admitido, sancionado.

a.pro.var [aprov′ar] *vtd+vi* Aprobar.

a.pro.vei.tar [aprovejt′ar] *vtd+vti+vpr* **1** Aprovechar, sacar provecho. *vtd+vti* **2** Utilizar. *vti* **3** Servir de provecho. *vpr* **4** Aprovecharse (sacar provecho de alguien o algo de manera injusta o poco honrada). *aproveitou-se da confiança dos seus pais e pegou o carro sem autorização* / se aprovechó de la confianza de sus padres y tomó el coche sin autorización. **5** Abusar.

a.pro.xi.ma.ção [aprosimas′ãw] *sf* Aproximación.

a.pro.xi.mar [aprosim′ar] *vtd+vpr* Aproximar, arrimar, acercar.

ap.ti.dão [aptid′ãw] *sf* Aptitud, disposición, capacidad, cualidad, talento. *a jovem tinha uma aptidão natural para os esportes* / la joven tenía una aptitud natural para los deportes.

ap.to [′aptu] *adj* Apto, idóneo, hábil.

a.pu.nha.lar [apuñ′ar] *vtd+vpr* Apuñalar.

a.pu.ra.ção [apuras′ãw] *sf* **1** Purificación, perfeccionamiento. **2** Conteo, cómputo, cálculo. *o Brasil implantou a apuração eletrônica de votos* / Brasil implementó el cómputo electrónico de votos.

a.pu.rar [apur′ar] *vtd+vi+vpr* **1** Purificar. **2** Perfeccionar. *vtd* **3** Apurar, averiguar. **4** Reducir, hervir un líquido para que se concentre.

a.pu.ro [ap′uru] *sm* **1** Sofisticación. **2** Esmero, refinamiento. **3** Apuro, aprieto, conflicto, dificultad. Veja nota em **apuro** (espanhol).

a.qua.re.la [akwarɛla] *sf* Acuarela.

a.quá.rio [ak′warju] *sm* Acuario.

a.quá.ti.co [ak′watiku] *adj* Acuático.

a.que.ce.dor [akesed′or] *sm* **1** Calentador, estufa. **2** *Arg, Bol, Par, Ur* Calefón.

a.que.cer [akes′er] *vtd+vi+vpr* Calentar.

a.que.ci.men.to [akesim′ẽtu] *sm* Calentamiento. *o aquecimento global tem provocado uma mudança climática* / el calentamiento global ha provocado un cambio climático.

a.que.du.to [aked′utu] *sm* Acueducto.

a.que.la [ak′ɛla] *pron dem f* Aquella. *aquela senhora é minha professora* / aquella señora es mi profesora.

à.que.la [ak′ɛla] *contr prep* a+*pron dem f* aquela A aquella. *àquela hora já não tinha mais ninguém na rua* / a aquella hora ya no había nadie más en la calle.

a.que.le [ak′eli] *pron dem m* Aquel. *aquele prédio é o mais moderno da cidade* / aquel edificio es el más moderno de la ciudad.

à.que.le [ak′eli] *contr prep* a+*pron dem m* aquele A aquel.

a.quém [ak′ẽj] *adv* Más acá, inferior.

a.qui [ak′i] *adv* Aquí: a) en este lugar. b) a este lugar. c) en esto. d) ahora, en el tiempo presente.

a.qui.lo [ak′ilu] *pron dem* Aquello. *o que é aquilo que brilha no céu?* / ¿qué es aquello que brilla en el cielo?

ar [′ar] *sm* **1** Aire. **2** Atmósfera. **3** Viento. **4** Apariencia, aspecto, estilo. **ar comprimido** aire comprimido. **ar-condicionado** aire acondicionado. **ao ar livre** al aire libre.

á.ra.be [′arabi] *adj* e *s m+f* Árabe.

a.rá.bi.co [ar'abiku] *adj* Arábigo.
a.rac.ní.deo [arakn'idju] *adj Zool* Arácnido. • *sm Zool* Arácnido.
a.ra.do [ar'adu] *sm* Arado.
a.ra.me [ar'ʌmi] *sm* Alambre. **arame farpado** alambre de púa.
a.ra.nha [ar'ʌɲə] *sf Zool* Araña.
a.rar [ar'ar] *vtd* Arar.
a.ra.ra [ar'arə] *sf Zool* **1** Ara. **2** Percha.
ar.bi.tra.gem [artitr'aʒẽj] *sf* Arbitraje. Veja nota em **abordaje**.
ar.bi.trar [arbitr'ar] *vtd+vti* Arbitrar.
ar.bi.trá.rio [arbitr'arju] *adj* Arbitrario.
ar.bí.trio [arb'itrju] *sm* Arbitrio.
ár.bi.tro [′arbitru] *sm* Árbitro.
ar.bus.to [arb'ustu] *sm Bot* Arbusto.
ar.ca [′arkə] *sf* Arca. **arca da Aliança** arca de la Alianza. **arca de Noé** arca de Noé.
ar.cai.co [ark'ajku] *adj* Arcaico.
ar.car [ark'ar] *vtd+vi+vti* **1** Arquear, curvar. **2** Luchar, contender, pelear, combatir. *vti* **3** Responsabilizarse, hacerse cargo de una situación. **4** *Arg, Ur* Bancar.
ar.ce.bis.po [arseb'ispu] *sm* Arzobispo.
ar.co [′arku] *sm* Arco.
ar.co-í.ris [arku'iris] *sm sing+pl* Arco iris.
ar.den.te [ard'ẽti] *adj m+f* **1** Ardiente. **2** Picante.
ar.der [ard'er] *vi+vti* Arder.
ar.dor [ard'or] *sm* **1** Ardor. **2** Pasión. **3** Viveza.
ar.dó.sia [ard'ɔzjə] *sf Geol* Pizarra.
á.rea [′arjə] *sf* Área.
a.rei.a [ar'ejə] *sf* **1** Arena. *sm* **2** Color arena. • *adj m+f sing+pl* Tono arena. **areia movediça** arenas movedizas.
a.re.jar [areʒ'ar] *vtd* **1** Airear, ventilar, orear. *arejaram a casa de veraneio que tinha ficado fechada o inverno inteiro* / ventilaron la casa de verano que había permanecido cerrada el invierno entero. *vi+vpr* **2** Airearse, ventilarse, refrescarse, orearse.
a.re.na [ar'enə] *sf* **1** Arena, lugar del combate. **2** Anfiteatro. **3** Ruedo de la plaza de toros.
a.re.no.so [aren'ozu] *adj* Arenoso. *Pl: arenosos (ó).*
a.ren.que [ar'ẽki] *sm Zool* Arenque.

ar.far [arf'ar] *vi+vtd* Jadear, resoplar, resollar.
ar.gen.ti.no [arʒẽt'inu] *adj+sm* Argentino, natural de Argentina.
ar.gi.la [arʒ'ilə] *sf* Arcilla. *a cerâmica de argila existe há milhares de anos* / la cerámica de arcilla existe desde hace millares de años.
ar.go.la [arg'ɔlə] *sf* Argolla.
ar.gu.men.tar [argumẽt'ar] *vi* **1** Argüir, aducir, alegar. **2** Argumentar, disputar, discutir. *vti* **3** Controvertir. *vtd* **4** Alegar.
ar.gu.men.to [argum'ẽtu] *sm* **1** Argumento, razonamiento. **2** Asunto, materia, trama. **3** Sumario.
a.ri.dez [arid'es] *sf* Aridez.
á.ri.do [′aridu] *adj* Árido.
a.ris.to.cra.ci.a [aristokras'iə] *sf* Aristocracia.
a.ris.to.cra.ta [aristokr'atə] *adj e s m+f* Aristócrata.
a.rit.mé.ti.ca [aritm'ɛtikə] *sf* Aritmética.
ar.ma [′armə] *sf* Arma. **arma branca** arma blanca. **arma de dois gumes** arma de doble filo. **arma de fogo** arma de fuego. **depor as armas** rendir las armas.
ar.ma.ção [armas'ãw] *sf* **1** Armazón, estructura, armadura. **2** *coloq* Treta, ardid, artimaña.
ar.ma.da [arm'adə] *sf* Armada.
ar.ma.di.lha [armad'iʎə] *sf* Trampa. *a droga é uma armadilha mortal* / la droga es una trampa mortal.
ar.ma.men.to [armam'ẽtu] *sm* Armamento.
ar.mar [arm'ar] *vtd+vpr* Armar. Veja nota em **engatilhar**.
ar.ma.ri.nho [armar'iɲu] *sm* Mercería.
ar.má.rio [arm'arju] *sm* Armario. **armário embutido** armario empotrado.
ar.ma.zém [armaz'ẽj] *sm* Almacén, depósito.
ar.ma.ze.nar [armazen'ar] *vtd+vi* Almacenar.
ar.mê.nio [arm'enju] *adj+sm* Armenio.
ar.mis.tí.cio [armist'isju] *sm* Armisticio. *o armistício da guerra da Coreia ratificou a divisão do país* / el armisticio de la guerra de Corea ratificó la división del país.
a.ro [ar'u] *sm* Aro, argolla, anillo.

a.ro.ma [ar'omə] *sm* Aroma.
a.ro.má.ti.co [arom'atiku] *adj* Aromático.
ar.pão [arp'ãw] *sm* Arpón.
ar.quei.ro [ark'ejru] *sm* **1** Arquero. **2** *Esp* Arquero, portero.
ar.que.o.lo.gi.a [arkeoloʒ'iə] *sf* Arqueología.
ar.que.o.ló.gi.co [arkeol'ɔʒiku] *adj* Arqueológico.
ar.que.ó.lo.go [arke'ɔlogu] *sm* Arqueólogo.
ar.qui.ban.ca.da [arkibãk'adə] *sf* Grada, gradería, graderío. *a torcida comemorava o gol na arquibancada do estádio* / la hinchada celebraba el gol en la gradería del estadio.
ar.qui.pé.la.go [arkip'ɛlagu] *sm* Archipiélago. *a famosa ilha de Robinson Crusoé encontra-se no arquipélago de Juan Fernández* / la famosa isla de Robinson Crusoe se encuentra en el archipiélago de Juan Fernández.
ar.qui.te.tar [arkitet'ar] *vtd* **1** Proyectar. **2** Construir, fabricar, edificar. **3** Idear, planear.
ar.qui.te.to [arkit'ɛtu] *sm* Arquitecto.
ar.qui.te.tu.ra [arkitet'urə] *sf* Arquitectura.
ar.qui.var [arkiv'ar] *vtd* Archivar.
ar.qui.vo [ark'ivu] *sm* Archivo.
ar.rai.ga.do [aRajg'adu] *adj* Arraigado, enraizado, radicado, asentado.
ar.ran.car [aRãk'ar] *vtd* **1** Arrancar. **2** Obtener o conseguir algo con violencia o astucia.
ar.ra.nha-céu [aR∧ñas'ɛw] *sm* Rascacielos. *Pl: arranha-céus.*
ar.ra.nhão [aRañ'ãw] *sm* Arañazo, rasguño. *apesar da forte batida, ninguém sofreu nenhum arranhão* / a pesar del fuerte choque nadie sufrió ningún rasguño.
ar.ra.nhar [aRañ'ar] *vtd+vi+vpr* Arañar, rasguñar.
ar.ran.jar [aRãʒ'ar] *vtd+vpr* **1** Arreglar, componer, ordenar. **2** Acicalar, engalanar. **3** Conseguir, alcanzar, obtener, lograr.
ar.ran.jo [aR'ãʒu] *sm* Arreglo, composición, disposición. *um arranjo de flores é o mais belo dos enfeites* / un arreglo floral es el más bello de los adornos.

ar.ran.que [aR'ãki] *sm* Arranque.
ar.ra.sa.do [aRaz'adu] *adj* Humillado, postrado, aplastado.
ar.ra.sar [aRaz'ar] *vtd* **1** Aplanar, arrasar, allanar. *vtd+vti* **2** Echar por tierra. **3** Destruir, devastar, asolar, desolar.
ar.ras.tar [aRast'ar] *vtd* Arrastrar, tirar.
ar.re.ba.tar [aRebat'ar] *vtd* **1** Arrebatar, quitar con violencia y fuerza. **2** Cautivar, arrobar, encantar.
ar.re.ben.tar [aRebẽt'ar] *vi+vti+vtd+vpr* Reventar.
ar.re.bi.ta.do [aRebit'adu] *adj* Respingón, arremangado. *é uma linda menina de nariz arrebitado* / es una linda niña de nariz respingona.
ar.re.ca.da.ção [aRekadas'ãw] *sf* Recaudación. Veja nota em **coleta** (espanhol).
ar.re.ca.dar [aRekad'ar] *vtd* Recaudar.
ar.re.don.da.do [aRedõd'adu] *adj* Redondeado.
ar.re.don.dar [aRedõd'ar] *vtd+vi+vpr* Redondear.
ar.re.dor [aRed'ɔr] *adv* Alrededor. • *sm pl* **arredores** Alrededores, afueras, cercanías, inmediaciones. *as favelas situam-se nos arredores das grandes cidades* / las chabolas se sitúan en los alrededores de las grandes ciudades.
ar.re.ga.çar [aRegas'ar] *vtd+vpr* Arremangar, remangar.
ar.rei.o [aR'eju] *sm* Arreo.
ar.re.ma.tar[1] [aRemat'ar] *vtd+vpr* **1** Arrematar, dar fin a algo. *vi* **2** Terminar, finalizar, acabar, concluir.
ar.re.ma.tar[2] [aRemat'ar] *vtd* Rematar, comprar o vender en subasta pública.
ar.re.me.dar [aRemed'ar] *vtd* Remedar.
ar.re.mes.sar [aRemes'ar] *vtd+vpr* Arrojar, lanzar.
ar.ren.dar [aRẽd'ar] *vtd+vti* Arrendar, alquilar.
ar.re.pen.der [aRepẽd'er] *vpr* Arrepentirse. *no final dos seus dias, arrependeu-se de todas as suas trapaças* / al final de sus días se arrepintió de todas sus fechorías.
ar.re.pen.di.do [aRepẽd'idu] *adj+sm* Arrepentido.
ar.re.pen.di.men.to [aRepẽdim'ẽtu] *sm* Arrepentimiento.

ar.re.pi.a.do [aȓepi'adu] *adj* Erizado.

ar.re.pi.an.te [aȓepi'ãti] *adj m+f* Escalofriante, pavoroso, terrible. *assistimos a um filme arrepiante na TV* / vimos una película escalofriante en la tele.

ar.re.pi.ar [aȓepi'ar] *vtd+vti+vi+vpr* Erizar.

ar.re.pi.o [aȓepi'iu] *sm* Escalofrío. *senti um arrepio quando coloquei uma pedra de gelo no meu pescoço* / sentí un escalofrío cuando coloqué un cubo de hielo en mi cuello.

ar.ri.mo [aȓ'imu] *sm* Apoyo, arrimo, amparo.

ar.ris.ca.do [aȓisk'adu] *adj* **1** Arriesgado, aventurado, peligroso. **2** Osado, temerario.

ar.ris.car [aȓisk'ar] *vtd+vti+vi+vpr* Arriesgar.

ar.ro.gân.cia [aȓog'ãsjə] *sf* Arrogancia.

ar.ro.gan.te [aȓog'ãti] *adj m+f* Arrogante.

ar.ro.io [aȓ'oju] *sm* Arroyo.

ar.ro.ja.do [aȓoʒ'adu] *adj* Osado, atrevido, audaz. *o publicitário apresentou um projeto arrojado ao seu cliente* / el publicista le presentó un proyecto osado a su cliente.

ar.rom.bar [aȓõb'ar] *vtd* Romper, abrir a la fuerza. *um ladrão arrombou a porta do carro* / un ladrón abrió la puerta del coche a la fuerza.

ar.ro.tar [aȓot'ar] *vi+vtd* **1** Eructar. *vi+vtd+vti* **2** Ostentar.

ar.ro.to [aȓ'otu] *sm* Eructo.

ar.roz [aȓ'os] *sm Bot* Arroz. *Pl: arrozes.*

ar.ro.zal [aȓoz'aw] *sm* Arrozal.

arroz-doce [aȓ'ozd'osi] *sm Cul* Arroz con leche. *Pl: arrozes-doces.*

ar.ru.a.ça [aȓu'asə] *sf* Motín, asonada, tumulto, alboroto.

ar.ru.i.nar [aȓujn'ar] *vtd+vi+vpr* **1** Arruinar, causar ruina. **2** Destruir, demoler, derribar.

ar.ru.ma.dei.ra [aȓumad'ejrə] *sf* **1** Asistenta, doméstica. *a moça trabalhou como arrumadeira até completar seus estudos* / la joven trabajó como asistenta hasta completar sus estudios. **2** Camarera.

ar.ru.mar [aȓum'ar] *vtd* **1** Ordenar, arreglar, componer. *meu filho jamais arruma seu quarto* / mi hijo jamás ordena su dormitorio. **2** Conseguir, obtener, lograr. *arrumamos um enorme caminhão para fazer a mudança* / conseguimos un enorme camión para hacer la mudanza. *vpr* **3** Colocarse, instalarse. *conhece tantos políticos que se arrumou dentro do partido facilmente* / conoce a tantos políticos que se colocó dentro del partido fácilmente.

ar.se.nal [arsen'aw] *sm* Arsenal.

ar.sê.ni.co [ars'eniku] *sm Quím* Arsénico.

ar.te ['arti] *sf* Arte. **arte abstrata** arte abstracto. **a sétima arte** el séptimo arte.

ar.té.ria [art'ɛrjə] *sf Anat* **1** Arteria. **2** Arteria, calle a la que afluyen muchas otras. *a Rua da Paz é a artéria principal da cidade* / la Calle de la Paz es la arteria principal de la ciudad.

ar.te.ri.os.cle.ro.se [arterjoskler'ɔzi] *sf Med* Arteriosclerosis.

ar.te.sa.na.to [artezan'atu] *sm* Artesanía. *o artesanato dos povos indígenas é muito variado* / la artesanía de los pueblos indígenas es muy variada.

ar.te.são [artez'ãw] *sm* Artesano. *Pl: artesãos.*

ár.ti.co ['artiku] *adj* Ártico. **polo ártico** polo ártico.

ar.ti.cu.la.ção [artikulas'ãw] *sf* Articulación.

ar.ti.cu.lar [artikul'ar] *vtd* **1** Articular, unir por las articulaciones. **2** Pronunciar clara y distintamente. **3** Organizar elementos.

ar.ti.fi.ci.al [artifisi'aw] *adj m+f* **1** Artificial, no natural. **2** Fingido, simulado, insincero, falso. **3** Postizo.

ar.ti.go [art'igu] *sm* Artículo. **artigo definido** artículo definido/determinado. **artigo de fundo** artículo de fondo. **artigo indefinido** artículo indefinido/indeterminado. Veja nota em **artículo**.

ar.ti.lha.ri.a [artiʎar'iə] *sf* Artillería.

ar.ti.ma.nha [artim'ʌɲə] *sf* Artimaña, martingala, treta, ardid.

ar.tis.ta [art'istə] *s m+f* **1** Artista. **2** Artesano.

ar.tís.ti.co [art'istiku] *adj* Artístico. **ginástica artística** gimnasia artística.

ar.tri.te [artr'iti] *sf Med* Artritis.

ár.vo.re ['arvori] *sf Bot* Árbol. *plantar uma árvore é plantar vida* / plantar un árbol es plantar vida. **árvore de Natal** árbol de Navidad. **árvore genealógica** árbol genealógico.

ar.vo.re.do [arvor'edu] *sm* Arbolado.

as[1] [as] *art def f* Las. *as estrelas brilham de graça* / las estrellas brillan gratis.

as[2] [as] *pron* Las. *comprei sete maçãs e as guardei na geladeira* / compré siete manzanas y las guardé en la nevera.

ás ['as] *sm* Ás, carta de la baraja de naipes que lleva el número uno.

às ['as] *contr prep* a+*art f pl* as A las. *às cinco horas da tarde começa o jogo de futebol* / a las cinco de la tarde empieza el partido de fútbol.

a.sa ['azə] *sf* Ala. **aparar as asas de** cortar las alas (a alguien). **arrastar a asa a** arrastrar el ala. Veja notas em **alza** e **asa** (espanhol).

a.sa-del.ta [azə d'ɛwtə] *sf Esp* Ala delta. *Pl: asas-deltas*.

as.cen.são [asẽs'ãw] *sf* Ascención, ascenso.

as.co ['asku] *sm* Asco, repugnancia.

as.fal.tar [asfawt'ar] *vtd* Asfaltar.

as.fal.to [asf'awtu] *sm* Asfalto.

as.fi.xi.a [asfiks'iə] *sf Med* Asfixia.

as.fi.xi.an.te [asfiksi'ãti] *adj m+f* Asfixiante.

as.fi.xi.ar [asfiksi'ar] *vtd+vi* Asfixiar.

a.si.á.ti.co [azi'atiku] *adj+sm* Asiático.

a.si.lar [azil'ar] *vtd+vpr* Asilar.

a.si.lo [az'ilu] *sm* Asilo.

as.ma ['azmə] *sf Med* Asma.

as.má.ti.co [azm'atiku] *adj+sm* Asmático.

as.nei.ra [azn'ejrə] *sf* Necedad, sandez, tontería, bobería, estupidez, bobada. *sempre que bebe começa a falar asneiras* / siempre que bebe empieza a decir sandeces.

as.no ['aznu] *sm* **1** *Zool* Asno, burro, jumento, pollino. **2** *fig* Hombre simple, ignorante o rudo.

as.par.go [asp'argu] *sm Bot* Espárrago.

as.pas ['aspas] *sf pl* Comillas.

as.pec.to [asp'ɛktu] *sm* Aspecto, apariencia.

ás.pe.ro ['asperu] *adj* **1** Áspero. **2** Escabroso. **3** Desagradable, desapacible. **4** Riguroso, rígido, severo.

as.pi.ra.dor [aspirad'or] *adj+sm* Aspirador, aspiradora.

as.pi.rar [aspir'ar] *vtd* **1** Aspirar. *vti* **2** Pretender, desear. *vi* **3** Respirar.

as.pi.ri.na [aspir'inə] *sf Quím* Aspirina (marca registrada).

as.que.ro.so [asker'ozu] *adj* **1** Asqueroso, repugnante. **2** *AL* Asquiento. *Pl: asquerosos (ó)*.

as.sa.do [as'adu] *sm* Asado.

as.sa.du.ra [asad'urə] *sf* **1** Rozadura. **2** *Arg* Paspadura. **3** *Chile* Cocedura.

as.sa.la.ri.a.do [asalari'adu] *adj+sm* Asalariado.

as.sal.tan.te [asawt'ãti] *adj* e *s m+f* Asaltante.

as.sal.tar [asawt'ar] *vtd+vi* Asaltar.

as.sal.to [as'awtu] *sm* Asalto.

as.sar [as'ar] *vtd+vi* Asar.

as.sas.si.na.do [asasin'adu] *adj* Asesinado.

as.sas.si.nar [asasin'ar] *vtd* **1** Asesinar, matar. **2** *AL* Ultimar.

as.sas.si.na.to [asasin'atu] *sm V assassínio*.

as.sas.sí.nio [asas'inju] *sm* Asesinato. *Sin. assassinato*.

as.sas.si.no [asas'inu] *sm+adj* Asesino.

as.se.di.ar [asedi'ar] *vtd* Asediar, acosar.

as.sé.dio [as'ɛdju] *sm* Asedio, acoso. *agora que ficou famoso tem de suportar o assédio da imprensa* / ahora que se volvió famoso tiene que soportar el acoso de la prensa. **assédio sexual** acoso sexual.

as.se.gu.rar [asegur'ar] *vtd+vti+vpr* **1** Asegurar, garantizar. **2** Afirmar, aseverar.

as.sei.o [as'eju] *sm* **1** Aseo, limpieza. **2** Esmero, cuidado, prolijidad. **3** Pulcritud, apostura.

as.sem.blei.a [asẽbl'ɛjə] *sf* Asamblea.

as.se.me.lhar [asemeʎ'ar] *vtd+vti+vpr* Asemejar.

as.sen.tar [asẽt'ar] *vtd* **1** Sentar. **2** Asentar, colocar firmemente. **3** Establecer. *vi+vpr* **4** Sentarse. *vti* **5** Afirmar, aseverar.

as.sen.tir [asẽt'ir] *vti+vi* **1** Consentir, permitir. **2** Asentir.

as.sen.to [as'ẽtu] *sm* Asiento.

as.ses.sor [ases'or] *adj+sm* Asesor.

as.ses.so.ri.a [asesor'iə] *sf* **1** Asesoramiento. **2** Asesoría.

as.sí.duo [as'idwu] *adj* Asiduo, frecuente, perseverante.

as.sim [as'ĩ] *adv* **1** Así, de esta o de esa manera. **2** Igualmente. • *conj* De tal manera, en consecuencia, por lo cual, de suerte que. **assim como** así como. **assim que** así que.

as.si.mi.lar [asimil'ar] *vtd+vpr* Asimilar, asemejar.

as.si.na.do [asin'adu] *adj* **1** Firmado. **2** Suscrito. *abaixo-assinado* / abajo suscrito.

as.si.na.lar [asinal'ar] *vtd* **1** Señalar. **2** Hacer señal para dar noticia de algo. *vpr* **3** Distinguirse, singularizarse.

as.si.nan.te [asin'ãti] *s m+f* **1** Firmante, signatario. **2** Suscriptor, abonado. *é assinante de dois jornais porque gosta muito de estar bem informado* / es suscriptor de dos periódicos porque le gusta estar bien informado.

as.si.nar [asin'ar] *vtd* **1** Firmar. *as partes assinaram o contrato* / las partes firmaron el contrato. **2** Suscribirse, abonarse.

as.si.na.tu.ra [asinat'urə] *sf* **1** Firma. *o documento precisa de duas assinaturas* / el documento necesita dos firmas. **2** Suscripción, abono. Veja nota em **abono** (português e espanhol) e em **asignatura**.

as.sis.tên.cia [asist'ẽsjə] *sf* Asistencia. **assistência jurídica** asistencia jurídica. **assistência social** asistencia social. Veja nota em **concorrência** (português).

as.sis.ten.te [asist'ẽti] *adj e s m+f* Asistente. **assistente social** asistente social.

as.sis.tir [asist'ir] *vti* **1** Asistir, concurrir. **2** Ver, presenciar. **3** Socorrer, favorecer, ayudar.

as.so.a.lho [aso'aʎu] *sm* Entarimado, entablado, parqué.

as.so.ar [aso'ar] *vtd+vpr* Sonar la nariz.

as.so.bi.ar [asobi'ar] *vi* **1** Silbar. *vtd* **2** Silbar (una canción o un ritmo musical). **3** Pitar, chiflar, abuchear. **4** *Bol, Chile, Eq, Peru* Pifiar.

as.so.bi.o [asob'iu] *sm* Silbido, silbo.

as.so.ci.a.ção [asosjas'ãw] *sf* Asociación. *trata-se de uma associação sem fins lucrativos* / se trata de una asociación sin fines de lucro.

as.so.ci.ar [asosi'ar] *vtd+vti+vpr* Asociar, unir, juntar.

as.som.bra.do [asõbr'adu] *adj* Asombrado, asustado, admirado.

as.som.bro [as'õbru] *sm* Asombro, susto, espanto, admiración.

as.so.prar [asopr'ar] *vtd+vti+vi* Soplar. *o menino assoprou todas as velas do bolo* / el chico sopló todas las velas de la torta.

as.su.mir [asum'ir] *vtd* **1** Asumir, atraer a sí, tomar para sí. **2** Hacerse cargo, responsabilizarse. **3** Adquirir. *vtd+vti* **4** Comprometerse. *vi* **5** Entrar en funciones. *vpr* **6** Declararse, reconocerse.

as.sun.to [as'ũtu] *sm* Asunto, materia.

as.sus.ta.dor [asustad'or] *adj+sm* Aterrador, pavoroso. *o homem do bar tinha um olhar assustador* / el hombre del bar tenía una mirada aterradora.

as.sus.tar [asust'ar] *vtd+vi+vpr* Asustar, aterrar, espantar.

as.tro ['astru] *sm* Astro.

as.tro.lo.gi.a [astroloʒ'iə] *sf* Astrología.

as.tró.lo.go [astr'ɔlogu] *sm* Astrólogo.

as.tro.nau.ta [astron'awtə] *s m+f* Astronauta.

as.tro.no.mi.a [astronom'iə] *sf* Astronomía.

as.trô.no.mo [astr'onomu] *sm* Astrónomo.

as.tu.to [ast'utu] *adj* Astuto.

a.ta ['atə] *sf* Acta. *todos assinaram a ata da reunião* / todos firmaron el acta de la reunión.

a.ta.ca.dis.ta [atakad'istə] *adj e s m+f* Mayorista.

a.ta.ca.do [atak'adu] *adj* De mal humor, al por mayor.

a.ta.can.te [atak'ãti] *adj e s m+f* **1** Atacante. **2** *Esp* Delantero.

a.ta.car [atak'ar] *vtd* **1** Atacar, acometer, embestir. **2** Agredir. **3** Venir repentinamente.

a.ta.du.ra [atad'urə] *sf* **1** Atadura. **2** Gasa.

a.ta.lho [at'aʎu] *sm* Atajo. *o estudo é o melhor atalho para o sucesso* / el estudio es el mejor atajo para el éxito.

a.ta.que [at'aki] *sm* Ataque.

a.tar [at'ar] *vtd* **1** Atar, amarrar, anudar. *vpr* **2** Atarse, ceñirse. **não atar nem desatar** no atar ni desatar.

a.ta.re.fa.do [ataref'adu] *adj* Atareado, ajetreado, agobiado. *hoje tive um dia muito atarefado, tinha mil coisas a fazer!* / hoy tuve un día muy ajetreado, ¡tenía mil cosas que hacer!

a.tar.ra.ca.do [ataʀak'adu] *adj* Regordete, retaco.

a.tar.ra.xar [ataʀaʃ'ar] *vtd* Atornillar.

a.té [at'ɛ] *prep* Hasta. *a liquidação continua até sábado* / las rebajas continúan hasta el sábado. • *adv* Aun, incluso, inclusive. *ela trabalha todos os dias, até aos domingos* / ella trabaja todos los días, incluso los domingos. Veja nota em **aún**.

a.te.ar [ate'ar] *vtd+vi+vpr* Atizar.

a.te.mo.ri.zar [atemoriz'ar] *vtd+vpr* Atemorizar, amedrentar, acobardar, intimidar.

a.ten.ção [atẽs'ãw] *sf* **1** Atención, interés, aplicación, cuidado. **2** Cortesía, urbanidad. • *interj* atenção! ¡Atención! **chamar a atenção** llamar la atención. **em atenção a** en atención a.

a.ten.cio.sa.men.te [atẽsjɔzam'ẽti] *adv* **1** Atentamente. **2** Atentos saludos (em cartas).

a.ten.cio.so [atẽsi'ozu] *adj* **1** Atento. **2** Cortés, urbano, comedido. *um comportamento atencioso é fundamental para a vida em sociedade* / un comportamiento cortés es fundamental para la vida en sociedad. *Pl:* atenciosos (ó).

a.ten.der [atẽd'er] *vti* **1** Prestar atención. *vti+vtd* **2** Tener en cuenta o en consideración algo. *vti* **3** Asistir, socorrer, ayudar. *vtd* **4** Acoger, satisfacer un deseo, ruego o mandato.

a.ten.den.te [atẽd'ẽti] *adj+s* Dependiente. Veja nota em **vendedor** (espanhol).

a.ten.di.men.to [atẽndim'ẽtu] *sm* Atención. *o atendimento nesse banco é excelente* / la atención en ese banco es excelente.

a.ten.ta.do [atẽt'adu] *sm* Atentado.

a.ten.to [at'ẽtu] *adj* **1** Atento. **2** Cortés, urbano, comedido.

a.ter.ra.dor [ateʀad'or] *adj* Aterrado, espantoso, terrorífico, pavoroso. *Sin:* aterrorizador.

a.ter.rar[1] [ateʀ'ar] *vtd+vi+vpr* Aterrar, aterrorizar.

a.ter.rar[2] [ateʀ'ar] *vtd* Aterrar, cubrir con tierra.

a.ter.ris.sa.gem [ateʀis'aʒẽj] *sf* Aterrizaje. *o avião teve de fazer uma aterrissagem de emergência* / el avión tuvo que hacer un aterrizaje de emergencia. Veja nota em **abordaje**.

a.ter.ris.sar [ateʀis'ar] *vi* Aterrizar.

a.ter.ro [at'eʀu] *sm* Terraplén.

a.ter.ro.ri.za.dor [ateʀorizad'or] *adj* aterrador.

a.ter.ro.ri.zar [ateʀoriz'ar] *vtd+vi+vpr* Aterrorizar, aterrar, horrorizar.

a.tes.ta.do [atest'adu] *sm* Atestado, certificación, certificado.

Em espanhol, **atestado** significa também "cheio, lotado, abarrotado".

a.teu [a'tew] *adj+sm* Ateo.

a.ti.çar [atis'ar] *vtd* **1** Atizar, avivar. **2** Irritar, estimular, azuzar.

a.tin.gir [atiʒ'ir] *vtd+vi* Alcanzar, tocar. *os alpinistas atingiram o pico do Everes* / los alpinistas alcanzaron la cumbre de Everest.

a.ti.ra.dei.ra [atirad'ejrə] *sf* **1** Honda. **2** *Arg, Ur* Tirachinas.

a.ti.ra.do [atir'adu] *adj* Osado, atrevido audaz.

a.ti.rar [atir'ar] *vtd+vpr* **1** Tirar, arrojar, lanzar. *vtd+vti+vi* **2** Disparar.

a.ti.tu.de [atit'udi] *sf* Actitud.

a.ti.var [ativ'ar] *vtd+vpr* Activar.

a.ti.vi.da.de [ativid'adi] *sf* Actividad. **em atividade** en actividad.

a.ti.vo [at'ivu] *adj* Activo. • *sm Econ* Activo.

a.tlân.ti.co [atl'ãtiku] *adj+sm* Atlántico.

a.tlas ['atlas] *sm sing+pl* Atlas.

a.tle.ta [atl'ɛtə] *s m+f* Atleta.

a.tlé.ti.co [atl'ɛtiku] *adj* Atlético.

a.tle.tis.mo [atlet'izmu] *sm* Atletismo.

at.mos.fe.ra [atmosf'ɛrə] *sf* Atmósfera.

.to ['atu] *sm* Acto, acción. **ato contínuo** acto continuo/seguido. **fazer ato de presença** hacer acto de presencia.

.to.lar [atol'ar] *vtd+vpr* Atascar.

.to.lei.ro [atol'ejru] *sm* Atascadero, atolladero. **sair do atoleiro** salir del atolladero.

.tô.mi.co [at'omiku] *adj* Atómico.

.to.mo ['atomu] *sm* Átomo.

.tô.ni.to [at'onitu] *adj* Atónito, pasmado, espantado.

.tor [at'or] *sm* Actor.

.tor.do.ar [atordo'ar] *vtd+vi+vpr* Aturdir, atontar.

.tor.men.tar [atormẽt'ar] *vtd+vi+vpr* Atormentar, martirizar, afligir, mortificar.

.tra.ção [atrakas'ãw] *sf* Atracción.

.tra.en.te [atra'ẽti] *adj m+f* Atrayente, atractivo.

.trai.ço.ar [atrajso'ar] *vtd+vpr* Traicionar.

.tra.ir [atra'ir] *vtd+vti+vi* Atraer.

.tra.pa.lhar [atrapaʎ'ar] *vtd+vi+vpr* Confundir, perturbar, estorbar, entorpecer, obstaculizar. *a greve dos caminhoneiros atrapalhou o trânsito hoje de manhã* / la huelga de los camioneros, obstaculizó el tráfico hoy por la mañana.

.trás [atr'as] *adv* Atrás, detrás.

.tra.sar [atraz'ar] *vtd+vi+vpr* Atrasar, retardar, retrasar, demorar.

.tra.so [atr'azu] *sm* **1** Atraso, demora, retraso. **2** Subdesarrollo.

.tra.ti.vo [atrat'ivu] *adj* Atractivo. • *sm* Gracia, encanto.

.tra.vés [atrav'ɛs] *adv* A través. *o avanço da ciência através dos séculos tem sido extraordinário* / el avance de la ciencia a través de los siglos ha sido extraordinario.

.tra.ves.sar [atraves'ar] *vtd* **1** Atravesar, cruzar. **2** Obstaculizar, estorbar.

.tre.lar [atrel'ar] *vtd+vti+vpr* **1** Enganchar. *vpr* **2** Vincularse.

.tre.ver [atrev'er] *vpr* Atreverse.

.tre.vi.do [atrev'idu] *adj+sm* **1** Atrevido, osado, audaz. **2** Insolente, desvergonzado, descarado, impertinente.

a.tre.vi.men.to [atrevim'ẽtu] *sm* Atrevimiento.

a.tri.bu.ir [atribu'ir] *vtd+vti+vpr* Atribuir.

a.tri.bu.to [atrib'utu] *sm* Atributo.

a.tri.to [atr'itu] *sm* Roce. *o atrito provoca o desgaste das peças* / el roce provoca el desgaste de las piezas.

a.triz [atr'is] *sf* Actriz.

a.tro.ci.da.de [atrosid'adi] *sf* Atrocidad, crueldad.

a.tro.pe.la.do [atropel'adu] *adj* Atropellado.

a.tro.pe.lar [atropel'ar] *vtd+vpr* Atropellar.

a.troz [atr'ɔs] *adj m+f* **1** Atroz, fiero, cruel, inhumano. **2** Terrible, tremendo.

a.tu.a.ção [atwas'ãw] *sf* Actuación.

a.tu.al [atu'aw] *adj m+f* Actual, presente.

a.tu.a.li.da.de [atwalid'adi] *sf* Actualidad.

a.tu.a.li.za.do [atwaliz'adu] *adj* Actualizado.

a.tu.a.li.zar [atwaliz'ar] *vtd+vpr* Actualizar.

a.tu.al.men.te [atuawm'ẽti] *adv* Actualmente, hoy día.

a.tu.ar [atu'ar] *vti+vi* Actuar. Veja nota em **ajo** (espanhol).

a.tum [at'ũ] *sm Zool* Atún.

a.tu.rar [atur'ar] *vtd+vti+vi* Aguantar, soportar, tolerar. *cansado de aturar o mau humor do seu chefe, pediu demissão* / cansado de aguantar el mal humor de su jefe, pidió la renuncia.

a.tur.dir [aturd'ir] *vtd+vpr* Aturdir, confundir, desconcertar, pasmar.

au.dá.cia [awd'asjə] *sf* **1** Audacia, osadía, atrevimiento. **2** Insolencia, atrevimiento, descaro.

au.da.ci.o.so [awdasi'ozu] *adj* Audaz, osado, atrevido. *Pl: audaciosos (ó).*

au.di.ção [awdis'ãw] *sf* Audición.

au.di.ên.cia [awdi'ẽsjə] *sf* Audiencia.

au.di.tó.rio [awdit'ɔrju] *sm* Auditorio.

au.ge ['awʒi] *sm* Auge, apogeo.

au.la ['awlə] *sf* **1** Aula, sala de clases. **2** Clase. **3** Lección. Veja nota em **aula** (espanhol).

au.men.tar [awmẽt'ar] *vtd* Aumentar, agrandar, ampliar, incrementar.
au.men.to [awm'ẽtu] *sm* Aumento.
au.ro.ra [awr'ɔrə] *sf* Aurora.
au.sên.cia [awz'ẽsjə] *sf* Ausencia.
au.sen.tar [awzẽt'ar] *vpr* Ausentarse, separarse, desaparecer.
au.sen.te [awz'ẽti] *adj* e *s m+f* Ausente.
aus.te.ri.da.de [awsterid'adi] *sf* Austeridad.
aus.te.ro [awst'ɛru] *adj* **1** Austero, severo, riguroso. **2** Sobrio, sencillo, parco.
aus.tra.li.a.no [awstrali'ʌnu] *adj* e *sm* Australiano.
aus.trí.a.co [awstr'iaku] *adj* e *sm* Austriaco, austríaco.
au.tên.ti.co [awt'ẽtiku] *adj* Auténtico.
au.to.a.de.si.vo *adj+sm* Autoadhesivo. *meu filho adolescente gosta de colar autoadesivos na janela do seu quarto* / a mi hijo adolescente le gusta pegar autoadhesivos en la ventana de su dormitorio.
au.to.a.fir.ma.ção [awtwafirmas'ãw] *sf* Autoafirmación.
au.to.a.va.lia.ção [awtwavalias'ãw] *sf* Autoevaluación.
au.to.bi.o.gra.fi.a [awtobjograf'iə] *sf* Autobiografía. *o ator escreveu uma autobiografia muito reveladora* / el actor escribió una autobiografía muy reveladora.
au.to.bi.o.grá.fi.co [awtobjogr'afiku] *adj* Autobiográfico.
au.to.con.tro.le [awtocõtr'oli] *sm* Autocontrol. *o álcool faz as pessoas perderem o autocontrole* / el alcohol hace que las personas pierdan el autocontrol.
au.to.crí.ti.ca [awtokr'itikə] *sf* Autocrítica.
au.to.de.fe.sa [awtodef'eza] *sf* Autodefensa.
au.to.di.da.ta [awtodid'atə] *adj* e *s m+f* Autodidacta.
au.tó.dro.mo [awt'ɔdromu] *sm* Autódromo.
au.to.es.co.la [awtwesk'ɔlə] *sf* Autoescuela.
au.to.es.ti.ma [awtwest'imə] *sf* Autoestima.

au.to.es.tra.da [awtwestr'adə] *sf* Autopista.
au.to.gra.far [awtograf'ar] *vtd* Autografiar.
au.tó.gra.fo [awt'ɔgrafu] *sm* Autógrafo.
au.to.má.ti.co [awtom'atiku] *adj* Automático.
au.to.mo.bi.lis.mo [awtomobil'izmu] *sm* Automovilismo.
au.to.mó.vel [awtom'ɔvew] *adj m+f* Automóvil. • *sm* Automóvil, coche.
au.to.no.mi.a [awtonom'iə] *sf* Autonomía.
au.tô.no.mo [awt'onomu] *adj+sm* Autónomo.
au.tóp.sia [awt'ɔpsjə] *sf* Autopsia.
au.tor [awt'or] *sm* Autor.
au.tor.re.tra.to [awtuʀetr'atu] *sm* Autorretrato.
au.to.ri.a [awtor'iə] *sf* Autoría.
au.to.ri.da.de [awtorid'adi] *sf* Autoridad.
au.to.ri.za.ção [awtorizas'ãw] *sf* Autorización.
au.to.ri.zar [awtoriz'ar] *vtd+vti+vpr* Autorizar.
au.tos.su.fi.ci.en.te [awtusufisi'ẽti] *adj m+f* Autosuficiente.
au.xi.li.ar[1] [awsili'ar] *adj* e *s m+f* Auxiliar que auxilia.
au.xi.li.ar[2] [awsili'ar] *vtd+vpr* Auxiliar dar auxilio.
au.xí.lio [aws'ilju] *sm* Auxilio, ayuda socorro, amparo.
a.va.lan.cha [aval'ãʃə] *sf* Avalancha, alud.
a.va.li.a.ção [avaljas'ãw] *sf* **1** Evaluación **2** Valoración, tasación, justiprecio. *vão fazer a avaliação dos quadros do pintor* / van a hacer la tasación de los cuadros del pintor.
a.va.li.ar [avali'ar] *vtd+vti* Evaluar, estimar, apreciar, calcular.
a.van.çar [avãs'ar] *vtd+vi* **1** Avanzar, ir hacia adelante. *vtd+vti* **2** Adelantar, progresar, mejorar. *vi* **3** Apropiarse. *vti* **4** Embestir, acometer.
a.van.ço [av'ãsu] *sm* Avance.
a.va.ren.to [avar'ẽtu] *adj* V avaro.
a.va.re.za [avar'ezə] *sf* Avaricia.

a.va.ro [av'aru] *adj+sm* Avaro, tacaño, mezquino. *Sin: avarento*.
a.ve ['avi] *sf Zool* Ave. **ave de rapiña** ave de rapiña, rapaz.
a.vei.a [av'ejə] *sf Bot* Avena.
a.ve.lã [avel'ã] *sf Bot* Avellana.
a.ve-ma.ri.a [avimar'iə] *sf Rel* Avemaría. *Pl: ave-marias*.
a.ve.ni.da [aven'idə] *sf* Avenida.
a.ven.tal [avẽt'aw] *sm* Delantal, mandil, guardapolvo. *nunca me esqueço do cheiro de pão no aventar da minha avó* / nunca me olvido del aroma de pan del delantal de mi abuela.
a.ven.tu.ra [avẽt'urə] *sf* Aventura.
a.ven.tu.rei.ro [avẽtur'ejru] *adj+sm* Aventurero.
a.ve.ri.guar [averig'war] *vtd+vti* Averiguar, indagar, investigar, inquirir.
a.ver.são [avers'ãw] *sf* Aversión, rechazo, repugnancia. *sentia aversão às aranhas* / sentía aversión a las arañas.
a.ves.sas [av'ɛsəs] *sf pl* Contrarias, opuestas.
a.ves.so [av'esu] *adj* Contrario, opuesto. • *sm* Reverso, envés.
a.ves.truz [avestr'us] *s m+f Zool* Avestruz. *Pl: avestruzes*.
a.vi.a.ção [avjas'ãw] *sf* Aviación.
a.vi.a.dor [avjad'or] *sm* Aviador.
a.vi.ão [avi'ãw] *sm* Avión. *meu irmão estava eufórico na sua primeira viagem de avião* / mi hermano estaba eufórico en su primer viaje en avión.
á.vi.do ['avidu] *adj* **1** Ávido, ansioso. **2** Codicioso, ambicioso.
a.vi.sar [aviz'ar] *vtd* **1** Avisar. **2** Advertir, aconsejar, prevenir.
a.vi.so [av'izu] *sm* Aviso, noticia, advertencia.
a.vô [av'o] *sm* Abuelo.
a.vó [av'ɔ] *sf* Abuela.
a.vós [av'ɔs] *sm pl* Abuelos.
a.vul.so [av'uwsu] *adj* Suelto, separado.
a.xi.la [aks'ilə] *sf Anat* Axila, sobaco.
a.zar [az'ar] *sm* Mala suerte, desgracia, infortunio, desdicha, desventura. *não existe azar para quem acredita no próprio esforço* / no existe la mala suerte para quienes creen en su propio esfuerzo.
a.za.ra.do [azar'adu] *adj+sm* Desafortunado, desventurado, infortunado.
a.ze.dar [azed'ar] *vtd+vi+vpr* Avinagrar, agriar, fermentar.
a.ze.do [az'edu] *adj* Ácido. *o vinagre tem gosto azedo* / el vinagre tiene gusto ácido.
a.zei.te [az'ejti] *sm* Aceite. Veja nota em **aceite** (espanhol).
a.zei.to.na [azejt'onə] *sf Bot* Aceituna.
a.zi.a [az'iə] *sf* Acidez.
a.zul [az'uw] *adj m+f e sm* Azul.
a.zu.la.do [azul'adu] *adj+sm* Azulado.
a.zu.le.jo [azul'eʒu] *sm* Azulejo.

b

b, B [b'e] *sm* Segunda letra del alfabeto portugués.

ba.ba [b'abə] *sf* **1** Baba, salivación. **2** Babaza. **ser uma baba** ser algo muy fácil. *isso aqui é uma baba, faço num instante* / esto es muy fácil, lo hago en un instante.

ba.bá [bab'a] *sf* Niñera, ñaña, nodriza.

ba.ba.do [bab'adu] *adj* Babeado, baboseado. • *sm* **1** Volante, pliegue en un tejido. **2** *fam* Chisme, chismorreo, cotilleo. *tenho um babado forte pra lhe contar* / tengo un chisme para contarte.

ba.ba.dor [babad'or] *sm* Babero, pechero.

ba.bar [bab'ar] *vtd+vi+vpr* **1** Babosear, salivar. *vpr* **2** *coloq* Rendirse, babear, caerse la baba. *Júlio se baba todo pela loirinha do primeiro andar* / Julio se babea todo por la rubia del primer piso.

ba.ca.lhau [bakaʎ'aw] *sm Ictiol* Bacalao.

ba.ca.na [bak'ʌnə] *adj m+f gír* **1** Estupendo, fantástico, bárbaro, regio. *este livro é bem bacana* / este libro es bárbaro. **2** Guapo. **3** Gentil, amable, agradable. *Maria é uma pessoa muito bacana* / María es una persona muy agradable. • *s* **1** Ricachón. **2** Bacán.

ba.cha.rel [baʃar'ɛw] *adj+s* Licenciado, que tiene grado universitario.

ba.ci.a [bas'iə] *sf* **1** Bacía. *Arg* **2** Palangana. **3** Retrete. **4** *Anat* Pelvis, cadera. **5** *Geogr* Cuenca (río).

ba.ço [b'asu] *sm Anat* Bazo. • *adj* **1** Empañado, sin brillo. **2** Moreno.

bacon [b'ejkõw] *sm ingl* Bacón, panceta ahumada, tocino ahumado.

bac.té.ria [bakt'ɛrjə] *sf Biol* Bacteria.

ba.da.la.da [badal'adə] *sf* Movimiento de la campana, golpe de badajo. *ouvi as badaladas do sino da igreja e vi que era tarde* / oí los golpes del badajo de la campana de la iglesia y me di cuenta de que era tarde.

ba.da.lar [badal'ar] *vi* **1** Sonar la campana. **2** *coloq* Adular. *ele é muito badalado na faculdade; as meninas o adoram!* / él es muy adulado en la facultad; ¡le encanta a las chicas!

ba.der.na [bad'ɛrnə] *sf* **1** Desorden, caos. **2** *fig* Turbación, jarana, lío.

ba.du.la.que [badul'aki] *sm* **1** Pendiente, colgante (bijutería). **2 badulaques** *pl* Fruslería, cosas de poco valor. *nunca vi tantos badulaques; vou jogar tudo fora!* / nunca he visto tantas fruslerías; ¡las voy a tirar a la basura! Veja nota em **badulaque** (espanhol).

ba.fa.fá [bafaf'a] *sm coloq* **1** Confusión, desorden, turbación. **2** Conflicto, brete, discusión acalorada. *aquele namoro deu o maior bafafá* / aquél noviazgo causó una discusión acalorada.

ba.fo [b'afu] *sm* **1** Hálito, vaho, aliento. **2** Olor, mal aliento. *você está com bafo de cebola* / tienes olor a cebolla. **bafo de onça** mal aliento.

ba.fô.me.tro [baf'ometru] *sm* Alcoholímetro.

ba.fo.ra.da [bafor'adə] *sf* **1** Vaharada (aliento y calor). **2** Bocanada (humo del cigarrillo). *soltou uma baforada na minha cara que me deixou sem ar* / me soltó una bocanada en la cara que me dejó sin aire.

ba.ga.gei.ro [bagaʒ'ejru] *sm* **1** Maletero (en los coches), portaequipajes. **2** Portapaquetes (bicicleta).

ba.ga.gem [bag'aʒẽj] *sf* Bagaje: a) equipaje (personal o militar). b) caudal intelectual. c) bestia o vehículo de carga. Veja nota en **abordaje**.

ba.ga.te.la [bagat'ɛlə] *sf* **1** Bagatela, friolera, fruslería. **2** Baratija. **3** Porquería, poco dinero. *isso me custou uma bagatela* / eso me costó una porquería.

ba.go [b'agu] *sm* **1** *Bot* Baya. **2** Grano muy pequeño (trigo etc.). **3 bagos** *pl vulg* Bolas, huevos, pelotas.

ba.gre [b'agri] *sm* Bagre: a) *Ictiol* fisóstomo. b) *pej* mujer muy fea.

ba.gun.ça [bag'ũsə] *sf fam* **1** Desorden, caos, desorganización. *este armário está uma bagunça* / este armario está un caos. **2** *Arg* Despelote. **3** Alboroto, tumulto, confusión. *os manifestantes fizeram tanta bagunça que a polícia teve de intervir* / los manifestantes causaron tanto tumulto que la policía tuvo que intervenir.

ba.gun.çar [bagũs'ar] *vtd+vi* Desordenar, desbarajustar, desorganizar. **bagunçar o coreto** estorbar, atascar. *eu faço o trabalho sozinho, eles só vêm aqui bagunçar o coreto* / yo hago todo el trabajo solo, ellos vienen solamente a estorbar.

ba.í.a [ba'iə] *sf Geogr* Bahía, ría, pequeño golfo, ensenada.

bai.la.do [bajl'adu] *sm* Danza: a) baile. b) movimiento. *era bonito ver o bailado das folhas ao vento* / era lindo ver la danza de las hojas al viento.

bai.lar [bajl'ar] *vtd+vi* **1** Bailar, danzar. *vi* **2** Temblar, ondear, oscilar.

bai.la.ri.na [bajlar'inə] *sf* Bailarina.

bai.le [b'ajli] *sm* Baile, festejo, danza. **dar um baile:** a) dar un espectáculo, una paliza, salirse muy bien. *ele deu um baile no time adversário* / le dió una paliza al equipo adversario. b) dar mucho trabajo. *o bebê me deu um baile a noite toda* / el nene me dio mucho trabajo toda la noche.

ba.i.nha [ba'iɲə] *sf* **1** Dobladillo (de ropa). **2** Vaina (de arma, de planta). **meter a espada na bainha** abandonar, desistir. *depois de tanto sacrifício, meteu a espada na bainha* / después de tanto sacrificio, abandonó.

baio.ne.ta [bajon'etə] *sf* Bayoneta.

bair.ro [b'ajRu] *sm* Barrio, distrito.

bai.xa [b'ajʃə] *sf* **1** Baja: a) rebaja (precio). b) disminución de altura. c) documento de despido. **2** *fig* Bajón, decadencia. **dar baixa** dar de baja. **em baixa** en baja. *sua reputação anda em baixa ultimamente* / su reputación anda en baja ultimamente.

bai.xa-mar [b'ajʃəm'ar] *sf* Bajamar, marea baja. *Pl:* baixa-mares, baixas-mares.

bai.xar [bajʃ'ar] *vtd+vi* **1** Bajar, apear. **2** Rebajar, disminuir. *vpr* **3** Agacharse. *vi* **4** Bajarse (el sol a la hora del ocaso). *é tarde, o sol já está começando a baixar* / es tarde, el sol ya está bajando.

bai.xa.ri.a [bajʃar'iə] *sf coloq* **1** Bajeza, grosería, picardía, indignidad. **2** *Mús* Conjunto de instrumentos tocando en la región grave.

bai.xe.la [bajʃ'ɛlə] *sf* Vajilla (generalmente de metal).

bai.xo [b'ajʃu] *adj* **1** Bajo, menudo. **2** Grosero, indigno. **3** Inferior. **4** Inclinado hacia abajo. *tinha a cabeça baixa* / llevaba la cabeza inclinada hacia abajo. **5** Humilde, pobre. **6** *Mús* Grave (voz, sonido). • *adj+sm* Bajo (cantor, instrumento). • *sm Mús* Contrabajo. **baixo-relevo** bajorrelieve. **baixo-ventre** bajo vientre, empeine. **por baixo do pano** bajo mano, por lo bajo.

ba.ju.la.ção [baʒulas'ãw] *sf* Piropo, adulación, zalamería.

ba.ju.la.dor [baʒulad'or] *adj+sm* **1** Halagador, adulón, zalamero. **2** *fam* Chupamedias, lameculos, pelotilla.

ba.ju.lar [baʒul'ar] *vtd fig* Adular, halagar, hacer la rosca, engatusar.

ba.la [b'alə] *sf* **1** Bala: a) proyectil, plomo. b) atado de diez resmas de papel. c) fardo de mercaderías. **2** Caramelo (golosina). **cuspindo bala** ebrio, borracho. Veja nota em **bala** (espanhol).

ba.lan.ça [bal'ãsə] *sf* **1** Balanza, báscula. **2** *fig* Ponderación, equilibrio. **3 Balança** *Astrol* Libra. **pôr na balança** ponderar, examinar con atención.

ba.lan.çar [balãs'ar] *vtd+vi+vpr* **1** Balancear, columpiar. **2** Oscilar, mecer. *vtd* **3** *fig* Titubear, quedarse perplejo, perder la seguridad. *balançou entre Medicina e Veterinária* / titubeó entre Medicina y Veterinaria.

ba.lan.ce.te [balãs'eti] *sm* **1** Estimación, evaluación. **2** *Com* Balance.

ba.lan.ço [bal'ãsu] *sm* **1** Oscilación, balanceo, libración. **2** Hamaca, columpio. **3** *Com* Balance. **cadeira de balanço** mecedora.

ba.lão [bal'ãw] *sm* **1** Globo aerostático. **2** Pelota, balón. **3** *coloq* Mentira. **4** Bocadillo (cómic) **5** Burbuja.

bal.bu.ci.ar [bawbusi'ar] *vtd+vi* **1** Tartamudear, tartajear. **2** Balbucear, musitar, balbucir, farfullar.

bal.búr.dia [bawb'urdjə] *sf* **1** Agitación, alboroto, tumulto. **2** Vocerío, griterío. **3** Confusión, lío.

bal.cão [bawk'ãw] *sm* **1** Balcón: a) terraza, barandilla. b) segundo piso en los teatros. **2** Barra (en bares y sala de tribunal, asamblea etc.). Veja nota em **balcón**.

bal.co.nis.ta [bawkon'istə] *s m+f* Dependiente, tendero, vendedor. Veja nota em **vendedor** (espanhol).

bal.de [b'awdi] *sm* **1** Balde, tacho, cubo. **2** Vano, inútil. **chutar o balde** desistir, abandonar. **de balde / em balde** en balde / de balde / en vano. **jogar um balde de água fria** echar a uno un jarro de agua fría.

bal.de.a.ção [bawdeas'ãw] *sf* **1** Transbordo, empalme. **2** Baldeo.

bal.de.ar [bawde'ar] *vtd* Empalmar, transferir. Veja nota em **baldear** (espanhol).

bal.di.o [bawd'iu] *adj* **1** Agreste, inculto. **2** Baldío, yermo. **3** Inútil.

ba.lé [bal'ɛ] *sm* **1** Ballet. **2** *fig* Movimiento, danza, oscilación. *entrava em um estado de relaxamento profundo vendo o balé das folhas ao vento* / me ponía en un estado de relajación profunda mirando al movimiento de las hojas al viento.

ba.lei.a [bal'ejə] *sf* **1** *Zool* Ballena. **2** *fig* Persona excesivamente gorda. *ese homem é uma baleia!* / ¡ese hombre es muy gordo!

ba.li.za [bal'izə] *sf* **1** Baliza, boya. **2** Linde. *é preciso marcar a baliza do terreno* / hay que marcar la linde del terreno. **3** Coto, mojón, hito, jalón (límite).

bal.ne.á.rio [bawne'arju] *adj+sm* Balneario.

ba.lo.fo (ô) [bal'ofu] *adj+sm* Gordo, obeso. *se continuar comendo desse jeito, você vai ficar balofo* / si sigues comiendo así, te vas a quedar gordo. • *adj* Ligero, fofo.

bal.sa [b'awsə] *sf* **1** Balsa: a) *Mar* transbordador, *ferry boat*. b) charco. **2** Almadía, armadía. **3** Cuba para fermentación del mosto. **4** Borra del vino.

bál.sa.mo [b'awsamu] *sm* Bálsamo.

bam.bo [b'ãbu] *adj* **1** Flojo, suelto. **2** Perplejo, indeciso. **3** Borracho, embriagado. **4** Temblante. *de tão nervosa, estou com as pernas bambas* / estoy tan nerviosa que tengo las piernas temblantes. **andar na corda bamba** andar en la cuerda floja / andar en el filo de la navaja / enfrentar situaciones peligrosas, arriesgadas.

bam.bu [bãb'u] *sm Bot* Bambuc, bambú, caña de la Índia, cañacoro, rota.

ba.nal [ban'aw] *adj m+f* Banal, trivial, insustancial, común, vulgar.

ba.na.na [ban'∧nə] *sf* **1** *Bot* Banana, plátano, banano. *s m+f* **2** Vulgo, tonto, inútil. **banana de dinamite** cartucho de dinamita.

ba.na.na.da [banan'adə] *sf Cul* Dulce pastoso de plátano.

ba.na.nei.ra [banan'ejrə] *sf* **1** *Bot* Banano. **2** *fig fam* Tontería, disparate, gansada, asnada. *fez tanta bananeira que só piorou as coisas* / hizo tanta gansada que sólo empeoró las cosas. **plantar bananeira** hacer el pino.

ban.ca [b'ãkə] *sf* **1** Banca: a) mesa en mercado (de frutas, verduras). b) cantidad de dinero, apuesta (juego). **2** Bufete. **banca de jornais** quiosco de periódicos. **botar banca** darse pisto, jactarse. **quebrar a banca** ganarse todo el dinero en el juego.

ban.ca.da [bãk'adə] *sf* **1** *Polít* Bancada, facción, banda. **2** Banco: a) asiento. b) mesa de carpinteros, cerrajeros etc. *os mecânicos colocaram o motor em uma bancada para desmontá-lo* / los mecánicos pusieron el motor en una bancada para desmontarlo. **3** Graderío, tendido.

ban.car [bãk'ar] *vtd* **1** Financiar, pagar. *ele banca todas as contas da namorada* / él le paga todas las cuentas a la novia.

2 Sustentar, proveer. *ela banca a família toda com seu salário* / ella sustenta a toda la familia con su salario. **3** Hacerse, darse aires, fingir. *ele banca o durão, mas chora escondido* / él se hace el fuerte, pero llora escondido.

ban.cá.rio [bãk'arju] *adj+sm* **1** Bancario. **2** Empleado de banco.

ban.car.ro.ta [bãkaȓ'otə] *sf* Bancarrota, quiebra, ruina.

ban.co [b'ãku] *sm* Banco: a) asiento sin respaldo, escabel. b) *Com* establecimiento de crédito. c) *Med* almacén de sangre, ojos etc. d) *Geol* estrato de gran espesor. **banco de areia** banco de arena. **banco de gelo** banco de hielo, banquisa. **banco de reserva** banquillo.

ban.da [b'ãdə] *sf* Banda: a) lista, faja, cinta. b) *Fís* intervalo de frecuencia. c) lado, flanco. d) ala, facción. e) *Mús* conjunto musical. **comer da banda podre** estar en una situación difícil. *ultimamente ando comendo da banda podre* / últimamente ando en una situación difícil. **sair de banda** escabullirse. **ser/vir de outras bandas** ser de otros lados. *ele vem de outras bandas, por isso parece estranho* / él es de otro lado, por ello parece raro.

ban.da.gem [bãd'aʒẽj] *sf* Vendaje. Veja nota em **abordaje**.

ban.da.lhei.ra [bãdaʎ'ejrə] *sf* Bribonada, bellaquería, trastada, pillería.

ban.dei.ra [bãd'ejrə] *sf* **1** Bandera: a) pendón, estandarte, pabellón. b) nacionalidad de buques. c) *fig* lema. d) banderilla de taxi. **2** *fam* Indicio, seña. **a bandeiras despregadas** a banderas desplegadas, abiertamente. **dar bandeira** atraer la atención, demostrar lo que otra no puede saber. *dá pra ver que você está apaixonado; está dando a maior bandeira* / se ve que estás enamorado; lo demuestras. **enrolar a bandeira** abandonar, desistir. **virar bandeira** cambiar de chaqueta, cambiar de opinión/de gusto etc.

ban.dei.ra.da [bãdejr'adə] *sf* Bajada de bandera (de taxi).

ban.de.ja [bãd'eʒə] *sf* Bandeja. **dar de bandeja** poner en bandeja de plata / facilitar algo a uno / hacer o decir sin presión, espontaneamente.

ban.di.do [bãd'idu] *adj+sm* **1** Bandido, ladrón, malhechor, pistolero, bandolero, salteador. **2** Sin carácter, malo.

ban.di.tis.mo [bãdit'izmu] *sm* Delincuencia, bandolerismo, bandidaje.

ban.do [b'ãdu] *sm* **1** Bando: a) edicto público. b) facción, partido. c) bandada (pájaros, personas). **2** Banda, pandilla. **3** *fig* Hatajo, hato, gavilla, cuadrilla, horda. **4** *AL* Patota.

ba.nha [b'ʌ̃ɲə] *sf* **1** Sebo, lardo, grasa, grasura, pringue. **2** Obesidad, gordura.

ba.nhar [bañ'ar] *vtd+vpr* **1** Bañar(se), lavar(se). **2** Dar de lleno, envolver. *o sol banhava a relva recém-aparada* / el sol le dava de lleno al césped recién cortado. *vtd* **3** Humedecer, mojar, regar.

ba.nhei.ra [bañejrə] *sf* **1** Bañera, tina, pila. **2** *fam* Automóvil muy grande y antiguo. *esse carro é uma banheira!* / ¡ese coche es una bañera!

ba.nhei.ro [bañ'ejru] *sm* Baño: a) cuarto de baño. b) retrete.

ba.nhis.ta [bañ'istə] *adj* e *s m+f* Bañista.

ba.nho [b'ʌ̃ɲu] *sm* **1** Baño: a) ducha. b) exposición a influjo intenso. *o material precisou receber um banho de raios ultravioleta* / el material necesitó recibir un baño de rayos ultravioleta. c) capa. *mandei dar um banho de ouro no primeiro sapatinho do bebê* / le mandé a dar un baño de oro en el primer zapatito del nene. d) tintura. e) *fig* paliza. *olha que banho que o time adversário levou!* / mira la paliza que recibió el equipo adversario. **2 banhos** *pl* establecimiento balneario. **banho de loja** comprarse muchas ropas nuevas. *tomou um banho de loja e recuperou o ânimo* / se compró muchas ropas nuevas y recuperó el ánimo. **banho de sangue** baño de sangre, violencia excesiva. **banho-maria** baño de maría. **tomar banho** bañarse.

ba.nir [ban'ir] *vtd* **1** Proscribir: a) expulsar, deportar, desterrar, exilar. b) prohibir. **2** Apartar, distanciar, sacar. *depois de tanto sofrer, bani o amor de minha vida* / después de tanto sufrir, saqué el amor de mi vida.

ban.quei.ro [bāk'ejru] *sm* **1** Banquero (juego e instituición comercial). **2** *fig* Hombre muy rico, capitalista.

ban.que.ta [bāk'etə] *sf* Banqueta, escabel.

ban.que.te [bāk'eti] *sm* Banquete, festín. **ser um banquete** darse alguien un banquete / disfrutar mucho.

ban.zé [bãz'ɛ] *sm fam* **1** Gritería, vocinglería. **2** Turbación, jarana, confusión. *os estudantes armaram o maior banzé na festa ontem* / los estudiantes armaron una confusión en la fiesta ayer.

bar [b'ar] *sm* **1** Bar: a) café, cervecería, taberna, boliche. b) *Fís* unidad de medida. **2** Mueble para bebidas. *Pl: bares* (acepções 1a e 2), *bars* (acepção 1b).

ba.ra.lho [bar'aʎu] *sm* Baraja, cartas, naipes.

ba.rão [bar'ãw] *sm* **1** Barón. **2** Varón, hombre de respeto, ilustre.

ba.ra.ta [bar'atə] *sf* **1** *Zool* Cucaracha. **2** Barata, permuta, intercambio. **entregue às baratas** abandonado, negligenciado. *o pobre garoto vive entregue às baratas* / el pobre chico vive abandonado. **parecer uma barata tonta:** a) estar perdido, sin saber lo qué hacer. b) andar de un lado a otro, muy atareado. Veja nota em **barata** (espanhol).

ba.ra.to [bar'atu] *adj* **1** Barato, de bajo precio. **2** Bajo, basto, ordinario, vulgar. *detesto esse seu cheiro de perfume barato* / no soporto su olor a perfume ordinario. • *adv* Barato, a precio bajo. *o quadro foi vendido barato no leilão* / el cuadro se vendió barato en el remate. • *sm fam* Fenómeno, fenomenal, divertido. *meu irmão é um barato!* / mi hermano es fenomenal.

bar.ba [b'arbə] *sf* Barba. **fazer a barba** afeitarse. **nas barbas de** en las barbas de alguien. **pôr as barbas de molho** poner las barbas en remojo, precaverse.

bar.ban.te [barb'ãti] *sm* **1** Bramante, cordón, cordel. **2** *CS* Piolín.

bar.ba.ri.da.de [barbarid'adi] *sf* Barbaridad, atrocidad, crueldad. • *interj* **barbaridade!** ¡Qué barbaridad!, ¡Qué bárbaro!

bár.ba.ro [b'arbaru] *adj+sm* Bárbaro: a) de los pueblos bárbaros. b) tosco, rudo, inculto, grosero. c) salvaje, vándalo. d) fenomenal, excelente, magnífico. *nossa, sua casa é bárbara!* / !vaya que tu casa es fenomenal!

Bárbaro, em espanhol, é mais comumente usado em seu sentido positivo de "sensacional, excelente".

bar.ba.ta.na [barbat'∧nə] *sf* **1** *Ictiol* Aleta (de pez). **2** Pata de rana.

bar.be.a.dor [barbead'or] *adj+sm* **1** Afeitadora, máquina de afeitar. **2** Afeitador.

bar.be.ar [barbe'ar] *vtd+vpr* **1** Barbearse, afeitarse, rasurarse. *vtd* **2** *Art Gráf* Aparar, cortar.

bar.be.a.ri.a [barbear'iə] *sf* Barbería.

bar.bei.ra.gem [barbejr'aʒẽj] *sf fam* **1** *Colôm, CR, Cuba* Chapuza, chambonada. **2** Impericia profesional.

bar.bei.ro [barb'ejru] *sm* **1** Barbero: a) peluquero, afeitador. b) *Ictiol* pez del orden de los Acantopterigios. **2** Barbería. • *adj+sm fig* **1** Chambón. **2** *AL* Paragüero.

bar.ca [b'arkə] *sf* Barca, chalupa, batel, bote.

bar.co [b'arku] *sm* Barco, barca, embarcación. **deixar o barco correr** dejar que las aguas sigan su curso. *não adianta se preocupar, deixa o barco correr* / no sirve de nada que te preocupes, deja que las aguas sigan su curso. **estar no mesmo barco** estar en la misma situación. *temos de nos ajudar, pois estamos todos no mesmo barco* / tenemos que ayudarnos, ya que estamos todos en la misma situación. **tocar o barco** ir tirando.

ba.rí.to.no [bar'itonu] *sm Mús* Barítono.

ba.rô.me.tro [bar'ometru] *sm Fís* Barómetro.

bar.quei.ro [bark'ejru] *sm* Barquero, remador.

bar.ra [b'aʀə] *sf* **1** Barra: a) palanca, pieza de metal o madera. b) lingote. c) *Ortogr* señal gáfica (/). d) *Geol* banco de arena. e) *Jur* barandilla. f) *Heráld* pieza del escudo. **2** Dobladillo. **3** Friso, jirón. **4** Gran dificultad, algo muy difícil de aguantar. *essa situação está uma barra pra aguentar* / esa situación está muy difícil de aguantar. **forçar a barra** forzar una situación, insistir. *não quero sair* *com você, não force a barra* / no quiero salir contigo, no insistas. **limpar a barra** sacarle a alguien las castañas del fuego. **segurar a barra** aguantar una situación, coger el toro por los cuernos. *estou muito triste com a morte dela, mas vou segurar a barra* / estoy muy triste porque ella se murió, pero lo voy a aguantar. Veja nota em **balcón**.

bar.ra.ca [baȓ'akɐ] *sf* **1** Barraca: a) carpa, tienda de campaña. b) depósito de cueros, lanas etc. **2** Barraca de feria. **chutar o pau da barraca** no medir las consecuencias, explotar, reventar. *como não aguentava mais a situação, chutei o pau da barraca* / como no aguantaba más a la situación, exploté.

bar.ra.ção [baȓak'ãw] *sm* Cobertizo, alpendre.

bar.ra.co [baȓ'aku] *sm* **1** Cabaña, choza, chabola. **2** *fig fam* Jaleo, pelea, confusión. *ela entrou na sala armando um barraco* / ella entró en la sala armando un jaleo. Veja nota em **favela** (espanhol).

bar.ra.gem [baȓ'aʒẽj] *sf* Barrera, represa.

bar.ran.co [baȓ'ãku] *sm* Barranco, barranca, despeñadero, precipicio. **aos trancos e barrancos** a trancas y a barrancas, con dificultad. *venceu a depressão aos trancos e barrancos* / venció la depresión a trancas y a barrancas.

bar.ra-pe.sa.da [baȓɐpez'adɐ] *adj e s m+f* Sospechoso, desonesto. *aquele cara é muito barra-pesada, melhor não se meter com ele* / aquél tipo es muy sospechoso, mejor que uno no se meta con él.

bar.rar [baȓ'ar] *vtd* **1** Impedir, frustrar. **2** Parar, detener. *se formos vestidos assim, vão nos barrar na porta* / si vamos vestidos así, nos van a parar en la puerta.

bar.rei.ra [baȓ'ejrɐ] *sf* Barrera: a) parapeto, trinchera. b) *fig* obstáculo, embarazo, estorbo. c) límite. *ele já ultrapassou a barreira dos cinquenta* / él ya superó la barrera de los cincuenta. d) *Fut* defensa de la portería.

bar.ri.ga [baȓ'igɐ] *sf* Barriga: a) vientre, estómago, abdomen, panza. b) bulto, volumen. **barriga da perna** pantorrilla. **encher a barriga** llenar la panza, comer. **estar de barriga** estar embarazada. **ter o rei na barriga** ser presumido. **tirar a barriga da miséria** matar el hambre vieja.

bar.ri.gu.do [baȓig'udu] *adj+sm* Barrigudo, barrigón. • *adj* Abultado.

bar.ril [baȓ'iw] *sm* Barril, tonel, barrica, cuba.

bar.ro [b'aȓu] *sm Miner* **1** Barro, lama, fango, lodo, cieno, arcilla. **2** *fam* Objeto sin valor o falsificado. **3** *fam* Heces, caca, excrementos. **4** *fam* Dinero. **5 barros** *pl* Granillos (del rostro), barros.

bar.ro.co [baȓ'oku] *adj+sm* Barroco.

ba.ru.lhen.to [baruλ'ẽtu] *adj* Ruidoso, rumoroso, escandaloso, alborotador, estrepitoso, tumultuoso.

ba.ru.lho [bar'uλu] *sm* **1** Barullo, alboroto, confusión, tumulto. **2** Ruido, sonido. **3** Alarde, ostentación. *sua candidatura foi lançada com muito barulho* / su candidatura fue lanzada con mucho alarde. **arranjar barulho** meter/sembrar cizaña. **fazer muito barulho por nada** ser más el ruido que las nueces. Veja nota em **barullo**.

bas.cu.lan.te [baskul'ãti] *adj m+f* Basculante.

ba.se [b'azi] *sf* **1** Base: a) apoyo, fundamento. b) *Constr* cimiento. c) basa, zócalo, pedestal. d) principio, origen, raíz. **2** Premisa. **3** Principal ingrediente. *o coco é a base dessa receita* / el coco es el principal ingrediente de esa receta. **tremer nas bases:** a) temblar de miedo. b) intimidarse, ponerse inseguro, nervioso. *quando a vi, tremi nas bases* / cuando la vi, me puse nervioso.

ba.se.a.do [baze'adu] *adj* **1** Firme. **2** Fundamentado. **3** Seguro, confiado. **4** Perspicaz, astuto, sagaz. **5** Disciplinado, exacto. **6** Experto. • *sm fam* Porro, canuto.

ba.se.ar [baze'ar] *vtd* **1** Fundamentar. *vtd+vpr* **2** Basar.

bá.si.co [b'aziku] *adj* **1** Básico, elemental. **2** Primordial, esencial.

bas.que.te.bol [basketeb'ɔw] *sm* **1** Baloncesto. **2** *Arg, Méx* Básquet, básquetbol.

bas.ta [b'astɐ] *sf* **1** Hilván. *sm* **2** Punto final, límite, término. • *interj* **basta!** ¡Basta! **dar o/um basta** dar el basta.

bas.tan.te [bast′ãti] *adj+adv* Bastante: a) asaz, mucho. b) suficiente

bas.tão [bast′ãw] *sm* Bastón: a) báculo, cayado, vara. b) insignia.

bas.tar [bast′ar] *vtd+vi* **1** Bastar, llegar, satisfacer. *vpr* **2** Bastarse.

bas.tar.do [bast′ardu] *adj+sm* Bastardo, ilegítimo.

bas.ti.dor [bastid′or] *sm* **1** Bastidor: a) armazón (para bordar). b) armazón (de teatro). **2 bastidores** *pl* a) *Teat* bastidores. b) *fig* intimidades, secretos. **por trás dos bastidores** entre bastidores / secretamente.

ba.ta.lha [bat′aλə] *sf* Batalla: a) combate, lucha. b) discusión, pelea. c) esfuerzo, campaña, empeño.

ba.ta.lhão [bataλ′ãw] *sm* **1** Batallón. **2** *fam* Muchedumbre, multitud.

ba.ta.lhar [bataλ′ar] *vtd+vi* **1** Batallar, combatir, luchar. **2** Disputar. **3** *fam* Trabajar, bregar.

ba.ta.ta [bat′atə] *sf Bot* Papa, patata. • *interj* batata! ¡Justo!, ¡eso es! **vá plantar batatas** vete a freír espárragos. Veja nota em **batata** (espanhol).

ba.te-bo.ca [batib′okə] *sm* **1** Discusión, dimes y diretes. **2** *fam* Gresca, agarrada, trifulca, pelotera. *Pl: bate-bocas.*

ba.te.dei.ra [bated′ejrə] *sf* Batidora batidor.

ba.ten.te [bat′ẽti] *sm* **1** Batiente: a) marco. b) aldaba. c) lugar donde el mar bate. **2** *fam* Trabajo. **pegar no batente** trabajar, irse al trabajo. *agora está na hora de pegar no batente* / ahora es hora de trabajar.

ba.te-pa.po [batip′apu] *sm fam* Conversación, charla, diálogo. *Pl: bate-papos.*

ba.ter [bat′er] *vtd* **1** Batir: a) golpear, chocar. b) sobar, mover, revolver. *tenho de bater a massa do pão antes de sair* / tengo que sobar la masa del pán antes de salir. c) latir, palpitar (corazón). d) martillar pieza de metal. e) acuñar monedas. f) dar en una parte, tocar (sol, agua etc.). g) *Esp* superar la marca establecida. h) mover con ímpetu. *o pássaro batia as asas desesperadamente* / el pájaro batía las alas desesperadamente. i) *Mil* derrotar al enemigo. j) *Esp* vencer a un oponente. **2** Sacar fotos. *bati fotos lindas na viagem* / saqué fotos lindas en el viaje. **3** Percutir. **4** Temblar (dientes, mentón) de frío o miedo. *batia o queixo de tanto frio* / le temblaba el mentón de tanto frío. **5** Desgastar, trillar. *vpr* **6** Combatir, pelearse. *vtd+vi* **7** Llamar (a la puerta). *bati na porta, mas ninguém atendeu* / llamé, pero nadie me atendió. **8** Pegar, zurrar. **9** Cerrar con violencia, golpear. *estava tão nervoso que bateu a porta ao sair* / estaba tan nervioso que golpeó la puerta cuando salió. **10** Colgar con violencia (teléfono). *disse umas barbaridades e bateu o telefone na minha cara* / me dijo unas barbaridades y me colgó el teléfono en la cara. **11** Sonar, tocar. *às sete, bateu o sino* / a las siete sonó la campana. **12** Condecir, concertar. *as informações batem dos dois lados* / las informaciones de los dos lados condicen. **bater as botas** estirar la pata, morirse. **bater em retirada** huir, irse. **bater o pé** hacer hincapié, insistir. **bater papo** charlar. **bater pernas** trotar, callejear, patear. **não bater bem** ser medio loco. *esse cara não bate bem* / ese tipo es medio loco. Veja nota em **batir**.

ba.te.ri.a [bater′iə] *sf* **1** Batería: a) *Mil* piezas de artillería. b) *Mil* unidad de tiro de artillería. c) *Mil* obra de fortificación para contener piezas de artillería. d) *Mil* conjunto de cañones de un buque. e) acción de batir. f) *Fís* batería eléctrica, pila, acumulador eléctrico. g) *Mús* conjunto de instrumentos de percusión. **2** Reto, reproche. **3** Paliza, zurra. **4** Lucha, combate. **5** Serie, conjunto de exámenes. *fui ao médico e ele me pediu uma bateria de exames* / fui al médico y me pidió una serie de exámenes.

ba.te.ris.ta [bater′istə] *adj e s m+f* Batería, baterista.

ba.ti.da [bat′idə] *sf* **1** Choque, colisión. **2** Golpe. **3** Reto, reproche. **4** Sonido, ruido, vibración sonora. **5** *Mús* Ritmo, cadencia, compás. **6** Pulsación, latido. **7** Batida: a) allanamiento sorpresa (policía). b) bebida. **dar uma batida** conferir, verificar algo. *já terminei a tarefa, mas vou dar uma* *batida pra ver se está tudo certo* / ya terminé la tarea, pero voy a conferirla para ver si está todo bien. Veja nota em **batida** (espanhol).

ba.ti.do [bat'idu] *adj* **1** Comprimido, apretado, pisado. *todo o chão da casa era de terra batida* / todo el piso de la casa era de tierra pisada. **2** Amonedado, acuñado. **3** Mecanografiado, dactilografiado. **4** Vencido, derrotado. **5** Desgastado, usado, trillado. **6** Vulgar, banal, común, insustancial. **7** Habitual, conocido.

ba.ti.men.to [batim'ẽtu] *sm* Latido. Veja nota em **batir**.

ba.ti.na [bat'inə] *sf* Hábito, sotana.

ba.tis.mal [batizm'aw] *adj m+f* Bautismal.

ba.tis.mo [bat'izmu] *sm* **1** *Rel* Bautismo, bautizo. **2** Adulteración de líquido (vino, leche). **batismo de fogo** bautismo de fuego.

ba.ti.za.do [batiz'adu] *sm Rel* Bautizo, bautismo. • *adj* Adulterado, aguado (vino, leche).

ba.ti.zar [batiz'ar] *vtd* Bautizar: a) *Rel* administrar el sacramento. b) nombrar, poner nombre. c) aguar (vino, leche).

ba.tom [bat'õw] *sm* Lápiz de labios, pintalabios, lápiz labial.

ba.tu.ta [bat'utə] *sf Mús* Batuta. • *adj* e *s m+f* **1** Capaz, habilidoso, experto. *ela é batuta em matemática* / ella es experta en matemáticas. **2** Amigo, compañero, confiable, fiable. *Márcio é um cunhado batuta* / Marcio es un cuñado amigo. **3** Decidido, animoso, valeroso. *meu pai é mesmo um cara batuta* / mi padre es valeroso de verdad.

ba.ú [ba'u] *sm* **1** Baúl, arca, cofre. **2** *fam* Ricachón, acaudalado. **3** *fam* Barrigona, panza grande.

bau.ni.lha [bawn'iλə] *sf Bot* Vainilla.

ba.zar [baz'ar] *sm* Bazar.

bê.ba.do [b'ebadu] *adj+sm* **1** Borracho, ebrio, bebido, beodo, embriagado, mamado, curdo. **2** *fam* Encantado, emocionado (por pasión). *ele anda bêbado de amor ultimamente* / él anda encantado de amor últimamente. • *adj fam* Mareado, atolondrado. *acordou às cinco, bêbado de sono* / se despertó a las cinco, mareado de sueño. Veja nota em **borracha** (português).

be.bê [beb'e] *sm* Bebé, nene, crío, guagua. **ser um bebê chorão** hacer quejumbres.

be.be.dei.ra [bebed'ejrə] *sf* Borrachera, merluza, embriaguez, borrachez, moña, curda.

be.be.dou.ro [bebed'owru] *sm* Bebedero.

be.ber [beb'er] *vtd+vi* **1** Beber. **2** *AL* Tomar. *vtd* **3** *fam* Chupar, emborracharse. **4** Absorber, sorber. **5** Poner total atención. *bebia as palavras do professor* / le ponía total atención a las palabras del profesor.

be.ber.rão [bebeř'ãw] *adj+sm* Bebedor, beberrón.

be.bi.da [beb'idə] *sf* Bebida.

be.ca [b'ekə] *sf* Toga. Veja nota em **beca** (espanhol).

be.ça [b'ɛsə] *sf* Grado muy alto. **à beça** mogollón. *eu gosto de você à beça* / te quiero mogollón.

be.co [b'eku] *sm* Callejuela, calleja, pasaje, callejón. **beco sem saída** callejón sin salida.

be.ge [b'ɛʒi] *adj+sm* Beis, beige.

bei.ci.nho [bejs'iñu] *sm fam* Puchero. **fazer beicinho** hacer pucheros.

bei.ço [b'ejsu] *sm* **1** Bezo, jeta. **2** Borde. **andar de beiço caído** estar enamorado. **lamber os beiços** relamerse de gusto.

bei.ja-flor [bejʒəfl'or] *sm Ornit* Colibrí, picaflor. *Pl: beija-flores.*

bei.jar [bejʒ'ar] *vtd+vpr* **1** Besar. *vtd* **2** *fam* Chocarse. *andava tão distraído pela rua que beijou o poste* / andaba tan distraído por la calle que se chocó con un poste.

bei.ji.nho [bejʒ'iñu] *sm* **1** Besito. **2** Nata (lo mejor de algo).

bei.jo [b'ejʒu] *sm* Beso.

bei.ra [b'ejrə] *sf* **1** Borde, margen, orilla, vera. **2** Proximidad. **3** Alero. **à beira de** al borde de, cerca de.

bei.ra.da [bejr'adə] *sf* **1** Borde, margen, orilla, vera. **2** Alero, ala (de tejado).

bei.ra-mar [bejrəm'ar] *sf* Litoral, costa marítima. *Pl: beira-mares.*

bei.se.bol [bejzeb'ɔw] *sm Esp* Béisbol.

be.la [b'ɛlə] *sf* **1** Mujer bella. **2** Amada.

be.las.ar.tes [bɛlaz'artis] *sf pl* Arte bella, Bellas Artes.

bel.da.de [bewd'adi] *sf* **1** Beldad, belleza, hermosura. **2** Mujer bella. **3** Amante, novia.

be.le.za [bel'ezə] *sf* **1** Belleza, hermosura. **2** Harmonía, proporción. **3** Alguien o algo bello o bueno. *este carro é uma beleza* / este coche es muy bueno. **cansar a beleza** enfadar.

be.li.che [bel'iʃi] *sm Mar* **1** Litera (em dormitórios). **2** Cucheta (em trens e barcos).

bé.li.co [b'ɛliku] *adj* Bélico, guerrero, belicoso.

be.lis.cão [belisk'ãw] *sm* Pellizco, pellizcón.

be.lis.car [belisk'ar] *vtd+vi+vpr* **1** Pellizcar. *vtd+vi* **2** Picar, picotear. *vtd* **3** *fig* Incitar, estimular.

be.lo [b'ɛlu] *adj* **1** Bello: a) hermoso, lindo. b) excelente. **2** Sublime. *muito bela sua atitude de desapego* / sublime su actitud de desprendimiento. **3** Generoso, magnánimo, noble. *você tem uma bela alma* / tienes un alma noble. **4** Bien hecho. *foi um belo trabalho* / fue un trabajo muy bien hecho. **5** Provechoso, lucrativo. *comprar este carro foi um belo negócio* / comprar este coche fue un negocio provechoso. **6** Gran cantidad. *ganhei uma bela quantia no sorteio* / me gané una gran cantidad de dinero en el sorteo. **7** Inesperado. *um belo dia, ela reapareceu* / un inesperado día, ella reapareció. **8** Lamentable. *mas que belo papel você fez na festa, hein!* / pero, ¡qué papel lamentable haz hecho en la fiesta, ¿no?

bel.tra.no [bewtr'ʌnu] *sm fam* Mengano. **fulano e beltrano** fulano y mengano.

bem [b'ẽj] *sm* **1** Bien. **2 bens** *pl* Caudal, hacienda, patrimonio. • *adv* Bien, correcto.

bem-com.por.ta.do [bẽjkõport'adu] *adj* Serio, comedido, juicioso. *ele é um rapaz muito bem-comportado* / él es un joven muy serio. *ele fica muito bem-comportado quando vamos à casa de nossos amigos* / él se porta muy bien cuando vamos a la casa de nuestros amigos. *Pl: bem--comportados*.

bem-es.tar [bẽjest'ar] *sm* Bienestar, comodidad, confort. *Pl: bem-estares*.

bem-su.ce.di.do [bẽjsused'idu] *adj* **1** Exitoso, triunfante. **2** Rico, adinerado, acaudalado. *Pl: bem-sucedidos*.

bem-vin.do [bẽjv'ĩdu] *adj* Bienvenido. *Pl: bem-vindos*.

bên.ção [b'ẽsãw] *sf* Bendición. **dar a bênção** echar la bendición. *Pl: bênçãos*.

ben.di.to [bẽd'itu] *adj* Bendito.

be.ne.fi.cên.cia [benefis'ẽsjə] *sf* Beneficencia, filantropía, caridad.

be.ne.fi.cen.te [benefis'ẽti] *adj m+f* Beneficioso: a) benéfico. b) caritativo, filantrópico.

be.ne.fi.ci.ar [benefisi'ar] *vtd+vpr* Beneficiar: a) favorecer. b) mejorar.

be.ne.fí.cio [benef'isju] *sm* **1** Beneficio: a) provecho, lucro. b) gracia, merced, honor. c) mejora, mejoramiento. **2** Protección, favorecimiento. **3** Ventaja. *agora posso ver os benefícios do estudo* / ahora puedo notar las ventajas de haber estudiado.

be.né.fi.co [ben'ɛfiku] *adj* Benéfico: a) beneficioso, saludable. b) provechoso, útil. c) caritativo, benevolente.

be.ne.vo.lên.cia [benevol'ẽsjə] *sf* Benevolencia: a) bondad, caridad. b) afecto, estima. c) magnanimidad, complacencia, indulgencia.

be.ne.vo.len.te [benevol'ẽti] *adj m+f* **1** Benevolente. **2** Benévolo, afable. **3** Indulgente, magnánimo.

ben.ga.la [bẽg'alə] *sf* **1** Bastón, junco, muletilla, cayado. **2** Bengala. **3** *Cul* Pan baguete.

be.nig.no [ben'ignu] *adj* **1** Benigno, benévolo, bondadoso. **2** Indulgente, complaciente. **3** Beneficioso, favorable.

ben.ja.mim [bẽʒam'ĩ] *sm Eletr* Ladrón. Veja nota en **benjamín**.

ben.quis.to [bẽk'istu] *adj* Bienquisto, apreciado, respetado.

ben.to [b'ẽtu] *adj Rel* Bendito. **água benta** agua bendita.

ben.zer [bẽz'er] *vtd* **1** Bendecir. *vpr* **2** Persignar, signar.

ber.çá.rio [bers'arju] *sm* Casa cuna, guardería infantil.

ber.ço [b'ersu] *sm* **1** Cuna: a) cama de

bebés. b) origen, principio. c) patria. d) estirpe, linaje. e) *Mar* basada. **2** Manantial, mina, nacimiento (río). **3** Base de teléfono. **nascer em berço de ouro** nacer en familia adinerada. Veja nota em **embalar** (espanhol).

be.rin.je.la [beriʒ'ɛlə] *sf Bot* Berenjena.

ber.mu.da [berm'udə] *sf* Bermudas, pantalón bermudas.

ber.ran.te [beř'ãti] *adj m+f* **1** Gritón. **2** Chillante. *a cor da sua blusa é muito berrante* / el color de tu blusa es muy chillante. **3** *fam* Revólver. **4** Corneta (cuerno).

ber.rar [beř'ar] *vi* **1** Berrear: a) dar berridos (animal). b) llorar, gritar (niño). c) gritar, vociferar. **2** Chillar (color).

ber.ro [b'eřu] *sm* Berrido: a) voz de animal. b) bramido, grito. c) chillido.

Berro, em espanhol, significa "agrião". Veja outra nota em **berro** (espanhol).

be.sou.ro [bez'owru] *sm Entom* Escarabajo, abejorro.

bes.ta [b'estə] *sf* Bestia: a) animal cuadrúpedo. b) persona ruda, ignorante. • *adj* e *s m+f* Estúpido, rudo, ignorante. • *adj m+f* Insignificante en ese? *precisa chorar tanto por causa de um machucadinho besta desses?* / ¿hay que llorar tanto por un lastimado insignificante como ese?

bes.tei.ra [best'ejrə] *sf fam* **1** Tontería, burrada. **2** Estupidez, desatino.

be.sun.tar [bezũt'ar] *vtd+vpr* **1** Untar, engrasar, pringar. **2** Embadurnar(se), emporcar(se).

be.ter.ra.ba [beteř'abə] *sf Bot* Remolacha.

be.xi.ga [beʃ'igə] *sf* Vejiga: a) *Anat* órgano del cuerpo. b) *Patol* ampolla (de la epidermis). c) globo. d) *Med* viruela.

be.zer.ro [bez'eřu] *sm Zool* Becerro, ternero, novillo. Veja nota em **jato** (português).

bí.blia [b'ibljə] *sf Rel* Biblia.

bí.bli.co [b'ibliku] *adj* Bíblico.

bi.bli.o.gra.fi.a [bibljograf'iə] *sf* Bibliografía.

bi.bli.o.te.ca [bibljot'ɛkə] *sf* Biblioteca.

bi.bli.o.te.cá.rio [bibljotek'arju] *adj+sm* Bibliotecario.

bi.bo.ca [bib'ɔkə] *sf* **1** Socavón, bache. **2** *fig* Tabuco, covacha, cuchitril.

bi.ca [b'ikə] *sf* **1** Fuente, manantial. **2** Grifo, canilla. **3** Canalón, caneleta. **suar em bica** sudar a chorros/a mares.

bi.ca.da [bik'adə] *sf* Picadura, picotada, picotazo.

bi.ca.ma [bik'ʌmə] *sf* Cama nido.

bi.cão [bik'ãw] *sm* **1** Pico grande. **2** Entrometido. **3** Intruso (en fiesta), no invitado. *Juan foi à festa de bicão, ninguém o convidou* / Juan fue a la fiesta de intruso que es, pues nadie lo invitó.

bi.car [bik'ar] *vtd+vi+vpr* Picar, picotear.

bi.cen.te.ná.rio [bisẽten'arju] *adj* Bicentenario.

bi.cha [b'iʃə] *sf fam* **1** Lombriz, verme. **2** Marica, maricón, mariposón, hueco, sarasa.

bi.cha.do [biʃ'adu] *adj* **1** Comido por los gusanos (fruta). **2** *fam* Estropeado, roto. *este computador está bichado, não consigo mais trabalhar* / ese ordenador está roto, no puedo más trabajar. **3** *fam* Podrido, deteriorado.

bi.cha.no [biʃ'ʌnu] *sm fam* Michino, miau, minino, gatito.

bi.cha.ra.da [biʃar'adə] *sf* **1** Animalada (gran número de animales). **2** Reunión de homosexuales masculinos.

bi.chei.ro [biʃ'ejru] *sm fam* Banquero de juego (especie de lotería).

bi.cho [b'iʃu] *sm* **1** Animal. **2** Fiera. **3** *Zool depec* Insecto, gusano. **4** Estudiante novato, novel. **bicho-de-sete-cabeças** algo muy difícil. *aquele exercício era um bicho-de-sete-cabeças, não consegui fazê-lo* / aquel ejercicio era muy difícil, no lo pude hacer. **bicho-do-mato** persona insociable, ruda. **é o bicho** es fenomenal. *esse novo jogo de computador é o bicho!* / ese juego nuevo de ordenador es fenomenal. **virar bicho** enfurecerse, irritarse. *quando ela começou a falar aquelas besteiras todas, virei bicho!* / cuando ella empezó a hablar tonterías, ¡me enfurecí!

bi.cho-car.pin.tei.ro [biʃukarpĩt'ejru] *sm Entom* Escarabajo descortezador. **ter bicho-carpinteiro** ser inquieto, desasosegado. Pl: *bichos-carpinteiros*.

bi.cho.da.se.da [biˈʃudəsˈedə] *sm Entom* Gusano de seda. *Pl: bichos-da-seda*.

bi.cho.pa.pão [biʃupapˈãw] *sm fam* **1** Ogro, coco. *por que você chorou à noite? Estava com medo do bicho-papão? / ¿por qué lloraste anoche? ¿Le tenías miedo al ogro?* **2** Mamarracho. *Pl: bichos-papões*.

bi.ci.cle.ta [bisiklˈɛtɐ] *sf* Bicicleta, bici.

bi.co [bˈiku] *sm* **1** Pico: a) parte saliente de la cabeza de las aves. b) *fam* boca. c) *fam* beso. d) punta. e) pañal. **2** *fam* Patada, puntapié. **3** *fam* Trabajo extra. **4** Tetilla (biberón). **5** Cosa muy fácil. *esse trabalho é bico, faço num instante* / ese trabajo es muy fácil, lo hago en un instante. **abrir o bico:** a) denunciar. b) agotarse, cansarse. **fazer bico** hacer trompa. **molhar o bico** beber.

bi.cu.do [bikˈudu] *adj* **1** Picudo. **2** Puntiagudo. **3** *fig* Desfavorable, difícil.

bi.dê [bidˈe] *sm* Bidé.

bi.ê.nio [biˈenju] *sm* Bienio (tiempo).

bi.fe [bˈifi] *sm* **1** Bistec, bife, bisté, lonja. **2** Pedazo (arrancado por un corte). *arranquei um bife ao fazer a barba de manhã* / me arranqué un pedazo afeitándome por la mañana. **bife a cavalo** bistec con huevos fritos.

A palavra **bife**, em espanhol, é comumente usada para designar "bofetada".

bi.fo.cal [bifokˈaw] *adj* Lente (anteojos bifocales).

bi.fur.ca.ção [bifurkasˈãw] *sf* Bifurcación, horquilla.

bi.fur.car [bifurkˈar] *vtd+vpr* Bifurcar, ramificar, dividir, separar, divergir.

bi.ga.mi.a [bigamˈiə] *sf* Bigamia.

bí.ga.mo [bˈigamu] *adj+sm* Bígamo.

bi.go.de [bigˈɔdi] *sm* Bigote, mostacho, bozo.

bi.gor.na [bigˈɔrnə] *sf* Bigornia, yunque.

bi.ju.te.ri.a [biʒuterˈiə] *sf* Bisutería, quincalla, perendengue, fantasía.

bi.le [bˈili] *sf* **1** *Anat* Bilis. **2** *fig* Irritación, ira, cólera, mal humor. *Sin: bílis*.

bi.lha [bˈiʎə] *sf* Cántaro, ánfora, vasija, botijo.

bi.lhão [biʎˈãw] *num* Mil millones. Veja nota em **millón**.

bi.lhar [biʎˈar] *sm* Billar.

bi.lhe.te [biʎˈeti] *sm* **1** Billete. **2** Boleto, ticket. **3** Cédula (de lotería). **4** *AI* Pasaje.

bi.lhe.te.ri.a [biʎeterˈiə] *sf* Boletería casillero, casilla, taquilla.

bi.lín.gue [bilˈĩgwi] *adj+s* Bilingüe.

bi.li.o.ná.rio [biljonˈarju] *adj+sm* Multimillonario.

bí.lis [bˈilis] *sf sing+pl V* bile.

bi.ná.rio [binˈarju] *adj+sm* Binario.

bin.go [bˈĩgu] *sm* Bingo.

bi.nó.cu.lo [binˈɔkulu] *sm* Binóculo, catalejo, anteojo de larga vista, gemelos.

bi.o.de.gra.dá.vel [bjodegradˈavew] *adj m+f* Biodegradable. *Pl: biodegradáveis*.

bi.o.gra.fi.a [bjografˈiə] *sf Lit* Biografía.

bi.o.lo.gi.a [bjoloʒˈiə] *sf* Biología.

bi.o.lo.gis.ta [bjoloʒˈistə] *adj m+f* Biólogo.

bi.om.bo [biˈõbu] *sm* Biombo, antipara, cancel, mampara.

bi.qui.nho [bikˈiñu] *sm* **1** Piquito. **2** *fam* Puchero. *nem comecei a falar, e ela já começou a fazer biquinho* / mal empezé a hablar, y ella ya empezó a hacer puchero.

bi.quí.ni [bikˈini] *sm* Biquini, bikini.

bi.ri.ta [birˈitə] *sf fam* Cachaza, aguardiente de caña,.

bir.ra [bˈiʁə] *sf* Rabieta, berrinche, maña, pataleo. **fazer birra** patalear. **ter birra de alguém** tenerle manía a alguién.

bir.ren.to [biʁˈẽtu] *adj* Porfiado, terco, testarudo.

bi.ru.ta [birˈutə] *adj+s fam* Alocado, ido, chiflado, tocado. • *sf Meteor* Manga de viento.

bi.sar [bizˈar] *vtd+vi* Bisar.

bi.sa.vô [bizavˈo] *sm* Bisabuelo.

bi.sa.vó [bizavˈɔ] *sf* Bisabuela.

bi.sa.vós [bizavˈɔs] *sm pl* Bisabuelos.

bis.bi.lho.tar [bizbiʎotˈar] *vtd+vi* Chismear, comadrear, fisgar, fisgonear, cotillear, enredar, intrigar, entremeter.

bis.bi.lho.tei.ro [bizbiʎotˈejru] *adj+sm* Fisgón, husmeador, intrigante, hurón, entremetido.

bis.ca.te [biskˈati] *sm* Trabajo extra.

bis.ca.te.ar [biskate'ar] *vi* Hacer trabajo extra.

bis.coi.to [bisk'ojtu] *sm* Bizcocho, galleta, galletita.

bis.na.ga [bizn'agə] *sf* **1** Tubo (de dentífrico, pintura etc.). **2** Pan baguete.

bis.po [b'ispu] *sm* Obispo. **queixar-se ao bispo** aguantar, contenerse, callar. *e agora, vou me queixar ao bispo?* / ¿y ahora, tengo que aguantarlo? **trabalhar para o bispo** perder el tiempo, hacerlo de gracia.

bis.sex.to [bis'estu] *adj* Bisiesto.

bis.se.xu.al [biseksu'aw] *adj m+f* Bisexual.

bis.tu.ri [bistur'i] *sm Med* Bisturí, escalpelo.

bit [b'ajt] *sm Inform* Bit.

bi.to.la [bit'ɔlə] *sf* **1** Gálibo. **2** Trocha.

bi.zar.ro [biz'aru] *adj* **1** Bizarro. **2** *fam* Raro, excéntrico.

bla.bla.blá [blablabl'a] *sm* Palique.

black-tie [blɛktaj] *sm ingl* Esmoquin, *smoking*.

blas.fê.mia [blasf'emjə] *sf* Blasfemia, insulto, ultraje, ofensa.

ble.fa.dor [blefad'or] *adj+sm* Farolero, el que cola faroles (en juego).

blin.da.do [blĩd'adu] *adj* **1** Blindado, acorazado. **2** *fig* Protegido, resguardado, defendido. *minha avó tem o coração blindado de tanto sofrer* / mi abuela tiene el corazón defendido de tanto sufrir.

blo.co [bl'ɔku] *sm* **1** Bloc, taco de papel. **2** Bloque. **3** *Esp* Bloqueo. **4** Comparsa. **bloco carnavalesco** comparsa. **em bloco** en bloque.

blo.que.ar [bloke'ar] *vtd* Bloquear.

blo.quei.o [blok'eju] *sm* Bloqueo.

blu.sa [bl'uzə] *sf* Blusa.

blu.são [bluz'ãw] *sm* Chaqueta, campera, blusón.

bo.a [b'oə] *sf* **1** *Zool* Boa. **2** *fam* Tía buena. **3** *fam* Hecho, novedad. *vou lhe contar uma boa: vou me casar!* / te voy a contar una novedad: ¡me voy a casar! **4** Enredo, situación difícil. *escapei de uma boa ontem* / me escapé de un enredo ayer. • *adj f* Buena. **estar/ficar numa boa** estar bien/cómodo/satisfecho. *não se preocupe, estou numa boa* / no te preocupes, estoy bien.

bo.as-fes.tas [boasf'ɛstas] *sf pl* Felices fiestas.

bo.as-vin.das [boazv'ĩdas] *sf pl* Bienvenidas.

bo.a.to [bo'atu] *sm* Bulo, hablilla, patraña, bola, chisme, rumor, filfa. **correr o boato** correrse la voz.

bo.ba.gem [bob'aʒẽj] *sf* **1** Tontería, necedad, majadería, sandez, pavada. **2** Porquería (comida). *em vez de se alimentar direito, só come bobagens* / en vez de alimentarse bien, sólo come porquerías.

bo.be.ar [bobe'ar] *vi fam* **1** Bobear, hacer el tonto. **2** Perder oportunidades. *bobeei, não apresentei minha redação a tempo* / perdí la oportunidad, no presenté mi redacción en tiempo. **3** Meter la pata. *bobeei e perdi minhas chances com ela* / metí la pata y perdí las oportunidades con ella.

bo.bi.na [bob'inə] *sf* Carrete, bobina, carretel. **bobina de arranque** bobina de encendido.

bo.bo [b'obu] *adj+sm* **1** Bufón, hazmerreír, histrión. **2** Tonto, babieca, chalado, sandio, zopenco, papanatas.

bo.ca [b'okə] **1** Boca: a) *Anat* abertura anterior del tubo digestivo. b) labios. c) entrada, salida. d) abertura, agujero. e) individuo a ser alimentado. **2** Boquilla (abertura inferior de los pantalones). *adoro calças de boca larga* / me encantan los pantalones de boquillas anchas. **à boca pequena** confidencialmente, en secreto. *dizem, à boca pequena, que ele tem uma amante* / dicen, en secreto, que él tiene una amante. **boca de fumo** punto de venta de drogas. **boca de lobo** alcantarilla, boca de alcantarilla. **boca de sino** pantalón, pata de elefante. **boca suja** boca de verdulero. **botar/pôr a boca no trombone** protestar, denunciar. *se me exigirem propina, vou pôr a boca no trombone* / si me exigen soborno, voy a denunciarlos. **com a boca na botija** en flagrante. *foi pego com a boca na botija quando fugia pela janela* / lo agarraron en flagrante cuando se iba por la ventana. **da boca pra fora** sin sinceridad, sin sentirlo. *você diz que me ama, mas é da boca pra fora* / dices que me amas, pero no lo sientes. **de boca** oralmente. **na boca da noite** a boca de noche.

bo.ca.do [bok'adu] *sm* **1** Bocado, pedazo, trozo. **2** Bola, montón (de cosas, de tiempo). *tem um bocado de livros aqui* / hay un montón de libros aquí. *esperei um bocado antes de eles chegarem* / esperé un montón antes que llegaran.

bo.cal [bok'aw] *sm* **1** Boca, abertura. **2** Boquilla: a) *Eletr* portalámpara. b) embocadura de instrumento musical. c) vaina de arma blanca.

bo.ce.jar [boseʒ'ar] *vi* Bostezar.

bo.che.cha [boʃ'eʃə] *sf* **1** Mejilla, carrillo. **2** Cachete (infladas).

bo.che.char [boʃeʃ'ar] *vtd+vi* Enjuagar, gargarear, gargarizar.

bo.das [b'ɔdəs] *sf pl* Boda(s), matrimonio, casamiento, nupcias.

bo.de [b'ɔdi] *sm* **1** *Zool* Chivo, cabrón. **2** *fig* Monstruo, hombre muy feo. **3** Confusión, lío, complicación. *ontem deu o maior bode na escola* / ayer hubo un gran lío en la escuela. **bode expiatório** cabeza de turco. **dar bode** salir algo malo. **ficar de bode** amuermarse.

bo.de.ga [bod'ɛgə] *sf* Bodegón. Veja nota em **bodega** (espanhol).

bo.dum [bod'ũ] *sm fam* Mal olor, fetidez, hedor, hediondez.

bo.fe.ta.da [bofet'adə] *sf* **1** Bife, tortazo, bofetada, bofetón, cachete, sopapo, sopetón, galleta, chuleta. **2** *fig* Insulto, ofensa. *a declaração dela foi uma bofetada pra mim* / su declaración fue un insulto. Veja nota em **bife** (português).

boi [b'oj] *sm* **1** *Zool* Buey. **2** *fam* Persona o cosa enorme. **pegar o boi pelo chifre** agarrar el toro por los cuernos / enfrentar un problema. **ter boi na linha** haber moros en la costa.

boi.a [b'ɔjə] *sf* **1** Boya, baliza. **2** Flotador. **3** *fam* Comida. *vamos comer, que a boia está na mesa!* / ¡vamos a comer que la comida está en la mesa! Veja nota em **boya**.

boi.a-fri.a [bɔjəfr'iə] *adj e s m+f* Jornalero, ganapán, peón de campo. *Pl*: *boias-frias*.

boi.ar [boj'ar] *vi* **1** Boyar, flotar. **2** *fig* No entender ni jota. *fiquei boiando na aula de história ontem* / no entendí ni jota de la clase de historia ayer. Veja nota em **boyar**.

boi.co.tar [bojkot'ar] *vtd* Boicotear.

boi.na [b'ojnə] *sf* Boina.

bo.ju.do [boʒ'udu] *adj* **1** Redondeado. **2** Gordo, barrigudo.

bo.la [b'ɔlə] *sf* **1** Bola, esfera, globo. **2** Pelota. **3** *fam* Droga, psicotrópico, calmante, somnífero. **4** *fam* Inteligencia, razonamiento. **5** *fig* Persona baja y gorda. **6** *fam* Soborno, coima. **dar/não dar bola** hacer/no hacer caso a alguien. **dar tratos à bola** pensar, razonar. **passar a bola** pasar la responsabilidad a otro. **trocar as bolas** confundirse.

bo.la.cha [bol'aʃə] *sf* **1** Galleta: a) galletita. b) sopapo, tortazo, bife. **2** *fam fig* Lésbica.

bo.la.ço [bol'asu] *sm Esp* Jugada perfecta.

bo.la.da [bol'adə] *sf* **1** Bolada, bolazo. **2** Montón (dinero). *ganhou uma bolada no bingo* / se ganó un montón de dinero en el bingo.

bo.le.tim [bolet'ĩ] *sm* Boletín, informativo.

bo.lha [b'oʎə] *sf* **1** Burbuja. **2** Ampolla, vejiga. Veja nota em **ampola**.

bo.li.che [bol'iʃi] *sm Esp* Boliche.

bo.li.nha [bol'iñə] *sf* **1** Bolita, pelotita. **2** Cuenta, abalorio. **3** Droga, psicotrópico, calmante, somnífero.

bo.li.nho [bol'iñu] *sm Cul* Buñuelo.

bo.li.vi.a.no [bolivi'∧nu] *adj+sm* Boliviano.

bo.lo [b'olu] *sm* **1** Bollo: a) torta, pastel. b) lío, alboroto. **2** Montón de cosas. **3** Confusión, enredo. *deu um bolo quando ela soube da notícia* / fue una confusión cuando supo la noticia. Veja nota em **bolo** (espanhol).

bo.lor [bol'or] *sm* **1** Moho. **2** *fig* Decadencia, decrepitud, vejez.

bo.lo.ren.to [bolor'ẽtu] *adj* **1** Mohoso. **2** *fig* Decadente, decrépito.

bol.sa [b'owsə] *sf* **1** Bolso (de mujer). **2** *Am S* Cartera. **3** Beca. Veja nota em **beca** (espanhol).

bol.sis.ta [bows'istɛ] *adj* e *s m+f* **1** Becario. **2** Bolsista (jugador de bolsa).
> **Bolsista**, em espanhol, também significa "batedor de carteira", o que não se aplica ao português.

bol.so [b'owsu] *sm* **1** Bolsillo, faltriquera. **2** Bolsa, arruga de ropa. Veja nota em **bolso** (espanhol).

bom [b'õw] *adj* Bueno. Veja nota em **buen**.

bom.ba [b'õbɐ] *sf* Bomba. **levar bomba** reprobar en examen.

bom.bar.de.ar [bõbarde'ar] *vtd* Bombardear.

bom.bar.dei.o [bõbard'eju] *sm* Bombardeo.

bom.be.ar [bõbe'ar] *vtd* Bombear: a) bombardear, arrojar bombas. b) trasvasar un líquido con una bomba.

bom.bei.ro [bõb'ejru] *sm* Bombero.

bom.bom [bõb'õw] *sm* Bombón (chocolate).

bo.nan.ça [bon'ãsɐ] *sf* **1** Bonanza. **2** *fig* Sosiego, calma.

bon.da.de [bõd'adi] *sf* **1** Bondad. **2** **bondades** *pl* Favores.

bon.de [b'õdi] *sm* Tranvía. **do tamanho de um bonde** enorme. **pegar o bonde andando** enterarse tarde de algo. **tocar o bonde** ir adelante.

bon.do.so [bõd'ozu] *adj* Bondadoso, piadoso, benévolo. *Pl: bondosos* (ó).

bo.né [bon'ɛ] *sm* Gorra.

bo.ne.ca [bon'ɛkɐ] *sf* **1** Muñeca: a) juguete. b) maniquí. **2** Mujer bella, primor. **3** Maricón, afeminado, muñeco.

bo.ne.co [bon'ɛku] *sm* Muñeco (juguete).

bo.ni.to [bon'itu] *adj* Bonito, bello, lindo, hermoso. • *sm Ictiol* Bonito (pez). • *interj* **bonito!** ¡Vaya!

bô.nus [b'onus] *sm sing+pl* **1** *Com* Bono, título. **2** Premio.

bo.qui.a.ber.to [bokjab'ɛrtu] *adj* Boquiabierto.

bor.bo.le.ta [borbol'etɐ] *sf* **1** Mariposa: a) *Ictiol* insecto. b) *Esp* forma de natación. **2** *fam* Persona inconstante, voluble.

bor.bo.le.te.ar [borbolete'ar] *vi* **1** Mariposear. **2** Vaguear. **3** Devanear. **4** Volitar.

bor.bu.lhan.te [borbuʎ'ãti] *adj m+f* Burbujante.

bor.da [b'ɔrdɐ] *sf* **1** Borda: a) borde, extremidad. b) orla, margen, orilla, vera. c) *Náut* bordo. **2** Límite, frontera.

bor.da.do [bord'adu] *adj+sm* Bordado, bordadura, labor.

bor.dão [bord'ãw] *sm* Bordón.

bor.dar [bord'ar] *vtd+vi* Bordar, labrar, trepar.

bor.del [bord'ɛw] *sm* Burdel, serrallo, prostíbulo, lupanar, mancebía.

bor.do [b'ɔrdu] *sm* **1** *Náut* Bordo, bordada. **2** Borde, orilla.

bor.do.a.da [bordo'adɐ] *sf* Bastonazo, porrazo, bastonada, estacazo.

bor.ra [b'ɔr̃ɐ] *sf* Borra.

bor.ra.cha [boř'aʃɐ] *sf* **1** Goma de borrar, borrador. **2** *Bot* Caucho, hule.
> **Borracha**, em português, não guarda nenhuma relação com "borracha", em espanhol, que é feminino de "borracho" e significa "bêbado".

bor.ra.chei.ro [boř̃aʃ'ejru] *sm AL* Gomero.

bor.ra.do [boř'adu] *adj* **1** Manchado de tinta. **2** Difuso, opaco. **3** Olvidado, sacado de la memoria. **4** *fam* Cagado.

bor.rão [boř'ãw] *sm* Borrón.

bor.rar [boř'ar] *vtd+vi+vpr* **1** Ensuciar, manchar. *vtd+vpr* **2** *fig* Cagarse.

bor.ras.ca [boř'askɐ] *sf* **1** Borrasca, tempestad, tormenta. **2** Atracón de furia o mal humor. **3** Inquietación, contratiempo.

bor.ri.far [boř̃if'ar] *vtd+vpr* Salpicar, rociar.

bor.ri.fo [boř'ifu] *sm* Salpicada, rociada.

bos.que [b'ɔski] *sm* Bosque, selva, arboleda.

bos.ta [b'ɔstɐ] *sf* **1** Boñiga, bosta. **2** *vulg* Mierda, porquería.

bo.ta [b'ɔtɐ] *sf* Bota (cuba, medida, calzado).

bo.tão [bot'ãw] *sm* Botón. **casa de botão** ojal. **falar com seus botões** decir algo para su capote.

bo.tar [bot'ar] *vtd+vi* Poner. **bota-fora** fiesta de despedida. **botar para correr** expulsar, hacer huir. **botar para quebrar** tomar el mando, revolucionar, comportarse violentamente. Veja nota em **botar** (espanhol).

bo.te [b'ɔti] *sm* **1** Bote: a) barca, lancha. b) salto. **2** Ataque de serpiente. **dar o bote** atacar, actuar.

bo.te.co [bot'ɛku] *sm* **1** Bar, taberna. **2** *AL* Botiquín. *Sin: botequim.*

bo.te.quim [botek'ĩ] *sm V boteco.*

bo.ti.cá.rio [botik'arju] *sm* Boticario, herbolario, farmacéutico.

bo.vi.no [bov'inu] *adj* Bovino, boyuno, vacuno.

bo.xe [b'ɔksi] *sm* **1** *Esp* Boxeo, pugilismo. **2** Box. **3** Ducha (compartimiento).

bo.xe.a.dor [boksead'or] *sm* Boxeador, pugilista, luchador.

bra.ça.da [bras'adə] *sf* **1** Brazada. **2** Brazado.

bra.ça.dei.ra [brasad'ejrə] *sf* **1** Abrazadera, manija. **2** Brazalete (cinta ancha).

bra.ce.le.te [brasel'eti] *sm* **1** Brazalete, pulsera, ajorca. **2** Manilla, esposas.

bra.ço [br'asu] **1** Brazo. **2** Ramificación (de río). **3** *fig* Mando, poder, autoridad. **braço da lei** autoridad. **braço de mar** estrecho. **braço de violão** mástil. **descer o braço** pegarle a uno. **ser o braço direito** ser la mano derecha.

bra.dar [brad'ar] *vtd+vi* **1** Gritar, exclamar, vociferar, clamar. **2** Reclamar, exigir.

bra.do [br'adu] *sm* Grito, clamor. **em altos brados** a los gritos.

bra.gui.lha [brag'iλə] *sf* Bragueta.

bra.mar [bram'ar] *vi* Bramar.

bra.mi.do [bram'idu] *sm* **1** Bramido, rugido. **2** Estruendo.

bran.co [br'ãku] *adj* Blanco, albo. • *sm* Blanco (color). **dar um branco** quedarse en blanco.

bran.cu.ra [brãk'urə] *sf* Blancura: a) blancor, albura. b) *Patol* nube.

bran.dir [brãd'ir] *vtd* **1** Blandir. *vi* **2** Oscilar, agitarse.

bran.do [br'ãdu] *adj* Blando: a) suave, ameno. b) flojo. c) flexible, maleable. d) agradable.

bran.du.ra [brãd'urə] *sf* **1** Blandura, suavidad. **2** Flexibilidad. **3** Amenidad.

bran.que.ar [brãke'ar] *vtd+vi* Blanquear: a) blanquecer, hacer blanco. b) escaldar (alimento).

bra.sa [br'azə] *sf* **1** Brasa, ascua, chispa. **2** *fig* Ardor, ansia, anhelo, encendimiento, pasión. **mandar brasa** poner manos a la obra. **puxar a brasa para a sua sardinha** arrimar el ascua a su sardina.

bra.são [braz'ãw] *sm* Blasón, escudo de armas.

bra.si.lei.ro [brazil'ejru] *adj+sm* **1** Brasileño. **2** *Am S, Am Cen* Brasilero.

bra.vo [br'avu] *adj* Bravo. **ficar bravo** enfadarse, enojarse, ponerse furioso.

bre.car [brek'ar] *vtd+vi* **1** Frenar. **2** Enfrenar. **3** Refrenar.

bre.cha [br'ɛʃə] *sf* **1** Brecha: a) rotura. b) quebrada, quiebra. c) corte, herida. **2** Claro, blanco. **3** Momento de ocio, descanso. *agora que tenho uma brecha, vou descansar um pouco* / ahora que tengo un momento de ocio, voy a descansar un rato. **4** *fig* Oportunidad, chance. *se ela me der uma brecha, vou beijá-la* / se ella me da una oportunidad, voy a besarla.

bre.ga [br'ɛgə] *adj* e *s m+f* Chabacano, vulgar, ramplón. Veja nota em **brega** (espanhol).

bre.jei.ro [breʒ'ejru] *adj* **1** Bribón, truhán, divertido, tunante. **2** Pantanoso.

bre.jo [br'ɛʒu] *sm* Pantano, ciénaga, paular, paúl.

bre.que [br'ɛki] *sm* Freno.

breu [br'ew] *sm Quím* Brea. **escuro como breu** negro como el carbón. *a noite passada estava escura como breu* / la noche pasada estaba negra como el carbón.

bre.ve [br'ɛvi] *adj m+f* Breve, corto, ligero, momentáneo, pasajero. • *adv* En breve, brevemente, luego.

bri.ga [br'igə] *sf* Lucha, disputa, brega, riña, pelea, jaleo, jarana, pelotera, agarrada. Veja nota em **desentendimiento**.

bri.gão [brig'ãw] *adj+sm* Peleón, pendenciero, provocador, camorrista, reñidor.

bri.gar [brig'ar] *vtd+vi* Luchar, pelear, reñir, enemistar.

bri.lhan.te [briλ'ãti] *adj m+f* **1** Brillante, reluciente, resplandeciente, luminoso. **2** *AL* Brilloso. • *sm* Diamante brillante.

bri.lhar [briʎ'ar] *vi* Brillar.
bri.lho [br'iʎu] *sm* Brillo.
brin.ca.dei.ra [brĩkad'ejrɐ] *sf* **1** Chiste, gracejo, broma. **2** Entretenimiento, juerga, farra. **3** Juego, jugueteo. **brincadeira de mau gosto** broma pesada. **fora de brincadeira** bromas aparte. **não é brincadeira** no es chiste.
brin.car [brĩk'ar] *vtd+vi* **1** Jugar, juguetear. **2** Divertirse, holgar, bromear. Veja nota em **brincar** (espanhol).
brin.co [br'ĩku] *sm* Aro, arete, pendiente, zarcillo. **estar um brinco** estar impecable/perfecto (bien hecho, muy limpio, muy organizado). *esta casa está um brinco!* / ¡esta casa está impecable! Veja nota em **pendente** (português).
brin.co-de-prin.ce.sa [br'ĩkudiprĩs'ezɐ] *sm Bot* Fucsia. *Pl:* brincos-de-princesa.
brin.dar [brĩd'ar] *vtd+vi+vpr* Brindar.
brin.de [br'ĩdi] *sm* Brindis.
brin.que.do [brĩk'edu] *sm* Juguete.
bri.sa [br'izɐ] *sf* Brisa, céfiro. **viver de brisa** vivir del aire.
bri.tâ.ni.co [brit'ʌniku] *adj+sm* Británico, inglés.
bro.a [br'oɐ] *sf* **1** Borona, pan de maíz. **2** *fam* Mujer rechoncha.
bro.ca [br'ɔkɐ] *sf Mec* **1** Broca, barreno, fresa, barrena, taladro. **2** *Entom* Comején, termes.
bro.che [br'ɔʃi] *sm* **1** Broche, corchete, alfiler. **2** Camafeo.
bro.chu.ra [broʃ'urɐ] *sf* Encuadernación en rústica.
bró.co.lis [br'ɔkolis] *sm sing+pl Bot* Bróculi, brécol, col. *Sin:* brócolos.
bró.co.los [br'ɔkolus] *sm sing+pl* V brócolis.
bron.ca [br'ōkɐ] *sf* Bronco, rapapolvo, raspa, reprensión, andanada, jabón, bronca, filípica, lejía.
bron.co [br'ōku] *adj* Áspero, rugoso. • *adj+sm* Bronco, rudo, tosco, grosero, ignorante. *como Carlos era um garoto tão bronco, ninguém queria se aproximar dele* / como Carlos era un muchacho tan rudo, nadie quería acercársele. Veja nota em **tapado** (espanhol).

bron.qui.te [brōk'iti] *sf Med* Bronquitis.
bron.ze [br'ōzi] *sm* Bronce.
bron.ze.a.do [brōze'adu] *adj+sm* Bronceado.
bron.ze.a.dor [brōzead'or] *adj+sm* Bronceador.
bro.tar [brot'ar] *vtd+vi* Brotar.
bro.to [br'otu] *sm Bot* **1** Broto, brote, yema. **2** *fam* Joven, muchacho. *meu pai tem sessenta anos e disposição de um broto* / mi padre tiene sesenta años y ánimo de un joven.
bru.ços [brus'us] *sm pl* Bruces, boca abajo. **de bruços** de bruces.
brus.ca.men.te [bruskam'ẽti] *adv* Bruscamente.
bru.tal [brut'aw] *adj m+f* **1** Brutal, violento, salvaje. **2** Impresionante, horrible.
bru.ta.li.da.de [brutalid'adi] *sf* **1** Brutalidad, violencia, bestialidad. **2** Grosería, insolencia. **3** Barbaridad.
bru.to [bru'tu] *adj+sm* Bruto.
bru.xa [br'uʃɐ] *sf* **1** Bruja. **2** *Entom* Tatagua.
bru.xo [br'uʃu] *sm* Brujo, hechicero, mago.
bu.cha [b'uʃɐ] *sf* **1** Estropajo, esponja. **2** Taco. **3** Tarugo, clavija. **4** *fam* Problema. *não aguento mais o meu trabalho; só bucha para resolver* / no aguanto más mi trabajo; sólo problemas para solucionar. **aguentar a bucha** aguantar el chaparrón. **na bucha** inmediatamente.
bu.cho [b'uʃu] *sm* **1** Buche: a) panza. b) mondongo. **2** *fig* Callo, bruja. *sua prima é um bucho!* / ¡tu prima es un callo!
bu.dis.mo [bud'izmu] *sm Rel* Budismo.
bu.ei.ro [bu'ejru] *sm* **1** Cañería. **2** Alcantarilla, sumidero.
bu.far [buf'ar] *vtd+vi* Bufar.
bu.fê [buf'e] *sm* **1** Bufé. **2** Aparador.
bu.gi.gan.ga [buʒiɡ'ãɡɐ] *sf fam* **1** Trasto, bártulos, bagatela. **2** *Teat* Bojiganga.
bu.jão [buʒ'ãw] *sm* **1** Tapón, tarugo. **2** Bombona, garrafa de gas.
bu.la [b'ulɐ] *sf Med* **1** Prospecto (fórmula de un medicamento). **2** Bula (carta pontificia). Veja nota em **bula** (espanhol).
bu.le [b'uli] *sm* Tetera, cafetera, pava.

bu.lir [bul'ir] *vtd+vi+vpr* **1** Bullir, mover, oscilar, rebullir. *vtd* **2** Tocar, poner la mano. *pare de bulir nas minhas coisas* / ¡deja de poner las manos en mis cosas! **3** Incomodar, molestar. *não quero ver você bulindo com ele* / no te quiero ver incomodándolo. **4** Contonear, bambolear, hacer combas. *ela anda bulindo os quadris e todos a olham passar* / ella camina bamboleando las caderas y todos la miran pasar.

bu.quê [buk'e] *sm* Buqué.

bu.ra.co [bur'aku] *sm* **1** Agujero, bache, orificio, cueva, hoyo. **2** *fig* Tugurio, casucha. **3** Canasta (juego de naipes).

bu.ri.lar [buril'ar] *vtd* **1** Burilar. **2** *fig* Perfeccionar, mejorar.

bur.la [b'urlə] *sf* Burla.

bur.lar [burl'ar] *vtd* Burlar.

bu.ro.cra.ci.a [burokras'iə] *sf* Burocracia.

bu.ro.crá.ti.co [burokr'atiku] *adj* Burocrático.

bur.ra [b'ur̄ə] *sf* **1** Hembra del asno. **2** *fam* Barriga, estómago. **3** Burro (escalera). **encher a burra** adinerarse, enriquecer.

bur.ra.da [buř'adə] *sf* Burrada, estupidez.

bur.ri.nho [buř'iñu] *sm* Pequeño burro.

bur.ro [b'ur̄u] *sm* **1** Burro: a) *Zool* asno, pollino, jumento. b) culo sucio (juego de cartas). c) armazón para apoyar madero. • *adj* Ignorante, estúpido, necio. **dar com os burros n'água** no obtener éxito, fallar. **pra burro** mucho, muchísimo, mogollón.

bus.ca [b'uskə] *sf* **1** Busca, búsqueda, investigación. **2** Cateo.

bus.ca-pé [buskəp'ɛ] *sm* Buscapiés, petardo. *Pl: busca-pés*.

bus.car [busk'ar] *vtd* Buscar. Veja nota em **procurar** (espanhol).

bús.so.la [b'usolə] *sf* Brújula, aguja.

bus.to [b'ustu] *sm* Busto.

bu.zi.na [buz'inə] *sf* Bocina, claxon.

bu.zi.na.ção [buzinas'ãw] *sf* Bocinazo.

bu.zi.nar [buzin'ar] *vtd+vi* **1** Bocinar. *vtd* **2** *fig, fam* Machacar, insistir, repetir. *você não para de buzinar na minha orelha!* / ¡no paras de repetirlo!

byte [b'ajt] *sm ingl Inform* **1** Byte. **2** *Mús* Octeto.

C

c, C [s'e] *sm* **1** Tercera letra del alfabeto portugués. **2 C** Cien en la numeración romana.

cá [k'a] *adv* Acá, aquí. **de cá para lá** de acá para allá, de aquí para allá.

ca.ba.ça [kab'asɐ] *sf Bot* Calabaza.

ca.bal [kab'aw] *adj* Cabal, completo, riguroso, perfecto, sincero, satisfactorio.

ca.ba.lís.ti.co [kabal'istiku] *adj* **1** Cabalístico. **2** *fig* Enigmático, oscuro, misterioso.

ca.ba.na [kab'ʌnɐ] *sf* Cabaña.

ca.be.a.men.to [kabeam'ẽtu] *sm* Cableado.

ca.be.ça [kab'esɐ] *sf* **1** Cabeza. *acordou com dor de cabeça depois da festa* / despertó con dolor de cabeza después de la fiesta. *s m+f* **2** Jefe, director, líder, presidente, caudillo. *o detento foi identificado como cabeça da rebelião* / el detenido fue identificado como líder de la rebelión. **cabeça de casal** jefe de familia. **cair de cabeça** meterse de cabeza. **com a cabeça no ar** tener la cabeza a pájaros / estar en la luna. **de cabeça** de cabeza, de memoria. **duro de cabeça** cabezota, cabeza cuadrada, cabeza de hierro. **levantar a cabeça** levantar cabeza. **levar na cabeça** llevar en la cabeza, dar con la cabeza en las paredes. **meter a cabeça** meterse de cabeza. **meter na cabeça de** meter en la cabeza a. **perder a cabeça** perder la cabeza. **quebrar a cabeça** bullirle la cabeza, calentarse la cabeza, romperse la cabeza, devanarse los sesos. **saber onde tem a cabeça / ter a cabeça no lugar** tener la cabeza en su sitio. **subir à cabeça** subirse a la cabeza. **virar a cabeça** írsele la cabeza.

ca.be.ça.da [kabes'adɐ] *sf* Cabezada, cabezazo.

ca.be.ça.lho [kabes'aʎu] *sm* **1** Encabezamiento. **2** *Arg, Eq, Guat, Hon, Méx, Ur* Encabezado, titular de un periódico.

ca.be.ce.ar [kabese'ar] *vi+vtd* Cabecear.

ca.be.cei.ra [kabes'ejrɐ] *sf* Cabecera (de la cama).

ca.be.çu.do [kabes'udu] *adj+sm* Cabezota, cabezudo, cabezón, terco. *ele é um cabeçudo, nunca ouve ninguém* / él es un cabezota, nunca oye a nadie.

ca.be.lei.ra [kabel'ejrɐ] *sf* Cabellera, melena, pelo. *ela gosta de usar a cabeleira solta* / a ella le gusta usar la cabellera suelta.

ca.be.lei.rei.ro [kabelejr'ejru] *sm* Peluquero. *meu cabeleireiro trabalha há dez anos no mesmo salão de beleza* / mi peluquero trabaja hace diez años en el mismo salón de belleza.

ca.be.lo [kab'elu] *sm* **1** Cabello, pelo. **2** Vello, pelo corporal.

ca.be.lu.do [kabel'udu] *adj+sm* Cabelludo, melenudo, peludo. • *adj* **1** *fig* Intrincado, complicado, confuso, difícil. **2** *fig* Obsceno, inmoral. **couro cabeludo** cuero cabelludo.

ca.ber [kab'er] *vti* **1** Caber, tener lugar o entrada. **2** Competer, pertenecer, tocar, incumbir. *vi* **3** Ser admisible, ser oportuno.

ca.bi.de [kab'idi] *sm* Percha, colgador. *Ana pendurou o vestido novo no cabide* / Ana colgó el vestido nuevo en la percha.

ca.bi.men.to [kabim'ẽtu] *sm* **1** Aceptación, conformidad. **2** Cabida, cabimiento, capacidad. **não ter cabimento** no tener sentido.

ca.bi.na [kab'inə] *sf* Cabina. *Var: cabine.*

ca.bi.ne [kab'ini] *sf V* cabina.

ca.bis.bai.xo [kabizb'ajʃu] *adj* Cabizbajo. *depois que desmanchou o namoro, anda cabisbaixo pelos cantos* / después que terminó con su novia, anda cabizbajo por los rincones.

ca.bo[1] [k'abu] *sm* **1** Mil Cabo. **2** Caudillo, capitán, jefe. **3** Término, fin, límite, extremo, extremidad, punta. **4** *Geogr* Cabo. **ao cabo de** al cabo de. **de cabo a rabo** de cabo a rabo. **levar a cabo** llevar a cabo.

ca.bo[2] [k'abu] *sm* **1** Cabo, mango, asa, cogedero. **2** Cable. **cabo elétrico** cable eléctrico.

ca.bo[3] [k'abu] *sm* Cupo, cabida.

ca.bra [k'abrə] *sf Zool* Cabra.

ca.bra-ce.ga [kabrəs'ɛgə] *sf* Gallina ciega. *as crianças adoram brincar de cabra-cega* / a los niños les encanta jugar a la gallina ciega. *Pl: cabras-cegas.*

ca.bres.to [kabr'estu] *sm* Cabestro.

ca.bri.ta [kabr'itə] *sf* Cabrita.

ca.bri.to [kabr'itu] *sf* Cabrito, chivo.

ca.bu.lar [kabul'ar] *vi* **1** Faltar a clases, pirar, fumarse la clase. **2** *Arg, Ur* Hacer(se) novillos, hacer la rata. **3** *Chile* Hacer la cimarra, hacer la chancha.

ca.ça [k'asə] *sf* **1** Caza: a) cacería. b) conjunto de animales no domesticados antes y después de cazarlos. *sm* **2** *Aeron* Avión de caza.

ca.ça.da [kas'adə] *sf* Caza, cacería.

ca.ça.dor [kasad'or] *adj+sm* Cazador.

ca.çam.ba [kas'ãbə] *sf* Balde, cubo.

ca.ça-ní.quel [kasən'ikew] *sm* Tragaperras, tragamonedas. *perdeu muito tempo e dinheiro jogando nos caça-níqueis* / perdió mucho tiempo y dinero jugando en los tragaperras. *Pl: caça-níqueis.*

ca.çar [kas'ar] *vtd+vi* Cazar.

ca.ca.re.jar [kakareʒ'ar] *vi* Cacarear. *as galinhas fugiram cacarejando quando o cachorro latiu* / las gallinas huyeron cacareando cuando el perro ladró.

ca.ça.ro.la [kasar'ɔlə] *sf* Cacerola, cazuela, cazo.

ca.cau [kak'aw] *sm Bot* Cacao.

ca.ce.ta.da [kaset'adə] *sf* Porrazo.

ca.ce.te [kas'eti] *sm* Porra.

ca.cha.ça [kaʃ'asə] *sf* Aguardiente.

ca.che.col [kaʃek'ɔw] *sm* Bufanda. *a vovó tricotou um cachecol para cada neto* / la abuela tejió una bufanda para cada nieto.

ca.chim.bo [kaʃ'ĩbu] *sm* Pipa, cachimba.

ca.cho [k'aʃu] *sm* **1** *Bot* Racimo. *um cacho de uvas* / un racimo de uvas. **2** *Arg, Par, Ur* Cacho (de plátanos). **3** Rizo, bucle, tirabuzón, sortija.

ca.cho.ei.ra [kaʃo'ejrə] *sf Geogr* Cascada.

ca.chor.ra [kaʃ'oʀə] *sf* **1** Cachorra, perra joven. **2** *fig* Muchacha desvergonzada.

ca.chor.ri.nho [kaʃoʀ'iɲu] *sm* Cachorro, perro de poco tiempo.

ca.chor.ro [kaʃ'oʀu] *sm Zool pop* Perro.

> Em espanhol, **cachorro** significa "filhote", filho pequeno de outros animais mamíferos, tais como leão, tigre etc.

ca.chor.ro-quen.te [kaʃoʀuk'ẽti] *sm Cul* **1** Perrito caliente. **2** *Arg, Ur* Pancho. **3** *Chile* Completo. *Pl: cachorros-quentes.*

ca.ci.que [kas'iki] *sm* **1** Cacique. **2** *fig* Mandamás.

ca.co [k'aku] *sm* **1** Fragmento (de un objeto hecho añicos). **2** Caduco, decrépito.

> Em espanhol, **caco**, em linguagem coloquial, significa "ladrão": *um ladrão roubou o rádio do meu carro* / un caco robó la radio de mi coche.

ca.ço.a.da [kaso'adə] *sf* Burla, broma, chanza, mofa, chacota. *não suportava mais as caçoadas dos colegas da escola* / no soportaba más las burlas de los compañeros de la escuela.

cac.to [k'aktu] *sm Bot* Cacto, cactus.

ca.çu.la [kas'ulə] *s m+f* Benjamín, hijo menor. *todos cuidavam com carinho do caçula da família* / todos cuidaban con cariño al benjamín de la familia. Veja nota em **benjamín**.

ca.da [k'adə] *pron indef m+f* Cada. **cada qual** cada cual, cada quien, cada uno. **cada um** cada uno.

ca.dar.ço [kad′arsu] *sm* Cordón (de los zapatos).

ca.das.trar [kadastr′ar] *vtd+vpr* Registrar.

ca.das.tro [kad′astru] *sm* Registro.

ca.de.a.do [kade′adu] *sm* Candado. *é conveniente fechar as malas com cadeado antes de viajar* / es conveniente cerrar las maletas con candado antes de viajar.

ca.dei.a [kad′ejə] *sf* **1** Cadena. **2** Cárcel, prisión, penitenciaría, presidio. **cadeia alimentar** cadena alimentaria. **cadeia de montanhas** cadena de montañas, cordillera.

ca.dei.ra [kad′ejrə] *sf* **1** Silla. **2** Cátedra. **cadeira de balanço** mecedora. **cadeira de rodas** silla de ruedas. **cadeira de São Pedro** cátedra de San Pedro. **cadeira elétrica** silla eléctrica. **3 cadeiras** *pl Anat* Cadera.
Em espanhol, **cadera** significa "cadeiras, anca, quadril".

ca.de.la [kad′ɛlə] *sf Zool* Perra.

ca.dên.cia [kad′ẽsjə] *sf* Cadencia, armonía. Veja nota em **batida** (espanhol).

ca.der.ne.ta [kadern′etə] *sf* Libreta. **caderneta de poupança** libreta de ahorros.

ca.der.no [kad′ɛrnu] *sm* Cuaderno.

ca.du.car [kaduk′ar] *vi* **1** Caducar, perder eficacia, prescribir. **2** Chochear.

ca.du.co [kad′uku] *adj* **1** Caduco, decrépito, anticuado. **2** Chocho.

ca.fa.jes.te [kafaʒ′ɛsti] *adj e s m+f* Vil, infame, bellaco.

ca.fé [kaf′ɛ] *sm Bot* Café. • *adj m+f sing+pl* (Color) Café, marrón. **café da manhã** desayuno. **café pingado** café cortado. **café preto** café puro, café solo.

ca.fe.ei.ro [kafe′ejru] *sm Bot* Cafeto. • *adj* Cafetero.

ca.fe.tei.ra [kafet′ejrə] *sf* Cafetera.

ca.fe.zal [kafez′aw] *sm* Cafetal.

ca.fo.na [kaf′onə] *adj e s m+f* Cursi, hortera.

cá.ga.do [k′agadu] *sm Zool* Galápago.

cai.ar [kaj′ar] *vtd* Blanquear.

cãi.bra [k′ãjbrə] *sf Med* Calambre. *comer banana ajuda a evitar as cãibras* / comer plátano ayuda a evitar los calambres.

cai.pi.ra [kajp′irə] *s m+f* Campesino, rústico. • *adj m+f* Provinciano, pueblerino, rústico, aldeano. Veja nota em **paisano** (português).

cai.pi.ri.nha [kajpir′iñə] *sf* Cóctel de aguardiente con limón.

ca.ir [ka′ir] *vti+vi* Caer. **cair bem** caer bien. **cair doente** caer enfermo/malo. **cair mal** caer mal/gordo. **cair redondamente** caer redondo, caerse redondo. **o cair das folhas** al caer de las hojas.

cais [k′ajs] *sm sing+pl* **1** Muelle. *os barcos saíram do cais antes do amanhecer* / los barcos salieron del muelle antes del amanecer. **2** *p ext* Andén.

cai.xa [k′ajʃə] *sf* **1** Caja. **2** Libro de caja. *s m+f* **3** Cajero. **caixa alta** caja alta. **caixa automático/eletrônico** cajero automático. **caixa baixa** caja baja. **caixa de câmbio/de marchas/de velocidades** caja de cambios/de velocidades. **caixa de música** caja de música. **caixa de ressonância** caja de resonancia. **caixa postal** apartado de correos / casilla de correos / apartado postal. **caixa registradora** caja registradora.

cai.xão [kajʃ′ãw] *sm* **1** Cajón. **2** Ataúd, féretro, caja. **3** Urna.

cai.xi.lho [kajʃ′iʎu] *sm* Marco, bastidor.

cai.xi.nha [kajʃi′iñə] *sf Col* Propina.

cai.xo.te [kajʃ′ɔti] *sm* **1** Caja pequeña y tosca. **2** Cajón de madera.

ca.ja.do [kaʒ′adu] *sm* Cayado, báculo.

ca.ju [kaʒ′u] *sm* Anacardo.

cal [k′aw] *sf* Cal. *Pl:* **cais** e **cales**.

ca.la.bou.ço [kalab′owsu] *sm* Calabozo.

ca.la.do [kal′adu] *sm Náut* Calado. Veja nota em **calado** (espanhol).

ca.la.fri.o [kalafr′iu] *sm Med* Escalofrío.

ca.la.mi.da.de [kalamid′adi] *sf* Calamidad, desgracia, infortunio.

ca.la.mi.to.so [kalamit′ozu] *adj* Calamitoso, infeliz, desdichado. *Pl: calamitosos (ó)*.

ca.lar[1] [kal′ar] *vi+vpr+vtd* Callar. Veja nota em **calhar**.

ca.lar[2] [kal′ar] *vtd+vti* Calar, penetrar, atravesar.

cal.ça [k′awsə] *sf* **1** Pantalón, pantalones. **2 calças** *sf pl* Pantalones. **calça comprida** pantalón largo. **usar calças** llevar bien puestos los pantalones.

cal.ça.da [kaws'adə] *sf* **1** Acera. **2** *AL* Vereda. *as calçadas da cidade estão em péssimo estado* / *las veredas de la ciudad están en pésimo estado*. Veja nota em **vereda** (português).

cal.ça.do [kaws'adu] *adj+sm* Calzado, zapato.

cal.ça.men.to [kawsam'ẽtu] *sm* Pavimento.

cal.ca.nhar [kawkañ'ar] *sm* Talón.

cal.ção [kaws'ãw] *sm* Calzón, pantalón corto.

cal.çar [kaws'ar] *vtd+vi+vpr* **1** Calzar. *vtd* **2** Pavimentar, empedrar.

cal.ci.nar [kawsin'ar] *vtd+vi* Calcinar.

cal.ci.nha [kaws'iñas] *sf* **1** Braga, bragas, calzón. **2** *Arg, Ur* Bombacha.

cal.ço [k'awsu] *sm* Cuña, calzo, calce.

cal.cu.lar [kawkul'ar] *vtd+vti+vi* Calcular.

cál.cu.lo [k'awkulu] *sm* Cálculo, cómputo, cuenta.

cal.da [k'awdə] *sf* Almíbar, jarabe, salsa. *o sorvete de baunilha com calda de chocolate é o meu favorito* / *el helado de vainilla con almíbar de chocolate es mi favorito*. Veja nota em **caramelo** (espanhol).

cal.dei.ra [kawd'ejrə] *sf* Caldera.

cal.do [k'awdu] *sm* Caldo.

ca.lei.dos.có.pio [kalejdosk'ɔpju] *sm V* **calidoscópio**.

ca.len.dá.rio [kalẽd'arju] *sm* Calendario. **calendário eclesiástico** calendario eclesiástico/litúrgico. **calendário gregoriano** calendario gregoriano. **calendário juliano** calendario juliano.

ca.lha [k'aλə] *sf* **1** Canal, canalón. **2** *Arg, Bol, Chile, Par, Ur* Canaleta.

ca.lham.be.que [kaλãb'ɛki] *sm* Cafetera, vehículo viejo. *os meninos adoravam passear no calhambeque do avô* / *los niños adoraban pasear en la cafetera del abuelo*.

ca.lhar [kaλ'ar] *vi* **1** Encajar, ajustar. **2** Ser oportuno, acontecer oportunamente. **3** Suceder, acontecer, acaecer. *vti* **4** Ser propio, conveniente, oportuno.

Em espanhol, **callar** significa "calar": *quem cala consente* / *el que calla otorga*.

ca.li.bre [kal'ibri] *sm* Calibre.

cá.li.ce [k'alisi] *sm* Cáliz. *os templários procuravam o cálice sagrado* / *los templarios buscaban el cáliz sagrado*.

ca.li.dos.có.pio [kalidosk'ɔpju] *sm* Calidoscopio. *Var:* caleidoscópio.

ca.li.gra.fi.a [kaligraf'iə] *sf* Caligrafía.

ca.lis.ta [kal'istə] *s m+f* Callista, pedicuro.

cal.ma [k'awmə] *sf* Calma, paz, tranquilidad.

cal.man.te [kawm'ãti] *adj m+f* e *sm* Calmante, tranquilizante, sedante.

cal.mo [k'awmu] *adj* Tranquilo, sereno, sosegado, quieto. *ele é um homem calmo, nada o perturba* / *él es un hombre tranquilo, nada lo perturba*.

ca.lo [k'alu] *sm Med* Callo.

ca.lor [kal'or] *sm* Calor. **calor atômico** calor atómico. **calor específico** calor específico.

ca.lo.ri.a [kalor'iə] *sf Fís* Caloría.

ca.lo.ro.so [kalor'ozu] *adj* **1** Ardiente, ardoroso, vehemente, fogoso. **2** Cordial, afectuoso, amoroso, cariñoso. *nada conforta mais do que um abraço caloroso* / *nada conforta más que un abrazo afectuoso. Pl: calorosos (ó).*

ca.lo.ta [kal'ɔtə] *sf* **1** Tapacubos, embellecedor. **2** *AL* Copa de rueda, plato de llanta.

ca.lo.te [kal'ɔti] *sm coloq* Impago, trampa.

ca.lou.ro [kal'owru] *adj+sm* Novato, principiante.

cal.vo [k'awvu] *adj+sm* **1** Calvo. **2** *AL coloq* Pelado.

ca.ma [k'ʌmə] *sf* Cama. **estar/ficar/continuar de cama** caer en cama / estar en la cama / guardar cama / hacer cama. **fazer a cama** hacer la cama. **fazer a cama de** hacerle la cama a.

ca.ma.da [kam'adə] *sf* Capa, camada. **camada de ozônio** capa de ozono.

Em espanhol, **camada** significa também "ninhada", isto é, os filhotes da fêmea de um animal nascidos de uma só vez.

ca.ma.le.ão [kamale'ãw] *sm Zool* Camaleón. *o camaleão muda de cor para defender-se dos outros animais* / *el camaleón cambia de color para defenderse de los demás animales*.

câ.ma.ra [k'ʌmarə] *sf* Cámara. **câmara de ar** neumático. *Var: câmera.*
ca.ma.ra.da [kamar'adə] *s m+f* **1** Camarada, compañero. **2** *p ext* Amigo. **3** Colega, condiscípulo. • *adj m+f* **1** Simpático, amable, afable, cordial. **2** Agradable, favorable, propicio. **3** Accesible, asequible.
ca.ma.rão [kamar'ãw] *sm Zool* Camarón, gamba, langostino.
ca.ma.rim [kamar'ĩ] *sm* Camerino.
ca.ma.ro.te [kamar'ɔti] *sm* Cabina, camarote.
cam.ba.le.ar [kãbale'ar] *vi* Tambalear, trastabillar.
cam.ba.lho.ta [kãbaʎ'ɔtə] *sf* Voltereta, vuelta de carnero. *o palhaço dava cambalhotas sem parar* / el payaso daba volteretas sin parar.
câm.bio [k'ãbju] *sm* Cambio, intercambio, trueque, permuta.

Em espanhol, **cambio** significa também "mudança": *quando casei minha vida sofreu uma grande mudança* / cuando me casé mi vida sufrió un gran cambio. Emprega-se também no sentido de "troco (de dinheiro)": *o cliente, desconfiado, contou o troco antes de sair da loja* / el cliente, desconfiado, contó el cambio antes de salir de la tienda.

ca.mé.lia [kam'ɛljə] *sf Bot* Camelia.
ca.me.lo [kam'elu] *sm Zool* Camello.

Em espanhol, **camello** utiliza-se no sentido de "embuste, mentira, fingimento, falsidade".

ca.me.lô [kamel'o] *sm* Vendedor ambulante.
câ.me.ra [k'ʌmerə] *sf V* câmara.
ca.mi.nha.da [kamiɲ'adə] *sf* Paseo. *os médicos recomendam fazer uma caminhada todos os dias* / los médicos recomiendan dar un paseo todos los días.
ca.mi.nhão [kamiɲ'ãw] *sm* Camión.
ca.mi.nhar [kamiɲ'ar] *vi* Caminar.
ca.mi.nho [kami'ɲu] *sm* Camino.
ca.mi.nho.nei.ro [kamiɲon'ejru] *sm* Camionero.
ca.mi.nho.ne.te [kamiɲon'ɛti] *sf* Camioneta, furgón.
ca.mi.sa [kam'izə] *sf* Camisa. **camisa de força** camisa de fuerza.
ca.mi.se.ta [kamiz'etə] *sf* **1** Camiseta. **2** *Arg* Remera. **3** *Chile* Polera.
ca.mi.si.nha [kamiz'iɲə] *sf* Condón, preservativo.
ca.mi.so.la [kamiz'ɔlə] *sf* Camisón.
cam.pa.i.nha [kãpa'iɲə] *sf* **1** Campanilla. **2** Timbre. *tocou a campainha, mas ninguém abriu a porta* / tocó el timbre pero nadie abrió la puerta.
cam.pa.nha [kãp'ʌɲə] *sf* Campaña. *nossa escola organizou uma campanha contra a violência* / nuestra escuela organizó una campaña contra la violencia.
cam.pe.ão [kãpe'ãw] *sm* Campeón.
cam.pe.o.na.to [kãpeon'atu] *sm* Campeonato.
cam.pes.tre [kãp'ɛstri] *adj m+f* Campestre, campesino.
cam.po [k'ãpu] *sm* Campo. **campo de batalha** campo de batalha. **campo de concentração** campo de concentración.
cam.po.nês [kãpon'es] *sm* Campesino. Veja nota em **paisano** (português).
ca.mu.fla.gem [kamufl'aʒẽj] *sf* Camuflaje. Veja nota em **abordaje**.
ca.mun.don.go [kamũd'õgu] *sm Zool* Ratón.
ca.mur.ça [kam'ursə] *sf* Gamuza. *comprou umas botas de camurça para o inverno* / compró unas botas de gamuza para el invierno.
ca.na [k'ʌnə] *sf Bot* Caña.

Em espanhol, **cana** significa "fio branco" (dos cabelos): *Pedro surpreendeu-se ao ver os primeiros fios brancos do seu cabelo* / Pedro se sorprendió al ver las primeras canas de su pelo.

ca.na-de-a.çú.car [k'ʌnədjas'ukar] *sf Bot* Caña de azúcar. *Pl: canas-de-açúcar.* Veja nota em **safra** (português).
ca.na.den.se [kanad'ẽsi] *adj e s m+f* Canadiense.
ca.nal [kan'aw] *s e adj m+f* Canal.
ca.na.lha [kan'aʎə] *adj e s m+f* Canalla, vil, ruin, bajo, despreciable.
ca.na.li.za.ção [kanalizas'ãw] *sf* Canalización.
ca.na.li.zar [kanaliz'ar] *vtd+vti* Canalizar, encausar.
ca.ná.rio [kan'arju] *sm Zool* Canario.

can.ção [kãk'ãw] *sf* Canción. **canção de ninar** canción de cuna.
can.ce.la [kãs'elə] *sf* Cancilla.
can.ce.la.men.to [kãselam'ẽtu] *sm* Cancelación. *anunciaram o cancelamento do espetáculo* / anunciaron la cancelación del espectáculo.
can.ce.lar [kãsel'ar] *vtd* **1** Cancelar, anular. **2** Eliminar, excluir.
cân.cer [k'ãser] *sm* Cáncer: a) *Med* enfermedad. b) *Astron* constelación del zodíaco. c) *Astrol* signo del zodíaco. *Pl: cânceres*.
can.de.ei.ro [kãde'ejru] *sm* Candelero.
can.de.la.bro [kãdel'abru] *sm* Candelabro, araña.
can.di.da.tar [kãdidat'ar] *vtd+vti+vpr* *Arg*, *Chile*, *Peru* Candidatear, postular.
can.di.da.to [kãdid'atu] *sm* Candidato.
ca.ne.ca [kan'ɛkə] *sf* Taza.
ca.ne.co [kan'ɛku] *sm* Tazón. *no inverno um caneco de café com leite é muito bem-vindo* / en invierno un tazón de café con leche es muy bienvenido.
ca.ne.la[1] [kan'ɛlə] *sf Bot* Canela. **canela em pau** canela en rama. **canela em pó** canela en polvo.
ca.ne.la[2] [kan'ɛlə] *sf Anat* Canilla. *meu cachorro gosta de morder as canelas das pessoas* / a mi perro le gusta morder las canillas de las personas.
ca.ne.ta [kan'etə] *sf* **1** Bolígrafo **2** *AL* Lapicera.
can.ga [k'ãgə] *sf* **1** Yugo. **2** Pareo. *o vendedor de cangas percorria a praia durante o verão inteiro* / el vendedor de pareos recorría la playa durante todo el verano.
can.gu.ru [kãgur'u] *sm Zool* Canguro.
ca.nhão [kañ'ãw] *sm* Cañón.
ca.nho.to [kañ'otu] *adj+sm* Zurdo.
ca.ni.bal [kanib'aw] *adj e s m+f* Caníbal.
ca.nil [kan'iw] *sm* Criadero de perros. *Pl: canis*.
ca.ni.no [kan'inu] *adj* Canino. • *sm* Colmillo.
ca.ni.ve.te [kaniv'ɛti] *sm* Navaja, cortaplumas.
can.ja [k'ãʒə] *sf Cul* Caldo de gallina con arroz.

ca.no [k'ʌnu] *sm* Caño.
Em espanhol, cano significa "grisalho": *meu avô tem o cabelo completamente grisalho* / mi abuelo tiene el pelo completamente cano.
ca.no.a [kan'oə] *sf* Canoa.
ca.no.a.gem [kano'aʒẽj] *sf* Canoaje. Veja nota em **abordaje**.
can.sa.ço [kãs'asu] *sm* Cansancio. *chegaram mortos de cansaço depois da viagem* / llegaron muertos de cansancio después del viaje.
can.sa.do [kãs'adu] *adj* Cansado.
can.sar [kãs'ar] *vtd+vi+vti+vpr* Cansar.
can.sa.ti.vo [kãsat'ivu] *adj* **1** Fatigoso, penoso, arduo. *mudar de casa é sempre muito cansativo* / mudarse de casa siempre es muy fatigoso. **2** Aburrido, molesto, fastidioso. *tivemos de ouvir um discurso cansativo durante duas horas* / tuvimos que oír un discurso aburrido durante dos horas.
can.ta.da [kãt'adə] *sf* Piropo, requiebro.
can.tar [kãt'ar] *vtd+vti+vi* Cantar. • *sm* Cantar, copla.
can.ta.ro.lar [kãtarol'ar] *vtd+vi* Tararear, canturrear. *meu pai tomou banho cantarolando uma ópera* / mi padre se dio un baño tarareando una ópera.
can.tei.ro [kãt'ejru] *sm* Cantero.
can.ti.ga [kãt'igə] *sf* Cantar, copla, trova.
can.til [kãt'iw] *sm* Cantimplora.
can.ti.na [kãt'inə] *sf* **1** Cantina. **2** *Méx* Taberna.
can.to[1] [k'ãtu] *sm* **1** Esquina, rincón. *o taxista conhece cada canto da cidade* / el taxista conoce cada rincón de la ciudad. **2** Borde, arista, canto. *o menino bateu a testa no canto da mesa* / el niño se golpeó la frente en el borde de la mesa.
can.to[2] [k'ãtu] *sm* Canto, acción y efecto de cantar. **canto de sereia** canto de sirena.
can.tor [kãtor] *sm Mús* Cantante.
ca.nu.di.nho [kanud'iñu] *sm* Pajita.
ca.nu.do [kan'udu] *sm* Canuto.
cão [k'ãw] *sm Zool* Can, perro. *Pl: cães*.
ca.o.lho [ka'oλu] *adj+sm* **1** Estrábico, bizco. **2** Tuerto.
ca.pa [k'apə] *sf* **1** Capa. **2** Tapa, cubierta.

ca.pa.ce.te [kapas'eti] *sm* Casco. *para quem anda de moto usar capacete é fundamental* / para quienes andan en moto el uso del casco es fundamental.

ca.pa.cho [kap'aʃu] *sm* **1** Felpudo, petate, limpiabarros. **2** *fig* Servil, rastrero, despreciable.

ca.pa.ci.da.de [kapasid'adi] *sf* Capacidad.

ca.pa.ci.ta.ção [kapasitas'ãw] *sf* Capacitación. *uma empresa modelo sempre investe na capacitação dos seus funcionários* / una empresa modelo siempre invierte en la capacitación de sus empleados.

ca.pa.ci.tar [kapasit'ar] *vtd+vti+vpr* Capacitar, habilitar.

ca.pan.ga [kap'ãgə] *sm* Esbirro, sicario. *os capangas do traficante foram detidos* / los esbirros del traficante fueron detenidos.

ca.pa.taz [kapat'as] *sm* Capataz.

ca.paz [kap'as] *adj m+f* Capaz. **é capaz que** es capaz que.

ca.pe.la [kap'ɛlə] *sf* Capilla. **capela mortuária** capilla ardiente.

ca.pe.lão [kapel'ãw] *sm* Capellán. *Pl: capelães.*

ca.pe.ta [kap'etə] *sm coloq* **1** Demonio, diablo, satanás, satán. **2** Diablillo, travieso, inquieto, revoltoso. *o filho do meu vizinho é um capeta, vive aprontando o dia inteiro* / el hijo de mi vecino es un diablillo, se pasa todo el día haciendo de las suyas.

ca.pim [kap'ĩ] *sm Bot* Hierba, pasto, forraje.

ca.pin.zal [kapĩz'aw] *sm* Pastizal.

ca.pi.tal [kapit'aw] *adj m+f* Capital, principal, primordial. *os direitos humanos são um tema capital no mundo inteiro* / los derechos humanos son un tema capital en el mundo entero • *sf* Capital, ciudad principal. *Santiago é a capital do Chile* / Santiago es la capital de Chile. • *sm* Capital: a) hacienda, caudal, patrimonio. b) *Econ* factor de producción. c) *Econ* valor que rinde rentas, valores o frutos.

ca.pi.tão [kapit'ãw] *sm* Capitán. *Pl: capitães.*

ca.pi.tu.lar [kapitul'ar] *vtd+vi Art Gráf* Capitular.

ca.pí.tu.lo [kap'itulu] *sm* Capítulo.

ca.pô [kap'o] *sm* Capó.

ca.po.ta [kap'ɔtə] *sf* Capota.

ca.po.tar [kapot'ar] *vi* **1** Volcar. **2** *coloq* Adormecer.

ca.po.te [kap'ɔti] *sm* Capote.

ca.pri.char [kapriʃ'ar] *vti* Esmerarse, aplicarse, extremarse. *a costureira caprichou no vestido de noiva da sua filha* / la modista se esmeró en el vestido de novia de su hija.

ca.pri.cho [kapr'iʃu] *sm* **1** Capricho, antojo. **2** Esmero, cuidado, celo.

cáp.su.la [k'apsulə] *sf* Cápsula.

cap.tar [kapt'ar] *vtd+vti* Captar.

cap.tu.ra [kapt'urə] *sf* Captura.

cap.tu.rar [kaptur'ar] *vtd* Capturar, aprehender, apoderarse.

ca.puz [kap'us] *sm* Capucha, caperuza. *ela levantou o capuz do seu casaco* / ella levantó la capucha de su chaqueta.

ca.qui [kak'i] *sm Bot* Caqui. *o caqui é uma fruta proveniente da Ásia* / el caqui es una fruta proveniente de Asia.

cá.qui [k'aki] *adj m+f e sm* Caqui. *as calças cáqui estarão na moda neste verão* / este verano estarán de moda los pantalones caqui.

ca.ra [k'arə] *sf* **1** Cara, rostro. **2** Semblante. **3** Aspecto, apariencia. **4** Desfachatez. *sm* **5** *coloq* Individuo, sujeto. **cara a cara** cara a cara. **cara amarrada** cara de perro. **cara de pau** caradura. **cara de poucos amigos** cara de pocos amigos / cara de vinagre.

ca.ra.col [karak'ɔw] *sm Zool* Caracol.

ca.rac.te.rís.ti.ca [karakter'istikə] *sf* Característica.

ca.rac.te.rís.ti.co [karakter'istiku] *adj* Característico, propio, típico, representativo.

ca.rac.te.ri.za.ção [karakterizas'ãw] *sf* Caracterización.

ca.ra.du.ra [karad'urə] *adj e s m+f* Caradura, sinvergüenza, descarado.

ca.ram.bo.la [karãb'ɔlə] *sf Bot* Carambola.

Em espanhol, **carambola** significa também "casualidade favorável".

ca.ra.me.lo [karam'ɛlu] *sm* Caramelo, almíbar. Veja notas em **bala** e **caramelo** (espanhol).
ca.ra.mu.jo [karam'uʒu] *sm Zool* Caracol. *o quintal ficava cheio de caramujos depois da chuva* / el patio se llenaba de caracoles después de la lluvia.
ca.ran.gue.jo [karãg'eʒu] *sm Zool* Cangrejo.
ca.ra.pu.ça [karap'usə] *sf* Caperuza.
ca.rá.ter [kar'ater] *sm* Carácter. **caráter adquirido** carácter adquirido. **caráter hereditário** carácter hereditario. *Pl: caracteres (té)*.
car.bo.i.dra.to [karbojdr'atu] *sm Quím* Carbohidrato. *os carboidratos são essenciais para o organismo* / los carbohidratos son esenciales para el organismo.
car.bo.ni.zar [karboniz'ar] *vtd+vpr* Carbonizar.
car.ca.ça [kark'asə] *sf* Esqueleto, armazón.
cár.ce.re [k'arseri] *sm* Cárcel, prisión.
car.ce.rei.ro [karser'ejru] *sm* Carcelero.
car.dá.pio [kard'apju] *sm* Carta, menú. *o cardápio do novo restaurante é muito variado* / el menú del nuevo restaurante es muy variado.
car.de.al[1] [karde'aw] *adj m+f* Cardinal, principal, fundamental.
car.de.al[2] [karde'aw] *sm* **1** *Rel* Cardenal, prelado. **2** *Zool* Cardenal, pájaro americano. **3** *Bot* Geranio, cardenal.
car.dí.a.co [kard'iaku] *adj+sm Med* Cardíaco.
car.di.o.lo.gi.a [kardjoloʒ'iə] *sf Med* Cardiología.
car.di.o.lo.gis.ta [kardjoloʒ'istə] *s m+f* Cardiólogo.
car.du.me [kard'umi] *sm* Cardume, cardumen, banco de peces.
ca.re.ca [kar'ɛkə] *sf* Calva. *o homem tentava disfarçar a careca com uma peruca* / el hombre intentaba disimular la calva con una peluca. • *adj* e *s m+f* Calvo, pelado, pelón. *mesmo sendo um homem gordinho e careca, as mulheres o adoram* / aunque sea un hombre gordinflón y pelado, las mujeres lo adoran.
ca.re.cer [kares'er] *vti* Carecer, faltar.
ca.rên.cia [kar'ẽsjə] *sf* Carencia, falta.
ca.res.ti.a [karest'iə] *sf* Carestía.
ca.re.ta [kar'etə] *sf* **1** Mueca. **2** Máscara. **3** *coloq* Persona anticuada.
car.ga [k'argə] *sf* **1** Carga, cosa transportada. **2** Peso. **3** Obligación. **4** *Eletr* Carga eléctrica.
car.go [k'argu] *sm* **1** Encargo, obligación, incumbencia, responsabilidad. **2** Cargo, empleo, oficio.

> Em espanhol, usa-se **cargo** também no sentido de "imputação, inculpação": *o réu deverá responder à imputação de roubo* / el reo deberá responder al cargo de robo.

ca.ri.ca.tu.ra [karikat'urə] *sf* Caricatura.
ca.ri.ca.tu.ris.ta [karikatur'istə] *s m+f* Caricaturista.
ca.rí.cia [kar'isjə] *sf* Caricia, cariño.
ca.ri.da.de [karid'adi] *sf* **1** Caridad. **2** Limosna.
ca.ri.do.so [karid'ozu] *adj* Caritativo. *Pl: caridosos (ó)*. Sin: caritativo.
cá.rie [k'arji] *sm* Caries, picadura. **cárie dentária** caries dentaria.
ca.rim.bo [kar'ĩbu] *sm* Sello, timbre.
ca.ri.nho [kar'iɲu] *sm* Cariño.
ca.ri.nho.so [kariɲ'ozu] *adj* Cariñoso, afectuoso. *Pl: carinhosos (ó)*.
ca.ri.ta.ti.vo [karitat'ivu] *adj V* caridoso.
car.na.val [karnav'aw] *sm* Carnaval.
car.ne [k'arni] *sf* Carne. **em carne viva** en carne viva. **carne de sol** *Arg, Bol, Chile, Peru, Ur* charqui. **ser de carne e osso** ser de carne y hueso.
car.nê [karn'e] *sm* Libreta, carné, carnet.
car.nei.ro [karn'ejru] *sm Zool* Carnero.
car.ne-se.ca [karnis'ekə] *sf AL* Charqui, chacina. *Pl: carnes-secas (ê)*.
car.ni.ça [karn'isə] *sf* **1** Carroña. **2** Matanza, carnicería.
car.ni.fi.ci.na [karnifis'inə] *sf* Matanza, carnicería, mortandad, masacre.
car.ní.vo.ro [karn'ivoru] *adj+sm* Carnívoro.

ca.ro [k'aru] *adj* Caro: a) de precio elevado. b) costoso, gravoso, dificultoso. c) amado, querido. • *adv* Caro, a un precio alto o elevado.

ca.ro.ço [kar'osu] *sm* Cuesco, hueso. *o caroço da azeitona é oval* / el cuesco de la aceituna es ovalado.

ca.ro.na [kar'onə] *sf* 1 Autoestop. 2 *Am Cen* Aventón. **de carona** a dedo. **pedir carona** hacer dedo.

car.pa [k'arpə] *sf Zool* Carpa.

Em espanhol, **carpa** significa também "tenda, barraca": *os escoteiros conseguiram montar a barraca antes da chuva* / los scouts lograron armar la carpa antes de la lluvia.

car.pe.te [karp'ɛti] *sm* Moqueta, alfombra. *o carpete do escritório já está muito velho, precisamos trocá-lo* / la moqueta de la oficina ya está muy vieja, tenemos que cambiarla.

car.pin.ta.ri.a [karpĩtar'iə] *sf* Carpintería.

car.pin.tei.ro [karpĩt'ejru] *sm* Carpintero.

car.pir [karp'ir] *vtd* 1 Mondar, escamondar, limpiar. 2 *vtd+vi+vpr* Lloriquear, lamentarse, gimotear.

car.ran.ca [kar̃'ãkə] *sf* Cara de perro / cara de pocos amigos / cara de vinagre.

car.ran.cu.do [kar̃ãk'udu] *adj* Malhumorado, hosco, ceñudo, huraño, adusto. *o velho cão era um animal carrancudo* / el viejo perro era un animal huraño.

car.ra.pa.to [kar̃ap'atu] *sm Zool* Garrapata.

car.ra.pi.cho [kar̃ap'iʃu] *sm* Moño.

car.ras.co [kar̃'asku] *sm* Verdugo, hombre cruel. *o assassino nunca imaginou que acabaria nas mãos do carrasco* / el asesino nunca imaginó que acabaría en las manos del verdugo.

car.re.a.ta [kar̃e'atə] *sf* Desfile de automóviles.

car.re.ga.dor [kar̃egad'or] *sm+adj* Cargador.

car.re.ga.men.to [kar̃egam'ẽtu] *sm* Cargamento. *todos os dias sai o caminhão levando um carregamento de batatas* / todos los días sale el camión llevando un cargamento de papas.

car.re.gar [kar̃eg'ar] *vtd+vti+vi+vpr* Cargar.

car.rei.ra [kar̃'ejrə] *sf* 1 Carrera. 2 Fila, hilera. **fazer carreira** hacer carrera.

car.re.ta [kar̃'etə] *sf* 1 Carretilla. 2 Remolque, camión cisterna, camión con carrocería grande.

car.re.tel [kar̃et'ɛw] *sm* Carrete.

car.re.to [kar̃'etu] *sm* Flete.

car.ri.lhão [kar̃iʎ'ãw] *sm* Carillón.

car.ri.nho [kar̃'iɲu] *sm* Coche (de niño).

car.ro [k'ar̃u] *sm* 1 Coche, auto, automóvil. 2 *AL* Carro.

car.ro.ça [kar̃'ɔsə] *sf* 1 Carreta, carro. 2 Carromato.

car.ro.ce.ri.a [kar̃oser'iə] *sf* Carrocería.

car.ro.ci.nha [kar̃os'iɲə] *sf* Perrera. *a carrocinha levou os cachorros da nossa rua* / la perrera se llevó a los perros de nuestra calle.

car.ros.sel [kar̃os'ɛw] *sm* Tiovivo.

car.ru.a.gem [kar̃u'aʒẽj] *sf* Carruaje, carroza, carro. Veja nota em **abordaje**.

car.ta [k'artə] *sf* 1 Carta, epístola, misiva. 2 Menú. 3 Mapa. 4 Naipe (de la baraja). **carta aberta** carta abierta. **carta branca** carta blanca. **carta de motorista** carnet de conducir / permiso de conducir. **carta magna** carta magna. **deitar as cartas** echar las cartas.

car.tão [kart'ãw] *sm* 1 Cartón, cartulina. 2 Tarjeta. **cartão de crédito** tarjeta de crédito. **cartão de visita** tarjeta de visita.

car.tão-pos.tal [kart'ãwpost'aw] *sm* Tarjeta postal. *Pl: cartões-postais.*

car.taz [kart'as] *sm* 1 Cartel, afiche. 2 *coloq* Popularidad, prestigio. 3 Cartelera. *neste fim de semana há ótimos filmes em cartaz* / en este fin de semana hay excelentes películas en cartelera. **ter cartaz** de cartel. Veja nota em **letrero**.

car.tei.ro [kart'ejro] *sm* 1 Cartero, correo. *sf* 2 Cartera, billetera. 3 Mesa de escritorio, pupitre. *a menina desenhou um coração na carteira da escola* / la niña dibujó un corazón en el pupitre de la escuela. 4 Documento oficial.

car.ti.la.gem [kartilaʒẽj] *sf* Cartílago. *a artrose é uma doença que provoca o desgaste da cartilagem* / la artrosis es una enfermedad que provoca el desgaste del cartílago.

car.ti.lha [kartiʎə] *sf* Cartilla.

car.to.man.te [kartomãti] *s m+f* Cartomántico.

car.tó.rio [kartɔrju] *sm* **1** Archivo. **2** Escribanía. **3** *Arg, Par, Chile* Notaría. **4** Registro civil. **casar no cartório** casarse por lo civil.

car.tu.cho [kartuʃu] *sm* Cartucho. **queimar o último cartucho** quemar el último cartucho.

car.tum [kartũ] *sm* Historieta, cómic.

car.tu.nis.ta [kartunistə] *s m+f* Dibujante de historietas.

car.va.lho [karvaʎu] *sm Bot* Roble. *os móveis de carvalho são muito apreciados* / los muebles de roble son muy apreciados.

car.vão [karvãw] *sm* Carbón. **carvão animal** carbón animal. **carvão mineral** carbón mineral/de piedra. **carvão vegetal** carbón vegetal.

ca.sa [kazə] *sf* Casa. **Casa da Moeda** Casa de Moneda. **casa de campo** casa de campo. **casa de tolerância** casa de citas. **ó de casa!** ¡ah de casa! **ser de casa** ser como de la casa / ser de la casa.

ca.sa.co [kazaku] *sm* **1** Chaqueta. **2** *AL* Saco.

ca.sa.do [kazadu] *adj* Casado.

ca.sal [kazaw] *sm* Pareja. *vamos passar as férias com um casal de amigos* / vamos a pasar las vacaciones con una pareja de amigos.

ca.sa.men.tei.ro [kazamẽtejru] *adj* Casamentero.

ca.sa.men.to [kazamẽtu] *sm* Matrimonio, casamiento, boda, nupcias. **casamento civil** matrimonio civil.

ca.sar [kazar] *vtd+vti+vi+vpr* Casar.

ca.sa.rão [kazarãw] *sm* Caserón.

ca.sa.ri.o [kazariu] *sm* Caserío.

cas.ca [kaskə] *sf* **1** *Bot* Cáscara. **2** *Zool* Caparazón. **3** *fig* Apariencia, exterioridad.

cas.ca.lho [kaskaʎu] *sm* Grava, guijo, guijarro, cascajo, gravilla.

cas.ca.ta [kaskatə] *sf* Cascada. *a água das cascatas é muito fria* / el agua de las cascadas es muy fría.

cas.ca.vel [kaskavɛw] *sm* **1** Cascabel. *s m+f* **2** Crótalo, serpiente de cascabel, culebra de cascabel. *sf* **3** *fig* Arpía (mujer de mal genio o habladora).

cas.co [kasku] *sm* **1** Casco, cuero cabelludo, cabeza. **2** Cráneo. **3** *fig* Cabeza, juicio, talento, capacidad.

Em espanhol, **casco** significa também "capacete": *os mineiros de carvão precisam usar capacete de proteção* / los mineros del carbón tienen que usar casco de protección.

cas.cu.do [kaskudu] *sm* Coscorrón. *a mãe deu um cascudo no filho desobediente* / la madre le dio un coscorrón al hijo desobediente.

ca.se.bre [kazɛbri] *sm* Casucha, choza.

ca.sei.ro, -a [kazejru] *adj* Casero. • *sf* Casera, mujer del casero.

ca.si.nha [kaziɲə] *sf* **1** Casita. **2** Puesto de carabineros.

ca.so [kazu] *sm* **1** Caso: a) suceso, acontecimiento. b) ocasión, coyuntura. c) casualidad, acaso. **2** Desavenencia, oposición, discordia, contrariedad. **3** Lío, aventura amorosa. **4** Cuento. • *conj* En caso de que, caso de, caso que. **caso de consciência** caso de conciencia. **de caso pensado** de caso pensado. **fazer caso de** hacer caso a. **vir ao caso** venir al caso.

cas.pa [kaspə] *sf Med* Caspa.

cas.qui.nha [kaskiɲə] *sf* Cáscara fina.

cas.sar [kasar] *vtd* Anular, retirar, intervenir, abrogar, derogar.

cas.se.te [kasɛti] *sm* Casete.

cas.se.te.te [kasetɛti] *sm* Porra. *os policiais usaram cassetetes para reprimir a manifestação* / los policías usaron porras para reprimir la manifestación.

cas.ta [kastə] *sf* Casta.

cas.ta.nha [kastaɲə] *sf Bot* Castaña.

cas.ta.nhei.ro [kastañejru] *sm Bot* Castaño.

cas.ta.nho [kastʌɲu] *adj+sm* Castaño (color).

cas.ta.nho.las [kastañ'ɔlas] *sf pl* Castañuelas. *as castanholas são consideradas o instrumento nacional da Espanha* / se consideran las castañuelas el instrumento nacional de España.

cas.te.lha.no [kasteλ'∧nu] *adj* Castellano (de Castilla, España). • *sm* 1 Castellano (natural de Castilla, España). 2 Castellano (idioma).

cas.te.lo [kast'ɛlu] *sm* Castillo. **castelos de vento / castelos no ar** castillos en el aire.

cas.ti.çal [kastis'aw] *sm* Candelero, palmatoria.

cas.ti.ço [kast'isu] *adj* Castizo.

cas.ti.da.de [kastid'adi] *sf* Castidad.

cas.ti.gar [kastig'ar] *vtd+vpr* Castigar, penar, escarmentar.

cas.ti.go [kast'igu] *sm* Castigo: a) pena. b) enmienda, corrección. c) reprensión, amonestación.

cas.to [k'astu] *adj* Casto.

cas.tor [kast'or] *sm Zool* Castor.

cas.tra.ção [kastras'ãw] *sf* Castración. *a castração feminina ainda é praticada em alguns países africanos* / la castración femenina aún se practica en algunos países africanos.

cas.tra.do [kastr'adu] *adj* Castrado.

cas.trar [kastr'ar] *vtd+vpr* 1 Castrar, capar. 2 Debilitar, apocar, reprimir, enervar.

ca.su.al [kazu'aw] *adj m+f* Casual.

ca.su.a.li.da.de [kazwalid'adi] *sf* Casualidad. *encontrei meus amigos no bar por casualidade* / encontré a mis amigos en el bar por casualidad. Veja nota em **carambola** (português).

ca.su.al.men.te [kazwawm'ẽti] *adv* Casualmente, por casualidad.

ca.su.lo [kaz'ulu] *sm Bot, Zool* Capullo. *a lagarta dorme dentro do casulo* / la oruga duerme dentro del capullo.

ca.ta.clis.mo [katakl'izmu] *sm* Cataclismo.

ca.ta.cum.bas [katak'ũbəs] *sf pl* Catacumbas.

ca.ta.du.pa [katad'upə] *sf* Salto grande de agua, cascada.

ca.ta.li.sar [kataliz'ar] *vtd* 1 *Fís*, *Quím* Catalizar. 2 *fig* Estimular, incentivar, impulsar, incitar.

ca.ta.lo.gar [katalog'ar] *vtd* Catalogar, clasificar.

ca.tá.lo.go [kat'alogu] *sm* Catálogo.

ca.ta.po.ra [katap'ɔrə] *sf Med* Varicela. *a catapora é uma doença contagiosa* / la varicela es una enfermedad contagiosa.

ca.tar [kat'ar] *vtd* 1 Buscar, procurar. 2 Recoger (uno a uno).

En espanhol, **catar** tem sentido de "degustar, avaliar pelo paladar, provar": *o enólogo degusta os vinhos* / el enólogo cata los vinos.

ca.ta.ra.ta [katar'atə] *sf* 1 Catarata, cascada. 2 *Med* Catarata.

ca.tar.ro [kat'aρu] *sm Med* Catarro.

ca.tás.tro.fe [kat'astrofi] *sf* Catástrofe.

ca.ta.tau [katat'aw] *sm* 1 Espada vieja. 2 Bestia grande y vieja. 3 *p ext* Persona vieja y delgada. 4 *fam* Castigo, golpe, discusión.

ca.ta.ven.to [katəv'ẽtu] *sm* Rosa de los vientos, veleta. *Pl*: cata-ventos.

ca.te.cis.mo [kates'izmu] *adj+sm* 1 Catecismo. 2 Catequesis.

cá.te.dra [k'atedrə] *sf* Cátedra.

ca.te.dral [katedr'aw] *sf* Catedral.

ca.te.drá.ti.co [katedr'atiku] *adj+sm* Catedrático.

ca.te.go.ri.a [kategor'iə] *sf* Categoría, clase.

ca.te.gó.ri.co [kateg'ɔriku] *adj* Categórico.

ca.te.go.ri.za.do [kategoriz'adu] *adj* Categorizado.

ca.ter.va [kat'ɛrvə] *sf* Caterva, multitud.

ca.tin.ga[1] [kat'ĩgə] *sf* 1 *Bot* Matorral de arbustos. 2 Mal olor.

ca.tin.ga[2] [kat'ĩgə] *sm* Hombre avaro.

ca.ti.van.te [kativ'ãti] *adj m+f* Cautivador, seductor, fascinador, fascinante. *o novo animador de televisão tem uma voz cativante* / el nuevo animador de televisión tiene una voz cautivadora.

ca.ti.var [kativ'ar] *vtd+vti+vpr* Cautivar: a) aprisionar. b) atraer. *a menina cativou todos com seu encanto* / la niña cautivó a todos con su encanto.

ca.ti.vei.ro [kativ'ejru] *sm* Cautiverio.

ca.ti.vo [kat'ivu] *adj+sm* 1 Cautivo, aprisionado. 2 Seducido, fascinado, atraído.

ca.to.li.cis.mo [katolis'izmu] *sm* Catolicismo.
ca.tó.li.co [kat'ɔliku] *adj+sm* Católico.
ca.tor.ze [kat'orzi] *num+sm* Catorce.
ca.tra.ca [katr'akə] *sf* Torniquete.
ca.tre [k'atri] *sm* Catre.
cau.ção [kaws'ãw] *sf* Caución: a) prevención, precaución, cautela. b) protección. c) garantía.
cau.da [k'awdə] *sf* Cola. *o músico interpretava belas melodias no piano de cauda* / el músico interpretaba bellas melodías en el piano de cola. Veja nota em **cola** (português).
cau.da.lo.so [kawdal'ozu] *adj* Caudaloso. *Pl: caudalosos* (ó).
cau.di.lho [kawd'iλu] *sm* Caudillo.
cau.le [k'awli] *sm Bot* Tallo. *retirou com cuidado os espinhos do caule da rosa* / retiró con cuidado las espinas del tallo de la rosa.
cau.sa [k'awzə] *sf* Causa: a) fundamento, origen. b) motivo, razón. c) empresa o doctrina en que se toma interés o partido. d) litigio. **causa eficiente** causa eficiente. **causa final** causa final. **causa formal** causa formal. **por causa de** a causa de.
cau.sa.dor [kawzad'or] *adj+sm* Causante. *o estresse é o causador de muitas doenças* / el estrés es el causante de muchas enfermedades.
cau.sar [kawz'ar] *vtd+vti* Causar, ocasionar, motivar, producir, originar, provocar.
cau.te.la [kawt'ɛlə] *sf* Cautela, precaución, reserva.
cau.te.lo.so [kawtel'ozu] *adj* Cauteloso, prudente. *Pl: cautelosos* (ó).
ca.va [k'avə] *sf* Sisa.
ca.va.dei.ra [kavad'ejrə] *sf* Excavadora.
ca.va.lar [kaval'ar] *adj m+f* 1 Caballuno, caballar. 2 *fig* Exagerado, excesivo, descomunal, enorme.
ca.va.la.ri.a [kavalar'iə] *sf* Caballería.
ca.va.lei.ro [kaval'ejru] *adj+sm* Caballero.
ca.va.le.te [kaval'eti] *sm* Caballete.
ca.va.lhei.ro [kavaλ'ejru] *sm* Caballero. *um verdadeiro cavalheiro demonstra respeito por todas as pessoas* / un verdadero caballero demuestra respeto por todas las personas.
ca.va.lo [kav'alu] *sm* 1 *Zool* Caballo. 2 *fig* Grosero, descortés. **a cavalo** a caballo. **cavalo de batalha** caballo de batalla.
ca.va.nha.que [kavañ'aki] *sm* Perilla.
ca.var [kav'ar] *vtd+vi* Excavar, cavar.
ca.vei.ra [kav'ejrə] *sf* Calavera.
ca.ver.na [kav'ɛrnə] *sf* Cueva, caberna, gruta. *Toca da Boa Vista é a maior caverna do Brasil* / Toca da Boa Vista es la mayor cueva de Brasil.
ca.vi.da.de [kavid'adi] *sf* Cavidad.
ca.xi.as [kaʃ'ias] *adj e s m+f sing+pl coloq* 1 Aplicado, estudioso. 2 *Chile* Mateo.
ca.xum.ba [kaʃ'ũbə] *sf Med pop* Papera, parotiditis.
CD-ROM [sedeř'õw] *sm inform* CD-ROM.
ce.bo.la [seb'olə] *sf Bot* Cebolla.
ce.bo.li.nha [sebol'iñə] *sf Bot* Cebolleta.
ce.der [sed'er] *vtd+vti* 1 Ceder, dar, transferir, traspasar. 2 Poner a disposición, prestar. *vti* 3 Ceder, rendirse, someterse. *vi* 4 Disminuir o cesar su resistencia. 5 Mitigarse, disminuir. 6 Romperse, soltarse.
ce.di.lha [sed'iλə] *sf* Cedilla.
ce.do [s'edu] *adv* Temprano: a) adelantado, anticipado. *chegamos cedo demais à festa, ainda não tinha chegado mais ninguém!* / llegamos demasiado temprano a la fiesta, ¡aún no había llegado nadie más! b) al amanecer. *a família acordou cedo para sair de viagem* / la familia se despertó temprano para salir de viaje. c) pronto, presto, prontamente, ligero.
ce.dro [s'ɛdru] *sm Bot* Cedro.
cé.du.la [s'ɛdulə] *sf* 1 Cédula. 2 Billete. **cédula de identidade** cédula de identidad. **cédula hipotecária** cédula hipotecaria. **cédula testamentária** cédula testamentaria.
ce.gar [seg'ar] *vtd+vi* 1 Cegar: a) perder la vista. b) ofuscar. *vpr* 2 Cegarse, turbarse.
ce.gas [s'ɛgas] *loc adv* às cegas. A ciegas, ciegamente.
ce.go [s'ɛgu] *adj+sm* 1 Ciego. 2 *fig* Ofuscado, alucinado. 3 Absoluto, irrestricto, ilimitado, entero, total, completo.

ce.go.nha [seg'oɲa] *sf Zool* Cigueña.

ce.guei.ra [seg'ejrɐ] *sf* 1 Ceguera. 2 Alucinación. 3 *fig* Pasión. 4 Ignorancia.

cei.a [s'ejɐ] *sf* Cena. *a última ceia de Natal foi inesquecível* / la última cena de Navidad fue inolvidable. **a Santa Ceia** la Última Cena. Veja nota em **cena** (português).

cei.far [sejf'ar] *vtd* 1 Segar, cortar. 2 Matar, quitar (la vida).

ce.la [s'ɛlɐ] *sf* Celda, calabozo.

ce.le.bra.ção [selebras'ãw] *sf* Celebración.

ce.le.brar [selebr'ar] *vtd+vi* Celebrar: a) realizar un acto. b) conmemorar, festejar. c) alabar, aplaudir. d) celebrar, decir misa.

cé.le.bre [s'ɛlebri] *adj m+f* Célebre, famoso.

ce.le.bri.da.de [selebrid'adi] *sf* Celebridad: a) fama, renombre, aplauso. b) persona famosa.

ce.lei.ro [sel'ejru] *sm* Granero.

ce.les.te [sel'ɛsti] *adj m+f* Celeste, celestial.

cé.lu.la [s'ɛlulɐ] *sf Biol* Célula.

ce.lu.lar [selul'ar] *adj m+f* Celular. • *sm* 1 Teléfono móvil. 2 *AL* Teléfono celular.

ce.lu.li.te [selul'iti] *sf Med* Celulitis. *noventa por cento das mulheres sofrem de celulite* / el noventa por ciento de las mujeres sufre de celulitis.

cem [s'ẽj] *num+sm* Cien.

ce.mi.té.rio [semit'ɛrju] *sm* Cementerio.

ce.na [s'enɐ] *sf Teat* Escena. **ir à cena** poner en escena. **pisar a cena** estar en escena. Em espanhol, **cena** significa "ceia".

ce.ná.rio [sen'arju] *sm* Escenario.

ce.nou.ra [sen'owrɐ] *sf Bot* Zanahoria. *a sopa de cenoura é um alimento eficaz contra a diarreia* / la sopa de zanahoria es un alimento eficaz contra la diarrea.

cen.so [s'ẽsu] *sm* Censo.

cen.sor [sẽs'or] *sm* Censor.

cen.su.ra [sẽs'urɐ] *sf* 1 Censura. 2 Reprobación.

cen.su.rar [sẽsur'ar] *vtd* 1 Censurar. 2 Criticar. 3 Reprobar. *vtd+vti* 4 Reprochar.

cen.ta.vo [sẽt'avu] *sm* 1 Centésimo, céntimo. 2 *AL* Centavo.

cen.tei.o [sẽt'eju] *sm+adj Bot* Centeno.

cen.te.lha [sẽt'eʎɐ] *sf* Centella, chispa.

cen.te.na [sẽt'enɐ] *sm Mat* Centena.

cen.te.ná.rio [sẽten'arju] *sm+adj* Centenario.

cen.té.si.mo [sẽt'ɛzimu] *num+sm* Centésimo.

cen.tí.gra.do [sẽt'igradu] *sm Fís* Centígrado. **grau centígrado** grado centígrado.

cen.tí.me.tro [sẽt'imetru] *sm Fís* Centímetro.

cen.to [s'ẽtu] *num+sm* 1 Ciento. 2 Centena. **por cento** por ciento.

cen.to.pei.a [sẽtop'eja] *sf* Ciempiés.

cen.tral [sẽtr'aw] *adj m+f* e *sf* Central.

cen.tro [s'ẽtru] *sm* Centro. **centro de gravidade** centro de gravedad.

cen.tro.a.van.te [sẽtroav'ãti] *sm Esp* Delantero centro. *Ronaldinho é o melhor centroavante do mundo* / Ronaldinho es el mejor delantero centro del mundo.

CEP [s'ɛpi] *sm* Código Postal.

cera [s'erɐ] *sf* Cera. **cera do ouvido** cera de los oídos.

ce.râ.mi.ca [ser'ʌmikɐ] *sf* Cerámica.

cer.ca [s'erkɐ] *sf* Cerca, vallado, tapia, muro. Em espanhol, **cerca** significa também "perto, próximo": *meus pais moram perto da igreja* / mis padres viven cerca de la iglesia.

cer.car [serk'ar] *vtd+vti* Cercar.

ce.re.al [sere'aw] *adj m+f* e *sm* Cereal.

ce.re.bral [serebr'aw] *adj* e *s m+f* Cerebral.

cé.re.bro [s'ɛrebru] *sm Anat* Cerebro. 2 *fig* Cabeza, juicio, talento, capacidad.

ce.re.ja [ser'eʒɐ] *sf Bot* Cereza. • *adj m+f sing+pl* Cereza, rojo oscuro (color).

ce.re.jei.ra [sereʒ'ejrɐ] *sf Bot* Cerezo. *a cerejeira floresce somente uma vez por ano* / el cerezo florece solamente una vez al año.

ce.ri.mô.nia [serim'onjɐ] *sf* Ceremonia.

cer.ra.ção [seʁas'ãw] *sf* Niebla, bruma, vapor. *por causa da cerração não foi possível apreciar a paisagem* / por culpa de la niebla no fue posible apreciar el paisaje.

cer.ra.do [ser̄'adu] *sm* Cerrado, terreno cerrado con muro.
cer.rar [ser̄'ar] *vtd+vi+vpr* Cerrar.
cer.ta.men.te [sɛrtam'ẽti] *adv* Ciertamente.
cer.tei.ro [sert'ejru] *adj* Certero.
cer.te.za [sert'ezə] *sf* Certeza. **com certeza** ciertamente, evidentemente.
cer.ti.dão [sertid'ãw] *sm* Atestado, partida, certificado.
cer.ti.fi.ca.do [sertifik'adu] *adj+sm* Certificado.
cer.ti.fi.car [sertifik'ar] *vtd+vti+vpr* Certificar.
cer.to [s'ɛrtu] *adj* Cierto, verdadero, seguro, indubitable. • *pron indef* Cierto. • *adv* Ciertamente. **ao certo** al cierto, de cierto. **por certo** por cierto.
cer.ve.ja [serv'eʒə] *sf* Cerveza. *a cerveja tem baixo teor alcoólico* / la cerveza tiene grado alcohólico bajo.
cer.ve.ja.da [serveʒ'adə] *sf* Reunión en que se consume mucha cerveza.
cer.vo [s'ɛrvu] *sm* Ciervo.
ce.sa.ri.a.na [sezari'∧nə] *sf Med* Cesárea.
ces.sar [ses'ar] *vi+vti+vtd* Cesar, suspender, acabar.
ces.ta [s'estə] *sf* Canasta, cesto, cesta.
ces.to [s'estu] *sm* Cesta, cesto, canasta.
céu [s'ɛw] *sm* Cielo. **a céu aberto** a cielo abierto. **céu da boca** cielo de la boca.
ce.va.da [sev'adə] *sf Bot* Cebada.
chá [ʃ'a] *sm* Té, infusión. **chá-mate** mate.
cha.cal [ʃak'aw] *sm Zool* Chacal.
chá.ca.ra [ʃ'akarə] *sf* Chacra, granja. Veja nota em **sitio** (espanhol).
cha.ci.na [ʃas'inə] *sf* Matanza, mortandad.
cha.co.ta [ʃak'ɔtə] *sf* Chacota, broma, burla.
cha.fa.riz [ʃafar'is] *sm* Fuente, chafariz, pila.
cha.ga [ʃ'agə] *sf* Llaga. *as chagas de Cristo* / las llagas de Cristo.
cha.lé [ʃal'ɛ] *sm* Chalé, chalet.
cha.lei.ra [ʃal'ejrə] *sf* 1 Tetera. 2 *Arg, Par* Pava.
cha.ma [ʃ'∧mə] *sf* Llama.

cha.ma.da [ʃam'adə] *sf* 1 Llamada, llamamiento. 2 Telefonazo, llamada telefónica.
cha.ma.do [ʃam'adu] *sm* Llamado.
cha.mar [ʃam'ar] *vtd+vpr* Llamar.
cha.ma.riz [ʃamar'is] *sm* Señuelo, cebo, carnada, anzuelo.
cha.me.go [ʃam'egu] *sm* Idilio, amorío.
cha.mi.né [ʃamin'ɛ] *sf* Chimenea.
Em espanhol, **chimenea** significa também "lareira": *no inverno ouvíamos as histórias do avô sentados ao redor da lareira* / en invierno oíamos las historias del abuelo sentados alrededor de la chimenea.
cham.pa.nha [ʃãp'∧ɲa] *sm* Champán, champaña. *comemoraram com champanha o sucesso da empresa* / celebraron con champaña el éxito de la empresa.
cha.mus.car [ʃamusk'ar] *vtd+vpr* Chamuscar.
chan.ce [ʃ'ãsi] *sf* Oportunidad.
chan.ce.ler [ʃãsel'ɛr] *sm* Canciller.
chan.cha.da [ʃãʃ'adə] *sf* Espectáculo sin valor, un tanto vulgar.
chan.ta.ge.ar [ʃãtaʒe'ar] *vtd* Chantajear.
chan.ta.gem [ʃãt'aʒẽj] *sf* Chantaje. Veja nota em **abordaje**.
chan.ta.gis.ta [ʃãtaʒ'istə] *adj* e *s m+f* Chantajista.
chão [ʃ'ãw] *sm* Suelo, piso. *o chão da casa brilha como um espelho* / el piso de la casa brilla como un espejo. *Pl:* **chãos**.
cha.pa [ʃ'apə] *sf* 1 Placa, plancha, lámina. 2 Radiografía.
cha.pa.do [ʃap'adu] *adj* Igual, idéntico.
cha.pa.da [ʃap'adə] *sf* 1 Altiplanicie, altiplano. 2 Meseta, planicie.
cha.péu [ʃap'ɛw] *sm* Sombrero. *Pl:* **chapéus**.
cha.ra.da [ʃar'adə] *sf* Acertijo, adivinanza, enigma.
char.co [ʃ'arku] *sm* Charco, poza.
char.la.tão [ʃarlat'ãw] *sm* Charlatán, embaucador. *Pl:* **charlatães, charlatões**.
Em espanhol, **charlatán** significa também "falante, que fala muito e/ou indiscretamente".
char.me [ʃ'armi] *sm* Encanto, gracia.
char.que [ʃ'arki] *sm* 1 Cecina. 2 *Arg, Bol, Chile, Peru, Ur* Charqui.

char.re.te [ʃaȓ'ɛti] *sf* Carreta.

cha.ru.to [ʃar'utu] *sm* Puro, habano, cigarro. *os charutos cubanos são famosos no mundo inteiro* / los puros cubanos son famosos en todo el mundo. Veja nota em **cigarro** (português).

chas.si [ʃas'i] *sm* Chasis.

cha.te.ar [ʃate'ar] *vi+vtd+vpr* Importunar, incomodar, molestar. *Pedro chateia todo mundo com suas piadas de péssimo gosto* / Pedro incomoda a todo el mundo con sus chistes de pésimo gusto.

cha.ti.ce [ʃa t'isi] *sf* Lata, latazo, fastidio.

cha.to [ʃa'tu] *adj* **1** Chato, llano, plano. **2** Aburrido. **3** Latoso, pesado, molesto.

cha.vão [ʃav'ãw] *sm Gram* Cliché, frase hecha.

cha.ve [ʃ'avi] *sf* Llave. **chave de fenda** llave de tuerca, destornillador. **chave falsa** llave falsa. **chave inglesa** llave inglesa. **chave mestra** llave maestra. **fechar a sete chaves** (cerrar) debajo de siete llaves.

cha.vei.ro [ʃav'ejru] *sm* Llavero.

che.car [ʃek'ar] *vi+vti+vtd* Verificar, comprobar, examinar.

che.fe [ʃ'ɛfi] *s m+f* Jefe.

che.fi.ar [ʃefi'ar] *vtd+vi* Mandar, comandar, dirigir, disponer.

che.ga.da [ʃeg'adə] *sf* Llegada. *a chegada do homem à lua foi um marco na história* / la llegada del hombre a la luna fue un hito en la historia.

che.gar [ʃeg'ar] *vi* **1** Llegar. **2** Bastar. *vtd+vti* **3** Aproximar, arrimar, acercar.

chei.a [ʃ'ejə] *sf* **1** Desbordamiento. *a cheia do rio deixou a cidade em estado de alerta* / el desbordamiento del río dejó a la ciudad en estado de alerta. **2** Inundación.

chei.o [ʃ'eju] *adj* Lleno, repleto, colmado, henchido. **em cheio** de lleno.

chei.rar [ʃejr'ar] *vtd+vi+vpr* Oler.

chei.ro [ʃ'ejru] *sm* Olor, aroma, perfume, fragancia. *a pipoca tem cheiro de infância* / las palomitas de maíz tienen aroma de infancia.

che.que [ʃ'ɛki] *sm Econ* Cheque.

chi.ar [ʃi'ar] *vi* Chillar.

chi.cle.te [ʃikl'ɛti] *sm* Chicle, goma de mascar. *é proibido mascar chiclete durante a aula* / se prohibe comer chicle durante la clase.

chi.co.ta.da [ʃikot'adə] *sf* Chicotazo, latigazo, azote.

chi.co.te [ʃik'ɔti] *sm* Chicote, látigo, azote.

chi.fre [ʃ'ifri] *sm* Cuerno.

chi.le.no [ʃil'enu] *adj+sm* Chileno.

chi.li.que [ʃil'iki] *sm coloq* Síncope, vahído, pataleta, sofocón.

chi.mar.rão [ʃimaȓ'ãw] *sm* Mate, chimarrón.

chim.pan.zé [ʃĩpãz'ɛ] *sm Zool* Chimpancé.

chi.ne.lo [ʃin'ɛlu] *sm* Chinela, pantufla, chancleta. *aos domingos meu pai anda de chinelo o dia todo* / los domingos mi padre anda de pantuflas todo el día.

chi.nês [ʃin'es] *adj+sm* Chino.

chip [ʃip] *sm Inform* Chip.

chi.que [ʃ'iki] *adj m+f* Elegante, refinado, exquisito, fino.

chis.par [ʃisp'ar] *vi* Chispear.

cho.ça [ʃ'ɔsə] *sf* Choza, cabaña.

cho.ca.lho [ʃok'aλu] *sm* **1** Cascabel. **2** Sonajero, cencerro. *o nenê sorri cada vez que escuta soar o chocalho* / el bebé sonríe cada vez que escucha sonar el sonajero.

cho.can.te [ʃok'ãti] *adj m+f* Chocante, ofensivo, hiriente.

cho.car[1] [ʃok'ar] *vti+vpr* **1** Chocar, colisionar, estrellarse, toparse. *vi+vtd* **2** Ofender, herir.

cho.car[2] [ʃok'ar] *vtd+vi* Empollar, incubar, encobar.

cho.co.la.te [ʃokol'ati] *sm* Chocolate. • *adj* e *s m+f* Chocolate (color).

cho.fer [ʃof'ɛr] *sm* Chófer, chofer. Veja nota em **motorista** (português).

cho.pe [ʃ'opi] *sm* Caña (de cerveza).

cho.que [ʃ'ɔki] *sm* Choque: a) colisión, impacto. b) contienda, disputa, riña, desazón. c) emoción (fuerte), impresión. Veja nota em **batida** (espanhol).

cho.ra.min.gar [ʃoramĩg'ar] *vi+vtd* Lloriquear, gimotear.

cho.ra.min.gas [ʃoram'ĩgas] *s m+f sing+pl* Llorón, lacrimoso, quejumbroso, plañidero.

cho.ra.min.gar [ʃoramĩg'ar] *vi+vtd* Lloriquear.

cho.rão [ʃor'ãw] *adj+sm* Llorón.

cho.rar [ʃor'ar] *vti+vi* Llorar.

cho.ro [ʃ'oru] *sm* Llanto.

cho.ver [ʃov'er] *vi* Llover. *em Bogotá chove todos os dias* / en Bogotá llueve todos los días.

chu.chu [ʃuʃ'u] *sm Bot* **1** Chayote. **2** *Am Cen, Méx* Güisquil.

chu.ma.ço [ʃum'asu] *sm* Tapón, compresa.

chum.bo [ʃ'ũbu] *sm Quím* Plomo.

chu.pa.de.la [ʃupad'ɛlə] *sf* Chupada, chupadura.

chu.par [ʃup'ar] *vtd* Chupar, sorber.

chu.pe.ta [ʃup'etə] *sf* Chupete.

chur.ras.ca.ri.a [ʃuřaskar'iə] *sf* Parrilla, parrillada (restaurante). *as churrascarias de Buenos Aires são famosas* / las parrilladas de Buenos Aires son famosas.

chur.ras.co [ʃuř'asku] *sm* Parrillada, churrasco, barbacoa. *meu amigo prepara um churrasco delicioso* / mi amigo prepara una parrillada exquisita.

chur.ras.quei.ra [ʃuřask'ejrə] *sf* Parrilla.

chu.tar [ʃut'ar] *vtd+vi* Chutar, patear.

chu.te [ʃ'uti] *sm* Puntapié, patada. *o jogador deu um forte chute no adversário* / el jugador le dio un fuerte puntapié al adversario.

chu.va [ʃ'uvə] *sf* Lluvia. **chuva de estrelas** lluvia de estrelas.

chu.va.ra.da [ʃuvar'adə] *sf* Aguacero, chaparrón, chubasco. *a chuvarada pegou todo mundo desprevenido* / el aguacero sorprendió a todos desprevenidos.

chu.vei.ro [ʃuv'ejru] *sm* Ducha.

chu.vis.car [ʃuvisk'ar] *vi* Llovizar.

chu.vis.co [ʃuv'isku] *sm* Llovizna. *o chuvisco impedia apreciar o paisagem* / la llovizna impedía apreciar el paisaje.

chu.vo.so [ʃuv'ozu] *adj* Lluvioso. *Pl: chuvosos (ó)*.

ci.ca.triz [sikatr'is] *sf* Cicatriz.

ci.ca.tri.zar [sikatriz'ar] *vtd+vi+vpr* Cicatrizar.

ci.clis.mo [sikl'izmu] *sm* Ciclismo.

ci.clis.ta [sikl'istə] *s m+f* Ciclista.

ci.clo [s'iklu] *sm* Ciclo, período. **ciclo lunar** ciclo lunar. **ciclo solar** ciclo solar.

ci.clo.ne [sikl'oni] *sm* Ciclón. *o Caribe é a região mais sensível aos ciclones tropicais* / el Caribe es la región más sensible a los ciclones tropicales.

ci.da.da.ni.a [sidadan'iə] *sf* Ciudadanía.

ci.da.dão [sidad'ãw] *sm* Ciudadano. *Pl. cidadãos*.

ci.da.de [sid'adi] *sf* Ciudad.

ci.ên.cia [si'ẽsjə] *sf* Ciencia. **ciências exatas** ciencias exactas. **ciências humanas** ciencias humanas, humanidades. **ciências naturais** ciencias naturales. **ciências ocultas** ciencias ocultas. **ciências sociais** ciencias sociales.

ci.en.te [si'ẽti] *adj m+f* **1** Erudito, sabio, docto. **2** Sabedor, conocedor.

ci.en.tí.fi.co [sjẽt'ifiku] *adj* Científico. *o avanço científico nas últimas décadas tem sido supreendente* / el avance científico en las últimas décadas ha sido sorprendente.

ci.en.tis.ta [sjẽt'istə] *s m+f* Científico.

ci.fra [s'ifrə] *sf* Cifra.

ci.ga.no [sig'ʌnu] *sm* Gitano. *a língua dos ciganos é o romani* / la lengua de los gitanos es el romaní.

ci.gar.ra [sig'ařə] *sf Zool* Cigarra, chicharra.

ci.gar.ro [sig'ařu] *sm* Cigarrillo. *o cigarro contém mais de sessenta substâncias que provocam câncer* / el cigarrillo contiene más de sesenta sustancias que causan cáncer.

Em espanhol, **cigarro** significa "charuto": *o famoso charuto cubano é completamente feito à mão* / el famoso cigarro cubano es totalmente hecho a mano.

ci.la.da [sil'adə] *sf* Celada: a) emboscada. b) fraude, engaño, trampa, ardid.

ci.lín.dri.co [sil'ĩdriku] *adj* Cilíndrico.

ci.lin.dro [sil'ĩdru] *sm Geom* Cilindro.

ci.ma [s'imə] *sf* Cima, cumbre, cúspide.

ci.men.to [sim'ẽtu] *sm* Cemento.

cin.co [s'ĩku] *num+sm* Cinco.

ci.ne.as.ta [sine'astə] *s m+f* Cineasta.

ci.ne.ma [sin'emə] *sm* Cine. *os namorados vão ao cinema todos os fins de semana* / los novios van al cine todos los fines de semana.

i.ne.ma.to.grá.fi.co [sinematogr'afiku] *adj* Cinematográfico.
in.gir [sĩʒ'ir] *vtd+vpr* Ceñir, rodear.
í.ni.co [s'iniku] *adj+sm* Cínico.
i.nis.mo [sin'izmu] *sm* Cinismo.
in.quen.ta [sĩk'wẽtə] *num+sm* Cincuenta.
in.quen.tão [sĩkwẽt'ãw] *adj+sm* Cincuentón.
in.ta [s'ĩtə] *sf* Faja, cinto, correa. *as mulheres usam cinta depois do parto* / las mujeres usan faja después del parto.
Em espanhol, **cinta** significa "fita": *fita adesiva* / cinta adhesiva.
in.ti.lar [sĩtil'ar] *vi* Centellear.
in.to [s'ĩtu] *sm* Cinturón, cinto, correa. **apertar o cinto** apretarse el cinturón. **cinto de castidade** cinturón de castidad. **cinto de segurança** cinturón de seguridad.
in.tu.ra [sĩt'urə] *sf* Cintura.
in.za [s'ĩzə] *sm* Ceniza. • *adj m+f sing+pl* Gris, ceniciento, grisáceo.
in.zei.ro [sĩz'ejru] *sm* Cenicero. *o cinzeiro está cheio de bitucas de cigarro* / el cenicero está lleno de colillas de cigarrillo.
in.zen.to [sĩz'ẽtu] *adj* Ceniciento, grisáceo, gris. *o dia amanheceu cinzento* / el día amaneció gris.
i.pó [sip'ɔ] *sm Bot* Bejuco, liana.
i.pres.te [sipr'ɛsti] *sm Bot* Ciprés.
ir.co [s'irku] *sm* Circo.
ir.cui.to [sirk'ujtu] *sm* Circuito.
ir.cu.la.ção [sirkulas'ãw] *sf* Circulación.
ir.cu.lar[1] [sirkul'ar] *adj m+f* Circular. • *sf* Circular (orden, carta, aviso).
ir.cu.lar[2] [sirkul'ar] *vtd+vi* Circular.
ír.cu.lo [s'irkulu] *sm Geom* Círculo. **círculo polar** círculo polar. **círculo vicioso** círculo vicioso.
ir.cun.fe.rên.cia [sirkũfer'ẽsjə] *sf Geom* Circunferencia.
ir.cun.fle.xo [sirkũfl'ɛksu] *adj* Circunflejo.
ir.cuns.cri.ção [sirkũskris'ãw] *sf* Circunscripción.
ir.cuns.tân.cia [sirkũst'ãsjə] sf Circunstancia. **circunstância excludente** circunstancia eximiente.

cir.ro.se [siʀ'ɔzi] *sf Med* Cirrosis.
ci.rur.gi.a [siruʒ'iə] *sf Med* Cirugía. **cirurgia estética** cirugía estética. **cirurgia plástica** cirugía plástica.
ci.rur.gi.ão [siruʒi'ãw] *sm* Cirujano. *Pl: cirurgiões, cirurgiães*.
ci.rúr.gi.co [sir'urʒiku] *adj* Quirúrgico. *foi preciso submeter o paciente a uma intervenção cirúrgica* / fue necesario someter al paciente a una intervención quirúrgica.
cis.mar [sizm'ar] *vi* **1** Cavilar. *vti+vtd* **2** Rumiar. *vti* **3** Desconfiar, sospechar.
cis.ne [s'izni] *sm Zool* Cisne.
cis.ter.na [sist'ɛrnə] *sf* **1** Cisterna. **2** Pozo.
ci.ta.ção [sitas'ãw] *sf* **1** Cita. **2** *Dir* Citación.
ci.tar [sit'ar] *vtd* Citar: a) referir, anotar, mencionar. b) *Dir* notificar.
ci.ú.me [si'umi] *sm* Celos. *o ciúme pode chegar a ser uma doença psicológica* / los celos pueden llegar a ser una enfermedad psicológica.
ci.u.men.to [sjum'ẽtu] *adj+sm* **1** Celoso. **2** Envidioso.
cí.vel [s'ivew] *adj m+f Dir* Civil (relativo al derecho civil).
cí.vi.co [s'iviku] *adj* Cívico.
ci.vil [siv'iw] *adj m+f* **1** Civil. **2** Sociable, urbano, atento. • *sm* Civil (que no es militar, eclesiástico ni religioso). **ano civil** año civil. **direito civil** derecho civil. **engenharia civil** ingeniería civil. **estado civil** estado civil. **guarda-civil** guardia civil. **guerra civil** guerra civil. **sociedade civil** sociedad civil. *Pl: civis*.
ci.vi.li.za.ção [sivilizas'ãw] *sf* Civilización. *os sumérios são considerados a mais antiga civilização do mundo* / los sumerios están considerados como la más antigua civilización del mundo.
ci.vi.li.za.do [siviliz'adu] *adj* Civilizado, bien educado, culto.
ci.vis.mo [siv'izmu] *sm* Civismo.
clã [kl'ã] *sm* Clan. *as tribos se subdividem em clãs* / las tribus se subdividen en clanes.
cla.mar [klam'ar] *vtd+vi* **1** Gritar, vociferar, vocear, clamar. *vtd+vti* **2** Implorar,

cla.mor [klam'or] *sm* **1** Clamor, vocerío, griterío. **2** Lamento, quejido.
clan.des.ti.no [klãdest'inu] *adj* Clandestino. • *sm* Polizón.
cla.que [kl'aki] *sf* Claque.
cla.ra [kl'arə] *sf* Clara (del huevo).
cla.ra.boi.a [klarab'ɔjə] *sf* Claraboya.
cla.rão [klar'ãw] *sm* Resplandor, fulgor, claridad. *o clarão da lua iluminou a noite* / *el resplandor de la luna iluminó la noche*.
cla.re.ar [klare'ar] *vtd+vi* Clarear.
cla.rei.ra [klar'ejrə] *sf* Claro (de un bosque).
cla.re.za [klar'ezə] *sf* Claridad. *o professor explica com clareza até as matérias mais difíceis* / *el profesor explica con claridad incluso las materias más difíciles*.
cla.ri.da.de [klarid'adi] *sf* Claridad, luminosidad.
cla.rim [klar'ĩ] *sm* Mús Clarín.
cla.ri.ne.te [klarin'eti] *sm* Mús Clarinete.
cla.ro [kl'aru] *adj* Claro: a) luminoso, resplandeciente, refulgente, reluciente. b) transparente. c) limpio, puro, desembarazado. • *sm* Claro, espacio entre cosas. • *adv* Claro, con claridad. • *interj* **claro!** ¡claro!
clas.se [kl'asi] *sf* Clase: a) categoría, especie. b) grupo de alumnos. c) aula, sala de clases. d) categoría, distinción.
clás.si.co [kl'asiku] *adj+sm* Clásico. *Dom Quixote é um clássico da literatura universal* / *Don Quijote es un clásico de la literatura universal*.
clas.si.fi.ca.ção [klasifikas'ãw] *sf* Clasificación.
clas.si.fi.ca.do [klasifik'adu] *adj* Aprobado. • *sm* Clasificado, anuncio.
clas.si.fi.car [klasifik'ar] *vtd* **1** Clasificar, ordenar, disponer. *vtd+vpr* **2** Aprobar.
cláu.su.la [kl'awzulə] *sf* Cláusula.
clau.su.ra [klawz'urə] *sf* Clausura.
cla.ve [kl'avi] *sf* Mús Clave (signo del pentagrama), llave. **clave de dó** clave de do. **clave de fa** clave de fa. **clave de sol** clave de sol.

Em espanhol, usa-se **clave** no sentido de "chave": explicação, código, elemento decisivo". Também pode ser "gabarito" (folhas de respostas) ou "senha".

cla.ví.cu.la [klav'ikulə] *sf* Anat Clavícula.
cle.ro [kl'ɛru] *sm* Clero.
cli.car [klik'ar] *vti* Inform Hacer clic, dar un clic.
cli.chê [kliʃ'e] *sm* Cliché.
cli.en.te [kli'ẽti] *s m+f* Cliente.
cli.en.te.la [kljẽt'ɛlə] *sf* Clientela.
cli.ma [kl'imə] *sm* Clima.
clí.max [kl'imaks] *sm* Climax, culminación, apogeo. *Pl: clímaces*.
clí.ni.ca [kl'inikə] *sf* Clínica.
cli.pe [kl'ipi] *sm* Clip. *o clipe foi inventado na Noruega* / *el clip fue inventado en Noruega*.
clo.ne [kl'oni] *sm* Biol Clon.
clo.ro [kl'ɔru] *sm* Quím Cloro.
clu.be [kl'ubi] *sm* Club.
co.a.ção [koas'ãw] *sf* Coacción. *a coação é o argumento dos que não têm argumentos* / *la coacción es el argumento de los que no tienen argumentos*.
co.ad.ju.van.te [koadʒuv'ãti] *adj e s m+f* Coadyuvante.
co.a.dor [koad'or] *adj+sm* Colador. *coador de café* / *colador de café*.
co.a.gir [koaʒ'ir] *vtd+vti* Coaccionar, constreñir.
co.a.gu.lar [koagul'ar] *vtd+vpr* Coagular, cuajar.
co.á.gu.lo [ko'agulu] *sm* Coágulo.
co.a.lha.da [koaʎ'adə] *sf* Cuajada.
co.a.li.zão [koaliz'ãw] *sf* Coalición.
co.ar [ko'ar] *vtd* Colar.
co.bai.a [kob'ajə] *sf* Zool Cobaya, conejillo de Indias.
co.ber.ta [kob'ɛrtə] *sf* Cubierta, funda.
co.ber.to [kob'ɛrtu] *adj* Cubierto.

Em espanhol, **cubierto** significa também "talher" (conjunto de garfo, faca e colher).

co.ber.tor [kobert'or] *sm* Manta, frazada.
co.ber.tu.ra [kobert'urə] *sf* Cobertura.
co.bi.ça [kob'isə] *sf* Codicia. *a cobiça é um dos sete pecados capitais* / *la codicia es uno de los siete pecados capitales*.

co.bi.çar [kobis'ar] *vtd* Codiciar.
co.bra [k'ɔbrə] *sf Zool* Serpiente, culebra.
co.bra.dor [kobrad'or] *adj+sm* Cobrador.
co.bran.ça [kobr'ãsə] *sf* **1** Cobranza, cobro. **2** Recaudación.
co.brar [kobr'ar] *vtd+vti+vi+vpr* Cobrar. Veja nota em **recibir**.
co.bre [k'ɔbri] *sm Quím* Cobre.
co.brir [kobr'ir] *vtd+vpr* Cubrir.
co.ca [k'ɔkə] *sf Bot* Coca.
co.ca.í.na [koka'inə] *sf Quim* Cocaína.
co.çar [kos'ar] *vtd+vpr* Rascar.
có.ce.gas [k'ɔsegas] *sf pl* Cosquillas. *ninguém consegue fazer cócegas em si mesmo* / nadie consigue hacerse cosquillas a sí mismo.
co.cei.ra [kos'ejrə] *sf* Comezón, picazón, picor, prurito.
co.chi.char [koʃiʃ'ar] *vi+vti* **1** Cuchichear, murmurar, susurrar. *os alunos ficaram cochichando a aula inteira* / los alumnos estuvieron cuchicheando toda la clase. **2** Murmurar, cotillear, chismorrear, chismear.
co.chi.lar [koʃil'ar] *vi* Dormitar, cabecear.
co.chi.lo [koʃ'ilu] *sm* Cabeceo.
co.co [k'ɔku] *sm Bot* Coco. *a água de coco é um isotônico natural* / el agua de coco es un isotónico natural.
co.cô [kok'o] *sm coloq* Caca, excremento, fezes.
có.co.ras [k'ɔkoras] *sf pl* Cuclillas. **de cócoras** en cuclillas.
có.di.go [k'ɔdigu] *sm* Código.
co.dor.na [kod'ɔrnə] *sf Zool* Codorniz.
co.e.fi.ci.en.te [koefisi'ẽti] *sm Mat* Coeficiente.
co.e.lho [ko'eʎu] *sm Zool* Conejo. **matar dois coelhos com uma cajadada só** matar dos pájaros de un tiro.
co.en.tro [ko'ẽtru] *sm Bot* Cilantro. *o coentro é um ingrediente muito importante na gastronomia mexicana* / el cilantro es un ingrediente muy importante en la gastronomía mexicana.
co.e.rên.cia [koer'ẽsjə] *sf* Coherencia.
co.e.são [koez'ãw] *sf* Cohesión.

co.e.xis.tir [koezist'ir] *vi+vti* Coexistir.
co.fre [k'ɔfri] *sm* **1** Cofre, arca. **2** Caja fuerte, caja de caudales.
co.gi.ta.ção [koʒitas'ãw] *sf* Cogitación, reflexión, consideración.
co.gi.tar [koʒit'ar] *vtd+vti+vi* Reflexionar, meditar, pensar, imaginar, cavilar.
cog.no.me [kogn'omi] *sm* Apodo, alias, sobrenombre. Veja nota em **apellido**, **sobrenombre**.
co.gu.me.lo [kogum'ɛlu] *sm Bot* **1** Seta. **2** *Bol, Chile, Eq, Peru* Callampa.
coi.ce [k'ojsi] *sm* Coz.
co.in.ci.dên.cia [koĩsid'ẽsjə] *sf* Coincidencia.
co.in.ci.dir [koĩsid'ir] *vti+vi* Coincidir.
coi.sa [k'ojzə] *sf* Cosa. **coisa julgada** cosa juzgada. **não ser lá grande coisa** no ser cosa del otro mundo.
coi.ta.do [kojt'adu] *adj+sm* Pobre, infeliz, desdichado, triste.
co.la [k'ɔlə] *sf* **1** Pegamento. **2** Chuleta. *o professor surpreendeu o menino escondendo a cola antes da prova* / el profesor sorprendió al niño escondiendo la chuleta antes de la prueba. **3** *Am Cen, Méx* Acordeón.

Em espanhol, **cola** significa também "rabo, cauda de animal" e, em linguagem coloquial, "bumbum, nádegas".

co.la.bo.ra.ção [kolaboras'ãw] *sf* Colaboración.
co.la.bo.rar [kolabor'ar] *vti+vi* Colaborar.
co.lap.so [kol'apsu] *sm* Colapso.
co.lar[1] [kol'ar] *sm* Collar. *ganhei um colar de pérolas no meu aniversário* / me regalaron un collar de perlas en mi cumpleaños.
co.lar[2] [kol'ar] *vtd* **1** Pegar. **2** Copiar (en un examen escrito).
co.la.ri.nho [kolar'iñu] *sm* Cuello (de la camisa). *a lavagem de dinheiro é considerada um crime de "colarinho branco"* / el lavado de dinero se considera un delito de "cuello blanco".
col.cha [k'owʃə] *sf* Colcha, cubrecama.
col.chão [kowʃ'ãw] *sm* Colchón.
co.le.ção [koles'ãw] *sf* Colección.

co.le.ci.o.na.dor [kolesjonad'or] *sm* Coleccionador, coleccionista.
co.le.ci.o.nar [kolesjon'ar] *vtd* Coleccionar.
co.le.ga [kol'ɛgə] *s m+f* 1 Colega. 2 Compañero (de escuela).
co.lé.gio [kol'ɛʒju] *sm* Colegio.
có.le.ra [k'ɔlerə] *sf* 1 Cólera, ira, enojo, enfado. 2 *Med* Cólera (enfermedad epidémica).
co.les.te.rol [kolester'ɔw] *sm Quím* Colesterol.
co.le.ta [kol'ɛtə] *sf* 1 Colecta, aporte, recaudación. 2 Recogida. 3 Recopilación de datos, recolección.

Em espanhol, **coleta** significa "rabo-de-cavalo", penteado que se assemelha à cauda de um cavalo. Veja outra nota em **coleta** (espanhol).

co.le.te [kol'eti] *sm* Chaleco. **colete a prova de balas** chaleco a prueba de balas. **colete salva-vidas** chaleco salvavidas.
co.le.ti.vo [kolet'ivu] *adj* Colectivo. • *sm* 1 Autobús. 2 *Arg, Bol, Eq, Par, Peru* Colectivo.
co.lhei.ta [koλ'ejtə] *sf* Cosecha. *a colheita de café pode ser manual ou mecânica* / la cosecha de café puede ser manual o mecánica.
co.lher¹ [koλ'ɛr] *sf* Cuchara. **meter a colher** meter su cuchara.
co.lher² [koλ'er] *vtd* 1 Recoger, recolectar. 2 Conseguir, alcanzar, obtener, lograr.
co.lhe.ra.da [koλer'adə] *sf* Cucharada.
co.li.bri [kolibr'i] *sf Zool* Colibrí, picaflor, pájaro mosca.
có.li.ca [k'ɔlikə] *sf Med* Cólico. *a cólica é um dos sintomas da tensão pré-menstrual* / el cólico es uno de los síntomas del síndrome premenstrual.
co.li.dir [kolid'ir] *vtd+vti+vi* Colisionar, chocar, estrellarse. *sempre existe o risco de que um cometa colida com a Terra* / siempre existe el riesgo de que un cometa colisione con la Tierra.
co.li.ga.ção [koligas'ãw] *sf* Coligación.
co.li.na [kol'inə] *sf* Colina.
co.lí.rio [kol'irju] *sm* Colirio.
co.li.são [koliz'ãw] *sf* Colisión, choque.

col.mei.a [kowm'ɛjə] *sf* Colmena, panal. *o mel é o produto mais conhecido da colmeia* / la miel es el producto más conocido de la colmena.
co.lo [k'ɔlu] *sm* Regazo. *o recém-nascido dorme no colo da mãe* / el recién nacido duerme en el regazo de la madre.
co.lo.ca.ção [kolokas'ãw] *sf* Empleo, colocación, puesto, cargo, ocupación.
co.lo.car [kolok'ar] *vtd+vpr* 1 Colocar, poner. 2 Invertir. 3 Situar. 4 Emplear, ocupar (a alguien en un empleo).
co.lom.bi.a.no [kolõbi'∧nu] *adj+sm* Colombiano.
co.lô.nia [kol'onjə] *sf* 1 Colonia. 2 (Agua de) Colonia.
co.lo.ni.al [koloni'aw] *adj m+f* Colonial.
co.lo.ni.za.ção [kolonizas'ãw] *sf* Colonización.
co.lo.no [kol'onu] *sm* Colono.
co.lo.qui.al [koloki'aw] *adj m+f* Coloquial.
co.lo.rau [kolor'aw] *sm* 1 Pimiento molido, pimentón. 2 Colorante.
co.lo.ri.do [kolor'idu] *adj+sm* Colorido, coloreado.
co.lo.rir [kolor'ir] *vtd* Colorear. *as flores colorem a primavera* / las flores colorean la primavera.
co.lu.na [kol'unə] *sf* Columna. **coluna vertebral** columna vertebral.
co.lu.nis.ta [kolun'istə] *s m+f* Columnista.
com [k'õw] *prep* Con.
co.ma [k'omə] *sm Med* Coma. *o acidentado ficou em estado de coma por três dias* / el accidentado estuvo en estado de coma durante tres días.

Em espanhol, **coma** significa também "vírgula", sinal de pontuação.

co.ma.dre [kom'adri] *sf* Comadre.
co.man.dan.te [komãd'ãti] *adj m+f* e *sm* Comandante.
co.man.dar [komãd'ar] *vtd* 1 Comandar. *vtd+vi* 2 Gobernar, mandar, dirigir.
co.man.do [kom'ãdu] *sm* Comando.
com.ba.te [kõb'ati] *sm* Combate, pelea, lucha, batalla.
com.ba.ten.te [kõbat'ẽti] *adj* e *s m+f* Combatiente.

com.ba.ter [kõbat'er] *vtd+vti+vi* Combatir, pelear, luchar.
com.bi.na.ção [kõbinas'ãw] *sf* Combinación.
com.bi.nar [kõbin'ar] *vtd+vti* **1** Combinar. **2** Convenir, acordar, quedar, ponerse de acuerdo. *os amigos combinaram de encontrar-se no cinema* / los amigos quedaron de encontrarse en el cine. Veja nota em **surtir**.
com.boi.o [kõb'oju] *sm* Convoy.
com.bus.tão [kõbust'ãw] *sf* Combustión.
com.bus.tí.vel [kõbust'ivew] *adj m+f* e *sm* Combustible.
co.me.çar [komes'ar] *vtd+vti* Empezar, comenzar. *a reunião começou pontualmente* / la reunión empezó puntualmente.
co.me.ço [kom'esu] *sm* Comienzo, principio, origen, raíz.
co.mé.dia [komed'iə] *sf* Comedia.
co.me.di.an.te [komedi'ãti] *s m+f* Teat, Cin Comediante.
co.me.mo.ra.ção [komemoras'ãw] *sf* **1** Celebración. **2** Conmemoración.
co.me.mo.rar [komemor'ar] *vtd* Conmemorar, celebrar, festejar.
co.men.tar [komẽt'ar] *vtd* Comentar.
co.men.tá.rio [komẽt'arju] *sm* Comentario.
co.men.ta.ris.ta [komẽtar'istə] *s m+f* Comentarista.
co.mer [kom'er] *vtd+vti+vi+vpr* Comer, almorzar.
co.mer.ci.al [komersi'aw] *adj* Comercial (perteneciente o relativo al comercio). • *sm* Comercial, anuncio (publicitario).
co.mer.ci.an.te [komersi'ãti] *adj* e *s m+f* Comerciante.
co.mer.ci.ar [komersi'ar] *vi* Comerciar.
co.mér.cio [kom'ɛrsju] *sm* Comercio.
co.mes.tí.vel [komest'ivew] *adj m+f* e *sm* Comestible.
co.me.ta [kom'etə] *sm Astr* Cometa.

Em espanhol, usa-se **cometa** também para designar "pipa, papagaio", brinquedo de papel.

co.me.ter [komet'er] *vtd* **1** Practicar, hacer. **2** Cometer, perpetrar. **3** Acometer, emprender, intentar. *vtd+vti* **4** Confiar, entregar.

co.mi.chão [komiʃ'ãw] *sf* Comezón, picazón, picor, prurito. *a rinite alérgica produz comichão no nariz* / la rinitis alérgica produce comezón nasal.
co.mí.cio [kom'isju] *sm* **1** Mitin. **2** Comicios. Veja nota em **comícios** (espanhol).
cô.mi.co [k'omiku] *adj+sm* Cómico.
co.mi.da [kom'idə] *sf* Comida.
co.mi.go [kom'igu] *pron* Conmigo. *um amigo de verdade sempre diz: "pode contar comigo"* / un amigo de verdad siempre dice: "puedes contar conmigo".
co.mi.lão [komil'ãw] *adj+sm* Comilón, glotón.
co.mi.nho [kom'iñu] *sm Bot* Comino.
co.mis.são [komis'ãw] *sf* Comisión.
co.mis.sá.ria [komis'arjə] *sf* Azafata, aeromoza.
co.mis.sá.rio [komis'arju] *sm* **1** Comisario. **2** Sobrecargo (de avión).
co.mi.tê [komit'e] *sm* Comité.
co.mo [k'omu] *adv* Como: a) del modo o a la manera que. b) aproximadamente, más o menos. • *conj* Como, el modo o a la manera que, a modo o manera de. Veja nota em **adonde** (espanhol).
co.mo.ção [komos'ãw] *sf* Conmoción. *os atentados do onze de setembro provocaram comoção mundial* / los atentados del once de septiembre provocaron conmoción mundial.
cô.mo.da [k'omodə] *sf* Cómoda.
co.mo.di.da.de [komodid'adi] *sf* Comodidad.
co.mo.dis.ta [komod'istə] *adj* e *s m+f* Comodista, comodón.
cô.mo.do [k'omodu] *adj* Cómodo, conveniente, oportuno, acomodado, fácil, proporcionado. • *sm* Habitación, aposento, cuarto, pieza. *alugamos uma casa de praia com quatro cômodos* / alquilamos una casa de playa con cuatro habitaciones.
co.mo.ve.dor [komoved'or] *adj V comovente*.
co.mo.ven.te [komov'ẽti] *adj m+f* Conmovedor. *Var: comovedor*.
co.mo.ver [komov'er] *vtd* **1** Conmover, pertubar, inquietar, alterar. *vtd+vti* **2** Incitar, estimular, mover, impeler. *vi+vpr* **3** Enternecer.

com.pac.to [kõp'aktu] *adj* Compacto. • *sm* (Disco) Compacto.
com.pa.de.cer [kõpades'er] *vtd+vpr* Compadecer.
com.pa.dre [kõp'adre] *sm* Compadre.
com.pai.xão [kõpajʃ'ãw] *sf* Compasión, conmiseración, piedad. *ter compaixão é compartilhar o sofrimento do outro* / tener compasión es compartir el sufrimiento del otro.
com.pa.nhei.ris.mo [kõpañejr'izmu] *sm* Compañerismo, camaradería.
com.pa.nhei.ro [kõpañ'ejru] *adj* Acompañante. • *sm* **1** Compañero. **2** Camarada, colega.
com.pa.nhi.a [kõpañ'iə] *sf* Compañía: a) acompañante. b) sociedad (mercantil). c) unidad de infantería.
com.pa.ra.ção [kõparas'ãw] *sf* Comparación.
com.pa.rar [kõpar'ar] *vtd+vti* **1** Comparar, cotejar, confrontar. *vpr* **2** Igualarse, equipararse.
com.pa.re.cer [kõpares'er] *vi* Comparecer, presentarse.
com.par.ti.lhar [kõpartiʎ'ar] *vtd+vti* Compartir (participar en algo). *lamento, mas não compartilho sua filosofia de vida* / lo siento, pero no comparto su filosofía de vida.
com.pas.si.vo [kõpas'ivu] *adj* Compasivo.
com.pas.so [kõp'asu] *sm* Compás. *a plateia seguia o compasso da música com as palmas* / los espectadores seguían el compás de la música con las palmas.
com.pa.tri.o.ta [kõpatri'ɔtə] *adj* e *s m+f* Compatriota.
com.pa.tí.vel [kõpat'ivew] *adj m+f* Compatible.
com.pe.lir [kõpel'ir] *vtd+vti* Compeler.
com.pen.sa.ção [kõpẽsas'ãw] *sf* Compensación.
com.pen.sar [kõpẽs'ar] *vtd+vti* Compensar: a) igualar, equilibrar. b) resarcir, recompensar, reparar.
com.pe.tên.cia [kõpet'ẽsjə] *sf* Competencia.

Em espanhol, usa-se **competencia** também no sentido de "competição": *nossa escola vai participar de uma competição interescolar de atividades desportivas* / nuestra escuela va a participar en una competencia interescolar de actividades deportivas.

com.pe.ten.te [kõpet'ẽti] *adj* Competente.
com.pe.ti.ção [kõpetis'ãw] *sf* Competición, competencia. Veja notas em **competência** e **partido** (português).
com.pe.tir [kõpet'ir] *vti* **1** Competir, contender, rivalizar, pugnar. **2** Competer, corresponder, pertenecer, tocar, incumbir, atañer.
com.plei.ção [kõplejs'ãw] *sf* Complexión, constitución. *a prática de judô exige uma boa compleição física* / la práctica del yudo requiere una buena constitución física.
com.ple.men.tar[1] [kõplemẽt'ar] *adj m+f* Complementario. **ângulo complementar** ángulo complementario.
com.ple.men.tar[2] [kõplemẽt'ar] *vtd+vpr* Complementar, completar.
com.ple.tar [kõplet'ar] *vtd+vpr* Completar: a) añadir, llenar. b) terminar, concluir, acabar. c) perfeccionar.
com.ple.to [kõpl'ɛtu] *adj+sm* Completo: a) lleno, cabal. b) acabado, perfecto.
com.ple.xo [kõpl'ɛksu] *adj* Complejo. *o presidente da República soluciona problemas complexos* / el presidente de la República resuelve problemas complejos. • *sm* **1** Complejo (conjunto de edificios o instalaciones). **2** *Psicol* Complejo. **complexo de Édipo** complejo de Edipo. **complexo de inferioridade** complejo de inferioridad.
com.pli.ca.ção [kõplikas'ãw] *sf* Complicación, dificultad, enredo.
com.pli.ca.do [kõplik'adu] *adj* Complicado, enmarañado, difícil.
com.pli.car [kõplik'ar] *vtd+vpr* Complicar, enredar, dificultar, confundir.
com.por [kõp'or] *vtd* Componer. *Mozart compôs sua primeira obra antes dos doze anos de idade* / Mozart compuso su primera obra antes de los doce años de edad.
com.por.ta.men.to [kõportam'ẽtu] *sm* Comportamiento, conducta, actuación, proceder.

com.por.tar [kõport'ar] *vtd* **1** Admitir, permitir. **2** Comportar, implicar, conllevar. *vpr* **3** Comportarse, portarse, conducirse.

com.po.si.ção [kõpozis'ãw] *sf* Composición.

com.po.si.tor [kõpozit'or] *sm+adj* Compositor.

com.pra [k'õprə] *sf* **1** Compra. **2** *fig* Soborno.

com.prar [kõpr'ar] *vtd* **1** Comprar. **2** *fig* Sobornar.

com.pre.en.der [kõpreẽd'er] *vtd* **1** Comprender: a) contener, incluir. b) entender, alcanzar, penetrar. *vpr* **2** Comprenderse, contenerse.

com.pre.en.são [kõpreẽs'ãw] *sf* Comprensión.

com.pre.en.sí.vel [kõpreẽs'ivew] *adj m+f* Comprensible.

com.pre.en.si.vo [kõpreẽs'ivu] *adj* Comprensivo: a) que contiene o incluye. b) que comprende o entiende.

com.pri.do [kõpr'idu] *adj* Largo. *a rua Insurgente, no México, é a mais comprida do mundo* / la calle Insurgente, en México, es la más larga del mundo. **ao comprido** a lo largo. Veja nota em **largo** (espanhol).

com.pri.men.to [kõprim'ẽtu] *sf* Largo, longitud. *o comprimento das saias varia conforme a moda* / el largo de las faldas varía según la moda.

com.pri.mi.do [kõprim'idu] *adj* Comprimido. **ar comprimido** aire comprimido • *sm* Comprimido, píldora, gragea.

com.pro.me.ter [kõpromet'er] *vtd+vpr* Comprometer.

com.pro.mis.so [kõprom'isu] *sm* Compromiso.

com.pro.va.ção [kõprovas'ãw] *sf* Comprobación.

com.pro.van.te [kõprov'anti] *sm* Comprobante, resguardo.

com.pro.var [kõprov'ar] *vtd* Comprobar, verificar, confirmar.

com.pul.si.vo [kõpuws'ivu] *adj* Compulsivo.

com.pu.ta.dor [kõputad'or] *sm* Computadora, ordenador, computador.

com.pu.tar [kõput'ar] *vtd+vti* Computar, contar, calcular.

co.mum [kom'ũ] *adj m+f* e *sm* Común.

co.mun.gar [komũg'ar] *vtd+vti* Comulgar.

co.mu.nhão [komuñ'ãw] *sf* Comunión.

co.mu.ni.ca.ção [komunikas'ãw] *sf* Comunicación.

co.mu.ni.ca.do [komunik'adu] *sm* Comunicado.

co.mu.ni.car [komunik'ar] *vtd+vti+vpr* Comunicar.

co.mu.ni.ca.ti.vo [komunikat'ivu] *adj* Comunicativo, expansivo, franco.

co.mu.ni.da.de [komunid'adi] *sf* Comunidad.

co.mu.nis.mo [komun'izmu] *sm* Comunismo.

co.mu.nis.ta [komun'istə] *adj* e *s m+f* Comunista.

côn.ca.vo [k'õkavu] *adj+sm* Cóncavo.

con.ce.ber [kõseb'er] *vtd+vi* Concebir.

con.ce.der [kõsed'er] *vtd+vti* **1** Permitir, facultar. **2** Conceder, dar, otorgar. *vti* **3** Conceder, asentir, convenir.

con.cei.to [kõs'ejtu] *sm* Concepto: a) idea, pensamiento. b) opinión, juicio. c) crédito (en que se tiene a alguien o algo), reputación, fama, autoridad.

con.cei.tu.a.do [kõsejtu'adu] *adj* Reputado, prestigioso, renombrado. *o conceituado escritor recebeu o Prêmio Nobel de Literatura* / el renombrado escritor recibió el Premio Nobel de Literatura.

con.cen.tra.ção [kõsẽtras'ãw] *sf* Concentración.

con.cen.tra.do [kõsẽtr'adu] *adj* Concentrado: a) internado en el centro. b) atento, pendiente. • *sm* Concentrado (sustancia concentrada).

con.cen.trar [kõsẽtr'ar] *vtd+vti+vpr* Concentrar.

con.cep.ção [kõseps'ãw] *sf* **1** Concepción. *a fecundação in vitro é um método de concepção artificial* / la fecundación *in vitro* es un método de concepción artificial. **2** Concepto, idea, noción, visión.

con.cer.nir [kõsern'ir] *vti* Concernir, atañer, afectar, interesar.

con.cer.tar [kõsert'ar] *vtd+vti+vi+vpr* Concertar. Veja nota em **acordar** (espanhol).

con.cer.to [kõs'ertu] *sm* Concierto: a) ajuste, convenio. b) *Mús* composición musical. *hoje à noite vamos assistir a um concerto no Teatro Municipal* / hoy por la noche vamos a asistir a un concierto en el Teatro Municipal.

con.ces.são [kõses'ãw] *sf* Concesión.

con.ces.si.o.ná.rio [kõsesion'arju] *adj+sm* Concesionario.

con.cha [k'õʃə] *sf* **1** Concha. **2** Cucharón. Em espanhol, **concha** significa, em linguagem vulgar, "órgão sexual feminino".

con.ci.li.ar [kõsili'ar] *vtd+vpr* Conciliar.

con.ci.são [kõsiz'ãw] *sf* Concisión, brevedad, laconismo.

con.ci.so [kõs'izu] *adj* Conciso, breve, lacónico.

con.clu.ir [kõklu'ir] *vtd+vti+vi* Concluir: a) acabar, finalizar. b) rematar. c) inferir, deducir. Veja nota em **encerrar** (espanhol).

con.clu.são [kõkluz'ãw] *sf* **1** Conclusión, fin, terminación. **2** Resolución.

con.cor.dar [kõkord'ar] *vtd+vti* Concordar.

con.cor.rên.cia [kõkoř'ẽsjə] *sf* **1** Concurrencia. **2** Competencia. *o dumping é uma forma de concorrência* / el dumping es una forma de competencia.
Em espanhol, **concurrencia** significa "assistência, conjunto de assistentes, público". Veja outra nota em **concurrencia**.

con.cor.ren.te [kõkoř'ẽti] *adj m+f* Concurrente. • *s m+f* Competidor.

con.cor.rer [kõkoř'er] *vti* **1** Concurrir, juntarse. **2** Contribuir. **3** Competir.
Em espanhol, **concurrir** significa também "comparecer, apresentar-se".

con.cre.to [kõkr'ɛtu] *adj* Concreto. *falou e falou, mas não disse nada concreto* / habló y habló, pero no dijo nada concreto. • *sm* Hormigón. Veja nota em **concreto** (espanhol).

con.cur.sa.do [kõkurs'adu] *sm* Opositor, el que es elegido en un concurso.

con.cur.sar [kõkurs'ar] *vtd* **1** Concursar. **2** Opositar.

con.cur.so [kõk'ursu] *sm* Concurso: a) concurrencia. b) reunión (de hechos, circunstancias o cosas). c) asistencia, colaboración. d) competencia. e) competición, oposición.

con.de.co.rar [kõdekor'ar] *vtd+vti+vpr* Condecorar.

con.de.na.ção [kõdenas'ãw] *sf* Condenación, condena.

con.de.na.do [kõden'adu] *adj+sm* Condenado.

con.de.nar [kõden'ar] *vtd+vti+vpr* Condenar.

con.den.sar [kõdẽs'ar] *vtd+vpr* Condensar.

con.di.ção [kõdis'ãw] *sf* Condición.

con.di.ci.o.na.do [kõdisjon'adu] *adj* Condicionado.

con.di.ci.o.nal [kõdisjon'aw] *adj* e *s m+f* Condicional.

con.di.zen.te [kõdiz'ẽti] *adj m+f* Acorde, conforme. *a qualidade deste produto não é condizente com o que promete a propaganda* / la calidad de este producto no es acorde con lo que promete la propaganda.

con.di.zer [kõdiz'er] *vti+vi* Condecir, estar de acuerdo.

con.do.mí.nio [kõdom'inju] *sm* Condominio.

con.dor [kõd'or] *sm Zool* Cóndor. *o côndor é a maior ave voadora do mundo* / el cóndor es el ave voladora más grande del mundo.

con.du.ção [kõdus'ãw] *sf* Conducción.

con.du.ta [kõd'utə] *sf* Conducta, comportamiento, proceder.

con.du.to [kõd'uto] *sm* Conducto, canal.

con.du.zir [kõduz'ir] *vtd* **1** Conducir: a) guiar. b) llevar, transportar. *vpr* **2** Conducirse, manejarse, portarse, comportarse, proceder.

co.ne [k'oni] *sm Geogr* Cono. *a integração do Cone Sul é fundamental para o desenvolvimento da área* / la integración del Cono Sur es fundamental para el desarrollo del área.

co.nec.tar *vtd+vpr* Conectar.

co.ne.xão [koneks'ãw] *sf* Conexión.

con.fei.ta.ri.a [kõfejtar'iə] *sf* Confitería, pastelería, bombonería.

con.fe.rên.cia [kõfer'ẽsjə] *sf* **1** Confrontación, cotejo. **2** Conferencia: a) plática. b) disertación. c) reunión (de representantes de gobiernos, Estados u otras agrupaciones).

con.fe.rir [kõfer'ir] *vtd* **1** Comparar, confrontar, cotejar, verificar. *antes de viajar para o exterior é importante conferir todos os detalhes* / antes de viajar al exterior es importante verificar todos los detalles. **2** Dar, otorgar.

con.fes.sar [kõfes'ar] *vtd+vti+vpr* Confesar.

con.fe.te [kõf'eti] *sm* **1** Confeti, papelillo. **2** *fig* Piropo. **jogar confete** echar flores, piropear.

con.fi.an.ça [kõfi'ãsə] *sf* Confianza.

con.fi.an.te [kõfi'ãti] *adj m+f* Confiante.

con.fi.ar [kõfi'ar] *vi* **1** Confiar, fiarse, creer. **2** Encargar. **3** Revelar (en confianza). *vpr* **4** Confiarse, fiarse.

con.fi.den.ci.al [kõfidẽsi'aw] *adj m+f* Confidencial.

con.fir.ma.ção [kõfirmas'ãw] *sf* Confirmación.

con.fir.mar [kõfirm'ar] *vtd+vpr* Confirmar.

con.fis.car [kõfisk'ar] *vtd* Confiscar.

con.fis.são [kõfis'ãw] *sf* Confesión.

con.fli.to [kõfl'itu] *sm* Conflicto, combate, lucha, pelea, enfrentamiento.

con.for.ma.ção [kõformas'ãw] *sf* Conformidad, resignación.

con.for.mar [kõform'ar] *vtd* **1** Conformar, ajustar, concordar, dar forma. *vpr* **2** Conformarse, resignarse.

con.for.me [kõf'ɔrmi] *adj* Conforme: a) igual, proporcionado, correspondiente. b) resignado. c) acorde. • *adv* Conforme. • *conj* **1** De acuerdo, vale. **2** Conforme, según. **3** Así que, tan pronto como, al punto que.

con.for.mis.mo [kõfɔrm'ismo] *sm* Resignación, conformismo.

con.for.tar [kõfort'ar] *vtd+vpr* Confortar, animar, alentar.

con.for.tá.vel [kõfort'avew] *adj m+f* **1** Confortable. **2** Cómodo.

con.for.to [kõf'ortu] *sm* **1** Confort, comodidad. *o novo hotel foi projetado pensando no conforto dos hóspedes* / el nuevo hotel fue proyectado pensando en el confort de los huéspedes. **2** Consuelo. *a viúva recebeu palavras de conforto dos amigos* / los amigos le dieron palabras de consuelo a la viuda.

con.fun.dir [kõfũd'ir] *vtd+vti+vpr* Confundir.

con.fu.são [kõfuz'ãw] *sf* Confusión, barullo, lío.

con.fu.so [kõf'uzu] *adj* Confuso: a) mezclado, desordenado. b) oscuro, dudoso. c) turbado, temeroso, perplejo.

con.ge.la.men.to [kõʒelam'ẽtu] *sm* Congelación.

con.ge.lar [kõʒel'ar] *vtd+vpr* Congelar.

con.gê.ne.re [kõʒ'eneri] *adj m+f* Congénere.

con.gê.ni.to [kõʒ'enitu] *adj* Congénito.

con.ges.ti.o.na.do [kõʒestjon'adu] *adj* Congestionado, acumulado, atascado.

con.ges.ti.o.na.men.to [kõʒestjonam'ẽtu] *sm* **1** Congestión. **2** Embotellamiento, atasco.

con.gra.tu.la.ção [kõgratulas'ãw] *sf* Congratulación.

con.gra.tu.lar [kõgratul'ar] *vtd+vpr* Congratular, felicitar.

con.gres.sis.ta [kõgres'istə] *adj e s m+f* Congresista.

con.gres.so [kõgr'ɛsu] *sm* Congreso.

co.nha.que [koñ'aki] *sm* Coñac. *tomava café com conhaque enquanto chovia lá fora* / tomaba café al coñac mientras afuera llovía.

co.nhe.ce.dor [koñesed'or] *adj+sm* Conocedor, experto, entendido, perito.

co.nhe.cer [koñes'er] *vtd+vti+vpr* Conocer.

co.nhe.ci.do [koñes'idu] *adj+sm* Conocido.

co.nhe.ci.men.to [koñesim'ẽtu] *sm* **1** Conocimiento. **2 conhecimentos** *pl* Conocimientos, saber, sabiduría.

co.ni.vên.cia [koniv'ẽsjə] *sf* **1** Connivencia, complicidad. **2** Confabulación, conspiración.

co.ni.ven.te [koniv'ẽti] *adj m+f* Connivente.

con.ju.ga.ção [kõʒugas'ãw] *sf* Conjugación.

con.ju.gar [kõʒug'ar] *vtd+vti+vpr* **1** Conjugar. **2** Adosar.

côn.ju.ge [k'õʒuʒi] *sm* Cónyuge.

con.jun.ção [kõʒũs'ãw] *sf* Conjunción.

con.jun.to [kõʒ'ũtu] *adj+sm* Conjunto.

co.nos.co [kon'osku] *pron* Con nosotros. *quando Virgínia veio viver conosco, já tinha dez anos de idade* / cuando Virginia vino a vivir con nosotros, ya tenía diez años de edad.

Em espanhol, **conozco** corresponde à primeira pessoa do singular do presente do indicativo do verbo **conocer**, que, em português, significa "conhecer".

con.quis.ta [kõk'ista] *sf* Conquista.

con.quis.ta.dor [kõkistad'or] *adj+sm* Conquistador.

con.quis.tar [kõkist'ar] *vtd+vti* Conquistar.

con.sa.grar [kõsagr'ar] *vtd+vti+vpr* Consagrar.

cons.ci.ên.cia [kõsi'ẽsjə] *sf* Conciencia. **em consciência** en conciencia.

cons.ci.en.te [kõsi'eti] *adj m+f* Conciente.

cons.ci.en.ti.zar [kõsjẽtiz'ar] *vtd+vti+vpr* **1** Concientizar. **2** *AL* Concienciar.

con.se.guir [kõseg'ir] *vtd* Conseguir, alcanzar, obtener, lograr.

con.se.lhei.ro [kõseʎ'ejru] *sm* Consejero.

con.se.lho [kõs'eʎu] *sm* Consejo. **conselho de guerra** consejo de guerra. Veja nota em **tener**.

con.sen.ti.men.to [kõsẽtim'ẽtu] *sm* Consentimiento.

con.sen.tir [kõsẽt'ir] *vtd+vti+vi* Consentir.

con.se.quên.cia [kõsek'wẽsjə] *sf* Consecuencia.

con.ser.tar [kõsert'ar] *vtd* Concertar, componer, arreglar, reparar.

con.ser.to [kõs'ertu] *sm* Arreglo, reparación, remedio. *o menino chorou porque seu brinquedo não tinha mais conserto* / el niño lloró porque su juguete ya no tenía arreglo.

con.ser.va [kõs'ɛrvə] *sf Cul* Conserva.

con.ser.va.ção [kõservas'ãw] *sf* Conservación. *a múmia estava em perfeito estado de conservação* / la momia estaba en perfecto estado de conservación.

con.ser.va.dor [kõservad'or] *adj+sm* Conservador.

con.ser.var [kõserv'ar] *vtd+vpr* Conservar.

con.ser.va.tó.rio [kõservat'ɔrju] *sm* Conservatorio.

con.si.de.ra.ção [kõsideras'ãw] *sf* Consideración, respeto. *todos devemos consideração aos anciãos* / todos debemos consideración a los ancianos.

con.si.de.rar [kõsider'ar] *vtd* **1** Considerar, pensar, meditar, reflexionar. *vpr* **2** Considerarse, juzgarse, estimarse.

con.si.de.rá.vel [kõsider'avew] *adj m+f* Considerable.

con.si.go [kõs'igu] *pron* Consigo. *minha avó sempre levava consigo um lenço perfumado* / mi abuela siempre llevaba consigo un pañuelo perfumado.

con.sis.tên.cia [kõsist'ẽsjə] *sf* Consistencia.

con.sis.ten.te [kõsist'ẽti] *adj m+f* Consistente: a) que consiste en. b) duro, sólido.

con.sis.tir [kõsist'ir] *vti* Consistir.

con.so.an.te [kõso'ãti] *adj m+f* Consonante. • *sf* (Letra) Consonante. • *prep+conj* Conforme, según.

con.so.la.ção [kõsolas'ãw] *sf* Consolación, consuelo. *o perdedor aceitou com elegância o prêmio de consolação* / el perdedor aceptó con elegancia el premio de consuelo.

con.so.lar [kõsol'ar] *vtd+vti+vpr* Consolar.

con.so.lo [kõs'olo] *sm* Consuelo.

cons.pi.ra.ção [kõspiras'ãw] *sf* Conspiración.

cons.pi.rar [kõspir'ar] *vtd+vti+vi* Conspirar.

cons.tân.cia [kõst'ãsjə] *sf* Constancia.

cons.tan.te [kõst'ãti] *adj m+f* e *sf* Constante. *o número pi é uma constante matemática* / el número pi es una constante matemática.

cons.tar [kõst'ar] *vi+vti* Constar.

cons.te.la.ção [kõstelas'ãw] *sf Astron* Constelación. *uma constelação é um grupo de estrelas* / una constelación es un grupo de estrellas.

cons.ter.na.ção [kõsternas'ãw] *sf* Consternación.

cons.ti.pa.ção [kõstipas'ãw] *sf Med* **1** Constipación de vientre, estreñimiento. **2** Constipado, catarro, resfriado.

cons.ti.tu.i.ção [kõstituis'ãw] *sf* Constitución.

cons.ti.tu.ir [kõstitu'ir] *vtd+vpr* Constituir.

cons.tran.ge.dor [kõstrãʒed'or] *adj* Que constriñe, constrictivo, incómodo.

cons.tran.ger [kõstrãʒ'er] *vtd+vti* Constreñir.

cons.tran.gi.do [kõstrãʒ'idu] *adj* Constreñido.

cons.tru.ção [kõstrus'ãw] *sf* Construcción. *a construção da Catedral da Sé demorou quarenta e um anos* / la construcción de la Catedral da Sé demoró cuarenta y un años.

cons.tru.ir [kõstru'ir] *vtd+vti+vi* Construir.

cons.tru.tor [kõstrut'or] *adj+sm* Constructor.

cons.tru.to.ra [kõstrut'orə] *sf* Constructora, empresa de construcción.

côn.sul [k'õsuw] *sm* Cónsul. *Pl: cônsules.*

con.su.la.do [kõsul'adu] *sm* Consulado.

con.sul.ta [kõs'uwtə] *sf* Consulta.

con.sul.tar [kõsuwt'ar] *vtd+vti+vi+vpr* Consultar: a) pedir parecer, dictamen o consejo. b) examinar, investigar.

con.sul.tó.rio [kõsuwt'ɔrju] *sm* Consultorio, clínica.

con.su.mi.dor [kõsumid'or] *adj+sm* Consumidor.

con.su.mir [kõsum'ir] *vtd+vpr* Consumir: a) destruir, extinguir, gastar. b) utilizar (para satisfacer necesidades o deseos).

con.su.mis.ta [kõsum'istə] *adj e s m+f* Consumista. *os jovens são as principais vítimas da sociedade consumista* / los jóvenes son las principales víctimas de la sociedad consumista.

con.su.mo [kõs'umu] *sm* Consumo.

con.ta [k'õtə] *sf* Cuenta. **ajustar contas** ajustar cuentas. **conta-corrente** cuenta corriente. **fazer conta** hacer cuenta. **tomar conta de** hacerse cargo.

con.ta.bi.li.da.de [kõtabilid'adi] *sf* Contabilidad.

con.ta.dor [kõtad'or] *adj+sm* Contador, contable.

con.ta.gem [kõt'aʒẽj] *sf* Cómputo, cuento. **contagem regressiva** cuenta regresiva.

con.ta.gi.an.te [kõtaʒi'ãti] *adj m+f* Contagioso. *é maravilhoso ouvir o riso contagiante das crianças* / es maravilloso oír la risa contagiosa de los niños.

con.ta.gi.ar [kõtaʒi'ar] *vtd+vti+vpr* Contagiar.

con.tá.gio [kõt'aʒju] *sm* Contagio.

con.ta.gi.o.so [kõtaʒi'ozu] *adj* Contagioso. *Pl: contagiosos (ó).*

con.ta.mi.na.ção [kõtaminas'ãw] *sf* Contaminación.

con.ta.mi.nar [kõtamin'ar] *vtd+vpr* Contaminar.

con.tar [kõt'ar] *vtd+vti+vi* Contar.

con.ta.tar [kõta'tar] *vtd+vti* Contactar, ponerse en contacto.

con.ta.to [kõt'atu] *sm* Contacto: a) toque. b) enlace. c) relación.

con.tem.plar [kõtẽpl'ar] *vtd+vti+vi+vpr* Contemplar, considerar, admirar.

con.tem.po.râ.neo [kõtẽpor'∧nju] *adj+sm* Contemporáneo.

con.ten.tar [kõtẽt'ar] *vtd+vpr* Contentar.

con.ten.te [kõt'ẽti] *adj m+f* Contento, alegre, satisfecho. *todo mundo fica mais contente num dia de sol* / todos nos sentimos más contentos en un día de sol.

con.ter [kõt'er] *vtd+vpr* Contener.

con.ter.râ.neo [kõteř'∧nju] *adj+sm* Conterráneo, coterráneo, compatriota, paisano.

con.tes.ta.ção [kõtestas'ãw] *sf* Constestación.

con.tes.tar [kõtest'ar] *vtd* **1** Argüir, probar. **2** Negar, contradecir. **3** Impugnar, refutar, contestar. *vti* **4** Replicar, contestar. *vi* **5** Discutir. **6** Oponerse.

Em espanhol, **contestar** significa também "responder, dizer ou escrever em resposta". Veja outra nota em **responder** (espanhol).

con.te.ú.do [kõte'udu] *adj+sm* Contenido.

con.tex.to [kõt'ɛstu] *sm* Contexto.

con.ti.go [kõt'igu] *pron* Contigo. *irei contigo até o fim do mundo* / iré contigo hasta el fin del mundo.

con.ti.nen.te [kõtin'ẽti] *adj m+f e sm* Continente.

con.ti.nu.a.ção [kõtinwas'ãw] *sf* Continuación, prolongación, prórroga.

con.ti.nu.ar [kõtinu'ar] *vtd+vti+vi+vpr* Continuar.

con.tí.nuo [kõt'inwu] *adj+sm* Continuo.

con.to [k'õtu] *sm Lit* Cuento. *mãe, conte um conto!* / mamá, ¡cuéntame un cuento!

con.tor.ção [kõtors'ãw] *sf* Contorsión.

con.tor.ci.o.nis.ta [kõtorsjon'istə] *s m+f* Contorsionista.

con.tor.nar [kõtorn'ar] *vtd* **1** Contornear, contornar. **2** *fig* Esquivar. *não adianta tentar contornar os problemas* / no adelanta intentar esquivar los problemas.

con.tor.no [kõt'ornu] *sm* Contorno.

con.tra [k'õtrə] *prep* Contra. *lutou contra todas as dificuldades* / luchó contra todas las dificultades. • *sm* Contra, dificultad, inconveniente. *cada vez que tomamos uma decisão devemos considerar os prós e os contras* / siempre que tomamos una decisión debemos considerar los pros y los contras.

con.tra-a.ta.car [kõtrəatak'ar] *vtd* Contraatacar.

con.tra.bai.xo [kõtrab'ajʃu] *sm Mús* Contrabajo.

con.tra.ban.dis.ta [kõtrabãd'istə] *s m+f* Contrabandista.

con.tra.ban.do [kõtrab'ãdu] *sm* Contrabando.

con.tra.ção [kõtras'ãw] *sf* Contracción.

con.tra.ce.nar [kõtrasen'ar] *vi* Representar, actuar, interpretar. *mesmo sendo uma atriz tão nova, já contracenou com grandes atores* / aunque es una actriz muy joven, ya interpretó junto a grandes actores.

con.tra.cep.ti.vo [kõtrasept'ivu] *adj+sm Med* Anticonceptivo.

con.tra.di.ção [kõtradis'ãw] *sf* Contradicción.

con.tra.di.tó.rio [kõtradit'ɔrju] *adj* Contradictorio.

con.tra.di.zer [kõtradiz'er] *vtd+vi+vpr* Contradecir.

con.tra.fi.lé [kõtrafil'ɛ] *sm* Solomillo.

con.tra.gos.to [kõtrag'ostu] *sm* Contragusto, antipatía. **a contragosto** de mala gana / de mala voluntad.

con.tra.in.di.ca.ção [kõtrəĩdikas'ãw] *sf* Contraindicación.

con.tra.ir [kõtra'ir] *vtd+vpr* Contraer.

con.tra.mão [kõtram'ãw] *sf* Dirección contraria, contramano. *Pl: contramãos*.

con.tra.ri.a.do [kõtrari'adu] *adj* Contrariado, descontento, disgustado. *ficar contrariado* / quedarse contariado.

con.tra.ri.a.men.te [kõtrarjam'ẽti] *adv* Contrariamente, al contrario.

con.tra.ri.ar [kõtrari'ar] *vtd+vpr* **1** Contrariar. **2** Disgustar, enojar, enfadar.

con.tra.ri.e.da.de [kõtrarjed'adi] *sf* Contrariedad: a) contratiempo, percance. b) disgusto, descontento.

con.trá.rio [kõtr'arju] *adj+sm* Contrario.

con.tra.sen.so [kõtrəs'ẽsu] *sm* Contrasentido. *é um contrasenso educar com palavras e não com exemplos* / es un contrasentido educar con palabras y no con ejemplos.

con.tras.tar [kõtrast'ar] *vtd+vti* Contrastar.

con.tras.te [kõtr'asti] *sm* Contraste.

con.tra.ta.ção [kõtratas'ãw] *sf* Contratación.

con.tra.ta.do [kõtrat'adu] *adj* Contratado.

con.tra.tan.te [kõtrat'ãti] *adj e s m+f* Contratante.

con.tra.tar [kõtrat'ar] *vtd+vti+vi+vpr* Contratar.

con.tra.tem.po [kõtrat'ẽpu] *sm* Contratiempo, imprevisto, percance, contrariedad. *chegamos tarde ao teatro por causa de um contratempo* / llegamos tarde al teatro debido a un contratiempo.

con.tra.to [kõtr'atu] *sm* Contrato.

con.tra.ven.ção [kõtravẽs'ãw] *sf* Contravención.

con.tra.ven.tor [kõtravẽt'or] *adj+sm* Contraventor.

con.tri.bu.i.ção [kõtribujs'ãw] *sf* Contribución, aportación, ayuda.

con.tri.bu.in.te [kõtribu'ĩti] *adj* e *s m+f* Contribuyente.

con.tri.bu.ir [kõtribu'ir] *vti+vtd+vi* Contribuir, colaborar, cooperar.

con.tro.la.do [kõtrol'adu] *adj* Controlado.

con.tro.lar [kõtrol'ar] *vtd+vpr* Controlar.

con.tro.le [kõtr'oli] *sm* Control.

con.tro.vér.sia [kõtrov'ɛrsjə] *sf* Controversia, debate, disputa, polémica.

con.tu.do [kõt'udu] *conj* Sin embargo, a pesar de ello. *a vida nem sempre é fácil, contudo vale a pena ser vivida* / la vida no siempre es fácil, sin embargo, vale la pena vivirla.

con.tun.den.te [kõtũd'ẽti] *adj m+f* Contundente.

con.tun.dir [kõtũd'ir] *vtd+vpr* Contundir, magullar, golpear.

con.tu.são [kõtuz'ãw] *sf* Contusión. *o goleiro sofreu uma contusão durante o jogo* / el arquero sufrió una contusión durante el partido.

con.va.les.cen.ça [kõvalesˈẽsə] *sf Med* Convalecencia. *após uma longa convalescença o acidentado ficou totalmente restabelecido* / tras una larga convalecencia el accidentado se recuperó completamente.

con.va.les.cen.te [kõvalesˈẽti] *adj* e *s m+f* Convaleciente.

con.va.les.cer [kõvales'er] *vi* Convalecer.

con.ven.ção [kõvẽs'ãw] *sf* Convención.

con.ven.cer [kõvẽs'er] *vtd+vti+vpr* Convencer.

con.ven.ci.do [kõvẽs'idu] *adj* **1** Convencido, persuadido. **2** *fam* Creído, engreído, presumido, vanidoso.

con.ven.ci.men.to [kõvẽsĩm'ẽtu] *sm* Convencimiento, convicción. Veja nota em **convencimento**.

con.ve.ni.ên.cia [kõveni'ẽsjə] *sf* Conveniencia, provecho, utilidad, interés, beneficio.

con.ve.ni.en.te [kõveni'ẽti] *adj* Conveniente, beneficioso, oportuno, apropiado.

con.vê.nio [kõv'enju] *sm* Convenio, acuerdo, alianza, trato, pacto.

con.ven.to [kõv'ẽtu] *sm* Convento.

con.ver.gen.te [kõverʒ'ẽti] *adj m+f* Convergente.

con.ver.gir [kõverʒ'ir] *vti* Converger, convergir, confluir.

con.ver.sa [kõv'ɛrsə] *sf* Conversación, charla, plática. *os pais tiveram uma longa e proveitosa conversa com seus filhos* / los padres tuvieron una larga y provechosa conversación con sus hijos.

con.ver.sa.ção [kõversas'ãw] *sf* Conversación, charla, plática.

con.ver.são [kõvers'ãw] *sf* Conversión.

con.ver.sar [kõvers'ar] *vti+vi+vtd* Conversar, charlar, platicar.

con.ver.sí.vel [kõvers'ivew] *adj m+f* Convertible. • *sm* (Automóvil) Convertible, descapotable.

con.ver.sor [kõvers'or] *sm* Conversor.

con.ver.ter [kõvert'er] *vtd+vti+vi+vpr* Convertir.

con.ver.ti.do [kõvert'idu] *adj* Converso, convertido.

con.vés [kõv'ɛs] *sm Náut* Cubierta, combés. *Pl: conveses*.

con.ves.co.te [kõvesk'ɔti] *sm* Picnic, comida al aire libre.

con.ve.xo [kõv'eksu] *adj* Convexo.

con.vic.ção [kõviks'ãw] *sf* Convicción. *o homem trabalha com a convicção de que um dia alcançará o sucesso* / el hombre trabaja con la convicción de que un día obtendrá el éxito.

con.vic.to [kõv'iktu] • *sm Dir* Convicto. *adj* convencido.

con.vi.da.do [kõvid'adu] *sm* Convidado, invitado. *os convidados adoraram a festa* / a los invitados les encantó la fiesta.

con.vi.dar [kõvid'ar] *vtd+vti+vi+vpr* Convidar, invitar.

con.vi.da.ti.vo [kõvidat'ivu] *adj* Invitador.

con.vin.cen.te [kõvĩs'ẽti] *adj m+f* Convincente, persuasivo.

con.vir [kõv'ir] *vti* **1** Admitir, convenir. *vti+vi* **2** Convenir, ser conveniente.

con.vi.te [kõv'iti] *sm* Convite, invitación.

con.vi.va [kõv'ivə] *s* Convidado, invitado.

con.vi.vên.cia [kõviv'ẽsjə] *sf* Convivencia. *a convivência pacífica no mundo continua sendo uma utopia* / la convivencia pacífica en el mundo continúa siendo una utopía.

con.vi.ver [kõviv'er] *vti+vi* Convivir.

con.vo.ca.ção [kõvokas'ãw] *sf* Convocación.

con.vo.ca.do [kõvok'adu] *adj* Convocado.

con.vo.car [kõvok'ar] *vtd+vti* Convocar.

con.vos.co [kõv'osku] *pron* **1** Con vosotros. **2** *AL* Con ustedes.

con.vul.são [kõvuws'ãw] *sf* Convulsión.

con.vul.si.vo [kõvuws'ivu] *adj* Convulsivo.

co.o.nes.tar [koonest'ar] *vtd* Legitimar, dar apariencia de honestidad.

co.o.pe.ra.ção [kooperas'ãw] *sf* Cooperación. *o projeto cultural contou com a cooperação de grandes empresas* / el proyecto cultural contó con la cooperación de grandes empresas.

co.o.pe.rar [kooper'ar] *vti+vi* Cooperar.

co.o.pe.ra.ti.va [kooperat'ivə] *sf* (Sociedad) Cooperativa.

co.o.pe.ra.ti.vo [kooperat'ivu] *adj* Cooperativo, cooperador.

co.or.de.na.ção [koordenas'ãw] *sf* Coordinación.

co.or.de.na.das [koorden'adas] *sf pl* Coordenadas.

co.or.de.nar [koorden'ar] *vtd+vti+vpr* Coordinar.

co.pa [k'ɔpə] *sf* **1** Aparador, despensa, alacena. **2** Copa (del árbol). **3** Copa (del sombrero). **4** *Esp* Copa, trofeo. **5 copas** *pl* Copas (naipe de la baraja).

có.pia [k'ɔpjə] *sf* Copia: a) reproducción. b) imitación.

co.pi.a.do.ra [kopjad'orə] *sf* Copiadora, fotocopiadora.

co.pi.ão [kopi'ãw] *sm* Copión.

co.pi.ar [kopi'ar] *vtd+vti+vpr* Copiar.

co.pi.des.car [kopidesk'ar] *vtd* Corregir un texto.

copi.lo.to [kopil'otu] *sm* Copiloto. *Pl: copilotos*.

co.pi.o.so [kopi'ozu] *adj* Copioso, abundante, numeroso, cuantioso. *Pl: copiosos (ó)*.

co.po [k'ɔpu] *sm* Vaso. *os nutricionistas recomendam beber seis copos de água por dia* / los nutricionistas recomiendan beber seis vasos de agua al día.

Em espanhol, **copo** significa "floco" e "tufo": *floco de neve* / copo de nieve; *tufo de algodão* / copo de algodón. Veja outra nota em **copo** (espanhol).

copro.du.ção [koprodus'ãw] *sf* Coproducción. *o filme era uma coprodução franco-argentina* / la película era una coproducción franco-argentina.

có.pu.la [k'ɔpulə] *sf* Cópula: a) atadura, ligamiento. b) coito.

co.pu.lar [kopul'ar] *vtd* **1** Juntar, unir. *vti+vi* **2** Copular.

co.quei.ro [kok'ejru] *sm Bot* Cocotero, coco, palma, palmera.

co.que.lu.che [kokel'uʃi] *sm Med* Tos convulsiva, tos ferina.

co.que.tel [koket'ɛw] *sm* Cóctel, coctel. *os noivos ofereceram um coquetel depois da cerimônia* / los novios ofrecieron un cóctel después de la ceremonia.

cor [k'ɔr] *sf* Color. *a cor do cabelo muda ao longo do tempo* / el color del pelo se modifica a lo largo del tiempo.

co.ra.ção [koras'ãw] *sm Anat* Corazón. **não ter coração** no tener corazón. **partir o coração** partir el corazón/el alma. **ter um grande coração** tener un corazón de oro / ser todo corazón.

co.ra.do [kor'adu] *adj* Colorado. *o rosto da menina ficou corado de vergonha* / el rostro de la niña se puso colorado de vergüenza.

co.ra.gem [kor'aʒẽj] *sf* Coraje, valor, valentía, arrojo. Veja nota em **abordaje**.

co.ra.jo.so [koraʒ'ozu] *adj* Valeroso, intrépido, valiente. *Pl: corajosos (ó)*.

co.ral[1] [kor'aw] *sm Zool* **1** Coral. **2** Coralillo (serpiente).

co.ral[2] [kor'aw] *adj* Coral, perteneciente o relativo al coro.

co.ran.te [kor'ãti] *adj m+f* e *sm* Colorante. *a hena é um corante natural para o* cabelo / la henna es un colorante natural para el pelo.

co.rão [kor'ãw] *sm* Corán, Alcorán.

co.rar [kor'ar] *vtd+vi+vi* **1** Colorear. **2** Sonrojar, ruborizar.

cor.cun.da [kork'ũdə] *sf* Joroba. • *adj* e *s m+f* Jorobado.

cor.da [k'ɔrdə] *sf* Cuerda, cordel, soga. **cordas vocais** cuerdas vocales. **dar corda** dar cuerda. **na corda bamba** en la cuerda floja.

cor.dão [kord'ãw] *sm* Cordón. **cordão umbilical** cordón umbilical.

cor.da.to [kord'atu] *adj* Juicioso, prudente, sensato.

cor.dei.ro [kord'ejru] *sm* **1** *Zool* Cordero. **2** Hombre manso, dócil y humilde.

cor.dei.ri.nho [kordejr'iñu] *sm* Corderito.

cor.del [kord'ɛw] *sm* Cordel.

cor-de-ro.sa [kordiř'ɔzə] *s m+f sing+pl* Rosa, rosado (color).

cor.di.al [kordi'aw] *adj m+f* e *sm* Cordial.

cor.di.al.men.te [kordjawm'ẽti] *adv* Cordialmente, afectuosamente.

cor.di.lhei.ra [kordiʎ'ejrə] *sf* Cordillera. *a Cordilheira dos Andes atravessa sete países* / la Cordillera de los Andes cruza siete países.

co.re.a.no [kore'∧nu] *adj+sm* Coreano.

co.re.o.gra.fi.a [koregraf'iə] *sf* Coreografía.

co.re.ó.gra.fo [kore'ɔgrafu] *sm* Coreógrafo.

co.re.to [kor'etu] *sm* Quiosco, templete.

cor.ja [k'ɔrʒə] *sf* Chusma, horda.

cór.nea [k'ɔrnjə] *sf Anat* Córnea.

cor.ne.ta [korn'etə] *sf Mús* Corneta.

cor.no [k'ornu] *sm* Cuerno.

cor.nu.do [korn'udu] *adj+sm* Cornudo.

co.ro [k'oru] *sm* Coro. **em coro** a coro.

co.ro.a [kor'oə] *sf* **1** Corona. **2** *fam* Persona de edad, carroza. **coroa de louros** corona triunfal. **coroa funerária** corona fúnebre. **coroa solar** corona solar.

co.ro.a.ção [koroas'ãw] *sf* **1** Coronación. *os mais altos dignitários assistiram à coroação do rei* / los más altos dignatarios asistieron a la coronación del rey. **2** Co-ronamiento. *o prêmio dado ao seu último livro marcou a coroação da sua obra* / el premio dado a su último libro marcó el coronamiento de su obra.

co.ro.a.do [koro'adu] *adj* Coronado.

co.ro.a.men.to [koroam'ẽtu] *sm* Coronamiento, remate.

co.ro.ar [koro'ar] *vtd+vti+vpr* Coronar.

co.ro.ca [kor'ɔkə] *adj* e *s m+f* Decrépito, achacoso.

co.ro.i.nha [koro'iñə] *sm* Monaguillo.

co.ro.ná.ria [koron'arjə] *sf Anat* Coronaria.

co.ro.nel [koron'ɛw] *sm Mil* Coronel.

co.ro.nha [kor'oñə] *sf* Culata (de un arma).

cor.pan.zil [korpãz'iw] *sm* Corpachón.

cor.pe.te [korp'eti] *sm* Corpiño, corsé.

cor.po [k'ɔrpu] *sm* Cuerpo. **corpo a corpo** cuerpo a cuerpo. **corpo de baile** cuerpo de baile. **corpo de delito** cuerpo del delito. **corpo estranho** cuerpo extraño. **de corpo e alma** en cuerpo y alma. **tirar o corpo fora** echar el cuerpo fuera. *Pl: corpos (ó)*.

cor.po.ra.ção [korporas'ãw] *sf* Corporación.

cor.po.ral [korpor'aw] *adj m+f* Corporal. **expressão corporal** expresión corporal.

cor.pu.len.to [korpul'ẽtu] *adj* Corpulento.

cor.re.ção [kořes'ãw] *sf* Corrección.

corre-corre [kɔřik'ɔři] *sm* Ajetreo, trajín. *é bom passar alguns dias longe do corre-corre do dia a dia* / es bueno pasar algunos días lejos del ajetreo de la vida diaria. *Pl: corre-corres*.

cor.re.dei.ra [kořed'ejrə] *sf* Rabión.

cor.re.di.ço [kořed'isu] *adj* Corredizo.

cor.re.dor [kořed'or] *adj+sm* Corredor, que corre. • *sm* Pasillo, pasadizo.

Corredor, em espanhol, significa também "corretor, agente comercial".

cór.re.go [k'ɔřegu] *sm* Arroyo. *naquele córrego de águas cristalinas molhava meus pés durante o verão* / en aquel arroyo de aguas cristalinas me mojaba los pies durante el verano.

cor.rei.a [koř'ejə] *sf* Correa, cincha, polea.

cor.rei.o [ko'eju] *sm* Correo. **correio eletrônico** correo electrónico.

cor.re.li.gi.o.ná.rio [koŕeliʒjon'arju] *adj* Correligionario.

cor.ren.te [ko'ŕẽti] *adj m+f* Corriente: a) que corre. *adj m+f* e *sm* b) medio, común, regular. c) cierto, sabido, admitido. d) en curso. • *sf* Corriente: a) curso de las aguas. b) *Eletr* corriente eléctrica. c) cadena. **corrente alternada** corriente alterna. **corrente contínua** corriente continua. **corrente de ar** corriente de aire. **corrente elétrica** corriente eléctrica. **moeda corrente** moneda corriente.

cor.ren.te.za [koŕẽt'ezɐ] *sf* Corriente (de agua). *o barquinho foi levado pela correnteza do rio* / la corriente del río se llevó el barquito.

cor.ren.tis.ta [koŕẽt'istɐ] *s m+f* **1** Cuentacorrentista. **2** *Méx, Col, Pan* Cuentahabiente.

cor.rer [ko'ŕer] *vi+vtd+vti+vpr* Correr.

cor.re.ri.a [koŕer'iɐ] *sf* Ajetreo, trajín. *apesar da correria, nunca se esqueça de ligar para seus amigos* / a pesar del ajetreo nunca se olvide de llamar a sus amigos. Em espanhol, **correría** significa "hostilidade entre países" e "viagem curta a destinos diversos".

cor.res.pon.dên.cia [koŕespõd'ẽsjɐ] *sf* Correspondencia.

cor.res.pon.den.te [koŕespõd'ẽti] *adj e s m+f* Correspondiente.

cor.res.pon.der [koŕespõd'er] *vti+vpr* Corresponder.

cor.re.to [ko'ŕɛtu] *adj* Correcto.

cor.re.tor [koŕet'or] *sm* **1** Corrector. **2** Corredor (agente comercial).

cor.ri.da [ko'ŕidɐ] *sf* Carrera. **corrida de revezamento** carrera de relevos.

cor.ri.gir [koŕiʒ'ir] *vtd+vi+vpr* Corregir: a) enmendar. b) advertir, amonestar, reprender.

cor.ri.mão [koŕim'ãw] *sm* Barandilla, pasamanos. *Pl: corrimãos*.

cor.ri.quei.ro [koŕik'ejru] *adj* Corriente, habitual. *infelizmente a violência é hoje um fato corriqueiro* / desgraciadamente hoy día la violencia es un hecho corriente.

cor.rom.per [koŕõp'er] *vtd+vpr* Corromper.

cor.ro.são [koŕoz'ãw] *sf* Corrosión.

cor.ro.si.vo [koŕoz'ivu] *adj+sm* Corrosivo.

cor.rup.ção [koŕups'ãw] *sf* Corrupción.

cor.rup.to [ko'ŕuptu] *adj* Corrupto.

cor.sá.rio [kors'arju] *sm* Corsario.

cor.tan.te [kort'ãti] *adj m+f* Cortante.

cor.tar [kort'ar] *vtd+vi+vpr* **1** Cortar, dividir. **2** Herir. **3** Picar.

cor.te[1] (ó) [k'ɔrti] *sm* Corte: a) acción y efecto de cortar o cortarse. b) filo de un instrumento. c) herida. d) confección de ropa. e) tela necesaria para confeccionar una prenda.

cor.te[2] (ô) [k'orti] *sf* Corte: a) población donde reside el monarca. b) familia y compañía habitual del rey. c) *AL* tribunal de justicia. **corte celeste** corte celestial. **fazer a corte** hacer la corte.

cor.te.jo [kort'eʒu] *sm* Cortejo.

cor.tês [kort'es] *adj m+f* Cortés. *Pl: corteses*.

cor.te.si.a [kortez'iɐ] *sf* **1** Cortesía. **2** Regalo (empresarial), obsequio (empresarial).

cor.ti.ça [kort'isɐ] *sf* Corteza.

cor.ti.ço [kort'isu] *sm* Conventillo, casa de vecindad, chabola. *era tão pobre que morava num cortiço* / era tan pobre que vivía en un conventillo.

cor.ti.na [kort'inɐ] *sf* Cortina.

co.ru.ja [kor'uʒɐ] *sf Zool* Lechuza, búho. *a coruja é uma ave de hábitos geralmente noturnos* / la lechuza es un ave de hábitos generalmente nocturnos.

cor.vo [k'orvu] *sm Zool* Cuervo. *Pl: corvos* (ó).

cós [k'ɔs] *sm sing+pl* Pretina.

co.ser [koz'er] *vtd+vti+vi+vpr* Coser.

cos.mé.ti.co [kozm'ɛtiku] *adj+sm* Cosmético.

cós.mi.co [k'ɔzmiku] *adj* Cósmico.

cos.mo [k'ɔzmu] *sm* Cosmos, universo.

cos.ta [k'ɔstɐ] *sf* **1** *Geogr* Costa, litoral. **2 costas** *pl Anat* Espalda. **3** Dorso, envés, revés, reverso.

cos.tar.ri.que.nho [kɔstaŕik'eɲu] *adj+sm* Costarricense.

cos.te.la [kostˈɛlə] *sf Anat* Costilla.
cos.te.le.ta [kostelˈetə] *sf* **1** Chuleta. **2** Patilla. *o ex-presidente usava enormes costeletas* / el ex-presidente usaba enormes patillas.
cos.tu.mar [kostumˈar] *vtd+vi* **1** Soler. *costumamos almoçar todos juntos aos domingos* / solemos almorzar todos juntos los domingos. *vtd+vti* **2** Acostumbrar, habituar. *vpr* **3** Acostumbrarse, habituarse.
cos.tu.me [kostˈumi] *sm* Costumbre, hábito. *cada cultura tem seus próprios costumbres* / cada cultura tiene sus propias costumbres.
cos.tu.mei.ro [kostumˈejru] *adj+sm* Usual, habitual.
cos.tu.ra [kostˈurə] *sf* Costura.
cos.tu.rar [kosturˈar] *vtd+vi* Coser.
cos.tu.rei.ra [kosturˈejrə] *sf* Costurera, modista.
co.ta [kˈɔtə] *sf* Cuota.
co.tar [kɔtˈar] *vtd* Cotizar.
co.ta.ção [kotasˈãw] *sf* Cotización.
co.ti.di.a.no [kotidiˈʌnu] *adj+sm* Cotidiano.
co.tis.ta [kotˈistə] *s m+f* Accionista.
co.to.ne.te [kotonˈeti] *sm* Bastoncillo, palillo, palito de algodón.
co.to.ve.lo [kotovˈelu] *sm Anat* Codo. **falar pelos cotovelos** hablar por los codos.
co.to.vi.a [kotovˈiə] *sf Zool* Alondra.
cou.ra.ça [kowrˈasə] *sf* Coraza. *escondia sua timidez atrás de uma couraça de indiferença* / escondía su timidez tras una coraza de indiferencia.
cou.ra.ça.do [kowrasˈadu] *adj+sm* Acorazado.
cou.ro [kˈowru] *sm* Cuero. **couro cabeludo** cuero cabelludo. **couro cru** cuero en verde. **em couro** en cueros.
cou.ve [kˈowvi] *sf Bot* Col, berza.
cou.ve-flor [kowviflˈor] *sfBot* Coliflor. *Pl: couves-flores, couves-flor.*
co.va [kˈɔvə] *sf* **1** Cueva, caverna, gruta. **2** Sepultura, fosa.
co.var.de [kovˈardi] *adj e s m+f* Cobarde.
co.var.di.a [kovardˈiə] *sf* Cobardía.
co.vil [kovˈiw] *sm* **1** Madriguera, guarida, cubil. **2** *fig* Antro. *Pl: covis*. Veja nota em **toca** (espanhol).

co.xa [kˈoʃə] *sf Anat* Muslo.
co.xe.ar [koʃeˈar] *vi+vti* Cojear.
co.xo [kˈoʃu] *adj+sm* Cojo.
co.zer [kozˈer] *vtd+vti* Cocer, cocinar.
co.zi.do [kozˈidu] *adj+sm* Cocido.
co.zi.men.to [kozimˈẽtu] *sm* Cocimiento, cocción.
co.zi.nha [kozˈiɲə] *sf* Cocina. Em espanhol, **cocina** significa também "fogão": *o micro-ondas nunca substituirá o sabor da comida feita no fogão* / el microondas nunca reemplazará el sabor de la comida hecha en cocina.
co.zi.nhar [koziɲˈar] *vtd+vi* Cocinar.
co.zi.nhei.ra [koziɲˈejrə] *sf* Cocinera.
co.zi.nhei.ro [koziɲˈejru] *sm* Cocinero. *A França é o berço dos maiores cozinheiros do mundo* / Francia es la cuna de los mayores cocineros del mundo.
cra.chá [kraʃˈa] *sm* Tarjeta de identificación.
crâ.nio [krˈʌnju] *sm Anat* Cráneo.
cra.que [krˈaki] *s m+f* As, estrella. *o menino pobre hoje é um craque de futebol* / el niño pobre ahora es un as del fútbol.
cra.se [krˈazi] *sf Gram* **1** Crasis, contracción. **2** *Fisiol* Complexión, constitución.
cras.so [krˈasu] *adj* **1** Craso, indisculpable. **2** Grueso, gordo, espeso.
cra.te.ra [kratˈɛrə] *sf* Cráter.
cra.var [kravˈar] *vtd* **1** Clavar. *vtd+vti+vpr* **2** Fijar, parar, poner.
cra.ve.jar [kraveʒˈar] *vtd* **1** Clavar. **2** Engastar.
cra.vo [krˈavu] *sm Bot* Clavel. *o cravo branco é o símbolo das mães* / el clavel blanco es el símbolo de las madres.
cre.che [krˈɛʃi] *sf* Guardería infantil, casa cuna.
cre.den.ci.al [kredẽsiˈaw] *adj m+f* Credencial.
cre.di.á.rio [krediˈarju] *sm* Crédito.
cre.di.bi.li.da.de [kredibilidˈadi] *sf* Credibilidad.
cré.di.to [krˈɛditu] *sm* Crédito. **levar a crédito** dar crédito.
cre.do [krˈɛdu] *sm* Credo.
cre.dor [kredˈor] *sm* Acreedor.
cré.du.lo [krˈɛdulu] *adj+sm* Crédulo.

cre.ma.tó.rio [kremat′ɔrju] *adj+sm* Crematorio.

cre.me [kr′emi] *sm* Crema. • *adj m+f sing+pl* Crema, castaño claro (color).

cren.ça [kr′ẽsɐ] *sf* Creencia.

cren.di.ce [krẽd′isi] *sf* Superstición.

cren.te [kr′ẽti] *adj e s m+f* Creyente.

cre.pús.cu.lo [krep′uskulu] *sm* Crepúsculo.

crer [kr′er] *vtd+vti+vi* Creer. *meu filho ainda acredita em Papai Noel* / mi hijo todavía cree en Papá Noel.

cres.cen.te [kres′ẽti] *adj m+f* Cresciente. **quarto crescente** cuarto creciente.

cres.cer [kres′er] *vi+vtd+vti* Crecer.

cres.ci.do [kres′idu] *adj* Crecido, grande, numeroso, desarrollado.

cres.ci.men.to [kresim′ẽtu] *sm* Crecimiento.

cres.po [kr′espu] *adj* Crespo.

cre.ti.no [kret′inu] *adj+sm* Cretino.

cri.a [kr′iɐ] *sf* Cría.

cri.a.ção [krjas′ɐ̃w] *sf* **1** Creación. **2** Crianza. Veja nota em **criança**.

cri.a.da [kri′adɐ] *sf* Criada, empleada, asistenta.

cri.a.do [kri′adu] *adj* Criado.

cri.a.do-mu.do [krjadum′udu] *sm* Mesita de noche, mesilla de noche, velador. *Juan tinha uma foto da sua namorada no criado-mudo* / Juan tenía una foto de su novia en la mesita de noche. *Pl: criados-mudos*.

cri.a.dor [krjad′or] *adj+sm* Creador. • *sm* Dios.

cri.an.ça [kri′ɐ̃sɐ] *sf* Niño, chico, nene, crío. **criança de peito** niño de pecho. Em espanhol, **crianza** significa "educação, criação, ação ou efeito de criar", principalmente o período de amamentação.

cri.ar [kri′ar] *vtd+vi+vpr* **1** Crear. **2** Criar.

cri.a.ti.vi.da.de [kriativid′adi] *sf* Creatividad.

cri.a.ti.vo [kriat′ivu] *adj* Creativo.

cri.a.tu.ra [krjat′urɐ] *sf* Criatura.

cri.cri [krikr′i] *sm* Onomatopeya que designa a los grillos. • *fig adj m+f* Pesado.

cri.me [kr′imi] *sm Dir* Crimen.

cri.mi.nal [krimin′aw] *adj m+f* Criminal. **direito criminal** derecho criminal.

cri.mi.no.so [krimin′ozu] *adj+sm* Criminoso. *Pl: criminosos (ó)*.

cri.na [kr′inɐ] *sf Zool* Crin.

cri.ou.lo [kri′owlu] *adj+sm* Criollo.

cri.sá.li.da [kriz′alidɐ] *sf Zool* Crisálida.

cri.se [kr′izi] *sf* Crisis. *com os quarenta anos chega a crise da meia-idade* / con los cuarenta años llega la crisis de la mediana edad.

cris.ta [kr′istɐ] *sf* Cresta. **na crista da onda** en la cresta de la ola.

cris.tal [krist′aw] *sm* Cristal.

cris.ta.lei.ra [kristal′ejrɐ] *sf* Cristalera.

cris.ta.li.no [kristal′inu] *adj* Cristalino. • *sm Anat* Cristalino (del ojo).

cris.tão [krist′ɐ̃w] *adj+sm* Cristiano. *Pl: cristãos*.

cris.ti.a.nis.mo [kristjan′izmu] *sm Rel* Cristianismo.

cris.to [kr′istu] *sm* Cristo.

cri.té.rio [krit′ɛrju] *sm* Criterio.

crí.ti.ca [kr′itikɐ] *sf* Crítica.

cri.ti.car [kritik′ar] *vtd* Criticar.

crí.ti.co [kr′itiku] *adj* Crítico: a) relativo a la crítica. b) relativo a la crisis. • *sm* Crítico.

cro.chê [kroʃ′e] *sm* Croché, ganchillo.

cro.co.di.lo [krokod′ilu] *sm Zool* Cocodrilo.

cro.mo [kr′omu] *sm Quím* Cromo.

cro.mos.so.mo [kromos′omu] *sm Biol* Cromosoma.

crô.ni.ca [kr′onikɐ] *sf* Crónica.

crô.ni.co [kr′oniku] *adj* Crónico.

cro.no.gra.ma [kronogr′ʌmɐ] *sm* Cronograma.

cro.no.lo.gi.a [kronoloʒ′iɐ] *sf* Cronología.

cro.no.ló.gi.co [kronol′ɔʒiku] *adj* Cronológico.

cro.no.me.trar [kronometr′ar] *vtd* Cronometrar.

cro.que.te [krok′ɛti] *sm Cul* Croqueta.

cros.ta [kr′ostɐ] *sf* Costra.

cru [kr′u] *adj* Crudo. *na cozinha japonesa muitos pratos são preparados com peixe cru* / en la cocina japonesa muchos platos se preparan con pescado crudo.

cru.ci.al [krusi′aw] *adj m+f* Crucial.
cru.ci.fi.car [krusifik′ar] *vtd* Crucificar.
cru.ci.fi.xo [krusif′iksu] *sm* Crucifijo.
cru.el [kru′ɛw] *adj m+f* Cruel.
cru.el.da.de [krwewd′adi] *sf* Crueldad.
crus.tá.ceo [krust′asju] *sm+adj Zool* Crustáceo.
cruz [kr′us] *sf* Cruz.
cru.za.da [kruz′adə] *sf* Cruzada.
cru.za.do [kruz′adu] *adj+sm Hist* Cruzado, el que tomaba parte en una Cruzada.
cru.za.dor [kruzad′or] *sm Mar* Crucero, buque de guerra.
cru.za.men.to [kruzam′ẽtu] *sm* Cruce.
cru.zar [kruz′ar] *vtd+vti+vi+vpr* Cruzar.
cru.zei.ro [kruz′ejru] *sm* Crucero. *na sua lua de mel fizeram um cruzeiro pelas ilhas gregas* / en su luna de miel hicieron un crucero por las islas griegas.
cu [k′u] *sm coloq* Culo, ano. **cu de ferro** aplicado, estudioso. **2** *Chile* Mateo. **cu do mundo** muy lejos, perdido. **2** Culo del mundo. **está no cu do mundo** está en el culo del mundo.
cu.ba.no [kub′ʌnu] *adj+sm* Cubano.
cú.bi.co [k′ubiku] *adj* Cúbico. **metro cúbico** metro cúbico. **raiz cúbica** raíz cúbica.
cu.bí.cu.lo [kub′ikulu] *sm* Cubículo.
cu.bis.mo [kub′izmu] *sm* Cubismo.
cu.bo [k′ubu] *sm Geom Mat* Cubo.
cu.ca [k′ukə] *sf* **1** Adefesio. **2** *fam* Coco, monstruo. **encher a cuca** empinar el codo. **mestre cuca** cocinero.
cu.co [k′uku] *sm* **1** *Zool* Cuco. **2** *fam* Cocinero.
cu.cui.a [kuk′ujə] *sf* Decadencia. **ir para a cucuia** entrar en decadencia.
cu-do.ce [kud′osi] *s m+f fam* Remilgoso.
cu.e.ca [ku′ɛkə] *sf* Calzoncillo, calzoncillos.
cu.í.ca [ku′ikə] *sf Mús* Zambomba.
cui.da.do [kujd′adu] *adj+sm* Cuidado. • *interj* **cuidado!** ¡Cuidado! Veja nota em **capricho** (espanhol).
cui.da.do.sa.men.te [kujdadɔzam′ẽti] *adv* Cuidadosamente, con cuidado.
cui.da.do.so [kujdad′ozu] *adj* Cuidadoso, solícito, diligente, atento, vigilante. *Pl: cuidadosos (ó).*
cui.dar [kujd′ar] *vtd+vti+vpr* Cuidar.
cu.jo [k′uʒu] *pron* Cuyo.
cu.la.tra [kul′atrə] *sf Mil* Culata.
cu.li.ná.ria [kulin′arjə] *sf* Culinaria. *a culinária brasileira é muito variada* / la culinaria brasileña es muy variada.
cu.li.ná.rio [kulin′arju] *adj* Culinario.
cul.mi.nar [kuwmin′ar] *vti+vi* Culminar.
cul.pa [k′uwpə] *sf* Culpa.
cul.pa.do [kuwp′adu] *adj+sm* Culpable.
cul.par [kuwp′ar] *vtd+vti+vpr* Culpar.
cul.ti.var [kuwtiv′ar] *vtd+vti+vpr* Cultivar.
cul.to [k′uwtu] *adj* Culto: a) cultivado. b) que tiene cultura. • *sm* Culto: a) homenaje religioso. b) cultivo.
cul.tu.ar [kuwtu′ar] *vtd* Rendir culto.
cul.tu.ra [kuwt′urə] *sf* Cultura.
cul.tu.ral [kuwtur′aw] *adj m+f* Cultural.
cu.me [k′umi] *sm* Cumbre, cima. *os alpinistas chegaram ao cume da montanha* / los andinistas llegaron a la cumbre de la montaña.
cúm.pli.ce [k′ũplisi] *s m+f* Cómplice.
cum.pli.ci.da.de [kũplisid′adi] *sf* Complicidad.
cum.pri.men.tar [kũprimẽt′ar] *vtd+vti+vpr* **1** Saludar. **2** Cumplimentar, felicitar.
cum.pri.men.to [kũprim′ẽtu] *sm* **1** Cumplimiento. **2** Saludo. **3** Elogio.
cum.prir [kũpr′ir] *vtd+vti+vi+vpr* Cumplir.
cú.mu.lo [k′umulu] *sm* Cúmulo.
cu.nha [k′uɲə] *sf* Cuña.
cu.nha.do [kuɲ′adu] *s* Cuñado. • *adj f* Acuñada.
cu.pi.do [kup′idu] *sm* Cupido.
cu.pim [kup′ĩ] *sm Zool* Termita, termes.
cu.pom [kup′õw] *sm* Cupón.
cú.pu.la [k′upulə] *sf* Cúpula.
cu.ra [k′urə] *sf* **1** Cura, curación. *sm* **2** Cura, sacerdote católico. Veja nota em **padre** (português).
cu.ran.dei.ro [kurãd′ejru] *sm* Curandero.
cu.rar [kur′ar] *vtd+vti+vi+vpr* Curar.

cu.ra.ti.vo [kuratʃ'ivu] *sm* Curación, curativa. • *adj* Curativo.
cu.rin.ga [kur'ĩgə] *sm* Comodín.
cu.ri.o.si.da.de [kurjozid'adʒi] *sf* Curiosidad.
cu.ri.o.so [kuri'ozu] *adj+sm* Curioso. *Pl: curiosos (ó)*.
cur.ral [kuř'aw] *sm* Corral.
cur.rí.cu.lo [kuř'ikulu] *sm* **1** Currículo. **2** *Curriculum vitae*.
cur.sar [kurs'ar] *vtd+vi* Cursar.
cur.so [k'ursu] *sm* Curso.
cur.sor [kurs'or] *sm Inform* Cursor.
cur.ta-me.tra.gem [kurtəmetr'aʒẽj] *sf Cin* Cortometraje. *Pl: curtas-metragens*. Veja nota em **abordaje**.
cur.ti.ção [kurtis'ãw] *sf gír* **1** Divertimento. **2** Colocón (de drogas).
cur.tir [kurt'ir] *vtd* **1** Curtir. *vi* **2** *coloq* Disfrutar, divertirse.
cur.to [k'urtu] *adj* Corto.
cur.to-cir.cui.to [kurtusirk'ujtu] *sm Eletr* Cortocircuito. *Pl: curtos-circuitos*.
cur.va [k'urvə] *sf* Curva.
cur.var [kurv'ar] *vtd+vti+vpr* Curvar.

cur.vo [k'urvu] *adj* Curvo.
cus.cuz [kusk'us] *sm Cul* Cuscús. *o cuscuz é um prato de origem berbere / el cuscús es un plato de origen bereber. Pl: cuscuzes*.
cus.po [k'uspu] *sm* Saliva, esputo.
cus.pir [kusp'ir] *vtd+vti+vi* Escupir. *as lhamas têm o hábito de cuspir quando incomodadas / las llamas tienen la costumbre de escupir cuando las incomodan*.
cus.ta [k'ustə] *sf* Gasto, dispendio. **à custa de** a costa de.
cus.tar [kust'ar] *vti+vi+vtd* Costar.
cus.te.ar [kuste'ar] *vtd* Costear.
cus.to [k'ustu] *sm* Costo, coste. *o custo da vida é cada vez maior / el costo de la vida es cada vez mayor*.
cus.to.so [kust'ozu] *adj* Costoso. *Pl: custosos (ó)*.
cus.tó.dia [kust'ɔdʒə] *sf* Custodia.
cu.tâ.neo [kut'ʌnju] *adj Anat* Cutáneo.
cu.tí.cu.la [kut'ikulə] *sf* Cutícula.
cú.tis [k'utis] *sf sing+pl* Cutis.
cu.tu.car [kutuk'ar] *vtd* Tocar (levemente con el dedo o el codo).

d, D [d′e] *sm* **1** Quarta letra del alfabeto português. **2 D** Quinientos en la numeración romana.

da [də] *contr prep* de+*art def f* a. De la. *os botões da blusa* / los botones de la blusa.

dá.di.va [d′adivə] *sf* **1** Donativo, ofrenda, regalo, obsequio. *este meu namorado é uma dádiva dos deuses* / este mi novio es un regalo de los dioses. **2** *fig* Dádiva, don.

da.do¹ [d′adu] *adj* **1** Gratuito, gratis, regalado. **2** Concreto, determinado, establecido. **3** Inclinado, tendiente, propenso.

da.do² [d′adu] *sm* **1** Dado (juego). **2** Cubo. **3** Dato, información. • *pron indef* Cierto, algún, qualquier. *recebeu uma dada informação que o fez chorar* / recibió una cierta información que lo hizo llorar. **coletar dados** recopilar datos. **lançar os dados** echar la suerte.

da.í [da′i] *contr prep* de+*adv* aí. De ahí, de ello, desde ahí. *o gato saiu daí, eu vi* / el gato salió de ahí, lo he visto. *ele pode nos ver daí* / él nos puede ver desde ahí. **e daí?** ¿y?, ¿y con eso qué?

da.li [dal′i] *contr prep* de+*adv* ali. De allí, de allá, desde allí. *o barulho vem dali* / el ruido viene de allí. *ela veio correndo dali* / ella vino corriendo desde allí.

dal.tô.ni.co [dawt′oniku] *adj*+*sm* Med Daltónico, daltoniano.

dal.to.nis.mo [dawton′izmu] *sm* Med Daltonismo, confusión de colores.

da.ma [d′∧mə] *sf* **1** Dama: a) mujer, señora. b) pareja de danza. c) actriz. d) reina (ajedrez y baraja). e) *Zool* gamo. f) dama de honor. **2 damas** *pl* Juego de damas. **ser uma dama** ser educada, gentil.

da.mas.co [dam′asku] *sm* Damasco: a) *Bot* albaricoque. b) el tejido.

da.na.do [dan′adu] *adj*+*sm* **1** Dañado, damnificado, perjudicado. **2** Condenado, maldito. **3** *fig* Irritado, aburrido, revoltoso, rabioso, furioso. *fiquei danada quando soube do que eles fizeram* / me puse furiosa cuando supe lo que habían hecho. **4** Travieso, jugetón. • *adj* Enorme, inmenso. *tive um trabalho danado para arrumar isso tudo* / tuve un trabajo inmenso para arreglarlo todo. **danado por** loco por. *ele é danado por pizza* / él es loco por pizza.

da.nar [dan′ar] *vtd* **1** *Dir* Condenar. *vtd*+*vpr* **2** Dañar, perjudicar, damnificar. **3** Pervertir, degenerar. **4** Irritar. **5** Condenar al fuego del infierno.

dan.ça [d′ãsə] *sf* **1** Danza, baile. **2** *fig* Agitación, movimiento. **entrar na dança** involucrarse en la situación.

dan.çar [dãs′ar] *vi* **1** Danzar, bailar. **2** Agitar, oscilar. *a bandeira dançava ao vento* / la bandera oscilaba al viento. **3** *fig* Salirse mal.

dan.ça.ri.no [dãsar′inu] *adj*+*sm* Bailarín, danzarín.

da.ni.nho [dan′iñu] *adj* Dañino, nocivo, dañoso, perjudicial, pernicioso. **erva daninha** mala hierba.

da.no [d′∧nu] *sm* **1** Daño, perjuicio, pérdida. **2** Estrago, asolamiento, ruina. **3** Avería. **4** Lesión.

da.que.le [dak′eli] *contr prep* de+*pron dem* aquele. De aquel, de aquél. • *pron pl* **daqueles** buen, gran, enorme. *tomei um susto daqueles!* / ¡me llevé un susto enorme!

da.qui [dak′i] *contr prep* de+*adv* aqui. **1** De aquí. **2** De ahora, desde ahora. *daqui pra frente seremos só nós dois /* de ahora en adelante seremos sólo nosotros dos. **3** Desde acá, desde aquí. *daqui não consigo ouvir você /* desde aquí no puedo oírte. **daqui a pouco** dentro de poco.

da.qui.lo [dak′ilu] *contr prep* de+*pron* dem aquilo. De aquello.

dar [d′ar] *vtd* **1** Dar. *vpr* **2** Llevarse. *eles se dão bem /* ellos se llevan bien. **3** *fam* Entregarse (sexualmente). **dar a palavra** comprometerse de palabra. **dar certo** lograr. *lembra-se daquele meu projeto? Deu certo /* ¿te acuerdas de aquél proyecto mío? Lo logré. **dar duro** matarse, trabajar mucho, esforzarse. *eu dou duro o dia inteiro e, quando chego, você está de mau humor /* yo me mato todo el día y cuando llego ¿estás de mal humor? **dar em cima** requebrar, galantear. **dar na vista** llamar la atención. **dar no pé** marcharse. **dar pé (na água)** tocar fondo. **dar um fora** meter la pata.

das [d′as] *contr prep* de+*art def fem pl* as. De las. *somos todos amantes das belezas da vida /* nosotros somos todos amantes de las bellezas de la vida.

da.ta [d′atə] *sf* Fecha, data.

da.ti.lo.gra.far [datilograf′ar] *vtd* Dactilografiar, mecanografiar.

da.ti.lo.gra.fi.a [datilograf′iə] *sf* Dactilografía, mecanografía.

da.ti.lo.gra.fo [datil′ɔgrafu] *sm* Mecanógrafo, dactilógrafo.

de [di] *prep* **1** De. **2** Desde. *ouço as vozes vindo de longe /* oigo las voces llegando desde lejos.

de.bai.xo [deb′ajʃu] *adv* Debajo, bajo, abajo, por debajo.

de.ban.dar [debãd′ar] *vtd*+*vi*+*vpr* Desbandar.

de.ba.te [deb′ati] *sm* **1** Debate, controversia, discusión. **2** Contienda.

de.ba.ter [debat′er] *vtd*+*vi* **1** Debatir, discutir, altercar. *vpr* **2** Contorcerse.

dé.bil [d′ɛbiw] *adj m*+*f* Débil. • *adj* e *s m*+*f* **1** *Psiq* Débil mental, idiota, deficiente mental. **2** *fam* Tonto, pavo, zonzo. *Pl:* **débeis**.

de.bi.loi.de [debil′ɔjdi] *adj* e *s m*+*f* Tonto, pavo, zonzo.

dé.bi.to [d′ɛbitu] *sm Com* Débito, debe, adeudo, deuda, carga.

de.bo.cha.do [deboʃ′adu] *adj*+*sm* **1** Bromista, burlón, guasón, chistoso. **2** Libertino, degenerado, licencioso.

de.bo.che [deb′ɔʃi] *sm* **1** Libertinaje, concupiscencia, lubricidad. **2** Escarnio, sarcasmo, burla. **3** Desprecio irónico, desaire, desdén. *quando me olha com esse ar de deboche, tenho vontade de matá-lo /* cuando me mira con ese aire de desprecio irónico, tengo ganas de matarlo.

de.bru.çar [debrus′ar] *vtd*+*vpr* **1** Echar(se) de bruces. **2** Inclinar.

de.bu.tan.te [debut′ãti] *sf* Debutante.

dé.ca.da [d′ɛkadə] *sf* Década, decenio.

de.ca.dên.cia [dekad′ẽsjə] *sf* Decadencia, declinación.

de.ca.den.te [dekad′ẽti] *adj* e *s m*+*f* Decadente, decaído, declinado.

de.cal.que [dek′awki] *sm* Calco, calcomanía.

de.cên.cia [des′ẽsjə] *sf* **1** Decencia, dignidad, honestidad. **2** Pundonor, decoro, recato.

de.cen.te [des′ẽti] *adj m*+*f* **1** Decente, justo, honesto, debido. **2** Apropiado, bien portado.

de.ce.par [desep′ar] *vtd* **1** Exterminar, talar. **2** Mutilar, amputar.

de.cep.ção [deseps′ãw] *sf* Decepción, frustración, desilusión, desencanto, desengaño, chasco.

de.cep.ci.o.nan.te [desepsjon′ãti] *adj m*+*f* Decepcionante, frustrante.

de.cep.ci.o.nar [desepsjon′ar] *vtd*+*vpr* Decepcionar, defraudar, desilusionar, desencantar, desengañar, frustrar. Veja nota em **desapuntar**.

de.ci.di.da.men.te [desididam′ẽti] *adv* Decididamente, definitivamente.

de.ci.di.do [desid′idu] *adj* Decidido, resoluto, resuelto, audaz, firme.

de.ci.dir [desid′ir] *vtd*+*vpr* **1** Decidir, resolver. *vtd*+*vi* **2** Disponer, determinar, deliberar. *vtd* **3** Decretar, dictar.

de.ci.frar [desifr′ar] *vtd* Descifrar, interpretar, comprender, adivinar.

de.ci.mal [desim'aw] *adj m+f* Decimal.
de.cí.me.tro [des'imetru] *sm* Decímetro.
dé.ci.mo [d'ɛsimu] *adj+sm* Décimo.
de.ci.são [desiz'ãw] *sf* **1** Decisión: a) determinación, resolución, definición, deliberación. b) *Dir* fallo, veredicto, sentencia. c) elección, opción. **2** Valor, osadía, carácter. *um homem de decisão é do que precisamos aqui* / un hombre de carácter es lo que necesitamos acá.
de.ci.si.vo [desiz'ivu] *adj* Decisivo, crucial, resolutivo, terminante, definitivo, determinante.
de.cla.mar [deklam'ar] *vtd+vi* Declamar, recitar.
de.cla.ra.ção [deklaras'ãw] *sf* **1** Declaración, anunciación, explicación, manifestación, constancia. **2** Confesión de amor.
de.cla.ra.do [deklar'adu] *adj* Declarado: a) afirmado, anunciado, revelado. b) manifiesto, ostensible.
de.cla.rar [deklar'ar] *vtd+vpr* Declarar.
de.cli.nar [deklin'ar] *vtd* **1** Desviar, apartar. *vtd* **2** Declinar: a) cambiar la naturaleza. b) rehusar. c) enunciar las formas de una palabra. *vi* d) inclinar hacia abajo, pender. e) decaer, degenerar.
de.clí.nio [dekl'inju] *sm* Decadencia, declinación, caída.
de.cli.ve [dekl'ivi] *adj+sm* Declive, pendiente, inclinación, bajada, rampa, cuesta, ladera, vertiente.
de.co.di.fi.car [dekodifik'ar] *vtd* Descodificar, decodificar, interpretar, descifrar.
de.co.la.gem [dekol'aʒẽj] *sf* Aeron Despegue.
de.co.lar [dekol'ar] *vi* Despegar: a) *Aeron* alzar vuelo. b) *fig* iniciar un actividad.
de.com.po.si.ção [dekõpozis'ãw] *sf* Descomposición.
de.co.ra.ção [dekoras'ãw] *sf* Adorno, decorado, decoración.
de.co.ra.dor [dekorad'or] *adj+sm* Decorador, adornista.
de.co.rar[1] [dekor'ar] *vtd+vi* Decorar, memorizar, aprender de coro.
de.co.rar[2] [dekor'ar] *vtd* **1** Ornamentar, adornar. **2** Condecorar.
de.co.re.ba [dekor'ɛbə] *sf* Memorización. *este exercício é só decoreba, não preciso usar a lógica* / este ejercicio es apenas memorización, no es necesario usar la lógica.
de.cor.ren.te [dekor̃'ẽti] *adj m+f* **1** Transcurrente. **2** Consecuente. **3** *Bot* Decurrente.
de.cor.rer [dekor̃'er] *vtd* **1** Transcurrir, pasar. **2** Proceder, resultar, derivar. • *sm* Decurso, transcurso.
de.co.ta.do [dekot'adu] *adj* Escotado.
de.co.te [dek'ɔti] *sm* Escote, escotadura, descote.
de.cre.to [dekr'ɛtu] *sm* Decreto.
de.cre.to-lei [dekrɛtul'ej] *sm Dir* Decreto ley. *Pl: decretos-lei, decretos-leis.*
de.dal [ded'aw] *sm* Dedal.
de.dão [ded'ãw] *sm fam* Dedo gordo, pulgar.
de.dar [ded'ar] *vtd fam* Delatar, soplar, chivar.
de.de.ti.za.ção [dedetizas'ãw] *sf* Desinsectación, desinfección, fumigación.
de.de.ti.zar [dedetiz'ar] *vtd* Desinsectar, desinfectar, fumigar.
de.di.ca.ção [dedikas'ãw] *sf* Dedicación.
de.di.ca.do [dedik'adu] *adj* Dedicado.
de.di.car [dedik'ar] *vtd+vpr* Dedicar.
de.di.ca.tó.ria [dedikat'ɔrjə] *sf* Dedicatoria.
de.do [d'edu] *sm* Dedo. **botar o dedo na ferida** poner el dedo en la llaga. **dedo polegar/indicador/médio/anular/mindinho** dedo pulgar/índice/medio/anular/meñique. **dois dedos / dois dedinhos** un poquito (de algo). *só quero dois dedinhos de suco, não estou com muita sede* / quiero solamente un poquito de jugo, no tengo mucha sed.
de.do-du.ro [dedud'uru] *adj+sm fam* Delator, chivato, soplón, acusica, cañuto, acusón. *Pl: dedos-duros.*
de.du.rar [dedur'ar] *vtd fam* Chivar, delatar, acusar, soplar.
de.du.zir [deduz'ir] *vi* Deducir.
de.fa.sa.gem [defaz'aʒẽj] *sf* Desfase, descompás, diferencia.
de.fe.car [defek'ar] *vtd+vpr* Defecar, evacuar, deponer, ensuciar, obrar.
de.fei.to [def'ejtu] *sm* Defecto, imperfección.

de.fei.tu.o.so [defejtu'1ozu] *adj* Defectuoso, imperfecto, falto, defectivo. *Pl: defeituosos (ó).*

de.fen.der [defẽd'er] *vtd+vi+vpr* Defender.

de.fen.si.va [defẽs'iva] *sf* Defensiva, defensa, resguardo, protección.

de.fen.si.vo [defẽs'ivu] *adj+sm* Defensivo, protector.

de.fen.sor [defẽs'or] *adj+sm* Defensor, protector.

de.fe.sa [def'ezə] *sf* Defensa: a) protección, resistencia, amparo. b) auxilio. c) alegación, justificación. d) fortificación. e) *Dir* abogado, defensor. f) *Esp* línea defensiva.

de.fi.ci.ên.cia [defisi'ẽsjə] *sf* Deficiencia, falta, insuficiencia, déficit, defecto.

de.fi.ci.en.te [defisi'ẽti] *adj+sm* Deficiente, falto.

dé.fi.cit [d'ɛfisit] *sm sing+pl* Déficit.

de.fi.ci.tá.rio [defisit'arju] *adj* Deficitario.

de.fi.ni.ção [definis'ãw] *sf* Definición.

de.fi.nir [defin'ir] *vtd* Definir, determinar.

de.fi.ni.ti.vo [definit'ivu] *adj* Definitivo, decisivo, final, conclusivo.

de.for.ma.ção [deformas'ãw] *sf* Deformación, deformidad, imperfección, malformación.

de.for.mar [deform'ar] *vtd+vpr* Deformar, desfigurar.

de.for.mi.da.de [deformid'adi] *sf* **1** Deformidad, deformación, irregularidad. **2** *fig* Tara, defecto, vicio.

de.fron.tar [defrõt'ar] *vtd+vpr* Afrontar, enfrentarse a.

de.fron.te [defr'õti] *adv* Adelante, enfrente. *minha casa fica defronte da casa de minha irmã* / mi casa se queda enfrente a la de mi hermana.

de.fu.ma.dor [defumad'or] *adj+sm* Sahumador, fumigador.

de.fu.mar [defum'ar] *vtd* Ahumar, fumigar, sahumar.

de.fun.to [def'ũtu] *adj+sm* Difunto, fallecido, muerto, finado, cadáver.

de.ge.ne.ra.do [deʒener'adu] *adj+sm* Corrompido, alterado.

Degenerado, em espanhol, tem somente um uso corrente, que é o de "depravado".

de.ge.ne.rar [deʒener'ar] *vtd+vi+vpr* **1** Degenerar: a) decaer, delinar. b) deteriorar. **2** Empeorar. **3** Corromper, pervertir.

de.go.lar [degol'ar] *vtd* Degollar, decapitar, descabezar.

de.gra.da.ção [degradas'ãw] *sf* **1** Degradación: a) corrupción, depravación. b) *Pint* declinación, moderación de color. **2** Descenso, caída. **3** Exilio, expatriación. **4** Destrucción, devastación. **5** Deterioro, deterioración.

de.gra.dan.te [degrad'ãti] *adj m+f* Degradante, humillante.

de.grau [degr'aw] *sm* **1** Peldaño, tramo, grada, escalón. **2** Grado.

de.grin.go.lar [degrĩgol'ar] *vtd+vi* Arruinarse, decaer.

de.gus.tar [degust'ar] *vtd* Degustar, probar. Veja nota em **catar** (português).

dei.ta.do [dejt'adu] *adj* Acostado.

dei.tar [dejt'ar] *vtd+vpr* **1** Acostar, echar. **2** Acostarse, encamar (mantener relación sexual). **3** Recostar. **4** Tender, echar por el suelo, tumbar. **deitar a perder** echar a perder. **deitar e rolar** cortar el bacalao.

dei.xa [d'ejʃə] *sf* **1** *Teat* Seña. **2** Dejación legado, herencia.

dei.xar [dejʃ'ar] *vtd+vpr* **1** Dejar: a) abandonar, irse. b) permitir, consentir, tolerar. c) desistir, deshabituarse. **2** Morir. **deixa pra lá** no hacer caso. *deixa pra lá, ela mal-educada mesmo* / no le hagas caso, es una mal educada.

de.je.to [deʒ'ɛtu] *sm* Deyección, excremento.

de.la [d'ɛlə] *contr prep* de+*pron pes* ela. De ella, su, suya.

de.la.ção [delas'ãw] *sf* Delación, denuncia, acusación.

de.la.tar [delat'ar] *vtd* Delatar, denunciar acusar, soplar.

de.la.tor [delat'or] *adj+sm* Delator, chivato, denunciador, acusador, soplón.

de.le [d'eli] *contr prep* de+*pron pes* ele. De él, su, suyo.

de.le.ga.ci.a [delegas'iə] *sf* Comisaría.

de.le.ga.do [deleg'adu] *adj+sm* Delegado comisario.

de.li.be.ra.do [deliber′adu] *adj* **1** Decidido. **2** Deliberado, intencionado, premeditado, pensado.

de.li.be.rar [deliber′ar] *vtd* Deliberar: a) decidir, juzgar, resolver. b) ponderar.

de.li.ca.de.za [delikad′ezə] *sf* Delicadeza.

de.li.ca.do [delik′adu] *adj* Delicado.

de.lí.cia [del′isjə] *sf* Delicia, deleite, encanto, placer.

de.li.ci.ar [delisi′ar] *vtd+vpr* Deliciarse, deleitarse.

de.li.ci.o.so [delisi′ozu] *adj* Delicioso. *Pl: deliciosos (ó)*.

de.lin.quên.cia [delĩk′wẽsjə] *sf* Delincuencia, criminalidad.

de.lin.quen.te [delĩk′wẽti] *adj e s m+f* Delincuente, criminal, transgresor.

de.li.ran.te [delir′ãti] *adj m+f* Delirante.

de.li.rar [delir′ar] *vi* Delirar, desvairar, fantasear, alucinar, enajenarse.

de.lí.rio [del′irju] *sm* Delirio, desvarío, alucinación, exaltación, perturbación.

de.li.to [del′itu] *sm Dir* Delito, crimen, infracción.

de.lon.ga [del′õgə] *sf* Demora, retraso, dilación, tardanza.

de.ma.go.gi.a [demagoʒ′iə] *sf* Demagogia.

de.ma.go.go [demag′ogu] *adj+sm* Demagogo.

de.mais[1] [dem′ajs] *adv* **1** Demás, demasiado, excesivamente, mucho. *gosto demais disso* / eso me gusta mucho. **2** Además.

de.mais[2] [dem′ajs] *pron* Demás, otros. *não gosto quando os demais se metem nos meus assuntos* / no me gusta cuando se meten los demás en mis cosas.

de.mão [dem′ãw] *sf* Mano, capa (de barniz, pintura etc.). *Pl: demãos*.

de.ma.si.a [demaz′iə] *sf* Demasía: a) exceso, sobra. b) atrevimiento, temeridad.

de.ma.si.a.da.men.te [demazjadam′ẽti] *adv* Demasiadamente, excesivamente.

de.ma.si.a.do [demazi′adu] *adj* Demasiado, excesivo, mucho. • *adv* Demasiadamente, excesivamente.

de.mên.cia [dem′ẽsjə] *sf* Demencia, locura, alienación, trastorno, perturbación mental.

de.men.te [dem′ẽti] *adj e s m+f* Demente.

de.mis.são [demis′ãw] *sf* **1** Dimisión, renuncia. **2** Despido, exoneración.

de.mi.ti.do [demit′idu] *adj+sm* Destituido.

de.mi.tir [demit′ir] *vtd+vpr* **1** Destituir, echar, excluir, exonerar. **2** Dimitir, renunciar.

de.mo [d′emu] *sm* **1** Demo, versión demostrativa. **2** Demonio, diablo.

de.mo.cra.ci.a [demokras′iə] *sf Polít* Democracia.

de.mo.cra.ta [demokr′atə] *adj e s m+f Polít* Demócrata.

démodé [demod′e] *adj* Démodé, anticuado, pasado, desfasado, anacrónico.

de.mo.li.ção [demolis′ãw] *sf* Demolición, destrucción, desmoronamiento, hundimiento, derribo.

de.mo.lir [demol′ir] *vtd* **1** Demoler, deshacer, derribar, desmoronar. **2** Vencer, aniquilar.

de.mo.ní.a.co [demon′iaku] *adj* Demoníaco, diabólico, poseso, satánico.

de.mô.nio [dem′onju] *sm* Demonio: a) diablo, satanás, satán. b) *fig* persona fea y desagradable.

de.mons.tra.ção [demõstras′ãw] *sf* Demostración: a) manifestación, ejemplo. b) prueba, testimonio.

de.mons.trar [demõstr′ar] *vtd* Demostrar: a) manifestar, exponer, indicar. b) comprobar, enseñar, probar.

de.mo.ra [dem′ɔrə] *sf* Demora: a) retraso, dilación, mora, tardanza. b) espera, espacio, pausa. c) estada, permanencia.

de.mo.ra.do [demor′adu] *adj* Demorado, lento, tardado.

de.mo.rar [demor′ar] *vtd* Demorar, retardar, tardar.

den.dê [dẽd′e] *sm Cul* Aceite de palma.

de.ne.grir [denegr′ir] *vtd+vpr* **1** Denegrir, enturbiar, empañar, ennegrecer. **2** *fig* Denigrar, manchar, ultrajar, injuriar. Veja nota em **denegrir** (espanhol).

den.go.so [dẽg′ozu] *adj* Dengoso, melindroso, delicado. *Pl: dengosos (ó)*.

den.gue [d′ẽgi] *sm* **1** Dengue, melindre. *sf* **2** *Med* Dengue.

denominar 516 **deputado**

de.no.mi.nar [denomin'ar] *vtd+vpr* Denominar(se), nombrar(se).

de.no.tar [denot'ar] *vtd* Denotar, indicar, caracterizar.

den.si.da.de [dẽsid'adi] *sf* Densidad.

den.so [d'ẽsu] *adj* Denso.

den.ta.da [dẽt'adə] *sf* 1 Dentada, dentellada, mordisco, mordedura. 2 *fig* Dicho mordaz.

den.ta.do [dẽt'adu] *adj* Dentado, dentellado.

den.ta.du.ra [dẽtad'urə] *sf* 1 Dentadura, dentición. 2 Dentadura postiza, dientes postizos, caja de dientes. Veja nota em **dentadura** (espanhol).

den.tal [dẽt'aw] *adj m+f* Dental.

den.te [d'ẽti] *sm* Diente. **bater os dentes** dar diente con diente. **mostrar os dentes** enseñar los dientes.

den.ti.frí.cio [dẽtifr'isju] *sm* Dentífrico.

den.tis.ta [dẽt'istə] *s m+f Med* Odontólogo, dentista, sacamuelas.

den.tro [d'ẽtru] *adv* Dentro, adentro. **estar por dentro** estar al tanto, estar empapado por un tema. **não dar uma dentro** no dar una, no dar pie con bola.

de.nún.cia [den'ũsjə] *sf* Denuncia, acusación, delación, revelación.

de.nun.ci.ar [denũsi'ar] *vtd* 1 Denunciar, delatar, revelar. *vtd+vpr* 2 Traicionarse, evidenciar.

de.pa.rar [depar'ar] *vtd+vpr* Deparar, presentar, encontrar.

de.par.ta.men.to [departam'ẽtu] *sm* Departamento, sección.

de.pe.nar [depen'ar] *vtd+vpr* Desplumar: a) pelar, descañonar, quitar las plumas. b) *fig* desvalijar, limpiar, rapar, expoliar, desnudar, sablear.

de.pen.dên.cia [depẽd'ẽsjə] *sf* 1 Dependencia: a) subordinación. b) posesión. c) sumisión. d) necesidad de protección. e) complemento. f) *Patol* vicio, adicción. 2 **dependências** *pl* habitaciones, dependencia (de una casa).

de.pen.den.te [depẽd'ẽti] *adj* e *s m+f* 1 Dependiente, subordinado. 2 *Med* Adicto, drogadicto, vicioso. Veja nota em **vendedor** (espanhol).

de.pen.der [depẽd'er] *vtd* Depender.

de.plo.rá.vel [deplor'avew] *adj m+f* Deplorable, lastimoso, lamentable, desagradable.

de.po.i.men.to [depojm'ẽtu] *sm Dir* Declaración, testimonio, alegato, testigo.

de.pois [dep'ojs] *adv* 1 Después, más tarde, luego, enseguida. 2 Además. *não vou com você; depois, você nem gosta de mim!* / no me voy contigo; y además ¡ni me quieres a mi! 3 Atrás. *eu cheguei logo depois deles* / yo llegué atrás de ellos. **depois que** cuando.

de.por [dep'or] *vtd* Deponer.

de.por.tar [deport'ar] *vtd* Deportar, desterrar, expatriar.

de.po.si.tar [depozit'ar] *vtd+vpr* Depositar.

de.pó.si.to [dep'ɔzitu] *sm* Depósito: a) almacén, galpón. b) sedimento, residuo.

de.pra.va.do [deprav'adu] *adj+sm* Depravado, pervertido, degenerado, degradado, corrompido, licencioso. Veja nota em **degenerado** (português).

de.pre.ci.ar [depresi'ar] *vtd* Depreciar a) devaluar, disminuir, rebajar (precio) *vtd+vpr* b) menoscabar, deslustrar.

de.pre.ci.a.ti.vo [depresiat'ivo] *adj* Depreciativo. Veja nota em **despectivo**.

de.pre.dar [depred'ar] *vtd* 1 Depredar pillar, saquear, expoliar. 2 Destruir, devastar, asolar.

de.pres.sa [depr'ɛsə] *adv* Deprisa, rápido, aprisa, rápidamente.

de.pres.são [depres'ãw] *sf* Depresión: a) achatamiento, socavón, hondonada, barranco. b) *Psicol* abatimiento físico o moral.

de.pres.si.vo [depres'ivu] *adj+sm* Depresivo, deprimente.

de.pri.men.te [deprim'ẽti] *adj m+f* Deprimente, depresivo.

de.pri.mi.do [deprim'idu] *adj* Deprimido: a) hundido. b) *Med* físico o moralmente abatido.

de.pri.mir [deprim'ir] *vtd+vpr* Deprimir a) hundir, rebajar. b) humillar, abatir.

de.pu.ta.do [deput'adu] *adj+sm Polít* Diputado.

de.ri.va.do [deriv'adu] *adj+sm* Derivado.

de.ri.var [deriv'ar] *vtd+vi+vpr* Derivar.

der.ra.dei.ro [deřad'ejru] *adj* Postrero, último.

der.ra.mar [deřam'ar] *vtd+vpr* Derramar, verter, esparcir, diseminar(se).

der.ra.me [deř'∧mi] *sm* **1** *Med* Derrame. **2** Derramamiento.

der.ra.par [deřap'ar] *vi* Derrapar, resbalar, patinar.

der.re.a.do [deře'adu] *adj* **1** Derrengado, extenuado, cansado. **2** Descuadrillado, descaderado.

der.re.ter [deřet'er] *vtd+vi+vpr* Derretir: a) liquidar, disolver, fundir. b) *fig* disipar, consumir, gastar. c) enardecer(se), enamorarse.

der.ro.ta [deř'ɔtə] *sf* Derrota: a) fracaso. b) *Mar* camino, rumbo (embarcación).

der.ro.tar [deřot'ar] *vtd* Derrotar: a) vencer, batir. b) *Mar* desviar del rumbo (embarcación).

der.ru.bar [deřub'ar] *vtd* Derribar: a) derrumbar, tumbar. b) deponer, destituir. c) desmoronar, despeñar, echar abajo, demoler. d) vencer, sujetar. e) abatir, perder/sacar el ánimo, postrar.

de.sa.ba.far [dezabaf'ar] *vtd+vpr* **1** Airear, ventilar. *vtd+vi+vpr* **2** Desahogar: a) expresarse. b) aliviar el ánimo.

de.sa.bar [dezab'ar] *vtd+vpr* Derrumbarse, desplomarse, desmoronarse, tumbar, caer.

de.sa.bo.to.ar [dezaboto'ar] *vtd+vpr* Desabotonar: a) desabrochar, abrir cierres o botones. b) abrir las flores.

de.sa.bri.ga.do [dezabrig'adu] *adj* Desabrigado: a) desamparado, desprotegido, abandonado. b) desnudo, sin abrigo, descubierto.

de.sa.bu.sa.do [dezabuz'adu] *adj* **1** Esclarecido. **2** Atrevido, confiado, inconveniente.

de.sa.ca.tar [dezakat'ar] *vtd* Desacatar, desobedecer, insubordinar.

de.sa.ca.to [dezak'atu] *sm* **1** Desacato, insubordinación, desacatamiento, irreverencia. **2** Menosprecio, menoscabo.

de.sa.con.se.lhá.vel [dezakõseʎ'avew] *adj m+f* Desaconsejable.

de.sa.cor.da.do [dezakord'adu] *adj* **1** Desacorde, discordante, divergente. **2** Desmayado, desfallecido.

de.sa.cor.do [dezak'ordu] *sm* Desacuerdo, divergencia, disconformidad, discordia, desharmonía.

de.sa.cos.tu.ma.do [dezakostum'adu] *adj* Desacostumbrado, deshabituado.

de.sa.fe.to [dezaf'ɛtu] *sm* Desafecto, malquerencia, enemistad. • *adj* Contrario, adverso.

de.sa.fi.ar [dezafi'ar] *vtd* Desafiar, provocar, excitar, tentar, retar.

de.sa.fi.na.do [dezafin'adu] *adj* **1** Desafinado. **2** Divergente, desacorde.

de.sa.fi.o [dezaf'iu] *sm* Desafío: a) provocación, riña. b) reto, objetivo difícil.

de.sa.fo.ro [dezaf'oru] *sm* Atrevimiento, insolencia.

de.sa.gra.dar [dezagrad'ar] *vtd+vpr* Desagradar, disgustar, descontentar, desgraciar, desazonar.

de.sa.gra.dá.vel [dezagrad'avew] *adj m+f* Desagradable.

de.sa.gra.do [dezagr'adu] *sm* **1** Desagrado, disgusto, descontento. **2** Rudeza.

de.sa.jei.ta.do [dezaʒejt'adu] *adj+sm* Torpe, desmañado. Veja nota em **desastrado** (português).

de.sa.jus.ta.do [dezaʒust'adu] *adj+sm* Desajustado, desavenido, desunido, desintegrado, desconcertado.

de.sa.len.to [dezal'ẽtu] *sm* Desaliento, desánimo, abatimiento, decaimiento.

de.sa.mar.rar [dezamař'ar] *vtd+vi* **1** *Mar* Desamarrar. *vtd+vpr* **2** Desatar, soltar.

de.sa.mor [dezam'or] *sm* Desamor, desafecto, malquerencia.

de.sam.pa.rar [dezãpar'ar] *vtd* Desamparar.

de.sam.pa.ro [dezãp'aru] *sm* Desamparo, abandono, desabrigo.

de.sa.ni.ma.do [dezanim'adu] *adj+sm* Desanimado, abatido, desalentado, tímido, rendido, alicaído.

de.sa.ni.mar [dezanim'ar] *vtd+vpr* Desanimar, abatir, desalentar, desinflar.

de.sâ.ni.mo [dez'ʌnimu] *sm* Desánimo, agobio, desaliento, depresión, abatimiento.

de.sa.pa.re.cer [dezapares'er] *vi* Desaparecer.

de.sa.pa.re.ci.do [dezapares'idu] *adj+sm* Desaparecido.

de.sa.pa.re.ci.men.to [dezaparesim'ẽtu] *sm* Desaparecimiento, desaparición.

de.sa.per.ce.bi.do [dezaperseb'idu] *adj* Desapercibido, desprovido, desprevenido.

de.sa.pon.ta.do [dezapõt'adu] *adj* Decepcionado, desilusionado, desencantado.

de.sa.pon.ta.men.to [dezapõtam'ẽtu] *sm* Decepción, frustración, desilusión, desaliento, desengaño.

de.sa.pon.tar [dezapõt'ar] *vtd* Desapuntar, perder la puntería. Veja nota em **desapuntar**.

de.sa.pren.der [dezaprẽd'er] *vtd+vi* Desaprender.

de.sa.pro.var [dezaprov'ar] *vtd* Desaprobar, reprobar.

de.sar.ma.men.to [dezarmam'ẽtu] *sm* Desarme.

de.sar.mar [dezarm'ar] *vtd+vpr* Desarmar.

de.sar.ran.jo [dezaŘ'ãʒu] *sm* 1 Desarreglo, desorden. 2 Desacuerdo. 3 Desconcierto. 4 Trastorno, perturbación. 5 Indisposición. **desarranjo intestinal** diarrea.

de.sar.ru.mar [dezaŘum'ar] *vtd* Desarreglar, desordenar, desorganizar.

de.sas.tra.do [dezastr'adu] *adj+sm* 1 Desastrado, infausto, infeliz. 2 Manazas, inhábil.

Desastrado, em espanhol, só não corresponde à acepção do português no sentido de "desajeitado, sem habilidade".

de.sas.tre [dez'astri] *sm* 1 Desastre, desgracia, infortunio. 2 Accidente (de veículos). 3 Fracaso, ruina.

de.sa.ten.ção [dezatẽs'ãw] *sf* Desatención, descortesía, descuido, negligencia.

de.sa.ten.to [dezat'ẽtu] *adj+sm* Desatento: a) distraído. b) descortés.

de.sa.ti.na.do [dezatin'adu] *adj+sm* 1 Desatinado, disparatado, necio, despropositado. 2 Descabellado.

de.sa.ti.no [dezat'inu] *sm* Desatino, disparate, despropósito, contrasentido.

de.sa.tu.a.li.za.do [dezatwaliz'adu] *adj* Desactualizado.

de.sa.ven.ça [dezav'ẽsə] *sf* Desavenencia, conflicto, discordia, diferencia, pendencia, antagonismo.

de.sa.ver.go.nha.do [dezavergoñ'adu] *adj+sm* Desvergonzado, atrevido, descarado, desfachatado, sinvergüenza.

de.sa.vi.sa.do [dezaviz'adu] *adj+sm* Desavisado, inadvertido, distraído, descuidado.

des.ban.car [dezbãk'ar] *vtd* 1 Desbancar a) usurpar, sustituir a alguien. b) ganar de la banca (juego). 2 Vencer, triunfar.

des.bo.ca.do [dezbok'adu] *adj* Desbocado, deslenguado, malhablado.

des.bo.tar [dezbot'ar] *vtd+vi+vpr* Desteñir, descolorar, palidecer, deslustrar, desvanecer.

des.bra.var [dezbrav'ar] *vtd* Explorar, abrir camino desconocido.

des.bun.da.do [dezbũd'adu] *adj* 1 *fam* Deslumbrado, extasiado, alucinado, maravillado, encantado. 2 Disoluto, libertino.

des.bun.dan.te [dezbũd'ãti] *adj m+f* Excelente, maravilloso, regio. *a atuação dele foi desbundante* / su actuación fue maravillosa.

des.bun.dar [dezbũd'ar] *vtd+vi* 1 *fam* Deslumbrar, alucinar. *vi* 2 Depravar, pervertir.

des.bun.de [dezb'ũdi] *sm* Deslumbramiento, éxtasis.

des.ca.bi.do [deskab'idu] *adj* 1 Inoportuno, inconveniente. 2 Absurdo.

des.ca.la.bro [deskal'abru] *sm* 1 Decadencia, caída, ruina. 2 Perjuicio, daño. 3 Descalabro, contratiempo.

des.cal.çar [deskaws'ar] *vtd+vpr* Descalzar: a) quitar el calzado. b) quitar el calzo. c) socavar. d) perder la herradura (caballo).

des.cal.ço [desk'awsu] *adj* Descalzo: a) sin calzado. b) *fig* desprevenido, desproveído, sin dinero.

des.cam.bar [deskãb'ar] *vi* 1 Despeñar, desplomarse, desmoralizarse. 2 Declinar, llegar al término. 3 Derivar, desviar el rumbo. 4 *fig* Empeorar, descaer, decaer.

des.can.sa.do [deskãs'adu] *adj* 1 Descansado, relajado. 2 Despreocupado, tranquilo.

des.can.sar [deskãs'ar] *vtd+vi* Descansar: a) sosegar, calmarse, serenar. b) mitigar, suavizar, moderar. *vi* c) reposar, dormir. d) morir. *vtd* e) confiar, fiarse. f) apoyar(se).

des.can.so [desk'ãsu] *sm* Descanso: a) pausa, interrupción. b) huelga, holganza, ocio. c) sueño, reposo. d) sosiego. e) asiento, apoyo. f) alivio.

des.ca.ra.do [deskar'adu] *adj+sm* Descarado, petulante, descocado, desahogado, cara dura, atrevido, sinvergüenza.

des.ca.ra.men.to [deskaram'ẽtu] *sm* Descaro, desfachatez, descoco, insolencia, desvergüenza, desplante, petulancia, atrevimiento.

des.car.ga [desk'argǝ] *sf* 1 Descarga: a) descargamiento, descargo, descargue. b) descarga cerrada, tiro, disparo. c) pérdida de carga eléctrica. 2 *fig* Desahogo, alivio. **dar descarga (no banheiro)** bajar el agua, apretar el pulsador/el botón, tirar la cadena (del inodoro).

des.car.re.gar [deskaŘeg'ar] *vtd+vi* Descargar: a) quitar la carga. b) desahogar, aliviar. *vtd+vpr* c) desembocar. d) desobligar. e) aclarar, despejar, disiparse (las nubes). *vtd* f) agredir, liberar mal humor. g) disparar (arma).

des.car.tar [deskart'ar] *vtd+vi+vpr* Descartar.

des.car.tá.vel [deskart'avel] *adj m+f* Desechable.

des.cas.car [deskask'ar] *vtd+vi* 1 Descascarar, mondar, sacar la cáscara, pelar. 2 Descortezar.

des.ca.so [desk'azu] *sm* Menoscabo, desprecio, menosprecio.

des.cen.dên.cia [desẽd'ẽsjǝ] *sf* Descendencia, estirpe, origen, prole.

des.cen.den.te [desẽd'ẽti] *adj m+f* Descendente, inclinado. • *adj* e *s m+f* Descendiente, heredero, sucesor. • *sm pl* **descendentes** *fig* Hijos, posteridad. Veja nota em **descendente** (espanhol).

des.cen.der [desẽd'er] *vtd* 1 Descender, proceder, derivar, provenir. *vi* 2 Bajar.

des.cen.tra.li.za.ção [desẽtralizas'ãw] *sf* Descentralización.

des.cen.tra.li.zar [desẽtraliz'ar] *vtd* Descentralizar.

des.cer [des'er] *vtd+vi* Bajar.

des.ci.da [des'idǝ] *sf* Descenso: a) bajada, declive. b) *fig* decadencia, degeneración. Veja nota em **pendente** (português).

des.clas.si.fi.car [desklasifik'ar] *vtd* 1 Desclasificar, excluir. 2 Desacreditar, descalificar. Veja nota em **desclasificar**.

des.co.ber.ta [deskob'ɛrtǝ] *sf* Descubrimiento.

des.co.ber.to [deskob'ɛrtu] *adj* Descubierto: a) expuesto, destapado. b) revelado.

des.co.bri.men.to [deskobrim'ẽtu] *sm* Descubrimiento.

des.co.brir [deskobr'ir] *vtd+vpr* Descubrir: a) destapar. b) detectar, reconocer, revelar.

des.co.la.do [deskol'adu] *adj* 1 Despegado, desencolado. 2 *fam* Listo, habilidoso, astuto.

des.com.pos.tu.ra [deskõpost'urǝ] *sf* 1 Descompostura: a) descomposición. b) desaliño. c) desarreglo. 2 Reprimenda, censura, reto, reprensión. 3 Ofensa, insulto.

des.co.mu.nal [deskomun'aw] *adj m+f* Descomunal.

des.con.cer.tan.te [deskõsert'ãti] *adj m+f* Desconcertante, pasmoso, increíble.

des.con.cer.tar [deskõsert'ar] *vtd+vpr* Desconcertar.

des.co.ne.xo [deskon'ɛksu] *adj* 1 Desconectado, inconexo. 2 Desarticulado, incoherente.

des.con.fi.a.do [deskõfi'adu] *adj* Desconfiado, receloso, escamado.

des.con.fi.an.ça [deskõfi'ãsǝ] *sf* Desconfianza, difidencia, escama.

des.con.fi.ar [deskõfi'ar] *vtd* Desconfiar, sospechar, recelar, temer, dudar, escamar.

des.con.for.to [deskõf'ortu] *sm* Incomodidad: a) incómodo. b) desánimo, disgusto, desaliento, molestia.

des.con.ge.lar [deskõʒel'ar] *vtd+vi+vpr* Descongelar, deshelar.

des.con.ges.ti.o.nan.te [deskõʒestjon'ãti] *adj+sm* Descongestionante.

des.con.ges.ti.o.nar [deskõʒestjon'ar] *vtd* Descongestionar, desobstruir.

des.co.nhe.cer [deskoñes'er] *vtd+vpr* Desconocer, ignorar.

des.co.nhe.ci.do [deskoñes'idu] *adj* Desconocido, ignorado.

des.co.nhe.ci.men.to [deskoñesim'ẽtu] *sm* Desconocimiento, ignorancia.

des.con.si.de.rar [deskõsider'ar] *vtd* Desconsiderar, desatender, desapreciar.

des.con.so.la.do [deskõsol'adu] *adj* Desconsolado, triste.

des.con.tar [deskõt'ar] *vtd* **1** Descontar, deducir, rebajar (cantidad). **2** *fig* No hacer caso, tolerar, hacer la vista gorda. *vou descontar o seu mau humor porque sei que você teve um dia difícil* / voy a tolerar tu mal humor porque sé que tuviste un día difícil. Veja nota em **desquitar** (português).

des.con.ten.te [deskõt'ẽti] *adj m+f* Descontento, insatisfecho, contrariado, disgustado.

des.con.to [desk'õtu] *sm* Descuento. **dar um desconto** tolerar, no hacer caso, hacer la vista gorda. Veja nota em **desquitar** (português).

des.con.tra.ção [deskõtras'ãw] *sf* **1** Relajación. **2** Desenvoltura, despejo, desembarazo, desenfado.

des.con.tra.í.do [deskõtra'idu] *adj* **1** Relajado, sin contracción. **2** *fam* Alegre, despejado, informal, desembarazado.

des.con.tra.ir [deskõtra'ir] *vtd+vpr* **1** Relajar, aflojar. **2** Distrairse, alegrarse, divertirse.

des.con.tro.la.do [deskõtrol'adu] *adj* Descontrolado, incontrolable.

des.con.tro.lar [deskõtrol'ar] *vtd+vpr* Descontrolar.

des.con.tro.le [deskõtr'oli] *sm* Descontrol.

des.cor.tês [deskort'es] *adj m+f* Descortés, grosero, indelicado, rudo, desabrido, malcriado.

des.cor.te.si.a [deskortez'iə] *sf* Descortesía, rudez, grosería, desconsideración, desatención.

des.cren.ça [deskr'ẽsə] *sf* Descreimiento, incredulidad, escepticismo.

des.cre.ver [deskrev'er] *vtd* Describir.

des.cri.ção [deskris'ãw] *sf* Descripción.

des.cri.ti.vo [deskrit'ivu] *adj* Descriptivo.

des.cru.zar [deskruz'ar] *vtd* Descruzar.

des.cui.da.da.men.te [deskujdadam'ẽti] *adv* Despreocupadamente, indiferentemente.

des.cui.da.do [deskujd'adu] *adj* Descuidado: a) desprevenido. b) despreocupado. c) distraído, desatento. d) omiso. e) desalinhado, zarrapastroso.

des.cui.dar [deskujd'ar] *vtd+vpr* Descuidar: a) desatender, descuidar. b) distraerse. c) relajarse.

des.cul.pa [desk'uwpə] *sf* Disculpa: a) evasiva, justificación, excusa, pretexto. b) indulgencia.

des.cul.par [deskuwp'ar] *vtd+vpr* Disculpar: a) defender. b) excusar. c) perdonar.

des.cum.prir [deskũpr'ir] *vtd* Incumplir, infringir, faltar, desobedecer, violar, transgredir, contravenir.

des.de [d'ezdi] *prep* Desde, a partir de. **desde que** siempre y cuando.

des.dém [dezd'ẽj] *sm* Desdén, desprecio, desaire, menosprecio, despego, indiferencia, menoscabo.

des.de.nhar [dezdeñ'ar] *vtd* Desdeñar, desairar, despreciar, menospreciar, descuidar, desestimar.

des.de.nho.so [dezdeñ'ozu] *adj* Desdeñoso, altivo, arrogante, orgulloso. *Pl: desdenhosos (ó)*.

des.do.brar [dezdobr'ar] *vtd+vpr* **1** Desdoblar, desplegar. **2** Extender. **3** Esforzarse, empeñarse.

de.se.jar [dezeʒ'ar] *vtd+vi* Desear: a) anhelar, ambicionar. b) codiciar. c) pretender, querer. d) estimar. **desejar ardentemente** rabiar por.

de.se.já.vel [dezeʒ'avew] *adj m+f* Deseable.

de.se.jo [dez'eʒu] *sm* Deseo: a) aspiración. b) voluntad, gana. c) intención. d) ambición, exigencia, codicia. e) excitación, apetencia sexual, aspiración. f) *fig* hambre, hipo, sed, pujo.

de.se.le.gan.te [dezeleg'ãti] *adj m+f* Inelegante: a) chabacano, ramplón. b)

de.sem.ba.ra.çar [dezẽbaras'ar] *vtd+vpr* Desembarazar, desenredar. Veja nota em **desembarazar**.

de.sem.ba.ra.ço [dezẽbar'asu] *sm* **1** Desenredo. **2** Desenvoltura, despejo, desenfado. **3** Vivacidad, presteza, agilidad.

de.sem.bar.car [dezẽbark'ar] *vtd+vi* Desembarcar.

de.sem.bar.que [dezẽb'arki] *sm* **1** Desembarque, desembarco. **2** Desembarcadero.

de.sem.bol.sar [dezẽbows'ar] *vtd+vi* Desembolsar.

de.sem.bru.lhar [dezẽbruλ'ar] *vtd* **1** Desembalar, desempacar, desenvolver. **2** *fig* Desembrollar, aclarar, desenredar.

de.sem.pe.nhar [dezẽpeñ'ar] *vtd* Desempeñar: a) ejecutar, actuar. b) sacar del empeño.

de.sem.pe.nho [dezẽp'eñu] *sm* Desempeño, ejecución, cumplimiento, actuación, interpretación.

de.sem.pre.ga.do [dezẽpreg'adu] *adj+sm* Desempleado, desacomodado, parado, desocupado, cesante.

de.sem.pre.go [dezẽpr'egu] *sm* Desempleo, desocupación, exoneración, paro, cesantía.

de.sen.ca.lhar [dezẽkaλ'ar] *vtd* **1** Desatascar. *vi* **2** Casarse.

de.sen.ca.mi.nhar [dezẽkamiñ'ar] *vtd+vpr* **1** Descaminar: a) desviar del camino, extraviarse, perderse. b) apartar del buen propósito, viciar, pervertir. *vtd* **2** Robar. **3** Seducir.

de.sen.can.to [dezẽk'ãtu] *sm* Desencanto, decepción, desengaño, desesperanza, desencantamiento, desilusión.

de.sen.car.dir [dezẽkard'ir] *vtd* Blanquear, lavar, limpiar, aclarar.

de.sen.con.trar [dezẽkõtr'ar] *vtd+vpr* **1** No encontrarse (con alguien), perderse. *marcaram de se encontrar na festa, mas se desencontraram* / marcaron de encontrarse en la fiesta, pero no se encontraron. *vi+vpr* **2** Divergir, discordar, discrepar.

de.sen.co.ra.ja.do [dezẽkoraʒ'adu] *adj* Descorazonado, desanimado, acobardado, amilanado.

de.sen.co.ra.jar [dezẽkoraʒ'ar] *vtd* Descorazonar, desanimar, desilusionar, desalentar.

de.sen.fer.ru.ja.do [dezẽfeȓuʒ'adu] *adj* **1** Desoxidado, desherrumbrado. **2** Reavivado, reanimado. **3** Listo, ligero.

de.sen.fre.a.do [dezẽfre'adu] *adj* Desenfrenado, inmoderado, descomedido.

de.sen.ga.na.do [dezẽgan'adu] *adj* Desengañado: a) desilusionado, esclarecido. b) desahuciado, condenado.

de.sen.ga.no [dezẽg'∧nu] *sm* Desengaño, chasco, desilusión, decepción, desesperanza.

de.sen.gon.ça.do [dezẽgõs'adu] *adj* **1** Torpe, desmañado. **2** Desgoznado, descoyuntado, dislocado, desarticulado.

de.se.nhar [dezeñ'ar] *vtd+vi* Dibujar, diseñar.

de.se.nhis.ta [dezeñ'istə] *adj* e *s m+f* Dibujante, diseñador.

de.se.nho [dez'eñu] *sm* Diseño, dibujo.

de.sen.la.ce [dezẽl'asi] *sm* Desenlace, solución, éxito.

de.sen.ro.lar [dezẽȓol'ar] *vtd+vpr* **1** Desenrollar, desarrollar. *vtd* **2** Desempacar. **3** Resolver.

de.sen.sa.bo.ar [dezẽsabo'ar] *vtd+vpr* Lavar, enjuagar, sacar el jabón.

de.sen.sa.car [dezẽsak'ar] *vtd* **1** Desembolsar, desempacar. **2** Revelar, hablar, contar, confesar.

de.sen.ten.der [dezẽtẽd'er] *vpr* **1** *fam* Desentenderse, hacerse el tonto, el sueco. **2** Enemistarse.

de.sen.ten.di.do [dezẽtẽd'idu] *adj+sm* Desentendido.

de.sen.ten.di.men.to [dezẽtẽdim'ẽtu] *sm* Desentendimiento, desacierto, escaramuza, divergencia, desavenencia, contienda. Veja nota em **desentendimiento**.

de.sen.ter.rar [dezẽteȓ'ar] *vtd+vpr* Desenterrar.

de.sen.tu.pir [dezẽtup'ir] *vtd* Desatancar, destapar, desobstruir, desatascar, desatrancar, desatrampar.

de.sen.vol.tu.ra [dezẽvowt'urə] *sf* **1** Desenvoltura, despejo, desenfado. **2** *fam* Travesura, picardía.

de.sen.vol.ver [dezẽvowv'er] *vtd* Desenvolver: a) desarrollar, fomentar, impulsar, crecer. b) desempacar.
de.sen.vol.vi.do [dezẽvowv'idu] *adj* Desarrollado, crecido.
de.sen.vol.vi.men.to [dezẽvowvim'ẽtu] *sm* Desarrollo, progreso, desenvolvimiento.
de.se.qui.li.bra.do [dezekilibr'adu] *adj* **1** Irregular, desigual. **2** Inclinado. • *adj+sm* Desequilibrado, alienado, loco.
de.se.qui.li.brar [dezekilibr'ar] *vtd+vpr* **1** Desequilibrar. *vtd* **2** *fig* Desestabilizar, perturbar, trastornar. *vpr* **3** Desequilibrarse.
de.se.qui.lí.brio [dezekil'ibrju] *sm* Desequilibrio.
de.ser.ção [dezers'ãw] *sf* Deserción.
de.ser.dar [dezerd'ar] *vtd* Desheredar.
de.ser.to [dez'ɛrtu] *sm* Desierto. • *adj* **1** Despoblado, deshabitado, yermo, inhabitado. **2** Solitario, abandonado.
de.ser.tor [dezert'or] *sm* Desertor.
de.ses.pe.ra.do [dezesper'adu] *adj* Desesperado.
de.ses.pe.ra.dor [dezesperad'or] *adj* Desesperante, insoportable, irritante.
de.ses.pe.ran.te [dezesper'ãti] *adj m+f* Desesperante, irritante, insoportable.
de.ses.pe.rar [dezesper'ar] *vtd+vpr* Desesperar: a) desesperanzar. b) irritar, exasperarse, impacientar.
de.ses.pe.ro [dezesp'eru] *sm* Desespero: a) desesperación, desesperanza, aflicción. b) impaciencia.
de.ses.tru.tu.rar [dezestrutur'ar] *vtd+vpr* Desestructurar.
des.fal.car [desfawk'ar] *vtd* Desfalcar: a) perjudicar, sustraer, substraer, robar. b) descalabar.
des.fa.le.cer [desfales'er] *vtd+vi* Desfallecer, desmayar.
des.fal.que [desf'awki] *sm* Desfalco.
des.fa.vo.rá.vel [desfavor'avew] *adj m+f* Desfavorable, contrario, perjudicial, adverso.
des.fa.vo.ra.vel.men.te [desfavoravewm'ẽti] *adv* Desfavorablemente.
des.fa.vo.re.ci.do [desfavores'idu] *adj* Desfavorecido, perjudicado, desairado.
des.fa.zer [desfaz'er] *vtd+vpr* Deshacer.

des.fe.cho [desf'eʃu] *sm* Conclusión, desenlace, final, solución, remate.
des.fei.ta [desf'ejtə] *sf* Afrenta, ofensa, agravio, descortesía.
des.fe.rir [desfer'ir] *vtd+vi* **1** Emitir, lanzar. *tinha tanta raiva que desferia raios pelos olhos* / tenía tanta rabia que lanzaba rayos por los ojos. *vtd* **2** Aplicar golpe (violentamente). *desferiu-lhe um soco que o fez cair ao chão* / le aplicó un golpe que lo echó al suelo.
des.fi.a.do [desfi'adu] *adj* Deshilachado, deshilado, deshebrado, desfilado.
des.fi.ar [desfi'ar] *vtd+vpr* Deshilar, desfilar, deshilachar, deshebrar.
des.fi.gu.ra.do [desfigur'adu] *adj* Desfigurado, desemejado, alterado, afeado.
des.fi.gu.rar [desfigur'ar] *vtd+vpr* Desfigurar, estropear, adulterar, alterar.
des.fi.la.dei.ro [desfilad'ejru] *sm* Desfiladero, despeñadero, garganta.
des.fi.lar [desfil'ar] *vi* Desfilar.
des.fi.le [desf'ili] *sm* Desfile.
des.flo.res.ta.men.to [desflorestam'ẽtu] *sm* Desforestación, deforestación.
des.fo.lhar [desfoʎ'ar] *vtd+vpr* Deshojar.
des.for.ra [desf'ɔʀə] *sf* **1** Desquite, venganza, revancha. **2** Desagravio.
des.for.rar [desfoʀ'ar] *vtd* **1** Sacar el forro. *vtd+vpr* **2** Desquitar, vengar. **3** Desagraviar.
des.fral.dar [desfrawd'ar] *vtd* Desplegar, abrir (al viento).
des.gar.ra.do [dezgaʀ'adu] *adj* **1** Apartado, extraviado. **2** Descarriado. **3** Pervertido. Usa-se **desgarrado**, em espanhol, no sentido de "rasgar, dilacerar, despedaçar".
des.gas.tan.te [dezgast'ãti] *adj m+f* **1** Fatigante. **2** Tedioso, fastidioso, pesado.
des.gas.tar [dezgast'ar] *vtd+vpr* **1** Desgastar: a) consumir, usar. b) perder fuerza, vigor. **2** Debilitar.
des.gas.te [dezg'asti] *sm* Desgaste: a) erosión, corrosión, abrasión, uso. b) debilitación, debilidad.
des.gos.tar [dezgost'ar] *vtd* **1** Disgustar: a) desagradar, irritar, aborrecer, enfadar. b) amargar, atormentar, apenar, mortificar. *vtd+vpr* **2** Malquerer.

des.gos.to [dezg′ostu] *sm* Disgusto: a) desagrado. b) amargura, pena, pesar. c) aversión. d) tristeza, malestar.

des.gos.to.so [dezgost′ozu] *adj* **1** Disgustado, triste, infeliz. **2** Desagradable. *Pl: desgostosos (ó)*.

des.go.ver.na.do [dezgovern′adu] *adj* **1** Desgobernado, desorientado. **2** Descontrolado. **3** Derrochado.

des.gra.ça [dezgr′asə] *sf* Desgracia, infelicidad, angustia, mal, malandanza, malaventura.

des.gra.ça.do [dezgras′adu] *adj+sm* **1** Desgraciado, pobre, infeliz, desdichado. **2** Despreciable.

des.gra.var [dezgrav′ar] *vtd* Borrar (lo grabado).

des.gre.nha.do [dezgreñ′adu] *adj* **1** Desgreñado, despeinado. **2** Desordenado, desarreglado.

des.gre.nhar [dezgreñ′ar] *vtd+vpr* **1** Desgreñar, despeinar, descabellar. *vpr* **2** Desaliñarse, descomponerse.

des.gru.dar [dezgrud′ar] *vtd+vi+vpr* Desengrudar, desencolar, despegar.

de.si.dra.ta.ção [dezidratas′ãw] *sf* Deshidratación.

de.si.dra.tar [dezidrat′ar] *vtd+vpr* Deshidratar.

design [diz′ajn] *sm ingl* Diseño.

de.sig.na.ção [dezignas′ãw] *sf* Designación.

de.sig.nar [dezign′ar] *vtd* Designar, asignar, destinar, determinar.

designer [diz′ajner] *s m+f ingl* Dibujante, diseñador.

de.si.gual [dezigw′aw] *adj m+f* Desigual: a) diferente. b) parcial. c) asimétrico, irregular. d) desparejo, dispar. e) variable, irregular. f) accidentado, altibajo.

de.si.gual.da.de [dezigwawd′adi] *sf* Desigualdad.

de.si.lu.di.do [dezilud′idu] *adj* Desilusionado, decepcionado, desengañado, desencantado.

de.si.lu.dir [dezilud′ir] *vtd+vi+vpr* Desilusionar, decepcionar, desencantar, desengañar.

de.si.lu.são [deziluz′ãw] *sf* Desilusión, decepción, desengaño, desencanto.

de.sim.pe.di.do [deziped′idu] *adj* Libre, desobstruído.

de.sim.pe.dir [deziped′ir] *vtd* Desobstruir, desatascar, liberar, descongestionar.

de.sin.cum.bir [dezikũb′ir] *vpr* Descargar, exonerar de obligación.

de.sin.fes.tar [dezĩfest′ar] *vtd* Desinfestar.

de.sin.fe.tan.te [dezĩfet′ãti] *adj+sm* Desinfectante.

de.sin.fe.tar [dezĩfet′ar] *vtd+vi* Desinfectar, higienizar, purificar.

de.sin.for.ma.ção [dezĩformas′ãw] *sf* Desinformación.

de.si.ni.bi.ção [dezinibis′ãw] *sf* Desinhibición.

de.si.ni.bi.do [dezinib′idu] *adj* Desinhibido, espontáneo, desenvuelto, listo.

de.si.ni.bir [dezinib′ir] *vtd+vpr* Desinhibir.

de.sin.te.gra.ção [dezĩtegras′ãw] *sf* Desintegración, disgregación.

de.sin.te.gra.do [dezĩtegr′adu] *adj* Desintegrado, destruído, desagregado.

de.sin.te.grar [dezĩtegr′ar] *vtd+vpr* Desintegrar, descomponer, desagregar.

de.sin.te.res.sa.do [dezĩteres′adu] *adj* Desinteresado: a) desprendido, generoso. b) imparcial, desapasionado. c) indiferente.

de.sin.te.res.san.te [dezĩteres′ãti] *adj m+f* No interesante.

de.sin.te.res.sar [dezĩteres′ar] *vtd+vpr* **1** No interesar. *vpr* **2** Desinteresarse, desentenderse.

de.sin.te.res.se [dezĩter′esi] *sm* Desinterés: a) falta de interés, frialdad. b) desapego, generosidad.

de.sin.to.xi.ca.ção [dezĩtoksikas′ãw] *sf* Desintoxicación.

de.sin.to.xi.car [dezĩtoksik′ar] *vtd+vi+vpr* Desintoxicar.

de.sis.tên.cia [dezist′ẽsjə] *sf* Desistimiento, dejación, abandono, renuncia, abdicación.

de.sis.ten.te [dezist′ẽti] *adj e s m+f* Desistente.

de.sis.tir [dezist′ir] *vtd+vi* Desistir, dejar, abandonar, dimitir, renunciar, abdicar.

des.je.jum [dezʒeʒ′ũ] *sm* Desayuno.

des.le.al [dezle′aw] *adj m+f* Desleal, infiel, traidor, falso, traicionero.

des.le.al.da.de [dezleawd'adi] *sf* Deslealtad, falsedad, traición, alevosía, perfidia, infidelidad.

des.lei.xa.do [dezlejʃ'adu] *adj* Descuidado, dejado, desaliñado, desaseado, desastrado.

des.lei.xo [dezl'ejʃu] *sm* Descuido, desgaire, dejadez, negligencia, suciedad, abandono.

des.li.ga.do [dezlig'adu] *adj* 1 Desatado, desunido, separado, independizado. 2 Desconectado, desenchufado, apagado. *dormi com a televisão ligada, mas, quando acordei, estava desligada* / me dormí con la televisión prendida, pero cuando me desperté estaba apagada. • *adj+sm fam* Distraído, despistado, ido.

des.li.gar [dezlig'ar] *vtd* 1 Desenchufar. 2 Desligar, desatar, desasir, soltar. *vpr* 3 Liberarse, desobligarse.

des.li.za.men.to [dezlizam'ẽtu] *sm* Deslizamiento.

des.li.zar [dezliz'ar] *vi+vpr* Deslizar, resbalar, patinar.

des.li.ze [dezl'izi] *sm* Desliz, error, falta, lapso, yerro.

des.lo.ca.ção [dezlokas'ãw] *sf* Dislocación, desplazamiento.

des.lum.bran.te [dezlũbr'ãti] *adj m+f* Deslumbrante, despampanante, estupendo, pasmoso, deslumbrador.

des.lum.brar [dezlũbr'ar] *vtd+vi* Deslumbrar, magnetizar, fascinar, alucinar.

des.mai.a.do [dezmaj'adu] *adj* Desmayado.

des.mai.ar [dezmaj'ar] *vtd+vi+vpr* Desmayar: a) desacordar, desfallecer. b) desvaírse, desvanecerse.

des.ma.mar [dezmam'ar] *vtd+vi+vpr* 1 Destetar, despechar. *vtd+vpr* 2 *fam* Independizar, emancipar.

des.man.cha-pra.ze.res [dezmãʃəpraz'eris] *s m+f sing+pl* Aguafiestas.

des.man.char [dezmãʃ'ar] *vtd+vpr* 1 Desarreglar, descomponer. 2 Deshacer. 3 Desatar, desenlazar, desasir. *vtd* 4 Despedazar, destrozar. *vpr* 5 Derretirse, deshacerse, enamorarse.

des.man.che [dezm'ãʃi] *sm* 1 Desmonte, separación. 2 *fam* Desmonte ilegal de coches. 3 Hierro viejo, chatarra.

des.man.do [dezm'ãdu] *sm* Desmán, desorden, exceso, tropelía.

des.man.te.lar [dezmãtel'ar] *vtd+vpr* Desmantelar.

des.mar.car [dezmark'ar] *vtd* 1 Cancelar (compromiso). *preciso desmarcar nossa compromisso de amanhã* / necesito cancelar nuestra cita de mañana. *vpr* 2 Excederse. 3 *Esp* Desmarcar.

des.mas.ca.rar [dezmaskar'ar] *vtd+vpr* Desenmascarar.

des.ma.ta.men.to [dezmatam'ẽtu] *sm* Deforestación, desforestación.

des.ma.te.ri.a.li.zar [dezmaterjaliz'ar] *vtd* Desmaterializar.

des.ma.ze.la.do [dezmazel'adu] *adj* Descuidado, dejado, desaliñado, desaseado, desastrado.

des.ma.ze.lo [dezmaz'elu] *sm* Descuido, desgaire, dejadez, negligencia, suciedad, abandono.

des.me.di.do [dezmed'idu] *adj* Desmedido, desmesurado, exagerado, enorme, descomunal.

des.me.mo.ri.a.do [dezmemori'adu] *adj+sm* Desmemoriado.

des.men.ti.do [dezmẽt'idu] *adj* Desmentido, negado. • *sm* Mentís.

des.men.tir [dezmẽt'ir] *vtd+vpr* Desmentir, negar, refutar.

des.me.re.cer [dezmeres'er] *vtd+vpr* Desmerecer.

des.me.su.ra.do [dezmezur'adu] *adj* Desmesurado, desmedido, enorme, descomunal, exagerado.

des.mon.tar [dezmõt'ar] *vtd+vi+vpr* Desmontar: a) desarmar. b) apear.

des.mon.te [dezm'õti] *sm* Desmonte.

des.mo.ra.li.za.ção [dezmoralizas'ãw] *sf* Desmoralización: a) desaliento, desánimo. b) corrupción, perversión, podredumbre.

des.mo.ro.nar [dezmoron'ar] *vtd+vpr* Desmoronar, deshacer, derruir, derribar.

des.mo.ti.va.do [dezmotiv'adu] *adj* Desmotivado, desalentado.

des.mu.nhe.ca.do [dezmuɲek'adu] *adj+sm fam* Amanerado, afeminado.

des.na.ta.do [deznat'adu] *adj* Descremado.

des.na.tu.ra.do [deznatur'adu] *adj+sm* Desnaturalizado, cruel, inhumano.

des.ne.ces.sa.ri.a.men.te [deznesesar jam'ẽti] *adv* Innecesariamente.

des.ne.ces.sá.rio [dezneses'arju] *adj* Dispensable, inútil, vano, innecesario, superfluo.

des.ni.ve.lar [deznivel'ar] *vtd* Desnivelar.

des.nor.te.a.do [deznorte'adu] *adj* Desorientado, extraviado, errante, perdido.

des.nu.dar [deznud'ar] *vtd+vpr* Desnudar, desvestir.

des.nu.tri.ção [deznutris'ãw] *sf* Desnutrición, malnutrición.

de.so.be.de.cer [dezobedes'er] *vtd+vi* Desobedecer: a) desacatar. b) transgredir, resistir.

de.so.be.di.ên.cia [dezobedi'ẽsjə] *sf* Desobediencia: a) desacato, resistencia, indisciplina, rebeldía. b) transgresión, infracción.

de.so.be.di.en.te [dezobedi'ẽti] *adj* e *s m+f* Desobediente, insumiso, insubordinado, rebelde.

de.so.bri.ga.do [dezobrig'adu] *adj* Desobligado, liberado, exento.

de.sobs.tru.ir [dezobstru'ir] *vtd* Desobstruir, desatrancar, desatrampar, desembarazar, desatascar, librar, desocupar.

de.so.cu.pa.do [dezokup'adu] *adj+sm* Desocupado: a) ocioso, parado. b) abandonado, vago, vacante, libre. c) inactivo, desempleado. d) disponible.

de.so.do.ran.te [dezodor'ãti] *adj+sm* Desodorante.

de.so.la.ção [dezolas'ãw] *sf* Desolación: a) consternación, aflicción, tristeza. b) destrucción, ruina.

de.so.la.do [dezol'adu] *adj* **1** Destruído, devastado. **2** Desértico, yermo.

de.so.la.dor [dezolad'or] *adj* Desolador, asolador, devastador.

de.so.ne.rar [dezoner'ar] *vtd+vpr* Descargar, exonerar de obligación.

de.so.nes.ta.men.te [dezonɛstam'ẽti] *adv* Deshonestamente.

de.so.nes.ti.da.de [dezonestid'adi] *sf* Deshonestidad, insinceridad, mala fe.

de.so.nes.to [dezon'ɛstu] *adj+sm* Deshonesto, insincero.

de.son.ra [dez'õrə] *sf* Deshonra, vergüenza, vituperio, deshonor.

de.son.rar [dezõr'ar] *vtd+vpr* Deshonrar: a) injuriar, profanar, ultrajar, vilipendiar. b) desvirgar, desflorar.

de.son.ro.so [dezõr'ozu] *adj* Deshonroso, vergonzoso, indecoroso, indecente, indigno, infame. *Pl: desonrosos (ó)*.

de.sor.dei.ro [dezord'ejru] *adj+sm* Agitador, turbulento, díscolo, provocador.

de.sor.dem [dez'ɔrdẽj] *sf* **1** Desorden, desbarajuste, revoltijo, entrevero, indisciplina, disturbio. **2** Desorganización. **3** Incoerencia, desigualdad, inconstancia, desvarío. **4** Desarmonía.

de.sor.de.na.do [dezorden'adu] *adj* **1** Desordenado. **2** Desarmónico, irregular.

de.sor.de.nar [dezorden'ar] *vtd+vpr* Desordenar, desorganizar, desalinear, desarreglar.

de.sor.ga.ni.za.ção [dezorganizas'ãw] *sf* Desorganización, desorden, confusión.

de.sor.ga.ni.zar [dezorganiz'ar] *vtd+vpr* Desorganizar: a) desordenar, turbar. b) desarreglar, descomponer.

de.so.ri.en.ta.do [dezorjẽt'adu] *adj+sm* Desorientado, perdido, confundido.

de.sos.sar [dezos'ar] *vtd* **1** Deshuesar, descarnar. **2** *fam* Sobar, pegar, zurrar.

des.pa.cha.do [despaʃ'adu] *adj+sm* Despachado, diligente, activo, expedito, listo, avispado. • *adj* Enviado, aviado.

des.pa.chan.te [despaʃ'ãti] *adj* e *s m+f* Agente, expedidor.

des.pa.char [despaʃ'ar] *vtd* **1** Despachar. **2** Enviar, gestionar, tramitar.

des.pe.da.ça.do [despedas'adu] *adj* Despedazado, destrozado, trinchado, partido, dilacerado.

des.pe.da.çar [despedas'ar] *vtd+vpr* Despedazar: a) dilacerar, destrozar, trinchar. b) afligir. Veja nota em **desgarrado** (português).

des.pe.di.da [desped'idə] *sf* Separación, adiós.

des.pe.dir [desped'ir] *vtd* **1** Despedir. *vpr* **2** Despedirse.

des.pei.ta.do [despejt'adu] *adj+sm* Despechado, rencoroso, resentido, enfadado. Veja nota em **despectivo**.

des.pe.ja.do [despeʒ'adu] *adj* **1** Vertido, derramado, vaciado. **2** Desobstruído, fluido. **3** Desahuciado.

des.pe.jar [despeʒ'ar] *vtd* **1** Vertir, derramar, volcar. **2** Desahuciar (inquilino).

des.pen.car [despẽk'ar] *vtd+vi+vpr* **1** Separar (frutas) del racimo. *vi+vpr* **2** Despeñarse, desplomarse, tumbar, caer.

des.pe.nha.dei.ro [despeñad'ejru] *sm* Despeñadero, precipicio, abismo, acantilado.

des.pen.sa [desp'ẽsə] *sf* Despensa, alacena.

des.pen.te.a.do [despẽte'adu] *adj* Desgreñado, despeinado, descabellado.

des.per.ce.bi.do [desperseb'idu] *adj* Desapercibido, desatento, distraído.

des.per.di.ça.do [desperdis'adu] *adj* Desperdiciado, malgastado, derrochado, malbaratado.

des.per.di.çar [desperdis'ar] *vtd* Desperdiciar: a) derrochar, dilapidar, malbaratar, malgastar. b) desaprovechar, perder la oportunidad.

des.per.dí.cio [desperd'isju] *sm* **1** Desperdicio, desaprovechamiento, pérdida. **2 desperdícios** *pl* Desperdicios, restos, sobras.

des.per.ta.dor [despertad'or] *adj+sm* Despertador.

des.per.tar [despert'ar] *vtd+vi+vpr* Despertar: a) activar, avivar, suscitar. b) interrumpir el sueño.

des.pe.sa [desp'ezə] *sf* Gasto, consumo, costa, coste.

des.pi.do [desp'idu] *adj* **1** Desnudo, desvestido. **2** *fig* Libre, desprovisto, exento.

des.pir [desp'ir] *vtd+vpr* **1** Desnudar, desarropar, desvestir, despelotarse. **2** Despojarse. **3** *fig* Limpiar, hurtar.

des.pis.tar [despist'ar] *vtd+vpr* Despistar.

des.plan.te [despl'ãti] *sm* Desplante, insolencia, arrogancia, impertinencia, descoco, atrevimiento, osadía.

des.po.lu.í.do [despolu'idu] *adj* Descontaminado, limpio, saneado.

des.po.lu.ir [despolu'ir] *vtd* Descontaminar, sanear, limpiar.

des.por.to [desp'ɔrtu] *sm V* **esporte**. *Pl: desportos* (ó).

des.por.tis.ta [desport'istə] *adj e s m+f V* esportista.

des.por.ti.vo [desport'ivu] *adj V* esportivo.

des.po.sar [despoz'ar] *vtd+vpr* Casar. Veja nota em **esposar** (espanhol).

dés.po.ta [d'ɛspotə] *adj e s m+f* Déspota, dictador, arbitrario, opresor, tirano autoritario.

des.pó.ti.co [desp'ɔtiku] *adj* Despótico, tiránico, autoritario, arbitrario.

des.po.tis.mo [despot'izmu] *sm* Despotismo.

des.po.vo.a.do [despovo'adu] *adj+sm* Despoblado, deshabitado, yermo, inhabitado.

des.pra.zer [despraz'er] *sm* Desplacer, desazón, disgusto, descontento, desagrado.

des.pre.gar [despreg'ar] *vtd* **1** Desclavar **2** Despegar, separar. **3** Desarrugar, alisar (roupa, tecido). **4** Desplegar, extender.

des.pren.di.do [desprẽd'idu] *adj* **1** Desatado, suelto. **2** Desprendido, desinteresado, generoso.

des.pre.o.cu.pa.da.men.te [despreokupadam'ẽti] *adv* Despreocupadamente.

des.pre.o.cu.pa.do [despreokup'adu] *adj* Despreocupado, tranquilo.

des.pres.ti.gi.ar [desprestiʒi'ar] *vtd+vpr* Desprestigiar, desacreditar, difamar, denegrir.

des.pre.ten.si.o.so [despretẽsi'ozu] *adj* Modesto, sencillo, sin pretensiones. *Pl: despretensiosos (ó).*

des.pre.ve.ni.do [despreven'idu] *adj* **1** Desprevenido, descuidado, incauto, inadvertido. **2** Desapercibido. **3** *fam* Sin dinero.

des.pre.za.do [desprez'adu] *adj* Desestimado, despreciado, menospreciado, humillado.

des.pre.zar [desprez'ar] *vtd+vpr* Despreciar.

des.pre.zí.vel [desprez'ivew] *adj m+f* Despreciable, abyecto, bajo, indigno, menospreciable, vil.

des.pre.zo [despr'ezu] *sm* Desprecio, menosprecio, desaire, vilipendio, desecho, desdén.

des.pro.gra.mar [desprogram'ar] *vtd* Desprogramar.

des.pro.por.ci.o.nal [desproporsjon'aw] *adj m+f* Desproporcionado.

des.pro.po.si.ta.da.men.te [despropozitadam'ẽti] *adv* Despropositadamente.

des.pro.pó.si.to [desprop'ɔzitu] *sm* **1** Despropósito, disparate, absurdo, irracional. **2** Barbaridad, exceso. *essa quantidade de comida é um despropósito!* / ¡esa cantidad de comida es una barbaridad!

des.pro.te.gi.do [desproteʒ'idu] *adj* Desprotegido.

des.pro.vi.do [desprov'idu] *adj* Desprovisto, falto, pobre, desproveído, desprevenido, carente, desapercibido.

des.pu.do.ra.da.men.te [despudorada m'ẽti] *adv* Desvergonzadamente.

des.pu.do.ra.do [despudor'adu] *adj+sm* Impúdico, desvergonzado.

des.qua.li.fi.ca.ção [deskwalifikas'ãw] *sf* Descalificación, desautorización, incapacitación.

des.qua.li.fi.ca.do [deskwalifik'adu] *adj+sm* **1** Descalificado, desautorizado, incapacitado. **2** Depreciado.

des.qui.tar [deskit'ar] *vtd+vpr* Separarse, disolver el casamiento.

Usa-se **desquitar** em espanhol para referir-se a "vingar" ou "dar desconto, abater", e não a "separar", como em português.

des.re.gra.do [dezřegr'adu] *adj* Disoluto, licensioso.

des.res.pei.tar [dezřespejt'ar] *vtd* Irrespetar, desobedecer, desacatar, transgredir, desconsiderar, quebrantar, violar.

des.res.pei.to [dezřesp'ejtu] *sm* Irrespeto, desacato, desobediencia, irreverencia.

des.res.pei.to.so [dezřespejt'ozu] *adj* Irrespetuoso, insolente, descarado, irreverente, maleducado. *Pl*: desrespeitosos (ó).

des.sa [d'esə] *contr prep* de+*pron dem* essa. De esa. *dessa maneira estamos perdidos* / de esa manera estamos perdidos.

des.se [d'esi] *contr prep* de+*pron dem* esse. De ese. *desse pão não comerei* / de ese pan no comeré.

des.ta [d'ɛstə] *contr pron* de+*pron dem* esta. De esta. *desta água eu bebo* / de esta agua yo bebo.

des.ta.ca.do [destak'adu] *adj* **1** Separado, suelto. **2** Destacado, notorio, relevante. Veja nota em **destacable**.

des.ta.car [destak'ar] *vtd+vpr* **1** Destacar, acentuar, realzar, relevar, sobresalir. **2** Soltar, separar, sacar. *já lhe pedi para não destacar as folhas do caderno* / ya te pedí para no sacares las hojas del cuaderno.

des.ta.cá.vel [destak'avew] *adj m+f* **1** Destacable. **2** Separable. Veja nota em **destacable**.

des.tam.par [destãp'ar] *vtd+vpr* Destapar, abrir.

des.ta.par [destap'ar] *vtd+vpr* Destapar, abrir.

des.ta.que [dest'aki] *sm* Destaque, realce, relieve, evidencia.

des.tar.te [dest'arti] *adv* Así, de esta manera, de esa manera.

des.te [d'esti] *contr prep* de+*pron dem* este. De este. *pobre deste mendigo!* / ¡pobre de este mendigo!

des.te.lha.do [desteλ'adu] *adj* Destejado.

des.te.mi.do [destem'idu] *adj* Corajoso, intrépido, valeroso, corajudo, valiente, animoso.

des.ter.ra.do [desteř'adu] *adj+sm* Desterrado, confinado, exilado, expatriado.

des.ti.la.do [destil'adu] *adj+sm* Destilado.

des.ti.la.ri.a [destilar'iə] *sf* Destilería, destilatorio, alambique.

des.ti.nar [destin'ar] *vtd* Destinar.

des.ti.na.tá.rio [destinat'arju] *sm* Destinatario.

des.ti.no [dest'inu] *sm* Destino.

des.ti.tu.í.do [destitu'idu] *adj* **1** Destituído, depuesto, exonerado, dimitido. **2** Privado.

des.ti.tu.ir [destitu'ir] *vtd+vpr* Destituir.

des.to.an.te [desto'ãti] *adj m+f* Discorde, discordante.

des.tram.be.lha.do [destrãbeλ'adu] *adj+sm* **1** *fam* Desordenado, desorganizado. **2** *fam* Confuso, alocado, mareado, atolondrado, tolondro.

des.tran.car [destrãk'ar] *vtd* Desatrancar, descerrar.

des.tra.tar [destrat'ar] *vtd* Insultar, ofender, injuriar, agredir.

des.tra.var [destrav'ar] *vtd+vpr* Destrabar, desbloquear, soltar.

des.trei.na.do [destrejn'adu] *adj* Desentrenado.

des.tre.za [destr'ezə] *sf* Destreza, habilidad, práctica, mano, maña.

des.tro [d'estru] *adj* Diestro: a) derecho. b) hábil, experto, ágil.

des.tro.çar [destros′ar] *vtd+vi* Destrozar, destruir, aniquilar, derrotar, desbastar.

des.tro.ço [destr′osu] *sm* **1** Destrozo: a) desolación, devastación. b) derrota. **2 destroços** (ó) *pl* Ruinas, restos.

des.tron.ca.do [destrõk′adu] *adj* Destroncado, descuajado, descoyuntado.

des.tru.i.ção [destrwis′ãw] *sf* Destrucción, ruina, desolación, exterminio, vandalismo.

des.tru.í.do [destru′idu] *adj* Destruído.

des.tru.i.dor [destrwid′or] *adj+sm* Destructor, demoledor.

des.tru.ir [destru′ir] *vtd* Destruir: a) demoler, derruir, deshacer. b) arruinar, devastar. c) derrotar. *vtd+vpr* d) exterminar, matar, eliminar.

des.tru.ti.vo [destrut′ivu] *adj* Destructivo, destructor.

de.su.ma.ni.da.de [dezumanid′adi] *sf* Deshumanidad, inhumanidad, impiedad, crueldad, maldad, barbarie.

de.su.ma.no [dezum′∧nu] *adj* Deshumano, inhumano, cruel, impiedoso, feroz, bárbaro, salvaje.

de.su.ni.ão [dezuni′ãw] *sf* Desunión: a) división, separación. b) discordia, desarmonía. c) enemistad.

de.su.ni.do [dezun′idu] *adj* Desunido, disociado, desprendido, separado, apartado.

de.su.nir [dezun′ir] *vtd+vpr* Desunir, disociar, desprender, separar, apartar.

de.su.so [dez′uzu] *sm* Desuso, descostumbre.

des.vai.ra.do [dezvajr′adu] *adj+sm* Desvariado, frenético, loco, desorientado.

des.va.li.do [dezval′idu] *adj+sm* Desvalido, desamparado, desatendido, desprotegido, desahuciado, abandonado, olvidado.

des.va.lo.ri.za.ção [dezvalorizas′ãw] *sf* Desvalorización, devaluación, depreciación, baja, disminución.

des.va.lo.ri.za.do [dezvaloriz′adu] *adj* Desvalorizado, devaluado, depreciado, disminuído, minusvalorado.

des.va.lo.ri.zar [dezvaloriz′ar] *vtd+vpr* Desvalorizar, devaluar, depreciar, disminuir, minusvalorar.

des.va.ne.cer [dezvanes′er] *vtd+vpr* Desvanecer.

des.van.ta.gem [dezvãt′azẽj] *sf* Desventaja, inferioridad, perjuicio, detrimento.

des.van.ta.jo.so [dezvãtaʒ′ozu] *adj* Desventajoso, inferior. *Pl: desventajosos* (ó).

des.va.ri.o [dezvar′iu] *sm* Desvarío, delirio, devaneo, locura, desatino, alucinación, desacierto.

des.ven.dar [dezvẽd′ar] *vtd* **1** Desvendar, desenmascarar. *vtd+vpr* **2** Manifestar, revelar.

des.ven.tu.ra [dezvẽt′urə] *sf* Desventura, desgracia, desdicha, infelicidad, infortunio, adversidad, malogro.

des.ven.tu.ra.do [dezvẽtur′adu] *adj+sm* Desventurado, desgraciado, desdichado, infeliz, apocado, desafortunado, infortunado, azaroso.

des.vi.ar [dezvi′ar] *vtd+vpr* Desviar: a) sesgar. b) dislocar. c) desencaminar. d) hurtar.

des.vi.o [dezv′iu] *sm* **1** Desvío: a) desviación. b) atajo, senda. c) desfalco, extravío. d) yerro, error. e) apartadero de línea férrea. **2** *Med* Aberración.

des.vir.tu.ar [dezvirtu′ar] *vtd+vpr* **1** Desvirtuar, deformar, adulterar, falsear. *vtd* **2** Desprestigiar, desacreditar. **3** Malinterpretar.

de.ta.lha.da.men.te [detaʎadam′ẽti] *adv* Detalladamente, minuciosamente.

de.ta.lha.do [detaʎ′adu] *adj* Detallado, minucioso, pormenorizado.

de.ta.lhar [detaʎ′ar] *vtd* **1** Detallar, pormenorizar, **2** Particularizar, describir. **3** Enumerar. **4** Delinear, planear.

de.ta.lhe [det′aʎi] *sm* Detalle, minucia, pormenor, particularidad.

de.tec.tar [detekt′ar] *vtd* Detectar: a) revelar. b) percibir. c) descubrir. d) localizar.

de.ten.ção [detẽs′ãw] *sf* Detención: a) retención, apresamiento, encarcelamiento. b) suspensión.

de.ten.to [det′ẽtu] *sm* Detenido, presidiario, prisionero.

de.ter [det′er] *vtd+vpr* Detener: a) parar, estancar. b) retener. c) reprimir. d) pararse a considerar algo. *vtd* e) apresar, arrestar. f) demorar, retrasar. g) tener.

de.ter.gen.te [deterʒ'ẽti] *adj+sm* Detergente.

de.te.ri.o.ra.ção [deterjoras'ãw] *sf* Deterioro, deterioración, empeoramiento, degradación, desgaste, descomposición, podredumbre, putrefacción.

de.te.ri.o.rar [deterjor'ar] *vtd+vpr* Deteriorar, empeorar, descomponer, degradar, malear, desgastar, maltratar, pudrir, viciar.

de.ter.mi.na.ção [determinas'ãw] *sf* Determinación: a) definición, precisión. b) especificación. c) osadía, valor, voluntad. d) prescripción.

de.ter.mi.na.do [determin'adu] *adj* Determinado: a) preciso, concreto. b) establecido, estipulado. c) osado, decidido.

de.ter.mi.nar [determin'ar] *vtd* **1** Determinar: a) delimitar. b) indicar, precisar. c) mandar, ordenar, decretar. d) reconocer, clasificar. e) establecer, marcar, fixar. *vtd+vpr* **2** Decidir, resolver.

de.tes.tar [detest'ar] *vtd+vpr* Odiar, detestar, execrar, aborrecer, abominar. Veja nota em **aborrecer** (espanhol).

de.tes.tá.vel [detest'avew] *adj m+f* Detestable, abominable, repugnante, execrable, fastidioso, odioso.

de.te.ti.ve [detet'ivi] *sm* Detective.

de.ti.do [det'idu] *adj* Parado. *o trânsito na ponte foi detido por causa do acidente* / el tráfico en el puente se paró a causa del accidente. • *adj+sm* Detenido, preso, recluso, presidiario, encarcelado, prisionero.

de.to.nar [deton'ar] *vtd+vi* Detonar.

de.trás [detr'as] *adv* **1** Detrás, atrás. **2** Tras, después.

de.tri.men.to [detrim'ẽtu] *sm* Detrimento, daño, mal, perjuicio, desventaja, lesión.

de.tri.to [detr'itu] *sm* Detrito, residuo, resto, despojo.

de.tur.pa.ção [deturpas'ãw] *sf* **1** Deformación, afeamiento. **2** Malinterpretación.

de.tur.par [deturp'ar] *vtd* **1** Deturpar, deformar, desvirtuar, afear, falsear. **2** Malinterpretar.

deus, Deus [d'ews] *sm* Dios.

deu.sa [d'ewzɐ] *sf* Diosa.

de.va.gar [devag'ar] *adv* Despacio, lentamente.

de.va.ne.ar [devane'ar] *vtd* **1** Imaginar, soñar, fantasear. **2** Distraerse. *vi* **3** Devanear.

de.va.nei.o [devan'eju] *sm* **1** Devaneo: a) distracción. b) delirio, desatino, desconcierto. **2** Fantasía, imaginación.

de.vas.so [dev'asu] *adj+sm* Disoluto, libertino, vicioso, desenfrenado, licencioso, inmoral, pervertido, perverso.

de.vas.ta.ção [devastas'ãw] *sf* Devastación, pérdida, destrucción, ruina, desolación, aniquilación.

de.vas.ta.dor [devastad'or] *adj+sm* Devastador, aniquilador, desolador, exterminador, tremendo, horroroso.

de.vas.tar [devast'ar] *vtd* Devastar, desolar, aniquilar, destruir.

de.ve.dor [deved'or] *adj+sm* Deudor.

de.ver [dev'er] *sm* Deber, obligación, compromiso, cargo, incumbencia, quehacer, tarea. • *vtd* Deber: a) ser obligado, tener que. b) *vi* adeudar. Veja nota em **tener**.

de.vi.do [dev'idu] *adj+sm* Debido.

de.vo.ção [devos'ãw] *sf* Devoción.

de.vo.lu.ção [devolus'ãw] *sm* Devolución, reembolso, reintegro, restitución, vuelta.

de.vol.ver [devowv'er] *vtd* Devolver.

de.vo.rar [devor'ar] *vtd* Devorar, comer, engullir, tragar, zampar, embocar, jalar.

de.vo.ta.ção [devotas'ãw] *sf* Devoción, dedicación, veneración, consagración.

de.vo.ta.do [devot'adu] *adj* Devoto, dedicado, consagrado.

de.vo.ta.men.to [devotam'ẽtu] *sm* Devoción, dedicación, veneración, consagración.

de.vo.tar [devot'ar] *vtd+vpr* Dedicar, consagrar, destinar.

de.vo.to [dev'ɔtu] *adj+sm* Devoto, dedicado.

dez [d'ɛs] *num* Diez.

de.zem.bro [dez'ẽbru] *sm* Diciembre.

de.ze.na [dez'enɐ] *sf* Decena.

de.ze.no.ve [dezen'ɔvi] *num* Diecinueve.

de.zes.seis [dezes'ejs] *num* Dieciséis.

de.zes.se.te [dezes'ɛti] *num* Diecisiete.

de.zoi.to [dez'ojtu] *num* Dieciocho.

di.a [d'iɐ] *sm* Día.

di.a.be.tes [djab'ɛtis] *s m+f sing+pl Med* Diabetes.

di.a.bé.ti.co [djab'ɛtiku] *adj* Diabético.
di.a.bo [di'abu] *sm* **1** Diablo, demonio, satanás, satán. **2** Desorden, confusión, lío. *até fazê-la parar de chorar foi o diabo* / fue una confusión hasta hacerla parar de llorar. **comer o pão que o diabo amassou** pasar las canutas. **como o diabo gosta** muy bueno, excelente. **fazer o diabo** hacer hazañas/proezas.
di.a.bó.li.co [djab'ɔliku] *adj* Diabólico.
di.a.frag.ma [djafr'agmə] *sm Anat, Fot, Mec* Diafragma.
di.ag.no.se [djagn'ɔzi] *sf Med* Diagnosis.
di.ag.nos.ti.car [djagnostik'ar] *vtd* Diagnosticar.
di.ag.nós.ti.co [djagn'ɔstiku] *sm Med* Diagnóstico.
di.a.go.nal [djagon'aw] *adj+sf* Diagonal, oblicuo, tranversal.
di.a.gra.ma [djagr'ʌmə] *sm* Diagrama.
di.a.le.to [djal'ɛtu] *sm Ling* Dialecto.
di.a.lo.gar [djalog'ar] *vtd+vi* Dialogar, conversar, platicar, hablar, discutir, charlar.
di.á.lo.go [di'alogu] *sm* Diálogo, conversación, plática, charla.
di.a.man.te [djam'ãti] *sm Geol* Diamante. Veja nota em **lapidar** (espanhol).
di.â.me.tro [di'ʌmetru] *sm Geom* Diámetro.
di.an.te [di'ãti] *adv+prep* **1** Delante, ante. **2** Antes. **3** Enfrente, cara a cara.
di.an.tei.ra [djãt'ejrə] *sf* Delantera.
di.á.ria [di'arjə] *sf* **1** Jornal, pago diario. **2** Tasa diaria (pensión, hospedaje, hotel, hospital).
di.á.rio [di'arju] *adj* Diario, cotidiano. • *sm* Diario: a) periódico. b) memorias (cuaderno). c) *Com* libro de transacciones diarias. d) *fam* gasto diario.
di.a.ris.ta [djar'istə] *s m+f* Jornalero, peón.
di.ar.rei.a [djař'ɛjə] *sf Med* Diarrea, disentería.
di.ca [d'ikə] *sf fam* Información, indicación, pista. **dar a dica:** a) denunciar. b) avisar. c) dar una idea, un indicio.
di.ci.o.ná.rio [disjon'arju] *sm* Diccionario.
di.dá.ti.ca [did'atikə] *sf* Didáctica.

di.dá.ti.co [did'atiku] *adj* Didáctico.
di.e.ta [di'ɛtə] *sf* Dieta, régimen.
di.e.té.ti.co [djet'ɛtiku] *adj* Dietético.
di.fa.ma.ção [difamas'ãw] *sf* Difamación, maledicencia, detracción, descrédito, insidia, calumnia.
di.fa.ma.dor [difamad'or] *adj+sm* Difamador, calumniador, insidioso.
di.fa.mar [difam'ar] *vtd* Difamar, calumniar, desacreditar, detractar, detraer, tijeretear.
di.fa.ma.tó.rio [difamat'ɔrju] *adj* Difamatorio, calumnioso.
di.fe.ren.ça [difer'ẽsə] *sf* **1** Diferencia: a) diversidad. b) modificación. c) divergencia. d) desigualdad. e) *Mat* resto. **2 diferenças** *pl* Desavenencia, oposición.
di.fe.ren.ci.ar [difer̃esi'ar] *vtd* Diferenciar, distinguir.
di.fe.ren.te [difer'ẽti] *adj m+f* **1** Diferente: a) desigual, vario. b) diverso, distinto. **2** Exótico, extraño, raro.
di.fí.cil [dif'isiw] *adj m+f* Difícil, dificultoso, arduo. **bancar o difícil** hacerse el duro. *Pl: difíceis*.
di.fi.cí.li.mo [difis'ilimu] *adj* Dificilísimo.
di.fi.cil.men.te [difisiwm'ẽti] *adv* Difícilmente.
di.fi.cul.da.de [difikuwd'adi] *sf* Dificultad.
di.fi.cul.tar [difikuwt'ar] *vtd+vpr* Dificultar, complicar, embarazar.
di.fun.di.do [difũd'idu] *adv* Difundido, esparcido, propagado.
di.fun.dir [difũd'ir] *vtd+vpr* Difundir, divulgar, propagar.
di.fu.são [difuz'ãw] *sf* Difusión, divulgación, transmisión, propagación, esparcimiento, diseminación.
di.ge.rir [diʒer'ir] *vtd+vi* Digerir.
di.ges.tão [diʒest'ãw] *sf Med* Digestión.
di.ges.ti.vo [diʒest'ivu] *adj+sm* Digestivo.
di.gi.ta.ção [diʒitas'ãw] *sf* Tecleado.

> **Digitación**, em espanhol, é o adestramento das mãos na execução musical, e não corresponde a "digitação" em português.

di.gi.ta.do [diʒit'adu] *adj* Tecleado.
di.gi.ta.dor [diʒitad'or] *sm Inform* Teclista.
di.gi.tal [diʒit'aw] *adj m+f* Digital, dactilar. **impressão digital** impresión digital, impresión dactilar, huella dactilar.
di.gi.tar [diʒit'ar] *vtd* Teclear.
dí.gi.to [d'iʒitu] *sm Mat* Dígito.
di.gla.di.ar [digladi'ar] *vi+vpr* **1** Digladiar. **2** *fig* Contender, argumentar, discutir.
dig.nar [dign'ar] *vtd* **1** Dignificar. *vpr* **2** Dignarse.
dig.ni.da.de [dignid'adi] *sf* Dignidad, nobleza, honor, honradez, decoro, seriedad, decencia.
dig.no [d'ignu] *adj* Digno: a) merecedor. b) honesto, honrado.
di.gres.são [digres'ãw] *sf* Digresión, divagación.
di.la.ce.ran.te [dilaser'ãti] *adj m+f* Punzante.
di.la.ce.rar [dilaser'ar] *vtd* Dilacerar: a) despedazar, desgarrar. *vtd+vpr* b) *fig* afligir, mortificar, herir. Veja nota em **desgarrado** (português).
di.la.pi.dar [dilapid'ar] *vtd* Dilapidar, disipar, malgastar.
di.la.ta.ção [dilatas'ãw] *sf* **1** Dilatación. **2** Prórroga.
di.la.ta.do [dilat'adu] *adj* Dilatado, extenso, grande, vasto.
di.la.tar [dilat'ar] *vtd+vpr* Dilatar: a) aumentar, ampliar. b) prolongar, alargar. c) prorrogar, demorar.
di.le.ma [dil'emə] *sm* Dilema.
di.li.gen.ci.ar [diliʒẽsi'ar] *vtd* Diligenciar.
di.lu.ir [dilu'ir] *vtd+vpr* Diluir: a) desleír, disolver, aguar. b) atenuar, amortiguar, suavizar.
di.lú.vio [dil'uvju] *sm* Diluvio.
di.men.são [dimẽs'ãw] *sf* Dimensión, medida, tamaño, extensión, proporción.
di.mi.nu.i.ção [diminwis'ãw] *sf* Disminución: a) reducción, aminoración. b) despreciación. c) *Mat* subtracción.
di.mi.nu.ir [diminu'ir] *vtd+vi* Disminuir: a) bajar, minorar, reducir, rebajar. b) restar. *vtd+vpr* c) humillarse, rebajarse.
di.mi.nu.ti.vo [diminut'ivu] *sm Gram* Diminutivo.

di.nâ.mi.ca [din'∧mikə] *sf* Dinámica.
di.nâ.mi.co [din'∧miku] *adj* Dinámico, activo, dispuesto, movido, afanoso, enérgico.
di.na.mis.mo [dinam'izmu] *sm* Dinamismo, diligencia, energía, presteza, prontitud, agilidad, vitalidad.
di.na.mi.te [dinam'iti] *sf Quím* Dinamita.
di.nas.ti.a [dinast'iə] *sf* Dinastía.
di.nhei.rão [diñejr'ãw] *sm* Fortuna, riqueza, caudal.
di.nhei.ri.nho [diñejr'iñu] *sm* Cobre, poca plata, poco dinero, monedas, dinero suelto.
di.nhei.ro [diñ'ejru] *sm* Dinero. **ficar sem dinheiro** quedarse en la calle. **jogar dinheiro fora** echar la casa por la ventana. **nadar em dinheiro** apalear dinero. **torrar dinheiro** fumarse.
di.nos.sau.ro [dinos'awru] *sm* Dinosaurio.
di.o.ce.se [djos'εzi] *sf Rel* Diócesis.
di.plo.ma [dipl'omə] *sm* Diploma.
di.plo.ma.ci.a [diplomas'iə] *sf* Diplomacia.
di.plo.ma.do [diplom'adu] *adj+sm* Diplomado, graduado, licenciado.
di.plo.ma.ta [diplom'atə] *s m+f* Diplomático.
di.que [d'iki] *sm* Dique: a) presa, rompeolas. b) *fig* obstáculo, estorbo, contención.
di.re.ção [dires'ãw] *sf* Dirección: a) rumbo, curso. b) administración, comando. c) consejo, enseñanza. d) técnica de realización de obras de teatro, cine, televisión. e) volante (vehículos). **em direção a** hacia.
di.re.ci.o.nar [diresjon'ar] *vtd* Dirigir: a) orientar, encaminar. b) conducir, guiar.
di.rei.ta [dir'ejtə] *sf* Derecha, diestra.
di.rei.to [dir'ejtu] *adj* Derecho: a) justo, íntegro, honesto. b) cierto, correcto. c) recto, rectilineo. d) del lado opuesto al corazón. e) diestro. • *sm* Derecho. **a torto e a direito** a diestro y siniestro.
di.re.ta.men.te [diretam'ẽti] *adv* Directamente.
di.re.to [dir'εtu] *adj* Directo: a) recto. b) claro, franco, sin rodeos. c) sin interrup-

ción. • *sm* 1 *Esp* Directo (boxeo). 2 *fam* Trompazo. • *adv* directamente. **transmissão direta, ao vivo** en directo.

di.re.tor [diret'or] *adj+sm* Director, administrador.

di.re.to.ri.a [diretor'iə] *sf* Directorio, dirección.

di.re.triz [diretr'is] *sf* Directriz: a) instrucción, norma, regla. b) *Geom* línea.

di.ri.gen.te [diriʒ'ēti] *adj* e s *m+f* Dirigente, director, líder, cabeza.

di.ri.gi.do [diriʒ'idu] *adj* Dirigido: a) encaminado, enderezado. b) adiestrado, orientado, conducido.

di.ri.gir [diriʒ'ir] *vtd* 1 Dirigir: a) administrar, comandar, guiar, gobernar. b) aconsejar, encaminar. c) planificar y ejecutar películas, piezas etc. *vtd+vpr* d) dirigirse, encaminarse. 2 Manejar, conducir (vehículo). Veja nota em **enderezar** (espanhol).

dis.car [disk'ar] *vtd+vi* Marcar.

dis.cer.ni.men.to [disernim'ẽtu] *sm* Discernimiento, lucidez, criterio, juicio, razonamiento.

dis.cer.nir [disern'ir] *vtd+vi* Discernir: a) distinguir, discriminar. b) comprender. c) juzgar, apreciar.

dis.ci.pli.na [disipl'inə] *sf* Disciplina: a) orden, método. b) obediencia. c) asignatura.

dis.ci.pli.na.do [disiplin'adu] *adj* Disciplinado: a) metódico. b) obediente.

dis.ci.pli.nar [disiplin'ar] *adj m+f* Disciplinario. • *vtd+vpr* Disciplinar: a) adiestrar. b) corregir, castigar.

dis.co [d'isku] *sm* Disco. **disco rígido** disco duro. **disco voador** plato volador, platillo volante.

dis.cor.dar [diskord'ar] *vtd+vi* Discordar: a) desavenir, disentir, divergir. b) *Mús* desafinar.

dis.cór.dia [disk'ɔrdjə] *sf* Discordia: a) cizaña, enemistad, querella, desavenencia. b) oposición, desacuerdo.

dis.co.te.ca [diskot'ɛkə] *sf* Discoteca.

dis.cre.pân.cia [diskrep'ãsjə] *sf* Discrepancia.

dis.cre.to [diskr'ɛtu] *adj* Discreto: a) prudente, reservado. b) moderado, comedido. c) recatado, sentado, cuerdo.

dis.cri.ção [diskris'ãw] *sf* Discreción, moderación, circunspección, reserva, prudencia.

dis.cri.mi.na.ção [diskriminas'ãw] *sf* Discriminación: a) diferenciación, distinción. b) segregación, separación, prejuicio.

dis.cri.mi.na.do [diskrimin'adu] *adj+sm* Discriminado, segregado.

dis.cri.mi.nar [diskrimin'ar] *vtd* Discriminar: a) distinguir. b) separar, segregar.

dis.cur.sar [diskurs'ar] *vi* 1 Discursear. *vtd* 2 Discurrir, reflexionar, pensar.

dis.cur.so [disk'ursu] *sm* Discurso.

dis.cus.são [diskus'ãw] *sf* Discusión: a) debate, polémica. b) pelea, regaña. Veja nota em **desentendimiento**.

dis.cu.tir [diskut'ir] *vtd+vi* Discutir: a) regañar, pelear, altercar. b) debatir. c) argumentar, controvertir, tratar.

dis.cu.tí.vel [diskut'ivew] *adj m+f* Discutible: a) problemático, disputable. b) dudoso, incierto.

di.sen.te.ri.a [dizēter'iə] *sf Med* Disentería, diarrea.

dis.far.çar [disfars'ar] *vtd+vpr* Disfrazar: a) enmascarar. b) encubrir, cambiar el aspecto. c) disimular.

dis.far.ce [disf'arsi] *sm* Disfraz: a) máscara. b) disimulación, engaño, artificio, socapa, tapujo.

dis.jun.tor [dizʒũt'or] *sm Eletr* Disyuntor.

dis.le.xi.a [dizleks'iə] *sf Patol* Dislexia.

dis.pa.ra.do [dispar'adu] *adj* 1 Disparado, rápido. 2 Osado, atrevido, audaz, arrojado.

dis.pa.rar [dispar'ar] *vtd* Disparar.

dis.pa.ra.ta.do [disparat'adu] *adj* Disparatado, absurdo, despropositado.

dis.pa.ra.te [dispar'ati] *sm* Disparate: a) absurdo, desatino, dislate, despropósito. b) exceso, abuso.

dis.pa.ri.da.de [disparid'adi] *sf* Disparidad: a) desigualdad, disconformidad, discrepancia, diversidad, divergencia, heterogeneidad. b) desproporción.

dis.pa.ro [disp'aru] *sm* 1 Disparo, tiro. 2 Estampido, estallido, reventón.

dis.pen.di.o.so [dispẽdi'ozu] *adj* Dispendioso, subido, costoso, caro, oneroso. *Pl: dispendiosos (ó).*

dis.pen.sa [disp'ẽsə] *sf* Dispensa, exención, licencia, descargo, exoneración, permiso.

dis.pen.sar [dispẽs'ar] *vtd* **1** Dispensar: a) dar, conceder, otorgar. *vtd+vpr* b) eximir, desobligar. *vtd* **2** Prescindir, rechazar. **3** Despedir, exonerar.

dis.pen.sá.vel [dispẽs'avew] *adj m+f* Dispensable.

dis.per.sar [dispers'ar] *vtd+vpr* Dispersar: a) separar, disgregar. b) distraer.

dis.per.si.vo [dispers'ivu] *adj* **1** Dispersivo. **2** Distraído, desatento.

dis.pli.cên.cia [displis'ẽsjə] *sf* Displicencia, indiferencia, apatía, disgusto, indolencia, desaliento, desinterés.

dis.pli.cen.te [displis'ẽti] *adj m+f* Displicente, indiferente, apático, molesto, indolente.

dis.po.ni.bi.li.da.de [disponibilid'adi] *sf* Disponibilidad.

dis.po.ní.vel [dispon'ivew] *adj m+f* Disponible: a) libre. b) desocupado.

dis.por [disp'or] *vtd* Disponer: a) poner, acomodar, ordenar. b) preparar, prevenir, organizar. c) determinar. d) contener, poseer. e) utilizar. *vtd+vpr* f) predisponer, inducir, incitar. g) convencer, persuadir.

dis.po.si.ção [dispozis'ãw] *sf* Disposición: a) ordenación, organización. b) estado de ánimo.

dis.po.si.ti.vo [dispozit'ivu] *adj+sm* Dispositivo.

dis.pu.tar [disput'ar] *vtd* Disputar: a) debatir, argumentar. b) competir, reñir, altercar.

dis.que.te [disk'ɛti] *sm Inform* Disquete, disco flexible.

dis.se.mi.na.ção [diseminas'ãw] *sf* Diseminación: a) difusión, derramamiento, propagación. b) divulgación.

dis.se.mi.nar [disemin'ar] *vtd+vpr* Diseminar: a) difundir, propagar, derramar. b) divulgar.

dis.ser.ta.ção [disertas'ãw] *sf* **1** Disertación, escrito. **2** Redacción, composición.

dis.si.dên.cia [disid'ẽsjə] *sf* Disidencia, desavenencia, separación, divergencia.

dis.si.den.te [disid'ẽti] *adj e s m+f* Disidente, discorde, cismático.

dis.si.mu.la.do [disimul'adu] *adj+sm* Disimulado, falso, socarrón, mojigato.

dis.si.mu.lar [disimul'ar] *vtd* Disimular, fingir, embozar.

dis.si.pa.ção [disipas'ãw] *sf* Disipación: a) desvanecimiento. b) derroche de bienes. c) disolución, vicio, depravación, libertinaje.

dis.si.par [disip'ar] *vtd+vpr* Disipar: a) esparcir, desaparecer, desvanecer. b) malgastar, desperdiciar, prodigar.

dis.so [d'isu] *contr prep* de+*pron* isso. De eso. *disso você não terá dúvidas* / de eso tui no tendrás dudas.

dis.so.lu.ção [disolus'ãw] *sf* Disolución: a) dilución. b) rotura de vínculos, separación. c) relajación de costumbres.

dis.sol.ver [disowv'er] *vtd+vpr* Disolver, diluir, desagregar, derretir.

dis.sol.vi.do [disowv'idu] *adj* Disuelto.

dis.so.nan.te [dison'ãti] *adj m+f* Disonante: a) desacorde, discrepante, discordante, disconforme. b) inarmónico, desentonado.

dis.su.a.dir [diswad'ir] *vtd+vpr* Disuadir, desganar, desaconsejar, retraer, quitar de la cabeza.

dis.tân.cia [dist'ãsjə] *sf* Distancia, separación, lejanía.

dis.tan.ci.ar [distãsi'ar] *vtd+vpr* Distanciar, separar, apartar, alejar.

dis.tan.te [dist'ãti] *adj m+f* Distante: a) apartado, remoto, alejado, separado. b) frío, ajeno. c) altivo, orgulloso, soberbio.
• *adv* Lejos.

dis.ten.der [distẽd'er] *vtd+vpr* Distender.

dis.ten.são [distẽs'ãw] *sf* Distensión.

dis.tin.ção [distĩs'ãw] *sf* Distinción: a) discriminación, diferencia, diferenciación. b) nobleza, elegancia.

dis.tin.guir [distĩg'ir] *vtd+vpr* Distinguir, discriminar, separar.

dis.tin.ti.vo [distĩt'ivu] *sm* Distintivo, divisa, emblema, insignia, enseña, lema.

dis.tin.to [dist'ĩtu] *adj* **1** Distinto, diferente, otro. **2** Distinguido, notable, superior, elegante. Veja nota em **distinto** (espanhol).

dis.to [d'istu] *contr prep* de+*pron* dem isto. De esto.

dis.tor.ção [distors'ãw] *sf* Distorsión.

dis.tor.cer [distors′er] *vtd* Distorsionar, alterar, torcer.

dis.tra.ção [distras′ãw] *sf* Distracción: a) diversión, entretenimiento, recreo. b) descuido, desatención, olvido. c) error, falta, desliz. d) enajenamiento, enajenación. e) estafa, sustracción.

dis.tra.í.do [distra′idu] *adj* Distraído, absorto, ajeno, olvidado.

dis.tra.ir [distra′ir] *vtd* Distraer, divertir, entretener, recrear.

dis.tri.bu.i.ção [distribwis′ãw] *sf* Distribución: a) disposición, ordenamiento. b) repartición, repartimiento.

dis.tri.bu.ir [distribu′ir] *vtd* Distribuir, repartir, compartir.

dis.tri.to [distr′itu] *sm* Distrito, jurisdicción.

dis.túr.bio [dist′urbju] *sm* Disturbio, alteración, desorden.

di.ta.do [dit′adu] *sm* **1** Dictado. **2** Dicho, refrán, proverbio.

di.ta.dor [ditad′or] *sm* Dictador, totalitario, déspota, tirano, autócrata, mandón.

di.ta.du.ra [ditad′urə] *sf* Dictadura, tiranía, absolutismo, autocracia, dominación.

di.tar [dit′ar] *vtd* Dictar: a) leer. b) imponer, prescribir.

di.to [d′itu] *adj+sm* Dicho.

di.u.ré.ti.co [djur′ɛtiku] *adj+sm* Diurético.

di.ur.no [di′urnu] *adj* Diurno.

di.va.ga.ção [divagas′ãw] *sf* Divagación, digresión, devaneo.

di.va.gar [divag′ar] *vi* Divagar: a) errar, pasear, vagar. b) teorizar, andarse por las ramas.

di.ver.gên.cia [diverʒ′ẽsjə] *sf* Divergencia, discordancia, disonancia, discrepancia, disconformidad, desacuerdo, incompatibilidad.

di.ver.gir [diverʒ′ir] *vtd+vi* Divergir, discordar, discrepar.

di.ver.são [divers′ãw] *sf* Diversión, distracción.

di.ver.si.da.de [diversid′adi] *sf* Diversidad: a) variedad, multiplicidad. b) disparidad, diferencia.

di.ver.si.fi.ca.ção [diversifikas′ãw] *sf* Diversificación.

di.ver.si.fi.car [diversifik′ar] *vtd+vi* Diversificar, variar.

di.ver.so [div′ɛrsu] *adj* Diverso: a) desemejante, desigual. b) distinto, diferente. c) vario. • *pron indef pl* **diversos** Varios, diversos.

di.ver.ti.do [divert′idu] *adj* Divertido: a) alegre, festivo. b) recreativo. c) cómico.

di.ver.ti.men.to [divertim′ẽtu] *sm* Divertimiento, recreación, entretenimiento, distracción, diversión.

di.ver.tir [divert′ir] *vtd+vpr* Divertir: a) distraer, entretener. b) alegrar, reír.

dí.vi.da [d′ividə] *sf* Deuda, responsabilidad, obligación.

di.vi.dir [divid′ir] *vtd+vpr* Dividir: a) descomponer. b) desunir, sembrar discordia. c) repartir, distribuir. d) separar, apartar. e) cortar, segmentar, fraccionar. f) clasificar. g) *Mat* realizar operación de dividir.

di.vin.da.de [divĩd′adi] *sf* Divinidad, deidad.

di.vi.no [div′inu] *adj* Divino: a) perteneciente a Dios, sublime. b) *fig* excelente, perfecto, maravilloso.

di.vi.sa [div′izə] *sf* **1** Linde, frontera. **2** Insignia, emblema, distintivo. **3** Enseña, señal. **4 divisas** *pl Econ* Divisas.

di.vi.são [diviz′ãw] *sf* División: a) separación, reparto. b) discordia, desavenencia, desunión. c) diversidad. d) *Mat* operación matemática. e) unidad militar. f) *Esp* categoría deportista.

di.vi.sí.vel [diviz′ivew] *adj m+f* Divisible.

di.vi.só.ria [diviz′ɔrjə] *sf* Mampara, tabique.

di.vor.ci.ar [divorsi′ar] *vtd+vpr* Divorciar. Veja nota em **desquitar** (português).

di.vór.cio [div′ɔrsju] *sm* Divorcio.

di.vul.gar [divuwg′ar] *vtd+vpr* Divulgar, publicar, propagar.

di.zer [diz′er] *vtd* Decir. **até dizer chega** hasta no poder más. **dizer umas verdades** decirle a uno cuatro verdades. **não dizer uma palavra** no descoser los labios. **por assim dizer** por decirlo así, como si fuera, como quien dice.

diz-que-diz-que [diskid′iski] *sm sing+pl* Dimes y diretes, murmuración.

DNA [deeni'a] *sm* ADN (ácido desoxirribonucleico).

do [du] *contr prep* de+*art* o. Del, de lo.

dó[1] [d'ɔ] *sm* Compasión, piedad, lástima. **que dó!** ¡qué lástima! **sentir dó** sentir lástima, compasión.

dó[2] [d'ɔ] *sm Mús* Do, primera nota musical de la escala.

do.a.ção [doas'ãw] *sf* Donación, donativo, ayuda, ofrecimiento.

do.a.dor [doad'or] *adj+sm* Donador, donante, donatario, dador.

do.ar [do'ar] *vtd* **1** Donar, legar, conceder, otorgar, entregar, dar, regalar, ofrendar. *vtd+vpr* **2** Entregarse, consagrarse.

do.bra [d'ɔbrə] *sf* Doblez, pinza, pliegue, repliegue, arruga.

do.bra.di.ça [dobrad'isə] *sf* Bisagra, articulación, gozne, charnela.

do.brar [dobr'ar] *vtd+vi+vpr* Doblar: a) duplicar. b) encorvar, torcer, curvar. c) plegar. d) dominar. e) quebrar. f) sonar la campana.

do.brá.vel [dobr'avew] *adj m+f* Flexible, maleable, manejable.

do.bro [d'obru] *sm* Doble, duplo.

do.ca [d'ɔkə] *sf Mar* Dársena, amarradero, atracadero, dique, muelle.

do.ce [d'osi] *adj+sm* Dulce. **fazer doce** hacerse de rogar.

dó.cil [d'ɔsiw] *adj m+f* Dócil, fácil, manso, como una seda. **pessoa dócil** cordero, como una seda. *Pl: dóceis.*

do.cu.men.ta.ção [dokumẽtas'ãw] *sf* Documentación.

do.cu.men.tá.rio [dokumẽt'arju] *sm* **1** Documental. **2** Documentario.

do.cu.men.to [dokum'ẽtu] *sm* Documento.

do.çu.ra [dos'urə] *sf* Dulzura: a) dulzor, sabor dulce. b) suavidad, deleite. c) afabilidad, bondad, benignidad, docilidad.

do.en.ça [do'ẽsə] *sf Med* Enfermedad, dolencia, mal, molestia, afección.

do.en.te [do'ẽti] *adj* e *s m+f* Enfermo, doliente.

do.en.ti.o [doẽt'iu] *adj* **1** Enfermizo: a) insalubre, mórbido. b) doliente, enclenque. **2** *fig* Degenerado, malo, condenable.

do.er [do'er] *vtd+vi+vpr* Doler: a) padecer dolor. b) causar dolor. c) condolerse, sufrir.

doi.di.ce [dojd'isi] *sf* **1** Locura, demencia, insanidad. **2** *fam* Disparate, torpeza, metedura de pata, desatino.

doi.do [d'ojdu] *adj+sm* Loco, chiflado, alienado, temerario, alocado, demente, insensato. **doido varrido** loco rematado, loco de remate.

do.í.do [do'idu] *adj* Dolido, doloroso.

dois [d'ojs] *num* Dos.

dois-pon.tos [dojsp'õtus] *sm sing+pl Gram* Dos puntos.

dó.lar [d'ɔlar] *sm* Dólar.

do.lo.ri.do [dolor'idu] *adj* Dolorido, doloroso, doliente.

do.lo.ro.so [dolor'ozu] *adj* Doloroso, punzante. *Pl: dolorosos (ó).*

dom [d'õw] *sm* Don, dádiva, gracia.

do.mar [dom'ar] *vtd* Domar: a) amansar, domesticar. *vtd+vpr* b) sujetar, refrenar, reprimir.

do.més.ti.ca [dom'ɛstikə] *sf* Sirvienta doméstica.

do.mes.ti.car [domestik'ar] *vtd+vpr* **1** Domesticar, domar, amansar. **2** *fig* Civilizar, mejorar, refinar.

do.més.ti.co [dom'ɛstiku] *adj* Doméstico, familiar, casero.

do.mi.cí.lio [domis'ilju] *sm* Domicilio, hogar, habitación, residencia, casa.

do.mi.na.ção [dominas'ãw] *sf* Dominación, dominio, poder, opresión, control.

do.mi.na.dor [dominad'or] *adj+sm* Dominador, autoritario, opresor, avasallador, tiránico.

do.mi.nan.te [domin'ãti] *adj m+f* Dominante: a) dominador. b) predominante, preponderante.

do.mi.nar [domin'ar] *vtd+vi* Dominar, domeñar, conquistar.

do.min.go [dom'ĩgu] *sm* Domingo.

do.mí.nio [dom'inju] *sm* Dominio, pertenencia, propiedad, dominación, sujeción.

do.mi.nó [domin'ɔ] *sm* Dominó.

do.na [d'onə] *sf* Doña, señora.

do.na.ti.vo [donat'ivu] *sm* Donativo, regalo, dádiva, cesión, oferta, ofrenda, ayuda, contribución.

do.no [d'onu] *sm* Dueño, propietario, señor, amo. **dono da verdade** sábelo todo.

don.ze.la [dõz'ɛlə] *sf* Doncella, virgen, muchachuela, damisela, muchacha, moza.

do.pa.do [dop'adu] *adj* Dopado.

do.par [dop'ar] *vtd+vpr* Dopar, drogar, narcotizar.

doping [d'ɔpĩ] *sm ingl Esp* Dopage, doping.

dor [d'or] *sf* Dolor, pesar, congoja. Veja nota em **duelo** (português).

do.ra.van.te [dɔrav'ãti] *adv* De ahora en adelante, a partir de ahora.

dor.men.te [dorm'ẽti] *adj m+f* Durmiente, dormido, echado. • *sm* Dormiente.

dor.mi.nho.co [dormiɲ'oku] *adj+sm* Dormilón, lirón, marmota. *Pl:* dormi-nhocos *(ó)*.

dor.mir [dorm'ir] *vi* Dormir. **dormir como uma pedra** dormir como un lirón. **não dormir no pegar ojo**.

dor.mi.tó.rio [dormit'ɔrju] *sm* Dormitorio, cuarto, habitación, cámara, alcoba.

do.sar [doz'ar] *vtd* Dosificar, graduar.

do.se [d'ɔzi] *sf* Dosis, porción. **ser dose (para leão/elefante)** ser inaguantable, ser una lata, ser una paliza.

do.ta.do [dot'adu] *adj* Dotado, proveído.

do.te [d'ɔti] *sm* Dote, bienes, prenda, calidad.

dou.ra.do [dowr'adu] *adj* Dorado, áureo, esplendoroso, feliz. • *sm Ictiol* Dorado.

dou.tor [dowt'or] *sm* **1** Doctor. **2** Perito. **3** Abogado.

dou.tri.nar [dowtrin'ar] *vtd+vi* Adoctrinar, instruir, enseñar.

do.ze [d'ozi] *num* Doce. **cortar um doze** pasar una situación difícil, tener mucho trabajo. *ela corta um doze com aquele marido* / ella tiene mucho trabajo con aquél marido.

dra.gão [drag'ãw] *sm* **1** Dragón. **2** *fig* Mujer muy fea.

drá.gea [dr'aʒjə] *sf* Grajea, píldora, comprimido.

dra.ma [dr'ʌmə] *sm* **1** *Teat* Drama. **2** *fig* Desgracia, tragedia. **fazer drama** hacer un drama.

dra.má.ti.co [dram'atiku] *adj* Dramático.

dra.ma.ti.za.ção [dramatiza'sãw] *sf Teat* Dramatización.

dra.ma.ti.zar [dramatiz'ar] *vtd* Dramatizar, teatralizar, exagerar.

dra.ma.tur.go [dramat'urgu] *sm* Dramaturgo.

drás.ti.co [dr'astiku] *adj* Drástico, enérgico, eficaz.

dre.nar [dren'ar] *vtd* Drenar, desaguar, avenar.

dri.blar [dribl'ar] *vtd Esp* Driblar, regatear, esquivar.

drin.que [dr'ĩki] *sm* Copetín, aperitivo, trago, copa.

dro.ga [dr'ɔgə] *sf* **1** *farm* Droga, fármaco. **2** *fig* Porquería, bagatela. *este liquidificador é uma droga, não serve para nada!* / esa licuadora es una porquería, ¡no sirve para nada! **droga!** ¡coño!, ¡ostras! Veja nota em **droga** (espanhol).

dro.ga.do [drog'adu] *adj* Drogadicto.

dro.gar [drog'ar] *vtd* Drogar: a) medicar. *vpr* b) doparse, colocarse.

dro.ga.ri.a [drogar'iə] *sf* Droguería, farmacia.

du.as [d'uas] *num f* Dos.

dú.bio [d'ubju] *adj* Ambiguo, dudoso, incierto.

du.bla.do [dubl'adu] *adj Cin, Telev* Doblado.

du.bla.gem [dubl'aʒẽj] *sf Cin, Telev* Doblaje. Veja nota em **abordaje**.

du.blar [dubl'ar] *vtd Cin, Telev* Doblar (substituir la voz).

du.blê [dubl'e] *s m+f Cin, Telev* Doble.

du.cha [d'uʃə] *sf* Ducha. **ducha de água fria** desilusión, frustración, desánimo. *eu estava muito apaixonado, mas seu comportamento ontem foi uma ducha de água fria* / yo me estaba muy enamorado, pero su conducta ayer me desilusionó.

du.e.lo [du'ɛlu] *sm* Duelo, combate, desafío, pelea.

> É usual, em espanhol, o uso da palavra **duelo** como "dor, sofrimento, condolências, luto".

du.en.de [du'ẽdi] *sm* Duende (espíritu fantástico).

du.e.to [du'etu] *sm* Dueto: a) *Mús* dúo. b) par de personas, pareja.

du.na [d'unə] *sf* Duna, médano, arenal.
duo [d'uu] *sm* Dúo: a) *Mús* dueto. b) par, pareja.
du.o.dé.ci.mo [dwod'ɛsimu] *num* Duodécimo.
du.pla [d'uplə] *sf* Pareja, par.
dú.plex [d'uplɛks] *adj+sm* Dúplex, dúplice, doble. *Pl: dúplices*.
du.pli.ca.ção [duplikas'ãw] *sf* Duplicación.
du.pli.ca.do [duplik'adu] *adj* **1** Duplicado, multiplicado. **2** Copiado.
du.pli.car [duplik'ar] *vtd+vi* Duplicar, doblar, multiplicar.
du.pli.ca.ta [duplik'atə] *sf* **1** *Com* Factura, letra. **2** Duplicado, copia.
du.plo [d'uplu] *adj+num* Duplo, doble, duplicado.
du.que [d'uki] *sm* Duque.
du.que.sa [duk'ezə] *sf* Duquesa.
du.ra.bi.li.da.de [durabilid'adi] *sf* Durabilidad, resistencia.
du.ra.ção [duras'ãw] *sf* Duración, durabilidad, vigencia.
du.ran.te [dur'ãti] *prep* Durante, mientras.
du.rar [dur'ar] *vi* Durar, permanecer, persistir.
du.rá.vel [dur'avew] *adj m+f* Durable, duradero.
du.re.za [dur'ezə] *sf* **1** Dureza, firmeza. **2** *fig, fam* Dificultad, aprieto. *foi uma dureza fazer com que o nenê dormisse na noite passada* / fue una dificultad hacer al nene dormirse anoche. **3** Falta de dinero. **é dureza!** ¡és difícil!
du.ro [d'uru] *adj* **1** Duro, rígido, sólido. **2** Severo, riguroso. **3** *fam* Difícil. *foi duro superar a dor da separação* / fue difícil superar el duelo. **4** *fam* Sin dinero. *não posso sair hoje, estou duro* / no puedo salir hoy, estoy sin dinero. **dar um duro** dar el callo, afanarse. **no duro** sin duda, de verdad, seguro. Veja nota em **pelado** (português).
dú.vi.da [d'uvidə] *sf* Duda, incertidumbre.
du.vi.dar [duvid'ar] *vtd+vi* **1** Dudar, sospechar. **2** Titubear, vacilar.
du.vi.do.so [duvid'ozu] *adj* Dudoso, ambiguo, incierto. *Pl: duvidosos (ó)*.
du.zen.tos [duz'ẽtus] *num* Doscientos.
dú.zia [d'uzjə] *sf* Docena.

e

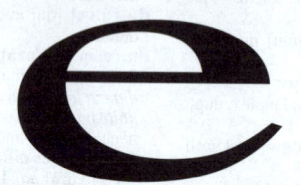

e, E ['e] *sm* Quinta letra del alfabeto portugués. Veja nota em **e²** (espanhol).
é.ba.no ['ebanu] *sm Bot* Ébano.
é.brio ['ɛbrju] *adj+sm* **1** Ebrio, borracho, bebido, embriagado, beodo. *o motorista dirigia ébrio quando sofreu o acidente* / el conductor manejaba borracho cuando sufrió el accidente. **2** *vulg* Mamado.
e.bu.li.ção [ebulis'ãw] *sf* Ebullición: a) hervor. *o ponto de ebulição da água é de 100° Celsius* / el punto de ebullición del agua es de 100° Celsius. b) agitación.
e.char.pe [eʃ'arpi] *sf* Echarpe, chal.
e.cle.si.ás.ti.co [eklezi'astiku] *adj+sm* Eclesiástico. • *sm* Eclesiástico, clérigo. **calendário eclesiástico** calendario eclesiástico.
e.clé.ti.co [ekl'ɛtiku] *adj+sm* Ecléctico. *Cícero seguia uma filosofia eclética na busca da verdade* / Cicerón seguía una filosofía ecléctica en la búsqueda de la verdad.
e.clip.se [ekl'ipsi] *sm* **1** *Astron* Eclipse. **2** Ausencia, evasión, desaparición. **eclipse da Lua/lunar** eclipse lunar. **eclipse do Sol/solar** eclipse solar.
e.clo.dir [eklod'ir] *vi* Eclosionar.
e.clo.são [ekloz'ãw] *sf* Eclosión.
e.co ['ɛku] *sm* **1** Eco. **2** Repercusión, aceptación.
e.co.lo.gi.a [ekoloʒ'iə] *sf* Ecología.
e.co.ló.gi.co [ekol'ɔʒiku] *adj* Ecológico.
e.co.lo.gis.ta [ekoloʒ'istə] *s m+f* Ecologista.
e.co.no.mi.a [ekonom'iə] *sf* Economía. **economia de escala** economía de escala. **economia de mercado** economía de mercado. **economia dirigida** economía dirigida. **economia informal** economía sumergida. **economia mista** economía mixta. **economia planificada** economía planificada.
e.co.nô.mi.co [ekon'omiku] *adj* Económico. *todos aprovaram o novo plano econômico do governo* / todos aprobaron el nuevo plan económico del gobierno. *o novo modelo de carro é muito econômico, rende vinte quilômetros por litro* / el nuevo modelo de coche es muy económico, consume veinte kilómetros por litro. **ciclo econômico** ciclo económico.
e.co.no.mis.ta [ekonom'istə] *s m+f* Economista.
e.co.no.mi.zar [ekonomiz'ar] *vtd+vi* Economizar, ahorrar.
e.cos.sis.te.ma [ɛkosist'emə] *sm* Ecosistema. *a chave de um ecossistema encontra--se na alimentação das suas espécies* / la clave de un ecosistema se encuentra en la alimentación de sus especies.
e.co.tu.ris.mo [ɛkotur'izmu] *sm* Ecoturismo.
ec.ze.ma [ekz'emə] *sm Med* Eccema, eczema.
e.de.ma [ed'emə] *sm Med* Edema.
é.den ['ɛdẽj] *sm* Edén. *Pl: edens.*
e.di.ção [edis'ãw] *sf* Edición. **edição fac-similada** edición facsimilar. **edição pirata** edición pirata.
e.di.fi.can.te [edifik'ãti] *adj m+f* Edificante. *é difícil encontrar programas edificantes na televisão* / es difícil hallar programas edificantes en la televisión.
e.di.fi.car [edifik'ar] *vtd+vi+vpr* Edificar.
e.di.fí.cio [edif'isju] *sm* Edificio.
e.di.tal [edit'aw] *sm* Edicto.

e.di.tar [edit'ar] *vtd* Editar.
e.di.tor [edit'or] *adj+sm* Editor. **editor responsável** editor responsable.
e.di.to.ra [edit'orə] *sf* Editorial.
e.dre.dão [edred'ãw] *V* edredom.
e.dre.dom [edred'õw] *sm* Edredón. *era difícil sair de debaixo do edredom com aquele frio* / era difícil salir de debajo del edredón en aquel frío. *Var: edredão*.
e.du.ca.ção [edukas'ãw] *sf* Educación.
e.du.ca.ci.o.nal [edukasjon'aw] *adj m+f* Educacional, educativo. *o novo programa educacional do governo promove a alfabetização de toda a população* / el nuevo programa educativo del gobierno promueve la alfabetización de toda la población.
e.du.ca.do [eduk'adu] *adj* Educado, cortés, correcto, considerado.
e.du.ca.dor [edukad'or] *adj+sm* Educador. *o papel do educador em nosso destino é fundamental* / el papel del educador en nuestro destino es fundamental.
e.du.car [eduk'ar] *vtd+vpr* Educar.
e.du.ca.ti.vo [edukat'ivu] *adj* Educativo.
e.fei.to [ef'ejtu] *sm* Efecto. **com efeito** en efecto. **efeito estufa** efecto invernadero. **efeitos especiais** efectos especiales. **levar a efeito** llevar a efecto. **surtir efeito** hacer efecto, surtir efecto.
e.fê.me.ro [ef'emeru] *adj* Efímero. *a juventude é efêmera* / la juventud es efímera.
e.fe.mi.na.do [efemin'adu] *adj+sm* Afeminado, amanerado.
e.fer.ves.cên.cia [efervesˈẽsjə] *sf* **1** Efervescencia. **2** *fig* Agitación, ardor.
e.fer.ves.cen.te [efervesˈẽti] *adj m+f* Efervescente.
e.fe.ti.vo [efet'ivu] *adj+sm* Efectivo.
e.fe.tu.ar [efetu'ar] *vtd+vpr* Efectuar, ejecutar, cumplir, realizar.
e.fi.caz [efik'as] *adj m+f* Eficaz. *estudar continua sendo o método mais eficaz para passar de ano* / estudiar continúa siendo el método más eficaz para pasar de año.
e.fi.ci.ên.cia [efisi'ẽsjə] *sf* Eficiencia.
e.fi.ci.en.te [efisi'ẽti] *adj m+f* Eficiente.
e.fu.são [efuz'ãw] *sf* Efusión. *o casal recebeu com efusão a notícia de um novo filho* / la pareja recibió con efusión la noticia de un nuevo hijo.
e.fu.si.vo [efuz'ivu] *adj* Efusivo.
e.gíp.cio [eʒ'ipsju] *adj+sm* Egipcio.
e.go [ˈɛgu] *sm* Ego.
e.go.cên.tri.co [egos'ẽtriku] *adj+sm* Egocéntrico.
e.go.ís.mo [ego'izmu] *sm* Egoísmo.
e.go.ís.ta [ego'istə] *adj* e *s m+f* Egoísta.
é.gua [ˈɛgwə] *sf Zool* Yegua.
eis [ˈejs] *adv* He aquí, aquí está.
ei.xo [ˈejʃu] *sm* Eje.
e.ja.cu.la.ção [eʒakulas'ãw] *sf* Eyaculación.
e.ja.cu.lar [eʒakul'ar] *vtd+vti+vi* Eyacular.
e.la [ˈɛlə] *pron pes* Ella.
e.la.bo.rar [elabor'ar] *vtd+vpr* Elaborar.
e.las.ti.ci.da.de [elastisid'adi] *sf* Elasticidad.
e.lás.ti.co [el'astiku] *adj+sm* Elástico.
e.le [ˈeli] *pron pes* Él. *ele é meu melhor amigo* / él es mi mejor amigo.
Em espanhol, **ele** é o nome da letra *l*. Veja outra nota em **ele** (espanhol).
e.le.fan.te [elef'ãti] *sm Zool* Elefante. **elefante branco** elefante blanco.
e.le.gân.cia [eleg'ãsjə] *sf* Elegancia. *a elegância é um dom natural* / la elegancia es un don natural.
e.le.gan.te [eleg'ãti] *adj* e *s m+f* Elegante.
e.le.ger [eleʒ'er] *vtd* Elegir, escoger. *o país elegerá um novo presidente* / el país elegirá a un nuevo presidente.
e.lei.ção [elejs'ãw] *sf* Elección.
e.lei.to [el'ejtu] *adj+sm* Elegido.
e.lei.tor [elejt'or] *sm* Elector.
e.lei.to.ra.do [elejtor'adu] *sm* Electorado.
e.lei.to.ral [elejtor'aw] *adj m+f* Electoral. **colégio eleitoral** colegio electoral.
e.le.men.tar [elemẽt'ar] *adj m+f* **1** Elemental. **2** Obvio, evidente. *a solução do problema era elementar* / la solución del problema era obvia. **3** Fundamental, primordial. *a alimentação é elementar no cuidado da saúde* / la alimentación es fundamental en el cuidado de la salud.

e.le.men.to [elem'ẽtu] *sm* Elemento. **estar no seu elemento** estar en su elemento.

e.len.co [el'ẽku] *sm* Elenco. *a premiada peça de teatro tem um elenco de estrelas* / la obra de teatro premiada tiene un elenco de estrellas.

e.le.tri.ci.da.de [eletrisid'adi] *sf Fís* Electricidad.

e.le.tri.cis.ta [eletris'istə] *adj* e *s m+f* Electricista.

e.lé.tri.co [el'ɛtriku] *adj* Eléctrico. **cabo elétrico** cable eléctrico. **cadeira elétrica** silla eléctrica. **campo elétrico** campo eléctrico. **carga elétrica** carga eléctrica. **condutor elétrico** conductor eléctrico. **corrente elétrica** corriente eléctrica. **guitarra elétrica** guitarra eléctrica.

e.le.tri.zan.te [eletriz'ãti] *adj m+f* Electrizante. *o novo filme de ficção científica é eletrizante* / la nueva película de ciencia ficción es electrizante.

e.le.tri.zar [eletriz'ar] *vtd+vpr* Electrizar.

e.le.tro.car.di.o.gra.ma [eletrokardjogr'∧mə] *sm Med* Electrocardiograma.

e.le.tro.do.més.ti.co [eletrodom'ɛstiku] *adj+sm* Electrodoméstico.

e.lé.tron [el'ɛtrõw] *sm Fís* Electrón.

e.le.trô.ni.ca [eletr'onikə] *sf* Electrónica.

e.le.trô.ni.co [eletr'oniku] *adj* Electrónico. **cérebro eletrônico** cerebro electrónico. **correio eletrônico** correo electrónico. **microscópio eletrônico** microscopio electrónico. **secretária eletrônica** buzón de voz, contestador automático.

e.le.va.ção [elevas'ãw] *sf* Elevación.

e.le.va.do [elev'adu] *adj* Elevado: a) alto. b) a una altura superior. c) sublime.

e.le.va.dor [elevad'or] *sm* Ascensor. *tivemos de subir nove andares pela escada porque o elevador estava quebrado* / tuvimos que subir nueve pisos por la escalera porque el ascensor estaba estropeado.

e.le.var [elev'ar] *vtd+vti+vpr* Elevar, levantar.

e.li.mi.na.ção [eliminas'ãw] *sf* Eliminación.

e.li.mi.nar [elimin'ar] *vtd+vti* **1** Eliminar: a) quitar, separar, prescindir, excluir. b) matar, asesinar. *vpr* **2** Eliminarse, matarse, suicidarse.

e.lip.se [el'ipsi] *sf* **1** *Gram* Elipsis. **2** *Geom* Elipse.

e.li.te [el'iti] *sf* Élite, elite.

e.lo [‘elu] *sm* **1** Eslabón. **2** *fig* Nexo. **elo perdido** eslabón perdido.

e.lo.gi.ar [eloʒi'ar] *vtd* Elogiar, alabar, ensalzar.

e.lo.gi.o [eloʒ'iu] *sm* Elogio, alabanza. *o último livro de Isabel Allende recebeu muitos elogios* / el último libro de Isabel Allende recibió muchos elogios.

e.lo.gi.o.so [eloʒi'ozu] *adj* Elogioso. *Pl: elogiosos (ó)*.

e.lo.quên.cia [elok'wẽsjə] *sf* Elocuencia.

e.lo.quen.te [elok'wẽti] *adj m+f* Elocuente, locuaz, facundo.

e.lu.ci.dar [elusid'ar] *vtd* Dilucidar, aclarar, explicar.

em [‘ẽj] *prep* En.

e.ma.gre.cer [emagres'er] *vtd+vi+vpr* Adelgazar. *é muito mais fácil engordar do que emagrecer* / es mucho más fácil engordar que adelgazar.

e.ma.nar [eman'ar] *vti* Emanar.

e.man.ci.pa.ção [emãsipas'ãw] *sf* Emancipación.

e.man.ci.par [emãsip'ar] *vtd+vti+vpr* Emancipar.

em.ba.ça.do [ẽbas'adu] *adj* Empañado. *o espelho estava embaçado quando saí do chuveiro* / el espejo estaba empañado cuando salí de la ducha.

em.ba.çar [ẽbas'ar] *vtd* Empañar.

em.bai.xa.da [ẽbajʃ'adə] *sf* Embajada.

em.bai.xa.dor [ẽbajʃad'or] *sm* Embajador.

em.bai.xo [ẽb'ajʃu] *adv* Debajo, abajo. **embaixo de** debajo de.

em.ba.la.gem [ẽbal'aʒẽj] *sf* Embalaje, envase. *é importante ler a data de validade na embalagem dos alimentos* / es importante leer la fecha de vencimiento en los envases de los alimentos. Veja nota em **abordaje**.

em.ba.lar¹ [ẽbal'ar] *vtd* **1** Acunar, mecer. *a mãe embalava o berço em que seu filho dormia* / la madre mecía la cuna en donde dormía su hijo. **2** Balancear.

em.ba.lar² [ẽbal'ar] *vtd* Empaquetar, embalar.

em.ba.lo [ẽb'alu] *sm* Impulso.
em.ba.ra.ça.do [ẽbaras'adu] *adj* Enredado.
em.ba.ra.çar [ẽbaras'ar] *vtd+vpr* **1** Impedir, estorbar, retardar, embarazar, entorpecer. **2** Complicar, confundir, enredar, embrollar, enmarañar. **3** Obstruir, obstaculizar.

> Em espanhol, **embarazar** significa também engravidar: *minha mulher engravidou pela primeira vez quando já tinha quarenta anos* / mi mujer se embarazó por primera vez cuando ya tenía cuarenta años.

em.ba.ra.ço.so [ẽbaras'ozu] *adj* **1** Embarazoso, incómodo. *ela teve de enfrentar uma situação muito embaraçosa* / ella tuvo que enfrentar una situación muy embarazosa. **2** Confuso, embrollado, complicado. *Pl: embaraçosos (ó).*
em.ba.ra.lhar [ẽbaraλ'ar] *vtd+vpr* **1** Confundir, embrollar. *vi* **2** Barajar (las cartas).
em.bar.ca.ção [ẽbarkas'ãw] *sf* Embarcación.
em.bar.car [ẽbark'ar] *vtd+vti+vi+vpr* Embarcar.
em.bar.que [ẽb'arki] *sm* Embarque.
em.be.be.dar [ẽbebed'ar] *vtd+vi+vpr* **1** Embriagar, emborrachar. **2** Extasiar, arrebatar, embelesar.
em.be.le.zar [ẽbelez'ar] *vtd+vpr* **1** Hermosear, embellecer. *o prefeito prometeu que vai embelezar a cidade* / el alcalde prometió que va a hermosear la ciudad. **2** Embelesar, suspender, arrebatar, cautivar. *a maravilhosa voz do cantor embelezou o público do Municipal* / la maravillosa voz del cantante embelesó al público del Municipal.
em.bir.rar [ẽbiɾ'ar] *vti+vi* **1** Porfiar, obstinarse, empecinarse. *vti* **2** Repeler, detestar, antipatizar.
em.ble.ma [ẽbl'emə] *sm* Emblema.
em.bo.lar [ẽbol'ar] *vtd+vint+vpr* Embolar.
êm.bo.lo ['ẽbolu] *sm* Embolo.
em.bo.lo.rar [ẽbolor'ar] *vtd+vi* Enmohecer. Veja nota em **mofar** (espanhol).
em.bol.sar [ẽbows'ar] *vtd* Embolsar.

em.bo.ra [ẽb'ɔrə] *adv* En buena hora, en hora buena. • *conj* Aunque, no obstante, sin embargo, si bien. *embora tenha chovido, o final de semana foi muito divertido* / aunque llovió, el fin de semana fue muy divertido.
em.bos.ca.da [ẽbosk'adə] *sf* Emboscada, celada, trampa, encerrona.
em.bran.que.cer [ẽbrãkes'er] *vtd+vi+vpr* Blanquear.
em.bre.a.gem [ẽbre'aʒẽj] *sf* Embrague.
em.bri.a.ga.do [ẽbrjag'adu] *adj* Embriagado, ebrio, borracho, bebido, beodo.
em.bri.a.gar [ẽbrjag'ar] *vtd+vi+vpr* Embriagar, emborrachar.
em.bri.a.guez [ẽbrjag'es] *sf* Embriaguez, borrachera.
em.bri.ão [ẽbri'ãw] *sm* Embrión.
em.bro.mar [ẽbrom'ar] *vtd+vi* **1** Embromar. *vtd* **2** *AL* Burlarse, bromear, mofarse.

> Em espanhol, especialmente na América Latina, **embromar** quer dizer também "prejudicar, molestar, danar": *ele não liga para os meus conselhos, então que se dane!* / ¡él no escucha mis consejos, entonces, ¡que se embrome!

em.bru.lhar [ẽbruλ'ar] *vtd+vpr* **1** Envolver. *o vendedor embrulhou o livro em papel de presente* / el vendedor envolvió el libro en papel de regalo. **2** *fig* Enganar, mentir.
em.bru.lho [ẽbr'uλu] *sm* Paquete, envoltorio.
em.bru.te.cer [ẽbrutes'er] *vtd+vi+vpr* Embrutecer.
em.bur.ra.do [ẽbuɾ'adu] *adj* Disgustado, mohíno, mosqueado.
em.bur.rar [ẽbuɾ'ar] *vtd+vint* Disgustar, poner-se enfadado.
em.bus.te [ẽb'usti] *sm* Embuste. *suas promessas não passavam de um embuste* / sus promesas no eran más que un embuste. Veja nota em **camelo**.
em.bu.ti.do [ẽbut'idu] *adj+sm* Embutido, encajado, empotrado. *o apartamento tem armários embutidos* / el departamento tiene armarios empotrados.
e.men.da [em'ẽdə] *sf* Enmienda.
e.men.dar [emẽd'ar] *vtd+vpr* Enmendar.

e.mer.gên.cia [emerʒ'ẽsjə] *sf* Emergencia.

e.mer.gir [emerʒ'ir] *vi+vtd* Emerger.

e.mi.gra.ção [emigras'ãw] *sf* Emigración. *a emigração campo-cidade tem provocado graves problemas sociais* / la emigración campo-ciudad ha provocado graves problemas sociales.

e.mi.gran.te [emigr'ãti] *adj* e *s m+f* Emigrante.

e.mi.grar [emigr'ar] *vi* Emigrar.

e.mi.nen.te [emin'ẽti] *adj m+f* Eminente.

e.mis.sá.rio [emis'arju] *adj+sm* Emisario. *a ONU enviou um emissário para visitar os presídios brasileiros* / la ONU envió a un emisario para visitar los presidios brasileños.

e.mis.são [emis'ãw] *sf* Emisión.

e.mis.so.ra [emis'orə] *sf* Emisora.

e.mi.tir [emit'ir] *vtd+vti+vi* Emitir.

e.mo.ção [emos'ãw] *sf* Emoción. *não conseguiu conter a emoção ao voltar ao seu país* / no consiguió contener la emoción al volver a su país.

e.mo.ci.o.nal [emosjon'aw] *adj m+f* **1** Emocional. **2** Emotivo.

e.mo.ci.o.nan.te [emosjon'ãti] *adj m+f* Emocionante, conmovedor. *a novela teve um final emocionante* / la teleserie tuvo un final emocionante.

e.mo.ci.o.nar [emosjon'ar] *vtd+vi+vpr* Emocionar, conmover.

e.mol.du.rar [emowdur'ar] *vtd* Enmarcar, encuadrar.

e.mo.ti.vo [emot'ivu] *adj+sm* Emotivo.

em.pa.car [ẽpak'ar] *vi* Obstinarse. Veja nota em **empacar** (espanhol).

em.pa.co.tar [ẽpakot'ar] *vtd* Empaquetar, empacar, encajonar.

em.pa.li.de.cer [ẽpalides'er] *vtd+vi* Palidecer, empalidecer. *o homem empalideceu quando recebeu a notícia* / el hombre palideció cuando recibió la noticia.

em.pan.tur.rar [ẽpãtuȓ'ar] *vtd+vti+vpr* Atiborrar, atracar (de comida).

em.pa.par [ẽpap'ar] *vtd+vpr* Empapar(se).

em.pa.re.lhar [ẽpareʎ'ar] *vtd+vti+vi+vpr* Emparejar.

em.pa.tar [ẽpat'ar] *vtd+vti+vi* Empatar.

em.pa.te [ẽp'ati] *sm* Empate.

em.pa.ti.a [ẽpat'iə] *sf* Empatía.

em.pe.ci.lho [ẽpes'iʎu] *sm* Impedimento, obstáculo, estorbo, cortapisa. *não existem empecilhos para o verdadeiro amor* / no hay obstáculos para el verdadero amor.

em.pe.nha.do [ẽpeñ'adu] *adj* Empeñado, decidido.

em.pe.nhar [ẽpeñ'ar] *vtd+vti+vpr* Empeñar.

em.pe.nho [ẽp'eñu] *sm* Empeño.

em.per.ra.do [ẽpeȓ'adu] *adj* Trabado, atascado, obstinado. Veja nota em **empacar** (espanhol).

em.pe.te.car [ẽpetek'ar] *vtd+vpr* Emperifollar, emperejilar.

em.pi.lhar [ẽpiʎ'ar] *vtd* **1** Apilar. *vtd+vpr* **2** Apiñar.

em.pi.na.do [ẽpin'adu] *adj* Empinado.

em.pi.nar [ẽpin'ar] *vtd+vpr* **1** Empinar. **2** Levantar. **3** Enderezarse.

em.pi.po.car [ẽpipok'ar] *vi* Aparecer pústulas.

em.po.bre.cer [ẽpobres'er] *vtd+vi+vpr* Empobrecer.

em.po.ei.ra.do [ẽpoejr'adu] *adj* Empolvado.

em.po.ei.rar [ẽpoejr'ar] *vtd+vpr* Empolvar.

em.pol.gan.te [ẽpowg'ãti] *adj m+f* Excitante, apasionante. *o início da vida universitária é um dos momentos mais empolgantes da vida* / el inicio de la vida universitaria es uno de los momentos más excitantes de la vida.

em.pol.gar [ẽpowg'ar] *vtd+vti+vpr* Entusiasmar, arrebatar.

em.por.ca.lhar [ẽporkaʎ'ar] *vtd+vpr* Emporcar, ensuciar. *a conduta do senador emporcalhou o bom nome do Congresso* / la conducta del senador emporcó el buen nombre del Congreso.

em.pó.rio [ẽp'ɔrju] *sm* **1** Emporio. **2** Almacén. **3** Tienda.

em.pre.en.de.dor [ẽpreẽded'or] *adj+sm* Emprendedor. *o espírito empreendedor deve ser inculcado desde cedo nas escolas* / el espíritu emprendedor debe ser inculcado muy temprano en las escuelas.

em.pre.en.der [ẽpreẽd'er] *vtd* Emprender.
em.pre.en.di.men.to [ẽpreẽdim'ẽtu] *sm* **1** Empresa. **2** Obra. **3** Proyecto.
em.pre.ga.da [ẽpreg'adɐ] *sf* Empleada, sirvienta, asistenta.
em.pre.ga.do [ẽpreg'adu] *adj+sm* Empleado. **empregado doméstico** empleado de hogar, empleado doméstico.
em.pre.gar [ẽpreg'ar] *vtd+vti+vpr* Emplear.
em.pre.go [ẽpr'egu] *sm* Empleo. *há novas vagas de emprego na firma* / hay nuevas plazas de empleo en la empresa.
em.prei.ta.da [ẽprejt'adɐ] *sf* **1** Destajo. **2** Empresa, tarea.
em.pre.sa [ẽpr'ezɐ] *sf* Empresa. **empresa privada** empresa privada. **empresa pública** empresa pública.
em.pre.sa.ri.al [ẽprezari'aw] *adj m+f* Empresarial.
em.pre.sá.rio [ẽprez'arju] *sm* Empresario.
em.pres.ta.do [ẽprest'adu] *adj* Prestado.
em.pres.tar [ẽprest'ar] *vtd+vti+vpr* Prestar.
em.prés.ti.mo [ẽpr'ɛstimu] *sm* Préstamo. *seu empréstimo no banco foi aprovado* / fue aprobado su préstamo en el banco.
em.pu.nhar [ẽpuɲ'ar] *vtd* Empuñar.
em.pur.rão [ẽpuɾ'ãw] *sm* Empujón. *o sogro deu um empurrão no genro para que entrasse na empresa* / el suegro le dio un empujón a su yerno para que entrase en la empresa.
em.pur.rar [ẽpuɾ'ar] *vtd+vti+vpr* Empujar.
e.mu.de.cer [emudes'er] *vtd+vi* Enmudecer.
e.nal.te.cer [enawtes'er] *vtd* Enaltecer, ensalzar.
e.na.mo.ra.do [enamor'adu] *adj* Enamorado.
en.ca.be.çar [ẽkabes'ar] *vtd* Encabezar. *Jericoacoara encabeça a lista das praias mais bonitas do Brasil* / Jericoacoara encabeza la lista de las playas más bonitas de Brasil.
en.ca.bu.la.do [ẽkabul'adu] *adj* Avergonzado.
en.ca.bu.lar [ẽkabul'ar] *vtd+vi+vpr* Avergonzar, ruborizar, sonrojar, abochornar.
en.ca.de.ar [ẽkade'ar] *vtd+vti+vpr* **1** Encadenar. *vtd+vpr* **2** Concatenar.
en.ca.der.na.ção [ẽkadernas'ãw] *sf* Encuadernación. *entre seus tesouros meu avô tinha um antigo livro de encadernação em couro e papel-bíblia* / entre sus tesoros mi abuelo tenía un antiguo libro de encuadernación en cuero y papel biblia.
en.ca.der.na.do [ẽkadern'adu] *adj* Encuadernado.
en.ca.der.na.dor [ẽkadernad'or] *sm* Encuadernador.
en.ca.der.nar [ẽkadern'ar] *vtd* Encuadernar.
en.cai.xar [ẽkajʃ'ar] *vtd+vti+vi+vpr* **1** Encajar. **2** Ajustar.
en.cai.xe [ẽkaj'ʃi] *sm* **1** Encaje, ajuste. **2** Junta, unión.

Em espanhol, **encaje** significa também "renda", isto é, "tecido delicado usado para fazer vestuário e roupa de cama e mesa": *a noiva usou um vestido de renda no seu casamento* / la novia usó un vestido de encaje en su boda.

en.cai.xo.tar [ẽkajʃot'ar] *vtd+vpr* Encajonar, meter dentro de un cajón.
en.cal.ço [ẽk'awsu] *sm* Huella, rastro, pista.
en.ca.lhar [ẽkaʎ'ar] *vtd+vi* **1** Encallar. **2** Atascar, atollar.
en.ca.mi.nhar [ẽkamiɲ'ar] *vtd+vti+vpr* **1** Encaminar. **2** Encarrilar.
en.ca.na.dor [ẽkanad'or] *sm* Fontanero, plomero.
en.ca.na.men.to [ẽkanam'ẽtu] *sm* Cañería, fontanería.
en.can.ta.do [ẽkãt'adu] *adj* Encantado: a) hechizado, embrujado. b) muy contento. *as crianças estavam encantadas com os presentes de Natal* / los niños estaban muy contentos con los regalos de Navidad.
en.can.ta.dor [ẽkantad'or] *adj+sm* Encantador, que hace encantamientos. • *adj* Encantador, cautivador, adorable, agradable.
en.can.ta.men.to [ẽkãtam'ẽtu] *sm* Encantamiento.
en.can.tar [ẽkãt'ar] *vtd+vpr* Encantar.

en.can.to [ēk'ãtu] *sm* Encanto.
en.ca.par [ēkap'ar] *vtd* Forrar.
en.ca.ra.co.la.do [ēkarakol'adu] *adj* Ensortijado, rizado, crespo. *o artista pintava anjinhos de cabelos encaracolados* / el artista pintaba angelitos de cabellos ensortijados.
en.ca.ra.co.lar [ēkarakol'ar] *vtd+vi+vpr* Ensortijar, rizar, encrespar.
en.ca.rar [ēkar'ar] *vtd+vti+vpr* Encarar.
en.car.ce.rar [ēkarser'ar] *vtd+vpr* Encarcelar.
en.ca.re.cer [ēkares'er] *vtd+vi* Encarecer.
en.car.go [ēk'argu] *sm* **1** Encargo. **2** *Econ* Carga. **encargos fiscais** cargas fiscales.
en.car.na.ção [ēkarnas'ãw] *sf* Encarnación. *os espíritas acreditam na encarnação do espírito* / los espiritistas creen en la encarnación del espíritu.
en.car.nar [ēkarn'ar] *vtd+vti+vi+vpr* Encarnar.
en.car.re.ga.do [ēkar̄eg'adu] *adj+sm* Encargado. **encarregado de negócios** encargado de negocios.
en.car.re.gar [ēkar̄eg'ar] *vtd+vti+vpr* Encargar.
en.car.te [ēk'arti] *sm* Encarte.
en.ce.na.ção [ēsenas'ãw] *sf* **1** Puesta en escena. **2** *fig* Simulacro.
en.ce.nar [ēsen'ar] *vtd+vpr* **1** Escenificar. **2** Simular.
en.ce.ra.dei.ra [ēserad'ejrə] *sf* Enceradora.
en.ce.rar [ēser'ar] *vtd* Encerar. *passou o dia inteiro encerando a casa para receber sua sogra* / pasó todo el día encerando la casa para recibir a su suegra.
en.cer.ra.men.to [ēser̄am'ētu] *sm* Cierre. *o presidente foi aclamado no encerramento da cúpula de presidentes* / el presidente fue ovacionado al cierre de la cumbre de presidentes.
en.cer.rar [ēser̄'ar] *vtd+vti* **1** Encerrar. *vtd* **2** Concluir, terminar. Veja nota em **encerrar** (espanhol).
en.ces.tar [ēsest'ar] *vtd+vi* Encestar.
en.char.car [ēʃark'ar] *vtd+vpr* Encharcar.

en.chen.te [ēʃ'ēti] *sf* Inundación. *as chuvas provocaram enchentes* / las lluvias provocaron inundaciones.
en.cher [ēʃ'er] *vtd+vti+vi+vpr* Llenar.
en.chi.men.to [ēʃim'ētu] *sm* Relleno. *a moça usava sutiã com enchimento para se sentir uma mulher* / la chica usaba sujetador con relleno para sentirse una mujer.
en.ci.clo.pé.dia [ēsiklop'ɛdjə] *sf* Enciclopedia.
en.clau.su.rar [ēklawzur'ar] *vtd+vpr* Enclaustrar.
en.co.ber.to [ēkob'ɛrtu] *adj* Encubierto, oculto, no manifiesto.
en.co.brir [ēkobr'ir] *vtd+vti+vpr* Encubrir, ocultar.
en.co.le.ri.zar [ēkoleriz'ar] *vtd+vpr* Encolerizar, irritar, sulfurar.
en.co.lher [ēkoʎ'er] *vtd+vi+vpr* Encoger. *as roupas de algodão encolhem com maior facilidade* / la ropa de algodón encoge con mayor facilidad.
en.co.men.da [ēkom'ēdə] *sf* Encomienda. *estou esperando uma encomenda de Paris* / estoy esperando una encomienda de París.
en.co.men.dar [ēkomēd'ar] *vtd+vpr* Encomendar. *a noiva encomendou mil rosas brancas para sua festa de casamento* / la novia encomendó mil rosas blancas para su fiesta de matrimonio.
en.com.pri.dar [ēkōprid'ar] *vtd* Alargar.
en.con.trar [ēkōtr'ar] *vtd+vti+vpr* Encontrar: a) hallar. b) topar. c) oponerse, discordar.
en.con.tro [ēk'ōtru] *sm* Encuentro. **encontro às cegas** cita a ciegas.
en.co.ra.jar [ēkoraʒ'ar] *vtd+vpr* Envalentonar, animar, entusiasmar.
en.cos.tar [ēkost'ar] *vtd+vpr* **1** Arrimar, aproximar, acercar. **2** Reclinar, recostar, descansar, apoyar.
en.cos.to [ēk'ostu] *sm* **1** Espaldar. **2** Apoyo, respaldo.
en.cren.ca [ēkr'ēkə] *sf* **1** Lío, embrollo. *ninguém mais sai com ele porque só gosta de arrumar encrenca* / nadie más sale con él porque sólo le gusta meterse en líos. **2** Barullo, gresca, desorden. **3** Intriga, enredo.

en.cres.par [ẽkresp'ar] *vtd+vpr* Encrespar: a) ensortijar, rizar. b) erizar. c) levantar, alborotar (el agua). d) enfurecer, irritar.

en.cru.zi.lha.da [ẽkruziλ'adə] *sf* **1** Encrucijada, cruce. **2** *fig* Dilema. *optar por uma profissão é um dos maiores dilemas dos jovens* / optar por una profesión es uno de los mayores dilemas de los jóvenes.

en.cur.ra.lar [ẽkuɾal'ar] *vtd+vpr* Acorralar.

en.cur.tar [ẽkurt'ar] *vtd+vi+vpr* Acortar, disminuir.

en.de.re.çar [ẽderes'ar] *vtd+vti+vpr* Dirigir, encaminar.

en.de.re.ço [ẽder'esu] *sm* Dirección.

en.di.a.bra.do [ẽdjabr'adu] *adj+sm* Endiablado, malo.

en.di.nhei.ra.do [ẽdiñejr'adu] *adj* Adinerado, rico, acaudalado, pudiente. *depois que ficou endinheirado, esqueceu sua família* / después que se hizo rico, se olvidó de su familia.

en.di.rei.tar [ẽdirejt'ar] *vtd+vti+vi+vpr* Enderezar: a) poner derecho. b) enmendar, corregir. c) encaminarse derechamente.

en.di.vi.da.do [ẽdivid'adu] *adj* Endeudado.

en.di.vi.dar [ẽdivid'ar] *vtd+vpr* Endeudar.

en.doi.de.cer [ẽdojdes'er] *vtd+vi* Enloquecer, volverse loco, perder el juicio, perder la cabeza, perder el seso, trastornar, chiflar.

en.dos.sar [ẽdos'ar] *vtd* **1** Endosar. **2** Solidarizarse, apoyar.

en.du.re.cer [ẽdures'er] *vtd+vi+vpr* Endurecer.

e.ner.gé.ti.co [enerʒ'ɛtiku] *adj* Energético. *o amendoim é um alimento energético* / el maní es un alimento energético.

e.ner.gi.a [enerʒ'iə] *sf* Energía. **energia atômica** energía atómica. **energia nuclear** energía nuclear.

e.nér.gi.co [en'ɛrʒiku] *adj* Enérgico. *meu avô era un homem enérgico* / mi abuelo era un hombre enérgico.

e.ner.gi.zar [enerʒiz'ar] *vtd* **1** *Fís* Energizar. **2** *coloq* Energizar, dar energía, estimular.

e.ner.var [enerv'ar] *vtd+vi+vpr* Enervar. *os engarrafamentos enervam qualquer um* / los atascos enervan a cualquiera.

e.ne.vo.a.do [enevo'adu] *adj* Nublado, nubloso, anubarrado.

en.fa.do.nho [ẽfad'oñu] *adj* **1** Aburrido, pesado, tedioso, fastidioso. **2** Enfadoso, enojoso, molesto, importuno, latoso. *ninguém convidou aquele sujeito enfadonho, mas foi o primeiro a chegar* / nadie invitó a aquel sujeito importuno, pero fue el primero en llegar.

en.fai.xar [ẽfajʃ'ar] *vtd* **1** Enfajar. **2** Vendar.

en.far.te [ẽf'arti] *sm* Infarto. *fumar aumenta o risco de enfarte* / el fumar aumenta el riesgo de infarto.

ên.fa.se ['ẽfazi] *sf* Énfasis.

en.fas.ti.ar [ẽfasti'ar] *vtd+vi+vpr* Fastidiar, enfadar, disgustar, molestar, importunar.

en.fa.ti.zar [ẽfatiz'ar] *vtd* Enfatizar.

en.fei.tar [ẽfejt'ar] *vtd+vi+vpr* Adornar, engalanar.

en.fei.te [ẽf'ejti] *sm* Adorno, ornamento, ornato. *as crianças adoram os enfeites de Natal* / los niños adoran los adornos de Navidad.

en.fei.ti.çar [ẽfejtis'ar] *vtd+vpr* Hechizar.

en.fer.ma.gem [ẽferm'aʒẽj] *sf* Enfermería. *o curso de enfermagem dura quatro anos* / el curso de enfermería dura cuatro años.

en.fer.ma.ri.a [ẽfermar'iə] *sf* Enfermería. *levaram o moço desmaiado até a enfermaria* / llevaron al joven desmayado a la enfermería.

en.fer.mei.ro [ẽferm'ejru] *sm* Enfermero.

en.fer.mi.da.de [ẽfermid'adi] *sf* Enfermedad.

en.fer.mo [ẽf'ermu] *adj+sm* Enfermo.

en.fer.ru.ja.do [ẽfeɾuʒ'adu] *adj* Oxidado.

en.fer.ru.jar [ẽfeɾuʒ'ar] *vtd+vi+vpr* Oxidar. *o ferro enferruja em contato com a água* / el hierro se oxida en contacto con el agua.

en.fe.zar [ẽfez'ar] *vtd+vi+vpr* Enfadar, enojar, irritar.

en.fi.ar [ẽfi'ar] *vtd+vi+vpr* **1** Enhebrar, ensartar. **2** Introducir, meter.

en.fim [ẽf'ĩ] *adv* En fin, finalmente.

en.fo.car [ẽfok'ar] *vtd Fot* Enfocar.

en.for.ca.do [efork'adu] *adj+sm* Ahorcado.

en.for.car [ẽfork'ar] *vtd+vpr* Ahorcar.

en.fra.que.cer [ẽfrakes'er] *vtd+vi+vpr* Debilitar. *o estresse enfraquece o sistema imunológico* / el estrés debilita el sistema inmunológico.

en.fra.que.ci.do [ẽfrakes'idu] *adj* Debilitado.

en.fren.tar [ẽfrẽt'ar] *vtd+vti* Enfrentar, afrontar.

en.fu.ma.çar [ẽfumas'ar] *vtd* Ahumar.

en.fu.re.cer [ẽfures'er] *vtd+vi+vpr* Enfurecer, irritar, enojar, encolerizar, sulfurar.

en.fu.re.ci.do [ẽfures'idu] *adj* Furioso, furibundo, colérico.

en.gai.o.lar [ẽgajol'ar] *vtd+vpr* Enjaular.

en.ga.na.do [ẽgan'adu] *adj* Engañado.

en.ga.nar [ẽgan'ar] *vtd+vi+vpr* Engañar.

en.ga.no [ẽg'ʌnu] *sm* Engaño.

en.ga.no.so [ẽgan'ozu] *adj* Engañoso, falaz. *a propaganda enganosa é uma prática ilegal* / la propaganda engañosa es una práctica ilegal. *Pl: enganosos (ó)*.

en.gar.ra.fa.men.to [ẽgaɾafam'ẽtu] *sm* Embotellamiento, atasco, congestión (de vehículos). *os engarrafamentos são um grave problema nas grandes cidades* / los embotellamientos son un grave problema en las grandes ciudades.

en.gas.gar [ẽgazg'ar] *vtd+vi+vpr* Atragantar, atorar.

en.ga.tar [ẽgat'ar] *vtd+vti* Enganchar.

en.ga.ti.nhar [ẽgatiɲ'ar] *vi* Gatear. *a maioria dos bebês engatinha a partir do sexto mês* / la mayoría de los bebés gatea a partir del sexto mes.

en.ge.nha.ri.a [ẽʒeñar'iə] *sf* Ingeniería. **engenharia genética** ingeniería genética.

en.ge.nhei.ro [ẽʒeñ'ejru] *sm* Ingeniero.

en.ge.nho [ẽʒ'eñu] *sm* Ingenio.

en.ge.nho.so [ẽʒeñ'ozu] *adj* Ingenioso. *Pl: engenhosos (ó)*.

en.ges.sa.do [ẽʒes'adu] *adj* Escayolado.

en.ges.sar [ẽʒes'ar] *vtd* **1** Enyesar. **2** *Med* Escayolar.

en.glo.bar [ẽglob'ar] *vtd* Englobar. *a pobreza não somente engloba a falta de recursos materiais, mas também a falta de educação e saúde* / la pobreza no sólo engloba la falta de recursos materiales, sino también la falta de educación y salud.

en.go.lir [ẽgol'ir] *vtd* Tragar.

en.gor.dar [ẽgord'ar] *vtd+vi* Engordar.

en.gor.du.ra.do [ẽgordur'adu] *adj* Grasoso, grasiento. *quando vi aquela comida engordurada perdi o apetite* / cuando vi aquella comida grasosa perdí el apetito.

en.gor.du.rar [ẽgordur'ar] *vtd+vpr* Engrasar.

en.gra.ça.do [ẽgras'adu] *adj+sm* **1** Gracioso. **2** Divertido.

Em espanhol, **engrasado** é o particípio passado do verbo **engrasar**, que significa "engordurar, untar com gordura".

en.gran.de.cer [ẽgrandes'er] *vtd* **1** Engrandecer: a) aumentar. b) exaltar. *vti* **2** Aumentar, crecer. *vi+vpr* **3** Engrandecerse, agrandar.

en.gran.de.ci.men.to [ẽgrãdesim'ẽtu] *sm* Engrandecimiento.

en.gra.vi.dar [ẽgravid'ar] *vtd+vi* Embarazar.

en.gra.xar [ẽgraʃ'ar] *vtd* Lustrar.

en.gra.xa.te [ẽgraʃ'ati] *sm* **1** Limpiabotas. *o diretor trabalhava como engraxate antes de virar uma celebridade* / el director trabajaba como limpiabotas antes de transformarse en una celebridad. **2** *AL* Lustrabotas.

en.gre.na.gem [ẽgren'aʒẽj] *sf* Engranaje. Veja nota em **abordaje**.

en.gros.sar [ẽgros'ar] *vtd+vi+vpr* **1** Engrosar, espesar. **2** Irritarse. **3** *fam* Adular.

e.nig.ma [en'igmə] *sm* Enigma. *ainda não foi decifrado o enigma dos moais da Ilha de Páscoa* / aún no fue descifrado el enigma de los moais de la Isla de Pascua.

e.nig.má.ti.co [enigm'atiku] *adj* Enigmático.

en.jau.lar [ẽʒawl'ar] *vtd+vpr* Enjaular.

en.jo.a.do [ẽʒo'adu] *adj* **1** Mareado. **2** Antipático, pesado.

en.jo.ar [ẽʒo'ar] *vtd+vi* Marear.

en.jo.a.ti.vo [ẽʒoat'ivu] *adj* **1** Nauseabundo. **2** Empalagoso. *um perfume muito doce pode ser enjoativo* / un perfume muy dulce puede ser empalagoso. **3** *AL* Hostigoso.

en.jo.o [ẽʒ'ou] *sm* Náusea, mareo.

en.la.ta.do [ẽlat'adu] *adj+sm* Enlatado.

en.lou.que.cer [ẽlowkes'er] *vtd+vi* Enloquecer, volverse loco, perder el juicio, perder la cabeza, perder el seso, trastornar, chiflar.

e.no.jar [enoʒ'ar] *vtd+vpr* Asquear, provocar náusea.

Em espanhol, **enojar** (mais usado como verbo pronominal: "enojarse") significa "aborrecer(-se), chatear(-se), zangar(-se), enraivecer(-se) etc.": *Marta aborreceu-se com seu marido porque ele se esqueceu do dia do seu aniversário* / Marta se enojó con su marido porque él olvidó el día de su cumpleaños.

e.nor.me [en'ɔrmi] *adj m+f* Enorme.

en.quan.to [ẽk'wãtu] *conj* Mientras: a) durante el tiempo en que. *enquanto não pagar as minhas dívidas não comprarei nem um alfinete* / mientras no pague mis deudas no compraré ni un alfiler. b) en tanto, mientras tanto. *o marido assistia à TV enquanto sua mulher cozinhava* / el marido veía la tele mientras su mujer cocinaba.

en.ra.i.za.do [ẽrajz'adu] *adj* Enraizado, arraigado.

en.ra.i.zar [ẽrajz'ar] *vtd+vi+vpr* Enraizar, arraigar.

en.re.dar [ẽred'ar] *vtd+vi+vpr* Enredar.

en.re.do [ẽr'edu] *sm* **1** Enredo. **2** Trama. *é muito fácil acompanhar o enredo das novelas* / es muy fácil seguir la trama de las teleseries.

en.ri.que.cer [ẽrikes'er] *vtd+vi+vpr* Enriquecer.

en.ri.que.ci.do [ẽrikes'idu] *adj* Enriquecido.

en.ri.que.ci.men.to [ẽrikesim'ẽtu] *sm* Enriquecimiento.

en.ro.la.do [ẽrol'adu] *adj+sm* Complicado.

en.ro.lar [ẽrol'ar] *vtd+vpr* **1** Enrollar. *vtd* **2** Confundir, embrollar, enredar, complicar. *vtd* **3** *Arg, Chile, Ur* Engrupir.

en.ros.car [ẽrosk'ar] *vtd+vti* Enroscar.

en.ru.ga.do [ẽrug'adu] *adj* Arrugado. *o velho marinheiro tinha o rosto enrugado pelos anos e pelo sol* / el viejo marinero tenía el rostro arrugado por los años y el sol.

en.ru.gar [ẽrug'ar] *vtd+vpr* Arrugar.

en.sa.bo.ar [ẽsabo'ar] *vtd+vpr* Enjabonar: a) jabonar. b) *fig* reprender, amonestar (a alguien).

en.sai.ar [ẽsaj'ar] *vtd+vti+vpr* Ensayar.

en.sai.o [ẽs'aju] *sm* Ensayo. *Octavio Paz foi um grande autor de ensaios* / Octavio Paz fue un gran autor de ensayos.

en.se.a.da [ẽse'adə] *sf* Rada, bahía, ensenada.

en.se.jo [ẽs'eʒu] *sm* Oportunidad, coyuntura, sazón.

en.si.na.do [ẽsin'adu] *adj* Enseñado.

en.si.na.men.to [ẽsinam'ẽtu] *sm* Enseñanza. *a vida sempre nos reserva novos ensinamentos* / la vida siempre nos reserva nuevas enseñanzas.

en.si.nar [ẽsin'ar] *vtd+vti+vi* Enseñar.

Em espanhol, **enseñar** também quer dizer "mostrar, exibir": *mostrou a todos seu novo carro* / les enseñó a todos su coche nuevo.

en.si.no [ẽs'inu] *sm* Enseñanza. **ensino fundamental** enseñanza básica, enseñanza primaria. **ensino médio** enseñanza media, enseñanza secundaria. **ensino superior** enseñanza superior.

en.so.la.ra.do [ẽsolar'adu] *adj* Soleado.

en.so.pa.do [ẽsop'adu] *adj* Empapado, calado. • *sm* Guisado, estofado.

en.sur.de.ce.dor [ẽsurdesed'or] *adj* Ensordecedor. *o barulho dentro da discoteca era ensurdecedor* / el ruido dentro de la discoteca era ensordecedor.

en.tan.to [ẽt'ãtu] *adv* Mientras, mientras tanto. • **no entanto** *conj* No obstante, sin embargo.

en.tão [ẽt'ãw] *adv* Entonces: a) en tal tiempo. b) en tal caso, siendo así. • *sm* En aquel entonces.

en.tar.de.cer [ẽtardes'er] *vi* Atardecer. • *sm* Atardecer. *gostávamos de contemplar o entardecer sentados frente ao mar* / *nos gustaba contemplar el atardecer sentados frente al mar*.

en.te ['ẽti] *sm* Ente.

en.te.a.do [ẽte'adu] *sm* Hijastro.

en.te.di.ar [ẽtedi'ar] *vtd+vpr* Aburrir, hastiar, fastidiar. Veja nota em **aborrecer** (espanhol).

en.ten.der [ẽtẽd'er] *vtd+vi+vpr* 1 Entender. *não entendi o que ele quis dizer* / *no entendí lo que él quiso decir*. 2 *Chile, Eq, Méx* Captar. • *sm* Entender, opinión, criterio. *no meu entender, a amizade é o maior dos tesouros de um ser humano* / *a mi entender, la amistad es el mayor de los tesoros de un ser humano*.

en.ten.di.do [ẽtẽd'idu] *adj+sm* Entendido, sabio, docto, perito, diestro.

en.ten.di.men.to [ẽtẽdim'ẽtu] *sm* Entendimiento.

en.ter.ne.cer [ẽternes'er] *vtd+vpr* Enternecer.

en.ter.rar [ẽteȓ'ar] *vtd+vti+vi+vpr* Enterrar.

en.ter.ro [ẽt'eȓu] *sm* Entierro, enterramiento.

en.ti.da.de [ẽtid'adi] *sf* Entidad.

en.to.ar [ẽto'ar] *vtd* Entonar.

en.tor.pe.cen.te [ẽtorpes'ẽti] *adj m+f* e *sm* Estupefaciente. *os entorpecentes provocam um efeito letal no cérebro* / *los estupefacientes provocan un efecto letal en el cerebro*.

en.tor.pe.cer [ẽtorpes'er] *vtd+vi+vpr* Entorpecer: a) turbar. b) retardar, dificultar.

en.tor.tar [ẽtort'ar] *vtd+vi+vpr* Torcer.

en.tra.da [ẽtr'adə] *sf* 1 Entrada. 2 Vestíbulo. 3 *AL* Zaguán.

en.tra.nha [ẽtr'ʌñə] *sf* Entraña.

en.trar [ẽtr'ar] *vi+vti* Entrar.

en.tre ['ẽtri] *prep* Entre. *Parati está localizada entre o Rio de Janeiro e São Paulo* / *Parati está ubicada entre Rio de Janeiro y São Paulo*.

en.tre.ga [ẽtr'ɛgə] *sf* Entrega.

en.tre.ga.dor [ẽtregad'or] *adj+sm* Entregador.

en.tre.gar [ẽtreg'ar] *vtd+vti+vpr* Entregar.

en.tre.li.nha [ẽtrel'iñə] *sf* Entrelínea.

en.tre.tan.to [ẽtret'ãtu] *adv* Mientras, mientras tanto. • *conj* No obstante, sin embargo.

en.tre.te.ni.men.to [ẽtretenim'ẽtu] *sm* 1 Entretenimiento, diversión. 2 *AL* Entretención.

en.tre.ter [ẽtret'er] *vtd+vi+vpr* Entretener.

en.tre.ver [ẽtrev'er] *vtd+vpr* Entrever, vislumbrar.

en.tre.vis.ta [ẽtrev'istə] *sf* Entrevista.

en.tre.vis.ta.do [ẽtrevist'adu] *sm* Entrevistado.

en.tre.vis.ta.dor [ẽtrevistad'or] *sm* Entrevistador.

en.tre.vis.tar [ẽtrevist'ar] *vtd+vpr* Entrevistar.

en.tris.te.cer [ẽtristes'er] *vtd+vi+vpr* Entristecer.

en.tro.sa.men.to [ẽtrozam'ẽtu] *sm* 1 Engranaje. 2 Acuerdo, concierto, armonía, unión. *num time de futebol, o entrosamento dos jogadores é fundamental* / *en un equipo de fútbol, la unión entre los jugadores es fundamental*. 3 Adaptación, ajuste.

en.tu.lho [ẽt'uλu] *sm* Escombro.

en.tu.pir [ẽtup'ir] *vtd+vi+vpr* Obstruir, atorar.

en.tu.si.as.ma.do [ẽtuzjazm'adu] *adj* Entusiasmado.

en.tu.si.as.mar [ẽtuzjazm'ar] *vtd+vpr* Entusiasmar.

en.tu.si.as.mo [ẽtuzi'azmu] *sm* Entusiasmo.

e.nu.me.rar [enumer'ar] *vtd* Enumerar.

e.nun.ci.ar [enũsi'ar] *vtd* Enunciar.

en.vai.de.cer [ẽvajdes'er] *vtd+vpr* Envanecer, engreír.

en.ve.lhe.cer [ẽveλes'er] *vtd+vi* Envejecer.

en.ve.lo.pe [ẽvel'ɔpi] *sm* Sobre. *colocou a carta dentro do envelope* / *colocó la carta dentro del sobre*.

en.ve.ne.na.men.to [ẽvenenam'ẽtu] *sm* Envenenamiento.

en.ve.ne.nar [ẽvenen'ar] *vtd+vi+vpr* Envenenar.

en.ver.go.nha.do [ẽvergoñ'adu] *adj* Avergonzado.

en.ver.go.nhar [ẽvergoñ'ar] vtd+vpr Avergonzar.
en.ver.ni.za.do [ẽverniz'adu] adj Barnizado.
en.ver.ni.zar [ẽverniz'ar] vtd Barnizar.
en.vi.a.do [ẽvi'adu] adj+sm Enviado.
en.vi.ar [ẽvi'ar] vtd+vti Enviar.
en.vi.o [ẽv'iu] sm Envío, remesa.
en.vi.u.var [ẽvjuv'ar] vtd+vi Enviudar.
en.vol.ver [ẽvowv'er] vtd 1 Abarcar. 2 Contener. 3 Implicar. vtd+vti 4 Envolver: a) rodear a alguien. vtd+vpr b) mezclar o complicar a alguien en un asunto. vtd+vti c) vestir al niño con pañales y mantillas. vpr 5 Envolverse, liarse.
en.vol.vi.do [ẽvowv'idu] adj Envuelto, liado.
en.vol.vi.men.to [ẽvowvim'ẽtu] sm 1 Envolvimiento. 2 Lío, aventura (amorosa).
en.xa.da [ẽʃ'adə] sf Azada, azadón.
en.xa.guar [ẽʃag'war] vtd Enjaguar.
en.xa.me [ẽʃ'ami] sm Enjambre. *meu cunhado foi picado por um enxame de abelhas* / mi cuñado fue picado por un enjambre de abejas.
en.xa.que.ca [ẽʃak'ekə] sf Med Jaqueca. *a enxaqueca é um mal predominantemente feminino* / la jaqueca es un mal predominantemente femenino.
en.xer.gar [ẽʃerg'ar] vtd Ver.
en.xe.ri.do [ẽʃer'idu] adj+sm Entrometido, entremetido. *que menina enxerida!, vive escutando conversas alheias* / ¡qué chica entrometida!, vive escuchando las conversaciones ajenas.
en.xer.tar [ẽʃert'ar] vtd+vti Injertar.
en.xer.to sm Injerto.
en.xo.fre [ẽʃ'ofri] sm Quím Azufre.
en.xo.tar [ẽʃot'ar] vtd 1 Ahuyentar. 2 Expulsar.
en.xo.val [ẽʃov'aw] sm Ajuar. *a noiva preparava o enxoval cheia de ilusões* / la novia preparaba el ajuar llena de ilusiones.
en.xu.gar [ẽʃug'ar] vtd+vi+vpr Enjugar.
en.xur.ra.da [ẽʃuʳ'adə] sf 1 Gran cantidad de agua, crecida. 2 Avenida (de un río o arroyo).
en.xu.to [ẽʃ'utu] adj Enjuto, delgado, seco.
en.zi.ma [ẽz'imə] sf Enzima.

e.pi.cen.tro [epis'ẽtru] sm Geol Epicentro.
é.pi.co ['ɛpiku] adj+sm Épico. **teatro épico** teatro épico.
e.pi.de.mi.a [epidem'iə] sf Med Epidemia.
e.pi.dê.mi.co [epid'emiku] adj Epidémico.
e.pí.gra.fe [ep'igrafi] sf 1 Epígrafe. 2 Rótulo, título.
e.pi.lep.si.a [epileps'iə] sf Med Epilepsia.
e.pi.lé.ti.co [epil'ɛtiku] adj+sm Epiléptico.
e.pí.lo.go [ep'ilogu] sm Epílogo.
e.pi.só.dio [epiz'ɔdju] sm Episodio.
e.pís.to.la [ep'istolə] sf Epístola.
e.pi.tá.fio [epit'afju] sm Epitafio.
é.po.ca ['ɛpokə] sf Época. **fazer época** formar/hacer época.
e.qua.ção [ekwas'ãw] sf Mat Ecuación.
e.qua.dor [ekwad'or] sm Ecuador.
e.qua.to.ri.a.no [ekwatori'∧nu] adj+sm Ecuatoriano.
e.ques.tre [ek'wɛstri] adj m+f Ecuestre. **estátua equestre** estatua ecuestre.
e.qui.da.de [ekwid'adi] sf Equidad. *o desenvolvimento econômico deve vir acompanhado de equidade social* / el desarrollo económico debe venir acompañado de equidad social.
e.qui.li.brar [ekilibr'ar] vtd+vti+vpr Equilibrar.
e.qui.lí.brio [ekil'ibrju] sm Equilibrio.
e.qui.pa.men.to [ekipam'ẽtu] sm Equipamiento, equipo.
e.qui.par [ekip'ar] vtd+vpr Equipar.
e.qui.pa.ra.ção [ekiparas'ãw] sf Equiparación.
e.qui.pa.rar [ekipar'ar] vtd+vti+vpr Equiparar.
e.qui.pe [ek'ipi] sm Equipo. *a nossa equipe de basquete ganhou o campeonato escolar* / nuestro equipo de baloncesto ganó el campeonato escolar.

> Em espanhol, **equipe** significa também "conjunto ou jogo de roupas de uma pessoa", assim como "conjunto ou jogo de utensílios, instrumentos e aparelhos para um fim determinado": *conjunto de ginástica* / equipo de gimnasia.

e.qui.ta.ção [ekitas'ãw] *sf* Equitación.
e.qui.va.lên.cia [ekival'ẽsjə] *sf* Equivalencia.
e.qui.va.len.te [ekival'ẽti] *adj m+f* e *sm* Equivalente.
e.qui.va.ler [ekival'er] *vti+vpr* Equivaler.
e.qui.vo.car [ekivok'ar] *vpr* Equivocar.
e.quí.vo.co [ek'ivoku] *adj+sm* Equívoco, error.
e.ra ['ɛrə] *sf* Era.
e.re.ção [eres'ãw] *sf* Erección.
e.re.mi.ta [erem'itə] *s m+f* Eremita, ermitaño.
e.re.to [er'ɛtu] *adj* Erecto.
er.guer [erg'er] *vtd+vti+vpr* Erguir.
e.ri.ça.do [eris'adu] *adj* Erizado.
e.ri.gir [eriʒ'ir] *vtd+vti* 1 Erguer, levantar. *vtd+vpr* 2 Erigir.
er.mo ['ermu] *adj+sm* Yermo.
e.ro.são [eroz'ãw] *sf* Erosión. *a erosão é uma consequência das mudanças climáticas* / la erosión es una consecuencia de los cambios climáticos.
e.ro.si.vo [eroz'ivu] *adj* Erosivo.
e.ró.ti.co [eroz'ivu] *adj* Erótico.
e.ro.tis.mo [erot'izmu] *sf* Erotismo.
er.ra.di.ca.ção [eřadikas'ãw] *sf* Erradicación. *a erradicação do trabalho infantil deve ser uma prioridade na América Latina* / la erradicación del trabajo infantil debe ser una prioridad en América Latina.
er.ra.di.car [eřadik'ar] *vtd+vti* Erradicar.
er.ra.do [eř'adu] *adj* Incorrecto, equivocado.
er.ran.te [eř'ãti] *adj m+f* Errante.
er.rar [eř'ar] *vtd+vti+vi* Errar: a) no acertar. b) andar vagando.
er.ro ['eřu] *sm* Error. *aceitar os próprios erros é uma demonstração de grandeza* / aceptar los propios errores es una demostración de grandeza.
er.rô.neo [eř'onju] *adj* Erróneo.
e.ru.di.ção [erudis'ãw] *sf* Erudición.
e.ru.di.to [erud'itu] *adj+sm* Erudito.
e.rup.ção [erups'ãw] *sf* Erupción.
er.va ['ɛrvə] *sf Bot* 1 Hierba. 2 *AL* Yerba.
er.vi.lha [erv'iʎə] *sf Bot* 1 Guisante. 2 *AL* Arveja.

es.ba.fo.ri.do [ezbafor'idu] *adj* 1 Jadeante. 2 Apresurado.
es.ban.ja.dor [ezbãʒad'or] *adj+sm* Derrochador, dilapidador, despilfarrador, malgastador. *por ser um esbanjador, vivia cheio de dívidas* / por ser un derrochador, vivía lleno de deudas.
es.ban.jar [ezbãʒ'ar] *vtd* Derrochar, dilapidar, despilfarrar, malgastar.
es.bar.rão [ezbař'ãw] *sm* Encontrón, encontronazo, topetazo, tropezón.
es.bar.rar [ezbař'ar] *vti* Topar, tropezar, chocar, colisionar.
es.bel.to [ezb'ɛwtu] *adj* Esbelto.
es.bo.çar [ezbos'ar] *vtd+vpr* Esbozar, bosquejar.
es.bo.ço [ezb'osu] *sm* Boceto, bosquejo, esbozo.
es.bo.fe.te.ar [ezbofete'ar] *vtd* Abofetear.
es.bran.qui.ça.do [ezbrãkis'adu] *adj* 1 Blanquecino, blancuzco. *as nuvens davam ao céu um tom esbranquiçado* / las nubes le daban al cielo un tono blanquecino. 2 Descolorido, pálido.
es.bra.ve.jar [ezbraveʒ'ar] *vti+vtd* Vociferar.
es.ca.da [esk'adə] *sf* Escalera. **escada de caracol** escalera de caracol. **escada rolante** escalera mecánica.
es.ca.da.ri.a [eskadar'iə] *sf* Escalinata. *as pessoas aguardavam na escadaria que abrissem o teatro* / las personas esperaban en la escalinata que abriesen el teatro.
es.ca.fan.dro [eskaf'ãdru] *sm* Escafandra.
es.ca.la [esk'alə] *sf* Escala.
es.ca.la.da [eskal'adə] *sf* Escalada.
es.ca.lar [eskal'ar] *vtd* Escalar.
es.cal.da.do [eskawd'adu] *adj* Escaldado.
es.cal.dar [eskawd'ar] *vtd+vi+vpr* Escaldar.
es.ca.ma [esk'ʌmə] *sf* Escama.
es.ca.mo.te.ar [eskamote'ar] *vtd+vi+vpr* Escamotear.
es.can.ca.rar [eskãkar'ar] *vtd+vpr* Abrir de par en par.
es.can.da.li.zar [eskãdaliz'ar] *vtd+vi+vpr* Escandalizar.

es.cân.da.lo [esk'ãdalu] *sm* Escándalo.
es.can.da.lo.so [eskãdal'ozu] *adj* Escandaloso. *Pl: escandalosos (ó).*
es.can.ga.lhar [eskãgaʎ'ar] *vtd+vpr* **1** Descoyuntar, descalabrar. **2** Destruir, arruinar.
es.ca.pa.da [eskap'adə] *sf* Escapada.
es.ca.pa.men.to [eskapam'ẽtu] *sm* **1** Escape, fuga. **2** Tubo de escape. *o jipe voltou do rali com o escapamento furado* / el jeep volvió del rally con el tubo de escape roto.
es.ca.par [eskap'ar] *vti+vi+vpr* Escapar.
es.ca.pu.lir [eskapul'ir] *vi+vti+vpr* Huir, escapar, escabullirse. *o rato escapuliu-se pelo buraco da parede* / el ratón se escabulló por el agujero de la pared.
es.ca.ra.mu.ça [eskaram'usə] *sf* Escaramuza, refriega.
es.ca.ra.ve.lho [eskarav'eʎu] *sm* Zool Escarabajo.
es.car.céu [eskars'ɛw] *sm* Gritería, vocerío, algarabía. *os torcedores fizeram um escarcéu na porta do estádio* / los hinchas armaron una gritería en la puerta del estadio.
es.car.la.te [eskarl'ati] *adj m+f sing+pl e sm* Escarlata.
es.car.la.ti.na [eskarlat'inə] *sf Med* Escarlatina.
es.car.men.tar [eskarmẽt'ar] *vtd+vpr* Escarmentar.
es.car.ne.cer [eskarnes'er] *vtd+vti* Escarnecer, burlarse, mofarse, ridiculizar.
es.cár.nio [esk'arnju] *sm* **1** Escarnio, burla, mofa. **2** Desprecio, desdén, menosprecio.
es.ca.ro.la [eskar'ɔlə] *sf Bot* Escarola.
es.car.pa.do [eskarp'adu] *adj* Escarpado, empinado, inclinado.
es.car.rar [eskař'ar] *vi* Expectorar.
es.car.ro [esk'ařu] *sm* Catarro.
es.cas.se.ar [eskase'ar] *vi* Escasear, faltar.
es.cas.sez [eskas'es] *sf* Escasez, carencia.
es.cas.so [esk'asu] *adj* Escaso, exiguo.
es.ca.va.ção [eskavas'ãw] *sf* Excavación.
es.ca.va.dei.ra [eskavad'ejrə] *sf* Excavadora.
es.ca.var [eskav'ar] *vtd* Excavar, cavar.

es.cla.re.cer [esklares'er] *vtd+vti+vi+vpr* Aclarar. *o professor esclarece as dúvidas dos alunos* / el profesor aclara las dudas de los alumnos.
es.cla.re.ci.men.to [esklaresim'ẽtu] *sm* Aclaración.
es.cle.ro.se [eskler'ɔzi] *sf Med* Esclerosis. *a esclerose múltipla é uma doença degenerativa* / la esclerosis múltiple es una enfermedad degenerativa.
es.co.a.men.to [eskoam'ẽtu] *sm* **1** Escurrimiento. **2** Flujo, salida.
es.co.ar [esko'ar] *vtd+vi+vpr* Escurrir.
es.co.cês [eskos'es] *adj+sm* Escocés.
es.coi.ce.ar [eskojse'ar] *vtd+vi* Cocear.
es.co.la [esk'ɔlə] *sf* Escuela. **fazer escola** hacer escuela.
es.co.lar [eskol'ar] *adj m+f e sm* Escolar.
es.co.la.ri.da.de [eskolarid'adi] *sf* Escolaridad.
es.co.lha [esk'oʎə] *sf* **1** Elección. **2** Selección. **3** Opción. *hoje não há escolha, o domínio de várias línguas é fundamental* / actualmente no hay opción, el dominio de varias lenguas es fundamental. **múltipla escolha** selección múltiple.
es.co.lher [eskoʎ'er] *vtd* **1** Escoger, preferir. **2** Elegir, seleccionar.
es.co.lhi.do [eskoʎ'idu] *adj+sm* **1** Escogido, selecto. **2** Elegido, preferido, predilecto.
es.col.tar [eskowt'ar] *vtd* Escoltar: a) resguardar. b) acompañar.
es.com.bros [esk'õbrus] *sm pl* Escombros.
es.con.de-es.con.de [eskõdjesk'õdi] *sm sing+pl* **1** Escondite. **2** *AL* Escondidas. *durante o recreio as meninas brincavam de esconde-esconde* / durante el recreo las niñas jugaban a las escondidas.
es.con.der [eskõd'er] *vtd+vti+vpr* Esconder, encubrir, ocultar.
es.con.de.ri.jo [eskõder'iʒu] *sm* Escondite, escondrijo.
es.co.rar [eskor'ar] *vtd* **1** Escorar. *vtd+vpr* **2** Apuntalar, apoyar.
es.có.ria [esk'ɔrjə] *sf* Escoria, ralea.
es.co.ri.a.ção [eskorjas'ãw] *sf* Escoriación.

es.cor.pi.ão [eskorpi'ãw] *sm* **1** *Zool* Escorpión. *todas as espécies de escorpião são venenosas* / todas las especies de escorpión son venenosas. **2** *Astrol* Escorpio, escorpión.

es.cor.ra.çar [eskoȓas'ar] *vtd* Ahuyentar, espantar, ojear.

es.cor.re.dor [eskoȓed'or] *sm* Escurridor.

es.cor.re.ga.de.la [eskoȓegad'ɛlə] *sf* Resbalón: a) acto de resbalar. b) indiscreción, metedura de pata.

es.cor.re.ga.di.ço [eskoȓegad'isu] *adj* V *escorregadio*.

es.cor.re.ga.di.o [eskoȓegad'iu] *adj* Resbaladizo, resbaloso. *Sin: escorregadiço.*

es.cor.re.ga.dor [eskoȓegad'or] *sm* Tobogán. *o escorregador era a maior atração do parque* / el tobogán era la mayor atracción del parque.

es.cor.re.gão [eskoȓeg'ãw] *sm* Resbalón.

es.cor.re.gar [eskoȓeg'ar] *vi* Resbalar.

es.cor.rer [eskoȓ'er] *vtd+vi* Escurrir.

es.co.tei.ro [eskot'ejru] *sm* Explorador, boy scout.

es.co.va [esk'ovə] *sf* Cepillo. *escova de dentes* / cepillo de dientes.

Em espanhol, **escoba** quer dizer "vassoura": *o jardineiro pegou a vassoura para varrer as folhas do quintal* / el jardinero tomó la escoba para barrer las hojas del patio.

es.co.var [eskov'ar] *vtd* Cepillar. *todas as noites ela escova cem vezes o cabelo* / todas las noches ella se cepilla cien veces el pelo.

es.cra.vi.dão [eskravid'ãw] *sf* Esclavitud. *a escravidão é uma das maiores vergonhas da humanidade* / la esclavitud es una de las mayores vergüenzas de la humanidad.

es.cra.vi.zar [eskraviz'ar] *vtd+vti+vpr* Esclavizar.

es.cra.vo [eskr'avu] *adj+sm* Esclavo.

es.cre.ven.te [eskrev'ẽti] *s m+f* Escribiente.

es.cre.ver [eskrev'er] *vtd+vti+vi+vpr* Escribir.

es.cri.ta [eskr'itə] *sf* Escritura. *os hieróglifos foram a primeira forma de escrita no mundo* / los jeroglíficos fueron la primera forma de escritura en el mundo.

es.cri.tor [eskrit'or] *sm* Escritor.

es.cri.tó.rio [eskrit'ɔrju] *sm* **1** Despacho. **2** (Mueble de) Escritorio. **3** Oficina, gabinete. *os funcionários chegam ao escritório às oito da manhã* / los empleados llegan a la oficina a las ocho de la mañana.

es.cri.tu.ra [eskrit'urə] *sf* Escritura.

es.cri.tu.rá.rio [eskritur'arju] *sm* Oficial.

es.cri.va.ni.nha [eskrivan'iñə] *sf* (Mesa de) Escritorio.

es.cri.vão [eskriv'ãw] *sm* Escribano, notario. *Pl: escrivães.*

es.crú.pu.lo [eskr'upulu] *sm* Escrúpulo.

es.cru.pu.lo.so [eskrupul'ozu] *adj* Escrupuloso. *Pl: escrupulosos (ó).*

es.cu.de.ri.a [eskuder'iə] *sf Esp* Escudería.

es.cu.do [esk'udu] *sm* Escudo.

es.cul.pir [eskuwp'ir] *vtd+vti+vi* Esculpir.

es.cul.tor [eskuwt'or] *sm* Escultor. *Fernando Botero é um famoso pintor e escultor colombiano* / Fernando Botero es un famoso pintor y escultor colombiano.

es.cul.tu.ra [eskuwt'urə] *sf* Escultura.

es.cu.ma.dei.ra [eskumad'ejrə] *sf* Espumadera.

es.cu.na [esk'unə] *sf Mar* Goleta, escuna.

es.cu.re.cer [eskures'er] *vtd+vi+vpr* Obscurecer, oscurecer.

es.cu.ri.dão [eskurid'ãw] *sf* Obscuridad, oscuridad. *os gatos conseguem enxergar na escuridão* / los gatos consiguen ver en la oscuridad.

es.cu.ro [esk'uru] *adj+sm* Obscuro, oscuro. **às escuras** a oscuras.

es.cu.ta [esk'utə] *sf* Escucha. **à escuta** a la escucha.

es.cu.tar [eskut'ar] *vtd+vi* Escuchar.

es.drú.xu.lo [esdr'uʃulu] *adj* Excéntrico. Veja nota em **esdrújulo**.

es.fa.que.ar [esfake'ar] *vtd+vpr* Acuchillar.

es.fa.re.lar [esfarel'ar] *vtd+vpr* Desmenuzar, desmigajar. *a velhinha esfarelava o pão enquanto as pombas comiam* / la viejecilla desmigajaba el pan mientras las palomas comían.

es.far.ra.pa.do [esfaȓap'adu] *adj+sm* Harapiento, andrajoso, roto, haraposo, astroso.

es.fe.ra [esf'ɛrɐ] *sf* Esfera. **esfera celeste** esfera celeste. **esfera terrestre** esfera terráquea, esfera terrestre.

es.fé.ri.co [esf'ɛriku] *adj* Esférico, redondo.

es.fe.ro.grá.fi.ca [esferogr'afikə] *sf* Bolígrafo.

es.fi.a.par [esfjap'ar] *vtd+vi+vpr* Deshilachar.

es.fin.ge [esf'ĩʒi] *sf* Esfinge.

es.fo.lar [esfol'ar] *vtd+vpr* Desollar, despellejar.

es.fo.li.a.ção [esfoljas'ãw] *sm* Exfoliación.

es.fo.me.a.do [esfome'adu] *adj+sm* Hambriento, famélico. *os meninos voltaram esfomeados da excursão* / los niños volvieron hambrientos de la excursión.

es.for.ça.do [esfors'adu] *sm* Esforzado.

es.for.çar [esfors'ar] *vtd+vi+vpr* Esforzar.

es.for.ço [esf'orsu] *sm* Esfuerzo. *o crescimento de um país é fruto do esforço de todos os seus cidadãos* / el crecimiento de un país es fruto del esfuerzo de todos sus ciudadanos. *Pl: esforços (ó).*

es.fre.gão [esfreg'ãw] *sm* Estropajo, fregona.

es.fre.gar [esfreg'ar] *vtd+vti+vpr* **1** Refregar. *vtd* **2** Fregar.

es.fri.a.men.to [esfrjam'ẽtu] *sm* Enfriamiento.

es.fri.ar [esfri'ar] *vtd+vi+vpr* Enfriar. *o tempo esfria quando chega o outono* / el tiempo enfría cuando llega el otoño.

es.fu.ma.çar [esfumas'ar] *vtd+vpr* Ahumar.

es.fu.mar [esfum'ar] *vtd+vpr* **1** Esfumar. *vpr* **2** Esfumarse, disiparse, desvanecerse.

es.fu.zi.an.te [esfuzi'ãti] *adj m+f* Radiante.

es.ga.nar [ezgan'ar] *vtd+vpr* Estrangular, asfixiar, sofocar.

es.ga.ni.çar [ezganis'ar] *vtd* Aullar.

es.go.e.lar [ezgoel'ar] *vtd+vi+vpr* Bramar, gritar (mucho).

es.go.ta.do [ezgot'adu] *adj* Agotado.

es.go.ta.men.to [ezgotam'ẽtu] *sm* **1** Agotamiento. **2** Extenuación.

es.go.tar [ezgot'ar] *vtd+vi+vpr* Agotar.

es.go.to [ezg'otu] *sm* **1** Alcantarilla, cloaca, sumidero. **2** Alcantarillado. *a rede de esgoto foi um grande avanço para a saúde pública* / la red de alcantarillado fue un gran avance para la salud pública.

es.gri.ma [ezgr'imə] *sf Esp* Esgrima.

es.gui.char [ezgiʃ'ar] *vtd+vi* Surtir.

es.gui.cho [ezg'iʃu] *sm* Chorro.

es.gui.o [ezg'iu] *adj* Larguirucho.

es.la.vo [ezl'avu] *adj+sm* Eslavo.

es.ma.ga.dor [ezmagad'or] *adj+sm* Aplastante, abrumador, terminante, definitivo. *o tenista venceu o torneio após um resultado esmagador contra o seu adversário* / el tenista venció el torneo tras un resultado abrumador contra su adversario.

es.ma.gar [ezmag'ar] *vtd+vi+vpr* Aplastar.

es.mal.te [ezm'awti] *sm* Esmalte.

es.me.ra.do [ezmer'adu] *adj* Esmerado.

es.me.ral.da [ezmer'awdə] *sf Miner* Esmeralda. • *adj m+f sing+pl* Esmeralda (cor).

es.me.rar [ezmer'ar] *vtd+vpr* Esmerar.

es.me.ro [ezm'eru] *sm* Esmero. Veja nota em **capricho** (espanhol).

es.mi.ga.lhar [ezmigaʎ'ar] *vtd+vpr* Desmigajar.

es.mi.u.çar [ezmjus'ar] *vtd* Desmenuzar.

es.mo.la [ezm'ɔlə] *sf* Limosna. *o mendigo pedia esmola na porta da igreja* / el mendigo pedía limosna en la puerta de la iglesia.

es.mo.lar [ezmol'ar] *vtd+vti+vi* Limosnear, mendigar, pordiosear.

es.mo.re.cer [ezmores'er] *vtd+vti+vi* Desfallecer.

es.mo.re.ci.men.to [ezmoresim'ẽtu] *sm* Desfallecimiento.

es.mur.rar [ezmuȓ'ar] *vtd* Golpear (con el puño).

es.no.be [ezn'ɔbi] *adj* e *s m+f* Esnob. *na exposição confundiam-se os esnobes com os amantes da arte* / en la exposición se confundían los esnobs con los amantes del arte.

es.no.bis.mo [eznob'izmu] *sm* Esnobismo.

e.sô.fa.go [ez'ofagu] *sm Anat* Esófago.
e.so.té.ri.co [ezot'ɛriku] *adj* Esotérico.
e.so.te.ris.mo [ezoter'izmu] *sm* Esoterismo.
es.pa.çar [espas'ar] *vtd+vpr* Espaciar.
es.pa.ci.al [espasi'aw] *adj m+f* Espacial. **base espacial** base espacial. **nave espacial** nave espacial.
es.pa.ço [esp'asu] *sm* Espacio. **espaço exterior** espacio exterior. **espaço vital** espacio vital.
es.pa.ço.na.ve [espason'avi] *sf Astron* Nave espacial. *Venera 3 foi a primeira espaçonave a chegar a outro planeta* / Venera 3 fue la primera nave espacial en llegar a otro planeta.
es.pa.ço.so [espas'ozu] *adj* Espacioso, amplio. *Pl: espaçosos (ó).*
es.pa.da [esp'adə] *sf* Espada. **espada de Dâmocles** espada de Damocles. **passar à espada** pasar a espada, pasar a cuchillo.
es.pá.dua [esp'adwa] *sf Anat* Omóplato, omoplato, paletilla, espaldilla.
es.pa.gue.te [espag'ɛti] *sm Cul* Espagueti, tallarín, fideo.
es.pai.re.cer [espajres'er] *vtd+vti+vi+vpr* Esparcir, divertir, desahogar, recrear.
es.pal.dar [esp'awdar] *sm* Espaldar, respaldo.
es.pa.lha.do [espaʎ'adu] *adj* Esparramado.
es.pa.lha.fa.to [espaʎaf'atu] *sm* Aparato, ostentación.
es.pa.lha.fa.to.so [espaʎafat'ozu] *adj* Aparatoso, ostentoso. *ele tinha um jeito espalhafatoso de rir* / él tenía una forma aparatosa de reírse. *Pl: espalhafatosos (ó).*
es.pa.lhar [espaʎ'ar] *vtd+vti+vi+vpr* Divulgar, difundir, propagar, esparcir.
es.pa.na.dor [espanad'or] *sm* Plumero.
es.pa.nar [espan'ar] *vtd* Sacudir.
es.pan.ca.men.to [espãkam'ẽtu] *sm* Paliza, golpiza. *as crianças vítimas de espancamento sofrem sérios danos psicológicos* / los niños que son víctimas de palizas sufren serios daños psicológicos.
es.pan.car [espãk'ar] *vtd* Apalear, aporrear, golpear.
es.pa.nhol [españ'ɔw] *adj+sm* Español.

es.pan.ta.do [espãt'adu] *adj* Asombrado, espantado, asustado.
es.pan.ta.lho [espãt'aʎu] *sm* Espantapájaros.
es.pan.tar [espãt'ar] *vtd+vi+vpr* Espantar. a) causar espanto. b) ahuyentar. c) admirar, maravillar.
es.pan.to [esp'ãtu] *sm* Espanto.
Em espanhol, **espanto** significa também "fantasma": *hoje quase ninguén acredita em fantasmas e aparições* / actualmente casi nadie cree en espantos y apariciones.
es.pan.to.so [espãt'ozu] *adj* Espantoso: a) que causa espanto. b) maravilloso, asombroso, pasmoso. *Pl: espantosos (ó).*
es.pa.ra.dra.po [esparadr'apu] *sm* **1** Esparadrapo, tirita. **2** *AL* Curita.
es.par.gir [esparʒ'ir] *vtd+vti+vpr* Esparcir.
es.par.ra.mar [espařam'ar] *vtd+vi+vpr* Desparramar. *o café esparramou-se na toalha da mesa* / el café se desparramó por el mantel.
es.pas.mo [esp'azmu] *sm* Espasmo.
es.pa.ti.far [espatif'ar] *vtd+vpr* **1** Despedazar, hacer añicos. **2** Romper, rasgar.
es.pá.tu.la [esp'atulə] *sf* Espátula.
es.pe.ci.al [espesi'aw] *adj m+f* Especial. **efeitos especiais** efectos especiales.
es.pe.ci.a.li.da.de [espesjalid'adi] *sf* Especialidad. *a paella é a especialidade da casa* / la paella es la especialidad de la casa.
es.pe.ci.a.lis.ta [espesjal'istə] *adj* e *s m+f* Especialista.
es.pe.ci.a.li.za.ção [espesjalizas'ãw] *sf* Especialización.
es.pe.ci.a.li.zar [espesjaliz'ar] *vtd+vpr* Especializar.
es.pe.ci.a.ri.a [espesjar'iə] *sf* Especia.
es.pé.cie [esp'ɛsji] *sf* Especie. **em espécie** en especie.
es.pe.ci.fi.ca.ção [espesifikas'ãw] *sf* Especificación.
es.pe.ci.fi.ca.do [espesifik'adu] *adj* Especificado.
es.pe.ci.fi.car [espesifik'ar] *vtd* Especificar.
es.pe.cí.fi.co [espes'ifiku] *adj* Específico.
• *sm* (Medicamento) Específico.

es.pé.ci.me [esp'ɛsimi] *sm* Espécimen. *Var: espécimen.*

es.pé.ci.men [esp'ɛsimẽj] *sm* V *espécime*. *Pl: espécimens.*

es.pec.ta.dor [espektad'or] *adj+sm* Espectador.

es.pe.cu.la.ção [espekulas'ãw] *sf* Especulación.

es.pe.cu.la.dor [espekulad'or] *adj+sm* Especulador.

es.pe.cu.lar [espekul'ar] *vtd+vti+vi* Especular.

es.pe.da.çar [espedas'ar] *vtd+vpr* Despedazar.

es.pe.lho [esp'eʎu] *sm* Espejo.

es.pe.lun.ca [espel'ũkə] *sf* Antro, caverna, cueva, covacha.

es.pe.ra [esp'ɛrə] *sf* Espera.

es.pe.ran.ça [esper'ãsə] *sf* Esperanza. **esperança de vida** esperanza de vida.

es.pe.ran.ço.so [esperãs'ozu] *adj* 1 Esperanzado (que tiene esperanza). *quem não aguarda, esperançoso, a chegada do novo ano?* / ¿quién no aguarda, esperanzado, la llegada del nuevo año? 2 Esperanzador (que da esperanza). *Pl: esperançosos (ó).*

es.pe.rar [esper'ar] *vtd+vti+vi* Esperar.

es.per.ma [esp'ɛrmə] *sf Anat* Esperma.

es.per.ta.lhão [espertaʎ'ãw] *adj+sm* 1 Vivo, listo, aprovechado. *aquele sujeito é um espertalhão, é melhor não fazer negócios com ele* / aquel sujeto es un vivo, es mejor no hacer negocios con él. 2 *Arg, Chile* Avivado.

es.per.te.za [espert'ezə] *sf* Viveza, agudeza, perspicacia, astucia, sagacidad.

es.per.to [esp'ertu] *adj+sm* Listo, vivo, sagaz, avisado. *Pedrinho é muito esperto, aprende tudo com facilidade* / Pedrito es muy listo, todo lo aprende con facilidad.

es.pes.so [esp'esu] *adj* Espeso.

es.pe.ta.cu.lar [espetakul'ar] *adj m+f* 1 Espectacular. 2 Excelente, óptimo.

es.pe.tá.cu.lo [espet'akulu] *sm* Espectáculo. **dar espetáculo** dar un espectáculo.

es.pe.tar [espet'ar] *vtd+vti+vpr* 1 Pinchar 2 Espetar, ensartar, atravesar.

es.pe.to [esp'etu] *sm* Asador, espetón.

es.pi.ão [espi'ãw] *sm* Espía. *James Bond é o espião mais famoso do mundo* / James Bond es el espía más famoso del mundo.

es.pi.ar [espi'ar] *vtd+vti+vi* Espiar.

es.pi.char [espiʃ'ar] *vtd+vpr* Estirar, extender.

es.pi.ga [esp'igə] *sf Bot* Espiga.

es.pi.na.fre [espin'afri] *sm Bot* Espinaca. *o espinafre é uma verdura rica em vitaminas* / la espinaca es una verdura rica en vitaminas.

es.pin.gar.da [espĩg'ardə] *sf* Escopeta, fusil, carabina, rifle.

es.pi.nha [esp'iñə] *sf* 1 Espina. 2 *coloq* Columna vertebral. 3 Espinilla, grano. **espinha dorsal** espina dorsal.

es.pi.nho [esp'iñu] *sm Bot* Espino.

es.pi.nho.so [espiñ'ozu] *adj* 1 Espinoso: a) que tiene espinas. *o abacaxi é um fruto espinhoso* / el ananá es una fruta espinosa. b) árduo, difícil, intrincado. 2 *AL* Espinudo. *Pl: espinhosos (ó).*

es.pi.o.na.gem [espjon'aʒẽj] *sf* Espionaje. Veja nota em **abordaje**.

es.pi.o.nar [espjon'ar] *vtd+vi* Espiar.

es.pi.ral [espir'aw] *adj m+f e sf* Espiral.

es.pi.ri.tis.mo [espirit'izmu] *sm Rel* Espiritismo.

es.pí.ri.to [esp'iritu] *sm* Espíritu. **espírito maligno** espíritu maligno. **Espírito Santo** Espíritu Santo.

es.pi.ri.tu.al [espiritu'aw] *adj m+f* Espiritual. **diretor espiritual** director espiritual. **médico espiritual** médico espiritual. **pai espiritual** padre espiritual. **poder espiritual** poder espiritual.

es.pi.ri.tu.o.so [espiritu'ozu] *adj* Espiritoso, espirituoso. *Pl: espirituosos (ó).*

es.pir.rar [espiʁ'ar] *vi* Estornudar. *espirrou com tanta força que até os vizinhos ouviram* / estornudó con tal fuerza que hasta los vecinos lo oyeron.

es.pir.ro [espi'ʁu] *sm* Estornudo. *a velocidade do espirro humano pode chegar a 165 quilômetros por hora* / la velocidad del estornudo humano puede llegar a 165 kilómetros por hora.

es.plên.di.do [espl'ẽdidu] *adj* Espléndido.

es.plen.dor [esplẽd′or] *sm* Esplendor: a) resplandor. b) lustre, nobleza. c) apogeo, auge.

es.po.le.ta [espol′etə] *sf* Espoleta.

es.po.li.ar [espoli′ar] *vtd+vti* Expoliar, espoliar.

es.pó.lio [esp′ɔlju] *sm* Expolio, despojo.

es.pon.ja [esp′õʒə] *sf* Esponja. **passar uma esponja** pasar la esponja.

es.pon.tâ.neo [espõt′ʌnju] *adj* Espontáneo.

es.po.ra [esp′ɔrə] *sf* Espuela.

es.po.rá.di.co [espor′adiku] *adj* Esporádico, ocasional.

es.por.te [esp′ɔrti] *sm* Deporte. *o tênis é conhecido como o "esporte branco"* / el tenis se conoce como el "deporte blanco". **por esporte** por deporte. *Var: desporto.*

es.por.tis.ta [esport′istə] *s m+f* Deportista. *Var: desportista.*

es.por.ti.vo [esport′ivo] *adj* Deportivo. *Var: desportivo.*

es.po.sa [esp′ozə] *sf* Esposa.

> Em espanhol, **esposas**, no plural, significa "algema": *colocaram as algemas no delinquente* / le pusieron las esposas al delincuente.

es.po.sar [espoz′ar] *vtd* Desposar. Veja nota em **esposar** (espanhol).

es.po.so [esp′ozu] *sm* Esposo.

es.prai.ar [espraj′ar] *vtd+vpr* Explayar: a) ensanchar, extender. b) difundirse, dilatarse. c) esparcirse, divertirse.

es.pre.gui.çar [espregis′ar] *vtd+vpr* Desperezarse. *espreguiçou-se sem pressa depois da sesta* / se desperezó sin prisa después de la siesta.

es.prei.ta [espr′ejtə] *sf* Acecho. **à espreita** al acecho.

es.prei.tar [esprejt′ar] *vtd+vi* Acechar.

es.pre.me.dor [espremed′or] *sm* Exprimidor.

es.pre.mer [esprem′er] *vtd+vpr* Exprimir.

es.pu.ma [esp′umə] *sf* Espuma.

es.pu.man.te [espum′ãti] *adj m+f* Espumoso.

es.pu.mar [espum′ar] *vtd+vi* Espumar.

es.qua.dra [esk′wadrə] *sf Mil* Escuadra.

es.qua.drão [eskwadr′ãw] *sm Mil* Escuadrón.

es.qua.dri.lha [eskwadr′iʎə] *sf* Escuadrilla.

es.qua.dri.nhar [eskwadriñ′ar] *vtd* Escudriñar.

es.quá.li.do [esk′walidu] *adj* Escuálido.

es.quar.te.jar [eskwarteʒ′ar] *vtd* Descuartizar.

es.que.cer [eskes′er] *vtd+vti+vi+vpr* Olvidar. *ninguém esquece o dia do próprio aniversário* / nadie olvida el día de su propio cumpleaños.

es.que.ci.do [eskes′idu] *adj+sm* Olvidadizo.

es.que.ci.men.to [eskesim′ẽtu] *sm* Olvido. **cair no esquecimento** echar al olvido, enterrar en el olvido, entregar al olvido.

es.que.le.to [eskel′etu] *sm* Esqueleto.

es.que.ma [esk′emə] *sm* Esquema. Veja nota em **plano** (espanhol).

es.que.ma.ti.zar [eskematiz′ar] *vtd* Esquematizar.

es.quen.tar [eskẽt′ar] *vtd+vpr+vi* Calentar. *minha irmã esquentou o leite no micro-ondas* / mi hermana calentó la leche en el microondas.

es.quer.dis.ta [eskerd′istə] *adj e s m+f* Izquierdista.

es.quer.da [esk′erdə] *sf* Izquierda: a) mano izquierda. b) dirección izquierda. c) *Polít* partido o ideas de izquierda.

es.quer.do [esk′erdu] *adj* **1** Izquierdo. **2** Zurdo.

es.qui [esk′i] *sm* Esquí. **esqui aquático** esquí acuático.

es.qui.a.dor [eskjad′or] *adj+sm* Esquiador.

es.qui.ar [eski′ar] *vi* Esquiar.

es.qui.lo [esk′ilu] *sm Zool* Ardilla. *os esquilos são mamíferos roedores* / las ardillas son mamíferos roedores.

es.qui.mó [eskim′ɔ] *adj e s m+f* Esquimal.

es.qui.na [esk′inə] *sf* Esquina.

es.qui.si.to [eskiz′itu] *adj* Raro, extraño, extravagante, excéntrico. *ninguém comeu o queijo porque tinha um cheiro esquisito* / nadie se comió el queso porque tenía un olor raro.

Em espanhol, **exquisito** quer dizer "excelente, delicioso, requintado": *o jantar estava delicioso / la cena estaba exquisita.*

es.qui.var [eskiv'ar] *vtd+vti+vi+vpr* Esquivar.

es.sa ['ɛsə] *pron dem* Essa.

es.se ['ɛsi] *pron dem* Esse.

es.sên.cia [es'ẽsjə] *sf* Esencia.

es.sen.ci.al [esẽsi'aw] *adj m+f e sm* Esencial. **óleo essencial** aceite esencial.

es.ta ['ɛstə] *pron dem* Esta.

es.ta.be.le.cer [estabele'ser] *vtd* **1** Establecer: a) fundar, instituir. b) ordenar, mandar, decretar. c) demostrar. *vtd+vti* **2** Firmar, celebrar. *vpr* **3** Establecerse, avencidarse.

es.ta.be.le.ci.men.to [estabelesim'ẽtu] *sm* Establecimiento.

es.ta.bi.li.da.de [estabilid'adi] *sf* Estabilidad.

es.ta.bi.li.zar [estabiliz'ar] *vtd+vpr* Estabilizar.

es.ta.ca [est'akə] *sf* Estaca.

es.ta.ção [estas'ãw] *sf* Estación. **estação rodoviária** terminal de ómnibus.

es.ta.ci.o.na.men.to [estasjonam'ẽtu] *sm* Estacionamiento, aparcamiento.

es.ta.ci.o.nar [estasjon'ar] *vi* **1** Estacionar, situar, colocar. **2** Estancar. *vtd* **3** Aparcar, estacionar (un vehículo).

es.ta.da [est'adə] *sf* Estadía, detención, permanencia, estancia. *a nossa estada no hotel foi muito divertida / nuestra estadía en el hotel fue muy divertida.*

es.tá.dio [est'adju] *sm* Estadio: a) recinto deportivo. b) etapa, fase, período. *quando o enfermo faleceu, a doença já estava num estádio avançado / cuando el enfermo falleció la enfermedad ya estaba en una fase avanzada.*

es.ta.dis.ta [estad'istə] *s m+f* Estadista.

es.ta.do [est'adu] *sm* Estado: a) situación. b) clase, condición. c) gobierno. d) territorio autónomo de las federaciones. **estado civil** estado civil. **estado de coisas** estado de cosas. **estado de direito** estado de derecho. **estado de graça** estado de gracia. **estado de inocência** estado de inocencia. **estado de necessidade** estado de necesidad. **estado de sítio** estado de sitio.

es.ta.do-mai.or [estadumaj'or] *sm* Estado Mayor. *Pl: estados-maiores.*

es.ta.du.al [estadu'aw] *adj m+f* Perteneciente o relativo al o a los estados de una federación.

es.ta.fa [estaf'adu] *sf* Fatiga, cansancio. Veja nota em **estafa** (espanhol).

es.ta.fa.do [estaf'adu] *adj* Cansado, fatigado, agotado, rendido. *chegou estafado da viagem / llegó agotado del viaje.*

Em espanhol, **estafado** é o particípio passado do verbo **estafar**, com o sentido de "obter proveito econômico mediante extorsão".

es.ta.gi.ar [estaʒi'ar] *vi* Practicar, hacer la práctica.

es.ta.gi.á.rio [estaʒi'arju] *sm* Pasante.

es.tá.gio [est'aʒju] *sm* **1** Pasantía, práctica. **2** Etapa, fase.

es.ta.lar [estal'ar] *vtd+vi+vti* Estallar, restallar, chasquear, crujir.

es.ta.lei.ro [estal'ejru] *sm* Astillero.

es.ta.lo [est'alu] *sm* **1** Crujido, chasquido. **2** Estallido.

es.tam.pa [est'ãpə] *sf* Estampa.

es.tam.pa.do [estãp'adu] *adj* Estampado.

es.tam.pi.do [estãp'idu] *sm* Estampido, estallido.

es.tan.car [estãk'ar] *vtd+vi+vpr* Estancar: a) detener, parar (el curso de un líquido). b) prohibir (el curso de una mercancía). c) suspender (el curso de un asunto o negocio).

es.tân.cia [est'ãsjə] *sf* Estancia.

Na América Latina, **estancia** significa também "fazenda", principalmente a de criação de gado: *passamos as férias numa fazenda destinada ao turismo rural / pasamos las vacaciones en una estancia destinada al turismo rural.*

es.ta.nho [est'ʌɲu] *sm Quím* Estaño.

es.tan.te [est'ãti] *sf* Estante, anaquel.

es.ta.pa.fúr.dio [estapaf'urdju] *adj* Extravagante, estrafalario, excéntrico, estrambótico. *os sobrinhos adoravam a tia Magnólia pelo seu jeito estapafúrdio de se vestir / los sobrinos adoraban a la tía Magnolia por su forma estrafalaria de vestirse.*

es.ta.pe.ar [estape′ar] *vtd* Abofetear, cachetear.

es.tar [est′ar] *vlig+vti* Estar. **estar bem** estar bien.

es.tar.da.lha.ço [estardaλ′asu] *sm* **1** Estruendo, estrépito. **2** Aparato, pompa, ostentación.

es.tar.re.cer [estaʀes′er] *vtd+vi+vpr* Aterrar, aterrorizar, horrorizar. *o mundo está estarrecido com os atentados terroristas* / el mundo está horrorizado con los atentados terroristas.

es.ta.tal [estat′aw] *adj m+f* Estatal.

es.tá.ti.co [est′atiku] *adj* Estático.

es.ta.tís.ti.ca [estat′istikə] *sf* Estadística.

es.ta.tu.ra [estat′urə] *sf* **1** Estatura. **2** Talla (moral o intelectual).

es.ta.tu.to [estat′utu] *sm* Estatuto.

es.tá.vel [est′avew] *adj m+f* Estable. *a situação econômica do país é estável* / la situación económica del país es estable.

es.te[1] [′esti] *sm* Este (punto cardinal).

es.te[2] [′ɛsti] *pron dem* Este.

es.tei.ra [est′ejrə] *sf* Estera.

es.te.li.o.na.to [esteljon′atu] *sm* Estafa. *os clientes da financeira foram vítimas de estelionato* / los clientes de la financiera fueron víctimas de estafa.

es.te.li.o.na.tá.rio [esteljonat′arju] *sm* Estafador.

es.ten.der [estẽd′er] *vtd+vti+vi+vpr* Extender.

es.te.pe [est′ɛpi] *sm* Rueda de repuesto/auxilio.

es.té.reo [est′ɛrju] *adj+sm* Estéreo, estereofónico.

es.te.re.ó.ti.po [esterə′ɔtipu] *sm* Estereotipo.

es.té.ril [est′ɛriw] *adj m+f* Esteril. *Pl*: *estéreis*.

es.te.ri.li.za.ção [esterilizaz′ãw] *sf* Esterilización.

es.ter.no [est′ɛrnu] *sm Anat* Esternón.

es.te.ta [est′ɛtə] *s m+f* Esteta.

es.té.ti.ca [est′ɛtikə] *sf* Estética.

es.te.ti.cis.ta [estetis′istə] *adj* e *s m+f* Esteticista.

es.te.tos.có.pio [estetosk′ɔpju] *sm Med* Estetoscopio.

es.ti.a.gem [esti′aʒẽj] *sf* **1** Sequía. *a estiagem provocou graves perdas para a agricultura* / la sequía provocó graves pérdidas para la agricultura. **2** Estiaje.

es.ti.ca.da [estik′adə] *sf* Estirada.

es.ti.car [estik′ar] *vtd+vpr* Estirar.

es.tig.ma [est′igmə] *sm* Estigma, marca.

es.tig.ma.ti.zar [estigmatiz′ar] *vtd+vt* Estigmatizar.

es.ti.lha.ço [estiλ′asu] *sf* **1** Astilla, fragmento. *o soldado sofreu feridas provocadas pelos estilhaços de uma granada* / el soldado sufrió heridas provocadas por fragmentos de una granada. **2** Fragmento.

es.ti.lin.gue [estil′ĩgi] *sm* Honda. *o estilingue é um brinquedo muito antigo* / la honda es un juguete muy antiguo.

es.ti.lis.ta [estil′istə] *s m+f* Estilista.

es.ti.li.za.ção [estilizaz′ãw] *sf* Estilización.

es.ti.lo [est′ilu] *sm* Estilo. **de estilo** de estilo.

es.ti.ma [est′imə] *sf* Estima.

es.ti.mar [estim′ar] *vtd+vpr* **1** Estimar. **2** Apreciar, valorar.

es.ti.ma.ti.va [estimat′ivə] *sf* Estimativa.

es.ti.mu.lar [estimul′ar] *vtd+vti* Estimular.

es.tí.mu.lo [est′imulu] *sm* Estímulo. **estímulo condicionado** estímulo condicionado.

es.ti.o [est′iu] *sm* Estío, verano.

es.ti.pên.dio [estip′ẽdju] *sm* Estipendio, paga, remuneración, sueldo, salario.

es.ti.pu.lar [estipul′ar] *vtd Dir* Estipular, convenir, concertar, acordar. *os contratantes estipularam as condições de venda no contrato* / los contratantes estipularon las condiciones de venta en el contrato.

es.ti.rão [estir′ãw] *sm* Estirón.

es.ti.rar [estir′ar] *vtd+vpr* Estirar.

es.tir.pe [est′irpi] *sf* Estirpe, cepa, linaje, casta.

es.ti.va.dor [estivad′or] *adj+sm* Estibador.

es.ti.val [estiv′aw] *adj m+f* Estival, veraniego.

es.to.ca.da [estok′adə] *sf* Estocada.

es.to.car [estok′ar] *vtd* Almacenar.

es.to.fa.do [estof′adu] *adj* Acolchado. • *sm* Sofá. Veja nota em **estofado** (espanhol).

es.to.jo [est'oʒu] *sm* Estuche. *guardou os óculos no estojo* / guardó las gafas en el estuche.

es.tô.ma.go [est'omagu] *sm Anat* Estómago.

es.ton.te.an.te [estõte'ãti] *adj m+f* Deslumbrante. *a namorada do jogador de futebol é uma loira estonteante* / la novia del jugador de fútbol es una rubia deslumbrante.

es.ton.te.ar [estõte'ar] *vtd+vi+vpr* **1** Atontar, aturdir, atolondrar. **2** Deslumbrar, encandilar, maravillar.

es.to.pim [estop'ĩ] *sm* Mecha.

es.to.que [est'ɔki] *sm* Existencias.

es.tor.vo [est'orvu] *sm* Estorbo.

es.tou.rar [estowr'ar] *vi+vti+vtd* Reventar, estallar, explotar. *as crianças estouravam bexigas* / los niños reventaban globos.

es.tou.ro [est'owru] *sm* Explosión, estallido, estruendo.

es.trá.bi.co [estr'abiku] *adj+sm* Estrábico, bizco, turnio.

es.tra.ça.lhar [estrasaʎ'ar] *vtd+vpr* Despedazar.

es.tra.da [estr'adə] *sf* Carretera, autopista. *nas estradas o limite máximo de velocidade é maior* / en las carreteras el límite máximo de velocidad es mayor.

es.tra.do [estr'adu] *sm* **1** Estrado. **2** Tarima, tablado.

es.tra.ga.do [estrag'adu] *adj* Estropeado.

es.tra.go [estr'agu] *sm* Estrago, daño, asolamiento, destrucción, perjuicio, ruina.

es.tran.gei.ro [estrãʒ'ejru] *adj+sm* Extranjero. *Ana foi morar no estrangeiro para aperfeiçoar seu inglês* / Ana fue a vivir al extranjero para perfeccionar su inglés.

es.tran.gu.lar [estrãgul'ar] *vtd+vpr* Estrangular.

es.tra.nhar [estr∧ɲ'ar] *vtd+vpr* Extrañar, sorprender, admirar, asombrar.

> Em espanhol, **extrañar** quer dizer também "sentir saudade, sentir falta de": *às vezes sinto saudade da época de estudante* / a veces extraño la época de estudiante. Veja outra nota em **extrañar**.

es.tra.nho [estr'∧ɲu] *adj+sm* Extraño: a) ajeno. b) raro, singular, extravagante. *corpo estranho* cuerpo extraño.

es.tra.ta.ge.ma [estrataʒ'emə] *sm* Estratagema, ardid, astucia, argucia, treta, artificio, artimaña, fingimiento.

es.tra.té.gia [estrat'ɛʒjə] *sf* Estrategia.

es.tra.te.gis.ta [estrateʒ'istə] *s m+f* Estratega.

es.tra.ti.fi.ca.ção [estratifikas'ãw] *sf* Estratificación.

es.tra.to [estr'atu] *sm* Estrato.

es.tra.tos.fe.ra [estratosf'ɛrə] *sf* **1** Estratosfera. **2** *AL* Estratósfera.

es.tre.ar [estre'ar] *vtd+vpr* Estrenar.

es.tre.ba.ri.a [estrebar'iə] *sf* Establo, caballeriza, cuadra.

es.trei.a [estr'ɛjə] *sf* Estreno. *os alunos assistiram a muitos atores famosos na estreia do filme* / los alumnos asistieron muchos actores famosos al estreno de la película.

es.trei.ta.men.to [estrejtam'ẽtu] *sm* Estrechamiento.

es.trei.tar [estrejt'ar] *vtd+vi+vpr* Estrechar.

es.trei.to [estr'ejtu] *adj* Estrecho: a) angosto. b) ajustado, apretado. • *sm Geogr* Estrecho, canal. *o Estreito de Gibraltar separa a Europa da África* / el Estrecho de Gibraltar separa Europa de África.

es.tre.la [estr'elə] *sm* Estrella. **estrela nova** estrella nova. **levantar-se com as estrelas** levantarse con las estrellas. **pôr entre as estrelas** poner sobre las estrellas. **ver estrelas ao meio-dia** ver las estrellas.

es.tre.la.do [estrel'adu] *adj* Estrellado.

es.tre.la-do-mar [estr'eləduma̠r] *sf Zool* Estrella de mar. *Pl: estrelas-do-mar.*

es.tre.la.to [estrel'atu] *sm* Estrellato.

es.tre.me.cer [estremes'er] *vtd+vi+vpr* Estremecer.

es.tre.me.ci.men.to [estremesim'ẽtu] *sm* Estremecimiento. *sentiu um estremecimento quando ouviu aquela voz no telefone* / sintió un estremecimiento cuando escuchó aquella voz al teléfono.

es.tré.pi.to [estr'ɛpitu] *sm* Estrépito, estruendo, fragor.

es.tres.san.te [estres'ãti] *adj m+f Med* Estresante.

es.tres.se [estr'ɛsi] *sm Med* Estrés. *o estresse é a causa de muitas doenças* /

el estrés es la causa de muchas enfermedades.

es.tri.a [estr'iə] *sf* Estría.

es.tri.bei.ra [estrib'ejrə] *sf* Estribo. **perder as estribeiras** perder los estribos.

es.tri.bi.lho [estrib'iʎu] *sm* Estribillo.

es.tri.den.te [estrid'ẽti] *adj m+f* Estridente.

es.tri.lar [estril'ar] *vi Arg, Peru, Ur* Enfadarse, irritarse.

es.tri.pu.li.a [estripul'iə] *sf coloq* Travesura, trastada, barrabasada, jugarreta, diablura. *ninguém conseguia deter as estripulias da pequena Cármen* / nadie conseguía detener las barrabasadas de la pequeña Carmen.

es.tri.to [estr'itu] *adj* Estricto: a) riguroso, rígido, severo. b) preciso, exacto.

es.tron.do [estr'õdu] *sm* Estruendo, estrépito, fragor. *todos ouviram o estrondo no meio da noite* / todos oyeron el estruendo por la noche.

es.tron.do.so [estrõd'ozu] *adj* Estruendoso, estrepitoso. *Pl: estrondosos (ó).*

es.tro.pi.a.do [estropi'adu] *adj* Estropiado.

es.tru.me [estr'umi] *sm* Estiércol.

es.tru.tu.ra [estrut'urə] *sf* Estructura.

es.tru.tu.ral [estrutur'aw] *adj m+f* Estructural.

es.tru.tu.rar [estrutur'ar] *vtd+vpr* Estructurar.

es.tu.á.rio [estu'arju] *sm* Estuario.

es.tu.da.do [estud'adu] *adj fig* Estudiado, afectado, amanerado.

es.tu.dan.te [estud'ãti] *s m+f* Estudiante.

es.tu.dar [estud'ar] *vtd+vi+vpr* Estudiar.

es.tú.dio [est'udju] *sm* Estudio, despacho.

es.tu.di.o.so [estudi'ozu] *adj+sm* Estudioso. *Pl: estudiosos (ó).*

es.tu.do [est'udu] *sm* Estudio (acto de estudiar).

es.tu.fa [est'ufə] *sf* **1** Estufa, calentador. **2** Invernadero, invernáculo. *a principal consequência do efeito estufa é o aquecimento global* / la principal consecuencia del efecto invernadero es el calentamiento global.

es.tu.pe.fa.to [estupef'atu] *adj* Estupefacto, atónito, pasmado.

es.tu.pen.do [estup'ẽdu] *adj* Estupendo, admirable, asombroso, pasmoso.

es.tu.pi.dez [estupid'es] *sf* **1** Estupidez, tontería. **2** Grosería, ordinariez, descortesía, zafiedad.

es.tú.pi.do [est'upidu] *adj+sm* **1** Estúpido, necio. **2** Grosero, basto, descortés, soez. Veja nota em **tapado** (espanhol).

es.tu.pro [est'upru] *sm* Estupro, violación.

es.tu.que [est'uki] *sm* Estuco.

es.va.e.ci.men.to [ezvaesim'ẽtu] *sm* **1** Desvanecimiento. **2** Ablandamiento. *o trabalho de parto começa com o esvaecimento e a dilatação do colo do útero* / el trabajo de parto comienza con el ablandamiento y la dilatación del cuello del útero.

es.va.ir [ezva'ir] *vtd+vpr* Desvanecer.

es.va.zi.ar [ezvazi'ar] *vtd+vpr* Vaciar.

es.ver.de.a.do [ezverde'adu] *adj+sm* Verdoso. *seus olhos têm um tom esverdeado* / sus ojos tienen un tono verdoso.

e.ta.pa [et'apə] *sf* Etapa.

e.té.reo [et'ɛrju] *adj* Etéreo: a) relativo al éter. b) vago, sutil, vaporoso.

e.ter.ni.da.de [eternid'adi] *sf* Eternidad.

e.ter.no [et'ɛrnu] *adj+adv* Eterno. • *sm Rel* (Padre) Eterno.

é.ti.ca [ɛ'tikə] *sf* Ética.

é.ti.co [ɛ'tiku] *adj* Ético.

e.ti.mo.lo.gi.a [etimoloʒ'iə] *sf* Etimología.

e.ti.que.ta [etik'etə] *sf* Etiqueta: a) ceremonial. b) ceremonia. c) marbete, rótulo, marca.

e.ti.que.tar [etiket'ar] *vtd* Etiquetar.

et.ni.a [etn'iə] *sf Antrop* Etnia.

et.no.lo.gi.a [etnoloʒ'iə] *sf Antrop* Etnología.

e.to.lo.gi.a [etoloʒ'iə] *sf* Etología.

eu ['ew] *pron+sm* Yo. *quem sou eu?* / ¿quién soy yo?

eu.ca.lip.to [ewkal'iptu] *sm Bot* Eucalipto.

eu.fe.mis.mo [ewfem'izmu] *sm* Eufemismo.

eu.fo.ni.a [ewfon'iə] *sf* Eufonía.

eu.fo.ri.a [ewfor'iə] *sf* Euforia.

eu.ro ['ewru] *sm Econ* Euro. *o euro é a*

moeda da União Europeia / el euro es la moneda de la Unión Europea.
eu.ro.peu [ewrop'ew] *adj+sm* Europeo.
eu.ta.ná.sia [ewstaz'iə] *sf Med* Eutanasia.
e.va.cu.ar [evaku'ar] *vtd* Evacuar: a) desocupar. b) desalojar, abandonar. c) expeler. *vi* d) defecar.
e.va.dir [evad'ir] *vtd+vpr* Evadir: a) escapar, eludir. *vpr* b) fugarse.
e.van.ge.lho [evãʒ'ɛλu] *sm Rel* Evangelio.
e.van.ge.li.zar [evãʒeliz'ar] *vtd+vpr* Evangelizar.
e.va.po.ra.ção [evaporas'ãw] *sf* Evaporación.
e.va.po.rar [evapor'ar] *vtd+vi+vpr* Evaporar.
e.va.são [evaz'ãw] *sf* Evasión.
e.va.si.va [evaz'ivə] *sf* Evasiva, rodeo. *ele só deu evasivas quando eu perguntei a verdade* / él sólo me dio evasivas cuando le pregunté la verdad.
e.va.si.vo [evaz'ivu] *adj* Evasivo.
e.ven.to [ev'ẽtu] *sm* Evento, suceso, acontecimiento, acaecimiento, eventualidad.
e.ven.tu.al [evẽtu'aw] *adj m+f* Eventual.
e.ven.tu.a.li.da.de [evẽtwalid'adi] *sf* Eventualidad.
e.vi.dên.cia [evid'ẽsjə] *sf* Evidencia.
e.vi.den.ci.ar [evidẽsi'ar] *vtd+vpr* Evidenciar.
e.vi.den.te [evid'ẽti] *adj m+f* Evidente, cierto, claro, patente.
e.vi.tar [evit'ar] *vtd+vti* Evitar.
e.vi.tá.vel [evit'avew] *adj m+f* Evitable.
e.vo.car [evok'ar] *vtd* Evocar.
e.vo.lu.ção [evolus'ãw] *sf* Evolución. *a teoria da evolução foi proposta por Charles Darwin* / la teoría de la evolución fue propuesta por Charles Darwin.
e.vo.lu.ci.o.nis.ta [evolusjon'istə] *adj e s m+f* Evolucionista.
e.vo.lu.ir [evolu'ir] *vi+vti* Evolucionar.
e.xa.cer.bar [ezaserb'ar] *vtd+vpr* Exacerbar.
e.xa.ge.rar [ezaʒer'ar] *vtd+vi* Exagerar.
e.xa.ge.ro [ezaʒ'eru] *sm* Exageración.
e.xa.lar [ezal'ar] *vtd* Exhalar. *as rosas exalam um perfume delicioso* / las rosas exhalan un perfume delicioso.

e.xal.tar [ezawt'ar] *vtd+vpr* Exaltar.
e.xa.me [ez'∧mi] *sm* Examen.
e.xa.mi.na.dor [ezaminad'or] *adj+sm* Examinador.
e.xa.mi.nan.do [ezamin'ãdu] *sm* Examinando.
e.xa.mi.nar [ezamin'ar] *vtd+vpr* Examinar.
e.xas.pe.rar [ezasper'ar] *vtd+vpr* Exasperar, irritar, enfurecer.
e.xas.pe.ran.te [ezasper'ãti] *adj m+f* **1** Exasperante. **2** *CS* Enfermante.
e.xa.ta.men.te [ezatam'ẽti] *adv* Exactamente.
e.xa.ti.dão [ezatid'ãw] *sf* Exactitud.
e.xa.to [ez'atu] *adj* Exacto, puntual, fiel, cabal. **ciências exatas** ciencias exactas.
e.xaus.ti.vo [ezawst'ivu] *adj* Exhaustivo.
e.xaus.to [ez'awstu] *adj* Exhausto.
ex.ce.ção [eses'ãw] *sf* Excepción.
ex.ce.den.te [esed'ẽti] *adj m+f* e *sm* Excedente.
ex.ce.der [esed'er] *vtd+vti+vpr* Exceder.
ex.ce.lên.cia [esel'ẽsjə] *sf* Excelencia. **por excelência** por excelencia.
ex.ce.len.te [esel'ẽti] *adj m+f* Excelente, estupendo, extraordinario, bárbaro, magnífico, excepcional. Veja nota em **bárbaro** (português).
ex.cen.tri.ci.da.de [esẽtrisid'adi] *sf* Excentricidad.
ex.cên.tri.co [es'ẽtriku] *adj+sm* Excéntrico, extravagante, estrafalario.
ex.cep.ci.o.nal [esepsjon'aw] *adj m+f* Excepcional: a) inusual. b) excelente, extraordinario, único. • *sm Med* Discapacitado. *o processo de integração do excepcional começa na família* / el proceso de integración del discapacitado comienza en la familia.
ex.ces.si.vo [eses'ivu] *adj* Excesivo, exagerado, desmedido.
ex.ces.so [es'ɛsu] *sm* Exceso.
ex.ce.to [es'ɛtu] *prep* Excepto, salvo, a excepción de, fuera de, menos. *meu pai trabalha todos os dias exceto aos domingos* / mi padre trabaja todos los días excepto los domingos.
ex.ce.tu.ar [esetu'ar] *vtd+vti+vtd* Exceptuar.

ex.ci.ta.ção [esitas'ãw] *sf* Excitación.
ex.ci.ta.do [esit'adu] *adj* Excitado.
ex.ci.tan.te [esit'ãti] *adj m+f* e *sm* Excitante.
ex.ci.tar [esit'ar] *vtd+vti+vi+vpr* Excitar.
ex.cla.ma.ção [esklamas'ãw] *sf* Exclamación. *como estão caros os tomates!* / ¡qué caros están los tomates! Veja nota em **interrogación**.
ex.cla.mar [esklam'ar] *vtd+vti+vi* Exclamar.
ex.cla.ma.ti.vo [esklamat'ivu] *adj* Exclamatorio, exclamativo. *o discurso do candidato tinha um tom exclamativo* / el discurso del candidato tenía un tono exclamativo.
ex.clu.ir [esklu'ir] *vtd+vti+vpr* Excluir.
ex.clu.são [eskluz'ãw] *sf* Exclusión.
ex.clu.si.va [eskluz'iva] *sf* Exclusiva.
ex.clu.si.ve [eskluz'ivi] *adv* Exclusive, con exclusión.
ex.clu.si.vi.da.de [eskluzivid'adi] *sf* Exclusividad.
ex.clu.si.vo [eskluz'ivu] *adj* Exclusivo.
ex.co.mun.gar [eskomũg'ar] *vtd* Excomulgar.
ex.cre.men.to [eskrem'ẽtu] *sm* Excremento.
ex.cre.tar [eskret'ar] *vtd* Excretar, evacuar.
ex.cur.são [eskurs'ãw] *sf* Excursión.
ex.e.crar [ezekr'ar] *vtd+vpr* Execrar: a) condenar, maldecir. b) vituperar, reprobar. c) aborrecer.
ex.e.crá.vel [ezekr'avew] *adj m+f* Execrable. *o ser humano é capaz das melhores feitos e das condutas mais execráveis* / el ser humano es capaz de los mejores actos y de las conductas más execrables.
ex.e.cu.ção [ezekus'ãw] *sf* Ejecución.
ex.e.cu.ta.do [ezekut'adu] *adj* Ejecutado.
ex.e.cu.tar [ezekut'ar] *vtd* Ejecutar.
ex.e.cu.ti.vo [ezekut'ivu] *adj+sm* Ejecutivo.
ex.e.cu.tor [ezekut'or] *adj+sm* Ejecutor.
e.xem.plar [ezẽpl'ar] *adj m+f* e *sm* Ejemplar.
e.xem.pli.fi.car [ezẽplifik'ar] *vtd* Ejemplificar.
e.xem.plo [ez'ẽplu] *sm* Ejemplo. **por exemplo** por ejemplo.

e.xe.quí.vel [ezek'wivew] *adj m+f* Asequible, posible, accesible.
e.xer.cer [ezers'er] *vtd* Ejercer.
e.xer.cí.cio [ezers'isju] *sm* Ejercicio. *o exercício físico moderado é bom para a saúde* / el ejercicio físico moderado es bueno para la salud.
e.xer.ci.tar [ezersit'ar] *vtd+vti+vpr* Ejercitar.
e.xér.ci.to [ez'ɛrsitu] *sm* Ejército.
e.xi.bi.ção [ezibis'ãw] *sf* Exhibición.
e.xi.bi.ci.o.nis.ta [ezibisjon'istə] *adj* e *s m+f* Exhibicionista.
e.xi.bir [ezib'ir] *vtd+vti+vpr* Exhibir.
e.xi.gên.cia [eziʒ'ẽsjə] *sf* Exigencia.
e.xi.gen.te [eziʒ'ẽti] *adj m+f* Exigente.
e.xi.gir [eziʒ'ir] *vtd+vti+vi* Exigir.
e.xí.guo [ez'igwu] *adj* Exiguo, insuficiente, escaso.
e.xi.lar [ezil'ar] *vtd+vti+vpr* Exiliar.
e.xí.lio [ez'ilju] *sm* Exilio.
e.xí.mio [ez'imju] *adj* Eximio, excelso. *Roberto Bravo é um exímio pianista chileno* / Roberto Bravo es un eximio pianista chileno.
e.xi.mir [ezim'ir] *vtd+vti+vpr* Eximir, librar.
e.xis.tên.cia [ezist'ẽsjə] *sf* Existencia.
e.xis.ten.ci.al [ezistẽsi'aw] *adj m+f* Existencial.
e.xis.tir [ezist'ir] *vi* Existir.
ê.xi.to ['ezitu] *sm* Éxito.
e.xo.ne.ra.ção [ezoneras'ãw] *sm* Exoneración.
e.xor.bi.tan.te [ezorbit'ãti] *adj m+f* Exhorbitante, excesivo, exagerado.
e.xor.bi.tar [ezorbit'ar] *vtd+vi* Exorbitar.
e.xor.cis.ta [ezors'istə] *adj* e *s m+f* Exorcista.
e.xor.tar [ezort'ar] *vtd+vti* Exhortar.
e.xó.ti.co [ez'ɔtiku] *adj* Exótico: a) extranjero, peregrino. b) extraño, chocante, extravagante.
ex.pan.dir [espãd'ir] *vtd+vi+vpr* Expandir, extender, dilatar, ensanchar, difundir.
ex.pan.são [espãs'ãw] *sf* Expansión. *o comércio eletrônico é um mercado em expansão* / el comercio electrónico es un mercado en expansión.
ex.pan.si.o.nis.mo [espãsjon'izmu] *sm* Expansionismo.

ex.pan.si.vo [espãs'ivu] *adj* **1** Expansivo. **2** Franco, comunicativo.

ex.pa.tri.ar [espatri'ar] *vtd+vpr* Expatriar.

ex.pec.ta.ti.va [espektat'ivə] *sf* Expectativa.

ex.pec.to.ra.ção [espektoras'ãw] *sm Med* Expectoración.

ex.pe.di.ção [espedis'ãw] *sf* Expedición.

ex.pe.di.ci.o.ná.rio [espedisjon'arju] *adj+sm* Expedicionario.

ex.pe.di.en.te [espedi'ẽti] *sm* Horario de funcionamiento. *os funcionários tiveram de ficar trabalhando depois do expediente* / los empleados tuvieron que quedarse trabajando después del horario de funcionamiento.

ex.pe.dir [esped'ir] *vtd+vti* Expedir.

ex.pe.lir [espel'ir] *vtd* Expeler, expulsar.

ex.pe.ri.ên.cia [esperi'ẽsjə] *sf* Experiencia.

ex.pe.ri.en.te [esperi'ẽti] *adj m+f* Experimentado. *o doutor, homem experiente, escutava calmamente as queixas dos seus pacientes* / el doctor, hombre experimentado, escuchaba con calma las quejas de sus pacientes.

ex.pe.ri.men.ta.do [esperimẽt'adu] *adj* **1** Experimentado. **2** *Am S* Fogueado.

ex.pe.ri.men.tar [esperimẽt'ar] *vtd* **1** Experimentar, probar, examinar. **2** Probar (ropa, zapatos, accesorios etc.).

ex.pe.ri.men.to [esperim'ẽtu] *sm* Experimento.

ex.per.to [esp'ɛrtu] *adj+sm* Experto, perito.

ex.pi.ar [espi'ar] *vtd+vpr* Expiar.

ex.pi.a.tó.rio [espjat'ɔrju] *adj* Expiatorio. **bode expiatório** chivo expiatorio.

ex.pi.rar [espir'ar] *vtd* **1** Espirar, expeler (el aire de los pulmones), exhalar. *vi* **2** Expirar: a) morir. b) acabar.

ex.pla.nar [esplan'ar] *vtd* Explanar.

ex.pli.ca.ção [esplikas'ãw] *sf* Explicación. *como não tinha uma boa explicação para o acontecido, preferiu ficar calado* / como no tenía una buena explicación para lo ocurrido, prefirió quedarse callado.

ex.pli.car [esplik'ar] *vtd+vti+vi+vpr* Explicar.

ex.plí.ci.to [espl'isitu] *adj* Explícito.

ex.plo.dir [esplod'ir] *vi+vtd+vti* Explotar.

ex.plo.ra.ção [esploras'ãw] *sf* **1** Exploración. **2** Explotación.

ex.plo.ra.dor [esplorad'or] *adj+sm* Explorador, explotador. *Livingstone foi o explorador mais famoso do século XIX* / Livingstone fue el explorador más famoso del siglo XIX.

ex.plo.rar [esplor'ar] *vtd* **1** Explorar, reconocer, averiguar. **2** Explotar, obtener provecho de algo o alguien.

ex.plo.si.vo [esploz'ivu] *adj+sm* Explosivo.

ex.po.en.te [espo'ẽti] *s m+f* **1** Exponente. *sm* **2** *Mat* (Número) Exponente.

ex.po.nen.ci.al [esponẽsi'aw] *adj m+f* Exponencial.

ex.por [esp'or] *vtd+vti+vi+vpr* Exponer.

ex.por.ta.ção [esportas'ãw] *sf* Exportación.

ex.por.ta.dor [esportad'or] *adj+sm* Exportador.

ex.po.si.ção [espozis'ãw] *sf* Exposición. *foi inaugurada uma exposição de obras de arte contemporânea* / se inauguró una exposición de obras de arte contemporáneo.

ex.po.si.ti.vo [espozit'ivu] *adj* Expositivo.

ex.pos.to [esp'ostu] *adj+sm* Expuesto.

ex.pres.são [espres'ãw] *sf* Expresión. **expressão corporal** expresión corporal. **reduzir à expressão mais simples** reducir a la mínima expresión.

ex.pres.sar [espres'ar] *vtd+vti+vpr* Expresar, manifestar.

ex.pres.si.o.nis.mo [espresjon'izmu] *sm* Expresionismo.

ex.pres.si.vo [espres'ivu] *adj* Expresivo. *o resultado da pesquisa foi expressivo* / el resultado de la encuesta fue expresivo.

ex.pres.so [espr'ɛsu] *adj* Expreso, claro, patente, especificado. • *sm* (Tren) Expreso.

ex.pri.mir [esprim'ir] *vtd+vti+vpr* Exprimir, expresar, manifestar.

ex.pro.pri.ar [espropri'ar] *vtd+vti Dir* Expropiar.

ex.pul.sar [espuws'ar] *vtd* Expulsar.

ex.su.dar [esud'ar] *vtd+vi* Exudar.

êx.ta.se ['estazi] *sm* Éxtasis. *o estado de êxtase é uma experiência comum em muitas religiões* / el estado de éxtasis es una experiencia común en muchas religiones.

ex.ta.si.ar [estazi'ar] *vtd+vpr* Extasiar.

ex.tá.ti.co [est'atiku] *adj* Extático.

ex.ten.são [estẽs'ãw] *sf* Extensión. **em toda a extensão da palavra** en toda la extensión de la palabra.

ex.ten.sí.vel [estẽs'ivew] *adj m+f* Extensible.

ex.ten.si.vo [estẽs'ivu] *adj* Extensivo.

ex.ten.so [est'ẽsu] *adj* Extenso. **por extenso** por extenso.

ex.te.nu.a.do [estenu'adu] *adj* Extenuado.

ex.te.nu.ar [estenu'ar] *vtd+vpr* Extenuar, enflaquecer, debilitar.

ex.te.ri.or [esteri'or] *adj m+f e sm* Exterior.

ex.te.ri.o.ri.zar [esterjoriz'ar] *vtd+vpr* Exteriorizar.

ex.ter.mi.nar [estermin'ar] *vtd* Exterminar, aniquilar.

ex.ter.mí.nio [esterm'inju] *sm* Exterminio.

ex.ter.nar [estern'ar] *vtd+vpr* Exteriorizar.

ex.ter.no [est'ɛrnu] *adj* Externo.

ex.tin.ção [estĩs'ãw] *sf* Extinción. *a tartaruga marinha é uma das muitas espécies animais em perigo de extinção* / la tortuga marina es una de las muchas especies animales en peligro de extinción.

ex.tin.guir [estĩg'ir] *vtd+vpr* Extinguir.

ex.tin.to [est'ĩtu] *adj+sm* Extinto, muerto, fallecido.

ex.tin.tor [estĩt'or] *adj+sm* Extintor. • *sm AL* Extinguidor.

ex.tir.par [estirp'ar] *vtd* Extirpar.

ex.tor.são [estors'ãw] *sf* Extorsión.

ex.tra ['ɛstrə] *adj m+f* Extra, extraordinario.

ex.tra.ção [estras'ãw] *sf* Extracción.

ex.tra.di.ção [estradis'ãw] *sf* Extradición. *o governo autorizou a extradição do traficante* / el gobierno autorizó la extradición del traficante.

ex.tra.ir [estra'ir] *vtd+vti* Extraer.

ex.tra.ju.di.ci.al [ɛstraʒudisi'aw] *adj m+f* Extrajudicial.

ex.tra.o.fi.ci.al [ɛstrəofisi'aw] *adj m+f* Extraoficial.

ex.tra.or.di.ná.rio [estraordin'arju] *adj+sm* Extraordinario.

ex.tra.po.lar [estrapol'ar] *vtd+vi* Extralimitarse, excederse, exagerar, sobrepasar.

ex.tras.sen.so.ri.al [ɛstrəsẽsori'aw] *adj m+f* Extrasensorial. **percepção extrassensorial** percepción extrasensorial.

ex.tra.to [estr'atu] *sm* Extracto, resumen.

ex.tra.va.gân.cia [estravag'ãsjə] *sf* Extravagancia.

ex.tra.va.gan.te [estravag'ãti] *adj e s m+f* Extravagante.

ex.tra.va.sar [estravaz'ar] *vtd+vti+vi* **1** Derramar, transbordar. *vpr* **2** Extravasarse.

ex.tra.vi.o [estrav'iu] *sm* Extravío.

ex.tre.ma.men.te [estremam'ẽti] *adv* Extramadamente, con extremo, por extremo. *o clima na Antártida é extremamente frio* / el clima en Antártida es extremadamente frío.

ex.tre.ma-un.ção [estreməũs'ãw] *sf* Extremaunción. *Pl*: *extremas-unções*, *extrema-unções*.

ex.tre.mi.da.de [estremid'adi] *sf* Extremidad.

ex.tre.mis.mo [estrem'izmu] *sm* Extremismo.

ex.tre.mo [estr'emu] *adj+sm* Extremo. **em extremo** con extremo, en extremo, por extremo.

ex.trín.se.co [estr'ĩseku] *adj* Extrínseco.

ex.tro.ver.ti.do [estrovert'idu] *adj+sm* Extrovertido.

ex.tru.são [estruz'ãw] *sf* Extrusión.

e.xu.be.ran.te [ezuber'ãti] *adj m+f* Exuberante. *as paisagens do Brasil são de uma beleza exuberante* / los paisajes de Brasil son de una belleza exuberante.

e.xul.tan.te [ezuwt'ãti] *adj m+f* Exultante.

e.xul.tar [ezuwt'ar] *vi* Exultar.

e.xu.ma.ção [ezumas'ãw] *sm* Exhumación.

e.xu.mar [ezum'ar] *vtd* Exhumar.

f

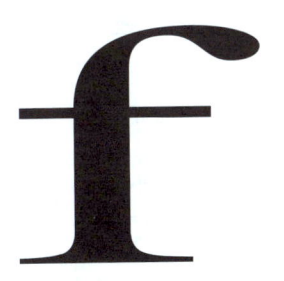

f, F [ˈɛfi] *sm* Sexta letra del alfabeto portugués.
fá [fˈa] *sm Mús* Fa, cuarta nota de la escala musical.
fã [fˈã] *s m+f* Fan, aficionado, fanático, hincha. *minha mãe é fã da música romântica* / mi madre es fan de la música romántica.
fá.bri.ca [fˈabrikə] *sf* Fábrica.
fa.bri.ca.ção [fabrikasˈãw] *sf* Fabricación, confección, elaboración, producción. *na fabricação dos automóveis participam muitos técnicos* / en la fabricación de los automóviles participan muchos técnicos.
fa.bri.ca.do [fabrikˈadu] *adj* Fabricado, producido, elaborado.
fa.bri.can.te [fabrikˈãti] *s m+f* Fabricante.
fa.bri.car [fabrikˈar] *vtd* **1** Fabricar, confeccionar, forjar. **2** Construir, edificar.
fa.bril [fabrˈiw] *adj m+f* Fabril. *Pl: fabris.*
fá.bu.la [fˈabulə] *sf* **1** Fábula, alegoría, cuento. **2** Leyenda. **3** Ficción.
fa.bu.lo.so [fabulˈozu] *adj* **1** Fabuloso, imaginario, inventado. *a fênix é uma ave fabulosa que renasce das suas cinzas* / el fénix es un ave fabulosa que renace de sus cenizas. **2** Admirable, extraordinario, grandioso. *o desenvolvimento da informática tem sido fabuloso* / el desarrollo de la informática ha sido fabuloso. *Pl: fabulosos (ó).*
fa.ca [fˈakə] *sf* Cuchillo. **entrar na faca** someterse a una cirugía. **ter a faca e o queijo na mão** tener la sartén por el mango.
fa.ca.da [fakˈadə] *sf* **1** Cuchillada, cuchillazo. **2** Puñalada. **3** *coloq* Sablazo. *perdi muito dinheiro pela facada do meu sócio* / perdí mucho dinero por el sablazo de mi socio.
fa.ça.nha [fasˈ∧ñə] *sf* Hazaña, proeza, gesta, heroicidad.
fa.cão [fakˈãw] *sm* Machete. *o açougueiro sempre tinha um facão na mão* / el carnicero siempre tenía un machete en la mano.
fac.ção [fa(k)sˈãw] *sf* **1** Facción. **2** Bando. **3** Partido político.
fa.ce [fˈasi] *sf* **1** Rostro, cara, semblante, faz. *não restou nenhum dinossauro sobre a face da Terra* / no quedó ningún dinosaurio sobre la faz de la Tierra. **2** Anverso, haz, lado. *ninguém conhece a face escura da Lua* / nadie conoce la faz oscura de la Luna.
fa.ce.ci.o.so [fasesiˈozu] *adj V faceto. Pl: faceciosos (ó).*
fa.cei.ro [fasˈejru] *adj* **1** Presumido, vistoso, garrido, elegante. **2** Alegre, contento.
fa.ce.ta [fasˈetə] *sf* **1** Faceta. **2** Aspectos, cualidades, características. *ele é um grande ator dramático, mas agora descobriu sua faceta cômica* / él es un gran actor dramático pero ahora descubrió su faceta cómica.
fa.ce.to [fasˈetu] *adj* **1** Gracioso, chistoso. **2** Alegre, juguetón, divertido. *Sin: facecioso.*
fa.cha.da [faʃˈadə] *sf* Fachada, frente, delantera, portada, frontispicio.
fá.cil [fˈasiw] *adj m+f* **1** Fácil, sencillo. **2** Probable. **3** Practicable. **4** Asequible, accesible. • *adv* Fácil, fácilmente. *os alunos*

facilidade 566 **falecimento**

entendem fácil o que o professor explica / los alumnos entienden fácil lo que el profesor explica. *Pl: fáceis*.

fa.ci.li.da.de [fasilid'adi] *sf* Facilidad, posibilidad, predisposición.

fa.ci.li.tar [fasilit'ar] *vtd* **1** Facilitar, simplificar, favorecer. **2** Facultar, dar, proporcionar, suministrar. *vi* **3** Descuidarse, exponerse. *não devemos facilitar porque os ladrões aproveitam qualquer descuido* / no debemos exponernos porque los ladrones se aprovechan de cualquier descuido.

fa.cí.no.ra [fas'inorə] *adj* e *s m+f* Facineroso. *o facínora pagou pelos seus delitos na cadeia* / el facineroso pagó por sus delitos en la cárcel.

fac-sí.mi.le [faks'imili] *sm* Facsímil, facsímile. *Pl: fac-símiles*.

fac.tí.vel [fa(k)t'ivew] *adj m+f* Factible, posible.

fa.cul.da.de [fakuwd'adi] *sf* **1** Facultad, aptitud, autoridad. *o juiz tem a faculdade para ditar sentenças* / el juez tiene la facultad para dictar sentencias. **2** Facultad, centro universitario. *os advogados estudam na Faculdade de Direito* / los abogados estudian en la Facultad de Derecho.

fa.cul.tar [fakuwt'ar] *vtd* **1** Facultar, facilitar, permitir, autorizar, capacitar. **2** Conceder, ofrecer.

fa.cul.ta.ti.vo [fakuwtat'ivu] *adj* Facultativo, opcional, optativo, voluntario. • *sm* Facultativo, médico, doctor.

fa.da [f'adə] *sf* Hada. *as meninas acreditam em fada* / las niñas creen en el hada.

fa.di.ga [fad'igə] *sf* Fatiga, cansancio, agotamiento, debilidad.

fa.do [f'adu] *sm* Fado, canción popular portuguesa.

fa.go.te [fag'ɔti] *sm Mús* Fagot.

fa.go.tis.ta [fagot'ĩsta] *s m+f Mús* Fagotista.

fa.gu.lha [fag'uʎə] *sf* Chispa, centella.

fai.são [fajz'ãw] *sm Zool* Faisán. *o faisão é uma iguaria culinária* / el faisán es una exquisitez culinaria. *Pl: faisães, faisões*.

fa.ís.ca [fa'iskə] *sf* **1** Chispa, centella. **2** Rayo. **soltar faíscas** echar chispas.

fa.is.car [fajsk'ar] *vi+vtd* Chispear, destellar.

fai.xa [f'ajʃə] *sf* **1** Faja. **2** Banda, tira, lista. **faixa de pedestres** paso de cebra/de peatones.

fa.ju.to [faʒ'utu] *adj coloq* **1** Malo, de mala calidad. **2** Cursi.

fa.la [f'alə] *sf* **1** Habla, lengua. **2** Palabra, voz. **3** Alocución, discurso. **4** Lenguaje, elocución. **perder a fala** perder el habla.

fa.la.ção [falas'ãw] *sf* Discurso, palabrería, charlatanería, verborrea.

fa.lá.cia [fal'asjə] *sf* Falacia, engaño, falsedad, mentira.

fa.la.ci.o.so [falasi'ozu] *adj* Falaz, mentiroso, falso, engañoso. *Pl: falaciosos (ó)*.

fa.la.dor [falad'or] *adj+sm* Hablador, locuaz, parlanchín.

fa.lan.ge [fal'ãʒi] *sf* Falange.

fa.lan.te [fal'ãti] *adj m+f* **1** Hablante, emisor. *num diálogo existem duas partes: o falante e o ouvinte* / en un diálogo existen dos partes: el hablante y el oyente. **2** Parlanchín, hablador, charlatán. *meu colega é tão falante que ninguém dá ouvidos às suas palavras* / mi compañero es tan hablador que nadie presta atención a sus palabras.

fa.lar [fal'ar] *vi* **1** Hablar, decir, expresarse, conversar. *vtd* **2** Narrar, proferir, razonar, parlamentar. *vpr* **3** Hablarse, dialogar. **falar pelos cotovelos** hablar por los codos. **falar por falar** hablar por hablar.

fa.la.tó.rio [falat'ɔrju] *sm* Habladuría, murmuración, chisme. *a conduta da moça era motivo de falatório* / la conducta de la muchacha era motivo de habladuría.

fal.cão [fawk'ãw] *sm Zool* Halcón. *o falcão é uma ave de rapina* / el halcón es un ave de rapiña.

fal.ca.tru.a [fawkatr'uə] *sf* Ardid, treta, artimaña, estratagema, argucia.

fa.le.cer [fales'er] *vi* Fallecer, morir, perecer, expirar, fenecer.

fa.le.ci.do [fales'idu] *adj+sm* **1** Fallecido, muerto, difunto, cadáver. **2** Falto.

fa.le.ci.men.to [falesim'ẽtu] *sm* Fallecimiento.

fa.lên.cia [fal'ẽsjə] *sf Dir* **1** Quiebra, bancarrota. **2** *AL* Falencia.

fa.lé.sia [fal'ɛzjə] *sf* Acantilado. *as ondas batem com força nas falésias* / las olas chocan con fuerza en los acantilados.

fa.lha[1] [f'aλə] *sf* Fallo, error, equivocación.

fa.lha[2] [f'aλə] *sf Geol* Falla. *a falha de San Andreas tem provocado grandes terremotos nos Estados Unidos* / la falla de San Andrés ha provocado grandes terremotos en Estados Unidos.

fa.lhar [faλ'ar] *vtd+vi* Fallar, faltar, malograr, fracasar, abortar.

fa.lho [f'aλu] *adj* **1** Fallido, fracasado. **2** Frustrado, malogrado. **3** Defectuoso. **ato falho** acto fallido.

fá.li.co [f'aliku] *adj* Fálico.

fa.li.do [fal'idu] *adj* Fallido, fracasado, frustrado. • *sm Dir* Fallido.

fa.lir [fal'ir] *vi* **1** Quebrar, arruinarse. **2** *Dir* Quebrar. **3** *fig* Hundirse.

fa.lí.vel [fal'ivew] *adj m+f* Falible.

fa.lo [f'alu] *sm* Falo, pene.

fal.sá.rio [faws'arju] *sm* Falsario.

fal.se.ar [fawse'ar] *vtd* **1** Falsear, falsificar. **2** Engañar, traicionar. **3** Deformar, desfigurar, desvirtuar.

fal.se.te [faws'eti] *sm Mús* Falsete.

fal.si.da.de [fawsid'adi] *sf* **1** Falsedad. **2** Mentira, calumnia. **3** Fraude, engaño, hipocresía, perfidia. Veja nota em **camelo**.

fal.si.fi.car [fawsifik'ar] *vtd* Falsificar, adulterar, falsear.

fal.so [f'awsu] *adj+sm* **1** Falso, mentiroso, ilusorio. **2** Desleal, traidor, pérfido. **em falso** en falso.

fal.ta [f'awtə] *sf* **1** Falta, carencia, escasez, ausencia. **2** Culpa, delito, pecado. **3** Error, fallo, equivocación. **4** *Esp* Falta.

fal.tar [fawt'ar] *vtd+vi* **1** Faltar, escasear. **2** Incumplir, quebrantar. **faltar com o respeito** faltar el respeto.

fa.ma [f'∧mə] *sf* **1** Fama, celebridad, renombre. **2** Reputación. **ter boa/má fama** tener buena/mala fama.

fa.mé.li.co [fam'ɛliku] *adj* Famélico.

fa.mí.lia [fam'iljə] *sf* **1** Familia, parentela. **2** Ascendencia, linaje, estirpe. **em família** en familia.

fa.mi.liar [famili'ar] *adj m+f* **1** Familiar, de la familia. *o rosto da jovem não lhe era desconhecido, tinha alguma coisa familiar* / el rostro de la joven no le era desconocido, tenía algo familiar. **2** Conocido, corriente, habitual. • *sm* Pariente, persona de la misma familia. *só um familiar compareceu ao enterro do ancião* / sólo un familiar asistió al entierro del anciano.

fa.mi.li.a.ri.da.de [familjarid'adi] *sf* Familiaridad.

fa.mi.lia.ri.zar [familjariz'ar] *vtd+vpr* **1** Familiarizar(se), acostumbrar(se), habituar(se).

fa.min.to [fam'ĩtu] *adj* **1** Hambriento, famélico. *não tomei café da manhã e agora estou faminto* / no tomé desayuno y ahora estoy hambriento. **2** *fig* Ansioso, ávido, sediento.

fa.mo.so [fam'ozu] *adj* Famoso, afamado, célebre, renombrado. *Pl: famosos (ó)*.

fa.ná.ti.co [fan'atiku] *adj+sm* **1** Fanático, exaltado, intolerante. *alguns terroristas são fanáticos religiosos* / algunos terroristas son fanáticos religiosos. **2** Entusiasta, admirador, hincha. *meu pai é fanático pelos Beatles* / mi padre es fanático de los Beatles.

fan.far.ra [fãf'arə] *sf* Fanfarria, banda.

fan.far.rão [fãfar'ãw] *adj* Fanfarrón, presumido, bravucón.

fa.nho.so [fañ'ozu] *adj+adv* Gangoso. *Pedro é fanhoso, mas todos entendem o que ele fala* / Pedro es gangoso pero todos entienden lo que habla. *Pl: fanhosos (ó)*.

fa.ni.qui.to [fãnik'itu] *sm* Patatús, rabieta, ataque histérico.

fan.ta.si.a [fãtaz'iə] *sf* **1** Fantasía, imaginación. **2** Disfraz. *as fantasias de carnaval são muito coloridas* / los disfraces de carnaval son de muchos colores.

fan.ta.si.ar [fãtazi'ar] *vtd+vi* **1** Fantasear, imaginar, soñar. *vpr* **2** Disfrazarse.

fan.ta.si.o.so [fãtazi'ozu] *adj* Fantasioso. *Pl: fantasiosos (ó)*.

fan.tas.ma [fãt'azmə] *sm* Fantasma. Veja nota em **espanto** (português).

fan.tás.ti.co [fãt'astiku] *adj* **1** Fantástico, imaginario, irreal. *Monteiro Lobato* *criou muitos personagens fantásticos* / Monteiro Lobato creó muchos personajes fantásticos. **2** Extraordinario, increíble, fabuloso, estupendo. *no final de semana fizemos um passeio fantástico* / el fin de semana hicimos un paseo fantástico.

fan.to.che [fãt'ɔʃi] *sm* Fantoche, marioneta, títere.

fa.quei.ro [fak'ejru] *sm* Cubertería, juego de cubiertos. *os noivos ganharam de presente um faqueiro de prata* / los novios recibieron de regalo un juego de cubiertos de plata.

fa.quir [fak'ir] *sm* Faquir.

fa.ra.ó [fara'ɔ] *sm* Faraón.

far.da [f'ardə] *sf* Mil **1** Uniforme militar. **2** *fig* Vida militar.

far.do [f'ardu] *sm* Fardo, bulto, paca.

fa.re.jar [fareʒ'ar] *vtd* Olfatear, husmear.

fa.re.lo [far'ɛlu] *sm* Salvado. *o farelo de trigo é um ótimo alimento* / el salvado de trigo es un excelente alimento.

far.fa.lhar [farfaʎ'ar] *vi* Parlotear, charlar, cotorrear.

fa.rin.ge [far'ĩʒi] *sf Anat* Faringe.

fa.ri.nha [far'iɲə] *sf* Harina.

fa.ri.seu [fariz'ew] *sm* Fariseo.

far.ma.cêu.ti.co [farmas'ewtiku] *adj+sm* Farmacéutico, boticario.

far.má.cia [farm'asjə] *sf* Farmacia, botica.

fa.ro[1] [f'aru] *sm* **1** Olfato. **2** *p ext* Aroma, olor. **3** *fig* Intuición, instinto. Veja nota em **faro** (espanhol).

fa.ro[2] [f'aru] *sm* Farol.

fa.ro.fa [far'ɔfə] *sf* Harina de yuca o de maíz condimentada.

fa.rol [far'ɔw] *sm* Faro, farol, linterna.

fa.ro.le.te [farol'eti] *sm* Faro pequeño, linterna.

far.pa [f'arpə] *sf* **1** Púa. **2** *fig* Sarcasmo.

far.pa.do [farp'adu] *adj* De púa. *a fazenda estava rodeada de arame farpado* / la hacienda estaba rodeada de alambre de púas.

far.ra [f'arə] *sf* **1** Farra, juerga, jarana, jolgorio, pachanga. **2** *coloq* Broma. **cair na farra** ir de farra, salir de juerga/de parranda.

far.ra.po [faɾ'apu] *sm* Harapo, andrajo, jirón, trapo.

fa.rre.ar [faɾe'ar] *vi* Farrear, salir de juerga.

far.ris.ta [faɾ'istə] *adj* e *s m+f* **1** Juerguista, parrandero. *Felipe é um farrista, sempre volta para casa de madrugada* / Felipe es un parrandero, siempre vuelve a casa de madrugada. **2** *AL* Farrero, farrista.

far.sa [f'arsə] *sf* **1** *Teat* Farsa, comedia. **2** Engaño, trampa.

far.san.te [fars'ãti] *adj* e *s m+f* Farsante.

far.tar [fart'ar] *vtd* **1** Saciar, hartar, colmar. **2** Cansar, aburrir, fastidiar. **3** Llenar, empachar, saturar. *vpr* **4** Hartarse, atiborrarse.

far.to [f'artu] *adj* Harto, lleno, atiborrado, ahíto, repleto. *o Ibirapuera é um parque farto de árvores* / Ibirapuera es un parque repleto de árboles.

far.tu.ra [fart'urə] *sf* **1** Hartura, saciedad. **2** Abundancia, exuberancia, profusión. *a fartura de comida na mesa era uma alegria para os olhos* / la abundancia de comida en la mesa era una alegría para los ojos.

fas.ci.na.do [fasin'adu] *adj* Fascinado, maravillado, encantado.

fas.cí.cu.lo [fas'ikulu] *sm* Fascículo.

fas.ci.na.ção [fasinas'ãw] *sf* Fascinación, encanto, seducción.

fas.ci.nan.te [fasin'ãti] *adj m+f* Fascinante.

fas.ci.nar [fasin'ar] *vtd+vi* **1** Fascinar, cautivar, encantar. **2** Seducir, deslumbrar.

fas.cis.ta [fas'istə] *adj* e *s m+f Pol* Fascista.

fa.se [f'azi] *sf* Fase.

fas.ti.di.o.so [fastidi'ozu] *adj* **1** Fastidioso, tedioso, aburrido, latoso, empalagoso. **2** Molesto, impertinente. *Pl:* fastidiosos *(ó)*.

fas.tí.gio [fast'iʒju] *sm* **1** Cumbre, cima, cúspide, pico. **2** *fig* Auge, apogeo.

fas.tu.o.so [fastu'ozu] *adj* Fastuoso. *Pl: fastuosos (ó)*.

fa.tal [fat'aw] *adj m+f* **1** Fatal. **2** Irrevocable. **3** Improrrogable, final. **4** Funesto, mortal. Veja nota em **fatal** (espanhol).

fa.ta.li.da.de [fatalid'adi] *sf* **1** Fatalidad, destino, hado, sino. **2** Desgracia, desdicha.

fa.ti.a [fat′iə] *sf* **1** Loncha, rebanada, tajada, lonja. **2** *fig* Lucro, provecho, ganancia.

fa.tí.di.co [fat′idiku] *adj* Fatídico, fatal, nefasto.

fa.ti.gan.te [fatig′ãti] *adj m+f* Fatigoso.

fa.ti.gar [fatig′ar] *vtd+vi+vpr* Fatigar(se), agotar(se), cansar(se).

fa.ti.o.ta [fati′ɔtə] *sf* **1** Ropa, traje, vestuario. **2** *p ext* Andrajos.

fa.to [f′atu] *sm* Hecho, acontecimiento, suceso. *o fato de não ter dinheiro não quer dizer que sejamos menos felizes* / el hecho de no tener dinero no quiere decir que seamos menos felices. **de fato** de hecho.

fa.tor [fat′or] *sm* Factor.

fa.to.ri.al [fatori′aw] *adj m+f* e *sm Mat* Factorial.

fá.tuo [f′atwu] *adj* **1** Necio. **2** Fatuo, vanidoso, engreído. *era um homem orgulhoso e fátuo que só pensava em futilidades* / era un hombre orgulloso y fatuo que sólo pensaba en frivolidades.

fa.tu.ra [fat′urə] *sf Com* Factura.

fa.tu.ra.men.to [faturam′ẽtu] *sm Com* Facturación.

fa.tu.rar [fatur′ar] *vtd* **1** *Com* Facturar, hacer una factura. **2** Ganar mucho dinero.

fau.na [f′awnə] *sf* Fauna.

faus.to [f′awstu] *adj* Fausto, alegre, afortunado, feliz. • *sm* Lujo, pompa, ostentación.

fa.va [f′avə] *sf Bot* Haba. **ser favas contadas** ser habas contadas.

fa.ve.la [fav′ɛlə] *sf* Favela, barraca, chabola. Veja nota em **favela** (espanhol).

fa.vo [f′avu] *sm* Panal, colmena.

fa.vor [fav′or] *sm* **1** Favor, obsequio, apoyo, ayuda. **2** Gracia, merced.

fa.vo.rá.vel [favor′avew] *adj m+f* **1** Favorable, adecuado, conveniente, propicio. *o vento hoje é favorável para navegar* / hoy el viento es favorable para navegar. **2** Conforme, acorde. *o governo manifestou uma opinião favorável às reivindicações dos trabalhadores* / el gobierno manifestó una opinión favorable a las reivindicaciones de los trabajadores.

fa.vo.re.cer [favores′er] *vtd* **1** Favorecer, ayudar, amparar, socorrer, beneficiar. **2** Hacer un favor. **3** Proteger con parcialidad. *nosso chefe é um homem justo, jamais vai favorecer seus prediletos* / nuestro jefe es un hombre justo, nunca va a favorecer a sus preferidos. *vpr* **4** Ayudarse, favorecerse.

fa.vo.re.ci.do [favores′idu] *adj* Favorecido, protegido. • *adj+sm* Beneficiario.

fa.vo.re.ci.men.to [favoresim′ẽtu] *sm* Beneficio.

fa.vo.ri.tis.mo [favorit′izmu] *sm* Favoritismo.

fa.vo.ri.to [favor′itu] *adj+sm* Favorito, preferido, predilecto.

fax [f′aks] *sm* Fax.

fa.xi.na [faʃ′inə] *sf* Limpieza. **fazer faxina** hacer la limpieza.

fa.xi.nei.ro [faʃin′ejru] *sm* **1** Asistente encargado de la limpieza, criado. *sf* **2** Asistenta, muchacha, criada. *a faxineira deixou a casa como um espelho* / la asistenta dejó la casa como un espejo.

fa.zen.da [faz′ẽdə] *sf* **1** Hacienda, finca. **2** *AL* Estancia. **fazenda pública** hacienda pública. Veja nota em **estância** (português).

fa.zen.dei.ro [fazẽd′ejru] *sm* **1** Estanciero, terrateniente. **2** *Arg, Chile* Hacendado.

fa.zer [faz′er] *vtd* **1** Hacer, realizar, crear. **2** Fabricar, construir. **fazer das suas** hacer de las suyas. **fazer e acontecer** hacer y acontecer. **fazer o quê?** ¿qué se le va a hacer?, ¿qué le vamos a hacer? **fazer ver** hacer ver. Veja nota em **hacer**.

fé [f′ɛ] *sf* Fe, creencia. **de boa-fé** de buena fe. **de má-fé** de mala fe.

fe.al.da.de [feawd′adi] *sf* Fealdad.

fe.bre [f′ɛbri] *sf Med* Fiebre.

fe.cal [fek′aw] *adj m+f* Fecal.

fe.cha.do [feʃ′adu] *adj* **1** Cerrado, hermético. *é importante fechar as portas e janelas antes de sair de casa* / es importante cerrar las puertas y ventanas antes de salir de casa. **2** *fig* Introvertido, discreto, reservado. *Miguel é um homem muito fechado, não conversa com ninguém* / Miguel es un hombre muy reservado, no conversa con nadie.

fe.cha.du.ra [feʃad'urə] *sf* Cerradura.

fe.char [feʃ'ar] *vtd* **1** Cerrar, obstruir. *tem de fechar as janelas, está chovendo!* / ¡hay que cerrar las ventanas, está lloviendo! **2** Juntar, unir. *não vou fechar o livro até não ter chegado ao final* / no voy a cerrar el libro hasta que no haya llegado al final. **3** Acabar, concluir, dar por terminado. *não posso fechar o negócio enquanto não falar com meu sócio* / no puedo cerrar el negocio mientras no hable con mi socio. *vpr* **4** Cerrarse, encerrarse, ensimismarse.

fe.cho [f'eʃu] *sm* Cierre.

fé.cu.la [f'ɛkulə] *sf* Fécula, almidón.

fe.cun.da.ção [fekũdas'ãw] *sf* Fecundación.

fe.cun.dar [fekũd'ar] *vtd* **1** Fecundar. **2** Fertilizar. *vi+vpr* **3** Volverse fecundo, concebir, generar.

fe.cun.do [fek'ũdu] *adj* Fecundo, fértil, productivo.

fe.de.lho [fed'eλu] *sm* Crío, criatura, chico, niño, nene.

fe.der [fed'er] *vi* Heder, apestar. *há tanto tempo ela não limpa a geladeira que já começou a feder* / hace tanto tiempo que ella no limpia la nevera que ya empezó a heder.

fe.de.ra.ção [federas'ãw] *sf* Federación.

fe.de.ral [feder'aw] *adj m+f* Federal.

fe.di.do [fed'idu] *adj* Fétido, hediondo, maloliente, apestoso.

fe.dor [fed'or] *sm* Hedor, fetidez, pestilencia, peste, tufo.

fe.do.ren.to [fedor'ẽtu] *adj* Hediondo, fétido, maloliente, apestoso, pestilente.

fei.ção [fejs'ãw] *sf* **1** Facción, fisonomía, aspecto. **2** Manera, modo. **3** Índole, carácter. **4 feições** *pl* Facciones, rasgos. *a jovem herdou as feições de sua mãe* / la joven heredó las facciones de su madre.

fei.jão [fej3'ãw] *sm* **1** Fréjol, alubia, habichuela, judía, frijol. **2** *AL* Poroto.

fei.o [f'eju] *adj+sm* Feo.

fei.ra [f'ejrə] *sf* Feria. *todos os anos visitamos a feira do automóvel* / todos los años visitamos la feria del automóvil. **feira livre** feria libre.

fei.ran.te [fejr'ãti] *adj e s m+f* Feriante.

fei.ti.ça.ri.a [fejtisar'iə] *sf* Hechicería, brujería, magia.

fei.ti.cei.ra [fejtis'ejrə] *sf* Hechicera, bruja.

fei.ti.cei.ro [fejtis'ejru] *sm* **1** Hechicero, brujo, mago. **2** Encantador, seductor.

fei.ti.ço [fejt'isu] *sm* **1** Hechizo, maleficio, encantamiento. **2** Encanto, atractivo.

fei.tio [fejt'iu] *sm* **1** Hechura. *a costureira cobra muito barato pelo feitio da roupa* / la modista cobra muy barato por la hechura de la ropa. **2** Modo, manera. **3** Índole, carácter.

fei.to[1] [f'ejtu] *adj* Hecho. *agora podemos descansar, o trabalho já está feito* / ahora podemos descansar, el trabajo ya está hecho. • *sm* Hecho, acontecimiento, suceso. • *conj* Como, igual que, tal como. *atuou feito um herói* / actuó como un héroe.

fei.to[2] [f'ejtu] *adj* **1** Acostumbrado. **2** Entrenado. **3** Hecho, adulto, crecido. *já era um homem feito quando saiu da casa dos seus pais* / ya era un hombre hecho cuando salió de la casa de sus padres.

fei.tor [fejt'or] *adj* Hacedor. • *sm* **1** Gestor. **2** Capataz.

fei.u.ra [fej'urə] *sf* Fealdad.

fei.xe [f'ejʃi] *sm* **1** Haz, manojo, gavilla. **2** Haz (de luz). **feixe de nervos** manojo de nervios.

fel [f'ɛw] *sm* Hiel, bilis. *Pl: féis, feles*.

fe.li.ci.da.de [felisid'adi] *sf* Felicidad, dicha.

fe.li.ci.ta.ção [felisitas'ãw] *sf* Felicitación, enhorabuena.

fe.li.ci.tar [felisit'ar] *vtd* **1** Felicitar, congratular. *vpr* **2** Aplaudirse, congratularse.

fe.li.no [fel'inu] *adj+sm* **1** *Zool* Felino. • *adj fig* **1** Traicionero. **2** Ágil, hábil. *a modelo caminha com movimentos felinos* / la modelo camina con movimientos felinos.

fe.liz [fel'is] *adj m+f* Feliz, dichoso. **feliz aniversário!** ¡feliz cumpleaños! **feliz Natal!** ¡feliz Navidad! **feliz Páscoa!** ¡feliz Pascua! **feliz Ano-Novo!** ¡feliz Año Nuevo!

fe.lo.ni.a [felon'iə] *sf* Felonía.

fel.pa [f'ewpə] *sf* Felpa.

fel.pu.do [fewp'udu] *adj* Felpudo.

fel.tro [f'ewtru] *sm* Fieltro.
fê.mea [f'emjə] *sf* Hembra. *as fêmeas cuidam dos filhotes* / las hembras cuidan los cachorros.
fe.mi.ni.li.da.de [feminilid'adi] *sf* Femineidad, feminidad.
fe.mi.ni.no [femin'inu] *adj* Femenino.
fe.mi.nis.mo [femin'izmu] *sm* Feminismo.
fe.mi.nis.ta [femin'istə] *adj e s m+f* Feminista.
fê.mur [f'emur] *sm Anat* Fémur. *Pl: fêmures*.
fen.da [f'ẽdə] *sf* Grieta, fisura, hendidura.
fen.der [fẽd'er] *vtd* Hender, agrietar, resquebrajar.
fen.di.do [fẽd'idu] *adj* Hendido.
fe.ne.cer [fenes'er] *vi* Fenecer, morir, fallecer, perecer.
fe.ne.ci.men.to [fenesim'ẽtu] *sm* Fin, muerte, fallecimiento.
fe.no [f'enu] *sm* Heno.
fe.nô.me.no [fen'omenu] *sm* Fenómeno.
fe.ra [f'ɛrɐ] *sf* **1** Fiera, animal. *num safári é possível ver as feras de perto* / en un safari pueden verse las fieras de cerca. **2** *fig* Energúmeno, persona de mal genio. **3** *fig* Fenómeno, persona muy buena en una actividad.
fé.re.tro [f'ɛretru] *sm* Ataúd, féretro.
fé.ria [f'ɛrjə] *sf* **1** Día de la semana. **2** Salario.
fe.ri.a.do [feri'adu] *adj+sm* Festivo, fiesta.
fé.rias [f'ɛrjəs] *sf pl* Vacaciones.
fe.ri.da [fer'idə] *sf* Herida, lesión, lastimadura, magulladura. **pôr o dedo na ferida** poner el dedo en la llaga.
fe.ri.do [fer'idu] *adj+sm* Herido.
fe.ri.men.to [ferim'ẽtu] *sm* Herida, magulladura.
fe.rir [fer'ir] *vtd* **1** Herir, lesionar, lastimar. *vpr* **2** Herirse, lastimarse. Veja nota em **lastimar** (português).
fer.men.to [ferim'ẽtu] *sm* Fermento, levadura.
fe.ro.ci.da.de [ferosid'adi] *sf* Ferocidad.
fe.roz [fer'ɔs] *adj m+f* Feroz.
fer.ra.du.ra [feʀad'urə] *sf* Herradura. *a ferradura do cavalo está solta* / la herradura del caballo está suelta.
fer.ra.gem [feʀ'aʒẽj] *sf* Herraje. **loja de ferragens** ferretería. Veja nota em **abordaje**.
fer.ra.men.ta [feʀam'ẽtə] *sf* Herramienta.
fer.ra.men.tei.ro [feʀamẽt'ejru] *sm* Herramentero.
fer.rão [feʀ'ãw] *sm* Aguijón. *o ferrão é uma forma de proteção dos insetos* / el aguijón es una forma de protección de los insectos.
fer.rei.ro [feʀ'ejru] *sm* Herrero.
fer.re.nho [feʀ'eɲu] *adj* Férreo, firme.
fér.reo [f'ɛʀju] *adj* Férreo.
fer.ro [f'ɛʀu] *sm* Fierro. Veja nota em **fierro**.
fer.ro.a.da [feʀo'adə] *sf* **1** Aguijonazo. **2** Punzada.
fer.ro.lho [feʀ'oʎu] *sm* Cerrojo.
fer.ro-ve.lho [fɛʀuv'eʎu] *sm* **1** Chatarrero. **2** Chatarrería. *Pl: ferros-velhos*.
fer.ro.vi.a [feʀov'iə] *sf* Ferrocarril, vía férrea.
fer.ro.vi.á.rio [feʀovi'arju] *adj+sm* Ferroviario. • *sm AL* Ferrocarrilero.
fer.ru.gem [feʀ'uʒẽj] *sf* **1** Herrumbre, orín. **2** *p ext* Óxido (que se forma sobre otros metales además del hierro). *é muito difícil tirar manchas de ferrugem dos móveis* / es muy difícil sacar las manchas de óxido de los muebles.
fer.ru.gi.no.so [feʀuʒin'ozu] *adj+sm* Ferruginoso. *Pl: ferruginosos (ó)*.
fér.til [f'ɛrtiw] *adj m+f* **1** Fértil, fecundo. **2** Productivo, fructífero. *Pl: férteis*.
fer.ti.li.zan.te [fertiliz'ãti] *adj m+f e sm* Fertilizante, abono.
fer.ti.li.zar [fertiliz'ar] *vtd* **1** Fertilizar, abonar, fecundar, fecundizar. *vi+vpr* **2** Volverse fértil o productivo.
fer.ver [ferv'er] *vtd+vi* Hervir.
fer.vi.lha.men.to [ferviʎam'ẽtu] *sm* Ebullición.
fer.vi.lhar [ferviʎ'ar] *vtd* Hervir, bullir.
fer.vor [ferv'or] *sm* **1** Hervor, ebullición. **2** *fig* Fervor, ardor, energía. *os fiéis rezavam com fervor na igreja* / los fieles rezaban con fervor en la iglesia.

fer.vo.ro.so [fervor'ozu] *adj* Ferviente, fervoroso. *Pl: fervorosos (ó).*
fer.vu.ra [ferv'urə] *sf* **1** Hervor, ebullición. **2** *fig* Alboroto, agitación.
fes.ta [f'ɛstə] *sf* Fiesta.
fes.tan.ça [fest'ãsə] *sf* Fiesta muy animada.
fes.tei.ro [fest'ejru] *adj+sm* Fiestero.
fes.te.jar [festeʒ'ar] *vtd* Festejar, celebrar, conmemorar.
fes.tim [fest'ĩ] *sm* Festín, ágape.
fes.ti.vo [fest'ivu] *adj* **1** Festivo. **2** Alegre, contento, divertido.
fe.tal [fet'aw] *adj m+f* Fetal.
fe.ti.che [fet'iʃi] *sm* Fetiche.
fe.ti.chis.mo [fetiʃ'izmu] *sm* Fetichismo.
fe.ti.chis.ta [fetiʃ'istə] *adj* e *s m+f* Fetichista.
fe.to [f'ɛtu] *sm Biol* Feto.
feu.dal [fewd'aw] *adj m+f Hist* Feudal.
feu.do [f'ewdu] *sm* Feudo.
fe.ve.rei.ro [fever'ejru] *sm* Febrero. *nos anos bissextos fevereiro tem vinte e nove dias* / en los años bisiestos febrero tiene veintinueve días.
fe.zes [f'ɛzis] *sf pl* Heces, excrementos.
fi.a.ção [fjas'ãw] *sf* **1** Cableado, tendido de cables. **2** Hilatura, hilandería.
fi.a.do [fi'adu] *adj* Fiado. • *adv* De fiado, al fiado, a crédito.
fi.a.dor [fjad'or] *sm* Fiador, avalista.
fi.an.ça [fi'ãsə] *sf Dir* Fianza, garantía, caución.
fi.a.po [fi'apu] *sm* Hilacha, filamento. *o vestido era tão velho que restavam dele só alguns fiapos* / el vestido era tan viejo que sólo le quedaban algunas hilachas.
fi.ar[1] [fi'ar] *vtd* Hilar. **fiar fino** hilar delgado.
fi.ar[2] [fi'ar] *vtd+vi* **1** Fiar. *vi+vpr* **2** Confiar, fiarse.
fi.as.co [fi'asku] *sm* Fiasco, fracaso.
fi.bra [f'ibrə] *sf* **1** Fibra. **2** Hebra, filamento, hilo. **3** *fig* Fuerza de ánimo, fortaleza.
fi.bro.so [fibr'ozu] *adj* Fibroso. *Pl: fibrosos (ó).*
fi.car [fik'ar] *vi+vpr* **1** Quedarse, permanecer. *hoje vamos ficar em casa porque tem jogo do Brasil na TV* / hoy vamos a quedarnos en casa porque dan un partido de Brasil en la tele. *vi* **2** Estar. *minha escola fica perto de casa* / mi escuela está cerca de casa. **3** Quedar, restar, sobrar. *não ficou ninguém na festa* / no quedó nadie en la fiesta. **ficar atrás de** quedar atrás.
fic.ção [fiks'ãw] *sf* Ficción. *adoro os livros de ficção científica* / me encantan los libros de ciencia ficción.
fi.cha [f'iʃə] *sf* Ficha.
fi.char [fiʃ'ar] *vtd* Fichar, catalogar.
fi.chá.rio [fiʃ'arju] *sm* Fichero.
fic.tí.cio [fikt'isju] *adj* Ficticio.
fi.dal.go [fid'awgu] *adj+sm* Hidalgo.
fi.dal.gui.a [fidawg'iə] *sf* Hidalguía.
fi.de.dig.no [fided'ignu] *adj* Fidedigno, fiable.
fi.de.li.da.de [fidelid'adʒi] *sf* Fidelidad, lealtad. **alta fidelidade** alta fidelidad. *Mário comprou um aparelho de som de alta fidelidade* / Mario compró un aparato de sonido de alta fidelidad.
fi.du.ci.á.rio [fidusi'arju] *adj+sm Dir* Fiduciario.
fi.el [fi'ɛw] *adj* e *s m+f* **1** Fiel, leal. **2 fiéis** *pl* Fieles, creyentes, feligreses.
fí.ga.do [f'igadu] *sm Anat* Hígado.
fi.go [f'igu] *sm Bot* Higo.
fi.guei.ra [fig'ejrə] *sf Bot* Higuera.
fi.gu.ra [fig'urə] *sf* **1** Figura, silueta, estampa, tipo. **2** Forma. **3** Figura, personalidad. *Madre Teresa de Calcutá foi uma figura destacada do século XX* / Madre Teresa de Calcuta fue una personalidad destacada del siglo XX. **figura de retórica** figura retórica. **ser uma figura** ser un personaje, una persona fuera de lo común.
fi.gu.ra.ção [figuras'ãw] *sf* Figuración.
fi.gu.ra.do [figur'adu] *adj* **1** Figurado. **2** Alegórico. **3** Supuesto. **linguagem figurada** *Ling* lenguaje figurado. **sentido figurado** *Ling* sentido figurado.
fi.gu.ran.te [figur'ãti] *s m+f Cin, Teat, Telev* Figurante, extra.
fi.gu.rão [figur'ãw] *sm* Personalidad importante.
fi.gu.rar [figur'ar] *vtd* **1** Figurar. **2** Estar, aparecer, participar. *a seleção de futebol brasileira figura entre as melhores do mundo* / la selección de fútbol brasileña aparece entre las mejores del mundo.
fi.gu.ra.ti.vo [figurat'ivu] *adj* Figurativo. • *sm* Artista figurativo.

fi.gu.ri.nha [figur'iɲɐ] *sf* Figurita, estampita.

fi.gu.ri.no [figur'inu] *sm* **1** Figurín. **2** *coloq* Bien vestido. **como manda o figurino** como se debe.

fi.la [f'ilɐ] *sf* Fila, hilera, cola. *tivemos de fazer fila para assistir ao filme* / tuvimos que hacer cola para ver la película.

fi.la.men.to [filam'ẽtu] *sm* Filamento, hebra, fibra.

fi.lan.tro.pi.a [filãtrop'iɐ] *sf* Filantropía.

fi.lan.tro.po [filãtr'opu] *adj+sm* Filántropo.

fi.lão [fil'ãw] *sm* Filón, veta, vena.

fi.lar.mô.ni.co [filarm'oniku] *adj* Filarmónico.

fi.la.te.lia [filatel'iɐ] *sf* Filatelia.

fi.la.té.li.co [filat'ɛliku] *adj* Filatélico.

fi.la.te.lis.ta [filatel'istɐ] *s m+f* Filatelista, filatélico.

fi.lé [fil'ɛ] *sm* **1** Bistec, bisté. *hoje almocei filé com batata frita* / hoy almorcé bistec con papas fritas. **2** Filete. *comer filé de peixe é muito saudável* / comer filete de pescado es muy saludable.

fi.lei.ra [fil'ejrɐ] *sf* **1** Fila, hilera. **2 fileiras** *pl* Actividades militares.

fi.le.te [fil'eti] *sm* **1** Filete, friso, reguero. **2** *fig* Hilo.

fi.lha.ra.da [fiʎar'adɐ] *sf* Prole.

fi.lho [f'iʎu] *sm* Hijo. • *adj* Procedente, resultante. **filho adotivo** hijo adoptivo. **filho natural** hijo natural. **filho pródigo** hijo pródigo.

fi.lho.te [fiʎ'ɔti] *sm* Cría, cachorro. Veja nota em **cachorro** (português).

fi.li.a.ção [filjas'ãw] *sf* Filiación.

fi.li.al [fili'aw] *adj m+f* Filial, propio de los hijos. • *adj+s f Com* Filial, sucursal.

fi.li.ar [fili'ar] *vtd* **1** Adoptar. *vpr* **2** Afiliarse.

fil.mar [fiwm'ar] *vtd+vi* **1** Filmar, grabar. *vi* **2** Ser fotogénico.

fil.me [f'iwmi] *sm* Película, film, filme.

fi.lo.lo.gi.a [filoloʒi'ɐ] *sf* Filología.

fi.lo.so.fi.a [filozof'iɐ] *sf* Filosofía.

fi.lo.só.fi.co [filoz'ɔfiku] *adj* Filosófico.

fi.ló.so.fo [fil'ɔzofu] *adj* Filosófico • *sm* Filósofo.

fil.tra.ção [fiwtras'ãw] *sf* Filtración. *Var*: filtragem.

fil.tra.gem [fiwtr'aʒẽj] *sf V filtração*.

fil.trar [fiwtr'ar] *vtd* Filtrar.

fil.tro [f'iwtru] *sm* Filtro.

fim [f'ĩ] *sm* **1** Fin, término, remate, consumación. **2** Finalidad, objetivo, intención, propósito. **a fim de** con el fin de. **ao fim e ao cabo** al fin y al cabo. **fim de conversa** se acabó. **no fim das contas** en fin de cuentas. **pôr um fim** poner coto/término.

fi.na.do [fin'adu] *adj+sm* Finado, difunto, muerto.

fi.nal [fin'aw] *adj m+f* Final, último. *o prazo final para renovar o documento é de cinco dias* / el plazo final para renovar el documento es de cinco días • *sm* Fin, término, remate, conclusión, desenlace. *o final do filme foi muito romântico* / el desenlace de la película fue muy romántico. **no final das contas** en fin de cuentas. **ponto final** punto final.

fi.na.li.da.de [finalid'adi] *sf* Finalidad, fin, objetivo, intención, propósito.

fi.na.li.zar [finaliz'ar] *vtd* **1** Finalizar, concluir, terminar. *vi* **2** Tener fin, acabar. **3** *Fut* rematar. *o jogador finalizou a jogada com um gol* / el jugador remató la jugada con un gol.

fi.nan.ças [fin'ãsas] *sf pl* Finanzas.

fi.nan.cei.ro [finãs'ejru] *adj* Financiero. • *s m+f AL* Financista.

fi.nan.cis.ta [finãs'istɐ] *s m+f* Financista, financiero.

fi.nan.ci.a.men.to [finãsjam'ẽtu] *sm* Financiación. *meus pais obtiveram um financiamento para comprar um apartamento* / mis padres obtuvieron una financiación para comprar un departamento.

fi.nan.ci.ar [finãsi'ar] *vtd* Financiar, sufragar, pagar.

fin.car [fĩk'ar] *vtd* Hincar, clavar.

fin.dar [fĩd'ar] *vtd* **1** Poner fin, acabar, terminar, concluir, finalizar. *vi+vpr* **2** Tener fin, acabarse, terminarse.

fin.do [f'ĩdu] *adj* Acabado, terminado, concluido, pasado. *vão reprisar aquela minissérie finda no ano passado* / van a retransmitir aquella miniserie terminada el año pasado.

fi.ne.za [fin'ezɐ] *sf* Fineza.

fin.gi.do [fĩʒ'idu] *adj* Falso. • *sm* Mentiroso, hipócrita, embustero.
fin.gi.men.to [fĩʒim'ẽtu] *sm* **1** Fingimiento, simulación. **2** Hipocresía. Veja nota em **camelo**.
fin.gir [fĩʒ'ir] *vtd+vi* Fingir, aparentar, simular. **fingir que não vê** hacer la vista gorda.
fi.no [f'inu] *adj* **1** Fino, delgado, flaco. *Rosa tem dedos finos como de pianista* / Rosa tiene los dedos finos como de pianista. **2** Educado, elegante. *as pessoas finas falam baixo* / las personas elegantes hablan bajo. **3** De buena calidad, refinado, selecto, distinguido. *um perfume fino custa muito caro* / un perfume refinado cuesta muy caro.
fi.nu.ra [fin'urə] *sf* Finura.
fi.o [f'iu] *sm* **1** Hilo, hebra. **2** Alambre. **estar por um fio** pender de un hilo. Veja nota em **cana** (português).
fir.ma [f'irmə] *sf* Firma.
fir.mar [firm'ar] *vtd* **1** Fijar, asegurar, sujetar. **2** Firmar, rubricar.
fir.me.za [firm'ezə] *sf* Firmeza, estabilidad, fuerza.
fis.cal [fisk'aw] *adj* e *s m+f* Fiscal.
fis.ca.li.za.ção [fiskalizas'ãw] *sf* Fiscalización, inspección.
fis.ca.li.zar [fiskaliz'ar] *vtd* Fiscalizar, controlar, vigilar.
fis.co [f'isku] *sm* Fisco, Hacienda.
fis.ga.da [fizg'adə] *sf* Punzada. *depois do treino, o esportista sentiu uma fisgada nas costas* / después del entrenamiento, el deportista sintió una punzada en la espalda.
fí.si.ca [f'izikə] *sf* Física. **física atômica** física atómica. **física quântica** física cuántica.
fí.si.co [f'iziku] *adj* **1** Físico. **2** Corporal, material. • *sm* **1** *Fís* Físico. *Einstein foi um físico famoso* / Einstein fue un físico famoso. **2** Fisonomía, apariencia, porte. *os esportistas têm um físico imponente* / los deportistas tienen un porte imponente.
fi.si.o.lo.gi.a [fizjoloʒ'iə] *sf* Fisiología.
fi.si.o.no.mi.a [fizjonom'iə] *sf* Fisonomía, fisionomía, semblante.
fi.si.o.te.ra.pi.a [fizjuterap'iə] *sf* Fisioterapia.
fi.si.o.te.ra.peu.ta [fizjuterap'ewtə] *s m+f* Fisioterapeuta.
fis.são [fis'ãw] *sf Fís* Fisión.
fis.su.ra [fis'urə] *sf* **1** Fisura, grieta, hendidura. **2** *Med* Incisión.
fi.ta [f'itə] *sf* Cinta, banda, faja, tira. **fita isolante** cinta aislante. **fita magnética** cinta magnética.
fi.tar [fit'ar] *vtd* Escudriñar.
fi.ve.la [fiv'ɛlə] *sf* Hebilla.
fi.xa.ção [fiksas'ãw] *sf* **1** Fijación. **2** *Psicol* Obsesión.
fi.xa.do [fiks'adu] *adj* Fijado, clavado.
fi.xa.dor [fiksad'or] *sm* Fijador.
fi.xar [fiks'ar] *vtd* **1** Fijar, clavar, asegurar, sujetar, afianzar. *amanhã o decorador vai fixar os quadros na parede* / mañana el decorador va a clavar los cuadros en la pared. **2** Memorizar. **3** Establecer, determinar, precisar, señalar. *o presidente da República fixará as novas medidas para combater a seca* / el presidente de la República establecerá las nuevas medidas para combatir la sequía. *vpr* **4** Radicarse, establecerse. **5** Fijarse, percatarse.
fi.xo [f'iksu] *adj* Fijo.
flã [f'lã] *sm* Flan, budín. Veja nota em **pudim** (português).
fla.ci.dez [flasid'es] *sf* Flaccidez.
flá.ci.do [fl'asidu] *adj* Fláccido.
fla.ge.la.ção [flaʒelas'ãw] *sf* Flagelación.
fla.ge.la.do [flaʒel'adu] *adj+sm* Flagelado.
fla.ge.lar [flaʒel'ar] *vtd+vpr* Flagelar(se), azotar(se).
fla.ge.lo [flaʒ'ɛlu] *sm* Flagelo.
fla.gran.te [flagr'ãti] *adj m+f* Flagrante. **em flagrante** en flagrante.
fla.grar [flagr'ar] *vtd* Sorprender (en flagrante). *ficarei acordado a noite inteira até flagrar meu irmão abrindo a geladeira* / me quedaré despierto toda la noche hasta sorprender a mi hermano abriendo la nevera.
fla.ma [fl'∧mə] *sf* Flama, llama.
fla.min.go [flam'ĩgu] *sm* Flamenco.
flâ.mu.la [fl'∧mulə] *sf* Banderín, banderola, gallardete.

flan.co [fl'ăku] *sm* Flanco.
fla.ne.la [flan'ɛlə] *sf* Franela.
flau.ta [fl'awtə] *sf Mús* Flauta.
flau.tis.ta [flawt'istə] *s m+f Mús* Flautista.
fle.cha [fl'ɛʃə] *sf* Flecha.
fle.cha.da [fleʃ'adə] *sf* Flechazo.
fler.tar [flert'ar] *vi+vtd* Flirtear.
fler.te [fl'eti] *sm* Flirteo.
fleu.ma [fl'ewmə] *sf* Fleuma.
fle.xão [fleks'ãw] *sf* Flexión.
fle.xi.bi.li.da.de [fleksibilid'adi] *sf* Flexibilidad, elasticidad.
fle.xi.bi.li.zar [fleksibiliz'ar] *vtd* Flexibilizar.
fle.xi.o.nar [fleksjon'ar] *vtd+vpr* **1** Flexionar(se). **2** *Gram* Variar en género, número etc. (las palabras).
fle.xí.vel [fleks'ivew] *adj m+f* Flexible.
flo.co [fl'ɔku] *sm* Copo. *os flocos de neve são brancos* / los copos de nieve son blancos.
flor [fl'or] *sf Bot* Flor. **à flor da pele** a flor de piel. **fina flor** flor y nata. **flor da idade** flor de la edad.
flo.ra [fl'ɔrə] *sf Bot* Flora.
flo.re.a.do [flore'adu] *adj* Florido, floreado.
flo.re.ar [flore'ar] *vtd* Florear.
flo.res.cen.te [flores'ẽti] *adj m+f* **1** Floreciente, que florece. **2** *fig* Favorable, próspero.
flo.res.cer [flores'er] *vi* **1** Florecer. *vtd* **2** Sobresalir, destacarse.
flo.res.ta [flor'ɛstə] *sf* Floresta, bosque.
flo.res.tal [florest'aw] *adj m+f* Forestal. *a riqueza florestal do Brasil é imensa* / la riqueza forestal de Brasil es enorme.
flo.ri.cul.tor [florikuwt'or] *sm* Floricultor.
flo.ri.cul.tu.ra [florikuwt'urə] *sf* Floricultura. Veja nota em **floricultura** (espanhol).
flo.ri.do [flor'idu] *adj* Florido, floreado.
flo.rir [flor'ir] *vtd* **1** Adornar con flores. *vi* **2** Florecer.
flu.ên.cia [flu'ẽsjə] *sf* Fluencia, fluidez. *Manuel fala espanhol com fluência* / Manuel habla español con fluidez.
flu.en.te [flu'ẽti] *adj m+f* Fluido.

flui.do [fl'ujdu] *adj+sm* Fluido.
flu.ir [flu'ir] *vi* Fluir.
flú.or [fl'uor] *sm* Flúor.
flu.o.res.cên.cia [flwores'ẽsjə] *sf* Fluorescencia.
flu.o.res.cen.te [flwores'ẽti] *adj m+f* Fluorescente. **lâmpada fluorescente** tubo fluorescente.
flu.tu.a.ção [flutwas'ãw] *sf* Fluctuación.
flu.tu.an.te [flutu'ãti] *adj m+f* Flotante.
flu.tu.ar [flutu'ar] *vi* **1** Flotar. *é divertido ver flutuar os barquinhos na piscina* / es divertido ver flotar los barquitos en la piscina. **2** *fig* Fluctuar, variar, oscilar. *o valor do dólar voltou a flutuar durante a semana* / el valor del dólar volvió a fluctuar durante la semana. Veja nota em **boyar**.
flu.vi.al [fluvi'aw] *adj m+f* Fluvial.
flu.xo [fl'uksu] *sm* Flujo. **fluxo da maré** flujo de la marea.
fo.bi.a [fob'iə] *sf Psicol* Fobia, aversión.
fo.ca [f'ɔkə] *sf Zool* Foca.
fo.ca.li.zar [fokaliz'ar] *vtd* **1** Enfocar. **2** *fig* Destacar, evidenciar, dirigir la atención.
fo.car [fok'ar] *vtd* Enfocar.
fo.ci.nho [fos'iñu] *sm Anat* Hocico. *o focinho do meu cachorro é branco* / el hocico de mi perro es blanco.
fo.co [f'ɔku] *sm* Foco.
fo.der [fod'er] *vtd+vpr vulg* Joder(se). *vpr* **2** Joderse.
fo.fo [f'ofu] *adj* Fofo, blando, esponjoso.
fo.fo.ca [fof'ɔkə] *sf* Chisme, murmuración, habladuría.
fo.fo.car [fofok'ar] *vi* Chismorrear, cotillar, murmurar.
fo.fo.quei.ro [fofok'ejru] *adj+sm* Chismoso, cotilla, murmurador.
fo.gão [fog'ãw] *sm* Cocina, fogón. *minha avó tinha um fogão a lenha* / mi abuela tenía una cocina a leña. Veja nota em **cocina**.
fo.go [f'ogu] *sm* Fuego. **botar/colocar fogo** prender fuego. **brincar com fogo** jugar con fuego. **em fogo brando** a fuego lento. **fogos de artifício** fuegos artificiales. **soltar fogo** echar humo.
fo.go.si.da.de [fogozid'adi] *sf* Fogosidad.

fo.go.so [fog′ozu] *adj* Fogoso, impetuoso, vehemente, apasionado. *Pl: fogosos (ó).*

fo.guei.ra [fog′ejrə] *sf* Hoguera, fogata. *acender fogueira é muito perigoso / encender hoguera es muy peligroso.*

fo.gue.te [fog′eti] *sm* Cohete.

foi.ce [f′ojsi] *sf* Hoz, guadaña.

fol.clo.re [fowkl′ɔri] *sm* Folklore, folclore, folclor. *o folclore da América Latina é muito variado / el folklore de América Latina es muy variado.*

fol.cló.ri.co [fowkl′ɔriku] *adj* Folklórico, folclórico.

fo.le [f′ɔli] *sm* Fuelle.

fô.le.go [f′olegu] *sm* 1 Aliento. 2 Vaho. 3 Ánimo, valor, brío, empuje. **de um fôlego** de un aliento. **sem fôlego** sin aliento.

fol.ga [f′owgə] *sf* Descanso.

fol.ga.do [fowg′adu] *adj* 1 Descansado. 2 Holgado, ancho, amplio. *ela usa roupa folgada* / ella usa ropa holgada. 3 Desahogado, acomodado. *agora que mudou de emprego, leva uma vida folgada* / ahora que cambió de empleo, lleva una vida acomodada. • *adj+sm* 1 Atrevido, mal educado. 2 Holgazán, vago, haragán.

fol.gar [fowg′ar] *vtd* 1 Dar descanso a alguien. 2 Soltar, aflojar. *vtd+vi* 3 Descansar. *vi* 4 Holgazanear, divertirse.

fo.lha [f′oʎə] *sf* Hoja. **folha de flandres** hojalata.

fo.lha.do [foʎ′adu] *adj* Cubierto de hojas. • *sm* Hojaldre.

fo.lha.gem [foʎ′aʒẽj] *sf* Follaje. Veja nota em **abordaje**.

fo.lhe.a.do [foʎe′adu] *adj* 1 Compuesto de hojas. 2 Bañado. *joia folheada em ouro* / joya bañada en oro.

fo.lhe.ar [foʎe′ar] *vtd* Hojear. *meu marido gosta de folhear o jornal aos domingos* / a mi marido le gusta hojear el periódico los domingos.

fo.lhe.tim [foʎet′ĩ] *sm* Folletín.

fo.lhe.to [foʎ′etu] *sm* Folleto.

fo.lhi.nha [foʎ′iñə] *sf* Calendario.

fo.li.a [fol′iə] *sf* 1 Algazara, jolgorio, juerga. 2 Folía.

fo.li.ão [foli′ãw] *sm* Fiestero, parrandero, juerguista.

fo.me [f′ɔmi] *sm* Hambre. **varado de fome** muerto de hambre.

fo.men.tar [fomẽt′ar] *vtd* Fomentar, promover, favorecer, impulsar, promocionar.

fo.men.to [fom′ẽtu] *sm* Fomento, promoción.

fo.mi.nha [fɔm′iñə] *adj e s m+f coloq* Avaro, avariento, tacaño, mezquino, miserable.

fo.ne [f′oni] *sm* 1 Teléfono. 2 Auricular.

fo.ne.ma [fon′emə] *sm Ling* Fonema.

fo.né.ti.ca [fon′ɛtikə] *sf Ling* Fonética.

fon.te [f′õti] *sf* Fuente.

fo.ra [f′ɔrə] *adv* 1 Fuera. 2 Afuera. • *sm* 1 Desliz, traspié. 2 *coloq* Metida de pata. • *interj* **fora!** ¡fuera!, ¡afuera! **dar o fora** huir. **dar um fora** meter la pata. **dar um fora em** incumplir. **de fora** al margen. **estar fora de si** estar fuera de sí. **estar por fora de** no saber. **fora da lei** marginal. *nunca estudou nem trabalhou e agora é um fora da lei* / nunca estudió ni trabajó y ahora es un marginal. **fora de hora** a deshora. **fora dos eixos** fuera de sí. **jogar fora** tirar, botar. **levar um fora** ser rechazado.

fo.ra.gi.do [foraʒ′idu] *adj+sm* Forajido.

fo.râ.neo [for′ʌnju] *adj* Foráneo.

fo.ras.tei.ro [forast′ejru] *adj+sm* Forastero.

for.ca [f′ɔrkə] *sf* Horca.

for.ça [f′orsə] *sf* 1 Fuerza, fortaleza, vigor. 2 Energía, vitalidad, ímpetu. **à força** a la fuerza. **à força de** a fuerza de. **dar força a** dar apoyo a. **dar uma força** dar una mano. **força bruta** fuerza bruta. **força de ânimo** fuerza de ánimo. **força de trabalho** fuerza de trabajo. **força maior** fuerza mayor. **força pública** fuerza pública. **força viva** fuerza viva. **forças armadas** fuerzas armadas.

for.ça.do [fors′adu] *adj* Forzado.

for.çar [fors′ar] *vtd* Forzar.

for.ço.so [fors′ozu] *adj* Forzoso. *Pl: forçosos (ó).*

for.çu.do [fors′udu] *adj* Forzudo.

fo.ren.se [for′ẽsi] *adj m+f* Forense.

for.ja.do [forʒ′adu] *adj* 1 Forjado. 2 Inventado, fingido, fabricado.

for.jar [forʒ'ar] *vtd* **1** Forjar, fraguar. **2** Inventar, imaginar, planear. **3** Falsificar, falsear.

for.ma¹ [f'ɔrmə] *sf* **1** Forma, figura, aspecto, apariencia, configuración. **2** Modo, manera, medio, método. **3** Estado, condición física. **de forma alguma** de ninguna manera. **estar em forma** estar en forma.

for.ma² [f'ɔrmə] *sf* **1** Molde. **2** Horma. **pão de forma** pan de molde.

for.ma.ção [formas'ãw] *sf* **1** Formación, creación, constitución. **2** Conocimientos, estudios, cultura. **3** *Mil* Formación. *os soldados estavam em formação para o desfile* / los soldados estaban en formación para el desfile.

for.ma.do [form'adu] *adj* **1** Formado. **2** Hecho. **3** Graduado, titulado.

for.mal [form'aw] *adj m+f* Formal.

for.ma.li.da.de [formalid'adi] *sf* Formalidad.

for.ma.li.zar [formaliz'ar] *vtd* Formalizar.

for.mar [form'ar] *vtd* **1** Formar. **2** Enseñar, educar. **3** Colocar en fila. *vpr* **4** Formarse. **5** Graduarse, titularse.

for.ma.tar [format'ar] *vtd Inform* Formatear.

for.ma.to [form'atu] *sm* **1** Forma. **2** Formato.

for.ma.tu.ra [format'urə] *sf* Graduación.

fór.mi.ca [f'ɔrmikə] *sf* Formica.

for.mi.dá.vel [formid'avew] *adj m+f* Formidable, estupendo, extraordinario, magnífico.

for.mi.ga [form'igə] *sf Zool* Hormiga.

for.mi.ga.men.to [formigam'ẽtu] *sm* Hormigueo, comezón, cosquilleo, picazón.

for.mi.gar [formig'ar] *vi* Hormiguear.

for.mi.guei.ro [formig'ejru] *sm* **1** Hormiguero. **2** Hervidero. *em Salvador, durante o carnaval, as ruas recebem um formigueiro de turistas* / en Salvador, durante el carnaval, hay un hervidero de turistas en las calles. **3** *fig* Impaciencia, desasosiego.

for.mo.so [form'ozu] *adj* Hermoso, bello. *Pl: formosos (ó).*

for.mo.su.ra [formoz'urə] *sf* Hermosura, belleza.

fór.mu.la [f'ɔrmulə] *sf* Fórmula.

for.mu.lar [formul'ar] *vtd* **1** Formular. *vpr* **2** Manifestarse.

for.mu.lá.rio [formul'arju] *sm* Formulario, impreso.

for.na.da [forn'adə] *sf* Hornada.

for.ne.ce.dor [fornesed'or] *adj+sm* Proveedor, suministrador.

for.ne.cer [fornes'er] *vtd* **1** Proveer, suministrar, abastecer, dotar. *vpr* **2** Abastecerse.

for.ne.ci.men.to [fornesim'ẽtu] *sm* Suministro, abastecimiento, provisión. *suspenderam o fornecimento de água porque esqueci de pagar a conta* / suspendieron el suministro de agua porque me olvidé de pagar la cuenta.

for.no [f'ornu] *sm* **1** Horno. **2** *fig* Sitio muy caluroso. **forno de micro-ondas** horno microondas.

fo.ro [f'ɔru] *sm* **1** Foro. **2** Fuero. **3** *Dir* Tribunal, juzgado. **foro íntimo** fuero interno.

for.qui.lha [fork'iʎə] *sf* Horquilla.

for.ra [f'ɔʀə] *sf* Venganza.

for.rar [foʀ'ar] *vtd* Forrar, recubrir, revestir.

for.ro [f'oʀu] *sm* Forro, funda.

for.ta.le.cer [fortales'er] *vtd* **1** Fortalecer, fortificar. **2** Reforzar, robustecer. *vpr* **3** Fortalecerse, robustecerse.

for.ta.le.ci.do [fortales'idu] *adj* Fortalecido.

for.ta.le.ci.men.to [fortalesim'ẽtu] *sm* Fortalecimiento.

for.ta.le.za [fortal'ezə] *sf* **1** Fortaleza, fortificación, fuerte. **2** Fuerza, energía, vigor.

for.te [f'ɔrti] *adj m+f* **1** Fuerte, forzudo, robusto, resistente. **2** Enérgico. **3** Valiente, entero. **4** Intenso, violento. **5** Irascible, irritable. • *sm* Fuerte, fortaleza, fortificación. • *adv* Fuerte. *bateu forte na porta* / golpeó fuerte la puerta.

for.ti.fi.can.te [fortifik'ãti] *adj m+f* **1** Confortante, reconfortante. **2** Fortificante. • *sm* Tónico.

for.ti.fi.car [fortifik'ar] *vtd* **1** Fortalecer, reforzar, robustecer. **2** Fortificar, amurallar, guarnecer. **3** Animar, alentar. *vpr* **4** Fortalecerse, fortificarse, robustecerse.

for.tui.to [fort'ujtu] *adj* Fortuito.

for.tu.na [fort'unə] *sf* Fortuna.

fos.co [f'osku] *adj* Opaco, sin brillo, mate. *a tinta fosca fica melhor nas paredes interiores das casas* / la pintura mate queda mejor en las paredes interiores de las casas.

fos.fo.res.cên.cia [fosfores'ẽsjə] *sf* Fosforescencia.

fos.fo.res.cen.te [fosfores'ẽti] *adj m+f* Fosforescente.

fós.fo.ro [f'ɔsforu] *sm* **1** *Quím* Fósforo. **2** Fósforo, cerilla.

fos.sa [f'ɔsə] *sf* Fosa.

fós.sil [f'ɔsiw] *sm e adj m+f* Fósil. *Pl: fósseis.*

fos.si.li.za.do [fosiliz'adu] *adj* **1** Fosilizado. **2** *fig* Anticuado, retrógrado.

fos.si.li.zar [fosiliz'ar] *vtd+vpr* **1** Fosilizar(se). *vpr* **2** *fig* Volverse fuera de moda.

fo.sso [f'osu] *sm* Foso. **fosso da orquestra** foso de la orquesta.

fo.to [f'ɔtu] *sf* Foto, fotografía, imagen fotográfica.

fo.to.có.pia [fotok'ɔpjə] *sf* Fotocopia.

fo.to.co.pi.ar [fotokopi'ar] *vtd* Fotocopiar.

fo.to.gê.ni.co [fotoʒ'eniku] *adj* Fotogénico.

fo.to.gra.far [fotograf'ar] *vtd* **1** Fotografiar. **2** Describir. *vi* **3** Salir (bien o mal) en una fotografía. *a nova atriz fotografa muito bem* / la nueva actriz fotografía sale muy bien en las fotos.

fo.to.gra.fi.a [fotografi'ə] *sf* Fotografía.

fo.tó.gra.fo [fot'ɔgrafu] *sm* Fotógrafo.

foz [f'ɔs] *sf* Estuario, desembocadura, embocadura.

fra.ção [fras'ãw] *sf* **1** Fracción. **2** *Arit* Número quebrado.

fra.cas.sar [frakas'ar] *vtd+vi* Fracasar, malograr(se), frustrar(se).

fra.cas.so [frak'asu] *sm* Fracaso, mal resultado, fiasco.

fra.co [fr'aku] *adj* Débil, enclenque, endeble, frágil, flojo. *o menino é muito fraco para participar em excursões* / el niño es muy débil para participar en excursiones.

fra.de [fr'adi] *sm Rel* Fraile.

frá.gil [fr'aʒiw] *adj m+f* **1** Frágil, quebradizo, endeble, delicado. **2** Débil, enclen-

que. **3** *fig* Poco estable, transitorio. **4** *fig* Inseguro. *Pl: frágeis.*

fra.gi.li.da.de [fraʒilid'adi] *sf* Fragilidad

frag.men.tar [fragmẽt'ar] *vtd* **1** Fragmentar, trozar, separar, partir, dividir. *vpr* **2** Fragmentarse, quebrarse.

frag.men.to [fragm'ẽtu] *sm* Fragmento trozo, cacho, porción, pedazo.

fra.grân.cia [fragr'ãsjə] *sf* Fragancia aroma, perfume.

fral.da [fr'awdə] *sf* Pañal. *as fraldas descartáveis são muito práticas* / los pañales desechables son muy prácticos.

fram.bo.e.sa [frãbo'ezə] *sf Bot* Frambuesa.

fran.cês [frãs'es] *adj+sm* Francés.

fran.co [fr'ãku] *adj+sm* Franco.

fran.go [fr'ãgu] *sm Zool* **1** Pollo. *c cozinheiro preparou uma nova receita com frango* / el cocinero preparó una nueva receta de pollo. **2** *coloq* Jovencito. adolescente.

fran.ja [fr'ãʒə] *sf* **1** Fleco. **2** Flequillo. Vea nota em **flequillo**.

fran.que.ar [frãke'ar] *vtd* **1** Franquear. **2** Despejar. **3** Cruzar, traspasar.

fran.que.za [frãk'ezə] *sf* Franqueza, sinceridad.

fran.qui.a [frãk'iə] *sf* Franquicia.

fran.zi.no [frãz'inu] *adj* Delgado, flaco, fino. *seu corpo franzino lembrava os bambus* / su cuerpo delgado recordaba los bambus.

fran.zir [frãz'ir] *vi+vpr* Fruncir(se), plegar(se), arrugar(se).

fra.que.jar [frake ʒ'ar] *vi* Flaquear, ceder, decaer, agotarse. *nada faz fraquejar quem tem um grande sonho* / nada hace flaquear a quien tiene un gran sueño.

fra.que.za [frak'ezə] *sf* Debilidad.

fras.co [fr'asku] *sm* Frasco, tarro.

fras.quei.ra [frask'ejrə] *sf* Neceser.

fra.se [fr'azi] *sf Ling* Frase. **frase feita** frase hecha.

fra.ter.nal [fratern'aw] *adj m+f* Fraternal, fraterno.

fra.ter.ni.da.de [fraternid'adi] *sf* Fraternidad, hermandad.

fra.ter.ni.zar [fraterniz'ar] *vtd* Fraternizar.

fra.ter.no [frat'ɛrnu] *adj* Fraterno, fraternal, afectuoso.

fra.tu.ra [frat'urə] *sf* Fractura.

fra.tu.rar [fratur'ar] *vtd* Fracturar, partir, quebrar.

frau.dar [frawd'ar] *vtd* Defraudar, estafar. *o empresário foi acusado de fraudar o fisco* / acusaron al empresario de defraudar al fisco.

frau.de [fr'awdi] *sm* Fraude, estafa.

frau.du.len.to [frawdul'ẽtu] *adj* Fraudulento.

fre.a.da [fre'adə] *sf* Frenazo.

fre.ar [fre'ar] *vtd+vi* 1 Frenar, parar, contener, moderar. *vpr* 2 Contenerse, refrenarse.

fre.guês [freg'es] *sm* Parroquiano, cliente. *o bom vendedor sempre escuta a opinião do freguês* / el buen vendedor siempre escucha la opinión del cliente.

fre.gue.si.a [fregez'iə] *sf* 1 Parroquia. 2 Parroquianos. 3 Clientela.

frei [fr'ej] *sm* Fray, fraile, monje.

frei.o [fr'eju] *sm* 1 Freno. 2 Impedimento, obstáculo, traba. **freio de emergência** freno de emergencia. **freio de mão** freno de mano.

frei.ra [fr'ejrə] *sf Rel* Monja, madre, hermana, sor, religiosa. *as freiras rezam o terço com devoção* / las monjas rezan el rosario con devoción.

frei.re [fr'ejri] *sm Ecles* Fraile, hermano.

fre.ne.si [frenez'i] *sm* 1 Frenesí, desenfreno, exaltación. 2 Ajetreo.

fre.né.ti.co [fren'ɛtiku] *adj* Frenético, exaltado, desquiciado.

fren.te [fr'ẽti] *sf* 1 Frente. 2 Fachada. **à frente** al frente. **em frente** enfrente. **em frente de** delante de. **fazer frente** hacer frente. **frente a frente** cara a cara. **ir para a frente** progresar.

fren.tis.ta [frẽt'istə] *s m+f AL* Bombero.

fre.quên.cia [frekw'ẽsjə] *sf* Frecuencia.

fre.quen.tar [frekwẽt'ar] *vtd* Frecuentar.

fre.quen.te [frek'wẽti] *adj m+f* Frecuente, común, usual.

fres.co [fr'esku] *adj* 1 Fresco. 2 Sano, fuerte, lozano. 3 Reciente. 4 Descansado. 5 *vulg* Amanerado, afeminado. • *sm* 1 Fresco, pintura al agua. 2 Afeminado. 3 Frescor, frescura.

fres.cor [fresk'or] *sm* Frescor, lozanía.

fres.cu.ra [fresk'urə] *sf* 1 Frescura. 2 Caradura, descaro. 3 Amaneramiento. 4 Cursilería.

fres.ta [fr'ɛstə] *sf* 1 Ranura, rendija. 2 Grieta.

fre.ta.men.to [fretam'ẽtu] *sm* Fletamento.

fre.tar [fret'ar] *vtd* Fletar.

fre.te [fr'ɛti] *sm* Flete.

fri.a.gem [fri'aʒẽj] *sf* Frialdad.

fric.ção [friks'ãw] *sf* 1 Fricción, roce. 2 Friega.

fric.ci.o.nar [friksjon'ar] *vtd* 1 Friccionar, restregar. 2 Dar friegas. *vpr* 3 Friccionarse, restregarse.

fri.co.te [frik'oti] *sm* Cuento, manía, melindre.

fri.ei.ra [fri'ejrə] *sf Med* Sabañón, micosis en los pies. *a frieira é causada pelo frio* / el frío causa el sabañón.

fri.e.za [fri'ezə] *sf* Frialdad, indiferencia.

fri.gi.dei.ra [friʒid'ejrə] *sf* Sartén.

fri.gi.dez [friʒid'es] *sf* 1 Frigidez, frialdad. 2 *Psiq* Frigidez.

frí.gi.do [fr'iʒidu] *adj* 1 Frígido, frío, álgido, helado. 2 *Psiq* Frígido.

fri.go.rí.fi.co [frigor'ifiku] *adj+sm* Frigorífico.

fri.o [fr'iu] *adj+sm* 1 Frío. 2 Insípido, desabrido. 3 Insensible, indiferente, distante, seco.

fri.o.ren.to [frjor'ẽtu] *adj* 1 Friolento. 2 *AL* Friolero.

fri.sar[1] [friz'ar] *vtd* 1 Rizar, encrespar, ensortijar, ondular. *vpr* 2 Encresparse, ondularse.

fri.sar[2] [friz'ar] *vtd* Destacar, sobresalir, distinguir.

fri.tar [frit'ar] *vtd* Freir.

fri.tas [fr'itas] *sf pl* Patatas fritas, papas fritas. *hoje vamos almoçar bife com fritas* / hoy vamos a almorzar bistec con papas fritas.

fri.to [fr'itu] *adj+sm* Frito.

fri.tu.ra [frit'urə] *sf* Fritura.

fri.vo.li.da.de [frivolid'adi] *sf* Frivolidad.
frí.vo.lo [fr'ivolu] *adj* Frívolo, insignificante, superficial, fútil.
fro.nha [fr'oɲə] *sf* Funda.
front [fr'õt] *sm fr Mil* Frente de batalha.
fron.tei.ra [frõt'ejrə] *sf* **1** Frontera. **2** *fig* Límite, extremo, fin, término.
fro.ta [fr'ɔtə] *sf* Flota. *as frotas de ônibus estão de greve* / las flotas de autobuses están de huelga.
frou.xo [fr'owʃu] *adj+sm* **1** Flojo, suelto, fláccido. **2** Débil, endeble. **3** *coloq* Cobarde, miedoso, pusilánime. **4** Impotente sexual.
frus.tra.ção [frustras'ãw] *sf* Frustración.
frus.tra.do [frustr'adu] *adj+sm* Frustrado.
frus.tran.te [frustr'ãti] *adj m+f* Frustrante.
frus.trar [frustr'ar] *vtd* **1** Frustrar. **2** Estropear, malograr. *vpr* **3** Frustrarse, malograrse.
fru.ta [fr'utə] *sf* Fruta. **fruta da época** fruta del tiempo.
fru.ta-do-con.de [fr'utədik'õdi] *sf Bot* Chirimoya, guanábana. *Pl: frutas-do-conde.*
fru.tei.ra [frut'ejrə] *sf* Frutero.
fru.tei.ro [frut'ejru] *sm* Frutero.
fru.tí.fe.ro [frut'iferu] *adj* **1** Fructífero. **2** *fig* Provechoso, productivo, fértil, beneficioso.
fru.to [fr'utu] *sm* **1** *Bot* Fruto. **2** *Bot* Fruta. **3** Producción, cosecha. **4** Hijo. **5** Producto, resultado, consecuencia. **6** Provecho, ventaja, utilidad. **7** Rendimiento, beneficio. **fruto proibido** fruta prohibida. **frutos do mar** mariscos.
fu.bá [fub'a] *sf* Harina de maíz o de arroz.
fu.çar [fus'ar] *vi* Hozar, hocicar.
fu.ga [f'ugə] *sf* **1** Fuga, huida, escapada, evasión. **2** Escape. **3** *Mús* Fuga.
fu.ga.ci.da.de [fugasid'adi] *sf* Fugacidad.
fu.gaz [fug'as] *adj m+f* **1** Fugaz, rápido veloz. **2** *fig* Breve, efímero. **estrela fugaz** estrella fugaz.
fu.gir [fuʒ'ir] *vi* **1** Huir, evadirse. *vtd* **2** Apartarse, rehuir, esquivar.

fu.gi.ti.vo [fuʒit'ivu] *adj+sm* Fugitivo, prófugo, desertor.
fu.la.no [ful'ʌnu] *sm* **1** Fulano, tipo, sujeto. **2** Persona, individuo. **fulano, beltrano e sicrano** fulano, zutano y perengano.
fu.li.gem [ful'iʒẽj] *sf* Hollín.
ful.mi.nan.te [fuwmin'ãti] *adj m+f* e *sm* Fulminante.
ful.mi.nar [fuwmin'ar] *vtd* Fulminar, destrozar, aniquilar, pulverizar.
fu.lo [f'ulu] *adj* **1** Demudado. **2** Alterado, irritado.
fu.ma.ça [fum'asə] *sf* Humareda, humo. **cortina de fumaça** cortina de humo.
fu.ma.cei.ra [fumas'ejrə] *sf* Humareda.
fu.man.te [fum'ãti] *adj* e *s m+f* Fumador. **fumante passivo** fumador pasivo.
fu.mar [fum'ar] *vtd+vi* Fumar.
fu.mo [f'umu] *sm* **1** Humo. **2** Tabaco. **3** *coloq* Marihuana.
fun.ção [fũs'ãw] *sf* **1** Función. **2** Cargo, servicio, oficio. **3** Finalidad, utilidad. **4** Sesión, actuación.
fun.ci.o.na.men.to [fũsjonam'ẽtu] *sm* Funcionamiento.
fun.ci.o.nar [fũsjon'ar] *vi+vtd* **1** Funcionar. **2** Ir bien, marchar.
fun.ci.o.ná.rio [fũsjon'arju] *sm* **1** Funcionario, empleado público. **2** Empleado.
fun.da.ção [fũdas'ãw] *sf* **1** Fundamentos, cimientos. **2** Fundación, institución.
fun.da.do [fũd'adu] *adj* Fundado.
fun.da.dor [fũdad'or] *adj+sm* Fundador.
fun.da.men.tal [fũdamẽt'aw] *adj m+f* Fundamental, básico, esencial, primordial.
fun.da.men.tar [fũdamẽt'ar] *vtd* **1** Fundamentar. **2** Basar, fundar, establecer. *vpr* **3** Fundarse, basarse.
fun.da.men.to [fũdam'ẽtu] *sm* **1** Fundamento, base, pilar. **2** Razón, motivo.
fun.dar [fũd'ar] *vtd* **1** Fundar, crear, levantar, constituir, instituir, instaurar. *vpr* **2** Fundarse, basarse.
fun.dir [fũd'ir] *vtd* **1** Fundir. **2** Unir, mezclar. **3** Malgastar, derrochar, baratear.
fun.do [f'ũdu] *adj* Hondo, profundo. *sm* Fondo. **fundo de ações** fondo de acciones. **fundo de investimento** fondo de inversiones. **fundo musical** cortina musical. **no fundo** en el fondo.

fun.du.ra [fũd′urə] *sf* Hondura, profundidad.

fú.ne.bre [f′unebri] *adj m+f* **1** Fúnebre, funerario, mortuorio. **2** *fig* Lúgubre, tétrico.

fu.ne.ral [funer′aw] *adj m+f* Fúnebre, funerario. • *sm* Funeral, exequias, honras fúnebres.

fu.ne.rá.rio [funer′arju] *adj* Funerario, mortuorio. • *sf* Empresa funeraria.

fun.go [f′ũgu] *sm Bot* Hongo.

fu.ni.cu.lar [funikul′ar] *adj+sm* Funicular.

fu.nil [fun′iw] *sm* Embudo. *Pl: funis*.

fu.ni.la.ri.a [funilar′iə] *sf* Hojalatería.

fu.ni.lei.ro [funil′ejru] *sm* Hojalatero.

fu.ra.cão [furak′ãw] *sm* Huracán, tifón, tornado. *o furacão é um fenômeno típico do Caribe* / el huracán es un fenómeno típico del Caribe.

fu.ra.dei.ra [furad′ejrə] *sf* Taladro.

fu.ra.do [fur′adu] *adj* Agujereado, perforado, horadado, taladrado. *a meia está furada* / el calcetín está agujereado.

fu.rar [fur′ar] *vtd* Agujerear, perforar, taladrar.

fur.gão [furg′ãw] *sm* Furgón, furgoneta, camioneta.

fú.ria [f′urjə] *sf* **1** Furia, furor. **2** Ira, cólera. **3** Fuerza, entusiasmo, pasión, ímpetu, coraje.

fu.ri.o.so [furi′ozu] *adj* **1** Furioso, furibundo, colérico. **2** Indignado. **3** Entusiasta, apasionado. **4** Impetuoso. **5** Muy grande, fuerte, extraordinario. *Pl: furiosos (ó).*

fu.ro [f′uru] *sm* **1** Agujero, orificio. **2** Primicia.

fu.ror [fur′or] *sm* **1** Furor, ira, cólera. **2** Pasión, entusiasmo. **3** Violencia, impetuosidad.

fur.tar [furt′ar] *vtd* Hurtar, robar, quitar, birlar.

fur.ti.vo [furt′ivu] *adj* Furtivo, oculto, disimulado.

fur.to [f′urtu] *sm* Hurto, robo.

fu.são [fuz′ãw] *sf* **1** Fusión, fundición. **2** Unión, alianza, reunión, agrupación. **3** Asociación, sociedad.

fu.sí.vel [fuz′ivew] *sm* Fusible.

fu.so [f′uzu] *sm* Huso. **fuso horário** huso horario.

fu.te.bol [futeb′ɔw] *sm* Fútbol. **futebol americano** fútbol americano. **futebol de praia** fútbol de playa.

fú.til [f′utiw] *adj e s m+f* **1** Fútil, frívolo, superficial. **2** Insignificante, vano. *Pl: fúteis.*

fu.ti.li.da.de [futilid′adi] *sf* Futilidad, frivolidad, superficialidad.

fu.tu.ro [fut′uru] *adj* Futuro, venidero. • *sm* **1** Porvenir, mañana. **2** *Ling* Futuro (tiempo verbal que expresa una acción que ocurrirá).

fu.xi.car [fuʃik′ar] *vtd* **1** Hilvanar. **2** Arrugar. **3** Revolver. *vi* **4** Intrigar, conspirar, maquinar.

fu.xi.co [fuʃ′iku] *sm* **1** Intriga, chisme, cuento, patraña. **2** Amorío.

fu.zil [fuz′iw] *sm* Fusil. *Pl: fuzis.*

fu.zi.la.men.to [fuzilam′ẽtu] *sm* Fusilamiento.

fu.zi.lar [fuzil′ar] *vtd* Fusilar.

fu.zu.ê [fuzu′e] *sm* **1** Espectáculo, fiesta. **2** Barullo, algarabía, confusión, lío.

g

g [ʒ'e] *sm* Séptima letra del alfabeto portugués.
ga.bar [gab'ar] *vtd* **1** Ensalzar, elogiar. *vpr* **2** Jactarse, vanagloriarse.
ga.ba.ri.to [gabar'itu] *sm* Gálibo, plantilla. **ter gabarito** / tener clase.
ga.bi.ne.te [gabin'eti] *sm* **1** Gabinete, despacho. **2** Compartimiento. **3** Equipo (auxiliares de una administración). *o governador vai anunciar seu gabinete nos próximos dias* / el gobernador irá presentar su equipo en los próximos días.
ga.do [g'adu] *sm* Ganado. **criação de gado** ganadería. **gado de corte** matanza.
ga.fa.nho.to [gafañ'otu] *sm* Saltamontes, langosta.
ga.fe [g'afi] *sf* Error, metida de pata.
ga.gá [gag'a] *adj* e *s m+f fam* Caduco, decrépito.
ga.go [g'agu] *adj+sm* Tartamudo, balbuciente.
ga.gue.jar [gageʒ'ar] *vi* Tartamudear, balbuciar, vacilar.
gai.o.la [gaj'ɔlə] *sf* **1** Jaula, gayola. **2** *fam* Prisión, cárcel.
gai.ta [g'ajtə] *sf* **1** Gaita. **2** Armónica. **gaita de foles** gaita galega. **ter muita gaita/dinheiro** tener mucha pasta.
ga.la [g'alə] *sf* **1** Gala, pompa, ostentación. **2** Fiesta nacional. **3** Galladura. **festa de gala** fiesta de gala.
ga.lã [gal'ã] *sm* **1** Galán, actor principal. **2** *fig* Galanteador, hombre guapo.
ga.lan.tei.o [galãt'eju] *sm* **1** Galanteo. **2** Amorío.
ga.lão [gal'ãw] *sm* Galón.
ga.lá.xia [gal'aksjə] *sf* Galaxia.
ga.le.ra [gal'ɛrə] *sf* **1** Galera. **2** Pandilla.
ga.le.ri.a [galer'iə] *sf* Galería, barandilla. **galeria de águas pluviais** colector.
ga.le.to [gal'etu] *sm* Pollo asado.
gal.gar [gawg'ar] *vtd* **1** Trepar, saltar alinear. **2** Subir.
gal.go [g'awgu] *sm Zool* Galgo.
ga.lho [g'aʎu] *sm Bot* Gajo, rama. **dar galho** traer problemas. **quebrar o galho** ayudar alguien a resolver algo.
ga.li.nha [gal'iñə] *sf* **1** *Zool* Gallina. **2** *fam* Mujer fácil. **deitar-se com as galinhas** irse a la cama temprano. **galinha morta** oportunidad / artículo barato. **pés de galinha** patas de gallo en los ojos.
ga.li.nhei.ro [galiñ'ejru] *sm* Gallinero.
ga.lo [g'alu] *sm* **1** *Zool* Gallo. **2** *fam* Chichón, hinchazón. **cantar de galo** mandar, dominar.
ga.lo.cha [gal'ɔʃə] *sf* Galocha, chanclo.
ga.lo.par [galop'ar] *vi* **1** Galopar, galopear. **2** *fig* Andar con prisa.
ga.lo.pe [gal'ɔpi] *sm* Galope, carrera rápida.
gal.pão [gawp'ãw] *sm AL* Galpón, cobertizo.
ga.mar [gam'ar] *vtd+vi fam* Enamorarse, chiflarse.
gam.bá [gãb'a] *s* **1** *Zool* Mofeta, zorrino, zorrillo, hurón. **2** *fam* Borracho.
gam.bi.ar.ra [gãbi'arə] *sf Teat* Candilejas.
ga.me.ta [gam'etə] *sf Biol* Gameto.
ga.nân.cia [gan'ãsjə] *sf* Ganancia, ambición, avaricia, avidez.

Ganância em português equivale a "ambição". Em espanhol, tem significado de "lucro": *não esperava tanto lucro nesse*

ga.nan.ci.o.so [ganãsi′ozu] *adj* Ganancioso, ávido. *Pl: gananciosos (ó).*

gan.cho [g′ãʃu] *sm* Gancho, grapa.

gan.dai.a [gand′ajə] *sf* Farra, juerga.

gan.gor.ra [gãg′oɾ̄a] *sf* Columpio.

gan.gre.na [gãgr′enə] *sf* **1** *Patol* Gangrena, necrosis. **2** *fig* Corrupción, desmoralización.

gângs.ter [g′ãgster] *sm* Gangster, gángster. *Pl: gângsteres.*

gan.gue [g′ãgi] *sf coloq* Pandilla, panda, camarilla.

ga.nha.dor [gañad′or] *adj+sm* Ganador.

ga.nhar [gʌñ′ar] *vtd+vi* **1** Ganar, aprovechar, cobrar. **2** Vencer. **3** *AL* Avanzar. **ganhar a vida** ganarse la vida.

ga.nho [g′ʌñu] *adj* Ganado, logrado. • *sm* Ganancia, granjeo, logro. **ganhos e perdas** lucros y daños.

ga.nir [gan′ir] *vi* **1** Gañir, ladrar. *vtd* **2** Soltar, emitir.

gan.so [g′ãsu] *s Zool* Ánsar, ganso.

ga.ra.gem [gar′aʒẽj] *sf* Garaje, cochera. Veja nota em **abordaje**.

ga.ra.nhão [garañ′ãw] *sm* Semental, garañón.

ga.ran.ti.a [gaɾãt′iə] *sf* **1** Garantía, fianza, aval. **2** Salvaguarda, seguridad.

ga.ran.tir [gaɾãt′ir] *vtd* **1** Garantizar, garantir, abonar, afianzar. **2** Afirmar, asegurar.

gar.çom [gars′õw] *sm* Mozo, camarero.

gar.ço.ne.te [garson′ɛti] *sf* Camarera, chica, dependienta.

gar.fo [g′arfu] *sm* Tenedor, horquilla.

gar.ga.lha.da [gargaʎ′adə] *sf* Carcajada, risa impetuosa.

gar.ga.lhar [gargaʎ′ar] *vi* Reír a carcajadas.

gar.ga.lo [garg′alu] *sm* **1** Gollete, cuello de botella. **2** *fam* Gaznate, garguero.

gar.gan.ta [garg′ãtə] *sf* **1** *Anat* Garganta. **2** Desfiladero. **3** *fig* Voz. *aquele cantor tem uma garganta impressionante* / aquel cantor tiene una voz impresionante. **4** *fam* fanfarronería. **ficar entalado na garganta** atorarse.

gar.gan.ti.lha [gargãt′iʎə] *sf* Gargantilla.

gar.ga.re.jar [gargareʒ′ar] *vtd+vi* Hacer gárgaras.

gar.ga.re.jo [gargar′eʒu] *sm* Gárgara, buche. **fazer gargarejos** hacer gárgaras.

ga.ri [gar′i] *sm* Barrendero.

ga.rim.par [garĩp′ar] *vi* **1** Buscar metales y piedras preciosas. **2** *fam* Procurar con atención.

ga.rim.pei.ro [garĩp′ejru] *sm* Buscador de metales y piedras preciosas.

ga.rim.po [gar′ĩpu] *sm* Explotación de piedras y metales preciosos.

ga.ro.a [gar′oə] *sf* Llovizna, sirimiri.

ga.ro.ar [garo′ar] *vi* Lloviznar.

ga.ro.ta [gar′otə] *sf* **1** Muchacha, chica. **2** Novia.

ga.ro.ta.da [garot′adə] *sf* Pandilla de chicos, muchachada.

ga.ro.to [gar′otu] *sm* **1** Muchacho, chico, galopín. **2** *fam* Chaval. **3** *AL* Gurrumino.

gar.ra [g′aɾ̄a] *sf* **1** Farra, uña. **2** *fig* Posesión violenta, poder injusto. **cair nas garras de alguém** caer en las garras de alguien.

gar.ra.fa [gaɾ̄′afə] *sf* Botella. **abrir garrafa** descorchar. **garrafa térmica** termo.

gar.ra.fão [gaɾ̄af′ãw] *sm* Damajuana, garrafón.

gás [g′as] *sm* **1** Gas, vapor. **2** **gases** *pl* Gases, flatos. **gás carbônico** gas carbónico. **gás encanado** gas de ciudad. **gás metano** grisú.

ga.so.li.na [gazol′inə] *sf* **1** Gasolina. **2** *AL* Nafta. **posto de gasolina** gasolinera / estación de servicio.

ga.so.so [gaz′ozu] *adj* Gaseoso. *Pl: gasosos (ó).*

gas.ta.dor [gastad′or] *adj+sm* Gastador, dispendioso.

gas.tar [gast′ar] *vtd* **1** Gastar, expender, acabar. **2** Desbastar, disipar, dilapidar. **3** *fig* Derretir. *vpr* **4** Gastarse, consumirse, arruinarse.

gas.to [g′astu] *adj* Gastado, usado, apagado, traído. • *sm* **1** Gasto, desembolso. *os gastos com alimentação sobem sempre* / los gastos con alimentación aumentan siempre. **2** **gastos** *pl* Expensas. **cobrir gastos** cubrir gastos.

ga.ta [g′atə] *sf fam* Mujer bonita.

ga.ti.lho [gat∧i1u] *sm* Gatillo, disparador.

ga.ti.nhar [gatiñ'ar] *vi* Gatear.

ga.to [g'atu] *sm* Gato. **gato angorá** gato de angora. **gato siamês** gato siamés. **fazer gato-sapato de alguém** tratar a alguien como un juguete. **vender gato por lebre** dar gato por liebre. **viver como gato e cachorro** tener muchos problemas con alguien.

ga.ú.cho [ga'uʃu] *adj+sm* Gaucho.

ga.ve.ta [gav'etə] *sf* Cajón.

ga.ve.tei.ro [gavet'ejru] *sm* Cajonera.

ga.vi.ão [gavi'ãw] *sm* Gavilán, ave de rapiña.

gay [g'ej] *adj e s m+f singl+pl ingl* Gay.

ga.ze [g'azi] *sf* Gasa (tejido para fines médicos).

ga.ze.ta [gaz'etə] *sf* Gaceta, publicación periódica.

ge.a.da [ʒe'adə] *sf* Escarcha, helada.

ge.ar [ʒe'ar] *vi* 1 Helar, formar escarcha. *vtd* 2 Congelar.

gel [ʒ'ɛw] *sm Quím* Gel.

ge.la.dei.ra [ʒelad'ejrə] *sf* 1 Nevera, frigorífico. 2 *AL* Refrigeradora, heladera. 3 *fam* Talego, tuillo.

ge.la.do [ʒel'adu] *adj* Helado, muy frío. • *sm* Helado, refresco.

ge.lar [ʒel'ar] *vtd+vi+vpr* 1 Congelar, helar. 2 Endurecer de frío.

ge.la.ti.na [ʒelat'inə] *sf* Gelatina, jaletina.

ge.la.ti.no.so [ʒelatin'ozu] *adj* Gelatinoso. *Pl: gelatinosos (ó).*

ge.lei.a [ʒel'ɛjə] *sf* Jalea, mermelada. **geleia real** jalea real.

ge.lei.ra [ʒel'ejrə] *sf* 1 *Geol* Glaciar. 2 Nevera, heladera.

gé.li.do [ʒ'ɛlidu] *adj* 1 Gélido. 2 *fig* Congelado, helado, paralizado.

ge.lo [ʒ'elu] *sm* 1 Hielo. 2 *fig* Desinterés, frío. **dar um gelo** tratar con indiferencia a uno. **estar um gelo** hacer mucho frío.

ge.ma [ʒ'emə] *sf* 1 Yema (de huevo). 2 *Geol* Gema (pedra preciosa).

gê.meo [ʒ'emju] *adj+sm* Gemelo, mellizo. • **gêmeos** *sm pl Astrol, Astron* Géminis (signo, constelación).

ge.mer [ʒem'er] *vi* Gemir, suspirar, susurrar.

ge.mi.do [ʒem'idu] *sm* 1 Gemido, lamento. 2 Quejido, lamentación.

ge.ne [ʒ'eni] *sm Biol* Gen, gene.

ge.ne.ral [ʒener'aw] *sm Mil* 1 General. 2 *fig* Jefe, caudillo. • *adj m+f* General, común, corriente, usual.

ge.ne.ra.li.da.de [ʒeneralid'adi] *sf* Generalidad, mayoría.

ge.ne.ra.li.za.ção [ʒeneralizas'ãw] *s* Generalización.

ge.ne.ra.li.zar [ʒeneraliz'ar] *vtd+vp* Generalizar, difundir, propagar.

ge.né.ri.co [ʒen'ɛriku] *adj* Genérico, común, vago, indeterminado.

gê.ne.ro [ʒ'eneru] *sm* 1 Género, clase, especie, orden. 2 *Gram* Género. **fazer gênero** hacer el papel. **gênero feminino** género femenino. **gênero masculino** género masculino. **gênero neutro** género neutro. **gêneros alimentícios** géneros. **gêneros armazenados** existencias. **não fazer o gênero de alguém** no ser de agrado de alguien.

ge.ne.ro.si.da.de [ʒenerozid'adi] *sf* 1 Generosidad, desinterés. 2 *fig* Largueza.

ge.ne.ro.so [ʒener'ozu] *adj* 1 Generoso, desprendido, magnánimo. 2 Franco, liberal. 3 *AL* Gaucho. *Pl: generosos (ó).*

gê.ne.se [ʒ'enezi] *sf* Génesis, generación, origen.

ge.né.ti.ca [ʒen'ɛtikə] *sf Biol* Genética.

ge.né.ti.co [ʒen'ɛtiku] *adj* Genético.

gen.gi.bre [ʒẽʒ'ibri] *sm Bot* Jengibre.

gen.gi.va [ʒẽʒ'ivə] *sf Anat* Encía.

ge.ni.al [ʒeni'aw] *adj m+f* 1 Genial, talentoso. 2 *fig* Alegre, festivo.

gê.nio [ʒ'enju] *sm* 1 Genio, talento. 2 Carácter, temperamento.

ge.ni.tal [ʒenit'aw] *adj m+f* Genital. • *sm pl* **genitais** Genitales.

gen.ro [ʒ'ẽru] *sm* Yerno.

gen.te [ʒ'ẽti] *sf* Gente. **a gente** uno, nosotros. **gente boa** gente de bien. **gente humilde** plebe. **gente rica** gente bien. **muita gente** ciento y la madre.

> Em espanhol, a expressão **la gente**, ao contrário do português, denomina "outras pessoas" e não "nós": *no verão, as pessoas costumam sair para se refrescar* / *en verano, la gente suele salir para refrescarse.*

gen.til [ʒẽt'iw] *adj m+f* Gentil, galante, obsequioso, amistoso, amable. *Pl: gentis.*

gen.ti.le.za [ʒẽtil'ezə] *sf* Gentileza, gallardía, apostura. **por gentileza** por cortesía / por favor.

gen.til.men.te [ʒẽtiwm'ẽti] *adv* Gentilmente.

ge.nu.í.no [ʒenu'inu] *adj* Genuino, legítimo, puro, auténtico.

ge.o.cên.tri.co [ʒeos'ẽtriku] *adj* Geocéntrico.

ge.o.fí.si.ca [ʒeof'izikə] *sf* Estudio de la física de la Tierra.

ge.o.gra.fi.a [ʒeografi'iə] *sf* Geografía.

ge.o.grá.fi.co [ʒeogr'afiku] *adj* Geográfico.

ge.ó.gra.fo [ʒe'ɔgrafu] *sm* Geógrafo.

ge.o.lo.gi.a [ʒeoloʒ'iə] *sf* Geología.

ge.o.ló.gi.co [ʒeol'ɔʒiku] *adj* Geológico.

ge.ó.lo.go [ʒe'ɔlogu] *sm* Geólogo.

ge.o.me.tri.a [ʒeometr'iə] *sf* Geometría.

ge.o.mé.tri.co [ʒeom'ɛtriku] *adj* Geométrico.

ge.ra.ção [ʒeras'ãw] *sf* 1 Generación. **pertencia à geração dos anos setenta** / pertenecía a la generación de los años setenta 2 Concepción. **de geração em geração** de generación en generación. **geração de valores** generación de valores.

ge.ra.do [ʒer'adu] *adj* Generado.

ge.ra.dor [ʒerad'or] *adj+sm* Generador. **gerador elétrico** eletrógeno.

ge.ral [ʒer'aw] *adj m+f* General, común, total, universal. **dar uma geral** dar una ojeada. **em geral** por regla general. **no geral** por lo general.

ge.rar [ʒer'ar] *vtd* Generar, concebir, crear, engendrar.

ge.rên.cia [ʒer'ẽsjə] *sf* Gerencia, gestión, administración.

ge.ren.ci.ar [ʒerẽsi'ar] *vtd* Administrar, dirigir.

ge.ren.te [ʒer'ẽti] *adj* e *s m+f* Gerente, encargado, gestor, administrador.

ger.ge.lim [ʒerʒel'ĩ] *sm Bot* Ajonjolí, sésamo.

ger.mâ.ni.co [ʒerm'∧niku] *adj+sm* Germánico, alemán.

ger.me [ʒ'ɛrmi] *sm* 1 Germen, embrión. 2 *fig* Origen, causa.

ger.mi.ci.da [ʒermis'idə] *adj m+f* e *sm* Germicida.

ger.mi.na.ção [ʒerminas'ãw] *sf Bot* Germinación.

ger.mi.nar [ʒermin'ar] *vi* 1 Germinar, vegetar, brotar, nacer, crecer. 2 *fig* Tener origen, desarrollarse.

ges.so [ʒ'esu] *sm* Yeso. **revestir com gesso** enlucir.

ges.ta.ção [ʒestas'ãw] *sf* 1 Gestación, embarazo. 2 *fig* Creación, desarrollo.

ges.tan.te [ʒest'ãti] *adj m+f* Gestante, embarazada.

ges.tão [ʒest'ãw] *sf* Gestión, administración.

ges.ti.cu.lar [ʒestikul'ar] *vi* 1 Gesticular, manotear. *vtd+vi* 2 Expresar.

ges.to [ʒ'ɛstu] *sm* 1 Gesto, ademán, expresión. 2 **gestos** *pl* Modales.

gi.bi [ʒib'i] *sm* 1 Historieta, cómic. 2 *fam* Tebeo. **não estar no gibi** ser algo incomún.

gi.gan.te [ʒig'ãti] *adj m+f* e *sm* Gigante, titán, colosal.

gi.gan.tes.co [ʒigãt'esku] *adj* Enorme, grandioso.

gi.go.lô [ʒigol'o] *sm* 1 Gigolo, rufián, cafiolo, caftén. 2 *fam* Mantenido.

gi.le.te [ʒil'ɛti] *sf* Lámina de afeitar.

gim [ʒ'ĩ] *sm* Ginebra.

gi.ná.sio [ʒin'azju] *sm* 1 *Dep* Gimnasio. 2 Antiguo nombre del curso de enseñanza media.

gi.nas.ta [ʒin'astə] *s m+f Dep* Gimnasta.

gi.nás.ti.ca [ʒin'astikə] *sf Dep* Gimnasia.

gi.ne.co.lo.gi.a [ʒinekoloʒ'iə] *sf Med* Ginecología, tocología.

gi.ne.co.ló.gi.co [ʒinekol'ɔʒiku] *adj Med* Ginecológico.

gi.ne.co.lo.gis.ta [ʒinekoloʒ'istə] *s Med* Ginecólogo, tocólogo.

gin.gar [ʒig'ar] *vi* Bambolear el cuerpo.

gi.ra.fa [ʒir'afə] *sf Zool* Jirafa.

gi.rar [ʒir'ar] *vtd+vi* 1 Girar, rodar. 2 Volver, cambiar de dirección.

gi.ras.sol [ʒiras'ɔw] *sm Bot* Girasol, copas de Júpiter, tornasol.

gi.ra.tó.rio [ʒirat'ɔrju] *adj* Giratorio.

gí.ria [ʒ'irjə] *sf* 1 Argot, lunfardo, jerigonza. 2 Jerga.

gi.ro [ʒ'iru] *sm* Giro, rotación, torno, vuelta. • *adj fam* Pirado, chiflado. **dar um giro** dar una vuelta.

giz [ʒ'is] *sm* Tiza. *Pl: gizes*.
gla.ci.al [glasi'aw] *adj m+f* **1** Helado, muy frío. **2** *fig* Indiferente, insensible.
glân.du.la [gl'ãdulə] *sf Anat* Glándula.
gli.ce.ri.na [gliser'inə] *sf Quím* Glicerina.
gli.co.se [glik'ɔzi] *sf Quím* Glucosa.
glo.bal [glob'aw] *adj m+f* Global, total, general.
glo.ba.li.za.ção [globalizas'ãw] *sf* Globalización.
glo.ba.li.zar [globaliz'ar] *vtd+vi+vpr* Globalizar.
glo.bo [gl'obu] *sm* **1** Globo, cuerpo esférico. *La Tierra*. **globo ocular** globo ocular. **globo terrestre** globo terrestre.
gló.ria [gl'ɔrjə] *sf* **1** Gloria, honra, fama, reputación. **2** *fig* Palma, triunfo.
glo.ri.fi.car [glorifik'ar] *vtd* **1** Glorificar, aclamar, exaltar, magnificar. *vpr* **2** Glorificarse, gloriarse.
glo.ri.o.so [glori'ozu] *adj* Glorioso, magnífico. *Pl: gloriosos (ó)*.
glos.sá.rio [glos'arju] *sm* Glosario, léxico.
glu.tão [glut'ãw] *adj+sm* Glotón, goloso, comilón.
gno.mo [gn'omu] *sm* Gnomo.
go.e.la [go'ɛlə] *sf Anat* Garganta. **molhar a goela** mojar el gaznate.
go.gó [gog'ɔ] *sm fam* Gola.
goi.a.ba [goj'abə] *sf Bot* Guayaba.
goi.a.ba.da [gojab'adə] *sf* Mermelada de guayaba.
goi.a.bei.ra [gojab'ejrə] *sf Bot* Guayabo.
gol [g'ow] *sm Dep* Gol.
go.la [g'ɔlə] *sf* Cuello, cogote. **com gola engolado**, **gola estreita** collarín.

> **Gola** em português é parte da roupa e, em espanhol, é uma designação anatômica para "goela".

go.le [g'ɔli] *sm* Trago.
go.le.ar [gole'ar] *vtd+vi Dep* Golear.
go.lei.ro [gol'ejru] *sm Dep* Portero.
gol.fe [g'owfi] *sm Dep* Golf.
gol.fi.nho [gowf'iɲu] *sm Zool* Delfín.
gol.fo [g'owfu] *sm Geogr* Golfo, bahía.
gol.pe [g'ɔwpi] *sm* Golpe, embate. **dar um golpe** encajar un golpe. **golpe de mestre** golpe maestro. **golpe direto** directo (en el boxeo). Veja nota em **batida** (espanhol).

gol.pe.ar [gowpe'ar] *vtd* Golpear, echar golpes en alguien o algo.
go.ma [g'omə] *sf* Goma. **goma arábica** goma arábiga. Veja nota em **borracha** (português).
go.ma de mas.car [g'omədimask'ar] *sf* Goma de mascar, chicle.
go.mo [g'omu] *sm* Gajo.
gôn.do.la [g'õdolə] *sf* **1** Góndola. **2** Estantería de supermercado.
go.rar [gor'ar] *vtd+vi* **1** Malograr, frustrar. *vi* **2** *fig* Abortar.
gor.do [g'ordu] *adj* Gordo, nutrido, obeso, graso. **nunca ter visto mais gordo** no haber visto jamás algo o alguien.
gor.du.cho [gord'uʃu] *adj+sm fam* Rechoncho, regordete.
gor.du.ra [gord'urə] *sf* Gordura, grasa, adiposidad, obesidad, unto.
gor.du.ro.so [gordur'ozu] *adj* Graso, adiposo, aceitoso, grasoso. *Pl: gordurosos (ó)*.
go.ri.la [gor'ilə] *sm Zool* Gorila.
gor.je.ta [gorʒ'etə] *sf* **1** Propina, gratificación. **2** *AL* Feria, remojo. **dar/deixar gorjeta** dar/dejar propina.
go.ro.ro.ba [goror'obə] *sf coloq* Comistrajo.
gos.tar [gost'ar] *vtd* **1** Gustar, amar, simpatizar, agradarse. *os pais ensinaram seus filhos a gostar dos animais* / los padres enseñaron a sus hijos amar los animales. **2** Sentir gusto, placer.

> O verbo **gostar** tem regência distinta em português e em espanhol: *eu gosto de livros* / a mí me gustan los libros.

gos.to [g'ostu] *sm* **1** Gusto, gustazo. **2** Sabor. **3** Felicidad, grado. **4** Regalo. **bom/mau gosto** buen/mal gusto. **com muito gosto** con mucho gusto. **de mau gosto** ramplón. **gosto apurado** gusto delicado.
gos.to.são [gostoz'ãw] *sm fam* Tío bueno.
gos.to.so [gost'ozu] *adj* **1** Gustoso, apetitoso, sabroso, rico. **2** *fam* Majo. *Pl: gostosos (ó)*.
go.ta [g'otə] *sf* **1** Gota, lágrima. **2** *Patol* Artritis. **ser a gota d'água** ser la gota que colma el vaso.
go.tei.ra [got'ejrə] *sf* Gotera, canalón.
go.te.ja.men.to [goteʒam'ẽtu] *sm* Goteo.

go.te.jar [goteʒ'ar] *vtd+vi* Gotear, destilar.
gó.ti.co [g'ɔtiku] *adj* Gótico. **estilo gótico** estilo gótico. **letra gótica** letra gótica.
go.ver.na.dor [governad'or] *sm* Gobernador, administrador.
go.ver.nan.ta [govern'ãtə] *sf* Gobernanta, ama, aya.
go.ver.nan.te [govern'ãti] *adj* e *s m+f* Gobernante.
go.ver.nar [govern'ar] *vtd* **1** Dirigir, comandar. **2** Administrar.
go.ver.no [gov'ernu] *sm* **1** Gobierno, estado, orden, arreglo. **2** *fig* Timón. **para seu governo** para su información.
go.za.ção [gozas'ãw] *sf* **1** Burla, juguete, broma, escarnio. **2** Escarnio, ironía, parodia, risa. **fazer gozação** burlarse.
go.za.do [goz'adu] *adj* Cómico, que hace reír.
go.za.dor [gozad'or] *adj+sm* Burlón, irónico, bromista.
go.zar [goz'ar] *vtd+vpr* **1** Gozar. **2** Usar, disfrutar. *vtd+vi* **3** Divertirse. *vi* **4** Eyacular.
go.zo [g'ozu] *sm* **1** Goce, gozo, fruición, placer. **2** Usufructo.
gra.ça [gr'asə] *sf* **1** Gracia, gracejo, merced. **2** Humor, comicidad. **3** *fig fam* Sal, salero, gracia. **cair nas graças** caer en gracias. **de graça** gratis. **ficar sem graça** tener vergüenza. **graças a Deus!** ¡gracias a Dios! **sem graça** frío, soso. **ter graça** tener (algo) gracia.
gra.ci.o.so [grasi'ozu] *adj* **1** Gracioso. **2** *fig* Felino, florido, salado. **3** *fam* Saleroso. *Pl: graciosos (ó).*
gra.de [gr'adi] *sf* Reja, enrejado, red. **atrás das grades** en la cárcel.
gra.du.a.ção [gradwas'ãw] *sf* **1** Graduación. **2** *fig* Puesto, posición social, jerarquía.
gra.du.a.do [gradu'adu] *adj+sm* Graduado.
gra.du.ar [gradu'ar] *vtd* **1** Graduar. **2** *fig* Clasificar. *vpr* **3** Graduarse, recibir un grado universitario.
grá.fi.co [gr'afiku] *adj* Gráfico. • *sm* Trazado, diagrama.
gra.fi.te [graf'iti] *sf* **1** *Miner* Grafito. **2** Mina (lápiz). *sm* **3** Dibujo en las calles.

gra.lha [gr'aʎə] *sf* **1** *Zool* Graja, urraca, corneja. **2** *fam* Hablador, cotorra.
gra.ma¹ [gr'∧mə] *sf Bot* Césped, grama, yerba.
gra.ma² [gr'∧mə] *sm* Gramo (unidad de peso). Símbolo *g*.
gra.ma.do [gram'adu] *sm* Césped, gramal, prado.
gra.má.ti.ca [gram'atikə] *sf* Gramática.
gra.ma.ti.cal [gramatik'aw] *adj m+f* Gramatical.
gra.má.ti.co [gram'atiku] *adj+sm* Gramático.
gram.pe.a.dor [grãpead'or] *sm* Grapadora.
gram.pe.ar [grãpe'ar] *vtd* **1** Grapar, asegurar con grapas. **2** *fam* Poner escucha en teléfono.
gram.po [gr'ãpu] *sm* **1** Grapa, clip. **2** Horquilla (gancho para segurar el pelo).
gra.na [gr'∧nə] *sf fam* Pasta, plata. **custar uma grana** costar un riñón / costar un huevo. **montar na grana** llenarse de dinero.
gra.na.da [gran'adə] *sf* Granada.
gran.de [gr'ãdi] *adj m+f* Grande, magno. **grande coisa!** ¿y eso qué? Veja notas em **gran** e **mayor**.
gran.di.o.si.da.de [grãdjozid'adi] *sf* Grandeza.
gran.di.o.so [grãdi'ozu] *adj* **1** Aparatoso, magnífico. **2** Soberbio, monumental. *Pl: grandiosos (ó).*
gra.ni.to [gran'itu] *sm Geol* Granito.
gra.ni.zo [gran'izu] *sm* Granizo. **chover granizo** granizar, apedrear.
gran.ja [gr'ãʒə] *sf* **1** Granja, alquería, finca. **2** *AL* Chacra. Veja nota em **sitio** (espanhol).
gra.nu.la.do [granul'adu] *adj* Granulado, granuloso.
grão [gr'ãw] *adj m+f* Gran. • *sm Bot* Grano, semilla. *Pl: grãos.*
grão-de-bi.co [gr'ãwdib'iku] *sm Bot* Garbanzo. *Pl: grãos-de-bico.*
gras.nar [grazn'ar] *vi* Graznar, gañir.
gras.ni.do [grazn'idu] *sm* Graznido.
gra.ti.dão [gratid'ãw] *sf* Gratitud, reconocimiento.
gra.ti.fi.ca.ção [gratifikas'ãw] *sf* **1** Gratificación, propina. **2 gratificações** *pl*

Guantes. **gratificação por um trabalho** comisión. **gratificação salarial** extra. Veja nota em **abono** (português e espanhol).

gra.ti.fi.can.te [gratifik'ãti] *adj m+f* Gratificante.

grá.tis [gr'atis] *adv sing+pl* Gratis, de favor, sin remuneración, de balde.

gra.to [gr'atu] *adj* Grato, agradecido, reconocido. Veja nota em **grato** (espanhol).

gra.tui.to [grat'ujtu] *adj* 1 Gratuito, dado. 2 Infundado, arbitrario. *tinha uma antipatia gratuita pela vizinha* / tenía antipatía sin razón por la vecina.

grau [gr'aw] *sm* Grado: a) escalón, medida, nivel. b) *Gram* modo de indicar la intensidad relativa de los adjetivos, adverbios y sustantivos. **colar grau** graduar, diplomarse. **em alto grau** en gran manera.

gra.va.ção [gravas'ãw] *sf* Grabación.

gra.va.dor [gravad'or] *sm* Grabador, grabadora, magnetofón, casete.

gra.va.do.ra [gravad'orə] *sf* Estudio musical.

gra.var [grav'ar] *vtd* 1 Grabar, imprimir. 2 Entallar, estampar, inscribir. 3 Filmar. 4 Sobrecarregar, 5 *fig* Fijarse hondamente. Em espanhol existem os verbos **grabar** e **gravar**: o primeiro refere-se ao registro de som, imagem em relevo etc.; o segundo refere-se a "agravar" ou "sobrecarregar", impondo taxas.

gra.va.ta [grav'atə] *sf* 1 Corbata. 2 Golpe sofocante. **prendedor de gravata** alfiler.

gra.va.ta-bor.bo.le.ta [gravatəborbol'etə] *sf* Moñito, pajarita. *Pl: gravatas-borboletas, gravatas-borboleta*.

gra.ve [gr'avi] *adj m+f* 1 Grave, formal, serio, severo. 2 *Gram* Palabra paroxítona. 3 *fig* Tieso.

grá.vi.da [gr'avidə] *adj f+sf* Embarazada. Veja nota em **embaraçar**.

gra.vi.da.de [gravid'adi] *sf* 1 Gravedad, dignidad, peso. 2 Seriedad, solemnidad.

gra.vi.dez [gravid'es] *sf* 1 Gravidez, embarazo, gestación, preñez. 2 *fam* Estado interesante.

gra.vu.ra [grav'urə] *sf* Grabado, grabadura.

gra.xa [gr'aʃə] *sf* Grasa, unto, engrase. **graxa para calçados** betún.

gre.go [gr'egu] *adj+sm* Griego. **presente de grego** sorpresa.

gre.go.ri.a.no [gregori'∧nu] *adj Rel* Gregoriano.

gre.lha [gr'eʎə] *sf* Rejilla. **grelha de assar carne** barbacoa. **grelha de ferro** parrilla.

gre.lha.do [greʎ'adu] *adj* A la parrilla. • *sm* Parrillada.

gre.lhar [greʎ'ar] *vtd* Asar a la parrilla.

grê.mio [gr'emju] *sm* Gremio, club, asociación recreativa.

gre.ve [gr'ɛvi] *sf* Huelga, paro. **fura-greve** esquirol.

gre.vis.ta [grev'istə] *adj* e *s m+f* Huelguista.

gri.far [grif'ar] *vtd* 1 Subrayar. 2 *Tip* Componer en bastardilla.

gri.la.do [gril'adu] *adj* 1 *fam* Preocupado, chalado, chiflado. 2 Ocupado por invasión.

gri.lo [gr'ilu] *sm* 1 *Zool* Grillo. 2 *fig, fam* Preocupación, obsesión. **ter grilos na cuca** tener problemas.

grin.go [gr'īgu] *adj+sm coloq* Gringo, extranjero.

gri.pe [gr'ipi] *sf Med* Gripe, resfriado. **pegar uma gripe** coger un resfriado.

gri.sa.lho [griz'aʎu] *adj* Grisáceo, canoso, entrecano, gris. Veja nota em **cano** (português).

gri.tan.te [grit'ãti] *adj m+f* 1 Que grita. 2 Muy intenso. *a diferença entre as duas irmãs era gritante* / la diferencia entre las dos hermanas era clarísima.

gri.tar [grit'ar] *vi* Gritar, ulular, desgañitarse, vocear.

gri.ta.ri.a [gritar'iə] *sf* 1 Griterío, gritería, algazara. 2 *fam* Boato, guirigay, jarana.

gri.to [gr'itu] *sm* Grito, berrido, sonido en voz muy alta. **matar cachorro a grito** estar desesperado. Veja nota em **berro** (português e espanhol).

gro.se.lha [groz'eʎə] *sf Bot* Grosella.

gros.sei.ro [gros'ejru] *adj* 1 Grosero, chapucero. 2 Descortés, gamberro, grueso, inculto. 3 Insolente, chabacano, ordinario, tope.

gros.se.ri.a [groser'iə] *sf* Grosería, chocarrería, descortesía, indelicadeza.

gros.so [gr'osu] *adj* **1** Grueso, espeso, voluminoso. **2** *fig* Ordinario, grosero. • *sm* Grueso, espeso. • *adv* Mucho, con fuerza.

gros.su.ra [gros'urə] *sf* **1** Grosor, grueso, espesor. **2** *fig* Grosería, vulgaridad.

gro.tes.co [grot'esku] *adj* Grotesco, ridículo.

gru.a [gr'uə] *sf* Grúa (máquina).

gru.dar [grud'ar] *vtd* **1** Encolar, pegar, unir. *vi+vpr* **2** Pegarse.

gru.nhi.do [gruɲ'idu] *sm* Gruñido.

gru.nhir [gruɲ'ir] *vi* **1** Gruñir. **2** *fig, fam* Respingar.

gru.pal [grup'aw] *adj m+f* Grupal.

gru.pa.men.to [grupam'ẽtu] *sm* **1** Conjunto de personas. **2** *Mil* Destacamento.

gru.po [gr'upu] *sm* **1** Grupo, conjunto, masa, conglomerado, montón. **2** *AL* Elenco. **grupo escolar** escuela de enseñanza básica. **grupo teatral** compañía.

gru.ta [gr'utə] *sf* Gruta, cueva, antro, cripta.

gua.che [g'waʃi] *sm* Guache.

gua.ra.ni [gwaran'i] *adj* e *s m+f* Guaraní.

guar.da [g'wardə] *sf* **1** Guarda, reserva. **2** Guardia, vigilancia. *s m+f* **3** Vigía, centinela, guardia, vigilante. **anjo da guarda** ángel de la guarda. **baixar a guarda** bajar la guardia / descuidar de la vigilancia. **pôr-se em guarda** ponerse en guardia.

guar.da-chu.va [gwardəʃ'uvə] *sm* Paraguas. *Pl: guarda-chuvas.*

guar.da-ci.vil [gwardəsiv'iw] *sm* Guardia civil, agente de policía. *Pl: guardas--civis.*

guar.da-cos.tas [gwardək'ɔstas] *sm sing+pl* Guardaespaldas, matón.

guar.da-flo.res.tal [gwardəflorest'aw] *s* Guardia florestal. *Pl: guardas-florestais.*

guar.da-li.vros [gwardəl'ivrus] *sm sing+pl* Contable, tenedor de libros.

guar.da-lou.ça [gwardəl'owsə] *sm* Alacena, vitrina, aparador. *Pl: guarda-louças.*

guar.da.na.po [gwardan'apu] *sm* Servilleta, bigotera.

guar.da-no.tur.no [gwardənot'urnu] *sm* Guardia nocturno, vigilante. *Pl: guardas-noturnos.*

guar.dar [gward'ar] *vtd* **1** Guardar, conservar. **2** Depositar, economizar. **3** Reservar, retener. *vpr* **4** Guardarse, precaverse, defenderse.

guar.da-rou.pa [gwardər'owpə] *sm* Guardarropa, ropero, armario. *Pl: guarda-roupas.*

guar.da-sol [gwardəs'ɔw] *sm* Parasol, quitasol, sombrilla. *Pl: guarda-sóis.*

guar.di.ão [gwardi'ãw] *sm* Guardián. *Pl: guardiões, guardiães.*

gua.ri.ta [gwar'itə] *sf* Garita.

guar.ni.ção [gwarnis'ãw] *sf* **1** Guarnición, adorno, acompañamiento. **2** Conjunto de alfombras.

gu.de [g'udi] *sm* Juego de las canicas.

guer.ra [g'ɛrə] *sf* Guerra, batalla, conflagración, lucha. **declarar guerra** declarar guerra.

guer.rei.ro [geR'ejru] *adj+sm* Guerrero, belicista, belicoso.

guer.ri.lha [geR'iʎə] *sf* Guerrilla.

gue.to [g'etu] *sm* Gueto, ghetto.

gui.a [g'iə] *s* **1** Guía, conductor, líder, mentor. **2** Pauta, guión. **3** *fig* Piloto. **4** Vereda. **guia de cegos** lazarillo.

gui.ar [gi'ar] *vtd+vpr* **1** Guiar, dirigir, regular. *vtd+vi* **2** Conducir, manejar.

gui.chê [giʃ'e] *sm* Ventanilla, taquilla.

gui.dão [gid'ãw] *sm* Manillar, guía.

gui.na.da [gin'adə] *sf* **1** Cambio, alteración de rumbo. **2** *fam* Cambio radical.

guin.char [gĩʃ'ar] *vi* Chillar, chirriar, remolcar (vehículos).

guin.cho [g'ĩʃu] *sm* **1** Gañido, chillido. **2** Grúa. **3** Cabrestante.

guin.das.te [gĩd'asti] *sm* Guindaste, grúa, cabria. **guindaste para pesos** titán.

gui.sa.do [giz'adu] *adj+sm* Guisado, guiso. **guisado de carne ou peixe** estofado.

gui.tar.ra [git'aRə] *sf Mús* Guitarra.

gui.tar.ris.ta [gitaR'istə] *s* Guitarrista.

gu.la [g'ulə] *sf* Gula, glotonería.

gu.lo.sei.ma [guloz'ejmə] *sf* Golosina. **comer guloseimas** golosinear.

gu.lo.so [gul'ozu] *adj* Goloso, glotón, comilón. *Pl: gulosos (ó).*

gu.me [g'umi] *sm* Corte, filo. **de dois gumes** de doble filo.

gu.ri [gur'i] *sm* Niño, chiquillo, nene.

gu.ri.a [gur'iə] *sf* **1** Chica. **2** Novia.

h

h, H [ag'a] *sm* Octava letra del alfabeto portugués.

há.bil ['abiw] *adj m+f* **1** Hábil, habilidoso, diestro, experto. *ela é muito hábil em matemática, sempre tira 10* / ella es muy hábil en matemáticas, siempre se saca un 10. **2** Apto, capaz, competente. *a empresa contratou um funcionário hábil para o cargo* / la empresa contrató a un empleado hábil para el cargo. *Pl:* hábeis.

ha.bi.li.da.de [abilid'adi] *sf* Habilidad.

ha.bi.li.do.so [abilid'ozu] *adj* Habilidoso, hábil, diestro. *Pl: habilidosos (ó).*

ha.bi.li.ta.ção [abilitas'ãw] *sf* Habilitación.

ha.bi.li.ta.do [abilit'adu] *adj* **1** Habilitado, aprobado, capacitado. **2** Apto, capaz.

ha.bi.li.tar [abilit'ar] *vtd* **1** Habilitar. **2** Preparar, disponer, capacitar, autorizar. *vpr* **3** Prepararse, disponerse.

ha.bi.ta.ção [abitas'ãw] *sf* **1** Vivienda, morada, residencia, habitación. **2** *Chile, Peru* Ambiente.

Em espanhol, **habitación** significa também "aposento" ou "cômodo", ou seja, qualquer quarto ou sala de uma casa, especialmente o dormitório: *meu amigo alugou um apartamento de três cômodos* / mi amigo alquiló un apartamento de tres habitaciones.

ha.bi.tan.te [abit'ãti] *adj e s m+f* Habitante, residente, morador.

ha.bi.tar [abit'ar] *vtd* **1** Habitar, residir, morar, vivir. **2** Poblar. *segundo teorias, povos asiáticos vieram habitar algumas regiões da América do Sul* / según teorías, pueblos asiáticos llegaron a poblar algunas regiones de Sudamérica. Veja nota em **morar** (espanhol).

ha.bi.te-se [ab'itisi] *sm sing+pl Dir* Licencia para ocupar una casa.

há.bi.to ['abitu] *sm* **1** Hábito, costumbre, rutina, uso, tendencia. *meu pai tem o hábito de ler jornal* / mi padre tiene el hábito de leer periódico. **2** Sotana. **o hábito não faz o monge** el hábito no hace al monje.

ha.bi.tu.a.do [abitu'adu] *adj* Acostumbrado, familiarizado.

ha.bi.tu.al [abitu'aw] *adj m+f* Habitual, común, corriente, familiar, ordinario, frecuente.

ha.bi.tu.ar [abitu'ar] *vtd* **1** Habituar, acostumbrar, familiarizar, adaptar. *vpr* **2** Habituarse, acostumbrarse. *é difícil habituar-se aos costumes de culturas diferentes* / es difícil habituarse a las costumbres de culturas diferentes.

hai.ti.a.no [ajti'∧nu] *adj+sm* Haitiano.

há.li.to ['alitu] *sm* Hálito, aliento. *mastigo folhas de menta para manter o hálito fresco* / mastico hojas de menta para mantener el aliento fresco.

ha.li.to.se [alit'ɔzi] *sf Med* Halitosis.

ha.lo ['alu] *sm* **1** Halo, nimbo. **2** Aureola. **3** Gloria, fama, prestigio.

hal.te.re [awt'ɛri] *sm* Haltera.

hal.te.ro.fi.lis.mo [awterofil'izmu] *sm Esp* Halterofilia.

hal.te.ro.fi.lis.ta [awterofil'istə] *s m+f* Halterófilo.

ham.búr.guer [ãb'urger] *sm* Hamburguesa. *Pl: hambúrgueres.*

han.de.bol [ãdeb'ɔw] *sm Esp* Balonmano.

han.gar [ăg'ar] *sm* Hangar.
han.se.ní.a.se [ãsen'iazi] *sf Med* Lepra.
ha.ras ['aras] *sm Arg, Ur* Cuadra, criadero de caballos.
hardware [r̃'ardwɛr] *sm Inform ingl* Hardware, equipo.
ha.rém [ar'ẽj] *sm* Harén.
har.mo.ni.a [armon'iɑ] *sf* **1** Armonía, proporción, concordancia, simetría, equilibrio. *a beleza da música está na harmonia dos sons* / la belleza de la música radica en la armonía de los sonidos. **2** Acuerdo, entendimiento, amistad. *para manter a harmonia familiar, todos devem saber perdoar* / para mantener la armonía familiar, todos deben saber perdonar. **3** Paz. **4** *Mús* Armonía.
har.mô.ni.ca [arm'onikɐ] *sf Mús* Acordeón, armónica.
har.mô.ni.co [arm'oniku] *adj* Armónico.
har.mo.ni.o.so [armoni'ozu] *adj* **1** Armónico, harmónico, proporcionado. **2** Armonioso, melodioso. *Pl: harmoniosos (ó)*.
har.mo.ni.zar [armoniz'ar] *vtd* **1** Armonizar, conciliar, congeniar, entonar, equilibrar. *vi* **2** Estar en armonía. *vpr* **3** Armonizarse.
har.pa [ar'pɑ] *sf Mús* Arpa.
has.te ['asti] *sf* Asta. **a meia haste/meio pau** a media asta.
has.te.ar [aste'ar] *vtd* **1** Izar, enarbolar. *vpr* **2** Izarse, levantarse.
ha.vai.a.no [avaj'ʌnu] *adj+sm* Hawaiano.
ha.ver [av'er] *vtd* Haber. • *sm* Crédito. Veja notas em **hacer** e **tener**.
ha.ve.res [av'eres] *sm pl* Bienes, riqueza, fortuna. *o professor tinha entre seus haveres uma grande coleção de obras de arte* / el profesor entre sus bienes tenía una gran colección de obras de arte.
ha.xi.xe [aʃ'iʃi] *sm* Hachís.
he.breu [ebr'ew] *adj+sm* Hebreo.
hec.ta.re [ekt'ari] *sm* Hectárea.
he.di.on.do [edi'õdu] *adj* Sórdido, horrible, repugnante, bárbaro, violento.

Em espanhol, usa-se **hediondo** no sentido de "fétido, malcheiroso": *muitos queijos, mesmo em perfeito estado, são malcheirosos* / muchos quesos, aunque estén en perfecto estado, son hediondos.

he.do.nis.mo [edon'izmu] *sm Filos* Hedonismo. *o hedonismo considera o prazer individual como o mais importante da vida* / el hedonismo considera el placer individual como lo más importante de la vida.
he.ge.mo.ni.a [eʒemon'iɑ] *sf* **1** Hegemonía. **2** *fig* Supremacía.
hé.li.ce ['ɛlisi] *sf* **1** Hélice. **2** Espiral.
he.li.cóp.te.ro [elik'ɔpteru] *sm* Helicóptero.
he.li.por.to [elip'ortu] *sm Aeron* Helipuerto. *Pl: heliportos (ó)*.
he.ma.to.ma [emat'omɐ] *sm Med* Hematoma.
he.mi.ple.gi.a [emipleʒ'iɑ] *sf Med* Hemiplejia.
he.mis.fé.rio [emisf'ɛrju] *sm* Hemisferio. **hemisfério austral** hemisferio austral. **hemisfério boreal** hemisferio boreal.
he.mo.fi.li.a [emofil'iɑ] *sf Med* Hemofilia.
he.mo.fí.li.co [emof'iliku] *adj+sm Med* Hemofílico.
he.mor.ra.gi.a [emoraʒ'iɑ] *sf Med* Hemorragia.
he.pa.ti.te [epat'iti] *sf Med* Hepatitis.
he.ra ['ɛrɐ] *sf Bot* Hiedra, yedra.
he.rál.di.co [era'ldiku] *adj* Heráldico. • *sf* Heráldica.
he.ran.ça [er'ãsɐ] *sf Dir* Herencia.
her.ba.ná.rio [erban'arju] *sm* Herbolario, herboristería.
her.bá.rio [erb'arju] *sm* Herbario.
her.bi.ci.da [erbis'idɐ] *adj m+f* e *sm* Herbicida. *os herbicidas devem ser usados com muita precaução para evitar intoxicações* / los herbicidas deben usarse con mucha precaución para evitar intoxicaciones.
her.bí.vo.ro [erb'ivoru] *adj+sm* Herbívoro.
her.cú.leo [erk'ulju] *adj* Hercúleo.
her.dar [erd'ar] *vtd* Heredar. *a menina vai herdar as joias da sua avó* / la niña va a heredar las joyas de su abuela.
her.dei.ro [erd'ejru] *sm Dir* Heredero, sucesor.
he.re.di.tá.rio [eredit'arju] *adj* Hereditario.

he.re.ge [er'ɛʒi] *adj* e s *m+f* Hereje.
he.re.si.a [erez'iə] *sf* Herejía.
he.ré.ti.co [er'ɛtiku] *adj* Herético. • *sm* Hereje.
her.ma.fro.di.ta [ermafrod'itə] *adj* e s *m+f* Hermafrodita.
her.mé.ti.co [erm'ɛtiku] *adj* **1** Hermético, impenetrable. **2** Oscuro, incomprensible.
hér.nia ['ɛrnjə] *sf Med* Hernia.
he.rói [er'ɔj] *sm* Héroe.
he.roi.co [er'ɔjku] *adj* Heroico.
he.ro.í.na [ero'inə] *sf* Heroína.
he.ro.ís.mo [ero'izmu] *sm* Heroísmo.
he.si.ta.ção [ezitas'ãw] *sf* Hesitación, duda, vacilación, incertidumbre, titubeo, indecisión.
he.si.tar [ezit'ar] *vi+vtd* Hesitar, vacilar, dudar.
he.te.ro.do.xi.a [eterodoks'iə] *sf* Heterodoxia.
he.te.ro.gê.neo [eteroʒ'enju] *adj* Heterogéneo.
he.te.ros.se.xu.al [eteroseksu'aw] *adj* e s *m+f* Heterosexual.
he.xa.go.nal [eksagon'aw] *adj m+f Geom* Hexagonal.
he.xá.go.no [eks'agonu] *adj+sm Geom* Hexágono.
hi.a.to [i'atu] *sm* Hiato.
hi.ber.na.ção [ibernas'ãw] *sf* Hibernación.
hi.ber.nar [ibern'ar] *vi* Hibernar.
hí.bri.do ['ibridu] *adj+sm* Híbrido.
hi.dra.ta.ção [idratas'ãw] *sf* Hidratación.
hi.dra.tan.te [idrat'ãti] *adj m+f* e *sm* Hidratante.
hi.dra.tar [idrat'ar] *vi* Hidratar.
hi.dráu.li.ca [idr'awlikə] *sf Fís* Hidráulica.
hi.dráu.li.co [idr'awliku] *adj* Hidráulico. **freios hidráulicos** frenos hidráulicos. **direção hidráulica** / dirección asistida.
hi.dre.lé.tri.ca [idrel'ɛtrikə] *sf V hidroelétrica*.
hi.dre.lé.tri.co [idrel'ɛtriku] *adj V hidroelétrico*.
hi.dro.a.vi.ão [idroavi'ãw] *sm Aeron* Hidroavión.
hi.dro.e.lé.tri.ca [idroel'ɛtrikə] *sf* Hidroeléctrica. *Var: hidrelétrica*.

hi.dro.e.lé.tri.co [idroel'ɛtriku] *adj* Hidroeléctrico. *Var: hidrelétrico*.
hi.dro.fo.bi.a [idrofob'iə] *sf Med* Hidrofobia, rabia. *a hidrofobia é transmitida aos humanos pela mordida de animais* / la hidrofobia se transmite a los humanos por la mordedura de animales.
hi.dro.gê.nio [idroʒ'enju] *sm Quím* Hidrógeno.
hi.dro.gra.fi.a [idrograf'iə] *sf Geogr* Hidrografía.
hi.dro.mas.sa.gem [idromas'aʒẽj] *sf* Hidromasaje.
hi.dro.te.ra.pi.a [idroterap'iə] *sf* Hidroterapia.
hi.dró.xi.do [idr'ɔksidu] *sm Quím* Hidróxido.
hi.e.na [i'enə] *sf Zool* Hiena. *as hienas se alimentam de animais mortos* / las hienas se alimentan de animales muertos.
hi.e.rar.qui.a [jerark'iə] *sf* Jerarquía.
hi.e.ró.gli.fo [jer'ɔglifu] *sm* Jeroglífico.
hí.fen ['ifẽj] *sm* Guión. *Pl: hifens, hífenes*.
hi.gi.e.ne [iʒi'eni] *sf* Higiene.
hi.gi.ê.ni.co [iʒi'eniku] *adj* Higiénico. **papel higiênico** papel higiénico.
hi.la.ri.an.te [ilari'ãti] *adj m+f* Hilarante, cómico. **gás hilariante** gas hilarante.
hí.men ['imẽj] *sm Anat* Himen. *Pl: himens, hímenes*.
hin.du [ĩd'u] *adj* e s *m+f* Hindú.
hi.no ['inu] *sm* Himno. **hino nacional** himno nacional.
hi.pér.ba.to [ip'ɛrbatu] *sm Ling* Hipérbaton.
hi.pér.bo.le [ip'ɛrboli] *sf Ling* Hipérbole.
hi.per.mer.ca.do [ipermerk'adu] *sm* Hipermercado.
hi.per.me.tro.pi.a [ipermetrop'iə] *sf Med* Hipermetropía. *minha avó usa óculos por causa da hipermetropia* / mi abuela usa anteojos debido a la hipermetropía.
hi.per.ten.são [ipertẽs'ãw] *sf Med* Hipertensión.
hi.per.tro.fi.a [ipertrof'iə] *sf Med* Hipertrofia.
hí.pi.co ['ipiku] *adj* Hípico. • *sf* Hípica.
hi.pis.mo [ip'izmu] *sm Esp* Hípica.
hip.no.se [ipn'ɔzi] *sf Psiq* Hipnosis.

hip.no.ti.zar [ipnotiz'ar] *vtd* Hipnotizar.
hi.po.con.dri.a [ipokõdr'iə] *sf Psiq* Hipocondría.
hi.po.con.drí.a.co [ipokõdr'iaku] *adj+sm* Hipocondríaco.
hi.po.cri.si.a [ipokriz'iə] *sf* Hipocresía.
hi.pó.cri.ta [ip'ɔkritə] *adj* e *s m+f* Hipócrita. *devemos ter cuidado com os elogios dos hipócritas* / debemos tomar cuidado con los elogios de los hipócritas.
hi.pó.dro.mo [ip'ɔdromu] *sm* Hipódromo.
hi.po.pó.ta.mo [ipop'ɔtamu] *sm Zool* Hipopótamo.
hi.po.te.ca [ipot'ɛkə] *sf* Hipoteca.
hi.po.te.car [ipotek'ar] *vtd* Hipotecar.
hi.pó.te.se [ip'ɔtezi] *sf* Hipótesis, suposición, conjetura.
hi.po.té.ti.co [ipot'ɛtiku] *adj* Hipotético.
his.pâ.ni.co [isp'ʌniku] *adj* Hispánico. *a literatura hispânica é muito popular no mundo inteiro* / la literatura hispánica es muy popular en todo el mundo.
his.pa.no-a.me.ri.ca.no [isp ʌnwame rik'ʌnu] *adj+sm* Hispanoamericano. *Pl: hispano-americanos.*
his.te.ri.a [ister'iə] *sf Psiq* Histeria.
his.té.ri.co [ist'ɛriku] *adj+sm* 1 Histérico. 2 *coloq* Nervioso.
his.te.ris.mo [ister'izmu] *sm Med* 1 Histerismo, histeria. 2 Nerviosismo.
his.tó.ria [ist'ɔrjə] *sf* Historia. **história em quadrinhos** historieta. **história natural** historia natural.
his.to.ri.a.dor [istorjad'or] *sm* Historiador.
his.tó.ri.co [ist'ɔriku] *adj* Histórico. *o descobrimento da América foi um fato histórico de extraordinária importância para a humanidade* / el descubrimiento de América fue un hecho histórico de extraordinaria importancia para la humanidad. • *sm* Historial. *o histórico clínico demonstrava que o atleta tinha ótimo estado de saúde* / el historial clínico demostraba que el atleta tenía excelente estado de salud.
HIV [ag'aiv'e] *sm* VIH.
hobby [r̃'ɔbi] *sm ingl* Hobby, afición, pasatiempo.
ho.je ['oʒi] *adv* 1 Hoy. *hoje vamos jantar fora de casa* / hoy vamos a cenar fuera de casa. 2 Actualmente. *hoje as pessoas trabalham mais que antigamente* / actualmente las personas trabajan más que antiguamente.
ho.lan.dês [olãd'es] *adj+sm* Holandés.
ho.lo.caus.to [olok'awstu] *sm* Holocausto.
ho.lo.fo.te [olof'ɔti] *sm* Proyector de luz, farol de alcance.
ho.mem ['ɔmẽj] *sm* Hombre. **homem de bem** hombre de bien. **homem de Estado** hombre de Estado / estadista. **homem de letras** hombre de letras / literato. **homem do mar** hombre de mar.
ho.me.na.ge.ar [omenaʒe'ar] *vtd* Homenajear, agasajar.
ho.me.na.gem [omen'aʒẽj] *sf* Homenaje. Veja nota em **abordaje**.
ho.me.o.pa.ta [omeop'atə] *s m+f Med* Homeópata.
ho.me.o.pa.ti.a [omeopat'iə] *sm Med* Homeopatía.
ho.me.o.pá.ti.co [omeop'atiku] *adj* 1 Homeopático. 2 *fig* Muy pequeño, ínfimo, insignificante.
ho.mi.ci.da [omis'idə] *adj* e *s m+f* Homicida.
ho.mi.cí.dio [omis'idju] *sm* Homicidio, asesinato.
ho.mó.fo.no [om'ɔfonu] *adj+sm Ling* Homófono.
ho.mo.gê.neo [omoʒ'enju] *adj* Homogéneo.
ho.mo.lo.ga.ção [omologas'ãw] *sf Dir* Homologación, convalidación.
ho.mo.lo.gar [omolog'ar] *vtd* Homologar.
ho.mô.ni.mo [om'onimu] *adj+sm* Homónimo.
ho.mos.se.xu.al [omoseksu'aw] *adj* e *s m+f* Homosexual.
hon.du.re.nho [õdur'eñu] *adj+sm* Hondureño.
ho.nes.ti.da.de [onestid'adi] *sf* Honestidad.
ho.nes.to [on'ɛstu] *adj* 1 Honesto, honrado. 2 Íntegro, recto, probo. 3 Conveniente, adecuado. 4 Casto, virtuoso, decente.
ho.no.rá.rio [onor'arju] *adj* Honorario,

honorífico. *como membro honorário da sociedade, destacou-se pelo seu trabalho, mesmo sem receber nada em troca* / como miembro honorario de la sociedad se destacó por su trabajo, aunque no ganase nada a cambio. • *sm pl* **honorários** Honorarios. *os honorários do advogado eram exorbitantes* / los honorarios del abogado eran exorbitantes.
hon.ra [′õrə] *sf* **1** Honra, prestigio, fama, reputación. **2** Pudor, honestidad, recato.
hon.ra.dez [õrad′es] *sf* Honradez.
hon.ra.do [õr′adu] *adj* Honrado, honorable, honesto, decente, íntegro.
hon.rar [õr′ar] *vtd* **1** Honrar, enaltecer, ennoblecer. **2** Respetar. *vpr* **3** Honrarse, enorgullecerse.
hó.quei [′ɔkej] *sm* Hockey.
ho.ra [′ɔrə] *sf* **1** Hora. **2** Momento, ocasión. **a toda hora** a cada rato. **de uma hora para outra** de un momento a otro. **em boa hora** en buena hora. **em má hora** en mala hora. **fazer hora** hacer hora/tiempo. **na hora H** el momento crítico, la hora h.
ho.rá.rio [or′arju] *sm* Horario.
ho.ri.zon.tal [orizõt′aw] *adj m+f* e *sf* Horizontal.
ho.ri.zon.te [oriz′õti] *sm* Horizonte.
hor.mô.nio [orm′onju] *sm Biol* Hormona.
ho.rós.co.po [or′ɔskopu] *sm* Horóscopo.
hor.rí.vel [oɾ′ivew] *adj m+f* **1** Horrible, horrendo, espantoso. **2** Horroroso, horripilante, pésimo, malísimo.
hor.ror [oɾ′or] *sm* **1** Horror, espanto, pavor, terror. **2** Repulsión, aversión, odio. **3 horrores** *pl* Monstruosidades, barbaridades. *nas reuniões, o chefe fala horrores dos funcionários* / en las reuniones, el jefe dice barbaridades de los empleados. **4** Gran cantidad de algo, muchísimo. **5** Gran cuantía, fortuna. *ela gasta horrores em roupas* / ella gasta una fortuna en ropa.
hor.ro.ri.za.do [oɾor′ozu] *adj* **1** Horrorizado, escandalizado, indignado. **2** *AL* Impactado.
hor.ro.ro.so [oɾor′ozu] *adj* Horroroso, espantoso, horrible, horrendo. *Pl:* horrorosos (ó).
hor.ta [′ɔrtə] *sf* Huerta, huerto. *toda a família cultiva a horta com esmero* / toda la familia cultiva el huerto con esmero.
hor.ta.li.ça [ortal′isə] *sf Bot* Hortaliza.
hor.te.lã [ortel′ã] *sf Bot* Hierbabuena, menta. *a moça sempre comprava balas de hortelã* / la chica siempre compraba caramelos de menta.
hor.tên.sia [ort′ẽsjə] *sf Bot* Hortensia.
hor.ti.cul.tor [ortikuwt′or] *sm* Horticultor.
hos.pe.da.gem [osped′aʒẽj] *sf* Hospedaje, alojamiento, albergue. Veja nota em **abordaje**.
hos.pe.dar [osped′ar] *vtd* **1** Hospedar, alojar, albergar, instalar. *vpr* **2** Hospedarse, alojarse.
hos.pe.da.ri.a [ospedar′iə] *sf* Hospedería, hostal, pensión, posada, hostería, albergue.
hós.pe.de [′ɔspedi] *sm* Huésped. *o hóspede ficou um mês na casa dos amigos* / el huésped se quedó un mes en la casa de sus amigos.
hos.pí.cio [osp′isju] *sm* Manicomio.
hos.pi.tal [ospit′aw] *sm* Hospital, sanatorio.
hos.pi.ta.lar [ospital′ar] *adj m+f* Hospitalario. *o hospital está em crise por falta de material hospitalar* / el hospital está en crisis por falta de material hospitalario.
hos.pi.ta.lei.ro [ospital′ejru] *adj* Hospitalario, acogedor.
hos.pi.ta.li.da.de [ospitalid′adi] *sf* Hospitalidad. *a hospitalidade do povo brasileiro é famosa no mundo inteiro* / la hospitalidad del pueblo brasileño es famosa en todo el mundo.
hos.pi.ta.li.za.ção [ospitalizas′ãw] *sf* Hospitalización.
hos.pi.ta.li.zar [ospitaliz′ar] *vtd* Hospitalizar, internar.
hós.tia [′ɔstjə] *sf Rel* Hostia.
hos.til [ost′iw] *adj m+f* Hostil, enemigo, contrario, desfavorable. *Pl:* hostis.
hos.ti.li.da.de [ostilid′adi] *sf* Hostilidad. Veja nota em **correria** (português).
hos.ti.li.zar [ostiliz′ar] *vtd* Hostilizar.
ho.tel [ot′ɛw] *sm* Hotel.
hu.ma.ni.da.de [umanid′adi] *sf* **1** Humanidad. **2 humanidades** *pl* Humanidades, estudio de la cultura clásica y general.

hu.ma.ni.tá.rio [umanit′arju] *adj+sm* Humanitario.
hu.ma.no [um′∧nu] *adj* **1** Humano. **2** Bondadoso, considerado, compasivo.
hu.mil.da.de [umiwd′adi] *sf* Humildad, sencillez, modestia, llaneza.
hu.mil.de [um′iwdi] *adj m+f* **1** Humilde, sencillo, llano. **2** Pobre, modesto.
hu.mi.lha.ção [umiλas′ãw] *sf* Humillación, vejación.
hu.mi.lha.do [umiλ′adu] *adj+sm* Humillado.
hu.mi.lhan.te [umiλ′ãti] *adj m+f* Humillante, degradante.
hu.mi.lhar [umiλ′ar] *vtd* **1** Humillar. *vpr* **2** Humillarse.

hu.mor [um′or] *sm* Humor. **bom humor** buen humor. **humor negro** humor negro. **mau humor** mal humor.
hu.mo.ris.mo [umor′izmu] *sm* Humorismo.
hu.mo.ris.ta [umor′istə] *s m+f* Humorista, cómico. *todos riram com as piadas do humorista* / todos se rieron con los chistes del cómico.
hu.mo.rís.ti.co [umor′istiku] *adj* Humorístico, cómico. *estão passando um novo programa humorístico na TV* / están dando un nuevo programa cómico en la tele.
hú.mus [′umus] *sm sing+pl* Humus.
hún.ga.ro [′ũgaru] *adj+sm* Húngaro.

i

i, I ['i] *sm* **1** Novena letra del alfabeto português. **2 I** Uno en guarismos romanos.
i.a.te [i'ati] *sm* Yate. *navegar de iate é um luxo para poucos* / navegar en yate es un lujo para pocas personas.
i.a.tis.mo [jat'izmu] *sm* Iatismo.
i.bé.ri.co [ib'ɛriku] *adj+sm* Ibérico, íbero.
i.be.ro-a.me.ri.ca.no [ib'ɛruamerik'∧nu] *adj+sm* Iberoamericano. *os ibero-americanos em sua maioria falam espanhol* / los iberoamericanos en su mayoría hablan español. *Pl:* ibero-americanos.
i.çar [is'ar] *vtd* Izar, alzar, levantar. **içar a bandeira** izar la bandera.
iceberg [ajseb'ɛrgi] *sm ingl* Iceberg. *os icebergs são formados de gelo* / los *icebergs* están formados de hielo.
í.co.ne ['ikoni] *sm* Icono.
i.co.no.clas.ta [ikonokl'astə] *adj e s m+f* Iconoclasta. *os iconoclastas não respeitam as imagens sagradas* / los iconoclastas no respetan las imágenes sagradas.
i.co.no.gra.fi.a [ikonografi'ə] *sf* Iconografía.
ic.te.rí.cia [ikter'isjə] *sf Med* Icterícia. *a coloração amarela da pele é uma característica da icterícia* / la coloración amarilla de la piel es una característica de la icterícia.
i.da ['idə] *sf* Ida, marcha, partida, jornada.
i.da.de [id'adi] *sf* Edad. **Idade Média** Edad Media. *na Idade Média as pessoas morriam muito novas* / en la Edad Media las personas se morían muy jóvenes. **de idade** de edad. *meu avô é um homem de idade* / mi abuelo es un hombre de edad.

i.de.al [ide'aw] *adj m+f* Ideal, imaginario, irreal, inventado. *Thomas Morus criou um mundo ideal, conhecido como utopia* / Tomás Moro creó un mundo ideal, conocido como utopía. • *sm* Ideal, modelo, canon. *o ideal de beleza muda no decorrer do tempo* / el ideal de belleza cambia con el transcurso del tiempo.
i.de.a.lis.mo [ideal'izmu] *sm* Idealismo.
i.de.a.lis.ta [ideal'istə] *adj e s m+f* Idealista.
i.de.a.li.zar [idealiz'ar] *vtd* **1** Idealizar. *quando se ama é fácil idealizar a pessoa amada* / cuando se ama es fácil idealizar a la persona amada. **2** Imaginar. **3** Idear, planear, proyectar. *vpr* **4** Idealizarse.
i.dei.a [id'ɛjə] *sf* **1** Idea, imagen. **2** Concepción, ocurrencia. **3** Proyecto, plan. **4** Juicio, opinión.
i.dem ['idẽj] *pron* Ídem.
i.dên.ti.co [id'ẽtiku] *adj* Idéntico.
i.den.ti.da.de [idẽtid'adi] *sf* Identidad. **cédula de identidade** cédula de identidad.
i.den.ti.fi.ca.ção [idẽtifikas'ãw] *sf* Identificación.
i.den.ti.fi.car [idẽtifik'ar] *vtd* **1** Identificar. *vpr* **2** Identificarse.
i.de.o.lo.gi.a [ideoloʒi'ə] *sf* Ideología, credo.
i.de.o.ló.gi.co [ideol'ɔʒiku] *adj* Ideológico.
i.dí.li.co [id'iliku] *adj* Idílico. *quando somos jovens sonhamos com amores idílicos* / cuando somos jóvenes soñamos con amores idílicos.
i.dí.lio [id'ilju] *sm* Idilio, amorío.
i.di.o.ma [idi'omə] *sm* Idioma.

i.di.os.sin.cra.si.a [idjosĩkraz'iə] *sf* Idiosincrasia, carácter, temperamento, personalidad. *a idiossincracia dos indivíduos é tão pessoal quanto seus traços* / la idiosincracia de los individuos es tan personal como sus rasgos.

i.di.o.ta [idi'ɔtɐ] *adj* e *s m+f* Idiota, imbécil, tonto, bobo.

i.di.o.ti.ce [idjot'isi] *sf* Idiotez, tontería, estupidez, imbecilidad.

i.do.la.trar [idolatr'ar] *vtd+vi* **1** Idolatrar, adorar, venerar. **2** Amar excesivamente.

i.do.la.tri.a [idolatr'iə] *sf* Idolatría.

í.do.lo [i'dolu] *sm* Ídolo.

i.dô.neo [id'onju] *adj* Idóneo, ideal, adecuado, apto. *devemos tentar exercer uma profissão idônea às nossas aptidões* / debemos intentar ejercer una profesión idónea a nuestras aptitudes.

i.do.so [id'ozu] *adj+sm* Anciano, viejo. *Pl: idosos (ó).*

i.glu [igl'u] *sm* Iglú.

ig.ni.ção [ignis'ãw] *sf* Ignición.

ig.no.rân.cia [ignor'ãsjɐ] *sf* **1** Ignorancia, desconocimiento. **2** Ignorancia, incultura, falta de conocimientos.

ig.no.ran.te [ignor'ãti] *adj* e *s m+f* Ignorante, inculto, desconocedor.

ig.no.rar [ignor'ar] *vtd* Ignorar.

ig.no.to [ign'otu] *adj+sm* Ignoto, desconocido. *hoje não existem terras ignotas no mundo* / hoy día no existen tierras ignotas en el mundo.

i.gre.ja [igr'eʒɐ] *sf* Iglesia.

i.gual [ig'waw] *adj* e *s m+f* Igual, idéntico, exacto. **por igual** por igual.

i.gua.lar [igwal'ar] *vtd* **1** Igualar, equiparar. **2** Alisar, allanar. *vpr* **3** Igualarse.

i.gual.da.de [igwawd'adi] *sf* Igualdad.

i.gua.na [ig'wʌnɐ] *sf* Zool Iguana.

i.gua.ri.a [igwar'iɐ] *sf* Exquisitez. *serviu deliciosas iguarias aos convidados na sua festa de casamento* / sirvió deliciosas exquisiteces a los invitados en su fiesta de boda.

i.le.gal [ileg'aw] *adj m+f* Ilegal, ilícito.

i.le.ga.li.da.de [ilegalid'adi] *sf* Ilegalidad.

i.le.gí.ti.mo [ileʒ'itimu] *adj* **1** Ilegítimo, ilegal, ilícito. **2** Injusto. **filho ilegítimo** hijo ilegítimo.

i.le.gí.vel [ileʒ'ivew] *m+f* Ilegible.

i.le.so [il'ezu] *adj* Ileso, indemne, incólume. *o motorista saiu ileso do acidente* / el conductor salió ileso del accidente.

i.le.tra.do [iletr'adu] *adj+sm* Iletrado, analfabeto, ignorante, inculto.

i.lha [′iʎɐ] *sf Geogr* Isla.

i.lhar [iʎ'ar] *vtd* **1** Aislar. *vpr* **2** Aislarse.

i.lhéu [iʎ'ew] *adj+sm* Isleño. *os ilhéus da Ilha de Páscoa construíram os moai* / los isleños de la Isla de Pascua contruyeron los moais.

i.lhós [iʎ'ɔs] *s m+f* Ojal. *Pl: ilhoses.*

i.lí.ci.to [il'isitu] *adj+sm* Ilícito, ilegal, inmoral.

i.li.mi.ta.do [ilimit'adu] *adj* Ilimitado.

i.ló.gi.co [il'ɔʒiku] *adj* Ilógico, absurdo.

i.lu.dir [ilud'ir] *vtd* **1** Ilusionar. *vpr* **2** Ilusionarse, hacerse ilusiones. *é fácil iludir-se após quinze minutos de fama* / es fácil hacerse ilusiones tras quince minutos de fama.

i.lu.mi.na.ção [iluminas'ãw] *sf* Iluminación.

i.lu.mi.na.do [ilumin'adu] *adj+sm* Iluminado.

i.lu.mi.nar [ilumin'ar] *vtd* **1** Iluminar, alumbrar. *vpr* **2** Iluminarse, alumbrarse.

i.lu.são [iluz'ãw] *sf* **1** Ilusión, espejismo, fantasía. *parecia que o caminho derretia-se na nossa frente, mas era uma ilusão de ótica* / parecía que el camino se derretía delante de nosotros, pero era una ilusión óptica. **2** Esperanza, ensueño, quimera. *o atleta tinha a ilusão de receber uma medalha olímpica* / el atleta tenía la ilusión de ganar una medalla olímpica.

i.lu.si.o.nis.ta [iluzjon'istɐ] *s m+f* Ilusionista, prestidigitador.

i.lus.tra.ção [ilustras'ãw] *sf* **1** Ilustración, educación, instrucción, cultura, formación. **2** Lámina, figura, grabado. *a capa do livro tem uma ilustração interessante* / la cubierta del libro tiene una figura interesante.

i.lus.tre [il'ustri] *adj m+f* Ilustre. Veja nota em **distinto** (espanhol).

i.mã [im'ã] *sm* Imán.

i.ma.gem [im'aʒẽj] *sf* Imagen.

i.ma.gi.na.ção [imaʒinas'ãw] *sf* Imaginación, fantasía.

i.ma.gi.nar [imaʒin'ar] *vtd* **1** Imaginar, inventar, fantasear, idear, concebir. *os escritores conseguem imaginar coisas impossíveis* / los escritores consiguen imaginar cosas imposibles. **2** Creer, suponer. *ninguém poderia imaginar que ele é tão esperto* / nadie podría imaginar que él es tan listo. *vpr* **3** Imaginarse, figurarse. *quando fui ao museu imaginei-me vivendo no século XVIII* / cuando fui al museo me imaginé viviendo en el siglo XVIII.

i.ma.gi.ná.rio [imaʒin'arju] *adj+sm* Imaginario.

i.ma.gi.na.ti.vo [imaʒinat'ivu] *adj+sm* Imaginativo.

i.ma.nen.te [iman'ẽti] *adj m+f* Inmanente. *a fe é um requisito imanente às religiões* / la fe es un requisito inmanente a las religiones.

i.ma.te.ri.al [imateri'aw] *adj m+f e sm* Inmaterial.

i.ma.tu.ri.da.de [imaturid'adi] *sf* Inmadurez. *muitos dos erros que as pessoas cometem são por imaturidade* / muchos de los errores que las personas cometen son por inmadurez.

i.ma.tu.ro [imat'uru] *adj* Inmaduro.

im.be.cil [ĩbe'siw] *adj e s m+f* Imbécil, tonto, estúpido, bobo.

i.me.di.a.ta.men.te [imedjatam'ẽti] *adv* **1** Inmediatamente, ahora, al instante, después de. **2** *AL* Enseguida.

im.ber.be [ĩb'ɛrbi] *adj m+f* Imberbe, lampiño, barbilampiño.

im.bu.ir [ĩbu'ir] *vtd* **1** Embeber, impregnar. **2** Imbuir, persuadir, infundir, inculcar. *o homem deixava-se imbuir pelas ideias dos amigos* / el hombre se dejaba imbuir por las ideas de los amigos. *vpr* **3** Imbuirse, empaparse (de una idea).

i.me.di.a.ção [imedjas'ãw] *sf* **1** Inmediación. **2 imediações** *pl* Inmediaciones, alrededores, aledaños, cercanías.

i.me.di.a.to [imedi'atu] *adj* Inmediato. **de imediato** de inmediato. • *sm Mar* Oficial inmediatamente inferior al comandante.

i.men.si.da.de [imẽsid'adi] *sf* Inmensidad.

i.men.so [im'ẽsu] *adj* Inmenso, infinito, ilimitado.

i.mer.são [imers'ãw] *sf* Inmersión.

i.mer.so [im'ɛrsu] *adj* Inmerso, sumergido.

i.mi.gra.ção [imigras'ãw] *sf* Inmigración.

i.mi.gran.te [imigr'ãti] *adj e s m+f* Inmigrante.

i.mi.grar [imigr'ar] *vi* Inmigrar.

i.mi.nen.te [imin'ẽti] *adj m+f* Inminente. *os funcionários estavam ansiosos ante o anúncio iminente de aumento de salários* / los empleados estaban ansiosos ante el anuncio inminente de aumento de sueldos.

i.mi.ta.ção [imitas'ãw] *sf* Imitación.

i.mi.tar [imit'ar] *vtd* Imitar, copiar, remedar, plagiar.

i.mo.bi.li.á.ria [imobili'arjə] *sf* Inmobiliaria.

i.mo.bi.li.á.rio [imobili'arju] *adj* Inmobiliario. *mediante o crédito imobiliário é possível comprar a casa própria* / mediante el credito inmobiliario es posible comprar la casa propia.

i.mo.bi.li.da.de [imobilid'adi] *sf* Inmovilidad.

i.mo.bi.lis.mo [imobil'izmu] *sm* Inmovilismo.

i.mo.bi.li.zar [imobiliz'ar] *vtd* **1** Inmovilizar, paralizar, detener, bloquear. *vpr* **2** Inmovilizarse, paralizarse.

i.mo.lar [imol'ar] *vtd* **1** Inmolar, sacrificar. *vpr* **2** Inmolarse, sacrificarse.

i.mo.ral [imor'aw] *adj e s m+f* Inmoral, deshonesto, indecente.

i.mo.ra.li.da.de [imoralid'adi] *sf* Inmoralidad.

i.mor.tal [imort'aw] *adj m+f e sm* Inmortal.

i.mor.ta.li.da.de [imortalid'adi] *sf* Inmortalidad.

i.mor.ta.li.zar [imortaliz'ar] *vtd* **1** Inmortalizar, eternizar, perpetuar. *vpr* **2** Inmortalizarse.

i.mó.vel [im'ɔvew] *adj m+f* Inmóvil, estático, quieto, parado. • *sm* Inmueble.

comprei um imóvel no centro da cidade / compré un inmueble en el centro de la ciudad.

im.pa.ci.ên.cia [ĩpasi'ẽsjə] *sf* Impaciencia.

im.pa.ci.en.tar [ĩpasjẽt'ar] *vtd* **1** Impacientar. *vpr* **2** Impacientarse.

im.pa.ci.en.te [ĩpasi'ẽti] *adj e s m+f* Impaciente.

im.pac.to [ĩp'aktu] *sm* Impacto.

im.pa.gá.vel [ĩpag'avew] *adj m+f* Impagable. *a amizade é um tesouro impagável* / la amistad es un tesoro impagable.

im.pal.pá.vel [ĩpawp'avew] *adj m+f* Impalpable.

ím.par ['ĩpar] *adj m+f e sm* Impar.

im.par.ci.al [ĩparsi'aw] *adj m+f* Imparcial, ecuánime, justo, neutral, objetivo, equitativo.

im.par.ci.a.li.da.de [ĩparsjalid'adi] *sf* Imparcialidad, objetividad, neutralidad, justicia, ecuanimidad.

im.pas.sí.vel [ĩpas'ivew] *adj m+f* Impasible, imperturbable.

im.pá.vi.do [ĩp'avidu] *adj* Impávido, impertérrito. *caminhou impávido pela rua escura* / caminó impávido por la calle oscura.

im.pe.cá.vel [ĩpek'avew] *adj m+f* Impecable, intachable, irreprochable.

im.pe.di.do [ĩped'idu] *adj+sm* Impedido.

im.pe.di.men.to [ĩpedim'ẽtu] *sm* Impedimento, obstáculo, embarazo, dificultad, traba.

im.pe.dir [ĩped'ir] *vtd* Impedir, dificultar, obstaculizar.

im.pe.lir [ĩpel'ir] *vtd* Impeler, impulsar, animar.

im.pe.ne.trá.vel [ĩpenetr'avew] *adj m+f* Impenetrable.

im.pen.sá.vel [ĩpẽs'avew] *adj m+f* Impensable.

im.pe.ra.dor [ĩperad'or] *sm* Emperador.

im.pe.rar [ĩper'ar] *vi+vtd* Imperar, mandar, dominar, reinar, regir.

im.pe.ra.ti.vo [ĩperat'ivu] *adj* Imperativo, despótico. *o chefe deu a ordem em tom imperativo* / el jefe dio la orden en tono imperativo. • *adj+sm Gram* Imperativo (modo). • *sm* Obligación, necesidad. *ajudar os pobres é um imperativo dos governos* / ayudar a los pobres es un imperativo de los gobiernos.

im.pe.ra.triz [ĩperatr'is] *sm* Emperatriz.

im.per.cep.tí.vel [ĩpersept'ivew] *adj m+f* Imperceptible.

im.per.do.á.vel [ĩperdo'avew] *adj m+f* Imperdonable. *esquecer o aniversário da namorada é um erro imperdoável* / olvidar el cumpleaños de la novia es un error imperdonable.

im.per.fei.ção [ĩperfejs'ãw] *sf* Imperfección, defecto.

im.per.fei.to [ĩperf'ejtu] *adj* Imperfecto, defectuoso. • *adj+sm Gram* Imperfecto (tiempo verbal que expresa una acción no acabada).

im.pe.ri.al [ĩperi'aw] *adj m+f* **1** Imperial. **2** Arrogante, autoritario.

im.pe.ri.a.lis.mo [ĩperjal'izmu] *sm Polít* Imperialismo.

im.pe.ri.a.lis.ta [ĩperjal'istə] *adj e s m+f* Imperialista.

im.pe.rí.cia [ĩper'isjə] *sf* Impericia, inexperiencia, ineptitud, incompetencia. *a imperícia do motorista provocou o acidente* / la impericia del conductor provocó el accidente.

im.pé.rio [ĩp'ɛrju] *sm* Imperio.

im.per.me.a.bi.li.za.ção [ĩpermeabilizas'ãw] *sf* Impermeabilización.

im.per.me.a.bi.li.zar [ĩpermeabiliz'ar] *vtd* Impermeabilizar.

im.per.me.á.vel [ĩperme'avew] *adj m+f* Impermeable. • *sm* Impermeable, gabardina.

im.per.ti.nên.cia [ĩpertin'ẽsjə] *sf* Impertinencia.

im.per.ti.nen.te [ĩpertin'ẽti] *adj m+f* Impertinente, molesto, inconveniente, insolente, indiscreto, desconsiderado.

im.pes.so.al [ĩpeso'aw] *adj m+f* Impersonal.

ím.pe.to ['ĩpetu] *sm* **1** Ímpetu, fuerza, energía. **2** Violencia.

im.pe.tu.o.si.da.de [ĩpetwozid'adi] *sf* Impetuosidad, ímpetu.

im.pe.tu.o.so [ĩpetu'ozu] *adj* Impetuoso. *Pl: impetuosos (ó).*

im.pi.e.do.so [ĩpjed'ozu] *adj* Impío, despiadado, inhumano. *era um criminoso impiedoso que não respeitava nem a sua própria mãe* / era un criminal despiadado que no respetaba ni a su propia madre. *Pl: impiedosos (ó).*

im.pla.cá.vel [ĩplak'avew] *adj m+f* Implacable, inclemente, duro, riguroso, severo.

im.plan.tar [ĩplãt'ar] *vtd* Implantar.

im.plan.te [ĩpl'ãti] *sm Med* Implante.

im.ple.men.ta.ção [ĩplemẽtas'ãw] *sf* Implementación, puesta en marcha/ práctica.

im.ple.men.tar [ĩplemẽt'ar] *vtd* Implementar, llevar a cabo, realizar.

im.pli.cân.cia [ĩplik'ãsjə] *sf* 1 Animosidad, mala voluntad. 2 Consecuencia, implicación.

im.pli.car [ĩplik'ar] *vtd* 1 Implicar, suponer, entrañar. *fumar pode implicar sofrer problemas de saúde* / fumar puede implicar sufrir problemas de salud. 2 Envolver, involucrar. 3 Importunar, molestar, fastidiar. *vpr* 4 Implicarse, envolverse, entrometerse, involucrarse.

im.plí.ci.to [ĩpl'isitu] *adj* Implícito, sobrentendido.

im.plo.rar [ĩplor'ar] *vtd+vi* Implorar, suplicar, rogar.

im.plo.são [ĩploz'ãw] *sf* Implosión.

im.po.lu.to [ĩpol'utu] *adj* 1 Impoluto, inmaculado. 2 Impoluto, puro, virtuoso.

im.po.nen.te [ĩpon'ẽti] *adj m+f* 1 Imponente, impresionante, grandioso, majestuoso. 2 Arrogante, altivo, soberbio.

im.pon.tu.al [ĩpõtu'aw] *adj e s m+f* Impuntual.

im.pon.tu.a.li.da.de [ĩpõtwalid'adi] *sf* Impuntualidad.

im.po.pu.lar [ĩpopul'ar] *adj m+f* Impopular.

im.po.pu.la.ri.da.de [ĩpopularid'adi] *sf* Impopularidad.

im.por [ĩp'or] *vtd* 1 Imponer. *o governo vai impor medidas contra a poluição ambiental* / el gobierno va a imponer medidas contra la contaminación ambiental. *vpr* 2 Imponerse.

im.por.ta.ção [ĩportas'ãw] *sf* Importación.

im.por.ta.dor [ĩportad'or] *adj+sm* Importador.

im.por.tân.cia [ĩport'ãsjə] *sf* 1 Importancia, valor, interés. *a importância dos museus é indiscutível* / la importancia de los museos es indiscutible. 2 Importe, valor, cuantía de dinero. *voltou a aumentar a importância cobrada pelo serviço de limpeza* / volvió a aumentar el importe cobrado por el servicio de limpieza. **dar-se muita importância** darse importancia.

im.por.tan.te [ĩport'ãti] *adj m+f e sm* Importante, fundamental, considerable, notable.

im.por.tar [ĩport'ar] *vtd+vi* 1 Importar. *vpr* 2 Importarse.

im.por.tu.nar [ĩportun'ar] *vtd* 1 Importunar, molestar, fastidiar. 2 *CS, Peru* Cargosear.

im.por.tu.no [ĩport'unu] *adj+sm* Importuno, inoportuno, molesto.

im.po.si.ção [ĩpozis'ãw] *sf* Imposición.

im.pos.si.bi.li.da.de [ĩposibilid'adi] *sf* Imposibilidad.

im.pos.si.bi.li.tar [ĩposibilit'ar] *vtd* Imposibilitar.

im.pos.sí.vel [ĩpos'ivew] *adj m+f e sm* 1 Imposible. 2 Imposible, inaguantable, intolerable, insufrible, enfadoso.

im.pos.to [ĩp'ostu] *adj* Impuesto, obligado. • *sm Dir* Impuesto, tributo, gravamen. **imposto de renda** impuesto sobre la renta. *Pl: impostos (ó).*

im.pos.tor [ĩpost'or] *adj+sm* Impostor. Veja nota en **tratante** (espanhol).

im.pos.tu.ra [ĩpost'urə] *sf* 1 Impostura, engaño, mentira. 2 Hipocresía, fingimiento.

im.po.tên.cia [ĩpot'ẽsjə] *sf* Impotencia.

im.po.ten.te [ĩpot'ẽti] *adj m+f e sm* Impotente.

im.pra.ti.cá.vel [ĩpratik'avew] *adj m+f* Impracticable, imposible.

im.pre.ci.so [ĩpres'izu] *adj* Impreciso, indefinido, vago.

im.preg.nar [ĩpregn'ar] *vtd* 1 Impregnar, empapar. *enquanto chegou, seu perfume de rosas começou a impregnar toda a sala*

im.pren.sa [īpr'ẽsə] *sf* **1** Imprenta. **2** Prensa. **imprensa marrom** prensa amarilla. Veja nota em **prensa** (português).
im.pres.cin.dí.vel [īpresĩd'ivew] *adj m+f* Imprescindible, indispensable.
im.pres.são [īpres'ãw] *sf* **1** Impresión, acción de imprimir. **2** Impacto, emoción, sensación. **3** Idea, opinión. **impressão digital** impresión dactilar/digital.
im.pres.si.o.nan.te [īpresjon'ãti] *adj m+f* Impresionante.
im.pres.si.o.nar [īpresjon'ar] *vtd+vi* **1** Impresionar, emocionar, conmover, afectar, turbar. *vpr* **2** Impresionarse.
im.pres.so [īpr'ɛsu] *adj+sm* **1** Impreso. **2** Folleto, volante.
im.pres.so.ra [īpres'orə] *sf* Impresora.
im.pres.tá.vel [īprest'avew] *adj m+f* Inservible, inútil. *é melhor jogar fora os objetos imprestáveis* / es mejor botar los objetos inservibles.
im.pre.vi.sí.vel [īpreviz'ivew] *adj m+f* Imprevisible, inesperado, repentino, insospechado.
im.pre.vis.to [īprev'istu] *adj+sm* Imprevisto.
im.pri.mir [īprim'ir] *vtd* Imprimir.
im.pro.ce.den.te [īprosed'ẽti] *adj m+f* Improcedente.
im.pro.du.ti.vo [īprodut'ivu] *adj* Improductivo, estéril.
im.pro.nun.ci.á.vel [īpronũsi'avew] *adj m+f* Impronunciable.
im.pro.pé.rio [īprop'ɛrju] *sm* Improperio, insulto, injuria.
im.pró.prio [īpr'ɔprju] *adj* Impropio, inadecuado, inoportuno, inconveniente.
im.pro.vá.vel [īprov'avew] *adj m+f* Improbable, dudoso, incierto. *é improvável que faça sol no fim de semana* / es improbable que haya sol el fin de semana.
im.pro.vi.sa.ção [īprovizas'ãw] *sf* Improvisación. *a improvisação é uma técnica muito usada no teatro* / la improvisación es una técnica muy usada en el teatro.
im.pro.vi.sar [īproviz'ar] *vtd+vi* Improvisar.
im.pro.vi.so [īprov'izu] *adj* Improviso. • *sm* Improvisación. **de improviso** de improviso.
im.pru.dên.cia [īprud'ẽsjə] *sf* Imprudencia, insensatez, temeridad, descuido.
im.pru.den.te [īprud'ẽti] *adj* e *s m+f* Imprudente.
im.pu.di.co [īpud'iku] *adj+sm* Impúdico.
im.pul.si.o.nar [īpuwsjon'ar] *vtd* **1** Impulsar, propulsar, impeler. **2** Impulsar, animar, incitar, estimular.
im.pul.si.vo [īpuws'ivu] *adj+sm* Impulsivo.
im.pul.so [īp'uwsu] *sm* **1** Impulso, impulsión, propulsión. **2** *fig* Impulso, arrebato, arranque.
im.pu.ne [īp'uni] *adj m+f* Impune.
im.pu.ni.da.de [īpunid'adi] *sf* Impunidad.
im.pu.re.za [īpur'ezə] *sf* Impureza.
im.pu.ro [īp'uru] *adj+sm* **1** Impuro, contaminado, sucio. **2** Obsceno, lujurioso.
im.pu.tar [īput'ar] *vtd* Imputar, atribuir, culpar, achacar. *para imputar a culpa a alguém é preciso ter provas* / para imputarle la culpa a alguien es necesario tener pruebas.
i.mun.dí.cie [imũd'isji] *sf* Inmundicia, suciedad, basura, porquería.
i.mun.do [im'ũdu] *adj* **1** Inmundo, sucio, asqueroso. **2** Obsceno, indecente.
i.mu.ne [im'uni] *adj m+f* Inmune.
i.mu.ni.da.de [imunid'adi] *sf* Inmunidad.
i.mu.ni.zar [imuniz'ar] *vtd* Inmunizar. *é importante imunizar os cães contra a raiva* / es importante inmunizar a los perros contra la rabia.
i.mu.tá.vel [imut'avew] *adj m+f* Inmutable, inalterable.
i.na.ba.lá.vel [inabal'avew] *adj m+f* Inmutable, inalterable, inexorable.
i.ná.bil [in'abiw] *adj m+f* **1** Inhábil, inepto. **2** *Dir* Incapaz. *Pl:* inábeis.
i.na.bi.li.tar [inabilit'ar] *vtd* **1** Inhabilitar, incapacitar. *vpr* **2** Inhabilitarse.
i.na.bi.ta.do [inabit'adu] *adj* Deshabitado.

i.na.bi.tá.vel [inabit′avew] *adj m+f* Inhabitable.

i.na.ca.ba.do [inakab′adu] *adj* Inacabado, incompleto, inconcluso.

i.na.cei.tá.vel [inasejt′avew] *adj m+f* Inaceptable, inadmisible.

i.na.ces.sí.vel [inases′ivew] *adj m+f* Inaccesible.

i.na.cre.di.tá.vel [inakredit′avew] *adj m+f* Increíble, inverosímil.

i.na.de.qua.do [inadek′wadu] *adj* Inadecuado, impropio, inapropiado.

i.na.di.á.vel [inadi′avew] *adj m+f* Inaplazable, impostergable, improrrogable. *hoje não vou jantar em casa porque tenho um compromisso inadiável* / hoy no voy a cenar en casa porque tengo un compromiso impostergable.

i.na.dim.plên.cia [inadĩpl′ẽsjə] *sf Dir, Com* Incumplimiento.

i.nad.mis.sí.vel [inadmis′ivew] *adj m+f* Inadmisible.

i.na.la.ção [inalas′ãw] *sf* Inhalación.

i.na.la.dor [inalad′or] *adj+sm* Inhalador.

i.na.lar [inal′ar] *vtd* Inhalar.

i.na.lie.ná.vel [inaljen′avew] *adj m+f* Inalienable. **direitos inalienáveis** derechos inalienables.

i.nal.te.ra.do [inawter′adu] *adj* Inalterado.

i.nal.te.rá.vel [inawter′avew] *adj m+f* **1** Inalterable, inmutable. **2** Inalterable, imperturbable, impasible.

i.na.ni.ção [inanis′ãw] *sf* Inanición.

i.na.ni.ma.do [inanim′adu] *adj* Inanimado.

i.nap.ti.dão [inaptid′ãw] *sf* Ineptitud. *Pedro é um grande arquiteto apesar da sua inaptidão para o desenho* / Pedro es un gran arquitecto a pesar de su ineptitud para el dibujo.

i.nap.to [in′aptu] *adj* Inepto, incapaz, incompetente.

i.na.tin.gí.vel [inatĩȝ′ivew] *adj m+f* e *sm* Inalcanzable. *parecia uma meta inatingível, mas o atleta conseguiu a vitória* / parecía una meta inalcanzable, pero el atleta consiguió la victoria.

i.na.ti.vi.da.de [inativid′adi] *sf* Inactividad.

i.na.ti.vo [inat′ivu] *adj+sm* Inactivo.

i.na.to [in′atu] *adj* Innato, congénito. *Mozart tinha um talento inato para a música* / Mozart tenía un talento innato para la música.

i.nau.dí.vel [inawd′ivew] *adj m+f* Inaudible. *alguns animais conseguem ouvir até os sons quase inaudíveis* / algunos animales consiguen oír incluso los sonidos casi inaudibles.

i.nau.gu.ra.ção [inawguras′ãw] *sf* Inauguración, apertura.

i.nau.gu.rar [inawgur′ar] *vtd* **1** Inaugurar, estrenar, iniciar. *vpr* **2** Inaugurarse, estrenarse, iniciarse.

in.ca [′ĩkə] *adj* e *s m+f* Inca. *os incas dominavam o Peru na chegada dos espanhóis* / los incas dominaban el Perú a la llegada de los españoles.

in.cal.cu.lá.vel [ĩkawkul′avew] *adj m+f* **1** Incalculable. **2** Innumerable, incontable.

in.can.sá.vel [ĩkãs′avew] *adj m+f* Incansable, infatigable.

in.ca.pa.ci.da.de [ĩkapasid′adi] *sf* Incapacidad, ineptitud.

in.ca.paz [ĩkap′as] *adj* e *s m+f* **1** Incapaz. **2** *Dir* Inhábil.

in.cen.di.ar [ĩsẽdi′ar] *vtd* **1** Incendiar. *vpr* **2** Incendiarse.

in.cên.dio [ĩs′ẽdju] *sm* Incendio.

in.cen.so [ĩs′ẽsu] *sm* Incienso.

in.cen.ti.var [ĩsẽtiv′ar] *vtd* Incentivar, estimular, animar, incitar.

in.cen.ti.vo [ĩsẽt′ivu] *sm* Incentivo, estímulo, acicate, aliciente.

in.cer.te.za [ĩsert′ezə] *sf* Incertidumbre, duda. *sempre é uma incerteza o dia de amanhã* / siempre es una incertidumbre el día de mañana.

in.cer.to [ĩs′ɛrtu] *adj+sm* Incierto.

in.ces.san.te [ĩses′ãti] *adj m+f* Incesante, constante, continuo, ininterrumpido.

in.ces.to [ĩs′ɛstu] *sm* Incesto.

in.cha.ço [ĩʃ′asu] *sm* Hinchazón.

in.cha.do [ĩʃ′adu] *adj* Hinchado.

in.char [ĩʃ′ar] *vtd+vi* **1** Hinchar. *vpr* **2** Hincharse.

in.ci.den.te [ĩsid′ẽti] *adj m+f* Incidente.
• *sm* Incidente, episodio, acaecimiento, accidente.

in.ci.dir [ĩsid'ir] *vtd* **1** Incidir, incurrir. **2** Influir, repercutir.

in.ci.ne.ra.ção [ĩsineras'ãw] *sf* Incineración.

in.ci.ne.rar [ĩsiner'ar] *vtd* Incinerar, calcinar, carbonizar.

in.ci.pi.en.te [ĩsipi'ẽti] *adj m+f* Incipiente.

in.ci.são [ĩsiz'ãw] *sf* Incisión, corte.

in.ci.si.vo [ĩsiz'ivu] *adj* Incisivo, mordaz. *o jornalista fez umas perguntas incisivas ao entrevistado* / el periodista le hizo unas preguntas incisivas al entrevistado. • *sm* Diente incisivo.

in.ci.tan.te [ĩsit'ãti] *adj m+f* Incitante, estimulante.

in.ci.tar [ĩsit'ar] *vtd* Incitar, inducir, instigar, provocar.

in.cle.mên.cia [ĩklem'ẽsjə] *sf* **1** Inclemencia. **2** *fig* Rigor, severidad. *meu chefe é um homem rigoroso, reage com inclemência ante as falhas dos seus funcionários* / mi jefe es un hombre riguroso, reacciona con inclemencia ante las fallas de sus empleados.

in.cle.men.te [ĩklem'ẽti] *adj m+f* Inclemente.

in.cli.na.ção [ĩklinas'ãw] *sf* **1** Inclinación. **2** *fig* Preferencia, predisposición, propensión.

in.cli.nar [ĩklin'ar] *vtd* **1** Inclinar, torcer, doblar. **2** Influir, convencer. **3** tender. *vpr* **4** Inclinarse.

in.clu.ir [ĩklu'ir] *vtd* **1** Incluir, contener, comprender, englobar. **2** Meter, introducir, insertar. *vpr* **3** Incluirse, contenerse, estar incluido.

in.clu.si.ve [ĩkluz'ivi] *adv* **1** Inclusive, incluso. *a festa foi um sucesso, foram inclusive aqueles que não estavam convidados* / la fiesta fue un éxito, fueron inclusive los que no estaban invitados. **2** Hasta. Veja nota em **aún**.

in.clu.so [ĩkl'uzu] *adj* Incluido, comprendido.

in.co.e.rên.cia [ĩkoer'ẽsjə] *sf* Incoherencia.

in.co.e.ren.te [ĩkoer'ẽti] *adj m+f* Incoherente.

in.cóg.ni.ta [ĩk'ɔgnitə] *sf* **1** Incógnita, enigma. *os discos voadores ainda são uma incógnita para os seres humanos* / los platillos voladores aún son una incógnita para los seres humanos. **2** *Mat* Incógnita (cantidad desconocida que es preciso determinar en una ecuación).

in.cóg.ni.to [ĩk'ɔgnitu] *adj* Desconocido, ignorado. • *adv* Secretamente, de incógnito.

in.co.lor [ĩkol'or] *adj m+f* Incoloro.

in.co.mo.dar [ĩkomod'ar] *vtd+vi* **1** Incomodar, molestar, fastidiar. *vpr* **2** Incomodarse.

in.cô.mo.do [ĩk'omodu] *adj* Incómodo, fastidioso, embarazoso, molesto. • *sm* Incomodidad, molestia.

in.com.pa.rá.vel [ĩkõpar'avew] *adj m+f* Incomparable.

in.com.pa.tí.vel [ĩkõpat'ivew] *adj m+f* Incompatible. *fumar é incompatível com a prática de esportes* / fumar es incompatible con la práctica de deportes.

in.com.pe.tên.cia [ĩkõpet'ẽsjə] *sf* Incompetencia. Veja nota em **incompetencia**.

in.com.pe.ten.te [ĩkõpet'ẽti] *adj e s m+f* Incompetente, inepto, incapaz.

in.com.ple.to [ĩkõpl'ɛtu] *adj* Incompleto.

in.com.pre.en.sí.vel [ĩkõpreẽs'ivew] *adj m+f* e *sm* Incomprensible, ininteligible.

in.co.mum [ĩkom'ũ] *adj m+f* Raro, insólito, fuera de lo común.

in.co.mu.ni.cá.vel [ĩkomunik'avew] *adj m+f* Incomunicable.

in.con.ce.bí.vel [ĩkõseb'ivew] *adj m+f* Inconcebible.

in.con.di.ci.o.nal [ĩkõdisjon'aw] *adj m+f* Incondicional, total, absoluto, sin condiciones.

in.con.for.ma.do [ĩkõform'adu] *adj+sm* Disconforme. *os funcionários estão inconformados com as novas medidas da empresa* / los empleados están disconformes con las nuevas medidas de la empresa.

in.con.fun.dí.vel [ĩkõfũd'ivew] *adj m+f* Inconfundible. *a voz da minha tia é inconfundível* / la voz de mi tía es inconfundible.

in.cons.ci.ên.cia [ĩkõsi'ẽsjə] *sf* Inconsciencia.

in.cons.ci.en.te [ĩkõsi'ẽti] *adj m+f e sm* **1** Inconsciente, desmayado. **2** Irresponsable.

in.con.se.quen.te [ĩkõsek'wẽti] *adj e s m+f* Inconsecuente, contradictorio, incongruente, incoherente.

in.con.sis.ten.te [ĩkõsist'ẽti] *adj e s m+f* Inconsistente.

in.con.so.lá.vel [ĩkõsol'avew] *adj m+f* Inconsolable. *a menina sentiu uma tristeza inconsolável quando morreu o seu gatinho* / la niña sintió una tristeza inconsolable cuando murió su gatito.

in.cons.tân.cia [ĩkõst'ãsjə] *sf* **1** Inconstancia. **2** Liviandad, ligereza, infidelidad.

in.cons.tan.te [ĩkõst'ãti] *adj e s m+f* **1** Inconstante, voluble. **2** Inestable, variable. **3** Liviano, ligero, infiel.

in.cons.ti.tu.ci.o.nal [ĩkõstitusjon'aw] *adj m+f Dir* Inconstitucional.

in.con.tá.vel [ĩkõt'avew] *adj m+f* Incontable, innumerable.

in.con.tes.tá.vel [ĩkõtest'avew] *adj m+f* Incontestable, irrefutable, irrebatible, indiscutible, indudable. *o Quixote é um livro de importância incontestável na literatura mundial* / el *Quijote* es un libro de importancia indiscutible para la literatura mundial.

in.con.tro.lá.vel [ĩkõtrol'avew] *adj m+f* Incontrolable.

in.con.ve.ni.ên.cia [ĩkõveni'ẽsjə] *sf* **1** Inconveniencia, despropósito. **2** Descortesía, grosería.

in.con.ve.ni.en.te [ĩkõveni'ẽti] *adj m+f* **1** Inconveniente, inoportuno, inadecuado. **2** Grosero, indecente. • *sm* Inconveniente, dificultad, obstáculo, problema. *por causa de um inconveniente de última hora não poderei assistir ao Congresso* / debido a un inconveniente de última hora no podré asistir al Congreso.

in.cor.po.ra.ção [ĩkorporas'ãw] *sf* Incorporación, agrupamiento, anexión.

in.cor.po.rar [ĩkorpor'ar] *vtd* **1** Materializar. **2** Incorporar, integrar, reunir. *vi* **3** Tomar cuerpo. *vpr* **4** Materializarse. **5** Ingresar, integrar, agregarse. **6** Reunirse, juntarse, congregarse.

in.cor.re.to [ĩkoɾ'ɛtu] *adj* **1** Incorrecto, equivocado, erróneo. **2** Grosero, deshonesto, indigno.

in.cor.ri.gí.vel [ĩkoɾiʒ'ivew] *adj m+f* Incorregible.

in.cor.rup.tí.vel [ĩkoɾupt'ivew] *adj m+f* Incorruptible. *o senador é um homem incorruptível* / el senador es un hombre incorruptible.

in.cre.du.li.da.de [ĩkredulid'adi] *sf* Incredulidad, escepticismo. *minha vizinha sempre reage com incredulidade quando alguém conta uma novidade* / mi vecina siempre reacciona con incredulidad cuando alguien cuenta una novedad.

in.cré.du.lo [ĩkr'ɛdulu] *adj+sm* Incrédulo, escéptico.

in.cre.men.tar [ĩkremẽt'ar] *vtd* Incrementar, aumentar, crecer, acrescentar, ampliar.

in.cre.par [ĩkrep'ar] *vtd* Increpar, reprender, amonestar, regañar. *o guarda começou a increpar o motorista que transitava pela calçada* / el guardia comenzó a increpar al conductor que transitaba por la acera.

in.cri.mi.nar [ĩkrimin'ar] *vtd* **1** Incriminar, inculpar. *vpr* **2** Incriminarse, acusarse, inculparse.

in.crí.vel [ĩkr'ivew] *adj m+f e sm* **1** Increíble, inverosímil. **2** Extraordinario, inexplicable. **3** Excéntrico, extraño.

in.cu.ba.do.ra [ĩkubad'oɾə] *sf* Incubadora.

in.cul.car [ĩkuwk'ar] *vtd* Inculcar, infundir, imbuir. *todos os pais têm o dever de inculcar valores aos filhos* / todos los padres tienen el deber de inculcar valores a los hijos.

in.cul.to [ĩk'uwtu] *adj* **1** Inculto, yermo, baldío. **2** Ignorante, iletrado.

in.cu.rá.vel [ĩkur'avew] *adj m+f* Incurable.

in.da.ga.ção [ĩdagas'ãw] *sf* Indagación.

in.da.gar [ĩdag'ar] *vtd* **1** Indagar, investigar, averiguar. **2** Inquirir, preguntar, interrogar.

in.de.cên.cia [ĩdes'ẽsjə] *sf* Indecencia. *usar um cargo público para o próprio benefício é uma indecência* / usar un cargo público para el beneficio propio es una indecencia.

in.de.cen.te [ĩdesˈẽti] *adj e s m+f* Indecente, indecoroso.
in.de.ci.são [ĩdesizˈãw] *sf* Indecisión.
in.de.ci.so [ĩdesˈizu] *adj+sm* Indeciso, irresoluto.
in.de.co.ro.so [ĩdekorˈozu] *adj* Indecoroso, indecente, obsceno, indigno. *Pl: indecorosos (ó).*
in.de.fe.so [ĩdefˈezu] *adj* **1** Indefenso, desprotegido. **2** Desarmado.
in.de.fi.ni.do [ĩdefinˈidu] *adj+sm* Indefinido, indeterminado, indistinto, vago, impreciso, incoloro.
in.de.lé.vel [ĩdelˈevew] *adj m+f* Indeleble, imborrable. *o ancião ainda guarda uma lembrança indelével do primeiro dia em que viu o mar* / el anciano aún guarda un recuerdo indeleble del primer día que vio el mar.
in.de.li.ca.do [ĩdelikˈadu] *adj* Indelicado, impertinente, vulgar, grosero, inconveniente.
in.de.ni.za.ção [ĩdenizasˈãw] *sf* Indemnización.
in.de.ni.zar [ĩdenizˈar] *vtd* Indemnizar.
in.de.pen.dên.cia [ĩdepẽdˈẽsjə] *sf* Independencia, libertad, autonomía. *o jornalista é um profissional que deve agir com independência* / el periodista es un profesional que debe actuar con independencia.
in.de.pen.den.te [ĩdepẽdˈẽti] *adj m+f* Independiente.
in.des.cri.tí.vel [ĩdeskritˈivew] *adj m+f* Indescriptible. *Brasil tem praias de beleza indescritível* / Brasil tiene playas de belleza indescriptible.
in.de.se.já.vel [ĩdezeʒˈavew] *adj e s m+f* Indeseable. *ninguém duvida dos efeitos indesejáveis do consumo de drogas* / nadie duda de los efectos indeseables del consumo de drogas.
in.des.tru.tí.vel [ĩdestrutˈivew] *adj m+f* **1** Indestructible. **2** *fig* Inalterable, firme.
in.de.ter.mi.na.do [ĩdetermin'adu] *adj* Indeterminado, impreciso, indefinido, vago, confuso, ambiguo.
in.de.vi.do [ĩdevˈidu] *adj* **1** Indebido, inmerecido. **2** Impropio, inconveniente.
in.de.xa.ção [ĩdeksasˈãw] *sf Econ* Indexación. *a indexação é um mecanismo para compensar os efeitos da inflação* / la indexación es un mecanismo para compensar los efectos de la inflación.
in.de.xar [ĩdeksˈar] *vtd* Indexar.
in.di.a.no [ĩdiˈʌnu] *adj+sm* Indio, hindú.
in.di.ca.ção [ĩdikasˈãw] *sf* Indicación.
in.di.ca.do [ĩdikˈadu] *adj* Indicado.
in.di.ca.dor [ĩdikadˈor] *adj+sm* Indicador, indicativo. **dedo indicador** dedo índice.
in.di.car [ĩdikˈar] *vtd* **1** Indicar, denotar. **2** Apuntar, enseñar, mostrar.
ín.di.ce [ˈĩdisi] *sm* Índice.
in.dí.cio [ĩdˈisju] *sm* Indicio, señal. *descobriram alguns indícios de vida em Marte* / descubrieron algunos indicios de vida en Marte.
in.di.fe.ren.ça [ĩdiferˈẽsə] *sf* Indiferencia, desinterés, desprecio, apatía.
in.di.fe.ren.te [ĩdiferˈẽti] *adj e s m+f* Indiferente, apático, insensible. *ninguém fica indiferente quando o Brasil joga numa final da taça mundial de futebol* / nadie queda indiferente cuando Brasil juega una final de la copa mundial de fútbol.
in.dí.ge.na [ĩdˈiʒenə] *adj e s m+f* **1** Indígena, nativo, aborigen, autóctono. **2** Indio.
in.di.gen.te [ĩdiʒˈẽti] *adj e s m+f* Indigente, mendigo, necesitado. *a melhor forma de ajudar um indigente é oferecer-lhe uma oportunidade de trabalho* / la mejor forma de ayudar a un indigente es ofrecerle una oportunidad de trabajo.
in.di.ges.tão [ĩdiʒestˈãw] *sf Med* **1** Indigestión. **2** Empacho.
in.di.ges.to [ĩdiʒˈɛstu] *adj* Indigesto.
in.dig.na.do [ĩdignˈadu] *adj* Indignado, furioso, enfadado.
in.dig.na.ção [ĩdignasˈãw] *sf* Indignación, rabia, ira.
in.dig.nar [ĩdignˈar] *vtd* **1** Indignar, irritar, enojar, enfurecer. *vpr* **2** Indignarse, irritarse, enojarse, enfurecerse.
in.dig.no [ĩdˈignu] *adj+sm* Indigno.
ín.dio [ˈĩdju] *adj+sm* **1** Indio, hindú. **2** Indígena.
in.di.re.ta [ĩdirˈɛtə] *sf* Indirecta. *nem com as indiretas da sua mulher o marido lembrou do aniversário de casamento* / ni con las indirectas de su mujer el marido se acordó del aniversario de bodas.

in.di.re.to [ĭdirˈɛtu] *adj* Indirecto.
in.dis.ci.pli.na [ĭdisiplˈinə] *sf* Indisciplina, desobediencia, rebeldía, insubordinación.
in.dis.cre.to [ĭdiskrˈɛtu] *adj+sm* Indiscreto, imprudente, impertinente.
in.dis.cri.ção [ĭdiskrisˈãw] *sf* Indiscreción, imprudencia.
in.dis.cu.tí.vel [ĭdiskutˈivew] *adj m+f* Indiscutible, evidente.
in.dis.pen.sá.vel [ĭdispensˈavew] *adj m+f* e *sm* Indispensable, imprescindible.
in.dis.por [ĭdispˈor] *vtd* **1** Indisponer. *a fofoca é um costume que só consegue indispor as pessoas* / el chisme es una costumbre que sólo consigue indisponer a las personas. *vpr* **2** Indisponerse.
in.dis.po.si.ção [ĭdispozisˈãw] *sf* Indisposición.
in.dis.pos.to [ĭdispˈostu] *adj* Indispuesto. *não foi ao cinema pois sentiu-se indisposta* / no fue al cine porque se sintió indispuesta. *Pl: indispostos (ó).*
in.dis.tin.to [ĭdistˈĩtu] *adj* Indistinto.
in.di.vi.du.al [ĭdividuˈaw] *adj m+f* e *sm* Individual, particular, personal.
in.di.vi.du.a.lis.ta [ĭdividwalˈistə] *adj* e *s m+f* Individualista. *em nossa sociedade as pessoas estão cada dia mais individualistas* / en nuestra sociedad las personas están cada vez más individualistas.
in.di.ví.duo [ĭdivˈidwu] *sm* Individuo, persona, sujeto.
in.di.vi.sí.vel [ĭdivizˈivew] *adj m+f* Indivisible.
ín.do.le [ˈĩdoli] *sf* **1** Índole, naturaleza, carácter. **2** Tipo, clase.
in.do.lên.cia [ĭdolˈẽsjə] *sf* Indolencia, desidia, apatía. *vestiu com indolência as roupas e saiu de casa* / se puso la ropa con indolencia y salió de casa.
in.do.len.te [ĭdolˈẽti] *adj m+f* **1** Indolente, insensible, apático. **2** Flojo, perezoso, vago, haragán. **3** Negligente.
in.do.lor [ĭdolˈor] *adj m+f* Indoloro. *a acupuntura é um método terapêutico indolor* / la acupuntura es un método terapéutico indoloro.
in.do.má.vel [ĭdomˈavew] *adj m+f* Indomable, indómito.

in.du.bi.tá.vel [ĭdubitˈavew] *adj m+f* Indudable, indiscutible.
in.dul.gên.cia [ĭduwʒˈẽsjə] *sf* Indulgencia, comprensión, tolerancia, clemencia, benevolencia.
in.dul.gen.te [ĭduwʒˈẽti] *adj m+f* Indulgente, condescendiente.
in.dús.tria [ĭdˈustrjə] *sf* Industria.
in.dus.tri.al [ĭdustriˈaw] *adj* e *s m+f* Industrial.
in.du.zir [ĭduzˈir] *vtd* Inducir, impulsar, incitar.
i.ne.bri.an.te [inebriˈãti] *adj m+f* Embriagante. *a rosa tem um perfume inebriante* / la rosa tiene un perfume embriagante.
i.ne.bri.ar [inebriˈar] *vtd+vi* **1** Embriagar, cautivar, extasiar, entusiasmar. *vpr* **2** Embriagarse, extasiarse, entusiasmarse.
i.né.di.to [inˈɛditu] *adj* e *sm* **1** Inédito. *vários clássicos da literatura permaneceram inéditos durante muitos anos* / varios clásicos de la literatura permanecieron inéditos durante muchos años. **2** *fig* Original.
i.ne.fi.cá.cia [inefikˈasjə] *sf* Ineficacia.
i.ne.fi.caz [inefikˈas] *adj m+f* Ineficaz, inútil, nulo.
i.ne.fi.ci.ên.cia [inefisiˈẽsjə] *sf* Ineficiencia, ineficacia.
i.ne.gá.vel [inegˈavew] *adj m+f* Innegable, indiscutible, indudable, evidente.
i.nep.to [inˈɛptu] *adj+sm* Inepto, incapaz, incompetente. Veja nota em **incompetencia**.
i.nér.cia [inˈɛrsjə] *sf* Inercia.
i.ne.ren.te [inerˈẽti] *adj m+f* Inherente. *a vontade de vencer é inerente ao ser humano* / el deseo de vencer es inherente al ser humano.
i.ner.te [inˈɛrti] *adj m+f* Inerte.
i.nes.cru.pu.lo.so [ineskrupulˈozu] *adj* Inescrupuloso. *Pl: inescrupulosos (ó).*
i.nes.go.tá.vel [inezgotˈavew] *adj m+f* Inagotable.
i.nes.pe.ra.do [inesperˈadu] *adj* Inesperado.
i.nes.que.cí.vel [ineskesˈivew] *adj m+f* Inolvidable.
i.nes.ti.má.vel [inestimˈavew] *adj m+f* Inestimable.

i.ne.vi.tá.vel [inevit'avew] *adj m+f* Inevitable, fatal, ineludible, irremediable.

i.ne.xe.quí.vel [inezek'wivew] *adj m+f* Inasequible.

i.ne.xis.tên.cia [inezist'ēsjə] *sf* Inexistencia.

i.ne.xis.ten.te [inezist'ēti] *adj m+f* Inexistente.

i.nex.pe.ri.ên.cia [inesperi'ēsjə] *sf* Inexperiencia, impericia.

i.nex.pe.ri.en.te [inesperi'ēti] *adj e s m+f* **1** Inexperto. *apesar de ser um médico inexperiente, conseguiu salvar a vida do enfermo* / a pesar de ser un médico inexperto, consiguió salvarle la vida al enfermo. **2** Inocente, ingenuo.

i.nex.pli.cá.vel [inesplik'avew] *adj m+f* inexplicable.

in.fa.lí.vel [ifal'ivew] *adj m+f* Infalible. *todo mundo conhece um método infalível para acabar com o resfriado* / todo el mundo conoce un método infalible para acabar con el resfriado.

in.fa.me [if'∧mi] *adj m+f* **1** Infame, indigno. **2** Vil, despreciable, perverso. **3** Pésimo, horrible.

in.fâ.mia [if'∧mjə] *sf* **1** Infamia, descrédito, deshonra. **2** Maldad, vileza. *as pessoas que conheciam aquele homem não conseguiam acreditar que ele tivesse cometido aquela infâmia* / las personas que conocían aquel hombre no podían creer que él hubiese cometido aquella infamia.

in.fân.cia [if'ãsjə] *sf* Infancia, niñez.

in.fan.til [ifãt'iw] *adj m+f* **1** Infantil, pueril. **2** *Chile* Aguaguado.

in.far.to [if'artu] *sm Med* Infarto.

in.fec.ção [ifeks'ãw] *sf* Infección. *o hábito de lavar as mãos ajuda a prevenir muitos tipos de infecção* / el hábito de lavarse las manos ayuda a prevenir muchas clases de infección.

in.fec.ci.o.nar [ifeksjon'ar] *vtd+vi+vpr* Infectar.

in.fec.ci.o.so [ifeksi'ozu] *adj* Infeccioso. *Pl: infecciosos (ó).*

in.fe.li.ci.da.de [ifelisid'adi] *sf* Infelicidad, desdicha, infortunio.

in.fe.liz [ifel'is] *adj m+f* Infeliz, desdichado, desventurado.

in.fe.ri.or [iferi'or] *adj m+f* Inferior, peor. • *sm* Inferior, subordinado, subalterno.

in.fe.ri.o.ri.da.de [iferjorid'adi] *sf* Inferioridad.

in.fe.rir [ifer'ir] *vtd* Inferir, deducir. *com tão poucos antecedentes, é impossível inferir a verdade* / con tan pocos antecedentes, es imposible inferir la verdad.

in.fer.nal [ifern'aw] *adj m+f* **1** Infernal, demoníaco, diabólico. **2** *fig* Desagradable, horrible, espantoso.

in.fer.no [if'εrnu] *sm* Infierno.

in.fer.ti.li.da.de [ifertilid'adi] *sf* Infertilidad.

in.fes.tar [ifest'ar] *vtd* Infestar.

in.fi.el [ifi'εw] *adj e s m+f* Infiel, desleal, traidor. • *sm Rel* Infiel, pagano.

in.fil.tra.ção [ifiwtras'ãw] *sf* Infiltración.

in.fil.trar [ifiwtr'ar] *vtd+vpr* Infiltrar.

ín.fi.mo [']ifimu] *adj* Ínfimo. *o antiquário pagou um preço ínfimo pelo móvel* / el anticuario pagó un precio ínfimo por el mueble.

in.fi.ni.da.de [ifinid'adi] *sf* Infinidad. *havia uma infinidade de novos romances na feira do livro* / había una infinidad de nuevas novelas en la feria del libro.

in.fi.ni.ti.vo [ifinit'ivu] *sm Ling* Infinitivo.

in.fi.ni.to [ifin'itu] *adj+sm* **1** Infinito. **2** Incontable, innumerable.

in.fla.ção [iflas'ãw] *sf* Inflación.

in.fla.ma.ção [iflamas'ãw] *sf* Inflamación.

in.fla.mar [iflam'ar] *vtd+vpr* **1** Inflamarse, incendiarse, encenderse, prenderse. **2** Hincharse.

in.fle.xí.vel [ifleks'ivew] *adj m+f* **1** Inflexible. **2** *fig* Firme, rígido, duro, severo, inexorable, implacable.

in.flu.ên.cia [iflu'ēsjə] *sf* Influencia, influjo.

in.flu.en.ci.ar [iflwēsi'ar] *vtd+vpr* Influenciar, influir, afectar.

in.flu.en.te [iflu'ēti] *adj e s m+f* Influyente. *o nosso professor foi uma pessoa muito influente nas nossas vidas* / nuestro profesor fue una persona muy influyente en nuestras vidas.

in.flu.ir [ĩflu'ir] *vtd* **1** Influir. **2** *AL* Influenciar.
in.for.ma.ção [ĩformas'ãw] *sf* Información.
in.for.mal [ĩform'aw] *adj m+f* Informal.
in.for.man.te [ĩform'ãti] *adj e s m+f* Informante.
in.for.mar [ĩform'ar] *vtd+vi* Informar.
in.for.má.ti.ca [ĩform'atikə] *sf* **1** Informática. **2** *AL* Computación.
in.for.ma.ti.vo [ĩformat'ivu] *adj* Informativo. *estou lendo um texto informativo sobre a camada de ozônio* / estoy leyendo un texto informativo sobre la capa de ozono. • *sm* Informativo, noticiario, noticiero. *nem todas as notícias do informativo são ruins* / ni todas las noticias del informativo son malas.
in.for.ma.ti.zar [ĩformatiz'ar] *vtd* Informatizar.
in.for.me [ĩf'ɔrmi] *adj m+f* Informe, amorfo. • *sm* Informe, información, aviso, noticia.
in.for.tú.nio [ĩfort'unju] *sm* Infortunio, desdicha, desgracia, infelicidad, desventura.
in.fra.ção [ĩfras'ãw] *sf* Infracción, falta.
in.fra.es.tru.tu.ra [ĩfrəestrut'urə] *sf* Infraestructura. *a infraestrutura da cidade é precária* / la infraestructura de la ciudad es precaria.
in.fra.tor [ĩfrat'or] *adj+sm* Infractor.
in.fra.ver.me.lho [ĩfrəverm'eʎu] *adj+sm* Infrarrojo.
in.frin.gir [ĩfrĩʒ'ir] *vtd* Infringir, violar, contravenir, incumplir.
in.fun.da.do [ĩfũd'adu] *adj* Infundado, sin fundamento.
in.fun.dir [ĩfũd'ir] *vtd* Infundir, inspirar.
in.fu.são [ĩfuz'ãw] *sf* Infusión. *uma infusão de ervas é excelente para qualquer mal-estar* / una infusión de yerbas es excelente para cualquier malestar.
in.gê.nuo [ĩʒ'enwu] *adj* Ingenuo, inocente, cándido.
in.ge.rir [ĩʒer'ir] *vtd* Ingerir.
in.ges.tão [ĩʒest'ãw] *sf* Ingestión.
in.glês [ĩgl'es] *adj+sm* Inglés.
in.gra.ti.dão [ĩgratid'ãw] *sf* Ingratitud. *a ingratidão não é um motivo para o egoísmo* / la ingratitud no es un motivo para el egoísmo.
in.gra.to [ĩgr'atu] *adj+sm* Ingrato, desagradecido. • *adj* Ingrato, desagradable, molesto, fastidioso, enojoso. *falar com ela é uma tarefa ingrata* / hablar con ella es una tarea ingrata.
in.gre.di.en.te [ĩgredi'ẽti] *sm* Ingrediente.
ín.gre.me ['ĩgremi] *adj m+f* Escarpado, empinado, inclinado.
in.gres.sar [ĩgres'ar] *vtd* Ingresar, entrar, incorporarse.
in.gres.so [ĩgr'ɛsu] *sm* **1** Ingreso, acceso. **2** Admisión, incorporación. **3** Entrada, boleto. *hoje vou comprar os ingressos para o recital* / hoy voy a comprar las entradas para el recital.
i.nha.me [iñ'ʌmi] *sm Bot* Ñame.
i.ni.bi.ção [inibis'ãw] *sf* Inhibición.
i.ni.bir [inib'ir] *vtd* **1** Inhibir, cohibir, refrenar. *vpr* **2** Inhibirse.
i.ni.ci.a.ção [inisjas'ãw] *sf* Iniciación.
i.ni.ci.al [inisi'aw] *adj m+f* Inicial.
i.ni.ci.ar [inisi'ar] *vtd* **1** Iniciar, comenzar, empezar. *vpr* **2** Iniciarse.
i.ni.ci.a.ti.va [inisjat'ivə] *sf* Iniciativa.
i.ní.cio [in'isju] *sm* **1** Inicio, comienzo, principio. **2** Inauguración, fundación. **estar no início** estar en el comienzo.
i.ni.mi.go [inim'igu] *adj+sm* **1** Enemigo, contrario. **2** Adversario.
i.ni.mi.za.de [inimiz'adi] *sf* Enemistad. *a inimizade entre as torcidas de futebol pode ser muito perigosa* / la enemistad entre las hinchadas de fútbol puede ser muy peligrosa.
i.nin.te.li.gí.vel [inĩteliʒ'ivew] *adj m+f* Ininteligible. *para alguns alunos a física é uma matéria ininteligível* / para algunos alumnos la física es una asignatura ininteligible.
i.nin.ter.rup.to [inĩteř'uptu] *adj* Ininterrumpido, continuado, continuo, incesante. *o presidente pronunciou um discurso ininterrupto de três horas* / el presidente pronunció un discurso ininterrumpido de tres horas.
i.ni.qui.da.de [inikwid'adi] *sf* Iniquidad, maldad, perversidad, injusticia.
i.ní.quo [in'ikwu] *adj* **1** Inicuo. **2** Malvado, injusto.

in.je.ção [ĩʒes'ãw] *sf* Inyección.
in.je.tar [ĩʒet'ar] *vtd+vpr* Inyectar.
in.jú.ria [ĩʒ'urjə] *sf* **1** Injuria. **2** Afrenta, agravio.
in.jus.ti.ça [ĩʒust'isə] *sf* Injusticia. *a injustiça social é o maior problema do terceiro mundo* / la injusticia social es el mayor problema del tercer mundo.
in.jus.to [ĩʒ'ustu] *adj* Injusto.
i.no.cên.cia [inos'ẽsjə] *sf* Inocencia.
i.no.cen.te [inos'ẽti] *adj m+f* e *sm* Inocente, ingenuo, cándido, candoroso, inofensivo.
i.no.do.ro [inod'ɔru] *adj* Inodoro, que no tiene olor.

> Em espanhol, **inodoro** significa também "vaso sanitário": *é proibido jogar papéis no vaso sanitário* / se prohibe arrojar papeles en el inodoro.

i.no.fen.si.vo [inofẽs'ivu] *adj* Inofensivo, inocuo.
i.no.por.tu.no [inoport'unu] *adj* **1** Inoportuno, intempestivo. **2** Impropio, inconveniente, inadecuado.
i.nós.pi.to [in'ɔspitu] *adj* Inhóspito.
i.no.va.dor [inovad'or] *adj+sm* Innovador.
i.no.var [inov'ar] *vtd* Innovar.
i.no.xi.dá.vel [inoksid'avew] *adj m+f* Inoxidable. *aço inoxidável* acero inoxidable.
in.qua.li.fi.cá.vel [ĩkwalifik'avew] *adj m+f* Incalificable. *a conduta de alguns torcedores de futebol é inqualificável* / la conducta de algunos hinchas de fútbol es incalificable.
in.que.brá.vel [ĩkebr'avew] *adj m+f* Irrompible.
in.qué.ri.to [ĩk'ɛritu] *sm* Indagación, averiguación, investigación.
in.quie.ta.ção [ĩkjetas'ãw] *sf* Inquietud, nerviosismo, preocupación, intranquilidad, agitación. *não conseguia evitar sentir uma inquietação no coração* / no conseguía evitar sentir una inquietud en el corazón.
in.qui.e.tan.te [ĩkjet'ãti] *adj m+f* Inquietante.
in.qui.e.tar [ĩkjet'ar] *vtd* **1** Inquietar, intranquilizar, alarmar, preocupar. *vpr* **2** Inquietarse.

in.qui.e.to [ĩki'ɛtu] *adj+sm* Inquieto, nervioso, preocupado, intranquilo, alarmado.
in.qui.li.no [ĩkil'inu] *sm* Inquilino.
in.qui.si.ção [ĩkizis'ãw] *sf* **1** Inquisición. **2** Tribunal eclesiástico.
in.qui.si.dor [ĩkizid'or] *adj+sm* Inquisidor.
in.sa.ci.á.vel [ĩsasi'avew] *adj m+f* Insaciable.
in.sa.lu.bre [ĩsal'ubri] *adj m+f* Insalubre.
in.sa.lu.bri.da.de [ĩsalubrid'adi] *sf* Insalubridad.
in.sa.no [ĩs'∧nu] *adj+sm* **1** Insano, loco, demente. *o assassino foi declarado insano pelo tribunal* / el asesino fue declarado insano por el tribunal. **2** Costoso, difícil, arduo. *os esportistas devem fazer um esforço insano para superar as metas* / los deportistas deben realizar un arduo esfuerzo para superar las metas.
in.sa.tis.fa.tó.rio [ĩsatisfat'ɔrju] *adj* Insatisfactorio.
in.sa.tis.fei.to [ĩsatisf'ejtu] *adj+sm* Insatisfecho, descontento.
ins.cre.ver [ĩskrev'er] *vtd+vpr* Inscribir.
ins.cri.ção [ĩskris'ãw] *sf* Inscripción, anotación, registro.
in.se.gu.ran.ça [ĩsegur'ãsə] *sf* Inseguridad. *todos sofrem por causa da insegurança nas grandes cidades* / todos sufren debido a la inseguridad en las grandes ciudades.
in.se.gu.ro [ĩseg'uru] *adj* Inseguro.
in.sen.sa.to [ĩsẽs'atu] *adj+sm* Insensato.
in.sen.si.bi.li.da.de [ĩsẽsibilid'adi] *sf* **1** Insensibilidad. **2** Apatía, indiferencia.
in.sen.sí.vel [ĩsẽs'ivew] *adj m+f* e *sm* Insensible, impasible.
in.se.pa.rá.vel [ĩsepar'avew] *adj m+f* Inseparable. *ele é meu amigo inseparável desde a época da escola* / él es mi amigo inseparable desde la época del colegio.
in.ser.ção [ĩsers'ãw] *sf* Inserción.
in.se.rir [ĩser'ir] *vtd* Insertar, introducir, incluir, intercalar.
in.se.ti.ci.da [ĩsetis'idə] *adj m+f* e *sm* Insecticida.

in.se.to [ĩsˈɛtu] *sm Zool* **1** Insecto. *a maioria dos insetos tem asas* / la mayoría de los insectos tiene alas. **2** *fig* Persona insignificante.

in.síg.nia [ĩsˈignjə] *sf* Insignia, distintivo, enseña.

in.sig.ni.fi.can.te [ĩsignifikˈãti] *adj e s m+f* Insignificante.

in.si.nu.a.ção [ĩsinwasˈãw] *sf* Insinuación.

in.si.nu.ar [ĩsinuˈar] *vtd+vi* **1** Insinuar. *vpr* **2** Insinuarse.

in.sí.pi.do [ĩsˈipidu] *adj* Insípido, soso, insulso, desabrido.

in.sis.tên.cia [ĩsistˈẽsjə] *sf* Insistencia.

in.sis.ten.te [ĩsistˈẽti] *adj m+f* Insistente.

in.sis.tir [ĩsistˈir] *vtd+vi* Insistir, persistir, perseverar.

in.so.la.ção [ĩsolasˈãw] *sf Med* Insolación. *quem não tiver cuidado com o sol na praia pode sofrer uma insolação* / quien no tenga cuidado con el sol en la playa puede sufrir una insolación.

in.so.lên.cia [ĩsolˈẽsjə] *sf* Insolencia, atrevimiento, descaro.

in.so.len.te [ĩsolˈẽti] *adj e s m+f* Insolente, descarado, impertinente.

in.só.li.to [ĩsˈɔlitu] *adj* **1** Insólito, raro, anormal, inaudito. **2** Extraordinario.

in.so.lú.vel [ĩsolˈuvew] *adj m+f* Insoluble, indisoluble.

in.sol.vên.cia [ĩsowvˈẽsjə] *sf* Insolvencia.

in.sol.ven.te [ĩsowvˈẽti] *adj e s m+f* Insolvente.

in.sô.nia [ĩsˈonjə] *sf Med* Insomnio. *as preocupações podem provocar insônia* / las preocupaciones pueden provocar insomnio.

in.sos.so [ĩsˈosu] *adj* Insulso, insípido, soso, anodino.

ins.pe.ção [ĩspesˈãw] *sf* Inspección, examen, reconocimiento. *O Ministério da Saúde ordenou a inspeção de todos os restaurantes do país* / el Ministerio de Salud ordenó la inspección de todos los restaurantes del país.

ins.pe.ci.o.nar [ĩspesjonˈar] *vtd* Inspeccionar, examinar, reconocer.

ins.pe.tor [ĩspetˈor] *sm* Inspector.

ins.pi.ra.ção [ĩspirasˈãw] *sf* Inspiración.

ins.pi.rar [ĩspirˈar] *vtd* **1** Inspirar, aspirar, inhalar. **2** Sugerir. **3** Infundir, provocar. *vpr* **4** Inspirarse.

ins.ta.bi.li.da.de [ĩstabilidˈadi] *sf* Inestabilidad.

ins.ta.la.ção [ĩstalasˈãw] *sf* Instalación.

ins.ta.lar [ĩstalˈar] *vtd* **1** Instalar, colocar, montar. **2** Alojar, albergar. *vpr* **3** Alojarse, hospedarse. **4** Instalarse, establecerse.

ins.tan.tâ.neo [ĩstãtˈʌnju] *adj* Instantáneo, inmediato, momentáneo, fugaz. • *sm* Instantánea.

ins.tan.te [ĩstˈãti] *sm* Instante, momento, segundo, santiamén. *aquela sensação de medo só durou um instante* / aquella sensación de miedo sólo duró un instante.

ins.tar [ĩstˈar] *vtd+vi* Instar.

ins.tau.rar [ĩstawrˈar] *vtd* **1** Instaurar, establecer, implantar, instituir. *o governo propõe instaurar um novo plano educacional* / el gobierno propone instaurar un nuevo plan educativo. **2** Fundar, inaugurar.

ins.tá.vel [ĩstˈavew] *adj m+f* **1** Inestable, variable. **2** Voluble, inconstante.

ins.ti.gar [ĩstigˈar] *vtd* Instigar, incitar, provocar, inducir.

ins.tin.ti.vo [ĩstĩtˈivu] *adj* Instintivo.

ins.tin.to [ĩstˈĩtu] *sm* Instinto.

ins.ti.tu.i.ção [ĩstitwisˈãw] *sf* **1** Institución, fundación. **2** Organismo.

ins.ti.tu.ir [ĩstituˈir] *vtd* Instituir, fundar, establecer, instaurar.

ins.ti.tu.to [ĩstitˈutu] *sm* Instituto.

ins.tru.ção [ĩstrusˈãw] *sf* Instrucción, educación.

ins.tru.ir [ĩstruˈir] *vtd* **1** Instruir, educar, enseñar. *a todo professor cumpre instruir seus alunos* / a todo profesor le corresponde instruir a sus alumnos. *vpr* **2** Instruirse.

ins.tru.men.to [ĩstrumˈẽtu] *sm* Instrumento.

ins.tru.ti.vo [ĩstrutˈivu] *adj* Instructivo, aleccionador, educativo, edificante. *estou lendo um texto muito instrutivo* / estoy leyendo un texto muy instructivo.

ins.tru.tor [ĩstrutˈor] *adj+sm* Instructor.

in.su.bor.di.na.ção [ĩsubordinasˈãw] *sf* Insubordinación.

in.su.bor.di.nar [īsubordin'ar] *vtd* **1** Insubordinar, sublevar. *vpr* **2** Insubordinarse, desobedecer, rebelarse.

in.subs.ti.tu.í.vel [īsubstitu'ivew] *adj m+f* Insustituible.

in.su.ces.so [īsus'ɛsu] *sm* Fracaso, fiasco, mal resultado.

in.su.fi.ci.en.te [īsufisi'ēti] *adj m+f* **1** Insuficiente. **2** Incompetente, incapaz.

in.su.li.na [īsul'inə] *sf Med* Insulina.

in.sul.tar [īsuwt'ar] *vtd* Insultar.

in.sul.to [īs'uwtu] *sm* Insulto.

in.su.por.tá.vel [īsuport'avew] *adj m+f* Insoportable, insufrible, inaguantable.

in.ta.to [īt'atu] *adj* Intacto.

ín.te.gra ['ītegrə] *sf* Totalidad. *a TV vai transmitir o discurso do presidente da República na íntegra* / la tele va a transmitir el discurso del presidente de la República en su totalidad.

in.te.gra.ção [ītegras'ãw] *sf* Integración.

in.te.gral [ītegr'aw] *adj m+f* Integral, global, total.

in.te.grar [ītegr'ar] *vtd* **1** Completar, enterar. **2** Integrar, formar parte, componer. *um novo baterista vai integrar a banda de rock* / un nuevo baterista va a integrar la banda de *rock*. *vpr* **3** Integrarse.

in.te.gri.da.de [ītegrid'adi] *sf* Integridad, honradez, rectitud.

ín.te.gro ['ītegru] *adj* **1** Íntegro, entero, completo. **2** Honrado, honesto. *ninguém duvida que o senador é um homem íntegro* / nadie duda que el senador es un hombre íntegro.

in.tei.rar [ītejr'ar] *vtd* **1** Completar. *vpr* **2** Enterarse, informarse.

in.tei.ro [īt'ejru] *adj* Entero, completo, íntegro, cabal. *o aluno conseguiu ler o livro inteiro em dois dias* / el alumno consiguió leer el libro entero en dos días. • *sm Mat* Número entero.

in.te.lec.to [ītel'ɛktu] *sm* Intelecto, inteligencia, entendimiento.

in.te.lec.tu.al [ītelektu'aw] *adj e s m+f* Intelectual.

in.te.li.gên.cia [īteliʒ'ēsjə] *sf* Inteligencia.

in.te.li.gen.te [īteliʒ'ēti] *adj m+f* Inteligente.

in.te.li.gí.vel [īteliʒ'ivew] *adj m+f* Inteligible.

in.tem.pé.rie [ītēp'ɛrji] *sf* Intemperie. *passamos a noite sob a intempérie* / pasamos la noche a la intemperie.

in.tem.pes.ti.vo [ītēpest'ivu] *adj* Intempestivo, inoportuno. *a chuva intempestiva estragou o passeio* / la lluvia intempestiva arruinó el paseo.

in.ten.ção [ītēs'ãw] *sf* Intención, propósito, empeño.

in.ten.si.da.de [ītēsid'adi] *sf* Intensidad.

in.ten.si.fi.car [ītēsifik'ar] *vtd+vpr* Intensificar.

in.ten.si.vo [ītēs'ivu] *adj* Intensivo.

in.ten.so [īt'ēsu] *adj* Intenso.

in.ten.to [īt'ētu] *sm* Intento.

in.te.ra.ção [īteras'ãw] *sf* Interacción.

in.te.ra.ti.vo [īterat'ivu] *adj* Interactivo.

in.ter.ca.lar [īterkal'ar] *vtd* Intercalar.

in.ter.cam.bi.ar [īterkãbi'ar] *vtd* Intercambiar.

in.ter.câm.bio [īterk'ãbju] *sm* Intercambio, permuta, trueque, cambio. *o mais importante de uma reunião é o intercâmbio de ideias* / lo más importante de una reunión es el intercambio de ideas.

in.ter.ce.der [ītersed'er] *vtd* Interceder, mediar, abogar, terciar.

in.ter.cep.tar [ītersept'ar] *vtd* **1** Interceptar, detener, parar, interrumpir. **2** Obstruir, estorbar, cortar, obstaculizar.

in.ter.di.tar [īterdit'ar] *vtd* vedar, prohibir.

in.te.res.sa.do [īteres'adu] *sm* **1** Interesado. **2** Atento.

in.te.res.san.te [īteres'ãti] *adj m+f e sm* Interesante, atrayente, sugestivo.

in.te.res.sar [īteres'ar] *vtd+vi* **1** Interesar, atraer, motivar. *vpr* **2** Interesarse.

in.te.res.se [īter'esi] *sm* **1** Interés, utilidad, ganancia. **2** Provecho, beneficio. **3** Ganas, afán, empeño.

in.ter.fa.ce [īterf'asi] *sf Inform, Fís* Interfaz.

in.ter.fe.rên.cia [īterfer'ēsjə] *sf* Interferencia.

in.ter.fe.rir [īterfer'ir] *vtd* Interferir.

in.ter.fo.ne [īterf'oni] *sm* Intercomunicador, interfono.

ín.te.rim ['ĩteɾĩ] *sm* Ínterin. **neste ínterim** en el ínterin.

in.te.ri.no [ĩteɾ'inu] *adj* Interino, provisional, temporal.

in.te.ri.or [ĩteɾi'oɾ] *adj m+f* e *sm* Interior.

in.te.ri.o.ri.zar [ĩteɾjoɾiz'aɾ] *vtd* **1** Interiorizar, asimilar. **2** Informar.

in.ter.jei.ção [ĩteɾʒejs'ãw] *sf Ling* Interjección. *oh! é uma interjeição muito usada por todos* / ¡oh! es una interjección muy usada por todos.

in.ter.lo.cu.tor [ĩteɾlokut'oɾ] *sm* Interlocutor.

in.ter.me.di.á.rio [ĩteɾmedi'aɾju] *adj+sm* Intermediario, mediador.

in.ter.mé.dio [ĩteɾm'ɛdju] *adj* Intermedio. *paguei um valor intermédio entre o que me pediam e o que eu podia pagar* / pagué un valor intermedio entre lo que me pedían y lo que yo podía pagar • *sm* **1** Intermedio, mediación. **2** Entreacto.

in.ter.mi.ná.vel [ĩteɾmin'avew] *adj m+f* Interminable. *ficamos um tempo interminável na fila* / permanecimos un tiempo interminable en la cola.

in.ter.na.ci.o.nal [ĩteɾnasjon'aw] *adj m+f* Internacional.

in.ter.nar [ĩteɾn'aɾ] *vtd* **1** Internar. *vpr* **2** Internarse, adentrarse, penetrar.

in.ter.na.to [ĩteɾn'atu] *sm* Internado.

internet [ĩteɾn'ɛt] *sf Inform ingl* Internet. *a Internet revolucionou o mundo das comunicações* / la Internet revolucionó el mundo de las comunicaciones.

in.ter.no [ĩt'eɾnu] *adj* Interno, interior. • *adj+sm* Interno (alumno).

in.ter.por [ĩteɾp'oɾ] *vtd* **1** Interponer, interpolar, intercalar. *vpr* **2** Interponerse.

in.ter.pre.ta.ção [ĩteɾpɾetas'ãw] *sf* **1** Interpretación, explicación. **2** Traducción. **3** Actuación.

in.ter.pre.tar [ĩteɾpɾet'aɾ] *vtd* **1** Interpretar, considerar, explicar. **2** Traducir. **3** Representar.

in.tér.pre.te [ĩt'ɛɾpɾeti] *s m+f* **1** Intérprete (artista). **2** Intérprete (traductor).

in.ter.ro.ga.ção [ĩteɾogas'ãw] *sf* Interrogación. *como você se chama?* / ¿cómo te llamas? Veja nota em **interrogação**.

in.ter.ro.gar [ĩteɾog'aɾ] *vtd* Interrogar.

in.ter.ro.ga.tó.rio [ĩteɾogat'ɔɾju] *sm* Interrogatorio.

in.ter.rom.per [ĩteɾõp'eɾ] *vtd* Interrumpir.

in.ter.rup.ção [ĩteɾups'ãw] *sf* Interrupción.

in.ter.rup.tor [ĩteɾupt'oɾ] *adj+sm* Interruptor, llave.

in.te.rur.ba.no [ĩteɾuɾb'ʌnu] *adj+sm* Interurbano.

in.ter.va.lo [ĩteɾv'alu] *sm* Intervalo.

in.ter.vir [ĩteɾv'iɾ] *vtd+vi* Intervenir, participar. *a polícia teve de intervir durante os protestos* / durante las protestas tuvo que intervenir la policía.

in.tes.ti.no [ĩtest'inu] *adj* Intestino, interno. • *sm Anat* Intestino.

in.ti.ma.ção [ĩtimas'ãw] *sf* Intimación, citación, notificación.

in.ti.mi.da.de [ĩtimid'adi] *sf* Intimidad.

in.ti.mi.dar [ĩtimid'aɾ] *vtd+vi+vpr* Intimidar, amedrentar, acobardar, atemorizar.

ín.ti.mo ['ĩtimu] *adj+sm* íntimo.

in.ti.tu.lar [ĩtitul'aɾ] *vtd* **1** Titular. **2** Llamar. **3** Designar.

in.to.le.rân.cia [ĩtoleɾ'ãsjə] *sf* Intolerancia, intransigencia.

in.to.cá.vel [ĩtok'avew] *adj* e *s m+f* Intocable.

in.to.le.ran.te [ĩtoleɾ'ãti] *adj m+f* Intolerante.

in.to.xi.ca.ção [ĩtoksikas'ãw] *sf Med* Intoxicación.

in.to.xi.car [ĩtoksik'aɾ] *vtd+vi+vpr* Intoxicar, envenenar.

in.tra.gá.vel [ĩtɾag'avew] *adj m+f* Intragable, insoportable. *a comida do restaurante era intragável* / la comida del restaurante era intragable.

in.tran.si.gen.te [ĩtɾãziʒ'ẽti] *adj* e *s m+f* Intransigente.

in.tré.pi.do [ĩtɾ'ɛpidu] *adj+sm* Intrépido, valiente, audaz, osado. *os toureiros são homens intrépidos* / los toreros son hombres intrépidos.

in.tri.ga [ĩtɾ'igə] *sf* **1** Intriga, confabulación, conspiración. **2** Trama, argumento.

in.tri.gan.te [ĩtɾig'ãti] *adj* e *s m+f* Intrigante.

in.trin.ca.do [ĩtɾĩk'adu] *adj* Intrincado.

in.trín.se.co complicado, confuso, enredado. *depois de percorrer um longo e intrincado caminho, finalmente chegamos* / después de recorrer un largo e intrincado camino, finalmente llegamos.

in.trín.se.co [ĩtrˈĩseku] *adj* Intrínseco.

in.tro.du.ção [ĩtrodusˈãw] *sf* Introducción.

in.tro.du.zir [ĩtroduzˈir] *vtd* **1** Introducir, meter, encajar, insertar. *vpr* **2** Introducirse.

in.tro.me.ter [ĩtrometˈer] *vtd* **1** Entremeter. *vpr* **2** Entrometerse, inmiscuirse.

in.tro.me.ti.do [ĩtrometˈidu] *adj+sm* Entrometido.

in.tro.mis.são [ĩtromisˈãw] *sf* Intromisión.

in.tro.ver.ti.do [ĩtrovertˈidu] *adj* Introvertido.

in.tru.so [ĩtrˈuzu] *adj+sm* Intruso.

in.tu.i.ção [ĩtujsˈãw] *sf* Intuición. *desde menina ela teve uma intuição apurada* / desde niña ella tuvo una intuición afinada.

in.tu.ir [ĩtuˈir] *vtd+vi* Intuir.

in.tui.to [ĩtˈujtu] *sm* Intento, propósito, intención. *viajou para Londres com o intuito de aperfeiçoar seu inglês* / viajó a Londres con la intención de perfeccionar su inglés.

i.nu.me.rá.vel [inumerˈavew] *adj m+f* Innumerable, incontable.

i.nun.da.ção [inũdasˈãw] *sf* Inundación.

i.nun.dar [inũdˈar] *vtd+vi+vpr* Inundar.

i.nú.til [inˈutiw] *adj e s m+f* Inútil, inservible, inepto. *Pl: inúteis*.

in.va.dir [ĩvadˈir] *vtd* Invadir, asaltar, ocupar.

in.va.li.dez [ĩvalidˈes] *sf* Invalidez.

in.vá.li.do [ĩvˈalidu] *adj+sm* **1** Inválido, nulo. **2** Minusválido, imposibilitado. Veja nota em **alejado**.

in.va.ri.á.vel [ĩvariˈavew] *adj m+f* Invariable, inalterable, inmutable.

in.va.são [ĩvazˈãw] *sf* Invasión.

in.va.sor [ĩvazˈor] *adj+sm* Invasor.

in.ve.ja [ĩvˈɛʒɐ] *sf* Envidia. *a inveja é um dos sete pecados capitais* / la envidia es uno de los siete pecados capitales.

in.ve.jar [ĩveʒˈar] *vtd+vi* Envidiar.

in.ve.jo.so [ĩveʒˈozu] *adj+sm* Envidioso. *Pl: invejosos (ó)*.

in.ven.ção [ĩvẽsˈãw] *sf* Invento, invención, descubrimiento, hallazgo, fantasía.

in.ven.cí.vel [ĩvẽsˈivew] *adj m+f* Invencible, insuperable.

in.ven.tar [ĩvẽtˈar] *vtd* **1** Inventar, descubrir, hallar. **2** Imaginar, idear, concebir, planear.

in.ven.tá.rio [ĩvẽtˈarju] *sm* Inventario, relación, catálogo, registro.

in.ven.to [ĩvˈẽtu] *sm* Invento, invención.

in.ven.tor [ĩvẽtˈor] *adj+sm* Inventor, creador.

in.ver.no [ĩvˈɛrnu] *sm* Invierno.

in.ve.ros.sí.mil [ĩverosˈimiw] *adj m+f e sm* Inverosímil, increíble. *os meninos contaram uma história inverossímil do porquê tinham chegado atrasados para a aula* / los niños contaron una historia inverosímil de porqué habían llegado atrasados a clases. *Pl: inverossímeis*.

in.ve.ros.si.mi.lhan.ça [ĩverosimiʎˈãsɐ] *sf* Inverosimilitud.

in.ver.so [ĩvˈɛrsu] *adj+sm* Inverso, contrario, opuesto.

in.ver.te.bra.do [ĩvertebrˈadu] *adj+sm* Invertebrado. *os insetos são animais invertebrados* / los insectos son animales invertebrados.

in.ver.ter [ĩvertˈer] *vtd* Invertir, alterar, trastocar.

in.vés [ĩvˈɛs] *sm* Revés. **ao invés** al revés / en vez de / en lugar de.

in.ves.ti.dor [ĩvestidˈor] *adj+sm* Inversionista.

in.ves.ti.ga.ção [ĩvestigasˈãw] *sf* Investigación.

in.ves.ti.ga.dor [ĩvestigadˈor] *adj+sm* Investigador.

in.ves.ti.gar [ĩvestigˈar] *vtd* Investigar, averiguar, indagar.

in.ves.ti.men.to [ĩvestimˈẽtu] *sm* Inversión. *cada ano nosso país recebe maior investimento estrangeiro* / cada año nuestro país recibe mayor inversión extranjera.

in.ves.tir [ĩvestˈir] *vtd* **1** Acometer, atacar. **2** Invertir (capital).

in.vic.to [ĩvˈiktu] *adj* Invicto.

in.vi.sí.vel [ĩviz'ivew] *adj m+f* Invisible.
in.vo.car [ĩvok'ar] *vtd* **1** Invocar, suplicar, rogar, implorar. **2** Recurrir, apelar, requerir.
in.vó.lu.cro [ĩv'ɔlukru] *sm* Envoltorio, envoltura.
in.vo.lun.tá.rio [ĩvolũt'arju] *adj* Involuntario.
in.vul.ne.rá.vel [ĩvuwner'avew] *adj m+f* Invulnerable.
i.o.do [i'odu] *sm* Yodo.
i.o.ga [i'ɔgə] *sm* Yoga.
i.o.gur.te [jog'urti] *sm* Yogur. *o iogurte é um alimento muito saudável* / el yogur es un alimento muy saludable.
io.iô [joj'o] *sm* Yoyó.
ir ['ir] *vi* **1** Ir. *vpr* **2** Irse, marcharse. **ir embora** irse.
i.ra ['irə] *sf* Ira, rabia, cólera, furia, furor.
i.ra.cun.do [irakũd'u] *adj* Iracundo, irascible.
i.ra.ni.a.no [irani'∧nu] *adj+sm* Iraní.
i.ra.qui.a.no [iraki'∧nu] *adj+sm* Iraquí.
i.ras.cí.vel [iras'ivew] *adj m+f* Irascible, iracundo.
í.ris ['iris] *sm* Iris.
ir.lan.dês [irlãd'es] *adj+sm* Irlandés.
ir.mã [irm'ã] *sf* Hermana.
ir.man.da.de [irmãd'adi] *sf* **1** Hermandad, fraternidad, confraternidad. **2** Cofradía.
ir.mão [irm'ãw] *sm+adj* Hermano, religioso.
i.ro.ni.a [iron'iə] *sf* Ironía, sarcasmo.
i.rô.ni.co [ir'oniku] *adj* Irónico.
ir.ra.ci.o.nal [ĩRasjon'aw] *adj e s m+f* Irracional.
ir.ra.di.ar [ĩRadi'ar] *vtd+vi* Irradiar.
ir.re.al [ĩR̃e'aw] *adj e s m+f* Irreal, ficticio, imaginario, fantástico.
ir.re.co.nhe.cí.vel [ĩR̃ekoñes'ivew] *adj m+f* Irreconocible. *minha amiga foi ao cabeleireiro e voltou irreconhecível* / mi amiga fue a la peluquería y volvió irreconocible.
ir.re.cu.pe.rá.vel [ĩR̃ekuper'avew] *adj m+f* Irrecuperable.
ir.re.cu.sá.vel [ĩR̃ekuz'avew] *adj m+f* Irrechazable, irrecusable.
ir.re.du.tí.vel [ĩR̃edut'ivew] *adj m+f* **1** Irreductible, irreducible. **2** Indómito, indomable, rebelde.

ir.re.fu.tá.vel [ĩR̃efut'avew] *adj m+f* Irrefutable, incuestionable, irrebatible. *não vou discutir com meu pai, seus argumentos são irrefutáveis* / no voy a discutir con mi padre, sus argumentos son irrefutables.
ir.re.gu.lar [ĩR̃egul'ar] *adj m+f* **1** Irregular, anormal. *a saúde do meu vizinho piorou depois que começou a levar uma vida irregular* / la salud de mi vecino empeoró después que empezó a llevar una vida irregular. **2** Desigual, discontinuo, variable.
ir.re.le.van.te [ĩR̃elev'ãti] *adj m+f* Irrelevante, intrascendente, insignificante.
ir.re.pa.rá.vel [ĩR̃epar'avew] *adj m+f* Irreparable.
ir.re.qui.e.to [ĩR̃eki'ɛtu] *adj* Inquieto, agitado, bullicioso.
ir.re.sis.tí.vel [ĩR̃ezist'ivew] *adj m+f* Irresistible. *o cheiro da comida da minha avó é irresistível* / el aroma de la comida de mi abuela es irresistible.
ir.re.so.lu.to [ĩR̃ezol'utu] *adj+sm* Irresoluto, indeciso.
ir.res.pon.sá.vel [ĩR̃espõs'avew] *adj e s m+f* Irresponsable.
ir.res.tri.to [ĩR̃estr'itu] *adj* Irrestricto, absoluto. *um bom amigo sempre nos oferece seu apoio irrestrito* / un buen amigo siempre nos ofrece su apoyo irrestricto.
ir.re.ve.ren.te [ĩR̃ever'ẽti] *adj e s m+f* Irreverente.
ir.re.vo.gá.vel [ĩR̃evog'avew] *adj e s m+f* Irrevocable.
ir.ri.ga.ção [ĩR̃igas'ãw] *sf* Irrigación, riego.
ir.ri.gar [ĩR̃ig'ar] *vtd* Irrigar.
ir.ri.só.rio [ĩR̃iz'ɔrju] *adj* **1** Irrisorio, risible. **2** Mínimo, insignificante. *paguei um preço irrisório por esses sapatos* / pagué un valor irrisorio por esos zapatos.
ir.ri.ta.ção [ĩR̃itas'ãw] *sf* Irritación.
ir.ri.ta.do [ĩR̃it'adu] *adj* **1** Indignado, furioso. **2** Irritado.
ir.ri.tan.te [ĩR̃it'ãti] *adj m+f* Irritante.
ir.ri.tar [ĩR̃it'ar] *vtd+vpr* Irritar.
is.ca ['iskə] *sf* Cebo, carnada. **morder a isca** morder el anzuelo.
i.sen.ção [izẽs'ãw] *sf* Exención.
i.sen.to [iz'ẽtu] *adj* **1** Exento, libre. **2** Imparcial.

is.lan.dês [izlãd'es] *adj+sm* Islandés.
i.so.la.do [izol'adu] *adj* Aislado.
i.so.la.men.to [izolam'ẽtu] *sm* Aislamiento.
i.so.lan.te [izol'ãti] *adj m+f* e *sm* Aislante.
i.so.lar [izol'ar] *vtd+vpr* Aislar.
i.so.por [izop'or] *sm Quím* Espuma de poliestireno.
is.quei.ro [isk'ejru] *sm* Encendedor, mechero.

is.ra.e.len.se [izr̄ael'ẽsi] *adj* e *s m+f* Israelí.
is.so ['isu] *pron dem* Eso.
ist.mo ['istmu] *sm* Istmo.
is.to ['istu] *pron dem* Esto.
i.ta.li.a.no [itali'∧nu] *adj+sm* Italiano.
i.tem ['itẽj] *sm* Ítem.
i.ti.ne.rá.rio [itiner'arju] *adj+sm* Itinerario. *ainda não definimos o itinerário da nossa viagem* / aún no definimos el itinerario de nuestro viaje.

j

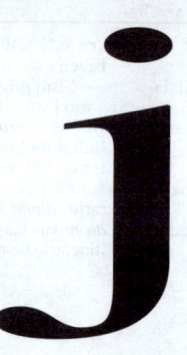

j, J [ʒ'ɔtə] *sm* Décima letra del abecedario portugués.

já [ʒ'a] *adv* Ya.

ja.ca.ran.dá [ʒakarãd'a] *sm Bot* Jacarandá, jacaranda.

ja.ca.ré [ʒakar'ɛ] *sm Zool* Caimán, cocodrilo.

ja.cin.to [ʒas'ĩtu] *sm Bot* Jacinto.

jac.tar [ʒakt'ar] *vpr* Vanagloriarse, alardear.

ja.de [ʒ'adi] *sm Geol* Jade.

ja.guar [ʒag'war] *sm Zool* Jaguar, yaguar, tigre.

ja.gun.ço [ʒag'ũsu] *sm* Esbirro, secuaz a sueldo, guardaespaldas.

ja.mais [ʒam'ajs] *adv* Jamás, nunca.

ja.nei.ro [ʒan'ejru] *sm* **1** Enero. **2 janeiros** *pl fig* Primaveras, años.

ja.ne.la [ʒan'ɛlə] *sf* **1** Ventana. **2** *fig* Agujero, rasgón.

jan.ga.da [ʒãg'adə] *sf* Jangada, balsa, armadía.

jan.ga.dei.ro [ʒãgad'ejru] *sm* Balsero.

jan.ta [ʒ'ãtə] *sf fam* Cena.

jan.tar [ʒãt'ar] *sm* Cena. • *vi* Cenar. **sala de jantar** comedor.

ja.po.na [ʒap'onə] *sf* Campera, cazadora, chaqueta.

ja.po.nês [ʒapon'es] *adj+sm* Japonés.

ja.que.ta [ʒak'etə] *sf* Campera, cazadora, chaqueta.

ja.que.tão [ʒaket'ãw] *sm* Chaquetón.

jar.da [ʒ'ardə] *sf* Yarda.

jar.dim [ʒard'ĩ] *sm* Jardín, vergel, parterre.

jar.di.na.gem [ʒardin'aʒẽj] *sf* Jardinería, floricultura.

jar.di.nei.ra [ʒardin'ejrə] *sf* **1** Jardinera, macetero, maceta, tiesto. **2** Enterito, mono de peto.

jar.di.nei.ro [ʒardin'ejru] *sm* Jardinero.

jar.gão [ʒarg'ãw] *sm* Argot, jerigonza, germanía, jerga, galimatías.

jar.ra [ʒ'ařə] *sf* Jarra, botija, jarrón.

jar.ro [ʒ'ařu] *sm* Jarro, bocal, cántaro.

jas.mim [ʒazm'ĩ] *sm Bot* Jazmín.

ja.to [ʒ'atu] *sm* Chorro, tirada.

> A palavra **jato** também existe em espanhol, mas não se relaciona com nenhuma das acepções que existem no português. Em espanhol, significa "bezerro".

jau.la [ʒ'awlə] *sf* Jaula.

ja.va.li [ʒaval'i] *sm Zool* Jabalí.

ja.zer [ʒaz'er] *vi* Yacer.

ja.zi.da [ʒaz'idə] *sf* Yacimiento, vena, mina.

ja.zi.go [ʒaz'igu] *sm* Yacija, sepultura, tumba, túmulo, sepulcro.

jeans [dʒi:nz] *sm sing+pl ingl* Vaqueros, pantalón vaquero.

jei.to [ʒ'ejtu] *sm* **1** Manera, modo. *eu gosto de fazer as coisas do meu jeito* / me gusta hacer las cosas a mi manera. **2** Aptitud, habilidad, maña, destreza. *ele tem jeito com as mulheres* / él tiene habilidad con las mujeres. **3** Carácter, temperamento. *esse seu jeito faz com que as pessoas se afastem de você* / ese tu carácter hace que las personas se alejaren de ti. **4** *fam* Traza, facha, figura. *ela tem jeito de menininha, apesar de já ser avó* / ella tiene facha de nena, a pesar de ya ser abuela. **5** Ordenación, organización, arreglo. *precisamos dar um jeito neste quarto* / necesitamos arreglar esta habitación. **com jeito** con cuidado / con habilidad. **dar um jeito** rebuscárselas. **de jeito nenhum** ni a la de tres / ni a tiros / ni por joda / de ninguna manera. **ficar sem jeito** quedarse avergonzado. **não tem jeito:** a) no hay manera. b) no tiene arreglo.

jei.to.so [ʒejt'ozu] *adj* **1** Mañoso, habilidoso, apto, diestro. **2** Gracioso, atractivo. **3** Conveniente, apropiado, adecuado. *Pl: jeitosos (ó).*

je.ju.ar [ʒeʒu'ar] *vi* Ayunar.

je.jum [ʒeʒ'ũ] *sm* Ayuno.

je.su.í.ta [ʒezu'itə] *adj+sm* **1** *Rel* Jesuíta. **2** *fam* Hipócrita, taimado.

ji.boi.a [ʒib'ɔjə] *sf Zool* Boa, serpiente americana, anaconda.

ji.pe [ʒ'ipi] *sm* Jeep, todoterreno.

jo.a.lhei.ro [ʒoaλ'ejru] *sm* Joyero, orfebre, lapidario, platero, artífice.

jo.a.lhe.ri.a [ʒoaλer'iə] *sf* Joyería, orfebrería.

jo.a.ni.nha [ʒoan'iñə] *sf Entom* Mariquita.

jo.ão-de-bar.ro [ʒo'ãwdib'aru] *sm* Hornero.

jo.ão-nin.guém [ʒo'ãwnĩg'ẽj] *sm* Don nadie, pobre diablo.

jo.ça [ʒ'ɔsə] *sf* Trasto, cosa vieja.

jo.e.lhei.ra [ʒoeλ'ejrə] *sf* Rodillera.

jo.e.lho [ʒoe'λu] *sm Anat* Rodilla.

jo.ga.da [ʒog'adə] *sf Esp* Jugada, lance. **tirar da jogada** eliminar.

jo.ga.dor [ʒogad'or] *adj+sm* Jugador.

jo.gar [ʒog'ar] *vtd+vi* **1** Jugar, tomar parte en los juegos. *vtd* **2** Tirar, lanzar. *vi* **3** Balancear, oscilar. *o barco jogava tanto que eu fiquei enjoada a viagem inteira* / el barco oscilaba tanto que estuve mareada por todo el viaje. *vpr* **4** Tirarse, lanzarse. *jogou-se da janela de seu quarto, e acabou quebrando uma perna* / se tiró de la ventana de su habitación y se rompió una pierna. **jogar conversa fora** parlar, chacharear, paliquear. **jogar fora** tirar a la basura / echar. **jogar na cara** refregar / dar en cara / echar en cara. **jogar nos dois times** jugar con dos barajas. Veja nota em **brincar** (espanhol).

jo.go [ʒ'ogu] *sm* **1** Juego. **2** *Mar* Agitación, oscilación de los buques. **abrir o jogo** hablar claramente. **esconder o jogo** ocultar las verdaderas intenciones. **jogo da velha** las tres en raya. **jogo de azar** juego de azar / juego de suerte. **jogo de cintura** juego / habilidad.

joi.a [ʒ'ɔjə] *sf* Joya. • *interj* **joia!** ¡Vale!

jó.quei [ʒ'ɔkej] *sm* **1** Yóquey, yoqui, jinete, montador, caballero. **2** Hipódromo.

jor.na.da [ʒorn'adə] *sf* Jornada.

jor.nal [ʒorn'aw] *sm* **1** Diario, periódico. **2** Telediario, noticiario.

jor.na.lei.ro [ʒornal'ejru] *adj+sm* Jornalero. • *sm* Diarero, diariero.

jor.na.lis.mo [ʒornal'izmu] *sm* Periodismo.

jor.na.lis.ta [ʒornal'istə] *s m+f* Periodista. Veja nota em **prensa** (português).

jor.rar [ʒor̄'ar] *vtd+vi* Chorrear, lanzar, brotar, surtir.

jor.ro [ʒ'oru] *sm* Chorro.

jo.vem [ʒ'ɔvẽj] *adj e s m+f* Joven, mozo. Veja nota em **moço** (português).

ju.ba [ʒ'ubə] *sf* **1** *Anat* Crin, melena (león). **2** *fig* Cabellera, guedeja, cabello.

ju.bi.leu [ʒubil'ew] *sm* Jubileo.

jú.bi.lo [ʒ'ubilu] *sm* Júbilo, regodeo, alegría, contentamiento, regocijo.

ju.das [ʒ'udas] *sm sing+pl* Judas.

ju.deu [ʒud'ew] *adj+sm* Judío, hebreo, israelí.

ju.dô [ʒud'o] *sm Esp* Yudo, judo.

ju.go [ʒ'ugu] *sm* yugo. *puseram o jugo nos bois* / pusieron el yugo a los bueyes.

A palavra **jugo**, em espanhol, significa "suco".

ju.iz [ʒu'is] *sm* Juez.

ju.i.za.do [ʒuiz'adu] *sm* Juzgado.

ju.í.zo [ʒu'izu] *sm* **1** Juicio, sensatez, tino. **2** Opinión, parecer, dictamen. **3** Seso, cordura, madurez.

jul.ga.men.to [ʒuwgam'ẽtu] *sm* **1** Juzgamiento, arbitraje. **2** Juicio, opinión.

jul.gar [ʒuwg'ar] *vtd+vi* **1** Juzgar, arbitrar, sentenciar. **2** Apreciar, creer, pensar. **3** Opinar, entender.

ju.lho [ʒ'uλu] *sm* Julio.
ju.men.to [ʒum'ẽtu] *sm* **1** *Zool* Jumento, borrico, asno, burro, pollino. **2** *fig*, *fam* Burro, bruto, grosero.
ju.nho [ʒ'uñu] *sm* Junio.
jú.nior [ʒ'unjor] *sm Júnior*. *Pl: juniores*.
jun.ta [ʒ'ũtə] *sf* **1** Junta, articulación. **2** Consejo.
jun.tar [ʒũt'ar] *vtd+vi+vpr* **1** Juntar, unir. **2** Ayuntar, acrecentar. **3** Recoger (del suelo). **4** Reunir. **5** Acumular, acopiar.
jun.to [ʒ'ũtu] *adj* Junto, anexo, unido, cercano. • *adv* Juntamente.
ju.ra.do [ʒur'adu] *adj+sm* Jurado.
ju.ra.men.to [ʒuram'ẽtu] *sm* Juramento, jura, voto.
ju.rar [ʒur'ar] *vtd+vi* **1** Jurar, prometer. **2** Echar votos, maldecir, renegar.
jú.ri [ʒ'uri] *sm* Jurado, tribunal.
ju.ris.di.ção [ʒurisdis'aw] *sf* Jurisdicción.
ju.ro [ʒ'uru], *sm Econ* Interés.
ju.ru.ru [ʒurur'u] *adj m+f coloq* Triste, alicaído.
jus.ta.men.te [ʒustam'ẽti] *adv* Justamente.
jus.ti.ça [ʒust'isə] *sf* Justicia. **fazer justiça com as próprias mãos** tomar la justicia por su mano.
jus.ti.cei.ro [ʒustis'ejru] *adj* Justiciero, justo, imparcial.
jus.ti.fi.ca.ção [ʒustifikas'aw] *sf* Justificación.
jus.ti.fi.car [ʒustifik'ar] *vtd+vpr* Justificar.
jus.to [ʒ'ustu] *adj* **1** Justo, razonable, derecho, arreglado a justicia. **2** Exacto. **3** Apretado.
ju.ve.nil [ʒuven'iw] *adj m+f* Juvenil, púber. *Pl: juvenis*.
ju.ven.tu.de [ʒuvẽt'udi] *sf* Juventud, mocedad.

k, K [k'a] *sm* **1** Undécima letra del abecedario portugués. **2** *Fís* Símbolo de Kelvin. **3** *Quím* Símbolo de potasio.
ka.ra.o.kê [karaok'e] *sm* Karaoke.
kar.de.cis.mo [kardes'izmu] *sm* Kardecismo.
kar.de.cis.ta [kardes'istə] *adj m+f* Kardecista.
kart [k'art] *sm ingl* Kart.
kar.tó.dro.mo [kart'ɔdromu] *sm* Kartódromo.
kg *sm* Símbolo de kilogramo.
kit [k'it] *sm* Kit.
ki.wi [kiw'i] *sm Bot* Kiwi.
km *sm* Símbolo de kilómetro.

1

l, L ['ɛli] *sm* **1** Duodécima letra del abecedario portugués. **2 L** Cincuenta en guarismos romanos. **3** Símbolo de litro. **4** Símbolo de este (punto cardinal).

la [lə] *pron pes* La (caso oblicuo). *vou deixá-la com você* / la voy a dejar contigo. *essa torta está uma delícia, mas comê-la toda vai me fazer mal* / esta tarta está muy rica, pero comerla toda me hará mal. Veja nota em **la** (espanhol).

lá[1] [l'a] *adv* Allá, allí.

lá[2] [l'a] *sm Mús* La.

lã [l'ã] *sf* Lana.

la.ba.re.da [labar'edə] *sf* **1** Llama, llamarada, fogonazo. **2** Exaltación, impetuosidad, charada.

lá.bio [l'abju] *sm Anat* Labio.

la.bi.rin.to [labir'ĩtu] *sm* Laberinto.

la.bo.ra.tó.rio [laborat'ɔrju] *sm* Laboratorio.

la.bu.ta [lab'utə] *sf* Faena, esfuerzo, lucha, trabajo, labor. *lá vou eu para a labuta do dia a dia* / ya me voy a la faena diaria.

la.çar [las'ar] *vtd* Lazar, enlazar.

la.ço [l'asu] *sm* **1** Lazo, nudo, moña, moño. **2** Emboscada, trampa. **3** Vínculo, enlace, alianza. **4** Cuerda, vuelta.

la.crar [lakr'ar] *vtd* Lacrar, cerrar, sellar con lacre.

la.cre [l'akri] *sm* Lacre, sello, pasta.

la.cri.me.jan.te [lakrimeʒ'ãti] *adj m+f* Lagrimoso.

la.cri.me.jar [lakrimeʒ'ar] *vi* Lagrimear.

lác.teo [l'aktju] *adj* Lácteo, lechero, lechoso, láctico.

la.cu.na [lak'unə] *sf* Blanco, omisión, vacío, laguna.

la.dei.ra [lad'ejrə] *sf* Ladero, ladera, declive, pendiente, bajada, escarpa, rampa, vertiente. Veja nota em **pendente** (português).

la.do [l'adu] *sm* **1** Lado, parte. **2** Costado. **3** Cara. **4** Sítio, lugar. **5** Aspecto (a considerar). **6** *Geom* Línea, arista, cara (de ángulo, polígono, poliedro).

la.drão [ladr'ãw] *sm* **1** Ladrón, manilargo, estafador, bandido, salteador, robador, gerifalte. **2** Portillo para sangrar (en río, presa etc.). **3** Purgador, grifo de purga. Veja nota em **caco** (português).

la.drar [ladr'ar] *vi* **1** Ladrar (perro). **2** Gritar, vociferar, vocear.

la.dri.lhar [ladriʎ'ar] *vtd* Embaldosar, enlozar, enladrillar.

la.dri.lho [ladr'iʎu] *sm* Baldosa, azulejo, loseta, cerámica, plaqueta.

la.gar.ta [lag'artə] *sf Biol* Oruga.

la.gar.ti.xa [lagart'iʃə] *sf Zool* Lagartija.

la.gar.to [lag'artu] *sm Zool* Lagarto. **dizer cobras e lagartos** echar gusarapos por la boca.

la.go [l'agu] *sm* Lago, jagüey.

la.go.a [lag'oə] *sf* Laguna, albufera, lago, remanso, bañadero, estanque.

la.gos.ta [lag'ostə] *sf Zool* Langosta.

lá.gri.ma [l'agrimə] *sf* Lágrima.

lai.co [l'ajku] *adj* Laico, lego.

la.je [l'aʒi] *sf* Laja, lancha, meseta llana.

la.jo.ta [laʒ'ɔtə] *sf* Baldosa, plaqueta, baldosín, losa, azulejo, loseta, cerámica.

la.ma [l'∧mə] *sf* Lama, barro, cieno, fango, lodo, gacha, légamo.

la.ma.cen.to [lamas'ẽtu] *adj* Barroso, cenagoso, pantanoso, fangoso.

lam.ba.da [lãb'adə] *sf* **1** Golpe, trancazo, porrazo. **2** *Mús* Lambada (danza, música). **3** Reprimenda, regaño, rapapolvo.

lam.ber [lãb'er] *vtd* **1** Lamer, rozar. **2** *fig* Adular. *vtd+vpr* **3** Relamer.
lam.bis.car [lãbisk'ar] *vtd+vi* Picar, pellizcar, picotear.
lam.bre.ta [lãbr'etə] *sf* Motocicleta, moto.
lam.bu.zar [lãbuz'ar] *vtd+vpr* Embadurnar, emporcar, engrazar, pringar, ensuciar.
la.men.ta.ção [lamẽtas'ãw] *sf* Lamentación, quejido, alarido.
la.men.tar [lamẽt'ar] *vtd+vpr* Lamentar, lastimar, quejarse.
la.men.to [lam'ẽtu] *sm* Lamento, lamentación, clamor, lástima, llanto, quejido, queja.
lâ.mi.na [l'ʌminə] *sf* Lámina.
lâm.pa.da [l'ãpadə] *sf* **1** Lámpara, luminaria. **2** Bombilla eléctrica.
lam.pa.ri.na [lãpar'inə] *sf* Lamparilla, mariposa, candelilla, linterna, capuchina.
lam.pe.jo [lãp'eʒu] *sm* Chispa, destello.
lam.pi.ão [lãpi'ãw] *sm* Linterna, lampión.
la.mú.ria [lam'urjə] *sf* Lloriqueo, guimoteo, quejido, lamentación, lamento, queja.
lan.ça [l'ãsə] *sf* **1** Lanza, asta, bayoneta, garrocha. *sm* **2** *fam* Cortabolsas, manilargo.
lan.ça.men.to [lãsam'ẽtu] *sm* Lanzamiento.
lan.çar [lãs'ar] *vtd* **1** Lanzar, despedir, echar, emitir. *vtd+vpr* **2** Promover la difusión. **3** Arrojarse, precipitarse. **4** Estrenar.
lan.ce [l'ãsi] *sm* **1** Lance, lanzamiento. **2** Jugada. **3** Vicisitud, eventualidad. **4** Situación, asunto. *já resolvi aquele lance* / ya solucioné aquel asunto. **5** Trance. **6** Tramo (escalera). **7** Puja, mejora (subasta).
lan.cha [l'ãʃə] *sf* **1** *Mar* Lancha. **2** Piedra, meseta. **3** *fam* Pie grande.
lan.char [lãʃ'ar] *vi* Merendar.
lan.che [l'ãʃi] *sm* Merienda.
lan.chei.ra [lãʃ'ejrə] *sf* Fiambrera (para merienda).
lan.cho.ne.te [lãʃon'ɛti] *sf* Bar, cantina, cafetería, café, confitería.
lân.gui.do [l'ãgidu] *adj* **1** Lánguido, débil, debilitado, fatigado, mórbido. **2** Suave. *uma luz lânguida iluminava o ambiente / una luz suave alumbraba al ambiente.* **3** Sensual, voluptuoso. *ninguém resistia a seu olhar lânguido* / nadie le resistía a aquella mirada voluptuosa.
lan.te.jou.la [lãteʒ'owlə] *sf* Lentejuela.
lan.ter.na [lãt'ɛrnə] *sf* Linterna, faro.
la.pe.la [lap'ɛlə] *sf* Solapa.
la.pi.da.ção [lapidas'ãw] *sf* Lapidación.
la.pi.dar [lapid'ar] *vtd* Apedrear, apedrejar. Veja nota em **lapidar** (espanhol).
lá.pi.de [l'apidi] *sf* Lápida, losa.
lá.pis [l'apis] *sm sing+pl* Lápiz.
la.pi.sei.ra [lapiz'ejrə] *sf* Lapicero, lapicera, portalápiz.
lap.so [l'apsu] *sm* Lapso.
la.quê [lak'e] *sm* Laca.
lar [l'ar] *sm* Hogar. **ser do lar** ser ama de casa.
la.ran.ja [lar'ãʒə] *sf Bot* Naranja.
la.ran.ja.da [larãʒ'adə] *sf* Naranjada.
la.ran.jei.ra [larãʒ'ejrə] *sf Bot* Naranjo. **flor de laranjeira** azahar.
la.rei.ra [lar'ejrə] *sf* Hogar, chimenea.
lar.gar [larg'ar] *vtd* **1** Largar, soltar, desasir. **2** Ceder, aflojar. **3** Dejar, abandonar. *largou o marido e foi embora* / dejó al marido y se fue. **4** Olvidar. *sempre larga o guarda-chuva onde quer que vá* / siempre deja el paraguas adonde vaya. *vtd+vi+vpr* **5** Irse, partir. **6** Abandonarse, descuidarse. **7** Arrancar, partir de carrera. *o cavalo recém-operado largou em primeiro lugar* / el caballo recién operado arrancó en primero.
lar.go [l'argu] *adj* **1** Ancho. **2** Amplio, vasto, espacioso. **3** Copioso, harto. **4** Generoso, magnánimo. • *sm* Plazoleta, plazuela, glorieta. Veja nota em **largo** (espanhol).
lar.gu.ra [larg'urə] *sf* Anchura, ancho, holgura, largueza. Veja nota em **largo** (espanhol).
la.rin.ge [lar'ĩʒi] *sf Anat* Laringe.
la.rin.gi.te [larĩʒ'iti] *sf Med* Laringitis.
lar.va [l'arvə] *sf Zool* Larva, gusano.
la.sa.nha [laz'ʌɲə] *sf* Lasaña.
las.ca [l'askə] *sf* **1** Lasca, astilla, rancajo, esquirla. **2** Lonja, trozo.
las.ti.mar [lastim'ar] *vtd+vpr* **1** Lamentar, apiadar, doler, condoler, compadecer, mancar. **2** Herir.

> Em espanhol, **lastimar** é mais comumente usado como "ferir, machucar".

la.ta [l'atə] *sf* **1** Lata, envase. **2** Hojalata. **3** Cara, rostro. *chegou e me disse na lata que não me amava mais* / llegó y me dijo en la cara que no me amaba más. **lata de lixo** basurero / tacho de basura. **lata velha** carricoche.

la.tão [lat'ãw] *sm* Latón.

la.ta.ri.a [latar'iə] *sf* **1** Alimentos en lata. **2** Chapa, carrocería.

la.te.jar [lateʒ'ar] *vi* Pulsar, palpitar, latir.

la.ten.te [lat'ẽti] *adj m+f* Latente, encubierto, oculto.

la.te.ral [later'aw] *adj m+f* Lateral.

la.ti.cí.nio [latis'inju] *sm* Lacticinio.

la.ti.do [lat'idu] *sm* Ladrido (perro).

la.ti.fún.dio [latif'ũdju] *sm* Latifundio.

la.tim [lat'ĩ] *sm* **1** Latín. **2** *fig* Griego, algo difícil de entender. **gastar o latim** perder tiempo con algo/alguien que no entiende. *não vou gastar meu latim com aquele cabeça-dura* / no voy a perder tiempo con aquél cabeza dura.

la.ti.no [lat'inu] *adj* Latino.

la.tir [lat'ir] *vi* Ladrar. Veja nota em **batir**.

la.ti.tu.de [latit'udi] *sf* Latitud.

la.va [l'avə] *sf* **1** *Geol* Lava, magma. **2** *fig* Torrente, abundancia.

la.va.bo [lav'abu] *sm* Lavabo.

la.va.gem [lav'aʒẽj] *sf* Lavado, lavaje. **lavagem de dinheiro** blanqueo de dinero.

la.va-lou.ças [laval'owsas] *sf sing+pl* Lavavajillas, lavaplatos.

la.van.de.ri.a [lavãder'iə] *sf* **1** Lavandería, tintorería. **2** Lavadero. Veja nota em **lavadero**.

la.var [lav'ar] *vtd+vpr* Lavar.

la.va.tó.rio [lavat'ɔrju] *sm* Lavatorio, lavabo, jofaina, lavamanos.

la.vou.ra [lav'owrə] *sf* Labrantío, sembradío, plantío, huerto, labra, labranza, agricultura.

la.vra.dor [lavrad'or] *adj+sm* Labrador, agricultor, plantador, sembrador, cultivador, campesino.

la.vrar [lavr'ar] *vtd* **1** Cultivar, arar. **2** Labrar, laborar, laborear. Veja nota em **lapidar** (espanhol).

la.zer [laz'er] *sm* **1** Ocio, descanso, reposo. **2** Pasatiempo, recreación, diversión.

le.al [le'aw] *adj m+f* Leal, fiel, honrado, honesto, sincero, serio.

le.al.da.de [leawd'adʒi] *sf* Lealtad, fidelidad, honestidad, seriedad, sinceridad.

le.ão [le'ãw] *sm* **1** León. **2** **Leão** *Astrol, Astron* Leo (signo, constelación).

le.bre [l'ɛbri] *sf Zool* Liebre.

le.ci.o.nar [lesjon'ar] *vtd* Enseñar, impartir clases.

le.ga.do [leg'adu] *sm* Legado, dote, herencia, sucesión.

le.gal [leg'aw] *adj m+f* **1** Legal, lícito. **2** *fam* Bueno, agradable. *gosto dele, é uma pessoa legal* / me gusta, es una buena persona. **que legal!** ¡qué bueno! **tá legal** está bien.

le.ga.li.zar [legaliz'ar] *vtd* Legalizar, legitimar, autentificar, validar.

le.gen.da [leʒ'ẽdə] *sf* **1** Leyenda, inscripción. **2** Fábula, mito. **3** Subtítulo, pie. **4** Letrero, texto (películas). Veja nota em **letrero**.

le.gis.la.ção [leʒizlas'ãw] *sf* Legislación.

le.gis.lar [leʒizl'ar] *vtd+vi* Legislar.

le.gis.la.ti.vo [leʒizlat'ivu] *adj+sm Polít* Legislativo.

le.gí.ti.mo [leʒ'itimu] *adj* **1** Legítimo, lícito, justo. **2** Genuino, auténtico.

le.gí.vel [leʒ'ivew] *adj m+f* Legible, leíble.

le.gu.me [leg'umi] *sm Bot* Legumbre.

lei [l'ej] *sf* Ley.

lei.go [l'ejgu] *adj+sm* **1** Lego, laico, secular, profano. **2** Desconocedor, inexperto.

lei.lão [lejl'ãw] *sm* Subasta, remate, almoneda, martillo.

lei.tão [lejt'ãw] *sm Zool* Lechón, gorrino, cerdo, cochinillo, cochino.

lei.te [l'ejti] *sm* Leche. **esconder o leite** negar que tiene algo (especialmente caudal, bienes). **tirar leite de pedra** pedir leche a las cabrillas.

lei.tei.ro [lejt'ejru] *adj+sm* Lechero. • *sf* Lechera.

lei.to [l'ejtu] *sm* Lecho.

lei.tu.ra [lejt'urə] *sf* Lectura.

le.ma [l'emə] *sm* Lema.

lem.bran.ça [lẽbr'ãsə] *sf* **1** Recuerdo, recordación, memoria, reminiscencia. **2** **lembranças** *pl* Saludos. **3** Regalo.

lem.brar [lẽbr'ar] *vtd+vpr* **1** Recordar, rememorar. **2** Evocar, semejar, sugerir, parecerse. **3** Acordarse, hacer memoria. **4** Advertir. *você me deve dinheiro, não vou lembrá-lo de novo* / me debes dinero, no te voy a advertir otra vez.

le.me [l'emi] *sm* **1** *Mar* Leme, timón. **2** *fig* Dirección, gobierno.

len.ço [l'ẽsu] *sm* Pañuelo.

len.çol [lẽs'ɔw] *sm* **1** Sábana. **2** *Geol* Capa freática, manta, vena. **deixar/estar em maus lençóis** dejar uno en la estacada / poner mal a uno / verse negro / vérselas a palitos.

len.da [l'ẽdə] *sf* **1** Leyenda, fábula, mito. **2** *fig* Fraude, mentira.

le.nha [l'eñə] *sf* Leña, leño. **descer a lenha** poner lengua en.

len.te [l'ẽti] *sf* Lente. **lente de contato** lente de contacto / lentilla.

len.ti.lha [lẽt'iʎə] *sf Bot* Lenteja.

len.to [l'ẽtu] *adj* Lento, despacioso, lerdo, paulatino.

le.o.a [le'oa] *sf* Leona.

le.o.par.do [leop'ardu] *sm Zool* Leopardo.

le.pra [l'ɛprə] *sf Patol* Lepra, hanseníase.

le.pro.so [lepr'ozu] *adj+sm* Leproso. *Pl: leprosos (ó).*

le.que [l'ɛki] *sm* **1** Abanico, abanador. **2** Conjunto, serie. *foi difícil escolher, havia um leque de opções* / fue difícil elegir, había un abanico de opciones.

ler [l'er] *vtd+vi* Leer.

le.sa.do [lez'adu] *adj* **1** Lesionado, perjudicado. **2** Lastimado, herido. **3** Leso, bobo.

le.são [lez'ãw] *sf* **1** *Patol* Lesión, herida. **2** Daño, perjuicio.

le.sar [lez'ar] *vtd+vpr* **1** *Med* Lesionar, herir. **2** Perjudicar, dañar.

les.ma [l'ezmə] *sf* **1** *Biol* Babosa. **2** *fig* Baboso.

les.te [l'ɛsti] *sm Geogr* Este, oriente.

le.tal [let'aw] *adj m+f* Letal, mortífero.

le.tra [l'etrə] *sf* **1** Letra. **2 Letras** *sf pl* Conocimiento, saber. **tirar de letra** hacerlo fácilmente. *isso eu tiro de letra* / eso lo hago fácilmente.

le.trei.ro [letr'ejru] *sm* **1** Cartel, inscripción. **2** *Cin* Créditos. Veja nota em **letrero**.

leu.ce.mi.a [lewsem'iə] *sf Patol* Leucemia.

le.va.di.ça [levad'isə] *sf* Puente levadizo.

le.va.do [lev'adu] *adj+sm* Travieso.

le.van.ta.men.to [levãtam'ẽtu] *sm* **1** Elevación, alza, alzamiento. **2** Sublevación. **3** Recuento, inventario.

le.van.tar [levãt'ar] *vtd+vpr* Levantar, alzar, erguir, izar.

le.var [lev'ar] *vtd* Llevar, conducir, transportar.

le.ve [l'ɛvi] *adj m+f* **1** Leve, ligero, liviano. **2** Suave, sutil. **3** Vaporoso.

le.vi.a.no [levi'∧nu] *adj+sm* Liviano, fútil, insensato, inconstante.

lé.xi.co [l'ɛksiku] *sm Gram* Léxico, vocabulário, diccionario.

lha.ma [ʎ'∧mə] *sf Zool* Llama.

lhe [ʎi] *pron pes* **1** Le, a él, a ella, a usted. *eu lhe disse que não viesse* / yo le dije que no viniera. **2** Te, a ti. *vou lhe dar um presente* / voy a darte un regalo.

li.bé.lu.la [lib'ɛlulə] *sf Zool* Libélula.

li.be.ral [liber'aw] *adj e s m+f* Liberal.

li.be.rar [liber'ar] *vtd+vpr* Liberar.

li.ber.da.de [liberd'adi] *sf* **1** Libertad, autonomía, independencia. **2** Prerrogativa, licencia. **3** Familiaridad, desembarazo, franqueza. **4 liberdades** *pl* Atrevimiento, osadía.

li.ber.ta.ção [libertas'ãw] *sf* Liberación, emancipación, independencia.

li.ber.tar [libert'ar] *vtd+vpr* **1** Libertar, liberar, emancipar. **2** Salvar, soltar.

li.bra [l'ibrə] *sf* Libra.

li.ção [lis'ãw] *sf* **1** Lección, clase, tarea. **2** Amonestación, reprimenda. **3** Ejemplo. **lição de casa** deber de casa / tarea.

li.cen.ça [lis'ẽsə] *sf* Permisión, permiso, licencia, autorización, consentimiento. **com licença** con permiso.

li.cen.ci.ar [lisẽsi'ar] *vtd+vpr* **1** Licenciar, dar permiso, dar licencia. **2** Licenciarse, graduarse.

li.cen.ci.a.tu.ra [lisẽsjat'urə] *sf* Licenciatura.

li.ci.tar [lisit'ar] *vtd+vi* Licitar, subastar, pujar.

li.cor [lik'or] *sm* Licor.

li.dar [lid'ar] *vtd+vi* **1** Trabajar. **2** Lidiar. **3** Manejar, manipular. *você precisa aprender a lidar com a ansiedade* / necesitas aprender a manejar la ansiedad.

lí.der [l'ider] *sm* Líder, dirigente, guía, cabeza, jefe.

li.de.ran.ça [lider'ãsə] *sf* Liderazgo, liderato.

li.de.rar [lider'ar] *vtd* Liderar, dirigir, encabezar.

li.ga [l'igə] *sf* **1** Liga, alianza, coalición, pacto. **2** Reunión. **3** Mezcla, fusión, aleación.

li.ga.ção [ligas'ãw] *sf* **1** Ligazón, unión, trabazón, enlace. **2** Relación, vínculo. **3** Nexo, coherencia. **4** Conexión. **5** Llamada (telefónica). *preciso fazer uma ligação urgente* / tengo que hacer una llamada urgente.

li.gar [lig'ar] *vtd* **1** Ligar, unir, atar, adosar. **2** Alear. **3** Prender, enchufar. *o técnico disse para não ligar a televisão em dias de tempestade* / el técnico dijo para no prender la televisión en dias de tormenta. **4** Asociar, relacionar, encadenar. *ligou um fato a outro* / relacionó un hecho a otro. **5** Llamar (teléfono). **6** Prestar atención, importarse. *eu não ligo para as bobagens que faz* / no me importo con las ganzadas que hace. **7** Interesarse. *eu não ligo pra dinheiro* / no me intereso por dinero.

li.gei.ra.men.te [liʒejram'ẽti] *adv* Ligeramente.

li.gei.ro [liʒ'ejru] *adj* Ligero.

li.lás [lil'as] *sm Bot* Lila. • *adj* Lila, morado.

li.ma¹ [l'imə] *sf Bot* Lima.

li.ma² [l'imə] *sf Mec* Lima, escofina, lija.

li.mão [lim'ãw] *sm Bot* Limón, citrón.

li.mi.ar [limi'ar] *sm* Umbral.

li.mi.tar [limit'ar] *vtd* **1** Limitar, lindar, balizar, colindar. **2** Coartar, confinar. **3** Racionar. *vpr* **4** Limitarse, estrecharse, reducirse.

li.mi.te [lim'iti] *sm* **1** Límite, linde, confín. **2** Fin, término. **3** Frontera, mojón.

li.mo.ei.ro [limo'ejru] *sm Bot* Limonero.

li.mo.na.da [limon'adə] *sf* Limonada.

lim.pa.dor [lĩpad'or] *adj+sm* Limpiador, limpiante.

lim.par [lĩp'ar] *vtd+vpr* **1** Limpiar, lavar, asear, higienizar. **2** Purificar. **3** Librar (el lugar de lo que es perjudicial). **4** Hurtar. **5** Ganar todo (en el juego).

lim.pe.za [lĩp'ezə] *sf* Limpieza, aseo, higiene.

lím.pi.do [l'ĩpidu] *adj* Límpido, diáfano, nítido, limpio, claro, transparente, cristalino.

lim.po [l'ĩpu] *adj* **1** Limpio, aseado. **2** Nítido. **3** Puro. **4** Correcto. **5** Simple. **6** Honrado, decente. **7** Inocente. **8** Sin dinero. **tirar a limpo** averiguar, descubrir.

lin.ce [l'ĩsi] *sm Zool* Lince.

lin.char [lĩʃ'ar] *vtd* Linchar, ajusticiar.

lin.do [l'ĩdu] *adj* Lindo, hermoso, bello, bonito.

lín.gua [l'ĩgwə] *sf* **1** *Anat* Lengua. **2** Idioma, lenguaje. **3** Lengüeta, fiel de la balanza. **4** Manera cruel de hablar. *essa mulher tem uma língua terrível!* / ¡esa mujer tiene una manera tan cruel de hablar! **língua afiada** navaja. **língua de fogo** llamarada. **língua de trapo** parlanchín. **língua solta** lengua larga. **não ter papas na língua** no tener pelos en la lengua. **perder a língua** trabársele a uno la lengua.

lin.gua.do [lĩg'wadu] *sm Ictiol* Lenguado.

lin.gua.gem [lĩg'waʒẽj] *sf* **1** Lenguaje, lengua, dialecto. **2** Estilo, jerga.

lin.gua.ru.do [lĩgwar'udu] *adj* **1** Parlanchín, indiscreto, hablador, lengua larga, picudo, fuelle, soplón.

lin.gui.ça [lĩg'wisə] *sf* Longaniza. **encher linguiça** decir/escribir cosas inútiles (para llenar tiempo/espacio) / hablar pura paja.

li.nha [l'iñə] *sf* **1** Línea, trazo. **2** Forma, silueta. **3** Esbeltez, armonía. **4** Conducta, comportamiento. **5** Dirección, tendencia, estilo. **6** Renglón. **7** Sucesión (de personas o cosas). **8** Comunicación telefónica. **9** Servicio regular de vehículos. **10** Clase, género, especie. **11** Hilo. **andar na linha** proceder con corrección / actuar bien. **linha de montagem** cadena de montaje.

li.nha.gem [liñ'aʒẽj] *sf* Linaje, estirpe, alcurnia. Veja nota em **abordaje**.

li.nho [li'iñu] *sm Bot* Lino.
li.que.fa.zer [likefaz'er] *vtd+vpr* Licuar, liquidar.
li.qui.da.ção [likidas'ãw] *sf* Liquidación.
li.qui.di.fi.ca.dor [likidifikad'or] *sm* Licuadora.
lí.qui.do [l'ikidu] *adj+sm* Líquido. **líquido e certo** incontestable.
lí.ri.co [l'iriku] *adj* Lírico, poético.
lí.rio [l'irju] *sm Bot* Lirio, lis.
li.ris.mo [lir'izmu] *sm* Lirismo.
li.so [l'izu] *adj* **1** Liso, plano, raso, llano. **2** Sin dinero, limpio.
li.son.je.ar [lizõʒe'ar] *vtd+vpr* **1** Lisonjear, envanecer. **2** Adular, enaltecer, ensalzar, exaltar.
li.son.jei.ro [lizõʒ'ejru] *adj* Lisonjero, elogioso, halagador, envanecedor, florero.
lis.ta [l'istə] *sf* **1** Lista, tira. **2** Listado, índice, rol, inventario.
lis.tra [l'istrə] *sf* Lista, raya, faja, franja.
lis.tra.do [listr'adu] *adj* Listado, rayado.
li.te.ral [liter'aw] *adj m+f* Literal, riguroso, exacto, textual.
li.te.rá.rio [liter'arju] *adj* Literario.
li.te.ra.tu.ra [literat'urə] *sf* Literatura.
li.to.ral [litor'aw] *sm* Litoral, costa.
li.tro [l'itru] *sm* Litro.
lí.vi.do [l'ividu] *adj* **1** Lívido, amoratado. **2** Pálido, apagado, cadavérico.
li.vrar [livr'ar] *vtd+vpr* **1** Libertar, liberar, salvar, rescatar. **2** Librar, sacar.
li.vra.ri.a [livrar'iə] *sf* Librería.
li.vre [l'ivri] *adj m+f* **1** Libre, suelto. **2** Disponible. **3** Soltero. **4** Exento. **5** Espontáneo. **6** Atrevido, licensioso.
li.vrei.ro [livr'ejru] *sm* Librero.
li.vro [l'ivru] *sm* Libro.
li.xa [l'iʃə] *sf* Lija, papel de lija.
li.xar [liʃ'ar] *vtd* **1** Lijar, alisar, raspar, pulir. *vpr* **2** *fam* No incomodarse, no importarse, importar un carajo. *estou me lixando para os seus ciúmes* / me importa un carajo tus celos.
li.xei.ra [liʃ'ejrə] *sf* Basurero, tacho/cubo de basura.
li.xei.ro [liʃ'ejru] *sm* Basurero.
li.xo [l'iʃu] *sf* **1** Basura. **2** Porquería, cosa mal hecha. *esse desenho ficou um lixo* / ese dibujo salió una porquería.

lo.bo [l'obu] *sm* **1** *Zool* Lobo. **2** *Anat* Lóbulo.
lo.ca.ção [lokas'ãw] *sf* **1** Locación, arrendamiento, alquiler. **2** *Cin* Filmación de escenas externas.
lo.ca.dor [lokad'or] *sm Ven* Arrendador.
lo.cal [lok'aw] *adj m+f* Local, regional. • *sm* Sitio, lugar.
lo.ca.li.da.de [lokalid'adi] *sf* Localidad, lugar.
lo.ca.li.zar [lokaliz'ar] *vtd+vpr* **1** Localizar, situar, ubicar. **2** Circunscribir.
lo.ção [los'ãw] *sf* Loción.
lo.ca.tá.rio [lokat'arju] *sm* Locatario, arrendatario, inquilino.
lo.cu.tor [lokut'or] *sm* Locutor.
lo.do [l'odu] *sm* Lodo, barro, lama, limo, cieno, fango.
ló.gi.ca [l'ɔʒikə] *sf* Lógica.
ló.gi.co [l'ɔʒiku] *adj* Lógico, coherente, racional.
lo.go [l'ɔgu] *adv* **1** Luego, enseguida, pronto. **2** Ya, sin tardanza. **3** Después, más tarde. **4** Por conseguinte, por lo tanto. **5** Para colmo, justo. *logo agora?* / ¿justo ahora?
lo.ja [l'ɔʒə] *sf* Tienda, almacén, comercio. **loja de brinquedos** juguetería. **loja de material de construção** grifería. **loja maçônica** logia.
lo.jis.ta [loʒ'istə] *adj e s m+f* Tendero, comerciante.
lom.ba.da [lõb'adə] *sf* **1** Loma. **2** Lomo (libro).
lom.bo [l'õbu] *sm* **1** Lomo, solomillo. **2** Espalda.
lo.na [l'onə] *sf* Lona. **estar na lona** estar en la miseria.
lon.ge [l'õʒi] *adv* Lejos.
lon.gín.quo [lõʒ'ĩkwu] *adj* Longincuo, lejano, apartado, remoto, distante, retirado, alejado.
lon.gi.tu.de [lõʒit'udi] *sf* Longitud, ancho, extensión, largor, largo, largura.
lon.go [l'õgu] *adj* **1** Largo, extenso. **2** Durable, dilatado, prolongado. Veja nota em **largo** (espanhol).
lon.tra [l'õtrə] *sf Zool* Nutria, coipo.
lo.ta.do [lot'adu] *adj* Lleno, repleto, colmado, saturado, pleno, cargado, abarrotado.

lo.tar [lot′ar] *vtd* Llenar, colmar, atiborrar, cargar, abarrotar, saturar.
lo.te [l′ɔti] *sm* Lote.
lo.te.ri.a [loter′iə] *sf* Lotería.
lou.ça [l′owsə] *sf* Loza, porcelana.
lou.co [l′owku] *adj+sm* **1** Loco, chiflado, demente, ido. **2** Maniaco, insano, lunático.
lou.cu.ra [lowk′urə] *sf* **1** *Patol* Locura, demencia, enajenación mental, delirio. **2** Desatino, insensatez, exaltación.
lou.ro [l′owru] *adj* Rubio, dorado. • *sm* **1** *Ornit* Loro, periquito. **2** Laurel: a) *Bot* árbol de la familia de las lauráceas. b) *fig* triunfo.
lou.sa [l′owzə] *sf* Pizarra, pizarrón.
lou.var [lowv′ar] *vtd+vpr* Alabar, laudar, elogiar, bendecir, engrandecer, magnificar.
lou.vá.vel [lowv′avew] *adj m+f* Loable, laudable, meritorio.
lou.vor [lowv′or] *sm* Alabanza, loa, lisonja, elogio, encarecimiento, glorificación.
lu.a [l′uə] *sf* Luna. **estar de lua virada** andar de mal humor. **estar na lua** estar metido en la harina.
lu.a de mel [l′uədim′ɛw] *sf* Luna de miel.
lu.ar [lu′ar] *sm* Luz de luna, claro de luna.
lu.bri.fi.can.te [lubrifik′ãti] *adj+sm* Lubricante, lubrificante.
lu.bri.fi.car [lubrifik′ar] *vtd+vpr* Lubricar, lubrificar, engrasar, aceitar, untar.
lú.ci.do [l′usidu] *adj* Lúcido.
lu.crar [lukr′ar] *vtd+vi* Lucrar.
lu.cro [l′ukru] *sm* Lucro, provecho, beneficio, ganancia.
lu.gar [lug′ar] *sm* **1** Lugar, local, sitio. **2** Puesto, posición, orden. **3** Región.
lu.ga.re.jo [lugar′eʒu] *sm* Aldea, lugar, aldehuela, poblado.

lú.gu.bre [l′ugubri] *adj m+f* Lúgubre, sombrío, fúnebre, tétrico, escuro, triste, luctuoso.
lu.la [l′ulə] *sf Zool* Calamar, chipirón.
lu.mi.ná.ria [lumin′arjə] *sf* Luminaria, lámpara, iluminación, luz, farol.
lu.mi.no.so [lumin′ozu] *adj* Luminoso, brillante, radiante, claro, lúcido. • *sm* Letrero/cartel luminoso. *Pl: luminosos (ó).*
lu.nar [lun′ar] *adj m+f* Lunar (de luna). **Lunar**, em espanhol, é um substantivo correntemente usado para designar "pinta", "mancha", "verruga".
lu.ná.ti.co [lun′atiku] *adj+sm* Lunático, maniaco, loco, excéntrico.
lu.pa [l′upə] *sf* Lupa.
lus.co-fus.co [luskuf′usku] *sm* Entre luces, crepúsculo. *Pl: lusco-fuscos.*
lus.trar [lustr′ar] *vtd* **1** Lustrar, pulir. **2** *vtd+vpr* Ilustrar, enseñar, iluminar.
lus.tre [l′ustri] *sm* **1** Lámpara, araña. **2** Lustre, brillo.
lu.ta [l′utə] *sf* **1** Lucha, pelea, brega, combate. **2** Oposición. **3** Esfuerzo. **ir à luta** arremangarse / remangarse / decidirse / hacer.
lu.ta.dor [lutad′or] *adj+sm* **1** Luchador. **2** *fig* Persona afanosa.
lu.tar [lut′ar] *vtd+vi* **1** Luchar, pelear, bregar, combatir, disputar. **2** Esforzarse, vencer, lograr.
lu.to [l′utu] *sm* Luto.
lu.va [l′uvə] *sf* Guante. **cair como uma luva** ser como anillo al dedo.
lu.xo [l′uʃu] *sm* Lujo, opulencia, ostentación, riqueza, suntuosidad, fausto. **cheio de luxo** pretencioso, presuntuoso.
lu.xu.o.so [luʃu′ozu] *adj* Lujoso, suntuoso, magnífico, pomposo. *Pl: luxuosos (ó).*
lu.xú.ria [luʃ′urjə] *sf* Lujuria, sensualidad, salacidad, lascivia, libídine, lubricidad.
luz [l′us] *sf* Luz.
lu.zir [luz′ir] *vi* Lucir.

m

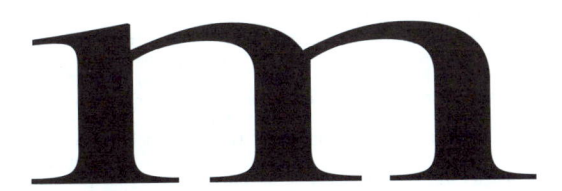

m, M ['emi] *sm* **1** Decimotercera letra del abecedario portugués. **2 M** Mil en guarismos romanos. **3** Símbolo de metro. Veja nota em **n** (espanhol).
má [m'a] *adj f* Mala, dañosa, nociva.
ma.ca [m'akə] *sf* Camilla, angarilla, parihuela.
ma.çã [mas'ã] *sf Bot* Manzana. **maçã do rosto** pómulo, mejilla.
ma.ca.bro [mak'abru] *adj* Macabro, lúgubre, fúnebre, triste.
ma.ca.co [mak'aku] *sm* **1** *Zool* Macaco, mono. **2** *Mec* Cric, gato. *sf* **3** *fig* Mala suerte. **estar com a macaca** tener la negra/estar enojado/echar chispas. **macaco velho** perro viejo.
ma.ça.ne.ta [masan'etə] *sf* Picaporte, manija. Veja nota em **pomo** (português).
ma.car.rão [makaɾ'ãw] *sm* Macarrón, fideo, fideos, tallarín, pasta.
ma.cha.da.da [maʃad'adə] *sf* Hachazo.
ma.cha.di.nha [maʃad'iɲə] *sf* Hachuela, cuchilla, hacha de abordaje.
ma.cha.do [maʃ'adu] *sm* Hacha, machado.
ma.chão [maʃ'ãw] *adj+sm* Machote, valientote.
machista [maʃ'istə] *adj e s m+f* Machista.
ma.cho [m'aʃu] *adj+sm* Machote, valentote. • *sm* Macho.
ma.chu.car [maʃuk'ar] *vtd+vpr* **1** Lastimar, herir. *vtd* **2** Machucar, machacar, sobar. Veja nota em **lastimar** (português).
ma.ci.ço [mas'isu] *adj* **1** Macizo, compacto, sólido. **2** Masivo, intenso. *houve uma campanha maciça contra a criminalidade* / hubo una campaña intensa contra la criminalidad.
ma.ci.ei.ra [masi'ejrə] *sf Bot* Manzano.
ma.ci.ez [masi'es] *sf* Suavidad, blandura.
ma.ci.o [mas'iu] *adj* Tierno, blando, fofo, suave, aterciopelado.
ma.ço [m'asu] *sm* **1** Mazo, martillo (de madera). **2** Atado, paquete.
ma.ço.na.ri.a [masonar'iə] *sf* Masonería.
ma.co.nha [mak'oɲə] *sf Bot* Mariguana, marihuana.
ma.cro.bi.ó.ti.co [makrobi'otiku] *adj* Macrobiótico. • *sf* Macrobiótica.
má.cu.la [m'akulə] *sf* **1** Mácula, mancha, señal. **2** *fig* Deshonra, infamia, desdoro, deslustre, descrédito.
ma.cum.ba [mak'ũbə] *sf* **1** *Rel* Culto afrobrasileño. **2** *fig* Magia negra.
ma.dei.ra [mad'ejrə] *sf* Madera.
ma.dei.xa [mad'ejʃə] *sf* **1** Mechón, madeja. **2** Mecha, mata de pelo.
ma.dras.ta [madr'astə] *sf* **1** Madrastra. **2** *fig* Mujer mala.
ma.dre [m'adri] *sf Rel* Monja, religiosa.

> **Madre**, em espanhol, significa "mãe". Apesar de referir-se também ao título religioso, não tem esse uso corrente, sendo "monja" o adequado nessa acepção.

ma.dre.pé.ro.la [madrep'ɛrolə] *sf* Nácar.
ma.dri.nha [madr'iɲə] *sf* Madrina.
ma.dru.ga.da [madrug'adə] *sf* Madrugada, alborada, primeras luces.
ma.dru.gar [madrug'ar] *vi* **1** Madrugar. **2** *fig* Anticiparse.
ma.du.ro [mad'uru] *adj* Maduro.
mãe [m'ãj] *sf* Madre. Veja nota em **madre** (português).
ma.es.tro [ma'ɛstru] *sm* Maestro (dirigente de orquestra). *Fem: maestrina*.

ma.gi.a [maʒ'ia] *sf* **1** Magia, brujería, hechicería, sortilegio. **2** Mágica.

má.gi.co [m'aʒiku] *adj+sm* **1** Mágico, fantástico. **2** *fig* Fascinante, encantador. • *sm* **1** Mágico, mago, prestidigitador. *sf* **2** Mágica, magia, prestidigitación.

ma.gis.té.rio [maʒist'ɛrju] *sm* Magisterio, enseñanza.

ma.gis.tra.do [maʒistr'adu] *sm* Magistrado.

mag.na.ta [magn'atə] *s m+f* Magnate.

mag.né.ti.co [magn'ɛtiku] *adj* **1** Magnético. **2** *fig* Atractivo, encantador, fascinante.

mag.ne.ti.zar [magnetiz'ar] *vtd* **1** Magnetizar, imantar. **2** *fig* Atraer, encantar, fascinar.

mag.ni.fi.cen.te [magnifis'ẽti] *adj m+f* **1** Magnificente, espléndido, magnífico. **2** Magnánimo.

mag.ní.fi.co [magn'ifiku] *adj* **1** Magnífico, espléndido, estupendo, formidable, regio. **2** *AL* Macanudo.

ma.go [m'agu] *sm* **1** Mago, brujo, hechicero. **2** Seductor, atractivo.

má.goa [m'agwə] *sf* Dolor, pesar, pesadumbre, pena, disgusto, ramalazo, aflicción.

ma.go.ar [mago'ar] *vtd+vi+vpr* Herir, aquejar, disgustar, flechar, ofender, punzar.

ma.gri.ce.la [magris'ɛlə] *adj* e *s m+f* Flacucho, flaco, delgado.

ma.gro [m'agru] *adj* Delgado, magro, esbelto.

mai.o [m'aju] *sm* Mayo.

mai.ô [maj'o] *sm* Bañador, traje de baño, malla.

mai.o.ne.se [majon'ɛzi] *sf* **1** Mayonesa, mahonesa. **2** Ensalada rusa.

mai.or [maj'ɔr] *adj m+f* **1** Mayor, más grande. **2** Mayor de edad. Veja nota em **mayor**.

mai.o.ri.a [major'iə] *sf* Mayoría, mayor parte, mayor número.

mai.o.ri.da.de [majorid'adi] *sf* Mayoría.

mais [m'ajs] *adv* Más. • *sm Mat* Signo de suma.

mai.se.na [majz'enə] *sf* Maicena.

mai.ús.cu.la [maj'uskulə] *sf* Letra mayúscula.

ma.jes.ta.de [maʒest'adi] *sf* **1** Majestad, realeza. **2** *fig* Altivez, imponencia, soberbia.

ma.jes.to.so [maʒest'ozu] *adj* Majestuoso, imponente, soberbio, altivo. *Pl: majestosos (ó).*

ma.jor [maʒ'ɔr] *sm Mil* Mayor.

mal [m'aw] *sm* **1** Mal, molestia, enfermedad. **2** Desgracia, calamidad. **3** Aflicción. • *adv* Mal. • *conj* Apenas. Veja nota em **buen**.

ma.la [m'alə] *sf* Maleta, valija.

mal-a.gra.de.ci.do [malagrades'idu] *adj+sm* Desagradecido, malagradecido, ingrato. *Pl: mal-agradecidos.*

ma.la.gue.ta [malag'etə] *sm Bot* Guindilla.

ma.lan.dro [mal'ãdru] *adj+sm* **1** Malandrín, sinvergüenza, pícaro, bellaco. **2** Holgazán, indolente, vagabundo, parásito.

mal-ar.ru.ma.do [malarum'adu] *adj* Desaliñado, desaseado, desarreglado. *Pl: Mal-amanhados.*

mal.chei.ro.so [mawʃejr'ozu] *adj* Maloliente, fétido, hediondo. *Pl: malcheirosos (ó).*

mal.cri.a.do [mawkri'adu] *adj+sm* Malcriado, maleducado.

mal.da.de [mawd'adi] *sf* **1** Maldad, crueldad, maleficio, fechoría. **2** Infamia, malicia, bellaquería.

mal.di.ção [mawdis'ãw] *sf* Maldición.

mal.di.to [mawd'itu] *adj+sm* **1** Maldito, condenado. **2** Perverso, malvado.

mal.di.zer [mawdiz'er] *vtd+vi* **1** Maldecir, imprecar, blasfemar, abominar, echar pestes. **2** Detractar, calumniar, ofender, difamar, desacreditar. *vtd* **3** Lamentarse, quejarse.

mal.do.so [mawd'ozu] *adj* Malo, maligno, malévolo, perverso. *Pl: maldosos (ó).*

ma.le.á.vel [male'avew] *adj m+f* **1** Maleable, moldeable, manejable, elástico, flexible. **2** Dócil, obediente, adaptable.

ma.le.di.cên.cia [maledis'ẽsjə] *sf* **1** Maledicencia, blasfemia, maldición, disparate. **2** Difamación, denigración. **3** Murmuración, habladuría.

mal-e.du.ca.do [maleduk'adu] *adj+sm* **1** Maleducado, descortés, grosero. **2**

Malcriado, desobediente, mimado. *Pl: mal-educados.*

ma.lé.fi.co [mal'ɛfiku] *adj* Maléfico, nocivo, pernicioso, daniño.

mal-en.ten.di.do [malẽtẽd'idu] *sm* Malentendido, equívoco, tergiversación. *Pl: mal-entendidos.*

mal-es.tar [malest'ar] *sm* 1 Malestar, incomodidad, fastidio, enfado. 2 Inquietud, desasosiego, ansiedad. 3 Indisposición, achaque. 4 Vergüenza. *Pl: mal-estares.*

ma.le.ta [mal'etə] *sf* Maletín, mala.

mal.fei.tor [mawfejt'or] *adj+sm* Malhechor, maleante, vilano, malviviente.

ma.lha [m'aʎə] *sf* 1 Malla. 2 Jersey, suéter. 3 Mancha, distinto color, señal (animal).

ma.lha.do [maʎ'adu] *adj* 1 Manchado, pinto. 2 Majado, machacado. 3 *fig* Criticado, desacreditado. 4 *fig* Ejercitado, con los músculos desarrolados.

ma.lhar [maʎ'ar] *vtd* 1 *fam* Criticar, descreditar. *vtd+vi* 2 Ejercitar, desarrolar los músculos.

mal-hu.mo.ra.do [malumor'adu] *adj* Malhumorado, encrespado, intratable, ceñudo, desagradable, cascarrabias, enojadizo. *Pl: mal-humorados.*

ma.lí.cia [mal'isjə] *sf* 1 Malicia, maldad, malignidad, malevolencia. 2 Astucia, ardid, socarronería. 3 Sutilieza, penetración, sagacidad.

ma.li.ci.o.so [malisi'ozu] *adj+sm* Malicioso. *Pl: maliciosos (ó).*

ma.lig.no [mal'ignu] *adj* Maligno, malévolo, pernicioso.

mal-in.ten.ci.o.na.do [malĩtẽsjon'adu] *adj+sm* Malintencionado. *Pl: mal-intencionados.*

ma.lo.grar [malogr'ar] *vtd+vpr* Malograr, fracasar.

ma.lo.te [mal'ɔti] *sm* Maletín, mala.

mal.pas.sa.do [mawpas'adu] *adj* Jugoso, al punto, mal cocido.

mal.su.ce.di.do [mawsused'idu] *adj* Malogrado, fracasado.

mal.tra.pi.lho [mawtrap'iʎu] *adj+sm* Harapiento, haraposo, andrajoso, andrajo, zarrapastroso.

mal.tra.tar [mawtrat'ar] *vtd* 1 Maltratar, molestar, hostilizar. 2 Golpear, pegar, apalear. 3 Estropear.

ma.lu.co [mal'uku] *adj+sm* Chiflado, loco, lunático.

ma.lu.qui.ce [maluk'isi] *sf* 1 Locura, imprudencia, temeridad. 2 Extravagancia, excentricidad.

mal.va.do [mawv'adu] *adj+sm* Malvado, malo, desalmado, cruel, infame, perverso.

ma.ma [m'ʌmə] *sf Anat* Mama, seno, teta.

ma.ma.dei.ra [mamad'ejrə] *sf* Mamadera, biberón.

ma.mãe [mam'ãj] *sf fam* Mamá, mami.

ma.mão [mam'ãw] *sm Bot* Mamón, papaya.

ma.mar [mam'ar] *vtd+vi* Mamar.

ma.ma.ta [mam'atə] *sf fig* Robo, fraude.

ma.mí.fe.ro [mam'iferu] *sm* Mamífero.

ma.mi.lo [mam'ilu] *sm Anat* Pezón.

ma.na.da [man'adə] *sf* Manada, hato, rebaño.

man.ca.da [mãk'adə] *sf fam* Falla, traspié, metida de pata. **dar uma mancada** meter la pata.

man.car [mãk'ar] *vtd+vi+vpr* Cojear.

man.cha [m'ãʃə] *sf* 1 Mancha, pinta, lunar. 2 Tacha, defecto. 3 Suciedad. Veja nota em **lunar** (português).

man.char [mãʃ'ar] *vtd+vpr* 1 Manchar, ensuciar. 2 *fig* Deshonrar.

man.che.te [mãʃ'ɛti] *sf* Titular (revista, periódico).

man.co [m'ãku] *adj+sm* Cojo, rengo.

Manco, em espanhol, é aquele a quem falta a mão, e não o pé, como em português.

man.da.chu.va [mãdaʃ'uvə] *s m+f fam* Mandamás, mandarín, cabecilla.

man.da.men.to [mãdam'ẽtu] *sm* Mandamiento, mandado, orden, instrucción, precepto.

man.dar [mãd'ar] *vtd+vi* 1 Mandar, ordenar, dictar. 2 Enviar, remitir. 3 Regir, señorear. *vpr* 4 *fam* Mancharse, huir. *antes que alguém pudesse pegá-lo, se mandou* / antes que alguien lo pudiera agarrar, se marchó. **mandar embora** rajar.

man.dí.bu.la [mãd'ibulə] *sf Anat* Mandíbula, maxilar.

man.din.ga [mãd'ĩgə] *sf* Hechizo, brujería, magia.

man.di.o.ca [mãdi'ɔkə] *sf Bot* **1** Mandioca, guacamote. **2** *AL* Yuca.

ma.nei.ra [man'ejrə] *sf* **1** Manera, método, estilo. **2** Género. **3** Oportunidad, posibilidad. **4 maneiras** *pl* Porte, modales.

ma.ne.jar [maneʒ'ar] *vtd* **1** Manejar, manipular. **2** Practicar, ejercer. **3** Dirigir, gerir.

> Em espanhol, **manejar** é usado para referir-se a "dirigir, conduzir veículo".

ma.ne.quim [manek'ĩ] *sm* **1** Maniquí, modelo, muñeco. **2** Talla.

ma.ne.ta [man'etə] *adj* e *s m+f* Manco. Veja nota em **manco** (português).

man.ga [m'ãgə] *sf* **1** Manga. **2** *Bot* Mango (árbol y fruto).

man.gar [mãg'ar] *vtd+vi fam* Vacilar, burlar, sacar el pelo.

man.gue [m'ãgi] *sm Bot* Manglar, ciénaga, charco.

man.guei.ra [mãg'ejrə] *sf* **1** Manguera. **2** *Bot* Mango.

ma.nha [m'ʌɲo] *sf* **1** Maña, destreza, habilidad. **2** Artificio, astucia. **3** Berrinche, lloriqueo, rabieta, pataleo.

ma.nhã [maɲ'ã] *sf* Mañana (hasta mediodía).

ma.ni.a [man'iə] *sf* **1** Manía, hábito, costumbre. **2** *AL* Maña.

ma.ní.a.co [man'iaku] *adj+sm* **1** Maníaco, tarado, degenerado. **2** *fig* Extravagante, extraño. Veja nota em **tarado** (espanhol).

ma.ni.cô.mio [manik'omju] *sm* Manicomio.

ma.ni.cu.re [manik'uri] *sf* Manicura.

ma.ni.fes.ta.ção [manifestas'ãw] *sf* Manifestación.

ma.ni.fes.tar [manifest'ar] *vtd+vpr* Manifestar.

ma.ni.fes.to [manif'ɛstu] *adj* Manifiesto, declarado, claro, evidente. • *sm* Manifiesto, declaración.

ma.ni.pu.lar [manipul'ar] *vtd* **1** Manipular, manosear, manejar. **2** Adulterar, falsear.

ma.ni.ve.la [maniv'ɛlə] *sf* Manija, manivela, manubrio.

man.jar [mãʒ'ar] *sm* Manjar. • *vtd+vi* **1** Comer. *vtd* **2** *fam* Entender, ser experto. *deixe que eu conserto, que eu manjo de mecânica / deja, yo lo arreglo, porque entiendo de mecánica.*

man.je.ri.cão [mãʒerik'ãw] *sm Bot* Albahaca.

ma.no.brar [manobr'ar] *vtd* **1** Maniobrar. *vi* **2** Manipular, falsear.

man.são [mãs'ãw] *sf* Mansión, palacete.

man.so [m'ãsu] *adj* Manso, dócil, calmo, suave. • *adv* Mansamente.

man.ta [m'ãtə] *sf* Manta, frazada, chal, mantilla.

man.tei.ga [mãt'ejgə] *sf* Mantequilla, manteca. **manteiga derretida** llorón.

man.ter [mãt'er] *vtd+vpr* **1** Mantener, conservar, permanecer, perdurar, preservar. **2** Proveer, costear. **3** Sostener, sustentar. **4** Apoyar.

man.ti.men.to [mãtim'ẽtu] *sm* Mantenimiento.

ma.nu.al [manu'aw] *adj m+f* Manual. • *sm* Manual, libro, guía. **artes manuais** manualidades.

ma.nu.fa.tu.rar [manufatur'ar] *vtd* Manufacturar, fabricar, producir.

ma.nu.se.ar [manuze'ar] *vtd* Manosear.

ma.nu.ten.ção [manutẽs'ãw] *sf* Manutención, mantenimiento.

mão [m'ãw] *sf* Mano. **dar uma mão** prestar/echar una mano. **mão-boba** largo de manos / atrevido. **mão de obra** mano de obra. **mão de vaca** avaricioso / avaro. **mão grande** manazas. **mão leve** largo de manos, ladrón. *Pl: mãos.*

mão-a.ber.ta [mãwab'ɛrtə] *s m+f* **1** Manilargo, generoso. **2** Manirroto, gastador. *Pl: mãos-abertas.*

ma.pa [m'apə] *sm* Mapa, carta, atlas.

maquiagem [makj'aʒẽj] *sf* Maquillaje, pintura. Veja nota em **abordaje**.

ma.qui.ar [maki'ar] *vtd+vpr* **1** Maquillar. *vtd* **2** *fig, fam* Disfrazar, fraudar, falsear.

ma.qui.a.vé.li.co [makjav'ɛliku] *adj* Maquiavélico.

má.qui.na [m'akinə] *sf* Máquina.

ma.qui.na.ri.a [makinar'iə] *sf* Maquinaria.

ma.qui.nis.ta [makin'istə] *s m+f* Maquinista.

mar [m'ar] *sm* Mar. **alto-mar** alta mar.

ma.ra.cu.já [marakuʒ'a] *sm Bot* Maracuyá, pasionaria.

ma.ra.já [maraʒ'a] *sm* **1** Rajá. **2** *fam* Ñoqui (funcionario público con alto salario).

ma.ra.to.na [marat'onə] *sf* Maratón.

ma.ra.vi.lha [marav'iʎə] *sf* Maravilla, prodigio, fenómeno. **maravilha!** ¡regio!

ma.ra.vi.lho.so [maraviʎ'ozu] *adj* Maravilloso, extraordinario, excelente, regio. *Pl: maravilhosos (ó).*

mar.ca [m'arkə] *sf* **1** Marca, señal. **2** Medida cierta. **3** Marca de fábrica. **4** Rasgo, estilo.

mar.ca-pas.so [markap'asu] *sm* Marcapasos. *Pl: marca-passos.*

mar.car [mark'ar] *vtd* **1** Marcar, señalar, identificar. **2** Demarcar, delinear. **3** Pulsar en un teléfono. *vtd+vi* **4** Aplazar, citar.

mar.cha [m'arʃə] *sf* Marcha, progreso, curso, evolución.

mar.ce.na.ri.a [marsenar'ia] *sf* Ebanistería.

mar.char [marʃ'ar] *vtd+vi* Marchar, andar, caminar, progresar.

mar.co [m'arku] *sm* **1** Baliza, hito, mojón. **2** Referencia. *Paulo Freire é um marco na educação brasileira* / Paulo Freire es referencia en educación brasileña.

mar.ço [m'arsu] *sm* Marzo.

ma.ré [mar'ɛ] *sf* **1** Marea, corriente marítima. **2** Multitud, muchedumbre. **3** *fig* Situación, marcha de los acontecimientos. *achou melhor não falar em casamento quando viu que a maré estava virando* / le pareció mejor no hablar en matrimonio cuando sintió que la situación cambiaba. **maré de sorte** buena racha. **maré de azar** mala racha. **maré mansa** calma chicha. **nadar/remar contra a maré** ir contra la corriente.

ma.re.a.do [mare'adu] *adj* Mareado.

ma.re.mo.to [marem'ɔtu] *sm* Maremoto.

mar.fim [marf'ĩ] *sm* Marfil.

mar.ga.ri.da [margar'idə] *sf Bot* Margarita.

mar.ga.ri.na [margar'inə] *sf* Margarina.

mar.gem [m'arʒẽj] *sf* **1** Margen, orilla, extremidad. **2** Borde, bordo. **3** Ocasión, oportunidad, holgura. **4** Linde, frontera.

mar.gi.nal [marʒin'aw] *s m+f* Marginal, maleante, malviviente. • *adj m+f* Marginal, costero.

mar.gi.na.li.zar [marʒinaliz'ar] *vtd+vpr* marginalizar.

ma.ri.cas [mar'ikas] *adj+sm sing+pl fam* Marica, maricón, amariconado, sarasa.

ma.ri.do [mar'idu] *sm* Marido, esposo.

ma.ri.nha [mar'iñə] *sf Mil* Marina, armada, marinería.

ma.ri.nhei.ro [mariñ'ejru] *sm* Marinero, grumete, marino.

ma.ri.nho [mar'iñu] *adj* Marino, marinero, marítimo.

ma.ri.o.ne.te [marjon'ɛti] *sf* Marioneta, títere.

ma.ri.po.sa [marip'ozə] *sf Entom* Bicho de luz, mariposa de noche.

A palavra **mariposa**, em espanhol, designa a "borboleta".

ma.ris.co [mar'isku] *sm Zool* Marisco.

ma.rí.ti.mo [mar'itimu] *adj* Marítimo, marino.

mar.me.la.da [marmel'adə] *sf* **1** Dulce de membrillo. **2** *fam* Trampa, fraude, engaño, arreglo.

mar.me.lo [marm'ɛlu] *sm Bot* Membrillo.

mar.mi.ta [marm'itə] *sf* Fiambrera.

már.mo.re [m'armori] *sm* Mármol.

ma.ro.to [mar'otu] *adj* Travieso, malicioso, astuto, taimado.

mar.quês [mark'es] *sm* Marqués.

mar.que.sa [mark'ezə] *sf* Marquesa.

mar.re.co [maʰ'ɛku] *sm Zool* Ánade.

mar.re.tei.ro [maʰet'ejru] *sm fam* Mercachifle, buhonero.

mar.rom [maʰ'õw] *adj+sm* Marrón.

mar.te.lar [martel'ar] *vtd+vi* **1** Martillar, martillear. *vtd* **2** *fig* Machacar, importunar, insistir, porfiar.

mar.te.lo [mart'ɛlu] *sm* Martillo, mallo, maceta.

már.tir [m'artir] *s* Mártir.

mar.ti.ri.zar [martiriz'ar] *vtd+vpr* Martirizar, atormentar, afligir.

ma.ru.jo [mar'uʒu] *sm* Marinero, marino.

mas [m'as] *conj* Pero, sin enbargo, mas. Veja nota em **mas** (espanhol).

mas.car [mask′ar] *vtd+vi* **1** Mascar, masticar. **2** *fig* Insinuar, murmurar, hablar entre dientes.

más.ca.ra [m′askərə] *sf* **1** Máscara, antifaz, careta. **2** Pretexto, disfraz.

mas.ca.rar [maskar′ar] *vtd+vpr* **1** Enmascarar, disfrazarse. *vtd* **2** *fig* Disimular.

mas.ca.te [mask′ati] *sm* Buhonero, vendedor ambulante.

mas.co.te [mask′ɔti] *sf* Mascota.

mas.cu.li.no [maskul′inu] *adj* Masculino.

mas.mor.ra [mazm′oɾə] *sf* Mazmorra, prisión, calabozo.

ma.so.quis.mo [mazok′izmu] *sm* Masoquismo.

má-sor.te [mas′ɔrti] *sf* Mala suerte, desdicha, malandanza.

mas.sa [m′asə] *sf* Masa.

mas.sa.crar [masakr′ar] *vtd* **1** Masacrar. **2** *fig* Machacar, importunar.

mas.sa.cre [mas′akri] *sm* **1** Masacre, matanza, carnicería. **2** Importunación.

mas.sa.ge.ar [masaʒe′ar] *vtd+vi+vpr* Masajear.

mas.sa.gem [mas′aʒẽj] *sf* Masaje. Veja nota em **abordaje**.

mas.sa.gis.ta [masaʒ′istə] *adj* e *s* *m+f* Masajista.

mas.ti.gar [mastig′ar] *vtd* **1** Masticar, mascar. *vtd+vi* **2** *fig* Mascullar. **3** *fig* Rumiar, reflexionar.

mas.tro [m′astru] *sm* **1** Mástil, asta, madero, puntal, poste. **2** *fam, fig* Palo, pene.

mas.tur.bar [masturb′ar] *vtd+vpr* Masturbar.

ma.ta [m′atə] *sf* Mata, bosque, floresta, matorral, maraña, selva.

ma.ta-bor.rão [matəboɾ′ãw] *sm* Papel secante. *Pl: mata-borrões.*

ma.ta.dor [matad′or] *adj+sm* **1** Matador. **2** Molesto, muy pesado. **3** Torero.

ma.ta.dou.ro [matad′owru] *sm* Matadero, degolladero, carnicería.

ma.tan.ça [mat′ãsə] *sf* Matanza, masacre, carnicería, degollina, exterminio, hecatombe.

ma.tar [mat′ar] *vtd+vi+vpr* **1** Matar. *vtd* **2** Ahorcar, faltar (clases, trabajo). **3** Descifrar, adivinar. *matei essa!* / ¡adiviné!

matar aula hacer corrales / hacer ovillos / ahorcar las clases. **matar cachorro a grito** estar en situación de penuria. **matar dois coelhos com uma só cajadada** matar dos pájaros de un tiro.

ma.te [m′ati] *sm sing+pl* Mate: a) lance del ajedrez. b) infusión de yerba mate.

ma.te.má.ti.ca [matem′atikə] *sf* Matemáticas.

ma.te.má.ti.co [matem′atiku] *adj* Exacto, preciso • *sm* Matemático.

ma.té.ria [mat′ɛɾjə] *sf* **1** Materia. **2** Pus. **3** Asunto. **4** Asignatura, disciplina. **5** Causa, motivo.

ma.te.ri.al [materi′aw] *adj m+f* Material, corporal, corpóreo, físico. • *sm* Material.

ma.te.ri.a.lis.ta [materjal′istə] *adj+s m+f* Materialista.

ma.té.ria-pri.ma [matɛɾjəpɾ′imə] *sf* Materia prima. *Pl: matérias-primas.*

ma.ter.nal [matern′aw] *adj m+f* Maternal, materno. • *adj+sm* Jardín de infancia, guardería.

ma.ter.ni.da.de [maternid′adi] *sf* Maternidad.

ma.ter.no [mat′ɛrnu] *adj* Materno, maternal.

ma.ti.lha [mat′iʎə] *sf* Perrería, jauría.

ma.ti.nal [matin′aw] *adj m+f* Matinal, matutino.

ma.tiz [mat′is] *sm* Matiz.

ma.to [m′atu] *sm* Mato, monte, maleza. **neste mato tem coelho** aquí hay gato encerrado.

ma.tra.ca [matr′akə] *sf* **1** Matraca, carraca, carraco. **2** *fig* Charlatán, cotorra.

ma.trí.cu.la [matr′ikulə] *sf* Matrícula, inscripción, registro.

ma.tri.cu.lar [matrikul′ar] *vtd+vpr* Matricular, inscribir, registrar.

ma.tri.mô.nio [matrim′onju] *sm* Matrimonio, casamiento.

ma.triz [matr′is] *sf* Matriz.

ma.tro.na [matr′onə] *sf* Matrona.

ma.tu.la [mat′ulə] *sf* **1** Matula. **2** *deprec* Perrería, hato.

ma.tu.ra.ção [maturas′ãw] *sf* Maduración, sazón.

ma.tu.ri.da.de [maturid′adi] *sf* Madurez, prudencia, sensatez.

ma.tu.tar [matut′ar] *vtd+vi* Cavilar, meditar, rumiar.

ma.tu.ti.no [matut′inu] *adj* Matutino, matinal.

ma.tu.to [mat′utu] *adj+sm* Aldeano, rústico, lugareño, patán.

mau [m′aw] *adj m* Malo, perverso.

mau-ca.rá.ter [mawkar′ater] *adj e s m+f* Sin vergüenza, descarado, guarro. *Pl: maus-caracteres.*

mau-o.lha.do [mawoʎ′adu] *sm* Mal de ojo. *Pl: maus-olhados.*

ma.xi.lar [maksil′ar] *sm* Maxilar, mandíbula.

má.xi.ma [m′asima] *sf* Máxima, apotegma, sentencia, axioma.

má.xi.mo [m′asimu] *adj+sm* Máximo.

ma.ze.la [maz′ɛlə] *sf* **1** Estigma, desdoro. **2** Llaga, herida. **3** Enfermedad, molestia. **4** Disgusto, aflicción, desazón.

me [mi] *pron pes* Me, a mí, para mí.

me.a.da [me′adə] *sf* Madeja.

me.an.dro [me′ãdru] *sm* Meandro.

me.câ.ni.ca [mek′ʌnikə] *sf* Mecánica.

me.câ.ni.co [mek′ʌniku] *adj* Mecánico, maquinal, automático. • *sm* Mecánico.

me.ca.nis.mo [mekan′izmu] *sm* Mecanismo.

me.ca.ni.za.do [mekaniz′adu] *adj* **1** Mecanizado. **2** *fig* Automatizado, maquinal.

me.cha [m′ɛʃə] *sf* Mecha.

me.da.lha [med′aʎə] *sf* Medalla.

me.da.lhão [medaʎ′ãw] *sm* Medallón.

mé.dia [m′ɛdjə] *sf* **1** *fam* Café con leche. **2** *Mat* Media, promedio.

me.di.a.no [medi′ʌnu] *adj* **1** Mediano, intermedio. **2** Moderado

me.di.an.te [medi′ãti] *prep* Mediante, por medio de.

me.di.ca.men.to [medikam′ẽtu] *sm* Medicamento, fármaco, remedio.

me.di.ção [medis′ãw] *sf* Medición.

me.di.car [medik′ar] *vtd+vpr* **1** Medicar, recetar, prescribir, tratar. *vi* **2** Ejercer la medicina.

me.di.ci.na [medis′inə] *sf* Medicina.

mé.di.co [m′ɛdiku] *sm* Médico, doctor.

me.di.da [med′idə] *sf* Medida. **passar das medidas** pasarse de la raya. **sob medida** a medida.

me.di.e.val [medjev′aw] *adj m+f* Medieval, medioeval.

mé.dio [m′ɛdju] *adj* **1** Intermedio, mediano. **2** Moderado.

me.dí.o.cre [med′iokri] *adj m+f* **1** Mediocre, mediano, regular. **2** Ordinario, de poco mérito.

me.dir [med′ir] *vtd+vi* Medir.

me.di.tar [medit′ar] *vtd+vi* Meditar, reflexionar.

me.di.ter.râ.neo [meditẽr′ʌnju] *adj* Mediterráneo.

me.do [m′ɛdu] *sm* Miedo, temor.

me.do.nho [med′oñu] *adj* Horrendo, repugnante, horrible, espantoso, horroroso.

me.dro.so [medr′ozu] *adj* Miedoso, cobarde, receloso. *Pl: medrosos (ó).*

me.du.la [med′ulə] *sf Anat* Médula, medula, tuétano.

me.du.sa [med′uzə] *sf Biol* Medusa.

me.ga.lo.ma.ni.a [megaloman′iə] *sf* Megalomanía.

me.ge.ra [meʒ′ɛrə] *sf* Bruja, fiera.

mei.a [m′ejə] *sf* **1** Media, calcetín. **2** Seis. *o número da minha casa é sete, meia, cinco* / el número de mi casa es siete, seis, cinco. **pé-de-meia** ahorro.

mei.a-cal.ça [mejək′awsə] *sf* Pantis, panty, medias de nylon. *Pl: meias-calças.*

mei.a-ti.ge.la [mejətiʒ′ɛlə] *sf* Bagatela, porquería. *Pl: meias-tigelas.*

mei.go [m′ejgu] *adj* Afable, afectuoso, cariñoso, gentil, amoroso, delicado, tierno, suave.

mei.gui.ce [mejg′isi] *sf* Ternura, afabilidad.

mei.o [m′eju] *sm* **1** Medio, mitad. **2** Ambiente. **3** Modo, maneira. **4** Instrumento, procedimiento, objeto. **5** Contexto, entorno. **6 meios** *pl* Medios, recursos, caudal, bienes, rentas. • *adj* Medio. • *adv* **1** No totalmente. **2** Un poco. *hoje estou meio triste* / hoy estoy un poco triste.

mei.o-cam.pis.ta [mejukãp′istə] *sm Esp* Mediocampista, centrocampista. *Pl: meio-campistas (adj), meios-campistas (sm).*

mei.o-di.a [mejud′iə] *sm* Mediodía. *Pl: meios-dias.*

mei.o-fi.o [mejuf'iu] *sm* Encintado, bordillo, cordón. *Pl: meios-fios.*
mel [m'ɛw] *sm* Miel. *Pl: méis, meles.*
me.la.do [mel'adu] *sm* Melado, jarabe, almíbar. • *adj* **1** Azucarado, endulzado. **2** Meloso, pegajoso, zalamero. **3** Sucio, engrazado.
me.lan.ci.a [melãs'iə] *sf Bot* Sandía, melón de agua.
me.lan.có.li.co [melăk'ɔliku] *adj* Melancólico, triste, nostálgico.
me.lão [mel'ãw] *sm Bot* Melón.
me.lar [mel'ar] *vtd* **1** Enmelar. *vtd+vpr* **2** Ensuciarse, engrazarse. *vi* **3** Melar (abejas). *vtd+vi* **4** *fig* Malograr, estrellar. *o encontro de hoje à noite melou* / la cita de esta noche malogró.
me.lhor [meλ'ɔr] *adj+adv* Mejor. **ir desta para melhor** pasar a mejor vida / morir. **levar a melhor** vencer / ganar / salirse bien.
me.lho.ra [meλ'ɔrə] *sf* Mejoría, mejoramiento.
me.lho.rar [meλor'ar] *vtd+vpr* **1** Mejorar, beneficiar, perfeccionar. **2** Enriquecer, prosperar. *vtd+vi* **3** Restablecer, sanar.
me.lin.drar [melĩdr'ar] *vtd+vpr* Agraviar, ofender.
me.lin.dro.so [melĩdr'ozu] *adj* Melindroso. *Pl: melindrosos (ó).*
me.lo.di.a [melod'iə] *sf* **1** Melodía, modulación. **2** Música. **3** *fig* Dulzura, suavidad de la voz.
me.lo.di.o.so [melodi'ozu] *adj* Melodioso. *Pl: melodiosos (ó).*
mem.bra.na [mẽbr'∧nə] *sf* Membrana.
mem.bro [m'ẽbru] *sm* **1** *Anat* Miembro, extremidad. **2** *Anat* Pene. **3** Parte, pedazo (de una cosa, de un conjunto o comunidad). **4** *Mat* Parte de una ecuación.
me.mo.rá.vel [memor'avew] *adj m+f* Memorable.
me.mó.ria [mem'ɔrjə] *sf* Memoria. **memória curta** memoria de gallo.
me.mo.ri.zar [memoriz'ar] *vtd+vi* Memorizar.
men.ção [mẽs'ãw] *sf* Mención, alusión, referencia.
men.ci.o.nar [mẽsjon'ar] *vtd* Mencionar, aludir, referirse, nombrar.

men.di.gar [mẽdig'ar] *vtd+vi* **1** Mendigar, limosnear, pedir limosna, tender la mano. *vtd* **2** *fig* Suplicar, implorar.
men.di.go [mẽd'igu] *sm* **1** Mendigo, pordiosero, mendicante. **2** *AL* Limosnero.
me.ni.na [men'inə] *sf* **1** Niña, chica. **2** Jovencita. **3** Novia.
me.ni.ni.ce [menin'isi] *sf* Infancia, niñez, puericia.
me.ni.no [men'inu] *sm* **1** Niño, chico. **2** Jovencito, mozo.
me.nor [men'ɔr] *adj m+f* **1** Menor, más pequeño. **2** Menor de edad. Veja nota em **mayor**.
me.nos [m'enus] *prep+pron* Menos.
me.nos.pre.zar [menosprez'ar] *vtd+vpr* **1** Menospreciar, menoscabar, minusvalorar. **2** Desestimar, despreciar, vilipendiar, dar la espalda, desairar.
me.nos.pre.zo [menospr'ezu] *sm* Menosprecio, desprecio, desestima, desestimación.
men.sa.gei.ro [mẽsaʒ'ejru] *adj+sm* Mensajero.
men.sa.gem [mẽs'aʒẽj] *sf* Mensaje. Veja nota em **abordaje**.
men.sal [mẽs'aw] *adj m+f* Mensual.
mens.tru.a.ção [mẽstrwas'ãw] *sf* Menstruación, regla, periodo.
men.ta [m'ẽtə] *sf Bot* Hierbabuena, menta.
men.ta.li.da.de [mẽtalid'adi] *sf* Mentalidad.
men.te [m'ẽti] *sf* Mente, mentalidad.
men.tir [mẽt'ir] *vi* Mentir.
men.ti.ra [mẽt'irə] *sf* Mentira, invención, cuento. Veja nota em **camelo**.
men.ti.ro.so [mẽtir'ozu] *adj+sm* Mentiroso, falso, traidor, embustero, fulero. *Pl: mentirosos (ó).* Veja nota em **tratante** (espanhol).
mer.ca.di.nho [merkad'iñu] *sm* Almacén.
mer.ca.do [merk'adu] *sm* **1** Mercado. **2** Comercio. **3** *Econ* Relaciones comerciales.
mer.ca.do.lo.gi.a [merkadoloʒ'iə] *sf* Marketing, mercadotecnia.
mer.ca.do.ri.a [merkador'iə] *sf* **1** Mercancía. **2** *AL* Mercadería.

mer.ce.a.ria [mersear'iə] *sf* Almacén, tienda de comestibles.

mer.ce.ná.rio [mersen'arju] *adj+sm* Mercenario.

mer.cú.rio [merk'urju] *sm* Mercurio: a) *Quím* azogue. b) *Astron* **Mercurio** (el planeta más próximo al Sol).

mer.da [m'ɛrdə] *sf fam* Mierda.

me.re.cer [meres'er] *vtd* 1 Merecer. 2 *AL* Ameritar.

me.ren.da [mer'ēdə] *sf* Merienda, lunch, refección.

me.ren.gue [mer'ēgi] *sm* Merengue. Veja nota em **suspiro** (espanhol).

mer.gu.lhar [merguλ'ar] *vi+vpr* 1 Zambullir, bucear, chapuzar. 2 *fig* Concentrarse, meterse de lleno (en una situación).

mer.gu.lho [merg'uλu] *sm* Submergida, inmersión, zambullida, buceo, chapuzón.

mé.ri.to [m'ɛritu] *sm* Mérito, merecimiento.

me.ro [m'ɛru] *adj* Mero, simple, puro, sencillo. • *sm Ictiol* Mero.

mês [m'es] *sm* Mes.

me.sa [m'ezə] *sf* Mesa. **mesa de cabeceira** mesa de noche, mesa de luz.

me.sa.da [mez'adə] *sf* Mesada, mensualidad.

me.sa-re.don.da [mezəred'õdə] *sf* Mesa redonda. *Pl*: mesas-redondas.

mes.clar [mezkl'ar] *vtd* Mezclar. Veja nota em **surtir**.

mes.mi.ce [mezm'isi] *sf* Monotonía, falta de variedad, invariabilidad, marasmo, inercia.

mes.mo [m'ezmu] *adj+sm* Mismo, igual, idéntico. • *pron* Mismo, propio. *eu mesmo vi quando ele caiu* / yo mismo vi cuando se cayó. • *adv* 1 Mismo, en ese exacto momento. 2 Hasta, incluso. *mesmo seus melhores amigos deixaram de falar com ele* / hasta sus mejores amigos no le hablan más. 3 Realmente, de veras. *você acha mesmo que pode me enganar?* / ¿te parece realmente que me puedes engañar? / ¿de veras te crees que me puedes engañar?

mes.qui.nho [mesk'iɲu] *adj* Mezquino, miserable, avaro, tacaño.

mes.qui.ta [mesk'itə] *sf* Mezquita.

mes.ti.ço [mest'isu] *adj+sm* Mestizo, criollo, chino.

mes.tra.do [mestr'adu] *sm* Máster, maestría.

mes.tre [m'ɛstri] *sm* 1 Maestre. 2 Maestro, preceptor, profesor. **mestre de obras** maestro de obras.

me.ta [m'ɛtə] *sf* 1 Meta, límite, fin, término. 2 Objetivo, finalidad. 3 *Esp* Portería.

me.ta.de [met'adi] *sf* Mitad, medio.

me.tá.fo.ra [met'aforə] *sf Gram* Metáfora.

me.tal [met'aw] *sm* 1 Metal. 2 **metais** *pl Mús* Metal, metales. 3 Batería de cocina.

me.tá.li.co [met'aliku] *adj* Metálico.

me.te.o.ri.to [meteor'itu] *sm Astron* Meteorito.

me.te.o.ro [mete'ɔru] *sm Astron* Meteoro, metéoro.

me.te.o.ro.lo.gi.a [meteoroloʒ'ia] *sf* Meteorología.

me.te.o.ro.ló.gi.co [meteorol'ɔʒiku] *adj* Meteorológico.

me.te.o.ro.lo.gis.ta [meteoroloʒ'istə] *adj+s* Meteorólogo.

me.ter [met'er] *vtd+vpr* 1 Meter, introducir, entrar. 2 Poner, incluir. 3 Inducir. **meter a mão**: a) dar un puñetazo, pegar. b) robar. **meter o bedelho** mangonear / ingerirse.

me.ti.cu.lo.so [metikul'ozu] *adj* Meticuloso, minucioso, nimio, prolijo, metódico, quisquilloso. *Pl*: meticulosos (ó).

me.ti.do [met'idu] *adj+sm* 1 Metido, jactancioso, presumido, encopetado, engreído, esnob. 2 Entremetido, indiscreto, hurón.

mé.to.do [m'ɛtodu] *sm* Método, modo, procedimiento, práctica, técnica.

me.tra.lha.do.ra [metraλad'orə] *sf* Ametralladora.

mé.tri.co [m'ɛtriku] *adj* Métrico.

me.tro [m'ɛtru] *sm* Metro.

me.trô [metr'o] *sm* Metro, tren metropolitano, subterráneo, subte.

meu [mew] *pron pos* Mi, mío.

me.xer [meʃ'er] *vtd* 1 Mecer, revolver. *vtd+vi+vpr* 2 Tocar. *se você mexer nas minhas coisas, vai ver* / si me tocas mis cosas, lo vas a ver. 3 Mover, dislocar.

mexa essa cadeira um pouco para a direita, que fica melhor / mueve essa silla un poco para la derecha que queda mejor. **4** Agitar, batir. *é preciso mexer bem os ovos para fazer um bom omelete* / hay que batir bien los huevos para hacer una buena tortilla. *vi* **5** Bambolear. **6** Alterar. *alguém mexeu no meu texto!* / ¡alguien alteró mi texto! *vpr* **7** Darse prisa, apurarse. *vamos, mexa-se, senão chegaremos atrasados* / vamos, apúrate, sino llegaremos tarde. **8** Esforzarse. *ele não se mexe, não sei como pode progredir* / él no se esfuerza, no sé como puede progresar. **mexer os pauzinhos** tocar todos los palillos.

me.xe.ri.car [meʃerik'ar] *vtd+vi* Chismear, intrigar, cotillear, parlar, picotear.

me.xe.ri.co [meʃer'iku] *sm* Chisme, habladuría, intriga, cotilleo, paparrucha.

me.xe.ri.quei.ro [meʃerik'ejru] *adj+sm fam* Chismoso, parlanchín, soplón.

me.xi.ca.no [meʃik'ʌnu] *adj+sm* Mejicano, mexicano.

me.xi.lhão [meʃiʎ'ãw] *sm Zool* Mejillón.

mi [m'i] *sm Mús* Mi.

mi.a.do [mi'adu] *sm* Maullido.

mi.co [mi'iku] *sm* **1** *Zool* Mono. **2** Vejación. **pagar mico** pasar por vejación. *ela vive pagando mico na frente dos colegas da escola* / ella vive pasando por vejaciones ante los compañeros de escuela.

mi.cró.bio [mikr'ɔbju] *sm Biol* Microbio.

mi.cro.em.pre.sa [mikroẽpr'eza] *sf* Microempresa.

mi.cro.fo.ne [mikrof'oni] *sm* Micrófono.

mi.cro.on.da [mikro'õdə] *sf Fís* Microonda.

mi.cros.có.pio [mikrosk'ɔpju] *sm* Microscopio.

mi.ga.lha [mig'aʎə] *sf* **1** Migaja. **2** Nada, casi nada. **3 migalhas** *pl* Restos, desperdicio, sobras.

mi.gra.ção [migras'ãw] *sf* Migración, emigración.

mi.grar [migr'ar] *vtd+vi* Migrar, emigrar, inmigrar.

mil [m'iw] *num* Mil.

mi.la.gre [mil'agri] *sm* Milagro.

mi.lê.nio [mil'enju] *sm* Milenio.

mi.lé.si.mo [mil'εzimu] *num* Milésimo.

mi.lha [m'iʎə] *sf* Milla.

mi.lha.gem [miʎ'aʒẽj] *sf* Millaje. Veja nota em **abordaje**.

mi.lhão [miʎ'ãw] *num* Millón. Veja nota em **millón**.

mi.lhar [miʎ'ar] *sm* Millar.

mi.lha.ral [miʎar'aw] *sm Bot* Maizal.

mi.lho [m'iʎu] *sm Bot* Maíz, choclo.

mi.lí.me.tro [mil'imetru] *sm* Milímetro.

mi.li.o.ná.rio [miljon'arju] *adj+sm* Millonario.

mi.li.tar [milit'ar] *vi* Militar, servir. • *adj+sm* Militar, soldado, guerrero.

mim [m'ĩ] *pron pes* Mí.

mi.mar [mim'ar] *vtd* **1** Mimar, acariciar, halagar. **2** Favorecer, condescender.

mí.mi.ca [m'imikə] *sf* Mímica, gesticulación, gesto, expresión.

mi.mo [m'imu] *sm* Mimo, cariño, halago, cuidado, delicadeza.

mi.na [m'inə] *sf* **1** Mina, criadero (de minerales). **2** Excavación, paso subterráneo. **3** Nacimiento, origen (de aguas). **4** Mil Artificio explosivo. **5** Barrita de grafito. **6** *fig* Fuente de riqueza. **7** *fam* Chica, joven. *saí com uma mina linda ontem* / salí con una chica linda anoche. **8** *fam* Novia. *esta é minha mina* / esta es mi novia.

mi.nar [min'ar] *vtd+vi* **1** Minar, socavar, excavar. **2** *fig* Consumir, corroer. **3** Brotar, manar (líquido).

min.di.nho [mĩd'iñu] *sm* Dedo mínimo, dedo meñique.

mi.nei.ro [min'ejru] *adj+sm* Minero.

mi.ne.ral [miner'aw] *adj+sm* Mineral.

mi.né.rio [min'εrju] *sm Quím* Mineral.

min.gau [mĩg'aw] *sm* Gacha, papa, papilla.

min.guan.te [mĩg'wãti] *adj m+f* Menguante.

min.guar [mĩg'war] *vi* Menguar, apocar, empequeñecer, disminuir, faltar, escasear, mermar.

mi.nha [m'iñə] *pron pos* Mi, mía.

mi.nho.ca [miñ'ɔkə] *sf Zool* Lombriz.

mi.ni.mi.zar [minimiz'ar] *vtd* **1** Minimizar, disminuir. **2** Menospreciar, rebajar.

mí.ni.mo [m'inimu] *adj* Mínimo. • *sm* Dedo meñique.
mi.nis.té.rio [minist'ɛrju] *sm* Ministerio.
mi.nis.tro [mini'stru] *sm* Ministro.
mi.no.ri.a [minor'iə] *sf* Minoría.
mi.nú.cia [min'usjə] *sf* **1** Minucia, pormenor, insignificancia, quisquilla. **2** Particularidad, detalle.
mi.nu.ci.o.so [minusi'ozu] *adj* Minucioso, detallista, meticuloso, prolijo, quisquilloso. *Pl: minuciosos (ó)*.
mi.nús.cu.lo [min'uskulu] *adj* Minúsculo, ínfimo.
mi.nu.to [min'utu] *sm* Minuto.
mi.o.lo [mi'olu] *sm* **1** Meollo, seso, cerebro. **2** Médula, medula. **3** Juicio, entendimiento, inteligencia. **4** Miga. **de miolo mole** loco / chiflado.
mí.o.pe [m'iopi] *adj* e *s m+f* Miope.
mi.o.pi.a [mjop'iə] *sf* Miopía.
mi.ra.gem [mir'aʒẽj] *sf* Efecto mirage, espejismo.
mi.ran.te [mir'ãti] *sm* Mirador, torre, observatorio, balcón.
mi.rar [mir'ar] *vtd+vpr* **1** Observar, fijar los ojos. **2** Contemplar. *vtd+vi* **3** Hacer blanco, apuntar.
mi.se.rá.vel [mizer'avew] *adj* e *s m+f* **1** Miserable, desdichado, infeliz. **2** Perverso, canalla. **3** Avariento, mezquino.
mi.sé.ria [miz'ɛrjə] *sf* **1** Miseria, desgracia, infortunio. **2** Pobreza, indigencia, estrechez. **3** Avaricia, mezquindad. **4** Indignidad. **fazer misérias** hacer cosas fantásticas.
mi.se.ri.cór.dia [mizerik'ɔrdjə] *sf* **1** Misericordia, piedad, compasión, lástima. **2** Caridad, donación. **3** Clemencia.
mis.sa [m'isə] *sf Rel* Misa.
mis.são [mis'ãw] *sf* Misión, encargo, deber.
mís.sil [m'isiw] *sm* Mil Misil. *Pl: mísseis*.
mis.si.o.ná.rio [misjon'arju] *sm* Misionero.
mis.té.rio [mist'ɛrju] *sm* Misterio, enigma, secreto, incógnita.
mis.te.ri.o.so [misteri'ozu] *adj* Misterioso, obscuro, enigmático, oculto, secreto. *Pl: misteriosos (ó)*.

mis.to [m'istu] *adj* Mixto, mezclado, misceláneo, heterogéneo.
mis.to-quen.te [mistuk'ẽti] *sm* Sándwich de jamón y queso. *Pl: mistos-quentes*.
mis.tu.ra [mist'urə] *sf* Mezcla, fusión, heterogeneidad, amálgama.
mis.tu.rar [mistur'ar] *vtd+vi+vpr* **1** Mezclar, amalgamar. *vtd+vpr* **2** Desordenar. **3** Enlazarse un linaje con otro. *vtd* **4** Mecer, mover.
mi.to [m'itu] *sm* Mito.
mi.u.de.za [mjud'ezə] *sf* **1** Pequeñez (de pequeño). **2** Fragilidad, delicadeza. **3** Pormenor, detalle. **4** Minucia, insignificancia, baratija.
mi.ú.do [mi'udu] *adj* Menudo. • *sm* **miúdos** *pl* Menudos, vísceras. **trocar em miúdos** barajar más despacio / explicar / hacer las cosas más sencillas.
mó [m'ɔ] *sf* Muela, piedra de molino.
mo.bí.lia [mob'iliə] *sf* Moblaje, mobiliario, muebles.
mo.bi.li.ar [mobili'ar] *vtd* Amueblar, amoblar.
mo.ça [m'osə] *sf* **1** Mujer joven. **2** Doncella.
mo.chi.la [moʃ'ilə] *sf* Mochila.
mo.ci.da.de [mosid'adi] *sf* Mocedad, juventud, abriles.
mo.ço [m'osu] *adj+sm* Joven, mozo, mancebo, muchacho.

> Apesar de ter algumas acepções semelhantes ao português, **mozo**, em espanhol, é mais usado para designar "garçom", usando-se **joven** para designar "moço".

mo.da [m'ɔdə] *sf* Moda. **fora de moda** muy visto.
mo.de.lo [mod'elu] *sm* Modelo.
modem [m'ɔdẽj] *sm sing+pl ingl Inform* Módem.
mo.de.ra.ção [moderas'ãw] *sf* Moderación, comedimiento.
mo.de.rar [moder'ar] *vtd+vpr* Moderar, comedir, templar.
mo.der.ni.zar [moderniz'ar] *vtd+vpr* Modernizar, actualizar.
mo.der.no [mod'ɛrnu] *adj* Moderno, actual.
mo.dés.tia [mod'ɛstjə] *sf* Modestia, rectitud, comedimiento, humildad, moderación.

mo.des.to [mod'ɛstu] *adj* Modesto, sencillo, comedido, recatado, humilde.

mo.di.fi.car [modifik'ar] *vtd+vpr* Modificar, cambiar, mudar.

mo.do [m'ɔdu] *sm* **1** Modo, método, manera, estilo, género, usanza. **2 modos** *pl* Maneras, urbanidad, cortesanía.

mo.e.da [mo'ɛdə] *sf* Moneda.

mo.e.dor [moed'or] *adj m+f* **1** Moledor, triturador. **2** Exhaustivo, fatigoso. • *sm* Moledor (aparato y persona).

mo.er [mo'er] *vtd* Moler, machacar, triturar.

mo.fa.do [mof'adu] *adj* Enmohecido.

mo.far [m'ofu] *vi* Enmohecer. Veja nota em **mofar** (espanhol).

mo.fo [m'ofu] *sm* Moho, hongo.

mog.no [m'ɔgnu] *sm Bot* Caoba.

mo.i.nho [mo'iñu] *sm* Molino, molienda.

moi.ta [m'ojtə] *sf* Mata, arbusto, monte bajo. **ficar na moita** no chistar / ocultarse / omitirse.

mo.la [m'ɔlə] *sf* Resorte, muelle.

mo.lar [mol'ar] *sm* Molar, muela.

mol.dar [mowd'ar] *vtd+vpr* Amoldar, modelar, moldear, adaptar.

mol.de [m'ɔwdi] *sm* Molde, modelo, matriz, plantilla, horma.

mol.du.ra [mowd'urə] *sf* Moldura, marco, cuadro, reborde, guarnición.

mo.le [m'ɔli] *adj m+f* **1** Blando, flojo, suave. **2** *fig fam* Indulgente. **3** Perezoso.

mo.lé.cu.la [mol'ɛkulə] *sf* Molécula.

mo.le.que [mol'ɛki] *sm* Niño, pibe, chiquillo, muchacho.

mo.les.tar [molest'ar] *vtd+vpr* **1** Molestar. **2** Asediar sexualmente.

mo.lés.tia [mol'ɛstjə] *sf* Enfermedad, malestar.

mo.le.za [mol'ezə] *sf* **1** Flacidez. **2** Blandura, suavidad. **3** Pereza, flojera.

mo.lha.do [moʎ'adu] *adj* Mojado.

mo.lhar [moʎ'ar] *vtd+vpr* Mojar, regar, humedecer. **molhar a mão** untar la mano. **não chover nem molhar** no pinchar ni cortar.

mo.lhe [m'ɔʎi] *sm* Muelle, dique.

mo.lho[1] [m'ɔʎu] *sm* **1** Salsa. **2** Remojo. Veja notas em **salsa** (português e espanhol).

mo.lho[2] [m'oʎu] *sm* Manojo (llaves, cosas).

mo.men.to [mom'ẽtu] *sm* Momento, rato.

mo.nar.ca [mon'arkə] *sm* Monarca, soberano, rey.

mo.nar.qui.a [monark'iə] *sf* Monarquía, realeza.

mon.ção [mõs'ãw] *sf* Monzón.

mo.ne.tá.rio [monet'arju] *adj* Monetario.

mon.ge [m'õʒi] *sm* Monje, fraile, hermano. Veja nota em **madre** (português).

mo.ni.tor [monit'or] *sm* **1** Monitor, instructor. **2** Monitor, aparato.

mo.ni.to.rar [monitor'ar] *vtd* Monitorizar.

mo.no.ga.mi.a [monogam'iə] *sf* Monogamia.

mo.no.gra.fi.a [monograf'iə] *sf* Monografía.

mo.nó.lo.go [mon'ɔlogu] *sm* Monólogo, soliloquio.

mo.no.pó.lio [monop'ɔlju] *sm* Monopolio, exclusividad, acaparamiento.

mo.no.po.li.zar [monopoliz'ar] *vtd* Monopolizar, acaparar.

mo.no.te.ís.ta [monote'istə] *adj* e *s m+f* Monoteísta.

mo.no.to.ni.a [monoton'iə] *sf* Monotonía.

mo.nó.to.no [mon'ɔtonu] *adj* Monótono, insípido, monocorde.

mo.nó.xi.do [mon'ɔksidu] *sm Quím* Monóxido.

mons.tro [m'õstru] *sm* Monstruo.

mons.tru.o.so [mõstru'ozu] *adj* Monstruoso. *Pl: monstruosos (ó).*

mon.ta.dor [mõtad'or] *adj+sm* Montador.

mon.ta.do.ra [mõtad'orə] *sf* Planta de armado, planta, galpón de armado, armadora.

mon.ta.gem [mõt'aʒẽj] *sf* Montaje. Veja nota em **abordaje**.

mon.ta.nha [mõt'ʌñə] *sf* Montaña.

mon.ta.nha-rus.sa [mõtʌñəř'usə] *sf* Montaña rusa. *Pl: montanhas-russas.*

mon.ta.nho.so [mõtañ'ozu] *adj* Montañoso. *Pl: montanhosos (ó).*

mon.tan.te [mõt′ãti] *sm* Importe, monta, cuantía, monto.

mon.tar [mõt′ar] *vtd* **1** Montar, ponerse encima. *vtd+vi+vpr* **2** Subirse (a un animal). **3** Cabalgar. **4** Armar, instalar. **5** *Teat* Escenificar, poner en escena.

mon.ta.ri.a [mõtar′iə] *sf* Montería, cabalgadura, caballería, montura.

mo.nu.men.to [monum′ẽtu] *sm* Monumento.

mo.ra.da [mor′adə] *sf* Morada.

mo.ra.di.a [morad′iə] *sf* Vivienda.

mo.ra.dor [morad′or] *adj+sm* Habitante.

mo.ral [mor′aw] *adj m+f* Moral, ético. • *sf* **1** Moral, moralidad, ética, honestidad. **2** Ánimo, estado de espíritu. **moral da história** moraleja / lección.

mo.ra.li.zar [moraliz′ar] *vtd+vi* Moralizar.

mo.ran.go [mor′ãgu] *sm Bot* Fresa, frutilla.

mo.rar [mor′ar] *vtd* Habitar, residir, vivir. Veja nota em **morar** (espanhol).

mor.ce.go [mors′egu] *sm Zool* Murciélago.

mor.da.ça [mord′asə] *sf* **1** Mordaza. **2** *fig Polít* Represión (a la libertad de hablar o escribir).

mor.de.du.ra [morded′urə] *sf* Mordedura, mordida.

mor.der [mord′er] *vtd+vi* **1** Morder, clavar los dientes. *vtd* **2** Corroer. **3** Estafar, hurtar. **4** Pedir dinero prestado. *vtd+vpr* **5** *fig* Rabiar, impacientarse, irritarse.

mor.di.da [mord′idə] *sf* Mordida, mordedura.

mor.do.mo [mord′omu] *sm* Mayordomo.

mo.re.na [mor′enə] *adj f* Morena, mulata.

mo.re.no [mor′enu] *adj* Moreno, mulato, morocho.

mor.fi.na [morf′inə] *sf Farm* Morfina.

mo.ri.bun.do [morib′ũdu] *adj+sm* Moribundo, agonizante.

mor.ma.ço [morm′asu] *sm* Bochorno.

mor.no [m′ornu] *adj* **1** Tibio, templado. **2** *fig* Falto de energía. **3** Tranquilo. **4** Monótono.

mo.ro.so [mor′ozu] *adj* Moroso. *Pl: morosos (ó).*

mor.rer [moř′er] *vtd+vi+vpr* Morir, expirar, fallecer, sucumbir, fenecer.

mor.ro [m′ořu] *sm* Cerro, colina, monte, loma, otero, monte.

mor.ta.de.la [mortad′ɛlə] *sf* Mortadela.

mor.tal [mort′aw] *adj m+f* Mortal. Veja nota em **fatal** (espanhol).

mor.ta.lha [mort′aʎə] *sf* Mortaja.

mor.tan.da.de [mortãd′adi] *sf* Mortandad.

mor.te [m′ɔrti] *sf* **1** Muerte, defunción, fallecimiento, óbito, fenecimiento. **2** *AL* Deceso.

mor.to [m′ortu] *adj+sm* Muerto, finado, difunto, cadáver. **estar morto e enterrado** estar criando malvas. **morto de cansaço** medio muerto. **morto de fome** muerto de hambre / pelagatos.

mo.sai.co [moz′ajku] *sm* Mosaico.

mos.ca [m′oskə] *sf Entom* Mosca. **às moscas** abandonado. **mosca morta** mosca muerta.

mos.qui.tei.ro [mosket′ejru] *sm* Mosquitera.

mos.qui.to [mosk′itu] *sm Entom* **1** Mosquito. **2** *AL* Zancudo.

mos.tar.da [most′ardə] *sf Bot* Mostaza.

mos.tei.ro [most′ejru] *sm* Monasterio, abadía.

mos.tra [m′ɔstrə] *sf* Muestra, demostración.

mos.tra.dor [mostrad′or] *adj+sm* Mostrador.

mos.trar [mostr′ar] *vtd+vpr* **1** Mostrar, exibir, enseñar. **2** Revelar. *vtd* **3** Evidenciar, demostrar, justificar. **4** Exponer, apuntar, señalar. **5** Revelar. **6** Aparentar.

mo.tel [mot′ɛw] *sm* **1** Hotel de alta rotatividad. **2** Motel, hotel.

mo.tim [mot′ĩ] *sm* **1** Motín, sublevación, rebelión, revuelta, levantamiento. **2** Desorden, alboroto, bullicio, jaleo.

mo.ti.vo [mot′ivu] *sm* **1** Motivo, razón, causa. **2** Fundamento. **3** Intención.

mo.to [m′ɔtu] *sf* Moto, motocicleta.

mo.to.ci.cle.ta [motosikl′ɛtə] *sf* Motocicleta, moto.

mo.to.ci.clis.ta [motosikl′istə] *adj* e *s m+f* Motociclista, motorista. Veja nota em **motorista** (português).

mo.tor [mot′or] *adj m+f* Motor, motriz.• *sm* Motor.

mo.to.ris.ta [motor′istə] *adj e s m+f* Conductor, chófer.

Motorista, em espanhol, designa aquele que conduz motocicleta, e não automóvel.

mouse [mawz] *sm ingl Inform* Ratón.

mo.ve.di.ço [moved′isu] *adj m+f* Movedizo.

mó.vel [m′ɔvew] *adj* 1 Móvil, movible. 2 *fig* Inconstante. • *sm* Mueble, trasto.

mo.ver [mov′er] *vtd+vpr* Mover.

mo.vi.men.tar [movimẽt′ar] *vtd+vpr* Mover, poner en marcha.

mo.vi.men.to [movim′ẽtu] *sm* 1 Movimiento, acción. 2 Alboroto, agitación. 3 Alteración, inquietud, conmoción. 4 Alzamiento, rebelión. 5 *Mús* Fragmentos de una sonata.

mu.çul.ma.no [musuwm′∧nu] *adj+sm* Musulmán, mahometano.

mu.dan.ça [mud′ãsə] *sf* 1 Mudanza (traslación de una casa a otra). 2 Cambio, alteración. Veja nota em **câmbio**.

mu.dar [mud′ar] *vtd+vpr* Mudar, cambiar, alterar.

mu.do [m′udu] *adj+sm* Mudo. Veja nota em **calado** (espanhol).

mu.gi.do [muʒ′idu] *sm* Mugido, berrido, bramido.

mu.gir [muʒ′ir] *vi* Mugir, bramar, berrear.

mui.to [m′ujtu] *pron indef+adv* Mucho. **muito obrigado(a)** muchas gracias. **muito prazer** mucho gusto. Veja nota em **mucho**.

mu.la [m′ulə] *sf* 1 *Zool* Mula. 2 Contrabandista de drogas. 3 *fig fam* Bestia, persona ruda, ignorante.

mu.la.to [mul′atu] *adj+sm* Mulato, mestizo, pardo.

mu.le.ta [mul′etə] *sf* 1 Muleta. 2 *fig* Amparo, apoyo.

mu.lher [muʎ′ɛr] *sf* 1 Mujer. 2 Esposa.

mul.ta [m′uwtə] *sf* Multa, penalidad, sanción, pena.

mul.tar [muwt′ar] *vtd* Multar, penalizar, sancionar.

mul.ti.dão [muwtid′ãw] *sf* Multitud, muchedumbre.

mul.ti.pli.car [muwtiplik′ar] *vtd* 1 Multiplicar, reproducir. 2 Pluralizar. *vi+vpr* 3 Procrear, proliferar.

múl.ti.plo [m′uwtiplu] *sm* Múltiplo, múltiple, multíplice, plural.

mú.mia [m′umjə] *sf* Momia.

mun.da.no [mũd′∧nu] *adj* Mundano, mundanal, terrenal. • *sf* Mujer mundana, prostituta.

mun.di.al [mũdi′aw] *adj m+f* Mundial, universal.

mun.do [m′ũdu] *sm* Mundo, orbe, universo.

mu.nhe.ca [mũɲ′ekə] *sf* Pulso, muñeca.

mu.ni.ção [munis′ãw] *sf* Munición.

mu.ni.ci.pal [munisip′aw] *adj m+f* Municipal. • *sm* Teatro municipal.

mu.ni.cí.pio [munis′ipju] *sm* Municipio.

mu.nir [mun′ir] *vtd* 1 Guarnecer, armar. *vtd+vpr* 2 Proveer(se), equipar(se), armar(se).

mu.ra.lha [mur′aʎə] *sf* Muralla, murallón, paredón, muro.

mu.rar [mur′ar] *vtd* Murar.

mur.char [murʃ′ar] *vtd+vi+vpr* 1 *Bot* Marchitar, secar, estropear. 2 Debilitar, enflaquecer.

mur.cho [m′urʃu] *adj* 1 Marchito, seco, mustio. 2 *fig* Triste, abatido.

mur.mu.rar [murmur′ar] *vtd+vi* Murmurar, susurrar.

mur.mú.rio [murm′urju] *sm* Murmullo, murmuración.

mu.ro [m′uru] *sm* 1 Muro, tapia. 2 *fig* Defensa, protección. **ficar em cima do muro** nadar entre dos aguas.

mur.ro [m′uʀu] *sm* Trompazo, cachete, trompada, puñetazo, porrazo, porrada. **dar murro em ponta de faca** barrer contra el viento / arar en la mar.

mu.sa [m′uzə] *sf* Musa, inspiración.

mus.cu.la.ção [muskulas′ãw] *sf* Musculación.

mus.cu.lar [muskul′ar] *adj m+f* Muscular.

mús.cu.lo [m′uskulu] *sm* Músculo, musculatura.

mus.cu.lo.so [muskul′ozu] *adj* Musculoso. *Pl: musculosos (ó)*.

mu.seu [muz'ew] *sm* Museo.
mus.go [m'uzgu] *sm Bot* Musgo, muscínea.
mú.si.ca [m'uzikə] *sf* Música, canción.
mú.si.co [m'uziku] *sm* Músico.
mu.ta.ção [mutas'ãw] *sf* **1** Mutación, alteración, cambio. **2** Inestabilidad, inconstancia, mutabilidad.

mu.tan.te [mut'ãti] *adj+sm* Mutante.
mu.ti.lar [mutil'ar] *vtd+vpr* **1** Mutilar, amputar. **2** Desmochar, truncar.
mu.ti.rão [mutir'ãw] *sf* Grupo de trabajo.
mu.tre.ta [mutr'etə] *sf fam* Treta, truco, artimaña, ardid.
mu.tu.á.rio [mutu'arju] *sm* Mutualista.

n

n, N ['eni] *sm* Decimocuarta letra del abecedario portugués. • *num* **1** *Mat* Número indeterminado. **2** *fam* Cantidad indeterminada, millones. *já lhe falei n vezes que não vou sair desta casa* / ya te dije millones de veces que no saldré de esta casa. Veja nota en **n** (espanhol).
na [nə] *contr prep* em+*art* a. En la. • *pron pes* La.
na.bo [n'abu] *sm Bot* Nabo.
na.ção [nas'ãw] *sf* Nación.
na.ci.o.nal [nasjon'aw] *adj m+f* Nacional.
na.ci.o.na.li.da.de [nasjonalid'adʒi] *sf* Nacionalidad.
na.ci.o.na.lis.ta [nasjonal'istə] *adj+s* **1** Nacionalista. **2** Patriótico, patriota.
na.da [n'adə] *pron indef+adv+sm* Nada.
na.da.dor [nadad'or] *adj+sm Esp* Nadador.
na.dar [nad'ar] *vtd+vi* **1** Nadar, sobrenadar, bracear. **2** Abundar (en algo).
ná.de.ga [n'adegə] *sf Anat* Nalga. Veja nota em **cola** (português).
na.do [n'adu] *sm* Nado, nadadura.
naf.ta [n'aftə] *sf* Nafta.
nái.lon [n'ajlõw] *sm* Nilón, nylon.
nai.pe [n'ajpi] *sm* **1** Naipe (baraja). **2** *fig* Naturaleza, calidad, tipo. *não falo com gente desse naipe* / no hablo con personas de ese tipo.
na.mo.ra.da [namor'adə] *adj+sf* Novia, chica, enamorada.
na.mo.ra.do [namor'adu] *adj+sm* Novio, chico, enamorado.
na.mo.rar [namor'ar] *vtd+vi+vpr* Noviar, salir con, tener novio.
na.mo.ro [nam'oru] *sm* Noviazgo, amorío.
não [n'ãw] *adv* No.
na.palm [nap'awm] *sm Quím* Napalm.
na.que.le [nak'eli] *contr prep* em+*pron dem* Aquele. En aquel.
na.qui.lo [nak'ilu] *contr prep* em+*pron dem* aquilo. En aquello, en lo.
nar.có.ti.co [nark'otiku] *adj+sm* Narcótico.
nar.co.trá.fi.co [narkotr'afiku] *sm* Narcotráfico.
na.ri.gu.do [narig'udu] *adj+s* Narizón, narigón, narigudo.
na.ri.na [nar'inə] *sf Anat* Narina, nariz, ventana.
na.riz [nar'is] *sm Anat* Nariz. **dar com o nariz na porta** no encontrar a nadie en casa. **meter o nariz** meterse / fisgonear / entrometerse. **torcer o nariz** poner mala cara.
nar.ra.ção [naʀas'ãw] *sf* Narración.
nar.ra.dor [naʀad'or] *adj+sm* Narrador, relator.
nar.rar [naʀ'ar] *vtd* Narrar, contar, decir, exponer.
nar.ra.ti.vo [naʀat'ivo] *adj* Narrativo.
nas.cen.te [nas'ẽti] *sf* **1** Nacimiento, manantial, mina. *sm* **2** Levante, naciente. • *adj m+f* Naciente, incipiente, reciente.
nas.cer [nas'er] *vi* Nacer, originarse, surgir.
nas.ci.men.to [nasim'ẽtu] *sm* Nacimiento. **certidão de nascimento** certificación de nacimiento / partida de nacimiento / fe de nacimiento.
na.ta [n'atə] *sf* **1** Nata (de leche). **2** *AL* Crema.
na.ta.ção [natas'ãw] *sf Esp* Natación.

na.tal [nat′aw] *adj m+f* Natal, nativo. • *sm* **Natal** Navidad, Natividad.

Natal, como substantivo, em espanhol, não se refere à festa cristã, nosso "Natal".

na.ta.li.da.de [natalid′adi] *sf* Natalidad.
na.ta.li.no [natal′inu] *adj* Navideño.
na.ti.vo [nat′ivu] *adj* **1** Nativo, natal, indígena. **2** Natural. **3** Innato. • *sm* Natural, indio. Veja nota em **natal** (português).
na.to [n′atu] *adj* Nato, innato.
na.tu.ral [natur′aw] *adj m+f* **1** Natural, de la naturaleza. **2** Nativo. **3** Genuino, puro. **4** Espontáneo. **5** Regular, lógico.
na.tu.ra.li.da.de [naturalid′adi] *sf* Naturalidad, lugar de origen.
na.tu.ra.li.zar [naturaliz′ar] *sf* Nacionalizar(se), naturalizar(se).
na.tu.ral.men.te [naturawm′ẽti] *adv* Naturalmente. • *interj* **naturalmente!** ¡Sin duda!
na.tu.re.za [natur′ezə] *sf* **1** Naturaleza, esencia, propiedad característica. **2** Conjunto, orden, disposición. **3** Instinto, propensión, índole, inclinación. **4** Especie, género, clase. **5** Complexión, temperamento.
nau.fra.gar [nawfrag′ar] *vtd+vi* **1** Naufragar, ir a pique. *vi* **2** *fig* Malograr, salir mal, perderse.
nau.frá.gio [nawfr′aʒju] *sm* **1** Naufragio, pérdida. **2** *fig* Malogro.
náu.sea [n′awzjə] *sf* **1** Náusea, gana de vomitar, basca, ansia, arcada. **2** Repugnancia, aversión, asco. **sentir/causar náusea** revolver el estómago.
náu.ti.co [n′awtiku] *adj m+f* Náutico, marítimo, naval. • *sf* Náutica, navegación, marinería.
na.val [nav′aw] *adj* Naval, naviero.
na.va.lha [nav′aʎə] *sf* Navaja.
na.ve [n′avi] *sf* Nave.
na.ve.ga.ção [navegas′ãw] *sf* Navegación.
na.ve.gar [naveg′ar] *vi* Navegar.
na.vi.o [nav′iu] *sm* Navío, buque, nave, barco.
na.zis.mo [naz′ismu] *sm* Nazismo.
ne.bli.na [nebl′inə] *sf* Neblina, niebla.
ne.ces.sá.rio [neses′arju] *adj* **1** Necesario, forzoso, inevitable. **2** Obligatorio. **3** Indispensable.

ne.ces.si.da.de [nesesid′adi] *sf* **1** Necesidad, exigencia, urgencia. **2** Carencia, pobreza. **3 necessidades** *pl* Evacuación corporal.
ne.ces.si.tar [nesesit′ar] *vtd+vi* Necesitar, carecer, demandar, precisar.
ne.cro.té.rio [nekrot′ɛrju] *sm* Morgue.
ne.ga.ção [negas′ãw] *sf* **1** Negación, negativa, denegación. **2** Carencia, falta. **3** Incapacidad, ineptitud, inhabilidad. **ser uma negação** ser inepto/incapaz para algo. *ele é uma negação em matemática* / él es inepto para matemáticas.
ne.gar [neg′ar] *vtd+vi* **1** Negar, decir no, protestar. *vtd* **2** Rehusar, repelir. **3** No permitir, recusar. *vpr* **4** Negarse, evitar.
ne.ga.ti.va [negat′ivə] *sf* Negativa, negación.
ne.ga.ti.vo [negat′ivu] *adj* **1** Negativo. **2** Nulo. **3** Prohibitivo. **4** Nocivo, perjudicial, dañoso. **5** Pesimista. • *sm* Negativo (película).
ne.gli.gen.ci.ar [negliʒẽsi′ar] *vtd+vpr* Descuidar, tratar con negligencia.
ne.gli.gen.te [negliʒ′ẽti] *adj m+f* **1** Negligente, omiso, inaplicado. **2** Perezoso, dejado, indolente, flojo.
ne.go.ci.a.ção [negosias′ãw] *sf* Negociación.
ne.go.ci.an.te [negosi′ãti] *s m+f* Negociante, mercader, vendedor, negociador.
ne.go.ci.ar [negosi′ar] *vtd+vi* **1** Negociar, mercadear, comercializar. **2** Pactar, convenir, ajustar. **3** Ventilar, discutir, regatear.
ne.go.ci.a.ta [negosi′atə] *sf* Negocio ilícito, chanchullo.
ne.gó.cio [neg′ɔsju] *sm* **1** Negocio, negociación, trato, transacción. **2** Tienda, empresa, casa comercial. **3** *fig, fam* Asunto, cosa. *eu tenho um negócio para lhe falar* / tengo un asunto para hablarte. *você tem um negócio no rosto, parece sujo* / tienes una cosa en la cara, parece sucia. **amigos, amigos, negócios à parte** los negocios son los negocios.
ne.gro [n′egru] *adj+sm* Negro.
nem [n′ẽj] *conj* Ni. • *adv* No. **que nem** como. *ele anda que nem um macaco* / él camina como un mono.
ne.nê [nen′e] *sm* Bebé.

ne.nhum [neñ'ũ] *pron indef* Ninguno, ningún.

ner.vo [n'ɛrvu] *sm* Nervio.

ner.vo.sis.mo [nervoz'izmu] *sm* Nerviosismo, excitación nerviosa.

ner.vo.so [nerv'ozu] *adj* Nervioso. *Pl: nervosos (ó).*

ner.vu.ra [n'ɛrvurə] *sf* Nervadura.

nês.pe.ra [n'esperə] *sf Bot* Níspero.

ne.to [n'ɛtu] *sm* **1** Nieto. **2** Neto, limpio, puro, claro.

neu.ro.lo.gi.a [newroloʒ'iə] *sf Med* Neurología.

neu.ro.lo.gis.ta [newroloʒ'istə] *s Med* Neurólogo.

neu.ro.se [newr'ozi] *sf Med* Neurosis.

neu.ró.ti.co [newr'otiku] *adj+s* Neurótico.

neu.tro [n'ewtru] *adj* **1** Neutro, neutral. **2** Indiferente.

ne.var [nev'ar] *vi* Nevar.

ne.ve [n'ɛvi] *sf* Nieve.

né.voa [n'ɛvwə] *sf* Niebla.

ne.vo.ei.ro [nevo'ejru] *sm* Niebla, bruma, neblina.

nin.guém [nĩg'ẽj] *pron indef* Nadie.

ni.nha.da [niñ'adə] *sf* Nidada, camada, cría. Veja nota em **camada** (português).

ni.nha.ri.a [niñar'iə] *sf* Niñería, baratija, bagatela, bicoca, fruslería, insignificancia.

ni.nho [n'iñu] *sm* **1** Nido. **2** Hogar.

ní.ti.do [n'itidu] *adj* **1** Nítido, limpio, claro, puro, luminoso. **2** Comprensible, inteligible.

ni.tro.gê.nio [nitroʒ'enju] *sm Quim* Nitrógeno.

ní.vel [n'ivew] *sm* Nivel.

ni.ve.lar [nivel'ar] *vtd* **1** Nivelar, allanar, aplanar. **2** Igualar, equiparar, emparejar.

no [nu] *contr prep* em+*art* o. En el. • *pron pes* Lo.

É preciso lembrar que **no**, em espanhol, significa exclusivamente "não".

nó [n'ɔ] *sm* Nudo.

no.bre [n'ɔbri] *adj* e *s m+f* **1** Noble, hidalgo, aristócrata. **2** Digno. **3** Majestuoso, magnífico. **4** Magnánimo, altruista.

no.bre.za [nobr'ezə] *sf* **1** Nobleza, magnanimidad, altruismo. **2** Aristocracia, crema, hidalguía. **3** Estirpe, casta, linaje. **4** Distinción, elegancia, delicadeza.

no.ção [nos'ãw] *sf* **1** Noción, conocimiento, entendimiento. **2** Principio, fundamento.

no.cau.te [nok'awti] *sm Esp* Nocaut.

no.cau.te.ar [nokawte'ar] *vtd* Noquear.

no.ci.vo [nos'ivu] *adj* Nocivo, perjudicial, dañoso, pernicioso.

nó.doa [n'ɔdwə] *sf* Mancha, borrón, tacha, mácula.

no.guei.ra [nog'ejrə] *sf Bot* Noguera, nogal.

noi.te [n'ojti] *sf* Noche. **ontem à noite** anoche.

noi.va.do [nojv'adu] *sm* Noviazgo, compromiso. **anel de noivado** anillo de compromiso.

noi.vo [n'ojvu] *sm* Novio, prometido.

no.jen.to [noʒ'ẽtu] *adj* **1** Asqueroso, nauseabundo, repugnante, hediondo, sucio. **2** Sórdido, roñoso. **3** *fig, fam* Engreído, presumido, petulante, presuntuoso.

no.jo [n'oʒu] *sm* Asco, nausea, aversión, repugnancia, repulsión.

nô.ma.de [n'omadi] *adj+s* Nómada.

no.me [n'omi] *sm* **1** Nombre, denominación, designación. **2** Fama, renombre, reputación. **dar nome aos bois** llamar las cosas por su nombre.

no.mea.ção [nomeas'aw] *sf* Nombramiento.

no.me.ar [nome'ar] *vtd* **1** Nombrar, denominar, nominar, llamar. **2** Referir, citar, mencionar.

no.no [n'onu] *num* Noveno.

no.ra [n'ɔrə] *sf* Nuera.

nor.des.te [nord'ɛsti] *sm* Nordeste, noreste.

nor.des.ti.no [nordest'inu] *adj+sm* De la región Noreste.

nor.ma [n'ɔrmə] *sf* **1** Norma, orden, regla, pauta. **2** Principio, fórmula.

nor.mal [norm'aw] *adj m+f* **1** Normal, regular. **2** Común, natural. **3** Perfecto, sin defectos (físicos o mentales).

no.ro.es.te [noro'ɛsti] *sm* Noroeste.

nor.te [n'ɔrti] *sm* Norte.

nor.tis.ta [nort'istə] *adj* e *s m+f* De la región Norte.

nos [nus] *pron pes* Nos.

nós [nˈɔs] *pron pes* Nosotros.

nos.so [nˈɔsu] *pron pos* Nuestro.

nos.tal.gi.a [nostawʒˈiə] *sf* Nostalgia, añoranza, melancolía, tristeza, morriña.

no.ta [nˈɔtə] *sf* **1** Nota, marca, señal. **2** Observación (en un libro). **3** *Mús* Signo (de los sonidos). **4** Artículo periodístico. **5** Apunte, anotación. **6** Billete, papel moneda. **custar uma nota** costar una fortuna. **nota fiscal** factura. **nota promissória** pagaré. **tomar nota** apuntar, anotar.

no.tar [notˈar] *vtd* **1** Notar, señalar. **2** Advertir, percibir, darse cuenta. **3** Poner notas.

no.tá.rio [notˈarju] *sm* Notario, escribano.

no.tá.vel [notˈavew] *adj m+f* Notable, extraordinario, grandioso, ilustre.

no.tí.cia [notˈisjə] *sf* Noticia, información, conocimiento.

no.ti.ci.ar [notisiˈar] *vtd* Noticiar, anunciar, informar.

no.ti.ci.á.rio [notisiˈarju] *sm* Noticiario, telediario, informativo.

no.ti.fi.ca.ção [notifikasˈãw] *sf* **1** Notificación, comunicación. **2** Intimación, citación.

no.ti.fi.car [notifikˈar] *vtd* Notificar, avisar, comunicar.

no.tur.no [notˈurnu] *adj+sm* **1** Nocturno. **2** Noctívago.

no.va.men.te [novamˈẽti] *adv* Nuevamente.

no.ve [nˈɔvi] *num* Nueve.

no.ve.cen.tos [nɔvesˈẽtus] *num* Novecientos.

no.ve.la [novˈɛlə] *sf* **1** Novela, romance. **2** Telenovela.

no.ve.lo [novˈelu] *sm* **1** Ovillo. **2** *fig* Embrollo, confusión, enredo, maraña.

no.vem.bro [novˈẽbru] *sm* Noviembre.

no.ven.ta [novˈẽtə] *num* Noventa.

no.vi.ço [novˈisu] *sm* Novicio.

no.vi.da.de [novidˈadi] *sf* **1** Novedad, cosa nueva. **2** Noticia. **3** Innovación, originalidad.

no.vo [nˈovu] *adj* **1** Nuevo, reciente. **2** Joven. *Pl: novos (ó).*

noz [nˈɔs] *sf Bot* Nuez.

nu [nˈu] *adj m* Desnudo.

nu.bla.do [nublˈadu] *adj* Nublado, anubarrado, cerrado, cargado.

nu.ca [nˈukə] *sf Anat* Nuca.

nú.cleo [nˈuklju] *sm* **1** Núcleo, centro. **2** Hueso (de las frutas). **3** Esencia.

nu.dez [nudˈes] *sf* Desnudez.

nu.lo [nˈulu] *adj* **1** Nulo, inexistente. **2** Inútil, vano. **3** Inválido, sin efecto. **4** Inepto, inhábil.

num(a) [nˈũ; nˈumə] *contr prep* em+*art* um. En un.

nu.me.ral [numerˈaw] *sm Gram* Numeral.

nu.me.rar [numerˈar] *vtd* **1** Numerar. **2** Enumerar, exponer.

nú.me.ro [nˈumeru] *sm* Número.

nun.ca [nˈũkə] *adv* Nunca, jamás.

núp.cias [nˈupsjəs] *sf pl* Nupcias, matrimonio, boda, esponsales.

nu.tri.ção [nutrisˈãw] *sf* Nutrición, alimentación, sustento, subsistencia, régimen.

nu.trir [nutrˈir] *vtd+vpr* Nutrir, alimentar, cebar, sustentar.

nu.vem [nˈuvẽj] *sf* Nube.

O

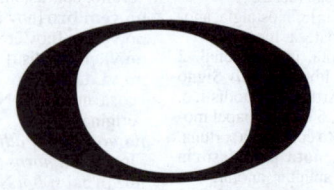

o, O [ɔ] *sm* **1** Decimoquinta letra del abecedario portugués. **2** Abreviatura de *oeste*. • *art def masc sing* **1** El. *este é o dia mais feliz da minha vida* / este es el día más feliz de mi vida. **2** Lo. *isso é o melhor que lhe pode acontecer* / eso es lo mejor que le puede pasar. • *pron dem* Lo. *não sei o que lhe fiz para que me odeie tanto* / no sé lo que le hice para que me odie tanto. Veja nota em **u** (espanhol).

ó [ˈɔ] *interj* ¡Oye!, ¡mira!

ob.ce.ca.do [obsekˈadu] *adj* Obcecado, obsesionado, maniático, obstinado, empecinado, fascinado, ciego, deslumbrado.

ob.ce.car [obsekˈar] *vtd* Obseder, obsesionar.

o.be.de.cer [obedesˈer] *vtd* **1** Obedecer, cumplir. **2** Atender, ceder. **3** Respetar. *vi* **4** Funcionar.

o.be.di.ên.cia [obediˈẽsjə] *sf* **1** Obediencia, acatamiento, cumplimiento, observancia, respeto. **2** Sumisión, servilismo, humillación.

o.be.so [obˈezu] *adj* Obeso.

ó.bi.to [ˈɔbitu] *sm* Óbito, defunción, fallecimiento, muerte.

ob.je.ção [obʒesˈaw] *sf* Objeción, reparo.

ob.je.tar [obʒetˈar] *vtd* **1** Objetar, refutar, oponerse, impugnar, dificultar. **2** Argumentar, razonar, discutir.

ob.je.ti.va [obʒektˈivə] *sf* Objetivo (lente fotográfico).

ob.je.ti.vo [obʒetˈivu] *sm* Objeto, intento, finalidad, intención, propósito, blanco. • *adj* **1** Objetivo, real, concreto. **2** Imparcial, neutral. **3** Directo, práctico, claro.

ob.je.to [obʒˈɛtu] *sm* **1** Objeto, cosa. **2** Materia, asunto. **3** Fin, intento, intención. **4** Motivo, causa.

o.bra [ˈɔbrə] *sf* **1** Obra, producción, acción **2** Trabajo. **3** Libro, texto. **4** Construcción (edificio).

o.bri.ga.ção [obrigasˈãw] *sf* **1** Obligación, deber, responsabilidad, compromiso, encargo, necesidad. **2** Exigencia, imposición, carga. **3** Incumbencia, cruz, menester, competencia. Veja nota em **tener**.

o.bri.ga.do [obrigˈadu] *adj* Obligado, forzado, compelido. **muito obrigado(a)** muchas gracias. **obrigado!** ¡gracias!

o.bri.gar [obrigˈar] *vtd+vpr* **1** Obligar, constreñir, coaccionar, imponer, mandar **2** Obligarse, prometer. **3** Sujetar, someter, dominar.

obs.ce.no [obsˈenu] *adj* Obsceno, malicioso, pornográfico, lujurioso.

obs.cu.ro [obskˈuru] *adj* **1** Obscuro, oscuro, sin luz. **2** Confuso, falto de claridad, intrincado. **3** Incierto, desconocido. **4** Tétrico, triste, sombrío, melancólico. **5** Humilde, pobre.

ob.sé.quio [obzˈɛkju] *sm* **1** Favor. **2** Obsequio, regalo, dádiva, ofrenda. **3** Atención, servicio. **4** Afabilidad, bondad, cortesía, genteleza.

ob.ser.va.ção [observasˈãw] *sf* **1** Observación, acecho. **2** Reflexión, consideración. **3** Comentario, nota.

ob.ser.var [observˈar] *vtd+vpr* **1** Observar, fijar, mirar, no quitar ojo. *vtd* **2** Percibir, notar, considerar. **3** Espiar, acechar, otear. **4** Examinar. **5** Respetar, obedecer, cumplir, acatar.

ob.ser.va.tó.rio [observatˈorju] *sm* Observatorio.

ob.ses.são [obsesˈãw] *sf* Obsesión, obcecación, manía, paranoia, monomanía, insistencia.

ob.so.le.to [obsol'etu] *adj* Obsoleto, anticuado.
obs.tá.cu.lo [obst'akulu] *sm* Obstáculo, impedimento, dificultad, inconveniente.
obs.tan.te [obst'ãti] *adj m+f* Obstante, oponente, impeditivo. **não obstante** no obstante, sin embargo.
obs.tru.ir [obstru'ir] *vtd+vpr* Obstruir, atascar, impedir, obturar, ocluir.
ob.ter [obt'er] *vtd* Obtener, alcanzar, ganar, conseguir, lograr, granjear, adquirir, conquistar.
ob.tu.rar [obtur'ar] *vtd* Obturar, tapar, cerrar. **obturar dentes** empastar.
ób.vio ['ɔbvju] *adj* Obvio, elemental, patente, indiscutible, axiomático, incontestable, indudable, inequívoco.
o.ca.si.ão [okazi'ãw] *sf* **1** Ocasión, instante, momento. **2** Oportunidad. **3** Motivo, causa.
o.ca.si.o.nar [okazjon'ar] *vtd* Causar, producir, ocasionar.
o.ce.a.no [ose'ʌnu] *sm Geogr* Océano.
o.ci.den.te [osid'ẽti] *sm* **1** Occidente, oeste. **2** Poniente, ocaso.
ó.cio ['ɔsju] *sm* **1** Ocio, descanso, reposo. **2** Pereza.
o.co ['oku] *adj* **1** Vacío. **2** Hueco, huero, vano, sin sustancia. • *sm* Hueco, cavidad.
o.cor.rên.cia [okoř'ẽsjə] *sf* Suceso, ocurrencia, incidencia.
o.cor.rer [okoř'er] *vtd+vi* Ocurrir, suceder, pasar.
o.cu.lar [okul'ar] *adj m+f* Ocular, óptico. • *sf Fís* Ocular (lente).
o.cu.lis.ta [okul'istə] *adj e s m+f* Oculista, oftalmólogo.
ó.cu.lo ['ɔkulu] *sm* **1** Anteojo, lente. **2 óculos** *pl* Gafas, antiparras. **3** *AL* Anteojos, lentes.
o.cul.tar [okuwt'ar] *vtd+vpr* **1** Ocultar, esconder, cubrir, tapar. *vtd* **2** Disimular, disfrazar. **3** Callar, reservar.
o.cu.pa.ção [okupas'ãw] *sf* **1** Ocupación, quehacer, actividad. **2** Profesión, negocio, trabajo. **3** *Mil* Invasión.
o.cu.par [okup'ar] *vtd* **1** Ocupar, llenar un espacio. **2** Gozar un empleo. **3** Apoderarse, dominar. **4** Emplearse, entretenerse.

o.di.ar [odi'ar] *vtd+vpr* Odiar, detestar.
ó.dio ['ɔdju] *sm* Odio, rabia, antipatía, hincha.
o.di.o.so [odi'ozu] *adj* Odioso, detestable, insoportable. *Pl: odiosos (ó).*
o.dor [od'or] *sm* Olor, aroma, fragancia.
o.es.te [o'ɛsti] *sm* **1** Oeste, occidente. **2** Poniente, ocaso.
o.fe.gan.te [ofeg'ãti] *adj m+f* Jadeante, exhausto, cansado, echando los bofes.
o.fe.gar [ofeg'ar] *vi* **1** Jadear. **2** Anhelar, desear, ansiar.
o.fen.der [ofẽd'er] *vtd* **1** Ofender, agraviar, insultar, ultrajar, injuriar, afrentar. **2** Herir, lastimar, hacer daño físico. *vpr* **3** Ofenderse, tomar a mal.
o.fen.sa [of'ẽsə] *sf* Ofensa, injuria, afrenta, agravio, ultraje, herejía.
o.fen.si.vo [ofẽs'ivu] *adj* Ofensivo, injurioso, insultante, ultrajante.
o.fe.re.cer [oferes'er] *vtd* **1** Ofrecer, dar, ofertar **2** Ofrendar, dedicar, consagrar. **3** Presentar, manifestar, implicar. *vpr* **4** Ocurrir, sobrevenir. *vtd+vpr* **5** Disponerse.
o.fer.ta [of'ɛrtə] *sf* Oferta, ofrecimiento.
office-boy ['ɔfiseb'oj] *sm* Mensajero, mandadero, chico de recados.
o.fi.ci.al [ofisi'aw] *adj m+f* Oficial, público, gubernamental. • *sm* Oficial: a) el que trabaja en un oficio. b) *Mil* militar de categoría entre suboficial y jefe. **oficial de justiça** actuario / alguacil.
o.fi.ci.na [ofis'inə] *sf* Taller. Veja nota em **escritorio** (espanhol).
o.fí.cio [of'isju] *sm* **1** Oficio, profesión, empleo, trabajo, ocupación. **2** Comunicación escrita, en las administraciones públicas. **3** *Rel* Oficio divino, oración.
o.fus.car [ofusk'ar] *vtd+vpr* **1** Ofuscar, oscurecer, ocultar, obnubilar, obscurecer, turbar. **2** Deslucir.
oh! ['ɔ] *interj* ¡Oh!
oi! ['oj] *interj* ¡Hola!
oi.ten.ta [ojt'ẽtə] *num* Ochenta.
oi.to ['ojtu] *num* Ocho. **ou oito ou oitenta** o todo o nada.
oi.to.cen.tos [ojtos'ẽtus] *num* Ochocientos.
o.lá! [ol'a] *interj* ¡Hola!, ¡buenas!
o.la.ri.a [olar'iə] *sf* Alfarería.

ó.leo ['ɔlju] *sm* **1** Aceite. **2** *Art Plást* Óleo (pintura). Veja nota em **aceite** (espanhol).

o.le.o.so [ole'ozu] *adj* Grasoso, oleaginoso, aceitoso, grasiento, untuoso. *Pl: oleosos (ó).*

ol.fa.to [owf'atu] *sm* Olfato, tafo, olfacción.

o.lha.da [oʎ'adə] *sf* Ojeada, mirada, vistazo, vista, asomada. **dar uma olhada** ojear, echar un vistazo, asomarse.

o.lha.do [oʎ'adu] *adj* Mirado, considerado, visto.

o.lhar [oʎ'ar] *vtd+vi+vpr* **1** Mirar, contemplar, fijar. *vtd* **2** Examinar, considerar, observar. **3** Cuidar, atender, proteger. • *sm* Mirada.

o.lhei.ra [oʎ'ejrə] *sf* Ojera.

o.lho ['oʎu] *sm Anat* Ojo. **a olho nu** a simple vista. **encher os olhos d'água** anegarse los ojos en lágrimas. **não despregar o olho** no quitar ojo de encima. **não pregar o olho** no pegar ojo, no pegar pestañas. **num piscar de olhos** en un santiamén / en un abrir y cerrar de ojos. **olho gordo** pelusa, envidia. **olho mágico** mirilla (de la puerta). **pôr no olho da rua** echar de patitas a la calle. *Pl: olhos (ó).*

o.lho-d'á.gua ['oʎudagwə] *sm* Ojo, mina, manantial. *Pl: olhos-d'água (ó).*

o.lim.pí.a.da [olĩp'iadə] *sf* Olimpiada, olimpíada.

o.lím.pi.co [ol'ĩpiku] *adj* Olímpico.

o.li.va [oliv'ə] *sf Bot* Oliva.

o.li.vei.ra [oliv'ejrə] *sf Bot* Olivera, olivo.

om.bro ['õbru] *sm Anat* Hombro. **dar de ombros** encogerse de hombros.

o.me.le.te [omel'ɛti] *s m+f* Tortilla.

o.mis.são [omis'ãw] *sf* **1** Omisión, abstención (de hacer o decir). **2** Descuido, olvido.

o.mis.so [om'isu] *adj* Omiso, reticente, flojo, negligente, descuidado.

o.mi.tir [omit'ir] *vtd+vpr* **1** Omitir, abstenerse. *vtd* **2** Dejar, negligenciar.

on.ça¹ ['õsə] *sf* Onza.

on.ça² ['õsə] *sf* **1** *Zool* Jaguar. **2** *fig* Persona enfurecida. **ficar uma onça** enfurecerse / enojarse / salírsele el indio / emputecerse. *ficou uma onça quando viu os dois juntos / se enfureció cuando los vio juntos a los dos.*

on.da ['õdə] *sf* **1** Onda, ola (mar). **2** Oleada, ondulación, movimiento. **3** *fig* Abundancia, aflujo.

on.de ['õdi] *adv* Donde, dónde. Veja nota em **adonde** (espanhol).

on.du.la.ção [õdulas'ãw] *sf* Ondulación, onda, movimiento.

on.du.la.do [õdul'adu] *adj* Ondulado.

ô.ni.bus ['onibus] *sm sing+pl* Ómnibus, autobús, autocar, bus, colectivo.

o.ni.po.ten.te [onipot'ẽti] *adj m+f* Omnipontente.

o.nis.ci.en.te [onisi'ẽti] *adj m+f* Omnisciente.

on.tem ['õtẽj] *adv* Ayer. **ontem à noite** anoche.

ONU ['onu] Sigla de Organización de las Naciones Unidas.

ô.nus ['onus] *sm sing+pl* Encargo, cargo, peso, tributo, gravamen. **sem ônus** sin cargo / libre de gravamen.

on.ze ['õzi] *num* Once.

o.pa! ['ɔpə] *interj* **1** ¡Hola! **2** ¡Aúpa!

o.pa.co [op'aku] *adj* **1** Opaco, no transparente. **2** Oscuro. **3** *fig* Incomprensible.

op.ção [ops'ãw] *sf* Opción, elección, preferencia, alternativa.

op.ci.o.nal [opsjon'aw] *adj m+f* Opcional, facultativo, optativo, electivo.

ó.pe.ra ['ɔperə] *sf Teat, Mús* Ópera.

o.pe.ra.ção [operas'ãw] *sf* **1** Operación, ejecución, acción. **2** *Med* Cirugía, intervención quirúrgica. **3** Negociación. **4** *Mi* Maniobra.

o.pe.ra.ci.o.nal [operasjon'aw] *adj m+f* Operacional.

o.pe.rar [oper'ar] *vi* **1** Operar, actuar, trabajar, obrar. *vtd+vi* **2** Causar, producir. **3** Realizar operaciones. *vtd+vi+vpr* **4** *Med* Hacer una cirugía.

o.pe.ra.ri.a.do [operari'adu] *sm* Clase obrera.

o.pe.rá.rio [oper'arju] *sm* Operario, trabajador, obrero.

o.pi.nar [opin'ar] *vtd+vi* Opinar, considerar, entender, juzgar.

o.pi.ni.ão [opini'ãw] *sf* Opinión, arbitrio, concepto, dictamen, parecer, juicio, impresión.

ó.pio [ˈɔpju] *sm Farm* Opio.
o.po.nen.te [oponˈẽti] *adj* e *s m+f* Oponente, contrincante, adversario, opositor, rival, competidor.
o.por [opˈor] *vtd+vpr* Oponer, enfrentar, contraponer, objetar.
o.por.tu.na.men.te [oportunamˈẽti] *adv* Oportunamente, convenientemente.
o.por.tu.ni.da.de [oportunidˈadi] *sf* **1** Oportunidad, coyuntura, conveniencia. **2** Ocasión, momento. **3** *AL* Chance.
o.por.tu.no [oportˈunu] *adj* Oportuno, adecuado, cómodo, propicio, congruente, apropiado.
o.po.si.ção [opozisˈãw] *sf* Oposición, antagonismo, antítesis, contraste, diferencia, disensión.
o.po.si.tor [opozitˈor] *adj+sm* Opositor, rival, oponente, antagonista, concurrente, contrincante.
o.pres.são [opresˈãw] *sf* **1** Opresión, tiranía, yugo. **2** Angustia, ansiedad.
o.pres.si.vo [opresˈivu] *adj* **1** Opresivo, opresor, arbitrario, tiránico. **2** Asfixiante, sofocante.
op.tar [optˈar] *vtd+vi* Optar, elegir, preferir, escoger.
o.ra [ˈɔrɐ] *adv* Ahora. *fica registrado que o réu, ora algemado por indisciplina, não pode se manifestar* / se registra que el reo, ahora esposado por indisciplina, no se puede manifestar. • *conj* **1** Ora. **2** Ahora bien.
o.ra.ção [orasˈãw] *sf* **1** Oración, súplica, rezo, preces, rogativa. **2** *Gram* Frase.
o.ral [orˈaw] *adj m+f* **1** Oral, verbal. **2** Bucal.
o.rar [orˈar] *vtd+vi* **1** Orar, rezar, rogar. **2** Hablar en público.
ór.bi.ta [ˈɔrbitɐ] *sf* **1** *Anat* Órbita, cuenca del ojo. **2** *Astron* Trayectoria (de un cuerpo, partículas). **3** Área de actuación, esfera.
or.bi.tar [orbitˈar] *vi+vtd* Orbitar.
or.ça.men.to [orsamˈẽtu] *sm* Presupuesto, previsión, cómputo de coste. *o orçamento desta obra vai além das minhas possibilidades* / el presupuesto de esta obra está más allá de mis posibilidades.
or.dem [ˈɔrdẽj] *sf* **1** Orden, arreglo, disposición de las cosas. **2** Regla, precepto. **3** Serie, sucesión de cosas. **4** Clase, categoría, grupo. **5** *Rel* Congregación. **6** Disciplina.
or.de.na.do [ordenˈadu] *adj* Ordenado, arreglado. • *sm* Salario, sueldo, paga.
or.de.nar [ordenˈar] *vtd+vi* **1** Ordenar, establecer, decretar, decidir. *vtd* **2** Organizar, acomodar, arreglar. *vtd+vpr* **3** *Rel* Ordenar(se).
or.de.nhar [ordeɲˈar] *vtd+vi* Ordeñar.
or.di.nal [ordinˈaw] *adj m+f* Ordinal.
or.di.ná.rio [ordinˈarju] *adj* **1** Ordinario, normal, regular, usual. **2** Inferior.
o.ré.ga.no [orˈɛganu] *sm Bot* Orégano.
o.re.lha [orˈeʎɐ] *sf Anat* Oreja. **com a pulga atrás da orelha** con la mosca detrás de la oreja. **de orelha em pé** con las orejas paradas. **rir de orelha a orelha** estar como unas castañuelas.
o.re.lha.da [oreʎˈadɐ] *sf* Tirón de orejas. **de orelhada** por oír decir.
o.re.lhão [oreʎˈaw] *sm* Cabina de teléfono.
or.fa.na.to [orfanˈatu] *sm* Orfanato, hospicio.
ór.fão [ˈɔrfãw] *sm* Huérfano. *Pl: órfãos*.
or.gâ.ni.co [orgˈʌniku] *adj* Orgánico.
or.ga.nis.mo [organˈizmu] *sm* **1** *Biol* Organismo. **2** Organización, sistema.
or.ga.ni.za.ção [organizasˈãw] *sf* **1** Organización, sistematización, estructura, composición. **2** Instalación.
or.ga.ni.zar [organizˈar] *vtd+vpr* Organizar, ordenar, disponer, estructurar.
ór.gão [ˈɔrgãw] *sm* Órgano. *Pl: órgãos*.
or.gu.lhar [orguʎˈar] *vtd+vpr* **1** Enorgullecer(se). **2** Ensalzarse, envanidecerse, ufanarse, vanagloriarse.
or.gu.lho [orgˈuʎu] *sm* Orgullo, soberbia, arrogancia, vanidad, alarde, altanería.
or.gu.lho.so [orguʎˈozu] *adj* **1** Orgulloso, soberbio, vanidoso, altanero, altivo. **2** Copetudo, empecinado. *Pl: orgulhosos (ó)*.
o.ri.en.ta.ção [orjẽtasˈãw] *sf* **1** Orientación, información, conducción. **2** Rumbo, destino, dirección.
o.ri.en.tal [orjẽtˈaw] *adj* e *s m+f* Oriental.
o.ri.en.tar [orjẽtˈar] *vtd+vpr* **1** Orientar, conducir, guiar. **2** Disciplinar, instruir.

o.ri.en.te [ori′ēti] *sm* Oriente, levante, naciente, este.

o.ri.fí.cio [orif′isju] *sm* Orificio, abertura, hoyo, agujero.

o.ri.gem [or′iʒēj] *sf* **1** Origen, procedencia, comienzo, principio, nacimiento. **2** Ascendencia. **3** Motivo, causa.

o.ri.gi.nal [oriʒin′aw] *adj m+f* **1** Original, originario, primitivo. **2** Inédito, único. **3** Diferente, novedoso. • *sm* Original, modelo, prototipo.

o.ri.gi.na.li.da.de [oriʒinalid′adi] *sf* Originalidad, singularidad, excentricidad, particularidad, peculiaridad.

o.ri.gi.nar [oriʒin′ar] *vpr* **1** Originar, nacer. *vtd* **2** Iniciar, causar, crear, motivar, generar.

or.la [′ɔrlə] *sf* Orilla, borde, margen, ribete, faja.

or.na.men.to [ornam′ētu] *sm* Ornamento, adorno, gala.

or.ques.tra [ork′ɛstrə] *sf* Orquesta.

or.quí.dea [ork′idjə] *sf Bot* Orquídea.

or.to.gra.fi.a [ortograf′iə] *sf Gram* Ortografía.

or.va.lho [orv′aλu] *sm* Rocío.

os.ci.la.ção [osilas′ãw] *sf* **1** Oscilación, vacilación, duda. **2** Vaivén, bamboleo, movimiento, flutuacción.

os.ci.lar [osil′ar] *vtd+vi+vpr* **1** Oscilar, vacilar, titubear, dudar. **2** Flutuar, agitar, temblar. Veja nota em **fluctuar**.

os.so [′osu] *sm* **1** *Anat* Hueso. **2** *fig* Dificultad. **3** *ossos pl* Huesos. **ossos do ofício** gajes del oficio. *Pl: ossos (ó)*.

os.su.do [os′udu] *adj* Huesudo.

os.ten.si.vo [ostẽs′ivu] *adj* Ostensivo, ostensible, visible, aparente, acusado.

os.ten.ta.ção [ostẽtas′ãw] *sf* Ostentación, pompa, vanagloria, fausto, lujo.

os.ten.tar [ostẽt′ar] *vtd+vi+vpr* Ostentar, exhibir, lucir, pavonear.

os.tra [′ostrə] *sf Zool* Ostra.

o.tá.rio [ot′arju] *adj+sm fam* Otario, tonto, baboso, necio.

o.ti.mis.mo [otim′izmu] *sm* Optimismo, confianza, seguridad.

o.ti.mis.ta [otim′istə] *adj e s m+f* Optimista.

ó.ti.mo [′ɔtimu] *adj* Óptimo, excelente.

ou [′ow] *conj* o, ó, u. Veja nota em **u** (espanhol).

ou.ro [′owru] *sm* **1** *Quím* Oro. **2** *ouros pl* Oros (naipe).

ou.sa.di.a [owz′adiə] *sf* Osadía, audacia.

ou.sa.do [owz′adu] *adj* Osado, atrevido, corajoso, audaz.

ou.sar [owz′ar] *vtd* Osar, atreverse.

ou.to.no [owt′onu] *sm* Otoño.

ou.trem [′owtrẽj] *pron indef* Otro(s), otra(s) persona(s).

ou.tro [′owtru] *adj+pron indef* Otro.

ou.tro.ra [owtr′ɔrə] *adv* Otrora, antaño.

ou.tros.sim [owtros′ĩ] *adv* Asimismo.

ou.tu.bro [owt′ubru] *sm* Octubre.

ou.vi.do [′owv′idu] *sm Anat* Oído.

ou.vin.te [owv′ĩti] *adj e s m+f* Oyente.

ou.vir [owv′ir] *vtd+vi* **1** Oír, escuchar. **2** Atender, considerar.

o.va [′ɔvə] *sf Zool* Hueva.

o.val [ov′aw] *adj m+f* Oval.

o.vá.rio [ov′arju] *sm Anat* Ovario.

o.ve.lha [ov′eλə] *sf Zool* Oveja. Veja nota em **badana** (espanhol).

o.ver.do.se [overd′ɔzi] *sf* Sobredosis.

óv.ni [′ɔvni] *sm* Ovni.

o.vo [′ovu] *sm Biol* Huevo. **pisar em ovos** andar con pies de plomo/de puntillas. *Pl: ovos (ó).*

ó.vu.lo [′ɔvulu] *sm Biol* Óvulo.

o.xa.lá! [oʃal′a] *interj* ¡Ojalá!, ¡quiera Dios!

o.xi.da.ção [oksidas′aw] *sf Quím* Oxidación.

o.xi.dar [oksid′ar] *vtd+vpr Quím* Oxidar, herrumbrar.

o.xi.gê.nio [oksiʒ′enju] *sm Quím* Oxígeno.

o.xí.to.no [oks′itonu] *adj+sm Gram* oxítono.

o.zô.nio [oz′onju] *sm Quím* Ozono.

P

p, P [p'e] *sm* Decimosexta letra del alfabeto portugués.
pá [p'a] *sf* Pala.
pa.ca.to [pak'atu] *adj+sm* Pacato, manso.
pa.cho.rra [paʃ'oȓə] *sf* Pachorra, flema, tardanza, indolencia.
pa.chor.ren.to [paʃoȓ'ẽtu] *adj* Pachorrudo, pachón, flemático, parsimonioso, calmoso.
pa.ci.ên.cia [pasi'ẽsjə] *sf* Paciencia.
pa.ci.en.te [pasi'ẽti] *adj* e *s m+f* Paciente.
pa.cí.fi.co [pas'ifiku] *adj* Pacífico.
pa.ci.fis.mo [pasif'izmu] *sm* Pacifismo.
pa.ci.fis.ta [pasif'istə] *adj* e *s m+f* Pacifista.
pa.co.te [pak'ɔti] *sm* Paquete. *o aniversariante abriu os pacotes de presente com entusiasmo* / el cumpleañero abrió los paquetes de regalo con entusiasmo.
pac.to [p'aktu] *sm* Pacto, trato, convenio.
pac.tu.ar [paktu'ar] *vtd+vti* Pactar, acordar, convenir, concertar.
pa.da.ri.a [padar'iə] *sf* Panadería. *as padarias abrem às seis horas da manhã* / las panaderías abren a las seis en punto de la mañana.
pa.dei.ro [pad'ejru] *sm* Panadero.
pa.drão [padr'ãw] *adj m+f* **1** Patrón. **2** Estándar. *os progressos da medicina têm permitido uma melhora do padrão de vida* / los progresos de la medicina han permitido una mejora del estándar de la vida.
pa.dras.to [padr'astu] *sm* Padrastro.
pa.dre [p'adri] *sm* Sacerdote, cura, padre, clérigo, eclesiástico. **Santo Padre** Santo Padre.

Em espanhol, **padre** significa também "pai": *o exemplo dado pelo pai é fundamental na educação dos filhos* / el ejemplo dado por el padre es fundamental en la educación de los hijos.

pa.dri.nho [padr'iñu] *sm* Padrino.
pa.dro.ei.ro [padro'ejru] *adj+sm* Patrono. *Santo Isidoro é o santo padroeiro de Madri* / San Isidro es el santo patrono de Madrid.
pa.dro.ni.zar [padroniz'ar] *vtd* Estandarizar, tipificar, normalizar.
pa.ga.men.to [pagam'ẽtu] *sm* **1** Paga, pagamento, pago. **2** Remuneración, estipendio. Veja nota em **abono** (português e espanhol).
pa.gão [pag'ãw] *adj+sm* Pagano. *muitas festas religiosas contêm elementos pagãos* / muchas fiestas religiosas contienen elementos paganos. *Pl: pagãos*.
pa.gar [pag'ar] *vtd+vti+vi+vpr* Pagar.
pa.ger [p'ejdʒer] *sm* Buscapersonas.
pá.gi.na [p'aʒinə] *sf* Página. **página da web** página web.
pa.go.de [pag'ɔdi] *sm* Pagoda.
pai [p'aj] *sm* **1** Padre, papá. **2** **pais** *pl* Padres, papás. **pai de família** padre de familia. **pai espiritual** padre espiritual. **Santo Pai** Santo Padre. **tal pai, tal filho** de tal palo tal astilla. Veja nota em **padre** (português).
pai.nel [pajn'ɛl] *sm* Panel.
pai.ol [paj'ɔw] *sm Mar* Pañol.
pa.ís [pa'is] *sm* País.
pai.sa.gem [pajz'aʒẽj] *sf* Paisaje. *paramos no mirante para contemplar a paisagem* / paramos en el mirador para contemplar el paisaje. Veja nota em **abordaje**.

paisano

pai.sa.no [pajz'∧nu] *adj+sm* Paisano. Em espanhol, **paisano** também quer dizer "camponês, caipira": *perguntamos a um camponês quanto faltava para chegar à fazenda* / le preguntamos a un paisano cuánto faltaba para llegar a la hacienda.
pai.xão [pajʃ'ãw] *sf* Pasión.
pa.la.ce.te [palas'eti] *sm* Palacete.
pa.la.ci.a.no [palasi'∧nu] *adj* Palaciego.
pa.lá.cio [pal'asju] *sm* Palacio.
pa.la.dar [palad'ar] *sm* Paladar. **palato duro** paladar duro. **palato mole** paladar blando.
pa.lan.que [pal'ãki] *sm* Palco.
pa.la.to [pal'atu] *sm Anat* Paladar.
pa.la.vra [pal'avrə] *sf* Palabra. **dar a palavra** dar la palabra. **de palavra** de palabra. **empenhar a palavra** empeñar la palabra / dar su palabra. **em quatro palavras** en una palabra / en dos palabras / en cuatro palabras / en pocas palabras. **medir as palavras** medir las palabras. **não dar uma palavra** no decir palabra. **palavra de honra** palabra de honor. **palavra de rei** palabra de rey. **palavras cruzadas** crucigrama. **pedir a palavra** pedir la palabra. **pegar na palavra** coger la palabra / tomar la palabra. **santas palavras** santa palabra. **ter a palavra** tener la palabra.
pa.la.vra-cha.ve [palavrəʃ'avi] *sf* Palabra clave. *Pl:* palavras-chaves, palavras-chave.
pa.la.vrão [palavr'ãw] *sm* **1** Palabrota, taco. *coprolalia é a compulsão por falar palavrões* / coprolalia es la compulsión por decir palabrotas. **2** *Chile* Garabato.
pal.co [p'awku] *sm Teat* Escenario. **palco giratório** escenario giratorio.
pa.ler.ma [pal'ɛrmə] *adj e s m+f* Estúpido, necio, tonto, imbécil, mentecato, idiota, bobalicón.
pa.les.ti.no [palest'inu] *adj+sm* Palestino.
pa.les.tra [pal'ɛstrə] *sf* **1** Charla. *a palestra sobre meio ambiente foi muito interessante* / la charla sobre medioambiente fue muy interesante. **2** Conferencia.
pa.le.ta [pal'etə] *sf* Paleta.
pa.le.tó [palet'ɔ] *sm* **1** Chaqueta. *estou muito gordo, o paletó do meu terno não fecha!* / estoy muy gordo, ¡la chaqueta de mi traje no cierra! **2** *AL* Saco.
pa.lha [p'aʎə] *sf* Paja.
pa.lha.ça.da [paʎas'adə] *sf* Payasada.
pa.lha.ço [paʎ'asu] *sm* Payaso, clown.
pa.lhei.ro [paʎ'ejru] *sm* Pajar.
pa.lho.ça [paʎ'ɔsə] *sf* Choza.
pa.li.a.ti.vo [paljat'ivu] *adj+sm* Paliativo. *o riso é um paliativo contra a tristeza* / la risa es un paliativo contra la tristeza.
pá.li.do [p'alidu] *adj* Pálido.
pa.li.to [pal'itu] *sm* Palillo.
pal.ma [p'awmə] *sf* **1** *Anat* Palma. **2** *Bot* Palma. **conhecer como a palma da mão** conocer como la palma de la mano.
pal.ma.da [pawm'adə] *sf* Palmada, manotazo.
pal.ma.tó.ria [pawmat'ɔrjə] *sf* Palmatoria, palmeta, candelero.
pal.mei.ra [pawm'ejrə] *sf Bot* Palmera.
pal.mi.lha [pawm'iʎə] *sf* Plantilla. **palmilha ortopédica** plantilla ortopédica.
pal.mi.to [pawm'itu] *sm Bot* Palmito.
pal.mo [p'awmu] *sm* Palmo. **palmo a palmo** palmo a palmo. **palmo de terra** palmo de tierra.
pál.pe.bra [p'awpebrə] *sf Anat* Párpado. *fechou as pálpebras para proteger os olhos do sol* / cerró los párpados para proteger los ojos del sol.
pal.pi.tar [pawpit'ar] *vi+vti* Palpitar.
pal.pi.te [pawp'iti] *sm* **1** Palpitación. **2** Pálpito, presentimiento, corazonada.
pa.mo.nha [pam'oɲə] *sf Cul AL* Humita.
pa.na.ca [pan'akə] *adj e s m+f* Papanatas. *por trás das guerras há muitos panacas* / por tras de las guerras hay muchos papanatas.
pa.na.me.nho [panam'eɲu] *adj+sm* Panameño.
pan.ça [p'ãsə] *sf* Panza, barriga, vientre. *voltavam com tanta fome depois do jogo que só pensavam em encher a pança* / volvían con tanta hambre después del juego que sólo pensaban en llenarse la panza.
pan.ca.da [pãk'adə] *sf* Golpe. **pancada de água** chaparrón.
pân.creas [p'ãkrjas] *sm sing+pl Anat* Páncreas.
pan.da [p'ãdə] *sm Zool* Panda.

pan.dei.ro [pãd′ejru] *sm Mús* Pandero.
pan.de.mô.nio [pãdem′onju] *sm* Pandemónium.
pa.ne [p′ʌni] *sf* Avería.
pa.ne.la [pan′ɛlə] *sf* Olla, cacerola. **jogo de panelas** batería de cocina. **panela de pressão** olla a presión.
pan.fle.to [pãfl′etu] *sm* Panfleto.
pâ.ni.co [p′ʌniku] *sm* Pánico.
pa.ni.fi.ca.do.ra [panifikad′orə] *sf* Panificadora.
pa.no [p′ʌnu] *sm* 1 Tela, tejido. 2 Paño, trapo. **panos mornos** paños tibios. **panos quentes** paños calientes.
pa.no.ra.ma [panor′ʌmə] *sm* Panorama.
pan.que.ca [pãk′ɛkə] *sf Cul AL* Panqueque.
pan.ta.nal [pãtan′aw] *sm* Pantanal.
pân.ta.no [p′ãtanu] *sm* Pantano, ciénaga.
pan.te.ra [pãt′ɛrə] *sf Zool* Pantera. **pantera negra** pantera negra.
pan.tur.ri.lha [pãtuř′iʎə] *sf Anat* Pantorrilla.
pão [p′ãw] *sm* Pan. **o pão nosso de cada dia** el pan nuestro de cada día. **pão ázimo** pan ácimo. **pão de forma** pan de molde. **pão de ló** bizcocho, bizcochuelo. **pão francês** pan francés. **pão integral** pan integral. **pão, pão, queijo, queijo** al pan, pan y al vino, vino. **pão preto** pan negro. **bom como pão** ser un pan de Dios. *Pl:* pães.
pão-du.ro [pãwd′uru] *adj+sm* Mezquino, tacaño, avaro, avaricioso, avariento, miserable, cicatero, ruin, roñoso, agarrado. *Pl:* pães-duros.
pa.pa[1] [p′apə] *sm* Papa, Sumo Pontífice.
pa.pa[2] [p′apə] *sf* Papilla.
Em espanhol, **papa** significa também "batata": *as batatas são originárias da América* / las papas son originarias de América.
pa.pa.gai.o [papag′aju] *sm* 1 *Zool* Papagayo, loro. 2 Cometa, volantín, barrilete.
pa.pai [pap′aj] *sm* Papá, padre.
pa.pa.ri.car [paparik′ar] *vtd* 1 Mimar, consentir. 2 *Chile* Regalonear.
pa.pel [pap′ɛw] *sm* Papel. **papel contínuo** papel continuo. **papel cuchê** papel cuché. **papel de alumínio** papel de aluminio. **papel de jornal** papel de periódico. **papel de parede** papel mural. **papel de prata** papel de plata. **papel de seda** papel de seda. **papel higiênico** papel higiénico. **papel machê** papel maché. **papel pautado** papel pautado. **papel pintado** papel pintado. **papel vegetal** papel vegetal. **papel vergê** papel vergé.
pa.pe.la.da [papel′adə] *sf AL* Papelerío.
pa.pe.lão [papel′ãw] *sm* 1 Cartón. 2 *fig* Papelón, ridículo. *o bêbado fez um papelão na festa* / el borracho hizo un papelón en la fiesta.
pa.pe.la.ri.a [papelar′iə] *sf* Papelería.
pa.po [p′apu] *sm* 1 Buche. 2 *coloq* Conversación, plática, charla.
pa.pou.la [pap′owlə] *sf Bot* Amapola. *a especialidade da minha avó era o bolo decorado com sementes de papoula* / la especialidad de mi abuela era la tarta decorada con semillas de amapola.
pa.pu.do [pap′udu] *sm* Papudo, que tiene papo.
pa.que.ra [pak′ɛrə] *sf coloq* Flirteo, galanteo.
pa.que.rar [paker′ar] *vtd+vi coloq* Flirtear, galantear, coquetear, cortejar.
par [p′ar] *adj m+f e sm* Par. **a par** a la par. **de par em par** de par en par. **estar a par** estar al tanto.
pa.ra [p′arə] *prep* 1 Para. *pediram um empréstimo para comprar uma casa* / pidieron un préstamo para comprar una casa. 2 Hacia. *a tormenta avança para o sul do país* / la tormenta avanza hacia el sur del país.
pa.ra.be.ni.zar [parabeniz′ar] *vtd* Felicitar, congratular.
pa.ra.béns [parab′ẽjs] *sm pl* Felicitación, congratulación, enhorabuena.
pa.rá.bo.la [par′abolə] *sf* Parábola.
pa.ra.bri.sa [parəbr′izə] *sm* Parabrisas. *Pl: para-brisas.*
pa.ra.cho.que [paraʃ′ɔki] *sm* Parachoques. *Pl: para-choques.*
pa.ra.da [par′adə] *sf* 1 Parada. 2 Paradero.
pa.ra.do.xo [parad′ɔksu] *sm* Paradoja. *o maior paradoxo do homem é procurar a felicidade nas coisas materiais* / la mayor

paradoja del hombre es buscar la felicidad en las cosas materiales.

pa.ra.fi.na [paraf'inə] *sf Quím* Parafina.

pa.ra.fu.sar [parafuz'ar] *vtd* Atornillar.

pa.ra.fu.so [paraf'uzu] *sm* **1** Tornillo. **2** Perno. **ter um parafuso a menos** faltarle un tornillo. **ter um parafuso frouxo** tener flojos los tornillos.

pa.rá.gra.fo [par'agrafu] *sm* Párrafo.

pa.ra.guai.o [parag'waju] *adj+sm* Paraguayo.

pa.ra.í.so [para'izu] *sm* Paraíso, edén, cielo.

pa.ra-la.ma [parəl'∧mə] *sm* Guardabarros. *Pl: para-lamas*.

pa.ra.le.le.pí.pe.do [paralelep'ipedu] *sm* **1** *Geom* Paralelepípedo. **2** *Arquit* Adoquín.

pa.ra.le.lo [paral'εlu] *adj+sm* Paralelo.

pa.ra.li.sar [paraliz'ar] *vtd+vi+vpr* Paralizar.

pa.ra.li.si.a [paraliz'iə] *sf Med* Parálisis. **paralisia infantil** parálisis infantil.

pa.ra.mé.di.co [param'εdiku] *adj+sm* Paramédico.

pa.ra.noi.a [paran'ɔjə] *sf Med* Paranoia.

pa.ra.noi.co [paran'ɔjku] *adj+sm* Paranoico.

pa.ra.pei.to [parap'ejtu] *sm* Parapeto, antepecho.

pa.ra.que.das [parək'εdas] *sm sing+pl* Paracaídas.

pa.ra.que.dis.ta [parəked'istə] *adj e s m+f* Paracaidista.

pa.rar [par'ar] *vi+vti+vtd+vpr* Parar.

pa.ra-rai.os [parəř'ajus] *sm sing+pl* Pararrayos.

pa.ra.si.ta [paraz'itə] *sm* **1** *Zool* Parásito. **2** *fig* Aprovechado, gorrón.

par.cei.ro [pars'ejru] *sm* **1** Socio, asociado. **2** Compañero.

par.ce.la [pars'εlə] *sf* Parcela. Veja nota em **prestação**.

par.ce.ri.a [parser'iə] *sf* Asociación, sociedad, compañía.

par.ci.al [parsi'aw] *adj m+f* Parcial.

par.dal [pard'aw] *sm Zool* Gorrión.

par.do [p'ardu] *adj+sm* **1** Pardo. **2** Mulato.

pa.re.cer [pares'er] *vi+vpr* Parecer, asemejarse. • *sm* Parecer, opinión, juicio, dictamen. *no meu parecer, o ensino de línguas estrangeiras é fundamental* / a mi parecer la enseñanza de lenguas extranjeras es fundamental.

pa.re.de [par'edi] *sf* Pared. **encostar na parede** poner contra la pared.

pa.ren.te [par'ẽti] *adj e s m+f* Pariente.

pa.rên.te.se [par'ẽtezi] *sm* Paréntesis. **abrir parêntese** abrir paréntesis. **fechar parêntese** cerrar paréntesis.

pa.rir [par'ir] *vtd+vi* Parir.

par.la.men.tar [parlamẽt'ar] *adj e s m+f* Parlamentario. • *vi+vti* Parlamentar.

par.la.men.to [parlam'ẽtu] *sm* Parlamento.

pá.ro.co [p'aroku] *sm* Párroco.

pa.ró.dia [par'ɔdjə] *sf* Parodia.

pa.ró.quia [par'ɔkjə] *sf* Parroquia.

par.que [p'arki] *sm* Parque. **parque nacional** parque nacional.

par.rei.ra [pař'ejrə] *sf Bot* Parra, vid. *o fruto da parreira é a uva* / el fruto de la parra es la uva.

par.te [p'arti] *sf* Parte. **a parte do leão** la parte del león. **da parte de** de parte de. **de parte a parte** de parte a parte. **fazer parte de** formar parte de. **partes do mundo** partes del mundo. **ter parte em** tener parte en. **tomar parte em** tomar parte en.

par.tei.ra [part'ejrə] *sf* Partera, comadrona.

par.ti.ci.pa.ção [partisipas'ãw] *sf* Participación.

par.ti.ci.pan.te [partisip'ãti] *adj e s m+f* Participante.

par.ti.ci.par [partisip'ar] *vtd+vti* Participar: a) colaborar, intervenir, contribuir. b) comunicar, informar, notificar, avisar, anunciar.

par.tí.cu.la [part'ikulə] *sf* Partícula. **partícula alfa** partícula alfa. **partícula elementar** partícula elemental.

par.ti.cu.lar [partikul'ar] *adj m+f e sm* Particular.

par.ti.da [part'idə] *sf* **1** Partida, salida. *todos choraram com a partida do amigo* / todos lloraron por la partida del amigo. **2** Partido, juego. *domingo à tarde vão* *transmitir uma partida de futebol* / el domingo por la tarde van a transmitir un partido de fútbol.

Em espanhol, **partida** significa também "certidão": *certidão de casamento* / partida de matrimonio.

par.ti.dá.rio [partid′arju] *adj+sm* Partidario.

par.ti.do [part′idu] *adj+sm* Partido.

Em espanhol, **partido** também quer dizer "partida", isto é, "competição de jogo ou esporte entre duas pessoas ou dois grupos": *uma partida de futebol* / un partido de fútbol.

par.ti.lha [part′iλə] *sf* **1** Partición (de una herencia). **2** División, repartición.

par.tir [part′ir] *vtd+vti+vi+vpr* Partir. **a partir de** a partir de.

par.ti.tu.ra [partit′urə] *sf Mús* Partitura.

par.to [p′artu] *sm* Parto.

pás.coa [p′askwa] *sf* Pascua.

pas.mo [p′azmu] *sm* Pasmo, admiración, asombro. • *adj* Pasmado, estupefacto, atónito.

pas.sa [p′asə] *sf* Pasa.

pas.sa.da [pas′adə] *sf* **1** Paso. **2** Pasada.

pas.sa.do [pas′adu] *adj+sm* Pasado.

pas.sa.gei.ro [pasaʒ′ejru] *adj* Pasajero, breve, fugaz, transitorio. • *sm* Pasajero, viajero.

pas.sa.gem [pas′aʒẽj] *sf* Pasaje, paso. **de passagem** de paso. **passagem de nível** paso a nivel.

pas.sa.por.te [pasap′ɔrti] *sm* Pasaporte.

pas.sar [pas′ar] *vtd+vti+vi+vpr* **1** Pasar. *vtd* **2** Planchar. **não passar de** no ser más que. **passar ao largo** pasar de largo. **passar desta para melhor** pasar a mejor vida. **passar dos limites** pasarse de la raya.

pas.sa.re.la [pasar′ɛlə] *sf* Pasarela.

pás.sa.ro [p′asaru] *sm Zool* Pájaro.

pas.sa.tem.po [pasat′ẽpu] *sm* Pasatiempo, diversión, entretenimiento.

pas.se [p′asi] *sm* **1** Pase, permiso, licencia. **2** Billete, boleto. **passe de mágica** por arte de magia.

pas.se.ar [pase′ar] *vi+vtd* Pasear.

pas.se.a.ta [pase′atə] *sf* **1** Caminata. **2** Marcha, manifestación.

pas.sei.o [pas′eju] *sm* Paseo. *os namorados deram um passeio no parque* / los novios dieron un paseo por el parque.

pas.sí.vel [pas′ivew] *adj m+f* Pasible.

pas.si.vo [pas′ivu] *sm* Pasivo.

pas.so [p′asu] *sm* Paso. **a cada passo** a cada paso. **a passo largo** a paso largo. **a passos lentos** a paso de tortuga. **ao passo que** al paso que. **apertar o passo** apretar el paso. **ceder o passo** ceder el paso. **dar um mau passo** dar un mal paso. **firmar o passo** avivar el paso. **passo a passo** paso a paso.

pas.ta [p′astə] *sf* **1** Pasta, masa. *a culinária italiana é famosa pelas suas pastas* / la culinaria italiana es famosa por sus masas. **2** Crema. *a pasta de amendoim é muito saborosa* / la crema de maní es muy sabrosa. **3** Carpeta, cartapacio, portafolios. *a secretária guardou os documentos numa pasta* / la secretaria guardó los documentos en una carpeta.

pas.tar [past′ar] *vi+vtd* Pastar, pacer.

pas.tel[1] [past′ɛw] *sm Cul* Empanada (frita, asada).

Em espanhol, **pastel** quer dizer "torta" e também "bolo", ou seja, "massa de farinha cozida no forno", podendo ser doce ou salgado.

pas.tel[2] [past′ɛw] *sm* Pastel (pintura). • *adj m+f sing+pl* Pastel (color). *na próxima primavera a moda será a cor pastel* / la próxima primavera la moda será el color pastel.

pas.ti.lha [past′iλə] *sf* Pastilla. *as pastilhas de hortelã refrescam o hálito* / las pastillas de menta refrescan el aliento.

pas.to [p′astu] *sm* Pasto.

pas.tor [past′or] *sm+adj* Pastor.

pa.ta [p′atə] *sf* Pata: a) *Zool* Hembra del pato. b) pie y pierna (de un animal). c) *coloq* pie y pierna (de una persona). **meter a pata** meter la pata.

pa.ta.da [pat′adə] *sf* Patada.

pa.ta.mar [patam′ar] *sm* **1** Descanso, rellano. **2** *fig* Nivel, altura. *para os nossos países é difícil atingir o patamar tecnológico das grandes potências* / para nuestros países es difícil alcanzar el nivel tecnológico de las grandes potencias.

pa.tê [pat'e] *sm Cul* Paté.
pa.ten.te [pat'ẽti] *adj m+f* Patente, manifiesto, visible, claro, perceptible. • *sf* Patente (de invención).
pa.ter.nal [patern'aw] *adj m+f* Paternal.
pa.ter.ni.da.de [paternid'adi] *sf* Paternidad.
pa.ter.no [pat'ɛrnu] *adj* Paterno.
pa.te.ta [pat'ɛtɐ] *adj* e *s m+f* Bobo, tonto, bobalicón. *o palhaço se finge de pateta para fazer todos rirem* / el payaso se hace el bobo para que todos rían.
pa.té.ti.co [pat'ɛtiku] *adj+sm* Patético.
pa.ti.fe [pat'ifi] *adj+sm* Sinvergüenza, bribón, pillo, pícaro, tunante.
pa.tim [pat'ĩ] *sm* Patín.
pa.ti.na.ção [patinɐs'ãw] *sf* Patinaje. Veja nota em **abordaje**.
pa.ti.na.dor [patinad'or] *adj+sm* Patinador.
pa.ti.nar [patin'ar] *vi* Patinar.
pá.tio [p'atju] *sm* Patio. *as crianças brincam no pátio da escola* / los niños juegan en el patio de la escuela.
pa.to [p'atu] *sm Zool* Pato.
pa.to.ta [pat'ɔtɐ] *sf coloq* Patota, pandilla.
pa.trão [patr'ãw] *sm* **1** Patrón, jefe. **2** Dueño, amo.
pá.tria [p'atrjɐ] *sf* Patria.
pa.tri.ar.ca [patri'arkɐ] *sm* Patriarca.
pa.trí.cio [patr'isju] *adj+sm* **1** Patricio. **2** Compatriota, coterráneo.
pa.tri.mô.nio [patrim'onju] *sm* Patrimonio. **patrimônio líquido** patrimonio neto.
pa.tri.o.ta [patri'ɔtɐ] *s m+f* Patriota.
pa.tri.o.tis.mo [patrjot'izmu] *sm* Patriotismo.
pa.tro.ci.na.dor [patrosinad'or] *adj+sm* Patrocinador.
pa.tro.ci.nar [patrosin'ar] *vtd* Patrocinar, favorecer, auspiciar, proteger, beneficiar, amparar.
pa.tro.cí.nio [patros'inju] *sm* Patrocinio.
pa.tro.no [patr'onu] *sm* Patrono, defensor, protector, amparador.
pa.tru.lha [patr'uʎɐ] *sf* Patrulla.
pa.tru.lhar [patruʎ'ar] *vtd+vi* Patrullar.

pau [p'aw] *sm* Palo. **nem a pau** ni a palos.
pau.la.da [pawl'adɐ] *sf* Paliza, tunda, felpa, soba, zurra.
pau.pér.ri.mo [pawp'ɛr̃imu] *adj* Paupérrimo.
pau.sa [p'awzɐ] *sf* Pausa.
pau.ta [p'awtɐ] *sf* Pauta.

> Em espanhol, **pauta** tem outros dois sentidos: a) regra ou norma: *toda sociedade impõe uma norma de conduta para facilitar a convivência dos que nela vivem* / toda sociedad impone una pauta de conducta para facilitar la convivencia de los que viven en ella. b) modelo: *a vida dos grandes homens e mulheres é o melhor modelo a seguir* / la vida de los grandes hombres y mujeres es la mejor pauta a seguir.

pa.vão [pav'ãw] *sm Zool* Pavo real. *o pavão é uma ave de grande beleza* / el pavo real es un ave de gran belleza.
pa.vi.lhão [paviλ'ãw] *sm* Pabellón. **pavilhão da orelha** pabellón de la oreja.
pa.vi.men.tar [pavimẽt'ar] *vtd* Pavimentar, asfaltar, solar.
pa.vi.men.to [pavim'ẽtu] *sm* Pavimento, asfalto, suelo. Veja nota em **solo**.
pa.vi.o [pav'iu] *sm* Pabilo, mecha. **ter pavio curto** tener malas pulgas.
pa.vor [pav'or] *sm* Pavor, pánico, terror, espanto.
pa.vo.ro.so [pavor'ozu] *adj* Pavoroso, espantoso, aterrador, terrorífico. *Pl: pavorosos (ó).*
paz [p'as] *sf* Paz. **fazer as pazes** hacer las paces.
pé [p'ɛ] *sm Anat* Pie. **a pé** a pie. **ao pé da letra** al pie de la letra. **com o pé direito** con el pie derecho. **com o pé esquerdo** con el pie izquierdo. **dar pé** dar pie. **de quatro pés** a cuatro pies. **do pé para a mão** del pie a la mano. **em pé** en pie. **em pé de guerra** en pie de guerra. **estar com o pé no estribo** estar con el pie en el estribo. **fazer pé atrás** echar el pie atrás. **ir num pé e vir no outro** a más correr / a todo correr / a carrera abierta / a carrera tendida / a la carrera. **jurar de pés juntos** jurar a pies juntillas. **não**

chegar aos pés de no llegarle a los pies. **negar a pés juntos** negar a pie juntillas. **pé ante pé** pie ante pie / paso a paso. **pé chato** pie plano. **pé de atleta** pie de atleta. **pé de ga.li.nha** pata de gallo. **pé de pato** aleta. **perder pé** perder pie.

pe.ão [pe'ãw] *sm* Peón. Veja nota em **pião** (português).

pe.ça [p'ɛsɐ] *sf* Pieza. **peça de artilharia** pieza de artillería.

Em espanhol, **pieza** significa também "quarto, cômodo em que se dorme", assim como "cômodo" em geral: *entrou no quarto e deitou na cama* / entró en la pieza y se acostó en la cama.

pe.ca.do [pek'adu] *sm* Pecado. **pecado capital** pecado capital. **pecado mortal** pecado mortal, pecado grave. **pecado original** pecado original. **pecado venial** pecado venial.

pe.ca.dor [pekad'or] *adj+sm* Pecador.

pe.car [pek'ar] *vi+vti* Pecar.

pe.chin.cha [peʃ'ĩʃɐ] *sf* Ganga. *comprei um carro muito barato, uma verdadeira pechincha!* / compré un coche muy barato, ¡una verdadera ganga!

pe.chin.char [peʃĩʃ'ar] *vtd+vi* Regatear.

pe.cu.á.ria [peku'arjɐ] *sf* Ganadería.

pe.cu.á.rio [peku'arju] *adj* Pecuario. • *sm* Ganadero.

pe.cu.li.ar [pẽkũliar̃] *adj m+f* Peculiar, propio.

pe.da.ço [ped'asu] *sm* Pedazo, porción, parte, cacho, fragmento, trozo. **estar caindo aos pedaços** caerse a pedazos.

pe.dá.gio [ped'aʒju] *sm* Peaje. *instalaram uma nova praça de pedágio na rodovia* / instalaron una nueva plaza de peaje en la autopista.

pe.da.go.gi.a [pedagoʒ'iɐ] *sf* Pedagogía.

pe.da.gó.gi.co [pedag'ɔʒiku] *adj* Pedagógico.

pe.da.go.go [pedag'ogu] *sm* Pedagogo.

pe.dal [ped'aw] *sm* Pedal.

pe.da.lar [pedal'ar] *vtd+vi* Pedalear.

pe.dan.te [ped'ãti] *adj e s m+f* Pedante.

pé-de-mei.a [p'ɛdim'ejɐ] *sm* Ahorros, economías. *graças ao nosso pé-de-meia, este ano vamos comprar uma casa* / gracias a nuestros ahorros, este año vamos a comprar una casa. *Pl: pés-de-meia*.

pe.des.tre [ped'ɛstri] *s m+f* Peatón.

pe.di.a.tra [pedi'atrɐ] *s m+f Med* Pediatra.

pe.di.a.tri.a [pedjatr'iɐ] *sf Med* Pediatría.

pe.di.cu.ro [pedik'uru] *sm* Pedicuro, callista.

pe.di.do [ped'idu] *adj+sm* Pedido, petición.

pe.din.te [ped'ĩti] *adj e s m+f* Pordiosero, limosnero, mendigo.

pe.dir [ped'ir] *vtd+vti+vi* Pedir.

pé-di.rei.to [pɛdir'ejtu] *sm* **1** Altura (del piso al techo). **2** Pie derecho, pilar. *Pl: pés-direitos*.

pe.dra [p'ɛdrɐ] *sf* Piedra. **não deixar pedra sobre pedra** no dejar piedra sobre piedra. **pedra angular** piedra angular. **pedra de amolar** piedra de afilar / piedra de amolar / asperón. **pedra de toque** piedra de toque. **pedra filosofal** piedra filosofal. **pedra fundamental** piedra fundamental. **pedra preciosa** piedra preciosa.

pe.dra-po.mes [pɛdrɐp'omis] *sf* Piedra pómez. *Pl: pedras-pomes*.

pe.dre.gu.lho [pedreg'uʎu] *sm* Pedregullo.

pe.drei.ra [pedr'ejrɐ] *sf* Cantera, pedrera.

pe.drei.ro [pedr'ejru] *sm* Albañil, obrero (de la construcción). *os pedreiros ainda não concluíram a construção da casa* / los albañiles todavía no terminaron la construcción de la casa.

pe.ga.da [peg'adɐ] *sf* **1** Huella, pisada. **2** Vestigio, rastro, pista.

pe.ga.jo.so [pegaʒ'ozu] *adj* Pegajoso. *Pl: pegajosos (ó)*.

pe.gar [peg'ar] *vtd+vti+vi+vpr* **1** Pegar. **2** Tomar, coger, asir, agarrar, aferrar. *pegou suas malas e saiu do hotel ao meio-dia* / cogió sus maletas y salió del hotel al mediodía.

pei.do [p'ejdu] *sm vulg* Pedo.

pei.to [p'ejtu] *sm* Pecho. **abrir o peito** abrir su pecho. **amigo do peito** amigo del alma.

pei.to.ril [pejtor′iw] *sm* Parapeto, pretil, antepecho. *Pl:* peitoris.
pei.xa.ri.a [pejʃar′iə] *sf* Pescadería.
pei.xe [p′ejʃi] *sm Zool* **1** Pez. *os peixes nadam no rio /* los peces nadan en el río. **2** Pescado (comestible y ya fuera del agua). *hoje vamos comer peixe no almoço /* hoy vamos a comer pescado al almuerzo. **3 Peixes** *pl* Piscis. **como o peixe na água** estar como el pez en el agua. **filho de peixe, peixinho** é de tal palo tal astilla / ser hijo de tigre.
pe.jo.ra.ti.vo [peӡorat′ivu] *adj* Peyorativo, despectivo. Veja nota em **despectivo**.
pe.la.da [pel′adə] *sf* **1** Partido de fútbol (informal). **2** *Chile* Pichanga. *todos os domingos os amigos jogam uma pelada antes do almoço /* todos los domingos los amigos juegan una pichanga antes del almuerzo.
Em espanhol, **pelada** significa também "descascada": *serviu um prato de laranjas descascadas de sobremesa /* sirvió un plato de naranjas peladas de postre.
pe.la.do [pel′adu] *adj+sm fam* Desnudo.
Em espanhol, **pelado** quer dizer "careca, sem cabelo": *a probabilidade de ficar careca é muito maior nos homens do que nas mulheres /* la probabilidad de quedarse pelado es mucho mayor en los hombres que en las mujeres. Significa também "pobre, pé-rapado, sem dinheiro": *casou com um pé-rapado que não quer trabalhar /* se casó con un pelado que no quiere trabajar.
pe.la.gem [pel′aӡẽj] *sf* Pelaje. *a pelagem dos coelhos é macia /* el pelaje de los conejos es suave. Veja nota em **abordaje**.
pe.lan.ca [pel′ãkə] *sf* Piltrafa, pellejo.
pe.lar [pel′ar] *vtd+vpr* **1** Pelar. **2** *vpr* Desnudarse.
pe.le [p′ɛli] *sf* Piel. *é importante proteger a pele dos raios do sol /* es importante proteger la piel de los rayos de sol. **salvar a pele** salvar la piel / salvar el pellejo.
pe.le-ver.me.lha [pɛliverm′eʎə] *adj* e *s m+f* Piel roja. *Pl:* peles-vermelhas.
pe.li.ca.no [pelik′ʌnu] *sm Zool* Pelícano.

pe.lí.cu.la [pel′ikulə] *sf* Película, filme.
pe.lo [p′elu] *contr prep* por+*art masc* o. Por el.
pe.lo [p′elu] *sm* Pelo, vello, pelusa. *Pl:* pelos.
pe.lo.tão [pelot′ãw] *sm* Pelotón.
pe.lú.cia [pel′usjə] *sf* Peluche, felpa. *a menina ganhou um ursinho de pelúcia no seu aniversário /* a la niña le regalaron un osito de peluche para su cumpleaños.
pe.lu.do [pel′udu] *adj* Peludo.
pe.na[1] [p′enə] *sf* Pluma.
pe.na[2] [p′enə] *sf* **1** Pena, castigo. **2** Lástima, piedad, compasión. **a duras penas** a duras penas. **pena capital** pena capital. **pena de talião** pena del talión. **sob pena de** so pena de. **valer a pena** valer la pena.
pe.nal [pen′aw] *adj m+f* Penal. **direito penal** derecho penal.
pe.na.li.da.de [penalid′adi] *sf* Penalidad.
pê.nal.ti [p′enawti] *sm Esp* Penalti, penal. *quando o árbitro apitou o pênalti a torcida gritou enfurecida /* cuando el árbitro decretó el penalti la hinchada gritó furiosa.
pen.ca [p′ẽkə] *sf* **1** Racimo. *uma penca de bananas /* un racimo de plátanos. **2** Manojo. **em penca** a manojos.
pen.den.te [pẽd′ẽti] *adj m+f* Pendiente.
Em espanhol, **pendiente** usa-se também como "pingente" e como "brinco": *os brincos de esmeralda brilhavam em suas orelhas /* los pendientes de esmeralda brillaban en sus orejas.
Significa também "declive, descida, ladeira": *é muito perigoso dirigir numa descida em dia de chuva /* es muy peligroso conducir por una pendiente en un día de lluvia.
pen.der [pẽd′er] *vi+vti+vtd+vpr* **1** Pender. *vti* **2** Propender, tender.
pên.du.lo [p′ẽdulu] *sm* Péndulo.
pen.du.ra.do [pẽdur′adu] *sm* Colgado.
pen.du.rar [pẽdur′ar] *vtd+vti+vpr* Colgar.
pe.nei.ra [pen′ejrə] *sf* Tamiz, cedazo.
pe.ne.tra [pen′ɛtrə] *s m+f Am coloq* Paracaidista. *entramos de penetras na festa /* entramos de paracaidistas en la fiesta.

pe.ne.tran.te [penetr'ãti] *adj m+f* Penetrante.
pe.ne.trar [penetr'ar] *vtd+vti+vpr* Penetrar.
pe.nhas.co [peñ'asku] *sm* Peñasco.
pe.nhor [peñ'or] *sm* **1** Prenda. **2** *fig* Garantía, aval.
pe.nho.ra [peñ'ɔrə] *sf Dir* **1** Embargo. **2** Empeño.
pe.nho.rar [peñor'ar] *vtd+vti* **1** Empeñar. **2** Embargar.
pe.ni.co [pen'iku] *sm coloq* Chata, bacín, orinal, bacinilla. *meu filhinho está aprendendo a fazer xixi no penico* / *mi hijito está aprendiendo a hacer pis en la bacinilla.*
pe.nín.su.la [pen'ĩsulə] *sf Geogr* Península.
pê.nis [p'enis] *sm sing+pl Anat* Pene.
pe.ni.tên.cia [penit'ẽsjə] *sf* Penitencia.
pe.ni.ten.ci.á.ria [penitẽsi'arjə] *sf* Penitenciaría.
pe.no.so [pen'ozu] *adj* Penoso. *Pl: penosos (ó).*
pen.sa.men.to [pẽsam'ẽtu] *sm* Pensamiento.
pen.são [pẽs'ãw] *sf* Pensión: a) jubilación, retiro, renta. b) hospedaje, pupilaje, fonda.
pen.sar [pẽs'ar] *vi+vti+vtd* Pensar. • *sm* Pensamiento, opinión.
pen.sa.ti.vo [pẽsat'ivu] *adj* Pensativo, meditabundo.
pên.sil [p'ẽsiw] *adj m+f* Pensil, pénsil, colgante, pendiente. **ponte pênsil** puente colgante. *Pl: pênseis.*
pen.si.o.nis.ta [pẽsjon'istə] *s m+f* Pensionista.
pen.tá.go.no [pẽt'agonu] *sm Geom* Pentágono.
pen.ta.gra.ma [pẽtagr'ʌmə] *sm Mús* Pentagrama.
pen.te [p'ẽti] *sm* Peine.
pen.te.a.dei.ra [pẽtead'ejrə] *sf* Tocador. *ela guarda seus perfumes na penteadeira* / *ella guarda sus perfumes en el tocador.*
pen.te.a.do [pẽte'adu] *adj+sm* Peinado.
pen.te.ar [pẽte'ar] *vtd+vpr* Peinar.
pe.nu.gem [pen'uʒẽj] *sf* Pelusa.

pe.núl.ti.mo [pen'uwtimu] *adj* Penúltimo.
pe.num.bra [pen'ũbrə] *sf* Penumbra, media luz.
pe.nú.ria [pen'urjə] *sf* Penuria, escasez, pobreza, miseria.
pe.pi.no [pep'inu] *sm Bot* Pepino.
pe.que.no [pek'enu] *adj* Pequeño. Veja nota em **mayor**.
pe.ra [p'erə] *sf Bot* Pera.
Em espanhol, especificamente na Argentina, Chile e Uruguai, **pera** também significa "queixo": *ao cair, bateu o queixo* / *al caerse, se pegó en la pera.*
pe.ral.ta [per'awtə] *s m+f* Travieso.
pe.ram.bu.lar [perãbul'ar] *vi* Deambular. *ligamos para a polícia quando vimos um desconhecido perambulando na nossa rua* / *llamamos a la policía cuando vimos a un desconocido deambulando en nuestra calle.*
pe.ran.te [per'ãti] *prep* Ante, delante de.
pé-ra.pa.do [pɛɾap'adu] *sm* Pobretón. *Pl: pés-rapados.*
per.cal.ço [perk'awsu] *m* Percance.
per.ce.ber [perseb'er] *vtd* Percibir.
per.cen.ta.gem [persẽt'aʒẽj] *sf* Porcentaje. Veja nota em **abordaje**.
per.cep.ção [perseps'ãw] *sf* Percepción.
per.ce.ve.jo [persev'eʒu] *sm* **1** *Zool* Chinche. **2** Tachuela, chincheta, chinche.
per.cor.rer [perkoř'er] *vtd* Recorrer.
per.cur.so [perk'ursu] *sm* Recorrido. *o percurso no caminho da vida reserva muitas surpresas* / *el recorrido por el camino de la vida reserva muchas sorpresas.*
per.cus.são [perkus'ãw] *sf* Percusión.
per.da [p'erdə] *sf* Pérdida. **perdas e danos** daños y perjuicios.
per.dão [perd'ãw] *sm* Perdón. *saber pedir perdão é uma demonstração de grandeza* / *saber pedir perdón es una demostración de grandeza.*
per.de.dor [perded'or] *sm* Perdedor.
per.der [perd'er] *vtd+vti+vi+vpr* Perder.
per.di.ção [perdis'ãw] *sf* Perdición.
per.di.do [perd'idu] *sm* Perdido.
per.do.ar [perdo'ar] *vtd+vti+vi+vpr* Perdonar.

pe.re.cer [peres'er] *vi* Perecer, acabar, fenecer.

pe.re.cí.vel [peres'ivew] *adj m+f* Perecedero, perecible. *devemos tomar cuidado na hora de comprar alimentos perecíveis* / debemos tomar cuidado a la hora de comprar alimentos perecederos.

pe.re.gri.na.ção [peregrinas'ãw] *sf* Peregrinación.

pe.re.gri.no [peregr'inu] *adj+sm* Peregrino.

pe.re.ne [per'eni] *adj m+f* Perenne.

per.fei.ção [perfejs'ãw] *sf* Perfección.

per.fei.to [perf'ejtu] *adj* Perfecto.

pér.fi.do [p'ɛrfidu] *adj* Pérfido, desleal, infiel, traidor.

per.fil [perf'iw] *sm* Perfil. **de perfil** de perfil. *Pl: perfis.*

per.fu.ma.do [perfum'adu] *adj* Perfumado, fragante, oloroso, aromático.

per.fu.mar [perfum'ar] *vtd+vpr* Perfumar.

per.fu.me [perf'umi] *sm* Perfume.

per.fu.rar [perfur'ar] *vtd* Perforar, horadar, taladrar.

per.gun.ta [perg'ũtə] *sf* Pregunta. *as perguntas da prova eram muito fáceis* / las preguntas de la prueba eran muy fáciles.

per.gun.tar [pergũt'ar] *vtd+vti+vi+vpr* Preguntar.

pe.rí.cia [per'isjə] *sf* Pericia.

pe.ri.fe.ri.a [perifer'iə] *sf* Periferia.

pe.ri.go [per'igu] *sm* Peligro. **correr perigo** correr peligro.

pe.ri.go.so [perig'ozu] *adj* Peligroso. *dirigir com sono é muito perigoso* / conducir con sueño es muy peligroso. *Pl: perigosos (ó).*

pe.rí.me.tro [per'imetru] *sm* Perímetro.

pe.ri.ó.di.co [peri'ɔdiku] *adj* Periódico. • *sm* Diario, periódico.

pe.rí.o.do [per'iodu] *sm* Período, periodo.

pe.ri.pé.cia [perip'ɛsjə] *sf* Peripecia.

pe.ri.qui.to [perik'itu] *sm Zool* Periquito, perico.

pe.ri.to [per'itu] *adj+sm* Perito.

per.ma.ne.cer [permanes'er] *vti+vi* Permanecer.

per.ma.nen.te [perman'ẽti] *adj m+f* e *sf* Permanente. *a permanente deixa o cabelo ondulado* / la permanente deja el pelo ondulado.

per.mis.são [permis'ãw] *sf* Permisión, permiso.

per.mis.si.vo [permis'ivu] *adj* Permisivo, tolerante.

per.mi.tir [permit'ir] *vtd+vti+vpr* Permitir.

per.mu.ta [perm'utə] *sf* Permuta, permutación, cambio.

per.mu.tá.vel [permut'avew] *adj m+f* Permutable.

per.na [p'ɛrnə] *sf Anat* Pierna. **estirar as pernas** estirar las piernas.

per.ne.ta [pern'etə] *s m+f* Cojo.

per.nil [pern'iw] *sm* Pernil. *Pl: pernis.*

per.ni.lon.go [pernil'õgu] *sm Zool* Mosquito, zancudo. *a praia era linda, mas havia muitos pernilongos* / la playa era linda, pero habían muchos mosquitos.

per.noi.tar [pernojt'ar] *vint vi* Pernoctar.

pé.ro.la [p'ɛrolə] *sf* e *adj m+f* Perla.

per.pen.di.cu.lar [perpẽdikul'ar] *adj m+f* e *sf Geom* Perpendicular.

per.pé.tuo [perp'ɛtwu] *adj* Perpetuo.

per.ple.xo [perpl'ɛksu] *adj* Perplejo, dudoso, incierto, irresoluto, confuso.

pers.cru.tar [perskrut'ar] *vtd+vi* Escrutar, escudriñar.

per.se.gui.ção [persegis'ãw] *sm* Persecución.

per.se.guir [perseg'ir] *vtd* Perseguir.

per.se.ve.ran.ça [persever'ãsə] *sf* Perseverancia.

per.se.ve.rar [persever'ar] *vti+vi* Perseverar.

per.si.a.na [persi'∧nə] *sf* Persiana.

per.sis.tên.cia [persist'ẽsjə] *sf* Persistencia.

per.sis.ten.te [persist'ẽti] *adj m+f* Persistente.

per.so.na.gem [person'aʒẽj] *s m+f* Personaje. Veja nota em **abordaje**.

per.so.na.li.da.de [personalid'adi] *sf* Personalidad.

pers.pec.ti.va [perspekt'ivə] *sf* Perspectiva.

pers.pi.cá.cia [perspik'asjə] *sf* Perspicacia.

pers.pi.caz [perspik'as] *adj m+f* Perspicaz.

per.su.a.dir [perswad'ir] *vtd+vti+vi+vpr* Persuadir.

per.ten.cer [pertẽs'er] *vti* Pertenecer.

per.to [p'ɛrtu] *adv* e *adj m+f* Cerca. *o Rio de Janeiro fica perto de Búzios* / Río de Janeiro queda cerca de Búzios. **de perto** de cerca. **perto de** cerca de.

per.tur.ba.ção [perturbas'ãw] *sf* Perturbación.

per.tur.ba.do [perturb'adu] *adj* Perturbado.

per.tur.ba.dor [perturbad'or] *adj+sm* Perturbador.

per.tur.bar [perturb'ar] *vtd+vi+vpr* Perturbar.

pe.ru [per'u] *sm Zool* Pavo.

pe.ru.a.no [peru'∧nu] *adj+sm* Peruano.

pe.ru.ca [per'ukə] *sf* Peluca. *a atriz usava uma peruca loira para representar sua personagem* / la actriz usaba una peluca rubia para interpretar su personaje.

per.ver.são [pervers'ãw] *sf* Perversión.

per.ver.si.da.de [perversid'adi] *sf* Perversidad.

per.ver.so [perv'ɛrsu] *adj+sm* Perverso.

per.ver.ter [pervert'er] *vtd+vpr* Pervertir.

pe.sa.de.lo [pezad'elu] *sm* Pesadilla.

pe.sa.do [pez'adu] *adj* Pesado.

pê.sa.mes [p'ezamis] *sm pl* Pésame.

pe.sar [pez'ar] *vtd+vti+vi+vpr* Pesar. • *sm* Pesar. **apesar dos pesares** a pesar de los pesares.

pes.ca [p'ɛskə] *sf* Pesca.

pes.ca.dor [peskad'or] *adj+sm* Pescador.

pes.car [pesk'ar] *vtd+vi* Pescar.

> Em espanhol, em linguagem coloquial, **pescar** significa também "pegar, contrair uma enfermidade": *se não se agasalhar, você vai pegar um resfriado* / si no te abrigas, te vas a pescar un resfriado.

pes.co.ço [pesk'osu] *sm Anat* Cuello. *o torcicolo provoca muita dor no pescoço* / la tortícolis provoca mucho dolor en el cuello.

pe.so [p'ezu] *sm* Peso. **peso atômico** peso atómico. **peso específico** peso específico. **peso molecular** peso molecular. **peso morto** peso muerto. **a peso de ouro** a peso de oro. **de peso** de peso. **em peso** en masa.

pes.qui.sa [pesk'izə] *sf* **1** Investigación, averiguación, pesquisa, indagación. **2** Encuesta. *segundo as pesquisas dos jornais, os candidatos estão empatados* / según las encuestas de los periódicos los candidatos están empatados.

pes.qui.sa.dor [peskizad'or] *adj+sm* Investigador.

pes.qui.sar [peskiz'ar] *vtd+vi* Investigar, averiguar, indagar.

pês.se.go [p'esegu] *sm Bot* **1** Melocotón. **2** *AL* Durazno.

pes.se.guei.ro [peseg'ejru] *sm Bot* **1** Melocotonero, duraznero. **2** *Am* Durazno.

pes.si.mis.mo [pesim'izmu] *sm* Pesimismo.

pes.si.mis.ta [pesim'istə] *adj* e *s m+f* Pesimista.

pés.si.mo [p'ɛsimu] *adj* Pésimo.

pes.so.a [pes'oə] *sf* Persona. **pessoa física** persona física. **pessoa jurídica** persona jurídica.

pes.so.al [peso'aw] *adj m+f* e *sm* Personal.

pes.ta.na [pest'∧nə] *sf* Pestaña. **queimar as pestanas** quemarse las pestañas.

pes.te [p'ɛsti] *sf* Peste. **peste bubônica** peste bubónica, peste levantina.

pes.ti.ci.da [pestis'idə] *adj m+f* e *sm* Pesticida.

pé.ta.la [p'ɛtalə] *sf Bot* Pétalo.

pe.ti.ção [petis'ãw] *sf* Petición.

pe.tis.co [pet'isku] *sm* Aperitivo, manjar, exquisitez.

pe.tro.lei.ro [petrol'ejru] *adj+sm* Petrolero.

pe.tró.leo [petr'ɔlju] *sm* Petróleo.

pi.a [p'iə] *sf* **1** Pila. **2** Lavatorio, lavamanos. **3** Fregadero, lavaplatos. *há uma pilha de pratos sujos na pia da cozinha* / hay una pila de platos sucios en el fregadero. **pia batismal** pila bautismal.

pi.a.da [pi'adə] *sf* Chiste. *meus amigos gostam de contar piadas* / a mis amigos les gusta contar chistes.

pi.a.nis.ta [pjan'istə] *s m+f* Pianista.

pi.a.no [pi'∧nu] *sm Mús* Piano.

pi.ão [pi'ãw] *sm* Peonza, peón, trompo. Em espanhol, **peón** significa também "peão", tanto o trabalhador rural quanto o servente de obra. Corresponde também ao "peão, peça do jogo de xadrez": *o peão é a peça de menor valor no jogo de xadrez* / *el peón es la pieza de menor valor en el juego del ajedrez*.

pi.ar [pi'ar] *vi* Piar.
pi.ca.da [pik'adə] *sf* Picadura.
pi.ca.dei.ro [pikad'ejru] *sm* Picadero.
pi.ca.di.nho [pikad'iñu] *sm Cul* Picadillo.
pi.can.te [pik'ãti] *adj m+f* e *sm* Picante.
pi.ca-pau [pikəp'aw] *sm Zool* Pájaro carpintero. *Pl: pica-paus*.
pi.car [pik'ar] *vtd+vi+vpr* Picar, pinchar.
pi.ca.re.ta [pikar'etə] *adj* e *s m+f* Embustero.
pi.ca.re.ta.gem [pikaret'aʒẽj] *sf* Embuste.
pi.char [piʃ'ar] *vtd+vint* Escribir pintadas, pintarrajear.
pi.che [p'iʃe] *sm* Pez, brea.
pi.cles [p'iklis] *sm pl* Encurtidos.
pi.co [p'iku] *sm* **1** Pico. **2** Cumbre. *o pico do Everest é o mais alto do mundo* / *la cumbre del Everest es la más alta del mundo*.

Em espanhol, **pico** significa também "bico (das aves)": *as aves levam comida no bico para os filhotes* / *las aves les llevan comida en el pico a sus bebés*.

pi.co.lé [pikol'ɛ] *sm* **1** Polo, (helado de) palito, helado. **2** *Am Cen* Paleta.
pi.e.da.de [pjed'adi] *sf* Piedad.
pi.e.do.so [pjed'ozu] *adj* Piadoso. *Pl: piedosos (ó)*.
pi.e.gas [pi'ɛgas] *adj* e *s m+f sing+pl* Sensiblero.
pi.ja.ma [piʒ'ʌmə] *sm* **1** Pijama. **2** *AL* Piyama.
pi.lan.tra [pil'ãtrə] *adj* e *s m+f* Pícaro, astuto, taimado, pillo.
pi.lão [pil'ãw] *sm* Pilón.
pi.lar [pil'ar] *sm* Pilar.
pi.le.que [pil'ɛki] *sm* Borrachera, mona.
pi.lha [p'iλə] *sf* Pila. **pilha atômica** pila atómica.

pi.lo.tar [pilot'ar] *vtd+vi* Pilotar, pilotear.
pi.lo.to [pil'otu] *sm* Piloto. **piloto automático** piloto automático.
pí.lu.la [p'ilulə] *sf* Píldora. **dourar a pílula** dorar la píldora. **engolir a pílula** tragarse la píldora.
pi.men.ta [pim'ẽtə] *sf* Pimienta.
pi.men.tão [pimẽt'ãw] *sm Bot* Pimiento, ají, pimentón.
pin.ça [p'ĩsə] *sf* Pinza.
pin.cel [pĩs'ɛw] *sm* Pincel.
pin.ga [p'ĩgə] *sf* Aguardiente.
pin.gar [pĩg'ar] *vtd+vi* Gotear. *não conseguí dormir ontem à noite, a torneira do banheiro pingava sem parar* / *no conseguí dormir anoche, el grifo del baño goteaba sin parar*.
pin.gen.te [pĩʒ'ẽti] *sm* Pendiente, colgante. Veja nota em **pendente** (português).
pin.go [p'ĩgu] *sm* **1** Gota. *choveu muito pouco ontem, só caíram uns pingos* / *llovió muy poco ayer, sólo cayeron cuatro gotas*. **2** *coloq* Pizca. **pôr os pingos nos is** poner los puntos sobre las íes.
pin.gue-pon.gue [pĩgip'õgi] *sm* Ping-pong, tenis de mesa. *Pl: pingue-pongues*.
pin.guim [pĩg'wĩ] *sm Zool* Pingüino.
pi.nhão [piñ'ãw] *sm Bot* Piñón.
pinheiro [piñ'ejru] *sm Bot* Pino.
pi.nho [p'iñu] *sm* Pino.
pi.no [p'inu] *sm* Pasador.
pi.no.te [pin'ɔti] *sm* Cabriola.
pin.ta [p'ĩtə] *sf* **1** Lunar. **2** *coloq* Pinta. **conhecer pela pinta** sacar por la pinta. Veja nota em **lunar** (português).
pin.tar [pĩt'ar] *vtd+vi+vpr* Pintar.
pin.tas.sil.go [pĩtas'ilgu] *sm* Jilguero.
pin.ti.nho [pĩt'iñu] *sm* Pollito.
pin.to [p'ĩtu] *sm Zool* **1** Pollo. **2** *vulg* Pene.
pin.tor [pĩt'or] *sm* Pintor.
pin.tu.ra [pĩt'urə] *sm* Pintura. **pintura a óleo** pintura al óleo. **pintura rupestre** pintura rupestre.

Em espanhol, **pintura** significa também "tinta": *já compramos a tinta para pintar a casa* / *ya compramos la pintura para pintar la casa*.

pi.o.lho [pi'oλu] *sm Zool* Piojo.

pioneiro 663 **plantão**

pi.o.nei.ro [pjon'ejru] *sm+adj* Pionero.
pi.or [pi'ɔr] *adj m+f* e *sm* e *adv* Peor. *a qualidade do ar é cada vez pior* / la calidad del aire es cada vez peor.
pi.o.ra [pi'ɔrə] *sf* Empeoramiento. *os maus hábitos alimentares têm provocado uma piora da qualidade de vida* / los malos hábitos alimenticios han provocado un empeoramiento de la calidad de vida.
pi.o.rar [pjor'ar] *vtd+vi* Empeorar.
pi.pa [p'ipə] *sf* **1** Tonel, barril, pipa. **2** Cometa, pájara. **3** *Arg* Barrilete. **4** *Am Cen, Chile* Volantín.

Em espanhol, **pipa** significa também "cachimbo": *os índios norte-americanos em certas cerimônias fumam o cachimbo da paz* / los indios norteamericanos en ciertas ceremonias fuman la pipa de la paz.

pi.po.ca [pip'ɔkə] *sf* Palomitas de maíz, rosetas.
pi.que [p'iki] *sm* Entusiasmo, ganas.
pi.que.ni.que [piken'iki] *sm* Picnic.
pi.que.te [pik'eti] *sm* Piquete.
pi.ra.do [pir'adu] *adj* Loco.
pi.râ.mi.de [pir'ʌmidi] *sf* Pirámide.
pi.ra.nha [pir'ʌɲə] *sf Zool* Piraña.
pi.rar [pir'ar] *vi coloq* Trastornarse, enloquecer.
pi.ra.ta [pir'atə] *adj m+f* e *sm* Pirata.
pi.res [p'iris] *sm sing+pl* Platillo.
pir.ra.lho [pir̃'aλu] *sm* **1** Chaval, chiquillo. **2** *Am Cen* Chavo.
pi.ru.e.ta [piru'etə] *sf* Pirueta.
pi.ru.li.to [pirul'itu] *sm* Pirulí.
pi.sa.da [piz'adə] *sf* **1** Huella, vestigio, rastro. **2** Pisa.
pi.sar [piz'ar] *vtd+vi+vti* Pisar.
pis.ca.de.la [piskad'ɛlə] *sf* Guiño.
pis.ca-pis.ca [piskəp'iskə] *sm* Intermitente (luz). *Pl: piscas-piscas, pisca-piscas.*
pis.car [pisk'ar] *vtd+vti+vi* Pestañear, parpadear. • *sm* Pestañeo, parpadeo. **num piscar de olhos** en un abrir y cerrar de ojos.
pis.ci.na [pis'inə] *sf* **1** Piscina. **2** *Arg, Bol, Ur* Pileta.
pi.so [p'izu] *sm* Piso, suelo.
pis.ta [p'istə] *sf* Pista.
pis.to.la [pist'ɔlə] *sf* Pistola.
pis.to.lei.ro [pistol'ejru] *sm* Pistolero.

pi.ta.da [pit'adə] *sf* Pizca. *uma pitada de pimenta na comida é o suficiente* / una pizca de pimienta en la comida es suficiente.

Em espanhol, **pitada** quer dizer "apito, som agudo provocado por um apito": *o apito do árbitro decretou o fim da partida de futebol* / la pitada del árbitro decretó el final del partido de fútbol.

pi.tar [pit'ar] *vtd* Pitar, zumbar, sonar.
pi.tei.ra[1] [pit'ejrə] *sf Bot* Pita.
pi.tei.ra[2] [pit'ejrə] *sf* Boquilla.
pi.to.res.co [pitor'esku] *adj* Pintoresco. *Ushuaia é uma cidade pitoresca* / Ushuaia es una ciudad pintoresca.
pizza [p'itsə] *sf Cul* Pizza.
pizzaria [pitsar'iə] *sf* Pizzería.
pla.ca [p'lakə] *sf* **1** Placa. **2** Matrícula (de automóviles), patente.
plá.gio [pl'aʒju] *sm* Plagio.
plai.na [pl'ʌjnə] *sf* Cepillo (de carpintero).
pla.na.dor [planad'or] *sm* Planeador.
pla.nal.to [plan'awtu] *sm Geogr* Altiplanicie, altiplano, meseta.
pla.nar [plan'ar] *vi* Planear.
pla.ne.ja.men.to [planeʒam'ẽtu] *sm* Planificación.
pla.ne.jar [planeʒ'ar] *vtd* Planificar, planear, proyectar.
pla.ne.ta [plan'etə] *sm Astron* Planeta.
pla.ní.cie [plan'isji] *sf* Planicie, llanura, llano.
pla.no [pl'ʌnu] *adj* Plano, llano, liso. • *sm* **1** Plano. *o arquiteto entregou o plano da casa* / el arquitecto entregó el plano de la casa. **2** Plan, intención, proyecto. *o plano do casal é ter cinco filhos* / el plan de la pareja es tener cinco hijos. Veja nota em **plano** (espanhol).
plan.ta [pl'ãtə] *sf* Planta: a) *Bot* vegetal. b) *Anat* parte inferior del pie. c) *Arquit* figura de un edificio.

Em espanhol, **planta** significa também "usina" (destinada à produção de energia): *usina hidrelétrica* / planta hidroeléctrica.

plan.ta.ção [plãtas'ãw] *sf* Plantación.
plan.tão [plãt'ãw] *sm* Guardia, turno.

plan.tar [plãt'ar] *vtd+vi+vpr* Plantar.
plan.tio [plãt'iu] *sm* Siembra.
plás.ti.ca [pl'astikə] *sf* **1** Plástica. **2** Plástica (cirugía).
plás.ti.co [pl'astiku] *adj+sm* Plástico.
pla.ta.for.ma [plataf'ɔrmə] *sf* Plataforma. **plataforma continental** plataforma continental.
pla.tei.a [plat'ɛjə] *sf* Platea. *a plateia ovacionou o cantor* / la platea ovacionó al cantante.
pla.ti.na [plat'inə] *sf Quím* Platino.
pla.tô.ni.co [plat'oniku] *adj+sm* Platónico. **amor platônico** amor platónico.
ple.beu [pleb'ew] *adj+sm* Plebeyo.
ple.bis.ci.to [plebis'itu] *sm* Plebiscito.
ple.na.men.te [plenam'ẽti] *adv* Plenamente, completamente, enteramente.
ple.ni.tu.de [plenit'udi] *sf* Plenitud.
ple.no [pl'enu] *adj+sm* Pleno.
plu.gar [plug'ar] *vtd* Enchufar, conectar.
plu.gue [pl'ugi] *sm* Enchufe, triple. Veja nota em **benjamín** (espanhol).
plu.ma [pl'umə] *sf* Pluma.
plu.ma.gem [plum'aʒẽj] *sf* Plumaje. *a plumagem do pavão é muito colorida* / el plumaje del pavo real es muy colorido. Veja nota em **abordaje**.
plu.ral [plur'aw] *adj m+f* e *sm Gram* Plural. **plural majestático** plural majestático.
plu.tô.nio [plut'onju] *sm Quím* Plutonio.
pneu [pn'ew] *sm* Neumático.
pneu.mo.ni.a [pnewmon'iə] *sf Med* Neumonía, pulmonía.
pó [p'ɔ] *sm* Polvo. *quando voltamos de férias encontramos a casa cheia de pó* / cuando volvimos de vacaciones encontramos la casa llena de polvo.
po.bre [p'ɔbri] *adj* e *s m+f* Pobre. Veja nota em **pelado** (português).
po.bre.za [pobr'ezə] *sf* Pobreza.
po.ça [p'ɔsə] *sf* Poza, charco. *depois da chuva a minha rua fica cheia de poças* / después de la lluvia mi calle queda llena de pozas.
po.cil.ga [pos'iwgə] *sf* Pocilga. *Francisco tem ares de príncipe, porém mora numa pocilga* / Francisco tiene aires de príncipe pero vive en una pocilga.

po.ço [p'osu] *sm* Pozo. **poço artesiano** pozo artesiano. *Pl: poços (ó).*
po.dar [pod'ar] *vtd* Podar.
po.der [pod'er] *vtd+vi+vti* Poder. • *sm* Poder. **poder aquisitivo** poder adquisitivo. **poder espiritual** poder espiritual. **poder executivo** poder ejecutivo. **poder judiciário** poder judicial. **poder legislativo** poder legislativo. **poder moderador** poder moderador. **poder público** poderes públicos. **poder temporal** poder temporal.
Em espanhol, **poder** tem sentido também de "procuração", isto é, o documento em que consta a autorização dada a outrem por alguém para tratar de negócio(s) em seu nome.
po.de.ro.so [poder'ozu] *adj* Poderoso. *Pl: poderosos (ó).*
po.dre [p'odri] *adj m+f* Podrido, putrefacto, pútrido.
po.dri.dão [podrid'ãw] *sf* Podredumbre.
po.ei.ra [po'ejrə] *sf* Polvareda. **fazer poeira** armar una polvareda / levantar una polvareda / mover una polvareda.
po.e.ma [po'emə] *sm* Poema. **poema sinfônico** poema sinfónico.
po.en.te [po'ẽti] *sm* **1** Poniente. **2** Oeste.
po.e.si.a [poez'iə] *sf* Poesía.
po.e.ta [po'etə] *sm* Poeta.
po.é.ti.co [po'etiku] *adj* Poético. **licença poética** licencia poética.
pois [p'ojs] *conj* Pues.
po.lar [pol'ar] *adj m+f* Polar.
po.le.ga.da [poleg'adə] *sf* Pulgada.
po.le.gar [poleg'ar] *sm* Pulgar.
po.lei.ro [pol'ejru] *sm* Palo de gallinero.
po.lê.mi.ca [pol'emikə] *sf* Polémica.
po.lê.mi.co [pol'emiku] *adj* Polémico.
pó.len [p'ɔlẽj] *sm Bot* Polen. *Pl: polens.*
po.lí.cia [pol'isjə] *sf* Policía. *a polícia mantém a ordem nas cidades* / la policía mantiene el orden en las ciudades.
po.li.ci.al [polisi'aw] *adj m+f* Policial, policíaco. *hoje à noite vamos assistir a um filme policial* / hoy por la noche vamos a ver una película policíaca • *s m+f* Policía. *o policial deteve o ladrão* / el policía detuvo al ladrón.
po.li.ci.a.men.to [polisjam'ẽtu] *sm* Vigilancia policíaca.

po.li.do [pol'idu] *adj* **1** Pulido. **2** Cortés, atento, comedido, afable, urbano.
po.li.ga.mi.a [poligami'ɐ] *sf* Poligamia.
po.li.glo.ta [poligl'ɔtə] *adj* e *s m+f* Políglota.
po.lí.go.no [pol'igonu] *sm Geom* Polígono.
po.li.o.mi.e.li.te [poljomjel'iti] *sf Med* Poliomelitis.
po.lir [pol'ir] *vtd+vpr* Pulir.
po.lí.ti.ca [pol'itikə] *sf* Política.
po.li.ti.ca.gem [politik'aʒẽj] *sf* Politiquería. *a politicagem prejudica o país* / la politiquería perjudica el país.
po.lí.ti.co [pol'itiku] *adj+sm* Político.
po.li.ti.zar [politiz'ar] *vtd+vpr* Politizar.
po.lo¹ [pit'ejrə] *sm Geogr* Polo. **polo Antártico** polo Antártico. **polo Ártico** polo Ártico. **polo magnético** polo magnético. **polo negativo** polo negativo. **polo Norte** polo Norte. **polo positivo** polo positivo. **polo Sul** polo Sur.
po.lo² [pit'ejrə] *sm Esp* Polo.
pol.pa [p'owpə] *sf* Pulpa.
pol.tro.na [powtr'onə] *sf* **1** Sillón. *meu avô gostava de sentar para ler na sua poltrona favorita* / a mi abuelo le gustaba sentarse a leer en su sillón favorito. **2** *Teat* Butaca.
po.lu.i.ção [polwis'ãw] *sf* Contaminación, polución.
po.lu.ir [polu'ir] *vtd+vpr* Contaminar.
pol.vi.lhar [powviʎ'ar] *vtd+vti* Espolvorear.
pol.vo [p'owvu] *sm Zool* Pulpo.
pól.vo.ra [p'ɔwvorə] *sf* Pólvora.
po.ma.da [pom'adə] *sf* Pomada.
po.mar [pom'ar] *sm* Pomar, huerta.
pom.ba [p'õbə] *sf Zool* Paloma. *a pomba branca é o símbolo da paz* / la paloma blanca es el símbolo de la paz.
pom.bo-cor.rei.o [põbukoř'eju] *sm Zool* Paloma mensajera. *Pl: pombos-correios, pombos-correio.*
po.mo [p'omu] *sm Bot* Pomo. **pomo de adão** nuez, bocado de Adán, manzana de Adán.

Em espanhol, **pomo** significa também "puxador" e "maçaneta" (de forma mais ou menos esférica): para abrir a porta, você tem de girar a maçaneta / *para abrir la puerta tienes que girar el pomo.*

pom.pa [p'õpə] *sf* Pompa.
pon.che [p'õʃi] *sm* Ponche.
pon.cho [p'õʃu] *sm* Poncho.
pon.de.rar [põder'ar] *vtd+vti* Ponderar.
pon.ta [p'õtə] *sf* Punta. **de ponta a ponta** de punta a cabo / de cabo a cabo.
pon.ta.da [põt'adə] *sf* Punzada, puntada. *o ferido sentiu uma pontada de dor antes de desmaiar* / el herido sintió una puntada de dolor antes de desmayarse.
pon.ta.pé [põtap'ɛ] *sm* Puntapié.
pon.ta.ri.a [põtar'iɐ] *sf* Puntería. **fazer pontaria** dirigir la puntería / poner la puntería.
pon.te [p'õti] *sf* Puente. **ponte aérea** puente aéreo. **ponte levadiça** puente levadizo. **ponte pênsil** puente colgante.
pon.tei.ro [põt'ejru] *sm* **1** Puntero. **2** Manecilla, aguja (del reloj).
pon.ti.a.gu.do [põtjag'udu] *adj* Puntiagudo.
pon.tí.fi.ce [põt'ifisi] *sm* Pontífice.
pon.to [p'õtu] *sm* Punto. **a ponto de** a punto de. **em ponto** en punto. **em ponto de bala** a punto de caramelo. **não dar ponto sem nó** no dar puntada sin hilo / no dar puntada sin nudo. **ponto cardeal** punto cardinal. **ponto central** punto céntrico. **ponto crítico** punto crítico. **ponto de apoio** punto de apoyo. **ponto de honra** punto de honra. **ponto de interrogação** punto interrogante / interrogación. **ponto de referência** punto de referencia. **ponto de vista** punto de vista. **ponto final** punto final. **ponto fixo** punto fijo. **ponto fraco** punto débil. **ponto morto** punto muerto. **pontos de reticências** puntos suspensivos. **pôr os pontos nos is** poner los puntos sobre las íes.
pon.tu.a.ção [põtwas'ãw] *sf* Puntuación.
pon.tu.al [põtu'aw] *adj m+f* Puntual. *meu chefe é um homem pontual, jamais chega atrasado* / mi jefe es un hombre puntual, jamás llega atrasado.
pon.tu.do [põt'udu] *adj* Puntiagudo.
po.pa [p'ɔpə] *sf* Popa.
po.pu.la.ção [populas'ãw] *sf* Población.

po.pu.lar [popul'ar] *adj m+f* Popular.

po.pu.lo.so [popul'ozu] *adj* Populoso. *nos bairros populosos há maior risco de tráfico de drogas* / en los barrios populosos hay mayor riesgo de tráfico de drogas. *Pl: populosos (ó).*

pô.quer [p'ɔker] *sm* Póquer. *Pl: pôqueres.*

por [pur] *prep* Por.

pôr [p'or] *vtd+vti+vi+vpr* Poner. Veja nota em **botar** (espanhol).

po.rão [por'ãw] *sm* **1** Sótano. **2** *Mar* Bodega.

por.ca [p'ɔrkə] *sf* Tuerca.

por.ca.lhão [porkaʎ'ãw] *adj+sm* Inmundo, sucio, cochino, puerco, mugriento.

por.ção [pors'ãw] *sf* Porción.

por.ca.ri.a [porkar'iə] *sf* Porquería.

por.ce.la.na [porsel'ʌnə] *sf* Porcelana.

por.cen.ta.gem [porsẽt'aʒẽj] *sf* Porcentaje. Veja nota em **abordaje**.

por.co [p'orku] *sm Zool* Cerdo, puerco, chancho, marrano, cochino. *Pl: porcos (ó).*

por.co-es.pi.nho [poɾkwẽspĩɲũ] *sm Zool* Puerco espín, puerco espino. *Pl: porcos-espinhos.*

po.rém [por'ẽj] *conj* Sin embargo, pero. • *sm* Pero (defecto u objeción). *o maior porém de morar sozinho é a solidão* / el mayor pero de vivir solo es la soledad.

por.me.nor [pormen'ɔr] *sm* Pormenor, detalle.

por.me.no.ri.zar [pormenoriz'ar] *vtd* Pormenorizar.

por.nô [porn'o] *sf pop* Pornografía.

por.no.gra.fi.a [pornograf'iə] *sf* Pornografía.

por.no.grá.fi.co [pornogr'afiku] *adj* Pornográfico.

po.ro [p'ɔru] *sm Anat* Poro.

po.ro.so [por'ozu] *adj* Poroso. *Pl: porosos (ó).*

por.quan.to [pork'wãtu] *conj* Porque, ya que, puesto que.

por.que [pork'e] *conj* Porque, ya que, puesto que, a causa de. Veja nota em **porque** (espanhol).

por.quê [pork'e] *sm* Porqué, causa, razón, motivo. *o ser humano ainda procura o porquê da vida* / el ser humano todavía busca el porqué de la vida. Veja nota em **porque** (espanhol).

por.qui.nho-da-ín.dia [pork'iɲudə'ĩdʒə] *sm Zool* Cobaya, conejillo de Indias. *Pl: porquinhos-da-índia.*

por.ra.da [poɾ'adə] *sf* Porrazo.

por.re [p'ɔři] *sm pop* Borrachera.

por.ta [p'ɔrtə] *sf* Puerta. **dar com a porta na cara de** dar con la puerta en la cara / dar con la puerta en las narices. **surdo como uma porta** más sordo que una tapia.

por.ta-a.vi.ões [pɔrtəavi'õjs] *sm sing+pl* Portaaviones. *o primeiro porta-aviões do mundo foi o britânico Hermes* / el primer portaaviones del mundo fue el británico Hermes.

por.ta-ba.ga.gem [pɔřtəbag'aʒẽj] *sm* Portaequipaje, portaequipajes. *Pl: porta-bagagens.*

por.ta.dor [portad'or] *adj+sm* Portador.

por.ta-joi.as [pɔrtəʒ'ɔjas] *sm sing+pl* Joyero. *abriu o porta-joias e escolheu os brincos mais valiosos* / abrió el joyero y eligió los pendientes más valiosos.

por.ta-lu.vas [pɔrtəl'uvas] *sm sing+pl* Guantera.

por.ta-ma.las [pɔrtəm'alas] *sm sing+pl* **1** Maletero, portaequipaje, portaequipajes. **2** *AL* Baúl.

por.ta-ní.queis [pɔrtən'ikejs] *sm sing+pl* **1** Monedero, portamonedas. **2** *Bol, Chile* Chauchera.

por.tan.to [port'ãtu] *conj* Por lo tanto, por tanto, por consiguiente, por lo que, por ende, luego.

por.tão [port'ãw] *sm* Portón.

por.tar [port'ar] *vtd* **1** Llevar, traer. *vpr* **2** Portarse, comportarse, conducirse.

por.ta-re.tra.tos [pɔrtəřetr'atus] *sm sing+pl* Portarretrato, portarretratos.

por.ta.ri.a [portar'iə] *sf* **1** Portería. **2** *Dir* Circular.

por.tá.til [port'atiw] *adj m+f* Portatil. *Pl: portáteis.*

por.ta-voz [pɔrtəv'ɔs] *s m+f* Portavoz, vocero. *Pl: porta-vozes.*

por.te [p'ɔrti] *sm* Porte.

por.tei.ro [por'tejru] *sm* Portero. **porteiro eletrônico** portero automático, portero eléctrico.

por.to [p'ortu] *sm* Puerto. *Pl: portos (ó).*

por.to-ri.que.nho [portuȓik'eñu] *adj+sm* Puertorriqueño. *Pl: porto-riquenhos.*

por.tu.guês [portug'es] *adj+sm* Portugués.

por.ven.tu.ra [porvẽt'urə] *adv* Quizá, quizás, acaso, tal vez, por ventura. *se porventura alguém tiver alguma dúvida, procure no dicionário* / si acaso alguien tenga alguna duda, busque en el diccionario.

por.vir [porv'ir] *sm* Porvenir. *o porvir da juventude depende da educação* / el porvenir de la juventud depende de la educación.

po.sar [poz'ar] *vi+vti* Posar.

po.se [p'ozi] *sf* Pose.

pós-es.cri.to [pɔzeskr'itu] *adj+sm* Posdata. *Pl: pós-escritos.*

pós-gra.du.a.ção [pɔzgradwas'ãw] *sf* Posgrado. *Pl: pós-graduações.*

pós-gra.du.a.do [pɔzgradu'adu] *adj+sm* Posgraduado. *Pl: pós-graduados.*

pós-guer.ra [pɔzg'ɛȓə] *sm* Posguerra. *Pl: pós-guerras.*

po.si.ção [pozis'ãw] *sf* Posición.

po.si.ci.o.nar [pozisjon'ar] *vtd* **1** Poner en posición. *vpr* **2** Posicionarse, tomar posición.

po.si.ti.vo [pozit'ivu] *adj* Positivo. • *sm Fot* Positivo.

pós-mo.der.nis.mo [pɔzmodern'izmu] *sm* Posmodernismo. *Pl: pós-modernismos.*

pós-mo.der.nis.ta [pɔzmodern'istə] *adj e s m+f* Posmodernista. *Pl: pós-modernistas.*

pós-mo.der.no [pɔzmod'ɛrnu] *adj* Posmoderno. *Pl: pós-modernos.*

po.so.lo.gi.a [pozoloȝ'iə] *sf Med* Posología.

pos.se [p'ɔsi] *sf* Posesión.

pos.ses.si.vo [poses'ivu] *adj+sm* Posesivo.

pos.ses.so [pos'ɛsu] *adj+sm* Poseso.

pos.si.bi.li.da.de [posibilid'adi] *sf* Posibilidad.

pos.si.bi.li.tar [posibilit'ar] *vtd+vti* Posibilitar.

pos.sí.vel [pos'ivew] *adj m+f e sm* Posible. *vamos fazer o possível para ir no teu aniversário* / vamos a hacer lo posible para ir a tu cumpleaños.

pos.su.i.dor [posujd'or] *adj+sm* Poseedor.

pos.su.ir [posu'ir] *vtd+vpr* Poseer.

pos.ta [p'ɔstə] *sf* Posta, tajada, pedazo (de carne, pescado etc.).

pos.tal [post'aw] *adj m+f* Postal. • *sm* (Tarjeta) Postal.

pos.tar [post'ar] *vtd+vpr* Enviar por correo.

pos.te [p'ɔsti] *sm* Poste.

pôs.ter [p'oster] *sm* Póster. *Pl: pôsteres.*

pos.te.ri.or [posteri'or] *adj m+f* Posterior.

pos.ti.ço [post'isu] *adj* Postizo. *o detetive usava um bigode postiço* / el detective usaba un bigode postizo.

pos.to[1] [p'ostu] *sm* Puesto. *Pl: postos (ó).*

pos.to[2] [p'ostu] *adj* Puesto. *Pl: postos (ó).* • *conj* Aunque.

pos.tu.la.do [postul'adu] *sm* Postulado.

pós.tu.mo [p'ɔstumu] *adj* Póstumo.

pos.tu.ra [post'urə] *sf* Postura.

po.tás.sio [pot'asju] *sm Quím* Potasio.

po.tá.vel [pot'avew] *adj m+f* Potable. *na América Latina 80 milhões de pessoas não têm acesso à água potável* / en América Latina 80 millones de personas no tienen acceso al agua potable.

po.te [p'ɔti] *sm* Tarro, pote, bote.

po.tên.cia [pot'ẽsjə] *sf* Potencia.

po.ten.te [pot'ẽti] *adj m+f* Potente.

po.tro [p'otru] *sm Zool* Potro.

pou.co [p'owku] *pron indef+adv+sm+adj* Poco. **pouco a pouco** poco a poco. **pouco mais ou menos** poco más o menos. **por pouco** por poco.

pou.pan.ça [powp'ãsə] *sf* Ahorro, economías. **caderneta de poupança** libreta de ahorro.

pou.par [powp'ar] *vtd+vpr* Ahorrar, economizar.

pou.qui.nho [powk'iñu] *sm* Poquitito.

pou.sa.da [powz'adə] *sf* Posada, hostería, albergue, mesón, hostal.

pou.sar [powz'ar] *vti+vi+vpr* Posar.

pou.so [p'owzu] *sm* Aterrizaje. *embora chovesse muito, o pouso do avião foi tranquilo* / aunque llovía mucho, el aterrizaje del avión fue tranquilo.

po.vo [p'ovu] *sm* Pueblo. *Pl: povos (ó)*.

po.vo.a.do [povo'adu] *adj+sm* Poblado.

pra [pr'a] *contr prep para* Para. *pra que se preocupar com o futuro?* / ¿para qué preocuparse por el futuro?

pra.ça [pr'asə] *sf* Plaza. **assentar praça** sentar plaza.

pra.do [pr'adu] *sm* Prado.

pra.ga [pr'agə] *sf* Plaga.

pra.gue.jar [pragez'ar] *vi+vti+vtd* Maldecir.

prai.a [pr'ajə] *sf* Playa.

pran.cha [pr'ãʃə] *sf* **1** Tablón. **2** *Esp* Tabla (de surf).

pran.che.ta [prãʃ'etə] *sf* Plancheta.

pran.to [pr'ãtu] *sm* Llanto. **debulhar-se em pranto** anegarse en llanto / llorar a lágrima viva.

pra.ta [pr'atə] *sf* Plata.

pra.ta.ri.a [pratar'iə] *sf* Platería.

pra.te.a.do [prate'adu] *adj+sm* Plateado.

pra.te.lei.ra [pratel'ejra] *sf* Anaquel, estante, repisa.

prá.ti.ca [pr'atikə] *sf* Práctica.

Em espanhol, **práctica** também quer dizer "estágio": *antes de formar-me tive de fazer estágios* / antes de graduarme tuve que hacer prácticas.

pra.ti.can.te [pratik'ãti] *adj* e *s m+f* Practicante.

pra.ti.car [pratik'ar] *vtd+vti+vi* Practicar.

prá.ti.co [pr'atiku] *adj* Práctico.

pra.to [pr'atu] *sm* Plato. **pôr em pratos limpos** sacar en claro / sacar en limpio.

pra.xe [pr'aʃi] *sf* Práctica, costumbre. *o médico fez as perguntas de praxe* / el médico hizo las preguntas de costumbre.

pra.zer [praz'er] *vti* Placer, agradar, dar gusto. • *sm* Placer, gozo.

pra.ze.ro.so [prazer'ozu] *adj* Placentero, agradable. *a leitura de um bom livro pode se transformar numa viagem prazerosa* / la lectura de un buen libro puede transformarse en un viaje placentero. *Pl: prazerosos (ó)*.

pra.zo [pr'azu] *sm* Plazo.

pre.âm.bu.lo [pre'ãbulu] *sm* **1** Prólogo. **2** Preliminar. **3** Preámbulo.

pre.cá.rio [prek'arju] *adj* Precario.

pre.cau.ção [prekaws'ãw] *sf* Precaución, cautela, cuidado.

pre.ca.ver [prekav'er] *vtd+vti+vpr* Precaver.

pre.ca.vi.do [prekav'idu] *adj* Precavido, sagaz, cauto.

pre.ce [pr'ɛsi] *sf* **1** Plegaria. *a moça dirigia suas preces a Santo Antônio para encontrar um marido* / la joven dirigía sus plegarias a San Antonio para encontrar un marido. **2** *p ext* Ruego, súplica.

pre.ce.dên.cia [presed'ẽsjə] *sf* Precedencia.

pre.ce.den.te [presed'ẽti] *adj m+f* e *sm* Precedente, antecedente.

pre.ce.der [presed'er] *vtd+vti+vi* Preceder, anteceder.

pre.cei.to [pres'ejtu] *sm* Precepto.

pre.ci.o.so [presi'ozu] *adj* Precioso. *Pl: preciosos (ó)*.

pre.ci.pí.cio [presip'isju] *sm* Precipicio.

pre.ci.pi.ta.ção [presipitas'ãw] *sf* Precipitación.

pre.ci.pi.tar [presipit'ar] *vtd+vti+vi+vpr* Precipitar.

pre.ci.são [presiz'ãw] *sf* Precisión.

pre.ci.sar [presiz'ar] *vtd+vti+vi+vpr* Precisar, ser necesario.

pre.ci.so [pres'izu] *adj* Preciso: a) necesario. *é preciso amar para ser feliz* / es necesario amar para ser feliz. b) puntual, fijo, exacto, cierto, determinado. *nosso amigo chegou no preciso momento em que falávamos dele* / nuestro amigo llegó en el exacto momento en que hablábamos de él. c) claro. d) conciso, sucinto, lacónico.

pre.ço [pr'esu] *sm* Precio. *o preço das batatas baixou* / el precio de las papas bajó.

pre.co.ce [prek'ɔsi] *adj m+f* Precoz. *Mozart foi um gênio precoce* / Mozart fue un genio precoz.

pre.con.cei.to [prekõs'ejtu] *sm* Prejuicio. *todos, alguma vez na vida, fomos somos* *ou seremos vítimas de preconceito* / todos alguna vez en la vida fuimos, somos o seremos víctimas de prejuicio.

pré-co.zer [prɛcoz'er] *vtd* Precocido.

pre.cur.sor [prekurs'or] *adj+sm* Precursor.

pre.da.dor [predad'or] *adj+sm* Predador.

pre.di.ca.do [predik'adu] *sm* Predicado.

pre.di.le.to [predil'ɛtu] *adj+sm* Predilecto.

pré.dio [pr'ɛdju] *sm* 1 Predio. 2 Edificio. *a Espanha possui muitos prédios históricos* / España posee muchos edificios históricos.

pre.dis.por [predisp'or] *vtd+vti+vpr* Predisponer.

pre.di.zer [prediz'er] *vtd+vti* Predecir.

pre.do.mi.nan.te [predomin'ãti] *adj m+f* Predominante.

pre.do.mi.nar [predomin'ar] *vi+vtd* Predominar.

pre.do.mí.nio [predom'inju] *sm* Predominio.

pre.en.cher [preẽʃ'er] *vtd* 1 Llenar. 2 Rellenar (un documento).

pré-es.co.lar [prɛeskol'ar] *adj m+f* e *sm* Preescolar. *Pl: pré-escolares.*

pré-es.trei.a [prɛestr'ɛjə] *sf* Preestreno. *Pl: pré-estreias.*

pré-fa.bri.ca.do [prɛfabrik'adu] *adj* Prefabricado. *Pl: pré-fabricados.*

pre.fá.cio [pref'asju] *sm* Prefacio, prólogo.

pre.fei.to [pref'ejtu] *sm* Alcalde. *o prefeito inaugurou um novo hospital na cidade* / el alcalde inauguró un nuevo hospital en la ciudad.

pre.fei.tu.ra [prefejt'urə] *sf* Ayuntamiento, alcaldía, municipalidad.

pre.fe.rên.cia [prefer'ẽsjə] *sf* 1 Preferencia. 2 Predilección.

pre.fe.ren.ci.al [preferẽsi'aw] *adj m+f* Preferente.

pre.fe.rir [prefer'ir] *vtd+vti* Preferir.

pre.fe.rí.vel [prefer'ivew] *adj m+f* Preferible.

pre.fi.xo [pref'iksu] *sm* Prefijo.

pre.ga [pr'ɛgə] *sf* Pliegue.

pre.ga.dor¹ [pregad'or] *sm* Predicador.

pre.ga.dor² [pregad'or] *sm* Pinza.

pre.gão [preg'ãw] *sm* 1 Pregón. 2 Subasta.

pre.gar¹ [preg'ar] *vtd+vti+vi+vpr* 1 Clavar, fijar, parar, poner. 2 Coser. *quando casou, não sabia nem pregar botões* / cuando se casó, no sabía ni coser botones.

pre.gar² [preg'ar] *vi+vtd+vti* Predicar.

pre.go [pr'ɛgu] *sm* Clavo.

pre.gui.ça [preg'isə] *sf* 1 Pereza, flojera. *a preguiça é um dos sete pecados capitais* / la pereza es uno de los siete pecados capitales. 2 *Zool* Perezoso.

pre.gui.ço.so [pregis'ozu] *adj+sm* Perezoso, flojo, holgazán, vago. *Pl: preguiçosos (ó).*

pré-his.tó.ri.co [prɛist'ɔriku] *adj* Prehistórico: a) de la prehistoria. b) *p ext* anticuado, viejo. *Pl: pré-históricos.*

pre.ju.di.car [preʒudik'ar] *vtd+vpr* Perjudicar.

pre.ju.di.ci.al [preʒudisi'aw] *adj m+f* Perjudicial, nocivo, dañino. *todos os excessos são prejudiciais para a saúde* / todos los excesos son perjudiciales para la salud.

pre.ju.í.zo [preʒu'izu] *sm* Perjuicio, daño.

pre.jul.gar [preʒuwg'ar] *vtd* Prejuzgar.

pre.li.mi.nar [prelimin'ar] *adj+sf* Preliminar.

pre.lú.dio [prel'udju] *sm* Preludio.

pre.ma.tu.ro [premat'uru] *adj+sm* Prematuro.

pre.me.di.tar [premedit'ar] *vtd* Premeditar.

pré-mens.tru.al [prɛmẽstru'aw] *adj m+f* Premenstrual. **tensão pré-menstrual** síndrome premenstrual. *Pl: pré-menstruais.*

pre.mi.a.do [premi'adu] *sm* Premiado.

pre.mi.ar [premi'ar] *vtd* Premiar.

prê.mio [pr'emju] *sm* 1 Premio. 2 *Com* Prima (de seguro).

pre.mis.sa [prem'isə] *sf* Premisa.

pré-na.tal [prɛnat'aw] *adj m+f* e *sm* Prenatal. *Pl: pré-natais.*

pren.da.do [prẽd'adu] *adj* Dotado.

pren.de.dor [prẽded'or] *sm* Prendedor.

pren.der [prẽd'er] *vtd+vti+vpr* 1 Prender, asir, agarrar, sujetar. 2 Detener, arrestar.

pre.nhe [pr'eɲi] *adj m+f* Preñado.

pren.sa [pr'ẽsə] *sf* Prensa.

> Em espanhol, **prensa** significa também "imprensa", conjunto de jornais e publicações congêneres, assim como, no sentido figurado, jornalistas e repórteres: *o presidente convocou a imprensa para fazer um pronunciamento nacional* / el presidente convocó a la prensa para hacer un pronunciamiento nacional.

pren.sar [prẽs'ar] *vtd* Prensar.
pre.o.cu.pa.ção [preokupas'ãw] *sf* Preocupación. *o homem olhava com preocupação pela janela* / el hombre miraba con preocupación por la ventana.
pre.o.cu.pa.do [preokup'adu] *adj* Preocupado.
pre.o.cu.par [preokup'ar] *vtd+vpr* Preocupar.
pre.pa.ra.ção [preparas'ãw] *sf* Preparación.
pre.pa.ra.do [prepar'adu] *sm* **1** *Quím, Farm* Preparado. **2** Disposto, pronto. Veja nota em **pronto** (espanhol).
pre.pa.rar [prepar'ar] *vtd+vti+vpr* Preparar.
pre.pa.ra.ti.vo [preparat'ivu] *adj+sm* Preparativo. • *sm pl* **preparativos** Preparativos. *os preparativos para o casamento demoraram seis meses* / los preparativos para la boda demoraron seis meses.
pre.pa.ra.tó.rio [preparat'ɔrju] *adj* Preparatorio.
pre.po.si.ção [prepozis'ãw] *sf Gram* Preposición.
pre.po.tên.cia [prepot'ẽsjə] *sf* Prepotencia.
pre.po.ten.te [prepot'ẽti] *adj m+f* Prepotente.
pré-pri.má.rio [prɛprim'arju] *sm* Jardín de infancia, jardín de infantes, parvulario. *Pl: pré-primários*.
pre.sa [pr'ezə] *sf* Presa.
pres.cin.dir [presid'ir] *vti* Prescindir: a) abstraer. b) abstenerse.
pres.cre.ver [preskrev'er] *vtd+vti+vi* Prescribir: *vtd+vti* a) preceptuar. b) recetar. *vi* c) *Dir* extinguirse (un derecho u obligación por el transcurso del tiempo). *os delitos mais graves prescrevem em maior tempo* / los delitos más graves prescriben en mayor tiempo.
pre.sen.ça [prez'ẽsə] *sf* Presencia. **presença de espírito** presencia de ánimo.
pre.sen.ci.ar [prezẽsi'ar] *vtd* Presenciar.
pre.sen.te [prez'ẽti] *adj m+f* e *sm* Presente. • *sm* Regalo, obsequio, presente. Veja notas em **regalo** (português) e **brindis**.
pre.sen.te.ar [prezẽte'ar] *vtd+vti* Regalar, obsequiar.
pre.sé.pio [prez'ɛpju] *sm* Pesebre, belén, portal.
pre.ser.var [prezerv'ar] *vtd+vti+vpr* Preservar.
pre.ser.va.ti.vo [prezervat'ivu] *adj+sm* Preservativo. • *sm* Preservativo, condón.
pre.si.dên.cia [prezid'ẽsjə] *sf* Presidencia.
pre.si.den.ci.al [prezidẽsi'aw] *adj m+f* Presidencial.
pre.si.den.te [prezid'ẽti] *s m+f* Presidente.
pre.si.di.á.rio [prezidi'arju] *adj* Penitenciario. • *sm* Presidiario.
pre.sí.dio [prez'idju] *sm* Presidio, penitenciaría, penal, cárcel.
pre.si.dir [prezid'ir] *vtd+vti+vi* Presidir.
pre.si.lha [prez'iʎə] *sf* Presilla.
pre.so [pr'ezu] *adj+sm* Preso.
pres.sa [pr'ɛsə] *sf* Prisa. **à pressa** a prisa / aprisa. **a toda a pressa** a toda prisa. **dar-se pressa** darse prisa.
pres.sá.gio [pres'aʒju] *sm* Presagio. *as nuvens são um presságio de chuva* / las nubes son un presagio de lluvia.
pres.são [pres'ãw] *sf* Presión. **pressão arterial** presión arterial / tensión arterial. **pressão atmosférica** presión atmosférica. **pressão sanguínea** presión sanguínea.
pres.sen.ti.men.to [presẽtim'ẽtu] *sm* Presentimiento.
pres.sen.tir [presẽt'ir] *vtd* Presentir.
pres.si.o.nar [presjon'ar] *vtd+vti+vi* Presionar.
pres.su.ri.zar [presur'izar] *vtd* Presurizar.
pres.ta.ção [prestas'ãw] *sf* **1** Prestación. **2** *Com* Plazo, abono. Veja nota em **prestación**.
pres.tar [prest'ar] *vtd+vti+vi+vpr* Servir, prestar.

Em espanhol, **prestar** significa também "emprestar": *só empresto livros que não me importo em perder / solamente presto libros que no me importa perder.*

pres.ta.ti.vo [prestat'ivu] *adj* Servicial. *a recepcionista do hotel era muito prestativa / la recepcionista del hotel era muy servicial.*

pres.tá.vel [prest'avew] *adj m+f* Servible.

pres.tes [pr'ɛstis] *adj m+f sing+pl* e *adv* Presto.

pres.tí.gio [prest'iʒju] *sm* Prestigio.

pre.su.mi.do [prezum'idu] *adj+sm* Presumido. • *adj Dir* Presunto.

pre.su.mir [prezum'ir] *vtd+vti+vpr* Presumir.

pre.su.mí.vel [prezum'ivew] *adj m+f* Presumible.

pre.sun.ção [prezũs'ãw] *sf* Presunción. Veja nota em **convencimiento**.

pre.sun.ço.so [prezũs'ozu] *adj+sm* Presuntuoso. *Pl: presunçosos (ó).*

pre.sun.to [prez'ũtu] *sm Cul* Jamón. *o presunto espanhol é famoso no mundo inteiro / el jamón español es famoso en todo el mundo.*

pre.ten.den.te [pretẽd'ẽti] *adj* e *s m+f* Pretendiente.

pre.ten.der [pretẽd'er] *vtd* 1 Pretender, procurar, aspirar. *vpr* 2 Considerarse, juzgarse, estimarse.

pre.ten.são [pretẽs'ãw] *sf* Pretensión.

pre.ten.si.o.so [pretẽsi'ozu] *adj+sm* Pretencioso, presuntuoso, creído, engreído, fatuo. *Pl: pretensiosos (ó).*

pre.té.ri.to [pret'ɛritu] *adj* Pretérito, pasado. • *sm Gram* Pretérito.

pre.tex.to [pret'estu] *sm* Pretexto.

pre.to [pr'etu] *adj+sm* Negro. *a cor preta é uma combinação de todas as outras cores / el color negro es una combinación de los demás colores.*

pre.va.le.cer [prevales'er] *vi+vti* 1 Prevalecer. *vpr* 2 Aprovecharse.

pre.ven.ção [prevẽs'ãw] *sf* Prevención.

pre.ve.ni.do [preven'idu] *adj* Prevenido.

pre.ve.nir [preven'ir] *vtd+vti+vi+vpr* Prevenir.

pre.ver [prev'er] *vtd+vi* Prever.

pre.vi.dên.cia [previd'ẽsjə] *sf* Previdencia, previsión.

pre.vi.den.te [previd'ẽti] *adj m+f* Previsor, precavido.

pré.vio [pr'ɛvju] *adj* Previo.

pre.vi.são [previz'ãw] *sf* Previsión. *a previsão meteorológica anunciou chuva para hoje / la previsión meteorológica anunció lluvia para hoy.*

pre.za.do [prez'adu] *adj* Estimado, apreciado.

pre.zar [prez'ar] *vtd* 1 Apreciar. *vpr* 2 Preciarse, gloriarse, jactarse.

pri.má.rio [prim'arju] *adj* Primario: a) primero. b) elemental. • *sm* (Enseñanza) Primaria.

pri.ma.ve.ra [primav'ɛrə] *sf* Primavera.

pri.mei.ro [prim'ejru] *num+adj+sm+adv* Primero. Veja nota em **buen**.

pri.mei.ro-mi.nis.tro [primejrumin'istru] *sm sm* Primer ministro. *Pl: primeiros-ministros.*

pri.mi.ti.vo [primit'ivu] *adj+sm* Primitivo.

pri.mo¹ [pr'imu] *sm* Primo. **primo carnal** primo carnal. **primo irmão** primo hermano.

pri.mo² [pr'imu] *sm Mat* Primo (número).

prin.ce.sa [prĩs'ezə] *sf* Princesa.

prin.ci.pal [prĩsip'aw] *adj m+f* e *sm* Principal.

prín.ci.pe [pr'ĩsipi] *sm* Príncipe. **príncipe das trevas** príncipe de las tinieblas.

prin.ci.pi.an.te [prĩsipi'ãti] *adj* e *s m+f* Principiante.

prin.ci.pi.ar [prĩsipi'ar] *vtd+vti+vi* Principiar, comenzar, dar principio.

prin.cí.pio [prĩs'ipju] *sm* Principio, comienzo, inicio.

pri.o.ri.da.de [prjorid'adi] *sf* Prioridad.

pri.o.ri.tá.rio [prjorit'arju] *adj* Prioritario.

pri.são [priz'ãw] *sf* Prisión. **prisão de ventre** estreñimiento, constipación de vientre. **prisão preventiva** prisión preventiva.

pri.si.o.nei.ro [prizjon'ejru] *sm* Prisionero.

pri.va.ção [privas'ãw] *sf* Privación.

pri.va.ci.da.de [privasid'adi] *sf* Privacidad. *o direito à privacidade é uma conquista da humanidade* / el derecho a la privacidad es una conquista de la humanidad.
pri.va.da [priv'adə] *sf* Retrete, escusado, inodoro, váter.
pri.va.do [priv'adu] *adj* Privado.
pri.var [priv'ar] *vtd+vpr* Privar.
pri.va.ti.vo [privat'ivu] *adj* Privativo, propio, peculiar, exclusivo.
pri.va.ti.za.ção [privatizas'ãw] *sf* Privatización.
pri.va.ti.zar [privatiz'ar] *vtd* Privatizar.
pri.vi.le.gi.ar [privileʒi'ar] *vtd+vpr* Privilegiar.
pri.vi.lé.gio [privil'ɛʒju] *sm* Privilegio.
pró [pr'ɔ] *adv+sm* Pro: *adv* a) en favor de. *sm* b) ventaja, conveniencia. • *pref* Pro.
pro.a [pr'oə] *sf* Proa.
pro.ba.bi.li.da.de [probabilid'adi] *sf* Probabilidad. *muitos acreditam na probabilidade de vida em outros planetas* / muchos creen en la probabilidad de vida en otros planetas.
pro.ble.ma [probl'emə] *sm* Problema.
pro.ce.dên.cia [prosed'ẽsjə] *sf* Procedencia.
pro.ce.den.te [prosed'ẽti] *adj m+f* Procedente, originario, oriundo.
pro.ce.der [prosed'er] *vti+vi* **1** Proceder, provenir, venir, descender, derivarse, originarse. **2** Comportarse, actuar. • *sm* Proceder, comportamiento, actuación, conducta.
pro.ce.di.men.to [prosedim'ẽtu] *sm* Procedimiento.
pro.ces.sa.dor [prosesad'or] *sm Inform* Procesador. **processador de texto** procesador de texto.
pro.ces.sa.men.to [prosesam'ẽtu] *sm* Procesamiento. **processamento de dados** procesamiento de datos. **processamento de textos** procesamiento de textos / tratamiento de textos.
pro.ces.sar [proses'ar] *vtd* Procesar.
pro.ces.so [pros'ɛsu] *sm* Proceso: a) marcha, curso, evolución. b) *Dir* juicio.
pro.cis.são [prosis'ãw] *sf* Procesión. *as procissões da Semana Santa em Sevilha reúnem muitos fiéis* / las procesiones de la Semana Santa en Sevilla reúnen a muchos fieles.
pro.cla.mar [proklam'ar] *vtd+vpr* Proclamar.
pro.cri.ar [prokri'ar] *vtd+vpr* Procrear.
pro.cu.ra [prok'urə] *sf* Búsqueda. *os arqueólogos trabalham na procura de ruínas arqueológicas* / los arqueólogos trabajan en la búsqueda de ruinas arqueológicas.
pro.cu.ra.ção [prokuras'ãw] *sf Dir* Poder, poderes. Veja nota em **poder** (português).
pro.cu.ra.do [prokur'adu] *adj* Buscado.
pro.cu.ra.dor [prokurad'or] *adj+sm* **1** Procurador. **2** Apoderado, mandatario. **3** Ministerio fiscal.
pro.cu.rar [prokur'ar] *vtd+vti+vi* Procurar. Veja nota em **procurar** (espanhol).
pro.dí.gio [prod'iʒju] *sm* Prodigio.
pro.du.ção [produs'ãw] *sf* Producción. *a produção de soja no Brasil aumentou nos últimos anos* / la producción de soja en Brasil aumentó en los últimos años.
pro.du.ti.vo [produt'ivu] *adj* Productivo.
pro.du.to [prod'utu] *sm* Producto. **produto nacional bruto** producto nacional bruto.
pro.du.tor [produt'or] *adj+sm* Productor.
pro.du.zi.do [produz'idu] *adj* Hecho, producido, fabricado.
pro.du.zir [produz'ir] *vtd+vti+vi* **1** Producir. *vpr* **2** Arreglarse, acicalarse. *as meninas gostam de se produzir* / a las chicas les gusta arreglarse.
pro.e.za [pro'ezə] *sf* Proeza, hazaña.
pro.fa.nar [profan'ar] *vtd* Profanar.
pro.fe.ci.a [profes'iə] *sf* Profecía.
pro.fe.rir [profer'ir] *vtd* Proferir, pronunciar, decir, articular (palabras o sonidos).
pro.fes.sar [profes'ar] *vtd+vti+vi* Profesar.
pro.fes.sor [profes'or] *sm* Profesor.
pro.fe.ta [prof'ɛtə] *sm* Profeta.
pro.fis.são [profis'ãw] *sf* Profesión.
pro.fis.si.o.nal [profisjon'aw] *adj* e *s m+f* Profesional.

pro.fun.di.da.de [profudid'adi] *sf* Profundidad.
pro.fun.do [prof'ũdu] *adj* Profundo. • *adv* Profundamente.
pro.ge.ni.tor [proʒenit'or] *sm* Progenitor.
prog.nós.ti.co [progn'ɔstiku] *sm* Pronóstico.
pro.gra.ma [progr'ʌmə] *sm* Programa.
pro.gra.ma.ção [programas'ãw] *sf* Programación.
pro.gra.ma.dor [programad'or] *sm* Programador.
pro.gra.mar [program'ar] *vtd+vi* Programar.
pro.gre.dir [progred'ir] *vi+vti* Progresar.
pro.gres.si.vo [progres'ivu] *adj* Progresivo.
pro.gres.so [progr'ɛsu] *sm* Progreso.
pro.i.bi.ção [projbis'ãw] *sf* Prohibición.
pro.i.bi.do [projb'idu] *adj* Prohibido.
pro.i.bir [projb'ir] *vtd+vti* Prohibir.
pro.je.ção [proʒes'ãw] *sf* Proyección.
pro.je.tar [proʒet'ar] *vtd+vti* Proyectar.
pro.jé.til [proʒ'ɛtiw] *sm* Proyectil. *Pl: projéteis*. Veja nota em **bala** (espanhol).
pro.je.tis.ta [proʒet'istə] *adj e s m+f* Proyectista.
pro.je.to [proʒ'ɛtu] *sm* Proyecto. **projeto de lei** proyecto de ley. Veja nota em **plano**.
pro.je.tor [proʒet'or] *sm* Proyector.
prol [pr'ɔw] *sm* Pro, provecho, ventaja. **em prol de** en pro de.
pro.le [pr'ɔli] *sf* Prole.
pro.le.ta.ri.a.do [proletari'adu] *sm* Proletariado.
pro.le.tá.rio [prolet'arju] *sm* Proletario.
pro.li.fe.rar [prolifer'ar] *vi* Proliferar.
pro.li.xo [prol'iksu] *adj* Prolijo.
pro.lon.ga.men.to [prolõgam'ẽtu] *sm* Prolongamiento, prolongación.
pro.lon.gar [prolõg'ar] *vtd+vpr* Prolongar.
pro.mes.sa [prom'ɛsə] *sf* Promesa.
pro.me.ter [promet'er] *vtd+vti+vi+vpr* Prometer.
pro.mís.cuo [prom'iskwu] *adj* Promiscuo.
pro.mis.sor [promis'or] *adj* Promisorio.

• *adj+sm* Prometedor. *em relação ao tratamento de diversas doenças o futuro é promissor* / en relación al tratamiento de varias enfermedades el futuro es prometedor. • *sm AL* Promitente.
pro.mo.ção [promos'ãw] *sf* Promoción.
pro.mo.ci.o.nal [promosjon'aw] *adj m+f* Promocional.
pro.mo.tor [promot'or] *adj+sm* Promotor.
pro.mo.ver [promov'er] *vtd+vti* Promover.
pro.no.me [pron'omi] *sm Gram* Pronombre.
pron.to [pr'õtu] *adj* **1** Pronto: a) veloz, acelerado, ligero. b) dispuesto. **2** Listo: a) diligente, expedito. b) apercibido, preparado, dispuesto. *já está tudo pronto para a nossa viagem* / ya está todo dispuesto para nuestro viaje. • *adv* Pronto, presto, prontamente. Veja nota em **pronto** (espanhol).
pron.to-so.cor.ro [prõtusok'oru] *sm Med* Urgencias. *Pl: prontos-socorros*.
pro.nún.cia [pron'ũsjə] *sf* Pronunciación.
pro.nun.ci.a.men.to [pronũsjam'ẽtu] *sm* Pronunciamiento. *o presidente fará um pronunciamento em cadeia nacional* / el presidente hará un pronunciamiento en cadena nacional.
pro.nun.ci.ar [pronũsi'ar] *vtd+vpr* Pronunciar.
pro.pa.ga.ção [propagas'ãw] *sf* Propagación.
pro.pa.gan.da [propag'ãdə] *sf* Propaganda.
pro.pa.ro.xí.to.no [proparoks'itonu] *adj+sm Ling* Esdrújulo.
pro.pen.so [prop'ẽsu] *adj* Propenso, predispuesto, proclive.
pro.pí.cio [prop'isju] *adj* Propicio, favorable.
pro.pi.na [prop'inə] *sf* Propina, gratificación.
pro.por [prop'or] *vtd+vti+vi+vpr* Proponer.
pro.por.ção [propors'ãw] *sf* Proporción.
pro.por.ci.o.nar [proporsjon'ar] *vtd+vti+vpr* Proporcionar.

pro.pó.si.to [prop'ɔzitu] *sm* **1** Propósito, ánimo, intención. **2** Prudencia, sensatez, buen juicio. **a propósito** a propósito. **a propósito de** a propósito de. **de propósito** de propósito. **fora de propósito** fuera de propósito.

pro.pos.ta [prop'ɔstə] *sf* Propuesta. *o jogador de futebol recebeu uma proposta para jogar na Europa* / el jugador de fútbol recibió una propuesta para jugar en Europa.

pro.pri.e.da.de [proprjed'adi] *sf* Propiedad.

pro.pri.e.tá.rio [proprjet'arju] *adj+sm* Propietario.

pró.prio [pr'ɔprju] *adj+sm* Propio.

pro.pul.são [propuws'ãw] *sf* Propulsión. **propulsão a jato** propulsión a chorro.

pror.ro.ga.ção [proȓogas'ãw] *sf* Prorrogación, prórroga.

pror.ro.gar [proȓog'ar] *vtd* Prorrogar.

pro.sa [pr'ɔzə] *sf* Prosa.

pro.se.ar [proze'ar] *vi* Charlar, platicar, conversar, charlotear, parlotear, chacharear, parlar.

pros.pec.to [prosp'ɛktu] *sm* Prospecto. Veja nota em **bula** (espanhol).

pros.pe.rar [prosper'ar] *vi+vti+vtd* Prosperar.

pros.pe.ri.da.de [prosperid'adi] *sf* Prosperidad.

prós.pe.ro [pr'ɔsperu] *adj* Próspero, favorable, propicio, venturoso, floreciente.

pros.se.guir [proseg'ir] *vtd+vti+vi* Proseguir.

prós.ta.ta [pr'ɔstatə] *sf Anat* Próstata.

pros.tí.bu.lo [prost'ibulu] *sm* Prostíbulo, burdel.

pros.ti.tu.i.ção [prostitujs'ãw] *sf* Prostitución.

pros.ti.tu.ir [prostitu'ir] *vtd+vti+vpr* Prostituir.

pros.ti.tu.ta [prostit'utə] *sf* Prostituta.

pro.ta.go.nis.ta [protagon'istə] *s m+f* Protagonista.

pro.ta.go.ni.zar [protagoniz'ar] *vtd* Protagonizar.

pro.te.ção [protes'ãw] *sf* Protección.

pro.te.ger [proteʒ'er] *vtd+vti* Proteger.

pro.te.í.na [prote'inə] *sf Quím* Proteína.

pró.te.se [pr'ɔtezi] *sf Med* Prótesis.

pro.tes.tan.te [protest'ãti] *adj e s m+f* Protestante.

pro.tes.tar [protest'ar] *vtd+vti+vi* Protestar.

pro.tes.to [prot'ɛstu] *sm* **1** Protesta. *os trabalhadores fizeram uma greve em sinal de protesto contra os baixos salários* / los trabajadores hicieron una huelga en señal de protesta contra los bajos sueldos. **2 Com** Protesto.

pro.te.tor [protet'or] *adj+sm* Protector. *para cuidar da pele é importante usar protetor solar* / para cuidar la piel es importante usar protector solar.

pro.to.co.lo [protok'ɔlu] *sm* Protocolo.

pro.tó.ti.po [prot'ɔtipu] *sm* Prototipo.

pro.tu.be.ran.te [protuber'ãti] *adj m+f* Protuberante.

pro.va [pr'ɔvə] *sf* Prueba. *a prova de inglês foi muito difícil* / la prueba de inglés fue muy difícil. **prova circunstancial** prueba de indicios / prueba indiciaria.

pro.var [prov'ar] *vtd+vti+vi* Probar. Veja nota em **catar** (português).

pro.vá.vel [prov'avew] *adj m+f* Probable.

pro.ve.dor [proved'or] *sm* Proveedor.

pro.vei.to [prov'ejtu] *sm* Provecho, beneficio, utilidad. *sempre podemos tirar proveito das nossas experiências* / siempre podemos sacar provecho de nuestras experiencias.

pro.ve.ni.en.te [proveni'ẽti] *adj m+f* Proveniente, procedente.

pro.ver [prov'er] *vtd+vti+vi+vpr* Proveer.

pro.vér.bio [prov'ɛrbju] *sm* Proverbio, sentencia, adagio, refrán.

pro.ve.ta [prov'etə] *sf* Probeta.

pro.vi.dên.cia [provid'ẽsjə] *sf* Providencia.

pro.vi.den.ci.ar [providẽsi'ar] *vtd+vi+vti* Tomar providencias, disponer.

pro.vín.cia [prov'ĩsjə] *sf* Provincia.

pro.vir [prov'ir] *vti* Provenir, proceder.

pro.vi.são [proviz'ãw] *sf* Provisión.

pro.vi.só.rio [proviz'ɔrju] *adj* Provisional, provisorio.

pro.vo.ca.ção [provokas'ãw] *sf* Provocación.

pro.vo.can.te [provok'ãti] *adj m+f* Provocativo. *a bela jovem usava um vestido provocante* / la hermosa joven usaba un vestido provocativo.
pro.vo.car [provok'ar] *vtd+vti+vi* Provocar.
pro.xi.mi.da.de [prosimid'adʒi] *sf* Proximidad.
pró.xi.mo [pr'ɔsimu] *adj* Próximo. • *sm* Prójimo. • *adv* Cerca.
pru.dên.cia [prud'ẽsjə] *sf* **1** Prudencia, templanza, cautela, moderación. **2** Sensatez, buen juicio.
pru.den.te [prud'ẽti] *adj m+f* Prudente.
pseu.dô.ni.mo [psewd'onimu] *sm+adj* Seudónimo. *Pablo Neruda foi o pseudônimo usado pelo poeta chileno Neftali Ricardo Reyes* / Pablo Neruda fue el seudónimo que usó el poeta chileno Neftali Ricardo Reyes.
psi.ca.ná.li.se [psikan'alizi] *sf Psicol* Psicoanálisis.
psi.ca.na.lis.ta [psikanal'istə] *adj e s m+f* Psicoanalista.
psi.co.dra.ma [psikodr'∧mə] *sm Psicol* Psicodrama.
psi.co.lo.gi.a [psikoloʒ'iə] *sf* Psicología.
psi.co.ló.gi.co [psikol'ɔʒiku] *adj* Psicológico.
psi.có.lo.go [psik'ɔlogu] *sm* Psicólogo.
psi.co.pa.ta [psikop'atə] *s m+f* Psicópata.
psi.co.se [psik'ɔzi] *sf Med* Psicosis.
psi.cos.so.má.ti.co [psikosom'atiku] *adj* Psicosomático.
psi.co.te.ra.peu.ta [psikoterap'ewtə] *s m+f Med* Psicoterapeuta.
psi.co.te.ra.pi.a [psikoterap'iə] *sf Med* Psicoterapia.
psi.qui.a.tra [psiki'atrə] *s m+f Med* Psiquiatra.
psi.qui.a.tri.a [psikjatr'iə] *sf* Psiquiatría.
psí.qui.co [ps'ikiku] *adj* Psíquico.
psiu! [ps'iw] *interj* ¡Chis!, ¡chist!
pu.ber.da.de [puberd'adʒi] *sf* Pubertad.
pú.bis [p'ubis] *sm sing+pl Anat* Pubis.
pu.bli.ca.ção [publikas'ãw] *sf* Publicación.
pu.bli.car [publik'ar] *vtd* Publicar.
pu.bli.ci.da.de [publisid'adʒi] *sf* Publicidad.

pu.bli.ci.tá.rio [publisit'arju] *adj+sm* Publicitario. • *sm* Publicista.
pú.bli.co [p'ubliku] *adj+sm* Público. **em público** en público. Veja nota em **concorrência** (português).
pu.dim [pud'ĩ] *sm Cul* Budín, flan.
Budín e **flan**, em espanhol, são doces diferentes: o primeiro corresponde ao chamado pudim de pão e o segundo, ao pudim de leite.
pu.dor [pud'or] *sm* Pudor.
pu.e.ri.cul.tu.ra [pwerikuwt'urə] *sf* Puericultura.
pu.gi.lis.mo [puʒil'izmu] *sm* Pugilismo.
pu.gi.lis.ta [puʒil'istə] *s m+f* Pugilista, boxeador.
pu.lar [pul'ar] *vi+vtd+vti* Saltar, brincar. *o menino pulou de alegria quando viu seu novo brinquedo* / el niño saltó de alegría cuando vio su nuevo juguete.
pul.ga [p'uwgə] *sf Zool* Pulga. **com a pulga atrás da orelha** tener la pulga atrás de la oreja.
pul.mão [puwm'ãw] *sm Anat* Pulmón. **a plenos pulmões** a pleno pulmón / a todo pulmón. **pulmão de aço** pulmón de acero.
pul.mo.nar [puwmon'ar] *adj m+f* Pulmonar.
pu.lo [p'ulu] *sm* Salto, brinco. **em dois pulos** en dos brincos. **num pulo** en un brinco / en un salto.
pu.lô.ver [pul'over] *sm* Jersey, suéter, pulóver. *Pl: pulóveres*.
púl.pi.to [p'uwpitu] *sm* Púlpito.
pul.sa.ção [puwsas'ãw] *sf* **1** Pulsación. **2** Latido.
pul.sar [puws'ar] *vtd* **1** Empujar, impeler. **2** Pulsar, tocar, palpar. *vti+vi* **3** Latir, palpitar. Veja nota em **batir**.
pul.sei.ra [puws'ejrə] *sf* Pulsera.
pul.so [p'uwsu] *sm* **1** Pulso. **2** Muñeca, pulso. **3** *fig* Seguridad, firmeza. **tomar o pulso** tomar el pulso.
pum! [p'ũ] *interj* ¡Pum! • *sm coloq* Pedo.
pu.ma [p'umə] *sm Zool* Puma.
pu.nha.do [puñ'adu] *sm* Puñado.
pu.nhal [puñ'aw] *sm* Puñal.
pu.nha.la.da [puñal'adə] *sf* Puñalada.
pu.nho [p'uñu] *sm* Puño. **pelo próprio punho** de puño y letra.

pu.ni.ção [puniˈsãw] *sf* Pena, castigo, punición, sanción. *todo delito merece uma punição* / todo delito merece una punición.

pu.nir [puˈnir] *vtd+vti+vpr* Punir, castigar.

pu.pi.la [puˈpilə] *sf Anat* Pupila.

pu.rê [puˈre] *sm Cul* Puré. *o purê de maçã combina muito bem com carnes brancas* / el puré de manzana combina muy bien con carnes blancas.

pu.re.za [puˈrezə] *sf* Pureza.

pur.gan.te [purˈgãti] *adj m+f* e *sm* Purgante.

pur.ga.tó.rio [purgatˈɔrju] *sm Rel* Purgatorio.

pu.ri.fi.ca.dor [purifikadˈor] *adj+sm* Purificador.

pu.ri.fi.car [purifikˈar] *vtd+vti+vpr* Purificar.

pu.ri.ta.nis.mo [puritanˈizmu] *sm* Puritanismo.

pu.ri.ta.no [puritˈʌnu] *adj+sm* Puritano.

pu.ro [ˈpuru] *adj* Puro.

púr.pu.ra [ˈpurpurə] *sf* Púrpura.

pur.pu.ri.na [purpurˈinə] *sf* Purpurina.

pus [ˈpus] *sm Med* Pus.

pu.ta [ˈputə] *sf vulg* Puta, prostituta, perra, ramera.

pu.ta.ri.a [putarˈiə] *sf vulg* Puterío.

pu.tre.fa.ção [putrefasˈãw] *sf* Putrefacción.

pu.xa [ˈpuʃə] *interj* Pucha, caramba, caray, caracoles.

pu.xa.do [puʃˈadu] *adj* **1** Estirado. **2** Caro, costoso. **3** Cansado, agotador, difícil.

pu.xa.dor [puʃadˈor] *sm* Tirador, manija, empuñadura. Veja nota em **pomo** (português).

pu.xão [puʃˈãw] *sm* Tirón. *o pai deu um puxão de orelhas no seu filho desobediente* / el padre le dio un tirón de orejas a su hijo desobediente.

pu.xar [puʃˈar] *vtd+vti* Tirar, arrancar.

pu.xa-sa.co [puʃəsˈaku] *adj* e *s m+f vulg* **1** Zalamero, adulón, adulador, lameculos. **2** *AL* Chupamedia, chupamedias. *Pl: puxa-sacos*.

q

q, Q [k'e] *sm* Decimoséptima letra del abecedario portugués.

qua.dra [k'wadrə] *sf* **1** *Lit* Copla, cuarteto. **2** Cuadra. **3** *Esp* Cancha.

qua.dra.do [kwadr'adu] *adj+sm* **1** *Geom* Cuadrado. **2** *fam* Anticuado, chapado a la antigua.

qua.dra.gé.si.mo [kwadraʒ'ɛzimu] *num* Cuadragésimo.

qua.dri.cu.la.do [kwadrikul'adu] *adj* Cuadriculado, a cuadros. *ele está com essa mesma camisa quadriculada há dias* / él está con esa misma camisa a cuadros hace días.

qua.dril [kwadr'iw] *sm Anat* Cuadril, cadera, cuadra, anca. *Pl: quadris.* Veja nota em **cadeira**.

qua.dri.lha [kwadr'iλə] *sf* Cuadrilla, hato.

qua.dri.nho [kwadr'iñu] *sm* **1** Viñeta (recuadro de una historieta). **2** *quadrinhos pl* Historieta, tira cómica, cómic, tebeo.

qua.dro [k'wadru] *sm* **1** Cuadro, lienzo, lámina de pintura. **2** Cuadrado. **3** Conjunto de nombres etc., presentados gráficamente. **4** Marco. **5** Plantilla (conjunto de empleados de una oficina).

qua.dro-ne.gro [kwadrun'egru] *sm* Pizarrón, pizarra. *Pl: quadros-negros.*

qua.drú.pe.de [kwadr'upedi] *adj+sm Zool* Cuadrúpedo. • *s m+f fig* Bestia, ignorante, estúpido, rudo.

qual [k'waw] *pron inter* **1** Cuál. *pron relat* **2** Cual, que, quien. • *conj* Como, cuál. Veja nota em **adonde** (espanhol).

qua.li.da.de [kwalid'adi] *sf* **1** Calidad. **2** Superioridad, excelencia. **3** Condición, requisito. **4** Cualidad, caracterísica.

qua.li.fi.ca.ção [kwalifikas'ãw] *sf* Calificación.

qua.li.fi.ca.do [kwalifik'adu] *adj* Calificado.

qua.li.fi.car [kwalifik'ar] *vtd+vpr* Calificar.

qual.quer [kwawk'ɛr] *pron indef* Cualquier, cualquiera. **em qualquer lugar** dondequiera / donde sea. **qualquer um** cualquiera. *qualquer um fica triste quando seu time perde* / cualquiera se pone triste cuando su equipo pierde. *Pl: quaisquer.*

quan.do [k'wãdu] *adv+conj* Cuando, cuándo. Veja nota em **adonde** (espanhol).

quan.ti.a [kwãt'iə] *sf* Cuantía, cantidad, suma, importancia.

quan.ti.da.de [kwãtid'adi] *sf* Cantidad, cuantidad.

quan.to [k'wãtu] *pron inter* **1** Cuánto. *pron relat* **2** Cuanto. • *adv* Cómo, cuánto, de qué manera. Veja nota em **adonde** (espanhol).

quão [k'wãw] *adv* Cuan, cúan. Veja nota em **adonde** (espanhol).

qua.ren.ta [kwar'ẽtə] *num* Cuarenta.

qua.ren.tão [kwarẽt'ãw] *adj+sm* Cuarentón.

qua.ren.te.na [kwarẽt'enə] *sf* Cuarentena.

qua.res.ma [kwar'ɛzmə] *sf* Cuaresma.

quar.ta-fei.ra [kwartəf'ejrə] *sf* Miércoles. *Pl: quartas-feiras.*

quar.ta.nis.ta [kwartan'istə] *adj e s m+f* Estudiante del cuarto año, especialmente de facultad.

quar.tei.rão [kwartejr′ãw] *sm* Manzana, cuadra.
quar.tel [kwart′ɛw] *sm* 1 *Mil* Cuartel. 2 Cuarta parte.
quar.tel-ge.ne.ral [kwart′ɛwʒener′aw] *sm Mil* Cuartel general. *Pl: quartéis--generais*.
quar.te.to [kwart′etu] *sm Mús* Cuarteto.
quar.to [k′wartu] *num* Cuarto. • *sm* Pieza, habitación, cuarto. Veja nota em **peça** (português).
qua.se [k′wazi] *adv* Casi, cuasi.
qua.tor.ze [kwat′orzi] *num* Catorce.
qua.tro [k′watru] *num* Cuatro.
qua.tro.cen.tos [kwatros′ẽtus] *num* Cuatrocientos.
que [k′i] *pron+conj* Que. • *pron+adv* Qué. **ao passo que** mientras que. **nem que / ainda que** aunque. **que nem** igual que. Veja nota em **adonde** (espanhol).
quê [k′e] *sm* 1 Qué, algo de, algo como. *ela tem um quê de tristeza que a torna irresistível* / ella tiene algo de tristeza que la hace irresistible. 2 Cu (nombre de la letra q). • *pron relat+pron inter* Qué.
que.bra [k′ɛbrə] *sf* 1 Quiebra, rotura, fractura, rompimiento. 2 Pérdida, menoscabo de algo. 3 *Com* Crac, falencia, bancarrota. 4 Quebrantamiento, violación. 5 Doblez. **quebra-vento** ventanilla (coche).
que.bra-ca.be.ça [kɛbrəkab′esə] *sm* Rompecabezas. *Pl: quebra-cabeças*.
que.bra.dei.ra [kebrad′ejrə] *sf* 1 Quiebra, bancarrota, falencia. 2 Cansancio, lasitud.
que.bra.do [kebr′adu] *adj* 1 Quebrado, roto, partido. 2 Fallido. 3 Quebrantado, debilitado. 4 Desigual, tortuoso (camino). 5 Violado, desrespetado, traspasado. • *sf* Quebrada, desfiladero.
que.bra-ga.lho [kɛbrəg′aλu] *sm fam* Gauchada. *Pl: quebra-galhos*.
que.bra-lou.ças [kɛbrəl′owsas] *s m+f sing+pl* Manazas, inhábil, desastrado.
que.bra-luz [kɛbrəl′us] *sm* Velador, lámpara, farol. *Pl: quebra-luzes*.
que.bra-mar [kɛbrəm′ar] *sm* Rompeolas. *Pl: quebra-mares*.
que.bra-no.zes [kɛbrən′ɔzis] *sm sing+pl* Cascanueces.

que.bran.to [kebr′ãtu] *sm* 1 Quebranto, descaecimiento, falta de fuerzas. 2 Aojo, hechizo.
que.bra-pau [kɛbrəp′aw] *sm fam* Agarrada, pelea, riña, bronca. *Pl: quebra-paus*.
que.brar [kebr′ar] *vtd+vi+vpr* 1 Quebrar, romper, fragmentar, partir. *vtd+vi* 2 Quebrantar, debilitar. *vtd* 3 Traspasar, violar. 4 Doblar, torcer. 5 Templar, suavizar, moderar. *vtd+vpr* 6 Interrumpir. 7 Cansar, fatigar, moler. *vi* 8 *Com* Arruinarse, fallir. **quebrar o galho** hacer una gauchada.
que.da [k′ɛdə] *sf* 1 Caída, desplome. 2 Declive. 3 Ruina, decadencia. 4 Derrota, hundimiento. 5 Pérdida de valor. 6 Abandono de valores morales. 7 Cascada, catarata. 8 Inclinación, propensión, tendencia, afición.
que.da-d′á.gua [k′ɛdə d′agwə] *sf* Salto, cascada, catarata, caída. *Pl: quedas--d′água*.
quei.jo [k′ejʒu] *sm* Queso. **pão, pão, queijo, queijo** al pan, pan, y al vino, vino. **queijo de minas** queso fresco.
quei.ma [k′ejmə] *sf* Quema.
quei.ma.da [kejm′adə] *sf* Quema.
quei.ma.do [kejm′adu] *adj* 1 Quemado. 2 Desmoralizado, desacreditado.
quei.ma.du.ra [kejmad′urə] *sf* Quemadura.
quei.mar [kejm′ar] *vtd+vi+vpr* 1 Quemar, abrasar, arder, incinerar. *vtd* 2 Malbaratar. 3 Derrochar, malgastar. *vtd+vpr* 4 Desacreditar.
quei.ma-rou.pa [kejməɾ′owpə] *sf* Quemarropa. **a queima-roupa** a quemarropa / a boca de jarro.
quei.xa [k′ejʃə] *sf* 1 Queja, acusación, reclamación. 2 Lamento, lamentación.
quei.xar [kejʃ′ar] *vpr* Quejarse, lamentarse, lastimarse, querellarse, gemir, llorar.
quei.xo [k′ejʃu] *sm Anat* Mentón, barbilla. Veja nota em **pera** (português).
quei.xo.so [kejʃ′ozu] *adj+sm* Quejoso, plañidero, disgustado, resentido, amargurado. *Pl: queixosos (ó)*.
quem [k′ẽj] *pron relat* 1 Quien, aquél, aquello, el que, al que. *pron inter* 2 Quién, cuál. Veja nota em **adonde** (espanhol).

quen.te [k'ẽti] *adj m+f* **1** Caliente, caluroso, ardiente. **2** Excitado. **3** Conflictivo, problemático. **4** Cálido (color).

quen.ti.nha [kẽt'iñə] *sf* Marmita, fiambrera.

quer [k'ɛr] *conj* Así, o, ya sea que. *quer você queira, quer não, eu sairei com ele* / quieras o no quieras, saldré con él.

que.rer [ker'er] *vtd* **1** Querer, amar, estimar. **2** Ambicionar, pretender. **3** Consentir, aceptar.

que.ri.da [ker'idə] *adj f* Mujer amada.

que.ri.do [ker'idu] *adj* Querido, estimado, preciado.

quer.mes.se [kerm'ɛsi] *sf* Quermés, kermés.

que.ro.se.ne [keroz'eni] *sm Quím* Queroseno, querosén.

ques.tão [kest'ãw] *sf* Cuestión. **fazer questão de** hacer hincapié.

ques.ti.o.nar [kestjon'ar] *vtd+vi* Cuestionar, preguntar, argumentar, argüir.

ques.ti.o.ná.vel [kestjon'avew] *adj m+f* Cuestionable, dudoso.

qui.a.bo [ki'abu] *sm Bot* Abelmosco, ocra.

qui.be [k'ibi] *sm* Kibe.

qui.çá [kis'a] *adv* Quizá, quizás.

qui.e.to [ki'ɛtu] *adj* Quieto, quedo, tranquilo. Veja nota em **calado** (espanhol).

qui.la.te [kil'ati] *sm* Quilate.

qui.lo [k'ilu] *sm* Kilo, quilo.

qui.lo.me.tra.gem [kilometr'aʒẽj] *sf* Kilometraje. Veja nota em **abordaje**.

qui.lo.me.trar [kilometr'ar] *vtd* Kilometrar.

qui.lô.me.tro [kil'ometru] *sm* Kilómetro, quilómetro.

quí.mi.ca [k'imikə] *sf* Química.

quí.mi.co [k'imiku] *adj+sm* Químico.

qui.mi.o.te.ra.pi.a [kimjoterap'iə] *sf Med* Quimioterapia.

qui.mo.no [kim'onu] *sm* Kimono, quimono.

qui.na [k'inə] *sf* **1** Quina. **2** Ángulo, punta. *minha irmã veio correndo e bateu na quina da mesa* / mi hermana vino corriendo y se golpeó en la punta de la mesa.

quin.dim [kĩd'ĩ] *sm* Dulce brasileño hecho con azúcar, yema y coco rallado.

qui.nhão [kiñ'ãw] *sm* Parte, cuota, porción.

qui.nhen.tos [kiñ'ẽtus] *num* Quinientos.

quin.qui.lha.ri.a [kĩkiʎar'iə] *sf* Quincalla, trasto.

quin.ta-fei.ra [kĩtəf'ejrə] *sf* Jueves. *Pl:* **quintas-feiras**.

quin.tal [kĩt'aw] *sm* Patio.

quin.to [k'ĩtu] *num* Quinto.

quin.ze [k'ĩzi] *num* Quince.

quin.ze.na [kĩz'enə] *sf* Quincena.

quin.ze.nal [kĩzen'aw] *adj m+f* Quincenal.

qui.os.que [ki'ɔski] *sm* Kiosco, quiosco, quincho.

qui.pro.quó [kwiprok'wɔ] *sm* Confusión, enredo.

qui.re.la [kir'ɛlə] *sf* Maíz molido (para alimentar pájaros).

qui.ro.man.ci.a [kiromãs'iə] *sf* Quiromancia, quiromancía.

qui.ro.man.te [kirom'ãti] *adj+s m+f* Quiromante.

quis.to [k'istu] *sm Med* Quiste.

qui.ta.ção [kitas'ãw] *sf Com* Finiquito, recibo, liquidación.

qui.ta.do [kit'adu] *adj* Finiquitado, liquidado, saldado.

qui.tan.da [kit'ãdə] *sf* Verdulería, frutería.

qui.tar [kit'ar] *vtd+vpr Com* Finiquitar, saldar, liquidar.

qui.te [k'iti] *adj m+f* **1** Desobligado, libre de deudas. **2** Empatado. **estar quite** no deber nada uno al otro / empatar. *você me bateu e eu bati em você; agora estamos quites* / me pegaste y yo te pegué; ahora estamos empatados.

qui.tu.te [kit'uti] *sm* Exquisitez, manjar, delicia.

r

r, R [´ɛɾi] *sm* Decimoctava letra del abecedario portugués.
rã [ɾ´ã] *sf Zool* Rana.
ra.ba.ne.te [ɾaban´eti] *sm Bot* Rábano.
ra.bi.no [ɾab´inu] *sm* Rabino.
ra.bis.car [ɾabiskˈar] *vtd+vi* **1** Borrajear, borronear, emborronar. **2** Garabatear, garrapatear.
ra.bis.co [ɾab´isku] *sm* Garabato, garrapato.
ra.bo [ɾ´abu] *sm* **1** Rabo, cola. **2** *vulg* Culo. **rabo de cavalo** coleta. **rabo de saia** mujer. *ele anda muito estranho; aposto que tem rabo de saia no meio* / él anda muy raro; seguro que anda con alguna mujer.
ra.bu.do [ɾab´udu] *adj* **1** Rabudo. **2** *fam* Suertudo. • *sm fam* Patillas, demonio, diablo.
ra.bu.gen.to [ɾabuʒ´ẽtu] *adj* Regañón, gruñón, rezongón, antipático, quisquilloso.
ra.bu.gi.ce [ɾabuʒ´isi] *sf* Mal humor, gruñido, refunfuño.
ra.ça [ɾ´asə] *sf* **1** Raza, etnia, pueblo. **2** Clase, categoría, calidad. **3** Género, especie. **4** *fam* Espíritu de lucha, determinación, osadía, coraje.
ra.ção [ɾas´ãw] *sf* **1** Ración, porción. **2** Pienso.
ra.cha [ɾ´aʃə] *sf* **1** Raja, grieta. **2** *vulg* Coño, concha.
Racha, em espanhol, tem outro significado, que é "rajada de vento".
ra.cha.do [ɾaʃ´adu] *adj* Rajado, hendido, partido.
ra.cha.du.ra [ɾaʃad´urə] *sf* Raja, grieta, hendidura, rajadura, fisura, quebradura. Veja nota em **trinca** (espanhol).

ra.char [ɾaʃ´ar] *vtd+vi+vpr* **1** Rajar, quebrantar, hender, partir, hendir, abrir. *vtd* **2** Repartir, ratear, dividir. *vamos comer pizza, mas vamos rachar a conta* / vamos a comer pizza, pero vamos a repartir la cuenta. **rachar de estudar** empollar. **rachar o bico** echarse a reír / morirse de risa.
ra.ci.al [ɾasi´aw] *adj m+f* Racial.
ra.ci.o.ci.nar [ɾasjosin´ar] *vtd+vi* Raciocinar, razonar.
ra.ci.o.cí.nio [ɾasjos´inju] *sm* Raciocinio, razón, razonamiento, ponderación.
ra.ci.o.na.do [ɾasjon´adu] *adj* Racionado.
ra.ci.o.nal [ɾasjon´aw] *adj m+f* Racional, lógico, razonable, sensato.
ra.ci.o.na.li.da.de [ɾasjonalid´adi] *sf* Racionalidad.
ra.ci.o.na.li.za.ção [ɾasjonalizas´ãw] *sf* Racionalización.
ra.ci.o.na.li.zar [ɾasjonaliz´ar] *vtd* Racionalizar, organizar.
ra.ci.o.na.men.to [ɾasjonam´ẽtu] *sm* Racionamiento.
ra.ci.o.nar [ɾasjon´ar] *vtd* Racionar.
ra.cis.mo [ɾas´izmu] *sm* Racismo.
ra.çu.do [ɾas´udu] *adj* Osado, corajoso, enérgico, animoso.
ra.dar [ɾad´ar] *sm* Rádar, radar.
ra.di.a.ção [ɾadjas´ãw] *sf* Radiación, irradiación.
ra.di.a.dor [ɾadjad´or] *sm Mec* Radiador, calefactor.
ra.di.al [ɾadi´aw] *adj m+f* Radial.
ra.di.an.te [ɾadi´ãti] *adj m+f* **1** Radiante, brillante, resplandeciente, refulgente. **2** *fig* Alegre, satisfecho, jubiloso, contento.

ra.di.cal [r̄adikʼaw] *adj m+f* **1** Radical: a) original, fundamental. b) extremoso, tajante, intransigente. **2** *fam* Brusco, difícil. *ele fez uma manobra radical e acabou sofrendo um acidente com o carro* / él hizo una maniobra brusca y sufrió un accidente con el coche. *ele faz movimentos radicais no surfe* / él hace movimientos difíciles en el surf.

ra.di.ca.li.zar [r̄adikalizʼar] *vtd+vi+vpr* Radicalizar.

rá.dio [r̄ʼadju] *sm* **1** Radio: a) *Quím* elemento químico. b) *Anat* hueso contiguo al cúbito. **2** Radirreceptor, transistor. *sf* **3** Radiodifusora.

ra.di.o.a.ti.vi.da.de [r̄adjoativdʼadi] *sf Fís* Radiactividad, radioactividad.

ra.di.o.a.ti.vo [r̄adjoatʼivu] *adj* Radiactivo, radioactivo.

ra.di.o.gra.far [r̄adjografʼar] *vtd* Radiografiar.

ra.di.o.gra.fi.a [r̄adjografʼiə] *sf* Radiografía.

ra.di.o.tá.xi [r̄adjotʼaksi] *sm* Radiotaxi.

rai.a [r̄ʼajə] *sf* Raya: a) *Ictiol* pez selacio. b) línea. c) término, frontera, límite. d) *Esp* pista.

rai.ar [r̄ajʼar] *vtd* **1** Rayar. *vtd+vi* **2** Alborear, amanecer. **3** Irradiar.

ra.i.nha [r̄aʼiɲə] *sf* Reina.

rai.o [r̄ʼaju] *sm* **1** Rayo. **2** Ámbito, esfera, area. *o desfile interrompeu o trânsito num raio de 2 quilômetros* / la parada interrumpió el tráfico en un área de 2 kilómetros.

rai.va [r̄ʼajvə] *sf* **1** Rabia, ira, agresividad. **2** Indignación, desesperación.

rai.vo.so [r̄ajvʼozu] *adj* Rabioso, furioso, airado. *Pl*: raivosos (ó).

ra.iz [r̄aʼis] *sf* **1** Raíz. **2** *fig* causa, origen. **arrancar pela raiz** arrancar de cuajo, de raíz.

ra.ja.da [r̄aʒʼadə] *sf* Ráfaga.

ra.la.dor [r̄aladʼor] *sm* Rallador.

ra.lar [r̄alʼar] *vtd+vi* **1** Rallar, desmenuzar. **2** Arañar. **3** *fig* Sudar, matarse, batallar, trabajar.

ra.lé [r̄alʼɛ] *sf* Plebe, gentuza, populacho, pueblo, vulgo.

ra.lhar [r̄aʎʼar] *vtd+vi* Regañar, reprender.

ra.li [r̄alʼi] *sm Autom* Rally.

ra.lo [r̄ʼalu] *sm* Rejilla. • *adj* Ralo, escaso.
Veja nota em **ralo** (espanhol).

ra.mal [r̄amʼaw] *sm* **1** Ramificación, rama. **2** *Telecom* Anexo, extensión.

ra.ma.lhe.te [r̄amaʎʼeti] *sm* Ramillete, bouquet, ramo, buqué, manojo.

ra.mi.fi.ca.ção [r̄amifikasʼãw] *sf* Ramificación, subdivisión.

ra.mi.fi.ca.do [r̄amifikʼadu] *adj* Ramificado, subdividido.

ra.mi.fi.car [r̄amifikʼar] *vtd+vpr* Ramificar, subdividir.

ra.mo [r̄ʼʌmu] *sm* **1** *Bot* Ramo, rama, gajo. **2** Subdivisión, especialización, parte.

ram.pa [r̄ʼãpə] *sf* Rampa, plano inclinado, palenque.

ran.cho [r̄ʼãʃu] *sm* Rancho, cabaña.

ran.ço [r̄ʼãsu] *adj+sm* Rancio.

ran.cor [r̄ãkʼor] *sm* Rencor, resentimiento.

ran.co.ro.so [r̄ãkorʼozu] *adj* Rencoroso, resentido, bilioso. *Pl*: rancorosos (ó).

ran.ço.so [r̄ãsʼozu] *adj* Rancio. *Pl*: rançosos (ó).

ran.ger [r̄ãʒʼer] *vtd+vi* Crujir, rechinar, chirriar, restallar.

ran.gi.do [r̄ãʒʼidu] *sm* Crujido, rechino, chirrido.

ran.zin.za [r̄ãzʼizə] *adj e s m+f* Huraño, rezongón, intratable, antipático, malhumorado.

ra.pa.du.ra [r̄apadʼurə] *sf* Raspadura, panela, chancaca.

ra.par [r̄apʼar] *vtd* **1** Rapar, raspar. *vtd+vpr* **2** Afeitar. **3** *fig* Limpiar, robar, sacarle todo a uno.

ra.paz [r̄apʼas] *sm* Muchacho, joven, chico.

ra.pi.da.men.te [r̄apidamʼẽti] *adv* Rápidamente.

ra.pi.dez [r̄apidʼes] *sf* **1** Rapidez, ligereza, velocidad, aceleración. **2** Presteza, agilidad, vivacidad.

rá.pi.do [r̄ʼapidu] *adj* **1** Rápido, ligero, veloz, exprés, expreso. **2** Ágil, pronto. • *adv* Rápidamente. **o mais rápido possível** a toda prisa.

ra.pi.na [r̄ap'inə] *sf* Rapiña, robo, rapacería, rapacidad.

ra.po.sa [r̄ap'ozə] *sf* Raposa: a) *Zool* zorra. b) *fig* persona astuta.

rap.só.dia [r̄aps'ɔdjə] *sf* Rapsodia.

rap.ta.do [r̄apt'adu] *adj* Raptado, secuestrado.

rap.tar [r̄apt'ar] *vtd* Raptar, secuestrar.

rap.to [r̄'aptu] *sm* Rapto, secuestro.

rap.tor [r̄apt'or] *adj+sm* Raptor, secuestrador.

ra.que.te [r̄ak'ɛti] *sf Esp* Raqueta, pala.

ra.quí.ti.co [r̄ak'itiku] *adj+sm* Raquítico, gurrumino, canijo.

ra.ra.men.te [r̄aram'ẽti] *adv* Raramente.

ra.re.ar [r̄are'ar] *vtd+vi* Rarear, escasear, enrarecer.

ra.re.fei.to [r̄aref'ejtu] *adj* Rarefacto, ralo.

ra.ri.da.de [r̄arid'adi] *sf* Raridad, rareza.

ra.ro [r̄'aru] *adj* **1** Raro, poco común. **2** Escaso. • *adv* Raramente, raro.

ra.san.te [r̄az'ãti] *adj m+f* Rasante, raso.

ras.cu.nhar [r̄askuñ'ar] *vtd* Bosquejar, esbozar, delinear.

ras.cu.nho [r̄ask'uñu] *sm* **1** Bosquejo, esbozo, anteproyecto. **2** Borrador, nota.

ras.ga.do [r̄azg'adu] *adj* Roto.

ras.gar [r̄azg'ar] *vtd+vpr* **1** Rasgar, esfarrapar, desgarrar. *vtd* **2** Herir, dilacerar. *o fim do casamento rasgou meu coração* / el fin del matrimonio me dilaceró el corazón. Veja nota em **desgarrado** (português).

ra.so [r̄'azu] *adj* **1** Raso. **2** Plano, playo, liso. **3** Superficial.

ras.pa.di.nha [r̄aspad'iñə] *sf* Raspado (refresco).

ras.pa.do [r̄asp'adu] *adj* **1** Raído. **2** Rapado, afeitado.

ras.pa.gem [r̄asp'aʒẽj] *sf* Raspado, raspadura.

ras.pão [r̄asp'ãw] *sm* Raspón, rasponazo, arañazo, escoriación. **de raspão** de refilón / de raspón.

ras.par [r̄asp'ar] *vtd* **1** Raspar, frotar. **2** Rozar. **3** Arañar.

ras.tei.ra [r̄ast'ejrə] *sf* Zancadilla, traspié.

ras.tei.ro [r̄ast'ejru] *adj* Rastrero.

ras.te.ja.dor [r̄asteʒad'or] *adj+sm* **1** Rastreador, explorador. **2** Que se arrastra que ratea.

ras.te.jan.te [r̄asteʒ'ãti] *adj m+f* Que se arrastra, que ratea.

ras.te.jar [r̄asteʒ'ar] *vtd* **1** Rastrear. *vi+vpr* **2** Ratear, arrastrarse.

ras.to [r̄'astu] *sm V* rastro.

ras.tre.a.dor [r̄astread'or] *adj+sm* Rastreador, batidor, explorador, observador.

ras.tre.a.men.to [r̄astream'ẽtu] *sm* Rastreo, cateo, búsqueda, batida.

ras.tre.ar [r̄astre'ar] *vtd* **1** Arrastrarse, ratear. *vtd+vi* **2** Rastrear.

ras.tro [r̄'astru] *sm* Rastro, huella, vestigio, pista, indicio. *Sin: rasto*.

ra.su.ra [r̄az'urə] *sf* Tachón, borrón, enmienda.

ra.su.rar [r̄azur'ar] *vtd* Tachar, enmendar. Veja nota em **rasurar** (espanhol).

ra.ta.za.na [r̄ataz'∧nə] *sf Zool* Rata.

ra.te.ar [r̄ate'ar] *vtd* **1** Ratear, distribuir, repartir. *vi* **2** Fallar, funcionar mal. *o motor do meu carro está rateando* / el motor de mi coche está fallando.

ra.tei.o [r̄at'eju] *sm* Rateo, repartición, prorrata.

ra.ti.fi.ca.ção [r̄atifikas'ãw] *sf* Ratificación, aprobación, validación, confirmación.

ra.ti.fi.ca.do [r̄atifik'adu] *adj* Ratificado, validado, confirmado.

ra.ti.fi.car [r̄atifik'ar] *vtd* Ratificar, validar, confirmar, aprobar, corroborar.

ra.to [r̄'atu] *sm* Rata: a) *Zool* ratón, laucha. b) persona despreciable. c) ratero, ladrón.

ra.to.ei.ra [r̄ato'ejrə] *sf* Ratonera.

ra.zão [r̄az'ãw] *sf* Razón.

ra.zo.á.vel [r̄azo'avew] *adj m+f* Razonable.

ra.zo.a.vel.men.te [r̄azoavewm'ẽti] *adv* Razonablemente.

ré[1] [r̄'ɛ] *sm* Rea, acusada.

ré[2] [r̄'ɛ] *Mús* Re (nota musical).

ré[3] [r̄'ɛ] *sf* **1** Popa trasera. **2** Marcha atrás. *engatou a ré e saiu* / puso marcha atrás y salió.

re.a.bas.te.cer [r̄eabastes'er] *vtd+vpr* Abastecer, proveer, suministrar.

re.a.bas.te.ci.men.to [r̄eabastesim'ẽtu] *sm* Abastecimiento, suministro, provisión.

re.a.ber.tu.ra [r̄eabert'urə] *sf* Reinicio, recomienzo, reinauguración.
re.a.bi.li.ta.ção [r̄eabilitas'ãw] *sf* Rehabilitación.
re.a.bi.li.ta.do [r̄eabilit'adu] *adj* Rehabilitado.
re.a.bi.li.tar [r̄eabilit'ar] *vtd* Rehabilitar.
re.a.brir [r̄eabr'ir] *vtd+vi+vpr* Reabrir.
re.ab.sor.ção [r̄eabsors'ãw] *sf* Reabsorción.
re.ab.sor.ver [r̄eabsorv'er] *vtd* Reabsorber.
re.a.ção [r̄eas'ãw] *sf* Reacción.
re.a.cen.der [r̄easẽd'er] *vtd+vpr* 1 Reactivar, reavivar. 2 *fig* Reanimar.
re.a.ci.o.ná.rio [r̄easjon'arju] *adj+sm* Reaccionario, retrógrado, conservador, rancio, tradicional, apegado.
re.a.dap.ta.ção [r̄eadaptas'ãw] *sf* Readaptación.
re.a.dap.tar [r̄eadapt'ar] *vtd+vpr* Readaptar, reeducar, reacomodar.
re.ad.mis.são [r̄eadmis'ãw] *sf* Readmisión.
re.ad.mi.tir [r̄eadmit'ir] *vtd* Readmitir.
re.a.fir.mar [r̄eafirm'ar] *vtd* Reafirmar.
re.a.gen.te [r̄eaʒ'ẽti] *adj+sm Quím* Reactivo, reactor.
re.a.gir [r̄eaʒ'ir] *vtd+vi* 1 Reaccionar, reactivar, recobrar la actividad. 2 Defenderse, rechazar un ataque, oponerse, luchar.
re.a.gru.par [r̄eagrup'ar] *vtd+vpr* Reagrupar.
re.a.jus.tar [r̄eaʒ'ustar] *vtd* Reajustar, readaptar, adecuar.
re.al[1] [r̄e'aw] *adj m+f* Real, verdadero. **cair na real** darse cuenta / volver a la realidad.
re.al[2] [r̄e'aw] *adj m+f* Real, regio.
re.al[3] [r̄e'aw] *sm* Real (moneda brasileña).
re.al.çar [r̄eaws'ar] *vtd+vpr* Realzar, resaltar, agrandar, destacar, acentuar.
re.al.ce [r̄e'awsi] *sm* Realce.
re.a.len.go [r̄eal'ẽgu] *adj* Realengo.
re.a.le.za [r̄eal'ezə] *sf* Realeza.
re.a.li.da.de [r̄ealid'adi] *sf* Realidad.
re.a.lis.mo [r̄eal'izmu] *sm* Realismo.
re.a.lis.ta [r̄eal'istə] *adj e s m+f* Realista.
re.a.li.za.ção [r̄ealizas'ãw] *sf* 1 Realización, acto, ejecución, producción. 2 Satisfacción.

re.a.li.za.do [r̄ealiz'adu] *adj* 1 Realizado, hecho. 2 Satisfecho.
re.a.li.za.dor [r̄ealizad'or] *adj+sm* Realizador, productor.
re.a.li.zar [r̄ealiz'ar] *vtd+vpr* 1 Realizar, hacer, producir. 2 Realizarse, lograr su objetivo.
re.a.li.zá.vel [r̄ealiz'avew] *adj m+f* Realizable, posible, viable.
re.al.men.te [r̄eawm'ẽti] *adv* Realmente.
re.a.ni.mar [r̄eanim'ar] *vtd* 1 Reanimar, vivificar. *vtd+vpr* 2 Cobrar aliento.
re.a.pa.re.cer [r̄eapares'er] *vi* Reaparecer, resurgir.
re.a.pa.re.ci.men.to [r̄eaparesim'ẽtu] *sf* Reaparición, resurgimiento.
re.a.pre.sen.ta.ção [r̄eaprezẽtas'ãw] *sf* Reexhibición.
re.a.pre.sen.tar [r̄eaprezẽt'ar] *vtd* Reexhibir.
re.a.pro.vei.tar [r̄eaprovejt'ar] *vtd* Reaprovechar.
re.as.sen.ta.men.to [r̄easẽtam'ẽtu] *sm* Reasentamiento.
re.as.sen.tar [r̄easẽt'ar] *vtd+vi+vpr* Reasentar.
re.as.su.mir [r̄easum'ir] *vtd* Reasumir.
re.a.ta.men.to [r̄eatam'ẽtu] *sm* Reanudación.
re.a.tar [r̄eat'ar] *vtd* Reanudar.
re.a.ti.var [r̄eativ'ar] *vtd+vpr* Reactivar.
re.a.ti.vi.da.de [r̄eativid'adi] *sf* Reactividad.
re.a.ti.vo [r̄eat'ivu] *adj* Reactivo.
re.a.tor [r̄eat'or] *sm Fís* Reactor.
re.a.ver [r̄eav'er] *vtd* Recuperar, reintegrar.
re.a.vi.var [r̄eaviv'ar] *vtd* Reavivar, reanimar.
re.bai.xa.do [r̄ebajʃ'adu] *adj* Rebajado.
re.bai.xa.men.to [r̄ebajʃam'ẽtu] *sm* Rebajamiento, rebaja.
re.bai.xar [r̄ebajʃ'ar] *vtd+vi+vpr* 1 Rebajar, bajar. *vtd* 2 Disminuir (precio). *vtd+vpr* 3 *fig* Humillar.
re.ba.nho [r̄eb'ʌñu] *sm* Rebaño.
re.bar.ba [r̄eb'arbə] *sf* Rebaba, reborde.
re.ba.ter [r̄ebat'er] *vtd* 1 Rebatir, rebotar. 2 Reforzar, redoblar. 3 Refutar, contradecir con argumentos.

re.be.la.do [r̄ebel'adu] *adj* Rebelado.
re.be.lar [r̄ebel'ar] *vtd+vpr* Rebelar, sublevar, indisciplinarse, insubordinarse.
re.bel.de [r̄eb'ɛwdi] *adj* e *s m+f* Rebelde, insurrecto, agitador, indócil.
re.bel.di.a [r̄ebewd'iə] *sf* Rebeldía, desobediencia, insubordinación, indisciplina, indocilidad.
re.be.li.ão [r̄ebeli'ãw] *sf* Rebelión, revuelta, levantamiento, rebeldía, insurrección, revolución, tumulto, sublevación.
re.ben.tar [r̄ebẽt'ar] *vtd+vi* **1** Reventar. **2** Brotar. a) *Bot* germinar, romper. b) manar. c) empezar a manifestarse.
re.ben.to [r̄eb'ẽtu] *sm* **1** *Bot* Retoño, brote, pimpollo, renuevo, hijuelo. **2** *fig* Hijo, descendente. **3** *fig* Fruto, resultado, producto.
re.bi.te [r̄eb'iti] *sm* Remache, roblón.
re.bo.bi.nar [r̄ebobin'ar] *vtd* Rebobinar.
re.bo.car [r̄ebok'ar] *vtd* **1** Revocar, enyesar, blanquear. **2** Remolcar, arrastrar, atoar.
re.bo.co [r̄eb'oku] *sm* Revoque, revoco.
re.bo.la.do [r̄ebol'adu] *sm* Bamboleo (de los cuadriles). **perder o rebolado** desconcertarse.
re.bo.lar [r̄ebol'ar] *vtd+vpr* Bambolear(se), menear(se).
re.bo.que [r̄eb'ɔki] *sm* Remolque, revoco, reboque.
re.bu [r̄eb'u] *sm fam* Alboroto, jaleo, tumulto, bulla, pendencia, pelea, confusión.
re.bu.li.ço [r̄ebul'isu] *sm fam* Alboroto, jaleo, tumulto, bulla.
re.bus.ca.do [r̄ebusk'adu] *adj* Rebuscado.
re.bus.ca.men.to [r̄ebuskam'ẽtu] *sm* Rebuscamiento.
re.ca.das.tra.men.to [r̄ekadastram'ẽtu] *sm* Nuevo empadronamiento, nuevo censo.
re.ca.das.trar [r̄ekadastr'ar] *vtd* Registrar de nuevo, empadronar, hacer el censo otra vez.
re.ca.do [r̄ek'adu] *sm* Recado, aviso, mensaje.
re.caí.da [r̄eka'idə] *sf* Recaída, reincidencia.
re.ca.ir [r̄eka'ir] *vtd+vi* Recaer.

re.cal.ca.do [r̄ekawk'adu] *adj* **1** Muy calcado. **2** Traumatizado.
re.cal.car [r̄ekawk'ar] *vtd* **1** Recalcar. **2** Reprimir, bloquear.
re.cal.que [r̄ek'awki] *sm* Recalcadura.
re.ca.mar [r̄ekam'ar] *vtd* Recamar.
re.cam.bi.ar [r̄ekãbi'ar] *vtd Com* Recambiar.
re.can.to [r̄ek'ãtu] *sm* Retiro, reducto, rincón, refugio.
re.ca.par [r̄ekap'ar] *vtd V* recapear.
re.ca.pe.a.men.to [r̄ekapeam'ẽtu] *sm* Nuevo revestimiento (de calles, de neumáticos).
re.ca.pe.ar [r̄ekape'ar] *vtd* **1** Revestir, pavimentar calles. **2** Recauchutar. *Sin. recapar.*
re.ca.pi.ta.li.zar [r̄ekapitaliz'ar] *vtd* Recapitalizar.
re.ca.pi.tu.la.ção [r̄ekapitulas'ãw] *sf* **1** Recapitulación, resumen, síntesis. **2** Revisión.
re.ca.pi.tu.lar [r̄ekapitul'ar] *vtd* **1** Recapitular, revisar, repasar. **2** Resumir, compendiar.
re.cap.tu.rar [r̄ekaptur'ar] *vtd* Recapturar.
re.car.re.gar [r̄ekar̄eg'ar] *vtd+vpr* Recargar.
re.ca.ta.do [r̄ekat'adu] *adj* Recatado, púdico, pudoroso, pudibundo.
re.ca.tar [r̄ekat'ar] *vtd+vpr* **1** Recatar. **2** Resguardar, cautelarse.
re.ca.to [r̄ek'atu] *sm* **1** Cautela, precaución, reserva. **2** Recato, decoro, pundonor, vergüenza, respetos.
re.cau.chu.ta.do [r̄ekawʃut'adu] *adj* Recauchutado.
re.cau.chu.tar [r̄ekawʃut'ar] *vtd* **1** Recauchutar. **2** *fig* Restaurar, reconstituir.
re.ce.ar [r̄ese'ar] *vtd+vpr* Recelar, temer, dudar.
re.ce.be.dor [r̄esebed'or] *adj+sm* Recibidor, cobrador, tesorero.
re.ce.ber [r̄eseb'er] *vtd* Recibir. Veja nota em **recibir**.
re.ce.bi.men.to [r̄esebim'ẽtu] *sm* **1** Recibimiento, recepción, acogida. **2** Recaudación, cobranza, cobro.
re.cei.o [r̄es'eju] *sm* Recelo, aprensión, miedo, escrúpulo.

re.cei.ta [r̃es'ejtə] *sf* **1** *Com* Entrada, ingreso. **2** Receta, fórmula, recetario. **Receita Federal** Réditos Federales.
re.cei.tar [r̃esejt'ar] *vtd+vi* Recetar, prescribir, indicar.
re.cei.tu.á.rio [r̃esejtu'arju] *sm* Recetario.
re.cém [r̃es'ẽj] *adv* Recién.
re.cém-ca.sa.do [r̃es'ẽjkaz'adu] *adj+sm* Recién casado. *Pl: recém-casados.*
re.cém-che.ga.do [r̃es'ẽjʃeg'adu] *adj+sm* Recién llegado. *Pl: recém-chegados.*
re.cém-nas.ci.do [r̃es'ẽjnas'idu] *adj+sm* Recién nacido. *Pl: recém-nascidos.*
re.cém-pu.bli.ca.do [r̃es'ẽjpublik'adu] *adj+sm* Recién publicado. *Pl: recém-publicados.*
re.cen.der [r̃esẽd'er] *vtd* Oler, exhalar, emanar olor.
re.cen.se.a.men.to [r̃esẽseam'ẽtu] *sm* Empadronamiento, censo, inventario.
re.cen.se.ar [r̃esẽse'ar] *vtd* Empadronar, censar, inventariar.
re.cen.te [r̃es'ẽti] *adj m+f* Reciente.
re.cen.te.men.te [r̃esẽtem'ẽti] *adv* Recientemente.
re.ce.o.so [r̃ese'ozu] *adj* Receloso, temeroso, miedoso. *Pl: receosos (ó).*
re.cep.ção [r̃eseps'ãw] *sf* Recepción.
re.cep.ci.o.nar [r̃esepsjon'ar] *vtd+vi* Recibir, recepcionar, agasajar.
re.cep.ci.o.nis.ta [r̃esepsjon'istə] *adj e s m+f* Recepcionista.
re.cep.ta.ção [r̃eseptas'ãw] *sf* Receptación.
re.cep.tá.cu.lo [r̃esept'akulu] *sm* Receptáculo.
re.cep.ta.dor [r̃eseptad'or] *adj+sm* Receptador, perista.
re.cep.tar [r̃esept'ar] *vtd* Receptar, ocultar, encubrir.
re.cep.ti.vi.da.de [r̃eseptivid'adi] *sf* Receptividad.
re.cep.ti.vo [r̃esept'ivu] *adj* Receptivo.
re.cep.tor [r̃esept'or] *adj+sm* Receptor.
re.ces.são [r̃eses'ãw] *sf* Recesión.
re.ces.si.vo [r̃eses'ivu] *adj* Recesivo.
re.ces.so [r̃es'ɛsu] *sm* Receso.
re.cha.çar [r̃eʃas'ar] *vtd* Rechazar, refutar, rehusar, repeler, repulsar.

re.che.a.do [r̃eʃe'adu] *adj* Relleno, lleno.
re.che.ar [r̃eʃe'ar] *vtd* **1** Rellenar, henchir, llenar. *vtd+vpr* **2** *fig* Enriquecer, adinerarse.
re.chei.o [r̃eʃ'eju] *sm* Relleno.
re.chon.chu.do [r̃eʃõʃ'udu] *adj* Rechoncho, gordinflón, regordete, repolludo.
re.ci.bo [r̃es'ibu] *sm* Recibo, recibí, acuse de recibo.
re.ci.cla.gem [r̃esikl'aʒẽj] *sf* Reciclaje.
re.ci.clar [r̃esikl'ar] *vtd+vpr* Reciclar.
re.ci.fe [r̃es'ifi] *sm* Arrecife.
re.cin.to [r̃es'ĩtu] *sm* Recinto.
re.ci.pi.en.te [r̃esipi'ẽti] *sm* Recipiente.
re.ci.pro.ca.men.te [r̃esiprokam'ẽti] *adv* Recíprocamente, mutuamente.
re.ci.pro.ci.da.de [r̃esiprosid'adi] *sf* Reciprocidad, correspondencia, correlación, relación.
re.cí.pro.co [r̃es'iproku] *adj* Recíproco, mutuo.
re.ci.tal [r̃esit'aw] *sm* Recital: a) lectura, recitación, declamación. b) *Mús* concierto, audición.
re.ci.tar [r̃esit'ar] *vtd* Recitar.
re.cla.ma.ção [r̃eklamas'ãw] *sf* **1** Reclamación, queja, exigencia. **2** Apelación, reclamo.
re.cla.mar [r̃eklam'ar] *vtd+vi* **1** Reclamar, exigir, requerir. *vtd* **2** Protestar, quejarse.
re.cli.na.do [r̃eklin'adu] *adj* Reclinado, recostado, inclinado.
re.cli.nar [r̃eklin'ar] *vtd+vpr* Reclinar, inclinar, recostar.
re.clu.são [r̃ekluz'ãw] *sf* Reclusión, encarcelamiento, encierro, clausura.
re.clu.so [r̃ekl'uzu] *adj+sm* **1** Recluso, preso, encarcelado, cautivo. **2** Aislado.
re.co.brar [r̃ekobr'ar] *vtd* **1** Recobrar, readquirir, restaurar. *vpr* **2** Cobrarse, recuperarse, rehacerse.
re.co.brir [r̃ekobr'ir] *vtd+vpr* Recubrir.
re.co.lher [r̃ekoʎ'er] *vpr* **1** Recogerse, retirarse, apartarse. *vtd+vpr* **2** Juntar, reunir. *vtd* **3** Coger. **4** Recolectar (frutos). **5** Albergar, abrigar, alojar. **6** Encerrar.
re.co.lhi.men.to [r̃ekoʎim'ẽtu] *sm* **1** Recogimiento, asilo, recogida. **2** Cobranza, cobro. Veja nota em **coleta** (espanhol).

re.co.lo.car [r̃ekolok'ar] *vtd* Reponer: volver a poner.
re.co.me.çar [r̃ekomes'ar] *vtd* Recomenzar.
re.co.me.ço [r̃ekom'esu] *sm* Recomienzo.
re.co.men.da.ção [r̃ekomẽdas'ãw] *sf* **1** Recomendación. **2 recomendações** *pl* Cumplimientos, saludos, encomiendas, recuerdos.
re.co.men.da.do [r̃ekomẽd'adu] *adj+sm* Recomendado.
re.co.men.dar [r̃ekomẽd'ar] *vtd* Recomendar.
re.co.men.dá.vel [r̃ekomẽd'avew] *adj m+f* Recomendable.
re.com.pen.sa [r̃ekõp'ẽsə] *sf* Recompensa, gratificación.
re.com.pen.sa.dor [r̃ekõpẽsad'or] *adj+sm* Gratificante.
re.com.pen.sar [r̃ekõpẽs'ar] *vtd* Recompensar.
re.com.por [r̃ekõp'or] *vtd+vpr* Recomponer, reconstituir, arreglar.
re.côn.ca.vo [r̃ek'õkavu] *sm* Concavidad, cavidad, cueva.
re.con.ci.li.a.ção [r̃ekõsiljas'ãw] *sf* Reconciliación.
re.con.ci.li.ar [r̃ekõsili'ar] *vtd+vpr* Reconciliar.
re.côn.di.to [r̃ek'õditu] *adj* Recóndito.
re.con.for.tan.te [r̃ekõfort'ãti] *adj+sm* Reconfortante.
re.con.for.tar [r̃ekõfort'ar] *vtd+vpr* Reconfortar, reanimar.
re.co.nhe.cer [r̃ekoñes'er] *vtd* Reconocer.
re.co.nhe.ci.da.men.te [r̃ekoñesidam'ẽti] *adv* Reconocidamente.
re.co.nhe.ci.do [r̃ekoñes'idu] *adj* Reconocido.
re.co.nhe.ci.men.to [r̃ekoñesim'ẽtu] *sm* **1** Reconocimiento, identificación. **2** Inspección. **3** Gratitud, agradecimiento.
re.co.nhe.cí.vel [r̃ekoñes'ivew] *adj m+f* Reconocible.
re.con.quis.tar [r̃ekõkist'ar] *vtd* Reconquistar.
re.con.si.de.rar [r̃ekõsider'ar] *vtd* Reconsiderar.
re.cons.ti.tu.ir [r̃ekõstitu'ir] *vtd* Reconstituir.

re.cons.tru.ção [r̃ekõstrus'ãw] *sf* Reconstrucción, reconstitución.
re.cons.tru.ir [r̃ekõstru'ir] *vtd* **1** Reconstruir, reedificar, restaurar. **2** Rehabilitar.
re.con.ta.gem [r̃ekõt'aʒẽj] *sf* Recuento.
re.con.tar [r̃ekõt'ar] *vtd* Recontar.
re.cor.da.ção [r̃ekordas'ãw] *sf* Recordación, recuerdo.
re.cor.dar [r̃ekord'ar] *vtd+vpr* Recordar.
re.cor.de [r̃ek'ɔrdi] *adj+sm* Récord.
re.cor.dis.ta [r̃ekord'istə] *adj* e *s m+f* Recordista.
re.cor.ren.te [r̃ekoř'ẽti] *adj* e *s m+f* Recurrente.
re.cor.rer [r̃ekoř'er] *vtd* **1** Recurrir, recorrer. **2** Acudir.
re.cor.tar [r̃ekort'ar] *vtd* Recortar, cortar.
re.cor.te [r̃ek'ɔrti] *sm* Recorte.
re.cos.tar [r̃ekost'ar] *vtd+vpr* Recostar, inclinar, reclinar.
re.cos.to [r̃ek'ostu] *sm* Recuesto.
re.cre.a.ção [r̃ekreas'ãw] *sf* Recreación, recreo.
re.cre.ar [r̃ekre'ar] *vtd+vpr* Recrear, divertir, alegrar.
re.cre.a.ti.vo [r̃ekreat'ivu] *adj* Recreativo, animado, divertido.
re.crei.o [r̃ekr'eju] *sm* Recreo.
re.cri.mi.na.ção [r̃ekriminas'ãw] *sf* Recriminación, represión, reprimenda.
re.cri.mi.nar [r̃ekrimin'ar] *vtd* Recriminar, censurar, reconvenir.
re.cru.des.cer [r̃ekrudes'er] *vi* Recrudecer, agravarse, incrementarse.
re.cru.des.ci.men.to [r̃ekrudesim'ẽtu] *sm* Recrudecimiento, intensificación, agravamiento.
re.cru.ta [r̃ekr'utə] *sm Mil* Recluta, soldado, conscripto.
re.cru.ta.men.to [r̃ekrutam'ẽtu] *sm Mil* reclutamiento, alistamiento.
re.cru.tar [r̃ekrut'ar] *vtd Mil* Reclutar, regimentar, levar, inscribir, alistar, incorporar, enganchar.
re.cu.a.do [r̃eku'adu] *adj* **1** Reculado. **2** Remoto, aislado, lejano, distante, lejos, alejado, apartado.
re.cu.ar [r̃eku'ar] *vtd+vi* Retroceder, recular, cejar.

re.cu.o [r̄ek'wu] *sm* Retroceso, reculada, retirada, alejamiento.

re.cu.pe.ra.ção [r̄ekuperas'ãw] *sf* Recuperación, reconquista, rehabilitación, regeneración.

re.cu.pe.ra.do [r̄ekuper'adu] *adj* Recuperado.

re.cu.pe.rar [r̄ekuper'ar] *vtd+vpr* Recuperar.

re.cu.pe.rá.vel [r̄ekuper'avew] *adj m+f* Recuperable.

re.cur.so [r̄ek'ursu] *sm* 1 Recurso, expediente. 2 **recursos** *pl* Recursos, bienes.

re.cur.va.do [r̄ekurv'adu] *adj* Encorvado, inclinado.

re.cur.var [r̄ekurv'ar] *vtd+vpr* Encorvar, inclinar.

re.cu.sa [r̄ek'uzə] *sf* Rechazo, denegación, resistencia.

re.cu.sa.do [r̄ekuz'adu] *adj* Recusado, rehusado.

re.cu.sar [r̄ekuz'ar] *vtd+vpr* Recusar, rechazar, rehusar, denegar.

re.cu.sá.vel [r̄ekuz'avew] *adj m+f* Recusable.

re.da.ção [r̄edas'ãw] *sf* Redacción.

re.da.tor [r̄edat'or] *adj+sm* Redactor.

re.de [r̄'edi] *sf* 1 Red. 2 Hamaca.

ré.dea [r̄'edjə] *sf* Rienda, arreos.

re.de.fi.nir [r̄edefin'ir] *vtd* Redefinir.

re.de.mo.i.nho [r̄edemo'iñu] *sm* Remolino, torbellino.

re.den.ção [r̄edẽs'ãw] *sf* Redención.

re.den.tor [r̄edẽt'or] *adj+sm* Redentor.

re.di.gir [r̄ediʒ'ir] *vtd+vi* Redactar, escribir.

re.dil [r̄ed'iw] *sm* Redil. *Pl*: redis.

re.di.mir [r̄edim'ir] *vtd+vpr* Redimir, eximir, rescatar, salvar, perdonar, liberar.

re.dis.tri.bu.i.ção [r̄edistribujs'ãw] *sf* Redistribución.

re.dis.tri.bu.ir [r̄edistribu'ir] *vtd* Redistribuir.

re.do.bra.do [r̄edobr'adu] *adj* Redoblado.

re.do.brar [r̄edobr'ar] *vtd+vi+vpr* Redoblar, aumentar.

re.do.ma [r̄ed'omə] *sf* 1 Urna. 2 *fig* Refugio.

re.don.de.za [r̄edõd'ezə] *sf* 1 Vecindario, vecindad, entorno, alrededor. 2 **redondezas** *pl* Cercanías, aledaños, alrededores.

re.don.do [r̄ed'õdu] *adj* Redondo.

re.dor [r̄ed'ɔr] *sm* Redor, rededor, contorno.

re.du.ção [r̄edus'ãw] *sf* Reducción, aminoración, disminución.

re.dun.dân.cia [r̄edũd'ãsjə] *sf* Redundancia, repetición.

re.dun.dan.te [r̄edũd'ãti] *adj m+f* Redundante.

re.dun.dar [r̄edũd'ar] *vi* Redundar.

re.du.pli.car [r̄eduplik'ar] *vtd+vi* Reduplicar, redoblar.

re.du.tí.vel [r̄edut'ivew] *adj m+f* Reductible, reducible.

re.du.to [r̄ed'utu] *sm* Reducto.

re.du.zi.do [r̄eduz'idu] *adj* Reducido.

re.du.zir [r̄eduz'ir] *vtd+vpr* 1 Reducir, achicar, aminorar, disminuir. 2 Suavizar, ablandar. *vtd* 3 Subyugar, vencer, someter, dominar. 4 Abreviar, acortar. 5 Limitar, restringir. 6 Traducir.

re.du.zí.vel [r̄eduz'ivew] *adj m+f* Reducible, reductible.

re.e.di.ção [r̄eedis'ãw] *sf* Reedición.

re.e.le.ger [r̄eeleʒ'er] *vtd* Reelegir.

re.e.lei.ção [r̄eelejs'ãw] *sf* Reelección.

re.em.bol.sar [r̄eẽbows'ar] *vtd+vpr* 1 Reembolsar, devolver, restituir. 2 Indemnizar, resarcir.

re.em.bol.sá.vel [r̄eẽbows'avew] *adj m+f* Reembolsable, restituible.

re.em.bol.so [r̄eẽb'owsu] *sm* Reembolso, restitución, reintegro.

re.en.car.na.ção [r̄eẽkarnas'ãw] *sf* Reencarnación.

re.en.car.nar [r̄eẽkarn'ar] *vi+vpr* Reencarnar.

re.en.con.trar [r̄eẽkõtr'ar] *vtd+vpr* Reencontrar.

re.en.con.tro [r̄eẽk'õtru] *sm* Reencuentro.

re.fa.zer [r̄efaz'er] *vtd* 1 Rehacer, reconstituir, reconstruir. 2 Restaurar, recuperar, reparar, reformar. 3 Enmendar, corregir. 4 Indemnizar. *vtd+vpr* 5 Restablecerse, fortalecerse.

re.fei.ção [r̄efejs'ãw] *sf* Comida.

re.fei.tó.rio [r̄efejt'ɔrju] *sm* Comedor.

re.fém [r̄ef'ẽj] *s m+f* Rehén.

re.fe.rên.cia [r̄efer'ẽsjə] *sf* **1** Referencia, mención, alusión. **2** Observación, nota, comentario. **3** Relación, correlación, correspondencia. **4 referências** *pl* Recomendación.

re.fe.ren.do [r̄efer'ẽdu] *sm* Referéndum.

re.fe.ren.te [r̄efer'ẽti] *adj m+f* Referente, alusivo, pertinente, concerniente, relativo.

re.fe.ri.do [r̄efer'idu] *adj* Referido, mencionado, dicho.

re.fe.rir [r̄efer'ir] *vtd* **1** Referir, contar, narrar, relatar. **2** Exponer, alegar, citar. *vtd+vpr* **3** Aludir, mencionar, nombrar, referirse.

re.fil [r̄ef'iw] *sm* Repuesto, recambio. *Pl: refis*.

re.fil.ma.gem [r̄efiwm'aʒẽj] *sf* Refilmación.

re.fi.na.da.men.te [r̄efinadam'ẽti] *adv* Refinadamente.

re.fi.na.do [r̄efin'adu] *adj* **1** Refinado, depurado, purificado. **2** *fig* Distinguido, elegante, educado, pulido.

re.fi.na.men.to [r̄efinam'ẽtu] *sm* **1** Refinación, purificación, depuración. **2** Refinamiento, primor, distinción, exquisitez. Veja nota em **apuro** (espanhol).

re.fi.nan.ci.a.men.to [r̄efinãsjam'ẽtu] *sm* Refinanciamiento, refinanciación.

re.fi.nan.ci.ar [r̄efinãsi'ar] *vtd* Refinanciar.

re.fi.nar [r̄efin'ar] *vtd* **1** Refinar, depurar, purificar. **2** *fig* Perfeccionar, mejorar, esmerar, apurar.

re.fi.na.ri.a [r̄efinar'iə] *sf* Refinería.

re.fle.ti.do [r̄eflet'idu] *adj* **1** Reflejado. **2** Reflexionado, pensado.

re.fle.tir [r̄eflet'ir] *vtd+vi* **1** Reflejar, reflectar. **2** Reflexionar, meditar.

re.fle.tor [r̄eflet'or] *adj+sm Eletr* Reflector.

re.fle.xão [r̄efleks'ãw] *sf* **1** Reflexión, pensamiento, ponderación. **2** *Fís* Reflectación.

re.fle.xi.vo [r̄efleks'ivu] *adj* Reflexivo.

re.fle.xo [r̄efl'eksu] *adj* Reflejo, automático, involuntario, maquinal. • *sm* Reflejo.

re.flo.res.ta.men.to [r̄eflorestam'ẽtu] *sm* Reforestación.

re.flu.xo [r̄efl'uksu] *sm* Reflujo.

re.fo.gar [r̄efog'ar] *vtd* Rehogar, guisar, estofar, sofreír.

re.for.ça.do [r̄efors'adu] *adj* Reforzado, fortalecido, fortificado, vigorizado, robustecido.

re.for.çar [r̄efors'ar] *vtd+vpr* **1** Reforzar, fortificar. *vtd* **2** Engrosar, aumentar. **3** Reanimar, rehacer. **4** Afirmar, corroborar, asegurar.

re.for.ço [r̄ef'orsu] *sm* Refuerzo, ayuda, auxilio. *Pl: reforços (ó)*.

re.for.ma [r̄ef'ɔrmə] *sf* **1** Reforma, renovación, restauración. **2** Mejora, progreso, mejoramiento. **3** *Mil* Jubilación.

re.for.ma.do [r̄eform'adu] *adj+sm* **1** Reformado, restaurado. **2** Corregido, enmendado. **3** *Mil* Jubilado, retirado.

re.for.mar [r̄eform'ar] *vtd* **1** Reformar, regenerar, reconstruir. **2** Corregir, enmendar. **3** Renovar, transformar. *vtd+vpr* **4** *Mil* Jubilar(se), retirar(se).

re.for.ma.tó.rio [r̄eformat'ɔrju] *sm* Reformatorio, correccional, internado.

re.frão [r̄efr'ãw] *sm* **1** Refrán, estribillo. **2** Proverbio, dicho, máxima.

re.fra.tá.rio [r̄efrat'arju] *adj* **1** Refractario. **2** Insumiso, rebelde, desobediente, reacio. **3** *fig* Insensible, indiferente.

re.fre.ar [r̄efre'ar] *vtd* **1** Refrenar, reprimir, retener, frenar. **2** Dominar, sujetar. *vtd+vpr* **3** Comedirse, refrenarse, comportarse.

re.fres.can.te [r̄efresk'ãti] *adj m+f* Refrescante, fresco.

re.fres.car [r̄efresk'ar] *vtd+vi+vpr* **1** Refrescar, enfriar, refrigerar. **2** Aliviar, suavizar. *vtd+vpr* **3** Reanimar(se), restablecer(se).

re.fres.co [r̄efr'esku] *sm* **1** Refresco, jugo. **2** *fig* Alivio.

re.fri.ge.ra.dor [r̄efriʒerad'or] *adj* Refrigerador. • *sm* Refrigerador, heladera, nevera, frigorífico.

re.fri.ge.ran.te [r̄efriʒer'ãti] *adj m+f* Refrigerante, refrescante. • *sm* Gaseosa. Veja nota em **refrigerante** (espanhol).

re.fri.ge.rar [r̄efriʒer'ar] *vtd* **1** Refrigerar, helar, enfriar. *vtd+vpr* **2** Refrescar(se). **3** *fig* Aliviar, suavizar.

re.fu.gi.a.do [r̄efuʒi'adu] *adj+sm* Refugiado.

re.fu.gi.ar [r̄efuʒi′ar] *vpr* **1** Refugiarse, retirarse, recogerse. **2** Expatriarse. **3** Defenderse, resguardarse.

re.fú.gio [r̄ef′uʒju] *sm* **1** Refugio, asilo, cobijo. **2** Amparo, protección. **3** Escondrijo.

re.fu.go [r̄ef′ugu] *sm* Desecho, resto, sobra.

re.fu.ta.ção [r̄efutas′ãw] *sf* Refutación.

re.fu.tar [r̄efut′ar] *vtd* **1** Refutar, contradecir, negar. **2** Rehusar, rechazar, recusar. **3** Argumentar, argüir, discutir.

re.ga.dor [r̄egad′or] *adj* Regador. • *sm* Regadera.

re.ga.li.a [r̄egal′iə] *sf* Regalía, prerrogativa, privilegio, preeminencia, excepción, ventaja.

re.ga.lo [r̄eg′alu] *sm* Regalo, agrado, deleite.

> Apesar de terem o mesmo significado em ambos os idiomas, em espanhol a palavra **regalo** é usada exclusivamente para designar "presente".

re.gar [r̄eg′ar] *vtd* Regar.

re.ga.ta [r̄eg′atə] *sf Esp* Regata.

re.ga.te.ar [r̄egate′ar] *vtd+vi* Regatear, debatir precio.

re.ga.tei.o [r̄egat′eju] *sm* Regateo.

re.ge.ne.rar [r̄eʒener′ar] *vtd+vpr* **1** Regenerar, renacer. *vtd* **2** Restaurar, reconstituir. *vpr* **3** Rehabilitarse, regenerarse, enmendarse, corregirse.

re.gen.te [r̄eʒ′ẽti] *adj m+f* Regente, dirigente. • *s m+f* **1** Regente. **2** *Mús* Maestro.

re.ger [r̄eʒ′er] *vtd+vi+vpr* **1** Regir, gobernar, reinar. *vtd* **2** Dirigir.

re.gi.ão [r̄eʒi′ãw] *sf* Región.

re.gi.me [r̄eʒ′imi] *sm* **1** Régimen, sistema. **2** Dieta.

re.gi.men.to [r̄eʒim′ẽtu] *sm* Regimiento, reglamento, régimen, estatuto.

re.gi.o.nal [r̄eʒjon′aw] *adj m+f* Regional, local, provincial.

re.gis.tra.do [r̄eʒistr′adu] *adj* **1** Registrado, matriculado, inscripto. **2** Anotado, apuntado.

re.gis.trar [r̄eʒistr′ar] *vtd+vpr* **1** Registrar, inscribir, matricular. *vtd* **2** Anotar, apuntar.

re.gis.tro [r̄eʒ′istru] *sm* **1** Registro, inscripción. **2** Apunte, anotación. **3** Padrón, matrícula. **4** Reloj, medidor.

re.go.zi.jar [r̄egoziʒ′ar] *vtd+vpr* Regocijar, alegrar.

re.gra [r̄′ɛgrə] *sf* **1** Regla, principio, norma, ley. **2** Pauta, línea (de la escritura). **3 regras** *pl* Regla, menstruación, mes.

re.gra.va.ção [r̄egravas′ãw] *sf* Regrabación.

re.gra.var [r̄egrav′ar] *vtd* Regrabar.

re.gre.dir [r̄egred′ir] *vi* Retroceder, retornar, remontarse.

re.gres.são [r̄egres′ãw] *sf* Regresión, retroceso, retrocesión, retorno, reculada.

re.gres.sar [r̄egres′ar] *vtd+vi* Regresar, retornar, volver.

re.gres.so [r̄egr′ɛsu] *sm* Regreso, vuelta, retorno.

ré.gua [r̄′ɛgwə] *sf* Regla.

re.gu.la.men.tar[1] [r̄egulamẽt′ar] *adj m+f* Reglamentario, regular.

re.gu.la.men.tar[2] [r̄egulamẽt′ar] *vtd* Reglamentar, regular.

re.gu.la.men.to [r̄egulam′ẽtu] *sm* Reglamento, estatuto, ordenanza, norma, ordenación.

re.gu.lar[1] [r̄egul′ar] *adj m+f* **1** Regular. **2** Proporcionado. **3** Mediano. **4** Razonable. **não regular bem** no carburar. *acho que ele não regula bem... está sempre arrumando confusão* / me parece que él no carbura... está siempre armando lío.

re.gu.lar[2] [r̄egul′ar] *vtd* **1** Regular, reglar. **2** Moderar, suavizar. **3** Ajustar, arreglar. **4** *fig* Carburar.

re.gu.la.ri.da.de [r̄egularid′adi] *sf* Regularidad.

re.gu.la.ri.zar [r̄eguלariz′ar] *vtd+vpr* Regularizar, normalizar, regular, reglar.

re.gu.lar.men.te [r̄egularm′ẽti] *adv* Regularmente.

re.gur.gi.tar [r̄egurʒit′ar] *vtd+vi* **1** Regurgitar, rebosar. **2** Vomitar.

rei [r̄′ej] *sm* Rey. **ter o rei na barriga** ser presumido.

re.im.pres.são [r̄eĩpres′ãw] *sf* Reimpresión.

re.im.pri.mir [r̄eĩprim′ir] *vtd* Reimprimir.

rei.na.do [r̄ejn′adu] *sm* Reinado.

rei.nar [r̄ejn'ar] *vi* Reinar, gobernar, regir.
re.in.ci.dên.cia [r̄eĩsid'ẽsjə] *sf* **1** Reincidencia, recaída. **2** Obstinación, terquedad, insistencia.
re.in.ci.den.te [r̄eĩsid'ẽti] *adj* e *s m+f* Reincidente.
re.in.ci.dir [r̄eĩsid'ir] *vtd+vi* Reincidir, recaer, repetir, reiterar.
re.i.ni.ci.ar [r̄ejnisi'ar] *vtd* Reiniciar, recomenzar.
re.i.ní.cio [r̄ejn'isju] *sm* Reinicio, recomienzo.
rei.no [r̄'ejnu] *sm* Reino.
re.in.te.grar [r̄eĩtegr'ar] *vtd* Reintegrar, devolver, restituir, reincorporar.
rei.te.rar [r̄ejter'ar] *vtd* Reiterar, confirmar, remachar, repetir.
rei.tor [r̄ejt'or] *sm* Rector.
rei.to.ra [r̄ejt'orə] *sf* Rectora.
rei.vin.di.ca.ção [r̄ejvĩdikas'ãw] *sf* Reivindicación.
rei.vin.di.car [r̄ejvĩdik'ar] *vtd* Reivindicar, exigir, reclamar.
re.jei.ção [r̄eʒejs'ãw] *sf* Rechazo.
re.jei.ta.do [r̄eʒejt'adu] *adj* Rechazado.
re.jei.tar [r̄eʒejt'ar] *vtd* Rechazar, negar.
re.ju.ve.nes.cer [r̄eʒuvenes'er] *vtd+vi+vpr* Rejuvenecer, remozar.
re.la.ção [r̄elas'ãw] *sf* **1** Relación, relato, narración. **2** Lista, rol. **3** Conexión, vínculo. **4 relações** *pl* Relaciones, amistades.
re.la.ci.o.na.do [r̄elasjon'adu] *adj* Relacionado.
re.la.ci.o.na.men.to [r̄elasjonam'ẽtu] *sm* Relación.
re.la.ci.o.nar [r̄elasjon'ar] *vtd* **1** Relacionar, corresponder. **2** Relatar, referir, narrar. **3** Alistar, enrolar. *vtd+vpr* **4** Relacionar(se).
re.la.ções-pú.bli.cas [r̄elasõisp'ublikas] *s m+f sing+pl* Relaciones públicas, relacionista.
re.lâm.pa.go [r̄el'ãpagu] *sm* Relámpago.
re.lan.ça.men.to [r̄elãsam'ẽtu] *sm* Relanzamiento.
re.lan.çar [r̄elãs'ar] *vtd* Relanzar. Veja nota em **relanzar**.
re.lan.ce [r̄el'ãsi] *sm* Ojeada, vistazo, reojo. **de relance** de reojo / en un dos por tres. *olhou-a de relance, para que não percebesse* / la miró de reojo, para que no se diera cuenta.
re.lap.so [r̄el'apsu] *adj+sm* **1** Relapso, negligente, descuidado. **2** Reincidente, contumaz.
re.lar [r̄el'ar] *vtd* Rozar, tocar.
re.la.tar [r̄elat'ar] *vtd* Relatar, contar, exponer, narrar.
re.la.ti.va.men.te [r̄elativam'ẽti] *adv* Relativamente.
re.la.ti.vi.da.de [r̄elatividʼadi] *sf* Relatividad, relativismo.
re.la.ti.vo [r̄elat'ivu] *adj* **1** Relativo, referente, concerniente. **2** Condicional. **3** Contingente.
re.la.to [r̄el'atu] *sm* Relato, cuento, exposición, narración, informe.
re.la.tor [r̄elat'or] *adj+sm* Relator.
re.la.tó.rio [r̄elat'ɔrju] *sm* Informe, información, relación.
re.la.xa.do [r̄elaʃ'adu] *adj* **1** Relajado, flojo, blando. **2** Descansando, tranquilo. • *adj+sm* Descuidado, negligente, dejado.
re.la.xa.men.to [r̄elaʃam'ẽtu] *sm* **1** Relajación. **2** Negligencia, descuido. **3** Inmoralidad.
re.la.xan.te [r̄elaʃ'ãti] *adj m+f* Relajante.
re.la.xar [r̄elaʃ'ar] *vtd* **1** Relajar, aflojar, laxar. **2** Suavizar. **3** Relevar (voto, obligación). *vi* **4** Esparcir, distraer el ánimo. *vpr* **5** Descuidarse, abandonarse.
re.la.xo [r̄el'aʃu] *sm* Relajo.
re.le.gar [r̄eleg'ar] *vtd* **1** Relegar, desterrar, confinar, expatriar. **2** Abandonar, olvidar, desatender. **relegar ao esquecimento** echar en el olvido.
re.lem.brar [r̄elẽbr'ar] *vtd* Recordar, acordarse, rememorar.
re.len.to [r̄el'ẽtu] *sm* Relente, rocío, sereno.
re.le.vân.cia [r̄elev'ãsjə] *sf* Relevancia, importancia, significación.
re.le.van.te [r̄elev'ãti] *adj m+f* Relevante, importante, significativo.
re.le.var [r̄elev'ar] *vtd* **1** Relevar, realzar. **2** Permitir. **3** Perdonar.
re.le.vo [r̄el'evu] *sm* Relieve.
re.li.cá.rio [r̄elik'arju] *sm* Relicario.
re.li.gi.ão [r̄eliʒi'ãw] *sf* Religión.
re.li.gi.o.sa.men.te [r̄eliʒjɔzam'ẽti] *adv* Religiosamente.

re.li.gi.o.so [ȓeliʒi'ozu] *adj+sm* Religioso. Pl: religiosos (ó).
re.lin.char [ȓeliʃ'ar] *vi* Relinchar.
re.lí.quia [ȓel'ikjə] *sf* Reliquia.
re.ló.gio [ȓel'ɔʒju] *sm* Reloj.
re.lo.jo.a.ri.a [ȓeloʒoar'iə] *sf* Relojería.
re.lo.jo.ei.ro [ȓeloʒo'ejru] *sm* Relojero.
re.lu.tan.te [ȓelut'ãti] *adj m+f* Reluctante, reacio, renuente.
re.lu.zir [ȓeluz'ir] *vi* Relucir, lucir, brillar, resplandecer.
rel.va [ȓ'ɛwvə] *sf* Césped, pasto, hierba.
re.ma.ne.ja.men.to [ȓemaneʒam'ẽtu] *sm* Redistribución, modificación, reordenación. *houve um remanejamento de funcionários na minha empresa* / hubo una redistribución de empleados en mi empresa.
re.ma.ne.jar [ȓemaneʒ'ar] *vtd* Reorganizar, redistribuir, modificar.
re.ma.nes.cen.te [ȓemanes'ẽti] *adj e s m+f* Remanente, restante.
re.mar [ȓem'ar] *vtd+vi* Remar.
re.mar.ca.ção [ȓemarkas'ãw] *sf* Remarcación.
re.mar.car [ȓemark'ar] *vtd* 1 Reajustar (precios). 2 Remarcar.
re.ma.tar [ȓemat'ar] *vtd* Rematar.
re.ma.te [ȓem'ati] *sm* 1 Remate. 2 Conclusión, fin.
re.me.di.ar [ȓemedi'ar] *vtd* 1 Remediar, curar. 2 Atenuar, suavizar. 3 Reparar, enmendar, corregir.
re.mé.dio [ȓem'ɛdju] *sm* 1 *Med* Remedio, medicina, fármaco, medicamento. 2 *fig* Alivio. 3 *fig* Solución. 4 Enmienda, rectificación, corrección.
re.me.mo.rar [ȓememor'ar] *vtd+vi* Remembrar, rememorar, recordar, acordarse, evocar, revivir.
re.men.dar [ȓemẽd'ar] *vtd* 1 Remendar, zurcir. 2 Corregir, enmendar.
re.men.do [ȓem'ẽdu] *sm* Remiendo, parche, recosido.
re.mes.sa [ȓem'ɛsə] *sf* Remesa, envío, expedición, encargo, partida.
re.me.ten.te [ȓemet'ẽti] *adj e s m+f* Remitente, expedidor.
re.me.ter [ȓemet'er] *vtd* 1 Remitir, enviar, mandar, expedir, despachar. 2 Embestir, atacar. *vpr* 3 Referirse.

re.me.xer [ȓemeʃ'er] *vtd* 1 Hurgar, revolver, tocar. *vpr* 2 Moverse, agitarse.
re.mi.nis.cên.cia [ȓeminis'ẽsjə] *sf* Reminiscencia, evocación, memoria, recuerdo, remembranza.
re.mo [ȓ'emu] *sm* Remo.
re.mo.çar [ȓemos'ar] *vtd+vi* Remozar, rejuvenecer.
re.mo.de.lar [ȓemodel'ar] *vtd* Remodelar, reformar.
re.mo.er [ȓemo'er] *vtd+vpr* 1 Inquietar, desasosegar, remorder. *vtd+vi* 2 Rumiar, masticar.
re.mo.i.nho [ȓemo'iñu] *sm* Remolino, tolvanera, tufón, torbellino.
re.mon.tar [ȓemõt'ar] *vtd+vpr* 1 Remontar, encumbrar. *vpr* 2 Referirse. *suas conversas sempre remontam ao tempo em que era casado* / sus conversaciones siempre se refieren al tiempo en que era casado.
re.mor.so [ȓem'ɔrsu] *sm* Remordimiento, pesar, arrepentimiento.
re.mo.to [ȓem'ɔtu] *adj* Remoto, distante, apartado, alejado, lejos.
re.mo.ve.dor [ȓemoved'or] *sm* Quitamanchas.
re.mo.ver [ȓemov'er] *vtd* Remover, mover, transferir, trasladar, sacar.
re.mu.ne.ra.ção [ȓemuneras'ãw] *sf* Remuneración, sueldo, estipendio, honorarios, paga, jornal, pago.
re.mu.ne.rar [ȓemuner'ar] *vtd* Remunerar, pagar, retribuir, asalariar.
re.nas.cen.ça [ȓenas'ẽsə] *sf* Renacimiento.
re.nas.cer [ȓenas'er] *vi* 1 Renacer, revivir. *vtd* 2 Renovar. *vtd+vi* 3 Resurgir, reaparecer.
re.nas.ci.men.to [ȓenasim'ẽtu] *sm* Renacimiento.
ren.da[1] [ȓ'ẽdə] *sf* 1 Renta, ingreso, caudal, rendimiento. 2 Rentabilidad.
ren.da[2] [ȓ'ẽdə] *sf* Encaje, puntilla, bordado, randa, hiladillo.
ren.da.do [ȓẽd'adu] *adj* Randado.
ren.der [ȓẽd'er] *vtd+vpr* 1 Rendir, someter, doblegar. 2 Sustituir. 3 Rentar. 4 Causar, producir. *aquele assunto rendeu muita discussão* / aquél asunto causó mucha discusión.

ren.di.ção [r̃edis'ãw] *sf* Rendición, sujeción, subordinación, capitulación.

ren.di.men.to [r̃edim'ẽtu] *sm* Rendimiento, ventaja, rédito, renta, productividad.

ren.do.so [r̃ed'ozu] *adj* Rentable, provechoso, lucrativo, ganancial, productivo. *Pl: rendosos (ó).*

re.ne.go.ci.ar [r̃enegosi'ar] *vtd* Renegociar.

re.no.ma.do [r̃enom'adu] *adj* Renombrado, célebre, acreditado, famoso, conocido, afamado.

re.no.me [r̃en'omi] *sm* Renombre, celebridad, nombradía, reputación, notoriedad.

re.no.va.ção [r̃enovas'ãw] *sf* Renovación, transformación.

re.no.va.dor [r̃enovad'or] *adj+sm* Renovador, restaurador, innovador.

re.no.var [r̃enov'ar] *vtd+vpr* **1** Renovar, modernizar, innovar. **2** Reiniciar. *vtd* **3** Repetir. **4** Reparar, arreglar, restaurar.

ren.ta.bi.li.da.de [r̃etabilid'adi] *sf* Rentabilidad.

ren.tá.vel [r̃et'avew] *adj m+f* Rentable.

ren.te [r̃'ẽti] *adj m+f* **1** Muy cerca. *a bala passou rente à cabeça do policial* / el plomo pasó muy cerca a la cabeza del policía. **2** Al ras. *ele cortou o cabelo bem rente* / él se cortó el pelo al ras.

re.núncia [r̃en'ũsjə] *sf* **1** Renuncia, abdicación, abandono. **2** Sacrificio, abnegación.

re.nun.ci.ar [r̃enũsi'ar] *vtd* **1** Renunciar, rechazar. *vtd+vi* **2** Abdicar.

re.o.cu.par [r̃eokup'ar] *vtd* Reconquistar.

re.or.ga.ni.zar [r̃eorganiz'ar] *vtd* Reorganizar, arreglar, reajustar, reconstruir, reestructurar.

re.pa.rar [r̃epar'ar] *vtd* **1** Reparar, restaurar, arreglar. **2** Restablecer, rehacer. **3** Desagraviar. **4** Remediar, enmendar, corregir. **5** Indemnizar. **6** Notar, observar, advertir.

re.pa.ro [r̃ep'aru] *sm* **1** Reparo, restauración. **2** Análisis, observación.

re.par.ti.ção [r̃epartis'ãw] *sf* **1** Repartición, sección, sector. **2** Partición, reparto, repartimiento, prorrateo.

re.par.ti.do [r̃epart'idu] *adj* Repartido, distribuido, compartido.

re.par.tir [r̃epart'ir] *vtd* **1** Repartir, distribuir. **2** Dividir, partir. **3** Compartir.

re.pe.len.te [r̃epel'ẽti] *adj m+f* Repelente, asqueroso, repulsivo, odioso. • *sm Quím* Repelente.

re.pe.lir [r̃epel'ir] *vtd* **1** Repeler, rechazar, rehuir. **2** Resistir, refutar, oponerse. *vtd+vpr* **3** Ahuyentar, apartar.

re.pen.sar [r̃epẽs'ar] *vtd+vi* Repensar, reflexionar.

re.pen.te [r̃ep'ẽti] *sm* Impulso, ímpetu. **de repente** de repente / de golpe / de pronto.

re.pen.ti.no [r̃epẽt'inu] *adj* Repentino, súbito, imprevisto, inesperado.

re.per.cus.são [r̃eperkus'ãw] *sf* **1** Repercusión. **2** Resonancia, retumbo, eco. **3** Consecuencia, resultado.

re.per.cu.tir [r̃eperkut'ir] *vtd+vi+vpr* **1** Repercutir, reflejar. **2** Reverberar. *vi+vpr* **3** Resultar.

re.per.tó.rio [r̃epert'ɔrju] *sm* Repertorio.

re.pe.te.co [r̃epet'ɛku] *sm* **1** Repetición, mano. **2** *fam* Lata, matraca, monserga.

re.pe.ten.te [r̃epet'ẽti] *adj* e *s m+f* Repitiente.

re.pe.ti.ção [r̃epetis'ãw] *sf* Repetición.

re.pe.ti.da.men.te [r̃epetidam'ẽti] *adv* Repetidamente, reiteradamente.

re.pe.ti.do [r̃epet'idu] *adj* Repetido.

re.pe.tir [r̃epet'ir] *vtd+vpr* Repetir, reiterar.

re.pe.ti.ti.vo [r̃epetit'ivu] *adj* Repetitivo, reiterativo.

re.pla.ne.ja.men.to [r̃eplaneʒam'ẽtu] *sm* Replanificación.

re.pla.ne.jar [r̃eplaneʒ'ar] *vtd* Replanificar.

re.ple.to [r̃epl'ɛtu] *adj* Repleto, lleno.

re.pli.car [r̃eplik'ar] *vtd+vi* **1** Replicar, contestar, contradecir, rebatir. *vtd+vpr* **2** *Biol* Duplicar, reproducir, multiplicar.

re.po.lho [r̃ep'oʎu] *sm Bot* Repollo. **repolho roxo** repollo violeta.

re.por [r̃ep'or] *vtd* **1** Reponer, restituir, devolver, reintegrar. **2** Reemplazar, suplir.

re.por.ta.gem [r̃eport'aʒẽj] *sf* Reportaje, noticia, entrevista.

re.pór.ter [r̃ep'ɔrter] *s m+f* Reportero, periodista, corresponsal, cronista. Veja nota em **prensa** (português).

re.pou.sar [r̃epowz'ar] *vtd+vi* Reposar, descansar, dormir.

re.pou.so [r̃ep'owzu] *sm* Reposo, descanso.

re.pre.en.der [r̃epreẽd'er] *vtd* Reprender, amonestar, reñir, increpar, regañar.

re.pre.en.são [r̃epreẽs'ãw] *sf* Reprensión, reprimenda, regaño, sermón, recriminación.

re.pre.sa [r̃epr'ezə] *sf* Represa, presa, embalse, dique, estanque.

re.pre.sá.lia [r̃eprez'aljə] *sf* Represalia, venganza, desquite, retaliación.

re.pre.sen.ta.ção [r̃eprezẽtəs'ãw] *sf* 1 Representación, delegación. 2 Idea, imagen. 3 Encarnación, personificación, figuración. 4 Escenificación.

re.pre.sen.tan.te [r̃eprezẽt'ãti] *adj e s m+f* Representante.

re.pre.sen.tar [r̃eprezẽt'ar] *vtd+vpr* 1 Representar, figurar. 2 Significar. *vtd+vi* 3 Interpretar, encarnar.

re.pre.sen.ta.ti.vo [r̃eprezẽtat'ivu] *adj* 1 Representativo, significativo, relevante. 2 Típico, característico.

re.pres.são [r̃epres'ãw] *sf* 1 Represión, castigo, reprimenda. 2 Prohibición, coerción. 3 Contención, dominación, freno.

re.pres.si.vo [r̃epres'ivu] *adj* Represivo, represor, restrictivo, opresivo.

re.pri.men.da [r̃eprim'ẽdə] *sf* Reprimenda, reprensión, rapapolvo, amonestación, bronca, raspa.

re.pri.mi.do [r̃eprim'idu] *adj* Reprimido.

re.pri.mir [r̃eprim'ir] *vtd+vpr* 1 Reprimir, contener, refrenar. *vtd* 2 Prohibir, impedir.

re.pri.sar [r̃epriz'ar] *vtd Teat, Telev* Reponer, repetir (película, espectáculo).

re.pri.se [r̃epr'izi] *sf* Reposición, repetición.

re.pro.ces.sar [r̃eproses'ar] *vtd* Reprocesar.

re.pro.du.ção [r̃eprodus'ãw] *sf* 1 Reproducción. 2 Facsímil, duplicado, copia.

re.pro.du.zir [r̃eproduz'ir] *vtd* 1 Reproducir, copiar. 2 Repetir, transcribir. *vtd+vpr* 3 Reproducir(se), multiplicar(se).

re.pro.gra.mar [r̃eprogram'ar] *vtd* Reprogramar.

re.pro.gra.má.vel [r̃eprogram'avew] *adj m+f* Reprogramable.

re.pro.va.ção [r̃eprovas'ãw] *sf* 1 Reprobación, censura, condenación, reproche. 2 Cate, suspenso.

re.pro.va.do [r̃eprov'adu] *adj* 1 Reprobado, censurado, criticado. 2 Suspendido (en examen).

re.pro.var [r̃eprov'ar] *vtd* 1 Reprobar, condenar, desaprobar. 2 *fam* Revolcar (examen).

re.pro.vá.vel [r̃eprov'avew] *adj m+f* Reprobable, condenable, censurable, repensible.

rép.til [r̃'ɛptiw] *adj+sm Zool* reptil. *Pl*: répteis.

re.pú.bli.ca [r̃ep'ublikə] *sf* 1 República. 2 *fam* Habitación de estudiantes.

re.pu.bli.ca.no [r̃epublik'∧nu] *adj+sm Polít* Republicano.

re.pu.di.ar [r̃epudi'ar] *vtd* 1 Despreciar, rechazar. 2 Repudiar.

re.pú.dio [r̃ep'udju] *sm* Repudio, rechazo, desprecio.

re.pug.nân.cia [r̃epugn'ãsjə] *sf* Repugnancia, asco, aversión, repulsión, antipatía.

re.pug.nan.te [r̃epugn'ãti] *adj m+f* Repugnante, asqueroso, fastidioso, repulsivo.

re.pul.sa [r̃ep'uwsə] *sf* 1 Repulsa, repudio, repulsión, repugnancia, antipatía, aversión. 2 Negativa, censura, reprobación, oposición.

re.pul.si.vo [r̃epuws'ivu] *adj* Repulsivo, repelente, fastidioso, repugnante, asqueroso, antipático.

re.pu.ta.ção [r̃eputas'ãw] *sf* 1 Reputación. 2 Notoriedad, popularidad, fama, nombre.

re.que.bra.do [r̃ekebr'adu] *sm* Bamboleo.

re.que.brar [r̃ekebr'ar] *vtd* Requebrar, lisonjear (a una mujer).

re.que.bro [r̃ek'ebru] *sm* Bamboleo.

re.quei.jão [r̃ekejʒ'ãw] *sm* Requesón.

re.quen.ta.do [r̃ekẽt'adu] *adj* Recalentado.

re.quen.tar [r̃ekẽt'ar] *vtd* Recalentar.

re.que.ren.te [r̃eker'ẽti] *adj e s m+f* Querellante, demandante, reclamante, peticionario.

re.que.rer [r̄eker'er] *vtd* Requerir, solicitar, pedir, demandar.

re.que.ri.men.to [r̄ekerim'ẽtu] *sm* Requerimiento, demanda, solicitud, petición.

re.quin.ta.do [r̄ekĩt'adu] *adj* Refinado, fino, elegante, pullido.

re.quin.te [r̄ek'ĩti] *sm* Refinamiento, apuro, perfección, primor, esmero. Veja nota em **apuro** (espanhol).

re.qui.si.tar [r̄ekizit'ar] *vtd* Exigir, requerir, solicitar.

re.qui.si.to [r̄ekiz'itu] *sm* Requisito, exigencia, condición.

rês [r̄'es] *sf Zool* Res.

res.cin.dir [r̄esĩd'ir] *vtd* Rescindir, romper, deshacer, invalidar, anular, quebrantar.

res.ci.são [r̄esiz'ãw] *sf* Rescisión, anulación, invalidación, revocación, ruptura.

re.se.nha [r̄ez'eña] *sf* **1** Reseña, descripción, resumen. **2** Noticia, nota, artículo.

re.ser.va [r̄ez'ɛrva] *sf* **1** Reserva, provisión. **2** *Mil* Reforma. **3** Discreción, prudencia, recato, miramiento, retraimiento.

re.ser.va.do [r̄ezerv'adu] *adj* **1** Reservado, guardado. **2** Discreto, serio, comedido. Veja nota em **calado** (espanhol).

re.ser.var [r̄ezerv'ar] *vtd+vpr* **1** Reservar, guardar, ahorrar. *vtd* **2** Preservar, conservar.

re.ser.va.tó.rio [r̄ezervat'ɔrju] *sm* Depósito, estanque.

res.fri.a.do [r̄esfri'adu] *adj* **1** *Med* Resfriado. **2** Enfriado. • *sm* Resfriado, resfrío.

res.fri.ar [r̄esfri'ar] *vtd* **1** Resfriar, enfriar. *vi+vpr* **2** Resfriarse.

res.ga.tar [r̄ezgat'ar] *vtd+vpr* Rescatar, liberar.

res.ga.te [r̄ezg'ati] *sm* Rescate.

res.guar.dar [r̄ezgward'ar] *vtd+vpr* Resguardar, abrigar, defender, proteger.

re.si.dên.cia [r̄ezid'ẽsjə] *sf* Residencia, domicilio, habitación, casa, vivienda.

re.si.den.ci.al [r̄ezidẽsi'aw] *adj m+f* Residencial.

re.si.den.te [r̄ezid'ẽti] *adj e s m+f* Residente, habitante.

re.si.dir [r̄ezid'ir] *vtd* Residir, habitar, vivir. Veja nota em **morar** (espanhol).

re.sí.duo [r̄ez'idwu] *adj* Remanente, restante, sobrante. • *sm* Residuo, desecho, detrito, resto.

re.sig.na.ção [r̄ezignas'ãw] *sf* Resignación, conformismo.

re.sig.na.do [r̄ezign'adu] *adj* Resignado, conformado.

re.sig.nar [r̄ezign'ar] *vtd+vpr* Resignarse, conformarse.

re.sis.tên.cia [r̄ezist'ẽsjə] *sf* **1** Resistencia, aguante, firmeza. **2** Oposición, reacción. **3** *Fís* Conductor eléctrico.

re.sis.ten.te [r̄ezist'ẽti] *adj m+f* **1** Resistente, fuerte, firme. **2** Renuente, rebelde, reacio.

re.sis.tir [r̄ezist'ir] *vtd+vi* **1** Resistir, aguantar, soportar. *vtd* **2** Rebelarse, plantarse, afrontar.

res.mun.gar [r̄ezmũg'ar] *vtd+vi* Rezongar, refunfuñar, gruñir, mascullar, murmurar.

re.so.lu.ção [r̄ezolus'ãw] *sf* **1** Resolución. **2** Decisión. **3** Solución, desenlace.

re.so.lu.to [r̄ezol'utu] *adj* Resoluto, decidido, osado.

re.sol.ver [r̄ezowv'er] *vtd+vpr* **1** Resolver, decidir. *vtd* **2** Solucionar. *vpr* **3** Decidirse.

res.pec.ti.va.men.te [r̄espektivam'ẽti] *adv* Respectivamente.

res.pec.ti.vo [r̄espekt'ivu] *adj* Respectivo, concerniente.

res.pei.tar [r̄espejt'ar] *vtd* **1** Respetar, cumplir, acatar. **2** Considerar, atender. **3** Temer. **4** Honrar.

res.pei.tá.vel [r̄espejt'avew] *adj m+f* Respetable, digno.

res.pei.to [r̄esp'ejtu] *sm* **1** Respeto, acatamiento, obediencia, sumisión. **2** Consideración, miramiento. **3** Temor, aprensión. **4** Devoción, admiración, fervor.

res.pei.to.sa.men.te [r̄espejtɔzam'ẽti] *adv* Respetosamente.

res.pei.to.so [r̄espejt'ozu] *adj* **1** Respetuoso, atento, considerado. **2** Deferente, ceremonioso. **3** Humilde, obediente, sumiso. *Pl: respeitosos (ó)*.

res.pi.ra.ção [r̄espiras'ãw] *sf* Respiración.

res.pi.rar [r̄espir'ar] *vtd+vi* **1** Respirar. *vi* **2** Descansar, aliviarse.

res.plan.de.cen.te [r̄esplãdes'ẽti] *adj m+f* Resplandeciente, brillante, refulgente.

res.plan.de.cer [r̃esplãdes'er] *vi* **1** Resplandecer, refulgir, brillar, relucir, relumbrar. **2** *fig* Descollar, sobresalir, destacar.

res.plen.dor [r̃esplẽd'or] *sm* **1** Resplandor, destello, luminosidad, brillo. **2** *fig* Gloria, celebridad.

res.pon.der [r̃espõd'er] *vtd* **1** Responder, contestar. *vi* **2** Objetar, argüir, replicar. *vtd* **3** Responsabilizarse. Veja notas em **contestar** (português) e **responder** (espanhol).

res.pon.sa.bi.li.da.de [r̃espõsabilid'adi] *sf* **1** Responsabilidad, sensatez, juicio. **2** Obligación, incumbencia.

res.pon.sa.bi.li.zar [r̃espõsabiliz'ar] *vtd+vpr* Responsabilizar.

res.pon.sá.vel [r̃espõs'avew] *adj* e *s m+f* **1** Responsable, sensato, juicioso. **2** Culpado.

res.pos.ta [r̃esp'ɔstə] *sf* **1** Respuesta, contestación. **2** Solución. **3** Reacción.

res.quí.cio [r̃esk'isju] *sm* **1** Vestigio, huella. **2** Residuo, fragmento.

res.sa.ca [r̃es'akə] *sf* Resaca.

res.sal.tar [r̃esawt'ar] *vi* **1** Resaltar, distinguirse, sobresalir. *vtd* **2** Destacar, enfatizar, señalar.

res.sar.cir [r̃esars'ir] *vtd+vpr* Resarcir, indemnizar, compensar.

res.se.ca.do [r̃esek'adu] *adj* Resecado, seco.

res.se.car [r̃esek'ar] *vtd+vpr* Resecar.

res.sen.ti.do [r̃esẽt'idu] *adj+sm* Resentido, disgustado.

res.sen.ti.men.to [r̃esẽtim'ẽtu] *sm* Resentimiento, rencor.

res.sen.tir [r̃esẽt'ir] *vtd+vpr* **1** Resentirse, disgustarse, amohinarse. **2** Desgastarse, debilitarse.

res.so.ar [r̃eso'ar] *vtd+vi* Resonar, repercutir, tocar.

res.so.nân.cia [r̃eson'ãsjə] *sf* Resonancia.

res.sur.rei.ção [r̃esur̃ejs'ãw] *sf* Resurrección.

res.sus.ci.tar [r̃esusit'ar] *vtd+vi* Resucitar.

res.ta.be.le.cer [r̃estabeles'er] *vtd* **1** Restablecer, reponer, restituir. *vtd+vpr* **2** Reconstituir, restaurar. *vpr* **3** Restablecerse, cobrarse, recuperarse.

res.tan.te [r̃est'ãti] *adj m+f* Restante.

res.tar [r̃est'ar] *vtd+vi* **1** Restar, sobrar, quedar. **2** Faltar. *restam cinco dias para o final do campeonato* / faltan cinco días para el fin del campeonato.

res.tau.ra.ção [r̃estawras'ãw] *sf* Restauración, reconstrucción, restauro, reparo.

res.tau.ran.te [r̃estawr'ãti] *sm* Restaurante, restorán.

res.tau.rar [r̃estawr'ar] *vtd* **1** Restaurar, recuperar. **2** Reconstruir, restablecer.

res.ti.tu.i.ção [r̃estitwis'ãw] *sf* Restitución, devolución.

res.ti.tu.ir [r̃estitu'ir] *vtd* **1** Restituir, devolver. **2** Arreglar, reparar, reconstituir.

res.to [r̃'estu] *sm* **1** Resto, restante. **2** Sobra, desecho, residuo.

res.tri.ção [r̃estris'ãw] *sf* Restricción, limitación.

res.trin.gir [r̃estrĩʒ'ir] *vtd+vpr* Restringir, reducir, limitar.

res.tri.to [r̃estr'itu] *adj* Restricto, estricto, limitado.

re.sul.ta.do [r̃ezuwt'adu] *sm* Resultado, consecuencia, efecto, derivación.

re.sul.tar [r̃ezuwt'ar] *vtd* **1** Resultar, producir. **2** Derivar, provenir.

re.su.mi.do [r̃ezum'idu] *adj* Resumido, reducido, sintético, sinóptico, sucinto, breve.

re.su.mir [r̃ezum'ir] *vtd+vpr* **1** Resumir, reducir, compendiar, abreviar. *vtd* **2** Simbolizar, representar, compendiar, sintetizar. *vtd+vpr* **3** Concentrarse, limitarse.

re.su.mo [r̃ez'umu] *sm* Resumen, sumario, sinopsis, síntesis.

res.va.lar [r̃ezval'ar] *vi* Resbalar, patinar, deslizar.

re.ta [r̃'ɛtə] *sf* Recta. **tirar da reta** eludir / esquivarse / no responsabilizarse.

re.ta.guar.da [r̃etag'wardə] *sf Mil* Retaguardia.

re.ta.lho [r̃et'aλu] *sm* Retazo, retal, trapo, jira, jirón.

re.ta.li.a.ção [r̃etaljas'ãw] *sf* Retaliación, represalia.

re.ta.li.ar [r̃etali'ar] *vtd+vi* Desagraviar, desquitar.

re.tan.gu.lar [r̃etãgul'ar] *adj m+f* Rectangular.

re.tân.gu.lo [r̄et'ãgulu] *adj+sm Geom* Retângulo

re.tar.da.do [r̄etard'adu] *adj* Retardado, retrasado, demorado. • *adj+sm Med* Retrasado mental.

re.tar.dar [r̄etard'ar] *vtd* Retardar, aplazar, atrasar, demorar.

re.tar.da.tá.rio [r̄etardat'arju] *adj+sm* Retardatario.

re.ter [r̄et'er] *vtd* **1** Retener, guardar, mantener. **2** Encarcelar. *vpr* **3** Parar, detenerse. *vtd* **4** Detener.

re.ti.cên.cia [r̄etis'ẽsjə] *sf* **1** Reticencia. **2 reticências** *pl Gram* Puntos suspensivos.

re.ti.cen.te [r̄etis'ẽti] *adj m+f* Reticente, receloso, desconfiado.

re.ti.fi.car [r̄etifik'ar] *vtd* Rectificar, corregir.

re.ti.na [r̄et'inə] *sf Anat* Retina.

re.ti.ra.da [r̄etir'adə] *sf* Retirada, salida, repliegue.

re.ti.ra.do [r̄etir'adu] *adj* Retirado, recogido, aislado, solitario.

re.ti.rar [r̄etir'ar] *vtd* **1** Retirar, sacar, rehuir. *vi+vpr* **2** Salir. **3** Retroceder, replegar. *vpr* **4** Retirarse, apartarse, aislarse.

re.ti.ro [r̄et'iru] *sm* Retiro.

re.to [r̄'ɛtu] *adj* Recto, derecho. • *sm Anat* Recto. Veja notas em **retal** e **reto** (espanhol).

re.to.mar [r̄etom'ar] *vtd* Retomar, recuperar, reanudar, recobrar. **2** Reocupar, reconquistar. **3** Seguir, continuar.

re.to.que [r̄et'ɔki] *sm* Retoque.

re.tó.ri.ca [r̄et'ɔrikə] *sf* Retórica.

re.tó.ri.co [r̄et'ɔriku] *adj* Retórico.

re.tor.nar [r̄etorn'ar] *vtd+vi* **1** Retornar, volver, regresar, tornar. *vtd* **2** Devolver, retituir, reponer.

re.tor.no [r̄et'ornu] *sm* Retorno, regreso, vuelta, venida. **2** Recompensa, paga.

re.tra.í.do [r̄etra'idu] *adj* **1** Encogido, contraído. **2** Retraído, recogido, reservado, tímido, introvertido.

re.tra.tar¹ [r̄etrat'ar] *vtd+vpr* Retractar, revocar, retirar, desdecirse.

re.tra.tar² [r̄etrat'ar] *vtd+vpr* **1** Retratar, representar, reproducir. **2** Fotografiar.

re.tra.to [r̄etr'atu] *sm* **1** Retrato, fotografía. **2** Modelo, imagen.

re.tri.bu.i.ção [r̄etribujs'ãw] *sf* **1** Retribución, remuneración, pago. **2** Compensación, recompensa.

re.tri.bu.ir [r̄etribu'ir] *vtd* **1** Retribuir, recompensar, gratificar. **2** Corresponder.

re.tro.a.li.men.ta.ção [r̄etroalimẽtas'ãw] *sf* Retroalimentación.

re.tro.ce.der [r̄etrosed'er] *vi* **1** Retroceder, recular, hacerse atrás. **2** Involucionar.

re.tro.ces.so [r̄etros'ɛsu] *sm* **1** Retroceso, regresión, reculada, contramarcha. **2** Involución.

re.tró.gra.do [r̄etr'ɔgradu] *adj+sm* Retrógrado, conservador, atrasado, rancio, reaccionario.

re.tro.pro.je.tor [r̄etroproʒet'or] *adj+sm* Retroproyector.

re.tros.pec.ti.va [r̄etrospekt'ivə] *sf* Retrospectiva.

re.tro.vi.sor [r̄etroviz'or] *adj+sm* Retrovisor.

re.tru.car [r̄etruk'ar] *vtd* Retrucar, replicar, objetar, responder, contestar.

re.tum.ban.te [r̄etũb'ãti] *adj m+f* Retumbante.

réu [r̄'ɛw] *sm* Reo, acusado.

reu.ma.tis.mo [r̄ewmat'izmu] *sm Med* Reumatismo, reuma.

re.u.ni.ão [r̄ewni'ãw] *sf* **1** Reunión, confluencia. **2** Grupo, agrupación. **3** Acumulación. **4** Convocación, convocatoria. **5** Sesión, asamblea, ayuntamiento, junta.

re.u.nir [r̄ewn'ir] *vtd* **1** Reunir, agrupar. **2** Juntar. **3** Conciliar, armonizar. *vtd+vi+vpr* **4** Congregar.

re.u.ti.li.zar [r̄ewtiliz'ar] *vtd* Reutilizar.

re.u.ti.li.zá.vel [r̄ewtiliz'avew] *adj m+f* Reutilizable.

re.va.li.dar [r̄evalid'ar] *vtd* Revalidar, convalidar.

re.va.lo.ri.zar [r̄evaloriz'ar] *vtd* Revalorar, revalorizar.

re.van.che [r̄ev'ãʃi] *sf* Revancha.

réveillon [r̄evej'õw] *sm fr* Réveillon, nochevieja.

re.ve.la.ção [r̄evelas'ãw] *sf* **1** Revelación, confidencia. **2** Declaración, manifestación, información. **3** Descubrimiento, develamiento. **4** Revelado (fotos).

re.ve.lar [r̄evelˈar] *vtd+vpr* **1** Revelar, desvelar. **2** Divulgar, difundir, contar. **3** Indicar, denotar.

re.ven.da [r̄evˈẽdə] *sf* **1** Revendedor. **2** Reventa.

re.ven.de.dor [r̄evẽdedˈor] *adj+sm* Revendedor.

re.ven.der [r̄evẽdˈer] *vtd* Revender.

re.ver [r̄evˈer] *vtd* **1** Rever, reencontrar. *vtd+vpr* **2** Revisar, reexaminar, corregir.

re.ve.rên.cia [r̄everˈẽsjə] *sf* Reverencia.

re.ve.ren.ci.ar [r̄evereˈsiˈar] *vtd* **1** Reverenciar, adorar, venerar, idolatrar. **2** Respetar, considerar. **3** Saludar, rendir honores, quitar el sombrero.

re.ver.sí.vel [r̄eversˈivew] *adj m+f* Reversible.

re.ver.so [r̄evˈɛrsu] *sm* Reverso, revés.

re.ver.ter [r̄evertˈer] *vi* **1** Revertir, retornar, retroceder. **2** Convertir. **3** Redundar.

re.ver.té.rio [r̄evertˈɛrju] *sm coloq* Sacudida, través, vaivén, cambio.

re.vés [r̄evˈɛs] *sm* **1** Revés, envés, malogro, desgracia, infortunio. **2** Bofetada, guantazo, bofetón.

re.ves.ti.do [r̄evestˈidu] *adj* **1** Revestido, cubierto, forrado. **2** Bañado.

re.ves.ti.men.to [r̄evestimˈẽtu] *sm* Revestimiento, forro, cobertura, capa.

re.ves.tir [r̄evestˈir] *vtd* **1** Revestir, recubrir, cubrir. *vtd+vpr* **2** Engalanar, adornar.

re.ve.za.men.to [r̄evezamˈẽtu] *sm* Turno, alternación, relevo.

re.ve.zar [r̄evezˈar] *vtd+vi+vpr* Revezar, alternar.

re.vi.go.ran.te [r̄evigorˈãti] *adj+sm* Tonificante, tónico, energético.

re.vi.go.rar [r̄evigorˈar] *vtd+vi+vpr* Animar, restaurar, robustecer, tonificar, vigorizar.

re.vi.rar [r̄evirˈar] *vtd* **1** Revirar, torcer. **2** Revolver, hacer lío. *vtd+vi+vpr* **3** Revirarse, torcerse, agitarse.

re.vi.ra.vol.ta [r̄eviravˈɔwtə] *sf fig* Cambio, transformación brusca.

re.vi.são [r̄evizˈãw] *sf* Revisión, repaso.

re.vi.sar [r̄evizˈar] *vtd* Revisar, rever, repasar.

re.vi.sor [r̄evizˈor] *adj+sm* Revisor, corrector.

re.vis.ta [r̄evˈistə] *sf* Revista, inspección, revisación.

re.vis.tar [r̄evistˈar] *vtd* Revistar, examinar, inspeccionar.

re.vi.ta.li.zar [r̄evitalizˈar] *vtd* Revitalizar.

re.vi.ver [r̄evivˈer] *vi* Revivir.

re.vol.ta [r̄evˈɔwtə] *sf* **1** Revuelta, rebelión, sublevación, alzamiento. **2** Indignación.

re.vol.ta.do [r̄evowtˈadu] *adj+sm* **1** Revoltoso, sublevado. **2** Indignado.

re.vol.tan.te [r̄evowtˈãti] *adj m+f* Indignante, injusto.

re.vol.tar [r̄evowtˈar] *vtd+vpr* **1** Sublevar, amotinar, subvertir. *vtd+vi+vpr* **2** Indignar.

re.vo.lu.ção [r̄evolusˈãw] *sf* Revolución.

re.vo.lu.ci.o.nar [r̄evolusjonˈar] *vtd* **1** Revolucionar, innovar. *vtd+vpr* **2** Subvertir.

re.vo.lu.ci.o.ná.rio [r̄evolusjonˈarju] *adj+sm* Revolucionario.

re.vol.ver [r̄evowvˈer] *vtd+vpr* Revolver.

re.vól.ver [r̄evˈɔwver] *sm* Revólver, pistola.

re.za [r̄ˈɛzə] *sf* Rezo, oración.

re.zar [r̄ezˈar] *vtd+vi* Rezar, orar.

ri.a.cho [r̄iˈaʃu] *sm* Arroyo, regato, arroyuelo, riachuelo.

ri.ban.cei.ra [r̄ibãsˈejrə] *sf* Riba, ribazo, zopetero.

ri.co [r̄ˈiku] *adj+sm* **1** Rico, acaudalado, adinerado, pudiente. **2** Fértil, abundante, prolífico.

ri.co.che.te.ar [r̄ikoʃeteˈar] *vi* Rebotar.

ri.di.cu.la.ri.zar [r̄idikularizˈar] *vtd+vpr* Ridiculizar.

ri.dí.cu.lo [r̄idˈikulu] *adj+sm* **1** Ridículo, grotesco. **2** Insignificante, irrisorio. **bancar o ridículo** hacer el oso.

ri.fa [r̄ˈifə] *sf* Rifa, sorteo.

ri.far [r̄ifˈar] *vtd* Rifar, sortear.

ri.gi.dez [r̄iʒidˈes] *sf* **1** Rigidez, firmeza, resistencia, consistencia. **2** Rigor, inflexibilidad, severidad.

rí.gi.do [r̄ˈiʒidu] *adj* **1** Rígido, duro, resistente. **2** Inflexible, tenaz. **3** Severo, riguroso, estricto.

ri.gor [r̄igˈor] *sm* **1** Rigor, severidad, rigidez. **2** Inclemencia, rigurosidad. **traje a rigor** traje de etiqueta / traje de ceremonia.

ri.go.ro.sa.men.te [r̄igorɔzam'ẽti] *adv* Rigurosamente.

ri.go.ro.so [r̄igor'ozu] *adj* 1 Riguroso, duro, inflexible. 2 Severo, rígido, disciplinado. 3 Minucioso, escrupuloso. *Pl: rigorosos (ó)*.

ri.jo [r̄'iʒu] *adj* 1 Rígido, duro. 2 Robusto, resistente, vigoroso, firme.

rim [r̄'ĩ] *sm Anat* Riñón.

ri.ma [r̄'imə] *sf Lit* 1 Rima. 2 **rimas** *pl fig* Versos, poesias.

ri.mar [r̄im'ar] *vtd+vi Lit* Rimar.

rí.mel [r̄'imew] *sm* Rímel.

rin.gue [r̄'ĩgi] *sm Esp* Ring, cuadrilátero.

ri.no.ce.ron.te [r̄inoser'õti] *sm Zool* Rinoceronte.

rin.que [r̄'ĩki] *sm Esp* Pista de patinaje.

ri.o [r̄'iu] *sm* 1 *Geogr* Río. 2 **rios** *pl* Chorros, montones, mogollón.

ri.que.za [r̄ik'ezə] *sf* 1 Riqueza, fortuna, caudal. 2 Lujo, fausto. 3 Opulencia.

rir [r̄'ir] *vtd+vti+vi+vpr* 1 Reír. 2 Mofar, burlarse. *vi* 3 Sonreír. **morrer de rir** matarse de risa / partirse de risa / troncharse de risa.

ri.sa.da [r̄iz'adə] *sf* Risa.

ris.ca.do [r̄isk'adu] *adj* Rayado, listado, tachado. **entender do riscado** conocer el percal.

ris.car [r̄isk'ar] *vtd* 1 Rayar. 2 Tachar. 3 Arañar. 4 Garrapatear. Veja nota em **rasurar** (espanhol).

ris.co¹ [r̄'isku] *sm* 1 Trazo. 2 Raya, lista.

ris.co² [r̄'isku] *sm* 1 Riesgo, peligro, temeridad. 2 Aventura, contingencia.

ri.so [r̄'izu] *sm* Risa, sonrisa.

ri.so.nho [r̄iz'oñu] *adj* Risueño, sonriente.

ris.pi.dez [r̄ispid'es] *sf* Aspereza, acidez, rudeza.

rís.pi.do [r̄'ispidu] *adj* Ríspido, áspero.

rit.ma.do [r̄itm'adu] *adj* Acompasado, rítmico.

rít.mi.co [r̄'itmiku] *adj* Rítmico, acompasado.

rit.mo [r̄'itmu] *sm Mús* Ritmo, cadencia, compás.

ri.to [r̄'itu] *sm* Rito, culto, ritual.

ri.tu.al [r̄itu'aw] *sm* 1 Ritual, liturgía. 2 *fig* Ceremonial, etiqueta, protocolo. • *adj m+f* 1 Ritual, litúrgico. 2 Protocolar.

ri.val [r̄iv'aw] *adj* e *s m+f* Rival, concorrente, competidor, adversario.

ri.va.li.da.de [r̄ivalid'adi] *sf* 1 Rivalidad, competencia. 2 Enemistad, pleito, envidia.

ri.xa [r̄'iʃə] *sf* Riña, disputa, escaramuza, bronca.

ro.be [r̄'ɔbi] *sm* Bata, ropón.

ro.bô [r̄ob'o] *sm* Robot.

ro.bó.ti.ca [r̄ob'ɔtikə] *sf* Robótica.

ro.bus.to [r̄ob'ustu] *adj* Robusto, musculoso, vigoroso, fuerte.

ro.ça [r̄'ɔsə] *sf* Campo, huerta, labrantío.

ro.cam.bo.le [r̄okãb'ɔli] *sm Cul* Arrollado, (bizcochuelo arrollado con relleno).

ro.çar [r̄os'ar] *vtd* 1 Rozar, tocar. 2 Friccionar, refregar.

ro.cha [r̄'ɔʃə] *sf* Roca.

ro.che.do [r̄oʃ'edu] *sm* Roca, peñasco.

ro.cho.so [r̄oʃ'ozu] *adj* Rocoso. *Pl: rochosos (ó)*.

ro.da [r̄'ɔdə] *sf* Rueda. **brincar de roda** jugar al corro. **canção de roda** canción de ronda.

ro.da.da [r̄od'adə] *sf* Ronda, tanda, mano, turno.

ro.da-gi.gan.te [r̄odəʒig'ãti] *sf* Rueda gigante. *Pl: rodas-gigantes*.

ro.dar [r̄od'ar] *vtd* 1 Rodar, rodear, girar, circular. 2 Andar, recorrer. 3 *Gráf* Imprimir. 4 *Cin, Telev* Filmar.

ro.de.ar [r̄ode'ar] *vtd* Rodear.

ro.dei.o [r̄od'eju] *sm* 1 Rodeo. 2 Evasiva, efugio. 3 Maniobra, recoveco.

ro.de.la [r̄od'ɛlə] *sf* Rodaja.

ro.dí.zio [r̄od'izju] *sm* 1 Rodillo, rodete. 2 Alternancia.

ro.do [r̄'ɔdu] *sm* Secador. **a rodo** a mogollón / a montes.

ro.do.pi.ar [r̄odopi'ar] *vi* Girar, rotar, rodar, voltear.

ro.do.pi.o [r̄odop'iu] *sm* Giro, vuelta, rotación, remolino.

ro.do.vi.a [r̄odov'iə] *sf* Carretera, autovía, ruta, autopista.

ro.do.vi.á.ria [r̄odovi'arjə] *sf* Terminal de autobuses.

ro.do.vi.á.rio [r̄odovi'arju] *adj* Carretero, caminero, vial.

ro.e.dor [r̄oed′or] *adj+sm* Roedor.

ro.er [r̄o′er] *vtd+vi* **1** Roer, corroer, apolillar, desgastar. *vtd* **2** Gastar, enflaquecer. **duro de roer** difícil de aguantar.

ro.gar [r̄og′ar] *vtd* Rogar, implorar, suplicar, pedir, insistir.

ro.í.do [r̄o′idu] *adj* **1** Roído, apolillado, carcomido. **2** *fig* Estropeado, maltrecho.

ro.jão [r̄oʃ′ãw] *sm* Cohete, buscapiés.

rol [r̄′ɔw] *sm* Rol, lista, índice, nómina, relación, série.

ro.lar [r̄ol′ar] *vtd+vi* **1** Rodar, girar. *vtd* **2** Postergar, prorrogar (deuda). **rolar de rir** destornillarse de risa.

rol.da.na [r̄owd′ʌnə] *sf* Roldana, carrillo, polea.

ro.le.ta [r̄ol′etə] *sf* Ruleta.

ro.lha [r̄′oλə] *sf* Corcho.

ro.lo [r̄′olu] *sm* **1** Rollo, rodillo, cilindro. **2** Rulo. **3** *fig* Embrollo, lío. *nunca vi fazer tanto rolo por causa de um namorado* / nunca vi hacer tanto lío por un novio. **4** Ovillo.

ro.mã [r̄om′ã] *sf Bot* Granada.

ro.man.ce [r̄om′ãsi] *sm* **1** Romance, amorío. **2** *Lit* Novela.

ro.man.cis.ta [r̄omãs′istə] *adj* e *s m+f* Novelista.

ro.ma.no [r̄om′ʌnu] *adj+sm* Romano.

ro.mân.ti.co [r̄om′ãtiku] *adj+sm* Romántico.

ro.man.tis.mo [r̄omãt′izmu] *sm* Romanticismo.

ro.ma.ri.a [r̄omar′iə] *sf* Romería, peregrinación, peregrinaje.

rom.per [r̄õp′er] *vtd* **1** Romper, destruir. **2** Atravesar, abrir camino. **3** Entrar, prorrumpir. *vtd+vpr* **4** Deshacer, fracturar, quebrar. **5** Interrumpir, suspender. *vtd+vi* **6** Iniciar. *vi* **7** Brotar, nacer. **8** Terminar (relación).

rom.pi.men.to [r̄õpim′ẽtu] *sm* **1** Rompimiento, escisión. **2** Rotura, ruptura, quiebra.

ron.car [r̄õk′ar] *vi* Roncar.

ron.co [r̄′õku] *sm* Ronquido, ronco. **puxar um ronco** dormir.

ron.da [r̄′õdə] *sf* Ronda, patrulla.

ron.dar [r̄õd′ar] *vtd+vi* Rondar.

ron.rom [r̄õr̄′õw] *sm* Ronroneo.

ron.ro.nar [r̄õr̄on′ar] *vi* Ronronear.

ro.sa [r̄′ɔzə] *sf Bot* Rosa.

ro.sa.do [r̄oz′adu] *adj* Rosado, rosáceo, rosa.

ro.sá.rio [r̄oz′arju] *sm* Rosario.

ros.bi.fe [r̄ozb′ifi] *sm* Rosbif.

ros.ca [r̄′oskə] *sf* **1** *Mec* Rosca. **2** Rosquilla, bollo, roscón.

ro.sei.ra [r̄oz′ejrə] *sf Bot* Rosal.

ros.nar [r̄ozn′ar] *vtd+vi* Roznar, rebuznar, gruñir, rezongar, regañar, murmurar.

ros.to [r̄′ostu] *sm* Rostro.

ro.ta [r̄′ɔtə] *sf* Ruta, vía, rumbo, itinerario, dirección, recorrido, trayecto.

ro.ta.ção [r̄otas′ãw] *sf* Rotación.

ro.ta.ti.vi.da.de [r̄otativid′adi] *sf* Alternancia.

ro.tei.ro [r̄ot′ejru] *sm* **1** Itinerario, ruta, guía, recorrido. **2** *Cin, Telev* Guión.

ro.ti.na [r̄ot′inə] *sf* Rutina.

ro.ti.nei.ro [r̄otin′ejru] *adj* **1** Rutinario, habitual. **2** Monótono, repetido, frecuente.

ro.tu.la.gem [r̄otul′aʒẽj] *sf* Rotulación, rotulado.

ro.tu.lar [r̄otul′ar] *vtd* **1** Rotular, etiquetar. *vtd+vpr* **2** Clasificar.

ró.tu.lo [r̄′ɔtulu] *sm* Rótulo, etiqueta.

rou.ba.do [r̄owb′adu] *adj* Robado.

rou.bar [r̄owb′ar] *vtd+vi* Robar.

rou.bo [r̄′owbu] *sm* Robo.

rou.co [r̄′owku] *adj* Ronco, afónico. Veja nota em **ronco** (espanhol).

rou.pa [r̄′owpə] *sf* Ropa.

rou.pão [r̄owp′ãw] *sm* Ropón, bata, albornoz.

rou.qui.dão [r̄owkid′ãw] *sf* Ronquera, afonia, carraspera, enronquecimiento.

rou.xi.nol [r̄owʃin′ɔw] *sm Ornit* Ruiseñor.

ro.xo [r̄′oʃu] *adj+sm* Violeta. • *adj fam* **1** Desmedido, excesivo, inmenso. **2** Ansioso, loco. *fiquei roxo de raiva quando soube da notícia* / me puse loco de rabia cuando supe de la noticia.

ru.a [r̄′uə] *sf* Calle. • *interj* **rua!** ¡Fuera! ¡largo! **rua sem saída** vía muerta.

ru.bé.o.la [r̄ub′ɛolə] *sf Med* Rubéola, rubeola.

ru.bi [r̄ub'i] *sm Miner* Rubí.
ru.bo.ri.zar [r̄uboriz'ar] *vtd+vi+vpr* Ruborizar, sonrojar.
ru.bri.ca [r̄ubr'ikə] *sf* Rúbrica, firma.
ru.de [r̄'udi] *adj m+f* **1** Rudo, inculto, tosco. **2** Duro, áspero. **3** Desagradable, insensible. **4** Romo, obtuso.
ru.dez [r̄ud'es] *sf* Rudeza, aspereza, brusquedad, grosería, estupidez.
ru.di.men.tar [r̄udimẽt'ar] *adj m+f* Rudimental, rudimentario.
ru.di.men.to [r̄udim'ẽtu] *sm* Rudimento.
ru.e.la [r̄u'ɛlə] *sf* Calleja, callejuela, callejón, pasadizo, angostillo.
ru.ga [r̄'ugə] *sf* Arruga, pliegue.
rúg.bi [r̄'ugbi] *sm* Rugby.
ru.gi.do [r̄uʒ'idu] *sm* Rugido, grito.
ru.gir [r̄uʒ'ir] *vi* Rugir, gritar.
ru.í.do [r̄u'idu] *sm* Ruido, rumor, sonido. Veja nota em **barulho**.
ru.i.do.so [r̄ujd'ozu] *adj* Ruidoso. *Pl: ruidosos (ó)*.
ru.im [r̄u'ĩ] *adj m+f* **1** Inferior. **2** Nocivo, perjudicial. **3** Ruin, malo, bajo, malvado.

ru.í.na [r̄u'inə] *sf* **1** Ruina, desolación, devastación. **2** Estrago, destrozo. **3** Decadencia.
ru.ir [r̄u'ir] *vi* Desmoronarse, destruir, derrocar, demoler.
rui.vo [r̄'ujvu] *adj+sm* Pelirrojo.
rum [r̄'ũ] *sm* Ron.
ru.mi.nan.te [r̄umin'ãti] *adj+sm Zool* Rumiante.
ru.mi.nar [r̄umin'ar] *vtd+vi* **1** Rumiar, mascar. **2** *fig* Meditar, considerar, planear, reflexionar, maquinar.
ru.mo [r̄'umu] *sm* Rumbo, dirección, vía, orientación. **perder o rumo** irse al garete. **sem rumo** a la deriva.
ru.mor [r̄um'or] *sm* **1** Rumor, murmullo, bisbiseo. **2** Hablilla, chisme.
rup.tu.ra [r̄upt'urə] *sf* **1** Ruptura, rotura, fractura. **2** Rompimiento, desavenencia.
ru.ral [r̄ur'aw] *adj m+f* Rural, agrario, campestre, rústico, campesino.
rus.so [r̄'usu] *adj+sm* Ruso.
rús.ti.co [r̄'ustiku] *adj+sm* **1** Rústico, rural, agrario. **2** Rudo, tosco.

S

s, S [ˈɛsi] *sm* **1** Decimonovena letra del abecedario portugués. **2** Abreviatura de *sur*. **3** *Fís* Símbolo de *segundo*. **4** Abreviatura de *san, santo*.

sá.ba.do [sˈabadu] *sm* Sábado. **Sábado de Aleluia** Sábado de Gloria / Sábado Santo.

sa.bão [sabˈãw] *sm* **1** Jabón. **2** *fam* Reprimenda, bronca.

sa.be.do.ri.a [sabedorˈiə] *sf* **1** Sabiduría, conocimiento, saber. **2** Prudencia, juicio, seso.

sa.ber[1] [sabˈer] *vtd+vi* **1** Saber. **2** Tener sabor.

sa.ber[2] [sabˈer] *sm* Saber, erudición, conocimiento.

sa.bi.chão [sabiʃˈãw] *adj+sm fam* Sabihondo, sabelotodo.

sa.bi.do [sabˈidu] *adj* Sabido, conocido.
• *adj+sm fam* Listo, perspicaz, astuto. **dar uma de sabido** dárselas de sabio/de listo/de listillo.

sá.bio [sˈabju] *adj+sm* **1** Sabio, docto, erudito, instruido, ilustrado, inteligente, leído, letrado. **2** Juicioso, prudente.

sa.bo.ne.te [sabonˈeti] *sm* Jabón de tocador, jaboncillo, jabón de olor, jabón.

sa.bo.ne.tei.ra [sabonetˈejrə] *sf* Jabonera.

sa.bor [sabˈor] *sm* Sabor, gusto. **ao sabor da maré** al azar / a la suerte.

sa.bo.re.ar [saboreˈar] *vtd* Saborear, degustar.

sa.bo.ro.so [saborˈozu] *adj* Sabroso, apetitoso, gustoso, rico. *Pl: saborosos (ó)*.

sa.bo.ta.gem [sabotˈaʒēj] *sf* Sabotaje. Veja nota em **abordaje**.

sa.ca [sˈakə] *sf* Saca, bolsa, costal grande.

sa.ca.da [sakˈadə] *sf* **1** *Arquit* Balcón, barandilla. **2** *Esp* Saque, jugada. **dar uma sacada** observar algo, mirar. *dá uma sacada neste livro que comprei* / mira ese libro que me compré.

sa.ca.na [sakˈʌnə] *adj e sm+f fam* Bellaco, truhán, miserable, pillo, guarro.

sa.ca.na.gem [sakanˈaʒēj] *sf* **1** *fam* Bellaquería, truhanería, bajeza, cabronada. **2** Joda, broma. **3** Pornografía. **4** Maldad.

sa.ca.ne.ar [sakaneˈar] *vi* Perjudicar.

sa.car [sakˈar] *vtd* **1** Sacar, arrancar. *vi* **2** *Esp* Lanzar (pelota). **3** *fam* Observar, mirar. *pela janela ela fica sacando tudo o que a filha faz no portão com o namorado* / por la ventana ella se queda mirando lo que hace la hija en la puerta con el novio. **4** *fam* Entender, comprender. *já saquei o que você está querendo, não precisa me olhar com essa cara de santo* / ya entendí lo que quieres, no me mires con esa cara de santo. *vtd+vi* **5** *Com* Retirar, girar.

sa.ca.ri.na [sakarˈinə] *sf* *Quím* Sacarina.

sa.ca-ro.lhas [sakəɾˈoʎas] *sm sing+pl* Descorchador, tirabuzón, sacacorchos.

sa.cer.do.te [saserdˈɔti] *sm* Sacerdote. *Fem: sacerdotisa*. Veja nota em **padre** (português).

sa.co [sˈaku] *sm* **1** Bolsa, bolso. **2** *vulg* Bolas, pelotas, huevos. **estar de saco cheio** estar harto / estar hasta los huevos. **encher o saco** joder. **puxar o saco** hacer la pelota / arrastrarse. **ser um saco** ser una lata.

sa.co.la [sakˈɔlə] *sf* Bolsa, bolso.

sa.cra.men.to [sakramˈẽtu] *sm* *Rel* Sacramento.

sa.cri.fi.car [sakrifikˈar] *vtd+vpr* **1** Sacrificar, consagrarse. **2** Renunciar, abstenerse. *vtd* **3** Inmolar, matar.

sa.cri.fí.cio [sakrif'isju] *sm* **1** Sacrificio, ofrenda, inmolación. **2** Renuncia, abnegación, entrega.
sa.cris.ti.a [sakrist'iə] *sf Rel* Sacristía.
sa.cro [s'akru] *adj* Sacro, sagrado. • *sm Anat* Hueso sacro.
sa.cu.di.do [sakud'idu] *adj* Sacudido, desenfadado, resuelto.
sa.cu.dir [sakud'ir] *vtd+vpr* **1** Sacudir, agitar. *vpr* **2** Bambolearse.
sa.di.o [sad'iu] *adj* Sano, saludable. Veja nota em **san**.
sa.dis.mo [sad'izmu] *sm* Sadismo.
sa.fa.do [saf'adu] *adj+sm* Cínico, impúdico, procaz, descarado, desvergonzado.
sa.far [saf'ar] *vpr* Escapar, librarse. *desta vez você conseguiu, mas da próxima não vai se safar do castigo* / desta vez lo lograste, pero en la próxima no te vas a escapar del castigo.
sa.fá.ri [saf'ari] *sm* Safari.
sa.fi.ra [saf'irə] *sf Miner* Zafiro.
sa.fra [s'afrə] *sf* Cosecha, producción. *a safra de tomates foi excelente este ano* / la producción de tomates fué excelente este año.

Zafra, em espanhol, corresponde à colheita apenas da cana-de-açúcar.

sa.ga [s'agə] *sf* Saga (leyenda escandinava).
sa.gaz [sag'as] *adj m+f* Sagaz.
sa.gra.do [sagr'adu] *adj* Sagrado, sacro.
sai.a [s'ajə] *sf* Pollera, falda.
sa.í.da [sa'idə] *sf* **1** Salida, marcha, ida, partida. **2** Boca, puerta, abertura. **3** Solución.
sa.i.dei.ra [sajd'ejrə] *sf fam* La última copa. *tenho de ir embora, não dá nem pra tomar a saideira* / tengo que irme, no puedo ni siquiera tomar la última copa.
sai.o.te [saj'ɔti] *sm* Enagua.
sa.ir [sa'ir] *vi* **1** Salir, partir. *vtd+vi* **2** Brotar, manar. **sair-se bem** lucirse. **sair-se mal** naufragar / salir malparado.
sal [s'aw] *sm Quím* Sal.
sa.la [s'alə] *sf* Sala. **fazer sala** hacer antesala. **sala de jantar** comedor.
sa.la.da [sal'adə] *sf* **1** Ensalada. **2** *fig* Confusión, lío, revoltijo.
sa.la.me [sal'ʌmi] *sm* Salame, salami.
sa.lão [sal'ãw] *sm* Salón.

sa.lá.rio [sal'arju] *sm* Salario, sueldo, jornal, paga. **décimo terceiro salário** aguinaldo. Veja nota em **ordenado** (espanhol).
sal.dar [sawd'ar] *vtd* Saldar, liquidar, pagar, finiquitar.
sal.do [s'awdu] *sm* **1** Saldo. **2** Resto de mercancías.
sa.lei.ro [salejr'u] *sm* Salero.
sal.ga.di.nho [sawgad'iñu] *sm* Bocadillo, tapa.
sal.ga.do [sawg'adu] *adj* Salado. • *sm* Tapa, bocadillo.
sal.guei.ro [sawg'ejru] *sm Bot* Sauce, salguero.
sa.li.en.tar [saljẽt'ar] *vtd+vpr* Distinguir, destacar, resaltar, sobresalir.
sa.li.en.te [sali'ẽti] *adj m+f* **1** Saliente, prominente, destacado. **2** Atrevido.
sa.li.va [sal'ivə] *sf* Saliva.
sal.mão [sawm'ãw] *sm Ictiol* Salmón.
sal.mo [s'awmu] *sm Rel* Salmo, cántico, loor.
sal.mou.ra [sawm'owrə] *sf* Salmuera.
sal.pi.ca.do [sawpik'adu] *adj* Salpicado.
sal.pi.car [sawpik'ar] *vtd+vpr* Salpicar, espolvorear, esparcir.
sal.sa [s'awsə] *sf Bot* Perejil.

A palavra **salsa**, em espanhol, significa "molho", e não tem nenhuma relação com a erva. Veja outra nota em **salsa** (espanhol).

sal.si.cha [saws'iʃə] *sf* Salchicha.
sal.si.nha [saws'iñə] *sf Bot* Perejil.
sal.tar [sawt'ar] *vi* **1** Saltar, brincar. *vtd* **2** *fig* Omitir. **saltar fora** irse / huir.
sal.to [s'awtu] *sm* **1** Salto, brinco, bote. **2** Taco, tacón. **3** *fig* Omisión. Veja nota em **salto** (espanhol).
sal.va.ção [sawvas'ãw] *sf* Salvación, redención.
sal.va.dor [sawvad'or] *adj+sm* Salvador, liberador, libertador, redentor.
sal.va.men.to [sawvam'ẽtu] *sm* Salvamento, rescate.
sal.var [sawv'ar] *vtd+vpr* **1** Salvar, librar, rescatar. **2** Resguardar, defender.
sal.va-vi.das [sawvəv'idas] *adj* e *s m+f sing+pl* **1** Socorrista. **2** Salvavidas, flotador. **3** *AL* Bañero.
sal.ve! [s'awvi] *interj* ¡Salve!

sal.vo [s'awvu] *adj* Salvo, salvado, ileso. • *adv* Excepto, menos. **salvo-conduto** salvoconducto.

sa.mam.bai.a [samãb'ajə] *sf Bot* Helecho.

sam.ba [s'ãbə] *sm Mús* Samba.

sa.nar [san'ar] *vtd* **1** Sanar, curar. **2** Reparar, remediar.

sa.na.tó.rio [sanat'ɔrju] *sm Med* Sanatorio.

san.ção [sãs'ãw] *sf* **1** Sanción, autorización, ordenanza, aprobación. **2** *Dir* Punición, penalidad.

san.ci.o.nar [sãsjon'ar] *vtd* Sancionar, homologar, aprobar, autorizar.

san.dá.lia [sãd'aljə] *sf* Sandalia.

sân.da.lo [s'ãdalu] *sm Bot* Sándalo.

san.du.í.che [sãdu'iʃi] *sm* Sandwich, emparedado, bocadillo.

sa.ne.a.men.to [saneam'ẽtu] *sm* Saneamiento.

sa.ne.ar [sane'ar] *vtd* **1** Sanear, desinfectar, limpiar. **2** *fig* Reparar, remediar.

san.fo.na [sãf'onə] *sf Mús* Acordeón, fuelle.

san.grar [sãgr'ar] *vtd+vpr* Sangrar.

san.gren.to [sãgr'ẽtu] *adj* Sangriento, sanguinolento, cruento, cruel.

san.gri.a [sãgr'iə] *sf* **1** Sangría (bebida). **2** Salida (aguas). **3** *fig* Desangre, desangramiento.

san.gue [s'ãgi] *sm* Sangre. **dar o sangue** dejarse la piel / dar el alma.

san.gue-fri.o [sãgifr'iu] *sm* Sangre fría, tranquilidad. *Pl: sangues-frios*.

san.gui.ná.rio [sãgin'arju] *adj+sm* Sanguinario, cruel.

san.guí.neo [sãg'inju] *adj* Sanguíneo.

sa.ni.da.de [sanid'adi] *sf* Sanidad.

sa.ni.tá.rio [sanit'arju] *adj* Sanitario. • *sm* Wáter, excusado, baño, servicio.

san.ti.da.de [sãtid'adi] *sf* Santidad.

san.ti.fi.ca.do [sãtifik'adu] *adj* Santificado.

san.ti.fi.car [sãtifik'ar] *vtd+vi+vpr* Santificar.

san.ti.nho [sãt'iñu] *sm Rel* Estampa.

san.to [s'ãtu] *adj* **1** Santo, sagrado. **2** Inocente, imaculado. **3** Virtuoso, ejemplar. Veja nota em **buen**.

san.tu.á.rio [sãtu'arju] *sm* Santuario.

são¹ [s'ãw] *adj+sm* Sano, saludable. Veja nota em **san**.

são² [s'ãw] *sm* Santo, san. *Pl: sãos*. Veja nota em **san**.

sa.pa.ta.ri.a [sapatar'iə] *sf* Zapatería.

sa.pa.te.a.do [sapate'adu] *sm* **1** *Mús* Zapateado. **2** Zapateo.

sa.pa.te.ar [sapate'ar] *vtd+vi* Zapatear, taconear.

sa.pa.tei.ra [sapat'ejrə] *sf* Zapatera (mueble).

sa.pa.tei.ro [sapat'ejru] *sm* Zapatero.

sa.pa.to [sap'atu] *sm* Zapato.

sa.po [s'apu] *sm Zool* Sapo.

sa.que¹ [s'aki] *sm* **1** *Esp* Saque. **2** Saqueo, pillaje.

sa.que² [s'aki] *Com* Giro, retirada.

sa.que.ar [sake'ar] *vtd* Saquear, robar, saltear, pillar.

sa.ram.po [sar'ãpu] *sm Patol* Sarampión.

sa.rar [sar'ar] *vtd+vpr* Sanar, curar, restablecerse.

sar.cas.mo [sark'azmu] *sm* Sarcasmo, escarnio, burla, zumba, cinismo.

sar.cás.ti.co [sark'astiku] *adj* Sarcástico, irónico, sardónico, punzante, mordaz.

sar.da [s'ardə] *sf* Peca.

sar.den.to [sard'ẽtu] *adj* Pecoso.

sar.di.nha [sard'iñə] *sf Ictiol* Sardina. **puxar a brasa para sua sardinha** arrimar el ascua a su sardina.

sar.gen.to [sarʒ'ẽtu] *sm Mil* Sargento.

sar.je.ta [sarʒ'etə] *sf* **1** Cordón, bordillo, reguera. **2** *fig* Lodo, perdición, caída.

sa.tã [sat'ã] *sm* Satán.

sa.ta.nás [satan'as] *sm* Satanás.

sa.té.li.te [sat'eliti] *sm Astron* Satélite.

sá.ti.ra [s'atirə] *sf* Sátira.

sa.tí.ri.co [sat'iriku] *adj* Satírico, irónico.

sa.ti.ri.zar [satiriz'ar] *vtd* Satirizar, ironizar, escarnecer, ridiculizar, zaherir, avergonzar.

sa.tis.fa.ção [satisfas'ãw] *sf* **1** Satisfacción, gusto, gozo, deleite. **2** Explicación, justificativa.

sa.tis.fa.to.ri.a.men.te [satisfatɔrjam'ẽti] *adv* Satisfactoriamente.

sa.tis.fa.tó.rio [satisfat'ɔrju] *adj* **1** Satisfactorio, suficiente, regular, aceptable.

sa.tis.fa.zer [satisfaz'er] *vtd* **1** Satisfacer, contentar, complacer, deleitar. **2** Cumplir, obedecer, atender. *vtd+vpr* **3** Complacerse, contentarse.

sa.tis.fei.to [satisf'ejtu] *adj* Satisfecho, contento, feliz, complacido.

sa.tu.ra.do [satur'adu] *adj* **1** Saturado, harto, haíto, saciado. **2** Lleno, enfadado, cansado.

sa.tu.rar [satur'ar] *vtd+vpr* **1** Saturar, hartar, saciar. **2** Incomodar, cansar, llenar.

sa.tur.no [sat'urnu] *sm* Saturno.

sau.da.ção [sawdas'ãw] *sf* **1** Saludo, salva, salutación. **2 saudações** *pl* Saludos, recuerdos.

sau.da.de [sawd'adi] *sf* Añoranza, nostalgia. **matar saudades** matar la morriña. **ter saudades** extrañar / añorar / echar de menos.

sau.dar [sawd'ar] *vtd* Saludar.

sau.dá.vel [sawd'avew] *adj m+f* Saludable. Veja nota em **san**.

sa.ú.de [sa'udi] *sf* **1** Salud, sanidad, salubridad. **2** vigor, energía, robusteza.

sau.na [s'awnə] *sf* Sauna.

sa.va.na [sav'ʌnə] *sf Geogr* Sabana.

sa.xo.fo.ne [saksof'oni] *sm Mús* Saxofón, saxófono.

sa.zo.nal [sazon'aw] *adj m+f* Estacional.

se¹ [si] *pron pes* Se, sí, a sí.

se² [si] *conj* Si. **se bem que** aunque. Veja nota em **se** (espanhol).

se.bo [s'ebu] *sm* **1** Sebo, grasa. **2** Tienda de libros o discos usados. **pôr sebo nas canelas** huir / escabullirse / correr.

se.ca [s'ɛkə] *sf* Seca, sequía, estiaje.

se.ca.dor [sekad'or] *adj+sm* Secador (pelo). • *sf* Secadora (ropa).

se.ca.men.te [sekam'ẽti] *adv* Secamente.

se.ção [ses'ãw] *sf* **1** Sección, parte, porción. **2** Sector, departamento, ramo.

se.car [sek'ar] *vtd+vi+vpr* **1** Secar, desecar, enjugar. **2** Disminuir, acabar. **3** Marchitar, mustiar, resecar. *vtd+vpr* **4** Debilitar, adelgazar.

se.co [s'eku] *adj* **1** Seco. **2** Áspero, rudo, huraño, descortés.

se.cre.ção [sekres'ãw] *sf* Secreción, supuración, segregación.

se.cre.ta.men.te [sekrɛtam'ẽti] *adv* Secretamente.

se.cre.ta.ri.a [sekretar'iə] *sf* Secretaría.

se.cre.tá.ria [sekret'arjə] *sm* **1** Secretaria. **2** Escritorio, taquilla. **secretária eletrônica** contestador automático.

se.cre.tá.rio [sekret'arju] *sm* Secretario.

se.cre.to [sekr'ɛtu] *adj* Secreto, oculto, escondido, íntimo.

se.cu.lar [sekul'ar] *adj m+f* Secular.

sé.cu.lo [s'ɛkulu] *sm* Siglo.

se.cun.dá.rio [sekũd'arju] *adj* **1** Secundario, segundo, segundario. **2** Anexo, adicional, accesorio. **3** Trivial.

se.da [s'edə] *sf* Seda. **rasgar seda** deshacerse en amabilidades. **ser uma seda** ser muy amable.

se.da.ti.vo [sedat'ivu] *adj+sm Farm* sedativo, sedante.

se.de¹ [s'ɛdi] *sf* **1** Sed. **2** *fig* Avidez, deseo, afán.

se.de² [s'ede] *sf* Sede, domicilio.

se.den.tá.rio [sedẽt'arju] *adj* Sedentario.

se.den.to [sed'ẽtu] *adj* **1** Sediento. **2** *fig* Ávido, ansioso, deseoso.

se.di.ar [sedi'ar] *vtd* Acoger, domiciliar.

se.di.men.to [sedim'ẽtu] *sm* Sedimento.

se.do.so [sed'ozu] *adj* Sedoso, satinado, suave. *Pl: sedosos (ó).*

se.du.ção [sedus'ãw] *sf* **1** Seducción, encanto, atractivo, hechizo. **2** Adulación, halago.

se.du.tor [sedut'or] *adj+sm* Seductor, encantador, atrayente, fascinante, fascinador.

se.du.zir [seduz'ir] *vtd* **1** Seducir, atraer, cautivar, encantar. **2** Persuadir, tentar.

seg.men.to [segm'ẽtu] *sm* Segmento.

se.gre.do [segr'edu] *sm* Secreto, confidencia.

se.gre.ga.ção [segregas'ãw] *sf* **1** Segregación, discriminación. **2** Separación, desunión, apartamiento.

se.gre.gar [segreg'ar] *vtd+vpr* **1** Segregar. **2** Secretar.

se.gui.da.men.te [segidam'ẽti] *adv* Seguidamente.

se.gui.do [seg'idu] *adj* Seguido, continuo, continuado.

se.gui.dor [segid′or] *adj+sm* Seguidor, partidario, adepto.
se.guin.te [seg′ĩti] *adj+sm* Siguiente, inmediato, consecutivo, consecuente, subsecuente.
se.guir [seg′ir] *vtd* **1** Seguir, acompañar. **2** Perseguir. *vi* **3** Proseguir, ir, continuar, mantener. **4** Imitar, adoptar. *vtd+vi+vpr* **5** Suceder. **a seguir** a continuación.
se.gun.da-fei.ra [segũdəf′ejrə] *sf* Lunes. *Pl: segundas-feiras.*
se.gun.do¹ [seg′ũdu] *prep* Según, conforme.
se.gun.do² [seg′ũdu] *num+sm* Segundo.
se.gu.ra.do [segur′adu] *adj+sm* Dir Asegurado.
se.gu.ra.dor [segurad′or] *adj+sm* Dir Asegurador.
se.gu.ra.men.te [seguram′ẽti] *adv* Seguramente.
se.gu.ran.ça [segur′ãsə] *sf* **1** Seguridad. *s m+f* **2** Guardia, policía, escolta. **cinto de segurança** cinturón de seguridad.
se.gu.rar [segur′ar] *vtd+vpr* **1** Asegurar. **2** Agarrar, sostener, tener, cargar. *vtd* **3** Garantizar. **segurar as pontas** aguantar la mecha.
se.gu.ro [seg′uru] *adj* **1** Seguro, protegido. **2** Firme, decidido. **3** Confiable, eficaz, eficiente. • *sm* Com Seguro, garantía. **o seguro morreu de velho** quien toma precauciones, evita riesgos.
sei.o [s′eju] *sm Anat* Seno.
seis [s′ejs] *num* Seis.
seis.cen.tos [seis′ẽtus] *num* Seiscientos.
sei.ta [s′ejtə] *sf* Secta, doctrina.
sei.va [s′ejvə] *sf* **1** *Bot* Savia, jugo, leche. **2** *fig* Vigor, fuerza.
sei.xo [s′ejʃu] *sm* Canto rodado, china, guija, guijarro.
se.ja [s′eʒə] *conj* Sea.
se.la [s′ɛlə] *sf* Silla, montura.
se.la.do [sel′adu] *adj* Sellado, lacrado.
se.lar¹ [sel′ar] *vtd* **1** Sellar, timbrar, estampillar. **2** Lacrar. **3** Confirmar, validar. *então, vamos selar o acordo /* entonces vamos a confirmar el acuerdo.
se.lar² [sel′ar] *vtd* Ensillar (caballo). *o fazendeiro mandou selar seu cavalo favorito /* el hacendado mandó ensillar su caballo favorito.

se.le.ção [seles′ãw] *sf* **1** Selección, distinción, elección. **2** *Esp* Equipo.
se.le.ci.o.nar [selesjon′ar] *vtd* Seleccionar, escoger, elegir.
se.le.to [sel′ɛtu] *adj* Selecto.
se.lo [s′elu] *sm* **1** Sello, cuño. **2** Estampilla.
sel.va [s′ɛwvə] *sf* Selva, bosque, floresta.
sel.va.gem [sewv′aʒẽj] *adj e s m+f* **1** Salvaje, bravío, selvático. **2** Bárbaro, brutal, cruel.
sel.va.ge.ri.a [sewvaʒer′iə] *sf* Salvajería, salvajada, salvajismo, brutalidad, atrocidad.
sem [s′ẽj] *prep* Sin. **sem-fim** sinfín. **sem mais nem menos** así no más.
se.má.fo.ro [sem′aforu] *sm* Semáforo, señal, disco de señales.
se.ma.na [sem′∧nə] *sf* Semana.
se.ma.nal [seman′aw] *adj m+f* Semanal.
se.ma.nal.men.te [sem∧nawm′ẽti] *adv* Semanalmente.
se.me.ar [seme′ar] *vtd+vi* Sembrar.
se.me.lhan.ça [semeʎ′ãsə] *sf* Semejanza, similitud.
se.me.lhan.te [semeʎ′ãti] *adj m+f* Semejante, parecido, similar, análogo, afín. • *adv* Semejante, tal. • *sm* Semejante, prójimo.
sê.men [s′emẽj] *sm* Semen. *Pl: semens, sêmenes.*
se.men.te [sem′ẽti] *sf* **1** *Bot* Semilla, simiente. **2** Pepita, carozo, hueso. **ficar para semente** vivir mucho / no morir.
se.mes.tral [semestr′aw] *adj m+f* Semestral.
se.mes.tral.men.te [semestrawm′ẽti] *adv* Semestralmente.
se.mes.tre [sem′ɛstri] *sm* Semestre.
se.mi.cír.cu.lo [semis′irkulu] *sm Geom* Semicírculo.
se.mi.fi.nal [semifin′aw] *adj+sf Esp* Semifinal.
se.mi.fi.na.lis.ta [semifinal′istə] *adj e s m+f* Semifinalista.
se.mi.ná.rio [semin′arju] *sm* **1** *Rel* Seminario. **2** Congreso, plantel.
sem.pre [s′ẽpri] *adv* Siempre.
sem-ter.ra [sẽjt′ɛɾə] *s m+f sing+pl* Sin tierra (trabajador rural).
sem-te.to [sẽjt′etu] *s m+f sing+pl* Sin techo, desabrigado.

sem-ver.go.nha [sẽjverg'oñə] *adj* e *s m+f sing+pl* Sinvergüenza, desvergonzado, cínico, desfachatado.

se.na.do [sen'adu] *sm Polít* Senado.

se.na.dor [senad'or] *sm Polít* Senador.

se.não [sen'ãw] *conj+prep* Sino. • *sm* Falla, mácula, defecto. *basta um pequeno senão para estragar o empenho de toda uma vida /* basta una pequeña mácula para estropear el esfuerzo de toda una vida.

se.nha [s'eñə] *sf* Seña, señal, contraseña.

se.nhor [señ'or] *sm* **1** Señor, dueño, propietario. **2** Hombre. **3** Hombre mayor, anciano.

se.nho.ra [señ'ɔrə] *sf* **1** Dueña, propietaria. **2** Esposa, mujer. **3** Mujer mayor, anciana.

se.nho.ri.a [señor'iə] *sf* **1** Señoría. **2** Arrendadora, propietaria (de inmueble alquilado).

se.nho.ri.o [señor'iu] *sm* **1** Señorío. **2** Arrendador, propietario.

se.nho.ri.ta [señor'itə] *sf* Señorita.

se.nil [sen'iw] *adj m+f* Senil. *Pl: senis.*

se.ni.li.da.de [señilid'adi] *sf* Senilidad.

sê.nior [s'enjor] *adj+sm* Sénior. *Pl: seniores.*

sen.sa.ção [sẽsas'ãw] *sf* Sensación.

sen.sa.ci.o.nal [sẽsasjon'aw] *adj m+f* Sensacional, bárbaro. Veja nota em **bárbaro** (português).

sen.sa.tez [sẽsat'es] *sf* Sensatez, juicio, moderación, prudencia, seso, madurez.

sen.sa.to [sẽs'atu] *adj* Sensato, sabio, moderado, cuerdo, prudente, juicioso, sesudo, equilibrado.

sen.si.bi.li.da.de [sẽsibilid'adi] *sf* **1** Sensibilidad. **2** Susceptibilidad.

sen.si.bi.li.zar [sẽsibiliz'ar] *vtd+vi+vpr* Sensibilizar, conmover, impresionar.

sen.si.ti.vo [sẽsit'ivu] *adj+sm* Sensitivo, sensible.

sen.sí.vel [sẽs'ivew] *adj m+f* Sensible, sensitivo.

sen.si.vel.men.te [sẽsivewm'ẽti] *adv* Sensiblemente.

sen.so [s'ẽsu] *sm* Sentido. **bom senso** buen criterio / buen sentido. **senso comum** sentido común. **senso de humor** sentido del humor.

sen.sual [sẽsu'aw] *adj m+f* Sensual.

sen.su.a.li.da.de [sẽswalid'adi] *sf* Sensualidad.

sen.su.al.men.te [sẽswawm'ẽti] *adv* Sensualmente.

sen.tar [sẽt'ar] *vtd+vi+vpr* **1** Sentar. *vtd* **2** Meter, dar, aplicar (golpe, trompada, puñetazo). *se você não parar de falar bobagens, vou lhe sentar a mão na cara /* si no dejas de hablar boludeces, te voy a meter una trompada.

sen.ten.ça [sẽt'ẽsə] *sf* **1** *Gram* Sentencia, frase. **2** Proverbio, mote, dicho. **3** *Dir* Dictamen, juicio, veredicto, fallo. **4** Sanción, punición, castigo.

sen.ten.ci.a.do [sẽtẽsi'adu] *adj+sm* Sentenciado, condenado.

sen.ten.ci.ar [sẽtẽsi'ar] *vtd+vi* **1** Sentenciar, fallar, dictar, decretar. **2** Juzgar, condenar.

sen.ti.do [sẽt'idu] *adj* Sentido, sensible. • *sm* **1** Sentido, sensación, percepción. **2** Significación, acepción.

sen.ti.men.tal [sẽtimẽt'aw] *adj m+f* Sentimental.

sen.ti.men.to [sẽtim'ẽtu] *sm* **1** Sentimiento, sensibilidad. **2** Afecto, amor. **3** Intuición, presentimiento. **4 sentimentos** *pl* Pésame, condolencia.

sen.ti.ne.la [sẽtin'elə] *sf* Centinela, vigilante.

sen.tir [sẽt'ir] *vtd+vpr* Sentir.

se.pa.ra.ção [separas'ãw] *sf* Separación, apartamiento, segregación.

se.pa.ra.do [separ'adu] *adj* **1** Separado, apartado, alejado. **2** Desunido, desligado. **3** Independiente, autónomo. Veja nota em **destacable**.

se.pa.rar [separ'ar] *vtd+vpr* **1** Separar, desunir. **2** Apartar, aislar, segregar. *vtd* **3** Discriminar. Veja nota em **desquitar** (português).

se.pul.tar [sepuwt'ar] *vtd+vpr* Sepultar, enterrar.

se.pul.tu.ra [sepuwt'urə] *sf* Sepultura, sepulcro.

se.que.la [sek'wɛlə] *sf* **1** *Med* Secuela. **2** Consecuencia, resultado.

se.quên.cia [sek'wẽsjə] *sf* **1** Secuencia, serie, sucesión, cadena. **2** Seguimiento, continuación.

se.quer [sek'ɛr] *adv* Siquiera. Veja nota em **aún**.
se.ques.tra.dor [sekwestrad'or] *adj+sm* Secuestrador.
se.ques.trar [sekwestr'ar] *vtd* **1** Secuestrar. **2** Aprehender, embargar, retener.
se.ques.tro [sek'wɛstru] *sm* Secuestro.
ser [s'er] *vlig* **1** Ser, existir. **2** Ocurrir, suceder. **3** Pertenecer, tocar, corresponder. **4** Valer, costar. • *sm* Ser, ente, individuo.
se.rei.a [ser'ejɐ] *sf Mitol* Sirena (mito).
se.re.nar [seren'ar] *vtd+vi+vpr* **1** Serenar, tranquilizar, pacificar, sosegar, calmar. *vtd+vi* **2** Aplacar, amansar, suavizar. *vtd* **3** Rociar.
se.re.na.ta [seren'atɐ] *sf Mús* Serenata.
se.re.ni.da.de [serenid'adi] *sf* **1** Serenidad, imperturbabilidad, aplomo, paciencia, despreocupación. **2** Tranquilidad, sosiego, calma. **3** Suavidad, bonanza, apacibilidad.
se.re.no [ser'enu] *adj* Sereno, pacífico, calmo, manso, quieto, tranquilo, apacible. • *sm* Rocío, relente.
se.ri.a.do [seri'adu] *adj* Seriado. • *sm Telev* Serial, serie.
se.ri.a.men.te [sɛrjam'ẽti] *adv* Seriamente.
sé.rie [s'ɛrji] *sf* **1** Serie, sucesión, cadena. **2** Serial, secuencia, seguida. **3** Curso, proceso. **4** Lista, catálogo, relación.
se.ri.e.da.de [serjed'adi] *sf* **1** Seriedad, gravedad, circunspección. **2** Severidad, austeridad. **3** Dignidad, decoro.
se.rin.ga [ser'ĩgɐ] *sf* Jeringa.
sé.rio [s'ɛrju] *adj* **1** Serio, formal, grave. **2** Seco, adusto, hosco. **3** Importante, urgente. **4** Excato, cumplidor. **5** Responsable, hombre de palabra. **tirar do sério** sacar de quicio.
ser.mão [serm'ãw] *sm* Sermón, plática.
ser.pen.te [serp'ẽti] *sf* **1** *Zool* Serpiente. **2** *fig* Víbora, mala persona.
ser.pen.ti.na [serpẽt'inɐ] *sf* Serpentina.
ser.ra [s'ɛrɐ] *sf* **1** *Mec* Sierra. **2** *Geogr* Cordillera, serranía.
ser.ra.gem [seř'aʒẽj] *sf* Serrín, aserrín, limaduras.
ser.ra.lhei.ro [seřaʎ'ejru] *sm* Herrero.

ser.rar [seř'ar] *vtd+vi* Serrar, aserrar, serruchar.
ser.ro.te [seř'ɔti] *sm* Serrucho.
ser.tão [sert'ãw] *sm* Páramo.
ser.ven.te [serv'ẽti] *adj e s m+f* Sirviente, criado, empleado.
ser.ven.ti.a [servẽt'iɐ] *sf* Utilidad, provecho, empleo, aplicación, uso.
ser.vi.ço [serv'isu] *sm* **1** Servicio, trabajo, actividad. **2** Obsequio, favor, beneficio. **não brincar em serviço** no perder tiempo.
ser.vi.dor [servid'or] *adj+sm* Servidor.
ser.vir [serv'ir] *vtd+vi* **1** Servir, atender. **2** Ayudar, cuidar, auxiliar. *vtd+vpr* **3** Aprovechar, ser útil. **4** servirse, utilizar.
ser.vo [s'ɛrvu] *adj+sm* **1** Esclavo. **2** Siervo, criado.
sé.sa.mo [s'ɛzamu] *sm Bot* Sésamo.
ses.são [ses'ãw] *sf* Sesión.
ses.sen.ta [ses'ẽtɐ] *num* Sesenta.
ses.ta [s'ɛstɐ] *sf* Siesta.
se.ta [s'ɛtɐ] *sf* **1** Saeta. **2** Flecha, dardo.
se.te [s'ɛti] *num* Siete. **pintar o sete** hacer travesuras.
se.te.cen.tos [sɛtes'ẽtus] *num* Setecientos.
se.tem.bro [set'ẽbru] *sm* Septiembre.
se.ten.ta [set'ẽtɐ] *num* Setenta.
sé.ti.mo [s'ɛtimu] *num* Séptimo.
se.tor [set'or] *sm* Sector, división, ramo.
se.tu.a.ge.ná.rio [setwaʒen'arju] *adj+sm* Septuagenario.
se.tu.a.gé.si.mo [setwaʒ'ɛzimu] *num* Septuagésimo.
seu [s'ew] *pron pos* Su, suyo.
se.ve.ra.men.te [sevɛram'ẽti] *adv* Severamente.
se.ve.ri.da.de [severid'adi] *sf* **1** Severidad, rigor, rigidez. **2** Austeridad, rigurosidad, sobriedad. **3** Gravedad, dignidad.
se.ve.ro [sev'ɛru] *adj* **1** Severo, rígido, riguroso. **2** Serio, grave, sesudo. **3** Importante. **4** Austero, digno.
se.xa.ge.ná.rio [seksaʒen'arju] *adj+sm* Sexagenario.
se.xa.gé.si.mo [seksaʒ'ɛzimu] *num* Sexagésimo.
se.xo [s'ɛksu] *sm* Sexo.
se.xó.lo.go [seks'ɔlogu] *sm* Sexólogo.

sex.ta-fei.ra [sestəf'ejrə] *sf* Viernes. *Pl: sextas-feiras.*
sex.te.to [sest'etu] *sm Mús* Sexteto.
sex.to [s'estu] *num* Sexto.
sêx.tu.plo [s'estuplu] *num* Séxtuplo.
se.xu.al [seksu'aw] *adj m+f* Sexual.
se.xu.a.li.da.de [sekswalid'adi] *sf* Sexualidad.
short [ʃ'ɔrt] *sm ingl* Short, pantalón corto.
show [ʃ'ow] *sm ingl* Show, espectáculo.
si [s'i] *sm Mús* sí. • *pron pes* sí.
si.a.mês [siam'es] *adj+sm* Siamés.
si.bi.lan.te [sibil'ãti] *adj m+f* Sibilante.
si.de.rur.gi.a [siderurʒ'iə] *sf* Siderurgia.
si.de.rúr.gi.co [sider'urʒiku] *adj* Siderúrgico.
si.dra [s'idrə] *sf* Sidra.
sí.fi.lis [s'ifilis] *sf sing+pl Patol* Sífilis.
si.gi.lo [siʒ'ilu] *sm* Sigilo, secreto.
si.gi.lo.so [siʒil'ozu] *adj* Sigiloso, secreto. *Pl: sigilosos (ó).*
si.gla [s'iglə] *sf* Sigla.
sig.ni.fi.ca.ção [signifikas'ãw] *sf* Significación, denotación, sentido.
sig.ni.fi.ca.do [signifik'adu] *sm* Significado, sentido.
sig.ni.fi.can.te [signifik'ãti] *adj m+f* Significativo. • *sm* Significante.
sig.ni.fi.car [signifik'ar] *vtd* Significar, simbolizar, expresar, mostrar.
sig.ni.fi.ca.ti.vo [signifikat'ivu] *adj* **1** Significativo, indicador. **2** Importante.
sig.no [s'ignu] *sm* Signo.
sí.la.ba [s'ilabə] *sf Gram* Sílaba.
si.lá.bi.co [sil'abiku] *adj* Silábico.
si.len.ci.ar [silẽsi'ar] *vtd+vi* Silenciar, callar.
si.lên.cio [sil'ẽsju] *sm* **1** Silencio. **2** Quietud, tranquilidad. **3** Sigilo, reserva.
si.len.ci.o.so [silẽsi'ozu] *adj* Silencioso. *Pl: silenciosos (ó).*
si.lhu.e.ta [siʎu'etə] *sf* Silueta.
si.lí.cio [sil'isju] *sm Quím* Silicio.
si.li.co.ne [silik'oni] *sm Quím* Silicona.
si.lo.gis.mo [siloʒ'izmu] *sm* Silogismo.
sil.ves.tre [siwv'ɛstri] *adj m+f* Silvestre, agreste, salvaje, bravío, rústico.
sil.ví.co.la [siwv'ikolə] *adj e s m+f* Silvícola.
sil.vo [s'iwvu] *sm* Silbo, silbido.

sim [s'ĩ] *adv* sí. **pelo sim, pelo não** por lo que sí, por lo que no.
sim.bó.li.co [sĩb'ɔliku] *adj* Simbólico.
sim.bo.lis.mo [sĩbol'izmu] *sm* Simbolismo.
sim.bo.li.zar [sĩboliz'ar] *vtd* Simbolizar.
sím.bo.lo [s'ĩbolu] *sm* Símbolo.
si.me.tri.a [simetr'iə] *sf* Simetría.
si.mé.tri.co [sim'ɛtriku] *adj* Simétrico.
si.mi.lar [simil'ar] *adj+sm* Similar, símil, parejo, análogo, homólogo.
si.mi.la.ri.da.de [similarid'adi] *sf* Similitud, semejanza, analogía.
si.mi.li.tu.de [similit'udi] *sf* Similitud, semejanza, analogía.
sí.mio [s'imju] *sm Zool* Simio, mono.
sim.pa.ti.a [sĩpat'iə] *sf* **1** Simpatía. **2** Ritual supersticioso.
sim.pá.ti.co [sĩp'atiku] *adj* Simpático.
sim.pa.ti.zar [sĩpatiz'ar] *vtd+vpr* Simpatizar, congeniar, amistar.
sim.ples [s'ĩplis] *adj e s m+f sing+pl* **1** Simple, sencillo. **2** Humilde, llano. **3** Elemental, mero. **4** Fácil, claro, palmario.
sim.pli.ci.da.de [sĩplisid'adi] *sf* **1** Simplicidad, sencillez, claridad. **2** Ingenuidad, inocencia. **3** Tosquedad, rusticidad.
sim.pli.fi.car [sĩplifik'ar] *vtd* **1** Simplificar, facilitar. **2** Reducir, abreviar.
sim.pó.sio [sĩp'ɔzju] *sm* Simposio, congreso.
si.mu.la.ção [simulas'ãw] *sf* **1** Simulación, simulacro. **2** Test, ensayo.
si.mu.la.do [simul'adu] *adj* Simulado, ficticio, fingido, falso.
si.mul.ta.ne.a.men.te [simuwt∧neam'ẽti] *Adv* Simultaneamente.
si.mul.ta.nei.da.de [simuwtanejd'adi] *sf* Simultaneidade.
si.mul.tâ.neo [simuwt'∧nju] *adj* Simultáneo, concomitante, sincrónico.
si.na [s'inə] *sf* Sino, hado, suerte, destino.
si.na.go.ga [sinag'ɔgə] *sf* Sinagoga.
si.nal [sin'aw] *sm* **1** Señal, gesto. **2** Seña, signo. **3** Timbre, campanilla (escuela). **4** Vestigio, indicio, pista. **5** Marca, estigma. **6** Prenuncio, presagio. **7** Síntoma. **avançar o sinal** pasar el semáforo en rojo / pasar de la raya.

si.na.lei.ro [sinal′ejru] *sm* Guardagujas, semáforo, señal.

si.na.li.za.ção [sinalizas′ãw] *sf* Señalización.

si.na.li.zar [sinaliz′ar] *vtd* **1** Señalizar. **2** Señalar, indicar.

sin.ce.ra.men.te [sĩsɛram′ẽti] *adv* Sinceramente.

sin.ce.ri.da.de [sĩserid′adi] *sf* Sinceridad, franqueza.

sin.ce.ro [sĩs′ɛru] *adj* Sincero, franco.

sín.co.pe [s′ĩkopi] *sf* **1** *Med* Síncope, desmayo. **2** *Gram* Síncopa.

sin.cro.ni.a [sĩkron′ia] *sf* Sincronía, sincronización, simultaneidad.

sin.cro.nis.mo [sĩkron′izmu] *sm* Sincronismo, correspondencia.

sin.cro.ni.za.ção [sĩkronizas′ãw] *sf* Sincronización.

sin.cro.ni.zar [sĩkroniz′ar] *vtd* Sincronizar, concordar.

sin.di.cal [sĩdik′aw] *adj m+f* Sindical.

sin.di.ca.lis.mo [sĩdikal′izmu] *sm* Sindicalismo.

sin.di.ca.li.zar [sĩdikaliz′ar] *vtd+vpr* Sindicar.

sin.di.cân.cia [sĩdik′ãsjə] *sf* Averiguación, investigación, busca, vigilancia, inspección.

sin.di.ca.to [sĩdik′atu] *sm* Sindicato.

sín.di.co [s′ĩdiku] *sm* Síndico, administrador de un edificio.

sín.dro.me [s′ĩdromi] *sf Med* Síndrome.

si.ner.gi.a [sinerʒ′iə] *sf Fisiol* Sinergia.

si.ne.ta [sin′etə] *sf* Campanilla, esquila.

si.ne.te [sin′eti] *sm* Timbre, sello.

sin.fo.ni.a [sĩfon′iə] *sf Mús* Sinfonía.

sin.fô.ni.ca [sĩf′onikə] *adj Mús* Sinfónico. • *sf* Sinfónica.

sin.ge.lo [sĩʒ′ɛlu] *adj* Sencillo, simple, puro.

sin.gu.lar [sĩgul′ar] *adj m+f* Singular.

sin.gu.la.ri.da.de [sĩgularid′adi] *sf* Singularidad.

si.nis.tro [sin′istru] *adj* **1** Siniestro, funesto. **2** Asustador, terrible.

si.no [s′inu] *sm* Campana. *gosto de ouvir os sinos da igreja* / me gusta oír las campanas de la iglesia.

si.nô.ni.mo [sin′onimu] *adj+sm Gram* Sinónimo.

si.nop.se [sin′ɔpsi] *sf* Sinopsis, síntesis, resumen, compendio.

sin.tá.ti.co [sĩt′atiku] *adj Gram* Sintáctico.

sin.ta.xe [sĩt′asi] *sf Gram* Sintaxis.

sín.te.se [s′ĩtezi] *sf* Síntesis, compendio, sinopsis, sumario.

sin.té.ti.co [sĩt′ɛtiku] *adj* **1** Sintético, sinóptico, resumido, sintetizado. **2** Artificial, industrial, químico.

sin.te.ti.za.dor [sĩtetizad′or] *adj+sm Mús* Sintetizador.

sin.te.ti.zar [sĩtetiz′ar] *vtd* **1** Sintetizar, resumir, compendiar, abreviar, condensar. **2** *Quím* Componer, producir, obtener, fabricar.

sin.to.ma [sĩt′omə] *sm* **1** *Med* Síntoma. **2** Indicio, señal.

sin.to.má.ti.co [sĩtom′atiku] *adj* Sintomático.

sin.to.ni.a [sĩton′iə] *sf* Sintonía.

sin.to.ni.zar [sĩtoniz′ar] *vtd+vi* Sintonizar.

si.nu.ca [sin′ukə] *sf* **1** Billar. **2** *fam* Enredo, lío, confusión.

si.nu.o.si.da.de [sinwozid′adi] *sf* Sinuosidad.

si.nu.o.so [sinu′ozu] *adj* Sinuoso, ondulante, quebrado. *Pl: sinuosos (ó)*.

si.nu.si.te [sinuz′iti] *sf Med* Sinusitis.

si.re.ne [sir′eni] *sf* Sirena, pito.

si.ri [sir′i] *sm Zool* Cámbaro, cangrejo de mar.

si.ri.gai.ta [siriɡ′ajtə] *sf fam* Pizpireta, coqueta.

si.ro.co [sir′oku] *sm Mar* Siroco.

sís.mi.co [s′izmiku] *adj* Sísmico.

sis.mó.gra.fo [sizm′ɔɡrafu] *sm* Sismógrafo.

si.so [s′izu] *sm* Juicio, quicio.

sis.te.ma [sist′emə] *sm* Sistema.

sis.te.má.ti.ca [sistem′atikə] *sf* Sistemática.

sis.te.má.ti.co [sistem′atiku] *adj* Sistemático, metódico, organizado.

sis.te.ma.ti.za.ção [sistematizas′ãw] *sf* Sistematización.

sis.te.ma.ti.zar [sistematiz′ar] *vtd* Sistematizar, organizar.

sís.to.le [s′istoli] *sf Fisiol* Sístole.

si.su.dez [sizud′es] *sf* Seriedad.
si.su.do [siz′udu] *adj+sm* **1** Serio, huraño, serio. **2** Juicioso, sensato, prudente.
site [s′ajti] *sm Inform* Site, sitio.
si.ti.ar [siti′ar] *vtd* Sitiar.
sí.tio[1] [s′itju] *sm* **1** Sitio, local. **2** Chacra, finca. Veja nota em **sitio** (espanhol).
sí.tio[2] [s′itju] *sm* Cerco, asedio.
si.tu.a.ção [sitwas′ãw] *sf* Situación.
si.tu.a.do [situ′adu] *adj* Situado, puesto, ubicado.
si.tu.ar [situ′ar] *vtd+vpr* Situar, colocar, ubicar, poner.
só [s′ɔ] *adj m+f* Solo, solitario. • *adv* Sólo, solamente, únicamente, apenas. **a sós** a solas. Veja nota em **solo**.
so.a.lho [so′aλu] *sm* Tarima, parquet, entarimado.
so.ar [so′ar] *vtd+vi* **1** Sonar, tocar, tañer. *vtd* **2** Parecer, oler.
sob [s′ob] *prep* Bajo.
so.be.ra.ni.a [soberan′iə] *sf* Soberanía.
so.be.ra.no [sober′∧nu] *adj+sm* Soberano.
so.ber.ba [sob′erbə] *sf* Soberbia, altanería, altivez, arrogancia.
so.ber.bo [sob′erbu] *adj* Soberbio, altanero, arrogante.
so.bra [s′ɔbrə] *sf* Sobra, resto, excedencia, excedente.
so.bra.do [sobr′adu] *sm* Casa de altos.
so.bran.ce.lha [sobrãs′eλə] *sf Anat* Ceja.
so.brar [sobr′ar] *vtd* **1** Sobrar, restar, quedar. *vtd+vi* **2** Exceder.
so.bre [s′obri] *prep* **1** Sobre, encima. **2** Acerca.
so.bre.a.vi.so [sobreav′izu] *sm* Prevención, precaución, cuidado.
so.bre.car.ga [sobrek′argə] *sf* Sobrecarga, exceso.
so.bre.car.re.ga.do [sobrekařeg′adu] *adj* Sobrecargado, excesivo.
so.bre.car.re.gar [sobrekařeg′ar] *vtd* Sobrecargar, agravar, exceder. Veja nota em **gravar** (portugués).
so.bre.co.xa [sobrek′oʃə] *sf Zool* Contramuslos.
so.bre.er.guer [sobreerg′er] *vtd* Elevar, erguir.

so.bre.hu.ma.no [sobrjum′∧nu] *adj* Sobrehumano. *Pl: sobre-humanos.*
so.bre.lo.ja [sobrel′ɔʒə] *sf* Entresuelo, entrepiso.
so.bre.ma.nei.ra [sobreman′ejrə] *adv* Sobremanera.
so.bre.me.sa [sobrem′ezə] *sf* Postre.
so.bre.na.tu.ral [sobrenatur′aw] *adj+sm* Sobrenatural.
so.bre.no.me [sobren′omi] *sm* Apellido. Veja nota em **apellido**.
so.bre.pai.rar [sobrepajr′ar] *vtd+vi* Planear, volar sobre (algo)
so.bre.por [sobrep′or] *vtd+vpr* Sobreponer.
so.bre.pu.jar [sobrepuʒ′ar] *vtd* Sobrepujar, sobrepasar, exceder, superar, aumentar.
so.bres.sai.a [sobris′ajə] *sf* Sobrefalda.
so.bres.sa.ir [sobresa′ir] *vi* **1** Sobresalir, salir, abultar. *vtd+vi* **2** Sobrepujar, despuntar, lucir. *vtd+vi+vpr* **3** Descollar, destacar.
so.bres.sa.len.te [sobresal′ẽti] *adj+sm* Sobresaliente.
so.bres.sal.tar [sobresawt′ar] *vtd+vpr* Sobresaltar, asustar, aconjonar, sorprender.
so.bres.sal.to [sobres′awtu] *sm* Sobresalto, sorpresa, susto, alarma.
so.bres.ti.mar [sobrestim′ar] *vtd* Sobrestimar.
so.bre.ta.xa [sobret′aʃə] *sf Com* Sobrecargo, recargo.
so.bre.tu.do[1] [sobret′udu] *adv* Sobre todo, principalmente, especialmente.
so.bre.tu.do[2] [sobret′udu] *sm* Sobretodo, gabán, gabardina, capote, abrigo.
so.bre.vi.da [sobrev′idə] *sf* Sobrevida.
so.bre.vir [sobrev′ir] *vtd+vi* Sobrevenir.
so.bre.vi.vên.cia [sobreviv′ẽsjə] *sf* Supervivencia.
so.bre.vi.ven.te [sobreviv′ẽti] *adj+sm* Superviviente, sobreviviente.
so.bre.vi.ver [sobreviv′er] *vtd+vi* Sobrevivir.
so.bre.vo.ar [sobrevo′ar] *vtd+vi* Sobrevolar.
so.bri.a.men.te [sɔbrjam′ẽti] *adv* Sobriamente.

so.bri.e.da.de [sobrjed′adi] *sf* Sobriedad, comedimiento, moderación, discreción.
so.bri.nha [sobr′iɲa] *sf* Sobrina.
so.bri.nho [sobr′iɲu] *sm* Sobrino.
só.brio [s′ɔbrju] *adj* Sobrio, ponderado, moderado, austero.
so.car [sok′ar] *vtd* **1** Majar, machacar, mallar. *vtd+vpr* **2** Golpear, apalear, aporrear.
so.ci.a.bi.li.da.de [sosjabilid′adi] *sf* Sociabilidad.
so.ci.a.bi.li.zar [sosjabiliz′ar] *vtd+vpr* Sociabilizar.
so.ci.al [sosj′aw] *adj m+f* Social.
so.ci.a.lis.mo [sosjal′izmu] *sm Polít* Socialismo.
so.ci.a.lis.ta [sosjal′ista] *adj e s m+f Polít* Socialista.
so.ci.a.li.zar [sosjaliz′ar] *vtd+vpr* Socializar.
so.ci.á.vel [sosi′avew] *adj m+f* Sociable, abierto, extrovertido, simpático.
so.ci.e.da.de [sosjed′adi] *sf* **1** Sociedad, colectividad, comunidad. **2** Empresa, compañía, negocio.
só.cio [s′ɔsju] *adj+sm* **1** Socio, asociado, miembro, afiliado, consocio, participante. **2** Accionista, mutualista.
so.ci.o.cul.tu.ral [sɔsjokuwtur′aw] *adj m+f* Sociocultural.
so.ci.o.e.co.nô.mi.co [sɔsjoekon′omiku] *adj* Socioeconómico.
so.ci.o.lo.gi.a [sosjoloʒ′iə] *sf* Sociología.
so.ci.o.ló.gi.co [sosjol′ɔʒiku] *adj* Sociológico.
so.ci.ó.lo.go [sosi′ɔlogu] *sm* Sociólogo.
so.co [s′ɔku] *sm* Trompazo, puñetazo, golpe.
so.cor.rer [sokoȓ′er] *vtd+vpr* Socorrer, acudir, ajudar, amparar, asistir.
so.cor.ro [sok′oȓu] *sm* Socorro, auxilio, ayuda, amparo.
so.da [s′ɔdə] *sf* **1** Soda, gaseosa. **2** *Quím* Sosa.
só.dio [s′ɔdju] *sm Quím* Sodio. Veja nota em **refrigerante** (espanhol).
so.er.guer [soerg′er] *vtd+vpr* Erguir, alzar, levantarse, elevarse.
so.fá [sof′a] *sm* Sofá, diván.
so.fá-ca.ma [sof′ak′∧mə] *sm* Sofá cama. Pl: *sofás-camas*.

so.fis.ti.ca.ção [sofistikas′ãw] *sf* **1** Refinamiento, elegancia. **2** Sofisticación, adulteración, falsificación.
so.fis.ti.ca.do [sofistik′adu] *adj* **1** Sofisticado, elegante, refinado, fino. **2** *fam* Artificial, afectado.
so.fre.ar [sofre′ar] *vtd* **1** Sofrenar. *vtd+vpr* **2** *fig* Refrenar, contener, reprimir.
so.fre.dor, ora [sofred′or] *adj+sm* Sufridor, sufrido.
sô.fre.go [s′ofregu] *adj* Impaciente, ansioso, desesperado, ávido.
so.fre.gui.dão [sofregid′ãw] *sf* Ansia, impaciencia, desespero, ganas.
so.frer [sofr′er] *vtd+vi* Sufrir, padecer, penar.
so.fri.men.to [sofrim′ẽtu] *sm* **1** Sufrimiento, padecimiento. **2** Amargura, desconsuelo. **3** Dolor, mal, malestar. Veja nota em **duelo** (português).
so.frí.vel [sofr′ivew] *adj m+f* **1** Sufrible, tolerable, soportable. **2** Aceptable, regular. *seu inglês é sofrível* / su inglés es regular.
so.gra [s′ɔgrə] *sf* Suegra, madre político.
so.gro [s′ogru] *sm* Suegro, padre político.
so.ja [s′ɔʒə] *sf Bot* Soja, soya.
sol[1] [s′ɔw] *sm Astron* Sol. **pôr do sol** puesta del sol, ocaso.
sol[2] [s′ɔw] *Mús* Sol.
so.la [s′ɔlə] *sf* **1** Suela. **2** Planta del pie. **entrar de sola** actuar agresivamente. Veja nota em **salto** (espanhol).
so.la.pa.men.to [solapam′ẽtu] *sm* Solapamiento.
so.la.par [solap′ar] *vtd* **1** Solapar, encubrir, ocultar. **2** Excavar.
so.lar [sol′ar] *adj m+f* Solar.
so.la.van.co [solav′ãku] *sm* Traqueteo, sacudida.
sol.da [s′owdə] *sf* Soldadura, suelda.
sol.da.des.ca [sowdad′eskə] *sf* Soldadesca.
sol.da.do[1] [sowd′adu] *sm Mil* Soldado.
sol.da.do[2] [sowd′adu] *adj* Soldado, unido.
sol.dar [sowd′ar] *vtd+vpr* Soldar, unir, juntar.
sol.do [s′owdu] *sm* Sueldo, soldada, paga, estipendio. Veja nota em **ordenado** (espanhol).
so.lei.ra [sol′ejrə] *sf* Umbral.

so.le.ne [sol'eni] *adj m+f* **1** Solemne, ceremonioso. **2** Formal, grave. **3** Suntuoso, fastuoso.
so.le.ni.da.de [solenid'adʒi] *sf* Solemnidad, ceremonial.
so.le.trar [soletr'ar] *vtd+vi* Deletrear, silabear.
so.li.ci.ta.ção [solisitas'ãw] *sf* Solicitación, petición, pedido.
so.li.ci.tar [solisit'ar] *vtd* Solicitar, pedir.
so.lí.ci.to [sol'isitu] *adj* Solícito, diligente, atento, eficaz, cuidadoso, listo.
so.li.ci.tu.de [solisit'udʒi] *sf* Solicitud.
so.li.dão [solid'ãw] *sf* Soledad.
so.li.da.ri.a.men.te [solidarjam'ẽti] *adv* Solidariamente.
so.li.da.ri.e.da.de [solidarjed'adʒi] *sf* Solidaridad.
so.li.dá.rio [solid'arju] *adj* Solidario.
so.li.da.ri.zar [solidariz'ar] *vtd+vpr* Solidarizar.
so.li.dez [solid'es] *sf* **1** Solidez, firmeza, resistencia. **2** Consistencia, densidad.
so.li.di.fi.ca.ção [solidifikas'ãw] *sf* Solidificación.
so.li.di.fi.car [solidifik'ar] *vtd+vi+vpr* **1** Solidificar, endurecer. **2** *fig* Robustecer, fortalecer.
só.li.do [s'ɔlidu] *adj* Sólido.
so.lis.ta [sol'istə] *adj e s m+f Mús* Solista.
so.li.tá.ria [solit'arjə] *sf Med* Solitaria, tenia.
so.li.tá.rio [solit'arju] *adj* Solitario, solo. Veja nota em **solo** (espanhol).
so.lo[1] [s'ɔlu] *sm* Suelo, piso. Veja nota em **solo** (espanhol).
so.lo[2] [s'ɔlu] *sm Mús* Solo.
sols.tí.cio [sowst'isju] *sm* Solsticio.
sol.tar [sowt'ar] *vtd+vpr* **1** Soltar, desatar, desasir. **2** Libertar, liberar.
sol.tei.ra [sowt'ejrə] *adj f* Soltera.
sol.tei.rão [sowtejr'ãw] *adj+sm* Solterón.
sol.tei.ro [sowt'ejru] *adj* Soltero.
sol.tei.ro.na [sowtejr'onə] *adj+sf* Solterona.
sol.to [s'owtu] *adj* Suelto.
so.lu.çan.te [solus'ãti] *adj m+f* Sollozante.
so.lu.ção [solus'ãw] *sf* Solución.

so.lu.çar [solus'ar] *vi* **1** Sollozar. **2** Tener hipo.
so.lu.ci.o.nar [solusjon'ar] *vtd* Solucionar, resolver.
so.lu.ço [sol'usu] *sm* **1** Hipo. **2** Sollozo, lloro.
so.lú.vel [sol'uvew] *adj m+f* Soluble, disoluble.
sol.ven.te [sowv'ẽti] *adj e s m+f* **1** *Com* Solvente, desempeñado de deudas. **2** *Quím* Disolvente.
som [s'õw] *sm* **1** Sonido. **2** *fam* Música. *vou pôr um som pra gente dançar* / voy a poner una música para que bailemos.
so.ma [s'omə] *sf* **1** *Mat* Suma. **2** Cantidad.
so.mar [som'ar] *vtd+vi* **1** Sumar, adicionar. *vi* **2** Juntar, agregar, reunir.
som.bra [s'õbrə] *sf* **1** Sombra, oscuridad. **2** Silueta. **sombra e água fresca** tranquilidad / vida despreocupada.
som.bri.nha [sõbr'iñə] *sf* **1** Sombrilla, parasol, quitasol. **2** Paraguas.
som.bri.o [sõbr'iu] *adj* **1** Sombrío, nebuloso. **2** Lóbrego, lúgubre. **3** *fig* Triste, melancólico, taciturno.
so.men.te [sɔm'ẽti] *adv* Solamente, sólo, únicamente, no más. Veja nota em **solo** (espanhol).
so.nam.bu.lis.mo [sonãbul'izmu] *sm* Sonambulismo.
so.nâm.bu.lo [son'ãbulu] *adj+sm* Sonámbulo.
son.da [s'õdə] *sf* Sonda, sondeo, rastreo.
son.da.gem [sõd'aʒẽj] *sf* Sonda, sondeo, rastreo.
son.dar [sõd'ar] *vtd* Sondar, sondear, tantear, averiguar, rastrear.
so.ne.ca [son'ɛkə] *sf* Siesta, dormida corta. **tirar uma soneca** echar una dormida / apolillar.
so.ne.ga.ção [sonegas'ãw] *sf* **1** Ocultación, encubrimiento. **2** Fraude, evasión fiscal.
so.ne.ga.dor [sonegad'or] *adj+sm* Ocultador, encubridor.
so.ne.gar [soneg'ar] *vtd* **1** Subtraer, estafar, evadir. **2** Ocultar, encubrir, negar.
so.ne.to [son'etu] *sm Lit* Soneto.
so.nha.dor [soñad'or] *adj+sm* Soñador.
so.nhar [soñ'ar] *vtd+vi* **1** Soñar. **2** *fig* Imaginar, devanear. *vtd* **3** Anhelar, desear.

so.nho [s'oñu] *sm* **1** Sueño, ensueño. **2** Imaginación, devaneo. **3** Deseo, anhelo.
so.ní.fe.ro [son'iferu] *adj+sm* Somnífero, soporífero.
so.no [s'onu] *sm* Sueño.
so.no.lên.cia [sonol'ẽsjə] *sf* Somnolencia.
so.no.len.to [sonol'ẽtu] *adj* Somnoliento, soñoliento.
so.no.ri.da.de [sonorid'adi] *sf* Sonoridad.
so.no.ro [son'ɔru] *adj* **1** Sonoro, resonante, sonante. **2** Melodioso, armónico, melódico.
son.so [s'õsu] *adj+sm* Tonto, simple.
so.pa [s'ɔpə] *sf* Sopa. **dar sopa** dar el flanco. **ser sopa** ser muy fácil.
so.pa.po [sop'apu] *sm fam* Sopapo, bofetón, bofetada, manotazo.
so.pé [sop'ɛ] *sm* Falda (de montaña, montes, sierras).
so.pei.ra [sop'ejrə] *sf* Sopera.
so.po.rí.fe.ro [sopor'iferu] *adj+sm* Soporífero, soporífico.
so.pra.no [sopr'ʌnu] *s m+f Mús* Soprano.
so.prar [sopr'ar] *vtd+vi* **1** Soplar. *vtd* **2** Insinuar. **3** Incitar. **4** Susurrar.
so.pro [s'opru] *sm* **1** Soplo. **2** Hálito, aliento. **3** *fig* Insinuación, inspiración. **4 sopros** *pl Mús* Vientos.
so.que.te [sok'eti] *sm Eletr* Soquete: a) portalámpara. *sf* b) calcetín corto.
sor.di.dez [sordid'es] *sf* Sordidez.
sór.di.do [s'ɔrdidu] *adj* Sórdido.
so.ro [s'oru] *sm Med* Suero.
sor.ra.tei.ro [soRat'ejru] *adj* Furtivo, subrepticio, disimulado.
sor.ri.den.te [soRid'ẽti] *adj m+f* Sonriente.
sor.rir [soR'ir] *vi+vpr* Sonreír.
sor.ri.so [soR'izu] *sm* Sonrisa. **sorriso amarelo** sonrisa falsa.
sor.te [s'ɔrti] *sf* **1** Suerte, dicha. **2** Fortuna, buenaventura.
sor.te.ar [sorte'ar] *vtd* Sortear, rifar.
sor.tei.o [sort'eju] *sm* Sorteo, rifa.
sor.ti.do [sort'idu] *adj* **1** Surtido, variado. **2** Provisto.
sor.ti.men.to [sortim'ẽtu] *sm* **1** Surtimiento, surtido. **2** Provisión.

sor.tir [sort'ir] *vtd+vpr* Surtir, proveer. Veja nota em **surtir**.
sor.tu.do [sort'udu] *adj+sm fam* Dichoso, afortunado.
sor.ver [sorv'er] *vtd* Sorber, absorber.
sor.ve.te [sorv'eti] *sm* Helado, sorbete.
sor.ve.te.ri.a [sorveter'iə] *sf* Heladería.
sós [s'ɔs] *loc adv* **a sós** A solas.
só.sia [s'ɔzjə] *sm+f* Sosia.
sos.se.ga.do [soseg'adu] *adj* Calmo, tranquilo, pacífico, plácido, quieto.
sos.se.gar [soseg'ar] *vtd+vi+vpr* **1** Serenar, aquietar. **2** Tranquilizar, calmar.
sos.se.go [sos'egu] *sm* Sosiego, serenidad, paz, quietud, calma, tranquilidad.
só.tão [s'ɔtãw] *sm* Desván, sobrado, altillo, buhardilla. *Pl: sótãos*.
so.ta.que [sot'aki] *sm* Acento, deje, dejo, pronunciación.
so.ter.ra.do [soteR'adu] *adj* Soterrado.
so.ter.rar [soteR'ar] *vtd+vpr* Soterrar, enterrar.
so.tur.no [sot'urnu] *adj* Soturno, saturnino, taciturno.
so.va [s'ɔvə] *sf* Paliza, solfa, zurra.
so.va.co [sov'aku] *sm fam* Sobaco.
so.var [sov'ar] *vtd* **1** Sobar, amasar, apretar. **2** Zurrar, apalear, pegar, aporrear.
so.vi.na [sov'inə] *adj* e *s m+f* Miserable, agarrado, avaricioso, mezquino, avaro, tacaño.
so.vi.ni.ce [sovin'isi] *sf* Avaricia, tacañería, miseria.
so.zi.nho [sɔz'iñu] *adj* Solo. Veja nota em **solo**.
status [st'atus] *sm ingl* Estatus.
su.a [s'uə] *pron pos* Suya.
su.a.do [su'adu] *adj* **1** Sudado. **2** *fig* Sudoroso, trabajoso.
su.ar [su'ar] *vtd+vi* **1** Sudar, transpirar. *vtd* **2** Esforzarse, batallar.
su.a.ve [su'avi] *adj m+f* **1** Suave, amoroso, dócil. **2** Blando, blandengue. **3** Agradable, ameno. **4** Delicado.
su.a.vi.da.de [swavid'adi] *sf* Suavidad.
su.a.vi.zar [swaviz'ar] *vtd+vpr* Suavizar, ablandar, aliviar.
su.bal.ter.no [subawt'ɛrnu] *adj+sm* Subalterno, subordinado, dependiente, inferior.

su.ba.lu.gar [subalug'ar] *vtd* Subarrendar.
sub.cons.ci.en.te [subkõsi'ēti] *sm Psicol* Subconsciente.
sub.cu.tâ.neo [subkut'ʌnju] *adj* Subcutâneo.
sub.de.sen.vol.vi.do [subdezẽvowv'idu] *adj+sm* Subdesarrollado.
sub.de.sen.vol.vi.men.to [subdezẽvowvim'ẽtu] *sm* Subdesarrollo.
sub.di.re.tor [subdiret'or] *sm* Subdirector.
sub.dis.tri.to [subdistr'itu] *sm* Subdistrito.
sub.di.vi.dir [subdivid'ir] *vtd+vpr* Subdividir.
sub.di.vi.são [subdiviz'ãw] *sf* Subdivisión.
su.bem.pre.go [subẽpr'egu] *sm* Subempleo.
su.ben.ten.der [subẽtẽd'er] *vtd* Sobrentender, subentender.
su.ben.ten.di.do [subẽtẽd'idu] *adj+sm* Sobrentendido.
su.bes.ti.mar [subestim'ar] *vtd* **1** Subestimar. **2** Subvalorar, minusvalorar.
sub.fa.tu.rar [subfatur'ar] *vtd* Subfacturar.
sub.ge.ren.te [subʒer'ẽti] *sm+f* Subgerente.
su.bi.da [sub'idə] *sf* **1** Subida, ascenso, ascensión. **2** Alza, incremento. **3** Ladera, rampa.
su.bir [sub'ir] *vtd+vi* **1** Subir, ascender. *vtd* **2** Escalar. **subir pelas paredes** subirse a la parra / tener un morro.
sú.bi.to [s'ubitu] *adj* Súbito, repentino, inesperado.
sub.ja.cen.te [subʒas'ẽti] *adj m+f* Subyacente.
sub.je.ti.vo [subʒet'ivu] *adj* Subjetivo.
sub.ju.ga.do [subʒug'adu] *adj* Subyugado, sometido, sumiso, dominado.
sub.ju.gar [subʒug'ar] *vtd* Subyugar, sojuzgar, someter, dominar.
sub.jun.ti.vo [subʒũt'ivu] *adj Gram* Subjuntivo.
sub.le.va.ção [sublevas'ãw] *sf* Sublevación.
sub.le.var [sublev'ar] *vtd+vpr* Sublevar, amotinar.

su.bli.mar [sublim'ar] *vtd+vpr* **1** Exaltar, engrandecer, elevar, glorificar. *vtd* **2** *Fís* Sublimar.
su.bli.me [subl'imi] *adj m+f* Sublime.
sub.li.nhar [subliñ'ar] *vtd* Subrayar.
sub.lo.car [sub lok'ar] *vtd* Subarrendar.
sub.lo.ca.tá.rio [sub lokat'arju] *sm* Subarrendatario.
sub.ma.ri.no [submar'inu] *adj+sm Mar* Submarino.
sub.mer.gir [submerʒ'ir] *vtd+vi+vpr* Sumergir, anegar, ahondar, hundir, sumir, perder pie.
sub.mer.so [subm'ɛrsu] *adj* Sumergido, inmerso, anegado.
sub.me.ter [submet'er] *vtd+vpr* Someter, sojuzgar, subordinar, subyugar, sujetar, domeñar, dominar.
sub.mis.são [submis'ãw] *sf* Sumisión, sometimiento, rendimiento, sujeción, obediencia, subordinación.
sub.mis.so [subm'isu] *adj* **1** Sumiso, subordinado, sometido, sujeto. **2** Obediente, dócil, manejable.
sub.mun.do [subm'ũdu] *sm* Submundo.
sub.nu.tri.ção [subnutris'ãw] *sf* Malnutrición, subalimentación.
sub.nu.tri.do [subnutr'idu] *adj+sm* Malnutrido.
su.bor.di.na.ção [subordinas'ãw] *sf* **1** Subordinación, sumisión, obediencia, sujeción. **2** Dependencia.
su.bor.di.na.do [subordin'adu] *adj+sm* **1** Subordinado, subalterno, sumiso. **2** Dependiente.
su.bor.na.dor [subornad'or] *adj+sm* Sobornador.
su.bor.nar [suborn'ar] *vtd* Sobornar, corromper, coimear, comprar, untar la mano.
su.bor.no [sub'ornu] *sm* Soborno, corrupción, cohecho, coima.
sub.pro.du.ção [subprodus'ãw] *sf* Subproducción.
sub.pro.du.to [subprod'utu] *sm* Subproducto.
sub-rep.tí.cio [sub r̃ept'isju] *adj* Subrepticio. *Pl:* sub-reptícios.
sub.se.cre.tá.rio [subsekret'arju] *sm* Subsecretario.

sub.se.quen.te [subsek'wẽti] *adj m+f* Subsecuente, subsiguiente, siguiente, consecuente, inmediato.

sub.ser.vi.ên.cia [subservi'ẽsjə] *sf* **1** Servilismo, sumisión, sometimiento, subordinación. **2** Adulación, coba, servicio, lisonja.

sub.ser.vi.en.te [subservi'ẽti] *adj m+f* Sumiso, humilde, subordinado.

sub.si.di.ar [subsidi'ar] *vtd* Subsidiar, subvencionar, ayudar, auxiliar.

sub.sí.dio [subs'idju] *sm* Subsidio, subvención, auxilio, ayuda, beneficio.

sub.sis.tên.cia [subsist'ẽsjə] *sf* **1** Subsistencia, permanencia, persistencia, vida. **2** Sustento, mantenimiento, manutención.

sub.sis.tir [subsist'ir] *vi* Subsistir, durar, perdurar, permanecer, quedar, vivir, persistir.

sub.so.lo [subs'ɔlu] *sm* Subsuelo.

subs.tân.cia [subst'ãsjə] *sf* **1** Substancia, sustancia, materia, elemento. **2** Meollo, contenido. **3** Extracto, caldo, esencia. **4** Existencia, inmanencia.

subs.tan.ci.al [substãsi'aw] *adj m+f* Sustancial.

subs.tan.ci.o.so [substãsi'ozu] *adj* **1** Substancioso, suculento, substancioso, jugoso. *Pl: substanciosos (ó)*.

subs.tan.ti.vo [substãt'ivu] *sm Gram* Sustantivo, substantivo.

subs.ti.tu.i.ção [substituwis'ãw] *sf* Sustitución, substitución, reemplazo, mudanza.

subs.ti.tu.ir [substitu'ir] *vtd+vpr* Sustituir, substituir, reponer, reemplazar.

subs.ti.tu.í.vel [substitu'ivew] *adj m+f* Sustituible, substituible.

subs.ti.tu.to [substit'utu] *adj+sm* Sustituto, substituto, suplente, reemplazante.

sub.ter.fú.gio [subterf'uʒju] *sm* Subterfugio.

sub.ter.râ.neo [subteř'ʌnju] *adj+sm* Subterráneo, cueva, caverna.

sub.tí.tu.lo [subt'itulu] *sm* Subtítulo, letrero, título secundario. Veja nota em **letrero**.

sub.to.tal [subtot'aw] *sm* Subtotal.

sub.tra.ção [subtras'ãw] *sf* **1** Sustracción. **2** *Mat* Disminución, resta.

sub.tra.ir [subtra'ir] *vtd+vpr* **1** Sacar, privar. *vtd* **2** Sustraer, restar, disminuir. **3** Hurtar, robar.

su.bu.ma.no [subum'ʌnu] *adj* Inhumano, deshumano.

su.bur.ba.no [suburb'ʌnu] *adj+sm* Suburbano, arrabalero.

su.búr.bio [sub'urbju] *sm* Suburbio, arrabal, extramuros, afuera, cercanía, alrededores.

sub.ven.ção [subvẽs'ãw] *sf* Subvención, subsidio, auxilio, ayuda.

sub.ven.ci.o.nar [subvẽsjon'ar] *vtd* Subvencionar, subsidiar.

sub.ver.são [subvers'ãw] *sf* Subversión, revuelta, insubordinación, sublevación, desorden, revolución.

sub.ver.si.vo [subvers'ivu] *adj+sm* Subversivo, revolucionario, rebelde.

su.ca.ta [suk'atə] *sf* **1** Chatarra, hierro viejo. **2** Morralla, trasto.

suc.ção [suks'ãw] *sf* Succión.

su.ce.der [sused'er] *vi* **1** Suceder, acaecer, acontecer, pasar. *vtd+vpr* **2** Seguirse.

su.ces.são [suses'ãw] *sf* **1** Sucesión, continuación, curso. **2** Serie, secuencia, corriente. **3** Generación, progresión, descendencia.

su.ces.so [sus'ɛsu] *sm* Éxito.

su.ces.sor [suses'or] *adj+sm* **1** Sucesor, descendiente. **2** Heredero.

su.cin.to [sus'ĩtu] *adj* Sucinto, resumido, conciso.

su.co [s'uku] *sm* **1** Zumo. **2** *AL* Jugo.

su.cu.lên.cia [sukul'ẽsjə] *sf* Jugosidad.

su.cu.len.to [sukul'ẽtu] *adj* Jugoso, suculento.

su.cum.bir [sukũb'ir] *vtd* **1** Sucumbir, ceder. *vi* **2** Rendirse. *vtd+vi* **3** Entregarse, someterse.

su.cu.ri [sukur'i] *sf Zool* Anaconda.

su.cur.sal [sukurs'aw] *sf* Sucursal, filial.

su.des.te [sud'ɛsti] *sm* Sudeste, sureste.

sú.di.to [s'uditu] *adj+sm* Súbdito, vasallo.

su.do.es.te [sudo'ɛsti] *sm* Sudoeste, suroeste.

su.e.co [su'ɛku] *adj+sm* Sueco.

su.é.ter [su'ɛter] *sm* Suéter, jersey.

su.fi.ci.ên.cia [sufisi'ẽsjə] *sf* Suficiencia.

su.fi.ci.en.te [sufisi'ẽti] *adj+sm* Suficiente, bastante.

su.fi.xo [suf'iksu] *sm Gram* Sufijo.

su.fo.ca.ção [sufokas'ãw] *sf* Sofocación, sofocamiento.

su.fo.ca.men.to [sufokam'ẽtu] *sf* Sofocamiento, sofocación.

su.fo.can.te [sufok'ãti] *adj m+f* Sofocante.

su.fo.car [sufok'ar] *vtd+vi+vpr* **1** Sofocar, ahogar. **2** *fig* Reprimir.

su.gar [sug'ar] *vtd* Succionar, sorber.

su.ge.rir [suʒer'ir] *vtd* **1** Sugerir, aconsejar. **2** Proponer, insinuar.

su.ges.tão [suʒest'ãw] *sf* **1** Sugestión, sugerencia. **2** Persuasión.

su.ges.ti.o.ná.vel [suʒestjon'avew] *adj m+f* Sugestionable.

su.ges.ti.vo [suʒest'ivu] *adj* Sugestivo.

su.i.ci.da [sujs'idɐ] *adj* e *s m+f* Suicida.

su.i.ci.dar [sujsid'ar] *vpr* Suicidarse.

su.i.cí.dio [sujs'idju] *sm* Suicidio.

su.í.ço [su'isu] *adj+sm* Suizo.

su.í.no [su'inu] *adj* Porcino. • *sm Zool* Porcel, chichón, guarro, cerdo.

su.í.te [su'iti] *sf* Suite.

su.jar [suʒ'ar] *vtd+vpr* **1** Ensuciar. *vtd+vpr* **2** *fig* Manchar, macular.

su.jei.ção [suʒejs'ãw] *sf* **1** Sujeción, inmovilización, contención. **2** Obediencia, sometimiento, subordinación, sumisión.

su.jei.ra [suʒ'ejrɐ] *sf* **1** Suciedad, inmundicia, basura, cochambre, mugre, porquería. **2** *fig* Cochinería, jugada, engaño, cochinada, guarrería, inmundicia, marranada.

su.jei.tar [suʒejt'ar] *vtd* Someter, sojuzgar, subordinar, subyugar, dominar.

su.jei.to [suʒ'ejtu] *adj* Sujeto, sometido, subyugado. • *sm* **1** Individuo, persona. **2** *Gram* Sujeto.

su.jo [s'uʒu] *adj* **1** Sucio, desaseado. **2** Marrano, mugriento, puerco. **3** Obsceno, impúdico. **4** Deshonesto, desleal, bajo. **jogar sujo** ser deshonesto.

sul [s'uw] *sm* Sur.

sul-a.fri.ca.no [sulafrik'ʌnu] *adj+sm* Sudafricano. *Pl: sul-africanos.*

sul-a.me.ri.ca.no [sulamerik'ʌnu] *adj+sm* Suramericano, sudamericano. *Pl: sul-americanos.*

sul.car [suwk'ar] *vtd* Surcar.

sul.co [s'uwku] *sm* Surco.

sul.fa.to [suwf'atu] *sm Quím* Sulfato.

sul.fú.ri.co [suwf'uriku] *adj* Sulfúrico.

sul.fu.ro.so [suwfur'ozu] *adj* Sulfuroso, azufroso, sulfúreo. *Pl: sulfurosos (ó).*

sul.lis.ta [sul'istɐ] *adj m+f* Sureño.

sul.tão [suwt'ãw] *sm* Sultán. *Pl: sultões, sultães, sultãos.*

su.ma.ri.ar [sumari'ar] *vtd* Resumir, sintetizar, compendiar.

su.má.rio [sum'arju] *adj* Sumario, sucinto, breve. • *sm* Compendio, sinopsis, resumen.

su.mi.ço [sum'isu] *sm fam* Desaparición. **dar sumiço em** hacer desaparecer. *ele fala demais, os bandidos ainda vão dar um sumiço nele* / él habla demasiado, los bandidos lo van a hacer desaparecer.

su.mir [sum'ir] *vi+vpr* Sumir, desaparecer. **suma daqui!** ¡fuera! / ¡largo de aquí!

su.mo [s'umu] *adj* Sumo, supremo. • *sm* **1** Sumo, ápice. **2** Zumo.

sun.ga [s'ũgɐ] *sf* Slip de baño.

sun.tu.o.si.da.de [sũtwozid'adi] *sf* Suntuosidad, fastuosidad, lujo, riqueza.

sun.tu.o.so [sũtu'ozu] *adj* Suntuoso, lujoso, pomposo. *Pl: suntuosos (ó).*

su.or [su'ɔr] *sm* **1** Sudor, transpiración. **2** *fig* Trabajo, fatiga.

su.pe.ra.do [super'adu] *adj* **1** Superado, vencido. **2** Anticuado.

su.pe.ra.que.cer [superakes'er] *vtd+vpr* Sobrecalentar.

su.pe.ra.que.ci.men.to [superakesim'ẽtu] *sm* Sobrecalentamiento.

su.pe.rar [super'ar] *vtd* **1** Superar, vencer. **2** Exceder, sobrepasar, sobrepujar. *vtd+vpr* **3** Mejorar, progresar.

su.pe.rá.vel [super'avew] *adj m+f* Superable.

su.per.cí.lio [supers'ilju] *sm Anat* Ceja.

su.per.do.se [superd'ɔzi] *sf* Sobredosis.

su.per.do.ta.do [superdot'adu] *adj+sm* Superdotado.

su.pe.res.ti.ma [superest'imɐ] *sf* Sobrestima.

su.pe.res.ti.mar [superestim'ar] *vtd* Sobrestimar.

su.pe.rex.po.si.ção [supereespozis'ãw] *sf* Sobreexposición.

su.per.fi.ci.al [superfisi'aw] *adj m+f* **1**

Superficial, exterior. **2** Elemental. **3** Vano, fútil, frívolo.
su.per.fi.ci.a.li.da.de [superfisjalid'adi] *sf* Superficialidad.
su.per.fí.cie [superf'isji] *sf* Superficie, área.
su.pér.fluo [sup'ɛrflwu] *adj* **1** Superfluo, sobrante, excesivo, demasiado. **2** Innecesario.
su.per-ho.mem [super'ɔmẽj] *sm* Superhombre. *Pl: super-homens.*
su.pe.rin.ten.den.te [superĩtẽd'ẽti] *adj e s m+f* Superintendente.
su.pe.ri.or [superi'or] *adj m+f* Superior. • *adj+s* Jefe.
su.pe.ri.o.ri.da.de [superjorid'adi] *sf* Superioridad.
su.per.la.ti.vo [superlat'ivu] *adj* Superlativo.
su.per.lo.tar [superlot'ar] *vtd* Colmar, atiborrar, abarrotar.
su.per.mer.ca.do [supermerk'adu] *sm* Supermercado.
su.per.po.pu.la.ção [superpopulas'ãw] *sf* Superpoblación.
su.per.po.tên.cia [superpot'ẽsjə] *sf* Superpotencia.
su.per.po.vo.a.men.to [superpovoam'ẽtu] *sm* Superpoblación.
su.per.sen.sí.vel [supersẽs'ivew] *adj m+f* Hipersensible.
su.per.sô.ni.co [supers'oniku] *adj Fís* Supersónico.
su.pers.ti.ção [superstis'ãw] *sf* Superstición.
su.pers.ti.ci.o.so [superstisi'ozu] *adj* Supersticioso. *Pl: supersticiosos (ó).*
su.per.vi.são [superviz'ãw] *sf* Supervisión, inspección, control.
su.per.vi.si.o.nar [supervizjon'ar] *vtd* Supervisar, inspeccionar, controlar.
su.per.vi.sor [superviz'or] *adj+sm* Supervisor.
su.pim.pa [sup'ĩpə] *adj m+f fam* Bárbaro, bueno, regio.
su.plan.tar [suplãt'ar] *vtd* Suplantar, exceder, superar.
su.ple.men.tar [suplemẽt'ar] *adj* Suplementario, suplemental. • *vtd* Complementar, suplir, sustituir.

su.ple.men.to [suplem'ẽtu] *sm* Suplemento, complemento.
su.plen.te [supl'ẽti] *adj e s m+f* Suplente, sustituto, supletorio.
su.ple.ti.vo [suplet'ivu] *adj* Supletorio.
sú.pli.ca [s'uplikə] *sf* Súplica, deprecación, ruego, petición, plegaria, pedido.
su.pli.car [suplik'ar] *vtd* Suplicar, deprecar, implorar, rogar.
su.plí.cio [supl'isju] *sm* Suplicio, tortura, sufrimiento.
su.por [sup'or] *vtd* Suponer, creer, pensar, presumir, inferir.
su.por.tar [suport'ar] *vtd* **1** Soportar, aguantar, aturar. **2** Sufrir, padecer, pasar, sobrellevar.
su.por.tá.vel [suport'avew] *adj m+f* Soportable.
su.por.te [sup'ɔrti] *sm* **1** Soporte, base, pedestal, sustentáculo. **2** Apoyo.
su.po.si.ção [supozis'ãw] *sf* Suposición, conjetura, supuesto, presunción.
su.po.si.tó.rio [supozit'ɔrju] *sm Med* Supositorio.
su.pos.to [sup'ostu] *adj* Supuesto.
su.pre.ma.ci.a [supremas'iə] *sf* Supremacía, hegemonía.
su.pre.mo [supr'emu] *adj* Supremo, sumo.
su.pres.são [supres'ãw] *sf* **1** Supresión, anulación. **2** Omisión.
su.pri.mir [suprim'ir] *vtd* **1** Suprimir, abolir, anular, eliminar. **2** Omitir.
su.prir [supr'ir] *vtd* Suplir, proveer, abastecer, suministrar, proporcionar.
sur.dez [surd'es] *sf* Sordez, sordera.
sur.do [s'urdu] *adj+sm* Sordo.
sur.do-mu.do [surdum'udu] *adj+sm* Sordomudo. *Pl: surdos-mudos.*
sur.far [surf'ar] *vi* Hacer surf.
sur.fe [s'urfi] *sf Esp* Surf.
sur.fis.ta [surf'istə] *adj e s m+f* Surfista.
sur.gi.men.to [surʒimẽ'tu] *sm* Surgimiento, aparición.
sur.gir [surʒ'ir] *vi* Surgir, aparecer.
sur.pre.en.den.te [surpreẽd'ẽti] *adj m+f* Sorprendente.
sur.pre.en.der [surpreẽd'er] *vtd* **1** Sorprender, pillar. *vtd+vi+vpr* **2** Chocar, impresionar.

sur.pre.sa [surpr'ezə] *sf* Sorpresa, asombro, admiración, perplejidad.
sur.ra [s'uȓə] *sf* Paliza, solfa, zurra.
sur.ra.do [suȓ'adu] *adj* **1** Zurrado. **2** Usado, gastado, raído.
sur.rar [suȓ'ar] *vtd* Zurrar, pegar, apalear.
sur.re.a.lis.mo [suȓeal'izmu] *sm* Surrealismo.
sur.re.a.lis.ta [suȓeal'istə] *adj* e *s m+f* Surrealista.
sur.ru.pi.ar [suȓipi'ar] *vtd* Estafar, sacar, hurtar, robar.
sur.tir [surt'ir] *vtd* Surtir.
sur.to [s'urtu] *sm* Irrupción, epidemia.
sus.ce.ti.bi.li.da.de [susetibilid'adi] *sf* Susceptibilidad.
sus.ce.tí.vel [suset'ivew] *adj m+f* Susceptible.
sus.ci.tar [susit'ar] *vtd* Suscitar.
sus.pei.ta [susp'ejtə] *sf* Sospecha, asomo, desconfianza, duda.
sus.pei.tar [suspejt'ar] *vtd* Sospechar, desconfiar, oler.
sus.pei.to [susp'ejtu] *adj+sm* Sospechoso.
sus.pen.der [suspẽd'er] *vtd+vpr* **1** Suspender, colgar, levantar, alzar. **2** Privar temporariamente. **3** Interrumpir, atrasar. **4** Anular, invalidar.
sus.pen.são [suspẽs'ãw] *sf* Suspensión, interrupción, privación.
sus.pen.se [susp'ẽsi] *sm* Suspense.
sus.pen.so [susp'ẽsu] *adj* **1** Suspendido, suspenso, colgado. **2** Privado temporariamente. **3** Interrumpido, atrasado.
sus.pen.só.rio [suspẽs'orjo] *sm* Tirante, elástico, tirador, suspensor.
sus.pi.rar [suspir'ar] *vi* **1** Suspirar. *vtd* **2** Anhelar, desear.
sus.pi.ro [susp'iru] *sm* **1** Suspiro. **2** Merengue.
sus.sur.rar [susuȓ'ar] *vi* Susurrar, murmurar.
sus.sur.ro [sus'uȓu] *sm* Susurro, murmullo.
sus.tar [sust'ar] *vtd+vi+vpr* Interrumpir, suspender, cesar, detener.
sus.ten.tar [sustẽt'ar] *vtd+vpr* **1** Sustentar, soportar, sostener, apoyar. **2** Mantener, alimentar.
sus.ten.tá.vel [sustẽt'avew] *adj m+f* Sustentable.
sus.ten.to [sust'ẽtu] *sm* **1** Sustento, sostén. **2** Alimentación, pan, manutención.
sus.to [s'ustu] *sm* Susto, sobresalto, espanto.
su.ti.ã [suti'ã] *sm* Corpiño, sujetador, sostén.
su.til [sut'iw] *adj m+f* **1** Delicado, tenue, leve. **2** Sutil, perspicaz. *Pl:* sutis.
su.ti.le.za [sutil'ezə] *sf* **1** Sutileza, delicadeza, suavidad. **2** Perspicacia.

t

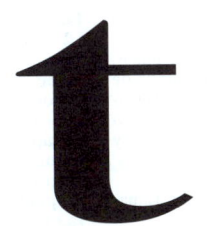

t, T [tʼe] *sm* **1** Vigésima letra del abecedario portugués. **2** Símbolo de *tonelada*.
ta.ba.ca.ri.a [tabakaɾˈiə] *sf* Tabaquería, cigarrería.
ta.ba.co [tabˈaku] *sm Bot* Tabaco.
ta.be.fe [tabˈɛfi] *sm fam* Sopapo, cachetada, bofetón, bofetada.
ta.be.la [tabˈɛlə] *sf* Tabla, tablilla, cuadro.
cair pelas tabelas no aguantarse en pie.
ta.be.la.men.to [tabelamˈẽtu] *sm Com* Control oficial de precios.
ta.be.li.ão [tabeliˈãw] *sm* Escribano, notario. *Pl: tabeliães.*
ta.ber.na [tabˈɛɾnə] *sf* Taberna, fonda, cantina, bodega, tasca, bodegón.
ta.bla.do [tablˈadu] *sm* **1** Tablado, tabla, tribuna, estrado, entarimado. **2** Palco, escenario.
ta.ble.te [tablˈeti] *sm* Tableta, pastilla.
ta.bloi.de [tablˈɔjdi] *adj+sm Gráf* Tabloide.
ta.bu [tabˈu] *adj+sm* Tabú.
tá.bua [tˈabwə] *sf* Tabla, madera.
ta.bu.a.da [tabuˈadə] *sf Mat* Tabla.
ta.bu.la.ção [tabulasˈãw] *sf* Tabulación.
ta.bu.lar [tabulˈar] *vtd* Tabular. • *adj m+f* Tabular.
ta.bu.le.ta [tabulˈetə] *sf* Tablilla, albarán, letrero, cartel.
ta.ça [tˈasə] *sf* **1** Copa. **2** Trofeo.
ta.ca.da [takˈadə] *sf* Tacada, jugada.
ta.ca.nhi.ce [takañˈisi] *sf* Tacañería, miseria, mezquindad.
ta.ca.nho [takˈʌñu] *adj+sm* Tacaño, mezquino, ruin, miserable, avaro, egoísta.
ta.cha [tˈaʃə] *sf* **1** Mancha. **2** Tacha, mácula, imperfección, defecto. **3** Tachuela.
ta.char [taʃˈar] *vtd+vpr* Tachar, clasificar, acusar.
ta.cho [tˈaʃu] *sm* **1** Tacho, perol. **2** Cazuela, olla.
tá.ci.to [tˈasitu] *adj* Tácito.
ta.ci.tur.no [tasitˈuɾnu] *adj* **1** Taciturno, triste, melancólico. **2** Silencioso, callado, reservado.
ta.co [tˈaku] *sm* **1** *Esp* Taco, palo. **2** Parqué, entarimado.
ta.fe.tá [tafetˈa] *sm* Tafetán.
ta.ga.re.la [tagaɾˈɛlə] *adj* e *s m+f fam* Gárrulo, parlanchín, hablador, cotorra.
ta.ga.re.li.ce [tagaɾelˈisi] *sf* Parloteo.
tai.pa [tˈajpə] *sf* Tapia.
tal [tˈaw] *adv+pron* Tal.
ta.lão [talˈãw] *sm* Talonario.
tal.co [tˈawku] *sm Miner* Talco.
ta.len.to [talˈẽtu] *sm* Talento, genio, ingenio, vocación, aptitud, habilidad.
ta.len.to.so [talẽtˈozu] *adj* Talentoso, hábil. *Pl: talentosos (ó).*
ta.lha [tˈaʎə] *sf* **1** Talla, entalladura. **2** Tinaja.
ta.lha.dei.ra [taʎadˈejɾə] *sf* Escoplo, formón.
ta.lha.do [taʎˈadu] *adj* Tallado.
ta.lhar [taʎˈar] *vtd* **1** Tajar. **2** Tallar, esculpir, lapidar. Veja nota em **lapidar** (espanhol).
ta.lha.rim [taʎaɾˈĩ] *sm* Tallarín.
ta.lher [taʎˈɛɾ] *sm* Cubierto.
ta.lis.mã [talizmˈã] *sm* Talismán, amuleto.
ta.lo [tˈalu] *sm Bot* Tallo, troncho.
tal.vez [tawvˈes] *adv* Tal vez, quizá, quizás, a lo mejor, acaso.
ta.man.co [tamˈãku] *sm* Zueco, chanclo, zoclo.

ta.man.du.á [tamãdu'a] *sm Zool* Oso hormiguero.

ta.ma.nho [tam'ʌɲu] *sm* Tamaño, dimensión, medida, magnitud. **do tamanho de um bonde** enorme / colosal. • *adj* Tamaño, semejante. *tamanho homem e ainda chora quando cai!* / semejante hombre ¡y todavía llora cuando se cae!

tâ.ma.ra [t'ʌmarə] *sf Bot* Dátil.

ta.ma.rin.do [tamar'ĩdu] *sm Bot* Tamarindo.

tam.bém [tãb'ẽj] *adv* También. Veja nota em **aún**.

tam.bor [tãb'or] *sm* Tambor.

tam.bo.rim [tãbor'ĩ] *sm Mús* Tamboril, atabal, tamborín, tamborino.

tam.pa [t'ãpə] *sf* Tapa, cubierta. **estar até a tampa** estar hasta la gorra.

tam.pão [tãp'ãw] *sm* Tapón, tapa, corcho.

tam.par [tãp'ar] *vtd* Tapar, taponar.

tam.pou.co [tãp'owku] *adv* Tampoco.

tan.ga [t'ãgə] *sf* Taparrabos.

tan.gen.te [tãʒ'ẽti] *adj+sf* Tangente.

tan.ge.ri.na [tãʒer'inə] *sf Bot* Mandarina.

tan.gí.vel [tãʒ'ivew] *adj m+f* Tangible.

tan.go [t'ãgu] *sm* Tango.

tan.que [t'ãki] *sm* **1** Estanque, reservatorio. **2** Lavadero, pileta, pilón. **3** *Mil* Tanque. **caminhão-tanque** camión cisterna.

tan.tã [tãt'ã] *adj e s m+f* Chiflado, loco.

tan.to [t'ãtu] *adv+pron indef* Tanto, tamaño. • *sm* Cantidad, porción, cuantía, número.

tão [t'ãw] *adv* Tan.

ta.pa [t'apə] *sm* Sopapo, bofetón, bofetada, tortazo, guantazo.

ta.pa.do [tap'adu] *adj* Tapado, taponado, cerrado. • *adj+sm fig* Estúpido, burro. Veja nota em **tapado** (espanhol).

ta.par [tap'ar] *vtd* Tapar, taponar, cubrir, obstruir, obturar, cerrar. **tapar o sol com a peneira** tapar el sol con un dedo.

ta.pe.a.ção [tapeas'ãw] *sf* Engaño, truco, mentira, fraude.

ta.pe.a.dor [tapead'or] *adj+sm* Engañador, embaucador, tramposo, mentiroso.

ta.pe.ar [tape'ar] *vtd* Engañar, eludir, mentir, embaucar.

ta.pe.ça.ri.a [tapesar'iə] *sf* **1** Tapicería. **2** Tapiz.

ta.pe.cei.ro [tapes'ejru] *sm* Tapicero.

ta.pe.tar [tapet'ar] *vtd+vpr* Tapizar, alfombrar.

ta.pe.te [tap'eti] *sm* Tapiz, alfombra. **puxar o tapete** mover el piso.

ta.pu.me [tap'umi] *sm* Tabique, barrera, cerca, panel, tapia.

ta.qua.ra [tak'warə] *sf Bot* Tacuara.

ta.qui.car.di.a [takikard'iə] *sf Med* Taquicardia.

ta.qui.gra.fi.a [takigraf'iə] *sf* Taquigrafía, estenografía.

ta.quí.gra.fo [tak'igrafu] *sm* Taquígrafo, estenógrafo.

ta.quí.me.tro [tak'imetru] *sm* Taquímetro.

ta.ra.do [tar'adu] *adj+sm* **1** Tarado, anormal. **2** Degenerado. **ser tarado por** estar loco por / morirse por. Veja nota em **tarado** (espanhol).

tar.dar [tard'ar] *vtd+vi* Tardar, ir para largo.

tar.de [t'ardi] *sf* Tarde, crepúsculo. • *adv* Tarde, tardío. **antes tarde do que nunca** más vale tarde que nunca. **à tarde** por la tarde. **boa tarde** buenas tardes. **tarde demais** demasiado tarde.

ta.re.fa [tar'ɛfə] *sf* Tarea, trabajo, ocupación, obra, quehacer, labor.

ta.ri.fa [tar'ifə] *sf* Tarifa, tasa, arancel.

ta.rim.ba.do [tarĩb'adu] *adj* Práctico, experiente, experto.

ta.rô [tar'o] *sm* Tarot.

tar.ra.xa [taR'aʃə] *sf Mec* **1** Terraja. **2** Tuerca.

tar.ra.xar [taRaʃ'ar] *vtd* Atornillar.

tar.ta.ru.ga [tartar'ugə] *sf Zool* Tortuga.

ta.ta.me [tat'ʌmi] *sm* Tatami.

ta.ta.ra.ne.ta [tataran'ɛtə] *sf* Tataranieta.

ta.ta.ra.ne.to [tataran'ɛtu] *sm* Tataranieto.

ta.ta.ra.vó [tatarav'ɔ] *sf* Tatarabuela.

ta.ta.ra.vô [tatarav'o] *sm* Tatarabuelo.

ta.te.ar [tate'ar] *vtd* **1** Manosear, palpar, tocar. **2** *fig* Tantear, indagar.

ta.te.á.vel [tate'avew] *adj m+f* Palpable.

tá.ti.ca [t'atikə] *sf* **1** Táctica, manera, método. **2** Maniobra, operación.

ta.to [t'atu] *sm* **1** Tacto. **2** Tiento, prudencia.

ta.tu [tat'u] *sm Zool* Armadillo, mulita, tatú.

ta.tu.a.gem [tatu'aʒẽj] *sf* Tatuaje. Veja nota em **abordaje**.

ta.tu.ar [tatu'ar] *vtd+vpr* Tatuar.

ta.tu-bo.la [tat'ub'ɔlə] *Zool* Quirquincho bola. *Pl: tatus-bolas, tatus-bola.*

ta.tu.ra.na [tatur'ʌnə] *sf Zool* Oruga.

ta.ver.na [tav'ɛrnə] *sf* Taberna, bodega, cantina, tasca, bar.

ta.ver.nei.ro [tavern'ejru] *adj+sm* Tabernero.

ta.xa [t'aʃə] *sf* **1** Tasa, arancel, tarifa, tasación, impuesto. **2** Índice, estimación.

ta.xa.ção [taʃas'ãw] *sf* Tasación.

ta.xa.ti.vo [taʃat'ivu] *adj* Tajante, categórico, terminante.

tá.xi [taʃ'i] *sm* Taxi, coche de punto, coche de plaza.

ta.xí.me.tro [taks'imetru] *sm* Taxímetro.

ta.xis.ta [taks'istə] *s m+f* Taxista.

¡tchau! [tʃ'aw] *interj* Chau, chao, adiós, hasta luego.

te [ti] *pron pes* Te.

te.ar [te'ar] *sm* Telar.

te.a.tral [teatr'aw] *adj m+f* Teatral, dramático.

te.a.tro [te'atru] *sm* Teatro.

te.a.tró.lo.go [teatr'ɔlogu] *sm* Dramaturgo.

te.ce.la.gem [tesel'aʒẽj] *sf* Hilandería.

te.cer [tes'er] *vtd+vi* **1** Tejer, hilar. *vtd+vi* **2** *fig* Urdir, elaborar, intrigar.

te.ci.do [tes'idu] *sm* Tejido, tela.

te.cla [t'ɛklə] *sf* Tecla.

te.cla.dis.ta [teklad'istə] *adj e s m+f Mús* Tecladista.

te.cla.do [tekl'adu] *sm* Teclado.

téc.ni.ca [t'ɛknikə] *sf* Técnica, habilidad, pericia.

téc.ni.co [t'ɛkniku] *adj+sm* **1** Técnico, perito. **2** *Esp* Entrenador.

tec.no.lo.gi.a [teknoloʒ'iə] *sf* Tecnología.

tec.nó.lo.go [tekn'ɔlogu] *adj+sm* Tecnólogo.

te.co-te.co [tɛkut'ɛku] *sm Aeron* Avioneta, monomotor. *Pl: teco-tecos.*

té.dio [t'ɛdju] *sm* Aburrimiento, fastidio, hastío, monotonía.

te.di.o.so [tedi'ozu] *adj* Aburrido, molesto, fastidioso, monótono. *Pl: tediosos (ó).*

tei.a [t'ejə] *sf* **1** Tela, membrana, hilado. **2** *fig* Intriga, trama, enredo.

tei.ma [t'ejmə] *sf* Obstinación, idea fija, terquedad, porfía, testarudez, insistencia, obcecación.

tei.mar [tejm'ar] *vtd+vi* Insistir, obstinarse, empecinarse, porfiar, encapricharse.

tei.mo.si.a [tejm'ɔzə] *sf* Terquedad, insistencia, obcecación, obstinación, testadurez.

tei.mo.so [tejm'ozu] *adj+sm* Obstinado, tenaz, insistente, testarudo, terco. *Pl: teimosos (ó).*

te.la [t'ɛlə] *sf* **1** Tela, tejido, paño. **2** Pintura, cuadro. **3** Pantalla, telón (televisor, cine), pantalla electrónica.

te.le.ci.ne [teles'ini] *sm* Proyector, foco eléctrico.

te.le.co.mu.ni.ca.ção [telekomunikas'ãw] *sf* Telecomunicación.

te.le.con.fe.rên.cia [telekõfer'ẽsjə] *sf* Teleconferencia.

te.le.cur.so [telek'ursu] *sm* Teleclases.

te.le.du.ca.ção [teledukas'ãw] *sf* Teleeducación.

te.le.fé.ri.co [telef'ɛriku] *sm* Teleférico, ferrocarril aéreo, cablecarril, funicular.

te.le.fo.nar [telefon'ar] *vtd+vi* Telefonear, llamar.

te.le.fo.ne [telef'oni] *sm* Teléfono.

te.le.fo.ne.ma [telefon'emə] *sm* Telefonazo, llamada telefónica.

te.le.fo.ni.a [telefon'iə] *sf* Telefonía.

te.le.fô.ni.co [telef'oniku] *adj* Telefónico.

te.le.fo.nis.ta [telefon'istə] *sm+f* Telefonista.

te.le.gra.far [telegraf'ar] *vtd+vi* Telegrafiar, cablegrafiar.

te.le.gra.ma [telegr'ʌmə] *sm* Telegrama, cablegrama. **telegrama fonado** telefonema.

te.le.jor.nal [teleʒorn'aw] *sm* Telediario.

te.le.no.ve.la [telenov'ɛlə] *sf* Telenovela, culebrón, teleteatro.

teleobjetiva 722 **tensão**

te.le.ob.je.ti.va [teleobʒet'ivə] *sf* Teleobjetivo.
te.le.pa.ti.a [telepat'iə] *sf* Telepatía.
te.le.pro.ces.sa.men.to [teleprosesam'ẽtu] *sm* Teleproceso.
te.les.có.pio [telesk'ɔpju] *sm* Telescopio.
te.les.pec.ta.dor [telespektad'or] *adj+sm* Telespectador, televidente.
te.le.ti.po [telet'ipu] *sm* Teletipo.
te.le.vi.são [televiz'ãw] *sf* Televisión.
te.le.vi.sor [televiz'or] *sm* Televisor, televisión.
te.lha [t'eʎə] *sf* 1 Teja. 2 *fig* Manía, tema, idea fija. **dar na telha** antojar.
te.lha.do [teʎ'adu] *sm* Techo, tejado.
te.ma [t'emə] *sm* Tema, asunto, materia, objeto, proposición.
te.má.ti.co [tem'atiku] *adj* Temático.
te.men.te [tem'ẽti] *adj m+f* Miedoso, receloso.
te.mer [tem'er] *vtd+vi+vpr* Temer, recelar.
te.me.rá.rio [temer'arju] *adj* 1 Temerario, imprudente. 2 Animoso, valeroso.
te.me.ri.da.de [temerid'adi] *sf* Temeridad, insensatez, imprudencia.
te.me.ro.so [temer'ozu] *adj* Temeroso, miedoso. *Pl: temerosos (ó)*.
te.mi.do [tem'idu] *adj* Temido.
te.mí.vel [tem'ivew] *adj m+f* Temible.
te.mor [tem'or] *sm* Temor, miedo.
tem.pe.ra.do [tẽper'adu] *adj* 1 Condimentado, adobado. 2 Templado.
tem.pe.ra.men.tal [tẽperamẽt'aw] *adj e s m+f* Temperamental.
tem.pe.ra.men.to [tẽperam'ẽtu] *sm* Temperamento, carácter, temple, índole, naturaleza.
tem.pe.ran.ça [tẽper'ãsə] *sf* Templanza.
tem.pe.rar [tẽper'ar] *vtd+vi* 1 Condimentar, aliñar, aderezar, sazonar, adobar. *vtd* 2 Templar, moderar.
tem.pe.ra.tu.ra [tẽperat'urə] *sf* Temperatura.
tem.pe.ro [tẽp'eru] *sm* Condimento, aderezo, adobo, moje. Veja notas em **salsa** (espanhol).
tem.pes.ta.de [tẽpest'adi] *sf* Tempestad, tormenta, temporal, aguacero.
tem.pes.tu.o.so [tẽpestu'ozu] *adj* Tempestuoso. *Pl: tempestuosos (ó)*.

tem.plo [t'ẽplu] *sm* Templo, santuario.
tem.po [t'ẽpu] *sm* Tiempo. **com o tempo** a la larga. **em seu tempo** a su tiempo. **fechar o tempo:** a) nublarse, cubrirse de nubes. b) enfadarse, iniciar una discusión. **matar o tempo** hacer tiempo. **passar o tempo** correr el tiempo.
têm.po.ra [t'ẽporə] *sf* 1 *Anat* Templa, sien. 2 **têmporas** *pl Rel* Témpora, témporas.
tem.po.ra.da [tẽpor'adə] *sf* Temporada.
tem.po.ral [tẽpor'aw] *adj m+f* 1 Temporario. 2 *Anat* Temporal. • *sm* Tormenta, tempestad, temporal.
tem.po.rá.rio [tẽpor'arju] *adj* Temporario, temporal, transitorio, pasajero, temporero, interino.
te.na.ci.da.de [tenasid'adi] *sf* Tenacidad, tesón, confianza, empeño.
te.naz[1] [ten'as] *sf* Tenaza, tenacillas, sacabocados.
te.naz[2] [ten'as] *adj m+f* 1 Tenaz, obstinado, testarudo. 2 Firme, persistente, constante. 3 Duro, sólido, consistente.
ten.ci.o.nar [tẽsjon'ar] *vtd* Intentar, pretender.
ten.da [t'ẽdə] *sf* Tienda, tenderete, carpa.
ten.dão [tẽd'ãw] *sm Anat* Tendón, nervio.
ten.dên.cia [tẽd'ẽsjə] *sf* 1 Tendencia, movimiento, orientación. 2 *fig* Propensión, predisposición, inclinación.
ten.den.ci.o.so [tẽdẽsi'ozu] *adj* Tendencioso. *Pl: tendenciosos (ó)*.
ten.der [tẽd'er] *vtd* Tender, propender, inclinarse, disponerse, predisponerse.
ten.di.ni.te [tẽdin'iti] *sf Med* Tendinitis.
te.ne.bro.so [tenebr'ozu] *adj* 1 Tenebroso, lúgubre, sombrío. 2 Terrible, asustador. *Pl: tenebrosos (ó)*.
te.nen.te [ten'ẽti] *sm Mil* Teniente.
te.nen.te-co.ro.nel [tenẽtikoron'ɛw] *sf Mil* Teniente coronel. *Pl: tenentes--coronéis*.
tê.nis [t'enis] *sm sing+pl* 1 Zapatilla. 2 *Esp* Tenis.
te.nis.ta [ten'istə] *s m+f Esp* Tenista.
te.nor [ten'or] *sm Mús* Tenor.
ten.ro [t'ẽru] *adj* 1 Tierno, blando. 2 Reciente, nuevo.
ten.são [tẽs'ãw] *sf* Tensión.

ten.so [t'ẽsu] *adj* **1** Tenso, estirado, tieso. **2** *fig* Preocupado, nervioso.
ten.ta.ção [tẽtas'ãw] *sf* Tentación.
ten.tar [tẽt'ar] *vtd* **1** Intentar, experimentar. **2** Tentar, instigar, seducir.
ten.ta.ti.va [tẽtat'ivə] *sf* Intento, tentativa.
tê.nue [t'enwi] *adj m+f* Tenue, sutil, vaporoso.
te.o.lo.gi.a [teoloʒ'iə] *sf* Teología.
te.ó.lo.go [te'ɔlogu] *sm* Teólogo.
te.or [te'or] *sm* Contenido.
te.o.re.ma [teor'emə] *sm Mat* Teorema.
te.o.ri.a [teor'iə] *sf* Teoría.
te.ó.ri.co [te'ɔriku] *adj* Teórico, hipotético. • *adj+sm* Teórico.
te.pi.dez [tepid'es] *sf* **1** Tibieza. **2** *fig* Debilidad, flaqueza, languidez.
té.pi.do [t'ɛpidu] *adj* **1** Tibio, templado. **2** *fig* Débil, flaco, flojo, lánguido.
te.qui.la [tek'ilə] *sf* Tequila.
ter [t'er] *vtd* Tener, poseer. Veja notas em **hacer** e **tener**.
te.ra.peu.ta [terap'ewtə] *s m+f* Terapeuta.
te.ra.pêu.ti.co [terap'ewtiku] *adj* Terapéutico.
te.ra.pi.a [terap'iə] *sf Med* Terapia.
ter.ça-fei.ra [tersəf'ejrə] *sf* Martes. *Pl*: terças-feiras.
ter.cei.ri.za.ção [tersejrizas'ãw] *sf* Subcontrato.
ter.cei.ri.zar [tersejriz'ar] *vtd+vi+vpr* Subcontratar.
ter.cei.ro [ters'ejru] *num* Tercero, tercer. Veja nota em **buen**.
ter.cei.ros [ters'ejrus] *sm pl* Terceros, otros.
ter.ço [t'ersu] *num* Tercio. • *sm* Rosario, sarta de cuentas.
ter.çol [ters'ɔw] *sm Med* Orzuelo.
ter.mas [t'ɛrmas] *sf pl* Termas, caldas.
tér.mi.co [t'ɛrmiku] *adj* Térmico, termal.
ter.mi.na.ção [terminas'ãw] *sf* **1** Extremidad, fin, remate. **2** *Gram* Terminación.
ter.mi.nal [termin'aw] *adj m+f* Terminal, final. • *sm Inform* Terminal.
ter.mi.nar [termin'ar] *vtd+vi+vpr* **1** Terminar, concluir, acabar. **2** Finalizar, ultimar. *vtd* **3** Interrumpir, romper. Veja nota em **encerrar** (espanhol).

tér.mi.no [t'ɛrminu] *sm* Terminación, fin, conclusión. Veja nota em **termo** (espanhol).
ter.mi.no.lo.gi.a [terminoloʒ'iə] *sf* Terminología.
ter.mi.no.ló.gi.co [terminol'ɔʒiku] *adj* Terminológico.
ter.mo [t'ɛrmu] *sm* **1** Término, límite. **2** Palabra. **3 termos** *pl* Términos, modos, maneras. Veja nota em **termo** (espanhol).
ter.mô.me.tro [term'ometru] *sm Fís* Termómetro.
ter.mos.ta.to [termost'atu] *sm Fís* Termostato.
ter.na.men.te [tɛrnam'ẽti] *adv* Amablemente.
ter.no¹ [t'ɛrnu] *adj* Tierno, suave, amable, dulce.
ter.no² [t'ɛrnu] *sm* **1** Terno, trío. **2** Traje.
ter.nu.ra [tern'urə] *sf* Ternura, cariño, afecto, amor, mimo.
ter.ra [t'ɛɾə] *sf* Tierra.
ter.ra.ço [teř'asu] *sm* Terraza, terrado, azotea, solana, balcón, mirador.
ter.ra.ple.na.gem [teřaplen'aʒẽj] *sf* Terraplén, terraplenado.
ter.rá.queo [teř'akju] *adj+sm* **1** Terrestre, terrenal. **2** Terrícola.

Terráqueo, em espanhol, é um adjetivo usado somente para referir-se a globo ou esfera terrestre.

ter.rei.ro [teř'ejru] *sm* **1** Terreno, patio. **2** Terrero (plaza). **3** Terraza.
ter.re.mo.to [teřem'ɔtu] *sm* Terremoto, temblor de tierra, sismo.
ter.re.no [teř'enu] *adj* Terreno, terrestre, terrenal. • *sm* Terreno, terrón, lote. **conhecer o terreno** saber alguien el terreno que pisa. Veja nota em **terráqueo** (português).
tér.reo [t'ɛřju] *adj* De un solo piso (casa). • *sm* Bajo, planta baja.
ter.res.tre [teř'ɛstri] *adj m+f* Terrestre, terreno, terrenal. Veja nota em **terráqueo** (português).
ter.ri.fi.can.te [teřifik'ãti] *adj m+f* Terrible, terrorífico, aterrador.
ter.ri.fi.car [teřifik'ar] *vtd* Aterrar, aterrorizar, horrorizar.
ter.ri.na [teř'inə] *sf* Fuente, sopera, escudilla, cuenco.

ter.ri.to.ri.al [teritori'aw] *adj m+f* Territorial.

ter.ri.tó.rio [terit'ɔrju] *sm* Território.

ter.rí.vel [ter'ivew] *adj m+f* **1** Terrible, aterrador, terrorífico, pavoroso. **2** Invencible. **3** Enorme, exorbitante, excesivo.

ter.ror [ter'or] *sm* **1** Terror, violencia. **2** Miedo, pavor, pánico.

ter.ro.ris.mo [teror'izmu] *sm* Terrorismo.

ter.ro.ris.ta [teror'istə] *adj e s m+f* Terrorista.

ter.ro.ri.zar [teroriz'ar] *vtd+vpr* Aterrorizar.

te.são [tez'ãw] *sm* **1** *vulg* Excitación, deseo sexual. **2** Furia, intensidad, violencia. **3** Tensión, estiramiento.

te.se [t'ɛzi] *sf* Tesis, proposición.

te.sou.ra [tez'owrə] *sf* Tijera.

te.sou.ra.ri.a [tezowrar'iə] *sf Com* Tesorería.

te.sou.rei.ro [tezowr'ejru] *sm* Tesorero.

te.sou.ro [tez'owru] *sm* **1** Tesoro. **2** Riqueza.

tes.ta [t'ɛstə] *sf Anat* Frente.

tes.ta.men.to [testam'ẽtu] *sm* Testamento.

tes.tar [test'ar] *vtd* **1** Testar, legar. **2** Atestiguar. **3** Submeter a test, verificar, probar.

tes.te [t'ɛsti] *sm* **1** Test. **2** Prueba, examen.

tes.te.mu.nha [testem'uñə] *sf* Testigo.

tes.te.mu.nhar [testemuñ'ar] *vtd+vi* Testimoniar, testificar, atestiguar.

tes.te.mu.nho [testem'uñu] *sm* Testimonio, testigo, prueba. **falso testemunho** falso testigo.

tes.tí.cu.lo [test'ikulu] *sm Anat* Testículo.

te.ta [t'ɛtə] *sf Anat* Teta, seno, pecho, mama.

té.ta.no [t'ɛtanu] *sm Med* Tétanos, tétano.

te.to [t'ɛtu] *sm* **1** Techo. **2** *fig* Casa, abrigo. **3** Tope, límite.

te.tra.plé.gi.co [tetrapl'ɛʒiku] *adj+sm* Tetraplégico.

té.tri.co [t'ɛtriku] *adj* Tétrico, triste, fúnebre, lúgubre, tenebroso, sombrío, funesto.

teu [t'ew] *pron pos* Tuyo, tu.

te.vê [tev'e] *sf* Tele.

têx.til [t'estiw] *adj m+f* Textil. *Pl: têxteis.*

tex.to [t'estu] *sm* Texto.

tex.tu.ra [test'urə] *sf* **1** Textura, tejido, trama. **2** Contextura.

tez [t'es] *sf* Tez, piel, cútis.

ti [t'i] *pron pes* Ti.

ti.a [t'iə] *sf* **1** Tía. **2** *fam* Solterona. **ficar para titia** quedarse para vestir santos.

tí.bia [t'ibjə] *sf Anat* Tibia.

ti.car [tik'ar] *vtd* Señalar, marcar (para efecto de verificación).

ti.co [t'iku] *sm* Cachito, pedacito.

ti.co-ti.co [tikut'iku] *sm* **1** *Ornit* Tipo de gorrión. **2** Triciclo. *Pl: tico-ticos.*

ti.e.te [ti'ɛti] *s m+f fam* Fan, admirador.

ti.fo [t'ifu] *sm Patol* Tifus.

ti.ge.la [tiʒ'ɛlə] *sf* Bol, cuenco, tazón. **de meia-tigela** de pacotilla.

ti.gre [t'igri] *sm Zool* Tigre.

ti.gre.sa [tigr'ezə] *sf Zool* Tigresa (tigre hembra y mujer seductora).

ti.jo.lo [tiʒ'olu] *sm* Ladrillo. *Pl: tijolos (ó).*

til [t'iw] *sm Gram* Tilde. *Pl: tis, tiles.*

ti.lá.pia [til'apjə] *sf Ictiol* Tilapia.

ti.lin.tar [tilit'ar] *vtd+vi* Tintinear, tintinar.

tim.bra.do [tibr'adu] *adj* Timbrado. Veja nota em **timbrado** (espanhol).

tim.bre [t'ibri] *sm* Insignia, membrete, sello.

ti.me [t'imi] *sm Esp* Equipo. **tirar o time de campo** retirarse.

ti.mi.dez [timid'es] *sf* Timidez, encogimiento, vergüenza, embarazo, sonrojo.

tí.mi.do [t'imidu] *adj* Tímido, vergonzoso, retraído.

tím.pa.no [t'ĩpanu] *sm* **1** *Anat* Tímpano. **2** *Mús* Timbal.

ti.na [t'inə] *sf* Tina, palangana.

tin.gi.do [tiʒ'idu] *adj* Teñido.

tin.gi.men.to [tiʒim'ẽtu] *sm* Teñido, teñidura.

tin.gir [tiʒ'ir] *vtd+vpr* Teñir.

ti.nir [tin'ir] *vi* Tintinear, tintinar, retiñir.

ti.no [t'inu] *sm* Tino, prudencia, juicio, cordura.

tin.ta [t'itə] *sf* Tinta, pintura.

tin.tei.ro [tit'ejru] *sm* Tintero.

tin.tim [tit'ĩ] *sm* Tintín. **tintim por tintim** punto por punto / cada detalle. *expliquei-*

-*lhe tudo tintim por tintim* / le expliqué cada detalle.

tin.to [t′itu] *adj* **1** Teñido. **2** Tinto.
tin.tu.ra [tit′urə] *sf* **1** Tintura, tinta. **2** Teñidura.
tin.tu.ra.ri.a [tīturar′iə] *sf* Tintorería, lavandería. Veja nota em **lavadero**.
ti.o [t′iu] *sm* Tío.
tí.pi.co [t′ipiku] *adj* Típico, característico.
ti.po [t′ipu] *sm* **1** Tipo, clase, categoría. **2** Figura, talle.
ti.po.gra.fi.a [tipograf′iə] *sf* Tipografía.
ti.pó.gra.fo [tip′ɔgrafu] *sm* Tipógrafo, cajista, linotipista, impresor.
ti.poi.a [tip′ɔjə] *sf* Cabestrillo, sostén.
ti.que [t′iki] *sm* Tic.
ti.que.ta.que [tikit′aki] *sm* **1** Tictac. **2** Latido, palpitación.
tí.que.te [t′iketi] *sm* Tícket.
ti.qui.nho [tik′iñu] *sm* Cachito.
ti.ra [t′irə] *sf* **1** Tira, banda, faja, lista. *s m+f* **2** Policía.
ti.ra.co.lo [tirak′ɔlu] *sm* Tahalí. **a tiracolo** en bandolera.
ti.ra.gem [tir′aʒẽj] *sf Impr* Tiraje, tirada. Veja nota em **abordaje**.
ti.ra-gos.to [tirəg′ostu] *sm* Piscolabis, tapa, aperitivo. *Pl: tira-gostos*.
ti.ra-man.chas [tirəm′ãʃas] *sm sing+pl* Quitamanchas.
ti.ra.ni.a [tiran′iə] *sf* Tiranía, opresión, dominio, despotismo.
ti.râ.ni.co [tir′ʌniku] *adj* Tiránico, despótico.
ti.ra.ni.zar [tiraniz′ar] *vtd* Tiranizar.
ti.ra.no [tir′ʌnu] *adj+sm* Tirano, autócrata, déspota, dictador, opresor.
ti.rar [tir′ar] *vtd* **1** Sacar, quitar. **2** Suprimir, eliminar. **3** Restar, deducir, disminuir. **4** Arrebatar, arrancar. **tirar a limpo** poner en limpio. **tirar de letra** hacer algo con facilidad. **tirar o corpo fora** lavarse las manos. **tirar o sarro** tomar el pelo.
ti.ri.tar [tirit′ar] *vi* Tiritar, temblar.
ti.ro [t′iru] *sm* Tiro, disparo. **é tiro e queda** es infalible. **tiro de meta** saque de puerta.
ti.ro.tei.o [tirot′eju] *sm* Tiroteo, balacera.
ti.tâ.nio [tit′ʌnju] *sm Quím* Titanio.

tí.te.re [t′iteri] *sm* Títere, fantoche, marioneta.
ti.ti.o [tit′ iu] *sm* Tito.
ti.ti.ti [titit′i] *sm* **1** *fam* Lío, confusión, alboroto. **2** Discusión, pelea. **3** Rumor, chisme.
ti.tu.be.ar [titube′ar] *vi* Titubear, vacilar, dudar, sentir perplejidad.
ti.tu.lar [titul′ar] *adj* e *s m+f* Titular. • *vtd* Titular.
tí.tu.lo [t′itulu] *sm* **1** Título, nombre. **2** Renombre. **3** Dignidad nobiliaria. **4** *Com* Acción, póliza.
to.a.le.te [toal′ɛti] *sm* **1** Tocador, cuarto de baño. **2** Aseo, higiene.
to.a.lha [to′aλə] *sf* Toalla. **toalha de mesa** mantel.
to.bo.gã [tobog′ã] *sm* Tobogán.
to.ca [t′ɔkə] *sf* Cueva, caverna. Veja nota em **toca** (espanhol).
to.ca-dis.cos [tɔkəd′iskus] *sm sing+pl* Tocadiscos.
to.ca-fi.tas [tɔkəf′itas] *sm sing+pl* Radiocasete, casete.
to.cai.a [tok′ajə] *sf* Acecho, acechanza.
to.can.te [tok′ãti] *adj m+f* **1** Tocante, enternecedor, emocionante, conmovedor. **2** Referente.
to.car [tok′ar] *vtd+vpr* **1** Tocar, palpar. *vtd+vi+vpr* **2** Referirse, mencionar (asunto). *vpr* **3** Darse cuenta. *vtd* **4** Echar, ojear (animales). **5** Sonar, hacer sonar, tañer. **se toca!** ¡date cuenta!
to.cha [t′ɔʃə] *sf* Antorcha.
to.co [t′ocu] *sm* **1** Tocón, zoquete. **2** Muñón. **3** Colilla, pucho.
to.da.vi.a [todav′iə] *conj* Aún, sin embargo, no obstante.
to.do [t′odu] *adj* Todo, entero, completo, total. • *pron indef* **1** Cada, todo. **2 todos** *pl* Todos. • *adv* Totalmente, enteramente, del todo.
to.ga [t′oga] *sf* Toga. Veja nota em **beca** (espanhol).
tol.do [t′owdu] *sm* Toldo, cubierta, cobertizo.
to.le.rân.cia [toler′ãsjə] *sf* Tolerancia, paciencia.
to.le.ran.te [toler′ãti] *adj m+f* **1** Tolerante, condescendiente, complaciente. **2** Paciente, resignado.

tolerar 726 **torrão**

to.le.rar [toler'ar] *vtd* **1** Tolerar, suportar, aguantar, tragar. **2** Consentir, permitir, condescender.

to.le.rá.vel [toler'avew] *adj m+f* Tolerable, soportable.

to.lher [toʎ'er] *vtd* **1** Obstar, impedir, estorbar. *vtd+vpr* **2** Reprimir, contener.

to.li.ce [tol'isi] *sf* Tontería, sosería, bobada.

to.lo [t'olu] *adj+sm* Tonto, bobo.

tom [t'õw] *sm* Tono, ton, entonación.

to.ma.da [tom'adə] *sf* **1** Enchufe. **2** Toma, aprehensión, usurpación.

to.mar [tom'ar] *vtd* **1** Tomar, agarrar, sacar. **2** Conquistar, invadir, ocupar. **3** Robar. **4** Beber. **tomar conta** echar un ojo a algo / cuidar.

to.ma.ra! [tom'arə] *interj* ¡Ojalá.

to.ma.te [tom'ati] *sm Bot* Tomate.

tom.bar[1] [tõb'ar] *vtd+vi* Tumbar, caer, derribar.

tom.bar[2] [tõb'ar] *vtd* Inventariar.

tom.bo [t'õbu] *sm* Caída, tropezón, tropiezo.

to.mo.gra.fi.a [tomograf'iə] *sf Med* Tomografía.

to.na.li.da.de [tonalid'adi] *sf* **1** Tonalidad, coloración, matiz. **2** *Mús* Tono.

to.ne.la.da [tonel'adə] *sf* Tonelada.

tô.ni.co [t'oniku] *adj* Acentuado. • *adj+sm Med* Tónico.

ton.tei.ra [tõt'ejrə] *sf* Tontería, tontera.

ton.to [t'õtu] *adj+sm* Tonto, bobo, simple, gil, gilí, gilipolla. • *adj* Mareado.

ton.tu.ra [tõt'urə] *sf* Mareo, vértigo.

to.pa.da [top'adə] *sf* Topetazo, tropezón.

to.par [top'ar] *vtd+vpr* **1** Topar, deparar. **2** Tropezar. *vtd* **3** *fam* Aceptar, apuntarse. *convidei-o para ir ao cinema e ele topou* / lo invité a ir al ciné y él aceptó.

to.pá.zio [top'azju] *sm Geol* Topacio.

to.pe.te [top'ɛti] *sm* **1** Tupé, copete, periquillo, hopo. **2** *fig* Atrevimiento, descaro, desfachatez.

tó.pi.co [t'ɔpiku] *adj+sm Med* Tópico. • *sm* Apartado, punto.

to.po [t'opu] *sm* Cumbre, punta, tope.

to.po.gra.fi.a [topograf'iə] *sf* Topografía.

to.que [t'ɔki] *sm* **1** Toque, contacto. **2** Tañido, sonido. **3** Opinión, aviso, consejo, toque de atención. *quando você sair, me dê um toque* / cuando vayas a salir avísame.

tó.rax [t'ɔraks] *sm sing+pl Anat* Tórax.

tor.ção [tors'ãw] *sf* Torsión, torcedura, torcido.

tor.ce.dor [torsed'or] *adj+sm Esp* Forofo, hincha.

tor.cer [tors'er] *vtd* **1** Torcer, retorcer. **2** Falsear, interpretar mal. **3** Hinchar, apoyar al equipo.

tor.ci.co.lo [torsik'ɔlu] *sm Med* Tortícolis.

tor.ci.da [tors'idə] *sf Esp* Hinchada (multitud de hinchas).

tor.ci.do [tors'idu] *adj* Torcido, retorcido.

tor.men.ta [torm'ẽtə] *sf* Tormenta, tempestad, temporal.

tor.men.to [torm'ẽtu] *sm* **1** Tormento, tortura, suplicio. **2** Pena, aflicción, sufrimiento. **3** Desgracia, desdicha.

tor.men.to.so [tormẽt'ozu] *adj* **1** Tormentoso, tempestuoso, borrascoso. **2** Trabajoso, sudoroso, difícil, arduo, penoso. *Pl: tormentosos (ó).*

tor.na.do [torn'adu] *sm* Tornado, ciclón, huracán.

tor.nar [torn'ar] *vtd+vpr* **1** Tornar, retornar, regresar, volver. *vtd* **2** Transformar, mudar, cambiar. *vtd* **3** Devolver, reponer.

tor.nei.o [torn'eju] *sm* Torneo.

tor.nei.ra [torn'ejrə] *sf* **1** Grifo. **2** *CS* Canilla.

tor.ni.que.te [tornik'eti] *sm* Torniquete.

tor.no.ze.lei.ra [tornozel'ejrə] *sf* Tobillera.

tor.no.ze.lo [tornoz'elu] *sm Anat* Tobillo.

to.ró [tor'ɔ] *sm* Chaparrón, aguacero.

tor.pe [t'orpi] *adj m+f* **1** Torpe, entorpecido. **2** Infame, obsceno, indecoroso.

tor.pe.de.ar [torpede'ar] *vtd* **1** Torpedear. **2** Fastidiar, aburrir, cargar, cansar.

tor.pe.do [torp'edu] *sm* Torpedo.

tor.por [torp'or] *sm* Sopor, torpeza, apatía, letargo.

tor.ra.da [toř'adə] *sf* Tostada.

tor.ra.dei.ra [tořad'ejrə] *sf* Tostadora, tostador.

tor.ra.do [toř'adu] *adj* Tostado, torrado.

tor.rão [toř'ãw] *sm* Terrón, terruño.

tor.rar [toʀ'ar] *vtd* **1** Tostar, torrar. **2** Malgastar (dinero). **torrar a paciência** jeringar.
tor.re [t'ɔʀi] *sf* Torre.
tor.ren.ci.al [toʀẽsi'aw] *adj m+f* Torrencial, impetuoso.
tor.ren.te [toʀ'ẽti] *sf* Torrente.
tór.ri.do [t'ɔʀidu] *adj* Tórrido, ardiente.
tor.so [t'orsu] *sm Anat* Torso.
tor.ta [t'ɔrtə] *sf* Tarta, pastel.
tor.to [t'ortu] *adj* **1** Torcido, avieso, atravesado, oblicuo. **2** *fam* Borracho. **a torto e a direito** a tontas y a locas. *Pl: tortos (ó).*
tor.tu.o.so [tortu'ozu] *adj* Tortuoso. *Pl: tortuosos (ó).*
tor.tu.ra [tort'ura] *sf* **1** Tortura, martirio, suplicio, tormento, aflicción. **2** Congoja, sufrimiento, angustia, dolor, tormento.
tor.tu.rar [tortur'ar] *vtd+vpr* Torturar.
to.sar [toz'ar] *vtd* Tonsurar, esquilar, trasquilar.
tos.co [t'osku] *adj* Tosco, grosero, rudo.
tos.qui.ar [toski'ar] *vtd* Tonsurar, esquilar, trasquilar, pelar.
tos.se [t'ɔsi] *sf* Tos. **tosse comprida** tos convulsa / tos ferina.
tos.sir [tos'ir] *vi* Toser.
tos.ta.dei.ra [tostad'ejrə] *sf* Tostador, tostadora.
tos.ta.do [tost'adu] *adj* Tostado.
tos.tão [tost'ãw] *sm* Centavo, moneda. **não valer um tostão furado** no valer nada.
tos.tar [tos'tar] *vtd+vi+vpr* Tostar, torrar.
to.tal [tot'aw] *adj m+f* Total, completo, entero, integral. • *sm* Resultado, monta, montante.
to.ta.li.da.de [totalid'adi] *sf* Totalidad.
to.ta.li.ta.ris.mo [totalitaʀ'izmu] *sm Polít* Totalitarismo.
to.ta.li.zar [totaliz'ar] *vtd* Totalizar, integrar.
to.tem [t'ɔt'ẽj] *sm* Tótem.
tou.ca [t'owkə] *sf* Toca, tocado. **dormir de touca** chuparse el dedo.
tou.ca.dor [towkad'or] *adj+sm* Tocador.
tou.cei.ra [tows'ejrə] *sf* Macizo (de flores).
tou.ci.nho [tows'iñu] *sm* Tocino, larda.
tou.ra.da [towr'adə] *sf* Torada.
tou.rei.ro [towr'ejru] *sm* Torero, toreador, matador.
tou.ro [t'owru] *sm* **1** *Zool* Toro. **2 Touro** *Astrol, Astron* Tauro.
tó.xi.co [t'ɔksiku] *adj* Tóxico, venenoso. • *sm* Narcótico, droga.
to.xi.cô.ma.no [toksik'omanu] *adj+sm* Toxicómano, toxicomaníaco, drogadicto.
to.xi.na [toks'inə] *sf Quím* Toxina.
tra.ba.lha.do [trabaʎ'adu] *adj* Trabajado.
tra.ba.lha.dor [trabaʎad'or] *adj+sm* **1** Trabajador. **2** Obrero, operario.
tra.ba.lhar [trabaʎ'ar] *vtd+vi* **1** Trabajar, laborar, laburar. *vi* **2** Funcionar. **trabalhar duro** sudar el hopo.
tra.ba.lho [trab'aʎu] *sm* **1** Trabajo, labor, labranza, faena. **2** Ocupación. **3** Monografía, exposición.
tra.ba.lho.so [trabaʎ'ozu] *adj* Trabajoso, afanoso, costoso, laborioso, pesado. *Pl: trabalhosos (ó).*
tra.ça [tr'asə] *sf Entom* Polilla.
tra.ção [tras'ãw] *sf* Tracción.
tra.çar [tras'ar] *vtd* **1** Trazar. **2** Delinear, proyectar.
tra.ço [tr'asu] *sm* **1** Trazo, trazado. **2 traços** *pl* Rasgos, trazos.
tra.di.ção [tradis'ãw] *sf* Tradición.
tra.di.ci.o.nal [tradisjon'aw] *adj m+f* Tradicional.
tra.du.ção [tradus'ãw] *sf* Traducción, versión, traslación. **tradução juramentada** traducción oficial.
tra.du.tor [tradut'or] *adj+sm* Traductor.
tra.du.zir [traduz'ir] *vtd* **1** Traducir, verter, trasladar. **2** Interpretar, descifrar. **3** Representar.
tra.fe.gar [trafeg'ar] *vtd+vi* **1** Trafagar, traficar. *vtd* **2** Transitar.
trá.fe.go [tr'afegu] *sm* Tráfico, tránsito.
tra.fi.can.te [trafik'ãti] *adj e s m+f* Traficante.
tra.fi.car [trafik'ar] *vtd+vi* Traficar, trafagar, negociar, especular.
trá.fi.co [tr'afiku] *sm* Tráfico, tráfago, negocio, trata.
tra.ga.da [trag'adə] *sf* Trago, sorbo, tragantada.
tra.gar [trag'ar] *vtd* **1** Tragar, sorber. *vtd+vi* **2** Aspirar (humo de cigarrillo).

tra.gé.dia [traʒ'ɛdjə] *sf* **1** Fatalidad, desgracia, desastre, catástrofe. **2** *Teat* Tragedia.

tra.gi.ca.men.te [traʒikam'ẽti] *adv* Trágicamente.

trá.gi.co [tr'aʒiku] *adj* Trágico, fatal, infausto, fatídico, penoso, nefasto.

tra.go [tr'agu] *sm* Trago.

trai.ção [trajs'ãw] *sf* Traición, alevosía, deslealtad, infidelidad.

trai.ço.ei.ro [trajso'ejru] *adj* Traicionero.

trai.dor [trajd'or] *adj+sm* Traidor, infiel.

tra.ir [tra'ir] *vtd* **1** Traicionar. *vpr* **2** Acusarse. Veja nota em **traído** (espanhol).

tra.jar [traʒ'ar] *vtd+vi+vpr* Vestir, trajear.

tra.je [tr'aʒi] *sm* Traje, vestuario, ropa, vestimenta, indumentaria.

tra.je.to [traʒ'ɛtu] *sm* Trayecto, recorrido.

tra.je.tó.ria [traʒet'ɔrjə] *sf* Trayectoria, recorrido.

tra.lha [tr'aʎə] *sf* Trastos, cachivache.

tra.ma [tr'ʌma] *sf* **1** Trama, conspiración, cábala, tramoya. **2** Urdidura, malla, contextura. **3** *Lit* Argumento, asunto, tema. Veja nota em **enredo** (espanhol).

tra.mar [tram'ar] *vtd* **1** Tramar, urdir, entretejer, tejer. **2** Conchabar, enredar, conspirar, planear, maquinar.

tram.bi.que [trãb'iki] *sm fam* Engaño, embeleco, fraude, trampa.

tram.bo.lho [trãb'oʎu] *sm fam* Cachivache, armatoste, mamotreto.

tra.mi.tar [tramit'ar] *vi* Tramitar.

tra.moi.a [tram'ɔjə] *sf* Tramoya, intriga, enredo, maquinación, trama, manejo.

tram.po.lim [trãpol'ĩ] *sm* Trampolín.

tran.ca [tr'ãkə] *sf* Tranca, traba, falleba, cierre.

tran.ça [tr'ãsə] *sf* Trenza.

tran.ca.do [trãk'adu] *adj* Cerrado, atrancado, aherrojado.

tran.ça.do [trãs'adu] *adj* Trenzado. • *sm* Trenza.

tran.ca.fi.ar [trãkafi'ar] *vtd+vpr fam* Encerrar, encarcelar.

tran.car [trãk'ar] *vtd+vpr* Cerrar, aherrojar, atrancar.

tran.çar [trãs'ar] *vtd* Trenzar, tranzar.

tran.co [tr'ãku] *sm* Encontronazo, sacudida, golpe.

tran.qui.la.men.te [trãkwilam'ẽti] *adv* Tranquilamente.

tran.qui.li.da.de [trãkwilid'adi] *sf* Tranquilidad, calma. sosiego.

tran.qui.li.zan.te [trãkwiliz'ãti] *sm Med* Tranquilizante, calmante. • *adj m+f* Tranquilizador.

tran.qui.li.zar [trãkwiliz'ar] *vtd+vpr* Tranquilizar, aquietar, sosegar, serenar, calmar.

tran.qui.lo [trãk'wilu] *adj* Tranquilo, calmo, sereno, sosegado.

tran.sa [tr'ãzə] *sf* **1** Transacción. **2** *fam* Cópula, relación sexual, fornicación.

tran.sa.ção [trãzas'ãw] *sm* Transacción, negocio, acuerdo, pacto.

tran.sar [trãz'ar] *vtd+vi* **1** *fam* Fornicar, acostarse, follar. **2** *AL* Coger, echarse un polvo.

tran.sa.tlân.ti.co [trãzatl'ãtiku] *adj Mar* Transatlántico.

trans.bor.da.men.to [trãzbordam'ẽtu] *sm* Trasbordo, desbordamiento.

trans.bor.dar [trãzbord'ar] *vtd+vi* Trasbordar, desbordar, rebasar.

trans.cen.dên.cia [trãsẽd'ẽsjə] *sf* Transcendencia, trascendencia.

trans.cen.den.tal [trãsẽdẽt'aw] *adj m+f* Transcendental, trascendental.

trans.con.ti.nen.tal [trãskõtinẽt'aw] *adj m+f* Transcontinental.

trans.cor.rer [trãskoʀ'er] *vi* Transcurrir, pasar, sucederse, correr.

trans.cre.ver [trãskrev'er] *vtd* Transcribir, trascribir.

trans.cri.ção [trãskris'ãw] *sf* Transcripción, trascripción.

tran.se [tr'ãzi] *sm* Trance.

tran.se.un.te [trãze'ũti] *adj m+f* Transeúnte.

tran.se.xu.al [trãseksu'aw] *adj e s m+f* Transexual.

trans.fe.rên.cia [trãsfer'ẽsjə] *sf* **1** Transferencia, trasferencia. **2** Traslación, mudanza.

trans.fe.rir [trãsfer'ir] *vtd+vpr* **1** Trasladar, mudar. *vtd* **2** Transferir, trasferir, transmitir.

trans.fi.gu.ra.ção [trãsfiguras'ãw] *sf* Transfiguración, trasfiguración.
trans.for.ma.ção [trãsformas'ãw] *sf* Transformación, trasformación, metamorfosis, modificación.
trans.for.ma.dor [trãsformad'or] *adj+sm* Transformativo, trasformativo. • *sm Eletr* Transformador, trasformador.
trans.for.mar [trãsform'ar] *vtd+vpr* Transformar, trasformar, convertir, transfigurar, trasfigurar.
trans.fu.são [trãsfuz'ãw] *sf* Transfusión, trasfusión.
trans.gê.ni.co [trãzʒ'eniku] *adj+sm* Transgénico.
trans.gre.dir [trãzgred'ir] *vtd* Transgredir, trasgredir.
trans.gres.são [trãzgres'ãw] *sf* Transgresión, trasgresión.
tran.si.ção [trãzis'ãw] *sf* Transición, pasaje, mutación, transformación, trasformación, cambio, mudanza.
tran.si.gên.cia [trãziʒ'ẽsjə] *sf* Transigencia, tolerancia.
tran.si.gir [trãziʒ'ir] *vtd+vi* Transigir, temporizar.
tran.si.tar [trãzit'ar] *vtd* Transitar, andar, recorrer, pasar, marchar, circular.
tran.si.tá.vel [trãzit'avew] *adj m+f* Transitable.
tran.si.ti.vo [trãzit'ivu] *adj Gram* Transitivo.
trân.si.to [tr'ãzitu] *sm* Tránsito, tráfico.
tran.si.tó.rio [trãzit'ɔrju] *adj* Transitorio, temporal, efímero.
trans.la.dar [trãzlad'ar] *vtd V trasladar.*
trans.lú.ci.do [trãzl'usidu] *adj* Translúcido, traslúcido, transparente, trasparente, diáfano.
trans.mis.são [trãzmis'ãw] *sf* **1** Transmisión, trasmisión, conducción. **2** Comunicación, propagación. **transmissão ao vivo** transmisión en vivo/en directo.
trans.mis.sí.vel [trãzmis'ivew] *adj m+f* Transmisible, trasmisible.
trans.mis.sor [trãzmis'or] *adj* Transmisor. • *sm* Transmisor, emisor.
trans.mi.tir [trãzmit'ir] *vtd* **1** Transmitir, comunicar, propagar, pasar. **2** *fig* Legar. **3** Contagiar.

trans.mu.ta.ção [trãzmutas'ãw] *sf* Transmutación, trasmutación.
trans.pa.re.cer [trãspares'er] *vtd* Translucir, traslucir.
trans.pa.rên.cia [trãspar'ẽsjə] *sf* Transparencia, trasparencia, nitidez.
trans.pa.ren.te [trãspar'ẽti] *adj m+f* Transparente, trasparente, traslúcido, translúcido.
trans.pas.sar [trãspas'ar] *vtd V traspasar.*
trans.pi.ra.ção [trãspiras'ãw] *sf* Transpiración, traspiración.
trans.pi.rar [trãspir'ar] *vtd+vi* Transpirar, traspirar, sudar.
trans.plan.tar [trãsplãt'ar] *vtd* Trasplantar, transferir, trasladar.
trans.plan.te [trãspl'ãti] *sm Med* Trasplante.
trans.por [trãsp'or] *vtd* Transponer, trasponer.
trans.por.tar [trãsport'ar] *vtd* Transportar, trasportar.
trans.por.te [trãsp'ɔrti] *sm* **1** Transporte, trasporte, transportación, trasportación. **2** Vehículo, auto.
trans.tor.na.do [trãstorn'adu] *adj* Trastornado, perturbado.
trans.tor.nar [trãstorn'ar] *vtd* **1** Trastornar, desconcertar, perturbar. *vpr* **2** Trastornarse, inquietarse.
trans.tor.no [trãst'ornu] *sm* **1** Trastorno, perturbación, confusión. **2** Dificultad, inconveniente, obstáculo.
trans.vi.ar [trãzvi'ar] *vtd+vpr* **1** Desencaminar, corromper. *vtd* **2** Descarriar, desviar.
tra.pa.ça [trap'asə] *sf* Trapaza, trapacería, fraude, trampa, engaño.
tra.pa.ce.ar [trapase'ar] *vtd+vi* Trapacear, trampear, engañar.
tra.pa.cei.ro [trapas'ejru] *adj+sm* Trapacero, marrullero, truhán, tramposo.
tra.pa.lha.da [trapaʎ'adə] *sf* Atropello, confusión.
tra.pa.lhão [trapaʎ'ãw] *adj+sm* Atropellado, atolondrado.
tra.pé.zio [trap'ɛzju] *sm Geom, Anat* Trapecio.
tra.pe.zis.ta [trapez'istə] *adj e s m+f* Trapecista.

tra.po [tr'apu] *sm* **1** Trapo, estraza. **2** Harapo, guiñapo. **estar um trapo:** a) estar hecho polvo. b) andar hecho un guiñapo. **juntar os trapos** ir a vivir juntos.

tra.quei.a [trak'ɛjə] *sf Anat* Tráquea.

tra.que.jo [trak'eʒu] *sm* Práctica, experiencia, desenvoltura.

tra.que.o.to.mi.a [trakeotom'iə], **tra.que.os.to.mi.a** [trakeostom'iə] *sf Med* Traqueotomía.

tra.qui.nas [trak'inas] *adj* e *s m+f sing+pl* Travieso, juguetón, bullicioso, saltarín.

trás [tr'as] *adv* Tras, detrás.

tra.sei.ra [traz'ejrə] *sf* Trasera, culata, popa.

tra.sei.ro [traz'ejru] *adj* Trasero, posterior. • *sm* Nalga.

tras.la.dar [trazlad'ar] *vtd* **1** Trasladar, traducir. *vtd+vpr* **2** Transferir, trasferir. *Var: transladar*.

tras.pas.sar [traspas'ar] *vtd* Traspasar. *Var: transpassar, trespassar*.

tras.te [tr'asti] *sm* **1** Trasto, cacharro. **2** *fam* Inútil, ordinario.

tra.ta.do [trat'adu] *sm* Tratado, pacto, convenio, ajuste.

tra.ta.men.to [tratam'ẽtu] *sm* **1** Tratamiento, procedimiento. **2** Trato, relación. **3** Terapéutica, terapia, medicación.

tra.tan.te [trat'ãti] *adj* e *s m+f* **1** Bellaco, trapacero, pulla. **2** Tratante, negociante. Veja nota em **tratante** (espanhol).

tra.tar [trat'ar] *vtd* **1** Tratar, versar. *vtd+vpr* **2** Cuidar, medicar, atender. **3** Reacionarse.

tra.tá.vel [trat'avew] *adj m+f* Tratable.

tra.to [tr'atu] *sm* **1** Trato, pacto, convenio, acuerdo, ajuste. **2** Relación, comunicación.

tra.tor [trat'or] *sm* Tractor.

trau.ma.tis.mo [trawmat'izmu] *sm* **1** *Patol* Traumatismo. **2** Trauma, dolor.

trau.ma.ti.zar [trawmatiz'ar] *vtd+vpr* Traumatizar.

tra.va [tr'avə] *sf* **1** Traba, cierre. **2** Impedimento, obstáculo.

tra.var [trav'ar] *vtd* **1** Trabar, cerrar. **2** Prender, agarrar, asir. **3** Frenar. **4** Entablar.

tra.ve [tr'avi] *sf* **1** Trabe, traviesa, madero, viga, tirante. **2** *Esp* Larguero, travesaño.

tra.vés [trav'ɛs] *sm* Través.

tra.ves.sa [trav'ɛsə] *sf* **1** Traviesa, viga, trabe. **2** Fuente, plato.

tra.ves.são [traves'ãw] *sm* **1** Travesaño, astil. **2** *Gram* Guión, raya.

tra.ves.sei.ro [traves'ejru] *sm* Almohada.

tra.ves.so [trav'esu] *adj* Travieso, juguetón, inquieto, bullicioso, saltarín. **ser muito travesso** ser la piel del diablo.

tra.ves.su.ra [traves'urə] *sf* Travesura, diablura, jugarreta.

tra.ves.ti [travest'i] *sm* Travesti, travestí, travestido.

tra.zer [traz'er] *vtd* Traer.

tre.cho [tr'eʃu] *sm* Tramo, trecho.

tre.co [tr'ɛku] *sm fam* **1** Trasto, cacharro, cachivache. **2** Cosa. *tomei um treco horrível na festa ontem* / me tomé una cosa horrible en la fiesta ayer. **3** Malestar, indisposición, ataque. *se ele não chegar, vou ter um treco* / si él no llega tengo un ataque.

tré.gua [tr'ɛgwa] *sf* Tregua.

trei.na.dor [trejnad'or] *adj+sm* **1** Entrenador. **2** *AL* Director técnico.

trei.na.men.to [trejnam'ẽtu] *sm* Entrenamiento.

trei.nar [trejn'ar] *vtd+vpr* **1** Entrenar, ensayar, ejercitar. **2** Adiestrar, amaestrar.

trei.no [tr'ejnu] *sm* Entrenamiento, ejercicio, práctica.

tre.jei.to [treʒ'ejtu] *sm* Ademán, jeribeque.

tre.la [tr'ɛlə] *sf* **1** Correa. **2** *fig* Parloteo, cuerda. **dar trela** dar cuerda.

tre.li.ça [trel'isə] *sf* Celosía.

trem [tr'ẽj] *sm* **1** Tren. **2** *fam* Trasto, cachivache, cosa.

tre.me.dei.ra [tremed'ejrə] *sf* Tembladera, tembladero, temblor.

tre.me.lu.zir [tremeluz'ir] *vi* Cintilar, centellear, brillar.

tre.men.do [trem'ẽdu] *adj* Tremendo.

tre.mer [trem'er] *vtd+vi* **1** Temblar, tiritar, trepidar. **2** Agitar.

tre.mi.do [trem'idu] *adj* Temblado.

tre.mo.ço [trem'osu] *sm Bot* Altramuz, lupino, chocho.

tre.mor [trem'or] *sm* Temblor.

tre.mu.lan.te [tremul'ãti] *adj m+f* Temblante, tembloroso.

tre.mu.lar [tremul'ar] *vtd+vi* Tremolar, ondear, vibrar, temblar, agitar.

trê.mu.lo [tr'emulu] *adj* Trémulo, temblante.

tre.na [tr'enə] *sf Tecnol* Trena.

tre.nó [tren'ɔ] *sm* Trineo.

tre.par [trep'ar] *vtd* **1** Trepar, subir, escalar, esquilar, gatear. **2** *vulg* Follar, fornicar, acostarse.

tre.pi.da.ção [trepidas'ãw] *sf* Trepidación, vibración, traqueteo, tembleque.

tre.pi.dan.te [trepid'ãti] *adj m+f* Trepidante, tembloroso.

tre.pi.dar [trepid'ar] *vi* Trepidar, temblar.

três [tr'es] *num* Tres.

tres.lou.ca.do [trezlowk'adu] *adj* Loco, atolondrado, alocado.

tres.noi.tar [treznojt'ar] *vi* Trasnochar, velar.

tres.pas.sar [trespas'ar] *vtd V* traspassar.

tre.vas [tr'evas] *sf pl* Tinieblas.

tre.vo [tr'evu] *sm Bot* **1** *Bot* Trébol, trifolio. **2** Rotonda.

tre.ze [tr'ezi] *num* Trece.

tre.zen.tos [trez'ẽtus] *num* Trescientos.

tri.a.gem [tri'aʒẽj] *sf* Tría, selección.

tri.ân.gu.lo [tri'ãgulu] *sm Mús, Geom* Triángulo.

tri.bal [trib'aw] *adj m+f* Tribual, tribal.

tri.bu.na [trib'unə] *sf* Tribuna.

tri.bu.nal [tribun'aw] *sm Dir* Tribunal.

tri.bu.ta.ção [tributas'ãw] *sf* Tributación.

tri.bu.tar [tribut'ar] *vtd* Tributar.

tri.bu.to [trib'utu] *sm* Tributo.

tri.ci.clo [tris'iklu] *sm* Triciclo.

tri.co.lor [trikol'or] *adj m+f* Tricolor.

tri.co.tar [trikot'ar] *vtd+vi* **1** Tejer, tricotar. *vi* **2** *fam* Chismear, cotillear.

tri.ê.nio [tri'enju] *sm* Trienio.

tri.fá.si.co [trif'aziku] *adj Eletr* Trifásico.

tri.gê.meo [triʒ'emju] *adj+sm* **1** *Anat* Trigémino. **2** Trillizo.

tri.gé.si.mo [triʒ'ɛzimu] *num* Trigésimo.

tri.go [tr'igu] *sm Bot* Trigo.

tri.go.no.me.tri.a [trigonometr'iə] *sf Mat* Trigonometría.

tri.lha [tr'iʎə] *sf* **1** Senda, vereda. **2** Rastro, trillo. **trilha sonora** banda sonora.

tri.lha.do [triʎ'adu] *adj* Trillado, batido.

tri.lhão [triʎ'ãw] *sm Mat* Billón. Veja nota em **millón**.

tri.lho [tr'iʎu] *sm* Carril, vía.

tri.mes.tre [trim'ɛstri] *sm* Trimestre.

tri.na.do [trin'adu] *sm* Trino, trinado, canto, gorjeo.

trin.ca [tr'ĩkə] *sf* **1** Trinca, tríada. **2** Grieta, hendidura, rajadura. Veja nota em **trinca** (espanhol).

trin.ca.du.ra [trĩkad'urə] *sf Náut* Trincadura.

trin.char [trĩʃ'ar] *vtd* Trinchar, partir, desmenuzar.

trin.chei.ra [trĩʃ'ejrə] *sf* Trinchera.

trin.co [tr'ĩku] *sm* Trinquete, pestillo, traba.

trin.da.de [trĩd'adi] *sf Rel* Trinidad.

tri.nô.mio [trin'omju] *sm Mat* Trinomio.

trin.que [tr'ĩki] *sm fig* Percha, elegancia. **nos trinques** muy elegante.

trin.ta [tr'ĩtə] *num* Treinta.

tri.o [tr'iu] *sm* Trío, terno. Veja nota em **trinca** (espanhol).

tri.pa [tr'ipə] *sf* Tripa.

tri.pé [trip'ɛ] *sm* Trípode.

trí.plex [tr'ipleks] *adj+sm sing+pl* Tríplex.

tri.pli.car [triplik'ar] *vtd+vi+vpr* Triplicar.

trí.pli.ce [tr'iplisi] *num* Tríplice, triple, triplo.

tri.plo [tr'iplu] *num* Triple, triplo, tríplice.

tri.pu.la.ção [tripulas'ãw] *sf* Tripulación.

tri.pu.lan.te [tripul'ãti] *s m+f* Tripulante.

tri.pu.lar [tripul'ar] *vtd* Tripular.

tris.car [trisk'ar] *vi* **1** Triscar, hacer ruido. **2** Camorrear.

tris.sí.la.bo [tris'ilabu] *adj+sm Gram* Trisílabo.

tris.te [tr'isti] *adj m+f* Triste.

tris.te.men.te [tristem'ẽti] *adv* Tristemente.

tris.te.za [trist'ezə] *sf* Tristeza, melancolía.

tri.ton.go [trit'õgu] *sm Gram* Triptongo.

tri.tu.rar [tritur'ar] *vtd* Triturar, machacar, moler.

tri.un.fan.te [trjũf'ãti] *adj m+f* Triunfante.

tri.un.far [trjũf'ar] *vi* Triunfar, vencer.

tri.un.fo [tri'ũfu] *sm* Triunfo, éxito.

tri.un.vi.ra.to [trjũvir'adu] *sm* Triunvirato.

tri.vi.al [trivi'aw] *adj m+f* Trivial, banal.

triz [tr'is] *sm* Tris.

tro.ca [tr'ɔkə] *sf* **1** Trueque, canje, intercambio, permuta, barata, cambio. **2** Sustitución, substitución.

tro.ça [tr'ɔsə] *sf* Chacota, burla, broma.

tro.ca.di.lho [trokad'iʎu] *sm* Juego de palabras.

tro.ca.do [trok'adu] *adj* Trocado, cambiado. • *sm* Cambio, billetes de menor valor.

tro.car [trok'ar] *vtd* **1** Trocar, cambiar, intercambiar. **2** Permutar. **3** Sustituir, substituir. **trocar as bolas** confundirse / trocar uno los frenos. **trocar ideias** intercambiar ideas.

tro.co [tr'oku] *sm* **1** Vuelto. **2** Cambio. **a troco de banana** a cambio de espejos de colores. **dar o troco** pagar con la misma moneda. Veja nota em **câmbio**.

tro.ço [tr'ɔsu] *sm fam* **1** Trozo, pedazo. **2** Cosa, trasto.

tro.féu [trof'ɛw] *sm* Trofeo, copa. *Pl: troféus*.

tro.le [tr'ɔli] *sm* Trole.

trom.ba [tr'õbə] *sf* Trompa, tromba. Veja nota em **tromba** (espanhol).

trom.ba.da [trõb'adə] *sf* Encontronazo, encontrón, colisión.

trom.ba.di.nha [trõbad'iɲə] *sm fam* Ladronzuelo.

trom.bar [trõb'ar] *vtd+vi* Colidir.

trom.be.te.ar [trõbete'ar] *vtd+vi* Trompetear.

trom.bo.ne [trõb'oni] *sm Mús* Trombón, sacabuche. **pôr a boca no trombone** poner el grito en el cielo.

trom.pe.te [trõp'ɛti] *sm Mús* Trompeta.

tro.nan.te [tron'ãti] *adj m+f* Estruendoso, estrepitoso, ruidoso.

tron.co [tr'õku] *sm* **1** *Anat* Tronco, torso. **2** Madero, leño.

tron.cu.do [trõk'udu] *adj* Robusto.

tro.no [tr'onu] *sm* Trono.

tro.pa [tr'ɔpə] *sf* **1** *Mil* Tropa, ejército. **2** Turba, enjambre, multitud.

tro.pe.çar [tropes'ar] *vtd+vi* Tropezar, trompicar.

trô.pe.go [tr'opegu] *adj* Vacilante, torpe (al andar).

tro.pei.ro [trop'ejru] *sm* Arriero.

tro.pel [trop'ɛw] *sm* Tropel.

tro.pi.cal [tropik'aw] *adj m+f* Tropical.

tró.pi.co [tr'ɔpiku] *sm* Trópico.

tro.tar [trot'ar] *vtd* **1** Trotar. **2** Burlarse, mofar.

tro.te [tr'ɔti] *sm* **1** Trote. **2** Novatada.

trou.xa [tr'owʃə] *sf* Fardo, atado. • *adj e s m+f fam* Papanatas, imbécil. **arrumar a trouxa** liar los bártulos.

tro.vão [trov'ãw] *sm* Trueno.

tro.ve.jar [troveʒ'ar] *vi* Tronar.

tro.vo.a.da [trovo'adə] *sf* Tronada, trueno.

tru.ci.dar [trusid'ar] *vtd+vpr* Trucidar.

tru.cu.len.to [trukul'ẽtu] *adj* Truculento.

tru.fa [tr'ufə] *sf* Trufa (chocolate y hongo).

trun.car [trũk'ar] *vtd* Truncar.

trun.fo [tr'ũfu] *sm* Triunfo, carta, jugada.

tru.que [tr'uki] *sm* Truco, ardid.

tru.ta [tr'utə] *sf Ictiol* Trucha.

tu [t'u] *pron pes* Tú.

tu.a [t'uə] *pron pes f* Tuya.

tu.ba.rão [tubar'ãw] *sm* **1** *Ictiol* Tiburón. **2** *fig* Magnate, pez gordo.

tu.ber.cu.lo.se [tuberkul'ɔzi] *sf Med* Tuberculosis, tisis, tísica.

tu.ber.cu.lo.so [tuberkul'ozu] *adj+sm* Tuberculoso, tísico. *Pl: tuberculosos (ó)*.

tu.bo [t'ubu] *sm* Tubo.

tu.bu.la.ção [tubulas'ãw] *sf* Tubería, cañería.

tu.do [t'udu] *pron indef* Todo. **contra tudo e contra todos** contra viento y marea.

tu.fão [tuf'ãw] *sm* Tifón, turbión, torbellino, huracán.

tu.fo [t'ufu] *sm* Mechón, mecha, copo, mata (pelo, plumas). Veja nota em **copo** (português).

tu.gir [tuʒ'ir] *vtd+vi* Susurrar, murmurar.

tu.lha [t'uʎə] *sf* Granero, cilla, panera, silo.

tu.li.pa [tul'ipə] *sf* **1** *Bot* Tulipán. **2** Tulipa, pantalla (lámpara).
tum.ba [t'ũbə] *sf* Tumba, ataúd, túmulo, sepulcro, sepultura.
tu.me.fa.to [tumef'atu] *adj* Tumefacto.
tu.mor [tum'or] *sm Patol* Tumor.
tú.mu.lo [t'umulu] *sm* Túmulo, sepulcro, tumba, ataúd, sepultura. **ser um túmulo** ser una tumba.
tu.mul.to [tum'uwtu] *sm* Tumulto, disturbio, alboroto, bulla, jarana.
tu.mul.tu.a.do [tumuwtu'adu] *adj* Tumultuoso.
tun.da [t'ũdə] *sf* Tunda.
tú.nel [t'unew] *sm* Túnel.
tu.pã [tup'ã] *Mit* Tupán.
tu.pi [tup'i] *adj* e *s m+f* Tupí.
tu.pi-gua.ra.ni [tup'igwaran'i] *s m+f* Tupí guaraní. *Pl: tupis-guaranis*.
tu.pi.nam.bá [tupinãb'a] *adj* e *s m+f* Tupinambá (pueblo indio).
tur.ba [t'urbə] *sf* Turba, tropel, turbamulta, muchedumbre.
tur.ban.te [turb'ãti] *sm* Turbante.
tur.bi.lhão [turbiλ'ãw] *sm* **1** Torbellino, remolino, tolvanera. **2** Turba, turbamulta.
tur.bi.na [turb'inə] *sf Mec* Turbina.
tur.bo.é.li.ce [turbo'ɛlisi] *sm Mec* Turbohélice.
tur.bu.lên.cia [turbul'ẽsjə] *sf* Turbulencia.
tur.co [t'urku] *adj+sm* Turco.
tur.fa [t'urfə] *sf* Turba (combustible, estiércol).
tur.fe [t'urfi] *sm* Turf.
tu.ris.mo [tur'izmu] *sm* Turismo.
tur.ma [t'urmə] *sf* **1** Pandilla, grupo, barra. **2** Aula.
tur.ma.li.na [turmal'inə] *sf Miner* Turmalina.
tur.no [t'urnu] *sm* Turno, mano, vez. **segundo turno** segunda vuelta.
tur.que.sa [turk'ezə] *sf* Turquesa.
tur.ra [t'uřə] *sf* Obstinación, capricho, manía, testadurez.
tur.rão [tuř'ãw] *adj+sm fam* Terco, obstinado, testarudo, caprichoso.
tur.var [turv'ar] *vtd+vi+vpr* **1** Turbar. **2** Enturbiar.
tur.vo [t'urvu] *adj* Enturbiado.
tu.ta.no [tut'ʌnu] *sm Anat* Tuétano.
tu.te.la [tut'ɛlə] *sf* Tutela.
tu.te.lar [tutel'ar] *adj m+f* Tutelar. • *vtd* Tutelar.
tu.tor [tut'or] *sm* Tutor.
tu.tu [tut'u] *sm fam* Pasta, guita, plata, pisto.

u

u, U [u] *sm* Vigésima primeira letra del abecedario português. Veja nota em **u** (espanhol).

u.ai! [u'aj] *interj* **1** ¡Eh!, ¡Ah! **2** Indica espanto, sorpresa, confirmación.

ú.be.re ['uberi] *sm* Ubre, teta.

u.be.ro.so [uber'ozu] *adj* Uberoso, fecondo. *Pl: uberosos (ó)*.

u.bi.qui.da.de [ubikwid'adi] *sf* Ubicuidad, omnipresencia. *a ubiquidade de Deus é muito especial nas religiões* / la ubicuidad de Dios es algo muy especial para los religiosos.

u.fa.nis.mo [ufan'izmu] *sm* Jactancia, chauvinismo.

ui! ['uj] *interj* ¡Ay!

u.ís.que [u'iski] *sm* Whisky, guisqui.

ui.var [ujv'ar] *vi* **1** Aullar, ulular. **2** Gritar, vocear, vociferar.

ui.vo ['ujvu] *sm* Aullido, aúllo. *os veados fugiram quando ouviram o uivo dos lobos* / los ciervos huyeron al oír los aullidos del lobo.

úl.ce.ra ['uwserə] *sf Med* Úlcera.

ul.te.ri.or [uwteri'or] *adj m+f* Ulterior, posterior, futuro.

ul.ti.ma.men.te [uwtimam'ẽti] *adv* Últimamente, por último, finalmente.

ul.ti.mar [uwtim'ar] *vtd* Ultimar, acabar, concluir, finalizar, dar fin. *só preciso ultimar uns detalhes* / solo me queda ultimar unos detalles.

úl.ti.mas ['uwtimas] *sf pl* Últimas, al cabo, fin. **estar nas últimas** estar en las últimas.

ul.ti.ma.to [uwtim'atu] *sm* Ultimátum.

úl.ti.mo ['uwtimu] *sm* Último, final, definitivo. • *loc adv* Por último.

ul.tra ['uwtrə] *adv* Además de. • *elem comp* Más allá de, al lado de. • *adj m+f* Extremista, radical.

ul.tra.jar [uwtraʒ'ar] *vtd* Ultrajar, blasfemar, injuriar, insultar, despreciar, ajar, ofender.

ul.tra.je [uwtr'aʒi] *sm* Ultraje, injuria, insulto, depreciación, sacrilegio, ajamiento, ofensa.

ul.tra.le.ve [uwtral'evi] *sm* Avioneta.

ul.tra.mar [uwtram'ar] *sm* Ultramar. *acabamos de receber produtos de ultramar* / acabamos de recibir productos de ultramar.

ul.tra.pas.sa.do [uwtrapas'adu] *adj* Anticuado, superado, obsoleto, pasado de moda.

ul.tra.pas.sar [uwtrapas'ar] *vtd* **1** Ultrapasar, exceder, transponer, sobrepujar, adelantar, trascender. **2** Adelantar, pasar (coche).

ul.tras.so.no.gra.fi.a [uwtrəsonograf'iə] *sf* Ultrasonido. *ela fez uma ultrassonografia para saber o sexo do bebê* / ella ha hecho un exámen de ultrasonido para saber el sexo del bebe.

ul.tra.vi.o.le.ta [uwtrəvjol'etə] *adj m+f Fís* Ultravioleta.

um ['ũ] *art+sm+num* Uno, un. • *loc adv* **de um em um** de uno a uno.

um.bi.go [ũb'igu] *sm* Ombligo.

um.bi.li.cal [ũbilik'aw] *adjm+f Anat* Umbilical, relativo al ombligo. **cordão umbilical** cordón umbilical.

um.bral [ũbr'aw] *sm* Umbral.

um.bro.so [ũbr'ozu] *adj* Umbroso. *Pl: umbrosos (ó)*.

u.mec.tan.te [umekt'ãti] *adj m+f* Humectante. *ela comprou um creme umectante* / ella ha comprado una crema humectante.

u.me.de.cer [umedes'er] *vtd+vi* Humectar, humedecer, mojar, causar humedad.

u.mi.da.de [umid'adi] *sf* Humedad.

ú.mi.do ['umidu] *adj* Húmedo.

u.nâ.ni.me [un'ʌnimi] *adj m+f* Unánime, general.

u.na.ni.mi.da.de [unanimid'adi] *sf* Unanimidad. • *loc adv* Sin discrepancia.

un.dé.ci.mo [ūd'ɛsimu] *adj* Undécimo, onceavo.

un.gir [ũʒ'ir] *vtd* Ungir, consagrar, untar.

un.guen.to [ũg'wētu] *sm* Ungüento, emplasto, linimento, pegote, bizma.

u.râ.nio [ur'ʌnju] *sm Quím* Uranio.

u.nha ['uɲa] *sf* Uña, garra. **com unhas e dentes** con uñas y dientes.

u.nha.da [uɲ'adə] *sf* Uñada, arañazo, rasguño.

u.nhar [uɲ'ar] *vtd* Uñar, rasguñar, aramar.

u.ni.ão [uni'ãw] *sm* **1** Unión, acoplamiento, enlace, unificación, adhesión, ligazón, agregación. **2** Matrimonio. **3** *fig* Lazo, nudo.

ú.ni.co ['uniku] *adj* Único, absoluto, uno, singular, incomparable, solo, extraordinario. Veja nota em **solo** (espanhol).

u.ni.da.de [unid'adi] *sf* **1** Unidad, singularidad. **2** Fracción. **3** Unión, conformidad.

u.ni.do [un'idu] *adj* Unido, anexo, junto, adjunto, ligado, hito, atado, agregado.

u.ni.fi.car [unifik'ar] *vtd* Unificar, reunir.

u.ni.for.mi.da.de [uniformid'adi] *sf* Uniformidad, igualdad, semejanza.

u.ni.for.mi.zar [uniformiz'ar] *vtd* Uniformar, igualar, hacer semejante, hermanar.

u.ni.la.te.ral [unilater'aw] *adj m+f* Unilateral.

u.ni.o.nis.mo [unjon'izmu] *sm* Unionismo.

u.nir [un'ir] *vtd* **1** Unir, unificar, juntar, ligar, acoplar, aglutinar, atar, adjuntar, aliar, incorporar, mezclar, agregar. **2** Casar. **3** *vpr* Unirse, entrañarse, llegarse, trabarse.

u.nis.sex [unis'ɛks] *adj m+f* Unisex.

u.nís.so.no [un'isonu] *adj* Unísono.

u.ni.val.ve [univ'awvi] *adj m+f* Univalvo. *o caracol é univalve* / el caracol es univalvo.

u.ni.ver.sal [univers'aw] *adj m+f* Universal, general.

u.ni.ver.si.da.de [universid'adi] *sf* Universidad.

u.ni.ver.si.tá.rio [universit'arju] *sm* Universitario.

u.ni.ver.so [univ'ɛrsu] *sm* Universo, cosmos, orbe, mundo.

u.no ['unu] *adj* Uno, único, singular, indivisible.

un.tu.o.so [ũtu'ozu] *adj* **1** Untuoso, graso, pegajoso. **2** *fig* Amable, zalamero. *Pl: untuosos (ó).*

u.râ.nio [ur'ʌnju] *sm Quím* Uranio.

u.ra.no [ur'ʌnu] *sm* Urano.

ur.ba.nis.ta [urban'istə] *adj m+f* Urbanista. *além de um grande arquiteto, é um renomado urbanista* / no solo es un gran arquitecto, sino que además es un reputado urbanista.

ur.ba.no [urb'ʌnu] *adj* **1** Urbano. **2** *fig* Cortés, sociable. **3** Policía Municipal.

ur.be ['urbi] *sf* Urbe, ciudad.

ur.dir [urd'ir] *vtd* **1** Urdir, entretejer, enlazar. **2** *fig* Tramar, maquinar, intrigar.

u.rei.a [ur'ɛjə] *sf Quím* Urea.

u.re.tra [ur'ɛtrə] *sf Anat* Uretra.

ur.gên.cia [urʒ'ẽsiə] *sf* Urgencia.

ur.gen.te [urʒ'ẽti] *sm* Urgente.

u.ri.na [ur'inə] *sf* Orina, orín.

u.ri.nar [urin'ar] *vtd* **1** Orinar. **2** *fam* Mear.

u.ri.nol [urin'ow] *sm* Chata.

ur.na ['urnə] *sf* **1** Urna, arca, caja. **2** Ataúd, cofre.

ur.ro ['uῆu] *sm* Rugido, bramido, grito.

ur.sa.da [urs'adə] *sf* Traición, infidelidad, alevosía, perfidia, deslealtad.

ur.so ['ursu] *sm* Oso. **urso panda** oso panda. **urso polar** oso polar.

ur.ti.cá.ria [urtik'arjə] *sf* Urticaria. *ela é alérgica a esse medicamento que lhe provocou urticária* / resultó ser alérgica a ese medicamento y le brotó una urticaria.

ur.ti.ga [urt'igə] *sf* Ortiga.

u.ru.bu [urub'u] *sm* Buitre.

u.ru.guai.o [urug'waju] *adj* Uruguayo.

ur.ze ['urzi] *sf* Urce, brezo. *a urze é uma planta típica das montanhas* / el urce es típico de zonas de montaña.

u.sa.do [uz′adu] *adj* Usado, gastado, estropeado, deslucido, lamido, traído.

u.sar [uz′ar] *vtd* **1** Usar, utilizar, gastar, consumir. **2** Vestir, llevar. **3** Practicar, ocupar.

u.si.na [uz′inə] *sf* Usina. *visitamos uma usina elétrica de alta potência* / visitamos una usina eléctrica de gran potencia. Veja nota em **planta** (português).

u.so [′uzu] *sm* **1** Uso, empleo, consumo. **2** Moda, hábito, tradición.

u.su.al [uzu′aw] *adj* m+f Usual, común, corriente, frecuente, general, ordinario.

u.su.á.rio [uzu′arju] *sm* Usuario.

u.su.rá.rio [uzur′arju] *sm* Usurario, agiotista, usurero, logrero.

u.sur.par [uzurp′ar] *vtd* **1** Usurpar, extorquir, detentar. **2** *vpr* Apoderarse.

u.ten.sí.lio [utẽs′ilju] *sm* Utensilio, herramienta. *a faca é um utensílio que serve para cortar* / el cuchillo es un utensilio que sirve para cortar.

ú.te.ro [′uteru] *sm Anat* Útero, matriz.

ú.til [′utiw] *sm* Útil, aprovechable, conveniente, provechoso, beneficioso. *Pl: úteis.*

u.ti.li.tá.rio [utilit′arju] *adj* Utilitario.

u.ti.li.zar [utiliz′ar] *vtd* **1** Utilizar, usar, emplear. *vpr* **2** Utilizarse, aprovecharse.

u.to.pi.a [utop′iə] *sf* Utopía.

u.va [′uvə] *sf* Uva. *o vinho é obtido da fermentação do suco de uva* / el vino se obtiene del zumo fermentado de las uvas.

V

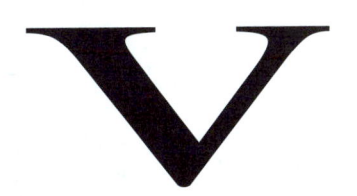

v, V [v'e] *sm* **1** Vigésima segunda letra del abecedario portugués. **2** V Cinco en guarismos romanos.

va.ca [v'akə] *sf* **1** *Zool* Vaca. **2** *pej* Ramera, puta. **mão de vaca** tacaño, avaro, roñoso. **nem que a vaca tussa** ni por asomo.

va.can.te [vak'ãti] *adj m+f* Vacante, libre.

va.ci.la.ção [vasilas'ãw] *sf* Vacilación, duda, perplejidad, irresolución, indecisión.

va.ci.lar [vasil'ar] *vi* **1** Vacilar, balancear. **2** Dudar, titubear, sentir perplejidad.

va.ci.na.ção [vasinas'ãw] *sf* Vacunación.

va.ci.na [vas'inə] *sf* Vacuna.

va.ci.nar [vasin'ar] *vtd+vpr* Vacunar, inmunizar.

vá.cuo [v'akwu] *sm* Vacuo, vacío. **a vácuo** al vacío.

va.di.a.gem [vadi'aʒẽj] *sf* Vagabundeo, holgazanería, ociosidad.

va.di.o [vad'iu] *adj+sm* Vagabundo, holgazán, ocioso, desocupado.

va.ga [v'agə] *sf* **1** Vaga, ola, onda. **2** Puesto, empleo. *tem uma vaga para secretária na minha empresa, você não quer fazer uma entrevista?* / hay un puesto de secretaria en mi empresa, ¿no te gustaría marcar una cita?

va.ga.bun.do [vagab'undu] *adj+s* Vagabundo, gandul, vago.

va.ga-lu.me [vagal'umi] *sm* Luciérnaga, gusano de luz.

va.gão [vag'ãw] *sm* Vagón, coche. **vagão-leito** coche cama.

va.ga.ro.so [vagar'ozu] *adj* Lento, moroso. *Pl: vagarosos (ó).*

va.gar [vag'ar] *vi* Deambular, vaguer, quedarse vacío, libre.

va.gem [v'aʒẽj] *sf* Judía verde.

va.go [v'agu] *adj* **1** Vago, impreciso, indeterminado. **2** Evasivo. **3** Vacante, libre, vacío.

va.gue.ar [vage'ar] *vtd+vi* **1** Vagar, deambular, merodear, caminar, errar. *vi* **2** Devanear, divagar.

vai.a [v'ajə] *sf* Abucheo, chifla.

vai.ar [vaj'ar] *vtd+vi* Abuchear, chiflar.

vai.da.de [vajd'adi] *sf* Vanidad.

vai.do.so [vajd'ozu] *adj+sm* Vanidoso, engolado, inmodesto, presumido, hinchado. *Pl: vaidosos (ó).*

vai.vém [vajv'ẽj] *sm* Vaivén. *Pl: vaivéns.*

va.la [v'alə] *sf* **1** Foso, hoyo, zanja, acequia. **2** Fosa (enterramiento común). **3** *Esp* Portería.

va.le[1] [v'ali] *sm Geogr* Valle.

va.le[2] [v'ali] *sm* **1** Vale, recibo, pagaré. **2** Bono.

va.len.te [val'ẽti] *adj e s m+f* Valiente, animoso, valeroso, bravo.

va.ler [val'er] *vtd* **1** Valer, equivaler. **2** Costar. *vi* **3** Merecer. **4** Servir. *vpr* **5** Valerse, servirse. **não valer nada** no importar una paja / no valer un cuerno / no valer un pepino. **pra valer** en serio.

va.le.ta [val'etə] *sf* **1** Zanja. **2** Hijuela, canal.

va.li.dar [valid'ar] *vtd+vpr* Validar, legitimar, legalizar.

vá.li.do [val'idu] *adj* **1** Válido, legal, legítimo, lícito. **2** Robusto, fuerte, vigoroso. **3** Eficaz, provechoso.

va.li.o.so [vali'ozu] *adj* **1** Valioso, inestimable, precioso. **2** Caro. *Pl: valiosos (ó).*

va.lor [val'or] *sm* **1** Valor, mérito, virtud. **2**

Precio, coste, valía. **3** Estimación, aprecio, estima. **4** Importancia, importe, montante. **5** Valentía, coraje, corazón, intrepidez. **6 valores** *pl Com* Valores.

va.lo.ri.zar [valoriz'ar] *vtd+vpr* Valorizar, valorar.

val.sa [v'awsə] *sf* Vals.

val.sar [vaws'ar] *vi* Valsar.

vál.vu.la [v'awvulə] *sf* Válvula.

vam.pi.ro [vãp'iru] *sm* Vampiro.

van.da.lis.mo [vãdal'izmu] *sm* Vandalismo, bandolerismo, salvajismo, depredación.

van.glo.ri.ar [vãglori'ar] *vtd* **1** Glorificar, gloriar. *vpr* **2** Vanagloriarse, glorificarse, jactarse, ufanarse.

van.guar.da [vãg'wardə] *sf* Vanguardia.

van.ta.gem [vãt'aʒẽj] *sf* **1** Ventaja, superioridad, primacía. **2** Ganancia, beneficio, provecho, utilidad, conveniencia. **3** Privilegio, prerrogativa. **contar vantagem** fanfarronear.

van.ta.jo.so [vãtaʒ'ozu] *adj* Ventajoso, provechoso, conveniente, aprovechable, lucrativo, útil. *Pl: vantajosos (ó).*

vão [v'ãw] *adj* Vano, fútil. • *sm* Abertura, hueco, oquedad. *Pl: vãos.*

va.por [vap'or] *sm* Vapor.

va.po.ri.zar [vaporiz'ar] *vtd+vpr* Vaporizar.

va.quei.ro [vak'ejru] *adj+sm* Vaquero.

va.ra [v'arə] *sf* **1** Vara, ramo, bastón. **2** *Dir* Jurisdición. **tremer como vara verde** temblar como una hoja.

va.ral [var'aw] *sm* Tendedero, colgador.

va.ran.da [var'ãdə] *sf* Terraza, terrado, balcón, barandilla.

va.rar [var'ar] *vtd* Traspasar, atravesar. *o tiro varou o peito do rapaz e saiu do outro lado* / el tiro traspasó al pecho del chico y salió por el otro lado. **varar a noite** trasnochar / desvelarse.

va.re.jis.ta [vareʒ'istə] *adj* e *s m+f* Minorista, tendero, detallista, comerciante.

va.re.jo [var'eʒu] *sm* Minorista. **a varejo** al por menor / al detall.

va.re.ta [var'etə] *sf* Varilla, palillo, baqueta.

va.ri.a.bi.li.da.de [varjabilid'adi] *sf* Variabilidad.

va.ri.ar [vari'ar] *vtd* **1** Variar, diversificar. *vi* **2** Modificar, alterar, mudar, cambiar. Veja nota em **fluctuar** e **surtir**.

va.ri.á.vel [vari'awew] *adj m+f* Variable, mudable, inestable.

va.ri.e.da.de [varjed'adi] *sf* **1** Variedad, multiplicidad, diversidad. **2 variedades** *pl Teat* Variedades.

va.rí.o.la [var'iolə] *sf Med* Viruela.

vá.rios [v'arjus] *pron indef pl* Varios, diversos.

va.riz [var'is] *sf* Várice, variz, varice.

var.re.dor [vařed'or] *adj+sm* Barredor, barrendero.

var.re.du.ra [vařed'urə] *sf* **1** Barredura, barrido. **2** Rastreo, búsqueda.

var.rer [vař'er] *vtd+vi* **1** Barrer. *vtd* **2** Rastrear, buscar, investigar.

vas.cu.lar [vaskul'ar] *adj m+f* Vascular.

vas.cu.lhar [vaskuʎ'ar] *vtd+vi* **1** Escudriñar, escrutar, investigar, buscar. **2** Hocicar, curiosear.

va.si.lha [vaz'iʎə] *sf* Vasija, recipiente, envase.

va.so [v'azu] *sm* Florero, maceta. **vaso sanitário** inodoro / retrete. Veja nota em **copo** (espanhol).

vas.sa.la.gem [vasal'aʒẽj] *sf* Vasallaje. Veja nota em **abordage**.

vas.sou.ra [vas'owrə] *sf* Escoba, escobillón.

vas.ti.dão [vastid'ãw] *sf* Vastedad, amplitud, infinidad, inmensidad, enormidad.

vas.to [v'astu] *adj* Vasto, amplio, extenso, espacioso, grande.

va.za.men.to [vazam'ẽtu] *sm* **1** Vaciamiento, pérdida, derramamiento. **2** Infiltración.

va.zan.te [vaz'ãti] *sf* Vaciante, menguante, reflujo, bajamar.

va.zão [vaz'ãw] *sf* Flujo, salida, escurrimiento.

va.zi.o [vaz'iu] *adj+sm* **1** Vacío, hueco. **2** Vacante, desocupado.

ve.a.do [ve'adu] *sm* **1** *Zool* Venado, corza. **2** *fam* Maricón, pisaverde, mariposa.

ve.da.ção [vedas'ãw] *sf* Veda, sellado.

ve.dar [ved'ar] *vtd* Vedar, detener. Veja nota em **vedar** (espanhol).

ve.e.men.te [veem'ẽti] *adj m+f* Vehemente, intenso, ardiente, enérgico, fervoroso, vigoroso.

ve.ge.ta.ção [veʒetas'ãw] *sf Bot* Vegetación.

ve.ge.tal [veʒet'aw] *adj+sm Bot* Vegetal.

ve.ge.ta.ri.a.no [veʒetari'∧nu] *adj+sm* Vegetariano.

vei.a [v'ejə] *sf* **1** *Anat* Vena. **2** *fig* Vocación, afición.

ve.í.cu.lo [ve'ikulu] *sm* Vehículo.

ve.la[1] [v'ɛlə] *sf Mar* Vela, paño.

ve.la[2] [v'ɛlə] *sf* **1** Vela, bujía, cirio, candela. **2** Vigilia, desvelo, velada.

ve.lar [vel'ar] *vtd* **1** Velar, cuidar, vigilar, acechar. *vi* **2** Trasnochar. *vtd+vpr* **3** Tapar, ocultar, encubrir.

ve.le.jar [veleʒ'ar] *vi* Navegar.

ve.lha.co [veʎ'aku] *adj+sm* Bellaco, malo, truhán, pícaro, bribón, ruin. Veja nota em **tratante** (espanhol).

ve.lhi.ce [veʎ'isi] *sf* Vejez.

ve.lho [v'ɛʎu] *adj* **1** Viejo, antiguo. **2** Usado. • *sm* Anciano. **mais velho que andar pra frente** más viejo que un palmar.

ve.lo.ci.da.de [velosid'adi] *sf* Velocidad.

ve.lo.cí.me.tro [velos'imetru] *sm* Velocímetro.

ve.ló.rio [vel'ɔrju] *sm* Velatorio, velorio, vela.

ve.loz [vel'ɔs] *adj m+f* Veloz, ligero.

ve.lu.do [vel'udu] *sm* Terciopelo, velludo, pana.

ven.ce.dor [vẽsed'or] *adj+sm* Vencedor.

ven.cer [vẽs'er] *vtd+vi* **1** Vencer, triunfar. *vtd* **2** Reprimir, refrenar. **3** Superar, exceder.

ven.ci.do [vẽs'idu] *adj* **1** Vencido, derrotado. **2** Rendido, sometido.

ven.da [v'ẽdə] *sf* **1** Venta, comercio. **2** Venda, vendaje. **3** Almacén, tienda.

ven.da.val [vẽdav'aw] *sm* Vendaval, ventarrón, ventolera, ráfaga.

ven.de.dor [vẽded'or] *adj+sm* Vendedor. Veja nota em **vendedor** (espanhol).

ven.der [vẽd'er] *vtd+vpr* Vender.

ve.ne.no [ven'enu] *sm* Veneno.

ve.ne.no.so [venen'ozu] *adj* Venenoso. *Pl: venenosos (ó).*

ve.ne.rar [vener'ar] *vtd* Venerar, idolatrar, adorar, reverenciar.

ve.né.reo [ven'ɛrju] *adj Med* Venéreo.

ve.ne.zi.a.na [venezi'∧nə] *sf* Persiana, celosía.

ve.ne.zi.a.no [venezi'∧nu] *adj+sm* Veneciano.

vê.nia [v'enjə] *sf* **1** Venia, permiso, autorización, licencia. **2** Perdón, indulgencia.

ve.no.so [ven'ozu] *adj Anat* Venoso. *Pl: venosos (ó).*

ven.ta.ni.a [vẽtan'iə] *sf* Ventarrón, ventolera, ráfaga.

ven.tar [vẽt'ar] *vi* Ventar, ventear, soplar.

ven.ti.la.dor [vẽtilad'or] *sm* Ventilador.

ven.ti.lar [vẽtil'ar] *vtd* Ventilar, airear, aventar.

ven.to [v'ẽtu] *sm* Viento. **de vento em popa** a toda vela.

ven.to.i.nha [vẽto'iñə] *sf* **1** Veleta, ventilador. **2** Voluble, inconstante.

ven.tre [v'ẽtri] *sm Anat* Vientre. **prisão de ventre** estreñimiento.

ven.trí.lo.quo [vẽtr'ikulu] *adj+sm* Ventrílocuo.

ver [v'er] *vtd+vi+vpr* Ver. **a meu ver** en mi opinión. **até mais ver** hasta la vista / hasta luego. **onde já se viu!** ¡hábrase visto! **pra você ver** para que veas.

ve.rão [ver'ãw] *sm* Verano.

ver.ba [v'ɛrbə] *sf* Fondos, asignación, importe.

Verba também existe em espanhol, mas não tem o mesmo significado que em português. Significa "lábia".

ver.ba.li.zar [verbaliz'ar] *vtd+vi* Verbalizar.

ver.be.te [verb'eti] *sm* Artículo, palabra.

ver.bo [v'ɛrbu] *sm* **1** *Gram* Verbo. **2** Palabra, discurso. **gastar o verbo** tener pico. **verbo de ligação** verbo copulativo.

ver.da.de [verd'adi] *sf* Verdad. **dizer umas verdades (a alguém)** decirle a uno cuatro verdades.

ver.da.dei.ro [verdad'ejru] *adj* **1** Verdadero, verídico. **2** Auténtico, legítimo, genuino. **3** Sincero.

ver.de [v'erdi] *adj+sm* **1** Verde. **2** *fig* Inmaduro, inexperto. **plantar verde para colher maduro** jogar verde / soltar a uno la lengua con disimulo.

ver.de.jan.te [verdeʒ'ãti] *adj m+f* Verde.

ver.de.mar [verdim'ar] *adj* e *s m+f* Verdemar. *Pl (substantivo):* verdes-mares, verdes-mar.

ver.du.go [verd'ugu] *sm* Verdugo, carrasco.

ver.du.ra [verd'urə] *sf* **1** *Bot* Verdura. **2** *fig* Inmadurez, inexperiencia.

ver.du.rei.ro [verdur'ejru] *sm* Verdulero.

ve.re.a.dor [veread'or] *sm* Concejal, edil.

ve.re.da [ver'edə] *sf* Senda, camino estrecho.

Em espanhol, **vereda** é mais comumente usado para designar "calçada".

ve.re.dic.to [vered'iktu] *sm* Veredicto.

ver.gar [verg'ar] *vtd+vi+vpr* **1** Doblegar. **2** Someter, subyugar, dominar.

ver.gas.tar [vergast'ar] *vtd* Azotar.

ver.go.nha [verg'oɲə] *sf* Vergüenza.

ver.go.nho.so [vergoɲ'ozu] *adj* Vergonzoso, vejatorio, inmoral, indecoroso, despreciable, deshonroso, indecente, nefando. *Pl:* vergonhosos (ó).

ve.rí.di.co [ver'idiku] *adj* Verídico, verdadero, veraz, auténtico.

ve.ri.fi.car [verifik'ar] *vtd* **1** Verificar, averiguar. **2** Comprobar, confirmar, corroborar.

ver.me [v'ɛrmi] *sm* **1** *Zool* Verme, gusano, lombriz. **2** *fig* Estropajo, desprecible.

ver.me.lho [verm'eʎu] *adj+sm* Rojo, bermejo.

ver.mí.fu.go [verm'ifugu] *adj+sm* *Med* Vermífugo, vermicida.

ver.mu.te [verm'uti] *sm* Vermú, vermut.

ver.ná.cu.lo [vern'akulu] *adj+sm* Vernáculo.

ver.niz [vern'is] *sm* **1** Barniz, charol, esmalte. **2** *fig* Educación, distinción, fineza.

ve.ros.sí.mil [veros'imiw] *adj m+f* Verosímil. *Pl:* verossímeis.

ve.ros.si.mi.lhan.ça [verosimiʎ'ãsə] *sf* Verosimilitud.

ver.ru.ga [veʀ'ugə] *sf Med* Verruga, lunar. Veja nota em **lunar** (português).

ver.ru.mar [veʀum'ar] *vtd+vi* **1** Barrenar, taladrar. *vtd* **2** Torturar, afligir, apesadumbrar.

ver.são [vers'ãw] *sf* **1** Traducción, traslación. **2** Versión, interpretación.

ver.sá.til [vers'atiw] *adj m+f* Versátil.

ver.sa.ti.li.da.de [versatilid'adi] *sf* Versatilidad.

ver.so¹ [v'ɛrsu] *sm Lit* Verso.

ver.so² [v'ɛrsu] *sm* Revés, reverso.

ver.te.bra.do [vertebr'adu] *adj Biol* Vertebrado.

ver.ten.te [vert'ẽti] *adj m+f* Vertiente, aspecto. • *sf* Vertiente, pendiente, cuesta, declive.

ver.ter [vert'er] *vtd+vi* **1** Verter, derramar. *vtd* **2** Traducir, trasladar.

vér.ti.ce [v'ɛrtisi] *sm Geom* Vértice.

ver.ti.gem [vert'iʒẽj] *sf* Vértigo, mareo, vahído.

ves.go [v'ezgu] *adj+sm* Bizco, bisojo, estrábico.

ves.pei.ro [vesp'ejru] *sm* Avispero.

vés.pe.ra [v'ɛsperə] *sf* Víspera. **véspera de Natal** nochebuena.

ves.ti.á.rio [vesti'arju] *sm* Vestuario (lugar para vestirse).

ves.ti.do [vest'idu] *sm* Vestido.

ves.tí.gio [vest'iʒju] *sm* Vestigio, huella, traza, indicio, pista.

ves.tir [vest'ir] *vtd+vpr* Vestir.

ves.tu.á.rio [vestu'arju] *sm* Vestuario, ropa, indumentaria, vestidura.

ve.tar [vet'ar] *vtd* Vetar, prohibir, imposibilitar.

ve.te.ri.ná.rio [veterin'arju] *adj+sm Med* Veterinario.

véu [v'ɛw] *sm* **1** Velo, tul, manto. **2** *fig* Tristeza, amargura, angustia, aflicción.

ve.xar [veʃ'ar] *vtd* **1** Vejar, humillar, molestar. *vtd+vpr* **2** Avergonzar.

vez [v'es] *sf* **1** Vez. **2** Turno, mano. **às vezes** a veces / en ocasiones. **de vez** de un tirón. **de vez em quando** de tarde en tarde.

vi.a [v'iə] *sf* **1** Vía, camino, arteria. **2** Copia de documento **3** Vía, canal.

vi.a.bi.li.da.de [vjabilid'adi] *sf* Viabilidad.

vi.a.bi.li.zar [vjabiliz'ar] *vtd* Posibilitar.

vi.a.ção [vjas'ãw] *sf* Transporte, trasporte.

vi.a.du.to [vjad'utu] *sm* Viaducto.

vi.a.gem [vi'aʒẽj] *sf* Viaje. Veja notas em **abordaje** e em **correria**.

vi.a.jan.te [vjaʒ'ãti] *adj* e *s m+f* **1** Viajante, viajero, trotamundos, turista. **2** Pasajero.
vi.a.jar [vjaʒ'ar] *vi* **1** Viajar, peregrinar, recorrer. **2** *fig* Divagar, andarse por las ramas. **3** *fig* Volar (drogas).
vi.a.tu.ra [vjat'urə] *sf* Coche de policía.
vi.á.vel [vi'avew] *adj m+f* Viable, factible, posible.
ví.bo.ra [v'iborə] *sf* **1** Víbora, serpiente. **2** *fig* Persona maledicente.
vi.bran.te [vibr'ãti] *adj m+f* **1** Vibrante, vibratorio. **2** Sonoro, resonante.
vi.brar [vibr'ar] *vtd+vi* **1** Vibrar, trepidar, temblar. *vi* **2** Alegrarse, conmoverse.
vi.ce.jar [viseʒ'ar] *vtd+vi* Desenvolver, producir, brotar.
vi.ce-ver.sa [visiv'ɛrsə] *adv* Viceversa.
vi.ci.a.do [visi'adu] *adj+sm* **1** Vicioso, viciado. **2** Drogadicto.
vi.ci.nal [visin'aw] *adj m+f* Vecinal.
ví.cio [v'isju] *sm* Vicio.
vi.ci.o.so [visi'ozu] *adj* Vicioso. *Pl: viciosos (ó).*
vi.ço.so [vis'ozu] *adj* Lozano, fresco, frondoso, vigoroso. *Pl: viçosos (ó).*
vi.da [v'idə] *sf* Vida. **cair na vida** echarse a la vida. **fazer a vida** hacer la calle / echarse a la vida. **feliz da vida** loco de contento. **louco/fulo/puto da vida** loco / hecho una fiera / rabioso / enojado. **puxa vida!** ¡caramba!
vi.dên.cia [vid'ẽsjə] *sf* Videncia.
vi.den.te [vid'ẽti] *adj* e *s m+f* Vidente.
vi.de.o.cas.se.te [videokas'ɛti] *sm* Vídeo.
vi.de.o.jo.go [videoʒ'ogu] *sm* Videojuego.
vi.de.o.te.ca [videot'ɛkə] *sf* Videoteca.
vi.de.o.tei.pe [videot'ejpi] *sm* Videocinta.
vi.dra.ça [vidr'asə] *sf* Ventanal, cristal, vidriera, vidrio.
vi.dra.do [vidr'adu] *adj* **1** Vidriado, vítreo. **2** Vidrioso (ojo). **3** *fig* Apasionado, loco.
vi.dro [v'idru] *sm* Vidrio, cristal.
vi.e.la [vi'ɛlə] *sf* Callejón.
vi.és [vi'ɛs] *sm* Bies, través, sesgo.
vi.ga [v'igə] *sf* Viga, madero, trabe.
vi.ga.ris.ta [vigar'istə] *adj* e *s m+f fam* Embustero, patrañero, tramposo, estafado, enredador, sacacuartos. • *sf* Prostituta, meretriz.
vi.gen.te [viʒ'ẽti] *adj m+f* Vigente.
vi.gé.si.mo [viʒ'ɛzimu] *num* Vigésimo.
vi.gi.a [viʒ'iə] *s m+f* **1** Vigía, centinela, vigilante, guardia. *sf* **2** Atalaya. **3** Mirilla.
vi.gi.ar [viʒi'ar] *vtd+vi* **1** Vigilar, acechar, atalayar, guardar. **2** Patrullar, fiscalizar.
vi.gí.lia [viʒ'iljə] *sf* Vigilia.
vi.gor [vig'or] *sm* **1** Vigor, aliento, energía, espíritu. **2** Ímpetu, potencia, fuerza.
vi.la [v'ilə] *sf* Villa.
vi.lão [vil'ãw] *adj+sm* Villano.
vi.me [v'imi] *sm Bot* Mimbre.
vi.na.gre [vin'agri] *sm* Vinagre.
vin.co [v'ĩku] *sm* Dobla, raya, surco, marca.
vín.cu.lo [v'ĩkulu] *sm* Vínculo, ligazón, conexión, unión.
vin.da [v'ĩdə] *sf* Venida, llegada, advenimiento, adviento. **boas-vindas** bienvenida.
vin.di.car [vĩdik'ar] *vtd* Vindicar.
vin.di.ma [vĩd'imə] *sf* Vendimia.
vin.dou.ro [vĩd'owru] *adj* Venidero.
vin.gan.ça [vĩg'ãsə] *sf* Venganza, revancha, desquite.
vin.ga.ti.vo [vĩgat'ivu] *adj* Vengativo.
vi.nhe.do [viɲ'edu] *sm Bot* Viñedo.
vi.nho [v'iɲu] *sm* Vino. **vinho do Porto** vino Oporto.
vi.ni.cul.tor [vinikuwt'or] *adj+sm* Vinicultor.
vi.nil [vin'iw] *sm Quím* Vinilo. *Pl: vinis.*
vin.te [v'ĩti] *num* Veinte.
vi.o.la.ção [vjolas'ãw] *sf* **1** Violación, transgresión, infracción. **2** Estupro, defloración.
vi.o.lão [vjol'ãw] *sm Mús* Guitarra.
vi.o.lên.cia [vjol'ẽsjə] *sf* **1** Violencia, fuerza, energía. **2** Brutalidad, bestialidad. **3** Ímpetu, ardor, efusión.
vi.o.len.to [vjol'ẽtu] *adj* **1** Violento, brutal, agresivo, feroz. **2** Impetuoso, vehemente, fuerte.
vi.o.le.ta [vjol'etə] *adj+sf* Violeta, lila, morado.
vi.o.li.no [vjol'inu] *sm Mús* Violín.
vi.o.lon.ce.lis.ta [vjolõsel'istə] *adj* e *s m+f Mús* Violonchelista, violoncelista.

vi.o.lon.ce.lo [vjolõs'ɛlu] *sm Mús* Violonchelo, violoncelo.

vi.o.lo.nis.ta [vjolon'istə] *adj e s m+f Mús* Guitarrista.

vir [v'ir] *vtd+vi+vpr* Venir. **vir a calhar** venir al pelo.

vi.ra-ca.sa.ca [virəkaz'akə] *s m+f fam* Chaquetero, veleta, pancista. *Pl:* viracasacas.

vi.rar [vir'ar] *vtd+vi+vpr* **1** Volverse, girar, voltear. **2** Poner al revés. **3** Volcar. **virar a cabeça** turbar la razón.

vi.ra.vol.ta [virav'ɔwtə] *sf* Vicisitud, revés, contratiempo.

vir.gem [v'irʒẽj] *sf* **1** Virgen, doncella. **2 Virgem** *Astrol, Astron* Virgo. • *adj m+f* **1** Virgen, puro, intacto. **2** Casto, inocente.

vir.gin.da.de [virʒĩd'adi] *sf* **1** Virginidad, pureza. **2** Castidad, hímen.

vir.gu.la [v'irgulə] *sf Gram* Coma. Veja nota em **coma** (português).

vi.ri.lha [vir'iλə] *sf Anat* Ingle.

vi.ri.li.da.de [virilid'adi] *sf* Virilidad.

vi.ro.se [vir'osi] *sf Med* Virosis.

vir.tu.de [virt'udi] *sf* Virtud.

vir.tu.o.so [virtu'ozu] *adj* Virtuoso. *Pl:* virtuosos (ó).

vi.ru.len.to [virul'ẽtu] *adj* Virulento.

ví.rus [v'irus] *sm sing+pl Biol, Inform* Virus.

vi.são [viz'ãw] *sf* **1** Visión. **2** Percepción, intuición, agudeza. **3** Imagen, figura. **4** Aparición, alma en pena, fantasma, alucinación. **5** Enfoque, perspectiva, punto de vista. Veja nota em **visión**.

vi.sar [viz'ar] *vtd* **1** Visar. **2** Dirigir, encaminar pretenciones, pretender.

vis.co.so [visk'ozu] *adj* Viscoso, pegadizo, pastoso. *Pl:* viscosos (ó).

vi.si.bi.li.da.de [vizibilid'adi] *sf* Visibilidad.

vi.si.ta [viz'itə] *sf* Visita.

vi.si.tar [vizit'ar] *vtd* Visitar.

vi.sí.vel [viz'ivew] *adj m+f* **1** Visible, aparente. **2** Ostensible, notorio, manifesto.

vis.lum.brar [vizlũbr'ar] *vtd* Vislumbrar, entrever, percibir.

vis.ta [v'istə] *sf* **1** Vista. **2** Panorama, paisaje. **3** Vistazo, mirada. **à vista** en efectivo. **dar na vista** llamar la atención. **ter em vista** tener en cuenta/en mente. **vista grossa** vista gorda. Veja nota em **visión**.

vis.to.ri.a [vistor'iə] *sf* Inspección, visita, revista.

vis.to.ri.ar [vistori'ar] *vtd* Inspeccionar, revistar.

vis.to.so [vist'ozu] *adj* Vistoso, llamativo. *Pl:* vistosos (ó).

vi.su.a.li.zar [vizwaliz'ar] *vtd* Visualizar.

vi.tal [vit'aw] *adj m+f* **1** Vital. **2** Esencial, fundamental.

vi.ta.lí.cio [vital'isju] *adj* Vitalicio.

vi.ta.mi.na [vitam'inə] *sf* **1** *Quím* Vitamina. **2** Batido (bebida).

ví.ti.ma [v'itimə] *sf* Víctima.

vi.ti.mar [vitim'ar] *vtd+vpr* Victimar.

vi.tó.ria [vit'ɔrjə] *sf* Victoria.

vi.tral [vitr'aw] *sm* Vitral.

vi.tri.na [vitr'inə] *sf* Vitrina, escaparate.

vi.trô [vitr'o] *sm* Ventana (de báscula).

vi.ú.va [vi'uvə] *sf* Viuda.

vi.ú.vo [vi'uvu] *adj+sm* Viudo.

vi.vaz [viv'as] *adj m+f* Vivaz, vivaracho, vivo.

vi.vên.cia [viv'ẽsjə] *sf* Vivencia.

vi.ven.te [viv'ẽti] *adj e s m+f* Viviente.

vi.ver [viv'er] *vi* **1** Vivir, existir. **2** Habitar, residir. **viver às custas de alguém** estar a la olla de alguien / vivir a costillas de alguien. Veja nota em **morar** (espanhol).

ví.ve.res [v'iveris] *sm pl* Víveres, provisiones, matalotaje, vituallas.

vi.zi.nhan.ça [viziñ'ãsə] *sf* **1** Vecindad, vecindario. **2** Alrededores, inmediaciones. **3** Proximidad, cercanía, contigüidad.

vi.zi.nho [viz'iñu] *adj+sm* Vecino.

vo.ar [vo'ar] *vi* Volar.

vo.ca.bu.lá.rio [vokabul'arju] *sm Gram* Vocabulario, glosario, terminología, léxico.

vo.cal [vok'aw] *adj m+f* Vocal, verbal, oral.

vo.ca.lis.ta [vokal'istə] *s m+f Mús* Vocalista, cantante.

vo.ca.li.za.ção [vokalizas'ãw] *sf* Vocalización.

vo.cê [vos'e] *pron* Tú (España), vos (Sudamérica).

vo.ga [v'ɔgə] *sf* **1** *Mar* Boga. **2** Moda.

vo.lá.til [vol'atiw] *adj m+f* Volátil. *Pl:* voláteis.

vo.lei.bol [volejb'ɔw] *sm Esp* Balonvolea, voleibol.

vo.li.ção [volis'ãw] *sf Filos* Volición.
vol.ta [v'ɔwtə] *sf* **1** Vuelta, volteo, rotación. **2** Retorno, regreso. **3** Paseo, giro, caminada.
vol.tar [vowt'ar] *vtd+vi* **1** Volver, tornar, regresar. **2** Devolver, restituir. *vtd+vpr* **3** Volverse.
vo.lu.me [vol'umi] *sm* **1** Volumen, cuerpo, masa. **2** Tomo, libro, ejemplar. **3** Altura, intensidad (sonido).
vo.lun.tá.rio [volũt'arju] *adj* Voluntario.
vo.lun.ta.ri.o.so [volũtari'ozu] *adj* Voluntarioso, caprichoso, antojadizo. *Pl: voluntariosos (ó)*.
vo.lú.vel [vol'uvew] *adj m+f* Voluble, inconstante, liviano.
vo.mi.tar [vomit'ar] *vtd+vi* **1** Vomitar, devolver. *vtd* **2** *fig* Desembuchar, decir.
von.ta.de [võt'adi] *sf* **1** Voluntad. **2** Gana, deseo. **3** Intención, mente, pretensión. **à vontade** a gusto / a voluntad / a manojos / a sabor / a pata suelta. **contra a vontade** a contrapelo. **estar com vontade** tener ganas.
vo.o [v'ou] *sm* Vuelo.

vo.ra.ci.da.de [vorasid'adi] *sf* Voracidad, avidez.
vós [v'ɔs] *pron pes* Vos, os, vosotros.
vos.so [v'ɔsu], **vos.sa** [v'ɔsə] *pron pos* Vuestro, vuestra.
vo.ta.ção [votas'ãw] *sf* Votación.
vo.to [v'ɔtu] *sm* **1** Voto, sufragio. **2** Ofrecimiento, promesa (a Dios). **3** Deseo, ansia.
vo.vô [vov'o] *sm coloq* Abuelo, abuelito.
vo.vó [vov'ɔ] *sf coloq* Abuela, abuelita.
voz [v'ɔs] *sf* **1** Voz, habla. **2** Opinión.
vul.ca.ni.za.ção [vuwkanizas'ãw] *sf* Vulcanización.
vul.cão [vuwk'ãw] *sm* Volcán.
vul.ga.ri.da.de [vuwgarid'adi] *sf* **1** Vulgaridad, ramplonería, ordinariez. **2** Trivialidad, simpleza, necedad.
vul.ne.rá.vel [vuwner'avew] *adj m+f* Vulnerable.
vul.to [v'uwtu] *sm* **1** Bulto, volumen. **2** Sombra, silueta, contorno. **3** *fig* Importancia.
vul.to.so [vuwt'ozu] *adj* **1** Abultado, voluminoso. **2** Importante. *Pl: vultosos (ó)*.

W

w, W [d'ablju] *sm* Vigésima tercera letra del abecedario portugués.
wag.ne.ri.a.no [vagneri'∧nu] *adj+sm* Wagneriano. *a orquestra ofereceu um concerto de música wagneriana* / la orquesta ofreció un concierto de música wagneriana.

waterpolo [w'otarp'olo] *sm ingl* Waterpolo.
watt [w'ote] *sm ingl* Watt, vatio.
web [w'eb] *sm ingl Inform* Web, red.
western [w'estern] *sm ingl* Western.
wind.sur.fe [wĩds'urfi] *sm Esp* Windsurf.

X

x, X [ʃ'is] *sm* **1** Vigésima cuarta letra del abecedario portugués. **2 X** Diez en guarismos romanos.

xa.drez [ʃadr'es] *sf* Ajedrez. *o xadrez é um esporte de grande tradição na Rússia* / el ajedrez es un deporte de gran tradición en Rusia.

xa.le [ʃ'ali] *sm* Chal.

xam.pu [ʃãp'u] *sm* Champú.

xa.rá [ʃar'a] *s m+f* Tocayo. *ele é meu xará, o nosso nome é Pedro* / él es mi tocayo, nuestro nombre es Pedro.

xa.ro.pe [ʃar'ɔpi] *sm* Jarabe.

xe.no.fo.bi.a [ʃenofob'iə] *sf* Xenofobia.

xe.nó.fo.bo [ʃen'ɔfobu] *adj+sm* Xenófobo.

xe.que[1] [ʃ'εki] *sm* Jaque (lance del ajedrez). *no xeque o rei está ameaçado por uma peça adversária* / en el jaque el rey está amenazado por una pieza adversaria.

xe.que[2] [ʃ'εki] *sm* Jeque (soberano de los árabes).

xe.que-ma.te [ʃεkim'ati] *sm* Jaque mate. *Pl: xeques-mates, xeques-mate*.

xe.re.ta [ʃer'etə] *adj* e *s m+f* Entremetido, entrometido, husmeador, fisgón.

xe.re.tar [ʃeret'ar] *vtd+vi* Escudriñar, curiosear, husmear, fisgonear, indagar.

xe.rez [ʃer'es] *sm* Jerez. *a Espanha é o país do xerez, vinho licoroso e delicado* / España es el país del jerez, vino licoroso y delicado.

xe.ri.fe [ʃer'ifi] *sm* Sheriff.

xe.ro.co.pi.ar [ʃerokopi'ar] *vtd* Fotocopiar, xerocopiar.

xé.rox [ʃ'εrɔks] *s m+f sing+pl* Fotocopia, xerocopia.

xí.ca.ra [ʃ'ikarə] *sf* Taza. *uma xícara de chá* / una taza de té.

xi.i.ta [ʃi'itə] *adj* e *s m+f* Chiita.

xi.lo.fo.ne [ʃilof'oni] *sm Mús* Xilófono.

xi.lo.gra.vu.ra [ʃilograv'urə] *sf* Xilografía.

xin.gar [ʃĩg'ar] *vtd+vi* Insultar.

xi.xi [ʃiʃ'i] *sm coloq* Pis, pipí.

xu.cro [ʃ'ukru] *adj Am* Chúcaro (animal), arisco, bravío.

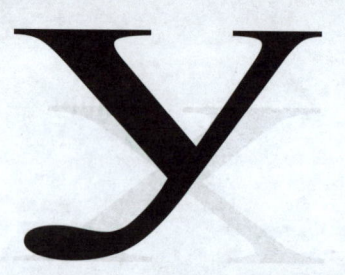

y, Y ['ipsilõw] *sm* Vigésima quinta letra del abecedario portugués.

yang ['jãg] *sm chin* Yang.
yin ['jĩ] *sm chin* Yin.

Z

z, Z [z′e] *sf* Vigésima sexta y última letra del abecedario portugués.
za.bum.ba [zab′ũbə] *s m+f Mús* Zambomba.
za.ga [z′agə] *sf Esp* Zaga, línea defensiva.
za.guei.ro [zag′ejru] *sm Esp* Zaguero, defensa.
zan.ga [z′ãgə] *sf* Cólera, ira, enojo, enfado.
zan.ga.do [zãg′adu] *adj* Enfadado, enojado, enfurecido, encolerizado.
zan.gão [zãg′ãw] *sm* Zángano: a) *Zool* macho de la abeja reina. b) *fig* persona floja. c) *fig* hombre holgazán que se sustenta de lo ajeno. *Pl*: zangãos, zangões.
zan.zar [zãz′ar] *vi* Vagabundear, vagar.
za.ra.ba.ta.na [zarabat′∧nə] *sf* Cerbatana.
zar.cão [zark′ãw] *sm Quím* Minio.
za.ro.lho [zar′oλu] *adj+sm* **1** Tuerto **2** Bizco, estrábico.
zar.par [zarp′ar] *vi Mar* Zarpar. *o navio zarpou do porto* / el barco zarpó del puerto.
ze.bra [z′ebrə] *sf Zool* Cebra. *as zebras são originárias da África* / las cebras son originarias de África.
ze.bu [zeb′u] *sm Zool* Cebú.
ze.la.dor [zelad′or] *adj+sm* Celador. • *sm* Conserje.
ze.lar [zel′ar] *vtd+vti* Celar.
ze.lo [z′elu] *sm* Celo.
ze.lo.so [zel′ozu] *adj* Cuidadoso, esmerado. *Pl*: zelosos (ó).
zê.ni.te [z′eniti] *sm* **1** *Astron* Cenit. **2** *fig* Apogeo.
ze.pe.lim [zepel′ĩ] *sm* Zepelín, globo dirigible.
ze.ro [z′ɛru] *num+sm* Cero. **ficar a zero** a cero. **ser um zero à esquerda** ser un cero a la izquierda. **zero absoluto** cero absoluto.
zi.go.to [zig′otu] *sm Biol* Cigoto.
zi.gue.za.gue.ar [zigezage′ar] *vi* Zigzaguear.
zim.bro [z′ĩbru] *sm Bot* Enebro.
zin.co [z′ĩku] *sm Quím* Cinc, zinc.
zí.per [z′iper] *sm* Cremallera.
zir.cô.nio [zirk′onju] *sm Quím* Circonio.
zo.dí.a.co [zod′iaku] *sm Astron* Zodiaco, zodíaco.
zom.bar [zõb′ar] *vti+vtd+vi* Burlarse.
zo.na [z′onə] *sf* Zona.
zo.nal [zon′aw] *adj m+f* Zonal.
zo.ne.a.men.to [zoneam′ẽtu] *sm* Zonificación.
zon.zo [z′õzu] *adj* Mareado. *Juan ficou zonzo depois de beber um cálice de vinho* / Juan se sintió mareado después de beber una copa de vino.
zo.o.lo.gi.a [zooloʒi′ə] *sf* Zoología.
zo.o.ló.gi.co [zool′ɔʒiku] *adj+sm* Zoológico.
zo.o.no.se [zoon′ɔzi] *sf* Zoonosis.
zo.o.tec.ni.a [zootekn′iə] *sf* Zootecnia.
zum.bi.do [zũb′idu] *sm* Zumbido.
zun.zum [zũz′ũ] *sm* Rumor, murmuración.
zur.rar [zuʀ′ar] *vi* Rebuznar, roznar. *o jegue zurra em sinal de protesto* / el burro rebuzna en señal de protesta.
zur.ro [z′uʀu] *sm* Rebuzno.

APÊNDICE

VERBOS

Os verbos são palavras que atuam como núcleo da oração.
Em espanhol, os verbos são classificados em três grupos, conforme a terminação:
1) *Primeira conjugação*: verbos cujo infinitivo termina em -*ar*, como cant*ar*, tom*ar*, habl*ar*.
2) *Segunda conjugação*: verbos cujo infinitivo termina em -*er*, como beb*er*, com*er*, pose*er*.
3) *Terceira conjugação*: verbos cujo infinitivo termina em -*ir*, como viv*ir*, asist*ir*, permit*ir*.

Cada uma das conjugações (-*ar*, -*er*, -*ir*) pode ser *regular* ou *irregular*. Este dicionário inclui o paradigma de conjugação do espanhol, tanto dos verbos regulares como dos verbos irregulares (página 770 a 812).
Os modos verbais são três: *indicativo*, *subjuntivo* e *imperativo*.

INDICATIVO

Conjuga-se o modo *indicativo* nos seguintes tempos:

Presente: Usa-se para:
Referir-se a hábitos ou costumes. Ex.: *Me **levanto** todos los días a las seis de la mañana* / Levanto-me todos os dias às seis da manhã.
Definir e dar informações. Ex.: *Apátrida **es** la pessoa que no tiene nacionalidad* / Apátrida é a pessoa que não tem nacionalidade.
Falar de ações futuras. Ex.: *Mañana **tengo** una reunión muy importante* / Amanhã tenho uma reunião muito importante.
Falar de acontecimentos passados. Ex.: *El pintor Salvador Dalí **nace** en Figueres el 11 de mayo de 1904* / O pintor Salvador Dalí nasce em Figueres em 11 de maio de 1904.
Dar instruções. Ex.: *Para hablar por un teléfono público, primero **colocas** la tarjeta y luego **marcas** el número*. Para falar em um telefone público, primeiro você coloca o cartão e depois disca os números.
Convidar, propor, sugerir. Ex.: *¿**Vamos** al teatro esta tarde?* / Vamos ao teatro esta tarde?

Pretérito imperfecto (copretérito) Usa-se para:
Referir-se a ações passadas, de caráter duradouro ou repetitivo, que não têm um fim determinado no tempo. Ex.: *Cuando **era** niña **iba** al colegio por la tarde* / Quando era criança, ia ao colégio à tarde.
Descrever no passado. Ex.: *En la época de mis abuelos la ciudad **era** tranquila y los días **pasaban** lentamente* / Na época de meus avós a cidade era tranquila e os dias passavam lentamente.

Pretérito perfecto simple (pretérito) Chamado também de *indefinido*, usa-se para:
Referir-se a ações concluídas em um momento determinado no passado. Ex.: *El papa Juan Pablo II **falleció** el año 2005* / O papa João Paulo II faleceu em 2005.
Referir-se a ações únicas no passado. Ex.: *Ayer **fui** al cine* / Ontem fui ao cinema.

Pretérito perfecto compuesto Forma verbal composta do presente do verbo auxiliar *haber* mais o particípio do verbo principal. Usa-se para:
    Falar de acontecimentos ou ações do passado próximo cujos efeitos se mantêm no presente. Ex.: *Estoy muerta de hambre porque aún no **he tomado** desayuno* / Estou morta de fome porque ainda não tomei o café da manhã.
    Falar de experiências. Ex.: *¿**Has leído** el último libro de Mario Vargas Llosa? No, todavía no lo **he leído***. Você leu o último livro de Mario Vargas Llosa? Não, ainda não li.

Pretérito pluscuamperfecto Forma verbal composta do pretérito imperfeito do verbo auxiliar *haber* mais o particípio. Usa-se para:
    Expressar uma ação passada anterior a outra, também passada. Ex.: *Cuando los niños despertaron, Papá Noel ya **se había ido*** / Quando as crianças acordaram, Papai Noel já tinha ido embora.

Futuro simple (futuro) Usa-se para:
    Falar de ações futuras. Ex.: *La próxima semana **saldré** de vacaciones* / Na próxima semana sairei de férias.
    Falar de planos. Ex.: *Cuando termine de estudiar **buscaré** empleo en una gran empresa* / Quando terminar de estudar procurarei emprego em uma grande empresa.

Condicional simple (pospretérito) Usa-se para:
    Formar orações condicionais. Ex.: *Si viviera en Río de Janeiro, **iría** todos los días a la playa* / Se eu morasse no Rio de Janeiro, iria à praia todos os dias.
    Expressar um desejo. Ex.: *Con esta lluvia **me gustaría** dormir toda la tarde* / Com esta chuva eu gostaria de dormir a tarde toda.
    Pedir algo de forma cortês. Ex.: *¿Me **traería** otro café, por favor?* / Você me traria outro café, por favor?

SUBJUNTIVO

Conjuga-se o modo *subjuntivo* nos seguintes tempos:

Presente Usa-se para:
    Expressar desejo. Ex.: *¡Ojalá **salga** el sol este fin de semana!* / Tomara que saia o sol neste fim de semana!
    Aconselhar. Ex.: *No **fumes** tanto, es malo para la salud* / Não fumes tanto, faz mal para a saúde.
    Expressar uma condição. Ex.: *Quiero un coche que **tenga** asientos de cuero* / Quero um carro que tenha bancos de couro.
    Expressar probabilidade. Ex.: *Quizá **vengan** mis amigos mañana* / Tomara que meus amigos venham amanhã.
    Usa-se também antecedido de *quizá, ojalá, tal vez, probablemente, posiblemente*.
    Usa-se antecedido dos verbos *aconsejar, agradecer, alegrarse de, decir, dudar, esperar, extrañarse, lamentar, mandar, no creer, pedir, perdonar, prohibir, recomendar, rogar, sentir, suplicar, tener miedo de, temer*, mais *que*. Ex.: *Espero que todos **vengan** mañana* / Espero que todos venham amanhã.
    Outras expressões que o regem são: *es conveniente, es importante, es imprescindible, es interesante, es necesario, es posible, es probable*, mais *que*. Ex.: *Es importante que **cuidemos** la naturaleza* / É importante que **cuidemos** da natureza.

Pretérito imperfecto Há duas formas de conjugação e usa-se para:
>Formar a oração condicional. Ex.: *Si **supiese** la verdad, te la diría* / Se soubesse a verdade, eu te diria.
>Expressar um desejo. Ex.: *Ojalá **saliera** el sol* / Tomara que saia o sol.
>Solicitar algo de forma cortês. Ex.: *Por favor, **quisiera** tomar un café* / Por favor, queria um café.

Pretérito perfecto Formado com o presente do subjuntivo do verbo auxiliar *haber* mais o particípio do verbo principal. Usa-se para:
>Falar de uma ação futura em relação a uma ação anterior. Ex.: *Saldremos cuando **haya terminado** de llover* / Saiamos quando tiver parado de chover.
>Falar de uma probabilidade no passado. Ex.: *Es probable que el avión ya **haya aterrizado*** / É provável que o avião já **tenha aterrissado**.

Pretérito pluscuamperfecto Formado com o pretérito imperfeito do subjuntivo do verbo auxiliar *haber* mais o particípio do verbo principal e usa-se para:
>Formar a oração condicional no tempo passado, ou condição irreal, por sua impossibilidade de cumprir-se. Ex.: *Si **hubiera dejado** el bolso en casa no me lo habrían robado* / Se **tivesse deixado** a bolsa em casa, não me teriam roubado.

IMPERATIVO

O modo *imperativo* pode classificar-se em *afirmativo* ou *negativo* conforme se usa para ordenar ou proibir algo.
As pessoas do imperativo são: *tú*, *vosotros*, *usted* e *ustedes*. As duas primeiras têm conjugação própria e as outras duas se conjugam como no presente do subjuntivo. Por isso, o paradigma de conjugação deste dicionário somente inclui as pessoas *tú* e *vosotros*.
Usa-se o modo imperativo para:
>Ordenar. Ex.: *¡**Lávate** los dientes!* / Lave os dentes!
>Dar instruções. Ex.: *Al salir de casa **cierra** la puerta con llave* / Ao sair de casa, feche a porta com chave.
>Aconselhar. Ex.: *No **tomes** tan en serio las tonterías que dice tu marido* / Não leves tão a sério as besteiras que disse teu marido.
>Proibir. Ex.: *¡**No salgas** ahora que está lloviendo!* / Não saias agora que está chovendo!

Formas não pessoais
>Existem em espanhol três formas não pessoais, ou seja, formas invariáveis nas quais o verbo não se conjuga em função de pessoa, número ou modo. Estas são *infinitivo*, *gerúndio* e *particípio*.

INFINITIVO

O *infinitivo* é a forma ou nome como conhecemos um verbo e, como dissemos anteriormente, se classifica em verbos terminados em *-ar* (1.ª conjugação), verbos terminados em *-er* (2.ª conjugação) e verbos terminados em *-ir* (3.ª conjugação).
Usos:
>Como *substantivo*. Ex.: ***Cantar** alegra la vida* / Cantar alegra a vida.
>Forma parte de numerosas *perífrases verbais* (frases formadas por um verbo auxiliar conjugado, mais uma forma não pessoal para expressar uma ideia distinta daquela de cada

verbo em separado). Ex.: ***Voy a beber*** *un vaso de agua* / Vou beber um copo de água.
Antecedido de *a*, tem valor imperativo. Ex.: *¡****A dormir*** *que ya es tarde*! / Vá dormir que já é tarde!
Antecedido de *al*, tem valor temporal. Ex.: ***Al terminar*** *de leer el libro se puso a llorar* / Ao terminar de ler o livro, pôs-se a chorar.
Antecedido de *por*, expressa uma causa. Ex.: ***Por llegar*** *tarde no pudimos ver la ceremonia* / Por chegar tarde, não pudemos ver a cerimônia.
Antecedido de *com*, pode ter valor de condição ou concessão. Ex.: ***Con llorar*** *no se resuelve nada* / Chorar não resolve nada.
Antecedido de *de*, tem valor de condição. Ex.: ***De saber*** *la verdad, te la diría* / Se soubesse a verdade, te diria.
O *infinitivo* pode ser simples ou composto. O infinitivo composto se forma com *haber* mais *participío* e expressa uma ação passada terminada. Ex.: *De **haber sabido** lo que iba a pasar no habría tomado esa decisión* / Se soubesse o que ia acontecer, não teria tomado essa decisão.

GERÚNDIO

O *gerúndio* expressa simultaneidade ou anterioridade em relação à ação principal. Ex.: *Siempre ceno **viendo** la televisión*.
Não se emprega para referir-se a ações posteriores ao verbo principal.
Formação do gerúndio de verbos regulares:
  Verbos terminados em *-ar* = *-ando*. Ex.: Cantar - cant*ando*.
  Verbos terminados em *-er* = *-iendo*. Ex.: Beber - beb*iendo*.
  Verbos terminados em *-ir* = *-iendo*. Ex.: Partir - part*iendo*.
Formação do gerúndio de verbos irregulares:
  Verbos irregulares terminados em *–ir*, com troca de *e* por *i* na raiz, mantêm a mesma troca no gerúndio. Ex.: Pedir = p*i*diendo.
  Verbos *dormir*, *morir* e *poder*, substituem o *o* da raiz por *u*. Ex.: Dormir = d*u*rmiendo.
  Verbos em que a raiz termina em vogal terão final *yendo*. Ex.: Leer = le*yendo*.
  Outros usos:
  O gerúndio também pode cumprir funções de advérbio com os seguintes valores:
  Valor temporal: ***Llegando*** *a casa recordé que no tenía las llaves* / Chegando em casa lembrei que não tinha as chaves.
  Valor concessivo: *Aun **corriendo** no conseguirás llegar a tiempo* / Mesmo correndo, não conseguirás chegar a tempo.
  Valor causal: ***Estudiando*** *mucho consiguió pasar de año* / Estudando muito, conseguiu passar de ano.
  Valor condicional: ***Dejando*** *de fumar vivirás más años* / Deixando de fumar, viverás mais anos.

PARTICÍPIO

O *particípio* é usado nas formas verbais compostas precedido do verbo *haber*.
O *particípio* dos verbos regulares varia segundo a terminação:
  Verbos terminados em *-ar* = *-ado*. Ex.: bailar - bail*ado*

Verbos terminados em -*er* = -*ido*. Ex.: comer – com*ido*
Verbos terminados em -*ir* = -*ido*. Ex.: partir – part*ido*
No caso dos verbos irregulares, para formar as estruturas compostas (como, por exemplo, *haber* mais *particípio*) usa-se o chamado *particípio regular* ou *particípio* que podemos encontrar nos paradigmas verbais deste dicionário.
Usos:
Usa-se nas conjugações dos pretéritos perfecto (compuesto) e pluscuamperfecto do indicativo, pretéritos perfecto e pluscuamperfecto do subjuntivo e na formação da voz passiva. Ex.: *Hoy* **he almorzado** *como un rey*.

Voz passiva

A voz passiva (formada pelo verbo *ser* + *particípio* seguido da palavra *por*) é raramente usada em espanhol.
Em seu lugar usa-se a chamada *voz passiva refleja*, formada pela partícula *se* + *terceira pessoa do verbo conjugado*. Ex.: **Se arriendan** *casas en la playa* / Alugam-se casas na praia.

SUBSTANTIVOS

GÊNERO

Os substantivos em espanhol podem ser de gênero *masculino* ou *feminino*.
A maioria dos substantivos que se referem a pessoas ou animais tem formas próprias tanto para o masculino como para o feminino. Ex.: El gat*o* / O gato (masculino) – La gat*a* / A gata (feminino).
Alguns substantivos, porém (particularmente os que se referem a profissões), têm uma forma única para ambos os gêneros. Ex.: El *periodista* / O jornalista (masculino) – La *periodista* / A jornalista (feminino).

Formação do gênero:

masculino	feminino
-o alumn*o* / aluno	-a alumn*a* / aluna
-consonante profes*or* / professor	+a profesor*a* / professora

O masculino plural pode referir-se a:
- substantivos masculinos. Ex.: *Mis **hermanos**, Pedro y Pablo, son **médicos*** / Meus irmãos, Pedro e Paulo, são médicos.
- substantivo masculino e outro feminino. Ex.: *Mis **padres**, Mario y Beatriz, son **profesores*** / Meus pais, Mário e Beatriz, são professores.

NÚMERO

O *singular* se refere a apenas um elemento enquanto o *plural* se refere a vários.
Formação do número:

palavras no singular terminadas em	formam seu plural
a, e, i, o, u / á, é, ó *plaza* / praça *café* / café	+s *plazas* / praças *cafés* / cafés
consonante *canción* / canção í, ú *tabú*	+es *canciones* / canções +es / +s (opcional) *tabúes / tabús*
z *luz*	+ces *luces*

Algumas palavras como *paraguas* e *paracaídas* são escritas sempre em plural sem distinção de número. Ex.: **Mi paraguas** *es azul. Siempre pierdo todos* **los paraguas** *que compro* / Meu guarda-chuva é azul. Sempre perco todos os guarda-chuvas que compro.
Como vimos no gênero, o plural masculino inclui os gêneros masculino e feminino.
Alguns substantivos como *gafas* são representados apenas no plural (*las gafas*) enquanto outros como *caos* são escritos apenas no plural (*el caos*).

ARTIGOS

Os *artigos* servem para indicar o *gênero* (masculino / feminino) e o *número* (singular / plural) dos substantivos.
Classificam-se em *determinados* e *indeterminados*.
Os *artigos determinados* referem-se a um substantivo em particular.

	singular	plural
masculino	*el* / o	*los* / os
feminino	*la* / a	*las* / as

Os *artigos indeterminados* se referem a um substantivo sem especificá-lo.

	singular	plural
masculino	*un* / um	*unos* / uns
feminino	*una* / uma	*unas* / umas

Apesar de serem femininas, as palavras que começam com *a* tônico, tais como *alma*, *agua*, *hacha*, são precedidas pelo artigo determinado *el* e não *la*. Assim: *el alma*, *el agua*, *el hacha*. Ex.: **El agua** *potable es un bien escaso* / A água potável é um bem raro. Quando no plural, elas seguem a regra geral: *las almas*, *las aguas*, *las hachas*. Ex.: **Las aguas** *de los ríos están cada vez más contaminadas* / As águas dos rios estão cada vez mais contaminadas.
Em espanhol existem apenas dois casos de *contração*, a saber:

a + artigo *el*	*al* / ao
de + artigo *el*	*del* / do

*Mis padres van **al** cine todos los domingos* / Meus pais vão ao cinema todos os domingos.
*Hoy se celebra el día **del** padre* / Hoje se comemora o dia dos pais.

DEMONSTRATIVOS

Utilizam-se para indicar um substantivo e concordam com ele em gênero e número. Classificam-se conforme sua distância (espacial ou temporal) em relação ao substantivo ao qual se referem.

	singular			plural		
masculino	*este*	*ese*	*aquel*	*estos*	*esos*	*aquellos*
feminino	*esta*	*esa*	*aquella*	*estas*	*esas*	*aquellas*

Os *demonstrativos* podem estar acompanhados ou não do substantivo ao qual se referem. No primeiro caso são chamados de *adjetivos demonstrativos* e, no segundo, *pronomes demonstrativos*. Estes últimos levam acento gráfico, exceto quando não há ambiguidade. Existe ainda uma *forma neutra* de pronomes demonstrativos, a saber:

esto	*eso*	*aquello*

Os *demonstrativos neutros* são usados para referir-se a coisas que não conhecemos, que não recordamos ou que preferimos não mencionar pelo nome. Ex.: *¿Qué es **eso** que brilla allá en el cielo? **Eso** es un cometa* / Que é **isso** que brilha lá no céu? **Isso** é um cometa.

POSSESSIVOS

Quando acompanham o substantivo, são chamados de *adjetivos possessivos*; quando o substituem, são chamados de *pronomes demonstrativos*.

Adjetivos possessivos

	Singular		Plural	
	Masculino	Feminino	Masculino	Feminino
(yo)	*Mi* hijo	*Mi* hija	*Mis* hijos	*Mis* hijas
(tú)	*Tu* hijo	*Tu* hija	*Tus* hijos	*Tus* hijas
(él, ella, usted)	*Su* hijo	*Su* hija	*Sus* hijos	*Sus* hijas
(nosotros/as)	*Nuestro* hijo	*Nuestra* hija	*Nuestros* hijos	*Nuestras* hijas
(vosotros/as)	*Vuestro* hijo	*Vuestra* hija	*Vuestros* hijos	*Vuestras* hijas
(ellos, ellas, ustedes)	*Su* hijo	*Su* hija	*Sus* hijos	*Sus* hijas

Os adjetivos possessivos *Mi*, *Tu* e *Su* não têm variação de gênero, somente de número. **Mi** cuñado se llama Bonifacio y **mi** cuñada Berta / Meu cunhado se chama Bonifácio e minha cunhada, Berta.

Pronomes possessivos

	Singular		Plural	
	Masculino	Feminino	Masculino	Feminino
(yo)	*Mío*	*Mía*	*Míos*	*Mías*
(tú)	*Tuyo*	*Tuya*	*Tuyos*	*Tuyas*
(él, ella, usted)	*Suyo*	*Suya*	*Suyos*	*Suyas*
(nosotros/as)	*Nuestro*	*Nuestra*	*Nuestros*	*Nuestras*
(vosotros/as)	*Vuestro*	*Vuestra*	*Vuestros*	*Vuestras*
(ellos, ellas, ustedes)	*Suyo*	*Suya*	*Suyos*	*Suyas*

Os *pronomes possessivos* variam em gênero e número e concordam com o objeto possuído e não com o possuidor. *Nuestro* e *Vuestro* são comuns a ambas as formas de possessivo. Ex.: **Nuestros** hijos son tan listos como los **vuestros** / Nossos filhos são tão ágeis quanto os vossos.

INDEFINIDOS

Referem-se a pessoas e coisas indicando imprecisão ou quantidade indeterminada.

Adjetivos indefinidos

	Singular		Plural	
	Masculino	Feminino	Masculino	Feminino
Afirmativo	*Algún /* Algum	*Alguna /* Alguma	*Algunos /* Alguns	*Algunas /* Algumas
Negativo	*Ningún /* Nenhum	*Ninguna /* Nenhuma	*Ningunos**	*Ningunas**

Pronomes indefinidos

	Singular		Plural	
	Masculino	Feminino	Masculino	Feminino
Afirmativo	*Alguno /* Algum	*Alguna /* Alguma	*Algunos /* Alguns	*Algunas /* Algumas
Negativo	*Ninguno /* Nenhum	*Ninguna /* Nenhuma	*Ningunos**	*Ningunas**

* *Ningunos* e *ningunas* são formas em desuso.

Pronomes indefinidos

	Pessoas	Coisas
Afirmativo	*Alguien /* Alguém	*Algo /* Algo
Negativo	*Nadie /* Ninguém	*Nada /* Nada

*¿Hay **alguien** en casa? – No, no hay **nadie*** (no hay ninguna persona)
Há alguém em casa? – Não, não há ninguém (não há nenhuma pessoa)
*¿Pasan **algo** interesante hoy en la tele? – No, no pasan **nada*** (ninguna cosa)
Passa algo interessante hoje na televisão? – Não, não passa nada (nenhuma coisa)
Nas frases negativas, os *indefinidos* são antecedidos pela partícula *no*.
Ex.: *No tengo **nada** en los bolsillos* / **Não** tenho **nada** nos bolsos
Outros indefinidos:

un / um	*Necesito **un** lápiz para dibujar /* Preciso de um lápis para desenhar
una / uma	***Una** tarde de estas voy a ir verte /* Uma tarde destas irei ver-te

unos / uns	*Unos amigos vendrán a visitarme* / Uns amigos virão me visitar
unas / umas	*Necesito comprar unas sandalias nuevas* / Preciso comprar umas sandálias novas

poco / pouco	*Apúrate, tenemos poco tiempo para llegar* / Apressa-te, temos pouco tempo para chegar
poca / pouca	*Mi jefe es un gruñón, tiene poca paciencia* / Meu chefe é um resmungão, tem pouca paciência
pocos / poucos	*El presidente era un hombre de pocos amigos* / O presidente era um homem de poucos amigos
pocas / poucas	*Su novia aceptó la invitación con pocas ganas* / Sua noiva aceitou o convite com pouco ânimo
un poco / um pouco	*Necesito un poco de tiempo para decidir* / Preciso de um pouco de tempo para decidir

mucho / muito	+ verbo	*Juan trabaja mucho* / João trabalha muito
	+ substantivo	*Juan gana mucho dinero* / João ganha muito dinheiro
	+ más / mais	*Viajar es mucho más divertido que trabajar* / Viajar é muito mais divertido que trabalhar
	+ menos	*En Brasil hace mucho menos frío que en Canadá* / No Brasil faz muito menos frio que no Canadá
	+ antes	*El verano llegó mucho antes de lo esperado* / O verão chegou muito antes do esperado
	+ después / depois	*Él entregó el trabajo mucho después que yo* / Ele entregou o trabalho muito depois que eu
	+ mayor / maior	*Mi abuelo es mucho mayor que mi abuela* / Meu avô é muito maior que minha avó
	+ menor	*Mi hermano es mucho menor que yo* / Meu irmão é muito menor que eu
	+ mejor / melhor	*El enfermo está mucho mejor* / O doente está muito melhor
	+ peor / pior	*El tráfico en la ciudad está mucho peor que antes* / O trânsito na cidade está muito pior que antes

mucha / muita	+ substantivo	*Tengo que lavar **mucha** ropa* / Tenho de lavar muita roupa
muchos / muitos	+ substantivo	*Hace **muchos** días que no veo a Pepe* / Faz muitos dias que não vejo Pepe
muchas / muitas	+ substantivo	*En el museo hay **muchas** esculturas* / No museu há muitas esculturas

todo	*Marisol estuvo **todo** el día en la playa* / Marissol esteve o dia todo na praia
toda	*El acusado confesó **toda** la verdad* / O réu confessou toda a verdade
todos	*Manuel lee **todos** los días el periódico* / Manuel lê o jornal todos os dias
todas	*El taxista conoce **todas** las calles de la ciudad* / O taxista conhece todas as ruas da cidade

PRONOMES PESSOAIS E REFLEXIVOS

Os *pronomes pessoais* substituem o substantivo para evitar sua repetição. Ex.: *Compré un cuadro y **lo** coloque en la pared del salón* / Comprei um quadro e o coloquei na parede do salão.

Os *pronomes reflexivos* fazem parte dos *verbos pronominais* ou *reflexivos*, que são aqueles em que o sujeito ativo coincide com o sujeito passivo ou, em outras palavras, aqueles em que o sujeito coincide com o objeto. Ex.: *Miguel **se levanta** muy temprano* / Miguel se levanta muito cedo.

Pronomes pessoais e reflexivos

Sujeito	Complemento indireto	Complemento direto	Formas tônicas com preposição	Reflexivo
(yo) / eu	me	me	a, de, para *mí* (para mim), *conmigo* (comigo)	me
(tú) / tu	te	te	a, de, para *ti*, (contigo)	te
(él, usted) / ele, você	le (se) / lhe (se)	(le) lo / o	a, de, para, *con él* (com ele), *usted* (você)	se
(ella, usted) / ela, você	le (se) / lhe (se)	la / a	a, de, para, *con ella* (com ela), *usted* (você)	se
(nosotros/as) / nós	nos	nos	a, de, para, *con nosotros/as* (conosco)	nos
(vosotros/as) / vós	os	os	a, de, para, *con vosotros/as* (convosco)	os
(ellos/ustedes) / eles, vocês	les (se) / lhes (se)	(les) los / os	a, de, para, *con ellos* (com eles), *ustedes* (vocês)	se
(ellas/ustedes) / elas, vocês	les (se) / lhes (se)	las / as	a, de, para, *con ellas* (com elas), *ustedes* (vocês)	se

Em espanhol pode-se prescindir do *pronome pessoal sujeito* dentro da oração. Ex.: *Soy chilena* / Sou chilena (em lugar de *Yo soy chilena* / Eu sou chilena).

PRONOMES INTERROGATIVOS E EXCLAMATIVOS

Os *pronomes interrogativos* são usados em perguntas e sempre levam acento. Ex.: *¿Cuál es tu número de teléfono?* / Qual é o número do seu telefone?

Os *pronomes exclamativos* são usados para expressar admiração, surpresa ou desagrado e também são acentuados. Ex.: *¡Qué caros están los tomates!* / Que caros estão os tomates!

cuál, cuáles / qual, quais	*¿Cuál de estos bolsos es el tuyo?* / Qual destas bolsas é tua?
cuándo / quando	*¿Cuándo vamos a salir de vacaciones?* / Quando vamos sair de férias?
cuánto, cuanta, cuántos, cuántas / quanto, quanta, quantos, quantas	*¡Cuánto tiempo sin verte!* / Quanto tempo sem ver-te!
cómo / como	*¡Cómo es posible que aún no haya llegado!* / Como é possível que ainda não tenha chegado!
dónde / onde	*¿Dónde está el baño?* / Onde é o banheiro?
qué / que	*¡Qué lindo es tu bebé!* / Que lindo é teu bebê!
quién, quiénes / quem	*¡Quién hubiera imaginado una cosa así!* / Quem tinha imaginado uma coisa assim!

PREPOSIÇÕES

São palavras invariáveis que introduzem elementos nominais ou oracionais, em subordinadas substantivas, fazendo-os depender de alguma palavra anterior.
As *preposições* mais usadas em espanhol são:

a / a, em	*Esta noche vamos **a** cenar **a** un restaurante japonés* / Esta noite vamos jantar em um restaurante japonês
ante / ante, diante	***Ante** lo delicado de la situación, es mejor esperar* / Diante da delicada situação, é melhor esperar
bajo / debaixo, sob	*Caminamos de la mano **bajo** un cielo estrellado* / Caminhamos de mãos dadas debaixo de um céu estrelado
con / com	*Voy **con** mi novia a la fiesta* / Vou com minha noiva à festa
contra	*Hay que luchar **contra** la contaminación ambiental* / É preciso lutar contra a contaminação do meio ambiente
de	*Los suegros llegaron **de** sorpresa a la casa **de** Gregorio* / Os sogros chegaram de surpresa à casa de Gregório
desde	*Mónica vive en Brasil **desde** el año 2000* / Mônica vive no Brasil desde 2000
durante	*La alimentación es muy importante **durante** el embarazo* / A alimentação é muito importante durante a gravidez
en / em	*Los dos se quedaron **en** casa todo el día* / Os dois permaneceram em casa todo o dia
entre	***Entre** tú y yo podemos terminar el trabajo hoy mismo* / Entre mim e ti podemos terminar o trabalho hoje mesmo
hacia / a, para	*Mis amigos fueron de vacaciones **hacia** el sur* / Meus amigos foram de férias para o sul
hasta / até	*Nos quedamos en la fiesta **hasta** el final* / Ficamos na festa até o fim

mediante	*El Ministerio financió el proyecto **mediante** recursos extranjeros* / O Ministério financiou o projeto mediante recursos externos
para	*El jefe quiere el informe **para** mañana* / O chefe quer o relatório até amanhã
por	*El gato salió de la casa **por** la ventana* / O gato saiu da casa pela janela
según / segundo, conforme	***Según** mis cálculos, llegaremos a las cinco de la mañana* / Segundo meus cálculos, chegaremos às cinco da manhã
sin / sem	*El hombre salió **sin** pagar la cuenta* / O homem saiu sem pagar a conta
sobre	*El perfume está **sobre** la cómoda* / O perfume está sobre a cômoda
tras / depois	***Tras** mucho pensar, María decidió casarse con Jonás* / Depois de pensar muito, Maria decidiu se casar com Jonas

ACENTUAÇÃO

As palavras são classificadas segundo a posição da sílaba tônica:
Oxítonas: aquelas onde a tônica está na última sílaba.
Acentuam-se as *oxítonas* terminadas en *-n, -s* ou *vogal*. Ex.: oca**sión** (ocasião), portu**gués** (português), ma**má** (mamãe).
Paroxítonas: aquelas onde a tônica está na penúltima sílaba.
Acentuam-se as *paroxítonas* terminadas em *consonante*, menos *-n* e *-s*. Ex.: *frágil*.
Proparoxítonas e sobreesdrújulas: as primeiras levam o acento na antepenúltima sílaba e as segundas, na sílaba anterior à antepenúltima sílaba.
Todas as proparoxítonas e sobreesdrújulas são acentuadas. Ex.: **sá**bado, **rá**pidamente.

Acento diacrítico
O *acento diacrítico* distingue uma palavra conforme sua classe gramatical. Ex.: enquanto *tu*, sem acento, é um adjetivo possessivo (*tu lápiz es azul*), *tú*, com acento, é um pronome (*tú tienes un bolígrafo azul*).

Acentuação dos monossílabos
Em geral os monossílabos não levam acento. Excepcionalmente, levam acento diacrítico os monossílabos que tenham dois ou mais significados diferentes.
A seguir, apresentamos diversos exemplos de acentos diacríticos:

Com acento gráfico	Sem acento gráfico
tú – *Tú siempre tienes la última palabra* / Tu sempre tens a última palavra	**tu** – *Tu casa es enorme* / Tua casa é enorme
él – *Él se llama Pedro Parra* / Ele se chama Pedro Parra	**el** – *El tiempo no se detiene* / O tempo não para
mí – *A mí no me gusta el invierno* / Não gosto do inverno	**mi** – *Mi perrito se llama Pegaso* / Meu cachorrinho se chama Pégaso
dé – *Mi cuñado quiere que le dé dinero* / Meu cunhado quer que lhe dê dinheiro	**de** – *Hoy salí de casa atrasado* / Hoje saí de casa atrasado
sé – *Ya no sé qué hacer con mis hijos* / Já não sei o que fazer com meus filhos	**se** – *Mario se levanta muy temprano* / Mário se levanta muito cedo
sí – *Los novios se dieron el sí* / Os noivos se deram o sim	**si** – *Si no llueve mañana iremos a la playa* / Se não chover amanhã, iremos à praia
más – *No aguanto más esta situación* / Não aguento mais esta situação	**mas** – *Ese vestido me gusta mas es caro* / Gosto desse vestido, mas é caro
aún – *Aún nos quedan algunos minutos* / Ainda ficamos alguns minutos	**aun** – *Trabaja aun los fines de semana* / Trabalha também nos fins de semana
té – *El té verde es bueno para la salud* / O chá verde é bom para a saúde	**te** – *Te estuve esperando toda la tarde* / Estive te esperando toda a tarde
ó – *Mi jefe volverá en 2 ó 3 días* / Meu chefe voltará em dois ou três dias	**o** – *No sé si voy a la playa o al campo* / Não sei se vou à praia ou ao campo

sólo – *Sólo te pido que estudies* / Só te peço que estudes	**solo** – *A Juan le gusta trabajar solo* / João gosta de trabalhar sozinho
qué – *¡Qué lindas están las flores!* / Que lindas estão as flores!	**que** – *La comida que pedí llegó fría* / A comida que pedi chegou fria
quién – *¿Quién es ése que viene ahí?* / Quem é esse que vem aí?	**quien** – *Quien tiene la razón soy yo* / Quem tem razão sou eu
cuál – *¿Cuál película viste ayer?* / Qual filme viste ontem?	**cual** – *Vive cual un ermitaño* / Vive qual um eremita
cuánto – *¿Cuánto vale este coche?* / Quanto vale este carro?	**cuanto** – *Hace cuanto puede* / Faz o que pode.
dónde – *¿De dónde vienes?* / De onde vens?	**donde** – *La casa donde vivimos es azul* / A casa onde moramos é azul
cómo – *¿Cómo te llamas?* / Como te chamas?	**como** – *Come como un león* / Come como um leão
cuándo - *¿Cuándo es tu cumpleaños?* / Quando é teu aniversário?	**cuando** – *Cuando pueda iré a verte* / Quando puder, irei te ver
éste – *Éste es mi bolígrafo* / Esta é minha caneta esferográfica	**este** – *Este bolígrafo es rojo* / Esta caneta esferográfica é vermelha
ése – *Ése es mi hermano menor* / Esse é meu irmão menor	**ese** – *Ese de ahí es Tomás* / Esse daí é Tomás
aquél – *Aquél es mi profesor de español* / Aquele é meu professor de espanhol	**aquel** – *Aquel hotel es muy bueno* / Aquele hotel é muito bom

NUMERAIS

Numerais cardinais

1	uno (un, una)	29	veintinueve
2	dos	30	treinta
3	tres	31	treinta y uno (un, una)
4	cuatro	40	cuarenta
5	cinco	50	cincuenta
6	seis	60	sesenta
7	siete	70	setenta
8	ocho	80	ochenta
9	nueve	90	noventa
10	diez	100	cien
11	once	101	ciento uno (un, una)
12	doce	110	ciento diez
13	trece	200	doscientos/as
14	catorce	300	trescientos/as
15	quince	400	cuatrocientos/as
16	dieciséis	500	quinientos/as
17	diecisiete	600	seiscientos/as
18	dieciocho	700	setecientos/as
19	diecinueve	800	ochocientos/as
20	veinte	900	novecientos/as
21	veintiuno	1.000	mil
22	veintidós	1.001	mil uno (un, una)
23	veintitrés	1.010	mil diez
24	veinticuatro	1.100	mil cien
25	veinticinco	2.000	dos mil
26	veintiséis	1.000.000	un millón
27	veintisiete	100.000.000	cien millones
28	veintiocho	1.000.000.000	mil millones

Uno, antes de substantivo masculino singular, torna-se *un*, e, antes de substantivo feminino singular, torna-se *una*. Ex.: *Estoy leyendo **un** libro muy bueno* / Estou lendo um livro muito bom. *Me llamó **una** amiga por teléfono* / Uma amiga me chamou pelo telefone.
Os cardinais de 1 a 30 são escritos em uma só palavra. Ex.: *dieciséis* (dezesseis), *dieciocho* (dezoito), *veintitrés* (vinte e três) etc.
De 31 até 99, são escritos em três palavras, unindo-se a unidade e a dezena com a conjunção *y*. Ex.: *treinta y dos* (trinta e dois), *cuarenta y cinco* (quarenta e cinco), *noventa y siete* (noventa e sete) etc.
De 101 em diante não há conjunção entre os números. Ex.: *ciento uno* (cento e um), *trescientos veinte* (trezentos e vinte), *mil veintitrés* (mil e vinte e três) etc.
Os milhares são separados por ponto (.) e os decimais por vírgula (,). Ex.: 3.000 (*tres mil* / três mil), 2,5 (*dos coma cinco* / dois vírgula cinco).
O cardinal *mil millones* corresponde a *um bilhão* em português.

Numerais ordinais

1.º	primero, a	11.º	undécimo, a
2.º	segundo, a	12.º	duodécimo, a
3.º	tercero, a	13.º	decimotercero, a
4.º	cuarto, a	14.º	decimocuarto, a
5.º	quinto, a	15.º	decimoquinto, a
6.º	sexto, a	16.º	decimosexto, a
7.º	séptimo, a	17.º	decimoséptimo, a
8.º	octavo, a	18.º	decimoctavo, a
9.º	noveno, a	19.º	decimonoveno, a
10.º	décimo, a	20.º	vigésimo, a
		100.º	centésimo, a
		1000.º	milésimo, a

Primero e *tercero* tornam-se *primer* e *tercer* antes de substantivo masculino singular. Ex.: *Mi hijo ganó el **primer** lugar en el concurso de pintura* / Meu filho ganhou o primeiro lugar no concurso de pintura.

CONVERSAÇÃO EM ESPANHOL

PARA FALAR POR TELEFONE

1. Ligações informais

Aló... / Alô...
¡Hola!, ¿está María? / Olá! Maria está?
Lo siento, María no está. ¿Quieres dejar algún recado? / Sinto muito, Maria não está. Quer deixar algum recado?
Sí, por favor, dile que llamó Manuel. / Por favor, diga-lhe que Manuel ligou.
Yo le aviso. / Eu a aviso.
Gracias. / Muito obrigado.

¿Diga? / Alô!
Buenas tardes, ¿podría hablar con Manuel, por favor? / Boa tarde! Por favor, eu poderia falar com Manuel?
Sí, un momento. ¿De parte de quién? / Sim, um momento. Quem está falando?
De María. / Maria.
Ahora se pone. / Ela já está vindo.
Muchas gracias. / Muito obrigada.

¿Bueno? / Alô!
Buenas noches, ¿está Pedro? / Boa noite! Pedro está?
Lo siento, número equivocado. / Sinto muito, não é esse número.
¿No es el 3874 7997? / Não é 3874-7997?
No, es el 3874 7999. / Não, é 3874-7999.
Disculpe. / Desculpe.
No hay problema. / Não tem problema.

2. Ligações formais

Estudio Jurídico, buenos días... / Escritório de advocacia, bom dia...
Buenos días, ¿podría hablar con el Sr. Gutiérrez, por favor? / Bom dia! Por favor, eu poderia falar com o senhor Gutierrez?
Un momento, no cuelgue. / Um momento, não desligue.

Seguros S.A., buenas tardes. / Seguros S.A., boa tarde.
Por favor, quisiera hablar con la Sra. Villarreal. / Por favor, gostaria de falar com a senhora Villarreal.
La Sra. Villarreal está en una reunión, ¿quiere dejar algún recado? / A senhora Villarreal está em uma reunião; quer deixar algum recado?
Sí, por favor, dígale que llamó Marcos Díaz. / Sim. Diga-lhe que Marcos Díaz ligou.
Muy bien, Sr. Díaz. / Muito bem, senhor Díaz.
Muchas gracias. / Muito obrigado.

Central de importaciones, buenas tardes. / Central de importações, boa tarde.
¿Podría comunicarme con el interno 103? / Poderia me passar para o ramal 103?

Lo comunico. Un momento, por favor... / Vou passar a ligação. Um momento, por favor...
...lo lamento, el interno está ocupado, ¿quiere esperar o llama más tarde? / O ramal está ocupado. Quer esperar ou liga mais tarde?
Espero en la línea, gracias. / Espero na linha, obrigado.
Gracias a usted, no cuelgue. / De nada, não desligue.

PARA PEDIR UM NÚMERO DE TELEFONE

1. Informal

Pedro, ¿cuál es tu número de teléfono? / Pedro, qual é o número do seu telefone?
Es el 3874-9997. / É 3874-9997.
¡Gracias! / Obrigado!

2. Formal

¿Cuál es su número de teléfono, Sr. Díaz? / Qual é o número do seu telefone, Sr. Díaz?
Es el 95588776. / É 9558-8776.
Muchas gracias. / Muito obrigado.

3. Telefones públicos

¿Cuál es el (número de) teléfono del hotel Plaza? / Qual é o (número do) telefone do hotel Plaza?
Es el 7766-5541. / É o 7766-5541.
Gracias. / Obrigado.

PARA PERGUNTAR A HORA

Por favor, ¿qué hora es? / Por favor, que horas são?
Son las tres y media. / São três e meia.
Muchas gracias. / Muito obrigado.
De nada. / De nada.

Perdón, ¿tiene hora? / Com licença, você tem hora?
Sí, son las nueve y cuarto. / Sim, são nove e quinze.
Gracias. / Obrigado.
De nada. / De nada.

Disculpe, ¿a qué hora abren los bancos? / A que hora abrem os bancos?
A las diez de la mañana. / Às dez da manhã.
Muchas gracias. / Muito obrigado.
De nada. / De nada.

Por favor, ¿a qué hora llega el avión procedente de Santiago? / Por favor, a que hora chega o avião procedente de Santiago?
Aproximadamente a las nueve de la noche. / Aproximadamente às nove da noite.

PARA PERGUNTAR DATAS

¿Qué día es hoy? / Que dia é hoje?
Hoy es jueves. / Hoje é quinta-feira.

¿A cuántos estamos? / Em que dia (do mês) estamos?
Estamos a 23 de marzo. / Estamos no dia 23 de março.

¿Cuándo comienzan las clases? / Quando começam as aulas?
El día 6 de agosto. / No dia 6 de agosto.

Dias da semana	Meses do ano
Lunes / segunda-feira	Enero / Janeiro
Martes / terça-feira	Febrero / Fevereiro
Miércoles / quarta-feira	Marzo / Março
Jueves / quinta-feira	Abril / Abril
Viernes / sexta-feira	Mayo / Maio
Sábado / sábado	Junio / Junho
Domingo / domingo	Julio / Julho
	Agosto / Agosto
	Septiembre / Setembro
	Octubre / Outubro
	Noviembre / Novembro
	Diciembre / Dezembro

APRESENTAÇÕES

1. Informais

¡Hola María! / Olá, Maria!
¡Hola Manuel! / Olá, Manuel!
María, éste es Pedro, mi primo. / Maria, este é Pedro, meu primo.
Qué tal, Pedro. / Como vai, Pedro?
Mucho gusto, María. / Muito prazer, Maria.

2. Formais

Buenas tardes, Sra. Villarreal. Le presento a mi socio, Marcos Díaz. / Boa tarde, Sra. Villarreal. Apresento-lhe meu sócio, Marcos Díaz.
Encantada, Sr. Díaz. / Muito prazer, Sr. Díaz.
El gusto es mío. / O prazer é meu.

CUMPRIMENTOS

1. Informais

¡Hola! Qué tal. / Olá, como vai!
¡Hola! ¿Cómo estás? / Olá, como está?

2. Formais

Buen día / Buenos días. / Bom dia!
Buenas tardes. / Boa tarde!
Buenas noches. / Boa noite!

3. Despedidas

Hasta mañana. / Até amanhã!
Hasta el (próximo) viernes. / Até (a próxima) sexta.
Hasta ahora (cuando se espera ver pronto a la persona). / Até já (quando se espera ver logo a pessoa).
Hasta después. / Até depois.
Hasta la vista. / Até a vista!
Hasta luego. / Até logo!
Hasta pronto. / Até breve!
Adiós. / Adeus!
Chao / chau / Tchau!

PARA PEDIR PERMISSÃO

Permiso, ¿puedo pasar? / Com licença, posso passar?
Sí. Pase, por favor. / Sim, passe, por favor.

¿Este asiento está ocupado? / Este assento está ocupado?
No, puede sentarse. / Não, pode sentar-se.
Gracias. / Obrigado.

Perdón, ¿puedo fumar? / Com licença, posso fumar?
No, no puede. Lo siento. / Não, não pode. Sinto muito.

PARA PERGUNTAR COMO SE ESCREVE UMA PALAVRA

¿Cómo se deletrea Rogelio*?* / Como se soletra *Rogelio*?
R-o-g-e-l-i-o. / R-o-g-e-l-i-o.

¿Cómo se escribe Rogelio*?* / Como se escreve *Rogelio*?
R-o-g-e-l-i-o. / R-o-g-e-l-i-o.

¿Cómo se escribe Rogelio*?* / Como se escreve *Rogelio*?
Con ge. / Com g.

¿Cómo se escribe cruz*, con ese o con zeta?* / Como se escreve *cruz*, com s ou com z?
Con zeta. / Com z.

CONJUGAÇÃO VERBAL EM ESPANHOL: PARADIGMAS

VERBOS AUXILIARES

Haber

Formas no personales
INFINITIVO haber
GERUNDIO habiendo
PARTICIPIO habido

Formas personales
INDICATIVO
Presente he, has, ha, hemos, habéis, han
Pretérito imperfecto o Copretérito había, habías, había, habíamos, habíais, habían
Pretérito perfecto simple o Pretérito hube, hubiste, hubo, hubimos, hubisteis, hubieron
Futuro simple o Futuro habré, habrás, habrá, habremos, habréis, habrán
Condicional simple o Pospretérito habría, habrías, habría, habríamos, habríais, habrían
SUBJUNTIVO
Presente haya, hayas, haya, hayamos, hayáis, hayan
Pretérito imperfecto o Pretérito hubiera o hubiese, hubieras o hubieses, hubiera o hubiese, hubiéramos o hubiésemos, hubierais o hubieseis, hubieran o hubiesen
Futuro simple o Futuro hubiere, hubieres, hubiere, hubiéremos, hubiereis, hubieren
IMPERATIVO he (tú)

Ser

Formas no personales
INFINITIVO ser
GERUNDIO siendo
PARTICIPIO sido

Formas personales
INDICATIVO
Presente soy, eres, es, somos, sois, son
Pretérito imperfecto o Copretérito era, eras, era, éramos, erais, eran
Pretérito perfecto simple o Pretérito fui, fuiste, fue, fuimos, fuisteis, fueron
Futuro simple o Futuro seré, serás, será, seremos, seréis, serán
Condicional simple o Pospretérito sería, serías, sería, seríamos, seríais, serían
SUBJUNTIVO
Presente sea, seas, sea, seamos, seáis, sean
Pretérito imperfecto o Pretérito fuera o fuese, fueras o fueses, fuera o fuese, fuéramos o fuésemos, fuerais o fueseis, fueran o fuesen
Futuro simple o Futuro fuere, fueres, fuere, fuéremos, fuereis, fueren
IMPERATIVO sé (tú), sed (vosotros)

Estar

Formas no personales
INFINITIVO estar
GERUNDIO estando
PARTICIPIO estado

Formas personales
INDICATIVO
Presente estoy, estás, está, estamos, estáis, están
Pretérito imperfecto o Copretérito estaba, estabas, estaba, estábamos, estabais, estaban
Pretérito perfecto simple o Pretérito estuve, estuviste, estuvo, estuvimos, estuvisteis, estuvieron
Futuro simple o Futuro estaré, estarás, estará, estaremos, estaréis, estarán
Condicional simple o Pospretérito estaría, estarías, estaría, estaríamos, estaríais, estarían
SUBJUNTIVO
Presente esté, estés, esté, estemos, estéis, estén
Pretérito imperfecto o Pretérito estuviera o estuviese, estuvieras o estuvieses, estuviera o estuviese, estuviéramos o estuviésemos, estuvierais o estuvieseis, estuvieran o estuviesen
Futuro simple o Futuro estuviere, estuvieres, estuviere, estuviéremos, estuviereis, estuvieren
IMPERATIVO está (tú), estad (vosotros)

VERBOS REGULARES

Hablar (Primera conjugación)

Formas no personales
INFINITIVO hablar
GERUNDIO hablando
PARTICIPIO hablado

Formas personales
INDICATIVO
Presente hablo, hablas, habla, hablamos, habláis, hablan
Pretérito imperfecto o Copretérito hablaba, hablabas, hablaba, hablábamos, hablabais, hablaban
Pretérito perfecto simple o Pretérito hablé, hablaste, habló, hablamos, hablasteis, hablaron
Futuro simple o Futuro hablaré, hablarás, hablará, hablaremos, hablaréis, hablarán
Condicional simple o Pospretérito hablaría, hablarías, hablaría, hablaríamos, hablaríais, hablarían
SUBJUNTIVO
Presente hable, hables, hable, hablemos, habléis, hablen
Pretérito imperfecto o Pretérito hablara o hablase, hablaras o hablases, hablara o hablase, habláramos o hablásemos, hablarais o hablaseis, hablaran o hablasen
Futuro simple o Futuro hablare, hablares, hablare, habláremos, hablareis, hablaren
IMPERATIVO habla (tú), hablad (vosotros)

Correr (Segunda conjugación)

Formas no personales
INFINITIVO correr
GERUNDIO corriendo
PARTICIPIO corrido

Formas personales
INDICATIVO
Presente corro, corres, corre, corremos, corréis, corren
Pretérito imperfecto o Copretérito corría, corrías, corría, corríamos, corríais, corrían,
Pretérito perfecto simple o Pretérito corrí, corriste, corrió, corrimos, corristeis, corrieron
Futuro simple o Futuro correré, correrás, correrá, correremos, correréis, correrán
Condicional simple o Pospretérito correría, correrías, correría, correríamos, correríais, correrían
SUBJUNTIVO
Presente corra, corras, corra, corramos, corráis, corran
Pretérito imperfecto o Pretérito corriera o corriese, corrieras o corrieses, corriera o corriese, corriéramos o corriésemos, corrierais o corrieseis, corrieran o corriesen
Futuro simple o Futuro corriere, corrieres, corriere, corriéremos, corriereis, corrieren
IMPERATIVO corre (tú), corred (vosotros)

Partir (Tercera conjugación)

Formas no personales
INFINITIVO partir
GERUNDIO partiendo
PARTICIPIO partido

Formas personales
INDICATIVO
Presente parto, partes, parte, partimos, partís, parten
Pretérito imperfecto o Copretérito partía, partías, partía, partíamos, partíais, partían
Pretérito perfecto simple o Pretérito partí, partiste, partió, partimos, partisteis, partieron
Futuro simple o Futuro partiré, partirás, partirá, partiremos, partiréis, partirán
Condicional simple o Pospretérito partiría, partirías, partiría, partiríamos, partiríais, partirían
SUBJUNTIVO
Presente parta, partas, parta, partamos, partáis, partan
Pretérito imperfecto o Pretérito partiera o partiese, partieras o partieses, partiera o partiese, partiéramos o partiésemos, partierais o partieseis, partieran o partiesen
Futuro simple o Futuro partiere, partieres, partiere, partiéremos, partiereis, partieren
IMPERATIVO parte (tú), partid (vosotros)

Verbos com particípio irregular: abrir = abierto, circunscribir = circunscrito, cubrir = cubierto, describir = descrito, descubrir = descubierto, encubrir = encubierto, escribir = escrito, inscribir = inscrito o inscripto, prescribir = prescrito, proscribir = proscrito, pudrir = podrido, reabrir = reabierto, recubrir = recubierto, suscribir = suscrito, transcribir = transcrito o transcripto.

VERBOS IRREGULARES

Abolir (verbo defectivo)

Formas no personales
INFINITIVO abolir
GERUNDIO aboliendo
PARTICIPIO abolido

Formas personales
INDICATIVO
Presente abolimos, abolís
Pretérito imperfecto o Copretérito abolía, abolías, abolía, abolíamos, abolíais, abolían
Pretérito perfecto simple o Pretérito abolí, aboliste, abolió, abolimos, abolisteis, abolieron
Futuro simple o Futuro aboliré, abolirás, abolirá, aboliremos, aboliréis, abolirán
Condicional simple o Pospretérito aboliría, abolirías, aboliría, aboliríamos, aboliríais, abolirían
SUBJUNTIVO
Presente —
Pretérito imperfecto o Pretérito aboliera o aboliese, abolieras o abolieses, aboliera o aboliese, aboliéramos o aboliésemos, abolierais o abolieseis, abolieran o aboliesen
Futuro simple o Futuro aboliere, abolieres, aboliere, aboliéremos, aboliereis, abolieren
IMPERATIVO abolid (vosotros)

Adquirir

Formas no personales
INFINITIVO adquirir
GERUNDIO adquiriendo
PARTICIPIO adquirido

Formas personales
INDICATIVO
Presente adquiero, adquieres, adquiere, adquirimos, adquirís, adquieren
Pretérito imperfecto o Copretérito adquiría, adquirías, adquiría, adquiríamos, adquiríais, adquirían
Pretérito perfecto simple o Pretérito adquirí, adquiriste, adquirió, adquirimos, adquiristeis, adquirieron
Futuro simple o Futuro adquiriré, adquirirás, adquirirá, adquiriremos, adquiriréis, adquirirán
Condicional simple o Pospretérito adquiriría, adquirirías, adquiriría, adquiriríamos, adquiriríais, adquirirían
SUBJUNTIVO
Presente adquiera, adquieras, adquiera, adquiramos, adquiráis, adquieran
Pretérito imperfecto o Pretérito adquiriera o adquiriese, adquirieras o adquirieses, adquiriera o adquiriese, adquiriéramos o adquiriésemos, adquirierais o adquirieseis, adquirieran o adquiriesen
Futuro simple o Futuro adquiriere, adquirieres, adquiriere, adquiriéremos, adquiriereis, adquirieren
IMPERATIVO adquiere (tú), adquirid (vosotros)

Aducir

Formas no personales
INFINITIVO aducir
GERUNDIO aduciendo
PARTICIPIO aducido

Formas personales
INDICATIVO
Presente aduzco, aduces, aduce, aducimos, aducís, aducen
Pretérito imperfecto o Copretérito aducía, aducías, aducía, aducíamos, aducíais, aducían
Pretérito perfecto simple o Pretérito aduje, adujiste, adujo, adujimos, adujisteis, adujeron
Futuro simple o Futuro aduciré, aducirás, aducirá, aduciremos, aduciréis, aducirán
Condicional simple o Pospretérito aduciría, aducirías, aduciría, aduciríamos, aduciríais, aducirían
SUBJUNTIVO
Presente aduzca, aduzcas, aduzca, aduzcamos, aduzcáis, aduzcan
Pretérito imperfecto o Pretérito adujera o adujese, adujeras o adujeses, adujera o adujese, adujéramos o adujésemos, adujerais o adujeseis, adujeran o adujesen
Futuro simple o Futuro adujere, adujeres, adujere, adujéremos, adujereis, adujeren
IMPERATIVO aduce (tú), aducid (vosotros)

Aislar

Formas no personales
INFINITIVO aislar
GERUNDIO aislando
PARTICIPIO aislado

Formas personales
INDICATIVO
Presente aíslo, aíslas, aísla, aislamos, aisláis, aíslan
Pretérito imperfecto o Copretérito aislaba, aislabas, aislaba, aislábamos, aislabais, aislaban
Pretérito perfecto simple o Pretérito aislé, aislaste, aisló, aislamos, aislasteis, aislaron
Futuro simple o Futuro aislaré, aislarás, aislará, aislaremos, aislaréis, aislarán
Condicional simple o Pospretérito aislaría, aislarías, aislaría, aislaríamos, aislaríais, aislarían
SUBJUNTIVO
Presente aísle, aísles, aísle, aislemos, aisléis, aíslen
Pretérito imperfecto o Pretérito aislara o aislase, aislaras o aislases, aislara o aislase, aisláramos o aislásemos, aislarais o aislaseis, aislaran o aislasen
Futuro simple o Futuro aislare, aislares, aislare, aisláremos, aislareis, aislaren
IMPERATIVO aísla (tú), aislad (vosotros)

Almorzar

Formas no personales
INFINITIVO almorzar
GERUNDIO almorzando
PARTICIPIO almorzado

Formas personales
INDICATIVO
Presente almuerzo, almuerzas, almuerza, almorzamos, almorzáis, almuerzan
Pretérito imperfecto o Copretérito almorzaba, almorzabas, almorzaba, almorzábamos, almorzabais, almorzaban
Pretérito perfecto simple o Pretérito almorcé, almorzaste, almorzó, almorzamos, almorzasteis, almorzaron
Futuro simple o Futuro almorzaré, almorzarás, almorzará, almorzaremos, almorzaréis, almorzarán
Condicional simple o Pospretérito almorzaría, almorzarías, almorzaría, almorzaríamos, almorzaríais, almorzarían
SUBJUNTIVO
Presente almuerce, almuerces, almuerce, almorcemos, almorcéis, almuercen
Pretérito imperfecto o Pretérito almorzara o almorzase, almorzaras o almorzases, almorzara o almorzase, almorzáramos o almorzásemos, almorzarais o almorzaseis, almorzaran o almorzasen
Futuro simple o Futuro almorzare, almorzares, almorzare, almorzáremos, almorzareis, almorzaren
IMPERATIVO almuerza (tú), almorzad (vosotros)

Alzar

Formas no personales
INFINITIVO alzar
GERUNDIO alzando
PARTICIPIO alzado

Formas personales
INDICATIVO
Presente alzo, alzas, alza, alzamos, alzáis, alzan
Pretérito imperfecto o Copretérito alzaba, alzabas, alzaba, alzábamos, alzabais, alzaban
Pretérito perfecto simple o Pretérito alcé, alzaste, alzó, alzamos, alzasteis, alzaron
Futuro simple o Futuro alzaré, alzarás, alzará, alzaremos, alzaréis, alzarán
Condicional simple o Pospretérito alzaría, alzarías, alzaría, alzaríamos, alzaríais, alzarían
SUBJUNTIVO
Presente alce, alces, alce, alcemos, alcéis, alcen
Pretérito imperfecto o Pretérito alzara o alzase, alzaras o alzases, alzara o alzase, alzáramos o alzásemos, alzarais o alzaseis, alzaran o alzasen
Futuro simple o Futuro alzar, alzares, alzare, alzáremos, alzareis, alzaren
IMPERATIVO alza (tú), alzad (vosotros)

Andar

Formas no personales
INFINITIVO andar
GERUNDIO andando
PARTICIPIO andado

Formas personales
INDICATIVO
Presente ando, andas, anda, andamos, andáis, andan
Pretérito imperfecto o Copretérito andaba, andabas, andaba, andábamos, andabais, andaban
Pretérito perfecto simple o Pretérito anduve, anduviste, anduvo, anduvimos, anduvisteis, anduvieron
Futuro simple o Futuro andaré, andarás, andará, andaremos, andaréis, andarán
Condicional simple o Pospretérito andaría, andarías, andaría, andaríamos, andaríais, andarían
SUBJUNTIVO
Presente ande, andes, ande, andemos, andéis, anden
Pretérito imperfecto o Pretérito anduviera o anduviese, anduvieras o anduvieses, anduviera o anduviese, anduviéramos o anduviésemos, anduvierais o anduvieseis, anduvieran o anduviesen
Futuro simple o Futuro anduviere, anduvieres, anduviere, anduviéremos, anduviereis, anduvieren
IMPERATIVO anda (tú), andad (vosotros)

Aprobar

Formas no personales
INFINITIVO aprobar
GERUNDIO aprobando
PARTICIPIO aprobado

Formas personales
INDICATIVO
Presente apruebo, apruebas, aprueba, aprobamos, aprobáis, aprueban
Pretérito imperfecto o Copretérito aprobaba, aprobabas, aprobaba, aprobábamos, aprobabais, aprobaban
Pretérito perfecto simple o Pretérito aprobé, aprobaste, aprobó, aprobamos, aprobasteis, aprobaron
Futuro simple o Futuro aprobaré, aprobarás, aprobará, aprobaremos, aprobaréis, aprobarán
Condicional simple o Pospretérito aprobaría, aprobarías, aprobaría, aprobaríamos, aprobaríais, aprobarían
SUBJUNTIVO
Presente apruebe, apruebes, apruebe, aprobemos, aprobéis, aprueben
Pretérito imperfecto o Pretérito aprobara o aprobase, aprobaras o aprobases, aprobara o aprobase, aprobáramos o aprobásemos, aprobarais o aprobaseis, aprobaran o aprobasen
Futuro simple o Futuro aprobare, aprobares, aprobare, aprobáremos, aprobareis, aprobaren
IMPERATIVO aprueba (tú), aprobad (vosotros)

Asir

Formas no personales
INFINITIVO asir
GERUNDIO asiendo
PARTICIPIO asido

Formas personales
INDICATIVO
Presente asgo, ases, ase, asimos, asís, asen
Pretérito imperfecto o Copretérito asía, asías, asía, asíamos, asíais, asían
Pretérito perfecto simple o Pretérito así, asiste, asió, asimos, asisteis, asieron
Futuro simple o Futuro asiré, asirás, asirá, asiremos, asiréis, asirán
Condicional simple o Pospretérito asiría, asirías, asiría, asiríamos, asiríais, asirían
SUBJUNTIVO
Presente asga, asgas, asga, asgamos, asgáis, asgan
Pretérito imperfecto o Pretérito asiera o asiese, asieras o asieses, asiera o asiese, asiéramos o asiésemos, asierais o asieseis, asieran o asiesen
Futuro simple o Futuro asiere, asieres, asiere, asiéremos, asiereis, asieren
IMPERATIVO ase (tú), asid (vosotros)

Atacar

Formas no personales
INFINITIVO atacar
GERUNDIO atacando
PARTICIPIO atacado

Formas personales
INDICATIVO
Presente ataco, atacas, ataca, atacamos, atacáis, atacan
Pretérito imperfecto o Copretérito atacaba, atacabas, atacaba, atacábamos, atacabais, atacaban
Pretérito perfecto simple o Pretérito ataqué, atacaste, atacó, atacamos, atacasteis, atacaron
Futuro simple o Futuro atacaré, atacarás, atacará, atacaremos, atacaréis, atacarán
Condicional simple o Pospretérito atacaría, atacarías, atacaría, atacaríamos, atacaríais, atacarían
SUBJUNTIVO
Presente ataque, ataques, ataque, ataquemos, ataquéis, ataquen
Pretérito imperfecto o Pretérito atacara o atacase, atacaras o atacases, atacara o atacase, atacáramos o atacásemos, atacarais o atacaseis, atacaran o atacasen
Futuro simple o Futuro atacare, atacares, atacare, atacáremos, atacareis, atacaren
IMPERATIVO ataca (tú), atacad (vosotros)

Atenuar

Formas no personales
INFINITIVO atenuar
GERUNDIO atenuando
PARTICIPIO atenuado

Formas personales
INDICATIVO
Presente atenúo, atenúas, atenúa, atenuamos, atenuáis, atenúan
Pretérito imperfecto o Copretérito atenuaba, atenuabas, atenuaba, atenuábamos, atenuabais, atenuaban
Pretérito perfecto simple o Pretérito atenué, atenuaste, atenuó, atenuamos, atenuasteis, atenuaron
Futuro simple o Futuro atenuaré, atenuarás, atenuará, atenuaremos, atenuaréis, atenuarán
Condicional simple o Pospretérito atenuaría, atenuarías, atenuaría, atenuaríamos, atenuaríais, atenuarían
SUBJUNTIVO
Presente atenúe, atenúes, atenúe, atenuemos, atenuéis, atenúen
Pretérito imperfecto o Pretérito atenuara o atenuase, atenuaras o atenuases, atenuara o atenuase, atenuáramos o atenuásemos, atenuarais o atenuaseis atenuaran o atenuasen
Futuro simple o Futuro atenuare, atenuares, atenuare, atenuáremos, atenuareis, atenuaren
IMPERATIVO atenúa (tú), atenuad (vosotros)

Aunar

Formas no personales
INFINITIVO aunar
GERUNDIO aunando
PARTICIPIO aunado

Formas personales
INDICATIVO
Presente aúno, aúnas, aúna, aunamos, aunáis, aúnan
Pretérito imperfecto o Copretérito aunaba, aunabas, aunaba, aunábamos, aunabais, aunaban
Pretérito perfecto simple o Pretérito auné, aunaste, aunó, aunamos, aunasteis, aunaron
Futuro simple o Futuro aunaré, aunarás, aunará, aunaremos, aunaréis, aunarán
Condicional simple o Pospretérito aunaría, aunarías, aunaría, aunaríamos, aunaríais, aunarían
SUBJUNTIVO
Presente aúne, aúnes, aúne, aunemos, aunéis, aúnen
Pretérito imperfecto o Pretérito aunara o aunase, aunaras o aunases, aunara o aunase, aunáramos o aunásemos, aunarais o aunaseis, aunaran o aunasen
Futuro simple o Futuro aunare, aunares, aunare, aunáremos, aunareis, aunaren
IMPERATIVO aúna (tú), aunad (vosotros)

Averiguar

Formas no personales
INFINITIVO averiguar
GERUNDIO averiguando
PARTICIPIO averiguado

Formas personales
INDICATIVO
Presente averiguo, averiguas, averigua, averiguamos, averiguáis, averiguan
Pretérito imperfecto o Copretérito averiguaba, averiguabas, averiguaba, averiguábamos, averiguabais, averiguaban
Pretérito perfecto simple o Pretérito averigüé, averiguaste, averiguó, averiguamos, averiguasteis, averiguaron
Futuro simple o Futuro averiguaré, averiguarás, averiguará, averiguaremos, averiguaréis, averiguarán
Condicional simple o Pospretérito averiguaría, averiguarías, averiguaría, averiguaríamos, averiguaríais, averiguarían
SUBJUNTIVO
Presente averigüe, averigües, averigüe, averigüemos, averigüéis, averigüen
Pretérito imperfecto o Pretérito averiguara o averiguase, averiguaras o averiguases, averiguara o averiguase, averiguáramos o averiguásemos, averiguarais o averiguaseis, averiguaran o averiguasen
Futuro simple o Futuro averiguare, averiguares, averiguare, averiguáremos, averiguareis, averiguaren
IMPERATIVO averigua (tú), averiguad (vosotros)

Balbucir

Formas no personales
INFINITIVO balbucir
GERUNDIO balbuciendo
PARTICIPIO balbucido

Formas personales
INDICATIVO
Presente balbuces, balbuce, balbucimos, balbucís, balbucen
Pretérito imperfecto o Copretérito balbucía, balbucías, balbucía, balbucíamos, balbucíais, balbucían
Pretérito perfecto simple o Pretérito balbucí, balbuciste, balbució, balbucimos, balbucisteis, balbucieron
Futuro simple o Futuro balbuciré, balbucirás, balbucirá, balbuciremos, balbuciréis, balbucirán
Condicional simple o Pospretérito balbuciría, balbucirías, balbuciría, balbuciríamos, balbuciríais, balbucirían
SUBJUNTIVO
Presente —
Pretérito imperfecto o Pretérito balbuciera o balbuciese, balbucieras o balbucieses, balbuciera o balbuciese, balbuciéramos o balbuciésemos, balbucierais o balbucieseis, balbucieran o balbuciesen
Futuro simple o Futuro balbuciere, balbucieres, balbuciere, balbuciéremos, balbuciereis, balbucieren
IMPERATIVO balbuce (tú), balbucid (vosotros)

Bendecir

Formas no personales
INFINITIVO bendecir
GERUNDIO bendiciendo
PARTICIPIO bendecido / bendito

Formas personales
INDICATIVO
Presente bendigo, bendices, bendice, bendecimos, bendecís, bendicen
Pretérito imperfecto o Copretérito bendecía, bendecías, bendecía, bendecíamos, bendecíais, bendecían
Pretérito perfecto simple o Pretérito bendije, bendijiste, bendijo, bendijimos, bendijisteis, bendijeron
Futuro simple o Futuro bendeciré, bendecirás, bendecirá, bendeciremos, bendeciréis, bendecirán
Condicional simple o Pospretérito bendeciría, bendecirías, bendeciría, bendeciríamos, bendeciríais, bendecirían
SUBJUNTIVO
Presente bendiga, bendigas, bendiga, bendigamos, bendigáis, bendigan
Pretérito imperfecto o Pretérito bendijera o bendijese, bendijeras o bendijeses, bendijera o bendijese, bendijéramos o bendijésemos, bendijerais o bendijeseis, bendijeran o bendijesen
Futuro simple o Futuro bendijere, bendijeres, bendijere, bendijéremos, bendijereis, bendijeren
IMPERATIVO bendice (tú), bendecid (vosotros)

Bullir

Formas no personales
INFINITIVO bullir
GERUNDIO bullendo
PARTICIPIO bullido

Formas personales
INDICATIVO
Presente bullo, bulles, bulle, bullimos, bullís, bullen
Pretérito imperfecto o Copretérito bullía, bullías, bullía, bullíamos, bullíais, bullían
Pretérito perfecto simple o Pretérito bullí, bulliste, bulló, bullimos, bullisteis, bulleron
Futuro simple o Futuro bulliré, bullirás, bullirá, bulliremos, bulliréis, bullirán
Condicional simple o Pospretérito bulliría, bullirías, bulliría, bulliríamos, bulliríais, bullirían
SUBJUNTIVO
Presente bulla, bullas, bulla, bullamos, bulláis, bullan
Pretérito imperfecto o Pretérito bullera o bullese, bulleras o bulleses, bullera o bullese, bulléramos o bullésemos, bullerais o bulleseis, bulleran o bullesen
Futuro simple o Futuro bullere, bulleres, bullere, bulléremos, bullereis, bulleren
IMPERATIVO bulle (tú), bullid (vosotros)

Caber

Formas no personales
INFINITIVO caber
GERUNDIO cabiendo
PARTICIPIO cabido

Formas personales
INDICATIVO
Presente quepo, cabes, cabe, cabemos, cabéis, caben
Pretérito imperfecto o Copretérito cabía, cabías, cabía, cabíamos, cabíais, cabían
Pretérito perfecto simple o Pretérito cupe, cupiste, cupo, cupimos, cupisteis, cupieron
Futuro simple o Futuro cabré, cabrás, cabrá, cabremos, cabréis, cabrán
Condicional simple o Pospretérito cabría, cabrías, cabría, cabríamos, cabríais, cabrían
SUBJUNTIVO
Presente quepa, quepas, quepa, quepamos, quepáis, quepan
Pretérito imperfecto o Pretérito cupiera o cupiese, cupieras o cupieses, cupiera o cupiese, cupiéramos o cupiésemos, cupierais o cupieseis, cupieran o cupiesen
Futuro simple o Futuro cupiere, cupieres, cupiere, cupiéremos, cupiereis, cupieren
IMPERATIVO cabe (tú), cabed (vosotros)

Caer

Formas no personales
INFINITIVO caer
GERUNDIO cayendo
PARTICIPIO caído

Formas personales
INDICATIVO
Presente caigo, caes, cae, caemos, caéis, caen
Pretérito imperfecto o Copretérito caía, caías, caía, caíamos, caíais, caían
Pretérito perfecto simple o Pretérito caí, caíste, cayó, caímos, caísteis, cayeron
Futuro simple o Futuro caeré, caerás, caerá, caeremos, caeréis, caerán
Condicional simple o Pospretérito caería, caerías, caería, caeríamos, caeríais, caerían
SUBJUNTIVO
Presente caiga, caigas, caiga, caigamos, caigáis, caigan
Pretérito imperfecto o Pretérito cayera o cayese, cayeras o cayeses, cayera o cayese, cayéramos o cayésemos, cayerais o cayeseis, cayeran o cayesen
Futuro simple o Futuro cayere, cayeres, cayere, cayéremos, cayereis, cayeren
IMPERATIVO cae (tú), caed (vosotros)

Cargar

Formas no personales
INFINITIVO cargar
GERUNDIO cargando
PARTICIPIO cargado

Formas personales
INDICATIVO
Presente cargo, cargas, carga, cargamos, cargáis, cargan
Pretérito imperfecto o Copretérito cargaba, cargabas, cargaba, cargábamos, cargabais, cargaban
Pretérito perfecto simple o Pretérito cargué, cargaste, cargó, cargamos, cargasteis, cargaron
Futuro simple o Futuro cargaré, cargarás, cargará, cargaremos, cargaréis, cargarán
Condicional simple o Pospretérito cargaría, cargarías, cargaría, cargaríamos, cargaríais, cargarían
SUBJUNTIVO
Presente cargue, cargues, cargue, carguemos, carguéis, carguen
Pretérito imperfecto o Pretérito cargara o cargase, cargaras o cargases, cargara o cargase, cargáramos o cargásemos, cargarais o cargaseis cargaran o cargasen
Futuro simple o Futuro cargare, cargares, cargare, cargáremos, cargareis, cargaren
IMPERATIVO carga (tú), cargad (vosotros)

Cocer

Formas no personales
INFINITIVO cocer
GERUNDIO cociendo
PARTICIPIO cocido

Formas personales
INDICATIVO
Presente cuezo, cueces, cuece, cocemos, cocéis, cuecen
Pretérito imperfecto o Copretérito cocía, cocías, cocía, cocíamos, cocíais, cocían
Pretérito perfecto simple o Pretérito cocí, cociste, coció, cocimos, cocisteis, cocieron
Futuro simple o Futuro coceré, cocerás, cocerá, coceremos, coceréis, cocerán
Condicional simple o Pospretérito cocería, cocerías, cocería, coceríamos, coceríais, cocerían
SUBJUNTIVO
Presente cueza, cuezas, cueza, cozamos, cozáis, cuezan
Pretérito imperfecto o Pretérito cociera o cociese, cocieras o cocieses, cociera o cociese, cociéramos o cociésemos, cocierais o cocieseis cocieran o cociesen
Futuro simple o Futuro cociere, cocieres, cociere, cociéremos, cociereis, cocieren
IMPERATIVO cuece (tú), coced (vosotros)

Colgar

Formas no personales
INFINITIVO colgar
GERUNDIO colgando
PARTICIPIO colgado

Formas personales
INDICATIVO
Presente cuelgo, cuelgas, cuelga, colgamos, colgáis, cuelgan
Pretérito imperfecto o Copretérito colgaba, colgabas, colgaba, colgábamos, colgabais, colgaban
Pretérito perfecto simple o Pretérito colgué, colgaste, colgó, colgamos, colgasteis, colgaron
Futuro simple o Futuro colgaré, colgarás, colgará, colgaremos, colgaréis, colgarán
Condicional simple o Pospretérito colgaría, colgarías, colgaría, colgaríamos, colgaríais, colgarían
SUBJUNTIVO
Presente cuelgue, cuelgues, cuelgue, colguemos, colguéis, cuelguen
Pretérito imperfecto o Pretérito colgara o colgase, colgaras o colgases, colgara o colgase, colgáramos o colgásemos, colgarais o colgaseis, colgaran o colgasen
Futuro simple o Futuro colgare, colgares, colgare, colgáremos, colgareis, colgaren
IMPERATIVO cuelga (tú), colgad (vosotros)

Confiar

Formas no personales
INFINITIVO confiar
GERUNDIO confiando
PARTICIPIO confiado

Formas personales
INDICATIVO
Presente confío, confías, confía, confiamos, confiáis, confían
Pretérito imperfecto o Copretérito confiaba, confiabas, confiaba, confiábamos, confiabais, confiaban
Pretérito perfecto simple o Pretérito confié, confiaste, confió, confiamos, confiasteis, confiaron
Futuro simple o Futuro confiaré, confiarás, confiará, confiaremos, confiaréis, confiarán
Condicional simple o Pospretérito confiaría, confiarías, confiaría, confiaríamos, confiaríais, confiarían
SUBJUNTIVO
Presente confíe, confíes, confíe, confiemos, confiéis, confíen
Pretérito imperfecto o Pretérito confiara o confiase, confiaras o confiases, confiara o confiase, confiáramos o confiásemos, confiarais o confiaseis, confiaran o confiasen
Futuro simple o Futuro confiare, confiares, confiare, confiáremos, confiareis, confiaren
IMPERATIVO confía (tú), confiad (vosotros)

Corregir

Formas no personales
INFINITIVO corregir
GERUNDIO corrigiendo
PARTICIPIO corregido

Formas personales
INDICATIVO
Presente corrijo, corriges, corrige, corregimos, corregís, corrigen
Pretérito imperfecto o Copretérito corregía, corregías, corregía, corregíamos, corregíais, corregían
Pretérito perfecto simple o Pretérito corregí, corregiste, corrigió, corregimos, corregisteis, corrigieron
Futuro simple o Futuro corregiré, corregirás, corregirá, corregiremos, corregiréis, corregirán
Condicional simple o Pospretérito corregiría, corregirías, corregiría, corregiríamos, corregiríais, corregirían
SUBJUNTIVO
Presente corrija, corrijas, corrija, corrijamos, corrijáis, corrijan
Pretérito imperfecto o Pretérito corrigiera o corrigiese, corrigieras o corrigieses, corrigiera o corrigiese, corrigiéramos o corrigiésemos, corrigierais o corrigieseis, corrigieran o corrigiesen
Futuro simple o Futuro corrigiere, corrigieres, corrigiere, corrigiéremos, corrigiereis, corrigieren
IMPERATIVO corrige (tú), corregid (vosotros)

Crecer

Formas no personales
INFINITIVO crecer
GERUNDIO creciendo
PARTICIPIO crecido

Formas personales
INDICATIVO
Presente crezco, creces, crece, crecemos, crecéis, crecen
Pretérito imperfecto o Copretérito crecía, crecías, crecía, crecíamos, crecíais, crecían
Pretérito perfecto simple o Pretérito crecí, creciste, creció, crecimos, crecisteis, crecieron
Futuro simple o Futuro creceré, crecerás, crecerá, creceremos, creceréis, crecerán
Condicional simple o Pospretérito crecería, crecerías, crecería, creceríamos, creceríais, crecerían
SUBJUNTIVO
Presente crezca, crezcas, crezca, crezcamos, crezcáis, crezcan
Pretérito imperfecto o Pretérito creciera o creciese, crecieras o crecieses, creciera o creciese, creciéramos o creciésemos, crecierais o crecieseis crecieran o creciesen
Futuro simple o Futuro creciere, crecieres, creciere, creciéremos, creciereis, crecieren
IMPERATIVO crece (tú), creced (vosotros)

Dar

Formas no personales
INFINITIVO dar
GERUNDIO dando
PARTICIPIO dado

Formas personales
INDICATIVO
Presente doy, das, da, damos, dais, dan
Pretérito imperfecto o Copretérito daba, dabas, daba, dábamos, dabais, daban
Pretérito perfecto simple o Pretérito di, diste, dio, dimos, disteis, dieron
Futuro simple o Futuro daré, darás, dará, daremos, daréis, darán
Condicional simple o Pospretérito daría, darías, daría, daríamos, daríais, darían
SUBJUNTIVO
Presente dé, des, dé, demos, deis, den
Pretérito imperfecto o Pretérito diera o diese, dieras o dieses, diera o diese, diéramos o diésemos, dierais o dieseis, dieran o diesen
Futuro simple o Futuro diere, dieres, diere, diéremos, diereis, dieren
IMPERATIVO da (tú), dad (vosotros)

Decir

Formas no personales
INFINITIVO decir
GERUNDIO diciendo
PARTICIPIO (irregular) dicho

Formas personales
INDICATIVO
Presente digo, dices, dice, decimos, decís, dicen
Pretérito imperfecto o Copretérito decía, decías, decía, decíamos, decíais, decían
Pretérito perfecto simple o Pretérito dije, dijiste, dijo, dijimos, dijisteis, dijeron
Futuro simple o Futuro diré, dirás, dirá, diremos, diréis, dirán
Condicional simple o Pospretérito diría, dirías, diría, diríamos, diríais, dirían
SUBJUNTIVO
Presente diga, digas, diga, digamos, digáis, digan
Pretérito imperfecto o Pretérito dijera o dijese, dijeras o dijeses, dijera o dijese, dijéramos o dijésemos, dijerais o dijeseis, dijeran o dijesen
Futuro simple o Futuro dijere, dijeres, dijere, dijéremos, dijereis, dijeren
IMPERATIVO di (tú), decid (vosotros)

Defender

Formas no personales
INFINITIVO defender
GERUNDIO defendiendo
PARTICIPIO defendido

Formas personales
INDICATIVO
Presente defiendo, defiendes, defiende, defendemos, defendéis, defienden
Pretérito imperfecto o Copretérito defendía, defendías, defendía, defendíamos, defendíais, defendían
Pretérito perfecto simple o Pretérito defendí, defendiste, defendió, defendimos, defendisteis, defendieron
Futuro simple o Futuro defenderé, defenderás, defenderá, defenderemos, defenderéis, defenderán
Condicional simple o Pospretérito defendería, defenderías, defendería, defenderíamos, defenderíais, defenderían
SUBJUNTIVO
Presente defienda, defiendas, defienda, defendamos, defendáis, defiendan
Pretérito imperfecto o Pretérito defendiere, defendieres, defendiere, defendiéremos, defendiereis, defendieren
Futuro simple o Futuro defendiera o defendiese, defendieras o defendieses, defendiera o defendiese, defendiéramos o defendiésemos, defendierais o defendieseis, defendieran o defendiesen
IMPERATIVO defiende (tú), defended (vosotros)

Delinquir

Formas no personales
INFINITIVO delinquir
GERUNDIO delinquiendo
PARTICIPIO delinquido

Formas personales
INDICATIVO
Presente delinco, delinques, delinque, delinquimos, delinquís, delinquen
Pretérito imperfecto o Copretérito delinquía, delinquías, delinquía, delinquíamos, delinquíais, delinquían
Pretérito perfecto simple o Pretérito delinquí, delinquiste, delinquió, delinquimos, delinquisteis, delinquieron
Futuro simple o Futuro delinquiré, delinquirás, delinquirá, delinquiremos, delinquiréis, delinquirán
Condicional simple o Pospretérito delinquiría, delinquirías, delinquiría, delinquiríamos, delinquiríais, delinquirían
SUBJUNTIVO
Presente delinca, delincas, delinca, delincamos, delincáis, delincan
Pretérito imperfecto o Pretérito delinquiera o delinquiese, delinquieras o delinquieses, delinquiera o delinquiese, delinquiéramos o delinquiésemos, delinquierais o delinquieseis, delinquieran o delinquiesen
Futuro simple o Futuro delinquiere, delinquieres, delinquiere, delinquiéremos, delinquiereis, delinquieren
IMPERATIVO delinque (tú), delinquid (vosotros)

Despertar

Formas no personales
INFINITIVO despertar
GERUNDIO despertando
PARTICIPIO despertado

Formas personales
INDICATIVO
Presente despierto despiertas, despierta, despertamos, despertáis, despiertan
Pretérito imperfecto o Copretérito despertaba, despertabas, despertaba, despertábamos, despertabais, despertaban
Pretérito perfecto simple o Pretérito desperté, despertaste, despertó, despertamos, despertasteis, despertaron
Futuro simple o Futuro despertaré, despertarás, despertará, despertaremos, despertaréis, despertarán
Condicional simple o Pospretérito despertaría, despertarías, despertaría, despertaríamos, despertaríais, despertarían
SUBJUNTIVO
Presente despierte, despiertes, despierte, despertemos, despertéis, despierten
Pretérito imperfecto o Pretérito despertara o despertase, despertaras o despertases, despertara o despertase, despertáramos o despertásemos, despertarais o despertaseis, despertaran o despertasen
Futuro simple o Futuro despertare, despertares, despertare, despertáremos, despertareis, despertaren
IMPERATIVO despierta (tú), despertad (vosotros)

Discernir

Formas no personales
INFINITIVO discernir
GERUNDIO discerniendo
PARTICIPIO discernido

Formas personales
INDICATIVO
Presente discierno, disciernes, discierne, discernimos, discernís, disciernen
Pretérito imperfecto o Copretérito discernía, discernías, discernía, discerníamos, discerníais, discernían
Pretérito perfecto simple o Pretérito discerní, discerniste, discernió, discernimos, discernisteis, discernieron
Futuro simple o Futuro discerniré, discernirás, discernirá, discerniremos, discerniréis, discernirán
Condicional simple o Pospretérito discerniría, discernirías, discerniría, discerniríamos, discerniríais, discernirían
SUBJUNTIVO
Presente discierna, disciernas, discierna, discernamos, discernáis, disciernan
Pretérito imperfecto o Pretérito discerniera o discerniese, discernieras o discernieses, discerniera o discerniese, discerniéramos o discerniésemos, discernierais o discernieseis, discernieran o discerniesen
Futuro simple o Futuro discerniere, discernieres, discerniere, discerniéremos, discerniereis, discernieren
IMPERATIVO discierne (tú), discernid (vosotros)

Dormir

Formas no personales
INFINITIVO dormir
GERUNDIO durmiendo
PARTICIPIO dormido

Formas personales
INDICATIVO
Presente duermo, duermes, duerme, dormimos, dormís, duermen
Pretérito imperfecto o Copretérito dormía, dormías, dormía, dormíamos, dormíais, dormían
Pretérito perfecto simple o Pretérito dormí, dormiste, durmió, dormimos, dormisteis, durmieron
Futuro simple o Futuro dormiré, dormirás, dormirá, dormiremos, dormiréis, dormirán
Condicional simple o Pospretérito dormiría, dormirías, dormiría, dormiríamos, dormiríais, dormirían
SUBJUNTIVO
Presente duerma, duermas, duerma, durmamos, durmáis, duerman
Pretérito imperfecto o Pretérito durmiera o durmiese, durmieras o durmieses, durmiera o durmiese, durmiéramos o durmiésemos, durmierais o durmieseis, durmieran o durmiesen
Futuro simple o Futuro durmiere, durmieres, durmiere, durmiéremos, durmiereis, durmieren
IMPERATIVO duerme (tú), dormid (vosotros)

Empezar

Formas no personales
INFINITIVO empezar
GERUNDIO empezando
PARTICIPIO empezado

Formas personales
INDICATIVO
Presente empiezo, empiezas, empieza, empezamos, empezáis, empiezan
Pretérito imperfecto o Copretérito empezaba, empezabas, empezaba, empezábamos, empezabais, empezaban
Pretérito perfecto simple o Pretérito empecé, empezaste, empezó, empezamos, empezasteis, empezaron
Futuro simple o Futuro empezaré, empezarás, empezará, empezaremos, empezaréis, empezarán
Condicional simple o Pospretérito empezaría, empezarías, empezaría, empezaríamos, empezaríais , empezarían
SUBJUNTIVO
Presente empiece, empieces, empiece, empecemos, empecéis, empiecen
Pretérito imperfecto o Pretérito empezara o empezase, empezaras o empezases, empezara o empezase, empezáramos o empezásemos, empezarais o empezaseis empezaran o empezasen
Futuro simple o Futuro empezare, empezares, empezare, empezáremos, empezareis, empezaren
IMPERATIVO empieza (tú), empezad (vosotros)

Erguir

Formas no personales
INFINITIVO erguir
GERUNDIO irguiendo
PARTICIPIO erguido

Formas personales
INDICATIVO
Presente yergo o irgo, yergues o irgues, yergue o irgue, erguimos, erguís, yerguen o irguen
Pretérito imperfecto o Copretérito erguía, erguías, erguía, erguíamos, erguíais, erguían
Pretérito perfecto simple o Pretérito erguí, erguiste, irguió, erguimos, erguisteis, irguieron
Futuro simple o Futuro erguiré, erguirás, erguirá, erguiremos, erguiréis, erguirán
Condicional simple o Pospretérito erguiría, erguirías, erguiría, erguiríamos, erguiríais, erguirían
SUBJUNTIVO
Presente yerga o irga, yergas o irgas, yerga o irga, irgamos, irgáis, yergan o irgan
Pretérito imperfecto o Pretérito irguiera o irguiese, irguieras o irguieses, irguiera o irguiese, irguiéramos o irguiésemos, irguierais o irguieseis, irguieran o irguiesen
Futuro simple o Futuro irguiere, irguieres, irguiere, irguiéremos, irguiereis, irguieren
IMPERATIVO yergue o irgue (tú), erguid (vosotros)

Errar

Formas no personales
INFINITIVO errar
GERUNDIO errando
PARTICIPIO errado

Formas personales
INDICATIVO
Presente yerro o erro, yerras o erras, yerra o erra, erramos, erráis, yerran o erran
Pretérito imperfecto o Copretérito erraba, errabas, erraba, errábamos, errabais, erraban
Pretérito perfecto simple o Pretérito erré, erraste, erró, erramos, errasteis, erraron
Futuro simple o Futuro erraré, errarás, errará, erraremos, erraréis, errarán
Condicional simple o Pospretérito erraría, errarías, erraría, erraríamos, erraríais, errarían
SUBJUNTIVO
Presente yerre o erre, yerres o erres, yerre o erre, erremos, erréis, yerren o erren
Pretérito imperfecto o Pretérito errara o errase, erraras o errases, errara o errase, erráramos o errásemos, errarais o erraseis, erraran o errasen
Futuro simple o Futuro errare, errares, errare, erráremos, errareis, erraren
IMPERATIVO yerra o erra (tú), errad (vosotros)

Escoger

Formas no personales
INFINITIVO escoger
GERUNDIO escogiendo
PARTICIPIO escogido

Formas personales
INDICATIVO
Presente escojo, escoges, escoge, escogemos, escogéis, escogen
Pretérito imperfecto o Copretérito escogía, escogías, escogía, escogíamos, escogíais, escogían
Pretérito perfecto simple o Pretérito escogí, escogiste, escogió, escogimos, escogisteis, escogieron
Futuro simple o Futuro escogeré, escogerás, escogerá, escogeremos, escogeréis, escogerán
Condicional simple o Pospretérito escogería, escogerías, escogería, escogeríamos, escogeríais, escogerían
SUBJUNTIVO
Presente escoja, escojas, escoja, escojamos, escojáis, escojan
Pretérito imperfecto o Pretérito escogiera o escogiese, escogieras o escogieses, escogiera o escogiese, escogiéramos o escogiésemos, escogierais o escogieseis, escogieran o escogiesen
Futuro simple o Futuro escogiere, escogieres, escogiere, escogiéremos, escogiereis, escogieren
IMPERATIVO escoge (tú), escoged (vosotros)

Exigir

Formas no personales
INFINITIVO exigir
GERUNDIO exigiendo
PARTICIPIO exigido

Formas personales
INDICATIVO
Presente exijo, exiges, exige, exigimos, exigís, exigen
Pretérito imperfecto o Copretérito exigía, exigías, exigía, exigíamos, exigíais, exigían
Pretérito perfecto simple o Pretérito exigí, exigiste, exigió, exigimos, exigisteis, exigieron
Futuro simple o Futuro exigiré, exigirás, exigirá, exigiremos, exigiréis, exigirán
Condicional simple o Pospretérito exigiría, exigirías, exigiría, exigiríamos, exigiríais, exigirían
SUBJUNTIVO
Presente exija, exijas, exija, exijamos, exijáis, exijan
Pretérito imperfecto o Pretérito exigiera o exigiese, exigieras o exigieses, exigiera o exigiese, exigiéramos o exigiésemos, exigierais o exigieseis, exigieran o exigiesen
Futuro simple o Futuro exigiere, exigieres, exigiere, exigiéremos, exigiereis, exigieren
IMPERATIVO exige (tú), exigid (vosotros)

Extinguir

Formas no personales
INFINITIVO extinguir
GERUNDIO extinguiendo
PARTICIPIO extinguido

Formas personales
INDICATIVO
Presente extingo, extingues, extingue, extinguimos, extinguís, extinguen
Pretérito imperfecto o Copretérito extinguía, extinguías, extinguía, extinguíamos, extinguíais, extinguían
Pretérito perfecto simple o Pretérito extinguí, extinguiste, extinguió, extinguimos, extinguisteis, extinguieron
Futuro simple o Futuro extinguiré, extinguirás, extinguirá, extinguiremos, extinguiréis, extinguirán
Condicional simple o Pospretérito extinguiría, extinguirías, extinguiría, extinguiríamos, extinguiríais, extinguirían
SUBJUNTIVO
Presente extinga, extingas, extinga, extingamos, extingáis, extingan
Pretérito imperfecto o Pretérito extinguiera o extinguiese, extinguieras o extinguieses, extinguiera o extinguiese, extinguiéramos o extinguiésemos, extinguierais o extinguieseis, extinguieran o extinguiesen
Futuro simple o Futuro extinguiere, extinguieres, extinguiere, extinguiéremos, extinguiereis, extinguieren
IMPERATIVO extingue (tú), extinguid (vosotros)

Fregar

Formas no personales
INFINITIVO fregar
GERUNDIO fregando
PARTICIPIO fregado

Formas personales
INDICATIVO
Presente friego, friegas, friega, fregamos, fregáis, friegan
Pretérito imperfecto o Copretérito fregaba, fregabas, fregaba, fregábamos, fregabais, fregaban
Pretérito perfecto simple o Pretérito fregué, fregaste, fregó, fregamos, fregasteis, fregaron
Futuro simple o Futuro fregaré, fregarás, fregará, fregaremos, fregaréis, fregarán
Condicional simple o Pospretérito fregaría, fregarías, fregaría, fregaríamos, fregaríais, fregarían
SUBJUNTIVO
Presente friegue, friegues, friegue, freguemos, freguéis, frieguen
Pretérito imperfecto o Pretérito fregara o fregase, fregaras o fregases, fregara o fregase, fregáramos o fregásemos, fregarais o fregaseis, fregaran o fregasen
Futuro simple o Futuro fregare, fregares, fregare, fregáremos, fregareis, fregaren
IMPERATIVO friega (tú), fregad (vosotros)

Hacer

Formas no personales
INFINITIVO hacer
GERUNDIO haciendo
PARTICIPIO (irregular) hecho

Formas personales
INDICATIVO
Presente hago, haces, haces, hacemos, hacéis, hacen
Pretérito imperfecto o Copretérito hacía, hacías, hacía, hacíamos, hacíais, hacían
Pretérito perfecto simple o Pretérito hice, hiciste, hizo, hicimos, hicisteis, hicieron
Futuro simple o Futuro haré, harás, harás, haremos, haréis, harán
Condicional simple o Pospretérito haría, harías, haría, haríamos, haríais, harían
SUBJUNTIVO
Presente haga, hagas, haga, hagamos, hagáis, hagan
Pretérito imperfecto o Pretérito hiciera o hiciese, hicieras o hicieses, hiciera o hiciese, hiciéramos o hiciésemos, hicierais o hicieseis, hicieran o hiciesen
Futuro simple o Futuro hiciere, hicieres, hiciere, hiciéremos, hiciereis, hicieren
IMPERATIVO haz (tú), haced (vosotros)

Huir

Formas no personales
INFINITIVO huir
GERUNDIO huyendo
PARTICIPIO huido

Formas personales
INDICATIVO
Presente huyo, huyes, huye, huimos, huís, huyen
Pretérito imperfecto o Copretérito huía, huías, huía, huíamos, huíais, huían
Pretérito perfecto simple o Pretérito huí, huiste, huyó, huimos, huisteis, huyeron
Futuro simple o Futuro huiré, huirás, huirá, huiremos, huiréis, huirán
Condicional simple o Pospretérito huiría, huirías, huiría, huiríamos, huiríais, huirían
SUBJUNTIVO
Presente huya, huyas, huya, huyamos, huyáis, huyan
Pretérito imperfecto o Pretérito huyera o huyese, huyeras o huyeses, huyera o huyese, huyéramos o huyésemos, huyerais o huyeseis, huyeran o huyesen
Futuro simple o Futuro huyere, huyeres, huyere, huyéremos, huyereis, huyeren
IMPERATIVO huye (tú), huid (vosotros)

Ir

Formas no personales
INFINITIVO ir
GERUNDIO yendo
PARTICIPIO ido

Formas personales
INDICATIVO
Presente voy, vas, va, vamos, vais, van
Pretérito imperfecto o Copretérito iba, ibas, iba, íbamos, ibais, iban
Pretérito perfecto simple o Pretérito fui, fuiste, fue, fuimos, fuisteis, fueron
Futuro simple o Futuro iré, irás, irá, iremos, iréis, irán
Condicional simple o Pospretérito iría, irías, iría, iríamos, iríais, irían
SUBJUNTIVO
Presente vaya, vayas, vaya, vayamos, vayáis, vayan
Pretérito imperfecto o Pretérito fuera o fuese, fueras o fueses, fuera o fuese, fuéramos o fuésemos, fuerais o fueseis, fueran o fuesen
Futuro simple o Futuro fuere, fueres, fuere, fuéremos, fuereis, fueren
IMPERATIVO ve (tú), id (vosotros)

Jugar

Formas no personales
INFINITIVO jugar
GERUNDIO jugando
PARTICIPIO jugado

Formas personales
INDICATIVO
Presente juego, juegas, juega, jugamos, jugáis, juegan
Pretérito imperfecto o Copretérito jugaba, jugabas, jugaba, jugábamos, jugabais, jugaban
Pretérito perfecto simple o Pretérito jugué, jugaste, jugó, jugamos, jugasteis, jugaron
Futuro simple o Futuro jugaré, jugarás, jugará, jugaremos, jugaréis, jugarán
Condicional simple o Pospretérito jugaría, jugarías, jugaría, jugaríamos, jugaríais, jugarían
SUBJUNTIVO
Presente juegue, juegues, juegue, juguemos, juguéis, jueguen
Pretérito imperfecto o Pretérito jugara o jugase, jugaras o jugases, jugara o jugase, jugáramos o jugásemos, jugarais o jugaseis, jugaran o jugasen
Futuro simple o Futuro jugare, jugares, jugare, jugáremos, jugareis, jugaren
IMPERATIVO juega (tú), jugad (vosotros)

Leer

Formas no personales
INFINITIVO leer
GERUNDIO leyendo
PARTICIPIO leído

Formas personales
INDICATIVO
Presente leo, lees, lee, leemos, leéis, leen
Pretérito imperfecto o Copretérito leía, leías, leía, leíamos, leíais, leían
Pretérito perfecto simple o Pretérito leí, leíste, leyó, leímos, leísteis, leyeron
Futuro simple o Futuro leeré, leerás, leerá, leeremos, leeréis, leerán
Condicional simple o Pospretérito leería, leerías, leería, leeríamos, leeríais, leerían
SUBJUNTIVO
Presente lea, leas, lea, leamos, leáis, lean
Pretérito imperfecto o Pretérito leyera o leyese, leyeras o leyeses, leyera o leyese, leyéramos o leyésemos, leyerais o leyeseis, leyeran o leyesen
Futuro simple o Futuro leyere, leyeres, leyere, leyéremos, leyereis, leyeren
IMPERATIVO lee (tú), leed (vosotros)

Lucir

Formas no personales
INFINITIVO lucir
GERUNDIO luciendo
PARTICIPIO lucido

Formas personales
INDICATIVO
Presente luzco, luces, luce, lucimos, lucís, lucen
Pretérito imperfecto o Copretérito lucía, lucías, lucía, lucíamos, lucíais, lucían
Pretérito perfecto simple o Pretérito lucí, luciste, lució, lucimos, lucisteis, lucieron
Futuro simple o Futuro luciré, lucirás, lucirá, luciremos, luciréis, lucirán
Condicional simple o Pospretérito luciría, lucirías, luciría, luciríamos, luciríais, lucirían
SUBJUNTIVO
Presente luzca, luzcas, luzca, luzcamos, luzcáis, luzcan
Pretérito imperfecto o Pretérito luciera o luciese, lucieras o lucieses, luciera o luciese, luciéramos o luciésemos, lucierais o lucieseis, lucieran o luciesen
Futuro simple o Futuro luciere, lucieres, luciere, luciéremos, luciereis, lucieren
IMPERATIVO luce (tú), lucid (vosotros)

Mecer

Formas no personales
INFINITIVO mecer
GERUNDIO meciendo
PARTICIPIO mecido

Formas personales
INDICATIVO
Presente mezo, meces, mece, mecemos, mecéis, mecen
Pretérito imperfecto o Copretérito mecía, mecías, mecía, mecíamos, mecíais, mecían
Pretérito perfecto simple o Pretérito mecí, meciste, meció, mecimos, mecisteis, mecieron
Futuro simple o Futuro meceré, mecerás, mecerá, meceremos, meceréis, mecerán
Condicional simple o Pospretérito mecería, mecerías, mecería, meceríamos, meceríais, mecerían
SUBJUNTIVO
Presente meza, mezas, meza, mezamos, mezáis, mezan
Pretérito imperfecto o Pretérito meciera o meciese, mecieras o mecieses, meciera o meciese, meciéramos o meciésemos, mecierais o mecieseis, mecieran o meciesen
Futuro simple o Futuro meciere, mecieres, meciere, meciéremos, meciereis, mecieren
IMPERATIVO mece (tú), meced (vosotros)

Medir

Formas no personales
INFINITIVO medir
GERUNDIO midiendo
PARTICIPIO medido

Formas personales
INDICATIVO
Presente mido, mides, mide, medimos, medís, miden
Pretérito imperfecto o Copretérito medía, medías, medía, medíamos, medíais, medían
Pretérito perfecto simple o Pretérito medí, mediste, midió, medimos, medisteis, midieron
Futuro simple o Futuro mediré, medirás, medirá, mediremos, mediréis, medirán
Condicional simple o Pospretérito mediría, medirías, mediría, mediríamos, mediríais, medirían
SUBJUNTIVO
Presente mida, midas, mida, midamos, midáis, midan
Pretérito imperfecto o Pretérito midiera o midiese, midieras o midieses, midiera o midiese, midiéramos o midiésemos, midierais o midieseis, midieran o midiesen
Futuro simple o Futuro midiere, midieres, midiere, midiéremos, midiereis, midieren
IMPERATIVO mide (tú), medid (vosotros)

Mentir

Formas no personales
INFINITIVO mentir
GERUNDIO mintiendo
PARTICIPIO mentido

Formas personales
INDICATIVO
Presente miento, mientes, miente, mentimos, mentís, mienten
Pretérito imperfecto o Copretérito mentía, mentías, mentía, mentíamos, mentíais, mentían
Pretérito perfecto simple o Pretérito mentí, mentiste, mintió, mentimos, mentisteis, mintieron
Futuro simple o Futuro mentiré, mentirás, mentirá, mentiremos, mentiréis, mentirán
Condicional simple o Pospretérito mentiría, mentirías, mentiría, mentiríamos, mentiríais, mentirían
SUBJUNTIVO
Presente mienta, mientas, mienta, mintamos, mintáis, mientan
Pretérito imperfecto o Pretérito mintiera o mintiese, mintieras o mintieses, mintiera o mintiese, mintiéramos o mintiésemos, mintierais o mintieseis, mintieran o mintiesen
Futuro simple o Futuro mintiere, mintieres, mintiere, mintiéremos, mintiereis, mintieren
IMPERATIVO miente (tú), mentid (vosotros)

Morder

Formas no personales
INFINITIVO morder
GERUNDIO mordiendo
PARTICIPIO mordido

Formas personales
INDICATIVO
Presente muerdo, muerdes, muerde, mordemos, mordéis, muerden
Pretérito imperfecto o Copretérito mordía, mordías, mordía, mordíamos, mordíais, mordían
Pretérito perfecto simple o Pretérito mordí, mordiste, mordió, mordimos, mordisteis, mordieron
Futuro simple o Futuro morderé, morderás, morderá, morderemos, morderéis, morderán
Condicional simple o Pospretérito mordería, morderías, mordería, morderíamos, morderíais, morderían
SUBJUNTIVO
Presente muerda, muerdas, muerda, mordamos, mordáis, muerdan
Pretérito imperfecto o Pretérito mordiera o mordiese, mordieras o mordieses, mordiera o mordiese, mordiéramos o mordiésemos, mordierais o mordieseis, mordieran o mordiesen
Futuro simple o Futuro mordiere, mordieres, mordiere, mordiéremos, mordiereis, mordieren
IMPERATIVO muerde (tú), morded (vosotros)

Verbos com particípio irregular: absolver = absuelto, desenvolver = desenvuelto, devolver = devuelto, disolver = disuelto, resolver = resuelto, revolver = revuelto, volver = vuelto.

Oír

Formas no personales
INFINITIVO oír
GERUNDIO oyendo
PARTICIPIO oído

Formas personales
INDICATIVO
Presente oigo, oyes, oye, oímos, oís, oyen
Pretérito imperfecto o Copretérito oía, oías, oía, oíamos, oíais, oían
Pretérito perfecto simple o Pretérito oí, oíste, oyó, oímos, oísteis, oyeron
Futuro simple o Futuro oiré, oirás, oirá, oiremos, oiréis, oirán
Condicional simple o Pospretérito oiría, oirías, oiría, oiríamos, oiríais, oirían
SUBJUNTIVO
Presente oiga, oigas, oiga, oigamos, oigáis, oigan
Pretérito imperfecto o Pretérito oyera u oyese, oyeras u oyeses, oyera u oyese, oyéramos u oyésemos, oyerais u oyeseis, oyeran u oyesen
Futuro simple o Futuro oyere, oyeres, oyere, oyéremos, oyereis, oyeren
IMPERATIVO oye (tú), oíd (vosotros)

Oler

Formas no personales
INFINITIVO oler
GERUNDIO oliendo
PARTICIPIO olido

Formas personales
INDICATIVO
Presente huelo, hueles, huele, olemos, oléis, huelen
Pretérito imperfecto o Copretérito olía, olías, olía, olíamos, olíais, olían
Pretérito perfecto simple o Pretérito olí, oliste, olió, olimos, olisteis, olieron
Futuro simple o Futuro oleré, olerás, olerá, oleremos, oleréis, olerán
Condicional simple o Pospretérito olería, olerías, olería, oleríamos, oleríais, olerían
SUBJUNTIVO
Presente huela, huelas, huela, olamos, oláis, huelan
Pretérito imperfecto o Pretérito oliera u oliese, olieras u olieses, oliera u oliese, oliéramos u oliésemos, olierais u olieseis, olieran u oliesen
Futuro simple o Futuro oliere, olieres, oliere, oliéremos, oliereis, olieren
IMPERATIVO huele (tú), oled (vosotros)

Poder

Formas no personales
INFINITIVO poder
GERUNDIO pudiendo
PARTICIPIO podido

Formas personales
INDICATIVO
Presente puedo, puedes, puede, podemos, podéis, pueden
Pretérito imperfecto o Copretérito podía, podías, podía, podíamos, podíais, podían
Pretérito perfecto simple o Pretérito pude, pudiste, pudo, pudimos, pudisteis, pudieron
Futuro simple o Futuro podré, podrás, podrá, podremos, podréis, podrán
Condicional simple o Pospretérito podría, podrías, podría, podríamos, podríais, podrían
SUBJUNTIVO
Presente pueda, puedas, pueda, podamos, podáis, puedan
Pretérito imperfecto o Pretérito pudiera o pudiese, pudieras o pudieses, pudiera o pudiese, pudiéramos o pudiésemos, pudierais o pudieseis, pudieran o pudiesen
Futuro simple o Futuro pudiere, pudieres, pudiere, pudiéremos, pudiereis, pudieren
IMPERATIVO puede (tú), poded (vosotros)

Poner

Formas no personales
INFINITIVO poner
GERUNDIO poniendo
PARTICIPIO (irregular) puesto

Formas personales
INDICATIVO
Presente pongo, pones, pone, ponemos, ponéis, ponen
Pretérito imperfecto o Copretérito ponía, ponías, ponía, poníamos, poníais, ponían
Pretérito perfecto simple o Pretérito puse, pusiste, puso, pusimos, pusisteis, pusieron
Futuro simple o Futuro pondré, pondrás, pondrá, pondremos, pondréis, pondrán
Condicional simple o Pospretérito pondría, pondrías, pondría, pondríamos, pondríais, pondrían
SUBJUNTIVO
Presente ponga, pongas, ponga, pongamos, pongáis, pongan
Pretérito imperfecto o Pretérito pusiera o pusiese, pusieras o pusieses, pusiera o pusiese, pusiéramos o pusiésemos, pusierais o pusieseis, pusieran o pusiesen
Futuro simple o Futuro pusiere, pusieres, pusiere, pusiéremos, pusiereis, pusieren
IMPERATIVO pon (tú), poned (vosotros)

Verbos com particípio irregular: reponer = repuesto, transponer = transpuesto.

Prohibir

Formas no personales
INFINITIVO prohibir
GERUNDIO prohibiendo
PARTICIPIO prohibido

Formas personales
INDICATIVO
Presente prohíbo, prohíbes, prohíbe, prohibimos, prohibís, prohíben
Pretérito imperfecto o Copretérito prohibía, prohibías, prohibía, prohibíamos, prohibíais, prohibían
Pretérito perfecto simple o Pretérito prohibí, prohibiste, prohibió, prohibimos, prohibisteis, prohibieron
Futuro simple o Futuro prohibiré, prohibirás, prohibirá, prohibiremos, prohibiréis, prohibirán
Condicional simple o Pospretérito prohibiría, prohibirías, prohibiría, prohibiríamos, prohibiríais, prohibirían
SUBJUNTIVO
Presente prohíba, prohíbas, prohíba, prohibamos, prohibáis, prohíban
Pretérito imperfecto o Pretérito prohibiera o prohibiese, prohibieras o prohibieses, prohibiera o prohibiese, prohibiéramos o prohibiésemos, prohibierais o prohibieseis, prohibieran o prohibiesen
Futuro simple o Futuro prohibiere, prohibieres, prohibiere, prohibiéremos, prohibiereis, prohibieren
IMPERATIVO prohíbe (tú), prohibir (vosotros)

Querer

Formas no personales
INFINITIVO querer
GERUNDIO queriendo
PARTICIPIO querido

Formas personales
INDICATIVO
Presente quiero, quieres, quiere, queremos, queréis, quieren
Pretérito imperfecto o Copretérito quería, querías, quería, queríamos, queríais, querían
Pretérito perfecto simple o Pretérito quise, quisiste, quiso, quisimos, quisisteis, quisieron
Futuro simple o Futuro querré, querrás, querrá, querremos, querréis, querrán
Condicional simple o Pospretérito querría, querrías, querría, querríamos, querríais, querrían
SUBJUNTIVO
Presente quiera, quieras, quiera, queramos, queráis, quieran
Pretérito imperfecto o Pretérito quisiera o quisiese, quisieras o quisieses, quisiera o quisiese, quisiéramos o quisiésemos, quisierais o quisieseis, quisieran o quisiesen
Futuro simple o Futuro quisiere, quisieres, quisiere, quisiéremos, quisiereis, quisieren
IMPERATIVO quiere (tú), quered (vosotros)

Raer

Formas no personales
INFINITIVO raer
GERUNDIO rayendo
PARTICIPIO raído

Formas personales
INDICATIVO
Presente raigo o rayo, raes, rae, raemos, raéis, raen
Pretérito imperfecto o Copretérito raía, raías, raía, raíamos, raíais, raían
Pretérito perfecto simple o Pretérito raí, raíste, rayó, raímos, raísteis, rayeron
Futuro simple o Futuro raeré, raerás, raerá, raeremos, raeréis, raerán
Condicional simple o Pospretérito raería, raerías, raería, raeríamos, raeríais, raerían
SUBJUNTIVO
Presente raiga o raya, raigas o rayas, raiga o raya, raigamos o rayamos, raigáis o rayáis, raigan o rayan
Pretérito imperfecto o Pretérito rayera o rayese, rayeras o rayeses, rayera o rayese, rayéramos o rayésemos, rayerais o rayeseis, rayeran o rayesen
Futuro simple o Futuro rayere, rayeres, rayere, rayéremos, rayereis, rayeren
IMPERATIVO rae (tú), raed (vosotros)

Rehusar

Formas no personales
INFINITIVO rehusar
GERUNDIO rehusando
PARTICIPIO rehusado

Formas personales
INDICATIVO
Presente rehúso, rehúsas, rehúsa, rehusamos, rehusáis, rehúsan
Pretérito imperfecto o Copretérito rehusaba, rehusabas, rehusaba, rehusábamos, rehusabais, rehusaban
Pretérito perfecto simple o Pretérito rehusé, rehusaste, rehusó, rehusamos, rehusasteis, rehusaron
Futuro simple o Futuro rehusaré, rehusarás, rehusará, rehusaremos, rehusaréis, rehusarán
Condicional simple o Pospretérito rehusaría, rehusarías, rehusaría, rehusaríamos, rehusaríais, rehusarían
SUBJUNTIVO
Presente rehúse, rehúses, rehúse, rehusemos, rehuséis, rehúsen
Pretérito imperfecto o Pretérito rehusara o rehusase, rehusaras o rehusases, rehusara o rehusase, rehusáramos o rehusásemos, rehusarais o rehusaseis, rehusaran o rehusasen
Futuro simple o Futuro rehusare, rehusares, rehusare, rehusáremos, rehusareis, rehusaren
IMPERATIVO rehúsa (tú), rehusad (vosotros)

Reír

Formas no personales
INFINITIVO reír
GERUNDIO riendo
PARTICIPIO reído

Formas personales
INDICATIVO
Presente río, ríes, ríe, reímos, reís, ríen
Pretérito imperfecto o Copretérito reía, reías, reía, reíamos, reíais, reían
Pretérito perfecto simple o Pretérito reí, reíste, rió, reímos, reísteis, rieron
Futuro simple o Futuro reiré, reirás, reirá, reiremos, reiréis, reirán
Condicional simple o Pospretérito reiría, reirías, reiría, reiríamos, reiríais, reirían
SUBJUNTIVO
Presente ría, rías, ría, riamos, riáis, rían
Pretérito imperfecto o Pretérito riera o riese, rieras o rieses, riera o riese, riéramos o riésemos, rierais o rieseis, rieran o riesen
Futuro simple o Futuro riere, rieres, riere, riéremos, riereis, rieren
IMPERATIVO ríe (tú), reíd (vosotros)

Reunir

Formas no personales
INFINITIVO reunir
GERUNDIO reuniendo
PARTICIPIO reunido

Formas personales
INDICATIVO
Presente reúno, reúnes, reúne, reunimos, reunís, reúnen
Pretérito imperfecto o Copretérito reunía, reunías, reunía, reuníamos, reuníais, reunían
Pretérito perfecto simple o Pretérito reuní, reuniste, reunió, reunimos, reunisteis, reunieron
Futuro simple o Futuro reuniré, reunirás, reunirá, reuniremos, reuniréis, reunirán
Condicional simple o Pospretérito reuniría, reunirías, reuniría, reuniríamos, reuniríais, reunirían
SUBJUNTIVO
Presente reúna, reúnas, reúna, reunamos, reunáis, reúnan
Pretérito imperfecto o Pretérito reuniera o reuniese, reunieras o reunieses, reuniera o reuniese, reuniéramos o reuniésemos, reunierais o reunieseis, reunieran o reuniesen
Futuro simple o Futuro reuniere, reunieres, reuniere, reuniéremos, reuniereis, reunieren
IMPERATIVO reúne (tú), reunid (vosotros)

Roer

Formas no personales
INFINITIVO roer
GERUNDIO royendo
PARTICIPIO roído

Formas personales
INDICATIVO
Presente roo o roigo o royo, roes, roe, roemos, roéis, roen
Pretérito imperfecto o Copretérito roía, roías, roía, roíamos, roíais, roían
Pretérito perfecto simple o Pretérito roí, roíste, royó, roímos, roísteis, royeron
Futuro simple o Futuro roeré, roerás, roerá, roeremos, roeréis, roerán
Condicional simple o Pospretérito roería, roerías, roería, roeríamos, roeríais, roerían
SUBJUNTIVO
Presente roa o roiga o roya, roas o roigas o royas, roa o roiga, roamos o roigamos, roáis o roigáis o royáis, roan o roigan o royan
Pretérito imperfecto o Pretérito royera o royese, royeras o royeses, royera o royese, royéramos o royésemos, royerais o royeseis, royeran o royesen
Futuro simple o Futuro royere, royeres, royere, royéremos, royereis, royeren
IMPERATIVO roe (tú), roed (vosotros)

Saber

Formas no personales
INFINITIVO saber
GERUNDIO sabiendo
PARTICIPIO sabido

Formas personales
INDICATIVO
Presente sé, sabes, sabe, sabemos, sabéis, saben
Pretérito imperfecto o Copretérito sabía, sabías, sabía, sabíamos, sabíais, sabían
Pretérito perfecto simple o Pretérito supe, supiste, supo, supimos, supisteis, supieron
Futuro simple o Futuro sabré, sabrás, sabrá, sabremos, sabréis, sabrán
Condicional simple o Pospretérito sabría, sabrías, sabría, sabríamos, sabríais, sabrían
SUBJUNTIVO
Presente sepa, sepas, sepa, sepamos, sepáis, sepan
Pretérito imperfecto o Pretérito supiera o supiese, supieras o supieses, supiera o supiese, supiéramos o supiésemos, supierais o supieseis, supieran o supiesen
Futuro simple o Futuro supiere, supieres, supiere, supiéremos, supiereis, supieren
IMPERATIVO sabe (tú), sabed (vosotros)

Salir

Formas no personales
INFINITIVO salir
GERUNDIO saliendo
PARTICIPIO salido

Formas personales
INDICATIVO
Presente salgo, sales, sale, salimos, salís, salen
Pretérito imperfecto o Copretérito salía, salías, salía, salíamos, salíais, salían
Pretérito perfecto simple o Pretérito salí, saliste, salió, salimos, salisteis, salieron
Futuro simple o Futuro saldré, saldrás, saldrá, saldremos, saldréis, saldrán
Condicional simple o Pospretérito saldría, saldrías, saldría, saldríamos, saldríais, saldrían
SUBJUNTIVO
Presente salga, salgas, salga, salgamos, salgáis, salgan
Pretérito imperfecto o Pretérito saliera o saliese, salieras o salieses, saliera o saliese, saliéramos o saliésemos, salierais o salieseis, salieran o saliesen
Futuro simple o Futuro saliere, salieres, saliere, saliéremos, saliereis, salieren
IMPERATIVO sal (tú), salid (vosotros)

Seguir

Formas no personales
INFINITIVO seguir
GERUNDIO siguiendo
PARTICIPIO seguido

Formas personales
INDICATIVO
Presente sigo, sigues, sigue, seguimos, seguís, siguen
Pretérito imperfecto o Copretérito seguía, seguías, seguía, seguíamos, seguíais, seguían
Pretérito perfecto simple o Pretérito seguí, seguiste, siguió, seguimos, seguisteis, siguieron
Futuro simple o Futuro seguiré, seguirás, seguirá, seguiremos, seguiréis, seguirán
Condicional simple o Pospretérito seguiría, seguirías, seguiría, seguiríamos, seguiríais, seguirían
SUBJUNTIVO
Presente siga, sigas, siga, sigamos, sigáis, sigan
Pretérito imperfecto o Pretérito siguiera o siguiese, siguieras o siguieses, siguiera o siguiese, siguiéramos o siguiésemos, siguierais o siguieseis, siguieran o siguiesen
Futuro simple o Futuro siguiere, siguieres, siguiere, siguiéremos, siguiereis, siguieren
IMPERATIVO sigue (tú), seguid (vosotros)

Tañer

Formas no personales
INFINITIVO tañer
GERUNDIO tañendo
PARTICIPIO tañido

Formas personales
INDICATIVO
Presente taño, tañes, tañe, tañemos, tañéis, tañen
Pretérito imperfecto o Copretérito tañía, tañías, tañía, tañíamos, tañíais, tañían
Pretérito perfecto simple o Pretérito tañí, tañiste, tañó, tañimos, tañisteis, tañeron
Futuro simple o Futuro tañeré, tañerás, tañerá, tañeremos, tañeréis, tañerán
Condicional simple o Pospretérito tañería, tañerías, tañería, tañeríamos, tañeríais, tañerían
SUBJUNTIVO
Presente taña, tañas, taña, tañamos, tañáis, tañan
Pretérito imperfecto o Pretérito tañera o tañese, tañeras o tañeses, tañera o tañese, tañéramos o tañésemos, tañerais o tañeseis, tañeran o tañesen
Futuro simple o Futuro tañere, tañeres, tañere, tañéremos, tañereis, tañeren
IMPERATIVO tañe (tú), tañed (vosotros)

Tener

Formas no personales
INFINITIVO tener
GERUNDIO teniendo
PARTICIPIO tenido

Formas personales
INDICATIVO
Presente tengo, tienes, tiene, tenemos, tenéis, tienen
Pretérito imperfecto o Copretérito tenía, tenías, tenía, teníamos, teníais, tenían
Pretérito perfecto simple o Pretérito tuve, tuviste, tuvo, tuvimos, tuvisteis, tuvieron
Futuro simple o Futuro tendré, tendrás, tendrá, tendremos, tendréis, tendrán
Condicional simple o Pospretérito tendría, tendrías, tendría, tendríamos, tendríais, tendrían
SUBJUNTIVO
Presente tenga, tengas, tenga, tengamos, tengáis, tengan
Pretérito imperfecto o Pretérito tuviera o tuviese, tuvieras o tuvieses, tuviera o tuviese, tuviéramos o tuviésemos, tuvierais o tuvieseis, tuvieran o tuviesen
Futuro simple o Futuro tuviere, tuvieres, tuviere, tuviéremos, tuviereis, tuvieren
IMPERATIVO ten (tú), tened (vosotros)

Teñir

Formas no personales
INFINITIVO teñir
GERUNDIO tiñendo
PARTICIPIO teñido

Formas personales
INDICATIVO
Presente tiño, tiñes, tiñe, teñimos, teñís, tiñen
Pretérito imperfecto o Copretérito teñía, teñías, teñía, teñíamos, teñíais, teñían
Pretérito perfecto simple o Pretérito teñí, teñiste, tiñó, teñimos, teñisteis, tiñeron
Futuro simple o Futuro teñiré, teñirás, teñirá, teñiremos, teñiréis, teñirán
Condicional simple o Pospretérito teñiría, teñirías, teñiría, teñiría, teñiríamos, teñirían
SUBJUNTIVO
Presente tiña, tiñas, tiña, tiñamos, tiñáis, tiñan
Pretérito imperfecto o Pretérito tiñera o tiñese, tiñeras o tiñeses, tiñera o tiñese, tiñéramos o tiñésemos, tiñerais o tiñeses, tiñeran o tiñesen
Futuro simple o Futuro tiñere, tiñeres, tiñere, tiñéremos, tiñereis, tiñeren
IMPERATIVO tiñe (tú), teñid (vosotros)

Traer

Formas no personales
INFINITIVO traer
GERUNDIO trayendo
PARTICIPIO traído

Formas personales
INDICATIVO
Presente traigo, traes, trae, traemos, traéis, traen
Pretérito imperfecto o Copretérito traía, traías, traía, traíamos, traíais, traían
Pretérito perfecto simple o Pretérito traje, trajiste, trajo, trajimos, trajisteis, trajeron
Futuro simple o Futuro traeré, traerás, traerá, traeremos, traeréis, traerán
Condicional simple o Pospretérito traería, traerías, traería, traeríamos, traeríais, traerían
SUBJUNTIVO
Presente traiga, traigas, traiga, traigamos, traigáis, traigan
Pretérito imperfecto o Pretérito trajera o trajese, trajeras o trajeses, trajera o trajese, trajéramos o trajésemos, trajerais o trajeseis, trajeran o trajesen
Futuro simple o Futuro trajere, trajeres, trajere, trajéremos, trajereis, trajeren
IMPERATIVO trae (tú), traed (vosotros)

Valer

Formas no personales
INFINITIVO valer
GERUNDIO valiendo
PARTICIPIO valido

Formas personales
INDICATIVO
Presente valgo, vales, vale, valemos, valéis, valen
Pretérito imperfecto o Copretérito valía, valías, valía, valíamos, valíais, valían
Pretérito perfecto simple o Pretérito valí, valiste, valió, valimos, valisteis, valieron
Futuro simple o Futuro valdré, valdrás, valdrá, valdremos, valdréis, valdrán
Condicional simple o Pospretérito valdría, valdrías, valdría, valdríamos, valdríais, valdrían
SUBJUNTIVO
Presente valga, valgas, valga, valgamos, valgáis, valgan
Pretérito imperfecto o Pretérito valiera o valiese, valieras o valieses, valiera o valiese, valiéramos o valiésemos, valierais o valieseis, valieran o valiesen
Futuro simple o Futuro valiere, valieres, valiere, valiéremos, valiereis, valieren
IMPERATIVO vale (tú), valed (vosotros)

Venir

Formas no personales
INFINITIVO venir
GERUNDIO viniendo
PARTICIPIO venido

Formas personales
INDICATIVO
Presente vengo, vienes, viene, venimos, venís, vienen
Pretérito imperfecto o Copretérito venía, venías, venía, veníamos, veníais, venían
Pretérito perfecto simple o Pretérito vine, viniste, vino, vinimos, vinisteis, vinieron
Futuro simple o Futuro vendré, vendrás, vendrá, vendremos, vendréis, vendrán
Condicional simple o Pospretérito vendría, vendrías, vendría, vendríamos, vendríais, vendrían
SUBJUNTIVO
Presente venga, vengas, venga, vengamos, vengáis, vengan
Pretérito imperfecto o Pretérito viniera o viniese, vinieras o vinieses, viniera o viniese, viniéramos o viniésemos, vinierais o vinieseis, vinieran o viniesen
Futuro simple o Futuro viniere, vinieres, viniere, viniéremos, viniereis, vinieren
IMPERATIVO ven (tú), venid (vosotros)